2013年3月4日，中共中央总书记、中共中央军委主席习近平看望了出席全国政协十二届一次会议的科协、科技界委员，并参加联组讨论。中共中央政治局常委、全国政协十二届一次会议主席团会议主持人俞正声参加了看望和讨论

2013年9月14日，中共中央政治局常委、中央书记处书记刘云山等领导同志到北京园博园，同首都群众一起参加全国科普日北京主场活动

2013年4月26日，由中国科协发起的“共和国的脊梁——科学大师名校宣传工程”汇演活动在清华大学正式启动。中共中央政治局委员、国务院副总理刘延东出席启动仪式，观看话剧《马兰花开》

2013年12月29日，中共中央政治局委员、国务院副总理刘延东参观“科技梦·中国梦——中国现代科学家主题展”

2013年5月25日，中共中央政治局委员、国家副主席李源潮出席第十五届中国科协年会开幕式并作重要讲话

2013年12月20日，中共中央政治局委员、国家副主席李源潮在北京会见卡林加科普奖获得者李象益

二〇一三年五月二十五日，全国政协副主席、中国科协主席韩启德出席第十五届中国科协年会并致开幕词

二〇一三年一月十七日，全国人大常委会副委员长、中国科协主席韩启德到上海市科协就科技工作者之家建设进行调研

二〇一三年八月二十八日，全国政协副主席、中国科协主席韩启德在中国科技会堂会见日本科学技术与人类未来国际论坛理事长尾身幸次

教育部、中国科协举行第二次工作会商会暨合作协议签字仪式

中国科协、国家自然科学基金委员会召开工作会商会

中国科协、中国工程院签署战略合作框架协议

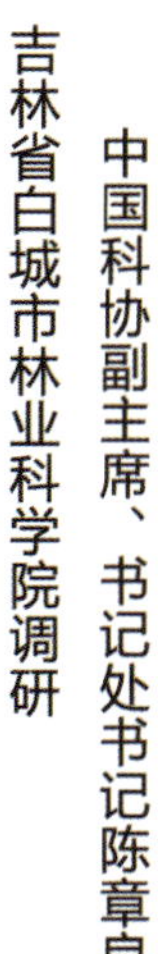

中国科协副主席、书记处书记陈章良在吉林省白城市林业科学院调研

中国科协副主席冯长根出席二〇一三海峡科技专家论坛

中国科协副主席、国际材料研究学会联合会先进材料大会主席黄伯云出席大会并致开幕词

中国科协党组成员、书记处书记张勤到辽宁省大连市调研企业科协工作

中国科协党组成员、书记处书记徐延豪在山西省吕梁市调研科技扶贫工作

中国科协党组成员、书记处书记王春法出席第二届中国科技政策论坛并作主旨报告

中国科协决策咨询专委会在河北省石家庄市召开京津冀晋蒙环首都区域生态建设座谈会

以『打造绿色钢铁 建设生态文明』为主题的技术创新·企业发展论坛在河北省唐山市举行

中国科协会员日期间，中国科协在北京中关村召开座谈会，听取基层科技工作者实施创新驱动发展战略建议

二〇一三年全国学会能力提升专项经验交流会

二〇一三年企业科协工作座谈会

中国科协二〇一三年海智计划联席会议

## 第十五届中国科协年会在贵州召开

中共贵州省委书记赵克志致欢迎词

第十一届全国人大常委会副委员长、中国药学会理事长、中国工程院院士桑国卫作大会报告

贵州省委副书记、贵州省省长陈敏尔作大会报告

中国茶叶学会名誉理事长、中国工程院院士陈宗懋作大会报告

中国科学院院士、中国科学院生态环境研究中心研究员傅伯杰作大会报告

北京生命科学研究所所长王晓东作大会报告

2013年5月25日，第十五届中国科协年会在贵州省贵阳市召开

两岸四地工程教育圆桌会议

中国科协求是杰出青年奖获奖者与贵州学子见面会

女科学家高层论坛

科学道德建设论坛

国际科学大师论坛

第十一届全国博士生学术年会

第三届中国湖泊论坛暨第七届湖北科技论坛

中国科协常务副主席、书记处第一书记陈希在福建省科技馆新馆工地考察调研

《全民科学素质行动计划纲要》实施情况座谈会在北京召开，全国政协常委、教科文卫体委员会副主任邓楠，全国政协人口资源环境委员会副主任、中国科协决策咨询专委会主任齐让，中国科协党组成员、书记处书记、全民科学素质纲要实施工作办公室主任徐延豪等出席会议

全国政协人口资源环境委员会副主任、中国科协决策咨询专委会主任齐让带领全国政协科协界部分委员赴贵州省贵阳市和六盘水市，就《全民科学素质纲要》实施情况进行调研

## 2013年全国科普日北京主场活动

中国科协副主席、中国工程院院士陈赛娟出席第二十二届全国中学生生物学竞赛活动并致辞

中国自然科学博物馆协会主办第三届全国科技馆馆长培训班，中国科协党组成员、书记处书记徐延豪出席并讲话

李象益科普事迹报告会在北京召开

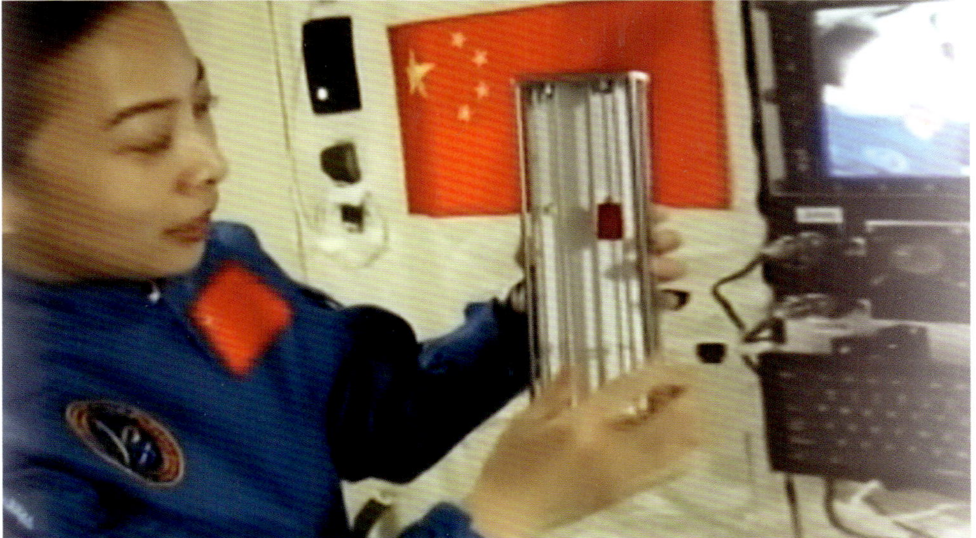

我国航天员在『天宫一号』上实现首次太空授课

二〇一三青少年高校科学营启动暨北京开营式

第十三届『明天小小科学家』奖励活动颁奖典礼

第二十八届全国青少年科技创新大赛

二〇一三年全国青年科普创新实验大赛

中国科协常务副主席、书记处第一书记陈希率团访问土耳其工程教育认证协会

中国科协副主席、书记处书记程东红率代表团出席美国科促会二〇一三年会

中国科协与捷克科技联续签合作协议

国际工程联盟大会经过正式表决，全票通过接纳中国科协为《华盛顿协议》预备成员。中国科协书记处书记张勤出席大会

中国科协党组成员沈爱民率团赴新加坡访问《华盛顿协议》成员组织

中国科协党组成员沈爱民率团赴马来西亚访问《华盛顿协议》成员组织

中国科协副主席、书记处书记陈章良会见来访的澳门大学校长赵伟一行

中国科协副主席、书记处书记陈章良出席在香港举办的四川汶川地震灾后重建国际论坛

中国科协党组成员沈爱民出席在香港举办的二〇一三深港科技界交流年会

2013年首都高校科学道德和学风建设宣讲教育报告会

2013年全国科学道德和学风建设宣讲教育工作电视电话会议

弘扬科学道德 践行『三个倡导』奋力实现中国梦报告会在全国巡回举行，首场报告会在贵阳举行

中国青年女科学家奖十周年纪念大会暨第十届中国青年女科学家奖颁奖仪式

中国科技馆发展基金会二〇一三年度科技馆发展奖颁奖

钱三强百年诞辰暨钱三强何泽慧科技思想座谈会

共和国的脊梁 —— 科学大师名校宣传工程汇演活动总结会

在庆祝《中国药学杂志》创刊60周年研讨会上，中国科协党组成员沈爱民为获得杰出贡献奖的《中国药学杂志》主编桑国卫院士颁发证书

“王麦林科学文艺创作基金”捐赠仪式

## 共和国的脊梁 —— 科学大师名校宣传工程

清华大学《马兰花开》

上海交通大学《钱学森》

中国科学技术大学《爱在天际》

中国地质大学（武汉）《大地之光》

浙江大学《求是魂》

北京航空航天大学 音乐剧《罗阳》

中国科协第八届全国委员会第三次会议

中国科协八届常委会第七次会议

地方科协党组书记座谈会

中国科协会员日暨第十三届青年科技奖颁奖大会

中国科协八大（西部地区）代表座谈会

中国科协举办八十周岁老同志集体庆贺生日活动，中国科协副主席、党组副书记、书记处书记程东红，党组成员沈爱民出席

老科学家学术成长资料采集工程丛书首发座谈

『用好新媒体 发挥正能量』专题研讨会

『中国梦·科学梦』主题演讲比赛

# 中国科学技术协会
# 年　鉴
# 2014

中国科学技术出版社
·北　京·

**图书在版编目（CIP）数据**

中国科学技术协会年鉴．2014 / 中国科学技术协会编．—北京：中国科学技术出版社，2015.8
ISBN 978-7-5046-6804-2

Ⅰ．①中… Ⅱ．①中… Ⅲ．①中国科学技术协会—2014—年鉴 Ⅳ．① G322.25-54

中国版本图书馆 CIP 数据核字（2015）第 027961 号

---

**责任编辑** 许 慧 周晓慧
**责任校对** 刘洪岩
**责任印制** 张建农
**装帧设计** 中文天地

---

**出　　版** 中国科学技术出版社
**发　　行** 科学普及出版社发行部
**地　　址** 北京市海淀区中关村南大街16号
**邮　　编** 100081
**发行电话** 010-62103130
**传　　真** 010-62179148
**网　　址** http://www.cspbooks.com.cn

---

**开　　本** 889mm × 1194mm 1/16
**字　　数** 1700千字
**印　　张** 51.5
**彩　　插** 26
**印　　数** 1-1600册
**版　　次** 2015年8月第1版
**印　　次** 2015年8月第1次印刷
**印　　刷** 北京华联印刷有限公司
**书　　号** ISBN 978-7-5046-6804-2/G・680
**定　　价** 120.00元

---

# 《中国科学技术协会年鉴（2014）》编辑委员会



# 《中国科学技术协会年鉴（2014）》编辑部

# 目　　录

## 中国科协深入开展党的群众路线教育实践活动专题



## 中国科协 2013 年主要活动和重要事件

## 人 物



## 表彰奖励



## 中国科协 2013 年度事业发展统计公报



## 全国学会、协会、研究会（含受委托管理的学会）简况

## 省、自治区、直辖市科协，新疆生产建设兵团科协简况

## 大事记



## 附 录



## 索 引

# 中国科学技术协会章程

（2011 年 5 月 29 日中国科学技术协会第八次全国代表大会通过）

## 第一章　总　则

**第一条**　中国科学技术协会是中国科学技术工作者的群众组织，是中国共产党领导下的人民团体，是党和政府联系科学技术工作者的桥梁和纽带，是国家推动科学技术事业发展的重要力量。

**第二条**　中国科学技术协会的宗旨是：坚持以马克思列宁主义、毛泽东思想、邓小平理论和"三个代表"重要思想为指导，深入贯彻落实科学发展观，团结和动员科学技术工作者以经济建设为中心，坚持科学技术是第一生产力和人才资源是第一资源的思想，推动实施科教兴国战略、人才强国战略和可持续发展战略，建设创新型国家。促进科学技术的繁荣和发展，促进科学技术的普及和推广，促进科学技术人才的成长和提高，促进科学技术与经济的结合。反映科学技术工作者的意见，维护科学技术工作者的合法权益。为经济社会发展服务，为提高全民科学素质服务，为科学技术工作者服务，推动社会主义经济建设、政治建设、文化建设、社会建设以及生态文明建设，构建社会主义和谐社会，为实现中华民族伟大复兴而努力奋斗。

**第三条**　中国科学技术协会由全国学会、协会、研究会（以下学会、协会、研究会简称学会）和地方科学技术协会组成。

地方科学技术协会由同级学会和下一级科学技术协会及基层组织组成。

**第四条**　中国科学技术协会贯彻国家科学技术工作自主创新、重点跨越、支撑发展、引领未来的指导方针，弘扬尊重劳动、尊重知识、尊重人才、尊重创造的风尚，倡导献身、创新、求实、协作的精神，坚持独立自主、民主办会的原则和"百花齐放、百家争鸣"的方针。

**第五条**　中国科学技术协会高举爱国主义旗帜，加强与香港特别行政区、澳门特别行政区和台湾地区的科学技术交流，维护民族团结，促进祖国统一。

## 第二章　任　务

**第六条**　开展学术交流，活跃学术思想，促进学科发展，推动自主创新。

**第七条**　组织科学技术工作者为建立以企业为主体的技术创新体系、全面提升企业的自主创新能力作贡献。

**第八条**　依照《中华人民共和国科学技术普及法》，弘扬科学精神，普及科学知识，传播科学思想和科学方法。捍卫科学尊严，推广先进技术，开展青少年科学技术教育活动，提高全民科学素质。

**第九条**　反映科学技术工作者的建议、意见和诉求，维护科学技术工作者的合法权益。

**第十条**　推动建立和完善科学研究诚信监督机制，促进科学道德建设和学风建设。

**第十一条**　组织科学技术工作者参与国家科学技术政策、法规制定和国家事务的政治协商、科学决策、民主监督工作。

**第十二条**　表彰奖励优秀科学技术工作者，举荐科学技术人才。

**第十三条**　开展科学论证、咨询服务，提出政策建议，促进科学技术成果的转化；接受委托承担项目评估、成果鉴定，参与技术标准制定、专业技术资格评审和认证等任务。

**第十四条**　开展民间国际科学技术交流活动，促进国际科学技术合作，发展同国外的科学技术团体和科学技术工作者的友好交往。

**第十五条**　开展继续教育和培训工作。

**第十六条**　兴办符合中国科学技术协会宗旨的社会公益性事业。

## 第三章　会　员

**第十七条**　全国学会是中国科学技术协会的团体会员。各级地方学会是同级地方科学技术协会的团体会员。县级以上科学技术协会发展团体会员。基层组织发展个人会员。

**第十八条** 团体会员的义务和权利：

团体会员的义务：遵守本章程，执行科学技术协会的决议和决定，开展符合章程规定的各项活动。

团体会员的权利：推选代表参加科学技术协会代表大会，参加科学技术协会的活动，对科学技术协会的工作提出建议和批评并进行监督。

**第十九条** 基层组织规定个人会员的义务和权利。

**第二十条** 中国科学技术协会会员日定为每年十二月十五日。

## 第四章 全国领导机构

**第二十一条** 全国代表大会和它选举产生的全国委员会是中国科学技术协会全国领导机构。

**第二十二条** 全国代表大会每五年举行一次，由全国委员会召集。特殊情况下，可以提前或延期举行。

**第二十三条** 全国代表大会的代表名额和选举办法由常务委员会决定，其代表经全国学会和省、自治区、直辖市科学技术协会及有关方面民主协商，选举产生。

代表大会代表实行任期制。

**第二十四条** 全国代表大会行使下列职权：

一、决定中国科学技术协会的工作方针和任务；

二、审议和批准全国委员会的工作报告；

三、制定和修改中国科学技术协会章程；

四、选举产生全国委员会；

五、决定其他重大事项。

**第二十五条** 全国委员会会议每年举行一次，由常务委员会召集。

**第二十六条** 全国委员会行使下列职权：

一、执行全国代表大会的决议；

二、选举主席、副主席和常务委员；

三、审议中国科学技术协会年度工作报告；

四、决定授予荣誉职务；

五、决定其他重大事项。

**第二十七条** 全国委员会闭会期间，常务委员会领导中国科学技术协会的工作，实施全国委员会确定的任务，批准全国委员会委员的变更或增补、团体会员的接纳或退出。

常务委员会会议一般每半年举行一次，由主席召集，也可委托副主席召集。

**第二十八条** 常务委员会下设书记处。书记处由第一书记和书记若干人组成，人选由主席提名，经常务委员会通过。书记处在常务委员会领导下主持中国科学技术协会的日常工作。

**第二十九条** 常务委员会设置若干工作委员会和专门委员会，协助审议需经常务委员会审定的有关事项。

**第三十条** 常务委员会根据需要，聘请有关部门的负责人为中国科学技术协会顾问。

## 第五章 全国学会

**第三十一条** 本章程所称全国学会是按自然科学、技术科学、工程技术及其相关科学的学科组建或以促进科学技术发展和普及为宗旨的学术性、科普性社会团体。

**第三十二条** 加入中国科学技术协会的全国学会的基本条件：

一、承认中国科学技术协会章程；

二、按照国务院有关社会团体登记管理规定依法登记；

三、有学术带头人和相当数量的会员；

四、经常开展国内外学术交流活动及科普活动，编辑出版科学技术或科学普及刊物；

五、有健全的办事机构和经费来源。

**第三十三条** 符合本章程第三十二条规定的全国学会，向中国科学技术协会提出申请，经常务委员会批准，即为中国科学技术协会的团体会员。

**第三十四条** 全国学会接受中国科学技术协会的领导，执行中国科学技术协会的决议，承担并完成中国科学技术协会委托的任务，选举代表参加中国科学技术协会全国代表大会。

全国学会退出中国科学技术协会，须经中国科学技术协会常务委员会批准。

**第三十五条** 全国学会会员代表大会每三至五年举行一次，决定学会的工作方针和任务，审议和批准学会理事会的工作报告和财务报告，制定、修改会章，选举新的理事会。

**第三十六条** 全国学会办事机构在理事会领导下开展工作，接受学会支撑单位的管理。

**第三十七条** 全国学会凡严重违反中国科学技术协会章程，经中国科学技术协会常务委员会通过，给予警告、限期整顿、除名等处罚。

## 第六章 地方科学技术协会

**第三十八条** 省、自治区、直辖市科学技术协会是省、自治区、直辖市党委领导下的人民团体，是中国科学技术协会的地方组织。

**第三十九条** 省、自治区、直辖市科学技术协会接受中国科学技术协会的业务指导。

省级学会接受省级科学技术协会领导，业务上受相应的全国学会的指导。

**第四十条** 省、自治区、直辖市科学技术协会由省级学会和市（地）科学技术协会组成。

市（地）科学技术协会由同级学会和县（市）、区科学技术协会组成。

县（市）、区科学技术协会由同级学会和基层组织组成。

**第四十一条** 地方科学技术协会执行中国科学技术协会的章程和决议，推选代表参加上级科学技术协会代表大会。

**第四十二条** 地方科学技术协会代表大会每五年举行一次，决定本地区科学技术协会的工作方针和任务，审议地方科学技术协会委员会的工作报告，选举地方科学技术协会委员会。

## 第七章 基层组织

**第四十三条** 科学技术工作者集中的企业事业单位和有条件的乡镇、街道社区等建立的科学技术协会（科学技术普及协会）是中国科学技术协会的基层组织，接受地方科学技术协会的业务指导。

乡镇科学技术协会（科学技术普及协会）联系指导农村专业技术协会。

**第四十四条** 主要任务：

一、开展社会化科学技术普及活动，引导人民群众崇尚科学，抵制迷信，移风易俗，破除陋习，倡导科学健康的生活方式和文明节约的消费模式，促进资源节约型、环境友好型社会建设；

二、组织和动员科学技术工作者积极参加学术交流和科学技术普及活动，促进讲科学、爱科学、学科学、用科学社会风尚的形成与发展；

三、开展农村实用技术培训和推广，引导农民树立科学发展理念，培养有文化、懂技术、会经营的新型农民，提高农民科学文化素质，促进社会主义新农村建设；

四、开展技术咨询、技术服务等科学技术活动，促进技术开发、技术转让，增强企业自主创新能力，促进以企业为主体的技术创新体系的建立；

五、反映基层科学技术工作者的建议、意见和诉求，维护其合法权益，促进其生活和工作条件的改善。

## 第八章 工作人员

**第四十五条** 各级科学技术协会机关对其工作人员按照国家有关规定进行管理。

**第四十六条** 各级科学技术协会所属学会对其工作人员根据其编制性质和管理的需要，执行相应的干部人事管理制度。

**第四十七条** 各级科学技术协会所属事业单位的工作人员按国家对事业单位的管理规定进行管理。

**第四十八条** 各级科学技术协会工作人员应热爱科学技术协会的事业，树立为科学技术工作者服务的思想，具有较高的政策水平和较广的专业知识、较强的组织和社会活动能力。

**第四十九条** 各级科学技术协会要加强对工作人员的培养和教育，有计划有组织地开展培训工作，提高工作人员的政治和业务素质。

## 第九章 经费及资产管理

**第五十条** 经费来源：

一、财政拨款；

二、资助；

三、捐赠；

四、会费；

五、企事业收入；

六、其他收入。

**第五十一条** 建立学术交流、科学技术普及和奖励等专项基金。

**第五十二条** 建立常务委员会领导下的民主理财管理体制。

**第五十三条** 各级科学技术协会的经费、资产及国家和地方拨给科学技术协会的不动产受法律保护，任何单位和个人不得侵占、挪用和任意调拨；各级科学技术协会所属企业、事业的资产隶属关系不得随意改变。

## 第十章 会 徽

**第五十四条** 中国科学技术协会会徽由古天象仪、航天器、齿轮、麦穗、蛇杖以及中文和英文标出的中国科学技术协会名称组成。

**第五十五条** 中国科学技术协会会徽可在办公地点、活动场所、会议会场悬挂，在出版物上印制，也可制作成徽章佩戴。

## 第十一章 附 则

**第五十六条**

中国科学技术协会简称中国科协。

中国科学技术协会会址设在北京。

中国科学技术协会的英文全称是 CHINA ASSOCIATION FOR SCIENCE AND TECHNOLOGY，缩写为 CAST。

**第五十七条** 全国委员会依照本章程制定《全国学会组织通则》。

**第五十八条** 全国学会可根据国务院有关社会团体登记管理规定、本章程和民政部《社会团体章程示范文本》制定章程。

地方科学技术协会可根据本章程制定实施细则。

**第五十九条** 本章程解释权属中国科学技术协会。

**第六十条** 本章程经中国科学技术协会全国代表大会通过实施。

中国科学技术协会会徽

中国科学技术协会会徽由古天象仪、航天器、齿轮、麦穗、蛇杖以及中文和英文标出的中国科学技术协会名称组成。

中国科学技术协会会徽可在办公地点、活动场所、会议会场悬挂，在出版物上印制，也可作为徽章佩戴。

## 中国科学技术协会标识

中国科学技术协会标识图案为双面拓扑图形，造型富于变化，富有动感。舞动的丝带寓意中国科协是党和政府联系广大科技工作者的桥梁和纽带，象征科协组织具有蓬勃的生命力和创造力。

# 中国科学技术协会简介

中国科学技术协会是中国科技工作者的群众组织，是中国共产党领导下的人民团体，是党和政府联系科技工作者的桥梁和纽带，是国家推动科技事业发展的重要力量。中国科协成立于1958年9月，由中华全国自然科学专门学会联合会和中华全国科学技术普及协会合并成立，截至2013年，已经发展成为一个拥有200个代表国内自然科学、技术科学和工程技术类最高专业水平的全国学会、覆盖全国3100多个县及县以上地方科协、近20万个各类基层组织的团体。

50多年来，中国科协认真履行党和政府联系科技工作者的桥梁纽带职责，团结带领全国广大科技工作者，凝心聚力、开拓创新，在促进学术交流、普及科学知识、举荐科技人才、开展决策咨询、扩大对外民间科技合作等方面做了大量富有成效的工作，成为推动我国科技事业发展的重要力量，受到党和人民的高度评价，赢得社会的广泛赞誉。展望未来，我国现代化建设的两个百年目标令人振奋、催人奋发，对科技界提出了新的任务和要求，为广大科技工作者发挥作用提供了广阔舞台。中国科协将认真贯彻落实第八次全国代表大会部署，更加广泛、更加紧密地团结带领科技工作者，坚持为经济社会发展服务、为提高全民科学素质服务、为科技工作者服务，努力当好科技工作者之家，为加快建设创新型国家、夺取全面建设小康社会新胜利、实现两个百年的宏伟目标而努力奋斗。

中国科协的历届主席分别是李四光（地质学家，中国科协第一届全国委员会主席），周培源（物理学家、教育家，中国科协第二届全国委员会主席），钱学森（应用力学、工程控制论和系统工程学家，中国科协第三届全国委员会主席），朱光亚（核物理学家，中国科协第四届全国委员会主席），周光召（理论物理学家，中国科协第五、第六届全国委员会主席），韩启德（医学家，中国科协第七、第八届全国委员会主席）。

中国科协的宗旨是：坚持以马克思列宁主义、毛泽东思想、邓小平理论和“三个代表”重要思想为指导，深入贯彻落实科学发展观，团结和动员科学技术工作者以经济建设为中心，坚持科学技术是第一生产力和人才资源是第一资源的思想，推动实施科教兴国战略、人才强国战略和可持续发展战略，建设创新型国家。促进科学技术的繁荣和发展，促进科学技术的普及和推广，促进科学技术人才的成长和提高，促进科学技术与经济的结合。反映科学技术工作者的意见，维护科学技术工作者的合法权益。为经济社会发展服务，为提高全民科学素质服务，为科学技术工作者服务，推动社会主义经济建设、政治建设、文化建设、社会建设以及生态文明建设，构建社会主义和谐社会，为实现中华民族伟大复兴而努力奋斗。

中国科协的基本任务是：开展学术交流，活跃学术思想，促进学科发展，推动自主创新。组织科学技术工作者为建立以企业为主体的技术创新体系、全面提升企业的自主创新能力作贡献。依照《中华人民共和国科学技术普及法》，弘扬科学精神，普及科学知识，传播科学思想和科学方法。捍卫科学尊严，推广先进技术，开展青少年科学技术教育活动，提高全民科学素质。反映科学技术工作者的建议、意见和诉求，维护科学技术工作者的合法权益。推动建立和完善科学研究诚信监督机制，促进科学道德建设和学风建设。组织科学技术工作者参与国家科学技术政策、法规制定和国家事务的政治协商、科学决策、民主监督工作。表彰奖励优秀科学技术工作者，举荐科学技术人才。开展科学论证、咨询服务，提出政策建议，促进科学技术成果的转化；接受委托承担项目评估、成果鉴定，参与技术标准制定、专业技术资格评审和认证等任务。开展民间国际科学技术交流活动，促进国际科学技术合作，发展同国外的科学技术团体和科学技术工作者的友好交往。开展继续教育和培训工作。兴办符合中国科学技术协会宗旨的社会公益性事业。

中国科学技术协会由全国学会、协会、研究会和地方科学技术协会组成。地方科学技术协会由同级学会、协会、研究会和下一级科学技术协会及基层组织组成。截至2013年，中国科协所属全国学会共有200个，其中作为中国科协团体会员的全国学会181个，还有19个非团体会员全国学会为中国科协业务主管。全国学会拥有个人会员428万人。县级以上科学技术协会发展团体会员。基层组织发展个人会员。全国代表大会和它选举产生的全国委员会是中国科学技术协会全国领导机构。全国委员会闭会期间，常务委员会领导中国科学技术协会的工作。常务委员会下设书记处，设置若干专门委员会。书记处在常务委员会的领导下主持中国科学技术协会的日常工作。

中国科协的主要职能包括：

**●为经济社会发展服务**

一是促进学术繁荣发展。与地方政府联合举办中国科协年会，为科技工作者开展学术交流、服务经济社会发展搭建平台；组织学科进展研究和发布活动，举办中国科协论坛、青年科学家论坛、新观点新学说学术沙龙、博士生学术年会等小型高端前沿学术交流，帮助科技工作者及时准确了解把握学科前沿动态；培育精品科技期刊，推动科技期刊国际影响力提升，着力培育世界一流精品科技期刊。

二是推进企业技术创新。开展“讲理想、比贡献”活动，推动群众性技术创新活动不断深入；发展专家企业工作站和专家服务中心，引导专家深入企业一线进行合作，开展创新方法培训，引导创新要素向企业集聚。

三是助力社会主义新农村建设。实施“科普惠农兴村计划”，表彰奖励有突出贡献的农村专业技术协会、农村科普先进集体和先进个人，引导农民实现科技致富；推进农村专业技术协会发展和科普惠农服务站建设，实现科技服务农民生活、服务农业发展和服务农村文化建设的综合效果。

四是建设国家级科技思想库。组织科技工作者围绕经济社会发展中的重大问题以及关系人民群众切身利益的突出问题，深入调查研究，积极建言献策，把科技工作者个体智慧凝聚上升为有组织的集体智慧；推动地方科协和学会的决策咨询能力水平不断提高；完善决策咨询信息平台，为科协组织充分发挥服务党和国家事业发展的科技思想库作用提供支撑。

五是促进对外民间科技交流与合作，开展双边和多边民间科技交流，巩固和拓展与国外对口组织的双边合作关系，积极承办重要国际科技会议；参与联合国经济和社会理事会咨商工作，在重要国际科技组织中发挥国家会员作用，支持全国学会和中国科学家积极参与国际科技事务；推动工程教育和工程师资格国际互认；巩固和发展与港澳台地区的民间科技交流，不断提高层次和水平，为维护港澳地区的繁荣稳定和两岸关系和平发展作贡献。

**●为提高全民科学素质服务**

一是履行科学素质纲要办公室职责。牵头实施全民科学素质行动计划，做好《全民科学素质行动计划纲要》实施工作的综合协调服务和督导检查，推动形成“政府推动、多部门联合协作、社会和公众广泛参与”的全民科学素质工作格局。

二是广泛开展主题科普活动。以未成年人、农民、城镇劳动人口、领导干部和公务员、社区居民为重点，以“节约能源资源、保护生态环境、保障安全健康、促进创新创造”为主题，广泛开展群众性、社会性、经常性科普活动，深入实施“社区科普益民计划”，把优质科普资源更多地引向农村、社区和中小学校，引入基层，以重点人群科学素质行动带动全民科学素质整体提升；组织全国科普日系列活动，组织专家学者围绕社会热点焦点问题向公众解疑释惑，营造讲科学、爱科学、学科学、用科学的社会风尚。

三是推进科普资源共建共享。广泛动员社会力量参与科普资源开发，搭建科普资源共享信息平台。促进科研、教育与科普有机结合，有效集成优质科普资源，使人民群众获得更多的优质科普资源和科普服务。组织应急科普资源开发储备。推动科普出版、科普旅游馆园、科普影视与动漫、商业科普网络等发展，提高科普产品的服务效能。

四是加强科普基础设施建设。积极推动科技馆、专业和产业科技博物馆以及中国数字科技馆建设，为社会化科普活动提供支持；加强流动科技馆建设，共建科普示范县（市、区）和全国科普教育基地，推动基层科普活动站（室）、科普画廊（宣传栏）、科普员建设，构筑覆盖城乡的科普阵地。

**●为科技工作者服务**

一是表彰奖励举荐优秀科技工作者。开展全国优秀科技工作者、中国青年科技奖、中国青年女科学家奖和中国科协求是杰出青年奖评选表彰活动；发现和举荐各类优秀科技人才，组织两院院士初遴选工作，承担国家科技奖励项目推荐工作，推荐我国科学家担任民间国际科技组织领导职务；实施“海外智力为国服务行动计划”，发挥好“千人计划”窗口单位的作用，引进海外高层次科技人才为国服务。

二是宣传优秀科技工作者。宣传在科技创新和普及方面作出突出贡献的优秀科技工作者和创新团队，重点宣传基层一线科技工作者和青年科技工作者，推动形成有利于人才成长提高的良好社会氛围；实施“老科学家学术成长资料采集工程”，大力宣传老一辈科学家的光辉事迹和崇高精神。

三是开展科技工作者状况调查。以多种形式开展科技工作者状况调查，及时了解科技工作者的基本状况和变动趋势，反映科技工作者的意见和诉求；开展科技人力资源发展研究，为党和政府制定科技人才政策提供依据；建立科学规范的科技工作者状况调查站点体系，进一步密切与科技工作者的情感交流与联系。

四是开展科技人才教育培训。开展继续教育和专门培训，推动完善科技人才评价体系，推动形成不同层次的科技人才培养体系；大力培养急需紧缺的工程技术人才、实用技术人才、农业技术致富能手和科普人才；开展工程教育专业认证和专业技术资格认证，促进科技人才成长和提高。

五是加强科学道德与学风建设。深入开展科学道德和学风宣讲，按照全覆盖、制度化、重实效的要求，广泛宣讲科学精神、科学道德、科研伦理和学术规范，引导科技工作者严谨治学、诚实做人；推动制定预防和惩治学术不端行为的政策法规，推进科学道德规范的实施，在全社会营造严谨求实、诚信守责的良好氛围。

**●加强自身建设**

一是提升学会服务能力。引导和支持学会开展学术交流和科技成果转化，提高服务科技创新的能力；积极承接政府转移的社会化服务职能，广泛开展科学普及、科技奖励、科技评价和科技人才评价活动，提高服务政府和社会的能力；完善会员服务制度，促进人才成长提高，提升服务科技工作者能力；打造高素质学会专职工作人员队伍，完善内部治理，促进体制机制创新，增强自主发展能力，努力建设适应社会主义市场经济体制，符合科技社团发展规律的现代科技社团。

二是扩大科协组织覆盖面。加强科协组织建设，促进企业、高校、街道、社区、乡镇以及各类开发区的科协基层组织健康发展，大力发展农村专业技术协会，为进一步密切同广大科技工作者的思想沟通、情感交流和工作联系，建立稳固的组织基础。

三是开展建家交友工作。广泛开展“建科技工作者之家，交科技工作者之友”工作，努力实现“哪里有科技工作者，科协工作就做到哪里；哪里科技工作者密集，科协组织就建到哪里；哪里建立起科协组织，建家交友活动就开展到哪里”的目标；加强科协理论研究和文化建设，不断提高信息化水平，加强科协系统队伍建设。

# A Brief Introduction to the China Association for Science and Technology

The China Association for Science and Technology (CAST) is a mass organization of Chinese scientific and technological workers, a bridge linking the government with the science and technology community, and an indispensible force in advancing the country's scientific and technological development.

CAST was officially founded in September 1958 by merging the two largest scientific organizations in China-All-China Federation of Scientific Societies and All-China Association for Science Popularization. By the end of 2013, CAST has grown into an organization with 200 national societies representing the top level activities of science and technology in China, a network of branches covering all parts of the country and nearly 200,000 grass-roots organizations.

Over the past 55 years, CAST has been faithfully fulfilling its duty as a bridge linking the government with the science and technology community and has made significant achievements by uniting the country-s science and technology community in promoting academic exchange, science popularization, citation of professional talents, providing policy-making consultancy, and strengthening international exchange and cooperation and has won a high reputation and respect from the public.

The present situation in China's modernization drive has set new tasks and requirement for the country-s science and technology community and at the same time has offered a wider stage for it to better play its role. CAST will conscientiously implement and put in effect the overall plan adopted at its 8th National Congress held in 2011, unite and lead all scientific and technological workers of the country in its endeavor to promote China's economic and social development, enhance science literacy of the whole nation, render a better service to scientific and technological workers and try to make new contributions to the building of an innovation-oriented nation and a well-off society in an all-round way.

Since the founding of CAST, six renowned scientists have successively served as the president of its National Committee, who are Li Siguang ( a geologist, President of the first National Committee), Zhou Peiyuan (a physicist and educator, President of the second National Committee), Qian Xuesen ( an expert in applied mechanics, engineering cybernetics and systems engineering, President of the third National Committee), Zhu Guangya (a nuclear physicist, President of the fourth National Committee), Zhou Guangzhao (a theoretical physicist, President of the fifth and sixth National Committee), and Han Qide (a medical scientist, President of the seventh and eighth National Committee).

**The purposes of CAST**

To promoting the prosperous development and popularization of science and technology, promote the upbringing of scientific and technological workers and promote the combination of science and technology with economy; reflect the opinions of scientific and technological workers and safeguard their lawful rights and interests; render service to the economic and social development of the country, to the enhancement of scientific literacy for the whole nation and to the needs of scientific and technological workers.

**The basic tasks of CAST**

——To develop academic exchange, enliven academic ideas, promote development of all scientific disciplines and encourage innovations;

—— Organize the scientific and technological workers to make contributions to the establishment of a technologically innovative system with the enterprise as its principal part to raise overall capabilities of innovation of enterprises;

—— Uphold scientific spirit, popularize scientific knowledge, and disseminate scientific ideas and methods. Defend the dignity of science, popularize the advanced technology, and develop scientific and educational activities for the young people, so as to improve the scientific literacy of the whole nation;

—— Reflect the opinions and appeals of scientific and technological workers and safeguard their legitimate rights and interests;

—— Work for the establishment and perfection of a mechanism for ensuring honesty and integrity in scientific research, and promote the ethical construction in science.

—— Organize the scientific and technological workers to participate in the making of policies and laws concerning science and technology and in the political consultation and democratic supervision over the state affairs;

—— Award outstanding scientific and technological workers and recommend to the appropriate departments or institutions the talented people in science and technology;

—— Provide advisory and consulting services on science- and technology-related issues, and promote the transfer of scientific and technological achievements;

—— Organize continued education and training programs;

—— Organize international science and technology exchanges, promote international cooperation, and develop friendly relations with overseas scientific and technological organizations and scientists; and

—— Develop undertakings in accordance with the objectives of CAST.

The China Association for Science and Technology is composed of national scientific and technological societies and the branch associations at the provincial level. Hierarchically, the local associations for science and technology are composed of societies at the same local level and associations for science and technology of a lower level, as well as various grass-roots organizations. At present, there are 199 national societies under the jurisdiction of CAST, of which 181 are its corporate members while the remaining 18 are under mandatory administration. The total number of individual members of the national societies under CAST has reached 4.28 million. Branches at the county level or above is composed of corporate members at the corresponding level while the grass-roots organizations are formed by individual members. The National Congress of CAST and the National Committee elected at the National Congress are the highest authority of CAST. When the National Committee is not in session, its Standing Committee oversees the operation of CAST. A Secretariat and a number of specific committees are set up under the Standing Committee. The Secretariat is in charge of the daily administration of CAST under the leadership of the Standing Committee.

**Highlights of the current work of CAST:**

**In the area of academic exchange and serving economic and social development**

One of the most important activities in the area of academic exchange is the Annual Meeting of CAST, which aims to boost academic exchange and provide assistance for the country's economic and social development. CAST also sponsors various kinds of conferences, symposia and forums to address issues important to science and economic and social development, and help its members with the publishing of scientific and technological journals to maintain high standards of science and technology of the country;

In industrial enterprises, CAST organizes mass innovation activities such as the campaign of making greater contributions to enterprises' innovation, regular meetings between outside experts and technical personnel of the enterprises, and innovation-related training courses;

To help improve farmers' living and promote the development in rural areas CAST has initialed and organizes the implementation of the project *Science For Farmers*, and helps villagers develop rural special technique associations and science service stations.

As one of China's top think-tanks in science and technology, CAST organizes science and technology professionals to conduct investigations on important issues concerning the country's economic and social development and people's livelihood, and providing advice for decision-making;

CAST develops bilateral and multilateral scientific cooperation and maintains friendly relations with science and technology bodies of various countries. It hosts international science and technology conferences, supports its member societies and scientists to actively engage themselves in international science and technology activities. CAST participates in the consultation the UN Economic and Social Council and facilitates the mutual and international recognition of engineering education accreditation. It also maintains friendly relations with scientific communities in Hong Kong, Macao and Taiwan;

**In the area of enhancing science literacy of the whole nation**

CAST has been appointed by the State Council the coordinating institution for the implementation of *The Outline of the National Scheme for Scientific Literacy* and is in charge of the coordination of the *The Outline*;

It sponsors and organizes science popularization activities with youth and children, farmers, urban workers, leading cadres and public servants and community residents as targeted people, such as National Science Day and the campaign Science Goes To Urban Communities.

It also emphasizes mobilizing and relying on various social sectors to develop science popularization resources. In the building of science popularization infrastructure, CAST is pushing for the sound development of science and technology museums, specialized and industrial museums throughout the country and is managing the China Digital Science Museum to support the socialized science popularization activities.

**In the area of serving science and technological workers**

CAST sponsors and organizes rewarding activities such as Outstanding Scientists of China, Chinese Young Scientists Award, Chinese Young Women Scientists Award, and the CAST Qiushi Outstanding Young Scholars Award. It cites outstanding scientific and technological talents as well as nominates candidates for CAS and CAE election. It also proposes to the related government authority projects for National Science and Technology Award. It has initialed and leads the implementation of HOME Program (Help Our Motherland through Elite Intellectual Resources from Overseas) to attract advanced Chinese scientific talents from abroad.

CAST conducts in various forms investigations on the present conditions of the country's science and technology workers so as to keep abreast their basic status and trend of change, and to voice their opinions and demands. It organizes research on the human resources development in the domain of science and technology so as to provide bases for the government in relevant decision-making.

CAST organizes continued education and professional training, implements project on knowledge updating and innovative talents cultivation. It promotes the improvement of the science and technology talent evaluation system and formulation of a talent cultivation system. CAST cultivates talents in urgent need, such as engineers, technicians, agricultural technicians and science popularization talents. It makes engineering education accreditation and specialized technology qualification identification.

CAST carries out science ethics education among science and technology professionals as well as students so as to foster among them a correct attitude towards their career. It promotes the formulation of policies and regulations to curb and punish academic misconduct and pushes for the practice of code of norms in science so as to create an academic environment of integrity.

**In the area of its own capacity building**

National scientific and technological societies are the basic constituents of CAST, so to strengthen the role of these societies in the advancement of science and technology and economic and social development is of utter importance to the capacity building of CAST itself.

CAST provides guidance and support to its member societies to facilitate the commercialization of scientists' research results and strengthen their ability to serve innovative activities. It encourages member societies to undertake some of the functions transferred from the government, such as organizing science and technology rewarding, evaluation of scientific research projects and achievements, and help them enhancing their ability to serve their members.

CAST encourages science and technology professionals working in industrial enterprises, institutions of higher education, neighborhood communities, rural areas to set up grassroots organizations under the framework of CAST.

As a mass organization of science and technology professionals, CAST has always maintained a close link with them and has defined a goal of building itself a "home for science and technology workers", aiming at "wherever there are science and technology workers, the work of CAST will follow", "wherever science and technology workers are concentrated, there is CAST organizations" and "wherever there is a CAST organization, a home for science and technology workers will be built".

# 领导同志的讲话

# 用党的十八大精神激励科技工作者<br>为全面建成小康社会贡献智慧和力量

## ——在中国科协八届三次全委会议上的讲话

（2013 年 1 月 23 日）

李 源 潮

中国科协八届三次全委会议，是科协系统深入学习贯彻党的十八大精神的重要会议。陈希同志传达了中央书记处对科协工作的重要指示精神，我们要认真学习贯彻。关于全年科协工作安排，韩启德同志要作报告。这里，我先讲点意见。

### 一、深刻把握党中央对科协工作的基本要求

党中央高度重视科协工作。1 月 8 日，刘云山同志主持中央书记处会议，专门听取中国科协党组工作汇报，提出了明确要求。联系实际学习中央书记处指示精神，我认为，党中央对科协工作的基本要求，主要有 6 个方面：一是坚持党对科协工作的领导，贯彻尊重劳动、尊重知识、尊重人才、尊重创造的方针，充分发挥科协组织桥梁纽带作用，把广大科技工作者紧紧团结在党的周围。二是围绕中心、服务大局，引导科技工作者紧扣经济社会发展需要开展科技创新创业和咨询服务，充分发挥科技第一生产力作用。三是普及科学知识，弘扬科学精神，促进全社会讲科学、爱科学、学科学、用科学，提高全民科学素质。四是培养举荐优秀科技人才特别是青年英才，推动形成有利于人才脱颖而出和充分发挥作用的良好环境。五是竭诚为科技工作者服务，鼓励科技工作者干事业，支持科技工作者干成事业，帮助科技工作者干好事业。六是以改革创新精神加强科协自身建设，提升学会能力，完善服务制度，创新联系方式，努力建设有作为、受欢迎的“科技工作者之家”。这 6 条是党中央对科协工作的一贯要求，我们要牢牢把握这些基本要求，不断开创科协工作新局面。

### 二、2012 年科协工作在继承创新中取得突出的成绩

对过去一年科协的工作，中央书记处给予了充分肯定。在党中央、国务院正确领导下，在王兆国同志、刘延东同志直接指导和韩启德同志带领下，全国科协系统以迎接学习贯彻十八大为主线，紧紧围绕推动科学发展和加快转变经济发展方式，认真履行“三服务一加强”职能，做了大量有创新、有特色、有实效的工作。比如，启动实施学会能力和科技期刊国际影响力提升计划，成功举办国际天文学联合会、世界力学家大会和中国科协年会等重要学术会议；开展“讲理想、比贡献”等群众性技术创新活动，发挥科技思想库作用，提供决策咨询报告 8000 多篇；推动全民科学素质纲要实施，新建科技馆 10 座，举办全国科普日和青少年高校科学营等科普活动 18 万场次；普遍进行科学道德和学风建设宣讲教育，评选表彰优秀科技工作者 8 万人次；开展老科学家学术成长资料采集工作，这项工作做得很好，老科学家当年奋斗的事迹、所作的贡献系统整理出来，对于启迪创新、激励后人、教育青少年很有意义；以创先争优为契机推进“建家交友”。这些工作得到了科技工作者的欢迎，受到了地方党政的好评。中央认为，全国科协系统工作扎实有力、卓有成效，团结带领广大科技工作者为提高全民科学素质、增强自主创新能力、建设创新型国家作出了重要贡献。

### 三、深刻领会党的十八大对科协工作提出的新任务新要求

胡锦涛同志代表党中央作的十八大报告是指导党和国家各项工作的行动纲领，也是做好科协工作的根本遵循。习近平总书记指出，要把学习贯彻十八大精神，作为当前和今后一个时期全党全国的首要政治任务，把全党全国各族人民思想进一步统一到十八大精神上来，把力量进一步凝聚到实现十八大确定的目标任务上来。这“两个进一步”是中央对各个系统、各个部门工作的总要求。我们要结合科协工作实际，深入学习领会十八大精神。一要深刻理解中国特色社会主义是当代中国发展进步的根本方向，引导广大科技工作者自觉把个人发展融入党和人民的事业，为实现社会主义现代化和民族复兴的“中国梦”共同奋斗。二要深刻理解贯彻落实科学发展观、加快转变经济发展方式对科技工作的新要求，团结带领科技工作者坚持走中国特色科技创新道路，为实施创新驱动发展战略贡献力量。三要深刻理解加快建设人才强国对科协工作的新要

求，更好发挥科协在举荐、培养、引进人才中的特殊优势和积极作用。四要深刻理解全面建成小康社会对提升公民科学素质的新要求，增强做好科普工作的责任感使命感。五要深刻理解促进社会和谐对科协组织的新要求，及时反映科技工作者的意见和呼声，更好地为科技工作者服务。十八大报告要整体学、全面学，更要紧密联系实际学。这5条是十八大对科技工作和科协工作提出的直接要求，我们要深入领会，站在党和国家事业全局来思考。

**四、紧紧围绕贯彻落实十八大精神，扎实做好今年科协工作**

今年是全面贯彻落实十八大精神的第一年。全国科协系统要按照中央书记处要求，整体推进学术交流、科学普及、人才工作、决策咨询、组织建设"五位一体"的工作格局，发挥科技团体和"科技工作者之家"的独特优势，更好地组织、引导、服务广大科技工作者，充分发挥科技工作者在建设创新型国家、全面建成小康社会中的重要作用。重点抓好6个方面工作。

第一，继续组织好十八大精神的学习宣传。把学习宣传贯彻十八大精神引向深入，是中央的明确要求。十八大精神的核心，用一句话概括，就是坚持和发展中国特色社会主义。要有针对性地开展中国特色社会主义教育，引导科技工作者坚定对中国特色社会主义的道路自信、理论自信、制度自信。十八大报告中有许多内容与科技工作者密切相关，要面向科技工作者组织好宣讲解读，特别是对与科技事业和科技工作者自身发展有关的内容，包括目标、政策、计划等都要很好地解读。同时，要及时了解科技工作者对落实十八大精神的意见建议，引导大家把学习贯彻十八大精神与科技创新创业有机结合起来。据科协调查，97.9%的科技工作者都阅读过十八大报告，大家对国家发展前景充满热切期待，对实施创新驱动发展战略有很高的共识。这样的共识在知识分子中很难得，要乘势引导好，把科技工作者为全面建成小康社会而奋斗的积极性创造性释放出来。

第二，积极引导广大科技工作者为增强创新驱动发展新动力、促进经济持续健康发展作贡献。我国经济发展已经进入一个新的阶段，正在从量的扩张转向质的提高。中国过去30多年的快速发展，主要是通过改革开放抓住了经济全球化的机遇，利用国际资金、国际技术、国际资源、国际市场，把它们与中国优质价廉的劳动力及土地、环境相结合，形成了全球投资、中国生产、世界销售的大循环发展格局。但这种发展格局现已难以为继，危机导致世界市场趋于收缩，国内原来的劳动力廉价优势正在逐步丧失，土地、资源环境承载力越来越脆弱，中国下一步发展只能走提升质量、提高效益之路。实现这一战略性调整，关键靠科技创新。现实生产力的发展，一靠投"资"，二靠投"技"，量的扩张主要靠投"资"，质的提升主要靠投"技"。现代科技已进入一个"苟日新，日日新，又日新"的时代，特别是网络信息技术的发展更新速度超出了我们的想象。目前，新一轮世界科学技术革命正在酝酿和突破，美欧发达国家都把科技创新作为走出危机、建立竞争新优势的战略选择，我们也要抢占先机。十八大报告把科技创新摆在国家发展全局的核心位置，提出实施创新驱动发展战略，这是贯彻科学发展观的重要立足点。科技工作者是先进生产力的创造者，是科技创新创业的主力军。科协要充分发挥自身优势，瞄准世界科技发展前沿趋势，组织开展高水平学术交流，帮助科技工作者开阔视野，选准科研主攻方向；围绕"四化"同步发展和产业转型升级中的核心关键技术，推动科技工作者开展科技攻关。支持和帮助科研人员走出大楼大院，深入生产一线，开展科技创业和科技服务，促进产学研结合和创新要素向企业集聚，推动科技成果加快转化为现实生产力。这些年我国农业发展速度很快，特别是粮食生产"九连增"，农业科技的广泛推广使用起到了关键作用。但是，农业先进科技的普遍应用，仍然是我国农业生产技术升级的薄弱环节。要继续发挥农村专业技术协会作用，促进现代农业科学技术的普遍应用。掌握先进科学的群体历来是民族的思想库。要发挥科协科技思想库作用，围绕深化科技体制改革、加快建设国家创新体系开展调查研究，为党和政府谋划科技工作全局建言献策。

第三，在培养举荐优秀科技人才、促进人才强国建设方面有更大作为。科技创新，人才为本。这些年，人才是科学发展第一资源等科学理念日益深入人心，各方面对人才工作越来越重视。十八大报告专门用一整段论述人才工作，强调要加快确立人才优先发展战略布局，推动我国由人才大国迈向人才强国，提升了人才发展在党和国家事业中的定位。科协是党和政府抓人才工作的重要方面军，要在国家科技人才队伍建设中发挥更大作用。要着眼我国科技事业长远发展、后继有人，大力宣传科学人才观，带头解放思想、解放人才、解放科技生产力。要继续实施学会能力提升计划和科技期刊国际影响力提升计划，打造具有国际水准的学术交流平台。要表彰奖励来自科研、生产一线和基层的优秀科技人才，积极发现、举荐、培养科技人才特别是青年科技人才。应该承认，中国现行的考试考评制度，不利于比尔·盖茨、乔布斯那样的特殊创新创业型科技人才崭露头角。科协作为一条社会通道，要有"不拘一格荐人才"的热情和制度，为特殊人才的社会实现铺路搭桥。鼓励学会发现和吸收崭露才华的研究生和大学生入会，帮助他们及早接触顶级课题和科学大师，为他们在人生创造力最旺盛的黄金期脱颖而出创造条件。现在，科技人员对成果评价、职称评定、项目管理、经费支持等方面的意见还不少。在政府职能转变中，一定会有不少评审、评价、评定方面的工作转给社会组织承担。科协作为中国最大、学科最全、最有权威的科技工作者群众组织，在这方面大有可为。要及时向党政领导反映科技人员的意见和诉求，推动科研管理体制改革和政策创新，积极探索在人才评价、科技评估、专业技术资格认证、技术标准和技术规范制定等方面，发挥科技团体第三方独特优势与作用的途径和办法。

第四，进一步加强科研道德建设，营造良好学术风气和科研环境。科研道德是科技工作者的立身之本，是科研事业发展的基石。人们之所以尊重和敬仰像阿基米德、哥白尼、布鲁诺、牛顿、居里夫人、爱因斯坦那样伟大的科学家，不仅因为他们创造的科研成就造福人类，还在于其崇高的精神境界和道德追求成为人类文明的示范。爱因斯坦曾经说过，是人格而非才智造就了最伟大的科学家。中国也有许多这样德才兼备的杰出科学家。刚刚获得国家最高科技奖的郑哲敏院士说，为国家服务是不可推辞的责任，如果一个人不是为群众利益工作，那么生活便失去了意义；王小谟院士患淋巴癌躺在病床上，仍与设计师讨论下一代预警机发展战略。他们的境界和追求，值得广大科技工作者学习。当然也要看到，在当今中国的市场经济条件下，科技领域也不是一块天然的净土。这些年发生在科技界的造假事件、学术不端行为、急功近利现象，在社会上引起了强烈反响。十八大报告强调要加强社会主义文化和道德建设，科技工作者的道德形象对公众尤其是青少年学生有重要的示范引领作用。中国科协联合教育部等有关部门开展的科学道德和学风建设宣讲教育，受到了科技工作者和社会各界的欢迎。科研道德建设是一项长期的任务，不可能一蹴而就。要继续把加强科学道德和学风建设作为科协工作的一个重点，按照全覆盖、制度化、重实效的要求，持续不懈地抓下去。要深入宣传和传承钱学森等老一辈科学大师的优良传统，积极宣传和弘扬像罗阳这样的优秀科技工作者时代楷模，让追求真理、淡泊名利，诚实守信、严谨治学，相互尊重、团结合作等优良科研道德在科技工作者中蔚然成风。

第五，进一步做好特色鲜明、面向基层的科普工作。科学精神和科学知识的普及是提升全民素质的基础工程。一个崇尚科学的民族才有活力和希望，现代化追赶主要是国民素质的追赶。新中国成立后，我们一直非常重视科学知识的普及，党和国家领导人积极倡导和推动，华罗庚、高士其等科学家带头做科普工作。进入科学发展新阶段，科学技术和劳动者素质越来越成为影响经济竞争力的决定性因素。据中国科协按国际通行标准调查，目前我国公民具备基本科学素质的比例还只有 3.27%，相当于发达国家 20 世纪 90 年代初的水平。社会上非科学、迷信的观念不时泛起，有时甚至引发社会问题和社会混乱。这些年，全国科协系统广泛开展科普活动，产生了很好的社会影响。但与群众对科学知识的新需求，与全面建成小康社会的新要求，与网络化信息快速发展的新形势相比，科普工作的任务还很艰巨，科普手段还需要进一步创新。中国科协要履行好全民科学素质纲要实施的牵头职责，联合有关部门共同构建社会化科普工作新格局。要继续推动高校、企业、科研院所开发开放优质科普资源，开展好多种形式的科普活动。科协实施的科普惠农兴村计划、社区科普益民计划、流动科技馆和“科普大篷车”，都很受基层欢迎。要继续组织科技工作者深入基层，送科技下乡，送科技进社区、进学校。青少年通过网络学习新知已成为常态。要积极拓展网上科普阵地，在推动建设实体科技馆的同时，花大力气建设基于网络的既方便学习新知、又能亲身体验的数字科技馆，加快形成中国特色、高水平的现代科技馆体系。

第六，以改革创新精神加强科协自身建设。科协系统所属学会几乎覆盖所有的自然科学领域，基层组织覆盖农村、企业、街道、高校、园区等基层单位。经济社会的发展变化，科技人才队伍的壮大，人才流动性的增强，都给科协组织建设提出了新课题。中央书记处要求，要以改革创新精神加强科协党建工作和科协系统基层组织建设。各级科协要从实际出发，创新思路和方式，加强组织建设。要坚持“两手抓”：一手抓学会的改革发展，深入实施“党建强会计划”，带动学会创新发展；一手抓科协基层基础工作，努力扩大组织覆盖和工作覆盖。要积极推动科协文化建设，创造开放交流的环境，搭建学术碰撞的平台，营造平等辩疑的氛围，增强对科技工作者的凝聚力向心力，建设在发展中有作为、受科技工作者欢迎的“科技工作之家”。

### 五、加强党对科协工作的领导和科协干部队伍建设

科协工作是党的群众工作和国家人才科技工作的重要组成部分。各级党委、政府要格外关心科技工作者，尤其要关心农村和企业基层科技工作者。要加强对科协的领导和工作指导，落实全民科学素质目标责任制，保障科协尤其是基层科协的必要经费，协调解决遇到的困难和问题，支持科技团体更好地履行职能。科协系统专职干部有 5 万人，这是做好科协工作的干部保证。要关心科协干部的成

长进步，加强对科协干部的教育培训，提高其综合素质和能力。要有计划地推进科协干部到科教部门和党政岗位交流锻炼，把大局观念强、协调能力强、服务意识强，熟悉科技工作者的同志充实到科协干部队伍中来。各级科协要认真落实中央改进作风八项规定精神，组织科协干部到科技工作者中去，与他们谈心交友，为他们办实事好事，树立科协干部清正务实、可亲可敬的良好形象。

激发调动广大科技工作者的积极性和创造力，是建设创新型国家的关键，科协工作责任重大。我们要紧密团结在以习近平同志为总书记的党中央周围，坚持以邓小平理论、“三个代表”重要思想、科学发展观为指导，解放思想、凝聚力量、扎实工作，为全面建成小康社会作出新的贡献！

# 认清时代责任增强创新自信　为实现中国梦奋力创新创造

## ——在第十五届中国科协年会上的讲话

（2013 年 5 月 25 日）

李　源　潮

今天，中国科协隆重召开第十五届年会，海内外科技专家齐聚山城贵阳。我代表党中央向各位专家和广大科技工作者致以亲切的问候！也向为年会提供如此宜人的绿色环境的贵州省委、省政府表示感谢！

这次年会以创新驱动与转型发展为主题，抓住了我国科学发展的关键。刚才，开幕式的主题片和主题歌很精彩，看了、听了使人心潮澎湃、梦想无限。启德主席和克志[①]同志的致辞都很精彩。这里，我也讲 4 点看法，与大家交流。

**第一，中国的发展到了以科技创新为根本驱动力的新阶段**

改革开放 30 多年来，中国的发展是世界上规模最大、速度最快、成效最为显著的现代化进程，从 1980 年到 2012 年中国 GDP 增长了 39.4 倍，居民收入增长了 30 倍，快于美、日、德高速现代化时期的最快增长率。在这一进程中，科技进步发挥了重要的支撑作用。但是，我国近 20 年经济的快速发展主要靠的是低成本劳动力、资源能源等物质要素的投入，技术进步和产业发展走的主要是引进和追赶的路子。2012 年中国煤和铁矿石的消耗量居世界第一，石油消耗量居世界第二，靠物质要素扩张的增长方式已难以为继。现在，我国经济已由较长时期的两位数增长进入个位数增长阶段，2003 年以来这 10 年，有 6 年增速在 10% 以上，3 年在 9% 以上，2012 年是 7.8%，2013 年可能还会低一些。主要原因，一是劳动力成本快速上升。近 5 年中国职工工资平均增长 1 倍多，在亚洲新兴国家中排第 3 位，远高于印度、巴基斯坦、越南、缅甸等国。二是资源环境瓶颈约束日益趋紧。石油 58% 以上要进口，铁矿石 70% 要进口，占世界铁矿石贸易总量 60%。国际金融危机以来，推动经济增长由粗放型向集约型转变更为紧迫，中国增长的外部主要驱动力即国际消费市场在收缩。目前，世界经济仍处于低迷状态，2008 年危机之后，2011 年曾恢复到 3.9% 的增长，2012 年以来又掉下去了，特别是欧美日的增长都在 2% 以下，看来这次危机不是 U 型而是 W 型的。危机带来重重困难，但危机中隐藏着重大变革和创新，新一轮科技革命和产业革命蓄势待发，新的工业革命悄然兴起。从机械革命、电气革命到信息革命，既曾为后发国家实现赶超打开了机会窗口，也曾使被边缘化的国家因赶不上主流世界的革新潮流而拉大距离，造成历史发展的断层。现在世界各国的综合实力和竞争力又到了一个新的排位期，为抢占新一轮经济、科技竞争的制高点，世界主要国家都把科技创新作为国家发展的核心战略，纷纷出台新的发展规划和竞争政策。科技创新关系国运兴衰，近代中国软弱挨打的一个深刻教训就是科学与技术落后。面对新的工业革命带来的新挑战、新机遇，我们必须大力提高科技创新能力，形成真正的科学发展新优势。党的十八大提出实施创新驱动发展战略，要求把科技创新摆在国家发展全局的核心位置，大幅度提高科技进步对经济增长的贡献率，在 2020 年使中国进入创新型国家行列。这标志着中国的发展将进入以科技创新为根本驱动力的新阶段，当代科技工作者赶上了国家创新发展的好时代。

**第二，创新驱动发展需要汇聚广大科技工作者的创新智慧**

科技工作者是科技创新的主体力量。中国改革开放势如破竹的一条成功经验，就是不断解放思想、解放人才、解放科技生产力，充分调动和激发广大科技工作者的创新

① 贵州省委书记赵克志。

智慧和创造活力。1978年中央召开全国科学大会，提出科学技术是生产力，要尊重知识、尊重人才，广大科技工作者迎来了科学的春天，创新创业的活力极大焕发。当年中科院几名科技人员在中关村创办了一个技术服务部，后来带出电子一条街，现在中关村已成为年总收入2.5万亿元、在世界上唯一可与硅谷媲美的国家高新技术产业核心区。参加今天开幕式来了许多两院院士。王选院士是我们非常敬重、非常怀念的一位科学家，他坚持“技术顶天、市场立地”，瞄准世界最先进水平，开发中文激光照排技术，使中国印刷业告别铅与火、迈入光与电，这是引领世界印刷术潮流的创新。实施创新驱动发展战略，更需要广大科技工作者的创新创造。党中央对广大科技工作者在建设创新型国家进程中发挥中坚作用充满着信任和期望。这里，我引用两句中国古话，一句是“机不可失，时不再来”，这是指中国建设创新国家正赶上历史性机遇和挑战，机遇来之不易，时机失之难再。另一句是“君子藏器于身，待时而动”，今天，这个君子就是中国知识分子，这个器就是科学和技术。掌握着科学和技术的中国科技工作者要在这个时代造就的民族机遇中顺时而动、大有作为，成为将中国建成创新型国家的开路者和奠基人。

在这里，我向全国的科技工作者提几点希望。一是希望大家把自己的科技追求与国家发展战略需要结合起来，勇攀科技高峰。现在经济社会发展对科技创新的需求十分紧迫，国家科技投入的规模和力度前所未有，去年全社会研发投入占GDP的比例达1.97%，总量已居世界第二位。科技工作者围绕国家战略需要开展科研攻关，才能得到更多的社会资源和国家支持，才能有更广阔的发展舞台和更大的成功机会。二是希望大家的创新创造能更多地走产学研相结合的路子。目前，我国年专利申请量世界第一、科技论文发表数量世界第二，但与发达国家相比，我国科技研发与经济发展的结合还不够紧密，科技成果向现实生产力转化还不够及时。硅谷有一句很流行的话，叫“快鱼吃慢鱼”，就是说谁科技成果转化快，谁就能在市场竞争中掌握先机。希望广大科技工作者瞄准国际前沿，面向产业转型升级和企业科技需求开展科研攻关，促进科研成果向现实生产力转化。科技创业空间无限。中央电视台几天前介绍，三个学新闻的大学生，从让送女朋友的礼物能从天而降萌发创意，结合自身专业需要，设计造出了简易专用的航拍无人机，现正在准备科技创业。这个例子给我们启发，当今中国科技创业的天地很广阔，希望科技界的有志者勇于走出高校和科研院所，领办创办科技企业。各级政府会在这方面加大力度给予支持。三是希望科技工作者积极履行科技服务的社会责任。有知识优势的人是我们社会的精英，而社会精英要为大众服务。昨天人民日报有篇评论很好，题目叫“科学的声音应该让大家都听见”，就是讲科学家要让科学走近大众。这些年，院士专家基层行、企业专家工作站、科普惠农兴村计划、科普大篷车、流动科技馆等，深受地方政府、企业和群众欢迎。希望广大科技工作者积极到基层去、到生产一线去、到群众中去，为地方科学决策服务，为企业创新发展服务，为提高全民科学素质服务。这次科协年会也是全国科技精英一次大规模的西部行，希望大家为贵州的发展多出主意多办事。四是希望大家进一步解放思想，支持、参与和推动科研、人才体制机制改革创新。科技体制改革的根本目的是要释放科技工作者的创新创造活力。科技工作者对科研、人才政策和体制中存在的问题感受最深，对改革最有发言权。希望大家对改革中的重点难点问题进行深入思考，提出建设性的意见建议，做改革的支持者、参与者、推动者。

**第三，抓住改革机遇，拓展学会功能，扩大科协影响**

党的十八大和今年全国两会，对深化行政体制改革、转变政府职能作出部署，核心是简政放权、转变职能，一个重点就是政社分开，发挥好协会、学会在管理社会事务中的作用。这对科协工作提出了新挑战、带来了新机遇。希望中国科协的各级各类组织抓住改革机遇，承担社会功能，拓展科协职能，扩大科协影响。这些年，中华医学会承担医疗事故鉴定，中国消防协会承担行业技术标准制定，中国汽车工程学会承担汽车轻量化、电动汽车产业技术创新战略联盟建设任务，中国粮油学会接受委托开展行业高级专业技术职称评定，中国环境学会承担环境损害评估工作，都作了成功有效的探索和尝试，为科协组织在改革中拓展职能作出了示范。改革提供了有作为的机会，有作为才能有地位。各类学会在本行业科研项目评估、科技成果评价、技术标准和科研规范制定、科技人才评价、科技奖励等方面有同行优势和人才优势，希望有条件的学会与政府部门搞好衔接，主动承接政府转移出来的改革任务，形成政府定规、学会组织、专家评审、社会监督的机制。今天，科技部的领导王志刚同志也来了，科技部大力支持这项工作。我认为，要想做好这件事，学会还要加强自身能力建设，建立选择机制、约束机制、自我监督机制，使学会在做这些工作时能负责、能问责。中国科协领导机关要加强统筹指导，及时调查研究，发现推广先进典型，把承接政府职能转移的改革任务做实做好，力争能够接得住、担得起、干得好。

**第四，强化服务科技工作者职能，把科协建成深受信赖的科技工作者之家**

服务科技工作者是科协组织的根本任务。对科技工作者的服务，关键是帮助他们成长成才成功、创新创优创业。为此要做好几件实事，一是科技工作者十分看重高质量的学术会议和科技期刊，科协要支持学会打造学术交流品牌、办好科技期刊，中文期刊重在整合资源、提升质量，英文期刊重在扩大规模、提升影响，支持和鼓励中外科技工作者加强交流合作。中国的影响正在走向世界，但中国的科技期刊还未走向世界。中国科技期刊有5000多种，其中英文的仅占5%，在SCI检索影响力最高的2000种期刊中我国只有5种，排在本学科前3位的世界顶级期刊中我国一本都没有，这与中国的综合国力和科技实力还不太相称。怎么让中国的科技成果和研究者为世界所知道？中国科技期刊要努力提高水平，加速走向世界。二是科技工作者特别渴望在成长的关键时期得到提携推荐，科协要通过表彰宣传、发展青年会员、提供交流培训机会，帮助青年科技工作者脱颖而出、实现成才梦想。三是科技工作者迫切希望有风清气正的良好科研环境，科协要抓好学术规范和科研道德建设，倡导老一辈科学家爱国奉献的高尚情操和严谨求实的科学精神。四是科技工作者经常需要帮助解决工作生活中的实际困难，科协要深入开展科技工作者状况调查，及时反映他们的意见和呼声，有针对性地提供服务。中央部署下半年在全党开展群众路线教育实践活动，科协要带头改进作风，与科技工作者广交深交朋友，真正把科协建成深受信赖的科技工作者之家。各级党委、政府要加强对科协工作的领导，积极支持科协组织更好地履行职能、发挥作用。

党的十八大以来，习近平总书记多次阐述实现中华民族伟大复兴的中国梦。中国梦是全体中国人民的梦，更是广大中国科技工作者的梦。中国梦应该包括中国人的科技梦，这就是到2020年把中国建成创新型国家、到本世纪中叶将中国建成世界一流的科技强国。53年前的今天，新中国的科考队第一次登上珠穆朗玛峰，这是人类首次从珠峰北坡攀上地球的最高点。当今中国的科技工作者也要立志攀登世界科技的最高峰。希望中国的科技工作者和祖国一起发展进步，和祖国一起奋斗成功，努力创造无愧于时代、无愧于国家、无愧于人民，也无愧于自己人生的光辉业绩。

# 抓住改革机遇　拓展学会功能　扩大科协影响

## ——在与中国科协所属全国学会负责人座谈时的讲话

（2013年5月25日）

李　源　潮

利用今天晚上的时间，我们开个调研座谈会，主要是听听大家对抓住改革机遇、推动学会发展的意见建议。刚才，8个学会介绍了这些年进行探索的情况，大家的探索很好、经验很好、建议也很好。志刚[①]同志也讲了很好的意见。这一轮政府职能转移刚刚部署，具体展开还有一个过程。改革的一个重要目的是要把现在政府承担的职能中，该交给市场的交给市场，该交给社会的交给社会。交给社会的能交给谁？交了以后会不会乱？这是个现实问题。改革要取得成功，需要政府和社会双方的努力。这里，我谈几点意见，与大家一起探讨。

**第一，改革对科协工作提出新挑战、带来新机遇**

加快转变政府职能，深化行政体制改革，是党的十八大作出的重大决策，十八届二中全会和今年全国两会作出具体部署。最近李克强总理召开了专门会议推进改革。改革的核心是简政放权、转变职能。国务院机构改革和职能转变方案提出，重点培育、优先发展科技类等社会组织，按规定需对企事业单位和个人进行水平评价的，政府部门依法制定职业标准或评价规范，由有关行业协会、学会具体认定。把学会职能写进政府职能转移文件，这还是第一次。为什么在承担政府转移职能时科技类社会组织要优先？一是因为有基础，二是一般不会乱，特别是政治上不会乱。改革要摸着石头过河，科技类社会组织这块石头比较稳当。国务院部门首批取消、下放的133项行政审批事项中，不少和科技工作直接相关。比如，取消了政府部门对社会力量设立科学技术奖登记的审批、全国农村优秀人才评选、非营利性科研机构认定等。随着改革的进一步深化，还将有许多政府职能向社会组织转移。多年来，科协一直呼吁、学会一直期盼承担更多的政府转移职能，这轮政府机构改革为学会发展提供了前所未有的机遇。一是可以发挥跨部门、跨地区、跨行业的组织优势承担政府转移

① 科技部党组书记、副部长王志刚。

职能，拓展学会功能。二是可以做大做强做优学会，培育学会品牌，提升学会的实力和影响力。品牌是社会公信度的体现，培育学会品牌非常重要，好品牌是靠做难事做出来的。比如，中华医学会就是通过承担医疗事故鉴定这件难事树立品牌的。三是可以更好地参与社会管理创新，充分发挥学会在政府和社会之间的中介作用。现在政府直接管了很多社会事务，一旦出问题，往往是群众与政府直接发生冲撞，有学会从中过渡分担一下，对于社会和谐能起到很好的协调作用。同时要清醒地看到，改革也给学会提出新的挑战。要承接政府转移职能，学会的自身能力亟待加强，学会的政府和社会认可度亟待提高，专职从业人员职业化水平亟待提升。

**第二，抓住改革机遇，承接转移职能**

中国科协所属200个全国学会，占全国性科技类社会组织的70%，集中了我国自然科学和工程技术领域最高水平的科技专家。从2003年起，中国科协支持学会在开展工程教育认证、职业资格评定等方面做了很多工作，这是科协工作的重大创新。10年来，学会在承接科技评价、人才评价、技术标准制定等方面做了大量探索。比如，中华医学会承担医疗事故鉴定，中国针灸学会承担国家针灸技术标准和规范制定，中国消防协会承担行业技术标准制定，中国汽车工程学会承担汽车轻量化、电动汽车产业技术创新战略联盟建设任务，中国环境科学学会承担环境损害评估工作，还有刚才介绍情况的煤炭学会、农学会、中医药学会也都做了很多工作，这些都是很好的改革探索。由学会承担社会管理职能是国际通行做法。比如，美国机械工程师学会制定的ASME标准通常被认为是国家标准，德国工程师协会制定的技术标准很多成为欧洲技术标准，英国皇家学会设立的10种奖章和6种奖励代表着英国科技界在本领域的最高水平。我们要抓住这轮政府职能转移的机遇，总结成功探索，借鉴国际先进经验，做好承接改革任务的准备工作。目前有必要对已经做过的改革探索、比如学术评价工作进行三方评估，一是被评价方的评估，二是使用方的评估，三是管理方的评估。通过评估就可以明显看出学会到底能不能承接政府转移职能。现在看，适合学会承接的社会职能不少，一是政府资助的科研项目评估，二是科技成果的第三方评价，三是技术标准和科研规范制定，四是科技人才的行业评价，五是公益性科技奖励。这些工作，有些是矛盾多，大家意见比较大，比如非公单位技术职称评定；有些是比较虚，比如政府资助专业科研项目的评估，钱给了，钱花了，最后效益怎么样？政府难以做切实的评估；还有的比较乱，容易出矛盾、出问题。这些工作都不好干，究竟能承接什么职能，科协、学会要很好地进行研究，看看自己具备什么条件，目前还有哪些欠缺。研究清楚，做好准备，将来的职能转移才会是有序的。

**第三，与政府部门搞好衔接，主动承接转移出来的改革任务**

政府职能转移是改革大局，一般大家都会服从。但转移过程不会一路绿灯，想吃现成饭恐怕很难。科协和学会不能被动等待，要主动做承接工作。要吃透中央文件精神，了解有关部门转移职能的部署和重点，弄明白哪些职能是要转移的，知己知彼，找准对接点。要主动与政府部门沟通，听取意见和要求，提出可行的承接方案。

**第四，加强学会自身建设，使学会承担政府转移职能工作能负责、能问责**

承接政府转移职能，能负责才能干得好、干不好要能问责。能负责就是要有过硬的服务能力。一要坚持按章办事、民主办事、公开办事，有章法才能把事情办好。要改革完善学会内部治理结构，建立选择机制、监督机制和自我约束机制，提高学会公信力。学会本质上是公益性组织，带钱、带利的职能一来就有可能产生腐败动力。二要深入实施学会能力提升计划，提高学术交流、学术评价、学术规范能力。三要加强学会人才队伍建设，提高专业化、职业化水平。能问责就是要接受政府和社会监督，形成政府定规、学会组织、专家评审、社会监督的机制，保证履行职能的公正性、公平性、公开性。

**第五，加强统筹指导，开展调查研究，发现先进典型**

改革涉及方方面面，加强统筹指导很重要。对政府部门，科协要主动衔接，反映呼声、推介学会。建议科协就此事专门给国务院写个报告。对改革遇到的问题，要加强调查研究，总结经验，提出对策。对好的典型，要及时发现推广，发挥示范带动作用，培育更多的社会信誉好、学术水平高、发展能力强、国际影响大的学会组织。

总体上，对承接政府职能转移这件事，我们要有积极稳妥的态度，要有章法，按部署进行，一方面为政府机构改革出力，一方面使学会协会拓展职能、提升能力。

（2013年5月25日，中共中央政治局委员、国家副主席李源潮出席第十五届中国科协年会时，于贵州省贵阳市召开学会改革创新调研座谈会。在听取有关情况汇报后，就学会承接政府转移职能问题发表了重要讲话。——编者注）

# 在与中国科协机关干部座谈时的讲话

（2013 年 11 月 20 日，根据记录整理）

李 源 潮

今天到中国科协机关来，主要是看望大家，和大家一起交流。负责联系一个单位，总是要当面听取大家意见，帮助解决一些问题，指导大家把中央要求贯彻落实好。我打算每年年底或年初到联系单位都走走，每年一次，形成制度。

党中央一贯高度重视科协工作。今年以来，习近平总书记、李克强总理和刘云山同志、刘延东同志等中央领导，对你们关于学会承接政府转移职能的报告集中作出重要批示，充分体现了新一届中央领导集体对中国科协寄予厚望。刚才，党组、书记处各位同志谈了分管工作，几位业务部门负责同志讲了情况，听了很受启发、很受鼓舞。总的感到，十八大以来，在启德主席直接领导和科协党组带领下，中国科协各项工作接力推进、开拓创新，取得出色成绩。听大家刚才的介绍，包括我平时的接触，我觉得，面广、量大、效果实是科协工作的一个特点。今年重点抓的 6 个方面工作，都做得很好。比如，充分发挥特色优势服务创新驱动发展战略，组织科技工作者深入调查研究，加强与地方合作，积极引进高层次人才，提升学术交流水平，特别是推进学会能力提升计划和科技期刊国际影响力提升计划，都很有成效。服务科技人才成长提高，举荐优秀创新人才，举办青少年科技创新大赛和小小科学家活动，实施老科学家学术成长资料采集工程，宣传优秀科技人物，以及打造人才奖项品牌，都很受欢迎。面向基层开展科普工作，与地方形成共建机制，开展科普日活动，建设科普网络，以及夯实建家交友基础，加强基层组织建设，都抓得很实。机关党的群众路线教育实践活动搞得很好，督导组给予高度评价。中央对中国科协的工作是充分肯定的，对全国科协系统的工作也是充分认可的。

党的十八届三中全会对新形势下全面深化改革作出部署，吹响了中国新一轮改革开放的进军号。全会决定是改革的顶层设计，内容丰富、统筹协调、环环相扣，希望科协系统认真学习、认真领会，尤其是领导班子和领导机关要带头学习好、领会好、研究好。同时还要抓好全会精神在科技工作者中的宣传解读，动员广大科技工作者为全面深化改革贡献智慧和力量。学习领会全会精神有 3 条要很好地抓住：一是统观全局深刻认识和理解全面深化改革的动因，弄清楚为什么提出这些改革措施，明白改革的必要性和重要性；二是联系实际深入分析和预测全面深化改革的影响，搞清楚新一轮改革对科协工作、对科协系统会产生什么影响；三是结合工作研究谋划如何抓住改革机遇、实现改革红利，推进科协事业发展。三中全会为科协事业发展提供了难得机遇，希望你们抓住改革机遇，不负中央厚望，积极开拓科协工作新局面，更好地为大局服务、为科技工作者服务。这里，我讲几点意见，供大家参考。

**第一，科协工作要围绕国家发展大局，强化服务意识。**群团组织是党和政府联系群众、服务群众的桥梁纽带。习近平总书记最近在与新一届全国总工会、团中央、全国妇联领导班子集体谈话时都强调，要紧紧围绕党和国家工作大局谋划和开展工作，把联系和服务群众作为工作生命线。我认为，这是对群团组织共同的要求，对科协当然同样适用。科协与广大科技工作者有着广泛紧密的联系，这是特殊的优势。把这种特殊优势充分发挥出来，把科技工作者的积极性充分调动起来，为党和国家工作大局作出不可替代的独特贡献，这是科协工作的价值所在。习近平总书记指出，群团工作要顺应时代要求，适应社会变化，善于创造科学有效的工作方法。当今时代的要求是什么？现在，我们党正领导中国人民为建设一个富强民主文明和谐的社会主义现代化国家而努力。具体来说，我们要建设的国家，经济是繁荣公平的，政治是民主法制的，社会是文明和谐的，对外是和平开放的，思想文化是改革创新的。人类历史的实践证明，创新就发展得快，保守就容易落后。历史上中国曾经是一个比较创新的国家，但也有若干时期比较保守。中国的改革开放是重要的国家体制、国家制度创新，这种创新不仅给中国也给世界发展注入强大动力。新世纪以来，中国明确提出要建设创新型国家，标志着中国的现代化建设走上了创新发展的轨道。这是中国发展方式的重大创新，也是发展制度、发展体制的重大创新。建设创新型国家对科协工作是重大机遇，也是重大挑战。一是中国发展已进入以创新驱动为根本动力的新阶段，迫切要求进一步调动和激发科技人员创新创造的活力。二是中国的发展对提升公民基本科学素养的要求越来越强烈，人民群众学科学、用科学的需求越来越旺盛，迫切需要进一步加大科普力度。这些年中国的科学技术发展很快，教育水平大大提高，但人民群众基本科学文化素养的提高还不够，显得不相称。三是科技工作者成长成才、创新创业的愿望越来越强烈，迫切要求进一步营造人才成长的良好环境。我国人才发展总的环境是好的，中国目前是世界上最适合创业的地方。但我们在许多方面也存在不利于人才成长，特别是制约拔尖人才脱颖而出的问题。这3个方面都是国家发展大局的需要，科协大有可为。有为才能有位。围绕大局需要，事情干得漂亮、干得起作用、干得有实效，就有钱、有人、有地位，就能得到更多支持。科协今年搞的现代种业调查、生物灾害防治、雾霾治理科技论证等，为什么受到中央领导的重视，受到地方欢迎？最根本的原因是顺应了国家大局需要，顺应了社会发展需要，顺应了科技人才成长的需要。

**第二，科协机关和学会要加强工作创新，提高服务水平。**现在各级党委、政府对科协工作都很支持，社会上对科协工作的期望比较高，科协工作要跟上大局需要、社会公众需要、科技工作者需要，还要进一步解放思想、开拓创新，提高服务水平。有3个方面希望你们高度重视。

一是抓住改革机遇，用好政府支持。改革是党和国家事业发展的强大动力。新时期党的每次三中全会作出的重大改革部署，都有力地推动了科协事业拓展。比如，上世纪80年代进行经济体制和科技体制改革，引领科协工作贯彻“面向、依靠、攀高峰”方针，进入了经济建设的主战场；90年代建立社会主义市场经济体制和实施科教兴国战略，推动科协把促进科技创新、加速科技成果向现实生产力转化作为工作重点；新世纪以来，完善社会主义市场经济体制和建设创新型国家，推动科协把提升自主创新能力、提高全民科学素质、服务科学发展作为中心任务。可以说，国家改革每前进一步，科协工作就拓展一步。十八届三中全会部署全面深化改革，将为科协工作在政府需要、社会欢迎、科协所长的领域充分发挥作用提供新的机遇。新中国成立以来特别是改革开放以来，科协的职能不断拓展，从服务科学普及拓展到服务科技普及，后来又增加服务科技工作者的职能，这次改革后还将承担服务科技管理的职能。加快转变政府职能，把能放给市场的放给市场，能放给社会的放给社会，政府加强监管，这是三中全会决定明确的改革精神。就科技管理职能来说，放给社会，该放和能放给谁？包括科协和学会在内的科技类社会组织是科技管理职能的重要承接平台。为什么中央领导对学会承接政府转移职能都非常重视？因为这是涉及行政体制改革和社会治理体制改革的重要环节。希望你们按照中央领导同志指示精神，有序推进、稳步推进、试点推进。刚才爱民[①]同志说的好，决心书好写，但真正上了战场，能不能攻城拔寨，要看你们的本事。习近平总书记说“打铁先要自身硬”。科协和学会要承接好政府转移职能，首先是自身能力要跟得上，能接得住、干得好，能问责、能负责。

二是顺应改革大势，用好市场机制。三中全会决定提出，要使市场在资源配置中起决定性作用。这是个重大的方向性改革，今后更多的资源要素将由市场优化配置。这就要求科协工作除了盯着政府要资源，也要注意向市场要资源，把政府支持和市场配置结合起来。你们与百度合作搞科普，就是利用市场机制配置资源的很好尝试。科协工作怎么跟上市场化改革的要求，更好利用市场机制和社会资源，要很好研究。

三是创新服务方式，用好现代传播手段。传播科学、为科技工作者服务既要有好的平台，也要注意创新方式手段。现在是网络时代，也是电视时代。网络在大众媒体中最有影响，电视在主流媒体中最有影响。充分运用网络和电视等手段开展科技普及、学术交流，为科技工作者服务，这是提升科协服务能力、扩大科协服务覆盖的重要增长点。现在，人们很多时间都在电视机前，你们可以想办法把科协的声音让电视讲出来。习近平总书记有明确要求，电视上不能一天到晚光宣传明星，要把为人民、为国家发展作出贡献的科学家好好宣传一下。你们要主动配合宣传部门，抓住机遇宣传科学家。宣传需要有好的创意和策划，用最美教师、最美医生宣传全国道德模范就是一个很好的创意和策划，大家都愿意看，电视台也愿意播。这些年无论从世界还是从中国的情况看，科学传播和科技普及的手段跟不上科技的发展和社会公众的需求。网络等新技术已成为知识传播和知识管理的重要工具，但在科普中运用得还很不够，科协要有危机感。现在，国家高度重视加强互联网的建设和管理。开展网上科普，引导青少年追求科学梦想，孩子感兴趣，家长也欢迎，直接增加正能量，完全符合国家互联网建设的方向。希望你们乘势而为，争取把网络科普纳入国家互联网建设专项规划，拿到更多国家资源，实现良性循环。要加快数字科技馆和“科普云”建设，积极运用大型社会网站，动员科学家、科技名人、创新大赛获奖者上网与青少年对话，扩大科普工作的影响力。你们实施科技期刊国际影响力提升计划做得很好，但科普杂志的影响力怎么提升？要很好地研究。

---

① 中国科协党组成员沈爱民。

**第三，科协干部要加强学习研究，提升服务能力。**科协干部主要和科技工作者打交道，工作应有科学的味道，学习研究很重要。科协有重视学习、重视研究的好传统。上世纪八九十年代钱学森同志做科协主席的时候，提出搞“科协学”，中国科协当时还专门出了一本《中国科协学》的书。现在回头看，钱老的很多思想很有启示性。他讲，“科协学就是指导科协工作实际的学问，实际工作不能盲目地干，要有理论指导，清醒地干”。我认为这个要求现在还很管用。科协干部总体素质很好，责任心强、敬业精神强、服务意识强。但要适应科协工作面临的新形势新任务，必须不断加强学习、加强研究、加强思考，提升做好科协工作的实际能力。我常想，任何一个机关干部，都面临朝哪里发展的问题。如果大家都盯着职务级别，多数人的路会越走越窄。到了一定级别总要停下来，即使你能正确对待，心里也会不高兴，总是想同样情况为什么人家上去了自己没上去。为此，还应该给机关干部开辟另一条发展的路，就是做专家的路。大多数机关干部都有条件、有能力成为专家。这样，个别人当部长，少数人当局长，多数人当专家，每个干部的发展道路都很宽。科协是一个服务专家的机关，也应该是一个培养专家的机关。希望科协领导和科协机关形成学习研究的好风气，每个同志都努力成为科协工作的专家。一要研究世界科学技术发展进步的大势。科学无国界，技术按说也应该无国界。但关键核心技术要花钱买，有时还受到国际封锁。科协机关干部要关注世界科技的发展，不一定成为某一科技领域的专家，但应该有开阔的眼界，成为了解世界科技发展大势的通才，努力推动我国科技事业赶上世界前沿水平。二要研究我国科技发展和社会进步的创新需要。现在国家有到 2020 年的科技规划、教育规划、人才规划，科技规划中的国家重大专项和国家创新体系建设，教育规划中的创新型人才培养，人才规划中的重大人才工程，都集中反映了国家创新发展的需要。科协干部对国家的重大科技、教育和人才规划要进行很好的研究，知道科协工作服务国家创新发展的着力点。三要研究科技人才的成长规律。一个国家真正的竞争力在人才。中国现在特别需要培养宏大的创新型科技人才队伍。科技人才的成长有客观规律，从专才到将才、帅才，再到大家，不同阶段需要的服务不同。科协干部要成为科技人才专家，研究科技人才的成长规律，知道怎么发现、怎么举荐、怎么为科技工作者服务，在他们成长的每个环节上及时提供所需要的帮助。同时还要做科技政策和人才政策研究的专家。了解科技政策的执行情况，了解科技工作者的思想、工作和发展情况，积极推动政策和体制机制创新，为人才成长营造良好环境。四要研究社会公众特别是基层对科普的需要。科普工作对提升公民基本科学素养、增强国家和社会的创新活力非常重要。过去我们有许多像高士其那样深受社会尊重的科普专家。现在我们国家的科普方式值得很好研究。科学技术的发展为科普工作提供了新的手段和空间，但我们使用得还不够。科协干部应该努力成为像高士其那样的科普专家，不仅会写，还要会制作、会推广，为科普事业发展贡献力量。

中国科协机关近些年充实了不少年轻干部。年轻干部的优点是有活力，弱点是对基层实际了解相对不够，要多到基层去，在基层实际工作中了解情况、增长本领。有同志讲，‘科协工作上管天，下管地，中间还要管空气”。科协工作的面确实很广，而且不断面临各种各样的新问题。现在“管空气”就是一个新问题、大问题。北京的空气从沙尘暴到雾霾，一个比一个难管。但反过来看，新问题也给科协工作提供了发挥作用的新领域。有同志反映，科协牵头实施《全民科学素质行动计划纲要》，协调地方和部门手段少、难度大。这说明做好科协工作不仅要有专门家，有多面手，还需要干部善于沟通协调，调动各方面积极性。形象点说，就是要会“钉钉子”，会“摊煎饼”，还会“弹钢琴”。用稍有点哲理的话说，就是要知大局、懂本行、干实事。大家还反映机关干部出口窄、交流难，这是个实情。大家工作中有什么问题都可以提出来，我愿意帮助你们推动解决。总之，我负责联系中国科协的工作，要落实中央精神，帮你们指点方向，同时也为你们提供具体服务，帮助解决你们自己难以解决的问题。

# 在中国科协第八届全国委员会第三次会议上的工作报告

（2013 年 1 月 23 日）

韩启德

各位委员：

现在，我受常务委员会委托，向中国科协第八届全国委员会第三次会议报告工作，请予审议，并请与会同志提出意见。

## 关于 2012 年的主要工作

一年来，在党中央、国务院的正确领导下，在王兆国、刘延东同志的直接指导下，中国科协高举中国特色社会主义伟大旗帜，深入贯彻落实科学发展观，按照中央书记处对科协工作的指示精神，团结带领广大科技工作者，紧紧围绕科学发展主题和加快转变经济发展方式主线，认真履行"三服务一加强"工作职能，在继承中创新，在创新中发展，各项工作取得新的进展。

**一、坚决贯彻中央重大决策部署，迅速掀起学习宣传贯彻十八大精神的热潮**

一年来，中国科协按照中央统一部署，紧紧围绕迎接十八大、学习贯彻十八大精神这条主线，切实把智慧和力量凝聚到贯彻落实中央提出的各项工作任务上来。认真做好代表推选工作，中国科协机关和直属单位三位同志顺利当选党的十八大代表。按照国办关于贯彻落实中共中央、国务院《关于深化科技体制改革加快国家创新体系建设的意见》任务分工要求，扎实做好中国科协牵头 2 项、参与 11 项任务的落实，以改革创新的实际行动迎接十八大。按照中央统一部署，围绕"科学发展、成就辉煌"主题广泛开展宣传活动，努力为十八大胜利召开营造良好氛围。

11 月 8 日十八大隆重召开，科协系统积极组织广大党员干部收看大会开幕式。十八届一中全会闭幕后，中国科协立即召开党组会议、党组理论学习中心组扩大会和科协机关及直属单位全体党员大会，集中传达学习十八大精神，深刻领会中央对科技发展、科技工作者和科协工作提出的新要求新任务。21 日，中国科协下发《关于认真学习贯彻党的十八大精神的通知》，要求各级科协及所属团体把学习宣传贯彻十八大精神作为当前和今后一个时期的首要政治任务，在深入学习宣传贯彻十八大精神中走在前列、做出表率。各全国学会和地方科协积极响应，结合本地区本单位实际开展了各具特色的学习宣讲系列活动，在科协系统迅速形成学习宣传贯彻十八大精神的热潮。中华医学会、中国自然辩证法研究会等全国学会利用座谈会、报告会等形式组织会员集中学习十八大报告；天津、吉林、山西、贵州、新疆等省（自治区、直辖市）科协及时召开科技界学习十八大精神座谈会。中国科协及时开展科技工作者学习贯彻十八大精神状况调查，调查报告以党组名义上报中央，受到中央书记处领导同志的好评。

**二、大力加强能力建设，服务经济社会发展迈出新步伐**

一是重点抓好学会能力建设。着眼于培养和扶持一批国内一流、国际上有影响的骨干学会，引领科技社团服务创新型国家和社会建设，在财政部支持下，启动实施学会能力提升计划，中央财政安排 1 亿元专项资金，连续三年稳定支持中国力学学会等 45 个成绩突出的科技社团，进一步提升学术影响力、社会公信力、会员凝聚力和自我发展能力。着眼于培育一批优秀英文科技期刊，推动改变我国科技期刊质量水平滞后科技发展总体水平的局面，启动实施科技期刊国际影响力提升计划，通过"以奖促建"的方式，推动创办一批代表我国前沿学科、能填补国家学科空白的全新高水平英文科技期刊，大力支持具有较强发展潜力的现有英文科技期刊，重点支持《细胞研究》等 35 种优秀英文科技期刊，提升我国科技期刊在国际相同学科科技期刊中的影响力。深入实施精品期刊工程，进一步提高中文科技期刊的质量。组织近 3500 名专家学者开展学科发展研究，发布空间科学等 23 个学科发展报告。联合中国长江三峡集团公司实施科技出版资助计划，为科技工作者学术成长提供支持。成功举办国际天文学联合会第 28 届大会和第十四届中国科协年会等重要国际国内学术会议，习近平、王兆国等中央领导同志分别出席并发表重要讲话，充分体现了党和国家领导人对加强学术交流的高度重视。第十四届中国科协年会期间，合计举办各类学术活动 1500 余项，惠及社会公众 800 万人次，年会的品牌效应更加突出。成功举办第二届中国湖泊论坛等重要行业性区域性论坛，先后举办 6 期中国科技论坛、12 期新观点新学说学术沙龙、15 期青年科学家论坛等学术交流活动，举办 2012 中国国际通信大会、第 23 届世界力学家大会、世界医学物理与生物医学工程大会等 600 多个重要国际科技会议，推动学术交流的国际影响力不断提高。截至2012年10月底，科协系统共举办境内学术会议8930场，参加会议人数140万余人次，交流论文37万篇。

二是着力提升决策咨询能力。围绕中央关注的重大问题，组织广大科技工作者深入调查研究、积极建言献策，“关于科普展教品研发与产业发展的调研报告”、“海外华人科技工作者状况调查”、“科技工作者知识产权意识状况调查”等一批调研报告得到贾庆林、刘延东等中央领导同志的重视。全面推进地方科协思想库建设试点工作，组织实施学会决策咨询资助计划，加强科协系统决策咨询信息系统和工作平台建设，努力把科协系统丰富的学术交流资源转化为决策咨询资源。中国科协年会期间，成功举办河北省党政领导与院士专家座谈会，为科学家与决策者沟通交流搭建平台。浙江、江西、北京、湖北、天津等地方科协的决策咨询工作成果丰硕，党政主要领导同志多次作出重要批示。截至2012年10月底，科协系统共提供决策咨询报告8375篇，2839篇次获得批示。

三是广泛开展群众性技术创新和科技服务活动。加大科普惠农兴村工作力度，中央财政投入资金3亿元、地方财政投入近2.14亿元，通过“以奖代补、奖补结合”方式，在全国评选表彰16384个农村科普先进单位和带头人，示范引导广大农民通过掌握新技术新知识，实现科学生产、文明生活。北京市持续开展“科技套餐配送工程”，山西省着力建设“农科110”服务体系和科普惠农绿色通道，广东省积极开展“千会服务千村”行动，推动了社会主义新农村建设。联合国家发展改革委、科技部和国资委深入推动开展“讲理想、比贡献”活动，表彰奖励了694个优秀集体和先进个人，激励科技工作者为增强自主创新能力深入开展技术革新、技术攻关和技术协作。浙江、江西等省多部门联合出台实施意见和管理办法，对“讲、比”工作和专家工作站建设予以制度保障。截至2012年10月底，全国累计建立企业专家工作站1747家，进站院士专家7000多人次，参与科技工作者201万余人次，25.2万条合理化建议获得采纳。积极深化同地方政府的合作，先后与贵州、重庆、江苏等省市签署合作协议，发挥科协人才智力优势服务地方经济社会发展。

四是深化对外民间科技交流合作。积极鼓励支持我国科学家在国际科技组织中担任领导职务，377位科学家在国际民间科技组织中担任各类职务，其中主席、副主席77人，执委或相当职务90人，我国科学家的国际话语权和影响力不断增强。中国通信学会与日本电子信息通信工程师协会－通信协会签署合作协议，云南省科协与东南亚测绘协会签署双边合作框架协议，积极探索对外科技交流合作新渠道。配合中央对港澳台工作大局，举办第四届海峡论坛·海峡科技专家论坛、海峡两岸青年科学家学术活动月、当代杰出华人科学家公开讲座活动十周年庆典及2012年在港澳公开讲座活动等系列活动，努力为促进港澳地区繁荣稳定和两岸关系和平发展作贡献。

**三、推动支持科普资源开发开放，全民科学素质工作扎实推进**

一是认真履行纲要实施工作办公室职责。组织召开纲要实施工作会议和地方全民科学素质纲要实施工作研讨会，积极开展《全民科学素质行动计划纲要实施方案（2011—2015年）》的宣讲和培训工作，进一步推动全民科学素质工作长效机制建设。围绕2015年实现我国公民具备基本科学素质比例超过5%的目标，启动公民科学素质建设共建工作，分解各省（自治区、直辖市）公民科学素质建设目标，明确全国各科学素质纲要实施部门和省级政府的目标和责任，有效调动了中央和地方两方面的积极性。广州市政府提出“十二五”末公民具备基本科学素质比例超过8%、人均科普经费达到12元的工作目标；山东省把科学素质工作融入现代化城市建设进程，大力推进“科学城市”试点创建，有效保障了纲要的顺利实施。

二是广泛开展群众性主题科普活动。围绕“食品与健康”主题，广泛开展全国科普日系列活动，习近平等中央领导同志出席北京主场活动，强调把抓科普工作放在与抓科技创新同等重要的位置，极大激发了广大科技工作者和社会公众关注科普、参与科普的热情。根据中央领导同志指示精神，策划播出《科普就在我们身边》焦点访谈特别节目，精心打造全民科学素质文艺汇演主题晚会，举办“科学家与媒体面对面”系列活动，邀请专家学者及时回应社会关切的科普问题，向公众解疑释惑。针对世界末日流言，中国反邪教协会联合中国科技馆摄制电视科普宣传片《2012世界末日，科学？荒谬？》，在中央电视台及多个地方电视台播出，获得社会好评。成功举办第27届全国青少年科技创新大赛、第12届中国青少年机器人竞赛和青少年调查体验等科技教育活动，全国参与青少年累计超过2843万人次。中国老科协科学报告团组织院士专家深入北京、河北等15个省（自治区、直辖市）开展科普报告，深受听众欢迎。中国科普作家协会评选第二届“优秀科普作品奖”，《变暖的地球》等112部作品获得奖励。中国宇航学会举办“科技与生活同行——走近中国大飞机”专题系列科普活动，4万余人参加。上海市科协构建“云中科普在线”，开设东方明珠移动电视科普专栏，受到社会好评。截至2012年10月底，科协系统组织开展各类科普活动逾18万次，受众1.7亿人次。

三是促进高校科普资源开发开放。联合教育部组织首届全国青少年高校科学营活动，北京大学、清华大学等41所教育部直属重点高校共同签署《肩负起崇高的社会责任——41所高校联合倡议书》，全国选拔5000多名品学兼优、热爱科学的高中生走进高校，亲身体验前沿科学研究、感受浓厚大学文化。各承办高校结合实际，精心设计开展了丰富多彩的活动，北京大学开放国家重点实验室，清华大学邀请杨振宁先生作成才励志报告，中国科技大学组织与少年班同学对话，进一步激发了青少年对科学的兴趣。在全国科普日期间联合教育部首次启动“高校开放日”活动，中国农业大学等全国232家高校面向社会公众开放重点实验室等科研设施，举办高校名师科普讲座等活动近千项。积极推动科研、教育与科普结合，联合科技部、中宣部、财政部组织开展国家科技计划项目中增加科普任务试点工作，在清华大学等6所高校和中国科技馆等7家场馆试点培养科普专门人才。成功举办2012年第五届中国（芜湖）科普产品博览交易会，256家国内外厂商参展，展示科普产品3500多件，交易额3.9亿元，观众12.5万人次。上海市科协启动实施支持科普创作和科普产业发展计划，公益性科普产品和服务资源更加丰富。

四是大力加强科普基础设施条件建设。启动实施“社区科普益民计划”，中央财政安排资金1亿元对全国500个科普示范社区进行奖补，广泛推动开展科教进社区、社区科普大学等活动。联合国家发展改革委、科技部、财政部印发《科普基础设施工程实施方案（2011—2015年）》。进一步拓展数字科技馆的功能，集成了40家地方科协和科技馆的科普资源，开通了数字科技馆手机报，资源总量达2.5TB，日均访问人次6.4万、日均页面浏览量近60万页。充分发挥中国科技馆的综合示范作用，继续支持有条件的地市建设科技馆，新建和改扩建科技馆10座。面向基层科普需求，实施农村中学科技馆项目，新认定397个全国科普教育基地，配发科普大篷车110辆，启动流动科技馆巡展试点，深入少数民族地区、革命老区和经济欠发达地区免费巡回展出，全年巡展41个县域，受益人数174万人次。山东省科协成立科技展教工程中心，广西壮族自治区科协启动实施“科普信息数字传递工程”，努力让更多的社会公众享受优质高效科普服务。

**四、营造良好社会氛围，促进科技人才成长提高**

一是深入推进科学道德和学风建设宣讲教育工作。认真贯彻落实习近平同志重要指示精神和王兆国、刘延东同志的明确要求，宣讲教育领导小组成员单位扩充为中国科协、教育部、中科院、社科院和工程院五个部门，坚持“全覆盖、制度化、重实效”的目标要求，按照“两个拓展、两个结合”的原则，宣讲参与单位从2011年主要集中在具有研究生培养资格的高校和中央所属研究机构，拓展到所有高校和中科院、社科院所属科研院所及其他研究机构，学科领域也从原来的自然科学拓展到社会科学；宣讲对象进一步拓展到全体研究生、高年级本科生、新上岗的研究生导师、高校新入职的教师和青年科技工作者。6月5日五部门联合召开全国科学道德和学风建设宣讲教育工作会议，就宣讲教育工作进行统一部署、周密安排。11月30日，五部门联合在人民大会堂举办2012年首都高校科学道德和学风建设宣讲教育报告会，吴孟超、徐匡迪、姚期智3位科学家结合科研实践作报告，首都高校和科研院所近6000名研究生新生参加。按照统一部署，2012年12月中旬以前，全国31个省（自治区、直辖市）和新疆生产建设兵团全部完成集中宣讲，共举办省级以上集中宣讲43场，86名院士专家作宣讲报告，近6.5万人参加报告会；12月底前各高校、科研院所普遍完成一次宣讲教育。各地科协也采取多种形式深化宣讲教育成果，上海市科协与《文汇报》合作开办“科研道德和学风建设”专栏，浙江省科协联合教育厅推动各省属研究生培养单位广泛开展师生谈心、座谈研讨、主题辩论等活动，让宣讲教育成果惠及更多的科技工作者。为充分发挥科技期刊在倡导优良学风、抵制学术不端行为方面的自律作用，2012年4月10日，中国科协千余种科技期刊共同签署《中国科协所属全国学会关于加强科技期刊科学道德规范、营造良好学术氛围的联合声明》，受到国内外科技期刊界广泛关注，国际著名的科技期刊《自然》和《科学》对此作了专门报道。

二是加大对优秀科技工作者的表彰举荐力度。为表彰罗阳同志为我国民族航空工业振兴作出的突出贡献，追授罗阳同志“模范科技工作者”称号，号召广大科技工作者学习罗阳同志矢志报国、无私奉献、追求卓越的高尚情怀和科学精神。组织开展全国优秀科技工作者评选活动，评选产生973名全国优秀科技工作者，并举办隆重的颁奖大会，赵忠贤、袁隆平、徐銤等10位同志荣获“十佳全国优秀科技工作者”荣誉称号。继续开展中国科协求是杰出青年奖、中国青年女科学家奖等品牌奖项评选工作，积极鼓励、推动学会设奖，截至2012年10月底，科协系统表彰奖励优秀科技工作者8万人次。其中，中国化学会颁发青年化学奖等6项学术奖励激励青年投身科学事业；中国水力发电工程学会颁发第四届潘家铮奖（个人成就奖）表彰作出重大贡献的科学家，深受科技工作者欢迎。深入实施“海外智力为国服务行动计划”（简称“海智计划”），与85个海外科技团体建立合作关系，新建“海智计划”

工作基地 12 家。

三是广泛宣传优秀科技工作者和创新团队。启动实施"共和国的脊梁——科学大师名校宣传工程"，支持北京大学、清华大学、上海交通大学、浙江大学、中国地质大学（武汉）和中国科技大学通过师生演校友的形式，分别排演以王选、邓稼先、钱学森、竺可桢、李四光和郭永怀为主题的校园戏剧，用老一辈科学家的卓越成就、爱国情怀和道德风范教育青少年，把个人成长成才与国家发展、人民需要结合起来，树立爱国奉献、勇攀高峰的理想信念。其中，上海交通大学排演的话剧《钱学森》获得第三届中国校园戏剧节最高奖——"优秀剧目奖"。扎实推进老科学家学术成长资料采集工程，目前已累计启动 247 位老科学家的学术成长资料采集工作，切实把党的温暖送到老科学家心里，受到科技界普遍好评。与中央电视台、《光明日报》等主流媒体合作，广泛宣传在科技创新和普及方面作出突出贡献的优秀科技工作者和创新团队。各全国学会和地方科协广泛开展形式多样、各具特色的宣传活动，北京市科协与北京电视台合作播出"科学人物"节目，讲述科学家的成长故事；中国力学学会在《中国科学报》等媒体刊登专访，集中展示我国力学领域优秀科技工作者的风采。中国科协全年重点宣传优秀科技工作者 1800 多人次、创新团队 9 个，科技工作者的社会形象更加鲜明。

四是推动工程教育国际互认。2005 年开始，按照全国工程师制度改革协调小组的部署，在有关部门的支持下开始探索提高工程教育质量和推动工程教育国际互认，由中国科协代表中国申请加入国际化程度较高、体系较为完整的国际工程教育认证互认体系——《华盛顿协议》。2012 年走访了主要的协议签约国家和地区，争取到澳大利亚、英国等主要国家有关组织的支持，正式申请的准备工作已基本就绪。积极支持和推动全国学会参与工程教育认证工作，在目前已开展认证工作的 17 个专业类中，中国科协所属全国学会独立承担 12 个专业类的认证秘书处工作。

**五、做好"建家交友"工作，桥梁纽带作用进一步加强**

一是探索学会创新发展新途径。找准学会党建与增强学会履职能力和会员服务能力的结合点，启动实施"党建强会计划"，组织开展"十百千"（即十项具有学会特点的党建活动、与百名科技工作者交朋友、惠及数以千计的社会公众）特色活动，全年资助 51 个学会，通过加强党建带动学会建设，学会履职能力、会员服务能力进一步提升。开展中国科协会员日活动，鼓励学会通过看望慰问基层一线会员、表彰奖励优秀会员、举办联谊会等形式，促进学会与会员、会员与会员沟通联系，引导学会完善会员服务机制。中国自动化学会、中国兵工学会、中国电机工程学会、中国化工学会等学会结合实际开展了特色鲜明的社会服务和会员服务活动，社会影响逐步扩大。民政部公布的全国社会组织评估结果显示，中国农学会、中国环境科学学会、中国仪器仪表学会等 3 个学会获评为 5A 级学术社团，占全部 5A 级学术社团的 100%；中国粮油学会等 19 个全国学会获评为 4A 级学术社团，占全部 4A 级学术社团的 73.1%；获得 3A 级以上评估结果的学会达到中国科协参评学会总数的 97.3%，充分展现了中国科协所属学会的风采。

二是抓好基层组织建设。按照中央"哪里有科技工作者，科协工作就做到哪里；哪里科技工作者密集，科协组织就建到哪里；哪里有科协组织，建家交友活动就开展到哪里"的要求，重点抓好高新技术产业开发区等科技人才密集地区的基层组织建设工作，企业科协总量达到 2 万余个，个人会员 313 万。以"科普惠农兴村计划"为依托，推动农技协持续健康发展，农技协数量累计增加到 10.7 万余个，个人会员达 1305 万。其中，安徽省 16 个地市全部成立农技协联合会；四川省成立农技协 1.1 万余个，个人会员 232 万。

三是探索开展新经济组织科技人员职称评定服务工作。针对近年来非公企业等新经济组织中科技工作者普遍面临的职称评定问题，在劳动人事部门的支持下，引导支持部分地方科协和学会开展新经济组织科技人员职称评定服务工作试点。目前，上海市科协在张江高新技术产业开发区及科技园区设立职称申报受理服务点，提供申报受理服务；广东省科协协助政府有关职能部门，面向全省 200 多万新经济组织科技人员开展职称评审工作；吉林省科协已获授权评审从事轻工、化工、机械、电子、纺织、医药工程专业的高级工程师和工程师；海南省科协承担全省科学研究序列初、中级专业技术资格评审；中国消防协会、重庆市工程师协会等也接受政府部门授权开展专业技术资格的考试和注册管理工作，为推动完善我国人才评价体系积累了宝贵经验。

四是深入开展创先争优和党风廉政建设。紧密结合作风建设与业务工作深入开展创先争优活动，召开创先争优座谈会，严格落实党员公开承诺，在推进科协事业发展中涌现出一批先进典型。严格贯彻中央八项规定，研究制定实施细则，加强科协干部队伍作风建设。切实加强党风廉政建设，印发《中国科协开展廉政风险防控工作实施办法》，举办党风廉政报告会和培训班，党组主要领导同志亲自作关于加强党风廉政建设的专题报告，着力打造清正务实、可亲可敬的干部队伍。贯彻实施科协代表任期制，确定中国科协重点联系专家范围，党组书记处同志带头利用出差调研机会看望著名科学家和八大代表300多人次。地方科协也积极拓展服务科技工作者的渠道和方式，河北、重庆、云南等地方科协制定出台加强和创新联系科技工作者的工作办法；广东省科协制定实施维护科技工作者合法权益的暂行办法，聘请法律顾问，开通法律服务热线，切实维护科技工作者合法权益。

在看到成绩的同时，我们也清醒地认识到，科协工作与中央的要求、社会的需求和科技工作者的期待还有差距，主要表现在：学会能力需要进一步提高，全民科学素质工作的联合协作机制需要继续完善，科技工作者参与建言献策的积极性尚未充分调动起来，基层科协组织建设依然薄弱，服务人才和服务企业技术创新的工作需要进一步加强。这些问题都是科协发展中的突出问题，迫切需要加以解决。

## 关于2013年的工作安排

2013年，是全面贯彻落实党的十八大精神、开启中国特色社会主义新征程的关键一年，也是全面建成小康社会、迈入创新型国家行列的重要一年，科协工作的总体要求是：高举中国特色社会主义伟大旗帜，以邓小平理论、“三个代表”重要思想、科学发展观为指导，深入学习贯彻党的十八大精神和全国科技创新大会精神，认真履行“三服务一加强”工作职能，围绕科学发展主题和加快转变经济发展方式主线，把做好国家科技工作和做实党的群众工作有机结合起来，把做好当前工作和谋划长远工作有机结合起来，把做好一般工作和推动重点工作有机结合起来，把做好“三服务”和推动“一加强”有机结合起来，统筹推进学术交流、科学普及、人才举荐、决策咨询、组织建设各项工作，突出重点、抓住关键，真抓实干、务求实效，为深入实施创新驱动发展战略、全面建成小康社会作出新的更大贡献。

**一、深入学习贯彻落实党的十八大精神，切实把思想和行动统一到中央决策部署上来**

按照中央决策部署，紧紧围绕坚持和发展中国特色社会主义，把学习宣传贯彻十八大精神不断引向深入。一是面向广大科技工作者深入开展中国特色社会主义宣讲教育，深化教育内容，拓展教育形式，着力引导科技工作者胸怀理想、坚定信念，以坚持和发展中国特色社会主义作为聚焦点、着力点、落脚点，不断增强科技工作者的道路自信、理论自信、制度自信，切实把学习贯彻十八大精神与实际工作有机结合，把个人发展融入国家和人民事业，为建设创新型国家贡献智慧和力量。二是组织开展科协系统对十八大精神的学习培训，采取报告会、座谈会等多种形式，组织引导广大科技工作者认真研读十八大文件，深刻领会十八大报告精神，用党的十八大精神武装广大党员干部，着力打造一支政治坚定、能力过硬、作风优良、奋发有为的科协骨干队伍，切实提升科协工作的科学化水平，在服务党和国家工作大局中创先争优。三是科学谋划科协事业未来发展，按照十八大确定的宏伟目标和任务要求，紧密围绕实施创新驱动发展战略，紧密结合科协工作实际，在服务党的群众工作和国家科技工作大局中找准工作定位，认真谋划科协事业发展全局和工作重点，把科协作为党领导下的人民团体、国家推动科技事业发展重要力量的作用充分发挥出来。

**二、以提升学会能力为导向，着力提高学术交流和服务创新的质量水平**

一是深入推进学会能力提升计划。通过“以奖促建”方式，以首批入选的45个全国学会为重点，打造一批社会信誉好、学术水平高、发展能力强的优秀学会，发挥示范带动作用，引领科技社团发展。以加强学术建设为重点，积极搭建形式多样、层次丰富的学术交流平台，打造学术交流精品，着力提升学会服务创新的能力；以积极承接社会化服务职能为突破口，支持和帮助学会更加主动地承担更多政府转移的科技奖励、成果评价、人才评价、专业技术资格认证、科技咨询等社会化服务职能，进一步拓展学会发展领域和空间，着力提升学会服务社会和政府的能力；以服务创新人才成长提高为抓手，推动学会办事机构的职业化建设，扩大会员基础，服务会员专业学术需求，回应会员诉求，不断增强学会对会员、对科技工作者的凝聚力、号召力，着力提升学会服务科技工作者的能力。同时，支持和指导省级科协加强所属学会能力建设，形成科协系统共同加强学会能力建设的良好格局。

二是实施科技期刊国际影响力提升计划。在财政部支持下，联合有关部门进一步拓展“科技期刊国际影响力提升计划”的支持范围，推动高水平英文科技期刊数量和质量均显著提升。切实加强对获得支持的35家英文科技期刊的指导，推动建立高水平的编委队伍和审稿人队伍，建立与国际接轨的管理制度，积极吸纳高水平的国际稿源，缩短稿件出版周期，争取高水平学术论文首发权和在国际学术界的话语权。继续大力推进“精品科技期刊工程”，加大对中文优秀科技期刊的支持力度。

三是打造高端学术交流平台。与贵州省人民政府共同主办第十五届中国科协年会，不断扩大品牌效应，更加注重实效。围绕世界科技前沿，支持全国学会积极申办在国际上享有盛誉的高端学术会议，承办好在华举办的第64

届国际宇航联大会等一批重大国际会议，充分利用全球优质学术资源，促进提升我国科技界在国际学术界的影响力。以促进自主创新为导向，集成学术资源，努力形成并完善不同模式、不同类型的学术交流系列，重点围绕新兴学科、交叉学科等举办高端、前沿学术交流活动。着力加强学科建设，支持学会开展学科发展研究，组织所属学会编撰出版学科发展研究系列报告，开展学科史研究，帮助科技工作者及时了解学科前沿动向。

四是面向企业开展服务创新活动。深入开展“讲理想、比贡献”等群众性技术创新活动，重点在高新技术产业密集区域培育一批示范性专家工作站和院士专家服务中心，广泛开展创新技能竞赛、创新方法培训，举办企业创新论坛，帮助企业科技工作者了解最新科技信息，服务企业技术创新。

**三、以大联合大协作为主要工作方式，着力提高全民科学素质**

一是认真履行好纲要办公室职责。牵头深入实施全民科学素质行动计划，建立完善公民科学素质建设监测评估机制，加强“十二五”中期实施情况督导检查，建立完善科学素质纲要实施长效机制。根据中共中央、国务院《关于深化科技体制改革加快国家创新体系建设的意见》任务分工方案的要求，围绕到2015年我国公民具备基本科学素质比例超过5%的目标，明确落实全国各科学素质纲要实施部门和地方政府的目标和责任，建立完善监测评估和激励支持机制，加强对重点任务落实情况的检查督察，充分调动中央和地方两方面的积极性，形成一级带动一级、层层抓落实的良好局面。

二是推动建设中国特色的现代科技馆体系。着眼于提高全社会科普服务能力，重点建设基于网络的数字科技馆，在有条件的大中城市建好用好高水平综合类科技馆和专业科技馆，在县域组织开展流动科技馆巡展，在乡镇及边远地区开展科普大篷车活动、配备农村中学科技馆，提供必要的条件和制度保障，逐步形成中国特色的现代科技馆体系。启动实施流动科技馆项目，2013年计划运行超过70个流动科技馆，覆盖全国200多个县，预计上千万人民群众特别是青少年受益。推动全国有条件的科技馆免费开放，加强流动科技馆、科普大篷车、全国科普教育基地和科普站（栏、员）建设，科普大篷车保有量超过700辆，扩大科技馆覆盖面和受益面，提升整体利用效能。

三是广泛开展群众性科普活动。拟以“保护资源环境，建设美丽中国”为主题，认真组织开展全国科普日系列活动，与北京市人民政府及有关部门共同主办北京主场活动。深入开展基层科普行动，继续实施“科普惠农兴村计划”和“社区科普益民计划”，通过“以奖代补、奖补结合”的方式，对全国优秀农村、城镇社区基层科普组织和带头人进行奖补，不断完善动员全社会力量开展基层科普工作的长效机制。加大结合社会热点问题开展科普工作的力度，继续参与全国科技周、科技下乡、全民健康科技行动等活动，把优质高效的科普服务送到千家万户。

四是促进高校、科研院所和企业优质科普资源的开发开放。继续与教育部合作组织开展青少年高校科学营活动，进一步扩大参与高校和学生规模，参与高中生预计将达到12000名，涵盖港澳台学生，并以科学营、专题营的形式逐步扩展到科研院所和企业，吸引广大青少年学习科学、体验科学、激发创造力。在全国科普日期间联合教育部等组织开展全国高校科普开放日活动，推动和支持高校、科研院所和企业的实验室、博物馆、陈列室及其他教学（科研、生产）设施向公众开放，举办科普讲座、科普展示等活动，提高优质科普资源开发开放力度。组织开展高校科普创作与科技传播试点，积极组织高校师生和科技社团开展科普创作和科技传播活动，培养科普创作传播骨干人才和团队。

**四、以优化人才成长环境为重点，着力培养举荐优秀科技人才**

一是扎实开展科学道德和学风建设宣讲教育。深入贯彻落实习近平等中央领导同志的重要指示精神，以加强社会主义核心价值体系建设为导向，坚持“两个拓展、两个结合”原则，在2012年基本实现“两个拓展”的基础上，重点推动“两个结合”，即集中宣讲与经常性教育有机结合，着力推动科学道德教育纳入本科生和研究生培养的必要环节，成为科研人员经常性教育内容，逐步使全国科学道德和学风建设常态化、长效化；坚持教育与制度、监管（包括监督和惩处）有机结合，推动建立完善合理有效、公开公正的学术不端行为查处制度，使监督惩处成为治理学术不端行为的必要举措。联合教育部、中科院、社科院、工程院召开全国科学道德和学风建设工作会议，继续举办首都高校科学道德和学风建设报告会和省级集中宣讲报告会。

二是推动发现培养急需人才和后备人才。积极配合“千人计划”，发挥好“海智计划”作为海外高层次人才联系窗口的作用，通过与海外科技团体签约、建立基地，进一步加强同海外华人科技团体和华人科学家的沟通联系，支持海外专家为国服务。扎实开展继续教育和专门培训工作，配合科技人员知识更新工程和“创新人才推进计划”，扩大继续教育示范基地建设试点，着力培养企业急需的工程技术人才、城镇社区急需的实用技术人才和农村急需的农业技术致富能手。深入开展青少年创新实践活动，发挥好青少年科技创新大赛等竞赛活动的重要作用，着力培养科技后备人才。

三是大力表彰举荐优秀科技人才。充分发挥同行认可的基础性作用，继续做好国家科技奖励和两院院士推荐工作，积极举荐我国科学家担任国际民间科技组织领导职务。改进推荐和评选方式，充分发挥全国优秀科技工作者、中国青年科技奖、中国青年女科学家奖和全国学会主办的88个科技奖项的示范引领作用，推动建立具有权威性和公信力的优秀科技人才表彰奖励体系，拓宽科技工作者成长成才的通道。加强与各类优秀科技工作者的重点联系工作，努力使他们更加紧密地团结在党的周围。

**五、以建设国家级科技思想库为抓手，着力提高决策咨询能力和水平**

一是深入开展科技工作者状况调查。把5年一次的面上调查与每年开展的专项调查相结合，开展第三次全国科技工作者状况调查，精心组织、周密部署，确保科学、准确了解和掌握全国科技工作者在分布状况、生活状况、就业方式、业务方向、流动趋势、价值观念等方面出现的新变化新问题，及时反映科技工作者的现实需求和利益关切，畅通党和政府与科技工作者联系的渠道。配合科技工作者状况调查，进一步加强科技工作者状况调查站点体系建设，优化科技工作者调查站点结构。研究发布《中国科技人力资源发展研究报告》，及时准确把握科技人力资源规模、分布和结构的变化，为科学决策提供依据。

二是打造决策咨询品牌。组织广大科技工作者特别是担任人大代表、政协委员的科技工作者，围绕经济社会发展中的重大问题，深入调查研究，推出一批有分量、有影响的调研报告，努力把个体智慧上升为有组织的集体智慧。推动建好26个地方科协国家级科技思想库试点，实施好学会决策咨询资助计划，加强中国科协决策咨询数据库建设，着力提升科协系统决策咨询能力水平。着重办好《科技界情况》和《科技工作者建议》两份内刊，进一步提高调研成果报送质量。围绕全国人大和国务院相关部门要求，组织和动员全国学会参与立法咨询，为社会主义民主法制建设贡献智慧。

三是研究塑造科技界良好社会形象。深入实施老科学家学术成长资料采集工程，有步骤地做好采集资料的整理、研究和二次开发工作，逐步建立完整系统的中国现代科学家学术成长资料库，梳理科技人才成长规律，推动形成新中国的学术传统。加大“共和国的脊梁——科学大师名校宣传工程”的实施力度，重点宣传一批为新中国科技事业作出卓越贡献的科学大师，支持一批高校学生剧团创作排演以近现代著名科学家为主题的话剧或歌剧，作为学校传统剧目传承下去，用更加鲜活的科学家形象教育青少年，引领时代风尚。充分利用电视电影、书籍报刊、话剧等文化载体，大力宣传老一辈科学家、优秀科技工作者和创新团队的光辉事迹和崇高精神，塑造好维护好我国科技界良好社会形象和国际形象。

**六、以广泛开展“建家交友”活动为载体，着力加强组织建设**

一是加大党建工作力度。坚持以加强党的执政能力建设和先进性、纯洁性建设为主线，紧密联系科协工作实际，努力加强思想建设、组织建设、作风建设、制度建设和反腐倡廉建设，不断提高科协党建工作的科学化水平。深入开展“党建强会计划”，坚持分类指导的原则，建立健全学会党建指导员制度，资助学会党组织开展有特色的支部共建、建言献策、服务会员等活动，抓好党支部共建活动，不断扩大学会党组织覆盖面和党的工作覆盖面。支持鼓励学会创新发展，引导学会进一步优化内部治理结构，完善会员服务制度，推动办事机构的职业化建设，夯实学会创新发展的基础，不断提升学会履职能力和会员服务能力。

二是大力加强基层组织建设。着眼于扩大科协组织覆盖面，重点加强农技协及乡镇、高校、社区、企业、园区等科协组织建设。要善于把增强基层组织活力与开展业务工作有机结合起来，着力加强高校科协建设，支持高校科协把开展学术交流、科学普及与科学道德和学风建设等活动有机结合，促进高校科普资源开发开放，倡导优良学风；着力加强企业科协组织建设，推动企业科协从企业科技人员创新需求出发，把开展“讲理想、比贡献”活动与服务企业技术创新有机结合，着力培育企业创新人才和团队，增强科协组织对企业科技人员的凝聚力向心力；着力加强基层农技协建设，把推动实施科普惠农兴村计划和增强基层科普服务能力有机结合，努力把创新要素引向农村、引入农户，支持有一定规模影响、辐射带动作用较强的农技协做大做强。

三是服务基层科技工作者。重点做好新经济组织科技工作者职称评定服务工作，进一步扩大试点范围，帮助企业科技工作者提升职业技能和学术地位，促进更多科技工作者向企业流动。以中国科协代表中国申请加入《华盛顿协议》并争取被接纳为预备成员为契机，引导和支持全国学会积极参与工程教育认证试点，争取更多的专业认证委员会秘书处设在中国科协所属全国学会，承接和参与工程教育专业认证工作，为基层科技工作者提供优质高效的认证服务。

四是积极推进科协文化建设。根据中共中央、国务院《关于深化科技体制改革加快国家创新体系建设的意见》确定的任务分工方案，落实引导科技工作者自觉践行社会主义核心价值观的任务分工，联合中宣部等有关部门研究制定科学文化建设纲要。大力宣传科技界普遍认同的核心价值理念和行为准则，搭建活动平台，拓展文化载体，培育具有鲜明时代特征的科协文化。通过建立基层联系点、示范点等形式，鼓励和引导学会积极探索新形势下联系和服务会员的新思路、新举措。继续举办中国科协会员日活动，密切与科技工作者的感情交流和工作联系，不断增强科协组织的吸引力凝聚力，切实把中国科协建成“科技工作者之家”，使各级科协干部成为“科技工作者之友”。

各位委员、同志们！

伟大的时代、艰巨的任务，赋予广大科技工作者和各级科协组织光荣的使命。让我们高举中国特色社会主义伟大旗帜，更加紧密地团结在以习近平同志为总书记的党中央周围，同心同德、振奋精神，求真务实、锐意进取，为全面建成小康社会、不断夺取中国特色社会主义新胜利而努力奋斗

# 在第十五届中国科协年会开幕式上的致辞

（2013 年 5 月 25 日）

韩 启 德

尊敬的李源潮副主席，

各位来宾，同志们，朋友们：

今天，我们在我国首个国家森林城市贵阳，召开第十五届中国科协年会。这次年会的主题是“创新驱动与转型发展”，我们将按照“大科普、学科交叉和为举办地服务”的定位，广泛开展学术交流，举办科普活动，组织决策咨询，从而进一步发挥科技社团在推动实施创新驱动发展战略方面的独特作用。在这里，我谨代表中国科协，向出席年会的各位领导、专家学者以及海内外嘉宾表示热烈的欢迎，向给予本届年会大力支持的贵州省委、省政府以及各有关单位表示衷心的感谢！

创新驱动与转型发展，是我国当前经济发展中的核心问题，就是要求我们的经济发展不能再单纯依赖要素的投入，而是要走以提升质量和效益为核心的内涵式发展道路。创新与转型的根本支撑，就在于科学技术的进步与普及。离开了科技发展，没有强大的原始创新能力，必然还是走老路，就离不开低水平的规模扩张，加剧资源消耗，增大环境压力，根本谈不上打造中国经济的“2.0 版”。

纵观近代以来大国兴衰的历史，国家之间的竞争归根到底是科技能力的竞争，国家现代化的基础归根到底是科技现代化。一百多之前张之洞就说，“世运之明晦，人才之盛衰，其表在政，其里在学”，什么是“学”？就是学术，是科技和教育。特别是对我们这样一个处于转型升级阶段的国家，科技和教育是真正的命根子，既管当前，又管长远，抓好科技和教育，是当务之急，也是百年大计。

所以我认为，要实现民族复兴“中国梦”，基础是实现一百多年来中国人的“科技强国梦”和“教育兴国梦”。这两个梦是根本，也是先导。如果不先实现这两个梦，“中国梦”就没有根，就没有魂。我们必须站在这样的历史高度来认识科学技术的伟大力量，从而真正把科技发展摆在更加突出的战略位置。

党中央对科技支撑发展寄予厚望。习近平总书记在看望出席全国政协十二届一次会议委员并参加讨论时强调，实施创新驱动发展战略，是加快转变经济发展方式、破解经济发展深层次矛盾和问题的根本措施。他特别要求，广大科技工作者要有信心、有勇气，不断增强创新自信，努力为实现“中国梦”贡献智慧和力量。这是党和人民寄予广大科技工作者的殷切期望，也是历史交给我们这一代人的重任。作为全国科技工作者的组织，中国科协要按照总书记的教导，牢记自己的使命，团结带领大家全心全意为国为民奉献，在新的历史阶段建功立业。

借今天这个机会，我想就科协工作中的三个问题，与大家交流讨论。

**第一个问题，关于提升科协的社会服务能力**

中国科协是一个人民团体，是中国科技工作者的学术共同体。推动我国科学技术进步是她的重要使命之一，她不是清谈馆，不是象牙塔，她与我们国家经济社会的发展紧密相连，必须努力服务国家和社会。

服务国家和社会，首先是进一步推动学术交流，这是科技社团服务社会和科技工作者的基本方式。学术的发展必须靠交流，尤其是当今科学技术的发展趋势，越来越离不开跨学科的交叉、融合，封闭必然导致落后，交流才

能实现创新。作为拥有200个全国学会的中国科协，近年来培育了中国科协年会、中国科技论坛、新观点新学说沙龙、青年科学家论坛等品牌，在推动学术交流方面发挥了不可替代的作用。同时，结合我国科技期刊的发展现状，科协积极开展精品科技期刊工程和科技期刊国际影响力提升计划，推动创办了一批高水平中英文科技期刊。这些都为广大科技工作者更好地交流学术成果、拓宽研究思路搭建了很好的平台，我们要坚持下去，做好做实。

学术交流不应局限于学术共同体内部，科学家不能也不可能脱离社会，只有对社会负责，社会才有可能长期稳定地为科学研究提供支持。随着我国政府职能的转变，越来越多的专业资格认证、科研成果评估、人才表彰奖励等等职能将交由具有较高学术地位和社会声望的科技社团来承担。这是机遇、也是挑战，科技社团要尽快适应社会管理改革新的形势，尽快承担起新的社会责任来。近年来，很多学会已经进行了很好的尝试，比如，广东省食品科技学会创办的学会科技服务站，仅仅不到三年，就帮助企业修订或制订18项食品国家标准和食品原产地工艺标准，开展157次科技咨询服务，取得了很好的社会经济效益。

“打铁还需自身硬”，要提升科协的社会服务能力，就必须加强科协的自身建设。科技社团作为科学共同体的组织形式，它的活动体现着共同体的价值体系、制度约束、行为规范和内部治理的传统准则，必须严格按照共同体运行规范。要加强管理，提升能力，强调公益服务，维护学术团体的公信力，更要杜绝各种违法违纪行为。

**第二个问题，关于加强科协在提高全民科学素质中的作用**

要服务国家经济社会发展，不仅要靠尖端科技，更要靠全民科学素质的提升。这好比竞技体育与群众体育的关系，奥运会拿金牌令人振奋，但如果老百姓普遍都缺乏体育锻炼，都是病怏怏的，拿再多金牌也算不上是体育强国。

这些年来，中国科协采取了各种生动活泼的方式来推动公众科学素质的提高，比如，广泛开展全国科普日系列活动，举办全国青少年科技创新大赛，评选优秀科普作品奖，推动各地科技馆建设和免费开放，推动高校、科研院所、企业、博物馆、地质公园等科普资源向公众开放，增加科技“大篷车”、启动流动科技馆巡展和配置农村中学科技馆等等，取得了比较好的实效。但也不得不承认，我们做得还很不够，对社会的发动面不够广，影响不够大。我国全民科学素质与发达国家还有很大差距，不仅掣肘自主创新发展，而且也是有些公众对某些社会热点、焦点问题缺乏理性态度和认识的原因之一。

提高公民科学素质，重要的是在全社会弘扬科学精神，引导公众正确理解科学。科学追求真理，但科学并不代表真理，不一定总是正确。科学借助于一系列越来越严密和先进的方法通向自然、越来越近似地描述、解释和预见自然，科学的精华和可贵之处在于尊重事实和规律。我们的科普工作不仅要传播科学知识，更重要的是要让广大群众深刻体会以崇尚理性为精髓的科学精神，理解一代又一代优秀科学家，以追求客观真理为目标，自由探索、理性质疑、执着求新，为人类的进步、幸福和自我解放而不懈奋斗的精神气质，让科学精神广泛渗透进中国社会和现代文化之中，成为大众文化的一部分。

提高全民科学素质，需要向公众提供大批好的科普作品。近年来，我国科普书籍和影视作品从量到质都有了明显的提高，但还缺乏具有重大影响的精品，在新型媒体里的传播更加不够。要出科普精品，需要方方面面的努力，包括政府的支持，但最重要的还是要有广大科技工作者的积极参与，大家应该把出好的科普作品当作与出科技成果一样重要的责任。《十万个为什么》家喻户晓，50多年来五度新版，销售超过1亿册，长盛不衰，影响了几代人的成长，是一个范例。现在第六版即将在7月份正式出版，全书18卷，60多万字，7000余幅彩图，内容几乎全部更新，以后还将配以漫画、动漫、游戏等多种形式作品。值得提出的是，100多位两院院士担任编委会的编委，与600多位科学家一起亲自参与写作，举行了150多场编撰研讨会，这种对科普工作的热情和付出，令人感动。我相信，只要大家继续重视，相信我国科普园地里一定能绽放出更多这样绚丽的奇葩。

随着信息技术的迅速发展和广泛应用，媒体对社会和公众的影响越来越大。科普工作要与各类媒体紧密合作，通过媒体接近公众，提高科普的实效。近年来，中国科协曾策划播出了“科普就在我们身边”焦点访谈特别节目，邀请专家学者在媒体上及时回应社会关切的科普问题，向公众释疑解惑。此外还举办了“科学家与媒体面对面”系列活动，让记者朋友们首先接受科学知识，从而使得媒体在一些热点焦点问题上保持正确的科学导向，引导公众理性思考。这些都是成功的实践，今后还要花更大的精力，更加创造性地开展工作，让媒体更多地参与到公民素质提高的工作中来。

**第三个问题，关于发挥科协系统的智库作用**

前面我讲，科技工作者要全心全意为国为民做奉献，这里也包括要为各级政府的科学决策建言献策，提供智力咨询。钱学森同志于1956年回国伊始，就向中共中央、国务院递交“建立我国国防航空工业的意见书”，直接促进了我国“两弹一星”工程的及时启动。在我国“两弹”

研制成功之后，邓稼先同志根据国际形势发展，向中央提出及时开展地下核试验的建议，为我国取得了宝贵的先机。上世纪80年代中期，面对世界高技术蓬勃发展，国际竞争日趋激烈的形势，王大珩、王淦昌、杨嘉墀、陈芳允四位科学家向中央提出“关于跟踪研究国外战略性高技术发展的建议”，后来形成了“863计划”，在关键时刻为我国前沿技术研究和高技术跟上世界发展潮流起到了重要的作用。上世纪90年代初，我国科学家建议开展载人飞船工程研制，并正确定出了“三步走”的发展战略，为我国航天事业发展起到了关键性的作用。这些都是科技工作者为我国发展提出战略性、前瞻性、全局性、又有可行性建议的范例。

前不久，中央领导强调，智库是国家软实力的重要组成部分，要高度重视、积极探索中国特色的新型智库的组织形式和管理方式，采取有效措施引导各类智库加强自身建设，积极建言献策，为中央决策提供高质量的智力支持。我们应该把科协建成具有科技特色的高水平的国家级智库。

科协发挥智库的作用，一定要突出自己的优势和特色。我们的优势在于联系着6000万科技工作者，我们的特色在于科技。其实科协开展决策咨询是有传统的。早在1962年，沈其益等66名专家在中国植物保护学会成立大会上，联名提出“关于当前农作物病虫害防治工作的紧急建议”，得到中央采纳，并在中共八届十中全会公报上得到具体反映。近年来，中国科协先后提交了“抗生素类药物滥用的公共安全问题研究”、“电子文件管理机制研究”、“第二次全国科技工作者状况调查”等调研报告，受到中央高度重视和充分肯定，决策咨询工作的影响也越来越大。科协的《科技工作者建议》已经办了30多年，《科技界情况》也一直是中央领导十分关注的内刊，是广大科技工作者抒发思想、建言献策的重要平台。现在的关键是要发挥好科协的组织网络特点，及时准确地把科学家的个体智慧凝练升华为有组织的集体智慧，这就需要我们采取多种灵活有益的方式，博观而约取、形成精华，“七十二溪成一瀑，合流飞落玉渊长”。

同志们、朋友们，

上面我提到的三个问题，合起来其实是一个问题，就是科技社团如何为国家的经济社会发展服务。“得其大者可以兼其小，未有学其小而能至其大者也”，只有把我们个人的梦想、团体的梦想、专业的梦想融入到宏大的国家梦民族梦之中，我们才能获得不竭的力量。

这次中国科协在贵州举办年会，具有特别的意义。贵州是风光迷人的“天然公园”。自古以来就是苗、瑶、布依等各族同胞的美好家园。苗瑶人民的蜡染技术，至今仍颇为流行。苗瑶医药的接骨伤科，尤为特效。贵州的“茅台烧”、“茅台春”在道光年间已负盛名。来到贵州，我们不能不想起英国皇家学会会员、世界级探矿专家谌湛溪，著名医学家施今墨，不能不想起许肇南先生，他是我国水利电力的先驱，开创了我国水电专门教育。

从经济社会发展水平上来讲，贵州还是欠发达、欠开发的地区。但是，贵州政府和人民对科技的重视程度，超过了很多发达地区。近年来，贵州自觉、主动地探索走新型工业化道路，依靠科技进步，发展循环经济，正朝着建设“绿色贵州”的目标努力前进。可以说，科技发展正在为贵州的老百姓创造更加美好、更加便捷、更加幸福的生活，贵州的前途将无比光明远大。

中国科协与贵州的合作也十分紧密。3年前，中国科协在贵州凯里举行了“黔东南苗族侗族自治州生态文明建设试验发展研讨会”，会后17位中国科学院和中国工程院院士联合撰写了对黔东南州生态文明建设的研究报告，我们把这份报告以中国科协党组文件的形式报给党中央，中央领导高度重视，作出重要批示，直接推动了《国务院进一步促进贵州经济社会又好又快发展的若干意见》的发布，对贵州发展推动很大。在这次科协年会上，我们将围绕科技前沿发展、科技创新中的重大问题组织大会特邀报告和年会分会场活动，将组织邀请参加年会的院士专家参与面向学校、社区、企业、农村的各类科普活动，还将围绕贵州经济社会发展中的重大和全局性的关键问题，组织专题调研、设立专题论坛和党政领导院士专家座谈会，目的是要把先进的科学研究成果带到贵州，把科学精神引入贵州，让贵州科技界和全国科技界建立更加密切广泛的联系，帮助贵州尽快实现生态与产业的和谐发展。

同志们、朋友们，

生命的意义在于服务社会。对当代中国的科技工作者而言，我们生逢其时，更应该深刻理解这个命题并践行自己的使命。如果从洋务运动算起，中国的有识之士引入现代科学已经一个半世纪了，这一百多年来，我们一直在追求着科技强国之梦。今天，我们离这个梦想的实现是如此之近，对此我们都要有充分的自信；但要真正实现这个梦想，又注定充满艰辛，需要无悔地付出。对每一位志在圆梦的科技工作者而言，“不惟有超世之才，亦必有坚忍不拔之志”，我们要百折不挠、奋发向上，能进一寸进一寸，得进一尺进一尺，积跬步以至千里，积小流以成江海，共同创造中国科学的飞跃，推动民族伟大的复兴，让我们的科技梦、中国梦早日实现！

谢谢大家！

# 在2013年全国科学道德和学风建设宣讲教育工作电视电话会议上的讲话

（2013年6月6日）

韩启德

同志们、朋友们：

今天，中国科协、教育部、中国科学院、中国社会科学院、中国工程院联合召开2013年全国科学道德和学风建设宣讲教育工作电视电话会议，总结经验，部署工作，对于引导广大科技工作者高扬科学精神的旗帜、自觉践行社会主义核心价值体系、凝聚智慧和力量为实现中国梦而努力奋斗，具有重要意义。刚才，陈吉宁、陈骏、黄伯云、李定、晋宝平等同志做了很好的发言。袁贵仁同志系统总结了2012年科学道德和学风建设宣讲教育工作，对今年工作进行了周密部署，很全面、很有针对性，我都同意。下面，我讲几点意见。

**一、以中国梦引领科学道德和学风建设**

崇高的理想信念从来都是科学道德的基石。我国老一辈科学家始终把爱党、爱祖国、爱人民作为人生的最高境界，自觉把个人志向与民族振兴紧紧联系在一起，对祖国和人民无限忠诚。不论遇到多少艰难困苦，他们都坚定理想信念不动摇，执着追求、不懈奋斗，展现了最优秀的科学道德与高尚品德。就像钱学森同志所表达的，“为使同胞能过上有尊严的幸福生活，我将竭尽全力，和中国人民一道建设自己的国家”。在新中国科技事业和社会主义现代化建设中，一代又一代科技工作者心怀崇高理想，志存高远，勇攀高峰，坚持真理，诚实守信，形成了以“两弹一星”精神、载人航天精神为代表的伟大的时代精神，取得了辉煌成就。

党的十八大对党和国家事业发展作出了全面部署，提出了“两个百年”的宏伟目标。党的十八大以后，以习近平同志为总书记的党中央，提出了实现中华民族伟大复兴的中国梦。这是全体中国人民的共同梦想和奋斗目标，也是科技工作者的理想追求和历史重任。实现中国梦的基础，是实现“科技强国梦”和“教育兴国梦”；科技强国和教育兴国的根本，在于培养造就大批德才兼备的一流人才，在于营造执着攀登科学新高峰的科研环境，在于为新发现新突破厚培土壤的科学素质。我们要站在这样的全局高度来认识科学道德、科学精神的重要意义，以中国梦引领科学道德和学风建设全面深入开展，引导科技工作者自觉践行社会主义核心价值体系，凝聚智慧和力量在实现中国梦的伟大征程中更加奋发有为、做出新的更大贡献。

**二、努力把科学道德和学风建设不断推向深入**

科学道德和学风建设宣讲教育工作自2006年启动以来，取得了显著成效，习近平同志作出重要指示，对这项工作予以肯定并提出更高要求，刘延东同志、李源潮同志等中央领导也给予积极评价并提出了明确要求，科技界乃至全社会一致支持和赞许。应该说，做到这一点，非常不容易。我认为，关键是抓住了三个环节，第一，选准突破口。科技界和教育界联手推动，后由五部门协同开展，首先在研究生新生中，进而面向全体研究生、高年级本科生、新上岗的研究生导师、高校新入职的教师和青年科技工作者开展宣讲教育，抓住了源头、抓住了关键。第二，一级一级抓落实。始终按照“全覆盖、制度化、重实效”的原则，结合高校、科研院所、企业等不同类型单位的特点，逐一推动各单位的宣讲教育工作，着力推动覆盖更多的科技工作者，取得实实在在的效果。第三，大师言传身教。通过邀请受人尊敬的优秀专家学者讲授亲身经历，让大家对科学大师们执着真理、严谨治学的精神感同身受，经受心灵的震撼。这些实践证明行之有效的做法，我们今后要继续坚持下去，同时根据新的形势和实际情况，全面深化科学道德和学风建设工作。

一要继续抓好科学道德和学风建设宣讲教育。按照“两个拓展、两个结合”的目标要求，努力把宣讲教育拓展到所有高等院校和研究机构，拓展到自然科学和社会科学各学科领域，逐步使宣讲教育全面覆盖研究生、本科生、大学教师和青年科技工作者。把集中性宣讲与经常性教育有机结合起来，积极推动将科学道德教育纳入本科生和研究生培养环节，成为科研人员经常性教育内容，真正实现科学道德教育的常态化、长效化。把宣讲教育与制度、监管有机结合起来，抓紧完善学术规范等相关制度，积极推动科研诚信立法，对学术不端行为形成强大的威慑。

二要重视发挥科技社团的自律功能。规范学术行为、倡导科研诚信是科技社团的应有职责。要发挥科技社团自律机制和自我纠错机制的作用，组织同行科学家对那些专业性较强、不易被甄别、难以界定的不端行为作出科学判断，使科学研究始终处于同行的检验、批判和监督之中。把学术自律和社会舆论监督有机结合起来，通过各种渠道和多种方式积极倡导科学道德行为规范，弘扬求真务实的科学精神，形成民主讨论、平等待人、严肃批评的学术氛围。树立正确导向，引导科技社团成员遵守学术规范，坚守学术诚信，完善学术人格，维护学术尊严，使求真求实成为大家的自觉行动。

三要切实加强舆论的正面引导。良好的舆论导向是科学道德和学风建设的重要保障。要重视发挥新闻媒体的舆论导向功能和教化功能，在全社会营造健康向上的思想道德环境。通过各种宣传媒介，大力宣传老一辈科技工作者的优良传统，宣传科教界的治学典范和明德楷模，广泛传播科学道德规范、行为准则和法律法规，大力弘扬求真务实的科学精神，积极营造尊重科学、诚实守信的良好风尚。

**三、要努力形成加强科学道德和学风建设的强大合力**

近年来，中央对加强科学道德和学风建设作出了一系列部署，各有关部门和单位出台了一系列规范科研行为的法律法规、政策性文件和学术规范，对规范科研行为、改善科研诚信发挥了积极作用，学术不端行为和学风问题也得到了一定遏制。但也要清醒地看到，加强科学道德和学风建设是一项长期的工作任务，是一项复杂的系统工程，不可能一蹴而就，必须常抓不懈，合力推进，一抓到底，努力形成政府部门、科研机构、高等院校、科技社团等协调配合、各司其职，社会各界广泛参与，科技人员自觉行动的良好局面，形成共同推动科学道德和学风建设的强大合力。

希望各级科技主管部门、科研机构和科学共同体把科学道德和学风建设作为共同责任，发挥各自优势，明确相关责任，搞好协调配合，抓好工作落实。要加快建立系统规范的科学道德教育制度，使学术规范成为专业技术训练的一个重要组成部分，特别是要加强对在校本科生、研究生的科学规范训练，使他们在学生时期就养成良好的科学道德规范意识。要健全符合不同科技活动特点的科技评价体系，根据基础研究、应用研究和公益性研究的不同特点确立评价导向，确保评价过程的公开透明，维护评价的权威性和公信力。要完善科技投入结构，合理确定稳定性支持和竞争性投入比例，为科研人员心无旁骛地开展科研活动提供良好条件。科技社团要进一步完善适合本学科领域特点的科研诚信规范，加强科技期刊的科学道德建设，切实完善自我约束、自我管理等内部治理机制。

希望广大科技工作者在科学道德和学风建设上更加严格自律，坚定理想信念，恪守科学道德，牢记社会责任，自觉做科学道德的践行者、倡导者。“久要不忘平生之言，亦可以为成人矣。”每一个科技工作者，既然选择了阳光下最圣洁的职业，就要对科学怀有一份担当，对社会负起一份责任。从事科学研究工作，不仅要从个人好奇心出发去发现问题、解决问题，也要本着科学精神，对科学研究负责，如实公布科学发现，确保实验数据的准确、可重复、可检验，努力为人类增添新的知识财富。与此同时，要对社会负责，既要深刻把握经济社会发展需求，解决国家发展中的难题和症结，自觉承担科学普及的责任，又不能唯利是图、唯速是图，要自觉主动评估科研活动的社会伦理风险，尽力防止和排除科研成果的不当运用。

希望各级党委政府切实提高对科学道德和学风建设重要性紧迫性的认识，把科学道德和学风建设作为全民思想道德建设的重要组成部分，作为社会主义核心价值体系建设的一项重要内容，与全民思想道德建设和社会主义核心价值体系建设一并筹划部署，一并督促落实，加强统筹协调，建立和完善相应的目标责任制和问责制度，努力为科学道德和学风建设创造有利条件，提供坚强保障。

在这里，我也特别希望德高望重的科学家积极支持和参与科学道德和学风建设的宣讲教育工作，大家已经为中国科技发展贡献了才智和心血，人生经历更具有感召性，亲身讲授更具有示范性，为了年轻一代的科研队伍接过我们手中的接力棒，为中国的科技事业创造新的辉煌，应该身体力行地为科技事业长远发展培育一批追求真理、富有创新精神的、负责任的新成员，支持他们用好手中所掌握的知识和能力，努力开创中国科技事业的新天地。

同志们，坚守科学道德，倡导良好学风，是一项长期而艰巨的任务，也是科技界、教育界义不容辞的责任。相信在大家的共同努力下，科学精神必将绽放新的光辉，在科学文化的深深扎根和引导之下，中国的科技事业定将迈向新的高度。希望广大科技工作者积极投身科学道德和学风建设，自觉践行社会主义核心价值体系，为实现中国梦贡献智慧和力量。

最后，祝本次会议取得圆满成功！

# 在全国科普日十周年座谈会上的讲话

（2013 年 9 月 15 日）

韩启德

各位代表、同志们：

今天，我们在北京召开全国科普日十周年座谈会，目的是回顾总结全国科普日活动开展十年以来所取得的成绩和经验，研究安排今后一个时期的科普工作，更好地鼓励引导全社会积极支持科普事业。首先，我代表中国科协，向长期以来关心科普工作、支持科普事业发展的各部门、各地方以及社会各界，表示衷心的感谢！向全国广大科协工作者、科普工作者致以崇高的敬意！

刚才，徐延豪同志总结回顾了全国科普日开展十年来的总体情况，对下一步工作也提出了很好的设想，我都同意。4 位同志介绍了开展基层科普的有效经验，做了非常好的发言，最好的经验都来自于基层，我们听了很受启发、很受鼓舞。这里，我想谈三点看法。

**第一，实现中国梦关键靠科技，基础在于全民科学素质**

党的十八大明确提出“两个百年”奋斗目标和创新驱动的发展战略。创新只有扎根全民族科学素质提高的沃土，才能根繁叶茂。提高全民科学素质，是一项崇高的事业，也是一项艰巨而又紧迫的任务。

经过多年的努力，我国科普工作成效明显，全民科学素质显著提高，据统计，2006 ~ 2012 年科协系统举办各类科普活动逾 150 万次，参与公众超过 13 亿人次。但同国际上比较，我们的公民科学素养水平与发达国家和地区相比还有很大的差距。特别令人担忧的是，一些不科学的观念和行为依然比较严重的存在，愚昧迷信在某些地区还较为盛行。很多人相信所谓的“大师”，却不相信科学，包括我们有些领导同志，前不久，我转呈了 49 位海外科学家联名给中央的一封信函，作为在海外生物领域长期从事科学研究和高等教育的华人科学家，他们普遍对近年来社会上对转基因技术非理性化和妖魔化的现象十分忧虑，中央领导对此高度重视。中国科协和相关部门近期联合主要媒体组织开展了一系列转基因技术的科普活动，对引导社会舆论起到了积极作用。我举这个例子，主要想说明，科普工作的开展任重而道远，这是关系到中华民族伟大复兴中国梦的一项基础性工程，我们更要加倍努力，不辱使命、不负众望。

**第二，做好科普工作关键在于弘扬科学精神、惠及人民群众**

关于如何做好科普工作，刚才 4 位同志谈了很好的意见，来自基层的长期实践是最可宝贵的经验。我认为：

首先，要大力弘扬科学精神。科学精神是科学赖以生存和发展的根基，凝聚了科学实践的优良传统，贯穿于科学知识、思想和方法之中。《科普法》把提高公众科学素质的工作，规范为普及科学技术知识、倡导科学方法、传播科学思想、弘扬科学精神，这其中，科学精神是灵魂。一个真正具备科学素质的人也必定是科学精神内化于心的人，具备了科学精神，才能以客观、理性的态度认识世界、看待生命，理解人生。科学精神的力量能使我们尊重事实、追求真理、反对迷信、避免盲从，引导我们客观的看待事物、理性的思考问题。因此，我们既要在普及科学知识方面进行卓有成效的工作，又要在科学精神的弘扬、科学思想的宣传和科学方法的传播方面加大力度。

其次，科普工作一定要贴近群众。科普工作本质上是一项群众工作，成效如何关键看内容是否贴近群众，满足需求。目前，我国公众普遍感觉科学家离我很远、科学很枯燥。促进公众理解科学、参与科学、支持科学，最好的办法就是组织科技与公众的互动，引导科学家积极生动地介绍科研最新发现、展示科技创新成果，推广科学理论方法，展望科技发展前景。这方面，我们也开展了很多尝试，比如前段时间举行的首次太空授课活动，全国 8 万余所中学 6000 多万名师生同步组织收听收看，这堂生动的太空物理演示课，对于激发青少年对太空、对科学探索的向往产生了非常好的影响。再比如科协最近开展的“科学家与媒体面对面”，由院士专家从专业的视角解读转基因技术，效果很好。我们要总结和发扬这些好的经验做法，立足基层实际，根据当地群众的文化背景、民生需求、资源条件、生活环境等不同情况，针对百姓关心的自然灾害、生命安全和疾病疫情等情况，开展科普活动，组织专家学者做科学解释，让科技更加贴近公众、惠及人民。

此外，要用好信息和传媒手段。目前，我国网民规模达到 5.91 亿，互联网普及率达到 44.1%，公众通过网络获得科技信息的占到 26% 以上，搜索引擎、即时通讯等工具已成为公众获取科技信息的主要渠道。最近，我比较关注果壳网，这是一个提供科技主题内容的社交网站，内容很生动，讨论的科技问题与人们生活密切相关，每月有600万访问量，在青年中很有影响。中国科协的中国数字科技馆日均页面浏览量近60万页，是数字科普内容的主要提供源，但这与互联网的巨大影响力相比还远远不够，网络科普的潜力和空间都很大。我们还要积极拓展网上科普阵地，花大力气建设基于网络的既方便学习新知识、又能亲身体验的数字科技馆，赋予科普工作以时代元素和时代表现，提升人们参与科普的兴趣和热情。我们还要多出版一些好的科普读物，这方面群众的需求是很大的。刚刚出版的第六版《十万个为什么》8月13日首发，第一次印刷1万套，几乎是在第一时间全部抢光。在上海书展期间，被评为“最有影响力的十本新书”之首。为配合今年科普日活动，第二次印刷2万套今天也会陆续投放全国书店。

**第三，提高全民族的科学素质需要全社会共同努力**

提高全民族科学素质是国家一项长期任务，也是全社会的共同责任。需要各级政府、各有关部门齐心协力，更需要社会各界和广大公众大力支持。科学素质实施工作办公室各成员单位要树立一盘棋思想，充分发挥优势，坚持联合协作，互相理解、互相支持、互相配合。各级科协要强化任务落实，要切实履行好全民科学素质纲要实施的牵头职责，积极做好综合协调、服务联络等工作，把力量凝聚起来，把行动协调起来，推动形成政府推动、多部门联合协作、社会力量广泛参与的工作格局。中国科协与各省（区、市）签订公民科学素质建设共建协议，明确地方的目标和责任，下一步要在共建协议覆盖全部省（区、市）基础上，督促各地把目标任务分解到市、县，以责任制促落实、以责任制保成效，形成一级抓一级、层层抓落实的工作局面。要进一步完善监测评估体系，把人民群众满意作为评价工作的最高标准，把群众评价、专家评价和市场检验有机结合起来，做到科普有组织、有活动、有考核，真正把科普工作切实做好。

同志们，做好科普工作是我们大家共同的事业，我们每一位从事科普工作的同志都要尽自己最大的力量在弘扬科学精神、传播科技知识方面发挥积极作用。科学家和科技工作者应该将科普工作视为科学事业不可分割的一个部分，放在与科研同等重要的位置，勇做科普的“开路小工”，及时将科研成果和科技创新最新进展向公众传播普及，把科学的种子播撒在每个人的心间。《书》曰：“一日二日万几”，科普工作更是一步一个脚印、一点一点积累才能看到明显成效的。希望广大科技工作者、科普工作者勇于实践、扎实工作，在提高全民科学素质的实践中做出新的业绩！

# 在2013年首都高校科学道德和学风建设宣讲教育报告会上的致辞

（2013年9月24日）

韩启德

各位院士专家，同志们：

今天，中国科协、教育部、中国科学院、中国社会科学院、中国工程院、北京市人民政府在人民大会堂联合举办2013年首都高校科学道德和学风建设宣讲教育报告会。回顾一年多来科学道德和学风建设宣讲教育取得的积极进展，我们既为取得的扎实成效感到高兴，也更加感受到肩负的责任。郑哲敏、张海鹏、杜祥琬三位院士专家莅临今天的大会，并亲自为同学们作专题报告，我代表主办单位向他们表示衷心感谢！向出席今天会议的同学们表示热烈欢迎！

这里，我想讲三点看法。

第一，加强科学道德和学风建设，既是对科技工作者的基本要求，更是科技助力实现“中国梦”的崇高追求。理想信念是人生不可或缺的精神支柱，既决定着个人成长的方向，更关系着国家和民族未来的发展。十八大以来，习近平总书记多次提出并阐释实现中华民族伟大复兴的“中国梦”，中国梦是民族的梦，也是每个中国人的梦，更是一代代科技工作者的理想和追求。从“科学救国”到“科技强国”，我们的前辈科学家始终追随着国家强盛、民族复兴的光荣梦想，不懈努力、做出了卓越成就。我们要坚信中国梦能够实现，并愿意为之奋斗终生，要有“天下兴亡、匹夫有责”，“家事、国事、天下事，事事关心”的使命感和家国情怀，自觉把个人理想和国家梦想融合起来，做爱国的公民、敬业的学者、诚信的同行、友善的专家，通过努力工作、刻苦钻研、大胆创新，把我国早日建设为科技强国，以实干为理想筑基，用科技为梦想插翅，用一个一个“科技梦”助力“中国梦”。

第二，加强科学道德和学风建设，必须大力弘扬科学精神、发展科学文化。我们一直所强调的科学道德，不仅是科学规范的问题，更是一种文化，一种精神。从事科学研究的人，应该自始至终都是为了追求真理，而不是为了别的。求真之心重一分，则名利之心轻一分！只有秉承科学精神，才能真正尊重事实、崇尚理性、追求创新，才能逐渐形成高尚的情操、坚强的意志、非凡的品格，理性地面对未来、思考人生和社会。著名学者黄侃曾言，“学问之道有五,一曰不欺人；二曰不知者不道；三曰不背所本；四曰为后世负责；五曰不窃。”在我国，弘扬科学精神和培育科学文化的任务长期而艰巨，但只要我们恪守治学之责、为学之道，一点一滴，坚持做下来，科学道德和学风就能得到切实改善，中国的科技事业就一定能够走得稳、走得快、走得远。

第三，加强科学道德和学风建设，必须高度重视科技工作者的道德自律、从迈向学术生涯的第一步抓起。在树立科学道德的过程中，自律的作用比他律更重要、更有效、更持久，这对于刚刚进入科学研究领域的青年科技工作者尤为重要。爱因斯坦曾对从事科学研究的年轻人说：“如果你们想使你们一生的工作有益于人类，那么只懂得应用科学本身是不够的。”只有具备高水准的科学道德修养才能够使人们在运用科学知识时真正懂得善与恶、荣誉与耻辱、正义与非正义的区别，知道该做什么、不该做什么。陶行知曾言，“千教万教教人求真，千学万学学做真人”，广大青年科技工作者，在学术生涯的起步阶段，更要特别注重培养内在的道德需要，养成自强不息的精神，培养自我教育、自我约束和自我发展的能力，努力从道德自律走向道德自觉，把献身科学，追求真理，作为自己的良心、义务、荣誉、节操和幸福所在，内化为创新求索的力量源泉。

最后，我谈三点期望，与大家共勉。第一，希望大家多一些追求。在科研活动中，自始至终执着坚持对真理的信仰，求真务实、勇于创新；不为艰难险阻所惧，执着探索、勇攀高峰；不为个人得失所困，团结协作、淡泊名利；不为自利享乐所惑，服务社会、忘我献身，以我松柏性、求得雪中青！第二，希望大家多一点思考。任鸿隽说过：“学子暖姝，思想锢蔽，乃为科学前途之大患。”要真正开启“求智”之门，养成独立深入看问题、想办法的习惯，学会深入调查研究，具备“去伪存真”的能力，“慎思明辨敏于行”；要在掌握他人先进科学技术的同时，以质疑和批评的眼光，深刻分析、深入思考，从科学发展规律和自身实际中找出方向，形成自己的判断和思想。第三，希望大家多一分坚守。李白有诗云，“海岳尚可倾，口诺终不移”，既然我们选择了人类最崇高的事业作为终身职业，就一定要有一份担当。科学研究是阳光下最纯净的事业，有其特殊的研究和行为规范，更有其特殊的精神气质，我们心里必须要有一份坚守。我想借用林肯的一句话，与广大科技工作者共勉，“每一个人都应该有这样的信心：人所能负的责任，我必能负；人所不能负的责任，我亦能负。如此，你才能磨炼自己，求得更高的知识而进入更高的境界。”

我相信，大家一心投身中国梦的伟大实践，把中国梦作为人生目标的“靶心”，围绕这个目标而努力奋斗，一定能形成“同心共筑中国梦”的强大力量，推动中华民族复兴中国梦的早日实现。

预祝本次科学道德和学风建设宣讲教育报告会取得圆满成功！

# 在中国科协第八届全国委员会第三次会议闭幕式上的讲话

（2013 年 1 月 23 日）

陈　希

各位委员、同志们：

在大家的共同努力下，中国科协八届三次全委会议圆满完成各项议程，就要闭幕了。会议传达了中央书记处关于科协工作的指示精神，李源潮同志代表党中央出席会议并作重要讲话，委员们审议通过了韩启德主席代表常委会所作的工作报告，并围绕贯彻落实中央指示精神和李源潮同志讲话，认真做好今年科协工作，进行了深入交流研讨。委员们一致认为，这次会议取得圆满成功。一是中央领导的重要讲话意义深远，饱含了对科技工作者的深厚感情，表达了对科协事业发展的殷切期望，提出了新时期科协工作遵循的重要方向，大家精神振奋、信心十足。二是工作报告总结过去一年的工作实事求是，部署 2013 年工作全面系统，具有很强的指导性。三是会风为科协系统作出了表率，主题鲜明、议程紧凑、务实高效，委员们认真履职、畅所欲言，提出了许多有建设性的意见和建议。会后，中国科协书记处将及时召开会议认真研究如何贯彻落实好会议精神，对委员们提出的有可能落实的意见在今年工作中尽快加以落实，尚需要进一步研究谋划的，在今后工作中注重推动解决。

今年是全面贯彻落实十八大精神的开局之年，也是为全面建成小康社会奠定坚实基础的重要一年。关于今年科协的工作，中央的要求十分明确，工作报告的部署系统具体，当前的关键是抓好落实，把各项任务完成好。下面，我谈几点意见。

**第一，抓好中央精神的传达学习和贯彻落实**

党的十八大对未来五年党和国家各项事业发展指明了方向，中央书记处关于科协工作的几点意见，李源潮同志在全委会议开幕式上的讲话精神和刘延东同志在听取全民科学素质行动计划纲要实施情况汇报后的讲话，体现了中央对科协工作的要求、对广大科技工作者的期待，是做好今年科协工作的指南。科协系统要在思想上、行动上与中央保持高度一致，认真学习领会中央的精神，准确把握中央的重大决策部署，努力把中央的要求转变为做好工作的强大动力，更好地团结带领广大科技工作者把力量凝聚到实现党的十八大确定的目标任务上来，为加快建设创新型国家、全面建成小康社会做出新的更大贡献。要紧紧围绕党和国家事业发展认真谋划未来五年发展和明年的重点工作，准确把握新时期中央对科协工作的新要求，从发挥好科协作为党的群众工作和国家科技工作这两个方面重要力量的作用出发，梳理工作思路，调整工作部署，突出工作重点，采取有力措施，抓住机遇、有所作为，在实施创新驱动发展战略，加快转变经济发展方式，培养造就规模宏大、素质优良的人才队伍，提升公民科学素质，促进社会和谐等方面，推动科协事业发展再上新台阶。要及时向上级党委、政府或学会支撑单位报告中央指示精神，进一步争取对科协工作的重视和支持，切实提高推进科协事业发展的能力和水平，努力实现十八大之后科协工作的良好开局。

**第二，集中精力抓好今年十项重点工作**

1．深入学习宣传贯彻党的十八大精神。学习贯彻十八大精神，是当前全党全国的首要政治任务。习近平总书记在新一届中央政治局第一次集体学习时强调，要把坚持和发展中国特色社会主义作为学习贯彻党的十八精神的聚焦点、着力点、落脚点，明确指出要把全党全国各族人民思想进一步统一到十八大精神上来，把力量进一步凝聚到实现十八大确定的目标任务上来。李源潮同志讲话指出，要深刻领会党的十八大对科协工作提出的新任务新要求，并提出了“五个深刻理解”的目标要求。这两个“进一步”是对各系统、各部门工作的总要求，“五个深刻理解”是对科协工作的具体要求，我们要结合实际，认真学习领会，准确把握。一是有针对性地组织开展中国特色社会主义宣讲教育，把学习教育活动与宣传解读十八大报告有机结合，与创新驱动发展战略的目标任务有机结合，与科协业务工作有机结合，引导科技工作者认真学习十八大报告和习近平同志近期的重要讲话，进一步增强对中国特色社会主义的道路自信、理论自信、制度自信，更加坚定自觉地为实现社会主义现代化和民族复兴的“中国梦”努力奋斗。二是按照中央对弘扬社会主义核心价值体系的要求，组织凝炼科技界广泛认同的价值理念，研究制定科学文化建设纲要，引导科技工作者积极践行社会主义核心价值观，努力成为全社会理想信念、精神境界和职业道德的楷模。三是在科协系统把学习贯彻十八大精神引向深入，领导干部要示范带头，在科协系统形成认认真真、原原本本地学习十八大报告的良好氛围，把十八大确定的方针政策和目标任务与实际工作有机结合，具体化为科协系统的工作思路和重要举措，转化为推动科协事业发展的强大动力。

2．扎实开展科学道德和学风建设宣讲教育。在中国科协、教育部的共同推动下，科学道德和学风建设宣讲教育工作于 2011 年启动，当年就基本实现了对所有研究生培养单位新入学研究生宣讲教育的全覆盖。2012 年，按照中央领导的指示精神，中科院、社科院、工程院参与到这项工作中来。五部门坚持“全覆盖、制度化、重实效”的总体要求和“两个拓展、两个结合”的原则，继续深入推进宣讲教育，开展宣讲教育的机构由具有研究生培养资格的高校，拓展到所有高校和中科院、社科院所属科研院所及其他研究机构，学科领域从自然科学领域拓展到人文社科领域；宣讲对象由研究生新生拓展到全体研究生、高年级本科生、新上岗的研究生导师、高校新入职的教师和青年科技工作者。同时，着力推动集中宣讲与经常性教育有机结合，在坚持开展集中宣讲的同时，积极推动将科学道德和学风建设教育纳入本科生和研究生培养过程，成为必要的培养环节，同时面向教师和科研人员开展经常性教育；着力推动教育与制度、监管（包括监督和惩处）有机结合，既确保宣讲教育规范有序进行，又把制度建设和监督惩处作为治理学术不端行为的必要举措。经过努力，宣讲教育已经成为各研究生培养单位更加自觉的意识和更加主动的行动，部分高校和科研单位已经把宣讲教育纳入教师和科技工作者的培养环节，学术诚信的制度建设进一步完善。今年要重点做好 4 项工作，一是加强宣讲教育的分级分类指导。根据本科生、研究生、研究生导师、其他教师、科技工作者的不同特点，先易后难，有目标、分阶段，从实际出发、按人才培养的规律办事，从面向研究生新生的集中宣讲教育开始，逐步向难度较高的群体推进，最终推动科学道德和学风建设取得实质性的显著成效。二是组织开展分级的集中宣讲。由于科技工作者分散在高校、科研院所、企业等不同类型的单位，其所在单位隶属关系和管理体制较研究生更为复杂，要着力推动宣讲教育覆盖到更多的科技工作者，在继续举办首都高校科学道德和学风建设宣讲教育报告会和省级集中宣讲报告会的同时，鼓励各高校和科研院所开展本单位的集中宣讲。三是通过制度规定将宣讲教育纳入研究生培养环节，包括开展教育的工作制度、科研领域的规范和学术不端行为的查处制度等。2013 年国家将全面启动研究生教育综合改革，以此为契机，中国科协、教育部等将联合出台关于加强研究生及研究生导师科学道德和学风建设的指导性文件，把宣讲教育作为研究生教育的一个必须环节，推动研究生培养单位建立宣讲教育长效机制。同时，着力推动健全完善各项相关制度（包括学术规范）和科学有效的学术不端行为查处制度，严肃认真地针对具体事件实施查处，积极参与推动科研诚信立法，真正实现科学道德教育的常态化、长效化。四是组织好宣讲专家队伍。宣讲教育效果，很大程度上取决于宣讲专家。要在现有宣讲专家基础上，继续邀请受人尊敬的优秀专家学者加入到宣讲队伍中来。目前要加紧筹备两会之后召开全国科学道德和学风建设宣讲教育工作会，力争把会开好开实。五是积极探索学会参与科学道德和学风建设的有效途径和方式，支持学会强化科学共同体的自律机制和自我纠错机制，主动规范学术行为、开展学术诚信教育，弘扬创新精神、倡导严谨治学、推动学术诚信。把科技期刊作为加强科技道德规范和学风建设的重要阵地，加强编审者队伍建设，恪守职业道德，明确署名责任权利，严格遵循职业规范，切实发挥科技工作者和科技期刊从业人员在科学道德建设中的作用，提升科技团体的道德水平和公信力。在开展学术交流活动时，注重引导不同学术观点的自由争论和相互尊重，提倡理性怀疑和学术争鸣，营造鼓励创新、鼓励冒尖、尊重个性、宽容失败的良好学术生态。

3．深入推进学会能力提升计划。学会是科协组织的重要组成部分，也是国家创新体系不可或缺的重要组成部分，承担着促进学科发展、培养科技人才、推进自主创新、发展创新文化等重要职责。我们提出要把提升学会能力作为推动科协整体工作质量提升的突破口，努力打造一批社会信誉好、发展能力强、学术水平高、服务成效显著、内部管理规范的优秀学会，大幅提高学会服务创新、服务社会和政府、服务科技工作者的能力和水平，支持学会在服务中不断增强自身发展能力。中国科协 2012 年启动实施学会能力提升计划，中央财政安排 1 亿元专项资金，通过“以奖促建”的方式连续三年稳定支持中国力学学会等 45 家科技社团。今年，学会能力提升计划必须获得会员认可、社会赞赏，看到实实在在的效果。一是着力抓好考核评估工作。设计科学合理的考评指标，对列为重点示范的45家全国学会能力提升专项的实施情况进行定期评估，切实督促提升学术交流质量，办好科技期刊，打造奖励品牌，完善内部治理结构，健全会员服务体系，扩大会员规模，推动办事机构的职业化建设，用实际工作成效争取有关部门继续支持学会能力提升计划的深入实施。二是搭建高水准的学术交流平台。巩固中国科协年会品牌效应，进一步扩大年会影响力和吸引力。充分发挥新观点新学说沙龙、中国科技论坛等系列活动的示范作用，鼓励学术争鸣，活跃学术氛围，促进学科交叉融合，引导学会打造学术活动精品。支持全国学会争取国际上具有较高权威性和影响力的学术会议到中国来开，争取较高声望的国际学术组织把办事机构设到中国，同时大力支持我国科学家进入国际科技组织担任重要职务，积极参与重大国际科学研究计划，努力提升我国在国际科技领域中的影响力和话语权。邀请国际知名科学家来华讲学并作专题交流。三是积极支持全国学会更多地承担政府转移职能。积极探索在人才评价、科技评估、专业技术资格认证、技术标准和规范制定等方面发挥好学会作为第三方的独特作用，与有关部门联合开展第三方科技评估的试点工作，支持更多学会参与重大技术路线的论证、科研项目前期的可行性研究、项目指南编制工作、项目中期检查、项目后评估等科技评价工作，稳步推进地方科协开展非公企业科技工作者职称评定服务工作，以推动我国工程教育与国际互认为契机，支持全国学会承接和参与工程教育专业认证工作，争取更多的专业认证委员会秘书处设在学会。四是带动地方科协积极行动起来，重视和帮助所属学会提升能力，中国科协将对支持学会能力建设取得显著成效的省级科协予以奖补，形成中国科协和地方科协共同推动学会能力提升的良好局面。

4．大力实施科技期刊国际影响力提升计划。科技期刊的国际地位和影响力直接反映了一个国家的科技、经济和社会发展水平，是体现科技竞争力乃至综合国力的重要方面。当前，我国的科技期刊发展质量、水平和国际影响力，与我国科技事业快速发展的国际形象和经济大国的国际地位很不相称。2012年，我们启动实施了科技期刊国际影响力提升计划，通过“以奖促建”的方式，推动创办一批代表我国前沿学科、能填补科技期刊学科空白的高水平英文科技期刊，同时大力支持具有较强发展潜力的现有英文科技期刊，重点支持《细胞研究》等35种优秀英文科技期刊，提升我国科技期刊在国际相同学科科技期刊中的影响力，进而提高我国科技成果发表平台在国际上的影响力和竞争力。今年，中国科协将联合有关部门进一步拓展支持范围，推动高水平英文科技期刊数量不断扩大、质量显著提升。一是切实加强对获得支持的25种英文科技期刊的指导，支持创办10家左右英文科技期刊，引导期刊不断提高优秀学术论文鉴别能力，提高对国际国内一流稿源的吸引力，争取科研成果首发权和科技国际话语权。二是加快建立高水平的编委队伍和审稿人队伍，同时邀请国际范围内学术大家参与稿件的评审。加快建立与国际接轨的出版管理制度，以及符合科技期刊自身发展规律的运行机制。三是进一步扩大支持英文科技期刊的规模，把教育部、中国科学院、中国工程院所属单位主办的英文科技期刊纳入计划支持范围，争取更多的资源共同促进提高科技期刊国际影响力。四是继续重视中文科技期刊建设，实施好精品科技期刊工程，加大对优秀中文科技期刊的支持力度。

5．扎实开展服务企业技术创新。中国科协联合国家发展改革委、科技部和国务院国资委在组织开展“讲理想、比贡献”活动方面已经取得了积极成效，今年要把服务企业创新作为科协系统的一项重要任务，着力抓好4个方面的工作。一是推动“讲理想、比贡献”活动深入开展。按照“深化、扩展、充实、提高”的要求，与发改委、科技部和国资委联合协作，组织企业科研生产一线科技人员立足本职岗位，广泛开展技术攻关、技术革新、工艺和新产品开发等技术创新竞赛活动，及时发现、培育、推广一批“讲、比”活动先进典型，充分发挥示范引领作用，营造人人皆可创新、人人都作贡献的良好氛围。二是加快企业专家工作站（服务中心）建设。搭建产学研联合研发和攻关平台，支持和帮助高等院校、科研院所的科研人员深入企业生产一线开展科技服务，为企业解决市场分析、技术预测、产品研发、技术改造、科研管理和技术规划等方面的关键、难点问题，努力促进企业技术创新能力和管理水平的提高。选择条件较好的专家工作站，探索联合高校培养研究生试点工作，实现“引才育才、双向培养”的目的。三是加快培养企业创新人才。以科技型企业密集、科技工作者集中的高新技术产业开发区、经济技术开发区和产业集群为重点，开展科技信息服务试点和知识产权战略巡讲活动，提高科技人员自主创新能力和知识产权保护意识。开展创新方法培训，重点向西部地区倾斜，以当地骨干企业为对象，大力培养掌握先进技术创新方法、具备专利知识和意识的企业一线创新工程师。支持全国学会面向企业科技工作者需求开展继续教育，把学术交流成果转化为继续教育资源，满足企业科技工作者对知识更新与职业成长的需求。四是帮助企业引入海外智力资源。加快海智基地建设，针对企业需求推荐海外人才和技术项目，为企业转型和科技创新服务。扩大与海外科技团体和科技专家联系，促成与企业联合开展专题国际学术交流、技术对接活动，为企业利用海外智力资源牵线搭桥。鼓励和支持企业科技工作者参与国际学术会议等交流活动，及时掌握前沿技术动向。

6. 促进高校、科研院所和企业优质科普资源开发开放。提高全民科学素质，实现2015年我国公民具备基本科学素质的比例超过5%的目标，必须充分发挥高校的教育、科研和人才优势，深入开展公益性科普活动，这也是高校践行服务社会的职责，大力传播先进文化、弘扬科学精神、引领社会风尚的重要方面。高校面向公众特别是青少年开展科技教育和普及，也可以使大学的精神、文化在人们心目中变得生动、具体、更具魅力。这项工作对国家、对公众特别是青少年、对高校，都有十分重要的意义，既有利于提高全民科学素质、有利于科技创新后备人才不断涌现，也有利于高校在履行社会职能的过程中树立良好的社会形象。2012年，我们联合教育部组织开展首届全国青少年高校科学营活动，在全国科普日期间首次启动“高校开放日”活动，社会反响热烈。今年，将继续推动和支持高校、科研院所、企业教学（科研、生产）设施向公众开放深化。一是与教育部合作，继续组织开展青少年高校科学营活动，进一步扩大参与高校和学生规模，参与高中生预计将达到12000名，涵盖港澳台学生，并以科学营、专题营的形式逐步扩展到科研院所和其他企业。二是在全国科普日期间，继续组织开展全国高校科普开放日活动，组织和动员社会公众特别是中小学生走进高校，参观高校的科研设施，主动参与高校主办的科普活动。三是推动科研院所、企业、博物馆、地质公园等单位把科研、展示和生产设施开发为科普资源，面向公众开放，以试点先行，在探索有效模式和总结经验的基础上稳步扩大规模。四是促进知识性资源转化为科普资源，组织科研人员把科学研究的最新成果、与群众生产生活实际密切相关的科技知识、相关防灾避险的公共科技知识，通过转化为深入浅出、通俗易懂的优质科普作品、科普讲座、科教片等形式向公众传播并不断扩大社会影响和传播范围。

7. 全面启动中国特色现代科技馆体系建设。按照十八大提出的完善公共文化服务体系、提高服务效能、促进公共服务均等化的要求，着眼于提高全社会科普服务能力，今后一个时期将加快构建和完善中国特色现代科技馆体系，在有条件的大中城市，建好用好高水平科技馆和专业科技馆，在县域主要组织开展流动科技馆巡展，在乡镇及边远地区开展科普大篷车活动，配置农村中学科技馆，加快建设基于网络的数字科技馆。今年重点做好4项工作。一是全面启动实施流动科技馆巡展，以“全覆盖、系列化、可持续”为目标，采取择优支持、以奖促建的方式，运行超过70个流动科技馆，覆盖全国200多个县，争取每年上千万人民群众特别是青少年受益。二是稳步推进科技馆的发展和免费开放工作，隶属科协系统的科技馆，符合免费开放条件的率先实行免费开放，同时，积极与各级公共文化馆联合开展科普展教活动，最大限度地把科普公共服务提供给广大人民群众。三是完善科普大篷车活动组织和车辆配发工作机制，使科普大篷车保有量超过700辆，增加科普大篷车展览教育的频次和覆盖面。四是加快提升中国数字科技馆建设水平，充分发挥信息网络的作用，既方便公众获取科技知识，又能互动体验，提高公众特别是青少年学习科学的兴趣。

8. 扎实推进国家级科技思想库建设。建设国家级科技思想库，是中央书记处对科协工作提出的一项明确要求。近年来，科协系统提交的调研报告，获得中央领导和地方党政领导的充分肯定，社会上也有一定影响。今年，要以科技思想库建设为抓手，巩固提高科协系统的决策咨询能力和水平。一是高质量完成第三次全国科技工作者状况调查，确保科学、准确了解和掌握全国科技工作者在就业方式、生活状况、流动趋势、价值观念等方面出现的新情况新变化新问题新需求。二是按照中办、国办的批复，继续办好《科技界情况》和《科技工作者建议》两份重要内刊，进一步畅通科技工作者建言献策的渠道。三是继续推动建好26个地方科协国家级科技思想库试点，实施好学会决策咨询资助计划，同时，注重开展关于科协组织的理论研究，为科协工作提供决策支撑，推动提高科协工作水平。四是完善科技思想库信息平台和数据库的建设，有关地方科协要根据实际需要，在中国科协统一技术规范指导下，积极研究建设本地决策咨询工作平台，扎实推进科协系统决策咨询信息化工作，推动科协系统决策咨询资源成果的共享。

9. 大力宣传优秀科技工作者。宣传工作是科协服务科技工作者、培育创新文化的重要方面，也是塑造科协社会形象、增强对科技工作者吸引力和影响力的重要手段。今年，要继续坚持以宣传优秀科技工作者为主线，不断丰富内涵、创新形式，进一步增强科协组织对科技工作者的吸引力凝聚力，塑造科协组织作为“科技工作者之家”的鲜明社会形象。一是精心组织“共和国的脊梁——科学大师名校宣传工程”，支持北京大学、清华大学、上海交通大学、浙江大学、中国地质大学（武汉）和中国科技大学6所高校在京公开演出，推出以王选、邓稼先、钱学森、竺可桢、李四光和郭永怀为主题的话剧或歌剧；支持北京交通大学和北京航空航天大学分别创作以茅以升和罗阳为主题的剧目。通过这种师生演校友的方式，宣传一批以人民利益为最高利益、以报效祖国为最高荣耀，在创造一流科技业绩中书写人生辉煌的科学大师，展示他们作为共和国脊梁的崇高形象，塑造一批科技界的民族英雄，更好地教育广大青少年、引领时代风尚，真正做到"中华民族不会忘记，共和国不会忘记，人民不会忘记，党不会忘记"。二是认真做好老科学家学术成长资料采集工作，完成采集工程一期的目标任务，启动整理和研究二次开发工作，建立系统完整的中国现代科学家学术成长资料库，研究建设中国科学家博物馆网络版。三是宣传科协重大活动和优秀科协工作者，塑造科协组织作为"科技工作者之家"的社会形象和科协工作者清正务实、可亲可敬的良好形象。

10. 着力加强科协组织建设。学会和基层组织是科协组织建设的两个重点，学会是科协的组织基础，基层组织是联系服务广大科技工作者最直接的渠道，这两个方面抓好了，就会为科协事业发展，提供更加有力的组织保障。今年着力抓好3项工作，一是用党的建设带动学会建设。增强学会党员的宗旨意识、责任意识、服务意识，提高学会履职能力和会员服务能力。全国学会要认真研究发现和吸收优秀的研究生和大学生入会的条件和办法，把优秀的科研后备人才尽早地吸引到科协组织中来，并为他们成长成才提供条件，帮助他们尽早脱颖而出、担当重任。二是扎实推进科协基层组织建设。重点推动在乡镇、高校、街道、社区，以及科技工作者密集的科技型企业、高新技术产业开发区、经济技术开发区、海外留学人员创业园等建立科协基层组织，积极探索把业务工作与组织建设有机结合起来的有效方式和途径，把科普惠农与农技协建设有机结合起来，把高校的学术交流、科普资源开发开放、科学道德和学风建设与高校科协建设有机结合起来，把"讲理想、比贡献"活动与企业科协建设有机结合起来，进一步夯实科协组织基础。同时，要在不同层级科协组织之间建立联系，特别是农技协之间、县市科协之间的联系要不断巩固和发展，切实加大科协工作和科协组织的覆盖面。三是加强科协文化建设，研究制定保障学术自由的政策措施，倡导开放包容、注重交流的良好氛围，把更多的科技工作者吸引到科协组织中来。

**第三，着力抓好科协干部队伍建设**

"政治路线确定之后，干部是决定的因素"。科协事业发展，需要一支政治坚定、作风扎实的干部队伍。不能因为是群众组织，就放松对工作、对自身的严格要求。一要确立更高的工作标准，本着对党和人民高度负责的精神，本着对岗位职责高度负责的态度，讲求质量，力争最佳，既然干就干出样子、干到极致。二要提倡深入基层、深入到科技工作者之中，发自内心地理解科技工作者、尊重科技工作者，与他们推心置腹地沟通交流，诚恳倾听不同意见，帮助解决实际困难，深入了解科协开展的哪些工作是科技工作者欢迎认可的，哪些工作是需要改进加强的，为他们提供更有针对性、更有实效性的服务。三要更加注重团结和协作，"大联合、大协作"的工作方式经实践证明是行之有效的，科协工作之所以能够做成一些大事情，都是靠联合和协作得来的，既要加强科协系统内部的协作，中国科协与学会、与地方科协之间的团结协作，学会之间的协作，地方科协之间的团结协作，更要加强与其他部门，特别是政府部门的协作，让科协工作整个战线动起来，每一项工作都要取得实实在在的成效。

最后，我代表常委会和书记处给大家拜个早年，祝大家新春愉快、万事如意、阖家幸福！

# 重要文件

## 中国科协第八届全国委员会常务委员会会议纪要

（第5次）

2013年1月22日，中国科协八届常委会第五次会议在北京中国科技会堂举行。会议由全国人大常委会副委员长、中国科协主席韩启德同志主持。

一、传达中央对科协工作的指示精神，审议中国科协八届全委会第三次会议日程安排。

会议传达了《中央书记处关于科协工作的几点意见》。中央书记处对中国科协一年来的工作给予充分肯定，原则同意中国科协关于2013年工作总体安排，要求中国科协要继续组织好党的十八大精神的学习宣传贯彻；要积极引导广大科技工作者为促进经济持续健康发展贡献力量；要在培养举荐优秀科技人才、促进人才强国建设方面有更大的作为；要进一步做好特色鲜明、面向基层的科普工作；要加强自身建设，更好地发挥科协作为党和政府联系科技工作者桥梁纽带作用。

会议审议通过了中国科协八届全委会第三次会议日程安排。

二、审议《中国科协常委会工作报告（审议稿）》。

会议认为工作报告内容详实全面，实事求是地总结了科协2012年的各项工作，对2013年的工作部署重点突出、切实可行。

会议原则通过中国科协常委会工作报告（审议稿），同意将工作报告提交八届全委会第三次会议进行审议。

三、听取关于第十五届中国科协年会工作筹备情况及第十六届中国科协年会初步安排的汇报。

会议认为，近几年中国科协年会按照“大科普、学科交叉、为举办地服务”的定位，紧紧围绕党和国家工作大局设定年会主题，特别是为年会举办地经济社会发展提供智力支持和有效服务，特色突出、效果显著，年会的品牌效应也逐年突出，受到社会各界的广泛关注和良好反响。

会议指出，今年年会定于5月25～27日在贵州省贵阳市举办，各项筹备工作要认真准备、精心设计，特别是要加强顶层设计、突出特色实效、狠抓工作落实。

会议要求，中国科协年会要进一步改进会风，合理掌握会议规模，严格控制会议活动经费，严格执行有关规定，勤俭办会，杜绝铺张浪费。

会议同意第十六届中国科协于2014年上半年在云南省昆明市举办。

四、审议关于变更中国科协第八届全国委员会委员的报告。

会议同意李宗民、李景涛同志担任中国科协第八届全国委员会委员职务，同时拥有全国代表大会代表资格；唐树钰、王长和同志因工作变动不再担任中国科协第八届全国委员会委员职务，其全国代表大会代表资格同时终止。

五、审议关于撤销石永怡中国科协第八届全国委员会委员职务并终止其全国代表大会代表资格的报告和关于撤销石永怡“全国优秀科技工作者”荣誉称号的报告。

会议同意撤销石永怡中国科协第八届全国委员会委员职务并终止其全国代表大会代表资格，同意撤销石永怡“全国优秀科技工作者”荣誉称号。

六、审议关于建议林蕙青同志担任中国科协第八届常委会科技工作者道德与权益专门委员会副主任的报告。

会议同意增补林蕙青同志担任中国科协第八届常委会科技工作者道德与权益专门委员会副主任。

七、书面审议中国科协第八届常委会各专门委员会2012年工作总结和2013年工作计划。

会议书面审议了中国科协第八届常委会各专门委员会2012年工作总结和2013年工作计划。

## 中国科协第八届全国委员会常务委员会会议纪要

（第6次）

2013年5月24日，中国科协八届常委会第六次会议在贵州省贵阳市举行。会议由全国政协副主席、中国科协主席韩启德同志主持。

一、会议审议通过了《关于提名申维辰[①]同志为中国科协第八届全国委员会常务委员会书记处第一书记的建议》。

按照《中国科学技术协会章程》的规定，经韩启德主席提名，会议表决通过，申维辰同志当选为中国科协第八届全国委员会常务委员会书记处第一书记。

二、会议审议了《关于变更中国科协第八届全国委员会委员的报告》。

根据江苏、福建、山东、广西、陕西、甘肃6省（区）科协分别来函提出关于变更中国科协第八届全国委员会委员的申请，按照《中国科学技术协会第八届全国委

① 中央纪委2014年4月12日公布，申维辰因涉嫌严重违纪违法，正在接受组织调查。2014年4月19日，中国科协八届九次常委会议决定免去申维辰中国科协书记处第一书记职务，撤销中国科协第八届全国委员会委员职务。中国科协八届六次全委会决定，免去申维辰中国科协第八届全国委员会副主席、常务委员会委员职务。中央纪委2014年12月22日公布，经中共中央批准，决定给予申维辰开除党籍、开除公职处分；收缴其违纪所得；将其涉嫌犯罪问题及线索移送司法机关依法处理。

员会委员变更或增补办法》规定，会议审议通过了由陈惠娟、梁晋阳、王春秋、叶宗波、呼燕和杨新科同志担任中国科协第八届全国委员会委员职务，同时为全国代表大会代表；徐耀新、叶顺煌、燕翔、甘向群、牟怀岐和史振业同志不再担任中国科协第八届全国委员会委员职务，其全国代表大会代表资格同时终止。

三、会议审议修改了《中国科学技术协会第八届全国委员会委员变更或增补办法》。

根据《中国科学技术协会章程》第四章第二十七条的规定，会议对《中国科学技术协会第八届全国委员会委员变更或增补办法》进行了修改完善，并一致审议通过将原《中国科学技术协会第八届全国委员会委员变更或增补办法》修改为《中国科学技术协会第八届全国委员会委员变更、增补和撤销办法》，其中全国委员会委员增补、变更和撤销的范围增加了新疆生产建设兵团科协；明确了全国委员会委员撤销的适用范围、撤销全国委员会委员的程序；明确了撤销的全国委员会委员，应同时终止其全国代表大会代表资格。

四、会议听取关于《第十五届中国科协年会筹备情况及第十六届中国科协年会筹备方案》的汇报。

第十五届中国科协年会定于 2013 年 5 月 25 ~ 27 日在贵州省贵阳市，由中国科学技术协会和贵州省人民政府共同主办，主题为“创新驱动与转型发展”。本届年会由开幕式暨大会特邀报告会、学术交流、科普活动、专题论坛和党政领导与院士专家座谈会、卫星会议、专项活动等 6 大板块组成，将举办 1263 项活动，约 7790 余位科技工作者参加。

会议认为，本届年会得到主办方领导的高度重视，活动设置有创新、有特色，针对举办地需求提供服务，务求实效，特别是会务工作认真贯彻落实中央八项规定，力求简朴节约，从提高会议实效、规范会议活动、简化会议接待、改进会议形式等方面提出了 22 条具体措施。

会议同意第十五届中国科协年会的各项议程和安排，要求各部门按照既定工作程序做好落实工作。

会议同意第十六届中国科协年会于 2014 年 5 月下旬在云南省昆明市举行，由中国科学技术协会、云南省人民政府共同主办。

## 中国科协第八届全国委员会常务委员会会议纪要

（第 7 次）

2013 年 6 月 27 日，中国科协八届常委会第七次会议在北京中国科技会堂举行。会议由全国政协副主席、中国科协主席韩启德同志主持。

一、会议审议通过了中国科协八届全委会第四次会议日程安排。

二、会议听取了书记处在中国科协八届四次全委会议上工作汇报的说明。

受常委会委托，书记处将在中国科协八届四次全委会议上做工作汇报，主要内容包括十八大以来中央领导同志一系列重要讲话精神和中国科协上半年主要工作及下半年重点工作。

会议同意书记处在中国科协八届四次全委会议上工作汇报的内容。

三、会议审议通过了《关于变更申维辰[①] 同志为中国科协第八届全国委员会委员、同时为全国代表大会代表的报告》、《关于增补陈章良同志为中国科协第八届全国委员会委员、同时为全国代表大会代表的报告》和《关于变更李春阳、李德忠、杨铭铎、马强、夏航、胡月明同志为中国科协第八届全国委员会委员，同时为全国代表大会代表的报告》。

按照《中国科学技术协会章程》和《中国科学技术协会第八届全国委员会委员变更、增补和撤销办法》的规定，会议表决通过，申维辰、陈章良同志为中国科协第八届全国委员会委员、同时为全国代表大会代表。

根据新疆、浙江、黑龙江、内蒙古、湖北、海南 6 省（区）科协分别来函提出关于变更中国科协第八届全国委员会委员的申请，按照《中国科学技术协会第八届全国委员会委员变更、增补和撤销办法》规定，会议审议通过了李春阳、李德忠、杨铭铎、马强、夏航、胡月明同志担任中国科协第八届全国委员会委员职务，同时为全国代表大会代表；李冀东、鲁善增、闫永华、白宝玉、曲颖、陈永明同志不再担任中国科协第八届全国委员会委员职务，其全国代表大会代表资格同时终止。

四、会议审议通过了《关于提名陈章良同志为中国科学技术协会常务委员会书记处书记人选的建议》。

按照《中国科学技术协会章程》的规定，经韩启德主席提名，会议表决通过陈章良同志为中国科协第八届全国委员会常务委员会书记处书记。

---

① 中央纪委2014年4月12日公布，申维辰因涉嫌严重违纪违法，正在接受组织调查。2014年4月19日，中国科协八届九次常委会议决定免去申维辰中国科协书记处第一书记职务，撤销中国科协第八届全国委员会委员职务。中国科协八届六次全委会决定，免去申维辰中国科协第八届全国委员会副主席、常务委员会委员职务。中央纪委2014年12月22日公布，经中共中央批准，决定给予申维辰开除党籍、开除公职处分；收缴其违纪所得；将其涉嫌犯罪问题及线索移送司法机关依法处理。

五、会议审议通过了《关于变更申维辰[①]同志为中国科协全国委员会常务委员会组织建设专门委员会主任的报告》。

会议同意申维辰同志担任中国科协全国委员会常务委员会组织建设专门委员会主任。

六、会议审议通过了《关于提名申维辰同志为中国科协第八届全国委员会副主席、常务委员会委员候选人的报告》和《关于提名陈章良同志为中国科协第八届全国委员会副主席、常务委员会委员候选人的报告》。

按照《中国科学技术协会章程》的规定，会议表决通过，提名申维辰、陈章良同志为中国科协第八届全国委员会副主席、常务委员会委员候选人，提交中国科协第八届全国委员会第四次会议选举。

七、会议审议通过了《中国科学技术协会第八届全国委员会第四次会议选举总监票人、监票人建议名单》。

八、会议听取了《关于进一步加强新时期县级科协工作的意见》起草情况的报告。

为了深入贯彻党的十八大精神和中央关于科协工作的指示，落实李源潮同志关于加强县级科协工作的重要指示，推动县级科协事业发展，中国科协八届常委会组织建设专门委员会办公室起草了《关于进一步加强新时期县级科协工作的意见》(以下简称《意见》)。《意见》讨论稿主要内容包括：新形势下党对科协工作的新要求；推进体系建设，构筑县级科协工作新格局；创新工作机制，建立县级科协工作的有效方式；加强组织领导，为县级科协工作创造良好环境。

会议认为，县级科协作为中国科协的一级地方组织，直接面向群众、面向基层，是科协工作的重要基础，是科协贯彻落实党中央要求的重要环节。

会议同意将《意见》征求意见稿提交八届四次全委会议，征求委员的意见，进一步修改完善，经常务委员会组织建设专门委员会审议后提请常委会审议并印发。

九、会议听取了中国科协常委会青年工作专门委员会关于《全国博士生学术年会十年工作总结及下一步工作设想》的报告。

自2002年起，中国科协常委会青年工作专门委员会面向在读高年级博士生，每年举办一次全国博士生学术年会。截至目前，博士生学术年会已先后在深圳、苏州、乌鲁木齐、西安、长春、重庆、绍兴、呼和浩特、长沙、济南等地举办了10届，2100多位博士生参加，200多位院士、专家到会指导，举办5场人才推介会，成为我国唯一面向博士生举办的高层次学术交流平台。

会议对全国博士生学术年会十年来的工作给予充分肯定，建议进一步丰富和充实全国博士生学术年会的活动内容，为青年人才脱颖而出搭建更好的平台。

① 中央纪委2014年4月12日公布，申维辰因涉嫌严重违纪违法，正在接受组织调查。2014年4月19日，中国科协八届九次常委会议决定免去申维辰中国科协书记处第一书记职务，撤销中国科协第八届全国委员会委员职务。中国科协八届六次全委会决定，免去申维辰中国科协第八届全国委员会副主席、常务委员会委员职务。中央纪委2014年12月22日公布，经中共中央批准，决定给予申维辰开除党籍、开除公职处分；收缴其违纪所得；将其涉嫌犯罪问题及线索移送司法机关依法处理。

## 关于深入学习贯彻习近平总书记一系列重要讲话精神的决定

科协发调字〔2013〕56号

各全国学会、协会、研究会，各省、自治区、直辖市、副省级城市科协，新疆生产建设兵团科协：

党的十八大以来，习近平总书记围绕改革发展稳定、内政外交国防、治党治国治军发表了一系列重要讲话，提出了全面、系统的新思想、新观点、新论断。中国科协高度重视，及时组织对习近平总书记重要讲话精神的学习，不断加深理解，坚决贯彻落实。为了全面推动科协系统深入学习贯彻习近平总书记一系列重要讲话工作，经中国科协党组讨论，现决定如下：

**一、深刻认识学习贯彻习近平总书记一系列重要讲话精神的重要意义，凝聚实现中国梦的强大精神力量**

习近平总书记一系列重要讲话，是对党的十八大精神的阐释、深化和拓展，是对中国特色社会主义理论体系的丰富和发展，是新形势下推进中国特色社会主义的强大思想武器和行动指南。认真学习贯彻习近平总书记讲话精神，关系党和国家工作全局，关系中国特色社会主义事业长远发展，对动员全党全国各族人民在以习近平同志为总书记的党中央领导下，高举中国特色社会主义伟大旗帜，奋力开创中国特色社会主义事业新局面，凝聚实现中国梦的强大精神力量，努力实现全面建成小康社会宏伟目标，具有重大现实意义和深远历史意义。

深入学习习近平总书记一系列重要讲话精神，是当前和今后一个时期各级科协及所属团体的一项重大政治任务。科协系统要坚决贯彻落实中央精神，切实增强学习贯彻的自觉性和主动性，提高学习贯彻实效，以更加强烈的使命意识、责任意识、机遇意识，扎实履行“三服务一加强”工作职能，引导广大科技工作者自觉做中国特色社会主义的忠实实践者，始终保持对中国特色社会主义的道路自信、理论自信和制度自信，为全面建成小康社会、实现伟大的中国梦而奋斗，努力创造出无愧于祖国、无愧于人民、无愧于时代的光辉业绩。

**二、全面理解、准确把握习近平总书记重要讲话的重要内涵和精神实质，把思想和行动统一到中央重大决策部署上来**

一要深刻领会习近平总书记重要讲话精神实质和丰富内容，自觉用讲话精神武装头脑、统一思想、凝聚力量。习近平总书记的一系列重要讲话深刻揭示了中国特色社会主义的理论渊源、历史渊源，深刻阐述了坚持和发展中国特色社会主义需要着重把握的重大理论问题，强调实现中华民族伟大复兴的中国梦必须走中国道路，要把力量凝聚到建设富强文明和谐中国、创造新中国、实现中国梦的伟大实践上来，这是新一届中央领导集体坚定不移高举中国特色社会主义伟大旗帜的庄严宣示，表达了对中国特色社会主义的必胜信念，凝聚党心、振奋民心。科协系统学习习近平总书记的重要讲话精神，必须抓住核心、把握实质，紧紧围绕坚持和发展中国特色社会主义、实现中华民族伟大复兴的中国梦等重大问题，深入开展形式多样的学习活动，不断增强对讲话精神的全面理解和深刻领会，不断深化对中国特色社会主义重大理论和实践的认识和把握，切实在思想上和行动上同以习近平同志为总书记的党中央保持高度一致，坚决贯彻中央的重大决策部署。

二要深刻领会习近平总书记系列讲话对科技工作提出的新要求。习近平总书记多次强调，实施创新驱动发展战略是立足全局、面向未来的重大战略，必须加快从以要素驱动为主向创新驱动发展转变，发挥科技创新的支撑引领作用。实施创新驱动发展战略，提高自主创新能力是关键环节，要坚定不移走中国特色自主创新的道路，这条道路最大的优势就是我国社会主义制度能够集中力量办大事。习近平总书记明确要求，要增强创新自信，在新的起点上实现更大跨越。

科协系统学习贯彻习近平总书记重要讲话精神，必须把习近平总书记对科技工作的要求与发挥科协组织作为国家科技工作重要组成部门的作用紧密结合起来，深刻领会中国特色自主创新道路的重要内涵，切实增强提高自主创新能力的使命感紧迫感，高度重视科技工作者在实施创新驱动发展中的关键作用，进一步谋划科协工作全局，增强服务创新驱动发展的自觉性主动性，努力在服务经济社会发展、服务全民科学素质提高、服务科技工作者等方面出实招、见实效，不断推动科协工作取得新的更大成绩。

三要深刻领会习近平总书记系列讲话对科技工作者提出的新要求。习近平总书记重视科技人才，指出推进自主创新，人才是关键，要推进科技创新人才队伍建设。要开发利用好国际国内两种人才资源，完善人才工作制度体系，以用为本、按需引进，重点引进战略性人才和创新创业的领军人才。要大胆放手使用人才，在全社会营造大胆创新、勇于创新、包容创新的良好氛围，既要重视成功，更要宽容失败，为人才发挥作用、施展才华提供更加广阔的天地。让他们人尽其才、才尽其用、用有所成。要完善促进人才脱颖而出的机制，完善人才发展机制，不拘一格选人才，培育宏大的、具有创新活力的创新型青年人才队伍。要鼓励人才发扬“先天下之忧而忧、后天下之乐而乐”的传统美德。把个人理想与实现中国梦结合起来，脚踏实地、勤奋工作，把自己的智慧和力量奉献给实现中国梦的伟大奋斗。科协系统学习贯彻习近平总书记重要讲话精神，必须与开展中国特色社会主义和中国梦宣讲教育结合起来，与开展群众路线教育实践活动结合起来，与引导科技工作者践行社会主义核心价值体系结合起来，着力打牢科技工作者团结奋斗的共同思想基础，永远紧跟党高高举起中国特色社会主义伟大旗帜；推动提高科技工作者的创新自信，在服务创新驱动发展中更好地发挥先进生产力开拓者和先进文化传播者的重要作用，凝聚智慧力量为加快创新型国家建设、全面建成小康社会，实现伟大的中国梦而努力奋斗。

四要深刻领会习近平总书记系列讲话对人民团体提出的新要求。习近平总书记要求，人民团体要顺应时代要求、适应社会变化，善于创造科学有效的工作方法，把竭诚为所联系的群众服务作为一切工作的出发点和落脚点，全心全意为所联系的群众服务。科协系统学习贯彻习近平总书记重要讲话精神，必须围绕新时期科协组织在服务党的群众工作中发挥重要作用深入思考。围绕发挥桥梁纽带作用，在广大科技工作者与各级党委和政府之间建立起畅通稳定的沟通渠道，畅通和规范科技工作者利益诉求表达机制，积极反映科技工作者的意见建议和呼声，研究加强和改进措施。围绕发展社会主义协商民主制度，组织科技工作者积极参与专题协商、对口协商、界别协商、提案办理协商，发挥好科协作为人民团体在社会主义民主政治建设中的作用。

**三、把学习贯彻习近平总书记重要讲话精神作为头等大事抓紧抓好，推动科协事业发展不断开创新局面**

一要加强学习贯彻工作。科协系统要把学习贯彻讲话精神与学习贯彻党的十八大精神紧密结合起来，与深入学习中国特色社会主义理论体系紧密结合起来，与深入学习邓小平同志、江泽民同志、胡锦涛同志著作紧密结合起来，与深入学习改革开放以来党的重要文献紧密结合起来，引导广大党员干部深刻认识讲话精神与党的十八大精神、与中国特色社会主义理论体系的一致性，深刻理解和把握讲话精神的思想特征、理论特征、实践特征、时代特征。把学习贯彻讲话精神与开展教育实践活动紧密结合起来，把系列讲话作为教育实践活动的重要学习内容，作为检验教育实践活动成效的重要标尺，作为修订相关制度规定的重要依据，把学习贯彻工作持久深入开展下去。要系统梳理系列讲话内容，积极探索多种学习方式，努力提高学习效果，可通过专家辅导、集中学习、交流讨论、宣讲活动、舆论引导、理论研究等多种形式，切实帮助广大干部群众加深对讲话精神的理解和把握。要在抓好各级领导机关和领导干部学习的基础上，重心下移、以点带面，推动学习向基层延伸、向广大科技工作者延伸。科协系统各级党组织要加强对学习活动的组织领导，认真制定学习贯彻方案，一把手带头抓好学习贯彻，并及时总结学习成果，推动转化为加强和改进工作的实际举措。

二要增强思想认同、理论认同和情感认同。科协系统要加大思想教育力度，引导广大党员干部以习近平总书记重要讲话精神为遵循，筑牢马克思主义的信仰、对中国特色社会主义的信念，增强思想定力。要准确把握讲话中蕴涵的马克思主义群众立场、群众观点，培育为民情怀，养成群众感情，提高工作能力。要继续深化对坚持和发展中国特色社会主义、实现中华民族伟大复兴中国梦的理解和把握，认真领会习近平总书记对加快转变经济发展方式、实施创新驱动发展战略、深化改革开放、改善民生、依法治国、组织人事、宣传思想、生态文明、党风廉政、群众路线等方面的最新理论概括和理念思路，使学习贯彻过程成为深化认识、把握规律的过程。要对照讲话要求，认真查找问题，消除疑惑、廓清迷思，真正以讲话精神统一思想、深化认识、转变观念、改进作风。要激励党员干部的事业心和责任感，发扬担当精神，坚持原则、敢抓敢管，面对大是大非敢于亮剑，面对矛盾敢于迎难而上，面对危机敢于直面应对，面对歪风邪气敢于挺身而出，在科协系统内形成敢于担当、弘扬正气的良好氛围。

三要推动科协事业不断发展。科协系统要自觉以习近平总书记重要讲话精神指导新的实践，紧密联系科协工作实际，做到知全局、谋长远、干实事，把讲话精神转化为推动科协事业发展的强大动力。要围绕推动科学发展、实施创新驱动发展战略，进一步研究提出科协工作的新思路、新举措，安排好、部署好今后一段时期的重点工作。要抓住深化改革的重大机遇，着力推进学会承接政府转移职能，完善全民科学素质大联合、大协作的工作机制，发挥科协组织的科技思想库作用，更好地服务全面深化改革大局。要紧紧围绕创新驱动发展战略，发挥科协组织的网络齐备优势，发挥科技社团推动全社会创新的作用，把更多的创新要素引入企业、农村，用活跃、务实的群众性技术创新活动激发全社会的创新热情和创造活力。要激励广大科技工作者心无旁骛、刻苦攻关，努力在科技发展前沿和战略新兴产业发展方面作出更大贡献，同时大力宣传在创新科学技术和普及科学技术方面作出突出贡献的优秀科技工作者和创新团队，宣传科技工作者在加快建设创新型国家中取得的重大科技成就，唱响科技界的主旋律，向社会传递出科技工作者服务国家和人民的正能量。要以“建好科技工作者之家，广交科技工作者之友”为载体，深入基层调查研究，广泛听取意见建议，着力解决突出问题，提高新形势下为科技工作者服务的能力，发挥好科协作为党和政府联系科技工作者的桥梁纽带作用。

四要加大宣传力度。科协系统要强化舆论引导，精心筹划、周密安排，发挥所属媒体的作用开设一批专栏、专题，大力宣传习近平总书记重要讲话精神，及时刊发学习贯彻情况以及相关学习成果。要组织科技工作者畅谈学习讲话精神的体会，推出一批有特色、有深度、有影响的宣传活动。要深入了解科技工作者学习贯彻活动的反响和思想状况，密切关注科技界舆情，及时回应科技工作者关心关切的热点焦点问题，最大限度地凝聚共识。

中国科协将强化督促检查，确保科协系统学习贯彻活动不走过场，取得扎实成效。各全国学会、地方科协要按照本决定，切实做好学习贯彻工作，并及时将有关情况报送中国科协。

中国科学技术协会

2013 年 10 月 28 日

## 关于马强等同志担任中国科协第八届全国委员会委员的通知

科协办发组字〔2013〕35 号

内蒙古自治区科协、黑龙江省科协、江苏省科协、浙江省科协、福建省科协、山东省科协、湖北省科协、广西壮族自治区科协、海南省科协、陕西省科协、甘肃省科协、新疆维吾尔自治区科协：

经中国科协第八届全国委员会第七次常务委员会会议审议批准，内蒙古自治区科协党组书记马强同志担任中国科协第八届全国委员会委员，同时为中国科协第八次全国代表大会代表。内蒙古自治区科协原副主席、党组书记白宝玉同志不再担任中国科协第八届全国委员会委员职务，其全国代表大会代表资格同时终止。

黑龙江省科协党组书记杨铭铎同志担任中国科协第八届全国委员会委员，同时为中国科协第八次全国代表大会代表。黑龙江省科协原副主席、党组书记闫永华同志不再担任中国科协第八届全国委员会委员职务，其全国代表大会代表资格同时终止。

江苏省科协副主席、党组书记陈惠娟同志担任中国科协第八届全国委员会委员，同时为中国科协第八次全国代表大会代表。江苏省科协原副主席、党组书记徐耀新同志不再担任中国科协第八届全国委员会委员职务，其全国代表大会代表资格同时终止。

浙江省科协党组书记李德忠同志担任中国科协第八届全国委员会委员，同时为中国科协第八次全国代表大会代表。浙江省科协原副主席、党组书记鲁善增同志不再担任中国科协第八届全国委员会委员职务，其全国代表大会代表资格同时终止。

福建省科协党组书记梁晋阳同志担任中国科协第八届全国委员会委员，同时为中国科协第八次全国代表大会代表。福建省科协原副主席、党组书记叶顺煌同志不再担任中国科协第八届全国委员会委员职务，其全国代表大会代表资格同时终止。

山东省科协党组书记王春秋同志担任中国科协第八届全国委员会委员，同时为中国科协第八次全国代表大会代表。山东省科协原副主席、党组书记燕翔同志不再担任中国科协第八届全国委员会委员职务，其全国代表大会代表资格同时终止。

湖北省科协党组书记夏航同志担任中国科协第八届全国委员会委员，同时为中国科协第八次全国代表大会代表。湖北省科协原副主席、党组书记曲颖同志不再担任中国科协第八届全国委员会委员职务，其全国代表大会代表资格同时终止。

广西壮族自治区科协副主席、党组书记叶宗波同志担任中国科协第八届全国委员会委员，同时为中国科协第八次全国代表大会代表。广西壮族自治区科协原副主席、党组书记甘向群同志不再担任中国科协第八届全国委员会委员职务，其全国代表大会代表资格同时终止。

海南省科协党组书记胡月明同志担任中国科协第八届全国委员会委员，同时为中国科协第八次全国代表大会代表。海南省科协原副主席、党组书记陈永明同志不再担任中国科协第八届全国委员会委员职务，其全国代表大会代表资格同时终止。

陕西省科协常务副主席、党组书记呼燕同志担任中国科协第八届全国委员会委员、常务委员会组织建设专门委员会委员，同时为中国科协第八次全国代表大会代表。陕西省科协原常务副主席、党组书记牟怀岐同志不再担任中国科协第八届全国委员会委员、常委会组织建设专门委员会委员职务，其全国代表大会代表资格同时终止。

甘肃省科协第一副主席、党组书记杨新科同志担任中国科协第八届全国委员会委员，同时为中国科协第八次全国代表大会代表。甘肃省科协原第一副主席、党组书记史振业同志不再担任中国科协第八届全国委员会委员职务，其全国代表大会代表资格同时终止。

新疆维吾尔自治区科协党组书记李春阳同志担任中国科协第八届全国委员会委员，同时为中国科协第八次全国代表大会代表。新疆维吾尔自治区科协原副主席、党组书记李冀东同志不再担任中国科协第八届全国委员会委员职务，其全国代表大会代表资格同时终止。

中国科学技术协会办公厅

2013 年 7 月 19 日

## 关于印发《中国科协 2013 年工作要点》的通知

科协办发调字〔2013〕7 号

各全国学会、协会、研究会，各省、自治区、直辖市、副省级城市科协，新疆生产建设兵团科协：

现将《中国科协 2013 年工作要点》印发给你们，请按照中央书记处对科协工作的要求，结合贯彻中国科协第八届全国委员会第三次会议精神，联系本地区本单位实际情况，认真贯彻落实。

中国科学技术协会办公厅

2013 年 2 月 21 日

### 中国科协 2013 年工作要点

2013 年，科协工作的总体要求是：高举中国特色社会主义伟大旗帜，以邓小平理论、“三个代表”重要思想、科学发展观为指导，深入学习贯彻党的十八大精神和全国科技创新大会精神，认真履行“三服务一加强”工作职能，围绕科学发展主题和加快转变经济发展方式主线，把做好国家科技工作和做实党的群众工作有机结合起来，把做好当前工作和谋划长远工作有机结合起来，把做好一般工作和推动重点工作有机结合起来，把做好“三服务”和推动“一加强”有机结合起来，统筹推进学术交流、科学普及、人才举荐、决策咨询、组织建设各项工作，突出重点、抓住关键，真抓实干、务求实效，为深入实施创新驱动发展战略、全面建成小康社会作出新的更大贡献。

**一、深入学习贯彻落实党的十八大精神，切实把思想和行动统一到中央决策部署上来**

1．面向广大科技工作者深入开展中国特色社会主义宣讲教育。按照中央决策部署，紧紧围绕坚持和发展中国特色社会主义，把学习宣传贯彻十八大精神不断引向深入。深化教育内容，拓展教育形式，着力引导科技工作者胸怀理想、坚定信念，以坚持和发展中国特色社会主义作为聚焦点、着力点、落脚点，不断增强科技工作者的道路自信、理论自信、制度自信，切实把学习贯彻十八大精神与实际工作有机结合，把个人发展融入国家和人民事业，为建设创新型国家贡献智慧和力量。

2．组织开展科协系统对十八大精神的学习培训。采取报告会、座谈会等多种形式，组织引导广大科技工作者认真研读十八大文件，深刻领会十八大报告精神，用党的十八大精神武装广大党员干部，着力打造一支政治坚定、能力过硬、作风优良、奋发有为的科协工作骨干队伍，切实提升科协工作的科学化水平，在服务党和国家工作大局中创先争优。

3．科学谋划科协事业未来发展。按照十八大确定的宏伟目标和任务要求，紧密围绕实施创新驱动发展战略，紧密结合科协工作实际，在服务党的群众工作和国家科技工作大局中找准工作定位，认真谋划科协事业发展全局和工作重点，把科协作为党领导下的人民团体、国家推动科技事业发展重要力量的作用充分发挥出来。

**二、以提升学会能力为导向，着力提高学术交流和服务创新的质量水平**

4．深入推进学会能力提升计划。通过“以奖促建”方式，以首批入选的45个全国学会为重点，打造一批社会信誉好、学术水平高、发展能力强的优秀学会，发挥示范带动作用，引领科技社团发展。以加强学术建设为重点，积极搭建形式多样、层次丰富的学术交流平台，打造学术交流精品，着力提升学会服务创新的能力。以积极承接社会化服务职能为突破口，支持和帮助学会更加主动地承担更多政府转移的科技奖励、成果评价、人才评价、专业技术资格认证、科技咨询等社会化服务职能，进一步拓展学会发展领域和空间，着力提升学会服务社会和政府的能力。以服务创新人才成长提高为抓手，推动学会办事机构的职业化建设，扩大会员基础，服务会员专业学术需求，回应会员诉求，不断增强学会对会员、对科技工作者的凝聚力、号召力，着力提升学会服务科技工作者的能力。支持和指导省级科协加强所属学会能力建设，形成科协系统共同加强学会能力建设的良好格局。

5．实施科技期刊国际影响力提升计划。在财政部支持下，联合有关部门进一步拓展“科技期刊国际影响力提升计划”的支持范围，推动高水平英文科技期刊数量和质量均显著提升。切实加强对首批获得支持的35家英文科技期刊的指导，推动建立高水平的编委队伍和审稿人队伍，建立与国际接轨的管理制度，积极吸纳高水平的国际稿源，缩短稿件出版周期，争取高水平学术论文首发权。继续大力推进“精品科技期刊工程”，加大对中文优秀科技期刊的支持力度。

6．打造高端学术交流平台。与贵州省人民政府共同主办第十五届中国科协年会，不断扩大品牌效应，更加注重实效。围绕世界科技前沿，支持全国学会积极申办在国际上享有盛誉的高端学术会议，承办好在华举办的第64届国际宇航联大会等一批重大国际会议，充分利用全球优质学术资源，促进提升我国科技界在国际学术界的影响力。以促进自主创新为导向，集成学术资源，努力形成并完善不同模式、不同类型的学术交流系列，重点围绕新兴学科、交叉学科等举办高端、前沿学术交流活动。着力加强学科建设，支持学会开展学科发展研究，组织所属学会编撰出版学科发展研究系列报告，开展学科史研究，帮助科技工作者及时了解学科前沿动向。

**三、以大联合大协作为主要工作方式，着力提高全民科学素质**

7．认真履行好纲要办公室职责。牵头深入实施全民科学素质行动计划，建立完善公民科学素质建设监测评估机制，加强“十二五”中期实施情况督导检查，建立完善科学素质纲要实施长效机制。根据中共中央、国务院《关于深化科技体制改革加快国家创新体系建设的意见》任务分工方案的要求，围绕到2015年我国公民具备基本科学素质比例超过5%的目标，明确落实全国各科学素质纲要实施部门和地方政府的目标和责任，建立完善监测评估和激励支持机制，加强对重点任务落实情况的检查督察，充分调动中央和地方两方面的积极性，形成一级带动一级、层层抓落实的良好局面。

8．推动建设中国特色的现代科技馆体系。着眼于提高科普服务能力，重点建设基于网络的数字科技馆，在有条件的大中城市建好用好高水平综合类科技馆和专业科技馆，在县域组织开展流动科技馆巡展，在乡镇及边远地区开展科普大篷车活动、配备农村中学科技馆，提供必要的条件和制度保障，逐步形成中国特色的现代科技馆体系。启动实施流动科技馆项目，2013年计划运行超过70个流动科技馆，覆盖全国200多个县。推动全国有条件的科技馆免费开放，加强流动科技馆、科普大篷车、全国科普教育基地和科普站（栏、员）建设，科普大篷车保有量超过700辆，扩大科技馆提供科普服务的覆盖面和受益面，提升整体利用效能。

9．广泛开展群众性科普活动。以“保护资源环境，建设美丽中国”为主题，认真组织开展2013年全国科普日系列活动，与北京市人民政府及有关部门共同主办北京主场活动。深入开展基层科普行动，继续实施“科普惠农兴村计划”和“社区科普益民计划”，通过“以奖代补、奖补结合”的方式，对全国优秀农村、城镇社区基层科普组织和带头人进行奖补，不断完善动员社会力量开展基层科普工作的长效机制。加大结合社会热点问题开展科普工作的力度，继续参与全国科技周、科技下乡、全民健康科技行动等活动，把优质高效的科普服务送到千家万户。

10．促进高校、科研院所和企业优质科普资源的开发开放。继续与教育部合作组织开展青少年高校科学营活动，进一步扩大参与高校和学生规模，涵盖港澳台学生，并以科学营、专题营的形式将主办单位逐步扩展到科研院所和企业，吸引广大青少年学习科学、体验科学、激发创造力。在全国科普日期间联合教育部等开展全国高校科普开放日活动，推动和支持高校、科研院所和企业的实验室、博物馆、陈列室及其他教学（科研、生产）设施向公众开放，举办科普讲座、科普展示等活动，提高优质科普资源开发开放力度。组织开展高校科普创作与科技传播试点，积极组织高校师生和科技社团开展科普创作和科技传播活动，培养科普创作传播骨干人才和团队。

**四、以引导科技资源向企业集聚为核心，着力服务企业技术创新**

11．推动“讲理想、比贡献”活动深入开展。按照“深化、扩展、充实、提高”的要求，与发改委、科技部和国资委联合协作，组织企业科研生产一线科技人员立足本职岗位，广泛开展技术攻关、技术革新、工艺和新产品开发等技术创新竞赛活动，及时发现、培育、推广一批“讲、比”活动先进典型，充分发挥示范引领作用，营造人人皆可创新、人人都作贡献的良好氛围。

12．加快企业专家工作站（服务中心）建设。搭建产学研联合研发和攻关平台，支持和帮助高等院校、科研院所的科研人员深入企业生产一线开展科技服务，为企业解决市场分析、技术预测、产品研发、技术改造、科研管理和技术规划等方面的关键、难点问题，努力促进企业技术创新能力和管理水平的提高。选择条件较好的专家工作站，探索联合高校培养研究生试点工作，实现“引才育才、双向培养”的目的。

13．加快培养企业创新人才。以科技型企业密集、科技工作者集中的高新技术产业开发区、经济技术开发区和产业集群为重点，开展科技信息服务试点和知识产权战略巡讲活动，提高科技人员自主创新能力和知识产权保护意识。开展创新方法培训，重点向西部地区倾斜，以当地骨干企业为对象，大力培养掌握先进技术创新方法、具备专利知识和意识的企业一线创新工程师。支持全国学会面向企业科技工作者需求开展继续教育，把学术交流成果转化为继续教育资源，满足企业科技工作者对知识更新与职业成长的需求。

14．帮助企业引入海外智力资源。加快海智基地建设，针对企业需求推荐海外人才和技术项目，为企业转型和科技创新服务。扩大与海外科技团体和科技专家联系，促成与企业联合开展专题国际学术交流、技术对接活动，为企业利用海外智力资源牵线搭桥。鼓励和支持企业科技工作者参与国际学术会议等交流活动，及时掌握前沿技术动向。

**五、以优化人才成长环境为重点，着力培养举荐优秀科技人才**

15．扎实开展科学道德和学风建设宣讲教育。深入贯彻落实习近平等中央领导同志的重要指示精神，以加强社会主义核心价值体系建设为导向，坚持“两个拓展、两个结合”原则，在2012年基本实现“两个拓展”的基础上，重点推动“两个结合”，即集中宣讲与经常性教育有机结合，着力推动科学道德教育纳入本科生和研究生培养的必要环节，成为科研人员经常性教育内容，逐步使全国科学道德和学风建设常态化、长效化；坚持教育与制度、监管（包括监督和惩处）有机结合，推动建立完善合理有效、公开公正的学术不端行为查处制度，使监督惩处成为治理学术不端行为的必要举措。联合教育部、中科院、社科院、工程院召开全国科学道德和学风建设工作会议，继续举办首都高校科学道德和学风建设报告会和省级集中宣讲报告会。

16．推动发现培养急需人才和后备人才。积极配合“千人计划”，发挥好“海智计划”作为海外高层次人才联系窗口的作用，通过与海外科技团体签约、建立基地，进一步加强同海外华人科技团体和华人科学家的沟通联系，支持海外专家为国服务。扎实开展继续教育和专门培训工作，配合科技人员知识更新工程和“创新人才推进计划”，扩大继续教育示范基地建设试点，着力培养企业急需的工程技术人才、城镇社区急需的实用技术人才和农村急需的农业技术致富能手。深入开展青少年创新实践活动，发挥好青少年科技创新大赛等竞赛活动的重要作用，着力培养科技后备人才。

17. 大力表彰举荐优秀科技人才。充分发挥同行认可的基础性作用，继续做好国家科技奖励和两院院士推荐工作，积极举荐我国科学家担任国际民间科技组织领导职务。改进推荐和评选方式，充分发挥全国优秀科技工作者、中国青年科技奖、中国青年女科学家奖和全国学会主办的88个科技奖项的示范引领作用，推动建立具有权威性和公信力的优秀科技人才表彰奖励体系，拓宽科技工作者成长成才的通道。加强与各类优秀科技工作者的重点联系工作，努力使他们更加紧密地团结在党的周围。

**六、以建设国家级科技思想库为抓手，着力提高决策咨询能力和水平**

18. 深入开展科技工作者状况调查。把五年一次的面上调查与每年开展的专项调查相结合，开展第三次全国科技工作者状况调查，精心组织、周密部署，确保科学、准确了解和掌握全国科技工作者在分布状况、生活状况、就业方式、业务方向、流动趋势、价值观念等方面出现的新变化新问题，及时反映科技工作者的现实需求和利益关切，畅通党和政府与科技工作者联系的渠道。配合科技工作者状况调查，进一步加强科技工作者状况调查站点体系建设，优化科技工作者调查站点结构。研究发布《中国科技人力资源发展研究报告》，及时准确把握科技人力资源规模、分布和结构的变化，为科学决策提供依据。

19. 打造决策咨询品牌。组织广大科技工作者特别是担任人大代表、政协委员的科技工作者，围绕经济社会发展中的重大问题，深入调查研究，推出一批有分量、有影响的调研报告，努力把个体智慧上升为有组织的集体智慧。推动建好26个地方科协国家级科技思想库试点，实施好学会决策咨询资助计划，加强中国科协决策咨询数据库建设，着力提升科协系统决策咨询能力水平。着重办好《科技界情况》和《科技工作者建议》，进一步提高调研成果报送质量。围绕全国人大和国务院相关部门要求，组织和动员全国学会参与立法咨询，为社会主义民主法制建设贡献力量。

20. 研究塑造科技界良好社会形象。深入实施老科学家学术成长资料采集工程，有步骤地做好采集资料的整理、研究和二次开发工作，逐步建立较完整、系统的中国现代科学家学术成长资料库，梳理科技人才成长规律，推动形成新中国的学术传统。加大“共和国的脊梁——科学大师名校宣传工程”的实施力度，重点宣传一批为新中国科技事业作出卓越贡献的科学大师，支持一批高校学生剧团创作排演以近现代著名科学家为主题的话剧或歌剧，作为学校传统剧目传承下去，用更加鲜活的科学家形象教育青少年，引领时代风尚。充分利用电视电影、书籍报刊、话剧等文化载体，大力宣传老一辈科学家、优秀科技工作者和创新团队的光辉事迹和崇高精神，塑造好维护好我国科技界良好社会形象和国际形象。

**七、以广泛开展“建家交友”活动为载体，着力加强组织建设**

21. 加大党建工作力度。坚持以加强党的执政能力建设和先进性、纯洁性建设为主线，紧密联系科协工作实际，努力加强思想建设、组织建设、作风建设、制度建设和反腐倡廉建设，不断提高科协党建工作的科学化水平。深入开展“党建强会计划”，坚持分类指导的原则，建立健全学会党建指导员制度，资助学会党组织开展有特色的支部共建、建言献策、服务会员等活动，抓好党支部共建活动，不断扩大学会党组织覆盖面和党的工作覆盖面。支持鼓励学会创新发展，引导学会进一步优化内部治理结构，完善会员服务制度，推动办事机构的职业化建设，夯实学会创新发展的基础，不断提升学会履职能力和会员服务能力。

22. 大力加强基层组织建设。着眼于扩大科协组织覆盖面，重点加强农技协及乡镇、高校、社区、企业、园区等科协组织建设，把增强基层组织活力与开展业务工作有机结合起来。着力加强高校科协建设，支持高校科协把开展学术交流、科学普及与科学道德和学风建设等活动有机结合，促进高校科普资源开发开放，倡导优良学风。着力加强企业科协组织建设，推动企业科协从企业科技人员创新需求出发，把开展“讲理想、比贡献”活动与服务企业技术创新有机结合，着力培育企业创新人才和团队，增强科协组织对企业科技人员的凝聚力向心力。着力加强基层农技协建设，把推动实施科普惠农兴村计划和增强基层科普服务能力有机结合，努力把创新要素引向农村、引入农户，支持有一定规模影响、辐射带动作用较强的农技协做大做强。

23. 服务基层科技工作者。重点做好新经济组织科技工作者职称评定服务工作，进一步扩大试点范围，帮助企业科技工作者提升职业技能和学术地位，促进更多科技工作者向企业流动。以中国科协代表中国申请加入《华盛顿协议》并争取被接纳为预备成员为契机，引导和支持全国学会积极参与工程教育认证试点，争取更多的专业认证委员会秘书处设在中国科协所属全国学会，承接和参与工程教育专业认证工作，为基层科技工作者提供优质高效的认证服务。

24. 积极推进科协文化建设。根据中共中央、国务院《关于深化科技体制改革加快国家创新体系建设的意见》

确定的任务分工方案，落实引导科技工作者自觉践行社会主义核心价值观的任务分工，联合中宣部等有关部门研究制定科学文化建设纲要。大力宣传科技界普遍认同的核心价值理念和行为准则，搭建活动平台，拓展文化载体，培育具有鲜明时代特征的科协文化。通过建立基层联系点、示范点等形式，鼓励和引导学会积极探索新形势下联系和服务会员的新思路、新举措。继续举办中国科协会员日活动，密切与科技工作者的感情交流和工作联系，不断增强科协组织的吸引力凝聚力，切实把中国科协建成“科技工作者之家”，使各级科协干部成为“科技工作者之友”。

## 关于深入实施学会能力提升专项的通知

科协发学字〔2013〕51号

各全国学会、协会、研究会：

为贯彻党的十八大和十八届二中全会精神，落实加强和创新社会管理的重大部署，增强学会综合能力，形成学会发展长效机制，培育打造一批有效服务社会管理创新、能负责能问责的现代科技社团，现就深入实施学会能力提升专项通知如下：

**一、充分认识学会能力提升的重要意义**

学会作为服务社会管理的重要协同力量，具有人才荟萃、智力密集、地位超脱等天然优势，在服务广大科技工作者、推动科技创新和传播科学文化等方面做了大量工作，取得了显著的成绩。党的十八大要求加强和创新社会管理，提高社会管理科学化水平。面对新形势新要求，各全国学会、协会、研究会（以下简称全国学会）必须从全局和战略高度，深刻认识学会能力提升的重要性和紧迫性，加快提升自身能力，显著提高政府和社会认可度，有效提升工作队伍人员素质和职业化水平，为服务好社会管理创新，承接好政府转移职能夯实基础。

**二、指导思想与建设目标**

（一）指导思想

全面贯彻落实党的十八大精神，高举中国特色社会主义伟大旗帜，坚持以邓小平理论、“三个代表”重要思想和科学发展观为指导，围绕党中央、国务院关于建设创新型国家的战略部署，抓住国家加强和创新社会管理机遇，发挥学会优势，提升能力，拓展功能，团结科技工作者深入参与社会管理，承接政府转移的社会化服务职能，主动服务社会管理创新，切实增强学会的学术影响力、会员凝聚力、社会公信力和自主发展能力，引领我国科技社团发展，在全面建成小康社会、实现中华民族伟大复兴的中国梦的伟大进程中发挥积极作用。

（二）建设目标

根据学会特点和自身发展规律，坚持自我发展和政府支持相结合，着力提升学会服务创新能力、服务社会和政府能力、服务科技工作者能力以及自我发展能力，打造一批社会信誉好、发展能力强、学术水平高、服务成效显著、内部管理规范的示范性学会，切实把学会建设成为中国特色的现代科技社团，使学会逐步成为提供科技公共服务的重要主体，成为参与社会管理的重要协同力量。

——“十二五”期间，重点支持一批有发展潜力的学会，积极探索推进体制机制改革，创新专业人才队伍建设模式，成为科技公共服务的重要提供者、管理社会事务的重要参与者、科学道德和学风建设的自觉践行者、政府职能转移的重要承接者，引领带动全国各级各类学会改革发展。

——到2020年，学会专业人才队伍不断壮大，学术影响力持续提升，社会认可度显著提高，参与社会事务管理、维护社会公平正义、促进社会和谐作用明显发挥，服务社会管理创新的管理体制和工作格局基本形成。

**三、重点任务**

实施专项，重点提升学会以下四个方面的能力：

1. 提升服务创新能力。激励学会整合学术资源，推动学科发展，突出学科交叉融合，举办高层次、高质量学术交流活动，实现“一会一品牌”；实现学术交流成果共享，推广科研技术成果，促进学术生态建设，开展学风道德和学术诚信建设；推进科技期刊质量建设，培育精品科技期刊，提升科技期刊学术地位和影响力；多种形式推动科技成果和创新要素向企业集聚，促进科技与经济结合，激发全社会的创新、创造活力。

2. 提升服务社会和政府能力。激励学会主动开拓社会化服务职能，发挥在社会管理服务中的作用，积极承接政府部门有关委托工作，参与科技评价、科技奖励、人才评价工作，参与行业和技术标准制定、法律法规及行业发展规划编制，组织政策咨询，提供技术服务，促进科学技术教育普及与传播，把学会逐步打造成为推动社会管理创新的重要协同力量。

3. 提升服务科技工作者能力。激励学会在开展会员服务、促进科技工作者成长成才、开展科技工作者宣传表彰、举荐科技人才、开展工程教育认证和专业技术资格认证等方面做出突出业绩；支持科技工作者参与国际研究项目，鼓励学会推荐科技专家在国际组织任职并提供相应支持，高度重视后备队伍培养，把学会打造成为科技工作者之家。

4. 提升学会自我发展能力。激励学会积极探索推动体制、机制改革，坚持民主办会，健全会员发展、管理和服务机制，建设具有良好素质的专兼职工作队伍，形成能负责的社会服务工作机制，建立能问责的监督机制。

**四、推进措施**

（一）加强领导，协同推进

中国科协负责加强学会能力提升专项顶层设计，对学会分类指导、统筹协调，对专项实行绩效考评；财政部主要负责学会能力提升专项经费保障等；各学会要加强组织领导，发挥跨部门、跨地区、跨行业的组织优势，围绕提升能力服务社会管理创新，搞好衔接、主动沟通、设计方案、承担责任。

（二）抓实项目，深化改革

深入实施学会能力提升专项，引导学会主动参与和服务社会管理创新。以奖励优秀科技社团和引导开展重点活动为抓手，以奖促建、奖建结合、推进改革。按照点面结合的方式，扶持一批优秀科技类社会组织整体带动学会工作，对事关学会改革发展的重点、难点和热点问题开展重点研究，在项目建设中提升能力，确立地位。

（三）统筹指导，典型示范

重点支持培育一批学会做大做强做优，示范引领各学会夯实发展基础，完善内部治理结构，建立自律机制，加强职业化建设，不断提升学会社会化服务竞争力，提高专业权威性、社会公信力和政府认可度。各学会要结合自身优势和特点，联合联动、协同参与社会管理。

（四）完善制度，绩效考核

建立问责机制，接受政府和社会监督，确保学会能力提升专项的实施绩效。建立健全政府委托、科协组织、专家评审、社会监督的机制，确保公正、公平、公开；建立健全项目资金管理、绩效考核、信息公开等相关制度，确保专项资金依法依规管理，切实提高财政资金的使用效益。

（五）大力宣传，扩大影响

中国科协定期组织项目总结、交流，推广学会通过提升能力服务社会管理创新的成功经验和先进工作模式，进一步激发学会参与社会管理的主动性、积极性和创造性。积极宣传表彰学会服务社会管理创新的典型案例与突出贡献，反映呼声、推介学会，形成全社会关注和支持学会发展的良好局面。

中国科学技术协会
财政部
2013年9月30日

## 关于印发《中国科协关于加强学会宣传思想工作的若干意见》的通知

科协发调字〔2013〕45号

全国学会、协会、研究会：

为深入贯彻落实党的十八大和全国宣传思想工作会议精神，经认真研究，现将《中国科协关于加强学会宣传思想工作的若干意见》印发你们，请联系本单位实际，认真贯彻落实。

中国科学技术协会
2013年9月9日

### 中国科协关于加强学会宣传思想工作的若干意见

为深入贯彻落实全国宣传思想工作会议精神，按照党中央关于人民团体要动员社会力量支持参与宣传思想工作的要求，现就加强学会宣传思想工作提出以下意见。

**一、充分认识新形势下加强学会宣传思想工作的必要性紧迫性**

1. 加强学会宣传思想工作是中央的明确要求。意识形态工作是党的一项极端重要的工作，做好新形势下的宣传思想工作，强化意识形态工作引领社会、凝聚人心、推动发展的支撑作用，事关党的前途命运，事关国家长治久安，事关民族凝聚力和向心力，是关系全局的根本性、战略性重大任务。必须牢牢把握宣传思想工作的根本任务和着力点，巩固马克思主义在意识形态领域的指导地位，巩固全党全国人民共同奋斗的思想基础。党中央要求人民团体动员社会力量支持参与宣传思想工作，各级科协及所属学会必须深入学习、全面贯彻习近平总书记在全国宣传思想工作会议上的重要讲话精神，切实把思想和行动统一到讲话精神上来，充分发挥密切联系科技工作者的优势，从推动中国特色社会主义事业长远发展、巩固党的群众基础和执政基础、培育和践行社会主义核心价值观的高度，进一步增强做好宣传思想工作的自觉性、坚定性。

2. 加强学会宣传思想工作是科协发挥桥梁纽带作用的重要方面。学会是国家创新体系的重要组成部分和推动社会管理体系创新的重要力量，在组织动员广大科技工作者为实现中华民族伟大复兴的中国梦方面有着不可替代的作用和优势。各级科协通过学会搭建的各类活动平台和服务载体，深入宣讲解读中央的战略决策部署，及时反映科技工作者的意见、建议和呼声，有利于赢得科技工作者对党和政府方针政策的充分理解，有利于形成科技界广泛认同的价值追求和理想信念，有利于科技工作者把个人成长融入国家发展，团结凝聚智慧和力量努力为民族复兴中国梦的伟大事业不懈奋斗。

3. 加强学会宣传思想工作是全面提升学会能力的客观需要。全面提升学会能力是立足全局、关系长远的一项重要工作。培育打造一批高水平服务社会管理创新、能负责、能问责的现代科技社团，关键在于切实加强学会自身建设，增强学会对科技工作者的吸引力凝聚力。加强学会宣传思想工作，有利于凝聚会员共识、振奋精神，有利于维护学会的学术权威性和公信力，有利于塑造学会鲜明的社会形象，营造对学会发展有利的舆论环境，有效推动学会全面提升服务科技创新能力、服务社会和政府能力、服务科技工作者能力及自我发展能力。

**二、围绕中心，服务大局，全面推进学会宣传思想工作**

4. 深入开展中国特色社会主义和中国梦宣传教育。坚持和发展中国特色社会主义、实现中华民族伟大复兴的中国梦，是全党全国各族人民的共同理想，是当代中国发展进步的鲜明主题。各全国学会要积极参与“弘扬科学道德，践行‘三个倡导’，奋力实现中国梦”全国巡回报告活动，面向科技工作者深入开展中国特色社会主义和中国梦的宣传教育工作，重点宣讲解读好与科技事业和科技工作者自身发展有关的内容，有意识地引导广大科技工作者强化使命意识，强化责任担当，激励他们自觉为实现中华民族伟大复兴贡献聪明才智，创造无愧于祖国、无愧于人民、无愧于时代的光辉业绩。

5. 大力开展科学道德和学风建设。高尚的科学道德和严谨的学风建设是社会主义核心价值体系的重要内容。学会作为学术共同体积极发挥同行评价的作用，在倡导科学道德、坚持行业自律、规范学术行为方面发挥了重要作用。要积极引导广大科技工作者提高职业道德修养和科研诚信意识，加强同行评议，规范学术行为，在进行科技评价、发布科研成果、发表学术论文、出版科技著作等活动中坚决反对抄袭、剽窃、弄虚作假等学术不端行为，对学术不端行为“零容忍”。要发挥学会优势，结合学会工作实际，面向科技工作者广泛开展科学道德和学风建设宣讲教育。

6. 积极回应社会关切的科技问题。学会既是科技人才的荟萃地，也是学术交流和多种多样信息的传播平台。学会要提高政治敏锐性和舆情判断力，认真分析舆情发展态势，主动承担社会责任，充分发挥学会的学术权威性以及客观、公正、超然的社会地位优势，建立快速反应机制，组织专家及时回应社会关注的热点和焦点问题、重大科技问题和突发公共事件，规范落实新闻发言人制度和新闻发布制度。

要组织科技工作者利用各类媒体、通过各种方式向公众传播科学技术，为公众解疑释惑，讲清“怎么看”、“怎么办”，传递正确的科技知识，化解各种谬误认识和思想偏见，遏止谣言和错误导向，代表科技界发声音，引导正确的舆论方向，积极传播有利于社会进步和谐的正能量，坚决抵制各种不良舆论思潮和西方意识形态和价值观念，避免形成舆论危机，营造和谐社会氛围。

7. 广泛宣传典型科技人物和科技成就。大力宣传在创新科学技术和普及科学技术方面作出突出贡献的优秀科技工作者和创新团队，宣传科技工作者在加快建设创新型国家中取得的重大科技成就，既是维护和提升科技工作者社会形象的有效手段，也是弘扬主旋律、传播正能量的重要方面。学会要主动参与实施“老科学家学术成长资料采集工程”，支持采集工程收集学术文献资料，研究梳理优秀学术传统，积极开展弘扬科学精神的宣传教育。要大力支持全国优秀科技工作者奖、中国青年科技奖、中国女科学家奖等评选活动，积极推出一批优秀科技工作者和创新团队典型，宣传科技工作者热爱祖国、刻苦钻研、锐意进取、勇于创新、不计得失、无私奉献的爱国主义精神、求实创新精神、拼搏奉献精神和团结协作精神。要主动广泛宣传我国科技事业的重大进展和成就，宣传重大科技创新成果在加快转变经济发展方式、实现科学发展中发挥的重要作用，科技进步在扩大对外开放、提高人民生活水平和质量、提高人民科学文化素质和健康素质中的重要作用。

**三、坚持守土有责、守土负责、守土尽责，着力加强对学会宣传载体的有效管理**

8. 规范会议宣传工作。坚持“研究无禁区、宣传有纪律”的原则，加强对报告会、研讨会、讲座、论坛等学术会议的管理，对学术会议的舆论影响进行预评估。分类指导学术会议的宣传工作，对能提升国家科技影响力、能在社会上产生积极社会影响或需要向社会公众广泛普及相关知识的学术会议，要加大宣传力度；一般性学术会议，采用常规宣传方式；涉及不宜向社会公开内容的，应不公开宣传。坚决杜绝利用学术会议发布违反政治原则、不符合社会主义核心价值观的言论或其他行为。

9. 把好期刊舆论导向。要认真履行主办单位职责，加强对期刊的监管，坚持出版宗旨，规范出版秩序，严格年检和审读。在提高期刊科技质量的同时，注意提高期刊编审队伍的政治素养。要择优选择政治素质高、业务水平强的管理人员担任期刊主要负责人，牢牢把握期刊舆论导向；提高编审队伍政治敏感性，不刊登与科技无关的内容，自觉抵制通过科技论文宣传西方价值观的行为。要及时处理期刊中出现的问题，对具有重大社会影响力的科技事件，要通过期刊及时发出学会正面正向的声音。

10. 加强网站信息管理。要明确学会网站的定性定位，加强和改进网络内容建设，坚决防范和杜绝不良信息的传播，大力发展健康向上的网络文化，理直气壮唱响网上主旋律。要加强网站管理队伍建设，要择优选择政治素质高、业务水平强的管理人员担任主要负责人。要加大对网上舆情关注度、敏锐性，组织动员广大科技工作者对传播不良内容和信息的行为进行自觉抵制和斗争，在网上出现异常情况时要有积极的应对措施。

11. 精心做好对外宣传工作。开展对外宣传是增进国际社会了解中国、促进中外互利共赢的重要方式。学会要发挥对外交往的独特优势，提高国际传播能力，增强国际话语权，着力打造融通中外的新概念、新范畴、新表述，形成富有吸引力和感染力的中国话语，在国际科技界宣传阐释好中国特色，讲好中国故事，传播好中国声音。充分利用各种形式的国际科技交流机会，大力宣传我国在科技领域取得的巨大成就，着力推动中国科技工作者走向世界，大力推荐优秀的科技工作者在国外科技组织任职，扩大我国科技界的国际影响。

**四、加强组织领导，形成推进学会宣传思想工作的强大合力**

12. 明确理事长负责制。加强宣传思想工作是学会工作的重要方面，也是学会领导机构的重要职责。各全国学会要建立宣传思想工作理事长负责制，明确理事长为第一责任人。学会理事长应树立责任意识，主动担当，及时组织召开理事会或常务理事会认真研究制定工作方案。执行过程中，要定期听取汇报，对秘书处执行情况进行监督、检查和把关，确保工作方案的有效执行，自觉接受中国科协的检查指导。各级科协要加强对所属学会宣传思想工作指导，明确建立理事长负责制。

13. 加强人才队伍建设。学会能力的提升离不开高素质、专业化、职业化的人员队伍。要建立健全考核奖励机制和人员培训机制，打造政治素养高、业务能力强的学会办事机构专职人员队伍。要加强宣传思想工作能力培训，增强学会工作队伍宣传思想工作意识，培育专门人才。要建立学会新闻发言人制度和新闻发布会制度，正确及时有效地传播信息，回应社会关切。要组织动员广大科技工作者行动起来，打造一支强大网军，与错误思想舆论做坚决斗争。各级科协要为学会的宣传思想工作提供培训服务，及时传达中央有关精神和国家有关政策，提高工作队伍的政治素养和业务水平。

14. 推进学会党建工作。在学会中巩固加强党的建设，扩大党在全国学会中的组织覆盖和工作覆盖，是扩大党的群众基础、提高党的执政能力的迫切需要，是发挥党的政治优势、组织优势和群众工作优势，促进学会健康有序发展的重要保证，也是学会开展宣传思想工作的政治保障。学会要建立健全党建工作机制，探索总结扩大党组织覆盖、创新工作思路的有效方法。要根据自身特点和实际，深刻领会党在新时期的核心要求，找准党建工作与思想宣传工作的结合点，充分发挥学会党组织在思想政治工作中的战斗堡垒作用和党员的先锋模范作用。各级科协要把加强学会党建摆在重要位置，积极探索加强学会党建的新途径新举措，以党建促学会建设，为宣传思想工作奠定坚实基础。

## 关于公布2013年度引领地方学会能力提升项目入选单位的通知

科协办发学字〔2013〕49号

各省、自治区、直辖市、副省级城市科协，新疆生产建设兵团科协：

根据《中国科协关于申报2013年度引领地方学会能力提升项目的通知》（科协发学字〔2013〕35号），中国科协启动实施了引领地方学会能力提升项目。经组织申报、专家评审和公示，北京市科协等9个省（自治区、直辖市）科协及深圳市科协入选。中国科协决定给予每个入选单位专项经费人民币壹佰万元。

希望获得支持的单位再接再厉，进一步明确工作思路、发展重点，加强学会自身建设，全面提升地方学会服务社会管理创新能力、服务科技创新能力、自我发展能力以及提升地方科协服务学会发展能力，努力打造一批能够发挥骨干示范作用的现代科技社团。同时，要遵照国家和中国科协有关规定，制定专项资金管理办法和经费使用计划，严格经费使用和管理。

附件：2013年度引领地方学会能力提升项目入选单位名单

中国科学技术协会办公厅

2013年11月4日

附件

## 2013 年度引领地方学会能力提升项目入选单位名单

（排名不分先后）

1．北京市科协
2．河北省科协
3．上海市科协
4．江苏省科协
5．山东省科协
6．湖北省科协
7．四川省科协
8．云南省科协
9．新疆维吾尔自治区科协
10．深圳市科协

2013 年 11 月 5 日

## 关于组织实施 2013 年“基层科普行动计划”的通知

科协发普字〔2013〕8 号

各省（自治区、直辖市）科协、财政厅（局），新疆生产建设兵团科协、财务局：

为贯彻党的十八大精神，落实《全民科学素质行动计划纲要（2006—2010—2020 年）》，充分调动全社会深入基层、贴近实际、贴近生活、贴近群众开展科普工作的积极性和主动性，引领激发广大群众学科学、用科学的积极性和创造性，助力社会主义新农村建设及和谐社区建设，2013 年，中国科协、财政部将继续联合实施“基层科普行动计划”。该计划由“科普惠农兴村计划”和“社区科普益民计划”两个子计划构成。现将有关事项通知如下：

**一、评选名额**

2013 年，“基层科普行动计划”将在全国评比表彰 1000 个农村专业技术协会，386 个农村科普示范基地，406 名农村科普带头人，5 个少数民族科普工作队和 500 个科普示范社区。

中央财政安排专项资金对受表彰的单位和个人按照“以奖代补和奖补结合”的原则给予奖励支持。其中，农村专业技术协会和农村科普示范基地的奖补资金标准为 20 万元，农村科普带头人的奖补资金标准为 5 万元，少数民族科普工作队的奖补资金标准为 50 万元，科普示范社区的奖补资金标准为 20 万元。

**二、有关要求**

（一）各省（自治区、直辖市）及新疆生产建设兵团要严格按照《“基层科普行动计划”实施方案（试行）》规定的程序做好组织实施工作，加强监管，坚决杜绝推荐程序和推荐条件不符合规定、申报材料弄虚作假等不正当行为。推荐过程中要突出重点，充分发挥推荐单位和个人的示范引导作用。

1．要重点关注围绕贯彻落实十八大精神开展科学教育、传播和普及工作的先进单位和个人。

2．要重点关注在提高农村妇女科学素质方面做出突出贡献的农村专业技术协会、农村科普示范基地和农村科普带头人。在推荐农村科普带头人时，同等情况下，优先推荐农村女性科普带头人。

3．要重点关注已建立党组织并积极帮扶群众、带领群众依靠科技致富的农村专业技术协会、农村科普示范基地以及农村党员科普带头人。

4．要重点关注发展现代农业，开展全过程综合农技服务的农村专业技术协会、农村科普示范基地和农村科普带头人。

5．要重点关注已建立科普惠农服务站、技术协作网，能发挥科普惠农长效机制的农村专业技术协会、农村科普示范基地和农村科普带头人。

6．要重点关注积极面向社区居民开展科普工作且成效显著的省级科普示范社区。

7．要重点关注全国科普示范县（市、区）审核推荐的先进单位和个人。

（二）各省（自治区、直辖市）及新疆生产建设兵团要加大宣传力度，把评比筛选过程与普及科技知识、弘扬科学精神、传播科学思想、倡导科学方法有机结合起来，及时发现、广泛培育典型，为深入持久实施“基层科普行动计划”打好基础。

（三）请各省（自治区、直辖市）及新疆生产建设兵团于 2013 年 5 月 15 日前将推荐申报材料报至中国科协。推荐申报材料以省（自治区、直辖市、生产建设兵团）科协、财政厅（财政局、财务局）联合签发的正式函的形式报送，材料内容及报送方式如下：

（1）推荐工作简要总结说明。

（2）推荐名单。对所推荐的单位和个人应根据专家评审委员会、科协和财政部门综合确定的分数，按照从高到低的顺序分类排列。

（3）各申报单位和个人的推荐表和相关资料。其中，“科普惠农兴村计划”推荐单位和带头人的推荐表及有关证明材料（包括获得县级以上科普工作奖励的证明，农村专业技术协会的社团登记证明、年检证明和当地统计局出具的该县农民近三年的年均纯收入证明等），通过“科普惠农兴村计划网上申报系统”进行报送，登录网址为 http://kphn.cast.org.cn（“科普惠农兴村计划”专题网）。“社区科普益民计划”推荐单位的推荐表和有关证明材料（包括社区近三年科普工作受表彰证明、品牌科普活动简介、近三年科普工作总结、未来三年社区科普工作计划等），通过“社区科普益民申报系统”进行报送，登录网址为 http://www.kpym.org.cn（社区科普益民工作平台）。

（4）所有推荐材料的纸质原件留省（自治区、直辖市、生产建设兵团）科协存档，中国科协和财政部组织抽查。纸质材料和电子材料应完全一致。

附件：2013 年“基层科普行动计划”推荐名额分配表（略）

中国科学技术协会
财政部
2013 年 4 月 10 日

## 关于印发《中国科协关于加强城镇社区科普工作的意见》的通知

科协发普字〔2013〕21 号

各全国学会、协会、研究会，各省、自治区、直辖市、副省级城市科协，新疆生产建设兵团科协：

为深入贯彻落实党的十八大精神，推动社区居民科学素质行动的深入实施，提高城镇社区居民科学素质，确保我国公民科学素质建设总体目标的实现，制定了《中国科协关于加强城镇社区科普工作的意见》，现印发给你们，请结合实际，认真贯彻落实。

中国科学技术协会
2013 年 6 月 19 日

### 中国科协关于加强城镇社区科普工作的意见

为了贯彻党的十八大精神，深入实施社区居民科学素质行动，提高城镇社区居民科学素质，确保我国公民科学素质建设总体目标的实现，现就加强我国城镇社区（以下简称社区）科普工作提出如下意见。

**一、充分认识社区科普工作的重要性和紧迫性**

（一）加强社区科普工作是全面建成小康社会和实现人生精彩的迫切需要。我国正处在为推进城镇化、全面建成小康社会、建成富强民主文明和谐的社会主义现代化国家，实现中华民族伟大复兴的中国梦的关键时期。无论是城镇化建设，还是建成小康社会、享有小康社会，都必须以提高公民科学素质为基础。无论是提高人们融入城镇的适应能力、就业能力、创业能力，还是满足人的全面发展的需要，都需要居民科学素质的支撑。科技无处不在，未来发展需要人人具备基本科学素质，只有广大社区居民具备运用所掌握的现代科技知识来处理实际问题、参与公共事务的能力，具有自尊自信、理性平和、积极向上的社会心态，才能拥有人生出彩和梦想成真的机会。

（二）加强社区科普工作是建设创新型国家和文化强国的迫切要求。科技创新是提高社会生产力和综合国力的战略支撑，建设文化强国是提高国家软实力、实现中华民族伟大复兴的关键，而推动科技创新和建设文化强国都必须以公民整体科学素质的提高为支撑。我国第六次人口普查显示，2010 年城镇居民占总人口的 49.68%，社区居民整体科学素质的提高对于提高我国公民科学素质有举足轻重的作用。加强社区科普工作，增强城市创新创造活力、丰富社区居民精神文化生活，将为增强自主创新能力注入不竭源泉、为加快文化强国建设打下坚实基础。

（三）加强社区科普工作是我国公民科学素质建设的当务之急。改革开放以来，随着城镇化进程加快，我国城市科普工作的重心逐步向社区转移。特别是近年来，社区科普工作的作用日益重要，重视程度不断加强；社区科普组织不断建立完善，群众性、社会性、经常性的社区科普活动日益丰富多彩；社区科普条件不断改善，科普服务能力不断提高；大联合大协作的科普工作机制日益完善，社区科普资源集成共享程度不断提高。但是，应清醒地看到，我国社区科普工作总体上还不能够适应社区居民日益增长的科普需求，主要表现为：社区科普的投入不足，设施条件和手段缺乏；社区科普活动频次低，针对性不强，不能满足社区居民的需要；对社区科普工作的认识和重视不够，组织不健全，工作机制不完善等。据我国第八次公民科学素质调查，2010 年我国具备基本科学素质的公民比例为 3.27%（其中城市居民为 4.86%），仅相当于世界主要发达国家和地区 20 世纪 80 年代末、90 年代初的水平。加强社区科普工作不仅是提高我国城镇居民科学素质的需要，也是提升我国科普工作整体水平，提高我国公民整体科学素质的当务之急。

**二、明确社区科普工作的指导思想、方针和工作目标**

（四）新时期社区科普工作的指导思想。新时期社区科普工作要深入贯彻党的十八大精神，高举中国特色社会主义伟大旗帜，以邓小平理论、“三个代表”重要思想、科学发展观为指导，以科普益民为目标，建立健全科普组织、改善科普工作条件、持续广泛开展科普活动，推动社区居民养成科学文明健康的生活方式，提高社区居民应用科技知识解决实际问题和参与公共事务的能力，为建设创新型国家、文化强国、美丽中国、美好生活，全面建成小康社会、实现中国梦做出应有贡献。

（五）新时期社区科普工作的基本方针。新时期社区科普工作，要坚持以社区的老年人、进城务工人员和待业人员、学龄前儿童和青少年等人群为主要科普对象；坚持把群众性、社会化作为社区科普工作的主要方式；坚持以建设科普组织、建设科普阵地、开展科普活动为重点，带动社区科普工作的整体提升。

（六）新时期社区科普工作的发展目标。到2015年，社区科普工作取得较大发展，社区科普服务能力明显增强。60%以上的社区建有科普益民服务站、科普学校、科普网络（简称“站、校、网”）；80%以上的社区建有科普工作领导小组、科普协会、科普员（简称“组、会、员”），社区普遍开展多种形式、经常性的科普活动。

到2020年，社区科普服务能力能够满足我国全面建成小康社会的需要。社区科普队伍有较大发展，社区科普设施基本完善，社区科普活动的覆盖面和实效性显著增强，社会力量参与社区科普工作的积极性明显增强，社区科普工作常态化运行机制基本形成，社区居民科学素质明显提升，科学文明健康的生活风尚全面形成。

**三、广泛持续开展社区科普活动，切实满足社区居民提升自身科学素质的新期待**

（七）围绕科学素质纲要主题，大力开展社区科普活动。各级科协要围绕“节约能源资源、保护生态环境、保障安全健康、促进创新创造”的科学素质纲要主题，广泛动员各有关单位及科协所属学会（协会、研究会），高校、科研院所、科普教育基地，面向社区居民开展经常性、阵地化的科普活动。要发动社区在全国科普日、科技活动周、防灾减灾日、食品安全宣传周等期间，广泛组织驻区单位和居民，围绕社区居民关注的卫生健康、应急避险、食品安全、生态环境、低碳生活、心理关怀、反对愚昧迷信等重点和热点问题，大力普及科学知识，及时解疑释惑，引导社区居民理性对待和处理个人生活及社会生活中的问题。

（八）贴近公众、贴近民生、贴近实际，持续开展社区科普活动。各级科协要针对老旧住宅社区、工矿企业所在地社区，城乡结合部（村转居）、城中村、流动人口聚居地社区，新建住宅社区，商务楼宇聚居社区，保障性住房社区，少数民族聚居社区，信教群众集中居住社区等不同情况，根据社区常住居民的组成、文化背景等不同特点，开展针对性强、居民欢迎的科普活动。要注重提高老年人运用科学知识改善生活质量、应对突发事件的能力，丰富科学文化生活，保持身心健康。要注重提高进城务工人员和待业人员的就业技能和生存能力，养成科学文明生活、保持理性平和心态、适应城市环境变化的能力。要结合学龄前儿童，以及青少年寒暑假、周末休息等时机，利用社区青少年科学工作室、流动科技馆、数字科技馆、科普教育基地和青少年科技教育基地等场所，积极开展社区科技教育活动，引导青少年正确使用网络资源，激发青少年科学梦想。

**四、以“站、校、网”建设为重点，改善社区科普工作条件**

（九）建设完善社区科普益民服务站。社区科普益民服务站是社区科普活动的重要阵地。各级科协要支持和推动社区因地制宜，采取多种形式建设完善科普图书室、科普活动中心、社区科技馆、青少年科学工作室、科普园、科普广场、科普宣传栏（橱窗）等不同形式组合的社区科普益民服务站，特别要注重将社区已有的科技、教育、文化、卫生等活动设施场所拓展和建设为科普活动阵地。要坚持实际、实用、实效的原则，做好社区科普益民服务站的维护和管理，定期对科普设备设施检查，及时更新科普展示和活动内容，提高科普活动频率和水平，不断扩大社区居民受益面。

（十）建设完善社区科普学校。社区科普学校是社区科普传播教育的活动平台。各级科协要推动社区建立以科普大学、科普讲堂、社区学院、青少年科技辅导学校等为主要形式的社区科普学校，组织社区居民开展科学教育和培训。要制定完善社区科普学校管理和运行制度，建立长效办学机制。要注重培养社区科普教师和讲师队伍，提高教学质量和水平。要立足实际、贴近居民，采用灵活多样的办学方式，切实满足社区居民学习、交往等多方面的需要。

（十一）建设完善社区科普网络。社区科普网络是社区科普传播不可或缺的途径。各级科协要推动建立完善社区电子科普显示屏、社区网络书屋、数字科普视窗等多种科普阅读终端，将“中国数字科技馆”、“中国科普博览”等网络科普资源引入社区。要推动社区移动电视增加科普功能，定期更新科普内容。要利用博客、微博等自媒体，以及微信、飞信等即时通讯的新媒体手段，组织社区居民开展科普自服务和自教育。

**五、以“组、会、员”建设为重点，切实提升社区科普服务能力**

（十二）建立健全社区科普工作领导小组。社区科普工作领导小组是社区科普工作的重要推动力量。各级科协要积极发动建立由社区居委会主要负责同志牵头的社区科普工作领导小组，并确定一名以上社区科普专干，保障社区科普工作有专人负责。要推动社区科普工作领导小组制定社区科普工作计划、筹集社区科普工作经费、集成社区科普资源、推动社区开展科普活动、加强与驻区单位的沟通和协调、组织驻区单位参与社区科普工作。

（十三）建设完善社区科普协会。社区科普协会是组织开展社区科普活动的中坚力量。各级科协要依托社区的管理者和社区工作人员、科学教师、科技人员、科普专家、离退休科技相关人员、大学生社工及社区居民等，指导成立社区科普志愿者协会、科普兴趣小组、科普爱好者协会等社区科普协会。要加强对社区科普协会的指导和服务，引导社区科普协会定期开展科普活动。

（十四）配备配齐社区科普员。社区科普员是社区科普工作的核心推动者。各地科协要积极推动社区配备 3 名以上的科普员。要积极动员驻区的企事业单位以及社区居民中的科技工作者和科普工作者担当社区科普员。要加强对社区科普员的业务培训和工作指导，为他们开展科普活动提供便利条件，支持他们积极主动开展工作。

（十五）建立健全社区科普组织动员机制，广纳社区内外的科普资源。驻区单位是社区科普工作的重要组织资源。各级科协要推动社区加强与驻区单位的沟通和协调，邀请驻区单位领导进入社区科普工作领导小组，参与社区科普工作和科普活动的规划、组织和实施。要引导支持建立社区与驻区单位的科普联动机制，将驻区单位的设施、场所、器材器具等科普资源面向社区居民开放，动员驻区单位的专业技术人员面向社区居民开展科普讲座和科普咨询等活动，鼓励驻区单位支持社区开展科普活动。

**六、充分发挥科协组织作用，为社区科普工作创造良好环境**

（十六）积极争取党委和政府对社区科普工作的领导和支持。各级科协要积极主动争取党委和政府对社区科普工作的领导和支持，将社区科普工作纳入党委和政府的工作部署，列入工作规划和计划、考核内容，争取党委和政府有关部门制定有利于社区科普工作的政策措施，加大对社区科普工作的投入和支持力度。

（十七）加强指导和服务，不断提高社区科普工作水平。各级科协要把社区科普工作放在突出的位置，加强自身建设，提升科协服务社区科普工作的能力和水平。加强调查研究，制定社区科普工作规划和年度计划，明确本地区社区科普工作目标和任务，引导科普资源向社区聚集。积极组织社区科普人员的业务培训和交流，建立完善社区科普工作的信息交流制度，及时掌握社区科普工作情况，切实为社区更好地开展科普工作提供业务指导、智力援助、资料配送等支持和服务。

（十八）实施社区科普益民计划，加强示范引导，建立完善激励机制。各级科协要积极配合“社区科普益民计划”的实施，推动本地科普示范社区创建活动深入持久开展。积极组织开展社区科普示范单位、科普示范楼宇、科普示范门栋、科普示范家庭、科普示范标兵等示范活动，及时总结和推广社区科普工作的先进经验。大力宣传社区科普工作中涌现出的先进典型，建立健全激励机制，为社区科普工作营造良好的环境。

## 关于实施 2013 年中国流动科技馆项目的通知

科协办发普字〔2013〕15 号

各省、自治区、直辖市科协，新疆生产建设兵团科协：

为深入贯彻《中共中央、国务院关于深化科技体制改革加快国家创新体系建设的意见》，实施《全民科学素质行动计划纲要实施方案（2011—2015 年）》，2013 年将在全国范围内全面启动中国流动科技馆项目。根据《关于申报 2013 年中国流动科技馆巡展项目的通知》（科协办发普字〔2012〕41 号）的要求，各地积极组织了申报工作。截至 2012 年 10 月，中西部地区 20 个省级科协申报项目巡展共 61 套，东部地区 4 个省级科协上报项目巡展计划共 15 套。

经研究决定，中国科协 2013 年拟为中西部地区 20 个省级科协配发中国流动科技馆项目巡展 48 套，将东部地区 4 个省级科协 15 套巡展计划纳入中国流动科技馆项目的实施和管理（见附件）。

现将有关事宜通知如下：

一、各有关省级科协要高度重视此项工作，统筹和组织本省（自治区、直辖市，新疆生产建设兵团）做好本地区中国流动科技馆项目实施工作。

二、各项目执行单位和各级科协要根据地区实际情况，明确职责，精心组织，加强与各级财政部门的沟通，争取财政支持，加强与各级教育、宣传等部门的协调，加大项目实施的宣传力度，加强管理，注重实效。

三、中西部地区中国流动科技馆巡展配发工作将于 2013 年 6 月至 7 月完成。届时各套巡展将由中国科学技术馆运送至各省（自治区、直辖市，新疆生产建设兵团）首站巡展地。各省级项目执行单位须尽快按有关要求与中国科学技术馆签署巡展工作协议，并做好各套展览首站运行的相关准备。

四、中西部地区各省（自治区、直辖市，新疆生产建设兵团）首站巡展地的布展、撤展和展览维护、维修工作由中国科协委托的展览制作公司负责，第二站（含）之后的巡展运输、布展、撤展和展览维护、维修工作由各省级项目执行单位负责。

五、东部地区要严格按照中国流动科技馆项目的统一管理和各省级科协制定的巡展工作方案，研制巡展展览，组织推进项目实施的有关工作。

六、中国科协将对各地中国流动科技馆项目的实施情况进行实时监督，并开展年度绩效评估工作和表扬奖励。

附件：2013 年中国流动科技馆项目巡展执行方案

中国科学技术协会办公厅

2013 年 4 月 10 日

附件

## 2013 年中国流动科技馆项目巡展执行方案

| 序号 | 地 区 | 项目实施单位 | 项目巡展套数 | | 备 注 |
|---|---|---|---|---|---|
| 1 | 西 部 | 内蒙古自治区科学技术协会 | 3 | 48 | 项目巡展展览由中国科协统一配发 |
| 2 | | 广西壮族自治区科学技术协会 | 3 | | |
| 3 | | 海南省科学技术协会 | 1 | | |
| 4 | | 重庆市科学技术协会 | 2 | | |
| 5 | | 四川省科学技术协会 | 7 | | |
| 6 | | 贵州省科学技术协会 | 3 | | |
| 7 | | 云南省科学技术协会 | 2 | | |
| 8 | | 陕西省科学技术协会 | 4 | | |
| 9 | | 甘肃省科学技术协会 | 2 | | |
| 10 | | 青海省科学技术协会 | 2 | | |
| 11 | | 宁夏回族自治区科学技术协会 | 1 | | |
| 12 | | 新疆维吾尔自治区科学技术协会 | 2 | | |
| 13 | | 新疆生产建设兵团科学技术协会 | 1 | | |
| 14 | 中 部 | 山西省科学技术协会 | 2 | | |
| 15 | | 吉林省科学技术协会 | 2 | | |
| 16 | | 黑龙江省科学技术协会 | 1 | | |
| 17 | | 安徽省科学技术协会 | 4 | | |
| 18 | | 江西省科学技术协会 | 2 | | |
| 19 | | 河南省科学技术协会 | 2 | | |
| 20 | | 湖北省科学技术协会 | 2 | | |
| 1 | 东 部 | 江苏省科学技术协会 | 2 | 15 | 项目巡展展览由各省级科协自行研制 |
| 2 | | 浙江省科学技术协会 | 1 | | |
| 3 | | 福建省科学技术协会 | 4 | | |
| 4 | | 山东省科学技术协会 | 8 | | |

## 关于组建科学传播专家团队的通知

科协办发普字〔2013〕40 号

各全国学会、协会、研究会：

科技的普及和传播与科技创新同等重要，科学传播专家是国家科技人才的重要组成部分，是科普工作和公民科学素质建设的第一资源。为全面贯彻落实党的十八大和全国科技创新大会精神，根据《全民科学素质行动计划纲要实施方案（2011—2015 年）》和《中国科协科普人才发展规划纲要（2010—2020 年）》的部署，为加强科普人才队伍建设，提升科普公共服务能力，促进公民科学素质建设目标的实现，中国科协决定开展科学传播专家团队组建工作。现将有关事项通知如下：

**一、科学传播专家团队建设的基本原则**

科学传播专家团队建设遵循“依托学科、立足实际、以用促建、共建共享”的基本原则。

（一）依托学科。以自然科学、技术科学、工程技术及其相关科学的三级以上学科（专业、领域、行业）为单元建设，从各学科领域科技工作者中，遴选具有较高学术造诣和科普能力的专家，组成学科科学传播专家团队，引领、推动、指导我国学科科普传播工作全面发展。每个学科设学科首席科学传播专家一人，专家若干人。

（二）立足实际。根据自然科学、技术科学、工程技术及其相关科学各学科的实际情况，围绕国家经济社会发展和人民生产生活的实际需求，因地制宜、突出特色，重点选择需要开展科学普及和传播的学科（专业、领域、行业），组建学科科学传播专家团队。团队的名称、规模、构成和运作方式等，可以依据学会和学科的实际情况自行确定。

（三）以用促建。重在搭建科学普及和传播工作平台、创造条件，充分调动专家的积极性、主动性、创造性，鼓励专家领衔开展面向社会公众的公益性科普服务，不断提升科普服务水平，通过扎实有效的科普工作推动团队建设。

（四）共建共享。中国科协和全国学会、协会、研究会（以下简称学会）共同推动科学传播专家团队建设。中国科协将把推进科学传播专家团队建设作为提升全国学会服务能力和国家科普公共服务水平的重要内容，积极发挥科学传播专家在科普工作和公民科学素质建设工作中的作用。全国学会是科学传播专家团队建设的主体，要积极做好各学科科学传播专家团队的组建工作，并充分发挥专家在学科和学会科普工作中的重要作用。

**二、科学传播专家的遴选**

各学会采取“个人自荐、组织推荐、同行评议”相结合的方式遴选科学传播专家。所有学科科学传播专家须经全国学会相关专业委员会或工作委员会以上同行组织审核通过。学科首席科学传播专家须经全国学会理事会或常务理事会等正式会议审核通过后，向中国科协推荐。

科学传播专家应符合以下基本条件：

1. 坚持以邓小平理论、“三个代表”重要思想和科学发展观为指导，坚决执行党的路线、方针和政策，模范遵守国家法律法规。具备“献身、创新、求实、协作”的科学精神、良好的科学道德和学风。

2. 具有较高的学术造诣，具备高级职称或同等专业水平。学术水平或专业技能得到同行的广泛认可。首席专家应在本学科领域内具有学术权威和社会声望，能够正确把握和引领学科及学会科普工作发展方向。

3. 热爱科普工作，努力普及科学知识，弘扬科学精神，传播科学方法，在科普管理、科普创作与出版、科普活动、科普传播等方面经验丰富，效果显著。连续从事科普工作3年以上。

4. 组织协调能力强，有一定社会影响力，能引领同行科技工作者、科研机构、高校、企业等开展科普工作，身体健康。

**三、充分发挥科学传播专家团队作用**

各全国学会要在以下方面充分发挥科学传播专家团队及专家的作用：

（一）开展科普创作。围绕学科（专业、领域、行业）前沿科技进展和基本科技常识等，注重科学与艺术相结合，领衔开展或参与科普创作，开发或推介优秀科普教材、展教品、图书、影视作品、文艺节目等。承担科技计划项目、科技重大专项和重大工程项目时，通过撰写科普文章等方式向公众传播最新科技发现和创新成果。

（二）开展科普传播。面向未成年人、农民、城镇劳动者、领导干部和公务员、社区居民等人群，结合学科（专业、领域、行业）的国际国内重大科技事件、重大国际科技或学术会议、主题日、纪念日等，领衔举办或参与科普活动，以科普展览、讲座、咨询等多种形式，开展全国性、创新性、示范性科普活动，推动形成学科科普品牌。针对学科或行业相关社会热点焦点和突发公共事件，及时领衔或参与开展应急科普服务，为公众解读热点焦点及公共事件背后的科学知识，传播本学科或行业科技工作者的共识，正确引导社会舆论。充分利用报刊、杂志、电台、电视台、互联网等开展学科科普传播。

（三）推动和拓展学会科普工作。参与全国学会或相关学科科普工作计划的制定，对学科科普工作建言献策。推动学科或行业科技博物馆、科普基地、科普人才队伍等基础条件建设。推动所在的科研机构、高等院校、企业等单位开发开放优质科普资源，面向公众开放重点实验室、生产线、科技博物馆等。

**四、有关工作要求**

（一）提高认识，精心组织。各全国学会要将建设科学传播专家团队作为开拓科普领域宣传思想文化工作新格局，服务公民科学素质建设上台阶的重要举措；作为提升学会社会公信力、会员凝聚力和自我发展能力的基础性工作抓紧抓好。将科学传播专家团队建设提上议事日程，指定专人负责，制定切实可行的实施方案。中国科协将把科学传播专家团队建设作为学会能力提升专项的重要内容，纳入工作考核。

（二）做好科学传播专家的备案。各全国学会完成每个学科科学传播专家团队的组建后，在做好相关管理工作的同时，请及时填写《科学传播专家团队建设备案表》（附件 1，每个团队填写一张，首席专家单报一张），向中国科协备案。

（三）做好学科首席科学传播专家的推荐。全国学会完成每个学科科学传播专家团队的组建后，应及时填写《学科首席科学传播专家推荐表》（附件 2，每位首席专家填写一张），向中国科协推荐报送首席专家名单。中国科协复核后，拟颁发《学科首席科学传播专家聘书》，聘期 3 年。首席专家开展公益性科普活动时，可以相应学科“首席科学传播专家”名义进行宣传和介绍。中国科协将经常性地组织邀请首席科学传播专家参与重大科普工作和活动。

请各全国学会将《科学传播专家团队建设备案表》和《学科首席科学传播专家推荐表》，连同本学会学科科学传播专家团队建设实施方案，盖章后一并于 2013 年年底前报送中国科协科普部，并请将电子文档发至指定邮箱。

以后组建的科学传播专家团队情况，请随时报送中国科协备案。中国科协将适时开展学科首席科学传播专家聘请工作。

附件：

1. 学科科学传播专家团队建设备案表（略）
2. 学科首席科学传播专家推荐表（略）

中国科学技术协会办公厅
2013 年 8 月 23 日

## 关于聘任第一批首席科学传播专家的通知

科协发普字〔2013〕75 号

各全国学会、协会、研究会，各省、自治区、直辖市科协，新疆生产建设兵团科协：

为全面贯彻落实党的十八大和全国科技创新大会精神，根据《全民科学素质行动计划纲要实施方案（2011—2015 年）》和《中国科协科普人才发展规划纲要（2010—2020 年）》的部署，为加强科普人才队伍建设，提升科普公共服务能力，促进公民科学素质建设目标的实现，2013 年，中国科协启动组建科学传播专家团队。

按照《中国科协办公厅关于组建科学传播专家团队的通知》（科协办发普字〔2013〕40 号），各全国学会认真组织推荐，经研究审查，决定聘任朱邦芬等 156 名专家为第一批全国首席科学传播专家，聘期 3 年。首席科学传播专家开展公益性科普活动时，可以“× × 学科首席科学传播专家”名义进行宣传和介绍。各全国学会、各级科协组织要为科学传播专家搭好台、服好务，紧紧依托首席科学传播专家及科学传播专家团队，大力推进科学传播工作，不断提升学科科普服务水平和社会影响力。

希望首席科学传播专家及团队珍惜荣誉、承担责任，带领科学传播专家团队，按照《全民科学素质行动计划纲要实施方案（2011—2015 年）》的总体部署，围绕党和国家经济社会发展中心任务和人民群众生产生活实际需求，大力开展科普创作、科学传播，推动拓展学科科普工作，团结引领广大科技工作者，积极投身公民科学素质建设，为实施创新驱动发展战略、全面建成小康社会、实现两个百年奋斗目标、实现中华民族伟大复兴的中国梦做出新的更大贡献！

附件：第一批全国首席科学传播专家名单（略）

中国科学技术协会
2013 年 12 月 24 日

**附件**

### 第一批全国首席科学传播专家名单

（共 156 人　分学会按姓氏笔画为序）

**中国物理学会：**

| 姓　名 | 专业领域 | 所属团队 |
|---|---|---|
| 朱邦芬 | 物理学 | 物理科学传播专家团 |

**中国光学会：**

| 姓　名 | 专业领域 | 所属团队 |
|---|---|---|
| 郭光灿 | 光学 | 光学科学传播专家团 |

**中国气象学会：**

| 姓　名 | 专业领域 | 所属团队 |
|---|---|---|
| 翟盘茂 | 气象学 | 气象学科学传播专家团 |

**中国地球物理学会：**

| 姓　名 | 专业领域 | 所属团队 |
|---|---|---|
| 王　平 | 航空地球物理科学 | 航空地球物理科学传播专家团队 |
| 张训华 | 海洋资源与环境科学 | 地球物理海洋资源与环境科学传播专家团队 |
| 陈会忠 | 地球物理信息技术科学 | 地球物理信息技术科学传播团队 |
| 周坚鑫 | 海洋地球物理学 | 海洋地球物理学科科学传播专家团队 |
| 周洪瑞 | 地球科学 | 地球科学科学传播专家团 |

中国海洋学会：

| 姓　名 | 专业领域 | 所属团队 |
| --- | --- | --- |
| 王小波 | 海洋学 | 中国海洋学科学传播专家团队 |

中国动物学会：

| 姓　名 | 专业领域 | 所属团队 |
| --- | --- | --- |
| 史海涛 | 两栖爬行动物科学 | 两栖爬行动物科学传播团队 |
| 孙青原 | 生殖健康科学 | 生殖健康科学传播专家团队 |
| 张国范 | 海洋贝类科学 | 海洋贝类科学传播专家团队 |
| 陈水华 | 鸟类多样性保护与生态文明科学 | 鸟类多样性保护与生态文明科学传播团队 |
| 黄乘明 | 哺乳动物科学 | 哺乳动物科学知识传播团队 |
| 彭贤锦 | 蛛形学 | 蛛形学团队 |

中国昆虫学会：

| 姓　名 | 专业领域 | 所属团队 |
| --- | --- | --- |
| 张润志 | 昆虫学 | 中国昆虫学科科学传播专家团 |

中国微生物学会：

| 姓　名 | 专业领域 | 所属团队 |
| --- | --- | --- |
| 冯忠武 | 兽药与动物食品安全科学 | 兽药与动物食品安全科普团 |
| 刘文军 | 生物安全学 | 微生物生物安全科普团 |
| 金　城 | 酶工程学科 | 酶工程科普团 |

中国细胞生物学会：

| 姓　名 | 专业领域 | 所属团队 |
| --- | --- | --- |
| 朱学良 | 细胞生物学 | 细胞生物学科学传播专家团队 |

中国遗传学会：

| 姓　名 | 专业领域 | 所属团队 |
| --- | --- | --- |
| 杨焕明 | 遗传学 | 遗传学科学传播专家团 |

中国感光学会：

| 姓　名 | 专业领域 | 所属团队 |
| --- | --- | --- |
| 黄　勇 | 感光影像科学 | 感光影像科学传播团队 |

中国系统工程学会：

| 姓　名 | 专业领域 | 所属团队 |
| --- | --- | --- |
| 王　浩 | 复杂水资源系统学科 | 复杂水资源系统学科科学传播专家团 |
| 张开金 | 医药卫生系统工程学科 | 医药卫生系统工程学科科学传播专家团 |
| 林福永 | 全面关系流管理学科 | 全面关系流管理学科科学传播专家团 |
| 赵存如 | 作战实验思想与方法学科 | 作战实验思想与方法学科科学传播专家团 |

中国机械工程学会：

| 姓　名 | 专业领域 | 所属团队 |
| --- | --- | --- |
| 王至尧 | 机械科学 | 机械科学传播专家团队 |

中国电机工程学会：

| 姓　名 | 专业领域 | 所属团队 |
| --- | --- | --- |
| 王伟胜 | 可再生能源发电技术学科 | 新能源发电与并网科学传播专家团 |
| 王聪生 | 通信技术其他学科 | 电力信息技术科学传播专家团 |
| 吕庭彦 | 火力发电学科 | 火力发电科学传播专家团 |
| 庄　烨 | 环境保护工程学科 | 环境工程与能源科学传播专家团 |
| 汤　涌 | 电力系统及其自动化学科 | 电力系统及其自动化科学传播专家团 |
| 肖　兰 | 能源科学技术其他学科 | 科普图书编著出版科学传播专家团 |
| 肖　勇 | 电气测量技术及其仪器仪表学科 | 电气测量及仪表科学传播专家团 |
| 吴金城 | 风能学科 | 风力发电科学传播专家团 |
| 陈　军 | 核能与核安全学科 | 核能发电科学传播专家团 |
| 陈维江 | 高电压技术学科 | 高电压与绝缘技术科学传播专家团 |
| 林金洪 | 用电技术学科 | 电力系统继电保护科学传播专家团 |
| 岳建华 | 储能技术学科 | 蓄能技术科学传播专家团 |
| 蚁泽沛 | 电气工程学科 | 电力系统生产与运行技术科学传播专家团 |
| 姚良忠 | 分布式电力技术学科 | 智能电网技术科学传播专家团 |
| 秦定国 | 发电工程学科 | 清洁能源科学传播专家团 |
| 徐阿元 | 节能技术学科 | 电力需求侧管理科学传播专家团 |
| 黄其励 | 蒸汽工程学科 | 热能动力学科学传播专家团 |

中国水利发电工程学会：

| 姓　名 | 专业领域 | 所属团队 |
| --- | --- | --- |
| 陈祖煜 | 水利水电科学 | 水利水电科学传播团队 |

中国电子学会：

| 姓　名 | 专业领域 | 所属团队 |
| --- | --- | --- |
| 邓玉林 | 电子信息科学 | 电子信息科普专家团 |

中国腐蚀与防护学会：

| 姓　名 | 专业领域 | 所属团队 |
| --- | --- | --- |
| 李晓刚 | 腐蚀与防护科学 | 材料卫士——腐蚀与防护科学传播专家团 |

**中国石油学会：**

| 姓　名 | 专业领域 | 所属团队 |
|---|---|---|
| 王德民 | 工程科学 | 工程科学传播专家团 |
| 刘　岩 | 经济统计科学 | 经济统计科学传播专家团 |
| 李伟林 | 储运科学 | 储运科学传播专家团 |
| 胡见义 | 地质科学 | 地质科学传播专家团 |
| 秦长毅 | 管材科学 | 管材科学传播专家团 |
| 楚泽涵 | 测井科学 | 测井科学传播专家团 |

**中国能源研究会：**

| 姓　名 | 专业领域 | 所属团队 |
|---|---|---|
| 鲍云樵 | 能源科学 | 能源科学传播专家团 |

**中国硅酸盐学会：**

| 姓　名 | 专业领域 | 所属团队 |
|---|---|---|
| 赵新力 | 无机非金属材料学 | 无机非金属材料学（磨料磨具）团队 |
| 陈立泉 | 清洁能源材料与器件 | 清洁能源 E 路行 |
| 王　琦 | 先进建筑材料 | 先进建筑材料科学传播专家团 |
| 崔源声 | 绿色建材及水泥 | 科普工作专家团 |

**中国造纸学会：**

| 姓　名 | 专业领域 | 所属团队 |
|---|---|---|
| 曹振雷 | 纸浆造纸学 | 普及科学造纸知识、宣传科学造纸理念科学传播专家团 |

**中国印刷技术协会：**

| 姓　名 | 专业领域 | 所属团队 |
|---|---|---|
| 许文才 | 印刷包装工程学 | 印刷包装工程学科科学传播专家团队 |

**中国食品科学技术学会：**

| 姓　名 | 专业领域 | 所属团队 |
|---|---|---|
| 孙宝国 | 食品科学 | 食品安全科普宣传专家团 |

**中国农学会：**

| 姓　名 | 专业领域 | 所属团队 |
|---|---|---|
| 陈　阜 | 作物栽培学与耕作学 | 生态农业耕作科学传播团 |
| 胡小松 | 食品科学与工程学 | 农产品加工与食品安全科学传播团 |
| 赵春江 | 农业信息技术与工程学 | 精准农业技术科学传播专家团 |

**中国水产学会：**

| 姓　名 | 专业领域 | 所属团队 |
|---|---|---|
| 戈贤平 | 水产养殖学 | 水产学科水产养殖实用技术传播团队 |
| 王　武 | 水域环境学 | 水产学科科学传播宣讲团队 |
| 刘雅丹 | 水产学 | 水产学科科普策划与创作团队 |
| 庄　平 | 水产生物学 | 水产学科社会热点及应急科普团队 |

**中国药学会：**

| 姓　名 | 专业领域 | 所属团队 |
|---|---|---|
| 李大魁 | 药学 | 合理用药科普传播专家团 |

**中国营养学会：**

| 姓　名 | 专业领域 | 所属团队 |
|---|---|---|
| 于　康 | 临床营养学 | 中国临床营养传播专家团队 |
| 马冠生 | 青少年营养学 | 中国青少年营养传播专家团队 |
| 孙长颢 | 营养与疾病预防学 | 中国营养与疾病预防传播专家团队 |
| 孙建琴 | 老年营养学 | 中国老年营养传播专家团队 |
| 朴建华 | 矿物质与微量元素营养学 | 中国矿物质与微量元素营养传播专家团队 |
| 张　兵 | 公共营养学 | 中国公共营养传播专家团队 |
| 李　铎 | 基础营养学 | 中国基础营养传播专家团队 |
| 汪之顼 | 妇幼营养学 | 中国妇幼营养传播专家团队 |
| 范志红 | 烹饪营养学 | 中国烹饪营养传播专家团队 |
| 郭长江 | 特殊营养学 | 中国特殊营养传播专家团队 |
| 常翠青 | 运动营养学 | 中国运动营养传播专家团队 |
| 糜漫天 | 食物营养学 | 中国食物营养传播专家团队 |

**中国药理学会：**

| 姓　名 | 专业领域 | 所属团队 |
|---|---|---|
| 李　林 | 老年用药科学 | 老年用药科学传播专家团 |
| 杜冠华 | 科学用药科学 | 科学用药科学传播专家团 |

**中国防痨学会：**

| 姓　名 | 专业领域 | 所属团队 |
|---|---|---|
| 端木宏谨 | 结核病学 | 结合病学科科学传播专家团队 |

**中国麻风防治协会：**

| 姓　名 | 专业领域 | 所属团队 |
|---|---|---|
| 宋顺鹏 | 银屑病学 | 银屑病学科科学传播专家团队 |
| 张国成 | 麻风病学 | 麻风病学科科学传播专家团队 |
| 张福仁 | 皮肤病学 | 皮肤病科学传播专家团队 |
| 杨　斌 | 性病学 | 性病学科科学传播专家团队 |
| 陈志强 | 麻风社会心理康复学 | 麻风社会心理康复科学传播团队 |
| 格鹏飞 | 地方病学 | 地方病学科学传播专家团队 |
| 熊俊浩 | 皮肤美容学 | 皮肤美容学科科学传播团队 |

**中国心理卫生协会：**

| 姓　名 | 专业领域 | 所属团队 |
|---|---|---|
| 杨凤池 | 心理卫生科学 | 心理卫生科普讲师团 |

**中国抗癌协会：**

| 姓　名 | 专业领域 | 所属团队 |
|---|---|---|
| 郝希山 | 肿瘤学 | 中国抗癌协会科学传播专家团 |

**中国毒理学会：**

| 姓　名 | 专业领域 | 所属团队 |
|---|---|---|
| 郑玉新 | 毒理学 | 毒理科普传播专家团 |

**中华预防医学会：**

| 姓　名 | 专业领域 | 所属团队 |
|---|---|---|
| 王陇德 | 公共卫生与预防医学 | 公共卫生与预防医学科学传播专家团 |

**中华口腔医学会：**

| 姓　名 | 专业领域 | 所属团队 |
|---|---|---|
| 牛忠英 | 社区口腔医学 | 社区口腔医学科学传播专家团 |
| 王文梅 | 中西医结合治疗学 | 中西医结合治疗学科学传播专家团 |
| 王　兴 | 口腔健康医学 | 口腔健康医学科学传播专家团 |
| 王晓娟 | 口腔药学 | 口腔药学科学传播专家团 |
| 冯希平 | 口腔卫生保健学 | 口腔卫生保健学科学传播专家团 |
| 台保军 | 学校口腔健康教育学 | 学校口腔健康教育学科学传播专家团 |
| 刘宏伟 | 口腔黏膜溃疡病学 | 口腔黏膜溃疡病学科学传播专家团 |
| 刘洪臣 | 老年口腔修复学 | 老年口腔修复学科学传播专家团 |
| 孙　正 | 口腔黏膜药物治疗学 | 口腔黏膜药物治疗学科学传播专家团 |
| 吴补领 | 老年口腔医学 | 老年口腔医学科学传播专家团 |
| 李　刚 | 口腔保健医学 | 口腔保健医学科学传播专家团 |
| 李祖兵 | 口腔颌面创伤医学 | 口腔颌面创伤医学科学传播专家团 |
| 李铁军 | 口腔病理学 | 口腔病理学科学传播专家团 |
| 李德华 | 口腔种植学 | 口腔种植学科学传播专家团 |
| 束　蓉 | 牙周健康科学 | 牙周健康科学传播专家团 |
| 陈治青 | 口腔材料学 | 口腔材料学科学传播专家团 |
| 陈谦明 | 口腔黏膜病因学 | 口腔黏膜病因学科学传播专家团 |
| 周曾同 | 口腔黏膜病学 | 口腔黏膜病学科学传播专家团 |
| 孟焕新 | 牙周病防治学 | 牙周病防治学科学传播专家团 |
| 胡德渝 | 预防口腔医学 | 预防口腔医学科学传播专家团 |
| 荣文笙 | 婴幼儿口腔健康科学 | 婴幼儿口腔健康科学传播专家团 |

续表

| 姓　名 | 专业领域 | 所属团队 |
|---|---|---|
| 赵志河 | 口腔正畸学 | 口腔正畸学科学传播专家团 |
| 赵铱民 | 口腔修复学 | 口腔修复学科学传播专家团 |
| 徐礼鲜 | 口腔麻醉学 | 口腔麻醉学科学传播专家团 |
| 徐　韬 | 口腔疾病预防医学 | 口腔疾病预防医学科学传播专家团 |
| 郭传瑸 | 口腔颌面头颈肿瘤医学 | 口腔颌面头颈肿瘤医学科学传播专家团 |
| 高学军 | 牙体牙髓病学 | 牙体牙髓病学科学传播专家团 |
| 章锦财 | 牙周病学科学 | 牙周病学科学传播专家团 |
| 程　斌 | 口腔黏膜免疫病学 | 口腔黏膜免疫病学科学传播专家团 |
| 葛立宏 | 儿童口腔医学 | 儿童口腔医学科学传播专家团 |
| 廖贵清 | 唾液腺疾病医学 | 唾液腺疾病医学科学传播专家团 |

**中国女医师协会：**

| 姓　名 | 专业领域 | 所属团队 |
|---|---|---|
| 丁　洁 | 儿科科学 | 儿科科学传播专家团 |
| 王黎霞 | 公共卫生科学 | 公共卫生科学传播专家团 |
| 付　丽 | 病理科学 | 病理科学传播专家团 |
| 孙　斌 | 卫生发展与管理科学 | 卫生发展与管理科学传播专家团 |
| 张微微 | 神经内科科学 | 神经内科科学传播专家团 |
| 李一石 | 心脏与血管科学 | 心脏与血管科学传播专家团 |
| 李小鹰 | 健康教育科学 | 健康教育科学传播专家团 |
| 李惠平 | 临床肿瘤学 | 临床肿瘤学科学传播专家团 |
| 杨蓉娅 | 皮肤病科学 | 皮肤病科学传播专家团 |
| 陈香美 | 肾脏病与血液净化科学 | 肾脏病与血液净化科学传播专家团 |
| 金　玫 | 中医科学 | 中医科学传播专家团 |
| 侯惠荣 | 医院建设与管理科学 | 医院建设与管理科学传播专家团 |
| 贺　蓓 | 呼吸科学 | 呼吸科科学传播专家团 |
| 耿道颖 | 医学影像科学 | 医学影像科学传播专家团 |
| 顾　湲 | 全科科学 | 全科科学传播专家团 |
| 谢欲晓 | 康复科学 | 康复科学传播专家团 |
| 黎晓新 | 眼科科学 | 眼科科学传播专家团 |
| 穆兰花 | 整形美容科学 | 整形美容科学传播专家团 |
| 魏丽惠 | 妇产科学 | 妇产科科学传播专家团 |

**中国科普作家协会：**

| 姓　名 | 专业领域 | 所属团队 |
|---|---|---|
| 刘嘉麒 | 科普创作 | 中国科普作家报告团 |

**中国科教电影电视学会：**

| 姓　名 | 专业领域 | 所属团队 |
|---|---|---|
| 刘建中 | 科教影视 | 中国科教影视传播专家团队 |

中国青少年科技辅导员协会：

| 姓　名 | 专业领域 | 所属团队 |
| --- | --- | --- |
| 王汉杰 | 科普演讲 | 老教授科普报告团 |

中国睡眠研究会：

| 姓　名 | 专业领域 | 所属团队 |
| --- | --- | --- |
| 刘艳骄 | 中医睡眠心理科学 | 中医睡眠心理科学传播团队 |
| 张　熙 | 睡眠生物节律科学 | 睡眠生物节律科学传播团队 |
| 陈贵海 | 睡眠医学 | 睡眠医学科学传播团队 |
| 唐向东 | 青年睡眠医学 | 青年睡眠医学科学传播团队 |
| 徐　建 | 中医睡眠医学科学 | 中医睡眠医学科学传播团队 |
| 贾福军 | 睡眠与心理卫生科学 | 睡眠与心理卫生科学传播团队 |
| 郭兮恒 | 睡眠呼吸障碍科学 | 睡眠呼吸障碍科学传播团队 |
| 詹淑琴 | 睡眠障碍科学 | 睡眠障碍科学传播团队 |

## 关于开展 2013 年青少年高校科学营活动的通知

科协办发青字〔2013〕27 号

各省、自治区、直辖市科协、教育厅（教委），新疆生产建设兵团科协、教育局，各有关高校：

为贯彻落实《全民科学素质行动计划纲要（2006—2010—2020 年）》，充分发挥高等院校在科学普及和提高公众尤其是青少年科学素质方面的重要作用，促进高中与高校合作育人，为培养科技创新后备人才和中国特色社会主义合格建设者服务，2013 年，中国科协、教育部将继续组织开展青少年高校科学营活动。

请各地科协、教育行政部门和有关高校按照《2013 年青少年高校科学营实施方案》（见附件）的要求，在认真总结 2012 年工作的基础上，精心策划组织，加强沟通协调，落实安全保障措施，确保 2013 年青少年高校科学营活动取得圆满成功。

附件：2013 年青少年高校科学营实施方案

中国科学技术协会办公厅

教育部办公厅

2013 年 5 月 28 日

附件

### 2013 年青少年高校科学营实施方案

**一、目的和意义**

为贯彻落实《全民科学素质行动计划纲要（2006—2010—2020 年）》，发挥高校在传播科学知识、科学思想、科学方法和提高青少年科学素质方面的功能，激发青少年对科学的兴趣，引导青少年崇尚科学，鼓励青少年立志从事科学研究事业，培养青少年的科学精神、创新意识和实践能力，为培养科技创新后备人才打下坚实基础。

**二、活动规模**

（一）承办高校

在 2012 年 41 所承办高校的基础上再增加 7 所，分别是北京化工大学、武汉理工大学、南京航空航天大学、南京理工大学、哈尔滨工程大学、大连海事大学、国防科技大学。

（二）专题营承办单位

为鼓励青少年从小立志科技强国、实业报国，2013 年开展专题营试点。分别邀请中国航天科技集团、中国航空工业集团、中国兵器工业集团、中国船舶工业集团和国家天文台作为活动承办单位与有关高校共同举办五个专题营。

（三）营员数量

2013 年计划招募营员 11495 人。其中内地学生 10000 人，香港学生 1000 人，澳门学生 300 人，台湾学生 195 人。除台湾地区按一个高校配一名带队教师外，其他地区均按 10：1 的比例配备带队教师。

**三、活动组织**

（一）常规分营组织

常规分营活动应充分体现承办高校的学科特点、专业特色和人文传统。通过组织学生与名家大师对话交流、参观重点实验室及科研场所、参加科技社团活动、体验校园生活等方式，帮助学生了解前沿科技新知，品味大师成长历程，感悟科学精神道德，立志勇攀科技高峰。不组织与高考升学辅导有关的活动。具体活动内容由承办高校自行设计和组织安排。全国管理办公室将征集优秀特色活动案例进行宣传推广。

（二）专题营组织

专题营活动应充分体现行业特点及企业（科研单位）特色。营员吃住在高校，活动在企业（科研单位）。通过参观企业（科研单位）的科普场馆、与院士专家或优秀科技工作者交流座谈、参观生产流程、科研设施、参加互动性、体验性科学教育项目等活动，帮助学生了解企业（科研单位）发展历程及其在国家经济发展和国防建设中的重大作用，感受科技魅力，体验创新文化，从小树立科技强国、实业报国的远大志向。

（三）活动时间及其他

1．2013年高校科学营活动统一安排在7～8月份。具体开（闭）营时间由高校自主安排，同一地区的承办高校可以协商统一的开（闭）营时间。（各高校具体名额分配见附件1）

2．港澳台学生和内地学生混合编组，共同活动。接受港澳台学生的高校由港澳台承办机构提出。

**四、营员选拔与组织**

（一）营员招募名额由主办单位根据年度经费预算以及各地、各高校实际情况核定后下达。（各地区营员招募名额分配见附件2）

（二）营员招募工作继续由省级管理办公室负责。各省要精心选拔品学兼优、学有余力、热爱科学、有科技特长的普通高中学生参加科学营活动。营员名额可适当向老少边穷地区、农村地区倾斜。

（三）省级管理办公室要加强对所招募营员的教育和管理，要指派专人开展营前集结与安全教育、营中监督与协助管理、营后总结与评估。全国管理办公室将对各省营员招募、活动组织管理工作中的经验做法进行宣传推广。

（四）港澳台营员招募、集结、培训、总结等工作由相关承办机构负责。营员活动管理由接受高校和相关承办机构共同负责。

**五、组织实施**

2013年高校科学营活动继续由中国科协、教育部共同主办。中国科学院为支持单位。各省级科协、教育厅（教委）、有关高校、中央企业、科研机构具体承办。继续按照2012年确定的全国和省级活动管理办公室二级管理模式对活动进行管理。

全国管理办公室设在中国科协，日常工作由中国科协青少年科技中心负责。

**六、活动宣传**

高校科学营整体宣传工作由中国科协调研宣传部负责。各省级管理办公室要做好对本地科学营活动的宣传报道。要充分运用报刊、广播、电视、网络等媒体对活动的各个阶段（活动前期、启动仪式、活动期间、总结表彰等）进行宣传报道。要做好宣传工作方案，做好宣传工作总结。各承办高校可结合实际，制作相关宣传品。

**七、实施步骤和工作进度**

（一）2013年1～3月，中国科协、教育部和相关单位共同协商确定年度工作方案，确定承办高校、企业、科研机构和招募营员数量。

（二）4月，中国科协、教育部联合下发《2013年高校科学营实施方案》，正式启动科学营筹备工作。

（三）4～5月，各省级办公室制定营员招募及组织工作方案，协调承办高校制定各分营活动方案；专题营承办单位制定各专题营工作方案，报全国管理办公室审查备案。港澳台承办机构开展营员招募工作。

（四）6月，各省级办公室开展营员招募及组织培训，各承办高校和专题营承办单位开展筹备工作，深化活动设计，制定安全保障措施。

（五）7月，全国启动暨北京开营式在清华大学举办，邀请党和国家领导人出席，主办单位及支持单位主要领导参加。

（六）7～8月，各地陆续开营。全国管理办公室检查指导。

（七）9～11月，各省级办公室、专题营承办单位和港澳台承办机构向全国管理办公室提交年度工作总结。

（八）12月，全国管理办公室发布年度工作总结。

**八、有关要求**

（一）省级科协、教育厅（教委）、港澳台承办机构和有关高校、承办单位，要高度重视高校科学营活动，安排专人负责，充分沟通，加强协调，确保安全。

（二）省级管理办公室要做好协调服务和日常沟通工作，及时报送工作信息和进展情况。按要求将本省总体活动方案和营员招募及培训方案报全国管理办公室审核，签订任务书。活动期间及时报送活动简报、营员心得、活动照片等素材。活动结束后，要及时汇总本地区各高校试点活动开展情况，总结工作经验，报送活动总结。

（三）各省级管理办公室和各高校要做好经费的管理和使用工作，严格按预算开支，专款专用。

附件：

1．2013年青少年高校科学营承办高校营员分配表

2．2013年青少年高校科学营各地学生营员分配表

附件 1

## 2013 年青少年高校科学营承办高校营员分配表

| 序号 | 地　区 | 接待院校名称 | 常规营 | 专题营 | 香港 | 澳门 | 台湾 | 小计 |
|---|---|---|---|---|---|---|---|---|
| 1 | 北　京 | 北京大学 | 400 | | 50 | 30 | 15 | 495 |
| 2 | | 清华大学 | 400 | | 50 | 30 | 18 | 498 |
| 3 | | 北京师范大学 | 100 | 100 | 50 | 30 | | 280 |
| 4 | | 中国农业大学 | 150 | | | | | 150 |
| 5 | | 北京理工大学 | 100 | 100 | 50 | 30 | | 280 |
| 6 | | 北京航空航天大学 | 100 | 100 | 50 | 30 | | 280 |
| 7 | | 北京科技大学 | 150 | | | | | 150 |
| 8 | | 北京交通大学 | 150 | | | | | 150 |
| 9 | | 中国科学院大学 | 200 | | 50 | 30 | | 280 |
| 10 | | **北京化工大学** | 150 | | | | | 150 |
| 11 | 天　津 | 南开大学 | 200 | | | 30 | | 230 |
| 12 | | 天津大学 | 200 | | | 30 | | 230 |
| 13 | 辽　宁 | 大连理工大学 | 200 | | 50 | | 16 | 266 |
| 14 | | 东北大学 | 200 | | | | | 200 |
| 15 | | **大连海事大学** | 200 | | 50 | | | 250 |
| 16 | 吉　林 | 吉林大学 | 200 | | | | | 200 |
| 17 | 黑龙江 | 哈尔滨工业大学 | 200 | | | | | 200 |
| 18 | | **哈尔滨工程大学** | 200 | | | | | 200 |
| 19 | 上　海 | 复旦大学 | 200 | | 50 | | 16 | 266 |
| 20 | | 上海交通大学 | 200 | 100 | 50 | | 16 | 366 |
| 21 | 上　海 | 同济大学 | 200 | | 50 | | 16 | 266 |
| 22 | | 华东理工大学 | 200 | | 50 | | | 250 |
| 23 | | 华东师范大学 | 200 | | 50 | | | 250 |
| 24 | 江　苏 | 南京大学 | 200 | | 50 | | | 250 |
| 25 | | 东南大学 | 200 | | 50 | | | 250 |
| 26 | | **南京航空航天大学** | 200 | | | | | 200 |
| 27 | | **南京理工大学** | 200 | | | | | 200 |
| 28 | 浙　江 | 浙江大学 | 200 | | 50 | | 16 | 266 |
| 29 | 安　徽 | 中国科学技术大学 | 200 | | | | | 200 |
| 30 | 福　建 | 厦门大学 | 200 | | | | | 200 |
| 31 | 山　东 | 山东大学 | 200 | | | | 16 | 216 |
| 32 | | 中国海洋大学 | 200 | | | | | 200 |
| 33 | 湖　北 | 武汉大学 | 200 | | 50 | 30 | 16 | 296 |
| 34 | | 华中科技大学 | 200 | | 50 | 30 | | 280 |
| 35 | | 中国地质大学（武汉） | 200 | | | | | 200 |
| 36 | | **武汉理工大学** | 200 | | | | | 200 |
| 37 | 湖　南 | 湖南大学 | 200 | | | | | 200 |
| 38 | | 中南大学 | 200 | | | | | 200 |
| 39 | | **国防科技大学** | 200 | | | | | 200 |
| 40 | 广　东 | 中山大学 | 200 | | | | | 200 |
| 41 | | 华南理工大学 | 200 | | | | | 200 |
| 42 | 重　庆 | 重庆大学 | 200 | | | | | 200 |

续表

| 序号 | 地　区 | 接待院校名称 | 常规营 | 专题营 | 香港 | 澳门 | 台湾 | 小计 |
|---|---|---|---|---|---|---|---|---|
| 43 | 四　川 | 四川大学 | 200 | | | | 16 | 216 |
| 44 | | 电子科技大学 | 200 | | | | | 200 |
| 45 | 陕　西 | 西安交通大学 | 200 | | 50 | | 17 | 267 |
| 46 | | 西北工业大学 | 200 | 100 | 50 | | 17 | 367 |
| 47 | | 西安电子科技大学 | 200 | | | | | 200 |
| 48 | 甘　肃 | 兰州大学 | 200 | | | | | 200 |
| 总　计 | | | 9500 | 500 | 1000 | 300 | 195 | 11495 |

（注：黑体字为 2013 年新增单位）

**附件 2**

## 2013 年青少年高校科学营各地学生营员分配表

（按各地承办高校数量排序）

| 地　区 | 高校数量 | 招募学生名额（单位：人） | | 接收学生名额（单位：人） | |
|---|---|---|---|---|---|
| | | 招募数量 | 招募学生派往地 | 接收数量 | 接受学生来源地 |
| 北　京 | 10 | 340 | 本地 340（含航天营 20） | 2713 | 本地 340，其余 2370（各省市 60，香港 300、澳门 180、台湾 33） |
| 上　海 | 5 | 360 | 本地 300（含船舶营 20），北京 60 | 1398 | 本地 300，其余 1095（山东、四川、河南、广西、江西、云南、贵州、浙江、重庆、福建、新疆自治区、海南、宁夏、安徽、西藏、新疆兵团各 50，香港 250、台湾 48） |
| 湖　北 | 4 | 460 | 本地 400，北京 60（含航天营 10） | 976 | 本地 400，江西、河南、安徽、湖南、香港各 100，澳门 60、台湾 16 |
| 江　苏 | 4 | 460 | 本地 400，北京 60（含天文营 20） | 900 | 本地 400，河北、安徽、江西、山西、香港各 100 |
| 陕　西 | 3 | 460 | 本地 400（含航空营 40），北京 60 | 834 | 本地 400，河北、内蒙古、河南、香港各 100，台湾 34 |
| 湖　南 | 3 | 460 | 本地 300，北京 60（含航天营 10），湖北 100 | 600 | 本地 300，云南、广西、贵州各 100 |
| 辽　宁 | 3 | 360 | 本地 300，北京 60（含航天营 10） | 716 | 本地 300，内蒙古、河南、河北、香港各 100，台湾 16 |
| 山　东 | 2 | 310 | 本地 200，北京 60，上海 50（含船舶营 20） | 416 | 本地 200、山西、河南各 100、台湾 16 |
| 天　津 | 2 | 260 | 本地 200，北京 60（含兵器营 20） | 460 | 本地 200，山西、宁夏各 100，澳门 60 |
| 黑龙江 | 2 | 360 | 本地 300，北京 60（含兵器营 10） | 400 | 本地 300，内蒙古 100 |
| 四　川 | 2 | 410 | 本地 300，北京 60（含天文营 20），上海 50 | 416 | 本地 300，云南 100，台湾 16 |
| 广　东 | 2 | 360 | 本地 300，北京 60（含天文营 20） | 400 | 本地 300，广西 100 |
| 浙　江 | 1 | 310 | 本地 200，北京 60，上海 50（含船舶营 20） | 266 | 本地 200，香港 50，台湾 16 |
| 吉　林 | 1 | 260 | 本地 200，北京 60（含兵器营 20） | 200 | 本地 200 |
| 安　徽 | 1 | 460 | 本地 150，北京 60（含兵器营 10），上海 50，湖北、江苏各 100 | 200 | 本地 150，青海 50 |
| 福　建 | 1 | 310 | 本地 200，北京 60，上海 50（含船舶营 20） | 200 | 本地 200 |
| 重　庆 | 1 | 310 | 本地 200，北京 60（含兵器营 20）、上海 50 | 200 | 本地 200 |
| 甘　肃 | 1 | 260 | 本地 200，北京 60（含兵器营 10） | 200 | 本地 200 |
| 河　南 | 0 | 510 | 北京 60，上海 50，山东、湖北、陕西（含航空营 20）、辽宁各 100 | 0 | |

续表

| 地　区 | 高校数量 | 招募学生名额（单位：人） | | 接收学生名额（单位：人） | |
|---|---|---|---|---|---|
| | | 招募数量 | 招募学生派往地 | 接收数量 | 接受学生来源地 |
| 山　西 | 0 | 360 | 北京 60（含航天营 10），天津、山东、江苏各 100 | 0 | |
| 内蒙古 | 0 | 360 | 北京 60，辽宁、陕西（含航空营 20）、黑龙江各 100 | 0 | |
| 河　北 | 0 | 360 | 北京 60，陕西（含航空营 20）、辽宁、江苏各 100 | 0 | |
| 广　西 | 0 | 310 | 北京 60（含航天营 10），上海 50，广东、湖南各 100 | 0 | |
| 江　西 | 0 | 310 | 北京 60（含航天营 10），上海 50，湖北、江苏各 100 | 0 | |
| 云　南 | 0 | 310 | 北京 60（含天文营 10），上海 50，四川、湖南各 100 | 0 | |
| 贵　州 | 0 | 210 | 北京 60（含天文营 10），上海 50，湖南 100 | 0 | |
| 宁　夏 | 0 | 210 | 北京 60（含天文营 10），上海 50、天津 100 | 0 | |
| 新疆 | 0 | 110 | 北京 60（含航天营 10），上海 50 | 0 | |
| 海　南 | 0 | 110 | 北京 60，上海 50（含船舶营 20） | 0 | |
| 青　海 | 0 | 110 | 北京 60（含兵器营 10），安徽 50 | 0 | |
| 西　藏 | 0 | 110 | 北京 60（含航天营 10），上海 50 | 0 | |
| 新疆兵团 | 0 | 110 | 北京 60（含天文营 10），上海 50 | 0 | |
| 香　港 | 0 | 1000 | 北京 300，上海 250，江苏、湖北、陕西、辽宁各 100，浙江 50 | 0 | |
| 澳　门 | 0 | 300 | 北京 180，天津 60，湖北 60 | 0 | |
| 台　湾 | 0 | 195 | 北京 33、上海 48，陕西 34，山东、浙江、四川、辽宁、湖北各 16 | 0 | |
| 合　计 | 48 | 11495 | | 11495 | |

## 关于开展中学生科技创新后备人才培养计划试点工作的通知

科协办发青字〔2013〕23 号

各省、自治区、直辖市科协，新疆生产建设兵团科协：

为贯彻全国科技创新大会精神，落实《国家中长期教育改革和发展规划纲要（2010—2020）》关于“支持有条件的高中与大学、科研院所合作开展创新人才培养研究和试验，建立创新人才培养基地”的要求，切实推进高校和科研机构科技教育资源充分的开发开放，中国科协将在全国部分城市的重点高校、科研机构开展中学生科技创新后备人才培养计划（以下简称“中学生英才计划”）。现就做好试点工作通知如下：

**一、目的意义**

通过试点工作，推动一批基础学科较强的重点高校、科研机构开发开放优质科技教育资源。通过支持著名科学家指导中学生开展科学探究项目，激发中学生对基础学科的兴趣，帮助他们把握科学本质、树立科学思想、掌握科学思维和科学探究方法、培养科学精神与科学态度，进而发现一批具有科学潜质的优秀中学生，促进科技创新后备人才的培养。探索建立高校、科研机构与中学联合发现和培养青少年科技创新人才的有效模式与工作机制，为青少年科技创新后备人才不断涌现和成长营造良好的社会氛围。

**二、工作措施**

（一）工作方式

选取国内部分重点高校、科研机构作为中学生科技创新后备人才培养基地试点单位。依托高校、科研机构的人才资源、设施资源和科技教育资源，组织选拔优秀中学生参与培养试点。通过组织参与培养的优秀中学生与院士专家交流、参与相关科研探究项目、参加科技社团活动、参与学术研讨和科研实践等活动，感受名师魅力，体验科研过程，激发科学兴趣，提高创新能力，树立科学志向。

（二）试点内容

1．选拔参与培养的中学生人选。

选拔参与培养的学生，主要在试点高校、科研机构所在城市的高中一年级进行，也可适当选拔特别突出的初中生。参与培养的学生应热爱科学，具有良好的学科基础知识和突出的科技特长。参与试点的高校、科研机构根据导师的学科特长提出培养方向、培养学生的数量和基本条件。中学根据导师的学科方向和学生特长，向相关高校、科研机构推荐参与培养的学生。试点高校、科研机构与所在地省级科协共同确定最终参与培养的学生人选。

2013年首批试点计划培养中学生500～600人，以后逐步增加。

2．试点单位组织实施培养项目。

试点单位主要是相关基础学科力量强的高水平大学和科研院所，学科范围包括数学、物理、化学、生物科学、计算机科学等。试点单位推荐上述学科领域著名科学家担任导师。担任导师的专家学者应具有较高的专业造诣和科研水平，在本学科具有较高的知名度，同时具有较强的社会责任心，热心青少年培养事业。特别鼓励两院院士和本学科领域著名科学家承担“中学生英才计划”培养任务。每位导师根据具体情况，每年培养1～5名中学生。

培养对象确定后，试点高校、科研机构以及导师应针对学生的需求，制定具体的培养计划并具体组织实施。计划的内容应根据学生的学科特长，做到因材施教。试点单位的国家重点实验室、开放实验室、国家实验教学示范中心等应向参与计划的学生开放，为学生与大师专家交流、共同开展科研实践活动提供更多的机会和条件。具体培养计划由导师结合中学生的认知特点和科研教育资源自行设计安排。

培养的方式，可以是由导师指导学生参与现有的科研课题；也可以是由学生提出感兴趣的课题，经导师审定认为确有研究意义和价值，在导师的指导下开展科学研究；还可以通过科学报告、科技社团活动、参与实验室科研实践等多种形式对学生进行综合、立体的培养。

培养的周期原则上为一年，时间以寒暑假和周末为主。也可以根据科研项目周期和培养学生的要求以及相关实际情况，适当延长培养周期至整个高中阶段。

（三）2013年工作安排

1．推荐导师（2013年5～6月）：各试点高校、科研机构推荐专家导师5～10人，报中国科协备案。

2．选拔学生（2013年6～7月）：试点中学推荐品学兼优、学有余力、有科学潜质、对基础学科研究有浓厚兴趣的优秀高一学生，根据个人兴趣爱好，选报相关导师。

3．培养与评估（2013年8月～2014年7月）：根据学生申报情况，结合导师个人工作量，确定拟培养学生的数量及人选名单，学生正式与导师结对，开始为期一年的培养工作。试点结束后对工作情况进行全面总结和评估。

**三、组织保障**

试点工作由中国科协组织实施，相关高校、科研机构、有关省（市）科协和中学共同参与实施。具体职责如下：

1．中国科协：负责制定试点实施方案；确定试点高校、科研机构，审核导师人选，提供试点经费资助；组织专家对项目实施提供咨询指导和监测评估；为项目实施提供相关资源支持。

2．试点高校、科研机构：负责确定具体部门（如高校科协、院所科协、科研处、教务处、团委等）协调和组织项目实施，推荐导师人选，结合学科特点和专业特长制定专门的具体培养计划，协调重点实验室、图书馆、博物馆等设施场所资源向学生开放，指导学生参与科技社团等与培养相关的学术活动。

3．省级科协：负责本地区参与计划的中学生名额分配，协调和参与本地中学生的推荐、选拔工作，参与组织本地培养工作的评估等。

4．参与中学：负责推荐中学生，并为参与计划的中学生配备专职科技辅导员，提供活动时间、校内实验等相关支持。

**四、工作要求**

1．中国科协将成立由国内知名专家和学术带头人组成“中学生英才计划”专家咨询委员会，负责对计划实施提供指导、咨询、建议、评估。专家咨询委员会负责推荐专家，分学科组成评审委员会，对学生参与计划成果进行评价。

2．为加强工作协调，成立试点工作全国管理办公室，日常工作由中国科协青少年科技中心负责。各省级科协可以成立由试点高校、科研机构、省（市）科协等有关单位共同组成的试点工作省级管理办公室，负责本地区试点实施的总体协调、组织实施和日常沟通工作，办公室设在省级科协青少年科技教育机构。

3．有关省级科协负责协调当地有关部门，对学生的选拔和培养过程进行监督。要把握培养活动公平、开放、去功利化的原则，不得与招生政策挂钩，确保在社会监督下稳步实施。如在培养过程中发现学生不适合继续培养，或发现其他优秀学生符合培养条件，可中止或调整培养计划。禁止在学生推荐、选拔和实施培养过程等各环节进行功利化操作。

4. 培养工作以高校、科研机构为主。试点高校和科研机构要确定相关院系（或实验室）参与培养工作，推荐导师人选，制定培养计划，以导师专业特长和学生的学科特长为主线实施培养计划，并指导学生参与相关学术活动。

5. 对于工作机制健全、组织实施有力、培养效果突出的试点高校，将命名为“中学生英才计划培养基地”；相关导师聘任为“中学生英才计划特聘导师”。

6. 各省级管理办公室和参与试点的高校、科研机构要加强“中学生英才计划”的资助经费的管理，严格按预算开支，专款专用。

附件：

1. 中学生英才计划2013年试点城市名单

2. 中学生英才计划2013年试点高校名单

中国科学技术协会办公厅

2013年5月22日

**附件1**

### 中学生英才计划2013年试点城市名单

北京、上海、天津、哈尔滨、长春、南京、杭州、合肥、厦门、济南、武汉、广州、成都、兰州、西安

**附件2**

### 中学生英才计划2013年试点高校名单

北京大学、清华大学、北京师范大学、北京航空航天大学、南开大学、哈尔滨工业大学、吉林大学、复旦大学、上海交通大学、南京大学、浙江大学、中国科学技术大学、厦门大学、山东大学、武汉大学、中山大学、四川大学、兰州大学、西安交通大学

## 关于做好农村中学科技馆公益项目试点工作的通知

科协办发普字〔2013〕2号

有关省、自治区、直辖市科协：

为了进一步提升农村科普公共服务能力，不断提升农村青少年科学素质，促进教育资源均衡化，促进科技馆展品产业化，在中国科协支持下，中国科技馆发展基金会（以下简称基金会）将在“十二五”时期实施“农村中学科技馆公益项目”，面向全国特别是中西部地区筹建农村中学科技馆。

农村中学科技馆内容主要包括科普展品、数字科技馆、科普图书、学生科技创意作品和多媒体投影设备等。为做好试点相关工作，现将有关事项通知如下：

**一、试点任务**

通过开展项目试点工作，探索农村中学科技馆公益项目实施的有效模式、途径和机制。

**二、试点单位**

根据项目资金捐赠方意愿和推荐，选择云南省德宏州瑞丽市第二民族中学、宁夏回族自治区石嘴山市陶乐中学、广西壮族自治区贵港市港北区大圩镇第一初级中学、湖北省黄冈市英山县石镇中学、江西省景德镇市浮梁县鹅湖中学、安徽省芜湖市第四十中学、山西省太原市阳曲县大盂中学、山西省晋中市榆次区张庆中学、北京市密云县高岭中学和山东省泰安市肥城一中作为试点中学；选择宁夏回族自治区石嘴山市、安徽省芜湖市、山西省太原市、贵州省遵义市、黔西南州、毕节市作为试点地区。

**三、试点内容**

（一）探索扩大项目覆盖面的机制

1. 安徽省芜湖市和山西省太原市在基金会援建1所农村中学科技馆的基础上，在地方政府支持下在本市具备条件的农村中学实现项目全覆盖。

2. 宁夏回族自治区石嘴山市在基金会援建2所农村中学科技馆的基础上，在地方政府支持下在本市具备条件的农村中学实现项目全覆盖。

3. 贵州省遵义市、黔西南州和毕节市在基金会各援建1所农村中学科技馆的基础上，在地方政府支持下按照适当比例配套建15所农村中学科技馆。

4. 鼓励其他有条件的地级市或县（市）在基金会支持下，积极探索按照一定配套比例筹建农村中学科技馆的工作机制，共同实施农村中学科技馆公益项目。

（二）探索试点中学管理运行的机制

农村中学科技馆建成后，试点中学负责日常使用和运行，既要面向本校学生开放，同时也要对当地其他中小学生和居民开放，共享科普资源；地方科协组织定期对已建馆的运行情况和实施效果进行评估。

（三）探索科普展品规范的机制

馆内科普展品符合中学生现阶段科学教育内容，严格规范生产工艺和流程，全部采用统一的标识并配备产品说明书、保修书等，进一步推动科普展品的标准化体系建设。

**四、组织实施**

（一）基金会负责项目的策划和运作，负责募集社会

资金，采购展品、图书、多媒体设备等科普资源；在中国科协支持下同有关省（自治区、直辖市）科协和试点中学签订协议（附件），并以实物方式运抵受资助的试点中学。

（二）中国科协科普部负责指导地方科协科普机构组织、协调和落实项目的实施。地方科协协同地方政府组织负责为项目提供后期保障、管理和技术支持，具体包括：试点中学的考察推荐，展品维护和更新，项目运行实施效果的评估，并根据本地实际情况策划相关的宣传和教育工作。

（三）试点中学负责项目的具体组织管理和实施工作。学校领导对该项目有强烈需求和愿望，具有一定的管理经验和科普教育意识；学校负责提供场地（教室面积 $60m^2$ 以上）及用电等其他配套设施，安排专门人员进行日常运行、管理和维护；组织当地其他学生参观并免费向周边居民开放参观。

**五、相关要求**

（一）请各有关省、自治区、直辖市科协高度重视，主动争取当地政府的领导和支持，创造性地做好试点工作，探索社会动员机制，倡导并鼓励各地通过各种方式进一步深入实施农村中学科技馆公益项目，扩大影响力和覆盖面，惠及更多农村中学生和居民。

（二）请各有关省、自治区、直辖市科协于2013年1月22日前报送2013年以及“十二五”时期项目工作方案至中国科协科普部。

附件：农村中学科技馆公益项目试点合作协议（略）

中国科学技术协会办公厅

2013年1月8日

## 关于做好科技馆免费开放前期准备工作的通知

科协办发普字〔2013〕25号

各省、自治区、直辖市科协，新疆生产建设兵团科协：

为贯彻党的十八大提出的“普及科学知识，弘扬科学精神，提高全民科学素养”，“坚持面向基层、服务群众，加快推进重点文化惠民工程”，“继续推动公共文化服务设施向社会免费开放”精神，落实《国务院关于印发国家基本公共服务体系“十二五”规划的通知》（国发〔2012〕29号）提出的“向全民免费开放基层公共文化体育设施，逐步扩大公共图书馆、文化馆（站）、博物馆、美术馆、纪念馆、科技馆、工人文化宫、青少年宫等免费开放范围”的要求，充分发挥科技馆在保障公民基本文化权益、提高公民科学素质中的重要作用，深入实施全民科学素质行动计划，中国科协正商中宣部、财政部推动科技馆免费开放。现将做好2013年科技馆免费开放前期准备工作的有关事宜通知如下：

**一、科技馆拟免费开放的范围**

具备基本的常设展览和教育活动条件，并配套有一定的观众服务功能，能够正常开展科普工作，常设展厅面积1000平方米以上，科协系统所属的县级（含）以上公益性科技馆（参考名录见附件1）。

**二、科技馆拟免费开放的内容和要求**

（一）科技馆拟免费开放的内容。科技馆免费开放的科普公共服务内容主要包括：常设展厅等公共科普展教场所；科普讲座、科普论坛、科普巡展活动等基本科普服务项目；体现基本科普公共服务的相关讲解、科技教育活动，以及卫生、寄存、参观指引材料等基本服务项目。

（二）科技馆拟免费开放的要求。取消常设展厅的门票收费；取消科普讲座、科普报告等活动的门票收费；取消辅助性服务如参观指南、卫生设施、物品寄存及休息查阅等服务收费；降低非基本科普公共服务的收费，如儿童（科技）乐园、特效影院、高端培训、餐饮、纪念品销售等；维护好科技馆的公益性质，不得以拍卖、租赁等任何形式改变科技馆常设展厅用途；加大免费开放的宣传力度，在当地主流媒体公示免费开放内容，扩大免费开放知晓度，吸引广大公众参观；加强在窗口接待、导引标识系统、资料提供以及内容讲解等方面提供优质服务；制定免费开放后应对突发事件的应急预案，完善应急处置机制，确保免费开放后的公众安全、资源安全及设施设备安全。

**三、工作准备**

（一）符合免费开放范围的科技馆，要结合本馆实际，充分考虑免费开放可能遇到的各种情况和问题，认真制定本馆免费开放工作方案。同时认真填写《2013年科协系统科技馆免费开放基础数据表》（见附件2），并提供6项核心数据相关证明凭证（见附件3），上报各省级科协。

（二）各省、自治区、直辖市科协，新疆生产建设兵团科协要统筹指导本地科技馆免费开放前期准备工作，同时对各科技馆上报的数据表及相关证明凭证进行核实。中国科协将委托第三方对各地上报材料进行严格审核，并组织抽查。

（三）各省、自治区、直辖市科协，新疆生产建设兵团科协须于2013年6月21日前向中国科协报送下列材料（装订成册并一式三份）：

1. 已核实的各科技馆《2013年科协系统科技馆免费开放基础数据表》；

2. 已核实的6项核心数据的相关证明凭证。

四、工作要求

（一）提高认识，统一思想。推动科技馆免费开放，是全面贯彻落实党的十八大精神，统筹推进公共文化设施向社会免费开放和向公众提供公平均等科普公共服务的重要内容，是丰富人民精神文化生活和实现人民群众基本文化权益的战略举措。各地科协和科技馆要提高认识，认真对待，切实把科技馆免费开放前期准备工作做实、做细、做好。

（二）高度重视，精心准备。各地科协要高度重视此项工作，加强领导，组织本地科技馆制定免费开放工作方案，做好人员力量、安保系统、票务系统、观众服务等的前期准备，同时组织做好数据填报及核查工作，相关单位须对数据真实性负责，确保科技馆免费开放前期准备工作扎实有效。

中国科协将委托第三方对各地上报材料进行严格审核并组织抽查，若发现数据失实、伪造证明凭证等现象，将采取通报批评、取消免费开放补助等措施，并将抽查结果作为今后有关项目评审的重要依据。

（三）争取支持，加强保障。各地科协要主动向当地党委、政府汇报，积极与财政部门进行沟通，进一步明确科技馆公益性社会公共文化设施的单位性质，将科技馆免费开放相关经费纳入同级财政预算，切实保障科技馆免费开放正常运行。

附件：

1. 中国科协建议2013年拟免费开放科技馆参考名录
2. 2013年科协系统科技馆免费开放基础数据表（略）
3. 科技馆免费开放核心数据证明凭证目录（略）

中国科学技术协会办公厅

2013年5月28日

**附件1**

## 中国科协建议2013年拟免费开放科技馆参考名录

| 序号 | 省　份 | 科技馆名称 |
|---|---|---|
| 1 | 北　京 | 中国科技馆 |
| 2 | 天　津 | 天津科技馆 |
| 3 | 河　北 | 河北省科技馆 |
| 4 | 山　西 | 山西省科技馆 |
| 5 | 内蒙古 | 满洲里市科技馆 |
| 6 | 辽　宁 | 辽阳市科技馆 |
| 7 | | 朝阳市科技馆 |
| 8 | | 铁岭市科学馆 |

续表

| 序号 | 省　份 | 科技馆名称 |
|---|---|---|
| 9 | 辽　宁 | 营口市科技馆 |
| 10 | | 抚顺市科技馆 |
| 11 | | 葫芦岛市科技馆 |
| 12 | | 阜新市科技馆 |
| 13 | 吉　林 | 吉林省科技馆 |
| 14 | | 伊通县科技馆 |
| 15 | 黑龙江 | 黑龙江省科技馆 |
| 16 | | 哈尔滨科学宫 |
| 17 | | 伊春市科技馆 |
| 18 | 上　海 | 松江区科技馆 |
| 19 | 江　苏 | 南京科技馆 |
| 20 | | 南通科技馆 |
| 21 | 浙　江 | 杭州低碳科技馆 |
| 22 | | 浙江省科技馆 |
| 23 | | 温州科技馆 |
| 24 | | 湖州市科技馆 |
| 25 | | 嘉兴市科技馆 |
| 26 | | 杭州市余杭区科技馆 |
| 27 | 安　徽 | 芜湖科技馆 |
| 28 | | 合肥市科技馆 |
| 29 | | 安徽省科技馆 |
| 30 | | 铜陵市科技馆 |
| 31 | | 安庆科技馆 |
| 32 | | 桐城市科技馆 |
| 33 | 福　建 | 福州科技馆 |
| 34 | | 晋江市科技馆 |
| 35 | | 福建省科技馆 |
| 36 | | 厦门同安科技馆 |
| 37 | | 漳州科技馆 |
| 38 | | 泉州市科技馆 |
| 39 | 江　西 | 赣州科技馆 |
| 40 | | 上饶市科技馆 |
| 41 | 山　东 | 山东省科技馆 |
| 42 | | 临沂市科技馆 |
| 43 | | 威海市科技馆 |
| 44 | | 泰安市科技馆 |
| 45 | 河　南 | 郑州科技馆 |
| 46 | | 焦作市科技馆 |
| 47 | | 济源市科技馆 |
| 48 | 湖　北 | 武汉科技馆 |
| 49 | | 襄阳市科技馆 |

续表

| 序号 | 省 份 | 科技馆名称 |
|---|---|---|
| 50 | 湖 北 | 荆州市科技馆 |
| 51 | | 黄冈市科技馆 |
| 52 | | 荆门市科技馆 |
| 53 | | 十堰市科技馆 |
| 54 | | 武穴市科技馆 |
| 55 | 湖 南 | 湖南省科技馆 |
| 56 | | 岳阳市科技馆 |
| 57 | | 邵阳市科技馆 |
| 58 | 广 东 | 惠州科技馆 |
| 59 | | 韶关市科技馆 |
| 60 | | 东莞科学馆 |
| 61 | | 深圳市科学馆 |
| 62 | | 汕尾市科技馆 |
| 63 | | 河源市科技馆 |
| 64 | | 韶关市新丰县科技馆 |
| 65 | | 韶关曲江科技馆 |
| 66 | | 广州青少年科技馆 |
| 67 | | 广宁县科技馆 |
| 68 | 广 西 | 广西自治区科技馆 |
| 69 | | 柳州科技馆 |
| 70 | 重 庆 | 重庆科技馆 |
| 71 | 四 川 | 四川科技馆 |
| 72 | | 达州科技活动馆 |
| 73 | 贵 州 | 贵州省科技馆 |
| 74 | 云 南 | 云南省科技馆 |
| 75 | 陕 西 | 陕西省科技馆 |
| 76 | 青 海 | 青海省科技馆 |
| 77 | 宁 夏 | 宁夏回族自治区科技馆 |
| 78 | 新 疆 | 新疆科技馆 |
| 79 | | 乌鲁木齐市科技馆 |

## 关于印发《中国科协三峡科技出版资助计划管理办法》的通知

科协办发学字〔2013〕29 号

各全国学会、协会、研究会，各省、自治区、直辖市科协，新疆生产建设兵团科协，各有关单位：

《中国科协三峡科技出版资助计划管理办法》已经同意，现予印发，请遵照执行。

中国科学技术协会办公厅

2013 年 6 月 6 日

### 中国科协三峡科技出版资助计划管理办法

#### 第一章 总 则

**第一条** 为促进科技工作者学术成长，推动学科发展，繁荣科技出版，中国科学技术协会（简称中国科协）、中国长江三峡集团公司（简称中国三峡集团）于 2012 年联合设立中国科协三峡科技出版资助计划（简称出版资助计划），为加强管理特制定本办法。

**第二条** 出版资助计划资金由中国三峡集团提供，自 2012 年至 2016 年先期连续资助 5 年，用于资助出版自然科学和技术科学领域科技著作。

**第三条** 出版资助计划采取自愿申报、专家评审、全额资助的资助方式。

**第四条** 中国科协学会学术部负责出版资助计划的统筹管理和组织协调，中国科学技术出版社（简称出版社）负责出版资助计划的日常管理和所资助科技著作的出版工作。

#### 第二章 评审专家和评审委员会

**第五条** 设立出版资助计划评审科技专家库，入库专家由数理科学、化学科学、生命科学、地球科学、材料与工程科学、信息科学、管理科学以及其他学科领域的知名专家遴选组成。

**第六条** 设立出版资助计划评审委员会：

（1）评审委员会由中国科协和中国三峡集团相关领导、出版界有关专家以及评审专家库的相关专家组成；

（2）评审委员会设主任委员 1 名，由中国科协学术与学会工作专门委员会中的中国科学院院士或中国工程院院士委员担任；设副主任委员 2 名，由中国科协、中国三峡集团主管领导担任；委员由中国科协、中国三峡集团及中国科学技术出版社相关领导，以及相关专业具有高级专业技术职务正职的专家担任，按申报著作所属学科从评审专家库中选取；

（3）评审委员会每次评审根据申报著作书稿数量分为若干组，每组评审专家不少于 5 人。

**第七条** 评审委员会主要职责：

（一）评审申报的科技著作书稿；

（二）决定年度资助科技著作的数量和资助额度；

（三）研究并决定受资助著作书稿的变更或撤销；

（四）审定年度资助工作计划、宣传工作方案、出版执行情况等事项。

**第八条** 评审委员会下设办公室，由中国科协学会学术部和出版社组成，办公室设在中国科学技术出版社。

**第九条** 评审委员会办公室职责：

（一）受理申报的科技著作书稿及相关的申报材料；

（二）审查申报人资格和申报材料；

（三）组织专家对申报的科技著作进行评审；

（四）建立评审委员会专家库；

（五）开展出版资助计划宣传工作；

（六）评审委员会交办的其他工作。

## 第三章　资助对象和条件

**第十条**　出版资助计划申报人须满足如下条件：

（一）具有中国国籍的科技工作者及相关研究人员；

（二）申报人须为科技著作的著作权人。著作权人原则上不得多于3人。著作权人若为多人，申报者须为第一著作权人，并出具其他著作权人签署的同意申报资助的意见书或委托书。

**第十一条**　同等条件下，优先资助45岁以下的青年科技工作者、中国青年科技奖获得者和全国百篇优秀博士论文获得者；优先资助科技工作者出版首部科技著作。

**第十二条**　出版资助计划资助的科技著作应为中文版，分中文版原创著作、中文版翻译著作两类。提出申报时，中文版原创著作须已完成初稿，中文版翻译著作须提供原著及不少于原著1/3的译稿。

**第十三条**　出版资助计划资助的中文版原创著作应满足如下条件之一：

（一）基础研究科技著作：研究成果在理论上有所创新或有积极意义，或在方法上有一定突破或改进，或在实验上有新发现；

（二）应用基础研究科技著作：研究成果具有独到见解或构成新颖体系，或在生产技术领域有较大应用前景或实用价值；

（三）技术改造和产品研发科技著作：从事技术改造和产品研发的成果已得到实际应用，并取得显著经济效益和社会效益；

（四）科技政策研究著作：对推动科技进步、促进科技创新有积极的指导意义，有较高的学术水平；

（五）科技史研究、科技文献整理研究著作：对科学技术发展有重要的传播价值和史料价值，有较高的学术水平；

（六）高等院校教材：教育部重点出版规划内的中文版理工类教材。

**第十四条**　出版资助计划资助的中文版译著内容必须满足如下条件之一：

（一）国外有影响的能反映最新科技研究成果、最新科技发展动态的学术著作；

（二）科技发展史上著名科学家经典的重要科技著作；

（三）国外著名高等院校理工类权威教材用书。

**第十五条**　申报资助的科技著作版面字数原则上不得超过300千字，且内容遵守《中华人民共和国著作权法》及相关法律法规。

## 第四章　资金使用

**第十六条**　出版资助计划经费中，每年用于宣传、评审、管理、奖励及相关活动经费不超过5%，其余部分用于资助科技著作出版。

**第十七条**　出版资助计划每年资助科技著作的数量根据当年申报情况确定。每部科技著作首次印刷不低于1000册，作者稿酬按合同执行，印量1000册以内按千字稿酬核计，超过1000册按版税核计。

**第十八条**　年度出版资助计划资金如有结余，直接转至下年度使用。

**第十九条**　出版资助计划资金由出版社专项管理，接受中国科协和中国三峡集团相关部门的指导、监督和审计。

## 第五章　申　报

**第二十条**　出版资助计划不接受个人直接申报。申报人可通过下述任一渠道推荐申报：

（一）所在学科中国科协所属全国学会、协会、研究会；

（二）所在省（直辖市、自治区）科学技术协会学会学术部；

（三）所在学科或相近学科的中国科协全国委员、荣誉委员；

（四）所在学科或相近学科的中国科学院院士或中国工程院院士、第三世界科学院院士；

（五）经所在学科或相近学科的“211工程”高校校长、“985工程”高校校长及下属所在学科或相近学科学院院长；

（六）所在学科或相近学科的中国科学院所属研究院（所）院（所）长、中央级部委及直属企业和国资委监督管理企业所属研究院（所）院（所）长；

（七）中央级科技类出版社社长、总编辑。

**第二十一条**　出版资助计划常年接受规定渠道推荐，每年评审两次，时间一般安排在每年的5月和11月。

**第二十二条**　申报出版资助计划者需提交如下申报材料：

（一）《中国科协三峡科技出版资助计划申报书》一式三份；

（二）中文版原创著作初稿的全部打印文稿，以及相应的Word电子文档光盘；中文版译著不少于1/3已完成的翻译稿的打印文稿，以及有关版权转让的必要信息；

（三）所在学科两位不同工作单位具有高级专业技术职务正职专家对申报人及其科技书稿评价推荐意见；如申报的科技著作为译著，其中一位同行专家针对原著内容的评价推荐意见，另一位外文专家针对申报人翻译水平及译著书稿质量评价推荐意见；

（四）反映科技著作书稿成果学术水平、社会效益和经济效益的有关证明材料。

**第二十三条** 申报者每次只能申报资助一部科技著作，受资助的科技著作正式出版后，方可提交新的科技著作申报资助。已获得其他出版基金资助的科技著作不在本出版资助计划的资助范围。

**第二十四条** 申报的科技著作若为丛书，应按每册科技著作的名称分期分批单独申报。

**第六章 评 审**

**第二十五条** 每年的5月和11月，评审委员会办公室汇总规定渠道推荐上报的科技著作书稿及相应的申报材料，并对申请人资格和申报材料进行审核。

**第二十六条** 评审委员会办公室将符合条件的科技著作书稿送交不少于两名同行专家进行函评，以匿名方式进行审读，函评结束后再提交评审委员会评审。函评专家应客观公正地对所审读科技著作的学术价值做出具体评述，提交严肃认真的审读结论。

**第二十七条** 评审委员会采用会议评审的方式对申报资助的科技著作进行评审。首先进行分组评审，由相应学科领域专家对科技著作提出初步意见；然后进行集中评审，获得出席评审会议的全体评审专家2/3以上（含2/3）赞成票数的科技著作，即取得出版资助资格。

**第二十八条** 取得出版资助资格的科技著作分别在中国科协门户网站、中国三峡集团门户网站、出版社门户网站上进行为期5个工作日的公示。公示无异议后，评审结果报中国科协领导审定。

**第二十九条** 获准资助的科技著作清单分别于每年6月和12月在中国科协门户网站、中国三峡集团门户网站、出版社门户网站和官方博客，以及有关科技报刊媒体公布。

**第三十条** 评审委员会成员实行回避制度，若有其直系亲属或有利害关系人员申报，该成员在评审时须回避。

**第七章 实施和管理**

**第三十一条** 出版社将获准资助的科技著作纳入出版计划，并上报中国科协和中国三峡集团相关主管部门备案。

**第三十二条** 出版社按照《中华人民共和国著作权法》及相关法律法规，与受资助人（作者）签订出版合同。

**第三十三条** 获准资助科技著作在封面或扉页特定位置上，印制中国科协会徽和中国三峡集团标识，标注“中国科协三峡科技出版资助计划资助”字样。

**第三十四条** 获准资助科技著作若获得中国出版政府奖，评审委员会办公室向著作权人颁发1万元人民币奖金，同时向推荐单位（推荐人）颁发1万元人民币奖金、向撰写评审意见的两位同行专家各颁发5000元人民币奖金。

**第三十五条** 获准资助的科技著作，如有审读专家或评审委员会专家提出合理修改意见的，受资助人应根据修改意见进行认真修改，经评审会委员会办公室核定后送出版社出版。

**第三十六条** 获准资助科技著作因故不能按期交稿，或所交书稿不能达到出版要求，受资助人需及时向评审委员会办公室书面提交延期出版申请。延期出版时限最长为一年，期满后若受资助人仍不能提交达到出版要求的书稿，评审委员会将取消其出版资格，收回资助资金。

**第三十七条** 出版资助计划实施过程中，如发现受资助者存有违规行为或学术不端行为，评审委员会将依程序收回资助资金，取消其今后申报出版资助计划的资格，并在中国科协、中国三峡集团和出版社的门户网站公告。

**第八章 附 则**

**第三十八条** 本办法由中国科协学会学术部负责解释。

**第三十九条** 本办法自公布之日起施行。2012年2月17日中国科协办公厅发布的《中国科协三峡科技出版资助计划管理办法（试行）》停止执行。

## 关于印发《全国科学道德和学风建设宣讲教育2013年工作要点》的通知

科协组发宣字〔2013〕5号

全国科学道德和学风建设宣讲教育领导小组各成员单位：

《全国科学道德和学风建设宣讲教育2013年工作要点》已由全国科学道德和学风建设宣讲教育领导小组2013年第一次工作会议审议通过，现予以印发。

全国科学道德和学风建设
宣讲教育领导小组办公室（代章）
2013年5月2日

### 全国科学道德和学风建设宣讲教育2013年工作要点

2013年，全国科学道德和学风建设宣讲教育工作要在第一年打开局面、第二年全面拓展的基础上，按照“全覆盖、制度化、重实效”的总体要求，进一步深入推进，主要在实现“两个拓展、两个结合”、摸索科学道德教育的关键环节、建立有实效的长效机制上下功夫。

**一、召开 2013 年全国宣讲教育工作电视电话会议**

五家主办单位联合召开 2013 年全国科学道德和学风建设宣讲教育工作电视电话会议，重点围绕“两个拓展、两个结合”，总结交流高校、科研院所在科学道德和学风建设工作中的具体做法和典型经验，对下一步宣讲教育工作做出部署。通过电视电话会议形式，让更多高校、科研院所的负责同志直接领会会议精神，推动工作的全面落实。

**二、加强宣讲教育的调研与指导**

组织全国宣讲教育领导小组成员对各地宣讲教育工作开展调研，推进高校和科研院所根据本科生、研究生、研究生导师、其他教师、科研工作者的不同特点，分别建立相应的科学道德诚信教育模式。收集整理宣讲教育中好的案例、视频等资料，并根据不同宣讲教育对象特点进行分类，建设优质教育资源库，供全国宣讲教育使用。

**三、推动宣讲教育纳入研究生培养环节的制度建设**

2013 年国家将全面启动研究生教育综合改革，要抓住这一契机，加强制度建设，将宣讲教育纳入研究生教育的必要环节，推动研究生培养单位建立宣讲教育长效机制。

**四、全面推动在科研工作者中开展宣讲教育**

在 2012 年宣讲教育已经延伸到科研工作者的基础上，为了推动宣讲教育覆盖到更多的科研工作者，拟建立工作联系机制，宣讲教育领导小组成员单位及各省区市和新疆生产建设兵团宣讲教育领导小组分别联系一至两家不同类型的科研工作者聚集单位，摸索在不同类型单位宣讲教育的具体做法，为下一步出台相关指导性文件奠定基础。

**五、加强宣讲教育具体组织者的能力建设**

举办研究生培养单位研究生院（研究生处）、“985”高校教务处负责同志专题研究班，由全国宣讲教育领导小组负责同志、国内外已形成科学道德教育长效机制的大学负责同志深入介绍开展宣讲教育的总体思路和分阶段目标、经验做法，研究在研究生教育综合改革的大背景下做好研究生及研究生导师宣讲教育工作的措施及途径，提高研究生培养单位做好宣讲教育工作的主动性和责任感。

**六、加强宣讲专家队伍建设**

请中科院、社科院、工程院分别从各自学科领域推荐科学道德和学风建设宣讲专家人选，并就专家积极参与宣讲教育工作提出明确要求。举办宣讲专家交流研讨会，增进五家主办单位领导同志与专家间的联系与沟通，丰富宣讲教育内容，增强宣讲教育的针对性，引导和激励德学双馨的院士专家、资深人文社科专家在宣讲教育中发挥作用。

**七、继续举办集中宣讲**

2013 年，五家主办单位继续联合在人民大会堂举办首都高校科学道德和学风建设宣讲教育报告会，邀请德学双馨并具有广泛社会影响力的院士专家、资深人文社科专家作宣讲报告。通过集中宣讲，扩大全社会对宣讲教育的认知，营造良好的宣讲教育氛围。

**八、做好宣传报道工作**

围绕关于加强研究生及研究生导师宣讲教育指导性文件的出台、2013 年全国宣讲教育工作电视电话会议、集中宣讲报告会等重点工作，努力形成经常性的宣传工作机制，进一步扩大宣讲教育工作的社会影响。

**【注】两个拓展：**宣讲教育的机构由具有研究生培养资格的高校拓展到所有高校和中科院、社科院所属科研院所及其他研究机构，学科领域从自然科学领域拓展到人文社科领域；宣讲教育对象由研究生新生进一步拓展到全体研究生、高年级本科生、新上岗的研究生导师、新入职教师和青年科技工作者。**两个结合：**集中宣讲教育与经常性教育的有机结合，教育与制度、监管的有机结合。

## 关于进一步做好代表服务创新试点工作的通知

科协办发〔2013〕32 号

各有关省、自治区、直辖市科协：

2012 年 4 月，经各省（区、市）科协申请，并经中国科协评审，北京市科协等 10 个省（区、市）科协被确定为中国科协代表服务工作创新试点。一年来，各试点单位积极开展工作，在代表服务工作组织保障、制度建设、平台建设、服务内容和方式等方面进行了积极探索，取得良好效果。

为支持各试点单位进一步创新代表服务工作的方式方法，保障延续性工作的顺利开展，经研究决定，延长各中国科协代表服务工作创新试点单位资格一年（名单见附件），时间为 2013 年 4 月至 2014 年 3 月。

各试点单位要深入学习贯彻党的十八大以来中央对科协工作的一系列指示精神，按照中国科协党组、书记处领导有关讲话精神和对代表服务工作的要求，结合贯彻实施本省（区、市）科协代表任期制，不断创新服务方式、丰富服务内涵、注重服务实效，推动中国科协八大代表服务工作取得新的进展。中国科协办公厅将安排督促检查，适时组织评估验收，对创新试点工作开展良好，能充分发挥示范和导向作用的单位予以表扬，并进行宣传和推广。

附件：中国科协代表服务工作创新试点名单

中国科学技术协会办公厅
2013 年 6 月 13 日

**附件**

### 中国科协代表服务工作创新试点名单

| | |
|---|---|
| 北京市科协 | 辽宁省科协 |
| 上海市科协 | 江苏省科协 |
| 安徽省科协 | 山东省科协 |
| 湖北省科协 | 广西壮族自治区科协 |
| 重庆市科协 | 新疆维吾尔自治区科协 |

## 关于对中国科协八大代表开展调研活动给予专项资助的通知

科协办发〔2013〕39 号

各省、自治区、直辖市科协：

为进一步提升代表的履职意识和履职能力，更好地为代表履职提供支撑，促进代表更好地发挥作用，根据《中国科协全国代表大会代表任期制暂行办法》要求，经研究，决定对中国科协八大代表开展调研活动给予专项资助，现将有关事项通知如下：

**一、资助目的**

以省级科协为依托，鼓励代表结合自身的工作领域和专业特长开展调研，促进代表对国家经济社会发展、国家科技政策实施及科技事业发展、科技人员、科技相关企事业单位以及科协工作有关情况的深入了解和研究，鼓励代表形成与科协工作和科技工作关系更为密切、可操作性更强的建议案，增进代表之间的沟通交流，为代表更好地履行职责、发挥作用提供有效支撑。

**二、申报条件**

1. 调研课题总负责人须为中国科协八大代表，鼓励更多的所在地区中国科协八大代表参与课题调研。

2. 调研课题须通过省级科协申报。

3. 调研课题须符合科协性质、宗旨和任务，紧扣科协“为经济社会发展服务，为提高全民科学素质服务，为科学技术工作者服务；加强自身建设”的工作职能。鼓励代表紧密结合本地区、本专业领域的工作实际和工作特色，重点围绕科普工作、人才工作、学会工作、科技社团承接政府职能转移、科学道德和学风建设等，发挥个人专长优势积极开展调研，增强针对性和实效性。

4. 调研完成后，需提交课题研究报告以及至少一份代表建议案，重点为本地区、本专业的发展提出意见和建议。

**三、实施方式**

采取自愿申报、统一评审、自主调研的方式。

由各省级科协牵头组织、代表自愿申报，各省申报课题数量不超过 2 个，调研题目和方式由各单位和调研课题负责人自主选定。中国科协办公厅组织统一评审，确定专项资助调研课题，并公布名单。

调研活动须在经费拨付之后的三个月之内完成。

**四、资助范围及金额**

根据申报和评审情况，确定专项资助调研课题。对通过评审的调研课题给予 5 万元的相应经费支持。

**五、有关要求**

1. 各省级科协要高度重视这项工作，将其作为代表服务工作的重要抓手，作为开展好党的群众路线教育实践活动的具体举措，切实抓紧抓好。

2. 申报需填写《中国科协代表调研课题申报书》(以下简称《申报书》)。

3. 各省级科协须对《申报书》内容进行审查，填写审核意见，加盖单位公章。管理费严格按国家科技三项经费管理规定执行，总额不得超过课题资助经费的 5%。

4.《申报书》一式 3 份寄至中国科协发展研究中心，并请同时报送电子版。

申报截止日期为 2013 年 9 月 22 日，以邮戳为准，逾期不予受理。

中国科学技术协会办公厅
2013 年 8 月 21 日

## 关于中国科协八大代表调研课题专项资助名单的通知

科协办发〔2013〕47 号

各省、自治区、直辖市科协：

2013 年 8 月，中国科协办公厅印发《关于对中国科协八大代表开展调研活动给予专项资助的通知》(科协办发〔2013〕39 号)，得到了各省、自治区、直辖市科协的高度重视和代表们的积极响应。截至9月底，共有29个省级科协申报了65个课题，调研课题内容广泛、覆盖面大，涉及科协工作的各方面。

经评审委员会评审通过，并报请党组书记处领导同意，中国科协决定对39个调研课题给予专项资助（名单见附件），每个调研课题资助经费5万元。现就有关事项通知如下：

1. 各省级科协要认真做好调研活动的组织工作。要严格按照国家有关规定做好课题经费的管理和使用，积极为调研课题的顺利完成提供必要支持。

2. 请获得专项资助的课题组进一步完善课题方案，保证调研活动的质量和时效。同时，希望进一步完善课题组成员结构，邀请更多代表参与有关调研活动，增强课题组的代表性和广泛性。

3. 调研课题完成的成果形式为调研报告和建议案。调研报告和建议案应有针对性，简明扼要，主要内容应包括现状评估、问题分析、对策建议，并侧重对策建议。现状评估既要总结成绩，也要分析各种条件，问题分析要突出重点，对策建议要有可操作性。调研报告的字数一般控制在1万字内，建议案的字数一般控制在2000字内。调研报告和建议案请报送电子版，提交时限为2014年3月20日。

附件：中国科协八大代表调研课题专项资助名单

中国科学技术协会办公厅

2013年10月22日

**附件**

## 中国科协八大代表调研课题专项资助名单

| 序号 | 课题名称 | 课题负责人 | 申报单位 |
|---|---|---|---|
| 1 | 青年科技工作者在推动大学学科性公司过程中的创造性作用与机制保障 | 任　杰 | 北京市科协 |
| 2 | 关于如何发挥天津市离退休老专家老教授在提高全民科学素质和生态文明意识方面作用的调查 | 王静康 | 天津市科协 |
| 3 | 促进再制造产业发展研究 | 王祖强 | |
| 4 | 城镇化过程中农民科普知识需求及传播途径分析研究 | 蔡淑红 | 河北省科协 |
| 5 | 提高农村青少年科学素质的新途径——运用动态科技活动架起“彩虹桥” | 杨伟民 | 山西省科协 |
| 6 | 加强社区科普工作是新时期提高全民科学素质的重要途径 | 杨建娥 | |
| 7 | 边疆少数民族地区社区居民科学生活现状调查及对策研究 | 艾宝明 | 内蒙古自治区科协 |
| 8 | 推动创新文化建设　提升企业自主创新能力 | 聂晓玲 | 辽宁省科协 |
| 9 | 高校专业类科普场馆建设、发展与开放专题调研 | 王　维 | |
| 10 | 关于加快科技成果转化推进城市经济转型的研究 | 李景涛 | 吉林省科协 |
| 11 | 科普资源市场化运作的体制与机制研究 | 王德林 | |
| 12 | 关于市（地）级学会管理体制改革和工作机制创新情况的调查与思考 | 王　辉 | 黑龙江省科协 |
| 13 | 关于科协代表作用发挥的体制机制研究 | 刘　健 | 上海市科协 |
| 14 | 科技社团在推动全社会创新活动中的作用研究 | 姜晓军 | 江苏省科协 |
| 15 | 关于做好新形势下县级科协工作的思考 | 徐瀚文 | |
| 16 | 院士专家工作站发展战略及其对策——基于产学研协同创新视角的研究 | 隗斌贤 | 浙江省科协 |
| 17 | 浙江省青年科技人才成长环境探析 | 董克军 | |
| 18 | 安徽省科普产业发展调查研究 | 周建强 | 安徽省科协 |
| 19 | 民营企业科技人才政策调查及优化研究——以福建省泉州市为例 | 陈永宝 | 福建省科协 |
| 20 | 中华苏维埃共和国科普史调研 | 曾繁荣 | 江西省科协 |

续表

| 序号 | 课题名称 | 课题负责人 | 申报单位 |
|---|---|---|---|
| 21 | 科技社团在中国特色科技评价体系中的地位与作用 | 邵　莉 | 山东省科协 |
| 22 | 关于加强企业科协建设推动企业自主创新的对策研究 | 徐立永 | |
| 23 | 防灾科普宣传形式和科普效果分析 | 姚运生 | 湖北省科协 |
| 24 | 国有企业科协组织建设与功能发挥的研究 | 李　华 | 湖南省科协 |
| 25 | 广东省科技领军人才群体状况调查研究 | 阳成伟 | 广东省科协 |
| 26 | 海南黎锦艺术数字化推广与产业创新研究 | 刘　丹 | 海南省科协 |
| 27 | 关于武陵山民族地区科普能力的研究 | 刘德瑜 | 重庆市科协 |
| 28 | 建产学研长效合作机制，推进成都市院士专家工作站建设研究 | 陈素清 | 四川省科协 |
| 29 | 西部地区县级科协能力建设的探索和实践 | 李长江 | 贵州省科协 |
| 30 | 贵州省水力发电工程学会现状调研及提高服务能力建议 | 熊　宇 | |
| 31 | 农村科普与农民合作组织调查研究 | 夭建国 | 云南省科协 |
| 32 | 西藏地市级科协服务科技工作者能力调研 | 巴　琼 | 西藏自治区科协 |
| 33 | 陕西省科技社团承接政府职能转移策略与模式研究 | 呼　燕 | 陕西省科协 |
| 34 | 基于960943家政服务网络平台的“虚拟养老院”运营模式研究 | 李　毅 | 甘肃省科协 |
| 35 | 流动科技馆运行模式分析与研究 | 徐东向 | 青海省科协 |
| 36 | 三江源地区科技工作者状况调查 | 石昆明 | |
| 37 | 欠发达地区创新型人才队伍建设情况调查研究——以宁夏为例 | 崔永庆 | 宁夏回族自治区科协 |
| 38 | 西部少数民族地区本科院校应用型师资队伍建设存在问题与对策 | 李　星 | |
| 39 | 新疆伊犁孕马养殖技术人员的技能培训状况研究 | 高晓黎 | 新疆维吾尔自治区科协 |

## 关于开展第三次全国科技工作者状况调查的通知

科协办发调字〔2013〕18号

有关全国学会、协会、研究会，各省、自治区、直辖市科协，新疆生产建设兵团科协：

为深入贯彻落实党的十八大精神，切实履行桥梁纽带职责，按照《中国科学技术协会事业发展“十二五”规划》和中国科协八届三次全委会议要求，中国科协决定于2013年5月至6月在全国范围内组织第三次全国科技工作者状况调查。现将有关事项通知如下。

**一、充分认识调查工作的重要意义**

深入开展科技工作者状况调查，及时准确掌握科技工作者在就业方式、科研环境、职业发展、生活状况、思想观念等方面出现的新情况新变化，真实反映他们的意见和建议，推动解决科技工作者关心的实际问题，为党和政府制定实施符合国情、科学有效的科技发展政策提供依据，在各级党和政府与科技工作者之间建立起畅通稳定的双向沟通渠道，是中央交给中国科协的重要任务，也是中国科协的基本职责。

做好科技工作者状况调查工作，有助于更好地发挥科协组织作为“科技工作者之家”的独特优势，更好地组织、引导、服务广大科技工作者，充分调动和激发广大科技工作者在建设创新型国家、全面建成小康社会中的积极性创造性，为完成党的十八大提出的各项任务而努力奋斗。

**二、调查范围、时间和方式**

（一）本次调查的科技工作者是指在自然科学领域掌握相关专业的系统知识，从事科学技术的研究、开发、传播、推广、应用以及专门从事科技工作管理等方面的人员，主要包括科学研究人员、工程技术人员、农业技术人员、卫生技术人员、自然科学教学人员以及在相应岗位上从事实际工作的专业技术人员等。

（二）本次调查涵盖全国31个省、自治区、直辖市（不含香港特别行政区、澳门特别行政区和台湾省）。

（三）本次调查时间为2013年5月20日至6月20日。

（四）本次调查主要通过中国科协科技工作者状况调

查站点体系以问卷调查方式进行，属一次性抽样调查。

（五）本次调查将根据需要选择部分地区的单位进行实地调研，组织典型案例的访谈、座谈和文字素材收集。

**三、组织和实施**

中国科协调宣部负责第三次全国科技工作者状况调查的组织领导工作，成立领导小组，设立项目办公室，组建专家咨询组，委托中国科协发展研究中心和中国人民大学联合成立课题组。项目办公室负责本次调查的研究设计、调查员培训、调查的组织实施与质量控制、数据录入汇总分析、全国调查报告的撰写和后续研究工作的组织等。

中国科协分布在全国的654个调查站点承担随机抽样和组织问卷填答等工作。各省区市科协负责本区域内的调查站点管理和调查质量控制。同期开展省级调查的省区市，应在全国调查基础上追加调查样本，使调查结果能够代表本区域的总体情况；在调查指标、抽样方法、调查实施、数据统计等方面应采取与全国调查相同的标准和规范。

**四、工作要求**

（一）加强组织领导。各省、自治区、直辖市科协和新疆生产建设兵团科协要高度重视本次调查，主要领导要亲自抓工作，并明确有关部门（科技工作者调查站点区域责任部门）负责此项工作，按照中国科协统一部署按时、保质完成调查任务。

（二）坚持责任到人。各区域责任部门确定调查督导员1名，负责指导、检查与监督调查站点完成调查任务。每个调查站点确定1名联系人，负责问卷接收和邮寄工作；确定1～2名调查员，负责样本选取和组织问卷填答。各区域责任部门要尽快确定调查督导员、站点联系人、调查员等工作人员名单，并于5月10日下班前汇总后通过站点工作平台（zddc.cast.org.cn）寻呼报送电子版。

（三）严格遵守规程。参与本次调查的工作人员要严格按照工作手册要求界定调查范围，进行随机抽样，组织问卷填答和回收工作；调查实施过程中，严禁主观臆造、弄虚作假。工作人员要严格执行《中华人民共和国统计法》的有关规定，对调查对象填报的数据信息履行保密义务。

**五、其他事项**

由于时间紧、工作量大、涉及人员多，为保证工作效率，项目办公室主要通过站点工作平台（zddc.cast.org.cn）联系各区域责任部门和调查站点，发布本次调查的具体安排和有关资料。

中国科学技术协会办公厅

2013年5月7日

## 关于公布2012年中国科协会员日活动考核结果的通知

科协办发组字〔2013〕8号

各全国学会、协会、研究会，各省、自治区、直辖市科协，新疆生产建设兵团科协：

2012年12月15日前后，各全国学会和各级科协组织按照中国科协办公厅《关于举办2012年中国科协会员日活动的通知》，紧紧围绕“家的温馨　节日的问候”主题，集中开展了内容丰富、形式多样的会员日活动，深入联系、服务广大会员和科技工作者，努力把党和政府的关心、温暖送到科技工作者身边，受到广大会员和科技工作者普遍欢迎和一致好评。

按照《2012年中国科协会员日活动考核工作方案》，中国科协由组织人事部牵头、有关部门和单位参加，组成会员日活动考核工作委员会，对全国学会和省级科协的会员日活动进行了工作考核和优秀组织单位评审。根据考核、评审结果，经中国科协八届第31次书记处会议研究批准，中国水产学会等21个全国学会和广西壮族自治区科协等10个省区市科协被评为“2012年中国科协会员日活动优秀组织单位”。希望受到表扬的单位发扬成绩，再接再厉，继续办好今后的中国科协会员日活动，竭诚为广大会员和科技工作者服务，切实发挥科协组织桥梁、纽带作用，团结带领广大科技工作者为增强自主创新能力，建设创新型国家，推动经济社会又好又快发展做出新的更大贡献。

附件：“2012年中国科协会员日活动优秀组织单位”名单

中国科学技术协会办公厅

2013年2月27日

**附件**

### “2012年中国科协会员日活动优秀组织单位”名单

**一、全国学会（21个）**

| | |
|---|---|
| 1. 中国水产学会 | 6. 中国航空学会 |
| 2. 中国植物保护学会 | 7. 中国消防协会 |
| 3. 中国动物学会 | 8. 中国农村专业技术协会 |
| 4. 中国兵工学会 | 9. 中国感光学会 |
| 5. 中国电子学会 | 10. 中国岩石力学与工程学会 |

续表

| 11. 中国生物医学工程学会 | 17. 中国细胞生物学学会 |
|---|---|
| 12. 中国公路学会 | 18. 中国电机工程学会 |
| 13. 中国心理学会 | 19. 中国抗癌协会 |
| 14. 中国地质学会 | 20. 中国光学学会 |
| 15. 中国国土经济学会 | 21. 中国粮油学会 |
| 16. 中国神经科学学会 | |

**二、省级科协（10 个）**

| 1. 广西壮族自治区科协 | 6. 西藏自治区科协 |
|---|---|
| 2. 河北省科协 | 7. 北京市科协 |
| 3. 江苏省科协 | 8. 江西省科协 |
| 4. 辽宁省科协 | 9. 甘肃省科协 |
| 5. 新疆维吾尔自治区科协 | 10. 陕西省科协 |

## 关于印发《中国科协系统政务信息报送办法》的通知

科协办发〔2013〕16 号

各全国学会、协会、研究会，各省、自治区、直辖市科协，新疆生产建设兵团科协：

《中国科协系统政务信息报送办法》已经中国科协书记处书记办公会同意，现予印发，请认真贯彻执行。

中国科学技术协会办公厅

2013 年 4 月 23 日

### 中国科协系统政务信息报送办法

中国科协政务信息是开展科学决策的重要依据，是科协系统沟通情况、交流经验、推动工作的重要手段，是加强与全国学会、地方科协以及广大科技工作者联系的桥梁。为进一步落实中央关于加强和改进信息工作的精神，加强科协系统政务信息工作，结合中国科协实际，特制定本办法。

**一、政务信息报送原则**

围绕中心、服务大局。紧紧围绕党和国家中心工作、围绕科协中心工作，坚持为大局服务，体现人民团体特色，使政务信息工作成为科协系统领导干部了解情况、科学决策、推动工作的有效依据，成为联系广大科技工作者的有效手段。

及时高效、全面准确。增强时效观念，加快政务信息收集、处理和报送速度，切实做到在第一时间报送政务信息。客观真实反映情况，既谈成绩，也反映问题和建议，保证信息的完整性、准确性。

以人为本、开拓创新。坚持从科技工作者中来、到科技工作者中去，充分了解广大科技工作者、全国学会和地方科协的需求、状况和意见。适应新形势需要，总结经验、把握规律，创新工作机制和技术手段，不断提高政务信息工作服务水平。

**二、政务信息报送内容**

中国科协政务信息，主要是指反映科协系统政务工作及其相关事务的情况、资料和数据等。主要内容包括：党和国家领导同志对科协工作的指示及其落实情况；中国科协领导同志、有关部委领导同志在全国学会、地方科协调查研究、指导工作的有关讲话、要求及其落实情况；各地方、学科、行业领导同志有关科协和学会工作的重要言论和重要活动；全国学会、地方科协贯彻落实各项方针、政策情况以及重要工作部署，落实上级机关交办事宜情况；各全国学会、地方科协的重要活动和重大举措；科技工作者的思想动态、对科协工作的意见和建议；科协工作中涌现出的先进典型和经验，出现的新情况、新问题；对工作中的难点、重点问题开展调研信息；各全国学会、地方科协重要项目、重大工程立项及实施情况，人事调整和分工变化；工作中的突发事件和苗头性、倾向性、趋势性信息。

**三、政务信息发布渠道**

（一）中国科协网（www.cast.org.cn）是中国科协发布政务信息的唯一官方网站，全面反映各全国学会、地方科协开展的工作，是科协系统沟通信息、推动工作的重要平台。

（二）《政务信息专报》是中国科协办公厅内部政务信息报送渠道，主要反映科协系统动态信息，不定期出刊，约每周一期，报送范围为中国科协领导，为党组书记处领导决策提供信息。

**四、政务信息工作管理**

（一）提高政务信息报送时效。建立政务信息报送机制。重要或紧急突发事件或情况应在 4 小时内报送简要信息。一般活动和会议信息应在 3 个工作日内上报；其他工作信息应根据中央部署和围绕中国科协中心任务安排及时上报。

（二）提高政务信息报送质量。着重反映推进工作中的重要安排和部署、经验做法、困难问题和进一步做好工作的意见建议，切忌泛泛介绍、平铺直叙；对重点和难点工作加强调查研究，面向基层、深入一线、提出对策；要深入到企业、高校、科研院所、学会等科技工作者密集的地方调研，认真听取并反映科技工作者的思想动态，意见、建议和诉求。

（三）建立信息员制度。各全国学会、地方科协要重视政务信息工作，明确分管政务信息工作的负责人，指定专（兼）职信息员。要选用政治素质和业务素质高、思想敏锐、文字能力强的同志担任信息员。加大对信息员的培养使用力度，通过专题培训、业务研讨、联合调研等方式，提高信息员综合素质。

（四）完善政务信息报送手段。关于中国科协网政务信息报送，省级科协信息员使用中国科协网信息发布管理系统编辑制作本地区信息内容，上传至中国科协网；全国学会信息员采编本学会相关信息，直接发送给中国科协信息中心负责学会信息编发工作的编辑。关于《政务信息专报》信息报送，专门在“中国科协综合信息网络服务平台”（info.cast.org.cn）开设《政务信息专报》报送专区，为全国学会信息员和省级科协信息员提供报送平台。

（五）建立政务信息统计通报和奖励制度。发布各全国学会、地方科协政务信息提供和采用情况通报，对报送优秀单位和个人给予表彰和奖励。

中国科协办公厅负责指导各全国学会和地方科协开展政务信息工作；中国科协信息中心负责政务信息采集和加工，同时开展培训和研讨。

# 中国科协深入开展党的群众路线教育实践活动专题

# 中国科协深入开展党的群众路线教育实践活动专题

2013年6月以来，中国科协党组根据《中共中央关于在全党深入开展党的群众路线教育实践活动的意见》精神和中央的统一部署，在中央第28督导组的指导下，按照“照镜子、正衣冠、洗洗澡、治治病”的总要求，以“建好科技工作者之家，广交科技工作者之友”为载体，深入开展以为民务实清廉为主要内容的党的群众路线教育实践活动，圆满完成了各项工作任务，取得了显著成效。

**【党的群众路线教育实践活动动员大会】** 6月18日，中央党的群众路线教育实践活动工作会议召开后，中国科协党组于6月19日下午召开会议，及时传达学习中央文件和会议精神，对活动做出安排部署。会议原原本本传达学习了习近平总书记和中共中央政治局常委、中央党的群众路线教育实践活动领导小组组长刘云山在党的群众路线教育实践活动工作会议上的重要讲话以及中共中央政治局委员、中央党的群众路线教育实践活动领导小组副组长赵乐际的总结讲话。会后，中国科协党组召开会议，研究成立了中国科协党的群众路线教育实践活动领导机构和相关工作机构。

按照中央部署和要求，7月3日下午，中国科协召开党的群众路线教育实践活动动员大会，部署中国科协机关、直属单位和有关全国学会开展党的群众路线教育实践活动。大会由时任中国科协党组书记主持。中央第28督导组组长王正福、副组长徐振寰及督导组全体同志出席大会莅临指导。中国科协副主席、党组副书记、书记处书记程东红，中国科协副主席、书记处书记陈章良，党组、书记处领导张勤、徐延豪、王春法、沈爱民，近年来退出党组班子的老领导邓楠、高潮、刘恕、徐善衍等同志，党的十八大代表、全国人大代表、全国政协委员、机关全体党员干部，以及直属单位主要负责同志160余人参加了会议。

会议明确提出中国科协开展党的群众路线教育实践活动的目标要求、主要原则和方法步骤。要坚决贯彻活动总要求，把“照镜子、正衣冠、洗洗澡、治治病”的总要求贯穿活动全过程；要认真完成规定动作，完成好“学习教育、听取意见，查摆问题、开展批评，整改落实、建章立制”3个环节的各项任务，确保规定动作不走样、自选动作有创新；要紧密结合科协实际，以“建好科技工作者之家，广交科技工作者之友”为载体，认真查摆问题，深刻分析原因，拿出切实可行的办法，不求齐步走、不搞一刀切；要坚持领导带头，以普通党员的身份带头学习、带头听取意见、带头谈心、带头开展批评与自我批评、带头整改，形成上级带头、领导示范、上行下效的生动局面；要更加注重实效，紧紧抓住“四风”这个重点，对照党章、对照科技工作者的期盼，查摆问题，自我剖析，及时整改，逐项落实，让科技工作者看到实实在在的变化和成效。

**【多种形式抓好党员学习教育“走出去　请进门”听取各方意见】** 党的群众路线教育实践活动中，中国科协党组紧紧围绕世界观、人生观、价值观这个“总开关”，突出坚定理想信念和贯彻党的群众路线重点，采取多种形式，抓好党员干部学习教育。中国科协党组先后6次召开专题会议，集中学习习近平总书记一系列重要讲话精神、十八届三中全会精神和中央经济工作会议、城镇化工作会议等会议精神；按照中央要求，党组成员原汁原味地学习《论群众路线——重要论述摘编》等5种学习资料。为增强学习效果，组织党组理论学习中心组成员和机关、直属单位负责人到中关村国家自主创新示范区展示中心调研，围绕实施创新驱动发展战略开展交流研讨，邀请中国科学院院长白春礼作专题辅导报告。组织开展了多种形式的教育活动，开展“中国梦”巡讲活动，组织开展“中国梦”征文、演讲比赛、“美丽中国”书画展等活动。通过学习教育，引导党员干部以高度的政治自觉、思想自觉和行动自觉，积极投身到教育实践活动中来。

为推动中国科协党的群众路线教育实践活动深入开展，努力找准查实突出问题，中国科协党组坚持“走出去，请进门”，认真听取各方面意见建议。中国科协党组领导率先垂范，深入基层广泛听取中国科协离退休老同志、全国学会、省市级学会、来自科研生产一线的科技工作者、中国科协八大代表等对科协开展教育实践活动的意见建议的同时，紧紧围绕查找“四风”问题，通过深入基层调查研究、召开座谈会广泛倾听各方面意见建议。

7月6日，中国科协党组领导在武汉召开中国科协湖北省“八大”代表座谈会，进一步了解新形势下科技工作者代表在履职和发挥作用上的制约因素以及代表服务工作中存在的问题。7月10～17日，中国科协党组领导在北京先后调研清华大学、中华医学会、中国铁道学会、北京大学和北京市科协工作，对高校学风建设、学会现状、挂靠单位情况、管理机制、运营机制、期刊发展等问题进行深入了解，征求科技工作者和全国学会对中国科协开展党的群众路线教育实践活动的意见建议。7月10～15日，中国科协党组领导先后在南京、上海、天津召开“中学生科技创新后备人才培养计划”试点工作座谈会，广泛听取高校代表、导师代表、中学代表对中国科协开展党的群众路线教育实践活动的意见和建议。7 月 19 日，中国科协党组领导在北京调研指导中国力学学会、中国汽车工程学会，重点了解学会改革创新工作情况。7 月 11 日 ~ 12 日，中国科协党组领导赴上海进行了专门调研和走访，先后召开了 3 个座谈会，认真听取部分全国学会和市属学会、上海市科协、中国科协八大（上海）代表、企业农村一线科技工作者的心声，征求大家对中国科协工作，特别是开展党的群众路线教育实践活动的意见和建议，认真研讨新形势下中国科协“建好科技工作者之家　广交科技工作者之友”的方式和措施。7 月 30 日上午，中国科协党组领导在中国科技会堂召开科学家征求意见座谈会。邀请栾恩杰、赵忠贤、欧阳自远、王乃彦、侯立安、徐銤、齐让、冯长根、吴明江、杜志岐、高德利、龚旗煌等 12 位科学家、专家及全国人大代表、政协委员，征求他们对中国科协党组和科协工作的意见建议。中央第 28 督导组组长王正福、副组长徐振寰参加了座谈。与会人员围绕反对“四风”、改进作风，“建好科技工作者之家，广交科技工作者之友”，进一步提高中国科协为国家创新体系主动服务的意识、增强为科技人才成长发展服务的能力、加强学风建设、科普工作和自身建设等内容，提出意见建议。当天下午，中国科协党组领导走访看望了国家最高科技奖获得者徐光宪院士和吴良镛院士，代表中国科协送去亲切祝福，上门听取老科学家对科协开展教育实践活动的意见建议。

中国科协党组领导带头深入基层收集真想法、真问题，广泛征求各方面意见，得到了基层科协、学会、科技工作者以及相关部门、单位的认可和支持，为对照检查、开展批评和解决问题奠定良好基础。

**【以整风精神开展批评与自我批评】** 根据中央统一部署和中国科协党的群众路线教育实践活动总体安排，10 月 30 日，中国科协党组召开专题民主生活会，按照“照镜子、正衣冠、洗洗澡、治治病”的总要求，以整风精神开展批评和自我批评。中央第 28 督导组全体成员、中组部、中纪委、中直工委有关负责同志到会指导。

为了高质量开好专题民主生活会，党组严格按照中央有关要求，认真落实好各个环节的工作。坚持把学习贯穿始终，集中学习习近平总书记一系列重要讲话精神、中央政治局有关会议精神和中央有关文件精神；深入开展谈心，党组每位同志都对拟开展批评的问题准备了书面材料，在谈心中进行充分沟通和交换意见；认真撰写对照检查材料，对照中央要求，在中央第 28 督导组的督促指导下，反复修改完善，为开好民主生活会打下了良好基础。

专题民主生活会上，中国科协党组进行对照检查，汇报围绕“四风”方面查摆出的突出问题及其表现。在形式主义方面，主要是存在会议过多过长、以会议落实会议、以文件落实文件的现象，有的大型活动造势色彩比较明显；在官僚主义方面主要是与科技工作者沟通渠道不够顺畅，在部署工作时对基层实际考虑不够，推动解决服务意识不强、办事拖拉、推诿扯皮等问题的力度还不够大；在享乐主义方面主要是开拓进取、改革创新精神不强，责任意识、担当意识不够，公务活动中高标准、严要求不够；在奢靡之风方面主要是对超标准、超规格接待遏制不力，对会议数量和规模审批把关不严，倡导勤俭节约不够。

在党组查摆问题的基础上，党组成员依次开展对照检查，对群众意见和上级点明的问题逐一检查并作出实事求是的回应，从世界观、人生观、价值观方面深刻检查剖析思想根源，有针对性地提出具体改进措施。在每位同志发言结束后，党组其他成员逐一对其对照检查和自我批评内容进行评议并开展批评，坚持开门见山、直面问题，实事求是、有一说一，出于公心、与人为善。每位同志对大家的批评意见都诚恳接受，表达了抓紧解决问题、切实改进作风的决心和态度。相互批评既红了脸、出了汗，又加了油、鼓了劲，较好地达到了帮助同志、增进团结、促进工作的目的。

党组成员批评与自我批评结束后，中央第 28 督导组组长王正福同志对科协党组专题民主生活会进行了点评，对科协党组做好专题民主生活会后的相关工作、加强科协党组班子建设、扎实抓好整改措施的落实、扎实推进教育实践活动的开展提出了要求。

11 月 13 日，中国科协召开情况通报会，向近期退出领导班子的成员和科协老领导、十八大代表、人大代表、政协委员以及机关正处长以上党员干部、直属单位主要负责同志通报了党组专题民主生活会情况。中央第 28 督导组副组长徐振寰同志出席会议并讲话，强调要以党的十八届三中全会精神为指导，扎实抓好整改落实、建章立制环节各项工作，把在教育实践活动中激发出来的巨大热情和创造活力，及时转化为推进“建家交友”、支持国家创新体系建设的强大动力。

**【聚焦“四风”建章立制　确保教育实践活动质量】** 根据中央的统一部署，在李源潮、韩启德同志的直接领导下，中国科协按照“照镜子、正衣冠、洗洗澡、治治病”的总要求，以“建好科技工作者之家，广交科技工作者之友”为载体，深入开展以为民务实清廉为主要内容的党的群众路线教育实践活动。根据教育实践活动的安排，科协党组聚焦反对“四风”，先后召开科学家座谈会、机关直属单位离退休老同志座谈会、部分全国学会座谈会、处级以下干部座谈会、党外人士座谈会、团员青年座谈会等，征集意见建议220条；先后向中国科协全委会委员、全国学会、地方科协、国家有关部委发放征求意见函，征集意见建议267条；党组成员带队深入基层调查研究，征集意见建议350条；通过网络渠道征集意见建议6条；中央督导组反馈意见建议19条。通过各种方法，共收集意见建议862条，经过汇总归纳，整理成340条。

中国科协党组牢固树立关键在落实的思想，用过硬的措施、管用的办法，扎实推进整改落实。根据查摆出来的“四风”问题，精心制定了《中国科协党组党的群众路线教育实践活动整改方案》、《中国科协党组党的群众路线教育实践活动“四风”问题专项整治方案》和《中国科协党组党的群众路线教育实践活动制度建设计划》，明确了6个整改目标，提出23项整改措施，确定在7个专项整治领域中重点解决10个方面的突出问题，修订完善13项制度、发布2项意见、制订5项新制度。

教育实践活动中，中国科协党组注重加强对机关、直属单位、直属学会教育实践活动实施分类指导，在活动各个环节及时下发指导性文件，认真落实中央统一部署，推动科协教育实践活动自上而下展开。科协机关9个部门、13个直属单位成立了教育实践活动领导小组。为指导开好机关、直属单位专题民主生活会，党组领导逐一审定各部门、各单位领导班子和班子主要负责同志的对照检查材料，逐一审定分管部门、单位班子成员和局级党员干部的对照检查材料。科协教育实践活动领导小组办公室认真履行职责，先后8次召开领导小组办公室会议和办公室扩大会议，对有关工作安排部署；注重发挥新闻媒体宣传、监督、指导作用，在中国科协网站开设“党的群众路线教育实践活动”专栏，编写教育实践活动简报，积极宣传中央有关指示精神、发布科协教育实践活动开展情况、交流教育实践活动好经验好做法。科协教育实践活动督导组，及时了解和掌握各部门、各单位教育实践活动进展情况，注重加强对各部门、各单位领导班子专题民主生活会和专题组织生活会指导，严格审查对照检查材料和整改落实方案，有效提升了教育实践活动的质量。

根据教育实践活动第三环节工作安排，中国科协党组认真组织了教育实践活动“回头看”，通过召开座谈会和发放调查问卷的形式，广泛听取党员干部群众意见，从10个部门、14个直属单位反馈的干部群众评价情况分析，认为中国科协党组开展教育实践活动总体情况“非常好”、“比较好”的占100%；认为科协党组解决理论学习不够系统、会议和发文过多、大型活动过度“造势”、与科技工作者联系不够紧密、服务意识不强、办事拖拉、推诿扯皮等方面问题的措施和成效“非常好”、“比较好”的均为100%；认为党组解决超标用房用车、违规出国出境、“三公”经费管控不严、勤俭节约不够等方面问题的措施和成效“非常好”、“比较好”的占94.7%，评价“一般”的占5.3%。

**【推动建立县级科协联系点】** 为深入开展党的群众路线教育实践活动，扎实推动整改落实工作，根据《中国科协党组党的群众路线教育实践活动整改方案》，针对群众反映突出的“与科技工作者联系不够紧密”、“与科技工作者沟通渠道不够顺畅”等问题，中国科协党组决定建立中国科协县级科协联系点制度，并于12月3日印发了《中国科协办公厅关于建立县级科协联系点的通知》。

党组明确要求，调研工作要本着真诚、务实、主动的态度，要针对基层实际和面临的困难，积极研究提出切实可行的措施办法，建立长效机制，要多为县级科协和基层科技工作者办好事、办实事，推动“建家交友”不断深化。特别强调，蹲点调研要严格遵守中央八项规定，不给基层增加负担。

**【党的群众路线教育实践活动推动中国科协工作创新发展】** 中国科协深入开展党的群众路线教育实践活动，坚持从实际出发，努力做到两手抓、两不误、两促进，较好地实现了思想认识明显提高、制度建设明显加强、工作作风明显好转，精神面貌明显变化，为推动科协事业发展凝聚了正能量。

在长期的工作实践中，科协干部形成了一些习惯性的工作思维方式，制约了科协事业的创新发展。教育实践活动中，中国科协广大党员干部对照中央八项规定，紧扣反对“四风”，突破习惯思维方式，切实改进了工作作风。一是推动服务对象由“重视联系高层次科学家”向“广泛联系基层科技工作者”转变。针对以往习惯于联系服务院士、专家等高层次科技工作者，直接联系基层一线科技工作者不够的问题，中国科协党组提出建立中国科协领导、机关部门与科技工作者联系制度，明确党组成员每年到联系点蹲点调研不少于30天，每年至少联系10名以上科学家、10名以上基层科技人员，定期或不定期走访看望。二是推动业务活动由“注重造势”向“重视实效”转变。针对学术交流、科学普及等工作存在的“过度造势”、忽视跟踪问效的问题，中国科协党组提出制定《中国科协办公厅关于进一步加强会议和活动管理的通知》、《中国科协重大业务活动规范》，2014年第16届中国科协年会筹备工作会议，明确提出压缩参会人员规模，严格控制会议经费，避免出现攀比院士数量、诺贝尔奖获得者数量的现象。三是推动工作标准由“软指标”向“硬杠杠”转变。针对科协工作上级没有量化考核、“差不多就行”的习惯思维，中国科协党组自我加压，对重点工作进行细化、量化，明确提出研究出台《中国科协关于进一步加强调查研究工作的若干意见》、发布实施《中国科协机关工作人员行为规范》，研究制定《“科技工作者之家”建设标准》，把“软指标”变成“硬杠杠”。四是推动制度执行由“失之于宽”向“持之以严”转变。针对以往执行制度“失之于宽”的问题，中国科协党组把贯彻落实中央八项规定和《党政机关厉行节约反对浪费条例》作为整改落实环节的重中之重，明确要求按照中央有关规定和要求，开展专项整治，修订和制定有关制度，健全预防和惩治腐败机制，为科协事业又好又快发展提供了坚强保障。

**【党的群众路线教育实践活动总结大会】** 按照中央党的群众路线教育实践活动总体安排，2014年1月22日下午，中国科协召开党的群众路线教育实践活动总结大会。中央第28督导组组长王正福、副组长徐振寰及督导组全体同志出席大会。大会由时任中国科协党组书记主持。中国科协副主席、党组副书记、书记处书记程东红，中国科协副主席、书记处书记陈章良，党组、书记处领导张勤、徐延豪、王春法、沈爱民，近年来退出党组班子的老领导，党的十八大代表、全国人大代表、全国政协委员，机关全体党员干部，以及直属单位主要负责同志160余人参加了会议。

会议对中国科协深入开展党的群众路线教育实践活动进行总结。会议认为，对科协的教育实践活动，既要看到已经取得的实实在在的成绩，又要正视存在的不足和问题；既要看到面上变化的良好态势，又要看到解决每个具体问题遇到的难度；既要看到党员干部作风变化的积极成果，又要看到思想观念的转变是一个长期的过程。各级科协组织和广大党员干部一定要深刻认识面临的新任务、新机遇，乘势而上，乘胜前进，巩固扩大教育实践活动成果。要坚持抓好学习教育，始终保持思想清醒、政治坚定；坚持强化制度执行力，锲而不舍推动作风建设常态化、长效化；坚持发挥桥梁纽带作用，尽心竭力联系服务好科技工作者；坚持服务创新驱动发展战略，尽职尽责履行好科协职责，努力在推进全面深化改革中展现优势、发挥作用。

王正福在讲话中高度肯定了中国科协开展教育实践活动的总体成效。他指出，中国科协的总结报告实事求是，恰如其分，符合中央要求，符合中国科协实际。中国科协党的群众路线教育实践活动呈现出六个特点：一是注重领导带头，表率作用比较明显，党组领导同志带头为机关干部讲党课，带头深入联系点与基层科技工作者交流沟通，带头开展批评与自我批评，带头狠抓整改落实，形成了“机关部门看党组、科协系统看机关”的良好示范带头作用；二是注重抓好学习，思想认识比较到位；三是注重开门搞活动，听取意见比较广泛；四是注重聚焦“四风”，查摆问题比较准确；五是注重严格标准，民主生活会质量比较高；六是注重立行立改，整改成效比较明显。

王正福进一步强调，中国科协要认真学习习近平总书记的重要讲话精神，不断巩固和扩大教育实践活动成果，把作风建设不断引向深入。一是要深刻认识作风建设的长期性、艰巨性，增强加强作风建设的自觉性；二是要继续抓好整改落实、建章立制，推动作风建设长效化、常态化；三是要以好的作风和精神状态抓好落实，推动全面深化改革和业务工作不断取得新进展。

# 中国科协 2013 年<br>主要活动和重要事件

# 中国科协 2013 年工作概况

2013 年是党和国家发展进程中很不寻常、很不平凡的一年。一年来，在党中央、国务院的正确领导下，按照中央书记处对科协工作的指示，在刘延东、李源潮同志的具体指导下，中国科协团结带领广大科技工作者，贯彻落实中央的重大决策部署，认真履行“三服务一加强”工作职能，突出重点、真抓实干，推动科协工作改革发展，取得了新的进展和成绩。

第一，准确把握时代主题，全面贯彻落实中央重大决策部署

一是深入学习党的十八大精神和习近平总书记系列重要讲话精神，全面贯彻落实中央重大决策部署。把深入学习党的十八大精神作为一项重要的政治任务，认真学习、深刻领会、全面把握精神实质，及时了解全国科技工作者的反响和建议，不断把科协系统的学习宣传活动引向深入。十八届三中全会召开之后，迅速传达学习会议精神，组织专题研究，提出服务深化改革大局的具体举措，切实把思想和行动统一到中央重大决策部署上来。及时传达学习习近平总书记在政协科技、科协界联组会议上的重要讲话精神，按照中央部署及时印发《决定》，要求科协全系统认真学习、坚决贯彻习近平总书记系列重要讲话精神，确保科协工作的正确政治方向。贯彻落实中央宣传思想工作会议精神，研究制定《中国科协关于加强学会宣传思想工作的若干意见》。及时传达学习中央有关文件精神，切实加强党员干部政治思想教育。一年来，中国科协召开贯彻落实中央决策部署的专题会议 20 次，举办 4 期处级以上领导干部学习贯彻党的十八大精神集中轮训班。全国学会和地方科协也积极行动起来，努力把中央精神贯彻落实到科协工作的各个环节、各个方面。

二是积极开展中国特色社会主义和中国梦宣传教育。举办“弘扬科学道德 践行‘三个倡导’奋力实现中国梦”巡回报告会 13 场，15 位报告人分别为天津、河北等 13 个省（市）科技工作者和高校师生 1.4 万余人作报告，展示我国优秀科学家为中华民族伟大复兴奋力拼搏的高尚品德和精神风范，激励广大科技工作者为实现中国梦而努力。实施“共和国的脊梁——科学大师名校宣传工程”，8 所大学学生剧社编演《马兰花开》、《钱学森》等剧目，近 3 万名观众观看汇演，273 万余名师生和社会公众参与网上讨论。举办 2013 年首都高校科学道德和学风建设宣讲教育报告会、全国科学道德和学风建设电视电话会、高校研究生院负责同志研究班，指导各地做好宣讲教育工作。地方科协也组织开展了一系列各具特色的宣讲教育活动。一年来，科协系统举办集中宣讲 334 场，同时注意推进科学道德和学风建设长效机制建设。

三是扎实开展党的群众路线教育实践活动。以“建好科技工作者之家、广交科技工作者之友”为载体，及时制定《中国科协党的群众路线教育实践活动实施方案》，先后 6 次召开专题会议学习中央领导有关讲话精神，采取“请进来、走出去”、“面对面、背靠背”方式，广泛听取基层科协和科研生产一线科技工作者的意见建议，征集意见建议 862 条，深刻查摆“四风”问题，严肃认真开好专题民主生活会。结合党的群众路线教育整改落实工作，重心下移、贴近基层，建立基层联系点制度，选择 32 个县（区）级科协建立中国科协机关联系点。目前，活动已逐步进入整改落实、建章立制阶段。坚决贯彻落实中央“八项规定”，研究制定《中国科协贯彻落实中央关于改进工作作风、密切联系群众〈八项规定〉和〈实施细则〉的实施意见》，明确提出 9 个方面 18 项具体措施。2013 年，以中国科协名义举办的全国性会议数量比去年同期减少 25%，发文数量减少 29%，公务接待费用减少 42%，因公出国（境）费用减少 23%。全国学会和省级科协也都深入开展了党的群众路线教育实践活动，取得扎实成效。

第二，深化学术交流活动，服务创新驱动发展战略

一是全力推进学会有序承接政府转移职能。认真贯彻落实习近平总书记、李克强总理、刘云山同志和刘延东、李源潮等中央领导同志重要批示精神，积极稳妥推进学会有序承接政府转移职能。先后召开推进学会有序承接政府转移职能协调会和调研工作部署会，取得中央和国务院有关部门的共识和支持。扎实开展调研工作，已完成对 47 个政府部门和 170 个学会的面上调研，并重点走访了中央编办、民政部等 12 个政府部门和中国计算机学会等 26 个全国学会，目前已有一批政府部门明确表示拟将有关社会化服务职能转移或委托给学会承担。深入推进“学会能力提升计划”，与财政部联合印发《中国科协、财政部关于深入实施学会能力提升专项的通知》，推动首期支持的 45 家全国学会在服务创新、服务社会和政府、服务科技工作者方面取得明显成效，其中，中国农学会等 9 个学会开展科技成果评价，中国公路学会等 17 个学会开展科技人才评价，中华中医药学会等 20 个学会参与行业标准的制定，中国力学学会等 32 个学会开展科技奖励活动。根据民政部 2013 年 9 月公布的 2012 年度全国学术类社会团体等级评估结果，全国获得 5A（最高等级）、4A 级的学术社团均为中国科协所属学会，比例达 100%。实施引领地方学会能力提升项目，北京市科协等 9 个省级科协和深圳市科

协获得支持。江苏省出台《关于进一步加强省科协及所属科技社团科技服务职能的意见》，30个省级和副省级城市科协新设学会能力提升专项。

二是积极搭建高端学术交流平台。以“创新驱动与转型发展”为主题，联合贵州省人民政府成功举办第十五届中国科协年会，6位诺贝尔奖、图灵奖等国际大奖得主、163位两院院士在内的7700余名科技工作者参与盛会，李源潮同志发表讲话，着重阐述把握创新驱动发展战略机遇、开创科协工作新局面问题，得到广泛响应。成功举办第三届中国湖泊论坛、第二届山地城镇可持续发展专家论坛、第十一届全国博士生学术年会等学术会议，继续举办中国科技论坛、新观点新学说学术沙龙、青年科学家论坛等小型、高端、前沿学术活动，学术交流的质量和实效不断提升。中华医学会等全国学会和辽宁省科协等地方科协积极搭建不同层次平台，为科技工作者开展学术交流创造条件、提供机会。一年来，科协系统共举办学术会议26683场，参会人员410万余人次。

三是着力提升科技期刊国际影响力。联合财政部、教育部、中科院等部门共同实施“中国科技期刊国际影响力提升计划”，重点支持91个学术质量较高的现有英文科技期刊，办好新创办的10个英文科技期刊。大力推进“精品科技期刊工程”，提升中国科技期刊整体学术水平和国际影响力。在我国总被引频次本学科排名第一的科技期刊中，中国科协及所属学会主办期刊占74.3%，在影响因子本学科排名第一期刊中占62.0%，在综合评价总分排名学科第一期刊中占72.6%。

四是努力把创新要素引向企业和农村。积极深化同地方政府的合作，先后与云南、广西、西藏、陕西、甘肃等省（区）签署合作协议，为地方经济社会发展提供人才智力支持。创新企业专家工作站发展模式，全国已建立企业专家工作站2686个，进站工作院士专家2.7万人次。充分发挥企业科协作用，广泛深入开展“讲理想、比贡献”活动，截至10月底，总计212万余人次科技工作者参加，立项15.6万余项，采纳合理化建议25.8万条。深入开展科技信息服务企业技术创新活动，储备科技信息600余万项，遴选加工提取关键技术信息5.8万余项，持续服务企业超过8000家。实施科普惠农兴村计划，表彰奖励农技协1000个、示范基地386个、少数民族科普工作队5个、农村科普工作带头人406个，带动690余万农户依靠科技脱贫致富。山西省继续加强“农科110”服务体系和“健康365”平台建设，推进农业现代化建设。

五是深化对外民间科技交流与合作。支持全国学会积极申办高端国际学术会议，成功举办第64届国际宇航大会、第13届国际断裂大会、第27届国际内燃机大会等国际会议近2千场，与会外国科学家40万人次。积极举荐我国科学家担任国际民间科技组织领导职务，378位科学家在国际民间科技组织中担任各类职务，其中78人担任主席、副主席，90人任执委或相当职务。积极探索对外科技交流合作新渠道，先后同以色列国际发展合作机构、捷克科技联、希腊技术商会签署合作协议，中华护理学会恢复成为国际护士会会员。配合中央对港澳台工作大局，中国科协高层代表团成功访问港澳台，顺利举办两岸四地工程教育圆桌会议、2013海峡科技专家论坛等系列活动，进一步扩大了中国科协的影响，为促进两岸四地民间科技交流凝聚了更多正能量。

第三，表彰宣传优秀科技工作者，加强科技人才队伍建设

一是大力表彰举荐优秀科技人才。认真开展中国青年科技奖、中国青年女科学家奖、中国科协求是杰出青年奖等品牌奖项评选工作，建立专家提名候选人制度，表彰奖励一批德才兼备、成就突出的青年科技英才。支持全国学会设立、办好科学技术奖项，表彰在学科领域做出杰出成就的科学家，截至目前，102个全国学会主办或参与主办科技奖项142个，影响力不断提高。认真履行国家科技进步奖推荐职责，推荐9个项目和1个创新团队申报国家科技进步奖。上海市科协精心打造科技精英奖和青年科技英才奖，推动青年创新人才脱颖而出。一年来，科协系统表彰奖励科技工作者12.6万人次。按照李克强总理和刘延东副总理关于“海智计划”的批示精神，加大引进高层次科技人才力度。深圳市科协通过引进海外高层次人才推动成立了光启高等理工研究院、国创新能源研究院等民办非企业科研机构，帮助海外科技人才创新创业。

二是推动专业技术资格认证改革。联合教育部、人社部共同推动工程教育国际互认，由中国科协代表我国顺利加入《华盛顿协议》成为预备成员，实现我国工程教育认证国际互认重大突破。中国机械工程学会、中国计算机学会等25个全国学会积极参与工程教育认证工作，承担了今年75%的认证任务。引导支持部分地方科协和学会开展科技人员专业技术资格评价服务，中华医学会承担全国医用设备使用人员业务能力考评工作，中国消防协会承担消防行业职业技能鉴定工作，吉林省科协设立工程系列专业技术资格评审委员会开展职称社会化评审工作，获得政府部门和科技工作者的广泛好评。

三是广泛宣传优秀科技人物。联合中组部、中科院、工程院、教育部等11部委扎实推进老科学家学术成长资料采集工作，累计启动304位老科学家采集工作，收集

各类手稿、书信等实物原件资料4.5万余件，数字化资料13.5万余件，视频资料17.8万多分钟，音频资料21.5万多分钟，为深化科技人物宣传、弘扬科学精神积累了宝贵资源。联合教育部等8部委在国家博物馆成功举办科技梦·中国梦——中国现代科学家主题展，刘延东副总理参观展览并给予高度评价，各类观众近3万人次，受到广泛热议和好评。与中科院等单位联合举办钱三强诞辰百年纪念活动，拍摄专题文献纪录片《李四光》和《钱三强》，反响良好。通过央视《大家》栏目、《中华英才》和《十月》杂志等主流媒体，大力宣传在科技创新和普及方面作出突出贡献的科技工作者和创新团队，科技工作者的良好社会形象更加鲜明。各全国学会和地方科协广泛开展形式多样、各具特色的宣传活动，中国建筑学会开展中国当代建筑名师推介活动，集中展示我国建筑领域优秀科技工作者的风采。

四是着力培养发现青少年后备人才。成功举办第28届全国青少年科技创新大赛、第十三届“明天小小科学家”奖励活动、第十三届青少年机器人竞赛等活动，参与青少年4200余万人次。启动实施青少年科技创新拔尖人才培养计划，选取19所重点高校对581名优秀中学生进行为期一年的培养，为他们提供进入名校与科学家共同开展科研实践的机会和条件。中国航空学会等全国学会通过举办青少年专业类创新大赛、专业性体验活动，激发青少年科学梦想；各省市也通过设立市长奖、省长奖和各类专项奖等方式，鼓励开展青少年科技教育和创新活动。

第四，创新科普工作机制，提高全民科学素质

一是推动健全全民科学素质共建机制。履行科学素质纲要实施工作办公室职责，对各地各部门纲要实施工作开展“十二五”中期评估。围绕到2015年底实现我国公民具备基本科学素质的比例超过5%的目标，与21个省（区、市）和新疆生产建设兵团签署共建协议，明确纲要实施部门和地方政府的责任任务。贵州、江苏、湖北等地还分别与所辖市县签订目标责任书，初步形成一级带一级、层层抓落实的良好局面。与财政部共同实施基层科普行动计划，对全国2297个优秀农村、城镇社区基层科普组织和带头人进行奖补，完善动员全社会力量开展基层科普工作的长效机制。首次召开全国城镇社区科普工作会议，按照张高丽副总理批示精神，着眼促进人的城镇化，大力加强城镇社区科普工作。

二是广泛开展主题科普活动。围绕“保护生态环境，建设美丽中国”主题，广泛开展2013年全国科普日系列活动，刘云山等中央领导同志出席北京主场活动，进一步激发了广大科技工作者和社会公众关注科普、参与科普的热情。联合中国载人航天工程办公室、教育部组织开展“神舟十号”航天员太空授课活动，全国8万多所中小学校6000万名青少年收看电视直播。举办科学家与媒体面对面活动15期，围绕转基因技术、雾霾、食品安全等社会热点问题，及时向社会公众解疑释惑，回应社会关切。中国环境科学学会组织近万名大学生志愿者深入农村开展环保科普活动，青海、云南等省科协开展“医疗卫生健康进藏区，科普知识入寺院”活动，北京市科协举办第三届北京科学嘉年华活动，深受群众欢迎。一年来，科协系统举办各类科普活动逾31万次，受众超过2亿人次。

三是以网络科普建设为重点推动完善中国特色科技馆体系。加快建设基于网络的数字科技馆，中国数字科技馆资源总量6.538TB，日均页面访问量183万页，网站注册用户总数62万，中文网站国际排名上升到499位；推动建好用好各类综合性和专业性科技馆，积极推进地市级科技馆建设，全国科技馆总数达357座，年接待公众超过3000万人次；在县域组织开展流动科技馆巡展，配备流动科技馆73个，截至10月底巡展154个站点（县），服务群众590万人次；在乡镇及边远地区开展科普大篷车活动，科普大篷车年保有量733辆，年接待公众1000万人次。安徽省科协启动“科普云”研究，在互联网上打造全社会共建共享的科普交流平台。山东省科协全面实施“山东数字科普工程”，构建新型科普传播服务平台，储备各类科普节目时长12万分钟。山西科技馆新馆开馆，安徽、福建等地加快科技馆新馆建设，农村中学科技馆项目建设扎实推进，受到基层普遍欢迎。

四是积极推动科普资源开发开放。深入开展全国青少年高校科学营活动，并扩展到科研院所和中央企业，包括港、澳、台学生在内的1.2万名高中生赴51所全国重点高校参加活动。继续组织开展全国高校科普开放日活动，组织和动员社会公众特别是中小学生走进高校。推动国家科技计划项目中增加科普任务，启动化学化工等学科科普资源开发开放试点。与中组部共同邀请20名知名院士以国家重大科技专项为主题开展视频讲座，通过共产党员网、远程教育频道，面向广大党员干部开展科普教育。制作科普微视频644集，通过互联网和公交、地铁、楼宇视窗等移动终端广泛传播。《知识就是力量》成功改版。在40所高校开展科普创作与传播试点，联合团中央、教育部共同主办2012年全国大学生科普作品创作大赛和2013年全国青年科普创新实验大赛。四川省科协着力推进应急科普服务能力建设，在应对芦山地震等重大自然灾害，促进科技救灾方面发挥重要作用。上海市科协重点实施科普创作支撑和科普产业跃升计划，“科普产品e联盟”上线的科普

产品已超过1000件，吸引了全国10余个省市的97家研发单位加盟。

五是推进科普人才队伍建设。以李源潮副主席接见中国科技馆原馆长、联合国教科文组织卡林加奖获得者李象益为契机，广泛动员科技工作者投身到科普事业之中。启动科学传播专家团队建设，完成第一批156名首席科学传播专家的聘任工作。与教育部深入推进高层次科普人才培养试点工作，6所试点高校面向全国共招收硕士研究生157人。

第五，积极推进国家级科技思想库建设，努力服务科学决策

一是组织科技工作者积极建言献策。着力办好报送党中央、国务院的《科技界情况》和《科技工作者建议》两份内刊，进一步提高调研成果报送质量。深入开展调查研究，"预防与控制生物灾害的报告"、"加快科技创新促进我国现代种业发展"、"关于科普化解江西九江PX项目建设困难的调研报告"等一批报告得到李克强总理和刘延东、汪洋副总理等领导同志的肯定和重视。中国科协年会期间，成功举办贵州省党政领导与院士专家座谈会，得到当地党政领导的肯定和好评。组织院士专家赴贵州、云南、河北、山东开展专题调研，围绕京津冀晋蒙环首都区域生态建设、贵州威宁草海生态治理、黄河三角洲新生土地开发利用等举办座谈会，积极建言献策，受到中央领导同志的重视和肯定。积极推进地方科协科技思想库建设试点工作，浙江、江西等地科协决策咨询工作成果丰硕。其中，湖北省科协实施"一元多层次"发展战略，2篇专报由省委办公厅报送中央办公厅采用、11篇获省委省政府主要领导批示；天津市科协提出《关于当前我市重点产业产业链缺失现状及对策建议》，得到孙春兰同志的重视和肯定。深入实施学会决策咨询资助计划，推动学术研讨成果及时转化为决策咨询建议，扎实开展"2049"中国科技与社会愿景展望研究和基于学科的科技预算体制机制研究；中国机械工程学会确立学科（技术）进展系列研究报告发布制度，中国汽车工程学会等也开展了各具特色的决策咨询活动。一年来，科协系统共提供决策咨询报告1.27万篇，4000余篇次获得党政领导批示。

二是扎实开展科技工作者状况调查。精心组织第三次全国科技工作者状况调查，发放调查问卷3.6万余份，及时掌握科技工作者在就业方式、科研环境、生活状况、流动趋势、思想观念等方面出现的新情况新问题。组织开展科技工作者专项调查，"主流媒体科普状况调查"、"科技工作者获奖状况调查"等调查成果得到刘延东、刘奇葆等中央领导的肯定。推动山东、海南等地开展省级科技工作者状况调查，为地方党委、政府决策提供参考依据。加强科技工作者状况调查站点管理和培训，提高业务工作水平，进一步畅通党和政府与科技工作者之间双向沟通的联系渠道。出版《中国科技人力资源发展研究报告（2012）》，准确把握当前科技人力资源规模、分布和结构的变化，对外公布我国科技人力资源总量近6800万。

三是推动决策咨询资源开放共享。完善决策咨询网络工作平台，启动建设中国科协决策咨询数据库，分类整理中国现代科学家数据、科技工作者状况调查数据、科技人力资源地理信息、科技社团数据等，面向科协系统开放使用。引导地方科协和全国学会建立完善决策咨询数据库，建立健全决策咨询成果报送集成机制。中国农学会等全国学会建立了相关领域科研杰出人才信息库；北京市科协等地方科协初步建成思想库信息服务平台，定期向党政领导部门报送决策咨询成果，服务科学决策。

第六，广泛开展建家交友活动，推进科协组织建设

一是加强地方科协和基层科协组织建设。指导省级科协依照章程按期召开代表大会，甘肃、云南、福建、广东、广西、河南、安徽等省（区）科协顺利完成换届工作。编发《县级科协工作手册》、《县级科协典型案例选编》，举办2期县级科协主席培训班以及全国学会理事长高级研修班、新任秘书长培训班、工作人员培训班，着力提高科协干部履职能力。

二是深入开展"党建强会计划"。坚持分类指导的原则，建立健全学会党建指导员制度，资助56个全国学会党组织开展"十百千"活动，继续探索学会党建新思路，不断扩大学会党的组织覆盖面和工作覆盖面，与2012年同比，全国学会党组织覆盖率提高26%。中国生物医学工程学会、中国兵工学会等全国学会结合实际开展了特色鲜明的社会服务和会员服务活动，社会影响逐步扩大。

三是不断拓展服务基层科技工作者的渠道和方式。以"改进作风 服务基层"为主题，成功举办中国科协会员日活动，健全完善为会员、为基层科技工作者服务机制。认真落实中央书记处关于切实关心农村和企业基层科技工作者指示精神，组织优秀基层科技工作者赴山东休假，受到广大科技工作者的欢迎与肯定。创新中国科协八大代表服务工作，认真办理代表建议，通过开展代表履职培训、走访看望代表、专项资助代表开展调研等方式，推动代表任期制实施。地方科协也积极拓展服务科技工作者的渠道和方式，江西省科协制定出台加强联系和服务科技工作者工作的意见；广东省科协制定实施维护科技工作者合法权益的暂行办法，聘请法律顾问，开通法律服务热线，切实维护科技工作者合法权益。

# 综　　合

**【习近平看望全国政协科协科技界委员　强调实施创新驱动发展战略】** 3月4日，中共中央总书记、中央军委主席习近平在看望出席全国政协十二届一次会议委员并参加讨论时强调，实施创新驱动发展战略是立足全局、面向未来的重大战略。

在科协、科技界委员联组会上，干勇、王光谦、刘建、甘晓华、李维斗、万建民等委员踊跃发言，就我国科技事业发展等问题发表意见。习近平在听取了11位委员发言后发表了重要讲话。他强调，要坚定不移走中国特色自主创新道路，深化科技体制改革，不断开创国家创新发展新局面，加快从经济大国走向经济强国。他指出，实施创新驱动发展战略，是立足全局、面向未来的重大战略，是加快转变经济发展方式、破解经济发展深层次矛盾和问题、增强经济发展内生动力和活力的根本措施。在日趋激烈的全球综合国力竞争中，必须正视现实、承认差距、密切跟踪、迎头赶上，走自主创新道路，采取更加积极有效的应对措施，在涉及未来的重点科技领域超前部署、大胆探索，加快从要素驱动发展为主向创新驱动发展转变，发挥科技创新的支撑引领作用。要加强统筹协调，促进协同创新，优化创新环境，形成推进创新的强大合力。要增强创新自信，加快推进重大科技专项实施，建立健全优先使用自主创新成果的机制。要深化科技体制改革，进一步突出企业的技术创新主体地位，变“要我创新”为“我要创新”，促进创新链、产业链、市场需求有机衔接。要加强科技人才队伍建设，为人才发挥作用、施展才华提供更加广阔的天地，鼓励人才把自己的智慧和力量奉献给实现“中国梦”的伟大奋斗。

中共中央政治局常委、全国政协十二届一次会议主席团会议主持人俞正声参加了看望和讨论。

**【刘云山出席2013年全国科普日北京主场活动】** 中共中央政治局常委、中央书记处书记刘云山和刘延东、刘奇葆、李源潮、赵乐际、郭金龙、韩启德等领导同志，9月14日上午来到北京园博园，同首都群众一起参加全国科普日北京主场活动。刘云山强调，保护生态环境功在当代、利在千秋，要加强生态文明宣传，加强科技知识普及，推动形成共同建设美丽中国的社会氛围。

2013年全国科普日活动及北京主场活动以“保护生态环境，建设美丽中国”为主题。围绕这一主题，在全国各地组织开展11000多项科普活动。

刘云山等领导同志在“美好环境共同保护”区域，参观了“大气污染知识”、“清洁核能助力美丽中国”、“电从远方来”、“湿地修复”、“造纸工业废水综合治理”等展区，观看了细颗粒物检测与防护互动展品、快中子反应堆模型等。在“北京的南水北调工程”展区，刘云山详细听取情况介绍，高度评价南水北调工程为缓解北京水资源短缺作出的贡献，他指出，促进经济社会发展和生态文明建设，需要全民增强节水意识，提高水资源利用效率。

在“美满生活携手创造”区域，专家正在为现场观众提供健康生活的咨询和指导，刘云山详细询问了合理膳食、健康生活等方面知识。随后，刘云山来到“美丽家园一起建设”有关节能环保互动游戏活动区，饶有兴致地了解青少年如何在游戏过程中学到科普知识。在“美妙梦想合力放飞”区域，刘云山参观了园博园“绿色工程”锦绣谷，并驻足与现场游客亲切交谈。刘云山称赞园博园“绿色工程”化腐朽为神奇，昔日的垃圾填埋场变成了秀美园林，本身就是保护生态环境的成果，而且造福了普通百姓。

参观活动结束后，刘云山说，党的十八大把生态文明建设纳入“五位一体”总体布局，提出建设美丽中国战略任务。习近平总书记说既要绿水青山也要金山银山，宁要绿水青山不要金山银山，绿水青山就是金山银山，强调的就是建设生态文明、建设美丽中国。生态文明建设重在建设、贵在全民参与，要利用科普日活动等多种形式，结合人们生产生活实际，大力宣传建设生态文明关系人民福祉、关系民族未来，引导全社会树立尊重自然、顺应自然、保护自然的生态文明理念，养成绿色、低碳、环保的生产生活习惯。希望中国科协加强科普知识宣传，举办更多喜闻乐见的科普活动，把科学知识、科技成果送到农村社区、送到千家万户。希望广大科技工作者、教育工作者更好地倡导科学思想、弘扬科学精神、传播科学知识，推动形成讲科学、爱科学、学科学、用科学的良好风尚。

2013年全国科普日北京主场活动在北京园博园持续7天向公众开放，据不完全统计，科普日主场活动共接待中外观众约18万人次，超过历史最高水平。主场活动呈现出展项活动数量多、科技科普含量高、活动持续时间长、参观观众数量大、公众参与程度高等特点，较往年有新的突破和亮点。

主场活动所有展品、展项与活动着力展示科学技术在保护生态环境、建设美丽中国进程中的重要作用，让公众深入了解我国在节约能源资源、保护生态环境等方面的新理念、新技术、新设备和新产品，为广大公众释疑解惑，帮助公众树立加强生态文明建设的信心。现场的展项、活动均采用通俗易懂、简单明了的科普语言，大量使用图片、漫画、影像等形式对生态环保科技发展成果进行解读，并充分运用多媒体、数字化的手段，让公众迅速掌握日常生活中节能减排、保护环境的科学知识和基本常识。为提升科普活动的趣味性、吸引力，主场活动还采用科普剧表演、科学游戏、科学实验、微博寄语、图书漂流等丰富多彩的互动形式，让公众能够积极主动地参与生态环保行动。

**【刘延东出席观看“科学大师名校宣传工程”剧目《钱学森》、《马兰花开》】** 中共中央政治局委员、国务院副总理刘延东出席“共和国的脊梁——科学大师名校宣传工程”汇演的启动仪式并先后观看了话剧《钱学森》和《马兰花开》，对汇演活动给予充分肯定。

中国科协于2012年启动实施了“科学大师名校宣传工程”，北京大学、清华大学、上海交通大学、浙江大学、中国地质大学（武汉）和中国科技大学作为首批启动的高校，分别排演了以王选、邓稼先、钱学森、竺可桢、李四光和郭永怀为主题的话剧或歌剧。2013年“五四”青年节期间，中国科协组织清华大学、上海交通大学、浙江大学、中国地质大学（武汉）、中国科技大学等五所高校在京汇报演出。

刘延东指出，科学大师是“共和国的脊梁”，高校学生剧团创作以现当代著名科学家为主题的剧目，面向大中学校学生和社会公众演出，展现科学大师的光辉业绩和崇高精神，弘扬中国科技界优良传统很有意义。有关部门和高校要推出更多富有思想性艺术性的精品力作，扩大覆盖面和影响力，使其成为推进社会主义核心价值体系建设的生动教材、发展健康向上校园文化的重要抓手、弘扬科学精神和科学思想的有效载体。

刘延东希望广大青年学生和科技工作者以老一辈科学家为楷模，把自身事业追求同国家富强、社会进步、人民幸福结合起来，坚持人民利益高于一切，以报国奉献为最高追求，积极投身社会主义现代化建设实践，开拓创新、勇攀高峰，为建设创新型国家、全面建成小康社会、实现中华民族伟大复兴“中国梦”作出应有贡献。

中国科协、教育部、科技部、中国科学院、共青团中央等部门负责同志及北京、解放军、相关高校负责同志一同观看了汇报演出。

这次汇报演出得到社会各界的高度关注和广泛共鸣，来自首都高校、中学以及科研院所、企业、街道社区等40余家有关单位的2.2万名观众观看演出。

**【刘延东参观“科技梦·中国梦——中国现代科学家主题展”】** 中共中央政治局委员、国务院副总理刘延东12月29日参观了在国家博物馆举办的“科技梦·中国梦——中国现代科学家主题展”。刘延东指出，中国梦连着科技梦，科技梦助推中国梦。百年来特别是新中国成立60多年来，一代又一代科学家作为新中国科技发展的奠基者和功臣，他们的巨大贡献和科学精神，是新起点上我国科技创新和现代化建设的宝贵财富。

刘延东希望广大科技工作者积极学习传承老一辈科学家爱国奉献、开拓奋进的理想信念，勇于创新、不懈探索的科学精神，严谨求实、淡泊名利的高尚品德，甘为人梯、提携后学的大家风范，为加快建设创新型国家、全面建成小康社会、实现中华民族伟大复兴中国梦贡献智慧和力量。刘延东强调，各地各有关部门要认真做好老科学家学术成长资料采集、开发和利用工作，通过多种方式，大力宣传科学家的先进事迹和崇高精神，进一步营造尊重科学、崇尚科学的浓厚氛围，激发全社会的创新热情和创造活力。

中国科协、科技部、教育部、文化部、国资委、中国科学院、国家自然科学基金委员会等部门负责同志一同参观。

“科技梦·中国梦——中国现代科学家主题展”12月15日开幕，展期一个月，是我国第一次以科学家群体为主题的大型展览。主题展由中国科协联合教育部、财政部、文化部、国资委、解放军总政治部、中国科学院、中国工程院、国家自然科学基金委等8部委共同主办。展览以“老科学家学术成长资料采集工程”成果为依托，组织有关科技史专家围绕中国现代科学家群体形成、演进和发展壮大的历史进程，在研究考证的基础上，拟定主题鲜明、内容丰富的展览内容。主题展涉及中国现当代科学家近700位，使用历史资料近千幅，其中近半数来自“老科学家学术成长资料采集工程”。展览按照20世纪中国社会发展的脉络，设置了“撒播现代科学的种子”“让现代科学扎根中国”“动荡岁月里的科教人生”“新中国·新科学”“在科学的春天里”“走进新世纪”和“结束语”7个章节，运用个性化、可视化的历史资料，把个人成长的小历史与国家发展的大历史有机结合起来，概要介绍了中国职业科学家群体形成、演进的曲折历程，讲述了他们为国家民族复兴所付出的艰苦努力与作出的突出贡献。

**【李源潮会见联合国教科文组织“卡林加科学普及奖”获得者李象益】** 12月20日，中共中央政治局委员、国家副主席李源潮在北京会见卡林加科普奖获得者李象益。他希望广大科普工作者以李象益为榜样，把国家需要、人民需要作为人生追求，推动科普事业创新发展，为实现中国梦打好全民科学素质基础。

李源潮说，科学普及的重要性不亚于科技创新。他希望广大科普工作者向李象益学习，贴近基层、贴近群众需要做科普，传播科学知识，普及科学方法，弘扬科学精神；围绕经济社会发展需要做科普，为提高劳动者科学素质、推动创新驱动发展作贡献；紧跟科技进步和时代发展做科普，运用先进科技特别是互联网创新科普，借鉴国际先进经验提升中国科普水平。要树立和宣传科普工作先进典型，培养大批优秀科普人才，激励广大科技工作者和社会各方面力量参与科普工作，不断提升全民科学素质。

“卡林加奖”也称“卡林加科普奖”，是联合国教科文组织于1952年设立的一项世界性科普大奖，主要奖励在普及科学技术方面有突出贡献的人，包括科学家、新闻工作者、教育家和作家。候选人经联合国教科文组织成员国委员会提名，由联合国教科文组织负责评审与颁奖，截至2011年，共奖励了22个国家的66个人。11月，在巴西里约热内卢举行的颁奖典礼上，联合国教科文组织总干事伊琳娜·博科娃向李象益颁发了获奖证书和阿尔伯特·爱因斯坦奖章。

11月27日，李象益从巴西载誉归来，中国科协党组成员、书记处书记徐延豪代表科协党组书记处专程前往首都机场迎接，祝贺李象益获此殊荣。在12月3日举行的李象益座谈会上，徐延豪指出，李象益30年如一日，孜孜以求，奋斗不止，长期努力和奋斗在科普第一线，为推动我国科普事业发展做出了突出的贡献。此次卡林加奖既是对李象益个人多年来奉献科普事业的肯定，也是国际社会对中国政府抓科普、注重科学传播、不断提升科普工作影响力和水平的充分肯定。

12月18日，中国科协召开李象益恳谈会。李象益深情回顾了自己30年来从事科普工作的经历，并谈了自己的工作体会和对中国科协科普工作的建议。李象益表示，自己虽然已75岁了，但还深深眷恋着科普事业，将为全民科学素质的提高继续努力奋斗。

12月26日，中国科协在北京召开李象益科普事迹报告会暨首席科学传播专家聘任大会。

**【韩启德看望第十二届全国政协科协界委员】** 3月7日上午，全国政协十二届一次会议主席团常务主席、全国人大常委会副委员长、中国科协主席韩启德来到委员驻地，看望全国政协科协界委员并参加小组讨论。中国科协常务副主席、书记处第一书记陈希，工业和信息化部副部长尚冰，中国地震局党组成员、副局长赵和平等参加了看望和小组讨论。会议由小组召集人齐让主持。43名科协界委员参加小组讨论会。

小组讨论会上，冯守华、寿子琪、潘复生、李兰娟等9位委员结合《政府工作报告》就我国科技事业发展等问题发表了意见和建议。

在听取了委员们的发言后，韩启德表示，政协人才荟萃，政协科协界委员要通过参政议政的平台积极发挥思想库、智库的作用。希望委员们充分发挥科协界别的特点和优势，认真履行职责，开展调查研究，积极建言献策，为民主政治发展贡献力量。

**【中国科协第八届全国委员会第三次会议】** 中国科协第八届全国委员会第三次会议1月23日在北京召开。会议传达学习中央书记处对科协工作的重要指示。中共中央政治局委员李源潮指出，要深入学习宣传贯彻十八大精神，组织引导广大科技工作者积极创新创业，为提高全民科学素质、增强创新驱动发展新动力、建设创新型国家贡献智慧和力量。

李源潮指出，科协要充分发挥优势，推动科技工作者围绕“四化”同步发展和产业转型升级中的核心关键技术开展科技攻关，深入生产一线开展科技创业和科技服务，促进产学研结合和创新要素向企业集聚，推动科技成果加快转化为现实生产力。科技创新，人才为本。科协要有“不拘一格荐人才”的热情，积极发现、举荐、培养科技人才特别是青年科技人才。科学家的崇高精神境界和道德追求是社会文明的示范，要坚持不懈把加强科学道德和学风建设抓下去，营造良好学术风气和科研环境。要组织科技工作者送科技下乡村、进社区、进学校，适应网络化信息发展拓展网上科普阵地。要以改革创新精神加强自身建设，努力成为有作为、受欢迎的“科技工作者之家”。

全国人大常委会副委员长、中国科协主席韩启德主持开幕式并作工作报告。韩启德在工作报告中回顾总结了2012年工作，提出了2013年的重点任务，要求各级科协组织及所属团体深入学习贯彻党的十八大精神和全国科技创新大会精神，认真履行“三服务一加强”工作职能，围绕科学发展主题和加快转变经济发展方式主线，把做好国家科技工作和做实党的群众工作有机结合起来，把做好当前工作和谋划长远工作有机结合起来，把做好一般工作和推动重点工作有机结合起来，把做好“三服务”和推动“一加强”有机结合起来，统筹推进学术交流、科学普及、人才举荐、决策咨询、组织建设各项工作，突出重点、抓住关键，真抓实干、务求实效，为深入实施创新驱动发展战略、全面建成小康社会作出新的更大贡献。

中国科协常务副主席、书记处第一书记陈希在闭幕式讲话中指出，2013年是全面贯彻落实十八大精神的开局之年，也是为全面建成小康社会奠定坚实基础的重要一年。科协今年的工作要求和部署都十分明确，关键要抓好重点工作落实，加强队伍建设和作风建设，圆满完成各项任务。

会议审议通过了《关于中国科协常务委员会工作报告

的决议》。

中国科协副主席卢锡城、冯长根、李静海、沈岩、张桃林、陈赛娟、赵沁平、秦大河、唐启升、程东红、谢克昌，中国科协书记处书记张勤、徐延豪、王春法，中国科协党组成员沈爱民，中国科协第八届全国委员会206名委员，以及部分在京中国科协荣誉委员、老领导等出席了会议。

**【中国科协第八届全国委员会第四次会议】** 中国科协第八届全国委员会第四次会议6月27日在北京召开。会议由全国政协副主席、中国科协主席韩启德主持。

会议传达了中央领导同志关于科技工作和科协工作的重要指示精神，中国科协书记处汇报了中国科协2013年上半年的主要工作。2013年上半年，中国科协认真贯彻落实中央书记处对科协工作的指示精神，按照八届三次全委会议的工作部署，认真履行“三服务一加强”工作职能，扎实推进学术交流、科学普及、人才举荐、决策咨询、组织建设等工作，取得了新进展。一是深入学习贯彻党的十八大精神和习近平总书记系列重要讲话精神，广泛开展中国梦宣传教育；二是着力办好中国科协年会，努力提高学术交流的质量和水平；三是围绕“十二五”末实现公民具备基本科学素质达到5%以上的目标，扎实推动科学素质建设工作；四是认真做好为科技工作者服务工作，切实履行桥梁纽带职责；五是加强自身建设，为承担政府转移职能奠定基础。

会议强调，各级科协组织及所属团体要高举中国特色社会主义伟大旗帜，坚持以邓小平理论、“三个代表”重要思想、科学发展观为指导，按照年初全委会议的工作部署，坚持在继承中创新、在创新中发展，坚定不移地把全年各项任务落实好完成好，确保每一项工作都取得扎实成效。要认真学习、深入贯彻习近平总书记的重要讲话精神，广泛开展实现中华民族伟大复兴中国梦的宣传教育；要认真贯彻中央部署，扎实开展以“为民、务实、清廉”为主要内容的党的群众路线教育实践活动；要充分利用全国科普日平台，用科技梦支撑美丽中国宏伟事业；要紧紧抓住承接政府职能转移的重大机遇，努力把学会做强做好；要加强科协组织建设，切实建好科技工作者之家、当好科技工作者之友。

会议选举申维辰①、陈章良为中国科协第八届全国委员会副主席、常务委员会委员。

韩启德主席在会议闭幕讲话中充分肯定了陈希同志在中国科协工作期间做出的大量卓有成效的工作。与会代表用热烈的掌声对陈希同志为科协事业做出的重要贡献表示由衷的敬意和感谢。

中国科协副主席冯长根、李静海、张桃林、陈章良、陈赛娟、袁家军、黄伯云、程东红，中国科协书记处书记张勤、徐延豪、王春法，中国科协党组成员沈爱民，中国科协第八届全国委员会263名委员，以及部分在京中国科协荣誉委员、老领导等出席会议，各全国学会、协会、研究会秘书长，各省、自治区、直辖市、副省级城市、新疆生产建设兵团科协党组书记，中国科协机关各部门及各直属单位主要负责同志列席会议。

**【中国科协召开地方科协党组书记年度工作研讨会】** 1月10～11日，中国科协在北京召开地方科协党组书记年度工作研讨会。中国科协常务副主席、书记处第一书记、党组书记陈希主持会议并讲话。中国科协副主席、书记处书记、党组副书记程东红，书记处书记、党组成员张勤、徐延豪、王春法，党组成员沈爱民出席会议。各省、自治区、直辖市、副省级城市科协和新疆生产建设兵团科协党组书记出席会议。程东红对会议进行了总结。

陈希在讲话中传达了中央领导同志对科协工作的重要指示和明确要求，回顾总结了2012年的科协工作。他指出，过去一年里，在党中央、国务院的正确领导下，在王兆国、刘延东同志的直接指导和韩启德主席的团结带领下，中国科协认真履行“三服务一加强”工作职能，在继承中创新，在创新中发展，在加强能力建设，服务经济社会发展，推动支持科普资源开发开放，扎实推进全民科学素质工作，培养举荐优秀科技人才，建家交友等方面取得了实效。

陈希全面介绍了2013年的工作安排，强调了要着力抓好的重点工作，他要求各地科协党组深入学习贯彻党的十八大精神，突出重点、抓住关键，真抓实干、务求实效，结合本地区本部门实际，创造性地开展工作，推动科协工作上台阶上水平。

**【中国科协召开地方科协党组书记座谈会】** 5月26日，地方科协党组书记座谈会在贵州省贵阳市召开。中国科协党组、书记处领导班子成员，各省、自治区、直辖市、副省级城市科协党组书记，中国科协机关各部门负责同志参加会议。会议由中国科协副主席、书记处书记、党组副书记程东红主持。

会议指出，中国科协要深入学习贯彻党的十八大精神、抓好“弘扬科学道德 践行‘三个倡导’奋力实现

---

① 中央纪委2014年4月12日公布，申维辰因涉嫌严重违纪违法，正在接受组织调查。2014年4月19日，中国科协八届九次常委会议决定免去申维辰中国科协书记处第一书记职务，撤销中国科协第八届全国委员会委员职务。中国科协八届六次全委会决定，免去申维辰中国科协第八届全国委员会副主席、常务委员会委员职务。中央纪委2014年12月22日公布，经中共中央批准，决定给予申维辰开除党籍、开除公职处分；收缴其违纪所得；将其涉嫌犯罪问题及线索移送司法机关依法处理。

中国梦”巡回报告活动，凝聚广大科技工作者的智慧和力量，激发他们的创新热情和创造活力，为实现中国梦而不懈奋斗。要准确把握科技工作的新阶段新任务，团结带领广大科技工作者积极投身实施创新驱动发展战略之中，激励他们把自身兴趣和国家需求结合起来，创造无愧于时代、无愧于人民的光辉业绩。

会议强调，中国科协要加强科协组织的自身建设，抓住承接政府转移职能的机遇，发挥优势拓展学会功能的重要机遇，做大做强做优学会，促进学会更好地参与社会管理创新。学会要大幅度提高服务社会、服务政府的能力和水平，切实做到能负责、能问责。科协组织要大幅度提高服务学会的能力和水平，科协组织及所属学会要大幅度提高服务科技工作者的能力和水平。

**【中国科协 教育部第二次工作会商会暨合作协议签字仪式】** 1月21日，中国科协、教育部第二次工作会商会暨合作协议签字仪式在中国科技会堂举行。中国科协常务副主席、书记处第一书记、党组书记陈希，中国科协副主席、书记处书记、党组副书记程东红，书记处书记、党组成员张勤、徐延豪，党组成员沈爱民，教育部部长、党组书记袁贵仁，副部长、党组成员杜占元，部长助理、党组成员林蕙青出席。

陈希代表中国科协对教育部长期关心、支持中国科协工作表示衷心感谢，并就加强科学道德和学风建设宣讲教育、高校科普资源开发与开放、工程教育国际互认、科技期刊国际影响力提升计划等方面工作提出了具体合作建议。

袁贵仁表示，长期以来，教育部和中国科协保持着良好的合作关系，特别是2011年第一次工作会商会后，双方共同开展了一系列具有影响力的工作和活动，取得了较大的社会反响。此次签署合作协议，是两部门在已有工作的基础上，推动“科教联手”的重要举措。教育部将认真落实协议内容，完善工作机制，加强协调配合，突出工作重点，细化具体措施，推动双方合作更加紧密、深入、富有成效。

程东红、杜占元分别介绍了双方第一次会商会以来合作情况及本年度合作计划。

陈希、袁贵仁代表双方签署了合作协议。根据协议，中国科协和教育部将在科学道德和创新文化建设、教育科普资源开发与开放、未成年人科学素质行动、科学教育与培训基础工程、推动和加强科技开放合作、推动加快国家创新体系建设以及建立年度工作会商机制等领域开展深入合作、丰富合作内容、创新合作形式，实现联合协作、优势互补。

**【中国科协与中国工程院签署战略合作框架协议】** 3月15日，中国科协与中国工程院举行战略合作框架协议签字仪式。十届全国政协副主席、中国工程院主席团名誉主席徐匡迪，中国科协常务副主席、书记处第一书记陈希，中国工程院院长周济出席签字仪式。

陈希在致辞中指出，近年来，中国科协和中国工程院从党和国家工作大局出发，共同组织开展了一系列影响广泛、成效显著的工作。中国科协和中国工程院建立了良好的合作机制，形成了融洽的合作关系，积累了深厚的合作友谊。实施创新驱动发展战略要求科技界充分发挥先进生产力开拓者、先进文化传播者的重要作用，把聪明才智和力量进一步凝聚到创新发展上来，努力创造出无愧于时代要求、无愧于党和人民重托的辉煌业绩。今后双方通过深化战略合作、加强协同创新，共同在服务创新驱动发展、服务科技人才成长、服务全民科学素质提高、服务科学决策等方面，不断取得新的进展和扎实成效。

周济在致辞中指出，中国工程院将充分发挥院士及其团队的多学科、跨部门、跨行业的综合性优势，同中国科协加强沟通与协调，围绕双方共同关注的重大科技问题，在科学道德宣讲、科技知识普及和战略咨询、学术引领、科技服务、人才培养等方面进一步深化合作，共同推动我国科技事业发展。

根据战略合作框架协议，中国科协与中国工程院将在加强和推动科学道德建设、推动《全民科学素质行动计划纲要》实施、指导院士专家工作站规范建设、加强学术交流和科技期刊出版、办好“光华工程科技奖”、开展科技人物宣传等方面展开广泛合作。

中国科协副主席、书记处书记程东红，书记处书记徐延豪、王春法，中国工程院常务副院长潘云鹤，党组副书记王玉普，副院长旭日干、谢克昌、干勇，中国工程院院士金涌，秘书长白玉良等出席了签字仪式。程东红、干勇代表双方在战略合作框架协议上签字，潘云鹤主持签字仪式。

**【中国科协与国家自然科学基金委工作会商会】** 4月8日，中国科协、国家自然科学基金委工作会商会在中国科技会堂举行。中国科协常务副主席、书记处第一书记陈希，中国科协副主席、书记处书记程东红，书记处书记张勤、徐延豪、王春法，党组成员沈爱民，国家自然科学基金委主任杨卫，副主任高瑞平等出席会议。

双方认为，多年来，双方一直保持着良好的合作关系，联合协作、优势互补，共同开展了一系列有影响的工作和活动，取得了很好的社会反响。新形势下，双方要在已有工作基础上进一步加深合作、拓展合作领域，为推动国家科技事业发展、加快建设创新型国家作出新贡献。

经协商讨论，双方就推进《全民科学素质行动计划纲要》实施、促进科技人才成长、加强科学道德和学风建设、促进中国科技期刊国际影响力提升、加大对重要学术会议的支持力度等方面合作达成共识。

双方表示，将建立合作机制，保持经常性的工作沟通联系，定期或不定期召开联席会议，研究具体合作方案并组织推动实施。

**【中国科协与国家知识产权局签署合作议定书】** 4月26日，中国科协与国家知识产权局在北京共同签署《中国科学技术协会　国家知识产权局合作议定书》。

签署《中国科学技术协会　国家知识产权局合作议定书》，是两部门深入贯彻党的十八大精神和全国科技创新大会精神的重要举措。合作协议的签署，标志着两部门将在更大范围、更宽领域、更深层次上加强合作、优势互补，这对于加快经济发展方式转变和建设创新型国家具有重大深远意义。双方议定以推动企业提升自主创新能力为合作主题，以开展“科技信息服务企业技术创新”工作为载体，以专利信息分析和人才培养为切入点，确定了10项具体合作任务。

中国科协、国家知识产权局有关负责同志出席会议。

**【中国科协与西藏自治区政府签署《战略合作协议》】** 8月29日，中国科协与西藏自治区人民政府签署《关于全力提升全民科学素质，促进西藏跨越式发展的战略合作协议》。根据战略合作协议，中国科协与西藏自治区科协以党的十八大和中央第五次西藏工作座谈会精神为指导，着力实施全民科学素质行动计划，在增强产业企业自立创新发展能力，创新人才培养方式，加强基础条件建设等方面加强合作，实现到2015年西藏公民具备基本科学素质比例超过0.3%的目标。

西藏自治区党委书记陈全国表示，希望中国科协进一步加大对西藏的支持力度，帮助西藏加大科技攻关力度，提高科技创新能力，完善科技推广体系，加强科技队伍建设。西藏自治区党委副书记、区常务副主席、区党委政法委书记邓小刚，区党委常委、组织部长梁田庚，中国科协、自治区政府有关领导出席签字仪式。西藏自治区副主席多吉次珠主持签字仪式。出席西藏科协第四届学术年会开幕式的拉萨市有关部门及自治区各学会、协会、研究会负责人，基层一线优秀科技工作者代表400余人参加了签字仪式。

**【中国科协与甘肃省政府签署合作协议】** 12月26日，中国科协与甘肃省政府签署合作协议。甘肃省委副书记、省长刘伟平，甘肃省副省长张广智，省政府秘书长张生桢，中国科协、甘肃省科协有关领导及相关单位负责同志出席了签字仪式。甘肃省政府副秘书长俞建宁主持签字仪式。

此次合作协议内容涉及公民科学素质建设、引才引智、对口扶贫、推进企业技术创新、科普基础设施和民族地区科普服务体系建设等，形成了长效合作机制。

**【全国政协委员调研《全民科学素质纲要》实施情况】** 8月9～13日，全国政协人口资源环境委员会副主任、中国科协决策咨询专委会主任齐让带领全国政协科协界部分委员专程到贵州省贵阳市和六盘水市，就《全民科学素质纲要》实施情况深入社区、农村、学校进行调研，召开座谈会并出席《全民科学素质纲要》“十二五”中期评估交流会。十一届全国政协委员、中国科协书记处书记徐延豪，全国政协常委、教科文卫体委员会委员、空军原副司令员何为荣，全国政协委员、中国科学院物理所学术委员会副主任、中国科学院院士沈保根，全国政协委员、中国科学院自动化所综合信息系统研究中心副主任易建强等参加调研。

调研期间，调研组听取了贵州省副省长、省全民科学素质领导小组组长何力，贵州省人大常委会副主任、省科协主席谢庆生以及贵阳市有关负责同志的工作汇报，并就当前贵州省实施《全民科学素质纲要》取得的成绩和存在的问题进行了交流和讨论。调研组还深入基层、实地考察，先后前往贵阳市云岩区中天社区、乌当区阿栗村、南明区永乐乡艳红桃科普示范基地，六盘水市六枝郎岱镇现代农业综合产业示范区、闽商科技产业园、职业技术学院、钟山区花园路社区等地开展调研。

调研组通过实地考察走访、现场交流座谈、资料调阅查询等方式对社区居民科学素质教育、农民实用技术培训、青少年科学素质教育、科普基础设施建设等方面进行了深入考察和调研。调研组还出席了《全民科学素质纲要》实施工作“十二五”中期评估交流会听取情况汇报并同与会人员进行交流和讨论。

调研组对贵州省实施《全民科学素质纲要》取得的成绩给予充分肯定。调研组指出，贵州省在全民科学素质建设中实施力度大、重视程度高，以提高公民科学素质为目标，开展了大量富有成效的工作，取得了明显实效。特别是围绕重点人群科学素质，积极拓展工作内涵和外延，开展多种形式的青少年科技教育活动、强农惠农富农示范活动和培训；探索科普工作新模式，组织和动员社会各方力量协同互动，开展“百万公众网络学习工程”，开发农村党员干部远程教育“乡土课件”；整合媒体资源、加强科学教育与培训，有效提升和加强了大众科普能力建设和科普人才队伍建设。希望贵州省全民科学素质领导小组继续加强领导，完善科学素质建设长效工作机制，围绕重点人群，特别是农民、青少年等深入开展科学素质行动，努力提升重点人群的科学素质，进一步加强网路科普资源和传播能力建设，为提升全民科学素质，全面建成小康社会提供有力支撑和保障。

**【全国政协教科文卫体委员会举行科学素质纲要工作实施情况座谈会】** 9月17日，全国政协教科文卫体委员会举办的《全民科学素质行动计划纲要》实施情况座谈会在北京召开，会议由全国政协常委、教科文卫体委员会副主任邓楠主持。全国政协人口资源环境委员会副主任、中国科协决策咨询委主任齐让，十一届、十二届全国政协科技界、科协界在京委员出席会议。中国科协书记处书记、全民科学素质纲要实施工作办公室主任徐延豪，有关地方领导，中组部、中宣部等全民科学素质行动计划纲要实施工作办公室成员单位有关负责同志出席会议。

徐延豪就全民科学素质行动计划纲要实施情况进行了介绍。他说，全民科学素质纲要实施工作一直得到全国政协科协界、科技界、教科文卫体委员会等方面的关心和支持。“十二五”以来，全民科学素质纲要实施工作取得了一定成效，公民科学素质建设共建机制进一步建立和完善，政府推动工作的职责进一步强化，主题科普活动影响力不断提升，社会参与面不断扩大，重点人群科学素质行动稳步推进，公民科学素质建设成果由人民共享取得新成效。他还就目前全民科学素质纲要实施工作存在的主要困难、不足和问题进行了阐述，他希望各位委员继续关注支持全民科学素质纲要工作，多提宝贵意见和建议，督促各方将工作落到实处。

教育部基础教育一司副司长于长学、科技部政策法规司副司长翟立新、人力资源和社会保障部专业技术人员管理司副司长俞家栋、农业部科教司副巡视员郭立彬和中国气象局科技与气候变化司副司长王金星分别就本部门负责的全民科学素质行动计划纲要具体项目实施情况进行了介绍。山西省副省长张复明介绍了纲要实施情况。中组部干部教育局副巡视员杨佳木、中宣部宣教局副局长常戌、国家发改委高技术司袁军、卫生计生委宣传司副司长姚宏文代表全民科学素质行动计划纲要办公室成员单位作了发言。政协委员尹卓、朴英、牛忠英、张薇、张德兴、周伟江、姜耀东、黄强、黄大昉等围绕全民科学素质实施工作、开展群众性科普活动、科普与科研相结合、农民和青少年等重点人群科普工作等方面进行了深入讨论和交流，并提出了意见和建议。

邓楠在总结讲话中指出，《全民科学素质行动计划纲要》工作是一项关系国家建设和长远发展的基础工程，是全面建成小康社会和创新型国家的基础工程，需要社会各界长期共同努力，持之以恒。同时，全民科学素质工作针对五个重点人群，涉及面宽、带动面广，其内容也覆盖经济社会发展，特别是广大人民群众生活的方方面面，是维护国家安全稳定、构建社会主义和谐社会和建设创新型国家的重要基础之一，要各方协同推进，扎实有效地将科学素质纲要实施工作不断推向深入。她希望中国科协和各有关部委继续保持同全国政协委员的沟通和联系，通过政协搭建的平台，委员们也可以更多地了解科技、科普工作的进展，更好地履行职能，为实现《全民科学素质行动计划纲要》确定的目标献计出力，为实现创新驱动发展战略建言献策。

全国政协教科文卫体委员会办公室，中国科协办公厅、科普部有关负责同志参加座谈会。

**【中国科协发挥自身优势组织科协系统抗震救灾工作】** 4月20日四川芦山强烈地震发生后，中国科协启动应急机制，紧急部署科协系统抗震救灾工作，党组副书记程东红同志与四川省委有关领导和省科协直接联系，了解地震灾情，转达中国科协对灾区广大科技工作者的慰问，并对中国科协抗震救灾工作做出具体部署。党组书记处各有关领导安排协调，机关各有关部门、直属单位迅速行动，全力以赴组织开展抗震救灾工作。办公厅迅速成立工作小组，搭建信息沟通平台，落实督办党组书记处领导有关指示精神和工作部署；计划财务部积极筹措200万元资金，支持四川省科协组织开展应急科普宣传等救灾专项工作；调研宣传部积极联系各类媒体，加强宣传，促进科技抗灾救灾减灾优势的进一步发挥；学会学术部与有关全国学会保持热线联系，及时掌握全国学会抗震救灾信息，并协调落实相关事项；科学普及部立即启动科普应急机制，组织有关全国学会和直属单位，及时开展地震科普宣传，免费为灾区配送科普资源；信息中心、学会服务中心、青少年科技中心、中国科技馆、科技导报社、科学普及出版社等直属单位，发挥各自优势，利用各种渠道及时宣传、普及地震和灾后卫生、生活科学知识，帮助公众提高灾害自救意识和灾后重建能力。科技导报社连夜工作，5天完成《科技导报》“芦山地震特刊”的组稿、编辑；科普出版社为地震灾区紧急调配应急科普读物，并在3天内送达灾区。

各全国学会充分发挥人才荟萃、智力密集的科技支撑优势，及时组织专家和科技人员，积极支援、参与应急救援和灾后重建工作。中国医学救援协会、中国康复医学会组织学会骨干赴救援前线开展工作；中国地质学会下发通知，要求各省级地质学会动员广大会员、地质科技工作者积极投身到抗震救灾，尤其是灾后重建工作中去；中国地震学会积极联系有关专家，协助他们赶赴救灾前线，并与媒体合作开展相关采访；中国青少年科技辅导员协会为雅安市的有关乡镇、社区及学校援建 20 个青少年科学工作室；中华预防医学会、中国野生动物保护协会联系有关企业向灾区捐助价值 110 多万元的车辆、发电机及消毒杀虫杀菌物品。

四川省科协面对本地区发生的强烈地震，迅速行动，积极了解各市州科协受灾情况，发挥科技团体作用，按照四川省委省政府的统一部署，积极安排各项救灾工作，包括开展应急科普宣传系列活动；组织专家冒着余震赴灾区开展心理救援和心理危机干预；组织专家参加灾后重建工作中的项目决策、论证、评价、调研；开展灾区科普阵地恢复建设筹备；启动实施灾区农村科普示范工程；积极参与开展省社会管理服务工作组第十七站工作等。重庆市科协及时向全市科协组织下发关于开展防震减灾应急科普宣传的紧急通知，通过展出宣传展板、发放宣传资料、专家现场咨询等方式广泛开展防震减灾宣传。

**【中国科协颁发求是杰出青年奖】** 5 月 25 日，在第十五届中国科协年会开幕式上，中共中央政治局委员、国家副主席李源潮为中国科协求是杰出青年奖获奖者颁奖。王宏强、艾渤、左莉、帅长庚、史春梦、汤锦辉、安华章、李宏、杨于村、杨林、吴琳、周劼、钟宜兴、黄文华、赖新春获得中国科协求是杰出青年实用工程奖。万爱东、马砺、王新发、孔啸、毕学军、杨宁、邱枫、张正、陈化兰、罗仙平获中国科协求是杰出青年成果转化奖。

**【中国科协党组中心组专题学习中央政治局集体学习会议精神】** 9 月 30 日，习近平总书记在中央政治局以实施创新驱动发展战略为题举行的第九次集体学习时强调，敏锐把握世界科技创新发展趋势，切实把创新驱动发展战略实施好。为贯彻落实习近平总书记重要讲话精神，10 月 29 日，中国科协党组理论学习中心组召开扩大会议，专题学习习近平总书记关于自主创新战略的重要讲话精神。中国科协党组、书记处领导班子成员出席会议。机关各部门、各直属单位主要负责同志参加会议。

会议认为，党的十八大作出了实施创新驱动发展战略的重大部署，这是党中央综合分析国内外大势，立足国家发展根本利益作出的重大决策。习近平总书记多次强调科技创新是提高社会生产力和综合国力的战略支撑，必须摆在国家发展全局的核心位置。中国科协认真贯彻落实习总书记讲话精神，按照中央的部署要求，扎实推进学术交流、科学普及、人才举荐、决策咨询、组织建设等各方面工作，取得了新的进展，实现了十八大之后科协工作的良好开局，得到了中央领导同志的充分肯定和支持。

会议强调，实施创新驱动发展是加快转变经济发展方式、破解经济发展深层次矛盾和问题的必由之路。实施创新驱动发展战略要抓住科技革命的重大机遇，推动经济发展转向更多依靠创新驱动。服务创新驱动发展战略是中央对广大科技工作者的明确要求，也是科协组织肩负的历史使命和光荣任务。在实施创新驱动发展的新的历史时期，科协工作面临前所未有的发展机遇，我们“不能等待，不能观望，不能懈怠”，要抓住机遇，乘势而上，主动融入创新驱动发展战略，充分发挥作为科技工作者群众组织的组织优势、动员优势、人才优势，培育科协工作新的增长点，拓展科协事业发展新空间。

会议指出，科协组织在推动实施创新驱动发展中大有作为。当前最重要、最紧迫的是要解决好三大问题：一是解决好科技创新与经济紧密结合问题；二是解决好自主创新能力的突破问题；三是解决好完善人才发展机制的问题。中国科协作为中国科技工作者的群众组织，要从这些方面找准工作定位，把握好着力点、切入点。一要充分发挥学会在服务创新驱动发展中的生力军作用。科技社团是国家创新体系的重要组成部分，是推动全社会科技创新的重要力量。要把推动学会承接政府转移职能摆在当前科协工作的重中之重，充分发挥统筹协调作用，注重与部门的沟通会商，加强对学会的指导和管理，制定有力措施，全力以赴把这项工作抓紧、抓实、抓好。二要把提高全民科学素质作为服务创新驱动发展的基础性工作。今后一个时期，要更加注重面向基层、服务民生，以不断提高的全民科学素质支撑创新驱动发展战略的实施。三要紧扣创新驱动发展发挥科技思想库的作用。中央在深化科技体制改革的战略部署中，突出强调要完善统筹协调的科技宏观决策体系，建立健全国家科技重大决策机制，同时要求完善国家科技决策咨询制度，重大科技决策要广泛听取意见，将科技咨询纳入国家重大问题的决策程序。中央的要求为科协组织在服务党和人民事业发展中充分发挥科技思想库的重要作用进一步指明了方向。决策咨询工作要紧扣国家创新驱动发展战略，加强顶层设计，推动健全科协系统决策咨询工作格局。四要大力举荐优秀人才服务创新发展。中国科协要将改革完善国家科技奖励制度作为当前落实《中共中央国务院关于深化科技体制改革加快国家创新体系建设的意见》的重点推进的任务之一。五要巩固教育实践活动成果，切实建好科技工作者之家。“建家交友”是中国科协开展党的群众路线教育实践活动的主要载体。我们要按照中央要求，积极落实教育实践活动整改措施，为广大科技工作者提供更好的服务。

10 月 28 日，中国科协党组理论学习中心组成员和科协机关、直属单位负责人赴中关村国家自主创新示范区展示中心进行了调研，听取了中关村创新发展情况介绍，观看了信息、生物、新能源和节能环保、先进制造、现代农业等方面的重要创新成果展示。

**【中国科协探索做好八大代表服务工作】** 2013年，在党组书记处的高度重视和有力支持下，中国科协办公厅在八大代表服务的内容和方式上作了一些新的有益的探索和尝试，通过组织召开代表履职培训、代表服务工作研讨会、代表服务人员专题学习等，推动形成科协系统上下联动的网格化代表服务工作格局。一是发挥八大代表在其代表联系科技工作者的“枢纽”和“节点”作用，由党组书记处领导带队，机关各有关部门配合，继续组织开展八大代表走访看望工作，力争在八大代表任期内，实现31个省（区、市）科协代表团及解放军、国资委代表团、全国学会代表走访看望工作的全覆盖，2013年党组书记处领导同志已先后走访看望天津、河北、上海、江苏、湖北、广西、海南、贵州、云南、陕西和新疆等省（区、市）的348名八大代表，共收到意见建议147条。二是积极开展代表服务创新试点工作。2013年7月和8月，分别举办八大代表（全国学会）专题培训班和八大代表（地方科协）专题培训班，共有119名中国科协八大代表参加了培训，继续对中国科协代表服务工作创新试点单位给予支持。三是探索开展代表调研课题资助。为促进代表建言献策作用的进一步发挥，实施中国科协八大代表调研课题专项资助工作，截至9月25日，共有29个省级科协合计申报了65个课题，39个由中国科协八大代表牵头的课题研究获得资助。四是继续做好服务代表日常工作。办公厅继续委托地方科协做好在其地区内工作生活的中国科协八大代表的日常联络服务工作代表，促进各地科协在服务八大代表方面制度化、专业化；不断拓展中国科协八大代表服务平台有关功能，切实加强与代表的联系；定期向代表赠阅相关科技报刊；开展慰问服务工作。

**【完善国家级科技思想库建设工作格局】** 把中国科协建设成为国家级科技思想库，是科协事业发展新的重要生长点。2013年，从6个方面继续完善有科协特色的国家级科技思想库建设工作格局：进一步提高调研成果报送质量、加大科技工作者状况调查力度、发挥智力优势为经济社会发展建言献策、扎实推动地方科协科技思想库建设试点工作、稳步推进学会决策资助计划、着力加强科协系统决策咨询软硬件能力建设。

第一，着力办好报送中央、国务院的《科技界情况》和《科技工作者建议》两份内刊，进一步提高调研成果报送质量。共向中央、国务院有关领导报送《科技工作者建议》22期、《科技界情况》44期，刊发《调研动态》85期。《预防与控制生物灾害的报告》、《加快科技创新促进我国现代种业发展》、《关于科普化解江西九江PX项目建设困难的调研报告》、《科技工作者获奖状况调查》等一批调研报告得到国务院总理李克强、副总理刘延东等中央领导同志的肯定和重视，中央政治局委员以上的领导同志批示20篇次左右。

为充分发挥决策咨询专家的“智囊团”作用，邀请决策咨询专门委员会和中国科协决策咨询专家库的专家，在课题选题征集、评审立项、开题报告、中期评估、结项验收和成果提炼中给予指导，督促检查课题研究进度，确保课题研究质量。2013年，共组织开展了27项课题验收、36项课题中期评审和33项课题开题报告会。科协系统共提供决策咨询报告1.27万篇，4000余篇次获得党政领导批示。

第二，精心组织第三次全国科技工作者状况调查，发放调查问卷3.6万余份，涵盖31个省、自治区、直辖市（不含香港特别行政区、澳门特别行政区和台湾省），以及时掌握科技工作者在就业方式、科研环境、生活状况、流动趋势、思想观念等方面出现的新情况新问题，随机抽样和组织问卷填答等工作由分布在全国的654个调查站点承担。组织开展的科技工作者专项调查，主流媒体科普状况调查、科技工作者获奖状况调查等调查成果得到刘延东、刘奇葆等中央领导的肯定。为加强科技工作者状况调查站点管理和培训，分别在重庆市永川区、江苏省苏州市两地举办了全国科技工作者状况调查站点培训班，参训人员达650余人次。调查站点全年报送站点信息共计2704条，刊发《站点信息》135期。出版《中国科技人力资源发展研究报告（2012）》，准确把握当前科技人力资源规模、分布和结构的变化，对外公布我国科技人力资源总量达到6800万人。

第三，在第十五届中国科协年会期间，举办贵州省党政领导与院士专家座谈会。25位两院院士和知名专家出席座谈会，11名院士专家代表在深入调研的基础上，就贵州经济社会发展的重大问题提出建议。为开好此次座谈会，自2013年3月，中国科协先后组织17批次48位院士、专家到贵州考察，围绕贵州省实际发展需求，开展前期指导，26位院士专家撰写了专题论文。

第四，认真贯彻落实《中国科协关于加强决策咨询工作的若干意见》和《国家级科技思想库建设试点管理办法》，全面推进地方科协思想库建设试点工作。11月7～8日，根据有关管理办法，组织专家对26个试点单位的工作绩效进行了评估。经过三年的试点，许多省市的思想库建设试点工作紧密结合当地的经济社会发展需求，发挥区域人才等资源的优势，在服务决策和引领思潮方面形成了突出的地方特色，国家级科技思想库建设积累了多元化的发展经验。湖北、北京、浙江、江西等省（市）科协决策咨询工作成果丰硕。天津市科协提出的《关于当前我市重点产业产业链缺失现状及对策建议》，得到中央政治局委员、天津市委书记孙春兰的重视和肯定。湖北省科协实施“一元多层次”发展战略，2 篇专报由省委办公厅报送中央办公厅采用，11 篇获省委省政府主要领导批示。

第五，按照《学会决策咨询资助计划管理办法》，组织全国学会积极落实学会决策咨询资助计划，扎实开展 2049 中国科技与社会愿景展望研究，稳步安排部署学术交流成果提炼工作。学会参加国家级科技思想库建设的积极性进一步提高，学会决策资助计划畅通建言献策渠道的作用已充分体现。中国可持续发展研究会、中华预防医学会和中国机械工程学会等 7 个学会承担的《制造技术与未来工厂》、《生物医药技术发展与人类健康》、《城市科学与未来城市》、《生物技术与未来农业》、《可再生能源与节约型社会》、《人工智能与智慧生活》、《预防医学与生命质量》课题通过结题评审。各个报告已经取得初步成果，某些已经达到出版水平。

第六，着力加强科协系统决策咨询软硬件能力建设，推动决策咨询资源开放共享。完善决策咨询网络工作平台，启动建设中国科协决策咨询数据库，分类整理中国现代科学家数据、科技工作者状况调查数据、科技人力资源地理信息、科技社团数据等，面向科协系统开放使用。引导地方科协和全国学会建立完善决策咨询数据库，建立健全决策咨询成果报送集成机制。

**【“老科学家学术成长资料采集工程”取得丰硕成果】** 老科学家学术成长资料采集工程（以下简称“采集工程”）是国务院交办中国科协的一项重要工作。截至 2013 年年底，对 304 位老科学家开展的学术成长资料采集工作，获得各类手稿、书信、笔记、图片等实物原件资料 4.5 万余件，数字化资料 12.5 万余件，视频资料 15 万多分钟，音频资料 18 万多分钟，其中许多具有重要的史料价值。

2013 年，精心做好规范化管理工作，切实加强了采集工作管理绩效，规范馆藏基地管理机制，组织制定《管理规范》等 15 个文件，扎实开展联合目录的编制工作。在 2012 年绩效评估工作中，评审组专家认为“该项目决策较为科学，绩效目标较明确，决策依据充分；项目管理较为有序，制定有明确的实施计划；项目预期目标整体完成情况较好，项目绩效较显著，综合绩效评价优秀”。

按照整体部署，分三批对 2012 年度启动的采集项目进行了中期评审，12 月底前完成了 2012 年全部采集项目的结项工作。组织召开专家委员会，研究讨论 2013 年采集对象名单，完成 2013 年 60 个采集小组的组建和任务书签订工作。组织召开 2013 年采集人员培训班，帮助他们熟悉掌握采集工程的工作要求和技术指标。完善了馆藏基地建设，按计划完成了资料的收集、数字化整理、储藏工作。与中国科学院自然科学史所合作，启动了采集工程资料的整理研究工作。

根据采集工程实施方案的要求，先后完成两批 31 本采集工程丛书审稿印发工作，6 月 17 日组织召开老科学家学术成长资料采集丛书首发座谈会，2008 年度国家最高科技奖获得者徐光宪院士应邀出席并发言，中国工程院陈士橹院士提供书面发言，对采集工程和丛书给予高度肯定。12 月上旬完成 13 本丛书出版，编辑完成《感悟科学人生：采集工程心得体会文集》，逐步扩大老科学家学术成长资料采集工程的社会影响。

**【“技术创新·企业发展”论坛暨全国院士专家集中援黔行动——助百企授聘仪式】** 第十五届中国科协年会“技术创新·企业发展”论坛于 5 月 26 日在贵州省贵阳市举办。中国科协副主席、中国科协常委会促进企业自主创新专门委员会主任刘玠主持论坛开幕式，全国政协委员、中国科协书记处书记、促进企业自主创新专门委员会副主任张勤，国务院参事、促进企业自主创新专门委员会副主任石定环，中国科协原书记处书记、促进企业自主创新专门委员会副主任宋南平，贵州省人大常委会副主任、省科协主席谢庆生，贵州省政府副省长王江平等出席论坛。在论坛开幕式上，举行了“全国院士专家集中援黔行动——助百企授聘仪式”，为 10 位院士颁发了聘书。

论坛以“协同创新　科技引领”为主题，围绕“深化科技体制改革，加快建设国家创新体系，着力构建以企业为主体、市场为导向、产学研相结合的技术创新体系”，搭建政府与企业、科学家与企业家的互动平台，促进行业之间、企业之间科技人员的交流合作，为推进企业技术创新和贵州省经济社会又好又快发展服务。

中国工程院院士、国家能源专家咨询委员会副主任杜祥琬，中国工程院院士、中国振动工程学会名誉理事长刘人怀，科技部政策法规司副司长、创新体系建设办公室主任徐建国，围绕国家科技创新环境和政策、重点产业优化升级与企业自主创新发展趋势等内容作论坛主题报告。全国政协委员、时代集团公司总裁王小兰，中国石化北京燕山分公司总工程师华炜，全国人大常委、青岛前湾集装箱码头工程技术部高级经理许振超等，就企业如何真正成为创新主体、深化产学研合作机制、提升企业自主创新能力的实践等进行了典型介绍和互动交流。

**【以“打造绿色钢铁　建设生态文明”为主题的“技术创新·企业发展”论坛】**　由中国科协促进企业自主创新专门委员会主办的以“打造绿色钢铁　建设生态文明”为主题的“技术创新·企业发展”论坛10月11～12日在河北钢铁集团唐钢举办。中国科协副主席、促进企业自主创新专委会主任刘玠，中国科协书记处原书记、促进企业自主创新专委会副主任宋南平，河北省副省长、唐山市委书记姜德果，河北省政协副主席、省科协主席段惠军，中国工程院院士、中国金属学会名誉理事长殷瑞钰，促进企业自主创新专委会委员许振超、王为民、穆荣平、谢蔚等出席论坛。有关部门负责人、专家学者、企业家、地方科协代表，以及来自钢铁业和上下游产业链的代表，共300余人参加论坛。

刘玠在致辞中指出，创新驱动与转型发展，已成为我国当前经济发展中的核心问题，要求企业调整现有生产模式，不再单纯依赖要素投入，而是顺应形势变化和政策导向，以创新为驱动，实现转型发展，降低资源消耗、减轻环境压力，走上以提升质量和效益为核心的内涵式发展道路，这也是钢铁企业面临的新的历史任务。

姜德果指出，钢铁产业是河北省的支柱产业，唐山是钢铁大市，在当前严峻的宏观经济形势下，唐山乃至河北的钢铁产业如何定位，如何可持续发展，是我们面对的非常严峻的、而又必须做出决策、交出答案的一个严肃课题，必须认真研究解决。这次论坛围绕我国钢铁行业技术创新、转型升级、绿色循环发展，提出宝贵意见和见解，这对河北、对唐山钢铁行业的发展将起到非常重大的促进作用。

中国工程院院士刘玠、殷瑞钰、徐德龙分别作了题为《钢铁行业与自主创新》、《钢厂三大功能与行业转型升级》和《工业固体废弃物资源化创新技术》的主题报告。东方电气集团、宝钢、唐钢、中信泰富特钢集团、清华大学、北京科技大学等11位企业家代表和专家、学者分别围绕东方电气技术创新与产业发展、宝钢技术创新工作回顾与思考、唐钢转型发展的探索与实践、高品质特殊钢的应用与发展，坚持科技兴企战略、提升自主化能力、建设创新型企业，钢铁产业现状及产业链延伸的思考、汽车用钢技术途径研究、高性能结构钢材与高性能钢结构体系，技术创新、节能环保、铸就金属制品“强国梦”，输电线路铁塔用钢现状与需求、钢结构设计新标准与钢材品种开发等主题作了专题报告。

**【中国科协第八届常委会青年工作专门委员会第三次会议】**　8月2～3日，中国科协第八届常委会青年工作专门委员会在宁夏回族自治区银川市召开第三次会议，传达贯彻中国科协八届七次常委会精神，研究讨论第十一届全国博士生学术年会、青年科学家高层论坛及下半年重点工作。中国科协副主席、青年工作专门委员会主任袁家军主持会议。全国人大常委、中国科协副主席、青年工作专委会副主任冯长根，中国科协常委、中国科协书记处书记、青年工作专门委员会副主任张勤，青年工作专门委员会委员张焱、陈山枝、唐志敏、储富祥、邢念增等出席会议。中国科协专委会办公室人员列席会议。

在中国科协八届七次常委会上，与会常委对加强和改进博士生学术年会工作提出了建议，希望博士生学术年会在继续坚持多年来形成的好经验、好做法的基础上，进一步整合各方面资源，为博士生成长发展提供支持、开拓渠道；加强后续跟踪服务，把博士生学术年会做成培养青年杰出人才的重要通道；可借鉴德国林岛举办诺贝尔奖获得者大会的做法，邀请国内一些顶尖科学家与博士生进行近距离接触和互动交流。

中国科协组织人事部汇报了第十一届全国博士生学术年会筹备工作情况以及在博士生学术年会中增设“与科学大师面对面”环节的初步设想、举办青年科学家高层论坛的建议等情况。

**【中国科协第八届常委会科技工作者道德与权益专门委员会第三次会议】**　中国科协第八届常委会科技工作者道德与权益专门委员会第三次会议于1月22日在中国科技会堂召开。中国科协常务副主席、书记处第一书记陈希出席会议并讲话。会议由中国科协副主席、道德权益专委会主任黄伯云主持。

会议首先通报了专委会成员增补情况。根据工作需要，经中国科协八届五次常委会议审议通过，增补教育部部长助理、党组成员、全国科学道德和学风建设宣讲教育领导小组副组长林蕙青为中国科协第八届常务委员会科技工作者道德与权益专门委员会副主任；经有关程序，增补清华大学校长陈吉宁，北京航空航天大学校长怀进鹏，中国农业大学校长、中国科学院院士柯炳生为中国科协第八届常务委员会科技工作者道德与权益专门委员会委员。

会议听取并审议通过了道德权益专委会副主任龚克所作的专委会2012年工作总结。2012年，道德权益专委会在常委会的领导下，积极投身科学道德和学风建设宣讲教育，加强理论研讨、国际交流和制度建设，在科学道德建设工作中发挥了重要的作用。一是认真谋划2012年专委会各项工作；二是积极推动科学道德和学风建设宣讲教育在“两拓展两结合”方面取得成效，为宣讲教育开展提供决策咨询与智力支持，专委会成员率先垂范参与宣讲活动，并在宣讲教育中发挥了示范和引领作用；三是举办第十四届中国科协年会科学道德建设论坛；四是举办第三届中美科学道德诚信案例研讨会。

会议听取了道德权益专委会副主任杨卫所作的专委会2013年工作要点的说明，研究并确定了专委会2013年工作要点。2013年，道德权益专委会将进一步充实力量，发挥专家优势，投入科学道德和学风建设宣讲教育，并在科学道德的制度建设、理论研究、国际交流中发挥更大作用：一是加强专委会自身建设；二是继续推动科学道德和学风建设宣讲教育；三是举办第十五届中国科协年会科学道德建设论坛；四是加强科研诚信建设的国际交流与合作；五是加强科学道德理论研究和规范体系建设。

道德权益专委会顾问杨乐，道德权益专委会委员王兴、朱邦芬、杨玉芳、吴常信、张泽、柯炳生、高福、龚旗煌、谢和平出席会议。专委会办公室成员参加会议。

**【中国科协第八届常委会组织建设专门委员会第二次会议】** 2月21日，中国科协第八届常委会组织建设专门委员会第二次会议在中国科技会堂召开，中国科协常务副主席、书记处第一书记、专委会主任陈希，专委会副主任齐让、姚建年、曹振全和13位委员出席了会议。会议由陈希主持。

陈希在讲话中指出，加强科协组织建设，尤其是在新形势下按照“三服务一加强”的要求，发展壮大科协组织，加强各级各类科协组织建设，是科协事业发展面临的新要求、新挑战。高校科协组织必须注意发挥自己独特的优势职能，要以积极的态度，争取高校领导的支持和广大师生的认同，将自身的工作与高校人才培养这一中心任务紧密结合起来，在跨学科学术交流、科技成果转化、科学普及、指导学生科技实践、开展科学道德和学风建设等方面努力探索，为高校人才培养和科技工作作出贡献。

陈希要求，今后专委会和办公室要针对全国学会，以及企业科协、园区科协、农技协等基层组织建设工作的问题开展专题调研，争取每次会议都能研究解决一两个具体问题，务实、有效地逐步推进科协组织建设工作。

会议研究并通过了组织建设专委会增补调整委员的有关事项；听取了高校科协组织建设工作情况汇报并讨论高校科协组织建设相关工作；审议了《中国科协关于加强高等学校科协工作的意见（审议稿）》和《中国科协八届常委会组织建设专门委员会2012年工作总结和2013年工作要点》。结合当前中国科协和高校科协工作实际，委员们就有关问题进行了认真、热烈的讨论，针对审议文件的具体内容提出了具有建设性的修改意见和建议。

中国科协有关部门负责人、专委会办公室成员等列席了会议。

**【中国科协第八届常委会科学技术普及专门委员会第二次会议】** 3月21日，中国科协第八届常委会科学技术普及专门委员会在北京召开第二次会议。会议由中国科协副主席、科普专委会主任秦大河院士主持。

会议听取了中国科协2012年科普工作汇报，总结了2012年科普专委会工作，讨论了科普专委会2013年工作思路。

会议充分肯定了2012年中国科协科普工作和科普专委会的工作成果。会议认为，2012年中国科协认真履行《全民科学素质行动计划纲要》实施办公室工作职责，在推进优质科普资源开发开放、科普设施和条件建设、科普人才队伍建设和科普产业发展等方面进行了卓有成效的工作，开展了丰富多彩的科普活动，对我国公民科学素质提升起到了重要的作用。2012年科普专委会开展主题调研，指导开展面向纲要重点人群的科普工作，为科协组织建设、科普基础设施建设、人才队伍建设，积极建言献策，起到了指导督促的作用。

2013年科普专委会要继续围绕科普工作的重大问题开展调研和决策论证，进一步开创科普工作的新局面。

**【中国科协第八届常委会促进农村和少数民族地区发展专门委员会第二次会议】** 1月11日，中国科协第八届常委会促进农村和少数民族地区发展专门委员会在北京召开第二次会议。会议由中国科协副主席、农村和少数民族专委会主任赵沁平主持。

会议听取了中国科协2012年科普工作汇报，总结了2012年农村和少数民族专委会工作，讨论了农村和少数民族专委会2013年工作思路。

会议认为，2012年农村和少数民族专委会围绕中心、服务大局、卓有成效地开展农村科普调研工作。2013年农村和少数民族专委会的工作要点目标明确、重点突出，要围绕农村和少数民族地区提高农民的科学素质、科普惠农长效机制建设、富民兴边项目、边疆地区科普工作队建设、边疆地区双语科普资源开发等重大问题开展调研，提出政策建议，指导开展试点、示范工作，进一步开创农村和少数民族地区科普工作的新局面。

**【中国科协第八届常委会促进农村和少数民族地区发展专门委员会、科学技术普及专门委员会委员基层工作调研】** 8月6～10日，中国科协八届常委会促进农村和少数民族地区发展专门委员会、科学技术普及专门委员会委员赴福建省三明、泉州两市调研基层农技协组织发展的现状和需求。农业部科教司副司长刘艳、中国水产学会副理事长兼秘书长司徒建通、国务院扶贫办培训中心副主任任铁民、中国科协农技中心主任、农技协常务副理事长张晓军、中国农业大学副教授旷宗仁、中国科协科普部副巡视员王春林及有关人员参加了调研。

调研期间，委员们考察了三明市、泉州市的沙县、三元、永安、大田、安溪等5个市县的基层农技协及科普惠农服务站，走访了永安市竹叶协会、屏山乡茶叶协会、华兴乡油茶协会、安溪县茶叶协会，召开了市、县农技协联合会座谈会、“全国科普惠农兴村计划”获奖单位农技协领班人座谈会和县科协科普工作座谈会，了解基层农技协作为新型农业社会化服务组织的任务，开展技术推广、科普培训、市场经营服务及在发展中面临的问题和遇到的困难等，针对这些难点问题，委员们提出如下建议：

一、研究制定有利农技协组织发展的具体政策，支持农民专业合作组织多元发展。

二、坚持农技协的本质和特色，加强其组织建设、制度建设、基础建设和能力建设，增强会员的权利和义务意识，提升其在管理、服务和品牌等方面的实力，同时增强其凝聚力、公信力和服务能力。

三、加大政府购买农技协公益性服务的力度。

四、协调相关部门对农技协组织登记、年检、审计、金融服务和税收政策等方面给予大力支持。

五、加强农技协的技术支撑队伍建设，以推进当地特色农业的生产、加工、流通、销售、电子商务等为核心，壮大农技协的队伍和力量，填补服务型的、市场化的农技推广空白。

六、积极引进和推广具有较高经济效益的新品种、新技术，开展标准化生产，进行有机、绿色、无公害农产品认证，提高农业产品的科技含量，增强市场竞争力和农民收入。

9月2～6日，中国科协促进农村和少数民族地区发展专门委员会、科学技术普及专门委员会部分委员赴西藏林芝边境地区开展了科普富民兴边工作调研。

9月5日，专委会一行在西藏自治区拉萨市与自治区科协举行了座谈。自治区科协主席、党组副书记仓珍向各位委员介绍了自治区科协落实全民科学素质纲要，实施科普惠农兴村计划、科普富民兴边试点工作取得的成效和存在的问题。

根据调研情况，委员们对下一步科普富民兴边工作提出了如下建议：

一、中国科协要加大“科普富民兴边”工作力度，边境县对巩固国防意义重大，但条件差，多为少数民族县、贫困县，所以要加大“科普富民兴边”工作力度。

二、富民兴边项目要围绕当地党委、政府的中心工作，要把边境地区的广大群众，特别是农牧民的民生放在首位，突出科普富民，切实帮助他们通过提高科学素质，发展生产，增收致富。

三、注重生态环境保护，发挥自然资源和人文资源的优势。

四、利用全国各地各部门援助西藏的大格局，建立科普援助工作模式，要求各对口援助单位要把科普援助作为一个主要工作内容，要有具体行动与措施。

五、创新工作手段，加强边境地区科普队伍和人才的培养。

六、加大边境地区科普专门人才的培养。

**【中国科协党组书记处主要领导调整】** 4月19日，中国科协召开机关、直属单位干部大会。全国政协副主席、中国科协主席韩启德，中央组织部副部长王尔乘出席会议并讲话。会议由陈希主持。

王尔乘宣布了中共中央关于中国科协党组、书记处主要领导调整的决定。中央决定，陈希不再担任中国科协党组书记、副主席、书记处第一书记职务，申维辰① 任中国科协党组书记，并提名为中国科协常委、副主席、书记处第一书记人选。

王尔乘指出，陈希同志先后在高校、地方和中央部门等多个领导岗位工作过，工作经历和领导经验丰富，在各个岗位都做出了突出成绩。陈希同志政治上强，坚决贯彻执行党的路线方针政策，在重大原则问题上立场坚定、旗帜鲜明，自觉同党中央保持高度一致；思维敏锐，思路清晰，政策理论水平高，善于从宏观上考虑问题，组织协调和处理复杂问题能力强，有开拓创新精神；工作务实，勤奋敬业，坚持原则、处事果断，作风民主、团结同志，为人低调、有亲和力，对自己要求严格。

王尔乘对陈希同志和中国科协党组的工作给予充分肯定。他指出，在党中央、国务院正确领导下，陈希同志积极配合韩启德同志，团结班子成员，带领科协广大干部职工，坚决落实党中央、国务院各项重大决策部署，围绕中心、服务大局，坚持在继承中创新、在创新中发展，积极贯彻科协八大精神，充分发挥科协作为党和政府联系科技工作者的桥梁纽带作用，认真履行“三服务一加强”工作

---

① 中央纪委2014年4月12日公布，申维辰因涉嫌严重违纪违法，正在接受组织调查。2014年4月19日，中国科协八届九次常委会议决定免去申维辰中国科协书记处第一书记职务，撤销中国科协第八届全国委员会委员职务。中国科协八届六次全委会决定，免去申维辰中国科协第八届全国委员会副主席、常务委员会委员职务。中央纪委2014年12月22日公布，经中共中央批准，决定给予申维辰开除党籍、开除公职处分；收缴其违纪所得；将其涉嫌犯罪问题及线索移送司法机关依法处理。

职能，为推进创新型国家建设、促进经济社会又好又快发展做出了积极贡献。这些成绩的取得，是党中央、国务院正确领导的结果，是科协班子团结带领全体干部职工扎实工作、甘于奉献的结果，是科协老领导、老同志大力支持的结果，陈希同志为此付出了大量的心血和汗水。

王尔乘对中国科协下一步的工作提出了明确要求。他指出，党的十八大强调要实施创新驱动发展战略，坚持走中国特色自主创新道路，加快建设国家创新体系。这给科协工作既提供了更加广阔的舞台，也提出了新的更高要求。希望科协党组切实增强责任感和使命感，以党的十八大精神为指导，深入贯彻全国科技创新大会精神，认真落实党中央、国务院关于科协工作的一系列指示精神，继续履行好“三服务一加强”工作职能，努力开创科协工作新局面。

中国科协领导班子成员程东红、张勤、徐延豪、王春法、沈爱民，近期退出领导班子的老同志齐让、徐善衍、高潮、刘恕、宋南平、苑郑民，中组部干部四局局长夏崇源、副局长曹兴信，以及中国科协机关全体同志、直属单位领导班子成员和机关离退休干部代表出席了会议。

**【中国科协举办学习贯彻党的十八大精神集中轮训班】** 3～4月，中国科协举办处以上领导干部学习贯彻党的十八大精神集中轮训培训班。集中轮训采取自学、集中听报告与集中培训的形式进行，来自中国科协机关、直属事业单位的处以上领导干部共280余人参加了培训。

3月19日，集中轮训培训班举行开班式。中国科协书记处书记、党组成员兼机关党委书记、调研宣传部部长王春法作了开班动员。中国科协组织人事部部长李森主持了开班式。

王春法指出，举办党的十八大精神集中轮训班是贯彻落实中央关于深入学习十八大精神要求的具体措施，是做好科协工作和提升自身修养的需要。广大干部职工，特别是处以上领导干部要充分利用好这次学习的机会，深入学习十八大精神的实质，明确党员干部在推进社会主义道路中的职责和义务，明确科协工作在推进社会主义道路中的职责和任务，要通过认真研读原著，全面、系统、完整地学习十八大报告和党章。

开班式结束后，中央党校副教授蔡志强作了集中辅导报告。

集中培训分四期在绿化基地进行。中央党校曹普教授作了题为《十八大主要精神与加强党的作风建设》的报告，国家行政学院薄贵利教授作了题为《战略思维与战略决策》的报告，中国人事科学研究院吴江院长作了题为《行政体制改革与事业单位改革》的报告，中国人事科学院李志更研究员作了题为《行政体制改革与事业单位改革》的报告，北京大学刘学教授作了题为《战略思维与战略决策》的报告，中央党校吴辉副教授作了题为《新形势下如何做到“为民、务实、清廉”》的报告，中央党校张荣臣教授作了题为《学习十八大，全面加强党的作风建设》的报告。

培训班组织学员结合工作实际，分别围绕“以十八大精神为指导推动科协事业创新发展”和“改进工作作风，提升为科技工作者服务的能力”主题进行了交流研讨。

## 人　才

**【中国科协“弘扬科学道德　践行‘三个倡导’奋力实现中国梦”巡回报告会在全国展开】** 为深入贯彻落实党的十八大精神，贯彻落实习近平总书记一系列重要讲话精神，加强科技工作者队伍社会主义核心价值体系建设，凝聚起科技战线共筑中国梦的强大力量，中国科协决定举办“弘扬科学道德　践行‘三个倡导’奋力实现中国梦”巡回报告会。5月24日，中国科协“弘扬科学道德　践行‘三个倡导’奋力实现中国梦”2013年巡回报告会首场活动在第十五届中国科协年会期间启动。截至12月底，中国科协先后在贵阳、北京、杭州、天津、西安、成都、武汉、石家庄、广州、上海、沈阳、福州和济南等13个中心城市举办专场报告会。应西藏自治区科协和江苏省科协的邀请，报告团成员分别赴拉萨和南京，在西藏自治区科协第四届学术年会和江苏省科学道德和学风建设宣讲教育报告会上作有关“中国梦”的宣讲报告。

全国政协副主席、中国科协主席韩启德参加贵阳首场活动并会见三位报告专家。中国科协副主席、党组副书记、书记处书记程东红，中国科协副主席、书记处书记陈章良，中国科协书记处书记张勤、徐延豪、王春法分别出席巡回报告活动并致辞，对广大科技工作者提出殷切希望。

巡回报告活动中，陕西省委书记赵正永，河北省委书记周本顺，时任杭州市委书记黄坤明亲切会见报告团，表达对中国科协和报告团的热烈欢迎和诚挚感谢。贵州省委副书记、省长陈敏尔，四川省委副书记柯尊平，广东省人民政府副秘书长李捍东出席报告活动并致辞。北京市副市长戴均良，杭州市委常委佟桂莉，天津市委常委、教育工委书记朱丽萍，陕西省委常委、组织部部长毛万春，四川省人民政府副省长刘捷，湖北省人大副主任周洪宇，河北省人民政府副省长许宁，上海市委副书记李希，辽宁省委副书记许卫国，福建省委常委、教育工委书记陈桦，山东省副省长张超超分别主持巡回报告活动。

巡回报告活动每场报告会由三位报告人主讲，第一个报告题目确定为《钱学森的科学报国精神》，广泛深入地宣传享誉世界的杰出爱国科学家、爱国知识分子的优秀典范钱学森先生的感人事迹；第二个报告以高端科技和国防科技领域为主，包括“两弹一星”、“载人航天”、“载人深潜”三个主题；第三个报告以服务民生的科技领域为主，包括“农业”、“青藏铁路”、“生态环境保护”、“疾病防控”等若干主题。

报告专家分别是钱学森同志秘书、中国人民解放军总装备部研究员涂元季，钱学森同志之子、高级工程师、上海交通大学钱学森图书馆馆长钱永刚，特级航天员、中国载人航天工程办公室副主任杨利伟，中国载人航天工程总设计师、研究员、中国科协常委周建平，中国载人航天工程办公室质量与运营管理办公室主任、研究员周雁飞，中国科学院院士、核物理学家、中国核工业研究生部名誉主任、核工业集团公司科学技术委员会高级顾问王乃彦，中国工程院院士，应用物理与强激光技术专家，中国工程院原副院长，中国科协荣委杜祥琬，中国工程院院士，中国工程物理研究院高级科学顾问胡思得，“蛟龙号”载人潜水器总设计师、中船重工七〇二所研究员徐芑南，中国工程院院士、国家杂交水稻工程技术研究中心暨湖南杂交水稻研究中心主任袁隆平，中国工程院院士、中国铁道学会理事长、原铁道部正部级常务副部长孙永福，中国工程院院士、暨南大学教授、原校长刘人怀，中国工程院院士、中华预防医学会会长、原卫生部党组副书记、副部长王陇德，北京大学自然保护与社会发展研究中心主任、亚太世界遗产培训与研究中心主任、中国科协常委吕植，国家海洋局第二海洋研究所研究员韩喜球共15位专家分别出席报告会作报告。

专家报告人从不同角度讲述了我国老一辈科学家和一代又一代科技工作者胸怀远大理想、坚持科学报国，为实现国家富强、民族振兴而不懈奋斗的光辉事迹，以此激励广大科技工作者和青年学子弘扬科学家崇高的爱国精神，无私的奉献精神，严谨的科学精神，感召广大科技工作者和青年学子投身中国梦的伟大实践。参加报告会人员包括15个省（市）直机关领导干部、驻地部队武警官兵、科研院所和企业科技工作者、高校师生等近15000人。

**【2013年首都高校科学道德和学风建设宣讲教育报告会】** 2013年首都高校科学道德和学风建设宣讲教育报告会9月24日在北京人民大会堂召开。报告会由中国科协、教育部、中国科学院、中国社会科学院、中国工程院、北京市人民政府共同主办。全国政协副主席、中国科协主席韩启德代表主办单位致辞，郑哲敏院士、张海鹏研究员、杜祥琬院士作宣讲报告，首都高校和科研院所的近6000名研究生新生现场聆听了报告。来自各主办单位的负责人，中央组织部、中央宣传部、中共中央党校、科技部、农业部、卫生计生委、国资委、自然科学基金委等有关方面代表及科学道德和学风建设宣讲专家代表等参加了报告会。报告会前，全国政协副主席、中国科协主席韩启德，中国科协党组成员、书记处书记张勤、徐延豪会见了报告专家。报告会由教育部部长助理、党组成员、全国科学道德和学风建设领导小组副组长林蕙青主持。

韩启德在致辞中指出，加强科学道德和学风建设，既是对科技工作者的基本要求，更是科技助力实现“中国梦”的崇高追求。理想信念是人生不可或缺的精神支柱，既决定着个人成长的方向，更关系着国家和民族未来的发展。中国梦是民族的梦，也是每个中国人的梦，更是一代代科技工作者的理想和追求。从“科学救国”到“科技强国”，我们的前辈科学家始终追随着国家强盛、民族复兴的光荣梦想，不懈努力、做出了卓越成绩。我们要坚信中国梦能够实现，并愿意为之奋斗终生，要有“天下兴亡、匹夫有责”，“家事、国事、天下事，事事关心”的使命感和家国情怀，自觉把个人理想和国家梦想融合起来，做爱国的公民、敬业的学者、诚信的同行、友善的专家，通过努力工作、刻苦钻研、大胆创新，把我国早日建设为科技强国，以实干为理想筑基，用科技为梦想插翅，用一个个科技梦助力中国梦。

韩启德强调，加强科学道德和学风建设，必须大力弘扬科学精神、发展科学文化。科学道德不仅是科学规范的问题，更是一种文化，一种精神。从事科学研究的人，应该自始至终都是为了追求真理，而不是为了别的。在我国，弘扬科学精神和培育科学文化的任务长期而艰巨，但只要恪守治学之责、为学之道，一点一滴，坚持做下来，科学道德和学风就能得到切实改善，中国的科技事业就一定能够走得远。

韩启德强调，加强科学道德和学风建设，必须高度重视科技工作者的道德自律、从迈向学术生涯的第一步抓起。在树立科学道德的过程中，自律的作用比他律更重要、更有效、更持久，这对于刚刚进入科学研究领域的青年科技工作者尤为重要。广大青年科技工作者，在学术生涯的起步阶段，更要特别注重培养内在的道德需要，养成自强不息的精神，培养自我教育、自我约束和自我发展的能力，努力从道德自律走向道德自觉，把献身科学，追求真理，作为自己的良心、义务、荣誉、节操和幸福所在，内化为创新求索的力量源泉。

报告会上，三位德高望重的院士、专家作了宣讲报告。

年近 90 岁高龄的国家最高科技奖获得者、著名力学家、中国科学院院士、中国工程院院士郑哲敏先生作了《学知识、练本领、做诚实人》的报告。他结合自己的亲身经历，与同学们分享了“责任与担当、克难以进步、科研创新、诚实做人”等方面的体会，同时提出了三点建议：一是要努力学知识，学本领，学做人；二是要努力发现和培养自己的兴趣；三是无论在什么情况下，都要像保护命根子那样去保证诚实；四是要重视面对面的交流，这是其他交流方式所不能替代的，也往往是获得最新进展的最便捷途径。

中国社会科学院近代史研究所研究员、中国史学会会长张海鹏先生作了《学习老一辈学者在治学与学风上的优秀品格》的报告。他通过介绍前辈学者范文澜先生和罗尔纲先生的治学事例，阐明做学问的原则：一要脚踏实地，不务虚名，不慕官位；二要“大处着眼，小处下手”，必须从打基础下功夫，由博入专，不可急功近效；三要在百家争鸣中提倡互相切磋、承认错误的好风气。他强调，科学研究是创造性的劳动，科学家必须是最诚实的人，容不得半点造假的行为。在学术殿堂上，要有坐冷板凳的精神，才能摘取学术研究的桂冠。

中国工程物理研究院研究员、国家能源专家咨询委员会副主任、国家气候变化专家委员会主任、中国工程院院士杜祥琬先生作了《恪守底线　追求卓越——与青年朋友谈心》的报告。杜院士以谈心的方式向同学们阐述了科学精神的真谛在于追求真理、造福人类。科学的理性精神，要求以有利社会为原则约束自己的行为；科学的实证精神，要求科学研究必须以唯真求实为原则，经得起实践检验。杜老通过讲述前辈大师的感人故事，激励同学们恪守底线、追求卓越，并向同学们道出自己的心声，“国际竞争归根到底是各国公民素质的竞争，首先是青年一代科技工作者素质的竞争，希望中国的大学生保持‘宁静的心态，坚实的脚步’，努力在这个竞争中胜出”。

**【2013 年全国科学道德和学风建设宣讲教育工作电视电话会议】**　6 月 6 日，中国科协、教育部、中国科学院、中国社会科学院、中国工程院召开 2013 年全国科学道德和学风建设宣讲教育工作电视电话会议。全国政协副主席、中国科协主席韩启德作重要讲话，十一届全国政协副主席王志珍出席会议，教育部部长、党组书记袁贵仁对 2012 年科学道德和学风建设宣讲教育工作进行了系统总结，并对 2013 年工作进行了部署。

韩启德在讲话中指出，实现中国梦的基础，是实现“科技强国梦”和“教育兴国梦”，科技强国和教育兴国的根本，在于培养造就大批德才兼备的一流人才，在于营造执着攀登科学新高峰的科研环境，在于为新发现新突破厚培土壤的科学素质。我们要站在这样的全局高度来认识科学道德、科学精神的重要意义，以中国梦引领科学道德和学风建设全面深入开展，引导科技工作者自觉践行社会主义核心价值体系，凝聚智慧和力量在实现中国梦的伟大征程中更加奋发有为、做出新的更大贡献。韩启德指出，科学道德和学风建设宣讲教育工作自 2006 年启动以来，取得了显著成效，关键是抓住了三个环节，选准首先在研究生新生中开展宣讲教育这个突破口，始终按照“全覆盖、制度化、重实效”的原则一级一级抓落实，通过大师言传身教，邀请受人尊敬的优秀专家学者讲授亲身经历，让大家对科学大师们执着真理、严谨治学的精神感同身受。

韩启德要求，要按照“两个拓展、两个结合”的要求，继续抓好科学道德与学风建设宣讲教育，要重视发挥科技社团的自律功能，要切实加强舆论正面引导，努力把科学道德和学风建设不断推向深入。韩启德希望，各级科技主管部门、科研机构和科学共同体把科学道德和学风建设作为共同责任，广大科技工作者在科学道德和学风建设上更加严格自律，各级党委政府切实提高对科学道德和学风建设重要性紧迫性的认识，努力形成政府部门、科研机构、高等院校、科技社团等协调配合、各司其职，社会各界广泛参与，科技人员自觉行动的良好局面，形成共同推动科学道德和学风建设的强大合力。

袁贵仁在讲话中说，2012 年，各部门统筹合作，加强制度建设，扩大宣讲专家队伍，全面、扎实、深入地推进宣讲教育，得到了广大师生和科技工作者的积极响应，获得了社会各界的广泛好评。宣讲教育从自然科学领域拓展到人文社科领域，从研究生拓展到高年级本科生、新入职教师、新上岗导师和青年科技工作者。各地区各单位在做好集中宣讲的同时，把科学道德和学风建设作为必修环节纳入研究生培养过程和教师、科技工作者培训环节。袁贵仁强调，2013 年的宣讲教育工作要继续按照“全覆盖、制度化、重实效”的总体要求，以“健全制度、形成机制”为重点，切实加强对宣讲教育的组织领导，扩大宣讲教育对象，完善宣讲教育长效机制，提高宣讲教育的针对性有效性，不断推进宣讲教育取得更大成效。

会上，清华大学校长陈吉宁、南京大学校长陈骏、中国科学院监审局局长李定、中国社会科学院副秘书长兼科研局局长晋保平以及宣讲专家代表黄伯云院士作了交流发言。中组部、中宣部、中央党校、科技部、工信部、农业部、人保部、卫生计生委、国资委、国家自然科学基金委员会、解放军学位委员会有关方面的负责人，一批院士专家，在京百余位高校的校（院）长和科研院（所）长，全国、北京市科学道德和学风建设宣讲教育领导小组及办公室成员，共计400余人出席在京主会场会议。各省、自治区、直辖市科协、教育厅（教委），新疆生产建设兵团科协、教育局以及各地高校、科研院所等各有关方面的负责人共计2000余人参加了全国32个分会场会议。

2011～2012两年多来，全国共计170余名院士和著名专家学者参加了集中宣讲，开展了集中宣讲近200场次，近6000名专家参与了各个层面的宣讲教育，接受宣讲教育的研究生、本科生、教师和科技工作者近350万人。

**【科学道德建设论坛】** 5月24日，由中国科协、教育部和贵州省政府共同主办的第十五届中国科协年会科学道德建设论坛在贵州省贵阳市举办。十一届全国政协副主席、中国科协常委会科技工作者道德与权益专门委员会顾问、中国科学院院士王志珍出席论坛。中国科协副主席、常委会科技工作者道德与权益专门委员会主任、中国工程院院士黄伯云主持论坛开幕式。来自中国、美国、加拿大的专家、学者出席论坛。

中国政法大学副校长张保生作了题为《遵守学术规范　改革评价机制》的报告，南京大学党委常委、副校长潘毅作了题为《加强学风建设，守护学术良知》的报告，中国科技大学党委副书记鹿明作了题为《中国科大科学道德教育的探索与实践》的报告，美国杜克大学教授王小凡作了题为《大学科研诚信的制度建设——杜克大学科学道德教育的经验和启发》的报告，加拿大多伦多大学科学道德主管达里奥·库兹曼诺维奇（Dario Kuzmanovic）作了题为《在多大创建科学道德风气的挑战和机遇》的报告。

中国科学院副院长、中国科协副主席、常委会科技工作者道德与权益专门委员会副主任、中国科学院院士李静海，国家自然科学基金委员会主任、中国科协常委、常委会科技工作者道德与权益专门委员会副主任、中国科学院院士杨卫，南开大学校长、中国科协常委、常委会科技工作者道德与权益专门委员会副主任龚克，国家自然科学基金委员会副主任、中国科协副主席、常委会科技工作者道德与权益专门委员会委员、中国科学院院士沈岩，贵州省人大常委会原副主任、贵州省科协名誉主席、中国科学院地球化学所原所长、中国科学院院士欧阳自远等院士和专家出席论坛。

**【全国科学道德和学风建设宣讲教育专家交流研讨会】** 2月22日，中国科协召开全国科学道德和学风建设宣讲教育专家交流研讨会。中国科协常务副主席、书记处第一书记陈希出席会议并讲话。宣讲专家刘人怀、朱邦芬、杜祥琬、吴常信、沈岩、杨乐、杨福家、陈佳洱、陈运泰、费维扬、龚克、苏竣、李正风出席会议。会议由中国科协书记处书记、全国科学道德和学风建设宣讲教育领导小组组长张勤主持。

陈希在讲话中向各位德学双馨的老院士和专家不辞劳苦、为科学道德宣讲教育贡献智慧和力量表示敬意。他指出，社会对教育界和科技界的道德期望很高，学术组织、机构和团体应该成为社会的道德高地、民族的精神家园，科技界要鲜明地站在学术不端行为的对立面，一定要认真、扎实地做好科学道德和学风建设工作，力求产生实效。

陈希要求，2013年的全国科学道德和学风建设宣讲教育要继续按照“全覆盖、制度化、重实效”的目标，巩固两个“拓展”，即从研究生新生逐步拓展到所有的研究生和高年级本科生，从在校生拓展到高校和科研院所新上岗的研究生导师及新入职的教师和科研人员，从自然科学领域拓展到社会科学领域；着重实现两个“结合”，即集中宣讲和经常性教育相结合，宣讲教育与制度监管相结合。在推动工作过程中注意抓好落实，要有明确的规范和工作制度，一个目标一个目标地实现，循序渐进，确保工作扎实有效。

全国科学道德和学风建设宣讲教育领导小组办公室主任李森、副主任王进展等出席研讨会及交流活动。

**【第二次全国科学道德和学风建设宣讲教育专家交流研讨会】** 4月12日，中国科协在广西壮族自治区北海市召开第二次全国科学道德和学风建设宣讲教育专家交流研讨会。全国科学道德和学风建设宣讲教育领导小组组长、中国科协书记处书记、党组成员张勤，领导小组副组长、教育部党组成员、部长助理林蕙青，领导小组副组长、中国科协副主席黄伯云，中国科学院副院长、党组成员、中国科协副主席李静海，中国科协副主席冯长根出席会议。宣讲专家王乃彦、冯长根、朱位秋、刘宝镛、李佩成、李静海、佟振合、沈文庆、沈保根、陈难先、陈翰馥、郑晓静、都有为、袁靖、剧锦文、黄伯云、黎乐民等出席会议。会议由张勤主持。

2012年，全国共举办省级以上集中宣讲50场，102名院士专家作宣讲报告，7万余人参加报告会。全年接受宣讲教育的研究生总数达140多万人次，其中博士研究生20多万人次，硕士研究生120多万人次，接受宣讲教育的本科生90多万人次，新上岗研究生导师和新入职教师近9万人次，科技工作者约2万人次。宣讲教育工作基本形成了从2011年起步探索到2012年全面深入的良好局面。对于下一步如何更加深入有效地推进科学道德和学风建设宣讲教育工作开展，与会专家们提出了意见和建议。宣讲教育要重视加强基础性教育；要扩展宣讲教育对象范围，宣讲对象不仅限于研究生、本科生，还要扩大到青年教师、研究生导师；要增加宣讲教育的内容，不仅要以正面感召性的典型事迹影响感染人，还要以反面警示性的案例警惕约束人；要壮大宣讲专家队伍，在巩固现有宣讲专家队伍基础上，吸收更多在各领域有突出成就的德才双馨的专家、青年学者加入宣讲队伍；要加大对学术不端行为的惩处力度和惩处范围，对学生有学术造假行为，导师明显知情或者为不端行为提供便利的也要承担相应责任；要加大对科学道德和学风建设内容的宣传，减少避免学生和科技工作者由于无知或认识不到位导致学术不端行为；建议中国科协牵头编印科学道德和学风建设方面的教材、正反面案例集、题库等；建议加强高校和社会之间的联动，注意与政府部门的协同配合，加大宣讲教育宣传力度。

教育部学位管理与研究生教育司司长、国务院学位委员会办公室副主任郭新立，中国工程院二局副局长高中琪，中国科协组织人事部副部长王进展等领导小组办公室成员出席研讨会及交流活动。

**【高校科学道德和学风建设宣讲教育专题研究班】** 11月3～4日，高校科学道德和学风建设宣讲教育专题研究班在江苏无锡江南大学举办。研究班由全国科学道德和学风建设宣讲教育领导小组主办。中国科协书记处书记、党组成员、全国科学道德和学风建设宣讲教育领导小组组长张勤出席开班式并讲话，教育部学位管理与研究生教育司副司长、国务院学位委员会办公室副主任、全国科学道德和学风建设宣讲教育领导小组成员兼办公室副主任黄宝印受教育部部长助理、党组成员、全国科学道德和学风建设宣讲教育领导小组副组长林蕙青委托在开班式上讲话。

国家自然科学基金委员会主任、党组书记杨卫院士，南开大学校长龚克教授，科技部科研诚信办孙平博士，清华大学研究生院原常务副院长陈皓明教授作专题讲座。来自全国90多所“211”高校以及中科院、社科院研究生院（处）、党委研究生工作部相关负责人104人出席研究班。

中央组织部人才工作局副巡视员李涛，中纪委驻中科院纪检组副组长、中国科学院检查审计局局长李定，以及全国科学道德和学风建设宣讲教育领导小组成员单位有关人员出席。研究班由中国科协组人部副部长、全国科学道德和学风建设宣讲教育领导小组办公室副主任王进展主持。

黄宝印说，教育部历来高度重视科学道德和学风建设，先后印发了一系列学风建设文件，成立了学风建设管理机构，采取措施全面推进学风建设。他提出要切实增强做好科学道德和学风建设的责任感和紧迫感，切实加强对宣讲教育的领导。各高校要结合本单位研究生教育综合改革，按照全国宣讲教育领导小组的要求，制定好本单位宣讲教育工作实施方案，狠抓落实，责任到部门、到人，确保各项任务落到实处；要按照袁贵仁部长在2013年全国科学道德和学风建设宣讲教育工作会议上的讲话要求，以“健全制度、形成机制”为重点，把宣讲教育纳入高校研究生教育体系，全过程部署，真抓实干；要不断提高宣讲教育的系统性和科学性，科学安排宣讲教育内容、不断丰富宣讲教育形式、加强宣讲教育队伍建设。

专题讲座中，几位专家从不同角度阐述了科学道德和学风建设涉及的一些主要问题。在分组讨论环节，各组围绕“如何建立科学道德和学风建设宣讲教育常态化工作机制”、“如何把科学道德和学风建设的有关要求落实到人才培养各个环节”这两个主要问题，从已经开展的工作、取得的成效和面临的主要问题与困难等方面发言，就科学道德和学风建设工作中教育方法、制度建设、监督惩处等方面提出了意见与建议。

李定在作研究班总结时提出几点希望：一是希望大家以高度的责任感和使命感做好高校研究生科学道德和学风建设工作；二是希望大家要有做好这件事的信心；三是希望大家实实在在地推动这项工作；四是希望大家能够继续就这项工作多提宝贵意见。

**【中国科协院士暑期考察休假团为威海发展建言献策】** 8月6～10日，中国科协邀请唐启升、杜祥琬、杨国桢、龙乐豪、李惕碚、朱道本、陈颙、李德毅、李培根、焦念志、金东寒等11位院士赴山东省威海市考察休假。院士们在休养的同时，通过座谈会、报告会、研讨会和实地参观考察等活动积极为当地经济社会发展建言献策，相互之间就热点学术问题交流探讨，就相关高新技术企业提出的技术创新、知识产权等问题，为企业支招、提供帮助。

院士一行先后赴威海火炬高技术产业开发区和有关企业参观考察，着重了解了威海高新技术产业总体规划、产业结构和布局，以及企业技术创新体系、自主知识产权、能耗和节能减排等方面的情况。威海市政府邀请院士们参加威海市重点产业发展院士座谈会。威海市委副书记、市长张惠带领市发改委、市经信委、市科技局、市海洋渔业局、市中小企业局等经济部门的主要负责人，以及相关企业的负责人与院士座谈，就威海经济社会发展中需要进一步破解的难题以及威海重点产业下一步发展的思路听取院士的意见和建议。

华中科技大学校长李培根院士在威海市委、市政府牵头举办的院士报告会上作了题为《数字化与未来企业》的专题报告。威海市直各部门负责人、中央和山东省在威海的有关单位负责人、威海市高新技术企业负责人以及相关科技人员代表约200人听取了报告。

中国科协院士考察休假活动由中国科协组织人事部组织，山东省科协和威海市科协承办。

**【第十一届全国博士生学术年会】** 10月18日，第十一届全国博士生学术年会开幕式在四川省成都市举行。中国科协副主席、中国科协青年工作专门委员会副主任冯长根出席并主持开幕式。中国科协党组成员、书记处书记、中国科协常委会青年工作专门委员会副主任张勤，四川省科协副主席、党组书记吴凯出席开幕式并致辞，四川大学校长、中国工程院院士谢和平，厦门大学海洋与地球学院教授、中国科学院院士焦念志，沈阳航空航天大学校长、中航工业沈阳飞机设计研究所首席专家、中国工程院院士杨凤田，环境保护部顾问、中国工程院院士金鉴明，中国民航总局原副局长、中国航空学会副理事长杨国庆等来自全国高校和科研院所的专家及200余名博士生代表，四川省部分高校的专家、学生代表共计500余人参加本届年会开幕式。

张勤在致辞中表示，建设创新型国家，实施创新驱动战略，增强国家和民族的自主创新能力，实现中华民族伟大复兴的“中国梦”，必须源源不断地培养造就大批高素质的具有蓬勃创新精神的科技人才。博士生是科技界的新生力量和后备人才，我们自己培养的博士已成为各行各业的精英。博士生的快速成长，是我国科技进步、技术创新的希望所在，在党和国家科技事业发展中必将大有作为。

张勤对博士生提出三点希望：一是自觉把个人的成长梦想融入到“中国梦”“科技梦”中去，努力为创新型国家建设做贡献；二是要培养高尚的科学道德，养成严谨求实、诚实守信的学术风气；三是要拓宽视野，开阔胸怀，立志成为具有战略和长远眼光的高端科技人才。希望广大博士生认清使命、勇于担当，继承和发扬“两弹一星”精神和载人航天精神，增强不懈奋斗、勇攀世界科技高峰的信心和勇气，站在全球竞争的战略高度和时代发展前列，锐意开拓进取，奋力攻坚克难，努力为实现中华民族伟大复兴的“中国梦”贡献自己的聪明和才智。

受大会特别邀请，四川大学校长、中国工程院院士谢和平，厦门大学海洋与地球学院教授、中国科学院院士焦念志在年会开幕式后，分别作了题为《学术诚信与科学精神》、《微观－宏观，质疑－挑战——科技人才成长之我见》的大会报告，并与博士生进行了交流。

本届全国博士生学术年会，紧紧围绕发挥科技团体作用，培养未来优秀科技工作者的宗旨，除大会开幕式暨特邀报告会外，还安排了“科学家与博士生面对面”活动、分专题学术交流、博士生交流会、年会工作座谈会、人才推介活动、闭幕式等。共邀请到11位院士、20位专家出席年会，与博士生进行深入交流，点评博士生口头报告。四川省多家科研院所、知名企业与参会博士生进行人才对接活动。年会还根据博士生口头报告质量，评选产生年会优秀论文奖，在闭幕式上进行表彰。

第十一届全国博士生学术年会由中国科协常委会青年工作专门委员会、国务院学位委员会办公室、中国科协组织人事部共同主办，中国科协学会服务中心、四川省科协承办，中国通信学会、中国环境科学学会、中国航空学会、中国药学会协办。

**【全国博士生年会首次举办“科学家与博士生面对面”活动】** 经全国政协副主席、中国科协韩启德主席提议，在第十一届全国博士生学术年会增设“科学家与博士生面对面”活动。物理电子学家、中国科学院院士刘盛纲，电机工程和电动汽车专家、中国工程院院士陈清泉，快中子反应堆专家、中国工程院院士徐銤，光物理学家、中国科学院院士张杰4位科学家与5位博士生代表及200余名博士生汇聚一堂，以“梦想与责任”为主题，围绕博士生在学习、科研、成长等方面遇到或面临的问题进行交流。

刘盛钢、陈清泉、徐銤、张杰四位科学家分别就“梦想与责任”发表演讲，从不同角度讲述了他们在学习和研究中的经历、体会，对于国家发展、科技进步的考虑，以及对博士生成才的希望。博士生代表们围绕如何理解科学精神与科学家的责任、如何将个人成长融入科学研究、高校如何处理好产学研之间的关系、博士生如何面对和选择出国、就业和创业、中西文化的差异及对科学精神的影响等方面的话题，与科学家进行了深入交流。

**【“中国青年女科学家奖”十周年纪念大会暨第十届颁奖仪式】** 12月17日，全国妇联、中国科协、中国联合国教科文组织全国委员会、欧莱雅（中国）在北京举行“中国青年女科学家奖”十周年纪念大会暨第十届中国青年女科学家奖颁奖仪式。全国人大常委会副委员长、全国妇联主席沈跃跃出席开幕式。

全国妇联副主席、党组书记、书记处第一书记宋秀岩，中国科协副主席、党组副书记、书记处书记程东红，中国科协副主席、中国工程院院士、上海交通大学医学院附属瑞金医院上海血液学研究所所长陈赛娟，中国联合国教科文组织全国委员会副秘书长秦昌威，法国驻华大使馆科技参赞包若柏，欧莱雅集团亚太区传播与公共事务总监玫琳，欧莱雅（中国）副总裁兰珍珍出席仪式并为获奖者颁奖。全国妇联书记处书记焦扬主持仪式。

获得第十届中国青年女科学家奖的分别是：中国科学院物理研究所研究员杜世萱、南京大学生命分析化学国家重点实验室副主任徐静娟、北京大学物理学院大气与海洋科学系研究员孟智勇、复旦大学微电子学院教授曾璇、复旦大学上海医学院教授雷群英、北京林业大学材料科学与技术学院教授许凤、中国科学院上海药物研究所研究员谢欣、云南大学生命科学学院副院长于黎、中国科学院上海生命科学研究院营养科学研究所研究员王慧、北京生命科学研究所高级研究员王晓晨。

为感谢十年来担任过中国青年女科学家奖评委的126位院士专家为该奖项付出的辛勤劳动，以及在推动中国女性科技人才成长作出的突出贡献，大会特别向中国青年女科学家奖评审委员会评委颁发了荣誉证书。

在颁奖仪式之后，全国妇联和中国科协特别举办了青年女科学家座谈会。往届中国青年女科学家奖获奖者部分代表、第十届中国青年女科学家奖获奖者参会座谈。杨劼、刘芝华、王小云、张纪岩、韩喜球、李小英、曹晓风、崔东华、颜宁、王慧等10位女科学家结合各自成长经历，介绍了她们获奖后的收获和体会，工作中遇到的问题和困惑，以及对全国妇联、中国科协的意见和建议。沈跃跃、宋秀岩、程东红、陈赛娟、焦扬等领导，针对代表们提出的加强年轻女科技工作者的引导培养、加大高层次女性科技人才发展的政策扶持、加强对获奖青年女科学家的后续跟踪服务、帮助女科技工作者平衡事业和家庭关系等问题进行了交流。

**【“中国青年女科学家奖”获得者代表座谈会】** 为纪念“中国青年女科学家奖”设奖十周年，10月13日，中国科协组织人事部与全国妇联宣传部在京联合召开“中国青年女科学家奖”获奖者代表座谈会，听取她们成长中的经历体会和获奖前后的感受，以及对中国科协、全国妇联的意见和建议。中国科协组织人事部部长李森主持座谈会并作总结，全国妇联宣传部长王卫国、中国科协组织人事部副部长朱雪芬、中国妇女杂志社总编辑吕晋出席座谈会。

座谈会上，与会青年女科学家结合各自成长经历，畅谈了在获奖前后的体会和感受。军事医学科学院生物工程研究所所长陈薇、海军装备研究院研究员崔东华、北京大学城市与环境学院教授胡建英、北京大学医学部教授韩文玲、北京大学物理学院研究员孟智勇等谈到女科技工作者在科研工作中面临的矛盾与困惑，认为，女性科技工作者在干事业、搞科研方面，既存在一些障碍和不利因素，但也有一些优势，比如比男性更细腻、更具耐心、更有韧劲等。要扭转社会上对女性的偏见，首先自己要自立、自强。

中国科协组织人事部部长李森在总结时表示，中国科协长期以来坚持把女性科技工作者作为一个重要的服务群体，着力从发挥作用、提升素质、维护权益等方面，帮助和促进女性科技工作者成长成才。近年来，中国科协对有关奖项作了两次大的改进：一是从第十二届中国青年科技奖开始，将女性候选人的年龄从40岁放宽到45岁，以增加女性竞争的机会。二是中国青年女科学家奖从第六届开始，将候选人年龄由40岁放宽至45岁，从第七届开始，获奖者名额将5名正奖与5名提名奖合并，改为10名正奖。

**【中国科协会员日暨第十三届中国青年科技奖颁奖大会】** 12月16日，中国科协会员日暨第十三届中国青年科技奖颁奖大会在北京人民大会堂举行。中国科协副主席、党组副书记、书记处书记程东红出席并主持会议。中国科学院副院长李静海，中国工程院副院长旭日干，中国科协副主席、常委、荣誉委员，全国政协科协界委员，著名科学家代表以及中组部、科技部、人社部、解放军政治部干部部等部门负责人出席会议。中国科协“八大”代表、中国科协所属全国学会会员代表、解放军科技工作者代表、在京科技工作者代表，以及中国科协机关和事业单位700余人参加会议。

大会宣读了中国科协致参加探月工程嫦娥三号任务的全体科技工作者的贺信。

大会授予马鑫等99名同志第十三届中国青年科技奖，中国科学技术大学教授李传峰作为获奖者代表发言。中国青年科技奖由中组部、人社部、中国科协共同举办，每两年评选一次，每届获奖者不超过100人。该奖项是1987年由钱学森、朱光亚等老一辈科学家提议设立的，截至目前共颁发了13届，1297位青年科技工作者和1个集体获奖。

颁奖仪式前，全国学会和基层科协组织的3名科技工作者分别在大会上发言。中国计算机学会会员、北京大学教授李晓明介绍了在组织学会活动和推进学会改革中的经历和体会，中国船舶工业集团公司沪东中华造船（集团）有限公司科协会员、总装一部部长张旗介绍了在企业“讲理想・比贡献”活动中开展科研攻关的经验和做法，中国农村专业技术协会常务理事刘洪定介绍了开展农技推广和创办蔬菜专业技术协会的做法和体会。

中国科协会员日活动于12月12～18日在全国范围内开展。会员日的主题是“改进作风，服务基层”，全国各级科协和学会组织深入基层开展调研活动，围绕基层一线科技工作者送温暖、办实事，邀请科技工作者参观科技文化场馆，播放、刊登中国科协会员日公益广告，张贴会员日海报，营造了会员日的浓郁氛围。会员日期间，中国科协联合有关部委在国家博物馆举办了“科技梦・中国梦——中国现代科学家主题展”，这是共和国历史上第一次以科学家群体为主题的大型展览。

大会还颁发了由中国科技馆发展基金会设立并组织实施的“2013年度科技馆发展奖”，共有“辅导奖”和“展品奖”两类13个奖项获奖。

**【中国科协会员日贺信】** 2013年中国科协会员日前夕，中国科协向全国广大科技工作者发出贺信。贺信全文如下：

12月15日是中国科协会员日，是广大科技工作者的节日。值此中国科协会员日来临之际，中国科协谨对您在过去一年为我国科技事业发展做出的贡献表示崇高的敬意并致以节日的问候！

即将过去的一年，在广大科技工作者的支持和直接参与下，中国科协围绕实施创新驱动发展战略、促进科技创新人才全面发展，成功举办了“弘扬科学道德 践行‘三个倡导’奋力实现中国梦”巡回报告活动；召开第十五届中国科协年会，联合实施中国科技期刊国际影响力提升计划，支持全国学会举办高水平的国际会议；深入推进学会能力提升计划，引导全国学会有计划地承接政府转移职能；围绕实现公民具备基本科学素质5%以上的目标，开展全国科普日系列活动，联合中国载人航天工程办公室和教育部组织开展“神舟十号”航天员太空授课活动，推动科普资源开发共享；按照公开公平公正原则，表彰和举荐一批优秀科技人才；围绕中央重大问题和地方经济社会发展热点问题，组织科技工作者提出意见建议。这些成绩的取得，无不凝聚着包括您在内的广大科技工作者的辛勤和汗水。

党的十八大做出实施创新驱动发展战略的重大部署，把科技创新摆在了国家发展全局的核心位置。十八届三中全会吹响了全面深化改革的号角，科技体制改革将进一步深化，国家创新体系建设的步伐将进一步加快。可以说：创新发展正当其时，科技圆梦正当其势。广大科技工作者施展才能面临着难得的历史机遇。希望您在新的一年继续以宏大的国际视野，立足我国发展实际，在科技创新中做出新的成绩，为加快建设“新四化”，实现中华民族伟大复兴的中国梦做出更大贡献。

新的一年，中国科协将按照中央要求，不负科技工作者的期待，认真履行桥梁纽带职责，巩固发展党的群众路线实践教育活动成效，坚持民主办会，围绕实施创新驱动发展战略，着力发挥学会的生力军作用，着力提高科普工作成效，着力拓宽人才发展途径，着力提高决策咨询水平，着力加强基层组织建设，为科技人才成长成才创造更好的条件。

中国科学技术协会

2013年12月12日

**【中国科协会员日基层工作者座谈会】** 12月15日，中国科协党组书记处领导班子成员等中国科协领导与北京市科协党组书记、常务副主席夏强，北京市科协党组成员、副主席周立军等一起来到中关村，深入科技工作者中间，看望慰问科技工作者，召开中国科协会员日基层工作者座谈会，听取科技工作者的意见和建议。座谈会由程东红主持。中国科协办公厅、组织人事部相关负责人，方正集团高级副总裁方中华等15位北京市基层科技工作者代表参加座谈会。

与会科技工作者代表介绍了所在企业、科研院所、学（协）会等在促进技术创新、推进科技成果转化、推动科技产业发展、为科技企业提供科技服务、为科技工作者服务等方面的经验、做法，畅谈了工作的体会和困惑，对科协工作提出了建议。中国科协领导和北京市科协领导针对与会代表提出的如何深化科技体制改革，以市场为导向，促进产学研结合；完善院士专家工作站工作方式，加强不同企业院士工作站之间的交流，充分利用科技人才资源；如何将企业科协的工作与企业主体工作相结合；科学评价考核科技工作者工作，更好地调动科技工作者的积极性；进一步加大优秀青年工程师和青年科技奖的力度，发挥科技工作者专长；支持科技服务工作，聚焦科技成果转化；进一步改革创新发展学会工作等问题进行了充分讨论和交流。座谈中，科技工作者畅所欲言，会场气氛热烈活跃。

座谈会前，中国科协领导、北京市科协领导集体参观了方正集团，全面了解了方正集团的创业历史、以王选为代表的科技工作者在企业发展中发挥的重要作用，及目前发展布局与未来发展思路。

**【中国青年科技奖获奖者座谈会】** 12月16日，中国青年科技奖获奖者座谈会在中国科技会堂召开。中国科协副主席、北京理工大学学术委员会副主任、第一届青科奖获奖者冯长根等，人社部专业技术人员管理司副司长俞家栋、中组部人才工作局四处处长杨金鹏出席会议并讲话。

第一届青科奖获奖者、中国科协副主席冯长根教授，第四届青科奖获奖者、中国石油大学（北京）高德利教授，第九届青科奖获奖者、中国兵器工业集团公司首席专家杜志岐研究员，第十届青科奖获奖者、中国中医科学院副院长黄璐琦教授，以及第十三届青科奖获奖者刘永、赵慧君、李玉阳、陆宴辉、张红文、王江云、李慧艳、刘磊、刘慧荣、王蕴红等先后发言，结合工作介绍自己的成长体会，发表获奖感言，并对人才工作提出意见、建议。

中国科协办公厅、组织人事部、国际联络部、学会服务中心有关负责人参加了座谈会。

**【第十三届中国青年科技奖获奖者名单】** 由中央组织部、人力资源社会保障部、中国科学技术协会共同举办的第十三届中国青年科技奖，经推荐单位推荐和专家提名，中国青年科技奖领导工作委员会办公室资格审查，公示有效候选人信息，并经中国青年科技奖评审委员会评审，中国青年科技奖领导工作委员会审批，共99名优秀青年科技工作者获奖。

**第十三届中国青年科技奖获奖者名单**

（按姓氏笔画为排序）

| 序号 | 姓　名 | 工作单位 | 推荐单位 |
|---|---|---|---|
| 1 | 马　鑫 | 解放军总医院泌尿外科 | 中华医学会 |
| 2 | 王　焰（女） | 中国科学院广州地球化学研究所 | 中科院 |
| 3 | 王广金 | 中核集团中国核动力研究设计院 | 国资委 |
| 4 | 王开云 | 西南交通大学牵引动力国家重点实验室 | 教育部 |
| 5 | 王书肖（女） | 清华大学环境学院 | 专家提名 |
| 6 | 王亚愚 | 清华大学物理系 | 北京市，专家提名 |
| 7 | 王江云 | 中国科学院生物物理研究所 | 中国生物物理学会 |
| 8 | 王进廷 | 清华大学水利水电工程系 | 水利部，中国水利学会 |
| 9 | 王彦飞 | 中国科学院地质与地球物理研究所 | 中科院 |
| 10 | 王桂华 | 国家海洋局第二海洋研究所 | 海洋局 |
| 11 | 王海滨 | 中国科学院动物研究所 | 中国动物学会 |
| 12 | 王蕴红（女） | 北京航空航天大学计算机学院 | 专家提名 |
| 13 | 孔宏智 | 中国科学院植物研究所 | 中科院 |
| 14 | 田　禹（女） | 哈尔滨工业大学市政环境工程学院 | 工业和信息化部 |
| 15 | 冉千平 | 江苏省建筑科学研究院有限公司 | 中国土木工程学会 |
| 16 | 朱万成 | 东北大学资源与土木工程学院 | 中国金属学会 |
| 17 | 朱光有 | 中国石油勘探开发研究院塔里木分院 | 国资委 |
| 18 | 任　军 | 江西农业大学动物科学技术学院 | 江西省 |
| 19 | 任　毅（女） | 鞍钢股份有限公司技术中心 | 中国金属学会 |
| 20 | 任文才 | 中国科学院金属研究所 | 中科院 |
| 21 | 刘　丹（女） | 中国航天科工集团第二研究院 | 中国宇航学会 |
| 22 | 刘　永 | 北京大学环境科学与工程学院 | 中国环境科学学会 |

续表

| 序号 | 姓　名 | 工作单位 | 推荐单位 |
|---|---|---|---|
| 23 | 刘　争 | 华中科技大学同济医学院附属同济医院 | 中华医学会 |
| 24 | 刘　峰（回族） | 西北工业大学材料学院 | 工业和信息化部 |
| 25 | 刘　磊 | 清华大学化学系 | 专家提名 |
| 26 | 刘慧荣（女） | 上海中医药大学针灸经络研究所 | 中国针灸学会 |
| 27 | 闫俊华 | 中国科学院华南植物园 | 中科院 |
| 28 | 许晨阳 | 北京国际数学研究中心 | 中国数学会 |
| 29 | 阳　虹（女） | 上海电气电站设备有限公司上海汽轮机厂 | 中国动力工程学会 |
| 30 | 孙良丹 | 安徽医科大学第一附属医院 | 安徽省 |
| 31 | 杨　松 | 贵州大学绿色农药与农业生物工程国家重点实验室 | 贵州省 |
| 32 | 杨　柳（女） | 西安建筑科技大学建筑学院 | 陕西省 |
| 33 | 杨翠红（女） | 中国科学院数学与系统科学研究院 | 中国系统工程学会 |
| 34 | 李　岩 | 南方电网科学研究院有限责任公司 | 国资委 |
| 35 | 李　垚 | 哈尔滨工业大学复合材料与结构研究所 | 黑龙江省 |
| 36 | 李　赞（女） | 西安电子科技大学综合业务网ISN国家重点实验室 | 陕西省 |
| 37 | 李永平（女） | 华北电力大学资源与环境研究院 | 教育部 |
| 38 | 李玉阳 | 海军潜艇学院 | 解放军总政治部干部部 |
| 39 | 李传锋 | 中国科学院量子信息重点实验室 | 中科院，中国光学学会 |
| 40 | 李邵军 | 中国科学院武汉岩土力学研究所 | 中国岩石力学与工程学会 |
| 41 | 李学龙 | 中国科学院西安光学精密机械研究所 | 中国科学院，中国图像图形学学会 |
| 42 | 李英贤（女） | 中国航天员科研训练中心 | 解放军总政治部干部部 |
| 43 | 李洪林 | 华东理工大学药学院 | 专家提名 |
| 44 | 李富友 | 复旦大学化学系 | 上海市 |
| 45 | 李慧艳（女，满族） | 军事医学科学院生物医学分析中心 | 解放军总政治部干部部 |
| 46 | 严望佳（女） | 北京启明星辰信息技术股份有限公司 | 中央统战部 |
| 47 | 时胜国 | 哈尔滨工程大学水声工程学院 | 中国声学学会 |

续表

| 序号 | 姓　名 | 工作单位 | 推荐单位 |
| --- | --- | --- | --- |
| 48 | 吴　俊（女） | 南京农业大学园艺学院 | 教育部 |
| 49 | 吴　晨（女） | 中国医学科学院肿瘤医院肿瘤研究所 | 北京市 |
| 50 | 何　珂 | 中国科学院物理研究所 | 中国物理学会 |
| 51 | 邹小波 | 江苏大学研究生院 | 中国农业工程学会 |
| 52 | 宋卫国 | 中国科学技术大学火灾科学国家重点实验室 | 安徽省 |
| 53 | 宋西全 | 烟台泰和新材料股份有限公司 | 国资委 |
| 54 | 宋保亮 | 中国科学院上海生命科学研究院生物化学与细胞生物学研究所 | 中国生物物理学会 |
| 55 | 宋凝芳（女） | 北京航空航天大学光电技术研究所 | 工业和信息化部 |
| 56 | 张　浩 | 中国医学科学院阜外心血管病医院 | 卫生计生委 |
| 57 | 张世华 | 中国科学院数学与系统科学研究院 | 专家提名 |
| 58 | 张红文 | 中国航天科工集团第三研究院 | 国资委 |
| 59 | 张德强 | 北京林业大学生物科学与技术学院 | 林业局，中国林学会 |
| 60 | 陆其峰 | 国家卫星气象中心 | 气象局 |
| 61 | 陆宴辉 | 中国农业科学院植物保护研究所 | 中国农学会，专家提名 |
| 62 | 陈　颖（女） | 中国检验检疫科学研究院农产品安全研究中心 | 中国食品科学技术学会 |
| 63 | 陈　鹏 | 北京大学化学与分子工程学院 | 专家提名 |
| 64 | 陈立平（女） | 北京市农林科学院 | 北京市 |
| 65 | 陈雪峰 | 西安交通大学机械工程学院 | 陕西省 |
| 66 | 陈瑞爱（女） | 肇庆大华农生物药品有限公司 | 广东省 |
| 67 | 林　伟 | 中国石化石油化工科学研究院 | 专家提名 |
| 68 | 林云锋 | 四川大学华西口腔医学院 | 中华医学会 |
| 69 | 孟林智 | 中国航天科技集团第五研究院 | 专家提名 |
| 70 | 周华民 | 华中科技大学材料科学与工程学院 | 湖北省 |
| 71 | 周顺桂 | 广东省生态环境与土壤研究所 | 中国土壤学会 |
| 72 | 季向阳 | 清华大学自动化系 | 中国电子学会 |
| 73 | 柳锦春 | 解放军理工大学国防工程学院 | 解放军总政治部干部部 |

续表

| 序号 | 姓　名 | 工作单位 | 推荐单位 |
| --- | --- | --- | --- |
| 74 | 赵慧君（女） | 香港中文大学医学院 | 京港学术交流中心 |
| 75 | 段招军 | 中国疾病预防控制中心病毒病预防控制所 | 卫生计生委 |
| 76 | 段海滨 | 北京航空航天大学自动化科学与电气工程学院 | 中国航空学会 |
| 77 | 姜卫娟（女） | 山东登海种业股份有限公司玉米研究所 | 专家提名 |
| 78 | 施　航（女） | 空军装备研究院 | 解放军总政治部干部部 |
| 79 | 姚宜斌 | 武汉大学测绘学院 | 中国测绘地理信息学会，专家提名 |
| 80 | 贺　永 | 北京师范大学脑与认知科学研究院 | 教育部 |
| 81 | 贾宏杰 | 天津大学电气与自动化工程学院 | 教育部 |
| 82 | 郭　蓉（女） | 中国石化抚顺石油化工研究院 | 国资委 |
| 83 | 郭玉国 | 中国科学院化学研究所 | 北京市，专家提名 |
| 84 | 翁继东 | 中国工程物理研究院流体物理研究所 | 中国工程物理研究院 |
| 85 | 黄　方 | 中国科学技术大学地球和空间科学学院 | 中国矿物岩石地球化学学会 |
| 86 | 黄　罡 | 北京大学信息科学技术学院 | 教育部，专家提名 |
| 87 | 黄献聪（女） | 解放军总后勤部军需装备研究所 | 中国纺织工程学会 |
| 88 | 曹东伟 | 交通运输部公路科学研究所 | 交通运输部 |
| 89 | 戚益军 | 清华大学生命科学学院 | 教育部 |
| 90 | 梁　洁（女） | 第四军医大学第一附属医院 | 专家提名 |
| 91 | 梁秀兵 | 装甲兵工程学院科研部 | 中国机械工程学会 |
| 92 | 梁淑华（女，满族） | 西安理工大学材料科学与工程学院 | 中国材料研究学会 |
| 93 | 彭万喜 | 中南林业科技大学材料科学与工程学院 | 湖南省 |
| 94 | 彭承志 | 中国科学技术大学合肥微尺度物质科学国家实验室（筹） | 中科院 |
| 95 | 彭慧胜 | 复旦大学高分子科学系 | 中国化学会 |
| 96 | 董纪昌 | 中国科学院大学管理学院 | 中科院 |
| 97 | 程永亮 | 中国铁建重工集团有限责任公司 | 国资委 |
| 98 | 褚小立 | 中国石化石油化工科学研究院 | 中国仪器仪表学会 |
| 99 | 潘世烈 | 中国科学院新疆理化技术研究所 | 中科院 |

# 学术交流与学会建设

【第十五届中国科协年会】 第十五届中国科协年会于5月25日在贵州省贵阳市开幕。中共中央政治局委员、国家副主席李源潮出席开幕式并讲话，全国政协副主席、中国科协主席韩启德致开幕词，中共贵州省委书记、省人大常委会主任赵克志致欢迎词。全国政协副主席马培华，第十一届全国人大常委会副委员长、中国工程院院士桑国卫，贵州省委副书记、省政府省长陈敏尔，中央和国务院有关部委同志，解放军有关领导同志，包括中国科学院院士、中国工程院院士在内的国内外著名专家学者，来自科研、生产、教学第一线的科技工作者，包括诺贝尔奖获得者在内的国际知名科学家、海外专家学者，以及国际知名科技组织的代表，共2500余人出席大会开幕式。

李源潮指出，中国发展到了以科技创新为根本驱动力的新阶段，希望广大科技工作者积极投身建设创新型国家的生动实践，为实现中国梦奋力创新创造。

李源潮说，创新驱动发展需要汇聚广大科技工作者的创新智慧，希望大家把自己的科技追求与国家发展战略需要结合起来，勇攀科技高峰。创新创造要更多地走产学研相结合的路子，面向产业转型升级和企业科技需求开展科研攻关。当今中国科技创业天地广阔，有志者要勇于走出高校和院所，创办科技企业。科技工作者有知识优势，要积极履行科技服务的社会责任，为地方科学决策服务，为企业创新发展服务，为提高全民科学素质服务。各级科协组织要抓住政府职能转移的改革机遇，拓展职能、扩大影响。要强化服务科技工作者职能，把科协建成深受信赖的科技工作者之家。

韩启德在开幕词中指出，要实现民族复兴中国梦，基础是实现一百多年来中国人的“科技强国梦”和“教育兴国梦”。这两个梦是根本，也是先导。如果不先实现这两个梦，“中国梦”就没有根，就没有魂，我们必须站在这样的历史高度，来认识科学技术的伟大力量，从而真正把科技发展摆在更加突出的战略位置。广大科技工作者要有信心、有勇气，不断增强创新自信，努力为实现中国梦贡献智慧和力量。这是党和人民寄予广大科技工作者的殷切期望，也是历史交给我们这一代人的重任。作为全国科技工作者的组织，中国科协要牢记自己的使命，团结带领广大科技工作者全心全意为国为民奉献，在新的历史阶段建功立业。

韩启德说，贵州各级党委、政府和人民对科技高度重视，主动探索走新型工业化道路，依靠科技进步，发展循环经济，正朝着建设“绿色贵州”的目标努力前进。科技发展正在为贵州的老百姓创造更加美好、更加便捷、更加幸福的生活，贵州的前途将无比光明。我们要通过此次年会，把先进的科学研究成果带到贵州，把科学精神引入贵州，让贵州科技界和全国科技界建立更加密切、广泛的联系，帮助贵州尽快实现生态与产业的和谐发展。

贵州省委书记赵克志致欢迎词。他说，本届中国科协年会在贵州召开，必将对贵州科技创新、转型发展产生十分重要而深远的影响。贵州将坚定不移地抓好人才第一资源和科技第一生产力，依靠人才创业、科技引领、创新驱动，努力实现在发展中转变、在转变中发展，把加速发展、加快转型、推动跨越的路子走得更快、更宽、更好。我们将坚持人才优先发展战略，下大力拓展引才创业的空间，高薪引进领军人才、创新人才和专业技术人才；下大力打造用才立业的平台，为人才成长和施展才华提供成就梦想的广阔舞台；下大力营造聚才兴业的环境，以一流的环境汇聚一流的人才，以一流的人才成就一流的业绩，使贵州成为人才创业的首选之地。

大会对开幕式进行了电视直播和网络直播，并在贵州省8个相关地市州设立8个同步直播会场。

开幕式结束后举行了大会特邀报告会，邀请第十一届全国人大常委会副委员长、中国工程院院士桑国卫，贵州省委副书记、省政府省长陈敏尔，中国工程院院士陈宗懋，北京生命科学研究所所长王晓东，中国科学院院士、中科院生态环境研究中心研究员傅伯杰分别作大会特邀报告。

本届年会由中国科学技术协会和贵州省人民政府共同主办，以“创新驱动与转型发展”为主题，立足于“大科普、学科交叉、为举办地服务”的年会定位，以贯彻落实国家“十二五”规划和实施新一轮西部大开发战略为契机，以加快经济发展方式转变为主线，以提高自主创新能力为核心，以科技工作者、社会公众、政府和企业为服务对象，搭建学术交流、科普活动、决策咨询三大平台，推动举办地经济社会又好又快发展。年会期间共举办了6大板块共1200余项活动，7700多位科技工作者参加各项活动。杨振宁、格奥尔格·贝德诺尔茨等6位世界知名科技奖项获得者出席国际科学大师论坛。2567名注册代表积极参与27个学术交流分会场研讨，精选1156篇论文编印入年会论文集。1020项科普活动遍布88个县市城乡，75位院士专家举办科普报告会150余场，参加活动科技人员11000多人，上百万群众受益。

本届年会首次增设中国科协“弘扬科学道德践行‘三个倡导’奋力实现中国梦”报告会、国际科学大师论坛、“两岸四地工程教育圆桌会议”，并在贵州省88个县区设立卫星会议。依托14个全国学会组织院士专家16批次45人次实地调研，围绕与贵州经济社会发展紧密相关的领域设立12个专题论坛，遴选28位院士专家针对贵州发展提出决策建议，对于解决地方发展难题、破除地方“瓶颈”制约、促进科技进步和创新产生了深远影响。贵州省委省政府聘请50位院士专家作为贵州省产业发展顾问，一批院士专家与企业、高校、科研院所签订了合作协议，促成技术成果转化355项，合作解决技术难题158项，实现了将高层次科技智慧引入贵州。

**【5位诺奖大师在国际科学大师论坛演讲】** 5月25日，第十五届中国科协年会首次举办的专项活动“国际科学大师论坛”在贵州省贵阳市召开。论坛邀请5位诺贝尔奖及其他国际知名科技奖得主作主旨演讲。世界著名计算机学家、2000年图灵奖获得者姚期智受邀主持论坛。

1987年诺贝尔物理学奖获得者格奥尔格·贝德诺尔茨在《高温超导——一项日渐成熟的技术，而问题在哪？》中介绍了超导在医学领域的应用，超导材料研究的进展情况。他谈到，新型超导材料可节省能源消耗，有着广阔的商业前景。如果在工业生产中应用这些超导材料的话，就可以大大降低能源消耗。随着世界对环境和能源供给的持续关注，超导产品必将成为可靠的、环境友好和节能的技术。超导技术的广泛应用也面临一些困境。例如，目前的超导材料价格很昂贵，市场供应量还无法保证，大量投资者不愿介入，这些都需要政府的支持。在今后的一个世纪里，与超导相关的许多梦想将会实现。

2004年诺贝尔化学奖获得者阿龙·切哈诺沃在《个性化医疗的革命——我们要治愈所有疾病？以何代价？》中阐述了药物研制和生物医学发展趋势。他在报告中谈到，21世纪，药物研制与生物医学正发生着第三次革命，医学科学正经历着一场战略转移，未来的医疗将是个性化医疗。现在，在DNA研究或者和生物制药领域存在个性化的药物，但不是免费的午餐，研发个性化药物在基因研究成本、药物开发成本和实验成本等方面存在着许多问题。

2010年巴尔扎恩奖获得者雅各布·帕里斯在《动力系统重要进展综述》报告里谈到，动力学系统可以改变我们工具的未来，通过自然现象可以解决很多动力学系统问题。他介绍了亨利·庞加莱的动力系统理论，混沌理论之父罗伦滋的蝴蝶效应等基本知识。在过去的70年当中，他们这些研究者一直都有一个梦想，就是希望能够追溯自己的历史，能够对一个典型的系统或者一组典型的点线进行描述。

1957年诺贝尔物理学奖获得者杨振宁在《美与物理学》中谈到，物理学的原理有它的结构，这个结构有它美妙地方。物理学工作者对于这个结构不同的美妙的地方，有不同的感受。因为大家有不同的感受，所以每位物理学工作者就会发展独特的研究方向和研究方法，也就会形成他自己的研究风格。他认为，物理学各层的研究有各层的美，物理学的方程式是造物者的诗篇，它们的内涵往往随着物理学的发展而产生新的、当初所完全没有想到的意义。在回答提问时，他回应说，在学习和研究中遇到困苦时需要有两种精神，一种是不放弃，继续努力下去。另一种是在没有办法的时候不要再固执下去，找到其他方向和方法。谈到自身研究风格，他谦虚地表示，不敢自比先贤，更欣赏狄拉克风格。他的回答引起全场阵阵掌声。

2009年诺贝尔化学奖获得者阿达·约纳特女士所作的《从基础科学到先进医学》报告，谈到在20世纪80～90年代，人的平均年龄增长速度加快应归功于抗生素的临床应用。她介绍了抗生素如何应用于蛋白质，从而达到治疗疾病的目的。在回答核糖体的研究还有什么未尽的地方时，她说，“人体的核糖体是如何建构起来的我们还不知道，如果我们能够了解这些信息的话，我们可能就能够改变蛋白质和核糖体的功能，现在还有很多值得研究的地方，当我们获得新的知识新的证据的时候一定会带来新的问题，我们如果能够在人类身上做这些研究，我们在植物、动物身上是不是有同样的现象发生，它们的核糖体是不是都一致，我们要了解和认识这些问题。”

论坛主持人姚期智以其渊博的知识、流利的中英文、睿智的语言，把科学大师与普通听众联系在一起，精彩互动。

出席第十五届中国科协年会的国外科技组织代表、港澳台代表，贵州省各高校师生，省科研院所、园区科技工作者，以及学会的科技工作者约1000人参加了论坛。

**【第十五届中国科协年会总结大会】** 6月28日，第十五届中国科协年会总结大会在中国科技会堂召开。贵州省人大常委会副主任、省科协主席谢庆生出席会议并讲话。中国科协党组成员、第十五届中国科协年会组委会副主任兼秘书长沈爱民主持会议。中国科协机关有关部门、有关事业单位负责同志，以及参加第十五届中国科协年会工作的全体工作人员参加会议。

会议指出，第十五届中国科协年会的成功举办，得到中央领导的充分肯定，得到了贵州省党政领导和全省人民的大力支持和高度赞誉，得到了科技工作者的充分肯定和社会各界的广泛关注。年会的成功举办，充分体现了党和政府对科技发展、对科协工作的高度重视，充分展示了广大科技工作者为实现伟大的中国梦而努力奋斗的信心和决心，充分展现了科协组织对广大科技工作者的吸引力凝聚力。

会议认为，中国科协年会已成功举办了15年，年会的定位、主题、内容、模式等紧随国家发展战略的调整、科技进步趋势的变化、科技工作者和举办地的需求而不断发展、不断创新，形成了中国科协年会独特的文化特色和精神禀赋，留下了深刻的时代烙印。下一届年会要传承年会的创新理念，充分发挥云南省地域优势，紧扣云南省特色，超前谋划、精心组织、与时俱进，争取将第十六届年会办成一届“有新意、有深度，求实效、求长远”的成功年会。

谢庆生表示，第十五届中国科协年会是贵州迄今为止举办的规格最高、规模最大、影响力最为广泛的科技盛会，也是一次“精彩、圆满、成功”的盛会。年会取得了丰硕的成果，对贵州科学发展、后发赶超、同步小康必将产生重要而深远的影响。

**【积极稳妥推进学会有序承接政府转移职能】** 2013年，中国科协认真贯彻落实习近平、李克强、刘云山、刘延东、李源潮等中央领导同志的重要批示精神，以全面深化改革为指导思想，把推进所属学会有序承接政府转移职能作为服务党和国家大局的重要举措，摆在科协工作的优先位置，主动配合有关政府部门，集中科协力量，整合现有资源，制定有力措施，创造有利条件，深入开展推动学会有序承接政府转移职能工作。9月，中国科协决定成立中国科协推进学会有序承接政府转移职能领导组，下设办公室，沈爱民同志兼任办公室主任，宋军同志担任常务副主任。办公室设在学会学术部。10月10日，中国科协正式发布《中国科协办公厅关于成立中国科协推进学会有序承接政府转移职能领导组、办公室的通知》。10月31日、11月21日，中国科协分别印发了《中国科协关于进一步学习贯彻中央领导同志重要指示精神　深入推进学会有序承接政府转移职能的通知》和《中国科协关于贯彻落实习近平总书记关于推进学会有序承接政府转移职能重要指示精神的通知》，要求各单位认真学习、深刻领会，确保工作抓出实效。在工作中要坚持稳妥有序、先行试点、逐步推进，坚持政府主导、科协主动、规则公开、严格监督，按照政府行政体制改革和职能转变的统一部署，调研先行，科学设计工作模式，加强民主机制建设，推进学会明确权责、依法自治、发挥作用，激发学会活力，使工作总体安排与创新社会治理体制要求相衔接，利于深化科技体制改革目标的顺利实现。

10～12月，中国科协推进学会有序承接政府转移职能领导组办公室向47个政府部门发送了调研问卷，向200个全国学会发送了400份调查问卷和200份调查表，同时重点走访了13个政府部门和26个全国学会，先后举行12次座谈会。根据调研情况，共有20个政府部门表示可将83项职能转移（委托）给学会承担。学会普遍具有承接政府职能的强烈愿望，在反馈调查表的160个学会中，希望承接的政府转移职能达289项。

据调查组调查报告显示，学会承接政府转移职能工作已经形成初步格局，据统计，学会共开展了349项政府转移职能及相关任务，已有129个学会（占反馈调研材料学会总数的80.6%）承担（或承担过）与政府职能转移相关的工作。其中，以工科、医科学会参与最多，分别占同类学会的88%和80%；理科、农科学会次之，分别占同类型学会71%和60%。105个学会主办或参与主办了科技奖励，39个学会开展了科技人才评价（含工程教育认证），29个学会开展了标准和规范制定，24个学会开展了科技成果评价和技术鉴定，7个学会开展了科研项目评估，8个学会开展了科研机构评价。另有一批学会承接了决策咨询、继续教育等职能和工作。适宜由学会承担的政府转移职能已基本形成共识，从现有实践看，学会承接的政府职能主要集中在专业性、技术性较强的领域。承接职能的传统领域是以科技奖励、标准制定和培训教育为主，近年来，逐渐向科技成果评价和技术鉴定、工程教育认证、科研项目评估、科研机构评价等方面拓展，这些方面可以作为学会承担政府转移职能的重点领域。学会承接政府转移职能的成效得到普遍认同，学会通过科技评价和科技奖励促进科技创新，通过开展人才评价加强科技人才队伍建设，通过开展技术鉴定促进社会和谐稳定，通过推动科技体制创新。

同时，调研组对美国、英国、德国、日本、法国、俄罗斯、印度等7个国家的30个科技社团的有关情况开展了研究，国际科技社团开展的相关工作主要集中在科技奖励、职业资格认证、技术标准制定、科技政策评价等方面。国际科技社团开展相关工作的主要做法主要是政府与社会组织签署合作治理协议，及社会组织通过购买服务、授权委托和政策引导等方式承担政府职能。

调研组还对我国学会承接政府转移职能的实践模式和制度设计进行了专题分析。通过对国内科技社团承接政府转移职能工作的实践活动进行分析，我国科技社团主要通过直接承接、依法授权、行政委托、政府购买服务、自主开拓等模式开展承接政府转移职能工作。这次调研活动，是多年来中国科协系统对学会承担政府转移职能情况进行的最为全面的专项调研，摸清了情况，了解了需求，与政府部门进行了充分沟通，梳理了有关职能，形成了初步共识，为下一步开展工作奠定了良好基础，也为政府部门深化行政体制改革、转变政府职能提供了参考依据。

**【陈希到中国农学会、中国汽车工程学会调研学会工作】** 1月16日，中国科协常务副主席、书记处第一书记陈希一行到中国农学会，就科技社团如何贯彻落实党的十八大精神，在新形势下发挥好作用进行调研座谈。农业部副部长、中国农学会会长张桃林，农业部相关机关司局负责人和中国农学会办事机构班子成员及处室负责人参加了座谈。

陈希充分肯定了中国农学会团结和凝聚广大农业科技工作者在推动农业科技进步、服务农业农村经济社会发展等方面所取得的成绩，对学会在新形势下如何抓住机遇、明确发展方向、不断做大做强和进一步发挥好独特作用提出了要求和希望。陈希指出，中国农学会要认真贯彻落实党的十八大精神，广泛开展学术交流，努力做好科技评价、科技奖励、人才评价、继续教育等工作，积极承接好政府转移的社会化服务职能。要认真实施好“学会能力提升专项”，为建设中国特色现代科技社团探索路子、积累经验。希望农业部继续加大对中国农学会的支持力度。

1月30日，中国科协常务副主席、书记处第一书记陈希一行到中国汽车工程学会调研指导工作。

中国汽车工程学会理事长付于武汇报了中国汽车工程学会近年来主要工作。中国汽车工程学会紧紧围绕“三服务一加强”的工作定位，以“学会能力提升专项”为契机，努力提高学会服务能力，在组织汽车轻量化技术创新战略联盟、举办国际汽车工程学会联合会（FISITA）年会、创办中国大学生方程式汽车大赛等方面取得经验。

陈希要求中国汽车工程学会认真总结在组织技术创新联盟进入产业技术创新主战场、推荐国际组织领导人等方面取得的经验和体会，系统梳理在学会发展中形成的一些规律性的认识，更好地发挥学会能力提升专项工作中的示范作用。学会要树立不等、不靠、自强发展的意识，自觉地认识到社会发展带给学会的全新机遇，主动地了解政府在社会管理方面的需求，修好内功，积极为承接政府转移社会化职能作好准备。

陈希强调，学会要坚持走国际化发展道路，提高国际化发展能力和水平，推荐中国学者进入国际组织领导层、主办国际组织系列学术会议、参加国际重大科技计划、主办有影响力的英文学术期刊。

中国科协组织人事部、学会学术部等相关部门工作人员陪同调研。

**【中国科协 财政部推进学会能力提升专项工作 将学会能力建设纳入国家制度设计】** 中国科协“学会能力提升专项”优秀科技社团奖项目（以下简称“优秀社团奖”）是为落实中央书记处指示精神，努力打造国内一流、国际上有影响的骨干示范学会，在财政部支持下，由中国科协启动实施的重大专项工作。该项目自2012年7月评定颁发后，45个获奖学会开始了为期三年的能力提升专项建设工作。2013年9月30日，中国科协、财政部联合下发了《中国科协 财政部关于深入实施学会能力提升专项的通知》（科协发学字〔2013〕51号），将学会能力建设纳入国家制度设计。该文件印发全国学会、抄送各省级科协和财政部门。各级科协、学会纷纷结合各自工作实际制定相关措施，学会能力提升工作在全国展开。

从目前实施项目的45家学会的工作开展情况来看，2012～2013年度项目实施工作呈现出任务开展率高、资金使用有序、能力提升面广等特点。2012～2013年度优秀社团奖专项建设工作所确定的年度工作任务得到了很好的落实，年度任务开工近9成，完工逾8成。据统计，45个获奖学会与科协所签订的2012年《项目合同书》中共确定了652项工作任务，2012～2013年度实际已开展572项，开展比例达到87.7%。在已开展的项目中，按原计划完成的任务有399项（61.2%），任务目标有所调整但也已完成的任务130项（19.9%），合计529项（81.1%）。2012～2013年度优秀社团奖所拨付的年度资金基本按照年度预算计划有序使用。据统计，在2012～2013年度拨付给45个获奖学会的7000万元奖金中，本年度共使用了6639万，使用率为94.8%。在奖金使用分布中，62.2%用于提供科技公共服务，25.4%用于健全学会管理机制，7.7%用于承接政府转移职能，4.7%用于其他。2012～2013年度优秀社团奖专项建设工作按照《学会能力提升专项实施方案》所规定的实施内容全面展开，能力提升工作呈现体系化、有序化的态势。据统计，2012～2013年度开展的能力提升实施内容有3大类19个方面，其中承接政府转移职能类有6个方面，提供科技公共服务类有8个方面，健全学会管理机制类有5个方面。从学会开展的建设内容来看，2012～2013年度有39个（87%）学会开展了承接政府转移职能方面的建设，45个（100%）学会开展了科技公共服务方面的建设，43个（96%）学会开展了学会管理机制方面的建设。

从实施项目的45个学会的工作开展情况来看，2012～2013年度学会工作呈现以下特点：

一、抓住发展机遇，探索积极承接政府转移职能。党的十八大要求推动政府职能转变，深化行政体制改革。2012—2013年度各获奖学会按照能力提升专项建设的总体部署，抓住这一新的机遇，在承接政府转移职能中做出了积极有效的探索。

——设立行业重要科技奖项。科技奖励是政府职能转移中的重要内容，也是适合学会承接的职能之一。据统计，2012 ~ 2013 年度 45 个获奖学会中有 32 个（71%）开展了科技奖励方面的实践，设立了各自领域中的重要奖项，如中华农业科技奖、中国抗癌协会科技奖、中华医学科技奖等奖项已在本行业中具有重大影响力。中国力学学会计划打造具有国际影响力的奖励体系，已经通过了一个由中国力学奖、亚洲力学奖和专项奖构成的“中国力学会奖励体系”方案。此外，各学会还积极探索科技奖励资金的社会化募集，比如中国物理学会共向社会筹得胡刚复、饶毓泰、叶企孙等物理奖项资金 96 万元。

——参与行业技术标准制定。学会具有丰富的智力资源，在参与涉及行业综合性、前沿性和整体性的标准制定工作方面具有优势。据统计，2012 ~ 2013 年度 45 个获奖学会中有 20 个（44%）学会参与了行业标准的制定。比如中国营养学会发挥学术团体的引领作用，在 2012 年 9 月至 2013 年 6 月期间，召开了 30 余次工作组会议，总投入 200 万元，完成了 2013 版《中国居民膳食营养素参考摄入量 DRIs》修订。DRIs 是国家食品标准的基础，是营养学的核心，具有重要意义。

——主动承接科技人才评价。学会在科技人才评价方面具有同行评议和社团认可的作用，在工程教育认证、职业资格评定和工程师国际互认工作上可以主动承接相关职能。2012 ~ 2013 年度 45 个获奖学会中有 17 个（38%）开展了科技人才评价。比如中国消防协会主动向人社部、公安部争取，促成公安部将注册消防工程师的执业资格管理委托该会承办，设立了“消防安全技术执业资格管理中心”；中国仪器仪表学会在工程师国际互认方面走出实质性的步伐，已与英国测量控制学会签订了工程师资格互认协议，目前已有 9 人取得了英国皇家工程师资格，具备了在国际工程项目上的签字权。

——探索开展科技成果评价。学会具有学术权威性和第三方身份，适于承接科技成果评审和技术鉴定工作，成为科技评价专业中介机构。2012 ~ 2013 年度 45 个获奖学会中有 9 个（20%）开展了这方面的先行探索工作，取得了较好的效果。比如中国农学会在 2012 ~ 2013 年度先后组织国内知名高级专家 210 人次（其中院士 65 人次），对 34 项科研成果开展了评价。同时，在农业部领导下，积极开展 2009 ~ 2012 年农业主导品种和主推技术的评选推荐工作。

二、探索参与社会管理创新的有效途径，提供优质科技公共服务的成效初步显现。十八大提出要加强和创新社会管理，提高社会管理科学化水平。2012 ~ 2013 年度各获奖学会在能力提升建设中主动创新，极大地提高了参与社会管理的能力和水平。

——探索科普宣传创新形式。科普宣传是学会社会服务的基本工作形式，2012 ~ 2013 年度在 45 个获奖学会中有 33 个（73%）学会举办了科普宣传，在服务创新方面有了较大进步。比如中国环境科学学会采用门户网站、手机网、手机 APP 应用程序、微信公共账号等创新手段来开展科普活动，创下了一篇文章累计点击量超过 1200 万次、一个专题日均访问量高达 20 万次的成绩，不仅在科普活动的影响范围上有质的突破，而且也提高了公众参与公共事务的能力。

——编写学科发展研究报告。对学科发展进行研究并提出规划，是学会参与社会管理、推动行业发展的重要内容。2012 ~ 2013 年度，45 个获奖学会中有 21 个（47%）学会承担了编写学科发展研究报告的工作，为行业发展提供了专家智慧和智力支持。比如中国公路学会开展学科发展研究工作，撰写了涵盖 10 个学科领域的《道路（公路）学科发展报告》，还承担了交通运输部《中国交通信息化年度发展报告》的研究和出版，以及交通运输部《中国公路史》（续编）的资料搜集和编辑工作。中国公路学会的学科研究成果在全国公路系统中产生了积极示范和带动作用，为行业发展发挥了重要作用。

——广泛推动学术交流。举办高层次、高质量学术交流活动，打造学术交流品牌，是实现学术创新、激发社会创造活力的重要途径。2012 ~ 2013 年度，45 个获奖学会中有 42 个（93%）学会参加 / 组织过学术交流 / 会议，其中有 39 个（87%）学会参加 / 组织过国际交流 / 会议，如中华医学会学术年会、中国心理学会学术年会等一批学术活动品牌已经形成。比如中国力学学会 2013 年 6 月承办了第 13 届国际断裂大会，来自世界 40 多个国家地区近千名断裂领域的专家、学者参加了此次会议。国际断裂大会是本领域水平最高的学术盛会，这次是首次在中国举办，力学学会邀请到断裂学科领域内国际顶尖学者参会并作大会报告，为此次参会的代表提供了非常难得的机会。

——推进期刊的国际化进程。加大精品科技期刊建设力度，推进科技期刊国际化进程是学会能力提升计划中的重要内容，2012 ~ 2013 年度，45 个获奖学会中有 28 个（62%）学会强化了学术期刊建设，开始了国际化进程。比如中国化学会与英国皇家化学会合作，拟出版两本国际学术期刊（《无机化学前沿》、《有机化学前沿》），借助英国皇家化学会的专业水平和传播力量，两本期刊目标影响因子为 5.0，极大地提高了化学会在国际期刊出版市场的竞争力，为我国科技期刊的国际化进程积累了经验；中国植物生理与植物分子生物学学会则将科技期刊的编辑培训搬到了国外，参与牛津大学出版社举办的期刊经验交流活动，尝试建立国际化科技期刊培训基地，在科技期刊人才的国际化培养方面进行了有益的尝试。

三、开展职业化建设，健全学会组织管理机制。面对新形势，要承接好政府转移职能，参与好社会管理创新，就必须加强学会自身的职业化建设，提高政府和社会的认可度。2012 ~ 2013 年度各获奖学会按照能负责、能问责的目标，在学会组织管理机制方面开展了多项建设，提升了职业化水平。

——优化学会组织管理制度。科学化、规范化和与国际最佳实践接轨是学会组织管理制度优化的方向。2012 ~ 2013 年度，45 个获奖学会中有 28 个（62%）学会优化了学会组织管理制度。比如中国生物医学工程学会从主要的领导制度改革入手，引进了国际上通行的“三理事长制度”（前任、现任和候任理事长），由现任理事长主持工作，实行集体领导，缩短理事会任期，每届任期由四年改为三年，为学会领导层的平稳过渡与衔接找到了制度保障。此外，中国力学学会借鉴国际经验，设立了专职司库（Treasurer），并外聘会计师事务所为学会财务监事，独立于理事会对学会的财务运作进行监督。

——改进学会会员服务机制。利用信息技术提高会员服务水平，是学会职业化发展的新方向。2012 ~ 2013 年度,45 个获奖学会中有 36 个（80%）学会改进了会员机制，其中有 26 个（58%）学会提升了会员网络信息基础服务。比如岩石力学与工程学会已经开始建设学会会员服务集成数字平台，包括数字学会服务平台、网上信息采集平台和综合管理服务平台。

**【中国科协 2013 年学会工作会议】** 2 月 26 日，中国科协 2013 年学会工作会议在中国科技会堂召开。中国科协常务副主席、书记处第一书记、党组书记陈希出席会议并讲话。中国科协副主席、书记处书记、党组副书记程东红出席会议，并宣读了《关于表彰学会能力提升专项优秀科技社团和优秀国际科技期刊的决定》。中国科协党组成员、学会学术部部长沈爱民出席会议并作大会总结。来自全国学会理事长（副理事长）、秘书长（副秘书长），以及中国科协机关各部门、有关事业单位等 300 余人参加了会议。

陈希在讲话中说，2012 年科协在学会学术工作方面，主要以实施“学会能力提升专项”和“科技期刊国际影响力提升计划”为抓手，着力提升学会服务创新的能力、服务社会和政府的能力、服务科技工作者的能力以及自我发展的能力，学会学术工作呈现新面貌，学会能力建设取得积极进展，科技期刊影响力提升成效初步显现，学科发展研究取得新进展，学术交流的影响力不断提高，得到科技工作者的普遍好评。

陈希强调，2013 年深入学习宣传贯彻党的十八大精神，深入推进“学会能力提升计划”，大力实施“科技期刊国际影响力提升计划”，搭建高水平学术交流平台，扎实开展服务企业技术创新活动，充分发挥全国学会在科学道德和学风建设中的自律作用，积极支持全国学会更多地承担政府转移职能，积极参与全民科学素质工作，确保实现 2015 年我国公民具备基本科学素质的比例超过 5% 的目标，着力加强决策咨询工作，大力表彰奖励宣传优秀科技工作者。全国学会要肩负起新时期加快学会创新发展的责任和使命，加快建立具有中国特色、符合科技发展规律的充满生机和活力的现代科技社团。

**【全国学会能力提升专项经验交流会】** 9 月 10 日，中国科协在北京召开 2013 年全国学会能力提升专项经验交流会，会议发布了《中国科协关于印发〈中国科协关于加强学会宣传思想工作的若干意见〉的通知》。中国科协副主席、党组副书记、书记处书记程东红做总结讲话。来自全国学会 183 名代表参会，中国科协党组成员沈爱民出席并主持上午的会议。

中国公路学会秘书长刘文杰、中国电子学会秘书长徐晓兰、中国环境科学学会秘书长助理侯雪松、中国农学会副秘书长胡义萍和中华口腔医学会会长王兴等代表作了大会典型发言。

会议传达了习近平总书记在全国宣传思想工作会议上的重要讲话精神，传达了中央领导同志关于学会承接政府转移职能工作的一系列重要批示。

会议期间，参会代表分 5 个小组进行了讨论，就加强学会宣传思想工作、承接政府转移职能以及学会能力提升专项阶段成绩和经验进行了讨论和交流，并提出了意见和建议。

程东红在总结讲话中强调，一要巩固能力提升成果，推动学会工作再上新台阶。要发挥在科技咨询、技术评估、信息服务等方面的作用，积极服务于科技创新和人才建设的大方向，配合落实国家创新驱动发展战略。二要抓住重点，聚焦政府职能转移等重点工作。国家近期出台的一系列重大政策和举措，都为科技团体参与社会管理创新、承接政府转移职能指明了方向，提供了良好机遇。三要继续坚持联合协作，广泛争取各方面的支持。坚持民主办会原则，充分发挥理事会、常务理事会乃至会员代表大会的作用。积极争取有关单位的理解和支持，多元获取资源，发挥集成优势，形成工作合力。四要将总结出来的好经验及时推广，引领科技社团整体发展。

**【启动实施引领地方学会能力提升项目】** 为贯彻落实党的十八大精神，适应国家创新体系建设和社会管理创新的要求，引导地方科协加强顶层设计，促进地方学会综合能力提升，积极承接政府转移职能，形成科协系统上下联动工作局面，建设学会可持续发展机制，加快地方学会向现代科技社团迈进的步伐，2013 年 7 月 29 日，中国科协启动实施引领地方学会能力提升项目。地方学会提能项目采用以奖促建方式，围绕提升地方学会服务社会管理创新能力、服务科技创新能力、提升自我发展能力以及提升地方科协服务学会发展能力，立项支持开展学会能力建设、促进学会能力提升工作突出的地方科协。北京市科协、河北省科协、上海市科协、江苏省科协、山东省科协、湖北省科协、四川省科协、云南省科协、新疆维吾尔自治区科协、深圳市科协等 10 个地方科协获得 2013 年度专项资金的支持，项目周期为 1 年。

启动学会能力提升专项以来，特别是中国科协和财政部联合发文后，31 个省级和副省级城市科协向当地财政申请成功设立学会能力提升专项并获得专项经费支持，学会能力提升工作从全国学会扩展和延伸到地方学会。

**【2013 年地方科协学会能力建设研讨会】** 2013 年地方科协学会能力建设研讨会于 12 月 19 日在江苏省南京市召开。江苏省政协副主席、省政府党组成员、中国工程院院士徐南平出席会议并致辞，中国科协党组成员沈爱民主持会议并在总结会上讲话。中国科协学会学术部和学会服务中心等相关部门，各省、自治区、直辖市、副省级城市科协及新疆生产建设兵团科协分管主席及学会部负责同志，约 140 人参加会议。

江苏省科协党组书记、副主席陈惠娟做了《提升学会服务能力，增强科技社团活力》的主题发言，介绍了江苏省科协在推动学会能力提升及推进学会有序承接政府转移职能方面的认识、思路、进展情况及下一步的工作打算。江苏省科协积极争取省委、省政府关心支持，省财政设立学会能力提升专项用于提升学会服务科技创新能力，其支持力度在全国省级科协中处于前列；积极争取省政府及相关部门支持，江苏省政府出台了《关于进一步加强省科协及所属科技社团科技服务职能的意见》。

上海市科协党组书记杨建荣，吉林省科协党组书记、副主席李景涛，山东省科协巡视员李云云，大连市科协副主任李敏及海南省医学会代表，紧紧围绕会议主题，结合各自特色，分别做了大会发言。

**【中国科协联合六部门实施中国科技期刊国际影响力提升计划】** 2013 年，中国科协联合六部门大力实施科技期刊国际影响力提升计划。6 月，中国科协向李源潮同志报送了《关于我国英文科技期刊有关情况的报告》，李源潮等有关中央领导同志作了重要批示。为学习贯彻落实中央领导同志重要指示精神，培育我国顶级国际科技期刊，强化我国在国际科技舞台的话语权，中国科协大力争取国家财政部门和新闻出版行政主管部门支持，牵头启动实施“中国科技期刊国际影响力提升计划”。

9 月 3 日，中国科协联合六部门印发《中国科协、财政部、教育部、国家新闻出版广电总局、中国科学院、中国工程院关于中国科技期刊国际影响力提升计划项目的申报通知》，面向全国择优支持和创办英文科技期刊，支持期刊累计达 111 种，在科技工作者和期刊工作者中产生积极反响，得到李源潮同志充分肯定。期刊影响力计划是首次获中央财政专项支持、由相关部门联合实施并面向全国英文科技期刊的国家重大项目。

国内具有参评资格的 3/4 以上英文科技期刊申报了项目。经资格审查，共受理申报项目 200 个。10 月 25 日，期刊影响力计划评审会召开。为保证项目实施的专业性、公正性、严谨性，中国科协依托专业机构进行研究，广泛征求相关学科领域意见，精心组织编制评审细则和期刊遴选指标。建成了拥有 200 余名专家的专家数据库，组成了 63 人的期刊影响力计划专家委员会，其中包括 14 位中国科学院院士、中国工程院院士，几十位“973”首席科学家、“长江学者”等国内顶尖学者和期刊出版专家。同时，由中国科协常委会科技工作者道德与权益专门委员会、中国科协机关纪委的代表组成监督小组负责监督评审工作。按照期刊学科类别和属性，评审分为 9 个组进行。若干位两院院士等著名专家作为申报期刊的主要负责人亲自带队参加陈述答辩。评审专家对各申报单位的申报材料和答辩情况进行了慎重、认真的评审，评选出了拟支持的期刊。11 月 26 日，正式发布《关于下达中国科技期刊国际影响力提升计划支持项目的通知》，确定支持 76 个入选期刊，其中 A 类 6 项，B 类 30 项，C 类 30 项，D 类 8 项，D 类备选项目 2 项。为体现期刊影响力计划的统一部署和统一实施，实现项目经费与项目内容的整体化和一致化，各联合实施部门分别与所主管的获支持 A、B、C 类期刊进行创建指标约谈，明确 3 年项目目标、任务和资金使用计划，填写项目合同书。

与我国之前的科技期刊奖励或资助项目相比，期刊影响力计划体现了“三个首次”和“三个最”的特点。“三个首次”指该计划是首获中央财政专项支持的英文科技期刊项目，首次由相关部门联合实施，首次面向全国的英文科技期刊；“三个最”指期刊影响力计划的资助力度最大、目标国际化程度最高、影响力最深远。

在开展2013年度中国科技期刊国际影响力提升计划的同时，4月中旬，中国科协组织对2012年度35种中国科协学会能力提升专项优秀国际科技期刊奖励项目进行中期检查，按照“明确目标、突出重点、动态管理、绩效考核”的原则，采取期刊答辩和专家互动方式对35家项目承担单位进行检查。35个项目顺利通过专家评审，纳入2013年度延续项目。中国科协学会能力提升专项优秀国际科技期刊项目的成功实施和良好效果为实施中国科技期刊国际影响力提升计划奠定了良好基础。11月，经中国科技期刊国际影响力提升计划联合实施部门例会研究，2012年35种优秀国际科技期刊奖励项目纳入中国科技期刊国际影响力提升计划统一组织实施。

为更好地宣传中国科协乃至中国优秀国际科技期刊的先进事迹，推广先进的办刊经验，系统凝练和集中展示我国英文科技期刊的最佳实践和取得的积极进展，进一步激发中国科协所属全国学会主办科技期刊加强能力建设的积极性和创造性，中国科协编辑出版《中国科协优秀国际科技期刊典型事例汇编》一书，收录了2012年中国科协学会能力提升专项优秀国际科技期刊25种。全书按照期刊的奖次排列。每个事例主要包括期刊的缘起和发展、战略定位、发展模式和运行机制、发展目标和主要措施、存在的问题及未来规划等。

**中国科技期刊国际影响力提升计划支持名单（2013年度）**

A类

| 序号 | 期刊名称 | 刊号（CN） | 主办单位 | 主管单位 |
|---|---|---|---|---|
| 1 | 科学通报（英文版） | 11-1785/N | 中国科学院、国家自然科学基金委员会 | 中国科学院 |
| 2 | 浙江大学学报（英文版）A辑 | 33-1236/O4 | 浙江大学 | 教育部 |
| 3 | 环境科学学报（英文版） | 11-2629/X | 中国科学院生态环境研究中心 | 中国科学院 |
| 4 | 国际口腔科学杂志 | 51-1707/R | 四川大学 | 教育部 |
| 5 | 中国科学：技术科学（英文版） | 11-5845/TH | 中国科学院、国家自然科学基金委员会 | 中国科学院 |
| 6 | 纳米研究（英文版） | 11-5974/O4 | 清华大学、中国化学会 | 教育部 |

B类

| 序号 | 期刊名称 | 刊号（CN） | 主办单位 | 主管单位 |
|---|---|---|---|---|
| 1 | 中南大学学报（英文版） | 43-1516/TB | 中南大学 | 教育部 |
| 2 | 高等学校学术文摘·物理学前沿（英文） | 11-5994/O4 | 高等教育出版社有限公司 | 教育部 |
| 3 | 清华大学学报自然科学版（英文版） | 11-3745/N | 清华大学 | 教育部 |
| 4 | 高等学校学术文摘·化学科学与工程前沿（英文） | 11-5981/TQ | 高等教育出版社有限公司、天津大学 | 教育部 |
| 5 | 计算数学（英文版） | 11-2126/O1 | 中国科学院数学与系统科学研究院 | 中国科学院 |
| 6 | 应用数学和力学（英文版） | 31-1650/O1 | 上海大学、中国力学学会 | 上海市教育委员会 |
| 7 | 理论物理 | 11-2592/O3 | 中国科学院理论物理研究所 | 中国科学院 |
| 8 | 高等学校计算数学学报（英文版） | 32-1348/O1 | 南京大学 | 教育部 |
| 9 | 控制理论与应用（英文版） | 44-1600/TP | 华南理工大学、中国科学院数学与系统科学研究院 | 教育部 |
| 10 | 中国科学：地球科学（英文版） | 11-5843/P | 中国科学院、国家自然科学基金委员会 | 中国科学院 |
| 11 | 地震工程与工程振动（英文版） | 23-1496/P | 中国地震局工程力学研究所 | 中国地震局 |
| 12 | 海洋学报（英文版） | 11-2056/P | 中国海洋学会 | 中国科协 |
| 13 | 地球空间信息科学学报（英文版） | 42-1610/P | 武汉大学 | 教育部 |
| 14 | 林业研究（英文版） | 23-1409/S | 东北林业大学 | 教育部 |
| 15 | 分子细胞生物学报 | 31-2002/Q | 中国科学院上海生命科学研究院生物化学与细胞生物学研究所、中国细胞生物学学会 | 中国科学院 |
| 16 | 遗传学报（英文版） | 11-5450/R | 中国科学院遗传与发育生物学研究所、中国遗传学会 | 中国科学院 |
| 17 | 整合动物学（英文） | 11-6012/Q | 中国科学院动物研究所、国际动物学会 | 中国科学院 |

续表

| 序号 | 期刊名称 | 刊号（CN） | 主办单位 | 主管单位 |
|---|---|---|---|---|
| 18 | 基因组蛋白质组与生物信息学报 | 11-4926/Q | 中国科学院北京基因组研究所、中国遗传学会 | 中国科学院 |
| 19 | 中国天然药物 | 32-1708/R | 中国药科大学 | 教育部 |
| 20 | 亚洲男性学杂志（英文） | 31-1795/R | 中国科学院上海药物研究所、上海交通大学 | 中国科学院 |
| 21 | 癌症 | 44-1195/R | 中山大学肿瘤防治中心 | 教育部 |
| 22 | 中华创伤杂志（英文版） | 50-1115/R | 中华医学会 | 中国科协 |
| 23 | 仿生工程学报 | 22-1355/TB | 吉林大学 | 教育部 |
| 24 | 中国科学：信息科学（英文版） | 11-5847/TP | 中国科学院、国家自然科学基金委员会 | 中国科学院 |
| 25 | 中国光学快报（英文版） | 31-1890/O4 | 中国科学院上海光学精密机械研究所、中国光学学会 | 中国科学院 |
| 26 | 国际自动化与计算杂志（英文） | 11-5350/TP | 中国科学院自动化研究所 | 中国科学院 |
| 27 | 颗粒学报 | 11-5671/O3 | 中国颗粒学会 | 中国科协 |
| 28 | 中国科学：化学（英文版） | 11-5839/O6 | 中国科学院、国家自然科学基金委员会 | 中国科学院 |
| 29 | 金属学报（英文版） | 21-1361/TG | 中国金属学会、中国材料研究学会、中科院国际材料物理中心 | 中国科协 |
| 30 | 矿业科学技术学报 | 32-1827/TD | 中国矿业大学 | 教育部 |

C 类

| 序号 | 期刊名称 | 刊号（CN） | 主办单位 | 主管单位 |
|---|---|---|---|---|
| 1 | 大气科学进展 | 11-1925/O4 | 中国科学院大气物理研究所 | 中国科学院 |
| 2 | 环境科学与工程前沿（英文） | 10-1013/X | 高等教育出版社有限公司、清华大学 | 教育部 |
| 3 | 计算机科学前沿（英文） | 10-1014/TP | 高等教育出版社有限公司、北京航空航天大学 | 教育部 |
| 4 | 高等学校学术文摘·医学前沿（英文） | 11-5983/R | 高等教育出版社有限公司、上海交通大学医学院附属瑞金医院 | 教育部 |
| 5 | 结构与土木工程前沿（英文） | 10-1023/X | 高等教育出版社有限公司、同济大学 | 教育部 |
| 6 | 固体力学学报（英文版） | 42-1121/O3 | 中国力学学会 | 中国科协 |
| 7 | 中国科学：数学（英文版） | 11-5837/O1 | 中国科学院、国家自然科学基金委员会 | 中国科学院 |
| 8 | 半导体学报 | 11-5781/TN | 中国科学院半导体研究所、中国电子学会 | 中国科学院 |
| 9 | 力学快报（英文） | 11-5991/O3 | 中国科学院力学研究所、中国力学学会 | 中国科学院 |
| 10 | 气象学报（英文版） | 11-5783/P | 中国气象学会 | 中国科协 |
| 11 | 山地科学学报（英文） | 51-1668/P | 中国科学院水利部成都山地灾害与环境研究所 | 中国科学院出版图书情报委员会 |
| 12 | 中国地球化学（英文版） | 52-1043/P | 中科院地球化学研究所 | 中科院地球化学研究所 |
| 13 | 国际灾害风险科学学报（英文版） | 11-5970/N | 民政部国家减灾中心、北京师范大学 | 民政部 |
| 14 | 植物分类学报 | 11-5779/Q | 中国科学院植物研究所、中国植物学会 | 中国科学院 |
| 15 | 生物化学与生物物理学报（英文） | 31-1940/Q | 中国科学院上海生命科学研究院生物化学与细胞生物学研究所 | 中国科学院 |
| 16 | 水稻科学（英文版） | 33-1317/S | 中国水稻研究所 | 农业部 |
| 17 | 畜牧与生物技术杂志（英文版） | 11-5967/S | 中国畜牧兽医学会 | 中国科协 |
| 18 | 中医杂志（英文版） | 11-2167/R | 中华中医药学会、中国中医科学院 | 国家中医药管理局 |
| 19 | 中国癌症研究（英文版） | 11-2591/R | 中国抗癌协会 | 中国科协 |
| 20 | 中国药学（英文版） | 11-2863/R | 中国药学会 | 中国科协 |
| 21 | 结合医学学报（英文） | 31-2083/R | 上海市中西医结合学会、上海长海医院 | 上海市卫生局 |
| 22 | 石油科学（英文版） | 11-4995/TE | 石油大学 | 教育部 |
| 23 | 计算机科学技术学报（英文版） | 11-2296/TP | 中科院计算所、中国计算机学会 | 中国科学院 |
| 24 | 中国机械工程学报（英文版） | 11-2737/TH | 中国机械工程学会 | 中国科协 |

续表

| 序号 | 期刊名称 | 刊号（CN） | 主办单位 | 主管单位 |
|---|---|---|---|---|
| 25 | 水科学与水工程 | 32-1785/TV | 河海大学 | 教育部 |
| 26 | 光：科学与应用（英文） | 22-1404/O4 | 中国科学院长春光学精密机械与物理研究所 | 中国科学院 |
| 27 | 中国化学（英文） | 31-1547/O6 | 中国化学会、中国科学院上海有机化学研究所 | 中国科协 |
| 28 | 高分子科学（英文版） | 11-2015/O6 | 中国化学会、中国科学院化学研究所 | 中国科协 |
| 29 | 矿物冶金与材料学报（英文版） | 11-5787/TF | 北京科技大学 | 教育部 |
| 30 | 中国焊接（英文版） | 23-1332/TG | 哈尔滨焊接研究所、中国焊接协会 | 中国机械工业联合会 |

D类

| 序号 | 拟使用中文刊名 | 主办单位 | 主管单位 |
|---|---|---|---|
| 1 | 摩擦（英文版） | 清华大学 | 教育部 |
| 2 | 概率、不确定性与定量风险（英文版） | 山东大学 | 教育部 |
| 3 | 电子学报（英文版） | 中国电子学会 | 中国科协 |
| 4 | 中国科学：材料科学（英文版） | 中科院、基金委 | 中国科学院 |
| 5 | 信号转导和靶向治疗（英文版） | 四川大学华西医院 | 教育部 |
| 6 | 慢性疾病与转化医学（英文版） | 中华医学会 | 中国科协 |
| 7 | 国际肝胆胰疾病杂志（英文版） | 浙江大学医学院附属第一医院 | 浙江省卫生厅 |
| 8 | 儿童临床与基础（英文版） | 浙江大学附属儿童医院 | 浙江省卫生厅 |
| 9 | 纳微快报（英文版） | 上海交通大学 | 教育部 |
| 10 | 国际耳鼻咽喉头颈外科杂志（英文版） | 中华医学会 | 中国科协 |

**【科技期刊国际影响力提升计划联合实施部门例会】** 11月19日，中国科技期刊国际影响力提升计划联合实施部门例会在中国科协召开。中国科协副主席、党组副书记、书记处书记程东红，教育部副部长、党组成员杜占元，国家新闻出版广电总局副局长、党组成员邬书林，中国科学院副院长、党组成员李静海，中国工程院副院长、党组成员樊代明，中国科协党组成员沈爱民，财政部教科文司副巡视员宋秋玲等联合实施部门有关同志参加会议。

中国科技期刊国际影响力提升计划自2012年11月启动以来，取得良好开局。通过严谨规范科学的评审，2013年共有76个科技期刊获得计划支持。

会议就中国科技期刊国际影响力提升计划的实施提出三点建议：一、紧密结合党的十八大提出的实施创新发展战略，本着求真务实的原则，在积极开展调研的基础上，出台相关配套政策支持中国科技期刊发展。二、完善领导机制，建立中国科技期刊国际影响力提升计划联合实施部门联席会议制度，加强各部门之间的联系与沟通，研究探索新经验、新方法。三、更加广泛征求相关科学家和期刊研究专家的意见和建议，进一步完善评价体系，为推动中国科技期刊国际影响力提升计划的稳步发展打好基础。

与会代表认为，中国科技期刊国际影响力提升计划由中国科协、财政部、教育部、国家新闻出版广电总局、中国科学院、中国工程院等六部门联合实施，是贯彻落实中央“打造具有国际专业水平的学术期刊等高质量学术交流平台”指示精神的重大举措，力度空前。参选期刊覆盖学科范围广，在中国科技界、期刊界引起了积极反响。这是中国科技期刊事业的一件实事，为中国科技期刊跻身世界一流期刊打造了一个良好的平台。他们建议，中国科技期刊国际影响力提升计划的实施，要立足于国家战略的角度，为创新驱动发展战略做出贡献。同时，要实事求是，注重积累，逐年提高中国科技期刊的质量，为中国科技期刊国际影响力的逐步提升打下坚实的基础。

**【第九届中国科技期刊发展论坛】** 9月26～27日，由中国科协、国家新闻出版广电总局和浙江省人民政府联合主办，浙江省科协、浙江省新闻出版局和浙江大学共同承办的第九届中国科技期刊发展论坛在浙江省杭州市召开。本届论坛的主题为“创新驱动服务科技——中国科技期刊的新挑战”。国家新闻出版广电总局副局长阎晓宏、浙江省人民政府副省长毛光烈出席开幕式并致辞。全国人大常委会委员、国家自然科学基金委主任、中国科学院院士杨卫，中国科协荣誉委员、中国科学院院士陈运泰，中国科学院院士段树民，中国工程院院士李兰娟、陈宗懋、贲德等出席会议。中国科协党组成员沈爱民主持开幕式。

来自全国各地科技期刊界的专家、学者与部分国际著名科技期刊机构的海外代表共600多人参加会议。

国家自然科学基金委主任、中国科学院院士杨卫，全国政协常委、复旦大学教授葛剑雄，《细胞》(*Cell*) 总编、细胞出版社首席执行官 Emilie Marcus、全球学术出版协会执行总裁 Audrey Mcculloch 分别作了题为《构筑创新驱动的全球公益源》、《期刊的文化使命》、《期刊在推动科学发展中的作用》、《美国和欧洲开放存取的新政策》的大会主报告。陈运泰主持大会主报告。

大会主报告结束后，举行了主题为“创新驱动　服务科技——中国科技期刊的新挑战”的高峰论坛，以及“科技期刊国际化建设”、“科技期刊改革与产业发展”、“技术创新与学风建设”等3个专题论坛，对科技期刊发展中的关键问题和热点难点问题开展研讨并提出对策建议。大会共收到100多篇学术论文和一批书面提案报告。论坛还发表了以“驱动创新、服务科技”为主题的第九届中国科技期刊发展论坛《杭州倡议书》。

**【深入实施精品科技期刊工程】** 2013年，继续深入推进精品科技期刊工程，优化资助结构，加大实施力度，年度累计支持中文科技期刊141种，努力打造中文精品科技期刊。同时，强化项目管理，重视刊群建设，努力提升科技期刊的总体质量和水平，积极探索符合我国科技期刊发展的管理与运作机制，推动中国科协科技期刊的整体学术水平和国际影响力不断提升。

2013年度精品科技期刊工程增加项目经费1000万元，通过专家评审，评选出新增期刊学术质量提升项目52项，期刊出版人才培育项目12项，新增项目支持周期为两年。至此，精品科技期刊培育计划累计支持6类项目，包括期刊学术质量提升项目97项、期刊出版质量提升项目20项、引进优秀出版人才项目5项、期刊数字出版建设项目5项、期刊资源集约建设项目3项、建立期刊国际培训机制项目11项。项目结构进一步优化，布局更加合理，既有面上支持，又有重点突破，有利于进一步提高项目实施质量和效益。

为进一步提高中国科协精品科技期刊工程项目实施质量和效益，结合《中国科协办公厅关于开展中国科协“十二五”事业发展规划实施情况中期监测评估工作的通知》的要求，中国科协开展精品科技期刊工程项目中期检查和评估工作，对2012年度77项支持项目通过答辩方式进行检查评估。经专家评审，各项目均通过了中期检查，获得了延续支持。在此基础上，学会学术部对项目的组织实施情况、任务目标完成情况、项目实施效益、存在的问题进行了全面、系统的梳理和总结，并对下一步的工作思路和目标要求进行展望，提出了相关的建议和改进措施。

为更好地宣传中国科协优秀中文科技期刊的先进事迹，推广先进的办刊经验，系统凝练和集中展示我国中文科技期刊的最佳实践和取得的积极进展，进一步激发中国科协所属全国学会主办科技期刊加强能力建设的积极性和创造性，中国科协出版《中国科协精品科技期刊典型事例汇编》一书，收录中国科协2012年精品科技期刊培育计划80项典型事例，包括期刊学术质量提升项目、期刊出版质量提升项目、期刊出版人才培育项目、期刊数字出版建设项目和期刊资源集约建设项目等。

**【13种中国科协期刊获第三届中国出版政府奖】** 第三届中国出版政府奖于1月2日在北京正式揭晓。13种中国科协科技期刊获得期刊奖或期刊奖提名奖，中国科协直属单位科技导报社获先进出版单位奖，中国科协主管期刊《化工学报》编辑部赵颖力获优秀出版人物奖。

在获得第三届中国出版政府奖期刊奖的10种科技类期刊中，《航空知识》、《石油学报》、《化工学报》、《中华儿科杂志》、《纳米研究》(英文版)、《细胞研究》(英文版) 和《地球物理学报》等7种中国科协科技期刊获奖，占获奖科技类期刊的70%；其中，前4种为中国科协主管期刊。在获期刊奖提名奖的20种科技类期刊中，《系统工程理论与实践》、《植物学报》(英文版)、《中医杂志》、《暖通空调》、《中国农业科学》、《气象学报》等6种中国科协科技期刊获奖，其中，《系统工程理论与实践》为中国科协主管期刊。在获得期刊奖或提名奖的13种中国科协科技期刊中，有9种期刊获“中国科协精品科技期刊工程”或“中国科技期刊国际影响力提升计划”资助。

中国出版政府奖是中国新闻出版行业的最高奖，自2007年开始，每3年评选一次，旨在表彰和奖励国内新闻出版业优秀出版物、出版单位和个人。本届中国出版政府奖共评出236个出版物、单位或人物奖。此外，还评选出中国出版政府奖提名奖229个。

**【中国科技论坛】** 2013年共举办7期中国科技论坛。论坛围绕云计算、纳米材料、海水淡化等热点领域，以领域聚焦、视角多元、观点独立、成效务实为主要特征，针对制约我国经济社会发展重大科学问题组织跨学科、跨部门学术研讨，推动产学研协同创新、合作创新和集成创新。

5月19日，由中国科协主办，中国电子学会承办，国家发展和改革委员会能源研究所、英特尔（中国）有限公司、西安节能协会、西安市节能监察监测中心协办的第二十五次中国科技论坛——绿色ICT促进中国低碳经济发展科技论坛在陕西省西安市召开，来自产、学、研、政4个方面的特邀专家，关注技术发展和两化融合的各地产业主管、高耗能企业代表、行业组织代表、典型ICT技术提供商及其他专家及学者等120余人参加了会议。中国半导体行业协会第四届理事会秘书长、教授级高工、研究员徐小田，清华大学环境学院副教授，清华大学中国循环经济产业研究中心主任温宗国，四川大学建筑与环境学院副教授、荷兰Leiden大学环境科学中心访问学者王洪涛，国家发展和改革委员会能源研究所能源系统分析研究中心主任周伏秋担任本次论坛学术召集人。论坛重点围绕绿色ICT促进我国低碳经济发展为主题，探讨数字能源对于低碳经济发展的意义，特别是数字能源给传统工业和其他领域节能减排工作提供的重大机遇和效应。通过专家视点剖析中国在“十二五”期间节能减排的约束性指标与数字能源的关系；研讨国家主管部门在数字能源领域的政策导向及相关的措施手段；展示近几年ICT企业在数字能源的领域所取得的突出成果；为优秀的数字能源解决方案提供一个全面展示的平台，展示近几年在一些典型传统工业领域的能够促进其节能减排的一些国际国内的技术创新，主要聚焦于绿色数据中心、工业企业能源控制和管理、智能建筑、智能电网及绿色城市等方面。温宗国主持了论坛学术备忘录研讨。

8月17日，由中国科协主办、中国国土经济学会等承办的第二十六次中国科技论坛——我国农业现代化战略机遇和挑战论坛在哈尔滨召开。来自农业、粮食生产、粮食安全等相关领域的约100位专家、学者参加了会议。国务院参事、科技部原副部长、研究员刘燕华，中国农业大学资源与环境学院院长、教授吴文良，黑龙江省兰德国土经济研究院院长、研究员田宝强，九三粮油工业集团有限公司董事长、总经理、高级会计师田仁礼担任本次论坛学术召集人。刘燕华参事，中国国土经济学会常务理事、北京市城乡信息中心主任刘军萍，田宝强院长，黑龙江省委政策研究室副主任金维克等10余位专家围绕我国农业现代化战略机遇和挑战，保障国家粮食安全方面作了学术报告。针对产业、教学、研发和政府决策部门普遍关心的现代农业发展和国家粮食安全问题，与会专家、学者分别从宏观理论和综观产业发展以及县域微观经济社会层面进行了深入探讨。田宝强院长，黑龙江省科协副主席杨铭铎分别主持论坛学术报告和学术备忘录研讨。

8月28日，由中国科协主办，中国密码学会承办，中国密码学会密码芯片专业委员会协办的第二十七次中国科技论坛——智能卡芯片安全技术和产业发展论坛在北京召开，来自智能卡芯片学术界、产业界和检测认证机构等的专家学者以及相关政府部门领导100余人参加了会议。中国科协党组成员沈爱民、国家密码管理局副局长何良生、工业和信息化部电子信息司司长丁文武出席论坛并致辞，中国科协学会学术部副部长刘兴平主持了开幕式，公安部科技信息化局副局长马晓东、人力资源社会保障部信息中心总工程师张加会等出席会议。本次论坛聚焦我国智能卡芯片技术发展中所遇到的安全问题和智能卡芯片的产业发展，围绕“发挥自主智能卡芯片的信息保障和应用支撑作用”这一重大战略目标，邀请了包括6位院士在内的30多位产、学、研方面的专家学者，从智能卡芯片现状及发展思路、安全技术和应用现状、市场分析、密码检测标准与技术、攻击和防护技术、全球芯片安全技术发展的趋势等方面进行了研讨和交流，力求各方达成共识，提出发展建议和对策，推动该领域的自主创新和科学发展。论坛采取报告和讨论相结合的形式，安排特邀报告7篇。大会结束后，专家们又进行了专门的研讨，针对我国智能卡安全技术和行业发展献计献策，形成了科技工作者建议。北京信息科学技术研究院蔡吉人院士、清华大学微电子与纳电子学系主任魏少军教授、北京信息科学技术研究院楠亚丁高级工程师、北京中电华大电子设计有限责任公司董浩然总经理作为论坛学术召集人分段主持了特邀报告和学术讨论。

10月16日，由中国科协主办，中国海洋学会、国家海洋局天津海水淡化与综合利用研究所承办的第二十八次中国科技论坛——海水淡化与海岛供水安全学术会议在天津市召开。来自海洋科技领域的专家学者，国家海洋局相关领导，部分沿海省市海洋与渔业厅、海洋局以及部分高校、科研院所、企业代表100余人参加了会议。中国工程院院士高从堦、国家海洋局天津海水淡化与综合利用研究所总工阮国岭、天津膜天膜技术有限公司总工戴海平、国家海洋局第三海洋研究所海岛中心主任陈庆辉担任本次论坛学术召集人。中国科协学会学术部副部长刘兴平、中国海洋学会常务副理事长兼秘书长雷波、国家海洋局海岛管理司司长吕彩霞、国家海洋局天津海水淡化与综合利用研究所所长李琳梅等出席论坛并致辞。本次论坛围绕当前海岛海水淡化技术、产业及海岛地区水资源保障中的热点问题，邀请产、学、研、政四个方面的专家学者，从海水淡化与海岛开发、海水淡化技术基础研究、海水淡化装备材料应用、海水淡化自主创新和产业化、海水淡化与环境问题、超滤技术应用、国产反渗透膜应用、可再生能源与海水淡化耦合、海岛水资源规划等不同角度进行了深入的研讨和交流。论坛采取报告和讨论相结合的形式，安排主题报告4个、技术报告5个。大会期间，专家学者们就论坛学术备忘录内容与起草相关工作进行了专题研讨。

10月24日，由中国科协主办，南京理工大学承办的第二十九次中国科技论坛——纳米材料与纳米结构应用和发展科技论坛在江苏省南京市召开，来自从事纳米材料、纳米金属材料研究和应用的专家学者、国家有关管理部门代表110余人参加了会议。沈阳材料科学国家（联合）实验室主任、中国科学院院士卢柯，工信部赛迪研究院党委书记、高级工程师宋显珠，江苏法尔胜泓昇集团有限公司总工程师刘礼华，南京理工大学材料科学与工程学院院长朱运田担任本次论坛学术召集人。中国科协学会学术部副部长刘兴平、南京理工大学副校长钱林方等出席论坛并致辞。纳米材料在各行业有着广泛的应用前景，我国在纳米技术领域面临着激烈的国际竞争。论坛共有12位专家就纳米材料研究中的热点问题以及应对策略做了相关报告。卢柯院士阐述了金属材料表面纳米化研究进展、金属表面纳米化技术的应用前景和存在的问题。香港城市大学科学与工程学院院长、法国国家技术科学院院士吕坚讲解了纳米钢应用及未来发展趋向。南京理工大学科协常务副主席沈家聪教授、南京理工材料学院副院长王经涛教授及中科院金属所卢磊研究员、卢柯院士及吕坚院士分段主持了论坛所有板块和学术备忘录研讨。

11月22日，由中国科协主办，海南省科协、海南南海经济技术研究院承办，海南省三亚市海洋与渔业局、海南大学海洋学院协办的第三十次中国科技论坛——海洋农业的转型与发展论坛在海南省海口市召开。中国科协党组成员沈爱民出席本次论坛并致辞。中国水产科学研究院南海水产研究所渔业工程研究室主任、研究员郭根喜，海南大学海洋学院院长、教授陈国华，中国水产科学研究院渔业机械仪器研究所所长、首席科学家徐皓，海南省海洋与渔业厅总工程师潘骏担任本次论坛的学术召集人。来自从事海洋农业研究和相关工作的专家、学者以及相关政府部门领导100余人参加了会议。本次论坛聚焦我国海洋农业转型发展，邀请了20多位产、学、研、政方面的专家、学者与领导，围绕海洋生态保护与海洋农业发展、海洋农业的转型与升级、海洋农业科技保障体系、海洋农业体制机制创新等相关议题进行了研讨和交流，力求达成各方共识，提出发展建议和对策，推动海洋农业科技领域的自主创新和科学发展。论坛采取特邀报告、现场提问和讨论相结合的形式，安排特邀报告14个。郭根研究员、陈国华作为论坛学术召集人分段主持了特邀报告和学术讨论。

11月27日，由中国科协主办，中国汽车工程学会承办的第三十一次中国科技论坛——车联网产业技术论坛在北京国家会议中心召开。中国汽车工程学会副秘书长葛松林博士，清华大学汽车系主任李克强教授，东风汽车公司技术中心研究部长白傑博士，中国电子科技集团第54研究所副总工蔚保国博士担任本次论坛学术召集人。来自汽车、通信、软件、交通等领域的领导、技术研发专家、学者以及媒体代表共计约100人参加了会议。论15位专家围绕“车联网的技术应用”、“车联网技术合作发展”等相关主题作了相关报告，对车联网技术的最新应用前景也进行了分析说明。其中宝马中国服务公司副总裁Thomas Kiesewetter阐述了移动互联驾驶技术的研究进展，具体说明了其技术服务在中国的应用前景和存在问题。清华大学苏州汽车研究院院长成波教授从多个方面讲解了车联网智能车载终端未来发展趋势。葛松林博士、华晨汽车工程研究院电气部部长詹德凯及李克强教授分段主持了论坛所有版块和学术备忘录研讨。

**【青年科学家论坛】** 2013年，共举办15项青年科学家论坛。论坛围绕青年科技工作者关注的学科领域，根据青年科技工作者特点举办学术研讨活动，进一步提高青年科技工作者的学术水平，为培养未来的学术带头人和杰出的科学家铺路搭桥。论坛已连续举办18年共276期，得到青年科技工作者的欢迎和认可，成为我国青年创新人才脱颖而出的重要平台。

由中国科协主办，重庆材料研究院、北京化工大学承办的中国科协第262次青年科学家论坛于7月8～10日在北京化工大学举办。论坛的主题是“多学科交融的功能材料发展前沿”。此次论坛以“功能材料与环境、资源、能源的交互问题”为主题。论坛由北京化工大学教授张立群、西安交通大学教授单智伟、华北电力大学教授李美成、哈尔滨工业大学教授朱嘉琦担任执行主席。来自全国各地功能材料领域的高校、科研院所、企事业单位共40多个单位100余名专家、学者参加了讨论。论坛围绕功能材料的发展与国家重大需求相结合、功能材料与资源交互问题及发展方向、功能材料与环境交互问题及发展方向、功能材料与能源交互问题及发展方向等4个议题展开讨论。论坛彰显了“功能材料种类多、应用广、多交融性”的特点，40多位青年科学家的报告中交流了生物工程技术、能源技术、纳米技术、环保技术等关系国民生计、国防建设的功能材料研发项目的研究和进展。

由中国科协主办，中国力学学会、宁波大学承办，浙江大学、西安交通大学、中国科学院力学研究所协办的第263次青年科学家论坛于8月9～12日在宁波大学举行。本次论坛主题为“智能材料与结构的多场耦合力学”。本次论坛邀请了来自浙江大学、西安交通大学、中国科学院力学研究所、宁波大学、西北工业大学、北京大学、华中科技大学、北京理工大学、哈尔滨工业大学、中国科技大学、兰州大学、西南交通大学、暨南大学、同济大学、湖南大学、北京交通大学、大连理工大学、湘潭大学及中国工程物理研究院等与该主题密切相关的高校、研究院所的青年学者70余人。青年学者们齐聚一堂，共同探讨关于“智能材料与结构的多场耦合力学”领域中的关键科学问题。论坛执行主席由宁波大学杜建科教授、浙江大学陈伟球教授、西安交通大学申胜平教授和中国科学院力学研究所陈少华教授共同担任。论坛围绕着“智能材料与结构的多场耦合力学”这一主题展开，青年学者面对面开展了深入广泛的学术交流研讨。重点针对“智能材料的疲劳与断裂力学”、“纳米力学与多尺度方法”、“表面界面力学”及“智能材料与结构力学”等科学问题开展了深入的学术讨论和交流。

由中国科协主办，中国水产学会和中国科学院水生生物研究所承办的中国科协第264次青年科学家论坛于11月16～17日在湖北省武汉市召开。本次论坛的主题为“水产动物育种与生物技术”。本次论坛有来自中国科学院水生生物研究所、中国科学院海洋研究所、中国科学院重庆绿色智能院、中国水产科学研究院、黄海水产研究所、长江水产研究所、水利部中科院水工程生态研究所、厦门大学、中山大学、华南理工大学、西南大学、华中农业大学、湖南师范大学、中国海洋大学、山东农业大学、上海海洋大学、海南大学、北京水产研究所、东京海洋大学等30多个单位近100名青年学者参会，其中邀请代表35位。本次的论坛执行主席由中科院水生所孙永华研究员、中国水产科学研究院徐鹏副研究员、中山大学张勇副教授和水科院黄海水产研究所王娜副研究员共同担任。论坛围绕“水产动物育种与生物技术”这一主题展开，大会设立基因组学与分子选育、功能基因与设计育种、染色体操作与性控育种和免疫与抗病抗逆育种等4个专题。水生所殷战研究员作了题为“鱼类生长和繁殖的内分泌调控”的大会特邀报告，35名青年学者分别作大会报告。与会的青年学者们共同探讨了基因组时代水产生物技术研究的最新进展及其在水产动物育种中的应用。

由中国科协主办，中国密码学会承办，中国科学院软件研究所可信计算与信息保障实验室、北京双洲科技有限公司协办的第265次青年科学家论坛于11月23～24日在中国科学院软件研究所举行。本次论坛的主题为“面向云计算的密码新技术”。论坛执行主席分别由中国科学院软件研究所张振峰研究员、中山大学张方国教授、西安电子科技大学陈晓峰教授、福建师范大学黄欣沂教授担任。本次论坛邀请了来自中国科学院软件研究所、中山大学、西安电子科技大学、福建师范大学、上海交通大学、北京航空航天大学、清华大学、广州大学、华东师范大学、北京邮电大学、信息工程大学、华中科技大学、电子科技大学、暨南大学、南京师范大学、中国科学院信息工程研究所、北京科技大学、中国电子信息安全研究院、商用密码检测中心、北京双州科技股份有限公司、成都卫士通信息产业股份有限公司、上海格尔软件股份有限公司、北京国富安电子商务安全认证公司等40余家密码研究机构、高校、企业应用单位的青年专家学者、科研技术人员及在校博士等170余人参加，共同探讨面向云计算的密码理论和应用所面临的新问题。本次论坛的主题是当前密码学研究的热点问题，也是云计算安全和发展中的核心问题。论坛围绕面向云计算的密码新理论和云安全所面临的密码新问题，开展了系统深入的学术研讨，重点聚焦云数据完整性证明与可验证计算，可检索加密，基于属性加密与云计算访问控制，代理重加密与云计算数据分享，密码方案的安全外包计算，云计算密钥管理，云计算安全建设实践等议题进行研讨。

由中国科协主办，中国药科大学承办的中国科协第266次青年科学家论坛于11月26～27日在江苏省南京市召开。论坛主题为“创新复方药物发现与质量评价关键技术研究”。论坛邀请了来自中国药科大学、浙江中医药大学、中国科学院昆明植物研究所、中国科学院上海药物研究所、清华大学、湖南中医药大学、南京中医药大学、天士力集团股份有限公司、江苏康缘药业股份有限公司、解放军302医院、江苏弘惠医药集团、上海绿谷制药有限公司、江苏省人民医院等全国20多个单位的产、学、研及临床一线的60余位中医药相关领域的青年专家学者前来参加。执行主席由浙江大学范骁辉教授、湖南中医药大学蔡雄教授、解放军302医院鄢丹副研究员和中国药科大学齐炼文教授共同担任。本次论坛围绕主题，就医产学研联动的中药新药研发和中药创新复方药物研发关键科学问题两个议题展开了深入广泛的探讨，就创新复方药物研发在医、产、学、研多个方面的研究进展、难点问题及各自关心的问题，阐明各自观点、达成多项共识。

由中国科协主办、中国抗癌协会承办的中国科协第267次青年科学家论坛暨乳腺癌个体化诊治论坛于11月23～24日在天津市召开。论坛执行主席由天津医科大学肿瘤医院刘红教授、上海复旦大学肿瘤医院柳光宇教授、北京解放军307医院王涛教授、哈尔滨医科大学附属第二医院郭宝良教授共同担任，来自北京、天津、上海、广东、重庆、江苏、浙江、山东、山西、河南、河北、云南、黑龙江、吉林、辽宁、内蒙古、陕西、新疆、江西等各地逾百名青年专家、学者参加了本次论坛。本次论坛以“关注个体化诊治前沿进展，加强中青年学术交流”为宗旨，涉及乳腺肿瘤病理、影像及乳腺肿瘤外科、内科、放疗学等多个学科领域，针对国家科技中长期发展规划中的重大医学问题，紧紧围绕“个体化”这一核心，对乳腺癌诊治的热点问题进行了深入探讨，同时针对青年医务工作者从医过程中所面临的压力和困惑进行了现场问卷调查和个人经验分享。

由中国科协主办，东北大学承办的第268次青年科学家论坛于12月7～8日在辽宁省沈阳市举行。本次论坛主题为“深部开采岩石动力学发展前沿”。由东北大学教授朱万成、中国科学院武汉岩土力学研究所研究员周辉、四川大学教授戴峰和中南大学教授周子龙担任执行主席。论坛邀请了来自中国科学院武汉岩土力学研究所、上海交通大学、中南大学、武汉大学、重庆大学、四川大学、大连理工大学、山东大学、中国矿业大学、北京理工大学、北京科技大学、中国矿业大学（北京）、中国石油大学（北京）、河海大学、解放军理工大学、太原理工大学、辽宁工程技术大学、安徽理工大学、成都理工大学、大连大学、河南理工大学、黑龙江科技大学、江西理工大学、洛阳理工学院、南京工业大学、山东科技大学、山东建筑大学、沈阳建筑大学、武汉科技大学、西安科技大学、西安建筑科技大学、西南科技大学、中国核电工程有限公司、沈阳大学等30多个高校、研究院所的近100位青年专家、学者参会。本次青年科学家论坛围绕着“深部开采岩石动力学的发展前沿”领域中的关键科学问题，针对岩体动力学特性及其工程应用基础、深部岩体动力灾害机理与分析预测，及深部矿山动力灾害的监测与预警3个关键性问题开展学术研讨，总结岩石动力学的发展现状与趋势，认清岩石动力学应用于采矿工程实践所面临的挑战，并确立面向深部岩体工程应用的岩石动力学的研究目标，形成在该领域发展方向上的统一认识，推进我国岩石动力学及其在深部矿山灾害预测分析中的应用，为国家矿山安全开采等相关的政策和法规的制定提出指导性建议。

由中国科协主办，中国复合材料学会承办的中国科协第269次青年科学家论坛于12月7～8日在北京市举办。论坛主题为“新型纳米填料增强热塑性弹性体复合材料研究”。论坛执行主席由国家纳米科学中心张忠研究员、航天科技创新研究院曹海琳教授、西北工业大学殷小玮教授、中科院宁波材料技术与工程研究所范欣愉研究员共同担任。本次论坛邀请了来自国家纳米科学中心、西北工业大学、中科院化学所、清华大学、哈尔滨工业大学、北京大学、北京航空航天大学、浙江大学、上海飞机制造有限公司、同济大学、上海大学、中国科学院苏州纳米技术与纳米仿生研究所、西南石油大学、上海交通大学等30家科研机构、高校及企业单位的青年专家、学者60余人参加了此次论坛活动。本次论坛围绕“纳米智能复合材料”的研究和应用，具体聚焦新型纳米填料与高性能树脂基体；纳米填料表界面处理与分散；先进纳米复合材料多物理场响应特性及其应用；先进复合材料的工业化应用4个方面的议题进行了探讨。

由中国科协主办，中国公路学会承办的中国科协第270次青年科学家论坛于12月7～8日在北京市举行。论坛主题为“在役桥梁安全运营保障”。论坛执行主席由中交公路规划设计院教授级高工裴岷山、交通运输部公路科学研究院研究员李万恒、江西省交通科学研究院研究员江祥林、重庆交通大学教授周建庭担任。论坛邀请了交通运输部公路科学研究院、江苏省交通科学研究院、清华大学、北京交通大学、长安大学、中交公路规划设计研究院、辽宁省交通规划设计院等公路在役桥梁安全科研、教学、设计、施工等领域共48家单位、80多位青年专家、学者参会。与会代表齐聚一堂，围绕我国公路在役桥梁结构安全检测与评估新技术、新方法，维修与加固新技术、新工艺、新材料，以及长大跨径桥梁健康监测与养护管理技术的发展趋势等话题，展开了多视角、多层面的讨论。在役桥梁运营安全保障是一个世界性难题，国内、外众多桥梁安全事故表明，真正找到影响桥梁结构安全的原因，找到在役桥梁运营状态进行长期检测与监测的技术手段，找到合适的旧桥维修与加固技术方案，出现安全事故后的应急处置等，都需要强有力的技术支持。此次在役桥梁安全运营保障技术论坛以讨论为主，设置检测与评估、维修与加固、健康监测及养护管理等主题。

由中国科协主办，南昌大学第二附属医院承办的第271次青年科学家论坛于12月13～15日在南昌大学第二附属医院举办。本次论坛主题为“睡眠呼吸暂停的多学科联合治疗”。论坛执行主席由南昌大学第二附属医院刘昊副教授、安徽医科大学第一附属医院陈贵海教授、吉林大学第一医院王赞教授、九江学院附属医院聂红兵教授共同担任。本次论坛邀请了来自上海华山医院、安徽医科大学第一附属医院、吉林大学第一医院、九江学院附属医院、河南中医学院附属医院、贵阳医学院附属医院、宜春市人民医院、新余市人民医院、中山大学第一附属医院、云南省精神病院、萍乡市人民医院、鹰潭市人民医院、合肥市第四人民医院、厦门市第二医院、浙江大学出版社、南昌大学第二附属医院、南昌大学第一附属医院、江西省人民医院、江西省胸科医院、江西省精神病医院、南昌市第三人民医院、南昌市精神病院、丰城矿务局医院等23个单位以及南昌大学在读博士生、硕士生近100余名青年专家、学者齐聚南昌大学第二附属医院，共同探讨睡眠呼吸暂停领域中的关键科学问题。本次论坛围绕“睡眠呼吸暂停的多学科联合治疗”这一主题展开，重点针对“多导睡眠监测（PSG）及其他影像技术在睡眠呼吸紊乱诊断中的地位及作用”、“SAS 与心脑卒中”、“SAS 与认知功能”、“SAS 与睡眠—觉醒障碍”、“SAS 的手术干预及效果评估”、“家用呼吸机的使用和管理”六个方面议题做了最新进展论述和总结，引发了与会学者的广泛交流与讨论，是一个大开思路、受益匪浅的过程。

由中国科协主办、中国医学科学院阜外心血管病医院、大连医科大学附属第一医院承办的中国科协第 272 次青年科学家论坛于 11 月 29 日 ~ 12 月 1 日在辽宁省大连市举办。论坛主题为“MicroRNA 靶向调节在动脉粥样硬化发病机制中的作用”。本次论坛执行主席由中国医学科学院唐熠达教授、大连医科大学附属第一医院夏云龙教授、华中科技大学生命科学与技术学院涂欣教授、厦门大学附属第一医院黄峥嵘教授担任，论坛邀请了来自北京大学医学部、中国科学院、中国医学科学院阜外心血管病医院、上海复旦大学中山医院、上海交通大学附属瑞金医院、哈尔滨医科大学、首都医科大学附属安贞医院等 20 余家单位，66 名青年专家、学者参加了会议。来自全国科研院所、大专院校的青年专家，以及在校博士生、硕士生、科研技术人员共计 80 余人列席了会议。论坛邀请 24 名青年专家、学者做主题报告，内容涉及血管钙化、免疫炎症与高血压、生物信息学预测心血管相关 MicroRNA、治疗心肌梗死的新型药物、干细胞向血管分化、长非编码 RNA、常见人类疾病的遗传分析策略、心肌纤维化等议题进行了深入讨论。大家主要针对如下缺血心肌的血管新生、缺血心肌的代谢与免疫、缺血心肌的基因遗传学特点以及心肌缺血后心电生理变化与转归 4 个版块进行发言和讨论。

由中国科协主办，西北工业大学、全国塑性工程学会青年工作委员会承办的中国科协第 273 次青年科学家论坛于 11 月 29 日 ~ 12 月 1 日在陕西省西安市召开。本次论坛的主题是“高性能轻量化构件精确成形制造理论与技术”。论坛执行主席由西北工业大学詹梅教授、华中科技大学周华民教授、华东交通大学黄志超教授共同担任。论坛邀请了来自清华大学、上海交通大学、哈尔滨工业大学、华中科技大学、山东大学、大连理工大学、西安交通大学、北京科技大学、吉林大学、上海宝钢钢铁研究院、中国重型机械研究院、西部金属材料有限公司等 23 个单位的 50 余位青年专家、学者参加。论坛围绕主要针对“板 / 管材先进成形理论、技术与应用研究”，“先进体积成形理论、技术与应用研究”，“先进复合材料成形理论、技术与应用研究”等议题，对“高性能轻量化构件精确成形制造理论与技术”领域的热门与前沿研究课题、新技术新方法、关键问题、主要技术瓶颈和发展趋势进行了探讨与交流，展开了深入探讨。

由中国科协主办，北京大学肿瘤医院、中国人民解放军总医院、天津医科大学附属肿瘤医院共同承办的第 274 次青年科学家论坛于 12 月 14 ~ 15 日在北京市举办，本次论坛主题为“中国早期胃癌的研究热点与行业规范”。本次论坛邀请了来自中国医学科学院肿瘤医院、复旦大学附属中山医院、第二军医大学附属长海医院、重庆医科大学附属第一医院、内蒙古医科大学附属医院、河北医科大学附属第四医院、天津医科大学附属肿瘤医院、山东大学齐鲁医院、北京大学第一医院、北京大学人民医院、北京大学第三医院、大连医科大学附属第一医院、山东省立医院、卫生部北京医院、北京中日友好医院、浙江省肿瘤医院、首都医科大学附属北京友谊医院、北京朝阳医院、哈尔滨医科大学附属肿瘤医院、中国人民解放军总医院等 32 个单位的 60 余名青年专家学者与会。论坛执行主席由北京大学肿瘤医院步召德、吴齐，天津医科大学附属肿瘤医院潘源、中国人民解放军总医院卫勃共同担任。本次论坛与会科学家包括了消化内科、内镜、病理、流行病、外科等多个方面的学者，与会学者就早期胃癌的各个方面，从筛查、内镜诊断、内镜治疗、病理诊断和外科手术等方面，进行了深入的研讨。

由中国科协主办、中国石油大学（北京）承办的中国科协第 275 次青年科学家论坛于 12 月 16 ~ 17 日在北京市举行。中国石油大学（北京）赵昆教授、中国科学院物理研究所许秀来教授、天津大学韩家广教授、上海理工大学朱亦鸣教授担任本次活动的执行主席。本次论坛主题为“油气光学的研究与进展”。本次论坛邀请了来自中国石油大学（北京）、中国石油大学（华东）、天津大学、中国科学院物理研究所、上海理工大学、山东大学、北京理工大学、中国地质大学（北京）、天津理工大学、中国计量科学研究院、西北大学、中国农业大学、中央民族大学等单位的 50 余位青年专家、学者参加。油气光学是针对国家重大需求，在石油与天然气工程、矿产普查与勘探、地球探测与信息技术、石油化工以及材料科学与工程、物理学、光学工程等学科发展与支持的基础上建立起来的一个新兴交叉领域。该学科站在国际前沿，以引领行业创新为目标，开展油气物质光学性质的应用基础研究以及光学方法在油气领域应用的重大关键技术、前瞻性技术研究。与会专家针对我国当前油气光学领域的发展趋势，就油气资源太赫兹探针表征与评价、油气资源新型光探测材料与器件、复杂油气井光纤传感与测控等议题的最新进展进行了论述。

由中国科协主办、北京大学深圳研究生院环境与能源学院承办的中国科协第276次青年科学家论坛于12月21～22日在北京大学深圳研究生院召开。本次论坛主题为“生物电化学系统前沿与应用”。论坛邀请了来自北京大学、香港大学、台湾国立宜兰大学、哈尔滨工业大学、南方科技大学、深圳大学、中国科学技术大学、南京工业大学、南京理工大学、西安交通大学、武汉科技大学、华南理工大学、江苏大学、中国石油大学、中国地质大学、合肥工业大学、江西师范大学、长春工程学院、太原理工大学、华侨大学、长沙理工大学、东南大学、厦门大学、同济大学、中科院城市环境研究所、中科院长春应用化学研究所、广东省微生物研究所、广东省生态环境与土壤研究所等两岸三地的30多个高校、研究院所的近百位青年专家、学者参会，共同探讨“生物电化学系统前沿与应用”领域中的关键问题。论坛的执行主席由北京大学陶虎春副教授、哈尔滨工业大学王爱杰教授、广东省生态环境与土壤研究所周顺桂研究员、中国科技大学穆杨教授共同担任。本次论坛围绕“生物电化学系统前沿与应用——从胞外电子传递到生物技术应用”这一主题，针对“嗜电极微生物及其电子传递机制”、“生物电化学系统的功能化”、“电极等关键材料”、“系统优化与放大”等主要议题展开了深入讨论。

**【海峡两岸青年科学家学术活动月活动】** 2013年，海峡两岸青年科学家学术活动月活动组织两岸科技工作者，围绕海峡两岸环境永续发展、南海渔业资源养护和共同开发等5项两岸科技工作者关注的学科领域开展学术交流研讨活动，促进两岸学术建设，推动大陆与台湾的青年科学家建立合作关系，增进友好情谊。

由中国科协主办，中国植物病理学会牵头承办的中国科协2013海峡两岸青年科学家学术活动月启动仪式——海峡两岸植物病理学青年科学家论坛于9月2～3日在北京西郊宾馆召开。9月2日，隆重举行了“中国科协2013海峡两岸青年科学家学术活动月”启动仪式。启动仪式由中国科协学会学术部副部长宋军主持，中国科协书记处书记张勤、中国科协交流部副部长陈剑、中国农业大学副校长李召虎教授、中国植物病理学会理事长郭泽建教授、中华植物病理学会代理事长张清安教授等领导出席启动仪式并讲话。来自大陆和台湾的专家学者及青年学生160余人参加了此次论坛。论坛收录学术论文摘要35篇。本次论坛为期两天，共分为7个单元，分别由张清安代理事长、王宗华副理事长、王锡锋副理事长、詹富智秘书长、韩成贵秘书长、陈昭莹教授、黄丽丽教授、李国庆教授、罗朝村教授、李宝华教授、张雅君教授等主持。论坛邀请了18位台湾植物病理学专家及14位大陆植物病理学专家作专题报告。

由中国科协主办，中华医学会、浙江大学医学院附属第二医院、中华医学会急诊医学分会、中华急诊医学杂志社共同承办的中国科协2013海峡两岸青年科学家学术活动月——海峡两岸急诊医学青年科学家论坛于9月27～29日在浙江省杭州市召开。来自海峡两岸急诊医学界人士集聚一堂，相互交流，切磋学术。中国科协学会学术部副部长刘兴平、中华医学会、浙江省医学会、中华医学会急诊医学分会等专家出席开幕式并致辞。来自大陆、台湾和香港的专家学者300余人参加了此次论坛，其中来自台湾的学者20余人。本次论坛旨在围绕两岸急诊医学共同关心的21世纪新形势下学科建设难点、热点进行交流、研讨，以期通过这个重要平台，进一步推进两岸急诊医学青年科学家的相互了解、联系和合作。论坛为期两天，共邀请20余位大陆、台湾的知名专家学者作特邀报告，本次论坛主题报告分为4部分，分别围绕不同议题展开。两岸专家学者们就医学教育、急诊学科建设、院前急救和分级转诊、急诊危急值管理、严重创伤救治、气道管理、心肺脑复苏、重症感染等主题分别进行学术交流。

由中国科协主办，中国环境科学学会承办的中国科协2013海峡两岸青年科学家学术活动月——海峡两岸环境永续发展研讨会于9月22～23日在北京召开。中国环境科学学会副理事长陆新元教授、秘书长任官平教授，中国科协学会学术部副部长刘兴平，环境保护部环境工程评估中心总工梁鹏教授，环境保护部固废中心主任胡华龙教授，台湾环境永续发展基金会顾问陈俊明教授，台湾环境永续发展基金会董事李泽民等出席会议开幕式并致辞。来自海峡两岸青年专家学者120余人参加了此次研讨会。本次研讨会以“环境”为主题，重点探讨“固体废物管理”、“场地修复”以及“环境影响评价”三个当前环境前沿热点问题。会议安排主旨报告4个，分别由台湾环境永续发展基金会陈俊明教授、环境保护部固体废物中心张俊丽博士、环境保护部环境工程评估中心梁鹏总工、台北昆山科技大学张穗萍教授作报告。从两岸污染场地修复、环境影响评价的政策，管理方案以及合作基础等方面进行了报告。会议还设置了固体废物管理、废弃工厂场地及地下水污染调查以及环境影响评价工作的交流等3个学术交流分会场。通过此次研讨会两岸青年专家学者齐聚一堂，与会者们一致认为：第一，在固体废物管理方面，鉴于大陆目前正兴建垃圾焚化厂，台湾相关的运营管理模式值得大陆借鉴和参考。如通过法律法规、制定三级管理制度等有效的降低污染排放；通过各项硬件设施保证与软性措施管理等。第二，整治污染场地和解决地下水污染方面，大陆也可以向台湾借鉴。如建立法规制度；建立“土污基金”制度；建立地下水监测井维护与管理制度；建立工业区分级灯号预警管理制度等底单等。

由中国科协主办，中国水产学会承办，台湾水产学会、福建省水产学会、福州市海洋与渔业局、福州市科协和福州市水产学会共同协办的中国科协2013海峡两岸青年科学家学术活动月——海峡两岸海洋渔业资源养护和共同开发青年科学家学术研讨会于9月13～14日在福建省福州市举办。本次研讨会旨在加强两岸海洋渔业资源领域的青年科技工作者交流学术进展，促进两岸科技合作，会议以“共同提升海洋资源养护、管理和利用水平”为主题，共同探讨海洋渔业资源的调查、养护、评估和利用的研究进展与发展问题。来自台湾海洋大学、台湾大学、成功大学、高雄海洋科技大学、澎湖科技大学的13位台湾从事海洋渔业资源研究的青年科学家，以及来自20多个大陆水产相关高校和水产科研院所、渔业管理和科技推广单位的150余位青年科学家和科技工作者参加了研讨，会上共交流了56篇学术报告。研讨会围绕两岸海洋渔业资源养护和生态保护技术与措施、海洋渔业资源开发利用和渔业维权、两岸海洋渔业合作机制、海洋热点问题转换与长期研究机制的配合关系等4个方面展开讨论。来自中国水产科学研究院南海水产研究所、广东海洋大学、上海海洋大学和台湾海洋大学的6位青年专家作了大会报告，围绕主题就北部湾渔业资源时空变化格局、南海渔业信息采集和渔场预报、南极磷虾行为学、台湾海峡渔业资源和南海、东海渔业资源的开发利用等内容进行了研讨。专题学术研讨分两个会场进行，重点交流了东海、南海和台湾海峡海洋渔业资源养护和开发技术等领域的研究经验与成果，共同探讨了海洋渔业资源领域现状、面临的问题和解决办法，以及增进海峡两岸渔业合作的方式与途径。

由中国科协主办，中国复合材料学会承办、哈尔滨工业大学协办的中国科协2013海峡两岸青年科学家学术活动月——复合材料与桥梁工程研讨会于9月14～16日在黑龙江省哈尔滨市召开。来自复合材料领域的100余位两岸高校学者及企业代表参加了会议。与会专家围绕“复合材料与桥梁工程”这一主题，从两岸复合材料产业发展现状及未来趋势阐述出发，到土木工程复合材料研究与应用进展、纤维塑料筋增强混凝土结构研究与应用进展以及复合材料在桥梁工程应用中的构想与探索等多方面多层次的进行了研讨交流。复合材料被列为国家七大新材料产业中的三大材料之一，表明国家对复合材料的发展非常支持、重视。复合材料以其优异特性在节能环保产业、高端装备制造产业、新能源产业、新能源汽车汽车产业发挥了巨大的推动作用。交通运输业是国民经济的命脉，桥梁工程是交通运输业中的一个重要环节。因此推动复合材料在桥梁工程方面的学术交流至关重要。

**【新观点新学说学术沙龙】** 2013年共举办13期新观点新学说学术沙龙。学术沙龙围绕地球演化与全球变暖、现代兵器发展与海洋争端等13个尚未获得主流认可的学术观点搭建交流平台，为科技工作者营造多学科交叉并自由探讨学术问题的良好学术氛围。组织过程中采取召开启动会议、加强与专家沟通、严格审查会议材料等方法提高沙龙质量。

4月17日，由中国科学技术协会主办，中国茶叶学会与中国细胞生物学学会承办的第74期新观点新学说学术沙龙在浙江省杭州市举行。沙龙由中国茶叶学会名誉理事长、中国工程院院士陈宗懋，美国新泽西州立罗格斯大学杨中枢教授，湖南省农业大学刘仲华教授共同担任领衔科学家，主题为“茶与健康的科学研究”。中国工程院院士潘云鹤、沈国舫、张伯礼等来自高校、科研院所、企业界，包括茶学、医学、药学、细胞生物学、食品工程多个学科的30余位专家、学者参加了沙龙讨论。作为茶叶学科的一个探讨重点，茶与人体健康的研究内容涉及基础研究、流行病学、临床试验、新产品开发等多个领域。饮茶有利于人体健康，已得到各国科学研究的证明。过去30年中各国科学家对茶叶的保健功能进行了大量研究。发现饮茶具有预防和治疗癌症、心血管疾病、代谢综合征，神经退化性疾病的功能，但是也发现来自动物试验、流行性病学和干预试验等研究结果之间存在一定的差异。因此，需要就茶叶对人体健康和预防人体重要疾病的确切效果开展更进一步的深入研究。与会专家学者围绕“茶叶对健康的有益影响在动物学试验、人体模拟试验和流行病学试验中的结果差异探析”、“茶叶在传统医学与现代科学研究之间的定位”、“茶在中医理论中‘性’和‘味’特点划分与化学成分的关系”、“茶叶中矿物质元素（铁、钙、铝、锰、氟、稀土等）对人体健康的利弊作用”、“饮茶对营养物质吸收的影响（不同茶类、隔夜茶、女性‘三期’、饮茶量、吃茶、解酒、用餐、减肥、降脂等）”、“客观评估外源性污染物质（农药残留等）对茶叶质量安全风险的影响”等多个议题进行交流与探讨。

5月29～30日，由中国科协主办、中国人工智能学会承办的第75期新观点新学说学术沙龙在中国科技会堂举行。本期沙龙主题为“不确定人工智能前沿理论与应用”。中国人工智能学会理事长李德毅，中国工程院院士、清华大学信息学院原院长李衍达，中国科协书记处书记张勤教授担任领衔科学家。来自清华大学、武汉大学、中科院软件所等有关单位的20余位专家参加了沙龙。与会专家围绕不确定人工智能领域的相关理论和应用技术问题进行了深入研讨。

6月8～9日，由中国科协主办，中国生物医学工程学会、北京大学第三医院承办，北京市磁共振成像设备与技术重点实验室协办的中国科协第76期新观点新学说学术沙龙在京成功举行。本期沙龙主题为“脑细胞外间隙：认知科学与脑病诊治研究的新空间”，由北京大学第三医院韩鸿宾教授、北京航空航天大学樊瑜波教授、北京大学工学院任秋实教授共同担任领衔科学家。沙龙邀请了来自药学、神经生物学、神经解剖、医学技术、生物工程、数学、化学、临床神经病、精神科学、中医学等不同领域的近30名专家学者参加此次沙龙活动。与会专家系统介绍了由北京大学医学部、工学院、北京航空航天大学等跨学科团队联合攻关发明的脑细胞生存微环境检测新技术，并介绍了应用该技术在脑解剖、生理与脑病研究中的新发现。随后与会专家利用现代图书情报分析的结果，深入分析了脑科学现阶段发展中存在的瓶颈问题，明晰了以往脑科学重视神经元而忽视神经元生存微观环境的学科现状，并系统回顾了占据着脑容积20%空间的脑细胞外间隙的研究历史、研究方法和认识现状。与会专家围绕沙龙主题进行了充分的交流，通过讨论，凝练了该领域的存在技术和科学问题，为进一步的联合攻关、深入的机制探索、技术改造与未来的转化研究明确了方向，作为“神经元”学说的重要补充，脑细胞周围间隙的研究将为全面阐释脑的本质提供新的空间和方向，并将为陷入困境的国际脑病药物研发提供新途径与新思路。与会专家表示，通过此次沙龙，使大家对现代医学科学体系下脑科学本质有了新的认识，脑成像新技术的突破也将为认知科学和脑病诊治研究提供了新空间，开辟新领域与新方向。

6月14～15日，由中国科协主办，中国环境科学学会承办的中国科协第77期新观点新学说学术沙龙在北京市举行。本期沙龙主题为“城市大气环境与健康”。中国工程院院士唐孝炎、魏复盛、郝吉明共同担任领衔科学家。来自北京大学、清华大学、复旦大学、上海交通大学、北京师范大学、中国科学院大学、中国科学院生态中心、中国气象科学研究院、中国疾病预防控制中心、中国环境科学研究院、中国环境监测总站、环境保护部科技标准司、环境保护部环境规划院、环境保护部环境与经济政策研究中心、国电环境保护研究院等单位，包括环境科学、大气科学、公共卫生、流行病学、法学等多个学科的30余位专家、学者参加了沙龙讨论。目前，大气环境与健康问题是社会关注热点。本次沙龙与会专家结合城市大气环境与健康问题现状，围绕“我国主要城市群大气复合污染的特征、未来20年城市大气环境质量演变趋势”、“我国城市大气环境的健康影响或健康损失”、“空气环境质量标准”、“城市大气环境复合污染（$PM_{2.5}$、$O_3$）与健康”、“有毒有害空气污染物与健康”、“城市大气环境健康影响监测、风险评估”、“城市大气环境科学管理的困境与问题，社会经济发展目标下的大气环境管理重建”、“大气重污染情况下的预警与应急体系构建”等多个议题，在宽松、自由的交流平台上进行了深度探讨。

6月18～19日，由中国科学技术协会主办、中国兵工学会、南京理工大学联合承办的中国科协第78期新观点新学说学术沙龙在南京理工大学召开。本期沙龙主题为“现代兵器与海洋争端”。南京理工大学李鸿志院士、总装科技委马殿荣将军、南京理工大学芮筱亭教授共同担任领衔科学家。来自总装备部、海军、中科院、兵科院、有关高校及军工企业等相关领域的20多位专家参加了沙龙。我国海疆面积广阔，有渤海、黄海、东海和南海四大海域，领海周边分布朝鲜、韩国、日本、菲律宾、文莱、马来西亚、印度尼西亚、越南等八个国家，当前与部分国家的海洋争端愈演愈热。中国作为一个发展中的大国，虽然一贯奉行积极防御的战略方针，但为维护和平，保卫国家主权和领土完整，确保社会主义经济建设顺利进行，必须拥有与国家经济社会发展相适应的国家防卫能力。因此，结合现代国防科技和兵器工业研究的主要方向，探讨现代兵器技术与现代舰船有效融合，提升我国海军战斗力的问题，推动国防科技发展具有积极的现实意义。与会专家学者通过专题发言、辩论交流等方式，围绕“现代兵器在解决海洋争端中的意义”、“如何提升现代兵器在海洋作战中的效能”和“如何提升‘海、陆、空、天、磁’多兵种协同作战能力”等议题，就现代海军兵器的国内外进展、亟待解决的科学问题及潜在的应用前景等一些新观点、新学说展开质疑与热烈的讨论。

7月18～19日，由中国科协主办、中国体育科学学会承办的中国科协第79期新观点新学说学术沙龙在北京市举行。本期沙龙主题为“强政府 强社会——中国体育管理新模式”。北京体育大学任海教授担任领衔科学家。来自国家体育总局有关司局及直属单位、北京体育大学、清华大学、北京师范大学、华东师范大学、华南师范大学、北京市社会科学院、新华社、中央电视台等单位的20多位专家参加了本期沙龙活动。体育事业要不断满足人民群众日益增长的体育需求，更好地惠及大众、造福百姓，增进人民健康水平，提升人民生活质量，激发社会精神动力，助力经济社会发展，展示当代中国形象，在全面建成小康社会的历史进程中发挥着独特作用。但是，我国目前“大政府、小社会”的体育管理模式已无法满足广大人民群众日益增长的多元化体育需求，已成为制约体育发展的瓶颈，体育界因而提出“转变体育管理模式”的命题。对此，体育学术界针对目前国内外“大政府，小社会”、“小政府，大社会”两种发展模式，提出“强政府强社会”的新模式。在座专家认为，该观点目前尚处于萌芽阶段，却提出了一条颇具启发意义的新思路，具有较高的探讨价值。专家们从“强政府　强社会”出发，就我国体育管理模式转变的重大、关键问题，通过专题发言、辩论交流等形式，从竞技体育、群众体育、体育产业、体育文化等多个领域，从体育学、经济学、社会学、教育学、新闻学等多个学科视角，各抒己见，深入探讨，大胆质疑，自由辩论。本期学术沙龙是对我国体育管理模式转变的首次多领域、多角度深入研讨，将为我国寻求体育管理新模式提供重要的理论指引和实践思路。

8月22～23日，由中国科协主办，中国岩石力学与工程学会承办的中国科协第80期新观点新学说学术沙龙在北京市举行。本期沙龙的主题是“地球演化与全球变暖”。中国工程院院士钱七虎，大连理工大学教授唐春安担任领衔科学家。来自中国科学院地质与地球物理研究所、中山大学、大连理工大学、南京大学、东北大学、兰州大学、北京科技大学、北京师范大学、西南交通大学、南昌大学、北京建筑大学、总参科技委、中科院南京古生物研究所、中国地质科学院地质研究所、中科院武汉岩土力学研究所、香港大学、香港理工大学、美国康涅狄格大学、加拿大多伦多大学等国内外十几所高等院校、科研院所的近30位专家参加了学术沙龙。专家们围绕地球演化与全球变暖主题充分交流了各自的科研成果、发表了自己的独立观点，并就生物灭绝与气候、花岗岩重融、红层与气候、沙漠化与气候、数字地球等该领域热点问题展开讨论。来自大连理工大学的唐春安教授在沙龙主题发言中提出了有关地球演化的“锅盖效应”模型，引起了多数与会者的极大兴趣。唐春安教授基于热力学、物理学和岩石力学基本原理，对地球演化和全球变暖机理进行了全新的思考，提出了地球的热平衡方程并对地球演化进行了逻辑推演。他将地球诞生初期熔岩海洋冷却形成坚硬地壳的过程比喻为逐渐变冷的火锅被盖上“锅盖”，而处于地壳封闭下的地球在温度积累过程中造成的地表大龟裂则是地球演化进程中的重大事件。他认为地球演化的历史就是一部地球热能在冷—热周期不断转换中渐进衰变的历史。地壳与地幔物质在热平衡条件下的不断相互转化，诱发了一系列以升温与冷却、膨胀与收缩、熔融与凝固为特征的地表变迁史。全球变暖是地球演化的热周期的必然。多数与会专家在围绕主题发表自己观点的同时，都对唐春安的主题发言作了不同程度的正面评价。大家首先认为唐春安的新思考十分有新意，对他的“火锅效应”原理、地球演化的动力、太阳温度对地球演化的影响和全球变暖等问题展开了热烈讨论，特别是新思考中有关全球变暖和人类未来能源发展方向的思考，对与会专家有很大启迪，值得进一步研究。多数专家认为新模型逻辑缜密，有力学基础，发人深思。部分专家在太阳能的作用、全球变暖根源，以及如何更充分地提供证据验证模型等方面，发表了一些不同观点或建议。本期沙龙将岩石力学、数学力学、遥感测绘科学等领域的专家召集起来与地球科学专家共同探讨地球演化与全球变暖的新观点，从热力学、物理学、力学等新的视角出发，强调从多学科交叉入手研究地球演化与全球变暖，是一次极好的尝试。

9月13～15日，由中国科协主办，中国系统仿真学会承办的中国科协第81期新观点新学说学术沙龙在吉林省延吉市举办。本期沙龙主题为“大数据时代建模仿真的挑战与思考”。中国航天科工集团公司二院、中国系统仿真学会前任理事、中国工程院院士长李伯虎和国防大学、中国系统仿真学会副理事长胡晓峰教授担任领衔科学家。中国科协副主席、北京航空航天大学虚拟现实技术与系统国家重点实验室主任、中国系统仿真学会现任理事长赵沁平教授作为与会专家参加了本次会议。沙龙重点围绕“以大数据为基础的第四范式是否存在”、“大数据对建模仿真带来哪些挑战”、“大数据对建模仿真带来哪些机遇”3个议题展开研讨、辩论和交流。王积鹏、胡晓惠、肖田元、涂文燕、费敏锐、丁刚毅6位专家分别作了专题发言。中国工程院院士李伯虎在总结发言时说，“大数据”是继云计算、物联网之后IT领域又一次颠覆性的技术变革，已成为现代建模与仿真技术领域的一个研究热点。

9月26～27日，由中国科协主办、中国电子学会承办的第82期新观点新学说学术沙龙在北京市召开。中国工程院院士段宝岩、清华大学材料科学与工程系教授周济等近30位国内知名专家学者参加了沙龙活动。专家们围绕超材料领域交叉科学研究热点、超材料前沿技术中的关键科学与技术问题、超材料技术应用领域及实用化过程的若干重大问题等议题展开深入研讨。段宝岩表示，近年来超材料对航空航天等许多国防、民用科学技术产生了极大的促进作用，新材料将会成为科学研究一个很重要的切入点和突破点，将会对众多领域带来很大的冲击和影响，并产生新的战略产业，研究超材料的意义极为深远。周济以

《材料学视角下的超材料》为题作了学术报告，他认为，利用超材料可以获得高于自然材料的性能，并非自然材料不具备的性能；利用超材料思想和经典材料系统可以获得量子系统才能获得的特性（类似量子行为）；基于超材料指导思想的功能材料设计与制备可以实现超材料与自然材料的完全融合。西安交通大学科技处副处长徐卓、西北工业大学教授赵晓鹏、东南大学信息科学与工程学院副院长崔铁军以及南京大学材料科学与工程系系主任陈延峰等专家学者分别作了学术报告，并针对不同观点进行了学术交流与思想碰撞。

10 月 16 ~ 18 日，由中国科协主办，中华医学会、济南市疾病预防控制中心承办的中国科协第 83 期新观点新学说学术沙龙在山东省济南市举行。本期沙龙的主题为“新型疫苗研发面临的挑战及关键技术”。北京生物制品研究所赵铠院士、中国疾病预防控制中心副主任杨维中研究员担任领衔科学家。沙龙邀请了世界卫生组织、美国疾控中心的 Lance E. Rodewald 教授，佛罗里达大学的 Gregory C. Gray 教授，以及中国疾病预防控制中心、部分省（市）级疾病预防控制中心、北京大学、复旦大学、中山大学、西安交通大学以及相关疫苗企业的近 30 位免疫及疫苗研究领域的专家，共同探讨了疫苗研究的新进展、新型疫苗研发面临的挑战及关键技术，分享了在该领域的研究成果及心得。中国疾病预防控制中心副主任杨维中研究员等 20 余位专家围绕沙龙主题作了主题报告，从不同方面分析了当前新型疫苗研发及免疫接种所面临的挑战及疫苗研发的关键技术。在主题报告结束后的专家自由发言与讨论环节，与会专家各抒己见，讨论热烈，碰撞出了诸多思想的火花，并探讨了合作发展的可能性，提出了很多新的见解、观点和科研思路。通过交流、讨论，与会专家普遍认为，当前新型疫苗的研发及相关技术的研究仍面临巨大的挑战，要时刻把握国内外疫苗的研发动向；针对新型疫苗，需整合各相关学术领域的力量，研发出更适宜中国人群的疫苗；要保持多个部门、单位的合作，共享资源，共同发展。

10 月 25 ~ 26 日，由中国科协主办的第 84 期新观点新学说学术沙龙在北京市召开。本期沙龙的主题是“人体的已知与未知”。生物物理学家赵保路、信息论专家钟义信、中医科学院首席研究员刘保延、瑞士归侨博士黄又彭作为领衔科学家，分别主持了报告和自由讨论，40 余位从事临床西医、临床中医、生物物理、数学、教育以及城市建筑规划等方面的专家出席了沙龙。人体是复杂的生命系统，人体科学研究一直备受关注、争议不断。专家们从最新物理学对人体研究的成果，到甲骨文对人体健康的寓意；从当代免疫学对肿瘤早期诊断与监控的意义，到音乐、舞蹈到抗衰老的研究；从对中医基础理论的再认识到暗物质、暗能量与意识研究的最新观点；从信息理论到中医基础五行论的数学公理化探讨；从临床实践对人脑康复的再认识到中医数学的公理化构建；从中药的矢量性时空特征到如何研究人体交响乐的和谐度问题；从群众性的养生到城市建筑的规划；从对中医临床科研范式的思考与实践到对“炁”的认识等等，进行了广泛而深入的探讨。专家们一致认为，这种以科学家关注的热点问题为讨论议题，组织跨学科、跨行业、跨地域的研讨交流，丰富了研究视角，激发了学术灵感，增进了学者之间的友谊，为学术的发展提供了一个很好的思想平台。

10 月 16 ~ 17 日，由中国科协主办、中国造纸学会承办的中国科协第 85 期新观点新学说学术沙龙在四川省成都市举办。本期沙龙的主题是“新概念造纸技术与纸基功能材料”。中国制浆造纸研究院院长曹春昱教授级高级工程师、陕西科技大学副校长张美云教授、华南理工大学制浆造纸国家重点实验室常务副主任陈港教授为领衔专家。沙龙邀请了国内造纸工业及相关领域专家学者 21 人，就新概念造纸技术与纸基功能材料等议题展开研讨和交流。来自中国制浆造纸研究院、中国中轻国际工程有限公司、中国海诚工程科技有限公司、重庆造纸工业研究设计院、轻工业杭州机电设计研究院、中科院青岛生物能源与过程研究所、华南理工大学、南京林业大学、陕西科技大学、东北林业大学、齐鲁工业大学、河南江河纸业股份有限公司、牡丹江恒丰纸业股份有限公司、广州冠豪高新技术股份有限公司、杭州新华纸业有限公司、潍坊恒联玻璃纸有限公司的多名专家围绕新概念造纸工艺技术与设备、高填料纸生产工艺与设备、纸基功能材料研发与应用等热点议题交流了他们的观点和想法。传统的造纸方法绝大多数以植物纤维为原料，采用化学、机械方法把纤维从木材或其他原料中分离出来，使用大量的水配制成悬浮液在纸机抄造出纸张。我国无论是纤维资源还是水资源都十分短缺，如能不用（少用）植物纤维原料和水来造纸，不但能节约资源，也可以减少对环境的污染，将会引起造纸工业的革命性变革。在造纸领域早就有应用合成纤维、陶瓷纤维和玻璃纤维等非植物纤维造纸的先例。近年还有人尝试用矿物纤维如海泡石纤维、硅灰石纤维和石膏微纤维等非植物纤维造纸。新概念造纸技术不但会解决资源短缺问题，更有可能开发生产出为现代工业、国防、生活所需的纸基功能材料。

10 月 19 ~ 20 日，由中国科协主办、中国药学会和《中国天然药物》编委会承办的中国科协第 86 期新观点新学说学术沙龙在江苏省南京市召开。本期沙龙的主题是“网络药理学，中药现代化的新思路新方法”。中国药学会副理事长吴春福教授、清华大学李梢教授、中国药科大学张尊建教授及上海第二军医大学张卫东教授担任领衔科学家，中国科协学会部刘兴平副部长、江苏省科协张铁恒副主席、《中国天然药物》主编孙汉董院士、中国药学会副理事长吴晓明出席活动。本期沙龙旨在突破中医药学之间的壁垒，将中医药系统研究模式方法应用于复杂的药物系统与人体之间作用，研究建立将中医药理论体系与现代科学体系交叉融合的新方法与新思路。与会专家学者围绕“网络药理学在中医药现代化研究中的应用现状、问题及对策”、“网络构建、分析与靶标发现中的新思路、新方法、新技术”、“网络药理学的信息获取、处理及实验研究的关键技术”、“中药网络药理学的发展规划与合作建议”等多个议题展开交流。李梢教授、张尊建教授、军科院周文霞教授、解放军后勤工程学院赵静教授作了报告，余伯阳教授主持了会议，天津中医药大学首席科学家朱彦教授及来自北大、清华、浙大、中国药科大学等高校院所70余位代表参加了沙龙。

**【国家自然科学基金委候选创新研究群体推荐工作】** 根据2013年度国家自然科学基金创新研究群体项目评审结果，中国科协所推荐的22个候选创新研究群体中，以清华大学生命科学院李蓬、中国农业科学院植物保护研究所吴孔明、北京师范大学史培军、国家海洋局第二海洋研究所陈大可、清华大学热能系姜培学、大连理工大学郭东明、中南大学桂卫华、北京理工大学陈杰、清华大学电子工程系罗毅为学术带头人的9个研究群体获得资助，入选率位居各推荐渠道前列。推荐的4个备选候选创新研究群体，以浙江大学陈伟球、中国农业大学康绍忠为学术带头人的2个研究群体获得资助。

创新研究群体科学基金由国家自然科学基金委员会于2001年设立，主要用于资助国内以优秀中青年科学家为学术带头人和骨干的研究群体，围绕某一重要研究方向在国内进行基础研究和应用基础研究。候选创新研究群体由中国科协、教育部、中国科学院以及自然科学基金委各学部负责推荐。

作为候选创新研究群体推荐单位之一，中国科协历来重视候选创新研究群体推荐工作，并且取得了较好的成绩。2001年以来，在中国科协推荐的候选创新研究群体中已有60个创新研究群体获得资助。中国科协所推荐的候选创新研究群体由中国科协所属全国学会、省级科协、解放军总政治部干部部推荐产生。

**【中国科协三峡科技出版资助计划】** 2013年上半年，中国科协在深入广泛调研的基础上，结合中国科协三峡科技出版资助计划实施以来的经验及问题，对《中国科协三峡科技出版资助计划管理办法》进行了修订。6月6日，中国科协办公厅发文发布了最新修订的《中国科协三峡科技出版资助计划管理办法》。新《管理办法》继续沿用出版资助计划自愿申报、专家评审、全额资助的方式，重新对资助对象、条件、资金使用及申报、评审、实施和管理等各个环节做出科学、严格、明确的规定，并体现出如下亮点：第一，进一步扩大资助范围。在原有基础上，将“国外有影响的、能反映最新科技研究成果、最新科技发展动态的学术著作，科技发展史上著名科学家经典的重要科技著作，国外著名高等院校理工类权威教材用书”纳入到资助范围。同时，将科技政策研究著作，科技史研究、科技文献整理研究著作，教育部重点教材出版规划中高等院校理工类教材等三类著作纳入中文版原创著作的资助范围。第二，拓宽推荐申报渠道。新增了通过第三世界科学院院士，“211工程”、“985工程”高校校长及下属所在学科或相近学科学院院长，所在学科或相近学科的中央级部委及直属企业和国资委监督管理企业所属研究院（所）院（所）长，中央级科技类出版社社长、总编辑推荐等有效推荐申报渠道。这是新《管理办法》与之前的试行办法最大的不同点之一。第三，进一步规范评审程序。《管理办法》对评审专家和评审委员会的组成以及评审的整个过程进行了严格的规定，从制度上保证了评审工作的公开、公正。新《管理办法》的发布实施，对于促进科技工作者的学术成长，吸引更多的科技人才申报出版资助计划，汇聚高质量的科技学术类出版资源，打造科技出版品牌，全面提升出版资助计划的社会影响力，具有重要意义。

2013年度，三峡科技出版资助计划共收到申报著作86部，经过资格审查和专家匿名函评，69部进入终评。经组织专家学者评审，资助《腔静脉外科》等46部著作出版。其中数理科学类入选《生物数学思想研究》、《从流代数到量子色动力学：结构实在论的一个案例研究》（译著）、《观测天体物理学》（译著）、《深冷混合工质节流制冷原理及应用》等4部著作，生命科学类入选《物理治疗技术创新与研发》、《荒漠植物蒙古扁桃生理生态学》、《腔静脉外科学》、《蛋白质技术在病毒学研究中的应用》等11部著作，地球科学类入选《滴灌——随水施肥技术理论与实践》、《地质遗产保护与利用的理论及实证研究》、《沿海与内陆就地城市化典型地区的比较研究》、《风暴守望者——天气预报风云史》（译著）等7部著作，材料与工程科学类入选《激光火工品技术》、《海岛开发成陆工程技术港口混凝土结构性能退化及耐久性设计》、《抗辐射设计与辐射效应》等7部，管理与交叉科学类入选《清洁能源技术创新管理与公共政策研究——以碳捕集与封存（CCS）为例》、《水力发电的综合价值及其评价》、《基础研究与国家目标——以北京正负电子对撞机为例的分析》、《分布式大科学项目的组织与管理》等17部著作。

出版资助计划面向全国科技工作者，优先资助45岁以下的青年科技工作者、中国青年科技奖获得者和全国百篇优秀博士论文获得者；优先资助科技工作者出版首部科技著作。主要支持4类著作，即在研究成果在理论上有重大发现，或在方法上有重要突破，或在实验上有重要创新的基础研究科技著作；研究成果具有独到见解或构成新颖体系，在生产技术领域应用有重大前景的应用基础研究科技著作；从事技术开发、改造和产品研发的成果已得到实际应用，并取得重大经济效益的技术开发改造和产品研发科技著作；以及对开拓新领域、促进科技创新发展有重要意义，有重要积累价值或有传播价值的综合性科技著作。

中国科协与中国三峡集团战略合作领域主要包括科技合作、人才培养、科学普及、阵地建设等诸多方面。双方将重点围绕水电等清洁能源相关领域，联合开展战略研究、科技创新规划、专家咨询、技术诊断等科技合作；将围绕科技人才培养、设立科技出版计划，支持创新性科学研究；将围绕全民科学素质提高联合开展科学技术普及活动，特别是传播水电等清洁能源和生态环保知识。

**中国科协三峡科技出版资助计划**
**2013年获资助著作名单**

**数理科学**

1　生物数学思想研究
2　从流代数到量子色动力学：结构实在论的一个案例研究（译著）
3　观测天体物理学（译著）
4　深冷混合工质节流制冷原理及应用

**生命科学**

5　物理治疗技术创新与研发
6　荒漠植物蒙古扁桃生理生态学
7　腔静脉外科学
8　蛋白质技术在病毒学研究中的应用
9　糖尿病基础研究与临床诊治
10　当代中医糖尿病学
11　农产品微波组合干燥技术
12　实用人体表面解剖学
13　三峡水库生态渔业
14　疑难杂病医案
15　医学仪器使用与安全（译著）

**地球科学**

16　滴灌——随水施肥技术理论与实践
17　地质遗产保护与利用的理论及实证研究
18　沿海与内陆就地城市化典型地区的比较研究
19　风暴守望者——天气预报风云史（译著）
20　可预测的地震预报（译著）
21　宇宙中的黑洞（译著）
22　宇宙天梯14步（译著）

**材料与工程科学**

23　激光火工品技术
24　海岛开发成陆工程技术
25　港口混凝土结构性能退化及耐久性设计
26　抗辐射设计与辐射效应
27　空气净化原理与设计
28　配电网规划
29　制造改变技术——3D打印直接制造技术

**管理与交叉科学**

30　清洁能源技术创新管理与公共政策研究——以碳捕集与封存（CCS）为例
31　水力发电的综合价值及其评价
32　基础研究与国家目标——以北京正负电子对撞机为例的分析
33　分布式大科学项目的组织与管理
34　新疆经济跨越式发展研究
35　国立北平研究院史稿
36　环境资源交易理论与实践研究——以浙江为例
37　科普产业概论
38　综合客运枢纽功能空间组合设计理论与实践
39　煤炭物流——基于供应链管理的煤炭企业分销物流模式及其风险预警研究
40　自然灾害会影响经济增长吗——基于国内外自然灾害数据的实证研究
41　西双版纳傣族传统灌溉制度的现代变迁
42　唐代工部尚书研究
43　科学与人文
44　绿色经济学（译著）
45　谁在操纵碳市场（译著）
46　TRIZ碳市推动创新的技术（译著）

**【第三届中国湖泊论坛】** 10月24～25日，以“健康湖泊与美丽中国”为主题的第三届中国湖泊论坛暨第七届湖北科技论坛在湖北省武汉市举办。24日上午，中国科协副主席、书记处书记陈章良，湖北省副省长、省科协主席郭生练出席开幕式并致辞。中国科协党组成员沈爱民主持开幕式。中国科学院院士曹文宣，美国密歇根州立大学水科学研究中心创始人、联合主任简·史蒂文森，华东师范大学教授李小平在论坛上应邀分别作主旨报告。论坛报告会由中国工程院院士张勇传主持。中国科协有关部门，湖北省委、省政府有关部门，全国学会有关代表，有关省（市）科协和从事环境保护和湖泊研究的专家代表，入选论文的作者，在鄂高等院校、科研院所等单位代表及湖北省有关省级学会代表等400余人参加了开幕式和论坛报告会。

陈章良在致辞中指出，中国湖泊论坛旨在发挥科协组织的优势，为从事湖泊研究的科技工作者、湖泊保护与管理工作者和有关部门，搭建学术平台，共同探讨中国湖泊面临的挑战与保护的对策，为建设资源节约型、环境友好型社会，提高社会生态文明水平和建设美丽中国积极建言献策。

曹文宣在题为《有关东湖水环境变迁和生态修复的一点看法》的特邀报告中介绍了东湖面临的污染问题及东湖的生态服务功能。他建议，东湖要恢复江湖连通、恢复水位季节性波动、放弃渔产发展游钓，只有三管齐下，才能有效修复东湖的生态结构。

简·史蒂文森作了题为《从全球视野谈健康湖泊和美丽中国》的特邀报告。他介绍了水资源提供的生态系统产品及服务以及它们和水资源管理之间的关系，基于生态系统产品及服务和污染物之间的关系制定污染管理目标。他侧重分析了美国劳伦森大湖磷负荷目标建立的案例，介绍了利用遥感图像估算藻类生物量，基于土地利用及降雨量的营养负荷模型等。

李小平作了《景观湖泊学——湖泊生态修复/恢复的新锐》的特邀报告。他介绍了景观湖泊学的定义、基本原理、研究案例及其发展前景和在我国潜在的应用。他认为，仅仅研究、治理一个湖泊，执行“一湖一测”，难以真正治理湖泊污染、恢复湖泊生态；必须对整个湖泊流域进行控制，才能奏效；景观湖泊学可以成为湖泊及其流域的生态和水质管理有效工具；国外在景观湖泊学上的研究和应用已经起步，中国的湖泊研究也应该在这方面有所作为。24日下午至25日，来自国内外的专家学者着重围绕湖泊污染治理和生态补偿等热点话题，分三组分别参加了“湖泊流域统筹管理及资源保护”、“湖泊保护与开发利用”、“湖泊水文生态修复与重建”三个专题分论坛，开展了跨学科、跨行业、综合性的交流和研讨。

在组织专家前期调研的基础上，论坛形成了《推进法制管理　保护湖泊健康——关于加强我国湖泊管理的专家建议》，以中国科协文件（科协发学字〔2013〕71号）呈报国务院，得到中共中央政治局常委、国务院副总理张高丽的批示。

**【第二届山地城镇可持续发展专家论坛】** 12月12～13日，由中国科协主办的第二届山地城镇可持续发展专家论坛在重庆市召开。本次论坛主题为“山地城镇生态与防灾减灾”。中国科协党组成员沈爱民、住房和城乡建设部总规划师唐凯、重庆市人民政府副市长吴刚出席大会。中国科协学会学术部副巡视员王晓彬主持开幕式，中国城市规划学会副理事长兼秘书长石楠、中国岩石力学与工程学会秘书长刘大安主持主题报告会。

沈爱民在致辞中讲到，山地城镇建设是我国城镇发展中的热点和难点问题，长期以来我国城镇化建设的理论储备和实践积累比较多的集中在发达的平原地区，对于面积广大、情况复杂的山地地区的理论和实践相对来说比较匮乏。多元的生态构成，复杂的地质构造，丰富的传统文化，这些因素导致山地人居建设充满了探索性，也充满了变数。因此，山地城镇建设不能照抄平原地区的经验，需要寻找创新发展的道路。他希望与会学者能够充分依托这个多学科、跨部门、跨地域的产学研政相结合的交流平台，深入研讨山地城镇发展中的重大问题，增强学术成果服务经济社会发展的能力，提出高水平的政策性建议。

唐凯在大会报告中介绍，山地城镇生态条件脆弱敏感，山地灾害多发和快速城镇化的现实需求相冲突是我国山地城镇建设面临的一大问题。山地承载着特殊的生态服务功能，在为国家发展提供生态安全保障上有其独特的战略地位和作用。在城镇拓展建设之前，要着重进行前期的地质分析，不要忽视灾害带来的影响，坚持“先评估、后规划、再建设”的原则。

国际著名城市规划专家迪鲁·A·塔塔尼，国土资源部地质灾害应急技术指导中心副主任、总工程师殷跃平，重庆大学建筑城规学院院长赵万民，中国科学院成都山地灾害与环境研究所所长邓伟，中国地震局兰州地震研究所所长、甘肃省地震局局长王兰民，国际城市与区域规划师学会副主席马丁·菲利普·威廉·达柏林，香港艾奕康董事赵圣乐等分别从全球化、灾后重建的地质灾害防治、人居环境科学、城镇化、黄土高原的地震安全、生态防灾、香港防灾减灾经验等各方面作大会报告。

来自17个省市自治区，涵盖城乡规划、地质地理、生态环境、地震减灾等多个学科领域近200位专家、学者，围绕“山地城镇生态保育与开发”和“山地城镇安全与防灾减灾”两大议题，深入交流山地城镇产业发展、规划建设、防灾安全等重大问题，为促进山地城镇化健康发展献计献策。

论坛共征集到论文 82 篇，并录用论文 65 篇，由本届论坛专家委员会主任吴良镛先生作序，以《山地城镇生态与防灾减灾——第二届山地城镇可持续发展专家论坛论文集》为题正式出版论文集。

**【深化种业科技创新与产业发展专家论坛成果】** 为深入贯彻落实中共中央、国务院《关于加快推进农业科技创新持续增强农产品供给保障能力的若干意见》和国务院《关于加快推进现代农作物种业发展的意见》精神，大力推进农业科技自主创新，为我国现代种业发展出谋划策，中国科协于 2012 年 8 月在哈尔滨市举办了“种业科技创新与产业发展专家论坛”，与会院士专家围绕加快科技创新促进种业发展问题，进行了深入研讨，会后形成《加快科技创新　促进我国现代种业发展》政策建议。2013 年 4 月以《加快科技创新 促进我国现代种业发展》(《科技工作者建议》2013 年第 3 期）印发。

同时，为深化论坛成果，学会学术部委托中国农学会继续深化种业科技创新与产业发展专家论坛成果。中国农学会充分发挥学会跨行业、跨部门、跨学科、相对客观等优势，组织由种业科研机构、种业企业、行业主管部门等方面专家参加的专家组，在论坛原有成果的基础上，对国家关于现代种业的新精神、种业科技领域的最新动态和相关研究成果进行梳理，并多次召开专家座谈会，围绕建议主要内容进行深入讨论和再次论证，从科研体制改革、种业企业建设、科企合作、知识产权保护等方面提出了更有针对性、可操作性的《加快体制机制创新　促进现代种业发展——关于加快我国种业科技创新的建议》。11 月，以中国科协文件（科协发学字〔2013〕59 号）形式上报汪洋副总理。11 月 14 日，该建议获汪洋副总理批示。

为落实汪洋副总理批示精神，农业部种子管理局组织相关科技工作者研究起草《关于深化我国现代种业体制改革的意见》，并将建议中的主要观点纳入向国务院汇报内容，农业部种子局特别邀请建议起草人员参与了该意见的起草工作。农业部向国务院汇报后，国办于年底印发了《国务院办公厅关于深化种业体制改革提高创新能力的意见》(国办发〔2013〕109 号）。该意见进一步突出企业技术创新主体地位，对推动加快种业科技体制改革、调动科研人员积极性、推动种业资源向企业流动、提升种业创新能力具有重要意义。

**【深入实施中国科协学会改革发展基础工程项目】** 为了提升中国科协所属全国学会服务创新、服务政府和社会、服务科技工作者和自我发展能力，2013 年中国科协继续深入实施学会改革发展基础工程项目。

2013 年中国科协学会改革发展基础工程项目以项目资助为引导，支持学会面向基础建设的重点方向，培育全国学会开展活动。该项目包括学会改革发展基础工程资助项目和学会能力建设基础平台项目两类。学会改革发展基础工程资助项目重点支持学会内部治理结构建设类、会员工作体系建设类、办事机构职业化建设类、承担社会化服务职能、开展第三方科技评价等项目。学会能力建设基础平台项目主要支持全国学会承接全国学会秘书长沙龙项目和学会发展理论研究项目。

5 月 7 日，中国科协组织 2013 年度学会改革发展基础工程项目评审会，对参加申报的 113 个资助类项目和 21 个基础平台项目进行审议。经审议和公示，56 个学会改革发展基础工程资助项目和 7 个学会能力建设基础平台项目获得支持。其中，学会改革发展基础工程资助项目经费近 600 万元；学会能力建设基础平台项目资助经费共计 115 万元。与 2012 年相比，学会改革发展基础工程资助项目增加 3 个，学会能力建设基础平台项目增加 3 个。

**【中国科协所属全国学会在民政部社会组织评估中成绩优异】** 2012 年 7 月，民政部第二次组织开展社会组织的评估工作。中国水产学会等 29 个中国科协所属全国学会接受了民政部的评估，其中,27 个为学术类社会团体，1 个为公益性社会团体（中国发明协会），1 个为基金会（中国科技馆发展基金会）。

民政部公布了 2012 年度全国性社会组织评估等级结果。中国科协所属全国学会中，中国水产学会、中华医学会、中华口腔医学会、中国兵工学会等 4 个全国学会获评为 5A 级全国性学术类社会团体，中国纺织工程学会、中国地质学会、中国城市规划学会、中国宇航学会、中国电工技术学会、中国硅酸盐学会、中国地理学会、中国岩石力学与工程学会、中国可持续发展研究会、中国建筑学会、中国防痨协会、中国海洋学会等 12 个全国学会获评为 4A 级全国性学术类社会团体，中国动物学会、中华预防医学会、中国生态学学会、中国微生物学会、中国密码学会、中国空间科学学会、中国知识产权研究会、中国感光学会、中国青藏高原研究会、中国菌物学会、中国土壤学会等 11 个全国学会获评为 3A 级全国性学术类社会团体，中国发明协会获评为 3A 级全国性公益类社会团体，中国科技馆发展基金会获评为 2A 级基金会。

从评估结果看，获评 3A 级以上（含 3A 级）评估结果的达到中国科协参评总数的 97%。在民政部评出的 4A、5A 级的学术类社会团体全部为中国科协所属全国学会。

## 全民科学素质工作与科普活动

**【2013年国务院听取全民科学素质行动计划纲要实施情况汇报会议】** 1月21日，国务院召开听取《全民科学素质行动计划纲要》实施情况的汇报会议，中共中央政治局委员、国务委员刘延东主持会议，并作重要讲话。会议对2012年《科学素质纲要》实施工作给予充分肯定，对今后工作进行了安排部署，特别是对全民科学素质工作中如何贯彻落实党的十八大、全国科技创新大会和中央领导同志重要指示精神提出了明确要求。

中央组织部王京清、时玉宝，中央宣传部荆惠民，发展与改革委员会刘艳荣，教育部杜占元、于长学，科技部王志刚、翟立新，财政部余蔚平、宋秋玲，人力资源社会保障部王晓初、吴童，农业部陈晓华、郭立彬，中国科协陈希、程东红、徐延豪、吴海鹰、杨文志、罗晖、辛兵出席会议。

**【2013年《全民科学素质纲要》实施工作会议】** 《全民科学素质纲要》实施工作会议3月1日在北京召开。中国科协常务副主席、书记处第一书记陈希出席会议并传达了国务院《听取全民科学素质行动计划纲要实施情况汇报的会议纪要》。会议由全民科学素质纲要实施工作办公室主任、中国科协书记处书记徐延豪主持，承担全民科学素质纲要实施工作任务的23个成员单位的主要负责人和有关同志参加了会议。

陈希在会议上强调，要认真贯彻落实中央书记处、国务院对全民科学素质工作的指示精神，紧紧围绕《全民科学素质纲要》工作主题和实现我国公民具备基本科学素质的比例超过5%的目标要求，突出科学素质工作的大众性、基层性、基础性，围绕目标，明确责任，重心下移，服务基层，贴近公众，惠及民生，完善机制，督导落实，推动全民科学素质工作再上新台阶。

陈希指出，要按照党中央和国务院的部署要求，进一步增强做好全民科学素质工作的紧迫感、责任感和自觉性。要加强督导评估，推动公民科学素质建设工作落到实处。要密切协作，进一步深化大联合大协作工作机制，切实形成政府主导、部门协作、上下联动、全社会参与公民科学素质建设的工作格局。

全民科学素质纲要实施工作办公室副主任、中国科协科普部部长杨文志对《2013年全民科学素质行动工作要点》（审议稿）作了说明。各成员单位结合各部门工作进行了审议，并对2013年全民科学素质重点工作提出了建议。

会议明确，2013年全民科学素质工作将重点围绕六个方面开展：一是深入学习贯彻落实党的十八大精神，扎实推进公民科学素质建设，为全面建成小康社会奠定基础；二是广泛深入开展主题科普宣传教育活动，为建设美丽中国奠定社会基础；三是加强科普公共服务能力建设，不断拓宽公众提升自身科学素质的途径和渠道；四是深入实施重点人群科学素质行动，为推进社会主义文化强国建设提供支撑；五是推动高校、科研机构和企业等面向公众开展科学普及，不断扩大优质科普资源；六是完善机制，加强督导，确保全民科学素质工作顺利实施。

**【2013年地方《全民科学素质纲要》实施工作会议】** 3月27～28日，2013年地方《全民科学素质纲要》实施工作会议在广西壮族自治区柳州市召开。中国科协书记处书记、全民科学素质纲要实施工作办公室主任徐延豪出席会议并讲话，广西壮族自治区政协副主席彭钊、柳州市市长肖文荪出席会议并致辞。会议由教育部基础教育一司副司长、全民科学素质纲要实施工作办公室副主任于长学主持，中国科协科普部部长、全民科学素质纲要实施工作办公室副主任杨文志，科技部政策法规司副司长、全民科学素质纲要实施工作办公室副主任翟立新和全民科学素质纲要实施工作办公室成员单位代表，各省（自治区、直辖市）和副省级城市科学素质纲要办公室、新疆生产建设兵团科学素质纲要办公室的领导和有关负责人150余人出席会议。

徐延豪在讲话中指出，2013年是实施全民科学素质行动第二个五年计划承前启后的关键一年，《科学素质纲要》实施工作要贯彻落实党的十八大、全国科技创新大会和中央领导同志重要指示精神，紧紧围绕和服务于全面建成小康社会的宏伟目标，围绕和服务于建设美丽中国的长远大计，围绕和服务于建设创新型国家和文化强国的战略任务，突出全民科学素质工作的基础性和大众性，更加贴近实际、贴近生活、贴近群众，不断创新工作方法，健全工作机制，推动全民科学素质工作再上新台阶。

徐延豪要求，各级纲要实施工作办公室要加强督导评估，进一步深化大联合大协作工作机制，扎实做好全民科学素质工作，确保顺利实现“十二五”时期公民科学素质建设目标。

会上，翟立新传达了国务院《听取全民科学素质行动计划纲要实施情况汇报的会议纪要》，杨文志围绕2013年《全民科学素质纲要》实施相关重点工作作了主题工作报告。来自山西省、江苏省、山东省、湖北省和广西壮族自治区等地代表分别围绕现代科技馆体系建设、科普资源开发共享平台建设、提升农村妇女科学素质、公民科学素质建设工作目标责任制以及构建“大联合大协作”工作机制等工作做了大会交流发言。

**【中国科协与21个省、自治区、直辖市签订《落实全民科学素质行动计划纲要共建协议》】** 2013年，中国科协完成了与山东省、江苏省、重庆市、福建省、云南省、青海省、安徽省、贵州省、广西壮族自治区、湖北省、黑龙江省、广东省、西藏自治区、北京市、陕西省、浙江省、上海市、宁夏回族自治区、河南省、甘肃省等20个省级政府及新疆生产建设兵团的签约工作，有效地推动地方公民科学素质建设工作。河北省、山西省、江苏省、浙江省等省将全民科学素质工作纳入了政府考核工作中。山西省、贵州省、江苏省、山东省、湖北省、宁夏回族自治区等省级政府还分别与其所辖市县签订目标责任书，对其所辖地区的“十二五”末公民科学素质的目标值、科普基础设施建设能力、科普宣传传播能力、科普资源开发开放能力和科普经费保障能力提出具体要求。

**【全民科学素质纲要实施“十二五”中期评估】** 2013年，全民科学素质行动计划纲要办公室开展了上海市、浙江省、福建省、江西省、山东省、海南省、云南省、青海省等8个省份实地检查评估工作。形成《关于全民科学素质行动计划纲要实施工作“十二五”中期评估的报告》，并上报国务院。

10月16日，中共中央政治局委员、国务院副总理刘延东对该报告作出重要批示。全民科学素质纲要办公室召开专门会议传达刘延东副总理的重要批示精神，研究落实措施，并及时印发《关于全民科学素质纲要中期评估情况及工作督导意见的通知》，针对发现的问题完善政策措施，加强经验的总结推广，着力构建长效机制，督促落实在2014年和以后的各项工作中。为督促检查各地各部门落实情况，结合《全民科学素质纲要》中期评估工作，全国政协科协届委员采取集中调研与分散调研相结合的方式开展《全民科学素质纲要》实施情况调研。

8月12日，科学素质纲要实施工作“十二五”中期评估交流会在贵州省六盘水市召开，中国科协书记处书记、全民科学素质纲要实施工作办公室主任徐延豪出席会议并讲话，全国政协人口资源环境委员会副主任、中国科协决策咨询专委会主任齐让等全国政协科协界委员调研组成员，以及来自全民科学素质纲要实施工作办公室成员单位20多人参加了会议，会议由中国科协科普部部长杨文志主持。

徐延豪对下一阶段的科学素质纲要实施工作提出要求：一是各成员单位要紧密围绕党的群众路线教育实践活动，扎实开展科学素质纲要工作。在开展全民科学素质工作中，坚持党的群众路线，作改进作风、联系服务群众的表率；深入基层，深入群众，扎扎实实地做科普；务求实效，勤俭办事，以全面提升公民科学素质为目标，为科学素质纲要工作创造良好的环境。二是要放大“十二五”中期评估工作的成果，进一步推动科学素质纲要实施工作。通过各部门各地区自查和对上海市、山东省、浙江省、江西省、福建省、海南省、青海省、云南省等八个省份的实地检查，深入了解各省在实施科学素质纲要方面的特色和经验，供各地各部门借鉴和学习。三是要着手做好全年工作总结，认真谋划2014年的工作。进一步做好科学素质纲要的宣传，突出亮点，并以此为契机，广泛动员，积极参与，深化大联合、大协作的工作机制，继续深入推进科学素质纲要工作。

**【《全民科学素质纲要》实施工作办公室会议】** 11月21日，2013《全民科学素质纲要》实施工作办公室会议在北京召开。会议由中国科协书记处书记、全民科学素质纲要实施工作办公室主任徐延豪主持，中国科协科普部部长、全民科学素质纲要实施工作办公室副主任杨文志，全民科学素质纲要实施工作办公室各成员单位有关负责同志，以及工业和信息化部、民政部、国土资源部、文化部、国家质检总局、国家体育总局、国家食品药品监管总局、国家旅游局、国家地震局、国家文物局等部门有关同志出席会议。

会议传达学习了国务院领导同志对全民科学素质纲要中期评估工作的指示。通报了全民科学素质纲要实施工作办公室2013年工作总结和近期工作安排。审议了《关于全民科学素质纲要“十二五”中期评估情况和工作督导意见的通知》和《全民科学素质纲要2013年工作总结和2014年的工作安排》，并对有关工作进行了讨论。

徐延豪通报了2013年全民科学素质纲要实施工作中期评估有关情况，传达了国务院领导同志对中期评估的有关指示精神，并充分肯定了2013年《全民科学素质纲要》工作实施取得的成绩。徐延豪在讲话中强调，要紧紧围绕学习贯彻十八届三中全会精神，深刻领会中央对全民科学素质工作要求和任务，做好2014年工作的谋划，把科学素质工作全面融入到、落实到中央的战略上来，为“十三五”做好准备。要充分认识到全民科学素质工作的紧迫性，围绕中期评估反映出来的问题和难点，集中力量攻关，确保“十二五”各项任务的完成。

**【全国科普日十周年座谈会】** 9月15日，全国科普日十周年座谈会在北京召开，全国政协副主席、中国科协主席韩启德出席会议并讲话。中国科协副主席、书记处书记陈章良，书记处书记徐延豪出席会议。来自全国各地的30余名优秀基层科普工作者代表、中国科协机关与科普直属单位部分负责同志及老科普工作者代表等参加会议。

韩启德在讲话中指出，科普日活动得到了人民群众的广泛认同、积极参与，为在全社会营造讲科学、学科学、爱科学、用科学的风尚起到了积极作用。科学家和科技工作者应该将科普工作视为科学事业不可分割的一个部分，放在与科研同等重要的位置，勇作科普的“开路小工”，及时将科研成果和科技创新最新进展向公众传播普及，把科学的种子播撒在每个人心间。提高全民族科学素质是国家的一项长期任务，也是全社会的共同责任。需要各级政府、各有关部门齐心协力，更需要社会各界和广大公众大力支持。

会议强调，要把做好科普工作和全民科学素质工作与加强宣传思想工作结合起来，传播科学知识，倡导科学方法，传播科学思想，弘扬科学精神，夯实全面建成小康社会的发展基础、社会基础和群众基础。公民科学素质是实施创新驱动发展战略和支撑中华民族伟大复兴中国梦的基础，各级科协组织作为全民科学素质工作的牵头实施单位，肩负着义不容辞的重要职责。各级科协组织要继续办好全国科普日活动，进一步发挥示范引领作用，今后的科普日活动要注重在丰富内容、广泛参与、扩大影响上下功夫。一要丰富内容，因地制宜，突出当地的特色，贴近群众、贴近民生、贴近实际，细分科普对象，把全国科普日活动办成群众易参与、爱参与、想参与、常参与的科普活动。二要尽可能动员更多的人员参与，广泛发动科研、教育机构和企事业单位，以及广大科技、教育、科普工作者积极参与科普工作，特别是科普日活动。三要努力扩大传播效果，充分利用好电视、广播等大众媒体，发挥互联网、手机、移动电视等新兴媒体的作用，扩大科普活动传播的覆盖面，特别要注意动员各级领导干部参与，扩大科普活动的社会影响与宣传面。

全国科普日活动开展10年来，各地累计举办重点科普活动达4万多次，参与公众逾7亿人次。全国科普日活动的持续开展，促进了科普公共服务能力的建设和科技教育、普及传播能力的蓬勃发展，有力地促进我国公民科学素质的提高。

**【中学生英才计划专家咨询委员会全体会议】** 11月2日，中学生科技创新后备人才培养计划（简称“中学生英才计划”）专家咨询委员会第一次全体会议在中国科技会堂举行。全国政协副主席、中国科协主席韩启德出席会议并讲话。北京大学校长王恩哥、清华大学校长陈吉宁、复旦大学校长杨玉良、中国人民大学附属中学校长刘彭芝等14位委员及委员代表参加会议。教育部高等教育司副巡视员康凯出席会议。会议由中国科协党组成员、书记处书记徐延豪主持。

中学生英才计划是由中国科协发起，教育部支持的一项面向高中阶段优秀拔尖学生的培养计划，目前在全国15个省市的19所重点高校开展试点。首批入选计划培养的581名高一学生有机会在科学大师身边成长，参与科研过程，体验科学魅力，感受探究乐趣，树立科学志向。

为保证英才计划的顺利实施，韩启德主席提名，由北京大学校长王恩哥、清华大学校长陈吉宁等国内5所一流高等学府的校长，中国人民大学附属中学校长刘彭芝等国内八所重点示范性中学的校长，以及北京大学田刚，清华大学施一公、姚期智等三位国内著名科学家在内的16位教育家和科学家共同组成专家咨询委员会。

韩启德主席向与会委员颁发了聘书。他强调，青少年科技后备人才培养是创新人才培养的一个不可或缺的重要环节，是一个长期而艰巨的任务。中国科协作为人民团体，在青少年科技后备人才的培养方面做了一些探索性工作，但在与正规教育如何衔接，选拔什么样的人才、如何培养这些人才方面还有一些亟待解决的问题。特别在当前大的社会环境下，如何培育创新人才脱颖而出的良好氛围，为优秀人才的成长提供顺畅的通道，值得我们努力去探索、去实践。

韩启德表示，中学生英才计划最关键的是要解决宗旨和目标问题。目前，我们把它定位于发现和培养一批具有科技创新潜质的优秀中学生，激发和提高他们对科学的兴趣和开展科技创新活动的自信心，逐渐探索中学教育与大学教育相衔接的规律，联合发现和培养青少年科技创新人才的有效模式。这个宗旨和目标要在实践中不断地探索和明确，最终为推动教育制度改革提供有益经验。

**【中国科协赴江西省九江市调研PX项目】** 8月29～30日，中国科协组成调研组就江西省九江市运用科普手段成功化解舆情危机进行专题调研，调研组组长由中国科协书记处书记徐延豪担任，中国科普研究所所长任福君，中国石化集团石化科学研究院副总工程师吴巍，北京化工大学化学工程学院教授丁文明，中国科协科普部副部长纳翔等为调研组成员。

调研组对江西九江就科普化解PX项目建设困难的过程进行了深入的了解，并就科普助力重大工程项目建设提出了建议，调研结束后完成《关于科普化解江西九江PX项目建设困难的调查报告》上报国务院，报告提交到中央领导审阅。同时，中国科协开展了对江西省九江市PX案例的宣传推广，联合相关部委谋划开展科普助力国家重大工程项目建设方案，引导公众提升科学认识问题能力，理性参与公共事务。

**【培养高层次科普专门人才试点工作研讨会】** 3月

12日，培养高层次科普专门人才试点工作研讨会在北京召开。中国科协常务副主席、书记处第一书记陈希出席会议并讲话。中国科协书记处书记徐延豪以及清华大学、北京航空航天大学、北京师范大学、华东师范大学、浙江大学、华中科技大学等6所试点高校领导、研究院及相关院系的负责同志，相关地方科协的主要领导同志，中国科技馆、上海科技馆、广东科学中心等7家试点科技场馆的主要负责同志参加了会议。会议由国务院学位办副主任、教育部学位管理与研究生教育司副司长孙也刚主持。

2012年1月17日，刘延东国务委员作出“要积极探索在高校开设科普相关专业和课程，培养本科或研究生阶段的科普人才”的重要指示。同年9月，北京航空航天大学先期招收首批6位科普方向硕士生入学，成为首批试点人才培养对象，实现了高层次科普专门人才培养工作零的突破。截至2013年3月，各试点高校修订完善了招生简章、培养方案和课程体系，均制定了30人的招生计划。中国科协科普部认真编写了有关科普人才需求的宣传资料提供给学校，同时协调地方科协、试点场馆和高校间初步建立良好的联动沟通机制。

陈希在会议总结中指出，培养高层次科普专门人才试点工作要充分认识科普专门人才培养试点工作的重要性和紧迫性。科技创新和科学普及同等重要，高校作为社会的引领者，应该把开展科普工作作为其社会服务的重要内容之一，树立公益意识，引领社会潮流。陈希强调，中国科协将协助各试点高校做好2013年招生工作，为进一步做好高层次科普专门人才培养工作打好基础。

徐延豪表示，培养高层次科普专门人才试点工作要做好招生宣传工作，加强试点高校和试点科技场馆的沟通协作，建立双导师制度，同时做好教学大纲、培养计划等资源共享工作，统筹指导高层次科普专门人才培养工作。

孙也刚提出，各高校要在思想上高度重视试点工作，开阔思路，保质保量地完成今年的招生计划，同时学校要和试点场馆要加强沟通合作，共同招生、培养等各个环节。

研讨会上，6所高校就试点工作一年来的进展情况做了汇报交流，分享工作经验。清华大学开设了“科普传播与设计”艺术硕士专业，学习年限为2～3年，制定了详细的培养方案，开设了相关的基础课、专业课和实践课。研究生在规定时间内，完成课程学习并获得规定学分，毕业设计作品合格，研究报告通过答辩，经校学位委员会审议通过后，授予艺术硕士专业学位。

北京师范大学开展了教育硕士科学与技术教育专业学位（科技场馆方向）双证（毕业证、学位证）全日制硕士研究生培养工作，科学与技术教育专业（科技场馆科学教育方向）教育硕士素养结构包括基础素养、学科素养、教学素养、管理素养、研究素养、信息素养等六个方面。学校组织学校相关教授开设了科学技术发展前沿与人文综合素质、数字化科普资源的设计与开发、科学传播与科学普及概论等研究生培养课程，实行学分制，所修学分不少于36学分，采用全日制学习方式，学制2年。

浙江大学开设了新闻与传播、教育硕士科普教育、工业设计工程（科普方向）三个研究生培养方向。新闻与传播和教育硕士科普教育方向学制2年，工业设计工程（科普方向）方向学制2.5年。三个培养方向在专业实践、读书报告、开题报告、专业外语、发表论文和学位论文环节等方面的要求与学校其他专业等同。

华中科技大学开设了现代教育技术领域（科普教育方向）教育硕士专业，培养方式为在职培养，学习年限为2年。课程分学位基础课、专业必修课、选修课和实践环节。北京航空航天大学在人文社会科学学院开设了科学与技术教育领域全日制教育硕士专业，采用全日制学习方式，遵循《北京航空航天大学研究生学籍管理规定》，学制为2年，实行弹性学习年限。华东师范大学开设了教育硕士（科学传播教育）专业，主要招收具有三年以上相关工作经验的科学传播教育工作者，采取在职兼读的学习形式，学制3年，最长不超过5年。学校联合上海科技馆、上海市科协系统等单位精英人才，充分利用华东师范大学优势学科的教育资源，采用“双导师”制。

中国科协科普部2012年立项支持的“高校科普专门人才培养模式研究”课题承担单位汇报研究成果。各试点单位结合经验交流和课题汇报的有关内容进行讨论，谋划解决当前困难，对推进试点工作提出了意见和建议。

培养高层次科普专门人才试点工作积极开展招生宣传工作，赴各试点高校进行招生宣讲，同时在《光明日报》、《中国教育报》上刊登文章。2013年，试点单位共招收硕士研究生160人，其中全日制142人、在职18人。

中国科协还与教育部共同筹建全国高层次科普专门人才培养指导委员会，12月23日，全国高层次科普专门人才培养指导委员会第一次会议召开，会议成立了指导委员会和顾问委员会，确定了委员名单，并起草了指导委员会章程。

**【全国高层次科普专门人才培养指导委员会成立暨第一次全体会议】** 为了加强对培养高层次科普专门人才试点工作的指导，深入探索科普专门人才培养规律，不断提高人才培养质量，教育部和中国科协探索创新工作机制，决定从2013年起成立全国高层次科普专门人才培养指导委员会和顾问委员会。指导委员会是对高层次科普专门人才培养工作进行咨询、指导和服务的专家组织。指导委员会吸收了来自教育学、艺术设计、博物馆学、传播学、科学传播与普及等领域的知名专家，主任由中国科协书记处书记徐延豪担任，副主任由高校、科研院所、教育部、中国科协相关专家组成，委员主要来自试点单位及相关单位的专家。顾问委员会主任由全国政协十届教科文卫体委员会副主任，中国科协六届全委会副主席、党组副书记、书记处书记，中国自然科学博物馆协会名誉理事长徐善衍担任，聘请卡林加奖得主李象益等多名国内知名专家担任顾问。

12月23日，全国高层次科普专门人才培养指导委员会成立暨第一次全体会议在北京召开。中国科协书记处书记徐延豪出席会议并讲话。

会议由教育部学位管理与研究生教育司司长郭新立主持。教育部学位管理与研究生教育司、中国科协科普部有关领导和培养高层次科普专门人才试点高校清华大学、北京航空航天大学、北京师范大学、华东师范大学、浙江大学、华中科技大学分管副校长、研究生院负责同志以及中国科技馆、上海科技馆、山东科技馆、浙江科技馆、湖北科技馆、广东科学中心有关负责同志和指导委员会的专家共50余人参加了会议。

会议提出，要进一步加强高层次科普专门人才培养的相关研究，促进高校与科普场馆的深入合作，以培养出高质量的适合我国科普实践需要的人才。

徐延豪指出，指导委员会的成立对科普事业和科普人才培养有着非常重要的意义，对我国科普事业的发展会产生深远影响。当前，党和国家对科普事业高度重视，对科普事业的发展提出了更高的要求。科普人才是现代科普事业发展的核心资源，现代科普事业的发展离不开科普人才的有力支撑，尤其是高层次科普人才的培养。我们当前最紧要的任务，就是要集中力量，加强统筹，把这支科普专门人才培养培育好。指导委员会要充分发挥指导和决策咨询的作用，建立、完善指导委员会高效运转的机制，积极探索高层次科普专门人才培养的有效模式。

郭新立在会上指出，我国正大力发展专业硕士的培养工作。培养高层次科普专门人才试点工作是培养应用型科普人才的有益尝试。培养高层次科普专门人才试点工作进展顺利，2013年招收157名硕士研究生，其中在职18人。指导委员会是我国高层次科普专门人才培养工作的智囊团，要充分发挥专家团队的作用，为我国高层次科普专门人才培养工作把好脉，指明路，培养出优秀人才。教育部愿为指导委员会的工作提供支持。

**【中国科协财政部启动2013年基层科普行动计划】** 为贯彻党的十八大精神，继续深入推进《全民科学素质行动计划纲要（2006–2010–2020年）》在基层的实施，充分调动全社会深入基层、贴近实际、贴近生活、贴近群众开展科普工作的积极性和创造性，中国科协、财政部于4月10日共同签发了《关于组织实施2013年“基层科普行动计划”的通知》，正式启动实施2013年“基层科普行动计划”。

2013年，中央财政继续投入“基层科普行动计划”专项资金4亿元，在全国评比表彰1000个农村专业技术协会，386个农村科普示范基地，406名农村科普带头人，5个少数民族科普工作队和500个科普示范社区，表彰名额共为2297个。每个农村专业技术协会、农村科普示范基地和科普示范社区奖补20万元，每个农村科普带头人奖补5万元，每个少数民族科普工作队奖补50万元。奖补资金主要用于奖励和补助先进集体和个人购置科普资料和设备，面向基层群众开展培训讲座、展览等科普活动，发放科普宣传资料等科普活动的支出。

“基层科普行动计划”由各级科协和财政部门共同完成，进一步把科技要素引入农村和城镇社区，促进基层科普活动的广泛开展，提高基层科普服务能力，提高基层群众的科学文化素质，助力社会主义文化大发展大繁荣，推进创新驱动发展和生态文明建设。

5月18～19日，中国科协组织专家召开“基层科普行动计划”项目评审会，评选表彰出2297个先进集体和个人，其中表彰1000个农村专业技术协会，386个农村科普示范基地，406名农村科普带头人，5个少数民族科普工作队和500个科普示范社区，奖补资金达4亿元。

**【2013年中国科协开展科普富民兴边试点活动】** 为激励和调动边境地区开展科普工作的积极性、主动性和创造性，加强边境地区科普服务能力建设，2011年3月，中国科协在吉林省和龙市等12个边境县（市、师）中开展了科普富民兴边工作试点，试点工作为期两年。试点工作开展以来，各有关单位围绕服务产业转型、推动经济发展、提升科学素质、促进民族团结、维护社会稳定、提高科普服务能力等方面开展了试点工作探索，试点所在地的党委政府对科普工作的支持不断加大、试点单位科普组织队伍得到加强、工作经费得到保障、科普工作条件明显改善、科普资源得到丰富以及互助机制初步建立。

1月24～25日，中国科协“科普富民兴边”试点总结交流会在云南省腾冲县召开。会议总结了“科普富民兴边”试点两年来的工作经验，探讨了“科普富民兴边”工作的方式方法，部署了2013年“科普富民兴边”有关工作。中国科协科普部副部长纳翔、科普部有关负责同志、农技中心有关负责同志、边境县所在省（自治区）和新疆生产建设兵团科协科普部负责同志、部分“东西互助”项目单位的负责同志和部分试点县科协负责同志等近50余名代表出席会议。云南省科协副主席李仁、腾冲县委副书记胡明学分别在开幕式上介绍了云南省和腾冲县“科普富民兴边”工作部署实施情况。

3月22日，中国科协下发了《中国科协科普部关于2013年“科普富民兴边”工作有关事项的通知》，要求全国各涉边省（自治区）及新疆生产建设兵团开展“科普富民兴边”工作，并组织和推动各地开展相应工作。

通知要求，各地根据边境地区的实际情况，推动建立基层科普工作队伍，推动科普工作队面向农村实用人才、技示范户、科普带头人等积极开展分层、分类培训。组织科普工作队面向边境地区群众开展科普宣传活动，提高科普服务能力；结合全国科普日、科技周等重大科普活动，积极开展双语科普宣传，创新科普活动形式，打造科普工作品牌。支持大众传媒（如广播、电视、报纸、杂志）、新媒体（如网络、移动电视）和科普教育基地等开发、制作、传播双语科普节目和双语科普资料；积极开展寺庙科普活动，丰富寺庙文化，为广大僧众提供了解和学习现代科技知识和文化，向广大僧众普及安全生产、医疗卫生、健康生活等方面的科普知识；开展提高农村妇女科学素质方面的相关工作。积极利用边境、民族地区的生态、民俗等优势，开展科普旅游、开发民族特色产业等工作。

6月27～29日，中国科协科普部副部长纳翔一行5人到吉林省延边州考察调研“科普富民兴边”工作。

2011～2013年，科普部在全国5个少数民族自治区及少数民族聚居较多的云南省、甘肃省、青海省等地开展少数民族科普资源开发特色科普工作。“科普富民兴边”工作在内蒙古自治区通辽市开展了蒙汉双语科普读物编撰和出版工作，在广西壮族自治区开展了科普壮族村寨行系列活动，在西藏自治区开展了寺庙科普系列活动，在云南省迪庆藏族自治州开展了藏区寺院科普宣传示范活动，在甘肃省开展了甘南藏族地区双语课教育资源开发研究，在青海省开展了藏区寺院科普系列活动，在宁夏回族自治区吴忠市开展了回族之乡清真寺科普系列活动，在新疆维吾尔自治区开展了维汉双语科普资源开发及科普杂志送清真寺活动。

**【全国城镇社区科普工作会议】** 6月4～5日，由中国科协组织召开的全国城镇社区科普工作会议在湖北省武汉市召开。中国科协书记处书记徐延豪，湖北省委副书记张昌尔，湖北省政府副省长、科协主席郭生练，民政部、湖北省武汉市委及社区居民科学素质行动实施成员单位负责同志出席会议。来自各省、自治区、直辖市、副省级城市及新疆生产建设兵团科协的分管领导、科普部负责同志，全国科普示范社区代表及高校、学会、社区志愿者等有关方面代表共200多人参加了会议。

会议指出，城镇化快速发展的新形势、科技发展面临的新阶段，为社区科普工作拓展了广阔舞台，提出了更高要求。提高社区居民科学素质是实现人的城镇化的重要条件，是实施创新驱动发展战略的重要举措，是增进社会主义核心价值体系社会认同的重要基础，是促进民生福祉的重要内容。社区科普工作要坚持面向社区基层，服务社区群众，创造性地开展工作，要着力聚焦社区居民生产生活，有针对性开展科普工作；要着力社区科普平台建设，提升社区科普服务能力；要着力发展科普产业，培育科普产品市场，满足群众不断增长的科普需求；要着力改进创新，打造群众满意的社区科普活动品牌；要着力完善工作机制，形成推进社区科普工作的强大合力。

各地要高度重视科普工作，积极争取党委、政府的大力支持，把社区科普工作纳入城镇发展的总体规划，确保社区科普工作政策有保障、经费有保障、机制有保障。各有关部门要按照科学素质纲要的要求，加强沟通、密切配合，落实分工责任，采取有力举措，精心组织实施，形成携手推进社区科普工作的强大合力。各级科协要履行好纲要工作牵头单位的职责，加强统筹协调和调查研究，加强督促检查和绩效考核，加强监测评估和政策激励，推动社区科普工作落到实处，加强社区科普组织建设，推动社区确定科普专干，配备社区科普员，打造一支高素质的专兼职相结合的社区科普工作队伍，做到社区科普工作有组织、有机构、有名册、有活动、有考核。广大科技工作者要发挥自身特长和优势，积极担当科普宣传员、科普志愿者和青少年科技辅导员，为社区科普工作贡献智慧和力量。

中国科协书记处书记徐延豪在会上作了《抓住机遇，突出重点，服务民生，切实做好新时期城镇社区科普工作》的报告。报告对我国城镇社区科普工作做了简要回顾，新中国成立以来，我国经历从城市科普向城镇社区科普发展的过程，经过几代科技工作者和科普工作者的努力，城市科普和城镇社区科普取得显著成绩，积累了丰富经验，为我国新时期的城镇社区科普打下良好的基础。

报告指出，新时期，全面建成小康社会和实现人生精彩，建设创新型国家和文化强国目标对城镇居民科学素质提出了新的更高要求，提高居民科学素质迫切需要加强新时期城镇社区科普工作。做好新时期城镇社区科普工作，要大力加强城镇社区科普组织建设，建立完善城镇社区科普工作领导小组、社区科普协会，配齐城镇社区科普员，建立健全联合协作的工作机制，调动和用好社区的科普组织资源，充分调动城镇社区居民的积极性；要切实加强城镇社区科普阵地建设，建立完善社区科普益民服务站、社区科普学校、社区科普网络；要广泛深入开展城镇社区科普活动，围绕主题、贴近公众、贴近民生、贴近实际，因地制宜开展社区科普活动，创新城镇社区科普活动形式，适应社会发展变化。

湖北省委副书记张昌尔，民政部基层政权与社区建设司司长蒋昆生到会并致辞。会议由中国科协科普部部长杨文志主持。

北京市科协、湖北省科协等11家单位在会上作了典型发言。全体与会代表参观学习了武汉市江岸区百步亭社区、武昌区南湖中央花园社区和汉阳区江欣苑社区科普情况。

**【2013年全国城镇社区科普培训班】** 8月20～22日，中国科协科普部主办的2013年第一期全国城镇社区科普培训班在辽宁省沈阳市举行，来自31个省、自治区、直辖市和新疆建设兵团的近300名科普示范社区代表参加了培训。

培训班设置了专家授课、学员分组讨论和社区科普阵地考察等环节。专家授课内容设计着眼于实际需求，力求帮助社区解决实际问题，多维度多角度对社区科普形势和工作进行了系统的解读。

培训期间，山东省济南市营市街绿园社区、广东省深圳市宝安区新安街道宝民社区、陕西省西安市未央区锦园新世纪花园社区的代表进行了发言交流。培训班还安排学员实地参观了沈阳市文安路社区和阳光100社区，了解社区科普阵地建设、特别是沈阳市社区科普大学的建设，并与社区工作人员面对面交流开展社区科普工作的经验。

8月20～22日，中国科协科普部主办的2013年第二期全国城镇社区科普培训班在湖南省长沙市举行，来自全国各省、自治区、直辖市科协和新疆生产建设兵团科协科普部负责城镇社区科普工作的同志，获得2012年奖补的“全国科普示范社区”的代表等共300余人参加了培训会。湖南省政协副主席欧阳斌，湖南省政府办公厅副主任石慧农等出席开班仪式。

培训班安排两天半的时间，包括6个主题报告、5个大会交流发言和实地观摩两个社区等内容，安排学员实地参观了咸嘉新村社区和科大家园社区，了解社区科普阵地建设，并与社区工作人员面对面交流开展社区科普工作的经验。

**【2013年中国流动科技馆巡展活动】** 2011年7月，中国科协启动在四川省、贵州省、青海省等9省、自治区开展流动科技馆巡展试点工作，为促进老少边穷地区公众科学素质的提高起到了积极作用。试点工作得到各级政府财政、教育和宣传部门的大力支持。流动科技馆所到之处，受到当地公众特别是青少年的热烈欢迎。

2013年，中国科协和财政部联合启动了中国流动科技馆项目，在全国范围内推广这种公众喜闻乐见的科普教育形式。2013年上半年，中国流动科技馆完成了77套流动科技馆展览的开发研制工作，每套包括50项展品、4项科学表演、2项科学实验、1项移动球幕影院、布展等。

流动科技馆以“体验科学”为主题，通过声光体验、电磁探秘、运动旋律、数学魅力、健康生活、安全生活、数字生活7个主题展区的50件互动展品，与科学表演、科学实验、科普影视相结合，为公众提供参与科学实践的场所，观众可以在这里感受“体验科学”的快乐。

5月，中国流动科技馆在黑龙江省安达市完成了对全国23个省份流动科技馆巡展执行单位近100人的巡展工作培训，中国流动科技馆5个首套展览的布展及相关省区巡展首站的启动与试运行工作陆续开展。同时，中国科协与中西部地区签署了流动科技馆巡展工作协议，为全国巡展运行提供保障。

6月21日，以“体验科学”为主题的中国流动科技馆全国巡展在青海省海北州刚察县启动。23个省、自治区、直辖市以流动科技馆形式为尚未建设科技馆地区的公众提供科普服务的巡展工作全面开启。

中国科协书记处书记徐延豪在启动仪式上说，中国流动科技馆全国巡展是国家财政投入的科普资源，最大限度地惠及基层百姓，使更多的人可以享受到科技馆这种快乐的科普教育形式。

截至2013年6月，中国流动科技馆开发制作了77套资源，覆盖范围从9个试点省扩展到内蒙古自治区、四川省、新疆维吾尔自治区、黑龙江省、湖北省、江苏省、福建省等23个省、自治区、直辖市，受益人数300余万人次，其中，中小学生参观比例占90%以上，取得了良好的社会效益。

**【送科技下乡活动在湖北恩施举行】** 10月28～31日，全国政协教科文卫体委员会与中国科协联合开展的送科技下乡活动在湖北省恩施土家族苗族自治州龙凤镇举行。

启动仪式上，全国政协教科文卫体委员会、中国科协、科技部向龙凤镇社区捐赠了数字电影放映设备1套、数字科普电影100部以及社区科普图书2000册；向龙马初级中学捐赠了台式电脑22套、青少年科普图书3000册；

向双堰塘村捐赠了农民科普图书2000册，总价值26万元，向龙凤镇卫生院捐赠了价值20万元的医疗设备。湖北省科协、湖北省科技馆和恩施州科协还组织科普大篷车专程赶赴龙凤镇，现场展出声光电磁科普仪器和创新创造主题科普展板；恩施州科协在现场展出“崇尚科学、反对邪教”展板。同时，现场搭起的近十座科技专家咨询台，邀请农林专家、医疗卫生专家针对当地特色产业，如茶叶、玉米、牲畜饲养和医疗卫生等方面，进行了详细解答。茶叶种植等一些热门农业生产科普手册深受农民欢迎。

全国政协教科文卫体委员会副主任、科技部副部长陈小娅，全国政协常委、教科文卫体委员会委员、中国人民解放军空军原副司令员、何为荣中将，全国政协委员、中科院国家天文台研究员、中国科学院院士武向平，全国政协委员、中国电子学会秘书长徐晓兰，全国政协委员、中国农业科学院植所研究院彭于发，中国科协科普部副部长辛兵，湖北省政协教科文卫体委员会主任鲍红志，湖北省科协副主席徐菊明，湖北省科技厅副厅长郑春白，以及湖北省科协、恩施州政协、科协有关领导参加了此次送科技下乡活动。

启动仪式结束后，全国政协教科文卫体委员会、中国科协、科技部的领导和专家与村两委干部、社区工作者、村民代表、大学生村官等进行了座谈，听取基层关于科技下乡活动、产业结构调整、农村中小学教育、农民就医、农村社会保障、科技服务等方面的意见和建议，与会专家还就龙凤乡龙马村的经济发展和提高农民科学素质提出了建议，希望该村充分发挥多媒体等信息优势，同时要培育发展农技协等农村经济合作组织，促进农业产业又好又快发展。

**【“全国气象科普校园行”活动】** 3月22日，由中国气象局、中国科协、共青团中央、中国气象学会、中国教育学会共同主办的“全国气象科普校园行”活动启动仪式在北京市第十四中学举办。中国气象局副局长宇如聪、中国科协科普部副部长纳翔、中国气象局办公室副主任洪兰江、中国教育学会副秘书长马建华、北京市气象局局长姚学祥等领导及200余名师生出席启动仪式。科普部副部长纳翔代表主办单位致辞，并寄语青少年。

在校园建立气象站，开展气象科普活动，是实施全民科学素质行动、提高青少年科学素质的重要工作之一，“全国气象科普校园行”活动主题为“监视天气、了解天气”，旨在结合2013年世界气象日主题“监视天气，保护生命和财产”，进一步推动校园气象站的发展，向广大青少年宣传了解监视天气的意义，掌握观测气象要素的正确方法，认识到大气层面临的危机和空气污染造成的危害，进而促使青少年树立保护大气层、减少空气污染人人有责的观念，最终达到提升青少年的综合科学素质的目的。

启动仪式之后，“全国气象科普校园行”活动的7个小分队在北京市、河北省、上海市、江苏省、浙江省、江西省和湖南省部分学校开展活动，为校园气象站授牌、向学校赠送气象科普书籍等资料、举办科普讲座、气象观测员在校园气象站辅导小气象员观测并讲解有关气象知识、观摩辅导老师讲授气象课等。

**【2013年全国科普创作与产品研发示范团队培训交流会】** 4月22～23日，2013年全国科普创作与产品研发示范团队培训交流会在北京召开，中国科协书记处书记徐延豪出席会议并为示范团队授牌。中国科协科普部部长杨文志、中国科普研究所所长任福君，全国29个示范团队代表、10个推荐单位代表共60余人参加会议。会议由中国科协科普部副部长纳翔主持。

按照《全民科学素质行动计划纲要实施方案（2011—2015年）》的有关要求，中国科协科普部在2012年开展了全国科普创作与产品研发示范团队创建活动，经资格审查、专家评审和公示，命名29个示范团队，本次会议是创建活动的一系列措施之一，旨在促进各示范团队的能力提升。

会议期间，中国科协、文化部、科技部、中国科普研究所、中国科普作家协会、北京航空航天大学的六位专家学者围绕科普工作新局面、科普政策、科普与文化融合、科普产业、新媒体应用、科普创作几大主题作了主题讲座，并与参会人员交流互动、答疑解惑；各示范团队分别围绕科普展教品市场的培育与发展、传统科普出版的困境与对策、媒介融合与科普创作三方面主题分三组展开专题研讨，大家敞开心扉、各抒己见，分享了自身在团队建设、科普传播途径、科普产业发展等方面的成功经验和不足。

会议从实际工作基础出发，各项议程的设置都结合团队的需求，内容丰富，取得了满意的效果。各个团队代表表示，通过此次培训坚定了信心、开阔了视野、明确了目标、看到了不足，在接下来的工作中，一定积极在人才培养、科普资源开发、示范带动、合作交流等方面继续深入开展工作，为全国的科普企业和机构作出表率，为我国的科普事业和科普产业共同发展贡献力量。

**【“公众喜爱的科普作品”评出20本科普图书、15种科普期刊】** 8月1日至9月1日，中国科协科普部开展了“公众喜爱的科普作品”推介活动。活动通过在新浪网上进行公众投票的方式，评选出20本“公众爱读的科普图书”和15种“公众喜爱的科普期刊”。

推介活动在2000年以来出版的千余种科普图书中，最终评选出50家出版社的106种“优秀科普图书”，同时评选出30种“优秀科普期刊”，并在此基础上，评选出20本“公众爱读的科普图书”和15种“公众喜爱的科普期刊”。

2013年，“公众喜爱的科普作品”推介活动首次采取公众投票的方式进行。公众通过网络，可以为自己爱读的科普图书、喜欢的科普期刊投上一票。评选期间，共有超过了835万人次参与网络投票，其中近336万人次为“公众喜爱的科普作品——科普图书”投票，近500万人次为“公众喜爱的科普作品——科普期刊”投票。

公众爱读的20本科普图书：《农作物重要病虫鉴别与治理原创科普》系列彩版图书、《黑龙江农业新技术系列图解》丛书、《躲不开的食品添加剂——院士、教授告诉你食品添加剂背后的那些事》、《芝麻的科学书：科学真好玩》、《沼气用户手册科普连环画册》、《野性亚马孙》、《HOW&WHY美国经典少儿百科知识全书》丛书、《保护性耕作技术》、《贪玩的人类》、《奇妙的大自然》丛书、《三体》、《哈勃科普书系》、《“天”生与“人”生：生殖与克隆》、《视觉之旅：神奇的化学元素》、《好玩的数学》丛书、《一百种尾巴或一千张叶子》、《再造一个地球——人类移民火星之路》、《走近钱学森》、《没有我们的世界》、《世界原来如此有趣——探索形状奥秘》。

公众喜爱的15本科普期刊：《新农业》、《中老年保健》、《航空知识》、《小哥白尼》、《科学画报》、《生命世界》、《无线电》、《第二课堂》、《中国国家地理》、《科幻世界》、《家庭医生》、《舰船知识》、《天文爱好者》、《我们爱科学》、《兵器知识》。

**【中国科协向第一批首席科学传播专家颁发聘书】** 2013年，中国科协部署开展科学传播专家团队组建工作，引领、推动、指导我国学科科普传播工作全面发展。全国学会按照“依托学科、立足实际、以用促建、共建共享”的基本原则，以自然科学、技术科学、工程技术及其相关科学的三级以上学科（专业、领域、行业）为单元，围绕国家经济社会发展和人民生产生活的实际需求，从各学科领域科技工作者中，遴选出一批具有较高学术造诣和科普能力的专家，组成学科科学传播专家团队。各团队推举产生首席科学传播专家一名，由中国科协聘任。

12月26日，中国科协在中国科技会堂召开李象益科普事迹报告会暨首席科学传播专家聘任大会。会议由中国科协党组成员、书记处书记徐延豪主持。

中国科协聘任了40个全国学会推荐的156名专家为第一批全国学科首席科学传播专家，聘期3年。大部分首席专家是本学科领域的学科带头人，其中两院院士12人。156名专家中，年龄最大的79岁，最小的35岁，平均年龄55岁；60岁及以下的科学家119名，占76%；女科学家36名。

科学传播专家团队组建后，主要围绕学科前沿科技进展和基本科技常识等，领衔开展科普创作、传播，推动学科或行业科技博物馆、科普基地、科普人才队伍等基础条件建设，推动科研机构、高等院校、企业等单位开发开放优质科普资源，全面规划和推进学科科普工作。

**【中国科协年会主场科普活动】** 5月24日，第十五届中国科协年会暨贵州省科技活动周主场科普宣传活动在贵州省贵阳市启动。中国科协书记处书记、党组成员徐延豪，贵州省委常委、宣传部部长喻红秋，贵州省人大常委会副主任、省科协主席谢庆生，贵州省副省长何力等参加现场活动。

主场科普活动共设置宣传展蓬180个，来自贵州省60多家单位的800多名科技、科普工作者现场开展咨询活动。科普活动包含科普大篷车、预防疾病科学生活、茶产业与茶文化、科技摄影等六大展区，涉及疾病防治、食品安全健康生活，科研院所科技成果推荐、科普基地宣传展示、青少年科幻画涂鸦大赛、气象防灾减灾、消防常识宣传等内容。

第十五届中国科协年会期间，贵州省各地共开展科普活动1200项，其中院士专家科普报告132场，年会主场科普活动38项，黔贵科普大联动1020项。

“百场院士专家科普报告黔贵行”组织了73名参会院士专家，深入贵州省9个市州，进机关、进企业、进社区、进农村、进军营，面向公务员、城镇劳动人口、社区居民、农民、军人等重点人群举办科普报告。

5月24日，中国科协年会系列科普活动“月球探测科普展暨古生物化石科普展”在贵州科技馆启动。中国科协书记处书记、党组成员徐延豪，贵州省委常委、省委宣传部部长喻红秋，贵州省人大常委会副主任、省科协主席谢庆生，中国科学院院士、中国绕月探测工程首席科学家、贵州省科协名誉主席欧阳自远等出席启动仪式。

5月26日，中国科协书记处书记、党组成员徐延豪在贵阳市花溪区作了“第十五届中国科协年会——百场院士专家科普报告黔贵行”之“肿瘤的预防与治疗”专场科普报告。

**【“日月经天，江河行地——国家重大科技成果掠影”展览】** 9月29日，中国科协主办、中国科技馆承办的“日月经天，江河行地——国家重大科技成果掠影”展览在中国科技馆开幕。

此次展览活动得到了中国航空博物馆、中国船舶重工集团第七〇二研究所、中国铁建重工集团有限公司、中国海洋石油总公司、中国商用飞机有限责任公司、北京航空航天大学智能技术与机器人工程研究中心和中国机械工程学会等单位的大力支持。本次展览共展出模型22件（套），主要选取自全国科技周重点展品，其中包括“蛟龙号”深海探测器、海洋石油981深水半潜式钻井平台、复合式土压平衡盾构机、C919大型客机、空警2000等模型，海燕飞行器机器人实物以及3D打印技术展示等，集中展示我国近年来在高新技术领域所取得的成就，体现科技创新在支撑和推动国家现代化建设中所起到的作用。

**【我国首次开展航天员太空授课活动】** 中共中央总书记、国家主席、中央军委主席习近平6月24日上午在北京飞控中心同正在天宫一号执行任务的三位“神舟十号”航天员天地通话中说，“你们为全国的中小学生举行了太空授课，很有意义，这对于他们培养崇尚科学、探索太空奥秘的兴趣，会起到很好的作用。”

6月20日上午10:04 ~ 10:54，由中国载人航天工程办公室、中国科协和教育部共同主办的“神舟十号”航天员太空授课活动正式举行。太空授课由“神舟十号”女航天员王亚平担任主讲，指令长聂海胜辅助授课，航天员张晓光担任摄像师。活动过程中，3名航天员们按照既定的授课方案分别进行了质量测量、单摆运动、陀螺、水膜和水球等试验，展示了失重环境下物体运动、液体表面张力特性等物理现象，并通过视频通话形式与地面课堂师生进行了互动交流。在北京人大附中设立的地面课堂里，来自6所学校的中小学生对航天员在微重力状态下演示的一个个奇妙的、不可思议的物理现象惊叹不已，一次次热烈的掌声不断将这场特殊的物理课推向了高潮。

全国约8万所学校的6000万名中小学生以及广大社会公众通过电视直播和互联网收看了授课活动。太空授课活动是我国青少年航天科普事业创新发展的重要标志，也是我国科普教育活动覆盖面最大和参与公众最多的一次重大科普实践，将载入我国科普事业发展史。

2011年底，中国科协首先向中国载人航天工程办公室建议以“神舟九号”和“神舟十号”发射并与天宫一号对接为契机，由航天员在太空为青少年讲授科学课。建议得到了中国载人航天办公室的积极响应。

2012年11月初，解放军总装备部明确将航天员太空授课活动列入“神舟十号”飞船飞行任务大纲。中国载人航天工程办公室、中国科协和教育部共同作为授课活动的主办单位，中央电视台作为支持单位。中国科协主要负责组织航天专家和科技教育、科普专家论证授课内容，制定授课方案。

为做好太空授课活动的筹备工作，自2012年11月至2013年1月，中国科协青少年科技中心邀请曾广商、戚发轫、邸乃庸等院士、航天专家和航天员刘伯明，中国科协青少年科学教育专委会顾问韦钰以及中国青少年科技辅导员协会、科技馆、重点中学的20多位科技教育专家和科普专家成立太空授课方案编写组，历时3个多月、反复论证与修改完善授课方案论证、内容设计、授课脚本制定等一系列工作，最终授课方案获得批准。

在“神舟十号”飞船发射并与“天宫一号”对接前后，主办单位先后组织进行了数次地面演练和天地协同演练，进一步完善了授课方案和内容，为太空授课成功打下良好基础。

此次“神舟十号”航天员太空授课活动是继2007年美国中学教师出身的航天员芭芭拉·摩根首次太空授课后，人类在太空开展科普教育的又一次创举，并且在授课时间与内容、受众人群和覆盖面等方面大大超过了首次太空授课活动。美国联合通讯社、英国广播公司、日本时事通信社、法国欧洲新闻电视台等国际有影响的媒体对此活动进行了专题报道并给予高度评价。美国联合通讯社报道：“中国第二位女航天员王亚平从头至尾微笑着，这堂讲课更像是儿童电视科普节目。”日本时事通信社用“不可思议”评论中国的太空授课。德国新闻电视台20日则为“6000万中国学生上太空课”感到惊讶，这可能是新的世界纪录。法国欧洲新闻电视台评论认为，太空授课相当成功。

8月28日，中国科协受邀参加了在印度尼西亚首都雅加达召开的科学与技术公共传播国际会议，会上作了题为《太空授课——一次面向青少年开展科学传播的成功案例》主题报告，向各国代表介绍了我国首次太空授课的盛况、特点及经验。9月17日，在北京举办的载人航天技术国际研讨会上，中国科协受邀向与会各国代表介绍了组织开展的全国青少年航天科普活动，并对“神舟十号”航天员太空授课活动进行了重点介绍。

**【第十三届中国青少年机器人竞赛】** 7月16 ~ 20日，第十三届中国青少年机器人竞赛在吉林省长春市开赛，竞赛的主题为“放飞中国梦　快乐共成长”。来自全国33个地区的526支参赛队、1517名学生、526名随队教练员参赛，活动为期4天。竞赛由中国科协和吉林省人民政府主办，中国科协青少年科技中心、吉林省科协、吉林建筑大学共同承办。

活动期间，526支参赛队参加了机器人综合技能、机器人创意、FLL机器人工程挑战、VEX机器人工程挑战和机器人足球五个项目的角逐。各项赛事均分小学组、初中组、高中组，经循环赛和淘汰赛决出一、二、三等奖和冠军杯。FLL 机器人工程挑战赛和 VEX 机器人工程挑战赛的优秀代表队将代表中国青少年参加相关国际比赛。同时，部分机器人创意比赛获奖选手在暑期赴中国科技馆进行项目公开展示。大赛最终共决出一等奖 255 项，二等奖 481 项，三等奖 725 项。

中国科协副主席、书记处书记、党组副书记程东红，吉林省人大常委会副主任车秀兰，吉林省政协副主席王尔智，新疆维吾尔自治区人大常委会原常务副主任、自治区科协主席张国梁等出席闭幕式并为获奖青少年颁奖。闭幕式上举行了中国青少年机器人竞赛会旗交接仪式。程东红书记把竞赛会旗交到了新疆维吾尔自治区科协主席张国梁手中。第十四届中国青少年机器人竞赛将在新疆维吾尔自治区乌鲁木齐市举办。

在活动安排上，组委会取消了传统开幕仪式，为比赛腾出更多的时间，使参赛选手有更多的机会参与到各项比赛中去。活动不仅仅限于比赛，在赛场之外，组委会还开设了教练员论坛，邀请国内知名教练员就机器人教育理念和创新、机器人创意设计、科技教育课内外结合等话题展开研讨。同时，组委会开设了企业体验区，供中小学生在比赛之余，体验科技给人类带来的快乐。

本届大赛是中国青少年机器人竞赛历史上规模最大、参赛人数最多的一次，参赛选手共有 1517 名。机器人足球赛增设了资格赛，更客观地考核学生独立针对规定动作编程的能力；创意比赛则着力强调研究报告的科学性和规范性。继 2012 年 FLL 裁判引进 PDA 手持计分器后，2013 年 VEX 竞赛裁判全部采用平板电脑，确保了竞赛信息发布的实时、公开和准确；全程无纸化计分发布系统的运行，增加了比赛的公开、公正、透明、高效。

**【2013 年青少年高校科学营开营】** 2013 年青少年高校科学营 7 月 25 日在清华大学开营，中国科协副主席、书记处书记、党组副书记程东红出席开营仪式并致辞。教育部部长助理林蕙青，中国科协党组成员、书记处书记徐延豪，来自港澳台地区和专题营承办单位的负责同志，首都 10 所承办高校的有关领导出席了活动，来自北京营的近 3000 名中学生营员参加了开营仪式。

2012 年，中国科协和教育部首次成功举办了青少年高校科学营活动，取得了很好的社会反响。与 2012 年相比，2013 年的青少年高校科学营人员数量增长 1 倍，由 5000 人增加到 11495 人，首次邀请来自香港特别行政区、澳门特别行政区和台湾地区的 1495 名学生营员，承办高校数量也从 41 所增加到 48 所。同时又吸纳中国航天科技集团、中国航空工业集团、中国兵器工业集团、中国船舶工业集团 4 家大型央企和中国科学院国家天文台作为联合承办单位，组织以航天、航空、兵器、船舶、天文等为主题的专题营活动，激励青少年从小立志科技兴国、实业报国。

程东红在致辞中指出，青少年承载着祖国崛起的希望，是科学发展的未来。青少年高校科学营活动，引导高校开放丰富的科技教育资源，激励青少年崇尚科学、立志从事科学研究事业，为青少年开启了一扇通往科学的大门。程东红希望两岸四地万余名热爱科学的青少年，在 48 所国内著名大学的校园里，聆听大师的睿智演讲、体验大学的精彩生活、感受多元的文化交流，尽情畅享科学的饕餮盛宴，共同演绎“科学梦・青春梦”。

开营仪式上，程东红、林蕙青和徐延豪向香港中联办、澳门科技协进会、台湾“中华青年交流协会”以及中国航天科技集团、中国航空工业集团、中国兵器工业集团、中国船舶工业集团和中科院国家天文台等协办单位颁发了合作纪念杯，林蕙青代表中国科协和教育部向北京大学、清华大学等 10 所首都承办高校授科学营营旗。

**【第 28 届全国青少年科技创新大赛】** 8 月 3 日，由中国科协、教育部、科技部等国家 8 部委和江苏省政府共同主办的第 28 届全国青少年科技创新大赛在江苏省南京市开幕。开幕式由中国科协副主席、党组副书记、书记处书记程东红主持。江苏省委副书记、省长李学勇宣布大赛开幕。全国妇联副主席、书记处书记赵东花，江苏省委常委、宣传部长王燕文分别在开幕式上致辞。国家自然科学基金委副主任高瑞平，江苏省政协副主席、省政府党组成员徐南平，中国科协书记处书记徐延豪等出席开幕式。

教育部、科技部、环保部、国家体育总局、共青团中央有关司局以及江苏省有关部门负责同志，参赛青少年选手和辅导员约 1500 人出席开幕式。

开幕式上，中国首位女航天员刘洋与青少年朋友们分享了自己儿时的梦想及执行航天任务的感受，并寄语青少年朋友：“少年智则国智，在座的各位是青少年创新人才的代表，希望大家要敢于做梦、勇于追梦、勤于圆梦，终有一天，你们的梦想会生根发芽，绽放出最绚丽的花朵”。

本届大赛以“中国梦，科学梦，青春梦”为主题，共有来自全国各省、自治区、直辖市，香港、澳门特别行政区和新疆生产建设兵团、军队子女学校的 35 支代表队参赛。大赛还邀请德国、巴西、法国、瑞典等 14 个国家的青少年和教师开展交流。

第 28 届全国青少年科技创新大赛侧重考察青少年学生的创新思维和动手实践能力，内容丰富，形式多样，涉及数学、计算机科学、物理学、地球与空间科学、工程学、动物学、植物学、微生物学、医学与健康学、化学、生物化学、环境科学、行为与社会科学等13个学科。参加大赛终评活动的360个学生科技创新项目是通过基层学校、区、市、省各级竞赛层层择优选拔产生的，涉及学科范围广、创新性强、符合青少年知识水平和认知能力，既有针对环境污染、驾驶安全、城市管理、灾难灾害救援等社会热点问题的研究，又有涉及新能源、医学与健康等高新领域的研究，呈现出关注社会热点、贴近日常生活、体现人文关怀、探索前沿科技等特点，是全国青少年最优秀的科技创新成果的集中展示。

大赛组委会邀请了近200名科技专家参与初评工作，邀请了近100位院士、专家参与终评工作。组织了由院士、专家和中国科协、教育部、国家自然科学基金委员会有关领导组成的评审监督委员会，对评审工作进行了全程监督，确保大赛评审的公平、公正、权威。同时，高校、企业、基金会等机构和社会力量也对大赛给予热切关注，设立了20多项专项奖，奖励青少年和科技辅导员的科技创新项目和研究成果。

开幕式结束后，李学勇、程东红等察看了参赛项目展示区并与参赛选手亲切交谈。李学勇在观看了参赛的项目后指出，在新的发展阶段，增强青少年科学素养，提高青少年创新意识和创新本领，对于加快培育创新型人才、深入实施创新驱动战略，具有重要意义。江苏省要更好地面向青少年传播科技知识、科学精神、科学思想和科学方法，更加有效地激发青少年的创新创造活力，更大力度促进群众性发明创造活动蓬勃开展。

8月5日，大赛举行了专项奖颁奖仪式，颁发了茅以升科学技术奖、高士其科普奖、周培源青少年科技创新奖、科技辅导员创新奖、十佳科技实践活动奖和省级优秀组织单位奖和优秀组织工作者奖等19项奖。

大赛举行期间召开了参赛代表座谈会，江苏省委常委、宣传部部长王燕文，中国科学院院士王乃彦、匡廷云、吴岳良，以及来自全国34名参赛学生代表和2名科技辅导员教师代表参加座谈会。

8月6日，第28届全国青少年科技创新大赛颁奖典礼暨闭幕式在江苏省南京市举行。江苏省委常委、常务副省长李云峰，江苏省委常委、宣传部长王燕文，江苏省政协副主席、省政府党组成员徐南平，中国科协党组成员、书记处书记徐延豪，以及本届大赛评审委员会主任、中国科学院院士王乃彦，评审委员会副主任、中国科学院院士匡廷云，评审监督委员会副主任、中国科学院院士吴岳良等出席闭幕式并为获奖选手颁奖。“中国科协主席奖”是本届大赛设置的最高奖项，用以奖励大赛中最突出、最优秀的青少年科技创新项目，中国人民大学附属中学的辛琦、江苏省丹阳市第九中学的韦威、福建省福安市逸夫小学的钟正航等3名学生荣获本届大赛“中国科协主席奖”。本届大赛评选出优秀科技辅导员创新项目一等奖28项、二等奖66项、三等奖89项以及10项十佳科技辅导员奖。此外，还评出青少年创新项目一等奖65项、二等奖143项、三等奖152项。同时，大赛还评选出由组委会、高校、基金会等单位设立的21类220项专项奖。

大赛组委会共收到来自全国31个省、自治区、直辖市，新疆生产建设兵团，香港特别行政区、澳门特别行政区等地共计2462项推荐作品，其中，青少年科技创新项目474项、科技辅导员创新成果658项、少年儿童科学幻想画990项、青少年科技实践活动340项，最终评选出青少年科技创新项目奖360项、科技辅导员项目奖183项及21类专项奖。此外，还有163项优秀科技实践活动和142幅少儿科幻画作品参加了终评展示。同时，法国、德国、印度、日本、韩国、巴西等14个国家和地区的23个项目、60多名代表也参加了决赛阶段的展示和交流。

**【第13届“明天小小科学家”获奖者颁奖典礼】** 12月16日，第13届“明天小小科学家”奖励活动颁奖典礼在北京二中举行。

中国科协党组成员、书记处书记徐延豪，教育部副部长郝平，中国工程院院士、活动组委会名誉顾问韦钰，中国科学院院士、本届评审委员会主任王乃彦，中国科学院院士、本届评审监督委员会主任黎乐民，中国科学院院士、本届评审委员会副主任吴岳良，香港周凯旋基金会董事张培薇等出席了颁奖典礼。第13届“明天小小科学家”奖励活动共产生“明天小小科学家”称号获得者3名，分别是北京师范大学附属实验中学万若萌、浙江省杭州高级中学谢哲远、香港英皇书院的罗观宇。

第13届“明天小小科学家”奖励活动共收到313名符合条件的高中生申报，经资格审查，281名学生进入初评。经专家初评评审，最终100名学生入围终评。终评评审委员会由来自国内重点高校和科研院所的46位专家组成的，终评专家在认真审阅学生申报材料的基础上，通过现场独立问辩和分组集中考察的方式，对参赛学生研究能力和综合素质进行测评，同时，组委会还对参赛学生进行知识水平测试。为保证评审工作的科学性和公正性，组委会成立了评审监督委员会对各阶段评审工作进行了全程监督，保证了评审程序和评审结果的公平、公正。

“明天小小科学家”奖励活动旨在透过学生的个人科学研究项目，重点考察学生的综合素质和能力，关注学生的创新意识和实践能力，发现一批具有科学潜质和发展后劲的学生，向著名高等院校推荐，并资助他们进入大学后继续开展科学研究，鼓励他们投身于自然科学研究事业，为我国创新型科技人才队伍输送后备力量。

**【2013年全国青年科普创新实验大赛】** 由中国科协科普部和共青团中央学校部共同主办的2013年全国青年科普创新实验大赛9月24日在中国科技馆启动。中国科协党组成员、书记处书记徐延豪，共青团中央书记处书记傅振邦，中国工程院院士陈肇元等出席启动仪式。

大赛由中国科技馆、中国科协青少年科技中心、黑龙江省科技馆、上海市科技馆、广东省科学中心、四川省科技馆和三星电子等单位承办。

围绕活动的主题“节能、环保和健康”，大赛设置了数据传输、风能利用和安全保护三个专题。大赛通过形式多样的科普竞赛活动，激励全国高中生和大学生积极参与科普实践活动，提高广大青年学生的动手能力，并向全国社会普及节能、环保和健康的科学知识、传播科学思想、弘扬科学精神。

活动时间从2013年9月持续到2013年12月。中国数字科技馆设立了大赛官方网络平台，接受来自全国各地高中和高校参赛选手的作品。活动同时开通了大赛官方微博、官方微信和人人网官方账户。

大赛共分北京市、黑龙江省哈尔滨市、上海市、广东省广州市和四川省成都市五大赛区，参赛范围为全国普通高中在校学生、全国高校在校学生（包括大专生、本科生和研究生）。大赛成立了由两院院士、专家学者和行业权威人士共同组成的评审委员会，确保命题的科学性、可操作性和权威性。

大赛设置初赛、复赛、决赛三个环节，初赛时间为2013年9月～11月上旬，初赛形式为线上提交相关说明材料，大赛主办方组织专家评审，通过后进入复赛阶段；复赛时间为2013年11月中旬，晋级选手按照所在学校的区域划分，参加所属赛区复赛，复赛在各赛区科技馆举行，优胜者进入决赛阶段；决赛于2013年12月上旬在中国科技馆现场举办。

经过了初赛、复赛两轮激烈竞争，最终来自全国各地的40支参赛队、100多名学生参加决赛。12月7日，2013年全国青年科普创新实验大赛决赛在中国科技馆举行。来自清华大学、湖北师范学院和北京科技大学的参赛队分别获得“数据传输”、“风能利用”和“安全保护”三个项目的冠军。来自黑龙江省大庆中学的参赛队获得安全保护高中组第一名。

中国科协党组成员、书记处书记徐延豪，共青团中央学校部副部长杜汇良等为获奖团队颁发了创新奖、探索奖和求知奖。

大赛除了奖项设置以外，还选拔优秀团队于2014年寒假期间赴美国一流大学进行科技交流访问。

## 国际学术交流

**【第27届国际内燃机大会】** 5月13日，第27届国际内燃机大会暨展览会在上海市举行。本届大会由国际内燃机学会（CIMAC）主办、中国内燃机学会承办。大会共吸引了全球超过800名内燃机专家及学者参加，宣读并交流来自160余位专家的193篇论文，内容涉及内燃机的排放、油耗以及新技术应用等方面。我国学者共递交了论文110余篇，其中会议宣读的论文18篇、墙报论文42篇。

本届大会同期举办的内燃机展览向相关观众全面展示了内燃机整机、内燃机零部件与附件，以及内燃机的研发、生产、加工、检测等一系列相关技术及产品。来自13个国家的82家著名内燃机企业参加了本次展览。

近年来，我国内燃机工业得到了迅速的发展，内燃机技术水平明显提高，已经成为内燃机的制造大国。截至2011年，我国内燃机工业总产值已经突破3700亿元，产量突破7700万台，总功率突破1.4亿千瓦。

国际内燃机学会（CIMAC）1951年成立于法国，是国际内燃机界唯一的国际组织，现有15个国家会员和24个公司会员，每3年在不同的会员国举办一次CIMAC国际大会，2013年是我国继1989年承办第18届CIMAC大会后第二次承办这一大会。

**【第13届国际断裂大会】** 6月17日，第13届国际断裂大会在北京开幕。国际断裂大会是世界断裂学科领域最高级别的学术会议，此次大会是中国自1977年加入国际断裂学会以来，首次承办国际断裂大会。大会由中国力学学会、香港断裂组、中国机械工程学会、中国材料研究学会、中国腐蚀与防护学会、中国航空学会、中国金属学会、中国结构完整性联盟联合承办。开幕式由中国科学院院士、中国力学学会理事长胡海岩主持。

美国国家自然科学基金委员会前任主席Subra Suresh教授作了开幕式特邀报告。大会颁发了在断裂力学界享有盛誉的Takeo Yokobori金奖，以及Alan H. Cottrell金奖。Subra Suresh教授荣获Takeo Yokobori金奖，Teuro Kishi教授荣获Alan H. Cottrell金奖，现任国际断裂学会主席Alberto Carpinteri为获奖者颁奖。此次大会还颁发George Irwin金奖、Constance Tipper银奖、青年学者杰出论文奖等奖项。

此次大会由现任国际断裂学会副主席、清华大学教授余寿文担任主席，由国家自然科学基金委员会主任、中国科学院院士杨卫，香港科技大学教授、中国科学院院士张统一担任共同主席，由清华大学教授冯西桥和中国科学院力学研究所研究员杨亚政担任秘书长。会议围绕断裂力学、断裂与疲劳机制、断裂实验技术、工程应用等开展54个主题论坛和15个专题研讨会。来自世界40多个国家的千余名断裂领域的专家、学者与会。J积分（J-integral）的提出者 J. R. Rice 教授、帕里斯公式（Paris 公式）的提出人 Paul C. Paris 教授、HRR 场（Hutchinson-Rice-Rosengren field）的提出者之一 John W. Hutchinson 教授、美国工程院院士锁志刚、美国工程院院士高华健、澳大利亚两院院士 Y.W.Mai，香港科技大学教授孙庆平、西安交通大学教授孙军以及杨卫院士作大会特邀报告。

国际断裂学会于1965年在日本仙台成立，是断裂学科最大的国际学术组织，现有近百个国家和地区的断裂学会或组织参加，每4年召开一届国际断裂大会。

**【2013青岛国际脱盐大会】** 6月26日，2013青岛国际脱盐大会在山东省青岛市举办，中国科协书记处书记张勤，水利部原副部长、中国农业节水和农村供水技术协会会长翟浩辉，青岛市委常委、青岛市副市长王广正，国际水协会主席 Glen Daigger 等出席开幕式。

张勤在致辞中强调，目前，我国水资源短缺和时空匹配的矛盾日益突出，水资源短缺已经成为制约经济社会发展的瓶颈之一。海水淡化是实现水资源利用和开源增量技术的重要补充和战略储备，“十一五”以来，我国在海水淡化、海水直接利用等关键技术方面取得了重大突破，“十二五”则是我国海洋事业加快调整、拓展和提升的关键时期。

张勤在致辞中说，青岛国际脱盐大会会议规模和影响力逐年扩大，已成为我国脱盐领域重要的学术品牌活动。大会在促进政府与各类组织、专家与企业、社会的交流合作，在与国际脱盐领域建立长效的合作机制等方面将起到了积极的推动作用。

2013青岛国际脱盐大会由中国科协和山东省青岛市政府联合主办，国际水协会、山东省科协、水利部综合事业局、河海大学协办，青岛市科协、中国水利企业协会脱盐分会等承办，迄今为止已举办了8届。来自美国等20多个国家（地区）的脱盐及水资源利用领域的专家，300多家国内外企业负责人共计700余人参加了本届大会，其中国（境）外会议代表约100人。

本届脱盐大会以“脱盐：创新驱动与绿色发展”为主题，针对我国目前面临的水资源短缺和海水淡化技术创新问题，邀请世界脱盐领域的知名专家和高层决策者共同商讨海水淡化与综合利用产业的发展战略和技术，进一步增进与国际脱盐领域的有效合作，增强我国海水淡化实力，促进海水淡化产业健康快速发展与生态环境保护共赢。

会议期间，围绕国际海水淡化与水再利用、水资源与城市化发展、非常规水源利用、脱盐与水处理、浓盐水综合利用、中国农村供水技术、中国电力脱盐技术、污泥处理及资源化利用等内容，共计有150余位专家进行主、专题报告。大会收录论文240余篇。

大会设置60余个展位，集中展示了国内外先进的海水淡化与水利用技术、设备、装置等。会议还组织代表参观了青岛碱业股份有限公司海水淡化示范工程。

国际水协会非常规水资源利用专家委员会（中国）同期成立，委员会成员来自全球各地的水行业专家和企业代表，中国将与世界水行业共同分享非常规水资源领域的信息、成果和经验。

**【第21届国际核工程大会】** 7月30日～8月2日，第21届国际核工程大会在四川省成都市召开，来自世界35个国家的千余名核工程领域的专家、学者与会。大会由中国核学会、美国机械工程师学会（ASME）和日本机械工程师学会（JSME）共同主办，中国核动力设计研究院承办，中国国际科技会议中心协办。开幕式由中国核学会理事长、中国工程院院士李冠兴主持。国际核工程大会是世界核工程科领域最高级别的学术会议，此次大会是自2005年起第三次在我国召开。中国科协党组成员、书记处书记张勤出席了大会开幕式并致欢迎辞，向出席大会的各位嘉宾表示诚挚的问候。张勤指出，国际核工程大会自1991年首次举办以来，已经成功举办了20届，赢得了核工程领域“奥林匹克”的美誉。中国核学会作为我国工程领域最为重要的学术性社团之一，要组织我国核科学家和核工程技术专家，深入开展国际交流与合作，促进核科学新理论、新技术的交流和技术成果的共享，促进人类更好更有效地利用核能和核技术。

出席大会开幕式的嘉宾还有：中核集团董事长孙勤，成都市市长葛红林，中国国家原子能机构秘书长王敏正、美国机械工程师学会理事长科特博、日本机械工程师学会高级代表阿部丰、欧洲核学会高级代表哈米德等。

本次会议共设置了10场专题研讨会，邀请了61位专题报告人，分别来自中国、美国、日本、法国、韩国、英国、加拿大、斯洛文尼亚等国。10场研讨会围绕当前核工程领域的热点问题或者争议点较多的问题展开讨论，主要包括：小型模块化反应堆、核废物管理、新建核电站设计、下一代核电站、核电标准规范与认证、福岛事故相关问题、严重事故管理与对策、产业倡议、内陆核电站经验与展望、核工程教育。在为期3天的技术分会场交流环节，会议共设置了165个技术分会场，共有779篇技术报告得到了交流。我国核能产业正处于历史机遇期，积极稳妥的发展核能已经成为中国能源战略的重要组成部分，核能对于满足经济社会发展需求，保护环境，提升国家综合实力、工业技术水平和国际地位都具有重要意义。

**【第23届人工智能国际联合大会】** 8月3～9日，由中国自动化学会联合中国科学院自动化研究所和清华大学共同承办的第23届人工智能国际联合大会（IJCAI-2013）在北京市举行。IJCAI是人工智能领域的顶级学术会议，也是该领域内最具权威性、最为活跃的科学盛会，可谓人工智能界的奥林匹克。首届IJCAI大会追溯至1969年，此后逢奇数年举办。本届会议是IJCAI自创办45年以来首次落户中国。本届会议汇聚了来自世界各国专家和学者逾千名。

IJCAI-2013的主题是“人工智能和计算可持续性”。围绕该主题，IJCAI-2013共设置了10场大会报告（包含8个主题报告和两个获奖报告）、33个研讨会、24个专题报告、1个博士生论坛、48个特邀报告、413篇海报展览、195篇口头报告、3项AI竞赛和众多颁奖环节。

IJCAI-2013开幕式于8月5日在北京国际会议中心举行，会议主席Sebastian Thrun教授主持开幕式，中国科协书记处书记张勤致欢迎辞。8月6～9日，IJCAI-2013举办了关于“取缔自主武器”的主题辩论以及关于“如果人工智能获得成功，未来的社会将是怎样”的座谈会。英国谢菲尔德大学Noel Sharkey教授、美国加州伯克利大学Stuart Russell教授、英国巴斯大学Joanna Bryson教授、英国罗彻斯特大学Henry Kautz教授、英国牛津大学Anders Sandberg、美国斯坦福大学Sebastian Thrun教授分别就自主武器的发展现状、带来的技术、面临的政治和道德等问题、以及人类是否需要研究相关的政策，以应对伴随人工智能发展而出现的具有人类智能或者超常智慧系统或机器，和其对人类社会可能造成的经济、社会、生存方面的威胁等问题进行了广泛深入的讨论和交流。

随着机器人的日益发展，本次大会首次举办机器人竞赛和展示，以提升人工智能领域对机器人的重视。将愤怒小鸟作为测试平台，极大地推动了人工智能领域的发展。由机器人竞赛、人工智能视频竞赛、愤怒小鸟竞赛三项内容组成的人工智能竞赛吸引了众多关注的目光。此外，会议同期举办了展览会，ABB、百度、天联科技、Huawei、Microsoft、Google、Aldebaran、Springer、IOS、Elsevier、Taylor and Francis、Morgan & Claypool、Gaitech、Leeman China、Roboy等多家公司和机构参展，对其产品和技术向公众进行展示。

**【第10届国际植物病理学大会】** 8月25～30日，第10届国际植物病理学大会在北京国际会议中心召开，全球76个国家和地区的1650名从事植物病理学研究和推广的学者参与了这一被誉为“国际植物病理学界奥林匹克”的盛会。大会由中国植物病理学会联合中国农业大学共同承办，主题为“植物病理学在全球经济中的作用：生物安全，食品安全和人类健康”，北京植物病理学会作为主要赞助单位全力支持和参与了这次大会。

本次大会设置有大会和5次主题会议。大会邀请中国科学院院士、华中农业大学教授张启发作大会最重要的开场报告，报告题目为*Crop Genomics and Biotechnology: Feeding the Billions*。大会主会场邀请26位国际知名植物病理学家做主旨学术报告；设立了66个学科特色的分会场会议、9个专题研讨会，共有303个邀请报告和196个简短学术报告。会议期间，与会科学家就植物病理学和植物病害治理技术的研究进展进行了深入交流，就植物病理学研究前沿和进展、植物病害综合治理、植物—病原物互作的分子生物学及遗传学、植物抗病育种、生物防治、植物病原学、采后病害与种子病理学、有害生物入侵与植物检疫、生物技术与食品安全等进行了广泛研讨。此外，大会还在北京及其他省市举办9个卫星会议，围绕谷物线虫、大豆疫病、镰刀菌、丝核菌、核盘菌属以及根健康等开展专题研讨。会议期间还举办了植物病理学新技术、新产品的展示展览。

国际植物病理学大会由国际植物病理学会主办，每5年召开一次。本次大会是首次在发展中国家举行的全球性植物病理学盛会。中国工程院院士、中国农业大学教授、原北京植物病理学会理事长曾士迈担任本次大会主席。承办这次国际植物病理学大会向国际同行宣传展示了中国植病学研究成果，这是几代植物病理学工作者的夙愿。

**【国际材联先进材料大会】** 9月23日，由中国材料研究学会和国际材料研究学会联盟共同主办的2013国际先进材料大会（IUMRS-ICAM2013）在山东省青岛国际会展中心举行。大会主席、中国工程院院士、中国材料研究学会理事长黄伯云，国际材联主席Osamu Takai教授，国际材联秘书长Robert. P. H. Zhng教授，青岛市长张新启，中国材料研究学会名誉理事长周廉院士等出席会议。来自全球的500多位科学家以及国内2000余名材料科技工作者参加开幕式。1986年化学诺贝尔奖得主、著名美国籍华人科学家、美国加州大学伯格利分校的李远哲教授等13名知名专家、学者作大会邀报告者。开幕式由中国材料研究学会副理事长、中国工程院院士屠海令主持。

本次大会分5个新材料领域，共设35个分会，包括电池材料、先进结构材料、新型功能材料、新能源纳米材料及材料制造及表征。大会共收到国内外论文2500余篇，其中大会口头报告1500余篇，墙展论文1000余篇。

国际先进材料大会每两年举办一次，是全球先进材料领域层次最高、规模最大的综合性盛会，是全球广大材料科技工作者开展学术交流的重要平台，并以其权威性、高端性、前瞻性等特点，被誉为世界新材料领域的“奥林匹克”。自2001年以来，中国材料研究学已两次主办大会。

## 外事活动

**【韩启德会见日本客人】** 8月28日，全国政协副主席、中国科协主席韩启德在中国科技会堂会见了日本科学技术与人类未来国际论坛（STS论坛）理事长尾身幸次，共同就科技与经济、社会、人类发展之间的关系交换了看法，就STS论坛参会人员组成和会议成果体现等内容进行了交流。中国科协书记处书记张勤参加会见。

韩启德主席感谢尾身幸次亲自邀请他参加此次论坛。他表示，随着世界的发展，科学技术与整个人类的关系越来越密切。中国政府强调以科学技术的发展促进经济发展方式转变。科技进步极大地推动了经济的发展。对于公众来说，享受由科技带来的福利是共同的要求和期盼。STS论坛将科学技术与社会结合起来，由科技界、政界、工商界等各界人士共同讨论科学技术和社会之间的关系具有非常重要的意义。

中国科协国际联络部副部长陈剑等陪同会见。

**【程东红出席美国科促会2013年会并访问加拿大安大略省科学中心】** 中国科协副主席、书记处书记程东红应美国科学促进协会（AAAS）和加拿大安大略省科学中心（OSC）邀请，率代表团于2月16～23日赴美国出席了美国科促会2013年会，并访问加拿大。

由美国科学促进会发起，巴西科促会、欧洲科学协会、印度科学大会协会和中国科协等参加的“四国五方科学协会圆桌会议”，主要讨论如何在世界主要的科学协会间建立更加正式的多边关系，共同聚焦科学与社会问题以应对全球挑战。程东红在会上发言，指出赞同选取全球科学界普遍关注的问题作为四国五方科学协会开展系列活动，增进彼此联系的“主题”。她强调该“主题”应是全球问题，但又对本国有意义。

在美期间，程东红访问了科罗拉多州立大学（CSU）及科罗拉多矿业学院（CSM）。CSU自2008年以来一直与中国科协开展密切合作，并于2010年签订合作协议。双方就进一步加强合作交换了意见。

在加拿大安大略省科学中心，程东红就展品开发、流动科普展览设计与引进、科学中心与学校合作教学项目等与加方交换了意见。

**【程东红出席国际科研与创新政策研讨会】** 5月7日，由中国科协和欧盟委员会共同举办的国际科研与创新政策研讨会在北京召开，中国科协副主席、书记处书记程东红出席研讨会并致辞。

程东红在致辞中指出，世界各国都共同面临着可持续发展、环境、气候变化、食品安全等全球重大挑战，而这些共性的挑战对于每个国家和地区又存在一定的差别和多样性。各国应加强合作，提出负责任的科研和创新政策，共同应对全球重大挑战。中国科协非常愿意搭建平台，积极促进各国科技政策界和科学家的对话与交流，推动有效的科研和创新合作体制的建立。

研讨会由欧盟委员会科研和创新总司官员Rene von Schomberg教授和清华大学公共政策管理学院院长薛澜教授共同召集主持，来自欧洲、美国和中国近20位专家就共同应对全球重大挑战、负责任的科研和创新政策，全球科学治理、科研创新与社会需求等议题进行了广泛的交流和讨论。

**【陈章良会见澳门大学校长赵伟】** 8月10日，中国科协副主席、书记处书记陈章良在中国科技馆会见了来访的澳门大学校长赵伟。中国科协国际联络部部长张建生、中国科技馆党委书记殷皓等陪同会见。

陈章良对澳门大学选派专家出席中国科协年会、承担举办“当代杰出华人科学家公开讲座”等活动给予的大力支持表示感谢，希望今后能继续与澳门大学合作，共同组织内地和澳门的科学家就共同关注的水资源利用和保护等问题进行交流。

赵伟重点介绍了澳门大学在横琴岛新建的新校区情况。澳门大学新校区项目历时3年多的建设，计划在2014年秋季投入使用。澳门大学新校区的建立为澳门大学与中国科协共同合作开启新的篇章，希望今后共同邀请华人科学家在澳门大学新校区举办专题研讨活动，进一步加强与中国科协的合作。

**【陈章良代表中国科协赴澳门和香港出席会议】** 应澳门大学和香港工程师学会邀请，中国科协副主席、书记处书记陈章良率中国科协代表团于11月5～9日出席澳门大学新校区启用仪式、在2013高等教育发展论坛上致辞、作为主礼嘉宾在“香港四川5.12灾后重建国际论坛”上讲话。期间，与澳门科技协进会、澳门科技发展基金、澳门大学、澳门科学馆、香港工程师学会、香港中文大学、香港科学馆、京港学术交流中心进行了交流并做了相关业务访问。

在澳门大学新校区举行的“2103高等教育研讨会”上，陈章良代表中国科协和内地科技界、教育界的专家致辞，高等教育国际化已经成为很多国家高等院校提高高等教育质量、树立社会声誉、更好地服务于社会的重要途径。此次会议邀请了100余名港澳台地区及国外大学的校长、专家与会，共同探讨高等教育国际化，对人才培养和发展科研的平台作用，使高等教育合作模式在大中华、亚太地区乃至全球发挥更大作用等问题。

中国科协国际联络部部长张建生等相关人员陪同访问。

**【冯长根出席2013海峡科技专家论坛并致辞】** 作为第五届海峡论坛代表科技界别交流的分论坛，由中国科协主办、福建省科协承办，中国科学学与科技政策研究会、台湾“中华创业育成协会”等两岸41个单位和社团共同协办的“第五届海峡论坛·2013海峡科技专家论坛”于6月16日下午在福建省厦门市举行，论坛的主题是“创新驱动与协同发展”。

全国人大常委、中国科协副主席冯长根，福建省副省长洪捷序，台湾“中华创业育成协会”理事长、交通大学教授袁建中出席开幕式并致辞。美时医疗董事长兼CEO、中国科协海智专家组专家、国家千人计划特聘专家马启元教授和台湾玉山科技协会理事、台湾政治大学教授何小台分别以《科技创新、创业的新一波，健康产业及反向创新及两岸合作的新机遇》、《从硅谷最热门的创新创业加速器和天使投资谈两岸在创新创业上之竞争与合作》为题作主题报告。国台办秘书局副局长李忠斌，中国科协交流部部长张建生、副部长陈剑，福建省科协党组成员吴瑞建等参加论坛。福建省科协党组书记梁晋阳主持开幕式。

冯长根在致辞中说，海峡科技专家论坛顺应海峡两岸和平发展大势，汇聚两岸学术界和产业界人士的智慧和力量，以科技交流和务实合作，共同推进两岸科技进步与企业创新，推动两岸产业调整与振兴，已成为推动两岸科技交流与产业合作的重要平台。希望两岸共同推进战略性新兴产业的发展，切实加强两岸科技协同创新和公益性领域的资源共享，携手实现创新驱动发展，在世界科技领域发挥两岸集中优势，共同培育和提升两岸企业参与国际竞争合作的能力和水平。

本届海峡科技专家论坛设一个主会场，12个分会场，分会场的主题分别是：园区·伙伴·创新——两岸科技产业园协同创新与发展、两岸海洋经济发展之生态与环境安全保障、先进半导体封装材料的发展趋势及产业化动态、创新护理与合作共赢、全面建成小康社会与稳定现代农业队伍、两岸携手·抗击乳癌、生物多样性与美丽家园、探索创新与共谋发展、深化气象交流，惠泽两岸民生、科技合作与自主创新、魅力女性，幸福家庭，和谐社会、交流茶文化合作，促进茶产业发展。来自海峡两岸专家、学者1600多人参加了论坛，有“海洋事务教育与科研合作协议”等11个两岸合作（意向）项目在论坛开幕式上签约。

**【贵州省中国科协领导会见出席第十五届中国科协年会的国际科学大师】** 5月24日，贵州省省委书记、省人大常委会主任赵克志，省委副书记、省长陈敏尔，中国科协党组成员、书记处书记张勤在贵州省贵阳市会见了出席第十五届中国科协年会的国际科学大师及对口国际科技组织负责人。贵州省委副书记、贵阳市委书记李军，贵州省领导谌贻琴、孙永春、喻红秋、廖国勋、谢庆生参加会见。

张勤希望各位国际科学大师、国际科技组织为贵州发展建言献策，为贵州发挥后发优势、实现全面协调可持续发展提供帮助。

1987年诺贝尔物理奖获得者、IBM苏黎世研究实验室荣誉研究员格奥尔格·贝德诺尔茨教授，2004年诺贝尔化学奖获得者、以色列理工学院阿龙·切哈诺沃教授，2009年诺贝尔化学奖获得者、以色列魏茨曼科学研究所阿达·约纳特教授，2010年巴尔扎恩奖得主、巴西科学院院长、第三世界科学院院长雅各布·帕里斯教授，以及英国皇家学会、以色列驻华使馆、日本科学技术振兴机构驻京办有关负责人出席。

**【中国科协与捷克科技联续签合作协议】** 5月27日，中国科协书记处书记张勤，捷克科技联主席丹尼尔·汉纳斯（Daniel Hahus）代表双方续签《中国科学技术协会与捷克科学技术学会联合会合作协议》。国际部副部长陈剑出席签字仪式。应中国科协邀请，捷克科技联主席丹尼尔·汉纳斯（Daniel Hahus）于5月18～27日来华访问，并出席第十五届中国科协年会。

该合作协议约定：相互及时通报各自举行的国际会议和其他重要进展；互派学者进行学术交流和技术考察活动；共同组织学术会议、研讨会以及其他活动；在咨询活动方面进行合作；共同组织两国青年之间的科技交流活动；在双方共同参加的国际组织和多边活动中就重要问题保持磋商和协调立场。

**【张勤会见日本文部科学省审议官】** 9月23日，中国科协书记处书记张勤在中国科技会堂会见了来京出席第64届国际宇航大会的日本文部科学省审议官藤木完治先生。

张勤对藤木完治先生的来访表示欢迎。他表示，中国科协一直和日本科技界保持友好交流与合作。近年举办的中日青年沙龙、青少年科技夏令营等活动都取得了很好的效果。两国科技界应继续加强合作，共同推动亚洲及世界科技的进步。

藤木完治表示，中国在航天技术领域取得的成绩令世人瞩目，值得敬佩。希望双方进一步推动两国青少年及青年科学家间的交流，加深两国科技界的理解与合作。

中国科协国际联络部部长张建生陪同会见。

**【张勤率中国科协代表团访问香港、澳门】** 应香港工程师学会、香港城市大学和澳门工程师学会邀请，中国科协书记处书记张勤率中国科协代表团于3月15～19日赴香港特别行政区、澳门特别行政区进行工作访问，出席"澳门工程师学会成立二十五周年"主题报告会并作专题报告。

在香港期间，张勤拜访了香港工程师学会，双方就中国科协2013年参加华盛顿工程教育协议的相关进展情况进行了沟通。张勤介绍了2013年5月将在贵州省召开第15届中国科协年会情况，并就年会期间举办港澳台分会场——"两岸四地工程教育圆桌论坛"的相关准备情况进行了交流。香港中联办教科部副部长曹国英、香港工程师学会会长蔡健权等出席了座谈。在港期间，张勤还与香港城市大学校长郭位和京港学术交流中心副总裁郭明华等进行了交流。

在澳门访问期间，张勤代表中国科协出席了澳门工程师学会成立二十五周年晚宴，并在晚宴前的"全球绿色与创新工程对澳门可持续发展影响"研讨会上作了题为《绿色能源—核能在中国的发展与安全运行》的专题演讲。

在澳门科技大学，张勤代表中国科协对新任校长刘良表示祝贺并希望在人才培养方面加强交流，与澳门科技协进会的相关负责人进行了会谈。张勤代表中国科协对新任会长许敖敖、理事长崔世平表示祝贺。

**【张勤会见澳门工程师学会代表团】** 4月26日，中国科协书记处书记张勤在中国科技会堂会见澳门工程师学会会长谭立武一行，双方就内地与澳门的科技交流与合作等事宜进行了沟通。

张勤对澳门工程师学会新一届领导层代表团来访中国科协表示欢迎，对中国科协2013年申请加入《华盛顿协议》以及目前工程教育专业认证工作的开展情况进行了简要介绍。

谭立武表示，澳门工程师学会将继续全力支持中国科协加入《华盛顿协议》，共同举办学术交流活动。澳门工程师学会理事长胡祖杰介绍了学会在专业培训、学术会议、合作机构、科普教育等方面开展的具体工作。

澳门工程师学会理事长胡祖杰，副理事长黄承发、陈桂舜、黄杰勇，中国科协国际联络部副部长陈剑、学会学术部副部长范唯、中国机械工程学会副秘书长左晓卫等陪同会见。

**【张勤与香港工程师学会探讨新合作机遇】** 11月4日，中国科协书记处书记张勤在中国科技会堂会见香港工程师学会会长陈健硕及香港工程师学会执委会北京访问团成员。双方就学会承接政府转移职能工作、工程师职业资格认证、"两岸四地科技论坛"等互相关心的问题进行了深入交流，探讨了今后在新形势下的合作机遇。

张勤代表中国科协对香港工程师学会执委会北京访问团的来访表示欢迎，对陈健硕工程师当选为香港工程师学会新任会长表示祝贺。在谈到学会承接政府转移职能工作时，张勤指出，香港工程师学会长期从事香港工程师的专业资格认证工作，制定工程专业发展准则，在承接政府转移职能工作方面与中国科协及中国科协所属全国学会有新的合作机遇。

双方还就内地工程界的最新发展情况、中国科协加入华盛顿协议等其他事宜进行了交流。

**【张勤出席"未来地球计划在中国"研讨会】** 9月26～27日，由中国科协主办的"未来地球（Future Earth）计划在中国"国际研讨会在北京召开。中国科协党组成员、书记处书记张勤出席研讨会并致欢迎辞。国际科联执委、中国科学院院士吴国雄担任此次研讨会主席。国际科联主席李远哲教授、国际科联候任主席Gordon McBean教授、国际科联执行主任Steven Wilson博士、未来地球计划科学委员会主席Smith Mark-Stafford博士、国际科联亚太区域办公室主任Nordin Hasan、亚太地区已经开展未来地球计划的国家地区代表，以及由中国科学院支持的MAIRS计划（亚洲季风区域集成研究）主席Michael Manton应邀参加了会议。

此次研讨会旨在了解国际科学联盟的重大研究计划，推动未来地球计划在中国的开展。张勤在致辞中表示，随着经济社会的发展，各国都共同面对诸如可持续发展，环境污染、气候变化、食品安全等全球重大挑战。中国自古就有"天人合一"的思想，国际科联提出的未来地球计划，从科学的角度提出如何实现全球可持续性，对各国以及各地区选择正确的发展道路至关重要。

会议探讨了在未来地球的框架下，确认在中国需要优先解决以及与可持续性能力建设相关的问题，如何实现跨学科协作，联合政府职能部门、资助方、科研单位、企业等各个利益相关方共同参与未来地球计划在中国的开展。会议认为，未来地球计划研究计划在中国已具有良好的科学基础，中国具备全面开展未来地球计划所需的条件，而且中国在环境变化、社会发展中面临的许多问题也契合未来地球计划的研究框架。

**【沈爱民与施普林格负责人举行工作会谈】** 10月22日，中国科协党组成员沈爱民在中国科技会堂与德国施普林格集团全球出版执行副总裁 Hubertus von Riedesel 一行举行工作会谈。国际联络部副部长陈剑、学会学术部副部长刘兴平等参加会谈。

沈爱民介绍了中国科协近年来在推进中国科技期刊发展，扶持一批有国际影响力的科技期刊群所开展的项目及其进展情况，并表示，中国科协与施普林格保持着良好的合作，在期刊发展上理念一致，希望与施普林格开展进一步合作。Hubertus von Riedesel 介绍了施普林格集团在学术期刊、中国在线科学图书馆、学术图书出版、开放获取模式、期刊编辑培训等方面的进展情况。

双方对合作开展培训中国英文科技期刊编辑的相关事项达成初步的合作意向。双方还对中国科协所属学会的期刊与施普林格开展进一步合作、双方合作出版学术图书等合作意向进行了交流。

**【沈爱民赴港出席第四届深港科技界交流年会】** 1月15～18日，应深港科技社团联盟邀请，中国科协党组成员沈爱民赴港出席了第四届深港科技界交流年会。

沈爱民代表中国科协担任此次会议的主礼嘉宾，并作了题为《中国科技社团昨天、今天和明天》的主旨报告。报告重点介绍了中国科协及所属200个全国学会的情况、内地IT领域相关学会发展状况，引起了与会百余名深港科技社团代表的关注和兴趣。

第四届深港科技界交流年会是由深圳市科协与香港资讯科技联会共同举办的每年一度的盛会，活动包括深港科技论坛、年会和晚会，香港方面的召集人为香港科技社团联盟的黄锦辉先生。香港科技社团联盟是为了落实《珠江三角地区改革发展规划纲要》，深化粤港科技合作，于2009年12月在深圳成立的科技社团。该社团以深港有实力的科技社团、企业和服务机构为主体，按照“自愿、平等、合作、互惠、双赢”的原则，共同参与组成，并已成为深港加深了解、增进友谊、扩大交流、促进合作和共同发展的桥梁和纽带。

**【美国国家工程院候任院长牟德访问中国科协】** 5月16日，美国国家工程院候任院长牟德教授访问中国科协。中国科协副主席、书记处书记程东红，书记处书记张勤参加会见。

近年来，中国与美国的科技交流与合作越来越广泛。中国科协愿与国外科技团体开展各类学术交流活动，愿为中美两国科学家开展更加广泛更加深入的实质性交流与合作提供支持和帮助。

牟德教授简要介绍了美国国家工程院的历史沿革。目前，美国国家工程院拥有2000多名院士以及204名外籍院士，中国有8位科技人员是其外籍院士。他本人将于2013年7月1日就任美国国家工程院院长。他相信，美国国家工程院与中国科协的交流与合作也会更加深入和广泛。

中国科协国际联络部部长张建生，及中国工程院国际合作局有关人员参加会见。

**【汤森路透知识产权与科技集团战略事业部全球副总裁凯斯·麦克雷戈访问中国科协】** 6月24日，汤森路透知识产权与科技集团战略事业部全球副总裁凯斯·麦克雷戈访问中国科协。

近两年，中国科协设立了一系列专项，支持中国科协科技期刊的发展，促进学会、科学家开展国内和国际学术交流。但目前中国的英文科技期刊数量相对较少，覆盖面还不够，能达到国际一流水平的期刊还不多。中国科协希望与汤森路透进一步加强合作，促进中国英文科技期刊的发展。

凯斯·麦克雷戈介绍了汤森路透期刊收录的相关情况，以及国际科技期刊领域的发展趋势。他表示，汤森路透希望与全球科技界开展合作，特别是与中国的科研人员和科技期刊界开展广泛合作，促进更多的科学交流。

中国科协党组成员沈爱民介绍了中国科协科技期刊的主要情况，并与凯斯·麦克雷戈就下一步合作进行了具体磋商。国际联络部部长张建生，学会学术部副部长宋军、刘兴平，汤森路透知识产权与科技集团产品与市场战略副总裁克里斯·伯格哈特等相关人员陪同会见。

**【英国皇家学会会长保罗·纳斯访问中国科协】** 9月13日，英国皇家学会会长保罗·纳斯爵士一行访问中国科协。中国科协副主席、书记处书记程东红，中国科协书记处书记张勤参加会见。

20世纪80年代，中国科协就与英国皇家学会签订了合作备忘录，双方的合作取得了丰硕成果。近年来双方进一步加强了在学术交流、科技政策和科学传播等领域的合作，期待双方的合作为中英科技交流做出更大的贡献。

保罗·纳斯爵士介绍了英国皇家学会在推动学术交流、科学传播、促进学风道德建设、为政府提供科技咨询等方面开展的工作。

随后，双方着重就夏季科学展、历史资料共享、科学传播、媒体合作与交流、数字科技馆、相互推介等具体议题充分交换了意见，并就今后合作达成许多共识。

英国皇家学会副会长兼财务秘书托尼·奇塔姆教授、

执行董事朱莉·马克斯顿博士等参加会谈。中国科协国际联络部负责人等陪同会见。

**【约里奥－居里夫妇家属访问中国科协】** 10月17日，约里奥－居里夫妇的女儿、法国核物理学家埃莱娜·朗之万－约里奥，约里奥－居里夫妇的儿子、法国科学院院士皮埃尔·约里奥及其夫人安娜访问中国科协。中国科协书记处书记张勤参加会见。已故著名物理学家钱三强先生的儿子、北京大学物理学院教授钱思进等一同参加会见。

2013年是我国著名科学家钱三强先生百年诞辰，在此之际，居里夫人的后人来访，重温中法科技合作的这段佳话，共同回顾钱三强先生的科学人生，特别是共同追忆约里奥－居里夫人对中国原子能科学事业做出的贡献，不仅昭示着中法两国科技界的密切合作和交流，也是两国科技界深厚感情的薪火相传。

中国科协向约里奥－居里夫妇的子女赠送了钱三强先生与约里奥－居里夫妇的合照。

中国科协办公厅主任吴海鹰、国际联络部负责人等一同参加会见。

**【德国施普林格集团全球出版执行副总裁 Hubertus von Riedesel 访问中国科协】** 10月22日，德国施普林格集团全球出版执行副总裁 Hubertus von Riedesel 访问中国科协。中国科协党组成员沈爱民参加会见。

中国科协与施普林格集团的合作已有十年的历史，双方保持着良好的沟通与合作。中国科协所属学会的一些期刊很早就开始与施普林格合作，施普林格推出的“中国在线科学图书馆”使更多的中国科技期刊在国际学术交流中的影响力得到不断提升。目前，中国实施创新驱动发展战略，提高自主创新能力，中国科协作为中国国家创新体系的重要组成部分，一项非常重要的任务就是要全面提升中国科技期刊的质量和水平。中国科协希望与施普林格集团开展进一步合作，共同促进中国科技期刊的发展，推动学术进步和科学进步，共同推进中国科技与世界科技的交流和发展。

中国科协国际联络部部长张建生、国际联络部、学会学术部负责人等陪同会见。

**【中国科协代表中国成为《华盛顿协议》预备会员】** 6月19日上午11时（韩国首尔当地时间），国际工程联盟大会经过正式表决，全票通过接纳中国为《华盛顿协议》预备会员。国际工程联盟大会于6月16日在韩国首尔召开，以中国科协书记处书记张勤为团长，由教育部、人社部、中国科协相关部门负责人和专家组成的代表团出席了会议。张勤代表中国科协做了最后陈述和答辩，经《华盛顿协议》现成员组织的认真审议，中国科协被正式接纳为《华盛顿协议》预备成员，根据《华盛顿协议》的规定，预备成员通过规定的审查和评估可转为正式成员。

国际工程联盟大会是由《华盛顿协议》、《悉尼协议》、《都柏林协议》、《工程师流动论坛协议》、《亚太工程师计划》和《工程技术员流动论坛协议》6个工程师资格国际互认体系有关协议联合召开的会议，每两年举办一次。大会期间各协议组织将分别召开工作会议，商讨各协议组织发展问题。同时将召开全体大会及研讨会，共同探讨如何加强各协议组织的协调与融合，共同促进工程师资格的国际互认，促进工程师的国际流动。

《华盛顿协议》是工程教育本科专业认证的国际互认协议，1989年，由美国、英国、加拿大、爱尔兰、澳大利亚、新西兰6个国家的工程专业团体发起成立，旨在通过校准、系统的工程教育本科专业认证保证工程教育质量，为工程师资格国际互认奠定基础。《华盛顿协议》所有签约成员均为本国（地区）政府授权的、独立的非政府和专业性团体，目前共有15个正式成员、5个预备成员。

2005年，为加快推进我国工程技术领域职称制度改革，促进工程技术人员国际交流，适应我国全方位、多层次、宽领域的对外开放和参与国际合作与竞争的需求，原人事部作为组长单位，教育部、原建设部、中国工程院和中国科协作为副组长单位，联合成立了由国务院18个部门（单位）组成的全国工程师制度改革协调小组，负责研究我国工程师制度框架设计，指导组织和开展对外交流、探索建立工程教育专业认证体系等工作。随着我国实施更加开放的人才政策，开发利用国内国际两种人才资源、确立人才竞争比较优势等项工作逐步深入，工程技术人才国际交流合作日益频繁，加入《华盛顿协议》的需求更加紧迫。经研究，协调小组成员单位一致认为应尽快加入《华盛顿协议》。

几年来，在教育部、人社部的指导和支持下，在各方的共同努力下，我国已建立了与《华盛顿协议》要求基本一致的工程教育专业认证体系。中国工程教育认证协会是经教育部授权在中国开展工程教育认证的唯一组织，是中国科协的团体会员。截至2012年底，中国工程教育认证协会已在机械、电子与电气、化工制药、计算机、土木等14个专业领域，认证了295个专业点，取得了良好效果。

中国科协围绕工作目标，扎实开展各项国际交流活动。2012～2013年，中国科协完成了对《华盛顿协议》现有15个正式成员的高层访问。通过高层访问，加强了与《华盛顿协议》成员组织的沟通与了解，各成员组织对中国科协申请加入《华盛顿协议》都持积极态度。澳大利亚工程师学会和英国工程理事会同意作为中国科协申请加入《华盛顿协议》的推荐组织。2013 年 1 月底，中国科协正式向《华盛顿协议》秘书处提交了中国科协作为预备成员加入《华盛顿协议》的申请报告。

加入《华盛顿协议》是提高我国工程教育质量、促进我国工程师按照国际标准培养、提高工程技术人才培养质量的重要举措，是推进工程师资格国际互认的基础和关键，对我国工程技术领域应对国际竞争、走向世界具有重要意义。

**【第六届中俄青少年科技文化交流活动】** 3 月 25 ~ 30 日，中国科协、中国对外友协与俄罗斯国际友协在海南省三亚市共同举办第六届青少年科技文交流活动。"俄罗斯功勋文化工作者"叶·伊·波斯特诺夫娜率俄罗斯青少年代表团一行 25 人参加了交流活动。

2013 年是中俄国家旅游年，为配合中俄两国政府开展中俄国家旅游年活动，增进两国人民间的相互了解和传统友谊，尤其是加强中俄青少年间的友谊和交流，中国科协、中国对外友协与俄罗斯国际友协共同举办第六届青少年科技文交流活动。

3 月 25 日，交流活动开幕仪式在三亚市一中举行。远道而至的俄罗斯青少年表演了欢快热烈的俄罗斯民族舞蹈和吉普赛舞，中俄两国的孩子们共同演绎了海南民族竹竿舞和俄罗斯哥萨克骑兵舞。

3 月 26 日，俄罗斯青少年代表团访问了三亚琼州学院，中方舞蹈教师辅导俄罗斯青少年学习海南民族舞蹈的基本动作，俄方老师教中国学生跳俄罗斯民族舞蹈。

**【中国科协召开国际科联工作协调委员会全体会议】** 1 月 23 日，国际科联工作协调委员会（ICSU-CHINA）全体会议在北京友谊宾馆举行。会议由 ICSU-CHINA 主席、中国科学院院士吴国雄主持，ICSU-CHINA 委员及相关学会近 60 人参加了会议。

会议介绍了 ICSU 最新动态和发展，研究如何应对 ICSU 新发起的科学计划并确定 2013 年工作计划。城市环境与健康福祉计划委员会委员朱永官介绍了国际科联"城市环境与健康福祉计划"；未来地球计划筹划小组成员姚檀栋院士介绍了"未来地球计划"的进展情况。

城市环境与健康福祉计划的目标是产生政策相关的知识，用于改善城市人口健康状况，降低健康的不平等性，提升人群福祉。考虑到目前中国正面临快速城市化，在这一转变过程中的健康福祉问题备受关注，会议认为中国科技界应积极参与到该计划中。

未来地球计划是国际科联目前正在推动的一项统领和整合其在全球变化领域所开展活动的核心计划。该计划旨在应对全球环境变化给各区域、国家和社会带来的挑战，加强自然科学与社会科学的沟通与合作，为全球可持续性提供必要的理论知识、研究手段和方法。会议认为，中国科技界应该积极参与未来地球计划，研究并提出中国参与未来地球计划的目标、任务和行动方案，使未来地球计划的理念和研究内容能有效地渗透到我国有关全球变化研究的重大项目中，促进我国全球变化研究的集成和提高。

**【国际科技组织任职科学家赴藏公开讲座】** 应西藏自治区科协的再次要求，作为中国科协援藏项目，10 月 9 ~ 18 日，中国科协国际联络部在西藏自治区举行了国际科技组织任职科学家第二次公开讲座。

清华大学教授、中国科学院院士、国际纯粹与应用生物物理联合会主席饶子和，国家基础地理信息中心研究员、国际摄影测量与遥感学会主席陈军，中国科学院上海生命科学研究院 - 浙江工商大学联合食品与营养研究中心主任、国际食品科技联合会主席饶平凡，上海交通大学土木工程系责任教授、学术委员会主席、世界工程组织联合会执委刘西拉，上海交通大学电力工程系教授、美国电子和电气工程师协会高级会员陈陈，北京交通大学生命科学与生物工程研究院教授、国际老年痴呆协会中国委员会副主席王军等 6 位科学家，先后在林芝农牧科学院、拉萨大学、拉萨农牧科学院、拉萨医学院、西藏藏医学院、西藏军区总医院、日喀则地区人民医院进行了 8 场报告，受到当地科技人员、教师和大学生的热烈欢迎，收到良好效果。

此次公开讲座是在中国科协促进国际合作和港澳台交流专门委员会的指导下，在西藏自治区科协和四川省科协的密切配合和精心安排下进行。在去年成功举办活动的基础上，此次活动有所创新，采取分专业、分领域的报告和讨论，使专家和与会者更能深层次地进行交流。活动旨在充分发挥科协大团体优势，促进西藏地区的科技发展和人才培养，促进少数民族地区对外交流工作开展，帮助西藏广大科技人员、教师和大学生了解当前世界科技发展的前沿动态和趋势，开阔眼界，启发思路。

国际联络部将根据西藏地区的实际需求，在中国科协促进国际合作专门委员会、促进港澳台交流专门委员会的指导下，继续做好国际科技组织任职科学家公开讲座，并在此基础上不断探索其他合作方式。

**【两岸四地工程教育圆桌会议】** 5 月 26 日，第十五届中国科协年会"两岸四地工程教育圆桌会议"在贵阳市召开。贵州省人大常委会副主任、省科协主席谢庆生，中国科协党组成员、书记处书记张勤等出席圆桌会议。

圆桌会议围绕工程教育"基于标准、建设特色、尊重个性"等问题，邀请吉林大学常务副校长赵继教授、香港工程师学会学术评审政策委员会主席邝海畴博士、澳门工程师学会会长谭立武教授、台湾清华大学校长陈力俊教授、台湾交流大学高等教育开放资源研究中心主任李威仪教授、澳门科技大学科技学院院长蔡亚从教授、香港理工大学建筑及房地产学系系主任沈岐平教授、贵州大学校长郑强教授，分别以《工程教授与人的人性发展》、《根据成果为本方法的工程本科学位评估标准》、《澳门工程教育发展》、《台湾的工程教育》、《大规模开放式在线课程对工程教育的冲击及前景》、《澳大利亚工程师认证制度对澳门的启示》、《基于成果的工程管理专业设置》、《关于中国大陆工程教育的思考》为题作学术报告。

会议分别由中国工程教育研究会副理事长余寿文、香港工程师学会会长蔡健权、中国海峡两岸学术文化交流协会理事长丁一倪、澳门科学技术协进会理事长崔世平主持。两岸四地工程教育领域专家学者共130余人出席会议，其中港澳台代表76人。

本次圆桌会议由中国科协、贵州省人民政府主办，中国机械工程学会、贵州大学、贵州省机械工程学会，香港工程师学会、香港科技协进会、京港学术交流中心，澳门科学技术协进会、澳门工程师学会、澳门机电工程师学会、澳门大学、澳门科技大学，中国海峡两岸学术文化交流协会共同协办。

**【中国科协代表团访问香港、澳门和台湾地区】** 应香港京港学术交流中心、澳门科技协进会和台湾中华青年交流协会邀请，中国科协代表团于11月26日～12月7日赴香港特别行政区、澳门特别行政区和台湾地区进行了工作访问。

澳门特别行政区行政长官崔世安会见代表团全体成员。崔世安特首表示，将进一步关心和支持澳门科技团体与中国科协的学术交流与合作。在台期间，代表团拜访了台湾国民党荣誉主席、台湾政策研究基金会董事长连战先生。连战表达了对加强两岸共同携手开展科技交流、青少年交流等的支持和希望。

在访问港澳期间，代表团出席了港澳科技社团座谈会、当代杰出华人科学家公开讲座开幕式、澳门科技协进会成立十五周年庆典等活动，并与澳门科技协进会签署了合作协议。在访问台湾地区期间，中国科协与台湾中华青年交流协会就举办海峡两岸大学生辩论赛、组织台湾青少年参加高校科学营和青少年科学教育等方面签署了合作协议；与台湾李国鼎科技发展基金会就双方共同举办海峡两岸科学传播论坛、两岸科普交流等内容签署了合作备忘录；与台湾玉山科技协会就共同搭建海峡两岸科技创新与投资平台、推动两岸科技创新人才培养等方面的内容签署合作备忘录。与台湾鸿海（富士康）科技集团就青少年科学教育活动与创新人才培养等问题进行了深入交流和会商，与台湾科学教育馆、台中科技大学、台湾海洋生物馆就科普教育、科普展览等内容进行了沟通交流，与高雄台湾中华公共事务管理学会组织的南台湾企业管理与社团代表进行了座谈与交流。

在与香港和澳门的科技社团代表举行的座谈会上，代表团表示，中国科协将一如既往全力支持香港科技界的工作，在人才举荐、学术交流、科普教育等方面全方位推动香港与内地的交流与合作；要加大与澳门科技社团的合作交流，为澳门在创新科技、普及科技和享受科技方面助力加劲。

在香港期间，代表团还专门参访了香港工程师学会，就学会承接政府职能工作方面的情况进行了沟通。

中国科协国际联络部部长张建生、科学普及部部长杨文志、学会学术部副部长宋军、国际联络部副部长陈剑、青少年科技中心主任李晓亮、福建省科协党组书记梁晋阳等代表团主要成员一同参加有关交流访问活动。

**【海智办开展海外人才战略专项调研】** 3月24～30日，海智办组织海外专家赴湖北、广东两省进行海外人才战略专项调研。中国科协党组成员、书记处书记张勤，中国科协荣誉委员、中科院院士赵忠贤和中国科协国际部部长张建生参加调研。海外专家组由张杰（美国）、任向实（日本）、范莉馨（日本）、鲁曙明（美国）、孙君泓（澳大利亚）、杨凌（德国）、叶非（法国）等7人组成。

调研团先后走访了武汉经济技术开发区、武汉未来科技城、武汉东湖高新区、广州开发区等园区，参观武汉冠捷科技集团等海归创业企业，共举办9场座谈会，邀请48名家海归代表参加座谈。座谈主要围绕人才引进的最佳模式，人才回国的吸引力，人才引进的困难，用人单位如何更好地发挥引进人才的作用、用人单位的服务模式，海外人才最需要什么，人才引进的性价比预测，人文社科人才引进的必要性和可行性，政府、社区、单位应如何尽责留住人才等问题展开调研。会后形成调研报告。

**【海智办开展企业自主创新专题调研】** 6月13～17日，海智办组织海内外专家赴深圳、厦门两地开展2013年企业自主创新专题调研。海归企业自主创新专题调研自2009年开始已经连续组织5次，先后邀请海外专家34人次对11个城市的99家海归企业进行调研。此次调研结束后，汇总5年调研资料，以"中国科协海智办自主创新调研组"名义提交《关于海归企业在产业升级和经济转型中的作用的调研和若干建议》，此建议经中国科协呈报国务院，李克强总理、刘延东副总理分别作出重要批示，并指示科技部等有关部门研究支持海归企业的相关政策措施。中国科协荣誉委员、中科院院士赵忠贤和中国科协国际部部长张建生任正副团长，以及海外专家组马启元（美国）、周克明（英国）、郑延友（加拿大）、胡胜发（美国）、田千里（西班牙）、高伟民（比利时）、严晋跃（瑞典）等参加。

调研组先后走访了深圳光启高等理工研究院、华为技术有限公司、深圳市圆梦基准精密制造技术研究院、厦门市软件园等单位，与深圳市国创新能源研究院、深圳韩合集成电路研究院的海归企业负责人，先后共举办 4 场座谈会，11 名海归代表参加。

调研围绕海归企业的中长期发展战略和目标预测、企业是否有支撑其发展壮大的融资渠道、企业的内部管理系统和管理团队的状况、企业产品在国内及全球市场竞争中的地位和优势、企业在知识产权开发和运营模式等方面的创新能力、企业在国家经济转型过程中需要的战略高新技术的开发和引进方面的作用、企业在建立创新型国家体系发展中的位置和作用、企业能否实现产业升级和参与形成规模的“海归经济”、企业在本土化的过程中如何继续发挥其国际化视野的优势、海归民营研究院的机构形式和运营模式等问题展开。

**【海智办组织海外专家开展生物医药专项调研】** 8 月 23 ~ 31 日，海智办组织海智专家赴贵阳、泰州、台州三地开展海智计划生物医药专项调研。调研围绕如何立足我国生物医药产业实际、顺应全球生物医药产业迅猛发展的大趋势，充分发挥后发和地区优势，加速生物医药产业转型和升级，建设中国特色的“生物医药”产业的主题，与地方医药管理部门、生物制药企业进行座谈，开展调研。中国科协国际部部长、海智办主任张建生参加调研，海外专家 7 名分别是李君（美国）、高益槐（新西兰）、陈邦华（美国）、高惠（瑞士）、邱东旭（加拿大）、史琳（比利时）和虞洋（荷兰）。

调研团先后走访了益佰制药（贵阳）、信邦制药（贵阳）、扬子江药业（泰州）、浙江海正药业（台州）、九州药业（台州）等制药企业，举办 9 场座谈会，24 家制药企业的代表参加座谈。通过调研，对中国生物医药产业的发展现状和存在问题有了基本了解。调研组针对贵州生物医药资源的比较优势，泰州作为唯一国家级生物医药基地的产业优势，台州生物医药产业面临的转型升级问题，都提出了建设性建议。

**【海外智力为国服务联席会议座谈会】** 9 月 10 日，中国科协召开海外智力为国服务联席会议座谈会，听取海外专家在为国服务方面的意见和建议。中国科协荣誉委员、中国科学院院士、海智计划专家委员会主席赵忠贤等参加座谈会，座谈会由中国科协国际联络部部长、海智办主任张建生主持。

海外专家针对海智计划未来的规划、海智基地的发展、技术创新与技术转化、海外人才引进与人才评估体系、海外人才回国创业平台与环境、海外人才为国服务等方面提出了许多意见和建议。

会议提出，海智计划要充分发挥特色，通过各种渠道和网络，凝聚更多的海外专家促进科技传播。海智计划要将科技体制、机制的创新作为一个重点，组织海外专家对海外科技体制和机制进行深入调研，提供更高层次的决策咨询，推动我国在科技体制、机制方面的创新。海智计划要加强与海外团体的联络，既积极联络华人科学家，也积极联络愿意来中国做贡献的外国科学家，提供一个开放的、全球化的平台，吸纳更多的科技力量为国家发展服务。

座谈会之前，中国科协召开 2013 年海外智力为国服务联席会议。中国科协党组成员、书记处书记张勤出席会议并致辞。海智计划专家委员会委员胡建华、魏秀珍等出席会议。中国科协国际联络部部长、海智办主任张建生主持会议。来自 15 个国家和地区的海外华人科技团体负责人、专家、学者等 50 余人参加会议。海智办副主任方进作海智办年度工作报告，邀请深圳市科协主席周路明以《培育海归新模式》为题做报告。海智计划调研团队领队马启元、张杰、李君、伍业钢、林建人分别汇报各专项调研组工作情况。海智专家代表高继明、金星、任福继、吴建平、严晋跃、张少先分别汇报了各自开展的为国服务活动。

**【中国（江苏）国际科技交流与人才智力合作大会】** 9 月 12 日，由中国科协海智办、江苏省科协、中国旅美科技协会主办，张家港市政府、中国旅美科技协会华盛顿分会承办的中国（江苏）国际科技交流与人才智力合作大会在湖南省张家港市开幕。诺贝尔物理学奖获得者江崎玲于奈，美国工程院院士、中国科学院外籍院士马佐平应邀出席开幕式并作大会报告。中国科协党组成员、书记处书记张勤出席大会并讲话。江苏省科协党组书记、副主席陈惠娟在开幕式上致辞。大会由省科协党组成员、副主席阮仁良主持。中国科协国际联络部部长、海智办主任张建生出席大会。

近年来，江苏省先后创建了 12 个中国科协海智计划工作基地，18 个省级海智工作基地，基地数量位居全国首位；在海外建立了 10 个海外科技人才服务工作站，建成中国江苏国际科技资源转移网络服务平台，成立海外智力服务协会，建设海外科技人才之家，为积极引进海外高层次科技人才提供了重要平台。构建以集聚国内外高科技人才、创新资源服务江苏经济转型升级的全方位、多层次、广领域的工作网络，促成了一大批高层次产学研合作项目，产生了较为显著的经济和社会效益，为江苏省科技发展和经济转型升级提供海外人才智力和创新资源做出了贡献。

开幕式上，由江苏省科协发起筹建的江苏省海外智力服务协会正式成立，为徐州市、盐城市、宿迁市等18家省级海智工作基地授牌，中国江苏国际科技资源转移网宣告建成并对外推介。

大会吸引了千余名海外科技人才的关注，共收集海外项目528个，邀请参会海外专家人才220多名，其中115名海外高层次科技人才携项目参会。

**【中国（无锡）海智洽谈会】** 11月16～17日，以“创新驱动无锡经济‘升级版’”为主题，中国科协与江苏省无锡市委、市政府联合主办了“第三届中国（无锡）海智洽谈会暨‘东方硅谷’建设推进会”。中国科协书记处书记张勤出席会议。会议邀请诺贝尔医学奖获得者——开创天然免疫研究新领域的免疫专家、遗传学专家布鲁斯·博伊特勒教授等2名诺贝尔奖获得者、4名外国院士和83名外籍专家和代表出席此次大会。会议共征集了468个项目，其中154个有对接需求的项目通过现场洽谈和视频洽谈两种方式进行了交流。

前诺贝尔基金董事会主席、瑞典皇家理工学院院士本特.塞缪森教授参会作专题演讲，并和目前国内唯一生产贻贝粘蛋白的企业——江阴贝瑞森公司正式签约，帮助企业取得技术突破，打入国际市场。

洽谈会上，海智计划专家张少先领衔创办的无锡践行中欧科技公司及其子公司——江苏宜欧环保技术有限公司就引进荷兰技术开展金属切削乳化液合作项目进行揭牌仪式。该项目总投资400万元人民币，项目运行后，年处理金属切削乳化液1.5万吨，年回收油750吨，回收油价值300万元以上。

**【国际应用能源技术创新研究院正式开院】** 12月14日，由海智专家、瑞典皇家理工学院终身教授严晋跃领衔的国际应用能源技术创新研究院在浙江省宁波市镇海区创e慧谷举行开院仪式。中国科协副主席、党组副书记、书记处书记程东红出席仪式并致辞，宁波市副市长陈仲朝、浙江省科协党组书记李德忠以及来自海内外的百名嘉宾共同出席开院仪式。中国科协国际部部长、海智办主任张建生宣读了在国际应用能源技术创新研究院建立首个海智专家示范项目的决定。

国际应用能源创新研究院是以国际一流期刊《应用能源》（*Applied Energy*）为核心的能源专家团队，在高新能源技术网络支撑下，创立的一个以新能源科学技术创新和商业化为目的的高新技术孵化平台。它的建立将有助于利用国际化优势，引进世界著名科学家和企业家，引进国际最前沿的技术，整合交叉学科资源，探索在低碳技术方面的推广与突破，为中国未来低碳社会发展，提高科技创新和产业化能力，和高水准的人才培育做出贡献。目前创研院已经启动智能太阳能提水灌溉成套技术产业化、工业废热回收车载型可移动储热供热装置、应用于餐饮废弃油转化成生物柴油的小型生产装置开发等3个项目，计划未来3年每年有5个以上项目实现技术引进的再开发和产业化。

## 自身建设

**【认真贯彻党的十八大精神，加强基层党组织建设】** 2013年，中国科协机关党委按照中直工委和中国科协党组要求，集中精力抓好党的思想政治学习，做好党组中心组学习有关工作。全年共召开党组理论学习中心组学习扩大会5次，会议主题、内容体现了贯彻落实中央领导指示、贯彻执行中央八项规定、加强意识形态领域工作、党的群众路线教育、加快实施创新驱动发展战略等多方面内容。

上半年，分期开展中国科协机关、直属单位处级领导干部轮训，继续举办中国科协干部教育系列讲座，为开展教育实践活动打下坚实的思想基础。积极开展“中国梦”宣传教育活动，举办了“中国梦”主题征文比赛和演讲比赛。组织党员干部深入学习中国特色社会主义理论体系。做好指导基层党组织换届选举、发展党员、党员转正、党费收缴等常规组织工作。

按照中直工委要求，积极建设服务型党组织，承办了中央和国家机关基层服务型党组织建设座谈会。组织开展了“基层党组织和党员用好新媒体、发挥正能量”专题研讨等党建工作理论研究，积极探索新形势下加强和改进科协党建工作的方法，不断提高党的建设科学化水平。

5月举办了党组织书记培训班，以“密切联系群众”为主题，深入学习党的十八大精神、习近平总书记一系列重要讲话和意识形态领域工作的方法。召开科协党员干部大会，认真学习和贯彻党的十八届三中全会精神。组织党员干部原汁原味地学习《论群众路线——重要论述摘编》等6种学习资料，为开展好党的群众路线教育实践活动打牢思想基础。

充分发挥党建网站、宣传栏作用，营造宣传教育的良好氛围。运用中国科协网“党旗下的科协”网络平台，及时发布中国科协机关和直属单位、地方科协、全国学会党建工作动态，通过不断更新建设，该网页已成为科协系统重要的党建宣传阵地。2013年，累计发布各类信息1785篇，访问量较2012年大幅提升。特别是在党的群众路线教育实践活动，机关党委将该平台设置为中国科协群众路线教育实践活动宣传主网页，发布中央和科协系统开展活动的有关文件及信息，并设立电子征求意见窗口。科协广大党员干部通过这一平台，更好地了解了教育实践活动的动态，并通过这一平台对活动提出意见和建议，发挥了积极的宣传教育及舆论监督作用。

2013年，机关党委指导基层党组织做好换届选举工作和党员发展工作。指导组织人事部、学会学术部、青少年科技中心、科技会堂、中国科技馆等5个部门、单位党组织完成了换届选举。全年共发展党员16人，预备党员转正11人。认真完成全年党费收缴工作。

**【扎实开展党的群众路线教育实践活动】** 按照科协党组部署，中国科协党的群众路线教育实践活动领导小组办公室设在机关党委。机关党委坚持把组织开展教育实践活动作为全年工作的重中之重，加强与中央第28督导组的联系，在中央第28督导组指导下，按照中央有关精神和科协党组的要求，以“建好科技工作者之家，广交科技工作者之友”为载体，聚焦反对“四风”，认真履行职责，积极做好有关工作，扎实推动科协教育实践活动开展，圆满完成了各项工作任务。

承办中国科协教育实践活动相关工作。一是采取多种形式征求对党组的意见。按照党组要求，先后承办科学家座谈会、机关直属单位离退休老同志座谈会、部分全国学会座谈会、处级以下干部座谈会、党外人士座谈会、团员青年座谈会等，征集对党组意见建议220条；先后向中国科协全委会委员、全国学会、地方科协、国家有关部委发放征求意见函，征集对党组意见建议267条；开通网络渠道，征集对党组意见建议6条；通过各种方法，共收集意见建议共计862条，经过汇总归纳，整理成340条。二是做好党组专题民主生活会相关工作。协助党组对征求到的意见建议逐条梳理，认真分析，从表面现象深挖思想根源和“四风”根源，整理出“四风”方面的问题34条，经党组班子研究审定报中央督导组，为开好专题民主生活会、深挖思想根源、制定切实可靠的整改措施作了认真的准备。同时，加强与中央督导组沟通，认真传达督导组对党组班子和成员对照检查材料的修改意见，反复修改完善，确保了质量。10月30日党组召开专题民主生活会，11月13日党组召开专题民生生活会情况通报会，机关党委为会议的召开做了认真的准备。三是做好党组整改落实、建章立制相关工作。根据中央要求，结合工作实际和党组查摆出来的“四风”问题，组织完成了《中国科协党组党的群众路线教育实践活动整改方案》、《中国科协党组党的群众路线教育实践活动“四风”问题专项整治方案》和《中国科协党组党的群众路线教育实践活动制度建设计划》(“两方案一计划”)等文件的起草工作。结合中办国办对科协贯彻执行八项规定督查工作，按党组要求，印发了《关于集中力量完成近期整改落实任务的通知》。根据党组要求，积极组织开展建立中国科协县级科协联系点工作，牵头起草制定《关于做好中国科协机关县级科协联系点有关工作的意见》，对各县级科协联系点提出的帮扶需求进行分析，力争抓一项成一项，推动了联系点工作的开展。

加强对机关和直属单位开展活动的组织安排。针对机关、直属单位的不同情况，机关党委加强组织领导，实施分类指导，有效推动科协教育实践活动自上而下展开。一是加强具体指导。先后召开领导小组办公室会议和办公室扩大会议8次，向机关直属单位下发了《关于教育实践活动学习教育、听取意见环节工作安排的通知》、《中国科协机关直属单位党的群众路线教育实践活动专题民主生活会工作方案》等一系列文件，确保各部门各单位认真落实中央统一部署，坚持教育实践活动的基本环节不能少、不变通，把“规定动作”做到位，使“自选动作”有特色。二是抓好学习教育。结合科协实际组织编写了三本学习材料，分别是《党的群众路线教育实践“五对照”学习材料》、《坚持党的群众路线服务广大科技工作者宣讲提纲》和《科协系统联系服务群众先进典型案例选编》，收集、整理、提炼了一批科协系统联系服务群众的先进典型案例，积极宣传王麦林同志先进事迹，供党员干部学习参考。编写教育实践活动简报20期，积极宣传中央有关指示精神、发布科协教育实践活动开展情况、交流教育实践活动好经验好做法，发挥了积极的作用。三是强化监督检查。活动督导组注重加强对各部门、各单位联系，切实加强对教育实施活动的督导，对各部门各单位的对照检查材料和整改落实方案严格把关，提出修改意见，督促修改完善。指导机关各部门和直属单位认真开展好领导班子民主生活会和专题组织生活会，深刻查找“四风”问题，积极做好批评与自我批评，确保了质量，取得了实效。

**【开展党建特色工作，大力实施“党建强会”计划】** 中国科协机关党委深入贯彻落实党中央关于加强社会组织党建工作的部署，继续大力实施“党建强会”计划，形成了各具特色、成效明显的工作机制。

在具体工作中，坚持分类指导，采取责任部门领导包建、党建工作指导员帮建、科协职能部门助建、支撑单位党组织协建等方式，帮助学会发展党员，成立党组织。目前，全国学会共有党组织104个，覆盖了120个学会办事机构，占所属全国学会的63.8%，全国学会党组织覆盖率与三年前相比较，提高了26%。

依托第十五届科协年会在贵州遵义市举办了第二届学会党建论坛，以学术交流的形式探讨学会党建工作的特点规律、存在的问题，并围绕改革后如何加强学会党建工作进行探索交流，全国学会、地方科协80多人参会，为加强学会党建工作探索新思路、新方法，为加强学会党建工作提供了理论支撑。

2013年，将“十百千”活动分类定级，采取不同资助方式共资助56个学会党组织开展特色活动。经费资助为学会开展特色活动起到了积极的推动作用，增强了学会党组织凝聚力和战斗力，有效地推动了学会事业发展。

**【贯彻落实中央八项规定，加强廉政建设】** 2013年，中国科协机关党委认真贯彻《中国科协贯彻落实中央关于改进工作作风、密切联系群众〈八项规定〉和〈实施细则〉的实施意见》，明确9个方面8项具体措施，对改进调查研究、密切联系科技工作者、精简会议活动、严格控制出访活动、切实改进文风、厉行勤俭节约等方面作出了明确具体的规定。2013年，以中国科协名义举办的全国性会议数量比去年同期减少20%，以中国科协名义发文数量减少36%，公务接待费用减少66%，出国组团减少27%，这些实效受到科协党员干部和广大科技工作者的欢迎和好评。

机关纪委通过采取警示教育、典型教育、重点节点的廉洁教育、专题党课教育等不同类型的教育形式，强化科协干部对落实中央八项规定精神的学习力度。

及时贯彻落实八项规定和中央纪委有关廉洁过节通知精神，先后印发《关于贯彻中央纪委〈关于严禁公款购买印制寄送贺年卡等物品的通知〉的通知》、《关于贯彻落实中央纪委〈关于严禁元旦春节期间公款购买赠送烟花爆竹等年货节礼的通知〉的通知》等文件，要求广大党员干部，特别是党员领导干部廉洁过好每一个节日，杜绝一切铺张浪费行为，收到了明显效果。

机关纪委在做好日常监督检查的同时，尝试开展了廉政风险防控审计。2013年，审计室参与科协多项重大活动的监督检查，参与干部选拔任用监督工作20余次。对群众反映的违反中央八项规定问题及时进行处理。审计室对多个部门、单位和所属全国学会开展了廉政风险防控审计及管理审计，加强对人、财、物等关键岗位廉政风险防控点的监督检查，为严格落实八项规定提供有效监督保障。

**【中国科协综合统计业务培训班】** 中国科协计财部于2013年10月10～11日在福建省厦门市举办了中国科协综合统计调查地方科协年报业务培训班。中国科协副主席、书记处书记陈章良出席培训班并讲话。培训班由中国科协计划财务部部长王延祜主持。

陈章良在讲话中指出，科协的统计工作是科协事业发展的基础性工作，是领导决策的重要依据。科协领导高度重视统计工作，近几年统计工作取得了跨越发展，修订了统计制度，把科协“十二五”规划提出的重点任务和重点项目纳入综合统计，建立科协系统统计网络平台，改善了统计工作条件。地方科协认真完成每次统计调查。中国科协统计工作连续7年受到国家统计局表扬，为科协事业发展发挥重要支撑作用。

陈章良对新形势下的统计工作提出五点希望：一要加强领导，高度重视统计工作；二要增强责任感，提高数据质量；三要加强统计分析，提高数字应用能力；四要加强信息共享，提高统计服务能力；五要加强培训，提高业务水平。

**【全国企业科协工作座谈会】** 全国企业科协工作座谈会12月17日在北京召开。中国科协党组成员、书记处书记张勤，全国人大常委、全国总工会副主席、中国科协常委许振超，中国科协常委会促进企业自主创新专门委员会副主任宋南平，全国政协委员、中国科协常委王小兰，国家发展改革委、科技部、国资委、全国总工会、中国科学院、中国工程院等部门领导出席会议。

会议指出，做好新形势下的企业科协工作要“做好三项工作，把握五个趋势，兴起三大高潮”。做好三项工作即：要进一步学习研读十八届三中全会文件，深刻领会习近平总书记的重要讲话，把它作为指导企业科协的工作遵循；要进一步研究会议主题，找准工作定位，思考科协如何服务企业技术创新；要进一步总结各地经验，要大力推广好的经验和做法。把握五个趋势即：一是形势喜人，我们国家的科技进步形势大好喜人；二是形势逼人，企业创新能力有很大的发展，但是与国际相比，差距还很大；三是大势所趋，企业是自主创新的主体，这是国际、国内的大势；四是因势利导，要找准切入点，因势利导工作就能事半而功倍；五是顺势而上，要抓住机遇，开展工作，特别是省科协要顺势而上，动员企业广大科技人员为企业自主能力创新发展做工作、做贡献。兴起三个高潮即：一是要在条件比较好的企业兴起成立科协的高潮，按照“哪里有科技人员多，科协工作就做到哪里，哪里科技工作者集中，科技组织就建到哪里”的要求，掀起在企业建立科协的热潮；二是兴起“讲理想、比贡献”活动的高潮，要拓展和丰富“讲理想、比贡献”活动的内涵，把“讲理想、比贡献”，与实现中国梦结合起来，引导企业科技工作者把实现个人理想、人生价值同国家发展紧密结合；三是兴起以科技社团为主的面向广大科技人员的多层次的表彰活动的热潮。

中航工业成都飞机工业（集团）有限责任公司总经理、科协副主席张剑龙，中国南车集团原董事、副总裁、科协常务副主席唐克林，中关村科技园区丰台园科协常务副主席罗荣富，武汉东湖创业中心科协主席、武汉四方光电科技有限公司董事长、总经理熊友辉分别介绍了他们在服务企业创新发展方面的好经验好做法。科技部、国资委、全国总工会和中科院等部门领导就配合科协组织如何发挥优势服务好企业技术创新，如何更好地推动企业成为创新主体，进行了交流讨论。

来自北京、上海、广东、四川等16个地方科协领导，有关企业、企业科协、园区科协代表，以及中国科协机关、直属单位相关负责人共80余人参加会议。

**【中国科协机关、直属单位组织人事工作会】** 中国科协机关、直属单位组织人事工作会7月16日在中国科技会堂召开。本次会议的主题是学习传达全国组织工作会议精神，回顾中国科协贯彻落实国家中长期人才发展规划三年来取得的成果和经验，部署下一步干部人事工作和人才工作。组织人事部部长李森主持会议。

会议认为，全国组织工作会议精神，是今后五年组织人事工作的重要遵循，中国科协机关各部门、各直属单位要认真学习，深刻领会，落实到工作中。要以党的执政能力建设、先进性和纯洁性建设为主线，以培养选拔更多党和人民需要的好干部为重点，着力提升党员干部思想政治素养，着力弘扬党的优良作风，着力形成科学有效的选人用人机制，着力增强党组织的发展活力。在推进工作过程中，要特别注意贯彻从严要求，要特别注意弘扬创新精神，要特别注意体现务实作风。

会议强调，科协干部人事工作，是实现科协事业健康发展的根本。领导班子建设、干部队伍建设、组织人事干部建设，是干部人事工作中三个最重要的建设。要从严要求，从己做起，着力加强领导班子建设；要以改革创新的精神推进组织人事工作，着力建设一支高素质的干部队伍；要以作风建设带动能力建设，着力加强人事干部队伍自身建设。

会议指出，中国科协作为中央人才工作协调小组的成员单位，三年来，形成了一个机制，就是党组领导牵头抓总、组人部统筹协调、有关部门和单位协同配合的人才工作机制；实施了一个纲要，就是纳入全国人才规划纲要系统中的科普人才规划纲要；搭建了一批平台就是聚才、育才、荐才、月才的平台。这为进一步推进人才工作奠定了好的基础。党情国情世情的发展，为中国科协提供了难得的机遇，也对科协人才工作提出了更高要求。当前和今后一个时期，科协人才工作应重点把握好以下几个方面：一要关心爱护人才，真正建好科技工作者之家，当好科技工作者之友；二要慧眼识才，更好地搭建育才举才荐才的平台；三要充分发挥人才作用，做到用好用活人才。

会议强调，干部人事工作和科技人才工作，都是为党和国家建设聚人才、用人才，是打牢科协工作基础的根本，也是中央赋予中国科协的重要任务。我们要进一步认清形势，明确责任，真抓实干，团结协作，扎实推进，在干部人事工作和科协人才工作上取得新的更大成效，努力为全面建成小康社会、实现中华民族伟大复兴中国梦提供强有力的干部保证和人才支撑。

李森传达了全国组织工作会议精神，组织人事部副部长朱雪芬介绍了中国科协承担《国家中长期人才发展规划纲要》任务落实情况和重点人才工作情况。中国科协机关有关部门和直属单位主要负责人就人才工作作重点发言。学会学术部副部长宋军介绍了学会人才工作情况，科学技术普及部部长杨文志介绍了科普人才队伍建设情况，国际联络部部长张建生介绍了国际组织任职及后备队建设情况，计划财务部部长王延祜介绍了企业科技人才队伍建设情况，农技服务中心主任张晓军介绍了农村实用技术人才队伍建设情况，办公厅主任吴海鹰介绍了服务科协常委、荣委和八大代表情况，调研宣传部副部长罗晖介绍了宣传科技人才的情况。

机关各部门主要负责人和综合处负责人，直属单位主要负责人、分管干部人事工作的负责人、人事处负责人或办公室人事干部、人才工作相关处室负责人，组织人事部全体参加会议。

**【2013年县级科协主席培训】** 2013年，中国科协举办两期县级科协主席培训班。8月21日至24日，中国科协第一期县级科协主席培训班在黑龙江省伊春市举办。10月29日至11月1日，中国科协第二期县级科协主席培训班在福建省厦门市举办，两期培训班共培训全国31个省区市和新疆生产建设兵团县级科协主席约350人。

中国科协党组成员、书记处书记徐延豪到培训班看望学员并作《中国的科普事业发展》的专题授课，组织人事部部长李森出席培训班，分别授课和作培训总结。

培训班学员论坛围绕如何认识新时期县级科协的职能、地位和作用；如何当好县级科协主席，适应新形势新要求，做好县级科协工作，推动县级科协工作创新发展；如何加强新时期县级科协组织建设、县级学会建设，做好农村、街道社区、企业科协工作和农技协工作等进行了交流和讨论。

2009年以来，中国科协已举办10期县级科协主席培训班，共培训县级科协主席约1800人。

**【《县级科协工作手册》和案例选编出版】** 11月，由中国科协组织人事部组织编写的《县级科协工作手册》和《县级科协工作案例选编》，与广大科技工作者和科协工作者见面。

《县级科协工作手册》以中央对科协工作的指示要求为指导，以有关政策规定和《中国科协章程》为依据，以县级科协长期以来的工作实践为基础，分为概论、组织体系、人才工作、科普工作、"全民科学素质行动计划"的实施、学会工作、工作保障和重要文献选编，共8章，集历史性、政策性、理论性、实践性和知识性为一体。

中国科协组织人事部面向全国所有省（区、市）、新疆生产建设兵团科协，地级市科协和县级科协发放《县级科协工作手册》和《县级科协工作案例选编》，以此进一步加强对县级科协工作的指导，帮助地方科协特别是县级科协学习和掌握县级科协的工作内容、工作任务和工作方法，了解全国各地县级科协的主要工作情况，推进县级科协工作规范化，提升县级科协组织的科学发展能力，更好地为区域经济社会发展服务，为提高公民科学素质服务，为广大科技工作者服务。

# 人　物

# 2013年新当选的中国科协副主席

陈章良，汉族，1961 年出生，生物学家，无党派，现任中国科协副主席、书记处书记。

1987 年在美国华盛顿大学获得博士学位，长期从事植物分子生物学及植物基因工程研究，是国际和国内最早从事转基因研究的科学家之一，并取得了一定的成果，因此获得联合国教科文组织授予的“贾乌德 · 侯赛因”青年科学家奖。1987 年，被北京大学聘为副教授，1989 年被聘为正教授，为当时国内最年轻的教授。

历任北京大学生物系主任，生命科学学院院长，北京大学副校长，中国农业大学校长，广西壮族自治区副主席。2013 年 6 月当选中国科协副主席、书记处书记。现任第十二届全国政协常委会委员、中国林学会副理事长。曾任全国人大常委、全国青联副主席、欧美同学会副会长、中国农学会副会长、中国生物工程学会副理事长等职务。

在担任中国农业大学校长和广西壮族自治区副主席期间，曾多次参加中央农村工作会议、全国两会和政府工作座谈会，多次参与中央的有关讨论，对我国“三农”事业发展与改革具有独到见解。

# 2013年新当选的全国学会、协会、研究会理事长

## （按中国科协团体会员序列排序）

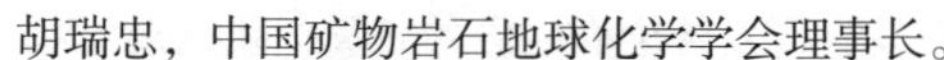

胡瑞忠，中国矿物岩石地球化学学会理事长。

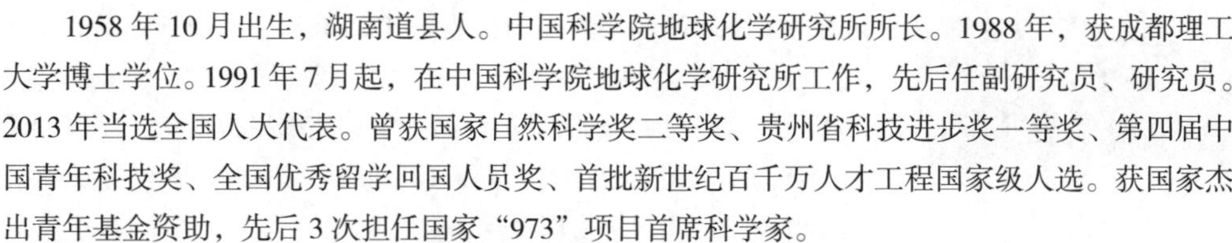

1958 年 10 月出生，湖南道县人。中国科学院地球化学研究所所长。1988 年，获成都理工大学博士学位。1991 年 7 月起，在中国科学院地球化学研究所工作，先后任副研究员、研究员。2013 年当选全国人大代表。曾获国家自然科学奖二等奖、贵州省科技进步奖一等奖、第四届中国青年科技奖、全国优秀留学回国人员奖、首批新世纪百千万人才工程国家级人选。获国家杰出青年基金资助，先后 3 次担任国家“973”项目首席科学家。

主要从事矿产资源成矿理论和成矿规律研究，在金、铀、铜、铅、锌、锗、钨、锡等矿床的研究中，取得了一系列重要研究成果。初步揭示了中国西南大面积低温成矿域内矿床的形成背景、时代、过程和机制；对分散元素锗形成独立锗矿床的苛刻条件进行了深入研究并取得重要认识；较系统地论证了中国最重要的铀矿产区—华南地区白垩—第三纪铀成矿与地壳拉张的本质联系；为稀有气体同位素应用于固体矿床的成因示踪提供了较多成功的研究实例；初步揭示了西南“三江”地区 Cu、Pb、Zn、Au 等优势矿产主要矿床类型的成矿过程和成矿规律，建立了成矿模式与找矿模式的关系；初步建立了中国中新生代和晚古生代的大陆成矿理论，初步论证了华南陆块陆内成矿作用的背景和过程，提出了一些有影响的成矿和找矿模式，并在找矿实践中发挥了重要作用。

杨群，中国古生物学会理事长。

1959 年 5 月出生，江苏海门人。中国科学院南京地质古生物研究所所长，研究员，博士生导师，九三学社成员，第六、七届中国科协委员，全国人大代表，九三学社江苏省委委员，*Palaeoworld* 共同主编。

1982 年，毕业于北京大学地质地理系，获得理学学士学位。1983 ~ 1988 年，留学美国得克萨斯大学达拉斯分校，获得理学博士学位。1989 年，在中国科学院南京古生物研究所先后任博士后、助理研究员、副研究员、研究员。先后两次获得日本学术振兴会资助在日本新潟大学和名古屋大学从事合作研究。1995 ~ 1996 年，赴美国约翰霍普金斯大学生物系开展访问研究。1995 年，入选中国科学院“百人计划”。

长期从事微体古生物学研究，1995 年开始涉足分子古生物领域探索性和交叉领域的研究，创建我国第一个分子古生物实验室，组建、领导了一个跨学科研究小组，开展了后生动物等类群的分子系统学、演化机制、古 DNA 及其残存规律以及地层氨基酸等课题的研究。

武维华，全国政协常委，中国植物学会理事长，中国科学院院士。

1956 年 9 月出生，山西孝义人。博士，教授，九三学社中央副主席，现任中国农业大学教授，植物生理与生物化学国家重点实验室主任，兼任国家自然科学基金委生命科学部主任、国务院学位委员会生物学科评议组召集人、《科学通报》副主编、*BMC Plant Biology* 副主编等职务。

主要从事植物钾 / 磷高效、耐盐耐旱等重要性状的基因克隆和功能分析，植物响应磷钾营养亏缺及干旱、高盐胁迫的信号转导和基因表达调控网络机制等方面研究工作。先后主持国家杰出青年科学基金、国家基金委优秀创新群体科学基金、国家重点基础研究规划项目（“973”项目）等科研项目。2003 年，被授予全国五一劳动奖章和首都五一劳动奖章。2007 年，被授予全国优秀教师称号、获何梁何利科技进步奖。

饶子和，中国生物物理学会理事长，中国科学院院士。

1950 年 9 月出生，江苏南京人。1989 年 9 月至 1996 年 7 月英国牛津大学高级访问学者。1996 年 7 月任清华大学教授；2003 年 3 月至 2006 年 4 月，任中国科学院生物物理研究所所长；2006 年 5 月至 2011 年 1 月任南开大学校长。现任中国科协常委，“谈家桢生命科学奖”奖励委员会主任，发展中国家科学院院士。

长期从事与新发、再发传染病病原体相关的蛋白质结构、功能以及创新药物的研究，发表学术论文 290 余篇，引用次数超过 8500 次，申报国家发明专利 123 项。曾获“陈嘉庚科学奖”、第三世界科学院最高奖——“第里雅斯特科学奖”（Trieste Science Prize）等多个科学奖项。2009 年、2010 年分别被香港浸会大学和英国格拉斯哥大学授予荣誉科学博士学位，2011 年 5 月当选为牛津大学赫特福德学院（Hertford College）院士（Senior Fellow），2011 年 11 月当选为国际纯粹与应用生物物理联合会候任主席。

张亚平，中国遗传学会理事长，中国科学院院士。

1965 年 5 月出生，云南昭通人。现任中国科学院党组成员、副院长。历任中国科学院昆明动物研究所副所长、所长。主要从事分子水平生物多样性的演化及机制的研究，近年来在亚洲人群的基因多样性与进化、家养动物的起源与人工选择的遗传机制、动物适应进化的遗传机制、动物分子系统学和系统地理学等方面取得了突出的成果，已在 *Nature*、*Science*、*Nature Genetics*、*Proc Natl Acad Sci USA*、*Am J Hum Genet*、*Mol Biol Evol* 等 SCI 刊物发表论文 100 多篇。现任 *Genome Biol Evol* 副主编、*Anim Genet* 编委。2008 年作为首席科学家发起了国际生命条形码——中国计划。曾获何梁何利基金科学与技术进步奖（2004）、云南省科学技术突出贡献奖（2005）、国家自然科学奖二等奖（2006）。

乐国安，中国心理学会理事长。

1946 年 10 月出生，江西东乡人。南开大学校务委员会委员，周恩来政府管理学院教授委员会主任、学术委员会副主任，社会心理学系二级教授、博士生导师。1981 年获中国科学院研究生院硕士学位（心理学专业），美国富布莱特高级访问学者（1990 ~ 1991），享受国务院特殊津贴。曾任中国社会心理学会理事长，九三学社中央委员，九三学社天津市副主委，第十一届全国政协委员。现任天津市政府参事，并担任《心理科学》副主编、《心理学报》编委，中国心理学会会士。

主要从事社会心理学研究。曾主持并完成多项国家社会科学基金项目、国家自然科学基金项目、教育部社科基金项目以及国家教育科学规划项目。现为国家社科基金重大招标项目“基于大规模网络实际测量的个体与群体行为影响分析”首席专家，并主持国家“973”项目“混合网络下社会集群行为感知与规律研究”课题的研究。已在各类心理学杂志上发表论文 200 多篇，出版著作（专著、主编、合著、译著）30 多部。曾先后获得教育部优秀教材二等奖，天津市优秀社科成果奖，主讲的“社会心理学”课程被评为国家级精品课，被评为 2006 年度天津市劳动模范。

刘世荣，中国生态学学会理事长。

1962 年 3 月出生，山东莱州人。中国林业科学院研究员，森林生态学领域首席专家，博士生导师。国家级跨世纪学术技术带头人，国家杰出青年基金获得者。现任中国林业科学院副院长。

长期从事森林生态系统碳氮循环、生态水文学、恢复生态学和气候变化对森林影响与适应等方面的研究。现任国际林业研究联盟组织（IUFRO）执委和森林与水研究特别工作组副协调员，国际科联中国工作协调委员会（ICSU-CHINA）委员，国际地圈生物圈计划中国委员会（CNC-IGBP）委员，国际生物多样性计划中国国家委员会（CNC-DIVERSITAS）委员和中国林学会森林生态分会主任委员。《生态学报》、《应用生态学报》、《植物生态学报》、《林业科学研究和湿地科学与管理杂志》副主编，《自然资源学报》常务编委、*International Journal of Forestry* 编委。曾主持过国家重点基础研究发展规划项目“西部典型地区森林植被对农业生态环境的调控机理”（项目首席科学家），“十一五”国家科技支撑重大项目“林业生态建设关键技术研究与示范”和国家行业公益重大专项“气候变化对中国森林影响与林业适应对策研究”等。目前主持的项目有国家自然科学基金重大项目课题“植物对森林生态系统碳－氮－水耦合循环的作用机制”、“十二五”国家科技支撑计划项目“森林可持续经营关键技术研究与示范”、行业公益性科研重大专项“森林增汇技术、碳计量与碳贸易市场机制研究”，以及“西南和热带森林可持续经营技术研究与示范”课题。曾获国家科技进步奖二等奖 3 项、省部级科技进步奖三等奖 3 项，获全国优秀科技工作者称号、第四届中国林业青年科技奖，主编或参编的学术著作 10 部，在国内外发表学术论文 200 余篇。

郑南宁，中国自动化学会理事长，中国工程院院士。

1952 年 12 月出生，陕西西安人，生于江苏南京。1975 年毕业于西安交通大学电机工程系，1981 年获西安交通大学工学硕士学位，1985 年获日本庆应大学（Keio University）博士学位，2011 年获美国林肯大学（University of Nebraska-Lincoln）名誉博士学位。2003 年起担任西安交通大学校长。现任国务院学位委员会委员，美国电气和电子工程师协会会士（IEEE Fellow）。曾获“全国优秀教师”称号、何梁何利科学技术进步奖、中国青年科学家奖和“GM 中国科技成就奖”等。曾获国家科技进步奖二等奖，国际技术发明奖二等奖等科技奖励。著有《计算机视觉与模式识别》（国防工业出版社，1998 年）和 Statistical Learning and Pattern Analysis for Image and Video Processing（Springer 出版社，2010 年）。

李天初，中国仪器仪表学会理事长，中国工程院院士。

1945 年 11 月出生，河北秦皇岛人。1970 年清华大学力学系毕业，1981 年在中国计量科学研究院获得硕士学位，1991 年在清华大学精仪系获得博士学位。1981 年以来在中国计量科学研究院从事时间频率计量、光电子和光干涉计量研究。现任中国计量科学研究院研究员，北京理工大学兼职教授。1984 年 10 月至 1986 年 10 月，在英国物理研究所（NPL）做访问学者，1993 年 10 月至 1994 年 11 月，在美国弗吉尼亚理工大学任副研究员。

1997 年以来主持研制 2 型 3 台激光冷却－铯原子喷泉钟，复现秒定义，作为中国秒长基准，同时为北斗导航 / 授时系统的地面时间提供计量溯源支持，规划和指导研制飞秒光学频率梳，建立微波和光学频率的相干联系，实现中国长度基准（激光波长）向标准微波频率的自主溯源标定，规划和指导研制光纤链路伺服锁定系统，高保真传输微波频率，规划和指导在研的锶原子光晶格钟，应对未来国际修改秒定义的讨论。

20 世纪 80、90 年提出和研究准相干光干涉光纤传感，光干涉逼近测量液体折射率，牛顿环法测量光学表面反射相移，小角度干涉仪的标定，自平反向二点互调建立光学水平准线等新原理新技术；研究空气折射率干涉仪设计原理，光干涉测量长度的相对不确定度极限；研制光纤时域反射计检定标准装置和光纤折射率分布测量标准装置。在主要杂志发表论文 50 余篇，SCI 他引 120 余次，会议文章 70 余篇。以第一获奖人获国家科技进步奖一、二、三等奖各 1 项。

李维森，中国测绘地理信息学会理事长。

1958 年 1 月出生，山西新绛人。1976 年 8 月参加工作，研究生学历，博士学位。1982 年 7 月至 1992 年 11 月，分别在新疆测绘局第二测绘大队、新疆测绘局遥感技术中心工作，任作业组长、中队长兼支部书记、中心副主任、主任、大队长、大队长兼党委书记，其间 1989 年 8 月至 1990 年 9 月，在德国国际摄影测量培训中心进修。1992 年 11 月至 1993 年 10 月，任新疆测绘局副局长，1993 年 11 月至 1996 年 1 月，任新疆测绘局局长。1996 年 1 月至 1998 年 1 月，任新疆测绘局局长、党组书记。1998 年 2 月至 2001 年 5 月，先后任国家测绘局国土测绘科技司副司长、办公室主任。2001 年 6 月起任国家测绘局副局长、党组成员。2011 年 5 月任国家测绘地理信息局副局长、党组成员。

许达哲，中国宇航学会理事长。

1956 年 9 月出生，湖南浏阳人。中国航天科技集团公司董事长、党组书记，国际欧亚科学院院士、国际宇航科学院院士、中国质量协会副会长、北京市科协副主席。1978 年 3 月至 1982 年 1 月哈尔滨工业大学机械工程系机械制造工艺及自动化专业学生。1982 年 1 月至 1984 年 12 月在哈尔滨工业大学机械系机械制造专业攻读硕士研究生。1984 年 12 月至 1988 年 12 月航天部一院 15 所九室设计员。1989 年 1 月至 1990 年 3 月航空航天工业部一院 15 所五室工程组长。1990 年 3 月至 1993 年 9 月航空航天工业部一院 15 所五室副主任、主任。1993 年 9 月至 1994 年 4 月中国航天工业总公司一院 15 所副所长。1994 年 4 月至 1995 年 1 月中国航天工业总公司一院民品开发部副部长。1995 年 1 月至 1997 年 7 月中国航天工业总公司一院副院长。1997 年 7 月至 1999 年 5 月中国航天工业总公司一院副院长、院总工艺师。1999 年 5 月至 2000 年 1 月中国航天工业总公司、中国航天科技集团公司一院副院长、院总工艺师兼 211 厂厂长。2000 年 1 月至 2001 年 11 月中国航天科技集团公司一院院长兼党委副书记。2001 年 11 月至 2001 年 12 月中国航天科技集团公司党组成员、一院院长兼党委副书记。2001 年 12 月至 2002 年 1 月中国航天科技集团公司副总经理、党组成员、一院院长兼党委副书记。2002 年 1 月至 2007 年 6 月中国航天科技集团公司副总经理、党组成员。2007 年 6 月至 2013 年 4 月中国航天科工集团公司党组书记、总经理（期间 2011 年 7 月任 921 工程副总指挥）。2013 年 4 月至 2013 年 12 月中国航天科技集团公司董事长、党组书记。2013 年 5 月至今担任中国宇航学会理事长。2007 年 10 月当选十七届中央纪律检查委员会委员。2012 年 11 月当选十八届中央委员会委员。

李冠兴，中国核学会理事长，中国工程院院士。

1940 年 1 月出生，上海人。1956 年至 1962 年，就读于清华大学工程物理系核材料专业；1962 年至 1966 年清华大学工程物理系核材料专业研究生；1982 年至 1984 年，在美国俄亥俄州立大学冶金工程系做访问学者。中国共产党十六大代表，第十届全国政协委员，享受国务院特殊津贴。曾任中国核工业集团公司 202 厂总工程师，厂长。现任中核北方核燃料元件有限公司名誉总经理（前身为中核集团公司 202 厂），核工业特种材料研究开发重点实验室学术委员会主任，中国核工业集团公司科技委常委，中国核学会核材料分会理事长，中国核能行业协会副理事长，中国核动力研究设计院反应堆燃料及材料重点实验室学术委员会主任，清华大学核能与新能源技术研究院双聘教授及精细陶瓷北京市重点实验室学术委员会主任，中国工程物理研究院表面物理与化学国家重点实验室学术委员会副主任，国防科工局专家咨询委委员，解放军总装备部核基础技术专业组顾问，国家核电技术公司专家委兼职委员，中国电力投资集团公司和大唐集团公司专家咨询委委员。中国广东核电集团科技委高级顾问及国家能源先进核燃料元件研发（实验）中心学术委员会主任。

长期从事核材料与工艺技术研究，在生产堆、研究堆和核电站燃料元件与相关组件及铀材料等领域作出了重要贡献。主持建设了我国第一条重水堆核电站用燃料棒束生产线。曾获部级科技进步奖一等奖 2 项，二等奖 3 项，三等奖 6 项。著有《核燃料》、《重水堆燃料元件》、《研究试验堆燃料元件制造技术》。

王显政，中国煤炭学会理事长。

1946 年 8 月出生，辽宁彰武人。1969 年 9 月参加工作，大学学历，教授级高级工程师，现任中国煤炭工业协会会长。1970 年 9 月至 1988 年 5 月，历任云南后所煤矿技术员、井长、副矿长、矿长；1988 年 5 至 1995 年 4 月，历任云南省煤炭厅（云南煤炭工业管理局）副厅长、党组副书记（主持工作），局长（厅长）、党组书记；1995 年 4 月至 1998 年 3 月，煤炭工业部副部长、党组成员；1998 年 3 月至 2000 年 8 月，国家煤炭工业局、国家煤矿安全监察局副局长（副部长级）、党组成员；2000 年 8 月至 2002 年 5 月，山西省委常委、副省长；2002 年 5 月至 2005 年 2 月，国家安全生产监督管理局（国家煤矿安全监察局）局长、党组书记；2005 年 2 月至 2008 年 5 月，国家安全生产监督管理总局副局长、党组副书记。中共第十六届中央纪律检查委员会委员，十一届全国政协常委、提案委员会副主任。

长期从事煤炭行业管理和安全生产综合监管、煤矿监察的领导工作，坚持依靠科技进步，为组织推进“科教兴煤”、“科技兴安”战略实施作出了贡献。“九五”期间，组织行业科技攻关取得突破进展，提出“实施科技兴煤战略，关键是人才，基础在教育”的思想，为推进煤炭企业、大专院校和科研院所建立产学研三结合的科技创新体制机制发挥重要作用；推动围绕“综采放顶煤技术、锚杆支护技术、防治重大煤矿瓦斯煤尘火灾事故技术、洁净煤技术和建设高产高效矿井综合配套技术”开展科技攻关，为我国大型现代化煤矿和安全高效矿井建设奠定基础；组织制定了“十二五”时期煤炭工业科技发展指导意见。在安全生产监管领域，针对煤矿瓦斯事故高发的趋势，首次创造性地提出了煤矿瓦斯防治“先抽后采、监测监控、以风定产”的 12 字方针，对于指导全国煤矿瓦斯防治工作，促进重特大煤矿瓦斯事故大幅下降发挥了作用。

张桂凤，中国粮油学会理事长。

1951 年 11 月出生，吉林通化人。毕业于吉林大学政治经济学专业，研究生，高级经济师。历任国家计委人事教育局干部一处副处长，国家计委人事司调配处处长，国家计委机关服务中心副主任，国家粮食局直属机关党委书记兼机关服务中心主任。2001 年 5 月至 2012 年 10 月任国家粮食局党组成员、副局长兼机关党委书记。现任中国粮食行业协会副会长。

在国家计委工作期间曾被中央国家机关表彰巾帼英雄授予“优秀女领导干部”称号，在国家粮食局工作期间曾被评为“中央国家机关优秀女领导干部”、“全国扶贫工作先进个人”、“全国民族团结进步模范个人”等称号。曾获国家粮食局 2006 年度粮食工作优秀调研报告奖，在《中国粮食经济》上发表了《粮油企业要抓住机遇“走出去”》、《以改革创新精神做好粮食系统党建研究工作》等 8 篇论文。

陈晓丽，中国风景园林学会理事长。

1946 年 7 月出生，河北人。教授级高级规划师、教授，曾任原建设部（现住房和城乡建设部）规划师司司长、副总规划师、总规划师等职。现任全国城市规划执业制度管理委员会主任，全国城市雕塑建设指导委员会常务副主任、中国城市规划协会副理事长等职。

主要从事城市规划和风景园林的理论和实践研究，曾主持和参与广州市、日照市等国内大型城市的城市总体规划编制工作，并主持多项行业标准、规范和政策的研究和制定。作为总体组副组长，参与完成原建设部、原地矿部和北京市政府联合开展的“北京航空遥感综合调查”课题研究，该课题获国家科技进步奖一等奖。还主持完成了“社会主义市场经济条件下城市规划工作框架研究”（成果于2007年由中国建工出版社出版）、“海港城市研究”、“区划法规研究”等多项课题研究。主要论著有《城市化与城市发展》、《中国城市和区域的可持续发展目标》和《论城市绿地系统规划及作用》等。

徐德鸿，中国电源学会理事长。

1961年8月出生，浙江绍兴人。现任浙江大学教授，博士生导师，工学部副主任，电力电子技术研究所所长。1979年至1983年，在浙江大学电机工程系工业电子装置专业学习，1983年至1986年，浙江大学电力电子技术硕士生，1989年获浙江大学电力电子技术学科博士学位。1989年留校任教。1991年晋升副教授，1996年晋升教授。1995年至1996年获国家教育部资助赴日本东京大学做博士后研究，2000年6月至12月受邀在美国国家电力电子中心（CPES）做访问教授，2006年2月至4月受邀在瑞士苏黎士联邦理工学院（ETH）做访问教授。

主持国家自然科学基金重点项目、国家“863”项目、国家“973”项目、省部级科研项目、国际合作项目多项。授权中国发明专利20余项，美国专利3项。在国内外发表学术论文300余篇，其中EI（SCI）收录论文116篇。出版《电力电子技术》、《电力电子系统建模及控制》等著作6部。主编的《电力电子技术》为“十二五”国家规划教材。获得省部级科技进步奖一等奖1项，二等奖4项。

兼任国务院学位委员会电气工程学科评议组成员，“十二五”国家“863”主题项目首席专家，“十一五”国家科技部“电力电子器件重大关键技术”国家支撑项目专家组专家。兼任中国电力电子学会副理事长，浙江省电源学会理事长，浙江省电机动力学会副理事长，《电力电子技术》期刊编委会副主任，《电源学报》期刊编委会副主任，《电气工程大典电力电子技术卷》共同主编。美国电气和电子工程师协会会士（IEEE Fellow）、美国电气和电子工程师协会电力电子学会（IEEE Power Electronics）执行委员会委员（2006 ~ 2008）、IEEE评奖委员会（2013 ~ ）委员。*IEEE transaction on Power Electronics*、*IEEE transaction on Sustainiable Energy* 副主编。

康克军，中国体视学学会理事长。

1956年11月出生，河北保定人。在清华大学先后获得学士、硕士和博士学位。现任清华大学教授。曾任清华大学工程物理系副主任、主任。2004年至2013年担任清华大学副校长。

长期从事辐射与探测技术的科研教学工作，致力于发展辐射成像新学科方向，所主持的大型集装箱检查系统及产业化相关项目推动了我国在加速器、探测器、辐射防护、成像理论与方法等方面取得技术突破，在国际上首创了以加速器为辐射源的移动式集装箱检查系统，并在大型装备缺陷辐射检测系统、辐射成像安全检查系统等方面取得重要创新成果。作为第一完成人，获国家科技进步奖一等奖1项、国家技术发明奖一等奖1项、国家科技进步奖（创新团队）1项、中国发明专利金奖2项等多项奖励。

杜永臣，中国园艺学会理事长。

1954年12月出生，河北昌黎人。1994年12月毕业于日本国立三重大学生物资源学院，获博士学位。2000年3月至7月在美国加州大学戴维斯分校蔬菜系C.M.RICK番茄遗传资源中心（TGRC）从事番茄分子生物学研究。现任中国农业科学院蔬菜花卉研究所所长，研究员、博士生导师。农业部蔬菜专家指导组组长，2003年被评为农业部有突出贡献中青年专家。享受国务院特殊津贴。

主要从事番茄育种和抗逆生理方面研究，建立了番茄耐弱光性和耐冷性的评价方法，研究了多胺与番茄耐热性的关系，并克隆了相关的基因。构建了番茄富含品质性状基因染色体片段的高密度分子遗传图谱，克隆了番茄色素合成关键酶GGPS基因，发展了一种共显性SCAR分子标记技术。先后主持或参与选育出7个番茄新品种，这些新品种在抗病性、抗逆性和品质方面处于国内先进水平，已在生产上推广，取得了显著的社会经济效益。获国家科技进步奖二等奖1项（第三完成人）。在国内外专业期刊上发表学术论文60多篇，参编专著2部。

陈万权，中国植物保护学会理事长。

1962 年 9 月出生，重庆丰都人。1983 年 7 月毕业于原西南农学院植物保护系，分配到中国农业科学院植物保护研究所工作至今，期间先后前往美国、墨西哥、荷兰、澳大利亚等国开展合作研究。现任中国农业科学院植物保护研究所副所长、二级研究员，兼任农业部作物有害生物综合治理重点实验室主任、农业部转基因植物环境安全监督检验测试中心（北京）主任、中国农药发展与应用协会副会长、《植物保护》主编、《植物保护学报》副主编等。

长期从事麦类真菌病害研究，先后主持完成国家重大科研课题 17 项，获得国家科技进步奖一等奖（第 1 完成人）等国家和省部级科技成果奖励 8 项、发明专利 10 件，主编 / 副主编著作 12 部，发表研究论文近 200 篇。获全国农业科研杰出人才、全国粮食生产突出贡献农业科技人员、全国农业先进个人等称号。

杨月欣，中国营养学会理事长。

1955 年 12 月出生，河北饶阳人。营养学教授，博士生导师。现任中国疾病预防控制中心营养与食品安全所食物营养室主任，全国乳品标准委员会副主任，全国食品安全标准审评委员会委员，国家食品标签标准委员会委员，中国疾控中心达能（中国）营养中心科学委员会副主席，国际粮农组织 FAO—NEASIAFOODS 负责人等。九三学社中央医药委委员，北京市政协委员。1978 年从南开大学毕业后，在中国预防医学科学院流行病研究所从事生物化学研究。1995 到荷兰 Wangennigen 大学硕士培训班学习人类营养学，Groningen 医学院营养代谢方面研究深造。1997 年在法国国际研究院做访问学者。从 1998 年开始在中国疾病预防控制中心担任食物营养室主任，一直从事营养学研究。负责国家食物成分数据库研究和修订，主持制定国家营养相关法规和标准 10 余项，获得部级以上科技创新奖、技术专利 15 项。获得全国先进科技工作者等荣誉，享受国务院特殊津贴。主编营养学教材、科学著作 20 余部，科普类著作 15 部，发表科研论文 120 余篇。

周平坤，中国毒理学会理事长。

1963 年 9 月出生，湖南衡山人。1985 年 8 月参加工作。1985 年 7 月毕业于湖南医学院（现中南大学湘雅医学院）医学系，获医学学士学位；1990 年 7 月毕业于军事医学科学院生物化学专业，获医学硕士学位；2004 年获军事医学科学院卫生毒理学博士学位。曾分别在英国曼彻斯特 Paterson 癌症研究所和法国巴黎居里研究所做访问学者和客座研究员。国家“973”项目首席科学家、国家杰出青年基金获得者。现任军事医学科学院放射与辐射医学研究所研究员、博士生导师、研究所学术委员会主任，国际放射防护委员会（ICRP）第 1 委员会委员，中国核学会理事，中华医学会放射医学与防护学分会常委，*Radiation & Environmental Biophysics*（德国）副主编等。

长期在放射生物学与辐射防护领域从事科学研究并指导研究生，主持完成了多项重要的与放射生物学与辐射防护相关项目。获军队科学技术进步奖二等奖 3 项。发表科研论文 150 余篇，主编专著 1 部，副主编专著 2 部。

程东红，中国自然科学博物馆协会理事长。

1953 年 11 月出生，重庆人。1969 年 9 月在黑龙江生产建设兵团参加工作。1978 年毕业于河北省廊坊师专物理专业，2005 年获北京师范大学教育学博士学位。曾在美国宾夕法尼亚州立大学做访问学者。历任中国科协青少年科技中心副处长、副主任，中国科协科学技术普及部部长。2001 年 6 月起任中国科协书记处书记、党组成员，2006 年 5 月起任中国科协常委，2011 年 5 月任中国科协副主席、党组副书记、书记处书记。现任中国科协副主席，欧美同学会副会长，中国女科技工作者协会常务副会长。

作为非正规科学教育专家，曾是中国科协科普教育活动的主要设计者和组织者。在 20 多年间，参与策划、组织和指导了多项全国青少年科技教育活动，并参与教育部的中小学科学课程改革。在面向公众的科普活动方面，曾领导了中国科技馆新馆的内容建设，支持和鼓励通过互联网和大众媒体开展科学教育活动；发起了“架起科学家和科学教育工作者间的桥梁”的倡议和支持科学实验室向中学生和教师开放。

2008 年至 2011 年，任《全民科学素质纲要》实施工作办公室主任，有力地推动《全民科学素质行动计划纲要》的实施工作，围绕“节约能源资源，保护生态环境，保障安全健康”主题开展的科普活动取得了良好的成效，社会反响日益提高；科普资源共享服务体系初步建立；制定了《科普基础设施发展规划》、《科技馆建设标准》，有力推动科普基础设施建设；“科普惠农兴村计划”的实施力度不断增强，基层科普工作成效显著。

参与了多种国际项目，是国际公众科学技术传播网科学委员会委员，曾作为在非正规科学教育方面的专家，多次被联合国教科文组织邀请参加区域和国际科学教育会议。

高峰，中国科教电影电视协会理事长。

1955 年 2 月出生，回族，北京人。高级编辑，中国传媒大学兼职教授。现任中央电视台副台长、中央新影集团总裁。1983 年毕业于中央民族大学中文系，同年进入中央电视台，2005 年获北京师范大学艺术与传媒学院博士。1992 年先后担任中央电视台专题部副主任、纪录片室主任、国际部副主任、青年部主任、社教节目中心主任、中国电视艺术委员会副主席兼秘书长。2003 年任中央新闻电影纪录片厂厂长，2005 年任中央电视台副台长兼新影厂厂长，2010 年中央新闻电影纪录片厂与北京科学教育电影制片厂合并成立中央新影集团，任总裁。

作为纪录片导演，曾制作过大量系列片和单本纪录片，大型纪录片《解放》、《胜利》；单本纪录片《闯江湖》、《蒋兆和的流民图》、《丹尼亚的日记》和《环球同此凉热》等。这些作品获得过较多的国际国内重大奖项，对中央电视台的纪录片创作及科教频道的创立具有突出的贡献。

路甬祥，中国产学研合作促进会会长，中国科学院院士，中国工程院院士。

1942 年 4 月出生，浙江慈溪人。浙江大学机械工程系水力机械专业毕业，联邦德国亚琛工业大学机械系液压气动研究所研修，研究生学历，博士学位，教授，是流体传动及控制学家，在电液比例控制新技术方面成绩突出。历任浙江大学校长，第三、四届中国科协副主席，中国科学院院长，国务院学位委员会副主任委员；中共第十二、十三届中央候补委员，第十四、十五届中央委员，第六届全国人大代表，第十、十一届全国人大常委会副委员长、党组成员。

# 2013年新当选的省、自治区、直辖市科协主席

韩先聪，安徽省科协第九届委员会主席。

1955 年 11 月出生，安徽肥西人。1982 年 1 月参加工作。农学学士，中央党校研究生学历。1978 年 1 月至 1982 年 1 月，安徽农学院农学系农学专业学习。1982 年 1 月至 1987 年 6 月，安徽省农牧渔业厅政治部干部；1987 年 6 月至 1991 年 12 月，安徽省政府办公厅干部；1991 年 12 月至 1995 年 5 月，安徽省农经委生产管理处干部；1995 年 5 月，任安徽省农业厅副厅长；1999 年 8 月，任安徽省安庆市委副书记（其间，在安徽大学经济学院政治经济学专业研究生课程进修班学习）；2001 年 2 月，任安徽省安庆市委副书记、市长（1998 年 9 月至 2001 年 7 月中共中央党校研究生院法学理论专业学习）；2003 年 4 月，任安徽省安庆市委书记；2004 年 2 月，任安徽省安庆市委书记、市人大常委会主任。2008 年 2 月，任安徽省滁州市委书记；2009 年 1 月，任安徽省滁州市委书记、市人大常委会主任；2012 年 2 月，任安徽省政府秘书长、党组成员、办公厅党组书记，安徽行政学院（安徽经济管理学院）院长（兼）；2013 年 1 月，任安徽省政协副主席、省政府秘书长、党组成员、办公厅党组书记，安徽行政学院（安徽经济管理学院）院长（兼）。2013 年 2 月至今，安徽省政协副主席、党组成员。

郑兰荪，全国政协常委，福建省科协第八届委员会主席，中国科学院院士。

1954 年 10 月出生，江苏吴江人。1987 年 5 月加入民盟。1986 年 5 月在美国 Rice 大学获博士学位。现任厦门大学化学系教授、博士生导师、国家“973”计划项目首席科学家、教育部化学专业教学指导分委员会主任、无机合成与制备化学国家重点实验室学术委员会主任、固体表面物理化学国家重点实验室学术委员会副主任，福建省政协副主席，厦门市政协副主席，民盟中央副主席、福建省委主委、厦门市委主委，《质谱学报》主编。

主要从事原子团簇研究，先后研制了激光等离子体源飞行时间质谱计、交叉分子–离子束串级质谱计、激光离子源射频离子阱质谱计等以激光产生和研究原子团簇的大型仪器，独创了液相电弧、微波等离子体等团簇合成方法，研究并明确了 C60 在氯参与下的形成机理，制备了管、线、鞘 / 核、球等多种形态的纳米材料，组装了纳米孔洞、纳米螺旋等微观结构材料。在各种学术刊物上发表论文 300 多篇。获全国先进工作者、“长江学者计划”特聘教授，教委首批“跨世纪人才计划”专家，入选国家“百千万人才工程”，

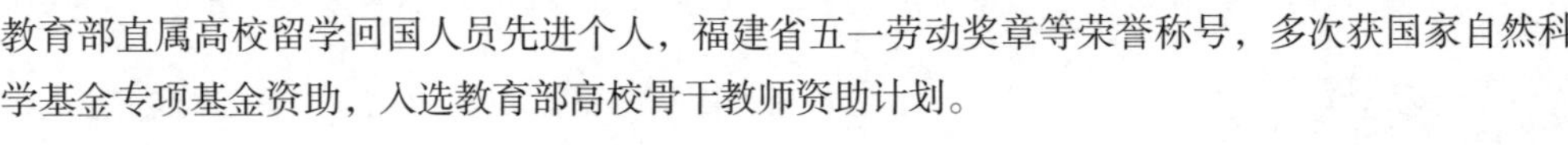

教育部直属高校留学回国人员先进个人，福建省五一劳动奖章等荣誉称号，多次获国家自然科学基金专项基金资助，入选教育部高校骨干教师资助计划。

霍金花，河南省科协第八届委员会主席。

1962 年 3 月出生，河南原阳人。河南理工大学企业管理专业毕业，硕士研究生学历。1981 年 7 月参加工作。1996 年 7 月至 1998 年 12 月，民盟焦作市委副主委，武陟县人民政府副县长。1998 年 12 月至 2001 年 9 月，民盟河南省委常委，民盟焦作市委副主委，焦作市人民政府副市长。2001 年 9 月至 2009 年 3 月，民盟中央委员，民盟河南省委副主委，民盟焦作市委主委，焦作市人民政府副市长（期间 2006 年 9 月至 2009 年 7 月河南理工大学企业管理专业硕士研究生）。2009 年 3 月至 2013 年 9 月，民盟中央委员，民盟河南省委副主委，河南省交通运输厅副厅长。2013 年 9 月至今，民盟中央委员，民盟河南省委副主委。第十届、十一届、十二届全国人大代表，第九届、十届、十一届民盟中央委员，第十届、十一届、十二届民盟河南省委副主委。

黄达人，广东省科协第八届委员会主席。

1945 年 4 月出生，浙江象山人。1962 年至 1968 年，就读于浙江大学数学系。1968 年至 1978 年在浙江临安农机厂工作。1978 年至 1981 年，在浙江大学数学系读研究生，毕业后留校任教。1985 年至 1986 年，在美国南卡罗来纳大学做访问学者。曾任浙江大学数学系副主任、教务处长、副教务长等职。1992 年至 1998 年任浙江大学副校长。1998 年 11 月调任中山大学

常务副校长。1999 年 8 月至 2010 年 12 月任中山大学校长。

在高等教育管理方面，著有《大学的观念与实践》，已出版访谈录《大学的声音》、《高职的前程》、《大学的治理》。

郑皆连，广西壮族自治区科协第七届委员会主席，中国工程院院士。

1941 年 7 月出生，四川内江人。1965 年 9 月参加工作，大学学历。1965 年毕业于重庆交通学院桥梁与隧道专业，教授级高级工程师。曾先后担任广西壮族自治区交通厅副总工程师、副厅长兼总工程师、交通部技术顾问、广西壮族自治区科协第五、六届委员会主席等职，系广西壮族自治区第八、十、十一、十二届人大代表、政协广西壮族自治区第九、十、十一届委员会常务委员。现任广西公路学会理事长。

1968 年首创了我国双曲拱桥无支架施工的新工艺，解决了不立拱架修建拱桥的难题；1976 年主持设计了广西第一座无支架施工的箱型拱桥，之后的十多年中，他共修建此类大桥 40 多座，累计长度两万多延米，占广西公路大桥总数的 70% 左右，节省了上亿元的资金，在我国大跨度拱桥设计与施工技术研究中作出突出贡献。他提出的千斤顶斜拉扣挂连续浇注拱肋外包混凝土等技术，为世界拱桥建设史上的首创，曾两次获得国家科技进步奖。2009 年 1 月 11 日，被广西壮族自治区党委政府授予 2008 年度广西科学技术特别贡献奖。

张广智，甘肃省科协第七届委员会主席。

1961 年 8 月出生，山东阳谷人。大学学历，理学学士。1979 年 9 月，山东大学物理学系半导体专业学习；1983 年 7 月，原广电部团委干事；1983 年 11 月，原广电部团委副书记；1985 年 3 月，原广电部团委副书记（副处级）（其间：1985 年 7 月至 1986 年 7 月中央机关讲师团安徽省宣城教师进修学校支教；1989 年 2 月至 1989 年 7 月中央党校中直分校脱产学习）；1989 年 10 月，原广电部总编室编辑；1990 年 8 月，中宣部办公厅副处级秘书；1992 年 11 月，中宣部办公厅正处级秘书（1991 年 3 月至 1993 年 6 月中央党校函授学院政治经济学专业本科班学习）；1993 年 10 月，中宣部办公厅部值班室主任（正处级）；1994 年 5 月，中宣部办公厅秘书处处长；1998 年 7 月，中宣部办公厅助理巡视员兼秘书处处长；2001 年 10 月，天水市委副书记（挂职）；2003 年 10 月，天水市委副书记；2004 年 11 月，天水市委副书记（正厅级）；2005 年 1 月，天水市委副书记、代市长；2005 年 3 月，天水市委副书记、市长；2008 年 2 月，甘肃省委组织部常务副部长（正厅长级）；2013 年 1 月 29 日，甘肃省第十二届人大一次会议选举为甘肃省副省长。第十一届、十二届甘肃省委委员。

朱有勇，云南省科协第八届委员会主席，中国工程院院士。

1955 年 11 月出生，云南个旧人。1974 年 2 月参加工作。1977 年考入云南农业大学植物保护专业，1982 年毕业获学士学位；1987 年云南农业大学植物病理硕士毕业；1996 年澳大利亚悉尼大学留学回国，任云南省重点实验室主任，教授；2000 年获中国农业大学博士学位；2002 年任教育部重点实验室主任；2003 年任国家农业生物多样性工程中心主任，博导，兼任英国 Wolverhampton 大学和荷兰 Wageningen 大学博士生导师；2004 年任云南农业大学名誉校长；2006 年任国家“973”计划项目首席科学家；2013 年 4 月评选为河南农业大学双聘院士。

长期从事生物多样性控制植物病害的基础、应用基础和示范推广研究，初步揭示了生物多样性控制病害的基本规律和基本原理。在国际上创建了“水稻遗传多样性控制稻瘟病理论和技术”和“生物多样性控制植物病害理论”，经过国内外数千万亩的示范推广，获得了显著的经济、社会和生态效益，标志该成果的学术论文 Genetic Diversity and Disease Control in Rice 2000 年在美国《自然》杂志全文发表，得到了国内和国际科学界的高度评价和普遍认可。在国内外发表学术论文 100 余篇，专著 5 部；获国家专利 5 项、国内外科技奖 12 项。2001 年获得何梁何利科学技术进步奖，2004 年获得联合国粮农组织国际稻米年科学研究奖一等奖，2005 年获得国家技术发明奖二等奖；获得云南省科学技术进步奖一等奖 3 项、二等奖 2 项、三等奖 4 项。获得国际农业磋商组织（CGIAR）优秀成果奖、云南省自然科学研究奖一等奖等国际、国家和省部级科技奖励 14 项。曾被授予全国优秀共产党员、全国杰出专业技术人才、全国高校名师奖、全国模范教师、全国农业科技先进工作者、全国农业推广标兵、全国优秀留学回国人员、兴滇人才奖等荣誉。2005 年度全国十佳三农人物获奖人之一。

# 表彰奖励

## 关于表彰第十三届中国青年科技奖获奖者的决定

组通字〔2013〕35 号

各省、自治区、直辖市党委组织部、政府人力资源社会保障厅（局）、科协，新疆生产建设兵团党委组织部、人力资源社会保障局、科协，中央和国家机关各部委、各人民团体、国务院各直属机构干部人事部门，解放军总政治部干部部，中国科协所属各全国学会、协会、研究会：

为深入贯彻落实中共中央、国务院《关于深化科技体制改革加快国家创新体系建设的意见》，大力实施创新驱动发展战略，推进科技创新人才队伍建设，激励广大科技工作者为实现中华民族伟大复兴的中国梦而努力奋斗，根据《中国青年科技奖条例》的规定，经中国青年科技奖评审委员会组织评审、中国青年科技奖领导工作委员会审定，中共中央组织部、人力资源社会保障部、中国科学技术协会决定，授予马鑫等 99 名同志第十三届中国青年科技奖。

获得第十三届中国青年科技奖的同志，是我国青年科技工作者的杰出代表。他们热爱祖国，服务人民，自觉把实现自身价值与发展我国科技事业紧密联系在一起；他们追求真理，严谨客观，体现了良好的科学道德和科学精神；他们立足前沿，勇于创新，在基础研究、工程实践等方面取得优异成绩，为社会主义工业化、信息化、城镇化、农业现代化建设作出了重要贡献。

人才是衡量一个国家综合国力的重要指标。各级组织人事部门和科协组织要牢固树立人才是第一资源的理念，紧紧抓住和用好新一轮科技革命和产业变革的机遇，建立集聚人才体制机制，完善人才发展机制，增强服务意识，加强教育引导，为实现“两个一百年”奋斗目标提供坚强的人才保证。广大科技工作者要向中国青年科技奖获奖者学习，秉持“先天下之忧而忧，后天下之乐而乐”的人生理想，积极投身创新创造实践，脚踏实地、勤奋工作，锐意进取、勇攀高峰，为实现中华民族伟大复兴的中国梦书写出无愧于时代、无愧于人民、无愧于历史的绚丽篇章。

中共中央组织部　人才资源社会保障部　中国科学技术协会

2013 年 12 月 9 日

## 关于授予万爱东等 10 位同志第十六届中国科协求是杰出青年成果转化奖的决定

科协发办字〔2013〕10 号

为鼓励在科技成果转化工作中做出优异成绩的青年科技人员，根据《中国科协求是杰出青年奖条例》规定，经中国科协求是杰出青年奖评审委员会审议通过，决定授予万爱东等 10 位同志第十六届中国科协求是杰出青年成果转化奖。

荣获本届中国科协求是杰出青年成果转化奖的同志，热爱祖国、甘于奉献，开拓进取、勇于创新，在科技成果向现实生产力转化等方面作出了突出贡献。希望获奖同志珍惜荣誉，戒骄戒躁，认清使命，勇于担当，在科技创新的道路上，不断树立新目标、实现新突破、创造新成就。希望广大青年科技工作者以他们为榜样，学习他们求是创新的科学精神，敢为人先的开拓精神，百折不挠的探索精神，肩负起实施创新驱动发展战略的历史使命，把自己的智慧和力量奉献给实现中华民族伟大复兴的中国梦奋斗之中。

获奖人员名单如下：

万爱东　马　砺　王新发　孔　啸　毕学军

杨　宁　邱　枫　张　正　陈化兰　罗仙平

中国科学技术协会

2013 年 5 月 9 日

## 关于授予王宏强等 15 位同志第十六届中国科协求是杰出青年实用工程奖的决定

科协发办字〔2013〕11 号

为鼓励长期奋斗在工程技术科研和生产一线上的优秀青年科技人员，根据《中国科协求是杰出青年奖条例》规定，经中国科协求是杰出青年奖评审委员会审议通过，决定授予王宏强等 15 位同志第十六届中国科协求是杰出青年实用工程奖。

荣获本届中国科协求是杰出青年实用工程奖的同志，热爱祖国，甘于奉献，勇攀高峰，在工程技术相关领域作出了突出的贡献。希望获奖同志珍惜荣誉，戒骄戒躁，认清使命，勇于担当，在科技创新的道路上，不断树立新目标、实现新突破、创造新成就。希望广大青年科技工作者向获奖同志学习，积极践行社会主义核心价值体系，坚定理想信念，增长知识本领，锤炼品德意志，矢志奋斗拼搏，肩负起实施创新驱动发展战略的历史使命，把自己的智慧和力量奉献给实现中华民族伟大复兴的中国梦奋斗之中。

获奖人员名单如下：

王宏强　艾　渤　左　莉　帅长庚　史春梦

汤锦辉　安华章　李　宏　杨于村　杨　林

吴　琳　周　劼　钟宜兴　黄文华　赖新春

中国科学技术协会

2013 年 5 月 9 日

# 中国科协2013年度
# 事业发展统计公报

# 中国科协2013年度事业发展统计公报

2014 年 5 月

2013 年，在党中央、国务院的正确领导下，按照中央书记处对科协工作的指示，中国科协团结带领广大科技工作者，贯彻落实中央的重大决策部署，认真履行“三服务一加强”工作职能，突出重点、真抓实干，推动科协事业改革发展，各方面工作取得新的成效。

**一、组织建设**

截至 2013 年底，各级科协组织 3158 个；中国科协所属全国学会 181 个，委托管理学会 19 个；各省级科协所属省级学会 3896 个。

各级科协从业人员 39084 人；中国科协所属全国学会从业人员 3226 人，委托管理学会从业人员 154 人；各省级科协所属省级学会从业人员 21050 人。

全国学会个人会员 437 万人，比上年增加 4 万人；省级学会个人会员 630 万人。

全国学会团体会员 56053 个，比上年增加 3329 个；省级学会团体会员 182877 个。

中国科协基层组织 61836 个，比上年增加 832 个。其中，企业科协 21281 个，比上年增加 313 个，个人会员 347 万人，增加 2 万人；高等院校科协 584 个，比上年增加 10 个，个人会员 45 万人，增加 4 万人；街道科协（社区科协）9067 个，比上年增加 832 个，个人会员 62 万人，增加 5 万人；乡镇科协 30904 个，比上年减少 323 个，个人会员 211 万人，与上年持平。

高新技术开发区企业科协组织 718 个，占企业科协总数的 3.4%；技术经济开发区企业科协组织 968 个，占 4.5%。

农村专业技术协会 114775 个，比上年增加 1707 个，个人会员 1502 万人，增加 34 万人。其中，在民政部门注册的农技协 38025 个，占农技协总数的 33%。

截至 2013 年底，在基层直接为公众提供科普服务的专兼职科普工作者 56.4 万人，比上年增加 12.8 万人。

**二、学术交流活动**

各级科协及两级学会共举办学术交流活动 26693 次。其中，高端前沿学术活动 6964 次，占 26%；综合交叉学术活动 9725 次，占 36%；学术服务活动 10004 次，占 38%。参加学术交流活动人数 411 万人次。其中，企业科技工作者近 85 万人次，占 21%。交流学术论文 92 万篇。

举办国内学术活动 24341 次。其中，高端前沿学术活动 5795 次，综合交叉学术活动 8945 次，学术服务活动 9601 次，分别占国内学术活动总数的 24%、37%、39%。参加人数 366 万人次。其中，企业科技工作者 72.6 万人次，占 20%。交流论文 80 万篇。

举办境内国际学术活动 1951 次。其中，高端前沿学术活动 1000 次，综合交叉学术活动 631 次，学术服务活动 320 次，分别占境内国际学术活动总数的 51%、32%、17%。参加人数 39.6 万人次。其中，企业科技工作者 11.2 万人次，占 28%；境外专家学者 4.8 万人次，占 12%。交流论文 11 万篇。

举办港澳台地区学术活动 401 次。其中，高端前沿学术活动 169 次，综合交叉学术活动 149 次，学术服务活动 83 次，分别占港澳台地区学术活动总数的 42%、37%、21%。参加人数 5.6 万人次。其中，企业科技工作者 1.1 万人次，占 20%。交流论文 1.3 万篇。

中国科协机关、省级科协 2013 年举办学术年会 36 次；全国学会举办学术年会 1063 次。

**三、科技期刊**

各级科协及两级学会主办科技期刊 2679 种。其中，各级科协主办科技期刊 497 种，占 19%；全国学会主办科技期刊 1051 种，占 39%；省级学会主办科技期刊 1131 种，占 42%。

2679 种科技期刊包括中文期刊、科普期刊、技术期刊、英文学术期刊。其中：中文学术期刊有 1499 种，占 56%；科普期刊有 639 种，占 24%；技术期刊有 431 种，占 16%；英文学术期刊有 110 种，占 4%。

科技期刊总印数 13706 万册。其中，各级科协主办科技期刊总印数 4680 万册，占 34%；全国学会主办科技期刊总印数

5623万册，占41%；省级学会主办科技期刊总印数3403万册，占25%。

科技期刊总印数中：中文学术期刊印数3970万册，占29%；科普期刊印数8568万册，占62.5%；技术期刊印数1113万册，占8.1%；英文学术期刊印数55万册，占0.4%。

发表论文总数62万篇，比上年增加2万篇。其中，英文期刊发表论文数1.4万篇，增加0.1万篇。

**四、科普活动**

各级科协及两级学会全年举办科普宣讲活动31.5万次，比上年增加6.3万次，受众人数2亿人次，增加3042万人次；播放科技广播及影视节目17.4万小时；举办实用技术培训35.6万次，5509万人次接受培训；推广新技术新品种55536项；参加各类科普活动的科技人员333万人次。

各类科普活动覆盖村487301个，覆盖面比上年增长9%。其中，科普日进村110526个，覆盖面比上年增长21%；科技周进村119680个，增长17%；日常科普活动进村257095个，增长2%。

各类科普活动覆盖社区265170个，覆盖面比上年增长14%。其中，科普日进社区121458个，覆盖面比上年增长3倍；科技周进社区55446个，增长3%；日常科普活动进社区88266个，覆盖面比上年下降40%。

**五、青少年科技教育**

各级科协及两级学会全年举办青少年科普宣讲活动3万多次，比上年增加0.8万次，参加活动青少年人数2675万人次，增加385万人次，平均每次宣讲活动892人次参加；播放青少年广播及影视节目1.7万小时；举办青少年科技竞赛1.1万项，参加竞赛活动的青少年4400万人次，105万青少年获各类奖项；组织1.5万人次青少年参加283次国际及港澳台科技交流活动，平均每次活动52人次参加；组织38.3万青少年参加2710次青少年科学营活动，平均每次活动141人次参加；编印青少年科技教育资料3841种，总印数1533万册，平均每种资料3991册；举办青少年科技教育培训2.1万次，培训人数593万人次。

**六、科普基础设施建设**

截至2013年底，各级科协拥有所有权或使用权的科技馆425个，比上年增加6个。其中，8000平方米以上的62个，增加2个；全年参观人数3200万人次，增加169万人次。其中，少年儿童参观人数1774万人次，占全年参观人数的55%；科普活动站（中心、室）15.8万个；科普画廊建筑面积（宣传栏、宣传橱窗）236万平方米，全年展示面积443万平方米。

截至2013年底，中国科协配发给地方科协用于科普活动的大篷车共733辆。其中，2013年新配发126辆。科普大篷车全年下乡行驶里程509万公里，比上年增加145万公里。

截至2013年底，由中国科协命名的全国科普教育基地1046个；由省级科协命名的省级科普教育基地2839个；各级科协命名的科普示范县（县级科协不统计）2456个。其中，中国科协命名的898个，省级科协命名的990个，副省级、省会城市科协命名的68个，地级科协命名的500个；科普示范户2530506户。

**七、科技传播**

各级科协及两级学会编著科技图书3189种，比上年增加81种，总印数1890万册，减少170万册；主办科技报纸243种，比上年增加39种，总印数14109万份，增加1556万份；制作科普挂图9072种，比上年增加568种，总印数1579万张，增加16万张。

制作科技广播影视节目6451套，比上年增加1861套，总播放时间11822小时，增加3221小时，平均1.8小时/套；制作科技光盘3099种，比上年增加157种，光盘总数154万张，增加17万张，平均497张/种；制作科普动漫作品3920套，增加469套，总播放时间3896小时，增加35小时，平均1小时/套。

主办科技网站2377个，比上年增加195个，浏览人数119621万人次，增加6095万人次，平均50万人次/个。

**八、科技开放与交流**

各级科协及两级学会加入国际民间科技组织694个，比上年增加85个。其中，两级学会加入的组织681个，占98%；在国际民间科技组织中任职专家995人，比上年增加214人。其中，两级学会任职专家981人，占99%。

参加国际科学计划219项，比上年增加4项。其中，两级学会参加的国际科学计划193项，占88%。

促成科技合作项目798项，比上年增加345项。其中，两级学会促进科技合作项目543项，占68%。

引进优质科技资源328项，占合作项目的41%。

参加国外、港澳台地区科技活动2.67万人次；接待国外、港澳台地区专家学者3.29万人次。

**九、科技服务**

各级科协及两级学会全年提供决策咨询报告 12735 篇，比上年增加 138 篇。其中，获上级领导批示 4030 篇，占报告总数 32%；举办决策咨询活动 5779 次，参加活动专家约 5 万人次，平均每次参加活动专家约 9 人次；开展科技评价 5336 项；科技人才评价 26764 人。其中，专业技术职称评定 17001 人，占人才评价总数 64%。

2013 年，中央财政和地方财政投入科普惠农兴村奖补资金 5.13 亿元，比上年增加近 3000 万元。其中，中央财政投入 3 亿元，与上年持平；地方财政投入 2.13 亿元，比上年增加近 3000 万元；各级科协表彰奖励作出突出贡献的农村基层科普组织和个人共 10230 个（人）。其中，中国科协表彰奖励 1797 个（人），地方科协表彰奖励 8433 个（人）。

一年来，有 28030 个企业开展讲理想比贡献活动，组织 176 万科技人员参与；地方科协指导建设专家工作站 3323 个，组织进站专家 26611 人次，平均每个工作站有进站专家 8 人次；组建专家服务团队 2859 个，参加服务团队专家 46373 人次，平均每个服务团队参加专家 16 人次。

**十、为科技工作者服务**

各级科协和两级学会引进海外高层次人才 896 人，比上年增加 457 人；反映科技工作者建议 32536 条。其中，获得上级领导批示的 7385 条，占 23%；答复人大政协代表（委员）提案 2626 件；走访看望（慰问）科技工作者 65323 人次。

中国科协机关及直属单位、全国学会、省级科协、副省级城市科协、省会城市科协开展科学道德与学风建设宣讲活动 334 场次，比上年增加 127 场次。其中，省级科协开展宣讲活动 194 场次，占 58%，副省级城市科协、省会城市科协开展宣讲活动 6 场次，占 2%，全国学会开展宣讲活动 133 场次，占 40%；参加宣讲活动专家 881 人次。其中，省级科协请专家 598 人次，占 68%，副省级城市科协、省会城市科协请专家 25 人次，占 3%，全国学会请专家 255 人次，占 29%；宣讲活动受众 24 万人次。

中国科协机关及直属单位、省级科协编写科学道德教育读本 8 种。其中，中国科协机关及直属单位编写读本 3 种，占总数的 37.5%，省级科协编写读本 5 种，占总数的 62.5%。

中国科协机关及直属单位、全国学会、省级科协、副省级城市科协、省会城市科协举办技术创新方法培训班 273 场次。其中，中国科协机关及直属单位举办培训班 16 场次，占总数的 6%，省级科协举办 75 场次，占 28%，副省级城市科协、省会城市科协举办 72 场次，占 26%，全国学会举办 110 场次，占 40%。

中国科协机关及直属单位、省级科协、副省级城市科协、省会城市科协、地级科协、两级学会举办继续教育培训班 7919 场次，比上年增加 808 场次，培训结业人数 121 万人次，增加 25 万人次；宣传科技工作者 42824 人次，比上年增加 5565 人次。

各级科协及两级学会表彰奖励科技工作者 12.6 万人次，其中，表彰奖励女性科技工作者 3.7 万人次，占 29%；表彰奖励 40 岁以下科技工作者 4.8 万人次，占 38%。

注：

1. 各项统计数据均未包括香港特别行政区、澳门特别行政区和台湾省。

2. 本公报中各种范围所表述的含义：

各级科协：指中国科协机关及直属单位、省级科协、副省级省会城市科协、地级科协、县级科协。

地方科协：指省级科协、副省级省会城市科协、地级科协、县级科协。

两级学会：指全国学会、省级学会。

全国学会：指中国科协所属全国学会、中国科协委托管理学会。

中国科协基层组织：指科学技术工作者集中的企业事业单位和有条件的乡镇街道社区等建立的科学技术协会（科学技术普及协会）。

3. 学会、协会、研究会简称学会。

4. 统计数据因四舍五入，存在着分项与合计不等的情况。

| 1 | 2 |
|---|---|
| 3 | 4 |
|  | 5 |

1. 中国矿物岩石地球化学学会第八次全国会员代表大会

2. 中国古生物学会第十一次全国会员代表大会

3. 中国植物学会第十五届会员代表大会暨80周年学术年会

4. 中国生物物理学会第十次全国会员代表大会

5. 中国遗传学会第九次全国会员代表大会暨学术讨论会

| 1 | 2 |
|---|---|
| 3 | 4 |
| 5 | |

1. 中国心理学会第十一次会员代表大会

2. 中国生态学学会第九届全国会员代表大会

3. 中国测绘地理信息学会第十次全国会员代表大会

4. 中国核学会第八次全国会员代表大会

5. 中国煤炭学会第七次全国会员代表大会

| 1 | 2 |
|---|---|
| 3 | 4 |
|  | 5 |

1. 中国粮油学会第七次全国会员代表大会暨第七届学术年会

2. 中国风景园林学会第五次全国会员代表大会

3. 中国电源学会第七次全国会员代表大会

4. 中国园艺学会第十二次会员代表大会

5. 中国植物保护学会第十一次全国会员代表大会

| 1 | 2 |
|---|---|
| 3 | 4 |
| 5 | |

1. 中国营养学会第八届全国会员代表大会

2. 中国毒理学会第六次全国会员代表大会

3. 中国自然科学博物馆协会第六次全国会员代表大会

4. 中国科教电影电视协会第五次全国会员代表大会

5. 中国产学研合作促进会第二届会员代表大会

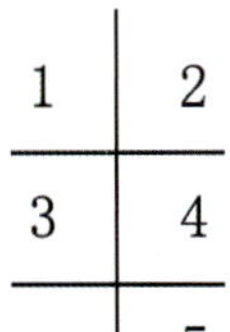


1. 中国遗传学会颁发首届谈家桢遗传教育奖

2. 中国自然资源学会成立30周年纪念大会暨学术研讨会

3. 中国建筑学会2013年会暨学会成立60周年纪念大会

4. 纪念DNA双螺旋结构发表60周年学术报告会暨庆祝中国生物工程学会成立二十周年

5. 中国防痨协会成立80周年纪念暨2013年全国学术大会

第十三届国际断裂大会

2013中国光学学会学术大会

2013上海遥感与社会发展国际学术研讨会

首届亚太区近地表地球物理学术研讨会

第二届地理学与中国全球战略高层论坛暨海峡两岸地理学术研讨会

中国野生动物保护协会与中国三星签署合作谅解备忘录

2013年中国机械工程学会年会

第二届中国国际通信大会

2013年中日韩航海学会学术年会在韩国釜山召开

第六届中国公路科技创新高层论坛

2013年首届中国航空科学技术大会

第七届国际稀土开发与应用研讨会

2013北京国际风能大会暨展览会

第8届国际水泥与混凝土会议

国际工程科技发展战略高端论坛

2013中国国际轨道交通技术展览会

第三次东亚文化遗产保护国际学术研讨会

第十二届毕昇印刷技术奖颁奖典礼

| 1 | 2 |
|---|---|
| 3 | 4 |
| | 5 |

1. 中国西部生态林业和民生林业发展与科技创新学术研讨会

2. 土壤科学与生态文明建设学术研讨会

3. 第十届国际植物病理学大会

4. 中国中西医结合学会血管脉络病专业委员会成立大会暨首届中西医血管病学大会

5. 第六届世界华人生物工程（WACBE 2013）大会

| 1 | 2 |
|---|---|
| 3 | 4 |
| 5 | |

1. 2013国际病理生理学教学研讨会
2. 第12届亚洲太平洋地区药理学家会议暨中国药理学会第十二次全国学术大会
3. 第22届亚太抗癌大会
4. 第七次国际物理医学与康复医学大会
5. 中国女医师协会五洲女子科技奖第三届颁奖大会

| 1 | 2 |
|---|---|
| 3 | 4 |
|  | 5 |

1. 中国图书馆学会第一届全国图书馆未成年人服务论坛
2. 科技教育与科学传播研讨会
3. 2013中国节能减排和新能源科技成果产业化与投融资高层论坛
4. 2013中国农业产业化年会暨中国农业企业家论坛
5. 2013年海峡两岸档案暨缩微学术交流会

| 1 | 2 |
|---|---|
| 3 | 4 |
| 5 | |

1. 2013海峡两岸土地学术交流会
2. 第一届中国创客圆桌论坛
3. 全国“创新驱动发展与经济转型”研讨会
4. 中国知识产权研究会会员大会
5. 2013中国指挥控制大会

# 全国学会、协会、研究会（含受委托管理的学会）简况

## 中国数学会

**学会建设** 2013年，学会举办16次学术会议，其中国际会议9次，国内参会人数2024人次，提交论文2005篇。

2013年，学会召开了十一届三次理事会议，十一届五次、六常务理事会议，学会学术交流工作委员会会议及正副理事长秘书长联席扩大会议，分别讨论了推荐国家自然科学奖人选、推荐中国科学院院士候选人事宜，讨论了学会2013年学术年会报告及筹备年会召开的具体事宜，评选和颁发华罗庚数学奖、陈省身数学奖、钟家庆数学奖，加强与国际数学界交往与联系，向国际组织推荐副主席、执委人选等事宜。

**学术期刊** 2013年，《数学进展》获得中国科协精品期刊C类资助，《数学学报》获得了中国科协学会能力提升计划“国际科技优秀期刊奖”的资助。

**科普活动** 2013年，学会面向社会组织了11场数学科普报告，受众人达2000余人次。学会普及工作委员分别举办了第12届中国女子数学奥林匹克竞赛和第28届全国中学生冬令营。1月10～14日，中国数学奥林匹克暨第28届全国中学生冬令营在辽宁省沈阳市举行。来自国内外的34个代表队318名选手参赛。64名选手选入中国数学奥林匹克国家集训队。学会奥林匹克委员会于7月16日从集训队中选拔的6名选手前往哥伦比亚圣马尔塔参加第54届国际数学奥林匹克，中国代表队以5金1银的成绩获得本届国际数学奥林匹克竞赛团体第一。

**表彰举荐优秀科技工作者** 学会推荐的北京大学数学科学学院教授许晨阳获第13届中国青年科技奖。

7月，向科技部推荐中青年科技创新领军人才候选人北京大学数学科学学院教授史宇光、中国科学院数学与系统科学研究院研究员张平、吕金虎分别当选。

**【中国数学会2013年学术年会】** 10月12～14日，由学会主办，山西大学、山西省科协承办的中国数学会2013学术年会在山西省太原市召开。来自全国高校、科研院所等共计400多名专家、学者出席会议。

学会秘书长张立群主持了开幕式。山西省副省长张复明，学会理事长王诗宬，山西省科协党组书记杨伟光，国际数学联盟秘书长Martin Groetschel教授，山西大学党委书记师帅，山西省教育厅厅长张文栋，中国科学院院士石钟慈、林群、刘应明、马志明、严加安、田刚、李安民、席南华、袁亚湘、鄂维南，新加坡数学会前理事长朱程波教授，学会常务理事和理事等出席会议。

大会颁发了学会第十一届华罗庚数学奖、第十四届陈省身数学奖。受钟家庆基金会的委托，颁发了第十一届钟家庆数学奖。华罗庚数学奖获得者是北京大学数学科学学院教授钱敏，陈省身数学奖获得者是中国科学院数学与系统科学研究院研究员孙笑涛，中国科学技术大学教授叶向东。钟家庆数学奖优秀博士论文奖获得者是北京大学光华管理学院博士常晋源，电子科技大学数学科学学院博士吕琦，中国科学院武汉物理与数学研究所博士王克磊，中国科学院数学与系统科学研究院博士赵旭鹰。华罗庚数学奖获得者钱敏作大会特邀报告。

年会特别邀请了4位知名华人数学家作前沿报告。中国科学院院士田刚作题为《K-定性与爱因斯坦度量》的报告，中国科学院数学与系统科学研究院田野教授作题为Congruent number problem and the BSD conjecture（《同余数问题和BSD猜想》）的报告，中国科学院院士鄂维南作题为《数据科学的数学基础》的报告，美国西北大学、中国科学技术大学徐佩教授作题为Stochastic analysis and its applications to geometric problems（《随机分析及其对几何问题的应用》）的报告，报告内容涵盖了各自领域的最新研究成果。

在分组报告中，90余人在代数与数论、几何与拓扑、分析数学、计算数学、概论和统计、运筹与控制、组合与计算机数学等七大领域作报告。会议期间，中国科学院院士石钟慈、马志明、严加安、席南华、袁亚湘，中国科学院数学与系统科学研究院研究员陈敏、崔贵珍，武汉大学教授陈化，山东大学教授陈增敬，中国科学技术大学教授李嘉禹，新加坡数学会教授朱程波到山西省的高等院校作通俗报告和演讲。

**【第二届环太平洋数学协会大会】** 6月24～28日，为期5天的第二届环太平洋数学协会大会（The Second Pacific Rim Mathematical Association Congress，PRIMA 2013）在上海市举办。环太平洋数学协会大会是由环太平洋数学协会（Pacific Rim Mathematical Association，PRIMA）组织的每4年一次的国际性综合型数学家大会。其宗旨是促进环太平洋地区的数学发展。来自25个国家的近千名全球著名数学家参加了这次数学盛会。这是环太平洋数学协会大会继2009年首次在澳大利亚举办之后，首次在中国举办。近250位知名学者应邀作大会报告，报告内容涵盖了数学的大多数领域，学术交流内容广泛，包含了近期数学科学领域中的前沿成果与重大发展。

6月24日，大会开幕式在上海交通大学举行。上海交通大学校长张杰，环太平洋数学协会主席、本次大会主席、加拿大Pacific Institute of Mathematical Sciences主任Alejandro Adem教授，学会代表程晋教授，中国工业与应用数学学会代表、中国科学院院士彭实戈出席大会开幕式并致辞。开幕式由本次大会的组织委员会主席、上海交通大学数学系主任金石教授主持。

开幕式后，菲尔兹奖获得者、法国庞加莱数学研究所所长 Cedric Villani 教授作了题为《汽油、价格和男人的三角关系》的报告，他借助著名的玻尔兹曼方程用粒子平均运动的模型来分析汽油价格和社会上人与人之间的关系。用这个方程所揭示的物理规律，也可以解释鸟儿为何成群飞，鱼儿为何打转游等现象。大会 1 小时报告由中国科学院院士马志明完成，他介绍了中国科学院数学与系统科学研究院应用数学研究所科研团队近几年来在 Web Markov Skeleton Processes 的应用研究方面取得的新突破。

6 月 26 日，美国数学会前会长，AT&T 前首席科学家，加州大学圣地亚哥分校计算机科学与工程系教授 Ronald Graham 作了题为《计算机和数学科学：问题和展望》的报告，诠释了数学作为基础学科，大到国家战略需求，小到百姓居家，正深刻地改变着社会和生活。

6 月 25 ~ 28 日，会议相继邀请了来自美国、法国、加拿大、澳大利亚、日本、韩国的 11 位国际知名数学家作大会 1 小时报告，包括菲尔兹奖获得者 Vaughan Jones，美国艺术与科学院院士 Andrea Bertozzi，英国皇家科学院院士 Martin Barlow，1996 年日本数学会春季赏获得者、2010 年世界数学家大会 45 分钟报告者 Shuji Saito，韩国前沿数学科学研究所所长 Jun-Muk Hwang，中国科学院院士马志明、鄂维南、张伟平等。

6 月 24 ~ 28 日，各分会会议报告围绕数学在经济和金融领域的应用、信息科学与数学、生物数学现状及前景等主要议题分为 23 个学科组，按照不同的研究方向进行分组讨论，围绕最新研究成果并就相关的热点难点问题进行了研讨。大会邀请了美国科学院院士 Yakov Eliashberg 教授，欧洲科学院院士 Andreas Dress 教授，美国艺术和科学院院士 Andrea Bertozzi 教授等多位国际著名专家主持各专题的分会。

作为第二届环太平洋数学协会大会的系列学术活动，上海交通大学数学学科发展研讨会同期举行，30 多位中国科学院院士和高校负责人出席会议。

会议出版了《第二次环太平洋数学协会大会摘要集》，部分论文推荐在国际 SCI 杂志 *Communications on Pure and Applied Analysis* 发表。

（撰稿人：李　冬）

## 中国物理学会

**服务创新型国家和社会建设**　2013 年，学会及其分支机构组织开展了多项继续教育、技术培训等活动。学会等离子体物理分会自 2008 年起开办的暑期学校旨在培养核聚变和等离子体物理领域的高层次人才，2013 年以“托卡马克微观不稳定性和输运过程”为主题的暑期学校共有 120 名学员参加。学会同步辐射专业委员会全年共举办 3 期上海光源同步辐射实验技术讲习班，主题分别为“X 射线成像实验技术”、“XAFS 技术讲习班”和“X 射线微纳实验技术”，每期的学员规模 100 ~ 200 人。学会 X 射线衍射专业委员会参与组织了第四届 X 射线晶体学上海讲习班等。

2013 年，学会咨询工作委员会先后召开 2 次会议，讨论高中物理新课程标准的调研工作。5 月，工作委员会制订的“《普通高中物理课程标准》意见调查”和“关于我国物理学科现状的调查问卷”分别在中国物理学会和厦门大学官网上公布，接受公众投票。

**学会能力提升计划**　2013 年，学会获得中国科协学会能力提升专项三等奖。在项目奖补资金支持下，学会承办了具有国际影响力的国际组织系列学术会议：第 28 届国际光子、电子及原子碰撞学术会议。为普及科学知识，支援西部地区的文化建设，学会举办了首届中国物理学会女物理学家巡回报告会——2013 年贵州省高校巡回报告会。为服务科技工作者，举荐优秀科技人才，学会开展了“2012—2013 年度中国物理学会物理奖”评选活动等。

**学会建设**　2013 年，学会根据章程召开了 3 次常务理事会议和 1 次理事扩大会议。学会发展个人会员 832 人、团体会员 1 个。新成立了中子散射专业委员会、凝聚态计算专业委员会。学会所属的波谱专业委员会、同步辐射专业委员会、非晶态物理专业委员会、等离子体物理分会、核物理分会、X 射线衍射专业委员会、光物理专业委员会、固体缺陷专业委员会分别进行了换届改选。

2013 年，学会召开 3 次会员管理工作会议，就如何提高会员服务水平，会员网上注册入会、会议软件开发、会员参会折扣、订刊优惠等进行探讨。

9 月 12 日，学会第十届理事会第二次理事扩大会议在福建省厦门市召开。学会理事，各省、自治区、直辖市物理学会代表，各分会、专业委员会代表等 112 人出席会议。会议由厦门大学承办。厦门大学副校长金能明在开幕式上致辞。学会理事长詹文龙代表第十届理事会作工作报告。“秋季会议”召集人、南京大学教授王牧，学会物理教学委员会主任、北京大学教授叶沿林，学会咨询工作委员会主任、清华大学教授龙桂鲁，北京市物理学会理事长、北京大学教授陈晓林，学会原子与分子物理专业委员会副主任、国防科技大学教授袁建民，学会副理事长、中国科学院高能物理所研究员张闯，学会出版工作委员会主任、中国科学院物理所研究员吕力先后作了专题报告。

**科技期刊国际影响力提升计划** 2013年，学会主办英文期刊《中国物理B》（*Chinese Physics B*）荣获中国科协优秀国际科技期刊一等奖，《中国物理快报》、《理论物理通讯》分别获得二等奖。

2013年，《中国物理B》进一步提高稿件录用标准，加大送审海外审稿人的稿件比例。稿件录用率比2012年降低约7%，审稿周期缩短一周。全年12期共发表论文1245篇，比2012年增加92篇。发表论文篇数排名前18名的作者单位几乎包括了全部国内物理领域科研实力雄厚的高校和科研院所。国外来稿量明显增加，由国外作者单独或国内外作者合作发表的论文共192篇，比2012年增加60篇。2012年SCI影响因子1.148（降低），总被引频次4471次（提高），在中国综合性物理类期刊中排名第三位，在国际83种同类期刊中分别排名第44位和第28位。2013年，《中国物理B》编委会新增9名海外编委。2013年成功组约并发表磁学、拓扑绝缘体、高温铁基超导、低维纳米结构与器件、量子信息等5个综述专题，发表文章66篇，评选出“中国物理学会最有影响力论文”一等奖5篇。

《中国物理快报》2012年SCI的影响因子为0.811，较2011年0.731有所提高。2013年，评出“中国物理学会最有影响力论文”特等奖2篇、一等奖2篇；发表*EXPRESS LETTERS*(《快速通道》)论文共4篇。

《理论物理通讯》2013年坚持严格的审稿程序和录用标准，显著提高了拒稿率。在完成纸质印刷出版的同时，还制作PDF文件并全文上网，使网刊先于纸刊与读者见面。电子文件还在英国物理学会网站全文上网，供全球用户下载或阅读。2013年公布的SCI影响因子为0.954，较2012年有大幅度提升。

**学术期刊** 2013年，学会共主办了11种科技期刊。《中国物理快报》、《中国物理B》、《物理学报》分别组织开展了“年度最有影响力论文”评选活动，获奖名单在2013年度中国物理学会“秋季会议”开幕式上公布。《物理学报》获得中国科协精品期刊资助项目。《化学物理学报》*Chinese Journal of Chemical Physics*结束与英国物理学会出版社（IOPP）为期5年的合作协议，自2013年起开始与美国物理联合会（AIP）合作，开拓其海外市场。2013年，《物理学报》创刊80周年，《中国物理B》创刊20周年。9月，两刊编辑部在福建省厦门市联合举行了纪念活动。

**国际学术会议** 7月，由学会原子与分子物理专业委员会与中国科学院近代物理所等单位联合承办的国际纯粹与应用物理联合会（IUPAP）系列学术会议——第28届国际光子、电子及原子碰撞学术会议在甘肃省兰州市召开。来自40余个国家和地区的500余位专家、学者参加会议。

**两岸交流** 11月，学会在北京组织召开第三届华文物理学名词标准化研讨会，来自中国大陆、台湾地区等约20位专家、学者参加会议。会议就海峡两岸物理学名词的释义等议题进行了深入广泛的交流探讨。前两届会议分别于2011年、2012年在新加坡和台湾地区台北市举行。会议初步议定于2014年6月在新加坡举行第四届研讨会。

**国际组织任职** 10月，第27届IUPAP执行委员会副主席、学会理事长詹文龙院士赴瑞士日内瓦参加第27届IUPAP执行委员会及专业委员会主任联席会议。

7月，以学会副理事长张闯为团长的学会6人代表团赴日本千叶参加第八届亚太物理学会协会（AAPPS）全体大会，清华大学龙桂鲁教授当选第八届AAPPS副主席，中国科学院物理所研究员金奎娟和北京大学教授朱星当选AAPPS理事会的理事。

**国际交往** 3月，经美国物理学会（APS）提议，中美物理学会早餐会（APS-CPS Breakfast Meeting）在美国巴尔的摩举行。美国物理学会秘书长Kate Kirby、主编Gene Sprouse、国际部主任Amy Flatten，学会常务理事吕力、王牧、薛其坤、金晓峰等出席会议。双方就两学会今后如何开展深入有效的合作交换了意见。该会议在美国物理学会2013年春季会议（2013 APS March Meeting）期间举行。应APS请求，2013年学会向APS所属期刊*Physical Review*系列推荐审稿候选人约30人。

9月，由学会和韩国物理学会联合举办的第四届中韩物理学会联合研讨会（The 4th CPS-KPS Joint Symposium）在福建省厦门市召开。研讨会与学会2013年秋季学术会议同期举行。研讨会的主题为“等离子体物理”。来自韩国的4位专家和中国大陆的4位专家分别在研讨会上作了研究进展的学术报告。参加研讨会的专家、学者及学生约60人。

10月，新当选的AAPPS主席Swan Kim和*AAPPS Bulletin*主编Won Namkung访问学会，AAPPS发起人杨振宁，AAPPS前任主席陈佳洱，学会副理事长张闯，常务理事龙桂鲁、欧阳钟灿、朱星，以及学会副秘书长谷冬梅等与AAPPS主席一行进行了交流。

**科普活动** 10月，由学会女物理工作者委员会发起、贵州大学理学院承办的首届中国物理学会女物理学家巡回报告会——2013年贵州省高校巡回报告会在贵州省高校召开。7位报告人分别举行了5场报告会、共作15个报告。

7月，学会组织选拔5名选手参加在丹麦举行的第44届国际物理奥林匹克竞赛，5名选手全部获得金牌，并获得团体成绩第一的好成绩。5月，学会选拔8名选手参加在印度尼西亚举行的第14届亚洲物理奥林匹克竞赛，8名选手全部获得金牌。

2013年，学会组织开展了第30届全国中学生物理竞赛。参加竞赛的学生共有474345人，其中，29082人参加复赛理论考试，2315人参加复赛实验考试。31个省、自治区、直辖市共选送320名学生（其中女生20名）参加10月在辽宁省大连市举行的决赛。决赛评出一等奖53名、二等奖107名、三等奖161名。其中，林心悦一人获得了总成绩最佳、实验成绩最佳和女生成绩最佳3个单项奖。

**表彰举荐优秀科技工作者** 组织评选并颁发了2012～2013年度学会的8项物理奖，获奖者共16人。颁奖大会于9月在福建省厦门市举行的学会2013年秋季学术会议期间举行。

7月，向国家科技部推荐中青年科技创新领军人才候选人1名——中国科学院物理所研究员郭建东。

学会推荐的“量子通信与量子算法的物理基础研究”项目第一完成人——清华大学龙桂鲁教授获得2013年度国家自然科学二等奖。

学会推荐的中国科学院物理所研究员何珂荣获第13届中国青年科技奖。学会推荐的中国科学院物理所研究员杜世萱获得第10届中国青年女科学家奖。

9月，学会与雨人文化研究所在江苏省无锡市联合举办了胡刚复先生学术教育思想研讨会。历届学会胡刚复物理奖得主、女物理工作者委员会的部分委员等约50人参加了研讨会。

**【中国物理学会2013年秋季学术会议】** 9月12～15日，学会2013年秋季学术会议在福建省厦门市召开。来自全国150余所高校、40余个科研单位的2297名专家、学者（网上注册人数为2814人）参加了会议，参会人员规模超过了以往各届。会议由厦门大学物理与机电工程学院承办。

厦门大学校长朱崇实在开幕式上致辞，随后举行2012～2013年度中国物理学会物理奖颁奖会，本届获奖者共16人。清华大学理学院院长、中国科学院院士薛其坤，中国科学院院士高鸿钧、北京大学教授谢心澄分别作了题为《磁学拓扑绝缘体与量子反常霍尔效应》、《纳米量子结构的构筑及其物性调控》和《自旋超导体》的大会邀请报告。会议共设立16个分会场进行分组交流，安排了550个分会邀请报告和848个张贴报告，数量均远超以往各届。大会还评选并颁发了张贴报告奖。

9月14日晚，诺贝尔物理奖获得者、国际著名物理学家丁肇中应邀作了题为《国际空间站上阿尔法磁谱仪最新实验结果》的公众演讲，2000余名听众聆听了报告。

会议同期举办了女物理工作者圆桌讨论会、秋季会议组委会会议、中韩物理学会联合研讨会、全国部分大学物理系主任/学院院长联谊会、萨本栋先生诞辰111周年纪念专题学术报告会等10余项专题活动。

**【第28届国际光子、电子和原子碰撞会议（ICPEAC）】** 7月24～30日，第28届国际光子、电子和原子碰撞会议（ICPEAC）在甘肃省兰州市召开。来自37个国家和地区的近500名专家、学者参加了会议。参会的中国专家、学者153人。该会议是国际原子分子物理领域最重要、最具影响力的学术会议之一，是国际纯粹与应用物理联合会（IUPAP）在原子分子物理领域两个系列学术会议之一，每两年举办一次，已举办过27届，主题涵盖光子、电子、离子、原子、分子、团簇、表面和等离子体碰撞等研究领域。本届会议是首次在中国召开，地方组委会主席由中国科学院近代物理研究所所长肖国青担任。同期召开的还有近10个卫星会议：7月19～22日在北京召开的第23届国际离子－原子碰撞研讨会（ISIAC 2013），8月1～3日在安徽省黄山市召开的第17届国际电子－原子碰撞极化和关联性研讨会，7月18～23日在重庆市召开的第六届国际原子团簇碰撞研讨会（ISACC 2013），7月20～22日在陕西省西安市召开的强场、短波长原子分子过程研讨会等。

**【第44届国际物理奥林匹克竞赛】** 7月7～15日，第44届国际物理奥林匹克竞赛在丹麦哥本哈根举行。来自83个国家和地区的381名选手参加竞赛。学会组织选拔5名选手代表中国参加了竞赛。

获得本届竞赛总分第一名的是来自匈牙利的Szabo Attila。中国代表队的5名选手全部获得金牌，并获得团体成绩第一名。其中，武汉二中张成锴、长沙长郡中学张正兴分别获得总成绩第二名、第三名。

本届竞赛共颁发了41枚金牌。中国获得5枚。本次竞赛由丹麦技术大学（Technical University of Denmark）承办。

**【第八届亚太物理学会协会全体大会】** 7月14～19日，第八届亚太物理学会协会全体大会（The 8th AAPPS Ordinary General Meeting）、第12届亚太物理学术会议（The 12th Asia-Pacific Physics Conference）和第三届亚欧物理峰会（The 3rd Asia-Europe Physics Summit）在日本千叶举行。以学会副理事长张闯为团长的中国物理学会6人代表团出席了相关会议。代表团其他成员是：清华大学教授龙桂鲁，北京大学教授朱星，中国科学院物理所研究员金奎娟、吴令安，学会副秘书长谷冬梅。龙桂鲁和吴令安为第七届AAPPS理事会理事，朱星和金奎娟为学会推荐的第八届理事会新任理事候选人。

在7月14日举行的第八届AAPPS全体大会上，选举产生了15位第八届理事会理事，学会推荐的3位候选人龙桂鲁、朱星和金奎娟全部当选。在第八届AAPPS理事会第一次会议上，投票选出新一届理事会正副主席，原AAPPS副主席、韩国学者Swan Kim当选为主席，中国学者龙桂鲁当选副主席。

来自亚洲、欧洲、非洲等国家（地区）的1000余位学者、学生参加了7月15～19日召开的第12届亚太物理学术会议。中国大陆共有48位专家学者参加会议。会议安排18个大会邀请报告、141个分会邀请报告和240个口头报告，组织了公众科普报告和张贴报告。会议颁发了“杨振宁奖”，学会推荐的中国科学院高能物理所研究员曹俊与2名日本学者、1名韩国学者获奖。

同期举行的第三届亚欧物理峰会由亚太物理学会协会（AAPPS）和欧洲物理学会（EPS）联合发起。峰会以大会邀请报告和圆桌讨论会两种形式进行交流。交流主题包括：大科学装置战略合作计划、2015-国际光学年、教育与科学普及。中国科学院高能物理所研究员王贻芳、中国科学院院士陈和生等参与了讨论。

**【首届中国物理学会女物理学家巡回报告会】** 10月11～17日，首届中国物理学会女物理学家巡回报告会在贵州省高校举行。参加报告会的专家有：北京工业大学教授隋曼龄，北京大学教授徐莉梅，吉林大学教授刘冰冰，贵州大学教授胡林，中国科学院物理所研究员吴令安、厚美瑛，北京工业大学教授郭霞。

报告会的宗旨是介绍物理学科的最新前沿，推动贵州省物理学科的发展。活动期间，专家们先后在贵州大学、贵州师范学院、遵义学院、黔南民族师范学院和凯里学院举行了5场报告会。

报告题目分别为：隋曼龄作了题为《原位透射电子显微镜下材料的新奇行为》的报告，郭霞作了题为《半导体中光子的奇妙行为》的报告，徐莉梅作了题为《水的奇异反常特性》的报告，吴令安作了题为《奇妙的单光子、纠缠光子与鬼成像》的报告，胡林作了题为《颗粒物质的奇特现象》的学术报告。刘冰冰作了题为《奇妙的高压》的报告，厚美瑛作了题为《物理学家的沙箱》的报告。

**【2012～2013年度中国物理学会物理奖颁奖大会】** 2013年，学会分别组织开展了2012～2013年度中国物理学会八项物理奖的评选工作。本届共收到推荐项目30项，被推荐人31位。经过八个评选委员会的严格评选和中国物理学会物理奖基金委员会的认真审核，最后评出获奖项目15项，获奖者16人。他们是中国科学院物理所研究员吕力获胡刚复物理奖，山西大学教授张靖、中国科学院物理所研究员徐红星获饶毓泰物理奖，清华大学教授段文晖、南京大学教授陈延峰获叶企孙物理奖，中国科学院近代物理所研究员徐瑚珊、南京大学教授任中洲获吴有训物理奖，中国科学院高能物理所研究员杨长根、中国科学院理论物理所研究员杨金民获王淦昌物理奖，中国科学院物理所研究员吴令安、南京大学教授彭茹雯获谢希德物理奖，中国科学院半导体所研究员常凯和香港中文大学教授刘仁保获黄昆物理奖，清华大学教授徐湛、张礼和中国科学院物理所研究员方忠获周培源物理奖。

颁奖大会在福建省厦门市召开的中国物理学会秋季学术会议开幕式上举行。学会理事长詹文龙、前理事长杨国桢、副理事长朱邦芬、常务理事薛其坤等为获奖者颁奖。获奖者在“秋季会议”的各分会场作获奖学术报告。

（撰稿人：谷冬梅）

## 中国力学学会

**服务创新型国家和社会建设** 学会开展重大工程中的关键力学问题调研，旨在使力学工作者提前介入若干关键行业未来发展，为国家制定重大研究计划提供依据，推动力学与产业的结合。学会开设讲习班、培训班6个，讲授内容包括有限元算法及应用、低温等离子体诊断、非线性有限元、汽车流体力学（CFD）分析技术、航空航天结构设计与优化技术，全年培训400余人次。

**学会能力提升计划** 2013年是学会能力提升专项实施的第一年，利用项目资助，着力提升学会国际影响力，取得成效。北京国际力学中心（BICTAM）面向亚太地区组织开展了短期课程、第一届亚太青年联谊会等学术活动，参与了第26届国际海啸研讨会、第14届亚洲流体力学大会的协办工作，并资助了8位亚太地区青年学者参加学术活动。

**学会建设** 2013年，学会个人会员总数达到24047名，团体会员45个。学会编辑出版的《中国力学学会年报2012》，总结2012年学会在学术交流、科普教育、会员服务、编辑出版等方面取得的进展。

理事会审议通过了中国力学学会科技奖励体系，确定中国力学学会的科技奖励体系由亚太力学奖、中国力学奖、学科专项奖三部分构成，制定了《“中国力学奖”章程（试行）》。针对“中国力学奖”中的子奖项——“钱学森力学奖”，取得了钱学森办公室的冠名授权。

学会规范财务管理，聘任会计师事务所注册会计师作为学会财务监事，独立于学会理事会，对学会的财务运作进行监督，重点核查学会能力提升专项等重点项目的资金使用情况。

学会开通了官方微博，对电子版会员专刊进行了改版。

**科技期刊国际影响力提升计划** 2013年，学会3个英文期刊获得科技期刊国际影响力提升计划资助，*Applied Mathematics and Mechanics-English Edition*（《应用数学和力学（英文版）》）获得B类项目资助，*Acta Mechanica Solida Sinica*（《固体力学学报（英文版）》）、*Theoretical & Applied Mechanics Letters*（《力学快报》）获得C类项目资助。

*Acta Mechanica Sinica*（《力学学报（英文版）》）完成项目实施第一年度工作任务。期刊数字化建设取得进展，启用了国际主流编辑出版系统、数字化办公系统，*Acta Mechanica Sinica*、*Theoretical & Applied Mechanics Letters* 启用了国际主流的Scholar One投稿审稿平台。改进和优化期刊门户网站，改版后的刊物网站2013年2月起正式运行。全球化宣传推广工作初见成效，创建国际读者数据库，定期推送期刊信息，编辑部积极参加国际会议，了解前沿动态，加强约稿和宣传力度。增加国际编委比例，确定国际编委的增选原则，使国际编委比例超过50%。组织刊发高质量主题文章，针对学科热点组织了新能源和微纳力学两个领域的多篇主题论文。

**学术期刊** 学会主办期刊增加一种 *Applied Mathematics and Mechanics*，该刊被SCI收录，编辑部设在上海大学。学会主办期刊数量达到18种，包括英文期刊5种和中文期刊13种，其中4种英文期刊被SCI收录，7种期刊被EI收录。

学会制定《中国力学学会所属学术期刊协调发展的建议书》，并以英文期刊为试点，细分各刊特色，达到多种期刊协调发展的目的。《力学进展》由双月刊变更为年鉴，期刊宗旨变更为重点刊登力学领域的高水平综述性文章，特别关注力学学科与应用的双向驱动，面向国家重大需求，从工程系统的角度，归纳和分析其中共性或瓶颈力学问题的研究历史和现状，并对未来有所预见的文章。《力学进展》从2013年第1期正式被EI作为核心期刊收录。

《力学学报》、《力学与实践》、《力学进展》进行了网站优化，学会主办的部分期刊加入了核心学术期刊的移动阅读平台。

根据《2013年版中国科技期刊引证报告（核心版）》数据显示，《力学进展》、《力学学报》综合评价成绩分别在力学类期刊中排名第一名和第二名；在1994种核心科技期刊中，分别排名第44名和第141名，相比2012年位次分别上升了188名和565名。《力学进展》再次入选“领跑者5000——中国精品期刊顶尖学术论文（F5000）”。*Theoretical & Applied Mechanics Letters* 成为北京国际力学中心官方出版物。

**国际学术会议** 2013年，学会组织国际学术会议11次，参会代表1726人次，其中国外专家学者625人次，总计交流论文1700余篇。

5月6日和9月23日，学会分别举办IUTAM（国际力学联盟）专题研讨会，主题分别是“材料与结构冲击实验研究的最新进展”和“气候变化影响下的极端事件动力学”，累计参会专家、学者90人，其中国外参会专家、学者32人。IUTAM专题研讨会是经IUTAM国际组织批准在不同国家举办的小型高端研讨会，IUTAM研讨会在中国举办，体现了IUTAM对中国力学发展的重视，显示了中国力学界参与IUTAM学术活动的积极性。

**国内主要学术会议** 2013年，学会共计组织国内学术会议39次，参会人数1.1万人次，交流论文近7000篇。

8月19～21日，中国力学大会2013在陕西省西安市召开。与会专家、学者近2900人。大会举办6期青年学术沙龙活动（第71～76次），第75次沙龙首次将活动地点选址国外，吸引了亚太地区青年学者参加，为沙龙活动走向国际迈出重要的一步。

学会承办了第15届中国科协年会第7分会场——先进能源开发装置中的关键力学问题研讨会和第263次青年科学家论坛——智能材料与结构的多场耦合力学。

**两岸交流** 7月17～21日，第三届海峡两岸动力学、振动与控制学术会议在内蒙古自治区呼和浩特市召开，75名专家、学者参会。会议收录摘要60篇，内容覆盖动力学、振动与控制领域的多个分支学科。会议为海峡两岸从事动力学研究的专家、学者提供了交流平台。

**国际交往** 第十三届国际断裂大会在北京举办期间，学会完成了国际断裂学会（ICF）高层的接待任务，邀请与会知名学者访问清华大学、中国科学院力学研究所等国内重要力学研究机构。

10月15～19日，学会组团赴越南参加第14届亚洲流体力学大会，30余名中国专家、学者参会，2位中国专家、学者应邀作大会特邀报告。学会以北京国际力学中心的名义资助IUTAM秘书长Frederic Dias教授出席大会并作大会特邀报告，并在会议前夕邀请Dias教授到中国访问，商讨北京国际力学中心的发展。

学会协助在国际组织任职的中国科学家参与国际组织事务，支持国际力学联盟（IUTAM）执委、中国科学院院士杨卫参加IUTAM执行局2013年工作会议，支持国际计算力学协会（IACM）副主席袁明武教授参加IACM亚太分会 2013 年工作会议，支持亚洲流体力学委员会（AFMC）主席李家春院士出席第 14 届亚洲流体力学大会等。经学会推荐，中国学者余寿文教授当选国际断裂学会主席。经学会推荐，中国学者符松教授当选亚洲流体力学委员会副主席。

**科普活动** 2013 年，学会依托挂靠单位中国科学院力学研究所。筹建完成了力学科普展室。展厅占地面积 100 平方米，分为力学星空、力学阅读、知识测验、实验观摩、实践园地五个板块，向公众介绍力学发展简史、力学科普读物、力学原理的应用、力学实验，以及生活中的力学知识。展厅利用视频、照片、多媒体设备等多种手段，集互动性和趣味性于一体，强调理论与实验相结合。力学科普展室已面向社会开放。

学会组织第九届全国周培源大学生力学竞赛、2013 中国力学学会科技活动周、第 17 届海峡两岸力学交流暨中学生力学夏令营、第五届深空轨道设计竞赛、第六届中学生趣味力学邀请赛等科普活动。中学生趣味力学邀请赛邀请中央电视台参与制作播出，吸引了众多中学的关注。

学会参加了 2013 年中国科协主办的第四届科技场馆展品与技术设施国际展览会，展示了学会科普资源成果。

学会参与航天员在“天宫一号”为中学生上太空物理课的制作。学会科普工作委员会委员高云峰参与太空授课的方案论证、实验道具设计和论证、讲稿撰写等过程。

7 月 17 ~ 23 日，第十七届海峡两岸力学交流暨中学生力学夏令营活动在北京举行。台湾地区师生代表团一行 27 人，大陆学生 100 余人参加了此次活动。活动期间，开展了力学理论知识竞赛及动手制作比赛、力学科普交流和参观访问等内容。

**表彰举荐优秀科技工作者** 学会组织开展“第八届周培源力学奖”和“第十三届中国力学学会青年科技奖”的评奖工作，并在中国力学大会 -2013 开幕式上进行了颁奖。由学会教育工作委员会组织评选了“2013 年中国力学学会全国徐芝纶力学优秀教师奖”，77 名优秀教师获奖。

3 月 18 日，学会组织召开庆祝郑哲敏先生荣获国家最高科学技术奖暨力学学科发展研讨会。围绕力学学科应如何更好地服务国家需求、推动原创性研究和高素质人才培养等问题展开讨论。

**工程教育认证** 学会向中国工程教育认证协会递交了成立工程力学专业认证委员会（筹）的申请，学会常务理事会通过了工程力学专业认证委员会筹备方案，并制定了相关文件体系。

**【庆祝郑哲敏先生荣获国家最高科学技术奖暨力学学科发展研讨会】** 3 月 18 日，由学会主办的庆祝郑哲敏先生荣获国家最高科学技术奖暨力学学科发展研讨会在北京召开，近 40 位知名学者出席会议。与会者庆贺郑哲敏获得“2012 年度国家最高科学技术奖”，并围绕我国力学学科应如何更好地服务国家需求、推动原创性研究和高素质人才培养等问题展开讨论。

学会理事长胡海岩介绍了郑哲敏一直倡导和践行的工程科学思想，回顾了郑哲敏对我国力学事业与中国力学学会的创建和发展做出的重要贡献，介绍了郑哲敏对中国力学学会未来发展的期望和要求。

8 位力学家畅谈了力学学科发展趋势和重点方向。国家自然科学基金委员会主任杨卫院士提出了力学学科今后应该特别关注的若干研究领域。中国科学院院士李家春、中国科学院力学研究所研究员樊菁、清华大学教授郑泉水、上海大学教授周哲玮分别从学科发展、力学学科评价、人才培养、产学研结合等方面对力学学科的发展提出了见解。中国工程院院士杜善义、北京大学教授陈十一、西安交通大学教授卢天健分别结合自己在高超声速飞行器热防护结构、湍流研究、超轻多孔材料方面的科研工作体会，对力学学科应如何更好地围绕国家需求积极参与国家重大工程等问题提出了建议。

郑哲敏结合自己的科研工作经历，就力学科技工作者应如何围绕国家重大需求从事科学研究和促进自身成长方面谈了体会，对青年学者投身祖国科技事业给予殷切希望。他指出，科学家要想做好研究工作，必须从全局出发，有层次、有纵深，考虑周全。

围绕力学学科发展和我国力学研究当前面临的问题与机遇，与会学者以自身科研经历作为切入点，从工程科学角度就力学学科应如何把握发展机遇，为国家科技创新贡献力量踊跃发言，提出了若干建议。

**【第 13 届国际断裂大会】** 6 月 16 ~ 21 日，第 13 届国际断裂大会（The 13th International Conference on Fracture，ICF13）在北京召开。此次大会是中国自 1977 年加入国际断裂学会以来，首次承办该组织的最高级别会议，也是该系列会议首次在发展中国家举行。来自 40 余个国家和地区的近千名专家、学者参加了会议。

大会由国际断裂学会（International Congress On Fracture，ICF）主办，中国力学学会、香港断裂组、中国机械工程学会、中国材料研究学会、中国腐蚀与防护学会、中国航空学会、中国结构完整性联盟、中国金属学会联合承办，中国科协、国家自然科学基金委员会以及中国科学院力学研究所、清华大学、四川大学、华东理工大学、华南理工大学、天津大学、浙江大学、湘潭大学、同济大学支持与协办。清华大学教授余寿文担任大会主席，共同主席为国家自然科学基金委员会主任杨卫院士和香港科技大学张统一院士。

国际断裂大会是断裂学科领域最高级别的学术会议，其内容涉及断裂学科的方方面面，如断裂力学、断裂与疲劳机制、断裂实验技术、工程应用等。本届大会共收到投稿1216篇，到会宣讲近800篇。会议为期5天，分为15篇大会特邀报告（包括开幕式荣誉报告、闭幕式荣誉报告、主席荣誉报告和12篇大会报告）、54个主题论坛和15个专题研讨会进行交流，较全面地展示了断裂学科领域的最新研究进展和成果。

大会特别邀请一批具有国际影响力的科学家参会交流。杨卫院士、香港科技大学教授孙庆平、西安交通大学教授孙军应邀作了大会特邀报告。

会议期间，颁发了 Alan H. Cottrell 金奖、Takeo Yokobori 金奖、George Irwin 金奖、Paul C. Paris 金奖、Constance Tipper 银奖，以表彰对断裂学科及其工程应用等方面的发展做出突出贡献的科学家。

会议期间，国际断裂学会分别召开了2次执行局会议和1次全体理事大会，完成了理事会换届选举工作，清华大学余寿文教授当选为新一届国际断裂学会主席。

**【中国力学大会－2013】** 8月19～21日，由学会和西安交通大学共同主办和承办的中国力学大会-2013在陕西省西安市召开。大会由中国科协和国家自然科学基金委员会指导，近50家力学相关单位参与协办，从事力学相关领域科研工作的中国科学院院士、中国工程院院士、专家、学者，以及2900余名来自科研、生产、教学第一线的力学科技工作者出席大会。

会议由开幕式暨大会特邀报告会、分会场邀请报告会和专题研讨会3个板块组成。与会专家、学者围绕力学学科的基础、前沿、热点问题，以及与国民经济建设密切相关的应用问题进行了研讨和交流。

8月19日，学会秘书长冯西桥主持开幕式，学会理事长胡海岩致开幕词。国家自然科学基金委员会数理科学部常务副主任汲培文、西安交通大学校长郑南宁出席开幕式并致辞。开幕式上颁发了第八届周培源力学奖、第十三届中国力学学会青年科技奖、第九届全国周培源大学生力学竞赛奖。

大会设8个大会特邀报告，15个分会场和71个专题研讨会，2000余篇学术报告在会议期间交流。8个大会特邀报告分别由第八届周培源力学奖获奖者、中国科学院院士程耿东，中国科学院院士郑晓静、西安交通大学教授卢天健、中国科学院力学研究所研究员姜宗林、美国佐治亚理工学院教授朱承、香港城市大学教授吕坚、北京理工大学教授胡更开、大连理工大学教授滕斌演讲，主题涉及结构优化、风沙环境、材料设计、高超声速、分子生物力学、海洋工程等方面。

大会交流内容涉及固体力学、流体力学、动力学与控制、生物力学等力学学科与交叉领域，反映了近年来我国力学界在面向国家重大需求和科学前沿的研究及教育等方面取得的主要进展、成果和新的生长点，体现了力学与物理、数学、材料、生命、能源、化学、信息等学科的交叉与融合，展现了力学对航空、航天、机械、石化、环境、土木、水利、海洋工程等领域的推动作用。

（撰稿人：刘　洋）

## 中国光学学会

**学会建设**　2013年，学会副理事长兼秘书长、北京大学物理学院副院长龚旗煌教授当选为中国科学院院士，学会常务理事、中国科学院安徽光机所所长刘文清研究员当选为中国工程院院士。

2013年，学会共发展个人会员207人，团体会员4个。新发展会员中学生会员21人，普通会员24人，高级会员162人。学会会员总数达到2227人，单位会员总数65个。

学会办事机构为贯彻常务理事会积极为会员服务的指示，2013年4～5月对网站进行了改造，在原来会员网上入会的基础上，实现了网上缴纳会员费。

**学术期刊**　学会主办的学术期刊共12种，其中中文期刊9种，英文期刊3种。学会所属专委会主办和协办科技期刊9种，共计21种。

3月10日，学会在上海召开中国光学期刊联盟会议，学会副理事长郭光灿院士和学会副理事长兼秘书长龚旗煌出席会议并讲话。

为加强光学期刊的出版工作，学会增资了以学会主办期刊为主体成立的中国激光出版社有限公司。学会主办的《中国激光》、《光谱学与光谱分析》获得2013年中国科协精品期刊资助。学会主办的3种英文期刊在与国外同行进行学术交流过程中影响力逐渐增强，在2013年中国科协组织的提升科技期刊国际竞争力的评审中，学会主办的英文期刊《光学快报》获得中国科协资助。

**学科发展研究**　3月，经学会理事长会议决定，《中国光学工程学科史》编写负责人调整为学会副理事长刘旭，联系人调整为学会办公室副主任张建萍。年底前已完成全书编写工作。

3月，经学会理事长会议决定，将《中国光学名词审定》工作负责人调整成为学会副理事长郁道银，联系人调整为学会办公室熊玮，经过半年多的努力工作，已基本完成《中国光学名词审定》收稿工作，汇总后交国家科技名词审定委员会进行查重。计划全部工作将于2014年完成。

**国际学术会议** 2013年，学会和所属各专业委员会共组织国际学术会议8次，参加会议人数1645人次，收录论文431篇。激光加工专委会2月21～23日在上海市召开第八届国际应用激光技术中国研讨会，435名专家、学者参会，其中国外专家、学者55人。会议期间，举办了34场学术报告。

**国内主要学术会议** 2013年，学会和所属各专业委员会共组织国内学术会议16次，参加会议专家、学者4067人次，收录论文2418篇。8月15～18日，学会与中国科学院信息技术科学部、中国工程院信息与电子工程学部共同主办的2013年中国光学学会学术大会在湖南省长沙市举行。10余位院士及来自科研院所、大专院校、光学企业的1300多位专家、学者参加了学术大会，会议设立了18个专题、19个分会场，收录论文近千篇。

**国际交往** 3月28日，学会理事长周炳琨和意大利光学学会会长Angela Piegari签署合作协议。

6月12日，学会副理事长兼秘书长龚旗煌与美国光学学会会长Donna Strickland教授和首席执行官Elizabeth Rogan举行会谈，共同在周炳琨理事长已经签署的中国光学学会与美国光学学会2013—2015年合作备忘录上签字，双方开始新一轮的合作。

11月12日，学会副秘书长、办公室主任李淼与美国光学学会会长Donna Strickland教授和首席执行官Elizabeth Rogan在北京会谈，就中国光学学会学术大会合作事宜和会员发展合作事宜进行商讨。

6月25日，学会副理事长刘旭和学会副秘书长、办公室主任李淼与欧洲光学学会主席Paul Urbach在北京会谈，就谅解备忘录等达成一致。11月14日，学会副秘书长、办公室主任李淼与国际光学工程学会（SPIE）首席执行官Eugene G.Arthurs在北京会谈，协商Photonics Asia 2014会议筹备工作事宜。

**科普活动** 2013年，学会组织院士专家举办科普活动25场，受众达2万余人次，15位院士参加科普活动并作科普报告。学会在科普工作委员会的基础上，于12月组建了以副理事长郭光灿为组长、副理事长郁道银为副组长，由10位常务理事组建的科学传播专家团队。学会组织会员单位参加了7月18～20日在北京展览馆举行的中国科协主办的第四届科技场馆展品与技术设施国际展览会。协助出版了科普图书《追光——光学的昨天和今天》。

**表彰举荐优秀科技工作者** 2013年，学会评审中全票通过推荐清华大学教授罗毅、中国科学院物理所研究员魏志义、华中科技大学教授骆清明3位为学会向中国科协上报的中国科学院院士候选人。

经学会常务理事会推荐，中国科技大学教授李传锋获得第十三届中国青年科技奖。

2013年度“王大珩光学奖”中青年奖和学生奖评审会于12月26日在北京召开。会议由“王大珩光学奖”理事会理事长周炳琨院士主持。评审会成员对科研院所、大专院校推荐的10余位中青年奖申报人，经过数轮无记名投票，评选出2013年“王大珩光学奖”中青年奖获得者2名，分别是北京大学教授刘运全和天津大学教授李小英。李小英是首位获得“王大珩光学奖”中青年奖的女科学家。会议对21所高校初评产生的高校学生奖候选人进行终评，评选出高校学生奖获得者21名。

由中国科学院、中央电视台共同发起，联合科技部、教育部、中国科协、中国工程院、国家自然科学基金委和国家国防科技工业局等六部委共同举办的2013年度十大最具影响力科技创新人物评选2013年12月29日晚揭晓，中国光学学会副理事长郭光灿当选“2013年度CCTV科技创新人物”。

学会于5月启动了2013年度“大珩杯优秀论文奖”的评选工作。从2010年、2011年、2012年发表在《光学学报》、《中国激光》、*Chinese Optics Letters*等44种期刊（包括增刊）上的学术论文评选出优秀论文40篇，并于8月在湖南省长沙市召开的学会2013年学术大会上进行了表彰。

**【2013年中国光学学会学术年会】** 8月15～18日，学会与中国科学院信息技术科学部、中国工程院信息与电子工程学部共同主办，国防科学技术大学单位承办的2013年中国光学学会学术年会在湖南省长沙市举行。本次会议收录论文近千篇，分设18个专题、19个分会场，分别是光学材料研究进展与应用、精密光学测试新进展、光学薄膜技术新进展、非线性光学与介观光学、激光物理技术与应用、红外与光电器件、光电技术与系统、先进激光技术与应用、生物医学光子学、瞬态光子学、纤维光学与集成光学、全息与光学信息处理、颜色光学与影像技术、工程光学与光学设计及制造、环境光学技术与应用、空间光学与光学遥感应用、光学与光学工程教育教学研究，以及湖南省光学学会学术年会和美国光学学会、中国光学学会联合举办的教育课程与研讨会等。与会学者围绕着各自的主题交流了最新研究成果，探讨学科的未来发展方向。

8月16日，学会秘书长龚旗煌主持2013年中国光学学会学术年会开幕式，中国科协副主席黄伯云，学会理事长周炳琨，湖南省副省长李友志，国防科技大学副校长庄钊文出席开幕式并讲话。开幕式后，举行了大会特邀报告会，学会副理事长郭光灿、刘旭分别主持了报告会，中国工程院院士许祖彦作了题为《新型中红外非线性光学晶体与激光源》的报告，中国科技大学教授李传锋作了题为《光是什么——量子惠勒延迟选择实验》报告，中国科学院西安光机所研究员刘雪明作了题为《从传统孤子到耗散孤子》报告，清华大学黄翊东教授作了题为《基于微纳结构的新功能光电子器件》的报告，国防科技大学教授刘泽金作了题为《大功率光纤激光的研究进展》的报告。

10 余位院士以及 1300 多位来自全国各地高等院校、科研院所、企业生产一线的光学科研工作者和青年学生出席了开幕式。会议期间，院士、专家、企业一线的光学科研工作者和青年学生在 19 个分会场进行了交流。

（撰稿人：张建萍）

## 中国声学学会

**国内主要学术会议**　2013 年，学会及所属分支机构共组织召开学术年会、研讨会和学术论坛 14 次，其中高端前沿学术会议 2 次：2013 年全国压电和声波理论及器件应用研讨会，全国储层声学与测井技术前沿研讨会。交叉学科学术会议 1 次：2013 年音乐声学研讨会。召开的学术会议还有：学会第十届青年学术会议，全国水声学学术交流会，全国检测声学会议，第三届上海－西安声学学术交流会议，2013 年中国西部声学学术交流会，2013 年声频工程学术论坛暨学术交流年会，2013 年全国功率超声学术会议，第十二届全国人机语音通讯学术会议，2013 广州演艺设备、智能声光产品学术论坛，2013 音响技术交流会，第 13 届全国噪声与振动控制工程学术会议等。共征集学术论文 926 篇，总计 1580 人次参加，参加会议的企业科技工作者约 450 人次。

**学会建设**　2013 年，学会个人会员总数为 4720 人，团体会员 49 个。学会组织召开了津、京理事会议，七届七次、八次常务理事会议，以及七届四次理事会。学会所属的 9 个分支机构根据《全国学会分支机构、代表机构管理工作的有关要求》完成了换届改选工作。

**学科发展研究**　学会与科学出版社合作，组织国内外专家、学者，编写并出版“现代声学科学与技术丛书”。2013 年出版《空间听觉——人类声定位的心理物理学》、《水声学》，总印数 3000 册。

**国际组织任职**　6 月 5 日，在加拿大蒙特利尔举行的第 21 届国际声学委员会会员代表大会上，中国声学学会理事长田静当选为第 22 届国际声学委员会副主席。任期为 2013 ～ 2016 年。

国际声学委员会成立于 1951 年，是为世界各声学团体和学会提供信息和思想的交流平台。国际声学委员会的执委会每届任期 3 年，被提名人均是在声学领域取得重要成就，具有极高国际声望的著名科学家。

**国际交往**　2013 年，学会与国际学术团体联合举办了 3 次国际会议。5 月 2 ～ 5 日，第 4 届国际超声大会和第 32 届国际声成像研讨会在新加坡同时召开。这两个会议在国际声学委员会的组织下，由新加坡声学学会主办，中国声学学会、澳大利亚声学学会、印度声学学会、香港声学学会和印度无损检测学会联合承办。会议致力于促进超声不同领域，包括基础研究、工程技术以及生物医学应用等方面的国际交流与合作。会议吸引了来自中国、印度、法国、德国、英国等 38 个国家和地区的共 250 余名专家、学者参加，是超声领域组织的规模最大的国际会议之一。会议内容涵盖了从传统超声到新研究热点等各个领域，共设置了 8 个专题，包括无损检测、超声化学、生物医学超声、超声物理、材料以及技术方法。

7 月 7 ～ 11 日，第 20 届国际声与振动学术会议（ICSV 20）在泰国曼谷举行。本届大会由国际声学与振动学会发起，泰国声学学会承办。中国声学学会为协办单位之一。ICSV 是由国际声学与振动学会（IIAV）发起组织的声学与振动研究方面的系列国际学术会。参会人员近 700 人，学会理事长田静率团参加了会议。

会议期间，田静组织了纪念马大猷院士学术贡献——暨微穿孔板吸声理论专题研讨，总结回顾了马大猷在微穿孔和小孔喷注等方面的研究方法和学术思想。澳大利亚环保署官员郭静男，美国伦斯勒理工学院教授向宁，香港理工大学教授程立，澳大利亚西澳大学教授潘杰，中国科学院声学研究所研究员刘碧龙，台湾元智大学博士杨大中等 11 位学者分别报告了在微穿孔理论与应用方面的研究进展，研讨了马大猷院士的思想方法和理论。

**决策咨询**　学会组织国内有关院士、专家完成了中国科协调宣部委托的关于发展我国深海海洋声学的咨询建议报告。报告于 5 月 9 日通过中国科协上报有关部门。

**科普活动**　5 月 18 日，学会与中国科学院声学研究所联合举办第九届公众科学日活动，活动中设立了声学分类展区、演示、讲座等。8 月，在中国人民解放军总院举办全国听力培训班，学会委派专家进行授课，参加培训的有 80 余人。学会制作了长达 40 分钟的科普宣传片《声的世界》，在学会开展的科普活动中多次放映。该片以通俗的语言、生动的画面将声学基本原理向观众做了介绍，普及了声学基础知识。

**【中国声学学会第十届青年学术会议】** 10月19～20日，中国声学学会第十届青年学术会议在重庆市举行。本次会议主题是“开拓创新，美丽中国”。会议安排了4个大会报告，中国科学院声学研究所武岩波博士介绍了我国“蛟龙号”载人潜水器声学系统，中国科学院深圳先进技术研究院郑海荣研究员介绍了超声分子成像及操控给药中的声学问题，中国电子科技集团第26研究所研究员曹亮介绍了我国声表面波技术和产业的发展，澳大利亚Western Australia大学教授潘杰介绍了有关管道中声波传播互易性问题的探索等。

会议共收到论文157篇，录用152篇，大会交流139篇，143人次在6个分会场进行了学术交流。论文内容涉及声学研究的多个领域，反映出我国青年科技工作者近期在声学理论及应用研究中取得的成果。经过评审，评选出10篇论文，作为本次会议的优秀论文予以表彰。

**【2013年全国压电和声波理论及器件应用研讨会】** 10月25～27日，2013年全国压电和声波理论及器件应用研讨会在湖南省长沙市召开。会议由学会与中国力学学会、美国电子电气工程师协会——超声学，铁电体和频率控制学会（IEEE-UFFC）主办，湖南大学承办，宁波大学、浙江大学、上海交通大学协办。

研讨会邀请了中国科学院院士赵淳生、台湾远东科技大学教授吴朗、湘潭大学教授周益春、西安交通大学教授金峰、湖南大学教授胡宁作大会特邀报告。来自18个省、自治区、直辖市40多所高校、研究所和企业单位共150余位专家、学者、企业技术骨干和研究生参加研讨会。

大会设1个主会场，13个分会场。涵盖了多个学科和新兴交叉学科领域，交流了近乎所有压电及声波器件领域近几年的最新研究成果。130多名力学和声学科研工作者分别在分会场进行了报告交流。会议设立了学生竞赛会场，15名来自高校的优秀研究生代表参与了学生论文竞赛，评选出一等奖1名、二等奖3名、优胜奖6名。

（撰稿人：刘　臻）

## 中国化学会

**服务创新性国家和社会建设**　2013年，学会与环境保护部化学品登记中心合作，开展了有关新化学物质环境管理方面的调研活动，收到41家跨国公司和国内化学化工企业的反馈意见406条，共计5.8万余字。经整理、合并，凝练成涉及管理和技术两个层面、7个方向、50个专项的问题与建议分类，提交环境保护部。9月，学会与环境保护部化学品登记中心合作召开2013年新化学物质环境管理研讨会，对涉及化学品登记的技术问题进行了探讨。

学会完成了承担的环境保护部社会公益项目“化学品危害诊断、分类、暴露预测及名录研究”项目，《新化学物质申报登记标识信息技术要求（试行）》已完成。此外学会还参与了环境保护部化学品登记中心的《中国现有化学物质名录》的修正、更新工作。

**学会建设**　2013年，根据化学学科发展需要，经过专家论证和常务理事会批准，先后成立了纳米化学专业委员会、化学动力学专业委会、质谱分析专业委员会等3个专业委员会，学科专业委员会达到29个，学科覆盖面进一步扩大。作为学会组织建设和会员服务领域的探索性工作，作为继德国分会和英国分会之后的第三个海外分会，中国化学会比利时分会于10月在比利时那慕尔大学正式成立，那慕尔大学教授苏宝连当选为第一届理事长。2013年，中国化学会正式成立青年化学工作者委员会和女化学工作者委员会。中国化学会女化学工作者委员会旨在开展面向女化学工作者的交流活动，大力宣传女化学工作者的业绩，展现女化学工作者的职业魅力和风采，激励女性投身化学事业。中国化学会青年化学工作者委员会面向青年化学科技工作者，搭建专门开展青年工作的平台，促进青年交流，推动人才的成长。2013年，基于工作需要，在常务理事会批准下，学会秘书长班子进行调整，同意刘维民辞去副秘书长职务，增补中国科学院化学研究所杨国强、中国科学院兰州化学物理研究所夏春谷和学会办公室郑素萍为副秘书长。

2013年，学会召开了4次秘书长会议，1次理事长会议、2次常务理事会议和1次理事会会议。学会着力调研团体会员单位的需求，加强团体会员的联络与服务，2013年新吸收北京师范大学化学学院、中国人民大学化学系、北京航空航天大学化学与环境学院、上海交通大学化学化工学院、湖南大学化学化工学院、陶氏化学等10余家高校、科研单位和企业成为团体会员单位。团体会员数量达到85个。

**学术期刊**　2013年，根据ISI发布的*Journal Citation Reports*（《期刊引用报告》）指标，《催化学报》、《中国化学快报》、《高分子科学》影响因子突破1。经学会常务理事会同意，自2013年，学会成为高影响因子期刊*Nano Research*（《纳米研究》）主办单位之一。

5月，学会联合北京大学和中国科学院上海有机化学研究所，与英国皇家化学会合作出版国际学术期刊*Inorganic Chemistry Frontiers*（《无机化学前沿》）和*Organic Chemistry Frontiers*（《有机化学前沿》）。

9月，两年一次的学会期刊工作交流研讨会在内蒙古自治区呼和浩特市召开。18个学会主办的期刊以及《高等学校化学学报》研讨建设化学期刊集群的可行性。

2013年《中国化学》、《高分子科学》获得中国科协优秀国际期刊C类资助。

**学科发展研究** 受中国科协委托，学会继续承担了《2012～2013化学学科发展报告》的撰写工作。在筹备、撰写过程中，共召开专门会议7次，200余人次专家、学者共同商讨，使得该书得以出版。全书共23万余字，作者140人，其中包括17位院士。该报告包括综合报告和专题报告。综合报告涉及国内科学家近年发表的论文503篇，并专门选择与经济发展和民生相关的热点领域的8篇专题报告，是该报告编撰以来的重要突破。

**国内主要学术会议** 2013年，学会主办学术会议共计36项，包括8次国际性会议，参会人员2万余人次，其中外籍专家667人次，会议论文1.3万余篇。

在2013年举办的会议中，第七届全国配位化学会议、第七届全国环境化学大会、2013年全国高分子学术论文报告会、第八届全国有机化学学术会议、第十七次全国电化学大会等5个会议规模均超过1000人，其中2013年全国高分子学术论文报告会、第八届全国有机化学学术会议的参会人数超过2000人。

2013年，学会上线了学术会议网页，并鼓励各分支机构统一使用学会自主开发的会议管理系统。通过会议管理系统与学会会员系统的关联，加大了对会议的宣传，便于会员注册和获得优惠，促进了参会人员规模扩大。

2013年，学会加强对学术会议的管理与质量跟踪，经评估，首次向部分学术会议组织者颁发“优秀组织奖”。中西部地区无机化学化工学术研讨会、第十三届全国光化学学术讨论会、第十七届全国分子筛学术大会、第八届全国有机化学学术讨论会、第七届全国配位化学会议获得奖励。

**两岸交流** 4月，应台湾地区化学会理事长的邀请，学会理事长姚建年率学会代表团一行6人访问台湾地区并出席两岸化学论坛活动。代表团访问了台湾清华大学、台湾工业技术研究院、台塑麦寮化工区等具有代表性高校、科研单位和化学化工企业。

**国际组织任职** 8月8～15日，第47届国际纯粹和应用化学联合会（IUPAC）理事会和第44届IUPAC化学大会在土耳其伊斯坦布尔召开。学会副理事长周其凤院士率中国化学会代表团参加了会议。在大会举行的常务理事差额选举中，周其凤院士再次当选常务理事，并在常务理事会上当选7名执行局委员，连任常务理事和执行局委员。

**国际交往** 4月，学会副理事长张希赴美国参加美国化学会年会，并代表中国化学会与美国化学会签署了未来三年两会间的合作备忘录。在原有合作的基础上，双方化学会将进一步加强多方面的合作与交流，包括组织双边青年化学家开展能源、食品、水等涉及可持续发展的讨论会，继续协调和组织好化学科学与化学会高峰论坛，加强职业发展与培训方面的合作，以及期刊编辑出版等方面的合作与交流。在年会期间举办的世界化学会主席论坛上，张希代表学会作了《通过分享更多国际责任推动化学进步》的主题发言。

4月，在日本京都举办的日本化学会2013春季年会上，举办了第三次中日化学会青年化学家论坛。中方代表团由中国科学院化学研究所研究员罗三中等7名青年科学家组成。会议期间，双方围绕论坛主题着重从若干元素参与的催化合成和材料应用等方面展开了学术交流和讨论。中方代表团成员在论坛报告中充分展示了在相关领域内已有的积淀和显著的研究成果，

9月，第五届化学科学与社会高峰论坛在日本东京召开，学会副理事长周其林院士率团参加。本次论坛由日本化学会主办，主题是“元素战略”，讨论能源与环境等重大问题中存在的元素化学方面的挑战，以及如何高效利用稀有元素和发展替代技术。

10月，中国化学会代表团访问法国化学会，就两会共同设立“中法化学讲座奖”与法国化学会签订友好协议。按照协议，2014年至2017年，中国化学会和法国化学会将共同设奖，每年交替奖励一名中国和法国的杰出化学家，并资助其到对方国家科研单位进行交流访问，以期寻求更深入的合作。中国化学会理事长姚建年和法国化学会主席Olivier Homolle分别代表两会签署了协议。

**科普活动** 2013年起，学会主办的“全国高中学生化学竞赛”正式更名为“化学奥林匹克”。更名的目的在于简化名称，增强社会传播度，强化活动的“奥林匹克”内涵，并与国际化学奥林匹克竞赛保持一致。

陶氏化学成为化学奥林匹克官方合作伙伴，双方在2013年共同在该领域开展了系列合作，同时学会也对竞赛在组织形式上进行创新改革。第45届国际化学奥林匹克竞赛于7月15～24日在俄罗斯莫斯科大学举行，77个国家和地区的291名学生参加竞赛。中国代表队4名学生参加比赛，获3枚金牌、1枚银牌。第27届中国化学奥林匹克初赛于9月在全国29个省、自治区、直辖市同时举行，共有约11.5万名学生参加，共颁发一等奖1118名、二等奖5415名、三等奖3732名。决赛于12月3日在北京大

学闭幕。107 名中学生获得了第 27 届中国化学奥林匹克决赛一等奖，130 名获二等奖，101 名获三等奖。

2013 年，学会再次与国际化学品制造商协会合作举办全国高校化学视频大赛。大赛旨在通过发挥大学生的智慧，通过视频的新渠道，把化学化工的魅力展示给公众，塑造化学化工积极正面的形象。共有 80 多所大学的 120 个作品参赛，经过 6 个多月的层层筛选，有 14 个大学生团队入围并与 14 家企业共同创作全新的作品参加决赛。获奖作品对大赛的主题“面向未来的化学”进行了阐述，达成了大赛的核心宗旨。

**表彰举荐优秀科技工作者**　2013 年度学会启动学术奖励 5 项，分别是中国化学会青年化学奖、中国化学会—巴斯夫公司青年知识创新奖、中国化学会—英国皇家化学会青年化学奖、中国化学会—阿克苏诺贝尔化学奖和中国化学会—赢创化学创新奖。获推荐候选人共 117 名，经奖励委员会评审遴选，奖项授予 23 名学者。

2013 年，学会增设了“中国化学会基础化学教育奖”。本项奖励的基金由中国科学院化学部程津培院士发起并给予首笔捐赠。希望通过基础奖的设立，鼓励在化学基础教育教学方面做出成就的优秀中学化学教师。该项奖励由学会化学教育委员会负责实施。

学会专门制定《学术奖励管理办法》，对现有的奖项进行整理规范，对新的学科专业委员会设立奖项审核备案。同时对学科专业委员会的领域内奖励予以展示，加大对奖励的宣传，提升学会学术奖励的影响力。

**会员服务**　2013 年，学会在会员信息服务与网络化管理方面做了大量工作。完善了参会人员的会员识别功能，提高会员识别准确率，使参会会员得到了应有的优惠，改进了群发邮件功能，使学会与会员的交流更畅通。2013 年，学会新入会个人会员 1000 余人。为及时发布学会信息，畅通与会员的联系，学会开通了官方微信平台，建设并上线了化学奥林匹克、个人会员、团体会员等多个版块。

**【国际合作期刊《无机化学前沿》和《有机化学前沿》发布】**　5 月 23 日，中国化学会、北京大学、中国科学院上海有机化学研究所与英国皇家化学会正式签约。合作出版两种国际学术期刊 *Inorganic Chemistry Frontiers*（《无机化学前沿》）和 *Organic Chemistry Frontiers*（《有机化学前沿》）。*Inorganic Chemistry Frontiers* 由中国化学会、北京大学和英国皇家化学会共同拥有，*Organic Chemistry Frontiers* 由中国化学会、中国科学院上海有机化学研究所和英国皇家化学会共同拥有。

学会理事长姚建年在签约仪式上表示，目前中国的化学工作者每年发表的论文数量和专利数量均已跃居世界首位，引用频次、顶级杂志论文数等指标也都保持在世界前列。相比之下，学术期刊却远落后于学科发展，与世界出版强国还有较大差距。中国学术期刊的发展离不开国际交流与合作，要主动地参与国际期刊出版市场的竞争，加快办刊理念和运作的国际化。

此次期刊创办也是国内首次创新办刊模式，即合作单位按照投入比例，共同享有期刊所有权，共同参与期刊推广发展，共同享有期刊收益。英国皇家化学会将同时作为期刊的出版商，负责期刊的出版和发行。英国皇家化学会首席执行官 Robert Parker 博士表示，英国皇家化学会利其成熟的发行、营销等渠道，将期刊打造成国际高水平论文的电子出版平台。

对两种期刊的投入中、英比均为 6∶4，体现了中方的主导性。中国科学院院士高松为《无机化学前沿》主编，中国科学院院士麻生明为《有机化学前沿》主编。新期刊的运营模式完全与国际接轨，期刊副主编在全球范围内聘请，以期充分利用国际专家的资源和影响力，吸引更好的稿源。

**【陶氏化学成为“中国化学奥林匹克”活动官方合作伙伴】**　2013 年起，学会主办的全国高中学生化学竞赛正式更名“中国化学奥林匹克”，陶氏化学成为“中国化学奥林匹克”官方合作伙伴。

4 月 11 日，学会与承办单位北京化学会和北京大学，官方合作伙伴陶氏化学在北京联合启动第 27 届中国化学奥林匹克活动。学会理事长姚建年，秘书长杨振忠，副秘书长刘正平、方智，竞赛工作委员会主任段连运等与北京大学化学与分子科学学院院长吴凯，陶氏化学大中华区总裁石博韬（Peter Sykes），陶氏化学大中华区研发总监姚文斌，陶氏化学大中华区公共事务总监马立新等共同出席启动仪式。

姚建年表示，作为世界领先的化学公司，陶氏积极参与帮助推动这一全国性赛事的健康发展。陶氏和学会有着共同的使命，激发年轻人对化学的兴趣，鼓励他们为化学学科的未来发展而不懈努力。

（撰稿人：郑素萍）

## 中国天文学会

**学会建设**　2013 年，学会发展个人会员 97 名。组织召开两次常务理事会议。学会参与和支持上海交通大学物理系更名、云南大学成立天文学系、澳门业余天文学会成立开展三十周年纪念等活动。获得“2013 年度全国学会科普工作优秀单位”称号。学会积极开展全国优秀科普教育基地的推荐工作，完成全国科普教育基地的年度考核工作。国家天文台兴隆科普基地获“全国优秀科普教育基地”称号。

**科技期刊国际影响力提升计划** 2012年RAA（*Research in Astronomy and Astrophysics*）荣获中国科协“学会能力提升专项优秀国际科技期刊”二等奖。学会支持RAA在实现国际化稿源、国际化编委、国际化审稿、国际化出版等方面的工作。

**国内主要学术会议** 2013年，学会共组织召开11次学术活动，参加人数达1300多人次，交流论文600多篇。组织召开了中国天文学会2013年全国太阳与日球物理学术年会、中国天文学会2013年中国射电天文学发展展望研讨会、中国天文学会2013年面对新空间天体测量时代天测研究与发展讨论会、中国天文学会第九届张衡学术研讨会、中国天文学会2013年恒星物理前沿研讨会、中国天文学会2013年青年太阳物理工作者学术交流会、中国天文学会2013年天文学名词研讨会暨第九届审定委员会第三次会议、2013年全国时间频率学术年会、中国天文学会2013年学术年会、中国天文学会2013年天文本科与研究生人才培养与合作研讨会、中国天文学会2013年海峡两岸天文望远镜与仪器学术研讨会。

**科普活动** 5月10日，学会第十二届理事会普及工作委员会第四次会议在湖北省天门市召开。8月8日，“同一片星空，同一个梦想——天文科普进草原”主题活动在内蒙古自治区乌拉特旗举办。8月11日，第九届星空大会在北京开幕。12月13日，学会在澳门特别行政区举行两岸四地天文科普研讨会暨澳门业余天文学会创立三十周年活动。

**表彰举荐优秀科技工作者** 组织完成了学会第四届黄授书奖评选工作，中国科学院上海天文台研究员杨小虎获第四届黄授书奖，组织开展第十三届中国青年科技奖、第十届中国青年女科学家奖的推荐工作，完成2012年十大天文科技进展推荐评选活动。

**【中国天文学会2013年学术年会】** 10月28日，由学会主办，苏州市天文学会、苏州市青少年天文观测站、吴江市青少年科技文化活动中心承办的学会2013年学术年会在江苏省苏州市召开。来自全国各大天文单位的专家、学者近500人参会。4位中国科学院院士及国际天文学联合会副主席刘晓为参加了大会，国家自然科学基金委、中国科学院、江苏省科协、苏州市科协相关负责人出席会议。

为促进中国天文学的发展，鼓励并表彰在天文学研究中取得突出成果的年轻天文学家，在学会2013年学术年会开幕式上，学会理事长崔向群为学会第四届黄授书奖获奖者颁奖。

2013年学术年会共设大会特邀报告和8个分会场报告，天文教育与科普和天文学史分会场，天文仪器与时频分会场，太阳、行星分会场，恒星分会场星系、宇宙学分会场，射电天文分会场，高能分会场，天力、天测分会场。年会期间共交流报告290篇。

大会特邀请报告为：中国科学院上海天文台研究员杨小虎作题为《暗物质晕中的星系形成》的报告，清华大学教授王晓锋作题为《超新星巡天观测及相关问题研究》的报告，中国科学院紫金山天文台研究员常进作题为《暗物质粒子探测卫星介绍》的报告，中国科学院南京天文光学技术研究所研究员朱永田作题为《太阳系外行星探测技术的现状与未来》的报告，中国科学院国家天文台研究员颜毅华作题为《关于新一代太阳射电频谱日像仪的最新进展与早期观测》的报告，南京大学天文与空间科学学院教授周礼勇作题为《外太阳系内的共振小天体动力学研究》的报告，英国Exeter大学孔大力作题为《木星形状、内部结构与大气环流》的报告，南京大学天文与空间科学学院教授郑兴武作题为《银河系旋臂结构和运动学研究（BeSSeL计划）的最新进展》的报告，中国科学院国家天文台研究员周旭作题为《南银冠u波段巡天》的报告，中国科学院南美天文研究中心主任王仲作题为《中智天文中心的工作及展望》的报告。

学术年会高级科普报告为：北京师范大学何香涛教授作题为《类星体发现五十年》的报告，中国科学院自然科学史研究所研究员孙小淳作《苏颂为什么要建水运仪象台？》的报告。

（撰稿人：孟红宇）

## 中国气象学会

**服务创新型国家和社会建设** 2013年，学会开展了一系列决策咨询服务工作。学会举办培训班7次，参加培训424余人次。8月16日，受重庆市城口县人民政府委托，学会邀请地理、生态、环境、旅游、气象等领域的专家，对《中国·城口生态气候评估报告》进行了评审，专家组同意通过《中国·城口生态气候评估报告》的论证，并建议学会授予“城口·中国生态气候明珠”称号。9月17日，中国秦巴山区（重庆·城口）典型气候研讨会在重庆市城口县召开。学会秘书长翟盘茂向城口县人民政府授予了“城口·中国生态气候明珠”牌匾。

**学会建设** 学会全年举办学术会议28场次，参加人数3920人次，交流论文2570余篇。学会举办2013年迎春座谈会，看望慰问了叶笃正等16位院士。学会先后召开了常务理事会第七次、第八次会议及理事会第三次全体会议，组织召开全国气象学会秘书长会议、学科（工作）委员会第三次工作会议、气象期刊编校规范研讨会。截至2013年底，学会有注册会员788名、单位会员150个。

3月28～30日，2013年全国气象学会秘书长会议在湖南省长沙市召开。学会秘书长翟盘茂、副秘书长冯雪竹，各省、自治区、直辖市、计划单列市气象学会主持学会秘书处工作的秘书长或副秘书长，学会秘书处各部门负责人等近50人参会。

开幕式上，湖南省气象局、省科协介绍了在加强学会建设方面的工作经验。开幕式上宣布了2012年度先进气象学会秘书处评选结果并为获奖单位颁发证书。会议邀请了部分省气象学会作了典型经验交流发言。会议期间，学会组织秘书长沙龙，主要围绕气象会员发展、学术交流、农村和校园科普、学会能力提升、期刊影响力等主题进行讨论。

**学会能力提升计划** 学会获得中国科协和财政部联合设立的“学会能力提升专项优秀科技社团”三等奖资助，完成了第一年度任务。通过实施能力提升专项，学会着力打造中国气象学会系列学术交流品牌、重点科普活动品牌、《气象学报》中英文版等优秀学术期刊，提升学会的国际、国内影响力和自身实力。

**学术期刊** 学会主办学术期刊《气象学报》（中、英文版）和科普期刊《气象知识》。《气象学报》试行责任学术编委制，与国际审稿和出版模式接轨，明确刊物发展方向和目标。建设《气象学报》多元化数字出版平台，中、英文版362期过刊近4000篇文章已经全部以全文PDF格式上网。采用全新的英文原版采编系统，借助Springer进行海外发行和国际宣传。《气象学报》英文版更名，计划2014年第1期启用新名*Journal of Meteorological Research*。4篇《气象学报》刊发论文获选“领跑者5000—中国精品科技期刊顶尖论文”。受中国科协委托开展中国科学家担任国际刊物主编的可行性调研。《气象学报》英文版申报“中国科技期刊国际影响力提升计划”项目获得资助。《气象学报》中文版获得2013年国家新闻出版广电总局“百强科技期刊”称号、气象学报英文版、中文版分别入选2013年度中国最具国际影响力学术刊物、气象学报中文版入选第三届中国出版政府将提名奖名单。

**国际学术会议** 10月24～25日，第六届中韩日气象学会研讨会在江苏省南京市召开。100余位专家、学者与会。

**国内主要学术会议** 10月23日，第30届中国气象学会年会在江苏省南京市召开。年会主题为“创新驱动发展　提高气象灾害防御能力”。1200余名专家、学者参会，18个分会场有470多人作学术报告，390余人参加了墙报交流。会议期间，学会还举办了气象水文仪器展和防雷设备展，国内外20余家相关企业参展。

**两岸交流** 6月15～17日，由中国气象学会、台湾大学共同主办，福建省气象学会承办的海峡两岸民生气象论坛在福建省厦门市召开。海峡两岸民生气象论坛首次列入海峡论坛二级论坛，论坛以“深化气象交流，惠泽两岸民生”为主题，旨在服务两岸民生和经济发展，共建“平安海峡，和谐海峡，活力海峡”。海峡两岸70多位气象用户代表及气象、水利专家、学者代表参会，其中台湾地区的专家、学者29人。

9月5～6日，2013年海峡两岸灾害性天气分析与预报研讨会在台湾大学举办，海峡两岸22名气象科技、业务和教学等方面的专家、学者围绕台风、暴雨观测和预报，以及对社会公众的服务等方面进行了大会交流。台湾地区气象部门及有关大学大气科学领域的教师、学生近百人参加了此次交流。

12月1～4日，2013年海峡两岸气象科学技术研讨会在云南省昆明市举行，60余位专家、学者参会。

**国际交往** 1月6～10日，学会派员参加第93届美国气象学会年会。9月12～13日，学会派员参加国际气象学会论坛第三次全体会议（IFMS GM3），学会作为论坛指导委员会成员单位，受邀在会上介绍本会近两年来在学术交流、科普、期刊出版等方面的工作。

11月1～5日，学会派员参加在香港特别行政区举办的第五届东亚与西太平洋气象与气候研讨会暨香港气象学会25周年活动。

**科普活动** 3月30日，学会与中国科技馆联合在《科学讲坛》栏目举办了“雾霾天气与人体健康”科普报告会。8月8日，学会与中国科普研究所等承办第31期“科学家与媒体面对面”活动，主题为“直面中小城镇气象灾害”，中国工程院院士李泽椿、中国气象科学研究院院长端义宏、国家气候中心首席专家姜彤及20多家媒体记者参加了活动。

学会针对中小学生，组织开展“全国气象科普校园行”活动，活动于3月22日在北京十四中启动，并于3月22～27日在河北、上海、江苏、浙江、江西和湖南等省、直辖市先后开展，这是学会与中国教育学会开展的气象科普进校园的一次联合行动。

学会参与气象科普进农村示范点建设，协助完成在湖北潜江举办的“气象科技下乡潜江行”活动，这是自2008年以来推动的第6个科普进农村示范点。

雅安地震发生后，学会及时联合四川省气象学会组织编印了3万册《震后气象灾害防避指南》、《震区防雷避险急救手册》，发往雅安地震灾区进行科普宣传。

1月，学会完成中国科协认定的全国科普教育基地（2010—2014年）年度考核工作，学会推荐的中国气象科技展厅被评为2012年度优秀全国科普教育基地。学会组织开展气象科普基地管理办法修订工作。学会向中国科协推荐优秀科普作品3种。一年来学会还获得中国科协2013年度全国学会科普工作优秀单位，中国科协“全国科普日优秀特色活动奖”。

**表彰举荐优秀科技工作者** 学会理事长秦大河获得沃尔沃环境奖，该奖是一年一度的世界环境和可持续发展领域的最高奖，这是中国科学家首次获此殊荣。组织完成第十届中国青年女科学家奖和第十三届中国青年科技奖推荐工作，经学会推荐，孟智勇获得中国青年女科学家奖。学会完成了第十五届涂长望青年气象科技奖评审工作，中国气象局乌鲁木齐沙漠气象研究所副研究员陈峰获得一等奖，中国气象科学研究院副研究员左志燕、国家卫星气象中心研究员张兴赢、北京应用气象研究所工程师姚志刚、北京大学物理学院研究员傅宗玫等获得二等奖。

**会员服务** 1月28日学会与中国气象局在北京联合召开2013年迎春座谈会。会议的主题为“凝心聚力，协同创新，共谋气象事业发展”。学会理事长秦大河、中国气象局局长郑国光出席座谈会。学会第二十七届理事会常务理事、名誉理事长、专（兼）职副秘书长，在京的第二十七届理事会理事、名誉理事、学科（工作）委员会主任委员，气象行业及相关领域的院士、专家近80人参加了座谈会。

秦大河在致辞中说，党的十八大召开以来，协同创新成为人们热议的话题。当前的时代，已是一个讲求多方合作、协同创新的大科学时代，需要科学家群体和技术人员群体共同协作攻关。学会在协同创新方面有着特殊优势，应动员和号召广大科技工作者，为科技创新创造良好环境，引导社会智慧和力量凝聚到创新发展上来。

**【第30届中国气象学会年会】** 10月23～25日，第30届中国气象学会年会在江苏省南京市召开。本届年会的主题为“创新驱动发展，提高气象灾害防御能力”。开幕式由学会理事长秦大河院士主持。学会第二十七届理事会6位副理事长出席会议。中国气象局副局长宇如聪、南京信息工程大学校长李廉水、江苏省副省长徐鸣分别在大会上致辞。

秦大河在致辞中说，世界各国对防御极端天气气候事件、应对气候变化等问题非常关注，加强气象科技创新和气象现代化建设是我国广大气象科技工作者的首要任务和责任。他希望通过年会这一平台，从气象科技创新驱动的高度，研究和探讨气象灾害防御问题。

开幕式上举行了第十五届涂长望青年气象科技奖和第五届全国优秀科技工作者颁奖仪式。年会特邀报告分别邀请了学会理事长秦大河院士向与会代表介绍气候变化科学新进展，中国地质大学教授唐辉明介绍地质灾害预测预报与防治研究最新进展，中国科学院大气物理研究所研究员廖宏介绍中国区域短寿命温室气体及其气候效应，南京信息工程大学大气科学学院李天明教授作题为《MJO动力学研究的最新进展以及无缝隙天气—气候预测问题》的报告。

年会共设置了18个分会场，1200多位专家、学者参加，470多位专家、学者作学术报告，390多位参加了墙报交流。各分会场紧密结合主题，分别围绕灾害天气监测、分析与预报，公共气象服务，卫星资料分析等内容展开了研讨。此外，专门举办了陶诗言先生学术思想专题报告会。

10月25日，闭幕式上，学会副理事长李廉水为获得本届年会优秀论文和优秀墙报的代表颁发了获奖证书。

**【第六届中韩日气象学会研讨会】** 10月24～25日，学会在江苏省南京市举办第六届中、韩、日三国气象学会联合研讨会。韩国气象学会主席Soon-Chang Yoon，日本气象学会主席Hiroshi Niino，学会秘书长翟盘茂、副秘书长冯雪竹，相关专家、学者参加了开幕式。会议同期，三方气象学会相关人员进行了会晤，分别就中、韩、日三国气象学会今后交流形式及内容等进行了商讨。

学会副理事长、北京大学教授胡有云主持了第六届中、韩、日三国气象学会联合研讨会的开幕式，学会副理事长张人禾、韩国首尔大学教授Soonchang Yoon、日本气象学会主席Hiroshi Niino分别代表三国气象学会在开幕式上致辞。开幕式后张人禾、韩国首尔大学教授Soonchang Yoon、日本北海道大学教授Fumio Hasebe分别为会议代表作特邀报告。

第六届中、韩、日气象学会联合研讨会分别设立灾害天气机理和预报，气候模拟与预测，海陆气相互作用，中高层大气、平流层与对流层相互作用，极端天气、气候事件等内容。会议筹备期间，共收到中国、韩国、日本专家递交的论文摘要150余篇，根据各国分会场主席、专家的评审与推荐，从其中选取了70余篇摘要安排在会议现场进行交流，其余均安排墙报交流。

**【2013 年海峡两岸灾害性天气分析与预报研讨会】** 9 月 4 ~ 10 日，中国气象局副局长宇如聪以学会名誉理事身份率学会代表团一行 14 人参加了在台湾地区台北市举办的 2013 年海峡两岸灾害性天气分析与预报研讨会。

来自海峡两岸有关高校、研究院所、业务单位的近 100 余名专家、学者围绕灾害性天气分析与预报这一主题，从降水及其气候变化、气象业务与公众服务、台风监测分析与预报、暴雨监测分析与预报四个方面，开展了交流和讨论。宇如聪在开幕式致辞中，回顾了自 1994 年以来研讨会在推动两岸学术、业务交流上的积极作用，对以往交流的成果给予了充分的肯定，希望两岸的合作进一步加强和深入。研讨会共有 22 位专家作论文汇报交流，其中大陆方面专家报告 12 篇，台湾方面专家报告 10 篇。研讨会上，双方科研、业务人员就共同关注的气象问题交流经验。

学会代表团对台湾地区中央大学、台湾大学、台湾气象局所属气象预报中心、地震监测中心、卫星气象中心，以及台中、花莲气象台站等气象科研、教学、业务部门进行了参观访问。参观访问期间，代表团就气象观测、预测预报技术、气象服务、气象科研与教学等多方面与台湾地区的气象同仁进行了讨论。2014 年是学会成立 90 周年，两岸气象专家认为这是进一步加强两岸气象界交流的良好契机，两岸气象学会将共同努力做好相关筹备工作。

**【气象防灾减灾宣传志愿者中国行活动】** 7 月 13 日，由中国气象局、共青团中央、中国科协、中国气象学会共同主办的 2013 年气象防灾减灾宣传志愿者中国行活动在四川省成都市举行。

7 月 13 日，主办单位及四川省气象局、共青团四川省委、四川省科协、成都信息工程学院及协办高校负责人与志愿者一起在洛带镇向村民代表赠送科普手册，给现场群众发放科普读物并接受气象防灾减灾咨询。

7 月 13 日，由成都信息工程学院等单位承办的 2013 年“气象防灾减灾宣传志愿者中国行”活动在成都信息工程学院龙泉校区正式启动。活动以“美好的家园，共同的梦想”为主题。仪式由成都信息工程学院党委副书记敬枫蓉主持。

在启动仪式上，中国气象局办公室副主任洪兰江说，“气象防灾减灾宣传志愿者中国行”活动受到有关部委和社会各界的广泛关注，已逐渐成为传播气象科普知识的品牌活动。

在成都信息工程学院党委书记赖廷谦宣布 2013 年气象防灾减灾宣传志愿者中国行活动正式启动之后，全国第一部大型气象防灾减灾科普音乐剧《雷曼不死》上映。全剧共分为四个篇章，将气象防灾减灾科普知识的宣传贯穿全剧始终。启动仪式后，来自北京大学、南京大学、南京信息工程大学、成都信息工程学院等全国 10 所高校的志愿者奔赴各地，宣讲科学防灾减灾知识。

各气象防灾减灾宣传队根据当地自然灾害特点，采取互动游戏、科普短片播放、知识问答等形式，到农村、学校、厂矿、社区向广大群众宣传暴雨、寒潮、大风、沙尘暴、高温、干旱、雷电、冰雹、大雾等各种气象灾害及泥石流、山洪等次生灾害的预警和防御知识；深入农村，调查群众的防灾减灾、应对气候变化的意识及对相关知识的了解程度；向当地气象信息员、大学生村官了解各种极端气候事件给农业生产、生活带来的影响；对中小学校的气象防灾减灾应急预案制定情况等进行调查，掌握中小学的气象知识普及情况；深入厂矿企业，通过选择因气象灾害造成人员伤亡、财产损失的典型案例对企业负责人和工人进行气象防灾减灾宣传；进入当地行政、事业单位，向各级领导宣传《气象灾害防御条例》等相关法律法规。

**【第 32 届全国青少年气象夏令营】** 7 月 29 日 ~ 8 月 3 日，中国气象局与学会主办第 32 届全国青少年气象夏令营在北京举行。来自 24 个省、自治区、直辖市的 320 余名营员和辅导员参加了夏令营活动，活动的主题为“体验国家气象　感受魅力古都”，这是历届以来参加的省市和营员人数最多的一届夏令营。

在 7 月 29 日举办的开营式上，中国气象局党组副书记、副局长许小峰表示，中国气象局、中国气象学会联合主办的全国青少年气象夏令营已走过 32 个春秋。32 年来，数以万计的青少年通过参加全国以及各地组织的气象夏令营，学习了气象科学知识，增强了气象防灾减灾意识，培养了爱国主义情操，综合素质得到全面提高。

本届气象夏令营在北京举办，旨在让青少年走进中国气象局，近距离了解我国的气象工作以及气象事业取得的成就。开营式结束后，国家卫星气象中心副主任、学会空间天气学委员会主任委员王劲松为大家作了题为《来自太阳中的危险》的空间天气知识讲座。在为期一周的夏令营活动中，营员们走进中央气象台、卫星中心、气象科技展厅和华风影视中心与南郊观象台，通过参观和学习，营员对天气预报、气象观测和气象工作有了全新的认识。

**【2013 年科技活动周空间天气活动】** 5 月 19 日，2013 年全国科技活动周期间，由学会主办的以“空间天气与人类活动”为主题的首届空间天气日系列科普活动同期在全国举办，活动旨在全面宣传空间天气基础知识，帮助人们树立对太空领域的正确认识。首届空间天气日活动的主会场设在中国农业大学。中国科学院院士魏奉思担任

"空间天气日"活动主讲嘉宾。中国气象局副局长许小峰介绍说，2013 年，全国科技活动周期间首次举办空间天气日活动，在 12 个大中城市同时通过展览、讲座、开放空间天气研究机构等方式普及空间天气知识。

启动仪式后，中国科学院院士魏奉思作了有关"空间天气的定义和空间天气科学发展现状、中国在空间天气科学领域的进步，以及空间天气研究的重要性的"空间天气科普讲座。魏奉思将空间天气研究的社会效益归结为三个方面：空间天气科学是经济社会发展的助推器；空间天气科学是国家军事实力的倍增器；空间天气科学是科技革命的加速器。他认为，空间天气科学将是关系国家发展全局和长远核心利益的战略高地，应该加强统筹协调，加大力度加快速度发展空间天气科学。

科技周活动期间，学会在北京航空航天大学、中央民族大学、北京二里沟小学、北京农科院附小举办内容丰富的科普讲座。其他省份的活动以科普宣传手册、展板、音像、专题讲座等形式为主。

（撰稿人：刘文泉）

## 中国空间科学学会

**服务创新型国家和社会建设** 2013 年，学会参与审查我国空间科学与应用标准化工作。11 月 18 日，学会审查了空间科学实验项目实施流程，空间实验设备使用材料的可燃性第 2 部分：测试方法，空间科学及其应用术语第 2 ～ 7 部分：空间物理、空间天文、月球与行星科学、空间生命科学和生物技术、航天医学、微重力科学。

**学会建设** 2 月 17 日，学会召开常务理事会议，讨论确定 2013 年工作计划，通报空间材料专业委员会增补 2 位委员。10 月 21 日，学会在海南省博鳌召开理事会议，会议听取了上半年工作汇报和下半年的工作安排，传达了中国科协关于组建科学传播专家团队的通知要求。9 月 25 日，学会召开学术交流工作委员会、国际学术交流委员会和科普工作委员会座谈会。经民政部评估，学会于 7 月获得民政部颁发的"中国社会组织评估等级——3A"。

**学术期刊** 学会与挂靠单位共同主办《空间科学学报》。4 月 22 日，学会召开《空间科学学报》编委会工作会议，通报学报近年工作情况并就期刊质量提升提出建议。会议提出了期刊提升目标：2014 年《空间科学学报》影响因子达到 0.4 以上，2015 年和 2016 年影响因子则分别达到 0.5 和 0.7 以上。会议制定了本届编委会职责与实施机制。推动设立学报高影响力 / 高引用论文奖励机制以及相关工作人员奖励机制等。

对于学报发表论文建立稳定的引用机制，动员学生或课题组成员在其他期刊发表论文时尽可能多地关注和引用学报最近两年发表的相关论文。

《空间科学学报》学报影响因子由 2012 年的 0.255 提高到 2013 年的 0.321，提升了 0.066。

**国内主要学术会议** 2013 年，学会召开 8 次国内学术交流会议，分别是空间生命进化与起源和月球科学学术研讨会、空间环境 973 辐射带专题研讨会、空间天文专题研讨会、第十四届全国日地空间物理学术研讨会、"CCSDS 建议在我国航天领域的研究与应用"第三届专题研讨会、空间材料学术报告会暨工作会议、第 26 届全国空间探测学术研讨会、空间机电与光学学术年会。与会科技工作者共 781 人次，收录论文 491 篇，评选出优秀青年论文 23 篇。

**科普活动** 2013 年，学会举办 4 次科普活动，分别是："走近空间科学"系列科普活动，与彩和坊小学共建的"青少年科普教育基地"开展了主体为"创新在手、慧结于行"的科技月活动，与海南华侨中学、郑州 19 中学组织了 2 次"2013 梦想蓝天、我心飞翔——中国航天科技夏令营"活动。学会完成了"优秀科普资源开发——空间科学大讲堂"科普项目。

7 月，学会与全国科普教育基地中国航天员科研训练中心合作，与河南省郑州 19 中学、海南省华侨中学举办了两期"2013 梦想蓝天、我心飞翔——中国航天科技夏令营"，每期夏令营组织参观中国航天员科研训练中心，请航天员选拔训练研究室副主任田立平作题为《航天员的选拔与训练的过程》科普报告和航天医学国家重点实验室主任、航天员系统副总师、"火星 -500"中方责任总师李莹辉作题为《人类空间探索历程》的科普报告。同学们还参观实验室的研究设备，体验模拟空间环境下的锻炼器材等。还与英雄航天员景海鹏、"火星 -500"中国实验者王跃教官合影。

5 月 18 ～ 21 日，学会党支部赴贵州省六盘水地区开展"党建强会——空间科普校园行"活动，为山区学校办了一期空间科普知识板报，向学校赠送了一批体育用品和科普书刊，举办了空间科学知识竞答。

学会的中国航天员科普教育基地举办了 7 期中国航天员体验夏令营和中国航天员进校园活动，每期 50 名学员参加。

5 月，学会与北京市彩和坊小学共建的"青少年科普教育基地"开展了主题为"创新在手、慧结于行"的科技月活动。5 月 31 日，学会举办科技月展会，展览了同学们制作的展品、科学实验、书法和绘画等。

根据中国科协关于组建科学传播专家团队的通知要

求，学会空间物理专业委员会、空间探测专业委员会、空间生命专业委员会组建本学科领域的科学传播专家团队。

12月2日，学会组织青少年科普教育基地的两名优秀教师和两名优秀学生代表赴西昌卫星发射中心，现场观看我国“嫦娥三号”月球探测器发射。

**表彰举荐优秀科技工作者** 学会向中国科协推荐了创新集体1个、两院院士候选人1名、中国青年科技奖候选人1名、光华工程奖和青年奖候选人各1名。

**【探索地外生命学术研讨会】** 5月21日，学会空间生命起源与进化专业委员会、月球科学与比较行星学专业委员会在贵州省贵阳市联合举办了主题为“探索地外生命”的学术研讨会。此次学术研讨会的突出特点是：一是从微生物、细胞、化学反应等角度分析探索地外生命；二是从星球地质结构演化、特殊环境、重力等角度分析探索地外生命。

**【遥感与社会发展国际研讨会】** 12月2～4日，学会与上海红外遥感学会共同主办了遥感与社会发展国际研讨会。来自中国大陆、香港特别行政区和台湾地区的近百位专家、学者参加了会议。与会专家、学者围绕“遥感与社会发展”的主题进行的学术讨论，对于推动我国遥感技术特别是遥感应用技术的发展具有重要意义。遥感技术经过40多年的发展已经广泛深入到国民经济和社会生活等各个方面。在会议学术交流中，香港大学太空与地球信息科学研究所所长林晖所作题为《监测大型人工线状地物的病害形变的空间信息技术》的报告受到了与会专家、学者的关注。大型人工线状地物是人地关系的重要标志，具有广泛的内涵，包括连接城市圈与居住地的高速交通网、大江河流和海岸生命线的护堤与大坝、能源领域的输油气管道与高压输电设施等，是人类改造自然的活动。全球气候变暖、特大地震、地质构造及演变等区域环境灾害给我国一些大型人工线状地物安全运行和可持续发展带来了前所未有的挑战。为了应对这些挑战，实时获取灾害影响的范围和程度、监测环境变化、提高综合观测能力和对次生灾害的预警能力已经受到广泛重视。因此，以病害形变监测为主导的安全运营与科学管理是防灾减灾的前提。

会议通过对遥感技术及信息的处理应用的学术交流，提出利用科技成果逐步实现智慧交通、智慧环境、智慧社会管理等，促进社会的不断发展。

（撰稿人：邱　理）

## 中国地质学会

**服务创新型国家和社会建设** 2013年，学会及其分支机构组织开展了多项继续教育、技术培训等活动：举办第三个“中国旅游日”暨纪念《徐霞客游记》开篇400周年活动，推动将徐霞客旅游考察足迹地申报“世界线性文化遗产”。针对地勘行业一线人才短缺问题，组织召开产学研结合教学基地建设与卓越工程师培养研讨会，探讨人才培养方式。围绕深部地质钻探技术，页岩气、煤层气的勘探与开发技术，钻探新设备、新仪器、新材料，以及工程管理与安全生产等热点问题，召开第十七届全国探矿工程（岩土钻掘工程）学术交流年会，142个相关行业地勘单位、科研院所、高等学校及生产一线等单位的300多名专家、学者参会。为推广典型矿山的先进经验，举办全国生产矿山提高资源保障与利用效益及深部找矿成果交流会，总结交流全国矿山企业在提高资源保障、提高资源利用率，尤其是深部找矿取得的成果。围绕“地质灾害科技减灾”主题，召开全国地质灾害与防治学术会议，对地质灾害调查监测防治、重大地质灾害成灾机理、地质灾害风险管理和防灾减灾新技术新方法等进行了交流。4月20日四川雅安芦山地震后，学会动员会员充分发挥专业优势投身抗震救灾，在地震调查、灾害评估、工程抢险等方面，动员会员投身抗震救灾和灾后重建工作中，为抗震救灾取得阶段性胜利做出贡献。

**学会建设** 学会依托中国科协资助实施的办事机构能力建设项目——中国地质学会办事机构职业化建设，学会制定并实施了一批新的管理制度，通过各项管理制度的强化实施，学会服务能力和水平得到提高。2013年学会接受民政部社会组织评估实地考察，被评为4A级社团组织。

2013年，学会及各分支机构共召开学术会议、论坛、研讨班38次，其中国际学术会议6次，提交论文或摘要5567篇，参加人数11073人次。与2012年相比，计划内召开的学术会议增加6个，参会人数增加3389人次，提交论文及摘要数增加2502篇。

2013年，学会强化制度建设，重视发挥常务理事单位作用，加强对分支机构的指导，加强与省级学会的联系交流。学会组织召开了6次常务理事会议、3次常务理事单位秘书长会议和1次全体理事会议（通讯）会议，召开了分支机构、省级地质学会秘书长工作会议暨科普工作会议。

学会党支部以“党建强会”为载体，开展群众路线教育实践活动取得成效。在活动中，学会党支部多次召开专题会议学习中央领导讲话精神，听取科技工作者的意见建议，了解一线地质科研人员的所思所想，把握地质科研的新任务新要求。

**科技期刊国际影响力提升计划** 2013年，《地质学报》英文版继续得到中国科协、财政部2013年度“国际影响力提升计划一等奖”资金支持。《地质学报》获得中国科学技术信息研究所“2012年百种中国杰出学术期刊奖”、国家出版广电总局“百强期刊”称号。

**学术期刊** 2013年，《地质学报》、《地质论评》、《地质学报英文版》三刊共收来稿1020篇，发表420篇。《地质学报》两篇论文、《地质论评》两篇论文分别被评为2012年度“领跑者5000——中国精品科技期刊顶尖论文”。学会《中国地学期刊网》的总浏览量已达2040万次，发挥了很好的宣传作用。与省级学会合办的《地质学刊》被美国《化学文摘》（光盘版）收录，《西北地质》入选中国科技核心期刊。

**决策咨询** 2013年，学会地质教育研究分会完成了《关于建设国家级地质教学实习基地的建议》和相应的调研报告，就国家级实习基地的重要地位、现状与问题、功能作用、建设目标和措施等向教育部提出了建议和方案。学会21世纪地质研究分会受中国地质调查局的委托，完成了“地质工作体制改革实践调查研究课题”工作。学会探矿工程专业委员会完成了2011～2012年度地质调查工作项目“探矿工程科技情报查新数据库系统”的研究工作。

**国际学术会议** 6月，学会与美国地质学会共同组织举行了第一届中美地质学会联合学术会议。500余位海内外知名地质学家参会，14个分会场共提交论文摘要531篇。学会工程地质专业委员会组织召开了纪念汶川地震五周年国际学术研讨会，国内外100余名专家、学者参会，会议交流内容表明，有关地震滑坡特征与机制研究有了新发现和新成果。学会工程地质专业委员会承办国际工程地质与环境协会（IAEG）2013年会暨亚洲区域工程地质大会，推动了我国在国际工程地质研究领域的国际交流合作。

**国内主要学术会议** 2013年，学会及各分支机构召开的主要学术会议有：中国地质学会2013年学术年会、第一届青年地质大会、第五届中国石油地质年会、第十七届全国探矿工程（岩土钻掘工程）学术交流年会、第六届构造地质与地球动力学研讨会、第十四届全国有机地球化学会议。

4月12～14日，第六届构造地质与地球动力学研讨会在吉林省长春市召开。会议交流了构造地质学及相关领域最新学术成果，总结了我国构造地质学的发展经验，探索了为社会经济可持续发展服务的有效途径。国内相关研究领域的院士、专家、学者及研究生等600余人参会。

会议通过会前讲座、大会报告、分组专题报告、展板、自由讨论等多种形式对构造地质学及相关领域的最新研究成果进行了充分的展示，为青年学者展示自己的研究成果提供了交流平台。与会专家就构造地质学与地球动力学领域的前沿问题、相关的基础理论研究等问题展开交流和研讨。会议共收到论文摘要382篇，展板126幅。安排了3个会前讲座、5个大会报告、1个会间报告、1个自由论坛和12个研讨专题，180余人作大会报告或专题发言。

10月11～13日，第十七届全国探矿工程（岩土钻掘工程）学术交流年会在江西省南昌市举行。会议的主题是紧密围绕整装勘查区和重要成矿区带的找矿突破战略行动，寻找更多的清洁能源，推广应用一批新型技术装备和方法技术，研发创新深部找矿、地球深部探测、快速勘查新理论、新技术、新方法和新仪器设备，提高我国地质调查和资源发现能力。来自26个省、自治区、直辖市、142个单位共计300多名专家、学者参会，涉及地矿、冶金、有色、煤田、核工业、武警黄金部队等相关行业地勘单位，科研院所、高等学校及生产一线等单位。

会议共收到论文138篇，经专家审查、遴选出100篇，按综述、钻掘设备及器具、钻探与钻井工程、新能源钻采工程、科学钻探工程分为5个类别于会前编辑出版了论文集。与会的代表进行两天的大会交流。会议邀请了6位知名专家作了特约报告，8人作了主题报告，22人进行了学术交流。经过全体代表以无记名投票方式投票推荐，评选出优秀论文10篇。

11月8～11日，第十四届全国有机地球化学会议在广东省珠海市召开。本届会议主题为“深层与非常规油气勘探地球化学”。来自中国科学院及企事业单位的科研院所、三大国家石油公司所属油田、高等院校，总共85个单位的520名专家、学者参会。这是历次参会单位和人数最多的一届。

会议共收到学术论文摘要412篇，内容涉及烃源岩地球化学、油气生成地球化学、成藏地球化学、天然气地球化学、非常规和深层油气、生物和环境地球化学、以及地球化学新技术新方法、微生物地球化学勘探等。会议进行了25个大会报告，分6个组就8个专题进行了153个分组报告，展板100个。大会围绕我国页岩油气的资源潜力和烃源岩的排烃效率两个专题举办了学术沙龙。这次会议，中青年地球化学家的报告占全部报告的70%左右，评选出的25篇优秀论文和优秀展板论文是他们中的优秀代表。

**两岸交流** 6月，学会组织召开了第七届世界华人地质科学研讨会，来自中国内地、香港特别行政区和台湾地区，以及海外相关地质研究机构的科学家300余人参会。开展青藏高原生长与资源环境效应等12个议题的交流研讨，提交论文摘要282篇，促进了两岸三地及世界华人地质学家之间的学术交流。

**国际交往** 2013年，中国地质学会常务理事、中国地质科学院副院长董树文在美国地质学会（GSA）成立 125 周年年会上获得美国地质学会荣誉会士（Honorary Fellow）。这一荣誉由美国地质学会专门授予在地球科学领域成果卓著并为国际合作做出突出贡献的非北美地区地质科学家。董树文是继中国科学院院士杨遵仪、涂光炽，中国科学院地质与地球物理研究所研究员常承法之后第四位获此殊荣的中国科学家。

**科普活动** 学会以“世界地球日”、科普展览会、会员日等为平台，开展形式多样的科普活动。第 44 个“世界地球日”，学会联合 7 家单位在北京紫竹院公园广场举行主题科普宣传活动，介绍我国资源概况、节约集约利用资源以及宝玉石标本等有关实践及最新成果、最新找矿成果，呼吁珍惜地球资源转变发展方式，促进生态文明，共建美丽中国。学会组织举办首届在京高校大学生地球日主题演讲比赛，在决赛中，15 名大学生围绕珍惜地球资源、转变发展方式、地质梦等主题展开了竞赛。学会参加第四届科技场馆展品与技术设施国际展览会，在展会现场设立宝玉石咨询与鉴定展台，制作了宣传折页，并展出参与四川地质灾害救援的四旋翼无人飞行器。全国首届中国最美地质公园评选活动，得到 3700 多万网民、游客参与投票，内蒙古自治区阿拉善沙漠地质公园等 30 家地质公园当选。

**表彰举荐优秀科技工作者** 2013 年，学会开展了“2012 年度十大地质科技进展和十大地质找矿成果评选”工作，获奖的 20 个项目分别在推广地质找矿新思路新方法、推出典型案例、加快科技成果的转化与应用等方面发挥了引领带动作用。开展第十四届“青年地质科技奖”（金银锤奖）评选工作，在 182 名有效候选人中评出金锤奖 10 名，银锤奖 40 名。开展国土资源科学技术奖初评推荐工作，推荐的 10 个项目中 1 项获得一等奖、3 项获得二等奖，有力促进了地质科技创新和地质找矿实践。

**工程教育认证** 经中国工程教育认证协会筹备委员会批准，地质类专业认证试点工作组正式成立并挂靠中国地质学会，地质类专业认证工作全面启动。工作组先后制定了管理办法及 3 个专业的补充认证标准，并组织了专家培训研讨。11 月，工作组开展对中国地质大学（武汉）资源勘查工程专业的现场考查。

**会员服务** 2013 年是学会为会员服务年，学会通过制定为会员服务的实施方案，与各省级地质学会协作，注重会员发展，拓宽会员入会渠道，初步建成了会员数据库网站，并从学术交流、人才与成果表彰、论文发表、活动信息报道等多方面入手，注重会员管理与服务相结合，将会员满意度调查作为评定各省级地质学会、分支机构工作的重要依据。

**中国科协会员日** 在中国科协会员日期间，学会在北京园博会举办了科普咨询活动，进行了灾害应急设备、防灾减灾知识、地质灾害知识讲解。应会员和科技工作者的需求，学会在中国地质科学院举办了“揭开宝玉石神秘面纱”专题讲座与鉴定咨询，中国地质大学（北京）珠宝学院的副院长郭颖为广大会员和科技工作者讲解了珠宝玉石分类命名、收藏知识及常见宝玉石鉴别等。

**【中国地质学会 2013 年学术年会】** 10 月 17 ~ 22 日，学会 2013 年学术年会在云南省昆明市召开，会议主题为“推动地质科技创新，支撑找矿突破实践，服务美丽中国建设”。来自全国地勘行业的高等院校、科研院所、地勘局（院）的 1000 余名专家、学者参会探讨近年来我国地质科学各分支学科的研究进展。学会常务副理事长孟宪来，云南省国土资源厅党组成员、副厅长，云南省地质学会理事李连举分别在开幕式上致词。学会秘书长朱立新主持大会开幕式。

13 位院士、专家在年会主会场作大会报告，内容包括中国煤炭资源与水资源分布特征及开发对策、中国油气资源潜力与勘探主攻方向、西南三江叠合矿床成矿与找矿、山区城镇化的地质灾害问题研究、与地幔柱有关的铜镍硫化物矿床成因、中国北方沉积盆地铀矿勘查进展和展望、亚洲东部非海相与海相早白垩世地层的对比和古地理意义、东亚大陆地壳上地幔变形模式及其动力学含义、对华南大规模低温成矿作用若干问题的思考、西北地区成矿地质特征及找矿新发现、华北平原地下水演变机制研究若干进展、白云鄂博矿床成因、青藏高原东缘新构造等。

本届年会共设置 17 个分会场，分别就地质科技与国土资源管理科学，资源与环境地球物理勘查理论与方法技术，农业地学，黑色金属勘查技术及进展，尾矿（铁矿、铜矿、金矿及煤矸石等）综合利用，勘查地球化学理论与技术，地质制图与地理信息，盆山耦合与资源环境效应及找矿突破，地质科技期刊办刊经验，非金属矿产地质，西北地区重要成矿带成矿规律与找矿突破，境外矿产资源勘查，石油天然气、非常规能源勘探开发理论与技术，幔源岩浆活动及其岩浆成矿作用、背景、机制与标志，固体矿产勘查理论与技术方法，矿山地质环境防治，地质科学普及等领域开展研讨和交流。会议共收录论文摘要 500 余篇，内容反映了近年我国地质科学领域的研究现状和最新成果。

**【第一届青年地质大会】** 4 月 17 ~ 18 日，第一届青年地质大会在福建省福州市举行。会议以“青年地质工作者——争做地质找矿的先锋”为主题，来自全国 130 多个单位的 420 余名青年专家、学者参会。

学会常务副理事长孟宪来，国务院参事张洪涛、中国科学院院士袁道先、中国工程院院士裴荣富、福建省地矿局局长邵旭、福建省国土资源厅副厅长何南飞，国家自然科学基金委员会、科技部有关专家出席了会议。

《地质论评》为此次会议出版了增刊学术论文集（共收录论文570篇）。会议特邀国家自然科学基金委、科技部的专家和6位我国地球科学领域杰出的青年科技工作者作大会主题报告，来自不同行业科研与生产一线的200多名专家、学者和青年地质工作者分7个专题作交流发言。大会评选出优秀论文奖20篇、学术活动优秀组织奖15个单位、组织学术活动先进个人10人和大会特别贡献奖3人。

**【第五届中国石油地质年会】** 6月5～7日，第五届中国石油地质年会在北京市举行。会议由中国石油地质学会石油地质专业委员会主办。本届大会的主题为“创新与发展——油气勘探理论技术挑战与实践”。来自国土资源部、国家能源局、中国科学院、南京大学、中国石油大学、中国地质大学，以及五大石油公司等49家单位1150余名专家、学者参加会议。国土资源部副部长汪民、国家能源局副局长张玉清出席会议并作大会报告，中国石油天然气股份有限公司副总裁孙龙德、中国石油化工集团公司（中石化）高级副总裁王志刚、中国海洋石油总公司总经理杨华、中国中化集团公司副总经理张伟、延长石油集团副总经理王香增，分别代表五大石油公司作大会报告，16名两院院士光临指导。本次会议共收到论文410篇，创历届年会之首。

会议安排了战略论坛、勘探进展、非常规与工程技术、专家论坛4个单元29个大会报告。按照非常规、陆相、海相、海域、海外、前沿理论与探索、地球物理与钻井技术、青年论坛8个主题安排了11个分会场237个分会报告，论文展板59篇。

年会增加了非常规油气资源等两个学术沙龙。美国页岩气带来了油气工业的革命，中国企业对页岩气开发热情很高，也有所发现，但资源潜力如何？配套的工程技术是否成熟？经济效益是否可行？需要专家提出有真知灼见的意见和建议，供政府决策参考、供企业实践借鉴。年会增加了地球物理与工程技术分会场，彰显技术进步对勘探开发的支撑作用。

会议认为：加强精细勘探研究，积极拓展“三新”领域是维持东部老油田稳定健康发展的途径。海相碳酸盐岩深层—超深层是中西部储量增长的重点领域，致密油、气发展迅速，页岩气获重要突破，是未来的接替领域。应加快深水盆地成盆、成烃、成藏与海洋工程技术研究，拓展海域勘探领域。加大海外勘探与新项目并购，加强国外油气资源引进，以保障国家能源安全。

**【第七届世界华人地质科学研讨会】** 6月14～15日，第七届世界华人地质科学研讨会在四川省成都市举行。中国科学院院士李廷栋、许志琴、李曙光，来自世界各地的近300位华人地质学家参会并分享了最新的研究成果。

学会常务副理事长孟宪来在开幕式上致辞。美国密歇根大学教授张有学代表海外华人地球科学技术学会、国际中国地球科学促进会致辞，期望能进一步促进海内外地质学家之间的学术交流和研究合作，期望中国地学教学科研能尽早领先世界。

作为中国构造地质学领域中微观构造和宏观构造研究相结合的开拓人，中国科学院院士许志琴作了题为《青藏高原——造山的高原》的大会特邀报告，分享了她关于青藏高原的最新研究成果。美国地质调查局教授周义明和美国伍兹霍尔海洋研究所教授林间分别作了题为《中国深海科学研究的展望与现代热液实验室的建立》、《2008年汶川与2013年芦山地震的特征及关系》的报告。

与会科学家就青藏高原生长与资源环境效应，岩石圈结构探测及深部作用，大陆构造与动力学，成矿作用与资源评价，能源开采与可持续发展，勘探地球物理和勘查地球化学，地下水资源与洁净水供给，全球变化对人类生存环境的影响，地震与地质灾害，地质遗址保护、地质公园建设与可持续利用，地学研究中的分析与实验方法的前沿问题以及同位素在地质研究中的作用等12个议题进行了163场交流研讨。

自1999年学会联合世界各地华人地学组织召开第一届两岸三地及世界华人地质科学讨论会以来，已分别在美国旧金山，中国内地、香港特别行政区和台湾地区等地召开6届。

**【第一届中美地质学会联合学术会议】** 6月17～19日，第一届中美地质学会联合学术会议在四川省成都市举行。国土资源部党组成员、副部长、中国地质调查局党组书记、局长汪民，原部党组成员、中国地质调查局原局长、学会常务副理事长孟宪来，美国地质学会理事长苏哲娜、副理事长汉斯、原理事长波契费尔出席了会议。开幕式上，汪民和苏哲娜发表致辞，孟宪来主持开幕式。

汪民介绍了中国地质学会成立91年来对推动中国地质事业的发展所作出的贡献，中国地质科学取得的一系列新成就以及当前中美两国越来越紧密的全方位合作关系，肯定了两国地质学家为世界地球科学发展做出的杰出贡献。汪民表示，美国是世界地质强国，中国是发展中的地质大国。中美地质学家面对全球工业化、全球气候变化和地质灾害等，有着广泛的兴趣和合作领域，两国地质学会开拓了合作新模式，具有里程碑意义，希望这样的会议能够坚持下去。苏哲娜在致辞中回顾了美国地质学家和美国地质学会与中国地质学会和中国地质教学与科研机构悠久的交往历史，特别肯定了美国地质学会会士、中国地质学会26位创始人之一的葛利普教授对中国和美国地质事业发展做出的贡献。她希望通过本次会议，全面提高两国地质学会、两国地质学家的交流水平，推动全球地质科学的发展。

大会围绕世界屋脊——青藏高原大地构造演化、大陆变形与地质响应——东亚资源与灾害、环境变化与生命演化——地球化学与碳存储三大议题，开展沉积盆地与油气资源、水资源与水文地质、二氧化碳循环与储存、天然气水合物等14个专题进行了学术交流。参加本次会议的专家、学者500余人，其中，美国和海外华人地质学家160余人，国内专家、学者400余人。会后，中美两国地质学家联合进行了涉及青藏高原、陆内变形与成矿和生物灭绝剖面的野外考察。

（撰稿人：禹启仁）

## 中国地理学会

**学会能力提升专项** 2013年，学会全面执行学会能力提升专项“优秀科技社团奖”计划，以提升学会服务创新发展、服务政府和社会、服务会员和广大科技工作者以及自身发展能力为目标，广泛构建国内外全方位学术交流新平台，打造学术交流活动的精品。开展学科发展研究，建设学术期刊方阵。健全学会全国区域代表处，实现会员服务区域全覆盖。积极开展全民科学普及活动，加强科普工作信息化建设，提高青少年学习地理科技知识的积极性。承接政府转移职能，吸引和推荐更多杰出地理科技工作者开展决策咨询工作。举荐科技人才，表彰和激励优秀地理工作者。同时，加强组织队伍和自身能力建设，取得了显著的成绩，增强了学会的凝聚力和吸引力，扩大了学会的影响力，促进了学会的同行认可，提高了学会的社会地位。

**学会建设** 学会组织召开国内外学术交流活动45次，组织参加重要国际会议、国际竞赛项目7项，举办学生技能、教学和科普竞赛活动5次，举办人才举荐与表彰活动8项，开展各类科普活动30场（次），开展学术建设研究项目和大型教育培训活动3项，召开学会理事会议、常务理事会议及分支机构工作会议等14次。

学会加强制度建设，制定了《中国地理学会期刊管理办法（暂行）》、《中国地理学会区域代表处管理办法》和《中国地理学会分支机构管理办法》，修改了《评选、表彰“全国优秀地理科技工作者”条例（试行）》。

学会加强组织建设，完成了青年工作委员会和旅游地理、历史地理、世界地理、经济地理等专业委员会的换届工作，完善了7个区域代表处。成立了文化地理专业委员会和决策咨询工作委员会。2013年共发展会员560多人，会员总数达到9720多人。扩大对外宣传，围绕筹备2016年（北京）第33届国际地理大会，广泛开展了大会信息及学会各项活动的宣传工作。

2013年，学会获得了民政部颁发的“4A”级社团证书。

**科技期刊国际影响力提升计划** 2013年，《地理学报》（英文版）继续获得中国科技期刊国际影响力提升计划资助。通过扩大国际宣传、组织重大国际活动专刊、提高国际论文刊稿量等措施，使该刊国际影响因子提高到0.907，比2012年增长9%。学会还启动了学术期刊国际影响力计划，将学会主办的12种学术期刊组成了学会期刊方阵。

**学术期刊** 《地理学报》（中文版）继续获得中国科协精品科技期刊和中国科学院出版基金资助，2013年在全国自然科学期刊综合评价排名第5。另据CNKI发布的2013年“中国最具国际影响力学术期刊”显示，《地理学报》（中文版）复合他引影响因子和影响力指数分别以3.675和1.414214名列全国各自然科学期刊之首，复合他引频次以14279次名列地球科学类期刊之首，与《地理学报》（英文版）、《冰川冻土》和《经济地理》等学会主办的学术刊物入选“2013中国最具国际影响力学术期刊”（TOP5%）。《地理学报》（中文版）于2013年荣获2012年度“中国百种杰出学术期刊”称号。《遥感学报》、《地理研究》、《人文地理》期刊入选“2013中国最具国际影响力优秀学术期刊”（TOP10%）。《地理科学进展》、《山地学报》和《干旱区地理》也都进入相关排名Q1方阵。《遥感学报》继续获得中国科协精品科技期刊资助。

学会组织专人参加2013年美国地理学会年会、2013年国际地理联合会京都区域会议。学会召开了2013中国地理编辑出版年会，为全国地理期刊编辑搭建学术交流平台，并固化了每年举办“中国地理编辑出版年会”制度。学会制订了《中国地理学会期刊管理办法》，搭建了中国地理资源期刊网。

**学科发展研究** 学会推动学科发展报告和学术谱系研究项目工作，完成了《地理学学科发展报告》（地图学与地理信息系统）编写工作，已交由中国科学技术出版社编辑出版。“当代中国地理学家学术谱系研究”和“地理学学科发展规划研究”两个项目有序开展。

围绕学科发展问题，组织召开了学会学术工作委员会二届二次工作会议、2012—2013年地图学与地理信息系统学科发展报告研究第二次专家组会议、第七届人文地理沙龙、2013年中国青年人文地理学者学术研讨会、2013年中国地理学会社会文化地理高级研修班和第二届地理学与中国全球战略高层论坛等6次学术研讨会，研讨了社会人文地理学领域一些社会需求大、发展趋势强、目前相对薄弱的学科发展问题。

2013年，由学会各专业委员会组织编写的《中国自然地理系列专著》出版了《中国地貌》、《中国气候》、《中国历史自然地理》、《中国古地理》、《中国动物地理》和《中国海洋地理》6部学术著作。《中国人文地理丛书》编写工作有序推进。

**决策咨询** 学会组织专家赴贵州省开展了“提升多彩贵州文化品牌”考察，推荐专家参加了黔西南“石漠化地区综合治理与生态修复”考察。推荐院士、专家参加了2013中国科协年会专题论坛和地方党政领导与院士专家座谈会。组织专家赴山西太原、吕梁和临汾等地就黄河地理文化问题进行了考察，形成了考察报告。

召开了“第二届地理学与中国全球战略高层论坛”，推动地缘政治研究，会议形成了两个决策咨询意见得到采纳并实现：建议国家自然科学基金设立该类项目，予以经费支持，支持地缘政治和对周边国家的研究。帮助军方培养军事地理人才，学会联合北京师范大学为军方开办为期3个月的短训班。

在学会人文地理专业委员会主办的淮河生态经济走廊与苏北重要中心城市建设高峰论坛和学会黄河分会主办的黄河流域环境演变与区域发展学术研讨会上，与会专家分别围绕淮河生态经济环境和黄河流域资源环境与发展问题，与地方政府领导进行了座谈。

**国际学术会议** 2013年，学会联合主办并承办了国际地理联合会（IGU），以及IGU所属地质公园委员会、旅游与休闲及全球变化专业委员会、水资源可持续发展专业委员会和国际地貌学家协会（IAG）丹霞地貌工作组在华举办的国际学术会议5次；学会分支机构协办了在华召开的第11届国际干旱区大会和第35届国际环境遥感大会。

**国内主要学术会议** 学会举办国内学术交流活动30多次，参会人员达5000人次，共发表会议论文2300多篇。学会举办了第二届地理学与中国全球战略高层论坛、第七届全国人文地理沙龙、淮河生态经济走廊与苏北重要中心城市建设高峰论坛、黄河流域环境演变与区域发展学术研讨会等学术会议。实施了新的年会制度，成功地召开了七个区域学术年会，提升了学会的学术活动品牌效应和号召力。学会及所属专业委员会举办“小而专”、“小而精”的微型论坛，为地方院校推动地理学科建设和发展提供了学术支撑。

**两岸交流** 9月，学会邀请台湾地区地理代表团来北京参加了2013年海峡两岸地理学术研讨会。学会分支机构分别在贵州省凯里市、云南省昆明市举办了第十一届海峡两岸乡村旅游与休闲产业发展学术研讨会、第十四届海峡两岸三地环境资源与生态保育学术研讨会。

**国际组织任职** 学会名誉理事长秦大河院士继续担任国际地理联合会（IGU）副主席，冰川冻土分会主任马巍研究员继续担任国际冻土协会（IPA）执委，并参加了相关国际组织的学术会议和执行委员会工作会议。8月，在法国召开的第八届国际地貌学大会上，经学会推荐的杨小平研究员当选国际地貌学家协会（IAG）副主席，这是中国学者第一次当选该机构副主席及以上职位。

**国际交往** 学会组团参加了2013年美国地理学家协会（AAG）年会（美国）、第八届国际地貌学大会（IAG，法国）、2013年IGU京都区域会议（日本）、第八届中日韩地理学国际学术研讨会（日本）和第34届亚洲遥感会议（印尼）。在IGU京都区域会议闭幕式上，学会代表周成虎院士作了2016年（北京）第33届国际地理大会宣传演讲。学会邀请了IGU“国际全球共识年”（IYGU）项目执行主任Benno Werlen教授访华，签署了在华设立亚洲区域工作中心的协议，推动“国际全球共识年”项目。5月21日学会邀请并接待了英国Lancashire中心大学师生代表团20多人来学会交流、考察和访问。

**科普活动** 学会积极探索有效、国际化的地理科普方式，组织专家学者开展了不同专题、不同形式的科普工作和活动，形成了以《中国国家地理》杂志为龙头，集平面媒体、网络媒体、科普宣讲活动和知识竞赛活动于一体的、多元化的、全方位的、面向公众的地理科普体系。学会主办的平面媒体《中国国家地理》2013年被国家新闻出版广电总局评为“百强报刊”。学会根据党的十八大提出的“建设美丽中国”要求，编写介绍中国地理和各行政区划地理知识的全媒体出版的科普读物——《美丽中国》。

2013年，学会建成了国际化科普网站林超地理博物馆（网络版）和傲世彩虹网。结合林超地理博物馆（网络版）建设，2013年该科学传播团队成功申请国家自然科学基金（面上项目）1项。

学会开展的第七届“地球小博士”大赛、第六届“环保之星”全国地理科技大赛、第五届“全国中学生地理奥林匹克竞赛”活动、第十一届国家地理世界地理锦标赛选拔赛、附加赛等科普活动，吸引了全国1100多所学校和10多万人次参加。

7月30日～8月5日，学会组织代表队参加在日本京都举行的第十届国际地理奥林匹克竞赛，中国代表队郑伊辰同学获得1枚银牌。8月，学会组织代表队参加在俄罗斯圣彼得堡举行的第十一届国家地理世界锦标赛。

科普志愿者队伍和科学传播团队不断壮大，根据中国科协要求，2013年学会组建了世界地理科学与文化传播团队、全球可持续发展城市信息网络团队、中国地理竞赛专家团队和中国地理科普图书创作团队等4个科学传播专家团队。学会认真做好科普志愿者建档工作，并制定了《科普志愿者队伍管理办法》。学会还建立了“国际全球共识年”（IYGU）亚洲区域中心，搭建了新的科普平台。

**表彰举荐优秀科技工作者**　2013年，经学会推荐，崔鹏当选中国科学院院士。王颖荣获国际地貌学家协会（IAG）最高荣誉奖。

学会表彰了第四届中国地理学会成就奖、第十二届全国青年地理科技奖、第七届全国优秀中学地理教育工作者，陈桥驿、黄进两位著名地理学家，段洪涛等10位青年地理学家，白洁等114名优秀中学地理教育工作者受到表彰。

学会开展了2013年全国优秀中学地理教学论文和2013年“探索杯”教学成果及“开拓杯”地理课件奖等评选活动，500多名会员、地理科技工作者受到表彰。学会开展中国地理学会学术年会青年优秀论文、“Super Map杯”第十一届高校GIS大赛、华南地区高校地理科学展示大赛，200多名青年学者、研究生和大学生受到表彰。

**学会创新发展**　学会改革了学术年会制度，建立区域学术年会制度，在区域代表处基础上，每两年举办一次综合学术年会，举办年在全国不同地区、不同时段召开区域学术年会。2013年，学会先后在昆明、兰州、天津、武汉、大连、福州和广州召开了7次区域学术年会，参加人数为2400人次。区域年会为全国各地会员和地理工作者就近参加学会活动搭建了交流平台，为各省级地理学会之间创造了合作、协作机会，整合了团体会员单位（省级学会）资源，更好地服务会员和科技工作者。

学会搭建了全方位的国际交流框架，纵向交流实现了对加入的国际地理联合会（IGU）、国际地貌学家协会（IAG）和国际冻土协会（IPA）3个国际组织事务的深度参与，提高了组织会员参加大型国际会议和考察的能力。横向交流拓展了中美交流机制，打造区域国际学术交流平台，固化了中日韩区域国际学术年会制度，为今后创建洲际或区域性国际组织创造了条件。

**会员服务**　2013年，学会组织开展国内外学术会议、培训班、出境考察、科普、人才举荐和表彰奖励等活动50多项，搭建了多种为广大会员和科技工作者服务的平台。学会为会员提供《中国地理学会会讯》4期，共3万多份。为了体现会员权益，继续实行会员优先优惠政策，会员在学会主办学术期刊发表文章，在同等条件下会员优先、版面费优惠；会员参加学会主办的学术活动，会议费实行会员优惠政策，报名参会人数多时，会员优先。学会召开的7次区域年会扩大了会员的受益面。学会建立了会员QQ群、微信群，开通了学会官方微博，及时为会员提供信息服务。

**【中国地理学会建立区域学术年会制度】**　2013年，学会改革学术年会制度，在学会区域代表处的基础上，建立区域学术年会制度，每两年举办一次综合学术年会，举办年在全国各地不同地区、不同时段召开区域学术年会。

2013年，学会根据区域学术年会制度，采取新的学术年会组织办法，先后在昆明、兰州、天津、武汉、大连、福州和广州召开了7次区域学术年会，参加人数为2400人次，会议分别由西南、西北、华北、华中、东北、华东和华南地区代表处与有关单位联合承办。

各区域年会主题和交流内容具有明显的区域特点，专题报告体现出“专、精、尖”的特点，聚焦我国在相应科学领域研究的最新前沿成果，立足把先进的科学理念和科技知识融于社会实践中，为经济发展与生态文明建设、城乡一体化发展、区域经济协调与可持续发展献计献策。

从参会人数来看，基础地理教育工作者和研究生人数较多，表现活跃。从各区域年会的规模上看，平均参会人数达300人。区域学术年会使各地区的专家、学者近距离参加大型学术会议，也使其他地区的专家、学者有更多机会参加在不同地区举办的重要学术活动。

**【中国地理学会组团参加第八届国际地貌学大会】**　8月27～31日，学会组织70多位来自中国科学院、高校，以及其他有关部门的学者，赴法国巴黎出席了由国际地貌学家协会（IAG）主办的第八届国际地貌学大会。本次大会主题是“地貌学与可持续发展”。来自世界各地1600多位地貌学者参加了本次大会。

中国科学院地质与地球物理研究所研究员杨小平应邀成为3位大会特要报告人之一，作题为《亚洲干旱区地貌与环境演变》的大会学术报告，并与澳大利亚Martin Williams教授合作主持了“风力系统与干旱半干旱区地貌”分会。华东师范大学教授陈中原与澳大利亚Avijit Gupta教授一起主持了“大河流域工作组的河流地貌”分会。

大会共设了27个分会场，探讨的内容涵盖了地球上所有的地貌环境演变的机理与过程。大会还设置了多个IAG工作组专场，对热带河流、环境考古以及山地泥石流滑坡等进行了讨论。

会议期间进行了IAG全体代表大会以及执行委员会的换届选举。学会推荐的专家杨小平研究员当选IAG执行委员会副主席，这是我国学者第一次当选副主席以上职位。学会推荐的中国科学院院士王颖（1993—2001、2005—2009年任IAG执委）获得IAG颁发的最高荣誉奖——荣誉会士奖（Honorary Fellow），成为中国首位获此殊荣的地貌学家。

**【第二届地理学与中国全球战略论坛】** 9月21～22日，由中国地理学会、华东师范大学和中国科学院地理科学与资源研究所共同主办第二届地理学与中国全球战略论坛在北京市召开。来自海内外高校和科研机构的60多位专家、学者参加论坛。

学会理事长刘燕华研究员指出，在当前形势下，如何确立新型的大国关系，是一个科学、经济和政治问题，也是一个地理问题。世界地理研究者应当成为中国发展的"智库"。学会名誉理事长、中国科学院院士陆大道指出，当前世界正进入新的地缘政治地缘经济大时代，大国间的争霸与兴衰更替，五一不受地缘政治和地缘经济法则的支配。地理学家应充分发挥学科优势，加强对地缘政治地缘经济问题的研究，既要重视对世界地缘政治和地缘经济"心脏地带"，同时要重视对"心脏地带"之间的"破碎地带"、"缓冲地带"的研究。北京大学环境学院教授王恩涌表示，世界地理研究具有重要意义，地理学家一定要有全球观。

论坛围绕中国发展的地缘政治环境与国际地缘战略、世界地理学科建设问题和地理学如何服务中国全球战略等3大议题进行了学术报告与讨论。论坛产生两项建议被军方和国家自然科学基金委员会直接采纳。

（撰稿人：张国友）

## 中国地球物理学会

**学会建设** 2013年，学会固体地球物理委员会、学术交流工作委员会、社会服务工作委员会、环境地球物理专业委员会、地球物理技术委员会、勘探地球物理委员会、信息技术专业委员会、流体地球科学专业委员会、海洋地球物理专业委员会、矿山地球物理专业委员会、铁道分会等分支机构进行了换届改选。

学会及分支机构举办中国地球物理学会第29届学术年会等32个学术会议。

学会个人会员增加247人，其中女会员55人。截至2013年12月31日，会员总数为14926人，其中女会员2104人。

学会受理了普通单位会员5个，理事单位会员1个，常务理事单位会员5个，截至2013年底，单位会员总数44个。

**科普工作** 2013年，学会被中国科协授予"科普工作优秀学会"称号。学会积极参加世界地球日、全国科技周、全国科普日活动周等宣传活动，学会科普委员会联合广东、辽宁、山东、江苏等省的地球物理学会和地方政府开展了多项主题科普活动，受到会员单位、大中小学生、社区居民和部队的欢迎和好评。3月初，学会在辽宁省抚顺市雷锋小学建立了中国地球物理学会科普教育基地，并举办了揭牌仪式。5月，学会理事长陈颙院士、秘书长郭建、科普委员会主任王平率学会专家团参加中国科协主办的"科技援黔"主题活动，宣传科技强国，宣传地球科学知识，内容涉及资源环境、灾害防御、海洋权益等热点话题。7月中旬，科普工作委员会以布展宣传形式组织参加了中国科协在北京举行的第四届科技场馆展品与设施国际展览会。

12月26日，学会推荐的王平、周坚鑫、张训华、周洪瑞、陈会忠获颁中国科协首席科学传播专家聘书。"航空物探科学传播专家团队"团长王平、"海洋地球物理学传播专家团队"团长周坚鑫、"海洋资源与环境科学传播专家团队"团长张训华、"地球科学科学传播专家团队"团长周洪瑞、"地球物理信息技术科学传播专家团队"团长陈会忠分别组建了科学传播团队，每个团队由5～9名近年活跃在地球物理科普宣传领域的专家和科普志愿者组成。聘期3年。

全年举办科普宣讲活动总计为27次，制作科普挂图1种，挂图总数5500张，活动受众总人数3.3万余人次，参加活动科技人员总数95人次，其中专家33人次。在科普宣讲活动中，举办院士科普报告会2次、专题展览13次；举办青少年科普宣讲活动10次，其中专家报告6次，青少年科普宣讲活动受众人数8300人次。

**表彰举荐优秀科技工作者** 组织评选2013年第二届中国地球物理学会科学技术奖。中国科学院测量与地球物理研究所倪四道、中国石油集团东方地球物理勘探有限责任公司凌云获第二届中国地球物理学会科学技术创新二等奖。中海油研究总院中海石油（中国）有限公司的南海深水区复杂地质结构地震勘探关键技术创新与应用项目获第二届中国地球物理学会科学技术进步奖一等奖。中国科学院地质与地球物理研究所的华北型煤田深部复杂含水体瞬变电磁精细探测新技术等 4 项技术获第二届中国地球物理学会科学技术进步奖二等奖。中海石油（中国）有限公司天津分公司的渤海油田极浅水三角洲储层地球物理创新研究及重大成果等两项技术获三等奖。

经学会组织评选，成都理工大学贺振华教授荣获 2013 年“顾功叙地球物理科技发展奖”；中国石油集团东方地球物理勘探有限责任公司何永清、南京大学黄周传、兰州大学聂军胜、中国石油大学（北京）饶莹、中国科学院地质与地球物理研究所张金海 5 人荣获 2013 年“傅承义青年科技奖”；同济大学董良国和西安交通大学高静怀获 2013 年“陈宗器地球物理优秀论文奖”。

**工程教育认证** 2013 年，学会承接了中国科协学会改革发展基础工程项目中的“注册地球物理工程师评价体系”项目，并进行了制度建设，对《注册地球物理工程师组织机构（草案）》、《中国注册地球物理工程师资格管理工作暂行办法（草案）》、《中国首批注册地球物理工程师特许认证工作方案（草案）》、《中国注册地球物理工程师继续教育暂行办法（草案）》、《中国注册地球物理工程师职业道德规范（草案）》等“注册地球物理工程师评价体系”有关文件进行拟订完善，确保 2014 年展开的中国首批注册地球物理工程师特许认证工作有序进行。

**会员服务** 学会继续试行开展职称评审工作，学会为会员单位评定高级职称 7 人，中级职称 10 人。

**【中国地球物理学会第 29 届学术年会】** 中国地球物理学会第 29 届学术年会于 10 月 12 ~ 15 日在云南省昆明市召开。本次年会与会人员 1036 人，其中中国科学院院士和中国工程院院士 6 人。会议邀请了 12 位专家、学者作大会报告。来自我国大陆和台湾地区，以及美国、意大利、英国等国家和地区的专家、学者共 541 人到会作了报告。

中国科学院院士、中国科学地质与地球物理研究所研究员刘光鼎，台湾地区“中央研究院”地球科学研究所教授赵丰，斯伦贝榭美国休斯敦总部彭成斌，中国科学院院士、中国科学院地质与地球物理研究所研究院朱日祥，中国科学院院士、中国科学院地质与地球物理研究所研究院滕吉文，中国海洋石油总公司朱伟林教授，顾功叙地球物理科技发展奖获奖人贺振华教授等分别作题为《坚持科学发展观，建设中国海》、《重力——古老又崭新的科学》、《美国页岩气革命：地球科学起到的重要作用的报告》、《特提斯造山带及资源效应》、《青藏高原下地壳物质在流动吗？》、《地球物理技术的进步助推中国海域油气勘探突破：以渤海海域为例》、《深层碳酸盐岩油气藏地球物理预测与应用实例》的大会报告。

本届年会设分会场 13 个，进行了 28 个专题的学术交流会，其中包括一个国际专题和一个学术论坛。学会年刊《中国地球物理 - 2013》收录了 956 篇论文摘要（包括大会报告）。27 位学生获本次学术大会的学生优秀论文奖。

**【第一届亚太区近地表地球物理研讨会】** 7 月 17 ~ 19 日，由中国地球物理学会（CGS）、国际勘探地球物理学家学会（SEG）、澳大利亚勘探地球物理学家学会（ASEG）、韩国勘探地球物理学家学会（KSEG）和日本勘探地球物理学家学会（SEGJ）联合主办的第一届亚太区近地表地球物理研讨会在北京举行。中国地球物理学会为研讨会的国内主办方。来自中国、澳大利亚、丹麦、法国、意大利、新西兰、俄罗斯、英国、美国的专家、学者共计 308 人参加会议，其中国内专家、学者 238 人，境外专家、学者 70 人。经亚太区近地表地球物理研讨会学术委员会评审，本次会议录用论文 168 篇。大会设置 3 个分会场分 15 个单元进行了口头报告 134 篇，两个单元张贴报告 34 篇。大会评选出优秀学生论文 10 篇。

（撰稿人：乔忠梅）

## 中国矿物岩石地球化学学会

**学会建设** 4 月 24 日，学会召开第八次全国会员代表大会，选举产生第八届理事会常务理事和学会负责人，胡瑞忠当选为学会第八届理事会理事长，邓军、高山、倪师军、翟明国、周卫健、徐义刚、王世杰、朱立新、邹才能当选为学会副理事长，李世杰当选为秘书长。会议通过了 21 个专业委员会和 3 个工作委员会主任委员的聘任建议方案。

学会加强了自身的制度建设，修订了学会《理事会工作条例》、《专业委员会管理条例》、《会员管理条例》、《侯德封奖实施办法》，并起草了《财务管理制度》、《公章使用管理制度》两个条例。

2013 年，学会共发展会员 104 人。截至 2013 年底，学会会员总数 7364 人，其中缴纳会费的会员 963 人。

**科技期刊影响力提升计划** 学会主办的 *Chinese Journal of Geochemistry*（《中国地球化学学报》英文版）获得了“中国科技期刊国际影响力提升计划”C 类支持。2013 年，该刊物总下载频次为 25130，比 2012 年同期增加了 39%；被 SCI 收录期刊引用 158 次，比 2012 年提高 17%。该期刊编辑部采用了 springer 投审稿系统，促进期刊走向国际化。

**学术期刊** 2013 年，学会主办或与挂靠单位联合主办 6 种期刊。《矿物学报》入选“2013 年中国国际影响力优秀学术期刊”。《矿物岩石地球化学通报》获得中国科协精品科技期刊工程项目的资助；策划了“学科发展十年进展”、“侯德封奖论文”两个重大选题，回顾了21世纪初10年来，我国在矿物学、岩石学、地球化学、沉积学及其相关学科研究中的长足进展和某些领域的重大突破，刊载了侯德封奖获奖者与获奖项目相关的研究性质的论文。12月15日，《矿物岩石地球化学通报》组建了第五届编委会，召开第五届编委会第一次会议，重新审视了期刊的定位与发展方向。《古地理学报》连续3年被中国科技论文在线评为优秀期刊二等奖，期刊总被引频次932，影响因子为1.086，与2012年基本持平。《岩石学报》从2010年第8期起被SCI收录，被评为“2013中国最具国际影响力期刊”。

11月17日，学会主办的6个学术期刊在广西壮族自治区桂林市召开期刊编辑工作会议，《矿物学报》、《岩石学报》、《地球化学》、*Chinese Journal of Geochemistry*、《矿物岩石地球化学通报》、《古地理学报》的编辑以及《地球与环境》的编辑19人出席会议。会议倡议学会期刊走数字化、集群化的道路。并对办刊中遇到参考文献的规范、学术不端行为等问题进行充分地交流和讨论。

**学科发展研究** 学会组织编写《21世纪初十年矿物学岩石学地球化学学科新进展》和《中国地球化学学科发展史》。目前《21世纪初十年矿物学岩石学地球化学学科新进展》组稿已完成。《中国地球化学学科发展史》编撰大纲基本完成，撰写框架、要求基本确定。

**国际学术会议** 由学会与国际应用矿物委员会、西南科技大学等共同主办的第11届国际应用矿物学大会（11th International Congress of Applied Mineralogy，11th ICAM）于7月8～10日在四川省绵阳市举行，近200名中外矿物学家出席会议。会议交流报告122个，展板交流22个，168篇论文摘要在《矿物学报》上刊载，全文论文集和优秀论文在 *Mineralogy and Petrology* 上发表。

**国内主要学术会议** 组织召开了中国矿物岩石地球化学学会第八次全国会员代表大会暨第14届学术年会、花岗岩地质与成因暨第8届岩浆岩专业委员会会议、全国第七次火山学术研讨会、大宗工业固体废物制备绿色材料技术国际研讨会、第六届全国成矿理论与找矿方法学术讨论会等学术会议。

**科普活动** 5月18日，学会与中国科学院地化所举办了主题为“科技创新·美好生活”的科普开放日活动，共有1000余人参加，感受科学的魅力。学会举办了院士科普讲座，学会名誉理事长欧阳自远院士作了题为《中国人的探月梦》、《中国探月工程三步走》、《我的探月梦》等系列科普讲座，获得公众好评。

**表彰举荐优秀科技工作者** 学会青年会员、中国科技大学教授黄方获得中国科协“第13届中国青年科技奖”。

**【欧阳自远作院士系列科普讲座】** 6月13日、10月10日，学会名誉理事长、中国科学院院士欧阳自远分别在西南交通大学和南方科技大学作题为《中国人的探月梦》的系列科普讲座。欧阳自远院士在谈到我国探月征途时表示，我们要走自己的路，我们造的“嫦娥”是中华牌的“嫦娥”，谁掌握了月球，谁就更好的掌握了地球。

欧阳自远院士制作28种版本演讲稿，以《中国探月工程三步走》为题进行科普讲座，向不同的人群普及探月工程相关知识。

7月10日，欧阳自远院士在北京青少年阅读体验大世界，以《我的探月梦》为题，回应广大中小学生的“月问”，与北京八十中学和北京西总布小学的同学们，展开了一场“30后”（1930年后出生）与“00后”（2000年后出生）的精彩对话。

8月13日，欧阳自远院士出席在上海市举行的中国科协第32期“科学家与媒体面对面”活动，主题是“科学家与科普创作”。欧阳自远院士坦言，科学家一个不可推卸的责任和义务是传播科学，不要把科学当成科学家独自欣赏的花瓶，而要让更多的公众理解，改变他们的未来，改变他们的生活，这也是科学家的责任。

**【中国矿物岩石地球化学学会第八次全国会员代表大会暨第14届学术年会】** 4月22～25日，中国矿物岩石地球化学第八次全国会员代表大会暨第14届学术年会在江苏省南京市召开。会议进行了理事会换届选举，全体会员代表以无记名投票方式选举产生了学会第八届理事会的99位理事。胡瑞忠当选为学会第八届理事会理事长，邓军、高山、倪师军、翟明国、周卫健、徐义刚、王世杰、朱立新、邹才能当选为学会副理事长，李世杰当选为秘书长。

同期举办第14届学术年会开展学术交流。中国科学院院士欧阳自远、王德滋、刘丛强、郑永飞、翟明国、周卫健等出席会议，来自中国科学院系统、国土资源系统、高等院校以及石油、有色、冶金、煤炭等部门的1000多位科技工作者参加。

会议特邀美国地球化学学会主席 Donald Sparks 教授和日本地球化学学会主席 Naohiro Yoshida 教授作大会特邀报告。刘丛强、郑永飞、陈骏、牛耀龄、胡瑞忠、林杨挺、李春来和谢先德等先后作大会报告。报告内容涉及资源、环境、月球探测等领域的最新成果。

会议设置了11个专题23个分会场，进行了为期两天的专题学术交流，交流报告540个。会前以《高校地质学报》增刊形式出版了会议文集，文集共收录640篇论文摘要。

开幕式上颁发了第14届侯德封矿物岩石地球化学青年科学家奖，中国科学院地球化学研究所陈敬安等10名我国矿物、岩石与地球化学领域青年科技工作者的杰出代表获奖。

（撰稿人：刘　莹）

## 中国古生物学会

**服务创新型国家和社会建设**　2013年，学会继续参与国务院《古生物化石保护条例》及《保护条例实施办法》颁布后的宣传落实，推荐国家古生物化石专家委员会成员。

**学会建设**　11月15～17日，学会召开了第十一次全国会员代表大会暨第27届学术年会，进行了理事会换届工作。杨群当选为学会第十一届理事会理事长，童金南、孙革、邓涛、姚建新当选为副理事长，王永栋当选为秘书长。

2013年，学会发展会员25名，团体会员单位两个。

**学术期刊**　学会主办的期刊《古生物学报》入选中国学术期刊（光盘版）电子杂志社、中国科学文献计量评价研究中心与清华大学图书馆发布的“2013中国最具国际影响力学术期刊”。

**国际学术会议**　9月20～29日，由中国古生物学会与德国古生物学会共同主办的2013中德古生物学会国际学术研讨会于在德国哥廷根大学召开。来自16个国家的320位古生物学专家、学者参加了大会。会议共收到275篇论文摘要和展板。中国地质大学楚道亮、兰州大学董重、中国科学院南京地质古生物研究所关成国获青年科学家奖（Young Scientist Awards）。沈阳师范大学谭笑获优秀展板奖。

**国内主要学术会议**　学会及所属分支机构共举办国内学术会议3次，征集论文摘要440篇，800余人次参加会议，316人次作了会议报告，出版了《中国古生物学会第27届学术年会论文摘要集》等3部论文集。

5月17～19日，中国古生物学会古植物学分会2013年学术年会在兰州大学举行。130余位专家、学者参加。年会设置主题报告会场及“古—中生代”和“中、新生代”两个专题会场。中国科学院南京地质古生物研究所研究员王怿、兰州大学教授孙柏年、中国科学院西双版纳热带植物园研究员周浙昆、吉林大学博士全成分别作了大会主题报告；与会专家、学者和学生代表在两个分会场共宣讲了53个学术报告。

10月20～23日，学会孢粉学分会在广西壮族自治区桂林市召开了第九届一次学术年会暨理事会议。来自科研院所、高等院校、以及石油、花粉资源开发等单位和部门170余名代表参加了本次会议。会议共收到了论文摘要74篇、学术报告68个，内容涉及孢粉形态学与演化、孢粉传播与植被关系、孢粉地层学、古植被、古气候、古地理、孢粉相、全球变化、考古、表土花粉、孢粉数据库、植硅体、植物区系等。

**科普活动**　5月25～26日，学会科普工作委员会第二次委员工作会议在广西壮族自治区桂林市举行。来自中国古生物化石保护基金会、中国古动物馆、辽宁古生物博物馆、自贡恐龙博物馆、浙江自然博物馆、大连自然博物馆、黑龙江地质博物馆、吉林大学地质博物馆、北京大学地质博物馆、深圳古生物博物馆、《化石》杂志的27位委员出席会议。科普工作委员会主任孙革表示，要充分发挥国内外自然类博物馆、科普基地、国家地质公园、网络媒体、书刊杂志等各方面力量，发挥地质古生物学科在科学传播上优势，推动我国地质古生物科普工作的开展，为推进全民科学素质的提高做出贡献。

委员们建议以科普工作委员会为平台，举办夏令营、开办培训班，到港澳台及国外联合办展等。

**【中国古生物学会第十一次全国会员代表大会暨第27届学术年会】**　中国古生物学会第十一次全国会员代表大会于11月15～17日在浙江省东阳市召开。来自全国高等院校、科研院所、能源与地质勘探和生产部门，博物馆、地质公园、化石保护以及出版等行业的450多名专家、学者出席了会议。

大会进行了理事会换届工作，以无记名投票方式选举产生了由65位理事组成的中国古生物学会第十一届理事会。第十一届理事会第一次会议选举产生了由21人组成的常务理事会。中国科学院南京地质古生物研究所所长杨群当选为学会第十一届理事会理事长，童金南、孙革、邓涛、姚建新当选为副理事长，王永栋当选为秘书长。会议确定了学会组织委员会、教育委员会、科普工作委员会负责人，以及学会办公室负责人等。

学会第27届学术年会同期召开，会议收到论文摘要近300篇，除了大会报告外，还设立23个分会场并安排主题报告近40个、口头学术报告195个，展板报告25个，有50多位专家担任工作会议和分会场主持人。

年会研讨内容展示了我国古生物学在近年来取得的新进展和新成果，涉及早期生命和多细胞演化，特异化石库及埋藏学，早古生代生物多样性及其演化，晚古生代生物多样性变化，二叠—三叠纪之交生态系演变，热河与燕辽生物群研究进展，重大地史时期生物的绝灭与复苏，中生代生物多样性变化及环境背景，白垩纪生物群与K–T界线，新生代生物多样性与环境变化（含古人类学），古生态学、古地理学以及古气候学，综合地层学、旋回地层与高分辨率地层，古植物学与孢粉学，微体古生物学及其应用，古脊椎动物类群的起源与演化，地球生物学与环境，分子古生物学，古生物化石数据库，古生物学教学与人才培养，古生物学博物馆与科普教育以及古生物化石及其保护等。

（撰稿人：唐玉刚）

## 中国海洋湖沼学会

**学会建设** 2013年是中国海洋湖沼学会管理规范年，学会改版了《海湖学会通讯》，制作了《学会工作手册》、《学会宣传册》和会员证；完善了会员管理信息系统，1843名会员信息录入系统，实现了会员网上注册发展，为会员提供快捷便利的信息化服务。

2013年，学会设立了先进分支机构和优秀学会工作者奖，完成了第二届先进分支机构和优秀学会工作者评选和颁奖工作。

**学术期刊** 学会主办4种科技期刊。2013年《湖泊科学》继2010年、2012年之后，第3次获得“中国百种杰出学术期刊”称号。《水生生物学报》被评为2012中国国际影响力优秀学术期刊。《中国海洋湖沼学报》SCI的影响因子从上一年的0.498上升到0.577，去除自引次数，影响因子排名全国同类刊物首位，为0.521。《海洋与湖沼》编辑部申请的2012中国科协精品科技期刊工程项目通过中国科协的中期验收。

**国际学术会议** 2013年，学会举办了中德藻类双边研讨会、西太平洋构造与边缘海演化国际学术研讨会、第二届边界流动力学国际研讨会、第三届中德海洋科学双边研讨会等4次国际学术会议，共有专家、学者288人次参加，143人次作报告。

**国内主要学术会议** 学会2013年度召开了13次国内学术会议，共有1900余人次参会，征集论文915篇，交流论文689篇。

1月21日，学会海洋生物技术分会在山东省青岛市举办了海洋生物技术高端论坛，70余名专家、学者参加了论坛，与会专家围绕海洋生物功能蛋白及其基因战略资源，分析了国内外相关领域的研究动态，重点交流了在海洋生物重要功能基因/蛋白挖掘技术、高活性功能蛋白、高附加值海洋（微）生物酶产品研发方面的研究成果。

9月2日，学会海洋遥感专业委员会举办的以“海洋遥感技术及应用交流”为主题的研讨会在上海市召开。80余位专家、学者参加会议。会议征集学术论文55篇，会上交流论文11篇。

10月10～13日，学会贝类分会在四川省成都市举办了全国贝类学术讨论会，260余位专家、学者参会。会议收到论文摘要168篇，82人次进行了口头报告，包括特邀报告2个、大会报告4个、专题报告76个。与会专家、学者围绕贝类分类与系统演化、遗传育种与苗种繁育、功能基因与基因组学、生理与病害防控、生态与养殖、加工流通与食品安全等6个专题进行了汇报、交流。

11月1～4日，由中国鱼类学会主办的第四届全国青年鱼类学工作者学术研讨会暨水生生物学类博士生论坛在重庆市召开，240余名专家、学者参加了会议。会议收到论文摘要147篇,21位青年鱼类学工作者作了专题报告，51名博士研究生和23名硕士研究生进行了学术交流并角逐“研究生学术报告奖”。大会评选出42名研究生学术报告奖获得者。

11月17～20日，学会藻类学分会第十七次学术研讨会在湖北省武汉市召开。来自高校、科研院所及企业的代表600余人参加了会议。会议设立了藻类多样性与生态、藻类生理与藻类环境生物学、藻类生物技术与能源藻类以及大型藻类生物学与资源应用4个议题进行了分组报告。与会代表围绕藻类学基础和应用的重点和热点问题，针对藻类产业化发展进程中的技术瓶颈等展开了研讨交流。

12月6～9日，2013年度海洋腐蚀与生物污损学术研讨会在海南省海口市召开。来自17所高校、科研院所的100余名该领域的专家、学者参加了学术交流。中国工程院院士、中国科学院海洋研究所研究员侯保荣、北京科技大学教授李晓刚、厦门大学教授柯才焕作大会特邀报告。与会专家、学者围绕海洋环境工程材料腐蚀与防护机制与海洋生物污损与防护机制两个关键问题进行了交流，并对“11·22”黄岛输油管道爆炸事故的成因进行了深入的讨论和分析。

学会甲壳动物学分会第六届会员代表大会暨第十二次学术研讨会于12月9～11日在山东省青岛市召开，200位专家、学者参加会议。会上选举产生了甲壳动物学分会新一届理事会和新一届理事会领导班子，中国科学院海洋研究所研究员李新正任理事长。会议共收到论文摘要170余篇，5位甲壳动物学家做了大会特邀报告，83位参会专家、学者分别在6个专题讨论会上做了报告，38位研究人员以墙报形式展示了自己的研究成果。

**科普活动** 2013年学会开展了科普周、科普日、科普进校园等形式多样的科普活动5次，分别为公众科学日活动、水产生物养殖产业技术交流会活动、云头峪小学海洋科普进校园活动、2013 年海洋宣传日活动、“海洋防灾减灾日”活动。学会举办“蛟龙号”科考科普讲座 3 次，受众总人数 5000 余人次。

5 月 19 日，学会与挂靠单位中国科学院海洋研究所联合开展了主题为“科技创新美好生活”公众科学日活动，4 个中国科学院院级重点实验室、亚洲馆藏最大的海洋生物标本馆、海洋科普展厅免费向市民开放，同时还组织了青岛市第六届中小学生“我心目中的海洋”主题绘画比赛、海洋湖沼科普知识有奖问答、“我是小小海洋科学家”海洋科学小实验、“海洋生物的启示”科普讲座等丰富多彩的主题活动。

9 ~ 10 月，应山东省青岛市多家中小学校的要求，学会邀请参与“蛟龙号”科学考察的海洋生物分类学专家李新正研究员走进文登路小学、石老人小学等多所中小学校，为学生作关于蛟龙号的科普讲座，介绍“蛟龙号”进行“蛟龙海山”区的首次科学下潜的经历，展示考察拍摄的罕见深海生物的珍贵照片和视频。

9 月 22 日，学会组织各分会的海洋农业、渔业资源和海洋生物产业等方面的专家、学者 13 人，在学会副理事长兼秘书长杨红生的带领下，赴山东省青岛市黄岛区 4 家养殖和加工企业进行调研和交流咨询，为产学研合作和科技成果转化搭建了务实高效的交流平台。

**会员服务** 学会每周定期向理事会员发送展示国外同行最新研究进展的情报资料——《海洋科学快报》，定期向理事会员提供学会主办的 4 种科技期刊《中国海洋湖沼学报》（英文）、《海洋与湖沼》、《水生生物学报》、《湖泊科学》的期刊目录。学会面向会员开展贝类养殖、浮游生物监测、基准潮位核定等方面的培训活动 30 余次，参与会员千余人次。

**中国科协会员日** 学会于 12 月 23 ~ 24 日，分别组织了会员日科技报告会、参观青岛市高新区蓝色生物医药产业园活动。12 月 23 日，学会举办了会员日科技报告会，邀请参与“蛟龙号”科学考察的甲壳动物分会理事长李新正为会员作了关于“蛟龙号”首次科学下潜的报告。12 月 24 日，学会组织 40 余名会员参观了青岛市高新区蓝色生物医药产业园。青岛市高新技术产业开发区科技局工作人员带领会员参观并讲解了生物医药产业园孵化中心、青岛市工业技术研究院和青岛市蓝翼生物科技有限公司、奥特诊（青岛）生物有限公司等入驻企业建设情况及高新科技产品。

**【“2013 年度中国海洋与湖沼十大科技成果”评选】** 学会组织“2013 中国海洋与湖沼十大科技成果”评选活动，评选范围为 2013 年度在国际或国内产生重大影响的海洋湖沼领域的科技成果。经过海洋与湖沼领域相关单位、专家学者推荐，以投票方式，评选出“2013 年度中国海洋与湖沼十大科技成果”：①“蛟龙号”深海考察取得丰硕成果；②首次钻获高纯度天然气水合物（俗称“可燃冰”）样品；③我国自主研发海上定位系统首次进入“厘米时代”；④《支撑马里安隆起亏损地幔的薄洋壳证据》在《自然》杂志上出版；⑤中国近海中尺度海洋动力过程时空特征研究成果得以应用；⑥科学家重建白鳍豚物种的种群历史；⑦科学家发现已知最古老立方水母化石；⑧全国水产原良种委员会审议通过 15 个国家水产新品种；⑨一种颗石藻对于海洋酸化在进化上的响应机制得以揭示；⑩日本血吸虫中间宿主——湖北钉螺景观遗传学研究取得系列成果。

（撰稿人：李毅萍　潘文静）

## 中国海洋学会

**学会建设** 2013 年，根据《社会组织评估管理办法》和《全国性社会组织评估实施办法》的规定，经全国性社会组织评估委员会审议，学会通过 2013 年度全国性学术类社会团体的评估，学会被评为 4A 等级。

学会完善了个人会员数据库和团体会员数据库的更新和维护。开展了会员服务机构制度建设和会员服务系列活动，建立了专业化会员管理团队。截至 2013 年年底，学会个人会员达到 6850 名，团体会员 262 个。

2013 年学会新增热带海洋分会和老科学家工作委员会。

12 月 30 日，学会老科学家工作委员会在山东省青岛市召开成立大会。中国工程院院士侯保荣任学会老科学家工作委员会主任委员。

**科技期刊国际影响力提升计划** 2013 年，学会主办的《海洋学报》英文版（*Acta Oceanologica Sinica*）获得中国科技期刊国际影响力提升计划 B 类资助，《海洋学报》获得中国科协精品期刊项目资助。2012 年数据显示，中国学者发表在全球该领域 SCI 期刊的论文中，发表在《海洋学报》英文版文章数量约占 25%。据 2013 年 SCI 数据发布，美国 JCR 报告显示，2013 年，在被 SCI 收录的 159 份中国期刊中，《海洋学报》英文版影响因子排名第 95 位，居国内海洋科技期刊之首。

**学科发展研究** 学会承担了中国科协 2012—2013 年度《中国海洋学学科史》研究项目等课题。《中国海洋学学科史》项目以我国海洋学学科发展的历史为主线，同时将该学科在世界范围内的发展作为重要参照，力图展示学科发展面貌，总结学科发展的特点和规律，预测学科发展趋势。2013 年，此项工作完成了阶段性验收。学会完成了中国科协委托的“社会力量开展海洋科普事业实践及对策研究”和“科技与社会—2049 展望系列研究—海洋科技与蓝色经济”的研究项目。

**国际学术会议** 8 月 29 日，第四届中韩海洋科学技术学术研讨会在山东省青岛市召开，此次研讨会由中国海洋学会（CSO）和韩国海洋学会（KSO）共同主办，国家海洋局第一海洋研究所协办，中韩海洋科学共同研究中心（CKJORC）承办，会议主题为“气候变化对海洋过程的影响”。

**国内主要学术会议** 2013 年，学会及所属分支机构共举办了学会 2013 年学术年会等大型学术研讨会 5 次，大型学术论坛 8 次，期刊主编扩大会 1 次。征集论文 1590 篇。

11 月 9 日，学会第六届青年海洋科学家论坛暨国家海洋局第三海洋研究所第七届青年海洋科学论坛在福建省厦门市举行，来自全国 33 家单位的 300 余名青年海洋科研人员参与研讨和交流。论坛以“建设海洋强国与青年——蓝色经济发展，建设海洋生态文明”为主题，具有鲜明时代特色，更加符合当前海洋工作重心任务要求。论坛共征集到论文全文和论文摘要 123 篇，墙报 27 张。论坛邀请中国工程院院士金翔龙，关道明研究员、陈立奇研究员、戴民汉教授和张玉忠教授等 5 位专家做主题报告。青年海洋科学家围绕海洋生物多样性与生态健康、海洋环境质量管理、海洋生态产业发展与海洋经济等 3 个议题展开 34 个专题报告的学术交流。

**两岸交流** 11 月 6 ~ 7 日，中国海洋学会与台湾地区海洋及水下技术协会联合主办，福建省海洋学会承办的第四届海峡两岸海洋论坛在福建省漳州市举行。与会学者围绕海洋防灾减灾、海洋环境及沉积物的监测与评价、海洋生物多样性监测评价与保护管理、水下文物保护、海洋再生能源、资源废弃物填海造地等议题展开探讨。

10 月 16 ~ 19 日，应高雄海洋科技大学和台湾民俗学会的邀请，由中国海洋学会理事、学术交流委员会副主任、上海海事大学海洋文化研究所所长时平率领的上海、江苏海洋文化代表团出席台湾 2013 海洋文化国际学术研讨会暨海峡两岸海洋文化学术论坛。来自美国、日本，中国大陆及台湾地区的 30 多位专家、学者和 50 多名学生参加了会议。时平作了题为《中国海洋信仰起源的考察——兼论当代海洋信仰资源的多元价值》的专题报告。双方还就 2014 年海洋文化的进一步合作展开了交流。

**科普活动** 2013 年“全国科技活动周”期间，学会联合国家海洋局宣传教育中心、青岛市教育局和青岛市海洋与渔业局，开展了一次面向全国青少年的海洋科普教育活动——2013 年全国少年儿童海洋教育青岛论坛暨青岛市第二届中小学教育论坛。论坛以“实施海洋教育，成就特色学校”为主题，全国参加论坛的单位有 300 多家。主要活动有青岛市教育成果展、海洋科学家讲座、有关单位海洋教育经验交流、参观海洋教育特色学校等。

5 月 22 日，学会 2013 年度海洋科普工作会议在山东省青岛市举行，学会管理的各全国海洋科普教育基地的代表、学会部分分支机构代表、科普工作委员会委员，以及学会主办《海洋世界》杂志社编辑等共 50 余人出席会议。

3 ~ 11 月，由“中国航海日”活动办公室、中国海洋学会、中国太平洋学会、上海东方讲坛、上海海事大学共同举办的“中国航海日”文化论坛分别在上海市、云南省和青海省举办，共计 9 场 20 个小时，听众达 3360 人次。

**表彰举荐优秀科技工作者** 经学会推荐的林明林、夏登文获第五届“全国优秀科技工作者”荣誉称号。

9 月 2 日，在中国海洋学会 2013 年学术年会上，举行了由中国海洋学会联合中国太平洋学会、中国海洋湖沼学会共同设立的海洋科学技术奖 2012 年度获奖项目颁奖仪式。

**【2012 年度中国海洋十大科技进展项目评选】** 1 月，中国海洋学会首次联合中国太平洋学会和中国海洋湖沼学会，组织本学会的常务理事、理事和专业领域内的专家，对 2012 年度中国海洋十大科技进展项目进行了评选，最终评选出本年度的十大科技进展项目：①“蛟龙”号载人潜水器首次突破 7000 米；②中国歼 -15 战斗机成功着陆、起飞“辽宁”舰；③中国政府向联合国正式提交了中华人民共和国东海 200 海里以外大陆架外部界限的部分划界案；④我国近海资源环境综合调查与评价专项通过总验收；⑤“海洋石油 981”在南海正式开钻；⑥中国极地科考船“雪龙”号首次穿过北极东北航道，由太平洋穿越北冰洋到达大西洋；⑦“科学”号调查船正式交付使用；⑧“海洋二号”卫星实现在轨交付；⑨国家海域动态监视监测管理系统应用无人机实现首航；⑩中国大洋第 26 航次第 5 航段在南大西洋获取 1.2 吨多金属热硫化物样品。

**【中国海洋学会 2013 年学术年会暨海洋科学技术奖颁奖仪式】** 9 月 2 日，由学会主办的中国海洋学会 2013 年学术年会暨海洋科学技术奖颁奖仪式在上海市举办。主题为“美丽海洋、蓝色梦想”。中国科协党组成员沈爱民、学会理事长王曙光、中国科学院副院长丁仲礼、中国太平洋学会会长张登义等出席开幕式并讲话。中国科学院院士苏纪兰、袁业立，中国工程院院士丁德文、管华诗、高从堦、金翔龙、潘德炉，中国工程院外籍院士黄锷等出席会议。来自海洋界有关部门、科研院所、高等院校、企业等共1300余人参加本次大会。

国家海洋信息中心副主任石绥祥、国际大洋中脊科学组织联合主席李家彪、中国极地研究中心主任杨惠根、国家卫星海洋应用中心主任蒋兴伟、BMT Group LTD能源与环境部门总监Ralph Rayner、联合国大陆架界限委员会委员吕文正等6位专家分别作了题为《数字海洋探索实践与展望》、《中国大洋中脊研究的跨越发展》、《我国极地研究的新进展》、《HY-2卫星及其在海洋灾害监测中的应用》、《国际海洋探测与观测技术发展热点》、《大陆架界限委员会审议沿海划界案进展和面临的挑战》的报告。

本次年会共收到论文400余篇，设立了海洋环境、气候、信息、生物技术、遥感、观测技术、仪器设备、海水淡化及涉海期刊等14个分会场，200多名专家、学者在分会场作了学术报告，100余人参加了墙报交流。

**【2013·中国太平洋论坛】** 10月24日，由中国太平洋学会和中国海洋学会联合主办的“2013·中国太平洋论坛”在北京开幕。论坛主题为“和平发展、合作共赢”。原国务委员、全国政协原副主席、中国太平洋学会顾问宋健，全国人大常委会原副委员长、中国太平洋学会顾问成思危，国家海洋局党组书记、局长刘赐贵等出席论坛开幕式。国家海洋局原局长、中国太平洋学会会长、论坛主席张登义主持开幕式。

原外经贸部首席贸易谈判代表、博鳌亚洲论坛原秘书长龙永图，东北亚经济论坛主席、美国东西方中心原主任赵利济出席论坛开幕式并致辞。

本次论坛旨在加强太平洋地区学术交流，传播论坛共识，促进各国兴旺发达、区域安全合作和海洋可持续发展。开幕式上，嘉宾们讨论了太平洋周边国家如何在地区和平发展及海洋可持续发展中发挥重要作用等问题。论坛设太平洋地区与海洋国际秩序构建、太平洋地区与海洋安全合作和太平洋地区与海洋可持续发展3个分会场。中国人民大学、联合国教科文组织政府间海洋学委员会、湖南大学、中国太平洋学会、东亚海环境管理规划署理事会技术委员会等单位和机构的专家和学者相继作了主题报告。

来自美国、澳大利亚、日本、韩国、菲律宾、瑞典等国的100余位中外专家、学者以及中国社会科学院、国务院发展研究中心、中国国际问题研究所、清华大学、中国人民大学、外交学院等机构及相关单位的代表，参加了本次论坛。

**【第四届中韩海洋科学技术学术研讨会】** 8月29日，第四届中韩海洋科学技术学术研讨会在山东省青岛市召开。此次研讨会由中国海洋学会（CSO）和韩国海洋学会（KSO）共同主办，国家海洋局第一海洋研究所（FIO）协办，中韩海洋科学共同研究中心（CKJORC）承办，会议主题为“气候变化对海洋过程的影响”。共有来自25家中韩两国海洋界有关部门、科研院所、高等院校、学会分支机构的约60位专家、学者参加了研讨会。学会理事长王曙光、韩国海洋学会会长鲁英宰、国家海洋局第一海洋研究所所长马德毅出席研讨会开幕式并分别致辞，学会常务副理事长雷波主持会议。

17位与会中韩专家、学者应邀作学术报告，从不同角度进行广泛交流，并提出富有见解与针对性的意见、建议和学术思考。

会议提出，中国海洋学会和韩国海洋学会在未来的发展中除了保持现有的合作框架之外，还需要不断扩大合作内容和伙伴，充分利用现有合作模式、合作机制以及中韩海洋科学共同研究中心的“桥梁”作用。

**【中国海洋发展与指挥控制论坛】** 10月19～20日，中国海洋发展与指挥控制论坛在山东省烟台市召开，论坛由中国指挥与控制学会和中国海洋学会联合主办，海军航空工程学院和中国船舶重工集团公司第716研究所承办，主题为“走向深蓝的指挥与控制”。论坛于10月19日在海军航空工程学院开幕，中国指挥与控制学会理事长、中国工程院院士戴浩主持论坛开幕式，学会常务副理事长雷波，中国兵器工业集团公司副总经理杨卓，中国工程院院士、海军航空工程学院院长何友少将分别在开幕式上致辞。国内涉及海洋发展战略、海洋科学技术、海空一体化、船舶、海事通信、海洋观测、北斗导航、海上编队、海上空管、边海防监控、应急救援、无人系统、仿真系统、海上航运等领域从事海洋信息化装备科研、生产等领域的专家、学者200余人出席了论坛。

论坛交流采用大会报告和分会场的形式举行。海军信息化专家咨询委员会主任尹卓少将，北海舰队原副司令员杜希平少将，中国科学院自动化研究所教授王飞跃，国家深海基地管理中心主任、“蛟龙”号总指挥刘峰，广东海洋发展研究会理事长李立新分别作了题为《我国海洋安全形势与周变热点问题》、《经略西太的几点思考》、《“蛟龙”号的海上实验与控制》、《南海形势与维权实践》的大会报告。

论坛还设立了海军和海洋两个分会场，中国海洋学会常务副理事长兼秘书长雷波主持了海洋分会场。国家海洋技术中心主任罗续业，国家卫星海洋应用中心主任蒋兴伟，中国海洋学会军事海洋学会专业委员会秘书长、海军大连舰艇学院教授周立佳分别作了题为《军民两用的海洋观测技术》、《我国海洋卫星发展与应用》、《军事海洋环境与探测装备发展》的报告。中国电子科技集团、中船重工第715研究所、山东海上搜救中心、海军核安全部、海军潜艇学院、海军航空工程学院、海军后勤学院等单位的专家分别就相关专业作了报告。

**【海洋科学技术奖】** 2013年，由学会承办的海洋科学技术奖经科技部国家科技奖励办公室批准登记设立。海洋科学技术奖是国家海洋局在原海洋创新成果奖的基础上，由中国海洋学会、中国太平洋学会、中国海洋湖沼学会共同设立的奖项，是面向全国海洋行业的综合性科学技术奖。主要奖励海洋科学研究、技术创新与开发、科技成果推广应用、高新技术产业化、科学技术普及、国际科学技术合作等领域作出突出贡献的集体和个人，奖励等级设立一等奖和二等奖。

5月31日，海洋科学技术奖奖励委员会（以下简称委员会）第一次会议在北京召开。会议通报了海洋科学技术奖的设立情况，确定了委员会的组成。国家海洋局局长刘赐贵担任委员会主任委员，教育部副部长杜占元、中国科学院副院长丁仲礼、国家自然基金委副主任刘丛强、中国海洋学会理事长王曙光、中国太平洋学会会长张登义、中国海洋湖沼学会理事长孙松担任委员会副主任委员，国家海洋局副局长陈连增任委员会常务副主任委员。委员会共由35名委员组成。

12月18～19日，学会在海南省海口市召开了2013年度海洋科学技术奖评审委员会评审会，对经过初审的82项科技成果和15部海洋优秀科技图书进行了评审。王曙光、张登义、孙松等出席会议并参加评审工作。评审委员会由奖励委员会部分成员及丁德文、高从堦、管华诗、潘德炉、焦念志5位院士在内的34名专家组成。经过专家严格评审、筛选，最终评选出拟获奖项目33项，其中渤海海上突发事故应急响应辅助决策系统研制与应用、我国海岛与海岸带遥感调查研究、《中国海岛志》编纂、3000t/d、4500t/d低温多效海水淡化成套技术国产化及应用、海洋功能寡糖农用生物制剂研究及应用、海洋胶原蛋白和肽类制备技术及功能产品开发、海洋入侵赤潮生物规模化快速经济处理新技术等7项成果拟获一等奖、26项成果拟获二等奖，《水动力学和水质——河流、湖泊及河口数值模拟》、《中国造船通史》、马汉“海权论”三部曲之一《海权对历史的影响（1660—1783）附亚洲问题》（译作）、马汉“海权论”三部曲之一《海权对法国大革命和帝国的影响》（译作）、《山东省近海海洋环境资源基本现状》、《福建省海洋资源与环境现状》、《中国近海海洋环境质量评价与污染机制研究》7部作品拟获优秀海洋科技图书奖。

（撰稿人：王东亚）

## 中国地震学会

**服务创新型国家和社会建设** 2013年，学会承担了中国科协学会部“城乡建筑抗震设防规范及技术培训教育活动”的继续教育项目，围绕项目举办了两期2013农村民居地震安全工程抗震技术培训班，参加人数300余人，学员来自20多个省、自治区、直辖市的基层领导及管理业务人员，培训内容涉及中国农村民居抗震现状与未来发展、我国抗震设防标准及相关法律法规、建筑抗震措施及新技术等。

学会举办各类培训班6期，培训结业人数611人。

**学会建设** 学会2013年全国秘书长工作会议于9月10～13日在河北省承德市召开，来自全国各省、自治区、直辖市地震学会、会员单位的代表共35人出席了会议。会议探讨学会近期的工作进展和发展思路，表彰了为学会工作做出成绩的优秀学会（会员单位）和学会先进工作者。

学会荣获中国科协“2013年度全国学会统计工作一等奖”、“2012年度全国学会财务决算工作先进单位”和“2013年度全国学会科普工作优秀单位”等奖项。

为做好中国科协推荐中国科学院、中国工程院院士候选人的工作，保证该项工作的健康开展，通过了《推荐中国科学院院士、中国工程院推荐院士候选人的执行方案》。

学会普及工作委员会完成第八届换届工作。

**学术期刊** 2013年，《地震学报》共出版6期，发表论文89篇，共计937页。据万方数据2013年版中国期刊扩展版引证报告显示，《地震学报》被引频次为1086，核心影响因子0.625，在地球物理学类期刊中排名第四，综合评价总分49.4，排名第二。该刊继续获得中国科协精品科技期刊工程项目的基金资助，获得国家新闻出版广电总局“百强科技期刊”称号。

《国际地震动态》共出版12期，载文量达170篇左右，累计字数约92万字，累计发行量约2.1万册。

**国内主要学术会议** 2013年，学会及各专业委员会共组织召开了20次学术会议，参加学术会议人数967人次，交流学术论文553篇。

4月24日，学会强震动观测技术与应用专业委员会在广东省珠海市举办了强震动观测仪器最新进展与面临挑战研讨会暨中国地震学会强震动观测技术与应用专业委员会2013年年会。与会学者就强震动观测仪器的产品性能与需解决问题、强震动观测仪器在烈度速报与地震预警等方面的最新应用、强震动观测网络运行维护经验与存在问题等强震动观测技术与应用相关领域进行了报告、问答和讨论。

5月31日，学会地震电磁专业委员会在江苏省扬州市召开了地震地电观测环境干扰讨论会。会议就电阻率和地电场的理论、观测技术问题和地震预测中的应用，地电学科前兆观测需求分析，地震地电观测环境干扰来源、类型和解决方法等问题进行了研讨。

8月11日，学会地震电磁学专业委员会在宁夏回族自治区银川市召开地震电磁学专业委员会年会暨学术研讨会。会议对模型分析、理论与机理研究，新方法、新技术研究与应用，观测资料统计分析与应用、区域性立体电磁综合观测技术、井下观测技术、无人值守观测技术等方面的发展进行了交流与研讨。

9月9日，学会地震观测技术专业委员会在安徽省黄山市召开了地震观测技术专业委员会2013年度学术研讨会。与会专家、学者就关于超长周期地震记录数据分析处理及应用实例、测定地震深度的确定性方法、珠三角预警台网建设、无人机在地震灾情获取中的应用试验、中国数字地震台网三期改造、井底宽频带地震计技术研究进展、新型传感器研制与试验情况、深海深井综合观测系统与运行及资料产出以及关于测震仪器标准化等问题作了专题报告，并就测震与前兆观测仪器组合观测技术方法与问题，以及数字地震监测系统的维护、数据产品加工与应用服务进行了讨论。

9月12日，学会地震学专业委员会与中国科学院地球深部重点实验室在四川省西昌市联合举办了地震学与地球深部研究学术交流会。与会学者围绕地震学及其在地球深部研究方面的进展进行了学术交流。

9月13日，学会地震流体专业委员会与河南省地震学会在河南省郑州市联合举办了中国地震学会地震流体专业委员会2013年年会暨学术研讨会。会议对地震流体观测技术与理论研究进展，深部流体作用与地震孕育过程，地震流体与其他地球物理观测及其强震短期预测技术，流体作用与水库诱发地震，地震流体观测与火山研究等进行了研讨。

9月24日，由学会地壳深部探测专业委员会、中国地球物理学会固体地球物理委员会和IASPEI中国委员会联合举办的主题为“地壳深部探测研究”的学术研讨会在江西省景德镇市召开。近50名专家、学者围绕固体地球物理研究、人工地震探测、天然地震研究、海洋深部探测及电法等方面进行交流。

10月10日，学会地壳形变测量专业委员会2013年年会在湖北省武汉市召开。会议主要围绕地震大地测量学的发展与研究现状，以及目前地壳形变测量专业新进展及新问题进行探讨。

10月14日，学会地震地质专业委员会在云南省召开了中国大陆地震构造与深部结构环境专题会议。会议以国家重大探测计划相关研究为主，对地表变形与位错研究、岩石圈与上地幔过渡带结构研究等议题进行研讨。

10月25日，学会地震预报专业委员会和历史地震专业委员会在贵州省贵阳市联合举办了历史地震与地震预报论坛——2013贵阳学术交流会议。110余位专家、学者参加了会议。会议专题包括新形势下地震预报战略（包括大震预报思路、地震预测社会服务及“意大利事件”启示等）、地震监测预测新技术和新方法、动力学地震预测研究进展、汶川地震5周年纪念——大震预测方法与技术、历史地震研究进展与新方法。中国科学院院士马瑾作了题为《大震时间与地点的讨论》的学术报告，其他报告围绕大地震时间、地点的预报方法与理论及其困惑等问题展开。会议收到论文摘要123篇。会议首次设立了“新人奖”，评选出一等奖1名、二等奖2名、三等奖3名，共有6名青年科技人员获奖。

11月6日，由学会地震科技管理专业委员会举办的防震减灾融合式发展理论与实践研讨会在云南省大理市召开。会议就防震减灾工作的发展方式、方向和发展理念展开讨论。

11月18日，学会空间对地观测专业委员会2013年学术研讨会在福建省厦门市召开。来自中国地震局地震预测研究所、地壳应力研究所、地质研究所、地球物理研究所、地震应急搜救中心、地壳工程中心、地震台网中心等多个单位的专家和学者参加了会议。大会邀请专家、学者就地震—电离层—地磁相互作用及模型、我国电磁卫星工程进展、L-SAR卫星介绍、地震监测对重力卫星技术的需求、载人航天与地震科学研究等进行了介绍。大会专题报告分为卫星观测技术应用、多源遥感地震研究应用两个主题。

**科普活动** 学会组织召开科普报告会、举办地震科普专题展览等各类型的科普宣传活动16次。

学会与北京科普发展中心在位于北京奥林匹克公园的新奥购物中心共同举办了2013年防灾减灾主题科普活动，接待参访者近万人次。

学会利用网络优势，开展网络专题科普宣传。在中国地震科普网平台上设立“5·12防灾减灾日”为主题的科普宣传主页。网站开设防灾减灾日标志介绍、防灾减灾日由来、历年防灾减灾日主题、平安中国防灾宣传、“千城大行动”专题、科普信息、地震科普教育基地、科普作品、防震避险知识等专题和栏目，为公众提供防震避险知识。

学会为北京市朝阳区酒仙桥第一中学组织了“震撼大地”科普讲座，发放科普光盘、图书、宣传折页共计300册，150名学生参加了活动。学会为北京市朝阳区精诚小学三年级组织了一场“听地球妈妈讲故事”地震防震科普讲座，以讲故事的形式向小学生介绍地震基本知识和地震防震避险常识。

在唐山地震第37个纪念日之际，学会为河北省承德市平泉县的官兵举办了一次主题科普活动。中国国际救援队原领队徐德诗研究员作了题为《走近地震，远离灾难》的主题科普讲座，介绍了地震灾害特点、地震科学难点、防震避要点。

参加中国科协在举办的“第四届科技场馆展品与技术设施国际展览会暨学术研讨会”活动，学会展示了地震废墟洞穴搜救可变形机器人、光学生命探测仪、防震避险科普知识展板等。

**【学会理事长陈运泰被授予2013年度“艾克斯福特奖”】** 2013年6月24～28日，在澳大利亚布里斯班召开的第十届亚洲与大洋洲地球科学学会（Asia and Oceania Geosciences Society，AOGS）学术年会上，中国地震学会理事长、中国科学院院士陈运泰当选为亚洲和大洋洲地球科学学会主席，任期两年（2014—2016）。

陈运泰以其“在地震震源研究、地震学理论和实践方面取得的巨大学术成就，以及为国际和亚洲科学界做出的无私服务和为AOGS的创立与发展付出的不懈努力”被授予2013年度AOGS“艾克斯福特奖”（Axford Medal Award）。

“艾克斯福特奖”以著名空间物理家威廉·伊恩·艾克斯福特（W.Ian Axford）命名，旨在表彰在地球科学研究领域取得杰出学术成就，并为推动亚洲与大洋洲科学合作做出无私贡献的科学家。自2010年颁发以来，共有4位科学家获奖，陈运泰院士是第一位获此荣誉的中国大陆科学家。

**【芦山地震工程破坏与对策学术研讨会】** 5月31日，学会地震工程专业委员会与中国工程院土木、水利与建筑工程学部在四川省成都市联合主办了芦山地震工程破坏与对策学术研讨会，总结四川芦山地震的成因、震源机制及基础设施震害情况，指导芦山地震灾区及全国其他地区的抗震防灾工作。中国工程院院士、学会地震工程专业委员会副主任欧进萍，中国工程院院士、学会地震工程专业委员会委员周福霖等出席会议。会议围绕地震和震害调查，强震观测和地面运动，地震危险性分析和抗震设防区划，场地效应和地基、基础抗震，结构地震反应分析，震害应急评估与建筑修复，基础隔震与振动控制理论和应用，村镇建筑抗震研究，震后恢复重建技术等9个方面展开讨论。

地震工程专业委员会主任孙柏涛在会上作了题为《芦山7.0级强烈地震工程震害科学考察初步成果与建议》报告，围绕芦山7.0级强烈地震工程震害科学考察初步成果，分别对强地震动、场地条件、生命线系统、医疗卫生系统、学校、农居、城市住宅、公共建筑等方面进行分析并提出建议。

**【断层与地震动力学研讨会】** 10月22日，学会构造物理专业委员会与地震动力学国家重点实验室和中国岩石力学与工程学会高温高压岩石力学专业委员会在中国地震局地质研究所共同主办了断层与地震动力学研讨会。中国地震局地质研究所副所长马胜利和荷兰乌得勒支大学地球科学学院教授C.Spiers担任大会主席。C.Spiers教授等一行10人，以及乌得勒支大学地球科学学院、北京大学地空学院、地震动力学国家重点实验室的35位科研人员参加了会议。与会专家、学者围绕断层摩擦行为、断层带岩石物理学、断层岩变形机制与组构、断层力学模型与本构关系、地震触发滑坡与诱发地震、断层变形物理场演化与失稳前兆等内容进行研讨。

（撰稿人：郝记川）

## 中国动物学会

**学会建设** 2013年，学会召开学术会议13次，其中国际学术会议2次，开展海峡两岸交流2次（其中1次为国内学术会议暨海峡两岸学术交流），参加会议总人数3019人次。学会派出7个团组共77人次赴国外和台湾地区参加国际学术交流。

**学术期刊** 6月，学会主办的*Current Zoology*（《动物学报》）首次获得SCI JCR影响因子，为1.333，在SCI收录的151种动物学领域期刊中排名第52位，进入JCR的Q2区行列。第一作者群中，来自欧美科学发达国家的作者占76.7%（56/73）。该刊注重加强编委会队伍的建设，5月，成立了第二届编委会，由32名国内外著名科学家组成，其中中国科学院院士2名，国际编委13名（含1名澳大利亚皇家科学院院士）。该刊入选“2013中国最具国际影响力学术期刊”。

由中国动物学会、中国昆虫学会与中国科学院动物研究所联合主办的《动物分类学报》由中文版改为英文版，并已获得国家新闻出版广电总局批准。期刊的英文刊名改为*Zoological Systematics*，中文刊名不变。2014年1月英文版正式出版。该刊入选“2013中国最具国际影响力学术期刊”。

《动物学研究》2013 年出版英文版共计 5 期，刊发英文稿件 25 篇，入选“2013 中国最具国际影响力学术期刊”。

**学科发展研究** 学会承担了国家科技名词审定委员会的“动物学名词审定释义”项目。11 月 26 ~ 27 日，学会组织专家、学者在湖南省长沙市召开了动物学名词审定释义会议，就动物学名词审定释义学科框架及分工、编写进度安排、选词范围等进行了讨论。

**国际学术会议** 4 月 21 ~ 23 日，2013 年北京国际血液发育生物学研讨会在北京举办，来自美国、英国、法国、中国（含港澳台地区）的 75 位专家、学者参加，其中国外专家、学者 21 位。7 月 31 日 ~ 8 月 4 日，第五次国际寄生虫学学术研讨会在贵州省贵阳市举办。来自国内外的 190 位专家、学者参会，其中国外专家、学者 10 人。

**国内主要学术会议** 学会开展国内学术交流 11 次，共有 2745 人次参加，交流学术论文 1611 篇，平均每次会议参加人数为 249.5 人次。与 2012 年相比，举办国内学术会议增加 3 次，参加会议人次增加 1421 人次，交流论文增加 819 篇，平均每次参加会议人数增加 84 人次，表明学会举办的学术会议对本专业科技工作者的吸引力增强。

8 月 19 ~ 24 日，原生动物学分会第十七次学术讨论会在吉林省长春市召开，240 余位专家、学者参会。10 月 10 ~ 13 日，贝类学分会第十六次学术讨论会在四川省成都市召开，260 多位专家、学者参加。11 月 22 ~ 25 日，第九届全国野生动物生态与资源保护学术研讨会在湖北省武汉市召开，440 名专家、学者参加，大会邀请了 5 位专家分别就秦岭金丝猴的稳定机制、鸟类的巢寄生行为及地理变异、蝙蝠的信号功能、扬子鳄基因组分析和峨眉树蛙的繁殖对策等方面作了大会报告。大会报告涵盖当前最先进的基因组学方面的研究。为鼓励和培养青年科技工作者从事野生动物生态学研究和资源保护，大会评选出了 5 位优秀青年生态学者，8 位最佳墙报奖。11 月 27 ~ 29 日，生殖生物学分会第 14 次学术交流会在湖南省张家界市召开，近 380 位专家、学者参会，大会特邀请 12 位知名专家就从基础研究到临床应用—转化医学的思考、Role of microRNA let-7 in implantation of mouse blastocysts、原始卵泡形成的可能机理、细胞重编程和胚胎发育等方面作了大会报告。52 位专家、学者在“配子发生、胚胎工程与干细胞”、“围植入生物学和生殖疾病”两个分会场就胚胎发生、胚胎工程、干细胞、围植入和生殖疾病等在分会场作了报告。12 月 26 ~ 29 日，两栖爬行动物学分会 2013 年学术研讨会在黑龙江省哈尔滨市召开，235 位专家、学者参加。

**两岸交流** 4 月 26 日至 5 月 4 日，学会鱼类学分会 10 人代表团赴台湾地区参加 2013 年海峡两岸鱼类学术交流研讨会。11 月 8 ~ 10 日，第十二届全国鸟类学术研讨会暨第十届海峡两岸鸟类学术研讨会在浙江省杭州市召开，共 500 余位专家、学者参会，来自中国、美国、法国、西班牙、俄罗斯、英国等国家的鸟类学家和相关机构。组织 19 人代表团赴台湾地区参加第十九届国际蛛形学大会。

**国际组织任职** 学会加入国际动物学会、国际原生动物学家学会两个国际组织。2013 年，学会常务理事、兽类学分会主任委员张知彬当选国际动物学会主席，会员韩春旭当选秘书长；学会副理事长宋微波任国际原生动物学家学会常务执委。

**国际交往** 11 月 8 日，在浙江省杭州市召开的第十二届全国鸟类学术研讨会暨第十届海峡两岸鸟类学术研讨会开幕式上，刘迺发主任委员和 Marco Lambertini 博士分别代表中国动物学会鸟类学分会和国际鸟盟，共同签署了合作谅解备忘录。标志着学会鸟类学分会和国际上最大的鸟类保护组织正式合作的开始。

学会组织 23 人代表团赴加拿大参加第 14 届国际原生动物学大会。组织 14 人代表团赴英国参加第 11 届国际哺乳动物学大会。组织 11 人代表团参加欧洲鸟类学大会。组织 3 人代表团赴美国参加 2013 世界水产养殖大会。组织 4 人代表团赴澳大利亚参加第十届国际海洋生物技术大会。组织 3 人代表团赴西班牙参加第一届国际鱼类和介壳类水生动物免疫学大会。

**科普活动** 5 月 12 日，2013 年全国中学生生物学联赛同时在 29 个省、自治区、直辖市进行，共有 49292 名中学生参加。评出一等奖 765 名，二等奖 2863 名，三等奖 5703 名，并颁发了一、二、三等奖证书及一等奖学生指导教师证书。

8 月 19 ~ 23 日，第 22 届全国中学生生物学竞赛在山东省济南市历城二中举行，29 个省、自治区、直辖市共 30 个代表队 239 名选手参加，各省代表队领队、教练员和指导老师、教育专家、学者等共计 600 余人参加开幕式，中国科协副主席、中国工程院院士陈赛娟出席了开幕式并讲话。本届全国竞赛进行了理论、动物实验、植物实验、生态学、生化实验 5 项竞赛。50 名选手获得金牌，72 名选手获得银牌，96 名选手获得铜牌。

2013 年，学会开展各类科普活动 7 次。4 月 6 日，学会与中国科学院动物研究所、国际动物学会等联合主办了第四届国家动物博物馆爱鸟周暨“美丽中国，美丽青海湖——青海湖鸟类实时监测”发布活动。5月18～19日，在国家动物博物馆举办全国科技周活动宣传活动。9月14日，学会与中国科学院动物研究所·国家动物博物馆等单位组织北京四中、北京师范大学和首都师范大学学生参加全国科普日园博园主场活动，表演了《寻找江豚的桃花源》科普剧。10月4日，学会组织在全国开展“关爱动物，关爱人类健康，我们在行动”世界动物日大型主题活动，中国科学院动物研究所·国家动物博物馆、北京自然博物馆、广东海洋大学水生生物博物馆、成都动物园、浙江自然博物馆、广西自然博物馆、《博物》杂志、《生命世界》杂志、《大自然》杂志等单位参与开展活动，动物学专家张劲硕微博、中国国家地理网、《博物》杂志微博合作开展活动。据不完全统计，全国受益人数在341万人次左右。

**表彰举荐优秀科技工作者** 学会评选出5位第五届青年科技奖获得者，并从中推荐2人为中国青年科技奖候选人。其中，中国科学院动物研究所研究员王海滨获得“第十三届中国青年科技奖”。

**党建强会** 9月22～24日，学会所在党组织、学会科普工作组联合中国科学院动物研究所和环球健康与教育基金会开展第三届全国自然科学类场馆（动物学科类）科普培训班。本次培训的主题为“科普创作”。中国自然博物馆协会名誉理事长徐善衍等相关领导、专家出席了开幕式。培训班邀请6名知名专家授课，50家单位的84名学员参加。学会全额资助了6名云南边远山区中学生物教师及青海西部地区的学员参加活动。

**会员服务** 学会通过开展13次国内、国际学术会议、组织7个代表团参加国际学术会议、参加海峡两岸学术交流、举办科普培训班、动物学名词审定释义等工作，为广大会员和科技工作者提供了学术交流平台和专业能力提升渠道。学会编辑发送第43期《中国动物学会通讯》700余份，邮寄给部分会员，通过电子邮件为会员发送通讯，并将学会通讯发布在学会网站上，供会员和科技工作者下载。学会鸟类学分会编印2期《鸟类学简讯》邮寄给鸟类学分会会员和鸟类学科技工作者。学会重要活动信息通过会员系统发给会员。

**【第五次国际寄生虫学学术研讨会暨寄生虫学专业委员会第14次全国学术会议】** 7月31日至8月4日，第五次国际寄生虫学学术研讨会暨寄生虫学专业委员会第14次全国学术会议在贵州省贵阳市举办，190位专家、学者参会，其中外宾10人。会议收到摘要209篇，其中英文摘要154篇。国际寄生虫学者的参加，为我国寄生虫学研究人员带来了本领域国际前沿研究进展的信息。会议期间，共有54位专家、学者就各自研究方向作了学术报告，其中，国内学者报告47场次，国际学者报告7场次，内容涉及病原生物学和免疫学、寄生虫病流行病学、寄生虫病诊断和治疗、临床案例分析等领域。

**【第十二届全国鸟类学术研讨会暨第十届海峡两岸鸟类学术研讨会】** 11月8～10日，第十二届全国鸟类学术研讨会暨第十届海峡两岸鸟类学术研讨会在浙江省杭州市召开。参会专家、学者多达500余人，包括来中国、美国、法国、西班牙、俄罗斯、英国等国家的鸟类学家和相关机构，其中研究生200余人。本次大会的主题是“人类活动与鸟类多样性保护”。7位专家、学者作了大会报告。会议分为10个专题，共有60个学术报告，内容涉及鸟类区系与物种分化、鸟类群落、鸟类行为、鸟类生活史、濒危物种保护、环境对鸟类的影响等多方面，集中展现了鸟类学的最新研究进展，反映了中国鸟类学迅速发展的现状。

会议期间，还组织了4个圆桌讨论会、3个讲座，以及中国鸟类学史料中心建设专家座谈会，并展出了109个墙报。会议期间组织与会代表参观了“飞翔的梦——中国鸟类学发展史特展”开幕式暨中国鸟类学史料中心揭牌仪式及展览。

大会闭幕式上颁发了第十届郑作新鸟类科学青年奖、中国鸟类学研究生学术新人奖、中国鸟类学基础研究奖、第九届翠鸟论坛金翠鸟奖、最佳墙报奖、大会组织奖等奖项。

（撰稿人：张永文）

## 中国植物学会

**学会建设** 学会第十五届会员代表大会于10月13日举行，经选举，洪德元、匡廷云、许智宏、张新时、周俊担任第15届理事会名誉理事长，武维华担任理事长，安黎哲、种康、葛颂、黄宏文、李德铢、朱玉贤担任副理事长，葛颂（兼）任秘书长。

2013年，学会共召开学术会议7次，其中国际会议2次，共有3560人次专家、学者参会。

学会民族植物学分会正式成立，挂靠单位是中国科学院昆明植物研究所，李德铢任理事长。

2013年，学会新发展高级会员20余人。对学会网站进行了改版。

**科技期刊影响力提升计划** 学会主办的*Journal of Integrative Plant Biology*（JIPB）和*Journal of Plant Ecology*（JPE）继续获得中国科技期刊国际影响力提升计

划二等奖和三等奖滚动资助。

*Journal of Systematics and Evolution*（JSE）获 2013 中国科技期刊国际影响力提升计划项目 C 类资助，奖项周期为 3 年。

根据美国科学信息研究所 ISI 2013 年公布的数据，2012 年 JIPB、JSE 和 JPE 的影响因子分别为 3.75、1.851 和 1.355，在 2012 年 SCI 收录的 195 种植物学期刊中分别排名第 22 位、第 70 位和第 93 位。其中 JIPB 和 JSE 排名与 2011 年度相比，获大幅提升，分别上升了 27 位和 12 位。JIPB 的最新影响因子排名居国际植物科学非综述类期刊的前 11.3%（排名第 12），在 SCI 收录的所有 151 种中国科技期刊中排名第 7 名。

*Journal of Integrative Plant Biology*（JIPB）和《植物生态学报》在中国科学院科学出版基金科技期刊排行榜上，分别以一等第 4 名、三等第 9 名的成绩获择优支持。JIPB 荣获国家新闻出版广电总局“百强科技期刊”称号。

*Journal of Plant Ecology*（JPE）取得了国内统一连续出版物号（新出审〔2013〕920 号）。

**学术期刊** 学会共主办 *Journal of Integrative Plant Biology*（JIPB）、*Journal of Systematics and Evolution*（JSE）、*Journal of Plant Ecology*（JPE）、《植物生态学报》、《植物学报》、《生物多样性》、《植物分类与资源学报》、《生命世界》和《生物学通报》等 9 种期刊。全年发表论文 1114 篇，发行量 477978 册。发表论文中，英文文章比例增高，境外文章数也有所增高。

《植物生态学报》和《生物多样性》获得中国科协精品科技期刊培育计划“期刊学术质量提升项目”资助，资助周期为 3 年。

《生命世界》在中国科协组织的公众喜爱的科普期中评选活动中入“选 30 种重点推介的科普期刊”和“10 种公众喜爱的科普期刊”。

**学科发展研究** 学会承担了中国科协 2012—2013 年度学科发展研究项目。学会编撰了《2012—2013 年植物学学科发展报告》，共计 30 多万字。近 10 个学科专业委员会参与研究项目，57 位专家、学者参与编纂。

**国际学术会议** 11 月 16 ~ 17 日，第九届亚洲兰花多样性与保育国际学术研讨会在福建省福州市召开。来自亚洲以及美国、英国、尼日利亚等国的 100 多名兰科植物研究专家、学者参加了会议。

**国内主要学术会议** 8 月 22 ~ 23 日，2013 年全国植物园学术年会在宁夏回族自治区银川市召开，近 300 名专家、学者出席了大会，大会共收到论文 45 篇，收编于《中国植物园》。10 月 9 ~ 11 日，2013 全国植物生物学大会在江苏省南京市召开，近 1000 名专家、学者参加会议，会议收到论文摘要 180 余篇。10 月 18 ~ 21 日，第三届全国种子科学与技术学术研讨会在广西壮族自治区南宁市召开，100 多位专家、学者参加会议，会议收到论文 51 篇。12 月 28 日，学会古植物学分会第十七届学术年会在北京召开，54 名专家、学者参加会议。

**科普活动** 2 月 25 ~ 28 日，全国中学生生物学冬令营在北京大学举行，共有 17 名选手参加此项选拔活动，周子青、黄琪、高士洪和李广明 4 名同学，以优异成绩取得参加 2013 年国际奥林匹克竞赛资格。

7 月 13 ~ 21 日，第 24 届国际生物奥林匹克竞赛在瑞士伯尔尼大学举行。共有 62 个国家和地区的 240 名选手参加本届赛事。本届赛事共评选出金牌获得者 25 人，银牌获得者 47 人，铜牌获得者 73 人。中国代表队参赛的 4 名队员中，黄琪获得金牌，周子青、高士洪、李广明 3 人获得银牌。

2 月 4 ~ 24 日，第九届北京兰花展在北京植物园举行，共展示 300 余种（含品种）12000 盆（株）花卉。

7 月 18 ~ 20 日，学会组织参加了中国科协在北京主办的第四届科技场馆展品与技术设施国际展览会暨学术研讨会。学会制作了多幅挂图，还将几株扦插的菩提树苗带到了展厅，这些树苗来自当年印度总统尼赫鲁赠送我国并落户在北京植物园的菩提树。

**【中国植物学会第 15 届会员代表大会暨 80 周年学术年会】** 10 月 13 ~ 16 日，学会第 15 届会员代表大会暨 80 周年学术年会在江西省南昌市召开。

10 月 13 日，近 300 位会员代表参加了第 15 届会员代表大会。学会理事长洪德元代表学会第 14 届理事会作工作报告，学会副理事长安黎哲作了关于修改章程的说明的报告。会议审议通过了学会新的会章。代表们以无记名投票方式选举产生了第 15 届理事会，共 110 位理事。

10 月 14 日，学会第 15 届理事会第一次会议召开，洪德元主持会议。经选举，洪德元、匡廷云、许智宏、张新时、周俊等 5 人任第 15 届理事会名誉理事长，武维华任理事长，安黎哲、种康、葛颂、黄宏文、李德铢、朱玉贤担任副理事长，葛颂（兼）任秘书长。会议还通过了本届理事会学会各分支机构负责人和学会副秘书长人选。

同期举行的学会学术年会主题是“生态文明建设中的植物学：现在与未来”。1000 余名专家、学者参加会议。大会共收到论文摘要 492 篇，经专家评审，455 篇收录到《中国植物学会八十周年年会论文摘要汇编》，并于会前正式出版。出版了《生命世界》一期。

会议特邀中国科学院院士洪德元、方精云、陈晓亚、赵进东、朱玉贤、匡廷云（与沈建仁研究员共作报告），马红教授、李德铢研究员、戚益军教授分别作题为《胡先骕与中国植物学》、《中国植物多样性的分布格局及其控制因素》、《植物倍半萜生物合成调控》《藻胆体高效光能吸收与传递的机理研究》、《棉花不同亚基因组数据比较和功能与演化分析》、《利用太阳能生物转化的原理生产清洁能源的前景》、《利用低拷贝核基因重建高度支持的被子植物不同深度系统发育关系》、《DNA 植物条形码与新一代植物志》、《植物非编码 RNA》的大会报告。

大会还依据植物学的各分支学科分为 4 个分会场进行了交流，78 人进行了分会场报告。会议展示了 50 篇墙报，交流了近几年来植物学各领域的研究最新成果。会议评选出 8 个优秀学术报告奖和 4 个优秀墙报奖。

会议期间，举办了青年论坛和期刊发展论坛。

**【第三届国际整合植物生物学学术研讨会】** 7 月 4 ~ 7 日，由中国细胞生物学会植物器官发生专业委员会和中国植物学会植物生理及分子生物学专业委员会主办的第三届国际整合植物生物学学术研讨会在云南省丽江市召开。来自中国、美国、英国、澳大利亚、意大利、日本、韩国等国家的高校和科研院所的 100 余位专家、学者参加了会议。北京大学前校长、中国科学院院士许智宏，中国科学院科技促进发展局副局长段子渊、美国加州大学戴维斯分校教授 William Lucas、德国马普化学生态研究所所长 Ian Baldwin、英国牛津布鲁克斯大学教授 Chris Hawes、美国康奈尔大学教授 Leon Kochian 等出席大会。

美国科学院院士、加利福尼亚大学伯克利分校教授 Peter Quail 作了题为《光敏色素信号转导和调控网络》的大会特邀报告。来自中国、美国、英国、芬兰、荷兰、意大利、日本、韩国的 17 位专家分别作了报告。会议聚焦整合植物生物学研究的前沿问题，展示植物细胞与器官发生、信号转导与环境应答以及基因组学等领域的最新成果，为国内外专家与青年学者之间提供互动交流机会。

（撰稿人：蔡瑞娜）

## 中国昆虫学会

**服务创新型国家和社会建设** 学会副秘书长张润志通过调研，提出《吉林发现马铃薯甲虫重大入侵生物疫情，建议采取紧急防控措施》的建议报告，报告得到国务院总理李克强，副总理刘延东、汪洋的重要批示，农业部、吉林省政府给予高度重视并采纳该建议。

**科技期刊国际影响力提升计划** 2013 年，学会主办的英文期刊 *Insect Science* 获得中国科技期刊国际影响力提升计划三等奖。在该项目的资助下，刊物的国际影响力有大幅度提升，2013 年 *Insect Science* 的影响因子达到 1.786，在国际昆虫学期刊中排名前 27.6%（24/87）。同年，被国际权威的生物医学文献数据库 Medline 收录。

在提升期刊国际影响力方面，2013 年 *Insect Science* 编辑部吸引优质稿源，提升刊物的学术质量，出版学术专刊 *Insect RNA Interference* 1 期，以及 Insect molecular toxicology and chitin metabolism、Insect，plant and environment interaction、Biology，impact and management of the imported fire ants 等学术专栏 3 期。通过改组编委会，吸引更多的国内外优秀科学家加盟编委会，新一届编委 43 人，其中，国外编委占 67%，提升了编委会的国际化水平。

期刊编辑部加强刊物的推广和宣传，与国际、国内学术会议合作，通过在第 3 届国际蚊虫及蚊媒病监测和防治大会、第 9 届国际蚜虫学大会、第 4 届国际昆虫生理生化与分子生物学会议、第 2 届国际生物入侵大会及第 11 届国际直翅目昆虫学大会上，以会议赞助形式发放刊物宣传页、纪念品，免费赠阅样刊，进行期刊宣传，并与国际蚜虫学大会达成协议出版会议专集。

编辑部加强论文推送服务，一方面，为作者提供检索服务，为读者发送当期目录及全文链接，提高载文的阅读与引用量。编辑部定期检索论文的被引用次数，并将这些信息反馈给作者，使他们关注自己论文的被引用情况。另一方面，编辑部将近年发表的论文按主题聚类，将目录发给相关的研究人员，希望能引起研究者更多的关注；整理全球昆虫学论著作者信息，及时向其发送刊物目录及全文链接。

**学术期刊** 学会主办的《昆虫学报》、《应用昆虫学报》、*Insect Science*，学会与中国动物学会合办《动物分类学报》、《寄生虫与医学昆虫学报》等 5 种期刊，2013 年共发行 25800 册，发表文章 713 篇。

《昆虫学报》学术影响力继续提高，2013 年《昆虫学报》建立网站 www.insect.org.cn，累计浏览量已逾 298 万次，单篇论文全文 PDF 版最高下载量为 6380 次，单篇论文摘要最高点击量为 7273 次；两篇论文入选 2012 年度“领跑者 5000——中国精品科技期刊顶尖学术论文”。在总被引频次、影响因子和综合评价总分等期刊评价主要指标上均在昆虫学、动物学类期刊中排名第一，在全部 1994 种核心期刊中的综合评价总分排名为第 36 名，并入选中国科学技术信息研究所评选的“2012 年中国百种杰出学术期刊”。

据中国科技信息所的引证报告，《应用昆虫学报》影响因子为 0.517，总被引频次为 1772，影响因子和总被引频次较 2012 年有提高。

《动物分类学报》经报批与审核，由中文版改为英文版，期刊的英文名称改为 *Zoological Systematics*。*Zoological Systematics* 计划于 2014 年 1 月正式出版。

**国际学术会议** 第四届国际昆虫生理生化与分子生物学学术研讨会议暨第十届全国昆虫生理生化与分子生物学学术会议于 6 月 15 ~ 19 日在江苏省南京市召开。本次大会以"基因组时代的昆虫生理生化与分子生物学研究"为主题，采用大会主题报告（30 分钟）、专题报告（20 分钟）、青年学术报告（15 分钟）和墙报的形式，就昆虫生理学和分子生物学、昆虫生理生态学、昆虫分子毒理学和昆虫分子药理学、昆虫基因组学和生物信息学、昆虫化学感受、昆虫几丁质、昆虫免疫等领域进行交流。出席会议专家、学者有 300 多人，共计安排口头报告 126 个，墙报 85 个，收录摘要 236 篇。

**国内主要学术会议** 学会召开了中国昆虫学会 2013 年学术年会、中国农业昆虫学与昆虫生态学发展战略高级研讨会、杀虫剂毒理与害虫抗药性高层论坛、第十届全国蜱螨学术讨论会等 4 次国内学术会议。参会人员共 820 多人次，提交论文 146 篇，交流论文 375 篇。

学会第十届全国蜱螨学术讨论会于 11 月 15 ~ 18 日在重庆市召开，来自全国相关高校和科研院所的 150 名专家、学者参加了大会。会议邀请了 10 位专家作大会报告，介绍蜱螨学各个领域里的最新研究进展或各自研究领域的最新成果，涉及蜱螨与昆虫之间关系、共生菌研究、叶螨亚社会结构、叶螨种间竞争、植绥螨应用、朱砂叶螨抗性、植物源杀螨剂等内容。大会报告后，会议分为农林蜱螨组与医学蜱螨和分类 2 个组进行，35 名专家、学者作了分组报告。

**国际组织任职** 学会理事长康乐、副理事长刘树生任国际昆虫学会理事。康乐任亚太昆虫学会常务理事，学会副理事长乔格侠、张雅林任理事。

**科普活动** 2013 年，学会重点开展了科普讲座进校园（大学）、中学生昆虫爱好者走进昆虫博物馆、社会关注相关热点"生物入侵预防"等活动。截至 11 月，开展各类科普培训 15 次，直接受众人数 5948 人次。学会科普工作委员会主任张润志通过对生物（害虫）入侵知识的讲座与报告，促进了海南省防控入侵害虫红火蚁、扶桑绵粉蚧等的工作。

**表彰举荐优秀科技工作者** 组织评选出中国昆虫学会第六届青年科学技术奖，在学会 2013 年学术年会开幕式上颁奖。北京市农林科学院魏书军、青岛农业大学褚栋、中国农业科学院植物保护研究所高玉林、首都师范大学高太平、中国科学院动物研究所黄晓磊、中国科学院上海生命科学研究院植物生理生态研究所栾云霞、华南师范大学邓惠敏、南京农业大学刘泽文、中国科学院动物研究所孙玉诚、中国农业科学院植物保护研究所周忠实、中国科学院动物研究所林美英、中国农业大学刘小侠等 12 人获奖。

**【中国昆虫学会 2013 年学术年会】** 10 月 15 ~ 18 日，由学会主办，贵州省科学技术协会、贵州大学和贵州省昆虫学会协办的中国昆虫学会 2013 年学术年会在贵州省贵阳市召开。600 多名专家、学者参会。共收到论文摘要 106 篇。开幕式由学会副理事长兼秘书长黄大卫研究员主持，学会理事长、中国科学院院士康乐致开幕词。年会特邀浙江大学教授陈学新、中国农业大学教授沈杰、中国科学院上海生命科学研究院植物生理生态研究所研究员王四宝、中国科学院动物研究所研究员孙江华、贵州大学副校长金道超、中国科学院上海生命科学研究院植物生理生态研究所副研究员栾云霞分别作了题为《植物 – 天敌支持系统》、《纳米材料在昆虫学中的应用》、《利用昆虫共生菌阻断疾病传播的研究》、《信息化合物介导的红脂大小蠹入侵机制》、《蜱螨学研究的若干热点》、《低等六足动物的分子进化》的报告。开幕式上，颁发了中国昆虫学会第六届青年科学技术奖。

大会设昆虫生理生化，昆虫分类、古昆虫与青工委，昆虫生态与农业昆虫，生物防治与药剂毒理，林业昆虫与资源昆虫，城市昆虫、医学昆虫与蜱螨和外来入侵等 7 个专业组进行分组讨论。各专业组报告由各专业委员会主任负责组织安排，采取特邀报告和自由申请报告相结合的方式进行。

（撰稿人：孟晓星）

## 中国微生物学会

**学会建设** 经全国性社会组织评估委员会审议，学会 2013 年被评为 3A 级社会组织。

2013 年学会召开了 2 次常务理事会议和 1 次理事会议，发展会员近 500 名。学会各专业委员会利用学术研讨会举办之时召开专业委员会委员会议，调整委员组成结构，制定各阶段发展计划。

2013 年，学会及所属专业委员会共组织各类学术会议 25 次，其中国内学术会议 20 次、国际会议 5 次，参加学术会议的总人数约 5000 人次。2013 年的学术会议出现了新的亮点：国外顶尖学者参加的会议增多，国内学者在国际会议中的地位和作用显著提升，学术会议中加入了科普活动内容，港、台地区学者参会人数增多，学术活动吸引了相关企业主动参与，青年科学工作者的参与度和研究水平明显提高。

**学术期刊** 学会主办的期刊有《微生物学报》、《病毒学报》、*Virologica Sinica*（《中国病毒学》英文版）等7种。《病毒学报》获得2013年度中国科协精品科技期刊工程项目——科技期刊出版人才国际培训项目，《中国人兽共患病学报》获得2013年度中国科协精品科技期刊工程项目——期刊学术质量提升项目。

**国际学术会议** 9月23日，第十三届国际菌种保藏大会（ICCC13）在北京开幕。国际菌种保藏大会由世界菌种保藏联盟（World Federation of Culture Collections，WFCC）主办，是国际微生物资源研究、保藏和管理领域最高级别的学术会议。本届大会由学会和中国科学院微生物研究所承办，会议主席为WFCC主席Philippe Desmeth和学会秘书长东秀珠。这是继1992年我国承办第七届国际菌种保藏大会之后，再次承办国际菌种保藏大会。近300位来自40个国家的微生物资源研究和保藏领域的专家、学者参加会议。ICCC13不仅分享了近几年全球微生物资源开发及保藏的成功经验，也向世界充分展示了快速前进中的中国微生物研究和保藏事业。

**国内主要学术会议** 8月21～23日，第十六次全国环境微生物学学术研讨会在甘肃省兰州市召开，529位专家、学者参会，台湾地区环境微生物学工作者第二次组团参会。本次大会共收到论文及摘要239篇，编辑了《第十六次全国环境微生物学学术研讨会论文集》。大会学术委员会从50余篇参选论文中评选出20篇优秀论文，颁发了证书、奖杯，并进行了奖励。会议还进行了简浩然优秀工程奖颁奖仪式，大连理工大学和广东省微生物所2个优秀环境微生物工程获奖。评选出5篇优秀墙报并进行了颁奖。

会议邀请了中国科学院院士焦念志、美国俄克拉荷马州大学Lee R.Krumholz教授，美国华盛顿州立大学、山东大学千人计划入选者荀鲁盈教授作大会特邀报告，23位专家作大会报告。大会还分别设立了污染环境生物治理与修复、环境微生物学研究前沿、环境微生物资源开发与利用和环境微生物与绿色经济4个分会场，60余位专家、学者进行了报告交流。

**科普活动** 2013年10～11月，学会与北京市顺义牛栏山第一中学、北京市第三十五中学、北京市苹果园中学合作，进行了系列微生物主题科普讲座。系列科普报告激发了高中学生对微生物科学的浓厚兴趣。讲座注重师生互动，使同学们在轻松愉悦的气氛中掌握了相关的知识。该系列科普讲座的直接听众超过6000人次。

2013年1月31日，应中国科协调研宣传部和人民网的邀请，学会理事长邓子新院士做客人民网，以《小小微生物　是敌也是友》为题，进行了一次在线访谈。访谈内容涉及工业微生物、农业微生物、食品微生物、病原微生物、环境微生物、极端微生物、能源微生物、资源微生物等各种微生物的功能特性，是一次微生物综合知识的科普传播。

**【2013年中国微生物学会学术年会】** 10月25～29日，学会主办的2013年中国微生物学会学术年会在云南省昆明市召开。学会理事长邓子新院士致开幕词，学会秘书长东秀珠主持开幕式。

大会共收到400余份论文摘要，其中“纪念中国微生物学界前辈事迹报告”1篇，大会报告15篇，分会场报告58篇，出席会议的专家、学者850余人。大会邀请了英国皇家学会会员Keith F Chater和Mervyn Bibb、云南省科协主席、中国工程院院士、云南省农业大学教授朱有勇，中国工程院、军事医学科学院军事兽医研究所夏咸柱等15位专家作大会报告，报告人讲述了他们的最新研究进展，展示了中国微生物学的研究成果，大会设置了4个分会场，其中的青年科学家论坛为学术年会首次增设，旨在为青年微生物学家提供展示最新研究成果的舞台，报告人中既有国家自然科学基金优秀青年获得者，也有千人计划引进人才，中国科学院百人计划入选者、教育部“新世纪优秀人才”。

本次年会遵照“科学普及要为举办地服务”的指导思想，开设了主题为“人类如何预防和战胜艾滋病”的科普分会场，举办了科普讲座和科普展览。

**【首届全国有机废弃物生物转化机制及资源化利用研讨会】** 7月6～9日，首届全国有机废弃物生物转化机制及资源化利用研讨会在湖北省武汉市召开。会议以“创建安全生存环境，构筑生态文明产业”为主题，针对我国现有生产体系中产生的各种有机废弃物的高效处理处置及生物转化技术及机制，围绕如何实现其高效循环利用，变废为宝，同时高值化得到多样的生物转化产品和生物质资源展开了讨论。

（撰稿人：王　旭）

## 中国生物化学与分子生物学会

**学会建设** 2013年，学会和各分支机构（分会和专业委员会）共召开学术会议14次，交流学术论文1824篇，共有4373人次参加了学术交流。

2013年，学会个人会员总人数达6150人，比2012年增加400余人，团体会员增加1个。

**学科发展研究** 2013年学会组织撰写了《2012—2013生物化学与分子生物学学科发展报告》。本发展报告包括综合报告和专题报告两部分。综合报告分析总结了近年来生物化学与分子生物学的研究热点和前沿进展，力求多方位反映生物化学与分子生物学领域近年来的重大进展。专题报告共有8个：蛋白质、多肽科学、核糖核酸、糖复合物、脂质与脂蛋白、表观遗传学、分子系统生物学和、物技术产业等。

**国际学术会议** 2013年学会共组织召开了3次国际学术会议，共有30多个国家的200余位国外专家、学者参会。

2013年1月19日，亚太地区蛋白质学会（Asia Pacific Protein Association，APPA）执委会在上海市举行。学会蛋白质专业委员会主任、国际蛋白质学会执委昌增益博士作为该组织现任主席主持了此次会议。本次会议主要就2014年5月17～20日在韩国济州岛举行的第四次学术会议的筹备情况、学会章程草案的讨论、将在亚太地区举行的2017年国际蛋白质学会学术会议举办地点选择，以及学会发展的其他事宜开展了讨论。

5月30～31日，第二届北京肿瘤微环境国际研讨会在北京召开。6月23～28日，第22届国际糖复合物学术会议在辽宁省大连市召开。9月11～13日，首届广州核酸国际论坛在广东省广州市召开。

**国内主要学术会议** 2013年学会共组织召开了11次国内学术会议。

5月15～17日，体外诊断技术创新与健康医学研讨会在北京召开。5月17～19日，第十一届全国酶学学术讨论会暨邹承鲁诞辰90周年纪念会在江苏省无锡市召开。7月19～23日，2013年全球华人生物科学家大会在陕西省西安市召开。8月19～20日，第八届全国医学生物化学与分子生物学、第五届全国临床应用生物化学与分子生物学、2013华东六省一市生物化学与分子生物学联合学术研讨会在山东省青岛市召开。8月22～24日，学会中医药分会学术年会在北京召开。8月26～27日，2013年工业生物化学与分子生物学年会在陕西省西安市召开。10月12～14日，第四届全国“跨学科蛋白质研究”学术讨论会在安徽省合肥市召开。9月7～11日，第八届中国蛋白质组学大会在重庆市召开。10月18～20日，第11届海洋药物学术年会在海南省海口市召开。11月9～10日，首届分子系统生物学会议在上海市召开。12月20～25日，第十二次全国农业生化与分子生物学学术研讨会在广西壮族自治区南宁市召开。

**国际组织任职** 9月14～18日，第十二届国际蛋白质组学大会在日本横滨市召开，1000多名来自世界各国的专家、学者参加了此次盛会。会议期间，亚太地区蛋白质组组织召开了理事会，并选举产生了新一届执委会，学会贺福初院士当选新一届亚太地区蛋白质组组织主席，任期为两年。

**国际交往** 3月13日，英国生化学会与学会就合作交流事宜在北京召开讨论会，计划从2014年的双方年会推荐报告人、暑期培训班选拔学员等方面开展合作，并于2013年6月签署了合作备忘录。

**科普活动** 2013年，学会共组织科普报告5次。

6月7日，中国科学院院士强伯勤在海南医学院作题为《基因组学与转化医学》的报告。

10月14日，中国科学院院士施一公在安徽省合肥一中作题为《生命的星球》的报告。昌增益教授作题为《神奇的启动光源——同步辐射》的报告。董宇辉研究员作题为《生命活动的直接执行者——神奇的蛋白质分子》的报告。

10月22日，汤其群教授在上海松江一中作题为《脂肪细胞发育与代谢》的报告。

**表彰举荐优秀科技工作者** 经推荐，学会蛋白质专业委员会委员邵峰博士在病原菌感染和宿主天然免疫防御机制研究领域取得一系列突破性研究成果，获得2013年国际蛋白质学会青年科学家奖。国际蛋白质学会成立于1985年，旨在推动国际蛋白质科学研究和发展，1989年开始设立青年科学家奖，每年颁给一位早期科研生涯就已在蛋白质研究领域做出重要贡献的科学家。

学会推选的清华大学李蓬教授团队为创新群体并获得基金委资助；经学会推荐，复旦大学雷群英教授获得“第十届中国青年女科学家奖获”。

雷群英，教授，博士生导师。1971年3月出生于江西省进贤县。1993年获江西医学院学士学位，1993年至1996年在江西进贤疾控中心工作，1999年获苏州医学院硕士学位，2002年获上海医科大学医学博士学位，之后在美国加州大学洛杉矶分校做博士后研究，2006年被复旦大学引进。先后入选上海市科委“浦江人才”、教育部“新世纪优秀人才”、上海市卫生系统“优秀学科带头人”、上海市教委“曙光学者”、上海市优秀学术带头人。2012年获国家杰出青年基金支持。雷群英教授长期致力于肿瘤发生发展的分子机制研究，研究方向为肿瘤代谢，Hippo-TAZ信号通路。迄今发表SCI论文30篇。合作研究成果2010年入选科技部评选的“中国科学十大进展”，2012年获教育部自然科学一等奖（第五）。2011年获“明治生命科学杰出奖”。2012年获得“上海市三八红旗手”称号。2013年获“第十届中国青年女科学家奖”。

**会员服务** 2013年，学会会刊《生命的化学》为了加强和学会会员的沟通，开辟了新技术新方法、生化教学、科研新发现、科普园地、会场内外等新栏目，会刊采用向缴费会员免费赠送。

根据学科发展需要，2013年学会开展继续教育培训班4次，共有200余名会员参加。7月8～13日，中国细胞生物学学会、中国生物化学与分子生物学会联合主办的第四届走向前沿：国际高级生化和分子细胞生物学暑期培训班在北京举行，主题是“种子发育分子调控”领域前沿科学问题。7月16～19日，第七期蛋白质组学技术与应用高级培训班在北京举办。9月7日，蛋白质组学新技术培训在重庆市举行。11月12～15日，第二期蛋白质组信息学培训班在北京举行。

**中国科协会员日** 2013年12月13日，学会与中国植物生理与植物分子生物学学会、中国神经科学学会、上海市植物生理学会、上海市生物化学与分子生物学学会、上海市神经科学学会、上海市生物工程学会等7家学会，借助2013年中国科协会员日活动联合举办了以“转基因与人类生活”为主题的系列科普活动。活动分为转基因知识大型展览，参观上海市生物转基因科普教育基地、上海交大生科院转基因技术相关实验室等内容。通过此次活动，向公众及会员展示转基因技术原理、发展转基因技术的意义，从科学角度解释转基因安全问题、转基因生物安全管理方法等。

**党建活动** 2013年，由学会、中国植物生理与分子生物学学会、中国神经科学学会、中国细胞生物学学会组成的联合党支部开展主题为“十百千——强组织增活力，加强基层组织建设”的党建强会活动。组织了搭建社会服务平台、搭建惠民服务平台、庆祝中国共产党建党92周年等一系列特色活动。通过系列活动，增强了各学会间的互动和合作。该活动被评为优秀组织奖。

**【第22届国际糖复合物学术会议】** 6月23～28日，第22届国际糖复合物学术会议（22nd International Symposium on Glycoconjugates）在辽宁省大连市召开，来自中国、美国、日本等27个国家和地区的430余位从事糖生物学与糖化学领域研究的专家、学者参加了会议。这是我国第一次主办国际糖生物学领域最具规模和影响的学术盛会。学会糖复合物专业委员会委托复旦大学、大连医科大学和中国科学院大连化学物理研究所共同承办此次会议。中国科学院院士、中国科学院大连化学物理研究所研究员张玉奎和国际糖复合物组织（当选）候任主席、复旦大学教授顾建新共同担任本次会议主席。会议围绕主题——糖科学与人类健康，以及糖复合物的合成与代谢、糖复合物与疾病、糖复合物与发育分化、糖复合物与天然药物、糖蛋白质组学、糖生物信息学、糖结构生物学、糖生物工程与技术等10个专题，交流糖科学——糖生物学、糖化学，及糖生物技术最新进展，探讨发展方向。会议安排46场共157人次口头报告，2场共200个墙报展示。其中，10场大会报告和、17个专题报告，4场青年糖科学家论坛，两个卫星会议，1场美国糖生物学会特约分会，中外嘉宾400多人出席会议。30名国外青年学生获得旅途基金（Travel Grant）资助。

**【第八届中国蛋白质组学大会】** 9月7～10日，由学会蛋白质组学专业委员会主办的第八届中国蛋白质组学大会在重庆市召开。本次大会的主题是“人类蛋白质组计划：让人类更健康”。会议由军事医学科学院放射与辐射医学研究所、重庆医科大学、蛋白质组学国家重点实验室、北京蛋白质组研究中心共同承办，来自国内外120多家科研院所、事业单位、仪器厂商的近千名学者、专家、工程师参加了会议，共同探讨和促进蛋白质组学的研究与发展，增进国际间交流与合作。本次中国蛋白质组学大会首次邀请到诺贝尔奖获得者出席。

联合大会主席、中国科学院院士贺福初代表大会组委会致开幕词。开幕式由大会主席、复旦大学教授杨芃原主持。应大会邀请，诺贝尔生理医学奖获得者、美国马萨诸塞州麻省大学医学院Craig C.Mello教授，国际人类蛋白质组组织（HUPO）主席Pierre Legrain教授、秘书长Maxey Chung教授，美国密歇根大学教授、美国科学院院士Gilbert Omenn教授，科技部基础研究司原司长、中国科学院生物物理研究所研究员张先恩，中国科学院院士、清华大学教授饶子和，中国科学院院士、中国科学院大连化学物理研究所教授张玉奎，军事医学科学院贺福初院士、张学敏院士、秦钧主任等20位国内外著名专家、学者作了大会报告。另有84名国内外专家、学者针对疾病标志物与药物蛋白质组、生物信息学、蛋白质组新技术、功能蛋白质组、模式生物蛋白质组、蛋白质组和系统生物学、染色体蛋白质组、青年科学家专场等8个专题作分会报告。此次大会共收到340篇论文摘要，参展墙报236张，评选出学术贡献奖2名、优秀墙报20张、优秀青年学者奖8人、优秀培训教师4人。会议期间，40多家国内外生物医药企业展示了各自在蛋白质组学相关领域的最新仪器设备和技术。

（撰稿人：孙晓丽）

## 中国细胞生物学学会

**服务创新型国家和社会建设** 2013年，学会进行了科技评价、人才评估和科技奖励工作。通过科技工作者自愿申报、学术委员会评估、评选结果公示等程序，最终评出中国细胞生物学学会杰出成就奖2名，中国细胞生物学学会杰出贡献奖1名，中国细胞生物学学会2013年青年优秀论文奖9篇，中国细胞生物学学会2013年优秀墙报奖20篇。为规范学会奖项与公司奖项的规则，设定合理、科学的流程，学会召开了理事会议，设立奖励委员会，并制定了《中国细胞生物学学会所属各类奖项的设置与运营管理办法（草案）》。

学会依据国际ISO的标准化质量管理原则，根据GMP、脐带血干细胞库管理规范、药品注册管理办法等标准及法规要求，参考欧盟和美国有关标准、国际干细胞学会《干细胞研究临床转化指南》等文件，编写了《干细胞库运行质量管理规范（草案）》，为我国干细胞库的实践与使用中形成统一的标准化管理体系和技术标准体系提供了依据。

**学会建设** 经全国性社会组织评估委员会审议，学会通过全国性学术类社会团体的评估，被评为3A级。

截至2013年底，学会个人会员总数达到7500余名，同比2012年增长了1009名会员。2013年，设计开通了学会BBS论坛，为科技工作者提供网上交流的平台；通过微博发布203条消息，粉丝增至948人；制作了12期Newsletter，不定期发给所有会员和理事。

4月和12月，为了积极推动各省市的细胞生物学科的发展，学会组织召开了两次各省、直辖市细胞生物学学会工作会议，为地方学会组织活动、分享工作经验等搭建了交流平台。

8月，学会在湖北省宜昌市召开了学会领导工作会议暨第四届分会会长会议，会议审议修订了《中国细胞生物学学会专业分会组织结构和评估题规则（审议稿）》，计划于2014年开展对下属各专业分会进行评估考核。

2013年，学会成立了青年工作委员会；完成了两个分支机构的更名工作，原细胞生物学教学与普及分会更名为细胞生物学教学与普及工作委员会，原细胞精细结构与功能分会更名为细胞结构与细胞行为分会；完成了免疫细胞生物学分会和干细胞生物学分会的换届工作。

4月，学会在湖北省武汉市召开的2013年全国细胞生物学学术大会·武汉会议之际，召开了第14次全体会员代表大会，会议共有420名会员代表参加，对章程进行了修改，进一步明确了学会财产审计及终止以后的处理。

**科技期刊国际影响力提升计划** 2013年*Cell Research*（CR）的SCI影响因子为10.526，实现了中国科技期刊影响因子突破10的历史纪录，在SCI收录的169种发表原创论文的细胞生物学领域的期刊中影响因子排名第14位，在其收录的中国期刊中影响因子继续排名第1位。更为重要的是CR五年影响因子也超过了10（10.216），标志着CR已基本确立了其在国际分子与细胞生物学领域权威期刊的地位，实现了中国学术期刊界及广大科学家们多年的梦想。

2013年CR共减免版面费约稿（一般发表文章都需要支付版面费，其中有9篇减免了版面费）。综述9篇，优秀原创论文4篇。资助OA文章22篇。

2013年CR加大了在国际上的宣传力度，尤其是努力提升在欧美科学团体中的影响力。2013年CR陆续在国际著名的生物医学系列会议Gordon Research Conferences（在其一年的会议中选择5个和CR密切相关的会议）、Keystone Symposia（在其一年的会议中选择25个和CR密切相关的会议）上进行宣传，同时针对热门研究领域的权威会议进行宣传，如国际干细胞协会的年会、国际RNA协会的年会、美国免疫学会的年会、美国植物生理学会年会、欧洲分子生物协会RNA会议，以及美国细胞生物学会年会。

重新设计的Cell Research网站（www.cell-research.com）正式上线运行；在国内知名的生物医学网站丁香园上设立了Cell Research博客，目前粉丝已超过7000人，扩大了刊物的影响力。

CR于2013年荣获第三届中国出版政府奖期刊奖，入选2013年国家新闻出版广电总局百强报刊及2013年“中国最具国际影响力学术期刊”。

学会主办的外文期刊*Journal of Molecular Cell Biology*于2013年获得中国科协学会能力提升专项“优秀国际科技期刊”二等奖。

**学术期刊** 学会与中国科学院上海生命科学研究院生物化学与细胞生物学研究所共同主办了3本科技期刊。*Cell Research*（《细胞研究》）本年度重大选题是第一期的干细胞专题，共发表5篇权威综述、5篇原创论文、2篇简报。2013年收稿接近1800篇，共发表论文183篇，其中中国稿件71篇。在《2013年版中国科技期刊引证报告（核心版）》中，*Cell Research*总被引频次是7026次，影响因子是10.526，5年影响因子是10.216。

*Journal of Molecular Cell Biology* 2013年发表论文55篇，其中中国稿件22篇。在《2013年版中国科技期刊引

证报告（核心版）》中，*Journal of Molecular Cell Biology* 被引频次为651次，影响因子为7.308。在《中国学术期刊国际引证报告》（CAJ–JCR）中，JMCB排名第6位。

学会主办的唯一中文期刊《中国细胞生物学学报》，2013年共发稿件240篇。

**国际学术会议** 2013年，学会举办了5次国际学术会议，共有956人次学者参会，其中国外学者120人次。交流论文376篇。

**国内主要学术会议** 2013年，学会举办了5次国内学术会议，共有2665人次专家、学者参会，交流论文766篇，出版了《中国细胞生物学学会2013年全国学术大会·武汉会议论文摘要集》等4部论文摘要集。相比2012年，学会举办的学术会议次数略有减少，原因是4月19～21日在湖北省武汉市召开了两年一次的中国细胞生物学学会2013年全国学术大会·武汉会议，学会下属12个专业分会场在大会上设立分会场，从而减少了各自单独举办的学术会议的数量。

**两岸交流** 7月2～4日，在新疆乌鲁木齐市召开了海峡两岸免疫细胞生物学学术研讨会。会议主题是"免疫细胞生物学热点研究进展"，来自台湾地区和大陆的50位专家、学者进行了交流和讨论。

**国际组织任职** 学会秘书长丁小燕现任第六届亚洲太平洋地区细胞生物学联合会（APOCB）大会秘书长，任期3年。

**国际交往** 9月，学会派代表参加在日本横滨举办的第86届日本生物化学学会学术年会，本次大会以"全球生物化学的未来"为主题，从细胞代谢、基因表达调控、亚细胞构造、信号转导、干细胞到神经科学等多方面以不同的视角来探讨生物化学未来的发展方向。

12月，学会派代表参加了在美国新奥尔良召开的第49届美国细胞生物学学会学术年会，并在会议期间组织了中国专场，介绍细胞生物学在中国的发展现状、就业形势等，吸引了很多学者的关注。美国细胞生物学学会主席Don Cleveland应邀在4月武汉市召开的学术大会上作了特邀报告。

**科普活动** 5月19日，学会在上海针对禽流感的情况，学会开展了中国科学院巴斯德研究所开放日活动，来自上海全市的50名小学生参加了活动。

7月和9月，学会开展了新疆东部地区民族高发病早期诊治科普活动，在巴里坤镇、木垒镇、萨尔乔克乡等社区和农村共举办了14场科普讲座，并进行了现场健康解答及义诊，听众240人次。在3个乡镇、7个村举行义诊，入户60户，涉及民众400人次。向上述地区的民众、县妇幼保健站和两县八所中小学发送了2.6万余份早期防治消化道肿瘤和糖尿病的宣传单。

12月1～14日，学会分别在上海、湖北、辽宁、天津、陕西、河南6个省、直辖市邀请从事细胞囊泡运输机制相关研究的细胞生物学领域知名教授、研究员进行解读，通过专家浅显易懂地讲解，使人们了解细胞如何运输蛋白质和神经递质，哪些人类疾病与运输障碍有关，让公众走近诺贝尔生理医学奖。参会人数达800人次。

**表彰举荐优秀科技工作者** 4月，在湖北武汉召开的全国细胞生物学武汉大会上，学会组织开展了杰出贡献奖、杰出成就奖、青年优秀论文、优秀墙报、创新奖等一系列奖项的颁奖活动，向获奖者颁发了证书和奖金。

**学会创新发展** 在学术交流方面，学会除了保持原有特色品牌活动的开展之外，积极探索与其他学科的交叉交流与合作。4月16～17日，学会与中国茶叶学会共同主办了"茶与健康的科学研究"新观点新学说学术沙龙，学会推荐了4位细胞生物学领域的专家参与了研讨，与茶叶领域的专家就茶叶的作用机制、反映机理等方面从不同学科角度行了交流与研讨。

4月19～21日在湖北省武汉市召开的学会2013年全国学术大会·武汉会议，会议引进了国际学术会议的特色版块，结合细胞生物学国内的现状和科技工作者的需求，设立了"成长的烦恼：基金申请、文章发表、实验室运行等——与资深细胞生物学家面对面过招"活动。通过资深专家介绍自己创立课题组、管理实验室、申请经费、发表文章、平衡科研和生活等方面的经验和心得，给一些新PI，尤其是刚回国建立实验室的PI有用的建议。

学会理事会成立了由一位副理事长负责的科普教学领导小组，根据学科发展的需要，将原先的细胞生物学教学与普及分会更改为细胞生物学教学与普及工作委员会。首次联动省级细胞生物学学会，整合资源，共同开展科普培训等活动。12月，号召全国各省级细胞生物学学会共同开展诺贝尔奖解读的科普活动。

**【中国细胞生物学学会2013年全国学术大会·武汉会议暨第14次会员代表大会】** 4月19～21日，学会2013年全国学术大会·武汉会议暨第14次会员代表大会在湖北省武汉市召开。会议主题为"细胞——生命的基础"。来自国内科研机构和高等院校及企业界人士共1100多人出席了会议，其中包括11名院士。会议共收到论文360多篇，墙报92篇。大会设立了1个主会场、10个分会场，共进行96个分会场报告。

大会期间还举办了"成长的烦恼：基金申请、文章发表、实验室运行等——与资深细胞生物学家面对面过招"

活动。大会颁发了杰出贡献奖等多个奖项。在会议期间，召开了第 14 次会员代表大会，按照税务局申请小额免税资格的要求，对学会章程进行了修改。共有 420 位会员代表参加了会员代表大会。

**【2013 年诺贝尔生理 / 医学奖解读】** 2013 年诺贝尔生理 / 医学奖获奖人为詹姆斯 · E · 罗斯曼、兰迪 · 谢克曼和托马斯 · 聚德霍夫，他们的学术贡献是发现细胞主要的运输系统小泡运输的调控装置，这些装置主要是决定转运蛋白质和神经递质的小泡形成和定向运输的膜蛋白复合物。

12 月 5 日，上海市细胞生物学学会邀请了中国科学院上海生科院生物化学与细胞生物学研究所研究员鲍岚讲解，学会秘书长丁小燕主持，在上海市档案馆外滩新馆 10 楼报告厅举办了主题为“2013 年诺贝尔生理 / 医学奖解读 - 细胞的交通运输”科普讲座。现场共有 100 余位青年学生和市民聆听讲座。

12 月 5 日，湖北省细胞生物学学会邀请了中南民族大学教授阳小飞（在 2013 年诺贝尔奖获得者实验室工作过 5 年）讲解，由湖北省细胞生物学学会秘书长李文化和该学会教学与科普委员会主任程汉华主持。本次讲座面向社会，以科普形式向与会者讲解了 2013 年诺贝尔生理医学奖的相关知识内容，为听众了解当今世界生理医学的科学进展提供了良好机会。

12 月 8 日，辽宁省细胞生物学学会邀请了中国医科大学教授曹流、陈誉华、李丰分别针对 3 位获奖人的成果进行讲解，学会教学与普及工作委员会委员方瑾主持。

12 月 13 日，天津市细胞生物学学会邀请了南开大学生命科学学院遗传学和细胞生物学系主任胡俊杰教授，胡俊杰教授曾是南开大学最年轻的特聘教授，荣获国家杰出青年基金、美国霍华德—休斯国际科学家奖。

12 月 14 日，陕西省细胞生物学学会邀请第四军医大学副教授李郁就 2013 年诺贝尔生理医学奖获奖人 James E. Rothman 等的学术贡献做了专题解读。参会人数达 200 多人。

12 月 13 日和 12 月 17 日，河南省细胞生物学学会邀请了李吉学教授和陈颖教授分别在河南大学和河南科技学院对 2013 年度诺贝尔生理 / 医学奖进行解读，该科普活动受到了大学生的欢迎。

（撰稿人：杨　瑾）

## 中国植物生理与植物分子生物学学会

**学会建设** 2013 年，学会举办学术交流活动 7 次，参会人数总计 3500 余人次，收录论文 718 篇。学会申请成立分支机构植物生物学女科学家分会获中国科协同意，已递交民政部审批。

**学术期刊** 学会主办期刊取得显著成绩，《分子植物》2012 年度影响因子 6.126，在国际植物科学领域期刊中排名第 10 位，并连续三年在亚洲同领域期刊中排名第一。

**国际学术会议** 6 月 18 ~ 22 日，第 21 届植物生长物质国际会议在上海市召开，参会人数近千人。这是该系列会议首次在中国召开。本届会议邀请近百位有杰出成就的中外科学家作报告，展示近年来在植物生长类物质研究领域的发展和成绩。通过讨论创新思维和分享开拓性研究成果，有助于加快植物激素研究领域学科生长点的培育。

8 月 18 ~ 22 日，由学会发起的植物—生物互作国际会议在陕西省杨凌市召开第三届会议，本次大会的主题为“植物—生物互作和农作物持久抗性”。会议涵盖植物病理学、植物—微生物互作、植物—昆虫互作和作物抗病虫分子育种等。在为期三天的大会中，国际著名植物病理学家美国密歇根州立大学教授 Marty Dickmann 和美国俄勒冈州立大学教授 Brett Tyler 作了大会主旨报告；来自澳大利亚西澳大学教授 Karam Singh 和来自德国马克斯普朗克植物育种研究所教授 Jane Parker 等 12 位专家、学者作了大会报告；43 名专家、学者作了分会场的专题报告。此外，会场外还进行了墙报学术交流。与会专家、学者从植物与病原互作、植物与昆虫互作及植物病虫害防控等方面开展了学术交流。

10 月 18 ~ 21 日，在上海市召开第 11 届国际植物生物学前沿大会。

**国内主要学术会议** 5 月 6 ~ 7 日，在云南省昆明市召开第四届全国植物生物技术及其产业化大会；6 月 16 ~ 18 日，在上海市举办学会成立 50 周年暨全国学术年会活动。10 月 8 ~ 11 日，在江苏省南京市召开全国植物生物学大会。

**两岸交流** 4 月 10 ~ 14 日，在广东省广州市举办第三届海峡两岸植物生理与分子生物学教学与研究研讨会。

**科普活动** 2013 年，学会共举办科普活动 2 次。召开科普工作会议 1 次、筹备会议 2 次，建立学会科普教育基地 6 个。第二届国际植物日全国大型植物科普活动 5 月 18 日启动，以“植物科学与生态建设”为主题，来自上海辰山植物园、华南植物园、武汉植物园、西双版纳热带植物园等全国知名植物园，北京大学、复旦大学、上海交通大学、湖南农业大学、南京农业大学等高等院校共计 24 家单位参加，受众达 20 万人次。

**【第二届国际植物日】** 5 月 18 日，第二届国际植物日活动在上海市辰山植物园启动。本次活动以“植物科学与生态建设”为主题，从“植物多样性与生态环境”、“植物科学与都市农业”和“植物转基因技术与人类生活”等方面开展科学普及活动。

为更好地普及植物生物技术科学知识，学会邀请多位专家共同制作完成了主题为“植物转基因技术与人类生活”的系列科普展板共32张，图文并茂地阐述了转基因技术原理、发展转基因技术的意义及转基因技术在农业、医药、食品、能源、环保等方面的广泛应用；从科学角度解答了公众最为关心的转基因食品安全问题，并对网络上误传的“十大转基因事件”进行了澄清和解释。此系列展板同时发送给各承办单位，实现资源共享、同步科普。

为鼓励青少年亲近自然、主动学习植物科学知识，参与国际植物日活动的上海辰山植物园、中国科学院西双版纳热带植物园、华南植物园、武汉植物园、北京植物园和华西亚高山植物园等达成共识，对本次国际植物日征文大赛10位一等奖获奖选手奖励植物园一年内无限次免费入园的套票。学会结合“国际植物日”，与《语文报》社合作，发起全国中小学生“植物科学与人类生活”征文活动，得到了全国不同地区的广泛响应。2013年收到征文3500多篇，比2012年增加1200多篇。从中分别选出来110篇和119篇优秀征文。第一批优秀作品已集结成册，将作为科普文集推广。

**【中国植物生理与分子生物学学会成立五十周年纪念暨全国学术年会】** 学会成立五十周年纪念暨全国学术年会于6月16～18日在上海市召开。来自全国各地的近400名会员欢聚一堂，共同庆祝学会五十周年华诞。

中国科协党组成员沈爱民、中国科学院院士沈允钢、匡廷云，中国科学院院士、学会理事长许智宏等出席纪念活动。

在为期一天半的全国学术年会中，28位国内外知名专家、学者报告了各自的科研成果。此次年会大会报告由各专业委员会推荐产生，也邀请青年学者报告。报告内容展示了植物生理与分子生物学各专业领域的最新研究方向，集中反映了植物细胞与生长发育、光合作用、环境与营养生理、植物衰老、植物激素、植物生物能源、植物—微生物分子互作等方面研究和教学的最新科研成果。

（撰稿人：周　丽　冷　冰）

## 中国生物物理学会

**服务创新型国家和社会建设**　中国生物物理学会受全国名词审定委员会委托，编撰《生物物理学名词》（第二版）。2013年，学会名词审定工作委员会围绕神经生物物理、生物信息学、光生物学、生物控制论、结构与分子生物学、膜与细胞生物物理、生物力学与生物流变学、辐射生物物理、纳米生物学、自由基生物学等专题，召开专场审议讨论会，根据系统性、简明性、民族性、国际性和约定俗成等原则，对词条释义的科学性、准确性进行了再次审核。生物物理学14个分支领域的近3000个词条终审完成。

7月10～13日，国际冷冻电镜图像处理技术培训班在北京举办，重点讨论了低温电子显微镜在生物大分子的三维结构研究领域的基本重构原理和常用算法、主流软件的使用以及最新研究进展。中国生物物理学会特邀此项技术的国际开发团队主讲。来自全国各地以及多个国家和地区的近百位学员亲身体验、实际操作，并与该领域的领军人物进行了面对面的交流。这是该专题培训班首次在中国举办。培训班系统全面地将最新的冷冻电镜图像处理技术和软件带给了国内的相关研究人员，特别是从事大分子复合体结构功能研究方面的研究人员，有助于促进我国低温电镜和结构生物学领域的发展。

主要成员均为学会会员的“中国科学院科技人才早期培养计划”项目连续五次获得国家自然科学基金专项基金资助。

**学会建设**　学会于2013年10月29日召开了第十次全国会员代表大会，进行了理事会、常务理事会的改选。第十届理事会117名理事，常务理事42名。截至2013年12月31日，学会个人会员3526名，其中女性会员715名，高级会员43名，学生会员606名，会员人数比2012年增加197名。新增生物超微结构显微成像专业委员会、脂质代谢与生物能学专业委员会、生物磁共振专业委员会。学会下属专业委员会由原来的11个新增为14个。正在积极筹建生物铁专业委员会、单分子生物物理专业委员会。编撰出版了《中国生物物理学会2013年工作年报》，纸质版发行700余册，电子版寄送3000余份。

在学会与地方科协、地方民政厅的共同努力下，2013年新疆生物物理学会、河南省生物物理学会正式成立。

9月7日，新疆生物物理学会在新疆维吾尔自治区乌鲁木齐市召开成立大会。新疆科协副主席魏生贵到会祝贺并讲话。新疆医科大学校长哈木拉提·吾甫尔当选新疆生物物理学会第一届理事会理事长，陶亮等10人当选副理事长，阿不力克木·买买提明等24人当选常务理事，肖辉当选学会秘书长。来自新疆生物物理学科领域的专家近200人出席了会议。

11月30日，河南省生物物理学会正式成立。在河南省开封市召开的成立大会上，理事长饶子和代表中国生物物理学会对河南省生物物理学会的成立表示祝贺。河南大学副校长宋纯鹏当选河南省生物物理学会第一届理事会理事长，刘玉芳等5人当选学会副理事长，安国勇当选学会秘书长。

**学术期刊** 2013年学会主办或与其他单位联合主办学术期刊3种。*Protein & Cell* 自2012年被SCI数据库收录后，2013年公布的首个影响因子为3.22，进入细胞生物学科Q2区。《生物化学与生物物理进展》连续两年入选中国最具影响力学术期刊（Top 5%），2013总被引频次和影响因子分别达到1473和1.145，在同学科期刊中排名第4位。《生物物理学报》完成编委会换届。新一届编委会改革了办刊宗旨和办刊模式，变更刊名为 *Biophysics Reports*，刊物定位是反映生命科学领域新理论、新技术、新方法的英文双月刊。

**科普活动** 10月30日，学会主办的系列报告会——青年科研生涯规划第三场报告在江西省南昌市举办。特邀中国科学院院士郭爱克主讲，与200多位硕士、博士研究生共同探讨在科学研究的道路上如何进行“探索路上的抉择”。报告会以音乐和绘画为切入点，带领大家逐步探索智力的本质，寻觅智力的源头，明确什么是抉择，最终达成共识：生命就是不断做出抉择的过程，没有例外。郭爱克院士结合自身的科研经历，告诫大家：在科学探索中，创新是最可宝贵的；在做人准则中，真善美是最可宝贵的。

与会学生就自己在科研生涯规划中遇到的问题与郭爱克院士进行了讨论。

**国际学术会议** 学会及其下属专业委员会全年共举办国际会议7个：第十三次中国暨国际生物物理大会、X射线自由电子激光在结构生物学中应用的突破性进展、中国－拉丁美洲论坛、第三届中日细胞自噬会议、第四届自由基生物学与自由基医学发展战略研讨会、第五届中美生物医学工程暨海内外生物力学学术研讨会、第二届国际分子影像高峰论坛。共计参会人数1405人次，交流论文730篇。其中，邀请到包括诺贝尔奖获得者、美国科学院院士、英国皇家学会会员等在内的国外知名专家学者72人参加，交流学术论文72篇。

10月14～18日，第三届中日细胞自噬会议在甘肃省敦煌市召开。会议规模64人，其中日本代表18人，国内学者46人。会议邀请了来自日本的Ohsumi教授、Tamotsu教授、Noboru教授等3位在细胞自噬领域做出突出贡献的杰出科学家作大会报告和指导。此次会议展示了细胞自噬通路的研究进展，细胞自噬的调控机制，选择性细胞自噬，细胞自噬与疾病的关系等领域的最新进展和成果，为国内相关领域学者搭建了与国际一流实验室合作的桥梁，加强了彼此的了解，推进了中日在细胞自噬研究领域的交流与发展。

**国内主要学术会议** 2013年学会共举办国内学术会议4个，参会人数388人次，交流学术论文184篇。

1月11～14日，第八届全国光生物学学术会议在云南省保山市召开。来自全国各科研机构和大专院校的60名学者参加了会议，交流学术论文41篇。会议探讨了光子与分子、细胞、组织、个体之间的作用及其生物学反应。

1月13～16日，学会在云南省保山市举办了第三届自由基生物学与自由基医学发展战略研讨会。来自中国和美国的共计22位专业委员会委员就自由基生物医学学科的战略发展方向展开了讨论。

3月31日～4月3日，第四届中国结构生物学学术研讨会在重庆召开。来自54个单位的110个研究组的280名科技工作者参加了会议。会议收到论文摘要124篇，举行了5场学术报告和两场墙报展讲。来自晶体学、核磁共振和电子显微镜领域的45位科学家报告了他们的最新研究进展，展现了我国结构生物学研究的整体实力和发展态势。

学会自由基生物学与自由基医学专业委员会分别于1月13～16日、10月13～15日，连续举办了第三届和第四届自由基生物学与自由基医学发展战略研讨会。会议围绕自由基生物医学基础与应用相结合的关键科学问题，重点探讨天然抗氧化剂的健康效应和分子机制及其在抵抗衰老、预防疾病与人类健康方面的临床应用前景，以及天然抗氧化物科研成果的成功转化等专题。

11月26～29日，全国纳米生物物理学学术会议在云南省保山市举办，与会专家24人。会议主要探讨纳米材料的自组装生物学和物理化学机制，纳米材料的独特生物物理特性，以及利用纳米尺度的生物物理表征在生物学和医学领域的潜在应用等方面的热点问题和研究进展。

**两岸交流** 9月23～24日，第三届海峡两岸生物医学光学/生医光电学术研讨会在广东省深圳市举行。50位专家、学者参加了会议。来自台湾大学、阳明大学、成功大学、台湾交通大学、长庚大学和大陆高校、科研院所的21位生物医学光学专家作邀请报告，针对该领域中组织光学分子成像与体成像、临床光学测量与治疗、光学癌变诊断、血流成像与微循环监测、生物医学传感等5个前沿专题，报告了最新研究成果和未来发展趋势。两岸专家、学者深入探讨和挖掘了两岸未来的合作潜力和发展空间，就在生物医学光学领域建立两岸长效学术交流机制和互动平台、促进两岸同行以及同深圳产业界的持续交流与合作形成了共识，提出了具体建议。

学会组团参加了10月16～21日在台湾地区台北市

召开的亚洲自由基学会双年会暨华人自由基生物学与自由基医学学术研讨会。会议以“老化与疾病中的氧化应激和线粒体改变”为主题，邀请国际自由基生物学与医学研究领域知名学者作学术进展报告，来自海峡两岸的100多位专家、学者通过特邀报告、专题报告、口头报告、墙报展讲等形式进行了交流。学会自由基生物学与自由基医学专业委员会主任赵保路荣获亚洲自由基研究学会颁发的特别贡献奖。

**国际组织任职** 2013年5月27日，学会总干事刘平生经过亚洲生物物理联合会（Asian Biophysics Association，ABA）各成员国代表的投票选举，被增补为ABA执委。在2013年11月11～13日召开的亚洲大洋洲光生物学会理事会上，学会理事兼专业委员会主任崔宗杰、会员杨春虹当选为该学会理事会成员。

**国际交往** 4月24～28日，学会特邀俄罗斯科学院院士 Andrey B. Rubin 来华讲座，并对中国科学院生物物理研究所、清华大学，天津国际生物医药联合研究院等单位进行了学术访问。期间，Rubin 院士分别作了题为：*Regulation of Primary Photosynthesis and Methods of Ecological Monitoring* 和 *Teaching of biophysics as anindependent science in capacity building* 的学术报告。双方就俄罗斯生物物理学会、欧洲生物物理联合会与中国生物物理学会之间共同组织学术活动、建立合作平台等问题进行了磋商。

学会组团参加了第八届亚洲生物物理学术大会（5月26～29日，韩国）、第六届亚洲大洋洲光生物学会议（11月11～13日，澳大利亚），获得了2015年第九届亚洲生物物理学术大会在中国召开的承办权。

经学会评选英国牛津大学 David Stuart 教授荣获学会“贝时璋国际奖”。

**科普活动** 2013年学会共组织主题科普讲座11场、高端科技培训班1个，受众人数6625人次；配合北京新闻广播电台新闻照亮深处节目制作了3次题为《伊朗巨鼠之谜》、《登革热疾病》、《如何正确输液》的医学科学知识的广播节目，每次35分钟，共计105分钟；编辑出版科普读物5000册；初步建立以院士和著名学者为首席科学家的科普宣传团队3～4个；在《少儿科学画报》发表科普文章1篇；依托挂靠单位的资源优势，拥有包括1个展厅（500平方米）和3个一线开放式科研平台（5000平方米）的集知识性、前沿性、实践性为一体的科普基地；两个项目（具体名称）获得中国科学院科普项目资助。

**表彰举荐优秀科技工作者** 学会向“2013年度候选创新群体”、“第十届中国青年女科学家奖”、“第十三届中国青年科技奖”、“中国科学院两院院士候选人”、“欧莱雅—联合国教科文组织世界杰出女科学家奖”等推荐科技工作者共计10人次。经学会推荐，中国科学院生物物理研究所研究员杨福愉、清华大学教授赵南明荣获“贝时璋奖”，中国科学院生物物理研究所刘光慧博士、华中科技大学马聪博士、北京大学李川昀博士获得了“贝时璋青年生物物理学家奖”。

12月16日，学会推荐的两名候选人王江云、宋宝亮同时被授予“第十三届中国青年科技奖”。

王江云：中国科学院生物物理研究所课题组组长，国家“杰出青年基金”、中科院“百人计划”获得者。从事生物物理化学、合成生物学及化学生物学领域科研工作，在发展蛋白质及RNA标记的新方法、研究蛋白质及RNA的定位，结构，折叠以及相互作用、研究含有金属卟啉和铜离子的蛋白质的结构功能、设计新的金属酶等方面取得了重大成果。这些新的方法不仅已经揭示了细胞色素c氧化酶、光合作用中心及细胞骨架组装的重要机理，并且有关国际国内专利转让 Novartis、Ambrx 等公司，在药物蛋白修饰、传感器设计上已经有重要应用。

宋保亮：中国科学院上海生命科学研究院研究员，第十届上海市党代表，中国科学院“百人计划”入选者并获终期评估优秀。任中科院生化与细胞所所长助理，分子生物学国家重点实验室副主任，JMCB副主编，JBC编委等。担任国家重大科学研究计划首席科学家；国家自然基金委重大研究计划集成项目首席科学家；中青年科技创新领军人才；上海市优秀学科带头人。从事与心脑血管疾病发生密切相关的胆固醇代谢研究，取得了一系列原创性成果，揭示了胆固醇合成途径负反馈调控的机制和小肠胆固醇吸收的分子途径，为研发降胆固醇药物提供了全新的思路和靶点。获国家杰出青年科学基金和陈嘉庚青年科学奖；获国家发明专利4项；被SCI收录论文39篇。

**会员服务** 学会建立了网上在线会员注册平台，逐步实现会员数据标准化、会员管理一体化，为会员提供更加多样性的信息形式。2013年首次将学术年会论文摘要上传至学会网站供会员下载使用，受到了广大会员的好评。在会员会费、参会注册费等方面，为学生会员提供优惠政策，仅2013年学术年会期间就有103位学生申请加入学会。学术会议均设置学术墙报展讲环节，在学生会员范围内遴选优秀墙报，2013年学会共评选优秀墙报奖20个。

**中国科协会员日** 12月16日，在学会网站及《2013中国生物物理学会年报》上，对学会推荐的两位“中国青年科技奖”获得者进行了表彰和宣传。会员日期间，学会负责人带队，慰问看望了老一辈科学家及一线科技工作者，听取他们对学科发展、学会建设方面的意见和建议。

**【中国生物物理学会第十次全国会员代表大会】** 10月29日，学会第十次全国会员代表大会在江西省南昌市召开。学会第九届理事会理事长饶子和主持会议。来自各专业委员会和地方学会的200名代表参加了大会。

学会秘书长阎锡蕴代表学会第九届理事会作工作报告，回顾了四年来学会取得的主要工作成绩。

大会选举产生了中国生物物理学会第十届理事会理事117人。第十届理事会第一次会议选举产生了第十届常务理事会常务理事42人，中国科学院院士饶子和为第十届理事会理事长，选举程和平、丁建平、高福、哈木拉提·吾甫尔、雷鸣、隋森芳、徐涛、许瑞明、阎锡蕴为第十届理事会副理事长，选举阎锡蕴兼任第十届理事会秘书长，聘任刘平生任学会总干事。当选理事就学会分支机构设立、学会活动国际化、学会服务能力提升等工作建言献策，展开讨论。

**【第13次中国暨国际生物物理大会】** 2013年10月28日至11月1日，由学会主办，南昌大学协办的第13次中国暨国际生物物理大会在江西省南昌市召开。学会理事长饶子和担任本届大会主席。江西省科协主席李华栋、南昌大学校长周创兵到会致欢迎词。学会名誉理事长梁栋材作特别发言，回顾了中国生物物理学会的发展历程。中国科协副主席陈章良莅临大会表示祝贺。

近900名来自全国各高等院校、科研院所和相关企业的科技工作者与会，提交学术论文536篇，张贴学术墙报291份。大会邀请了包括诺贝尔奖获得者、英国皇家学会会员、中国科学院院士等在内的数十位国际著名学者参会并作大会邀请报告和专题特邀报告。

诺贝尔奖获得者、以色列理工技术研究院Aaron J. Ciechanover教授的报告，阐述了泛素蛋白作用机制及其引起的相关人类疾病，并介绍了治疗药物的发展进程；英国皇家学会会员David Ian Stuart教授介绍了用完整病毒的结构来研究更好的抗病毒疫苗的可能性；中国科学院前沿科学与教育局局长许瑞明介绍了核小体与蛋白质相互作用的结构生物学研究；中国科学院生物物理研究所所长徐涛介绍了超分辨率光学成像方面的研究成果；南京大学生命科学学院院长张辰宇汇报了体外microRNA的功能与作用机制的研究进展；美国Scripps研究所Raymond Charles Stevens教授介绍了人源GPCR超家族的结构与功能研究；国家纳米科学中心主任王琛报告了纳米尺度多肽聚集结构调控方面的研究；中国科学院生物物理研究所研究员张宏汇报了以秀丽线虫为模式研究多细胞生物中自噬作用的机理和调控机制的进展。

会议分专题组织了20个学术讨论会、1个卫星会、2个专题论坛、203场报告。

与会学者围绕着生物物理学领域最新的研究进展及发展趋势进行交流、学习和展示，对生物物理学领域的科研前沿进行讨论和展望。

**【*Protein* & *Cell* 首个SCI影响因子公布】** *Protein & Cell* 编委会通过优化生产流程，加快了稿件处理速度，50%以上的文章实现了单篇提前在线发表，每期整刊于当月5日前完成印刷及整刊上线。通过对 *Protein & Cell* 实现OA出版的可行性和国内外OA发展趋势的深入调研、分析和论证，促使 *Protein & Cell* 利用Springer数字出版平台进行全球开放获取出版，这是 *Protein & Cell* 发展历程上一个重大转变。在创刊短短的3年多时间内，自2012年11月被SCI数据库收录后，2013年公布的首个影响因子即达到3.22，进入细胞生物学科Q2区。

*Protein & Cell* 是一本综合性生命科学英文学术月刊，2010年由中国生物物理学会、中国科学院北京生命科学院与高等教育出版社联合创办，学会理事长饶子和任主编，旨在打造一个学术水平高、可读性强、具有全球影响力的生命科学期刊品牌。

（撰稿人：王　悦）

## 中国遗传学会

**服务创新型国家和社会建设** 中国遗传学会于2013年9月收到商务部反垄断局《关于征求赛默飞世尔公司收购立菲公司案经营者集中反垄断审查意见的函》（商反垄法律函〔2013〕125号）传真函件，学会组织专家和相关技术人员对函件材料进行分析后对反垄断局征求意见的4个问题做了回复。后又收到商务部反垄断局发来的《关于对赛默飞世尔收购立菲案救济方案征求意见的函》（商反垄法律函〔2014〕6号）电子邮件的函件，请学会对救济方案提意见。经与国家商务部反垄断局确认，得知赛默飞世尔公司为解决本交易可能产生的竞争问题，将提出有潜在垄断倾向的产品提出采用剥离、股权转让和授权等救济方案予以解决。学会将救济方案的主要内容与专家通报，学会同意国家商务部反垄断局在全面按照国家产业政策、投资政策、贸易政策的基础上批准的最终解决方案。这是国家商务部反垄断局征求学会专家对"赛默飞世尔公司收购立菲公司案经营者集中反垄断审查意见"。学会组织专家积极对案例进行分析，提出学会具体建议并参加论证会，这是新形势下学会承接政府委托咨询的工作的具体事例。是对政府职能转移工作积极配合的有益尝试。

**学会建设** 2013年，学会个人会员总数12000名。

学会完成了网站改版工作，增设了会员管理系统。召开了学会八届七次、八次、九次和九届一次共计 4 次常务理事会议，九届会员代表大会和九届一次理事会议。

学会在国内共主办 7 次学术交流会议，其中 1 次国际学术交流会议，会议交流论文 1035 篇，参加会议人数为 3540 人次。

学会第九届全国会员代表大会于 2013 年 9 月 19 日在黑龙江省哈尔滨市召开，大会选举产生 141 位理事，学会九届一次理事会议选举产生了 36 位第九届常务理事，九届一次常务理事会议选举产生了理事长、副理事长、秘书长、副秘书长；审议通过了各专业委员会主任提名。会议确定 2015 年学会大会在云南省昆明市召开、2018 年第十次全国会员代表大会在江苏省南京市召开。

**科技期刊国际影响力提升计划** 科技期刊《遗传学报》（*Journal of Genetics and Genomics*，JGG）和《基因组蛋白质组与生物信息学报》（*Genomics, Proteomics & Bioinformatics*，GPB）各得到由中国科协、财政部、教育部、国家新闻出版广电总局、中国科学院和中国工程院实施的《关于中国科技期刊国际影响力提升计划项目》300 万元（3 年）的资助，为期刊发展奠定了基础。

**学术期刊** 2013 年，JGG 和《遗传》启动编委换届工作均已形成新的编委名单。2013 年公布的 JCR 报告显示，JGG 的国际影响力明显上升，2012 年度 JCR 影响因子达到 2.076，总被引频次 860 次，影响因子在中国 152 中 SCI 期刊中排名第 15 位。中国科学技术信息研究所 2013 中国科技论文统计结果表明，在“2012 年生物学基础学科类期刊主要指标”中，《遗传》的核心总被引频次 1825 次，生物学基础学科排名第 1 位；核心影响因子 0.847，学科排名第 3 位。

《激光生物学报》新编委会成立，制定了新的编委会章程。

2013 年，《基因组蛋白质组与生物信息学报》（*Genomics, Proteomics & Bioinformatics*，GPB） 被 PubMed Central，CAS-OAJ 和世界卫生组织西太平洋地区医学索引（WPRIM）收录。在 Elsevier 的 ScienceDirect 平台下载量达到历年最高。GPB 正式转为 OA（开放获取）期刊，读者可通过网络免费下载和阅读 GPB 发表的所有文章。

**国际学术会议** 10 月 28 ~ 30 日，学会、中国科学院北京基因组研究所和中国海洋大学主办的 2013 国际基因组学大会（中国 · 青岛）在山东省青岛市召开。大会出版了论文集，提交论文摘要 93 篇。国内外专家 400 余人参加大会，其中，境外 15 位专家、学者，企业代表 40 余人。

**国际交往** 2013 年 4 月 13 ~ 18 日学会组织会员 30 余人参加 5 年一次的、在新加坡举办的第 21 届国际遗传学大会，大会主题是“全球健康与可持续性发展的遗传学和基因组学”。学会委托中国科学院上海生命科学研究院副院长韩斌代表中国遗传学会参加第 21 届国际遗传学大会组委会召开的相关工作会议。

**科普活动** 学会组建了第九届科普专业委员会，根据《全民科学素质行动计划纲要实施方案（2011—2015 年）》、《中国科协科普人才发展规划纲要（2010—2020 年）》的部署及中国科协决定开展科学传播专家团队组建工作通知要求，组建了以杨焕明院士为首席科学传播专家的科学传播专家团队。

2013 年学会组织的科普活动有：协助一六六中学完成翱翔计划，推动生物教学。学会应邀组织专家到衡水学院作学术报告。重新编排《让爱有声——关注耳聋基因诊断》科普折页画册。对北京一六六中学教师开展实验教学培训。

在北京一六六中学组织学会第六届会员活动日活动，召开在京科普委员会委员、科学传播专家团队成员、期刊编辑部主任和一六六中负责基地建设的老师参加的“学会 2014 科技传播工作座谈会”。

6 月 29 ~ 30 日，学会科普委员会与农工民主党北京大学第三医院支部党员专家一行 13 人，赴河北省承德市进行了为期两天的健康咨询及义诊活动。此次活动，还特邀了农工民主党北京大学第一医院支部及北京市朝阳医院支部党员（儿科及妇产科）专家参加。6 月 29 日全天义诊人数超过 1000 人次，其中包括对疑难病例的联合会诊、开展小型手术、教学查房、影像会诊等。

**表彰举荐优秀科技工作者** 经学会评选，首届“吴旻人类与医学遗传贡献奖”颁发给中国医学科学院基础医学研究所沈岩院士、首届“吴旻人类与医学遗传创新奖”颁发给中国军事医学科学院放射与辐射医学研究所周钢桥博士、中国医学科学院肿瘤医院张钰博士、中国科学院昆明动物研究所孔庆鹏博士。复旦大学赵寿元教授获得首届“谈家桢遗传教育杰出贡献奖”，中山大学贺竹梅博士、南开大学陈德富博士获得首届“谈家桢遗传教育奖”；中国科学院上海生命科学研究院植物生理生态研究所李胜博士、深圳华大基因研究院张国捷博士获得第十四届“李汝祺动物遗传奖”。

**会员服务** 学会为八届理事长李家洋等 33 位退出学会理事工作的学会八届常务理事和理事制作荣誉奖牌，诚挚地感谢他们在过去 5 ~ 10 年里为中国遗传学会做出的贡献。

**中国科协会员日** 学会于2013年12月23日下午在北京一六六中学“学会科普教育基地”举办了学会第六届会员活动日。科普专业委员会委员、热心学会科技传播工作的专家、学会办公室工作人员以及一六六中学的师生参加了本次会员活动日。

活动分为科技传播沙龙和学生课题指导两个部分。与会者围绕主题“科技社团如何开展科技传播工作”，针对学会2013年科普工作总结与2014年科普计划，不同的科学传播形式，互惠式课堂、优秀科普影片的剪辑利用、专题科普课堂等，传播人员与受众的沟通问题，传播人员和受众的人群选择等进行讨论。

在学术课题指导会中，生命科学实验班的学生汇报了目前课题研究情况，研究题目涉及光照对鸟的作息时间的影响、麻醉剂在鱼类运输的运用对人体健康的影响、蝴蝶的颜色与生存环境的关系等，专家认为学生们选题新颖、充满创意和灵感，非常具有活力，鼓励大家在科研方案的细化和可行性上进一步提高。

**【中国遗传学会第九次全国会员代表大会暨学术讨论会】** 9月19日，学会第九次全国会员代表大会暨学术讨论会在黑龙江省哈尔滨市召开。农业部副部长、中国农业科学院院长李家洋院士代表中国遗传学会致欢迎词，哈尔滨医科大学校长、黑龙江省科学技术协会副主席杨宝峰院士讲话。开幕式由中国科学院副院长张亚平院士主持。中国科协副主席、国家自然科学基金委员会副主任沈岩院士、中国科学院院士贺林、等出席开幕式，中国科学院院士贺福初等参加会议。各省市遗传学会的理事长、秘书长和会员代表参加会议。本次大会参会代表600余人，分别来自27个省、自治区、直辖市，以及香港特别行政区和澳门特别行政区。

学会副理事长薛勇彪代表学会八届理事会作工作报告，以《总结经验，开拓进取，努力开创学会工作新局面》为题，从学会组织建设、学术交流、学会期刊、科学传播、学会奖项和学会财务现状六个方面简述了学会的基本情况。会员代表大会通过了八届理事会的工作报告，大会通过无记名等额选举产生了九届理事会141名理事。在九届一次理事会议上，选举产生了36名常务理事。在九届一次常务理事会议上，选举张亚平院士为理事长，贺林院士、沈岩院士、薛勇彪研究员（兼秘书长）、杨焕明院士、孟安明院士、周天鸿教授、金力教授、韩斌研究员、谭华荣研究员、杨晓研究员为副理事长，并通过了12个专业委员会主任人选。

大会学术交流主题为“创新遗传学研究促进生物产业发展”。围绕这一主题，大会收到相关论文314篇，囊括植物遗传学，人类与医学遗传学、动物遗传学、微生物遗传学和遗传学教育教学等领域。大会设主会场，共有13人进行大会报告。大会设有植物遗传学、人类与医学遗传学、动物遗传学、微生物遗传学、遗传学教育教学、表观遗传学、基因组与蛋白质学和生物信息与生物技术等8个分会场。36人进行主题报告，有85人进行了分组报告。大会出版了《中国遗传学研究》论文集。

**【第二届中国果蝇大会】** 4月26～28日，第二届中国果蝇大会在湖南省长沙市举行。会议以小型高端和突出专业性为办会理念。会议主题是“当代果蝇研究新进展与新技术”。大会主席是中国科学院神经科学研究所的郭爱克院士，执行主席是湖南师范大学心脏发育研究中心教授吴秀山。来自科研院所和高校的200多名果蝇研究专家、研究生参加了此次会议。

中国科学院院士郭爱克作了题为《探索果蝇智力的神经联结草图》的主题报告，生动形象地介绍了果蝇基于价值的“两难抉择”、果蝇中央脑的蘑菇体结构和脑内多巴胺系统构成的神经环路共同调控果蝇抉择行为、果蝇跨模态学习记忆的协同共赢和记忆传递，以及果蝇认知灵活性的神经环路机制等。共有30位专家作了大会报告，分别从帕金森及神经退行性疾病、脂肪代谢、孤独症基因、心脏衰老与疾病基因、亨廷顿氏病、单眼形成的周期性排布图式、表观遗传与wg及Dpp信号通路调节等多个方面，阐述了果蝇模型的研究进展。清华大学模式动物中心和中国科学院生化研究所还分别介绍了建立在北京和上海的两个果蝇资源技术平台。

第二届中国果蝇大会出版论文集，收入了参会代表的68篇果蝇相关研究的论文摘要和1篇研究论文。

会议期间，参会的49名课题负责人讨论成立了中国果蝇大会筹备委员会，由来自全国各地的有代表性的20位课题负责人组成了中国果蝇大会筹备委员会，会议确定第三届中国果蝇大会将于2015年4～5月在北京举行。

**【首届谈家桢遗传教育奖、第十四届李汝祺动物遗传奖颁奖】** 为了推动遗传学的教育教学工作，鼓励遗传学家投身遗传学教学工作，学会设立“谈家桢遗传教育奖”。为奖励国内青年动物遗传学家勇于创新，培养动物遗传学科技人才，鼓励我国青年遗传学家投身于动物遗传学的科技事业，学会设立“李汝祺动物遗传奖”。奖项申报由专家推荐和自由申报相结合产生候选人，获奖候选人经学会相应奖项评审委员会评审，拟定的获奖人名单报学会常务理事会审议通过，网上公示征求意见，程序完成确定获奖人名单。

2013年9月21日，在学会第九次全国会员代表大会暨学术讨论会闭幕式上，学会“谈家桢遗传教育奖”评审委员会主任、复旦大学教授余龙为获奖者颁奖。复旦大学教授赵寿元荣获首届“谈家桢遗传教育杰出贡献奖”，中山大学贺竹梅博士、南开大学陈德富博士荣获首届“谈家桢遗传教育奖”；中国科学院上海生命科学研究院植物生理生态研究所李胜博士、深圳华大基因研究院张国捷博士荣获第十四届“李汝祺动物遗传奖”，颁奖嘉宾为中国科学院院士、学会副理事长贺林。

（撰稿人：肖明杰）

## 中国心理学会

**学会能力提升计划** 2012 ~ 2013 年，学会“学会能力提升专项”开展了三大领域 10 个项目的工作。①提升学会学科与组织建设：提升学会学科建设水平，提高学会学术交流能力，实施能力建设项目整体监测与评估，支持分支机构开展相关活动。②提升学会服务社会能力：开展中国儿童发展测评工具修订与研发、心理咨询与心理治疗培训督导项目，提升青年学者服务社会的能力，开展突发性灾害事件中的心理学研究。③加强学会科普能力建设，提升公众心理科学素质：开展中国心理学会科普基地建设和科普主题活动，儿童早期教育科普资源包建设和科普主题活动。

**学会建设** 4 ~ 6 月，学会开展第十一届理事会理事候选人预备人选、通讯投票代表、会员代表的推选工作，首次采用网上填报的方式。所有人选的信息均通过“中国心理学会换届选举信息管理平台”填报和审核。

11 月 1 日，学会第十一次会员代表大会在江苏省南京市举行，会议期间进行了第十一届理事会换届选举。选举产生了新一届理事、候任理事长、副理事长和常务理事，通过了关于第十一届理事会任期内会费标准的决议，通过举手表决的方式一致通过了秘书长和司库候选人选。

2013 年度学会发展会员 306 人，累计有 2400 余人缴纳了第十届理事会会费。截至 2013 年底，学会共有会员 9900 余人。

9 月，经民政部批准成立了中国心理学会出版工作委员会。学会现有 15 个专业委员会和 8 个工作委员会。

学会加入了国际心理科学联合会、国际应用心理学会 2 个国际民间科技组织。中国心理学会国际交流委员会委员张建新研究员现任国际心理科学联合会执委，中国心理学会副秘书长韩布新研究员现任国际应用心理学会执委。

**学术期刊** 学会主办《心理科学》，与中国科学院联合主办《心理学报》。2013 年，《心理学报》发表论文 121 篇，《心理科学》发表论文 252 篇。《心理学报》国际他引总被引频次 257，影响因子 0.103；《心理科学》国际他引总被引频次 168，影响因子 0.017。《心理学报》、《心理科学》均入选由中国学术期刊（光盘版）电子杂志社、清华大学图书馆、中国学术文献国际评价研究中心完成的基于《中国学术期刊国际引证年报（2013 版）》（CNKI-JCR）的“2013 中国最具国际影响力学术期刊”，进入符合遴选条件的 1120 种人文社科期刊 TOP5% 的行列，《心理学报》排名第 3 名，《心理科学》排名第 17 名。

**学科发展研究** 学会第四次承担中国科协学科发展报告的编制工作，由首席科学家杨玉芳研究员、项目负责人孙向红研究员组织多名专家编写了《心理学学科发展报告（2012—2013）》，分为综合报告和《感知觉研究进展》、《学习认知神经科学研究》、《认知计算模型研究进展》、《生命之危与健康之路》、《面向长期航天作业环境的心理学研究》、《心理学实验技术、实验设备及实验平台的进展》等 6 篇专题报告。

**决策咨询** 学会承担了中国科协调研宣传部 2013 年度调研课题“科技工作者心理状况调查”，以 2009 年建立的科技工作者心理状况基础数据库为基础开展追踪研究。预期目标是准确反映我国科技工作者的心理健康状况及变化特点，分析科技人才流动的心理动因和影响因素，为有关部门提供有价值的参考和建议。

**国际学术会议** 10 月 11 ~ 14 日，由国际科学理事会支持，国际心理科学联合会主办，中国心理学会和国际科学理事会（ICSU）亚太地区办公室协办的亚太地区灾后心理干预研讨会在北京召开。来自 12 个国家的 30 多位专家、学者参加会议，其中来自亚太地区 7 个国家的 22 位心理学工作者接受了培训。国际心理科学联合会的有关官员出席了会议。

**国内主要学术会议** 2013 年，学会及所属分支机构共举办国内学术会议 7 次，参加人数 2660 人次，交流论文 1564 篇。其中，第十六届全国心理学学术会议参加人数约 2000 人，交流论文 1293 篇。

**两岸交流** 4 月 10 ~ 15 日，海峡两岸心理学名词对照研讨会在台湾教育科学研究院召开。学会前理事长、中国科学院心理研究所前所长张侃研究员带队，中国科学院心理研究所研究员韩布新、中国科技名词审定委员会编审高素婷一同出席并参与研讨。台湾方面参加研讨的专家有政治大学心理学系教授陈皎眉、副教授孙蒨如，台湾师范大学教育心理与辅导学系教授田秀兰等。研讨会前，两岸心理学家已经分别整理出相关词条。大陆方面整理词条的主要基础是由科学出版社 1999 年出版的《心理学名词》、近期即将出版的《心理学名词释义》，经过学会“海峡两岸心理学名词审定委员会”16位专家研讨，确定了包含5353条可供研讨的词条数据库，台湾方面的基础是台湾考试院为高校心理学系本科学生编辑的含9109个词条的《心理学名词》。研讨会中，双方协商整理出双方共同收录的3201个名词作为研讨重点，特别逐词讨论了在概念树中具有根词特征的36个名词，解决了心理学各分支学科具有代表性的关键词汇群两岸对照问题，商定了兼顾两岸习惯用法、求同存异、对照并列的研讨原则，确定了近期工作计划。最终定稿计划在两岸同时出版。

**国际交往** 5月25～28日，学会常务理事、国际学术交流工作委员会主任张建新作为国际心理科学联合会执委会成员，参加了国际心理科学联合会在日本横滨召开的执委会。7月9～12日，第13届欧洲心理学大会在瑞典斯德哥尔摩举行，学会副秘书长韩布新等参会作专题报告及展贴报告。8月21～25日，学会首席执行官梅建、副秘书长韩布新、医学心理学专业委员会委员张雨青、王力一行4人赴韩国大田市参加了第五届亚洲健康心理学大会。

**科普活动** 学会心理学普及工作委员会在各地分别以各种形式开展科普日、科普周宣传活动，包括专题展览3次、流动科技馆巡展1次、科普讲座184次，参加活动的科技人员400人次，其中专家280人次，累计受众90000人次。

**党建强会** 按照中国科协学会服务中心党委“党建强会”特色活动项目的要求，学会秘书处党支部结合学会实际工作，于7月19日组织召开了首届中国心理学会分支机构工作研讨会暨省级心理学会交流会，各分支机构、全国部分省级心理学会的77位代表参加了会议。本次“党建强会”特色活动融进了学会秘书处职业化建设工作，将支部活动与业务活动紧密结合，构建起由学会秘书处、分支机构、省级学会、专家和会员广泛参与的党建工作模式。

**会员服务** 6月27日，在北京召开了学会会士工作会议，选举张侃研究员为会士委员会主任。按照《中国心理学会会士委员会条例》，2013年新增选会士6人，分别是方富熹教授、罗大华教授、刘华山教授、莫雷教授、吴振云教授、章志光教授。截至2013年底，学会会士有23人。

6月27～28日，第五期“中国心理学会青年学者研究能力建设培训班”在北京举办。来自17所高校的24名青年学者参加了本次培训。

**中国科协会员日** 中国科协会员日期间，学会围绕“改进作风　服务基层”的活动主题，开展了包括增选中国心理学会会士、宣传中国科协会员日并参加相关活动、宣传“中国青年科技奖”获奖者等活动，加强学会与会员之间的联系。

**【第十六届全国心理学学术会议】** 11月2～3日，第十六届全国心理学学术会议在江苏省南京市举行，来自全国各高校、科研机构的专家学者和青年学生近2000人参加了大会。本次大会以“心理学与创新能力提升”为主题，旨在通过广泛的学术交流，促进心理学更好地为实现“创新驱动”的国家战略服务。大会共安排了6个大会特邀报告、16个专业委员会重点报告交流论文47篇、20个专题论坛交流论文97篇、95场分组报告交流论文645篇、张贴展示交流论文472篇，共计交流论文1293篇。

大会期间，瑞典斯德哥尔摩大学Lars-Goran Nilsson教授、北京大学研究员李晟、华中师范大学教授江光荣、中国科学院心理研究所研究员陈楚侨、首都师范大学教授罗劲和北京师范大学教授刘嘉分别作了题为Is dementia inevitable、《知觉决策与学习的神经机制研究》、《青少年自伤的分类理论及其检验》、《转化神经心理学与认知神经科学在精神障碍中的重要作用》、《顿悟及创造性思维的心理与脑机制》和《身、心、脑三位一体：健康认知神经科学》的特邀报告。

大会组织了20项研讨会。多个专业委员会分别安排了《儿童青少年心理发展及发展障碍的认知与社会文化机制》等重点报告。

在大会开闭幕式上，分别为新增选中国心理学会会士颁发证书，为大会青年论文奖获奖者颁奖。心理学期刊*PsyCh Journal*及《心理学报》分别颁发了优秀论文奖。

**【中国心理学会第十一次全国会员代表大会】** 11月1日，学会第十一次会员代表大会在江苏省南京市举行，会议期间进行了学会的换届选举，听取并通过了学会章程及一系列报告。代表大会代表由学会108位理事候选人以及各省、自治区、直辖市心理学会推选的代表组成。出席本次代表大会的代表共271人。

大会由学会前任理事长杨玉芳、候任理事长乐国安分别主持，莫雷理事长致开幕词。按照大会议程，全体代表听取了乐国安作的学会章程修改报告并一致通过了新章程。学会监事会主席吴艳红介绍了推荐监票人的情况。学会副秘书长李扬汇报了产生理事候选人的说明，并介绍会员代表大会选举办法。全体代表分别听取了学会秘书长傅小兰作的第十届理事会任期内工作报告，学会司库张建新作的第十届理事会任期内财务报告，南京师范大学心理学院院长傅宏做的第十六届全国心理学学术会议筹备情况报告，学会CEO梅建作的第十七届全国心理学学术会议申请报告，医学心理专业委员会主任姚树桥、普通心理和实验心理专业委员会主任周晓林、社会心理学专业委员会主任金盛华分别代表其专业委员会作的分支机构工作报告等。

全体代表选举产生了学会第十一届理事会理事108人、常务理事33人，选举沈模卫为候任理事长，选举白学军、金盛华、李红、王登峰、游旭群、张建新、周晓林为副理事长，通过了关于第十一届理事会任期内会费标准的决议，并通过举手表决的方式一致通过傅小兰为秘书长和孙向红为司库的人选提名。代表大会确定2014年将在北京召开第十七届全国心理学学术会议，学会秘书处为承办单位。

**【第455次香山科学会议】** 3月26～28日，第455次香山科学会议在北京香山饭店召开，主题为“心理与行为的生物学基础及环境影响因素”。会议执行主席由学会前任理事长杨玉芳、现任理事长莫雷、候任理事长乐国安和秘书长傅小兰共同担任。来自中国科学院心理研究所、北京大学、北京师范大学、华东师范大学、华中师范大学、香港中文大学等26家科研教学单位的44位跨学科领域的专家、学者参加了会议。与会专家们围绕心理行为及其经生物学基础、社会文化环境对人的心理行为的影响和塑造、心理学在我国社会发展中的作用及心理学研究方法的新进展等4个中心议题进行了交流讨论。

本次香山会议目的是为了深入研究心理行为的神经生物学基础以及社会文化环境因素的影响，进一步加强生命科学与人文社会科学、基础理论与社会重大需求、中国国情与国际学科前沿的紧密结合，凝聚发展共识，凝练创新方向，为我国心理学重大研究计划的制定、社会文化环境和支撑条件的建设提出有益的建议和思考。

（撰稿人：张　蔓　黄　端）

## 中国生态学学会

**服务创新型国家和社会建设** 学会深入贯彻党的十八大精神，依托理事、专家，开展生态文明的内涵、生态文明建设面临的问题、生态文明建设的总体战略研讨，对生态文明束缚机制、生态教育、生态用地、重大生态工程、生态产业、农村生态建设、城市生态建设、生态文明的公众参与机制等9个方面提出了17条具体措施和建议，旨在为政府决策提供科学依据，使生态学在为经济社会发展中发挥实效，起到更大作用。

针对政府和社会关注的热点问题组织文化景观保护与景观学科发展、城市内涝防控与生态修复、农业文化遗产保护与管理、自然保护区建设与生态文明建设等4次学术沙龙活动，针对乡村生态景观建设、城市内涝防控、农业文化遗产的保护和利用等形成了相关建议和报告。

根据生态学发展需要，重点培养青年科技人才。2013年开设了民族生态、种群生态、动物生态、湿地生态、微生物生态、中药资源生态等新技术新方法培训和青年学者写作讲座等培训班9个，全年培训604人次。

**学会能力提升计划** 2012年，学会获得中国科协学会能力提升专项“优秀科技社团奖”三等奖。按照要求，2013年完成了各项考核指标。开展学科发展研究，编著和出版《中国当代生态学研究》系列专著。创建科技决策咨询服务平台，成立生态学重点学科和应急事件专家咨询组5个，开展了山东省东营市创建国家生态园林城市现场咨询和指导活动；针对政府和社会关注的热点问题，向政府提出应急预案和科技工作者建议近20条。扩大中国生态学在国内外的学术影响，学会申办第12届世界生态学大会获得成功。集成开发生态科普资源包，满足向不同类型社会群体普及生态学科学知识的需求。

**学会建设** 学会及所属分支机构举办各类学术会议、高层论坛、学术培训以及亚太区域和全球性国际会议等活动共计42次，累计参会7000多人次，交流论文2348篇。

2013年召开常务理事会议4次；理事会议1次、会员代表大会1次。完成长期生态专业委员会在国家民政部的注册登记。民族生态专业委员会通过了中国科协相关部门审核。全年发展会员723名，学会个人会员总数达到8569人。

进行了中国生态学学会青年科技奖、先进集体、先进工作者和2013年学术年会青年优秀报告奖评选，31名生态学工作者和青年学生获奖。

**学术期刊** 2013年，中美生态学会创办国际期刊 *Ecosystem Health and Sustainability*（EHS）（ISSN：2332-8878）工作取得进展，学会副理事长、中国科学院生态环境研究中心吕永龙研究员任创刊主编，刊物计划2015年正式出版。*Journal of Forestry Research* 被 Science Citation Index Expanded（SciSearch） 和 Journal Citation Reports/Science Edition 正式收录。据中国科学技术信息研究所发布的《2013年版·中国科技期刊引证报告（核心版）》,《生态学报》总被引频次为13172，在生态学类期刊中排名第1位；影响因子为1.372，在生态学类期刊中排名第2位；综合评价指标排名第1位。《应用生态学报》影响因子为1.719，在生态学类期刊中排名第1位；总被引频次为9988，在生态学类期刊中排名第2位。《生态学杂志》影响因子为0.944，在生态学类期刊中排名第5位；总被引频次为4577，在生态学类期刊中排名第3位。

根据2013年11月29日清华知网在《中国新闻出版

报》上发布的数据信息，《生态学报》和《应用生态学报》获得“中国最具国际影响力学术期刊”称号。《生态学杂志》获得“2013 中国国际影响力优秀期刊”称号。

**学科发展研究** 为系统总结近二三十年来围绕国家发展战略和重大需求所开展的生态学理论与应用研究，既为未来生态学研究和生态保护实践提供借鉴，也从一个侧面向世界展示我国生态学研究与应用所取得的成果。由李文华院士策划，20 余位院士、400 余位生态学家编著了《中国当代生态学研究》系列专著。

**决策咨询** 学会与地方政府合作，开展科技咨询服务，助推地方经济发展。4 月，学会旅游生态专业委员会参与以“发展生态旅游，带动大别山区扶贫开发”为主题的大别山区生态旅游专题调研活动。与江苏省昆山市签订了中国生态旅游地推动计划，把昆山市作为中国生态旅游示范地。5 月，学会组织专家对山东省东营市创建国家生态园林城市进行现场咨询和指导，从城市定位、城市建设、城市绿化和城市管理等方面形成了专家组书面咨询意见。

**国际学术会议** 2013 年，学会参与主办和协办国际性学术会议 7 次，累计参会 1300 多人次，交流论文 200 多篇。

**国际组织任职** 学会 7 名负责人担任国际组织执委以上职务 12 个。中国科学院院士傅伯杰当选国际生态学会副主席；陈利顶研究员当选国际景观生态学会副主席。

8 月 18 ~ 21 日，学会副理事长傅伯杰院士参加了在英国伦敦举行的第 11 届国际生态学大会，并作了题为《变化景观下的生态系统服务》的大会特邀报告。8 月 20 日，国际生态学会（The International Association for Ecology，INTECOL）召开了执委会和全委会，傅伯杰当选为新一届国际生态学会副主席。

同月，国际景观生态学会（The International Association for Landscape Ecology，IALE）公布了两位副主席的网上换届选举结果，学会秘书长陈利顶当选为国际景观生态学会副主席。

**科普活动** 2013 年，学会及所属分支机构举办主题科普活动 72 次、科普讲座 47 次、各类科普展览 32 次，举办其他形式的科普宣传 48 次。参加主题科普活动的科技工作者 331 人次，主题科普活动受众人数近 36.1 万人次。

结合生态学相关纪念日，组织开展“识别灾害风险，掌握减灾技能”防震抗震知识宣传，“科技创新，美好生活”走近大自然观鸟考察，“保护生态环境，建设美丽中国”生态科普展等形式多样的科普活动。精心打造生态科普校园行品牌活动，开展面向中学生群体的“走近植物园”、面向小学生的“成长中的望天树”、针对幼儿的“植物多样性初体验”等活动。突出生态学专业领域特色，结合全国科普日、国际旅游日、海洋日 / 海洋宣传日、世界湿地日、中国科学院公众科学日、国际博物馆日和科技节、爱鸟周等，开展了动物生态、海洋生态、湿地生态、长期生态、民族生态、中药资源生态等特色科普宣传活动。

**表彰举荐优秀科技工作者** 中国生态学学会副理事长、中国科学院地理科学与资源研究所闵庆文研究员获得联合国粮农组织“全球重要农业文化遗产特别贡献奖”。

**【中国生态学学会第九届全国会员代表大会】** 10 月 19 日，学会第九届全国会员代表大会在江西省南昌市召开。来自各省、自治区、直辖市的生态学会、学会各分支机构，以及各有关单位的 211 名代表出席大会。会议审议通过了学会秘书长陈利顶做的第八届理事会工作报告，以无记名投票方式选举产生了第九届理事会。随后，举行了中国生态学学会第九届全体理事会议，会议通过无记名投票方式选举产生了中国生态学学会第九届常务理事、理事长、副理事长和秘书长。刘世荣连任为第九届理事会理事长，安黎哲、董鸣、吕永龙、闵庆文、欧阳志云、彭少麟、王克林、魏辅文、吴文良、薛建辉当选为第九届理事会副理事长，陈利顶连任为第九届理事会秘书长。会议审议通过了理事会工作条例。

**【中国生态学学会 2013 年学术年会】** 10 月 17 ~ 19 日，学会在江西省南昌市召开 2013 年学术年会，会议由学会主办，江西农业大学、江西省科学院南昌工程学院承办，来自 300 家单位的 1200 余位生态学工作者参加会议。中国科协学会学术部副部长范唯、环境保护部生态司司长庄国泰、国家林业局科技司司长彭有冬、国家自然科学基金委生命学部于振良处长、学会挂靠单位中国科学院生态环境研究中心吕永龙副主任出席大会开幕式并致辞。中国生态文明研究与促进会秘书长朱广庆到会指导。学会理事长刘世荣和江西农业大学副校长陈金印分别代表大会主办单位和承办单位致辞。

中国科学院院士李文华、王如松、赵其国和来自加拿大哥伦比亚大学的魏晓华教授，华东师范大学教授象伟宁、中国科学院生态环境研究中心研究员欧阳志云、中国农业科学院研究员万方浩、中国科学院地理科学与资源研究所研究员于贵瑞，分别作大会报告。会议期间，271 位专家、学者和青年科技工作者作了分会场报告，40 位青年科技工作者通过墙报展示了研究进展与成果。大会同期还举行了青年生态论坛和青年学者写作讲座。

会议举行了学会第三届青年科技奖和学会先进集体、先进工作者，以及 2013 年学术年会青年优秀报告奖颁奖仪式。理事长刘世荣宣布了关于聘任吕永龙先生为中美合办英文期刊主编的决定，学会名誉理事长、《生态学报》主编王如松院士向获得2008～2012年《生态学报》优秀论文奖的作者代表颁发了荣誉证书。

**【创办 *Ecosystem Health and Sustainability* 学术期刊】** *Ecosystem Health and Sustainability* 是OA（开放获取）期刊，计划于2015年正式在线出版，是学会与美国生态学会携手打造的一个面向全球生态学科技工作者的高水平出版平台，是全球第一本由不同国家生态学会组织联合主办的生态学期刊。学会副理事长、中国科学院生态环境研究中心研究员吕永龙任创刊主编。EHS将着眼于宏观生态学与可持续性科学研究，重点关注人类干扰对于生态系统健康影响的研究和在政策制定与科学决策中应用生态学思想与理论的系统科学方法的研究，特别关注如何应用生态学思想、理论与方法促进快速环境变化地区的社会、经济与环境可持续发展。

（撰稿人：施　茜）

## 中国环境科学学会

**服务创新型国家和社会建设**　由学会推荐的《工业钒铬废渣与含重金属氨氮废水资源化关键技术和应用》荣获2013年度国家技术发明奖二等奖，《湖泊底泥污染控制理论技术与应用》荣获2013年度国家科技进步奖二等奖。同时，学会完成“滇黔桂26县（市、区）县域生物多样性综合示范调查与评估研究”、“流域水环境质量基准制定技术方法”、“大功率超声除藻设备除藻破壁技术研究”、“垃圾渗滤液浓缩液处理法—DTZ”等10项环保科技成果的鉴定工作。

完成我国首例环境技术（水蚯蚓原位消解污泥技术）验证评价案例。与丹麦开展联合验证研究，签订了“牙科椅废水消毒技术”联合验证协议。受“863”计划“工业窑炉烟气排放控制技术”项目方委托，对项目研发的6项技术进行评价，评价报告将作为项目验收依据，现已完成1项技术的评价工作。

继续开展“环境友好型技术产品”环保性能第三方审核与信息披露工作，总计审核披露的企业有84家。截至2013年6月，申报企业28家，通过审核披露的企业21家。

接受政府委托，参与规范标准编制工作：2013年主持和参与完成了《味精工业废水治理工程技术规范》、《染料工业废水治理工程技术规范》等8项国家环保标准的制订工作。

受环境保护部委托，继续推进环境技术验证（ETV）制度建设工作。承担了中国科协学会改革发展基础工程资助类项目“开展第三方科技评价”、环境保护部“典型行业VOCs控制策略与工业园区VOCs控制试点研究”、“水污染控制与治理技术评估体系研究项目”、《环评中的健康影响评价准则及化学污染因子健康影响评价方法研究》、《废铅酸蓄电池收集和处理污染控制技术规范》、《环境健康风险评估基本数据集与信息共享关键技术研究》、《环境铅、镉污染人群健康危害法律监管体系研究》、《环保产业推进政策制度链强化设计与调查指标规范制定》、《典型铅生产过程含铅废物风险控制及环境安全评价集成技术研究》、《环境污染健康损害事件相关信息研究与专家咨询》等课题研究工作。

开展了《中国公民环境与健康素养（试行）》的征集意见和修改完善工作，目前已以环境保护部公告形式正式发布《中国公民环境与健康素养（试行）》；完成《中华人民共和国环境保护法修正案（草案二次审议稿）》专家建议，并向全国人大法制工作委员会有关人员进行了汇报、交流；完成了《关于尽快修订“大气污染防治法”的建议》、《新型城镇化战略中应高度关注污染场地再利用的风险管控》、《加强我国工矿区环境铅污染风险管理的建议》、《关于落实大气污染国十条的建议》等4份高质量的《环境科技工作者咨询建议》报告，报送环境保护部领导和有关业务司局。

2013年开展了“突发水环境事件环境污染损害鉴定评估”、“环境损害赔偿的相关问题研究”、“环境噪声污染损害鉴定评估政策框架和技术方法研究”等研究工作，内蒙古自治区赤峰市喀喇沁旗、江苏省射阳市、广西壮族自治区柳州市等地3个案例的公益性环境损害鉴定评估咨询服务工作，以及对江苏、山东、重庆、福建等地的环境损害鉴定评估机构的调研、交流工作。

为提高环境从业人员素质，学会与国家开放大学、北京交通大学、中国建设教育协会等多家教育机构分别合作建设了环境继续教育平台，进行相应的学历和职业培训。同时承担了教育部“学历教育与职业培训成果转化”环境专业的研究课题。目前初步完成了环境监理师、环境监察师、企业环境监督员的职业培训设计，设置相应工作机构，编制了教学培训大纲，成立地方培训机构12家。9月，在北京市举办了试点暨师资班，已举办了11期，培训近2000人次。

**学会能力提升计划**　2013年，借助中国科协学会能力建设专项的实施工作，学会对相关业务工作进行了重新布局，重点围绕关系学会学术影响力、会员凝聚力和社会公信力提升的学术交流、会员服务、科学普及和科技评价等工作，开展相关的学会平台建设工作。学会在9月10

日举行的中国科协2013学会能力提升专项工作经验交流会上作了题为《坚持不懈地做好学术交流与会员服务工作，稳步提升学会学术影响力和会员凝聚力》的经验交流报告。

为提高学会参与社会管理的能力及市场运营能力，学会与清华大学公共管理学院NGO研究所等单位合作开展了“环保科技社团社会管理与市场运营专题培训计划课程”，就当前我国社会组织建设与社会管理创新的前沿问题进行系统讲授和深入研讨，参加人数约500人次。

**学术期刊**　2013年《中国环境科学》重新被EI收录并获得中国科协精品科技期刊资助。全年审理稿件3000余篇，出版正刊12期，增刊2期。自2013年第一期起期刊改版，针对日益严重的环境健康问题，特开辟了“环境与健康”专栏。根据中国科学技术信息研究所2013年9月份发布的《中国科技期刊引证报告（核心版）》，《中国环境科学》核心影响因子1.657，在环境科学技术及资源科学技术类期刊中排名第1位，在被统计的1994种核心期刊中列第23位。

**学科发展研究**　为规范环境学科发展报告编制工作，组建完成了由学会和所属32个分支机构组成的编制委员会，组织审校了22个2011—2012年度专题报告，编辑出版了《2011—2012年度环境学科发展报告》。

**国际学术会议**　6月4～7日，学会联合北京理工大学、大连理工大学在大连共同举办2013环境科学与技术国际会议。与会专家、学者200人，其中国际专家、学者70人。会议收集全英文论文175篇，正式出版论文集。

10月19～21日，学会在北京举办第四届传统文化与生态文明国际研讨会，来自美国、俄罗斯、英国等国家及中国港澳台地区的600余名国内外专家、学者出席会议。来自北京大学、南开大学等国内院校的专家、学者以及俄罗斯汉学院等机构的国外专家、学者10人做主旨报告。会议遴选117篇论文编辑出版《传统文化与生态文明》论文集。

**国内主要学术会议**　8月1～2日，在云南省昆明市举办主题为“环保科技创新与生态文明建设”的2013年学术年会。中国科学院副院长、中国科学院院士丁仲礼等5名院士和专家作了主旨报告演讲。来自各地的专家、学者、企业界及社会各界人士1500余人出席了会议。

5月16～17日，在浙江省杭州市召开第十七届二氧化硫 氮氧化物汞 细颗粒物污染控制技术研讨会，会专家300余人。

5月25～26日，学会承办的第十五届中国科协年会第八分会场的“环境科技创新与生态环境建设研讨会”在贵州省贵阳市举办，来自各地的专家近100人出席，48篇论文编入了第十五届中国科协年会论文集。

10月11～12日，在湖南省长沙市召开第三届重金属污染防治技术及风险评价研讨会暨重金属污染防治专业委员会2013年首届学术年会，来自各地从事重金属污染防治研究的专家共300多人出席了会议。

根据我国环境保护的重点工作，学会组织了“城市大气环境与健康”、“环境与健康”等学术沙龙活动。同时，学会有关专业委员会围绕大气、水、固体废物以及土壤重金属等专题举办了20多个专题研讨会。

**两岸交流**　学会积极开展两岸交流活动，举办了2013两岸环保高层专家论坛，两岸环境保护主管部门的人士也以特邀嘉宾和专家、学者的身份出席了开幕式，并借助平台首次召开了正式的工作磋商会，成为开启两岸官、产、学全面交流的“环保破冰之旅”。

学会承办了“中国科协2013海峡两岸青年科学家学术活动月”活动之一——“海峡两岸环境永续发展研讨会”，来自海峡两岸青年专家、学者120余人与会，此次研讨会重点探讨“固体废物管理”、“场地修复”以及“环境影响评价”三个当前环境前沿热点问题。

**国际交往**　学会积极申办国际水协会第15届厌氧消化大会的相关工作，5月，在国际水协厌氧消化专业委员会和国际水协中国区办公室大力支持和推动下，组建国际水协会中国厌氧消化专业委员会。学会副理事长任南琪、任官平分别当选该专委会的主任、副主任职务。5月16日，学会理事长王玉庆在北京会见了国际水协会主席Glen T.Daigger、执行主席Ger Bergcamp一行。双方就开展水环境领域的科学研究、学术交流、政策咨询、项目管理等合作等问题交换了意见。6月25日，学会组织专家赴西班牙出席国际水协第13届厌氧消化大会。

**科普活动**　继续开展2013年大学生志愿者千乡万村环保科普行动。有19个省94个学校的628支小分队，近万名志愿者，深入1000多个村，集中开展环保科普活动，发放科普挂图1300多套，宣传册3.8万多份，受众超过50万人次。全国环保科普创意大赛，共收到各类作品1724个，有97个作品获得了大赛各奖项和奖金。大赛组委会正式编制出版获奖优秀作品集。参与全国科普日活动，主办了生活垃圾处理、污水处理和大气污染防治3个主题科普展区，接待社会各界公众3000多人次。

学会先后启动了《$PM_{2.5}$污染防治知识问答》、《土壤污染防治知识问答》等14部基础环保科普知识问答系列图书的编写工作，已经出版1部；开发《大魔王来袭》、《劲爆核世界》等环保科普漫画图书4本，已送出版社审校。中国环保科普资源网（hbkp365.com）正式上线，包含环保科普信息、知识条等10000多条，科普挂图、画册、动画、漫画、影视作品等各类科普资源超过100G。学会开展了第四届环保科普创新奖的评选与推介工作，共收到41家出版社、企事业单位的优秀环保科普作品108项，27项作品获奖。

在2013年全国科普日期间，择优资助6家国家环保科普基地，同期开展“2013年国家环保科普基地巡展”活动。

开展了2013年环保科普论坛的征文工作，收录优秀论文22篇，在成都市召开论坛，围绕环保科普理论和实践开展广泛交流。承担了环保公益性行业科研项目“环保科普资源共建共享关键技术与示范研究”，完成课题研究报告9份，标准、指标、规范及编制说明6套，编辑出版著作3部，发表学术论文10余篇。

围绕“雾霾和公众参与”、“大气复合污染与机动车排放控制”和“生活垃圾处理与再利用”等社会热点问题，召开环保科普沙龙3次，院士、专家、非政府组织、媒体和公众代表共计150多人次出席并参与讨论，人民网、《科技日报》、搜狐、新浪、《南方周末》等媒体、网站对沙龙内容进行了深度报道。

**会员服务** 5月中旬，学会与有关单位联合在上海市举办2013环境产业高峰论坛暨学会单位会员交流年会。会议邀请了环境保护部、国家发改委和建设部有关部门领导，专家、学者，国际国内行业协会知名企业代表，以及单位会员代表共计1000余人，共同探讨建设“美丽中国”目标下的科技创新和环保产业发展。

**工程教育认证** 继续开展环境教育认证工作。制订了《环境类专业认证分委员会工作规程》、《环境类分委员会5年发展规划》，完成了9家学校的资格审查和报批工作，完成了8所高校的现场考查和报告反馈工作。完成了天津大学认证报告的修改和回复工作。

**【中国环境科学学会2013年学术年会】** 学会2013年学术年会8月1～2日在云南省昆明市召开，会议的主题是“环境科技创新与生态文明建设”。大会设特邀主旨报告会和专题研讨会，举办了2013海峡两岸环保高层专家论坛暨两岸四地环保论坛，举办了全国环境科学学会秘书长工作交流会，举办了优秀环保技术推介展览展示，颁发了“中国环境科学学会学术年会（2013）浦华环保优秀论文奖”、“马塔切纳青年优秀论文奖”。

环境保护部副部长吴晓青、云南省副省长刘慧晏、中国环境科学学会理事长王玉庆、中国科协党组成员沈爱民等出席开幕式并讲话。中国科学院副院长、中国科学院院士丁仲礼，中国环境科学研究院原副院长、中国工程院院士段宁、任南琪，哈尔滨工业大学副校长、环境保护部科技标准司司长、学会副理事长赵英民，环境保护部赵华林司长等分别作了主旨报告演讲，15个专题研讨会共有约300名从事国家重大课题研究的专家、学者作了报告，集中介绍了相应领域的技术进展。全国环保界专家、学者近1700人参加了本届年会。

**【2013北京国际环境技术研讨会】** 学会与北京科技大学、德国斯图加特应用技术大学等单位于10月21～22日在北京联合举办了2013北京国际环境技术研讨会，该研讨会是在“中—德—波国际环境技术研讨会”的基础上发展而来，会议由学会与国际国内多家学术机构、大学及基金会共同举办。会议研讨的内容包括：环境生态学、环境毒理学、环境化学、环境监测与评价、大气污染与防治、水体污染与防治、土壤污染与防治、固体污染与防治、废物处理与利用。会议期间，有8名国际知名专家作学术报告，有60篇论文进行分会场学术交流。参加人员包括国内外学术界、产业界和政府管理部门从事环境科研、工程技术和行政管理的专家、学者共300余人，其中，国外专家、学者70人。参会人员就8个专题进行了交流研讨，收集全英文论文175篇，正式出版论文集。

**【第四届传统文化与生态文明国际研讨会】** 第四届传统文化与生态文明国际研讨会于10月19～20日在北京举办，十一届全国政协人口资源环境委员会副主任、学会理事长王玉庆，国家宗教局副局长蒋坚勇，全国政协委员、中国道教协会副会长黄信阳，环境保护部自然生态保护司司长庄国泰，北京大学高等人文学院院长杜维明，北京市宗教局副局长李胜永，北京市政协民族宗教事务委员会副主任郝红专等出席大会开幕式并致辞。与会学者就“努力建设美丽中国，实现中华民族永续发展”的主题展开讨论，探讨和借鉴传统文化中哲学思想和生态智慧，促进可持续发展，不断推进我国生态文明的理论研究，探讨和借鉴中华传统文化中优秀文化精髓指导社会实践，倡导全世界创建一个全新的人与自然和谐发展的生态文明社会发挥积极作用。研讨会安排主旨报告10人次，分别有来自北京大学、南开大学、厦门大学以及俄罗斯汉学院、俄罗斯国家哲学研究所等科研院所、高校的专家、学者作报告。分会场发言93人次。来自美国、俄罗斯、英国，中国香港特别行政区、澳门特别行政区以及台湾地区等国家和地区的600余名国内外专家、学者出席会议。会议论文集《传统文化与生态文明》收录论文117篇，由中医古籍出版社出版。

**【环保科普创意大赛】** 8月1日，在学会2013年学术年会开幕式上举行了环保科普创意大赛颁奖活动。环境保护部副部长吴晓青和云南省副省长刘慧晏为全国环保科普创意大赛获奖代表和优秀组织单位代表颁发了获奖证书和奖金。优秀获奖作品在学会官网和中国环保科普资源网进行长期展播。环保科普创意大赛自2013年1月开始接收作品申报，以“我身边的环保知识和环保行为”为创作主题，共收到动画、漫画、微电影、摄影和logo设计组品1724件，其中漫画作品1268幅，动画作品170部，微电影作品30部，摄影作品188幅，logo设计作品68个。本届大赛得到了高校、企业、工作室的积极响应，围绕创作主题进行了集中创作，提高了本次活动的影响力和作品质量。

经过评审专家委员会评审，共评出96项作品获奖。评审专家组表示，本次参加评选的作品选题突出环保热点和焦点问题，更加贴近公众实际生活，实用性比较强。

**【我国首例环境保护技术验证评价案例和首个环境技术国际联合验证项目】** 环境保护技术验证评价是指受环境保护技术开发者（所有者）、使用者或其他相关方委托，按照规定的验证评价标准、规范和程序，综合运用技术原理分析、测试、数理统计以及专家评价等方法，对所委托技术的技术性能、污染治理效果以及运行维护情况等进行验证的第三方评价活动。目前美国、加拿大、欧盟、韩国、日本等国先后建立并实施了环境保护技术验证评价制度，并取得了显著的效果。同时，上述发达国家正在积极推动验证评价结果的国际互认，启动了验证评价ISO标准的制定工作。我国验证评价制度正处于试点阶段。

学会于2010年5月接受“水蚯蚓原位消解污泥技术”技术持有方委托，开始我国首例环境保护技术验证评价案例的验证评价工作，并于2013年3月完成。测试机构、技术持有方、技术使用方及验证评价专家组共同参与了该项工作，整个工作过程严格按照工作规范和各方共同制订的《验证测试计划》进行。同时，为了获得高质量的技术性能数据和可靠的验证结果，本次验证工作的测试周期为6个月共213天，周期横跨夏、秋、冬三季，最终获得有效数据4400余个，为最终的评价结论提供了有力的数据支持。

双边联合验证是迈向国际互认的必经阶段，积极参与双边联合验证将为我国参与国际合作，促进环保产业技术走出去积累重要实践经验。2013年6月，学会启动了我国首个环境技术国际联合验证研究项目，正式与丹麦Adept Water Technologies公司签订联合验证合同，与丹麦环境技术验证管理机构共同对该公司研发的牙科用水净化设备进行验证。截至2013年底，学会与丹麦环境技术验证管理机构共同完成了验证方案、测试计划的编制工作。

（撰稿人：张宏亮）

## 中国自然资源学会

**学会能力提升计划** 2013年，学会以建立“中国自然资源态势分析与学科发展信息平台”为主线，通过整合自然资源各学科、各方面优势，面向国家需求、面向服务会员、面向促进学科发展，构建具有在线服务、综合交叉、协调创新、线上线下完备服务能力的学会工作多功能综合体，更好地服务于创新性国家和社会建设，服务于学科建设，服务于会员，现已开始上线试运行。该项目以学术交流、调研咨询为着力点，举办了5次以提升学会能力为主题的小型研讨会，开展了以分支机构、省级学会为对象，以资源学科发展、学会自身能力建设为主要内容的调研咨询活动3次。

**学会建设** 2013年，学会及其分支机构组织各类学术会议22次，参加会议3500人次，交流论文1690篇。

学会召开理事会议1次，常务理事会议2次。截至2013年底，学会有37个团体会员，个人会员5640名。建立了6个志愿者工作站，2013年新建立海南大学志愿者工作站，志愿者达299人。

10月19日，学会成立三十周年座谈会在北京召开，会议由学会名誉理事长石玉林院士、秘书长沈镭主持，获得“中国资源科学成就奖”的部分老科学家参加座谈会，与会代表回顾自己投身资源科学事业几十年的感受，对资源科学事业寄予厚望。

学会表彰了7名“学会工作贡献奖”，7个“中国自然资源学会先进集体”，38名“中国自然资源学会先进个人”，70名优秀论文奖。

**学术期刊** 学会主办的《自然资源学报》、《应用基础与工程科学学报》、《资源科学》、Journal of Resources and Ecology（《资源与生态学报》）、Journal of Arid Land（《干旱区科学》）5种学术期刊各项指标稳步上升，《自然资源学报》影响因子和被引频次分别在环境科学技术及资源科学技术类期刊中排名第2名和第4名；《资源科学》影响因子和被引频次分别上升14.4%和13.4%。Journal of Arid Land（《干旱区科学》）（英文）增加中国自然资源学会为主办单位。

学会主办的《自然资源学报》获得2013年度中国科协精品科技期刊工程学术质量提升项目资助，《自然资源学报》、《资源科学》分别被评为“中国最具国际影响力学术期刊”和“中国国际影响力优秀学术期刊”。

**国内主要学术会议** 10月19日，学会成立30周年纪念大会暨学术研讨会在北京召开，学会历届理事长、副理事长、常务理事代表，第六届理事会理事及兄弟学会领导，部分获奖人员和会员代表、学生代表近300人出席了大会。中国科协党组成员沈爱民、学会名誉理事长孙鸿烈院士、挂靠单位领导周成虎院士出席会议并讲话。

12月21～22日，学会2013年学术年会在海南省海口市召开，年会的主题是“创新资源科学技术与方法 助推海南国际旅游岛建设”。来自100多个科研院所的400余名专家、学者参加了学术活动。

7月22～23日，2013年全国土地资源开发利用与生态文明建设学术研讨会在青海省西宁市召开。会议由中国地理学会农业地理与乡村发展专业委员会主办，青海民族大学公共管理学院承办，来自27个省、自治区、直辖市及香港特别行政区、台湾地区共160余名专家、学者参会，大会交流学术论文115篇。32位专家学者分别围绕城镇化发展、土地资源政策、国土规划、土地制度、农村土地整治、生态文明建设、土地生态与环境保护等作大会主题报告。会议正式出版论文集《中国土地资源开发利用与生态文明建设研究》。

11月15～17日，第十一届中国水论坛在广东省广州市召开。会议由中国自然资源学会水资源专业委员会等主办。会议围绕“流域水循环与水安全”主题，重点研讨气候变化与流（区）域水循环、区域水资源配置与水资源可持续利用、水与工农业生产、水与灾害、城市化过程中的水问题、流（区）域水生态文明等6个主要专题。大会设置了气候变化与流（区）域水循环/气候变化及遥感应用、区域水资源配置与水资源可持续利用/城市化过程中的水问题、流（区）域水生态文明/地下水与泥沙、水与灾害/青年学者论坛等4个分会场。论坛立足于流域水循环与水安全，从多学科交叉、多学科视野对“中国水问题”进行深入研讨。来自国内80多所高校、科研机构及相关企事业单位的600多名专家、学者参加会议。

10月25～27日，全国湿地资源保护专业委员会2013年学术研讨会在江苏省南京市召开。会议由学会主办。以“美丽中国建设中的湿地保护与合理利用”为主题，围绕湿地对全球气候变化响应、湿地生物地球化学循环、湿地生物多样性保护与管理、湿地外来物种入侵与本地物种保护、湿地景观演变与人类活动影响、城市湿地景观设计与城市文明建设、遥感和GIS技术在湿地中的应用等内容展开研讨。

9月13～15日，2013年热带亚热带资源研究学术年会暨热带亚热带地区资源利用与区域可持续发展学术论坛在贵州省贵阳市召开。会议由中国自然资源学会热带亚热带地区资源研究专业委员会主办、贵州师范大学地理与环境科学学院承办。会议主要内容为喀斯特及脆弱生态区资源利用与保护、热带亚热带地区资源可持续利用理论与方法、热带亚热带地区资源利用与生态环境保护、热带亚热带地区生态修复与生态环境保护等。

**科普活动** 2013年，学会开展科普活动、科技培训8次，建立科普活动站1个，宣讲活动受众1200余人。学会获中国科协“2013年度全国学会科普工作优秀单位”、“2013年全国科普日北京主场活动特殊贡献单位”等奖项。

7月18～20日，学会参加了由中国科协主办的第四届科技场馆展品与技术设施国际展览会，展出了“校园水故事——知水节水在校园”的主题科普展项。

9月14～20日，学会推送的资源节约科普展项入选2013全国科普日主场活动，在北京园博园举办了为期7天的“知水节水在校园”互动科普活动。

**表彰举荐优秀科技工作者** 学会首次设立了“中国资源科学成就奖”，首次评选出的53位获奖者都是长期工作在中国资源科学科研和管理一线的专家，超过了三分之二的获奖者年龄在75岁以上。颁发49名“中国自然资源学会优秀科技奖”、46名“中国自然资源学会青年科技奖”。

**党建强会** 学会组织的“资源科学服务国家发展”党建系列论坛入选中国科协“党建强会”计划，为青年资源学者提供了学习党的十八大报告、资源领域学科发展前沿的平台。

**中国科协会员日** 开展了2013年学会会员日活动。召开了在京老理事、老会员代表座谈会，举办学会分支机构（团体会员单位）秘书长研修班，宣传优秀科技工作者先进事迹。

**【中国自然资源学会成立30周年纪念大会暨学术研讨会】** 10月19日，学会成立30周年纪念大会暨学术研讨会在北京召开。中国科协党组成员沈爱民出席大会。中国科学院院士孙鸿烈、张新时、郑度，中国工程院院士石玉林、李文华、孙九林、王浩等首届“中国资源科学成就奖”获奖代表，中国科学院地理科学与资源研究所所长葛全胜、副所长周成虎，学会历届理事长、副理事长、常务理事代表，第六届理事会理事及兄弟学会负责人，部分获奖人员和会员代表、学生代表近300人参会。学会创始人之一、学会名誉理事长、中国科学院院士孙鸿烈回顾了30年前学会的建立与发展，重点分析了学会成立的背景和重要性。中国科学院院士、中国科学院地理科学与资源研究所副所长周成虎代表挂靠单位、中国土地学会副理事长郑凌志代表兄弟学会到会祝贺并致辞。学会理事长刘纪远作了题为《中国自然资源学会成立30周年的回顾与展望》的工作报告，全面回顾了学会30年来的主要工作。大会首次设立了“中国资源科学成就奖”，并表彰了一批“学会工作贡献奖”、“中国自然资源学会优秀科技奖”、“中国自然资源学会青年科技奖”、“中国自然资源学会先进集体”、“中国自然资源学会先进个人”。学术研讨会上，学会名誉理事长石玉林作了题为《中国自然资源学会在推动资源科学发展中的作用》的报告，中国自然资源学会原副理事长、中国水利水电科学研究院水资源研究所所长王浩作了题为《水资源评价的新理论与新方法》的报告，学会理事长刘纪远作了题为《近 20 年中国土地资源开发利用的时空特征与区域优化策略》的报告，学会常务理事陈发虎作了题为《现代间冰期季风区降水变化格局及其对社会发展的影响》的报告，学会常务理事史培军作了题为《自然资源合理利用与综合减灾》的报告，学会常务理事杨桂山作了题为《中国湖泊资源现状及面临的重大问题与保护策略》的报告，学会副理事长张福锁作了题为《保障国家粮食安全与环境质量的养分资源管理》的报告，学会常务理事刘彦随作了题为《中国快速城镇化土地问题及其治理策略》的报告。

**【中国自然资源学会 2013 年学术年会】** 12 月 21 ~ 22 日，学会 2013 年学术年会在海南省海口市举行。来自 100 多个科研院校（所）的 400 余名专家、学者参加了学术活动。刘纪远理事长致开幕词。

本届年会的主题是“创新资源科学技术与方法 助推海南国际旅游岛建设”。中国科学院地理科学与资源研究所研究员刘纪远、中国农业大学张福锁教授、海南大学海洋学院教授王爱民分别作了题为《近 20 年中国土地资源开发利用的时空特征与区域优化策略》、《高产高效现代农业道路探索》、《南海海洋生物资源与海南休闲渔业发展》的大会报告。

年会设置新型城镇化与土地资源利用、水与生态文明建设、海洋旅游资源开发与保护、中国姜科药用植物资源及其产业化、大数据时代的资源信息学、农业资源利用与生态环境保护 6 个分会场。同期举办第八届资源科学研究生论坛。分会场上共进行 100 多个学术报告，交流论文 120 篇。会议出版了《中国自然资源学会 2013 年学术年会论文摘要集》，表彰了“青年优秀论文奖”，设立了“海南大学志愿者工作站”。

（撰稿人：叶　苹　刘丽娜）

## 中国感光学会

**服务创新型国家和社会建设**　2013 年，学会各专业委员会组织了第十五届辐射固化技术高级研讨班、绿色印刷决策与技改高级研修班、光学检验和特种照相技术提高班、视频侦查技术培训班、光催化国家标准检测实际操作及相关知识培训等 7 次继续教育培训班，累计参加培训人员达 839 人次。

学会继续推进辐射固化行业标准的申报工作，辐射固化用多官能度丙烯酸酯单体纯度（酯含量）的测定等 3 项辐射固化技术标准建议书经专家审核，正式上报国家标准化管理委员会和中华人民共和国工业和信息化部，7 项有关涂料的国家标准和行业标准建议书上报全国涂料和颜料标准化技术委员会。

2013 年，学会牵线搭桥，促成了中国科学院理化技术研究所、乐凯华光印刷科技有限公司、上海申贝（集团）股份有限公司上海申贝感光材料厂、天津世纪天感影像科技发展有限公司、日本三菱公司、日本富士公司、上海艺影数码科技有限公司、汕头市公元有限公司、汕头市华天富工业发展有限公司等单位之间的合作。促成了我国与日本立体光栅材料、3D 立体影像市场开拓的前期国际合作，促成了汕头光栅生产线建设规划与实施。

**学会建设**　2013 年，学会发展个人会员 44 人，单位会员 1 个。截至 2013 年底，个人会员总人数为 3800 人，单位会员共 62 个。

2013 年，学会召开了 2 次理事会议，2 次常务理事会议，3 次理事长办公会。审议通过了《中国感光学会证书管理规定》、《中国感光学会档案管理规定》等文件。申请成立影像信息功能材料与技术专业委员会，并已于 9 月 16 日获得民政部批准，学会分支机构增加至 12 个，有工作委员会 3 个。

9 月 26 日，学会第八届五次理事会在天津市召开。学会理事，各专业委员会主任、副主任 62 人参加了会议。学会理事长蒲嘉陵主持会议。蒲嘉陵在工作报告中，总结和回顾了学会换届以来在学术交流、组织建设、科学普及、继续教育等方面所做的工作。秘书长学会黄勇传达了中国科协对全国学会及国家对新社会组织发展有关精神。

会议围绕学科创新发展，提升学会能力，讨论了如何进一步加强国内国际学术交流、科学普及工作、继续教育、产学研结合、承担科技成果鉴定、期刊出版、继续教育培训、服务会员等方面的工作；讨论确定首席科学传播专家建议人选，通过科学传播专家团队名单；决定在 2014 年 10 月召开第九次全国会员代表大会，进行理事会换届；决定组织专家参加 2014 年 5 月 11 ~ 16 日在以色列特拉维夫召开的第 32 届国际影像科学大会。

经民政部全国性社会组织评估委员会评审，学会被评为 3A 级社会组织。

**学术期刊**　《影像科学与光化学》、《影像技术》是学会主办的主要刊物，2013 年两种刊物按计划编辑出版了 12 期，刊登文章 180 余篇。《影像科学与光化学》完善了网站建设。

**国际学术会议** 学会在上海市举办第十三届亚洲辐射固化国际会议暨展览会，参加人数400人，交流论文84篇。

**国内主要学术会议** 2013 年，学会及各专业委员会举办了中国感光学会 2013 年学术年会、第十四届中国辐射固化年会、全国非银盐先进影像技术和功能材料科学与应用研讨会、2013 中国光催化论坛及产业大会、全国光电信息技术及应用研讨会、2013 印刷数字化巡回交流会、2013 年影像档案保护工作者年会等 10 余次学术交流活动，参会专家、学者 1200 余人次，发表了论文 300 余篇。

12 月 4 ~ 6 日，学会辐射固化专业委员会在广东省广州市举办第十五届辐射固化技术高级研讨班。研讨班邀请了业内著名技术专家、知名学者及资深研发人士在 UV 固化行业各领域进行深入研讨，采用技术专题讲座、主题报告和互动答疑等形式。16 名专家作了专题讲座和报告，参会专家、学者 105 人。会议出版会议报告、讲义。

**两岸交流** 8 月 20 ~ 24 日，学会辐射固化专业委员会联合中国科学技术大学在新疆乌鲁木齐市主办第三届海峡两岸辐射固化技术研讨会，共计 65 名专家、学者参加了会议，其中台湾地区专家 20 人。邀请专家作了 16 个主题报告。

**国际交往** 9 月 16 ~ 18 日，学会辐射固化专业委员会组织专家参加了在巴西圣保罗市举办的第三届南美辐射固化研讨会及第十三届南美国际涂料展览会。中国专家与南美辐射固化协会负责人、北美协会和欧洲协会专家学者进行了交流和沟通，介绍了辐射固化技术在中国的发展过程。

10 月 20 ~ 25 日，学会光催化专业委员会组织专家参加了在日本东京举办的国际 ISO/TC206 年会。光催化专业委员会秘书长只金芳向会议提交了“精细陶瓷——可见光照射下的半导体光催化材料的抗菌性能测试方法”ISO 标准的提案，并接受来自各成员国的专家的技术提问，提案最终获得全票通过。

**科普活动** 2013 年，学会组织了“理化技术、创新为民”公众科学日活动、光影中的科普展：3D 照片即拍即取　立体影院互动体验，参加中国科协第四届科技场馆展品与技术设施国际展览会，组建“感光影像科学传播专家团队”，组织学会会员参观全国科普教育基地——陈塘庄美术科技馆，与中国中影数字制作基地领导座谈开展科普合作。各项科普活动受众人数 8000 人次，邀请 2 位专家作科普报告，展出科普展板 37 块，赠送科普 3D 立体书签 900 余张，赠送 CNKI 数字图书馆全文数据库检索阅读卡 300 余张，赠送学会刊物《影像技术》100 份。

**党建强会** 2013 年，学会开展了“全国影像科技文化企业行”党建强会特色活动。活动与中国感光学会 2013 年学术年会同期召开，将学会党建工作与学会学术活动相结合，以党组织为桥梁，搭建院士、专家与企业科技工作者之间的交流平台，促进科学技术成果转化，提升企业自主创新能力，促进科研院所与企业的学术交流与合作。活动中举办了党建强会特色活动座谈会，来自学会联合党支部党员、天津世纪天感公司一线科技工作者、党员 40 余人参加。座谈会的主题是“以学会党组织为主体，为一线科技工作者搭建学术交流平台，提升企业自主创新能力”。

**【中国感光学会 2013 年学术年会】** 9 月 26 ~ 28 日，学会 2013 年学术年会在天津市举行，148 名专家、学者参加了会议。

年会开幕式由学会秘书长黄勇主持。理事长蒲嘉陵致开幕词。

会议邀请了 7 位国内影像界的知名专家分别作大会报告。中国科学院院士、中国科学院理化技术研究所研究员佟振合、北京印刷学院副校长蒲嘉陵、北大方正电子有限公司总裁杨斌、中国科技大学教授施文芳、中国科学院化学研究所研究员宋延林、清华大学教授朱永法、中国科学院理化技术研究所研究员刘春艳分别作了大会特邀报告。年会期间还展出墙报 25 篇。

**【第 13 届亚洲辐射固化国际会议暨展览会】** 5 月 19 ~ 24 日，学会辐射固化专业委员会联合中国科学技术大学，在上海市举办第 13 届亚洲辐射固化国际会议暨展览会（RadTech Asia 2013）。来自 15 个国家和地区 190 家机构的近 400 名专家、学者参加了会议。会议收到论文报告 84 篇，大会发表口头报告 63 篇，墙报 21 篇，会议出版了电子版论文集。

北美辐射固化协会前任主席 / 贺利氏特种光源辐深紫外线股份公司总裁 David Harbourne 博士、欧洲辐射固化协会主席 / 瑞士 Rahn Rad Lab AG 技术部主任 David Helsby 博士、学会辐射固化专委会常务副主任杨建文、日本辐射固化协会主席 / 贺利氏特种光源辐深紫外线 K.K 公司总经理 Teruo Orikasa、韩国辐射固化协会主席 /Shinyoung 辐射化学股份公司总经理 In Hyo Kim 分别作大会综述报告和技术报告，内容涉及北美、欧洲、亚洲、日本及韩国辐射固化市场发展现状及前沿技术动态，辐射固化新技术应用领域及发展前景等。技术报告分别在两个会场举行，并在展览区域设立了墙报区。

展览会共有 62 家参展商，共设立了 100 个展位，分特装区、标准展位区及大学区等，近 3000 名专业观众参观展览。

**【2013 中国光催化论坛及产业大会】** 8月1～3日，学会光催化专业委员会在北京主办2013中国光催化论坛及产业大会。共有来自国内光催化领域的80多家科研单位、高校和生产企业的学者、教授、工程技术人员、高层管理者140余人参会。

大会分为论坛和产品展示两部分，专设光催化产业展区，以“构建中国光催化产业新版图”为主题，展示和宣传光催化行业的新技术、新成果、新产品。大会论坛共分4场：主题报告，新成果、新技术专场，产业化与应用专场，研究生分场，共有50个专题报告。报告分别从不同角度展示了我国光催化研究领域、市场应用等方面的进展和成果。

**【“理化技术、创新为民”2013 年公众科学日活动】** 5月18日，学会和挂靠单位中国科学院理化技术研究所共同组织了主题为“理化技术、创新为民”2013年公众科学日活动，400余名学生和社会公众参加，举办科普讲座2次，展出6个专题25块科普展板，发放400张科普3D立体书签，同时组织参观实验室及参与性实验等活动。

张铁锐研究员、张兵副研究员分别作了题为《新型可再生清洁能源：太阳能光催化分解水制氢与$CO_2$还原》、《胶原蛋白》的科普讲座。

活动中，学生和公众参观了污水处理演示、纳米可控器件、低温世界、热声发电、超导磁悬浮、撬装煤层气液化装置、电子显微镜、走近生活的理化技术等科普项目。

（撰稿人：周云霞）

## 中国优选法统筹法与经济数学研究会

**学会建设** 2013年，研究会召开理事工作会议1次，常务理事工作会议2次，分支机构工作会议1次，秘书长工作扩大会议8次。新增团体会员2个，团体会员单位总数达到31个；发展个人会员1927人，个人会员总数达到3496人。完成了网站改版升级工作以及会员数据库的更新与维护；开展了会员服务机构制度建设和会员服务系列活动。

8月，研究会为推进组织建设，加强对分支机构的管理工作，召开了分支机构工作会议，研究会理事长、副理事长及部分常务理事、分支机构负责人等参加了会议。

**学术期刊** 2013年，研究会及分会主办期刊5种，其中，学术期刊3种（中文1种，英文2种为分会主办），科普期刊2种，印发总数226800册。主办的《中国管理科学》学术期刊2012年获得中国科协“2012—2014精品科技期刊项目”的资助，该项目的完成期为3年。8月，在辽宁省大连市召开《中国管理科学》编委会工作会议。2014年1月，《中国管理科学》改版为月刊，增加3名外籍编委。

《中国管理科学》有7篇论文入选中国科学技术信息研究所“领跑5000——中国精品科技期刊顶尖学术论文项目”，获得F5000的论文颁奖证书。在《2013年版中国科技期刊引证报告（核心版）》中，被引频次为1132，影响因子为0.638，在管理学类期刊中综合排名第3名，2012、2013连续两年入选“中国最具国际影响力学术期刊”。10月份，推出了“《中国管理科学》最具影响力论文”奖项，该奖项是2010—2012年度，依据中国知网（CNKI）对《中国管理科学》发表的文章的引用次数与下载数据以及CSCD引用等定量数据，同时辅助专家的定量分析等综合评议，共有25篇文章入选，在会员日上，颁发了证书和奖金。

**学科发展研究** 2013年，完成中国科协“2012—2013年管理科学与工程学科进展研究及发展报告编制项目”。报告反映目前中国管理科学与工程学科的发展现状，提出促进学科发展的建设性意见和建议。报告分为综合报告和专题报告两个部分，以计算实验金融、城市交通管理、智能知识管理、服务科学、低碳发展管理、项目管理6个重点研究领域作为专题进行了详细分析。提出了管理科学与工程学科未来重点研究方向，并列出了促进我国管理科学与工程学科发展的若干措施。

**国际学术会议** 2013年，研究会举办境内国际学术会议8次，其中，前沿高端学术会议5次，综合交叉会议2次，学术服务会议1次。参加人数1322人次，交流学术论文279篇，较2012年稍有增加。举办的国际会议主要有：第四届（IEEE）灰色系统与智能服务国际会议、第六届中国项目管理应用与实践论坛暨第八届中国IPMP国际项目经理大奖颁奖大会、首届中国青年项目管理者（CYC）国际论坛等。

**国内主要学术会议** 2013年，研究会召开国内学术会议21次，其中，前沿高端学术会议11次，综合交叉会议8次，学术服务会议2次。参加人数3000人次，交流学术论文735篇。获奖论文71篇，出版了《中国管理科学专辑》。举办的大型学术会议有：第十五届中国管理科学学术年会、第七届中国能源资源开发利用战略学术研讨会暨第四届能源经济与管理学术年会、第十二届中国项目管理大会等国内学术会议等。2013年学术活动无论从举办会议的次数上（包括前沿高端会议），还是参加人数和交流论文数上都超过往年。

**国际组织任职** 研究会副理事长刘思峰教授担任国际IEEE系统、人与控制学会（IEEE SMC society）主席；研究会常务理事欧立雄教授担任国际项目管理协会（International Project Management Association，IPMA）秘书长；研究会项目管理研究委员会教授叶金福担任亚太项目管理联盟（Asia-Pacific Federation-Project Management，APFPM）副主席；研究会常务理事、副秘书长李建平研究员担任国际信息技术与数量化管理学会（International Academy of Information Technology and Quantitative Management，IAITQM）秘书长，研究会理事寇纲教授当选为出版委员会主席。

**科普活动** 研究会及各专业委员会开展科普讲座等宣传活动4次，分别为：围绕非常规突发事件应急管理方面、水污染公共安全事件耦合机理、水污染事件监测预警系统、我国灾害应急体系建设、地震灾害后“经济—社会—生态”统筹恢复重建研究等多行业突发应急事件管理的科普讲座和“科学应急大讲堂”，受众360余人次。举办实用技术培训班3次，培训人数500人次，为MBA学员和EMBA举办营销工程专题讲座培训。举办青少年科普宣讲活动4次，主要为气候变化经济学简介科普讲座、初等数学教育专题讲座、计算机模拟与信息技术专业的科普讲座，受众350人次。主办的科普期刊《数理天地》杂志高中版和初中版共发表文章近1000篇，印刷21万册；出版青少年科技教育读物7本，印刷7.5万册；举办青少年科技竞赛3项，参加人数173万人次。

**表彰举荐优秀科技工作者** 研究会推荐副理事长徐玖平教授等人的“‘5·12’汶川地震灾区灾后科技工作者状况调查”项目，经中国科协评审获得2013年中国科协优秀决策咨询成果奖三等奖。

**工程教育认证** 2013年，研究会项目管理分会开展了国际项目经理资质认证工作，即国际项目管理协会（International Project Management Association，IPMA）在全球推行的四级项目管理专业资质认证体系的总称。IPMP是对项目管理人员知识、经验和能力水平的综合评估证明，根据IPMP认证等级划分获得IPMP各级项目管理认证的人员，将分别具有负责大型国际项目、大型复杂项目、一般复杂项目或具有从事项目管理专业工作的能力。2013年顺利完成5次常规认证。全年共有2384位项目管理界精英获得了相应级别的IPMP认证，其中A级11人，B级106人，C级1861人，D级406人。

**学会创新发展** 研究会连续十五届举办的大型学术会议“中国管理科学学术年会”已成为管理科学领域的品牌活动，在10月举办的会议上，邀请到11位专家学者作了主题学术演讲，来自全国80多所高校和科研院所的近500位专家学者出席了会议。

举办“管理科学学科建设与人才培养”院长论坛，来自全国30多位高等院校的院长和280多位专家学者参会，围绕管理科学的学科建设与人才培养，从学科建设与学院发展、管理创新与人才培养、本土化与国际化等方面管理学领域的焦点问题进行了探讨。

**会员服务** 10月，在第十五届中国管理科学学术年会上开展了会员日活动，在会员日的活动中，介绍了学会的发展史、宣传“学会为会员开展服务”的工作理念，现场征求会员意见，宣传研究会入会手续、会员权利和优惠政策，吸纳了一批新会员加入，并发放了《研究会成立30周年纪念册》。在会上还颁发了“《中国管理科学》最具影响力论文奖”。

为利用信息化手段提升自身发展能力、服务会员和科技工作者，研究会网站进行了改版升级，增加了多个板块和窗口，着重加强了对重点项目的宣传和服务于会员的下载和便捷入会等功能。

**【第15届中国管理科学学术年会】** 10月25～27日，由研究会、湖南大学、中国科学院科技政策与管理科学研究所、《中国管理科学》编辑部联合主办，湖南大学工商管理学院承办，中南大学商学院、国防科技大学信息系统与管理学院、《系统工程》杂志社协办的第15届中国管理科学学术年会在湖南大学召开。来自国家自然科学基金委员会管理学部、中国科学院、北京大学、清华大学等全国120余家科研院所、高校的400多位专家、学者出席会议，大会以“‘两型社会’建设与管理创新”为主题，针对当前管理科学领域研究的热点问题和我国经济科技发展中所面临的新问题进行交流研讨。

10月26日上午，研究会副理事长兼秘书长池宏主持了开幕式，湖南大学副校长陈收，湖南省政协副主席、湖南大学副校长赖明勇教授先后致辞。全国人大常委、中国科学院科技政策与管理科学研究所副所长王毅、研究会理事长蔡晨作讲话。大会特邀11位专家作主题学术演讲。大会以优选学与优化管理、统筹学与项目管理、经济数学与金融风险管理、决策优化与企业经营管理、能源与复杂系统管理等为专题，设8个分会场，开展专题学术交流。

在10月27日下午的院长论坛中，以“管理科学学科建设与人才培养”为主题，来自80多所高等院校的36位院长和200多位专家、学者围绕管理科学的学科建设与人才培养，从学科建设与学院发展、管理创新与人才培养、本土化与国际化等方面管理学领域的焦点问题进行了探讨。在会议期间还召开了第四届中国优选法统筹法与经济数学研究会青年论坛和中国优选法统筹法与经济数学研究会第八届四次理事工作会议。在青年论坛上，上海财经大学统计与管理学院常务副院长周勇、哈尔滨工业大学管理学院副院长叶强、中国科学院科技政策与管理科学研究所关忠诚研究员作了报告并与参会代表进行了探讨交流。第八届四次理事工作会议听取了各分支机构 2013 年工作汇报，通过研究会理事长蔡晨作的 2013 年研究会工作报告。经过理事会投票，确定第十六届中国管理科学学术年会由山西大学经济与管理学院承办，地点在山西省太原市。

**【第 7 届中国能源资源开发利用战略学术研讨会暨第四届能源经济与管理学术年会】** 10 月 17 ~ 18 日，由研究会能源经济与管理研究分会与国家自然科学基金委管理科学部联合主办的第 7 届中国能源资源开发利用战略学术研讨会暨第四届能源经济与管理学术年会在湖北省武汉市召开。约 200 名来自高校、政府部门、能源企业、科研院所、国际能源环境研究机构的专家、学者和研究生出席了会议。

会议围绕“气候变化与能源战略管理”的主题，重点研讨气候变化的应对和适应策略、能源效率与经济增长、能源效率与节能管理、碳市场与碳金融、碳强度与碳生产率、低碳经济转型、气候经济学与能源经济学理论与方法、气候政策与能源经济模型、气候变化与能源战略管理等与气候政策和能源经济相关的内容。

武汉大学党委副书记蒋昌忠、国家自然科学基金委员会管理科学部常务副主任李一军，副主任高自友，中国社会科学院经济研究所所长兼《经济研究》主编裴长洪，中国“双法”研究会副理事长、能源经济与管理分会会长魏一鸣出席开幕式并致辞。科技部原副部长、国务院参事刘燕华首先作了题为《可持续发展的能源出路》的报告。清华大学原常务副校长何建坤教授深刻分析了我国能源发展与应对气候变化的形势与对策。中国社会科学院经济研究所所长裴长洪从宏观经济形势的特征与政策走向进行了分析。国家发改委能源研究所副所长戴彦德研究员、中国科学院政策与管理科学研究所副所长王毅、日本名古屋大学国际低碳经济研究所所长薛进军、武汉大学气候变化与环境能源研究中心主任齐绍洲、清华大学能源与环境经济研究所所长张希良、美国伯克利劳伦斯国家实验室能源政策首席专家沈波、复旦大学能源经济与战略研究中心主任吴力波、南京师范大学副校长田立新授等专家、学者作了大会主题发言。

（撰稿人：张　玲）

## 中国岩石力学与工程学会

**学会能力提升计划** 2013 年，学会按中国科协“学会能力提升计划”合同规定中 6 个方面的 18 项具体任务开展工作。根据专项任务需要，学会招聘临时工作者和自愿工作者，根据学会发展的需要，招聘一名有专业背景和一定计算机水平的博士后从事数字学会服务平台建设工作。

数字学会服务平台建设。分三期，除基础网站平台外，包括会员管理系统改造、《学会动态》在线阅读系统、学会办公信息 OA 系统、综合报奖评奖系统、学会资源数据库开发、在线会议注册管理及论文管理系统、学会移动互联网终端功能技术开发等。平台总体设计与第一期工作已全面展开，已进行第二期工作。

《英汉—汉英岩石力学与工程大辞典》完成 80 万英中文词条收集、备份、汇总、排序，形成 26 个字母文件。由老专家带领青年专家完成了甄别、查重、筛选和定名，已进入审查阶段，计划于 2014 年 9 月底前提出终审稿，2014 年底前正式出版。

**学会建设** 1 月 31 日，学会七届一次理事长办公会议在北京召开。10 月 14 日，学会七届二次理事长办公会议在广东省佛山市召开。3 月 28 ~ 30 日，学会 2012 年度秘书长联席会议在海南省三亚市召开。召开了两次常务理事通讯会议、一次理事通讯会议。

学会荣获民政部中国社会组织评估 4A 等级。在本次评估过程中，民政部评估专家组从基础条件、内部治理、工作绩效和社会评价 4 个方面对学会进行了综合考察并对学会的工作给予了肯定。

学会完成了学会秘书处《员工人事管理制度》等 6 项规章制度及修订工作，汇总印发了《中国岩石力学与工程学会规章制度汇编》。学会的各项规章制度已基本齐全，规范化管理有了基本保障。

筹办国际交流工作委员会和地壳应力与地震专业委员会，酝酿筹建科普工作委员会。

**学术期刊** 2012 年中国科技信息研究所首次发布了《岩石力学与岩土工程英文期刊》影响因子为 0.473，总被引频次为 31 次，他引率为 0.68。2012 年底统计，有 20 篇论文被 SCI 期刊引用，被引论文数超过 30 次。从 2013 年开始，该刊与国际知名出版商 Elsevier 合作以来，月下载量为 4205，全面提高了国际影响力和竞争力；并且已发表文章被其他 SCI 杂志引用率升至 55 篇，96 次。

《岩石力学与工程学报》2013 年收稿 1853 篇，退稿 1278 篇，正刊录用 212 篇，增刊录用 233 篇。12 期正刊中，综合研究与理论分析方面的文章 115 篇，占 38.08%；设计、施工与工程应用方面的文章 63 篇，占 20.86%；试验研究与测试技术方面的文章有 101 篇，占 33.45%；数值分析与计算方面的文章 23 篇，占 7.61%；土力学与土工基础方面的文章 48 篇，占 15.89%。

据中国科技信息研究所2013年9月27日发布的信息，2008～2012年《岩石力学与工程学报》有8篇论文入选“中国百篇最具影响国内学术论文”，《岩石力学与工程学报》2013年又有两篇论文入选。《学报》总被引频次和影响因子分别由2011年的6571和1.434提升到2012年的7340和1.471。2013年5月，《岩石力学与工程学报》正式向SCIE（科学引文索引扩展版，即网络版）美国总部提出收录申请，已受理，正在评估中。7月，《岩石力学与工程学报》入选由国家新闻出版广电总局评出的岩土工程领域唯一的“百强科技期刊”。《岩石力学与工程学报》的发行工作也取得一定进步。

**国际交往**　9月23～25日，学会组团参加在波兰召开的欧洲岩石力学大会，45名中国学者参加了此次会议，参会人数仅次于东道主波兰。会议主题是“资源、能源和环境中的岩石力学”。中国工程院院士、学会理事长钱七虎被授予国际岩石力学学会会士称号。2013年我国个人会员数为874人，居国际学会各国个人会员数第一位，团体会员单位19个，比2012年略有提高。

学会理事（常务理事）在2013年先后出访60余人次，接待外宾来访或参加国际组织会议和学术交流近150人次。应学会理事长冯夏庭（学会本届试行双理事长制，冯夏庭为2012年当选的学会理事长）的邀请，国际著名岩石力学专家巴顿（Nick Barton）博士于3月1～8日分别在山东大学土建与水利学院和中国科学院武汉岩土力学研究所进行学术访问和巡回讲学；应国际岩石力学学会古遗址保护专业委员会主席王旭东邀请，4月26日，以色列内盖夫市本古里安大学（Ben-Gurion University of the Negev，Israel）国家古代壁画与土遗址保护工程中心博士巴顿（Nick Barton）作了学术报告。

**国际学术会议**　6月17～21日，由国际岩石力学学会、中国岩石力学与工程学会和中国科学院主办，国际岩石力学学会岩石工程设计方法委员会、中国科学院武汉岩土力学研究所岩土力学与工程国家重点实验室、同济大学承办的第三届中国岩石力学国际大会在上海市举行。会议的主题是“岩石的特性、模拟和岩石工程设计方法”。中国、英国、澳大利亚等十多个国家和地区的200余位专家、学者、研究生出席了会议。

7月1～2日，第三届中俄矿山深部开采岩石动力学高层论坛暨中俄深部岩石力学与工程科技联合常设论坛在江苏省南京市召开。来自中国、俄罗斯的92名专家、学者参加了会议。会议期间，24位中俄专家、学者作大会报告和学术研讨。与会专家、学者各抒已见，达到了加强联系、密切合作、广泛交流、提升学术的目的。

5月10～23日，第七届前沿科学发展国际学术研讨会在深部岩土力学与地下工程国家重点实验室（北京）举行。会议由学会主办，学会软岩工程与深部灾害分会和深部岩土力学与地下工程国家重点实验室承办。国内外专家和实验室师生50余人参加了会议。与会专家和师生针对一些国际前沿的学术热点问题进行了深入的讨论。国外专家参观了深部岩土力学与地下工程国家重点实验室，并高度评价了实验室研究新成果。

**国内主要学术会议**　8月10～11日，全国防治煤矿冲击地压高端论坛在黑龙江省哈尔滨市举行。会议由学会与中国煤炭学会主办，辽宁工程技术大学、龙煤集团等单位承办，会议主题是“煤矿冲击地压防治的创新与实践”。210位代表参加了会议。本次会议提供了一次全国防治煤矿冲击地压研究成果和工程实践经验交流的机会，有助于促进我国煤矿冲击地压防治的创新和发展。

8月22～23日，由中国科协主办、学会承办的以“地球演化与全球变暖”为主题的中国科协第80期新观点新学说学术沙龙在北京举行，30位专家、学者参加了学术沙龙。与会专家围绕地球演化与全球变暖主题交流了各自的科研成果，并就一些热点问题，展开了讨论。

11月4～5日，第四届全国岩土与工程学术大会在浙江省杭州市举行，会议由学会与中国建筑学会工程勘察分会、中国土木工程学会土力学及岩土工程分会、中国地质学会工程地质专业委员会联合主办，中国水电顾问集团华东勘测设计研究院有限公司等单位共同承办，450多位专家、学者参加了本次会议。会议对近年来岩土与工程技术创新和可持续发展进行了研讨，交流了我国岩土与工程领域取得的成绩。

10月15日，由学会、中国工程爆破协会和学会工程师实例专业委员会主办，广东宏大爆破股份有限公司承办的“岩土工程与爆破技术的融合发展”第二届宏大论坛在广东省广州市召开。

**两岸交流**　8月17～18日，第十二届海峡两岸隧道与地下工程学术与技术研讨会在西南交通大学峨眉校区举行。本次大会由中国工程院土木、水利与建筑学部，中国土木工程学会，中国土木工程学会隧道及地下工程分会，中国岩石力学与工程学会地下工程分会和台湾隧道协会共同主办，由西南交通大学和交通隧道工程教育部重点实验室承办。大会收录119篇论文，其中大陆83篇、台湾36篇，内容反映了近年来隧道及地下工程领域新理论、新技术、新工艺、新设备和新材料的发展。

**科普工作**　学会秘书处正式成立科普培训部，使科普工作从组织上有保障。学会按照中国科协关于组建科学传播专家团的要求，推荐各专业科普专家，构建专家团队。

7月18～20日，由中国科协主办的第四届科技场馆展品与技术设施国际展览会在北京举行。学会组织的“岩土工程科技”为主题的科普展台以书刊、多媒体播放、展板、宣传彩页、仪器设备现场演示等形式，为广大观众展示了岩土工程科技在能源开采、交通、建筑、水利水电、环境安全与保护、地下工程、地质勘查、地质灾害的预警防灾、减灾、国防建设中的巨大作用。

学会组织地下空间领域的专家，编写地下空间专业知识的普及册和宣传挂板，并开展以“城市未来之路——地下空间”为题的科普项目。该项目整合了地下空间领域的科普资源：包括文字资料、图片、动态影像等，旨在使观众对地下空间资源的开发利用有一定的感性认识，达到从陌生到认识，从认识到接受的效果，在交流与体验中感受地下空间开发利用的广阔前景。2013年该项目已初步完成，可作为学会普及地下空间知识的资源。

9月16日，学会古遗址文物保护与工程加固专业委员会在中国人民大学艺术学院展厅举办敦煌壁画艺术精品高校公益巡展活动。

**党建工作** 学会发起向林俊德院士学习的倡议。学会前常务理事、岩石动力学专业委员会的发起人之一的林俊德院士，当选为“感动中国”2012年十大人物及2013年全国道德模范。他为我国国防科技事业战斗到生命最后一刻的先进事迹，感人肺腑，催人奋进，充分展示了我国科技工作者的崇高品格，树立了新时期科学家的光辉形象。为了激发广大岩石力学与工程科技工作者的进取精神和创新意识，2月28日，学会向广大会员发起向林俊德院士学习的倡议。

组织开展“党建强会”项目，建立并完善各分支机构的党组织的工作，并指派了党建联系人和党建通讯员。为强化党建工作，从《岩石力学与工程动态》第二期开始，增加了学会“党建专栏”。为充分认识学会党建的重要意义，学会秘书处党小组特邀学会岩体物理教学模拟专业委员会、清华大学林鹏教授撰写了《新形势下提高学会党建科学化水平的几点思考》，对学会今后深入开展党建工作起到引领作用。

**【2013年欧洲岩石力学大会】** 9月23～25日，学会组团参加了在波兰召开的欧洲岩石力学大会（EUROCK2013）。会议由波兰国家小组承办，会议主题是：资源、能源和环境中的岩石力学，涵盖了岩石力学的各个方面。

会议期间，时值国际组织优秀博士论文奖罗哈奖（Rocha Medal）创始人 Manuel Rocha 先生诞辰100周年，国际组织秘书长 Lamas 博士回顾了罗哈奖的历史。学会理事长冯夏庭分别介绍了2013年的罗哈奖和 Franklin 讲座，并给获奖者颁奖。

为期3天的学术会议共有116位专家、学者作了口头报告，有近50篇论文作了展示，邀请了6位特邀报告人作大会报告。中国学者李晓春教授作的报告题目为：Geomechnical Modeling of $CO_2$ Storage in Deep Saline Aquifers。2013年罗哈奖获得者 Matthew Pierce 博士作了题为 A Model for Gravity Flow of Fragmented Rock in Block Caving Mines 的报告。

会议期间，召开了国际岩石力学学会（ISRM）理事会会议，53个会员国中40名代表出席了此次会议。两位前任国际主席、国际岩石力学学会各专委会主席和国际合作组织代表列席会议。学会副理事长何满潮为国家代表出席会议，副理事长蔡美峰代表教育委员会、副理事长杨强代表核废物处置委员会、学会理事谢富仁代表地壳应力委员会、理事谌文武代表古遗址保护委员会参加了会议。

国际岩石力学学会主席冯夏庭代表主席团向理事会作了工作报告。会议听取了巴西和印度两个国家小组关于申办第14届国际岩石力学大会的报告；理事会公布了2014年罗哈奖的获奖者为澳大利亚的 Dr. Anne Perera；会议经过投票表决，选举巴西的 Eda Quadros 博士为下一任国际岩石力学学会主席。本次会士的授予在波兰弗罗兹瓦夫举行，学会理事长钱七虎院士和其他7人荣获该称号。

**【全国防治煤矿冲击地压高端论坛】** 8月10～11日，全国防治煤矿冲击地压高端论坛在黑龙江省哈尔滨市举行。本次会议由学会与中国煤炭学会主办，辽宁工程技术大学、龙煤集团、煤炭开采国家工程技术研究院、煤炭科学研究总院承办，黑龙江科技大学、煤炭开采动力灾害973项目、黑龙江省煤矿深部开采地压控制与瓦斯治理重点实验室、中国岩石力学与工程学会东北分会协办，会议主题是“煤矿冲击地压防治的创新与实践”。

参加会议的代表共有210位，分别代表7个省煤监局、24家煤炭企业（包括70多个冲击地压矿井）、6个科研院所、11所高等学校。

开幕式由潘一山教授主持，黑龙江省副省长张建星、钱七虎院士、袁亮院士、张长董事长分别致辞。开幕式后，钱七虎、袁亮、顾金才等27位专家、学者围绕会议主题作学术报告，就煤矿动力灾害，特别是冲击地压防治的创新与实践，展开广泛讨论与交流。

会议期间，学术委员会在提交会议的31篇学术论文中择优评选出了5篇优秀学术论文，并颁发了优秀论文证书。

会上，专家倡议将本次会议成果提炼后，向国家相关部门建言献策，促进防治冲击地压标准和法规的建立，为全国冲击地压防治，煤矿的安全生产做出贡献。

（撰稿人：周　妍　张　维）

## 中国野生动物保护协会

**服务创新国家和社会建设**　8月3日，中国（齐齐哈尔）国际鹤文化艺术节在黑龙江省齐齐哈尔市开幕。文化艺术节是由国际鹤类基金会、中国野生动物保护协会、中共黑龙江省委宣传部、黑龙江省林业厅与中共齐齐哈尔市委员会、齐齐哈尔市人民政府共同主办，中共齐齐哈尔市委宣传部、鹤文化研究会承办。艺术节于8月3日至17日举行，历时15天，包括主题晚会、学术论坛、文化创作、经贸旅游、群文活动等五大项26个具体活动。开幕式上，中国工程院院士、鹤文化研究会会长马建章宣读了国际鹤类基金会为艺术节发来的贺信。协会秘书长臧春林等主办单位代表先后致辞。丹顶鹤迁徙路线上的江苏省盐城市、辽宁省盘锦市、吉林省白城市、黑龙江省齐齐哈尔市4个城市的领导共同启动水晶球，标志着4个城市结成了“保护生态环境四城市联盟”。齐齐哈尔市代表宣读了“保护生态环境四城市联盟”倡议书，承诺共同加强丹顶鹤的保护工作。

10月29日，协会会长、国家林业局原副局长赵学敏会见了三星大中华区首席副总裁李贞烈。双方签署了为期三年的《中国野生动物保护协会－三星（中国）投资有限公司关于野生动物保护项目的合作谅解备忘录》，同意在开展野生动物保护活动中建立战略合作伙伴关系，秉承“保护野生动物，携手建设美丽中国”的共同理念和追求，通过野生动物保护繁育相关的人员交流、技术交流、宣传教育、保护救助、国际合作等方式，实现保护拯救濒危野生动物，提高基层保护能力的目标。

12月12日，协会和国家林业局野生动植物保护与自然保护区管理司主办，天津绿色之友和广东嘉豪食品股份有限公司承办的2014年“全国拒烹野生保护动物，我们在行动”大型公益活动在天津市启动。来自天津100多家知名酒店的名厨、烹饪大师、专家名厨、天津市环保爱心人士及中央电视台、中央人民广播电台、新华社、中国绿色时报等新闻媒体记者共计100多人参加启动仪式。国家林业局野生动植物保护与自然保护区管理司副司长严旬发表讲话。协会副秘书长李青文郑重宣布活动启动。此活动陆续在河北、山西、辽宁、安徽、山东等省（自治区、直辖市）巡回开展，吸引越来越多的厨师和社会各界人士加入到行动中。

**学会建设**　3月29日～4月1日，协会南方地区野生动（植）物保护协会秘书长工作座谈会在湖北省京山县召开，协会会长赵学敏、秘书长臧春林、湖北省野生动植物保护协会会长李德珍出席了座谈会并致辞，来自南方地区的15个省级协会的秘书长参加了座谈会。与会代表审议了《中国野生动物保护协会会员管理办法》和中国野生动物保护协会会员数据库管理系统。

12月18日，协会2013年理事扩大会在北京召开。2013年是协会成立30周年，国家林业局副局长张建龙代表国家林业局出席会议表示祝贺，并讲话。200余人出席了会议。协会会长赵学敏作工作报告。协会公益形象大使六小龄童向全社会发起“保护野生动物·共建美丽中国”的倡议。

**国内主要学术会议**　6月14日，由协会、国际野生物贸易研究组织中国项目联合主办的濒危物种保护与中医药可持续发展专家座谈会在北京召开。来自相关行业、科研机构的与会代表分别围绕中医药行业发展、药材产业等话题，研讨濒危物种保护与中医药可持续发展共存互利的有效途径，以更好地保护和可持续利用我国药用野生动植物资源，积极履行《濒危野生动植物种国际贸易公约》（CITES公约）及我国野生动植物保护的相关法律法规。

11月21～25日，由协会科技委员会、中国生态学会动物生态专业委员会、中国动物学会兽类学分会共同主办，华中师范大学生命科学学院承办的“第九届全国野生动物生态与资源保护学术研讨会”在湖北省武汉市召开。会议交流和推广了全国兽类学和动物生态学的最新研究成果。来自全国高校、研究院所和林业系统等单位的野生动物生态与资源保护的专家、学者440人参加会议。大会收到论文摘要318篇、参加会议单位115个、展出墙报28份。本次会议首次采用了专题负责人召集制度，组织了17个专题，有215人在专题报告会上做了报告。大会为5名“全国优秀青年动物生态学工作者”、10名“优秀墙报设计奖”获得者颁发了证书。

**两岸交流**　11月8～10日，由中国动物学会鸟类学分会和中国野生动物保护协会科技委员会联合主办，浙江自然博物馆、浙江省动物学会和浙江大学承办的第十届海峡两岸鸟类学术研讨会在杭州召开，本次大会的主题是“人类活动与鸟类多样性保护”。中国科学院院士郑光美、学会鸟类学分会理事长刘廼发以及自两岸三地高校、科研院所、自然保护区和相关机构的鸟类学者、研究生、保护管理人员等共计500余人参加了会议。会议举办了7个大会报告、10个专题60个学术报告、4个圆桌讨论会、9组72个口头报告、109个墙报，内容涵盖鸟类区系与生物地理格局、鸟类群落生态学、鸟类迁徙、中国鹤类研究与保护、鸟类物种分化与分类、鸟类群落与多样性、鸟类行为与策略、鸟类疾病、饲养与驯化、气候变化对鸟类的影响等。

**国际交往** 9月11日，协会与比利时天堂公园在辽宁省大连市签署了《关于开展大熊猫保护研究合作的协议》。根据协议，来自卧龙中国保护大熊猫研究中心的两只大熊猫“好好”和“星徽”赴比利时天堂公园参与为期15年的合作研究。

9月，协会与美国圣地亚哥动物园大熊猫研究合作协议到期，在经过双方对延期协议商讨并达成一致后，2013年11月7日在四川省成都市签署了《大熊猫合作研究繁殖延期协议》，协议有效期自2013年9月1日～2018年9月1日。

11月9日，协会与奥地利维也纳美泉宫动物园在四川省成都市签署了《大熊猫合作研究繁殖延期协议》，协议期限自2013年9月14日～2023年9月14日。

11月22日，美国环球健康与教育基金会－中国野生动物保护协会关于2014年度开展“环球自然日”活动的合作签约仪式在上海市举行，双方在青少年自然科学教育方面开展合作。协会副秘书长李青文出席签约仪式。“环球自然日”活动由美国环球健康与教育基金会发起，迄今已举办两届。

**科普活动** 野性“淘淘”纪录片1分钟视频集锦，于2013年3月8日在北京地铁5号线、8号线、10号共计3条地铁线路的相关视频播出，播出时间为40余天。据北京地铁公司统计，这3条地铁线路日均客流量300万人次，本次视频播出的40天里预计将有超过1亿人次的浏览。该视频主要讲述了圈养大熊猫“淘淘”回归大自然的真实过程。2012～2013年，协会与中国保护大熊猫研究中心、中央电视台数次进入卧龙国家级自然保护区联合制作了野性“淘淘”纪录片。

3月30日，协会与湖北省野生动植物保护协会共同举办的全国未成年人生态道德教育经验交流会在湖北省京山县召开。来自13个省份、40多所学校的校长、老师，以及南方15个省（自治区、直辖市）野生动植物保护协会的会长、秘书长参加了会议。协会会长赵学敏、秘书长臧春林、湖北省野生动植物保护协会会长李德珍出席会议。会议由协会臧春林主持。南京红山小学校长赵功伟、深圳福田区教育局游云老师和湖北省野生动植物保护协会未成年人生态道德教育委员会主任委员、资深专家徐大鹏等在会议上作了典型经验交流。

4月25日，由国家林业局和北京市地铁运营有限公司共同主办，协会、中国野生植物保护协会和水生野生动物保护分会承办的“保护野生动物 建设美丽中国”摄影展在北京市地铁5号线磁器口、灯市口、和平里北街等3个站厅展出，展期持续40天。

9月27日，由国家林业局和北京市地铁运营有限公司主办，协会、北京山水自然保护中心承办“寻找雪豹”摄影展在北京市地铁5号线磁器口、灯市口、和平里北街等3个站厅展出，展期持续40天。

10月19日，协会秦皇岛野生动物救护中心、秦皇岛市观（爱）鸟协会、美铝渤海铝业有限公司、燕秀里小学在秦皇岛鸟类博物馆联合启动“观鸟中国·伴鸟儿自由飞翔活动”。协会副秘书长李青文、秦皇岛市观（爱）鸟协会会长王玉臣分别发表讲话，燕秀里小学的同学代表志愿者做发言。活动成功放归了2013年协会秦皇岛野生动物救护中心救护康复鸟类7种20只。

**学会创新发展** 4月14日，浙江横店共创共有共富共享工作委员会（“四共委”）下属单位——东阳横店万花园与协会签订了为期10年的合作框架协议，建立战略合作伙伴关系。“四共委”捐赠100万元支持野生动物保护事业。横店万花园计划建设“野生动物科普教育基地”，专门用于开展野生动物保护宣传、科学研究、科普教育、实习实践等公益性活动。

9月11日，为了充分对外展示我国为保护大熊猫而进行的一系列开创性的保护工作和取得的举世瞩目的成就，由协会、牛津科学影片有限公司、卧龙中国保护大熊猫研究中心共同制作一部“中国大熊猫3D”电影。该片的拍摄，集聚了世界先进的3D技术和顶尖的制作团队，在英国爱丁堡动物园举办的3D大熊猫纪录片全球首映，并召开了爱丁堡动物园大熊猫研讨会，反响强烈。

**【中国野生动物保护协会聘任六小龄童为公益形象大使】** 6月14日“中国野生动物保护协会公益形象大使受聘仪式”在北京举行。民政部、国家林业局、中国科协、中国作家协会、中国儿童中心等单位领导莅临活动现场，来自海峡两岸6名未成年人生态道德教育培训专家、全国25个省（区、市）40名基层中小学校骨干教师、有关国际组织、国内社团组织，以及新华社、人民日报社、中央电视台等20余家媒体记者参加了活动仪式。协会授予章金莱（六小龄童）为公益形象大使。此次协会聘任六小龄童为公益形象大使，旨在动员社会各界进一步关注野生动物保护、关注生态环境。

**【全国首次未成年人生态道德教育“自然体验师”培训班】** 6月14日，协会主办的全国首次未成年人生态道德教育“自然体验师”培训班开班仪式在北京举行。民政部、教育部、国家林业局、中国科协、中国作家协会、中国儿童活动中心领导出席开班仪式，来自海峡两岸未成年人生态道德教育培训专家及全国25个省（自治区、直辖市）基层中小学校骨干教师、国际组织、国内社团组织等41名学员参加了开班仪式。新华社、人民日报社、中央电视台等20余家媒体记者参加了活动。协会会长赵学敏讲话。“自然体验师”培训班在全国尚属首次。协会从报名者中筛选出40岁以下、熟悉电脑操作、具有开展生态道德教育的实践经历、结业后能够继续在本单位积极组织和推广未成年人生态道德教育自然体验活动的青年骨干教师、基层自然保护区负责宣教工作的青年骨干、优秀志愿者共计80名，分2批进行培训。开班仪式后培训班学员前往秦皇岛野生动物救护中心，开展为期5天的培训班学习。

**【“生态中国·野性之美”宣传活动暨全国保护野生动物宣传月】** 9月13日，协会与国际野生物贸易研究组织和世界自然基金会联合举办的“生态中国·野性之美”宣传活动暨全国保护野生动物宣传月启动仪式在北京举行。来自国家林业局野生动植物保护与自然保护区管理司、森林公安局、国家濒危物种进出口管理办公室、海关总署缉私局和北京市森林公安局等政府部门、企业与众多NGO的代表交流打击非法野生物贸易的工作经验，呼吁公众从自身做起，拒绝消费非法野生物制品，共同保护地球家园。协会副秘书长李青文介绍，每年秋冬季是非法经营野生动物行为多发的季节，在保护野生动物宣传月期间，全国各级野生动物保护协会要积极开展多种形式的宣传教育活动，同时发动全国35万多名会员和志愿者，通过参与野外巡护、提供非法活动信息及动向等形式，配合政府主管部门打击破坏、走私野生动物资源的违法犯罪活动。

（撰稿人：王晓婷　曹丽萍）

## 中国系统工程学会

**服务创新型国家和社会建设**　2013年，学会围绕地方经济建设的需要，组织人力举办了多次不同专题的培训班活动。协助广东省经济和信息化委员会举办省级企业技术培训班和国家级企业技术培训班。广东省320家企业超过600人次参加了培训。该培训工作在广东省企业界享有良好的声誉。

**学会建设**　2013年，学会组织参加各类学术活动42场，是2012年的1.6倍，其中，组织国际学术交流7场，出席国际会议6次；组织国内学术交流活动29场。出版会议论文集、研究报告、书籍等12部，近680万字，是2012年的1.1倍。

截至2013年底，个人会员人数近4000人，团体会员缴费单位20家。

2013年学会向中国科协申报“学会基础建设”并获得资助，在项目推动下，完成了一系列制度建设工作。

按照学会改革发展基础工程项目的要求——探索建立学会会员工作站、落实会员工作机构和人员。学会根据八届四次理事会议有关决议及学会会员体系建设工作会议达成的共识，以学会所属分支机构、团体会员单位、学会期刊编辑部为单位建立会员工作站40个。

学会建立会员工作站，主要工作职能是代理、代办学会在会员中的公共事务，是学会职能部门延伸到每个会员的社会服务。2013年召开了1次理事会会议和2次常务理事会会议。第八届三次理事会讨论通过了（将提交第九届会员代表大会讨论的）学会章程修改草案；通过了“会员代表大会代表产生办法”。八届六次常务理事会讨论通过了《中国系统工程学会学术年会管理规定》；下届理事会和常务理事会规模；理事候选人产生原则等。在八届七次常务理事会会议上讨论并落实了2014年将要举办的第18届学术年会组织方面的改革方案。

**学术期刊**　《系统工程学报》结合改版工作，按国家标准重新修订了期刊编排标准及英文摘要的编写规范。利用该刊网络采编系统建立了动态审稿专家库，继续提高海外专家参与审稿工作的比例。《系统工程学报》获得了2013年中国科协精品科技期刊工程的“期刊学术质量提升”项目。《系统工程理论与实践》继续获得“百种中国杰出学术期刊”称号。在信息科学与系统科学类期刊中“被引频次”和“核心影响因子”均排名第一位。英文双月刊*Journal of Systems Science and Information*（《系统科学与信息学报》）已获得国家新闻出版广电总局批准创办。该刊创建了新网站和投稿平台。为了提高学会学术交流年会的受关注度，学会动员各期刊编辑部，开展了配合2014年学术交流年会的征稿审稿工作。

**国际学术会议**　2013年7月，学会副理事长张纪峰、副秘书长杨晓光、常务理事狄增如等出席了日本科学技术振兴机构（简称JST）与中国科学院系统科学研究所的座谈会。张纪峰介绍了系统科学的历史及发展现状，杨晓光介绍了学会的发展，狄增如介绍了中国系统科学学科的发展状况。

学会与日本北陆先端科学技术大学院大学（JAIST）、大连理工大学等联合举办了第14届知识与系统科学国际会议（KSS2013）。会议由学会理事长汪寿阳和日本中森义辉为联合主席。会议由北陆先端科学技术大学院大学（JAIST）、大连理工大学等联合承办。主题为“社交网络时代的知识创造与服务创新”。

学会金融系统工程专委会（筹）与国家自然科学基金委员会共同主持了第11届金融系统工程与风险管理国际年会。会议在上海市举办。200多名专家、学者参加。另外，学会青年工作委员会与西安交通大学管理学院合作，举办了INFORMS系列国际会议之一的“2013系统信息工程国际研讨会”。

学会人—机—环境系统工程专委会在山东省烟台市召开了第十三届国际人—机—环境系统工程大会。学会青年工作委员会举办了2013系统信息工程国际研讨会。

**国内主要学术会议** 2013年，学会与分支机构共组织了各类国内学术交流活动29场。主要有：学会教育系统工程专业委员会在黑龙江省哈尔滨市召开学术研讨会。学会草业系统工程专业委员会在山西省举办“现场观摩技术交流产业研讨洽谈”活动。学会系统动力学专业委员会在北京市举办系统动力学培训与研讨会，与系统动力学专业委员会上海对外经贸大学举办的第1届中国SD专业研究生学术论坛。学会过程系统工程专业委员会在宁夏回族自治区银川市召开2013年学术年会。农业系统工程专业委员会在河南省召开第17届学术年会。学会决策科学专业委员会在江西省南昌市举办第十届学术年会。学会军事系统工程专业委员会在重庆市召开第23届学术年会和全军武器装备体系第七届研讨会。学会交通运输系统工程专业委员会在北京市召开第八届中国交通高级论坛——“综合交通体系建设与运营机制”。学会交通运输系统工程专业委员会还举办了4场“交通7+1论坛”，4场论坛主题分别是：大城市交通发展政策研究、高速铁路运输模式与技术、智能交通系统建设与运营机制、渝新欧大陆桥交通体系规划方法。

**两岸交流** 学会科技系统工程专委会与华南理工大学共同承办了科技和创新战略、政策和管理研讨会及海峡两岸科技合作发展论坛。

10月18日，学会理事长汪寿阳赴台湾地区参加了两岸产业低碳化之发展策略研讨会。

**国际组织任职** 学会前理事长顾基发担任国际系统研究联合会执行委员会委员；学会理事长汪寿阳任国际知识与系统科学主席；学会模糊系统工程专业委员会秘书长张德学当选为国际模糊系统协会副理事长。

**国际交往** 学会模糊系统工程专业委员会主任陈国青等出席了2013年6月在加拿大召开的国际模糊系统协会2013国际会议。

**科普活动** 2013年，学会组织了大型科普日活动——鄱阳湖德邦教普基地科普讲座与现场考察、咨询。学会副理事长、华南理工大学工商管理学院教授朱桂龙参加活动。学会教育普及工作委员会成员、南昌大学系统工程研究所教授贾仁安携相关研究项目组成员，承办了此次科普日活动。非生态学专业低年级青年学生、市民、高塘乡村民以及德邦牧业养殖场职工等100多人参加。

学会教育普及工作委员会主任谭跃进为湖南青少年科学营国防科技大学分营开设了《系统科学与系统工程》科普知识讲座。该活动对于激发青少年对系统工程知识的兴趣，在寻求学习和研究方法、培养良好科学品质、培养创新思维方面有推动作用。学会教育普及工作委员会还组织了暑期创业训练营，13支学生创业团队参加了包括教育、科技、公益等多方面的实践活动，增加了学员对于未来创业实践的理解。

**会员服务** 学会建立了以专业为主发展个人会员和团体会员机制；以团体会员单位科技骨干为主发展个人会员机制，以主要研究方向的作者群为骨干发展个人会员的多元化发展会员机制。

学会通过建立《会员管理制度》、《会员服务制度》、《会费使用管理办法》和《中国系统工程学会会员工作站点的职能与任务》等，保障了会员服务工作的制度化和持续化。

设立了学会学术交流项目。学会以项目支持工作站，工作站通过项目申请方式获得开展学术交流的部分经费。

完善了学会网络功能。在学会网站主页中加入学术会议论文投稿系统和会员工作站后台管理系统，增设了招聘信息栏目，开通了网上缴纳会员费等。

**【中国系统工程学会会员体系建设工作会议】** 12月13日，在中国科学院数学与系统科学研究院晨兴中心举行了学会会员体系建设工作会议。会议就建立会员工作站、工作站规章制度、会员服务条例、学会网站拓展等问题进行了讨论。会议向各团体会员单位颁发了标识铜牌。

传达了学会八届三次理事会扩大会议讨论通过的《中国系统工程学会第九届会员代表大会代表产生办法》以及学会设立学术交流项目作为会费使用主要方面等信息。

会议通过了学会建立40～60个会员工作站，由21个分支机构、18个团体会员单位、学会所属期刊编辑部组成。会议就《中国系统工程学会会员工作站点的职能与任务》（讨论稿）和《中国系统工程学会会员服务办法》（讨论稿）进行了讨论。会上增加《军事运筹与系统工程》和*Journal of Systems Science and Information*期刊共同作为服务会员的期刊源，向学会会员免费提供。

**【鄱阳湖德邦教普基地——科普讲座与现场考察、咨询活动】** 9月16日，学会2013年的科普日活动在江西鄱阳湖德邦教普基地举办，100 多人参加了活动。学会副理事长朱桂龙、学会常务理事贾仁安等出席了活动。

此次科普日活动的宗旨是：通过参观加讲解，让受众在实例中理解系统概念以及系统科学、系统工程、系统动力学概念，认识系统工程科学理论的应用前景，提高对保护生态环境，建设美丽新农村的认识。

此次科普日活动具有以下特色：现场考察、咨询与科普讲座相结合，现场考察和科普报告相结合，活动日科普和日后全程视频学习相结合，长期基地科技创新建设和科普活动日的集中展示相结合。

此次活动被中国科协评为“2013 年全国科普日活动优秀特色活动”。

**【金融系统工程与风险管理国际年会】** 10 月 19 ~ 20 日，第 11 届金融系统工程与风险管理国际年会在上海市召开。参加会议的专家、学者 225 人。学会金融系统工程专业委员会（筹）主任杨晓光、华东理工大学校长钱旭红院士、华东理工大学商学院院长吴柏均等出席会议并致欢迎辞。吴柏均、吴冲锋、李端担任大会主席。会议由国家自然科学基金委、中国系统工程学会主办，华东理工大学商学院承办。会议共录用论文 113 篇。

会议围绕利用市场预测研究市场行为、关于云金融、中国房价的推动与拉动因素分析等问题安排了 10 场大会报告。会议还围绕金融衍生产品与风险管理、行为金融理论、银行风险管理、资产定价、宏观经济与金融、计算实验金融、金融风险与控制等主题组织了 8 个分会场。

**【发展过程系统工程，促进生态文明建设】** 8 月 7 日，学会过程系统工程专业委员会年会在宁夏回族自治区银川市召开。年会的主题是“发展过程系统工程，促进生态文明建设”。会议围绕“十二五”期间我国经济创新驱动、转型发展，以及国家节能减排总体目标。重点展示了过程工业资源与能源高效利用的系统集成与优化方法的研究成果以及工程应用研究，为国内同行提供论坛平台。

年会由全国人大常委会原副委员长成思危担任名誉主席，学会过程系统工程专业委员会主任、中国石油化工集团王基铭院士担任大会主席。会议邀请国内著名专家、学者和企业家作大会发言或进行互动式交流。

成思危在大会发言中，阐述了电子商务为代表的虚拟经济的发展，工业生产链和企业管理中需要 ERP 与 PSE 的紧密结合，阐述了云计算、大数据、物联网、3D 打印对企业发展、管理和决策带来的机遇和 PSE 专业对实现国家制造业低能耗、低排放、低污染的机遇和责任。学会委员会主任王基铭院士作了题为《生态文明建设与石油石化产业升级》的大会报告，重点就石油石化产业技术创新、结构调整、智能发展、绿色循环发展进行了深入的阐述。他认为，在我国全面建成小康社会的决定性阶段，能源资源需求呈刚性增长，废弃物产生量不断增加，经济增长和资源环境之间的矛盾日益突出，过程系统工程领域应该加强 PSE 理念的应用，为建设美丽中国做出新贡献。

年会共收到论文 149 篇，有 109 篇分别刊登在《中国化学工程学报（英文版）》、《计算机与应用化学》、《化工进展》及相关学报上。

**【系统工程与深化教育改革研讨会】** 8 月 16 日，学会教育系统工程专业委员会在黑龙江省哈尔滨市召开了，会议主题为“系统工程与深化教育改革”。来自同济大学、大连理工大学、南京财经大学、山东理工大学、上海理工大学、上海海洋大学等高校的专家、学者出席了本次研讨会。专业委员会副主任兼秘书长孙绍荣教授主持了会议。专业委员会主任徐福缘作了题为《中国教育问题思考》的报告。该报告指出了中国教育面临的问题，并分析了造成这些问题的原因和改进建议。同济大学办学质量评估院副教授樊秀娣结合同济大学的教学实践，介绍了在“办学质量绩效评估”方面的探索与实践经验。她认为，“高校内部绩效评估”，是主动的对校内各院系的办学绩效进行考评的一项管理措施或机制。

（撰稿人：薛新伟）

## 中国实验动物学会

**服务创新型国家和社会建设** 5 月 7 ~ 10 日，学会在浙江省主办实验动物环境及设施国家标准宣贯培训班。来自全国各地 160 余名实验动物科技工作者参加了培训。

10 月 25 ~ 28 日，学会在福建省厦门市举办实验动物福利伦理审查（IACUC 的管理）培训班。来自各地的 60 余名实验动物科技工作者参加了培训。

12 月 2 ~ 4 日，学会举办的实验室生物安全技术培训班在北京市举办，来自北京、上海、江苏等 17 个省、自治区、直辖市的 100 余名学员参加了培训。

**学会建设** 2 月 28 日，学会在北京召开第六届理事会议。来自各地的 158 位会员代表参加了会议。学会理事长、卫生部副部长刘谦发表讲话。会议审议通过《中国实验动物学会第五届理事会工作报告》、《中国实验动物学会第五届理事会财务报告》、《中国实验动物学会章程》修改报告及《中国实验动物学会章程（修订稿）》。会议宣读了授予刘谦等名誉称号及授予艾措千等荣誉称号的决定。会议由学会副理事长曾林主持。

2 月 28 日，在北京召开学会第六届理事会第一次会议。会议选举产生了学会第六届理事会常务理事及学会负责人。第六届理事会理事 99 人参加了会议。

6 月 26 日，在北京召开学会第六届理事会常务理事会第一次会议，学会常务理事和各专业委员会主任委员 35 人出席了会议。会议审议并通过了学会理事长及副理事长工作分工、副秘书长聘任名单、学会各工作委员会人员名单等。

7 月 2 日，在北京成立学会实验动物福利伦理专业委员会。来自 29 个省、自治区、直辖市和军队等系统的 50 余位专家、学者参加了会议。

11 月 11 ~ 12 日，学会水生实验动物专业委员会换届会议在广东省广州市举行。第三届水生实验动物专业委员会由 26 位委员组成，会议通过民主选举产生 9 位常务委员，李凯彬研究员当选为新一届专委会主任委员。

**科技期刊国际影响力提升计划** 8 月 8 日，《中国实验动物学报》、《中国比较医学杂志》编委会进行了换届。新一届编委会成员不仅覆盖我国 22 个省、自治区、直辖市及香港特别行政区，还吸纳了美国、英国、法国、德国、加拿大、日本的同行专家。

**学会期刊** 8 月 8 日，在北京召开第三届编委会换届会议。依照《中国实验动物学报》、《中国比较医学杂志》章程、新闻出版广电总局相关文件及中国科协科技期刊暂行管理办法等文件，经两刊期刊编辑部与学会信息工作委员会 14 名委员通过，推荐 128 位专家作为第三届编委会的候选人提名。

**学科发展研究** 学会实验动物设备工程专业委员会参与编写《中华医学百科全书 · 医学实验动物学分卷》百科全书。参与编写了《医学动物实验技术》，该书为 2012 年国家科学技术学术著作出版基金资助项目。

**国内主要学术会议** 3 月 18 ~ 19 日，由学会农业实验动物专业委员会主办的 SPF 鸡质量控制研讨会在山东省济南市举办，与会专家、学者就 SPF 鸡外源病毒检测最新技术进展、国家 SPF 鸡种质资源开发及共享利用的现状与进展、SPF 鸡相关设施设计设备选择及饲养方式的进展、SPF 鸡生产管理的过程控制管理软件建设及标准化管理研究进展、国内外 SPF 鸡的科研和生产现状进行了交流。

4 月，学会实验动物设备工程专业委员会组织召开奥星生物安全活毒废水处理系统研讨会，主要内容：自动清洗系统介绍和新型 VHP 系统技术及应用介绍，40 余名专家、学者参加了会议。

8 月，学会实验动物设备工程专业委员会组织举办了屏障环境实验动物设施的设计与管理讲座。实验动物饲养、使用、科研、管理等相关人员 150 余人参加。讲座对 20 多年来在实验动物设施设计方面的经验、详实的数据与业界专家进行了交流，使与会的实验动物界人员了解实验动物设施设计的特殊性、复杂性和重要性；结合大型设备的采用，介绍了设计和施工中应注意的问题。

9 月 13 ~ 14 日，由学会灵长类实验动物专业委员会主办的第三届实验树鼩战略发展研讨会在云南省大理市召开。45 名专家和学者参加了会议，会议主题为“实验动物资源的战略发展、协同创新、共谋发展”。

10 月 15 ~ 17 日，由学会中医药实验动物专业委员会主办的第六届中医药实验动物科技交流会在安徽省黄山市召开。来自 23 个省、自治区、直辖市的专家、学者 125 人参加会议。

**国际交往** 学会理事长秦川作为亚洲实验动物学会联合会（AFLAS）副主席应邀参加 2013 年 AFLAS 理事会会议。学会秘书长宋晶副代表学会理事长秦川出席了 AFLAS 理事会。

5 月 14 ~ 19 日，学会组织了国内本行业科技工作者 8 人赴日本参加了第 60 届日本实验动物科学技术年会，并参观考察了日本实验动物研究相关单位。来自扬州大学兽医学院的陈兵博士，荣获日本实验动物学会国际奖，并在会议期间做了题为“The Molecular Mechanism and Genetic Characteristics of an ENU-Induced Dilated Pupils Mouse Model”的报告。

6 月 10 ~ 13 日，学会组织国内本行业科技工作者 12 人参加第十二届 FELASA-SECAL 联合大会，参观考察了西班牙动物卫生研究中心、荷兰 Wageningen 大学中央兽医研究所以及德国 Charite 医院等科研单位。

10 月 26 日 ~ 11 月 4 日，学会组织国内本行业科技工作者 7 人赴美国参加了第 64 届美国实验动物学会国际会议，访问了实验动物研究所（ILAR）和美国国立卫生研究院（NIH）。了解先进的管理经验，并与美国实验动物学会（AALAS）和国际实验动物评估和认可委员会（AAALAC）专家进行了交流。

**两岸交流** 10月24 ~ 25日，由学会和台湾地区“中华实验动物学会”联合举办的海峡两岸实验动物应用研讨会在福建省厦门市召开。来自海峡两岸的近 50 名实验动物学界的专家、学者参加会议。

本次会议，为开启两岸实验动物科学及医药科学共同发展的开端，提升实验动物在医疗器械生物兼容性实验中的动物实验技术水平，促进两岸医疗器械法规、标准及实验方法的交流奠定基础。

12 月 12 ~ 13 日，学会组织参加了在台湾地区台北市召开的中华实验动物学会（中国台北）第十三届第一次会员大会暨学术研讨会。应台湾地区中华实验动物学会邀请，学会理事长秦川等一行9人参加了本次会议。学会专家刘云波教授作了题为《中国大陆实验灵长类研究动态》的报告，程树军研究员作了题为《整合测试策略应用于化妆品与化学品安全评价》的报告。霍学云博士获得“中华实验动物学会”青年奖，并作了题为《MNU诱导小鼠胸腺淋巴瘤与微卫星不稳定性之间的相关性》的报告。

**科普活动** 5月18日，学会参加了由北京市东城区科协举办的“2013年东城科技周主场活动——科技创新·美好生活”大众科普宣传活动。

9月14～20日，学会组织了“保护生态环境·建设美丽中国”——中国实验动物学会参加全国科普日活动。向公众宣传了实验动物在生命科学研究中的作用和为人类健康做出的巨大贡献，介绍了实验动物与人类健康的密切关系以及实验动物福利等基本知识。

**【中国实验动物学会第六届理事会议】** 2月28日，学会在北京召开第六届理事会议。来自各地的158位会员代表参加了会议。学会理事长、卫生部副部长刘谦发表讲话。会议审议通过《中国实验动物学会第五届理事会工作报告》、《中国实验动物学会第五届理事会财务报告》、《中国实验动物学会章程》修改报告及《中国实验动物学会章程（修订稿）》。会议宣读了授予刘谦等名誉称号及授予艾措千等荣誉称号的决定。会议由学会副理事长曾林主持。在投票选举前，按照大会议程通过了《中国实验动物学会第六届理事会理事选举办法》，通过了换届选举工作委员会提名的总监票人、监票人、计票人等。学会副理事长赵德明通报了学会第六届理事会理事候选人产生情况。全体到会的会员代表通过无记名投票方式，选举产生了白殿卿等118名理事组成的学会第六届理事会。

2月28日，在北京召开学会第六届理事会第一次会议。会议选举产生了学会第六届理事会常务理事及学会负责人。第六届理事会理事99人参加了会议。

（撰稿人：童桂兰）

## 中国青藏高原研究会

**学会建设** 经民政部专家组评审，全国性社会组织评估委员会审议通过，2013年4月，研究会被评为3A级全国性学术类社会团体，获发证书和牌匾。2013年，研究会召开2次常务理事会议、1次理事会议，决定研究会主要挂靠单位为中国科学院青藏高原研究所，讨论了关于召开研究会第六次会员代表大会事宜。截至2013年底，研究会有理事109人，常务理事37人，理事中女性4人；专业委员会4个，工作委员会3个。个人会员增加到1406人，其中女性102人，资深会员（年龄70岁以上）400人，香港、澳门特别行政区以及台湾地区会员3人，团体会员7个。研究会会员分布在100多个单位，其中中国科学院院士和中国工程院院士35人，具有高级职称的会员占会员总数80%以上。

**学科发展研究** 2013年，研究会组织专家开展《2012—2013青藏高原研究学科发展报告》研究工作。

**决策咨询** 研究会于2月、4月、5月组织3次会议讨论《气候变化对青藏高原环境与生态安全屏障功能影响及适应对策》咨询报告编写工作，7月，完成报告的专家论证，9月，通过中国科学院学部咨询工作评议委员会的评议，12月，该咨询报告通过中国科学院提交到国务院。

研究会于5月和9月，组织专家开展西藏生态环境变化监测系统建设及综合评估工作，截至12月，完成报告的基本框架和初稿。

**国际学术会议** 8月22～24日，第二十八届喜马拉雅—喀喇昆仑—西藏国际学术研讨会（HKT）/第六届青藏高原国际学术研讨会（ISTP）联合大会在德国图宾根举行。此次联合大会由德国图宾根大学、中国科学院青藏高原研究所、中国青藏高原研究会联合举办。来自19个国家和地区约200人参加了会议，164人做了会议口头发言和墙报展示。此次联合大会是我国发起并举办的系列青藏高原国际学术研讨会首次在中国境外举办。

**国内主要学术会议** 2013年，研究会共主办4次主要学术会议，参加人数1010人次，交流论文234篇。1月20日，第八届（2013年）青藏高原地球科学学术年会在北京召开；2月26日，气候变化对青藏高原环境与生态安全屏障功能影响及适应对策研讨会在北京召开；9月11～13日，西藏生态环境变化评估研讨会在北京召开；12月19～20日，研究会2013年学术年会在福建省厦门市召开。

**国际组织任职** 2013年，中国科学院院士、研究会理事长姚檀栋担任国际科学理事会（ICSU）和国际社会科学理事会（ISSC）共同成立的“全球可持续性地球系统研究计划”（Earth System Research for Global Sustainability）过渡小组成员。

**科普活动** 2013年，研究会共开展3次科普宣传活动，约400人次参加活动，完成1部科普宣传片制作，组织出版1期高级科普专辑。5月19日，在中国科学院青藏高原研究所举办科技周活动，研究会秘书长朱立平作了题为《神奇的青藏高原》的科普报告，研究会副秘书长丁林展示了其编导的 3D 大片“青藏高原形成演化及自然环境影响”。5 月 24 日，研究会理事长姚檀栋为西藏科研与管理人员做科普报告。7 月 30 日 ~ 8 月 8 日，研究会与中国科学院青藏高原研究所联合举办大学生夏令营活动。

研究会与中国科学院青藏所承担科技部项目，完成“青藏高原形成演化及自然环境影响”科普宣传片 1 部，并在科技周活动中播放了 20 分钟精彩片段。

研究会组织专家以气候变化对青藏高原环境与生态安全屏障作用的影响为主题在上海大学主办的《自然杂志》2013 年第 3 期组织了 1 期专辑，分析气候变化引起的青藏高原地表过程改变，评估其对青藏高原环境与生态安全屏障效用发挥的影响。

**表彰举荐优秀科技工作者** 2013 年，研究会推荐，研究会常务理事、中国科学院成都山地灾害与环境研究所研究员崔鹏，研究会常务理事、中国地质大学（北京）教授王成善，研究会常务理事、中国科学院地质与地球物理研究所研究员郭正堂当选为中国科学院院士。

2013 年，研究会进行了第九届“青藏高原青年科技奖”评选活动，经过专家和组织推荐，工作小组初审和专家会评，经公示和常务理事会批准，授予高清竹、刘静、刘勇勤、聂军胜、屈峡、王文颖、杨元合、尹华军、翟庆国、张扬建 10 位同志“第九届青藏高原青年科技奖”。

**【第 28 届喜马拉雅—喀喇昆仑—西藏国际学术研讨会 / 第六届青藏高原国际学术研讨会联合大会】** 8 月 22 ~ 24 日，由研究会与德国图宾根大学、中国科学院青藏高原研究所联合举办的第 28 届喜马拉雅—喀喇昆仑—西藏国际学术研讨会（28th HKT）/ 第六届青藏高原国际学术研讨会（6th ISTP）联合大会在德国图宾根举行。此次联合大会使我国发起并举办的系列青藏高原国际学术研讨会首次推向中国境外。

德国法兰克福森肯堡自然与历史博物馆教授 Volker Mosbrugger、研究会理事长、中国科学院院士、中国科学院青藏高原研究所所长姚檀栋、英国牛津大学教授 Mike Searle、尼布尔特里布汶大学教授 Khum Paudayal、英国开放大学教授 Bob Spicer、荷兰阿姆斯特丹大学教授 Carina Hoorn、德国波茨坦地学中心教授 Sushma Prasad、美国密歇根大学教授 Chris Poulsen、中国科学院院士、中国科学院地理科学与资源研究所郑度应邀担任联合大会国际科学委员会成员。

来自中国大陆、香港特别行政区、台湾地区，奥地利、加拿大、芬兰、法国、德国、印度、意大利、日本、荷兰、尼泊尔、巴基斯坦、瑞士、西班牙、塔吉克斯坦、英国、美国等 19 个国家和地区约 200 名专家、学者参加了会议。美国亚利桑那大学 Paul Kapp 教授、中国科学院青藏所的姚檀栋院士、美国华盛顿大学 Gerard Roe 教授、德国森肯堡自然与历史博物馆的 Andreas Mulch 教授分别作大会特邀报告。会议设置了地球动力学（Geodynamics）和气候、水文、冰冻圈与生态系统（Climate，Hydrology，Cryosphere & Ecosystems）两个分会场，164 人做了会议口头发言和墙报展示。

会议初步商定 4 年后再召开一次联合大会，使与会的广大科学家从这样一个全面涉及青藏高原研究的联合大会中得到更全面的交流与深入讨论。

**【中国青藏高原研究会 2013 年学术年会】** 12 月 19 ~ 21 日，研究会 2013 年学术年会在福建省厦门市举办，主题为“青藏高原综合科学考察与地球系统科学研究”。2013 年恰逢中国科学院青藏高原综合科学考察 40 年，也是中国科学院战略性先导科技专项“青藏高原多圈层相互作用及其资源环境效应”的全面开展之年，本届年会特邀 20 余位院士和国家重大科研项目负责人，围绕青藏高原圈层相互作用以及对人类活动影响等，通过大会主题报告、特邀报告、综合报告、专题分组讨论、科学家座谈会、项目专题年会的形式对青藏高原综合科学考察与青藏高原研究发展的机遇、国内外开展的青藏高原大型科学研究计划、青藏高原的前沿科研成果等开展了广泛深入的学术交流。230 余名科研工作者参加了本次年会。

中国科学院院士郑度主持会议开幕式，研究会理事长、中国科学院院士、中国科学院青藏高原研究所所长姚檀栋院士作了题为《中国青藏高原科学研究四十年的发展和新机遇》的主题报告。开幕式上，中国科学院院士孙鸿烈宣读了第九届青藏高原青年科技奖的颁奖决定，并为获奖青年科学家颁奖。

特邀报告会上，中国气象局原局长、中国科学院学术委员会主任秦大河院士以《气候变化科学与人类活动》为题，系统阐述了全球气候变化的趋势，分析了地球五大圈层变化与人类活动的关系，并介绍了政府间气候变化专门委员会（IPCC）第五次评估报告（AR5）的主要内容。中国科学院院士、中国科学院大气物理所吴国雄、瑞典皇家科学院院士、哥德堡大学教授陈德亮、世界气象组织观测与信息司司长张文建分别作了题为《青藏高原对亚洲夏季风形成和变化的影响》、《未来地球与可持续性发展》、《世界气象组织冰冻圈观测计划》的报告。4 位 2013 年新当选的中国科学院院士中国地质大学（北京）教授王成善、中国地震局地质研究所研究员张培震、中国科学院地质与地球物理所研究员郭正堂、中国科学院成都山地灾害与环境研究所研究员崔鹏分别作了题为《青藏高原的生长：由里向外》、《青藏高原现今构造变形研究》、《青藏高原与轨道尺度的亚洲季风动力学》、《特大山洪泥石流形成机理与风险分析》的报告。

会议邀请 1973 年以来长期参加西藏自治区考察、横断山区考察、可可西里考察、喀喇昆仑山 - 昆仑山考察的老一辈青藏高原科考队员参加会议并座谈，并讨论青藏高原科学考察史的有关工作。

会议分别以“构造活动与气候变化”、“冰冻圈过程”、“湖泊过程与环境变化”、“气候变化、地气过程与模型模拟”、“气候变化、生态系统与适应对策”为主题开展了 5 个分组报告和讨论。结合科技部基础性工作重大项目“青藏高原资料匮乏区综合科学考察”的年度汇报，项目组以及相关科研人员交流了考察取得的科研进展和经验。

（撰稿人：朱立平）

## 中国环境诱变剂学会

**学会建设** 2013 年 5 月、10 月在北京分别召开了学会第六届第二、三次常务理事会议，第二次理事会议，对学会的各项工作进行了研究部署，通报国际环境诱变剂学会联合会（International Association of Environmental Mutagens Societies，IAEMS）和亚洲环境诱变剂学会（Asian Environmental Mutagen Societies，AEMS）相关事宜，确定 2014 年 11 月在广东省汕头市举办第十六届学术大会，主题为“环境污染与健康”，届时与公共卫生与预防医学创新国际论坛一并召开。

**国内主要学术会议** 2013 年，学会共举办重点学术会议 5 次，参会人员 626 人次，交流论文 402。

1 月 10 日，学会活性氧生物学效应专委会在云南省腾冲市举办自由基生命科学研讨会，参会 89 人，交流论文 55 篇。

7 月 26 ~ 30 日，学会风险评价专委会、出生缺陷防治专委会联合在山西省太原市举办环境、辐射与健康防护学术交流会，参会 202 人，交流论文 142 篇。

8 月 18 ~ 20 日，学会抗诱变剂和抗癌剂专委会在黑龙江省哈尔滨市举办以“2013 营养与慢性病研究进展”为主题的全国博士研究生学术论坛，参会 176 人，交流论文 126 篇。

8 月 19 日，学会致癌专委会在河南省郑州市举办癌前病变高端研讨会，参会 78 人，交流论文 30 篇。

9 月 18 日，学会活性氧生物学效应专委会在陕西省西安市举办氧化损伤与光气肺水肿机制研究学术论坛，参会 81 人，交流论文 49 篇。

**学术期刊** 学会主办的《癌变·畸变·突变》杂志，为“中国科技论文统计源”期刊（中国科技核心期刊），收录该期刊的数据库有 14 种。根据中国科学技术信息研究所 2013 年版《中国科技期刊引证报告》，该期刊总被引频次 549 次，影响因子 0.358，他引率 0.96，基金论文比 0.65。2005 年起即实现全文上网并开启“稿件远程办公系统”，2013 年进行了系统升级，以适应远程办公和移动办公的需要。

**科普活动** 4 月，学会抗诱变剂和抗癌剂专委会在黑龙江省哈尔滨市举办《食品安全》科普讲座。学会致癌专委会 6 月在河南省郑州市举办《肿瘤的发生》科普讲座，8 月，举办《肿瘤预防》科普讲座，开发《如何通过改善饮食和生活习惯预防肿瘤》科普挂图。9 月，学会风险评价专委会在北京举办《环境、辐射与健康防护》科普讲座。10 月，学会活性氧生物学效应专委会在陕西省西安市举办全军日遗化武骨干培训班，举办食品安全图片展、化学恐怖袭击及其应对策略图片展。

60 余位科技工作者（其中 30 位专家）参加了主题科普活动，科普活动受众 1000 余人次。

（撰稿人：高苏堤）

## 中国运筹学会

**学会建设** 8 月 16 ~ 18 日，学会决策科学分会第四次代表大会暨 2013 年学术年会在黑龙江省哈尔滨市召开，会议进行换届选举并召开 2013 年学术年会，80 人参加会议，会议选举产生了决策科学分会新一届理事会。

10 月 18 ~ 20 日，学会排序分会第八次代表会议暨 2013 年学术交流年会在天津市召开。会议规模 120 人，会议议程主要包括选举排序分会第八届理事会，进行学术交流和评选研究生优秀论文。新的一届理事会扩大了地域覆盖面和学科覆盖面，除了运筹学、管理科学外，吸收了自动化、计算机、工业工程等学科的学者加入，充分体现了系统优化与调度领域的学科交叉特点。在学术交流年会上，8 位学者应邀作大会报告，30 位代表做分组专题报告。

**学术期刊** 学会主办的学术期刊《运筹学学报》、《运筹与管理》完成了编委会改选工作。新的编委会从制度上和技术手段上采取全新的运作方式，《运筹与管理》杂志已采用电子方式投稿、审稿和编辑管理，建立了学报网站，采用网上稿件处理系统。《运筹学学报》在 2013 年学会第八届四次常务理事会议上确定了办刊方向，学会名誉理事长袁亚湘院士担任《运筹学报》主编。学会与德国斯普林格（Springer）出版集团和上海大学期刊社合作出

版的 *Journal of the Operations Research Society of China* 于2013年3月正式创刊，主编为学会前任理事长袁亚湘院士。该刊获得了中国科协学会能力提升专项优秀期刊国际科技期刊项目的支持。

**学科发展研究** 2012～2013年，学会承担了中国科协学科发展项目，历时1年，学会组织13个分会召开5次学科发展研讨会，最后以7个方向完成24万字的《中国运筹学会学科发展报告》。

经国家新闻出版广电总局批复，《运筹与管理科学丛书》出版了4本专著《设施选址问题的近似算法》、《模糊优化方法与应用》、《变分分析与优化》、《线性锥优化》。

**国际学术会议** 8月23～25日，第11届运筹学及其在工业工程、技术和管理学术国际研讨会（ISORA2013）在安徽省黄山市举行。该国际会议是亚太运筹学会联合会的系列国际交流活动，60多位亚太地区的专家参加会议。

8月22～25日，第7届系统生物学国际研讨会在安徽省黄山市举行，会议由学会计算系统生物学分会主办，120多位国内外专家参加。与会专家发表论文70多篇，由国际顶尖学术期刊择优发表，并由IEEE出版学术论文集。

12月18～19日，由学会随机服务与运作管理分会主办的第5届行为运筹管理国际学术会议在辽宁省大连市举办。行为运筹管理研究人类行为对复杂运作管理系统的影响，成为近年来发展快速的分支领域，将行为科学和运作管理通过数学建模和统计方法联系在一起，将对传统运作系统的管理产生重要的作用。该学术会议已连续举办多年。

11月14～16日，第6届商务智能与金融工程国际学术研讨会在浙江省杭州市召开，140人参加会议。12月14～16日，第6届计算科学与优化国际学术研讨会在海南省三亚市召开，80人参加了会议。

7月12～14日，中国运筹学会图论组合分会第五届图论与组合算法国际研讨会（The 5th International Symposium on Graph Theory and Combinatorial Algorithms，GTCA'2013）在内蒙古民族大学举办。来自中国、美国、法国、日本、澳大利亚和马来西亚的50余所科研院校的近130名专家、学者和研究生参加了会议。会议分为大会开幕式、大会报告、特邀报告、分组报告、中国运筹学会图论组合分会青年论文奖评奖会议和中国运筹学会图论组合分会理事会议六个部分。

**国内主要学术会议** 5月17～21日在广西壮族自治区桂林市召开了第七届中国智能计算大会暨国际电子商务联合会中国分会第二届年会。来自近20个省、自治区、直辖市的数十所高等院校、科研单位以及企业的70多位专家、学者参加了本次大会。会议期间，12位学者作了大会邀请报告，17位代表作了小组报告。

5月25～26日，首届随机服务与运作管理年会在天津市召开，此次年会是由中国运筹学会随机服务与运作管理分会主办，本次大会邀请多位国内外资深专家作大会报告，同时邀请海外杰出的年轻学者，学会的常务理事、理事，分别以“服务与排队”和“运作管理”两个主题进行分会场报告。

10月11～13日，由学会企业运筹学分会主办，四川大学商学院承办的中国企业运筹学第八届学术年会在四川省成都市召开。会议邀请企业运筹学及相关领域的国内外专家、学者作专题报告。来自各地100多位运筹学研究及应用领域的专家、学者到会参加学术交流。

11月30日～12月1日，由学会金融工程与金融风险管理分会主办，肇庆学院承办，中山大学和复旦大学协办的中国运筹学会金融工程与金融风险管理分会第三届学术年会在广东省肇庆市召开。特别鼓励以运筹学方法在金融中的应用为主题的研究与交流，以突出本分会的特色。会议邀请了相关领域的国内外知名专家作专题报告。

12月21日，由学会对策论专业委员会主办、中国海洋大学承办的第三届北京—青岛博弈理论与算法高端论坛在山东省青岛市举办。近40位专家、学者参加论坛。会议共设4个大会邀请报告和8个学术报告。

**国际任职** 学会名誉理事长袁亚湘院士出任国际运筹学会联合会（International Federation of Operational Research Societies，IFORS）副主席（任期2013～2015）。2012年7月在陕西省西安市举办的第9届亚太运筹学会联合会（APORS）理事会上，成员国代表一致推举袁亚湘代表APORS出任新一届IFORS副主席。

**科普工作** 5月12日，学会2013年科普日活动在中国科学院数学与系统科学研究院思源楼报告厅举行。学会理事长胡旭东、国际运筹学联合会副主席袁亚湘院士、中国科学院前沿科学与教育局副局长黄敏、北京青少年科技俱乐部主任王绶琯院士，来自北京四中、人大附中、景山学校等十余所中学的师生共计120余人参加了科普日活动。会议举行了中国运筹学会与北京青少年俱乐部共建学术指导中心和科研实践基地的揭牌仪式。袁亚湘院士、胡旭东研究员分别作了题为《黄金分割和优化方法》、《运筹学－组合优化》的科普报告。从“蒙娜丽莎的微笑”到“黄金分割”，从广告投放到“优化方法”，从交通路口的监控探头安放到“组合优化”，一个个看似高深的运筹学理论，在专家的讲解中，都变得那么通俗易懂，让学生们亲身体验了运筹学的乐趣，深深感受到了运筹学的魅力。

**会员服务** 在“中国科协学会改革基础工程”项目

的支持下，学会成立了会员工作委员会。会员工作委员会由学会秘书长刘克负责，学会常务副秘书长刘德刚负责具体实施，由5位委员组成，负责制定和监督会员管理规范的制订和执行，提出会员发展计划，并实施信息化会员系统的设计、运行和维护工作。制定了会员工作条例、会员管理条例、团体会员发展与管理办法等制度文件。新的会员条例梳理并增加了会员类别（终生会员）。学会聘请专业团队，重新设计了学会网站 www.orsc.org.cn，推出了网上会员管理系统，为会员入会、交费、会员核查、国际组织活动中的会员互认、会员信息的反馈等提供便捷服务。学会通过开展会员活动日、专题研讨会等活动，宣传学会的会员管理制度和系统，了解和征求会员需求。为落实会员权益和责任，学会推出了更多的会员活动和会员优惠政策，如免费阅读学会期刊等。

**【中德运筹学会双边学术研讨会】** 9月23～27日，由中德科学中心全额资助的首届中德运筹学双边研讨会（Chinesisch-Deutsches Symposium über Operations Research）在德国慕尼黑举行。来自中国、德国的40余位运筹学及相关领域的专家、学者参加了研讨会，其中包括中国科学院院士袁亚湘和德国科学院院士 Martin Grötschel 教授。此次研讨会由学会与德国运筹学会联合举办，学会理事长胡旭东和德国运筹学会顾问委员会主席 Stefan Pickl 教授共同组织。

中德运筹学界经协商初步决定，第二届中德运筹学双边研讨会于2015年9月在上海市举行。在研讨会期间，现任欧洲运筹学会主席的德国运筹学家 Gerhard Wäscher 教授与中国运筹学会达成初步意向，2014年7月在西班牙举行首届中欧运筹学研讨会。

（撰稿人：胡　洁）

## 中国菌物学会

**学术期刊** 学会主办3种，2013年共发行12400册。英文学术期刊 *Mycology*，为季刊，2013年在国内发行2400册，计划自2014年开放在线免费阅读；中文期刊《菌物学报》为双月刊，2013年发行6000册；《菌物研究》为季刊，2013年发行4000册。

**国际学术会议** 8月19～23日，学会在北京召开2013年亚洲菌物学大会暨第13届海洋及淡水菌物学学术研讨会，参会人数460人，论文集收集论文307篇。

8月19日，由学会与日本真菌学会联合举办的中日菌物学术研讨会——传统发酵食品中的真菌在北京召开，参会人数35人，收集论文摘要5篇。

**国内学术会议** 10月19～21日，学会在北京举办了2013第二届全国天麻会议，参会人数250人，多数为企业技术人员。

5月27～29日，学会在广东省微生物研究所举行了菌物多样性与系统学学术活动，来自全国各地菌物学分类与系统发育研究领域40多名专家、学者参会。

5月6～11日，学会在北京举行了微生物群体和进化遗传学培训班暨研讨会，来自国内外微生物群体和进化遗传学及相关领域的130余名专家、学者参加了此次培训和研讨。

5月19～21日，由学会主办的2013首届全国猪苓会议在陕西省汉中市召开，参会人数420人，收集论文24篇。

5月10～13日，在吉林农业大学召开学会第四届全国药用真菌学术研讨会，参会人数130人。

**两岸交流** 7月18～19日，由学会和中国科学院微生物真菌学重点实验室主办的第十一届海峡两岸菌物学学术研讨会在北京召开。出席会议的有来自内地和台湾地区相关领域的专家、学者60余人。

大会开幕式由学会秘书长文华安主持，中国科学院海峡两岸科技合作中心副主任张松林、中国科学院微生物研究所副所长东秀珠、学会理事长刘杏忠、台湾真菌学会理事长何晓曼等出席开幕式并致辞。

在两天会议中，共有11位台湾地区代表和11位大陆代表应邀作学术报告，主要围绕菌物分类与系统发育、食用真菌和工业真菌、病原真菌和虫生真菌、菌物基因组及DNA条形码、药用真菌及代谢活性物质等相关方面进行了探讨和交流。

**国际组织任职** 学会是国际真菌协会（IMA）国家成员、亚洲菌物协会（AMA）国家成员。学会原常务副理事长庄文颖院士担任国际真菌协会（IMA）执委（2011～2014），学会理事长刘杏忠担任亚洲菌物协会（AMA）主席（2011～2015），学会副秘书长蔡磊担任亚洲菌物协会（AMA）秘书长（2011～2015）。

**科普工作** 学会2013年度科普活动主要是举办“菌物世界”科普展览“菌物世界”中的“真菌与人类”部分，受众人数约800人次。在中国科学院微生物研究所开放日活动中，学会秘书长面向青少年进行科普宣讲活动1次，受众人数约200人，并发放学会宣传册。

**表彰举荐优秀科技工作者** 在2013年亚洲菌物学大会上，表彰优秀海报展示10人，其中2名来自中国、2名来自台湾地区、3名来自日本、2名来自韩国、1名来自泰国，女性4人，年龄均在40岁以下。

学会利用网站宣传本年度科技工作者8人次，包含奖项宣传、论文发表等方面。

**【2013 年亚洲菌物学大会暨第 13 届海洋及淡水菌物学研讨会】** 8 月 20 日，2013 年亚洲菌物学大会暨第 13 届海洋及淡水菌物学研讨会在北京开幕。此次会议由亚洲菌物学会发起，学会与中国科学院微生物研究所真菌学国家重点实验室联合主办。

会议设立 5 个专题论坛，内容涵盖目前菌物学科研究领域热点，其中有中国科学院院士庄文颖主持的 Fungal Barcoding（真菌条形码）论坛，日本真菌学会理事长 Akira Suzuki 主持的 Interactions between Fungi and Other Organisms in Terrestrial Ecosystems（极端环境中真菌与其他有机体间的相互作用）论坛，诺维信（中国）投资有限公司吴文平博士主持的 Fungi in Special Habitats（特殊生境中的真菌）论坛。针对国内外菌物产业特设的灵芝产业发展论坛，邀请来自浙江省龙泉市政府及政府科研部门，台湾地区知名牛樟芝企业——台湾利得生物科技集团的企业技术人员工作专题报告。

大会开幕式由组委会主席、学会常务副理事长、中国科学院上海生命科学研究院植物生理生态研究所研究员王成树担任主持嘉宾。国际真菌协会主席 John Taylor 教授，亚洲菌物协会主席、学会理事长、中国科学院微生物研究研究员刘杏忠、中国科学院微生物研究所所长黄力分别致开幕词。前任亚洲菌物协会主席 Kevin Hyde 教授颁布了 2012 年度的亚洲菌物协会奖项。

针对目前菌物学研究的热点领域和重大成果，大会特邀来自美国伯克利大学的 John Taylor 教授、英国南曼彻斯特大学的 David W.Denning 教授、日本筑波大学的 Tsutomu Hattori 教授、中国科学院微生物所研究员白逢彦、西北农林大会教授许金荣等国内的 5 位知名菌物学家作特邀报告。报告内容涵盖真菌系统进化及基因组、真菌引起的人类疾病、森林中的真菌受人类活动影响、真菌遗传系统信号传导、酵母菌的多样性分布等多个领域。根据菌物学研究的不同领域，会议分别设立 11 个分会场报告，涵盖真菌多样性及系统进化、医学真菌、真菌遗传及基因组学、真菌生态学、真菌数据库、植物病原真菌、真菌生物化学及次级代谢产物、真菌工业及生物技术、内生真菌、食用菌栽培技术等多个菌物学研究方向，并设立 4 个海洋及淡水菌物学分会场，共计安排口头报告 154 个。会议特别安排由来自香港特别行政区的 Lilian 教授主持的关于菌物学教学研究的小组，为大家讲解展示菌物学教育教学的心得成果，受到在教学一线的国内外参会者的关注。

本次大会历时 5 天，共有来自 32 个国家和地区的专家、学者 460 人参加。大会论文集收录摘要 307 篇，安排报告 154 个，海报展示 103 篇。

**【2013 第二届全国天麻会议与中国天麻产业联盟成立】** 10 月 19 ~ 21 日，由学会主办的 2013 第二届全国天麻会议在北京召开，来自全国 21 个省、自治区、直辖市，韩国的 250 多名专家、学者和行业从业者参加了此次会议。

10 月 20 日上午在开幕式上成立了中国天麻产业联盟，选举北京市昌平区科学技术委员会主任李万佰为联盟名誉主席，北京昌明集团董事长邹本良为联盟主席，并在国内六大天麻产区分别推选出副主席、监事长、秘书长及理事。联盟成立仪式上发表了《北京宣言》，联盟成员共同承诺：以促进天麻产业发展和提升人民健康生活为己任，不搞技术垄断、价格垄断，全力打造国内天麻产业中最具影响力的联盟。

在主题演讲环节，组委会邀请了中国科学院昆明植物研究所研究员周铉作题为《我国天麻产业的回顾与前瞻》的报告，中国医学科学院药用植物研究所生物技术中心主任、博士生导师郭顺星作题为《天麻栽培用菌的退化和复壮及天麻产品开发》的报告，台湾大叶大学谢文章教授作题为《台湾对天麻的研究》的报告，北京市昌平区科学技术委员会副主任李雪红作题为《北京市昌平区天麻发展概况》的报告。本次会议是学会继 2012 首届全国天麻会议后召开的第二届全国天麻会议，也是学会第三届专题技术研讨会。

（撰稿人：蒋　娜）

## 中国晶体学会

**服务创新型国家和社会建设**　10 月 20 ~ 25 日，学会与北京大学化学与分子工程学院共同主办的“拓扑学分析与孔材料的设计”2013 年高级讲座培训班在北京大学举行。本次培训班，针对中国学者在拓扑学分析与孔材料的设计研究中经常遇到的一些问题、涉及的一些理论知识及相关软件的使用等进行培训与研讨。主要介绍多孔材料（zeolites，zeolite-like oxide materials，MOFs，COFs and ZIFs）的设计合成以及结构分析，介绍一些期刊文献和 RCSR 数据库，现场指导 TOPOS、3dt、Systre 等软件的操作及使用，以及如何应用到实验研究当中。来自从事拓扑学分析与孔材料的设计等相关研究领域的青年教师、研究生二年级以上同学，共计 48 名学员参加了本次培训班学习，经测试合格后，由学会向学员颁发了结业证书。

**学会建设**　2013 年度，学会召开了 2 次常务理事会会议和 1 次理事会会议。学会制定了《中国晶体学会财务管理办法》（试行）；关于开展“国际晶体学年（IYCr2014）

在中国”活动方案的请示，获得中国科协批示。

**国际学术会议** 12月12～15日，第二届国际先进功能材料研讨会暨金属－有机框架相关多孔材料国际研讨会在广东省珠海市举办。本次研讨会由学会与中山大学主办，由中山大学 Lehn 功能材料研究所、吉林大学无机合成与制备化学国家重点实验室、澳门大学中华医药研究院共同承办。来自美国、加拿大、德国、英国、法国、日本、韩国、沙特阿拉伯、中国等国家的专家、学者共计60多人参加了会议。在为期3天的研讨会中，特邀学术报告共计30场，就金属－有机框架类多孔材料及其在医药、能源、环境、催化等领域的应用研究进行交流，并探讨了该前沿领域的新生长点及交叉学科新动向。

**国内主要学术会议** 10月18～19日，2013年晶体学前沿学术研讨会在北京召开，来自高等院校、科研院所的40多位专家、学者参会。会议围绕药物与晶体的国内外研究趋势与进展、新型非线性光学材料及新型紫外非线性光学晶体研究、参与囊泡运输的SNX家族蛋白的晶体学研究、新铁基超导体探索及宽禁带半导体碳化硅物性研究、微纳尺度晶体材料的弹性应变工程、三维电子衍射技术在纳米晶体结构确定中的应用、高核稀土－过渡金属簇合物的设计合成及其磁制冷效应、基于同步辐射光源和X射线自由电子激光的晶体学前沿发展等领域进行了研讨。

10月19日，2012—2013晶体学学科发展研讨会在北京召开。学会秘书长王哲明主持会议，学会理事长、2012—2013晶体学学科发展报告研究项目首席专家高松，以及主要编写专家苏晓东、王继扬、彭练矛、吕扬、麦振洪等近50人出席了会议。会上，介绍了项目研究和报告编写总体情况及各专题报告的撰写情况，并邀请11位学者就本专业领域的重要研究成果或亮点作学术报告。

（撰稿人：陈　冲）

## 中国神经科学学会

**学会建设** 4月14日，学会在浙江省杭州市召开五届四次常务理事会议，会议针对“2012—2013年度赛诺菲中国神经科学优秀学者”奖评选公示的过程中出现实名举报的问题，讨论并明确了学会今后此类事宜的举报流程和处理程序。

9月21日，学会在北京先后召开了五届三次理事会议和五届五次常务理事会议。会议总结了2013年第十届全国学术会议的情况，同意成立神经科学影像分会和增补海外理事。

11月3日，学会在浙江省召开了五届六次常务理事会议，重点考察了2015年中国神经科学学会第十一次全国学术年会的会场，确定了会期为9月20～23日。

2013年，学会共申请承担了中国科协学术交流项目1项，国际合作项目1项，“党建强会”项目1项，学会自身建设项目1项。

2013年，学会和所属分支机构发挥学科优势，举办学术研讨会、论坛等国内外学术交流活动共12次，在华举办的国际会议7次，共2150人次参加，其中境外专家、学者达500人次，交流学术论文373篇。

截至2013年底，学会个人会员总人数达5778人，比2012年增长了16%，团体会员5个。

**学会期刊** 中国科学院上海生命科学研究院和学会主办的 *Neuroscience Bulletin* 2013年出版了4期专辑，专辑内容在学会网站免费下载。

**国际学术会议** 6月30日～7月3日，由学会主办，河北医科大学承办的第四届国际离子通道大会在河北省石家庄市召开。会议规模500人。会议内容涵盖了离子通道的结构和功能、通道的门控机制、通道功能的调节及可塑性、通道对细胞兴奋性的影响等。学术演讲涉及的通道类型除了经典通道以外，还有近年来研究热点的通道如多种TRP通道、质子通道、环核苷酸调节的通道、机械敏感通道、酸敏感通道、钠漏通道、双孔区钾通道、缝隙连接等。

**国内主要学术会议** 9月19～22日，由学会主办，北京军区总医院附属八一脑科医院承办的学会第十届全国学术会议在北京召开。近2000名临床医师及研究人员参会。会议主要针对神经科学的基础研究与临床研究进行研讨。

**国际交往** 学会（CNS）与欧洲神经科学会（FENS）联合设立CNS-FENS Young Research Exchange Support Program（CNS-FENS青年学者交换生支持项目），2013年共计资助6名优秀的科研工作者。2月12日，学会秘书长何士刚，常务理事吉永华、郑平、周江宁应邀赴斯里兰卡访问了斯里贾亚瓦德纳普拉大学和佩拉德尼亚大学，签署了合作备忘录。

**党建强会** 学会与挂靠在中国科学院上海生命科学研究院的其他学会（包括中国细胞生物学学会、中国植物生理与植物分子生物学学会、中国生物化学与分子生物学学会）建立了联合党支部，2013年申请到中国科协“党建强会”计划“十百千”特色活动项目。

学会联合党支部在新疆东部地区开展高发病早期诊治巡回科普活动，与当地医院、乡卫生所的医生进行技术交流。

5月18日，学会联合党支部组织的第二届国际植物日全国大型主题科普活动在上海辰山植物园启动。本次活动主题为“转基因与人类生活”。

**中国科协会员日**　12月13日，中国植物生理与植物分子生物学学会、中国生物化学与分子生物学会、中国神经科学学会、上海市植物生理学会、上海市生物化学与分子生物学学会、上海市神经科学学会、上海市生物工程学会等7家学会在中国科协会员日期间联合举办了以“转基因与人类生活”为主题的系列科普活动。活动分为转基因知识大型展览，参观上海市生物转基因科普教育基地及上海交通大学生命科学技术学院转基因技术相关实验室参观等内容。

**【农村地区晚期癌痛的社会服务示范项目】**　2013年，学会申请到民政部承接社会服务试点项目——农村地区晚期癌痛的社会服务示范项目。学会以理事单位、国家卫生和计划生育委员会“常见肿瘤规范化诊治试点单位”——上海交通大学医学院附属新华医院崇明分院为依托，设立上海市崇明新华癌痛转化研究所和上海市癌痛转化研究实验室。该项目由新华癌痛转化研究所首席科学家、学会副理事长吉永华担任负责人，上海市崇明新华癌痛转化研究所所长丁罡负责项目具体实施。

学会组织建立了项目专家评审团，对活动预案、申报、实施计划、中期汇报、终期汇报进行评估审核。该项目分四步开展：组织崇明地区各级医疗机构的医护人员进行癌痛诊治的住院医师规范化培训；在医院门诊、病房及社区卫生服务中心，开展舒缓疗护、健康体检、大型义诊等活动；定期组织新华医院崇明分院及上海市区的肿瘤专家开展医疗下乡（进社区）活动，为部分癌痛患者提供长期医学救助服务，为经济条件较差的终末期患者适当提供抗痛药品；建立病历电子化信息平台，开发癌痛的智能化自我管理系统，为距离较远或行动不便的患者发放移动终端及通讯支持，提供远程诊疗服务。

本项目累计组织癌痛规范化诊疗系列讲座8场次，培训人员达800余人次。此外，项目组为崇明地区三级医院、二级医院、社区卫生服务中心等10家医疗机构提供癌痛知识在线学习的硬件设备。为各级医疗机构的1000名一线医护人员，提供24小时医学频道在线学习账号。项目组深入崇明地区疾控中心、二级医院、社区卫生服务中心和临终病房8次，了解基层医院癌痛规范化诊治水平，组织癌痛知识培训。项目组组织崇明地区及上海市区的肿瘤专家下乡进社区，2013年服务崇明岛上肿瘤患者近300人，累计受益1000余人次。截至2013年底，全国各类主流媒体共发布该项目相关报道35次。

**【中国神经科学学会第十届全国学术会议】**　9月19～22日，由学会主办，北京军区总医院附属八一脑科医院承办的学会第十届全国学术会议在北京召开。北京军区总医院附属八一脑科医院院长文俭出席开幕式并致辞。中国科学院院士、北京大学神经科学研究所所长韩济生，中国科学院院士、复旦大学神经生物学研究所所长杨雄里，复旦大学神经生物学研究所教授赵志奇，复旦大学教授寿天德，第二军医大学教授路长林，以及国家自然科学基金有关部门负责人出席了本次会议。开幕式为前任理事长路长林教授颁发了特殊贡献奖。开幕式上，学会现任理事长及副理事长为韩济生院士、杨雄里院士、赵志奇教授、寿天德教授、路长林教授佩戴荣誉会员胸章，以感谢他们为学会以及神经科学领域做出的杰出贡献。

本次会议共邀请到11个大会报告，包括张香桐纪念讲座、吴建屏纪念讲座、赛诺菲神经科学青年学者报告、张香桐神经科学青年科学家报告等。其中吴建屏纪念讲座是为纪念中国科学院院士、学会创始人暨首任理事长吴建屏为学会做出的杰出贡献而设立的。本次讲座首先介绍了吴建屏院士的生平，再邀请到美国明尼苏达大学Timothy J.Ebner做首次纪念讲座，报告题目为Does the Cerebellum Predict the Future？报告内容涉及运动系统和运动调控的许多方面，如行走的控制、小脑的运动调控和运动学习、大脑皮层的运动功能和基底神经节的运动调控功能，以及与这些中枢运动结构相关运动疾病的发病机理研究。本次会议共邀请到35个小型研讨会，设立多个临床型的小型研讨会。会议现场评选出2名张香桐神经科学优秀论文一等奖，7名张香桐神经科学优秀论文优秀奖，14篇赛诺菲优秀会议论文奖，2名奥林巴斯参会奖学金（Olympus Travel Fellowship）。

（撰稿人：傅　璐　韩　雪）

## 中国机械工程学会

**服务创新型国家和社会建设**　2013年，学会承担了中国工程院重大战略咨询项目“制造强国战略研究”和“创新设计发展战略研究”的部分工作，承担了中国工程科技知识中心制造业分中心的建设工作。学会组织专业分会和相关行业组织，开展机械工程分领域技术路线图的研究工作，2013年已启动机械制造、物流工程、创新设计、塑性工程、设备工程、材料热处理与表面改性等6个领域的研究工作。

2013年，学会塑性工程分会组织编写完成了《锻压手册（第3版）》（共三卷），热处理分会组织编写完成了《热处理手册（第4版）》（共四卷）等专业图书，由机械工业出版社出版。

2013年，学会编印了《机械工程导报》、《学会动态》、

《机械工程师资格认证工作通讯》。

**学会建设** 2013 年，学会召开理事会议 1 次，常务理事会议 2 次，理事长办公会议 1 次，全国总干事秘书长工作会议 1 次。

1 月 14 日，学会在北京召开 2013 年理事长办公会议，理事长、副理事长 12 人出席会议，监事会全体成员及 3 名副秘书长列席会议。会议由学会理事长周济主持，学会副理事长兼秘书长张彦敏报告了 2013 年重点工作、重点活动日程、成立增材专业分会的议题以及关于在学会年会上进行学科进展报告的想法。到会的副理事长和监事会成员对以上问题进行了讨论，并原则通过。

2 月 26 ~ 28 日，学会 2013 年总干事秘书长工作会议在江苏省常州市召开。学会各专业分会总干事，各省（自治区、直辖市）机械工程学会秘书长以及工作总部相关人员共 90 余人出席会议。学会监事长宋天虎出席会议。会议对学会系统 2012 年度最具影响力学术会议、最具影响力综合活动平台、2012 年度先进分会和先进省区市学会、2012 年度机械工程师资格认证工作优秀单位、先进单位与先进个人进行了表彰。

7 月 11 日，学会十届四次常务理事（扩大）会议在黑龙江省哈尔滨市举行。学会理事长周济和 5 名副理事长等常务理事，监事长宋天虎和 2 名监事，部分理事、部分专业分会总干事、省级学会秘书长以及工作总部相关人员等共 60 余人参加了本次会议。会议由周济主持。经过审议和表决，会议原则通过了关于启动筹备增材制造专业分会的建议。

11 月 6 日，学会十届五次常务理事（扩大）会议在安徽省合肥市举行，学会理事长周济和 10 名副理事长等共 45 名常务理事出席会议。监事长宋天虎和 3 名监事，学会副秘书长列席会议。会议由周济主持。会议讨论并通过了理化检验、机械设计、无损检测、特种加工、压力容器等 5 个分会换届方案和包装与食品工程、机械工业自动化、成组技术等 3 个分会委员调整方案。

11 月 6 日，学会十届三次理事（扩大）会议在安徽省合肥市举行，学会理事长周济和 10 名副理事长等共 125 名理事出席会议，监事长宋天虎和 3 名监事，学会副秘书长、部分专业分会总干事、省级学会秘书长以及工作总部工作人员列席会议。会议由学会副理事长包起帆主持。学会副理事长兼秘书长张彦敏汇报了 2013 年学会工作情况和 2014 年工作建议，以及中国机械工程学会承接政府职能转移工作的意见。学会副秘书长左晓卫做了关于理事增补说明。经过审议和表决，会议原则通过了上述文件。

2013 年，学会所属 5 个专业分会完成换届，3 个分会委员会做了调整。

2013 年，学会编纂了《中国机械工程学会年鉴》（2013）、《中国机械工程学会服务指南》（2013）等内部刊物和资料。

2013 年，学会共组织各类学术会议 76 次，11444 人次出席，交流论文 3110 篇。

**学术期刊** 2013 年，学会主办科技期刊 36 种，总计刊登论文 11095 篇，总印数 189.6 万册。《机械工程学报》继 2012 年之后继续获得中国科协精品科技期刊培育计划——学术质量提升项目资助。2013 年，《中国机械工程》、《塑性工程学报》、《中国表面工程》3 种期刊获得学术质量提升项目资助，《机械工程学报》获得科技期刊出版人才国际培训项目资助。《中国机械工程》获得中国科技期刊国际影响力提升计划 C 类资助。

2013 年，《机械工程学报》、《中国机械工程》、《铸造》、《金属热处理》4 种期刊入选国家新闻出版广电总局组织评选的“百强科技期刊”。《机械工程学报》、《中国机械工程》再次入选“百种中国杰出学术期刊”。

2013 年，学会作为代表中国科协参展的 5 家全国学会之一，组织 36 种科技期刊参加了首届中国（武汉）期刊交易博览会。

2013 年，《机械工程学报》完成编委会换届，171 人组成第十届编委会，中国工程院院士钟群鹏担任编委会主任。

**国际学术会议** 2013 年，学会组织召开了新工业革命与增材制造国际研讨会、2013 焊接国际论坛——迈向智慧焊接、2013 年国际工业设计研讨会暨第十八届全国工业设计学术年会和第十七届全国残余应力学术会议暨国际残余应力研讨会等国际会议。

**国内主要学术会议** 2013 年，学会举办了 2013 年中国机械工程学会年会、第四届全国青年表面工程学术会议、第十一届全国摩擦学大会、第十届全国无损检测会议、第十八次全国焊接学术会议、第八届全国压力容器学术会议、第十五届全国特种加工学术会议、2013 年全国机械行业可靠性技术学术交流会、第二届全国水液压技术研讨会等国内学术会议。

10 月 12 ~ 14 日，由学会工业设计分会和辽宁省机械工程学会联合主办的 2013 年国际工业设计研讨会暨第十八届全国工业设计学术年会在辽宁省沈阳市举行，会议以“创新驱动战略：工业设计在信息化背景下的发展”为主题。中国机械工程学会荣誉理事长、两院院士路甬祥，中国机械工程学会工业设计分会主任委员、中国工程院院士徐志磊等专家、学者，以及来自企业界、高等学校和科研院所的工业设计专业人员近 800 人出席本次会议，其中境外专家、学者 25 人。

开幕式上，路甬祥作了题为《提升创新设计能力，促进创新驱动发展》的主题报告，他号召广大设计学科的科技工作者们要尽可能地提升创新设计能力，推动形成有利于创新的文化氛围，把创新驱动贯穿到经济社会发展的各个环节、各个方面。会议期间举办了创新设计发展战略研究报告会、工业设计在信息化背景下的发展论坛、设计学院院长（系主任）论坛等多个学术论坛，来自中国、日本、英国、法国、意大利和韩国等地的著名工业设计师分别作了报告和学术交流。会议征集论文 120 篇，发表论文 80 篇，其中境外论文 20 篇。

6月26日，由工业和信息化部、科技部、中国科学院、中国工程院联合主办，中国机械工程学会、中国电子信息产业发展研究院承办的新工业革命与增材制造国际研讨会暨 3D 打印国际展示会在北京召开。全国政协副主席、科技部部长万钢，工业和信息化部部长苗圩，中国科学院副院长施尔畏出席研讨会并致辞，工业和信息化部副部长苏波、中国工程院副院长干勇分别作了题为《中国制造业的转型升级》、《实现从制造大国到制造强国的历史性发展》的主题演讲。13 位国内外专家从宏观和微观角度对增材制造技术的应用与发展进行了全方位的解读。

研讨会以“新工业革命与增材制造：全球及中国制造业的机遇与挑战”为主题。来自政府部门、科研院校、知名企业、新闻媒体、国外机构的 400 余名专家学者及业内人士参加了会议，与会者围绕新工业革命与制造业发展战略、全球新工业革命与增材制造发展现状趋势及我国制造业的机遇与挑战等内容展开研讨。会议同期举行了 2013 北京国际工业智能和自动化展览会。

**两岸交流** 3 月 22 ~ 28 日，应上银科技股份有限公司邀请，学会监事长宋天虎一行赴台湾地区访问，就继续合作开展“第三届上银优秀机械博士论文奖”的评选、修订评选条例等进行了商谈，签署双方合作的补充协议、考察了“第九届上银机械硕士论文奖”颁奖程序运行模式，学会一行还到台湾大学、台湾成功大学等高校的机械学院进行交流。

12 月 3 日，海峡两岸机械工程学会在台湾地区台北市共同举办了主题为“高效精密加工技术”的第十六届海峡两岸机械工程技术交流会。

**国际交往** 2013 年，英国工程技术学会（IET）、芬兰国家技术研究中心（VTT）代表团访问了中国机械工程学会，学会副理事长兼秘书长张彦敏会见了代表团成员，并就双方合作问题交换了意见。

4 月 28 日 ~ 5 月 7 日，学会副理事长兼秘书长张彦敏率领中国机械工程学会代表团访问美国、加拿大，拜访了美国机械工程师学会（ASME）华盛顿中心及其纽约总部，就科技社团运营管理经验和双方合作举办专题学术会议进行了探讨。代表团还访问了美国麻省理工学院、密歇根大学机械工程系，加拿大多伦多大学机械工程学院等机构。

9 月 14 ~ 26 日，学会副理事长兼秘书长张彦敏率领中国机械工程学会代表团访问德国，参加在德国埃森市举办的第十八届德国埃森国际焊接切割博览会，并在展览会后与埃森展览公司会谈，商讨合作事宜。

11 月 5 日，中国机械工程学会、日本机械学会、韩国机械工程师学会在安徽省合肥市联合举办了 2013 年中日韩机械工程学会联席会。活动分技术交流与学会工作交流两部分。来自中日韩机械工程领域的专家、学者 30 余人参加了主题为“智能制造”的技术交流活动。三方各自介绍了各自学会近年来的特色服务，对机械工程教育认证、战略研究、技术路线图研究等共同关注的话题交换了意见，并达成了未来开展协作的共识。

**科普活动** 2013 年，学会围绕增材制造（3D 打印）科技热点，分别在北京市、上海市、江苏省、新疆维吾尔自治区、内蒙古自治区等地共举办 3D 打印系列科普讲座 12 次，受众人数多达 3000 余人次。学会录制科普视频光盘，通过向学会会员、相关科研院所、学校等免费赠送，扩大科普传播范围。

学会组织国内从事增材制造的专家学者编写《3D 打印 打印未来》科普图书，由中国科学技术出版社出版发行，并通过版权贸易，在台湾地区出版发行中文繁体字版。

6 月 26 ~ 28 日，在学会主办的工业智能与自动化国际展览会上专门设立了增材制造（3D 打印）展区，展览面积达到 1300 多平方米，这是国内第一次专门的增材制造（3D 打印）展览，通过专家咨询、设备展示、挂图宣传等多种形式全方位展现我国在该领域的技术成就。

学会联合中国科技馆，共同举办 3 期以 3D 打印为主题的科学讲坛。

学会铸造分会开展“永冠杯”第四届中国大学生铸造工艺设计大赛，41 所高等院校的 823 名学生完成的 241 份作品参赛。

**表彰举荐优秀科技工作者** 2013 年中国机械工业科学技术奖共奖励 378 项，其中，特等奖 1 项、一等奖 34 项、二等奖 125 项、三等奖 218 项。2013 年共有 8 人和 78 篇论文获奖，路甬祥、温诗铸获得中国机械工程学会科技成就奖，梁秀兵等 6 人获得中国机械工程学会青年科技成就奖，78 篇论文获得中国机械工程学会优秀论文奖。

2013 年，通过中国机械工业科学技术奖项目向国家科学技术奖推荐候选项目13项，其中技术发明奖3项、科技进步奖10项。最终获得国家科学技术奖5项，其中技术发明二等奖2项，科技进步奖二等奖3项。

2013年，学会进行了第三届上银优秀机械博士论文奖评选，共有29篇论文获奖，其中银奖论文2篇、铜奖论文4篇、优秀奖论文8篇、佳作奖论文15篇，金奖论文空缺。

2013年度绿色制造科学技术进步奖共授予6个项目，其中，一等奖1项、二等奖2项、三等奖3项。

2013年，学会推荐第十三届中国青年科技奖候选人6人，来自装甲兵工程学院的梁秀兵最终获奖。

**工程教育认证** 作为机械类专业认证分委员会日常办事机构，2013年，组织完成了对天津大学、大连理工大学、北京航空航天大学、东北大学、昆明理工大学、山东大学、浙江大学、长沙理工大学、东南大学、郑州大学、湖南大学、北京交通大学、太原理工大学等13所高校的16个机械类专业点认证考查工作。

2013年通过中国机械工程学会机械工程师资格认证的各级各类机械工程师3166人。

11月15日，第九次机械工程师资格全国统考在北京等24个省、自治区、直辖市同期举行，共有861名工程技术人员参加考试。

2013年，学会开展了首次高级机械工程师面试试点。首批遴选了12名专业人员参加面试，全部通过最终的评定，取得高级机械工程师资格。

3月，学会与英国工程技术学会签订了合作备忘录。4月，双方进行了工作研讨。10月，邀请英国工程技术学会专家观摩了高级机械工程师面试试点。

**【2013年中国机械工程学会年会】** 11月5～7日，由学会和安徽省合肥市人民政府共同主办的2013年中国机械工程学会年会于在安徽省合肥市举行，中国机械工程学会荣誉理事长路甬祥院士，中国工程院院长、中国机械工程学会理事长周济院士出席会议并作主旨报告。本届年会以“创新驱动发展　建设制造强国”为主题，来自全国各地的近千名机械科技工作者参加。

大会开幕式上举行了颁奖仪式，分别向“中国机械工业科学技术奖”、“第3届绿色制造科学技术进步奖”、“第3届上银优秀机械博士论文奖”、“中国机械工程学会青年科技成就奖”、“中国机械工程学会科技成就奖”的获得者代表颁奖。

路甬祥院士以《“中国制造”的未来》为题作主旨报告。他指出，从总体上看，我国制造业仍大而不强。正处于从“制造大国”向“创造强国”跨越的关键时期。展望金融危机复苏后的世界和未来，“中国制造”还将面临发达国家重振高端制造和新兴经济体低成本制造快速发展的双重挑战。为此，必须把握制造技术与产业发展的特征和走向，全面落实创新驱动发展战略，着力提升信息化水平，突破绿色、智能、精密、超常制造的关键核心技术，以提高质量与效益为先，淘汰落后产能，发展制造服务，优化产品与产业结构，构建制造技术创新体系，提升创新能力和全球竞争合作能力，实现向中国创造的跨越和可持续发展。

周济作了题为《实施“中国制造2020”，进入制造强国行列》的主旨报告。他在报告中提到，据世界银行的数据，2012年，我国制造业增加值为2.08万亿美元（现价），超过美国的1.91万亿美元（现价），成为全球制造业大国。但“大而不强”的问题困扰着我们，存在的突出问题是：一是自主创新能力不强，二是产品质量问题突出，三是资源利用效率偏低，四是产业结构不尽合理。

中国机械工程学会3位常务理事，华中科技大学常务副校长邵新宇、国家自然科学基金委员会王国彪教授、合肥通用机械研究院院长陈学东分别以《从数字化装备到数字化工厂》、《机械工程学科基础研究进展》、《基于事故分析与风险控制的压力容器设计制造》等为题作主旨报告。

年会期间，还举办了第2届绿色制造科技成果交流会、青年论坛——上银优秀机械博士论文交流会、中日韩机械工程技术论坛、中国机械工程学会数控一代座谈会、2013工程机械液压技术论坛、第八届全国压力容器学术会议暨第八届压力容器分会委员会议、科普大讲堂（3D打印技术＆仿生技术）等活动。

**【中国工程科技论坛“高端制造装备”暨交通大学机械工程教育百年纪念】** 3月31日，由中国工程院、中国机械工程学会主办，上海交通大学、西安交通大学承办的中国工程科技论坛“高端制造装备”暨交通大学机械工程教育百年纪念在北京人民大会堂举行。全国人大常委会副委员长、学会荣誉理事严隽琪，中国工程院院长、学会理事长周济，中国科学院院士王希季，学会荣誉理事长、原机械工业部副部长陆燕荪，国家发改委原副主任、国家能源局原局长张国宝，学会监事长宋天虎，学会副理事长卢秉恒、李培根、杨海成、林忠钦、张彦敏、郭东明、蔡惟慈、谭建荣，来自高等学校、研究院所的专家学者，有关科技管理部门领导以及企业界代表近700人出席。与会嘉宾共同回顾了交通大学机械工程教育的百年历程，探讨未来我国高端制造装备的发展。开幕式由林忠钦院士主持。

严隽琪以《百年学科启新程》为主题发表演讲。严隽琪认为，大学应承担三个方面的社会责任：首先，大学要成为文化建设的主阵地，做思想的智库，为社会进步作出贡献；其次，大学要用知识成果来丰富人类的宝库，通过人才选拔过程中的价值取向来影响基础教育，将学生的兴趣聚焦为志趣、转化为志向、内化为责任和价值，培养具有科学精神、创新精神和社会责任感的青年学子；第三，大学要承担更多的国际责任，造就具有国际视野、跨文化修养和国际合作能力的国际型人才。

周济强调，通过举办此次论坛，即是要探讨新形势下中国高端制造装备发展机遇与挑战，着眼于世界科技发展前沿和我国装备制造业发展的关键问题和核心技术，交流最新研究成果，引领重大方向性、前沿性的问题研究，为尽早突破高端装备制造发展的关键技术、核心技术而努力。

张国宝作了题为《我国机械工程学科百年的光辉历程》的大会报告。美国密歇根大学吴贤铭制造研究中心主任倪军教授作题为《从美国对制造业认识的变迁看全球化制造未来的发展》的大会报告。学术报告会环节，4 位专家以全球制造业发展为背景，分析我国高端制造装备所面临的机遇和挑战。中国工程院院士、上海交大原校长翁史烈介绍了我国燃气轮机的发展前景。国际生产工程学会前主席 Hans Kurt Toenshoff 介绍了 Advanced Manufacturing Technologies and Machine Tools for the Aerospace Industry（航空工业先进制造技术与机床）。中国工程院院士、上海交通大学和西安交通大学教授谢友柏介绍了设计科学中的 4 个基本定理。中国工程院院士、西安交通大学教授卢秉恒介绍了智能技术促进制造装备走向高端的发展状况。

**【“中国创新论坛之走进黑龙江”系列活动】** 7 月 10 ~ 12 日，主题为“以数字化、智能化推进黑龙江省制造业转型升级”的“中国创新论坛之走进黑龙江”系列活动在黑龙江省哈尔滨市举行。中国工程院院长、学会理事长、中国工程院院士周济，黑龙江省副省长张建星出席开幕式和主题报告会。学会副理事长、上海市人民政府参事包起帆和张建星分别致辞。学会副理事长兼秘书长张彦敏主持开幕式。500 余名来自企业、高等学校、研究院所的科技工作者出席活动。

学会理事长周济，学会副理事长、中国机械工业联合会执行副会长蔡惟慈，中国第一重型机械集团公司副总工程师、技术中心副主任蒋金水分别以《创新驱动发展与制造业数字化智能化》、《当前机械工业运行形势及前景展望》、《实施创新驱动战略，加快转型升级步伐》为题作演讲。

周济在报告中指出，新一轮工业革命正在深化，我国已进入新的发展阶段，要实现科学发展，加快转变经济发展方式，最根本的是要依靠科技力量，最关键的是要提高自主创新能力，实施创新驱动发展战略。而制造业数字化智能化是新的工业革命的核心技术、是工业化和信息化深度融合的必然结果，已成为各国占领制造技术制高点的重点领域，对于我国优化产业结构和转变经济发展方式将产生重要作用，成为我国制造业由“大”到“大而强”的巨大引擎。今后 20 年是我国由“制造大国”到“制造强国”转变的战略机遇期，要实施“创新驱动、质量为先、绿色发展、产业升级”的方针，特别是要在“制造业数字化智能化”方面实现战略性的重点突破、重点跨越，为我国的现代化建设做出历史性的贡献。

蔡惟慈在报告中，通过经济指标数据、同比增长变化趋势、各种行业走势、主要产品产量情况等资料，分析了当前我国机械工业运行的基本态势。阐述了目前我国机械工业运行中遇到的主要困难仍然是需求不旺、产能过剩、成本上升，而突出亮点是外延扩张降温、创新日趋升温、市场倒逼转型。由此，展望了我国机械工业运行的前景和趋势，对今年机械工业经济运行速度进行了预测，并提出了建议。

院士、专家与黑龙江省政府和有关部门领导、黑龙江省部分大型机械企业和高等学校负责人举行了黑龙江省装备制造业发展高端对话会。黑龙江省领导介绍了黑龙江省装备制造业现状和“十二五”发展规划的主要内容，与会专家发表了意见和建议。

活动期间，与会专家还在哈尔滨工业大学举行了增材制造（3D 打印）技术科普讲座和 2012—2013 机械工程学科发展研讨会。

**【第十八届北京·埃森焊接与切割展览会】** 6 月 18 ~ 21 日，由学会及其焊接分会、中国焊接协会、中国电器工业协会电焊机分会、德国焊接学会和德国埃森展览公司共同主办的第十八届北京·埃森焊接与切割展览会在上海新国际博览中心举办。

本届展览会有来自 26 个国家的 1019 家公司参展，展览面积 96200 平方米。来自 51 个国家和地区的观众共 46046 人次到场观展。

本届展会同期举办了 8 场技术讲座和 2013 焊接国际论坛——迈向智慧焊接、2013’中国焊接产业论坛——高效焊接技术及应用、2013’中国焊接市场论坛——第三届焊接装备及材料用户调查结果发布会、国际焊接新标准及新技术的发展与应用报告会、中美焊接标准与焊接技术研讨会、2013 第四届焊缝检测新技术应用专题论坛、《现代焊接工程手册》编撰工作会议、《国家职业标准》研讨会、国际授权（中国）焊接培训与资格认证委员会（CANB）/ 国际授权（中国）焊接企业资格认证委员会（CANBCC）2013 上海会议、“高强钢焊接技术及应用”专项培训班等活动。

展会后发布了《展会综合技术报告》，该报告以我国制造业发展为背景，针对每届展览会展出的具有代表性的展品，分别阐述焊接设备、焊接材料、切割机具三大主题，总结相关领域的技术发展与现状趋势。

（撰稿人：陈超志）

## 中国汽车工程学会

**服务创新型国家和社会建设** 2013 年，学会配合工业和信息化部完成了加拿大巴拉德燃料电池公司情况报告，承担了推广“怠速停机”技术工作方案研究，承担了工业和信息化部装备司有关汽车产业研究课题，协助工业和信息化部“强基工程”完成新能源汽车方向强基项目填报。配合国家发展改革委完成我国未来发展的重大科技项目遴选的工作，完成了新能源汽车方向“重大战略产品”、“重大工程”、“关键技术”的项目建议。配合财政部起草新能源汽车示范补贴方案。完成了中国工程院委托的“汽车强国战略研究”课题。

2013 年，学会启动“863”“电动汽车技术预测与决策支持系统开发”项目，主要承担电动汽车数据库和示范效果评价工作两项课题研究工作。

学会启动并完成了科技部“国内外新能源汽车示范对比和评价体系研究”软课题，通过研究各国示范政策、组织模式、工作进展、评估机制等内容，提出我国今后示范工作相关的改进建议及措施，提出建立我国新能源汽车示范评价体系的建议。

学会完成了中国科协“专利信息加工与研究”三期课题，制作《电动汽车标引关键词手册》，完成《混合动力汽车技术专利布局趋势分析》、《电动汽车电池技术专利布局趋势分析》等报告，以及 2000 项专利信息中文标引。

学会启动“电动汽车充电模式研究”课题，对电动汽车产业及基础设施国内外的发展现状、未来趋势进行分析及预判，分析电动汽车几种典型充电模式对电网的影响，并提出合理的电动汽车充电模式。

学会完成“电动汽车动力电池回收体系及示范应用”课题。完成微软《中国汽车产业信息化及车联网发展研究报告》，该项目在工业和信息化部的大力支持下，通过企业问卷调查收集了大量数据，在数据分析的基础上形成最终报告。11 月 12 日正式对外发布研究成果。

2013 年，学会在汽车轻量化技术创新战略联盟、电动汽车产业技术创新战略联盟、车联网产业技术创新战略联盟等技术创新战略联盟的筹备和运行中，发挥科技社团的“催化剂”和“变压器”作用，推进联盟各项工作的开展。2013 年 3 月，根据《汽车轻量化技术创新战略联盟协议书》的有关规定和联盟的实际运行情况，联盟相继启动了联盟理事会和专家委员会的换届工作。学会理事长付于武连任联盟理事长。

8 月，车联网产业技术创新战略联盟成立，联盟秘书处挂靠在学会。联盟共有 30 家成员单位，其中 23 家汽车企业 / 科研院所，2 家核心电信企业，5 家软硬件零部件企业。专家委员会共有 28 名专家。

9 月 14 日，第五届中国汽车造型设计大赛暨颁奖盛典在江苏省常熟市结束。来自参赛企业、院校和媒体的共计 400 余人参加。第五届中国汽车造型设计大赛由中国汽车工程学会、国家知识产权局、江苏省常熟市人民政府共同主办，分为汽车企业创新设计实车评选和汽车造型设计创意竞赛两个竞赛单元，并分别设立行业最高奖项“金圆点奖”和“圆点奖”。经过紧张激烈的角逐，东风汽车公司技术中心参赛的东风“风神”新 A60 车型荣膺企业单元“金圆点奖”最高奖项——中国汽车造型设计产业大奖。来自江苏大学的参赛选手荣获“圆点奖”一等奖。

10 月 16 ~ 19 日，学会主办的第四届中国大学生方程式汽车大赛在湖北省襄阳市举行，共有来自境内外的 50 支油车车队和 10 支电车车队参赛。为加快新能源适用人才的培养，2013 年中国大学方程式汽车大赛增设电动车板块，并首次向公众开放全部赛程。

10 月 30 ~ 31 日，学会主办的 2013（第十届）全国汽车职业教育年会在湖南省株洲市举办，来自 25 个省、自治区、直辖市的 116 家汽车职业院校、30 家企业参加。年会分通过主旨报告、校企合作、专题研讨三大板块讨论了目前和未来中国汽车职业教育的道路。出席年会的全体人员共同签署以“创新发展，合作共赢”为核心的《株洲共识》。

10 月 28 ~ 29 日，学会主办的 2013“北京汽车杯”全国汽车职业院校课程设计大赛在湖南省株洲市举办，来自 20 个省、自治区、直辖市的 67 家职业院校、20 家企业共计 300 多人参加、观摩了比赛。

**学术期刊** 2013 年，《汽车工程》被引频次为 1154 次，影响因子为 0.425，综合评价总分为 71.4，相比较于 2012 年的 1018 次、0.397 及 70.7 分，均有所提升。全年累计录取论文 237 篇，其中汽车底盘类文章 80 篇，占 33%；发动机类文章 57 篇，占 24%；车身类文章 43 篇，占 18%；新型动力系统类文章 35 篇，占 14%；车身附件类文章 22 篇，占 9%。全年投稿量较 2012 年同比增加 29%，录取率较 2012 年同比下降 25%。

**学科发展研究** 《2013 中国汽车产业发展报告》完成编写工作并于 7 月 17 日正式发布。《2013 中国汽车产业发展报告》的年度主题是：全球化新形势下中国汽车产业合资合作发展和“走出去”战略。正文包括总报告、发展综述、竞争力情况、竞争力变化趋势、合资合作发展、“走出去”战略等 6 个部分。

2013 年，学会启动《中国汽车工业技术发展报告》编写工作，完成了行业需求调研，确定了研究报告的形式，制订了总体工作方案，组织专家咨询论证并得到专家认可。2013 年底已完成报告初稿。《中国汽车工业技术发展报告》与《中国汽车产业发展报告》、《国际汽车技术跟踪》等现有技术报告相结合，形成较为完善的中国汽车工程学会行业技术发展报告制度。

《中国战略性新兴产业指导——新能源汽车分册》正式出版发行，3 月 8 日在北京举行首发仪式。第十一届全国人大常委会副委员长路甬祥出席首发仪式并致辞。该书以科学性、前瞻性、指导性和基础性为编撰原则，目标定位是为政府制定政策提供建议，为行业、企业领导制定规划及决策等提供指导，为工程技术人员技术创新提供参考。

**决策咨询** 2013 年，学会配合科技部起草了加快新能源汽车发展系列报告的建议，起草了《关于加快发展燃料电池汽车的报告》，参与了新能源汽车示范补贴政策的研究起草。

学会完成了“广州花都汽车产业发展战略咨询项目”，在对花都汽车城汽车产业发展的内外部环境、机遇、国内外典型汽车产业集群等研究的基础上，完成对花都汽车差异基地发展战略的整体设计和规划，并提出具有较强针对性和可操作性的战略措施，为花都汽车产业可持续发展提供决策依据和参考。

**国际学术会议** 4 月 19 ~ 21 日，第五届国际汽车自动变速器技术研讨会在江苏省苏州市举办。大会包括 1 个高层互动论坛、31 场技术报告、45 个产品展示。会议针对传统动力、混合动力、电动汽车传动和驱动系统技术展开研讨，并进行交流。参加人员约 600 人。

7 月 13 ~ 15 日，学会与吉林大学、中国第一汽车集团公司等单位主办的 2013 中国（长春）国际汽车技术论坛在吉林省长春市举办。研讨会以低碳汽车绿色技术为主题，邀请来自中国、美国、日国、德国、奥地利的近 20 位专家、学者作演讲并进行讨论，内容包括低碳环保技术、轻量化技术、新能源汽车技术、高效动力传动技术等，共 300 余人参会。

11 月 17 ~ 18 日，由学会举办，清华大学苏州汽车研究院承办的第一届汽车智能安全辅助系统发展国际研讨会在江苏省苏州市召开。中国汽车产业的政府代表、国内外汽车领域的专家学者应邀出席会议，介绍智能安全辅助系统技术的国内外最新进展，交流智能安全辅助系统相关技术研发、政策法规和标准制订方面的成果。与会外资厂商的技术专家讲述了各公司在智能安全辅助系统领域的技术愿景，展示了目前取得的一些成果，并就智能安全辅助系统在中国的市场需求等问题与参会人员进行了探讨。

12 月 4 ~ 6 日，2013 中国汽车信息高峰论坛在上海市举办。本届论坛以“汽车互联网化：安全、开放、APP、电商”为主题，开创性地将车联网和电商协同发展作为主要议题。本届论坛采取主题演讲和圆桌讨论相结合的形式，既有对行业趋势的解读，也有车联网新技术以及大数据时代下车联网的市场发展和创新模式的讨论，内容涵盖基于车联网的汽车信息安全技术、HMI 人机智能交互、车机手机协同等。同期举办的多种活动，从不同角度探讨了中国车联网领域正在经历的各种实际问题，并构建跨界交流关系网，为中国车联网安全开放与 APP 电商跨界合作注入新思路。本届论坛还发布了 2013—2014 年版的 T 圈企业库（车联网黄页），首批 400 家车联网相关企业已经根据 T 圈车联网产业链 50 类进行了有效的分类建库。

**国内主要学术会议** 7 月 25 日，学会与中国消防协会在北京共同举办电动汽车消防安全专题研讨会暨汽车消防安全战略合作启动会。公安部、国家发展改革委、工业和信息化部、科技部等有关部门负责人及相关企业代表出席会议。会上，双方共同签署了《汽车消防安全领域战略合作备忘录》，将共同开展 4 个方面的战略合作：①积极推动汽车消防安全技术规范研究制定与应用；②积极开展汽车消防安全技术交流；③组织开展汽车消防安全技术培训；④积极开展汽车消防安全科普宣传。会后，双方启动并完成了电动汽车消防安全技术规范体系研究工作，并到北京市、上海市、杭州市、深圳市、天津市等地进行调研，于 2013 年底完成《电动汽车消防安全技术规范体系研究》报告初稿。

8 月 22 ~ 23 日，由学会主办的第一届中国汽车防腐蚀技术论坛在河北省保定市举办。本次论坛是国内首次举办针对汽车产品防腐蚀（老化）技术召开的跨行业论坛。会议主题分别为：表面处理技术与整车腐蚀控制、先进涂装工艺与整车腐蚀、腐蚀（老化）检测与分析技术、整车与系统腐蚀防护及控制技术。

9 月 10 ~ 11 日，学会与汽车轻量化技术创新战略联盟共同主办的2013年中国汽车轻量化技术国际研讨会在湖北省武汉市举办，参会会议专家、学者300余人。会议分为全体大会、分会场交流、技术展览3部分。全体大会重点围绕先进高强度钢、铝合金和非金属材料应用技术以及轻量化技术集成应用的最新研究进展开展了讨论；分会场围绕高强度钢的开发和应用、轻量化车身机构设计与分析优化、先进车身制造工艺与装备3个议题开展了研讨。会议期间，共有36位国内外专家学者和工程师介绍了国内外汽车轻量化的最新技术及发展动态。来自国内外的11家企业在技术展览上展出了包括全铝混合动力客车、高强度钢白车身、轻量化汽车零部件等展品。

11月26～28日，2013中国汽车工程学会年会暨展览会在北京举办。会议以面向未来的汽车与交通为主题，涵盖汽车节能与环保技术、智能汽车与车联网、汽车制造与工艺、电动汽车技术、安全技术等行业热点技术话题。

**科普活动** 汽车科普文化基地建设取得新发展：定期举办汽车科普大讲堂活动，在上海市、北京市、珠海市建立了大学生卡丁车培训基地。

**表彰举荐优秀科技工作者** 经学会推荐，中国第一汽车集团公司李骏博士当选为中国工程院院士。经学会推荐，长安汽车股份有限公司刘波博士入选科技部中青年科技创新领军人才。

经学会评选，上海交通大学喻凡、长安汽车股份有限公司刘波博士获“中国汽车工业优秀科技人才奖”，吉林大学庄晔、长城汽车股份有限公司李书利获得“中国汽车工业优秀青年科技人才奖”，浙江吉利控股集团原副总裁赵福全、长安汽车工程研究院庞剑获得“中国汽车工业优秀归国人才奖”。

**【2013中国汽车工程学会年会暨展览会】** 11月26～28日，2013中国汽车工程学会年会暨展览会在北京举办。约1300人参会，专业展览观众超过6000余人次。

本届年会以“面向未来的汽车与交通”为主题，包括“中国汽车工业科学技术奖的颁奖仪式”、2场高层访谈、11个专题分会、12个技术分会。

高层访谈分别以自主创新、产业强国、汽车安全与智能技术的融合为主题，来自多家整车企业的领军人物，分享企业自主创新的模式，探讨国际大背景下自主自强的新路径。来自多家国内外整车、零部件企业的技术高管，探讨融合智能技术的汽车安全技术。

由行业组织、专家、企业发起的11场专题分会，内容涵盖了内燃机在未来的发展、电动车技术、车联网技术、NVH、变速器与整车匹配、高端柴油车发展战略、安全事故调查与分析、电子电气系统功能安全与AUTOSAR等全球汽车热点话题。

年会共征集到论文596篇，其中录取404篇，到会交流102篇。91篇论文入选论文集，分别有16篇和7篇被推荐发表在学术核心期刊《汽车工程》及《汽车技术》，5篇入选《汽车工艺与材料》。

年会同期举行的展览专注于新技术新产品的展示，展示面积超过10万平方米，共有来自中国、日本、美国、意大利、法国等11个国家的80余家企业参展。

**【第五届国际汽车自动变速器及电驱动技术研讨会】** 4月19～21日，第五届国际汽车变速器和电驱动技术研讨会（TMC 2013）在江苏省苏州市召开。来自国内外主流整车、变速器、研发、零部件及工程咨询等企业的技术工程专家近600人参加会议，针对传统动力、混合动力、电动汽车传动和驱动系统技术展开了研讨。

会议包括31场技术报告、45个产品展示，以及一场以“适应未来市场和法规的自动变速器及其国产化”为主题的高层互动论坛。邀请了多家汽车企业，悉尼大学、清华大学、吉林大学等高校，以及上汽研发中心等机构的30余位专家、学者、工程师，以技术报告结合问答互动的形式进行深度交流，探讨了当前变速器行业的焦点问题，包括市场发展趋势，自动变速器技术创新、节油措施、本土化混合动力驱动系统技术方案、自动变速器国产化等，并描绘了未来变速器在传统动力和新能源汽车应用中的愿景。

**【2013国际电动汽车示范城市及产业发展论坛】** 5月30日，2013国际电动汽车示范城市及产业发展论坛在上海市举办。论坛由科技部、国际能源署和上海市人民政府主办，中国汽车工程学会、上海市科学技术委员会和上海市嘉定区人民政府承办，上海国际汽车城协办。论坛包括主论坛和3个分论坛，国内外电动汽车示范城市、科研院所、企事业单位及相关领域的专家、学者近500人参加。全国政协副主席、科技部部长万钢，上海市委副书记、市长杨雄和国际能源署（IEA）署长范德胡芬女士（Van der Hoeven）出席开幕式并致辞。上海市副市长翁铁慧在致辞中介绍了上海市开展电动汽车示范的进展以及相关的扶持政策。范德胡芬女士在致辞中介绍了IEA参与电动汽车倡议（EVI）的工作以及IEA在电动汽车方面进行的相关研究。万刚在致辞中介绍了中国开展电动汽车城市示范的进展以及下一步工作的思路，并就各方协同合作，共同培养中国新能源汽车战略性新兴产业提出了具体的建议。

开幕式上还举办了国际科技合作基地合作机构签约仪式，上海国际汽车城集团分别与美国能源基金会、科尔尼公司、美国加州大学戴维斯分校、瑞典维多利亚大学正式签署了双边合作协议。来自电动汽车国际示范区和中外电动汽车企业及运营商代表，就电动汽车的示范运行和商业推广作了主旨发言。

分论坛分别围绕国际电动汽车示范城市创新实践、电动汽车商业模式与用户研究和电动汽车产业发展等话题展开。

参会人员还参观了国际电动汽车示范区数据和监控中心、同济大学新能源汽车工程研究中心，并在国际电动汽车示范区的试乘试驾体验中心进行了试驾等活动。

**【首届2013中国汽车防腐蚀技术论坛】** 8月22～23日，由学会主办、长城汽车股份有限公司协办、中国腐蚀与防护学会和中国表面工程协会支持的2013中国汽车防腐蚀技术论坛在河北省保定市举办，这是国内首次针对汽车产品防腐蚀（老化）技术召开的跨行业论坛。论坛邀请国内相关专业学会、行业协会、整车企业以及广大供应商，共同探讨防腐蚀技术的发展，围绕表面处理技术与整车腐蚀控制、先进涂装工艺与整车腐蚀、腐蚀（老化）检测与分析技术、整车与系统腐蚀防护及控制技术等4个主题开展17场演讲。

论坛聚集了22家整车企业和60家供应商，吸引了170余人参会。涉及的供应商包括汽车腐蚀与老化相关材料、表面处理化学试剂、产品结构设计、生产加工工艺、整车、零部件及金属材料生锈腐蚀评价和非金属老化（塑料、橡胶、涂料、油品、胶黏剂等）的检测与评价、包装运输及相关的设备、装备等企业。

（撰稿人：薄　颖）

## 中国农业机械学会

**学会建设** 学会现有个人会员1.2万余人，高级会员160人，团体会员150个，分科学会（委员会）21个。

2013年召开了九届六次、九届七次常务理事（通讯）会议及理事长办公会议，总结学会工作和筹办学会成立50周年活动，以及对评选表彰办法等事项进行民主协商、集体决策。3月29～31日，学会在云南省文山县召开学会秘书长工作会，研讨学会工作，布置学会年度重大工作事项。10月，学会官方网站进行了改版升级，增加了历届理事会和分支机构人员名单、分支机构简介、学会规章制度、表彰奖励等。

2013年，学会积极开展宣传工作，及时将学会活动信息在中国科协网、学会网站、中国农业机械化科学研究院网站，以及学术期刊上进行宣传。全年学会网站共发布各类通知、报道等35篇，在中国科协网站发布信息4篇，在中国农业机械化科学研究院网站主页发布相关新闻7篇。在《农业机械学报》和《中国农机人报》刊登学会成立50周年专题报道，在《中国农机化导报》刊发新闻报道和《半世纪风雨兼程　新世纪再续辉煌》专题报道。

2013年，学会筹备2014年国际农业和生物系统工程委员会（CIGR）世界大会。召开了4次专门筹备会议和一次特别会议，分别针对大会筹备各阶段具体工作的分工落实情况进行了部署，并邀请国际组织主席团来华对世界大会筹备工作及场馆进行考察。完成了大会官方网站的搭建和网站测试工作，9月初正式上线。

2013年，《农业机械学报》申报并获得“中国科协精品科技期刊”项目资助。

中国一拖集团公司等5家单位被评为“突出贡献会员单位”；上海农业机械学会等15家单位被评为“优秀会员单位”。

**学术期刊** 2013年，出版《国际农业与生物系统工程学会期刊》（CIGR Journal）4期，发表学术论文126篇；出版《国际农业工程学报》（IAEJ）4期，发表学术论文43篇。

2013年，《农业机械学报》出版正刊12期、增刊2期，刊出论文712篇，全年共完成编辑加工量达870万字，同比增加28%。刊出基金论文比例达100%，其中国家自然科学基金资助论文占50%，国家“863”、“973”计划资助论文占32%。2013年收到有效投稿2800篇，录用率21%，平均审稿周期47天，平均出版时间缩短为9个月。通过优先出版手段，读者能够提前4个月在网上阅读论文。

2013中国科技论文统计结果发布的最新数据显示，《农业机械学报》的各项评价指标均有了较大提高：总被引频次3903，比上年提高33%；影响因子1.107，比上年提高29%；基金论文比97%，比上年提高2%；他引率76%，比上年提高2%。

**国际学术会议** 2013年，学会主办、组织，以及参加有影响的国际学术会议共11次，主要包括：亚洲农业工程学会第二十四届执委会会议，国际生物机器人大会，第五届农业工程发展趋势国际会议，以及国际农业和生物系统工程委员会（CIGR）第68届常务理事会议等。

5月14日，学会耕作机械分会在北京组织召开了加快施药机械创新、减少农药施药量国际学术研讨会。会议由中国农业机械化科学研究院首席专家、中国农业机械学会耕作机械分会主任委员杨学军主持。美国农业部研究中心应用技术研究所首席科学家朱和平、美国俄亥俄州立大学园艺学副教授Randy Zonday，以及中国农业大学、江苏大学、农业部南京农机化所、南京林业大学等高等院所60余位专家、学者参加了学术交流。会议特邀朱和平作了题为《美国植物保护机械化》的专题报告，报告着重介绍了美国植保机械化现状、理论研究基础和先进的机械装备；Randy Zonday 作了题为《酿酒葡萄生产机械化关键技术》的专题报告，对酿酒葡萄生产不同环节的关键技术及装备进展、存在的问题进行了深入分析。国内专家、学者在中日无人机施药技术比较、我国无人机施药技术研究进展、植保混药技术和静电喷雾、林业施药装备的研究与最新进展等几方面进行了专题汇报。会议的一个亮点是开展了无人机喷雾现场演示，展示了我国自主研发的无人机喷药发展现状与技术实力。

**国内主要学术会议** 2013 年，学会及所属各分支机构举办各类学术会议共 13 次，征集交流学术论文 235 篇，近 1800 人次参加了交流活动。

8 月 28 日，学会普及工作委员会和农业机械杂志社联合在青海省西宁市召开丘陵山区农业机械化发展研讨会，邀请山区及果蔬产区农机化主管部门管理人员和技术人员，以及国内相关机具生产企业人员 40 余人，共商我国丘陵山区机械化及果蔬生产机械化发展大计。

研讨会就适合我国山区、丘陵地区和果园、蔬菜及经济作物种植地区的微型耕整机产品的发展趋势和市场需求，微型耕整机主要配套机具产品技术发展途径，配套机具的开发、运用及市场发展趋势；山区及果蔬生产农机化发展现状及未来趋势，国家支持鼓励山区农业装备发展的政策建议等开展了研讨。

9 月 13 ~ 15 日，由学会教育工作委员会和地面机器系统分会共同主办，吉林大学生物与农业工程学院承办的农业工程教育与新型农业经营主体培育论坛在吉林省长春市举行。中国工程院院士汪懋华、罗锡文，中国科学院院士任露泉，中国农业机械化科学研究院院长、学会秘书长李树君，学会常务副秘书长秦京光、美国堪萨斯州立大学教授张乃迁、美国俄克拉荷马州立大学副教授汪宁等来自国内外 40 个高校或科研院所的 80 余位专家、学者参加论坛。本次论坛由 3 位院士的特邀报告和 10 个大会报告组成，围绕“农业工程教育与新型农业经营主体培育”这一主题，共同研讨农业工程教育在新型农业生产经营主体培育中的作用，探讨新型农业生产经营主体培育途径。

10 月 20 ~ 22 日，由学会拖拉机分会主办，雪佛龙（中国）投资有限公司、中国一拖集团有限公司协办的 2013 拖拉机、农用车、农用发动机行业发展研讨会在河南省洛阳市举办。70 余位专家、学者参加了会议。研讨会就我国拖拉机、农用车、农用发动机行业发展中的热点和难点问题进行了研讨。

10 月 25 ~ 27 日，2013 年全国包装与食品工程、农产品加工学术年会在浙江大学宁波理工学院召开。会议由学会农副产品加工机械分会和中国机械工程学会包装与食品工程分会共同主办，浙江大学宁波理工学院和宁波市装备制造业技术创新战略联盟共同承办。来自各地食品科技领域的专家学者、政府部门及行业协会领导、食品学院（所、系）与食品龙头企业的负责人，以及全国各大农业食品院校和科研院所的师生共 100 多人参加会议。大会以“技术创新与集成、绿色与安全、先进制造与智能化”为主题，探讨现代食品工业及装备、农产品加工的共性技术和高新技术，为包装与食品、农产品加工的产业发展献计献策。年会共征集论文 104 篇，内容涉及绿色包装、粮油、果蔬、家禽屠宰、休闲食品等加工技术与装备，微波、太阳能干燥等技术与装备的应用。

11 月 24 ~ 26 日，学会在江西省南昌市召开了五届三次标准学术论文交流会及标准研讨会，来自农机科研院所、大专院校、质检机构、生产企业的 70 位专家出席了会议。大会共收到论文 16 篇，主要涉及对农机化质量工作重要性、大马力拖拉机牵引试验的研究、现代农业机械智能化技术应用现状及发展趋势、农产品太阳能烘干设备试验研究、茶机企业标准化与科技创新的探讨等方面的内容。会上介绍了近期农机标准的制修订情况，并对《农业机械售后服务规范》等 6 项国家标准和《收获机械传动箱清洁度测定方法》、《生物质处理设备秸秆烘干机》等 5 项行业标准进行了讨论，提出意见和建议，使标准起草单位和标准管理部门掌握更多的第一手资料。

12 月 20 ~ 21 日，学会畜牧机械分会在江苏省南京市召开畜牧机械分会 2013 年学术年会，来自全国畜牧机械行业生产企业、科研院所、大专院校、农机推广鉴定等单位的近 40 位委员和专家、学者参加会议。中国农业机械工业协会执行副会长兼秘书长洪暹国作了题为《农机工业发展情况及有关支持政策》的专题报告，从我国农机工业现状、国际农机工业概况、持续发展的政策支持、行业发展的主要问题、我国农机工业的未来等几方面详细介绍了国内外农牧业机械发展状况，分析了有关支持政策，展望今后农牧业机械发展趋势。黑龙江农业机械工程科学研究院机电研究所所长蔡晓华作了题为《奶牛福利养殖智能化》的专题报告，中国农业大学工学院副教授王光辉作了题为《有机肥湿粒三回程转筒烘干机设计与 edem 仿真》的专题报告，中国农机院呼和浩特分院刘志刚作了题为《灌木平茬装备与柠条饲草化研究》的专题报告，内蒙古农业大学机电工程学院讲师刘飞作了题为《超声导波无损检测技术及在农业工程中的应用展望》的专题报告，中国农业机械化科学研究院呼和浩特分院工程师陈锦远作了题为《国内外牧草收获技术及装备介绍》的专题报告。会议共交流学术论文25篇。

**两岸交流** 11月18日，2013海峡两岸丘陵山区农业机械化发展交流活动在福建省漳州市召开。此次交流活动由学会农业机械化分会联合农业部农业机械化技术开发推广总站共同主办，海峡两岸农业高等院校、农机主管部门、农机生产企业和农机合作组织等单位的200余名专家、学者参加了此次活动。

中国工程院院士汪懋华作了题为《推进丘陵山区农业机械化发展的战略思考》的报告，台湾“农委会”台中区农业改良场研究员何荣祥作了题为《电话农业——台湾机械发展》的报告，台中市雾峰区农会营销部副主任、台湾亚洲大学、朝阳科技大学客座讲师柯义雄作了题为《农民组织带动地方产业升级》的主题演讲。重庆农委副主任、农业机械管理办公室主任秦大春，台湾三久机械有限公司营业部经理许游镶，台湾地区台中市雾峰区农会农事指导员卢泰吉分别交流了各自在丘陵山区机械化方面的实践经验。

中国工程院院士罗锡文主持了以“海峡两岸丘陵山区机械化交流与合作”为主题的对话环节。专家们从土地流转、农田整治、基础设施建设、农机农艺融合、战略规划、技术路线、关键技术、机具装备、服务体系建设、政策支持等十大方面展开讨论。

**国际交往** 2013年，学会接待来访外宾团组12个，来自美国、日本、加拿大、博茨瓦纳等11个国家共73人次。派出研究员、工程师220余人赴美国、澳大利亚、越南、意大利等21个国家进行学术交流、合作洽谈，共计50个出访团组。承办援外技术培训项目7期，来自53个国家的164名学员参加培训。

9月2日，学会组团赴捷克和波兰参加第五届农业工程发展趋势国际会议及国际农业与生物系统工程学会（CIGR）第68届常务理事会议。第五届农业工程发展趋势国际会议是CIGR主办的学术会议，主要讨论当前国际科技发展形势下影响农业工程领域学术进步和技术革新的关键问题。会议期间，学会参会代表与来自美国、捷克等国家的专家，共同就农业机械技术发展趋势进行了交流。CIGR常务理事张兰芳汇报了将在中国举办的CIGR2014年世界大会的筹备情况。

**科普活动** 学会在全国95个单位相继开展农机科普活动，组织农机科技培训、农机科技下乡、现场咨询以及现场演示观摩等科普活动4983次，受众人数达258.83万人次，编写教材和宣传资料1179万字，发放宣传资料249万份，推广和新增农机具81.19万台（套），推广新机具新技术作业面积12636万亩，培训师资3.57万人次，培训机手和机工27.98万人次，培训农民116.56万人次。

2013年度，学会评选出全国农机科普工作先进集体76个，其中先进集体标兵33个；全国农机科普工作先进工作者270位，其中先进工作者标兵38人以及全国优秀农机科普作品11件。同年12月，学会在云南省昆明市召开了全国农机科普经验交流暨先进表彰会，在会上对全国农机科普工作先进集体、先进工作者和优秀科普作品进行了表彰。

**表彰举荐优秀科技工作者** 2013年，学会拟订了《中国农业机械学会“中国农业机械发展终身荣誉奖”评选办法》、《中国农业机械学会单位会员评选表彰办法》、《“中国农业机械50年百篇优秀论文”评选表彰办法》。经理事单位、会员单位、分支机构，以及各省级农机学会推荐，马成林等15人获得“中国农业机械发展终身荣誉奖”，《水稻插秧机设计研究》等100篇论文被评为“中国农业机械50年百篇优秀论文”。

**党建强会** 5月，学会申报并获得中国科协“党建强会”特色活动资助计划项目。学会组织支部党员开展了以“立足本职抓党建 服务三农促发展”为主题，以“党员献爱心”——山里孩子看世界、“党建我来学”——与结对党支部共学党建知识、党员办实事”——三方（专家、企业、地方）座谈会为主要内容的基层党组织“党建强会”特色活动。

**会员服务** 10月上旬，经学会13个分支机构向会员征文并推荐，《农业机械学报》编辑部组织同行专家进行集中盲审，在收到近300篇投稿基础上，出版了《农业机械学报》增刊2期，收录论文109篇，目前已全部被EI收录。

**【中国农业机械学会成立50周年纪念大会暨2013中国农业机械学会学术研讨会】** 11月3日，中国农业机械学会成立50周年纪念大会暨2013中国农业机械学会学术研讨会、中国农业机械学会九届四次理事扩大会议在北京举行。本次会议由中国农业机械学会主办，中国农业机械化科学研究院承办。来自中国、美国、爱尔兰、印度、日本、南非等6个国家的300余位专家、学者，有关部门领导，部分在京的学会老领导、老同志，学会理事，各省级学会代表等参加了会议。

大会由学会副理事长刘敏主持，学会理事长罗锡文院士，农业部原常务副部长、学会名誉理事长刘成果，农业部农机化司司长宗锦耀，国际组织代表、CIGR主席孙大文，以及国际友人代表、兄弟学会代表等先后致辞。学会秘书长李树君围绕学会50年回顾与展望等作了专题报告。

会议表彰了获奖单位和个人。罗锡文、李树君向“中国农业机械发展终身荣誉奖”获奖者马成林、万鹤群、白人朴、冯炳元、华国柱、余群、何光远、汪懋华、陶鼎来、鹿中民等老领导、老前辈颁发奖杯和证书。

在学术研讨会上，围绕“促进农业装备工程技术创新”的主题，CIGR秘书长Toshinori Kimura教授以《生物基材料产品及其生物质含量测定方法》为题，美国农业与生物工程师学会（ASABE）主席Lalit Verma以《促进农业装备工程的技术创新》为题，农业部农机化司司长宗锦耀就《中国农业机械化的现状和发展》为题，华南农业大学教授、中国工程院院士罗锡文以《用信息化技术提升农业机械化水平》为题，吉林大学教授、中国科学院院士任露泉以《农业机械与仿生》为题，中国农机工业协会会长陈志以《农机行业及重点产品技术发展分析》为题，中国农业大学副校长傅泽田以《农业物联网技术》为题，浙江大学应义斌教授以《太赫兹技术及其在农产品品质与安全检测中的应用》为题，中国农机院杨炳南研究员以针对《农业装备前沿技术预测初步思考》为题，分别作了8个学术报告。

会前，学会组织编辑出版了《中国农业机械学会成立50周年纪念册》和《农业机械学报》增刊。

（撰稿人：袁爱洁）

## 中国农业工程学会

**学会能力提升计划** 学会完成2013年度学会能力提升项目总结报告。按照2013年度《项目合同书》要求，在本项目奖补资金支持下，进一步提升学会各项能力：①提升服务创新能力。召开中国农业工程学会2013年学术年会，同期举办农业工程学科成果展示会；建立专业学术会议申报资助机制，资助11个专业委员会进行学术交流活动，并形成科技工作者建议；召开学会品牌学术国际交流项目——国际计算机及计算机技术在农业中的应用研讨会（CCTA 2013）；完成2011年以来农业工程学科发展研究方案制定。《农业工程学报》实现了月刊向半月刊的转变，《国际农业与生物系统工程学报》被EI收录。学会履行国际农业工程学会会员义务，与中国农业机械学会共同举行5次第十八届国际农业与生物系统工程学会世界大会筹备会，落实会场主题、完成大会组织架构、细化各分会筹备工作内容、开通大会网站、组织征集大会论文等，学会副理事长、国际交流工作委员会主任应义斌参加美国农业与生物工程师学会的国际学术年会及全球性挑战论坛，并作题为Most Pressing Challenges Facing Agricultural and Biosystems Engineers in China的发言。通过了《中国农业工程学会科学道德委员会章程》，成立了中国农业工程学会科学道德委员会，起草《中国农业工程学会科技工作者规范》及《农业工程学科科学道德规范实施细则》。②提升服务社会和政府能力。举办首届全国大学生农业建筑环境与能源工程相关专业创新竞赛，在江苏大学开展“院士专家校园行”活动；与北京农业信息技术研究中心合作，制作完成时长20分钟的《精准农业与智能农机》科普动漫片；联合中国水产学会、中国粮油学会共同举办“食品安全进学校进社区”科普活动，走进5个学校社区开展水产品和粮油食品安全知识宣传教育。③服务科技工作者能力。修订《中国农业工程学会会员管理办法》，面向部分会员开展“中国农业工程学会学术交流工作情况调查”，开展会员服务意愿调查，形成调查报告，设计并印刷会员入会服务指南小手册2000册。④提升自我发展能力。征集各专委会更名意见，推进学会部分专委会更名事宜，启动学会网站改版事宜，初步完成学会网站改版方案；英文刊编辑部邀请外国专家举办座谈会2次，受邀交流报告8场次。

作为学会能力提升专项中推进青年人才队伍建设的一项重要工作，中国农业工程学会“院士专家校园行”活动已于2012年12月正式启动。2013年8月19日，中国农业工程学会“院士专家校园行”在江苏大学举行。中国工程院院士汪懋华、中国工程院院士李佩成受邀担任嘉宾。江苏大学近百名青年学生聆听了讲座。汪懋华院士以《机遇、挑战与成长的思考》为题，结合自身的学习经历和科研工作中的思考，建议青年学生勤奋好学，严谨踏实，重视工程实践与理论基础相结合，开拓思维，团结协作，为社会发展贡献自己的力量。李佩成院士以“在科学实践中培养良好的科学道德和学风”为主题，结合自身经历，引经据典，从10个方面系统阐述了在科学研究实践如何培养良好的科学道德和学风，勉励青年学生在科研中发扬求真务实的研究精神。

**学会建设** 2013年，学会新发展单位会员1家，个人会员60人。学会修改完善《中国农业工程学会青年科技奖评选条例》。9月，经中国科协计划财政部评审，学会获颁“中国科协系统2012年度统计工作一等奖”。

2013年，学会召开了2次常务理事会议，1次理事会暨全国农业工程学会理事长、秘书长工作会议。

**学术期刊** 2013年《农业工程学报》全年出版24期，增刊1期。最新影响因子1.703，总被引频次10758，两项指标均在农业工程领域同类期刊中排名第一，在1994种核心期刊中排名分别为第20和第6。《农业工程学报》再次被评为RCCSE中国权威学术期刊，入选“百种中国杰出学术期刊”和（Top5%）“2013 中国最具国际影响力学术期刊”。2013 年获得中国科协精品科技期刊工程项目，即期刊出版人才培育项目、引进优秀出版人才项目，贯彻。学报 2007—2012 年的英文摘要被美国农作物土壤环境科学协会（ACSESS）数字图书馆收录。学报论文发表周期缩短到 6 ~ 7 个月，从 2013 年下半年开始，论文彩图随文印刷，提高了出版质量。

2013 年《国际农业与生物工程学报》（IJABE）被 EI 检索系统正式收录，全年在线出版 4 期。

科普杂志《农业工程技术》36 期，内容涉及温室园艺、农产品加工、新能源产业，为基层农业工程技术人员提供服务。

**国际学术会议** 2013 年，学会参与主办智慧农业国际学术会议（ISIITA2013，CCTA2013）暨第七届中国农村信息化发展论坛、2013 中国农业工程学会畜禽健康环境与福利化养殖国际研讨会，共有 350 余名专家、学者参加，其中境外专家、学者 18 名，交流会议论文 180 篇，出版会议论文集 2 部。

**国内主要学术会议** 2013 年，学会共组织国内学术会议 16 次，全年参加学术交流的人数约 2920 人次，交流论文约 952 篇。编辑出版论文集、增刊 3 本（册），光盘版 1 本（册）。全年举办了中国农业工程学会 2013 年学术年会、土地利用工程学科建设研讨会、中国农业与生物系统工程学科创新发展青年科技论坛、中国农业工程学会蓖麻经济技术分会第五届第一次年会暨技术研讨会、农业工程教育与新型农业经营主体培育论坛、生物质成型燃料成型与燃烧研讨会、工程建设标准体系（农业工程部分）研讨会、农业工程咨询工作研讨会、山区经济技术开发及发展战略研讨会、水产养殖工程高层论坛会议、中国农业工程学会工作及学术期刊交流座谈会、2013 中国农业机械科技创新与发展高层论坛暨新型农业装备展示会、2013 中国农业工程学会农产品加工及贮藏工程专委会学术年会暨辽宁省首届食品安全论坛、2013 年农业航空技术研讨会、第三届现代都市农业高层论坛、现代农业农村信息化建设暨高效灌溉一体技术应用专题论坛等学术会议。

与 2012 年相比，开展的学术会议增加 5 次，涉及专业领域更为广泛，与会交流人数增加约 120 人次。9 个学术会议召开后形成了专家建议，为促进学科发展建言献策。

**国际交往** 8 月 23 日，学会邀请美国农业与生物工程师学会执行理事 Darrin J.Drollinger 和美国德州农工大学教授 Billy A.Stout 到农业部规划设计研究院访问交流。两位外国专家为青年职工、博士后人员分别作了题为《农业工程的可持续性——ASABE 的承诺和农业和生物系统工程在农业可持续发展中的地位》的报告。

9 月 26 日，中国农业工程学会工作及学术期刊交流座谈会在北京召开。会议邀请美国农作物土壤环境科学协会（ACSESS）首席执行官 Ellen Bergfeld 和 Tricia Newell 女士，以及中国农学会、中国农业机械学会、中国农业科学院等有关学会、科研院所及所属 10 余种学术期刊负责人共 20 余名专家、学者，就未来中美双方学会工作特别是双方期刊交流合作事宜进行商讨。

**科普活动** 2013 年，学会参与主办第四届中国国际现代农业博览会，设立科普互动展区，采用播放科普动漫片、展板展示、有奖问答环节面向公众普及农业工程相关领域知识，支持举办第六届中国黑龙江·北大荒国际农业机械展览会，承办了北京市通州区第三届国际都市农业科技节。学会设施园艺工程专业委员会、上海市农业工程学会、鸿与智商业媒体集团联合主办了“ModernAgri 2013 国际现代农业博览会”。

**表彰举荐优秀科技工作者** 经学会推荐，江苏大学邹小波荣获第十三届“中国青年科技奖”，田间育种试验机械化专业委员会主任、青岛农业大学尚书旗荣获“第八届大北农科技奖促进奖”，学会推荐的农村能源工程专业委员会主任、农业部规划设计研究院赵立欣当选为“沃得杯”第三届全国农机行业十大女杰。

**工程教育认证** 2013 年，学会申请成立中国工程教育认证协会农业工程类专业认证委员会（筹），构建认证专家库、农业工程专业认证委员会和秘书处，出台农业工程类专业认证委员会（筹）组建方案和管理办法。4 月 11 ~ 12 日，组织专家参加在北京举办了 2013 年第一期工程教育专业认证专家培训研讨会。

**会员服务** 学会全年出版会讯 4 期，并以电子版形式发送到会员邮箱。开展中国科协会员日活动，利用九届二次常务理事会议，号召各位常务理事在元旦前后和春节前，利用各种会议、活动，以中国农业工程学会名义向会员表示中国科协会员日的节日问候。

**中国科协会员日** 中国科协会员日期间，学会邀请北京科技工作者 50 人参观“科技梦·中国梦——中国现代科学家主题展”，邀请在北京的 35 名会员参观中国科学技术馆。

12 月 13 ~ 15 日，学会调研、走访、慰问了农业工程及相关学科的教学、科研、生产单位的一线科技人员，涉及人数约 80 名，与青岛农业大学工学院科技人员一起张贴中国科协会员日活动的招贴画，与一线教师座谈，并赠送了学会制作的学会纪念邮折。学会工作人员一行参观了中国科学院海洋研究所科技人员的实验室，与科技人员座谈，了解分会与水产养殖企业结合的具体情况，并征求了学会会员对学会的期望和服务要求。利用山东五征集团成果鉴定会期间向来五征集团参加科研鉴定会的学会专家、五征集团的科技人员宣传中国科协会员日，向科技人员表示节日祝贺。

学会牵头举办“2013 中国科协会员日暨第四届全国科协系统乒乓球赛”，开幕式由中国农业工程学会常务副秘书长秦京光主持，共有来自 25 个全国学会近 160 名运动员分 5 个项目展开了角逐。

**【中国农业工程学会 2013 年学术年会】** 中国农业工程学会 2013 年学术年会于 8 月 18 ~ 20 日在江苏大学召开，来自 28 个省、自治区、直辖市的 849 名专家、学者，以及来自美国和加拿大的专家参加了此次会议。大会报告围绕“创新农业工程科技 推动现代农业发展”的主题，邀请 8 名院士、专家作了大会报告。年会设置了农业机械化与现代农业装备、农业水土工程科技创新、设施农业转型发展、畜牧工程、农业电气化与信息化（A：农村智能配电网技术，B：农业农村信息化技术）、农产品贮藏加工与生产安全工程、生物能源利用与美丽家园建设及农业可持续发展国际论坛等 8 个分会场，收到论文 432 篇，其中学生论文 253 篇，占论文总数的 58.6%，共有 157 人在分会场发言。与会专家通过大会主题报告、分会场专题研讨、墙报展示、参观考察等多种方式进行广泛的学术交流。

为鼓励青年学子积极参加年会活动，学会表彰 18 篇论文为“中国农业工程学会 2013 年学术年会青年学生优秀论文”。本次学术年会注重对创新农业工程学科的思考，参会专家、学者结合自身专业实际，探讨未来本学科领域的发展方向。年会期间，举办了农业工程学科成果展、院士专家校园行活动、首届全国大学生农业建筑环境与能源工程相关专业创新竞赛。

**【智慧农业国际学术会议暨第七届中国农村信息化发展论坛】** 9 月 18 日，智慧农业国际学术会议（ISIITA2013，CCTA2013）暨第七届中国农村信息化发展论坛在北京开幕，此次会议由中国农业工程学会、国家农业信息化工程技术研究中心、国家农业智能装备工程技术研究中心、中国农业大学、国际信息处理联合会联合主办，会议内容包括第七届智能化农业信息技术国际学术会议（7th ISIITA）和第七届国际计算机及计算技术在农业中的应用研讨会（7th CCTA），同期举行了第七届中国农村信息化发展论坛。大会设立中英文两个会场，共有 22 个大会特邀报告、68 个专题报告。来自 10 余个国家的 400 余名专家、学者、企业技术人员、政府工作人员参会，探讨了计算机图像处理技术、导航定位系统、无线传感网络及物联网、云计算及农业应用等在农业中的应用。本次会议共收到了学术论文 357 篇，其中，80 篇论文被 SCI 检索，180 篇论文被 EI 检索，出版会议论文集 1 部。

**【首届全国大学生农业建筑环境与能源工程相关专业创新设计竞赛】** 8 月 15 ~ 17 日，由中国农业工程学会和教育部高等学校农业工程类专业教学指导委员会主办的首届全国大学生农业建筑环境与能源工程相关专业创新设计竞赛在江苏省镇江市举行。本次竞赛主题是“美丽乡村与现代农业工程”。来自 15 所高校的 31 组本科生队伍，以及来自 11 所高校的 17 组研究生队伍共 200 余人参加此次竞赛。此次竞赛内容涉及种植、养殖、废弃物处理等领域，作品涵盖了设计图纸、模型及产品。经过专家现场模型及展板考察、听取答辩、现场提问等环节，最终产生本科生组特等奖 3 名、一等奖 6 名、二等奖 15 名和优秀奖 7 名，研究生组特等奖 2 名、一等奖 3 名、二等奖 9 名和优秀奖 3 名。

（撰稿人：胡江漫）

## 中国电机工程学会

**服务创新型国家和社会建设** 2013 年，学会完成了原国家电力监管委员会安全监管局委托的《防止电力生产重大事故的二十五项重点要求》标准修编项目。

完成了 2013 年度中国科协“企业科协科技信息服务——重点技术领域专利信息数据库建设”项目，目前已按照合同计划完成专利信息遴选 3500 余条、中文标引 2000 余条。

完成了国家电网、南方电网等公司委托的国外电网新技术发展与对策研究、国外相关专利专业分布研究、电力科技成果发展趋势及其对南网科技创新战略影响的研究、以及技术监督标准体系研究、可再生能源本质安全体系等咨询项目。

完成了学会自立课题电力行业大气污染物排放分析与治理技术及发展趋势研究项目。

全年完成 122 项科技成果的技术评价，邀请专家 1197 人次（含院士出席 59 人次）参与科技成果评价活动。

完成了 2013 年度电力科技成果登记共计 689 项，并报送国家奖励办公室。

完成 7 家科技查新机构申请电力科技查新资质的审核与确认。举办了首期电力科技查新人员培训班，确认 61 名查新员的电力科技查新资质。

学会控股的安全评价公司完成 200 个项目评价工作。

**学会能力提升计划** 2013年，学会获得中国科协学会能力提升专项“优秀科技社团奖”二等奖。按照该奖《项目合同书》的要求，一是建立、完善动力与电气工程学科和技术发展研究报告制度。在学会学术工作委员会领导下，制定了学科和技术发展研究工作计划；组织专家开展调研并编写了清洁高效燃煤发电技术系列报告；组织了火电厂烟气净化与节能技术研讨会等系列学术活动。二是开展了海峡两岸智能电网技化与节能技术研讨会等系列学术活动标准的研究和制订工作。三是深化国际交流与合作成果。国际大电网委员会（CIGRE）中国国家委员会2013年共向CIGRE推荐57位专家加入工作组；CIGRE中国国家委员会成立了6个中国专委会对应CIGRE的专委会开展工作。四是承担行业科技决策咨询服务工作，建设了滚动完善的中国电力科技成果数据库和国外电力专利数据库，积极参与或主持行业有关技术标准的修制订工作，为政府决策、行业科技管理和企业科技进步服务。五是围绕电机工程在能源、电力、环保等领域的应用，面向青少年、社区居民、农民等，开展形式多样的科普活动；搭建电力科普资源平台，整合现有科普素材、科普报刊等实现网络化；开展电力科普基地建设认证、挂牌工作，启动科普团队及专家队伍建设。

**学会建设** 2013年，学会工作总部直接发展单位会员8家、普通会员491人（含学生会员241人）、高级会员104人。召开了学会第九届第六次常务理事会议、第九届第四次理事会议，审议通过了学会2013年工作报告、财务报告及学会重要事项，开展了学会第十次会员代表大会的筹备工作。

完成了输电线路、核能发电、测试技术与仪表、风力与潮汐发电等4个专业委员会的换届工作；办理了农村电气化分会和能源与信息专业委员会的更名手续，更名后分别为农村电气化专业委员会和能源系统专业委员会。

制定了《中国电机工程学会办事机构工作规则》，建立和完善了议事制度，重新梳理并修订了办事机构的规章制度，完成了公文管理办法、合同管理办法等7项制度的修订工作。

举办了沟通技巧、会议管理、项目管理等18个专题讲座，同时根据工作需要，派学会工作人员参加了专业培训。

**学术期刊** 目前学会总部及专委会主管主办科技期刊12种。2013年，《中国电机工程学报》在32种动力与电力工程类核心期刊中，总被引频次、学科影响指标、综合评价总分均排名第一，已连续10年学科各项指标总排名第一，获第三届中国学术期刊评价RCCSE中国权威学术期刊（A+），排名电力期刊第一名。连续7年获得中国科协精品期刊项目资助。

**学科发展研究** 自2011年1月《中国电力百科全书》第三版启动修编工作以来，2013年全书各卷进入修改与定稿阶段。

开展《电力名词》（第三版）修订工作，共25章9205条，2013年底提交全国科学技术名词审定委员会审核。

**国际学术会议** 2013年学会组织国际学术会议4次。

5月6～7日，2013年国际大电网委员会（CIGRE）指导委员会会议在云南省丽江市召开。同期，国际大电网委员会中国国家委员会组织了中国日活动，邀请国际大电网委员会专家和中国专家作报告，共计80多名专家、学者参会。

7月15日，由学会主办的第19届电机工程国际会议（ICEE 2013）在福建省厦门市开幕。来自8个国家和地区的300多名科技工作者参会，征集论文近400篇，录取近300篇。

9月3日，国际大电网委员会亚太区域理事会（AORC-CIGRE）2013年技术会议在广东省广州市召开。会议主题为“智能输配电的先进技术和解决方案”。来自8个国家和地区的240余名专家、学者及电力工作者、论文作者参会。这是国际大电网委员会中国国家委员会首次主办AORC会议。

9月6日，由世界工程组织联合会（WFEO）能源委员会主办，中国科协和香港工程师学会（HKIE）支持，联合国教科文组织（UNESCO）提供特别支持，学会与中国南方电网有限公司承办的2013年发展中国家可持续能源工程国际会议（ESEDC2013）在广东省广州市召开。会议以“绿色能源与智能电力”为主题，来自9个国家和地区的220余名专家、学者参会，共议应对能源和环境危机的有效路径，为能源的可持续发展出谋划策。

**国内主要学术会议** 2013年，学会举办重点学术会议46次，其中高端前沿学术会议11次，共计5481人次参加，征集论文4733余篇。

学会主办了2013年中国电机工程学会年会等综合性学术会议；主办或联合主办了2013清洁高效发电技术协作网风力发电技术专题会议、2013年发电机励磁系统学术年会暨技术研讨会、2013（第九届）中国分布式能源国际研讨会暨展览会等专题研讨会，承办了第15届中国科协年会第9分会场——火电厂烟气净化与节能技术研讨会。

各专业委员会开展各类学术活动共32次。

**国际交流** 2013年学会组织参加在国外举办的学术会议5次。

在4月22～24日的“里约+20”峰会成果亚太地区

执行会议上，学会秘书长李若梅作为联合国可持续发展委员会（UNCSD）设立的科学与技术组协调人，代表科学技术组在会上作报告。

6月10～13日，学会组团参加了在瑞典斯德哥尔摩召开的第22届国际供电会议（CIRED 2013）。学会代理理事长、国家电网公司总经理舒印彪在开幕式作了题为《中国配电系统发展趋势》的主旨报告。

7月17～23日，学会组团参加了2013中英智能电网高层战略论坛和中国电机工程学会英国分会成立20周年纪念大会。来自中英两国学术界、工业界以及政府机构的80余名专家、学者就中英两国在智能电网建设方面的技术、发展和问题进行了交流和探讨。留学英国和来自中国的电机工程学者参加了纪念活动。同期，学会常务副理事长陈峰与英国工程技术学会（IET）首席执行官在IET总部就中国电机工程学会与IET的进一步合作进行了会谈，双方就共同举办国际会议、会员发展与互认、工程师资格认证等方面内容进行了深入交流。

2013年，学会还先后参加了韩国电气工程师学会年会和日本电气学会成立125周年庆典活动。

**两岸交流**　2013年，学会与台湾地区智慧型电网产业协会共同发起“海峡两岸智能电网标准交流”。1月16～17日，学会与台湾智慧型电网产业协会组织两岸有关专家人员在北京召开交流座谈会。7月1～5日，双方在台北市共同主办了“第二次两岸智慧电网产业共通标准交流会议”，会议讨论了两岸共通标准的初步研究成果和标准制订框架，拟定了工作计划，实质性地推进两岸智能电网共通标准的研究工作。11月20～23日，在学会年会期间，组织了海峡两岸智能电网标准技术研讨会及工作组会议。形成了两岸智慧电网产业共通标准研究与制定规划架构书（初稿）及其两个专项标准工作规划（初稿）。

**国际组织任职**　2013年，学会秘书长李若梅担任国际大电网委员会（CIGRE）理事会成员、指导委员会委员，担任国际供电会议组织（CIRED）指导委员会委员；李若梅还担任WFEO能源委员会副主席。

**科普活动**　2013年学会共组织科普活动14次，科普讲座14次、科普展览10次，受众4000人次。学会获得中国科协科普部和学会学术部联合授予的“2012年度科普工作优秀学会”。学会与国家电网公司组织了“电从远方来”特高压输电技术展示。国家电网公司浙江省嘉兴供电公司和嘉兴市电力学会组织了嘉兴电力博物馆科普宣传。浙江省电力学会、国家电网公司温州供电公司和温州市电力工程学会组织了智能电力成果展示。江西省电机工程学会组织了全国科普日活动进畲乡活动，并被中国科协评为“2013年全国科普日优秀特色活动”。在全国科普日北京主场活动中，学会组织了特高压输电技术、新能源发电技术、烟气排放颗粒物控制技术等7个模型参加活动，其中“电从远方来”模型展示了“1000千伏晋东南－南阳－荆门特高压交流试验示范工程”的实景，生动展现了该线路的全貌，并通过展板介绍使公众了解电力输送的相关知识。

5月10日，学会联合湖北、北京等省级学会，电力信息化专业委员会赴湖北省恩施州贫困地区，面向中小学生和当地民众开展科普下乡活动。活动内容包括科普讲座、科普大篷车展示、科普挂图展示、触电急救演示、拓展训练和95598电力科普宣传等，并向学校师生捐赠了学习用品、科普书籍等。

学会组织了2011—2012年度优秀电力科普作品评选工作，收到推荐作品63项，评选出一等奖4项，二等奖7项，三等奖11项，优秀奖11项。

学会开展了“电力科普教育基地”认定挂牌工作，评选出首批11家“电力科普教育基地”并在2013年中国电机工程学会年会上举行了授牌仪式。

学会组建中国电机工程学会科学传播团队并向中国科协推荐学科首席专家。黄其励、陈维江等17位专家被聘为首批“全国首席科学传播专家”。

学会在北京组织了“安全与自救”公益培训活动，在江西省组织了红色之旅科普夏令营活动。在黑龙江省哈尔滨市组织了科普能力提升培训等活动。

**表彰举荐科技工作者**　2013年中国电力科学技术奖共评选出获奖项目86项。

2013年，学会推荐国家科学技术奖6项，“特大电网一体化调度控制系统关键技术及规模化应用”、“大型风电并网运行与试验检测关键技术及应用”项目获得国家科学技术进步奖二等奖。学会与湖南省联合推荐的“电网大范围冰冻灾害预防与治理关键技术及成套装备”项目获得国家科学技术进步奖一等奖。

学会承担了2012年度国家能源奖电力专业组（含核电项目）、新能源和可再生能源专业组的材料受理和专业组初审工作，共受理468个推荐项目。

2013年度“顾毓琇电机工程奖”在学会2013年会开幕式上进行颁奖，清华大学教授王祥珩获此殊荣。

王东、王绍武、肖俊峰、贺之渊获得第三届中国电机工程杰出青年工程师奖。

学会设立“中国电力科学技术杰出贡献奖”，许世森、张伯明、陈维江、周建平、饶宏获奖2013年度中国电力科学技术杰出贡献奖。

**工程教育认证** 学会作为电子信息与电气工程专业认证试点工作组秘书处的承接单位之一，协作开展秘书处工作，2013年参与了华南理工大学、长沙理工大学、东南大学、华东理工大学、南京理工大学、南京邮电大学、西北工业大学、郑州大学、大连理工大学、北京理工大学等高校认证组织工作。

学会还筹备承担能源工程类专业认证秘书处的工作。

**工程师专业技术资格认证** 学会是中国科协的“中国工程师专业技术资格认证”试点单位之一，面向会员开展动力与电气工程师专业技术资格技术认证。开展2个类别：动力工程师、电气工程师；4个级别：见习工程师、工程师、高级工程师、资深工程师的认证工作，2013年127人通过认证。

**会员服务** 学会定期为会员提供《动力与电气工程师》、《电信息》、《电力工程科技文摘》、学术活动预报等电子资讯信息服务，为单位会员提供科技咨询、学术交流、评价推荐等服务工作。

建成了会员管理及社区平台和中国电力科技成果库，为会员提供了科技成果和论文、专利的在线检索的信息服务，搭建了分专业领域的讨论社区平台，实现了会员间的网上互动交流，提升了学会信息化服务水平。

举办了在京老科技工作者座谈会，邀请了电力医院的中医专家作了夏季养生的报告。

**【2013年中国电机工程学会年会】** 11月21～23日，2013年中国电机工程学会年会在四川省成都市召开。学会代理理事长、国家电网公司总经理舒印彪出席年会并致辞。

开幕式上举行了颁奖仪式，清华大学王教授祥珩获得“2013年度顾毓琇电机工程奖”，王东、王绍武、肖俊峰、贺之渊4位青年专家学者获得“2013年度中国电机工程杰出青年工程师奖”。国家电力科技展示中心等11家单位被授予“2013年度中国电力科普教育基地”称号。

国家发展改革委能源研究所研究员王斯成、清华大学教授姚强、华北电力大学校长刘吉臻，分别作了题为《光伏发电的发展现状和发展趋势》、《化石燃料燃烧源头控制$PM_{2.5}$的基础研究》、《多能源互补特性与虚拟发电厂技术》的报告。中国电机工程学会（台湾）常务理事费昌仁、日本电气学会会长日高邦彦、国家电网公司智能电网研究院院长助理汤广福、南瑞艾森哲信息技术研究中心技术总监张沛，分别做了题为《生态文明在台湾电力发展的现况》、《日本电气工程师学会在未来电力基础设施建设中的作用》、《高压直流输电技术创新与实践》、《电力大数据》的报告，在为期2天的会议中，组织了清洁高效发电技术、终端用户用电需求管理、发电和用户能源的高效管理、智慧城市与配电系统应用4场专题研讨会，共有25位专家作报告。

在以“推动民族装备制造产业快速升级”为主题首次举办的特高压输电设备及应用高峰论坛上，与会人员对特高压输电设备的制造及应用进行了探索与交流，并通过传播和共享有关资讯，探索合作和共谋发展之道。中国机械工业联合会执行副会长蔡惟慈在会上讲解了我国电工装备制造业的发展。

大会组织召开了海峡两岸智能电网标准与应用专题研讨会，对配电自动化、自动需求响应、智慧家庭能源管理的标准和新技术进行交流。在之后召开的海峡两岸智能电网标准工作组会议上，两个工作组对两岸智慧电网共通标准制定规划等方面的工作进行讨论。

年会收到论文1500多篇，录用463篇，评选出优秀学术论文49篇，其中一等奖3篇、二等奖15篇、三等奖31篇，共45篇论文进行会议宣讲。

年会期间举办了“女工程师论坛”。

**【2013年发展中国家可持续能源工程国际会议】** 9月6日，由世界工程组织联合会（WFEO）能源委员会主办，中国科协和香港工程师学会（HKIE）支持，联合国教科文组织（UNESCO）提供特别支持，学会与中国南方电网有限公司承办的2013年发展中国家可持续能源工程国际会议（ESEDC2013）在广东省广州市召开。本次会议以“绿色能源与智能电力”为主题，吸引了来自中国大陆、香港特别行政区、台湾地区，美国、德国、法国、瑞典、日本、津巴布韦等国家和地区的220余名专家、学者参会，共议应对能源和环境危机的有效路径，为能源的可持续发展出谋划策。

在开幕致辞中，WFEO副主席兼能源委员会主席Samuel Grossman向与会者介绍了欧盟近年来发展风能、太阳能等可再生能源，持续倡导可持续发展的经验。中国科协书记处书记张勤重点表达了中国，特别是中国科协致力于推动国际间高层次科技合作和科学交流的愿景，以及与其他国际组织一起解决人类未来发展问题的决心。

在为期两天的会议中，共有11人作主旨报告。“可持续发展”是会议中出现频率最高、国内外专家达成一致共识的议题。WFEO前主席Maria Jesus Prieto Laffarguen女士将促进可持续发展视为世界工程师组织的使命。她说，工程师不仅为世界铺设了道路和桥梁，也在一步步改变世界。因此，全球工程师应该加强交流，通力合作，利用正确的科技实现可持续发展。针对这个议题，来自高校的专家、学者更看重实用新技术在推动可持续发展中的重要作用。南开大学校长龚克、北京邮电大学原校长钟义信在主旨报告中从不同的侧重点介绍了信息通信技术（ICT）与可持续发展的关系。来自联合国亚太经济社会委员会的Hala Razian女士用一幅“亚太地区低碳绿色增长路线图”引出了报告的话题。她认为，进入21世纪以来，亚太地区的经济发展成绩显著，但这种发展基本属于棕色发展，即以牺牲环境为代价，是不可持续的。亚太国家必须摆脱过去只追求数量的模式，转变为绿色的、更加强调质量的模式，为经济发展赢得新的机会。

来自WFEO联合国关系委员会的Jorge Spitalnik在主旨报告中讨论了福岛核电事故之后，核电在可持续能源结构中的地位和作用。他说，为了应对能源短缺问题，我们必须使用可以找到的所有能源，以满足发展的需要，而可再生能源和核能可以帮助能源的最快增长。当前，各国需要做的是升级现有的基础设施，不断进行创新和改造，以应对环境变化带来的灾害。就核电而言，最主要的是解决安全和废料处理问题。

会议期间，组织了8场专题研讨会，主题分别为太阳能和风能的自然影响和战略、中国核电发展路线图、绿色建筑和节能住宅、城市未来交通、清洁燃煤技术和实践、先进能源技术、空气污染之成因、证据及减缓措施、能源系统——效率、经济和多样性。

**【2013国际大电网委员会亚太区域理事会技术会议】**9月3日，2013国际大电网委员会亚太区域理事会（AORC-CIGRE2013）技术会议在广东省广州市召开，会议主题为“智能输配电的先进技术和解决”。来自10个国家和地区的240余名专家、学者及电力工作者、论文作者参会。会议由国际大电网委员会亚太区域理事会、国际大电网委员会中国国家委员会（CIGRE CNC）和中国南方电网有限责任公司联合主办。

南方电网公司董事长赵建国、CIGRE财务官Richard Bevan、AORC-CIGR主席Norkun Sitthiphong、国际大电网委员会马来西亚国家委员会主席Azman Mohd、AORC前主席兼CIGRE CNC副主席李若梅、CIGRE日本国家委员会代表Kenichi Hattori、CIGRE韩国国家委员会代表Gilsoo Jang、CIGRE A3专委会主席Hiroki Ito、南方电网公司副总经理王良友、中国科学院院士周孝信、中国工程院院士郑健超、李立浧，南方电网公司副总工程师余建国等出席会议。为期两天的会议紧扣未来电网技术、可再生能源发展等热点问题展开讨论，介绍当前现状、预测未来趋势，并提出应对能源环境挑战的可行性方案。

大会主席Norkun Sitthiphong在致辞中表示，本次会议旨在促进国际间发电、高压输电和大电网方面科技知识与情报的交流，通过会议搭建的平台分享专业知识，进而加强国家区域间的电网合作发展。

针对“智能电网”这一全球电网的未来发展方向，赵建国在致辞中介绍了南方电网的理解——电网安全运行，系统稳定灵活，供电服务优质可靠。他说，智能电网的建设应该以提高电网的安全性、经济性和节能环保水平为目的，提高对客户的服务水平，高度重视科技创新。

这是国际大电网委员会中国国家委员会首次主办AORC会议。作为东道主，李若梅代表国际大电网委员会中国国家委员会向参会者表示欢迎和感谢。她说，当前，中国正面临能源和环境的巨大挑战，同时电网相关技术的发展也十分迅速。如何将IT技术、大数据和云计算等正在突飞猛进的新技术应用于电网，提高电网的可靠性，解决灾后的电力恢复等现实问题，将是电网未来的努力方向。

在主旨报告部分，来自澳大利亚的国际大电网委员会（CIGRE）财务官Richard Thomas Bevan和来自日本的CIGRE SC A3主席Hiroki将发言的主题聚焦CIGRE组织，分别介绍了CIGRE的主要战略、关注的重点、在电力发展中的作用，以及专业委员会近期的研究方向、技术解决方案和活动实例。据Hiroki Ito介绍，近期，CIGRE的专业委员会重点关注未来网络、能效提高、灾难中的电网恢复、可持续性、新能源的使用和高压直流输电等问题。

泰国Mitrphol生物质发电公司总经理Suwat Kamolpanus向与会者介绍了泰国可再生能源的现状、挑战及未来趋势。

中国南方电网电力科学研究院院长饶宏在报告中展示了柔性直流输电技术在未来电网中的应用前景以及南方电网在这方面所做的努力。饶宏介绍说，与传统直流输电相比，柔性直流输电具有不会换相失败，能独立和快速进行有功、无功控制等多项技术优势，其应用能显著提高电网的可靠性。

9月3日下午召开的全体会议主题为“AORC区域电力行业的发展”。会上，西安高压电器研究所副所长王建生、日立公司的Kenichi Hattori博士、韩国高丽大学教授Gilsoon Jang、CIGRE马来西亚国家委员会主席Azman Mohd和泰国电力局的Somphop Asadamongkoi分别作了题为《中国输配电制造业的现状和发展趋势》、《日本追求的智能国家》、《韩国的智能输配电、先进技术和方案》、《马来西亚供电情况》和《泰国智能电网开发》的报告。

会议还围绕“直流电网和电力电子：输电挑战”、“未来变电站技术：高压设备的挑战与趋势”、“配电和微电网技术”、“电力设备在地震中的性能”、“电力系统云计算和大数据的应用”5个专题组织召开了专题会议，特邀

14位专家介绍经验、发表见解。50多位论文作者分别在5场论文交流会上进行了宣讲。

（撰稿人：周 文）

## 中国电工技术学会

**服务创新型国家和社会建设** 2013年，学会通过咨询多位绝缘材料与绝缘技术行业专家，确定了目前绝缘材料与绝缘技术领域的热点问题，完成了《绝缘材料与绝缘技术专利数据分析研究报告》。

与欧姆龙公司合作完成“机电一体化”培训项目，共计培训1241人次，并完成培训教材及教学大纲的修订工作。5月10～12日，学会还组织专家在北京召开工业自动化高技能人才培训部专家组会议，共同商讨培训教材和教学大纲的修订和增补工作，结合可编程逻辑控制器标准，对现有培训教材的教学大纲及培训课程做修订，策划与行业需求相吻合的新版教材名称，编写教学大纲，制订培训课程方案。

7月30日～8月1日，学会在北京举办第十八届国际电磁兼容技术交流展览会。此次展览会面积为3000平方米，40余家参展商，同期举办了中国国际电磁兼容与汽车工业、信息产业、国防工业高新技术发展高峰论坛和相关技术交流研讨会，共计10多场次，邀请行业知名专家学者、行业知名产品技术供应商，围绕最新市场发展导向、技术最新发展方面和最新整体解决方案开展精彩演讲与论述。展览期间，专业参观观众共计600余人次，参会专家、学者300多人次。

**学会能力提升计划** 2013年是学会获得中国科协能力提升专项“优秀科技社团奖”三等奖的第二年。在第一年开展该奖项各项工作的基础上，学会在服务创新能力、服务社会和政府能力、服务科技工作者能力以及自我发展能力提升方面有所进展：①服务创新能力方面。学会完善了学术会议在线系统，举办了学会第12届学术年会；建成了科技奖励在线评审系统，提升了学会奖项在行业中的影响力；完成了《电气工程学科发展研究报告》的编写组织工作，形成近年来第一套电气工程领域方面的学科发展报告雏形，并形成了定期开展学科发展研究和发布制度；组建了以中国工程院院士顾国彪为首的我国电机与系统控制领域的研发团队；组织电气工程领域中百余名专家，完成了《电气工程名词》收词阶段工作，按计划开展撰写定义阶段工作；组团参加了第13届国际电机控制和系统会议，第27届世界纯电动车、混合动力车和燃料电池车大会暨展览会（EVS27）等国际会议，保持与美国电气和电子工程师协会电力电子学会（IEEE/PELS）联系，推举1人成为该会执委会执委。②服务会员和科技工作者能力方面。以学会为主，正式成立了工程教育认证委员会电子信息与电气工程专业分委员会，秘书处挂靠在学会，2013年完成12所大学12个专业点的入校考察工作，培训专家近百人次；完善了学会专家库，成立了学会英国分会，与美国电气和电子工程师协会电力电子学会（IEEE/PELS）开展了高级会员互认工作。

**学会建设** 2013年，学会召开了常务理事会议、理事会议、秘书长工作会议和团体会员会议各1次。学会个人会员总数为52000名，2013年新增315名。高级会员2896名，团体会员1500个。完成个人会员数据库和团体会员数据库的更新与维护。开展了会员服务机构制度建设和会员服务系列活动。

学会审核批复5个专委会的换届方案。年度审核批复部分专委会委员调整共88人。

学会对高级会员的会籍进行了注册整理，目前会员数据库已保存2896名高级会员和部分普通会员信息。

7月15日，中国电工技术学会英国分会在伦敦大学成立。经过会员推荐，伦敦大学副校长郭正晓为英国分会理事长，英国卡迪夫大学教授吴建中为秘书长。推荐产生了由22位专家组成的第一届理事会。

**学术期刊** 2013年，学会主办的《电气技术》编辑出版了12期正刊、1期增刊。在线处理稿件789篇（包含石化电气增刊投稿），录用366篇，录用率46%。《电气技术》2013年在中国知网的期刊学科排名由59位升至56位。《电工技术学报》全年共完成12期正刊和2期增刊的编辑出版。全年刊登论文总数666篇，同比增长36.8%。出版了两期专题刊物，约稿24篇。《电工技术学报》在电气工程学科排名为第6位。

**学科发展研究** 学会承担中国科协《（2012—2013）电气工程学科发展研究》项目，2013年初请参与撰稿的专家提交报告初稿，截至2013年12月，共召开开题会1次，研讨会5次。学会邀请中国工程院院士顾国彪作为该项目的首席科学家。编写组完成了专题报告撰写工作。

**国际学术会议** 5月25～26日，第十五届中国科协年会分会场——无线电能传输关键技术及其应用学术研讨会（ISWPT2013）在贵州省贵阳市召开。会议由中国电工技术学会承办，哈尔滨工业大学、302设计研究所、海尔集团、《电工技术学报》编辑部、天津工业大学、东南大学、重庆大学联办，是国内首次举办的无线电能传输国际会议。

哈尔滨工业大学教授朱春波担任会议主席，天津工业大学杨庆新校长担任学术委员会主席。来自中国、美国、加拿大等国家和地区高校、研究所、公司的140多位专家学者参加了会议。大会期间，加拿大蒙特利尔理工大学教授Mohamad Sawan，美国密歇根大学教授Chris Mi，海尔集团李聃博士，上海大学教授杨雪霞分别作了主题报告。

会议共征集研究文章65篇，17篇论文宣讲、35篇论文张贴，邀请主旨报告4篇。

与会专家围绕大功率无线电能传输技术、中距离磁共振式无线电能传输技术、磁路分析建模与仿真技术、电磁环境与电磁兼容问题、用于无线电能传输的电力电子技术、测试技术与实验方法等相关技术进行了交流，并与国内外本领域的知名企业共同探讨了无线电能传输技术的应用与转化，以及无线电能传输技术的未来发展方向和应用前景。

**国内主要学术会议** 8月23～25日，由学会主办，合肥工业大学电气学院协办，北京华思维泰克有限公司赞助支持的以“工程教育”为主题的2013电气工程学院院（校）长论坛召开。论坛就工程教育认证、工程教育与实践教学分别作了以《从〈华盛顿协议〉对预备会员的考察看今后的工程教育认证工作》、《浅析工程实践与工程教育》及《如何准备工程教育专业认证——浅谈专业认证实践》为题的主题报告。来自电气工程学科的73位高校院（校）长、企业专家参加了本次论坛。

10月19～20日，2013中国电工技术学会学术年会（第十二届）在山东省威海市召开。400多名专家、学者莅临会议。论坛收到论文84篇。年会设3个分会场：新能源发电技术分会场、绝缘技术分会场、电力电子技术分会场。

**两岸交流** 11月2～8日，学会应台湾地区电力电子协会邀请，学会派代表参加了两岸电力电子论坛以及国际绿能变换会议。来自中国大陆及台湾地区共25位专家、学者参加了论坛。论坛主要探讨了世界电力电子技术研究与产业发展的趋势，加强两岸合作的必要性、政府支持、科研整合以及人才培养等内容。

**国际交往** 10月26～29日，学会组织来自中国科学院电工所、中国电力科学研究院等单位的10名专家、学者赴韩国参加由中国电工技术学会、韩国电气学会、日本电气学会共同主办的第16届国际电机与系统会议。会议共收到来自28个国家的597篇论文摘要，最终提交论文全文476篇。本届会议注册专家、学者共537人，来自29个国家。会议设立了32个口头交流分会场、4次论文张贴分会场和1个技术参观环节。

11月18～20日，学会组织以学会常务理事陈清泉为团长，由北京理工大学、北京交通大学、华北电力大学、国家电网公司电力科学研究院、广东电网公司电力科学研究院、宇通客车、北京特种车辆、苏州新能源、康明斯发动机等单位的学会会员共25人组成的中国电动车代表团，出席了在西班牙巴塞罗那举行的第27届世界纯电动车、混合动力车和燃料电池车大会暨展览会（EVS27）。会议期间，代表团成员在会议的各个分会场、展览会各展商的展台与来自全球的新能源汽车领域中的专家、学者进行了交流与探讨，并与部分展商进行了深入研讨与座谈。

会后，代表团访问了法国电力集团、欧洲博览会，并在德国北莱茵－威斯特法伦州召开了中德电动车技术研讨会，考察了Hella公司和德国汽车技术中心，参观了德国马哈公司电动车实际道路检测系统、大型转毂实验台、EMC四驱底盘测功机及自动驾驶机器人等装置，在肯普顿技术应用大学听取了由德国联邦经济和技术部发起的、从2012年开始在全德国范围开展的电动车研发项目（econnect）介绍。

**科普活动** 学会参加了7月18～20日中国科协在北京展览馆组织举办的第四届科技场馆展品与技术设施国际展览会，制作了光伏发电科普挂图并与观众互动。

**表彰举荐优秀科技工作者** 2013年，学会共收到科学技术奖有效推荐书76份。评审委员会根据《中国电工技术学会科学技术奖奖励办法》有关规定，选出拟奖项目30项，其中，一等奖5项、二等奖10项、三等奖15项，已于2013年12月12日在学会网站予以公告。同日，评审委员会根据《电工行业—正泰科技奖评选奖励办法》的有关规定，对候选人进行了评审，评选出“科技成就奖”5人、“科技创新奖”10人。

**工程教育认证** 4月，中国工程教育认证协会批准成立电子信息与电气工程类专业认证委员会。5月11日在北京召开了电子信息与电气工程类专业认证委员会成立会暨工作会议。作为委员会办事机构，学会两次组织专家参加中国工程教育认证协会召开的培训会，组织召开了4次工作会议，对委员会委员、学术委员会委员、专家进行了培训。2013年，共受理了12个专业点，对12个专业点相关人员撰写《自评报告》准备入校考查等工作进行了指导，对所有47位入校考查专家进行了培训，其中包括20位来自教育界、工程界的新增专家。完成了12个专业点的《自评报告》审核工作，实施了11个专业点的入校考查工作，派出专家54人次。学会还与美国电气和电子工程师协会电力电子学会（IEEE/PELS）开展了高级会员互认工作。

**会员服务** 2013年，学会定期向会员、理事、团体会员单位发送《中国电工技术学会会讯》共6期。

8月7～9日，学会在河南省郑州市举办了“2013年度学会系统分支机构秘书长培训班”，来自学会系统的50多名秘书长及专兼职秘书参加了培训。学员对在会员发展、会籍管理、业务开展方面的经验进行了交流。

12月13～14日，学会召开中国电工技术学会七届四次理事会会议暨2013年团体会员工作会议。会议邀请了中国机械工业联合会执行副会长蔡惟慈、中国科学技术咨询服务中心原总工程师李赤泉、中国机械工业联合会专家委委员郑国伟，分别作了题为《我国机械、电工行业发展形势及发展趋势》、《学习创新方法　提高创新效率》、《我国电工电器行业及出口形势与应对措施》的专题报告。

**【2013中国电工技术学会学术年会】**　10月19～20日，2013中国电工技术学会学术年会（第十二届）于2013年在山东省威海市召开。400多名专家、学者参加会议。

学会副理事长兼秘书长裴相精主持主会场开幕式，学会理事长孙昌基代表中国电工技术学会致辞。会议邀请中国电力科学院技术战略研究中心副主任张东霞，国家电网中国电力科学研究院智能调度研究中心主任兼首席专家、中组部“千人计划”国家级特聘专家刘广一作主会场报告。

年会设了3个分会场：新能源发电技术分会场、绝缘技术分会场和电力电子技术分会场。

来自智能电网、电力系统、微电网技术、储能等新能源发电技术专业领域的专家作了9个专题报告。论坛收到论文84篇，录用65篇，其中18篇被选为优秀论文并颁发了优秀论文证书。

华中科技大学教授文劲宇作了题为《面向储能应用的储能技术》的报告，清华大学教授沈沉作了题为《双馈风机对电力系统小干扰稳定的影响机理与建模方法研究》的报告，上海交通大学教授严正作了题为《提高大电网潮流计算收敛性的进展》的报告，华北电力大学教授毕天姝作了题为《基于机电波理论的电力系统扰动传播机理研究》的报告，长沙理工大学教授曾祥君作了题为《主动配电网故障自愈控制技术探讨》的报告，西南交通大学教授何正友作了题为《高速铁路牵引供电系统谐波振荡、低频振荡现象及机理》的报告，东北电力大学教授严干贵作了题为《储能系统分散平抑风电功率波动的对冲效应及其聚合控制》的报告，山东大学教授张恒旭作了题为《轻型广域测量系统及其在中国的实施》的报告，天津大学讲师穆云飞作了题为《智能电网电动汽车集成技术研究》的报告。

**【中国国际汽车新能源及技术应用展览会暨节能与新能源汽车产业发展规划展览会】**　10月17～20日，由工业和信息化部支持，中国电工技术学会与中国国际贸易促进委员会机械行业分会、汽车知识杂志社、寰球汽车传媒共同主办及承办的中国国际汽车新能源及技术应用展览会暨节能与新能源汽车产业发展规划展览会在北京举行。本届展会展出面积近3万平方米，数十家国内外主流车企和零部件企业参展，其中包括一汽集团、东风集团、上汽集团等，展品涵盖乘用车、商用车、改装车、专用车和零部件及众多新兴节能技术。展会期间，同期举办了2013中国节能与新能源汽车产业发展高峰论坛。国务院发展研究中心原党组书记、副主任陈清泰，国家发改委原副主任、能源局原局长张国宝，国务院发展研究中心研究员吴敬琏等出席本届论坛并发表主题演讲。

（撰稿人：马佳佳）

## 中国水力发电工程学会

**服务创新型国家和社会建设**　由学会负责组织行业单位和专家编制的《流域梯级水电站集中控制运行规程》和《大中型水电工程建设风险管理规范》，在2013年内均获得建设部和国家能源局批准正式颁布实施。

2013年，学会共受理承担了8个单位的26项成果的鉴定评价工作，参与了由行业内大型企业集团组织的30多个项目鉴定。

3月，学会与黄河上游水电公司签订了《黄河上游流域梯级水电站优化调度研究——梯级水电站群发电量预测及评价系统研究合同》；5月，学会与成都动能科技有限公司签订了《黄河上游梯级水电站群发电量及评价系统开发技术服务合同》，该项目已经全部完成，等待委托方进行验收。2013年，签订科技服务合同金额近500万元，科技服务范围和领域不断拓展。

2013年，学会组织水电行业专家编撰完成了《水力发电实用手册》，以国内外水力发电有关资料和统计数据为主，对新中国成立以来我国水电的有关资源调查和开发情况、建设成就、科技进步、水电经济、移民和环保、设备制造、科研机构和高等院校等，以大量的资料和统计数据进行汇编，使之成为一本对广大水电科技工作者和管理人员均适用的实用性工具书。

9月，学会联合国际水电协会（IHA）在北京举办了“水电可持续性评估规范”培训班，邀请中外专家授课，来自水利部、各大电力集团公司、流域水电开发企业、设计院、科研院所、设备制造企业、水力发电厂等43家单位共67人参加。

11月28日，由学会主办、学会风险管理专委会承办在北京召开了2013全国大中型水电站风险管理年会暨灾害防治论坛，大会通告了由学会组织编制的《大中型水电工程建设风险管理规范》已经建设部审批发布，并围绕大中型水电站建设及运行过程中面临的地质灾害防治、安全管理系统建设等问题进行了研讨。学会理事长张基尧，国资委监事会原主席孟宪刚等出席，来自有关部门、各发电企业、流域公司、设计施工、运营管理、媒体出版等单位近 80 人出席了会议。

大会就水电站风险管理的来源、管控机制、规范化等问题阐述了观点，对大中型水电站的规划、设计、施工、运营、管理等全过程中的风险防范进行了探讨，对各企业的先进风险防范管理经验进行了交流和总结。

2013 年，学会在四川省成都市召开了水电工程水库淹没和移民管理研讨会，以适应新形势下复杂的移民管理工作需要，体现"以人为本"的社会理念，提高水电工程建设征地移民管理水平，充分发挥水电工程移民管理信息系统的经济效益和社会效益。近 20 个单位的 50 余名领导、专家参加了会议，就政府主导、业主参与的大前提下，如何创新思路、提升移民管理的科学化水平进行了探讨，对移民管理系统后期建设和推广应用提出建议。

2013 年，各专业委员会举办培训班 13 次，参加培训人员 2032 人次。

**学会建设** 学会现有团体会员单位 205 个（包括下设的 30 个专委会和 1 个工作委员会），联系指导 22 个省级学会。2013 年，3 个专委会完成了换届工作。学会召开各专委会和省级学会秘书长工作会议、理事会议、秘书长办公会。派代表参加省级学会换届大会和北方、南方两大片区省级学会联络会议。

继续办好中国水电手机报这一国内第一份水电行业权威的电子移动出版物，每周一、三、五以手机彩信形式出刊，2013 年播发了 150 多期，服务读者 8000 余人。

2013 年对学会中国水电网网站进行了改版、扩版，改进和完善了网站功能。

**学术期刊** 2013 年，《水力发电学报》共收到论文 700 多篇，刊登 340 篇，发行 4230 册。

**学科发展研究** 完成了《中国水力发电年鉴》（2012 年卷）编纂工作，编撰完成了年度《中国水电信息年报》，发送各会员单位。配合国家能源局和《中国能源报》社，完成了《中国能源装备年鉴・水电篇》的编写工作。《中国能源装备年鉴》首发仪式于 8 月在北京举行。

**决策咨询** 2013 年，学会向国家能源局报送了《关于云南境内新投产水电站电力外送有关问题的报告》，为解决云南水电送出受阻和减少水电弃水建言献策。近年来，云南大型水电站的相继建成投产，但外送电力通道不足且用电负荷消纳方案不落实，影响了相关电站的投产发电，一些电站被迫弃水，行业内有关单位和社会各界对此忧心忡忡、反映强烈。学会理事长张基尧对此非常重视，学会常务副理事长李菊根亲自带队调研，开展了《金沙江中游梯级水电站电价形成机制及电量消纳研究》课题，在走访和调研、了解具体情况的基础上，形成了建议报告并报送国家能源局，受到国家发改委、能源局的重视。经过多次协调并经云南省和南方电网公司、有关企业等单位的努力，初步解决了这一问题，避免了云南水电大规模弃水和有关水电企业的巨额损失。

**国际学术会议** 11 月，学会与中国大坝协会联合在云南省昆明市召开了水电 2013 大会——中国大坝协会 2013 学术年会暨第三届堆石坝国际研讨会，来自 35 个国家和地区的 90 多名国外水电专家、学者，以及国内水电开发和大坝建设领域设计、施工、业主、流域公司和科研院校共 700 余名专家、学者和新闻媒体人员出席了大会。

**国内主要学术会议** 2013 年，学会及各专业委员会共举办大型学术会议活动 40 场次，参加人数 3432 人次（其中包括 13 个专委会召开的学术年会），交流论文 1144 篇，编辑出版论文集 26 部，印发 4570 册，发表论文 1320 篇。

6 月，学会与国际水利学与环境工程学会（IAHR）中国分会、中国水利学会水工水力学专委会联合在北京举办了第六届全国水力学与水利信息学大会，来自各有关设计院、高等院校、科研院所和企业单位共 160 余名代表参加了会议。

8 月，配合中国工程院举办第 167 场中国工程科技论坛暨 2013 水安全与水利水电可持续发展高端论坛，有 13 位中国科学院院士和中国工程院院士出席会议并作学术报告。

11 月，学会召开了 2013 全国大中型水电站风险管理年会暨灾害防治论坛，来自有关部门、各发电企业、流域公司、设计施工、运营管理、媒体出版等单位近 80 人出席了会议。

**两岸交流** 2013 年，学会与台湾地区中兴工程科技基金会和中兴工程顾问有限公司保持密切的合作关系，相互邮寄了《全球暖化与环境变迁系列工程》小丛书等书刊，以及《水电科技发展报告》、《水力发电实用手册》等书籍。

**国际交往** 5 月，学会理事长张基尧带领由会员单位专家组成的高级代表团，赴马来西亚出席 2013 世界水电大会。代表团作了大会首场主题报告，并在几个分议题讨论会上进行主旨发言。本次大会确定 2015 年世界水电大会在北京举办。

2013 年，国际水电协会（IHA）高层人员 6 次访问学会，双方就加强高层互访、配合开展世界水电统计工作（中国部分）、筹办 2015 年世界水电大会、共同开展水电可持续发展中国区培训等方面进行了沟通交流。

**科普活动** 2013 年全国科技周期间，学会联合清华大学水利系，分别于 5 月 19 日和 25 日，向公众开放了清华大学校园的实践教育基地——地质之角和水力模型实验室。

9 月，学会组织参与了 2013 年全国科普日活动，联合中国大坝协会共同主办了一场题为“水库大坝、气候变化与防灾减灾”的水利水电科普论坛，邀请了知名专家和 20 余家主流媒体，向公众更加全面、客观地介绍当前水库大坝建设和水电开发在我国应对气候变化和防灾减灾方面的重要作用，同时回应社会热点问题、回答公众对水电开发和水库大坝建设的质疑。

2013 年，学会以科普宣传工作委员会为基础，组建了水利水电科学传播团队，由 21 名资深水电水利专家组成，并推荐中国科学院院士陈祖煜作为水利水电科学传播团队的首席专家。

**表彰举荐优秀科技工作者** 2013 年，学会向中国科协推荐并报送 2 名中国工程院院士候选人的材料。

组织评审专家开展了第十三届青年科技奖候选人评选推荐工作，共评出 3 名候选人。开展了第十届“光华工程科技奖”候选人评审推荐工作，评出了 2 名候选人。组织开展了 2013 年“潘家铮水电奖学金”评奖工作，共有 18 家高校和科研院所的 51 名本科生、研究生荣获此奖学金。

完成“水力发电科学技术奖”评审。2013 年申报的成果达到了 162 项，涵盖水电的设计、制造、施工、运行、管理和科研教育等方面。最终评选出获奖项目成果 54 项，其中特等奖 2 项、一等奖 7 项、二等奖 11 项、三等奖 34 项。编印了《水力发电科学技术奖获奖项目成果汇编（2013 年度）》，宣传、推广获奖科技成果。

11 月 8 日，由学会和潘家铮水电科技基金管理委员会主办、大连理工大学承办的第五届潘家铮水电奖学金颁奖典礼在辽宁省大连市举行。截至 2013 年，已有 220 多名学生获“潘家铮水电奖学金”，6 位水电专家获“潘家铮奖”，193 个水电科研项目获“水力发电科学技术奖”。

6 月，配合中国工程院、国家电网公司等单位，组织召开了学习和弘扬潘家铮院士科技创新精神座谈会，以纪念潘家铮院士逝世一周年。学会和中国水利水电出版社共同主编的《永远的潘家铮》纪念文集在会上首发。受中国科协委托，承担“老科学家学术成长资料采集工程”任务，具体负责潘家铮院士的资料采集。

**工程教育论证** 2013 年，学会派员 3 人参加了水利类专业认证工作，向中国科协申请成为参与认证工作的学会。

**学会创新发展** 为促进潘家铮基金发展壮大，不断创新扩大基金支持活动范围，更好地服务于水电公益事业，经学会秘书处提议、基金理事会研究决定，自 2013 年起组织开展大学生暑期水电社会实践教育活动，选取典型骨干水电工程项目，使参加活动的学生通过工程实践和亲身体验，进一步加深他们对水电工程的直观认识和了解，增加实践知识和动手能力，激发工程创造和创新活力。首次活动共有来自清华大学、浙大大学等 11 所高校的 15 名优秀学生参加，活动地点为溪洛渡、向家坝水电站工程，为期 11 天。

**【学会组织代表团出席 2013 世界水电大会】** 5 月 21 ~ 24 日，学会组织了以理事长张基尧为首的专家代表团，赴马来西亚出席 2013 世界水电大会，来自世界 60 多个国家的政府、行业组织以及国际金融组织、学术界的 500 多人出席了会议。本次大会的主题是“推动水电可持续发展”，主要议题包括：水电的发展方向、可持续理念与经济发展的关系、区域互联、水资源及能源政策、水库与温室气体排放、现代水电定义、水电投融资、国际水电协会（IHA）《水电可持续性评估规范》的作用以及可持续理念的水电实践等。

大会期间，学会理事长张基尧和副理事长晏志勇应邀出席 IHA 顾问理事会和高级咨询会议，并参与了会议 4 个议题的讨论，提出了建设性意见，得到 IHA 的重视和采纳。晏志勇以《中国水电的发展与回顾》为题，代表中国水电界做了首场主题报告。其他几位专家在四个议题分会场上作了专题发言。

本次大会确定了 2015 年世界水电大会将在北京举行，中国水力发电工程学会、中国大坝协会、中国三峡集团公司、中国水利科学研究院作为中方承办单位。

**【首期大学生暑期水电社会实践教育活动】** 为进一步加大对水电水利专业优秀学生的培养力度，培育理论知识与实践能力有机结合的未来水电科技人才，经学会秘书处提议、潘家铮基金理事会研究决定，自 2013 年起组织潘家铮水电奖学金受奖院校和科研院所中的获奖学生和其他优秀学生开展暑期社会实践活动。

2013 年是首次开展社会实践活动，共有来自清华大学、浙江大学等 11 所高等学府 15 名获得“潘家铮水电奖学金”的优秀学生参加，活动地点是位于金沙江下游的分列我国第二、第三大水电站的溪洛渡、向家坝水电站工程，活动为期 11 天。

社会实践期间，学生们通过专家讲座、工程现场讲解和跟班实习等形式，深入电站施工运行现场参观学习，内容涉及我国水电事业概况和发展情况以及规划设计、施工建设、运行管理、技术创新、移民环保等方面。活动结束后，根据每位学生提交的社会实践报告，学会撰写了综合总结报告，汇集印刷成册发送基金会全体理事、参与高校和参加学生。

**【水电2013大会暨第三届堆石坝国际研讨会】** 11月1～3日，水电2013大会——中国大坝协会2013学术年会暨第三届堆石坝国际研讨会在云南省昆明市召开，国内600余位专家、学者，来自35个国家和地区的90多名代表参加了会议。大会围绕水库大坝建设管理、水电开发新技术、新理念，以及水库大坝与水电可持续发展等热点问题进行研讨。此次大会由中国水力发电工程学会和中国大坝协会联合主办，华能澜沧江水电有限公司、昆明勘测设计研究院、中国水利水电科学研究院等单位承办。学会理事长张基尧、中国大坝协会理事长汪恕诚、水利部副部长矫勇、国家能源局总工程师杨昆、国际大坝委员会荣誉主席维奥蒂・贝尔加巴西大坝委员会主席卡瓦略、德国教研部资源及可持续发展部主任欧立希等出席大会。

会议揭晓了第三届堆石坝国际里程碑工程奖和第三届汪闻韶院士青年优秀论文评选结果。根据专家评审组的评选意见，马来西亚巴贡（Bakun）大坝、巴西韶西马（Sao Simao）大坝、中国九甸峡大坝、墨西哥拉耶斯卡（La Yesca）大坝、老挝南俄二级（Nam Ngum 2）5项工程获奖。同时，经网评、专家会会评和网络公示，第三届汪闻韶院士青年优秀论文共评选出优秀论文3篇。论文作者分别为武汉大学的李典庆、大连理工大学的邹德高和中国水利水电科学研究院的商峰。

会议还开设了7个技术分会和3个专题研讨会，供与会专家就有关议题做进一步交流。会议特别举办了水库大坝与环境保护论坛、非洲水库大坝与水电可持续发展圆桌会议。

会议共收到中外论文160余篇，共邀请了近90位国内外专家围绕工程经验和最新研究成果作会议发言，另有15家单位参加会间技术展览。

（撰稿人：雷定演）

## 中国水利学会

**服务创新型国家和社会建设** 2013年10月，学会配合水利部人事司、职改办，组织完成了2013年度水利部专业技术人员晋升职称考试工作。考试设有计算机知识和专业理论两个科目，共计5211人次报考。学会负责考试报名受理、组织试卷命题、试卷印刷、考务组织、阅卷登分、成绩统计以及合格证制作与发放等考务工作。

2013年，在水利部国际合作与科技司的指导下，学会完成了水利技术标准年度工作计划。组织开展了《体系表》修订工作。完成了13个业务司局标准需求分析报告和1025份项目建议书的初审工作，组织完成了12个专业组的分组审查工作。

12月2～4日，由学会和中国膜工业协会主办的2013中国水博览会暨中国国际膜与水处理技术及装备展览会在北京举行。来自23个国家和地区的450家展商带来了最新产品和技术参展，近两万名专业观众参观了展览。展会同期举办了第八届中国（国际）水务高峰论坛。

2013年，为落实水利部“水利专业技术人才知识更新工程”，学会开展专业技术培训活动。学会共举办和承办了各类水利专业培训班18期，培训专业技术人员约2000人次。

为加快落实最严格水资源管理制度，加强水资源论证工作，切实提高水资源论证从业人员业务能力和工作水平，经水利部水资源司和人事司核批，学会组织开展了“建设项目水资源论证”培训工作。2013年共举办4期培训班，培训水资源论证从业人员1500余人。

**学会能力提升计划** 2013年，学会获得中国科协能力提升专项优秀社团三等奖第二年度奖补资金100万元。学会开展了各项工作：①围绕水利热点、难点和焦点问题，通过组织调研形成专家建议，并以此形成制度，充分发挥学会的智库作用，完成了中小河流治理专题调研报告；②针对比较薄弱的科普工作，学会从建立制度入手，努力加强科普工作。通过了《创新水利科普工作政策制度研究》，制定了《水利科学技术普及规划纲要》。③立足内部挖潜，提升学会品牌项目的影响力。在2013年10月底举办的中国水博览会上，设立2013年度大禹奖获奖展区，对获奖成果进行展示与推介。

**学会建设** 6月6日，学会在山东省济南市召开了全国省级水利学会秘书长工作座谈会，主要内容是布置工作与交流经验。从承担政府职能、会员管理、加强自身建设三个方面进行了交流研讨。

完成增补赵伟为学会副理事长和10个分支机构负责人变更手续。对2013年换届的5个专业委员会给以批复和颁发聘书。

以通讯会议形式召开了九届七次常务理事会议，主要内容是增补理事和单位会员的批准。在学术年会期间，召开了九届六次理事会议，向理事会报告工作和决定审议事项。

2013年印发12期《中国水利学会通讯》，每月1期。

10月30日～11月2日，学会秘书长李赞堂赴香港特别行政区出席加拿大土木工程学会香港分会2013年会，与加拿大土木工程学会负责人共同探讨2014年与2015年在中国共同举办学术交流活动等合作事宜。

**学术期刊** 学会主办的科技期刊共6种，分别是《水利学报》、《水科学进展》、《岩土工程学报》、《泥沙研究》、《灌溉排水学报》、《中国防汛抗旱》。《水利学报》获得中国科协“精品科技期刊工程学术质量提升项目”资助，周期两年。根据中国科学技术信息研究所2013年检索报告，《水利学报》综合评分在水利工程类18种期刊中名列第1位、在全部1994种期刊中名列第42位。

**国际学术会议** 10月16～17日，学会作为主办单位之一的2013城市防洪国际论坛在上海市举办。论坛以“全面提高城市防洪排涝能力”为主题，来自加拿大、日本、德国、丹麦、尼泊尔、印度，中国大陆、香港特别行政区近300位专家、学者参加论坛。论坛旨在分享国内外城市雨洪管理的先进技术、低影响开发的理念，从城市防洪的工程与非工程两个方面共同探索城市防洪排涝的发展。与会专家分别从防洪形势、应急管理、排水规划和水管理等多个领域介绍了国内外的最新情况。

**国内主要学术会议** 6月17日，学会农村水利专业委员会在福建三明举办了第五届海峡论坛“两岸乡村农田水利建设交流会”。来自中国大陆的农业水利专家、基层农民代表，台湾地区中南部基层的农会、农田水利会成员，农业水利专家等共200多人参加了交流会。

10月17～19日，学会水工结构专业委员会在重庆市举办第十二届全国水工建筑物修补与加固技术交流会。来自学会水工结构专业委员会会员单位，水工混凝土建筑物修补和处理信息网网员单位，大中型水库管理单位、设计、科研和施工单位的82名国内专家、学者和工程技术人员参加了本次会议。41万余字的《水工混凝土建筑物检测与修补加固技术——第十二届全国水工混凝土建筑物修补和加固技术交流会论文集》由中国水利水电出版社正式出版。

10月24～25日，学会作为协办单位参与中国科协主办的第三届中国湖泊论坛暨第七届湖北科技论坛。学会推荐南京水利科学研究院专家刘九夫参加会前调研工作，并推荐15篇论文。

11月30日～12月1日，学会作为主办单位之一，在浙江省绍兴市举办了中国大运河水利遗产保护与利用战略论坛，来自水利、文物、社会、历史、遥感、建筑等领域的专家、学者近100人参加此次论坛。本届论坛是我国开展大运河申遗工作以来，第一次以“中国大运河的水利遗产保护与利用”为主题的学术论坛。来自不同领域、不同学科的专家、学者，分析了大运河水利遗产蕴藏的科学和文化价值，研究探讨了大运河水利遗产保护与利用的战略与技术，从不同视角和层面尤其是从水利工程可持续性与大运河历史、当前保护与开发利用的对策等方面，进行了深入的探讨和交流。

12月2～3日，2013第八届中国（国际）水务高峰论坛在北京开幕。论坛由学会联合全国工商联环境服务业商会、国际生态安全合作组织共同主办。作为践行“美丽中国”的开篇之年，论坛以“水危机：中国的现状与未来抉择”为主题，关注中国的水问题，聚焦水生态文明建设。共有600多名专家、学者出席论坛，围绕解决水危机及推进水生态文明建设进行全方位探讨。

**国际交往** 5月22～26日，学会派出3人代表团赴韩国参加韩国水资源协会2013年会，2篇论文在会上进行了交流并被大会论文集收录。

**科普活动** 2013年，学会申请了2013年国家财政项目“水利科普工作保障能力建设”。本项目通过调查研究，全面掌握了我国水利科普保障能力现状和问题，分析了解我国水利科普能力建设需求，借鉴我国其他行业科普能力建设成功经验，构建水利科普能力建设方案，并提出对策建议。

2013年，以中小学《水知识系列读本》（共4本）为基础，学会完成了3集水利科普动漫作品剧本的编写和3集动画片的制作。动画片以青少年和普通公众为主要对象，经过全新的构思和设计，把“知水、爱水、节水、护水”的理念融入到小水滴家庭的趣味动画作品中。

2013年，学会及各分支机构结合世界水日、中国水周、全国科普日等主题活动开展形式多样的科普活动。在北京选择两个小学开办水课堂，通过播放动画、学生游戏、与小水滴对话等方式开展以“水与生产”为主题的水课堂教育。

2013年，学会与北京水利学会合作，为北京市延庆县千家店镇山区学校的小学生们举办了一场主题为“节约保护水资源、建设水生态文明”的科普活动，并为学生们带去了《来自宇宙的水精灵》等科普读物，向小学生宣传水文化、水知识。

2013年，学会与北京市西城区青少年科学技术馆合作，在市民尤其是中小学生中开展“哈乐，京城的水”活动，以使市民增强对家乡北京水资源的了解和热爱，树立生态道德情感，促进人水和谐。

**表彰举荐优秀科技工作者** 2013年，学会完成了2013年度大禹水利科学技术奖的评审任务，最终有49项成果获奖。

经学会推荐，武汉大学教授李义天被推荐参加2013

年度中国工程院院士遴选的资格。

由学会和水利部联合推荐，清华大学水利水电工程系王进廷教授获得第十三届中国青年科技奖。

**工程教育认证** 学会认证专家已有48名，对14所高校的21个水利类专业点进行了认证。截至2013年底，水利类的4个专业均已开展了认证，已认证专业点占全部水利类专业点的16.8%，在全国各认证专业类中处于较高水平。

**【中国水利学会2013学术年会】** 11月26～28日，中国水利学会2013学术年会在广东省广州市举办。本届年会以“科技驱动，兴水惠民”为主题，邀请水利部副总工程师庞进武、香港大学副校长李行伟等10位专家、学者作特邀报告。水利科技工作者以及国外友好学会的代表500余人出席会议。年会设有5个分会场，其中包括一个国际分会场。大会颁发了2013年度大禹水利科技奖和优秀论文奖，同期召开了中国水利学会九届六次理事会全体会议。

（撰稿人：王　琼）

## 中国内燃机学会

**学会建设** 2013年，学会召开了2次常务理事会议、1次理事会议、1次秘书长工作会议。发展个人会员14名，4个省市内燃机学会完成了个人会员数据库的更新，并已纳入中国科协会员管理系统。

学会和所属各分会包括编委会开展学术活动10次，参加人数1546人次，交流学术论文633篇，编辑出版论文集3部。

**学术期刊** 2013年，学会编辑出版的《内燃机学报》（双月刊）共刊出学术论文89篇；《内燃机工程》（双月刊）共刊出学术论文112篇；《内燃机》（双月刊）共刊出科普性文章110篇。

**国际交往** 5月12日，学会常务副理事长兼秘书长阳树毅，副理事长金东寒、黄佐华出席了在上海市举行的2013年（春季）国际内燃机会议（CIMAC）常设委员会会议。来自德国、奥地利、挪威、丹麦、瑞士、日本、中国等国的30名国际内燃机会议常设委员会成员出席会议。

10月1～2日，学会常务副理事长兼秘书长阳树毅，副理事长、中国工程院院士金东寒，副理事长黄佐华参加了在日本长崎召开的国际内燃机会议（CIMAC）第四届远东会议。阳树毅向大会报告了5月13～17日在上海市召开的“第27届国际内燃机会议（CIMAC）大会”工作总结，以及大会的财务决算。

11月21日，学会常务副理事长兼秘书长阳树毅出席了在德国法兰克福举行的国际内燃机会议（CIMAC）2013年（秋季）常设委员会会议。

**科普活动** 2013年，学会及下属各分会在全国各地开展了形式各异的科普活动8次，科普报告9篇，受众人数1029人次。4月17日，学会在江苏省镇江市组织召开了内燃机燃烧与节能减排——中国内燃机学会科普报告会，与会专家和青年学生约200人。天津大学内燃机燃烧学国家重点实验室主任尧命发以《内燃机燃烧技术与节能减排对策》为题作科普报告。6月1日，学会燃烧节能净化分会在天津大学内燃机燃烧学国家重点实验室，举办了实验室开放日活动，天津市四十一中学的80多名中学生应邀参加。开放日活动中，讲授了汽车的专业知识，汽油机的结构、性能。同学们还参观了重点实验室，了解发动机试验台架和发动机试验的重要性，以及发动机在国防和经济建设中的重要作用等。7月10日，学会燃烧节能净化分会在天津市联合天津大学、天津内燃机研究所，为中国少年科学院来自全国各地的200多名中小学生举办了一次科普活动。学会常务理事、天津内燃机研究所副所长林漫群，分会秘书长裴毅强分别作了题为《我们身边的小型汽油机》、《新一代内燃机燃烧理论及应用》的科普报告。8月26日，在浙江省宁波市，学会大功率柴油机分会组织举办了“新能源动力的今天和明天”科普报告会。中国船舶重工集团公司第711研究所高级工程师冯宁作科普主题报告，与会310人。8月23日，汽油机煤气机分会联合东风汽车公司有关部门组织了“发动机单一燃料与双燃料”的科普活动，57人参加。

**表彰举荐优秀科技工作者** 2013年，经学会评选，俞小莉、楼狄明荣获2013年度昆仑“突出贡献奖”；陈勤学、李云强2位青年科技专家荣获2013年度“史绍熙人才奖”。

**【第27届国际内燃机大会】** 5月13日，学会在上海展览中心承办第27届国际内燃机大会暨展览会（the 27th CIMAC World Congress）。来自33个国家889名专家、学者及参展商出席大会。同期召开的展览会，共有14个国家的82家知名企业参加，展览净面积达2642平方米。全面展示了内燃机整机、零部件以及研发、生产、加工、测试设备等一系列相关技术产品。

5月13日，中国工程院院士、天津大学教授苏万华代表中国内燃机学会在开幕式上作了题为《高效低排放的柴油机燃烧技术在中国发展》的主旨演讲。

大会设4个分会场，对261篇学术论文进行了交流，其中宣读交流193篇，书面墙报交流68篇。中国被录用学术论文 61 篇（宣读交流 19 篇，墙报交流 42 篇）；论文以船舶、机车、发电用的大功率柴油机为主，就当今世界共同关注的节能减排等热点问题进行交流演示。

在专题技术交流大会上，特邀中国科协副主席、中国科学院副院长李静海作题为《未来能源和科技启用》的主旨报告，并以“符合燃油改变的大缸径发动机”为专题，邀请了来自新加坡 DNV 公司、德国 NSB 公司、美国 GE 公司、荷兰 Shell 公司、丹麦 MAN 公司和意大利 Wartisila 公司的代表，就上述主题结合本公司的具体情况发表演讲。

**【中国内燃机学会 2013 年学术年会暨油品与清洁燃料分会和山西省内燃机学会联合学术年会】** 10 月 17 ~ 20 日，学会主办的 2013 年学术年会暨油品与清洁燃料分会和山西省内燃机学会联合学术年会在山西省太原市召开。与会专家、学者共计 300 人。

年会由学会副理事长张树勇、李树生共同主持。清华大学教授王建昕、中国石油润滑油公司大连研发中心高级工程师刘功德、广西玉柴机器股份有限公司林铁坚博士、一汽解放无锡柴油机厂高级工程师黄成海、天津大学教授谢辉、广州柴油机厂教授级高工霍荣康、大连理工大学教授隆武强、潍柴动力股份有限公司李云强博士、上海交通大学教授吕兴才、山西潞安矿业集团有限公司黄巍博士、雅富顿公司 Joe Roos 技术总监等专家分别以《改变内燃机燃料拓展高效清洁燃烧途径》、《重负荷柴油机油规格发展与长换油期柴油机油的开发》、《细分开发——打造中国的节能环保动力》、《基于“FEUP”燃油喷射系统的国Ⅳ柴油机开发》、《内燃机燃烧控制中的不确定性观测与主动抑制》、《G26 系列船用中速柴油机的设计特点》、《内燃机喷雾与燃烧新概念》、《重型柴油机未来节能减排技术探索》、《燃料设计控制内燃机燃烧》、《煤基 F-T 柴油的生产与应用》、《燃油属性对机动车颗粒排放的影响》等为题作大会特邀报告。

本次年会设立了 4 个分会场，97 篇学术论文进行了宣读交流。壳牌（上海）技术有限公司朱涛、润英联国际有限公司许富强、吉利汽车控股集团总工程师金先杨、太原理工大学副教授朱建军，分别以《发动机油和机械摩擦学》、《FBC-DPF 主动再生技术解决方案》、《工信部 M100 甲醇汽车示范运行》、《甲醇燃料在发动机上的应用》为题为油品与替代燃料分会场作专题学术报告。天津大学教授尧命发、安徽艾可蓝节能环保科技有限公司高级工程师朱弢分别以《先进柴油机燃烧技术研究动向》、《SCR 技术在柴油机非道路欧洲 Stage IV 阶段的应用研究》为题为燃烧与排放分会场作专题学术报告。北京理工大学车辆与机械学院副教授何旭、中国北方发动机研究所研究员侯晔星分别以《燃烧可视化技术原理与应用》、《应力测试在发动机零件可靠性评估中的应用》为题为测试与控制分会场作专题学术报告。中国石油集团济柴动力总厂高级工程师李兆勇、东风商用车技术中心研究员周明彪分别以《实施可靠性工程提升产品可靠性》、《车用柴油机主要零部件的时效简析与分析》为题为设计与工艺分会场作专题学术报告。年会对被录用的 205 篇学术论文出版了论文集和论文集光盘，论文集分上、下两册，上册为企业篇公开发行，收录学术论文 91 篇；下册为高校篇，作为内部资料，收录学术论文 114 篇。经论文评审小组评选，评出一等奖 5 名、二等奖 10 名、三等奖 14 名，在大会闭幕式上进行了颁奖表彰。

（撰稿人：祝维瑾）

## 中国工程热物理学会

**服务创新型国家和社会建设** 2013 年，学会承担国家自然基金委—中国科学院学部合署学科发展战略研究“工程热物理与能源利用学科发展战略研究”项目。学会完成了 2013 年科技部“973”计划专家顾问组能源领域战略研究项目“提高热功效率与节能”调研报告。完成了中国科协“2012—2013 年工程热物理与能源利用学科发展研究”项目。完成了中国科学院“工程热物理与能源利用”学科发展战略研究项目，分别就洁净煤技术、分布式供能系统、氢能、生物质、风能与太阳能利用、能源动力系统温室气体控制等撰写战略研究报告。

**学会建设** 2013 年，学会召开了第六届理事会第十、第十一次常务理事会议和第五次理事会议，就学会的各种重大事项进行讨论并做出相关决定。召开中国工程热物理学会 2013 年理事长、副秘书长联席会议暨《中国工程热物理学会年鉴》编撰工作会议。

2013 年全年举办 10 次学术会议，参会人员 2000 多人次，会议交流论文 2238 篇。举办的主要学术会议有能源动力与科学用能科学与技术前沿论坛、第 26 届能源系统与环境影响国际会议（ECOS2013）、2013 年流体机械学术会议暨国家自然科学基金项目进展交流会等。

2013 年，按照学会工作计划，首次建立传热传质学年会网上投稿评审平台。利用该平台，学会完成了工程热力学与能源利用、热机气动热力学、传热传质学、流体机械、燃烧学、多相流 6 个学科的论文评审工作。

**学术期刊** 2013 年学会编辑出版的《工程热物理学报》，全年共刊登论文 750 篇，其中 973 计划和其他国家重点项目，各类国家、省、部级基金资助项目论文约占发表论文总数83%。2013年为方便论文作者查阅文献，编辑出版了学术论文全文光盘，辑入2000多篇论文。

**国际交往** 作为国际吸气式发动机学会国家代表成员单位，学会协助2013年第21届国际吸气式发动机学术会议组办方协调中国参会代表注册及论文发表事宜，中国代表团21人参加会议并宣读学术论文。

**表彰举荐优秀科技工作者** 完成了2013年创新群体推荐评审工作，“微/纳尺度热传递机理、单相与相变换热及传热优化、热物性与热学新理论”通过中国科协答辩并获得国家自然科学基金委资助。经学会推荐，学会秘书长金红光研究员当选中国科学院院士。开展“2012年吴仲华基金”评选活动，评选出了2013年度“吴仲华优秀青年学者奖”4人、“吴仲华优秀学生奖”获得者12人。2013年共表彰奖励各级各类科技工作者40人。

**【第26届效率、成本、优化、模拟及环境影响能源系统国际会议】** 7月15～19日，第26届能源系统与环境影响国际会议（26th International Conference on Efficiency, Cost, Optimization, Simulation and Environmental Impact of Energy Systems, ECOS2013）在广西壮族自治区桂林市召开。会议的中心议题是能源环境以及可持续发展。会议针对能源系统效率、成本、优化、模拟与环境影响的研究展开学术交流，共有300余篇学术论文通过宣读和海报形式进行交流。结合我国以煤为主、可再生能源丰富的能源结构特点，会议设置了3个能源问题专题研讨会，展示我国能源应用基础研究的主要进展，邀请了国外相关领域的学者在研讨会上作学术报告。3个专题研讨会的主题包括：分布式能源系统的前景与挑战，可再生能源技术发展前沿，洁净煤技术展望。

**【2013年中国工程热物理学会多相流学术年会】** 10月14～19日，2013年中国工程热物理学会多相流学术年会暨国家自然科学基金进展交流会以及中英颗粒论坛（UK-China International Particle Technology Forum）在上海市召开，会议由学会多相流专业委员会主办、上海理工大学承办。年会共收到来自国内40余所大学与研究机构的260余篇论文。两个会议分成9个分会场同时进行分组报告会，共有250余篇论文的作者进行了口头报告。本次国家自然科学基金进展交流会共有38个面上项目通过口头和墙报的方式汇报项目进展。

英国利兹大学教授YuLong Ding作题为《微系统热能储存材料进展》的报告、华东理工大学教授李春忠作题为《功能纳米材料的化工基础——从结构控制到过程放大》的报告、西安交通大学教授郭烈锦作题为《能源高效节约与可再生利用的多相流理论》的报告、澳大利亚纽卡斯尔大学教授Mark Jones作题为《细粉末气力输送的进展》的报告。全体参会人员参观了与会议同期举办国际粉末与颗粒处理展览。

本次学术年会设置了8个专题，包括气液两相流与沸腾传热传质，气固两相流与燃烧及其污染控制，多相流数理模型和数值方法，石油工程多相流，多相流测量技术，反应堆热工水力，两相流相变传热强化和节能，高新技术中的两相流与传热传质等。

本次学术年会有以下两个特点：其一，多相流动与传热的机理实验研究及基础数理模型持续受关注；其二，“两相流相变传热强化和节能”两个专题的学术论文数量继续增加，但“反应堆热工水力”、“石油工程”专题的学术论文数量较往年进一步减少。

**【2013年中国工程热物理学会燃烧学学术会议暨国家自然科学基金燃烧项目进展交流会】** 11月8～10日，2013年中国工程热物理学会燃烧学学术会议暨国家自然科学基金燃烧项目进展交流会在重庆市召开。来自高等院校、科研机构、企业共80余家单位800余人参加会议，会议共收到论文549篇，经评审后录用为口头宣读的为394篇，录用为墙报交流的为155篇。会议同时进行了国家自然科学基金委资助的燃烧基金项目研究进展交流，共有138项目参加展板交流汇报，另有20个进展突出的项目分为“气/液燃料”和“固体燃料”两个会场分别进行口头交流汇报。

大会还进行了会议论文口头交流和墙报交流。论文分组会议设燃烧特性与层流火焰、燃烧测试与诊断技术、燃烧污染物控制、煤和生物质的燃烧与气化、内燃机和燃气轮机燃烧、新型燃烧技术、喷雾与液滴燃烧、火灾科学与技术、化学反应动力学、湍流火焰和燃烧过程的数值分析、爆轰、爆炸和超音速燃烧等11个专题。

**【2013年中国工程热物理学会传热传质学术年会暨国家自然科学基金传热传质领域项目进展交流会议】** 10月26～27日，由学会与国家自然科学基金委员会主办，重庆大学低品位能源利用技术及系统教育部重点实验室、动力工程学院工程热物理研究所承办、国家自然科学基金委资助的2013年中国工程热物理学会传热传质学术会议暨国家自然科学基金传热传质领域项目进展交流会议在重庆市召开。参加会议交流的学术论文814篇，基金项目进展交流139项。会议包含11个专题：传热传质类自然科学基金项目交流、热传导、对流换热、相变换热、辐射换热、微小尺度传热、生物传热、多孔介质传热传质、测量及显示技术、数值模拟、工业应用、换热器及其他。

中国科学院院士郑平以《相变传热研究的最新发展》

为题，西安交通大学教授郭烈锦以《喷射蒸汽——汽液两相流直接接触式凝结换热与管流压力波特性研究》为题，加拿大维多利亚大学教授 Ned Djilali 以“PEM Fuel Cells: A Sandbox for Heat and Mass Transfer Research”为题先后作大会主题报告。国家自然科学基金委员会工程与材料学部工程三处纪军对“国家自然科学基金 2013 年度评审情况”进行了报告。

会议设置了传热传质学科交叉前沿论坛，由东南大学教授施明恒、南京航空航天大学教授宣益民主持。香港科技大学教授赵天寿、哈尔滨工业大学教授谈和平、台湾大学教授李笃中、清华大学教授刘静、中国空气动力研究中心桂业伟、华南理工大学教授樊栓狮等，分别作了题为 Achieving Synergy among the Flows of Mass, Ions, and Electrons in Electrochemical Power Systems、《热辐射光谱特性与传输——国防科技中的应用》、《生物质能源技术的若干关键问题》、《通向肿瘤高端能量治疗装备：热科学的独特价值》、《飞行器传热传质学问题研究》、《水合物形成过程的热质传递》等交叉学科报告。

闭幕式上，对获得优秀论文奖的作者进行颁奖。

会议宣布 2015 年传热传质学术会议将在辽宁省大连市举办。

（撰稿人：柯红缨）

## 中国空气动力学会

**学术期刊** 《空气动力学学报》2013 年完成 6 期编辑出版任务，刊登论文总数 132 篇，其中，计算空气动力学占 95%，实验空气动力学占 5%，国家自然科学基金资助的论文占 60%，全年印刷发行共计 6000 册。

《实验流体力学》2013 年编辑出版 6 期，刊登论文 119 篇，其中实验研究 73 篇，占 61%；实验技术 46 篇，占 39%。基金和资助论文比例达到 55%，共印刷发行 5400 册。大多数论文来自中国空气动力研究与发展中心、北京空气动力研究所、北京航空航天大学等 20 多个科研院校，涵盖了国内所有从事流体力学研究的单位。

**国内主要学术会议** 5 月 18 ~ 19 日，第八届全国流体力学青年研讨会在上海市召开。研讨会旨在促进流体力学青年工作者之间的学术交流与合作，探讨流体力学在新时期的关键科学问题，已成为我国流体力学青年工作者学术交流的重要平台。会议由学会与国家自然科学基金委员会数学物理科学部、中国力学学会联合主办、上海大学、上海市应用数学和力学研究所承办。来自国内 23 家单位的 11 位特邀专家，35 位青年学者、20 余位列席学者和研究生参加了研讨会。会议组织了 5 个大会特邀报告和 35 个青年代表报告。

6 月 29 ~ 30 日，学会流动显示专业委员会在山东省青岛市召开了粒子图像测速（PIV）技术专题学术研讨会。来自各有关单位的专委会委员和专家 45 人参加了学术报告（交流）会议。会议采取报告和自由讨论的方式进行。研讨会共收到论文（报告）16 篇，经过专家审定，《PIV 技术在湍流边界层减阻研究中的应用》、《PIV 技术在高超声速和跨声速研究中的初步应用和发展》、《中航工业气动院 PIV 技术的应用现状与发展》和《PIV 在工程型风洞中的应用及若干技术问题》4 篇论文作为大会报告。

7 月 29 日 ~ 8 月 3 日，学会风工程和工业空气动力学专业委员会和中国土木工程学会桥梁及结构工程分会结构工程委员会在四川省成都市联合主办了第十六届全国结构风工程学术会议暨第二届全国风工程研究生论坛，会议由西南交通大学承办，中国空气动力研究与发展中心低速所等多家单位联合协办。220 名专家、学者参加了会议，会议交流论文 200 余篇。

8 月 2 ~ 6 日，学会低跨超声速专业委员会在吉林省长春市举办了第四届近代实验空气动力学会议，会议由中国航天空气动力技术研究院承办，122 名专家、学者参会。会议论文集从征集的 156 篇论文中收录了 139 篇，大会共交流了 3 篇特邀报告、5 篇大会报告和 53 篇分组报告。

8 月 4 ~ 8 日，学会风能空气动力学专业委员会和中国可再生能源学会风能专业委员会联合主办、东北农业大学承办的第十届全国风能应用技术年会在黑龙江省哈尔滨市召开。80 名专家、学者参会，会议交流论文 60 余篇。

8 月 25 ~ 29 日，学会空气弹性力学专业委员会在黑龙江省哈尔滨市召开第十三届全国空气弹性学术交流会。会议论文集全文收录 102 篇论文，会议评选出 10 篇优秀论文，并颁发了获奖证书。来自航空航天科研院所和高校的 87 名学者出席了会议。会议邀请了中国航天空气动力技术研究院研究员刘子强、南京航空航天大学教授陆志良、北京电子工程总体研究所研究员刘炜、西北工业大学教授杨智春、中国空气动力研究与发展中心研究员罗建国和北京航空航天大学教授杨超分别作了题为《低速柔性无人机气动弹性相关技术探讨》、《基于 CFD/CSD 的气动弹性技术及应用》、《导弹气动弹性问题探讨》、《飞行器气动弹性力学专题研究》、《气动弹性高速风洞试验的最新进展》和《广义气动弹性及对飞行器设计影响》的大会报告。

8 月 26 ~ 30 日，学会测控专业委员会在湖北省襄阳市召开了第六届第四次学术交流会，78 名学者参加了会议。会议共收到论文110篇，宣读论文50余篇，出版了论文集。论文内容涉及测量控制系统及软件设计、传感器技术、天平及其校准技术、计量技术、特种风洞实验与非接触测量技术等领域，代表了国内空气动力学专业测控技术的学术水平。

11月15～17日，学会高超声速专业委员会在贵州省贵阳市召开了第十七届全国高超声速气动力/热学术交流会。会议由中国航天空气动力技术研究院具体承办，近百位专家学者参加了会议。会议邀请中国航天空气动力技术研究院研究员杨武兵、中国空气动力研究与发展中心研究员国义军、中国科学院力学研究所研究员高智和西北工业大学教授徐敏分别作了题为《基于同相概念的混合层二次失稳分析》、《非平衡效应对气动热影响的快速评估方法研究》、《抛物化NS方程组作为工业标准气动计算的理论基础和推论及其应用》、《高超声速流中的声气动弹性问题》的专题报告。会议论文集收入100篇论文。

11月2日，学会计算空气动力学（CFD）专业委员会在陕西省汉中市召开了2013年度工作会暨学术交流会，38名学者参加了会议。会议的主题是“CFD验证与确认问题研究”。中国空气动力研究与发展中心计算空气动力研究所研究员周乃春、助理研究员赵钟、张益荣，中国航天空气动力技术研究院工程师王利，中航工业六三一研究所高级工程师曹平宽，北京空天技术研究所研究员戴梧叶，清华大学航天航空学院教授陈海昕，中国航空研究院博士瞿丽霞应邀作了大会报告。

11月28～30日，物理气体专业委员会在广东省广州市了第十六届学术交流会。150余名学者参加了会议。

**国际学术会议** 10月17～19日，学会主办的国际工业空气动力学会议在湖南省长沙市召开。会议由中南大学、空气动力学国家重点实验室、风工程和工业空气动力学专委会共同承办。

**会员服务** 学会主办的《空气动力学学报》和《实验流体力学》对学会的个人会员在版面费用上给予优惠。学会会员投稿，减免3页的版面费。

**【国际工业空气动力学会议】** 10月17～19日，学会主办的国际工业空气动力学会议在湖南省长沙市召开。会议由中南大学、空气动力学国家重点实验室、风工程和工业空气动力学专委会共同承办。日本东京工艺大学教授Yukio Tamura、同济大学教授葛耀君、英国伯明翰大学教授Chris Baker、澳大利亚Monash大学教授Sheridan John、香港城市大学教授李秋胜、中南大学教授田红旗分别在会上作了特邀报告。特邀报告反映了近期国际工业空气动力学的前沿热点问题。会议设2个分会场，分别就车辆空气动力学、结构风工程、风能资源开发与利用和环境风工程4个研究领域进行了学术交流。

（撰稿人：刘金合　孟　琳）

## 中国制冷学会

**服务创新型国家和社会建设** 上海发生“8·31”重大安全事故后，9月3日，学会向国家安全生产监督管理总局提交《关于建立冷库安全生产监督管理体系的建议》的提案，并协助国家安全生产监督管理总局参加了上海事故督查工作，协助起草《国务院安委会关于深入开展涉氨制冷企业液氨使用专项治理的通知》。

学会组织立项并参与起草、制定商务部《冷库节能运行技术规范》及《多温冷藏运输装备技术要求及测试方法》行业标准，为冷库节能运行和多温冷藏运输装备标准化、规模化生产及我国冷链标准化体系建设奠定了基础。

8月13～16日，学会在河南省郑州市与河南省制冷学会、河南省职业鉴定中心等合作举办冷库制冷系统运行管理培训班，并向考核合格者颁发制冷工证书。7月11～12日，学会在湖北省武汉市与湖北省安监局、湖北省制冷学会等合作共同举办冷库安全培训班。

学会协助辽宁省安监局、湖北省安监局针对涉氨制冷企业和安监人员进行氨制冷系统安全培训，合计培训人员300余人次，为落实《国务院安委会关于深入开展涉氨制冷企业液氨使用专项治理的通知》精神及有效开展企业安全治理工作打基础。

学会承担了国家安全生产监督管理总局《涉氨制冷企业液氨使用专项治理技术指导书》课题研究编写工作；承担了中国科协企业科协科技信息服务中心“重点技术领域专利信息数据库建设”项目，发动7所高等院校的200余位专家、学者，按时完成3000项专利数据的遴选和2000项专利的标引工作；起草了国家质量监督检验检疫总局易腐食品加工储运控制技术标准研究课题中的《易腐加工食品良好流通规范》。

**学会建设** 2013年，学会成立了科普工作委员会和冷链工作委员会，并分别开展相关工作。全年发展高级会员18人、普通会员和学生会员1662人，发展单位会员46个。

**学术期刊** 《制冷学报》2013年全年出版6期，总页数632页，发行量2.6万册。2013年，《制冷学报》通过在线系统收到稿件365篇（截至2013年12月16日），退稿257篇，年退稿率70.41%；录用78篇，录用率21.37%；基金资助论文数量167篇。2013年，《制冷学报》每期增加 24 页，页数增加 30%，每期刊发文章增加至 17 ~ 19 篇，缩短了文章的发表周期。

**国内主要学术会议** 2013年，学会主办或联合主办、协办及所属专业委员会主办或联合主办的各种学术会议 11 次，参加人数 2700 人次，收录论文 700 多篇。

5 月 15 ~ 17 日，学会冷藏冻结专业委员会在福建省厦门市召开第五届全国冷冻冷藏产业创新发展年会。160 名专家、学者参加了会议，发表论文 34 篇。8 月 8 ~ 9 日，学会合作主办第二届制冷空调专业产学研论坛，以推动制冷空调行业产学研结合为主题，参会专家、学者 350 人，发表论文 80 篇。11 月 5 ~ 8 日，2013 年中国制冷学会学术年会在湖北省武汉市召开，主题为“勇于创新，服务发展”，参会人数 1073 人，发表论文 276 篇。

**两岸交流** 8 月 24 ~ 26 日，中国制冷学会、中国制冷空调工业协会、冷冻空调技师公会全联会、台湾区冷冻空调工程工业同业公会、台湾冷冻空调学会等共同主办的第十一届海峡两岸冷冻空调学术暨技术交流会在辽宁省大连市召开。186 名专家、学者参加了会议，会议发表论文 69 篇。与会专家就 ESCO 节能绩效保证项目与商业模式之案例分析、溶液浓度差储能技术在空调、制冷中的应用、台湾地区冷冻空调技职教育与人才培育环境报告、大陆高等院校制冷空调专业教育概况等做主题报告。

**国际学术会议** 11 月 4 日，学会与国际氨制冷学会共同举办的冷链新技术和氨系统安全运行国际研讨会在北京举行。会议邀请国际氨制冷学会、国际著名公司的专家与国内行业内专家、学者、企业家 140 多人进行交流和研讨，商讨涉氨制冷企业液氨使用安全措施，积极配合国务院安委会相关文件的实施。

**国际交往** 2013 年，学会组团参加国际学术会议 3 批 21 人次，分别出席了美国制冷空调采暖工程师学会年会、国际氨制冷学会年会（美国）、2013 压缩机及其系统国际会议（英国）。国际氨制冷学会年会期间，学会与年会组委会就冷链新技术和氨系统安全运行等问题的进一步合作达成共识。

**科普活动** 2013 年，学会开展了 CAR-ASHRAE 学生设计竞赛和恩布拉科创新大赛，受到了大学生和技术人员的欢迎。1月，第五届CAR-ASHRAE学生设计竞赛启动，来自全国各地 42 所高校的 42 支设计团队报名参赛，递交有效作品 30 份。

9 月，2013 年全国科普日活动期间，学会组织各省、自治区、直辖市制冷学会展开“制冷在我身边”科普宣传联合大行动。学会科普工作委员会单独和组织地方学会进入当地社区开展“社区科普益民行动”，普及制冷知识，宣传环保节能理念。活动期间，学会共组织了 30 多场制冷常识进社区的科普活动，张贴大型海报 392 张，发放《制冷与健康》科普读物 5370 册，发放制冷节能环保折页 28460 份。

11 月 18 日，学会在北京五中举办制冷在我身边——科普进校园活动，面向中学生普及制冷知识，宣传环保节能理念，并重点介绍制冷学科相关学校、专业、录取分数线等方面的信息。

**学会创新发展** 2013 年，学会成立了冷链工作委员会。按照工作委员会章程确立的职责和工作任务，结合国家冷链物流发展规划及当前我国冷链物流发展现状，协助政府相关部门开展冷库安全检查、监督运营等工作。

**表彰奖励优秀科技工作者** 学会科学技术奖励委员会召开 2013 年度第五届中国制冷学会优秀论文评选会议。评选出优秀论文 26 篇，其中一等奖 3 篇，二等奖 5 篇，三等奖 18 篇。

**工程教育认证** 由中国科协批准的中国制冷学会专业技术资格认证工作实施以来，受到行业广大技术人员的欢迎。2013 年，来自 8 个省的 45 人申报制冷工程师资格，来自 7 个省、自治区、直辖市的 32 人申报制冷高级工程师资格。学会于第三季度完成了工程师、高级工程师的资格考试和阅卷、审查工作。

**【第 24 届国际制冷空调、供暖、通风及食品冷冻加工展览会】** 4 月 8 ~ 10 日，学会与中国制冷空调工业协会、中国国际贸易促进会北京市分会等在上海市联合主办了第 24 届国际制冷空调、供暖、通风及食品冷冻加工展览会，展览会主题为“服务民生，建设生态文明”。

展会展出面积 93100 平方米，其中海外展商展出面积 27930 平方米。来自中国、美国、德国、韩国、印度、日本等 30 个国家和地区的 1146 家企业参展，其中海外参展商 231 家。来自全球 30 余个行业组织、108 个国家和地区的 52683 名专业观众和用户参加了展会，其中海外观众 7274 人。

展会期间，除展出了新产品、新技术外，展会还组织举办了 1 场主题论坛、9 场专题研讨会、59 场技术交流会。

（撰稿人：杨一凡）

## 中国真空学会

**服务创新型国家和社会建设** 3 月 22 ~ 26 日，学会在北京召开第二届真空检漏与测量技术交流培训班，培训学员 30 余名。

5 月 5 ~ 14 日，学会真空冶金专业委员会在东北大学举办了第十期真空技术培训班。75 名学员参加了培训。培训结束向学员颁发了由中华人民共和国人力资源和社会保障部监制、中国科协继续教育中心印发的《继续教育证书》。

2013 年中国真空网分别于 3 月 22 ~ 26 日、7 月 4 ~ 8 日和 11 月 8 ~ 12 日举办了第二届真空技术培训班——质谱检漏与校准测试专题（北京）、第 26 届真空技术培训班——镀膜专题（北京）和第 27 届真空技术培训班——获得专题（上海）三期培训班，累计培训人员 100 余人次。

**学术期刊** 2013 年,《真空科学与技术学报》由双月刊正式变更为月刊，全年共收到论文稿件 400 多篇，录用 150 多篇，录用率为 37.8%。《真空科学与技术学报》在中国学术期刊评价委员会最新公布的第三届《中国学术期刊评价报告》中，被评为“RCCSE”中国核心学术期刊（A），EI 收录率达到 100%。

2013 年，学会通过了中国科协精品科技期刊培育计划——期刊出版质量提升项目的中期总结和验收，继续获得该项目 2013 年的项目资助。

中国真空网每年都保持专业浏览人数达 60 万次 / 年。由中国真空网创办的电子版《聚焦真空》，截至 2013 年底编辑制作 124 期。

**国际学术会议** 7 月 1 ~ 4 日，学会表面与纳米科学专业委员会在北京举办了纳米材料与器件研究国际团队会议。会议邀请到相关领域的数十位国内外知名专家作报告，国内外的 200 多名专家、学者参加了会议。

9 月 22 ~ 26 日，学会真空冶金专业委员会在东北大学召开了第十一届国际真空冶金与表面工程学术会议、2013 年真空工程学术会议、2013 年真空咨询工作会议暨 2013 年《真空》杂志编委联席会议。来自国内外 150 多名专家、学者出席会议。会议收到论文 90 多篇，57 篇收入论文（摘要）集。大会得到了中国科协学术交流项目“前沿高端学术交流会议”和王宽诚教育基金会的专项资助（2013–16）。

**国内主要学术会议** 3 月 15 日，学会质谱分析和检漏专业委员会在北京召开了中国真空学会质谱分析和检漏专业委员会京区委员 2013 年度工作交流会，30 余人参加会议。

4 月 19 ~ 22 日，显示技术专业委员会举办的 2013 年液晶光电子会议在四川省成都市举行，国际信息显示学会（SID）参与协办，200 多名专家、学者出席会议，其中外国专家 32 人。

9 月 14 ~ 15 日，学会咨询工作委员会在江苏省常熟市举办了以“虞山论道——‘克强经济’真空产业的发展”为主题的高层研讨会。

10 月 9 ~ 12 日，学会质谱分析和检漏专委会和中国计量测试学会真空计量专业委员会联合举办 2013 年学术会议。120 多名专家、学者参加了会议。大会共交流论文 68 篇。5 篇论文为大会特邀报告，6 篇论文被评为大会优秀论文。

10 月 13 ~ 16 日，学会薄膜专业委员会在浙江省宁波市召开了 TFC’13 全国薄膜技术学术研讨会，260 多人参加会议，参展单位 9 个。会议征集论文 170 余篇，评选出 10 篇优秀论文。150 多专家、学者分五个分会场进行了小组专题报告。

12 月 20 ~ 22 日，学会表面与纳米科学专业委员会主办的 2013 年纳米、表面和 Graphene 科学与技术全国会议在香港特别行政区香港中文大学召开。100 余人参加了学术会议，其中大会报告 6 人，邀请报告 64 人。

**国际交往** 6 月 19 ~ 21 日，2013 国际太阳能展览会在德国慕尼黑举办。6 月 13 日，学会组织国内企业出访欧洲，参加德国慕尼黑太阳能展，展会期间，学会了解了国外技术、产品、管理等，加强了国外同行的沟通和交流。

**科普活动** 4 月，学会组织兰州理工大学 2009 级建环专业同学到中国航天科技集团公司第五研究院第 510 所学习、实践。10 月，学会组织专家到甘肃省兰州市实验小学开展航天知识科普讲座，200 多名小学生、40 余名教师现场参加了讲座。

2013 年学会完成了《超高真空》、《真空蒸馏》、《真空冶炼》3 本科普书籍的出版工作。

**表彰举荐优秀科技工作者** 2013 年，学会颁发了中国真空学会真空科学硕士、博士优秀论文奖学金和中国真空学会真空科学与技术硕士生奖学金。5 名博士生和硕士生获得年度中国真空学会真空科学硕士、博士优秀论文奖学金。5 名硕士生获得本年度中国真空学会真空科学与技术硕士生奖学金。

**会员服务** 2013 年学会出版两期学会内部刊物《学会动态》，及时将中国科协重大会议精神和学会的工作计划、办公会纪要、学术会议、科普活动、培训班、地方学会等情况汇编成册，发至学会团体会员单位和个人会员。为落实中国科协《关于开展会员日活动的通知》文件精神，配合中国科协会员日活动，学会组织召开了中国真空学会会员日暨新年联谊会。

**【第 12 届国际真空展览会】** 5 月 15 ~ 17 日，学会与中国通用机械真空设备行业协会联合主办的第 12 届国际真空展览会在北京举行。展览会的主题为“铸就行业权威展会，打造业界高端品牌”。本届展览会共计 353 个展位，展览面积 8000 平方米。

本次展览会共有自中国、美国、德国、日本、英国、韩国的 178 家企业参展。国内科研院所、大专院校等也参加了展览活动。展览会同期，学会和北京真空学会联合组织了三场学术论坛和技术交流会，17 位专家、学者作了精彩报告。

展会同时举办了第三届真空行业摄影展，收到参展作品近 200 幅，展出了近 60 幅获奖和入选作品。

（撰稿人：刘　锋）

## 中国自动化学会

**学会建设**　12 月 28 日，学会第十次会员代表大会在北京召开，中国工程院院士郑南宁当选第十届理事会理事长，中国科学院自动化研究所研究员王飞跃等 10 人当选副理事长，王飞跃兼任秘书长，会议选举产生了学会第十届理事会理事共计 199 名，聘请戴汝为、孙优贤等 16 人为第十届理事会特聘顾问，通过了《中国自动化学会理事工作条例》，并选举产生常务理事 66 人。

**学科发展研究**　学会第三次组织撰写的《2012—2013 控制科学与工程学科发展报告》2013 年正式出版。报告采取了定量与定性相结合的方法对本领域科研进展进行描述，以数据驱动的知识自动化为指导，围绕控制科学与工程领域五个二级学科的 2011—2013 年度网络文献及数据资源，以 integrated China Automation Network（iCAN）解析平台为分析工具，采取有效机制与各二级学科专家互动，专家用数据说话，避免了传统报告的一些局限性问题。该报告较为全面地总结了国内控制科学与工程领域近 3 年来的主要研究成果，并对学科的现状与发展态势进行了概述、分析和展望。

**国际学术会议**　8 月 3 ~ 9 日，第 23 届人工智能国际联合大会在北京召开，本届会议是人工智能国际联合大会自创办 45 年以来首次在中国召开。1000 多名来自世界各国的专家、学者参加了会议，会议的主题为“人工智能和计算可持续性”。

**国内主要学术会议**　2013年，学会及所属分支机构、省级自动化学会共举办境内学术会议 43 次，参加人数共计 6213 人次。

4 月 18 日，第八届自动化产业年会在北京召开，活动以“绿色・创新・服务”为主题，邀请国家发展和改革委员会宏观经济研究院经济所教授常修泽作题为《中国经济发展转型与体制改革》的报告，中国科学院虚拟经济与数据科学研究中心常务副主任、中国科学院大学管理学院副院长石勇作题为《最优化数据挖掘与智能知识：理论及应用》的报告，探讨当前经济环境下中国自动化产业的机遇与挑战。年会旨在为外企、民企、国企之间，厂商和用户之间，科研与应用之间，政府与企业之间搭建交流和沟通的平台。

5 月 30 日，第八届全国高校自动化系主任（院长）论坛在辽宁省大连市召开，来自清华大学、浙江大学等 40 余所高校自动化系主任（院长）以及学科带头人参加了会议。会议旨在促进国内高校自动化院系之间的交流，探讨自动化学科分层次人才培养的模式和规律。

5 月 9 日，第十四届中国（成都）自动化与仪器仪表学术交流会暨国际展览会在四川省成都市开幕，来自中国、美国、德国、韩国、日本等多个国家的 200 余家厂商参加了会议，部分厂家还将其先进技术产品进行了展示。中国工程院院士柴天佑等多名专家、学者，就自动化与现代工业系统的相关课题作了报告。清华大学、中国科学院自动化研究所、四川大学等数十家高校、科研院所和企业展示了 300 余项发明专利。

**科普活动**　2013 年，学会评审出 15 家单位作为首批学会科普教育基地。按照《中国科协办公厅关于组建科学传播专家团队的通知》精神，学会组成学科科学传播团队。

2013 年“自动化之光”公众科学日首次采用新媒体方式，通过中国自动化学会微博面向全国自动化领域从业人员和爱好者进行现场直播。活动当日，学会共发微博 55 条、照片 79 张、视频 10 段，共计 8 万余人次通过网络关注了本次活动（不包含转发微博的数量）。

10 月 19 日，2013 中国机器人大赛暨 Robo Cup 公开赛在安徽建筑大学开赛，来自 180 余所高校的 2000 多名选手参加比赛。比赛包括 RoboCup 足球机器人比赛、RoboCup 家庭组机器人比赛、机器人巡游探险比赛、水中机器人比赛、舞蹈机器人比赛、机器人武术擂台赛等 12 个大项、118 个子项目。

8 月 5 ~ 9 日，第七届“三菱电机自动化杯”大学生自动化系统创新设计大赛在南京工程学院举行，大赛由学会和教育部电气类教学指导委员会、工业与信息化部职业教育教学指导委员会自动化专业指导委员会、中国职业技术教育学会教学委员会自动化类专业教学研究会主办。香港理工大学、浙江大学、东北大学、东南大学、华南理工大学、天津大学等 40 余所高校 67 支队伍共 400 余名选手参赛。

**表彰举荐优秀科技工作者**　2013 年度，学会组织了第三届杨嘉墀科技奖评选工作和中国自动化学会科学技术奖励评审工作。经全体评委选评、审核，无记名投票，一等奖获得者为北京控制科学研究所研究员解永春和西安交通大学教授韩崇昭，二等奖获得者为清华大学教授朱纪洪、同济大学教授郁文生；评审出 9 个项目获得“CAA 自然科学奖”、“CAA 技术发明奖”、“CAA 科技进步奖”获奖项目。

**【中国自动化学会第 10 次全国会员代表大会】** 2013 年 12 月 28 日，学会第 10 次会员代表大会在北京召开。大会审议并通过了《中国自动化学会第九届理事会工作报告》、《中国自动化学会第九届理事会财务工作报告》，通过了修订后的《中国自动化学会章程》。大会同期召开了十届理事会一次会议，选举产生了学会新一届理事会，中国工程院院士郑南宁当选第十届理事会理事长。

大会选举中国科学院自动化研究所研究员王飞跃等 10 人为副理事长，王飞跃兼任秘书长，会议选举产生了学会第十届理事会理事，共计 199 名。大会聘请戴汝为、孙优贤等 16 人为第十届理事会特聘顾问。大会同时通过了《中国自动化学会理事工作条例》，并选举产生常务理事 66 名。

大会颁发了杨嘉墀科技奖、中国自动化学会科学技术奖、优秀学会工作者和优秀集体奖等奖项，并为 20 余位优秀科技工作者颁奖。

**【2013 中国自动化大会】** 11 月 7 日，2013 中国自动化大会暨自动化领域协同创新大会在湖南省长沙市召开。自动化领域的专家、学者、研究生 1400 余人参加了会议。

大会由学会主办，国防科学技术大学、中南大学、湖南大学和湖南省自动化学会共同承办。大会的主题为“贯彻落实十八大精神，以科学发展观为指导，发挥协同创新优势，提升中国的自动化、信息化与智能化科技水平，迎接新的工业革命的挑战”。

大会开幕式由国防科学技术大学机电工程与自动化学院院长沈林成主持，国防科技大学副校长庄钊文、中南大学校长张尧学、湖南大学副校长曹一家和学会副理事长、程序委员会主席郑南宁分别致开幕词。

大会安排了 9 个大会报告、9 个专题报告会和 2 个论坛。大会报告、主题报告内容涉及领域宽广，展示了我国在自动化领域自主创新方面取得的辉煌成就，总结交流近年来自动化领域的最新研究进展，围绕自动化领域创新目标，探讨科技协同创新模式。

**【2013 年人工智能国际联合大会】** 8 月 3 ~ 9 日，学会联合中国科学院自动化研究所和清华大学共同举办的第 23 届人工智能国际联合大会在北京举行，来自各国的自动化领域的专家、学者 1000 余人参加了会议。

第 23 届人工智能国际联合大会的主题是“人工智能和计算可持续性”。围绕该主题，大会共设置了 10 场大会报告（包含 8 个主题报告和两个获奖报告）、33 个研讨会、24 个专题报告、1 个博士生论坛、48 个特邀报告、413 篇海报展览（poster）、195 篇口头报告、3 项 AI 竞赛和众多颁奖环节。

8 月 5 日，大会开幕式在北京国际会议中心举行，会议主席 Sebastian Thrun 主持开幕式，中国科协书记处书记张勤，会议本地组织主席、中国自动化学会副理事长兼秘书长王飞跃致欢迎辞，开幕式上颁发了杰出服务奖、IJCAI/JAIR 荣誉奖。

8 月 6 ~ 9 日，大会举办了以“取缔自主武器”为主题的辩论和以“如果人工智能获得成功，未来的社会将是怎样”为议题的座谈会。专家、学者分别就自主武器的发展现状、带来的技术、面临的政治和道德等问题以及人类是否需要研究相关的政策，以应对伴随人工智能发展而出现的具有人类智能或者超常智慧的系统、机器，及其对人类社会可能造成的经济、社会、生存方面的威胁等问题进行了讨论和交流。

会议同期举办了展览会，ABB、百度、天联科技、华为、微软、谷歌、Aldebaran、Springer、IOS、Elsevier、Taylor and Francis、Morgan & Claypool、Gaitech、Leeman China、Roboy 等多家公司和机构参展，向公众展示产品和技术。

大会决定，2015 年第 24 届人工智能国际联合大会将在阿根廷布宜诺斯艾利斯市举办。

（撰稿人：张　楠）

## 中国仪器仪表学会

**服务创新型国家和社会建设**　学会组织近百名专家承担了“制造强国战略研究”仪器专业领域分课题。“制造强国战略研究”是由中国工程院主持的重大咨询项目。研究内容主要包括：提出判断制造强国的指标体系；对比国内外制造业发展现状，分析我国制造业不强的原因；提出我国制造业由大变强的措施与建议等。项目分 3 个综合课题组和仪器等 8 个专业领域分课题。

从 2013 年 3 月起，学会先后组织 13 名专家，对食品生产质量监（检）测中新兴的快速检测技术——近红外光谱分析技术的应用情况进行了调研。在国内外仪器厂家的支持下，学会历经 4 个月时间，走访了青岛嘉里公司、新希望六和公司、国家食品质量监督检验中心、中国农业科学院北京畜牧兽医研究所等食品加工、监督、研究机构，了解近红外光谱分析技术在有关食品的原料和生产过程中的质量检验监测情况及应用技术需求。计划在食品生产质量调研工作的基础上，按酒类、粮食（饲料）、油脂、制糖、调料品、方便食品、乳制品、饲料、马铃薯 9 类食品生产质量检测应用近红外光谱分析技术情况进行资料的研讨、整理、汇总，并组织专家撰写调研报告。报告重点介绍近红外分析技术在国外企业中应用的现状，较全面系统的反映国内食品企业的应用现状、技术难点及发展前景，结合实际现状，提出我国近红外光谱仪器制造、技术应用及需求的适用性发展建议。

2013 年，经学会推荐、组织和支持，江苏省昆山市超声仪器有限公司同天津大学精仪学院合作，建立了以叶声华院士为首席专家的院士工作站。2013 年初，该院士工作站已由江苏省正式授权挂牌并开展工作。

为配合工业和信息化部贯彻落实国务院《关于加强食品安全工作的决定》及《国家食品安全监管体系“十二五”规划》的要求，学会参与协助工业和信息化部开展了食品企业质量安全检测能力建设试点工作，并于 2012 ~ 2013 年完成了甘肃省兰州分离科学研究所、中国食品发酵工业研究院、广东省食品工业研究所、江南大学、天津科技大学等单位的中小型食品企业质量安全检测示范中心的认证工作。

2013 年，学会完成了北京交通大学等 5 所高校的工程教育专业认证工作，累计已经完成 7 所高校的专业认证。

2013 年，学会共评议批准工程师、高级工程师 66 人。

**学会建设**　2013 年 9 月 25 日，学会第八次全国会员代表大会在北京举行。本次大会，选举产生了第八届理事会、常务理事会以及理事长、副理事长、秘书长，聘任副秘书长和各特设委员会负责人人选；讨论并通过了《第七届理事会工作报告》、《第七届理事会财务报告》、《学会章程（修改稿）》、《会费收取标准及管理办法》等文件。

2013 年，学会秘书处共举办了自动化仪器基础知识培训班、环保仪器基础知识培训班、分析仪器基础知识培训班、商务礼仪培训班、公文处理培训班、挖掘心理潜能培训班，参观了天津轧钢三厂、河北先河仪器公司等企业，提升了秘书处员工专业知识、文化修养和工作能力。

2013 年，学会共举办 173 次学术交流，其中国际学术会议 34 场次；参会总人数 27755 人次，其中外籍专家 491 人次，总计发表学术交流论文 5094 篇。

2013 年，学会在上海市、广东省深圳市、辽宁省和重庆市建立了 4 个会员服务中心。

**学术期刊**　2013 年，学会开始创办《仪器仪表学报》（英文版），刊名定为 *Instrumentation*。

学会与英国环境技术出版集团合作，编辑出版《E 览环保》电子期刊。《E 览环保》的内容主要来源于国外媒体刊登的环保技术类文章和国内环保领域专家的特约文章。

**国际学术会议**　4 月 17 ~ 19 日，学会与中国核学会在陕西省西安市举办了第二届中国（国际）核电仪控技术大会，257 名专家、学者参会，其中，境外专家、学者 15 名。大会收到投稿论文 180 篇，安排报告交流 76 篇，审核后收录到论文集 124 篇，评选出优秀论文 13 篇。

8 月 28 ~ 29 日，学会在北京主办了 2013 中国国际过程分析与控制学术会议（IPAC2013）。国内 140 余名专家、学者参加了会议。大会邀请来自美国、加拿大、德国、英国、日本、新加坡、泰国等国的专家参加会议并作专题报告。大会分两个分会场进行专题交流，内容包括生物制药应用、石油化工应用以及过程分析与控制新技术 3 个专题，共交流 20 多个相关学术报告。

11 月 17 ~ 19 日，学会与国际光学工程学会共同主办的第四届光学仪器与技术国际学术会议在北京举行。来自 19 个国家和地区的近 400 位专家、学者参加了会议。会议设置了光学系统与现代光电仪器、光电子器件与光信号处理、光传感及其应用、光电成像与图像处理技术、光电测量技术与系统、微纳光子学及其制作 6 个分会场。

**国内主要学术会议**　4 月 19 日，2013 中国科学仪器发展年会在北京召开。会议由中国仪器仪表行业协会、中国仪器仪表学会分析仪器分会、仪器信息网联合主办。800 余位专家、学者参加了会议。会议邀请中国仪器仪表行业协会秘书长闫增序、中国工程院院士庄松林等专家对 2012 年度科学仪器的政策、技术、产业和市场发展状况展开深入分析，并对 2013 年的发展进行预测及展望。

8 月 27 ~ 30 日，学会主办的第 24 届中国国际测量控制与仪器仪表展览在北京举办。本届展会展出面积 2.6 万平方米，22 个国家和地区的近 500 家企业参展。展会期间专业观众近 3.2 万人次，包括来自 27 个国家和地区的海外观众 300 多人次。

8 月 28 ~ 29 日，2013 中国国际过程分析与控制学术大会（IPAC 2013）在北京召开，国内外 100 多位专家、学者参加了会议。BAM 联邦材料研究与测试研究所博士 Michael Maiwald、加拿大英属哥伦比亚大学教授 EdwardR. Grant、美国南加州大学教授秦泗钊、湖南大学教授陈增萍和浙江大学教授瞿海斌在会上分别作了题为《高分辨率在线核磁共振技术在过程分析中的应用》、《应用拉曼光谱技术进行复合材料分类》、《多级数据驱动过程化学计量学——过程数据分析》、《过程光谱分析技术：从复杂光谱数据中获取准确定量信息》和《现代中药研制过程中 PAT

技术的应用》的报告。

**国际交往** 2013年，学会组织国内专家分别参加了欧洲空气质量与排放AQE2013国际会议、意大利2013传感器与过程仪器仪表学术大会、第十九届瑞士医药及精细化工展览会（ILMAC）、美国国际在线检测与控制IFPAC国际论坛等，扩大了国际学术交流。学会与英国Environmental Technology Publications出版集团合作，引进其最新电子期刊。

**科普活动** 7月18～20日，中国科协主办的第四届科技场馆展品与技术设施国际展览会暨学术研讨会在北京举行。学会组织会员单位参加本次活动，布置了6个展位，展览内容包含清华大学研发的经皮交流电刺激仪、心冲击图，北京掌中宽途科技有限公司研制的睡眠监控仪，北京云晟感知信息技术有限公司研制的易眨眼，中国科学院理化技术研究所研发的手机平台上的无线医疗与健康技术等。

5月18～19日，学会与教育部高等学校仪器科学与技术教学指导委员会联合主办的第二届全国虚拟仪器大赛决赛阶段在天津大学举行。大赛共有来自132所高校的1469支队伍报名，最终提交作品738份。参赛作品涵盖测控技术与仪器、自动化、计算机、电气工程、机械工程、通信工程、汽车工程、宇航科学等诸多专业。

哈尔滨工业大学、石家庄铁道大学、清华大学、浙江大学、上海交通大学代表队分获不同组的一等奖、二等奖和三等奖。

学会与教育部高等学校仪器类专业教学指导委员会主办全国大学生测量控制与仪器创新设计大赛，共有来自全国188所高校的972支队伍参赛。竞赛以嵌入式系统技术，传感器技术，自动测试技术，通信技术、生物医学技术、模拟电路及数字电路技术为基础，旨在综合锻炼大学生的科技实践能力，充分体现现代大学生在测量控制与仪器仪表领域的创新实践成果，为国内企业提供更多具有自主知识产权的产品与技术。

此项大赛于2013年2月启动，经过了报名、提交报告、网评和初赛等环节，选拔出了72支入围决赛的队伍。11月4～7日，大赛现场答辩和竞赛展示在浙江大学进行。经过3天的比赛和评委专家的现场评审，最终从入围决赛的72只队伍中决出了最高奖“TI杯”、一等奖、二等奖，其中最高奖“TI杯”由合肥工业大学张冀、叶国阳、杨庆庆、董帅的作品“基于DSP的矢量控制电动执行器”获得。

**表彰举荐优秀科技工作者** 8月1日，经以金国藩院士为首的15人评审委员会评审，2013年度中国仪器仪表学会科学技术奖共评出科学技术奖一等奖1项，科学技术奖二等奖1项；科技创新奖2项，科技成果奖23项，优秀产品奖29项。学会向中国科协推荐获得科学技术奖一等奖的项目“多载体卫星导航信号模拟源”参加国家科技奖评审。

2013年，学会向61名高校优秀学生颁发了总计15.3万元仪器仪表奖学金。其中，特等奖2人，一等奖15人，二等奖44人。

**会员服务** 2013年，学会提出了会员个人职业发展全生命周期管理体系，针对会员不同时期提供个性化服务，增加两名拥有硕士学位的员工专门负责会员服务，重新修订了《会员手册》，制订了会员服务标准和监督制度，设计出可操作的具体实施流程和实施方法。

学会在全国建成了7个会员服务中心，传统会员服务手段结合现代信息技术，使用E-mail、微信、支付宝、手机短信、APP、开发了各种专用管理软件平台，出版了学会电子快讯和E览环保电子刊，及时把最新行业快讯、学会动态传递给会员。

**中国科协会员日** 12月12～13日，中国科协会员日暨中国仪器仪表学会会员工能力提升项目在河北省石家庄市举行。来自石家庄数英仪器有限公司、仪器信息网的会员50余人参加了活动。

活动分为环境监测仪器知识培训、参观河北先河环保科技股份有限公司和到革命圣地西柏坡参观学习3个部分。

学会特别邀请天津大学教授赵友全做了环境监测仪器知识的培训。赵友全向学会会员介绍了目前我国的环境污染现状，以近年来我国发生的环境污染事件为例，分析了我国大气、水质污染的主要原因，同时介绍了用于地表水、自来水、污水、农村饮用水等不同水质监测系统的建设，以及所用水质监测仪器的测量原理、基本参数、用途、市场上的主流仪器等内容。

**【中国仪器仪表学会第八次全国会员代表大会】** 9月25日，学会第八次全国代表大会在北京召开。中国工程院院士、中国科协副主席邓中翰，中国机械工业联合会执行副会长赵驰，中国工程院院士、中国仪器仪表学会理事长庄松林及300余位全国会员代表参加了会议。会议由学会副理事长兼秘书长吴幼华主持。

会议审议通过了《中国仪器仪表学会第七届理事会工作报告》、《中国仪器仪表学会章程》、《中国仪器仪表学会第七届理事会财务报告》、《中国仪器仪表学会会费收取标准》等，选举产生了新一届理事成员177位，常务理事47位，并选举了理事长、副理事长及秘书长。李天初当选第八届仪器仪表学会理事长，朱险峰当选为秘书长。

邓中翰在会上表示，中国仪器仪表学会作为全国仪器仪表与测量控制科技工作者的学术性社会团体，在推进我国仪器仪表与测量控制学术与产业发展中处于十分重要的地位，对推动我国仪器仪表与测量控制科技自主创新中发挥了积极的不可或缺的作用，为促进我国科技和经济的发展做出了巨大的贡献，特别是在政策咨询、学科建设、科技人才评价、科技成果转化等方面做了许多卓有成效的工作。

庄松林在《中国仪器仪表学会第七届理事会工作报告》中，总结了第七届理事会的工作，中国仪器仪表学会在五年的工作中，不断努力提高服务创新能力、服务政府和社会能力、服务会员和科技工作者能力以及加强学会管理，提升自主发展能力，做了许多卓有成效的工作，开展了大量的活动。学会在各级领导的大力支持下，在全体会员的共同努力下，2012 年被民政部评为 5A 级科技学术团体，并荣获中国科协支持的“学会能力提升专项”一等奖。

**【2013 中国科学仪器发展年会】** 4 月 19 日，2013 中国科学仪器发展年会（ACCSI 2013）在北京召开。会议由中国仪器仪表行业协会、中国仪器仪表学会分析仪器分会、仪器信息网联合主办。800 余位专家、学者参加了会议。

会议邀请中国仪器仪表行业协会秘书长闫增序、中国工程院院士庄松林等专家对 2012 年度科学仪器的政策、技术、产业和市场发展状况展开深入分析，并对 2013 年的发展进行预测及展望。庄松林作了题为《现代光学仪器及其应用》的报告，他阐述了光显示技术、光学成像技术、光纤传感技术以及光谱测量技术 4 个领域的发展现状和未来趋势。庄松林认为，当前，科学仪器设备已成为抢占国际科技战略制高点的必备手段，大力发展科学仪器设备事业已成为各国政府推动科技创新的重要抓手。

年会围绕科学仪器行业当前面临的难点、热点与焦点，设置了仪器研发及核心部件论坛、国产质谱仪器研发论坛、样品制备技术论坛、食品安全快速检测技术论坛、标准物质与标准品试剂沙龙、仪器及分析领域人才培养圆桌会议以和仪器买家供需见面会 7 个分会场。

年会上还颁发了 2012 年度科学仪器优秀新产品、2012 年度绿色仪器、2012 年度最受关注仪器以及 2012 年度最具影响力厂商等奖项。

（撰稿人：李　靖）

## 中国计量测试学会

**服务创新型国家和社会建设** 2013 年，学会举办了两期考评人员、一期质量督导员培训考核，共计考核考评人员 208 人，其中高级考评员 81 人。学会完成了 4 个职业技能鉴定实训基地评估检查和确立工作，行业实训基地总数达 21 个。学会参加了国家职业分类大典质检行业职业的选定、信息采集、汇总分析等工作。学会考核鉴定计量、检验职业技师 300 人、高级技师 200 人。学会完成了职业资格证书网上查询系统与国家证书查询系统的对接工作。

学会开展测量管理体系认证工作，2013 年颁发测量管理体系年度监督 3A 证书 504 个，2A 证书 255 个，1A 证书 328 个，并对获证单位进行了年度监督检查。全年举办外审员培训班 7 期，培训外审员 424 名，培训内审员 1937 人次，经中国认证认可协会正式批准有效确认审核员达 633 名。

学会承担了注册计量师有关教材编写、考试试题题库的编辑、考试阅卷等有关工作。截至 2013 年，通过考试取得一级注册计量师资格证书人员为 4243 人，其中，2013 年 537 人。

学会全国标准物质管理委员会办公室工作，2013 年对 35 家研制单位申报的 166 种一级标准物质进行了初审和终审，28 家单位研制的 147 种标准物质符合要求；对 76 家研制单位研制的 556 种二级标准物质进行审定，59 家单位的 367 种标准物质符合要求。学会支持国家标准物质资源共享平台建设，及时将国家颁布的标准物质有关数据传送到国家计量基础平台，保证国家有证标准物质资源与社会共享。

9 月 13 ~ 15 日，学会与中国检验检疫协会在山东省青岛市共同举办了首届国际检验检测技术与装备博览会，设计量检测技术学术专题报告专场，开展计量测试技术学术交流活动。

**学会建设** 学会以纪念“5·20 世界计量日”为契机，召开了计量技术与自动化信息推广交流会，以推进玻璃分析技术为重点，组织工作委员会、学术工作委员会和玻璃分析检验技术专业委员会召开了三个委员会联合工作会议暨学术交流，以拓宽视野提升能力为重点，召开了 2013 年度会员大会、地方学会座谈会暨计量测试科技创新交流会。

**学术期刊** 《计量学报》2013 年共编辑出版学术论文 122 篇，其中，获 863 等国家级基金资助的科研项目论文 48 篇，约占全年发稿总数 40%；省、部级资助的项目和涉及保密未标出的军工项目占全年发稿总数的 40% 以上。

**两岸交流** 8 月 21 日，学会在内蒙古自治区呼和浩特市召开了海峡两岸计量科研项目合作研讨会，会议就计量科研等合作项目进行了磋商。8 月 30 日，学会在广西壮族自治区桂林市召开了海峡两岸计量管理制度研讨会，会议交流了定量包装商品计量监管、计量器具软件测评方法以及计量执法。

**国际学术会议** 7月2日，第9届中日韩计量研讨会在山东省青岛市召开，主题为“让中国计量走出去，把国外先进技术和理念引进来”，会议就纳米新材料、LED评价、环境测量、食品测控质量体系、燃气表、声学振动以及各自国家的计量技术发展和计量管理等方面的内容进行了交流。

**国际交往** 9月，学会参加了在英国伦敦举办的第56届国际测量联合会（IMEKO）、理事会会议（GC）和IMEKO技术委员会（TB）会议。

**表彰举荐优秀科技工作者** 4月10日，国家科学技术奖励办公室和国家科学技术部共同批准学会设立“中国计量测试学会科学技术进步奖”。该奖每年评奖一次，首次颁奖活动定于2014年举办，目前申报工作已经结束，60多家单位110多个科研成果进行了申报。学会确定了150多名专家为评审专家，并建立了专家库。

2012年底，学会向国家科学技术奖励办公室和国家科学技术部申请设立“中国计量测试学会科学技术进步奖”。学会确定了150多名专家为评审专家，建立了专家库，同时，组织编写了评奖管理办法、评奖细则等重要资料。

（撰稿人：刘　健）

## 中国标准化协会

**服务创新型国家和社会建设** 2013年，协会承担了“我国产品可靠性标准研究与制订”，“洁净室及相关受控环境节能标准研究与制定”，“重要农产品中不同类型标准样品研究”，“天然产物标准样品示范性研制和技术规范研究”，“定性标准样品溯源性基础理论及技术研究”等质检公益性行业科研项目，开展了中国科协第十届标准化论坛资助项目、会员工作体系建设、“党建强会”计划“十百千”特色活动项目3项工作。

协会研究立项并制定发布了《转速可控型空调器快速制冷（热）技术要求》、《家用空调器去除PM2.5功能要求》等8项标准，使协会标准的立项总数达142项，批准发布总数达116项。

2013年，协会承接了北京市丰台区专业社工人才培养、评价、使用、激励试点项目，研究、设计并组织实施了对北京市丰台区东高地街道辖区的社区工作者和志愿者开展标准化培训和质量管理体系认证工作。

2013年，协会重点开展了服务标准化及创建标准化良好行为培训班、GB/T1.1标准编写培训班、联盟标准与知识产权培训班、试验方法标准编写指南培训班、标准体系建立综合知识培训班、产品使用说明书国家标准培训班等一系列基础培训教育，共组织了14期培训班，培训800余人次，深入大型企业举办2期企业标准化管理人员岗位培训班，培训120余人次。

5月24日，协会举办的服务标准化及创建服务标准化良好行为培训班在湖北省宜昌市举行。来自质检系统、科研机构、服务标准化管理人员共44人参加培训。培训班讲解了服务标准化基础知识、服务标准体系的建立、标准体系表编制原则和要求、标准化良好行为评价与确认、服务行业标准化试点等方面知识。

6月5～7日，协会在辽宁省大连市举办了GB/T1.1-2009标准的结构和编写及标准制定程序和质量要求培训班，来自质监系统、企事业单位及科研院所50多名从事标准化工作的专业人员参加了培训。授课教师主要从标准化基础知识、标准编写的基本思路、标准的结构、规范性要素和资料性要素的编写、要素内容的表述及标准制定程序和质量要求等方面，为学员进行了详细的讲解。

作为国家标准委培训部办公室，协会继续承担了全国专业标准化技术委员会秘书长培训和国际标准化人员综合知识培训，共组织2期国际标准化综合知识培训、4期全国专业标准化技术委员会培训，200余人次参加。

10月13日，2013年世界标准日期间，协会在北京王府井新华书店组织了标准化知识科学讲堂活动，100余名公众和大专院校学生参加了活动。

学会全国标准样品技术委员会组织召开涤纶短纤维等58项国家标准样品的评审会，组织了标准样品工作导则系列标准的修订工作，组织召开了全国标准样品技术委员会2013年第一次工作会议和全国质检系统标准样品技术研讨会。

学会全国雷电防护标准化技术委员会完成了《桥梁工程防雷技术规范》1项国家标准的审定报批工作，开展了GB/T 21714《雷电防护》系列4项标准，以及GB/T 21431《建筑物防雷装置检测技术规范》国家标准的修订工作，组织完成了IEC 62561《雷电防护系统组件》系列7项标准的立项上报工作。

学会全国原产地域产品标准化工作组2013年完成了50项国家标准的复审工作。另外对“地理标志产品牛栏山二锅头酒”等7项地理标志产品国家标准开展了修改单工作，2013年完成报批4项，其中3项已经批准发布。

学会全国项目管理标准化技术委员会2013年与上海标准化研究院合作完成了《项目后评价实施指南》国家标准审定和报批，以及《公共服务项目后评价准则》国家标准项目建议书的申报工作。

学会全国洁净室及相关受控环境标准化技术委员会2013年继续推进《洁净室及相关受控环境节能指南》等6项国家标准的制订工作，编辑出版了4期内部刊物《洁净室技术标准化》。

**学会建设** 协会作为国内率先开展社团标准研发单位之一，2013年结合国家标准体系改革的精神和方向，组织修订了中国标准化协会标准管理办法。2013年，协会着力开展能力提升工程，扩大服务领域和内容，加强协会品牌建设，继续实施ISO9000质量体系管理，完善基础建设。

1月18日，协会第七届理事会第五次常务理事会暨2012年度理事长办公会在北京召开。协会荣誉会员、顾问李瑞，资深会员、顾问郎志正、郭俊清、张国华、张恒烈、矫云起，理事长纪正昆，副理事长孙晓康、丛大鸣、王忠敏、朱恺、张健全、李为民、吴江徽和副理事长兼秘书长高建忠等50余人出席了会议，会议由副理事长兼秘书长高建忠主持。会议向常务理事汇报了协会2012年度工作总结及2013年工作思路，以及2012年度协会财务运行情况，汇报了关于协会秘书长及法人代表的变更情况，关于成立检验技术委员会的情况，讨论通过了关于纤维分会换届的提案。

**学术期刊** 协会主办《中国标准化》、*China Standardization*、《标准科学》、《标准生活》、《产品安全与召回》等5本期刊2013年取得了国际标准化组织ISO Focus中文版发行权，扩大了国际技术信息在国内的传播渠道。

2013年，国家新闻出版广电总局从开展了“百强报刊”推荐活动。经严格评审，确定了百强报纸、百强社科期刊及百强科技期刊名单，《中国标准化》杂志成功入选“全国百强科技期刊”。

**国内主要学术会议** 9月10～11日，协会举办了以“标准助推美丽中国”为主题的第10届中国标准化论坛。400多名标准化工作者和跨国集团企业人员参加了论坛。论坛设立环境建设、公共服务管理、科技创新发展3个板块专题进行交流和研讨。论坛期间，举办了标准助推美丽中国——标准化工作图片展，并对评选出的2013年标准化优秀论文以及年度标准化“十佳”人物进行了颁奖。

**国际交往** 学会全国标准样品技术委员会组团参加了第36届ISO/REMCO年会，加强国际技术前沿的跟踪与项目合作。

学会全国雷电防护标准化技术委员会组团参加了在韩国召开的第8届亚太雷电防护标准化国际会议（APL 2013），编辑出版了3期内部刊物《雷电防护与标准化》。

5月，协会参加了第36届太平洋地区标准大会（PASC），与来自23个国家和地区的80多名专家、学者就全球标准化发展趋势、下一代的教育、亚太经合组织（APEC）与PASC的合作、标准和政策、标准化和技术、国际标准化组织/国际电工委员会/国际电信联盟三个国际组织的工作机制合作等问题进行了讨论和交流。

6月，协会组团参加了在日本召开的第十二届东北亚标准合作会议，进一步推动东北亚地区标准化合作。

7月26日，西门子公司技术法规与标准化部亚太地区和美洲地区标准化总经理Matthias Gommel，西门子中国公司标准化与法规管理部经理Wolfgang Leetz等到协会访问。协会秘书长高建忠、副秘书长张伟与到访人员举行了会谈，双方举办标准化活动、方圆认证业务等内容进行了交流。

8月，协会参加了在日本东京举办的2013年日本技术传播者协会技术信息传播技术研讨会。

10月，协会参加了在英国召开的国际标准用户联盟国际研讨会和年会，积极发挥国际标准用户联盟（IFAN）的会员的作用。

11月，协会参加了在韩国首尔举办的2013年韩国技术信息传播协会年会，在德国威斯巴登举行的第四届技术信息传播国际会议。

**学会创新发展** 10月31日，协会与全国促进传统文化发展工程工作委员会共同发起的中国标准化协会传统工艺技术委员会在北京正式成立。协会传统工艺技术委员会在协会领导下工作，由协会理事长纪正昆担任主任委员，全国促进传统文化发展工程工作委员会秘书长杨新、协会副理事长兼秘书长高建忠任副主任委员。

**会员服务** 协会利用会员服务平台，为会员开展标准化信息服务，利用“党建强会项目”创建党员示范岗位，通过“中国标准化协会会员服务热线”开展标准查询和代购服务，累计达5670人次。《会员通讯》广泛收集信息，及时向会员传递，丰富会员的标准化知识。

**【中国标准化协会传统工艺技术委员会成立】** 10月31日，协会与全国促进传统文化发展工程工作委员会共同发起的中国标准化协会传统工艺技术委员会在北京正式成立。协会理事长纪正昆、副理事长兼秘书长高建忠，全国促进传统文化发展工程工作委员会副主任王克、秘书长杨新等出席成立仪式。

协会传统工艺技术委员会在协会领导下工作，由协会理事长纪正昆担任主任委员，全国促进传统文化发展工程工作委员会秘书长杨新、协会副理事长兼秘书长高建忠任副主任委员，委员若干。协会传统工艺技术委员会设秘书处，具体负责传统工艺标准化事业的开展，张瑞芳由担任秘书长，马贺喜任副秘书长。

协会传统工艺技术委员会的主要工作是：组织收集整理传统工艺技术诀窍、工艺流程；研究制定和健全完善中国传统工艺各门类的相关技术标准；推进传统工艺作品的检测评估、产品（作品）认证评鉴以及管理体系评审；开展标准规范、检测技术和管理方法的宣传推广、培训咨询、实施应用及技术服务；组织国内外技术交流与研讨，产品展览展销等活动。

传统工艺是指采用天然材料制作，具有完整制作流程且中国特有的手工工艺技术，包括雕塑、陶瓷制作、刺绣织染、古建筑营造、金属锻造与加工、髹漆、古典家具制作、文房四宝制作、刻绘、传统印刷、编织扎制等传统工艺，是我国非物质文化遗产的重要组成部分。

**【第10届中国标准化论坛】** 9月10～11日，由国家标准化管理委员会主办，安徽省质量技术监督局协办，协会承办的第10届中国标准化论坛在安徽省池州市召开。本届论坛主题为“标准助推　美丽中国”。国家标准化管理委员会副主任孙晓康、协会理事长纪正昆出席开幕式并讲话。来自20个省、自治区、直辖市的400多名标准化工作者参加了论坛活动。

论坛围绕主题，分环境建设、服务管理、创新发展三个专题进行了交流、研讨，来自海洋、环保、文化、农业、公共服务等领域的十几位专家、学者作了专题报告。

纪正昆在开幕式讲话中说，标准化工作要在“美丽中国”建设过程中充分发挥技术支撑和基础保障作用。协会今后要在建设现代农业，大力发展战略性新兴产业，推进现代服务业，加强社会管理、公共服务等诸领域大力加强标准化工作。

孙晓康说，在建设美丽中国的进程中标准化大有作为。标准化要推进农业标准化工作，服务现代农业发展；要加强资源环境标准化工作，支撑生态文明建设；要加大社会管理和公共服务标准化力度，推动和谐社会建设；要大力实施综合标准化。

论坛期间，颁发了优秀论文奖和2013年度标准化十佳人物奖，并举办了标准助推 美丽中国——标准化工作图片展。

（撰稿人：高　威）

## 中国图学学会

**服务创新型国家和社会建设**　2013年，学会联合国际几何与图学学会在全国范围内共同开展“CAD（计算机辅助设计）技能等级”培训与考评工作，6月和12月，分别举办了第十期和第十一期“CAD技能等级”考试，共有3.6万余名学员报名参加考试。

8月9日，第五期全国CAD技能等级考试考评员会议在辽宁省大连市举办。来自全国各CAD技能等级考试报名点、培训点的负责人及高校教师共50余人参加培训。截至2013年底，已有360多位教师取得了考评员资格。

学会与人力资源和社会保障部教育培训中心共同组织开展“全国BIM技能等级”考评工作。6月和12月，举办了第二期和第三期“全国BIM技能等级”考试，共有1700余名学员报名参加考试。

7月和12月，学会主办的第三期、第四期全国BIM技能等级考试师资培训班在北京举办。来自全国各地的高校教师60余人参加培训。

为了对BIM技能培训提供科学、规范的依据，学会组织有关专家制定编写了《BIM技能等级考评大纲》，由中国标准出版社出版。这是全国唯一的BIM培训工作的指导性文件。

**学会建设**　学会发展会员285人，其中，高级会员46人，普通会员160人，学生会员79人。

学会新成立了建筑信息模型（BIM）专业委员会和医学图像与设备专业委员会。建筑信息模型（BIM）专业委员会挂靠在清华大学，医学图像与设备专业委员会挂靠在中国科学院自动化研究所。

为健全和规范各分支机构的组织工作程序，在《学会分支机构工作条例》的基础上，学会重新修订了《中国图学学会分支机构管理办法》，经学会常务理事会议讨论通过，于3月15日正式实施。

学会承接了中国科协学会改革发展基础工程资助项目“办事机构职业化建设”类项目。学会以承接项目为契机，从建立完善规章制度，强化规范化管理，加强自身学习和培训，提高办事机构人员职业化素质，加强信息化建设，提高学会服务能力和水平，启动志愿者登记制度，为学会队伍注入新力量等方面入手，提高学会办事机构职业化水平。

**学术期刊**　学会主办《图学学报》、《土木建筑工程信息技术》、*CADDM*（《计算机辅助绘图设计与制造（英文刊）》）3种学术期刊。其中，《图学学报》为中文核心期刊，为提高期刊质量，编辑部不断调整充实编辑队伍，制定《编辑部工作制度》，统一论文写作要求和终审标准，保证论文质量。2013年，《图学学报》共出版6期，发表论文161篇，其中，基金项目资助论文101篇，占发表论文总数的62.7%。继续开展优秀论文评选活动，评选出9篇优秀论文。

《土木建筑工程信息技术》由季刊变更为双月刊，共出版6期，发表论文130余篇。2013年，该刊将业界关注研讨的热点——BIM技术与应用方面的文章更多地引入刊物栏目，并邀请业内人士撰写专题文章连载，探讨BIM实战经验，为BIM技术应用等行业计算机应用前沿领域的学者们提供探索与交流的平台。

*CADDM*全年出版4期，共发表论文57篇，其中，基金项目资助论文38篇，占发表论文总数的66.7%。

**学科发展研究** 学会承担了中国科协学科发展研究项目“图学学科发展研究”。学会组织本学科相关专家，调动全部专业委员会，多次召开研讨会，讨论研究报告的框架体系和内容撰写等相关工作。《图学学科发展研究报告》概述了图学的产生、图学的研究对象、图学的定义、图学的学科体系和图学学科的地位等，分析了图学理论研究、图学应用研究、图学教育研究和图学标准研究等方面的最新进展和成果，并对图学学科国内外研究进展进行比较，展望了图学学科的发展前景。研究报告提出了图学学科的框架体系，并撰写了9个专题报告分别支持由图学基础、应用支撑、图学应用3个层次，以及图学教育与图学标准两个支撑组成的图学学科框架体系。

**国内主要学术会议** 5月25～26日，学会承办了第十五届中国科协年会第27分会场——现代图学推动数字设计与制造论坛。来自企业、科研院所、高等院校等单位的100余位专家、学者出席会议。论坛分为“现代图学助力现代制造企业”和“现代图学关键技术与应用”两个主题进行交流。学术界和工业界的专家共同探讨了现代图学如何推动数字设计与制造的发展，进而促进中国工业转型升级的问题。

8月，学会在辽宁省大连市召开“图学学科发展研究”学术研讨会，相关专家、学者60余人出席会议。学会常务理事、上海交通大学教授何援军作了《图学学科发展研究综合报告》，学会常务理事、西北工业大学教授高满屯等其他9位专家解读了《图学理论进展和趋势》、《图学的计算基础》等9个专题报告。与会专家听取报告并就相关学术观点进行讨论和交流。

学会各分支机构以多种形式开展学术交流活动20余次。11月14日，学会图学技术与应用企业工作委员会在北京主办云制造学术报告会。中国航天科技集团总工程师、北京神舟航天软件技术有限公司总裁、学会图学技术与应用企业工作委员会主任杨海成以《云制造——未来的制造模式》为题作学术报告，报告提出了服务型制造是我国制造业转型的重要方向。与会学者从应用领域、商业模式、关键技术、政策引导等方面讨论了云制造在我国的落地等问题。

11月14～15日，学会土木工程图学分会、中国土木工程学会计算机应用分会和中国建筑学会建筑结构分会计算机应用专业委员会联合主办的第四届工程建设计算机应用创新论坛在上海市召开。210余位专家、学者参加会议。9位专家作了特邀报告。论坛组委会编辑了《信息化推动工程建设工业化——第四届工程建设计算机应用创新论坛》论文集，共收入论文53篇。

学会制图标准化专业委员会举办了2013年制图标准化年会，就2013年标准制定及修订、国际标准投票情况、标准宣贯等进行交流与研讨。制图标准化专业委员会主持并参与多项国际、国家、行业的标准制修订工作。在全国范围内开展标准宣贯及培训工作。

学会计算机图学专业委员会组织召开了多次计算机图学研讨会，发表论文48篇。

**国际组织任职** 学会国际联络工作委员会主任韩宝玲当选国际几何与图学学会常务理事。

**科普活动** 学会联合中国建筑业协会建筑技术分会举办2013第二届“龙图杯”全国BIM（建筑信息模型）大赛。大赛共收到作品126项，作品内容涉及规划、设计、施工各阶段的BIM应用。经大赛评审委员会初评、复评，39项作品进入复赛，24项作品入围现场答辩环节，最终评出一等奖3项，二等奖8项，三等奖12项。

12月6日，学会联合其他单位共同主办的2013年全国三维数字化创新设计大赛闭幕。参赛高校600余所，参赛企业1000余家，初赛参赛人数突破100万人。大赛内容包含工业与工程设计、数字建筑BIM设计、数字表现设计、微电影、企业命题设计、逆向设计等8个方面。

**表彰举荐优秀科技工作者** 为奖励在CAD/BIM技能等级培训工作中作出突出贡献的集体和个人，学会设立了“高技能人才教学先进单位”和“高技能人才教学优秀工作者”奖项。经各培训单位的申报和推荐，全国CAD/BIM技能等级培训工作指导委员会办公室的评审，14个培训工作报名点和培训点获得了“高技能人才教学先进单位”的奖励，有25位来自全国各地从事培训工作的教师获得了“高技能人才教学优秀工作者”的奖励。

**会员服务** 为了加强会员管理与服务工作，2013年，学会增设专职人员负责会员工作，并筹建信息部，加强学会信息化建设，提高为会员服务的能力和水平。学会主办的《图学学报》、《土木建筑工程信息技术》和*CADDM*免费发给高级会员阅读，且优先发表会员的理论和实践论文。学会利用中国科协所属学会会员管理系统信息平台，开展会员发展和管理服务工作。

**中国科协会员日** 12月15日，学会在北京举办了会员日活动，40多位图学工作者参加活动。多位青年图学工作者以《流程工厂全生命周期协同设计与管理解决方案》、《建筑行业图形产品和技术》、《技术与云服务进展》等为题作了报告。

**【第四届中国图学大会暨亚太地区图学论坛】** 8月10日，学会主办的第四届中国图学大会暨亚太地区图学论坛在辽宁省大连市召开。大会以“现代图学与科技创新”为主题，就图学的发展，图学科学与技术，图学应用与教育，以图学为基础的产品计算机辅助设计技术等方面的理论、方法、技术和应用等议题展开研讨与交流。来自各地的高等院校、科研院所、企事业单位从事图学研究、教学与应用的科技工作者，以及亚太地区其他国家和地区的图学领域的专家、学者共300余人参加会议。

会议邀请4位专家作大会主题学术报告。学会理事长、中国工程院院士、清华大学教授孙家广作了题为《图形学引领生活》的大会报告。学会副理事长、中国工程院院士、浙江大学教授谭建荣作了题为《新科技革命牵引下图学研究前沿与发展趋势》的大会报告。日本图学学会会长、国际几何与图学学会副会长、东京大学教授山口泰作了题为《连续调色图像的扩展视觉密码》的报告。学会常务理事、上海交通大学教授何援军作了题为《图与图学》的报告。专家们的报告从不同的侧面阐述了图学研究的新观点、新成果，从不同角度阐明了图学发展的现状和未来发展趋势。

会议分设图学学科发展研讨会、亚太地区图学论坛、图学教育专题研讨、图学理论及应用专题研讨、CAD应用技术专题研讨等多个分会场进行了专题研讨。

大会收到中文论文118篇，英文论文75篇，共录用论文148篇。优秀论文推荐到《图学学报》、《图学学报》（增刊）、*International Journal of Computer Applications in Technology* 和 *International Journal of Information and Communication Technology* 发表。

（撰稿人：杨　洁）

## 中国电子学会

**服务创新型国家和社会建设** 2013年，学会承接了工业和信息化部转移的电子信息行业节能减排专项服务、重大专项的第三方评估、信息产业重大技术发明评选、云计算服务测评与认证和标准研究和制定5项职能。

学会洁净技术分会、声频工程分会、天线分会、导航分会、电子测量与仪器分会、可靠性分会、空间电子学分会、通信学分会均开展或参与了国家标准的制定与研究工作。2013年，在7个《洁净室及相关受控环境标准——技术指南目录》中，洁净分会完成了4个国标颁布后的贯标宣讲、3个标准编制工作，同时完成了中国洁净技术主体标准体系建立工作，使中国洁净技术的标准体系与国际标准接轨。消费电子分会完成了《2013年消费电子产品信息化指数评测报告》、《市场需求调研报告》，并于12月正式发布。

2013年，学会策划、组织了40多个培训班，全年组织了5000多人次参加了培训，并筹备开展GREEN IT工程师培训。

为完善电子信息行业管理体系，培育和发展一个代表全行业的综合性社会组织，学会等10家单位筹备发起成立中国电子信息行业联合会。

**学会能力提升计划** 学会获得中国科协“学会能力提升专项优秀科技社团奖”。项目一期工作已于2013年7月底完成。学会建设的新网站、OA办公自动化系统、会员管理系统、组织机构管理系统、电子信息科技评价申报与评审系统、电子信息工程教育网已上线。

**学会建设** 2013年12月15日，学会与电子工业出版社和中国人民大学共同发起成立了中国首席信息官联盟。学会秘书长徐晓兰担任联盟理事长，联盟秘书处设在学会。

学会完成了相关部委委托开展的科技评价和人才评价工作，修订完善了《中国电子学会科技奖励的管理办法》、《中国电子学会科技成果鉴定管理办法》，建立了网上申报系统、专家系统、和评审系统，开展科技评价、人才评价、科技成果鉴定工作，树立了学会在科技评价、人才评价等方面的公信力和权威性。学会依据《中国电子学会科技成果鉴定管理办法》，2013年完成了26个项目的鉴定和材料审查工作。

4月，学会在天津市召开了主题为“谋求学会发展、实现互助共赢”的全国省（区）市电子学会秘书长工作会议。会议就省（区）市电子学会以单位会员的形式加入中国电子学会，成为中国电子学会的组成部分达成了共识；就中国电子学会与省（区）市电子学会加强合作、发展共赢的发展思路和拟签定的《合作发展协议》的内容达成了共识。

8月，学会在陕西省西安市召开了各省（自治区）市电子学会理事长、秘书长出席的全国省（自治区）市电子学会工作会议。会上签署《中国电子学会、省（自治区）市电子学会合作发展协议》，学会向各省（自治区）市电子学会颁发了中国电子学会单位会员牌匾。

学会总部加大了人才队伍建设和高学历人才引进力

度，新聘员工硕士及以上学历人员占 65%。

2013 年，学会发展会员 1786 名，其中会士 9 名，高级会员 209 名，会员 524 名，学生会员 1043 名，单位会员 120 个。

**学术期刊**　学会主办的科技报刊共 15 种，其中学术期刊 6 种，科普期刊 3 种，技术期刊 5 种，科技报纸 1 种。全年发行期刊 965400 册，发表学术论文近 7000 篇。2013 年，《电子学报》与《电子测量与仪器学报》获得中国科协精品期刊工程资助。《电子学报》的 CSTPCD 重要指标，总被引频次、IF 等逐年上升。《电子测量与仪器学报》的 2013 年 CJCR 影响力因子在电子技术学科 28 种科技核心期刊中综合排名第二位。2013 年，学会参加了首届中国（武汉）期刊交易博览会。学会总部 2012 年创办的《中国电子学会内刊》成为工业和信息化部指定学会刊发读物。

**决策咨询**　2013 年，学会总部参与了工业和通信业重点企业走出去调研活动。调研报告《促进我国企业“走出去”调研》获得了国务院副总理汪洋的批示。

学会总部撰写了《2013 年云计算机技术发展报告白皮书》、《电子信息企业人才服务咨询》、《重点技术领域专利信息数据库建设》等 70 余篇研究报告，其中，《重点技术领域专利信息数据库建设》的项目综合评分达到 90 分，在 17 家单位中综合排名第二。

**国际学术会议**　2013 年，学会共举办国际学术交流活动 8 项。8 月，第十一届国际电子测量与仪器学术会议在黑龙江省哈尔滨市召开。来自中国、美国、澳大利亚、加拿大、日本等国家的专家、学者 200 余人参加会议。大会共收到论文 636 篇，其中 226 篇被会议收录。

8 月，第十四届电子封装技术国际会议在辽宁省大连市召开，近 20 个国家和地区的学者参加。会议多年来得到了 IEEE-CPMT 的全力支持和 IMAPS、iNEMI 等国际著名行业组织的积极参与，已成为国际电子封装四大品牌会议之一。

**国内主要学术会议**　2013 年学会共举办国内学术交流活动 93 项。6 月 5 日，学会主办的第五届中国云计算大会在北京召开，1.2 万人次参会，展览面积 5000 平方米。大会举办了 7 场技术专题论坛、3 场行业创新论坛、5 场封闭论坛，邀请 8 位院士作主题演讲。

3 月 29 日，学会承办、工业和信息部主办的首届中国 ICT 科技评价促进产业发展大会在北京召开。大会颁发了 2012 年度中国电子学会电子信息科学技术奖、全国优秀科技工作者等奖项。

5 月 18 日，学会主办的 2013 中国 ICT 促进低碳经济发展大会在陕西省西安市召开。学会、西安市经开区和中国电子信息产业集团公司签署了《共同推进 ICT 节能低碳产业基地战略合作协议》，大会同时启动了电子信息行业节能减排自愿协议行动。

11 月 2 ~ 3 日，学会举办的 2013 年全国图像图形处理技术应用大会暨 2013 中国图像图形处理工程师年会在北京召开，300 多位专家、学者参会。大会包含 14 个技术报告和 1 个技术培训班。

3 月 26 ~ 31 日，学会举办的首届全国传感器技术应用大会暨中国传感工程师年会在北京召开，300 多位学者参会。大会设立了 4 个分会场，40 多位专家、学者作了报告。

**国际交往**　2013 年，学会和中国云计算技术与产业联盟赴卢森堡参加欧洲云联盟国际会议及中欧云计算工作会议，加强与欧洲云联盟的合作。2 月，学会承办了在上海举办的国际信息处理联合会（IFIP）执委会会议，组织 IFIP 董事会参观了华为上海研发中心。8 月，学会出席了在丹麦举办的 2013 世界医药信息学大会。9 月，学会前往波兰参加国际信息处理联合会（IFIP）全体成员国大会，学会副秘书长林润华再次当选 IFIP 执委会委员。学会成功申请到第二届全球信息技术主管大会的承办权，大会计划于 2014 年 11 月在北京举办。

**科普活动**　2013 年，学会开展主题科普活动 28 次，其中科普讲座 5 次、科普展览 3 次、其他形式科普宣传 20 次，受众人数 3282 人次。学会举办青少年科技竞赛 4 次，青少年科技竞赛参赛人数 1000 人次。学会获得 2013 年度全国学会科普工作优秀单位称号。学会开设了中小学教师师资培训班，举办了首届全国青少年电子信息创新大赛、首届全国移动互联网应用大赛、全国高校物联网应用创新设计大赛、全国大学生嵌入式设计大赛，首次开展了全国青少年电子信息等级考试（1 ~ 3 级）、开展了全国高校电子信息实践创新作品评选。学会所属分会组织专家通过座谈、报告等形式，推广科普知识。

**表彰举荐优秀科技工作者**　2013 年，学会推荐的清华大学自动化系教授季向阳获得第十三届中国青年科技奖。

2013 年度中国电子学会科学技术奖共评出一等奖 10 项、二等奖 23 项、三等奖 44 项。学会向工业和信息化部推荐 10 个荣获学会科技奖的项目参加 2014 年度国家科学技术奖的评选，西安电子科技大学段宝岩院士等人完成的“大型星载可展开天线设计理论与关键技术及应用”获国家科技进步奖二等奖。

学会生命电子学分会主任委员兼秘书长、北京理工大学生命学院院长邓玉林当选为中国科协首席科学传播专家。

**工程教育认证**　2013 年，学会专业认证人数近 5000 人，组织开展了电子设计工程师、嵌入式工程师等 10 多个专业的认证工作，其中，学会总部开展的电子设计工程师资格认证得到了美国认证协会的互认。

学会专业技术资格认证工作继续稳步发展。2013年认证人数近5000人，组织开展了电子设计工程师、嵌入式工程师等10多个专业的认证工作，其中，学会总部开展的电子设计工程师资格认证得到了美国认证协会的互认。

**党建强会** 学会总部作为工业和信息化部第一批开展党的群众路线教育实践活动的单位，2013年共组织活动46项，征集意见35条，起草活动相关文件62份。学会总部组织召开了5次座谈会，围绕学会实际工作征求群众意见共计31条，归纳汇总成16个问题。学会总部领导班子成员带领总部工作人员到部分常务理事单位、理事单位参观学习，组织调研座谈。

**会员服务** 学会重新搭建了会员信息管理系统，增设公共服务信箱和中国电子学会会员微信号，策划、制作了学会网站“会员频道”的服务内容，扩展为会员服务的渠道。定期向会员发送学会简报和科技期刊。2013年，学会建立了6个学生会员工作站。学会建立了网上支付、银行转账、邮局汇款、现金交纳收取会费的4种方式，2013年的会费收入同比增长74.5%。

**中国科协会员日** 2013年，学会总部和分会举办会员日活动近50个，以会员座谈会、高校和企业会员联谊会、参观、沙龙、交流互动等形式开展的会员日活动，参加相关活动的会员2000多人次。

在会员日活动期间，学会秘书长徐晓兰带队，走访了学会常务理事单位、理事单位：CEC中国电子联合实验基地、大唐电信科技产业集团、亿阳集团。了解企业的科研成果和企业文化，慰问科技工作者，并与科技工作者座谈。学会副秘书长王玉生带队到山东浪潮集团、华芯半导体公司、国家信息通信国际创新园和山东天岳先进材料科技有限公司等单位走访调研，慰问科研一线学会会员和科技工作者，并与科研一线人员进行座谈，征求对学会工作和活动的意见。

**【中国首席信息官联盟成立】** 12月15日，由中国电子学会、电子工业出版社、中国人民大学发起成立的中国首席信息官联盟在北京成立，全国政协副主席、全国工商联主席王钦敏，中国国际经济交流中心副理事长、国资委原主任李荣融，工业和信息化部副部长杨学山，第十二届全国政协委员、中国工商银行原行长杨凯生，第十二届全国政协委员、中国电子学会秘书长徐晓兰等出席成立大会。会议由工业和信息化部信息化推进司司长徐愈、电子工业出版社常务副社长兼总编辑刘九如主持。

中国首席信息官联盟的成立旨在贯彻落实《工业和信息化部关于印发信息化和工业化深度融合专项行动计划（2013—2018年）的通知》（工信部〔2013〕317号）要在大中型企业全面普及首席信息官制度的精神。联盟作为行业协调促进组织，由相关单位和个人作为联盟会员自愿参与活动，是一个依照联盟章程和会员愿望，针对行业热点问题定期进行交流研讨的开放式、非营利的全国组织。

中国首席信息官联盟主要工作是：推进首席信息官制度建设；制定和推广首席信息官认证制度及相关标准；多层次地开展首席信息官业务培训服务，提高首席信息官的知识水平和业务能力；以多种形式搭建国内外首席信息官交流合作平台，开展形式多样的研讨、交流、咨询、评估等活动。

王钦敏在讲话中表示，伴随着我国信息化建设进入深化应用阶段，为更好地推动工业化和信息化的融合，迫切需要建立一个能够有效凝聚首席信息官力量、充分发挥首席信息官价值的广阔平台，以期促进解决我国企业在信息化建设中遇到的问题，加强产业间、地区间的相互配合，整合资源，实现业务协同。

在联盟成立大会上，中国首席信息官联盟理事长兼秘书长、中国电子学会秘书长徐晓兰宣读了联盟章程，介绍了联盟组织机构、任务及发展规划。联盟设顾问委员会、指导委员会和理事会。顾问委员会主任由第十二届全国政协副主席、全国工商联主席王钦敏担任；顾问委员会副主任由中国国际经济交流中心副理事长、国资委原主任李荣融，第十二届全国政协委员、中国工商银行原行长杨凯生担任。指导委员会主任由工业和信息化部副部长杨学山担任；指导委员会副主任由工业和信息化部信息化推进司司长徐愈、中国人民大学常务副校长冯惠玲担任。联盟理事会副理事长单位由58家地方经济和信息化委员会或工业和信息化厅、企业和事业单位组成，理事单位由88家企业、联合会或其他社团组织组成。

（撰稿人：王天虹）

## 中国计算机学会

**服务创新型国家和社会建设** 2013年1月，《中国计算机学会推荐国际学术会议和期刊目录》（第三版）上网发布。该目录包括了10个主要计算机学科领域的重要国际学术会议及期刊，可作为国内高校和科研单位作为学术评价时的参考，教育部也将此目录作为评价高校计算机专业的依据之一。

学会组织编写出版了《2012中国计算机科学技术发展报告》，22个专委会提交了本领域发展研究报告，其中

12 篇正式出版。大数据专家委员会 2013 年度举办了第一届中国计算机学会大数据学术会议和第一届中国大数据技术创新与创业大赛，发布了《中国大数据技术与产业发展白皮书（2013）》。

学会学科前沿讲习班全年组织 11 期，涉及人机交互、大数据、智能语音技术、社交网络、人工智能、智能终端安全、自然语言处理等。学会还开办了 1 期计算机课程教改培训班。

2013 年 4 月，针对三大电信基础运营商试图向腾讯公司的微信业务收费所引发的社会关注，学会就“微信收费”事件发表声明，声明要点在《中国青年报》上刊发，从技术上指出三大电信运营商利用垄断地位双重收费并旗帜鲜明给予反对。

**学会能力提升计划** 学会成立了计算机视觉和人机交互两个专业学组。青年计算机科技论坛总部和分论坛全年共开展 152 场活动，青年精英大会吸引了百余名计算机界的精英人士，并邀请了来自海外，有丰富企业管理经验且在学术研究上有重要影响力的知名专家、学者作报告。

学会对各奖项评奖条例作了修订，对奖项的种类、评奖机构和职责、每个奖项的贡献及标准、候选人资格、提名人、获奖人数、评选流程和经费来源作了定义。为了表彰和鼓励在计算机产业发展方面作出重大贡献或其技术推动了产业发展的企业领导者，学会设立了中国计算机学会计算机企业家奖。

**学会建设** 2013 年，学会增选了 13 位理事和 2 位常务理事，新增会员 5800 余人，2013 年底，学会会员人数达 21645 人。新成立计算机视觉和人机交互两个专业组。

学会共召开常务理事会议 2 次、理事大会 1 次。常务理事会议内容包括：审议和确认 2 个专业委员会换届选举结果，审议通过设立中国计算机学会计算机企业家奖，审议通过对中国计算机学会奖励条例的修改，审议通过 2012 年度专委会评估结果，审议通过专委改革的方案，审议通过学会 2012 年度决算和 2013 年度预算；审议通过成立计算机视觉专业组和人机交互专业组的申请；审议通过中国计算机学会杰出演讲者计划条例，审议通过中国计算机学会会议组织条例等。

学会选定了 5 个专委会进行改革试点。对专委会委员的会员身份进行严格管理，133 名委员因未能按时续费而失去委员资格。

学会启动了计算机职业资格认证研究工作，已经完成组织架构构建，组织流程、管理条例、认证标准、考试机构管理条例编写和认证考试、管理系统构建。

**学科发展研究** 2013 年 10 月，由学会主编的《2012 中国计算机科学技术发展报告》出版。报告包含多媒体数据索引与检索技术、高性能计算机系统冷却技术、SDN 技术发展、计算机辅助设计与图形学、嵌入式抗恶劣环境技术、普适计算、微处理芯片设计、软件测试技术、计算机存储技术、计算系统虚拟化、社会化协同计算、多模态物理过程仿真研究 12 篇报告，介绍了相应研究方向的国际研究现状、国内研究进展、国内外研究进展的比较，以及发展趋势与展望等。

**国内主要学术会议** 学会及下属专业委员会共组织学术会议 46 次，参加人数约 1.4 万人次。中国计算机学会青年计算机科技论坛总部和分论坛全年共开展 152 场活动，其中报告会 83 场，论坛 59 场，特别论坛 2 场，其他类活动 8 次，参与人数逾万人次。

11 月 16 ~ 18 日，学会主办的第 13 届计算机辅助设计与图形学国际学术会议在香港特别行政区城市大学举行。173 位专家、学者参会（其中，国外专家 32 人），大会收到 344 篇投稿，录取 80 篇。

**国际交往** 7 月 20 ~ 27 日，学会选派 4 名员工赴美国，访问电气和电子工程师协会计算机学会华盛顿总部和洛杉矶学术工厂，与 IEEE 计算机学会相关负责人进行了交流，对 IEEE 计算机学会的组织架构、业务模式、会员拓展与管理、奖项设置、志愿者管理、市场拓展、会议管理、出版服务、在线培训、专业委员会支持等进行了全面了解。

**科普活动** 5 月 25 日至 6 月 1 日，学会组织的第三批吕梁优秀教师 21 人到北京举行为期 8 天的观摩学习与交流。教师们到北京理工大学附属中学、附属小学听课并进行交流。

9 月 22 ~ 24 日，学会吕梁教育扶贫团一行 8 人到山西省吕梁市岚县进行了为期 3 天的支教活动，走访了 6 所中小学，作了《计算机科学魅力》等 3 场报告，组织了 2 次座谈会，向学校、学生和贫困家庭留守儿童分别捐赠了爱心文具、助学金等。

2013 年，学会组织了信息学奥林匹克冬令营、中国队选拔赛、亚太信息学奥林匹克中国赛区比赛、全国青少年信息学奥林匹克竞赛、夏令营以及信息学奥林匹克联赛等活动，参与的中学生逾 7 万人次。在国际信息学奥林匹克竞赛中，中国队四名选手取得历史最好成绩，获得金牌榜前 3 名及第 11 名。

**表彰举荐优秀科技工作者** 2013 年度，中国计算机学会终身成就奖授予中国科学院院士、北京邮电大学教授陈俊亮和中国科学院院士、中国科学院软件所研究员董韫美，中国计算机学会王选奖授予北京大学李晓明和百度李彦宏，中国计算机学会海外杰出贡献奖授予美国特拉华大学终身教授高光荣。

深圳大学陈国良院士和清华大学教授吴文虎获中国计算机学会杰出教育奖。北京理工大学黄华、清华大学朱军、北京大学黄罡获得中国计算机学会青年科学家奖。中国计算机学会卓越服务奖授予清华大学教授石纯一，东北大学关楠，清华大学李先颖和王健楠，南京大学李宇峰，同济大学王成，北京大学张颖，中科院计算所张史梁，华中科技大学刘小白，中山大学詹志辉，哈尔滨工业大学程思瑶获得中国计算机学会优秀博士学位论文奖。

江南计算所“神威蓝光千万亿次计算机系统”、国防科大与工信部软件与集成电路促进中心和Canonical公司联合完成的“UbuntuKylin开源操作系统”、联想（北京）有限公司“计算与通讯融合便携移动智能终端的研发与产业化”获得中国计算机学会技术进步奖一等奖。清华大学“复杂数据的挖掘与管理研究”获得中国计算机学会自然科学奖二等奖。中科院计算所和东华软件股份公司联合完成的“互联网测试与测量关键技术及系统”获得中国计算机学会技术发明奖二等奖，曙光信息产业股份有限公司“国产通用CPU龙芯刀片服务器项目”、闪联信息技术工程中心有限公司“面向3C融合的闪联标准关键技术研究及重大产业化应用”、北京师范大学与西北大学和公安部物证鉴定中心联合完成的“颅面形态信息学研究与应用”获得中国计算机学会技术进步奖二等奖。

首届中国计算机学会计算机企业家奖授予联想集团创始人柳传志。

中国计算机学会优秀大学生奖共评出99名，学会全额资助获奖者参加2013年中国计算机大会。

**工程教育认证** 学会组织完成了对西安电子科技大学等9所高校计算机专业的认证，组织完成了认证专家遴选和管理办法的修订以及软件工程补充标准的起草。学会参与了中国工程教育认证协会认证工作流程、认证案例的修订和编写工作。

**会员服务** 2013年，学会新增会员活动中心10个。会员中心共组织当地学术会议、专题论坛等活动42次，活动结合当地的经济、社会发展，派遣专家支持活动，并为会员活动中心提供部分活动经费。

学会通过技术改造和规范流程提升服务功能，初步构建了数字图书馆，将一批优秀学术报告视频编辑纳入数字图书馆，同时开发了学术年会手机应用软件，为会员提供服务。

学会面向会员组织11期学科前沿讲习班（ADL），培训会员400余人次。

**【2013中国计算机大会】** 10月24～26日，2013中国计算机大会在湖南省长沙市举行，大会由学会主办，国防科技大学承办。大会主题为“数据空间，放飞梦想”。大会由主题报告、论坛、论文交流、颁奖和科技展览组成。参会专家、学者超过2500人。会议共收到论文投稿894篇，录用198篇。

2004年ACM图灵奖获得者、TCP/IP协议发明人之一Vinton G.Cerf作了题为《互联网的起源与未来》的报告；中国计算机学会会士、“天河一号”总设计师杨学军院士作了《E级计算的挑战与思考》的报告。2013中国计算机学会海外杰出贡献奖获得者、ACM/IEEE Fellow、美国特拉华大学教授高光荣作了《数据流与大数据的挑战与机遇》的报告。李国杰、柴天佑、鄂维南、张尧学和梅宏等院士在大会主题论坛上阐述大数据对计算领域和社会产生的深远影响并探讨业界对大数据的解决之道，讨论了大数据的应用对计算机系统结构的新要求。专家们指出，工业控制产生的海量数据的充分利用，有可能解决现有工业控制技术尚不能解决的问题，在大数据时代，现行计算机软件技术可能的变革和发展包括数据处理流程的变化、形成以数据为中心的计算架构、构建新型的数据模型与数据管理平台、针对过时数据的淘汰和丢弃策略等。

会议还举办了三维打印与数字化制造、开源软件、移动互联网、网构软件论坛、SDN、MOOC、人机交互、脑机融合与混合智能、高效能计算机、计算机视觉等10个主题论坛。大会同期还举办了技术成果展览。

颁奖会上颁发了2013年度中国计算机学会王选奖、海外杰出贡献奖、科学技术奖，并向“CCF-Intel青年学者提升计划”和“CCF-腾讯犀牛鸟科研基金项目”的获得者颁发证书。

**【第一届中国计算机学会大数据学术会议】** 12月7～8日，学会首届大数据学术会议在北京召开。会议由学会主办，中国工程院院士、中国科学院计算技术研究所研究员李国杰和香港中文大学教授华云生担任大会名誉主席，哈尔滨工业大学教授李建中和金蝶国际软件集团首席科学家张良杰担任大会主席。来自全国各地的400位专家、学者参加了会议。

李国杰在开幕词中希望会议以推动国内的大数据行业应用为导向，立足国内学术界和产业界，面向海内外学者，以探讨大数据研究的挑战问题和分析总结大数据应用案例为主，突出大数据研究的多学科交叉和渗透，打造为本领域有影响的旗舰型学术会议。

会议包括4个大会报告，8个分组报告，以及大数据热点问题与2014年发展趋势、大数据系统、分析与安全、网络空间大数据应用和物理空间大数据应用四个专题报告。会议邀请了 60 余位来自大数据研究相关领域的专家、学者，分享他们在大数据研究领域的最新研究成果。

会议共收到高校及科研机构的论文 174 篇，最终录用 59 篇，录用的论文推荐到《计算机学报》、《计算机研究与发展》、《计算机科学与探索》等期刊发表。

会上，香港中文大学教授华云生作了题为《科学发现中大数据面临的若干挑战》的报告。报告认为要想解决科学发现中大数据面临的潜在挑战，必须首先解决在数据复杂性、计算复杂性和系统复杂性 3 个方面的挑战。中国科学院院士、西安交通大学教授徐宗本作了题为《关于大数据研究的若干科学问题及其初步探索》的报告。报告从数学、信息、数据、计算交叉融合的角度提出了大数据研究的若干科学问题，包括：大数据的超高维问题、计算理论问题、Subsampling 问题、分布适时计算问题、非结构化信息处理问题与可视分析问题等。美国俄亥俄州立大学教授 D.K.Panda 作了题为《利用新型硬件加速大数据处理面临的挑战》的报告。D.K.Panda 介绍了在新型硬件上进行 Hadoop 和 Memcached 加速面临的挑战，展示了针对 Hadoop 和 Memcached 的多个组件所进行的基于 RDMA 的设计方案，并介绍了采用多层次和系统化方法所设计的测试方案。清华大学教授郑纬民作了题为《大数据存储系统的研究与实践》的报告。郑纬民提出了大数据对存储系统高可用、低成本、高性能和访低开销的四个要求，并对这四个要求的优先级进行了排序。

**【第一届中国大数据技术创新与创业大赛】** 10 月 24 日，学会与中国科学院、重庆市人民政府联合主办的第一届中国大数据技术创新与创业大赛在重庆市启动，国内外 163 个科研院所的 660 支队伍参加了比赛。

重庆市副市长陈和平出席启动仪式并致辞。陈和平介绍了重庆发展大数据产业的规划和政策举措，对中国科学院、中国计算机学会在合作中给予的支持表示感谢，并真诚地希望信息产业界的有志青年积极参加大赛，相关产业界共同关注大赛、关注重庆、关注青年。

大赛旨在构建良好的资源共享平台，创造大数据的良性发展环境，促进大数据与云计算等战略新兴产业的融合，促进大数据专业技术人才的培养，为国家软件产业输出有创新能力和实践能力的高端人才。大赛以“创新、创业、创造未来”为主题，分为创新分赛和创业分赛。参赛选手可自由选择参加一项分赛或同时参加两项分赛。创新分赛采取“命题作文”的方式，面向全体参赛者征集问题解决方案；创业分赛不预设题目。两个分赛分别设立评审委员会。

学会常务理事、中国计算机学会大数据专家委员会副主任、哈尔滨工业大学教授、973 项目首席科学家李建中对大赛背景、组织构架等做了详细介绍。大赛引入彩天石、华登、智基创投等风投基金，对进入决赛的项目和预赛部分优秀项目进行支持。

大赛历时 3 个多月，最终决出一等奖 1 支队伍、二等奖 3 支队伍、三等奖 13 支队伍。12 月 6 日，在 2013 中国大数据技术大会期间，大赛组委会举办了第一届中国大数据技术创新与创业大赛颁奖活动，为获奖队伍颁奖。

（撰稿人：朱征瑜）

## 中国通信学会

**服务创新型国家和社会建设** 2013 年，学会通信专用集成电路委员会开展了集成电路产业调研，形成国内外集成电路产业及技术趋势研究报告，供工业和信息化部制定我国集成电路产业发展有关政策参考。学会无线电应用与管理专业委员会开展了 TD-LTE 宽带集群系统射频标准规范课题研究、无线电管理领域行政强制措施课题研究、军地无线电监管网系融合标准规范研究等课题。学会通信设备制造技术委员会完成了中国工程院立项的移动互联网发展引发 ICT 产业变革研究、智能终端基础软件发展战略研究、制造强国战略研究 - 信息与电子组 - 计算机与软件专题等课程。

2013 年，学会开展教授级高级工程师任职资格评定。

**学会建设** 2013 年，学会发展团体会员 2 个，高级会员 65 人、学生会员 163 人，核准地方学会发展高级会员 197 人，备案普通会员 216 人。

2013 年，学会开展了四川芦山抗震救灾先进集体和先进个人的评选工作，四川省通信产业服务有限公司雅安市分公司、中国移动通信集团四川有限公司雅安分公司、中国联合网络通信集团有限公司雅安市分公司获抗震救灾先进集体称号。邹正礼（土家族）、徐强、於常科、李小军、黄进（藏族）、彭仁锋 6 人获抗震救灾先进个人称号。

学会组织了 11 个分支机构换届工作，8 家分支机构换届改选工作。召开组织工作委员会换届会议暨六届一次会议，审批一批高级会员和团体会员。

7 月 2 日，学会举办科技奖励申报专场培训，聘请专家针对学会科技奖励推荐工作流程及要求、推荐书编写技巧及注意事项、国家科技奖励工作要点等方面进行介绍，结合在奖励申报中容易遇到的问题进行探讨和现场答疑。30 余人参加培训。

7 月 10 ~ 12 日，学会在北京召开了中国通信学会工作座谈会。各省、自治区、直辖市通信学会的理事长、秘书长，各专业委员会主任委员、副主任委员，普及与教育工作委员会委员，团体会员代表 104 人出席会议。会议期间召开的第八届普及与教育工作委员会第一次会议选举季仲华为主任委员。

2013 年，学会完善 5 项管理规章制度，完成学会财务管理、资产管理工作，组织召开日常行政会议 29 次，形成会议纪要 26 篇。

**学术期刊** 2013 年，学会主办的 5 种期刊共印刷 25 万余册。《通信学报》出版 14 期，2.18 万册，刊登论文 302 篇。《电信科学》出版 14 期，印刷 4.2 万册，刊登文章 400 余篇。《现代通信》出版 6 期，印刷 7.3 万册，刊登文章 174 篇。《中国电信业》出版 12 期，印刷 9.6 万册，发表文章 372 篇。《中国通信》出版 12 期，印刷 1.9 万册，刊登学术论文 175 篇。

2013 年，学会起草了《中国通信学会期刊管理办法》，启动《中国通信年鉴》组稿和出版工作，完成了《中国通信》杂志社的法人和监事变更手续。

**国际学术会议** 4 月 27 ~ 29 日，由学会与英国工程技术学会（IET）主办的 2013IET 信息与通信技术国际会议在北京召开。来自美国、英国、德国、韩国、俄罗斯、新加坡，中国内地和台湾地区等国家和地区的 120 余名专家、学者出席会议。英国剑桥大学教授 Andy Hooper 等 9 位国内外专家作特邀报告。会议收到来自 40 多个国家和地区的 406 篇学术论文投稿，最终收录 106 篇文章。

8 月 12 ~ 14 日，中国国际通信大会在陕西省西安市召开，大会共举行产业与学术论坛、专题研讨会、拓展报告及专题报告等 40 多场活动，会议主题为“未来通信，自由无限”。来自国际组织、政府主管部门、电信运营商、设备厂商，以及来自 23 个国家和地区的 121 所院校和研究机构的专家、学者、论文作者等 400 余人参会，其中国外学者达 100 余人。

9 月 10 ~ 12 日，第 25 届国际电信流量大会在上海市举行，18 个国家和地区的 60 多名中外专家、学者出席，会议主题是“云时代的电信流量”。中国工程院院士朱高峰，北京邮电大学教授梁雄健担任会议联合名誉主席。上海通信管理局局长陈皆重、学会秘书长张新生、国际电信流量大会顾问委员会主席 Chemouil、会议联合主席、北京邮电大学经管学院院长吕廷杰，丹麦理工大学教授 Iversen，以及来自上海电信公司、上海联通公司、上海移动公司和诺基亚公司的企业人员和 18 个国家和地区的 60 多名中外专家、学者出席会议。会议期间共举办了 4 场主旨报告，8 场技术研讨会，1 场论文墙报会，1 场专题座谈，4 场专题会和 1 场技术参观。中外专家、学者围绕通信流量模型、拥塞控制、网络性能分析、路由与流量管理、负载均衡、能源效率、网络资源分配等主题进行交流，并展示最新研究成果。程序委员会联合主席由清华大学教授牛志升和北京邮电大学教授忻展红担任。会议由学会与国际电信流量大会、北京邮电大学、清华大学共同主办，北京邮电大学承办，会议得到了电气和电子工程师协会（IEEE）、美国计算机协会（ACM）等国际学术组织的技术支持。会议期间，国际电信流量大会顾问委员会颁发了最佳论文奖和最佳学生论文奖。

**国内主要学术会议** 2013 年，学会及所属分支机构举办国际、国内学术交流活动 28 次，参会人数 5660 人次，征集论文 1995 篇。

4 月 11 ~ 12 日，第三届中国移动医疗产业大会暨首届智慧医疗健康中国峰会在北京召开，27 位专家作专题报告，来自北京、河北、天津、江苏等地卫生局、医疗机构以及相关企业的 400 名专家、学者参会。会议主题为“开拓创新、智慧共赢”。

4 月 18 ~ 19 日，第五届中国移动支付产业论坛在北京举行，会议主题为“应用驱动、竞合发展”，400 多名专家、学者出席。会议分为移动金融与电子商务、智能卡与行业应用、移动支付安全与发展等分论坛。会议期间举办了互联网产业政策及趋势和移动支付 NFC 专利分析和趋势专题讲座。

5 月 17 日，由工业和信息化部与交通运输部联合主办，学会承办的 2013 年世界电信和信息社会日大会在北京召开，会议主题为“信息通信技术与改善道路安全”。工业和信息化部副部长尚冰、交通运输部副部长高宏峰出席会议并讲话。30 余个国家部委负责通信和信息化工作的相关领导及社会各界 400 余名专家、学者参会。中央电视台等 50 余家媒体对会议进行报道和直播。

5 月 26 日，学会承办了在贵州省贵阳市举办的第十五届中国科协年会第 10 分会场，会议主题为“信息化与农业现代化”。200 余名专家、学者出席会议。中国科学院院士李未作为大会主席主持了报告会。中国工程院院士、中国人工智能学会理事长李德毅在会上作了题为《大数据的位置服务》的主题报告，日本野村株式会社综合研究所副董事长谷川史郎以《融入日本农业领域的 ICT 技术》为题介绍了日本 ICT 技术与农业技术的融合。会议探讨了信息化与农业现代化的关系和作用，信息化应用在现代农村建设中的作用，三网融合在现代农业中的应用等内容。会议征集论文 70 篇，评选优秀论文 21 篇，对 4 篇优秀论文作者进行奖励。该年会分会场获得中国科协年会优秀分会场组织奖。

7月11日，学会组织召开促进信息消费专家座谈会，学会副理事长邬贺铨院士，以及国家发改委、中国科学院、中国社会科学院等单位的专家，企业高管40余人参会。

7月23日，学会与中国互联网协会在北京联合主办OTT产业链合作发展研讨会。中国移动、腾讯、中国电信、奇虎360等运营商与互联网企业代表、学者出席会议。会议探讨了OTT业务的核心及本质、技术标准、盈利模式、安全和隐私问题以及电信企业和互联网企业在OTT业务领域的分工与合作、运营商与OTT提供商的利益分配模式、如何营造良性的OTT产业环境等议题。

8月1日，学会在北京举办2013中国LTE产业发展峰会。会议主题为“推动产品完善　促进技术融合”，会议通过主旨报告、主题演讲、展览展示等形式探讨了LTE产业发展形势。来自政府监管部门、电信运营商、设备厂商、芯片厂商、解决方案提供商、终端厂商、应用提供商、新闻媒体等在内400多名专家、学者出席峰会。

8月7～8日，第二届运营商终端与应用创新合作大会在北京召开，大会主题为“移动互联时代运营商价值重塑与转型合作”，400余位产业界人士出席。会议包括3个分论坛近40个主题报告、3场专家对话互动、通信科技大讲堂和新品科技创新展等四部分内容。在高峰论坛，中国电信天翼终端公司副总经理马武、中国移动终端公司副总经理唐剑锋、中国联通市场营销部副总经理库伟分别作主题报告。美国高通公司全球副总裁沈劲作主旨演讲。在4G与终端发展主题论坛，专家、学者围绕4G智能终端的新特性、虚拟运营的机遇与挑战、国内可穿戴设备的机遇进行讨论。在移动互联网应用与创新主题论坛，专家、学者围绕应用软件平台化创新及趋势，应用、技术、终端的深度融合创新，运营商、应用商店（平台）、应用之间的良性生态环境建立进行了行业对话。在第五届手机安全产业主题论坛，与会专家、学者围绕如何防控便捷应用背后的安全隐患、移动互联网快速发展背景下如何多方协同维护终端与网络安全进行了高端对话。在通信科技大讲堂环节，学会安排了3个讲座。工业和信息化部电信管理局调研员庾志成、电信研究院泰尔实验室主任潘娟、学会副理事长兼秘书长张新生分别作了《加强移动智能终端进网管理的政策解读》、《移动智能终端安全能力标准评估》、《移动互联网与智能终端的发展和思考》的报告。80余位科技人员参加了培训。

9月4～6日，第十五届中国卫星应用大会在北京举行，大会主题为“跨接地面与云端的卫星应用”。国内外400余名卫星行业的企业代表、研究人员出席，大会对卫星领域发展历史、发展前景、新兴市场、应用拓展、法规政策等进行了讨论。专家就卫星产业的全球干扰问题及解决方案进行了讨论，各产、学、研及政府机构的专家、学者就卫星应急通信、移动互联网、卫星在各传统领域的应用、新的卫星政策标准等方面进行了18个主旨演讲，数十名专家、学者分别就频谱管理的预防、故意干扰及ITU相关规定，卫星移动应用在中国的新发展进行了专题讨论。会议同期举办了中国国际卫星应用技术与设备展。来自中国卫通集团、中国航天科技集团、苏州科达科技公司、北京中天创域投资咨询公司、西安中恒星通信公司、鑫诺卫星通信公司、德国诺达卫星通信系统有限公司、亚太通信卫星有限公司、美国卫讯公司等众多国内外企业参展。大会集主题报告会、设备展览会、卫星技术讲座、圆桌讨论会于一体，参会国内外产业界代表就企业间合作达成多项协议。

9月23～25日，中国通信学会第32届光缆电缆学术年会在湖北省武汉市召开。会议主题为“通信线缆在网络中的作用与地位”。来自3大运营商（中国电信、中国移动、中国联通），行业科研、检测机构，光纤光缆及电缆厂商，材料厂商近60个单位，110余名专家、学者参会。会议期间，安排学术报告18个。中国工程院院士赵梓森作了题为《光纤通信技术新进展》的报告。年会收到学术论文60多篇，编印制作了《2013年光缆电缆学术年会论文集》。

10月30日，学会在北京举办了2013移动信息化高层研讨会。研讨会主题为“推进移动信息化应用，引领移动互联时代转型升级”。来自商务部、水利部、文化部、交通运输部、中粮集团等40个部委和央企的信息化负责人员200余人参会。英特尔、IBM、思科、大唐电信、奇虎360、摩托罗拉等公司代表和专家结合目前移动信息化环境和建设情况，围绕如何加强移动信息化顶层设计、如何抓住移动互联网带来的机遇、怎样快速加入物联网的发展浪潮、强化网络和信息安全保障等内容做了探讨与分享。会议包括高峰论坛、移动信息化行业应用主题论坛、企业级移动应用创新与安全论坛3个版块，共20余场主题报告。

11月23日，由学会主办的2013年全国无线电应用与管理学术会议在天津市召开，中国科学院院士姚建铨出席了会议，300余名专家、学者参会。会议举办了物联网与智慧城市、无线通信产业应用与频谱资源管理策略、2015年世界无线电通信大会等10场特邀报告，安排了无线电管理与电磁兼容、无线电技术应用2场专题论坛。与会专家、学者就如何有效利用和管理无线频谱资源进行了探讨。会议征集到学术论文近100篇，录用51篇，编辑出版了《2013年全国无线电应用与管理学术会议论文集》。会议评选出5篇优秀论文。

12月9～10日，2013国际云计算大会在北京举行，会议主题为“云计算：存储、架构和应用”，300余名专家、学者出席。大会围绕会议主题举办了30场专题报告，中国工程院院士刘韵洁作题为《未来网络发展全景与云计算》的主题报告。会议成果编纂成《云计算发展动态》。

12月10～11日，第四届中国移动支付年会在北京召开，年会主题为“优化生态环境，促进开放共赢”，来自移动支付产业界近500名专家、学者、企业人士出席。在高峰论坛上，中国移动中移电子商务总经理范金桥、中国电信天翼电子商务有限公司副总经理罗来峰、中国银联移动支付部总工徐晋耀、中国联通沃支付产品总经理狄亚分别就发展策略、业务部署、产品服务、趋势合作等作主题报告。郑州新开普副总经理付秋生、大银电子董事长陈冰分别就NFC技术金融IC卡解决方案、中国云商推动移动支付跨界创新作主题演讲。“2013年移动支付产业年度关键词”在主题论坛上正式发布，根据上百位专家和业内人士的评选，“互联网金融”、“移动社交支付”、“移动支付国标发布”、“O2O”、“NFC手机钱包”成为年度5大关键词。工业和信息化部电信研究院、上海动联信息、宁波移动、Globalplatform等专家、学者作主题演讲，中国电子技术标准化研究院、中国银联、大唐微电子、霍尼韦尔等企业人员就国家标准发布实施、产业生态环境协作与优化进行了自由讨论和互动交流。在年会的展示体验区，中国电信、中国移动、中国联通三大运营商支付公司首次同台展示移动支付最新产品业务。

**科普活动**　2013年，学会开展主题科普活动及展览展示活动20多项。其中，在“全国科技活动周”和“全国科普日”期间组织活动2项，重点技术推广普及活动7项，举办“通信科技大讲堂”4次，专题培训4次，专家座谈会1次，组织科普参观5次，直接受众者4013人次。学会组织的“全国科普日”活动被中国科协评为“2013年全国科普日活动优秀特色活动”。11月，学会获得中国科协“2013年度全国学会科普工作优秀单位”称号。

6月，学会批准授予中国移动宁夏科技馆、智慧银川应用展示中心、四川邮电职业技术学院、中国电信未来信息馆、哈尔滨工程大学电工电子实验教学中心、哈尔滨工业大学通信技术研究所、上海集成电路科技馆、辽宁通信博物馆8家单位“中国通信学会科普教育基地”称号。

9月23日，由学会主办的现代通信技术与信息社会发展专题报告会暨2013年全国科普日系列活动在南京邮电大学举行。来自全国通信信息领域的近200名知名专家、学者出席报告会。中国科学院、中国工程院两院院士陈俊亮，中国科学院院士、南京大学教授吴培亨等5位专家、学者围绕通信技术领域创新、记忆电阻技术在存储器的开发应用、5G移动通信技术的未来发展、移动互联网时代运营商的转型与创新等内容进行了阐述。

9月26日，由学会主办的第十九届电信新技术新业务高级报告会在北京召开。报告会主题为“实施宽带战略，助力经济升级，促进共建共享节约社会资源”。7位专家作大会主题报告，140余位专家、学者出席报告会。报告内容包括如何加快推进NGB建设、电信运营企业宽带布局及建设情、TD-LTE宽带网络与经济发展等。

**表彰举荐优秀科技工作者**　2013年，学会科学技术奖共受理申报项目109项，36个项目获奖，其中一等奖4项、二等奖15项、三等奖17项。

2012～2013年度，学会连续被国家科技奖励办公室批准为可直接推荐国家科技奖候选项目的单位，由学会直接推荐的光电交叉联动与跨层灵活疏导的光传送技术及设备项目，获得国家技术发明奖二等奖。

4月24日，学会在北京举行2013年度中国通信学会科学技术奖励工作会议，35个获得2012年度中国通信学会科学技术奖的获奖项目受到表彰。

**会员服务**　2013年，学会组织团体会员、个人会员参加学会和各专门委员会举办的学术、科普活动21场，共计785人次。向团体会员单位、高级会员、会士寄送刊物6000余册。

2013年，学会组织了3个批次、近150位学会分支机构领导及团体会员单位人员，参观了中国通信电信博物馆、北京联通互联网数据中心等学会科普教育基地、国家博物馆、国际信息通信展览会。学会协助会员单位——武汉邮电科学研究院承接了商务部援外研修班学员在北京考察参观的任务，71名来自发展中国家的电信部门官员参观了学会科普教育基地——中国通信电信博物馆。

1月17日，中国通信学会吉林大学学生会员分部成立大会在吉林大学举行。200余名师生参加会议。会上宣读了《关于成立中国通信学会吉林大学学生会员分部的决定》。中国通信学会吉林大学学生会员分部是学会在北京以外成立的首个学生会员分部，吉林大学144名研究生、本科生入会。

**中国科协会员日**　12月17日，作为会员日系列活动之一的信息通信技术总工程师论坛在北京举办，论坛主题为“改进作风，服务基层，促进信息通信行业转型升级”。来自全国各地基层信息通信企业代表，学会团体会员单位的总工程师、技术总监和高层技术管理人员 127 人出席活动。论坛邀请中国电信北京研究院总工程师、中国通信学会常务理事赵慧玲，中国移动研究院首席科学家易芝玲，中国联通网络技术研究院首席专家、中国通信学会学术工作委员会委员唐雄燕，中国移动设计院副院长兼总工程师、学会无线及移动通信专委会委员蒋远分别作了题为《大数据技术及其应用》、《4G 发展与 5G 演进》、《面向智能管道的网络能力开放探讨》、《加强无线宽带规划，满足农村地区信息消费需求》的专题报告。

12 月 18 ~ 19 日，学会会员日第二场活动——2013 第五届中国手机产业发展大会在北京召开。大会主题为“推动信息消费，促进终端与服务发展一体化”。来自 TCL 通讯、360 公司、索尼、大唐电信、小米科技等企业高层领导和部分专家，分别就促进信息消费、4G、智能终端、移动互联网、技术与应用创新、可穿戴设备等作了 40 余场主题演讲。会议总结了 2013 年产业发展情况，分析了 2014 年智能终端与移动互联网创新与产业发展趋势。大会分设智能终端产业、移动互联网产业、技术与应用创新三大主题论坛，500 余名来自智能终端、互联网、新经济等行业的专家、学者参会。

12 月 19 日，学会召开会员工作座谈会，来自团体会员单位学术秘书、会员代表，部分省学会代表 30 人出席。与会人员结合所在单位的特点及学科的发展，对学会如何更好地利用网站平台、移动终端平台等自身优势服务会员，开展高端前沿学术交流等提出了意见和建议。

**【第三届中国移动医疗产业大会暨首届智慧医疗健康中国峰会】** 4 月 11 ~ 12 日，第三届中国移动医疗产业大会暨首届智慧医疗健康中国峰会在北京召开，会议主题为“开拓创新、智慧共赢”。中国工程院士李兰娟，学会副理事长兼秘书长张新生出席大会。来自中国移动、中国联通、中国电信等运营商，工业和信息化部电信研究院、北京大学、美国加利福尼亚大学、北京邮电大学、中国科学院的 27 名专家、学者，来自北京、河北等地卫生局、医院代表及相关企业等 400 多人参会。

专家围绕智慧医疗健康行业标准、商业模式、产业创新与应用、发展方向与战略，智慧医疗健康技术与方案在医疗服务、医患服务、医院管理与建设中的应用前景等问题作了专题报告。张新生作了题为《我国互联网发展情况与思考》的主题讲座，分析了基于互联网的新一代信息通信技术、物联网、云计算、大数据的发展状况，结合信息通信科研管理和行业管理经验，对智慧医疗等新兴产业的应用和健康发展提出了意见和建议。

康体佳联盟等 10 余家单位在会场外设置了展位，展示了智慧医疗、医疗云、移动虚拟化、紧急救护、移动终端、健康管理与分析等方面的创新产品与应用。

**【第五届中国移动支付产业论坛】** 4 月 18 ~ 19 日，第五届中国移动支付产业论坛在北京举办，论坛主题为“应用驱动，竞合发展”。学会副理事长兼秘书长张新生作为主办方代表在论坛致辞。论坛分为移动金融与电子商务、智能卡与行业应用等五大主题活动，以及移动互联网产业政策趋势与移动支付 NFC 技术专利态势与分析专题培训，并同期全程举办创新产品方案展示。

中国银联执行副总裁柴洪峰介绍了移动支付国家标准最新进展。在移动金融与电子商务分论坛上，与会专家、学者分别围绕构建移动金融新经营平台、建设线下电商服务平台、移动支付检测认证、安全为中心的支付平台、移动金融、刷卡器产品以及二维码、互联网金融的发展历程等进行了探讨。分论坛还开启了以移动支付为金融、电商带来全新机遇为主题的对话活动。在智能卡与行业应用分论坛上，与会专家、学者分别围绕移动支付在连锁零售业的应用与探索、复合多功能可视 IC 卡、手持 PDA+POS 一体化终端在移动支付中的应用、人机交互助力移动支付产业大爆发、构建移动支付应用的安全环境、全球 NFC 商用的进展和挑战等内容进行了探讨。围绕移动支付安全与发展议题，专家、学者对第三方支付对传统金融业态产生的影响、移动支付安全的现状与趋势、移动支付业务的前景、阻碍移动支付发展的制约因素、移动支付安全问题、数据泄漏事件的应对和防范处理、我国移动支付发展的现状和未来趋势等进行了交流。论坛还围绕加强用户教育，平衡安全与便捷的主题等内容进行了探讨。

**【2013 年世界电信和信息社会日大会】** 5 月 17 日，由工业和信息化部与交通运输部联合主办，学会承办，中国电信、中国移动、中国联通协办的 2013 年世界电信和信息社会日大会在北京召开，大会主题是“信息通信技术与改善道路安全”。工业和信息化部副部长尚冰、交通运输部副部长高宏峰出席会议并讲话。尚冰表示，要充分发挥信息通信技术在道路交通分析预测、动态调度、实时控制、人机互动等方面的作用，提高驾驶安全指数，让信息通信技术成为提高道路安全水平的关键手段，使人民群众分享信息通信技术发展的成果。高宏峰表示，目前迫切需要以信息化智能化引领现代交通运输业发展，加快信息化进程，推动信息技术与交通运输的深度融合。

中国电信副总经理张继平、中国移动副总经理李正茂、中国联通副总经理李刚分别就本企业助力交通信息化建设所做的工作进行介绍。信息通信行业和交通领域的专家、学者以及信息通信研发、制造业的高层领导出席大会，从解决方案开发、车载设备研制、运营等多角度就车联网和智慧交通等相关内容发表演讲。大会还邀请了卫星导航专家结合“4·20芦山地震搜救工作”作特别报告。

30余个国家部委负责通信和信息化工作的相关领导，社会各界来宾共400余人参会。中央电视台财经频道、《人民邮电报》、《中国电子报》、《参考消息》、新华网、新浪网、搜狐网、网易、腾讯网等50余家媒体对会议进行报道和直播。

大唐电信、中兴通讯、华为技术以及信息通信出版单位展示了本单位最新的技术和科技书籍。北京邮电大学的大学生举办了智能交通创新展。大会还结合电信设施安全保护工作及雅安地震通信保卫战制作了图文并茂的科普宣传展板。

会议期间，全国各省、自治区、直辖市电信主管部门和通信学会举办了多种形式的世界电信和信息社会日宣传纪念活动。北京通信学会组织了青年通信科技人员座谈会，江苏通信学会举办了信息科技产学研创新论坛及物联网科普教育基地揭牌仪式，宁夏通信学会举办了广场宣传活动、新疆通信学会举办了有奖知识竞赛。

**【2013中国国际通信大会】** 8月12～14日，2013中国国际通信大会（ICCC2013）在陕西省西安市召开。大会主题为“未来通信，自由无限”。陕西省通信管理局局长高彩玲、学会副秘书长张英海、大会主席Abbas Jamalipour在大会开幕式上致辞。大会由陕西电子科技大学副校长李建东主持。

大会共举行产业与学术论坛、专题研讨会、拓展报告及专题报告等40多场活动，来自国际组织、政府主管部门、电信运营商、设备厂商以及来自全球23个国家和地区的121所院校和研究机构的专家、学者400余人参会，其中海外学者100余人。与会专家、学者就5G、绿色通信、移动互联网、物联网、云计算及大数据、智能终端及其应用、OTT合作模式等议题进行了交流与探讨。

中国工程院院士邬贺铨、美国斯坦福大学教授Andrea Goldsmith、美国佛罗里达大学教授方玉光和美国密苏里科技大学教授肖承山分别作主旨演讲。大会还邀请了来自美国加州大学伯克利分校、休斯敦大学、维拉诺瓦大学，英国伦敦大学玛丽女王学院，澳大利亚悉尼大学，加拿大多伦多大学和清华大学、北京大学、浙江大学及香港科技大学等高校的教授作为论坛嘉宾到会发表专题演讲。美国NI公司、日本富士通研究所，法国电信、中兴通讯股份有限公司、国家电网公司信息通信分公司，以及中国电信、中国移动、中国联通公司的代表到会发言。中国电信、中国移动、中国联通还在会场进行了产品现场展示。

大会程序委员会主席由香港科技大学工学院院长Khaled B.Letaief、学会副秘书长张英海、南开大学校长龚克、南京邮电大学校长杨震、台湾大学Kwang-Cheng Chen、清华大学信息学院副院长牛志升、加拿大滑铁卢大学沈学民教授、华为公司舒俊和CTTC Services Co公司Steve Weinstein共同担任，委员会商议并最终确定2014中国国际通信大会将于2014年10月在上海市举行。

大会收到来自32个国家和地区的论文共计371篇。经评审，151篇论文被大会录取并收录到IEEE-Xplore检索系统中，3篇论文获得ICCC2013优秀论文奖。大会组织者向优秀论文作者颁发了由IEEE-Comsoc和学会共同签署的最佳论文证书。

**【2013国际云计算大会】** 12月9～10日，2013国际云计算大会在北京举行，会议主题为“云计算：存储、架构和应用”。中国科学院院士、中国工程院院士陈俊亮担任大会主席。来自全球范围内的基础电信运营商、设备制造商、互联网企业的一线科技工作者和云计算主导企业的负责人、新闻媒体人员等300余人参加会议，大会围绕主题举办了30场报告。

工业和信息化部科技司、通信发展司和电信管理局的相关领导出席大会。学会副理事长兼秘书长张新生代表主办方致欢迎辞。中国工程院院士刘韵洁作题为《未来网络发展全景与云计算》的主题报告。工业和信息化部电信研究院副院长刘多、中国移动研究院院长黄晓庆、中国电信北京研究院总工程师赵慧玲、奇虎360公司副总裁兼首席隐私官谭晓生分别作主题报告和专题报告。美国希捷科技公司云战略总监Wes Perdue、美国新云公司首席执行官Harry Haury、英特尔公司首席存储技术官Mike Mcgrath、富士通（中国）公司副总裁黄邦瑜等中外专家、学者发表演讲。

会议期间，云计算与大数据应用、云计算存储与构架、云计算网络融合应用分论坛同期举行，中国互联网协会、中国科学院，以及云计算相关科研院所的专家、学者，中外企业技术人员参会探讨。

会议还就云计算发展政策与标准举行了高层对话，中国通信标准化协会秘书长杨泽民、中国电子技术标准化研究院副院长高林、工信部电信研究院互联网中心主任何宝宏，运营商云计算专家、中国科学院等科研机构研究人员，以及国内外电信互联网企业专家等，就中国云计算发展的政策了进行解读，对中国云计算标准问题进行交流和研讨。会议成果编纂成《云计算发展动态》报送有关部门。

（撰稿人：董　义）

## 中国中文信息学会

**学会建设** 2013年，经民政部和中国科协的批准，中国中文信息学会青年工作委员会正式成立，并组织了一系列学术活动，促进国内自然语言处理领域青年学者的交流和沟通。7月16日，中国中文信息学会青年工委系列学术活动——自然语言处理学术讲座在中国科学院自动化研究所举办，活动邀请百度公司高级研究员赵世奇作题为《互联网产品中的语义计算》的学术讲座，介绍了基于互联网的语义体系挖掘与构建，及面向互联网的语义分析与应用。12月21日，中国中文信息学会青年工委系列学术活动——走进哈工大在哈尔滨工业大学召开。活动邀请了4位青年学者作学术报告。本次活动是该系列学术活动首次在京外举行，吸引了来自哈尔滨市自然语言处理领域的60余位教师和学生参加。

**国内主要学术会议** 4月1日，《大数据时代中文社会媒体的舆情挖掘》学术交流系列报告在北京举行，60多位专家、学者参加，*NetBase Solutions*首席科学家李维博士就当前大数据时代来临的背景下，面对微博、微信、博客、论坛这些社会媒体大数据的爆炸性信息，如何更好地运用自动抽取挖掘舆情等信息的自然语言技术等问题进行了探讨和交流。

5月10～13日，第十四届汉语词汇语义学国际研讨会在郑州大学信息工程学院举行。150多位来自我国大陆、香港特别行政区、澳门特别行政区、台湾地区的学者参会。解放军外国语学院副院长程工、香港理工大学人文学院院长黄居仁、北京语言大学党委书记李宇明、清华大学教授孙茂松、百度首席科学家王海峰、北京大学计算语言研究所所长王厚峰、富士通信息技术研究部部长于浩7位专家做大会特邀报告。研讨会共收到投稿153篇，经过程序委员会委员的评审，会议录用论文98篇。

5月30～31日，由学会主办，国防科学技术大学计算机学院承办的第十届全国自然语言处理青年学者研讨会在湖南省长沙市召开。来自国内高校、研究机构以及企业的41家单位近百名专家、学者参会。会议安排了2个特邀报告、13个学术报告和2个专题讨论，以及海报和展示。国防科技大学计算机学院副院长卢凯致欢迎辞。清华大学计算机系副教授唐杰、百度公司高级研究员贾磊分别作了题为《社交网络中的情感分析：从观点分析到情感预测》和《结合语义理解的语音识别技术和深度学习技术》的特邀报告。会议设定两个独立的专题讨论，主题分别为“社会计算中的NLP”和“知识图谱”。

7月14日，社会媒体处理成果展示大会在中国科学院软件研究所举行，会议由学会社会媒体处理专业委员会主办。来自学术界和产业界的20多家单位展示社会媒体处理研发成果。大会以系统演示为主，通过口头报告、系统演示和互动研讨等方式，集中展示近年来社会媒体处理研发成果，增进产业界与学术界的交流。大会通过新浪微博报名，吸引了来自高校、媒体、企业等300余人参加。

7月19～21日，第19届全国信息检索学术会议在山西省太原市举行。会议由学会与中国计算机学会联合主办，山西大学计算机与信息技术学院承办。本次会议是学会主办的全国信息检索学术会议和中国计算机学会主办的全国搜索引擎和网上信息挖掘学术研讨会的首次合办。学会理事长李生、副理事长兼秘书长孙乐、中国计算机学会秘书长杜子德、北京大学教授李晓明、中国科学院计算所程学旗、清华大学智能技术与系统国家重点实验室教授马少平、哈尔滨工业大学信息检索研究室教授刘挺等出席会议。来自中国科学院、清华大学、北京大学、哈尔滨工业大学等高校、院所，阿里巴巴、即刻搜索、山西同方知网等企业的研究人员300余人参会。

7月24～26日，第八届语言技术暑期学校在哈尔滨工业大学威海校区举办。活动由学会主办、微软亚洲研究院赞助。本届暑期学校邀请了多位自然语言处理领域的国际知名专家前来讲学，包括微软亚洲研究院教授Jun'ichi Tsujii、爱丁堡大学教授Philipp Koehn、英国埃克塞特大学教授Richard Everson、剑桥大学Diarmuid ó Séaghdha博士、英国阿伯丁大学Chenghua Lin博士。讲座内容包括机器学习、句法分析、语义分析、统计机器翻译和情感分析等。学习期间还举行了学生研讨会。Philipp Koehn教授应邀作了《如何做研究和撰写学术文章》的讲座。

9月13～15日，由学会主办的中国第14届民族语言文字信息处理学术研讨会在甘肃省兰州市举办。来自国内外大学及研究机构的80多位专家、学者参加了会议。会议共收到研究论文74篇，收录61篇论文，并出版了第14届少数民族语言文字信息处理学术会议论文集。

10月10～11日，由学会主办的第十二届全国计算语言学会议在江苏省苏州市举办。本届会议共收到论文252篇，录用127篇，其中中文论文95篇，英文论文32篇。会议邀请加拿大阿尔伯塔大学教授Randy Goebel、微软研究院邓力、谷歌公司林德康、美国伦斯勒理工学院教授季姮作特邀报告。会议安排了15个口头报告分会场和2个海报展示分会场，来自全国各地的400余名专家、学者就自然语言处理、深度学习、少数民族语言处理和社会计算等相关领域的前沿问题展开了交流和探讨。

10月31日～11月1日，第九届全国机器翻译研讨会在云南省昆明市召开。本次会议由学会主办，昆明理工大学承办。国内从事机器翻译理论与应用的研究机构和高校的专家、学者百余人参会，会议收录14篇论文和15家单位参加机器翻译评测的评测报告。本次会议特别邀请新加坡科技设计大学教授张岳和中国科学技术信息研究所研究员王惠临作特邀报告。在专题报告环节，来自高校及科研院所的教师和学生针对所录用的论文和评测内容进行了报告。报告及成果交流涵盖了机器翻译的重要研究方向。昆明理工大学副校长易健宏出席会议开幕式并致辞。根据组委会决定，第十届全国机器翻译研讨会于2014年由澳门大学承办。

**国际组织任职** 1月10日，国际计算语言学协会（The Association for Computational Linguistics，ACL）官方网站发布消息，学会常务理事、百度基础技术领域首席科学家王海峰博士出任ACL主席，成为该学术组织50年历史上第一位华人主席。在王海峰之前担任主席的是该领域泰斗级人物IBM沃森研究中心的肯·切奇（Ken Church）。

在自然语言处理（NLP）领域，ACL是世界上影响力最大、最具活力的国际学术组织，其会员遍布世界各地。主席由ACL全体会员投票选举产生。

王海峰研发领域包括搜索技术、自然语言处理、机器翻译、推荐与个性化、语音及多媒体技术等，主持及参与了多个产品的研发，并申请中国、美国及日本专利30余项。除产品应用外，王海峰主持开发的系统在国际机器翻译评测中获得多项第一。

**【中国中文信息学会2013年学术年会暨理事会】** 10月9～12日，中国中文信息学会2013年学术年会暨理事会在江苏省苏州市召开，会议的主题是“深度学习与中文信息处理”。中国科协党组成员、书记处书记张勤出席大会开幕式并致辞。大会开幕式由学会副理事长孙茂松主持。教育部国家语言文字信息管理司司长张浩明，苏州大学副校长路建美，学会理事长李生，中国工程院院士李德毅、吾守尔·斯拉木等出席大会。来自各地的300多名专家、学者和企业界代表参加了本次会议。

**【第十二届全国计算语言学学术会议】** 10月10～11日，第十二届全国计算语言学会议在江苏省苏州市召开。会议由中国中文信息学会计算语言学专业委员会主办，清华信息科学与技术国家实验室组织，苏州大学承办。大会主席由清华大学教授、中国科学院院士张钹，教育部语言信息管理司司长张浩明和中国科学院计算机语言信息工程研究中心教授董振东担任，程序委员会主席由清华大学教授孙茂松担任。会议邀请了加拿大阿尔伯塔大学教授Randy Goebel、微软研究院邓力博士、谷歌公司林德康博士、美国伦斯勒理工学院教授季姮作特邀报告。4位特邀报告专家深入浅出地介绍了相关领域的国际前沿动态，受到与会代表欢迎。本届会议共收到论文252篇，录用127篇，其中中文论文95篇，英文论文32篇。

会议安排了15个口头报告分会场和2个海报展示分会场，来自全国各地的400余名与会专家、学者就自然语言处理、深度学习、少数民族语言处理和社会计算等相关领域的前沿问题展开了交流和探讨。会议同期举办了第一届基于自然标注大数据的自然语言处理国际学术研讨会和第一届中文知识图谱研讨会。

学会计算语言学专委会决定，从2014年开始，计算语言学会议由每两年一届调整为每年一届。

全国计算语言学会议着重于中国境内各类语言（如汉语、藏语、蒙古语、维吾尔语等）的计算处理，为传播计算语言学最新的学术和技术成果提供交流平台。

**【全国高职院校文秘速录专业技能大赛】** 6月26～27日，由学会速记专业委员会申办的教育部2013年全国职业院校技能大赛（高职组）“亚伟杯”文秘速录专业技能大赛在天津职业大学举办。本次大赛是全国职业院校职业技能大赛的一个赛项。

来自全国47支代表队的188名选手参赛。比赛包括文本创建、文字校对、实时记录和蒙目速录四个环节，代表队选手个人按照总分综合排名评选出一等奖5名、二等奖9名、三等奖14名。

大赛期间还进行了速录表演体验、参赛院校专业建设成果展等活动。

（撰稿人：孙　乐）

## 中国测绘地理信息学会

**服务创新型国家和社会建设** 2013年，学会开展全国测绘地理信息市场信用信息管理工作，承担信用信息的征集、整理、查询和信用信息平台的日常管理维护，推进测绘地理信息市场信用体系建设，维护测绘地理信息市场秩序。

组织开展测绘地理信息创新产品认定工作，发布2012年测绘地理信息创新产品目录，首批认定测绘地理信息创新产品37项。

筹划和启动国家“927”项目——海岛（礁）测绘工程的检查与评估工作。

组织了全国注册测绘师资格考试辅导培训、测绘地理信息前沿技术培训等。

**学会建设** 2013 年，经国家测绘地理信息局同意，中国科协、民政部批准，中国测绘学会正式更名为中国测绘地理信息学会。学会现有 1900 余名资深会员、20345 名个人会员、355 个团体会员。

10 月 11 ~ 12 日，中国测绘学会第十次全国会员代表大会暨 2013 年综合学术年会在北京召开。会议选举产生学会第十一届理事会理事长、秘书长、理事和常务理事，增加了名誉理事长、顾问等职务，李维森连任新一届理事会理事长。

2013 年，学会健全分支机构，根据事业发展需要在原来 18 个分支机构的基础上，增加了测绘地理信息产品质量工作委员会、卫星测绘应用工作委员会、电子商务工作委员会、标准化工作委员会，分支机构增加至 22 个。完成了 4 个分支机构的更名和 2 个分支机构的挂靠单位变更。

制定了《中国测绘学会工作管理办法》，建立了完整的学会工作规章和工作流程。完善测绘科学技术奖励制度，印发《中国测绘学会表彰奖励办法》、《中国测绘学会先进集体和先进个人评选办法》。

**决策咨询** 2013 年，学会承担的测绘装备国产化专项工程研究项目在中国科协优秀决策咨询成果奖评选中排名第一，获得该奖项一等奖。

**国内主要学术会议** 10 月 24 日，第三届全国测绘地理信息技术装备展览会在湖北省武汉市举行，国家测绘地理信息局副局长、学会理事长李维森出席开幕式并致辞。会议主题为“测经纬天地，绘美丽中国”。本届展览会参展企业近 230 家，展会总面积近 2 万平方米，参观人员超过 3 万人。展会期间，举办多场专题技术论坛，研讨相关问题，推广新仪器、新装备。

**科普活动** 2013 年，学会围绕《全民科学素质行动计划纲要》，着力测绘科普资源开发、科普基地建设，组织和发动会员单位开展科普活动。

学会组织参与全国科普日、全国食品安全科普知识竞赛、防灾减灾日和《中华人民共和国测绘法》宣传日等主题科普活动。

国家测绘地理信息局第一大地测量队、大连九成测绘信息有限公司、北京苍穹数码测绘有限公司等单位被认定为学会科普基地。中国测绘科技馆特色活动连续 2 年得到中国科协全国科普教育基地特色科普活动项目支持。

学会与工业和信息化部人才交流中心、地理信息系统产业技术创新战略联盟、国家地理信息系统工程技术研究中心共同主办全国高校地理信息系统（Geographic Information System，GIS）技能大赛，激发高校学生对 GIS 技术学习、交流和应用的热情，促进 GIS 技术在中国的普及。

8 月 15 ~ 21 日，2013 年全国学生定向越野锦标赛暨“中国四维杯”第九届全国测绘地理信息职工定向越野赛在广东省中山市举行。来自 26 个省市的 86 所高校、84 所中学及 36 支测绘队伍近 1600 人参赛。活动由学会与教育部学生体育协会联合秘书处主办，中山市人民政府承办。比赛分短距离赛、中距离赛、百米定向、积分赛、接力赛、团队赛等项目。共有 36 家测绘单位，73 支参赛队伍 340 余人参加了比赛。

**表彰举荐优秀科技工作者** 2013 年，学会评选测绘科技进步奖项目 109 项，其中特等奖 3 项、一等奖 11 项、二等奖 38 项、三等奖 57 项。评选全国优秀测绘工程奖 332 项，其中白金奖 7 项，金奖 30 项、银奖 105 项、铜奖 190 项。评选优秀科技工作者 10 人，先进集体 30 个，先进个人 60 人。

由学会选送参加在德国举行的第 26 届国际地图制图大会（ICA）的地图作品荣获多项大奖，其中《世界 8000 米以上雪山图集》荣获国际地图展览唯一一项参会代表票选大奖。学会推荐的中国测绘科学研究院院长张继贤、北京市测绘设计研究院副院长杨伯钢获中国科协全国优秀科技工作者称号。学会推荐的武汉大学教授姚宜斌获第十三届中国青年科技奖。

5 月 12 日，学会与中国测绘科学研究院在北京联合举办陈俊勇院士学术思想研讨会，共同庆贺中国科学院院士陈俊勇八十华诞，研讨陈俊勇院士的学术思想，弘扬科学精神和工作作风。中国科学院院长、中国科学院学部主席团执行主席白春礼发来贺信。国家测绘地理信息局党组副书记、副局长王春峰，解放军总参谋部测绘导航局副局长杨宝峰出席会议。

**工程教育认证** 2013 年，学会组织专家参加教育部和中国科协组织开展的认证培训和见习工作，专家队伍已达 27 人。组织开展了中国矿业大学、中南大学、西安科技大学和中国地质大学的测绘工程专业认证工作。完成 2014 年申请认证学校的受理和审核工作。

**党建强会** 4 月 27 ~ 28 日，学会党支部在北京召开中国测绘学会党建强会工作会议。此次支部活动是学会党支部贯彻落实中国科协和国家测绘地理信息局直属机关党委 2013 年工作要求，结合业务主管部门中国科协“党建强会计划”，以反腐倡廉为主题开展的一次支部活动。会议安排了入党积极分子结合本身业务工作谈体会、观看党风廉政警示教育片、参观爱国主义教育基地等活动。会议还就如何发挥学会党建工作实效，更好地推动学会开展工作进行了探讨。

**会员服务** 2013 年，学会建立会员建议呈报制度，完善会员联系、沟通和交流机制，主动听取会员意见和建议，通过各种方式联系和帮助会员，帮助测绘地理信息企业和科技工作者组团参加国际测绘地理信息会展和交流访问活动。建立健全会员对经济社会发展和重大科技问题的建言献策制度，及时准确反映会员意见和建议。召开团体会员工作会议，根据当前测绘地理信息发展形势，在搭建学术平台、促进科技进步、做好会员服务等方面与会员们进行交流与讨论。

**【中国测绘学会第十次全国会员代表大会暨2013年综合学术年会】** 10月11～12日，中国测绘学会第十次全国会员代表大会暨2013年综合学术年会在北京召开。会议主题为“实干、创新、共赢、发展——发展测绘地理信息，助推美丽中国建设”。中国科协党组成员沈爱民、民政部民间组织管理局副局长廖鸿出席开幕式并讲话。国家测绘地理信息局副局长、学会理事长李维森在开幕式上致辞。国家测绘地理信息局科技委主任、中国科学院院士陈俊勇，中国科学院院士、中国工程院院士李德仁，中国工程院院士宁津生、刘先林、许其凤、李建成，中国科学院院士杨元喜、郭华东、龚健雅出席开幕式。

全国会员代表大会表决通过了中国测绘学会第十届理事会工作报告，选举产生了学会新一届理事会，学会第十一届一次理事会议选举产生了新一届理事会领导集体。李维森连任新一届理事会理事长。会议一致通过徐德明为中国测绘地理信息学会名誉理事长，陈俊勇、李德仁、宁津生为学会理事会顾问。

学术会议期间，举办了大会特邀报告会、2013年测绘科技进步奖及优秀测绘工程奖部分获奖项目报告会、地理国情监测与智慧城市报告会、测绘地理信息新技术新产品发布会等活动。

大会颁发了2013年测绘科技进步奖，全国优秀测绘工程奖，青年优秀学术论文奖，全国GIS技能大赛一、二等奖，夏坚白院士测绘事业创业奖，表彰了学会优秀科技工作者、学会工作先进集体和先进个人。国际地图制图协会（ICA）副主席刘耀林向荣获国际地图制图协会地图展三项大奖的有关单位颁发了国际地图制图协会奖励证书。

会议期间，举办了测绘地理信息新技术、新装备展览展示活动。

**【中国地图作品荣获国际地图制图协会大奖】** 9月，国际地图制图协会（ICA）第26届国际地图制图大会在德国德累斯顿举行，中国参展作品的征集、评审工作由学会负责组织。国际地图制图协会地图奖是国际地图制图界的最高荣誉。本届国际地图展览参展作品分为纸质地图、地图集、数字产品、教学地图产品和其他地图产品5大类，共有来自35个国家的529件作品参展。所有参展作品通过国际专家委员会评审和参会代表自愿投票进行评选，专家评审委员会从每类作品中评出3件获奖作品，参会代表投票选出1件大奖获奖作品。

学会遴选出12件作品参加国际地图展览评奖，最终获得4项大奖。其中，中国地图出版社出版的《世界8000米以上雪山图集》荣获国际地图展览唯一一项参会代表票选大奖，青岛市勘察测绘研究院出版的《剪纸地图》荣获专家评审委员会其他地图产品类一等奖，中国地图出版社出版的《“嫦娥一号”全月球地形图集》荣获专家评审委员会地图集类三等奖，河南郑州航空港区第三小学王致琳同学创作的《和谐》获得芭芭拉·佩什尼克儿童地图大赛9～12岁年龄组二等奖。这是我国历年参加国际地图制图协会地图奖评选活动中获奖等级最高、获奖数量最多的一次。

（撰稿人：谢大尉）

## 中国造船工程学会

**服务创新型国家和社会建设** 2013年，国家发改委高技术司根据海洋工程装备产业发展战略要求，继续委托学会组织编制《2014年海洋工程装备研发及产业化专项指南》，并提交海洋工程产业年度发展情况报告。

根据工业和信息化部“精品船型共性设计技术研究项目”实施计划，3月26日，学会在北京召开了精品船型共性设计技术研究项目阶段成果应用研讨会，对《精品船型技术参数参照体系指导性文件》、《精品船型低碳经济性评估指导性文件》、《能耗（电力负荷）图表制作作业指导书》和《船上噪声评估方法指导性文件》等研发和使用作了说明，要求精品船型的设计单位试用上述4个指导性文件开展精品船型设计。

3月19日，第十三届中国国际石油石化技术装备展览会在北京开展，由学会与振威展览集团、中国船级社主办的中国国际海事技术与装备展览会同期开幕。此次展会有来自全球62个国家和地区的1500家企业参展，展出面积达9万平方米，其中从事海洋工程装备业务的企业占到近一半，显示出“向海洋进军”已经成为石油石化装备产业主要的发展趋势。

6月14日，全国船舶工业职业教育教学指导委员会（简称行指委）成立大会暨第一次全体会议在湖北省武汉市召开。行指委是在教育部指导下，由学会牵头组建和管理，对船舶与海洋工程行业职业教育建设进行研究、咨询、指导、评估的专家组织。

10月13日～11月13日，学会人才与教育学术委员会为中国船舶重工集团公司举办了第一期高级国际商务人才培训班，30家企事业单位的44名学员参加了培训。培训班采取理论与案例分析相结合，师生互动与经验交流相结合等教学模式。通过大量案例分析，为学员在实际工作中解决难题提供参考。

11月10日，学会2001～2010年优秀船舶与海洋工程品牌最后一轮评审结束，行业内17位专家组成的评审组对有关单位申报的33个船型进行了评审。会议评选出“8530箱超大型集装箱船”等15个优秀船舶与海洋工程品牌。

12月3～6日，由工业和信息化部、交通部、上海市人民政府支持，中国船舶工业集团公司、中国船舶重工集团公司和学会主办的第17届中国国际海事技术学术会议和展览会在上海市举行，29个国家和地区超过1700家企业参展，总面积超过7万平方米，展览总规模再创历届新高。

**国际学术会议** 4月11～14日，第十八届中国国际高性能船学术报告会在上海市举行。会议由学会船舶设计学术委员会、英国皇家造船师学会、上海船舶工业行业协会、中国船舶工业行业协会船艇分会等单位联合举办。会议内容涉及小水线面船、地效翼船、多体船、飞轮船等多种高性能船的研发新进展和船舶新材料、新工艺、新技术等。

**国内主要学术会议** 6月21～22日,2013船舶与海洋工程技术推动与人才培养论坛在安徽省合肥市举办。论坛由学会和武汉造船工程学会主办,《船海工程》杂志社、合肥工业大学机械与汽车工程学院承办。来自国内船舶与海洋工程领域使用、生产单位以及有相关专业的高等院校、科研院所的专家、学者80余人参会。论坛对船舶与海洋工程领域相关问题进行了研讨。

6月28～29日，2013年CAD/CAM（计算机辅助设计/计算机辅助制造）学术交流会在贵州省贵阳市召开，会议由计算机应用学术委员会主办。会议主题为“信息化推动行业转型发展”。会议收到学术论文33篇，参会各单位交流了近年来在数字化造船方面的研究和应用成果，研讨了未来数字化造船的发展重点和发展方向。

7月12日，2013海洋工程装备发展论坛在江苏省南通市举行，论坛由学会主办，江苏省造船工程学会协办。论坛由学会副理事长李国安主持，学会理事长黄平涛作了题为《我国海洋工程装备发展概况》的报告，学会首席专家陈映秋介绍了当前海洋工程技术发展的动向。论坛围绕海洋工程装备产业化发展等问题进行了座谈讨论，提出了建议。本次论坛是配合国家航海日开展的配套活动。

8月9～11日，2013年船舶水动力学学术会议在陕西省西安市举行。会议内容涉及船舶阻力与性能、船舶推进与空泡、船舶操纵性、船舶载荷与响应以及海洋工程等方面。论文集共收纳学术论文85篇。会议交流论文50余篇，评选出10篇2013年度船舶力学学委会优秀论文。

8月14～18日，舰艇磁隐身技术研讨会在云南省昆明市召开，会议由水中兵器学术委员会主办。会议围绕该领域中出现的新理论、新思想进行了交流和研讨。

9月23～25日，2013中国船电技术峰会暨电力推进和海洋工程发展论坛在湖北省武汉市召开，会议由船舶轮机学术委员会主办。会议研讨了国内外船舶电力推进技术的最新动态和发展趋势，船舶轮机学术委员会副主任委员闻雪友院士等10多位专家作大会报告。

11月14～15日，海战场电子信息技术学术年会在江苏省南京市召开，会议由电子技术学术委员会主办。会议以适应海军转型建设需要和海军装备信息化建设为切入点展开了研讨和交流。

1月18日、4月19日、7月19日、10月25日，由修船技术学术委员会主办的中国修船企业“斯佩克”会议先后在浙江省舟山市、上海市崇明岛、上海市浦东新区、河北省秦皇岛市召开。参会的修船企业通报了经营情况，针对低价修船、恶性竞争等问题及时调整修船策略，对高风险船东和修船价格最低限制线作了动态调整。

**两岸交流** 6月16～18日，海峡两岸船舶及海洋工程合作与发展研讨会在福建省厦门市召开，会议由学会与福建省造船工程学会、集美大学、台湾地区“中国造船暨轮机工程师学会”、福州大学联合举办。学会副理事长路小彦，台湾地区“中国造船暨轮机工程师学会”理事长吕学信等致贺词。会议主题是“科技合作与自主创新”。会议重点围绕海洋资源开发与海洋工程装备设计制造技术、高性能与节能环保型船舶研发设计技术、游艇设计与船型开发、两岸科技合作等方面开展研讨，学会理事长黄平涛等15位海峡两岸学者作了专题演讲。论坛上，台湾大学船舶技术研究中心与福建省船舶工业集团公司签署了产学研合作备忘录。

**科普活动** 7月11～17日，学会首次与中国航海学会联合举办面向全国范围的2013年全国舰船及航海知识竞赛。活动由国家航海日活动组织工作委员会办公室、中国科协科普部和中国造船工程学会、中国航海学会主办，《舰船知识》杂志社、中国船舶在线网站承办，《中国船舶报》、新浪军事等多家媒体协办。20多个省、自治区、直辖市的代表队参赛，竞赛设一等奖10名，二等奖15名，三等奖25名。根据竞赛办法，活动抽取了2名幸运奖。

学会为获奖者颁发了奖品和证书。

7月24～29日，2013年中国青少年舰船夏令营在哈尔滨工程大学举行开营式。本次活动主题为“了解舰船、认识航海、探索海洋”。活动期间组织营员在哈尔滨、长春等地参观了海洋航行器设计与制作大赛、相关高校、飞机制造厂等。

7月25日，由中国科协、工业和信息化部指导，中国船舶工业集团、中国船舶重工集团、中国造船工程学会主办，哈尔滨工程大学承办的第二届全国海洋航行器设计与制作大赛在黑龙江省哈尔滨市举行。来自大连理工大学等17所国内外高校和研究所组队参赛。共有168件作品入围决赛，14件作品获得特等奖，74件作品获一等奖和二等奖。与上一届相比，本届大赛参赛学校由7所增加到17所，入围决赛的作品由74件增加到168件，参赛作品的设计与制作水平有所提高。

**表彰举荐优秀科技工作者**　2013年，学会推荐的由中国海洋石油（中国）有限公司、中国海洋石油研究总院、海洋工程股份有限公司等研究完成的《海上油田超大型平台浮托技术创建及应用》成果参加国家科技奖评审，该项目获得2013年国家科技进步奖二等奖。

受中国工程院委托，学会开展第十届光华工程科技奖候选人推荐及遴选工作。学会推荐的中国船舶重工集团公司第七〇二研究所研究员徐芑南作为“蛟龙号”载人深潜器的总设计师获得光华工程科技奖工程奖。

根据《中国造船工程学会科学技术奖励办法》，2013年中国造船工程学会科学技术奖评审会议在江苏省镇江市召开。会议评出“十二缆双震源地球物理勘探船”等获奖项目27项，其中一等奖2项、二等奖9项、三等奖16项。

2013年，根据《中国造船工程学会优秀学术论文评选办法》，各省市造船学会、各专业学术委员会、《中国造船》、《船舶工程》编辑部和会员单位共推荐40篇论文参加评选，学会秘书处组织专家对推荐的论文进行了审读，评选出《网络环境下的国防科技情报工作探讨》等35篇论文为中国造船工程学会2013年优秀学术论文。

**【全国船舶工业职业教育教学指导委员会成立】**6月14日，全国船舶工业职业教育教学指导委员会（简称行指委）成立大会暨第一次全体会议在湖北省武汉市召开。会议审核通过了《船舶行指委章程（草案）》、《船舶行指委2013年工作要点》以及各专业指导委员会委员名单。学会理事长黄平涛，教育部、湖北省教育厅的有关领导共同为行指委揭牌，黄平涛为行指委委员颁发了聘书并作了题为《绿色造船与现代海洋工程装备制造发展趋势》的专题报告。

行指委是在教育部指导下，由学会牵头组建和管理，对船舶与海洋工程行业职业教育建设进行研究、咨询、指导、评估的专家组织，其宗旨是贯彻落实国家人力资源与教育发展政策，针对船舶与海洋工程行业发展的特点与需求，引导行业职业教育体系建设，指导行业技能型人才系统培养，发挥行业主管部门、行业组织、行业企业、行业职业院校等行业主体资源优势，深化教产结合，校企结合，促进技能型专门人才培养质量的提升。

（撰稿人：金向军）

## 中国航海学会

**服务创新型国家和社会建设**　2013年，学会承接了全国内河船舶系列高级专业技术职务任职资格评审的组织工作。承接了交通运输支持系统部分建设项目管理工作委托事项。开展了与交通运输科研单位的项目合作。启动了国家航运北通道战略课题研究，协助中国远洋运输（集团）公司实现“永盛轮”首航北极东北航道。完成航海科技奖、航海奖学金评审工作，磁罗经技术服务，航海科技项目成果鉴定（评审），航海科技人才推荐，以及系列航海科普工作。

2013年，由学会推荐的“国家高等级航道网通航枢纽及船闸关键技术创新研究与实践项目”荣获2012年国家科技进步奖二等奖；“岸船空基海上油膜探测传感识别技术及应用项目”获得2013年度国家技术发明奖二等奖。

“超软弱土浅表层快速加固方法”获第十五届中国专利优秀奖。推荐申报国家2014年度科学技术奖3项，国家科学发明奖1项。

**学会建设**　2013年，学会召开了1次理事会议、2次常务理事会议和3次理事长办公会议，受理理事变更申请25个。单位会员会费收缴率达84%。

1月5日，学会编发了《中国航海学会2013年工作要点》，提出了“四个显著”（学术交流质量显著提高，服务航海科技工作者和会员的能力显著增强，自我发展的条件显著改善，服务社会和政府的作用显著体现）的年度工作目标，对全年工作做出了9项主要任务的安排，对分支机构和地方航海学会提出了指导性工作意见。

制订发布了《全国会员代表大会代表产生办法》等17个办法和制度规定，完善了学会制度体系。制订发布3个科普工作制度，规范航海科普管理。

11月，学会与上海海事大学签订了《战略合作备忘录》，与交通运输部水运科学研究院、中国船级社、海事局、大连海事大学、中国海事服务中心等单位建立了长期合作与服务关系。

12月，开展学会工作特殊贡献奖和先进集体、优秀学会工作者评选表彰，评选出通信导航专业委员会等5个先进集体、优秀学会工作者17名。

2013年，学会把规范分支机构运行作为年度学会能力提升的突破口来抓，发布了《分支机构考核办法（试行）》，完善了分支机构管理制度体系。全年安排了专项经费支持7个分支开展8个活动项目。加强对分支机构工作和活动情况的跟踪指导，参加了10个分支的学术活动。船舶检验、危险货物运输、水运管理等3个分支机构完成换届。航海史研究专业委员会更名为航海历史与文化研究专业委员会。筹备成立航海遥感专业委员会。

6月27日，在福建省福州市举办分支机构秘书长培训班，系统学习了中国科协和学会《章程》，系统讲解了中国航海学会《分支机构管理办法》和《分支机构考核办法（试行）》，分析了分支机构管理运行中的突出问题，就加强和规范分支机构管理明确了基本要求。中国航海学会秘书处、专业委员会、地方航海学会的秘书长或代表46人参加了活动。

2013年底，依据《分支机构考核办法（试行）》组织了对分支机构年度工作考核，并进行总结表彰。通信导航、救助打捞、船闸等3个分支机构被评为年度优秀。

**学术期刊**　2013年，《中国航海》发行8000册，共发表论文121篇，110万余字，机构用户分布在10个国家，个人读者分布在11个国家和地区，被中国科学引文等多个数据库收录，名列《中文核心期刊要目总览（2011年版）》水运类第二。2013年《中国航海》复合影响因子0.834，他引影响因子0.764，5年影响因子为0.9。

《航海技术》全年发行5.07万册，机构用户3480个，分布在11个国家和地区，个人读者分布在17个国家和地区，收录在中国学术期刊网络出版总库等多个数据库，入编《中文核心期刊要目总览》2011年版核心期刊。《航海技术》分别被学术期刊总库、学术百科（CCPD）、中国建筑知识仓库（CUAD）、中国法律知识资源总库（CLKD）收录2909次、59次、31次、481次。《航海技术》2013年机构用户比2011年机构用户增加362家。

2013年，学会改革期刊运行体制，推进了《中国航海》、《航海技术》杂志委托代管变更工作，基本完成了两刊编辑部与上海海事大学的工作交接。

**决策咨询**　《船载危化品突发事故危害等级划分指针体系及应急能力评估体系研究》项目获中国科协2013年优秀决策咨询成果奖三等奖。

5月9～10日，学会内河海事专业委员会向交通运输部提交了《关于加强和改进渡口渡船安全监督管理的咨询建议》咨询报告，报告对改进我国渡口渡运安全监督管理工作提出了意见和建议。

**国内主要学术会议**　2013年，学会16个分支机构累计举办学术会议25场，参加交流人数近2000人，征集论文329篇。

11月15～16日，2013中国航海学会学术年会在上海海事大学举办，179人参加会议，征集论文238篇，评出优秀论文60篇。3个分会场交流了39篇论文，从中评选出年度特等奖1篇、一等奖1篇、二等奖2篇、三等奖3篇，约40家媒体对年会进行了报道。

**两岸交流**　4月30日至5月12日，“东海救101”轮以中国航海学会救捞专业委员会的名义访问我国台湾地区，共接待台湾地区各界民众6181人登船参观。8月16日，学会救助打捞专业委员会在黑龙江省哈尔滨市组织召开了第四次海峡两岸救捞技术研讨会。

**国际组织任职**　2013年，中国航海学会集装箱运输专业委员会副主任委员、交通运输部水运科学研究院副院长费维军任国际内河电子航道图标准协调组织（简称IEHG）副主席；中国航海学会救助打捞专业委员会主任委员宋家慧任国际海上人命救助联盟董事。

**国际交往**　10月24～26日，学会副理事长王祖温率团（40人）赴韩国釜山参加中日韩航海学会学术年会。中国航海学会28篇论文的35名作者参加了交流。11月8～12日，学会应邀组团赴香港特别行政区参加英国航海学会（Nautical Institute）香港分会举办的香港海洋空间规划研讨大会。11月，学会船闸专业委员会与德国交通部建立了升船机技术交流合作机制。

**科普活动**　7月11～17日，学会首次与中国造船工程学会联合举办面向全国的2013年全国舰船及航海知识竞赛。7月15日～8月31日，学会与中国船级社联合主办了“2013年全国青少年优秀航海作品评选”活动，共收到文字类和摄影类作品222件，评选出文字类和摄影类各组别优秀作品37个。8月1～9日，学会组织了全国青少年航海夏令营活动。12月，学会组织科普专家编写的科普读物《大海告诉你》、《路娃航海记》，由学会推荐申报2014年度国家科技奖励科普项目。12月，学会完成对4个全国科普教育基地的年度考核，并向中国科协推荐泉州海外交通史博物馆、海军博物馆为全国优秀科普教育基地候选单位。学会全年为21所航海院校的100名符合条件的学生颁发“中国航海学会—中国船级社航海奖学金”。

**表彰举荐优秀科技工作者**　5月，授予青岛市帆船运动形象大使郭川“科学航海时代先锋”荣誉称号，以表彰他完成单人驾驶40英尺级别帆船进行无助力不间断环球航海的壮举。7月，七届三次理事会议推选50名“中国航海学会终身成就荣誉称号”获得者候选人。

11月4～6日，2013年度航海科技奖评审会在广西壮族自治区南宁市召开，航海界知名专家组成的25人评审委员会对提交会议评审的80个科技项目进行了评审。经会前主审、会议咨询答辩、评议和评委投票，最终评选出获奖项目64个，其中，特等奖2个、一等奖9个、二等奖25个、三等奖28个。评审活动从3月25日启动，6月30日结束。由学会推荐的中国船舶重工集团研究员张崇猛在“科学之夜——2013中国科学报社年度盛典”荣获“2013中国科学年度新闻人物”称号。

**会员服务** 修改完善《会员管理办法》，制订了《会籍管理实施细则》、《会员服务公约》等规定。

9月9日，学会在北京召开了2013年单位会员联络员座谈会，组织联络员围绕“加强和改进学会联系和服务单位会员，发挥联络员桥梁作用”主题展开讨论，建立了单位会员联络员制度。代表不同行业、层面的45名单位会员联络员出席了会议。会议要求，各单位会员建立完善联络员工作制度，重视发挥好联络员的作用。研究制订单位会员联系办法，建立联络员工作机制，完善工作网络和平台，加强联络员工作交流，表彰奖励做出突出贡献的优秀联络员，促进学会联系和服务单位会员工作的常态化。

2013年，学会主要领导走访近30个单位会员，搜集各方面的意见和建议，建立联系机制。学会改进和完善学会网站服务功能，建立会员服务数据库和会员联络员QQ群，优化会员入会便捷通道，密切了与会员的联系。

2013年，学会向中国科协推荐2013年度三峡科技出版资助计划专著6部，其中2部专著获得资助。

**中国科协会员日** 12月，学会启动中国科协会员日活动相关工作，组织分发了中国科协会员日专题海报，参加了中国科协会员日主会场活动。12月15日会员日当天，通过《中国交通报》、《中国水运报》及学会网站等媒体刊登了《致中国航海学会全体会员的慰问信》，转达了第七届理事会在服务会员工作上的新的考虑和安排。学会理事长徐祖远等在中国科协会员日期间走访慰问会员单位，通报学会工作情况，听取意见建议。各分支机构、单位会员结合会员工作特点，开展形式多样的服务会员活动。各地方航海学会组织了所在地的会员日活动。

**【中日韩航海学会学术年会】** 10月24～26日，2013年中日韩航海学会学术年会在韩国釜山召开。来自中国、日本、韩国航海学会的代表，以及印度尼西亚、土耳其、蒙古等国家的专家、学者120余人集聚韩国海洋水产研修院。本次年会由中日韩三个国家的航海学会共同主办，韩国航海学会及有关机构承办。会议的主题是“绿色技术在航海和港口领域的应用”。

为展示我国航海科研成果，中国航海学会派出了由副理事长、大连海事大学校长王祖温为团长，秘书长赵东野为副团长的40人代表团出席了会议，是参加本届年会人数最多、交流论文最多的代表团。韩国航海学会的24篇论文、日本航海学会的17篇论文和中国航海学会的28篇论文作者或作者代表在各专题会场进行了学术交流。上海海事大学吴华丰《一种新的海上搜救的无线传感器网络的动态拓扑控制算法》等3篇论文获得年度优秀论文奖。

**【2013年中国航海学会学术年会】** 11月15～16日，2013年中国航海学会学术年会在上海市举行。中国科协学会学术部、上海市科协等单位有关领导、嘉宾以及评委、论文作者和社会各界人士、新闻媒体共179人参加本届年会。学会常务副理事长刘功臣主持年会开幕式。年会共征集论文238篇，评选出优秀论文60篇，参加年会交流论文39篇，会议期间，评选出年度特等奖1个、一等奖1个、二等奖2个、三等奖3个。学会理事长徐祖远表示，中国航海学会第七届理事会将提高学术活动质量作为能力建设的突破口之一，以引导和规范为目标，以建立完善机制为手段，以加强和提高专业委员建设为基础，着力解决好三个问题：一是把学术研究的主题聚焦到振兴航海事业、服务“海洋强国”的战略需求上来；二是搭建好两个层面（学会和分支机构组织的学术交流活动）3个平台（学术年会、专题论坛、主题沙龙）；三是进一步完善机制，鼓励支持和参与航海学会组织的各类学术活动。

本届年会聚焦海洋强国战略热门话题，安排了主旨报告会，交通运输部水运科学研究院副院长贾大山和中国远洋运输（集团）总公司总船长赵庆爱分别作题为《海运强国战略》和《永盛轮首航北极东北航道情况介绍》的专题报告。会议分3个专业组进行了学术交流，并邀请社会各界人士参与分组交流和评奖活动。

为更好地体现学会的服务功能，本届年会采取了取消向与会代表收取会务费、开放学术交流场所、增设“人气票”参与评奖、汇编出版年会学术论文集等措施，参加本届年会的专家、学者人数比2012年增加了45%，约40家媒体报道了本届年会。

**【2013年中国航海夏令营】** 中国航海学会主办、大连海事大学承办的以“唤醒蓝色基因，拥抱万里海疆”为主题的2013年航海夏令营8月1日在广州市黄埔港开营，8月9日在上海港圆满闭营。来自11个省、直辖市的75名大中专院校的学生，乘坐大连海事大学实习船“育鲲”

轮，经三亚、西沙群岛，绕台湾海峡至上海市，历时9天，航程1600海里，活动受到社会各界关注。活动围绕“面对面，知识启迪梦想”、“手拉手，热情舞动青春”、“心贴心，实践精彩人生”三部分内容，举办了蓝色基因与海洋文化讲座、船舶知识讲座等交流活动，开展半军事化管理内务训练，海上消防演习、逃生训练等基本航海技能训练。参观了海军基地舰艇，与守卫在南海的海军某部及三沙水警区官兵进行交流联欢。《中国交通报》、《中国水运报》、《大公报》、《大连日报》等多家新闻媒体进行了连续跟踪采访和现场报道。

**【全国船舶系列高级技术职务资格评审】** 11月21～24日，受交通运输部委托，学会组织的2013年全国内河船舶高级专业技术职务任职资格评审委员会会议（简称河船高评委）和全国海洋船舶高级专业技术职务任职资格评审委员会会议（简称海船高评委）先后在海南省海口市召开。新一届河船高评委会主任、中国外运长航集团有限公司总经理朱宁主持了由18名评委组成的河船高评委会议。新一届海船高评委会主任、中国海事局局长陈爱平主持了由24名评委组成的海船高评委会议。学会秘书长赵东野代表评审工作办事机构汇报了2013年职称评审的受理初审情况。经对提交会议的52份河船和122份海船高职申报材料的审阅，全体评审委员审议和投票表决，河船高评委会议审议通过了44人取得相应任职资格，其中高级船长27人、高级引航员3人、高级轮机长14人；海船高评委会议审议通过了109人取得相应任职资格，其中高级船长36人、高级引航员57人、高级轮机长16人。

2013年7月，交通运输部人事劳动司将全国内河船舶高级专业技术职务任职资格评审工作正式委托给中国航海学会组织承办。学会在新承接全国内河船舶系列高级专业技术职务任职资格评审中严格把关，确保了评审结果客观公正，保持了学会的良好信誉。

（撰稿人：魏小薇）

## 中国铁道学会

**服务创新型国家和社会建设** 2013年，受有关公司委托，学会组织专家完成了国家“十二五”大型项目蒙西至华中铁路管理模式论证、太中银铁路[太原至中卫（银川）铁路]完全委托运输管理模式研究论证，为两大铁路公司运营管理决策提供科学依据。学会在多次组织现场调研和召开专家座谈讨论的基础上，对铁路建设管理工作提出了建议，报送中国铁路总公司。

2013年，学会充实咨询专家队伍。借助学术交流和期刊编辑专家库，根据不同咨询项目组建咨询专家队伍。

2013年，学会承接了中国铁路总公司“基于GNSS技术的重载铁路路基沉降监测和预警系统研究”课题，并完成立项和前期工作。承接中国科协“铁道行业科技奖励促进科技创新的实践与工作机制研究”课题，年底形成7万多字的研究报告，上报中国科协。

**学会建设** 截至2013年底，学会单位会员数量达128个。

经中国科协和民政部同意，学会设立文化和博物馆工作委员会，为保护利用铁路工业遗存，进行科学普及和爱国主义教育、研究借鉴近代中外科技成果提供技术平台。目前学会分支机构达23个。

学会修订了专业委员会、单位会员考核评比办法，对成绩优秀的专业委员会和单位会员给予奖励，对其业务范围提出了规范要求。完善信息报送办法，对秘书处及各部室、专业委员会报送信息提出明确要求，对报送内容和报送范围做出具体规定。修改公文处理办法，修订秘书处公文处理办法和归档管理规定，修订秘书处工作制度。

组织申报中国科协“中国科协学会改革发展基础工程项目”，获得项目资助。

**学术期刊** 2013年，《铁道学报》编辑部审理稿件900余篇，出版12期，刊载论文200余篇，260万字。完成科技部中国科学技术信息研究所布置的“领跑者5000——中国精品科技期刊顶尖学术论文”推荐工作，入选优秀论文8篇。

《铁道知识》（双月刊）配合科普工作，缩短出版周期，3篇文章荣获中国铁路新闻协会三等奖。

**国内主要学术会议** 1月22日，秦沈客运专线开通十周年座谈会在北京举办，铁路系统的有关专家、学者及秦沈客运专线有关参建人员参会。铁道部原部长傅志寰，原副部长孙永福、蔡庆华出席。11名专家从秦沈客运专线的修建过程、建设管理、技术创新、运营管理、社会效益等方面进行了深入交流与探讨。

5月25～27日，学会承办在贵州省贵阳市召开的第十五届中国科协年会第11分会场——综合交通与现代物流发展研讨会。会议邀请到3位院士和多位学者参会，会议报告紧贴铁路改革实际，围绕铁路运输组织改革、现代物流发展与技术、门到门运输全程物流服务进行理论阐述。会议议题得到全国铁路系统运输、物资、信息和多元经营部门积极响应和参与。本届年会收到论文130篇，4个铁路局在调研的基础上向会议提交专题报告。分会场专家组根据与会专家、学者提出的建议和论文内容，撰写了专家建议报送中国铁路总公司和相关部门。

**科普活动** 1月23日，由中国科协科普部、中国铁道学会和北京市科协、北京铁路局、北京铁道学会联合举办的铁路站车旅客春运科普宣传活动在北京西站启动。1月28日，学会和北京铁道学会在北京至武汉的临客1955次列车上开展了科普宣传活动。《农民日报》、《中国科学报》、《中国财经报》、《北京晚报》、新华网、人民网、中国网、中国政府网站、搜狐网、腾讯网等作了报道。6月9日，学会向中国科协报送了《铁路站车旅客春运科普宣传活动》项目结题报告。

5月19～25日，学会举办2013年铁路科技活动周，主题为"实施安全风险管理，强化安全管理基础"。学会向各铁路局（公司）、各省（区）直辖市铁道学会、各专业委员会下发了《关于举办2013年铁路科技活动周的通知》，联合31个省级铁道学会和18个铁路局、人民铁道报社开展了科技周活动。指导各省级铁道学会结合不同省份和区域特点，在车站、场馆、社区等公共场所，开展一系列围绕主题、形式多样的群众性科普活动。以"大力实施安全风险管理年，全面强化安全管理基础"、"整治安全风险突出问题，确保铁路运输安全稳定"等内容为重点，通过现场展示宣传展板等方式，向公众宣传铁路安全管理基础内容。活动期间，发放科普书刊41700册，制作录音磁带570盒，进行站车广播3850次，举办科技知识培训158场、岗位技术练兵1990场，汇总合理化建议15050条，参与人数突破500万人次。

9月14～20日，学会开展2013年全国科普日活动，活动主题为"提高技术创新水平，支撑铁路科学发展"。学会向各专业委员会和各省（区）直辖市铁道学会下发了《关于举办2013年铁路科普日活动的通知》。活动期间，学会与中国铁路总公司相关部门共同组织了2013年铁路科普日活动。学会向各省级铁道学会和各铁路局（集团公司）发送由学会与英国劳氏铁路（亚洲）有限公司联合制作的《国外铁路运营安全和风险管理》科普讲座光盘，开展铁路安全运输知识竞赛、组织铁路安全技术培训和提合理化建议等活动，增强干部职工的铁路运输管理和安全风险管理的工作能力。18个铁路局和31个省级铁道学会参加，开展了500余项科普活动，参与人数达410万人次。本次活动80%以上的科普宣传活动在站段一线举办，数千名铁路科技人员和科普工作者深入铁路沿线，受到基层职工欢迎。

2013年，学会积极开展防灾减灾科普宣传活动。围绕"识别灾害风险，掌握减灾技能"主题，结合铁路系统"安全风险管理年"活动和雅安地震，突出铁路防范安全风险和抗震救灾工作重点，引导机关安全管理和运输指挥部门干部，超前预控突发自然灾害和季节安全风险。配合《人民铁道》报等媒体开展防灾减灾科普宣传。

2013年，学会面向铁道部机关各部门开展了提高安全管理水平、降低突发自然灾害影响、强化灾害防范应对措施的科普宣传，帮助机关干部了解防灾减灾常识，掌握逃生避险技能，增强自救互救能力。在机关服务系统开展了防灾减灾宣传和实作演练。在服务管理系统开展消除办公室安全隐患工作，在房管系统开展防火防水清查工作，在基建系统开展杜绝违章违纪活动。

学会联合地方铁道学会和文物部门在保护工业遗存的同时，结合当代先进技术和工艺，建设科普基地。经学会推荐中国铁道博物馆被评为全国优秀科普教育基地。组织全国铁路系统博物馆、展览馆、陈列馆共11个文物单位，成立文化与博物馆工作委员会。

组织两家铁路媒体单位，在全国铁路系统开展"公众喜爱的科普作品"推荐活动。

**表彰举荐优秀科技工作者** 2013年，学会组织完成了2012年度中国铁道科技奖评审工作。依据新修订的《中国铁道学会科学技术奖》奖励办法和实施细则，完成了奖项的评审工作，共收到申报项目464项，经形式审查和技术审查后，提交专业组评审443项。评审委员会经民主评选，审定2012年度拟授奖项目260项，其中特等奖8项，一等奖27项，二等奖97项，三等奖128项。拟授奖项目在《人民铁道》报和中国铁道学会网站进行了公示。

按照评选办法，学会评选出2012年度铁路系统优秀论文评特等奖2篇。12月初，印发了《关于评选中国铁道学会2013年度学术活动优秀论文的通知》，组织各省级铁道学会、专业委员会、单位会员申报优秀论文参与评选，并组织专家启动评选优秀论文工作。

组织完成了2013年度茅以升铁道工程师奖的评审工作，经专业组评审，评审委员会评审，共评选出70人获奖。

在铁路行业范围内，组织推荐评选铁路行业优秀科技人员，向中国科协推荐光华工程科技奖2人，中国青年科技奖4人。

**党建强会** 按照中国科协开展"党建强会"活动安排和中国铁路总公司党组"机关清明、干部清正"的具体要求，学会重新划分党小组和工会小组，修订了创先争优、建设学习型党支部计划。在党的群众路线教育实践活动中，深入基层调查研究，广泛开展谈心活动，以反对"四风"为切入点，围绕"党建强会"，针对存在问题进行整改。

**会员服务** 2013年，学会到中国铁道建筑公司等会员单位调研，密切与单位会员的联系，听取会员意见，进一步壮大会员队伍。

学会积极完善会员服务细则。对单位会员按专业进行分类，制定会员服务实施细则，下发给各部室和各专业委员会，强化会员服务能力。

组织会员活动。在各类学术会议、科普活动中，邀请会员参加，增强学会对会员的凝聚力。

**中国科协会员日** 组织开展中国科协会员日活动。12月10～15日，环保专业委员会主要领导深入有关铁路路局召开铁路企业节能减排调研座谈会，邀请铁路局主管节能环保工作的领导和专业技术人员及一线节能环保监测人员参加。与武汉动车段、北京局南仓站、南宁局桂林站一线技术人员就节能减排措施方案的实施进行研讨，同时代表学会向一线技术人员表示慰问。

12月18日，学会秘书处和学术交流部有关人员在北京交通大学土木工程建筑学院召开学术工作座谈会，邀请教学一线教授和工程领域的老专家10余人参加。专题研讨2014年学术交流工作，并纳入2014年重点学术计划。结合党的群众路线教育实践活动，虚心听取意见和建议，完善工作作风。

会员日期间，学会组织部分专业委员会负责人，到中国铁道建筑公司等会员单位广泛征求意见，并对热心科技社团工作，支持铁道学会建设的教授、专家表示慰问。

**【综合交通与现代物流发展研讨会】** 5月25～27日，学会承办在贵州省贵阳市召开的第十五届中国科协年会第11分会场——综合交通与现代物流发展研讨会。分会场的主题是“综合交通与物流发展”。学会理事长、中国工程院院士孙永福，中国铁路总公司总工程师、中国工程院院士何华武，中国科学院、中国工程院院士，西南交通大学教授沈志云，铁路、公路相关科技工作者，论文作者120多人出席了会议。会议期间，参会院士、14位专家、学者进行了交流发言。孙永福作了《对构建综合交通运输体系的几点看法》的主题报告，提出了构建我国综合交通运输体系需要解决的规划、法律和政策问题，需要注意研究的资源能源和环境“双重”约束问题，以及在铁路改革推动下发展铁路物流的重要途径。西南交通大学牵引动力国家重点实验室教授，中国科学院院士、中国工程院院士沈志云作了《中国高速列车技术实现的重大突破》的主题报告，指出我国高速铁路在不到十年的时间里，取得了令世人瞩目的成就，步入了持续发展的良性循环，根本原因是实现了高速铁路理论、技术和管理上的重大突破。交通运输部公路科学研究院副总工程师顾敬岩作题为《道路货物运输价格监测、成本测算与指数编制实施思路》的报告，分析了建立道路货运价格指数的必要性和意义。交通运输部规划研究院主任工程师李伟作题为《对交通运输促进现代物流发展的认识与思考》的报告，通过分析交通运输与物流发展的关系以及我国物流发展所面临的形势和存在的问题，提出了我国物流业的发展目标和实现的八项措施。交通运输部公路科学研究院王浩的论文《德国中小企业联盟发展模式及启示》，通过分析德国中小物流企业联盟的发展历程和现状，提出在我国发展中小物流企业联盟的可行性。日立（中国）研究开发有限公司通信融合系统研究室研究员赵亮作题为《全球共同配送的发展与中国本土化展望》的报告，提出共同配送中国本地化存在的问题及解决问题的意见和建议。会议共收到论文220余篇，经分会场学术委员会认真审阅，选出论文81篇，编印了《综合交通与物流发展学术交流会论文集》。

**【秦沈客运专线开通十周年座谈会】** 1月22日，学会主办的秦沈客运专线开通十周年座谈会在北京举行，铁路系统内有关专家、学者及秦沈客运专线有关参建人员参会。铁道部原部长傅志寰，原副部长孙永福、蔡庆华出席会议。会议对秦沈客运专线决策与建设过程进行了回顾与总结。11名专家就秦沈客运专线的修建过程、建设管理、技术创新、运营管理、社会效益等方面做了深入交流与探讨。铁道部总工程师何华武、总规划师郑健，铁道部原总工程师华茂崑、王麟书等参会。参加座谈人员一致认为，秦沈客运专线在中国铁路发展中具有里程碑意义，为中国高铁发展奠定了坚实的技术基础。

秦沈客运专线长404千米，是中国自己研究、设计、施工的第一条铁路客运专线。它的建设和投入运营，不仅增加了进出关通道运输能力，而且促进了沿线经济社会发展，带动了中国铁路技术水平大幅度提高，加快了中国铁路客运快速化进程。

**【参加第10届国际重载运输大会】** 2月4～6日，第10届国际重载运输大会（10th International Heavy Haul Association Conference，IHHA）在印度首都新德里召开。学会副秘书长董胜美一行3人赴印度新德里参加会议。本届大会的主题是“通过重载运输提升铁路运力”。大会由印度铁道部和国际重载协会共同主办，论文作者、相关铁路运营维护管理人员、研发人员，装备供应商、咨询服务商和大学师生650多人出席了会议。中国铁道科学研究院、中国南车集团公司、中国北车集团公司、神华集团公司、西南大学、同济大学、大连铁道大学，中国铁道学会等单位约50人参会。大会共交流120篇论文，其中中国代表论文24篇，居各国论文首位。大会共评出6篇优秀论文，其中两篇来自中国，分别是同济大学周玉的《轨顶减磨剂对重载铁路轮轨作用影响的试验研究》和齐齐哈尔轨道交通装备有限公司于跃斌的《发展大轴重重载货车相关技术研究》。另有12篇来自中国的论文作为壁报交流。

国际重载协会本次大会上收录的论文数量中国排名第一，占录取论文数量近四分之一，大会交流论文数量中国排名第一，张贴论文数量中国排名第一。学会积极向国际重载协会推荐专家，参与《轮轨界面管理》编写，为提升我国铁路标准、实施走出去战略做好准备。

本次国际重载会议，参会的中国专家、学者和发表的论文都是近年来最多的，表明我国重载铁路运输在国际的地位显著提升。

（撰稿人：李　旭）

## 中国公路学会

**服务创新型国家和社会建设**　2013年，学会承担了交通运输部重大科技项目——“长大桥梁创新技术集成研究”课题。完成了全国高速公路应急管理模式调研，形成了《全国高速公路应急管理模式调研报告》。开展了“海西高速公路网南平联络线和公路工程建设与养护新技术产业化研究”等多项技术咨询和30余项科研成果鉴定。开展了“公路建设期全过程环境管理对策研究”、“绿色低碳型高速公路服务区建设技术研究”等多项科研合作项目。开展了《中国高速公路服务区发展报告》的研究。启动了《中国高速公路广告发展报告》的研究。承担了《公路蓄能型自发光交通标识》国家交通行业标准的编制工作。完成了《中国公路史》续编工作。完成了《中国交通信息化年度发展报告》的编撰任务。

2013年，学会与人民交通出版社签订战略合作协议，双方决定通过建立业务对口合作机制、合作效果评估机制、信息通报与报告机制、会议协调机制加强合作。双方共同申请和建设财政性资金项目，依托出版社成立中国公路学会交通史志工作委员会。双方在图书出版与发行、期刊出版与发行、出版项目申报、国际图书引进和出版、国外行业标准引进等方面开展合作。

**学会能力提升计划**　2013年，学会根据《中国公路学会能力提升专项实施总体方案》制定了项目实施计划和实施举措，重点在为行业发展服务、对外交流与合作、科学普及上有所突破，着力在学术能力建设、技术咨询和科技评价、学会自身建设上有所提升。开展学科发展和行业课题研究工作，形成涵盖9个学科领域的《道路工程学科发展报告》。开展我国“长大桥梁建设技术创新集成研究”课题。举办2013年中国公路学会学术年会、第六届中国公路科技创新高层论坛、第二届两岸四地公路交通发展论坛等具有影响力的学术活动，巩固提升学术品牌。开展“海西高速公路网南平联络线和公路工程建设与养护新技术产业化研究”等多项目技术咨询和30余项科研成果鉴定。推进科技成果推广转化平台建设。制定学会科普工作计划，开展“平安出行，幸福人生”公路知识科普活动。组建中国公路学会科学传播团队，开展第三届中国公路公益广告大赛活动。

**学会建设**　2013年，学会加强了办事机构基础建设，在原有工作部门基础上，成立了科普部和学会管理部，秘书处工作部门达到9个。在队伍建设上，根据学会职业化建设的要求，引进了高层次专业人才，人员数量和专业结构更加合理。制定了《关于强化学会基础建设　提高学会服务能力的意见》。

5月24日，全国公路学会工作会议在贵州省贵阳市召开，各省、自治区、直辖市、新疆生产建设兵团公路学会，学会各分会的理事长、秘书长，学会秘书处领导及有关部门负责人等120余名学会工作者参加会议。学会理事长胡希捷作了题为《强基础　谋发展　抓落实　促成效　努力提高服务公路科技创新的能力和水平》的工作报告。会议交流了各学会在学术交流、调研咨询、科技评价、深化改革、自身建设、会员服务等方面的经验和做法，就《中国公路学会关于加强学会基础建设提高学会服务能力的意见》听取意见。

7月30日，学会在辽宁省大连市举办了第六期全国公路学会管理干部与能力建设培训班，培训班以“基础建设与规范管理”为主题，针对各省级及地市级公路学会、中国公路学会各分会办事机构的专（兼）职干部进行了培训。

学会在系统内表彰了2011 ~ 2012年度先进学会和理事长，并颁发奖状和奖牌。授予北京公路学会等18个学会、分会“2011—2012年度先进学会”称号。授予刁厚枝等19位同志“理事长突出贡献奖”。

2013年，学会与长沙理工大学筹备组建中国高速公路管理学院，培养高速公路运营管理高层管理者。

**学科发展研究**　11月，由学会组织行业专家和学者编写，交通运输部总工程师、学会副理事长周海涛担任首席科学家的《道路工程学科发展报告（2012—2013）》完成。该报告包括道路（公路）工程、公路桥梁工程、道路运输与现代物流、筑路机械、交通工程、客车技术、公路隧道工程、公路勘察设计信息化和公路环境与可持续发展9个方面的专题内容，涵盖了我国道路工程领域核心技术和道路、桥梁、隧道在设计、施工、新设备、新材料、新工艺等方面的创新技术与应用情况，特别对道路工程学科近五年来所取得的技术进步、科技成果和工程应用进行了梳理、归纳和提炼。

**国内主要学术会议**　3月28日，由学会主办、安徽省公路学会协办、《中国交通信息化》杂志社承办的第十五届中国高速公路信息化研讨会暨技术产品展示会在安徽省合肥市举办。来自交通运输主管部门，高速公路建设、运营管理单位和部门，高速公路机电工程设计、施工、监理、科研等单位的1200多名工程技术人员和170余家企业参会。会议设交通信息化形势分析论坛、高速公路信息化管理论坛、综合技术论坛、学者论坛、新技术新产品论坛、设计创新论坛、联网收费新技术论坛、视频监控发展论坛、计重收费论坛等9个分论坛，共有56场管理和技术报告。

4月17日，第六届中国公路科技创新高层论坛在北京举行，2000多名中外公路科技工作者参会。论坛主题为“创新方法与最佳实践”。论坛围绕公路学科发展、生态公路与低碳环保、钢桥面铺装、路网管理与公路应急保障等领域，开设了4个国际论坛、14个国内论坛，邀请百余名中外专家开展学术交流。

5月25日，学会承办了在贵州省贵阳市召开的第十五届中国科协年会第12分会场——全国山区桥梁建设技术创新论坛。美国工程院院士、中国工程院外籍院士邓文中，中国工程院院士郑皆连应邀作专题报告。论坛围绕山区桥梁设计与施工技术、山区桥梁结构分析与实验研究、山区桥梁耐久性技术、山区桥梁加固及诊断技术、山区桥梁地质灾害评价及处治技术、山区桥梁抗震与减震技术、山区桥梁信息化及安全保障技术等内容展开交流。年会期间，学会还与中国铁道学会共同承办了第11分会场——综合交通与物流发展研讨会。学会在分会场交流的“山区桥梁设计应遵循与周边环境相协调的美学原则”和“城市群对公路交通运输的发展要求”两个主题入选中国科协13个有潜在政策建议价值的选题。

9月3日，学会在甘肃省兰州市召开以“农村公路的管理模式与养护技术”为主题的2013年学术年会。来自各省、自治区、直辖市交通部门和交通企业、科研单位、大专院校的专家、学者和科技工作者200余人参会。会议围绕全国农村公路养护管理现状、存在的问题，以及各地在农村公路“四个转型”发展方面的探索和实践展开交流。

11月6日，庐山西海（永修至武宁）高速公路安全绿色交通科技示范工程交流会在江西省九江市召开。受交通运输部科技司委托，会议由学会主办，江西省公路学会、江西省交通运输厅永修至武宁高速公路项目建设办公室承办。来自各省、自治区、直辖市交通运输厅（局）、高速公路公司，科研、设计、监理、质量监督部门及公路工程施工企业等单位的科研和工程技术人员共计150余人参会。会议围绕新型交通安全设施在交通安全保障中的应用、公路交通安全保障中的三维GIS技术、绿色（低碳）服务区建设技术、水环境安全保障技术等内容进行交流。会议期间围绕服务区建设和运营等主题进行了分组讨论。

12月7～8日，学会在北京承办中国科协第270次青年科学家论坛，主题为“在役桥梁安全运营保障”。论坛围绕我国公路在役桥梁结构安全检测与评估新技术、新方法，维修与加固新技术、新工艺、新材料，以及长大跨径桥梁健康监测与养护管理技术的发展趋势等话题，展开了讨论。交通运输部公路科学研究院、江苏省交通科学研究院、清华大学、北京交通大学、长安大学、中交公路规划设计研究院、辽宁省交通规划设计院等公路在役桥梁安全科研、教学、设计、施工等领域共48家单位的80多位青年专家、学者参会。会议提出重视非收费公路上中小桥梁的运营安全，明确危旧桥加固与维修的设计、施工专项资质要求，加快桥梁信息系统集成与协同创新技术研究与应用等意见和建议。

**两岸交流**　11月5～6日，第二届两岸四地公路交通发展论坛在台湾地区台北市举行，本届论坛由台湾“中华道路协会”、中国公路学会、香港公路学会、澳门工程师学会联合主办。论坛主题为“安全、友好、永续之运输环境”，来自两岸四地的160多名公路交通界专家、学者和工程技术人员出席论坛。

交通运输部副部长冯正霖以中国公路学会顾问的身份参加了学术交流活动。学会理事长胡希捷、名誉理事长李居昌，台湾“中华道路协会”理事长吴盟分，香港公路学会会长朱沛坤，澳门特别行政区政府组织计划及发展厅厅长程卫东等出席论坛。本届论坛收录了来自两岸四地的论文80多篇，14位专家进行大会交流。

**国际交往**　4月18日，第六届中国公路科技创新高层论坛期间，学会与美国国家高速公路和交通运输协会（AASHTO）共同成立的“中美公路技术交流中心”正式揭牌。学会理事长胡希捷和美国密歇根州交通部部长柯克·斯图德尔共同为中心揭牌。

**科普活动**　2013年，学会开展“平安出行，幸福人生”公路科普活动。利用全国重点地区收费站、高速公路服务区等地以及公路沿线广告立柱媒体等公共宣传载体张贴宣传标语口号，发放宣传手册。整理、印发公路知识问答等资料。活动期间，在全国多处重点路段高速公路服务区开展科普资料发放、现场咨询活动，讲解公路安全保护法律法规。

**表彰举荐优秀科技工作者** 2013 年，学会推荐的交通运输部公路科学研究院公路工程研究中心副主任曹东伟获第十三届“中国青年科技奖”称号。中国公路学会科学技术奖申报数量再创新高，达到 510 项（2012 年为 472 项）。王国斌、冯良平、刘建蓓、侯福金、钱国平、谢海巍、尚云龙、林国进、马俊、侯德藻等 10 人获得“第八届中国公路青年科技奖”称号。学会还评选表彰了“第七届中国公路百名优秀工程师”。

**学会创新发展** 2013 年，根据行业科技创新及学会事业发展的需要，学会成立了以“为行业科技进步服务，为学会事业发展服务，促进科技成果推广”为宗旨的专业咨询实体——北京中路汇技术咨询有限公司。该公司主要承担公路勘察设计及公路专项技术咨询工作。

**会员服务** 2013 年，学会为多家会员单位举办了专题技术推广交流会议。协助会员单位在科技奖项申报方面进行咨询。开展了科技工作者状况调查工作。

**中国科协会员日** 12 月 14 日，学会在四川省泸州市举行了 2013 年全国公路学会会员日活动。学会秘书处领导及有关部门负责人、各省级公路学会秘书长、副秘书长及会员代表共计 80 余人参加了活动。活动表彰了工作中表现突出的会员和科技工作者，张永凯等 30 人获“2013 年度中国公路学会优秀会员”称号。活动期间，走访慰问了泸州高速公路收费站的会员和科技工作者。

**【第六届中国公路科技创新高层论坛】** 4 月 17 日，第六届中国公路科技创新高层论坛在北京举行，2000 多名中外公路科技工作者参会。本届高层论坛首次设立国际分论坛，来自美国、英国、日本、澳大利亚、尼日利亚等 15 个国家和地区的 60 多名专家、学者参会。

本届论坛以“创新方法与最佳实践”为主题，由学会与国际道路联盟、美国交通研究委员会联合主办，是中国公路交通行业规模最大，最具影响力的学术交流活动。

交通运输部副部长高宏峰、中国科协副主席秦大河、国际道路联盟主席卡比拉、学会理事长胡希捷分别在大会致辞。大会由交通运输部总工程师、学会副理事长周海涛主持。美国交通研究委员会执委会副主席、密歇根州交通部部长柯克·斯图德尔，美国联邦公路总局技术总监敏特，美国工程院院士、中国工程院外籍院士邓文中等作了大会主旨报告。

论坛围绕公路学科发展、生态公路与低碳环保、钢桥面铺装、路网管理与公路应急保障等领域，开设了 4 个国际论坛和 14 个国内论坛，邀请了 106 名中外专家做学术报告，系统介绍世界最新的技术发展动态。

论坛期间，学会与美国交通研究委员会联合举办了中美公路学术沙龙。学会与美国州级公路管理者协会联合成立了“中美公路技术交流中心”，并举行揭牌仪式。

**【“平安出行，幸福人生”公路科普活动】** 2013 年，学会开展了“平安出行，幸福人生”公路知识普及宣传活动。根据活动安排，2013 年 5 月 3 日至 2014 年 4 月 30 日期间在全国重点地区收费站、高速公路服务区等地，以及公路沿线广告立柱媒体等公共宣传载体上，发布、张贴、悬挂宣传标语口号和挂图，发放宣传手册。在广泛征集并经专家评审的基础上，学会整理出公路知识问答等资料，委托《中国公路》杂志社编印系列宣传挂图、彩页、行车指南及公路知识宣传读本，在活动期间张贴和发放。

9 月 18 ~ 21 日、9 月 30 日 ~ 10 月 7 日，在河北玉田服务区、辽宁西海服务区、湖南长沙服务区等全国重点路段高速公路服务区开展科普资料发放、现场咨询活动，讲解公路安全保护法律法规。同时组织有关人员开展“三走进”活动（走进校园、走进社区、走进村镇），普及公路安全保护法律知识。

活动期间，学会组织有关媒体对破坏、损坏、非法占用或非法利用公路、公路用地、公路附属设施的典型违法行为进行专题报道，引导社会公众自觉遵守公路安全保护法律、法规。活动开展以来，受益人数达到 100 万人次。

（撰稿人：康　茜）

## 中国航空学会

**服务创新型国家和社会建设** 受商务部委托，9 月，学会出具了对中航通飞华北飞机工业有限公司与美国德事隆远东私人有限公司共同出资成立石家庄中航赛斯纳飞机有限公司的反垄断调查意见，为有关部委的决策提供了咨询建议。

**学会能力提升计划** 2013 年，参与了中国科协推进学会承接政府职能转移的有关准备工作，参加有关座谈会议和调研工作，提交了工作思路和调研问卷，将学会承接政府职能的意愿聚焦到科技成果评价、科技项目评价和科技人才评价 3 个方面。按照中国科协学会能力提升专项项目合同，全面做好各项实施工作，通过了第一合同周期项目验收，完成了第二合同周期的项目申报。

**学会建设** 加强新兴航空力量的会员发展力度，全年发展单位会员 8 家。

2013 年，学会多次与多家分支机构挂靠单位探讨加强分支机构管理的有效途径。利用举办学术会议的机会，组织召开会员工作站研讨会，就如何发挥好会员工作站作用等进行专题讨论。结合党的群众路线教育实践活动，召开了9个专业分会总干事参加的座谈会，就如何提升分会学术会议品牌效应、增强分支机构活力等进行讨论交流。

**学术期刊** 2013年，学会主办的7种期刊均较好地完成了出版发行工作，期刊质量和发行量稳步上升。

学会主办的《航空学报》和英文版 *Chinese Journal of Aeronautics* 的稿件质量均大幅提高。《航空学报》连续第12年被评为“百种中国杰出学术期刊”，影响因子、总被引频次大幅提升，蝉联中国科学技术信息研究所、中国知网航空航天类核心期刊第1名，在全国1998种核心期刊中排名第10位。英文版 *Chinese Journal of Aeronautics* 在美国SCI数据库影响因子、被引频次增幅显著，排名居全球SCI航空航天工程类期刊第18位、亚洲第1位。英文版 *Chinese Journal of Aeronautics* 独立成立了期刊编委会，来自14个国家和地区的国际编委比例达50%。11月，《航空学报》编辑部举办国际先进办刊模式研讨会，旨在提升刊物的业界影响力。

《航空动力学报》编辑部完成了对优先数字出版全部论文的准备工作，缩短了周期，提高了工作效率。《航空材料学报》编辑部对中文网站进行改版，并增加了英文网站。《航空工程进展》编辑部组织编辑参加业务培训，通过参加学术会议增强与科技人员的沟通，为扩展稿源打下基础。《航空知识》抓住新闻热点制作多个专题期刊，与《航空模型》合作完成了2013年全年中国移动手机报的编辑和制作。

**学科发展研究** 2012～2013年，学会第四次开展学科发展研究。截至2013年底，形成了1篇综合报告和7篇专题报告，报告将于2014年初发布。

**国际学术会议** 2013年共组织国际会议5个，1150人次参加，其中境外230人次；交流论文430篇，其中境外177篇；编辑论文集3种，光盘2种。

4月17日，2013民用飞机航电国际论坛在上海市举行，论坛由学会与中国航空研究院联合主办，来自国内外80多家单位的300多位专家和商务代表参加了论坛，其中海外专家、学者120余名。

9月9日，第二届亚洲/澳大利亚直升机年会暨第四届直升机技术基础研究国际会议在天津市举办，来自9个国家的120多位专家、学者参加了会议，国外专家、学者40多位。

10月22～23日，2013（首届）民用飞机机电系统国际论坛在陕西省西安市召开，论坛吸引了10多个国家的150余名专家、学者参会。

11月26～28日，2013西安国际航空维修与管理学术会议暨维修装备展览会（ISAMM2013）在陕西省西安市举行。来自5个国家的200余位专家、学者参加了会议，其中国外专家、学者20余位。

**国内主要学术会议** 2013年，学会共举办36项国内学术交流活动，3830人次参加，交流论文2972篇，评选优秀论文190篇，编辑论文集17种，光盘11种。

5月25～27日，第十五届中国科协年会在贵州省贵阳市举办，学会承办了年会第13分会场——航空发动机设计、制造与应用技术研讨会，来自全国50余家单位的133名专家、学者参加了会议。

6月6～8日，领先接触——第五届民用飞机制造技术及装备论坛在云南省昆明市举行，论坛由学会与中国机械工程学会联合主办，来自航空航天及装备制造业80多家单位的140余位专家、学者参加会议。

8月14～16日，第29届全国直升机学术交流会在江西省景德镇市召开，130余位专家、学者参会。会议共收到30多家单位投送的论文，录用140篇。

9月12～13日，2013年中国通用航空发展论坛在四川省广汉市举办，120多位专家、学者参会，围绕我国通用航空的现状、发展趋势和存在问题进行了研讨。

9月13～16日，第五届中国信息融合大会在广东省深圳市和香港特别行政区召开，311位专家、学者参加会议。大会在深、港共设10个分会场，108位学者宣读论文，7位专家作大会报告。

9月25～26日，首届中国航空科学技术大会在北京召开，6位国内外著名专家作大会报告。大会设6个专业分会场，70余位专家宣读了报告，40余位作者张贴了论文。来自航空工业、民航、院校、部队、航天等系统的400余位专家、学者参加了会议。

10月18～20日，第11届全国博士生年会在四川省成都市举办，学会承办了民用航空科技及产业发展专题分会场，共有来自8所高校的25名博士生参加交流。

10月17～19日，首届全国航空机电、人体与环境工程学术会议在北京召开。来自国内航空航天企业、高等院校、科研院所的专家、学者约200人参加会议，会议主题为“多电与节能”。

11月1日，仿真的力量——国防科技工业系统仿真大会在北京召开，会议由学会联合中国系统仿真学会、中国造船工程学会、中国兵工学会和中国宇航学会主办，共有300多位来自多个系统的仿真产、学、研、用单位的专家、学者出席会议。

**国际交往** 6月21日，学会副理事长胡海岩院士在北京会见了来华访问的国际航空科学理事会主席 Murray Scott 教授。胡海岩就中国航空学会积极准备参加国际航空科学大会（ICAS）理事会会议、程序委员会会议和 ICAS 大会的有关情况进行了沟通。Scott 详细介绍了 ICAS 目前的有关情况，并表示中国航空学会是 ICAS 的最重要会员之一，ICAS 非常重视与中国航空学会之间的沟通、服务与合作，全力支持 ICAS 的执委会会议（EC Meeting）、程序委员会会议（PC Meeting）和 ICAS 大会在中国举办，并希望通过早期职业教育和出版物翻译等方式，服务中国航空科学技术的发展。

9 月 25 ~ 26 日，在首届中国航空科学技术大会期间，学会副理事长张新国与美国航空航天学会（American Institute of Aeronautics and Astronautics，AIAA）副理事长 Susan Ying 举行了会谈。

11 月 19 ~ 22 日，学会组团赴日本出席 2013 年亚太航空航天技术学术会议，共征集论文 70 余篇，组织 29 人赴会交流。

**科普活动**　3 月 27 ~ 31 日，2013 青少年航空科普教育研讨会在贵州省贵阳市召开，来自相关单位的 63 名专家、学者参加会议，会议围绕航空科普教育进行了交流。

7 月 18 日，学会组织 8 个单位参加了在北京展览馆举行的中国科协第四届科技场馆展品与技术设施国际展览会暨学术研讨会。学会所办展区展品内容丰富、形式多样，成为展览会上最吸引人气的展区之一。

7 月 24 日，学会承办了中国科协第 30 期“科学家与媒体面对面”活动，围绕韩亚航空客机坠机的热点事件，邀请 5 位航空专家与 30 余家媒体进行沟通互动。

8 月 2 ~ 4 日，由学会制导、导航与控制分会主办的 2013 国际空中机器人大赛亚太赛区比赛在清华大学举行，国内 10 所高校组队参赛，比赛首次吸引了 2 所国外大学参赛。比赛引起国内主流媒体的广泛关注，对赛事进行了相关报道。

9 月 20 ~ 24 日，学会在北京举办中航工业杯——第二届国际无人飞行器创新大奖赛，117 支代表队参赛，其中包括 2 支国外队伍和 4 支中学生队伍。大赛包括创意赛、竞技赛、创新展、第二届国际航模大师秀、世界无人飞行器发展展望主题论坛和高校技术创新论辩会。1.5 万名专业人士和公众观看了飞行活动并参观了展览。中央电视台、北京电视台等 60 余家电视台、广播电台、网络媒体、平面媒体对大奖赛做了大量报道。

10 月 26 ~ 27 日，蓝天飞梦——全国青少年模拟飞行比赛在北京举行，来自全国 10 余个省、自治区、直辖市的 30 支队伍近 200 人参加了比赛。

10 月 29 ~ 31 日，第五届超轻复合材料桥梁 / 机翼学生竞赛在上海市举行，吸引了国内外 17 所高校的 70 支代表队的 306 名同学参赛，参赛人数创历史最高。

学会举办第十五届全国青少年航空航天模型教育竞赛绘画比赛，比赛共收到来自 13 个省、自治区、直辖市的参赛作品 2300 多幅，经过评审，共评出特等奖及一、二、三等奖 129 幅，其中获特等奖的 9 幅作品送往国际航空联合会参加国际评审。

2013 年，学会举办了两期青少年飞行体验活动，共有 51 名中小学生参加活动。在广东省广州市、深圳市分别举办了中国航空学会青少年模拟飞行教师培训班，来自 40 多所学校和单位的 50 多名教师参加了培训。

**表彰举荐优秀科技工作者**　2013 年，学会开展 2013 年度“中国航空学会科学技术奖”评选工作，申报项目数量比往年有大幅增加，质量也有所提高，形式审查合格率达到 97.2%，共收到 109 个项目申报材料，35 个项目获奖。

完成了第二届冯如航空科技精英奖的评选工作，高正红、吴光辉、齐贤德、袁立、张玉琢、侯建、苏航、桑建华、聂宏等 9 人当选。

组织评选出 11 位青年科技专家为第十二届学会青年奖获奖人选。经学会推荐，北京航空航天大学自动化科学与电气工程学院教授段海滨荣获第十三届中国青年科技奖。

**工程教育认证**　2013 年，按照中国科协和教育部的部署和有关规定，经协商成立了中国工程教育认证协会航空航天类专业认证委员会。专业认证委员会已提交申请材料，起草了认证标准和工作手册。

**党建强会**　按照中国科协的统一部署，学会 2013 年党建强会活动全面开展，活动重点面向贫困偏远地区的中小学生开展航空科普活动。8 月和 9 月，学会先后在青海省玉树州曲麻莱县第一民族完全小学、第二民族完全小学和湖北省荆州市岑河农场中学开展科普行活动，送去了航模课与航空科普报告，捐赠了图书和航模，受到广泛欢迎。

**会员服务**　根据会员普查结果对个人会员进行分类管理与服务。在开展党的群众路线教育实践活动期间，调研走访单位会员，了解会员单位需求，落实服务措施。根据会员单位的不同性质提供个性化服务，搭建国际航电论坛、国际机电论坛等多个服务平台。

加强与中国科技咨询中心、中国科协学会服务中心等单位联系，探索长期合作机制，调动各方力量加强对单位会员服务。

2013 年，学会在国内启动第 29 届国际航空科学大会（ICAS2014）的征文工作，共投送了 123 篇文章，83 篇被录用，论文投送和录用数量连续三届位列主办国之外的第1名。

**中国科协会员日** 12月12～26日，2013年中国科协会员日活动期间，学会以“我与学会共成长”为主题开展相关活动。南京、西安、沈阳、江西4个会员工作站，江苏、陕西、辽宁、贵州、上海5个地方航空学会，上海航宇科普中心、空军航空大学、中国民航大学、中航工业江西洪都航空工业集团、中航工业昌河飞机工业集团5家单位会员，航空维修工程分会，制导、导航与控制分会，结构与强度分会等举办了科技培训、会员座谈会、学术沙龙、优秀科技工作者表彰、优秀科技工作者宣传等形式多样的活动，直接受众人数超过3000人次。

**【第二届国际无人飞行器创新大奖赛】** 9月20～24日，由中国科学技术协会、中国宋庆龄基金会、共青团中央共同指导，中国航空工业集团公司、中国航空学会、北京市科学技术委员会联合主办，中航文化股份有限公司承办的第二届国际无人飞行器创新大奖赛在北京举办，9月25日在第15届北京国际航展上举行了闭幕式暨颁奖仪式，同时设立主题展位展示了部分获奖作品。

本届大奖赛是融科技创新与科学普及为一体的航空盛会，活动包括创意赛、竞技赛、创新展、第二届中国（北京）国际航模大师秀、世界无人飞行器发展展望主题论坛和高校技术创新论辩会，其中创意赛和竞技赛为活动主体。来自高等院校、科研院所、民营企业和个人爱好者的117支队伍报名参赛，其中包括2支新加坡队伍和4支中学生队伍。本届大奖赛总奖金额170万元，其中竞技赛中的固定翼赛和旋翼赛两项大奖空缺，50万元的奖金额将累积至下一届大奖赛。

创新展是在活动现场搭建的总面积为2000平方米的帐篷内设立的展览，主要展示参加比赛的创新飞行器、部分国内外无人机和航模产品、航模大师秀表演机等，供参观和交流。

大赛期间分别举办了世界无人飞行器发展展望主题论坛和高校技术创新论辩会，活动将无人飞行器的应用和发展进行理论和实践的有机结合，提升了本届大奖赛的学术氛围。论坛邀请了国内外无人机专家就无人机的技术发展与应用作报告。论辩会特邀西北工业大学、北京航空航天大学和南京航空航天大学三支队伍进行现场论辩，展示了高校学生深厚的航空知识储备。

中国宋庆龄基金会主席胡启立、常务副主席齐鸣秋，学会名誉理事长朱育理，学会理事长刘高倬，中航工业副总经理张新国等出席了开幕式。中航工业董事长林左鸣等参加了闭幕式并为获奖队伍颁奖。第十一届全国人大常委会副委员长、中国科学院原院长路甬祥参观了北京航展获奖作品展。

活动期间，1.5万名专业人士和公众观看了飞行活动并参观了展览。中央电视台、北京电视台等60余家电视台、广播电台、网络媒体、平面媒体等对大奖赛做了大量报道。

**【2013年首届中国航空科学技术大会】** 9月25～26日，首届中国航空科学技术大会在北京召开，会议主题是“全面建成小康社会与中国航空发展”。会议旨在探讨我国全面建成小康社会对航空产业发展的要求，梳理航空科技及产业进展，展望科技及产业发展趋势，表彰科技创新成果，促进学科交流，鼓励科技创新，推动航空事业发展，是代表我国航空科技水平，引领航空技术发展的一次盛会。

学会理事长刘高倬致大会开幕词。开幕式上颁发了2013年度中国航空学会科学技术奖、第二届冯如航空科技精英奖、第十二届中国航空学会青年科技奖。中国航空工业集团公司董事长林左鸣，中国商用飞机有限公司副总经理吴光辉，学会常务理事、中国科学院院士曹春晓，中国工程院院士王浚，中国科学院院士徐建中等参加开幕式。

学会副理事长、原中国民航总局副局长杨国庆，学会副理事长、中国航空工业集团公司副总经理张新国，学会副理事长、中国商用飞机有限责任公司副总经理罗荣怀，中国工程院院士杨凤田，美国航空航天学会副理事长Susan YING，空中客车公司首席运营官冈萨雷斯等6位国内外著名专家，从民航运输发展、3D打印技术、ARJ21飞机、通用航空发展等不同领域和角度作报告，介绍了航空科技的最新进展。会议设置6个专业分会场，70余位专家宣读了报告，40余位作者张贴了论文，来自航空工业、民航、院校、部队、航天等系统的共400余位专家、学者参加了会议。

（撰稿人：聂　荣）

## 中国宇航学会

**学会能力提升计划** 2013年，学会围绕“重点强化国际交流与合作，狠抓基础能力建设，着力提升创新、服务和发展能力”的工作思路，结合航天事业的中心工作开展了一系列工作。提升国际影响力方面，学会2013年9月在北京组织召开第64届国际宇航大会，利用大会平台展示、宣传中国航天科技工作者，提升中国航天影响力，加强中国航天科技工作者与各国同行的交流，推动中国航天技术自主创新。推荐航天科技工作者在国际组织中任职，实质性参与工作，增强中国航天在国际组织中的话语权。派出人员到国际组织工作，学习先进管理理念和经验。开展与国际宇航联合会、国际宇航科学院、美国航空航天学会、美国航天基金会、美国国际战略研究中心、俄罗斯齐奥尔科夫斯基宇航科学院、欧洲航天学会委员会等国际组织的合作与交流。提升自身发展能力方面，学会加强网络宣传能力，完成第64届国际宇航大会（IAC）网站的设计、维护及运行，开展学会网站改版工作，完善员工交流和共享数据库。以中国首次载人航天飞行10周年为契机，举办第二届全国航天知识电视大赛，通过电视、网络等媒体向全国公众展示和宣传我国航天事业成就，提高公众对航天科技的认识，普及航天知识，弘扬航天精神。

**学会建设** 3月，学会在北京召开第六届理事会第四次会议，会议总结了学会2012年度的工作，对2013年工作进行了研究和部署。

5月8日，学会召开第六届理事会第五次常务理事会会议。会议对理事长、副理事长、常务理事人选进行调整。马兴瑞不再担任学会理事长。经参加会议的48位常务理事举手表决，许达哲当选学会第六届理事会理事长，同时担任第64届国际宇航大会中国组委会主席。马兴瑞担任学会第六届理事会名誉理事长，同时担任第64届国际宇航大会中国组委会荣誉主席。会议表决通过，胡亚枫担任学会第六届理事会副理事长，会议增补了两名常务理事和两名理事。

2013年，学会推进局域网建设工作，先后完成了硬件环境搭建、OA系统部署、光纤引入、无线网络路由器部署等局域网建设工作。通过反复调试，目前学会职工已全部接入新网络。为推广使用OA办公系统，学会起草了《中国宇航学会局域网办公系统培训教材（初稿）》，并开展了培训工作。

**学术期刊** 2013年，《宇航学报》出版12期，收录论文223篇，退稿率79.7%。两篇论文入选“领跑者5000——中国精品科技期刊顶尖学术论文”。该刊获得中国科协“精品科技期刊工程项目（期刊学术质量提升）”的资助。

5月27日～6月4日，学会举办第二期航天科技期刊编辑业务培训班，45名学员参加。

在学会主办第64届国际宇航大会期间，《太空探索》作为中国组委会官方合作媒体，组织和引领国内媒体对大会进行宣传。

**学科发展研究** 2013年，学会开展《2012—2013航天科学技术学科发展报告》的撰写工作。《2012—2013航天科学技术学科发展报告》由综合报告和17个专业技术领域报告组成，近30万字。

**国际学术会议** 2013年，学会组织国际会议2次，参加人数3978人次，其中境外参会专家、学者2947人次。交流论文3752篇，其中境外2768篇。编辑论文集5部、光盘8种。

5月21日，学会与国际宇航科学院在上海市联合举办主题为“航天科学技术的新纪元”的第五届航天技术创新国际会议。来自美国、法国、德国、意大利等10个国家的160余名专家、学者出席会议。会议议题包括通信卫星、遥感卫星、导航定位卫星的应用，卫星和发射技术，空间政策与国际合作，卫星应用的商业化等。

9月23～27日，由中国宇航学会、国际宇航联合会（IAF）、国际宇航科学院（IAA）、国际空间法学会（IISL）联合主办的第64届国际宇航大会（IAC）在北京举办，本届大会的主题是：推动航天发展　造福人类社会。来自79个国家和地区的3727名专家、学者参会，大会共收录了3675篇摘要投稿。本届大会是国际宇航大会历史上投稿数量和参会人数最多的一次。

**国内主要学术会议** 2013年，学会和分支机构共召开32次国内学术交流会议，3712人次参加，交流论文2937篇。空间电子学、液体火箭推进、空间控制、遥测、飞行器测控、固体火箭推进、特种装备、发射工程与地面设备、计算机应用、空气动力学与飞行力学、质量与可靠性、光电技术、深空探测技术等22个专业委员会分别召开了学术会议。

**两岸交流** 5月21日，学会接待了中华全国台湾同胞联谊会组织的台湾地区师生代表团一行30人，并在北京钱学森青少年航天科学院进行了航天体验活动。

**国际组织任职** 经学会推荐，曾东、张生俊、胡子君、彭兢、王大鹏等5人当选国际宇航联合会委员会委员。

**国际交往** 2013年，学会分别组团参加了在日本召开的第29届国际空间技术与科学研讨会、在奥地利维也纳召开的联合国和平利用外空委员会（COPUOS）科技小组第五十届会议、在法国召开的2013年国际宇航联合会春季会议，来自航天科技集团公司、航天科工集团公司、中国空间法学会等单位的20余名航天科技工作者参会。

**科普活动** 7月21～27日，学会组织来自港澳台地区以及新加坡、马来西亚的共184名师生进行为期5天的夏令营活动。

8月9～22日，学会组织来自北京、上海、沈阳、浙江等地的39名师生在美国举办了为期14天的太空营训练夏令营活动。营员们在太空营参加了超重、失重、太空行走等训练项目，体验模拟航天飞机发射、登月训练和水下失重训练。

8月12～17日，学会在北京组织了“圆梦天宫”——青少年航天科普体验营活动，在2012年“我与航天”——全国青少年载人航天征文和全国青少年中国空间站创意设计大赛两项活动中获得一等奖的近100位青少年及教师参观了中华航天博物馆、中国航天员科研训练中心、北京飞行指挥控制中心、中国科技馆，并进行了训练体验。

9月23日，第64届国际宇航大会期间，学会邀请中国国家航天局局长马兴瑞、美国国家航空航天局局长 Maj. Gen.Charles F.Bolden Jr.、欧洲太空局局长 Jacques Dordain，以及加拿大、日本、韩国、南非等国家航天机构负责人出席论坛与青年学生交流。来自全球的70多名青年学生参加论坛。

9月25日，学会举办“世界空间周”庆祝会暨科普报告会，国家航天局副局长胡亚枫、世界空间周协会主席 Max Grimmard 等出席会议并致辞。航天员杨利伟、国家航天局秘书长田玉龙、国家航天局系统工程司副司长李国平、国际宇航联合会主席樋口清司、美国登月航天员 Buzz Aldrin 等出席会议，并为庆祝世界空间周——全国太空画创作大赛的获奖学生代表颁奖。

2013年，学会举办了全国太空画创作大赛暨全国第五届太空画展。全国100多所学校和单位选送了2400多幅作品，经过专家委员会的评审，评选出了一、二、三等奖及优秀奖共346幅作品，并于9月23～26日在第64届国际宇航大会期间展出。

2013年，学会与《太空探索》杂志社组织航天专家和科普作家，与各地大中小学联系和配合，举办了航天专家见面会、航天科普夏令营、中小学太空育种基地、航天科普特色学校、太空画廊和全国少年宇航技师培训等多项青少年科普活动。

2013年，学会借助“神舟十号”太空课堂活动，在辽宁、内蒙古、山西、河南、河北、江西、山东、浙江、湖南、云南、海南等省、自治区共举办76次科普讲座，开展育种、太空画创作和少年宇航技师培训等科普活动9次，建立了9个科普画廊、30多个科普活动站。

**表彰举荐优秀科技工作者**　2013年，经学会推荐，中国空间技术研究院航天东方红卫星公司的环境 A/B 项目荣获国家科技进步奖二等奖，中国国家航天局局长马兴瑞荣获“爱伦·艾米尔奖”，刘丹荣获“第十三届中国青年科技奖”。

**【第64届国际宇航大会】**　9月23～27日，学会与国际宇航联合会、国际宇航科学院、国际空间法学会在北京联合主办第64届国际宇航大会。本届大会的主题是：推动航天发展　造福人类社会（Promoting Space Development For the Benefits of Mankind）。来自79个国家和地区的3727名专家、学者参会，来自美国、俄罗斯、印度、德国、加拿大、日本等国和地区的航天局局长，来自波音、泰莱斯、洛克希德·马丁等国际知名企业的负责人，来自斯坦福大学、美国航空航天局喷气实验室等国际一流高校或科研机构的科学家参加会议并作主旨报告。大会共收录了3675篇摘要投稿。

国家副主席李源潮，全国政协副主席、中国科协主席韩启德出席开幕式。李源潮代表国家主席习近平和中国政府致辞。国际宇航联合会主席樋口清司、国家航天局局长马兴瑞先后致辞。开幕式由大会中国组委会主席、中国航天科技集团公司董事长、中国宇航学会理事长许达哲主持。在开幕式上，中国国家航天局局长马兴瑞荣获“爱伦·艾米尔奖”。

会议期间，共举办了7场全体会议、3场亮点报告、2场最新进展报告、166场技术分组会和航天展览。大会先期举办了 UN/IAF 研讨会、议员国际会议、主办单位峰会等附加会议。大会还举办了青年专业人士研讨会、国际空间法模拟法庭竞赛、国际空间周、第五届太空画展、航天服展览、青年学生与航天局长对话等系列青年活动，各项活动总计368场。

大会期间，学会与国际宇航联合会主办了航天展览，展览面积达6000多平方米，共有来自23个国家的航天机构、知名航天企业、科研院所和高校等83家展商参展。除了传统的实物、模型、展板、宣传手册、影像多媒体等宣传手段之外，部分展商还运用立体3D、球面全景影像等高科技手段展示最新技术。中国航天科技集团公司、中国航天科工集团公司、中国载人航天工程办公室、中国科学院等11家航天企业和科研机构参加了航天展览，中国与荷兰并列为本届展会最大展团。中国展团展示了包括“长征五号”运载火箭、“嫦娥三号”巡视器及着陆器、北斗卫星导航系统，以及整星出口、国际商业发射服务、国际合作、国际交流等方面的成果。

大会期间还安排了技术参观，参观了中国空间技术研究院、中国运载火箭技术研究院、上海海天技术研究院、中国资源卫星应用中心、中国卫星通信集团有限公司、航天信息股份有限公司等单位。

本届大会是国际宇航大会历史上参会人数和投稿数量最多的一次。

**【第五届航天技术创新国际会议】**　5月21日，学会与国际宇航科学院在上海市联合举办了第五届航天技术创新国际会议，会议主题为“航天科学技术的新纪元”。来自美国、法国、德国、意大利等 10 个国家的 160 余名专家、学者出席会议。大会主席、国际宇航科学院秘书长康坦，大会组委会主席、学会副理事长、中国航天科技集团公司副总经理袁洁，国家航天局国际合作协调委员会秘书局常务副秘书长李国平等出席开幕式并致辞。来自各国的专家、研究人员就如何利用现有资源实现技术创新进行交流。

中国空间技术研究院、上海航天技术研究院、中国航天科工集团公司第二研究院等单位的专家介绍了卫星研制、运载火箭研制、卫星技术应用及卫星技术演示验证等方面取得的成果。会议围绕通信卫星、遥感卫星、导航定位卫星的应用，卫星和发射技术，空间政策与国际合作，卫星应用的商业化等专题进行了讨论。

**【“世界空间周”庆祝会暨科普报告会】** 9 月 25 日，“世界空间周”庆祝会暨科普报告会在北京举行，本届世界空间周主题为“探索火星、发现地球”。国家航天局副局长胡亚枫、世界空间周协会主席 Max Grimmard 等出席会议并致辞。中国航天员杨利伟、国家航天局秘书长田玉龙、国家航天局系统工程司副司长李国平、中国航天科技集团公司总工程师周为民、中国航天科工集团公司国际业务部副部长巴焦、学会副秘书长龚金玉，以及国际宇航联主席樋口清司、美国登月航天员 Buzz Aldrin、世界空间周协会的理事长 Dennis Stone 出席会议，并为庆祝世界空间周——全国太空画创作大赛的获奖学生代表颁奖。

杨利伟、巴兹 · 奥尔德林和“Mars500 计划”唯一的 1 名中国志愿者王跃等分别作了报告。巴兹 · 奥尔德林阐述了自己的登月历程和火星任务构想，介绍了相关的青少年航天活动计划。

来自北京航空航天大学、北京理工大学、北京第十二中学等学校的师生，以及部分参加第 64 届国际宇航大会的专家、学者和新闻媒体人员 500 多人参加了庆祝活动。

（撰稿人：王续伯）

## 中国兵工学会

**服务创新型国家和社会建设** 2013 年，学会完成了中国工程院重大咨询项目“我国国防科技工业军民融合式发展战略研究”，并取得多项成果。项目总体组和 13 个分课题组全部按计划完成了各自的咨询报告并先后召开了工作总结会和报告定稿讨论会。项目主要成果包括 1 个总报告、13 个分课题报告、6 个专题建议和若干其他附件（调研报告、专题报告、论文集、专著、图片等），共计约 830 万字。

2013 年，学会筹备建立了咨询专家库和咨询专家委员会，目前已有 490 余位专家入选专家库。入选专家来自国防工业管理部门、军队系统、高等院校以及部分地方高新企业。

2013 年，学会试点开展征集军转民技术交易项目和专利信息工作，此项工作由工业和信息化部军民结合司发起，探索军用技术转民用的市场化途径，进一步发挥科技中介机构的作用，促进优秀军用技术成果的转化应用。学会已初步选定部分企业的民品项目，开展军转民技术交易的试点工作，部分项目已收录到《2011—2012 年军用技术转民用推广目录》中。

2013 年，学会与兵器工业总公司合办的兵器工程师进修大学共开设 55 门课程，其中 2013 年新开课程 26 门，共招收学员 10043 人，选修课程为 20296 人次，开考课程 58 科次，参加考试 10083 人次，发放单科结业证书 5000 余份。在此基础上，学会根据行业需求拓宽办学途径，开办了全面绩效管理、薪酬体系设计与劳动用工风险控制，光电成像技术与应用，质量成本改善等多种高级研修班培训课程。兵器工程师进修大学连续第三年荣获中国科协颁发的继续教育示范项目——兵器大学高层次人才培养基地称号。

2013 年，学会举办兵器系统企业信息管理师国家职业资格认证培训班，在京兵工系统会计人员继续教育培训班。学会与北京航空航天大学、南开大学联合培养金融财务管理信息化工程硕士。

12 月 17 ~ 18 日，应内蒙古自治区兵工学会请求，学会常务理事王兴治院士参加院士走基层活动，走访内蒙古第一机械集团有限公司，作了题为《提高产品可靠性设计和产品质量》的报告，并亲临生产线进行技术指导。

**学会建设** 2013 年，学会获民政部颁发的 5A 级全国学术类社团等级证书。

2013 年，学会发展普通会员 1804 人、高级会员 84 人、会士 6 人。目前，学会共有普通会员 31987 人、高级会员 738 人、会士 49 人。

2013 年，学会召开七届六次、七次常务理事会议，七届七次理事会通讯会议和第 32 次工作会议。

2013 年，学会及分支机构全年开展学术活动共计 30 次，参会人数 2850 人次，大会特约专题报告 189 个，论文投稿数 2014 篇。

2013 年，学会出版了《光纤通信技术》和《红外材料与探测技术》两本专业书籍和 7 本系列科普书刊。9 月，学会举办了分支机构专兼职干部培训班。

**学术期刊** 2013 年，《兵工学报》中文刊参加了中国科协精品科技期刊工程项目的学术质量提升项目 2012 年度检查和验收，通过汇报与答辩，《兵工学报》中文刊继续获得精品科技期刊工程项目2013年度延续项目的资助。该刊同时获得百杰中国学术期刊的荣誉，保持了兵器科学技术学科期刊综合评价得分首位。

《兵工学报》英文版由 *Journal of China Ordnance* 正式更名为 *Defence Technology*，成立编辑部，重新组建了编委会，重新设计改版，成为国际弹道大会指定的唯一发表优秀论文期刊，与国际著名出版集团爱思唯尔合作，利用其平台提高国际显示度和影响力。

《兵器知识》编辑出版12期杂志和1期增刊，全年发行130万册，完成了全年利润经营指标。结合学会的学术交流活动，开辟了专访兵器行业首席专家栏目，把国防工业的优秀科技人才推向社会。

**学科发展研究**　6月，学会召开专题研讨会组织撰写《兵器科学技术学科发展报告（含能材料技术）》，南京理工大学教授王泽山等来自中国兵器工业集团公司、中国兵器装备集团公司、研究院所、企业、解放军总装备部、解放军第二炮兵部队等含能材料技术领域的58位专家参加了会议。截至2013年底，学科发展报告最终稿已经完成。

**国际学术会议**　2013年，学会主办国际学术交流2次，参加人数294人次，其中海外专家40人次，交流论文247篇。

6月16～19日，第十届国际测试技术研讨会在北京召开，会议人数150人。会议附设200平方米小型展览。会议内容包括测试理论及应用、声与超声测量、电磁测量、环境测量、光与辐射监测、机械测量、微纳机电系统、噪声与振动测量、无损检测、在线检测、遥感与遥测、传感器与阵列执行器、微波测量等。

7月，第四届维修工程国际学术会议在四川省成都市举办，150余位专家、学者参会。

**国内主要学术会议**　5月25～26日，第十五届中国科协年会在贵州省贵阳市开幕，学会联合中国工程院机械与运载工程学部承办了年会第14分会场暨第161场中国工程科技论坛——军民融合式发展论坛。来自中国工程院，军事科学院，解放军第二炮兵部队，以及兵器、船舶、航空、航天、核、高等院校和民营企业的23位院士、142位专家出席了论坛，贵州省20余位专家列席了会议。论坛配合中国工程院军民融合重大咨询项目，就军民融合式发展中的深层次问题，开展了学术交流与研讨。军民融合式发展论坛共安排了16个大会报告。与会专家围绕军民融合式发展，从发展战略、体制机制、政策法规、军民一体化、创新驱动与转型发展等几个方面开展了深入研讨，分析了我国军民融合式发展面临的主要问题，提出了一些解决措施和方案建议。论坛共征集了120多篇论文，经学术论文评审委员会评审，收录了85篇，出版了《军民融合式发展论坛》论文集。

**国际交往**　4月22～26日，学会组织十余位专家、学者赴德国参加了第27届国际弹道大会国际学术交流活动。会议期间，专家、学者们与国外同行进行了深入交流。

**科普活动**　12月12日，学会在北京理工大学良乡分部召开热爱国防事业，奋力实现中国梦科普报告会，邀请海军专家李杰作题为《美国福特号航空母舰带来的挑战与影响》的报告，并与学生会员进行现场问答互动。

学会参与组织全国学会重点科普活动项目：气象防灾——走近人工影响天气系统科普宣传活动，宣传兵器行业军转民技术和成果。组织开展2013年全国青少年高校科学营“徐特立兵器科学营”活动。参加了最新版《十万个为什么》国防分册、《兵器知识百问图解系列》丛书的编写工作。

**党建强会**　2013年，学会党委开展了“联系兵器专家学者，服务国防战略咨询”为主题的党建强会活动。组织开展党的群众性教育实践活动、精细化管理及合理化建议活动，开展以“牢记宗旨，廉洁从业”为主题的反腐倡廉宣传月活动。

**会员服务**　2013年，学会向会员发放《兵器知识》3492本、《兵工学报》8040本、《会讯》4000余本，更新了会员数据库高级会员的全部信息，整理了17个分支机构共计8339人的会员信息，建立了分支机构、地方学会会员联系人微信工作群。

**中国科协会员日**　根据会员日的主题“改进作风，服务基层”，学会策划了9个相关活动，24个分支机构和地方学会参与开展系列活动，会员参与人数2000余人次。累计向会员发放《兵工学会》、《会讯》、《工作简报》、《兵器知识》1800份，免费向院校、企业会员发放了中国轻武器博物馆、重庆望江机器厂兵器博物馆门票共计500余张。

会员日期间，学会先后与北京理工大学基础科研部、校团委，中国兵器科学研究院201所，中国兵器标准化研究所，南京理工大学学术中心，内蒙古自治区兵工学会，山东省兵工学会等单位座谈，听取意见。

**【“兵器科技发展”技术科学论坛】**　10月15～16日，由中国科学院技术科学部主办，学会承办的“兵器科技发展”技术科学论坛在陕西省西安市召开。包括25位院士在内的147位专家、学者出席大会。

“技术科学论坛”是中国科学院创立的集学术交流、咨询研究、人才培养、科学普及以及为经济社会发展服务于一体的综合性学术交流活动，2002年开始举办，论坛主题涵盖信息化、航空航天、能源、材料、交通等诸多领域，截至目前已成功举办58场。本次论坛是首次以兵器科技发展为主题举办的高端论坛。

论坛开幕式由中国科学院技术科学部副主任、北京理工大学校长胡海岩院士主持，中国科学院技术科学部主任、清华大学原校长顾秉林院士和中国兵器工业集团公司副总经理、中国兵工学会副理事长杨卓先后致辞。论坛共安排14位专家作大会报告。报告全面展示了我国兵器领域近年来的研究成果，为相关专家了解我国兵器科学技术的学科进展状况提供帮助。报告引起与会院士专家的强烈共鸣。

论坛结束后，与会院士、专家先后参观了西安的部分兵器研究所，在参观过程中，院士、专家与兵器研究所的科研人员展开深入交流，对一些可能的合作领域和方向提出了建议，并初步达成了一些合作意向。

本次活动是学会在与中国工程院成功举办多次高端论坛之后，首次与中国科学院共同举办学术交流活动。

**【2013国际推进剂、炸药、烟火技术秋季研讨会】** 9月24～27日，由中国兵工学会、北京理工大学、南京理工大学、中国工程物理研究院化工材料研究所、应用物理化学重点实验室（陕西应用物理化学研究所）、中北大学联合主办的2013国际推进剂、炸药、烟火技术秋季研讨会在四川省成都市召开。大会由中国工程物理研究院研究员孙承纬院士、国际烟火学会前主席Rutger WEBB、美国Karl Rink教授任共同主持。开幕式由孙承纬院士主持。

参加此次会议专家、学者共125人，分别来自中国、美国、英国、俄罗斯、加拿大、荷兰、印度、比利时、意大利、白俄罗斯、新加坡、捷克、韩国。Rutger Webb（荷兰）、Gennady Shvetsov（俄罗斯）、Luigi DeLuca（意大利）、Karl Rink（美国）、沈瑞琪教授、杨光成研究员、裴重华教授分别作了大会学术报告，38位论文作者在分会场进行了交流。

学会副秘书长许毅达向与会专家、学者介绍了由中国兵工学会主办的学术刊物*Defence Technology*（《防务技术》）近年来取得的重要进展，并与俄罗斯著名含能材料领域专家Gennady Shvetsov、意大利Luigi DeLuca教授、捷克Svatopluk ZEMAN教授进行了交流，共商期刊的发展并向他们颁发了编委聘书。

会议通报了中国兵工学会2014年将再次申请在中国举办国际弹道大会等事宜。

国际推进剂、炸药、烟火技术秋季研讨会为系列会议，每两年召开一次。

**【2013年全国青少年高校科学营之“国防利器”——兵器科学营】** 7月27日，由学会主办的2013年全国青少年高校科学营之“国防利器”——兵器科学营在中国兵工学会推荐命名的全国科普教育基地——中国北方国际射击场举行，120名师生参加活动，他们参观了轻武器博物馆并进行了实弹射击体验活动。中国科协书记处书记徐延豪等来到活动现场，与兵器科学营的师生们共同参观体验。本次活动中，除在中国北方国际射击场、轻武器博物馆的参观体验外，还分别安排了赴中国兵器工业集团北京有关装备制造企业、研发基地的参观学习和体验活动。

“国防利器”——兵器科学营，是中国科协、教育部主办的2013年青少年高校科学营北京营的三个专题营之一，由中国兵器工业集团公司与北京理工大学共同承办。

**【兵器类专业工程教育认证筹备工作研讨会】** 12月24日，学会与教育部高等学校兵器类专业教学指导委员会共同主办的兵器类专业工程教育认证筹备工作研讨会在北京召开。参加会议的人员来自教育部评估中心、中国兵器工业集团公司、中国兵器装备集团公司和兵器领域企业、研究所、有关国防高校、军队院校，以及与兵器专业相关的单位等共计48人。会议由北京理工大学副校长、教育部高等学校兵器类专业教育指导委员会主任委员李和章主持。

会议邀请中国工程教育认证协会副秘书长周爱军作了题为《工程教育专业认证》的报告，全面阐述了工程教育专业认证的概念、现状和国家的有关政策，提出了开展兵器类专业认证工作的意义及工作特点。学会副秘书长许毅达介绍了中国科协在开展工程教育专业认证方面的工作部署有关情况。高等学校兵器类专业教育指导委员会秘书长林海在会上作了《兵器类专业工程教育认证筹备工作现状及兵器类专业分布情况》的专题汇报。会议研讨了《兵器类专业工程教育认证筹备组工作职责》和《兵器类专业工程教育认证筹备组组成建议名单》，对各编写组提交的《兵器类专业教学质量国家标准框架（初稿）》进行了讨论交流，提出了修改意见和建议。

（撰稿人：孙　岩）

## 中国金属学会

**服务创新型国家和社会建设**　2013年，学会完成了北京科技大学“钢中非金属夹杂物原貌分析技术及应用”，首钢总公司“超大型高炉高效低耗技术集成”、“大型高效板坯连铸机自主设计与集成”等9项科技成果的评价工作。

学会协助工业和信息化部组织了“十二五”国家科技发展支撑计划项目“高炉炼铁$CO_2$减排与利用关键技术开发”的实施，内容涉及高炉富氧喷吹焦炉煤气技术、炉顶煤气循环氧气鼓风高炉炼铁技术、高炉煤气的资源化利用关键技术等，并通过了工业和信息化部组织的中期评估。

学会领导率队多次走访中国中钢集团公司、中国冶金科工集团有限公司等单位会员，挖掘自主研发的新成果、新技术，围绕低成本铁水冶炼技术、洁净钢生产技术、高效轧制加工技术等冶金行业关键共性技术组织系列推广交流活动，包括：全国轧钢加热炉综合节能技术研讨会、全国冶金焦化节能减排关键技术研讨会等，促进技术成果向企业转化。

学会举办专业技术人才培训班和技术讲座 20 次，培训人数 4000 余人次。

学会首次申请并承担人力资源和社会保障部“专业技术人才知识更新工程 2013 年高级研修项目”。学会于 11 月举办了高品质钢铁材料失效分析培训班；学会与炼钢分会联合举办冶金流程工程学培训班，为我国高校开设“冶金流程工程学”课程培养师资；学会分析测试分会建立了一套系统、科学的能力培训和考核评价体系，实现冶金及材料领域分析检测人员的异地培训与考核功能。

5 月，学会召开生产技术与科技咨询工作委员会会议，就当前行业转型升级中的技术经济问题，特别是低成本制造问题提出了学会帮助企业应对困境、围绕关键共性技术等开展技术咨询工作的具体意见。

6 月 4 ~ 6 日，学会与宝钢集团有限公司、上海市金属学会联合举办第十七届上海冶金工业展览会，活动汇聚 20 个国家和地区的 589 家企业参与展会，展示面积达 37000 平方米，吸引国内外观众 25000 余人。

电工钢分会定期收集相关数据，发布年度电工钢报告，为政府部门和委员单位提供动态信息；环保分会配合国家环境保护部发布《钢铁与焦化工业排放系列标准》；铸铁管分会启动排水铸铁管（GB13295–98）国家标准的修订准备工作。

**学会能力提升计划**　学会围绕打造高水平国际学术会议、编制冶金工程技术发展指南和学科发展报告、建设冶金与新材料产学研协同创新服务平台、促进产学研合作开发行业关键共性技术及其推广应用、开展独具特色的科普、继续教育活动及提高自身发展能力等方面开展工作，并取得进展。7 月，在完成第一阶段工作任务后，学会加大在承接政府转移职能等方面的工作力度，组织编写了《关于承接政府转移职能工作方案》。

**学会建设**　2013 年，学会新发展会员 1188 人、高级会员 3 名、新增单位会员 3 个，会员总数达 93453 人，单位会员总数 129 个。

学会和各专业（工作）委员会共举办学术会议 89 个、学术论坛 1 个，共有 11792 人次参加了学术交流，共收到论文 5523 篇。

学会变更副理事长 1 人，增补常务理事 1 人，变更常务理事 4 人、理事 10 人。成立了金属材料深度加工分会、冶金反应工程分会，冶金现代化专业分会、废钢铁专业分会 2 个分支机构完成换届工作，变更分支机构主任委员 3 人。

学会开展了中国金属学会 2012 年度优秀学会工作者的评选活动，对获得优秀学会工作者称号的丁波等 87 名同志予以表彰。

**学术期刊**　学会主办的期刊《钢铁》获得中国科协 2013 年精品科技期刊工程项目资助。6 月，《金属学报》入选国家新闻出版广电总局“百强科技期刊”。

《中国冶金》入选中国科技核心期刊后，影响因子由 2012 年的 0.375 提高到 2013 年的 0.421，增长了 12.27%。

**学科发展研究**　由中国工程院院士殷瑞钰担任首席科学家，组织编写了《2012 ~ 2013 冶金工程技术学科发展报告》，对近年来新一代钢铁流程的产业化、低品位难选矿综合利用、高效低成本转炉洁净钢生产技术、冶金前沿技术进行了全面阐述。

学会与中国钢铁工业协会联合组织出版发行《2011 ~ 2020 年中国钢铁工业科学与技术发展指南》。

**国际学术会议**　5 月 21 ~ 24 日，学会联合鞍钢集团公司举办了第二届汽车用钢生产及应用技术国际研讨会，从汽车行业不断提升的材料需求着手，就钢材的高性能、减量化、易加工、高精度、绿色化及高安全性等进行了交流和研讨。

9 月 23 ~ 27 日，第九届国际锌和锌合金镀层钢板大会（GALVATECH2013）和第二届亚太镀锌大会（APGalva 2013）联合会议在北京召开。该会议是国际镀层钢板领域的顶级会议，内容涉及镀锌工艺、装备及产品的研究开发和镀锌产品应用等。会议共收到了来自中国、日本、德国、韩国、法国、比利时、美国等 18 个国家及地区的专家、学者的论文 203 篇（其中国外论文 130 余篇）。

11 月 17 ~ 19 日，学会在北京召开第十三届中日双边钢铁技术研讨会，中日专家和学者分别就两国钢铁行业的技术创新和基础研究的最新进展和成果进行了交流和研讨，会议交流论文 25 篇，110 名专家、学者参加了研讨。

**国内主要学术会议**　7 月 30 日 ~ 8 月 1 日，学会在吉林省长春市召开全国高品质特殊钢生产技术研讨会，会议交流了特殊钢生产经营状况，反映了特殊钢用户的需求与应用服务，在提高特殊钢冶金和产品质量，特殊钢生产工艺与绿色制造等方面进行了研讨。

8 月 27 ~ 30 日，学会在辽宁省本溪市召开全国冶金能源环保生产技术会议，会议围绕能源管理体系建设，提高能源利用效率，余热余能高效回收利用，固废综合回收利用技术等进行了交流。

9月13～14日，学会与冶金技术经济分会共同主办的2013（第二届）中国钢铁技术经济高端论坛在北京召开。论坛以“服务钢铁经济，探寻解困之策”为主题，帮助钢铁企业积极应对和摆脱当前困境。学会理事长徐匡迪作题为《当前钢铁工业产能过剩及应对方略》的报告，针对调控中国钢铁产能过剩提出了四点建议：一是依据环保标准界定落后产能，建立钢铁产能绿色认证评级和市场准入制度；二是要在严格监管钢铁企业节能减排指标基础上试点开征梯级“环境税”；三是调整财税体制，考虑将环境税全部纳入省级财政收入；四是要建立钢铁产业转型基金，鼓励先进产能企业兼并落后产能企业，同时为落后产能企业的退出提供保障。论坛还邀请了宝钢集团有限公司董事长徐乐江等5位企业负责人参与嘉宾对话活动，为与会代表提供应对挑战的企业案例。

10月11～12日，学会配合中国科协常委会促进企业自主创新专门委员会，与唐山钢铁集团有限责任公司联合承办技术创新·企业发展论坛。论坛面向河北省钢铁企业，旨在促进传统钢铁产业转型升级，增强科技人员的创新活力。内容包括院士主题报告、企业家专题及产业链延伸技术专题报告三个环节，300余名专家、学者参与论坛活动。

10月23～25日，第九届中国钢铁年会在北京召开。会议围绕“科技创新，生态文明，绿色钢铁”主题，结合用户和市场，突出冶金科技创新、产品升级与服务、节能减排等内容展开研讨，近千位专家、学者参加了会议，300余篇国内外论文分别在34个分会场进行宣讲和交流。年会同期还举办冶金方面的展览、展示等。

**国际交往** 学会有关负责人先后赴德国与德国钢铁学会洽谈、参加国际冶金学会负责人会议；赴美国参加美国矿业、冶金和材料学会（TMS）2013年会，参加国际矿业、冶金和材料联合会（IOMMMS）理事会等。2013年8月，学会与5个国外学会联合在美国召开近2000人参加的第八届环太平洋先进材料和工艺国际会议（PRICM-8）。

学会参与了世界著名钢铁类期刊*Steel Research*的出版并成为其出版商之一。

**科普活动** 2013年，学会举办科普展览4次，受众21650人次，发放科普宣传材料1500份，组织科普工作志愿者420余人次参与活动。被中国科协评为2013年度全国学会科普工作优秀单位。

5月，在天津天铁冶金集团有限公司举办“全国冶金科技周”活动，开展了主题报告会、现场诊断、工厂参观交流、冶金科技成果展览、网上科普展览、发放科普资料等活动。

7月，中国科协主办的第四届科技场馆与技术设施国际展览会在北京举行。学会结合行业特点，以模型、动漫、游戏、展板等多种形式集中展示在科普工作中取得的成果，普及钢铁冶炼节能减排的知识及海水淡化等工艺技术。

9月，学会在北京科技大学举办了转炉炼钢生产仿真模拟培训班暨全国转炉模拟炼钢比赛，来自高校、职业技术学校及钢铁企业等28个单位的80余名学员参加了现场活动。

经学会组织和推荐，武钢博物馆荣获“2013年度优秀全国科普教育基地”称号。

**表彰举荐优秀科技工作者** 学会与中国钢铁工业协会共同开展了“冶金科学技术奖”评选工作。76个项目获奖，其中特等奖1项、一等奖10项、二等奖24项，三等奖41项。

学会推荐的任毅、朱万成荣获“第十三届中国青年科技奖”。

**党建强会** 2013年，学会以党组织为主体，构建由学会办事机构、理事会专家和会员广泛参与的立体式党建工作模式，获得了中国科协“党建强会”计划“十百千”特色活动的项目资助。

学会制定了《教育实践活动制度建设计划》、《“四风”突出问题专项整治工作方案》、《党总支深入开展党的群众路线教育实践活动整改方案》等，多次举办专题民主生活会，开展批评与自我批评。

**会员服务** 2013年，学会开始编纂年报，反映学会年度工作的综合信息，形成服务会员的一种新方式。

学会聘请专家编纂《国际钢铁技术内参》，每月出版一期，供会员参考。

学会以建立院士专家工作站为依托，探索为单位会员服务的新模式。学会组织小规模专家团队深入企业开展咨询、诊断等工作，为德龙钢铁有限公司等引入降低烧结机漏风率、少渣炼钢、线材低温轧制等关键技术；组织专家指导天津天铁冶金集团有限公司一线生产厂、车间开展技术活动，使企业了解和掌握钢铁行业前瞻性关键共性技术，促进企业转型发展；学会专家到承德钢铁集团有限公司开展钒技术咨询活动等，解决企业的实际问题。

学会筹资开发并试运行“网络应用系统”，促使会议发布与管理电子化。学会开启电子简报（月报）服务功能，向理事、高级会员等传播学会工作信息。

**中国科协会员日** 12 月 12 ~ 18 日，学会举办 2013 年中国金属学会会员日活动，开展包括组织走访慰问一线科技工作者，组织召开在京部分专业分会和地方学会秘书长座谈会，广泛听取分支机构的意见和建议，了解科技工作者的意见和诉求，举办“网络会员日”等活动。学会组织地方学会开展会员日活动，黑龙江省金属学会、四川省金属学会、河北省冶金学会等都开展了不同形式的走访、座谈活动，宣传全国青年优秀科技工作者、冶金青年科技奖获得者的先进事迹。学会被中国科协评为“2013 年中国科协会员日组织工作先进单位”。

**【第九届中国钢铁年会】** 10 月 23 ~ 25 日，第九届中国钢铁年会在北京召开，大会的主题是“科技创新、生态文明、绿色钢铁”。中国工程院名誉院长、学会理事长徐匡迪致开幕词，学会名誉理事长、中国工程院院士殷瑞钰，学会名誉理事长、中国工程院院士翁宇庆出席会议并作主题演讲。工业和信息化部材料司原副司长苗治民就国家化解产能政策作了报告。学会常务副理事长王天义主持会议。来自全国钢铁界的领导、专家、科技人员和国外同行等近千位代表参加会议，300 余篇国内外论文分别在 34 个分会场进行宣讲和交流。

大会邀请国外专家、学者就世界钢铁工业绿色制造、低碳技术路线图与钢铁科技可持续发展进行了研讨。国内各大钢铁企业负责人分别结合自身经验提出了践行绿色制造的思考和建议。

徐匡迪在开幕词中提出，钢铁工业面临环境污染及产能过剩的双重压力，正处于低利润运行状态。钢铁企业负债率较高，资金链断裂危险加剧。他强调，“调结构、化产能”已成为全行业的共识，中国钢铁工业需要借鉴发达国家的经验，依靠创新驱动发展战略，通过技术进步突破资源、环境瓶颈，不断降低成本，同时要在企业减量重组中，逐步消化过剩产能，为钢铁工业创造良好的外部运营环境，建设绿色钢铁企业。

殷瑞钰在报告中提出，面对钢铁工业目前的困境，钢铁行业进行战略反思、调整结构、转型升级出现在紧迫的日程上。

翁宇庆作了题为《我国经济发展对部分高端钢铁品种的需求》的专题报告，对我国钢铁工业供需背景、钢铁市场不同取向、高端品种的需求作了深入剖析，着重强调了品种质量升级的紧迫性。

苗治民阐述了我国钢铁产品升级存在的核心问题：高性能钢铁材料的使用比例较低，高标准模具钢、特种耐腐蚀油井管、船用耐蚀钢等关键钢材产品仍然满足不了要求，并针对促进钢铁产品升级换代的问题提出了五点策略。

年会同期还举办了冶金新技术、新产品的展览、展示等，内容包括冶金先进工艺装备，冶金自动控制技术与设备，安全、环保、节能技术与设备等。

**【第九届国际锌和锌合金镀层钢板大会和第二届亚太镀锌大会联合会议】** 9 月 23 ~ 27 日，第九届国际锌和锌合金镀层钢板大会（GALVATECH2013）和第二届亚太镀锌大会（APGalva2013）联合会议首次在北京召开。“国际锌及锌合金镀层钢板大会”最早于 1989 年由北美、欧洲和日本发起，每 3 年举办 1 次，是国际镀层钢板领域的顶级会议。“亚太镀锌大会”是亚太区域内该领域的最高学术会议。

大会共收到来自中国、日本、德国、韩国、法国、比利时、美国等 18 个国家及地区的专家、学者和科研人员的论文摘要 203 篇。经评审，收录 150 篇英文论文全文。来自 25 个国家及地区的 400 余名专家参加会议。大会特邀了美国、韩国、欧洲、日本、中国的 5 位专家就各自锌和锌合金镀层钢板近年来的发展与未来趋势进行介绍。会议附设展览，共有国内外 26 家业内知名企业参展。

学会副理事长兼秘书长赵沛主持大会，大会主席、中国工程院院士殷瑞钰和国际锌协会的 Frank Goodwin 博士在开幕致辞中，围绕中国钢铁工业现状和涂镀技术的发展趋势。阐述了自己的观点，即钢铁工业一方面应不断研发新兴产业所需的钢材，构建钢铁产品的低成本、高效率洁净钢生产平台；另一方面要构筑集成、多元、绿色的产业体系，融入循环经济、低碳经济的发展进程中。他们强调进一步开发功能化涂镀钢铁产品，提高锌和锌合金镀层钢板的质量和消费量，是应对环境瓶颈制约、行业盈利空间缩小等挑战的最佳对策。

大会围绕锌和锌合金涂镀层钢板生产与应用领域的最新技术和进展，为国内外该领域的专家、学者提供高水准的技术交流平台。会议针对先进高强度钢镀锌技术发展面临的挑战，重点围绕镀层产品在汽车、家电、建筑行业的应用、镀层产品质量控制、新镀层技术与镀层回收技术、新型镀锌生产技术、镀锌工艺技术（退火炉技术、镀层控制技术、锌锅管理技术等）、表面后处理、锌铝镁合金镀层技术、镀层产品的腐蚀和表面与结构分析等方面进行了交流。

（撰稿人：曹莉霞　赵　晶）

## 中国有色金属学会

**服务创新型国家和社会建设** 2013 年，学会各级组织共举办各种类型培训班、研修班 69 期，参加培训人员达 2470 人次。其中包括地质找矿培训班、安全生产培训班和材料加工培训班等。学会安全学委会 2013 年共举办安全生产职业健康培训和安全法规、标准的学习等各类培训班期 55 期，培训总人数为 1870 人。

学会和中南大学共同承担的生物冶金前沿理论与技术高级研修班入选人力资源和社会保障部 2013 年度高级研修班项目计划（人社厅函［2013］137 号）。该研修班于 8 月 23 ~ 30 日在湖南省长沙市举行，全国各省、自治区、直辖市的高级专业技术人员和高级管理人员共 60 人参加。研修班邀请了包括中国工程院院士、国际生物湿法冶金协会主席邱冠周在内的 5 位专家、学者讲授生物湿法冶金学科的科技发展前沿和最新研究进展。学员修完规定的课程，经考核合格后，由人力资源和社会保障部专业技术人员管理司颁发了《专业技术人才知识更新工程高级研修项目证书》，培训学时记入《专业技术人员继续教育证书》。

学会提交的《高铝粉煤灰生产氧化铝》报告被确定为第十五届中国科协年会分会场有潜在政策建议价值的选题。

**学会建设** 2013 年，学会增设了 3 个学术委员会：冶金反应工程学学术委员会、矿山信息化智能化学术委员会、燃烧合成专业委员会。学会批准江苏大学等单位成为学会团体会员单位。2013 年，学会发展团体会员单位 13 个。

学会共组织召开各种学术交流会议 39 个，参会人数 4823 人次，发表论文 3041 篇。与 2012 年相比，参会人数增加 1398 人次，发表论文增加 1902 篇。

学会向中国科协申报了“党建强会”、“高端前沿学术活动”、“高端前沿继续教育”和“2013 年重点技术领域专利信息数据建设”等项目，获得批准。学会组织力量按时完成并通过了验收。

**国际学术会议** 2013 年，学会举办了第十二届东亚资源再生技术国际会议、第十二届中俄双边新材料新工艺研讨会、首届亚洲铝合金会议、2013 年亚洲粉末冶金学术会议等 4 次国际会议，参会人数 956 人次，其中国外专家、学者 350 人次，提交论文 700 余篇。

10 月 13 ~ 17 日，学会主办、中南大学承办的首届亚洲铝合金会议在北京召开。会议共收到了来自 15 个国家和地区的 160 余篇论文摘要，101 篇在会议期间展示。137 位专家、学者出席会议，29 人作了大会邀请报告。

11 月 20 日，第十二届中俄双边新材料新工艺研讨会在云南省昆明市开幕。研讨会由中国工程院、中国科学院、中国有色金属学会、俄罗斯科学院、俄罗斯科学教育部、俄罗斯基础研究基金会等主办，昆明理工大学承办。来自俄罗斯、捷克、白俄罗斯、乌克兰、中国等国家和地区的专家、学者 300 余人参加会议。会议主题是先进金属、陶瓷与复合材料。

11 月 3 ~ 5 日，学会主办、中南大学承办的第十二届东亚资源再生技术国际会议在湖南省张家界市召开。来自中国、日本、韩国、泰国等国家的 318 位专家、学者参会，其中境外专家、学者 127 人。大会以“从环境保护的角度，考量资源再生利用”为主题，关注两大方向：“城市矿山”、重金属污染治理与资源化再生。大会共设七大议题，涵盖资源再生技术领域全部内容，新增杰出青年学者主题演讲环节，大会共评选出 8 篇最佳论文。

**国内主要学术会议** 5 月 25 ~ 26 日，学会在贵州省贵阳市举办了第十五届中国科协年会第十五分会场——全国铝冶金技术研讨会。来自全国铝冶金行业科研、设计和企业单位的 138 位专家、学者参加研讨，此次会议是近年来学术规格最高的一次铝冶金技术研讨会。该分会场被中国科协评为优秀分会场。研讨会的主题是：“铝冶金技术的创新和发展”。主要议题包括：我国铝工业的发展战略与布局、大型铝电解槽节能技术的新发展、一水硬铝石矿高效拜尔法生产氧化铝的技术创新、赤泥的堆存技术与综合利用、高铝粉煤灰生产氧化铝研究与工业试验等。共有 13 位专家作大会报告，交流我国在铝冶金领域取得的最新科研成果和最新理论以及在推广应用方面的新方法、新技术、新进展。研讨会收到论文 90 余篇，其中 77 篇入选第十五届中国科协年会第十五分会场《全国铝冶金技术研讨会论文集》。

5 月 26 ~ 30 日，学会采矿学术委员会主办的第六届中国充填采矿技术与装备大会在山东省济南市召开，有色、黄金、冶金、化工、煤炭行业科研设计、大专院校和机电装备等领域的 359 个企事业单位的 652 名专家、学者出席了会议。35 名专家从不同的角度作充填技术、装备等专题报告。大会期间组织专家就新建充填系统设计选型和已建充填系统技术改造等问题进行现场答疑，并附设设备展览。大会交流结束后，近 500 位专家、学者考察了山东金鼎矿业王旺庄铁矿的全尾砂和新型激发胶凝材料做胶结料的胶结充填系统。

5 月 29 ~ 31 日，由学会重有色金属冶金学术委员会主办的全国第十二届铅锌冶金学术年会暨中国铅锌联盟专家委员会工作会议在湖南省长沙市召开。76 家单位的 149 名位专家、学者参加会议。会议特邀中国恩菲工程技术有限公司副总工程师陆业大代表中国有色工程设计研究总院设计大师蒋继穆作了题为《我国铅锌工业提高集中度的战略思路》的大会报告，特邀株洲冶炼集团股份有限公司副总经理王辉作了题为《21世纪以来铅锌冶炼工业技术进步》的主题报告。技术交流环节邀请到18位专家作了专题报告。年会安排参会代表到株洲冶炼集团股份有限公司进行实地考察。会议期间，召开了中国铅锌产业技术创新战略联盟第一届专家委员会工作会议。

9月15～17日，主题为“有色金属工业绿色发展循环发展低碳发展”的中国有色金属学会第九届学术年会在北京召开。14位专家作大会报告，会议共收到论文203篇，其中170篇入编《中国有色金属学会第九届学术年会论文集》。

10月22～25日，由学会稀有金属冶金学术委员会主办的全国稀有金属学术交流会在福建省厦门市召开。120多位专家、学者参加会议。大会主题为“把握稀有金属冶金技术发展方向，促进新技术、新工艺、新装备的交流与合作”。云南民族大学校长彭金辉等10余位专家、学者作主题报告。大会设立了2个分会场，近50个学术报告涵盖稀有金属冶金新技术、新工艺、新装备等领域。会议共收到论文70余篇，大会委托《稀有金属》编辑部审阅并出版了论文集。

11月20～24日，学会贵金属学术委员会主办的主题为“贵金属创新发展”的2013年中国贵金属研讨会在云南省腾冲市召开。来自国内外73家知名企业、科研院所、高等院校的150余位专家、学者参加会议，国际贵金属学会（IPMI）执行董事J. P. ROSSO出席了会议，13位专家作了大会报告。昆明贵金属研究所发布了2013年贵金属行业报告——《贵金属蓝皮书》。学会贵金属学术委员会（CPMC）与国际贵金属学会（IPMI）签署了双方联合在中国举办“2014年国际贵金属研讨会”的备忘录。会议出版了论文集，收录论文42篇。

12月8～12日，由学会主办，哈尔滨工业大学和北京科技大学共同承办的第十五届全国钛及钛合金学术交流会在黑龙江省哈尔滨市召开，250余人参加会议。会议收到论文250余篇，出版的论文摘要集收录论文210余篇，计划在《中国有色金属学报》出版专辑收录论文180余篇。北京科技大学教授林均品等4位国家“973”项目首席科学家和上海宝钢集团有限公司首席研究员黄爱军等作大会特邀报告，22位专家、学者作分会场主题报告，6个分会场交流报告200余篇。与会专家就目前国内外钛及钛合金的研发、应用和今后的发展方向作了交流。

**国际交往**　11月29日，中国有色金属学会代表团赴智利参加了2013世界铜会，代表团应邀出席了大会组委会会议，简要介绍了我国铜工业发展现状和中国有色金属学会的有关情况，提出了加入世界铜会组委会的申请，得到世界铜会组委会各成员国的重视和认同。学会副秘书长杨焕文在世界铜会全体会议上作了题为《中国铜工业发展现状和发展趋势》的大会报告。

经学会与世界铅锌大会组委会联系，世界铅锌大会组委会同意学会派一名代表作为2015世界铅锌大会国际组委会委员。

**科普活动**　2013年，学会与中国可持续发展研究会合作，在江苏大学联合举办了“中德环境、冲突与合作”主题展览，展期为1个月，2000余名师生参观了展览。

**表彰举荐优秀科技工作者**　根据《全国有色金属优秀科技工作者评选表彰办法》及实施细则，经中国有色金属学会全国优秀科技工作者评审小组评审，决定授予徐卓辉、尹晓辉、周松林、拓钊、钱九红、袁梅芳、尹中林、贺跃辉、王力军、沈政昌等10人第一届全国有色金属优秀科技工作者称号。

**【中国有色金属学会第九届学术年会】**　9月15～17日，中国有色金属学会第九届学术年会在北京召开。年会主题为“有色金属工业绿色发展循环发展低碳发展”。

学会理事长康义作了题为《有色金属工业发展与科技进步》的大会报告。中国工程院院士邱定蕃、屠海令、邱冠周，中国有色工程设计研究总院设计大师蒋继穆、中国铝业股份有限公司首席工程师顾松青、北京工业大学副校长聂祚仁、陕西广播电视大学兰新哲等14位专家分别作了题为《有色冶金与环境保护》、《有色金属冶金新材料与战略新兴产业》、《用生物技术的钥匙打开资源利用的大门》、《底吹技术在有色冶炼的进展》、《我国绿色铝工业发展的构想》、《面向材料生产流程的环境负荷定量评价技术与应用》、《兰炭金属镁规模化联产技术》的大会报告，并进行了学术交流。

本次会议共收到论文203篇，涵盖有色金属地、采、选、冶、加等各个专业，从不同专业、不同层次和不同角度反映了我国有色金属行业科技发展的最新成果。经编审组审定，其中170篇入编《中国有色金属学会第九届学术年会论文集》。学会编审组从入编论文中评选出20篇论文为第九届学术年会优秀论文，予以表彰。

**【首届亚洲铝合金会议】**　10月13～17日，由学会主办，中南大学承办的首届亚洲铝合金会议在北京召开，来自国内外高等学校、科研院所和企业的137位专家、学者参加会议。学会理事长康义出席大会开幕式并作报告。特邀29位专家作了大会报告。

会议共收到了来自15个国家和地区的160余篇论文摘要，101篇以学术报告或墙报的形式在会议期间展示。经专家评审，会议共收录论文60余篇，由《中国有色金属学报（英文版）》编辑出版会议论文集。

本次会议是一次铝合金研究与发展的报告会，国内外铝合金专家与工程技术人员聚集于北京进行学术交流，青年科技人员和博士、硕士研究生也积极参会。

本次会议展示了铝合金的理论、实验和应用方面的最新研究成果，加强了亚洲各国及与其他国家的专家、学者和工程技术人员在铝合金研究与发展方面的合作。

**【第 12 届中俄双边新材料新工艺研讨会】** 11 月 20 日，第 12 届中俄双边新材料新工艺研讨会在云南省昆明市开幕。研讨会由中国工程院、中国科学院、中国有色金属学会、俄罗斯科学院、俄罗斯科学教育部、俄罗斯基础研究基金会等主办，昆明理工大学承办。来自俄罗斯、捷克、白俄罗斯、乌克兰、中国等国家和地区的专家、学者 300 余人参加会议。会议主题是“先进金属、陶瓷与复合材料”，主要议题有：材料计算科学与基因组、航空航天材料、新能源材料、电子信息材料、生物医用材料、纳米材料与技术、稀贵金属材料与高纯材料、表面工程技术与材料、节能环保新材料、绿色工程材料、激光快速成型与先进制造成型技术、金属陶瓷与复合材料、材料冶金过程新工艺、新技术等。

俄方主席、俄罗斯科学院通讯院士巴雷诺夫，中方主席、中国工程院院士屠海令，中国工程院副院长干勇，学会理事长康义，云南省政协副主席罗黎辉等出席开幕式。中国工程院院士戴永年、彭苏萍，中国科学院院士王崇愚、薛其坤，俄罗斯专家布兹尼克、格雷高拉维奇等在为期两天的研讨会上作了 20 场大会报告。50 多篇中俄专家的论文以墙报形式发表。在研讨会上，组委会为中俄各 5 位青年科技工作者颁发了优秀青年科技论文奖。

（撰稿人：杨焕文）

## 中国稀土学会

**服务创新型国家和社会建设** 学会承担了工业和信息化部稀土应用研究项目——稀土行业发展趋势和技术路线研究、环境保护部公益性行业科研专项——稀土资源开发生态环境成本核算技术与环境损失评估，以及包头市稀土发展规划和包头稀土产业技术路线图编制工作等政府和地方委托项目。

7 月，福建省三明市科协委托学会承担三明市稀土产业中长期规划编写工作。

7 月 19 日，学会信息和技术经济专业委员会主办的第十四届中国稀土企业家联谊会在内蒙古自治区包头市召开，70 余人参加会议，6 位专家在会上作专题报告，会后组织参会代表实地考察白云鄂博矿东矿、主矿、西矿的矿坑，参观包头稀土研究院蒙稀车间和理化检测中心、包钢稀土磁性材料有限责任公司、包头市稀宝博为医疗系统有限公司等单位。

8 月 8 日，学会主办的主题为“稀土与永磁应用的和谐发展”的第五届中国包头 · 稀土产业论坛在内蒙古自治区包头市召开。600 位专家、学者、企业家及政府部门有关负责人参加了会议。16 位专家作演讲，就国家最新的稀土产业政策及国内外稀土行业发展新动向，稀土磁性材料最新的应用领域、发展现状和市场前景，稀土重点企业最新发展战略和稀土产品交易所工作机制、交易规则等进行交流。

学会理事长、论坛主席、中国工程院副院长、中国稀土行业协会会长干勇院士致开幕词，他说，以稀土永磁为代表的稀土新材料的应用加速了全世界新一轮科技革命步伐和我国现代工业化的进展，稀土工业材料正在形成一个规模宏大的高技术产业群体，有着广阔的使用前景和极为重要的战略意义，会对高新技术产业的发展起到重要的推动作用，对我国相关产业的转型升级和实现跨越式发展起到重要的牵引和促进作用。

**学会建设** 2013 年，中国稀土学会新发展个人会员 45 人、团体会员 2 个，个人会员总数达 3300 人，团体会员总数 78 个。

学会召开了五届六次理事会议和五届十、十一次常务理事会议。

学会编纂了《中国稀土学会年鉴（2012 版）》，是学会编纂的第 11 本年鉴。学会根据近几年国内外稀土资源、技术、应用和市场的变化，对年鉴的内容进行调整，着重记载稀土学术研究新方向，技术进步、专利、标准方面的新成果、新进展，并刊登各专业年度综述文章，介绍本专业的科技、产业、贸易与市场等方面的信息。

**学术期刊** 在最新发布的 2012 年度中国科技期刊引证报告（CJCR）中，《中国稀土学报》英文版 2012 年 CJCR 影响因子为 0.972，在 28 种材料类期刊中排名第一，《中国稀土学报》中文版 CJCR 影响因子 0.722，排名第五。

**决策咨询** 2013 年，受中国工程院委托，学会参与中国工程院“稀土资源可持续开发利用战略研究”院士咨询项目。该项目分为三年完成，学会组织课题组成员根据项目工作编写提纲内容和进度安排，多次前往企业调研，召开了多次分课题工作会议，最终形成 1.1 万字简稿和 48.8 万字总稿。

为掌握稀土产业的最新成果和动态，学会数次前往四川、广东、内蒙古、江西等地调研，实地考察了白云鄂博稀土矿山，了解稀土冶炼分离新技术及环境污染和治理的现状，对稀土催化剂、发光、永磁、玻璃、功能陶瓷、稀土储氢材料及电池、稀土镁合金等方面的科研、生产、市场等情况进行研究，旨在使学会的咨询服务工作针对性更强。

**国际学术会议** 8月10～13日，学会主办的第七届国际稀土开发与应用研讨会（ICRE 2013）在江西省赣州市召开。同期，学会还与中国稀土行业协会共同举办了第二届中国稀土峰会。来自15个国家和地区的400余名专家、学者和企业家参加会议。

**国内主要学术会议** 2013年，学会及各专业委员会共召开9次国内学术会议，共有435篇论文进行了大会和分会交流，参加会议的专家、学者共计2000余人次。

4月20～24日，由学会发光专业委员会和中国物理学会发光分会联合主办的第13届全国发光学学术会议在江苏省南京市召开。来自美国、荷兰，中国大陆、香港特别行政区、台湾地区的400余名专家、学者参加会议。会议围绕发光材料设计、合成、制备、表征及应用，半导体照明及显示荧光材料研究，稀土发光材料相关理论研究，稀土发光材料应用研究，以及稀土发光材料产业化工艺、装备等主题展开探讨。

7月16～18日，学会催化专业委员会主办，中国科学院兰州化学物理研究所承办的第十九届全国稀土催化学术会议在甘肃省兰州市召开。来自高校和科研机构的稀土催化领域的专家、学者及稀土科技知名企业代表等110余人参加了会议。大会在4篇特邀报告和30篇口头报告之外，还安排了墙报展示，内容涵盖了近年来我国稀土催化技术及催化材料领域取得的新成果和新进展。会议在口头报告和墙报中面向青年学者和学生分别评选出5位优秀报告奖获得者。

7月下旬，学会玻璃陶瓷专业委员在西藏林芝地区组织召开了全国稀土玻璃陶瓷研发与合作论坛学术会议，40余人参加。会议交流了新型稀土光学玻璃的研发、生产、销售以及使用稀土原料、稀土掺杂玻璃和光纤、LED用稀土发光材料等方面的进展和成果。与会代表希望加强企业与院校的产学研合作，关注国家稀土政策走向及对稀土分离企业的影响。

10月15～18日，学会理化检验专业委员会和中国有色金属学会理化检验学术委员会共同主办的第十四届全国稀土分析化学学术研讨会在江西省上饶市召开。来自33个单位的54名专家、学者参加会议。9位专家作大会报告，报告内容涉及我国目前标准物质/标准样品管理体系、稀土固体废物综合利用深入研究及新的污染控制办法、痕量元素分析新进展、对口稀土分析试验室建设的经验总结、氧化钪的ICP-MS纯度分析、稀土硫化物颜料的应用与检测及致力于业界数据可比性的氧化钕实验室间比对情况总结等。会议期间还召开了专业委员会委员会议。

11月12～15日，学会固体科学与新材料专业委员会和中国金属学会功能材料分会在湖南省长沙市联合召开2013年中国功能材料、固体科学与新材料学术研讨会，来自院校和企业的80余位专家、学者参加。会议特邀大会报告12篇，设2个分会场，共交流32篇论文，研讨本领域发展趋势与方向。

12月11～13日，学会主办的稀土磁性材料和电机共赢发展研讨会在辽宁省沈阳市召开。会议的主旨是充分发挥我国稀土资源的优势，提高我国稀土电机产业技术竞争力，谋求磁材和电机产业的合作和共同发展。国家稀土永磁电机工程技术研究中心主任、中国工程院院士唐任远，以及磁材和电机产业的典型代表企业的经理或技术、市场负责人等行业内资深人士共29人参加了会议。12月11日上午，学会特邀4位来自磁性材料生产企业、稀土永磁设备制造企业和永磁电机生产企业的专家作主题报告。报告涉及稀土永磁设备的新进展、中国烧结钕铁硼产业的状况、稀土永磁在电机中的应用及永磁电机的发展趋势等方面。12月11日下午，会议以沙龙的形式进行了座谈，与会代表对当前我国稀土永磁产业的现状以及在电机中应用存在的问题进行了讨论和交流。

**科普活动** 7月18～20日，学会参加了中国科协主办的第四届科技场馆展品与技术设施国际展览会暨学术研讨会。学会通过现场科普问答、展板展示、实物展览、稀土产品赠送等多种方式进行科普宣传，向参观群众普及稀土知识，展示稀土应用。

**【第七届国际稀土开发与应用研讨会暨第二届中国稀土峰会会议】** 8月10～13日，学会主办的第七届国际稀土开发与应用研讨会（ICRE 2013）在江西省赣州市召开。同期，学会与中国稀土行业协会共同举办了第二届中国稀土峰会。会议邀请了国内外知名专家和企业家作大会邀请报告，来自15个国家和地区的400余名专家、学者和企业家参加会议。

会议内容涉及稀土地质矿山、采矿选矿、分离冶炼、循环利用和环境保护、稀土化学，以及稀土在永磁、发光、催化、储氢、超导、玻璃陶瓷、纳米材料等应用领域的最新进展。会议邀请了稀土知名企业和咨询机构作行业报告，就稀土产业的发展现状和趋势进行探讨。

大会由学会理事长、会议主席、中国工程院副院长、中国稀土行业协会会长干勇院士致开幕词，他对我国未来稀土产业的发展提出了期望。他说，稀土的价值最终要体现在终端应用产品上，理论基础研究和应用基础研究是产业化技术产生的前提和保障。他希望通过这次盛会，总结近年来的稀土科技成果，把握稀土行业与应用技术发展趋势，进一步促进稀土科技和产业发展。

赣州市市长冷新生、欧洲稀土学会秘书长班兹利、工业和信息化部材料司原副巡视员高秀英、中国科协学会学术部副部长范唯分别致辞。开幕式由中国工程院院士屠海令主持。

在第二届中国稀土峰会上，学会秘书长林东鲁介绍了学会的概况及开展的工作。中国稀土行业协会秘书长马荣璋介绍了协会概况和中国稀土产业现状。

会议组织了分会场口头报告交流、墙报交流和技术参观。分会场共交流报告 72 篇、墙报 50 篇。

（撰稿人：王　勇）

## 中国腐蚀与防护学会

**服务创新型国家和社会建设**　2013 年，学会开展防腐蚀工程师专业技术资格认证培训 6 次，120 人参加培训，168 人通过了不同级别的认证。其中研究员级高级防腐蚀工程师 11 人，高级防腐蚀工程师 19 人，防腐蚀工程师 135 人，防腐蚀助理工程师 3 人。

4 月 24 日，学会在北京举办了为期两天半的腐蚀科技高端研修班。18 家企业的高层管理者参加学习。

9 月 12 日，学会缓蚀剂专业委员会举办了 2013 年全国石油、石化腐蚀控制与检测技术交流会及培训班，40 余人参加培训。

**学会建设**　2013 年，学会新发展个人会员 150 余人，团体会员 3 个。

学会召开了八届七次常务理事会议、八届四次理事会议暨八届八次常务理事会议，决定成立中国腐蚀与防护学会建筑材料应用与咨询中心、中国腐蚀与防护学会战略与规划研究中心，成立中国腐蚀与防护学会汽车材料腐蚀与防护专业委员会和中国腐蚀与防护学会腐蚀与防护标准化技术委员会。新成立的高分子管道和容器专业委员会已在民政部登记。

学会完成了“十二五”规划中期自评报告。

**学术期刊**　2013 年，《材料保护》荣获“湖北十大名刊成就奖”，其子刊《表面工程资讯》杂志获得“湖北省优秀期刊奖”，杂志编辑部 1 人获得“湖北省优秀主编奖”，1 人获得“湖北省优秀编辑奖”，1 人获得“湖北省期刊新人奖”。9 月，《材料保护》在中国期刊交易博览会“湖北十大名刊成就奖展区”展示，其子刊《表面工程资讯》在“湖北优秀期刊展区”展示。

2013 年，《腐蚀学报》发表论文 87 篇，升级完善了稿件在线处理系统。2013 年其网刊访问人数 65 万人次，OA（开放存取）开放全文的篇数达 2100 余篇。

《腐蚀防护之友》封面设计改版，采访 6 位院士，深入报道学会企业理事会发展及学会动态，组织了企业沙龙等活动。

**国内主要学术会议**　7 月 27 日，学会在河南省长垣县召开以“融合创新　集成发展”为主题的第七届全国腐蚀大会，1200 余位专家、学者、企业代表参加会议。

2013 年，学会各分支机构组织专题研讨会 7 次，500 余次人参加。

**两岸交流**　学会和台湾地区防蚀工程协会互派代表参加了两地的学术交流年会。

**国际交往**　3 月 17 ~ 21 日，学会组织专家、学者参加在美国奥兰多（Orange）会展中心举办的 NACE2013 国际腐蚀年会。本年度中国大陆的参会专家、学者达 30 多人，参展商 4 家，论文投稿 10 余篇。

9 月 1 ~ 5 日，学会组织专家、学者赴葡萄牙参加欧洲腐蚀联盟主办的欧洲腐蚀大会——EUROCORR 2013。中国参会专家、学者 19 人，分别来自北京科技大学、中国科学院金属研究所、中国科学院海洋研究所、上海电力大学、装甲兵工程学院等单位。

9 月 10 日，美国国际腐蚀工程师协会（NACE）副主席 Harvey Hack、培训经理 Pam Nicoletti、中国总代表顾琲一行访问中国腐蚀与防护学会（CSCP）和国家材料环境腐蚀平台。学会秘书长、国家材料环境腐蚀平台主任李晓刚接待了 Harvey Hack 一行。Pam Nicoletti 介绍了 NACE 腐蚀培训方面的情况，对中国腐蚀与防护学会阴极保护培训工作表示赞赏，同意中国腐蚀与防护学会开展 NACE 其他课程的培训。

**科普活动**　7 月 28 日，学会在河南省长垣县举办主题为“关注材料腐蚀问题，创建绿色美好家园”的科普活动，近百名来自长垣县当地企业的青年科技工作者参加活动。活动内容包括：举办科普展览、科普讲座、科普宣传、科技成果展示活动，编写和发放科普宣传手册、资料等。

7 月 18 ~ 20 日，学会与《腐蚀防护之友》杂志社联合参加中国科协主办的第四届科技场馆展品与技术设施国际展览会，设立展台向参观者宣传腐蚀与防护知识。

根据《中国科协办公厅关于组建科学传播专家团队的通知》文件精神，中国腐蚀与防护学会组建了腐蚀与防护学科科学传播专家团队。

**表彰举荐优秀科技工作者** 2013 年，评审中国腐蚀与防护学会科学技术奖科技进步奖 13 项，其中一等奖 7 项，二等奖 6 项。

从 2011 年 1 月至 2012 年 12 月在国内外公开发表的论文中评选出 50 篇优秀论文，授予优秀论文奖，并向作者颁发证书和奖金。

**工程教育认证** 2013 年，学会与美国工程师协会（NACE）共同举办 NACE 国际阴极保护技术（CP）资格认证培训班 3 期。来自石油、石化、管道等行业从事金属腐蚀与防护技术人员共 67 人参加了培训。

**【第七届全国腐蚀大会】** 7 月 27 日，学会主办的第七届全国腐蚀大会在“防腐蚀之都”河南省长垣县召开，大会主题为“融合创新　集成发展”。

全国人大常委、中国科协副主席冯长根，中国工程院院士、材料表面工程学家徐滨士，中国工程院院士、材料保护专家侯保荣，河南省住房和城乡建筑厅厅长刘洪涛，河南省新乡市常务副市长王治通，国家自然科学基金会工程与材料学部副主任车成卫，中国科协学会服务中心主任李桐海，台湾成功大学教授、材料腐蚀专家蔡文达，加拿大卡尔加里大学教授、加拿大管线钢研究平台首席专家 Frank Cheng 等出席大会，1200 余位专家、学者、企业代表参加会议。

大会举行特邀报告 14 个，介绍了不同行业对腐蚀防护技术的需求。大会设 8 个分会场，200 多位专家、学者进行了口头报告，100 多篇文章以墙报方式进行交流。

大会举办企业沙龙，旨在使新技术与企业联手，促进技术转化。会上达成合作意向 8 个。大会还举办了技术展示会。

（撰稿人：张小红）

## 中国化工学会

**服务创新型国家和社会建设** 2013 年，学会先后与安徽省马鞍山市政府、辽宁省营口市政府建立了战略合作关系，为学会在发挥自身优势服务于企业和地方经济建设方面走出新路子。9 月，学会与辽宁省科协、营口市委、市政府在营口市共同主办了主题为“汇聚高端智力，创新驱动转型，共促辽宁（营口）精细化工产业发展”的辽宁省第七届学术年会暨 2013 辽宁（营口）精细化工产业发展论坛。学会组织了 5 位精细化工和石油化工的专家参会并作报告。期间，学会与营口市政府等分别签署了合作协议，举办了工程塑料和功能高分子产业发展、镁化工产业发展两个专题论坛，举行了院士专家与营口市领导对话会，开展了院士专家企业行活动，为辽宁（营口）精细化工产业发展引进高端智力搭建了平台。

学会与中国化工教育协会、教育部化学工程与工艺教学指导分委员会联合主办 2013 年“中国石化 - 三井化学杯”——全国大学生化工设计竞赛，来自 154 所高校的 710 个代表队参赛。8 月，“中国石化 - 三井化学杯”第七届全国大学生化工设计竞赛全国总决赛在哈尔滨工程大学举行，参加总决赛的 48 支代表队争夺 8 个特等奖（含金、银、铜奖）和 40 个一等奖。该赛事为多方面培养大学生的创新思维和工程技能，培养团队协作精神，增强大学生的工程设计与实践能力，提供学习和实践的舞台。

2013 年学会科技评估中心共完成了 8 项科技鉴定和评估项目。学会所属分支机构针对工程技术人员开展了各类继续教育培训活动，全年组织培训活动 19 次，培训 1990 人次。

**学会建设** 2013 年，学会发展单位会员 18 家，个人会员 173 人。在重要单位会员和有关高校设立中国化工学会会员工作站的工作取得初步进展。

学会和所属各专业委员会全年共举办学术交流活动 50 次，参会 1.2 万人次，收录论文 3087 篇。

3 月，学会召开了常务理事会会议，9 月，召开了 39 届二次理事会会议，审议通过了《关于举办中国化工学会年会的提案》、《关于修订中国化工学会会员制条例的提案》、《关于修订侯德榜化工科学技术奖奖励办法的提案》、《关于设立中国化工学会储能工程专业委员会的提案》、《关于开展化工名词审定工作的提案》、《关于申办世界化学工程大会的提案》等，补充、调整了学会的常务理事和理事。

学会向中国科协申报组建储能工程专业委员会，并将煤化工利用专业委员会秘书处转到中国神华煤制油化工有限公司（北京）。

**学术期刊** 2013 年，学会主办的《化工学报》获得第三届中国出版政府奖期刊奖，成为获此殊荣的 10 种科技期刊之一。《化工学报》编辑部主任赵颖力入选第三届中国出版政府奖优秀编辑奖，成为获奖的 25 名优秀编辑之一。《中国化学工程学报》（英文版）、《化工学报》再次蝉联 2013 中国最具国际影响力学术期刊，《化工进展》再次蝉联 2013 中国国际影响力优秀学术期刊。《中国化学工程学报》（英文版）通过中期评估，继续获得“中国科协优秀国际期刊奖”，并获得 2013 ~ 2014 年度国家自然科学基金重点学术期刊专项基金资助。

**学科发展研究** 受全国科学技术名词审定委员会委

托，学会启动了第二版《化工名词》审定工作，制定了初步审定框架及组织框架。7月，召开了《化工名词》(第二版)审定的启动大会，先后组建了化学工程基础、石油炼制、高分子化工、基本有机化工、生物化工、化工装备与自动化、化工安全环保及可持续发展等7个分委员会（共规划11个分委员会），中国工程院院士金涌、王基铭、袁晴棠、曹湘洪、谭天伟等分别担任分委员会主任。已组建的分委员会工作均已按审定框架，研究制定了二、三级审定目录，并于10月召开了二三级目录审定协调会议。

**国际学术会议** 5月13～16日，学会与德国化学工程与生物技术协会（DECHEMA）联合主办的第九届国际化学工程和生物技术展览暨会议在北京举行。与上届相比，本届展会规模有所扩大，来自23个国家和地区的418家企业参展，展出总面积达6500平方米，中国企业参展数量达240家。展会期间，举办了石油替代能源、环境保护、过程分析与控制技术、二氧化碳的利用、工业水处理、中国国际化工分离技术大会等专题研讨会和论坛。

5月14日，由学会主办的2013中国（广饶）国际轮胎及橡胶新材料产业大会在山东省东营市召开。大会以"绿色合作共赢"为主题，来自美国、英国、印度、泰国、新加坡、南非和中国等国的行业管理部门负责人、专家、学者、商协会负责人、企业管理人员等230多人与会。

**国内主要学术会议** 8月16～20日，2013第十四届中国化工学会信息技术应用专业委员会年会在福建省武夷山市召开。会议邀请专家、学者就如何运用信息技术手段加快企业转型升级，推进两化融合向纵深发展，促进石油化工行业向低碳、高效发展转型、实现智能化工厂等热点问题进行研讨，并就信息技术在企业中的管理变革、生产执行、生产安全、信息安全等方面的应用进行技术交流。青岛多芬诺信息安全技术有限公司作为行业内优秀厂商代表发表了主题演讲。

9月22～25日，以"绿色化工与生态文明"为主题的2013年中国化工学会年会在江苏省南京市举行，15位中外院士出席年会，约1100人参会，征集论文700余篇。

**国际交往** 8月，学会参加了在韩国举行的第九届世界化学工程大会暨第十五届亚太化工联盟大会，期间，在世界化学工程联合会执委会会议上正式提出了承办2021年第11届世界化学工程大会的申请。

**科普活动** 2013年，学会开始编撰系列化工科普图书的相关准备工作，与有关单位合作，提出了编撰设想草案，并征求意见。

9月，针对公众对PX(对二甲苯)项目的质疑和抵触，学会联合中国科协科普部、《中国化工信息》周刊，组织开展了PX项目科普宣传活动。在《中国化工信息》上连续刊登关于PX项目的科普宣传报道，并以此为基础编撰了《科学认知PX——解惑公共安全疑虑》的科普宣传册，向全国发布。学会配合中央电视台安排有关PX项目访谈，派出芳烃专家吴巍参加了中国科协书记处书记徐延豪带队的对"九江炼厂做好周边群众PX科普教育工作，化解公众疑虑"的调研活动。

12月初，针对"11·22"山东省青岛市发生原油泄漏爆燃事故，学会与《中国化工信息》周刊联合制作了科普专栏《原油泄漏为何能引起爆燃？》，对原油泄漏引起爆燃进行科普解读。

学会被中国科协科普部评为2013年度全国学会科普工作优秀单位。

**表彰举荐优秀科技工作者** 2013年，学会开展了第五届"侯德榜化工科学技术奖"的申报、推荐、评审工作，共收到符合申报条件的候选人材料26份，授予华炜等3人"侯德榜化工科技成就奖"、程迪等9人"侯德榜化工科技创新奖"、刘力等5人"侯德榜化工科技青年奖"，并在2013年中国化工学会年会上举行了颁奖仪式。

**会员服务** 2013年，学会加强了与会员及化工科技工作者的联系与交流，学会秘书处坚持编辑出版《中国化工学会通讯》(网络版)，每月定期向会员和化工科技工作者发布学会动态信息，发送对象2700余人。

**【2013年中国化工学会年会】** 9月22～25日，以"绿色化工与生态文明"为主题的2013年中国化工学会年会在江苏省南京市举行，15位中外院士出席年会，约1100人参会，征集论文700余篇。年会共组织了11个分会场，内容涵盖了化学工程、生物化工、煤化工、离子液体、环保和安全、化工新材料、精细化工、工业水处理、涂料涂装、储能工程等领域。

学会理事长李勇武，中国科协党组成员沈爱民，江苏省政府党组成员、省政协副主席、中国工程院院士徐南平等出席开幕式并讲话，学会副理事长李新华、戴厚良、李静海、杨元一等出席会议，中国工程院院士金涌、曹湘洪、欧阳平凯作大会主旨报告。年会期间，召开中国化工学会39届2次理事会议和学会"三刊"编委会会议，举办了实验室仪器和设备展览。

**【2013国际轮胎及橡胶新材料产业大会】** 5月14日，由学会主办，中国国际商会山东轮胎分会、学会新材料专业委员会、北京工经联科技信息中心承办的2013中国（广饶）国际轮胎及橡胶新材料产业大会在山东省东营市召开。大会以"绿色合作共赢"为主题，来自中国、美国、英国、印度、泰国、新加坡、南非等国的专家、学

者、商协会负责人、企业管理人员230余人参会。会上，发布了《2013中国轮胎产业发展报告》，举办了中国国际轮胎圆桌会议、国际轮胎资源循环利用论坛、国际绿色轮胎技术研讨会。

本次论坛进行了6场专题演讲，邀请国际橡胶轮胎知名机构、协会、企业的技术专家、工程师、贸易代表讲解行业最新技术、发展趋势、成功案例，指导企业向更高层次发展。北京橡胶工业研究设计院原副总工程师陈志宏在题为《中国绿色轮胎发展前景》的主题演讲中提出了今后我国轮胎市场将以绿色轮胎为主导的发展预测。绿色轮胎产品突出低的滚动阻力，还保持有良好的防湿滑性、耐磨性，生产过程清洁生产、节能减排，原材料符合环保要求。中国国际商会山东轮胎分会副理事长、北京众成和瑞咨询有限公司总经理钟荣在题为《2013中国轮胎产业报告》的主题演讲中，通过中国轮胎市场、中国橡胶机械市场、中国钢帘线市场、中国炭黑市场、中国轮胎翻新市场和中国轮毂行业市场六大系列报告，运用轮胎行业生产、进出口等权威统计数据及分析，天然橡胶、合成橡胶市场价格走势和进出口数据等，阐述了中国橡胶轮胎产业的发展情况。

大会还邀请工业和信息化部、环境保护部、国家发改委的相关负责人解读相关产业政策。环境保护部原总工程师、中国环境科学学会副理事长杨朝飞作了题为《建设生态文明，加强环境保护》的主题演讲，商务部产业损害调查局原副局长、北京众城合瑞咨询有限公司高级顾问刘欢作了题为《贸易形势与轮胎产业前瞻》的主题演讲，国际轮胎橡胶循环利用协会主席Ben Chao作了题为《中美橡胶处理的不同和未来的展望》的主题演讲，英国进口轮胎制造商主管Peter Taylor作了题为《欧洲新轮胎标签法及对中国轮胎制造商的影响》的主题演讲。

（撰稿人：戴国庆）

## 中国核学会

**服务创新型国家和社会建设**　12月，学会组织17名院士和专家参加核用硼材料开发鉴定会及应用研讨会，发挥学会项目评价、咨询作用，推进我国核用硼矿建设与辐射防护材料国产化进程。

**学会建设**　6月8日，中国核学会第八次全国会员代表大会在北京召开，选举产生了第八届理事会、常务理事会，中国工程院院士李冠兴再次当选理事长，王德林当选秘书长。

成立了中国核学会第八届科普咨询教育工作委员会。

学会组建了15人的核工程类专业认证委员会和29人的专家库，以及7人的秘书处。筹备成立核工程教育工作委员会。

**学术期刊建设**　学会主管的学术期刊《核科学与工程》出版正刊4期，增刊2期，影响因子排名居同类期刊前列。

**决策咨询**　受国家能源局委托，学会组织业内相关企业和专家，撰写我国核燃料产业规划发展相关报告，为政府制定产业发展政策提供科学依据。

为国家能源局《核科普宣传三年行动方案》提出建议，将核科普基地建设、核科普人才培养、核科普资源开发、大型互动媒体平台等内容列入方案，有利于提高行业整体科普效果。

**国际学术会议**　4月17～19日，学会与中国仪器仪表学会联合主办的第二届中国（国际）核电仪控技术大会在陕西省西安市召开。来自国际原子能机构、国家原子能机构、国家核安全局、中核集团、国家核电、中广核集团，高等院校、国内外仪器仪表企业的300余人参加会议，会议收到学术论文近180篇，近70篇作口头报告，遴选出13篇优秀论文。

7月29日至8月2日，由学会主办，中国核动力研究设计院承办的第21届国际核工程大会在四川省成都市召开。来自30多个国家和地区的专家、学者、工程技术人员1200余人参会。

学会支持主办了第四届东亚放射性废物管理论坛（北京），协办了第十七届国际辐射加工大会（上海）、2013年水堆燃料性能会议（曼彻斯特）等。

**国内主要学术会议**　9月10～13日，由学会主办，哈尔滨市政府、哈尔滨工程大学承办的中国核学会2013年学术年会在黑龙江省哈尔滨市召开。来自我国核工业及配套产业、核基础科学研究、核应用技术、核信息、核经济管理等领域的专家、学者1200余人参会，26位院士出席大会。

11月6～8日，第十届中国核学会“三核”论坛在江西省南昌市召开。论坛主题为“加快发展我国的核科技、核应用、核经济”。会议征集论文168篇，112篇论文入编《第十届全国“三核”论坛论文选集》，12篇论文被选为大会交流报告。本次会议由学会与江西省科协主办，江西省核学会、东华理工大学承办，约230位核领域内专家、学者参会。

**两岸交流**　12月16～20日，由学会、财团法人核能科技协进会共同主办，台湾电力有限公司承办的第十三届海峡两岸核能学术交流研讨会在台湾地区台北市召开。

中国核工业集团公司总工程师、学会副理事长雷增光任代表团团长，19名大陆专家组团参会。来自海峡两岸有关部门、企业、研究院所的领导、专家60多人参加会议。两岸专家就核电站建造、核电管理、核安全文化、高校人才培养、高放废物处置、公众沟通等议题进行了交流和研讨。会议期间，大陆代表团参访了台湾电力有限公司、核二厂、核四厂、核能研究所、林口培训中心、新亚建设开发公司、中兴工程咨询公司、亚炬企业股份有限公司等单位，了解台湾地区核能现状、产业布局、技术研发水平、企业文化建设、公众沟通等方面情况。

4月23～24日，第一届两岸非动力核技术应用研讨会在台湾地区台中县举办。研讨会由学会核工业技术应用分会、台湾"中华核能学会核医学分会"联合主办，来自海峡两岸20余家单位的100多名专家和技术人员参加了会议。研讨会交流了26篇报告，内容涵盖核医学、中子应用与检测、辐射测量与监测、辐照加工等。

**国际组织任职** 经学会推荐，学会妇女工作委员会副主任、国家核电技术公司副总经理马璐成为国际核妇女理事会理事，中国核电工程有限公司副总经理姜宏成为美国机械工程师学会国际委员会委员，学会青年工作委员会委员宋代勇成为国际青年核理事会中国唯一代表。

**国际交往** 2013年，学会与国际原子能机构、世界核协会、美国核学会、欧洲核学会、西班牙核学会、美国机械工程师学会、日本机械工程师学会等近10个重要核能组织会晤，交流信息，共享经验，并更新合作协议。

学会与美国西屋公司、法国阿海珐集团、法国电力公司、韩国斗山重工集团等进行了互访，为与国内企业交流与合作搭建桥梁。

**科普活动** 2013年，超过3万人次直接参与了学会举办的各种核科普活动。

4月，学会承办中国科协第26期科学家与媒体面对面活动，启动首届"魅力之光"杯全国中学生核电科普知识竞赛。7月，学会参加中国科协"第四届科技场馆展品与技术设施国际展览会"，举行首届"魅力之光"杯全国中学生核电科普知识夏令营活动。11月，学会完成"快堆——核能可持续发展的选择"优秀科普资源项目。

9月14～20日，学会参加了全国科普日北京主场活动"美好环境共同保护"板块，活动主题为"清洁核能助力美丽中国"，重点展出了包括ACP1000三代压水堆核电站、中国实验快堆等立体模型，并特别安排漫游核电站等互动游戏机，播放动漫科普视频，发放核科普读物，展示我国核能发展概况，传播核电科普基本知识，宣传核电清洁能源理念。

2013年，学会荣获中国科协"全国学会科普工作优秀单位"和"全国科普日活动特殊贡献单位"。

**表彰举荐优秀科技工作者** 6月，胡明刚等15人获得"中国核学会优秀科技工作者"称号。

**学会创新发展** 2013年，学会加强媒体宣传策划报道，主动邀请媒体关注核产业、核科技进展情况。据不完全统计，自2013年1月至10月，新华社、中央电视台、《科技日报》、《光明日报》、人民网、新浪网等30多家媒体对学会活动作报道约100篇。新华社发表《叶奇蓁院士：发展核电突破环境制约　助力美丽中国》，人民网发表《各国专家齐聚议全球核电发展：安全是保障基石》，《科技日报》发表《中国核学会学术年会：人们重拾核电信心》，《光明日报》发表《"中国十大核科技进展"首次发布》，中央电视台新闻30分播出《"核反应堆"首次面向公众》等，宣传核科技创新成果，引导媒体发出客观声音，为产业发展营造良好舆论环境。

**党建强会** 5月8～10日，学会组织6名院士赴湖南省，开展了"绿色核能，给力湖南"党员院士行特色科普活动。6位院士分别与湖南桃花江核电有限公司党支部、湖南核电有限公司、湖南大学、中南大学等4个单位的优秀党员代表召开座谈会，分别为益阳市、岳阳市的政府机关干部作4场报告，为湖南大学和中南大学的学生作4场报告，约2000人聆听报告。为推动地方产业发展，学会组织6位院士考察桃花江和小墨山2个条件优越的内陆厂址，接受当地媒体记者采访，提供咨询建议，并形成关于争取早日启动我国内陆核电站建设的建议书上报国家相关部门。

**中国科协会员日** 12月12～15日，学会按照中国科协的统一部署，结合学会自身特色组织开展了以"核与民生"为主题的系列会员日活动，学会秘书长王德林一行3人先后赴河南省郑州市、湖北省武汉市两地的相关单位走访慰问一线科技工作者，重点了解核农学、核医学及相关分会现状和发展需求，听取相关专业分会和省级核学会的意见和建议。

12月16日，中国科协党组成员、书记处书记张勤与学会秘书长王德林、清华大学工物系主任陈怀璧等，赴清华大学先后看望了张礼教授和王大中院士，与他们探讨我国科技、教育发展事业，听取他们的建议和意见。

12月25日，学会组织在京会员参观了中国科协在国家博物馆举办的"科技梦·中国梦——中国现代科学家主题展"。

**【中国核学会第八次全国会员代表大会】** 6月8日，中国核学会第八次全国会员代表大会在北京召开。会议审议通过了第七届理事会工作报告，选举产生了第八届理事会、常务理事会。中国工程院院士李冠兴再次当选理事长，王敏正、王森、孙汉虹、余剑锋、张廷克、张维岩、祖斌、贺禹、赵军、康克军、詹文龙、雷增光等12人当选副理事长，王德林当选秘书长，197人当选理事，其中65人当选常务理事。

在核学会第八届理事会第一次会议上，王乃彦、王大中、胡思得、钱绍钧、黄国俊被授予荣誉理事长称号，丁中智、杨长利、邱爱慈、彭先觉、穆占英被授予名誉理事长称号，王少阶等19人被授予荣誉理事称号。

会议审议通过了《中国核学会章程》、《中国核学会团体会费缴纳标准与管理办法》等。

李冠兴作了核学会第七届理事会工作报告。会议表彰了于雷等12名优秀学会工作者，聘任丁中智等10人为中国核学会高级顾问。

国务院国有资产监督管理委员会监事会主席穆占英，两院院士杜祥琬、王大中、陈佳洱、钱绍钧、胡思得、王乃彦、叶奇蓁、陈念念、周永茂、安继刚、柴之芳等以及相关单位负责人出席了会议。

**【中国核学会2013年学术年会】** 9月10～13日，由学会主办，哈尔滨市政府、哈尔滨工程大学共同承办的2013年学术年会在黑龙江省哈尔滨市召开。来自核工业及配套产业、核基础科学研究、核应用技术、核信息、核经济管理等领域的专家、学者1200余人参会，26位院士出席大会。

国家能源委员会专家咨询委主任张国宝，中国科协书记处书记张勤，环境保护部核安全总工程师、国家核安全局副局长刘华，国防科技工业局系统二司司长王敏正，国家能源局核电司副司长陈飞，哈尔滨市副市长张显友，哈尔滨工程大学校长刘志刚等出席大会开幕式，学会理事长李冠兴致开幕辞并发布由中国核学会评选出的《中国十大核科技进展（2011.6.30—2013.6.30）》。

开幕式上，中国核工业集团总工程师雷增光、中国工程院院士杜祥琬、中国科学院院士詹文龙、国家核电技术公司副总经理魏锁、中国科学院院士柴之芳、中国工程院院士彭先觉等11位专家、学者作大会报告。会议共设置了11个分会场，学会22个专业分会在为期2天的分会场交流环节，共作357篇口头报告。

会议期间，还举办了核产业发展论坛和以“传承科学精神——纪念玻尔模型建立100周年”为主题的青年论坛。核产业发展论坛结合东北核产业发展需求，依托核学会专家资源，推动东北核科技创新与新能源产业发展。在青年论坛上，中国工程院院士邱爱慈作了题为《罗布泊的工程院士——林俊德》的报告，中国工程院院士胡思得作了题为《玻尔与“哥本哈根”精神》的报告，国际核青年理事会中国国家代表、中国核电工程公司总体所副所长宋代勇以“青年，核能与未来”为主题，介绍了国际核青年理事会，希望有更多的青年能够踏入国际舞台。

大会收到了1206篇论文摘要，746篇论文通过专家评审，并从中评选出优秀论文70篇，其中一等奖8篇、二等奖23篇、三等奖39篇，另评选出优秀青年论文8篇。

**【第21届国际核工程大会】** 7月29日至8月2日，第21届国际核工程大会在四川省成都市召开。来自30多个国家和地区的1300余人参会，799篇论文被EI收录。会议期间，举办了海外华人座谈、技术培训会、学生竞赛、技术展览、技术参观等活动。

中国核工业集团公司董事长孙勤，中国科协书记处书记张勤，成都市委副书记、市长葛红林，国家原子能机构秘书长王敏正，美国机械工程师学会科特博（Madiha Kotb），日本机械工程师学会阿部丰（Yutaka Abe），欧洲核学会哈米德·阿伯德拉西米（Hamid Abderrahim）出席开幕式并致辞，学会理事长、中国工程院院士李冠兴主持开幕式。

环境保护部核安全总工程师、国家核安全局副局长刘华、国际原子能机构副总干事亚历山大·比切科夫（Alexander Bychkov）、美国核管会副主席乔治·阿泼斯托莱克斯（George Apostolakis）、日本核管局高级协调官山形浩史（Hiroshi Yamagata）作大会主旨发言。中国核工业集团总工程师雷增光、美国西屋公司总裁罗睿德（Danny L. Roderick）、中国广核集团副总经理郑东山、国家核电技术公司总经理顾军、中国电力投资集团公司高级顾问丁中智等作大会报告。

超过750名中国专家、学者参会，作了600多篇口头报告，为历届最多。学会副秘书长刘长欣获得国际核工程大会组织贡献奖，成为会议创办20多年来第一位获此殊荣的中国人。清华大学学生贺颖获得大会学生竞赛单元最高奖Akiyama奖。最佳论文奖首次以钱三强先生的名字命名，凸显出我国在国际核工程领域的影响力。

**【首届“魅力之光”杯全国中学生核电科普夏令营活动】** 7月24日，首届“魅力之光”杯全国中学生核电科普夏令营开营仪式在浙江省科技馆举行。学会理事长、中国工程院院士李冠兴，国家发改委能源研究所原所长周大地，浙江省科协党组副书记陈世权，学会秘书长王德林，浙江省能源局陈林，秦山核电集团基地党委副书记钱金标等出席开营仪式。活动由学会主办，秦山核电基地、浙江省科协、中国核工业报社、果壳网承办。

开营仪式上，李冠兴向营员代表授营旗。他说："希望大家通过参加这次活动了解我国核电发展历程，真正走进核电站，了解核电站工作者生活，并通过你们的眼睛和双手，记录下这几天感触感受，与广大中学生分享。"王德林介绍了首届"魅力之光"杯全国中学生核电科普知识竞赛活动总体情况并宣读了一等奖获奖名单。举行了首届"魅力之光"杯全国中学生核电科普知识竞赛一等奖颁奖仪式，一等奖获得者蔡舟翔代表营员发言。

本次夏令营活动时间为7月23～28日，在为期6天的时间里，营员们通过参加能源与核科普知识方面的讲座，实地参观秦山核电基地，与院士、专家进行面对面的互动交流等多种方式进行"核科技之旅"。来自浙江、福建、湖南、江西、黑龙江、山东、北京的62名师生参加了本次夏令营活动，他们主要为首届"魅力之光"杯全国中学生核电科普知识竞赛一等奖获得者及其物理老师。

（撰稿人：王义伟）

## 中国石油学会

**服务创新型国家和社会建设**　2013年，学会首次承担油田勘探开发技术服务科技攻关项目，开展了中国石油塔里木油田公司"塔中地区奥陶系碳酸盐岩层序及其对储层的控制作用研究项目"、"东河油田隔夹层成因和空间展布及其对注气渗流机理的影响研究项目"的研究工作，为油田的勘探生产提供技术支持。

**学会建设**　2013年，学会制定并坚持工作例会制度，形成活动报告制度，成立加强作风建设工作协调领导小组，加强了与分支机构和地方学会的联系沟通，分别到天津、云南、黑龙江、新疆等地方石油学会和石油腐蚀与防护、石油测井、石油管材等分支机构进行调研，对分支机构和地方学会落实南京工作会议精神情况进行检查和督促。

学会组织召开了两次秘书长办公会议，并以通讯形式召开了八届二次、三次常务理事会议，审议通过了分支机构负责人、办公场所的变更，分支机构及地方学会年度考核细则，学术活动管理办法等。

学会筹备成立通信专业委员会和医学、职业卫生和应急救援专业委员会。石油物资管理工程专业委员会和科学普及教育委员会完成换届。

8月31日，学会在黑龙江省哈尔滨市召开了石油科普工作交流会，江西、河南、吉林等地方石油学会交流介绍了近几年在科普方面为促进企业科技创新、成果转化等取得的成绩，还邀请科普专家对参会者进行了培训。

学会首次编制完成了《中国石油学会秘书处管理制度》，并印刷成册下发。根据广泛征求的意见，修改完善了《中国石油学会分支机构、地方学会年度考核细则（试行）》，并以正式文件下发。完成了学会工作论坛征文通知的文件下发，筹备论坛的组织工作。完成了学会网站的改版工作并进行了内容补充。

学会首次开展了"中国石油学会优秀秘书长"评选表彰活动。

**学术期刊**　《石油学报》出版发行了4期，发表学术论文105篇，其中93.3%属于国家和省部级基金项目成果。8月出版了《石油学报：大型天然气田勘探与开发论文专辑》增刊1，发表高水平论文16篇。通过实施严格的"三审四校"及"双盲审稿"制度、审稿专家库的建设与动态更新、优化编辑校对流程等措施，提高了刊发稿件的学术水平及编辑质量。

《石油知识》出版发行了5期，及增刊1期。《石油知识》向石油文化延伸，在可读性、趣味性上有了新突破。杂志社先后与中国石油工程建设公司、长城钻探公司开办了工程建设栏目。与中国石油集团公司信息管理部配合，在《石油知识》网站上开通了石油百科知识栏目的电子阅读版。杂志社利用通讯形式完成了石油知识编委会的换届工作。

完成了英文学术期刊 *Petroleum Research*（石油研究）创刊的准备工作。

**国际学术会议**　2013年，学会主办大型国际会议1次。4月12～14日，能源理论与技术创新国际学术会议在北京召开。邱中建、贾承造等15位院士出席了会议。来自中国、美国、澳大利亚、德国、英国、加拿大、挪威、新西兰、新加坡、印度等10个国家的266位专家、学者参加会议。会议由学会石油地质专业委员会、北京石油学会、中国石油勘探开发研究院、美国地质调查局、澳大利亚联邦科学与工业研究院、美国德克萨斯州经济地质局、澳大利亚昆士兰理工大学、北京大学、中国石油大学（北京、青岛）、中国地质大学（北京）、西南石油大学、东北石油大学、西安石油大学和长江大学联合举办。学会常务副理事长周抚生、澳大利亚联邦科学与工业研究院教授 John Taylor、美国德克萨斯州地质局副局长 Eric Potter 等到会致辞祝贺。会议围绕"深层与非常规油气"主题，以及深层碳酸盐岩、火山岩、砂砾岩油气成藏规律与资源潜力，源岩层系页岩油和气生排运聚机理、储层表征和资源预测，近源致密油和气储层表征、渗流机理与发展潜力，煤层气储层表征、聚集机理与甜点区预测，非常规油气勘探开发新技术、新进展，深层和非常规油气勘探开发成功实例分析等专题，交流报告34篇（其中外方10篇），从不同视角、不同层次深入探讨了未来能源发展的新思路和技术研发方向。会议还为青年学者安排了45个展板报告，并组织国内外专家代表参观了中国石油天然气集团公司油气储层重点实验室。

**国内主要学术会议** 2013年，中国石油学会共举办国内学术会议50次，其中高端前沿学术会议32次，综合交叉学术会议10次，学术服务会议8次，参加人数13901人次，交流论文4041篇。

9月2～3日，学会在新疆克拉玛依市组织召开了2013年油气钻井与井下工程前沿技术研讨会。会议交流了当前国内外同行业的前沿技术和最新成果。

9月25～26日，学会在陕西省西安市组织召开了中国石油学会第八届青年学术年会。本届年会代表年龄上限由45周岁减为40岁，设有优秀论文奖和公开出版论文集，为培养40周岁以下青年科技人才成长服务。

**科普活动** 7月18日，学会第一次参加了中国科协组织的第四届科技场馆展品与技术设施展览会。介绍了学会的基本情况，展示了《石油知识杂志》，宣传了石油石化的有关知识。

10月25日，学会在吉林省松原市的中国石油吉林油田公司举办大型院士专家科普报告会，300多名科技工作者参加。报告会的主题为“石油院士走基层、科技传播进厂矿”。

学会结合一些地方的对二甲苯化工项目（PX）事件，联系有关部门和单位，确定由中国石油学会冠名并主办，与四川省科协合作进行科普展览的制作和布展以及科普片的拍摄工作。

**表彰举荐优秀科技工作者** 经学会推荐，中国石油大学（北京）教授高德利当选为中国科学院院士。

**学会创新发展** 学会明确了学术交流品牌化、国际化、职业化的方向，起草印发了《中国石油学会学术活动管理办法》，对学术活动的指导思想、规划与计划、质量与管理、重大活动的审批备案、基础建设、考察与奖励和发展方向等方面，做出了较为实际的要求和规定，加强对各分支机构和地方学会学术活动的管理和规范。

**党建强会** 6月29日至7月1日，学会党支部以庆祝“七一”党的生日和纪念铁人王进喜诞辰90周年为契机，组织学会全体党员和入党积极分子24人，赴大庆油田开展了大庆精神铁人精神再学习再教育再深入活动——中国石油学会学习大庆精神基层实践活动。活动期间，参观了铁人王进喜纪念馆、铁人广场、大庆石油馆，以及大庆石油科技馆、油田勘探开发研究院岩芯库、中十六联合站，观看了《大庆新铁人李新民音乐故事会》，与黑龙江省石油学会、学会石油腐蚀与防护专业委员会进行座谈，了解大庆油田科研生产所取得的新发展、新成果。中国石油大庆油田有限责任公司、黑龙江省石油学会、学会石油腐蚀与防护专业委员会的有关负责人、技术骨干和学会干部21人参加了座谈。

学会在中国石油天然气集团公司开展的“学习贯彻十八大精神，立足岗位做贡献”征文活动中获“优秀组织奖”，两位同志的文章分获一、三等奖。

学会组织开展党的群众路线教育实践活动，完成了第一环节工作，通过调查问卷、走访座谈等方式，征求了学会秘书处全体党员和干部职工、22个分支机构、28个地方学会、65名常务理事的意见和建议，为开展第二环节工作打下基础。

**【举办“石油院士走基层，科技传播进厂矿”院士专家科普报告会】** 10月25日，学会举办的院士专家科普报告会在吉林省松原市的中国石油吉林油田公司召开。中国石油吉林油田公司总经理、吉林省石油学会理事长苏俊、吉林油田公司党委书记张德有、中国石油学会副理事长周抚生、吉林省科协副主席尹军和来自吉林省石油石化企业的300多名科技工作者参加。

中国工程院院士罗平亚、童晓光、苏义脑以“石油院士走基层、科技传播进厂矿”为主题分别作了题为《CGDS近钻头地质导向钻井系统及其应用》、《中国利用海外油气资源》和《防止储层损害与保护》的报告。环境保护部评估中心主任周学双、中国石油大学教授李相方就石油与环境、非常规气藏开发中的理论及实践问题作报告。科普报告会使企业科技工作者了解和认识了当前中国石油石化工业科技发展的新技术、新成果。

（撰稿人：康　剑）

## 中国煤炭学会

**服务创新型国家和社会建设** 2013年，学会举办专业培训和技术讲座7项，共63期，受众7116人次。培训、讲座内容针对煤炭行业热点和难点问题，涉及煤层气勘探技术、煤矿安全生产信息化技术、煤矿冲击地压灾害监测防治技术、煤的清洁利用等内容。

学会牵头组织有关分支机构和会员单位的专家完成了“高温高盐矿井水综合利用技术研究”等科技成果鉴定16项，比2012年增加6项。

学会承担了中国煤炭工业协会“煤炭科学开采支撑技术体系与政策研究”和“煤炭企业生态文明建设评价指标

体系研究”两项课题。

学会开采损害技术鉴定工作委员会的工作受到中国科协和有关领导的肯定，并作为全国学会发挥专业权威性，服务政府和社会的一个范例。2013 年，受各级法院和地方政府委托，该鉴定委员会完成开采损害技术鉴定 8 项。

4 月 20 日，学会理事长濮洪九，副理事长、中国工程院院士张铁岗、袁亮，副理事长、中国矿业大学校长葛世荣，常务理事、中国科学院院士宋振骐，常务理事、辽宁工程技术大学校长潘一山，学会秘书长刘峰参加了山东科技大学主办的中国科学院学部煤炭安全高效开采和环境灾害控制咨询项目和采矿工程学科发展战略研究项目启动会暨学术研讨会，分别就煤炭运行形势分析、能源工业发展的道路、煤与瓦斯共采理论与关键技术、煤矿无人采掘关键技术、冲击地压吸能支护研究、可持续能源与资源优化等内容作了特邀报告，并对项目提出咨询意见和建议。

5 月 23 日，学会副理事长、中国工程院院士张铁岗、袁亮，学会常务理事、中国科学院院士宋振骐，学会常务理事、中国工程院院士彭苏萍到贵州省六盘水市参加了第十五届中国科协年会六盘水卫星会议，围绕“资源型城市转型与可持续发展”作了学术报告，并针对六盘水市煤炭产业、科技创新的热点问题作了深入分析。与当地有关领导座谈，就煤炭产业发展进程中的勘探、采选、利用和环境治理等科技问题，为该市加快煤炭产业转型升级、推动经济社会跨越发展建言献策。彭苏萍院士还参加了贵州省党政领导与院士专家座谈会的前期专题调研工作，在 5 月 26 日与贵州省党政领导面对面交流座谈中，为贵州省科学发展和能源建设提出建议。

**学会建设** 2013 年，学会新发展会员 152 人，已有 16200 名会员登录到中国科协会员管理系统。新发展单位会员 51 个，单位会员总数达到 192 个，比 2012 年增加 36%。

10 月 23 日，中国煤炭学会第七次全国会员代表大会在北京召开，370 余位代表及有关人员参加大会。会议选举产生了中国煤炭学会第七届理事会，王显政担任学会理事长。之后召开的七届理事会第一次会议选举产生了学会第七届理事会常务理事、理事长、副理事长和秘书长，通过了 6 项大会决议。

学会煤矿开采专业委员会、矿山测量专业委员会、岩石力学与支护专业委员会等 3 个分支机构完成换届工作。

按照学会改革方案，对学会的理事和分支机构委员实施动态管理。2013 年，变更分支机构负责人 2 名、副秘书长 2 名，增补分支机构委员 17 人。

**科技期刊国际影响力提升计划** 学会主办的 *Journal of Coal Science and Engineering* (China)(《煤炭学报》) 获得中国科协“学会能力提升专项优秀国际科技期刊奖”三等奖。期刊编辑部召开了加快《煤炭学报》(英文版)国际化进程院士、高校校长座谈会，与会的全国 10 所矿业类高校校长和 12 位矿业专业院士提出，应将《煤炭学报》(英文版)打造成中国煤炭行业国际化的首要平台。

2013 年，学会邀请中国工程院院士彭苏萍担任《煤炭学报》(英文版)主编。9 月 15 日，学会在北京召开了《煤炭学报》(英文版)外籍编委会会议，来自世界主要产煤国美国、印度、加拿大、澳大利亚、南非、波兰等国的外籍编委 15 人参会。世界采矿大会主席 Jozef Dubinski 出席会议，表示要在国际学术界积极推介《煤炭学报》(英文版)，并进行宣传和约稿。2013 年 8 月开始，《煤炭学报》(英文版)启用了国际通用的投审稿系统 ScholarOne。

《煤炭学报》(英文版)申报启用新的期刊名 *International Journal of Coal Science and Mining Engineering*，通过全部开发存取的方式，与国际出版商 Springer 合作出版，组织、约请国内和国际煤炭行业的知名专家撰稿。

**学术期刊** 学会主办的《煤炭学报》出版正刊 12 期，共发表 371 篇文章，增刊 2 期，共发表 93 篇文章，被《工程索引》(EI)全部检索，检索率 100%。编辑部加强了与煤炭行业各高校间的交流与沟通，开展了“走进高校”系列活动，普及了论文写作与期刊运行知识，使收稿量增加了三分之一。

《煤炭学报》加大了组织刊登国家前沿性课题的学术论文的力度。2013 年第 5 期出版了国家“973”项目——“中国南方古生界页岩气赋存机理和资源潜力评价”项目组的 30 篇优秀论文，这是我国页岩气科研成果第一次集中展示，出版后成为“中国页岩气科研工作必备资料”。2013 年第 6 期出版了反映国家“973”项目“深部煤炭开发中煤与瓦斯共采理论”科研成果的 15 篇论文，文章刊出后平均下载量是其他专业论文平均下载量的 5 倍。同时，《煤炭学报》加大了向知名专家约稿的力度，先后刊登了中国工程院院士袁亮、谢和平等专家的论文。

在中国科学技术信息研究所公布的《2013 年版中国科技期刊引证报告(核心版)》中，《煤炭学报》总被引频次达到了 3812，影响因子达到了 1.238，综合评价总分为 93.8 分，在统计的 1994 种科技核心期刊中名列第 9 位，相比 2012 年各项指标都有所突破。据统计，《煤炭学报》在其所属的能源科学综合类期刊中排名第一，再次荣获“百种中国杰出学术期刊”称号，这是《煤炭学报》第六次获此殊荣。

在中国学术期刊(光盘版)电子杂志社、清华大学图书馆以及中国科学文献计量评价研究中心发布的《中国学术期刊国际引证年报（2013版）》中，《煤炭学报》的国际他引频次达到701次，经综合评定，再次入选“2013中国最具国际影响力学术期刊”。

**国内主要学术会议** 2013年，学会和各专业（工作）委员会共召开学术会议和学术论坛28次，参加人数4311人次，交流学术论文1702篇，编辑出版论文集15部，其中正式出版物10部。

9月22～24日，2013年煤层气学术研讨会在浙江省杭州市举办。会议由中国煤炭学会、中国石油学会和煤层气产业技术创新战略联盟共同主办。参会人员来自煤炭、石油、石化的国企及民营企业，外资企业，高等院校和科研院所等90多个长期从事煤层气科研生产的单位，共计300余人。学会理事长濮洪九、中国工程院院士翟光明出席研讨会。研讨会的主题是“中国煤层气勘探开发技术与产业化”，内容涵盖了煤层气地质评价与储层工程，矿区煤层气抽采技术，煤层气勘探开发技术，煤层气集输、利用及经济评价和页岩气评价技术5个方面。会议特邀报告13个，其他学术交流报告17篇。会议共收到学术论文81篇，编辑《中国煤层气勘探开发技术与产业化》论文集并由地质出版社出版。大会评选出优秀论文奖10篇。

10月11～12日，学会煤矿安全专业委员会主办的2013年全国煤矿安全学术年会在辽宁省沈阳市举行。大会举行了专题学术论坛，7位专家分别作了题为《高效阻化煤自燃的方法与关键技术》、《高瓦斯易自燃厚煤层综采工作面的安全高效开采技术》、《井下煤层瓦斯含量测定的技术瓶颈与解决对策》、《高危复杂矿井火灾治理工程实践》、《煤田火区非控燃烧及防控新技术》等技术热点学术报告。国家煤矿安全监察局周北驹作了题为《煤矿灾害防治顶层设计体系》的报告，报告对我国煤矿瓦斯、火、水及顶板等灾害防治存在的问题、技术及装备发展现状进行了介绍。120位与会专家、学者进行了讨论和交流，会议共收到论文98篇，遴选出的优秀论文在《煤矿安全》杂志上分期发表。这些论文重点反映了近几年煤矿安全技术的最新进展与成果。

11月5～7日，2013年全国矿山建设学术会议在江苏省徐州市举行。来自全国煤炭行业研究、设计、施工技术、经营管理的专家、学者，深部岩土力学与地下工程国家重点实验室、中国煤炭学会及分支机构相关负责人，学会会员，教师和研究生248人参加了会议。大会采取特邀报告、专题报告与现场互动讨论等方式进行学术交流。学会理事安和人的特邀报告分析了我国煤矿基本建设情况和煤炭行业形势，中国煤炭科工集团华宇公司副所长李志刚的报告系统介绍了我国第十四大煤炭基地——新疆煤炭基地的开发规划和开发进展情况。学会常务理事、安徽大学校长程桦，中煤第三建设集团总工程师王厚良教授级高级工程师、中国矿业大学力学与建筑工程学院院长靖洪文、深部岩土力学与地下工程国家重点实验室博士生导师杨维好等19位专家、学者作了学术报告，内容涉及矿井建设过程中的环境保护与节能减排技术，深井降温与防治水技术，矿井建设自动化集成技术与应用，西部地区矿井建设关键技术与工程实例，深部软岩支护技术与应用，矿山井巷工程、隧道工程机械化快速施工技术，深立井、长斜井冻结法施工技术，注浆技术在矿山井巷工程及其他岩土工程中的应用，西部井筒钻井法施工可行性研究，煤矿建设与岩土工程项目管理等。会议收到论文260篇，择优收录论文136篇，出版了《中国矿业大学学报》增刊和论文集，评选出2013年度全国矿山建设优秀学术论文23篇，其中一等奖5篇、二等奖18篇。

**国际交往** 6月1～8日，应美国土地复垦学会的邀请，学会煤矿土地复垦与生态修复专业委员会副主任委员兼秘书长、中国矿业大学（北京）教授胡振琪及副秘书长赵艳玲等赴美国参加了2013年美国采矿与土地复垦学会第30届年会和第二届怀俄明州土地复垦研讨会。胡振琪作了学术报告，展示了我国生态复垦、引黄充填复垦等技术。

8月6日，学会秘书长刘峰在北京会见了来访的荷兰爱思唯尔公司（ELSEVIER）自然科学学科高级商务经理Ronald Buitenhuis一行，向Ronald Buitenhuis介绍了中国煤炭行业近些年取得的主要成绩，中国煤炭学会的组织机构、主要职能、会员组成以及在煤炭行业的影响力等基本情况，同时对中国煤炭学会主办的两本期刊《煤炭学报》和*International Journal of Coal Science & Mining Engineering*作了简要介绍。Ronald Buitenhuis着重介绍了爱思唯尔在辅助学术团体举办国际学术会议、出版国际会议论文集等方面所做的主要工作及取得的成绩。双方就进一步深入了解，共同举办国际化学术研讨会、出版国际会议论文集等合作达成了初步意向。

**科普活动** 6月4日，学会召开了煤炭行业全国科普教育基地联席会议。组织中国煤炭博物馆、开滦国家矿山公园、中国矿业大学煤炭科技博物馆、河南理工大学地球科学馆、兖矿集团济宁三号煤矿等5家煤炭行业全国科普教育基地，沟通情况、共商开展科普宣传的计划。学会科普工作委员会联合上述5家科普教育基地，参加了中国科协7月18～20日举办的第四届科技场馆展品与技术设施国际展览会，布置了90平方米展位，宣传煤炭行业实行安全、绿色、洁净开采的举措和成效。

经学会考核申报，中国煤炭博物馆被中国科协评为

"2013年度优秀全国科普教育基地"。该博物馆全年接待参观者约19万人次，举办科普讲座与科普展览6次，受众人数达31000余人次。举办科技竞赛、科技体验、科普工作交流等科普活动12次，参加人数达22000余人次。开发创作科普读物7种，发放科普宣传资料70000余份。

**表彰举荐优秀科技工作者** 10月11～12日，学会召开了第八届全国煤炭工业生产一线优秀青年科技工作者表彰大会，192家企业、高校和科研单位参加活动，共收到来自生产科研一线的论文323篇。中国工程院院士刘炯天在会上作了题为《煤炭产业服务化转型》的报告，11名青年科技工作者宣讲了论文。大会表彰了20名35岁以下的优秀青年科技工作者，表彰了100篇优秀论文，并正式出版了论文集。

学会与中国煤炭工业协会共同开展了中国煤炭工业科学技术奖的评奖工作。各煤炭企事业单位、科研院所、高等院校共申报成果738项,314项获奖，其中一等奖31项、二等奖132项，三等奖151项。

**【中国煤炭学会第七次全国会员代表大会】** 10月23日，中国煤炭学会第七次全国会员代表大会在北京召开。时任中国科协书记处第一书记，中国煤炭工业协会会长、党委书记王显政，中国煤炭工业协会副会长兼秘书长梁嘉琨等出席会议并讲话。学会第六届理事会领导班子和部分理事，学会会员单位代表，学会第七届理事会理事、常务理事候选人，学会分支机构、地方煤炭学会负责人和列席人员共370余人参加了大会。

学会理事长濮洪九代表第六届理事会作了题为《团结带领广大科技工作者，为建设创新型国家，促进煤炭科技繁荣与发展而努力奋斗》的工作报告。代表们听取了《关于中国煤炭学会章程（修订草案）的说明》、《第六届理事会财务情况的说明》、《调整中国煤炭学会会费标准的说明》等。大会通过无记名投票形式选举产生了中国煤炭学会第七届理事会理事198人。第七届理事会第一次会议选举产生了第七届理事会常务理事68人，选举中国煤炭工业协会会长王显政为第七届理事会理事长，选举卜昌森、王安、王金华、田会、刘建功、吴吟、张玉卓、张铁岗、武华太、袁亮、葛世荣、谢和平12人为副理事长，选举刘峰为第七届理事会秘书长。

大会审议并通过了《关于中国煤炭学会第六届理事会工作报告的决议》、《关于中国煤炭学会章程（修订草案）的决议》、《关于中国煤炭学会第六届理事会财务情况报告的决议》、《关于明确中国煤炭学会会费标准的决议》、《关于聘请中国煤炭学会第七届理事会名誉理事长、名誉理事的决议》、《关于设立中国煤炭学会有关部室的决议》等6项决议。新当选的第七届理事会理事长王显政就学会的主要任务和发展思路作了讲话。

（撰稿人：岳燕京）

## 中国可再生能源学会

**服务创新型国家和社会建设** 2013年，学会及各专业委员会开展的专题研究与咨询近20项。其中，学会承担了"中国2050年高比例可再生能源发展情景暨途径研究"有关国际发展比较部分的研究，国家能源局"提高生物质能开发利用效率的路线图和政策研究"、受青海省科技厅的委托开展了"青海省能源发展战略与规划研究"等。学会光伏（电）专业委员会承担了环保公益性行业科研专项"新能源产业（太阳能电池板）环境影响与管理研究"。

自2010年学会风能专委会以中国风能协会名义代表中国加入IEA-WIND（国际能源署风能）协作组以来，迄今已经组织我国22家企业参与到IEA-WIND的7个课题。

学会承担的"863"计划先进能源技术领域重大项目大型光伏（并网、微网）系统设计集成技术研究示范及装备研制中"双模式建筑光伏系统集成技术研究及关键设备研制"、"建材型光伏构件制造与测试关键技术及装备"课题完成中期验收工作，获得专家组好评。

学会产业工作委员会2013年完成了《中国光伏产业清洁生产研究报告》、《中国风电发展报告（2012）》的研究工作。学会生物质能专委会受可再生能源发展（RED）项目组委托，承担了《中国生物液体燃料路线图》的研究工作。

学会天然气水合物专委会研究编写了专报信息《我国要实现天然气水合物试采，亟需机制创新》，报给中国科学院高技术研究与发展局，获得中国科学院有关负责人的批示。

4月8～9日，学会牵头主办，学会光伏专委会承办，在北京组织开展了分布式光伏发电政策、技术及动态热点解析培训研讨会。研讨会特邀分布式光伏发电权威专家解读分布式光伏发电政策现状、发展趋势和市场前景，核心技术及关键装备，项目评估及技术经济性分析，标准规范与检测认证，以及投融资方面的最新进展情况。来自企业界、学术界的50余人参加培训研讨。

1月14日，学会风能专委会教育工作组在北京举办了2013年风能教育专题研讨会，会议由组长单位华北电力大学承办。来自全国29所高等院校及研究所的专家、教师以及10多家企业的代表共80余人参加会议。会议以风电专业各层次教育、教育的国际合作及企业对人才需求为主题进行了探讨。

7月31日，学会热利用专委会组织的太阳能热水系统与建筑一体化设计软件（SDT）应用培训第二期培训会在北京举办。来自中国建筑设计咨询公司绿色建筑设计研究院、北京市建筑设计研究院、北京建筑技术发展有限责任公司、中国科学院建筑设计研究院有限公司、中国中元国际工程设计研究院等单位的91名建筑师、暖通工程师参加了培训。

学会氢能专委会在中国科学院、清华大学分别开展了氢能技术讲座，约200人听取报告。

**学会建设** 学会成立可再生能源发电并网专业委员会，挂靠单位为国家电网能源研究院。

**学术期刊** 2013年《太阳能学报》总发表文章360篇，其中第12期对2013年中国光伏大会评选出的优秀论文录用发表16篇。

《太阳能》杂志2013年发表文章约450篇。编辑部首次尝试与太阳能企业深度合作。第18期出版了太阳雨太阳能集团有限公司企业专刊。

**学科发展研究** 学会组织编写的《中国新能源与可再生能源年鉴（2013）》反映了我国新能源和可再生能源技术和产业的发展现状、最新政策信息、发展规划及投资热点等，重点分析、预测未来我国新能源产业的发展趋势，介绍国内外在新能源领域的最新产品和技术，包括太阳能、风能、生物质能、地源热泵、太阳能建筑一体化、氢能、海洋能、天然气水合物、新能源汽车、核能等。

**国际学术会议** 5月14～17日，学会牵头主办的2014国际太阳能产业及光伏工程（上海）展览会暨论坛举行。本届展会展出面积为15万平方米，展商数量达1523家，参展企业来自德国、美国、日本、法国、奥地利、荷兰、瑞士、比利时、新加坡、西班牙、中国，以及中国香港特别行政区、台湾地区等92个国家、地区。参展商品从硅料硅锭生产设备、硅片切割封装设备，到代表国际最先进应用技术的大型光伏工程系统集成和多种形式的分布式光伏电站，增加了大量各种新能源兼互应用产品，如风光互补、水光互补、光柴互补等高性能高效率高适应性的实用技术产品。

10月16～18日，由学会风能专业委员会、中国资源综合利用协会可再生能源专业委员会、全球风能理事会和国家可再生能源中心共同主办的2013北京国际风能大会暨展览会在北京举行。大会以“质量、健康”为主题，主要分企业家论坛及技术论坛两大板块，举办多场主题会议，为参会人员提供不同层次、不同角度、不同内容的交流和分享的平台。本次展会展出面积达到38800平方米，共有国内外407家企业参展。国内外领先的整机制造企业，零部件企业及行业服务企业参展，展示出其先进技术与设备。大会共收录论文68篇，其中国外16篇，国内52篇（含香港特别行政区1篇，台湾地区1篇），此外还有近30篇论文在大会期间进行了墙报展示。

10月17～19日，海洋能专委会在山东省青岛市组织召开东亚海洋能国际学术交流会，日本、韩国和中国大陆、台湾地区的120位（境外40位）专家、学者出席会议，提交论文50篇。

**国内主要学术会议** 由学会及专委会主办、学会联合举办的国内研讨会和展览会50余次，参与学术交流人数近25000人次，发表各类论文2200余篇。

9月5～7日，由学会和国家可再生能源中心共同主办的第13届中国光伏大会（CPVC13）在北京举行，400人参会，收录交流论文200篇。会议由学术论文交流、主旨报告、论坛等部分构成，大会主旨发言11篇，分会邀请报告11篇，分会口头报告171篇。大会共收到论文摘要300篇，经各分委员会审查、推荐，最后共收录论文全文200篇。本次大会评选优秀论文20篇，被EI源刊《太阳能学报》直接录用。大会期间，举办了与分布式光伏发电相关的关键技术、投融资和“科普大家谈”3场论坛。

由学会氢能专业委员会主办的第14届全国氢能学术会议暨第6届两岸三地氢能研讨会（CHEC2013）于9月25～28日在上海市举行。会议就氢能的制备、储存、运输、利用、经济发展战略等专业领域的新理论、新技术、新方法、新应用等成果进行学术交流。约200名专家、学者参加会议，会议共收到200篇论文摘要，进行100多篇口头报告、近100篇墙报展示。

**国际交往** 2013年，学会接待国际机构、组织来访百余人次，包括国际可再生能源机构（IRENA）、国际能源机构（IEA）、瑞典皇家工程学院、挪威驻华使馆、德国能源署、瑞典皇家工程学院、澳大利亚太阳能学会、德国Fraunhofer协会、德国电气工程师协会（VDE）、法国电力集团、德国北威州经济部、德国不来梅市经济部和港务局等。学会与日本太阳能学会正式签署了战略合作协议，共同推进两国太阳能产业间的合作及交流。

9月23～25日，国际能源署太阳能供热制冷（SHC）2013年会在德国弗莱堡市召开，该会议由国际能源署太阳能供热制冷委员会（IEA-SHC）主办，是唯一专注于太阳能供热制冷等热利用技术的世界最高水平的学术年会，近400名来自世界各地的科研院所、企业、高校代表参加。学会热利用专委会主任郑瑞澄的文章《中国太阳能集热发展路线图研究》被大会收录，并受邀作大会专题发言。学会秘书长何涛作为特邀嘉宾在闭幕式上作了题为《中国大型太阳能集热系统》的主题发言。SHC 2014 年会将在北京举办，何涛作为 IEA-SHC 的副主席在大会结尾作特别报告，介绍 2014 年会的基本信息，并邀请全世界太阳能热利用行业的学者、企业及热心人士前来北京参会。

**科普活动** 2013 年，学会及专委会开展科普活动 10 余项，参加人数 3000 余人次。

6 ~ 9 月，以“科技光伏、魅力光伏”为主题的第一届中国光伏摄影大赛在北京举行。大赛以摄影图片形式展示光伏产业的发展历程、科技革新、重大成果以及感动瞬间。大赛共征集了参赛摄影作品 101 幅，其中，评选出特等奖 1 名、一等奖 2 名、二等奖 3 名、三等奖 6 名，以及优秀奖作品 8 名。

5 月 18 ~ 19 日，学会生物质能专委会在广东省广州市举办了公众开放日活动，主题为“科技创新，美好生活”，活动内容包括新能源和低碳生活展览、新能源实验小课堂、互动游戏、科普讲座等。活动吸引了来自华阳小学、培正小学和长湴小学等学校的近 300 名师生以及学生家长参与。讲解员为来访公众讲解了包括风能、太阳能、海洋能、地热能、生物质能、天然气水合物等在内的新型能源的原理、优缺点及研究现状等知识。在新能源实验小课堂上，来访公众看到并且亲自动手参与了很多新能源科技模型的操作。

9 月，在中国科协 2013 年全国科普日北京主场的活动中，学会布置了“美好环境共同保护——新能源展区”，针对太阳能利用和原理知识进行宣传普及，并开展太阳能烧烤美食现场品尝、太阳能手机充电体验等互动活动。

**【国际太阳能建筑设计竞赛】** 学会与国际太阳能学会联合主办 2013“台达杯”国际太阳能建筑设计竞赛，本届竞赛主题“阳光与建筑再生”与国家“十二五”期间逐步推进高能耗公共建筑节能改造的方针一致，针对青岛海慈医院进行节能改造设计，面向全球征集作品。本届竞赛的获奖方案部分将应用于海慈医院的实地改造建设。改造后的医院，部分建筑将成为养老综合体，并重点进行太阳能与节能改造，兼顾建筑节能和使用功能优化。

大赛共收到 665 个团队提交的注册信息，其中境外注册团队 15 个，来自日本、印度、马来西亚、法国、加拿大和澳大利亚等国家。组委会收到有效作品 102 份，其中高等院校 95 份，设计院所和企业 7 份。

4 月 1 ~ 2 日，在山东省青岛市组织召开 2013“台达杯”国际太阳能建筑设计竞赛终评会，评选出一等奖 2 名、二等奖 4 名、三等奖 6 名、优秀奖 37 名，建筑创意奖 1 名，技术单项奖 2 名。

9 月 10 日，2013“台达杯”国际太阳能建筑设计竞赛颁奖典礼暨中达低碳示范住宅项目奠基仪式在江苏省苏州市吴江区举行。国务院参事、学会理事长石定寰，中国建筑设计研究院（集团）院长修龙，台达集团创办人郑崇华，国家住宅与居住环境工程技术研究中心主任仲继寿，苏州市副市长徐明及吴江区有关负责人等出席颁奖典礼，为中达低碳示范住宅项目培土奠基，这是继四川绵阳杨家镇小学后，国际太阳能建筑设计竞赛的又一实地建设项目。

（撰稿人：梁　媛）

## 中国能源研究会

**服务创新型国家和社会建设** 2013 年，中国能源研究会主办、煤炭工业规划设计研究院、《煤炭工程》杂志社承办了“推进煤炭产业生态文明　建设美丽中国”征文活动，共收到论文 210 篇。经专家评审，发表了 60 篇，已于 8 月编辑出版。

受科技部委托，根据科技部和意大利环境、国土与海洋部“2013 年度环境管理和可持续发展合作培训协议”的相关安排，研究会作为项目执行单位在国内和意大利承办高技术与科技园区、企业创新和绿色科技、工业能源效率等 3 期中国—意大利环境管理和可持续发展合作培训班，共培训中央和地方公务员、科技管理干部、专家 75 人。培训内容主要包括中国、欧盟及意大利科技战略规划、立法和科技政策与创新、高技术与科技园区发展政策与规划、生态建设与能源管理等相关技术考察访问。

研究会农村能源专业委员会与 GIZ（德国技术合作公司）共同启动了“中德沼气合作研发中心可行性研究”项目，组织了 2 期沼气技术培训班，筹划开展“中国农业沼气工程运行监测研究项目”，以期通过这些项目提升我国沼气技术水平和管理能力。

10 月、11 月，受国家能源局委托，研究会分别在四川省成都市和山东省泰安市组织承办了两期电力企业应急管理和电力应急技能培训班，共培训电力企业安全生产和应急管理的主管和科技人员 483 人次。

12 月 18 日，研究会主办，研究会分布式专业委员会承办的“中国新型城镇化建设中能源消费模式变化及供应方式选择研究——基于分布式能源和智能微网系统的清洁能源互补解决方案”课题启动会在北京召开。

**学会建设** 2013 年，研究会及所属专业委员会组织召开国际和国内学术会议及学术活动22次，交流论文315篇，2800余名能源领域的专家、学者和科技工作者参加了学术交流等活动。

**学术期刊** 2013年，《中外能源》杂志共出刊12期。结合我国能源发展形势，策划并发表了城镇化与能源革命、我国煤烟型污染防治策略研究、我国低碳能源发展的挑战与对策、从经济学角度论节能减排的战略意义等重大选题，重大选题的发表数量较上年有所增加。

2013年，中国科学文献计量评价研究中心再次发布《中国学术期刊影响因子年报》（自然科学与工程技术·2013版）统计报告，《中外能源》杂志各项统计指标均较2012年有所增长，复合影响因子达到1.114，五年影响因子（2007年至2012年）达到0.983，总被引频次为800次，在被统计的全国41种能源与动力工程类学术期刊中排名第二。

**学科发展研究** 中国能源研究会主编的《中国能效投资进展报告（2012）》正式出版印刷。《中国能效投资进展报告（2012）》展示中国能效投资的需求、效果及资金来源，清晰展现"十二五"中央和地方能效投资政策的调整和变化，客观评价"十一五"及2011年各地区能效投资状况。

7月23日，研究会在北京举办了《中国能源发展报告（2013）》发布会。研究会理事长柴松岳出席，秘书长于新阳主持发布会。研究会常务副理事长、国家能源局专家咨询委员会副主任周大地，研究会副理事长吴吟、翟若愚、毕亚雄及国家能源局原总工程师吴贵辉和部分能源企业代表、专家、学者、参与本书编写人员，以及相关媒体记者约90人参加会议。周大地对报告进行评议，吴吟作能源经济形势分析报告。

**决策咨询** 2013年，研究会重点开展了能源市场化与能源价格改革研究、健全与社会主义市场经济适应的能源管理体制改革研究、水电发展若干重大问题研究、中国煤炭消费峰值研究、中国煤炭质量体系研究、煤炭市场分析预测技术研究、中国新型城镇化建设中能源消费模式变化及供应方式选择等课题研究。这些课题研究都相应形成了研究报告，提交相关政府部门决策参考。

受国家能源局委托，编写《中国能源数据分析手册（2013）》。研究会组织专家开展月度、季度能源经济形势分析，开展2013年能源形势分析及2014年能源形势展望专题研究。出版并发布了《中国能源发展报告（2013）》。初步建立了能源基础数据库，涵盖经济社会发展、资源禀赋、能源消费、能源生产、能源贸易、能源价格、能源库存、能源效率、能源企业绩效、能源与环境、能源与气候变化等方面内容，为国家有关部门决策能源工作提供依据。

3月25日，研究会组织召开我国地热资源开发利用战略研究（中国工程院）项目启动会，该研究项目首席科学家是研究会地热专业委员会副主任、中国工程院院士多吉。中国工程院9位院士参加了项目启动会，审定了研究项目的实施方案。2013年内进行了云南、四川高温地热的野外考察，并实施了中期检查。

12月10日，研究会在北京召开了水电发展若干重大问题研究课题评审会，该课题研究了中国水电发展中的上网电价、移民、环境保护等问题，其研究成果对我国能源经济、水电管理的发展，推动水电行业管理决策具有参考作用。会议建议，根据该研究提出的4个政策性问题形成有关结论，并增加以下4个问题的研究：①从应对气候变化的战略高度认识优先发展水电能源，②水电的安全管理，包括建设期的安全管理和运行期的安全管理乃重中之重，③水电科技发展问题，特别是数字流域建设问题。④政府管理体制问题。最终形成综合性的如何解决我国水电发展的若干重大问题建议报告并提交能源主管部门。

**国际学术会议** 4月23～24日，研究会在北京举办了以"能源生产与消费革命"为主题的2013国际公用事业与能源大会。国务院原副总理曾培炎、全国政协原副主席徐匡迪、德国原总理施罗德、美国原国务卿基辛格、国家能源局副局长史玉波等出席会议。17个国家的256名能源企业高管、负责人和专家、学者参加了会议。

5月17～18日，研究会在湖北省武汉市组织召开了第六届东盟与中、日、韩（10+3）生物质能发展论坛。研究会农村能源专业委员会主任李景明代表中方在大会上作了国别报告，专题介绍中国沼气发展与美丽乡村建设。会议组织部分会员单位的专家作了技术专题讲座。来自东盟各国和中日韩以及有关国际组织的70多位专家、学者参加了此次论坛。

8月8日，研究会在北京组织召开了第九届分布式能源大会——2013中国分布式能源国际研讨会暨展览会。

10月22～24日，研究会与美国天然气技术研究院（GTI）、英国BMG公司在北京联合举办了全球非常规天然气高峰会议。会议主题为"打破实现产业化生产的潜在壁垒"，分主题为页岩气和页岩油全球性评估及开发现状、开发页岩气的成功经验及挑战、中国非常规天然气发展及实现商业化生产。

**国内主要学术会议** 2013年，研究会与北京国际能源专家俱乐部在北京共同组织召开了10次研讨会（报告会）活动："北极油气资源开发－环境与地缘政治挑战"

研讨会（1月11日）、“中国雾霾的能源成分与解决方案”报告会（3月2日）、“全球能源热点”对话会（4月1日）、“欧洲的能源政策：从哪里来，往哪里去？”报告会（5月14日）、“绿色的迷茫：清洁能源路在何方？”研讨会（6月17日）、“探索新型大国关系下的中美能源合作新领域”能源交流研讨会（7月3日）、“中国煤炭的清洁高效转化之路”讨论会（7月20日）、“中国能源发展的水约束”专家研讨会（9月8日）、“核电重启：如何保障安全高效发展？”专家研讨会（9月26日）、“全球能源挑战与中美能源合作”研讨会（10月29日）。

1月25日，研究会在北京组织召开推进能源生产与消费革命制度保障研讨会。政府部门、能源企业和学术机构的80余位专家、学者出席研讨会。

5月19日，研究会在北京召开了“开展低碳节能为整治环境作贡献”政策与技术研讨会，就加强我国能源低碳开发利用、$PM_{2.5}$（细颗粒物，指环境空气中空气动力学当量直径小于等于2.5微米的颗粒物）的污染及其对策等问题进行了研究探讨。

5月20日，研究会在北京召开中国能效投资进展研讨会。国家发展改革委能源研究所、美国能源基金会、中国水泥协会、中国节能协会、中国化工协会等相关单位的专家、学者出席会议。会议对“十二五”期间能效投资形势分析，“十二五”期间全社会能效投资需求、中央财政资金投入方向以及各地区“十二五”期间能效投资需求与进展等进行了研讨。

8月10～12日，研究会热力学及工程应用专业委员会在广东省广州市举办了第17届全国热力学分析与节能学术会议。同时召开了专业委员会四届五次委员会工作会议。

8月23～24日，由研究会地热专业委员会（GCES）和国际地源热泵协会中国区委员会（IGSHPA·中国）主办的2013年第五届中国地源热泵高层论坛在天津市召开。

9月8～12日，研究会在四川省甘孜州康定县召开四川甘孜州高温地热资源专题研讨会。

**国际交往** 3月6日，研究会地热专业委员会主任田廷山、副主任兼秘书长董颖、专家委员会主任郑克棪等接待了由朝鲜平壤国际新技术和经济信息中心组成的朝鲜地热代表团，并就两国地热发展情况进行了学术交流。代表团考察了北京市南宫地热和天津市的地热开发利用情况。

6月3～7日，研究会地热专业委员会组织中国代表团应邀出席在意大利比萨市召开的2013欧洲地热大会。专家委员会主任郑克棪被聘任为大会荣誉科学顾问。闭幕式上，郑克棪作了题为《中国地热开发与世界的对比》的报告。

9月15日，研究会在北京接待了前国际地热协会主席卡佩蒂（Guido Cappetti）先生来访。

受农业部委托，在中德沼气合作备忘录的框架下，研究会农村能源专业委员会组织部分会员单位代表，组团赴德国和丹麦进行沼气工程考察，参加了在丹麦哥本哈根市召开的第22届欧洲生物质能大会，专委会主任李景明在会议上专题介绍了中国生物质能建设和发展情况。

**【2013国际公用事业与能源大会】** 4月23～24日，由研究会与埃森哲（Accenture）公司共同举办，以“能源生产与消费革命”为主题的2013国际公用事业与能源大会在北京举行。研究会理事长柴松岳出席会议并致欢迎辞。研究会常务副理事长周大地、秘书长于新阳分别主持大会。

国务院原副总理曾培炎、全国政协原副主席徐匡迪、德国原总理施罗德、美国原国务卿基辛格、国家能源局副局长史玉波、国家电网公司总经理刘振亚、国家核电技术公司董事长王炳华、中国电力投资集团公司总经理陆启洲、神华集团总经理张玉卓、中国长江三峡集团公司副总经理毕亚雄、中国石油天然气公司副总经理喻宝才、法国电力公司亚太区总裁埃尔维·玛氏路、英国电力企业Npower首席财务官让·马德安博士等出席会议并发表演讲，阐述他们对推进能源生产与消费革命的思考。来自17个国家约250名能源企业负责人、专家出席会议。

大会从全球视角出发，围绕电力、石油、煤炭、风能、核电、页岩气、可再生能源等方面，共同探讨能源发展过程中的挑战与机遇，从科技、经济、社会等方面对能源生产和消费转型进行了讨论。

（撰稿人：李　卫）

## 中国硅酸盐学会

**服务创新型国家和社会建设** 2013年，学会举办专业培训12期、技术讲座17场，受众1250人次，承担或参与国家标准、行业标准编写和修订工作8项。

学会科普工作委员会承担中国工程院中国建材矿产资源可持续发展战略研究子课题——中国水泥行业矿产资源可持续发展战略研究，完成了课题主题研究报告的撰写工作。

学会水泥分会与相关企业和科技单位合作开展工业废渣综合利用和节能建材开发，共同承担“十二五”国家科技支撑计划项目课题3项，形成了一批具有自主知识产权的技术和产品。

学会混凝土与水泥制品分会承担的《水泥制品工艺技术规程》（JC/T2126.7–2012）第7部分“硅酸钙板/纤维

水泥板”于2013年发布，分会还完成了国家标准《纤维水泥制品试验方法》（GB/T 7019–1997）修订工作。

**学会建设** 2013年，学会发展个人会员47人、团体会员1个，个人会员总数达20081人，团体会员总数达50个。

经民政部评估，学会被评为4A级社会组织。

学会晶体生长与材料分会完成了理事会换届工作。

**学术期刊** 学会主办的《硅酸盐学报》再次被列为2013年中国科协精品科技期刊工程——期刊学术质量提升项目。

《硅酸盐学报》被列为2013年中国科协精品科技期刊工程——科技期刊出版人才国际培训项目。

《硅酸盐学报》刊发的21篇论文入选精品期刊顶尖论文平台——领跑者5000项目，6篇论文获第8届中国硅酸盐学会《硅酸盐学报》优秀论文奖。

9月，英文版《硅酸盐学报》获准创刊，并继续得到中国科协学会能力提升专项——优秀国际科技期刊奖项经费资助。

**国际学术会议** 2013年，学会共举办国际学术会议3次，共有904人次参加学术交流。各类学术会议共收到论文649篇。

11月4～7日，学会主办的第8届国际先进陶瓷会议在重庆市举办，来自20个国家和地区的504人参加会议。会议安排大会报告7个、分会场邀请报告59个、口头报告105个，另有246篇论文参加展讲。会议组织委员会分别与航天材料与工艺研究所、中国工程物理研究院、中国科学院宁波材料技术与工程研究所、中国科学院上海硅酸盐研究所、法国Montpellier第二大学等单位合作组织了超高温陶瓷、新一代核能用陶瓷材料、陶瓷膜等3个专题研讨会。会议期间,28名研究生参加学生口头报告竞赛。

10月31日～11月2日，学会固态离子学分会主办的2013年中国汽车用氧传感器产学研研讨会暨国际氧传感器敏感材料学术论坛在浙江省宁波市举办，来自中国大陆、香港特别行政区，日本、新加坡等国家和地区的近80名专家、学者参加会议，其中中国参会代表来自中国95%以上与汽车氧传感器相关的企业、研究院所和高校。

**国内主要学术会议** 2013年，学会与各分支机构共举办国内学术会议30次、学术论坛3次，共有4137人次参加学术交流。各类学术会议共收到论文899篇，编辑论文集16部，其中正式出版11部。

1月5～6日，学会晶体生长与材料分会主办的中国激光晶体现状与发展研讨会在安徽省合肥市举办，20余位专家、学者参加会议，8位专家、学者作报告。会议形成《中国激光晶体现状与发展》报告。

1月9～11日，由学会科普工作委员会等单位联合主办的国家新标准《环境标志产品技术要求：低碳水泥》、《水泥生产企业二氧化碳排放量计算方法》宣贯培训暨低碳水泥实用技术交流会在北京举办，100余位专家、学者参加会议，会议培训教材收录论文14篇。

5月18～20日，学会房屋建筑材料分会防水材料专业委员会主办的第15届全国防水材料技术交流大会在湖南省长沙市举办，516名专家、学者参加会议。会议技术文集收录论文60余篇。会议期间，还表彰了近年来为建筑防水堵漏行业作出突出贡献的企业。

5月18～20日，学会玻璃分会主办的2013年全国玻璃科学技术年会暨中国洛阳浮法玻璃新技术发展研讨会在河南省洛阳市举办，135名专家、学者参加会议。会议收到论文81篇，10位专家、学者作特邀报告，并设2个分会场就玻璃生产工艺技术、玻璃二次加工及新品种玻璃进行交流。

5月25日，学会电子玻璃分会主办的2013年光电子玻璃技术研讨会在北京举办,70余名专家、学者参加会议。会议交流论文15篇，交流内容集中反映了近年来我国在电子显示用玻璃及光伏玻璃的研制、开发与应用，以及生产技术方面取得的突破，并对未来电子显示及光伏玻璃新技术的发展动向进行了分析。

6月7～9日，学会测试技术分会主办的第4届全国无机材料测试与评价学术年会在广西壮族自治区桂林市举办，近80名专家、学者参加会议，交流论文66篇。6位专家、学者作大会报告。

6月20～21日，学会科普工作委员会与建筑材料工业技术情报研究所联合主办的第5届国内外水泥粉磨新技术交流会在山东省枣庄市举办，200余名专家、学者参加会议。会议论文集收录论文56篇。

7月4日，由学会混凝土与水泥制品分会主办的第一届泡沫（发泡）混凝土及其制品研发与应用学术交流会在湖北省武汉市举办，120位专家、学者参加会议。会议交流论文22篇，就泡沫（发泡）混凝土发展方向进行研讨。

9月10～12日，学会玻璃分会窑炉专业委员会与中国日用玻璃协会技术咨询委员会联合主办的2013年全国玻璃窑炉技术研讨交流会在河南省郑州市举办，150余名专家、学者参加会议。会议收到论文28篇。会议期间组织专题讨论会，对《玻璃熔窑用优质硅砖和硅质耐火泥浆生产和使用规则（征求意见稿）》进行讨论。

9月13～15日，学会固态离子学分会主办的中国固态离子学暨电池材料青年学术论坛在湖北省宜昌市举办，

115名专家、学者参加会议。会议主题涵盖固态离子材料及器件、储能材料与器件（化学电源）、离子传感器和能源材料与技术等领域。会议交流论文60篇。

10月31日，学会陶瓷分会主办的第二届中国陶瓷科技发展大会暨中国硅酸盐学会陶瓷分会2013年学术年会在广东省潮州市举办，500余名专家、学者参加会议。会议表彰了15名为中国陶瓷科技事业作出贡献的专家、20名中国陶瓷科技交流事业先进个人和8个先进单位。会议同期举办了6个论坛，800余人参加活动，40余位专家作演讲。

11月1～2日，学会测试技术分会主办的首届全国建材建工测试与评价新方法、新技术、新设备技术交流会在北京举办，来自中国国家认证认可监督管理委员会、住房和城乡建设部等部门和单位的220余名专家、学者参会。会议针对建材建工测试方法与评价技术、检测仪器应用技术、政策法规与标准规范、实验室建设和管理等，设建筑工程安全检测、建筑物理检测、检测仪器创新应用3个专题进行交流。

11月6～8日，由南京工业大学、同济大学、学会房屋建筑材料分会、中国建筑学会建材分会联合主办的第5届全国商品砂浆学术交流会在江苏省南京市举办，200余名专家、学者参加会议。60篇会议论文被编入化学工业出版社出版的《商品砂浆的理论与实践》。

11月17～18日，学会非金属矿分会主办的中国硅酸盐学会非金属矿分会2013年学术年会在江苏省苏州市举办，73名专家、学者参加会议。会议交流论文18篇，内容涉及新基础理论、新技术动态、新应用和国外新技术等。

12月11～13日，学会科普工作委员会等单位联合主办的中国水泥技术年会暨第15届全国水泥技术交流大会在北京举办，180余名专家、学者参加会议。会议就水泥行业关心的热点、难点和共性问题进行交流和探讨。会议论文集收录论文63篇。

**科普活动** 2013年，学会和分支机构共举办科普展览、科普论坛、科普讲座、专家报告会等各种科普活动22场次，发放科普宣传材料3500份，受众4756人次，专家、学者和志愿者500余人次参与各项活动。

2013年，学会组建了科普工作专家委员会、先进建筑材料、磨料磨具、清洁能源E路行等4支科学传播专家团队。

**表彰举荐优秀科技工作者** 2013年，学会开展第10届中国硅酸盐学会青年科技奖评选活动，10人获青年科技奖，9人获提名奖。

学会与中国建筑材料联合会共同开展2013年度中国建筑材料联合会·中国硅酸盐学会建筑材料科学技术奖评奖工作，24个项目获奖。

**中国科协会员日** 12月，配合2013年中国科协会员日活动，学会及房屋建筑材料、混凝土与水泥制品、耐火材料、玻璃、环境保护、溶胶凝胶、测试技术等7个分会以不同主题开展会员日活动，300余名会员参加活动。

**【第8届国际水泥与混凝土会议】** 9月20～23日，由学会主办、中国建筑材料科学研究总院和南京工业大学承办、国内多家单位及国际材料与结构研究实验联合会（RILEM）联合协办的第8届国际水泥与混凝土会议在江苏省南京市召开。学会理事长徐永模，副理事长姚燕，副理事长、中国工程院院士徐德龙等来自25个国家和地区的250余名专家、学者（其中国外70余名）参加会议。会议主题为“水泥与混凝土的低能耗制备与高效应用”，交流内容涉及水泥熟料化学、低排放技术与性能优化、特种水泥及特种水泥基材料、矿物掺合料与化学外加剂、混凝土的性能及耐久性、测试与评价新方法等。会议交流论文120多篇。13位专家、学者作邀请报告。会议展示了近年来水泥与混凝土行业的科技水平和新进展。

会议期间，学会与中国建筑材料科学研究总院还联合邀请瑞士洛桑联邦理工大学教授Karen Scrivener等9名国外知名专家召开会议，就将于2015年在北京举办的第14届国际水泥化学会议进行专题讨论、咨询，并征求专家们的意见。

**【第5届无机非金属材料专题——先进功能陶瓷材料研讨会】** 8月1～2日，学会主办的第5届无机非金属材料专题——先进功能陶瓷材料研讨会在青海省西宁市召开，129位专家、学者参加会议，与会人员中既有国内外知名专家、学者，也有包括博士、硕士研究生等在内的青年科技工作者。会议交流论文70余篇，内容涉及先进功能陶瓷材料（包括：铁电/压电、介电、光电、多铁性、薄膜、纳米材料等）的制备、表征与应用。

中国科学院院士、复旦大学教授、《硅酸盐学报》国际顾问委员会主任干福熹，中国科学院院士、清华大学教授、学会副理事长、《硅酸盐学报》主编南策文，研讨会代表和第8届中国硅酸盐学会《硅酸盐学报》优秀论文奖获奖论文作者代表出席开幕活动。

南策文等15位专家、学者作大会特邀报告，另有50余位专家、学者作了论文演讲或展讲。

为鼓励自主创新，促进青年科研人员的创新成长，研讨会举办了科研创意演讲和评奖活动，为他们提供介绍研究设想的平台。

（撰稿人：刘　捷）

## 中国建筑学会

**服务创新型国家和社会建设**　2013年初，学会启动了中国特色社会主义建筑理论体系的研究、中国建筑文化整理与时代意义研究、绿色建筑与建筑理论方向的研究、建筑创作在公共艺术中的社会责任研究等4个课题。

1月，学会与全国声学标准化技术委员会共同审定了由中国科学院声学所主编的《声学　建筑和建筑构件隔声的声强法测量》和《声学　职业噪声暴露的测定工程法》、由华南理工大学主编的《声学　建筑和建筑构件隔声的声强法测量》等国家标准。4月，启动《建筑采光顶气密、水密、抗风压性能检测方法》国家标准的编制工作。完成了《小城镇和村庄建设发展报告（2012）》编写工作。

8月，学会在山东省威海市举办了第七届威海国际人居节，组织了“中国文化建筑”和“生态文明与美丽城市”两个论坛，举办了“国际建筑设计大奖”、“大学生建筑设计奖”、“优秀文化建筑评选”等3个赛事，举行了“中国优秀文化建筑奖”、“大学生建筑设计奖获奖作品”、“当代百家名院和百名优秀建筑师”、“国家建筑设计大奖获奖作品”等4个展览。其中2个设计大奖参赛作品达到1900余件。

学会及所属分会2013年共开展学术交流活动85次，参加人数11500余人，其中高端前沿学术会议9次，参加人数3300人次。出版论文集15册，收录学术论文912篇。

学会及所属分会全年共举办专业科技培训、讲座49次，4165人次参加。

**学术期刊**　学会及直属分会公开出版和内部发行的刊物18种，全年累计发行60余万册。学会期刊尝试电子化出版，为读者提供更为便捷和环保的阅读方式。

《建筑学报》正式出版iPad版，全球范围都可以订阅，有部分下载订阅来自国外及我国台湾地区、香港特别行政区、澳门特别行政区。《建筑学报》加强了与国外读者的联系，发表国外学者的文章及介绍国际学术活动的成果，如出版国际威卢克斯建筑学生设计大赛及台湾地区专集等。

《建筑结构学报》获得中国科学技术信息研究所“2012年中国百种杰出学术期刊”称号，获得中国学术文献国际评价研究中心、清华大学图书馆等单位评选出的“2013中国最具国际影响力学术期刊”称号。

**决策咨询**　1月和3月，应安徽省铜陵市政府的邀请，学会先后组织专家40余人次，赴铜陵市部分乡村进行实地调研。编写了《铜陵市美好乡村建设农民住房设计调研报告》。受安徽省铜陵市政府委托，学会承担了铜陵市美好乡村住宅设计方案征集工作，组织全国多家甲级设计单位担纲设计，共完成设计方案30余套，为铜陵市乡村建设提供参考。

**国际学术会议**　4月15～28日，学会和英国驻华大使馆文化教育处联合主办的主题为“北京首钢厂区再生概念设计”的中英建筑学生工作坊在北京举行。来自北京6所院校和英国4所大学的43名师生参加活动。

4月22日，中英高校工业建筑/棕地再生研讨会在清华大学建筑设计研究院举行。北京规划委员会副主任邱跃、北京市建筑设计研究院副总建筑师吴晨、都市实践主持建筑师王辉、清华大学建筑学院教授朱文一，以及来自英国皇家艺术学院、牛津布鲁克斯大学、肯特大学的教授分别在研讨会上作主旨报告，中英双方师生及来自北京的设计院所的设计师近100人参与了互动讨论。

**国内主要学术会议**　7月4～6日，学会供热专业委员会和山东土木建筑学会暖通空调专业委员会等联合主办的2013年全国供暖技术交流会在山东省潍坊市召开，与会专家、学者350余人。

7月12～13日，学会在北京举办了中国绿色建筑产业专家论坛，1000余名专家、学者与会。

8月17日，学会在山东省威海市举办美丽中国与城市生态文明论坛和中国公共文化建筑的方向论坛，500余位专家、学者出席会议。

10月20～23日，学会在北京召开中国建筑学会2013年会暨学会成立60周年纪念大会，1000余名专家、学者出席会议。

10月24～25日，学会在云南省昆明市举办第八届全国结构减震控制学术会议，参会人员300余人。

**两岸交流**　5月26～30日，学会与台湾地区台北中华全球建筑学人交流协会共同主办的第十五届海峡两岸建筑学术交流会在山西省太原市召开，交流会的主题为“回归建筑理性，建筑美丽家园”。学会理事长车书剑、台北新党主席郁慕明等出席会议。我国大陆和台湾地区的建筑师代表作主旨报告，85人参加会议，其中台湾地区代表16人，会议交流论文13篇。

9月7～12日，由学会和台湾地区台北中华全球建筑学人交流协会共同主办，清华大学建筑学院承办的第二届海峡两岸建筑院校学术交流工作坊在北京清华大学举办。来自我国大陆和台湾地区的16所建筑院校的约100名师生参加了活动，其中台湾地区师生49人。

**国际交往**　2013年1～11月，学会共接待来自匈牙利、丹麦、法国、英国、日本、朝鲜等国家和地区的相关建筑师学会、协会、设计机构及驻华使馆等临时访问团组7个，共26人次，承办了2次国际组织例会，接待参会外宾约60人，组织了1次双边学术交流，参与外宾18人。2013年1～11月，学会共派出访团组6个，共28人次，访问了马来西亚、菲律宾、墨西哥、美国、匈牙利、捷克、英国、尼泊尔等8个国家，出席了5次国际会议，进行了3次双边交流。

6月，学会理事长车书剑赴美国访问，获“美国建筑学会理事长奖章”授牌，并参加美国建筑学会年会，与美国建筑学会理事长讨论并确定了中美两国建筑学会深入合作的方针。

学会加强与亚洲建筑师协会（亚洲建协）和国际建筑师协会（国际建协）的联系，8月15～18日，学会承办的亚洲建协第三次执行局会议在山东省威海市举行，亚洲建协主席、副主席、5个委员会主席、顾问、秘书长和司库等18位代表出席了会议。

10月20～24日，学会承办的国际建筑师协会第122届理事会议在北京召开，国际建协主席、秘书长等35位理事会成员参加了会议。会议期间，参会外宾出席了中国建筑学会2013年学术年会暨中国建筑学会成立60周年庆祝活动，参观了年会展览和颁奖晚会，并与参加年会的专家、学者进行了互动交流。

**科普活动**　4月3日，学会科普工作委员会在上海市举办了“寻找中国好建筑”科普主题论坛。100多名建筑专业人士参加，向公众传达了“好建筑”的理念。

9月14日全国科普日期间，学会组织在北京园博园内免费向游客发放《住宅节能》宣传册，宣传册以基本生活中能源节约问题为着眼点面向公众传达“低碳生活、保护家园”的理念。

学会组织推荐专家为中国科协编制《地震应急实用知识问答》丛书中《灾后建筑重建》审稿。

**表彰举荐优秀科技工作者**　学会完成了第一届中国建筑设计奖评选工作，共收到25个省、自治区、直辖市以及香港特别行政区、澳门特别行政区报送的设计作品700余项。5～10月在北京开展了评选工作，评出首届中国建筑设计奖，评选出建筑创作金奖36项、银奖62项；建筑结构金奖10项、银奖33项；建筑暖通金奖4项、银奖7项；建筑景观金奖2项、银奖7项；室内设计金奖5项、银奖6项；乡村建筑金奖1项、银奖1项；建筑电气金奖19项、银奖30项；建筑给水排水金奖1项。共计224个奖项。

学会完成了“当代杰出工程师”推介活动，甄选出223名当代杰出工程师并在国内进行宣传推介。

**学会创新发展**　学会落实政府职能转移的工作部署，承接了梁思成奖的评审工作和梁思成基金的管理工作。

**党建强会**　学会组织了中国当代百名建筑师获得者中的党员建筑师分别赴青海、甘肃、陕西、宁夏进行巡讲活动，刘克良、黄锡璆等15人参加了巡讲活动。共有规划建设管理人员、建筑设计技术人员、院校师生等1000余人参与了活动。

5月16日，学会党支部组织全体在职党员赴河北省石家庄市井陉县于家村，举行了以“扶贫帮困”和“建设美丽乡村”为主题的系列“党建强会”活动。学会党支部向当地于家村小学和百年古村——于家石头村捐献了钱物，用于学校改善办学条件和古村落保护等。同时举办了“建设美丽乡村”为主题的座谈会，学会专家从古建筑保护、发掘传统文化、旅游开发、经济发展等角度与当地干部进行了交流。

**会员服务**　10月22日，学会第二次在故宫博物院举行了资深会员授牌仪式，学会名誉理事长叶如棠、理事长车书剑为资深会员颁发了中国建筑学会资深会员证牌。

2013年编辑《资深会员年鉴》3册，编辑《团体会员年鉴》1册，编辑《会讯》45期，累计印刷25000册。

在上海、成都、北京、深圳举办8次会员之家交流活动，参加会员4000余人次。

**中国科协会员日**　12月6日，学会与中国勘察设计协会设计体制改革工作委员会共同举办了“BIM（建筑信息模型）应用价值”座谈会，来自北京团体会员单位的近40位工程技术人员参加了座谈。

**【中国建筑学会2013年年会暨成立60周年纪念活动】**　9月27日，举行了中国建筑学会成立60周年座谈会，学会名誉理事长叶如棠、理事长车书剑、副理事长兼秘书长徐宗威、中国工程院院士马国馨、黄熙龄及一批学会的老领导、老专家参加座谈，回顾了中国建筑学会的历史，提出建设性意见。

10月20～23日，学会举行了以“繁荣建筑文化，建设美丽中国”为主题的中国建筑学会2013年年会暨成立60周年纪念活动。住房与城乡建设部副部长王宁出席会议，宣读了全国政协主席俞正声、住房与城乡建设部部长姜伟新的批示和致辞。学会理事长车书剑回顾了中国建筑学会60年的历史。叶如棠和中国工程院院士吴良镛、何镜堂、程泰宁、张锦秋等出席大会开幕式。

会议对60年来我国建筑界取得的重大成果进行全面系统的总结、交流和展示，设立3000平方米展览区域，展示建筑科技界各专业在节能减排、保护环境、建设和谐人居环境等方面取得的新成果。

（撰稿人：魏　巍）

## 中国土木工程学会

**服务创新型国家和社会建设** 2013 年，学会组织开展了“十二五”国家科技支撑计划课题“软土地下空间开发工程安全与环境控制”的研究。该课题研究期限为 2012 年 1 月至 2015 年 12 月。

学会参与主编的行业标准《人工碎卵石复合砂应用技术规程》（以下简称《规划》）在前期研究工作的基础上，重点组织开展了《规程》补充验证试验，完成了验证试验报告，对《规程》内容进行了多次修改讨论，最终形成了送审稿，通过了住房和城乡建筑部建筑工程质量标准化技术委员会组织的专家审查。

学会燃气分会履行国家质量监督检验检疫总局授权分会的职能，于 11 月底共对全国 45 家压力管道设计、制造单位进行鉴定评审，其中压力管道设计单位 23 家、压力元件制造单位 22 家。鉴定评审工作不仅限于燃气行业内部，还涉及石化、冶金、规划、交通、化工等行业。

**学术期刊** 学会编辑出版《土木工程学报》、《现代隧道技术》、《防护工程》、《建筑市场与招标投标》、《煤气与热力》、《城市公共交通》、《公交信息快递》、《城市公交》文摘报、《预应力技术与工程应用》、《空间结构简讯》、《土木工程师》、《城市道桥与防洪》等刊物。为纪念学会建会 100 周年，修订出版了《中国土木工程学会学会史（1912—2012）》。

**国际学术会议** 2013 年，学会及所属分支机构组织召开了中国国际轨道交通技术展览会、中国国际隧道与地下工程技术展览会暨中国上海隧道与地下工程技术研讨会、第二届国际桥梁与隧道技术大会、首届地下空间与现代城市中心国际研讨会、城市防洪国际论坛等国际学会会议，承办了国际燃盟理事会议、第九届中日土木研究生论坛、第七届中日盾构隧道技术交流会等。

**国内主要学术会议** 2013 年，学会及所属分支机构共举办国内学术会议 50 多次，参会人数超过 6000 人次，提交论文 1700 余篇，出版论文集近 30 种。

召开了 2013 中国上海隧道与地下工程技术研讨会、运营安全与节能环保的隧道及空间建设第四届学术研讨会、全国桥梁建设技术创新暨港珠澳大桥主体工程施工技术介绍与现场观摩会、2013 中国城市轨道交通关键技术论坛、2013 中国首届公共汽车节能大赛、第十六届全国混凝土及预应力混凝土学术会议暨第十二届预应力学术交流会、第四届全国特种混凝土技术、第四届全国聚羧酸系高性能减水剂及其应用技术交流会、第四届工程建设计算机应用创新论坛等。学会与香港工程师学会土木工程部联合组织了香港青年土木工程师冬令营。

5 月 17 ~ 18 日，第三届土木工程安全与防灾学术论坛在江苏省南京市举办。会议围绕建筑（房屋与构筑物）工程安全与防灾、桥梁工程安全与防灾、水利工程安全与防灾、地下（岩土与隧道）工程安全与防灾、土木工程高性能材料及其力学性能与耐久性、土木工程各类灾害的形成机理与防护对策、土木工程灾害评估等内容展开了探讨。杨秀敏、欧进萍、周福霖、马克俭、孙伟、杨永斌、龚晓南等 7 位中国工程院院士和 28 位国家“千人计划”特聘专家、杰出青年基金获得者、“长江学者奖励计划”特聘教授、国家重点实验室主任等土木工程安全与防灾领域中青年专家作了学术交流报告。近 400 名土木工程领域的专家、学者和研究生参加会议。

9 月 5 ~ 6 日，2013 中国城市轨道交通关键技术论坛在北京举行。中国工程院院士施仲衡作大会主题发言，提出发展城市轨道交通要重视合理规划，提高轨道交通的综合效益，要将创新应用到具体实践中，科学发展轨道交通、突出重点、引领未来。10 余位业内专家就轨道交通工程的风险管理、地铁系统设备管理指标体系、轨道交通信息模型的全生命周期管理、城市轨道交通人性化设计探讨、城市轨道交通施工变形指标统计分析与管控措施研究、轨道交通网络化进程中客流特征及成长规律研究等问题发表了主题演讲，并展开讨论。论坛收录论文 48 篇并形成论文集。大会根据论文内容，分成规划建设、设备与运营以及勘察、测量与监测 3 组进行了交流，并评出 20 篇优秀论文。

**两岸交流** 8 月 17 ~ 18 日，第十二届海峡两岸隧道与地下工程学术与技术研讨会在四川省成都市举行。来自海峡两岸隧道与地下工程规划、勘察、设计、施工新技术、风险与保险、灾害防治领域的 300 余名专家、学者参加会议，其中台湾地区代表 48 人。

**国际交往** 11 月 6 日，加拿大土木工程学会访问学会，对今后短期与长期的合作方向与内容进行了探讨。学会工程风险和保险分会邀请来自美国、英国、法国、日本、葡萄牙的专家来华交流讲座。燃气分会接待了国际燃气联盟有关人员的来访和考察活动。市政分会接待了以色列有关单位人员的来访。水工业分会邀请了美国、以色列、意大利的有关人员来访交流。隧道分会接待了日本、英国有关专家的来华交流。土力学分会邀请了国际土力学及岩土工程学会、奥地利的有关人员来华访问交流等。

学会隧道分会赴瑞士参加 2013 世界隧道大会暨国际隧道协会 39 届年会，学会燃气分会赴美国参加第十七届世界液化天然气（LNG17）大会。

**科普活动** 学会举办了土木工程院士、专家系列讲座等公益性学术活动。邀请教育部“长江学者奖励计划”特聘教授、同济大学土木工程国家重点学科特聘教授、学会理事朱合华以“数字地下空间与工程研究及应用进展”为主题作报告。学会和东南大学联合主办2013年土木工程国际知名专家系列讲座暨第四届全国研究生本科生暑期学校，邀请11位国际知名院士、专家就土木工程领域热点、难点问题精辟阐述自己的学术观点和学术成果。

**表彰举荐优秀科技工作者** 2013年，学会开展了第十一届中国土木工程詹天佑奖的评选表彰工作，共确定32项工程获得奖励。

组织开展了2013年度国家科学技术奖推荐申报工作，学会推荐的由清华大学张建民等主持完成的《大型结构与土体接触面力学试验系统研制及应用》获得2013年度国家技术发明一等奖，由华东建筑设计研究院有限公司王卫东等主持完成的《软土深基坑工程安全与环境控制新技术及应用》获得2013年度国家科技进步奖二等奖。

学会推荐的江苏省建筑科学研究院有限公司研究员级高级工程师冉千平获得2013年第十三届中国青年科技奖。

开展2013年度中国土木工程学会高校优秀毕业生奖的评选活动，授予33名同学2013年中国土木工程学会高校优秀毕业生称号。

推荐国家奖励高层咨询专家2位。推荐“住房城乡建设部建设工程企业资质审查专家库”专家24名。

**【2013中国国际轨道交通技术展览会】** 5月5～7日，2013中国国际轨道交通技术展览会（CRTS China 2013）系列活动在上海市举办。中国国际轨道交通技术展览会是集铁路与城市轨道交通于一体的综合行业展览会，展会以“合作·创新·共赢”为主题，展馆面积近3万平方米，展出内容涵盖轨道交通车辆及其动车组、铁路路基、隧道及地下工程、电气化技术等方面。中国南车集团浦镇公司生产的和谐号CRH6型城际动车组模型、天宝寰宇公司展出的三维激光扫描小车、德国曼恩集团推出的2012年新生产的轨道用卧式柴油发动机等都在本届展会上集中展示。来自中国、美国、英国、法国、德国、俄罗斯、加拿大等18个国家和地区300多家企业参展，中国参展企业包括上海城建集团，上海申通地铁集团有限公司，北京、长春、昆明、长沙、南京、郑州、大连等城市地铁运营有限公司，中国南车股份有限公司，中国北车长春轨道客车股份有限公司，中国北车集团唐山轨道客车有限责任公司，北京控股磁悬浮技术发展有限公司，昆明中铁大型养路机械集团有限公司，江苏省常州戚墅堰经济开发区，海瑞克公司、青岛四方车辆研究所有限公司、上海市隧道工程股份有限公司机械制造公司等国内龙头企业。展商人数比2012年增加28%，展商规模创纪录。

本届展会共举办3天，参观人数突破2万人次，其中约19%来自海外。展会展出了世界各国城市轨道交通领域最新的研究成果和创新技术。展会同期还举办了轨道交通相关技术论坛、轨道交通行业中外贸易采购洽谈、新产品新技术发布、人才交流会等10余场主题活动，吸引了来自行业内的600多家企业及1000多名来自全球各地轨道交通领域专业人士参与。

**【第12届海峡两岸隧道与地下工程学术与技术研讨会】** 8月17～18日，第12届海峡两岸隧道与地下工程学术与技术研讨会在四川省成都市西南交通大学峨眉校区举行。来自海峡两岸隧道与地下工程规划、勘察、设计、施工新技术、风险与保险、灾害防治领域的300余名专家、学者参加了会议，其中台湾地区代表团共48人。

会议以“可持续发展的隧道及地下工程”为主题，邀请政府相关部门、业主单位、隧道及地下工程施工等单位的专家、学者，探讨了隧道与地下工程在设计、建设、运营及维护等不同阶段的先进技术，会议听取了7个特邀报告（其中大陆6个，台湾地区1个），37个学术报告（其中大陆19个，台湾地区18个）。报告内容包括：隧道及地下工程的安全、节能、环保新技术，地下空间的规划与设计，隧道、城市地铁的设计与施工新技术，隧道及地下工程可持续发展、风险保险研究，隧道及地下工程的信息化，新设备、新材料、新工艺、新技术研究及应用，施工设备的国产化及配套技术，监测监控技术，灾害防治等。

中国工程院院士、解放军后勤工程学院教授郑颖人作了题为《地下工程围岩稳定性分析与设计理论》特邀报告，盾构及掘进技术国家重点实验室学术委员、西南交通大学教授何川作了题为《大断面水下盾构隧道结构特性研究》学术报告，深圳市地铁集团首席规划师刘卡丁作了题为《可持续发展与地下空间利用——深圳地铁的实践案例》的学术报告，台北科技大学教授王泰典作了题为《山岳隧道涌水调查、防治与紧急因应对策新思维》的学术报告，中国科学院武汉岩土力学研究所二级研究员、岩土力学与工程国家重点实验室主任冯夏庭作了题为《深埋隧道岩爆风险动态预警与调控》的学术报告，中铁隧道集团北京直径线二处项目经理李小岗作了题为《北京地下直径线关键施工技术》的学术报告，中铁隧道集团盾构机掘进技术国家重大实验室冯欢欢作了题为《大连地铁2号线盾构施工关键技术》的学术报告。

两岸专家针对当前隧道与地下工程领域建设和研究中

的热点、难点问题展开讨论。会议出版了论文集，共收录论文 119 篇。

（撰稿人：张　君）

## 中国生物工程学会

**学会建设**　2013 年，学会批准成立了 1 个专业委员会和 1 个工作委员会，分支机构数量达到 11 个。学会有个人会员 1853 人、团体会员单位 111 个。

学会举办学术会议 11 次，参会人数 6200 人次，其中企业科技工作者约 1500 人次，交流论文 200 篇。

学会荣获 2013 年度全国学会科普工作先进单位。

**学术期刊**　会刊《中国生物工程杂志》2013 年共印 36000 册，发表论文 297 篇。学会与中国化工学会共同主办的《生物产业技术杂志》2013 年印制 7500 册，发表论文 162 篇。

**学科发展研究**　学会研编《中国生物产业发展报告 2012》，为政府、企业、大专院校等从事生物技术的专业人士提供年度总结。该报告涉及技术、专利、投融资、产业基地等几个版块，有 48 篇文章，印数 1500 册。

**国际学术会议**　5 月 25 ~ 26 日，为纪念 DNA 双螺旋结构发现 60 周年、基因工程诞生 40 周年以及中国生物工程学会成立 20 周年，学会在贵州省贵阳市承办了第十五届中国科协年会第 4 分会场的生物技术与健康、农业国际论坛。与会专家及报告人回顾了基因工程在改善人类健康和粮食安全方面的作用，探讨基因工程在解决当今全球性问题方面的巨大潜力，交流基因工程在医学和农业领域应用的前沿进展，为从事基因工程领域科研与产业界的学者搭建交流与合作的平台。国内外近 140 名专家、学者参加了会议。大会专题报告 12 个，共收到论文投稿 28 篇，经分会场学委会评选，9 篇入选大会论文集。

中国科学院院士杨焕明介绍了“人类基因组计划”。来自丹麦哥本哈根大学的专家论述了临床医学中基因技术的应用，环境污染与人类退行性、慢性疾病的发生密切相关，从全基因组发现易感性和抗性特征，采用转基因猪作为慢性病、退行性疾病研究模型的重要性。解放军军事医学科学院的专家讲述了损伤和环境导致基因组不稳定性和遗传疾病发生增长的态势，未来必然采用基因治疗。

**国内主要学术会议**　2 月 28 日，学会在北京举办了农作物生物育种产业化高峰论坛，来自全国高校、科研院所及企业的专家、学者近 200 人参加了会议。论坛就转基因安全、食品安全及在产业化方面所遇到的问题进行探讨。

5 月 10 ~ 12 日，第七届中国工业生物技术发展高峰论坛在天津市举行。论坛由学会与中国科学院生命科学与生物技术局、科技部生物技术发展中心、国家发展和改革委高技术产业司、天津市科学技术委员会联合主办，天津工业生物技术研究所承办。论坛主题为“促进学科交叉，推动产业成长”，会议围绕工业合成生物学、工业生物与计算科学、生物炼制与生物能源、生物基材料、生物催化工程、工业蛋白质科学、微生物资源与环境生物技术等专题组织 13 个分会，每个分会均邀请了近 90 位学术界和企业界专家作报告并进行研讨。论坛还同期举办了一系列企业推介、签约仪式等活动，参会共 500 余人，为历届论坛之最。

6 月 20 ~ 23 日，学会联合 19 家学会、协会共同主办的第七届中国生物产业大会在云南省昆明市召开，大会以“生物资源、产业机遇”为主题，3300 人参会。大会设立生物产业发展高层论坛、专题论坛、科企合作对接及生物产业融资推介、大型专业展览等活动，为国内外从事生物技术和生物产业的研发机构和企业搭建政策研讨、学术交流、产品展示、项目合作、融资对接等综合性平台，研究国内外生物产业发展过程中的热点问题，探讨生物产业发展的政策、引导技术、资金和人才要素等。

8 月 22 ~ 24 日，由学会与化学工业出版社联合主办的以“生物医学工程产品产业化关键技术”为主题的第七届生物产业技术研讨会在江西省南昌市召开。来自清华大学、北京航空航天大学、中国科学院自动化研究所、温州医科大学、中国食品药品检定研究院的专家以及部分公司和企业界的参会代表约 50 余人参会。

9 月 1 ~ 3 日，学会与大连医科大学主办的第二届全国组织工程与转化医学大会在辽宁省大连市召开，来自国内外科研院所、大专院校和企事业单位及医科大学一线的科研人员 200 多人参加会议。大会围绕再生医学、转化医学的基础研究及应用的最新进展、发展趋势、新技术、新方法等进行专题报告。

9 月 23 ~ 25 日，学会国际合作与海外事务工作委员协办的第十届全国病毒学学术研讨会在黑龙江省哈尔滨市召开，约 210 人参会，会议编辑出版了论文集，收录论文 190 篇，并在会场外集中展示了一些有突破性和前瞻性的科研成果墙报。会议主办方评选出优秀墙报奖和优秀论文奖并颁奖。

10 月 17 日，学会在北京举办纪念双螺旋结构发表 60 周年庆典暨学术报告会，中国科协副主席、书记处书记陈章良，国家卫生和计划生育委员会副主任、党组成员刘谦，中国工程院副院长旭日干等出席会议，约 160 人参加了学术报告会。

**科普活动** 2013年，学会举办科普宣讲活动9次，其中院士科普报告会3次。举办专题展览2次，宣讲活动受众人数约2400人。主要活动有：在中国农业科学院召开农业生物技术科学传播平台启动会，在上海辰山植物园开展第二届国际植物日专题活动，学会副理事长高福在第十五届中国科协年会上作题为《流感病毒：从禽流感、猪流感到人流感》的专题报告，在海淀外国语学校举办了“基因工程知识进校园暨基因工程改变我们”的主题辩论赛，在中国农业科学院举办基因农业网启动仪式，在北京召开转基因科学传播实践座谈会，在中国农业大学玉米基地举办了转基因抗虫玉米现场体验活动，在北京教育学院举办科学家与中学教师对话系列活动（六）：转基因与禽流感防治的分子生物学，在安徽省阜阳市举办了科学家与中学教师对话系列活动（七）：颍淮大讲堂等。

**表彰举荐优秀科技工作者** 经学会推荐，中国生物工程学会副理事长高福当选中国科学院院士。

**【中国生物工程学会成立20周年、双螺旋结构发表60周年纪念活动】** 为回顾学会20周年以及中国近30年生物工程发展的历程，同时纪念DNA双螺旋结构发表60周年，学会于10月17日在北京举办纪念双螺旋结构发表60周年暨学术报告会，中国科协副主席、书记处书记陈章良，国家卫生和计划生育委员会副主任、党组成员刘谦，中国工程院副院长旭日干等出席会议。来自科技部、国家发展改革委、农业部、国家开发银行、中国科学院等部门和单位的有关负责人，生物领域国家级学（协）会、地方生物学会的负责人，有关科研院所、高等院校的专家、学者，国内外著名生物技术公司的高级管理人员，以及来自全国各地的会员代表等约160人参加了学术报告会。

学术报告会由学会副理事长高福主持。学会理事长、中国工程院院士欧阳平凯在致辞中回顾了DNA双螺旋结构发表60年来生命科学与生物技术的发展历程和学会创建20年来所开展的活动与业绩。陈章良在讲话中表示，希望学会加强对产业发展的推动、加强科普特别是转基因技术科普工作。

学会名誉理事长、中国工程院院士杨胜利作题为《从DNA双螺旋到生物产业》的报告，介绍了自DNA双螺旋结构模型发现以来，现代生物技术的进展及其对人类生活的影响，提出了基因工程在转化医学、分子诊断、合成生物学、再生医学等前沿学科的应用。提出生物技术已经进入了系统生物技术时代，基于碳氢化合物的经济将转变为基于碳水化合物的经济，物理学和化学时代正在转变为生物学时代，工业革命世纪已经转变到了生物技术世纪。

大会对为中国生物工程学会创建和发展做出重大贡献的32位专家进行了表彰，颁发了杰出贡献奖铜牌。

**【第七届中国生物产业大会】** 6月20～23日，学会联合19家学会和协会在云南省昆明市共同主办了第七届中国生物产业大会，会议主题为“生物资源、产业机遇”，旨在为国内外从事生物技术和生物产业的研发机构和企业搭建政策研讨、学术交流、产品展示、项目合作、融资对接等综合性平台，研究国内外生物产业发展过程中的热点问题，探讨生物产业发展的政策、引导技术、资金和人才要素等。200余位嘉宾和各省、自治区、直辖市代表600余人参加大会，大会报名参加人数达到3300余人。

大会期间召开了高层论坛，探讨研究生物产业发展方向。第十一届全国人大常委会副委员长、中国工程院院士桑国卫作了题为《我国创新药物研发与生物药的安全性》的报告，国家发展改革委副主任张晓强作了题为《培育发展生物产业 推动发展方式转变》的报告，中国科学院副院长张亚平作了题为《生物科技创新发展之路》的报告，就我国生物产业的发展提供权威信息与政策指导。

大会期间，召开了云南省生物产业项目推介会，向国家部委和知名企业推介云南生物产业项目。学会组织了生物医药市场发展论坛、生物医药产业服务业发展论坛、资源·标准·生态——中药可持续发展论坛、生物多样性与高原特色农业发展论坛4个核心论坛，另设有9个子论坛。

大会从国家政策、发展趋势、技术对接、成果转化、市场培育等生物产业发展的层面，以及生物资源利用的各个环节进行了探讨，促进业内合作。大会展览面积约为2.7万平方米，4个展馆，参展厂商超过700家，创历届生物产业大会参展厂商数量之最。

（撰稿人：蒋玉清）

## 中国纺织工程学会

**服务创新型国家和社会建设** 学会承担中国科协纺织创新方法成果整理项目，成立了以教授级高级工程师王竹林为首的由16位专家组成的专家组，工作内容包括：创新方法推广应用项目成果整理，创新方法推广应用活动情况，纺织行业创新方法推广应用情况资料收集。项目已于2013年底完成。

学会承担全国科学技术名词委员会“纺织科学技术名词”项目，成立了以中国工程院院士姚穆为首的72位专家组成的专家组，开展了“纺织科学技术名词”编撰工作。

9月4日，学会与全国卫生产业企业管理协会、中国产业用纺织品协会联合成立全国医疗卫生用纺织品应用推广联合办公室，确立了战略合作伙伴关系。

9月22日，学会与浙江省长兴县政府合作建立“政产学研用”高端创新服务平台，内容包括：专业培训、人才引荐、专家及专利数据库综合服务、技术交流、推广和宣传。

11月26日，国家开放大学与学会共建的国家开放大学纺织学院正式挂牌。该学院直属国家开放大学总部，通过国家学分银行实现非学历继续教育和学历继续教育有效衔接融通，面向行业开展中专、大学专科、大学本科、研究生学历继续教育和非学历继续教育。

学会全年共举办专业技术培训班4个，分别为：染色打样与色样确认技术高级培训班、纺织品检测技术高级培训班、纺织品后整理技术高级研修班、染整先进技术交流咨询会。

学会新组建技术研发中心14家，截至2013年12月底，学会共组建技术研发中心65家，其中科研院所类4家，纺织、染整加工类15家，装备器材类38家，染化料类8家。

**学会能力提升计划** 按中国科协“学会能力提升专项优秀科技社团奖”项目要求，学会按时完成第一期工作，包括以下内容：

1月，学会完成纺织人才在线网平台建设，建立了以行业技术专家库、行业管理人才库、基础从业者库、高校毕业生信息库为主体的4级人才数据库网络平台。纺织人才在线网具有在线登记、查询、发布、交流、展示等信息服务功能。

学会与英国驻重庆领事馆主办，英国培生集团爱德思考试局、成都纺织高等专科学校西南纺织职业教育联盟协办，在四川省成都市联合召开中英国际纺织职业教育发展研讨会。会议旨在学习国际先进理念，提高行业课程开发水平，提高企业培训能力，强化纺织职业化教育的理念、发展的目标、人才培养方法、职业化课程设计等。

4月，学会完成中国纺织行业人力资源问卷调查工作，并按时发布纺织行业人力资源调研蓝皮书。

5月，学会与德国海恩斯坦研究院建立了稳定的联系和沟通渠道，与对方代表洽谈合作开展国内纺织行业人员赴德国海恩斯坦研究院进行中、短期课程培训事项。

**学会建设** 2013年，学会召开了2次常务理事会议、1次理事会议、1次专业委员会主任会议，发展学生会员120名、高级会员132名、团体会员2个。

5月，经民政部全国性社会组织评估委员会评审，学会被评为4A级社会组织，获颁“中国社会组织评估”AAAA级证书和牌匾。

**学术期刊** 《纺织学报》在2013年第6期特别开设了纺织科技新见解学术沙龙专栏：环锭纺新技术及其应用。邀请知名专家撰写6篇稿件，以期引领环锭纺纱新技术的研究方向，指导企业选用新技术，并引发学术界和产业界对环锭纺新技术及其应用发展方向的关注和思考。《纺织学报》2013年荣获“中国国际影响力优秀学术期刊”称号，成为自然科学与工程技术类期刊中获此殊荣的唯一一家纺织类期刊。《纺织学报》实现网上投稿、查稿、审稿和编辑等功能，在其网站上可以查询到2013年刊发的所有文章，并实现开放获取。

**学科发展研究** 完成了中国科协纺织科学技术学科发展研究项目。该项目由学会副理事长王竹林担任总负责人，以中国工程院院士姚穆为首的22位专家组成专家组，开展纤维材料学科的现状与发展、纺纱工程学科的现状与发展、机织工程学科的现状与发展、针织工程学科的现状与发展、纺织化学品学科的现状与发展、染整工程学科的现状与发展、服装设计与工程学科的现状与发展、非织造工程学科的现状与发展、产业用纺织品学科的现状与发展共9个专题的研究。稿件字数达17余万字。

**国际学术会议** 10月24～26日，由学会主办的主题为“纺织新展望”的第十二届亚洲纺织会议暨2013中国纺织学术年会在上海市举行。来自23个国家和地区的纺织界专家和高等院校的师生、企业代表1100余人参加年会。大会除主会场外，设有9个英文分会场和4个中文分会场，并专门设有最新科研成果展示区。

**国内主要学术会议** 2013年，学会共举办国内学术会议21次，2500人次参加，会议交流论文985篇，出版了《2013全国毛纺行业技术改造研讨会》等10部论文集。

8月21日，学会与山东纺织工程学会共同主办的第三届全国棉纺织行业中青年科技工作者论坛暨“清、梳、精、并”专题技术研讨会在山东省淄博市召开。来自全国各地纺织企业、科研院所、高等院校的230多人出席了会议。会议主题为“技术创新，持续发展”。学会副理事长王竹林作题为《科技创新构筑纺织产业发展新优势》的报告，解放军总后勤部军需装备研究所博士施楣梧作题为《新材料在行业的应用及产品开发》的报告，东华大学教授汪军作题为《新型纺纱技术的应用与发展》的报告，中原工学院教授任家智作题为《精梳技术及存在的关键问题和解决方法》的报告。

10月22～24日，第33届全国毛纺年会暨“唯尔佳”优秀新产品评比活动在上海市举办。本次年会由全国毛纺织产品调研中心、全国毛纺织科技信息中心、《毛纺科技》

杂志社、学会毛纺专业委员会主办。中国工程院院士姚穆以及来自科研院所、高等院校、毛纺面料上下游企业的共110余位专家、学者出席了会议。学会顾问张怀良作题为《毛纺织行业的经济运行情况分析和展望》的报告，东华大学教授王璐作题为《智能技术与智能毛用纺织品》的报告，解放军总后勤部军需装备研究所博士施楣梧作《基于原色纤维配色的纺织品成色方法》的专题研究报告，山东济宁如意毛纺织股份有限公司副总经理张庆娟作题为《毛纺全产业链的实践及应用报告》，上海纺织科学研究院主任姜淑梅作题为《羊毛纤维与大纺织的定位设计》的报告，澳大利亚羊毛发展公司经理朱梅作题为《The Wool Lab 2014/15秋冬羊毛面料和纱线流行趋势》的报告。在2013年的“唯尔佳”优秀新产品评比中，评出了优秀设计奖5款、一等奖14款、二等奖48款、三等奖32款。

10月26日，由学会主办，《纺织学报》编辑委员会和生物源纤维制造技术国家重点实验室共同承办的第4期纺织科技新见解学术沙龙在上海市举办。中国工程院院士姚穆、中国纺织科学研究院研究员赵强、东华大学教授胡学超、生物源纤维制造技术国家重点实验室研究员孙玉山、解放军总后勤部军需装备研究所博士施楣梧共同担任领衔科学家。来自9所高校、8个企业的40余位专家、学者就生物质再生纤维的原料生态化制备中的基础科学问题、高效环保加工方法及关键技术、应用领域和发展趋势等开展前沿技术交流。

**国际组织任职** 10月23日，在上海举办的第十二届亚洲纺织会议暨2013中国纺织学术年会上，学会理事长孙瑞哲当选亚洲纺织学会联盟（FAPTA）主席。

**国际交往** 9月23～29日，学会组织了2013中国纺织工程学会日本交流考察团赴日本开展学术交流活动，国内企业和高校代表共11人参加。访问期间，分别与日本纺织行业协会、日本纤维制品品质技术中心、日本纤维学会及日本企业（帝人、东丽、KURABO）的有关负责人进行了交流座谈。

**科普活动** 学会分别在2013年中国服装服饰展览会、中国科协主办的第四届科技场馆展品与技术设施国际展览会、第十二届亚洲纺织会议暨2013中国纺织学术年会等大型活动中开展科学普及工作，向观众赠送《纺织常识手册》、《服装保养与搭配技巧让你更漂亮》等科普宣传手册3000余册。

**表彰举荐优秀科技工作者** 在2013年中国纺织学术年会上，宣布了2014年中国纺织学术大奖获得者、中国纺织学术带头人和中国纺织技术带头人名单。解放军总后勤部军需装备研究所施楣梧获得“中国纺织学术大奖”、浙江理工大学陈建勇、东华大学的胡祖明、中国纺织科学研究院的黄庆、天津工业大学的李建新、东华大学的孙以泽获得“2013中国纺织学术带头人”称号，山东如意科技集团有限公司丁彩玲、山东康平纳集团有限公司刘琳、恒天重工股份有限公司刘延武、四川省纺织科学研究院蒲宗耀、连云港鹰游纺机有限责任公司张国良、上海市纺织科学研究院张庆被评为“2013中国纺织技术带头人”。对获得“陈维稷优秀论文奖”的15篇论文作者进行了表彰。

学会推荐的毕国典荣获“亚洲纺织学会联盟杰出贡献奖”。

**学会创新发展** 学会组织召开2013年中国纺织高新技术孵化器与地区产业园区对接研讨会，来自黑迈数码科技（上海）有限公司、山东康平纳集团有限公司等20多家企业与上海青浦区、江苏常熟、四川彭州、浙江长兴等产业园区负责人进行面对面的交流，洽谈产业对接方向。

3月，针对当前纺织行业科技人才分散，科研领域与生产领域脱节，科技成果并未有效地服务于各企业实际生产中的情况，学会通过纺织行业科技人才公共服务平台建设，统筹纺织工程科研领域，促进科技专家和企业科技人才的对接。各纺织类高等院校、科研院所通过学会建立的人才公共服务平台，完成人才资源的优化配置，实现技术输出、人才输出、培训产品输出。

**会员服务** 3月，在学会网站开辟了学会服务平台和创新专家支持平台窗口，并进行了测试，该平台可以实现网上视频会议、难题发布、专家解答等多项功能，更好地为会员提供服务。

学会为会员提供学术论文集3000余册，《纺织动态信息》6000余册。

**中国科协会员日** 12月15日，为配合中国科协会员日活动，学会在广东省中山市组织了全国染整总工程师论坛，论坛期间着重对中国科协会员日进行了宣传，发放了学会出版的《纺织学报》、《纺织动态信息》等有关刊物。

**【第12届亚洲纺织会议暨2013中国纺织学术年会】** 10月24～26日，第12届亚洲纺织会议暨2013中国纺织学术年会在上海市召开。会议以“纺织新展望”为主题，以纤维低维材料、纺织加工技术、生态染整与绿色化学等为主要关注点。中国科协党组成员、书记处书记张勤，中国纺织工业联合会会长王天凯，学会理事长、中国纺织工业联合会副会长孙瑞哲，日本纤维学会会长平井利博，韩国纤维学会会长 Jae Ryoun Youn 等出席会议，中国工程院院士姚穆、郁铭芳、周国泰、周翔、孙晋良，以及来自中国、美国、英国、澳大利亚、日本、韩国等23个国家和地区的纺织界专家和高等院校的师生、企业代表

1100余人参加会议。

10月24日，在大会主会场上，孙瑞哲作题为《技术创新与纺织新展望》的报告，日本信州大学教授Toshihiro HIRAI作题为《纺织品和纤维的新前景》的报告，英国利兹大学教授Chris Can作题为《纤维资源与新型湿加工技术》的报告，东华大学副校长俞建勇作题为《静电纺纳米纤维材料的研究进展与展望》的报告，韩国纤维学会会长Jae Ryoun Youn作题为《流变和光学用聚合物的注塑成型》的报告，武汉纺织大学教授徐卫林作题为《超细蛋白纤维粉体重构纤维的结构与性能》的报告，德国亚琛工业大学教授Thomas Gries作题为《纺织生产中的能源效率——最佳实践与超越先进水平》的报告。

10月25～26日，第十二届亚洲纺织会议暨2013中国纺织学术年会的9个英文分会场同时举行，主题分别为：纤维与低维材料、纺织加工技术、生态染整与绿色化学、新一代聚酯纤维材料、纺织纳米技术、高品质产业用纺织品、现代纺织装备技术、服装与服饰、纺织品性能、测试与评价。来自各国的专家、学者在会上交流了50～60篇学术报告。其中纳米技术和静电纺是此次学术会议将进行探讨的热点话题，美国北卡罗来纳州立大学教授张向武对新型的储能纳米纤维研究进行讲解，江南大学教授魏取福就静电纺纳米纤维的表面性能功能化作进一步探讨，东华大学教授丁斌对静电纺无机纳米纤维及其应用作详细介绍，美国加州大学教授孙刚提出了绿色环保的纺织印染方法。

（撰稿人：郭建伟）

## 中国造纸学会

**服务创新型国家和社会建设** 5月，学会根据有关企业的建议，就政府职能转变，清理取消和调整行政审批项目的工作，以学会名义向国家发展改革委、中央机构编制委员会办公室、中国科协和中国轻工业联合会等部门，提出了《关于慎重研究木浆和草浆项目核准问题的建议》，供决策部门参考。

9月1～3日，学会在北京举办了“生物质精炼技术”高端前沿继续教育培训班。来自造纸企业、造纸设备公司、科研设计院所、专业院校的高级管理人员和工程技术人员等51人参加了此次培训。培训班邀请美国缅因州大学化工及生物工程系教授Adriaan van Heiningen就生物质精炼的背景、原理，木质纤维素生物质理化特性；预处理，热化学技术路线；黑液气化，制浆厂和生物质精炼的结合，第一代、第二代乙醇，从木质纤维素生物质生产丁醇等内容分11课进行讲授。结业式上为学员颁发了结业证书。

8月19～23日，由中国轻工业联合会主办、学会承办的造纸工业固体废弃物处理处置技术高级研修班在浙江省杭州市举办。来自全国34家造纸及相关单位的近60名高层次技术人员参加了本次研修班。研修班邀请中国制浆造纸研究院院长曹春昱、南京林业大学教授金永灿围绕造纸工业固体废弃物处理和应用、禾草纤维废渣的预处理与生物转化等内容进行了授课。来自企业的专家分别就污泥干化及处置技术、碱回收苛化及白泥资源化新技术、草浆碱回收白泥精制碳酸钙生产实践、脱墨废渣锅炉及焚烧技术、浆纸污泥深度脱水分质处理综合利用技术和废纸分类处理处置技术作了报告。

**学会建设** 2013年，学会召开了2次学会理事会议、3次常务理事会议，发展团体会员3个。

学会得到国家发展改革委的支持，开始建设中国造纸学会造纸科技信息平台，该平台可链接中国科协个人会员管理系统。

学会对全国造纸学会个人会员数进行了统计，并利用个人会员管理系统进行了重新登记工作，已有23个省、自治区、直辖市的造纸学会使用了学会个人会员管理系统。截至2013年12月31日，已有769人重新登记。

学会编辑出版的《中国造纸年鉴》是我国造纸行业唯一的年鉴工具书，在第六届全国年鉴编校质量检查评比活动中，《中国造纸年鉴（2012）》获得综合评价特等奖。

**国际学术会议** 5月30～31日，由学会、美国Recycling Today传媒集团和英国SmithersPira公司共同举办的首届2013亚洲废纸回收利用会议在上海市召开。来自中国、美国、澳大利亚、英国、德国、法国、日本、韩国、印度等30多个国家和地区的废纸回收商、贸易商，以及专家、学者近200人参加大会。会议征集论文报告16篇，并出版了论文集。16名专家、学者在会上作了讲演。

9月24～25日，学会和中国制浆造纸研究院共同主办的2013中国国际造纸技术报告会在北京举行。国务院发展研究中心研究员张立群作了题为《中国宏观经济形势与政策分析》的专题报告，中国造纸协会秘书长赵伟作了题为《关于中国造纸工业面临的问题及其应对措施的思考》的专题报告。他们从宏观经济的角度分析了中国的经济发展趋势以及中国造纸工业现状。来自中国、美国、南非、芬兰、德国、日本、法国等国家的造纸专家围绕废纸再利用、臭氧漂白、造纸污泥干化、纳米纤维素制备、造纸用化学品、特种纸等前沿热点议题作了专题报告。110位国内外专家、学者参加会议。会议发表论文20篇，并出版论文集。

**国内主要学术会议** 2013年，学会及所属分支机构共举办国内学术会议9次，征集论文236篇，1317人次参加学术会议，出版论文集4部。与2012年相比论文数减少了36篇，参加交流专家、学者增加了50多人次。其中境外专家、学者增加了34人次。

4月26～27日，学会在山东省高唐市举办第二届中国造纸装备发展论坛，论坛主题是围绕资源、生态、信息的创新理念和实践，探讨战略转型期造纸工业的发展趋势。来自造纸及相关行业的企业、科研单位及院校等230多名专家、学者参加了会议。学会理事长陈学忠代表主办单位致开幕辞。论坛分为4个版块进行了演讲讨论，学会秘书长曹振雷主持论坛第一版块"造纸资源短缺的时代"。论坛报告和论文专集收录了54篇研究报告和论文，遴选优秀论文17篇。

**国际交往** 2月25日，学会理事长陈学忠等会见荷兰驻上海总领事馆科技专员Jaap van Etten和简敬民。双方特别就所关注的生物质精炼技术在国内制浆造纸工业应用，以及荷兰优势产业酶制剂方面的应用进行了交流。

5月7日，学会秘书长曹振雷会见了来访的芬欧汇川（UPM）集团亚太地区高级副总裁赛佩蒂等3人。曹振雷介绍了学会的基本情况，就对方关心的问题作了解答。赛佩蒂介绍了UPM今后的在华发展计划以及常熟纸厂二期增资扩产项目概况，表示对UPM公司在华业务以及今后中国造纸工业的发展充满信心。

10月14日，学会理事长陈学忠、副理事长邝仕均等在北京会见了日本日惠得株式会社社长大山芳男等4人。大山芳男谈到近年来通过参加中国造纸学会的学术活动，加深了对中国造纸行业的了解认识，已经注意到中国造纸工业"十二五"规划提出的任务，并将努力为中国造纸行业发展提供更优质的服务。

5月5～14日，学会组织了国内造纸科研院所、造纸及相关企业的负责人、科技人员等22名专家、学者赴澳大利亚参加主题为"森林纤维的未来发展"的墨尔本2013澳大利亚标准（Appita）年会和展览活动，同时对澳大利亚制浆造纸工业进行考察访问。考察团一行与Appita有关人员就林业种植、制浆新技术和废纸回收利用及造纸机械设备开发等方面进行了交流和讨论。考察团还先后参观了HVP林场、维达纸业（澳大利亚）公司等，对澳大利亚制浆造纸行业的发展现状和趋势进行了考察。

**科普活动** 9月，学会参与中国科协组织的全国科普日主会场活动，向公众宣传了"造纸工业是循环经济的工业，废水也是资源"的理念。该活动通过对"造纸工业废水综合处理系统"的沙盘演示操作和图文并茂的说明，展示了当今世界最先进的造纸废水处理技术和设施。受众约6万人次，展示10块展板、2块灯光浮雕展板，播放科普视频资料片1500分钟。获得中国科协颁发的2013年全国科普日活动优秀特色活动奖。

**表彰举荐优秀科技工作者** 11月，经学会常务理事会议讨论通过，决定设立"中国造纸蔡伦奖"，旨在向行业推荐和举荐对行业发展做出贡献的优秀科技人才，对做出突出贡献的科技工作者给予奖励。

学会完成第八届中国造纸学会青年科技奖评审工作，福建农林大学曹石林、四川永丰浆纸股份有限公司高焱仁、河南江河纸业股份有限公司朱平3人获评第八届中国造纸学会青年科技奖。

**【首届2013亚洲废纸回收利用会议】** 5月30～31日，由学会、美国Recycling Today传媒集团和英国SmithersPira公司共同举办的首届2013亚洲废纸回收利用会议在上海市召开。来自中国、美国、澳大利亚、英国、德国、法国、日本、韩国、印度等30多个国家和地区的废纸回收商、贸易商，以及专家、学者近200人参加大会。会议征集论文报告16篇，并出版了论文集。16名来自不同国家的专家、学者在会上作了讲演。

此次会议围绕亚洲造纸工业概况、亚洲废纸回收系统设施建设概况、全球废纸供应情况等3个专题及对话企业高管、全球废纸供应情况、经营商视角等3个版块进行。学会理事长陈学忠主持了亚洲造纸工业概况专题。德勤中国公司的Sally Sun和学会秘书长曹振雷分别作了题为《宏观经济环境及中国造纸工业的可持续发展》和《中国造纸工业近期的发展展望》的报告。

（撰稿人：齐晓东）

## 中国文物保护技术协会

**服务创新型国家和社会建设** 2013年，协会与国家文物局合作，在三个方面开展政府职能的转接试点工作。分别是：共同开展"文物保护青年研究计划"的筛选工作，承接国家文物局文物保护方案的评审工作，承接国家文物局文物保护项目评审专家巡视团工作。

**学会建设** 2013年，协会新发展会员45人，个人会员达到1078人。

**国内主要学术会议** 2013年，协会和各专业（工作）委员会共举办学术会议2次，编辑论文集2部，正式出版论文集2部。

**国际组织任职** 2013年，协会推选的马家郁当选东亚文化遗产保护学会副会长。

**国际交往** 9月5～9日，技术协会参与协办的第三届东亚文化遗产保护学会国际学术研讨会在韩国庆州市召开。中国、日本、韩国共260余位专家、学者参加了会议。会议收到论文投稿80余篇。

**【东亚文化遗产保护国际研讨会】** 9月5～9日，由东亚文化遗产保护学会主办、中国文物保护技术协会、韩国文化财保存科学会、日本文化财科学会、日本文化财修复学会共同协办的第三届东亚文化遗产保护学会国际学术研讨会在韩国庆州市召开。这是东亚文化遗产保护学会继2009年在北京市、2011年在内蒙古自治区呼和浩特市后举办的第三次国际学术研讨会，中国、日本、韩国共260余位专家、学者参加了会议。会议收到论文投稿80余篇。会议旨在加强东亚各国文化遗产科技保护领域的交流，建立东亚文化遗产科技保护的理念、原则、方法和运行规则，探讨文化遗产保护方面的诸多议题。

在会议开幕式上，东亚文化遗产保护学会会长李午熹致开幕词，韩国国立庆州博物馆馆长李荣勳、协会理事长李化元、日本国士馆大学的泽田正昭分别致辞。中国文化遗产研究院的付清远、泽田正昭、李午熹分别代表本国文化遗产保护领域作了主旨演讲。23位专家就本国文化遗产科学保护理念与方法、新技术应用等方面发表了口头演讲，会议发表海报105份。

会议期间，东亚文化遗产保护学会召开了执委会，就建立专业委员会等事宜进行了讨论。

（撰稿人：曲　亮）

## 中国印刷技术协会

**服务创新型国家和社会建设** 2013年，协会在多个省、直辖市、自治区进行绿色印刷宣讲及认证知识的培训和技术服务工作，全国有390余家企业获得绿色印刷认证。进行票据票证绿色印刷全国宣贯培训，完成22家商业票据验证企业的验收工作。编制完成国家环保标准《环境标志产品技术要求　凹版印刷》。

协会编写完成《印刷行业产品 / 服务碳足迹评价指南》，制定印刷行业产品 / 服务碳足迹评价示范基地实施方案并协助创建3个示范基地。协会组织的“电子信息、造纸和印刷行业典型产品碳足迹评价关键技术研究与示范”课题于11月通过验收，《绿色印刷产业发展研究》课题结项并被评为优秀课题。协会编写并在国家新闻出版广电总局绿色印刷推进会上发布了《中国绿色印刷企业生态发展年度调查报告》。协会获得国家环境和保护部颁发的“碳足迹评价技术研发基地”的称号。

协会组织专家完成了《国家职业分类大典》印刷行业类的修订工作。协会与上海出版印刷高等专科学校合作建立行业高端技能人才培养基地和进行全国高职高专平版印刷子课题培训包资源库建设。举办了11期印刷技能培训班和管理人员素质提升培训活动。印刷行业专家库充实了近1000人。

协会举办印刷行业企业信用等级评价培训班并进行审核员考试，有64名审核员通过考试。协会与北京国富泰企业征信有限公司联合组织印刷行业信用等级评定工作，截至2013年底，有90家获评印刷行业A级至3A级信用等级企业。

协会承办了中国科协学会学术部委托的第十四期全国学会秘书长沙龙；承办了国家新闻出版广电总局印刷发行司委托的国家印刷复制示范企业评审工作，有30家企业获评国家印刷复制示范企业。协会受国家新闻出版广电总局印刷发行司委托编写《中国印刷产业发展状况（2013）》报告；承担国家新闻出版广电总局人事司委托的高级职称评审筹备工作，2013年有15人通过印刷类高级工程师的评审。

协会召开印刷行业技术标准制修定会议72次，讨论修订标准24项。

**学会建设** 2013年，协会发展个人会员46人、会员单位22个，个人会员总数为394人，会员单位总数为322个。

协会按季度召开了4次理事长办公会议、2次监事会议。起草了《中国印刷行业职业道德规范》、《中国印刷技术协会承担国际印刷标准化组织秘书处专项资金征集及管理办法》、《关于中国印刷技术协会财务实行统一管理的建议》，修订了《中国印刷技术协会秘书处工作制度》、《中国印刷技术协会分支机构管理办法》等规章制度。

协会召开了全国印刷标准化技术委员会第四届委员会成立大会。

协会新建标准化实验推广基地5个。

**国内主要学术会议** 协会主办了第2届中国（昆山）国际包装印刷产业博览会暨中国国际包装印刷创意大赛、第2届“长荣杯”纸包装制品精品赛、2013全国印刷经理人年会和中国印刷企业100强排行榜颁奖会、2013中国国际网印及数字化印刷展、第2届创印节暨第3届中国绿色印刷展，支持中国出版协会在北京国际图书订货会上首次举办出版印刷材料设备展、天津2013中国国际新闻出版技术装备博览会、第8届北京国际印刷技术展览会等行业活动。

**两岸交流** 协会出席了在香港特别行政区举办的第十一届两岸四地印刷业交流联谊会，接待了台湾地区印刷工业协会会长陈金茵的来访。

**国际组织任职** 2013 年我国成为国际印刷标准化组织 ISO/TC 130 的承担国，协会成为承担单位，由全国印刷标准委员会秘书处承担具体工作。协会推举并经国家新闻出版广电总局数字出版司确认，北京印刷学院副校长蒲嘉陵当选为国际印刷标准化组织 ISO/TC 130 的主席人选。

**国际交往** 2 月 26 日至 3 月 4 日，协会组团出席了在印度举行的第 13 届亚洲印刷技术论坛年会和 2013 印度国际包装印刷展。6 月 6 ~ 8 日，组团出席在荷兰举行的世界印刷及传播论坛（WPCF）理事会与国际印刷企业及关联产业联合会（Intergraf）成员国联合会议。9 月 9 ~ 17 日，组织考察团参观 2013 芝加哥国际印刷展，拜访了国内外重点参展商，进行了中国 2014 上海全印展的宣传，考察了印刷新技术新设备和印刷市场相关情况。2013 年还接待了美国、加拿大、韩国、日本印刷行业协会、企业的来访。

4 月 2 ~ 3 日和 10 月 13 ~ 15 日，协会邀请世界技能大赛首席和副首席技术专家来华指导中国区选拔赛和集训工作。7 月，协会组织中国技术专家、翻译、教练和选手，第一次参加在德国举行的第 42 届世界技能大赛“印刷媒体技术”项目比赛，上海出版印刷高等专科学校的选手王东东获得了铜牌。

协会在广东省深圳市承办了国际印刷标准化组织 ISO/TC 130 第 27 届春季工作组会议，组团参加了 ISO/TC130 在德国柏林召开的 2013 年秋季会议。

**科普活动** 5 月 6 ~ 12 日，协会举办防灾减灾宣传周活动。据不完全统计，共组织全国各地约 1.6 万名企业职工、社区群众和学生参与活动，发放减灾防灾科普宣传材料近 2 万份，张贴挂图、图片 400 余张，播放防灾减灾视频和宣传片 60 余次，举行消防、地震等安全演练 16 场次，接受科普知识咨询 8000 余人次，受益群众 2.5 万余人次。

5 月 19 ~ 25 日，在 2013 年全国科技活动周期间，协会举办品牌科普项目——中国绿色印刷科普活动周，共组织行业内外 100 余名科技专家、科普工作者参与活动，发放印刷科普宣传手册 6000 余册，张贴科普宣传图片 400 余张、科普宣传挂图 3 种共 2000 余张，展出展板 400 余块，放映宣传视频 90 场次，参观人数 6000 余人次，接受科普知识咨询近万人次。

9 月 14 ~ 20 日，协会与北京印刷学院、北京市大兴区科协、中国印刷博物馆合作举办了 2013 年绿色印刷与生态文明全国科普日活动。举办了绿色印刷科技创新成果展览、科普文艺演出、绿色印刷、印刷电子、数字出版和三维打印等重点实验室开放日活动、绿色印刷时尚体验、科普知识竞赛、科普知识讲座等各类活动 50 余项，参与活动的会员企业 26 家，在科普日活动中服务的科技专家、科普志愿者达 240 人。全国各地 7 个街道的 40 个多个社区、4 所学校参加了活动，参与人数约 2.1 万人次，制作挂图、展板、海报等 600 余份，编印各种科技科普宣传资料等 2 万余份。

**表彰举荐优秀科技工作者** 第 12 届毕昇印刷技术奖经过申报、评审等环节，评选出“毕昇印刷杰出成就奖”获得者 7 名，获奖者是乌兰巴特尔、郭全、陈敬良、马伟武、李培芬、孔达钢、许文才；“毕昇印刷优秀新人奖”12 名，获奖者是李莉、项建龙、王丽杰、宋延林、易智、李合成、栗延秋、杨志训、朱诗力、胡桂绵、陈虹、葛依。

**【首次组织参加世界技能大赛印刷媒体技术项目】** 由人力资源和社会保障部授权，在国家新闻出版广电总局的指导下，协会组织国内专家团队负责选拔和培训工作，选定海德堡深圳印刷媒体技术中心作为第 42 届世界技能大赛印刷媒体技术项目国家集训基地。协会于 4 月 2 ~ 3 日和 10 月 13 ~ 15 日两次特邀世界技能大赛首席和副首席技术专家来华指导中国区选拔赛和集训工作。7 月，在德国莱比锡举行的第 42 届世界技能大赛上，印刷媒体技术项目中国区选手、上海出版印刷高等专科学校王东东获得了铜牌，名列亚洲区参赛选手第一名，这是中国首次参与该项赛事印刷媒体技术项目。

每两年举办一届的世界技能大赛被誉为“技能奥林匹克”。本届大赛共吸引了来自 53 个国家和地区的 1006 名选手参赛。

**【绿色印刷宣贯活动】** 2013 年，协会与环境保护部环境发展中心按照国家新闻出版广电总局和环境保护部《关于实施绿色印刷的公告》的部署，在各地印刷行业主管部门、印刷协会的支持配合下，共同组织开展了“绿色印刷全国行”宣贯活动。

从 8 月开始，历时 4 个月，在陕西、广东、湖北、四川、湖南、浙江 6 省进行了宣贯活动，国家新闻出版广电总局印刷发行司副司长徐胜帝，协会名誉理事长武文祥、常务副理事长张双儒、副理事长兼秘书长曲德森、副秘书长陈迎新，环境保护部环境发展中心环境标志认证技术委员会副主任郑江利、认证专家宋全波，以及活动所在地的省、市新闻出版局领导、印刷协会领导出席活动，企业参会人员达 1100 多人。

8 月 1 日，首站陕西西安宣贯会举行。徐胜帝、西安市文化广电新闻出版（版权）局局长严彬出席活动并讲话。郑江利、国家新闻出版广电总局产品质量监督检测中心总工程师涂晓林以及协会副秘书长陈迎新组成的专家宣讲团就国家环境保护商业票据印刷标准、国家环境保护平版印刷标准、绿色印刷产品检测的相关要求等内容进行了讲解，并对企业在实施绿色印刷中所面临的问题进行了答疑。

**【2013 年印刷行业信用评价】** 经商务部信用工作办公室、国务院国有资产监督管理委员会行业协会联系办公室批准，依据协会《中国印刷行业企业信用等级评价申报与审核暂行办法》，协会开展 2013 年第二批全国印刷行业企业信用等级评价工作。至 10 月 11 日，经各省、自治区、直辖市印刷协会和协会相关分会初审推荐的申报企业有 26 家，其中设备耗材企业 2 家，书刊印刷企业 6 家，包装印刷企业 12 家，票据印刷企业 6 家。

经第三方专业机构评价有关资料，10 月 30 日，协会召开评委会议集中评审，充分考虑函审委员的意见，评委会认为参评印刷企业应加大研发投入，着力调整业务产品结构。最终评出 18 家 AAA 等级企业、7 家 AA 等级企业和 1 家 A 等级企业，并于 11 月 29 日为 26 家企业颁牌。

2013 年还有 49 家印刷行业信用企业参加年度审查，经过对企业综合素质、财务指标、管理指标、竞争力指标、社会信用记录等多方面审核，据《商务部信用工作办公室、国资委行业协会联系办公室关于行业信用评价工作有关事项的通知》（商秩字［2007］7 号）文件规定，结合已评价印刷行业企业评分情况，协会将印刷行业信用等级评价及年度审查结果得分在 90 分以上的设为“AAA+”信用等级企业。经年度审核，有 1 家企业获得“AAA+”信用等级，1 家企业由原“A”升级为“AA”信用等级，其余企业保持原信用等级通过年度审查。

（撰稿人：张　宣）

## 中国材料研究学会

**学会建设** 2013 年，学会会员总数达 3528 人，会员单位总数 156 个。

学会新成立 2 个二级分会，分别是高分子材料与工程分会和纳米材料与器件分会。

学会召开了六届三次常务理事会议、六届二次理事会议。

学会共举办学术会议 3 次，2240 人次参加了学术交流。各类学术会议共收到论文 752 篇。

**学术期刊** 学会主办的期刊 *Progress in Natural Science: Materials International*，2013 年共发表文章 88 篇，影响因子 0.989。被中国知网评为“2013 中国最具国际影响力学术期刊”。期刊论文的 SCI 检索率为 100%。

**学科发展研究** 2013 年，学会组织专家先后完成“关键材料升级换代”重大工程实施方案总报告 1 份，新能源、生物、信息、现代交通和节能环保等重点发展领域的新材料分报告 20 余篇，共 30 万字。经专家组多次讨论，确定新一代信息技术产业、节能环保产业、海洋工程装备产业及新型城镇化建设急需的新型建材包括 18 类急需材料列入升级换代重大工程。

学会编写并出版了《中国新材料产业发展报告（2013）》，围绕新能源、生物医用、电子信息、现代交通和航空航天、节能环保等重点领域，共完成 22 篇专题报告共 30 万字。

**决策咨询** 2013 年，学会受国家发展改革委高技术产业司委托，由中国工程院副院长干勇院士担任组长，10 余名专家组成项目组，为《“十二五”新材料产业化发展规划》项目作决策咨询，获得了“中国科协优秀决策咨询成果奖”三等奖。

**国际学术会议** 9 月 22 ~ 28 日，学会参与主办的国际材料研究学会联合会（国际材联）先进材料大会在山东省青岛市召开。大会共设 33 个分会场，收到论文摘要近 2500 篇，会议论文 752 篇。参会人数 2196 人，其中包括来自美国、欧洲、日本、韩国等 31 个国家和地区的境外专家、学者 500 余人。会议进行了 3 场大会报告和 191 场分会报告，1300 多人在各个分会场作了口头报告，交流墙报论文 1000 多篇。

**国内主要学术会议** 7 月 25 ~ 27 日，学会主办的 2013 年新材料发展趋势研讨会暨第六届海峡两岸新材料发展论坛在吉林省长春市召开，中国科协副主席、学会理事长、中国工程院院士黄伯云，中国工程院院士王国栋、徐惠彬、周玉，学会副理事长、国家自然科学基金委副主任高瑞平，学会副理事长兼秘书长韩雅芳，台湾地区材料科学学会理事长金重勋，香港科技大学工学院副院长李宗津等出席大会并作专题报告。

10 月 10 ~ 13 日，学会和中国宇航学会、中南大学等单位联合主办的第二届航天工程和高性能材料需求与应用高端论坛——探月工程与空间环境、新材料学术研讨会在湖南省长沙市召开。学会理事长黄伯云、副理事长高端平、国家探月工程总指挥于登云等出席论坛。

**国际组织任职** 在 9 月召开的国际材料研究学会联合会全体成员会议上，韩雅芳当选为国际材料研究学会联合会的第二副主席。

**国际交往** 9月22日，在山东省青岛市召开了国际材料研究学会联合会（国际材联）全体成员会议。学会理事长黄伯云，副理事长魏炳波、韩雅芳，副秘书长冯强、武英参加会议。

10月13～16日，学会副理事长韩雅芳、周少雄等6人参加了在法国斯特拉斯堡欧盟总部举办的第四届世界材料峰会，韩雅芳、周少雄、韩恩厚和黄云辉分别作了稀土材料、太阳能材料、核能材料和电池材料方面的专题报告。会议决定，第五次国际材联世界材料峰会将于2015年在中国召开，由学会主办。

**科普活动** 2013年，学会出版了4本科普系列丛书，分别是《新型纺织纤维》、《高性能纤维及复合材料》、《半导体照片材联》、《功能膜及其应用》。

**表彰举荐优秀科技工作者** 学会开展了2013年中国材料研究学会科学技术奖评选活动，评出一等奖1项、二等奖5项，表彰奖励科技工作者52名，其中女性科技工作者23名。

学会推荐的西安理工大学梁淑华获得第13届中国青年科技奖。

**【国际材联先进材料大会】** 9月22～28日，学会参与主办的国际材料研究学会联合会（国际材联IUMRS）先进材料大会在山东省青岛市召开。此次会议是国际材联的重要系列会议之一，每两年举办一次。大会共设33个分会场，收到论文摘要近2500篇，会议论文752篇。参会人数2196人，来自美国、欧洲、日本、韩国等31个国家和地区的500余名境外专家、学者参会，包括现任国际材联主席Osamu Takai、第一副主席Hanns-Ulrich Habermeier、秘书长R.P.H.Chang等全体（7位）执委，以及美国材料研究学会主席Orlando Auciello、欧洲材料研究学会主席Rodring Martins等10位国际材联成员单位的主席。青岛市市长张新起等青岛市政府领导，25位院士出席了此次大会。诺贝尔化学奖获得者李远哲等13位材料科学家在会上作学术报告。

会议进行了3场大会报告和191场分会报告，1300多人在各个分会场作了口头报告，交流墙报论文1000余篇。

会上，材料科学家与当地企业进行了交流与对接，共有15位来自国内高等院校、研究院所的专家介绍了成果，青岛市和山东省其他地市的30多个新材料企业参加了交流对接会。

大会期间，举办了2013年中国新材料博览会，100多家新材料企业参展。

（撰稿人：陈　辉）

## 中国食品科学技术学会

**服务创新型国家和社会建设** 2013年，学会举办了4个继续教育培训班，邀请50余位国内外专家授课，300余名食品界科技工作者参加培训。

共有97名一线科技工作者获得学会食品专业技术职务资格认证，其中3人取得食品专业高级工程师（教授级）资格，49人取得食品专业高级工程师资格，37人取得食品专业工程师资格，8人取得食品专业助理工程师资格。

学会组织业界专家完成对“传统酸菜系列风味方便面创新与发展”等7项科技成果的技术鉴定/鉴评。学会承接了来自国务院国有资产监督管理委员会、中国科协、原卫生部等部委的项目总计18项。学会参与了《速冻面米制品生产卫生规范》、《热加工食品用香味料生产卫生规范》、《食品用菌种生产卫生规范》3项食品安全国家标准的制（修）订。

受国家食品药品监督管理总局法制司委托，学会开展了“完善食品安全分类分级治理制度研究”的课题研究，提出食品安全分类分级治理的具体措施。

学会参与了科技部《食品产业科技创新发展战略》一书的编写工作，该书已正式编印出版。

学会动员会员参与了《食品安全法》的修订，参与《食品安全报告》研讨及食品安全形势报告座谈等工作。

1月5日，学会主办了2012年公众关注的食品安全热点点评媒体沟通会，此项工作获有关部门表扬，被称为“中国食品安全的正能量”。

3月9日，学会与中国经济网共同举办了两会议食厅——2013年两会代表委员食品安全恳谈会。会上，两会代表（委员）、专家与媒体多方互动，为促进我国食品安全提出意见和建议。

学会联手杜邦公司营养与健康部、李锦记（中国）销售有限公司、福建盼盼食品集团、康师傅控股有限公司，推进4项学生创新竞赛，分别以“营养与健康”、“休闲食品”、“烘焙食品”、“传统风味小吃”为主题词进行创新产品的研制。全国40多所食品专业院校有近万名师生参与了竞赛。

**学会能力提升计划** 学会2012年获得了中国科协学会能力提升专项“优秀科技社团”三等奖，2013年，学会制定了专项资金管理办法，明确工作思路，制订工作进度安排，将学会能力提升项目的执行和学会工作能力的提升相结合。截至2013年12月31日，二期项目（跨年度）

按任务书规定进度有序推进，主要有：参与到国家级“食品安全”体系建设中，开展食品安全决策咨询工作，召开2013年国际食品安全论坛，提出《加大对食品安全的公众科普，维护社会稳定》的政策建议；承接政府委托项目，参与食品安全相关标准工作，完成行业诚信管理体系方便面生产企业实施指南的编写工作；创新机制，开展食品安全的危机应对，参加科学家与媒体面对面活动，以安全分析的方式帮助行业建设风险预防机制，针对食品安全弱项，开展继续教育；通过“建网、建库、建团队”的方式，建设食品安全公众科普体系，成为国家食品安全科普工作中的主力军。

**学会建设** 2013年，学会发展高级会员15人，团体会员14个，高级会员总数达508人，团体会员总数达126个。

学会召开了1次组织工作会议，完成了乳酸菌分会、功能食品分会和果蔬加工技术分会的换届工作，成立了非热加工技术分会。

**学术期刊** 3月，《中国食品学报》被美国《工程索引》（EI）正式收录。《中国食品学报》获中国科协精品科技期刊工程项目资助。5月，美国食品科技学会前主席Herbert Stone博士受聘担任《中国食品学报》的海外编委。

**学科发展研究** 2013年，学会第四次承接中国科协2012—2013年学科发展研究分学科项目“食品科学技术学科发展研究”，提出了中国食品工业未来5年的五大发展趋势。

**决策咨询** 2013年，学会参与中国轻工业联合会组织的课题《2013—2020年食品工业技术进步发展指导意见》的编制，具体负责“方便食品”领域工作，对方便食品加工过程中关键技术进步提出了指导意见。

自11月起，学会每周向国家食品药品监督管理总局食品监管三司提供《食品安全热点解析周报》，为国家食品药品监督管理总局在食品安全监管工作中的风险预警、风险交流以及食品安全形势分析提供科技支撑。

**国际学术会议** 4月18～19日，学会与国际食品科技联盟、国家食品安全风险评估中心在北京共同主办2013年国际食品安全论坛，来自国内外食品卫生、科技、企业界及相关管理部门的500余人参会。论坛包括12个大会报告、64个专题报告。

9月6日，学会与美国驻华大使馆农业贸易处第三次共同举办中美食品配料研讨会，将关注点聚焦在杂粮与全谷物的应用上。

10月29～31日，学会与美国食品科技学会共同主办的中国食品科学技术学会第十届年会暨第七届中美食品业高层论坛在江苏省南京市召开，750余人参加会议，提交学术论文230篇。

**国内主要学术会议** 2013年，学会主办了5次国内学术研讨会，总计1700余人次参会，征集论文400余篇，其中18篇论文获奖。

5月22～24日，学会主办的第八届乳酸菌与健康国际研讨会在四川省成都市召开。学会理事长孟素荷等出席会议，250余名专家、学者参会，征集论文57篇。孟素荷在开幕式上致辞。会上，为何国清、丁圣、平野晋三人颁发了乳酸菌支撑奖、乳酸菌创新贡献奖、乳酸菌行业科学传播奖。

8月27日，学会主办的2013年全球华人保健（功能）食品科技大会在北京召开。此次大会以“功能食品，膳食营养与人体健康”为主题，旨在夯实保健食品的科学基础，为国民健康与生活质量的改善有所作为。来自我国大陆、香港特别行政区、台湾地区的华人科学家、学者和企业家共200多人参会。会议征集论文150篇，内容涉及功能因子筛选、功效及安全性评价、保健食品活性成分的作用机理、传统食材的功能活性探索、新资源食品与生物技术以及膳食补充剂的研发等。学会理事长孟素荷、学会功能食品分会理事长刘昕、学会副理事长孙宝国、北京大学工学院院长张东晓等出席开幕式。大会由学会功能食品分会常务副理事长兼秘书长陈峰主持。

9月5～6日，学会主办的第十三届中国方便食品大会暨方便食品展在北京召开。中国工程院院士陈君石、孙宝国等出席会议，550余人参加会议。

**两岸交流** 11月19～24日，在学会和台湾食品工业发展研究所的共同推动下，第五届两岸食品产业合作及交流会议在我国台湾地区新竹市召开。学会代表团由学会理事长孟素荷带队，工业和信息化部消费品工业司司长王黎明、学会副理事长胡小松、学会秘书长邵薇、学会常务理事郭翔，以及来自艺康中国投资有限公司、亨氏（中国）投资有限公司、天津春发生物科技集团有限公司、福建安井食品股份有限公司等企业和来自浙江大学、江苏大学、浙江省农科院食品所等高校和科研机构的专家、学者，参加了会议交流与参访。两岸专家、学者一致认为，中华传统食品工业现代化是两岸食品人的共同使命，并提出了共同的目标——承古风、留美味、兴中华、传世界。

**国际交往** 3月12～16日，应国际食品科技联盟学术委员会前主席、印度国立食品科学研究院前主任V.Prakash教授的邀请，学会组团赴印度孟买参加了印度营养品与天然提取物国际大会（Nutra India），并对当地的食品产业进行了考察。

7月11～16日，应美国食品科技学会（IFT）邀请，学会副理事长、国际食品科技联盟主席饶平凡率领学会代表团赴美国参加美国食品科技学会2013年年会暨展览会，并到明尼苏达州对相关单位进行了访问，了解美国食品科技与产业发展趋势，与美国食品科技学会细化了未来深入交流的合作计划。

**科普活动** 2013年，学会组织召开和参与了5次媒体沟通会，包括1月5日召开的2012年公众关注的食品安全热点点评媒体沟通会，4月19日举办的以“全球食品安全的科学认知”为主题的科学家与媒体面对面活动，6月23日举办的以“中国乳品的信任之旅”为主题的科学家与媒体面对面活动，9月4日举办的方便食品中的科学和快乐——媒体面对面活动，11月5日召开的中国风味的探索之旅——科学家与媒体沟通会。通过媒体向消费者传递权威真实的食品安全信息。

5月30日，媒体报道称多款知名品牌所用的双层纸制品外层纸的荧光性物质含量超标，学会与央视焦点访谈合作，邀请中国农业大学教授沈群从科学的角度对此热点问题进行了回应。

6月17～23日，在全国食品安全宣传周期间，学会以专家报告、专家咨询、科普展区、科普挂图、科普书籍等多种方式参与科普活动，宣传全面、科学的食品安全相关科学知识。

学会认证了5个全国食品安全科普教育基地，包括北京三元食品股份有限公司、李锦记（新会）食品有限公司、烟台欣和企业有限公司、康师傅控股有限公司以及养乐多（中国）投资有限公司等。

2013年，学会手机报共上传200条信息，约60余万字，订阅量达4万余人。学会集成了食品安全方面的科普资源4000余条，营养与健康领域的2万余条，完成了《明明白白看明胶》、《如何选择安全的食品》2集科普动画片制作，完成《方便的美味》、《冷冻的新鲜》2本科普读本的编印，印发科普宣传折页1万余册。

学会获得2013年中国科协“全国科普工作优秀单位”称号。

**表彰举荐优秀科技工作者** 学会于2012年首次获得国家科学技术进步奖推荐单位资格，2013年，学会推荐的南京农业大学教授周光宏课题组科研成果“冷却肉品质控制关键技术及装备创新与应用”获国家科学技术进步奖二等奖。

经严格的推荐评审，王竹天等12人荣获“2013年度中国食品科学技术学会科技创新奖——突出贡献奖”，宗馥莉等9人荣获“2013年度中国食品科学技术学会科技创新奖——杰出青年奖”。同时，评选出优秀论文18篇，其中一等奖6篇、二等奖6篇、三等奖6篇。

4月，学会向陈君石、孙宝国2位院士颁发了“科学精神奖”，向3位媒体人颁发“科学传播奖”。10月，学会授予《躲不开的食品添加剂》等3部作品“2013年度食品科技优秀科普作品”称号。

经学会推荐，学会理事陈颖获得第十三届中国青年科技奖。

**【2012年公众关注的食品安全热点点评媒体沟通会】** 1月5日，在国务院食品安全委员会办公室和中国科协的指导下，学会主办了2012年公众关注的食品安全热点点评媒体沟通会。会议邀请中国工程院院士孙宝国、国家食品安全风险中心刘秀梅、国家食品安全风险评估中心主任助理王竹天、北京大学工学院食品与生物资源工程研究所所长陈峰等12位专家，以科学的视角对2012年的12个食品安全热点进行逐一解读。来自中央电视台、中央人民广播电台、《人民日报》、人民网、《中国食品报》、新浪网、腾讯网、搜狐网等数十家媒体的记者参加会议并与专家进行了讨论。

与会专家强调，中国食品安全的最大危机是消费者对食品工业的信任危机，针对食品安全的许多误解，企业界、科技界和媒体都应承担重要责任。科学认知我国的食品安全形势已刻不容缓。

本次会议解读的12个热点中真正的食品安全事件仅有2件，说明我国食品安全形势整体稳中向好。此项工作对媒体形成正面引导，获有关部门表扬，被称为“中国食品安全的正能量”。

**【2013年国际食品安全论坛】** 4月18～19日，学会与国际食品科技联盟、国家食品安全风险评估中心共同在北京举办了2013年国际食品安全论坛。此次会议得到了工业和信息化部、科技部、原卫生部、中国科协、中国轻工业联合会、世界卫生组织等相关部委和组织的支持。

本届会议以“食品安全风险控制和标准建设”为主题，来自海内外食品卫生、科技、企业界及相关管理部门的代表400余人参会，其中包括来自16个国家的57名外宾，参会人数相对上届会议增加了10.6%。本届论坛包括12个大会报告和64个专题报告，共有28人（次）的国外专家和48人（次）的中国科技界、企业界人士进行了演讲。

会议对应我国食品安全管理的重点和难点，强调了企业作为责任主体，预防重于应对的核心问题——风险控制，突出了近期中国食品安全监管急需破解的难题——标准建设。会议认为，这两项内容既需要严谨、扎实的科学实践，更需要在此基础上各方进行必要论证和充分的争鸣。而进行食品安全风险交流与报道离不开媒体，其前提是媒体对行业的充分认知，力求报道内容的客观、公正、准确。

会后，学会整理形成了《加大对食品安全的公众科普，维护社会稳定》的政策建议。

**【第 13 届中国方便食品大会暨方便食品展】** 9 月 5 ~ 6 日，学会主办的第 13 届中国方便食品大会暨方便食品展在北京召开。会议由行业分析和专家权威报告、方便面等五大专业交流、媒体面对面、新品及创新趋势发布行业精品展览 6 个板块组成，全方位地展示了方便食品产业的科技、安全、创新与品质，为市场、标准、创新、风险评估、科普等共性话题搭建了交流平台。大会得到了国家发展改革委、工业和信息化部、国家卫生和计划生育委员会等部门的支持。中国工程院院士陈君石、孙宝国等专家出席会议，100 余家企业的代表总计 550 余人参加会议。

学会理事长孟素荷在会上表示，方便面行业年前就显现出增长乏力、自我修复能力不足的疲态，但产品结构的调整有了重大进展，体现在传统与自然风格的新品开发上。这也使中国方便面逐渐摆脱了单一的“价廉与方便”，向传统、自然、健康的特征靠近。2013 年上半年全行业销售额小幅上升。冷冻调理食品行业 2012 年总产值达 584 亿元，同比增长 17%。孟素荷预测，冷冻调理食品行业在持续两年的中速成长后，2013 年力求向上冲击，回归高增长，2013 年有望高于食品工业的平均增长水平。

**【中国食品科学技术学会第 10 届年会暨第 7 届中美食品业高层论坛】** 10 月 29 ~ 31 日，学会与美国食品科技学会共同主办的中国食品科学技术学会第 10 届年会暨第 7 届中美食品业高层论坛在江苏省南京市召开，会议包括 2 个会前培训班、研究生论坛、2 个大会报告、5 个分论坛、5 个研讨会、5 个技术专题会，来自科研与产业界 750 余人参加会议，提交学术论文 230 篇。

会上，业界专家提出，中国食品科技水平的迅猛发展正成为助推中国食品工业整体水平实现跨越式发展的源动力。现阶段，我国食品科技界应着力实现从多个层面构筑科技与产业对接的主渠道。

（撰稿人：莫英杰）

## 中国粮油学会

**服务创新型国家和社会建设** 3 月，学会受国家粮食局委托，编写了《粮食仓储设施建设统一技术要求》。

4 月起，学会组织专家调研，参加国家粮食局“粮安工程”规划的编制工作，撰写“粮安工程”重大问题研究的粮食信息化研究、粮食应急体系研究、仓储设施建设规模研究、物流设施建设规模研究部分，组织撰写了《“粮安工程”建设规划拟推广新技术研究》。

11 月 16 ~ 17 日，学会在河南工业大学举办了第一届粮油食品 SCI 科技论文写作技能培训班，邀请美国内布拉斯加大学博士 Rolando Flores 等 3 位外籍专家授课，并组织河南工业大学博士田少君等 5 位优秀留学归国的学者开展专题培训。中国农业大学等 7 所院校 130 余名师生参加了培训和专题讨论。

12 月 14 ~ 16 日，学会协助国家粮食局组织开展 2013 年度粮食行业自然科学系列、工程技术系列高级专业技术职称的评定工作，评出研究员 14 人，副研究员 5 人。

学会应企业要求作了 5 项产品的监制，组织专家到广州泰邦食品添加剂有限公司进行实地考察，对所监制的产品进行技术把关，将发现的问题反馈给企业。油脂分会针对中粮集团、益海嘉里集团有限公司、山东鲁花集团有限公司、广州泰邦食品添加剂有限公司等企业在生产或工作中遇到的技术问题，组织专家进行现场诊断研讨，提出了咨询意见。学会与天津粮油学会共同召开了第六届天津大型油脂企业座谈会，总结企业的生产、效益、技术等情况，使企业了解了新的先进技术和管理理念。学会针对某些油脂企业被举报营养标签不合格等问题，组织专家论证并提出意见，被当地有关部门接纳，维护了企业的利益和消费者的权益。

学会发酵面食分会举办了第三届“安琪酵母杯”中华发酵面食大赛，并利用大赛开展技术培训。来自海内外的 1000 余名参赛选手和 50 多家企业报名参与，除北京市、上海市、四川省成都市、广东省广州市、辽宁省沈阳市、湖北省宜昌市等城市赛区外，我国台湾地区台北市、菲律宾马尼拉市、新加坡、马来西亚吉隆坡市等地也有选手报名参赛。经过 30 场预选赛，评选出团体赛金奖、银奖、铜奖各 1 名，优胜奖 5 名，决赛入围奖 5 名，个人赛冠军奖、亚军奖、季军奖各 1 名和最佳创意奖 8 名。

2013 年，在北京市、湖北省宜昌市等 6 地共举办 166 场专业面点加工技术培训班，培训人数达 3526 人次。开展了 68 场发酵面食科普 DIY 体验活动，参与人数达 1926 人次。

学会发酵面食分会秉承“面点师之乡”的品牌活动，在湖北、安徽等 13 个省的 32 个县继续开展发酵面食科普宣传等系列专题活动，1 万多名面点师参加，超过 20 万农民现场观摩。

**学会能力提升专项** 2013 年，学会落实中国科协能力提升奖补资金计划中的项目，包括提高《中国粮油学报》质量，推进精品期刊建设和国际化进程，开展科技成果评价工作等13个项目，并基本达到预期目标等。8月，学会通过了中国科协该专项的绩效考核。

**学会建设** 10月28日，学会在北京召开第七次全国会员代表大会暨第七届学术年会。330余名会员代表参加了会议。会议选举产生学会第七届理事会理事243人。

**学术期刊** 2013年，《中国粮油学报》共出刊12期，载文296篇，基金论文数量237篇，基金论文占比80.1%。《中国粮油学报》重视编辑业务培训和能力提升，不断完善网站和在线审稿平台，在网站首页刊登当期学报的目录，补充完善审稿专家库，扩大粮油学科边缘领域和交叉学科领域的审稿专家队伍。

3月，《中国粮油学报》成为美国《工程索引》（EI）的源刊，是第一批被EI收录的中文食品类学术期刊。根据中国科学文献计量和评价研究中心和清华大学图书馆联合发布的2013年《中国学术期刊影响因子年报》（自然科学与工程技术），《中国粮油学报》的影响因子提升为1.035，排名在本学科前列。

**决策咨询** 2月，学会向国家粮食局提交了《关于应对木本油料大规模上市对植物油供求和市场的影响以及可能出现的购销等新情况的措施建议》的报告，提出了5条对策措施，国家粮食局采纳了相关建议。

学会协助答复了全国政协委员提案关于《大健康产业的发展和建议》的背景资料部分。学会为四川省资阳市、贵州省石阡县、江西省万载县、山东省永城县、安徽省霍山县等地提供政府咨询报告7份。

**国内主要学术会议** 2013年，学会及其分支机构组织召开的学术会议主要有：中国粮油学会第七届学术年会，首届粮油仓储管理提升高级研讨会，第二届粮库智能化建设与应用研讨会，第八届中国米粉、粉丝产业发展大会，第五届中国粮油标准质量学术年会，中国粮油测控技术研讨会，油脂分会第22届学术年会暨产品展示会，第七届发酵面食产业发展大会，2013' 中国粮食与食品产业创新技术研讨会，变性淀粉产业技术经验交流会，饲料分会2013天目湖饲料科技论坛暨学术年会，2013年全国粮油产销企业订货会暨全国粮油商联谊会等14次学术交流会，参会专家、学者共计2318人次，交流论文327篇。

**国际交往** 2月26日至3月1日，学会选派河南工业大学教授王凤成出席了在匈牙利布达佩斯召开的第四届欧盟食品质量与安全（MoniQA）国际学术会议。此次国际研讨会的主题为“气候变化、粮食安全和经济危机下的食品安全”，来自40个国家的200余名专家、学者参加了活动，并就食品安全、粮食安全、经济发展和全球化展开了交流和研讨。

6月12～14日，学会派员出席在国际谷物科技协会（ICC）总部奥地利维也纳召开的ICC技术委员会会议、ICC与奥地利自然资源和生命科学大学（BOKU）食品科学与技术学院共同举办的第三届无麸质谷物食品和饮料产品国际研讨会。

8月24～30日，学会常务副理事长兼秘书长胡承淼率团参加了在澳大利亚珀斯召开的2013 ICC国际会议暨第63届澳大利亚谷物化学大会，来自17个国家和地区的200余名谷物育种、加工、食品及其相关交叉学科的专家、学者参加会议。学会代表团提交的3篇论文被大会论文集收录，河南工业大学教授王凤成受邀作为大会学术委员会委员，共同主持了流变学/功能/加工特性分会场。学会与ICC秘书长罗兰·鲍姆斯就2014年在湖北省武汉市举办全谷物食品论坛，邀请学会参加ICC 2014年、2015年国际学术交流活动和项目工作会议，增加ICC中国执委席位等问题进行了磋商。学会代表团还应邀参观了邦格拉（Bungunlla）农场、IL Granino Bakery面包厂、凯利斯（Kailis）有机橄榄农场及其榨油厂、澳大利亚烘焙研究所，并进行了学术交流。

学会推荐了河南工业大学教授王凤成、屈凌波，武汉轻工大学教授刘英、丁文平，中国农业科学院农产品加工所教授王强，国家粮食局科学研究院研究员谭斌等6位专家加入ICC新成立的亚太区专题工作组（共由8人组成），推动ICC亚太区工作的进展，重点研究亚洲传统蒸煮食品的进展，推动东方传统食品，特别是中国传统蒸煮食品走向国际化。

2013年中加杂豆项目合作取得了实质性的进展，学会和加拿大杂豆协会同意将加拿大杂豆面条，馒头和饼干项目作为第一轮项目启动，并于5月确定了加拿大萨斯卡通省杂豆种植协会为项目投资方。

**科普活动** 2013年，学会举办科普宣讲活动157次，专题展览34次，流动科技馆巡展12次，开展科技咨询70次，宣讲活动受众人数21万人次，覆盖902个村和29个社区，参加活动的科技人员358人次。学会编著了科技图书3种、科技报纸1种，总印数10000份；编印科普挂图3种，总印数400张；制作科技光盘3种，共200张；设立科技网站8个，浏览人数达322万人次。

**表彰举荐优秀科技工作者** 10月31日，学会储藏分会向首届获得“新苗奖”和“铸才奖”的个人颁奖，2013年度共奖励22名学生。

11月30日至12月1日，学会组织开展“2013年度中国粮油学会科学技术奖”综合评审，经过严格评审程序，评选出推荐获奖项目29个：其中，一等奖5个、二等奖9个、三等奖15个。

**学会创新发展** 7～10月，学会开展了“加强培育举荐科技人才，促进行业尽快产生院士”的调研工作。学会组织专家和相关人员反复研究并制定了调研方案，成立了由学会常务副理事长兼秘书长胡承淼为组长的调研小组，确定了调研对象、内容、方式和时间。向粮食系统知名专家、学者通过电子邮件和现场发放的方式发放调查问卷118份，收到反馈意见83份，反馈率71%。学会在江苏省无锡市、湖北省武汉市、河南省郑州市和北京市走访调研，召开了4次座谈会，57名专家参加，研讨培育举荐途径，并撰写了调研报告。报告分析了粮食行业培育举荐院士的重要性、紧迫性，分析了目前粮食行业培育举荐院士工作存在的不足，提出加快培育举荐粮食行业院士的措施建议，形成培育举荐粮食行业院士人选名单的初步意见。

**【中国粮油学会第七次全国会员代表大会暨第七届学术年会】** 10月27～29日，中国粮油学会第七次全国会员代表大会暨第七届学术年会在北京召开。大会的主题是“创新驱动与粮食安全”。国家粮食局党组书记、局长任正晓，中国科协党组成员沈爱民出席大会开幕式并讲话。国家粮食局党组成员、副局长卢景波，中国科协、国家粮食局有关部门负责人，有关省市粮食局负责人和全国各地的会员代表330余人参加了会议。学会六届理事会理事长朱长国主持会议。

大会特别向由学会推荐的第五届中国科协“全国优秀科技工作者奖”获奖者、武汉轻工大学教授何东平和安琪酵母股份有限公司董事长俞学锋颁奖，并为“2012年度中国粮学会科学技术进步奖”获奖代表颁奖。

会员代表大会审议通过了中国粮油学会第六届理事会工作报告、会费收支情况报告、关于会员缴纳会费的有关规定，选举产生了学会第七届理事会理事243人。第七届理事会第一次会议选举产生了常务理事88人，选举张桂凤为理事长，选举胡承淼、杜政、唐瑞明、唐民强、张元、曾其林、鞠兴荣、金征宇、潘洪亮、栗明、王进、胡新民、丹志国、宫旭洲、俞学锋、谢松柏为副理事长，选举胡承淼兼任第七届理事会秘书长。聘请任正晓、朱长国为名誉理事长，徐鸣等23人为顾问。

学会理事长张桂凤作了题为《全面实施创新驱动发展战略，努力提供粮食安全科技支撑》的报告，提出了对今后工作的设想。

学术年会以“创新驱动与粮食安全”为主题，邀请国家粮食局流通与科技发展司司长何毅作了题为《粮安工程与粮食公益性行业科研专项》的报告，学会顾问、油脂分会会长王瑞元作了题为《粮油加工业在发展中应处理好的几个问题》的大会特邀学术报告。学术年会分为6个分会场，食品、油脂、储藏、粮食物流、发酵面食、信息与自动化、玉米深加工和米制品等分会分别进行了学术交流或召开了工作会议。

（撰稿人：张　勇　魏　然）

## 中国职业安全健康协会

**服务创新型国家和社会建设** 2013年，在协会备案并已经启动建设全国安全社区的单位达2335个，涉及人口1.35亿人，2013年启动建设的746个。2013年新命名全国安全社区98个，总数达到458个，其中31个属于农村型或涉农社区，占31.6%，是历年来比例最高的一年。

2013年，协会共举办培训班12期，培训人员1670人次。包括4期职业卫生监管执法业务培训班、3期国有重点煤矿企业职业卫生管理人员培训班、3期全国安全社区建设标准和方法培训班、2期内蒙古自治区职业卫生技术服务机构检测和评价人员资质培训班。

协会承担中国工程教育认证协会安全类专业认证分委员会秘书处工作，组织完成了对首都经贸大学、安徽理工大学、西安科技大学和北京理工大学4所高校安全工程专业的认证工作。

协会完成了对石油行业安全生产标准化评审人员和专家进行资格认定，完成了所管理的陆上石油和海上石油共7家一级安全生产标准化评审单位的资质认定和登记工作。共受理中国石油、中国石化所属的88个单位安全生产标准化一级企业的申报工作。

协会下发申报2013年职业卫生行业标准制修订计划项目的通知，累计征集到46项标准的立项申请。

协会完成国家安全生产监督管理总局职业健康司委托的100个建设项目职业卫生“三同时”（职业病防护设施与主体工程同时设计、同时施工、同时投入生产和使用）审查，先后组织专家500余人次对报告进行函审或现场评审，组织专家调研，并起草了《建设项目建设期职业病危害编制要求》（试行），该文件已正式发布。

协会与国家安全生产监督管理总局职业安全卫生研究中心合作，先后完成了广西壮族自治区右江、百色，山西省晋城、阳泉等有关煤矿的作业场所粉尘管理限值现场调研工作。召开3次研讨会，及时总结调研过程中的问题。已经完成调研报告的主体内容。

协会接受国家煤炭安全监察局委托，开展关于煤矿工人劳动防护用品安全性调研项目，组织了4个调研组，分赴黑龙江、辽宁、湖南、江西、山西、陕西、安徽、四川等8个省的50余个国有重点、乡镇煤矿进行调研，了解工人必备的矿灯、安全帽、防尘口罩、工作服、自救器、胶靴等6种防护用品的生产、检测、使用、监管等环节的现状、存在的主要问题，提出建议、措施。

协会完成延长石油职业安全健康发展规划报告，完成了项目的立项申请，制定出该项目的研究方案、工作计划、内容要求等文件，组织实施了项目论证会、项目启动会和5个工作组的3次现场调研，以及各专题的会议研讨工作。9月30日完成了5个专项规划的撰写。

**学会建设** 2013年，协会新增副理事长单位2个、常务副理事长单位4个、个人常务理事2名、单位会员6个、个人会员24名。协会会员总数达4529名，其中个人会员1906名，单位会员1369个，网站注册会员1254名。

2013年，协会成立了职业卫生技术服务分会。工业防毒专业委员会完成换届。协会向全国专业标准化技术委员会申请筹建职业健康分技术委员会。

2013年，协会网站上传信息300余篇，新增职业卫生技术服务分会栏目。

协会组织编撰了《中国职业安全健康协会成立三十周年纪念画册》，记录协会30年的发展历程以及在职业安全健康领域所取得的成绩和进展。

**学术期刊** 《中国安全科学学报》复合总被引频次为5927，复合影响因子为1.095。《中国安全科学学报》首次取得中国科协精品期刊资助项目的申报资格，并获选“百种中国杰出学术期刊”和“RCCSE中国核心学术期刊”。

**国际学术会议** 12月4～6日，协会工业防尘专业委员会参与主办的第十二届上海国际袋式除尘技术与设备展览会暨研讨会在上海举行，来自美国、英国、德国、法国、澳大利亚、意大利、韩国、日本，中国大陆、香港特别行政区的近百家企业、多家专业媒体（杂志、网站）参加。协会工业防尘专业委员会挂靠单位中钢集团武汉安全环保研究院有限公司组团参展，宣传在粉尘治理领域拥有的专有技术、工程案例以及《工业安全与环保》期刊等。协会副理事长伊烈、工业防尘专业委员会主任王晓轩出席了开幕式并剪彩，工业防尘专业委员会委员13人参加了展会。展会期间，举办了中国燃煤电厂袋滤技术十年回顾研讨会，围绕袋滤技术在燃煤电厂的十年应用进行总结和回顾，探讨了环保、除尘方面的技术、工艺、设备等相关问题。

**国内主要学术会议** 10月24日，协会组织召开了2013年度学术年会。本次年会以“加强交流合作，促进安全健康”为主题，210余人参加，34位专家、学者在主会场和安全科技、安全管理、职业卫生3个分会场进行学术交流。会议论文集收录了170篇论文，与2012年相比增加了70篇。

11月10日，协会与中国环境保护产业协会、中国声学学会环境声学分会在福建省福州市共同主办第十三届全国噪声与振动控制工程学术会议。

**两岸交流** 6月3～8日，协会组织5人代表团访问台湾地区“中国劳工安全卫生管理学会”，双方签署了合作意向框架协议，以推动两岸交流及提升职业安全健康水平。

7月15日，协会理事长张宝明在北京会见了台湾地区“中国劳工安全卫生管理学会”理事长张振平一行8人，双方就开展台资企业主要负责人及职业卫生管理人员的培训项目和落实6月3日签订的合作意向框架协议进行了商谈。

11月，协会秘书长肖克源带队赴香港特别行政区参加第二十一届海峡两岸、香港及澳门地区职业安全健康学术研讨会（又称两岸四地职业安全健康研讨会）。肖克源在大会演讲中介绍了中国职业安全健康协会的主要业务，表达了与两岸四地各机构深入开展交流合作的愿望，并主持了K2时段的主题演讲和问答。协会代表团出席了两岸四地职业安全健康合办机构年会并就修订《合办机构章程》、下届年会筹备等议题发表意见。肖克源还接受了香港《绿十字》杂志的采访。

**国际交往** 5月，协会副理事长刘根元带队赴加拿大出席全美工业卫生年会暨展览会（AIHce），会议期间，刘根元一行与会议主办方美国工业卫生协会（AIHA）秘书处领导会面，双方就2004年签署的合作备忘录探讨进一步合作意向。应美国安全工程师学会（ASSE）邀请，刘根元赴美国与该协会签署了双边合作意向书。

10月，协会副理事长伊烈带队赴印度尼西亚出席了第28届亚太地区职业安全健康学术大会（APOSHO28）。大会主题是“加强安全文化建设，促进可持续发展”。伊烈及2位团员出席了全体会议、教育培训专业委员会会议及相关技术分会。

10月，协会派团赴墨西哥参加第21届国际安全社区大会。会议主题是“开展预防工作，构建更安全的环境”。代表团与世界卫生组织WHO社区安全促进合作中心主席温思郎进行了会谈，双方就撤销认证中心、实行认证员制度、调整收费标准、规范认证程序和认证时间、命名仪式安排要求等进行了交流。双方还就协会提交申请的10个社区的认证安排达成了一致意见。

11月6日，美国安全工程师协会（ASSE）理事长Kathy Seabrook女士一行4人访问协会，协会理事长张宝明主持会谈了合作事项。双方对5月份签订的《合作意向书》进行了讨论，并签署了《合作备忘录》。双方计划推进两国职业安全健康行业发展，提升专业人士的经验、水平和能力，互相参加学术会议，互赠学术期刊，探索开展ASSE培训课程，开展专业人员认证和互认，共同举办专业活动等方面合作，以促进减少工作场所伤亡和职业危害，创造更加安全健康的职业环境。

协会防火防爆专业委员会协助组织相关人员赴美国、匈牙利参加了2次国际交流活动。

**表彰举荐优秀科技工作者**　2013年，协会开展了“神华杯”科学技术奖评奖工作。该项奖是经国家安全生产监督管理总局和国家科技奖励办公室批准设置的面向全国安全生产和职业健康领域的省部级科技奖项，其中的优秀项目可推荐国家科技奖。经评审委员会的37名专家评审，评出获奖项目102项。其中由中国安全生产科学研究院等5家单位完成的“特大型水利水电工程施工重大事故控制及应急救援关键技术”等14个项目获得一等奖，中国矿业大学等2家单位完成的“煤矿事故防控的不安全行为矫正技术及方法系统研究”等34个项目获得二等奖，中国航天科技集团公司第一研究院等单位完成的“安全生产管理信息系统”等54个项目获得三等奖，227个单位的787人次参与了评奖。

**【中国职业安全健康协会2013年学术年会】**　10月24日，中国职业安全健康协会2013年学术年会在福建省福州市召开。会议传达学习了中央领导同志关于安全生产工作的重要讲话精神和国家安全生产监督管理总局的部署要求，探讨交流了职业安全健康领域的新理论、新技术、新经验，颁发了中国职业安全健康协会科学技术奖。

本次学术年会以“加强交流合作，促进安全健康”为主题。全国各地安全健康科技工作者、媒体、各分支机构代表210余人参会。吴宗之、傅贵、罗云、金哲龙4位专家在主会场作学术报告，34位专家、学者在主会场和安全科技、安全管理、职业卫生3个分会场发表演讲。会议收集学术论文170多篇，与2012年相比增加了70篇。内容涉及安全管理、职业健康政策法规、风险辨识与控制、安全文化与安全社区建设、安全园区、防护技术、安全科技和风险管理体系等方面，已出版论文摘要。

**【煤矿职业危害防治专家学者座谈会】**　10月9日，协会理事长张宝明主持召开煤矿职业危害防治专家学者座谈会，国家煤炭安全监察局副局长宋元明出席会议并讲话。会议的主要目的是加强煤矿职业危害防尘措施的研究，加大降尘力度，达到标准要求，减少和降低煤矿职工得尘肺病，提高全国煤矿职业危害防治水平。

与会专家、学者围绕着如何做好煤矿粉尘综合治理畅所欲言，特别是从基层的角度、科学的角度提出了想法和建议：一是通过宣传、培训等手段，提高领导和职工对粉尘危害的认识；二是加强综合防尘治理；三是加强对物理化学防尘措施的研究，如降尘剂等；四是加大职业危害治理的投入；五是加强个体防护。

张宝明表示，要从保障煤矿工人合法权益的角度出发，高度重视煤矿职业危害防治，要加大力度，通过制定标准，规范管理，提高人的行为安全。要加强技术攻关，提高综合防尘治理技术水平，应用到实践中，加强煤矿职业危害防治。为此要从行为科学管理、技术攻关、标准限值等三个方面，加强煤矿粉尘治理的研究。

（撰稿人：吴艳华）

## 中国烟草学会

**服务创新型国家和社会建设**　5月，学会开展“国际学术交流情况”专题调研工作。转发《国家烟草专卖局办公室关于进行国际学术交流情况调研的通知》，向相关省学会及郑州烟草研究院发放了问卷调查表。10月，对回收的问卷调查表进行了逐一汇总。11月，学会到郑州烟草研究院进行实地走访，当面听取科技人员意见和建议。并于11月底完成调研报告。

11月3～5日，学会根据国家烟草专卖局确定的烟草博物馆“收藏、研究、展示”的职能任务，对上海中国烟草博物馆进行了实地调研，整理涉及博物馆文物的相关资料，针对博物馆缺乏文博类专业人才等问题提出了工作建议。

2013年下半年，学会专卖管理专业委员会围绕“建立和完善专卖内管工作新模式”开展主题学术交流活动，31家单位报送了129项学术成果，其中学术论文107篇、课题成果22项。经过初审、复审与专家评定，评选出优秀论文一等奖5篇、二等奖10篇、三等奖20篇，优秀课题奖6项。

**学会建设**　4月11日，中国烟草学会2013年工作会议暨六届五次理事会议在北京召开。国家烟草专卖局党组成员、副局长赵洪顺出席会议并讲话，学会理事长张辉主持会议，学会副理事长、秘书长董国智作工作报告。江苏省、重庆市、湖南省烟草学会作经验交流发言。

**学术期刊**　2013年，《中国烟草学报》行业战略性课题和重大专项学术论文占总刊载量70%以上，被美国《工程索引》(EI)收录。

《中国烟草学报》在烟草标准化研究中心等单位支持下，联合行业主要科技期刊完成的烟草行业标准《学术论文撰写基本要求》标准化项目，于3月15日正式实施。

为了解行业科技人员对《中国烟草学报》的意见和建议，学会《中国烟草学报》编辑部面向全行业科技人员、大专院校师生、科研单位研究人员，以在线形式进行问卷调查，结合调查结果对影响论文发表因素进行分析并提出改进措施。

**学科发展研究** 4～12月，学会组织工业专业委员会和农业专业委员会有关专家编写完成《2012—2013年烟草科学与技术学科发展研究报告》。

**国内主要学术会议** 9月25～26日，中国烟草学会2013学术年会在湖北省武汉市召开，学会常务理事、行业科技工作者120余人参加会议。10位专家围绕"加强学术建设，促进科技创新"的年会主题作学术报告，并进行现场交流互动。

**国际交往** 9月29日至10月3日，学会组织科技工作者参加在西班牙塞维利亚召开的主题为"开辟烟草科学新领域"的2013年烟草科学研究合作中心(CORESTA)烟气科学和产品技术学组联席会议。与会学者就电子烟、无烟气烟草制品、烟气科学、烟草工艺化学、毒理学等专业领域宣读交流了59篇研究报告，展出17篇墙报文章。中国代表团共有11篇宣讲论文、5篇墙报文章，内容涵盖了毒理学、降焦减害、烟草及烟气化学等领域。

10月13～17日，学会组织科技工作者参加在意大利布鲁法召开的CORESTA农学与植病学组联席会议。来自中国、法国等14个国家的烟草公司、科研机构、大学的150余人参加。会议主题为"负责任的烟叶生产"。会议交流了71篇科技论文，其中大会特邀专题报告2篇，宣讲论文45篇、墙报论文24篇。

**科普活动** 5～11月，学会制作并完成现代烟草物流科普宣传片，片长9分钟，对现代烟草物流各环节及物联网环境下的现代烟草物流建设进行了介绍，形成了具有烟草行业特点的系列原创科普作品。

**【中国烟草学会2013年学术年会】** 9月25～26日，学会在湖北省武汉市举办2013年学术年会。学会常务理事、专业委员会主任委员、省级学会理事长及秘书长、行业科技工作者代表共120余人参加年会。国家烟草专卖局副局长赵洪顺、学会理事长张辉出席年会并讲话。学会副理事长潘家华主持会议。10位专家围绕"加强学术建设，促进科技创新"的年会主题作了学术报告，并进行现场交流互动。年会对各省烟草学会推荐的75篇学术论文以学术年会论文集形式进行了书面交流，对中国烟草学会2012年各专业委员会46篇优秀论文进行了表彰。

张辉在讲话中强调，要针对行业改革发展难点、热点问题开展学术交流，行业学科带头人、首席专家要积极参加学术活动，学会办事机构要在开展学术交流方面开拓思路，改进工作作风，提高服务意识，使学会工作适应行业改革发展的需要，努力把学术年会办成具有吸引力的高质量学术交流平台。

(撰稿人：刘新华)

## 中国系统仿真学会

**学会建设** 2013年，学会召开了4次理事长办公会议、1次专业委员会主任委员工作会议、2次常务理事会议和1次理事会议。增补4名理事、5名常务理事，发展个人会员2574人。经常务理事会确认通过了4个条例《中国系统仿真学会学术委员会条例》,《中国系统仿真学会优秀博士学位论文评选办法》、《中国系统仿真学会仿真科学技术奖奖励办法》、《中国系统仿真学会关于学术不端行为的处理办法》和中国系统仿真学会学术委员会名单。

2013年，学会所属分支机构共举办国内仿真学术会议11次，国际会议1次，参加国际双边研讨会1次，征集论文1600余篇，入选论文集940篇，800余人次参加了学术会议。

**学术期刊** 2013年学会内部出版的学会通讯针对生命系统仿真、仿真一体化平台、中国仿真学科人物、转载《仿真工程与科学国际评估报告》等4个主题，由学会的4位副理事长费敏锐、刘金、刘藻珍、肖田元主编了4期专题，累计印刷近2000册。

英文杂志 *International Journal of Modeling, Simulation, and Scientific Computing*(IJMSSC)，年收稿量近200篇。2013年出版4个正刊、2个专刊，分别是SatoshiTanaka教授担任客座编辑的《虚拟化与仿真》专刊，张霖、宋晓担任客座编辑的《2012亚洲仿真会议》专刊。

在2013年亚洲仿真会议期间，杂志主编及部分编委与新加坡世界科技出版集团相关负责人，就杂志现状与发展进行研讨，针对杂志发行、杂志影响、如何提高文章质量及引用率、如何发挥杂志对学术的引导作用等问题广泛交换了意见。

**国际学术会议** 8月，包括中国工程院院士李伯虎在内的37名中国大陆学者参加了新加坡举行的2013亚洲仿真会议，并在会上宣读了近60余篇学术论文。本次会议由新加坡国立大学和南洋理工大学联合承办。亚洲仿真会议是由中国系统仿真学会（CASS）、日本仿真学会（JSST）、韩国仿真学会（KSS）轮流主办的亚洲顶级仿真会议，每年秋季举行一次。参加本次会议的共有来自中国、新加坡、日本、韩国、德国、马来西亚、荷兰、英国、印度、印度尼西亚、科威特、摩洛哥等十多个国家的100多名学者。8月，亚洲仿真联盟理事会召开第三次会议，来自中国、日本、韩国、新加坡、马来西亚的理事会成员以及特邀代表共10人参加了会议。亚洲仿真会议理事会主席李伯虎主持会议并作工作报告。会议对联盟章程部分内容进行了修订和补充，正式接纳新加坡刚刚成立的“仿真与博弈学会”成为联盟正式成员单位，确定启动联盟通讯（News Letter）的筹备工作，并就联盟进一步国际化、学者及学生交流、网站管理与维护等问题进行了讨论。

10月12～13日，由中国工程院主办，中国工程院信息与电子工程学部、中国系统仿真学会和江南大学联合承办的国际工程科技发展战略高端论坛在江苏省无锡市举办。来自欧美等国家5名仿真领域的专家、中国工程院5位院士及国内仿真领域的专家出席了此次论坛，参加论坛的人数达200余人。会上，来自中国以及欧美地区的9位仿真领域专家作报告。加拿大渥太华大学 Tuncer Ören 作了题为《复杂系统仿真综合耦合的概念：声明式模型的可能性及优势》的大会报告。中国工程院院士、清华大学教授吴澄作了题为《复杂生产制造/过程系统基于智能建模和优化方法的一体化求解》的大会报告，美国乔治亚理工学院教授 Richard M.Fujimoto 作了题为《并行离散事件仿真：潜力和挑战》的大会报告，中国工程院院士、香港中文大学教授徐扬生作了题为《空间机器人的仿真技术》的大会报告，德国慕尼黑联邦国防大学教授 Axel Lemann 作了题为《建模仿真的质量保证——校核与验证的需求和解决方案》的大会报告，中国工程院院士李伯虎作了题为《复杂系统高性能仿真计算机系统研究》的大会报告，中国工程院院士、东北大学教授柴天佑（王宏教授代）作了题为《用于复杂工业指标预测与决策的混合仿真平台》的大会报告，英国阿伯丁大学教授 Jürgen Kurths 作了题为《域稳定如何补充线性稳定理论》的报告，美国加州州立大学教授 Ralph Huntsinger 作了题为《高级计算机建模仿真语言概述》的报告。本次论坛围绕复杂系统的挑战与对策、复杂系统建模仿真理论与技术、复杂系统对于仿真技术的挑战与机遇等方面的国际前沿问题进行研讨。

**国内主要学术会议**　11月14～15日，由学会主办的“仿真的力量——国防科技工业系统仿真大会”在中航工业发展中心举行。本次大会的主题是“系统仿真助力国防科技工业发展”。来自航空、航天、船舶、兵器、核工业、电子等国防科技工业的系统仿真产、学、研、用单位的专家学者、工程技术人员共300余人出席了大会。大会组委会邀请19位国防科技工业界著名专家作主题报告。有近20家机构参展，展示了系统仿真的应用与研发成果。本次大会会前征集论文，共收到论文100余篇，经大会学术委员会审核，评选出优秀论文7篇，向媒体推荐22篇，共有79篇论文入选大会论文集。

**国际组织任职**　在8月结束的国际建模仿真学会（The Society for Modeling & Simulation International，SCS）新一届理事会选举中，学会副理事长张霖当选为该学会秘书长。SCS秘书长是SCS最高核心决策层——理事会执行委员会成员，协助SCS主席主持理事会日常工作。张霖曾于2012年当选SCS理事。张霖是SCS历史上任此职务的首位非欧美裔学者。

**国际交往**　2013年，美国加州州立大学教授 Ralph C.Huntsinger 受学会邀请为北京航空航天大学和北京信息科技大学继续开设本科生离散系统仿真与应用（Discrete System Simulation and Applications）专业选修课程。

10月14～18日，加拿大渥太华大学计算机科学系教授 Tuncer Oren 受学会邀请，访问北京航空航天大学，期间为师生做了两场学术报告，与李伯虎、王正中等进行了交流，就仿真词条的后续编辑与整理工作进行了讨论，对SCS北航学生分会的工作进行了指导。

12月1～14日，美国佐治亚理工大学 Bernard Zeigler 教授应学会邀请来华进行为期了2周的访问。

**科普活动**　8月18～20日，2013西门子杯全国大学生工业自动化挑战赛在上海市召开。本届竞赛报名参赛的队伍共计413支，涵盖28个省、自治区、直辖市的100余所高校，参赛队伍（高校）比2012年增加12%。设计开发型赛项共计173支队伍参赛，在全国设立华北、华东一、华东二、华南及西北五个分赛区。工程应用型赛项共计148支队伍参赛。工程创新型赛项共计91支队伍参赛，通过专家评审，工程创新型竞赛组、设计开发型竞赛组、工程应用型竞赛组经分赛区选拔后，共有100支队伍进入全国总决赛。本届竞赛邀请了华为、博世等企业的HR专员，在比赛之余为参赛选手进行职业角色转换和模拟面试的专业指导，提升参赛选手全面素质，搭建学企间多元化的交流平台。

**中国科协会员日**　2013年，学会确定2013年的会员日宗旨为“走进会员、凝聚会员、服务会员”。学会将中国科协2013年会员日的主题“改进作风　服务基层”与学会实际结合，确定2013年学会会员日的主题为：会员的成长与发展。围绕主题，学会以及分支机构先后举办拜访学会老领导、老会员，举办会员代表座谈会；开放4个重点实验室，组织会员参观虚拟现实重点实验室；表彰2013年度中国系统仿真学会优秀科技工作者和优秀会员，举办会员日学术报告等活动。

（撰稿人：赵　罡）

## 中国电影电视技术学会

**服务创新型国家和社会建设**　2013年，学会开展广播电影电视工程师资格认证调研，组织编写了《广播电影电视工程师资格认证评审办法》等系列文件，经常务理事会议讨论批准，在学会新经济组织团体会员中试行。

2013年学会组织单位会员内的行业专家承担了国家新闻出版广播电影电视总局《LED影视灯具技术要求和测量方法》、《演播室LED大屏幕技术要求和测量方法》标准制定工作。与使用传统演播室聚光灯相比，使用LED灯具普遍达到降低能耗75%以上的效果。学会深入我国东、西部地区各电视台组织研讨观摩和测试，举办展览会促进供需见面，推荐专家在各电视台中心演播室设计中推广LED技术。

学会与中央电视台联合承担了3D电视制作工艺研究项目，由北京、上海、江苏等电视台和相关企业专家组成项目组，取得阶段性成果。

2013年，学会结合影视制作技术发展实际，组织继续教育培训班6场次，培训结业人数400人次。完成中国科协继续教育基地课程体系项目，充实完善学会继续教育基地建设，取得多项影视制作编辑软件等授权培训资质，培训了一批高端授权培训教师，开展了电视编辑制作资格认证的课程与认证体系研究。

3月中旬，学会在北京举办了电视节目制作技术质量控制培训班。结合金帆奖评奖要求，通过实例，从图像、声音、灯光及后期编辑等方面介绍如何提高电视节目技术质量。

5月，学会围绕全运会电视转播总体规划及公共信号制作等技术问题，在辽宁省沈阳市举办体育赛事转播技术研讨会。

7月，学会为铁道电视中心举办铁路系统新闻摄像与后期制作培训班，铁路影视系统40余名技术人员参加培训。

10月，学会举办了高清摄像技术研修班，中央电视台，四川、河北、重庆、广东、云南、青海、新疆等地方电视台共47名技术人员参加培训。

10月，学会还举办了电视中心技术测试技术研讨会，来自北京和全国各电视台的93名科技人员参会。

2013年，学会为北京市广播电影电视局举办技术能手竞赛举办培训班。内容包括卫星、微波、数字广播、光缆传输和宽带网络技术。学会举办电视科技干部“电视节目技术质量客观与主观评测”、“电视高新技术”、“科技项目管理”等系列培训。北京地区各广播电影电视局和有线中心共129名技术人员参加培训。

**学会建设**　2013年，学会召开1次理事会议和3次常务理事会议。发展6家单位会员，目前单位会员达到112个。发展个人会员200人，会员人数达到2900人。学会在香港特别行政区设立了办事处，在广播电视传媒机构技术总监和专业骨干中发展了44名会员。成立了科技评价工作委员会，恢复了学术工作委员会、组织工作委员会和科普教育工作委员会的工作。4月，学会秘书处制定了联络员工作条例，召开了学会联络员工作会议，表彰优秀联络员，使学会的组织建设、学术建设等工作通过联络员在团体会员单位基层落实。11月，学会举办学会会员日活动，与参会骨干会员就加快会员工作体系建设进行讨论。

10月，学会针对近年来电视制播技术体系的新，组织全国省级电视台召开了电视中心系统测试技术研讨会，筹备成立标准与测试专业委员会；与城市电视台技术协会沟通，筹备成立城市电视台工作委员会；面对广播电视体制的变化，筹备成立广播技术工作委员会。

2013年，学会在专业委员会中开展了组织建设达标和优秀专业委员会评选活动，大力发展专家委员，促进专业委员会的民主建设。

2月，学会开通了中国电影电视技术学会微信平台，加强与会员的沟通。

4月，继2012年成立西部“会员之家”之后，学会向南京广电集团授予华东地区“会员之家”。

**国际学术会议**　5月中旬，与中央电视台联合举办了第20届国际电视技术研讨会（ITTC），230人参加会议。中央电视台台长胡占凡作了题为《推动科技发展创新　构建现代传播体系》的演讲。参会者就影响电视媒体发展与进步的核心、关键和共性技术，采用主题演讲和专业论坛形式进行集中演讲和多向交流研讨。

**国内主要学术会议**　2013年，学会共召开国内学术会议8次，参加人数1230人次，交流论文550篇（含优秀科技论文评选）。

5月30日，学会与松下（中国）公司联合举办高清电视技术应用研讨会，全国省级以上电视台110人参会。

会议交流了我国高清频道开播以来的技术发展现状及未来趋势。

7月中旬，学会节目制作与传输专业委员会举办了第25届西部学术年会，280人参会。会议讨论了推进西部地区高清晰度电视制作与播出技术进步相关议题，出版了论文集。

8月下旬，学会举办以超高清技术引领及综艺节目现场制作为主题的第五届中国视觉效果高峰论坛，国内专家、学者及影视科技人员150人参会。

9月，学会与湖南电视台联合在长沙市举办"电影、电视环绕声制作解决方案——话筒实用技术交流会"，同时开展了"声音制作优秀作品奖"评审。

11月，学会在北京举办了2013年度3D影视作品评奖、颁奖及第三届国际3D技术研讨会，邀请国际3D协会主席一行参会演讲，探讨了3D影视制作关键技术。

11月30日，学会网络与信息技术专业委员会召开"网络新媒体系统应用研讨会"，就云计算平台技术架构设计、电视媒体节目生产管理和三网融合环境下电视台视频运营发展开展探讨。

12月3日，学会联合浙江电视台、安达斯集团有限公司举办全IP网络架构和超高清4K技术在新一代广播电视系统中的应用技术研讨交流会，会议探讨了电视中心的技术架构由传统AV向IP转换的关键技术。

**国际交往** 11月，学会邀请国际3D学会（International 3D Society）总裁Jim Chabin一行参加在北京举办的"国际3D影视技术研讨会"，并颁发中国区3D影视技术与艺术创意奖。

**科普活动** 7月，学会参加了由中国科协在北京主办的第四届科技场馆展品与技术设施国际展览会，重点展示了"神十"太空舱虚拟演播室、3D动画捕捉等系统，与观众展开互动，受到了广泛关注。

9月，学会联合北京市西城区现代教育信息技术中心，举办校园电视台电视科普节目制作技能培训，结合学会自身特点与资源，从科普宣传片的策划、拍摄、剪辑、包装等电视制作全流程对北京市中小学校园电视台一线人员进行系统培训。来自西城区各职业高中、中小学及幼儿园等单位共计95人参加培训。

**表彰举荐优秀科技工作者** 2013年，学会开展了科学技术奖、优秀影视科技工作者、优秀科技论文奖、电视美术灯光设计工程奖、影视声音制作优秀作品奖、立体（3D）影视作品奖、图形制作优秀作品奖、大型电视转播综合技术奖和全国电视节目技术质量奖（金帆奖）共9个奖项评审工作，表彰奖励科技工作者3447人次。

第六届中国电影电视技术学会科学技术奖从83个申报参评项目中经初评、终评，评选出一等奖8个、二等奖16个、三等奖21个，奖励单位92个次、个人564人次。

学会评选出"全国优秀影视科技工作者"22名，从中评选出"全国杰出影视科技工作者"10名。

2013年，影视科技优秀论文奖共收到参评论文595篇。比上届增加49.8%。经过电视、网络、电影、传输、广播、管理6个专业组初评和终评委员会讨论，评选出一等奖24篇，二等奖45篇，三等奖63篇。

2013年，学会对选送的83个工程案例评选出电视美术灯光设计工程奖场馆类、剧场类、演播室类一等奖5个，二等奖20个，三等奖25个。

影视声音制作优秀作品奖共收参评作品74部，评出一等奖9个，二等奖15个，三等奖20个。

立体（3D）影视作品奖共收到33个单位选送的51部作品。按照评奖办法要求，终评评委以记名评分方式共评出电视专题类、电视综艺类、电视体育类、电视广告类、电视动画片类、电影故事片类、电影动画类、电影短片类优秀奖18个，最佳奖7个。

图形制作优秀作品奖分为专业组和院校组两个组别，共征集参赛作品443件。评选出专业组片头包装、在线包装、节目短片作品一等奖5个，二等奖23个，三等奖55个；院校组片头包装、在线包装、节目短片类作品一等奖3个，二等奖12个，三等奖26个。

大型电视转播综合技术奖共收到22部作品，评选出一等奖2个；二等奖4个；三等奖8个。最佳技术方案总设计奖1名。

2013年，学会还首次承接了原国家广播电影电视总局全国电视节目技术质量奖（金帆奖）的评审。经评审委员会对各省市电视台初评后推荐报送的434个节目进行评定，获奖节目共302个，一等奖42个、二等奖108个、三等奖152个。

（撰稿人：陈　默　李慧芳）

## 中国振动工程学会

**学会建设** 根据学会七届三次常务理事会议要求，对会员资料进行了全面整理和网上注册工作，2013年有700名会员注册并缴纳了会费。

8月24日，学会在北京召开七届三次常务理事扩大会议，总结了学会工作，对学会换届、学术年会、专业委员会换届等工作进行了讨论，并作出了相应决定，会议重申了专业委员会等分支机构的工作规范。

2013 年，根据学会章程和《中国振动工程学会分支机构 / 编委会管理办法》，包装动力学专业委员会、随机振动专业委员会、结构动力学专业委员会完成了换届。

**学术期刊** 2013 年，《振动工程学报》出版 6 期，由原来每期发表论文 18 篇，增加至 21 篇。全年共发表学术论文 126 篇，比 2012 年增加 18 篇。《振动工程学报》2012 年总被引频次为 1231 篇，影响因子为 0.576，在力学类 16 种期刊中位居第 5 名。

2013 年，《振动与冲击》出版 24 期，共发表学术论文 820 篇。《振动与冲击》2012 年总被引频次为 2658 篇，影响因子为 0.633，在机械工程类 64 种期刊中位居第 4 名。2013 年底，《振动与冲击》获得 2012 年度中国科技论文在线优秀期刊一等奖，并入选“2013 中国国际影响力优秀学术期刊”。

**国际会议** 8 月 20 ~ 23 日，学会与南京航空航天大学等单位联合主办的第九届振动工程与机械技术国际学术会议在江苏省南京市举行。来自中国、英国、加拿大、乌克兰、韩国等国家和地区的专家、学者 110 余人出席会议，交流学术论文 88 篇。

**国内主要学术会议** 2013 年，学会作为主办单位、支持单位和协办单位，开展了多种形式学术交流，参加人数近 1300 人次，交流学术论文 800 余篇。

7 月 5 ~ 7 日，学会结构抗振控制专业委员会、美国土木工程师学会（ASCE）、国家自然科学基金委联合主办，哈尔滨工业大学承办的第五届创新和可持续土木工程结构国际会议（ISISS–2013）在黑龙江省哈尔滨市举行，参会代表 120 余人，会议出版论文集收录论文 108 篇。

7 月 20 日，学会土动力学专业委员会等共同主办的第八届全国青年岩土力学与工程会议暨青年华人岩土工程论坛在江西省南昌市举行，200 余人参加了会议。

7 月 23 ~ 27 日，学会机械动力学专业委员会在河北省唐山市召开了 2013 国际功能制造与机械动力学会议，与会、学者 124 人。

8 月 24 ~ 25 日，学会在北京航空航天大学召开了 2013 年振动理论与应用高层学术论坛，有 6 位院士在内的 13 位知名专家、学者作了前沿专题高端学术报告，70 人参加会议。

8 月 4 ~ 6 日，学会动态测试专业委员会在新疆大学召开 2013 学术年会，40 余人参加会议，专题学术报告 10 余篇。

8 月 21 日，学会随机振动专业委员会在陕西省西安市举办不确定性的传播与工程可靠性专题研讨会，来自 8 所高校的 33 位学者作了专题学术报告。

8 月 22 ~ 23 日，学会结构抗振控制专业委员会协办，哈尔滨工业大学等单位承办的第二届全国防灾减灾工程学术会议在黑龙江省哈尔滨市举行，参会代表 400 余人，出版期刊论文 286 篇。

8 月 29 日，学会振动与噪声控制专业委员会等联合主办，北京东方振动和噪声技术研究所等承办的 2013 全国虚拟仪器大会暨新一代虚拟仪器——“云智慧仪器”应用大会在北京召开。来自国内外高校、研究所及产业界的共 80 余名专家、学者、工程师参加了会议。此次会议邀请从事虚拟仪器生产、研发的企业进行技术交流并做报告。

11 月 8 ~ 10 日，学会结构动力学专业委员会在广东省广州市召开了 2013 全国结构振动与动力学学术研讨会暨结构动力学专业委员会换届会议。会议由华南理工大学土木与交通学院及亚热带建筑科学国家重点实验室承办，与会专家、学者 50 余人，交流学术论文 31 篇。

**两岸交流** 7 月 17 ~ 21 日，学会非线性振动专业委员会与中国力学学会动力学与控制专业委员会等联合主办，北京工业大学和内蒙古工业大学共同承办的第三届海峡两岸动力学、振动与控制学术会议在内蒙古自治区呼和浩特市举行。参会代表 75 人，论文摘要集共收录摘要 60 篇。上海大学教授陈立群、台湾国立高雄第一科技大学教授冯荣丰、香港城市大学何小桥教授；香港城市大学教授林志华、西北工业大学教授徐伟、上海交通大学教授蔡国平等 6 位专家作了大会特邀报告。其他 40 余位参会代表也针对各自的研究工作进行了专题报告并展开讨论。

**国际交往** 7 月 7 ~ 12 日，学会协办了在泰国曼谷举办的第 20 届国际声与振动学术会议（ICSV20）。学会组织了结构振动与振动控制分会场，学会理事、模态分析与试验专业委员会主任饶柱石等 20 余名会员参加了会议，来自 52 个国家的 492 名专家、学者与会，会议收到论文摘要 934 篇，内容涵盖了声学与振动理论及应用领域，会上交流论文 550 余篇。饶柱石代表学会作了题为《基于听觉导向机制的声定位系统仿生学设计》的大会报告。

（撰稿人：刘　红）

## 中国颗粒学会

**服务创新型国家和社会建设** 10 月 15 日，2013 年颗粒测试与表征技术培训班与第十一届国际粉体工业 / 散装技术展览会同期在上海市举办。本期培训班由中国颗粒学会及颗粒测试专委会共同主办，共有 130 余人参加了本次培训。

10月15～19日，第十一届中国（上海）国际粉体工业/散装技术展览会暨会议在上海市举行。此次展会由中国颗粒学会、纽伦堡会展服务（上海）有限公司、上海环球展览有限公司主办，展会面积4000多平方米，展商总数166个，其中国际展商29个，来自德国、日本、英国、意大利、美国等10个国家，专业观众近7000人次，其中海外观众来自24个国家及地区。

**学会建设** 2013年，学会召开了2次常务理事会、1次理事会，增加团体会员4家、个人会员30人。

**科技期刊国际影响力提升计划** 2013年，学会主办的《颗粒学报》（英文版）获得中国科协“优秀国际科技期刊”二等奖。学报编委会顾问33人（其中国外顾问23人）分别来自中国、美国、加拿大、英国、日本等11个国家，均为颗粒学领域的国际知名专家，其中多人为各自国家的科学院或工程院院士；主题编辑5人，负责组织稿件的评审工作，来自颗粒学不同领域，均为工作在科研一线的专家，其中有4位分别来自美国、英国（工程院院士）、澳大利亚（科学院院士）和加拿大（工程院院士）。期刊审稿专家库有专家2300多人，其中约70%均为国外专家。2013年期刊来稿271篇，发稿100篇，拒稿率大于68%。2013年《颗粒学报》（英文版）的影响因子是1.419。

**学术期刊** 学会现有2种刊物：英文版的《颗粒学报》和中文版的《中国粉体技术》，前者定位为国际化的学术期刊，后者为应用技术研究的行业性期刊。

**国际学术会议** 10月15～19日，第四届中英国际颗粒技术论坛在上海市召开。会议由中国颗粒学会与英国皇家化学会颗粒技术委员会联合主办，上海市颗粒学会与上海理工大学承办。中国工程院院士林宗虎、澳大利亚科学院院士Aibing Yu教授、英国皇家化学院院士RaffelaOcone教授等近100位来自海内外30多个高校、研究机构的专家、学者、科研工作者参加会议。本次会议共入选97篇论文，会议论文集由英国皇家化学会出版社出版，其中部分优秀论文由Particuology和Powder Technology等SCI刊物出版。会议安排了大会报告、分组报告、墙报、企业与科研机构交流讨论会、企业技术产品介绍交流会、参观等多种研讨和交流方式。会议就颗粒科技领域最新进展、共享研发成果和探讨未来发展方向等议题展开了讨论。

**国内主要学术会议** 2013年学会及所属分支机构共举办8次国内学术会议，交流论文511篇，参会人数1190人次。

5月16～19日，第十一届全国气溶胶会议暨第十届海峡两岸气溶胶技术研讨会在湖北省武汉市召开。本次会议由学会气溶胶专业委员会、国际空气与废弃物管理学会中国学会和北京粉体技术协会共同主办。来自中国、美国、日本、德国等国家近300名专家、学者参加。

会议安排了3个专题培训、9个大会报告、90个分会报告，并有7家展商参与了仪器展览。本届会议研讨专题包括了气溶胶物理化学特性及源解析、气溶胶测量与仪器分析、气溶胶污染及监测技术、PM2.5与灰霾、气溶胶与人体健康、气溶胶的气候与环境效应、气溶胶与环境污染控制技术等。

5月25～27日，由中国科协、贵州省人民政府主办的第十五届中国科协年会在贵阳市召开。作为本届年会的第16分会场，由中国颗粒学会、中国颗粒学会颗粒测试专委会、瓮福（集团）有限责任公司、北京粉体技术协会等单位联合主办的“现代颗粒测试技术发展与应用研讨会暨第九届全国颗粒测试学术会议”同期举办。从事相关技术研究的专家、学者、企业的高级工程技术人员等百余人参加了此次会议。会议期间，颗粒测试专委会主任、济南微纳颗粒仪器有限公司首席专家任中京教授应邀为师生作了题为《PM2.5与颗粒分析基础知识》的科普报告。

9月26～27日，由学会流态化专业委员会主办，中国石油大学重质油国家重点实验室承办的第七届全国流态化会议在北京召开。共150余人参加会议，出版会议论文集一部，收录论文83篇。本届会议基于当前流态化技术发展的新动向以及学科发展的新需求，吸引了全国上百名专家学者、科技工作者、工程技术人员和在读研究生。会议设立分会场5个，专业课程培训班1个。会议之前，学会于9月24～25日在中国石油大学举办了催化裂化技术培训班，来自中石油、中石化、中海油及地方炼化企业70余人参加培训。培训班邀请了国家级设计大师郝希仁及中石油、中石化和中国石油大学（北京）的7位专家进行了专题讲座。

11月22～25日，第十一届全国颗粒制备与处理学术研讨会在海南省海口市举行，与会学者共有97人，其中来自企业方面的技术人员有20余人，来自科研院所的专家有70余人。本次会议邀请大会报告12个，收到会议论文51篇。会议期间进行了12个大会报告、20个会议论文报告，涉及颗粒制备、表征、应用、粉体设备等多个方面。

**两岸交流** 8月25～27日，由中国科学院合肥物质科学研究院固体物理研究所、学会超微颗粒专业委员会、台湾大学、台湾大同大学、中国地质大学（武汉）等单位主办，中国地质大学（武汉）承办的第八届海峡两岸超微颗粒学术研讨会暨中国颗粒学会超微颗粒专委会 2013 年会在湖南省吉首市举行。会议共有 73 名专家、学者（含台湾地区代表 23 名）参加。会议总结了相关学者和企业界在超微粉体方面的最新研发进展，共进行 6 个大会报告，48 个学术报告，历时 3 天。

**【第一届全国生物颗粒制备技术与产业化应用技术研讨会】** 9 月 21 ~ 22 日，由学会生物颗粒专业委员会主办，沈阳药科大学承办，新疆医科大学协办的第一届全国生物颗粒制备技术与产业化应用技术研讨会暨第一届《生物颗粒专业委员会》第二次工作会议在新疆维吾尔自治区乌鲁木齐市召开，大会主席由学会生物颗粒专业委员会主任委员崔福德担任，由沈阳药科大学教授毛世瑞主持会议，来自国内外的 90 余位专家、学者参加了本次会议。会议期间，大会进行邀请报告 21 个、大会一般报告 12 个。会议评选出青年优秀报告奖和海报奖各 1 名。

**【永续资源与空气品质管制国际研讨会暨第十一届海峡两岸气溶胶技术研讨会】** 10 月 23 ~ 26 日，永续资源与空气品质管制国际研讨会暨第十一届海峡两岸气溶胶技术研讨会在台湾地区宜兰市召开，海峡两岸的科研机构、大学、企业、政府等的高级技术与研发人员 140 余人参加会议，其中大陆学者近 60 名。国际空气与废弃物管理学会（A&WMA）主席 Sara J. Head 女士在大会开幕式作了题为《A&WMA 的过去、现在与未来》的演讲。本次大会设置了中、英文分会场，共邀请 8 名国内外知名学者作报告。会议还安排了分会场报告约 60 个（其中英文报告 26 个）、海报展览约 30 个。

**【2013 年能源颗粒前沿暨第三届全国能源颗粒材料学术研讨会】** 12 月 13 ~ 15 日，由学会能源颗粒材料专业委员会、清华大学、中国科学院金属研究所、中国科学院过程研究所协办，清华大学化学工程系承办的 2013 年能源颗粒前沿暨第三届全国能源颗粒材料学术研讨会在北京召开。本次会议有来自中国、新加坡、澳大利亚等国家近 130 名专家、学者参加。会议共收到论文及摘要 72 篇，设置了 8 个大会特邀报告、9 个特邀报告、12 个口头报告以及 43 份墙报。

本次会议探讨了近年来能源颗粒的结构基础、表征以及在锂电池、超级电容器、太阳能电池、核能、机械储能、相变储能、能源催化转化等领域的进展，认识到基于能源颗粒材料的高效储能和转化是促进当代社会可持续发展的关键。能源颗粒材料由于其所具备的高比表面积、多级结构在传递、化学转化的多样性，是能源储存与转化在产业化过程中的核心媒介。

（撰稿人：韩秀芝）

## 中国照明学会

**服务创新型国家和社会建设** 1 月 7 日，学会在北京举办了“LED 照明产品进入政府采购目录相关内容”培训班，获得半导体照明产品节能认证企业的 70 人参加了培训。

1 月 17 日，学会在北京召开了《长春半导体产业园规划及实施方案》专家论证会，对方案初稿进行了论证和完善。

4 月 27 日，学会主办的 2013 年中国（北京）国际照明展览会暨 LED 照明技术与应用展览会在中国国际展览中心闭幕。为期 3 天的展会吸引了来自国内外 225 家参展商，整体展示面积达到 30000 平方米，近 25000 名专业观众到场参观。

5 月 10 ~ 11 日，学会主办的中国城市照明光环境现状调研首站在上海市启动。20 多名照明设计师分成 3 组分别调查 3 个地段，通过徒步行走、拍照、手绘典型节点等方式，调研城市景观照明现状。

5 月 30 日，学会承接国家发展改革委“中国逐步淘汰白炽灯，加快推广节能灯项目”的子项目“09G02-1218 2012 年度照明产品市场的调查分析”启动会在北京召开。会议就项目实施方案进行了讨论，并征求专家意见。

**学会建设** 2013 年，学会召开了 2 次常务理事会议和 1 次理事会议，增补理事 2 人、常务理事 1 人，发展团体会员 55 个，发展高级会员 68 人。截至 2013 年底，学会有团体会员 761 个，高级个人会员 540 人。

**学科发展研究** 6 月 14 日，中国照明学会在北京组织召开了 2012—2013 照明科学与技术学科发展研讨会。来自全国各地的 50 余位照明专家出席了研讨会。

2013 年，由学会主办、面向全国发行的行业出版物《照明工程年鉴（2013）》出版发行。该书全面展示了 2012 ~ 2013 中国照明设计与工程取得的巨大成就。

**国际学术会议** 6 月 20 ~ 21 日，学会交通运输照明和光信号专业委员会、复旦大学电光源研究所共同主办的第一届中国国际汽车照明论坛在江苏省昆山市召开，国内外专家 200 余人出席会议，会议收录 66 篇论文。

8 月 23 日，第六届中日韩照明科技大会在韩国光州韩国光技术院（KOPTI）召开。此次会议由中国照明学会、韩国照明学会、日本照明学会共同举办，韩国照明学会承办，是继 2008 年以来召开的第 6 次会议。会议主题是 LED 照明与光环境。中日韩三国的学者、专家及学生进行了学术交流。与会人员达到 200 人，其中学生与会人数达到 68 人。

**国内主要学术会议** 2013 年，学会及所属分支机构共举办国内照明学术会议 13 次，比 2012 年减少 1 次，参加人数共计 1630 人次，共交流论文 193 篇。

9 月 15 ~ 16 日，由学会主办的“2013 年中国照明论坛——LED 照明产品设计、应用与创新论坛”在广东省中山市举行，论坛期间举办了中国照明学会第八届“中照照明奖”颁奖典礼。为期两天的论坛，共吸引了近 400 名业内学者，以及企业、媒体代表出席参与。

**两岸交流** 11 月 24 ~ 26 日，学会与台湾地区照明灯具输出业同业公会在台北市共同举办了海峡两岸第二十届照明科技与营销研讨会。本次会议主题是“照明节能与固态照明技术的最新进展”。海峡两岸照明界的专家、企业代表 120 余人参加了此次盛会，会议共征集论文 76 篇。

**国际交往** 4 月 15 ~ 19 日，国际照明委员会（CIE）2013 会议在法国巴黎举行。学会组团参加了会议。此次会议主题为面向新世纪的照明，关注的重点是照明系统除了满足照亮的功能外，还能为人类做出哪些新的贡献。在 CIE 大会上，来自近百个国家的专家、学者进行了多场主题报告和论文口头报告，与参会者共同探讨新世纪照明科学的发展。

**科普活动** 11 月 19 日，由中国节能协会、中国照明学会共同主办的中国照明科普教育基地联合会、中国照明学会科普传播专家团成立大会在北京举办。中国绿色照明科普基地联合会的部分企业以及中国照明学会科普传播专家 60 余人出席了成立大会。

**表彰举荐优秀科技工作者** 9 月 14 日，中国照明学会第八届“中照照明奖”颁奖典礼暨第九届“中照照明奖”启动仪式在广东省中山市召开。本届“中照照明奖”共颁发了照明工程设计奖（室外）获奖项目 58 个，照明工程设计奖（室内、功能性照明）获奖项目 14 个，科技创新奖获奖项目 19 个。

11 月 15 日，“中照照明奖”首届城市照明建设奖颁奖典礼在广东省广州市举行。来自北京、上海、重庆、广州、南京等城市的代表近百人出席颁奖典礼，此次城市照明建设奖设置了“进步奖”和“引领奖”。获得进步奖的城市是南京、西安、乌鲁木齐、杭州、苏州和沈阳。获得引领奖的城市是北京、广州、上海和重庆。

9 月 14 日，《照明工程学报》2010 ~ 2012 年获奖优秀论文颁奖活动在广东省中山市举行。本次评选活动共评选出优秀论文一等奖 5 个，二等奖 15 个，优秀论文奖 30 个。

**工程教育认证** 2013 年，由国家人力资源和社会保障部批准的照明设计师职业资格培训，分别在北京、上海、广州、合肥、天津共举办初、中、高级培训班 9 期，培训学员 380 人次，培训人数为历年最多。

（撰稿人：王海霞）

## 中国动力工程学会

**服务创新型国家和社会建设** 2013 年，学会受中国机械设备工程股份有限公司（CMEC）委托，组织专家针对蒸汽轮机发电机组项目燃用高水分低热值劣质煤开展技术咨询，提供两份相关分析研究报告初稿:《国内外燃用高水分低热值褐煤锅炉综合分析报告》和《350MW 褐煤锅炉炉型与燃烧系统匹配初步分析与建议》，共约 8 万字。

2013 年，学会开展科技成果与研发项目的评审工作，主要有：上海锅炉厂“电站集箱成套制造装备及绿色工艺技术开发与应用”，上海发电设备成套设计研究院“核电汽轮机控制系统测试试验新技术方案论证会”，浙江国华浙能发电有限公司“1000MW 机组加装低温省煤器改造可行性研究报告”专家论证。

9 月 2 ~ 4 日，学会与中国电工技术学会等共同承办了 2013 中国国际核电装备展览会和 2013 中国核电可持续发展高峰论坛。

**学会建设** 2013 年，按照学会统一部署，各专委会和工作委员会开展换届工作。学会召开年度秘书长工作会议。学会接纳中联西北工程设计研究院为团体会员单位。

10 月 24 ~ 25 日，学会在湖北省武汉市召开了九届六次理事会议，出席会议的理事或代表 96 人。学会理事长蒋以任主持会议并结合发电设备行业科技创新和 2014 年学会工作提出了要求。

会议听取和审议了学会有关工作报告，听取和审议了第十届理事会组成方案等。学会名誉理事长陆燕荪对中国工程院《制造强国战略研究》能源装备课题组的主要工作作了报告，武汉锅炉股份有限公司副总经理王志民介绍了 ALSTOM 锅炉新技术研发及创新管理。会议决定 2014 年第四季度召开学会第六次会员代表大会。

10 月 24 日，学会在湖北省武汉市召开了九届八次常务理事会议，出席会议的常务理事或代表 33 人。学会理事长蒋以任主持会议，就学会第十届理事会理事长人选进行商议和推荐。

**学术期刊** 截至 2013 年 12 月，《动力工程学报》总计收到稿件 612 篇，全年发表 166 篇，录用率为 27%。其中，由国家自然科学基金及国家重点项目等资助的论文 77 篇，占发表论文总数的 46.4%，省、市级重要基金项目资助的论文总数为18篇，占发表论文总数的11.1%。

根据中国学术期刊影响因子年报（自然科学与工程技术2012版）统计：2012年《动力工程学报》在能源与动力工程类41种核心期刊中排名第三，基金论文比为0.56，期刊综合JIF影响因子为0.698，他引影响因子为0.456，他引总引比为0.82。

**国内主要学术会议** 2013年，学会及所属各分支机构举办的国内学术会议7次，820人次参加了学术会议，入选论文约370篇，出版《超超临界机组技术交流2013年会论文集》、《第十九次中国水电设备学术讨论会论文集》等6部论文集。学术会议主要有：9月12～13日，在山东省青岛市召开透平年会与透平行业总工程师工作研讨会。9月16～17日，在四川省峨眉山市召开锅炉专委会学术交流会暨锅炉行业总师研讨会。10月10～13日，在四川省成都市召开火电厂污染物净化与绿色能源技术研讨会。10月12～13日，在上海市召开智能化电站技术发展研讨暨电站自动化2013年会。11月6～7日在天津市召开超超临界机组技术交流2013年会。11月22～24日在辽宁省大连市举办第十九次中国水电设备学术讨论会。

**表彰举荐优秀科技工作者** 学会推荐的上海电气电站设备有限公司上海汽轮机厂总工程师阳虹获得“第十三届中国青年科技奖”。

**【中国动力工程学会成立50周年纪念大会】** 1月6日，庆祝中国动力工程学会成立50周年纪念大会在北京举行，参加会议的有发电设备和能源领域的老领导、有关学会领导、特邀嘉宾、业内专家、学者和科技人员共约250人。

会议由学会副理事长兼秘书长严宏强主持。学会理事长蒋以任致辞，他回顾和总结了学会50年来的工作。他指出，学会要按照党的十八大提出的“推动能源生产和消费革命，支持节能低碳产业和新能源、可再生能源发展，确保国家能源安全”的战略部署和要求，在未来的学会工作中，找准工作的切入点和着力点，提高服务能力：一是学会要为提高科技创新能力服务，二是学会要为提高能源装备产品质量水平服务，三是学会要为会员单位在国际市场提高竞争能力服务。中国科协党组成员、学会学术部部长沈爱民对如何加强学会工作提出了要求。

学会副理事长张丽英宣读了学会表彰先进集体的决定。工业和信息化部副部长苏波作了题为《我国工业形势报告》的报告。

学会编辑出版了约10万字的《中国动力工程学会成立50周年纪念文集》。

同期，学会举办了庆祝学会成立50周年系列学术活动——“我国核电技术发展现状与展望”和“我国燃气轮机技术现状与展望”学术报告会，以动力工程学科发展与人才培养为主题的学术论坛，以及青年论坛、材料论坛、节能论坛等3个专题论坛。

**【2013武汉国际动力工程会议】** 10月24～26日，由中国动力工程学会、日本机械工程师学会（JSME）、美国机械工程师学会（ASME）共同发起和组织的国际动力界盛大的学术交流会——国际动力工程会议在湖北省武汉市举行。此次会议由学会主办，华中科技大学能源与动力学院、中欧清洁与可再生能源学院、煤燃烧国家重点实验室共同承办。

来自中国、美国、日本、欧盟、澳大利亚、泰国、南非、尼日利亚、阿联酋等国家的300多位各国动力界的专家、学者、企业家，共同就世界能源问题展开学术交流。

会议主席、中国工程院院士岑可法致开幕辞，学会副理事长兼秘书长严宏强代表学会理事长蒋以任致欢迎辞，中国工程院院士李培根致贺辞。

华中科技大学教授郑楚光代表中方作报告，集中介绍了富氧燃烧技术在中国的发展现状。日本信州大学教授Yasuo Koizumi代表日本方面作了题为《日本机械工程师学会研究委员会对于日本大地震的紧急调查和未来对策的建议的简介》的报告。本次大会副主席、美国康科系统公司（Conco Systems，Inc.，USA）George Saxon代表美方作了题为《能源工程师塑造未来》的报告。巴黎矿业大学教授、中欧清洁与可再生能源学院项目协调人Didier Mayer代表欧盟介绍了“基于风能研发线路的全球可再生能源现况”。澳大利亚科廷科技大学教授Li Chun-Zhu作题为《用于绿色发电设备的生物质热解与气化》的学术报告。

本次会议涉及燃料、燃烧、污染物控制，蒸汽发生器，换热器、冷却系统，汽轮机、发电机、辅机，电厂运行和维护，风能、太阳能、地热能等可再生能源，热工水力学，核电厂设计、许可和建设，先进能源系统等领域世界范围内最新的学术研究成果，以及国际上相关学科领域的最新进展及未来发展趋势。大会共录用国内外学术论文232篇，其中56篇来自国外。

各国能源动力界的专家、学者展开了为期3天的学术交流，充分交流各国在动力、能源领域中有关设备制造、运行技术、新能源开发以及环保技术等方面的研究工作。

（撰稿人：朱月祥）

## 中国惯性技术学会

**学会建设** 2013年，学会发展会员122名，团体会员单位3个。截至2013年底，学会有团体会员145个，个人会员 3629 名。

2013 年，学会召开了两次常务理事会议，一次理事会议（通讯方式），一次秘书长工作会议，讨论落实 2013 年学会的工作，围绕当前形势和学会工作特点，共同讨论进一步加强学会建设。召开了 6 次工作机构办公会议，及时传达中国科协和国家有关文件，检查和布置各部门工作。学会举办了两次会员日活动。

**学术期刊** 《中国惯性技术学报》在第三届中国学术期刊评价中被评为“RCCSE 中国核心学术期刊”。经过专家评审，《中国惯性技术学报》获得 2013 年度中国科协精品科技期刊工程“学术质量提升项目”。2013 年为扩大载文量增加了期刊页码，全年出版发行 6 期，刊登论文 168 篇。

《海陆空天惯性世界》2013 年按期出版发行 12 期，刊登文章 150 余篇，300 余万字，图片 6000 余幅还编辑出版了一期增刊。2013 年出版发行 20 余万册，比 2012 年增加 1 万余册。

**国内主要学术会议** 2013 年，学会及所属分支机构召开了 6 次学术交流会，征集论文 183 篇，其中有 71 篇论文进行了会上交流，评出优秀论文 26 篇，出版了论文集。

9 月 5 日，由中国惯性技术学会和航天科技集团公司科技委联合主办的重力测量技术研讨会在北京召开。学会名誉理事长、中国工程院院士丁衡高，学会理事长、中国科学院院士包为民等 6 位院士及 26 个单位的 70 余名专家、学者参加会议。会议着重讨论了重力及梯度测量技术的发展趋势、应用现状等。

**国际交往** 2013 年，为筹备参加德国陀螺会议，学会征集论文 15 篇，被录用 2 篇。学会组团参加了德国陀螺会议。

**科普活动** 2013 年，学会共举办了 3 次科普讲座。5 月 19 ~ 25 日，全国科技活动周期间，学会利用“陆海空天惯性技术”作为科普展示载体，在科技活动周中对社会开放，共有 300 余人次参观了陆海空天惯性技术科普展厅。8 月，学会举办了第二十届青少年夏令营，共有 36 名营员。9 月 14 ~ 20 日，在全国科普日活动期间，学会以多媒体、实物和模型展示、物理原理演示、互动展品以及展板和科普宣传材料等形式，向公众宣传普及惯性技术知识，近 60 人次参观了陆海空天惯性技术科普展厅。该项活动被中国科协评为“2013 年全国科普日优秀特色活动”。

按照中国科协《关于组建科学传播专家团队的通知》，经学会常务理事会批准，向中国科协呈报惯性技术学科首席科学传播专家，建立了惯性技术科学传播专家团队，向中国科协上报了传播专家团队人员名单。

**表彰举荐优秀科技工作者** 2013 年，学会根据中国科协《关于开展第十三届中国青年科技奖候选人推荐与评选工作通知》精神，学会成立了评审组，对 6 位候选人材料进行了审议，经无记名投票，选出 1 名候选人报中国科协。

按照中国科协《关于推荐第十届中国青年女科学家奖候选人推荐工作的通知》，学会推荐了 1 名候选人，呈报了有关材料。

按照中国科协《关于推荐第十届光华工程科技奖候选人推荐工作的通知》，学会成立了评选组对由各会员单位选送的 5 位光华科技奖候选人及 2 位光华青年奖候选人，进行了认真的审议和讨论。经无记名投票，推荐出 1 名光华青年奖候选人和 1 名光华工程奖候选人。

（撰稿人：励小妹）

## 中国风景园林学会

**服务创新型国家和社会建设** 2013 年，学会继续推荐国内优秀项目参加“国际风景园林师联合会（IFLA）亚太区风景园林奖”评选，在总共 9 个获奖项目中，我国获得 7 个。辽宁省辽阳市衍秀公园景观设计、甘肃省酒泉市北大河生态景观治理综合规划、福建省南安水头五里桥文化公园分获设计类、规划类和土地管理类主席奖。

2013 年，学会继续协助住房和城乡建设部推动建立风景园林师职业制度，编写了工作方案，拟定了风景园林师职业制度管理委员会人员名单。学会继续配合住房和城乡建设部进行《国家职业分类大典》修订工作，两次参加部际审核会，修订完善相关职业的《修订建议表》。

5 月，受住房和城乡建设部委托，学会承担了第九届中国（北京）园林博览会展园的评奖工作，并承办了设计师专业论坛。同月，与 IFLA、住房和城乡建设部、辽宁省人民政府等单位，共同主办了中国锦州世界园林博览会，并举办了世界园林与园艺发展论坛。

7 月 18 ~ 20 日，学会参加了中国科协在北京举办的“第四届科技场馆展品与技术设施国际展览会暨学术研讨会”。学会以“展示园林科技改善城市生态，服务公众生活的功能作用”为主导思想，通过展板介绍、实物展示、现场互动以及发送宣传材料等方式向各界人士展示了丰富的园林科技成果与实用技术，包括古树（大树）树洞低损伤测量技术和种植屋面用防水卷材耐根穿刺技术性能检测装置、生态墙及花卉新优品种展示等，成为本次展览的亮点。3 天展会期间，学会展位共接待国内外参观咨询者

1000余人次。

9月26日至11月16日，学会与北京市园林绿化局、北京市顺义区国际鲜花港等单位共同举办了主题为“菊韵北京、美丽中国”的第十一届中国（北京）菊花展览会。展会为期52天，采取“一港、一馆、三园”的办会模式。“一港”是指北京国际鲜花港，“一馆”是指北京国际鲜花港室内展馆。“三园”是指北京植物园、北海公园和世界花卉大观园3个分会场。北京国际鲜花港是展会的主会场，花卉种植总量1000余万株，种植面积达20余万平方米，其中菊花种植总量200余万株。来自全国40个城市的80个单位参展。展会进行了室外展点、室内展台、百菊赛、品种菊等13项评奖，共评出获奖展品559个。本届菊展是首次在北京举办，也是历届菊展中，举办城市最北和展期最长的一次。

**学会建设** 2013年，学会向中国科协和民政部申报成立了理论与历史专业委员会。10月9日，理论与历史专业委员会成立会议在清华大学举行。

2013年，学会吸收单位会员133个，个人会员1300人。截至2013年底，累计已经完成中国科协统一换证登记的单位会员663个，个人会员5400人。

3月，学会四届八次常务理事会议在北京召开。会议讨论并通过《中国风景园林学会2012年工作总结和2013年工作计划》、《中国风景园林学会奖评奖管理办法》和评奖专家委员会的组成，通过了编辑出版《中国风景园林名家名师丛书》的工作建议。

10月，在湖北省武汉市召开了全国各省风景园林学（协）会理事长交流会，学会新一届理事会领导班子成员与地方学（协）会领导会面，并进行了学会工作交流。

**学术期刊** 《中国园林》入选2013版《中文核心期刊要目总览》（中文核心期刊），是“中国科技论文统计源期刊”（中国科技核心期刊）。期刊影响因子为0.922，被引频次为3196。较上一年度分别上升18%和12.6%。2012年被引频次在全部统计源期刊（6159种）中排名第420名，在建筑科学期刊（141种）中排名第6名。

**国际学术会议** 9月27～28日，学会与北京林业大学在北京共同举办了主题为“菊花品种资源与产业发展”的国际菊花学术研讨会，就菊花品种资源收集与保护、基础生物学研究、菊花育种和栽培技术以及菊花应用和产业发展等议题进行研讨，国内外菊花研究领域的140余位专家、学者和一线技术人员参会。会议收到论文摘要79份，进行特邀报告6个、口头汇报30个。

10月8～10日，学会与清华大学在北京共同举办了“明日的风景园林学——风景园林的理论与历史”国际学术会议。会议回顾了我国风景园林学发展历程，展示了近年国内外风景园林学研究成果，并面向未来探讨了风景园林学的机遇与挑战。

**国内主要学术会议** 9月，学会在陕西省西安市举办了第十四届中国风景园林规划设计交流会。10月，学会在湖北省武汉市举办了植物保护研究专业委员会学术年会。

**国际交往** 学会组团参加在新西兰召开的第50届国际风景园林师联合会（IFLA）世界大会，并对新西兰、澳大利亚等地的风景园林进行了考察。2013年，学会接待了韩国造景学会代表团的来访。

**科普活动** 4月，学会举办主题为“风景园林让中国更美丽”的活动。活动期间，先后举办4场科普报告会、2场大学生职场沙龙，举办了风景园林主题摄影比赛和展览等，活动地点涉及北京、上海、武汉、青岛等城市，活动受众达3万余人次。

9月14～20日，学会作为18家全国学会之一，参加了中国科协举办的主题为“保护生态环境，建设美丽中国”的2013年“全国科普日”北京主场活动。学会以“风景园林让生活更美好”为主题，建造了60平方米的迷你花园，以实景为主，结合展板、模型等，全面展示了雨水收集循环利用、古树（大树）树洞低损伤测量、种植屋面用防水卷材耐根穿刺技术性能检测、无土栽培立体生态绿墙、水生态修复、盐碱地治理等科技成果和实用技术。学会展览被列为重点展示参观点，在为期7天的展会期间，学会展位共接待国内外参观咨询者近万人次，反映了公众对风景园林行业的关注。“雨水花园——雨水收集循环利用系统”被评为全国科普日优秀特色活动，学会被中国科协评为全国科普日活动优秀组织单位。学会被评为中国科协2013年度科普工作优秀单位。

**表彰举荐优秀科技工作者** 经学会推荐，北京市植物园园长、教授级高级工程师赵世伟，上海市绿化市容局副总工程师张浪，华中农业大学园林学学院院长包满珠3位科技工作人员，获得“第六届全国优秀科技工作者”称号。

2013年，学会开展了“第二届终身成就奖”、“中国风景园林奖”评选。授予吴良镛、周干峙中国风景园林学会终身成就奖特别奖。授予陈有民等中国风景园林学会终身成就奖。中国风景园林学会奖评出科技进步成果11项、优秀规划设计奖76项、优秀管理奖68项、优秀园林工程201项。中国园林造园理论和技法专著《园衍》和北京城市绿地综合节水技术的研究和示范获中国风景园林学会奖－科技进步奖一等奖。珠三角区域绿道（深圳段—2号线特区段、大运支线5号线）设计等8个项目获中国风景园林学会奖－优秀规划设计奖一等奖。徐州云龙湖珠山景区景观绿化工程等6个项目获得中国风景园林学会奖——优秀园林工程大金奖。

2013年，学会还对在菊花生产一线的技术工人进行了表彰，命名菊艺名师和菊花新星26个。

**【中国风景园林学会2013年会】** 10月26～28日，中国风景园林学会2013年会在湖北省武汉市举办，会议由学会主办，湖北省风景园林学会、武汉市园林局、华中农业大学共同承办。会议被中国科协评定为2013年度“前沿高端学术会议活动”之一。

会议主题为“凝聚风景园林，共筑中国美梦”，约1000名国内外专家、学者、在校学生参会。会议进行8个主旨报告，清华大学建筑学院景观系主任杨锐、国务院参事徐嵩龄、法国著名风景园林设计师亨利·巴瓦（Henri Bava）教授、华中农业大学园艺林学院院长包满珠、武当山风景名胜区管委会副主任刘建平、加拿大著名风景园林师爱德华·菲夫（Edward H.Fife）教授、清华大学建筑学院景观系教授朱育帆、武汉市园林局总工程师孟勇，分别作了题为《美丽中国的风景园林学途径》、《风景园林学与中国特色新型城镇化》、《发展实践，探索方向——以风景园林为主导的多伦多滨水开发》、《风景园林中的生物多样性及生态安全问题——园林植物多样性》、《武当山风景名胜区保护与管理》、《变化的场域》（*Territores in Movement*）、《立于分水岭，还是汇入洪流？——全球化背景下风景园林东方空间的演进的思考》、《废弃地的生态修复——以荆山为例》的报告。报告内容涉及风景园林学理论、新型城镇化与风景园林学的关系、国外景观规划设计经验、园林植物多样性，废弃地的生态修复、风景名胜区管理保护等，从不同方面诠释了会议主题，展示了风景园林对生态环境改善和新型城镇化的作用和前景。尤其是杨锐教授的报告，深入解读了面对美丽中国大背景，风景园林学科建设和发展的构想，引起了与会者广泛的讨论。

会议设6个分会场，交流了85个学术报告，涉及风景资源与文化遗产、风景园林规划与设计、园林植物应用与造景、园林工程与企业管理、风景园林管理、园林植物保护等领域。

会议颁发了全国优秀科技工作者奖、中国风景园林学会第二批终身成就奖、中国风景园林学会2013年会优秀论文奖、2013中国风景园林学会大学生设计竞赛奖、2013年度中国风景园林学会奖等奖项。

本届年会收到论文350余篇，收录254篇，出版了《中国风景园林学会2013年会论文集》。评出年会优秀论文30篇，包括一等奖1篇、二等奖3篇、三等奖6篇、佳作奖20篇。

年会同期举办大学生设计竞赛，设本科生和研究生两个组。竞赛收到参赛作品共计301份。其中，本科生组198份，研究生组103份。评出获奖作品41份，其中，本科组一等奖1名，二等奖3名，三等奖5名，佳作奖14名；研究生组一等奖1名，二等奖3名，三等奖5名，佳作奖9名。

**【“明日的风景园林学”国际学术研讨会】** 10月8日，学会与清华大学共同举办的“明日的风景园林学”国际学术会议在清华大学举行，会议旨在展示近年国内外风景园林学研究成果，并面向未来探讨风景园林学的机遇与挑战。会议邀请了两院院士吴良镛，中国工程院院士孟兆祯，国务院参事徐嵩龄、美国麻省理工大学建筑与城市规划学院教授安妮·斯波（Anne Spirn）、德国柏林工业大学风景园林设计系主任尤根·丁格（Juergen Weidinger）、美国伊利诺伊大学景观学系系主任艾伦·德明（Elen Deming）、美国哈佛大学设计学院景观学系教授尼尔·柯克伍德（Niall Kirkwood）、美国宾夕法尼亚大学风景园林系教授理查德·韦勒（Richard Weller）、美国宾夕法尼亚州立大学艺术与建筑学院景观学系教授罗纳德·亨德森（Ron Henderson）、《中国园林》杂志主编王绍增等国内外30余位知名专家、学者出席并发言，总计120余位国内外专家、学者参加了出席。会议设“明日的风景园林教育论坛”、“明日的风景园林实践论坛”和“风景园林青年论坛”3个专题进行了研讨。报告涉及风景园林学科未来发展探讨、风景园林专业教育、中国古典园林史、前沿规划设计实践等内容。

会议期间，在清华大学建筑学院举办了“清华大学建筑学院景观学系十周年纪念展”，举办了为期2天的“风景园林实践前沿研修营”。

**【中国风景园林学会第五次全国会员代表大会】** 10月，学会在湖北省武汉市召开第五次全国会员代表大会。会上，学会第四届理事长陈晓丽作了题为《以生态文明为契机，推进风景园林全面发展》的工作报告。会议讨论并通过了《中国风景园林学会章程》修改建议和《中国风景园林学会会费管理办法》。大会进行了理事会换届选举，产生了由万敏等147人组成的第五届理事会，召开了第五届第一次理事会议，选举方岩等常务理事51名。同期，召开了五届一次常务理事会议，选举陈晓丽为第五届理事会理事长，选举陈重等13人为副理事长，陈重副理事长兼秘书长。聘任马连勇等13人为第五届理事会顾问。会议还对北京园林学会等8个先进集体、张济和等8名先进工作者进行了表彰。

（撰稿人：付彦荣）

## 中国电源学会

**服务创新性国家和社会建设** 根据国家工业和信息化部发布的第三批行业标准制修订计划安排，学会与有关企业合作承担了储能电站用双向变流设备（计划号：2011-1617T-JB）、模块式交流不间断电源（计划号：2011-1620T-JB）两项国家标准编写工作。2013年主要对标准草案进行审核，11月经编写组讨论形成报批稿。

5月，“电力电子新技术报告会暨电气工程专业学生职业发展规划专题讲座”进校园活动，分别在南京航空航天大学和华南理工大学举办。

9月和10月，学会分别在上海市举办了功率变换器电磁技术高级培训班和功率半导体器件的技术、挑战与应用高级研修班，140多人次参加。特邀德国科学院国际著名电力电子专家Leo Lorenz博士担任主讲，法国海军学院J.Charpentier博士以及国内著名专家一同授课，全面介绍了磁元件和功率器件的最新发展、深层次分析、设计和应用，以及对电源效率、EMI特性以及功率密度改善上的重要作用。

12月31日，学会在北京召开了“IDP设备对数据中心供电系统的影响分析报告”鉴定会。

10月31日，商务部反垄断局致函学会征求庞特思合资控股公司（Pontus JV Holdings，LLC）收购艾默生电气公司的全资子公司（Artesyn Technologies，Inc.）的意见，学会经过认真调查提交了报告。

2013年，学会多次为学校、企业的资质认证、评审晋级等提供意见和报告。

2013年，学会编辑出版了2013年版的《中国电源行业年鉴》。

学会协助广东省佛山市建立华南电源创新科技园，6月8日双方签订了战略合作协议。

2013年，学会分别在广东省深圳市和安徽省合肥市举办了2013中国电源行业发展趋势报告会和2013新能源电源产业发展高层论坛。

**学会建设** 2013年，学会发展个人会员240人、团体会员30个、理事单位13个。

2013年，学会修订并通过了《中国电源学会理事单位组织条例》。

2013年，学会召开了三次常务理事会和一次全体理事会。

9月6～8日，中国电源学会新能源电能变换技术专业委员会成立大会暨交流会于在安徽省合肥市召开，150多家企业和单位参加。

11月7日，学会第七次全国会员代表大会在浙江省杭州市召开，全国人大常委、中国科协副主席冯长根出席会议并讲话。会议选举产生了学会第七届理事、常务理事和学会主要领导人。

**国际学术会议** 3月17～18日，学会与德国慕尼黑国际博览集团合作，在上海市联合主办了国际电力电子创新论坛，主要面向工程技术人员，介绍电力电子技术的最新发展和应用。论坛举办18场报告，500多人次参加。

**国内主要学术会议** 5月18日，“现代数据中心基础设施建设技术年会”在北京召开，共进行9场报告，主要介绍数据中心在信息化建设中的地位和作用，以及数据中心的节能措施，350多人参加会议。

8月26日，学会电能质量专业委员会在江苏省镇江市举办了第三届全国电能质量学术会议，征集论文77篇，250多人参加。

**表彰举荐优秀科技工作者** 11月8日，第二届中国电源学会科学技术奖共评出一等奖2项、二等奖5项、三等奖6项，个人类奖项评出杰出贡献奖1人、青年奖2人。

11月8日，学会向第十九届学术年会评出10篇优秀论文作者并颁发了奖状和奖金。

**【中国电源学会第七次全国会员代表大会】** 11月7日，学会第七次全国会员代表大会在浙江省杭州市召开，167人参会。

会议由学会秘书长韩家新主持，全国人大常委、中国科协副主席冯长根出席会议并讲话。

会议讨论通过了第六届理事会工作报告、财务报告、《中国电源学会章程》修改草案、《中国电源学会会费标准和管理办法》。会议以无记名投票方式选举了第七届理事会119名理事、39名常务理事，选举徐德鸿为理事长，选举刘进军、李占师、周雒维、曹仁贤、张波、陈成辉、徐殿国、章进法为副理事长，韩家新为秘书长。

会议宣读了名誉理事长和名誉理事名单，并颁发了证书。

**【中国电源学会第20届学术年会】** 11月8～11日，由学会主办，多家中外企业协办的中国电源学会第20届学术年会在浙江省杭州市召开。会议交流论文250多篇，700多人参加会议。开幕式还举行了第二届中国电源学会科学技术奖和第十九届学术年会优秀论文颁奖仪式。

美国工程院院士李泽元、爱尔兰国立大学前校长William Gerard Hurley教授、香港大学教授Ron Hui、德国工程院院士Leo Lorenz博士、IEEE电力电子学会（IEEE-PELS）主席Don Tan博士、日本富士电机有限公司电子器件首席技术官 Tatsuhiko Fujihira 博士等国内外知名专家分别作报告。会议还进行了分会场交流和张贴墙报的方式交流。

本届年会涉及电源技术的各个方面，包括高频磁元件、新型功率器件及应用、电池及充电技术、UPS 与逆变器、电力传动与变频调速、新颖开关电源、电磁兼容和电能质量控制等。有关新能源的开发是本届年会讨论的重点，涉及太阳能、风能、燃料电池发电，储能技术，微型电网，智能电网中的电力电子技术等。

**【2013 中国电源技术年会】** 9 月 6 ~ 8 日，由学会主办、阳光电源股份有限公司承办的 2013 中国电源技术年会暨新能源电能变换技术专委会成立大会在安徽省合肥市召开。来自海内外 150 多家产、学、研单位的近 400 名专家、学者参加会议。

会议围绕新能源产业技术发展这一主题，先后举办了专题报告、专题讲座、新能源行业发展高峰论坛等多种形式的活动。天津大学教授王成山、合肥工业大学教授张兴等 14 位新能源领域的专家、学者分别就光伏发电、风力发电、新能源发电并网、分布式发电与微网等方面的技术发展相关课题，作了报告和专题讲座。

（撰稿人：李占师）

## 中国复合材料学会

**服务创新型国家和社会建设** 学会承接中国科协资助项目“高端前沿继续教育活动——中国复合材料学会先进复合材料国际测试标准 ASTM 技术培训活动”。学会组织相关专家采用理论知识面授、实践操作、专题研讨形式，针对民用、航空航天等领域的复合材料专业质检员、工程控制中心结构和工装设计人员进行培训。培训内容为：复合材料性能分析、复合材料应用领域研讨、复合材料 ASTM 测试标准。培训人数 40 人。

学会组织专家完成中国科协决策咨询项目，形成学术成果《我国应大力推动高性能热塑性复合材料的研发与应用》，经中国科协调研宣传部审核后，推荐至《调研动态》和《科技工作者建议》中发表，得到中国科协的资助。

4 月 8 日，“涂布机与预浸料”技术咨询会在北京召开。此次会议应中南集团汇通光伏材料有限公司要求，希望借助学会平台对目前复合材料前沿高精尖技术进行了解，为公司的发展拓宽思路。与会专家展开讨论，分享了各自在飞机、汽车、火车等方面应用复合材料的情况和心得，结合中南集团汇通光伏材料有限公司技术和设备的实际情况给出了有效建议。中航工业复合材料公司的参会专家对应用涂布设备生产预浸料的想法非常感兴趣，并达成了意向性的协议，希望本次咨询会后进一步沟通技术参数和合作模式。

**学会建设** 2013 年，学会发展个人会员 112 人、理事单位 3 家。截至 2013 年底，学会个人会员总人数 3213 人，理事单位 47 家。

2013 年，学会召开了两次常务理事会会议及一次理事会议，增选了 2 位理事。

3 月，运行具有永久独立域名的中国复合材料学会网站——www.csfcm.org.cn。新网站除保留了原网站的信息发布功能外，创建了系列会议、鉴定报奖、创新大赛、行业咨询和专家访谈等栏目，增加了论坛、博客等交互平台。为了保障网站信息的准确及时发布，持续提升网站内容的专业性和实用性，学会聘请特约撰稿人，为网站提供实时的行业资讯和针对复合材料科技发展动态的评述文章。

2013 年，学会承接中国科协学会改革发展基础工程项目——学会办事机构职业化改革探索。按照项目要求，学会制定了《中国复合材料学会秘书处功能与职责》、《中国复合材料学会聘用办法》、《中国复合材料学会薪资福利制度》、《中国复合材料学会岗位责任与项目制度实施方案》、《中国复合材料学会工作绩效考核办法和激励机制》。

**国际学术会议** 2013 年，学会举办了第一届中国国际复合材料科技大会、第八届高温陶瓷基复合材料国际会议。共有 1020 人次参会，其中境外专家 154 人次，分别比上年增加 932 人次、132 人次；交流论文 890 篇，比 2012 年增加 778 篇。

**国内主要学术会议** 2013 年，学会承办了第十五届中国科协年会第 17 分会场活动，中国科协 2013 海峡两岸青年科学家学术活动月——复合材料与桥梁工程研讨会，中国科协 269 次青年科学家论坛。学会举办了复合材料专业沙龙 5 次。共计 8 次学术交流会议 351 人次参会，交流论文 101 篇，分别比 2012 年增加 251 人次、33 篇。学术交流会议比 2012 年增加 5 次。

**国际交往** 7 月 28 日至 8 月 2 日，学会组织人员参加了在加拿大召开的第 19 届世界复合材料学术大会，并获得第 21 届世界复合材料学术大会的主办权。

**科普活动** 由学会教育与科普工作委员会牵头，召集专家撰写了面对青少年的题为《漫步复合材料世界》的科普资料。该科普资料就材料的发展与人类社会的进步、复合材料的发展历史和意义、复合材料的定义及特点、复合材料的分类、复合材料分类介绍、聚合物基复合材料的特点、聚合物基复合材料的应用、聚合物基复合材料的最新进展等方面，从材料的发展到复合材料概念的形成、复合材料的特点及发展，图文并茂地向青少年介绍复合材料。

学会组织专家到学校为学生讲授复合材料与航天知识，赠送航天首日封；协助哈尔滨科学宫组织专家团队，为科技知识比赛推荐裁判；将航天复合材料赠送给幼儿园，让孩子们感受“科技的神奇”。

根据中国科协办公厅（科协办发普字〔2013〕40号）精神，学会组建了复合材料科学传播专家团队。

**会员服务** 学会组织会员参加第19届世界复合材料学术大会，与会议组委会沟通，成功减免学会会员会议注册费并向组委会统一申请邀请函。

学会减免了会员参加第一届中国国际复合材料科技大会的会议注册费。

在第一届中国国际复合材料科技大会期间，学会免费为理事单位宣传，组织理事单位免费参加“勇攀职场高峰”分会场，为企业招聘人才服务。

学会与理事单位河北恒润集团合作推荐院士建立工作站，对水利、市政、海洋、石油化工、天然气输送等工程领域的重大科学技术问题、核心技术、关键技术，通过企业院士行、院士企业行等方式进行咨询，提出意见、建议，制定发展战略。

12月，学会开通了微信公众账号，以此发布复合材料科技最新动态，通报学会重要工作。

**【第一届中国国际复合材料科技大会】** 9月10～12日，第一届中国国际复合材料科技大会在北京召开。本次大会是学会第一次独立主办的全国性行业盛会。600余人参会，创学会主办会议人数纪录。大会共举办31个学术交流分会场，设41位分会场主席，交流内容涉及复合材料各个研究方向。“勇攀职场高峰”特色分会场，为学会理事单位及寻求职业发展的毕业生搭建人才供需平台。“科技成果展示”特色分会场，为学者尤其是青年学者建立展示自己科研硕果的舞台，促成科研成果产业化。

大会共征集论文620篇。部分中文论文刊载在《复合材料学报》增刊、《科技导报》、《航空制造技术》，优秀论文刊登在《复合材料学报》正刊；优秀英文论文推荐至《武汉理工大学学报（材料科学版）》。

（撰稿人：苏　志）

## 中国消防协会

**服务创新型国家和社会建设** 2013年，协会进行了全国消防行业第三批信用等级评价工作。2013年3月1日，协会下发《关于开展2013年中国消防协会信用等级评价工作的通知》后，广东等10个省、直辖市、自治区消防协会积极组织企业申报。经资格审查，有46家申报企业交第三方评价机构进行征信测评。最终评出33家A级以上信用企业，其中AAA级23家、AA级7家、A级3家，并在中国消防协会网站进行为期1个月的公示后，报商务部和国务院国有资产监督管理委员会批复。12月27日，协会在北京举行了消防行业第三批信用等级评价A级以上获信企业发布会并颁发证书、授牌。

积极参与公安部消防局组建消防安全技术执业资格资质管理中心的相关工作。

5月7～9日，协会在北京成功举办了第十五届国际消防设备技术交流展览会（CHINA FIRE 2013）。展会期间，举办了首届中国消防产业高峰论坛和16场新产品新技术报告会，400人参加了报告会。来自70多个国家和地区的专业人士前来参观交流，其中21个国家和地区的515家消防厂商、消防科研和产品检测认证机构参展，展出面积共68000平方米，展出各类消防车212辆。展会期间，观众总人数达30余万人次。

7月25日，协会与中国汽车工程学会在北京共同举办了电动汽车消防安全专题研讨会暨汽车消防安全战略合作启动会。公安部、国家发展改革委、工业和信息化部、科技部等有关部门的负责人，和来自整车企业、动力电池企业、基础设施企业和部分省市公安消防部门的专家及消防相关企业的100余名专家学者出席了会议。会上，中国消防协会和中国汽车工程学会共同签署了《汽车消防安全领域战略合作备忘录》。

**学会建设** 11月，协会被中国科协科普部评为“2013年度全国学会科普工作优秀单位”。

2013年，组织召开了1次理事会议和2次常务理事会议。发展单位会员71家、个人会员56名。

协会官方微博建立一年多来，发微博1500余条，粉丝达到38000人，微博转发跟帖达到近10000次，普及消防科学知识的华威讲堂栏目受到广泛好评。

全年组织开展了消防科普微电影的创作活动，进行消防微电影的集中展映。

**学术期刊** 协会主办的3本刊物全年共印发2088200册，刊登文章7239篇。其中《中国消防》（半月刊）杂志共24期，共发行1920000册，刊登文章720篇；《消防技术与产品信息》（月刊）杂志共出版13期（其中增刊1期），共发行70200册，刊登文章565篇；《消防科学与技术》（月刊）编辑部共出版了14期（其中2期增刊），共发行98000册，刊登文章5954篇。《消防科学与技术》编辑部在天津市技术类科技期刊出版质量评估中排名前5

名，连续八次被评为天津市一级期刊，二次被评为天津市优秀期刊，杂志主编王铁强荣获天津市首届“十佳期刊工作者”称号。

**国内主要学术会议** 2013年，协会及所属分支机构共举办国内消防学术会议8次，征集论文2128篇，入选论文集975篇，1350人次参加学术会议，共有162篇论文进行了交流，出版了《2013中国消防协会科学技术年会论文集》等9部消防学术论文集。与2012年相比，征集论文增加了370篇，入选论文集论文增加了115篇，参加会议人数增加了440人次。

**国际交往** 5月7日，国际消防协会联盟亚洲分会会议在北京举行，协会作为该联盟亚洲分会副主席单位出席了会议，会议研究讨论了联盟会议相关事项。

6月6～11日和8月18～21日，协会派员分别前往美国芝加哥、檀香山市，参加了国际消防协会亚洲分会执委会会议和美国消防协会年会与展览会、国际消防协会联盟执委会会议。

10月14～28日，协会派出5人研修组前往日本，进行为期15天的火灾事故调查研修与交流活动。研修组参访了日本消防协会、消防大学校、消防研究所及东京、札幌等地的消防科研部门，重点对日本的火灾调查体制、火灾物证鉴定技术等内容进行了学习交流。

11月24～28日，协会组团赴日本东京参加了中日两国消防协会第29次定期协议会，协议通过了2014年中日两国消防协会交流的4项议题。

12月8～11日，协会组团前往韩国济州参加中日韩三国消防协会第五次协商会议并访问济州消防紧急救援中心。三国消防协会分别介绍本国近期消防工作情况，协商会议就大规模火灾事故预防对策，交换消防法规及技术标准资料，志愿消防队员的教育、训练等进行研究。

**科普活动** 5月7～9日，在第十五届国际消防设备技术交流展览会（CHINA FIRE 2013）期间，协会运用图文并茂的展板宣传《消防知识二十条》等消防科普知识，通过电视屏幕，播放协会发展情况和消防公益广告、消防及逃生自救知识宣传片，免费发放各种宣传资料6000余份。协会与北京市公安消防总队共同设置了6000平方米的室外消防科普宣传教育展区，展出了地震体验车、消防宣传车等消防科普教育装备与器材，还设置了10多块便民公益智能宣传系统LED屏，播放消防公益广告和消防常识宣传片。共有13000多人次观众受到了消防安全知识的教。协会科普工作委员会与江苏、宁夏、浙江、上海等消防协会合作，制作“社区、学校、企业、家庭消防安全”等4种消防科普宣传挂图，并在2013年119消防活动日期间，向这些地区的社区、学校、企业和家庭发放31000多份消防科普宣传挂图。

**表彰举荐优秀科技工作者** 7月30日，协会在北京召开了第四届中国消防协会科学技术创新奖推荐项目评审会。22个参评项目的主要完成人参加了答辩。经评审，获奖项目16项，其中，一等奖3项、二等奖5项、三等奖8项。2013中国消防协会科技年会开幕式上为获奖项目颁奖。

**工程教育认证** 2013年，全国参加建（构）筑物消防员职业技能鉴定人数突破30万人，取得初级、中级建（构）筑物消防员国家职业资格证书的人数突破20万人；已建成27个消防行业特有工种职业技能鉴定站和18个鉴定点；初、中级建（构）筑物消防员职业技能鉴定工作全面展开，高级建（构）筑物消防员和初级灭火救援员职业技能鉴定试点工种正式启动。协会分别在1月、4月、7月、10月组织了4次消防行业特有工种职业技能鉴定理论知识全国统考。全国27个省、直辖市、自治区159433名社会消防从业人员报名参加了初、中级建（构）筑物消防员职业技能鉴定。

**学会创新发展** 2013年，协会消防科普宣传吉祥物“消宝宝”问世。协会从2012年7月开始征集中国消防协会科普宣传吉祥物设计作品。经广泛征求专家和读者的意见，最终，湖北省武汉市利偶设计工作室的刘鎏设计的“消宝宝”，从众多来稿中脱颖而出，荣获“最佳设计奖”。

全年组织开展了消防科普微电影的创作活动，进行消防微电影的集中展映。

**会员服务** 11月11～13日，协会与公安部消防产品合格评定中心共同举办了消火栓类生产企业培训班、电缆防火涂料类生产企业培训班、消防接口、消防水枪类生产企业培训班等3期培训班。来自近220家协会会员单位的410余名人员参加培训。11月21日，协会在上海市举办了消防科普宣传教育人员业务培训班，100余人参加了培训。

**【2013中国消防协会科学技术年会】** 2013年10月22～23日，由中国消防协会、安徽省公安消防总队联合主办，安徽省消防协会承办的2013中国消防协会科学技术年会在安徽省合肥市举行。本届年会主题是“城镇化进程中消防管理与创新”。安徽省人民政府、省公安厅、省公安消防总队、省消防协会、中国消防协会等相关负责人，来自各省、自治区、直辖市消防部队、科研院所、大学的专家、学者和论文获奖代表，以及多家新闻单位记者共240余人参加了会议。

安徽省公安消防总队总队长邹晓宁、美国消防工程师学会中国分会主席李方女士、中南大学防灾科学与安全技术研究所所长徐志胜分别以《运用现代技术手段提高社会消防管理水平的战略思考》、《美国消防工程师制度与实践》、《中国高等学校消防工程专业教育发展现状与展望》为题做了特邀报告。大会向特邀报告人赠送了本届年会特邀报告纪念杯、颁发了中国消防协会优秀论文奖、论文征集工作组织奖和第四届中国消防协会科学技术创新奖，向安徽省消防协会颁发了特别贡献奖。会议期间，分别举办了“消防管理与防火技术研究”和“灭火救援技术研究”等2个专题研讨会。安徽省公安消防总队和安徽省消防协会共同举办了安徽省“科技强消防　创新促发展”专题论坛。

本届年会共征集论文867篇，经过2013中国消防协会科学技术年会论文评审委员会评审，有214篇论文获奖，占总数的24.8%，其中，一等奖26篇，二等奖62篇，三等奖126篇。获奖论文编入由中国科学技术出版社出版的《2013中国消防协会科学技术年会论文集》。

**【2013年全国消防行业特有工种职业技能鉴定工作】** 2013年，全国参加建（构）筑物消防员职业技能鉴定人数突破30万人，取得初级、中级建（构）筑物消防员国家职业资格证书的人数突破20万人；已建成27个消防行业特有工种职业技能鉴定站和18个鉴定点；初、中级建（构）筑物消防员职业技能鉴定工作全面展开，高级建（构）筑物消防员和初级灭火救援员职业技能鉴定试点工种也正式启动。

2013年全年，协会组织了4次消防行业特有工种职业技能鉴定理论知识全国统考。全国有27个省、直辖市、自治区的159433名社会消防从业人员报名参加了初、中级建（构）筑物消防员职业技能鉴定，其中153483人报名参加初级鉴定，5950人报名参加中级鉴定。目前已有北京等7个地区开展了中级技能鉴定工作。

2013年，协会分别组织了数批对新建消防行业特有工种职业技能鉴定站和鉴定点的资格条件审查验收、年检验收和质量评估工作，同时组织了对7个新建消防行业特有工种职业技能鉴定站的授牌仪式。

2013年，协会组织了2次考评员、1次质量督导员资格培训班，1次建（构）筑消防员职业技能师资培训班。4个培训班累计共有438人参加培训并取得结业证书。截至2013年底，全国消防行业特有工种职业技能鉴定考评员达1067人，全国消防行业特有工种职业技能鉴定质量督导员达122人。

2013年，协会共组织了4次消防行业职业技能培训系列统编教材编写工作会，完成了第二版《建（构）筑物消防员职业技能培训与鉴定系列统编教材（基础知识）、（初级技能）》和配套《职业技能鉴定考试指导手册》修改和出版工作，完成了《灭火救援员职业技能培训与鉴定系列统编教材（基础知识）、（初级技能）》两本教材的编写和出版工作。协会启动了《灭火救援员职业技能培训与鉴定系列统编教材（中级技能）》和《建（构）筑物消防员职业技能培训与鉴定系列统编教材（高级技能）》的编写工作。

（撰稿人：贺德华）

## 中国图象图形学学会

**服务创新型国家和社会建设**　4月6～8日，中国电子学会、中国图象图形学学会、中国电影发行放映协会在北京共同主办了第三届中国国际三维成像展会，主要内容是产品展示和学术交流。参加展览会人员达10000多人次，参展商60家，参加学术交流人数200人次。

10月16～18日，第十届中国国际机器视觉展览会暨机器视觉技术及工业应用研讨会在北京举行，本次展会由学会主办，学会机器视觉专业委员会，机器视觉产业联盟（CMVU）承办。加拿大POINT GREY、IDS、日本嘉视科技VST、德商兆镁新The Imaging Source Asia、大恒、凌云、三宝兴业（微视凌志）、微视新纪元、先锋科技、嘉恒中自等几十家视觉企业参展。本次展会的亮点有3CCD彩色线阵相机、高速数据合并器、LVDS摄像头等，以相机、镜头、光源、软件为主导内容。同期举办的第十届中国国际机器视觉技术及工业应用研讨会吸引了全国各地展会的500多人，其中有生产企业的工程技术人员，研究院所及高校的专家、学者。

**学会建设**　2013年，学会发展个人会员6名、团体会员1个，新增常务理事1名。

学会先后召开六届五次、六次和七次常务理事会议，以及六届四次、五次理事会议。

学会全年共举办学术会议13次，参加会议人数2967人次，交流论文727篇，向期刊推荐优秀论文300余篇。

**国内主要学术会议**　8月15～17日，由学会计算机动画与数字娱乐专业委员会、中国人工智能学会智能CAD与数字艺术专业委员会、中国系统仿真学会数字娱乐仿真专业委员会联合主办，浙江大学计算机学院承办的第十届全国智能CAD与数字娱乐学术会议暨第八届全国数字娱乐与艺术会议在浙江大学举行。江苏大学副校长宋余庆，学会副理事长、教育部长江学者、浙江大学计算机学院院长庄越挺和中国科学院自动化研究所研究员王阳生共同担任大会主席。来自清华大学、北京大学、浙江大学、上海交通大学、南京大学、华中科技大学、中国科学院、江苏大学等高校及科研院所的 100 多名专家学者参加了会议。国家“千人计划”特聘教授 IEEE Fellow、清华大学教授朱文武，微软亚洲研究院高级研究员童欣，香港中文大学教授贾佳亚分别作了主题报告。会议研讨了智能 CAD 与数字娱乐领域的发展新趋势。大会接受的优秀论文被推荐至《浙江大学学报（英文版）》、《计算机辅助设计与图形学学报》、*Transactions on Edutainment*、《中国图象图形学报》、《中国体视学与图像分析》等优秀期刊。

9 月 26 ~ 28 日，第九届和谐人机环境联合学术会议（HHME2013）在江西省南昌市召开。此次会议由学会多媒体专业委员会、中国计算机学会多媒体技术专业委员会、中国计算机学会普适计算专业委员会、ACM SIGCHI 中国分会、中国自动化学会计算机图形学和人机交互专业委员会、中国计算机学会人机交互专业组等共同发起和主办，由江西财经大学承办。会议包括第二十二届全国多媒体学术会议（NCMT2013）、第九届全国人机交互学术会议（CHCI2013）、第九届全国普适计算学术会议（PCC2013）等三个学术会议。学术界和产业界 200 余名国内外专家、学者出席了会议，会议共安排了 6 个大会特邀报告，大会还邀请到了 4 位国家优秀青年基金获得者举办优秀青年学者论坛。会议共接收论文 227 篇，内容涵盖多媒体、普适计算和人机交互 3 个研究领域。会议最终确定 70 篇论文被录用为口述交流论文并全部推荐核心期刊出版，39 篇论文被录用为 Poster 论文展示，并最终评选出优秀 Oral 获奖论文 5 篇、优秀 Poster 获奖论文 4 篇。

10 月 12 日，中国高科技产业化研究会、北京电影学院、中国图象图形学学会、中关村虚拟现实产业协会、中关村工业设计产业协会共同主办，太极计算机股份有限公司特别支持的 2013 年中国虚拟现实产业峰会在北京举行。国防科工委原副主任怀国模中将致开幕词。专家、学者和企业家代表 200 多人出席了大会。本届峰会以“科技服务生活、创新引领未来”为主题，十多位来自各个虚拟现实应用领域的专家、学者和企业家就虚拟现实技术的发展趋势、中关村虚拟现实产业行业发展情况、虚拟现实技术在工业设计、影视特效、展览展示、游戏等发表演讲。大会场外还有来自美国 zSpace 公司的虚拟现实全息台展示，以及其他参会企业展示的 Oculus 虚拟现实头盔等先进设备。

11 月 2 ~ 3 日，学会第七届立体图像技术学术研讨会在江苏省南京市召开。此次会议由学会主办，南京大学、学会立体图像技术专业委员会承办。此次会议共有国内外 40 家单位参会，邀请 De Montfort 大学教授 Phil Surman、清华大学教授刘烨斌、四川大学教授王琼华、上海大学教授安平、浙江大学教授李海峰为本次会议做了专题报告，并邀请 5 位著名专家作专题报告。根据大会组委会的遴选，确定了 13 篇口头报告、11 篇张贴论文，论文研究内容涵盖 3D 领域最新进展、3D 生成与处理、3D 显示与交互、3D 健康与质量评价 4 个领域。会议期间，参会人员通过粘贴论文海报进行了广泛交流。

**国际学术会议** 7 月 26 ~ 28 日，由学会主办、山东科技大学承办的第七届国际图象图形学学术会议在山东省青岛市召开，来自国内外高校、科研院所图象图形学领域的专家学者 330 余人，围绕图象图形学领域最新研究成果进行了交流。

山东科技大学纪委书记李道刚，大会主席、韩国崇实大学校长韩献洙，学会副理事长周明全，中国科协全国委员、学会原副理事长韦穗，学会副理事长余轮、庄越挺、丁国辉，学会秘书长刘凯龙，本届大会程序委员会主席章毓晋，葡萄牙里斯本大学教授 Nuno Correia，新加坡南洋理工大学教授 Daniel Thalmann，以及来自美国、英国、葡萄牙、韩国、瑞士、新加坡等国家及中国科学院、北京大学、复旦大学、北京航空航天大学、西安交通大学、吉林大学等高校和科研院所的专家、学者、学生及学会理事参加了大会。

李道刚致欢迎词。周明全代表学会理事长徐冠华院士致开幕辞。Daniel Thalmann、韩献洙、Nuno Correia 分别作了题为《实时人群行人轨迹仿真的改进》、《基于 HSV 颜色模型的 FCM 图像增强算法》、《多模式交互系统中的图形和图像方法》的大会特邀报告。本届会议的主题是图象图形，共设 5 个分会场，组织 3 个专题。代表们围绕图像处理、模式识别与机器学习、计算机视觉、计算机图形学与可视化、虚拟现实、游戏和动画等前沿问题进行了报告交流，与来自相关研究领域的专家、学者从不同角度进行探讨。

会议收到有效投稿 346 篇，录用 182 篇，会议论文集由 IEEE 出版。第五届智能技术应用国际会议作为本届会议的一个专题研讨会同期召开，收到投稿 55 篇，录用 40 篇，录用的论文将在中北大学出版的国际期刊《测试科学与仪器》上发表。

11 月 22 ~ 25 日，第五届 IET 国际无线、移动和多媒体网络会议（ICWMMN2013）在北京召开。学会铁道专业委员主任委员阮秋琦教授任大会执行主席。ICWMMN2013 是由英国工程技术学会（IET）联合 IET 北京分会组织召开的无线通信领域系列国际会议，大会开幕式由 IET 执委会主席周孟奇教授主持，IET 北京分会主席、本届会议执行主席、北京交通大学教授阮秋琦致开幕词。IET 驻中国办事处 Mis.Guo 发言，介绍了 IET 的历史、组织性质、在科技界的影响及服务宗旨。此次会议邀请了东南大学教授尤小虎、英国 Sheffield 大学自动控制与系统工程系教授

Lyudmila.Mihaylova、大唐移动通信仪器公司 CTO 陈善之、清华大学教授陈维、北京交通大学国家重点实验室主任唐涛，分别作了题为《5G 移动通信及其未来的发展方向》、《进展与挑战的无线传感器网络中的定位》、《TD–LTE 标准和未来 5G 方向》、《三维密集覆盖的机遇和未来移动通信挑战》、《基于通信技术的列车控制系统的下一代》的报告。200 余人参加了会议开幕式及特约报告会，会议的论文集由英方 IET 出版社出版，并将被 EI 和 ISTP 检索。

**科普活动** 2013 年，学会科普部为大学生、中学生举办图象图形科普讲座 5 次，举办虚拟现实技术、动画仿真技术等图象图形研讨会和培训班 3 次。

**【2013 上海机器视觉展览会暨机器视觉技术及工业应用研讨会】** 3 月 19 ~ 20 日，Vision China 2013 上海机器视觉展览会暨机器视觉技术及工业应用研讨会在上海市召开，会议由学会和德国慕尼黑国际博览集团（MMI）联手打造。此次展览重点以相机、板卡、镜头、软件、光源等核心部件为主导，并涵盖了机器人、运动控制等领域，共有近 100 家国内外企业参加，接待专业观众和买家 36041 人。会议有 30 多场专题报告，围绕图像处理的最新算法、机器视觉技术在电子 / 汽车 / 印刷 / 包装 / 纺织的最新应用案例、三维测量技术的发展及应用、机器视觉系统的核心部件介绍等多个议题展开讨论，探讨机器视觉技术最新发展趋势。

6 月 26 ~ 28 日，第八届中国（深圳）机器视觉展览会暨机器视觉技术及工业应用研讨会在广东省深圳市举办。会议由学会主办，学会机器视觉专业委员会，机器视觉产业联盟（CMVU）承办。本届展会吸引了国际知名厂商凌云、大恒、三宝兴业（微视凌志）、嘉恒中自、微视新纪元、意大利 OPTO、日本 CCS 等 70 多家视觉企业到会展示最新产品。同期举办为期 1 天半的研讨会，来自全国各地的生产企业的工程技术人员、研究院所及高校的专家、学者 400 多人参加研讨。会议邀请清华大学教授苏光大、香港理工大学教授张大鹏、华为中央研究院媒体实验室许春景博士等进行交流。

（撰稿人：王福美）

## 中国人工智能学会

**服务创新型国家和社会建设** 10 月 29 日至 11 月 1 日，由学会主办、深圳安全防范行业协会承办，北京大学深圳研究生院、北京邮电大学深圳研究院、深港产学研基地协办的第三届中国智能博览会在广东省深圳市举行。国内外著名智能科技企业和高等学校、科研机构 137 家单位参展，展览面积达到 13000 平方米。《第三届智能博览会会刊》对参展企业和高校在智能科技领域的最新成果做了全面介绍，参观专业观众达 10 万人次。

**学会建设** 2013 年，学会新增专业委员会 1 个，新增理事 3 名；新增会员 4936 人，其中女性会员新增 1806 人。

**国内主要学术会议** 2013 年，学会共举办国内学术会议 47 次，其中学术年会 11 次，参会人数 4885 人次；国际学术会议 17 次，参会人数 2425 人次，交流论文 708 篇。学会举办高端前沿论坛（年会）32 次，参会人数 3692 余人次。

**表彰举荐优秀科技工作者** 2013 年，根据《吴文俊人工智能科学技术奖章程》和《吴文俊人工智能科学技术奖奖励办法》相关规定，经过形式审查、专业初评、现场答辩终审会议表决，对 20 个成果授奖。其中，成就奖 1 项，创新奖 9 项，进步奖 10 项。

根据《中国人工智能学会优秀博士学位论文评选条例》，2013 年中国人工智能学会优秀博士学位论文终评评选出优秀博士学位论文 2 篇，优秀博士学位论文提名 3 篇。

**【第三届中国智能产业高峰论坛】** 10 月 27 ~ 28 日，第三届中国智能产业高峰论坛在深圳大学召开，此次论坛由学会主办，CSDN、程序员杂志及深圳大学承办，并得到了清华大学、北京邮电大学、合肥工业大学、中航工业江西洪都航空工业集团，以及华为技术有限公司的支持。会议由学会副理事长谭铁牛、任福继共同主持。

学会理事长、中国工程院院士李德毅，学会副理事长、模式识别国家重点实验室主任谭铁牛，学会副理事长、日本国立德岛大学教授任福继，以及华为诺亚方舟实验室主任、香港科技大学教授杨强作了大会主题报告，分别针对大数据时代的认知计算、大数据时代的模式识别、认知脑与先进智能机器以及终身机器学习和认知成长展开了交流。

四位报告专家与中航工业江西洪都航空工业集团有限责任公司工程师周继强进行了圆桌讨论，针对智能学习、机器认知等方向进行交流，现场听众通过提问的形式与专家们互动研讨。

（撰稿人：王卫宁　邹亚茹）

## 中国体视学学会

**服务创新型国家和社会建设** 4 月 12 ~ 13 日，学会 CT 理论与应用分会在北京召开了北京地区工业 CT 技术专题研讨会，来自科研院所和相关企业的 23 位专家学者出席研讨会。专家们就 CT 无损检测、工业 CT 研发进展、工业 CT 技术趋势和展望、虚拟中心图象重建的工业

CT 方案设想、相位 CT 领域的最新研究成果，国内外相关标准的制定和审批等进行了交流和探讨。

10 月 11 ~ 13 日，学会金相与显微分析分会在辽宁省鞍山市举办了“蔡司・金相学会杯高校大学生金相比赛（首届）”。经过初赛选拔，共有 26 所高校的 108 名学生参加了复赛和决赛。经过两天的比赛，共评出一等奖 15 名，二等奖 30 名，三等奖 63 名。比赛期间，举办了首届材料实验室建设及实验教学改革论坛，交流论文 56 篇。

**学会建设** 2013 年，学会召开了第六次全国会员代表大会，完成了第六届理事会组建工作。第六届理事会共有理事 85 名、常务理事 28 名。康克军当选理事长。

学会与分支机构组织各类学术交流活动 30 次，其中国内会议 28 次，国际会议 2 次。参加学术活动人数 1600 余人次，交流论文 760 余篇。

**国内主要学术会议** 9 月 24 ~ 25 日，由学会主办、中北大学承办的第十三届中国体视学与图像分析学术会议在山西省太原市召开。会议由大会报告和 4 个分会场报告组成，安排大会报告 3 场，分组报告 48 场，交流论文 106 篇，内容主要涉及体视学基础理论与方法，体视学在材料、生物、医学等领域的应用，图像处理、分析、识别新技术、新方法及应用，CT 理论、方法和软件及数字成像，金相与显微分析新理论和新技术及其应用，建模与仿真、虚拟现实理论和技术与可视化体系及应用。经会议学术委员会评选，有 8 篇论文获优秀论文奖。会议出版了论文集。

**学科发展研究** 在 50 多名专家参与下，先后经过 15 次交流研讨，学会承担的《2012—2013 年体视学学科发展报告》项目完成。该项目包括体视学学科发展综合报告、生物医学体视学发展现状与趋势、材料体视学发展现状与趋势、图像分析研究现状与趋势、CT 技术发展现状与趋势、体视学与图像分析系统发展现状与趋势等 6 个研究报告。

通过对体视学定义、学科内涵、学科外延、学科发展等问题多次深入研讨，学科发展报告梳理了我国体视学领域的基础性问题。国际上，体视学有多种有效定义，而核心内容是“研究立体或三维结构”。对于体视学定义，学科发展报告提出：允许不同学科分支或领域为满足需求而给出不违背核心内容的体视学扩展定义。对于体视学内涵，学科发展报告认可基于一维投影数据重建三维 CT 图像的理论与技术是体视学领域的有机组成部分。

**【中国体视学学会第六次全国会员代表大会】** 9 月 24 日，学会第六次全国会员代表大会在山西省太原市举行。中国科协学会学术部副部长宋军、中国体视学学会理事长康克军等分别致辞。大会开幕式由学会秘书长王忠主持。

会议听取和审议通过了学会理事长康克军作的《第五届理事会工作报告》，学会秘书长王忠作的《中国体视学学会章程修改报告》和《第五届理事会财务报告》，学会副理事长赵忠明作的《调整会费标准议案》。大会选举产生了由 85 人组成的学会第六届理事会。随后召开学会第六届理事会第一次会议，选举常务理事 28 人，正副理事长 6 人。康克军连任学会第六届理事会理事长。

**【中国体视学学会首届科学技术奖】** 9 月 24 ~ 25 日，在第十三届中国体视学与图像分析学术会议上，学会首届科学技术奖颁奖仪式同期举行。颁奖仪式由学会理事长康克军主持，学会副理事长唐勇宣布了颁奖决定和获奖名单。

王德文团队完成的体视学技术在军事病理学及相关领域中的推广应用、陈志强团队完成的铁路关键部件快速 DR/CT 系统产业化、吴开明团队完成的低合金高强度钢微观组织的三维形态及长大行为、吴波团队完成的体视学在临床病理领域中的应用研究等 4 个项目获奖。

（撰稿人：刘克音）

## 中国工程机械学会

**服务创新型国家和社会建设** 6 月 20 ~ 22 日，学会配合中国工程机械协会和长沙经济开发区在湖南省长沙市举办了 2013 年工程机械配件博览会，组织了首届工程机械技术发展高层论坛（CTO 峰会）论坛。论坛以“绿色、环保与可持续发展”为主题，邀请了相关专家作专题报告，举办了两场“高峰对话”，主题分别为“研发、理念、体系”、“配套、质量、试验”。

8 月 22 ~ 24 日，学会在江苏省徐州市召开了第五届机械工程博士生论坛，来自 31 所高校的 54 名博士生在会上宣读了论文。论坛根据论文的质量，博士生表述能力、演讲水平，进行了评奖，并颁发了证书和奖金。徐工集团党委书记、副总经理李锁云代表徐工集团致欢迎词。会议邀请了中国科学院院士、东北大学教授闻邦椿，中国科学院院士、南京航天航空大学教授赵淳生，分别作了题为《设计理论分类和应用》、《超声电机技术及其应用》的学术报告。

11 月 6 日，学会配合中国国际贸易促进会信息部在江苏省徐州市举办了首届工程机械交易会。会议期间举办了高峰论坛，学会监事长、名誉理事长石来德在会上就当前世界经济危机、国内经济结构调整期间，工程机械行业应对策略作了发言。

在 2010 年完成 6 种语言《工程机械双向辞典》的基础上,2013 年学会完成了葡汉、汉葡《双向工程机械辞典》编写和出版工作，并与清华大学出版社签订了编写出版 10 卷《工程机械手册》的协议，2013 年 4 月 13 日在上海市召开的学会常务理事会议上确定各分会进行分工编写，计划于“十二五”期间陆续出版。该手册计划由清华大学出版社申请列入国家重点图书出版计划。该手册偏重各工程机械基本结构、工作原理、性能指标、选用原则和维修技术。各卷由学会各分会理事长或秘书长担任分卷主编，学会监事长石来德担任手册的主编。

**学会建设**　2013 年，学会桩工机械分会办理了民政部的登记工作，取得了证书。经中国科协批准，成立了环卫与环保机械分会。

4 月 13 ~ 14 日，学会在上海市召开了部分常务理事会议，对《工程机械手册》的编写、分工进行了部署，讨论了 2013 工程机械与车辆工程新进展国际学术会议和第五届机械工程博士论坛等相关工作的安排。

8 月 8 ~ 11 日，学会在吉林省长春市召开了全体理事会议，来自全国高校和企业的 100 多名理事与会。会议由学会秘书长刘钊主持，学会理事长、同济大学副校长郑惠强作了工作汇报，学会监事长石来德就学报编委会会议及拟进行学报编委会换届等工作事宜作了说明。

**学术期刊**　根据中国知网《中国工程机械学报》发行与传播统计报告，2012 年国内外用户机构为 4232 家，比 2011 年 2827 家增加了 1405 家，增加 49.6%，其中，国际用户机构由 2011 年的 146 家增加到 153 家。

**党建强会**　2013 年，学会承担中国科协“党建强会”活动资助项目，全面开展对下属 11 个分支机构的党组织建设，确定了各分会党建联系人。

3 月 30 日，学会党支部在江苏东华测试股份有限公司采取高校学生党员与企业职工党员联合的方式，召开了党建交流会。

8 月 23 ~ 24 日，学会党支部在江苏省徐州市徐工集团开展以“创新创业　实现中国梦”为主题的党建教育实践活动。该活动主要以座谈、实地考察和学习、专题报告等形式开展。中国科学院院士、东北大学教授闻邦椿作题为《现代成功学——谈做人、做事、做学问》的专题报告，南京航空航天大学教授赵淳生作题为《创新创业、实现中国梦》的专题报告。

**国内主要学术会议**　3 月 2 ~ 3 日，学会矿山机械分会在江苏省徐州市组织召开矿用电梯新技术学术研讨会。来自中国煤炭工业协会、国家安全生产长沙矿山机电检测检验中心、徐州矿务集团公司、中国矿业大学等单位共 40 余人出席会议。会议探讨了国内外矿用立井电梯、矿用斜井电梯的研究现状及发展趋势。针对目前国内矿山对矿用电梯新技术的需求，提出加快矿用电梯相关标准的起草与制定工作的建议。

4 月 12 ~ 16 日，学会港口机械分会在重庆市和中国工程机械学会物流分会、湖南省机械工程学会联合召开了第 15 届学术会议，会议主题为起重运输设备生产安全、节能与环保。

6 月 20 ~ 22 日，学会液压技术分会和挖掘机械分会联合在湖南省长沙市召开了中国工程机械技术高峰论坛。两个分会在论坛期间各自召开了分会的年会。

9 月 9 日，学会混凝土机械分会在北京召开年会，参会人员 105 人，研讨了 2013 年中国工程机械发展态势、混凝土机械企业在国内外宏观政经动态、竞合战略状态下，如何应对市场调整期以及混凝土机械技术标准等议题。

11 月 3 ~ 5 日，学会港口机械分会在江苏省无锡市召开了港口机械分会第三届会员代表大会暨 2013 年港口机械论坛。论坛就现代港口机械设备、技术创新与新发展、港口机械新产品及新型配套件开发、面向港口设备的智能化等进行了交流。会上还介绍了日本物流搬运机械的发展现状及展望。

**【第五届工程机械与车辆研究新进展国际学术会议】**　8 月 8 ~ 11 日，学会在吉林省长春市召开了第五届工程机械与车辆研究新进展国际学术会议，100 余名学会理事，以及长春地区各校的在读研究生共 200 多人参加会议。来自美国、日本、加拿大、中国的专家、学者进行了 8 个特邀主旨报告。会议收到国内外论文 100 多篇，在 6 个分会场分别宣讲。

大会主题是节能与安全。学会理事长、全国政协常委、民盟中央副主席、上海市人大常委会副主任、同济大学副校长郑惠强致开幕词。他指出，中国大规模的基础设施建设和国家战略性新兴产业的发展，都直接带动了工程机械市场持续发展，目前中国工程机械行业销售规模总量跃居世界首位。与此同时，在推进我国工程机械产业由制造大国向制造强国的转变的过程中，诸多不相适应的问题已成为该行业可持续发展的制约因素和亟待解决的瓶颈问题。作为本行业唯一的全国性学术团体，中国工程机械学会愿承担起学术引领、行业服务、教育培训、人才养育、协同创新、标准制定等职责，以此助推中国工程机械行业的技术进步，为国家经济社会发展作出学会应有的贡献。

此次会议就工程机械与车辆工程技术领域原始创新、

集成创新和引进吸收再创新等方面进行了学术研讨，针对本领域的“节能与安全”发展趋势、研究热点与难点，从理论和方法两个方面进行了交流。

（撰稿人：周小珍）

## 中国农学会

**服务创新型国家和社会建设** 2013年，学会在引进国外智力方面，完成了国家外国专家局下达农业部的引进国外技术、管理人才、示范推广项目和出国（境）培训项目任务，全年共邀请来华的外国专家80多人次，培训相关技术人员5000多人次，派出出国（境）培训团组15个，派遣赴美国农业研修生11名。

在教育培训方面，学会承办了农业科研创新团队提升国际竞争力高级研修班，近200名农业科研杰出人才及其创新团队核心成员和管理人员参加了研修。积极开展基层农技推广人员知识更新工作，举办了现代农业技术培训基地管理人员培训班，培训学员近200名。完成了农产品质量安全监管培训任务，举办了全国农产品质检项目实施管理暨县级质检站负责人培训班，150多名代表参加培训。组织举办了行政管理、财务管理、档案管理、公文写作、新闻摄影以及学会系统工作人员能力提升等培训班，培训学员1600多人。

在科技评价方面，学会组织完成了2012～2013年度中华农业科技奖评审工作，经过专业组网络评审和专家委员会会议评审，评选出科研成果奖119项、科普成果奖6项、优秀创新团队奖17项。学会组织院士、专家158人次分别对中国农业科学院、中国农业大学及有关省农科院等10余家单位的19项成果进行评价，提出了科学的评价意见。认真做好国家科技奖推荐工作，经过严格的筛选把关，学会推荐参评的5项成果有“高产高油酸花生种质创新和新品种培育”、“柠檬果综合利用关键技术、产品研发及产业化”、“保护性耕作技术”3项获得了国家科技奖。学会还承担完成了全国农业科技成果转化交易服务平台的建设工作。

在职业技能鉴定方面，学会参与制定了《2011—2020年农业职业技能开发工作规划》，明确了今后一段时间农业职业技能开发工作的指导思想、总体目标和重点任务。学会承担完成了涉农138个职业及25个新职业的国家职业分类大典修订任务。学会组织编制了5项国家职业技能标准、3套培训教材、5套实训指导手册和5个职业试题库。学会继续强化鉴定工作人员队伍建设，全年共培训考评人员3000余人次，培训管理人员近200人，培训质量督导员350多名。学会继续加强鉴定标准化建设，投入1000多万元为基层鉴定站配置仪器设备，进一步改善了基层鉴定站鉴定条件。在充分调研的基础上，学会启动了农产品加工企业技能人才评价试点工作，配合有关部门组织了农产品质量检测、农机、茶艺等多个职业的技能竞赛工作。

在信息服务方面，继续加强学会信息网和农业人才网建设，优化了栏目结构，开展了信息员工作队伍系统培训，并在网上组织了校园人才、实用人才、农业人才等对接服务月活动和高校毕业生招聘周活动。

学会完成了中国科协、农业部等有关部门委托的新型职业农民培养研究、农村实用人才认定标准研究、高层次外事外经人才培养机制研究、当代中国农学家学术谱系研究等课题研究任务，提交了15个课题总计30余万字的研究（调研）报告。

**学会建设** 开发建设了学会政务内网，完成了系统开发、协同办公系统软件购置、系统测试等各项工作；进一步强化信息安全管理，严格执行上传信息三级审查制度，加强网络使用监控、网站安全评估和联网计算机涉密检查，信息安全防范水平进一步提高。

**学术期刊** 2013年，选派所有编辑人员参加了中国科协等有关部门组织的期刊主编培训班和编辑岗位培训班，实行了知名院士、专家有偿约稿。《中国农学通报》和《农学学报》被中国科协评为精品科技期刊。完善期刊稿件处理系统，规范了来稿格式、模板、标准、要求等事项，提高了期刊稿件标准化、规范化水平。组织实施中国科协精品期刊工程项目，开发了农业期刊交流平台，并与美国农学会、作物学会、土壤环境学会在过刊数据交换、版面互换等方面达成了合作意向。

**学科发展研究** 学会于2012年申请并承担了“2012—2013年基础农学学科发展研究”课题，这是继2006年起第4次承担基础农学学科发展研究工作。学会成立了以刘旭院士、吴孔明院士、喻树迅院士、信乃诠研究员为首席科学家，98位专家组成的课题组。根据基础农学学科及其分支学科领域进展实际情况和引领未来发展需要，课题组确定了作物遗传育种、农业土壤、植物营养、农田灌溉与排水、作物病虫害、作物栽培、耕作学与农作制度、农产品加工与保鲜、农产品质量安全、农业信息、农业环境、农业资源与区划等12个分支学科领域进行专题研究。课题组先后组织召开了2次研讨会、3次座谈会、10多次专题讨论会，历时一年半完成了专题报告和综合报告。最终稿于2013年11月提交中国科协。

**决策咨询** 为加快我国种业科技创新，促进现代种业发展，受中国科协委托，学会组织有关专家起草了《加

快体制机制创新　促进现代种业发展——关于加快我国种业科技创新的建议》。2013 年 11 月，中国科协将该建议上报国务院后，获得汪洋副总理批示。为落实汪洋副总理批示精神，农业部种子管理局组织有关科技工作者研究起草《关于深化我国现代种业体制改革的意见》，并将建议中的重要观点纳入向国务院汇报内容，推动出台了《国务院办公厅关于深化种业体制改革提高创新能力的意见》。该意见对推动加快种业科技体制改革、调动科研人员积极性、推动种业资源向企业流动、提升种业创新能力具有重要意义。

学会组织院士、专家 20 人次分赴江苏、湖南、黑龙江、吉林等地开展了耕地质量和耕地生态问题专题调研，形成了耕地生态补偿机制调研报告，向中央提出了“关于建立耕地生态补偿机制”的《农业科学家建议》。组织院士、专家 20 多人次赴贵州省黔东南州开展咨询调研活动，针对当地特色产业发展提出了咨询建议。组织专家 3 次赴江苏省丹阳市调研，承担了该市现代农业发展规划编制工作。

**国内主要学术会议**　9 月 21 ~ 22 日，2013 中国农业产业化年会暨中国农业企业家论坛在湖北省钟祥市召开，140 多名专家、学者围绕“品牌、基地与企业做强做大”主题进行了交流。会议由中国农学会主办，汇源集团承办，武汉市人民政府、湖北省农业产业化办公室、华中农业大学、钟祥市人民政府、长龙实业集团协办。

10 月 25 ~ 26 日，由农业部人力资源开发中心和学会主办，浙江睿思特智能科技有限公司承办，浙江大学与浙江农林大学协办的 2013 年全国农业企业信息化暨农业园区物联网建设论坛在浙江省杭州市举办。120 多位代表围绕“农业物联网建设”主题进行了探讨。论坛邀请到国内外知名专家针对物联网发展趋势、农业物联网标准化与规范化研究、国家扶持农业信息化的政策项目、数字农业与农业物联网技术、发达国家物联网发展经验和农业园区整体信息化解决方案作专题报告，温氏集团等龙头企业和农业园区介绍了信息化应用、物联网建设的经验。

由学会、中国农业科学院、南阳市人民政府联合主办，河南省南阳市卧龙区人民政府、宛城区人民政府、天冠集团协办，南阳市科学技术局、河南南阳国家农业科技园区承办的第十三届中国农业园区论坛于 11 月 6 ~ 7 日在河南省南阳市举办，160 多位代表围绕“新型农业经营体系与四化同步发展”主题进行了交流。在中国科协咨询中心指导下，会议期间举行了全国农业园区专家咨询服务会，100 多名专家对南阳农业园区的发展把脉问诊。论坛开幕的前一天，召开了学会农业科技园区分会三届二次理事会，选举中国农业科学院副院长李金祥为园区分会三届理事会会长。

学会所属分会召开了国际农作制度设计大会、亚洲食用菌学术会议、两岸三地食品安全研讨会等 60 多次专业学术研讨会，参加研讨交流专家、学者达 7000 多人次。

**两岸交流**　应台湾地区“中华农学会”邀请，由中国农学会牵头组织相关管理部门、科研机构等一行 23 人，于 12 月 2 ~ 9 日赴台湾地区，两会共同举办了海峡两岸休闲农业发展论坛，就两岸休闲农业发展的重点内容、目标要求及规划措施进行研讨，为进一步做好两岸休闲农业的互利合作打基础。

**表彰举荐优秀科技工作者**　学会组织完成了两院院士推荐提名工作，向中国科学院推荐候选人 2 名，向中国工程院推荐候选人 8 名。协助完成了“国家特支计划”百千万工程领军人才候选人、“百千万人才工程”国家级人选、创新人才推进计划候选人、“中国青年科技奖”候选人、“光华工程科技奖”候选人、留学人员科技活动项目择优资助等推荐工作，向有关部门推荐候选人 50 名、推荐项目 15 个。编制印发了《专业技术职务任职资格评审暂行办法》和《专业技术职务任职资格评审委员会组织管理暂行办法》，承担完成了农业部系统 2012 年度专业技术职务任职资格评审工作，共有 295 人获得专业技术职务晋升资格。

**科普活动**　学会积极探索开展科学传播专家团队建设，提出了农业科学传播专家团队建设所遵循的立足发展现代农业、传承现代文明，立足现代农业产业，兼顾涉农学科、专业和领域，立足高素质的科研和科普人才队伍建设，建立完善团队良性运行和资源共建共享机制的 4 条原则，并据此制定了详细的工作方案，遴选出首批 3 个农业科学传播专家团队上报中国科协，即胡小松带领的果蔬加工与食品安全科学传播团队，赵春江带领的精准农业技术科学传播团队、陈阜带领的现代生态农业科学传播团队。2013 年 12 月 24 日，陈阜、胡小松、赵春江被中国科协聘任为第一批全国首席科学传播专家。

学会制定印发了《2013 年农民科学素质行动工作计划》，开展了农村妇女科学素质提升专项行动、农民科学素质行动进少数民族地区活动，对农村妇女骨干和少数民族地区农民进行了科学素质、实用知识和技术技能培训。在中国科协科普部、全国妇联妇女发展部、农业部科技教育司的指导和支持下，中国农学会等单位承担了 4 ~ 9 月举办的首届农村妇女科学素质网络知识竞赛活动。学会组织中国农业大学等 9 个单位的 11 位专家，建立了包括科学生产、政策法规、科学生活、科学发展等 4 部分内容共计 452 道试题的网络试题库。此次网络竞赛吸引了全国 31

个省、自治区、直辖市的480多万人次在网上参与答题。

5月19日，学会在团体会员单位——北京农学院社区家委会举办主题为“科普进社区　绿色促进健康”的科普知识讲座。由北京农学院植物学教授陈之欢主讲，旨在普及食品安全知识，增强广大居民的食品安全自我保护意识，引导其形成科学、安全、合理的饮食习惯。活动现场，陈之欢带来了20余种自采的野菜实物，让大家参与识别。

2013年全国科技活动周期间，学会与全国青少年农业科普示范基地——农业部环境保护科研监测所，共同组织开展了“科普育少年　建设美家园”活动。5月24日，来自天津市水上小学四、五年级的60多名学生参观了该所环保知识展板、所区污水处理系统和质检中心实验室，听取了《美丽乡村建设》科普报告，并在实验室亲手操作蔬菜农药残留快速检测等实验。科研人员边向学生们普及环保科学知识、讲授环保科研方法，边传播可持续发展的科学思想和理念，让学生零距离接触环保科研，领略科技创新的魅力。该活动受到了媒体的广泛关注，《人民日报》、农业部信息网、中国科协网等先后对该项活动进行了宣传报道。

8月15日，受农民科学素质行动协调小组委托，学会组织中国农业科学院等相关单位的专家，与农业部、中国科协、环境保护部、国家林业局、中国气象局等部委负责科教和科普工作的人员一起，结合开展党的群众路线教育实践活动，深入云南大理白族自治州大理市上关镇大营村，以洱海流域农业面源污染防治科普宣传为主题，进村入户开展农业农村环保知识科普活动和生态环境保护调研活动。共向当地赠送了科普图书2749册，科普挂图545套（张）。农业种植、养殖、环保、气象等领域专家，针对洱海流域农业面源污染防治问题，结合当地主导产业和生态环境现状，制作了多媒体课件并自带投影设备，向到场的100多名大营村村干部和群众进行了科普讲座，普及了先进实用的农村环保、自然灾害防治、生态农业和科学养殖的知识技术。同时，入户调查了少数农民的基本生活情况与科技、科普需求，受到农民的欢迎。

广西壮族自治区横县是中国科协、全国妇联、农业部联合开展全国农村妇女科学素质教育三个试点示范县之一。10月11～12日，学会根据国务院《科学素质纲要》和2013年农村妇女科学素质专项行动方案的具体要求，联合广西农学会、横县农业局，在南宁市横县朝南村举办了4期农村妇女科学素质提升培训班。培训针对参训学员不同的知识背景，结合横县实际，确定了惠农政策、现代设施农业、无公害蔬菜种植技术、现代蘑菇高产种植技术、清洁田园技术、农产品经营等主要培训内容，采用专家课堂讲授、学员相互交流等多种方式进行，包括全县农村妇女干部、种养大户、女经纪人、妇女致富带头人在内的450名农村妇女接受了培训。

1月8日，在中国科协科普部和农业部科技教育司联合举办的第22期科学家与媒体面对面活动上，学会邀请中国工程院院士、中国农业科学院副院长吴孔明研究员等6位专家和主管领导针对“中国转基因技术安全管理”的主题与《人民日报》、《科技日报》等多家媒体记者进行了交流互动。

7月11日，在中国科协第29期科学家与媒体面对面活动上，学会邀请中国科学院院士、华中农业大学生命科学技术学院院长张启发等4位专家就转基因技术在生物技术领域所处的地位和研发现状，转基因技术在生物农业领域暨生物育种的前景展望，转基因技术应用对营养、健康的影响等社会关注的问题进行了阐述，并回答了多家新闻媒体记者提出的相关问题。

2013年，学会被中国科协评为“全国学会科普工作优秀单位”。

**【全国农业科技成果转化交易服务平台正式运行】** 9月26日，全国农业科技成果转化交易服务平台（http://www.nzhw.org）正式运行。农业部副部长、学会会长张桃林启动全国农业科技成果转化交易服务平台并观摩了平台演示。

针对农业科技成果信息不完整、信息搜集困难、成果持有单位和转化单位之间缺乏有效沟通和交流、科技成果转化交易过程中缺乏科学合理、客观公正的价值评估机制等问题，学会在中国科协和农业部的支持下，开发了全国农业科技成果转化交易服务平台，全国40多家农业科研教学单位和涉农企业共同参与建设。该平台具有资源汇集、成果评价评估、成果交易等功能，可为各级农业科研教学单位的成果持有者和农技推广单位、企业的成果转化者搭建成果信息发布、咨询、评价评估、展示交易以及熟化等全方位服务。

截至12月15日，该平台已经拥有2585项农业科研成果、339家农业科研教学单位、304家企业、1475家中介机构和3075名农业科技专家信息。

全国农业科技成果转化交易服务平台的上线运行，标志着该平台开始面向全国农业科研教学单位、中介机构和涉农企业等提供服务。

**【中国农学会科技成果评价工作成效显著】** 2009年国家奖励办决定选择农业部等全国9个单位12家机构进行科技成果评价试点。学会是经农业部批准、科技部认定和授权具有从事农业科技成果评价资格，独立接受农业科技成果评价委托，有偿提供农业科技成果评价服务的社会专业评价机构。可接受全国农业行业内单位或个人所研究开发的农业科技成果的评价。

2013 年，学会完成了 15 项重大科技成果的评价。与往年相比，具有新的特点：一是评价工作得到行业认可。越来越多的院士、专家把自己主持的项目成果拿出来委托评价，在农业高端人才领域扩大了学会在科技评价方面的影响，对于拓展成果评价市场、打造成果评价品牌、扩大学会在科技领域的影响都具有积极的作用。二是被评价成果科技水平越来越高。在 2013 年评价的成果中，有 10 项成果来自国内一流科研教学单位或产业体系首席科学家主持的项目，其中有 2 项为院士主持。三是评价后效果显著。据农学会 2013 年对评价过的 60 多项成果统计，30% 成果评价后很快得到转让、融资，或得到政府财政资金支持，60% 成果评价后获得了省部级科技奖，20% 成果获得了国家科技奖。

学会的科技成果评价工作，促进了一批农业高端人才的成长，助推了农业科技成果公平交易，有助于提升农业科研单位综合实力。

（撰稿人：李兆双　顾玉红）

## 中国林学会

**服务创新型国家和社会建设**　2013 年，学会举办了全国第 20 次银杏学术研讨会暨中国（郯城）首届银杏产品交易会，围绕“银杏之乡，美丽郯城，科技助推，强业富民”主题，针对银杏栽培、加工等方面的科研技术开发和产业化发展进行深入交流与探讨。举办了银杏产品展示与交易会、银杏林现场参观考察，并发起举荐银杏为国树倡议签名活动。举办了 2013 年全国桉树学术研讨会、第九届中国竹业学术大会，积极搭建产学研交流平台，展示科研新成果，促进科技成果转化，促进相关产业发展。由学会组织推荐的“中国桉树产业技术创新联盟”被科技部列为 41 个“国家重点培育联盟”之一。

学会根据“科普服务林权制度改革试点工作”不同试点地区要求，选择不同时间，采取不同方式，分别针对板栗、核桃、香榧、白皮松、红豆杉、玉竹的良种选育、栽培和管护，食用菌生产与保存，山野菜采集、加工、保鲜储存，森林病虫害评估与防控等 10 多个方面，组织专家开展科技咨询、技术指导、专场科技培训等各类活动近 60 次。

学会在辽宁省宽甸县确定红石镇中蒿子村天立山野菜种植合作社和宽甸县东岳玉竹专业合作社为“科普服务林改示范点”，组织专家服务团和科普服务站的专家，重点围绕山野菜、中草药栽培或加工技术进行培训和现场指导。在浙江省龙泉市兰巨乡大巨村建立 100 亩香榧高产基地，在剑池街道水南村建立 400 亩杉木大径材培育基地，在八都镇供际村建立 100 亩珍贵树种基地，组织专家对基地开展实用技术现场指导。在陕西省蓝田县小寨乡董家岭村建立良种核桃标准化建设基地 1000 亩，在洩湖镇黑沟村建设林下复合经营示范基地 800 亩，加强示范点的技术咨询和现场指导。

学会与国家林业局桉树研究开发中心在广东省湛江市联合组织开展了“产学研会协同创新的组织模式和运行机制”调研。调研组先后到南方国家级种苗基地、雷州林业局、湛江晨鸣纸业、广东亨昌林业有限公司进行调研，实地了解企业的生产经营现状、技术需求及获得途径等。并在国家林业局桉树研究开发中心举行专家座谈会，就桉树产业及科技发展情况、桉树典型林业科技成果的转化过程及效果、桉树论坛的办会模式、桉树产学研会协同创新的组织模式和运行机制等方面进行了讨论。

**学会建设**　2013 年，学会及各分会共举办综合性和专题性学术活动 36 项，参与人数达 7000 人次，交流论文 3000 多篇。学会强化分支机构管理，加强了分支机构换届改选的审批，林木遗传育种分会、森林病理分会、森林公园分会、树木学分会、林产化学化工分会、森林昆虫分会完成了换届改选。2013 年，学会被中国科协评为“2013 年度全国学会科普工作优秀单位”，学会主办期刊——《林业科学》被国家新闻出版广电总局评为“百强科技期刊”。

**学术期刊**　2013 年，学会主办期刊的《林业科学》第 8 次获得中国科协年度精品科技期刊项目资助，被国家新闻出版广电总局评为“百强科技期刊”。学会完成了期刊网站的升级改版，网站内容、功能进一步扩展。截至 2013 年 12 月 31 日，《林业科学》来稿量为 1063 篇，出版 12 期，刊发文章 316 篇。来稿量比 2012 年增加，发稿量持平。

**学科发展研究**　学会组织召开了第二届林学名词审定委员会第五次全体扩大会议，完成了各学科名词送审工作。

**决策咨询**　2013 年，学会组织科技咨询活动 10 次，反映科技建议 15 篇，获上级领导重要批示 1 篇。学会组织完成了《林改后集体林经营现状及政策需求调研报告》。学会与中国植物保护学会、中国畜牧兽医学会、中国水产学会、中国气象学会共同完成了《2013 年我国生物灾害的预测与预防》报告，得到刘延东副总理批示。学会提交的《白蜡树枯梢病威胁我国林业生态和生态环境安全》科技工作者建议由中国科协上报中央。学会主动关注基层林业科技工作者，向中国科协提交“改善林业基层科技工作者工作环境及工作待遇刻不容缓”等建议，呼吁关注和改善基层林业科技工作者的工作环境及待遇。

在前期调研的基础上，学会召开古树名木保护专家座谈会，完成了《全国古树名木保护情况调研报告》，提出了《关于加强古树名木保护的建议》。在此基础上，受全国绿化委员会办公室委托，组织有关专家着手起草《古树名木保护管理办法》、《古树名木认定标准》、《古树名木普查规程》。

**国内主要学术会议**　举办了第15届中国科协年会分会场——中国西部生态林业和民生林业发展与科技创新学术研讨会、2013中国林业青年科技创新研讨会，组织开展了竹藤资源利用、生物质材料科学与技术、森林食品科学技术、森林公园与生态文明建设、林业有害生物防控与生态民生安全、长江流域防护林建设技术与生态服务变化、林木遗传育种、树木文化与生态环境建设、人工林经营技术等专题学术交流活动。

12月6～8日，第九届中国竹业学术大会在福建省福州市召开。来自中国科学院、中国林业科学研究院、国际竹藤中心及有关大专院校的220余名代表参加了会议。会议共收到涉及竹子生理、竹子生态、竹子育种、竹子栽培、竹子加工、竹文化、竹子生产与管理等方面学术论文130篇、报告8个。

**国际交往**　2013年学会接待国外来访20人次，派出访问人数10人次。接待了国际林业研究组织联盟主席、副主席及香港特别行政区园艺专业学会代表团会来访。组团赴捷克参加国际林联木材技术与环境国际学术研讨会，赴英国、荷兰、瑞士参加科技期刊交流考察。

**科普活动**　2013年，学会举办主题科普活动25次、科普讲座75次、科普展览5次，受众人数近62000人次。

按照科技部、中宣部、中国科协《关于举办2013年科技活动周的通知》的要求，学会组织科普专家分别在北京四中、光爱学校开展了系列科普报告会，邀请北京植物园科普馆馆长王康作题为《神奇的植物世界》的科普报告，北京四中近100名师生，北京光爱学校在校的近60名师生参加活动。

学会参与举办了“绿色科技、多彩生活”2013园林绿化科技创新暨科学普及月活动。共设置园林绿化与文化、与民生、与生活、与健康、与生态、与防灾减灾6个功能区。展出园林绿化科普知识展板200余块，主要内容包括森林的功能、作用、北京平原造林、北京湿地和舌尖上的植物等。在科普互动活动中，引导公众参与计算生活中二氧化碳的排放量，以及参与用园林绿化剩余物开展自然创作等内容。组织开展了“高产高效果树栽培技术”和“城市绿化建设中的植物造景”两场科普专题报告会。

联合中国地质学会、中国地球物理学会、中国气象学会、中国地震学会在北京紫竹院公园举办第44个“世界地球日”主题科普宣传活动。活动以“珍惜地球资源，转变发展方式——促进生态文明，共建美丽中国”为主题，结合林业、地质、气象的热点问题，通过展示展板、实物、图片、标语，发放宣传材料，开展咨询与有奖问答等形式向广大公众宣传、普及地球科学、生态保护、低碳生活、预防自然灾害等方面的科学知识。活动吸引了近2000名公众参与。

学会与北京四中、河北省林学会联合主办了第29届林学夏令营暨青少年科学考察营活动，组织北京四中的同学深入河北省塞罕坝机械林场了解林业工作在建设和保护森林生态系统、保护和恢复湿地生态系统、治理和改善荒漠生态系统，以及维护生物多样性方面发挥的巨大作用，实地参观考察塞罕坝机械林场展览馆、尚海纪念林、森林防火指挥中心、防火储备库、气象站和七星湖湿地，体验抚育采伐、修枝、割灌等林业生产过程。活动期间还开展了科普讲座、树种识别、标本制作、摄影摄像等一系列活动。学会支持全国林业科普基地——南京中山植物园举办了“植物王国之旅，科技夏令营”活动。

学会与北京四中共同举办了“走进森林”全国科普日活动。来自北京四中的80多名同学在特聘教师的带领下，开展了测量树木胸径、计算北京地区主要树种吸收固定二氧化碳量、寻找神秘自然物、我周围的绿化树、北京地区常见乡土树种识别等林业科普活动。活动期间，制作“森林身份证”树木名牌，特聘教师指导学生完成了“我的植物图志”任务书，举办了森林音乐会，同学们通过歌曲、相声、黑管和长笛演奏，抒发对优美森林的热爱之情。

学会开展林业科学传播团队组建工作，组建了中国林学会森林科学传播专家团和生态学传播专家团。森林科学传播专家团由10名专家组成，生态学传播专家团由5名专家组成。学会研究制定了2014年科普林业科学传播团队工作计划。

**表彰举荐优秀科技工作者**　2013年，学会组织开展了第十二届中国林业青年科技奖的评选及第十三届中国青年科技奖候选人推荐工作，评选出20名中国林业青年科技奖获得者，并从中评选出9名第十三届中国青年科技奖候选人，其中1人荣获中国青年科技奖。

组织开展了第五届梁希林业科学技术奖的评选，从123项申报项目评出获奖项目79项。其中，一等奖4项，二等奖35项，三等奖40项。组织开展了第四届梁希科普奖评选，评选出梁希科普人物类奖3名，梁希科普作品类

10项，梁希科普活动奖12项。启动了第四届梁希优秀学子奖的评选工作。

**【中国西部生态林业和民生林业发展与科技创新学术研讨会】** 5月25～27日，中国西部生态林业和民生林业发展与科技创新学术研讨会在贵州省贵阳市召开。本次研讨会是第15届中国科协年会第19分会场，由学会、贵州省林业厅和贵州大学共同承办。学会副理事长兼秘书长陈幸良，贵州省林业厅厅长金小麒出席论坛开幕式并讲话，中国科学院院士、中国林科院首席科学家蒋有绪，中国工程院院士、北京林业大学原校长尹伟伦，福建农林大学校长兰思仁等出席论坛并做特邀报告。

蒋有绪院士作题为《世纪警示与我们的时代任务》特邀报告并指出，全球变暖已经成为人类生存面临的巨大威胁，各国虽然采取了措施，但收效甚微，应对全球变化需要寻求绿色发展新模式，大力发展低碳经济。尹伟伦院士在报告中指出，森林生态系统经营是目前世界林业发展的方向，要充分利用典型森林生态系统，根据林业的多功能性构建多种新产业，实现林业的可持续发展。12位专家围绕会议主题作了专题报告。与会专家、学者围绕石漠化治理、林下经济发展、生态旅游等生态林业民生林业发展的重点问题进行了交流与探讨，对我国西部生态民生林业发展提出了技术对策与政策建议。

会前，学会组织专家、学者，围绕石漠化地区生态修复与综合治理、林下经济发展和生态旅游等贵州省生态林业民生林业发展的重要问题进行了调研，形成了专家报告。在贵州省党政领导与院士专家座谈会上，尹伟伦院士代表第19分会场，提交了《贵州石漠化地区生态恢复的问题及建议》的决策建议，为贵州生态民生林业发展献计献策。

本次会议共征集到学术论文120余篇，20多个省、自治区、直辖市相关领域的近200位专家、学者参加会议。

**【2013中国林业青年科技论坛】** 7月3～5日，2013中国林业青年科技论坛在江西省南昌市召开。论坛由学会与江西农业大学联合主办，学会青年工作委员会和江西省林学会共同承办。从事生态恢复技术相关研究领域的科研、管理、教学、生产部门的青年科技工作者160余人参加了论坛。论坛征集论文83篇。

论坛主题为“生态恢复技术与生态文明”。大会交流包括特邀报告、专题报告及学术交流。江西农业大学原副校长杜天真、江西农业大学林学院院长张露、北京林业大学教授贾黎明、北京市园林绿化局教授级高级工程师陈峻崎应邀在大会作特邀报告。杜天真教授重点讲解了造林困难立地（泰和，赣州，修水，弋阳）种植前后15年的变化情况，介绍了木荷纯林、油桐—湿地松混交林等19年来不同造林模式的生长情况，就组织科研协作组联合攻关、实验基地的长期保存和保护、生态公益林“按效益论补偿”、人力与自然力的关系等问题进行思考。

论坛专题报告按生态文明与生态恢复的理论分析、生态恢复工程实践及经典案例分析、生态恢复工程的效益评价3个议题进行了学术报告和研讨，涉及南方荒山、沿海吹填土地、湿地、矿山、片麻岩风化地等多种立地的植被恢复，并就桉树林耗水等理论问题进行了讨论。

会议还以“人力恢复自然及自然力恢复自然的思辨”为题进行了专题讨论，剖析了人力恢复自然及自然力恢复自然的利与弊，并就采取哪些措施趋利除弊提出了40余条对策。

**【2013年全国桉树学术研讨会】** 9月25～27日，2013年全国桉树研讨会在四川省成都市召开。研讨会由学会与四川省林业厅联合主办，学会桉树专业委员会、四川省林学会、四川省林科院、四川省林业产业联合会和广州女娲肥业有限公司承办。中国工程院院士尹伟伦，学会副秘书长尹发权，国家林业局气候办常务副主任、中国绿色碳汇基金会秘书长李怒云，四川省林业厅副厅长马平等出席研讨会。

研讨会以“拓宽发展空间，促进高效利用”为主题，国内15个省、自治区以及澳大利亚、美国、日本等桉树科研、管理和生产领域的代表参会。尹伟伦院士作题为《关于桉树栽培生态生理问题的思考》主题报告，李怒云作题为《人工林与林业碳汇交易》的报告。与会学者分别就桉树引种、育种、良种繁育，可持续经营及产品市场开发，栽培技术、营养及施肥管理、病虫害防治等议题进行了专题学术报告和研讨。

会议颁发了2013年度中国桉树发展突出贡献奖，中国林业科学研究院热带林业研究所研究员白嘉雨等8位科研人员获奖。会议开展了全国桉树研讨会学术论文评选。

**【竹藤资源利用分会第一届学术研讨会】** 5月19～20日，竹藤资源利用分会第一届学术研讨会在安徽省霍山县召开。全国政协人口资源环境委员会副主任、国际竹藤组织董事会联合主席、学会理事长、国际竹藤中心主任江泽慧，安徽省副省长梁卫国，国家林业局科技司司长彭有冬，中国林业科学研究院首席科学家彭镇华，国家林业局场圃总站站长杨超，国家林业局科技司副司长、科技发展中心主任胡章翠，国家林业局国际竹藤中心常务副主任费本华，中国竹产业协会副会长兼秘书长刘红等出席会议。学会副理事长兼秘书长陈幸良主持会议开幕式。

江泽慧在开幕式上指出，竹和藤是我国重要的生物资源，是民生林业的物质基础，竹藤产业是极具市场潜力的朝阳产业和可持续发展的绿色产业，是发展民生林业的重要途径，竹藤生态和文化产业已经成为民生林业新的经济增长点，希望有关部门紧紧围绕国家新时期经济建设和社会发展目标，瞄准竹藤资源利用科技前沿，凝聚国内科研优势力量，广泛开展国内外学术交流，通过科学创新、技术进步、应用推广，多出成果、多出人才、多出效益。江泽慧理事长对竹藤资源利用分会工作提出了要求，希望竹藤利用分会要不断健全完善组织机构和体制机制，不断强化产、学、研信息交流平台，有效促进竹藤产业的技术创新和管理创新，推动竹藤产业走上资源保护培育、合理开发利用的可持续发展轨道，为提高我国乃至世界竹藤资源利用水平，增强竹藤科技创新能力和竹藤产业的国际竞争力发挥重要的支撑作用。

中国林业科学研究院首席科学家彭镇华、萧江华，国际竹藤中心常务副主任费本华、安徽龙华竹业有限公司董事长方业龙、西南林业大学研究员王慷林、国际竹藤组织副总干事李智勇作大会特邀学术报告。

出席会议的专家、学者和企业家就竹文化、竹林培育、竹藤加工技术、竹藤产业发展与绿色经济等热点问题进行交流和探讨。来自科研、教学、管理及企业150余位专家、学者出席会议。

（撰稿人：郭丽萍）

## 中国土壤学会

**学会建设** 经中国科协批准，学会成立了中国土壤学会土壤质量标准化工作委员会，并已在民政部备案。

为进一步规范学会管理工作，制定了《中国土壤学会财务管理规定》、《中国土壤学会印章使用管理办法》。

2013年，学会获得了5个土壤质量国家标准制修订项目的立项，分别是《根菜类蔬菜产地的土壤重金属（Cd、Hg、As、Pb、Cr）食品安全阈值》、《土壤采样程序设计指南》、《土壤采样技术指南》、《土壤健康综合表征的生物测试方法》、《自然、近自然及耕作土壤调查程序指南》。

11月8日，学会在江苏省南京市召开了第十二届常务理事会会议暨理事扩大会议。常务理事会会议审核确定了第八届中国土壤学会科学技术奖获奖者，商讨了鼓励各单位承办学会年会及全国会员代表大会的有关措施。会议重点讨论了学会如何利用目前的政策优势更好地承接政府职能转移，更好地服务会员、服务社会等事宜，还讨论了我国如何组队参加20届世界土壤学大会（WCSS）组织的首届国际土壤学知识和技能竞赛（International Soil Judging Competition）等。

**学术期刊** 学会主办或合办《土壤通报》、《土壤学报》、《土壤圈》（英文版）、《水土保持学报》和《干旱区研究》5种期刊，2013年刊出文章共计996篇，发行量共计29700册。《土壤圈》（英文版）被国家新闻出版广电总局评选为2013“全国百强科技期刊”，该刊2012年度的SCI影响因子上升到1.232；在全球土壤学科34种SCI期刊中排名上升至第20位，在亚洲土壤学科、我国农业学科和江苏省SCI期刊中排名均保持第一。《土壤学报》连续11年获得“百种中国杰出学术期刊”称号。根据中国科学技术信息研究所最新发布的《2013年中国科技期刊引证报告（核心版）》，《土壤学报》2012年的核心影响因子为1.211，核心总被引频次为3860，综合评价总分为93.2，位居农学类学术期刊前列，在全部1994种中国科技核心期刊中排名第11名。《干旱区研究》荣获新疆维吾尔自治区党委宣传部、自治区新闻出版局、自治区新闻工作者协会、自治区期刊协会共同组织评选的第八届“新疆期刊奖”。

12月30日，中国学术期刊（光盘版）电子杂志社、清华大学图书馆、中国科学文献计量评价研究中心联合发布了2013年度“中国国际影响力TOP学术期刊”名单。《土壤圈》（英文版）被评为“2013中国最具国际影响力学术期刊”，《土壤学报》、《水土保持学报》被评为“2013中国国际影响力优秀学术期刊”。

**国内主要学术会议** 2013年，学会共举办16次学术活动，参会人数2520人次，报告600多个，收录论文（摘要）500多篇。主要学术会议有土壤科学与生态文明建设学术研讨会等。

7月24～26日，第十三届中国青年土壤科学工作者暨第八届中国青年植物营养与肥料科学工作者学术讨论会在辽宁省沈阳市召开。会议主题为“土壤—植物营养科学：粮食安全与生态健康的双重挑战”，来自近50所高校和科研院所的300余名科技工作者和研究生参加了会议。会议安排特邀报告8个、大会报告15个、分组报告80个，会议征集到论文（摘要）95篇。会议报告内容丰富，涵盖了土壤学、植物营养学、生态学和环境科学的多个方向。

**国际组织任职** 2013年，国际土壤科学联合会（International Union of Soil Sciences，IUSS）开展了2014～2018年IUSS各专业委员会正副主席候选人的推荐活动。经学会推荐，我国共有6名专家候选人分别当选了相关专业委员会的正副主席。

**国际交往** 学会协助韩国土壤肥料学会做好第20届世界土壤学大会在中国境内的四条会前考察路线的有关准备工作。

10月21～24日，学会理事长沈仁芳应邀参加了在印度尼西亚 Bogor 召开的第十一届东亚及东南亚土壤科学联合会，并在大会上作了口头报告，向大会介绍了中国土壤科学的发展状况以及中国土壤学会近两年的活动情况。在各国（地区）成员理事长会议上，学会申办第 12 届东亚及东南亚土壤科学联合会国际会议获得批准，该会议将于 2015 年在江苏省南京市举行。

8 月 19 ~ 22 日，学会组织我国植物营养学界同仁约 70 人参加了在土耳其伊斯坦布尔召开的第 17 届国际植物营养学大会（IPNC）。我国参会人数位居第一位。

**表彰举荐优秀科技工作者** 2013 年，学会开展了第八届中国土壤学会科技奖的表彰奖励活动，评选出一等奖 1 个、二等奖 3 个。共表彰奖励 37 人次、单位 17 家。

经学会推荐，广东省生态环境与土壤研究所研究员周顺桂获得第十三届中国青年科技奖。

学会编纂的《中国科学技术专家传略 · 农学编 · 土壤卷 3》由中国科学技术出版社于 2013 年 3 月正式出版。本卷共收录专家 46 位，含 1 位台湾地区专家。全书共计 38 万字。

**科普活动** 向公众开放中国科学院南京土壤研究所土壤标本馆、中国水稻田和水稻土起源陈列馆、中国农业博物馆土壤标本陈列馆等科普基地，共接待观众 1.5 万人次。

学会面向南京市大中小学生举办了十余场以“土壤与环境保护”、“土壤与人类健康”、“走近土壤，认知生命”为主题的科普讲座。

5 月 18 日至 6 月 10 日在南京科学会堂举办了土壤科学知识联展。学会科普工作委员会制作了活动海报、50 块科普展板及展品，内容包括：我国丰富的土壤资源介绍，土壤与农业生产、食品安全的关系，土壤与生物，温室效应与土壤，土壤污染与生物修复等。

9 月 14 日，学会科普工作委员会参与了在北京园博园召开的全国科普行动北京主场活动。

**决策咨询** 2013 年 3 月，学会向中国科协调宣部提交了《推广旱重水轻秸秆还田技术，实现农田固碳减排》的建议。通过对秸秆“旱重水轻”还田的科学性与重要理论应用价值，应用可行性和预期的效益，以及有待继续开展的研究工作三方面进行阐述，希望能在国内推广这项技术。

**【土壤科学与生态文明建设学术研讨会】** 11 月 8 ~ 10 日，学会主办的土壤科学与生态文明建设学术研讨会在江苏省南京市召开。参加会议的有来自科研、生产、教学等单位的专家、学者近 300 人，国际土壤科学联合会主席、韩国江原道国立大学教授 Jae E.Yang，国际土壤学联合会副主席、韩国首尔大学教授 Kye-Hoon Kim，中国土壤学会原理事长赵其国院士、朱兆良院士、曹志洪研究员等应邀出席了本次会议。会前印刷了会议论文集，收录论文（摘要）49 篇。

开幕式由学会副理事长、南京农业大学副校长胡锋教授主持，学会理事长、中国科学院南京土壤研究所所长沈仁芳致开幕辞。在主题为“土壤科学与生态文明建设”的学术研讨会上，与会专家、学者围绕土壤质量与农产品品质、生态安全和人体健康，养分循环与土壤培肥技术，土壤障碍的形成过程与调控技术，土壤污染过程与修复技术，土壤资源合理利用和改善农业环境的对策与建议等方面展开了研讨。中国科学院院士、中国科学院南京土壤研究所赵其国及 3 位国家“千人计划”入选者：中国科学院南京土壤研究所、日本冈山大学教授马建锋，南京农业大学教授赵方杰，西北农林科技大学教授司炳成分别作了题为《中国土壤科学战略发展研究的新思路——土壤学战略发展研究的顶层设计与路线图》、*Transport of minerals from soil to seed in plants*、《土壤重金属污染与修复》、《土壤剖面微小质地变化与森林生态系统》的报告。此外，还有来自 16 家单位的 20 名专家作了主题报告。这次会议的学术报告展示了土壤学多方位的研究进展和最新成果，其中有些是世界领先水平，受到与会代表的一致好评。

（撰稿人：蒋宇霞）

## 中国水产学会

**服务创新型国家和社会建设** 2013年，学会先后在云南省昆明市、内蒙古自治区呼和浩特市举办水产健康养殖及生态环境修复技术培训班，25 个省（区、市）的 140 名渔业技术人员参加了培训，培训内容为保护养殖水域生态，推动水产健康养殖全面发展，促进各地开展水产健康养殖示范场、现代渔业示范园区、标准化示范县创建工作等。

在渔业统计方面，学会完成了 2012 年年报数据汇总工作。农业部渔业局和国家统计局领导对年报数据汇总工作高度重视，并作出指示：要求在保质、保量完成任务的同时，重点提高工作效率，力争尽早完成年鉴的出版任务。对此，学会予以高度重视，制定详细的工作计划并严格遵照执行，多次召开专家会商会、统计年报汇总会，编辑印制了《2013 年全国渔业统计手册》、《分省份主要渔业统计指标情况手册》及 2013 年全国渔业主要统计数据卡片，印刷出版了《2013 年中国渔业统计年鉴》，圆满完成《中国渔业统计年鉴》的出版工作。学会分别于 6 月和

9月，先后在福建省厦门市、陕西省延安市举办2013年全国渔业统计第一、二期统计培训班，23个省（区、市）渔业重点县负责渔业统计工作人员共计248人参加了培训。培训班围绕统计基础理论、制度办法、操作方法等进行了详细讲解。

学会认真做好新一轮渔民家庭收支调查工作。2013年，全国渔民家庭收支调查执行了新的调查方案。学会多次组织技术人员及国家统计局相关专家座谈，探讨完善系统与调试数据上报程序。组织各省、自治区、直辖市进行了调查户基础信息的录入和全国1万样本户2013年渔民家庭收支情况台账的上报工作，并于11月20～21日召开工作总结研讨会。

在水产品市场信息监测方面，学会认真完成水产品市场信息采集工作，数据采集质量稳步提升。学会每天对信息员上报的数据进行检查和纠正，每月完成水产品市场信息简报和水产品批发市场月度数据报表，每季度完成一篇水产品季度分析报告。截至2013年12月，80家定点水产品批发市场共报送价格信息24625次，同比增加3.28%；价格条目393382条，同比增加2.42%；品种成交量条目24625条，同比增加3.39%；月成交量、额904条，同比增加6.98%；市场动态1151篇，同比增加38.84%；省级渔业部门市场分析报告203篇，同比基本持平。学会加强对信息的汇总、整理、分析，及时掌握了全国水产品批发市场运行情况，了解了影响价格波动的因素。2013年以来，按照农业部信息发布日历，学会及时向农业部提交了全国水产品市场运行情况月度分析报告及季度、半年分析报告、市场运行情况简报等10余篇，得到了农业部市场与经济信息司领导的肯定和好评。水产品市场价格指数已经成为渔业经济运行情况分析中不可缺少的重要指标，为政府科学分析和宏观决策提供了基础信息。同时，学会将收集和汇总的市场信息及时通过电视、网站、报纸杂志等新闻媒体进行实时发布，越来越受到社会更多阶层人士的关注。

2013年3月，江浙沪地区爆发H7N9型禽流感，学会积极与当地市场专家和信息员沟通、采集数据、分析禽流感对我国水产品市场的影响情况。

在水产贸易研究方面，学会积极开展渔业对外贸易跟踪研究。3月，在山东省烟台市召开了渔业国际贸易跟踪研究专家座谈会，新老专家组成员一起交流当前渔业国际贸易特点问题和渔业国际贸易研究进展情况，讨论2013年度渔业国际贸易重点研究内容和研究计划。设立“水产品贸易出口市场国政策及本国产业政策监测研究”等共10个课题供专家研究，并与专家签订课题研究合同。

根据农业部下达的研究课题，学会先后撰写了《水产品突破180亿美元，贸易总额再创新高——2012年全国水产品贸易分析报告》、《全球渔业经济与贸易》、《WTO渔业补贴谈判十年回顾与展望（2002—2012）》、《世界养殖鱼类50强》等研究报告。

在加强对水产品国际贸易监测预警工作方面，学会收集、汇总、分析和发布了中国水产品国际贸易月度、季度、半年和前三季度监测报告共15篇，并在有关杂志、报纸和网络上刊发。编辑出版了《2013年中国渔业进出口统计年鉴》。针对2013年初欧盟爆发“马肉造假丑闻”风波，学会及时组织专家起草《“马肉丑闻”对我国水产品出口贸易影响分析》预警研究报告，并提交农业部相关部门，得到充分肯定。

**学会建设**　2013年，学会九届理事会成员170人，其中常务理事61人，女性理事10人。学会共有淡水渔业专业委员会等17个分支机构。截至2013年底，学会个人会员数量发展到19589人，其中资深会员1822人，学生会员2589人。团体会员207个。

4月，学会通过全国性社会组织评估工作，被评为5A等级。

2013年学会秘书处组织了第二届范蠡奖的评审工作，经过专家评审，共评出一等奖3个、二等奖5个，于12月在九届二次理事会议召开期间颁奖。

通过开展党的群众路线教育实践活动，学会认真听取了常务理事、学会职工的意见，围绕“四风”深入查摆问题；通过每月两次学习活动，加强党员宗旨意识和理想信念教育，通过组织参观反腐教育基地和延安革命老区，提高了秘书处全体职工情系三农，服务三农，围绕三农做好本职工作的自觉性。

**学术期刊**　2013年，学会主办的6种学术期刊和1种科普期刊办刊质量都有提升，其中，《水产学报》继续获得中国科协精品科技期刊的资助，荣获“百种中国杰出学术期刊”称号，进入中国科技核心期刊的前100名。《中国水产科学》获国家新闻出版广电总局颁发的“中国百强报刊”称号。

**决策咨询**　学会参加了中国科协生物灾害防治研讨会，完成了2013年《中国科协生物灾害防治报告》水产部分的撰写工作，并由中国科协上报国务院，获得国务院副总理刘延东批示。

**国际学术会议**　11月13日，学会动物营养与饲料专业委员会举办的第九届世界华人鱼虾营养学术研讨会在福建省厦门市召开。中国、美国等10多个国家和地区的1100多名水产动物营养与饲料学界专家、学者及企业界代表参会，集中展示了当今全球鱼虾营养与饲料领域最新科研成果。

11月10日，学会与厦门市人民政府共同举办了第三届中国（厦门）国际休闲渔业高层论坛，邀请美、英两国水产学会会长参加会议并作学术报告。会议期间，学会与美国水产学会签署合作协议，加强中美两国水产科学领域的学术交流，为今后两国学会在水产科研、科技传播及热点问题的交流与合作搭建新的平台。

**国内主要学术会议** 2013年，学会各分支机构充分利用各自的独特资源和优势，开展丰富多彩的学术交流活动。海水养殖分会年会共有300多名代表参加，共收到论文、报告170多篇，交流论文85篇；渔业资源与环境分会年会有200多名代表参加，交流论文50多篇；鲑鱼类专业委员会参与组织召开了重庆鲑鳟鱼产业国际化论坛，300多名代表参会；鱼病专业委员会学术讨论会有450多名代表参加，会议共收到论文摘要312篇、发表口头报告168个；水产品加工和综合利用分会承办的首届中国海洋生物资源高效利用发展论坛共有350多名代表参加。2013年，分支机构的学术活动呈现三大特点：一是积极踊跃，参加人数较往年多；二是论文质量高，多数是最新研究成果；三是关注相近相邻或交叉学科的增多。

10月23～24日，2013年中国水产学术年会在安徽省合肥市召开，来自全国的近500名水产科技工作者参加了会议。会上颁发了2012年学会学术年会优秀论文奖，30篇优秀论文受到表彰。年会以“创新驱动与渔业转型发展”为主题，黄海水产研究所研究员王清印、淡水渔业研究中心研究员戈贤平、苏州大学教授叶元土作大会主题学术报告。会议就生物技术与水产育种等7个专题作学术报告，交流论文158篇。会议期间，水产生物技术专业委员会召开了水产生物技术与现代渔业学术研讨会，中国水产学会期刊协作网举办了国内主要水产学术期刊编辑交流座谈会。

11月15～17日，由中国科协主办、学会和中国科学院水生生物研究所共同承办的中国科协第264次青年科学家论坛在湖北省武汉市举办。论坛主题为“水产动物育种与生物技术”，来自全国27家单位的100多位青年专家、学者参加了论坛。论坛以“水产动物育种与生物技术”为主题，围绕基因组学与分子选育等4个方面议题开展了学术交流与讨论。

10月29～30日，由学会主办、中国水产科学研究院长江水产研究所承办的水生动物行为学及其应用研讨会在湖北省武汉市召开。这是学会第二次举办水产动物行为方面的专题研讨会。

**两岸交流** 9月13～14日，由中国科协主办，学会与福建省水产学会、福州市科协共同承办的中国科协2013年海峡两岸青年科学家学术活动月暨海峡两岸海洋渔业资源养护和共同开发青年科学家学术研讨会在福建省福州市举行。台湾海洋大学等机构的13位青年科学家，来自大陆水产相关高校和水产科研院所、渔业管理和科技推广单位的150余位青年科学家和科技工作者参加了研讨，会上共交流了56篇学术报告。

**国际组织任职** 2013年，学会常务理事、上海海洋大学副校长黄硕琳任亚洲渔业学会理事长，学会理事、浙江大学教授吴信忠任亚洲渔业学会常务理事。

**国际交往** 7月10～17日，学会组团参加在英国格拉斯哥大学举办的英国水产学会学术年会，会后访问了英国淡水生物学会。学会与英国水产学会签署了《中国水产学会与英国水产学会学术交流合作备忘录》。

8月29日至9月5日，学会应邀组织国内有关专家、学者访问了澳大利亚、新西兰，重点了解两国渔业发展特别是水产品市场建设情况。代表团与澳大利亚和新西兰有关单位分别举行了双边学术交流，实地考察了海洋牧场、游钓基地、水产品超市和批发市场。与新西兰水与大气局签署了双边合作协议。

3月1日，学会接待了来自智利、巴西、西班牙驻华大使馆农业参赞，共商如何建立相互间水产学术团体、科研院校合作的交流机制。

7月3日，智利渔业局局长Juan Luis Ansoleaga率领智利渔业代表团一行7人到学会访问。双方就两国捕捞业和养殖业发展状况及贸易情况作了交流。双方希望在促进捕捞资源的可持续健康发展、开拓创新先进的节水养殖技术和发展生态友好型的养殖等方面有进一步的交流合作。

9月1～4日，澳大利亚西澳州渔业部常务副部长Stuart Smith一行8人到学会访问，开展人工鱼礁项目合作协商，并在北京、天津进行了为期4天的考察访问。会谈中，双方就人工鱼礁、休闲渔业和水域生态建设问题进行了广泛深入的交流，围绕彼此关切的问题进行了讨论。双方一致认为，应在人工鱼礁建设与投放、增殖放流、休闲渔业、生态修复等诸多方面开展更多的对话与合作。

10月31日，英国水产学会会长Ian J Winfield到访学会。双方就共同关心的水域生态环境保护、现代化渔业发展趋势及促进渔业资源的可持续健康发展，开拓创新先进的节水养殖技术和发展生态友好型的养殖进行了讨论，并探讨了两国渔业学术交流合作的方向。

**科普活动** 学会各科普教育基地和学生会员工作站结合自身特点和优势，积极开展了节能减排、技术推广和科学知识普及工作，为提高广大会员的科学素质作出贡献。其中，东海水产研究所鱼类标本馆建立科普志愿者服务队，面向中小学生开展科普讲座及水生野生动物保护宣传活动。该馆的“深海珍奇展”已连续十年举办。宁波海洋世界科普教育基地积极参与全国科技周和全国海洋宣传日等活动，开展了海洋科普夏令营、进社区等活动。上海市育民中学蓝鸿铭海洋鱼类标本馆积极开展科技节、讲座等科普活动，组建学生讲解团，对学生进行海洋知识的宣传和海洋文化的熏陶。北京市水生野生动物救治中心通过展览、咨询、讲座、有奖答题等互动活动形式，向公众介绍有关水生野生动植物保护知识，倡导关爱水生生物。西南大学学生会员工作站、上海海洋大学学生会员工作站开展了海洋知识竞赛、标本展览、科普进社区、进校园等活动。

5月15日，2013年水产科技周启动仪式在淡水渔业研究中心举行，学会科普工作委员会委员、无锡地区渔业技术人员及部分企业代表等共计350多人参加了启动仪式。本次水产科技周的主题是：水产科技创新，共建美好生活。活动包括专题科技讲座和科技展览。启动仪式后，各省级学会和有关分支机构根据当地产业发展需求和基层企业养殖户的实际需求开展科技下乡和科普宣传活动。

6月4日，学会召开“食品安全进学校、进社区活动”协商工作会，会议主题为“食品营养健康，您的美好生活”。此后，学会联合中国粮油学会、中国农业工程学会等开展“食品安全进学校、进社区”活动，先后在北京市朝阳区育慧里社区、东铁营社区、朝阳弘善学校、北京育才学校，以及重庆市沙坪坝社区和西南大学荣昌校区举办活动。活动展示了“吃鱼健康”专题知识，开展了专家咨询、有奖答题等活动，发放《水产品营养与健康宣传手册》等。

9月14～20日，学会以“水域生态保护”为主题参加2013年全国科普日北京主场活动。

**党建强会**　6月底，学会深入基层联合开展惠民服务活动“为基层服务，为党旗争辉”的“党建强会”特色活动。此项活动在河南省荥阳市王村镇开展，河南省水产局、中国科协学会服务中心和当地水产养殖户100余人参加。学会向当地赠送电脑3台，书籍、技术资料1000余册，帮助当地建立“渔民书屋”，同时举办水产养殖实用技术培训班，邀请专家针对水产养殖及病害防治等方面进行授课，并进行了现场解答，将最新水产养殖技术推介给当地渔民。通过“党建强会”特色活动，达到让学会秘书处党员了解基层渔民的所需所想，向一线渔民群众学习艰苦奋斗精神，强化党员宗旨意识和群众观点的目的。学会荣获中国科协“党建强会”特色活动优秀组织奖。

**会员服务**　2013年，学会注重科学道德和学风建设。9月底，学会在上海海洋大学召开中国水产学会科学道德和学风建设宣讲教育报告会，邀请华东师范大学教授杜震宇和上海海洋大学教授陈良标结合自己的成长经历和科研成就，面向全校2013级研究生中的学生会员现身说法，取得了很好的效果。2013年，学会没接到任何有关学会会员违反科学道德方面的投诉。

**【组织会员参与科技扶贫和科技下乡活动】**　2013年，为落实中央一号文件精神，学会各分支机构充分发挥学科优势和技术优势，积极组织会员参与科技扶贫和科技下乡活动。海水养殖分会，水产生物技术、渔药专业委员会和科普工作委员会等分支机构组织会员专家深入基层，送技术、送知识到村边到塘头，为生产一线的渔民排忧解难。其中，渔药专业委员会结合挂靠单位业务工作，积极开展科技下乡安全用药培训活动，包括技术培训、咨询与技术指导活动，参加专家人数3662人次，科技人员总数13340人次，举办实用技术培训2253次，培训实用技术人员25万多人次，覆盖重点水产养殖乡镇1711个，51个社区。科普工作委员会制作渔业科普宣传册及图谱小册子，开展送科技下乡活动。组织专家深入到江苏、安徽、浙江、湖北、山东、辽宁等省的市县，到田间、塘头、渔民家中，详细了解当地水产养殖的规模、主要养殖品种，向渔民传授养殖技术，提供产品信息，累积发放宣传册、图书和科普资料8000余册。

2013年，学会在吕梁扶贫工作方面开拓了新方式，全方位做好扶贫工作。一是组织会员单位、分支机构、科普教育基地积极捐赠书刊、标本、文具，东海水产研究所鱼类标本馆、北京水生动物救助中心、宁波神风海洋世界有限公司等科普教育基地和《中国水产》等近三十家单位积极响应。二是学会科普教育基地——上海育民中学与吕梁临县中学结成一对一互帮活动，提高了吕梁青少年战胜贫困、热爱生活和努力学习的信心，同时也资助提高贫困地区的师资和教学水平。三是帮助横泉水库建设水产养殖科普培训基地和农村书屋，捐赠了60多种300多本各类科技图书和两台电脑，向玉坪中学赠送了3台电脑、500多份学习用品和200本科普书刊。

（撰稿人：李利冬）

## 中国园艺学会

**学会建设**　2013年，学会及各专业委员会举办的国内学术交流活动30余次，召开国际学术会议3次，正式出版论文集5部。国内参会专家、学者累计6137人次，外籍专家278人次，交流论文1521篇。

**国际学术会议** 7月20～23日，由国际园艺学会、中国园艺学会等单位共同主办的第七届世界核桃大会在山西省汾阳市召开。大会以“健康、生态、绿色、共享”为主题，来自国内外的279位专家、学者及100余家企业参会参展。会议共收到论文摘要105篇，论文全文51篇，展示国内核桃资源70余个。在会上，42人就核桃育种、种质、砧木、生物技术、土壤肥料、营养、病虫害、抗性等方面的研究作专题报告。

10月16～18日，由国际园艺学会、中国园艺学会和江西省人民政府主办的第十三届国际芦笋大会在江西省南昌市召开。大会以“绿色、健康、创新、发展”为主题，来自17个国家和地区的专家、学者300余人参会。农业部副部长李家洋、国际园艺学会蔬菜专业委员会主席Silvana Nicola女士出席开幕式并致辞。会议收到论文摘要30篇，展出墙报32个。内容涵盖芦笋育种与品种试验、产品加工与销售、生物技术、病虫害防控等。

12月10～12日，2013国际菠菜学术研讨会在广东省广州市召开。会议由美国阿肯色大学和中国园艺学会等联合主办，来自中国、美国、荷兰、英国、丹麦等国家的30余位专家、学者就菠菜的生产、遗传与育种、种质资源的收集与利用、病虫草害的防治等作报告。

**国内主要学术会议** 10月19～21日，学会在四川省成都市召开2013年学术年会。学会理事长方智远院士、束怀瑞院士、吴明珠院士出席会议，四川省农业厅副厅长蒋天宝致辞。来自高等院校、科研院所、技术推广部门、企业等单位的600余名会员代表参加了会议。会议分为大会专题报告和4个专业学术交流等部分，第29届国际园艺大会执行董事罗宾·罗伯茨博士介绍了将于2014年召开的第29届国际园艺大会有关情况。美国康涅狄格大学/南京农业大学园艺学院教授李义、中国科学院华南植物园主任黄宏文、四川省农业科学院院长李跃建分别以《转基因还是非转基因？用转基因植物生产非转基因的食品，用非转基因手段达到转基因的效率》、《中国迁地栽培植物志及植物引种驯化》、《不断发展壮大的四川园艺产业》为题作报告。年会期间，96位专家、学者在果树、蔬菜、西甜瓜和观赏园艺专业分组会上进行了交流。本次年会共收录论文摘要152篇，编印出版了《园艺学报》会议论文摘要集。开幕式上颁发了2013年度“华耐园艺科技奖”，对近5年来在国内园艺科技领域做出突出贡献的8个研究团队进行了表彰。

10月18～20日，学会果树专业委员会在湖北省武汉市举办了第四届果树分子生物学与基因组学学术研讨会，来自国内外近30所高等院校与科研院所的400余名专家、学者出席了此次会议，会议共收到论文86篇。研讨会的主题是“果树新技术：分子生物学与基因组学”。会议邀请中国、美国、意大利、日本、英国、西班牙等国家的知名专家就果树分子生物学相关领域研究进展做专题报告和交流，使与会者进一步了解该研究领域的国外研究进展。会议围绕果树生物技术与品种改良、果树基因克隆与功能鉴定、果树基因组学与功能基因组学、果树分子标记开发与应用、果树基因组学新技术等热点问题进行了研讨交流。

8月13～15日，学会观赏园艺专业委员会在河南省郑州市召开主题为“发展观赏园艺，建设美丽中国”的学术年会。来自高等院校、科研院所及出版单位的400余位专家、学者参加会议。大会围绕观赏园艺资源、育种、栽培、应用和生态等领域的发展状况展开研讨和交流。编辑出版了《中国观赏园艺研究进展（2013）》论文集。会议期间，向为观赏园艺事业做出突出贡献的科技工作者颁发了“中国观赏园艺2013年度特别荣誉奖”。

**学术期刊** 学会主办的科技期刊《园艺学报》，全年编辑出版6期，发表文章361篇，全年发行1.8万册。

**【中国园艺学会第12次全国会员代表大会】** 10月19～21日，学会第12次全国会员代表大会在四川省成都市召开，600余名会员代表参会。学会理事长方智远院士、秘书长杜永臣代表第十一届理事会分别做工作报告和财务报告。与会代表们听取报告后一致认为，四年来学会在学术交流、国际合作、编辑出版、举荐人才、组织建设和承担中国科协项目等方面均取得了较好的成绩，为繁荣我国园艺科技、提高园艺科技水平，促进科技创新，推动园艺产业发展方面发挥了积极作用。代表们对第十一届理事会工作表示满意，并审议通过了第十一届理事会工作报告和财务报告。

会议根据中国科协和民政部关于全国学会召开会员代表大会及理事会换届工作办法和本会章程，经过民主程序，以无记名投票方式选举产生了学会第十二届理事会，选举出理事220名。同时召开了第十二届一次全体理事会议，选举产生了由94人组成的学会第十二届常务理事会。杜永臣当选为第十二届理事长，王有年、韩振海、孙日飞、邹学校、刘君璞、张显、包满珠、张启翔当选为副理事长，孙日飞兼任秘书长。由第十二届理事长杜永臣提议，相重扬、朱德蔚、方智远为学会名誉理事长。

（撰稿人：张　彦）

## 中国畜牧兽医学会

**服务创新型国家和社会建设** 2013年，学会联合中国农学会和重庆市人民政府在重庆市荣昌县举办了第六届中国畜牧科技论坛暨第八届中国畜牧科技新项目新技术新产品博览会。学会还联合了山东省畜牧兽医局、滨州市人民政府在山东省滨州市召开了高端前沿学术论坛——中国高效生态畜牧业发展与动物疫病防控技术高层论坛。学会还配合中华预防医学会、中国工作犬管理协会等单位在四川省成都市举办了2013年中国狂犬病年会。另外，学会还举办了贴近生产实践的2013中国氨基酸与饲料原料应用研讨会、2013北京（国际）种猪产业发展研讨会、2013中国维生素产业发展高层论坛等技术交流活动。

8月25～29日，配合中国科协，组织中国科学院院士吴常信，中国农业大学教授贾志海、赵广永等专家赴贵州省威宁县考察调研，为当地草海保护和发展特色畜牧业建言献策。

**学会建设** 5月，学会在山东省滨州市召开了十三届三次理事会议和2013年全国秘书长会议；12月，学会在北京召开十三届五次常务理事会议，研究讨论增补理事、发展团体会员及审批年度活动计划等有关事宜。2013年，学会调整了学科分会的组织机构，家禽学分会、养犬学分会、期刊编辑学分会、信息技术分会、家畜传染病学分会、家畜寄生虫学分会等6个学科分会完成了理事会换届改选工作。

**科技期刊国际影响力提升计划** 2013年英文期刊*Journal of Animal Science and Biotechnology*（JASB,《畜牧与生物技术杂志》）继续与BioMed Central（生物医学中心出版社）合作，以开放获取出版形式出版发行，经过一年多合作，JASB的国际知名度大幅提升。JASB被越来越多的检索数据库收录，包括PubMed（生物医学信息检索）、CABI（国际农业与生物科学研究中心）、CAS（化学文摘）、DOAJ（全球开放阅读期刊数据库）、EBSCO（EB斯蒂芬斯国际检索数据库）、Pro Quest（探索）、Google Scholar（谷歌学术）、CNKI（中国知网）、万方数据等检索数据库收录。来稿量从2012年的135篇上升到2013年的203篇（截至11月25日），稿件来源也越来越广泛，从原来集中于中国、美国、印度、伊朗，增加到来自全球40多个国家。经过3年多的努力，2013年JASB被中国科技期刊国际影响力提升计划项目列为C类支持项目。

**学术期刊** 学会共主办期刊5种，合作主办期刊2种。2013年，《畜牧兽医学报》、《动物营养学报》获得了中国科协精品科技期刊项目的资助，其中《畜牧兽医学报》已经连续7年获得此项资助。《动物营养学报》被遴选为2013～2014年度中国科学评价研究中心（RCCSE）权威期刊（A+级期刊），其网络版率先在畜牧兽医类期刊中免费提供全部论文全文浏览服务。

12月22日，《中国畜牧杂志》、《中国兽医杂志》举行了创刊60周年庆祝活动，向长期支持和关心两刊成长的专家、优秀作者及编辑部优秀工作人员代表96人、企业单位16家予以表彰，颁发了火炬奖、耕耘奖、金笔奖、奉献奖、精诚合作奖等。

**决策咨询** 1月，学会继续与中国植物保护学会等4个学会合作，组织专家调研撰写一年一度的《预防与控制生物灾害咨询报告》。5月，学会通过中国科协向国务院上报了H7N9流感防控专家建议。2013年，学会为农业部生猪等畜禽产品信息统计监测预警系统提供信息决策服务，为农业部生鲜乳质量安全监管提供信息决策服务，为全国饲料工作办公室提供了战略研究服务。

**国际学术会议** 学会举办第十一届世界畜产大会暨2013年学术年会、2013国际猪繁殖与呼吸综合征学术研讨会。参加人数共2200人次，其中企业科技工作者900人次，境外专家、学者507人次，涉及58个国家和地区，交流论文1471篇。5月6～9日，学会与南京农业大学联合承办了第十六届动物卫生国际会议，来自57个国家和地区的300多名专家、学者参加。

**国内主要学术会议** 2013年，学会及所属各分支机构举办各类学术年会、研讨会、交流会、报告会和学术论坛等共33次，征集交流论文3529篇，有9199人次参加了交流活动。

**国际交往** 3月底，学会派3人代表团赴日本参加日本畜产学会年会并推介10月在北京召开的第11届世界畜产大会。6月2～12日，学会养羊学分会组织7名专家参加了在挪威举办的2013年国际羊奶质量大会。8月19～23日，学会禽病学分会38人参加了在法国举行的第18届世界禽病大会。

**科普活动** 9月5日，学会动物药品学分会在河南省浚县白寺乡举办了主题为“合理使用兽药，保障食品安全”的科技下乡活动。学会继续开展“健康养猪增效行动中国行大讲堂”公益培训活动，2013年累计开展了12期，受训规模猪场场长和技术人员3600余人。

**表彰举荐优秀科技工作者** 10月18日，学会2013年学术年会评选出了中国畜牧兽医学会奖（优秀论文奖）8个、优秀论文提名奖10个，并在现场进行了颁奖。2013年学会还积极开展了向中组部、人社部、中国科协、科技部、中国工程院等单位推荐了第十三届中国青年科技奖、中国青年女科学家奖、光华工程奖等奖项工作。

**会员服务** 2013 年，由学会直接发展管理的企业团体会员已达到 47 个。学会为 20 家团体会员单位进行了技术咨询和企业内训，免费为会员单位提供产品申报服务 120 多次。

**【第 11 届世界畜产大会暨 2013 年学术年会】** 2013 年 10 月 15 ~ 20 日，学会在北京承办了世界畜牧协会（WAAP）的第 11 届世界畜产大会（WCAP 2013），同期举办了学会 2013 年学术年会。大会以“动物、人与环境的和谐发展”为主题，交流了当今世界最新畜牧科研成果和技术，探讨畜牧业可持续发展等热点问题。来自 58 个国家和地区的 2000 多名专家、学者参加会议。

农业部副部长于康震，中国科协副主席陈章良，中国农业大学校长柯柄生，世界畜牧协会主席 Norman Casey（南非），本届大会主席、学会副理事长李德发，以及农业部畜牧业司、全国畜牧总站、中国动物疫病预防控制中心等相关单位领导出席大会。

大会内容包括学术报告、壁报交流、展览展示、应用技术卫星会 4 个部分，设置了动物遗传育种、动物营养、动物繁殖与生理、养牛生产体系、养羊生产体系、养猪生产体系、养禽生产体系、饲养环境与动物福利、其他畜牧生产以及女科学家论坛、中国畜牧兽医学会 2013 年学术年会等 11 个专题和 54 个小议题。其中特邀大会报告 12 个，特邀分会场专题报告 42 个。大会收到英文论文投稿 1000 余篇，现场壁报交流 700 余篇，均超过了前两届畜产大会。学会 2013 年学术年会收到中文论文 270 多篇，编印了论文集，评选并颁发中国畜牧兽医学会奖（优秀论文奖）8 个、优秀论文提名奖 10 个。大会还为赞助企业提供了最新研发产品、技术的展览展示。

大会闭幕式上，世界畜牧协会主席 Norman Casey 高度评价了本届畜产大会并代表世界畜牧协会对第 11 届世界畜产大会组委会的成功组织表示了感谢。

**【2013 国际猪繁殖与呼吸综合征学术研讨会】** 5 月 20 ~ 22 日，学会与美国堪萨斯州立大学、中国农业大学、国家生猪产业技术体系在北京主办 2013 国际猪繁殖与呼吸综合征学术研讨会（IPRRSS 2013）。来自 26 个国家和地区从事猪繁殖与呼吸综合征病原学、流行病学、诊断与控制技术等方面的专家、学者、研究生以及养猪生产企业的管理和技术人员 700 多人参加了会议。

大会设立猪繁殖与呼吸综合征病毒复制—蛋白结构—功能、疫苗与免疫、病毒的变异与演化、遗传学、病毒与宿主的相互作用（致病机理）、流行病学与疫病控制等 6 个专题，特邀 21 位专家、学者作主题报告。大会从 171 篇英文论文中挑选出 18 篇作专题报告，专设壁报区进行壁报展示、交流。会议特别安排了有关猪场生产实践的讨论会。为鼓励更多青年学者参会，大会向 22 人提供了旅费资助。

**【“健康养猪增效行动中国行大讲堂”公益科普活动】** 2013 年，学会“健康养猪增效行动大讲堂”共开展 12 期，分别在河南省新乡市、福建省龙岩市、四川省成都市、广西壮族自治区玉林市、湖南省株洲市、辽宁省沈阳市、安徽省宿州市、湖北省武汉市、河北省石家庄市、山东省济南市、江西省东乡县、海南省儋州市巡讲。

大讲堂的主要目的是推进先进科技在养猪业的广泛应用，增进健康养猪意识，倡导标准化养猪，提高仔猪成活率，促进养猪增收。

大讲堂活动是由学会联合农民日报社、中国动物疫病预防控制中心、全国畜牧总站主办的大型公益活动，学员免费参会，12 省巡讲累计培训学员超过 3600 人次。

**【纪念张仲葛先生诞辰 100 周年活动】** 为追忆缅怀中国现代养猪学、畜牧学与畜牧兽医史研究的主要奠基人之一——张仲葛教授，由学会与中国农业大学动物科技学院、广东省东莞市政协主办的张仲葛先生诞辰 100 周年纪念会于 2013 年 9 月 2 日在河南省郑州市举行。来自全国各地的 60 多位张仲葛先生的生前好友、学生、亲属齐聚一堂，纪念并缅怀张仲葛先生不平凡的学术生涯，弘扬养猪科学家的优秀品质。

张仲葛先生一生在畜牧学、养猪学、畜牧兽医史、农业高等教育学等方面贡献卓著。他在学术上的贡献主要有两方面：其一是作为中国当代畜牧学研究的奠基者之一，在畜牧科学，特别是养猪学教学与科研方面做出了重要的贡献，并致力提倡国粹化养猪，即提倡在人民生活水平提高、瘦肉型猪需求旺盛的形势下，充分利用祖国本土优秀的种猪资源，提供人们满意的优质猪肉产品；其二是在从事实用养猪研究的同时，致力于畜牧兽医史的开拓性研究，使后人能够充分地了解古代先人们在畜牧兽医方面做出的贡献和取得的成就。

广东人民出版社和中国农业出版社于 2013 年 8 月分别出版了《张仲葛集》和《仁爱人生——张仲葛先生百年诞辰纪念文集》。

（撰稿人：石　娟）

## 中国植物病理学会

**学会建设** 2013 年 1 月 5 日，学会在中国农业大学召开了在京理事会，会议由学会理事长郭泽建主持。会议审议了学会2012年工作总结及2013年学会工作计划，研究讨论第十届国际植物病理学大会筹办工作。

8月25日，在北京召开了学会第九届第四次全体理事会议，会议由理事长郭泽建主持。会议审议通过了学会2012年工作总结和2013年工作计划以及执行情况，听取了第十届国际植物病理学大会暨2013年中国植物病理学学术年会的筹备和实施情况，研究确定了学会第十届全国会员代表大会暨2014年学术年会由沈阳农业大学承办，商议了2014年学术年会的筹备工作和换届选举建议。

**国际学术会议**　8月25～30日，学会举办的第十届国际植物病理学大会在北京召开，来自72个国家的1779名专家、学者参会，其中国外专家、学者近900人。

8月18～21日，学会病毒专业委员会、生物技术专业委员会联合主办的第三届植物—生物互作国际会议在西北农林科技大学召开，来自12个国家的300多名专家、学者参加了会议。大会主题为“植物－生物互作和农作物持久抗性”。会议内容涵盖植物病理学、植物—微生物互作、植物—昆虫互作和作物抗病虫分子育种等领域。

9月1日，学会在北京举办了中日植物病理学论坛，10位中日专家、学者围绕植物抗病和病菌致病的分子机制作了报告，来自两国近50位专家、学者参加了会议。

**国内主要学术会议**　11月29日至12月2日，由学会青年委员会主办，亚热带农业生物资源保护与利用国家重点实验室、广西大学农学院等共同承办的中国植物病理学会第十一届青年学术研讨会在广西壮族自治区南宁市召开。来自全国的近300位植物病理学青年科技工作者出席了大会。大会会前正式编辑出版了论文集《植物病理学研究进展》，其中共收录114篇论文及论文摘要。华中农业大学教授姜道宏，长江学者、南京农业大学教授王源超，华南农业大学教授陈乐天，中国农业大学教授吴波明等10位专家、学者作了特邀报告。会议期间，先后共有54位专家、学者就菌物、病毒、细菌、线虫及其所致病害等方面开展的工作进行了学术交流报告。此外，还有9个墙报展出。根据提交的会议论文或摘要，以及展示的学术交流报告，本次会议评选出优秀论文或摘要奖5篇，优秀学术交流报告奖5人。大会为我国青年植病工作者围绕植物病理学最新研究成果开展交流探讨提供了平台。

3月5～7日，学会综合防治专业委员会在北京召开了2013年农作物重大病虫防控技术方案专家会商会。来自中国农业科学院、河北农业科学院和9个省、自治区、直辖市植保站的20余位专家参加了会议。会议讨论了2013年小麦、玉米、水稻重大病虫害的发生趋势、防控策略和目标，研究确定了农作物重大病虫防控技术方案。

10月12日，学会植病生防专业委员会在湖北省武汉市举办了第八届中国植物病害生物防治研讨会，会议主题是“细菌类微生物杀菌剂的产业化关键技术研究的最新进展”，来自全国相关科研院所、大专院校、技术推广部门和企业的代表50余人参加了会议。

**两岸交流**　9月2～3日，学会举办的2013年海峡两岸植物病理学青年科学家论坛在北京召开。来自我国大陆和台湾地区的专家、学者及青年学生160余人参加了论坛。论坛邀请了18位台湾地区植物病理学专家、14位大陆植物病理学专家作专题报告。

**国际交往**　11月27日，学会与美国植物病理学会（APS）签署继续合作协议。自2008年5月签署第一份合作协议后，双方在会员交叉入会、学术交流、双边会议、信息共享等很多方面都进行了友好合作。美国植物病理学会有三任理事长在参加学会年会期间和学会商谈合作事宜。学会领导也借参加美国植物病理学会年会积极和美方交流。为加强双方合作，近两年的美国植物病理学会年会中还特意设置了中美植物病理学会工作组会议。2013年，在第十届国际植物病理学大会期间召开了中美领导工作会议，学会领导与美国植物病理学会两位理事长（Michael J.Boehm，2013，A.Rick Bennett，2015）及一位执行副理事长再次就中国植物病理学会加入美国植物病理学会的合作会员在美国植物病理学会期刊上发表研究论文减免版面费的问题开展了交流，希望能扩大受益面。同时为方便会员交流，提议召开两年一次的中美学术交流会。

**学术期刊**　《植物病理学报》全年收稿183篇，出版6期，协助出版完成1期《植物病理学报》增刊——《国际植物病理学大会论文摘要集》，承担并完成科技部中国科学技术信息研究所“中国精品期刊顶尖论文平台——领跑者5000”《植物病理学报》中英文长摘要补充工作。该刊荣获2012“百种中国杰出学术期刊奖”，继续承担中国科学技术协会“精品科技期刊培育计划——期刊出版人才培育项目”。

**科普活动**　2013年，学会共举办科普宣传活动11次，参加活动科技人员数175人次，受众人数5600人次，活动覆盖107个村镇。

**【第10届国际植物病理学大会】**　8月25～30日，学会举办的第10届国际植物病理学大会在北京召开。大会的主题是“生物安全、食品安全和植物病理学：植物病理学在全球经济一体化中的作用”，72个国家的1779名专家、学者参会，其中外宾近900人。在学术方面，一批国际植物病理学界的著名科学家参与科学日程确立，将各个方向的最新研究成果呈现给科学界。大会科学日程涵盖2个全体会议、5个主题会议、66个学科特色的分会场会议和9个专题研讨会。165位国际著名植物病理学家受邀作为会议召集人负责各会场口头报告的推选，26位国际著名植物病理学家应邀在主会场作大会特邀报告，分会场共有303个邀请报告和196个简短学术报告。大会收录论文摘要共1591篇，以《中国植物病理学报》增刊编辑出版会议论文摘要集，其中，1066份科研成果墙报在会议期间进行了展示。大会还举行了植物病理学新技术、新产品的展示展览，共有国内外18家单位参展，包括学术团体、出版社和生物相关企业。

国际植物病理学会、中国植物病理学会下属各专业委员会，于正式会期前后围绕谷物线虫、大豆疫病、镰刀菌、丝核菌、核盘菌属、根健康等组织召开了9个研讨会。

**【2013年海峡两岸植物病理学青年科学家论坛】** 9月2～3日，由学会举办的2013年海峡两岸植物病理学青年科学家论坛在北京召开。9月2日，举行了“中国科协2013海峡两岸青年科学家学术活动月”启动仪式。启动仪式由中国科协学会学术部副部长宋军主持，中国科协党组成员、书记处书记张勤，中国科协国际部副部长陈剑、中国农业大学副校长李召虎、学会理事长郭泽建、台湾地区“中华植物病理学会”代理事长张清安等出席启动仪式并讲话。来自我国大陆和台湾地区的专家、学者及青年学生160余人参加了此次论坛。论坛的主题是“农作物安全与植物病理学”，论坛收录学术论文摘要35篇。论坛为期两天，共分为7个单元。

论坛邀请了18位台湾地区植物病理学专家及14位大陆植物病理学专家作专题报告。

（撰稿人：邹菊华）

## 中国植物保护学会

**服务创新型国家和社会建设** 为促进葡萄产业的健康发展，倡导绿色、低毒、环保的病虫害可持续防控理念，学会紧紧抓住葡萄产业对植保科学技术的需求，每年组织专家和生产一线的种植大户及企业召开有关葡萄病虫害防治技术与经验研讨会，已形成我学会的学术会议品牌之一。学会与中国农业科学院植物保护研究所等单位主办的第九届全国葡萄病虫害防治技术与经验研讨会于11月30日至12月1日在云南省昆明市召开。国家葡萄产业技术体系10位岗位专家、9位试验站站长、26个综合试验站团队的植保人员，与来自全国107个科研、教学、推广等单位及196个葡萄种植者（企业和个人），共计520多名专家、学者参会。会议围绕着“服务产业，保障发展”主题，以特约报告、专题报告、技术报告与经验交流分会场等形式进行。开幕式由学会副秘书长郑传临主持，云南农业大学副校长葛长荣致开幕词。会议邀请了中国工程院院士、中国农业科学院副院长、学会名誉理事长吴孔明，云南农业大学教授李成云等分别就《植物保护与农业生产》、《作物多样性控制病虫害研究》等作了特邀报告。针对葡萄产业面临的病虫害威胁和风险，中国农业科学院植物保护所研究员徐学农、雷仲仁、王忠跃分别作了题为《作物红蜘蛛类害虫的研究进展及葡萄上红蜘蛛类害虫的防控技术建议》、《作物蓟马类害虫的研究进展及葡萄上蓟马类害虫的防控技术建议》、《葡萄根瘤蚜防控研究进展与在我国存在的风险分析》等专题报告。与会专家们认真解答葡萄种植大户的葡萄有关病虫害科学防治技术知识问题。同时，向参会者发放了云南省宾川县露地套袋栽培红地球葡萄病虫害规范化防控挂图、防控技术手册。

**学会建设** 2013年是学会第十届理事会换届之年。学会组织召开了3次常务理事会议及1次理事会议和全国理事长、秘书长工作会议。在充分民主协商、推荐的基础上，确定了理事会换届方案和理事、常务理事以及学会领导候选人名单，获得民政部和中国科协批准，完成了学会章程的修订和核准。10月23日，学会在山东省青岛市举办了第十一届全国会员代表大会暨学术年会，选举产生了新一届理事会和学会领导。学会的17个分支机构和学会主办的两种期刊编委会同时进行了换届改选。

学会修订了《中国植物保护学会章程》、《分支机构管理办法》、《会员管理办法》、《理事、常务理事选举办法》、《理事会和常务理事会工作条例》。

湖南省植物保护学会等6个省级学会和生物入侵分会获得学会第三届先进集体奖，李建成等8位同志获得学会第一届先进学会先进工作者称号。

2013年，学会新增个人会员1100名，个人会员总数达到21500名。

**学术期刊** 学会主办的《植物保护学报》和《植物保护》期刊，2013年度总印数20500册。《植物保护学报》全年印数5700册，发表论文118篇；《植物保护》全年印数14800册，发表论文228篇。《植物保护学报》在中国科协精品期刊工程项目经费的支持下，重视实施国家标准和国际标准的编辑出版，使编排格式进一步标准化和规范化；加快了稿件处理速度，提高了期刊的时效性。

据中国科学技术信息研究所公布数据，《植物保护学报》2012年总被引频次、影响因子等较上年有所提高，分别为1235、0.742，提高9.2%、31.6%。《植物保护》总被引频次1686，影响因子0.589，较上年有所提高。

**学科发展研究** 自2012年承担中国科协2012～2013年植保学科发展研究报告调研任务以来，课题组以中国工程院院士郭予元为首席科学家，中国工程院院士吴孔明任课题组长，陈万权研究员任课题副组长，分设7个植保分支学科进行学科发展调研和发展报告的撰写，有20多位专家、学者参与调研和撰写。2013年3月29日，学会在北京召开《2012—2013植物保护学学科发展研究》课题组第二次会议，检查了各专题报告的编写进度，研究讨论下一步工作计划。7月22～23日，学会在北京召开2012～2013年植物保护学科发展研讨会，60余位专家、学者参会。会议汇报了《2012—2013植物保护学学科发展报告》综合报告和专题报告撰写情况，提出了修改和完善意见和建议。经课题组的共同努力，10月底完成了涉及植物病毒学科等7个分支学科的专题报告以及植物保护学科发展综合报告。其中，重点介绍了各分支学科的重大研究进展，在学术建制、人才培养、重要研究团队、基础研究平台等方面的发展状况，结合各分支学科国际重大研究计划、重大研究项目，国际上的研究热点、前沿和趋势，比较评析国内外学科发展状况；提出各分支学科的发展趋势与对策。

**决策咨询** 由中国科协调研宣传部主办，学会承办的2013年中国科协预防与控制生物灾害分析研讨会于1月13～14日在北京召开。学会、中国林学会、中国畜牧兽医学会、中国水产学会和中国气象学会的领导、院士和专家48人出席研讨会。会议由学会秘书长陈万权主持，中国科协调宣部领导出席会议讲话。与会专家分作物、林业、畜牧兽医、水产四个组进行研讨。通过总结2012年农作物和林木病虫害、畜禽疫病、水产养殖动植物病害的严重发生态势，研究分析了2013年生物灾害面临的严峻形势，提出了2013年病虫害发生趋势和防控对策建议。在会议研讨的基础上撰写完成了《2012年生物灾害状况和2013年预防与控制生物灾害的报告》，经中国科协上报国务院，获得刘延东副总理的批示。科技部于3月14日专门召开了由植保、林业、畜牧兽医、水产等方面专家参加的座谈会，进一步了解情况，听取专家建议和意见，并从应用生物技术防治生物灾害的技术发展现状及趋势、科技部已开展的相关研究项目、存在问题、今后科技立项的建议和意见等四个方面进行了研讨，为今后进一步提高生物灾害防控技术水平打下了基础。

学会2012年组织专家撰写的《关于加大农作物病虫害专业化统防统治扶持力度的建议》，上报国务院，得到回良玉副总理的重要批示。该建议对实施我国农作物病虫害统防统治和“一喷三防”工作发挥了重要的推动作用，于2013年获得中国科协优秀咨询报告三等奖。

**国际学术会议** 学会共举办3次国际学术会议，507人次参会，其中，国外专家、学者212人，交流论文347篇。8月22～25日和8月26～30日，学会有关分支机构在北京分别承办了第十一届国际植物病害流行学大会分会场——全国第三次植物抗病虫和病害流行与控制学术研讨会、气传病害及其控制研讨会。

**国内主要学术会议** 2013年，学会及所属分支机构共举办国内植保学科领域的学术会议25次，其中大型学术年会1次、高层论坛1次、高端前沿学术研讨会6次、综合交叉学术交流14次，学术服务会议3次。参会人数累计5217人次，交流论文860篇，出版《创新驱动与现代植保》等学术会议论文集2部，评选表彰优秀论文30篇。与2012年相比，会议数量、规模和交流论文数基本持平。

3月22～24日，学会植保产品推广工作委员会主办的除草剂发展与推广应用交流会在安徽省合肥市召开，300人参会，其中企业科技工作者16人，交流论文10篇，评选2012年植保产品贡献奖31名。会议围绕“除草剂的发展与科学使用”主题进行交流研讨。

6月13～15日，学会主办的突发性暴发性生物灾害早期预警与防控技术研讨会在广西壮族自治区兴安县召开，与会专家、学者60余人，收录论文摘要16篇。会议围绕“生物灾害早期预警与应急防控”主题作学术交流。该学术活动得到中国科协的项目经费支持。

8月5～8日，学会植物化感作用专业委员会主办的中国第六届植物化感作用学术研讨会在四川省成都市召开，与会专家、学者120人，交流论文30篇，评选优秀报告4篇。

8月8～14日，学会主办的2013全国植保高层论坛暨全国植保所长联谊会在新疆维吾尔自治区乌鲁木齐市召开，与会专家、学者100人，会议围绕全国植保研究领域热点和焦点问题等进行了研讨。

8月18～22日，学会杂草分学会主办的第十一届全国杂草科学大会在湖南省长沙市召开，与会专家、学者230人，收录论文50篇，正式出版论文集1部，评选优秀论文7篇，会议围绕“杂草动态与多样性治理策略”的主题进行研讨交流。

8月25～28日，学会青年工作委员会主办的第八届全国青年植保科技创新学术研讨会在安徽省合肥市召开，160人参会，交流论文69篇，评选优秀报告10篇。

10月23～24日，学会2013年学术年会在山东省青岛市召开，近1000人参会，吴孔明、康乐、钱旭红3位院士出席了开幕式并作大会报告，大会围绕“生物入侵与生态安全、粮食安全”主题，分设3个国内分会场和15个国际分会场进行了专题学术交流。

**国际交往** 10月23～26日在山东省青岛市召开第二届国际生物入侵大会期间，举办了中澳发展生物安全与生物入侵国际合作讨论会，特邀澳大利亚联邦科学与工程研究组织（CSIRO）的Andy Sheppard、Dean Paini、Ben Hoffmann博士等6位专家参会，中澳专家学者探讨了发展双边国际合作的领域与途径、科学家双边互访交流等实质性的国际合作议题。会议特邀了国际有关专业期刊主编包括美国田纳西大学Daniel Simberloff教授（美国科学院院士、Biological Invasions主编），美国加利福尼亚大学Donald R.Strong教授（Ecology主编）等4位专家，与学会主办和协办期刊的编辑就如何提高办刊学术质量、期刊走向国际化等问题进行了交流。

**科普活动** 学会举办科技展览1次，科技下乡2次，举办了实用技术培训班12个，培训人数51185人次，参加活动的科技人员411人次，其中专家103人次，覆盖了399个村。学会制作科技影视节目1套。7月18～20日，在北京参加了中国科协主办的第四届科技场馆展品与技术设施国际展览会，展示内容包括学会近年来开展的科普培训、科技下乡、学术交流等工作，同时与有关企业联合展示了近年来病虫害绿色防控中推广应用的昆虫信息素、捕食性昆虫天敌、黄板诱杀、防虫网和杀虫灯、植物源生物农药等技术和产品。受众人群300人次。

2月22日，学会植保信息技术专业委员会组织8位专家调查了四川省盐亭县小麦病虫害试验点和四川省绵阳市小麦病虫害发生情况。3月5～9日，学会病虫害测报委员会联合全国农业技术推广服务中心组织专家和科技人员5人赴河北、河南、山东、安徽、江苏等地对越冬—返青—拔节期的小麦蚜虫、红蜘蛛，以及山东莱州新发的一种小麦害虫进行了调查。为配合地方各级植保部门做好农作物病虫害防控工作，学会病虫害测报专业委员会、鼠害防治专业委员会、园林病虫害防治专业委员会、植保机械与施药技术专业委员会等分支机构先后赴生产一线给基层植保科技人员举办了病虫测报技术、病虫害专业化统防统治机手、水稻田专用植保机械观摩展示与技术、农区鼠害监测与防控技术培训等培训班12次，并与有关单位联合出版了《植保机械与施药技术培训指南》等4种科普图书，总印数40000册。编印《小麦主要病虫害简明识别挂图》等科普挂图5种，总印数57000册。科普图书和科普挂图均免费发放给基层农技人员和农民。

**表彰举荐优秀科技工作者** 2013年，经学会向中国科协推荐，中国农业科学院植物保护研究所吴孔明院士为学术带头人的“棉花－害虫－天敌的互作机制”科研团队成功入选国家自然科学基金创新研究群体。由学会组织评审的中国植物保护学会科学技术奖一等奖项目——“中国小麦条锈病菌源基地综合治理技术体系的构建与应用”，获得2012年国家科技进步奖一等奖，项目课题组2013年1月18日参加了在北京人民大会堂召开的国家科学技术奖励大会。

为表彰在植物保护科技工作中成绩优异，并具有优良科技道德和学风的优秀植保科技工作者，激励广大植保科技工作者为提高自主创新能力，建设创新型国家作出新的贡献，2013年经组织推荐和评选，郭建英等13人获得了中国植物保护学会第四届青年科技奖。刘春琴等4人获得中国植物保护学会优秀学术论文奖，并在10月23日山东省青岛市召开的第十一次全国会员代表大会暨学术年会开幕式上进行了表彰奖励。

**【中国植物保护学会第11次全国会员代表大会暨学术年会】** 10月23～24日，学会第11次全国会员代表大会暨学术年会在山东省青岛市召开。中国工程院院士、浙江省农业科学院院长陈剑平，中国工程院院士、云南省科协主席、云南农业大学名誉校长朱有勇等10位学会第十届理事会副理事长，特邀嘉宾中国工程院院士、华东理工大学校长钱旭红等出席了大会。来自全国科研、教学、生产推广单位的近1000名植保科技工作者和会员参加了会议，其中会员代表220名。

学会第十届理事会秘书长、中国农业科学院植物保护研究所副所长陈万权主持开幕式，学会副理事长陈剑平院士代表学会致开幕词。中国植物病理学会副理事长、北京农学院校长王慧敏代表兄弟学会致贺词。

在开幕式上举行了颁奖表彰活动，向第四届中国植物保护学会青年科技奖、中国植物保护学会第三届先进集体、第一届先进工作者，以及年会优秀论文获奖者颁发了证书和奖牌。

学会副理事长顾宝根、马祁、张立代表第十届理事会向大会作工作报告、《中国植物保护学会章程》修改报告和中国植物保护学会财务审计报告。学会副理事长喻大昭宣读了中国植物保护学会会员会费标准决定。

大会以无记名投票方式选举产生了中国植物保护学会第十一届理事会理事177人。会议期间召开了第十一届理事会第一次全体会议，选举产生了第十一届理事会常务理事59人，选举中国农业科学院植物保护研究所副所长陈万权为第十一届理事会理事长，选举万方浩、马祁、马万杰、朱有勇、周常勇、陈生斗、陈洪俊、张青文、康乐、顾宝根、喻大昭为副理事长，王振营为秘书长。在第十一届第一次常务理事会议上，通过了聘任名誉理事长、副理事长、秘书长和荣誉理事，以及聘任学会副秘书长、各分支机构负责人及两刊主编的决定；研究了新一届理事会的工作规划。

学会第十一次全国会员代表大会之后，举行了2013年学会学术年会和第二届国际生物入侵大会联合开幕式及学术交流，由学会副理事长万方浩主持。学会名誉理事长、中国工程院院士、中国农业科学院副院长吴孔明致开幕词。大会围绕“生物入侵与生态安全、粮食安全”主题进行学术交流，邀请农业部科教司资源环境处处长李波，美国科学院院士、田纳西大学教授Daniel Simberloff，美国加利福尼亚大学教授Donald R.Strong，中国工程院院士、华东理工大学校长钱旭红，美国森林管理局林务局Andrew M.Liebhold博士，美国圣母诺特丹大学教授David M.Lodge等作大会特邀报告。参会人数近800人，其中国外专家111人。大会分设3个国内分会场、15个国际分会场进行专题学术交流，附设墙报学术展示93个。作专题学术报告的国内专家205人，国外专家91人。国内分会场交流论文226篇，正式出版论文集1部。国际分会场收录英文论文摘要230篇，编印第二届国际生物入侵大会论文集英文版1部。《人民日报》、新华网、《科技日报》等60多家媒体对大会进行了报道。

**【组织编著《中国农作物病虫害》（第三版）】**《中国农作物病虫害》是20世纪80年代初，由我国100多个科研院所、高等院校、技术推广等单位的300多位专家撰写，全面反映我国植物保护科技发展水平和历程的重要参考书。1995年进行了再版。随着农业种植结构、管理方式发生的巨大变化，外来生物不断入侵，农作物有害生物种类显著增加。因此，迫切需要组织专家对原版进行修改，将最新的研究成果、防控技术反映到本书中。自2011年，受挂靠单位中国农业科学院植物保护研究所的委托，学会承担了《中国农作物病虫害》（第三版）的组织撰写工作。2013年5月9日，召开了《中国农作物病虫害》（第三版）常务编委会第三次会议，7月23日召开了《中国农作物病虫害》（第三版）常务编委会审稿专家第二次会议。通过学会的组织、协调，各专家的共同努力，全书800万字的初稿已基本完成，部分书稿已交中国农业出版社出版。全书共3册，24个单元。内容涉及粮、棉、油、果、蔬、麻、桑、烟、糖、茶等植物的1800多种有害生物的生物学特性、发生危害规律和综合防治等方面的内容，反映我国农作物病虫害当前的研究与防治技术最新水平。

（撰稿人：文丽萍　倪汉祥）

## 中国作物学会

**服务创新型国家和社会建设**　学会甘蔗专业委员会积极探索科普推广新形式，组织良种观摩、健康种苗和抗旱“钱粮双增”科普和培训活动60余次。重点普及推广了新品种、机械深耕深松、节水灌溉（喷灌和滴灌）、健康脱毒种苗、蔗叶还田、机械收获等关键技术，推动科学种蔗技术的普及，受到广大蔗农的欢迎和好评。

学会粟类作物专业委员会组织全国粟类作物专家，重点在西北、东北、华北谷子主产区开展技术普及、示范推广、科技扶贫等工作，取得了显著成效。初步统计，粟类作物委员会科技人员举办培训会162场次，培训基层农技推广骨干1743人次、种植大户1292人次、农民2.8万人次，进行生产关键季节技术田间指导857场次，举办现场观摩会52场次。通过技术培训、田间现场指导，示范基地增产增收效果显著，起到了示范基地示范带头与辐射推广的作用，对谷子糜子产业化水平提高起到了推动作用。

学会甜菜专业委员会组织广大科技人员深入黑龙江、内蒙古、新疆等省、自治区推广新育成的甜菜优良品种和甜菜专用肥，赴原料基地指导农户科学种植甜菜，向农民传授甜菜种植技术，受到农户的欢迎。

学会麻类专业委员会通过采用技术推介、科技下乡、走访调查、电话咨询等形式，以及举办培训班和现场观摩会等活动，共培训农技人员近700人次，培训农民超过2500人次。

学会栽培专业委员会开展作物高产与大面积平衡增产栽培、精确定量栽培、机械化栽培、农业信息技术等项目的研究示范推广，通过组织或承担100余班次培训班进行实用科技培训，受培训人员达2万余人次，专家与地方结对100多个县（市、区），并利用专业学位研究生培养模式为社会培养了高层次的作物栽培技术骨干400多人。

2013年南方持续高温、干旱，局部地区遇到冷冻、台风、涝渍等重大自然灾害，各地的专委会委员们第一时间到受灾第一线，提措施，促转化，为有效减少灾害损失做出了贡献。

**学会建设**　2013年，学会（含专业委员会）共组织召开学术会议38次，其中，国际学术会议3次，境内学术会议 35 次，参加人数 9176 人次，交流论文 1144 篇。对比 2012 年度，学术会议次数提高 5%，参会人数提高 4.15%，会议交流论文数减少 8.8%。

学会甘薯专业委员会和油料作物专业委员会分别完成了换届选举工作。学会麻类专业委员会 1 月 8 日在广西壮族自治区南宁市召开了五届二次会员代表大会暨学术研讨会，会议及时总结了麻类专业委员会第五届委员会成立以来取得的成绩，并对下一步工作进行了安排。

2013 年，学会各专业委员会（分会）组织本学科的学术交流会议共 34 次，较 2012 年度提高了 6.3%。

**学术期刊** 2013 年，《作物学报》全年刊登的 264 篇文章中有研究论文 218 篇（占 82.6%），研究简报 39 篇（占 14.8%），综述文章 7 篇。在实行严格同行评议的前提下，2013 年《作物学报》印刷版本出版周期为 7.98 个月，平均审稿周期为 3.63 个月，网上出版周期为 5.24 个月。网上出版比印刷版本提前 2.74 个月。

1 月 18 日，召开了《作物学报》在京编委会议，重点商讨《作物学报》中文版今后的编辑出版策略，重点讨论了如何高起点办好英文版《作物学报》。

9 月 27 日发布的《中国科技期刊引证报告》（核心版）中，《作物学报》的总被引频次为 5797，影响因子为 1.639，比上年的 5508 和 1.559 分别增加了 5.2% 和 5.1%。综合评价总分达 97.7 分，排名中国科技核心期刊的第 4 名。《作物学报》的网上学术影响力也稳步提高。据 CNKI “中国引文数据库”12 月的在线统计结果显示，《作物学报》在“中国知网”的“总上网文献数”为 5702 篇、“总下载频次”为 809664 次、“篇均下载频次”为 142 次，与 2012 年相比有较大幅度增长。

2013 年，《作物学报》获得中国科协精品科技期刊工程项目“学术质量建设项目”资助。《作物学报》入选中国“百强科技期刊”和“2012 年百种中国杰出学术期刊”。这是《作物学报》第 12 次蝉联这一称号。

英文版《作物学报》组建了国际化的有 81 位专家参与的编委会。编委会中有国际编委 41 人，其中 23 人来自美国，5 人来自澳大利亚，其他 13 人来自 7 个国家、地区或机构。学会的全部稿件由编委负责遴选审稿人、检查审稿质量等。经主编指定，中国农业科学院作物研究所 6 位有国外工作经历的科学家作为责任副主编负责每年 6 期（双月刊）内容总体质量的把关工作。

2013 年 4 月，英文版《作物学报》与国际知名出版商爱思唯尔（Elsevier）签订了合作出版协议。由 Elsevier 负责排版，全部文章在其 ScienceDirect 出版平台上作开放获取（Open Access），使用 Elsevier 的期刊稿件采编系统 EES。期刊稿件采编系统 EES 于 6 月 28 日正式上线。在 Elsevier 的期刊主页已经上线。2013 年第 1 期创刊号、第 2 期分别于 11 月和 12 月在 ScienceDirect 上线出版。另有 7 篇文章在 ScienceDirect 进行在线预出版。

编委会聘请了澳大利亚科学院院士 Robert McIntosh 教授、美国康奈尔大学 Matthew Blair 教授和美国堪萨斯州立大学 James C. Nelson 教授对英文文章作语言润色，保障了刊出论文的内容质量和文字质量。

2013 年《作物杂志》全年出版 6 期，1028 页，共刊出 252 篇文章，录用率为 26.9%。《作物杂志》印刷版本出版周期从作者修改返回至纸版印完发行为 3.2 个月，从作者投稿日至纸版印完发行为 4.2 个月，网上出版周期比印刷版本提前 0.5 个月。清华同方发布的复合影响因子为 0.730，比上一年（0.687）增长 6.23%。万方发布扩展版影响因子为 0.688，比上一年（0.628）增长 9.6%。清华同方发布的《作物杂志》被引频次为 1651，比上一年（1558）增长 6%。万方发布的被引频次为 1289，比上一年（1158）增长 11.3%。《作物杂志》电子版发行比上一年有所增长：机构用户总数为 2057 个，比上一年（1944 个）增长 5.8%。其中海外机构用户达到 162 个，比上一年（151 个）增长 7.3%。

根据工作中遇到的问题，以及作者和审稿专家的建议，2013 年改进和完善了采编平台，使采编平台更加方便地被作者使用。2013 年度《作物杂志》所刊文章中省部级以上基金论文达到 91.9%。连续多年被全国四大核心期刊（全国中文核心期刊、CSCD 收录期刊、中国科技核心期刊、中国农业核心期刊）收录。

**国际学术会议** 1 月 25 日，学会燕麦荞麦分会承办的中瑞燕麦合作论坛在北京举行。该论坛由中国农业部和瑞典驻华使馆主办，中国农业科学院和中国作物学会燕麦荞麦分会承办。中国农业部副部长、中国农业科学院院长李家洋和瑞典农村事务部部长 Eskil Erlandsson 出席论坛开幕式并致辞，来自中国和瑞典的政府官员、燕麦学者和企业家共 70 多人出席了论坛。论坛还邀请了中瑞两国 7 位燕麦专家进行了学术交流，报告内容涉及燕麦产业现状、燕麦种质资源与育种技术、燕麦营养与加工技术等内容。

8 月 26 ~ 29 日，大豆专业委员会参与组织在黑龙江省哈尔滨市召开的中日大豆产量生理学术研讨会。会议由中国科学院东北地理与农业生态研究所和中国科学院黑土区农业生态重点实验室主办，学会大豆专业委员会、中国科学院大豆分子设计育种重点实验室、黑龙江省农业科学院耕作栽培研究所、黑龙江省黑土保护利用协会等协办。

来自日本的8名专家、南非的2名专家和国内研究单位、大学的100余名专家、学者及研究生参加了会议。会议期间，17位国内外专家围绕大豆产量形成的相关生理学问题分别作了特邀报告。与会专家分别就报告中涉及水分生理、光合生理、激素生理、胁迫生理、氮素营养、气候变化生物学、进化生物学、杂交大豆高产生理、超高产大豆生物学、高产栽培技术模式、植物生长调节剂的应用等方面的内容进行交流和讨论。

3月22日，学会甘薯专业委员会参与筹办的作为第四届中国国际薯业博览会重要活动内容——国际甘薯生物技术育种学术讨论会在北京召开，来自中国、韩国、日本等国的100多名甘薯界的专家、学者参加了会议。本次会议重点交流了甘薯生物技术育种的最新研究进展，制定了中日韩三国甘薯研究会章程，初步讨论了三国在甘薯测序方面开展合作的有关问题等。研讨会期间，学会甘薯专业委员会的刘庆昌、李强、张鹏分别作了报告。

3月11～13日，学会甘蔗专业委员会组织在广西壮族自治区区南宁市召开提高发展中国家甘蔗生产能力的农民友好型农业技术国际研讨会，来自9个国家的112名专家、学者参会。甘蔗专业委员会会员还参加了第三届国际热带亚热带作物高产高效学术交流会现代养分资源管理国际会议，并应邀作相关学术报告。

**国内主要学术会议** 8月18～19日，由学会主办，南京农业大学承办的第四届全国小麦基因组学及分子育种大会在江苏省南京市举办。中国工程院院士程顺和、刘旭，西北农林科技大学校长孙其信，四川农业大学副校长郑有良，中国农业科学院研究员贾继增，南京农业大学副校长陈艳增，以及来自全国50多所高校、科研院所的395位专家和研究生到会。大会报告有基因组学和分子育种两大部分，第一部分由13位专家、学者和5位研究生代表围绕小麦基因组学研究作报告，第二部分由8位育种家围绕我国小麦育种作报告。

10月8～11日，由学会等5个学会联合主办的2013全国植物生物学大会在江苏省南京市召开。会议主题为“植物科学促进农业创新”，近1000人参会。邓兴旺、朱健康、张启发、朱玉贤、王永红5位科学家分别作大会报告。近年来有突出成就的中青年学者分别围绕植物发育与细胞功能、基因组学与分子育种、植物激素与信号转导、生物与非生物胁迫适应机理、表观遗传学与代谢调控5个专题作了79场分会报告，与会代表围绕植物生物学研究展开交流讨论。会议为2013年全国植物生物学大会优秀墙报获得者颁发了荣誉证书。

**国际交往** 学会组团参加了9月8～14日在日本横滨举行的第12届国际小麦遗传学研讨会（IWGS）。大会以“小麦育种以及小麦的研究和转化应用的近期突出成就”为主题。美国、加拿大、墨西哥、法国、德国、意大利、英国、瑞士、中国、印度、巴基斯坦、以色列、澳大利亚等国300多名专家、学者与会。学会组织我国从事小麦研究的专家、学者一行25人参加了此次会议。

2月17～22日，学会大豆专业委员会组织50位会员参加在南非东部港口城市德班召开的第九届世界大豆研究大会（World Soybean Research Conference IX）。这次会议有22个国家的约500位专家、学者参加，会议主题是“从中国到南非——科研跨越全球大豆产需鸿沟”。会议期间，12位专家、学者作了主旨报告，167位（次）专家、学者作分组报告。中国农业科学院作物科学研究所研究员邱丽娟代表我国介绍了大豆生产和科研的进展，另有10余位中国专家、学者在分会场发言，4位中国专家、学者担任分会场主席。

在世界大豆研究大会常设委员会改选中，学会大豆专业委员会副主任委员、中国科学院东北地理与农业生态研究所研究员刘晓冰等8位专家增补为理事，任期两届。

6月24～27日，学会甘蔗专业委员会副主任委员李杨瑞等参加了在巴西圣保罗召开的国际甘蔗技师协会第28届大会。会议是由国际甘蔗技师协会（ISSCT）和巴西糖酒技师协会（STAB）共同主办。中国专家、学者作口头学术报告和论文集全文发表共10篇，被接收的论文墙报共12篇，其中1篇被ISSCT生物组委员会评为最佳墙报。

学会栽培专业委员会先后派出60多人次赴美国、英国、日本、菲律宾（国际水稻研究所）、荷兰、澳大利亚、韩国等进行高级访问与考察。同时，邀请了美国、日本、新西兰、菲律宾（国际水稻研究所）、加拿大、韩国等国家的30多位同行来我国进行访问或参加学术会议。

学会作物种子专业委员会组织委员及会员3人参加由中国种子协会组织的赴美种业考察。

**科普活动** 9月14～20日，学会参加了在北京园博园举行的全国科普日北京主场活动。学会按照要求，围绕“保护生态环境，建设美丽中国”主题设计了“草莓采摘机器人”、“宜居植物摆放”两个展项。活动期间，学会共发放科普小知识宣传单近2000份，参观科普展项、科普展板，参与互动的公众超过3000人次。该展项被中国科协评为“2013年全国科普日活动优秀特色活动”。

**表彰举荐优秀科技工作者** 2013年，学会水稻产业分会与浙江省余姚市人民政府联合主办了第二届中国河姆渡稻作科技贡献奖评选，中国科学院院士、福建省农业科学院研究员、全国著名杂交水稻遗传育种专家谢华安获杰出贡献奖，印度科学家库希博士（Dr. Gurdev Khush）获国际合作奖，黑龙江省农业科学院佳木斯水稻研究所研究员潘国君、中国水稻研究所研究员朱旭东、袁隆平农业高科技股份有限公司研究员杨远柱、宁波市农科院研究员马荣荣等4人获突出贡献奖。

学会按照中国科协的要求开展“作物科学传播专家团队”组建工作，通过“个人自荐、组织推荐、同行评议”相结合的方式，遴选以李少昆博士为首席科学家的共25名专家为作物科学传播专家。

**【2013年中国作物学会学术年会】** 10月21～22日，由学会主办，河南农业大学、河南省作物学会、河南省农业厅及河南省农业科学院共同承办的2013年学会学术年会在河南省郑州市召开，来自全国近千名作物学领域的专家、学者参加了大会。年会围绕主题“现代农业与粮食安全”，邀请了中国工程院院士盖钧镒、罗锡文、吴孔明、陈温福，中国科学院院士谢华安、朱玉贤等6位院士，40余位知名专家、学者就中国作物科学的发展，所取得的成就，新时期作物学科的地位和作用及战略调整等问题作了学术报告。大会设立了3个分会场，分会场报告以生物技术、作物遗传育种、作物栽培与耕作3个部分为主要内容。研究生论坛与墙报交流也有作物领域的研究生与学者踊跃参加，成为大会的重要交流形式。大会还进行了优秀青年学术报告奖和优秀青年墙报奖评选活动，并为郑明、刘桂凤、谷利敏、陈学俊、杨明达5名获奖者颁发了奖状。此外，大会共收到学术论文177篇，并编制了论文集，供会议交流和会后学习。

（撰稿人：杜　娟）

## 中国热带作物学会

**服务创新型国家和社会建设** 2013年，学会把服务热区、服务发展、服务三农作为工作出发点和落脚点，各省级学会、专委会、工委会分别在广东、海南、广西、湖南、贵州、云南等省、自治区开展天然橡胶、甘蔗、木薯、香蕉等热带作物生产技术和植保培训班100余期，共培训1万余人次，发放资料2万余册。

广东省热带作物学会开展“全省科技进步活动月”活动19场次，开展阳光工程、抗灾复产等培训班20期，培训2000人次。广西热带作物学会到多地开展热作技术咨询及培训服务，培训1500人次，合作编写技术培训丛书9套。海南省热带作物学会协助海南省农垦总局举办千人割胶技能培训，组织全国割胶状元、海南省割胶状元、全国割胶能手12人到各地进行巡回表演指导，促进了胶工割胶技术水平的提高；开展割胶神刀手大赛暨全国第四届、海南省第三届割胶技能大赛选拔赛活动，4.2万个胶工参加选拔赛活动；举办技术培训班30多期，开展实地技术示范培训，培训1000多人次。

学会遗传育种专委会组建服务“三农”专家服务团，先后5次赴海南省东方市、琼中县开展龟类、罗非鱼等水产类养殖技术培训班；多次赴海南省定安县、广东省阳江市沉香基地进行整树结香技术指导，为种植户解决沉香结香难的问题；赴海口市东山镇溪南村为农户开展瓜菜种植及病虫害防控技术培训。总计培训3700人次，发放资料2600册、DVD光碟500套，赠送1000株优质种苗、价值2.4万元农资用品。学会遗传育种专委会甘蔗育种专家组召开了宿根甘蔗机械盖膜施肥技术现场观摩会和全国甘蔗健康种苗及配套技术观摩考察会，约680人参会。科技推广咨询工委会分别在广东、广西开展了2期标准化生产示范园生产技术培训班，促进热带作物标准化生产示范园的建设。学会割胶生理专委会利用开割前胶工培训的良好时机，进行现场培训和指导，共培训科技人员和胶工约1500人次，受到海南省农业厅和各市县的普遍欢迎和好评。香蕉专委会开展了多种形式、多种层次、内容丰富的技术培训和科普教育，培训蕉农500多人次，发放科技资料3000多册，使蕉农更好地掌握了生产种植管理技术。科普工委会撰写了《木薯高产栽培技术手册》，为攀枝花市30名农技员讲授我国木薯生产和加工概况，赠送食用木薯种茎。

受农业部南亚办的委托，学会承担农业部农技推广项目“热作产业发展重大问题研究”，组织相关专家分别到广东、广西、海南和福建等热区对主要热带作物产业发展关键问题进行调研，全面了解热带作物及其相关产业发展情况及存在问题。针对主要热带作物产业发展中存在的关键问题，提出了今后的发展重点及对策。为解决热作产业存在的问题提供了新的思路，也为国家农业部在热作产业政策支持及资金扶持方面提供了决策依据。

**学会建设** 截至2013年底，学会个人会员总数累计7820名，单位会员279个。2013年增补常务理事2人，增补理事3人。

完成了学会网站改版。改版后的网站在工作动态、学术会议、学会刊物、表彰奖励、下载中心等基本功能的基础上，增加了会议管理系统、会员管理系统两个模块。会议管理系统实现了在线参会注册、征文投稿、会展宣传等功能，优化了会议管理，提高了秘书处工作效率。会员管理系统已完成与“中国科协所属学会个人会员管理系统”的对接。

11月26日，学会八届十次常务理事会议在四川省成都市召开，会议由学会常务副理事长张凤桐主持。会议审议通过了学会2013年工作报告、2013年财务报告、增补理事会成员名单、2013年学术年会优秀论文（摘要）等议案。张凤桐部署了学会2014年的4项重点工作。一是深化学会改革，建设充满活力的现代科技团体；二是创新活动方式，提高学术交流成效；三是拓展发展空间，积极承接政府转移职能；四是强化业务学习，着力提升服务能力。

**学术期刊** 2013年，学会主办的《热带作物学报》注重突出学术水平，印刷质量有所提高，发行数量稳步增加。学会研究了英文版《热带作物学报》的创办，制定英文版《热带作物学报》创办的路程图及时间表、筹划方案和具体实施建议等。

**国内主要学术会议** 2013年，学会主办了2013年学术年会、热作标准化生产经验交流会、剑麻高产高效种植与多用途利用研讨会、首届中国油棕产业可持续发展论坛等学术会议、专题研讨会共20次，交流论文173篇，参会人数2000余次。

3月15日，学会剑麻专业委员会主办的剑麻高产高效种植与多用途利用研讨会在广东省湛江市召开，会议主要内容包括：交流剑麻高产高效种植与多用途利用研究情况，探讨剑麻高效种植与多用途利用研究存在的问题及推进技术研发的措施，剑麻多用途利用现场观摩交流。国家麻类产业技术体系剑麻科研团队成员，部分剑麻生产单位分管生产科技工作的领导、技术骨干等约50名专家、学者参加了会议。

4月8～10日，学会香蕉专业委员会主办的香蕉枯萎病综合防控工作座谈会在海南省海口市召开，各产蕉省区的优秀香蕉种植企业代表、国家香蕉产业技术体系的岗位专家和综合试验站站长等130余人参加了会议。会议就香蕉枯萎病的发病特点、症状、致病机理、防治现状以及无土基质育苗，香蕉平衡施肥等方面对香蕉枯萎病的防控，香蕉枯萎病防控取得的成果及应用技术，国内抗枯萎病品种等进行了交流。

6月8日，学会棕榈作物专业委员会主办的首届中国油棕产业可持续发展论坛在海南省文昌市召开，来自马来西亚、菲律宾和国内大学、研究所、企业的120多位专家、学者参加了会议。会议旨在整合研究、贸易、仓储等行业的领军单位共同探讨油棕产业发展过程中的重大问题，开展全产业链的研究，为油棕产业健康有序的发展保驾护航。

9月26～28日，学会遗传育种专业委员会2013年度年会暨学术研讨会在贵州省贵阳市召开。大会由学会遗传育种专业委员会和农业部热带作物生物学与遗传资源利用重点实验室主办，中国热带农业科学院热带生物技术研究所和贵州省农业科学院联合承办。来自海南、广东、广西、云南、四川、贵州等6个省、自治区的科研院所领导、专家、学者共计160余人参加了会议。

**国际交往** 6月5～6日，学会常务理事刘国道参加了在北京举办的第四届国际农科院院长高层研讨会暨中国与CGIAR合作30周年论坛，并与国际热带农业中心（CIAT）代表举行了会谈，提出了下一步的合作计划和目标，拟在建设中国－拉丁美洲农业技术中心等方面开展进一步的合作，继续推进科技人员交流互访、联合申请项目。

学会生态环境专业委员会积极开展国际学术交流。2013年共派出12批26人次，前往法国、老挝、越南、泰国、土耳其、韩国、印度、埃及、哥伦比亚、尼日利亚、菲律宾等14个国家开展学术交流。

**表彰举荐优秀科技工作者** 2013年，学会表彰学术年会优秀论文奖18人、优秀分会场报告奖4人。向中国工程院推荐第十届光华工程科技奖候选人1人。推荐3人参选广西科协专家服务团。推荐2人参选第十二届广西青年科技奖。

**【中国热带作物学会2013年学术年会】** 11月25～28日，由学会主办，中国热带农业科学院承办的中国热带作物学会2013年学术年会在四川省成都市召开。来自全国各地近60家企事业单位的240余名专家、学者参加了会议。学会常务副理事长张凤桐，副理事长郭安平、龚菊芳、王文壮、符月华、何天喜，中国热带农业科学院副院长孙好勤等出席会议，大会由学会副理事长兼秘书长吴金玉主持。

此次会议分为大会报告和分会场报告两部分，围绕种质资源与新种质创制、高产优质高效理论与技术、热带水果科技创新与产业升级等内容展开学术研讨。中国热带农业科学院研究员孙好勤、中国农业大学教授李晓林、广西大学教授何龙飞、中国热带农业科学院研究员彭明、学会秘书处研究员杨礼富分别作了题为《经济转型新背景下的农业新业态——休闲农业》、《建设科技小院，实践高产高效》、《植物铝毒害机理的研究进展》、《香蕉枯萎镰刀菌的致病机制及其香蕉对其侵染的响应》、《创新学会管理，激发学会活力》的主题报告。

**【2013年秘书长会议暨热作标准化生产经验交流会】** 4月14～16日，学会2013年秘书长会议暨热作标准化生产经验交流会在海南省三亚市召开。学会理事长吕飞杰，各省（区）学（分）会、专（工）委会秘书长和秘

书，以及部分分支机构的负责人等60余人参加会议。农业部农垦局热作处副处长林建明应邀到会指导。会议由学会副理事长王文壮主持。

吕飞杰作了题为《热区“三农”的新特点和新任务》的主题报告，深入剖析了党的十八大后中国农村改革发展的新形势，阐明了热区“三农”新态势，探究了热作综合生产能力与效益的提高途径。

广西热带作物学会等5个机构作了典型发言。围绕热作标准化生产，茂名市广垦富果业有限公司等5家标准化生产示范园建设单位做了交流发言。

（撰稿人：李海亮　杨礼富）

## 中国蚕学会

**学会建设**　2013年，学会召开了2次常务理事会议和1次理事会议，其中1次常务理事会议以通讯方式召开。

3月21日，在河南省南阳市召开九届三次常务理事会议。会议总结了2012年的学会工作，研讨了2013年的工作思路，落实了年度拟开展的主要学术交流等活动。学会秘书长李龙传达了中国科协八届三次全委会议和2013年全国学会工作会议精神。各专业委员会主任分别简要介绍了各自专委会2012年的主要工作和2013年的活动计划。会议表决通过第九届理事会增补理事1名，截至2013年12月31日，学会现有理事130人。

9月14日，在广西壮族自治区召开了九届二次理事会议。会议梳理总结了本届理事会成立以来学会建设、学术交流等各方面工作情况，存在的问题和今后的改革目标任务。学会秘书长李龙通报了近期的工作情况并介绍了下阶段的工作任务。蚕业主产省区介绍了生产概况和主要问题。

**学术期刊**　学会主办的学术期刊《蚕业科学》全年共出版6期，文章及信息总量与2012年同期持平。发表获国家、省部级重点科研计划项目资助并代表学科前沿的论文达到期刊载文总数的70%以上。

**国际学术会议**　9月12～13日，由中国蚕学会、广西壮族自治区农业厅主办的首届国际热带、亚热带蚕业研讨会在广西壮族自治区南宁市召开。会议围绕热带、亚热带蚕业的地位、生产概况、存在问题及解决措施进行了广泛的交流。并编印了论文集。

**国内主要学术会议**　2013年，学会举办了4次国内学术会议，参会人数430人次，提交会议论文193篇，编印论文集4部。

7月19～21日，由中国蚕学会、国家蚕桑产业技术体系主办，吉林省蚕学会、吉林省蚕业科学研究院承办的第十届家（柞）蚕遗传育种及良种繁育学术研讨会在吉林省吉林市召开。63家从事蚕业教学、科研、生产及管理单位的专家、学者137人参会。22位专家学者做专题报告和学术交流。会议共收到论文95篇，编印了会议论文集。

11月19日，由中国蚕学会、国家蚕桑产业技术体系主办，浙江大学动物科学学院承办的茧丝加工学术研讨会在浙江省杭州市召开。来自全国10多个省、自治区、直辖市相关科研院所、高等院校等相关单位专家学者50余人参加了会议。会议安排了学术报告和学术交流20人次，收到论文和交流材料24篇，编印了论文集。

11月28～29日，由中国蚕学会、国家蚕桑产业技术体系主办，江苏省睢宁县农委承办，徐州鸿宇农业科技有限公司协办的全国家（柞）蚕资源高值化利用学术研讨会在江苏省徐州市睢宁县召开。来自全国20多个省、自治区、直辖市的专家、学者150余人参加了会议。8位专家做了学术报告，专题交流12人次。会议收到论文47篇，编印了论文集。

12月3～4日，由中国蚕学会、浙江省蚕桑学会、国家蚕桑产业技术体系主办，浙江省农业科学院蚕桑研究所、浙江省海宁市农业经济局承办的全国桑树育种与桑产业学术研讨会在浙江省海宁市召开。来自全国16个蚕桑主产省（区）的80余位专家学者参会。7位专家作了专题报告，会议收到交流论文27篇，编印了论文集。

**科普活动**　2013年，学会与挂靠单位中国农业科学院蚕业研究所在江苏省扬州市、镇江市面向中小学生、幼儿园师生开展蚕桑主题科普活动“蚕桑科普进校园”，受众师生4000人次。

**【首届国际热带、亚热带蚕业研讨会】**　9月12～13日，由中国蚕学会、广西壮族自治区农业厅主办，广西蚕学会、广西蚕业科学研究院承办的首届国际热带、亚热带蚕业研讨会在广西南宁市召开。来自中国、越南、泰国、乌兹别克斯坦、日本、古巴、卢旺达、加纳以及国内的蚕业领域专家、学者110多人参加了会议。广西壮族自治区政协副主席彭钊，广西壮族自治区农业厅副厅长谢东，学会理事长鲁成等出席会议。

本次会议全程采用英语进行交流。会议共收到论文50多篇，并编印了论文集。12位国内外专家围绕热带、亚热带蚕业的地位、生产概况、存在问题及解决措施等内容做大会报告，交流热带亚热带地区蚕业生产现状和问题。

研讨会期间，全国“新丝绸之路”书法摄影展获奖作品同时展出。

**【全国家（柞）蚕资源高值化利用学术研讨会】** 11月28～29日，由中国蚕学会、国家蚕桑产业技术体系主办，睢宁县农委承办，徐州鸿宇农业科技有限公司协办的全国家（柞）蚕资源高值化利用学术研讨会在江苏省徐州市睢宁县召开。来自全国20多个省、自治区、直辖市的相关科研院所、高等院校、生产管理、企业的技术专家及国家蚕桑产业技术体系相关岗位科学家、各综合试验站专家、学者共50余人参加了会议。

会议由学会副理事长、广东农科院副院长肖根生主持，睢宁县委副书记赵李致欢迎辞，农业部种植司经济作物处调研员封槐松、商务部茧丝办调研员刘斌、学会常务副理事长张国政等致辞。

广东省农业科学院党委书记廖森泰、中国农业科学院蚕业研究所研究员桂仲争、浙江大学教授朱良均等分别作了题为《蚕桑资源高效综合利用》、《蚕蛹资源深加工利用与开发》、《茧丝生物材料》等8场学术报告。会议进行专题交流12人次，针对蚕桑资源高值化利用现状，面临困难及今后发展趋势等，从不同层面进行了交流发言。本次研讨会对利用家蚕（蛹）生产北虫草研究方面有较全面的交流，为蚕桑资源高值化利用研究提供了新思路。

会议确立了家（柞）蚕资源在动物饲料、生态经济与文化、食品药品、生物质材料、蚕沙资源化利用、高新技术产业等高值化利用方向。会议提出加强基础数据、高效安全原料生产技术、用于产品开发的高新技术等方面的研究工作，积极开展产学研结合，推动实现产业化，实现蚕业的可持续发展。

（撰稿人：刘　挺）

## 中国水土保持学会

**服务创新型国家和社会建设**　2013年，学会修订《生产建设项目水土保持方案编制资质管理办法》，3月12日正式印发。

2013年，学会受理完成103家甲级、739家乙级、1052家丙级水土保持方案编制资格证书持证单位的资质延续申请工作。

学会申报中国科协承担社会化服务职能开展第三方科技评价项目中的“加强生产建设项目水土保持方案编制资质管理，完善资格证书的认证评价体系”，并获资助。

学会指导、审核各省级水土保持学会对本省乙丙级资质单位水土保持方案编制人员培训，包括教材组织、课程设置和考试要求等。2013年，18个省级水土保持学会完成了乙丙级资质单位水土保持方案编制人员培训工作。

11月30日至12月5日，学会预防监督专委会分别在广西壮族自治区南宁市、天津市举办了两期生产建设项目水土保持方案评审专家培训研讨会，260位专家、学者参加了研讨。组织完成1期无省级水土保持学会地区水土保持方案编制人员培训班，受训人数200余人。

3月，学会与规划设计专委会在福建省厦门市举办了1期水土保持规划与设计培训班，受训人数120余人。

7～8月，学会与中国水利水电勘测设计协会共同完成2期注册土木工程师水利水电工程（水土保持）考前培训班，培训学员150余人。

8月，学会在宁夏回族自治区盐池县举办了荒漠化防治技术推广会，受训人数60人。

1月，学会风蚀防治专委会在内蒙古农业大学举办了实用技术培训，受训人数45人。

6月，学会黄河专委会在陕西省铜川市举办卫星遥感与地理信息系统实用技术培训班，受训人数36人。

**学会能力提升计划**　学会获中国学会能力提升专项“优秀科技社团”三等奖。

根据中国科协项目合同书项目计划进度及阶段目标要求，截至2013年12月31日，学会完成了以下工作：召开首届干旱半干旱区域水土保持生态保护论坛。召开学会规划设计专委会2013年年会暨学术研讨会。学会工程绿化专委会举办微立地条件类型划分与工程绿化技术应用学术研讨会。学会与城市水土保持生态建设专委会联合举办首届城市水土保持学术研讨会。主办第九届海峡两岸山地灾害与环境保育学术研讨会。协办第六届国际沙棘协会大会。提高期刊学术质量，改善期刊排版印刷水平。培训生产建设项目水土保持方案编制技术人员200人。开展第五届中国水土保持学会科学技术奖评选表彰活动。完善个人会员管理系统，增加会员1000余人。在宁夏回族自治区盐池县开展技术推广活动。聘用秘书处工作人员2名。

**学会建设**　2013年，召开学会四届四次理事会通讯会议、学会四届七次常务理事会议。

完成学会网站（www.sbxh.org）的改版工作，点击量达158万多人次。中国水土保持科学网站（www.sswcc.org），截至2013年底，点击量6000余人次。

北京市水土保持学会成立。截至2013年底，28个省、自治区、直辖市成立了地方水土保持学会，学会有14个专业委员会。

选派人员参加中国科协、民政部、中国科学院和国家新闻出版广电总局等举办的各级各类研修与培训班15人次。

4月20日，在河南省郑州市召开学会秘书长工作会，

14个专委会、27个省级学会的秘书长，尚未成立学会的4个省份主管水土保持工作的领导和学会秘书处人员73人与会。

11月9～11日，学会科技协作工作委员会在湖北省武汉市举行2013年换届大会及年会。大会选举产生了新一届主任委员会。

**学会创新发展** 学会举办了第一届“中水万源杯”水土保持与生态景观设计大赛，10组参赛作品获一等奖，20组参赛作品项目获二等奖，40组参赛作品获三等奖，78组参赛作品获优秀奖。

**两岸交流** 9月5日，学会与台湾地区“中华水土保持学会”举行了关于建立海峡两岸水土保持学术交流长效机制的座谈会，拟订《海峡两岸水土保持学术交流框架协议》。

7月12～14日，学会协办的第十四届海峡两岸三地环境资源与生态保育学术研讨会在云南省昆明市召开。来自海峡两岸三地60多个单位的220名专家、学者参加了大会。

10月11～18日，学会与台湾地区“中华水土保持学会”联合主办的第九届海峡两岸山地灾害与环境保育学术研讨会在台湾中兴大学举行，来自我国大陆和台湾地区的100多名专家、学者参加了会议。

12月11～18日，学会崩岗专委会和台湾地区“中华水土保持学会”联合主办的海峡两岸山地开发与水土保持学术研讨会在台湾举行，来自我国大陆和台湾地区的21名专家、学者参会。

**国际学术会议** 5月16～19日，学会承办的第十八次卡通巴国际会议在北京召开，来自中国、美国、英国、瑞士等20余个国家和40余个机构的专家、学者200余人参加了会议。

9月4～7日，学会协办的世界水土保持协会第二届国际学术研讨会在泰国清莱府举行，学会副理事长、协会荣誉主席，刘震教高作了《中国第四次水土流失普查及其动态分析》的专题汇报。来自24个国家和地区的300余人参会。

10月13～17日，学会协办的第六届国际沙棘协会大会在德国波茨坦举行。学会常务理事、国际沙棘协会主席，邰源临教高在大会开幕式上致辞，并在闭幕式上进行了大会总结，来自32个国家的260名专家、学者参加了会议。

**国内主要学术会议** 12月18～20日，学会与城市水土保持生态建设专委会在广东省深圳市联合举办首届城市水土保持学术研讨会，150余人与会，大会交流论文约30篇。

6月20～22日，学会与新疆维吾尔自治区水利厅、新疆水土保持学会联合主办的首届干旱半干旱区域水土保持生态保护论坛在新疆维吾尔自治区乌鲁木齐市召开，大会收到论文90余篇，出版论文集1部，大会交流论文18篇，90余人参会。

10月24～25日，学会协办的第三届中国湖泊论坛暨第七届湖北科技论坛在湖北省武汉市召开，来自国内外的400余名专家、学者参加了会议。

**学术期刊** 2013年，《中国水土保持科学》出版正刊6期、增刊1期，2013年总印数6000册，收到来稿300多篇，刊出文章130多篇。

8月，《中国水土保持科学》由中国科学院CSCD的扩展库进入核心库。

**科普活动** 学会主编的《水土保持读本（小学版）》入选2013年国家新闻出版广电总局向全国青少年推荐百种优秀图书。

学会申报的“面向小学生的水土保持科普动漫视频作品”项目获中国科协科普部2013年度全国学会重点科普活动资助。

学会组织编写《水土保持科普读本》（中学版）、《生产建设项目水土保持》、《水土保持农业技术手册》等科普读本，计划2014年初正式出版发行。

4月，学会开展免费向各省级学会、流域机构以及新疆生产建设兵团赠送《水土保持读本（小学版）》图书以及普法宣传扑克牌的活动，同时推出《水土保持读本（小学版）》订购优惠活动。截至2013年12月31日，累计赠送与惠售读本3.1万册、扑克牌2.5万副。

5月12日，学会在北京土城遗址公园举办主题为“识别灾害风险，掌握减灾技能”的2013年“防灾减灾日”主题科普宣传活动。

9月25日，学会在北京林业大学附属小学举办了水土保持法进校园宣传活动。

7月18～20日，学会参与主办了在北京展览馆举行的第四届科技场馆展品与技术设施国际展览会暨学术研讨会。

学会城市水土保持生态建设专委会利用周末与节假日在深圳市水土保持科技示范园举行青少年教育社会实践活动，累计受众人数5000人次。

**表彰举荐优秀科技工作者** 学会推荐的中国科学院院士候选人、学会泥石流滑坡预防专委会主任委员、中国科学院水利部成都山地灾害与环境研究所研究员崔鹏当选中国科学院院士。

学会评选第五届中国水土保持学会科学技术奖16项，其中一等奖1项、二等奖2项、三等奖13项。

**【第九届海峡两岸山地灾害与环境保育学术研讨会】** 10月11～18日，学会与台湾地区“中华水土保持学会”联合主办的第九届海峡两岸山地灾害与环境保育学术研讨会在台湾中兴大学举行，来自我国大陆和台湾地区的100多名专家、学者与会。大会围绕水土保持防灾减灾策略、水土保持人才培养、水土流失监测等方面进行交流与研讨。与会者参观了台湾中兴大学堰塞湖溃决机制实验，考察了图书馆，访问了农业与自然资源学院，达成校际科研合作模式以及研究生互换培养方式。

（撰稿人：郑　慧）

## 中国茶叶学会

**服务创新型国家和社会建设**　2013年，学会承接政府职能转移试点项目“全国茶叶科技成果评价与鉴定”，完成“恩施茶区优质高效新品种选育与生产关键技术集成应用项目”鉴定工作。

学会举办23次农业行业特有工种茶艺师、评茶员职业技能鉴定和考核。举办第二届龙井茶品质评鉴研修班，16个省市的55名学员参加。浙江省农业厅研究员毛祖法作了题为《龙井茶公共品牌的构建与管理》专题报告，中国工程院院士、学会名誉理事长陈宗懋作了题为《饮茶·健康》专题讲座。

5月29日至6月2日，首届管理创新与茶产业转型升级高级研修班在浙江省杭州市举办，来自全国的67名学员参加了研修。中国农业科学院茶叶研究所党委书记姜仁华出席开班仪式并致辞。

7月17～20日，学会举办了首届茶叶经济管理研修班，来自21个省、自治区、直辖市的58名学员参加了研修。研修内容包括中国茶叶可持续发展路径探讨、茶叶电子商务、茶叶专卖店、连锁店经营管理、茶馆（楼）经营管理等，邀请了阿里巴巴（淘宝大学）、杭州艺福堂、北京吴裕泰等单位知名专家授课。

学会不断创新继续教育模式，根据产业需求，举办各类知识更新研修班。针对不同对象，2013年举办了5期专业技术人才研修班，包括龙井茶品质评鉴研修班、管理创新与茶产业转型升级高级研修班、茶业经营管理研修班、名优茶评鉴及品质提升研修班、闽南乌龙茶研修班，参加学员256人次。

第十届“中茶杯”全国名优茶评比活动分6月和10月两个阶段举行，评比收到18个产茶省市选送的茶叶样品928个，其中绿茶490个，红茶270个，乌龙茶67个，黄茶4个，白茶31个，黑茶31个，特种茶25个，花茶10个。本次评比设特等奖、一等奖，总体获奖率控制在60%左右。特等奖的获奖数为135个，最低录取分数为92.5分，获奖比例控制在15%左右，一等奖的获奖数为412个，最低录取分数为90分，获奖比例在45%左右。

10月21～24日，由农业部职业技能鉴定指导中心、中国就业培训技术指导中心、中国茶叶学会联合主办，中国茶叶学会、浙江省人力资源和社会保障厅、武义县人民政府承办的“武阳春雨杯”第二届全国茶艺职业技能竞赛总决赛在浙江省武义县举行。来自浙江、上海、北京等全国21个省、自治区、直辖市的212名选手分别进行了茶艺个人赛、团体赛和茶席设计赛。评选出个人赛最佳茶艺师金奖3名、银奖12名、铜奖25名、优秀茶艺师奖27名、团体赛金奖1个、银奖3个、铜奖6个、优秀奖15个。茶席设计赛评选出金奖4个、银奖8个、铜奖18个、优秀奖18个。同时，评选出大赛优秀组织奖。浙江、江西、陕西、广西、安徽、上海、山西、湖南、湖北、四川、云南、贵州、山东、北京等14个省、自治区、直辖市进行了预赛与选拔赛，5000余人参加选拔赛与预赛。

**学会能力提升计划**　按照学会能力提升专项三等奖的要求，完成2013年度项目总结，提交2014年度《项目合同书》，实施项目内容，一是建设信息化服务平台，培养高技能人才和专业技术人才。一是启动中国茶产业远程教育网络平台建设，编制教材3～5本，培养评茶师、茶艺师等高技能人才1000名。二是建成为产业服务的网络体系。组建科普专家队伍，通过中国茶叶学会团体会员会议等产学研交流平台、中国茶叶专家走进基层科技下乡服务和网络信息服务平台，完成3～5项技术成果转让。

**学会建设**　2013年，学会发展团体会员32个，个人会员12人。召开了九届二次常务理事会议、九届三次常务理事会议和九届二次理事会议。

中国工程院院士、学会名誉理事长陈宗懋，作为中国茶叶学会推荐的专家，在第十五届中国科协年会上作《饮茶与健康》的特邀报告。学会承办的中国科协年会第20分会场被中国科协评为“优秀分会场”。

**学术期刊**　学会编辑出版《茶叶科学》6期，约92万字。2013年《茶叶科学》获得中国科协精品期刊项目资助。

**国内主要学术会议**　2013年，学会及所属分支机构组织召开5项学术活动，收录论文104篇，553人次参加交流。学术交流有主题报告、专题报告、分会场报告、自由研讨、学术墙报等方式。

4月17日，学会承办的中国科学技术协会第74期新观点新学说学术沙龙，在浙江省杭州市举行。沙龙由中国工程院院士、学会名誉理事长陈宗懋，美国新泽西州立罗格斯大学教授杨中枢，湖南省农业大学教授刘仲华共同担任领衔科学家，沙龙主题为：茶与健康的科学研究。中国工程院院士潘云鹤、沈国舫、张伯礼和上海交通大学肿瘤流行病学研究室教授高玉堂、浙江大学医学院附属第二医院肿瘤外科教授郑树出席沙龙并发表意见。来自高校、科研院所、企业界，包括茶学、医学、药学、细胞生物学、食品工程多个学科的30余位专家学者参加了沙龙讨论。

5月24～26日，第十五届中国科协年会在贵州省贵阳市举行。学会组织了15个省、自治区、直辖市180人与会。学会承办了中国科协年会第20分会场科技创新与茶产业发展论坛，收录论文97篇，17篇论文在《茶树种质资源、育种、栽培、植保及经济》和《茶叶加工、生化与功效》两个单元报告中交流。

**两岸交流**　12月3～12日，学会组团赴台湾地区开展海峡两岸茶文化交流活动，代表团由6个省、自治区、直辖市的12位产、学、研界专家、学者组成。活动包括茶艺、茶道、茶器、茶菜、茶点，茶文化交流研讨。在台湾元培科技大学和高雄餐旅大学，双方就台湾地区茶文化、茶叶质量安全、茶叶感官审评、茶树综合利用等议题进行了交流。

**科普活动**　2013年，学会被中国科协评为“科普工作优秀学会”。

4月20日，学会组织开展2013第五届全民饮茶日活动，活动以“茶为国饮，品味生活”为主题，杭州、北京、上海等50多个城市联动开展全民饮茶日活动，数百万人次参与。4月10日，中国工程院院士、学会名誉理事长陈宗懋、学会常务副秘书长周智修和副研究员刘栩分别作了题为《科学饮茶与人体健康》、《生活茶艺与品质品鉴》的科普讲座，并录制成科普视频在杭州电视台的“市民大讲堂”栏目中播出。

3月5日，学会组织中国茶叶专家团走进广西壮族自治区柳州市融水县，谋划柳州茶产业发展。4月25～27日，学会组织“走进西乡——送科技下乡活动”，西乡县委书记、县长等领导及全县各有关部门负责人，龙头企业技术人员、茶叶大户等近千人次参加了活动。

2013年，学会开展科普教育基地认定命名，收到10个省市的30个单位的申报材料，申报单位有科研单位，大专院校、中职院校、小学，茶叶企业，茶博物馆，茶馆，茶文化书画院等。11月15日，依据《中国茶叶学会科普教育基地管理办法》，评审委员会对形式审查通过的28家单位进行评审，评选出中国茶叶博物馆等18家单位为首批中国茶叶学会科普教育基地。

**表彰举荐优秀科技工作者**　学会开展第三届中国茶叶学会青年科技奖评选，27位茶学青年科技人员申报，8位茶学青年科技人员获第三届中国茶叶学会青年科技奖。

开展第三届中国茶叶学会科学技术奖评选，共有19个项目申报，其中基础研究项目4个、应用研究项目15个。从专业领域分，育种与资源领域5个、栽培领域5个、加工领域7个、生化与深加工领域2个，评出一等奖2名，二等奖3名，三等奖4名。

**工程教育认证**　6月29日至7月1日，受人力资源和社会保障部中国就业培训技术指导中心委托，学会举办了国家级茶艺师裁判员培训班。18个省、自治区、直辖市的茶叶科研单位、茶叶学会（协）会、高职院校及企业的90多名学员参加培训。6月27～29日，受农业部人力资源开发中心、农业部职业技能鉴定指导中心委托，学会国家级茶艺师、评茶员考评员培训班在中国农业科学院茶叶研究所举行。16个省、自治区、直辖市的茶叶科研单位、茶叶学会（协）会、高职院校企业的87名学员参加培训。截至2013年12月31日，茶艺师、评茶员、茶叶加工工、茶园工职业技能鉴定考评员已达到100余人。

**【茶艺师、评茶员职业技能鉴定工作】**　2013年，学会举办23次农业行业特有工种职业技能鉴定理论知识和技能考核，全国1079名从业人员报名参加了初、中、高级及技师、高级技师评茶员、茶艺师职业技能鉴定，1028人获评茶员、茶艺师国家职业资格证书，其中130人获技师以上资格证书。

学会组织有关专家修订评茶员、茶艺师职业技能培训教材，修订5个等级评茶员、茶艺师题库。录制培训及科普课件，录制了5个等级的评茶员、茶艺师理论课件，龙井茶品质评鉴研修班及首届管理创新与茶产业转型升级高级研修班等5个研修班的课件。

**【首届茶叶感官审评研究学术沙龙】**　7月30～31日，学会在云南省昆明市举办首届茶叶感官审评研究学术沙龙。全国12个省、自治区、直辖市的主管部门、专业研究所、高校及企业共40余位专家学者参加了沙龙。7位专家分别就国内外茶叶审评方法演变、审评术语、风味分析仪器应用、普洱茶品质等专题进行了主题发言，并展开了认真讨论。沙龙采用了审评实践交流的模式，集中让所有与会者共同审评了具有代表性的各类普洱茶茶样，与会者还考察了普洱茶的生产工艺。

**【西部地震灾区恢复和提升茶叶生产技术救助示范项目】**　2013年，学会争取到中央财政专项用于支持社会组织参与社会服务的95万元项目资金，用于四川省旺苍县恢复和提升茶叶生产技术救助示范项目。项目主要分两部分：一部分是茶树病虫害绿色防控技术推广和茶叶加工技术为主体的生产资料援助，另一部分是茶园病虫害绿色防控、茶叶标准化生产和茶叶审评等技术培训。当地从业茶农、技术人员 200 多人参加了培训学习。通过项目的实施建立“茶树病虫害绿色防控示范点”1500 亩，辐射旺苍县 20 万亩茶园。以示范辐射为主推广绿色防控技术和茶叶加工连续化生产技术，恢复提升了旺苍县地震后茶农茶叶生产技术。

**【2013 中国茶叶学会团体会员会议】** 11 月 26 ~ 28 日，中国茶叶学会团体会员会议在浙江省淳安县举行。来自 19 个省、自治区、直辖市的科研院所、高等院校、茶业管理部门、茶叶企业等 800 余人与会。中国农业科学院党组书记陈萌山，中国科协党组成员沈爱民，学会名誉理事长、中国工程院院士陈宗懋，中国农业科学研究院茶叶研究所所长杨亚军、党委书记姜仁华，安徽农业大学校长宛晓春，中国农业科学院成果转化局副局长王登山，陕西省农业厅副厅长王振兴，学会理事长江用文等出席了开幕式，淳安县委副书记、县长柴宁宁出席开幕式并致欢迎词，沈爱民、江用文等讲话。开幕式由学会秘书长阮建云主持。开幕式上，表彰了为茶产业发展做出突出贡献的茶叶科技工作者与单位，颁发了中国茶叶学会科学技术奖、中国茶叶学会青年科技奖、“中茶杯”全国名优茶评比金奖，并为首届中国茶叶学会茶叶科普教育基地授牌。中国农业科学研究院茶叶研究所分别与淳安县人民政府、陕西省农业厅签订了技术合作协议。本次年会设茶叶科技与人才、茶叶经济两个分会场。同时举办了 2014 茶学毕业生人才信息交流，展示了来自全国 26 家高等院校、科研院所的应届毕业生简历共 604 份，展示了百余种第十届“中茶杯”全国名优茶评比获奖茶样，以及科技成果、四新产品 10 余项。

（撰稿人：段文华）

## 中国草学会

**服务创新型国家和社会建设** 2013 年，学会承接农业部“草原生态补助奖励机制实施效果的项目”，对宁夏回族自治区进行了选点调查。在北京市和宁夏回族自治区盐池县举行了启动仪式。7 月，组织专家和学生深入盐池县和海原县农户、牧户，采用入户访谈和问卷调查相结合的方式进行了调查，9 月，召开项目总结会，相关调查人员，学会理事长、副理事长等 30 余人参加了会议，学会秘书长王堃对调查中发现的问题和存在问题进行了汇报。11 月，参加了农业部畜牧业司草原处召开的草原生态补奖机制政策实施效果报告会，提交调查报告 1 份。

**学会建设** 通过 2013 年度中国科协学会改革发展基础工程项目，学会推广会员管理系统、加强了二级学会的信息化管理，建立健全了学会会员服务管理制度。2013 年建立了学会网站，学会会员人数增加了 50 余人，学会建立了专家库。

**学术期刊** 学会会刊《草地学报》在中国科学评价研究中心、武汉大学图书馆、中国科教评价网《中国学术期刊评价研究报告（2013—2014）》排名第三位，在中国科学院国家科学图书馆《中国科学引文数据库》遴选的 2013—2014 年度“中国科学引文数据库来源期刊”中正式成为 C 库期刊。2013 年，《草地学报》再次被评为中国科协精品科技期刊工程学术质量提升项目期刊。

**国际学术会议** 7 月 14 ~ 18 日，由中国草学会和国际草坪学会联合主办的第十二届国际草坪学术大会（The 12th International Turfgrass Research Conference）在北京召开。学会理事长马启智、中国工程院院士任继周、中国工程院院士南志标、农业部畜牧司副司长杨振海、中国农业大学教授王堃、国际草坪学会副主席 Bruce B.Clarke 等出席了会议。来自 17 个国家和地区的 200 余名专家、学者参加了大会，大会收到论文 123 篇。

9 月 15 ~ 19 日，第 22 届国际草地大会（The 22nd International Grassland Congress）在澳大利亚悉尼举行，会议的主题为：繁荣草原，和谐社会。参加会议的包括澳大利亚、中国、法国、印度、美国、日本、新西兰、德国、蒙古及非洲等国家的草地科学研究者，800 余人参会。学会理事沈禹颖、侯扶江作了题为《中国西部草畜综合系统饲草生产》的分会报告。学会理事张英俊在大会上作了题为《草地和牧草生产系统变化的驱动力：以中国研究为例》的主题报告，并在分组讨论时作了题为《放牧管理措施对草地生产力和家畜生产性能的影响》的报告。

**国内主要学术会议** 12 月 20 ~ 22 日，学会 2013 年会暨学术讨论会在天津市召开。学会副理事长、理事、会员 240 余人参加了会议，会议主题：草业发展与生态文明建设。征集论文 73 篇。8 人作特邀报告，14 个专业委员会作大会报告，另有 26 人进行了分组报告和交流。

10 月 19 ~ 21 日，学会常务理事韩国栋在内蒙古自治区呼和浩特市组织了草学学科建设研讨会，作了题为《对草学学科发展内涵的思考》的报告，中国工程院院士南志标作了题为《从草原学到草业科学》的报告，系统介绍了草业科学的发展历程和经验，并对我国草业科学学科发展和建设提出了建议。学会常务理事侯扶江作了题为《关于国家重点实验室与草学学科建设的肤浅认识》的报告，学会理事安沙舟作了题为《草学一级学科简介和研究生基本要求制定背景》的报告。与会专家围绕草学学科内涵和草学二级学科建设等问题展开研讨，并就草学二级学科设立等问题形成了决议。

7月1～2日，学会饲料生产专业委员会第十七次学术研讨会在吉林省长春市召开。会议由吉林省农业科学院承办。来自19个省、自治区、直辖市41个科研、教学、管理等单位的109名专家、学者参加了会议。会议收到论文29篇，内容涉及专题与综述、饲草生理生态、饲草栽培管理以及饲草加工与利用。

8月19～22日，在黑龙江省哈尔滨市召开了学会牧草育种专业委员会第八届一次会议暨第十二次学术研讨会。会议围绕“草育种与产业化”主题进行了学术交流，并完成了牧草育种专业委员会换届选举工作。来自全国各地的专家学者、研究生、行业管理部门和相关企事业单位的260余人出席了会议，进行学术交流。

10月28～30日，学会草地资源与利用专业委员会在江西省南昌市召开了第五届全国会员代表大会暨第八次学术研讨会。来自35个单位、部门从事天然草地资源教学、科研和管理方面的专家、学者和会员代表104人参加了会议。会议收到学术交流论文22篇，内容涉及中国草地资源发展战略、天然草地退化与生态环境综合治理、草地生态服务功能、草畜平衡、草地植被恢复、草地管理和利用技术、草产品深加工等方面。17人报告了各自的最新研究成果，10名学生荣获第八次草地资源与利用学术研讨会优秀学生论文奖。按照中国草学会章程，进行了学会草地资源与利用专业委员会第五届理事会换届选举，樊江文当选会长。

7月25～26日，学会草地生态专业委员会学术研讨会在甘肃省兰州市召开。会议的主题是草地农业与生态文明，同期举行了第四届全国草业科学研究生论坛暨《草业科学》创刊30周年学术研讨会。来自中国科学院、中国农业科学院、高等院校、企业等50余个单位的专家、学者、研究生、企业家200多人参加了会议。会议展示了我国草地生态学领域研究的理论及技术成果，并研讨了草地生态领域未来重点研究内容、方向及目前存在的主要问题。

6月，学会草业生物技术专业委员会成立大会暨第一届全国草业生物技术学术研讨会在宁夏回族自治区银川市召开，来自23个省、市自治区、直辖市，50多所大专院校、科研院所、企事业单位的代表共160多人参加会议。会议收到研究论文30余份。

**科普活动**　3月、5月、9月、10月，学会分别在河南、云南、山东、山西等省进行养殖技术、种草养畜技术、苜蓿虫害防治与识别、牧草病害识别、诊断和防治技术、毒草防治技术等的培训及咨询指导，培训技术人员、农牧民达2000余人次。

5月12日，学会草原火管理专业委员会和吉林省减灾中心在吉林省长春市举办了草原火灾等防灾减灾宣传活动，进行了草原防灾减灾基本知识和技能讲座，并提供草原防灾减灾知识展板，宣传草原防灾减灾知识。介绍、展示了草原防火最新科研成果。参加本次科普活动的科技工作者20人次，受众人数约100人次。

**表彰举荐优秀科技工作者**　10月20～22日，学会在北京召开了草业科技奖评审会议，12位评审专家对33个项目进行了评审，评审出一等奖2名、二等奖7名、三等奖11名，并在中国草学会网站上进行公示，12月21日，在天津市举行的中国草学会2013年会上进行了草业科学技术奖颁奖活动。

**【中国草学会2013年会暨学术讨论会】**　12月20～22日，学会2013年会暨学术讨论会在天津市召开。会议由学会主办，天津市畜牧兽医局承办，天津市农业科学研究院、天津农学院、天津绿茵景观工程有限公司、天津泰达园林建设有限公司、内蒙古和信园蒙草抗旱绿化股份公司协办。学会理事长马启智、农业部畜牧业司副司长杨振海、天津师范大学校长高玉葆、天津市农科院书记傅润亭、天津市农村工作委员会副主任沈欣、中国农业大学副校长王涛、天津市畜牧局局长王红军、天津农学院副院长孙守钧出席会议。学会副理事长、理事和会员240余人参加了会议。会议征集论文73篇。会议由学会秘书长王堃教授主持。开幕式上马启智、杨振海、沈欣、王涛分别代表中国草学会、农业部畜牧业司、天津市农村工作委员会、中国农业大学向大会致辞。

会议主题为草业发展与生态文明建设。会上8人作特邀报告，14个专业委员会作大会报告，另有26人进行了分组报告和交流。

**【第12届国际草坪学术大会】**　7月14～18日，由中国草学会和国际草坪学会联合主办的第12届国际草坪学术大会（The 12th International Turfgrass Research Conference）在北京召开。学会理事长马启智、中国工程院院士任继周、中国工程院院士南志标、农业部畜牧司副司长杨振海、中国农业大学教授王堃、国际草坪学会副主席 Bruce B.Clarke 等出席了会议。来自中国、美国、加拿大、英国、意大利、西班牙、瑞典、澳大利亚、新西兰、日本、韩国、瑞士、挪威、智利、希腊、丹麦、朝鲜等17个国家和地区的200余名专家学者参加大会。

这是国际草坪学术大会第一次在发展中国家中举办，大会还开创了国际草坪学术大会研究生学术报告竞赛，本次大会收到论文123篇，会议期间有9位国际草坪界知名学者做主旨发言，46个口头报告，墙报展讲65篇，内容涵盖草坪建植与养护管理、草坪有害生物防治、草坪草生理、草坪草遗传育种、草坪土壤相关理论和技术。

（撰稿人：陈力玉　邓　波）

## 中国植物营养与肥料学会

**服务创新型国家和社会建设**　学会参与起草《水肥一体化技术指导意见》等技术资料，召开现场观摩会、技术培训会、专家研讨会等20余次，培训各级技术人员5000多人次。协助组织有关单位技术人员和专家共200余人次参与抗旱减灾、旱作农业、水肥一体化、测土配方施肥等方面的科技下乡、技术指导和专题调研，深入田间地头开展宣传培训。

**学会建设**　2013年，学会召开两次常务理事会议和1次理事会议。截至2013年底，个人会员达到9345名，单位会员50个，2013年新增单位会员40个，召开1次企业会员座谈会。

4月20日，学会八届一次常务理事会议在山东省临沭县召开。学会名誉理事长、常务理事及山东省部分理事43人与会，会议由学会秘书长赵秉强主持。会议选举朱兆良、林葆、金继运为学会第八届理事会名誉理事长，通过了学会第八届理事会分支机构调整方案。

7月，学会参加民政部组织的社会组织等级评估活动。

11月13～15日，学会八届二次理事会暨2013年学术交流会在湖南省长沙市召开，通过了学会各工作委员会主任委员、专业委员会主任委员人选。

**学术期刊**　学会主办学术期刊《植物营养与肥料学报》和《中国土壤与肥料》。2013年《植物营养与肥料学报》出刊6期，刊出论文181篇。据中国科技论文与引文数据库（CSTPCD）统计，《植物营养与肥料学报》年度文献计量学指标结果与排名如下：影响因子：1.293，在农学类期刊（44种）中排名第1位，在中国科技论文统计源期刊（1998种核心期刊）中排名第50位。总被引频次：3291，在农学类期刊中排名第4位，在中国科技论文统计源期刊中排名第92位。综合评分：72.6，在农学类期刊（44种）中排名第3位。

2013年，《中国土壤与肥料》杂志出刊6期，约128万字。根据《中国科技期刊引证报告（核心版）》统计数据：《中国土壤与肥料》影响因子为0.771，在土壤学科6种期刊中排名第3位，总收录1994种核心期刊中排名292位。《中国学术期刊影响因子年报》统计期刊复合影响因子1.423，排名7/20，期刊综合影响因子0.762，排名12/20，基础研究类影响因子0.736，排名11/12。

**国际学术会议**　5月5～8日，由学会养分循环与环境专业委员会主办的土壤有机质动态国际学术研讨会在江苏省南京市召开。来自中国、美国、英国、日本、德国、法国、意大利、荷兰等国家的150余位专家、学者参加了研讨会。学会理事长白由路出席大会并讲话，20多位专家、学者作了学术报告，90人提交了论文和墙报。会议讨论和交流的内容包含土壤有机质动态与功能、土壤有机质与土壤生物多样性、土壤有机质模拟与长期试验、土壤固碳潜力与固碳技术，土壤黑炭功能与应用、土壤有机质研究新方法等方面。

**国内主要学术会议**　2013年，学会组织学术会议15次，与会人数达1600人次，交流论文90篇。

7月23～26日，由学会青年工作委员会主办、沈阳农业大学土地与环境学院等单位承办的第十三届中国青年土壤科学工作者暨第八届中国青年植物营养与肥料科学工作者学术讨论会在辽宁省沈阳市召开。来自土壤、植物营养与肥料、资源与环境等专业领域的300余人参加了会议。大会交流了土壤地理、土壤物理、土壤化学、土壤肥力与生态、土壤生物与生化、土壤侵蚀与水土保持、土壤及环境污染与修复、土壤遥感与信息、植物营养机理与调控、植物营养遗传与分子生物学、作物养分综合管理与技术、施肥与生态、新型肥料与施肥新技术、农业生产活动的生态环境影响等领域的重要理论与实践研究进展、热点话题与创新性关键技术和方法等。

10月14～16日，由中国农业科学院农业资源与农业区划研究所、学会化学肥料专业委员会、国际植物营养研究所主办，福建省农业科学院土壤肥料研究所协办的现代农业发展中的养分管理学术研讨会在福建省厦门市召开。学会名誉理事长金继运、理事长白由路、农业资源与农业区划研究所所长王道龙等专家，以及企业代表150人出席会议。与会专家、学者就我国化学肥料研究与应用进展、作物高效施肥与养分管理研究进展以及植物营养生理与养分循环进展等问题进行了讨论。

**科普活动**　2013年，学会组织开展农田节水示范活动，新增部省建示范区33个，覆盖小麦、玉米、马铃薯、棉花、水稻、果树、蔬菜等主要粮经作物，示范面积种植15万亩，树立示范标牌30多个，示范农户6万多户，培训农民10万多人次，发放技术明白纸15万张、技术资料20万份。

学会加大土肥水各项技术的宣传与普及力度，参与编印《作物锌营养与锌肥施用技术》、《冬小麦科学施锌技术》、《水稻科学施锌技术》、《马铃薯科学施锌技术》等技术资料，印发宣传资料10多万份，组织宣传报道10多次，发布网络信息3000余条。组织中央电视台、中央人民广播电台、《农民日报》、《中国农资》、中国农民手机报等新闻媒体开展专题报道和专版介绍10多次，向全社会宣传、展示旱作农业、水肥一体化、测土配方施肥等技术，在《中国农技推广》杂志、中国农技推广网和中国肥料信息网开办专栏，跟踪报道土肥水各项技术宣传普及工作。

**【中国植物营养与肥料学会八届二次理事会暨2013年学术交流会】** 11月13～15日，学会八届二次理事会暨2013年学术交流会在湖南省长沙市召开。中国科学院院士、学会荣誉理事长朱兆良，学会荣誉理事长金继运，学会理事长白由路，副理事长栗铁申、周卫、杨少海、刘宝存、王敬国、孙波，秘书长赵秉强，湖南农业大学校长周清明，湖南农业科学院院长邹学校以及学会理事、有关行业协会、学会企业会员单位260人参加了会议。

学会理事长白由路致开幕词，秘书长赵秉强代表八届理事会做学会2013年工作进展报告。

大会围绕肥料产业报告、区域性报告和针对性报告3个专题组织了14个专题学术报告。与会专家、学者就肥料科学前沿领域和研究热点进行了大会交流和专题学术研讨。

**【第一届全球磷大会暨第五届国际养分管理大会】** 6月18～20日，由学会植物营养生物学专业委员会承办的第一届全球磷大会暨第五届国际养分管理大会在北京召开。来自中国、美国、英国、澳大利亚、日本、韩国、土耳其、巴基斯坦等国家的160余名专家、学者参加了研讨会。会议开幕式由学会植物营养生物学专业委员会主任申建波主持，中国农业科学院国际合作局副局长贡锡峰、学会理事长白由路出席大会开幕式并讲话。大会以"资源高效利用与粮食安全的科学、技术与政策"为主题，20余名专家、学者做了专题报告，会议讨论、交流了可持续养分管理与利用的新技术和政策，提高氮磷在生态系统中的利用效率，保障磷养分资源的安全供应等问题。

（撰稿人：张景丽　宋永林）

## 中华医学会

**服务创新型国家和社会建设** 2013年，受国家卫生和计划生育委员会委托，学会完成了2013～2014年国家临床重点专科建设项目评估组织工作。组织相关21个专科分会全体委员作为评估专家，以网络评估方式对17个专科的申报材料进行审核评估，同时组织专家委员会以会议方式对民营医院及重点实验室的申报材料进行会议评估。

学会探索网上授课、网上答疑等培训方法。2013年，学会继续医学教育项目全部采用了电子学分证书，进一步提高了继续教育的信息化、规范化管理水平。全年通过学会申报的国家继续医学教育培训项目累计达295项，中华医学会I类继续医学教育项目培训61项。2013年学会在开展继续教育活动中，扩大了对基层医院的招生宣传力度，为老少边穷地区及基层医院的学员提供了多个免费学习的名额，让更多的基层医生得到了继续教育的机会，并免除了部分基层医院医生的全部餐费。

学会共举办了13期重症医学专科资质培训学员班，2300人参加了培训。8月，中华医学会重症医学专科资质培训和专科会员队伍建设项目（5C项目）在甘肃省兰州市和青海省西宁市开办了培训班，这是此项目继新疆维吾尔自治区、西藏自治区、云南省、四川省、贵州省和宁夏回族自治区之后，又一次在西部地区举办的重症医学培训活动。为了进一步扶持当地重症医学的发展，培训班免除了青海省和甘肃省偏远医院重症医学（ICU）及相关学科学员的培训费用。

学会全年共收到各地高级人民法院和省卫生行政部门委托的医疗事故技术鉴定案例的论证工作137例，经组织专家论证后不予受理116例，受理21例，共组织医疗事故技术鉴定18例，16例鉴定结论为"医疗事故"，占89%。学会全年接待因医疗争议来访的群众约300人次，通过诚恳讲解劝慰，为来访群众提供帮助，为保障医患双方合法权益、妥善处理医疗纠纷及维护社会和谐稳定作出了努力。

**学会能力提升计划** 2013年，学会根据中国科协《学会能力提升专项资金管理办法（试行）》和工作进度安排，将专项资金用于提升学会自身发展能力、提升服务创新能力、提升服务社会和政府能力、提升服务科技工作者能力等4个方面。

在提升学会自身发展能力方面，学会重点培育中华医学会学术年会品牌，1月27日在北京召开了中华医学会2013年学术年会。建立学会专科分会主任委员培训机制，1月26日在北京召开了2013年中华医学会新任主任委员就职仪式及主任委员、秘书长培训会议。初步建立了专科分会评估指标体系，制定了《中华医学会"十二五"期间职工教育培训规划》。

在提升服务创新能力方面，学会向外交部提交了《中华医学会关于医学美学与美容学分会加入国际美容医学联盟的请示》，1月，外交部发函批准学会正式加入国际美容医学联盟。截至2013年底，学会与国际皮肤科学会联盟等5个国际组织签署了备忘录，申报材料已上交国家有关部门。学会组织专家代表团出席了欧洲泌尿外科学会年会、美国泌尿外科学会年会和美国骨科学会年会，促成了与国际组织和外国医学会之间就医师交流培训和会议的务实性合作。学会组织专家代表团赴台湾地区与中华医学会（台北）会谈，针对老年医学开展学术研讨活动。学会按预期目标完成了量化评价指标体系建设和网上审读系统初步平台建设，并进行了试运行。

在提升服务社会和政府能力方面，学会制定《中华医学科技奖成果推广目录筛选标准（草案）》，对以往获奖项目大体情况进行了计量分析，为国家卫生行政部门掌握我国医药卫生领域的学科发展方向、前沿趋势提供决策依据。举办了中华医学科技奖成果推广活动暨国际麻醉与镇痛高峰论坛、中华医学会科学普及部西部基层医生培训活动。完成了糖尿病等5个专科指南修订编写工作。

在提升服务科技工作者能力方面，着手建设会员信息系统及专科分会网站群，邀请第三方专业安全测评机构对学会的门户网站进行了全面检测。5月，召开全国地方秘书长工作研讨会，各地方医学会秘书长就做好会员发展和管理进行了讨论。

**学会建设** 2013年，学会被评为全国性社会组织学术类5A级社团，被中国科协评为先进集体一等奖。

经学会常务理事会审议、中国科协和民政部批准，中华医学会临床输血学分会成为学会下设的第87个专科分会。在“前任、现任和候任主任委员”组织架构的前提下，学会全年完成了32个专科分会的换届工作，32个专科分会完成了青年委员会的组建或换届工作，28个专科分会完成了专业学组的换届或组建工作。学会肾脏病学分会、眼科学分会、心血管病学分会、整形外科学分会等分会2013年度共发展专科会员近3000人。全年共举办4期新任主任委员就职仪式，保证了2013年换届的32位专科分会主委及时履职，分会各项工作平稳过渡。

学会全年以不同形式召开4次常务理事会议，对学会工作部署、改革发展举措、重大疾病救治临床合作体系、财务管理制度、组织建设等重要事项进行了研究、审批，对多个重要文件进行了审议。

**科技期刊国际影响力提升计划** 学会所属杂志《中华医学杂志》（英文版）获得中国科协2012～2014年度优秀国际科技期刊二等奖。2013年，杂志编辑部通过编委和编辑向国内外知名专家组稿，有关稿件发表的费用从中国科协优秀国际科技期刊奖奖补资金经费中支出。邀请《英国医学杂志》（BMJ）副总编辑Trish Groves、《美国内科年鉴》杂志副总编辑Darren Taichman到国内讲学交流。派专家出席了11月在智利召开的国际医学期刊编辑委员会（ICMJE）年会。

《中华医学杂志》（英文版）利用奖补资金聘请了5位外籍编辑，负责杂志社稿件的文字加工、润色工作。为了向中国读者提供服务，学会挑选《美国内科年鉴杂志》部分文章的英文摘要翻译为中文。利用奖补资金派专家赴美国参加了国际审稿大会。

提高期刊的数字化水平，升级了杂志的审稿系统和杂志主网站，实现了部分过刊的数字化在线阅读。根据2013年汤森路透集团公布的统计报告，2012年《中华医学杂志》（英文版）SCI影响因子0.901，高于上年的0.864，增长4.3%；5年影响因子1.017，高于上年的0.991，增长2.6%。总被引频次5269，高于上年的4447，增长18.5%。该杂志获得新闻出版广电总局评选的“百强科技期刊”奖，在中国知网（CNKI）发布的2013年最具国际影响力学术期刊（自然科技类）中排名第九，有1篇论文被评为“中国百篇最具影响学术论文”。

**学术期刊** 截至2013年底，学会出版系列杂志162种。其中，中华系列88种、中国15种、国际24种、电子版系列杂志35种，全年出版超过1400期。有67个版号的电子音像出版物，合作出版图书17种，压制光盘20万张。2013年，学会系列杂志入选中国科协精品科技期刊工程项目共有30项，较2012年新增15个项目。2013年中国科学技术信息研究所公布统计报告，有16种学会系列杂志被评为“百种杰出科技期刊”,10篇论文被评为“中国百篇最具影响优秀国内学术论文”，19种期刊评价指标排名本专业学科的第一名。《中华医学杂志英文版》、《中华儿科杂志》、《中华危重病急救医学》入围新闻出版广电总局2013年“百强科技期刊”。

2013年，学会有21种杂志开通移动互联智能终端出版模式，有105种杂志开通并使用网上审稿系统。目前中华医学会系列杂志网上审稿系统的注册专家近万名，投稿作者达7万余人，网络投稿逾9万篇。

**决策咨询** 受国家卫生和计划生育委员会委托，学会组织专家召开论证会，针对《建立大型医院与乡村医生手拉手对口技术培训长效机制的建议》（全国人大第4889号建议）、《急重危伤病标准和急救规范》的起草，《涉及人的生物医学研究伦理审查办法》的修订，国家医疗设备的临床使用情况、加强银屑病患者医疗服务工作等多项论证工作提出了具体建议。受商务部委托，学会完成了对“阿斯利康公司获取艾米林协作业务共同控制权案经营者集中反垄断”事项的审查意见。

**国际学术会议** 学会全年共举办、承办国际、地区学术会议8个。6月16～20日，由国际物理与康复医学学会主办，中华医学会、中国康复医学会、中华医学会物理医学与康复学分会及香港康复医学会承办的国际物理与康复医学学会（ISPRM）第七届世界大会在北京举行。会议主题是：丰富康复知识、享受康复过程、赋予品质生活。来自73个国家的4141名注册代表参加了会议，数量为历届之最。大会邀请国内外200余名康复医学专家、管理者及卫生行政人员从临床、科研、实践及管理角度，对专业知识进行系统分析和回顾，并对康复医学政策进行了解读。

**国内主要学术会议** 学会所属专科分会共举办学术年会或全国性学术大会58个，其中骨科、心脏介入、眼科、内分泌、糖尿病、重症医学、肾脏病、呼吸、消化等30余个学科的学术年会规模均在千人以上。学会主办的中华医学会第十五届全国骨科学术会议暨第八届COA国际学术大会规模最大，全方位地展示了领域内基础研究、脊柱、创伤、关节、关节镜与运动医学各方面的最新技术和临床进展，来自70余个国家和地区的180余个国际骨科组织专家、学者参加会议。大会共收到中文论文15000余篇，英文论文近800篇。大会报告1600余篇，举办继续教育讲座近百场。

**国际交往** 学会协助神经病学分会完成了加入世界神经学联合会的申报工作。全年共组织15批专家共23人次出席了2013欧洲介入心脏病学年会、美国糖尿病学会年会、第68届加拿大泌尿外科学会年会等国际会议。

学会积极开展了由欧盟支持的“将人工流产后计划生育服务与中国现有的医院内人工流产医疗服务相结合项目”。

学会与法国梅里埃基金会正式签署了战略合作谅解备忘录，确定了合作目标。举办了第33届中法医学日活动。

**科普活动** 学会联合社会科普力量，全年共开展科普公益活动78次，其中院士科普报告会17场，参与活动专家251人次，覆盖20多个省份，活动受众人数达到4.5万人次。学会还开展了2013中华医学会－强生西部学术讲座，宁夏行大型公益活动，院士专家赴山西吕梁等地区开展培训、讲学等专题活动。此外，在四川省雅安市发生地震后，学会第一时间调动学会各类资源，联系专家并及时开展了震后灾区民众减灾防病医学科普宣传。

5月17～24日，全国科技周期间，受国家卫生和计划生育委员会科教司和中国科协科学技术普及部的委托，学会组织24家医院和医疗机构的30多名医疗专家，以科技列车为载体，赴湖南省湘西土家族苗族自治州，开展实用技术培训、技术咨询、科技对接、医疗保健、义诊咨询等科技服务和科普宣传活动。

**表彰举荐优秀科技工作者** 1月27日，2012年中华医学科技奖颁奖大会在北京举行，共有85项医学科研成果分获中国医药卫生行业最高奖。作为国家科技奖直接推荐单位，学会从往年中华医学科技奖一、二等奖获奖项目中择优推荐国家科技进步奖共6项，其中“食管癌规范化治疗关键技术的研究及应用推广”获得2013年国家科技进步奖一等奖，“原发性闭角型青光眼发病机制的研究与防治体系的建立及应用”获得2013年国家科技进步奖二等奖。

**学会创新发展** 2013年，学会在中国科协学会能力提升项目的推动下，先后完成了信息系统安全防护建设项目、专科分会网站群建设项目。其中，信息系统安全防护项目通过了专业公司的安全测评，达到信息系统等级保护的安全要求。专科分会网站群建设项目为6个专科分会搭建了网站平台，拓展了专科分会的工作领域。学会实现了会级继续医学教育项目的在线申报，综合办公系统公文的在线流转等。会员管理系统建设项目已完成了基础会员库建设，并与相关业务信息管理平台实现了数据同步。

**党建强会** 学会党委积极响应中国科协“践行‘为民服务’要求，增强学会‘两个能力’”号召，将学会党建工作与中国科协全国学会“党建强会”计划“十百千”特色活动相结合，7月17～21日，举办了“迎学会百年，促党建强会——中华医学会科普进基层”活动，组织北京大学第一医院专家和教授赴贵州省铜仁市为群众免费义诊，北京大学第一医院与铜仁市人民医院在活动中签署了对口帮扶协议。

**【中华医学会2013年学术年会】** 1月27日，中华医学会2013年学术年会在北京召开。学会第二十四届理事会全体理事，各专科分会主任委员、秘书长，地方医学会代表，中华医学科技奖获奖者，以及来自国外医学组织的代表共计800余人出席了本次年会。会议期间，举行了2012年中华医学科技奖颁奖大会，共有85项医学科研成果获奖。

卫生部部长、中华医学会会长陈竺，中国科协副主席、书记处书记程东红，世界医学会会长Cecil Wilson博士出席学术年会开幕式并致辞。

中国科协常务副主席、党组书记、书记处第一书记陈希，卫生部党组书记、副部长张茅，卫生部副部长刘谦等出席颁奖大会，并向获奖代表颁奖。

陈竺在《加快我国医疗卫生服务体系创新　促进医改深化》的主题报告中，全面总结我国医药卫生体制改革所取得的重大进展，提出下一步工作的重点及改革的目标。Cecil Wilson 博士作了题为《全球视角下的医疗卫生体制改革》的演讲，曹雪涛院士作了题为《医学学科发展融合与展望》的演讲，樊代明院士作了题为《整合医疗初探》的大会演讲。

为促进学科交流，本次会议专门举办“职业精神研讨”、“慢性非传染性疾病的防控”等专题研讨，内容包括医患沟通的人文底蕴、传统医学与人文精神，慢阻肺、高血压及糖尿病等慢病防控现状、慢性病医改的卫生经济学等。

2012 年，中华医学科技奖共有 85 项医学科研成果获奖，其中，一等奖 8 项，二等奖 25 项，三等奖 47 项，另有 2 项获卫生管理奖、2 项获医学科普奖。首届中华医学科技奖卫生政策奖授予了现任中国国际金融有限公司董事长、中央汇金公司副董事长李剑阁，奖励他创造性地提出新型农村合作医疗制度理论，并在实践中加以完善。

**【支援四川省雅安市抗震救灾工作】** 4 月 20 日，四川省雅安市发生 7.0 级强烈地震，学会充分调动各类资源，对抗震救灾工作做出部署，及时了解专家、会员参与抗震救灾的动态，做好奔赴抗灾一线专家、会员的慰问和宣传报道工作。以学会名义向广大医学科技工作者和医学会全体会员发出倡议书，号召全体会员积极行动起来，把抗震救灾作为当前头等优先工作，有序组织、理性高效地开展救灾行动。

在中国科协组织下，学会及有关单位与中央人民广播电台合作，连线四川灾区，从 4 月 20 日 17：00 开始，医疗、救援、消防专家在直播中围绕伤员救治、灾害防护、灾难逃生等相关知识进行科普宣传。学会还会同中国地震学会、中国心理学会的有关专家就应急救援、地震科普知识、灾后心理防护等相关问题进行科学解读，通过广播、报纸和网络向民众宣传科学抗震减灾的知识与方法，对指导灾区民众减灾防病、教育广大公众关注防灾减灾常识产生了积极的效果。

学会灾难医学分会和重症医学分会在震后第一时间成立了专家组，为抗震救灾提供医学技术咨询，并提出了一系列合理化建议。灾难医学分会对安排各地医疗队赴川救援提出了“人员安排、统一指挥、设备明确、通讯通畅”的技术建议。重症医学分会建议参照学会编写的《重症患者转运指南》安排震后伤员转运，增派权威重症医学专家赴现场决策，最大程度减低伤者的病死率和致残率。此项工作受到国家卫生和计划生育委员会的表扬。

灾情发生后，《中华医学杂志》编辑部迅速召集所有编辑布置约稿任务，并联系相关专业的编委和专家商讨有关地震救援内容，优先刊登灾难应急医疗救治文章。《中华全科医师杂志》、《中华预防医学杂志》、《中华检验医学杂志》、《中华医学信息导报》及中华医学会网站也通过优先专稿、设置专栏和建立微信平台等方式积极报道救灾情况，全力支持救灾工作。

**【2013 年医用设备使用人员业务能力初训】** 为了向基层医用设备使用人员提供更好的继续教育服务，学会开展了 2013 年全国医用设备使用人员业务能力初训工作。培训采取基于互联网的远程培训模式，形式为浏览课件视频、网上专家答疑、网上浏览电子参考书等。在评估和总结以往网上教学经验的基础上，学会对初训工作进行了多项改进：根据全国医用设备使用人员业务能力考评大纲 2013 年修订内容及学员对以往课程的评价结果，对选题进行了替换更新；在网上学习页面增加了课程笔记功能，学员可以在学习时针对每门课程做课堂笔记，并可反复修改查看和调出，供复习之用；实现了支持多终端移动设备的离线学习功能。

以往的网上学习，学员要在互联网条件下，使用传统的个人电脑进行学习。本次初训学员不但可以使用手机与平板电脑进行移动学习，还可以在学习期间，将课件下载至本地，实现了离线学习，方便了学员。授课教师还可通过移动设备（如手机、平板电脑等）随时随地为学员答疑解惑，提高了专家答疑的时效性。

为方便学员，简化报名缴费手续，除原有个人网上支付方式外，增加了机构账户网上支付方式。为保证服务质量，进一步改善学员的学习体验，除继续提供全天无假日的电话与在线客户咨询服务外，针对学员在学习过程各个环节遇到的各种问题，建立每日报告处理机制，快速反应，积极解决，得到了学员们的肯定。两个月内共有 3931 位学员报名参加培训，学员在线总学习时长达 41270 个小时，人均在线学习时长 18 个小时。

（撰稿人：杨　凯）

## 中华中医药学会

**服务创新型国家和社会建设**　2013 年 4 月，学会联合安徽济人药业有限公司向四川雅安芦山地震灾区捐赠了 100 万元疏风解毒胶囊。7 月，学会与步长集团在甘肃省联合开展 2013“同心・共铸中国心”甘南行大型公益活动，300 余名医务工作者组成 8 支队伍深入甘南藏族自治州 8

个县市开展了为期一周的公益活动。8月，学会开展了“大爱无疆蓝丝带公益行动——全国颈腰椎疾病筛查与康复工程”，邀请骨科专家为民众普及预防颈腰椎疾病、健康养生等方面的知识。11月，学会启动了“融化渐冻的心”2013中国渐冻人关爱月活动，为全国50名“渐冻人”患者提供免住院床位费及用餐费用，免费接送、绿色就诊通道、免费领取“爱心护理组合包”等公益救助服务。

11月，学会召开了贯彻落实国务院《关于促进健康服务业发展若干意见》专家研讨会，就学会如何领会精神、正确定位、抢抓机遇、明确目标、制定规划、开展工作、取得成效等一系列问题进行了讨论，并提出了意见和建议。

学会继续与国际肺痨和肺部疾病联合会开展合作，推进无烟中医院建设。5月，召开了中医药控烟高层会议，举办了“5.31世界无烟日”活动。9月，在北京人民广播电台都市生活汇栏目以“警惕烟草侵蚀口腔”为主题制作了一期控烟访谈。10月，举办了2013年度中医医院医务人员控烟能力提升培训班。学会2013年在《中医药管理杂志》、《中国中医药报》上共发表控烟文章18篇。

学会完成了“中医养生保健技术标准审查”、“中医药名词术语系列标准审查”立项工作。对《中药上市后安全性医院集中监测技术规范》、《中药注射剂临床合理使用技术规范》、《中药上市后药物经济学评价技术规范》、《中药上市后人群免疫毒理学评价检测方案及流程专家共识》和《中药群体药代动力学专家共识》等5项推荐性行业标准项目立项建议，征求了全国中医标准化技术委员会委员意见，并获得四分之三以上委员赞成。上述建议已报国家中医药管理局标准化工作办公室审批。学会对《中医临床术语》有关内科、外科、妇科、儿科、眼科、耳鼻喉科、肛肠科、骨伤科的临床术语征求了全国中医标准化技术委员会委员意见，并根据意见做了修改。完成了《糖尿病及其相关并发症中医诊疗指南》材料审查以及《中医四诊操作规范》的修改、报送工作，组织了2014年标准化项目和养生保健康复项目的申报工作，举办了《老年版中医体质量表》、《老年人中医健康管理技术规范》、《中医黄疸病临床术语字典》论证会。

学会共完成继续教育项目58项，较2012年增长了28.89%；受训人员8000人次，较2012年增长了12.68%。学会与亚宝药业集团股份有限公司共同举办了健康公益活动——“春播行动”，对7000名基层医生进行了中药透皮技术专业培训。

经专家审核、论证和实地考察，确定河北肝病中医院、山东东阿阿胶有限公司、河南郑州骨伤医院、天津北辰北门医院、深圳平乐骨伤医院等5家医院为中医药专病防治技术继续教育基地。

与河南省南阳市政府、安徽省亳州市政府、浙江省武义县政府先后联合主办了南阳仲景国际论坛、亳州全国中医院院长论坛、中国武义国际养生博览会等活动。

学会完成2013年度国家中医药管理局主管报纸、期刊、图书集中审读工作，电视剧本《神医扁鹊》专项审读工作。

**学会能力提升计划** 通过开展中国科协学会能力提升专项第二年度的工作，学会在学术引领、品牌建设、协同创新、服务社会和政府、学会能力、自身建设等方面均取得了显著进步。一是学术会议初步形成品牌。首届岐黄论坛和中华中医药学会2013年学术年会是学会2013年重点打造的两个品牌会议，首届岐黄论坛对促进中医药发展上升为国家战略、引领中医药学术发展、引导产学研协同创新、形成学会品牌会议有着积极的作用。据《中国证券报》等财经媒体报道，首届岐黄论坛举办后的首个交易日，中医药板块异军突起，涨幅领先。中华中医药学会2013年学术年会是建会以来首次召开的学术年会，会议规模大、层次高、注重学科交叉融合、产学研结合、中西医并重。学会还召开了著名中医药学家学术传承研讨会、国际络病学大会、扶阳论坛等品牌会议。二是服务社会、服务科技有新探索。在社会服务方面，建立了教育基地、科普平台和科普专家库；在科技成果转化及评审方面，开展了“中华中医药学会科学技术奖”获奖成果转化现状调研，召开了第三次中华中医药科技成果论坛，制定了《中华中医药学会促进科技成果转化办法》。三是服务分会、服务会员展现创新突破。在分会管理中，修订了《中华中医药学会分会管理办法》，开展了学会理事和分会副主任委员以上人员的能力建设的培训工作，实施了主任委员末位淘汰机制等一系列措施，组织制定了《中华中医药学会分会评估方案》。在会员服务中，建立了10个基层会员服务站，组织基层会员进行专题培训和会员沙龙，开展了基层中医院人才培养与适宜技术推广工程，并在学会e平台建设中设立了会员展示专栏。四是信息平台建设取得新进展。开辟了期刊管理专栏，建立了“期刊平台管理系统”，加强了学会e平台建设。五是自身建设和项目管理有提高。在队伍建设中，制定完善了《中华中医药学会秘书处工作规则》等41项管理制度，组织了7人次中层及以上干部外出考察、培训，制定了学会的“三定”方案，对秘书处内设机构主要职能及领导岗位设置进行调整。

**学会建设** 2013年，学会共发展个人会员717名，团体会员10个。

经学会秘书处研究并报请国家中医药管理局人事教育司批准（国中医药人教人事函〔2013〕052号），学会内设机构调整为：办公室（期刊管理办公室）、学术部、继续教育与科学普及部、国际交流部、科技评审部（原科学技术奖励办公室）、推广发展部（研究与评价办公室）、信息部、会员服务部和后勤保卫部等9个部门。制定、修订了《中华中医药学会秘书处工作规则》等41项管理办法与制度。

2013年度，学会完成了内科分会、妇科分会、儿科分会、医史文献分会、名医学术研究分会、中医药文化分会、中医美容分会、内经学分会、神志病分会、防治艾滋病分会、皮肤科分会、急诊分会等9个分会的换届工作，分会的领导职数严格控制在10～11名，制定并实施了学会分支机构考核评估方案。开展了学会理事和分会副主任委员以上人员的培训工作，研究制定了持证上岗的相关办法，举办专门的研讨和经验交流，加强理事和分会副主任委员以上人员的横向联系，相互借鉴，促进学会自身能力建设。

召开了第五届常务理事会第六次会议，曹正逵当选为学会秘书长。会议通过了武继彪、杨关林任学会常务理事的决定，审议并通过了《中华中医药学会分会管理办法》修改草案，同意学会药房管理分会更名为医院药学分会。

以通讯方式召开了第五届常务理事会第七次会议、2013年理事会和2013年全国中医药学会秘书长工作会。

**科技期刊国际影响力提升计划**　学会主办期刊《中医杂志》英文版（*Journal of Traditional Chinese Medicine*）获评中国科协科技期刊国际影响力提升计划C类项目。在项目的支持下，组织全体编辑4次集中学习各项国际编辑规范；在坚持同行评议、三审三校的基础上，进一步优化流程，完善了科学审查、统计审查、语言审查各个环节的质量控制；进一步缩短了论文发表周期，出版时滞2013年比2012年平均减少20天；持续对编辑进行图像、排版等工具软件的培训工作，期刊图片、表格等编辑质量明显提升；刊期改为双月刊，年度载文量进一步提升，比2012年提高25%；举办两次“中医药SCI论文写作与发表提高班”，参训学员达到350人次；完成了近1000篇过刊论文全文上网，免费下载；实现了PubMed全部论文建立下载链接，平均每月带来2500次下载量。2013年，该杂志刊载的省部级及以上基金论文占比从2012年的59%提升到80%，刊载的海外论文比达到10%以上。2013年美国科技信息研究所《期刊引用报告》（JCR）统计，杂志的影响因子为0.589，比2012年提高近1倍，国际总排名比2012年提升近1000名，替代及补充医学学科排名比2012年上升3名。根据美国科技信息研究所（ISI）三大引文数据库（Web of Science）数据，2013年该杂志总被引频次比2012年提升51%。根据荷兰爱思唯尔（Elsevier）SD（ScienceDirect）数据显示，2013年全文下载量比2012年提高30%。与欧洲中医基金会达成协议，2014年恢复出版法文版《中医杂志》。

**学科发展研究**　完成了中国科协中医药学学科史研究项目。学会成立了学科史研究报告编委会，学会医史文献分会主任委员高文柱为首席科学家，学会学术顾问温长路、学会医古文分会原主任委员钱超尘等19位专家为组员，先后召开11次会议，最终形成《中国中医药学学科史》一书。全书共分为上、中、下三篇，共十七章节，分别从中国古代中医药学的形成与发展、中医药学科的构建、当代中医药学科的发展研究等三个方面进行了系统论述。该书系首次全面梳理和总结了中医药学科的孕育、创立、发展和演变过程，特别是论述了中医药学作为一种知识体系逐步制度化、学科化的过程。

**学术期刊**　学会主办的《中医杂志》入选“2013年国家新闻出版广电总局百强科技期刊”。

**决策咨询**　学会对近5年（2008～2012年度）获“中华中医药学会科学技术奖”三等奖及以上的项目成果转化的现状进行了调研，分析了项目成果在转化过程中的主要障碍和原因，并形成了6万余字的调研报告。通过调研发现，获奖的中医药科技成果转化率较发达国家科技成果转化率低，但是高于我国的科技成果平均转化率；成果应用的成熟度不高，部分科研学者对科技成果的应用状态重视程度不够；获奖成果多为独立研究，高校与企业缺乏有机联系；成果转化服务体制机制不健全。报告建议在中医药科技成果转化过程中应注重创新意识，注重保护中医药知识产权，充分发挥高校科技资源优势，建立适应成果转化的管理体制，加大对成果转化资金的投入，完善中医药科技成果管理制度，建立一支高水平的专业中介队伍，加强中医药学会等机构的协调、沟通和监督作用。

**国际学术会议**　2013年，学会举办国际学术活动9次，参会人员5100人次，交流论文1320篇。1月，首届国际中西医学汇通学术研讨会暨衡通法专题会议在广东省深圳市召开。2月，第九届国际络病学大会在上海市召开。4月，第二届国际中医原创思维与扁鹊脉法论坛暨中医药文化寻根之旅活动在山西省运城市召开。5月，第四届国际五运六气学术研讨会、首届国际中医养生技术交流会议分别在河南省郑州市、河北省保定市召开。6月，第三届国际经方学术会议、第四届全国经方论坛暨经方应用高级研修班在北京市召开。9月，学会与韩国大韩韩医师协会在甘肃省兰州市共同举办了第十七届中韩中医药学术研讨会暨第二届国际中西医学汇通论坛。10月，第三届国际中医药临床研究学术会议——岐轩医学专题会议在河北省易县召开。11月，第三届国际扶阳论坛暨第六届全国扶阳论坛在安徽省合肥市召开。

**国内主要学术会议** 2013年，学会共举办全国性学术活动98次，参会人员19896人次，交流论文8573篇。参会人员比2012年增长17%，交流论文数较2012年增长2.79%。

学会围绕“打造新品牌”和“提升老品牌”开展学术活动。6月，召开了首届岐黄论坛，论坛以“大中医、大健康、大战略”为主题，设主论坛和4个分论坛，600余人参会。11月，召开了2013年学术年会，会议以“新成果、新进展、新突破”为主题，设主会场和8个分会场，1800余人参会。学会召开著名中医药学家学术传承研讨会、国际络病学大会、扶阳论坛等品牌会议，提升了学会学术的影响力、引领力和推动力。

**两岸交流** 2013年，学会组织召开了2次两岸学术会议，参会人员580人次，交流论文230篇。5月，在台湾地区高雄市召开了第五届海峡两岸中医药合作发展论坛暨首届海峡两岸中西医药汇通学术研讨会。10月，在河南省南阳召开了医圣仲景南阳国际论坛暨海峡两岸中医药与太极养生文化研讨会。

**国际交往** 3月，学会专家团一行64人赴马来西亚柔佛州参加国际中医技术特色传承发展大会暨马中友好中医药学术交流大会。在马来西亚，除了参加学术理论研讨外，专家团还开展了施医赠药慈善义诊活动，为当地群众诊病400人次，涉及儿科、妇科、心脏病和骨科等多个领域。

11月，应美国美中文化科技交流协会和加中国际经济文化促进委员会的邀请，经国家中医药管理局批准，学会副秘书长谢钟率中医药代表团前往美国和加拿大参加了第三届中医药临床研究国际学术会议。

**科普活动** 2013年，学会确定了甘肃省中医院、辽宁中医药大学、北京马应龙长青肛肠医院、武清中医院，天津市中医药研究院附属医院等5家单位为中医药科普宣教基地。

4月，学会组织召开了中医药防治春夏季常见病、多发病、传染病专家座谈会，专家围绕中医药防治春夏季常见病、多发病、传染病进行研讨并提出了很多实用的防治方法。中国中医药报专版对会议进行了详细介绍，为大众普及健康知识。

11月，学会在北京举办了中华中医药学会健康科普大讲堂，共有来自朝阳区酒仙桥社区、太阳宫社区等地的130多名听众参加了此次大讲堂。学会科普专家讲解了日常生活中饮食、起居、情绪心志、运动健身等诸多方面的养生窍门，并就听众关心养生话题和防病治病咨询作了解答。

**表彰举荐优秀科技工作者** 完成了2013年度中华中医药学会科学技术奖、李时珍医药创新奖的评审与颁奖工作。在报奖的网络初评中，由每个项目3位专家评审增加至每个项目5位专家评审。经过初评、终审、常务理事确认，最终评选出科技进步一等奖8项、二等奖26项、三等奖36项。李时珍医药创新奖评选出4位获奖者，授奖率由2012年度的75.7%下降到了51.0%。2013年度“康缘杯”中华中医药学会科学技术奖、“亚宝杯”李时珍医药创新奖颁奖大会于11月16日在北京召开。

经学会推荐，中国人民解放军军事医学科学院放射与辐射医学研究所高月研究员等完成的“中药安全性关键技术研究与应用项目”荣获2013年度国家科学技术进步奖一等奖。

为了鼓励更多的学者、专家积极开展中医药政策研究工作，经常务理事会通过，学会设立“中医药政策研究奖”。

**党建强会** 学会承办开展了中国科协“党建强会”计划“十百千”特色活动，与全国部分中医医院开展文化共建，在学会党支部的带领下，发挥共建单位党组织的作用，加强共建单位文化的内涵文化与标志性文化的建设；在推动医院文化建设的同时制定有中医特色的“医德八纲”，在共建的医疗机构进行张贴、宣传。在11月召开的中华中医药学会学术年会上开展了“反对学术不端行为，加强学术自律”的倡议，与会的领导与专家中的党员代表在倡议书上签字。共有16家党委或党支部的150余位党员参与了系列活动。

**【首届岐黄论坛】** 6月30日，学会主办的首届岐黄论坛在北京召开。全国人大常委会副委员长、中国科学院院士陈竺，中国科协副主席、书记处书记程东红，国家卫生和计划生育委员会副主任、国家中医药管理局局长、中华中医药学会会长王国强出席会议并讲话。

本次论坛以“传承创新”为宗旨，以“大中医、大健康、大战略”为主题，设立了主会场和4个分会场。学会副会长、中国工程院院士张伯礼，中华中医药学会副会长、中国工程院院士吴以岭，中国社会科学院研究员陈其广，中国中医科学院副院长刘保延等专家作大会主题报告。报告专家围绕“大健康时代的中医药传承创新”、“中医药构成国家战略六大特征与价值”、“中医药创新发展的战略思考”、“拥抱大数据时代——中医药临床与科研或将进入新阶段”等专题作报告。

学会创新发展与学科进步分论坛、中医药产业协同创新分论坛、青年科学家分论坛、儿童中医药发展热点问题与临床评价分论坛等4个分论坛，分别以“提升学会能力水平 促进学科学术繁荣”、“资源共享 深度合作 战略联盟”、“中医药临床疗效评价与多学科协同进步”、“儿科中药战略大品种培育与实践”为主题，邀请专家作主题报告并开展深入探讨。

国家中医药管理局有关部门负责人，中华中医药学会副会长、理事，各分会主任委员、副主任委员，中医药医疗、保健、教育、科研、管理、文化和中医药产业等相关领域专家、学者600余人参加了论坛。

论坛的举办对促进中医药发展上升为国家战略、引领中医药学术发展、引导产学研协同创新、形成学会品牌会议起到了积极的作用。

**【中华中医药学会2013年学术年会】** 11月16日，中华中医药学会2013年学术年会在北京召开。全国政协副主席、中国农工民主党中央常务副主席刘晓峰，中国科协副主席、党组副书记、书记处书记程东红，国家卫生和计划生育委员会副主任、国家中医药管理局局长、中华中医药学会会长王国强出席会议并讲话。中国工程院副院长、中国工程院院士樊代明，中国工程院院士、学会副会长张伯礼、李大鹏，中国科学院院士陈可冀，“国医大师”路志正等领导、专家出席了大会。来自全国各地的中医药医疗、保健、教育、科研、管理、文化和中医药产业等相关领域的专家、学者近2000人参加了会议。

年会以“学术性，权威性，包容性，有效性”为指导，以“巡礼展示”为宗旨，以“新成果 新进展 新突破”为主题，设立了主会场和中医内科学术研讨会、中华中医药学会外科分会学术年会、流感中医药防治学术研讨会、难治型腰椎间盘突出症治疗进展交流会、中华中医药学会继续教育分会年会、中华中医药学会科技成果学术交流大会、健康科普年会、中医诊疗设备临床评价与推广基地建设论坛等8个分会场。

主会场上，樊代明院士、王琦教授、朱彦教授、王辰教授、梁繁荣教授、黄璐琦教授分别以《整合医学初探》、《中医体质学的构建与应用》、《中药注射液技术升级研究》、《中药汤剂治疗新型甲流的临床研究——一个传统方剂的科学评价及其意义》、《经穴特异性研究》、《全国中药资源普查试点作情况》为题作学术报告。

年会设立的会展专区，采用文字、图片、实物相结合的形式，为企业、高校、研究机构搭建产学研协同创新发展的平台。特邀报告、分会场学术研讨与中医药产业创新发展成果展示相结合，发挥了学会智力密集、人才荟萃的优势，搭建了学科交叉、影响广泛的中医药学术交流平台。

**【全国脊柱健康大会】** 11月18日，由学会主办的全国脊柱健康大会在北京人民大会堂召开，来自中医药行业的专家及健康服务业推动者、从业者和体验者共计7000余人参会。

本次大会是为进一步贯彻落实国务院《关于促进健康业发展的若干意见》，促进中医药健康服务业发展而召开的一次重要会议。大会主题是“关注大众脊柱健康、推动中医健康服务、促进慢病预防控制”。会议围绕大会主题进行了系列学术报告。中日友好医院党委书记李宁作了题为《关爱脊柱健康》的报告。学会疼痛学分会主任委员刘长信教授、学会推拿学会分会副主任委员付国兵教授分别从脊柱相关疾病的病因学进展、脊柱健康对慢性病康复的重要意义等方面作了学术探讨和科普讲座。

**【学会直荐项目获2013年度国家科技进步奖一等奖】** 经学会直接推荐，由中国人民解放军军事医学科学院放射与辐射医学研究所高月等人完成的“中药安全性关键技术研究与应用项目”荣获国家科学技术进步奖一等奖，是新中国成立以来第三个获得国家科学技术进步奖一等奖的中医药项目。

中药安全性是中医药现代化和国际化的重大科学问题。其毒性成分复杂，致毒机制不清，综合系统的技术平台缺乏是制约中药产业发展的瓶颈。该项目历时10余年，在国家多个重大项目的资助下，创建了中药安全性研究关键技术平台并成功应用于中药的毒性成分确认、致毒机制解析、经典理论实证、创新药物研发，促进了中药毒理学的学科发展。该项目获得了中华中医药学会2012年度科学技术奖一等奖。

（撰稿人：康 宁）

## 中国中西医结合学会

**服务创新型国家和社会建设** 全国政协委员、中国科学院院士、学会会长陈凯先在2013年全国政协提案中提出，“西学中”是发展我国新医学的一个重要途径，应当予以高度重视，建议将西医学习中医列为“健康中国”的一项战略措施。制定鼓励西医从业人员学习中医的相关政策，从经费、职业医师注册、职称评审等方面给予政策支持，将“西学中”这一事业落到实处。选拔西医院校优秀毕业生系统学习中医，参照国务院学位管理办法，根据学习年限和考核成绩，分别授予硕士或博士学位，以培养一批具有扎实临床科研技能和富有创新能力的中西医结合人才。

全国政协委员、中国中医科学院西苑医院副院长、学会活血化瘀专业委员会副主任委员史大卓在2013年全国政协提案中提出，当前中西医结合事业存在“西学中”人才严重断档等问题，建议由卫生部或国家中医药管理局组建专门培训机构和师资队伍，选拔西医院校优秀毕业生系统学习中医。

全国政协委员、中国中医科学院望京医院骨科主任、学会骨伤科专业委员会副主任委员温建民在全国政协提案《关于加强中西医结合人才建设工作》中，建议卫生部、国家中医药管理局联合发文，明确各省市放宽对中西医结合执业医师执业范围的限制，允许中西医结合医师进入综合医院和中医医院中的中医科室、西医科室和中西医结合科室工作，加强中西医结合医院和中西医结合科室的建设。

2013年，学会计划举办的继续教育项目共40项，其中列入国家中医药管理局继续教育项目的17个项目已经全部完成，涵盖了烧伤、围手术期、消化系统疾病、肾病、眼科、活血化瘀、骨伤、脑心同治、灾害医学、周围血管疾病、重症医学等领域，培训人数约1500人。列入学会的继续教育项目完成了21项，参加学习人数7600余人次。

9月，由学会骨科微创专业委员会主办的全国中西医结合微创骨科新技术继续教育培训班在四川省举办，共有200余名学员参加了此次培训。本次培训既讲授基础理论，又培训临床实际操作，为中西医结合相关专业的科技人员更新了医学知识，提高了医疗技能。

**学会建设** 截至2013年底，学会会员总数82704人。经中国科协审批、民政部社团局注册登记，学会于7月正式成立血管脉络病专业委员会。学会所属专业委员会已达到52个。

根据《中国中西医结合学会专业委员会管理规定》和《关于规范专业委员会换届工作的意见》，学会组织2013年任期届满的周围血管疾病、变态反应、眼科、管理、重症医学、心身医学、疡科、医学美容、精神疾病、大肠肛门病、男科、急救医学、实验医学、神经科、养生学与康复医学等15个专业委员会完成换届改选工作。

**学术期刊** 学会主办的《中国中西医结合杂志》连续10年获评“中国百种杰出学术期刊”，是国家自然基金资助期刊和中国科协精品项目资助期刊。*Chinese Journal of Integrative Medicine* 被SCI收录，2012年的影响因子为0.799，2013年上升为1.059。自2013年1月1日起，中国中西医结合杂志社对网站进行了改版升级，除新闻、会议征文、论坛、专家博客、常用资料下载等功能外，增加了专家博客板块。

9月，由学会编辑工作委员会主办、《中西医结合心脑血管病杂志》编辑部承办的第七届编辑工作委员会第五次工作会议在山西省太原市召开，来自全国12家中西医结合系列期刊的负责人、期刊编辑等共40余人参加了会议。与会人员就编辑部管理、提高期刊质量、数据库管理、英文编辑能力等诸多内容进行了交流。

**国际学术会议** 9月，微循环国际会议暨第十三次全国中西医结合微循环学术会议在北京召开。会议由学会微循环专业委员会和北京大学医学部中西医结合学系共同举办。

**国内主要学术会议** 2013年，学会共举办国内学术会议、研讨会49个。参加会议的专家、学者约2.8万人次，编印会议论文集48种，交流学术论文1.2万余篇，印刷论文集1.5万余册。学术活动涉及皮肤性病、围手术期、大肠肛门病、重症医学、周围血管病、灾害医学、消化、信息、活血化瘀、脑心同治、医学影像、普通外科、耳鼻咽喉、变态反应疾病、眼科、骨伤科等多个学科领域。

**表彰举荐优秀科技工作者** 4月，2012年度中国中西医结合学会科学技术奖颁奖大会在上海市举行，向学会评选出的35个获奖项目颁发了奖金和奖杯、证书。

2013年度中国中西医结合学会科学技术奖共收到申报项目99个，94个项目进入初审，44个项目进入终审，最终评选出获奖项目36个，其中一等奖6个，二等奖10个，三等奖20个。

经学会与步长制药协商，步长制药继续支持学会科技奖奖励工作，每年赞助35万元，连续3年。

学会根据人力资源社会保障部、国家卫生和计划生育委员会、国家中医药管理局《关于评选第二届国医大师的通知》要求，严格按照评选范围和评选条件推荐第二届国医大师候选人。由全国各省、自治区、直辖市推荐候选人，经学会汇总后，从中评选出陈可冀、沈自尹、俞瑾、阮士怡、王宝恩等5位候选人上报。

**【微循环国际会议】** 9月，由学会微循环专业委员会和北京大学医学部中西医结合学系共同举办的微循环国际会议暨第十三次全国中西医结合微循环学术会议在北京召开，来自美国南佛罗里达大学、日本庆应义塾大学、瑞士日内瓦大学、英国牛津大学的专家、学者，以及国内60余家高等院校、科研院所的160余名中西医结合微循环领域的专家参加了会议。会议安排了特别报告、专题报告、壁报等多种交流形式，便于国内中西医结合微循环研究领域的相关人员，特别是偏远和基层地区的参会人员学习借鉴。

**【血管脉络病专业委员会成立大会暨首届中西医结合血管病学大会】** 7月，中国中西医结合学会血管脉络病专业委员会成立大会暨首届中西医血管病学大会在北京召开。学会名誉会长、中国科学院院士陈可冀，学会会长、中国科学院院士陈凯先，中国工程院院士陈灏珠、高润霖、吴以岭，中国工程院党组成员、秘书长白玉良，《新英格兰杂志》副主编、美国哈佛大学医学院心血管中心主任 Anthony Rosenzweig M. 教授等专家、学者出席会议。来自国内外的1000多位专家、学者参加了会议。

第一届血管脉络病专业委员会选举吴以岭院士担任主任委员。

大会发布了“脉络理论指导慢性心力衰竭防治”的研究成果，有关中药抗心衰循证医学研究论文于6月5日在线发表在国际心血管领域权威杂志《美国心脏病学会杂志》，该杂志还刊发了述评《让衰竭的心脏更加强劲：中国传统医学给我们的启示》，对中药“芪苈强心胶囊”抗心衰的研究成果给予高度评价，标志着中药抗心衰循证医学研究方面取得了明显进展。

**【第25届全国中西医结合消化系统疾病学术会议】** 6月，学会消化系统疾病专业委员会主办的第25届全国中西医结合消化系统疾病学术会议在江西省南昌市召开，来自全国各地的400余位专家、学者参加了会议。会议收到学术论文380余篇，举办专题学术报告22个，大会交流论文23篇。

会议邀请首都医科大学附属北京中医医院危北海教授、北京大学第一医院胡伏莲教授、南方医科大学南方医院张万岱教授、第三军医大学西南医院房殿春教授、北京中日友好医院姚树坤教授、南昌大学第一附属医院吕农华教授等国内知名中西医结合、西医消化病专家分别作了题为《中西医结合消化领域发生的几个热点问题》、《探索幽门螺杆菌感染治疗新路径》、《国内外幽门螺杆菌诊治最新共识解读》、《胃癌前期病变的中西医结合逆转治疗》、《原发性肝癌中医药治疗的策略》、《非食管胃底静脉曲张出血的诊断与治疗》的专题报告。

大会举办了青年学术论坛，12篇青年硕士、博士论文在论坛上进行了交流。大会举办的8场卫星会议，对消化系统疾病的有关专题进行了讨论。

会前，举办了全国中医药继续医学项目——全国中西医结合诊治胃肠疾病新进展学习班，7位消化病专家作专题讲座，120多名来自江西省各级医院的学员参加了学习班。

**【第16届中国中西医结合学会大肠肛门病学术会议】** 8月，第16届中国中西医结合学会大肠肛门病学术会议在广东省广州市举行。我国肛肠疾病研究领域的众多专家和来自美国、日本、韩国、澳大利亚等国的肛肠领域专家、学者近1000人出席会议，会议共收到论文150多篇。

会议就肛肠良性疾病、结直肠肿瘤、顽固性便秘等有关的新理论、新技术、新方法、新材料、新器械等临床实际问题进行广泛的交流和探讨。会议邀请了国内外肛肠专业领域的知名专家作专题报告，马东旺教授的《天津市大肠癌筛查结果分析》、汪建平教授的《肛管癌治疗的策略及新进展》、Arun Rojanasaku 教授的《LIFT 手术：问题和解决方法》、Neal C. Ellis 教授的《结直肠外科的生物修复技术》、Darren Gold 教授的《痔切除、固定术的历史及当代技术》、傅传刚教授的《直肠癌的诊治进展》、任东林教授的《痔病的选择性治疗》、高野正博教授的《盆底疼痛的评估及诊断》等报告，分别介绍了国内外的进展情况和本人的临床经验。

会议共设立4个分会场。在为青年外科医师设立的名为“夜问”的学术晚会上，多位肛肠外科专家与青年医师就学术研究、临床工作、职业生涯甚至日常生活中遇到的疑问与困惑进行了交流。

（供稿人：孔令青）

## 中国药学会

**服务创新型国家和社会建设** 2013年，学会申报并完成国家级继续教育项目8项，开展各类学术活动12项，与各地药学会联合开展继续教育项目10项。连续5年开展了以“安全合理用药”为主题的巡讲培训工作，为满足基层医疗卫生机构药学人员参加继续药学教育的需求，将巡讲培训工作的重心向二、三线城市转移，向基层医疗机构延伸，完成了福建省厦门市、安徽省黄山市、湖南省长沙市、广西壮族自治区桂林市等地的培训。为配合医药卫生体制改革工作，增加了“发展医院药学、助推公立医院改革”的培训内容，重点讲授公立医院改革对药师的要求、对安全合理用药的要求，培训药师1000多名。

学会联合中国执业药师协会、中国医药商业协会，共同举办了“百人百店”培训项目。来自5个省份的51名药店药师参加了首期培训班并通过了考核。

2013年，学会主办的医药经济信息网入网医院已达到1046家，新增医院63家，完成了年度扩网任务。根据国家卫生部2012年统计数据，在入网医院中，三级甲等医院占全国三级甲等医院总数的61%，三级医院占全国三级医院总数的51.6%，37个省市级学会中有35个建立了地区学会所属分网。

学会继续为政府部门、医药企业、网员医院提供数据分析支持，包括国家卫生和计划生育委员会药政司《2009版基本药物使用情况检测》、《2012版基本药物使用情况检测》项目所需数据，工业和信息化产业部《芦山地震用药短缺品种》项目数据、基药监测季度报表所需数据，《中国药典》收载品种所需数据，《糖尿病治疗药物市场现状》所需数据等。

学会完成了国家卫生和计划生育委员会“基本药物制度实施效果监测研究”和“基本药物招标采购方式研究”，完成了北京市食品药品监督管理局“北京市医药物资专项储备规模研究”等课题。学会承担的中国科协“中国当代药学家谱系研究课题”已首批通过学术谱系课题结题，并获得后续“当代中国药学家学术谱系研究成果数据库建设课题”的资助。

为加强优秀青年药师的海外培训工作，学会推选6名优秀青年临床药师赴美国伊利诺伊大学芝加哥分校进行临床药学培训。学员归国后，以多种形式分享了所学到的临床药学服务理念、模式和实践经验。

**学会能力提升计划** 2013年，学会成立项目组，使用中国科协学会能力提升专项资金对新形势下如何制定和完善医药产业政策，促进医药产业的结构调整、转型升级和可持续发展进行了立项研究：一是在分析我国医药产业现状和存在问题的基础上，结合国内外医药产业的发展趋势，考虑社会、经济、科技、环境等影响因素，梳理并细化“十二五”期间的医药产业政策，使之具有较强的可操作性。二是重点研究2020年我国医药产业的主要目标、指导思想、产业目标、总体部署和主要任务，为政府制定医药产业中长期规划，引导医药产业健康有序发展，促进经济社会进步和全民健康发展提供理论和技术研究基础。这两个方面一个是近期的可操作性目标，一个是较远期的规划性目标。项目研究按照“结合医改目标，保障基本医疗需求；促进产业发展，提高产业国际竞争力”的思路，研究我国医药产业的综合性产业政策。项目组结合我国国情，组织专家对我国医药产业深入研究，提出了针对性强、可操作性好的政策建议，为政府的“医药产业发展”提供辅助决策支持。

开展了与中药资源相关的传统知识情况调查，基本建立了国家、省和县三级普查工作组织管理体系，凝聚、培养、锻炼了一支从事中药资源工作的专业队伍；探索创新了市场经济下开展普查工作的组织模式，对中药资源调查和动态监测服务体系进行了构建。通过中药资源调查，摸清了中药资源的有关情况，为有效保护和合理利用中药资源提供了第一手资料，为政府决策和促进地方经济发展提供科学依据，建立了全国中药资源调查数据库，为新闻媒体制作与中药资源相关的科普宣传专题片及纪录片提供了素材。

**学会建设** 学会修订了中国药学会学术会议管理办法、中国药学会科学技术奖奖励办法、中国药学会继续药学教育管理办法等3项规章制度。针对原会员管理系统，完善了使用功能，包括会员相关信息、统计等功能。

利用网络应用平台实现了学会秘书处各部门日常业务工作的规范化，提高了办公效率和管理水平。

**学术期刊** 在由国家新闻出版广电总局等单位主办的首届中国（武汉）期刊交易博览会上，学会主办期刊《药学学报》、《中草药》、《中国中药杂志》和《中国天然药物》荣获“全国百强科技期刊”称号。2013年，中国科学院文献计量评价评定中心等发布了我国自创的学术期刊国际影响力全面评价体系，《中国中药杂志》、《中草药》、《药学学报》和《中国天然药物》荣获“2012中国最具国际影响力学术期刊”称号。《中国药学杂志》、《药物分析杂志》、《中国药学》（英文版）荣获“2012中国国际影响力优秀学术期刊”称号。7月《中国药学》（英文版）被中国科学院文献情报中心中国科学引文数据库核心库收录。

**学科发展研究** 学会组织专家承接了科技部“十二五国家科技支撑计划——安全合理用药评价和干预技术研究与应用”课题。学会承担的工业和信息化产业部《我国医药产业政策研究》已完成政策建议20条，形成10万字研究报告；中国科协“科技与社会——2049展望系列研究”——生物技术发展与人类健康课题，形成20万字研究报告。

学会开展的构建医药创新体系提升药企核心竞争力课题已结题。完善我国基本药物制度课题形成初步研究报告。承担的《国家基本药物储备体系建设研究与基本药物品种短缺初步原因分析及对策建议》荣获2013年中国科协优秀政策咨询成果奖二等奖。

**国际学术会议** 1月11日，中国医药创新战略暨血脂康美国II期临床国际研讨会在北京召开，全国人大常委会副委员长、学会理事长桑国卫作大会报告。中国科学院院士陈可冀、中国工程院院士张伯礼，以及200多位专家、学者出席会议，专题研讨中国医药产业发展和药物创新战略以及中国医药产品如何走向国际等课题，报告国家重大新药创制专项血脂康国际多中心临床研究成果。学会及有关专业委员会主办、承办的国际学术会议有：学会医院药学专业委员会主办的第三届国际用药安全学术论坛，学会与香港药学会在香港联合主办第8届亚洲药物流行病学大会，学会与英国皇家化学会联合主办第四届中英药物化学学术会议，学会药物制剂专业委员会与国际药物控释协会中国分会联合承办的中国药物制剂大会暨第七届国际药物制剂论坛等。

**国内主要学术会议** 2013年，学会组织召开各类国内学术会议31个，征集论文4000篇，3820篇论文入选，参会总人数达12200人次。

8月，学会与中国医药工业科研开发促进会共同举办了第四届医院药学政策论坛。本次论坛集中研讨了药师在医疗服务中责任与地位。来自国家卫生和计划生育委员会医政医管局、人力资源和社会保障部社保中心、国家药典委员会等部门的领导及200多名医院药师代表参加会议。

5月25～26日，学会承办的第十五届中国科协年会第21分会场——中药与天然药物现代研究学术研讨会在贵州省贵阳市举行，100多名专家、学者参加了会议。作为中国科协年会的“全国院士专家集中援黔行动”活动之一，学会医院药学专业委员会主办了现代医院药学调剂流程优化学术会议。

**国际交往** 8月31日至9月5日，学会组织153人参加了由国际药学联合会主办，在爱尔兰都柏林召开的2013年世界药学大会暨国际药学联合会（FIP）第73届年会。5位中国专家、学者作大会发言，2人作口头交流，1人主持分会场，壁报交流论文18篇。

根据与韩国药学会、美国药物信息协会（DIA）等国外学术组织签署的合作协议，学会派专家出席了对方举办的学术大会并作报告。2013年，学会继续与美国药物信息协会合办内部刊物《全球药讯》，并在此基础上探讨了在会展方面的合作。

**科普活动** 2013年，学会完成科普研究课题6项，开展科普活动27项，发放科普宣传材料2万余份、视频光盘7万余张，受众覆盖31个省、自治区、直辖市。

6月1日，主题为“关注妈妈孩子　共享健康家园”的药品安全合作联盟2013年全国科普活动启动仪式在北京望湖公园正式启动，学会与北京新世纪妇儿医院共同举办了“阳光健康　快乐成长”儿童用药安全科普游园会，来自500多个家庭的2000多人参加了游园活动。

在“全国安全用药月”期间，学会主办的“药葫芦娃”微博同步开展了微博知识竞赛。在竞赛开展的2个月期间，微博转发数达2.6万次，评论数2.8万次。截至2013年底，“药葫芦娃”微博共收到博友评论1万余条，药葫芦娃3.5万余条。微博粉丝数量从2013年1月的2.9万人上升到2013年底的53万人。

根据国家食品药品监督管理总局《2013年全国食品药品安全科普行动计划实施方案》，学会完成了10部《食品药品安全知识大讲堂》视频、文本教材及PPT讲稿的制作，改编10集“安全用药”情景短剧，制作了4款“防止滥用成瘾性药物”科普折页、5款安全合理用药海报。

学会积极探索药学科普新机制，完成了“临床常用大品种药物的综合评价”课题研究，编制了《药学科普知识和适宜方法》和《安全合理用药科普素材开发指导手册》，完成了《医药专业人员对面向公众合理用药宣传的评价问卷和调查问卷》、《关于公众安全合理用药科普干预的知识和传播方法筛选》等。

**表彰举荐优秀科技工作者** 2013年，评选出中国药学会科学技术奖一等奖2项、二等奖7项、三等奖8项，评选出第16届中国药学会—施维雅青年药物化学奖5人，2013年中国药学会—赛诺菲青年生物药物奖8人，第14届“吴阶平医学研究奖—保罗·杨森药学研究奖”药学专业获奖者2人，2013年中国药学会优秀药师76人。

**【2013年中国药学大会暨第十三届中国药师周】** 11月2～4日，2013年中国药学大会暨第十三届中国药师周在广西壮族自治区南宁市举行，大会主题为“推动重大新药创制　提高人民健康水平”。国家卫生和计划生育委员会、国家食品药品监督管理总局、中国科协、解放军总后勤部卫生部、国家中医药管理局、广西壮族自治区和南宁市有关领导，10名两院院士，学会理事及药学领域的专家、学者共1800余人出席大会。学会理事长桑国卫院士致开幕词。

大会颁发了2013年中国药学会科学技术奖，其中一等奖2项，二等奖7项，三等奖8项。兰州大学的多肽药物先导化合物的化学筛选和作用机制研究，天士力金纳生物技术（天津）有限公司和天津天士力集团有限公司研究院生物药品研究所联合开展的大规模制备流感病毒表面抗原的方法及亚单位流感疫苗的工艺研究项目获得一等奖。大会还颁发了2013年中国药学会优秀药师奖、2013年中国药学会—赛诺菲青年生物药物奖。

大会举办了8个专业会场报告会和4个卫星会，邀请了8位院士及药学专家作大会学术报告。学会生化与生物技术药物、中药和天然药物、抗生素、医院药学等20个专业委员会分别设立分会场作特邀主题报告。通过专家评审，各分会场共评出优秀论文48篇，其中一等奖3篇、二等奖15篇、三等奖30篇。获奖论文代表了当前我国药学各分支学科的先进水平。

大会期间，召开了学会23届理事会第三次全体会议、2013年全国医药经济信息网工作会议，举办了中药学会科普公益活动走进广西医科大学活动。

**【学会主办期刊创刊纪念活动】** 2013年是学会主办《中国药学杂志》和《药学学报》创刊60周年,《中国天然药物》创刊10周年。

7月,《中国药学杂志》和《药学学报》分别举办学术纪念活动。通过制作纪念画册及大型历史墙,组织专家研讨等形式,回顾期刊60年发展历程和取得的成绩,激励现代办刊人再创辉煌。

《中国药学杂志》举办了专题学术研讨会暨《中国药学杂志》第十三届编委会成立大会。学会理事长、《中国药学杂志》主编桑国卫院士出席会议并致欢迎词。中国科协、新闻出版广电总局等部门的领导,院士、专家,《中国药学杂志》新老编委、读者及作者代表等共计200余人出席会议。中国科学院院士陈凯先作了题为《东西方医学汇聚》的报告,中国医学科学院药物研究所研究员王晓良作题为《科技期刊所承载的责任与使命》的报告。会议同期还召开了《中国药学杂志》第十三届编委会成立大会。

《中国药学杂志》创刊60周年纪念会,向15名杰出贡献奖、3名岗位奉献奖和30名忠实作者奖颁发了证书,对30篇论文贡献奖给予了表彰。

《中国天然药物》通过创刊十周年纪念活动,全面总结了该期刊如何在10年内步入"中国最具国际影响力期刊"、"中国百强科技期刊"行列,成为中药天然药物领域首个进入国际学术圈的中国期刊成功经验。

(撰稿人:梁 毅)

## 中华护理学会

**服务创新型国家和社会建设** 受国家卫生和计划生育委员会医政医管局委托,2013年,学会承担了《专科护士管理办法》与《临床护士规范化培训标准总则及细则》等文件起草工作。学会组织专家对全国部分省市进行调研,了解了临床护士与专科护士的工作、培养现状以及未来专科护理事业发展等情况。学会于8月16日、11月6日在北京召开了《专科护士管理办法》起草小组会议、中华护理学会临床护士规范化培训研讨会。《专科护士管理办法(草稿)》、相关配套文件及起草说明已经上报卫生和计划生育委员会审批。

受国家卫生和计划生育委员会医政医管局委托,学会完成了《国家级专科护士相关培训基地评审标准(初稿)》及各专科护士培训大纲。受卫生部医政司委托,完成了"中国专科护士培养体系模式的研究"课题申报书的撰写,提交国家卫生和计划生育委员会审批。

学会全年共完成继续教育项目17项,专科护士及专业技术培训人数达1846人次。完成了国家卫生和计划生育委员会万名护理人才培训项目——2013年县级医院护理人员培训工作。

7月,学会结合医院等级评审,以"质量、安全、服务"为主题,举办了百名护理管理者培训班,来自32个省、自治区、直辖市的140余名护理管理者参加了培训。

学会灾害专业委员会组织编写了《灾害护理学》,学会供应室专业委员会组织编写了《硬式内镜清洗消毒与灭菌操作指南》,学会伤口、造口、失禁专业委员会组织编写了《中国肠造口护理指导意见》。

根据全国继续医学教育委员会《关于2014年国家级继续教育项目申报通知》和《2014年中华护理学会继续教育项目申报通知》的要求,学会完成了2014年继续教育项目的申报工作,共申报国家级项目29项,学会级项目4项34个班次。

**学会能力提升计划** 学会于2012年获得了中国科协学会能力提升专项"优秀科技社团奖"三等奖。2013年,学会利用社团组织民间外交的平台,促进护理事业迈向国际。学会与国际护士会于1月16日在北京签署了《关于中华护理学会加入国际护士会的谅解备忘录》,中国科协于4月1日批准了中华护理学会加入国际护士会的申请。经过国际护士会所有会员的投票,国际护士会于4月18日批复了学会加入国际护士会的申请,中华护理学会正式成为国际护士会成员。

学会召开了2013年国际护士节护理大会,组团参加了在澳大利亚召开的国际护士会会员代表大会。初步建立了国际合作中长期战略合作关系,聘请国际护士会前主席Rosemary女士和南裕子女士为学会顾问。启动了《中华护理杂志》(英文版)的筹备工作。召开了制订专科护士培训基地评审标准及完善培训大纲第一次讨论会,打造了海峡护理论坛、全国手术室学术会议等学术平台。

学会建立并完善了西部及边远地区的知识普及项目的长效机制,7月3~6日,"中华护理学会内蒙古行——会员培训"活动在内蒙古自治区海拉尔举行。

完成了学会内部组织结构重组前的调研和论证工作,建立了信息传递/网络办公系统,开办一期学会专干培训班,完成了《中华护理学会五年规划》、《中华护理学会第25届理事会大事记》及《中华护理学会简介》的中、英、法、西班牙文版,修订、完善了《中华护理学会规章制度》。

**学会建设** 截至2013年11月,学会共有会员82932

名，其中资深会员2647名，海外会员18名，团体会员31个。

学会召开2次专业委员会主任委员工作会议。明确了学术会议筹备与组织的工作流程、工作分工及注意事项，印发了《学术会议筹备注意事项》等。针对《中华护理学会学术会议管理办法》（试行）、《中华护理学会关于提高学术会议质量的实施细则》（试行）征求了意见。

学会完成了部分专业委员会专家库的建立，制定了专家库推荐基本标准。6个专业委员会建立专家库，灾害专业委员会专家库30人、行政管理专家库180人、门诊专家库19人、中医专家库19人、精神科专家库8人、康复专家库5人。学会科研工作委员会组建了“女科技工作组”暨科研工作委员会的全国专家库，负责英文杂志编译工作及学会科研立项等工作。

学会各专业委员会主任委员实施公开竞聘。1月，中华护理学会专业委员会主任委员的竞聘报告会在北京协和医院举行，各专业委员会的拟任主任委员逐一进行了《施政报告》演说，经评委考核和打分，竞聘人的报告一致通过。

7月，学会与中国科协信息中心合作开发了“学术会议网上管理系统”，实现了学会学术会议网上报名和网上审稿等项功能。

**学术期刊** 2013年，《中华护理杂志》社有限责任公司成立，学会副理事长姜小鹰任社长。

与爱思唯尔公司合作，筹办学会第一本英文期刊*International Journal of Nursing Sciences*。学会理事长李秀华、第25届国际护士会主席南裕子、第26届国际护士会主席Rosemary Bryant担任名誉主编。刊期为季刊，每期150页，计划于2014年3月出版创刊号杂志。

5月，完成了《中华护理杂志》编委会换届工作，李秀华任主编。

全年共编辑出版《中华护理杂志》12期，接收来稿10016篇，送外审2136篇，占投稿的21.33%。刊出论文总数449篇，刊稿率4.48%。根据2013年9月中国科学技术信息研究所出版的《中国科技期刊引证报告》：本刊的综合评价总分为97.3分（全国均值40.1分，护理类均值45.7分），护理类期刊排名第1名，在全国1994种核心期刊中名列第6；核心影响因子1.633（全国均值0.493，护理类均值0.689）；核心总被引频次7926次（全国均值1023，护理类均值3625）；核心他引率0.95，在13种护理类核心期刊中排名第一。

《中华护理杂志》荣获2013年“中国百种杰出学术期刊”称号，这是该刊第12次荣获此称号，被科技部授予“中国精品科技期刊”称号，2013年成为中国科学引文数据库（CSCD）核心期刊（原为CSCD来源期刊）。获2013年度中国科技核心期刊护理学类期刊各项指标排名第一名。两篇论文被评选为2012年度“领跑者5000——中国精品科技期刊顶尖学术论文”。

《中华护理教育》第4届编辑委员会完成了换届工作，组成了以刘华平为主编的编辑委员会。《中华护理教育》杂志共编辑出版10期，收到来稿1494篇，月平均来稿149.4篇，较2008~2012年的月平均来稿量110篇增加了35%，刊出论文共199篇。

**学科发展研究** 学会各专业委员会积极开展学术调研，如灾害专委会开展的灾害护理技术认知度的调研，儿科专业委员会开展的婴幼儿喂养知识的调研等，全面了解本专科领域的护理现状，为今后针对性的开展工作提供依据。

**决策咨询** 两会期间，学会向全国政协提出了《关于关注护士队伍，采取措施维持护士队伍稳定》和《关于扩大南丁格尔奖获得者的影响力，并给予相应待遇》的提案。

**国内主要学术会议** 学会共举办32项学术交流会议。5月，在四川省成都市召开了2013年手术室护理学术交流会；9月，在青海省西宁市举办了2013年全国内科护理学术交流会。为确保会议交流质量，所有论坛稿件均经过各级专家初审、复审、定稿等环节的层层选拔。2013年增加了杂志编委协助审稿。

**国际交往** 1月16日，中华护理学会与国际护士会在北京签署了《关于中华护理学会加入国际护士会的谅解备忘录》。经学会上报中国科协，中国科协于4月1日批准了中华护理学会加入国际护士会。

9月，英国皇家护理学院一行5人访问学会，双方就今后开展多层次、全方位交流进行了探讨。同月，中日韩三国护理学会理事长视频会议在中华护理学会国际部举行，三国学会理事长通过视频，对新一轮三国护理大会日程安排达成了一致意见：2016年在中国北京举行，2018年在日本举行，2020年在韩国举行。

10月，在陕西省西安市举办中华护理学会第五届灾害护理学术会议期间，学会负责人分别与世界灾害学会主席山本爱子、第二届世界灾害护理学术会议主席Donna Mead博士进行了会谈，讨论2014年在北京举办的第三届世界灾害护理学术会议等相关事宜。10月，在美国华盛顿召开的第40届护理研究院年会暨学术会议期间，学会负责人会见了国际护士会（ICN）主席、美国护理研究院院长及美国老年医学会会长等，就加强中美护理学术交流及共同研究项目进行了磋商。

11 月，学会代表团出席在菲律宾举办的亚洲劳工会期间，会见了亚洲多国护理学会会长，加强中华护理学会与亚洲国家的沟通与了解。同月，学会代表团赴美国参加了美国老年医学会年会。

**科普活动** 1月，学会科普委员会制定完成了《中华护理学会科普教育长效机制项目计划书》，旨在引导全国各级护理学会积极承担公民科学知识与健康普及的社会责任，提高全体护理人员科普素质及科普意识。在北京、江苏、辽宁组织筹建了 3 个护理科普试点基地。学会举办的科普活动 2013 年受众人数达 5000 人次。举办 2 次青少年科普宣讲活动，受众人数为 2000 人次；举办 3 次科普宣讲活动覆盖了 6 个社区；举办 9 次科技咨询、3 次实用科普能力培训研讨，培训护理人数 1000 人次。

在深入江苏省南京市社区开展“健康安全自我管理”科普活动、中华护理学会西部行（宁夏）——走进革命老区（六盘山）、“联合国糖尿病日”主题活动——“糖尿病：保护我们的未来”等 3 次科普活动中，学会科普工作委员会委员与参会的护理人员、科普专家共同交流讨论了护理工作者积极承担公民科学知识与健康普及的社会责任，提升护士的科普能力，调动参与科普活动的积极性等内容。通过互动、提问、现场模拟、讲座等，贯彻“健康安全自我管理”的理念，帮助当地护理人员提高科普健康教育的能力和健康教育水平。

**表彰举荐优秀科技工作者** 按照《中华护理学会科技奖奖励办法》和《中华护理学会科技奖奖励办法实施细则》，第三届中华护理学会科技奖共评出各项获奖奖项 40 项，其中一等奖 3 项，分别为：中国医学科学院北京协和医院吴欣娟的《护士岗位精细化管理模式的建立与实践》、北京协和医学院护理学院陈京立的《构建应用型护理专业特色人才培养模式的研究与实践》、南京医科大学第一附属医院、南京医科大学护理学院林征的《护理干预对功能性便秘患者生物反馈疗效影响的系列研究》；二等奖 7 项；三等奖 30 项。

**会员服务** 学会起草制定了《中华护理学会会员管理办法（讨论稿）》，修改了会员、资深会员的权利和义务，调整了资深会员的会费。

**【中华护理学会正式加入国际护士会】** 2013 年年初，国际护士会主席、首席执行官 David Benton 访问中华护理学会，并对学会加入国际护士会的准备工作进行了考核，并最终通过了考核工作。期间，David Benton 会晤了卫生部、中国科协、外交部的有关领导，并受到了学会名誉理事长张梅颖的接见。经过双方友好协商，中华护理学会与国际护士会于 2013 年 1 月 16 日在北京签署了《关于中华护理学会加入国际护士会的谅解备忘录》。经过国际护士会所有会员的投票，国际护士会于 4 月 18 日批复了中华护理学会加入国际护士会的申请，中华护理学会正式成为国际护士会成员。

5 月 8 ~ 9 日，在北京召开的 2013 年国际护士节护理大会上，国际护士会主席、首席执行官 David Benton 为中华护理学会颁发了会员证书及会旗。中国邮票公司为此专门制作了《热烈庆祝中华护理学会加入国际护士会》的纪念邮票。5 月 18 ~ 23 日，中华护理学会代表团首次以国际护士会正式成员的身份参加了在澳大利亚墨尔本召开的第 25 届国际护士会会员国代表大会。

（撰稿人：董　兵）

## 中国生理学会

**学会能力提升计划** 2012 年，学会荣获中国科协学会能力提升专项“优秀科技社团奖”三等奖，获得连续 3 年奖补资金支持。在项目的执行过程中，学会采取了“顶层设计、逐级管理、责任到人”的工作机制，结合阶段性工作情况多次召开专题讨论会，研讨切实有效的管理制度、实施方案、具体措施等，保障了项目的顺利实施。

学会利用奖补资金，举办了中国生理学会张锡钧基金会第十二届全国青年优秀生理学学术论文交流会暨中国生理学会第十届全国青年生理学工作者学术会议。

7 月，中国生理学会代表团（含香港特别行政区专家、学者）130 余人参加了在英国伯明翰举办的国际生理学联合会（IUPS）第 37 届大会。在本届大会上，学会获得了 2021 年国际生理学联合会（IUPS）第 39 届大会举办权。在中国主办国际生理学联合会大会，是中国生理学前辈、学会领导以及全体会员的夙愿，凝聚了几代的心血，中国生理学会为此进行三次不懈的努力。为鼓励青年教师及青年研究人员参加会议，经学会常务理事会讨论决定，资助 20 位优秀青年教师及青年研究人员参加国际生理科学联合会第 37 届大会，资助额度为每人 1 万元，共计 20 万元，最后有 14 位青年生理学工作者出席了大会。

学会利用奖补资金组织生理学专家、学者撰写并出版了《生理科学进展》，组织研讨并撰写了《生理学名词》。

学会全面更新中文网站，分三年完成网站升级、维护和互动建设，实现学会办公网络化和信息化，为 2014 年 10 月在上海市举办的中国生理学会第 24 届会员代表大会暨全国学术会议的召开做准备。

**学会建设** 2013 年学会发展个人会员 68 名，其中学生会员 11 名。为了调动会员参会的积极性，对普通会员和学生会员给予学术会议注册费优惠，免费为会员提供《生理通讯》及学会学术活动的电子版内容。

**学术期刊** 《生理学报》、《生理科学进展》、《应用生理学杂志》如期出版。学会决定筹办《生理学报》英文版。

**国内主要学术会议** 2013 年，学会共召开国内学术会议 9 次，1240 余人位专家、学者参加了会议，出版论文集 6 部，收录会议论文摘要 512 篇，会上交流 249 篇。

**国际组织任职** 7 月，在国际生理科学联合会（IUPS）第 37 届大会上，学会理事长王晓民再次当选为国际生理科学联合会第 37 届理事会执委。

**国际交往** 7 月，学会组团赴英国伯明翰参加了国际生理科学联合会（IUPS）第 37 届大会，并资助 14 名优秀青年生理学工作者参会，共有 120 篇来自内地和香港特别行政区的论文摘要被大会收录。在大会上，中国以 32 票赢得了国际生理科学联合会（IUPS）第 39 届大会的主办权。

**科普活动** 5 月 18 日，学会在北京参加了 2013 年主题为“科技创新　美好生活”的科技活动周活动。5 月 24 日，学会在云南省文山壮族苗族自治州广南县举办科普宣传活动，聘请当地皮肤病防治所的专家针对皮肤病、性病、麻风病、艾滋病、红眼病、热带病、肠道病等疾病，以及如何预防老年痴呆病等进行现场咨询和义诊。学会两次科普活动共发放《人感染 H7N9 禽流感公众防护问答宣传册》500 本，科普问答题 700 余份，受众近 4000 人次。

**党建强会** 5 月，由学会和中国麻风防治协会、中华护理学会组成的联合党支部一行 6 人，在云南省文山壮族苗族自治州举办了 2013 年科技活动周暨党建强会活动。党建强会活动的主题为“搭建综合平台，整合相关学会党组织资源，深入基层联合开展惠民服务活动——党建强会，服务基层，和谐发展”。云南省文山壮族苗族自治州广南县落松地康复村卫生室因经费不足，缺少药品和医疗设备，在此次活动中，联合党支部主动为落松地康复村卫生室捐赠了近万元的药品，以及包括医疗活动治疗床、紫外线灯车等在内的医疗设备。

**【组团参加国际生理科学联合会第37届大会】** 7 月 21 ~ 26 日，国际生理科学联合会（IUPS）第 37 届大会在英国伯明翰举行，会议是由英国生理学会（The Physiological Society）承办，来自 100 多个国家和地区的 2200 人参会。中国生理学会代表团（含香港特别行政区专家、学者）130 余人出席会议，120 篇会议论文摘要被大会收录。学会还资助了 14 名中国优秀青年生理学工作者参会。

在大会开幕式上，IUPS 大会组委会主席 Bridget Lumber、秘书长 Walter Boron、英国生理学会主席 Jonathan Ashmore、英国皇家学会主席 Paul Nurse 爵士致欢迎辞。Paul Nurse 爵士在谈到生理学是研究生物机体正常功能的一门学科时，指出生理学研究的是“生命之道理（the logic of life）”，并在大屏幕上用中文“生命（life）、道理（logic）和研究（study）”来阐述其内在的含义，既体现了中国文字的博大精深，又巧妙地表述了生理科学的研究内容。

Paul Nurse 爵士认为，基于“基因 -RNA- 蛋白 - 亚细胞器—细胞—组织—生物个体”的传统遗传学法则在揭示生物个体功能和进化方面存在某种不足。该报告给与会者的启发是，后基因组时代，需要重新思考基于蛋白相互作用的“整合生理学”在现代生命科学中的重要意义。

会议探讨了以“基因”和“中心法则”（gene-centric view of evolution）为核心的生物进化理论所面临的挑战，以及生理学在当今生命科学中的重要位置。

大会特邀 33 位国际知名生理学家作大会主旨讲座。北京大学教授程和平以《线粒体超氧炫》为题阐述了线粒体氧自由基爆发的重要发现及其与健康和疾病的关系。

为纪念我国著名生理学家、中国生理学会前理事长冯德培先生，大会举办了 IUPS 冯德培讲座（TP Feng Lecture）。本届冯德培讲座邀请的是美国哥伦比亚大学的 Thomas Jessell 教授，他以《解析运动神经的控制回路》为题，系统阐述了运动神经元的精细控制机制。

来自中国的生理学家作为组织者主持或共同主持了 96 个专题研讨会中的 8 个研讨会，并应邀作了 8 场专题报告。专题的组织和报告展示中国生理学界日益增强的国际学术影响力。

7 月 19 日，在 IUPS 理事会上，中国生理学会副理事长陈应城代表学会作了在中国主办 2021 年第 39 届 IUPS 大会的陈述。7 月 20 日，IUPS 召开会员国代表大会，中国以 32 票对韩国 17 票、奥地利 4 票赢得第 39 届 IUPS 大会主办权。

在 IUPS 理事会换届选举中，学会理事长王晓民当选为 IUPS 理事会执行委员。

**【张锡钧基金会第 12 届全国青年优秀生理学学术论文交流会暨中国生理学会第 10 届全国青年生理学工作者学术会议】** 10 月 12 ~ 13 日，中国生理学会张锡钧基金会第 12 届全国青年优秀生理学学术论文交流会暨中国生理学会第 10 届全国青年生理学工作者学术会议在湖南省长沙市召开。学会全体常务理事，以及来自各地的生理学工作者共 131 人参会。会议共收到论文摘要 73 篇，其中参加张锡钧基金评审的摘要 37 篇。经过专家审核评定，有19人参加口头报告。

参加张锡钧基金会第十二届全国青年优秀生理学学术论文评选的青年生理学工作者们展示了自己在近3年内在生理学研究方面所取得的最新研究成果，内容涵盖了细胞生理学、神经生理学、血液和循环生理学、内分泌和生殖生理学、比较生理学与应用生理学等多个方面。

（撰稿人：肖　玲）

## 中国解剖学会

**学会建设**　2013年，学会承担了老科学家学术成长资料采集工程——中国科学院古人类学家吴新智院士的成长经历采集工作。采集工作组人员在学会副理事长席焕久教授的带领下，经过多方面、多地区和多人员的采集采访工作，现已完成包括与央视合作采访吴新智本人的大部分采访和部分资料的收集工作，并开始传记的撰写。

2013年，学会成立了脑网络组分会和干细胞转化医学分会两个分支机构，发展全国会员137名。

由学会编写的《中国人解剖学数值》（第二版）已完成初稿。7月20～21日，学会体质调查工作委员会在山东省曲阜市召开了《中国人解剖学数值》（第二版）定稿会，与会人员交流了《中国人解剖学数值》第二版修编和组内互审中发现的问题和解决办法。

《中国解剖学名词》经过34位专家3年多的工作，现已基本完成了名词的审定。10月26～28日，在北京召开的《中国解剖学名词》编写组组长和审定人联合定稿会上，人体解剖与组织胚胎学名词审定工作委员会主任委员高英茂提议，以即将公布的人体解剖学审定名词和组织胚胎学审定名词为基础，适当增加名词数量，深化名词释义，插入图示，编写一部图文并茂的《人体解剖与组织胚胎学图解大辞典》。

**学科发展研究**　学会承接中国科协《2012—2013年人体解剖与组织胚胎学学科发展研究报告》项目，就本学科或研究领域的发展状况进行了系统的研究，历经2年完成编写任务。已出版的学科发展报告内容，对包括人类学、数字解剖学、神经解剖学、脑网络组、再生医学、医学发育生物学、定量形态学、生殖医学、断层解剖学、功能神经影像学、人体组织学、人体胚胎学、临床应用解剖学、干细胞和生物塑化技术在内的重点领域，回顾了5年以来的研究进展，作了较为系统的总结。

**国内主要学术会议**　7月20～24日，第10届护理专业解剖学会议在广东省广州市召开。中国工程院院士钟世镇作了题为《关注转化医学》的专题报告，汪华侨教授、丁自海教授分别作了题为《医学论文撰写与发表》、《护理解剖学研究进展和护理专业人体解剖学教材编写》的报告。会议评出“全国希望杯”优秀论文一等奖1名、二等奖2名、三等奖3名，优秀课件一等奖1名、二等奖2名，优秀标本奖1名。

7月24～27日，第6届组织学与胚胎学专业委员会暨全国医药院校组织学与胚胎学教研室主任会议、第13届组织学与胚胎学青年学术研讨会、第10届组织学与胚胎学教学与科研技术经验交流会在广东省广州市相继召开。约50位专家、学者出席会议，13人就创新人才培养、学科及课程建设、精品共享资源建设、问题式学习（PBL）及网络式PBL教学改革等内容作报告。会议期间，举办了第2届“易创杯”切片大赛，有19张教学切片参赛，专家组评选出二等奖2项、三等奖3项。

7月26～29日，第4届全国解剖学技术学术会议在吉林省延吉市召开。中国工程院院士钟世镇、学会秘书长周长满等专家、学者124人参会。

8月3～4日，学会第29届学术会议在河南省郑州市召开。来自全国各地和海外的近500名解剖学工作者出席了会议。会议邀请中国科学院上海神经科学研究所研究员周嘉伟、学会理事长李云庆等11位专家作大会报告。大会设立了8个分会场，国内112位解剖学工作者就解剖学教学方法、再生医学、干细胞、肿瘤细胞生物学、神经通路、神经递质（调质）和受体、神经胶质细胞、临床解剖学、神经系统疾病、发育生物学、组织学、断层影像解剖学、人体解剖学、神经发育、损伤与再生、人类学等内容进行了学术交流。

10月18～21日，由学会医学发育生物学分会主办的第三届医学发育生物学学术研讨会在四川省成都市召开，约50人出席会议。

11月1～5日，由学会断层影像解剖学专业委员会主办的第7届断层影像解剖学研讨会暨第19届全国断层影像解剖学及其临床应用学习班在四川省成都市召开。会议展示、交流了微视断层解剖学、脑功能成像、分子影像学和医学图像处理与分析等方面的最新研究成果，探讨了断层影像解剖学的发展方向。来自中国科学院、北京大学、复旦大学、香港中文大学等16所高等院校、科研院所的70余位专家、学者参加了会议和学习班。会议期间，举办了纪念我国断层解剖学奠基人王永贵教授诞辰100周年座谈会。与会人员高度评价了我国著名解剖学家王永贵教授的治学精神和为中国解剖学事业所做的巨大贡献，缅怀他严谨求实的治学精神和为解剖事业奉献一生的高尚品德。

11月2～3日，再生医学与转化论坛暨中国解剖学会再生医学专业委员会年会在江苏省南通市召开。来自国内10余所医科大学基础和临床的专家、教师和研究生共160余人出席会议。

**【21世纪中国人类学发展高峰论坛】** 10月12～13日，学会人类学专业委员会、中国科学院古脊椎动物与古人类研究所、辽宁医学院和中央民族大学在北京联合举办了21世纪中国人类学发展高峰论坛。会议的召开旨在“促进学科交叉与融合，拓宽研究领域，展示未来发展前景”。来自中国科学院、复旦大学、北京大学、美国亚利桑那大学等29所高校、科研院所的近100位专家、学者出席会议。

中国科学院院士吴新智作了题为《多学科交叉研究和科研生长点》的主旨报告。17名国内外学者在会上作了主题报告，内容涵盖了考古人类学、分子人类学、文化人类学、法医人类学、体育人类学、肤纹学等人类学等多个研究领域。论坛采取了主旨报告和主题报告相结合，专题报告与自由发言相结合的形式。此次论坛促进了人类学各分支学科间的交流和协作，尤其是体质人类学研究与文化人类学研究间的交流协作，拓宽了人类学研究领域，明确了我国人类学发展的方向。吴新智院士认为，“此次论坛是我国人类学科研值得纪念的一座里程碑”。

**【中国科协继续教育项目“阿尔茨海默病高层继续教育培训”系列活动】** “阿尔茨海默病（AD）高层继续教育培训项目”分别于7月29～31日、11月16～17日在陕西省西安市、11月14～15日在广东省广州市举办了3次系列活动，来自全国26个省、自治区、直辖市的300多位医生、在校研究生及临床技术人员参加了培训。

培训活动邀请国内从事神经科学和阿尔茨海默病各研究领域的36位专家、学者作讲演。与会人员共同探讨了阿尔茨海默病与相关疾病的问题，交流了近年来衰老与阿尔茨海默病、老年性阿尔茨海默病的基础和临床诊疗、药物研发、流行病学、护理，以及中医药学等方面的最新研究进展，对阿尔茨海默病流行病学研究、早期诊断、生物标识物、药物治疗等方面的知识进行了学习和交流。

（撰稿人：房桂珍）

## 中国生物医学工程学会

**服务创新型国家和社会建设** 学会与政府管理部门共同开展了医疗器械战略研究，启动了“医疗器械重大专项”建议工作，成立了建议小组，开展了医疗器械重大专项的规划与实施建议的论证工作。

学会累计开办各种学习班、培训班共计20期，培训学员约2000人次。班次及培训人数均比学会2012年提高了30%，师资队伍增加到126人。

**学会能力提升计划** 2013年，学会根据中国科协《学会能力提升专项资金管理办法（试行）》和工作进度安排，利用中国科协“学会能力提升专项优秀科技社团三等奖”资金，完成了《学会能力提升专项优秀科技社团第一年合同书》规定的各项任务，实现了相应的预期考核指标。学会从今后长远发展的战略高度，选择影响学会长远发展的关键能力，作为重点和突破口，通过重点工作和关键能力提升，带动学会工作质量的改进，为学会的长远发展奠定基础。一是以学科发展为重点，积极搭建平台，加强学术交流、打造品牌学术会议。二是发挥人才优势，围绕现代生物医学工程学科的重点、难点、热点问题开展专题调研，为政府决策提供了科学依据，为经济社会发展的贡献更加突出，进一步提升服务社会和政府能力。三是为会员及科技工作者服务能力不断提升，组织建设和自身能力建设得到进一步加强。

学会承办的2012年第14届中国科协年会分会场被评为优秀分会场，学会荣获2012年中国科协会员日活动优秀单位、全国科普日活动优秀特色单位、学会党建特色单位等表彰奖励。学会主办的《中国生物医学工程学报》荣获2013年期刊学术质量提升项目奖项。

2012年12月，学会正式向中国工程教育认证协会提交了《关于组建中国工程教育认证协会“生物医学工程类专业认证委员会（筹）”的申请》。

**学会建设** 截至2013年底，学会注册登记并缴纳会费的会员人数为5700人，2013年增加会员200余人。

2013年，学会召开理事长工作会议2次，理事长专题工作会议1次，常务理事会2次，理事会1次，组织工作会议2次。

5月5日，学会八届二次常务理事会议通过了修订后的《分支机构管理办法》，确定了各副理事长除联系负责本专业分会外，同时联系1～2个地方分会的分工原则。确定了工作委员会设置，选举产生了工作委员会主任委员、副秘书长人选。会上成立了学会顾问委员会，旨在就学会的发展、学术活动的开展、为政府以及产学研医的结合，乃至学会本身的管理等方面，提出各种意见和建议，供理事会参考和采纳。

7月29日，学会在江苏省苏州市召开了理事长专题工作会议。会议决定对医学超声工程分会、自然医学与中医药工程分会、临床医学工程分会等3个分会进行改革试点工作。

12 月 13 日，学会八届三次常务理事会议同意设立生物医学工程领域执业工程师认证工作委员会。

学会成立了青年委员会、老科技工作者委员会。

学会制定了《中国生物医学工程学会科学道德和学风建设制度》，发布了《科学道德及学风建设倡议书》，建立了学术道德宣讲员队伍。

学会向地方学会发放了征求意见（建议）调查问卷，收集各地方学会对总会的意见及建议，制定了长效沟通机制。

7 月，学会与北京航空航天大学开展了生物医学工程学风道德和学术诚信宣讲活动，近百名硕士、博士研究生参加了报告会。

**学术期刊** 5 月，《中国生物医学工程学报》（以下简称《学报》）获得中国科协精品科技期刊工程期刊学术质量提升项目资助。

**国际学术会议** 学会及所属分支机构主办或联合主办国际学术交流活动 6 次，2550 人次参会，交流论文 906 篇。

6 月 25 ~ 26 日，由科技部、天津市人民政府等共同主办的 Bio-Economy2013 国际生物经济大会暨展览会在天津举行。学会受科技部委托，承办了医疗器械分会场大会医疗器械分会场学术组织工作，邀请国内外生物医学工程医疗器械领域内的 13 位专家在分会场作学术报告，共有 150 余位专家、学者参加会议。本次分会场围绕医疗器械发展的主题讨论了生物医学工程当前研发状况及发展趋势，医疗器械产业发展机遇及挑战。

8 月 6 ~ 8 日，由学会与北京航空航天大学共同承办的第六届世界华人生物工程（WACBE 2013）大会在北京召开。大会涵盖生物医学工程所有相关领域，设立了邀请报告，特别座谈会，论文报告、热点主题专项洽谈会、产品展示等。大会特别加入了教育论坛和创新技术与产业论坛，为学术机构和工业企业界间的沟通合作搭建了平台。

**国内主要学术会议** 学会及所属分支机构主办或联合主办国内各类学术交流活动共计 24 次，共 4814 人次参会，交流论文 2013 篇。会议包括了第五届生物医学工程与医疗器械论坛、第十五届中国科协年会第 22 分会场。

3 月 29 日，学会与解放军总后勤部卫生部在第 25 届国际医疗器械展览会上联合举办了生物医学工程与医疗器械论坛，该论坛已连续举办 5 届。论坛围绕“人类健康工程与健康物联网”，从产业、学术、研发、政府决策等角度，重点就人类健康工程的内涵意义、涉及的学术学科领域、产业远景、未来趋势及价值展开讨论。中国工程院院士俞梦孙在论坛上提出，健康物联网的应用将带来巨大的市场和发展空间，这个产业将成为未来新的经济增长点，因为它关乎每一位老百姓的生活和健康。健康物联网是对全生命周期的个体健康的一种社会化的管理，是建立在系统论思想基础上对待人类健康的态度和方法，是以人为中心、维持提高人体系统稳态水平为目标的系统工程。其内涵不仅仅限于工程技术，而是一个人文和科学技术相融合的开放的综合体。

6 月 7 ~ 9 日，学会承办的中国科协第 76 期新观点新学说学术沙龙在北京举行。本期沙龙主题为“脑细胞外间隙：认知科学与脑病诊治研究的新空间”。论坛讨论首次质疑了神经元为脑唯一代理的神经元学说，提出神经周围微环境决定或参与决定的学说，证实了经脑细胞外间隙途径，采用简单扩散给药方式治疗脑病的新观点新学说。此次沙龙使该领域的研究者们对现代医学科学体系下脑科学本质有了新的认识：脑成像新技术的突破将为认知科学和脑病诊治研究提供新空间，开辟新领域、新方向。

**国际组织任职** 2013 年，经国际医学生物工程联合会（IFMBE）选举，学会理事长樊瑜波教授代表亚太地区当选为国际医学生物工程联合会执委，这是学会继中国工程院院士刘德培、胡逸民教授担任国际医学物理与医学工程科学联合会（IUPESM）执委后，又一位在国际组织中任职的中国专家。

经世界华人生物工程师协会（WACBE）选举，樊瑜波教授当选为世界华人生物工程师协会候任主席。

受国际医学生物工程联合会邀请，学会副秘书长翁晓红参与了出版工作委员会负责编辑的 *IFMBE News*（季刊）有关工作。

**两岸交流** （与两岸无关，暂放提升计划）2013 年 9 月，学会赴台湾地区开展生物医学工程教育认证调研工作，访问台湾地区“中华工程教育学会（IEET）”，了解认证机构如何准备认证工作，考察研究机构及大学认证的全过程。

**科普活动** 学会共组织科普报告 5 场、科普实践活动 1 次、组织科普游园活动 2 场、创新成果科普展 1 次、制作巨幅宣传板一个、展板 50 块、发放调查表约 200 份。报告会听众达 1000 余人次，展览会及游园现场直接互动累计超过 1000 人次，各类参观受众约 3000 人次。学会成立科学传播专家团队 19 个。

5 月，在全国科技活动周期间，学会围绕“科技让生活更美好”的主题主办了两场系列科普活动。活动分别以科普游园、义诊和校园巨幅展示墙等形式开展。

7 月 18 ~ 20 日，学会在中国科协第四届科技场馆展品与技术设施国际展览会暨学术研讨会上承办了 3 个展位的科普展览。

9月14～20日，在全国科普日活动期间，学会参加了由北京市东城区科协主办科普日主场活动。围绕主题“保护生态环境，建设美丽中国”，通过多种形式的科普宣教活动，向首都市民全面普及生态环境影响人类健康的科学知识。

**党建强会** 学会党支部认真分析学会党建工作的现状与实际，以分支机构组织建设作为“党建强会”的载体，全面推进基层党建工作，扩大党组织和党的工作覆盖面，逐步推进分支机构建立党建工作小组，在20个专业分会建立了党建工作小组。通过开展建立分支机构党建工作联系人、党建工作小组、共建活动、深入开展“十百千”特色活动等，提高“党建强会”的实效。

学会开展了“加强学会文化建设，弘扬科学精神”的党建强会主题活动，在北京、重庆两地举办了学风道德宣讲活动，在学会网站上设立了“学会党建”专栏。

**会员服务** 学会完善了会员信息库及会员通讯工作，会员数据信息全部实现电子化，能够利用邮件、学会网站、手机通讯等方式及时向会员传达有关学会工作最新动态。

**中国科协会员日** 12月12～13日学会召开八届二次理事会之际，在东北大学举办了以“改进作风，服务基层，推动组织发展，增强会员凝聚力”为主题的2013年中国科协会员日活动，来自全国各地100余名会员参加了此次活动。活动中，7位专家围绕生物医学工程学科发展作专题报告。同时，举办了组织工作地方学会联席会，科技转化与产业促进专题会、顾问委员工作会、教育及科普工作座谈会等4次座谈会。

**【第六届世界华人生物工程大会】** 8月6～8日，由世界华人生物医学工程协会（WACBE）主办，中国生物医学工程学会、北京航空航天大学承办的第六届世界华人生物工程大会在北京举办。学会理事长、世界华人生物医学工程学会候任理事长樊瑜波担任大会主席。

大会邀请美国科学院、美国工程院、美国医学院、美国文理科学院院士钱煦，美国医学院、美国工程院院士胡流源，美国科学院院士何潜，学会前任理事长、中国工程院院士刘德培，世界华人生物医学工程学会理事长、美国克里夫兰医学中心教授李宗明，*MED ENGPHY*（《医学工程学报》）主编、英国斯特拉斯克莱德大学Richard Black教授，国际期刊CMBBE（《生物力学和生物医学工程中的计算机方法》）主编英国卡迪夫大学教授John Middleton等生物医学工程领域的知名专家、学者出席大会。

大会邀请25位专家作大会专题报告，设立了生物材料与再生医学、心血管/骨肌生物力学、力生物学、康复、生物医学影像、生物医学信号处理与传感器、分子细胞生物工程、神经工程等分会场。来自世界各地的生物医学工程领域的专家、青年学者和学生，以及教育界、企业界人士共300余人参加了大会。大会共收到论文摘要320余篇。

大会涵盖生物医学工程所有相关领域，设立了邀请报告、特别座谈会、论文报告、热点主题专项洽谈会、产品展示等。大会特别加入了教育论坛和创新技术与产业论坛，为学术机构和工业企业界间的沟通合作搭建了平台。

**【2013国际生物经济大会第四分会场医疗器械发展论坛】** 6月25～26日，由科技部、天津市人民政府等共同主办的2013国际生物经济大会暨展览会在天津举行。学会受科技部委托，承办了本次大会第四分会场医疗器械发展论坛，共有150余位专家、学者出席论坛。

学会理事长樊瑜波、美国食品药品监督管理局（FDA）医疗器材及辐射安全中心前官员Dr.Chiu S. Lin分别担任分会场中方、外方主席。论坛围绕主题“生物医学工程当前研发状况及发展趋势，医疗器械产业发展机遇及挑战”，以当前国内外生物医学工程——医疗器械前沿领域及先进技术的产学研结合、发展现状及趋势为切入点，邀请13位国内外生物医学工程医疗器械领域的专家、学者作专题报告。

Chiu S. Lin、美国南安普顿大学医学院初级保健和人口科学系教授Guiqing Lily Yao和美国COOK医疗公司医疗主管Anthony Wilkinson等在报告中介绍了医疗器械创新技术发展及趋势、结直肠癌不同检测方法的成本效益分析，以及COOK医疗公司在亚太医疗器械市场的商业和科研经验等内容。

学会名誉理事长、中国工程院院士俞梦孙围绕“疾病医学模式向新的健康医学模式——人类健康工程”主题作报告。报告指出，人类健康工程是建立在系统论思想基础上对待人类健康的态度（尊重人类自己）和方法，是以人为中心、维持提高人体系统稳态水平为目标的系统工程。其内涵不仅仅限于工程技术，而是一个人文和科学技术相融合的开放的综合体。

樊瑜波教授介绍了从细胞、组织层次研究植介入体与组织细胞相互作用的力学生物学机理，可降解植/介入体或可降解修复材料与组织细胞相互作用的生物力学建模仿真和实验方法，以及探索医用植介入体构型优化设计原理具有重要的意义。

北京航空航天大学教授郑诚功介绍了中国骨科产业现状，提出应重视民族产业，尽全力保有中国医药产业的措施。

中国食品药品检定研究院生物材料与组织工程室主任王春仁对组织工程医疗产品的种子细胞来源、细胞的质量控制、生产过程的规范操作、材料支架表征、终产品的设计验证和质量控制、临床前评价、风险管理和临床研究提出了一些指导性原则，期望有利于促进该类产品的产业化。

（撰稿人：康亚文）

## 中国病理生理学会

**学会建设** 2013 年，学会新增会员 131 人，会员总数 4794 人，其中终身会员 121 人。按照中国科协的要求，学会对全国会员进行了统一编号、登记和收取会费，发放了新的会员证，实现了网上会员会籍管理。

学会消化病理生理学专业委员会进行换届。山西医科大学的刘立新教授当选为消化病理生理学专业委员会第五届主任委员。

**学术期刊** 学会主办的 3 种科技期刊全年共出版 8000 册，发表论文 1524 篇。

《中国病理生理杂志》第 5 次入选“百种中国杰出学术期刊”，2 篇论文被中国科学技术信息研究所评选为“领跑者 5000——中国精品科技期刊顶尖学术论文”。该刊获得了中国科协精品科技期刊工程期刊学术质量提升项目资助。

《中国实验血液学杂志》刊载的论文被美国国立医学图书馆医学索引 MEDLINE 数据库（MEDLINE/Index Medicus）、美国 EBSCO 数据库、美国化学文摘（CA）数据库、世界卫生组织西太平洋地区医学索引（WPRIM）等检索系统收录，国内读者和世界各国读者均可在月余或更短时间内进行查阅。两篇论著被中国科学技术信息研究所评选为“领跑者 5000——中国精品科技期刊顶尖学术论文”。

《中国动脉硬化杂志》完成了过期刊物全文上网，被评为第二届湖湘优秀出版物奖。

**国际学术会议** 学会召开国际学术会议 4 次，参会人数约 1900 人次，交流论文约 1100 篇。

2 月 25 ~ 27 日，第十一届国际转基因技术协会（ISTT）世界大会（TT2013）在广东省广州市召开。

3 月 1 ~ 3 日，由学会休克专业委员会主办的国际休克·脓毒症高峰论坛暨第九届中国病理生理学会休克专业委员会学术大会在广东省广州市召开。

11 月 8 ~ 11 日，由学会主办的 2013 国际病理生理学教学研讨会暨金陵医学教育论坛在江苏省南京市召开。来自英国、俄罗斯、美国、瑞典，以及国内的近 300 名专家、学者参加会议，就病理生理学教学改革、双语教学、以问题为导向的教学方法（PBL）、网络教学体系平台建设、教师队伍建设、研究生教育等进行了专题报告和研讨。

11 月 15 ~ 17 日，由学会危重病医学专业委员会与法语系危重病医学会、湖北省病理生理学会危重病专业委员会联合主办的第四届中法危重病医学研讨会在湖北省武汉市召开。

**国内主要学术会议** 学会及下属分支机构主办了第 14 届全国实验血液学学术会议、第 12 次全国动脉硬化性疾病学术会议、第 15 届全国微循环学术会议、第 8 届消化病理生理学术会议等 7 次学术会议，参会人数约 1750 人次，交流论文 1300 余篇。

**两岸交流** 8 月 16 ~ 20 日，由中国病理生理学会、中国生理学会、中国药理学会、中国医药研究所，台湾药理学会、香港大学共同主办的第九届海峡两岸心血管科学研讨会暨首届台湾南部国际心脑血管科学研讨会在台湾地区台南市召开，92 位来自大陆的专家、学者出席会议。

**国际交往** 6 月 30 日至 7 月 4 日，学会会员 44 人赴美国圣地亚哥参加国际心脏研究会（ISHR）第 21 届世界大会。

7 月 20 ~ 21 日，学会动脉粥样硬化专业委员会 / 国际动脉粥样硬化学会中国分会和加拿大动脉粥样硬化、血栓与血管生物学学会共同举办的 2013 年中 – 加“动脉粥样硬化、糖尿病和肥胖”学术会议在加拿大温哥华西蒙弗雷泽大学举行。

**【第 11 届国际转基因技术协会世界大会】** 2 月 25 ~ 27 日，第 11 届国际转基因技术协会（ISTT）世界大会（TT2013）在广东省广州市召开，这是国际转基因技术协会首次在亚洲地区召开的会议，由学会休克专业委员会主办。

本次大会邀请全球 30 位转基因技术专家作专题报告。国际转基因技术协会主席 Lluis Montoliu 教授，英国皇家学会院士 Allan Bradley 教授，中国科学院院士姚开泰、朱作言，中国工程院院士曾溢滔、李宁士、夏咸柱、詹启敏和刘德培等 300 余位国内外专家学者参加了会议。

本届大会历时 3 天，共进行 30 余场专题报告，展出数十项新技术、新方法、新设备及上百项最新研究成果，对转基因技术过去几十年的优秀成果及近年来的最新进展和应用进行了全面总结，对转基因技术未来的发展进行了科学、大胆地预测，引发了各国专家、学者的交流和讨论。

会议举办了转基因技术及最新进展培训班，由 ISTT 资深会员、美国弗吉尼亚大学医学院转基因与基因打靶中心主任徐文浩教授主讲，介绍基因工程动物最新进展，实际操作培训经典的转基因技术和最新技术等。

**【国际休克·脓毒症高峰论坛暨第九届中国病理生理学会休克专业委员会学术大会】** 3月1～3日，由学会休克专业委员会主办的国际休克·脓毒症高峰论坛暨第九届中国病理生理学会休克专业委员会学术大会在广东省广州市召开，1000余位专家、学者参会。

会议邀请50余位国内脓毒症专家对最新《2012国际脓毒症指南》进行了详细的解读，这是《2012国际脓毒症指南》发布后首次在国内进行解读。

本次会议的主旨是“加快基础与临床研究整合，促进研究成果转化”。南方医科大学教授赵克森等提出，重症休克时存在小动脉平滑肌线粒体功能不全，它参与了顽固性低血压的发生，机制包括ROS释放、线粒体通透转变孔开放、线粒体内膜跨膜电位减低、线粒体肿胀等，最终导致ATP生成减少，并由此提出，保护小动脉平滑肌免于线粒体功能不全是治疗重症休克顽固性低血压的一条新途径。

美国医学科学院院士Billiar提出，机体早期免疫紊乱是影响创伤患者死亡的重要因素。在创伤早期救治中，加强对免疫功能的调控对于改善伤者预后尤为关键。在治疗方面，*SHOCK*杂志主编Chaudry教授提出，创伤后雄性免疫和心血管功能受到抑制，17β－雌二醇或4－羟－雄烯二酮等药物可能是治疗严重失血后免疫及心血管功能抑制的安全、新颖的替代物/激素。

欧洲休克协会主席Bahrami教授的报告指出，休克与炎症反应相互作用，导致多脏器功能衰竭。主要分子机制包括线粒体、氧化应激、器官特异性活性氧、内质网应激、不依赖于一氧化氮合酶的NO、亚硝酸盐来源的NO等。

**【第四届中法危重病医学研讨会】** 11月15～17日，由学会危重病医学专业委员会与法语系危重病医学会、湖北省病理生理学会危重病专业委员会联合主办的第四届中法危重病医学研讨会在湖北省武汉市召开，600余位专家、学者出席会议。会议围绕国际危重症医学领域的前沿进展、热点话题、临床难点与争议以及更新指南等内容，设立18个学术板块，举办了62个学术报告。学会危重病专业委员会主任委员、协和医院重症监护室（ICU）杜斌教授，法语系危重病学会秘书长Xavier Monnet教授，中国医师协会危重病医师分会主任委员、北京复兴医院院长席修明，中华医学会危重病医学分会前任主任委员刘大为等专家作报告。

会议针对近两年来国际上在容量复苏时晶体与胶体液选择的热点问题进行了辩论和讨论，法语系危重病学会主席Djillali Annane教授就晶体液治疗作了详细介绍。

会议还就重症肺炎、呼衰患者机械通气策略、严重全身性感染合并出凝血障碍以及肺泡大出血典型病例进行了病例讨论，中法两国专家进行了点评。

此次研讨会部分学术报告的视频在学会网站上和专业网站上发布。

**【第14届全国实验血液学学术会议】** 11月15～16日，学会血液专业委员会主办的第14届全国实验血液学学术会议在上海市召开，出席会议专家、学者约800人，交流论文700余篇。

会议邀请全国人大常委会副委员长、中国科学院院士陈竺，诺贝尔奖获得者Bruce Beutler教授、美国临床肿瘤学会（ASCO）主席Kan Yuet Wai教授，分别以《从攻克白血病到全民医疗卫生和医保覆盖》、《揭秘炎症》、《血红蛋白和其他疾病的干细胞治疗策略》为题作大会主题报告。大会设立了血液肿瘤生物学和靶向治疗、造血调控和干细胞、止凝血和血管生物学、血液免疫等4个分会场，中国工程院院士陈赛娟、陆道培、阮长耿等国内外专家围绕血液肿瘤生物学和靶向治疗、干细胞和造血调控、血栓和血管生物学和血液免疫学等内容作报告，旨在架设在基础医学与临床医学之间的桥梁，在血液学领域切实提升转化医学的理念，使基础和临床的结合更紧密，开拓更广阔的合作领域。

会议专门举办青年论坛，以青年学者的原创性研究论文报告为主要形式，展示我国青年血液学工作者的研究成果。根据论文的原创性、新颖性和应用性等评选出6篇青年优秀论文，获奖者分别获得参加欧美、亚太及全国学术会议的机会。

**【组团参加国际心脏研究会第21届世界大会】** 6月30日至7月4日，国际心脏研究会（ISHR）第21届世界大会在美国圣地亚哥举行，会议由ISHR北美分会承办，以“心血管研究的振兴与转化”为主题，来自36个国家和地区从事心血管基础与临床研究的700多位专家学者参加了会议。

中国病理生理学会理事长吴立玲、学会心血管专业委员会主任委员余细勇、国际心脏研究会中国分会主席惠汝太率44人代表团出席会议。

学会争取到9个“青年学者会议资助奖励”（Young Investigator Travel Awards）资助，为中国青年学者进行国际交流提供了机会。

心血管专业委员会暨国际心脏研究会中国分会在大会上举办了“心肌肥厚—心衰转化的模型和机制研究”的专题报告会，邀请美国科罗拉多大学Leslie Leinwand教授、阿根廷拉普拉塔心血管研究中心Irene L.Ennis教授、北京大学第三医院教授徐明和北京大学教授肖瑞平介绍了最新研究成果。徐明、肖瑞平分别就“miR-24 在心衰兴奋-收缩脱耦联中的作用机制”、“MG53 介导的糖尿病性心肌病研究”作报告。中国科学院上海健康研究院杨黄恬教授、北京大学第三医院的肖晗博士应邀分别作了题为《有效的建立和维持人多潜能干细胞来源的心血管前体细胞的研究》、《血管内皮中 SREBP2 激活 NLRP3 参与血流动力学诱发的动脉粥样硬化的易感性》的专题报告。受大会邀请，天津医科大学教授朱毅和肖晗博士共同主持了专题报告会——心肌愈合和重构中的炎症反应。北京大学健康科学研究中心的宋一萌博士主持了专题报告会——多途径的利用多潜能干细胞进行心肌修复的研究。

大会举办了壁报展示和优秀壁报评比，中国代表团有 53 份壁报入选参评，北京大学第三医院肖晗博士的壁报荣获“每日最佳 poster”。

（撰稿人：吴立玲　余晓星）

## 中国营养学会

**服务创新型国家和社会建设**　2013 年，学会承接政府转移职能工作，制订多项标准。3 月，与国家卫生和计划生育委员会政策法规司签订了“脂溶性维生素”标准制订项目委托协议书。6 月 26 ~ 27 日，学会召开了膳食营养素参考摄入量（DRIs）标准制定专家会议，介绍了标准制定的重点和注意事项，安排工作进度。7 月 30 日召开了脂溶性维生素 DRIs 卫生标准制定项目启动会。

学会围绕修订《中国居民膳食营养素摄入量 DRIs》举办 2 次专家委员会议，1 次全体作者会议，1 次国际 DRIs 研讨会，3 次定稿审核会议，交流学术信息并讨论审定 DRIs 稿件。完成了稿件形式校改阶段和数据的再审核阶段的修订工作。

2 月，国家卫生和计划生育委员会政策法规司下达通知，正式启动《营养科学名词术语标准》（以下简称《营养名词标准》）编制工作。5 月，学会形成了《营养名词标准》征求意见稿及编写说明初稿。6 月，提交标准委员会审批。7 月，国家卫生和计划生育委员会营养标准委员会召开了营养标准审议会议，对《营养名词标准》提出了修改意见。10 月，学会将再次修改后的《营养名词标准》提交有关部门审议。

2 月，“贫困农村小学生营养包干预项目”完成了基线调查数据清理和分析工作。9 月，干预学校引入安全饮用水活动完成。同月，学会在湖北省恩施土家族苗族自治州鹤峰县启动营养包干预工作。

6 月 5 日，学会举办“胶原蛋白：事实与误区”高端圆桌会议。鉴于网络上关于胶原蛋白在美容和保健方面的争议引起了广大群众的关心，中国营养学会特别邀请相关专家学者举办小型讨论会，就这一事件从专业角度进行解析，并对媒体释疑。

9 月 4 ~ 5 日，亚洲功能食品展览（VITAFOOD ASIA 2013）在香港国际博览中心举行。中国营养学会受邀第三次参与主办博览会。在展会上，学会累计发放宣传材料 600 余本，图书 40 余册，受益人数近千人次。

9 月，应商务部邀请，学会联合《健康时报》、中国疾控中心营养与食品安全所、北京市营养源研究所共同参展第九届中国食品博览会。学会设展区 500 平方米，举办了食物营养及产品科普展、“看营养标签，过健康生活”中国行——成都站启动仪式、营养功能食品高峰论坛等活动，参观人数 1000 余人次。

12 月，由科普专家主编，媒体编辑协助完成的《中国居民膳食营养素推荐摄入量——消费者解读》定稿。

学会全年共举办继续教育培训班 3 次，611 人结业。9 月 24 ~ 28 日，学会临床营养分会在北京举办了临床营养师技能培训班。12 月 5 ~ 6 日，学会妇幼营养分会在广东省广州市举办了妇幼人群 DRIs 修订研究进展研讨会及妇幼人群 DRIs 应用技术培训班。12 月 23 日，学会主办的第四期营养领导才能培训班在黑龙江省哈尔滨市开班，34 名学员参加此次培训。

2013 年，中国营养学会营养科研基金——DSM 专项科研基金资助的优选课题方向为老年人群营养研究，包括维生素和 Omega-3 脂肪酸对中国老年人群健康效应的研究、健康效应包括但不限于骨骼及肌肉健康、抗炎功能、代谢综合征等 4 个方向。项目在 6 月底完成了招标工作。10 月 15 日，专家评审会对提交的标书进行了最终遴选。

2013 年，学会与内蒙古伊利实业集团股份有限公司合作，设立了中国营养学会营养科研基金—伊利营养与健康研究基金，资助乳及乳制品功能营养研究，包括但不限于围绕乳蛋白质、乳脂肪、乳糖及微量营养成分的研究课题。11 月 2 日完成招标。

**学会能力提升计划**　学会建立了食物营养评价制度，完成了对“好想你”枣、赣南脐橙、西麦全谷物等 2 ~ 3 种产品的营养价值和营养功能的科技评价。在青海省和西藏自治区两地创建会员之家，使学会会员之家数量达到了 30 家。学会对网站进行了改版，完善了会员管理系统，实现了系统对全部会员信息的提供和分类管理。

为适应学会自身发展的需要，学会专职人员增加到 12 人，具有本科以上学历及有营养学专业背景的专职人员达到了10人。制定了专职工作人员择优上岗制，建立健全专职工作人员的聘后管理和双向流动的用人机制。

学会派专家、学者出席了9月在西班牙举办的第20届国际营养大会，竞标了2021年国际营养大会承办权。启动了《中国居民膳食指南》的修订工作。

**学会建设** 2013年全年发展个人会员16518人，比2012年增加1218人。截至2013年底，单位会员数35家，比2012年增加7家。

5月16日，学会在浙江省杭州市召开中国营养学会第八届全国会员代表大会。来自全国各地的500多名会员代表参加了大会。会议选举产生由115人组成的新一届理事会。5月18日，学会召开八届一次理事会，选举产生了37名常务理事和8名理事会负责人，杨月欣当选为新一任理事长，郭红卫当选新一任秘书长。

6月27日，学会在北京举办了专职员工能力提升培训班。聘请了中国航空学会组织工作与会员服务部副部长周竞赛讲解学会办事机构建设，中国行政管理学会副秘书长、九三学社中央委员张学栋主讲当好办公室主任的技巧与艺术，中国行政管理学会执行副会长高小平博士介绍怎样当好学会秘书长。

**学术期刊** 《营养学报》全年收稿为346篇，退稿197篇，稿件采用率43%，共发稿162篇，国内总发行量12600册，国外发行和交换84册。

**学科发展研究** 《我国营养学研究发展报告》被列为学会重要工作内容。10月，《我国营养学研究发展报告》完成初稿，12月送交出版社。

6月，《营养科学辞典》正式出版发行，《营养科学辞典》含词语7100条，约计90万字，其中配有插图100余幅。

**国际学术会议** 3月8日，学会与世界卫生组织在浙江省杭州市召开了营养科学双边论坛。学会膳食营养素参考摄入量（DRIs）修订专家委员会有关专家和部分编者，以及世界卫生组织营养指导专家顾问委员会的专家共计71人参加了此次论坛。会议邀请专家作8个学术报告，交流了国内外DRIs修订的学术信息，探讨了DRIs修订工作的重点和热点问题。

5月15～17日，学会在浙江省杭州市召开了第十一次全国营养科学大会暨国际DRIs研讨会，来自国内外的1500余位专家、学者参会。本次学术大会的主题是“DRIs新进展：循证营养科学与实践”。大会交流主会场报告20个，举办专题研讨会21场，交流学术报告近200个，板报交流110个，设置展览展示42个。交流内容涉及各类人群需要量研究、营养监测和调查、基因和代谢基础研究、营养干预、慢性病防治、植物化合物等。

6月4日，学会与国际生命科学学会中国办事处在北京共同主办了肠道微生态与健康学术研讨会，160余人参会。

9月24～27日，学会老年营养分会在上海市举办老年疾病医学营养治疗研讨会暨中日养老模式与管理高峰论坛，探讨老年疾病医学营养支持治疗的进展，交流双方在养老模式、老年人营养医疗护理及管理制度等方面的先进理念、技术与经验，应对全球人口老龄化的挑战。

12月9日，在北京召开食用油健康营养研讨会——棕榈油专题。会议由中国营养学会、马来西亚棕榈油总署（MPOB）以及马来西亚棕榈油委员会（MPOC）共同主办，来自全国的100余位营养科技工作者参加了此次会议。

**国际交往** 3月12日，PA国际基金会执行董事Rio Pranning Prawira Adiningrat先生一行3人和中国卫生监督协会常务副会长兼秘书长赵同刚教授到学会办公室进行了访问。

9月15～20日，第20届国际营养大会在西班牙格拉纳达举行。中国共有70多名代表参加。学会理事长杨月欣，前任理事长程义勇、国际营养联合会（IUNS）执委杨晓光、学会副秘书长常朝辉等率学会代表团出席大会。大会以“营养与文化的融合”为主题，来自100多个国家的4800余名专家、学者参会。大会设置展位58个，中国营养学会展台3天共发放折页2000份、明信片500套、小礼品3700份。中国展台的设置，向世界各国营养界的专家学者展现了中国营养学界的风貌，达到了让全世界各国营养学者了解中国、了解中国营养学界，以及宣传中国营养学会的目的。会议期间，国际营养科学联合会主席I.Elmadfa教授亲临展台4次。国家卫生和计划生育委员会疾病预防控制局副局长王斌，学会理事长杨月欣，副理事长翟凤英、丁钢强、马冠生、马爱国、孙长颢等亲临展台现场。

9月17日，美国营养学会负责人一行8人与学会理事长杨月欣，学会副理事长翟凤英、马冠生、孙长颢在西班牙格拉纳达举行了会谈。双方针对学术会议、在线论文、期刊下载等进行了探讨。

9月18日，学会理事长杨月欣带队参加了第22届国际营养大会承办权最后一轮竞标工作会议。虽然未获成功，但本次申办工作是学会作为国家一级学术团体参与国际学术交流工作的一次突破。

9月26日，马来西亚棕榈油总署总监等4位专家到学会访问，学会理事长杨月欣理接待了来访的专家。

10月27～28日，学会理事长杨月欣、副理事长翟凤英参加了在新加坡召开的亚洲减盐会议。

11月1～7日，学会理事长杨月欣赴德国参加CRN国际学术论坛，作了题为《植物化合物特定建议值》的报告。

**科普活动** 由中国营养学会牵头、雀巢（中国）有限公司独家支持的“中国儿童营养健康教育项目——雀巢健康儿童全球计划”，2013年在北京，山东省烟台市、泰安市、青岛市，四川省成都市等5个城市地区，安徽省金寨县、贵州省普定县、西藏自治区林芝县、新疆建设兵团、湖北省恩施土家族苗族自治州等5个农村地区开展了形式多样的营养健康教育活动。

学会参与的全国科技活动周活动打破传统模式，与第十一次全国营养科学大会结合在一起，围绕主题“科技创新·美好生活”作专题报告、举办科普展览，展览设置展位42个。

8月1日至9月30日，学会开展了以“营养标签改善我生活”为主题的有奖征文活动，宣传食品包装上的营养信息的标示，引导消费者增强对营养标签的知情权、选择权、监督权。

9月14～20日，在全国科普日北京主场活动中，学会举办各类讲座14次，接待观众4万余人次，接受咨询3000余人次。发放各种宣传册共计2500份，图书350本。

**表彰举荐优秀科技工作者** 学会评选出第十一次全国营养科学大会暨国际DRIs研讨会优秀论文奖,18人获奖。

中国营养学会第八届会员代表大会期间，奖励了20名在全国和地方从事营养工作并作出突出贡献的先进工作者。

5月15～17日，中国营养学会与帝斯曼（中国）有限公司合作举办“帝斯曼缤纷科技奖——中国青年学者营养科学奖”，4名青年学者获奖。2013年，帝斯曼缤纷科技奖首次在中国举办，与中国营养学会合作，共同嘉奖在营养科学领域的优秀青年学者。本年度共有26名青年学者获得提名，4名青年学者获奖。

**学会创新发展** 2013年底，学会开通官方微信及官方微博“中国营养界”。微信公共平台以图文并茂的形式，将中国营养界的重大公众信息及最新咨询及时、快速地发送给广大关注用户。该平台不仅发布营养业界动态和科技新知，同时也是与会员沟通的平台，搭建起大家沟通的桥梁。学会特聘专职编辑编写微信内容为会员服务，实现了准确、及时、快速的信息交流。

**【中国营养学会第八届全国会员代表大会】** 5月16日，中国营养学会第八届全国会员代表大会在浙江省杭州市召开。来自全国各地的500多名会员代表参加了大会。

学会理事长程义勇作《第七届理事会工作报告》。学会副理事长郭俊生汇报了《章程修订报告》。学会组织工作委员会对中国营养学会章程中的业务范围、会员、理事会职权等内容提出了24条修改建议。经大会审议，修改建议获得会议一致通过。

学会秘书长贾健斌汇报了《第七届理事会财务报告》。会议一致通过《第七届理事会财务报告》。

会议审议并通过了新的会费标准。根据《中国营养学会换届选举方案》，大会进行了换届选举。中国营养学会第八届理事会为差额选举，经无记名投票从126位候选人中选出115人组成新一届理事会。

5月18日召开了学会八届理事会第一次理事会议。经过无记名投票选出37名常务理事会，杨月欣当选为新一任理事长，丁钢强、孙长颢、严卫星、马冠生、马爱国、翟凤英任副理事长，郭红卫当选新一任秘书长。

**【第11次全国营养科学大会暨国际DRIs研讨会】** 5月15～17日，学会在浙江省杭州市召开了第11次全国营养科学大会暨国际DRIs研讨会。来自国内外的1500余位专家、学者、专业技术人员和企业界人士出席会议。

本次大会的主题是“DRIs新进展：循证营养科学与实践”。会议邀请国际营养科学联合会（IUNS）主席I. Elmadfa、前主席Mark，美国膳食营养素参考摄入量（DRIs）首席科学家Lupton、英国营养学会理事长Sean Strain、美国营养学会前理事长Robert Russell，以及德国、日本、瑞士、荷兰等国家和世界卫生组织的营养学家共20余人在主会场作报告。会议举办了21个专题研讨会和卫星会议。

各专题研讨会围绕DRIs的科学理论和实际应用，交流了各类人群需要量研究、营养监测和调查、基因和代谢基础研究、营养干预、慢性病防治、植物化合物等内容。

39个企事业单位在展区设置了42个展位，以实物搭建，全方位展示“平衡膳食”理念的中国居民平衡膳食宝塔坐落在展区的中央。汤臣倍健股份有限公司的健康体检车成为展区中的亮点，体检车免费为观众提供身体成分测试、骨质密度测试、动脉健康状况测试等3项体检项目。

大会颁发了“优秀论文”奖、2013年帝斯曼缤纷科技奖——中国青年学者营养科学奖，表彰了中国营养学会先进集体和先进工作者。

大会首次评选和颁发了“营养创新贡献奖”。中国达能集团、帝斯曼（中国）有限公司、益海嘉里投资有限公司等10余家食品企业获奖。

（撰稿人：李耕华）

## 中国药理学会

**服务创新型国家和社会建设** 2013年，中国药理学会针对抗感染药物临床合理运用开展了工作。10月，学会临床药理专业委员会在北京成立了抗感染药物学组，旨在加强包括抗菌药物、抗真菌药物、抗病毒药物在内的协作研究，共同面对抗感染药物在临床上遇到的关键问题，提高临床研究水平，促进合理用药，保障人民用药安全有效。12月，学会治疗药物监测研究专业委员会召开了中国万古霉素TDM指南启动会。万古霉素作为临床上常用的抗菌药物国内一直没有统一的标准进行质量评价研究，治疗药物监测研究专业委员会发挥学术优势，召集药学专家对万古霉素进行治疗药物监测（TDM）指南研究，填补国内在这一研究领域内的空白。

6月，由《中国临床药理学与治疗学》杂志主办的国家级继续教育“定量药理学与药物临床评价”学习班［2013-13-01-115（国）］在安徽省芜湖市召开，来自临床药理学与临床药学一线的专家和相关专业人员就“药物临床评价与个体化用药”专题进行了讲座与讨论。

8月，由《医药导报》编辑部承办的2013年全国医药学术交流会暨临床药学与药学服务研究进展培训班在山东省青岛市举行。来自全国各地的200余名药理学工作者就当前我国临床药学与药学服务存在的问题，以及医药卫生体制改革中临床药学的发展进行了交流。

**学会能力提升计划** 2013年，中国药理学会继续严格管理、执行中国科协学会能力提升专项计划，主要体现在以下四个方面：

提升服务创新能力。《中国医学科技发展报告（2013）》于3月出版，学会理事长杜冠华担任了药学部分的编委工作。全年在国内主办或联合主办20余次国内学术会议，5次国际学术会议。筹建学会与企业联合组建的“食用菌科学研究到产品系统合作”产学研联盟。

提升服务社会和政府能力。受科技部、国家卫生和计划生育委员会、国家食品药品监督管理总局、中组部等部门委托，承担创新药物研究，提供战略决策咨询20余项，开展了项目评价及人才选拔工作。3月，山东益康药业股份有限公司院士工作站成立，学会多名院士、专家作为工作站顾问，帮助企业解决实际困难，突破技术瓶颈。9月，学会抗衰老与老年痴呆专业委员会依托“世界老年痴呆日”举办了科普义诊活动。

提升服务科技工作者能力。学会积极发展会员，截至2013年底，会员人数已达7368人。召开老专家座谈会，听取对于学会发展方向、专业委员会设置及管理等方面的意见和建议。

提升学会自主发展能力。完成中国药理学会“十二五”事业发展规划编制，促进学会体制机制创新与改革，筹备成立青年工作委员会，为学会及药理学专业的可持续发展培养、锻炼和储备后备人才。

**学会建设** 2013年，学会召开理事会1次、常务理事会2次。2013年发展个人会员290人，总数达到7368人，全部纳入中国科协所属学会个人会员管理系统。学会专业委员会达到22个。

2013年，学会对网站进行了升级，对会议注册系统进行了全面优化。

**科技期刊国际影响力提升计划** 《中国药理学报》（*Acta Pharmacologica Sinica*）发表的论文学术水平大幅提高，国际影响力不断扩大，刊物电子版已进入Nature出版平台。根据汤森路透发布的2012年度期刊引证报告，《中国药理学报》影响因子为2.354，在国际药学药理学领域的260种期刊中排名第118位（前45%），在化学综合领域的152种期刊中排名第50位（前33%）；总被引用频次达到5577次，在国际药学药理学领域排名第59位（前23%），在化学综合领域排名第44位（前29%）。

6月，由中国科学院动物研究所研究员周琪担任客座编辑，《中国药理学报》出版专刊，刊载了11篇干细胞治疗和药物发现方面的专题文章，促进了干细胞研究的国际学术交流。

**学术期刊** 9月，中国科学技术信息研究所中国科技期刊引证指标数据显示，《中国药理学通报》4项主要指标在中国科技核心期刊统计源期刊中的药理学学科期刊中排名第1名，再次被中国科学技术信息研究所评为“百种中国杰出学术期刊”。

《中国药理学通报》被中国科学评价研究中心（RCCSE）评为第3届“RCCSE中国权威学术期刊”，名列药学学科期刊第1名，荣获国家新闻出版广电总局“百强报刊”称号。

**国际学术会议** 7月9～13日，第12届亚洲太平洋地区药理学家会议暨中国药理学会第十二次全国学术大会在上海市召开，由学会与亚洲太平洋地区药理学家联盟共同主办。大会共收到论文700多篇，共有来自亚洲太平洋地区的1200余位药理学工作者注册并参加会议。

第二届中英药理学会双边学术会议于7月11～12日在上海市召开。会议分为“神经退行性疾病的最新机理与治疗”与“心血管药理学新进展”两个专题进行，来自英国的6位专家和中国的10位专家作报告。会议期间，召开了中英学会领导座谈会，就下一届会议召开的筹备工作进行了磋商。

学会与山西大学、荷兰莱顿大学共同主办的代谢组学与中医药现代研究学术论坛暨第二届中荷代谢组学国际合作培训班于10月在山西省太原市举行。论坛邀请代谢组学研究领域15位专家作大会报告。国际合作培训班对从事研究的中青年科研人员进行了技术层面的授课。

11月，学会数学药理专业委员会等主办的第四届定量药理与新药评价国际学术会议在北京召开。来自美国、英国、法国、比利时等国家和地区，以及国内药品监管机构、学术界、企业界的约300名专家学者出席会议。

由学会药物代谢专业委员会主办的第四届国际药物代谢学会与中国药理学会药物代谢专业委员会学术交流会议于5月在河南省开封市举行。来自世界各地50余家科研机构、高等院校及医药研发公司的300余名药物代谢学专家、学者出席会议。与会者围绕转运体介导的药物相互作用研究、基于药物相互作用的个体化用药，以及药物相互作用研究等热点问题开展了学术交流和讨论。

**国内主要学术会议** 2013年，学会及所属分支机构共举办国内学术会议22次，参会人数超过5000人次，交流论文2365篇。国内会议参会人数、交流论文数均与2012年持平。

7月，第二届中国药理学会—香港药理学会双边学术交流在上海市召开。会议设立了优秀青年英文报告奖，双方药理学会各推荐7名优秀博士生作口头英文报告。

7月，由学会药物毒理专业委员会主办的2013年（第三届）中国药物毒理学年会暨药物非临床安全性评价研究论坛在江苏省苏州市召开，742名专家、学者到会，是我国迄今会议规模最大、学术水平最高的一次药物毒理学年会。

**两岸交流** 8月，学会理事长杜冠华、副理事长李学军率队出席了在台湾地区举办的第九届海峡两岸心血管科学研讨会暨台湾南部国际心血管学研讨会。大会以心脑血管基础、临床和药物的研讨与进展为主要内容，采用大会报告、主题报告和医疗仪器及新药展示等多种形式进行了学术交流。

**国际组织任职** 2013年，学会副理事长兼秘书长张永祥继续担任国际药理学联合会（IUPHAR）执委会委员兼天然药物药理学分会主席。学会名誉理事长林志彬担任国际药理学联合会天然药物药理学分会执委，学会常务理事、制药工业专业委员会主任委员王广基担任药物代谢与转运分会执委。

第12届亚洲太平洋地区药理学家会议期间召开了亚太药理学家联盟（ASAP）执委会会议。学会理事长杜冠华、名誉理事长林志彬继续担任联盟执委。

**国际交往** 3月28日，学会理事长杜冠华会见了来访的美国药理学会（ASPET）理事长Richard Neubig教授。双方讨论了中美药理学会合作等事宜，并就联合举办专题研讨会交换了意见。Richard Neubig教授还作了题为《靶向Rho/MKL转录信号对抗肿瘤转移与纤维化》（*Targeting Rho/MKL transcriptional signaling in Cancer metastasis and Fibrosis*）的学术报告。

5月27日，学会理事长杜冠华、副理事长张永祥会见了来访的亚洲太平洋地区药理学家联盟主席Samuel Chan教授。双方就7月在上海市召开第十二届亚洲太平洋地区药理学家联盟会议的筹备情况进行了交流。

4月19～24日，学会副理事长李学军教授参加了在美国波士顿举办的实验生物学年会，与美国药理学会理事长Richard R.Neubig教授，John S.Lazo教授，学会主管Christine K.Carrico博士等就2014年中美药理学会联合研讨会等事宜进行了交流和讨论。双方商定，中国药理学会会员参加2014年实验生物学年会，将会享有与美国药理学会会员等同的注册费优惠。

10月20～27日，学会理事长杜冠华赴以色列考察，会见了以色列生理与药理学会理事长Israel Ringel教授和秘书长Rami Yaka教授。双方就两国药理学会加强联系、促进合作等问题进行了交流。

中国药理学会药物代谢专业委员会50余名会员参加了在加拿大多伦多召开的第十届国际药物代谢学术大会。来自内地和香港特别行政区、澳门特别行政区的学者提交了30余篇学术论文，组织和主持了中药代谢报告分会场。

**表彰举荐优秀科技工作者** 学会与法国施维雅（SERVIER）研究院联合设立的“中国药理学会-Servier青年药理学工作者奖”和“中国药理学会优秀青年药理学工作者奖”已举办了17届奖励活动。2013年，经专家评审，共评出8名“中国药理学会-Servier青年药理工作者奖”获得者、8名“中国药理学会优秀青年药理学工作者奖”获得者。7月，在上海召开的第十二届亚洲太平洋地区药理学家会议上，向评选出的16名国内优秀的青年药理学工作者颁奖。

**会员服务** 《英国药理学杂志》与《英国临床药理学杂志》是由英国药理学会主办的国际性学术期刊，主要报道药物与人体的相互作用，形式包括综述、原创性论文、简讯及通讯等。经学会与英国药理学会协商，《英国药理学杂志》与《英国临床药理学杂志》每期对文章题目和摘要进行简短的中文翻译，中国药理学会网站每月及时公布链接，方便国内药理学工作者查阅参考。

《中国药理通讯》在中国药理学会网站主页设立了《药理通讯》栏目，供会员下载刊物的电子版本，方便会员及时浏览和查询。

**【第12届亚洲太平洋地区药理学家会议暨中国药理学会第12次全国学术大会】** 7月9～13日，第12届亚洲太平洋地区药理学家会议暨中国药理学会第12次全国学术大会在上海市召开，由中国药理学会与亚洲太平洋地区药理学家联盟（APFP）共同主办。中国药理学会理事长杜冠华担任大会主席。

会议旨在提升亚洲太平洋地区新药研发、临床药理研究水平，为药理学研究和教育方面的新成果、新技术、新信息提供良好的交流平台，并促进各国药理学家相互了解及合作。国际药理学联合会（IUPHAR）副主席 Masamitsu Iino 教授、秘书长 Sam J Enna 教授、执委 Douglas Oliver 教授、执委 John Miners 教授，世界药用与芳香植物联合会（ICMAP）副主席 Akos Mathe 教授，以及亚洲太平洋地区药理学家联盟主席、秘书长、执委，中国药理学会领导等参加了会议。

来自世界各地的 1200 余位专家、学者注册并参加会议，提交论文 700 多篇。会议举办了大会特邀报告、专题报告、青年英文学术报告、壁报展示及学术研讨等，共有 10 位国内外药理学家作大会特邀报告，来自亚洲各地的 138 名专家作专题报告，200 多名专家、学者进行了壁报交流，内容涉及心血管药理、抗肿瘤药理、中药药理、新药研发、神经药理、临床药物治疗监测、化疗药理、药物代谢等方面。

会议设立了亚洲太平洋地区药理学家会议优秀青年英文报告奖和壁报奖。经评奖委员会评比，10 位青年学者获得青年英文报告奖，50 位学者或学生获得壁报奖。

会议期间，召开了第二届中英药理学会双边学术会议、第二届中国药理学会 – 香港药理学会双边学术交流会议。此外，学会治疗药物监测研究专业委员会和化疗药物专业委员会以分论坛的形式，召开了专业委员会学术年会。

**【2013 年（第三届）中国药物毒理学年会暨药物非临床安全性评价研究论坛】** 7 月，2013 年（第三届）中国药物毒理学年会暨药物非临床安全性评价研究论坛在江苏省苏州市召开。本届大会由中国药理学会药物毒理专业委员会，中国药学会药物安全评价研究专业委员会，中国毒理学会药物毒理与安全性评价专业委员会、生殖毒理专业委员会、遗传毒理专业委员会、毒理研究质量保证专业委员会共同主办。大会主题为“促进创新药物研发，提升人类健康水平”。742 位专家、学者与会，共收到学术论文摘要 350 余篇，涵盖药物毒理基础研究、药物非临床安全性评价研究和中国 GLP 的规范实施经验交流。

大会设立了 13 个大会报告，4 个分会场举办了 85 个分报告，内容包括了中国 GLP 实施经验交流，药物毒理学研究和非临床安全性评价研究等内容。会中系统全面地推出并介绍了《全程式药物安全性评价新模式》，将药物毒理学研究贯穿于新药发现、临床前安全性评价、临床试验和上市后监督与跟踪的整个过程中。即在新药研发链条的整个进程进行自始至终的安全性评价与研究，并将适合于不同阶段的药物毒理学关键技术引进到创新药物研发进程中，开展药物研发全程的安全风险的评估和研究。大会总结了中国实施药品非临床研究质量管理规范（GLP）10 周年经验，探讨了中国未来 GLP 的发展规划和如何更好地促使药物毒理学科推动中国创新药物的研发。经评审，大会评选出 10 篇优秀青年论文奖，6 篇优秀墙报展示奖。

本届大会是我国迄今为止会议规模最大、参会人数最多、学术水平最高的一次药物毒理学年会。

（撰稿人：赵　颖）

## 中国针灸学会

**服务创新型国家和社会建设** 2013 年，按照中央及中国科协、国家中医药管理局关于学会承接政府转移职能的有关文件要求，学会对已承接和拟承接的政府转移职能进行了分析、总结和梳理，向有关部门上报了《中国针灸学会承接政府转移职能的现状分析及工作计划》等材料。

完成了国家行业标准《针灸临床研究管理规范》征求意见稿。组织召开 2013 年针灸标准与临床实践指南项目审查会，审议 2 项针灸国家标准、1 项学会标准及 15 项针灸临床实践指南。

学会启动了《灸用艾绒》项目，审查验收《针刀基本技术操作规范》项目。对 13 项国家标准进行了复审，《针灸技术操作规范第 1 部分：艾灸》等 8 项国家标准继续有效，建议对《针灸技术操作规范第 2 部分：头针》等 5 项国家标准进行修订。《一次性使用无菌针灸针》进入国际标准化组织（ISO）批准阶段，向国际标准化组织提交了《针灸安全与质量标准体系图》新工作项目提案，完成了 6 位国际标准化组织中医药委员会（暂定名）第三工作组（针灸针质量安全工作组）ISO/TC249/WG3 专家的国内注册工作。天津中医药大学郭义教授起草的《针灸技术操作规范第 4 部分：三棱针》荣获 2013 年中国标准创新贡献奖二等奖。

学会组织开展各类培训班和国家级继续教育培训班共 37 期，培训人员 943 人次。

**学会建设** 2013 年，学会新发展个人会员 657 人。召开理事会 2 次，常务理事会议 2 次，全国秘书长工作会议 1 次。

针法灸法分会、腧穴分会完成换届选举，撤销了手疗法医学专业委员会，印发了《中国针灸学会分支机构管理办法》。成立了中国针灸学会中医针灸产业与医教研联盟。

学会网站全年发布各类新闻、继续教育、学术交流信息150余条。组织实施“中国科协综合信息服务平台项目”，发展中国科协综合信息服务平台会员220人，发布主题661条，主题点击2208次，年IP访问量252049次。

**学术期刊** 《中国针灸》首次被中国科学引文数据库评为核心期刊，有9篇论文入选“领跑者5000——中国精品科技期刊顶尖学术论文”，其中有1篇论文被评为“中国百篇最具影响优秀国内学术论文”。

《针刺研究》被武汉大学中国科学评价研究中心（RCCSE）评为“RCCSE中国权威学术期刊”，2013年的影响因子为0.907，有6篇论文入选“领跑者5000——中国精品科技期刊顶尖学术论文”。

**国内主要学术会议** 学会及所属分支机构共组织召开全国性学术交流活动7次，参会总人数1402人，共编印论文集4部，会议交流学术论文226篇，组织120人次做专题学术报告。

9月25～27日，学会在四川省成都市召开了2013中国针灸学会年会——第四届中医药现代化国际科技大会针灸研究与国际化分会。大会以“中医药协同创新与产业发展”为主题，举办了针灸基础研究、针灸临床应用研究、针灸教育与产业发展等3个论坛，针灸协同创新与学科学术发展战略研讨会，针灸标准及临床实践指南项目审查会，中医针灸产业与医教研联盟展览和中医针灸专家义诊等活动。共有800位专家、学者参会，收到论文464篇，评选出优秀论文29篇。

**国际组织任职** 2013世界针灸学会联合会第八届会员大会暨世界针灸学术大会11月在澳大利亚悉尼召开。学会会长刘保延当选世针联第八届执委会主席，副会长沈志祥当选执委会副主席并连任秘书长，秘书长杨金生当选执委会司库，常务理事麻颖和黄龙祥当选执委会执委。大会通过了学会提出的在每年11月16～22日设立“世界针灸周”的提案。

**科普活动** 学会及所属分支机构全年共开展科普活动103次，其中科普报告会84次、科普义诊15次、科普展览4次，直接受众人群达1万余人次。

学会与广播电台、电视台、出版社合作，制作节目13部，播出时长约810分钟。与出版社合作，主编出版科普书籍6册，参加书籍编写工作1册。与解放军卫生音像出版社合作，编制针灸技术操作光盘8种。

学会在国外举办科普展览3次、科普讲座2次，进行义诊5次，制作电视访谈节目1期，推动了针灸科普工作向国外的发展。

学会参与“公众喜爱的科普作品”推介活动，向中国科协推荐杨金生等3位专家主编的《中国标准刮痧》、《图解中老年穴位保健》、《图解针灸美容》、《图解针灸减肥》等4本针灸科普书籍。

在天津市成立中国针灸学会科普志愿者医师宣讲团第四团，起草了中国针灸学会科学传播专家团队建设方案，向各分支机构和省学会发文，以个人申报和组织推荐相结合的方式，进行专家队伍的建设和首席专家的遴选。

**表彰举荐优秀科技工作者** 1月，学会召开了第四届中国针灸学会科学技术奖颁奖大会暨中国针灸学会中医针灸产业与医教研联盟成立大会，表彰了科技奖获奖单位和个人，以及“全国优秀科技工作者”称号获得者刘保延、许能贵、吴焕淦。“女性生殖障碍的针刺疗效机制”等两项科研成果获得中国针灸学会科学技术奖一等奖。

经学会推荐，上海中医药大学针灸经络研究所研究员刘慧荣获得第十三届中国青年科技奖。

**【中医针灸申遗和保护工作】** 学会承担了文化部《中医针灸非物质文化遗产保护专项》和国家中医药管理局《中医药非物质文化遗产评审标准研究》两个项目，组织出版了非物质文化遗产丛书《中医针灸》，开展了中医针灸非物质文化遗产代表性传承人传承资料整理工作和中医针灸传承流派研究。

11月1～4日，在澳大利亚悉尼世界针灸学术大会期间，举办了“中医针灸展”。按照发展历史、经络腧穴、诊疗技术、养生保健及现代发展等5个模块展出展板45张，向参观者赠送了《中医针灸非物质文化遗产丛书》、《针灸在世界——世界针灸学会联合会25年图史》。

11月16～22日，作为国家级非物质文化遗产“针灸”项目和世界级非物质文化遗产“中医针灸”项目的传承保护单位，学会举办了专家座谈、展览宣传、校园讲座、义诊咨询等系列活动，庆祝“世界针灸周”确立暨纪念中医针灸申遗成功3周年。

（撰稿人：董晓佳）

## 中国防痨协会

**服务创新型国家和社会建设** 2013年，协会完成承担的中国全球基金项目“少数民族人群健康促进试点”、“中国全球基金第七轮耐多药结核病防治工作”、“促进结核病/耐药结核病理论及实践能力的提高项目”等3个项目。完成了中国全球基金艾滋病项目——“规范强制戒毒场所HIV/AIDS患者结核病的症状筛查”的统计、分析工作。

5月14～18日，协会在北京举办了第16期现代结核病控制知识培训研讨班。该培训研讨班自1998年以来每年举办一次，今年是第 16 期，已经成为协会的重要品牌活动和特色工作。

协会分别于 7 月 1 日和 8 月 29 日在北京召开了抗耐多药肺结核新药——富马酸贝达喹啉在我国临床应用研讨会，形成了《贝达喹啉在中国应用的专家指导意见（试用）》。

协会对《结核分支杆菌核酸检测试剂盒》（恒温扩增核酸试纸条检测法）的临床应用进行了评估，1 月 18 日，协会出具了《EasyNAT™ 结核分枝杆菌（TB）核酸检测试剂盒（恒温扩增—试纸条法）评估报告》，认为该产品在县（区）级结核病实验室使用 EasyNAT™ 检测方法能够明显缩短患者的诊断时间，具有较高的灵敏度和特异度，有助于早期、快速发现结核病患者，在我国结核病防治规划中具有推广应用的前景。

协会对赛普克结核分枝杆菌 TB–SA 抗体检测试剂盒进行了现场和国家结核病参比实验室研究和所有数据的审核及分析，召开结核分支杆菌 TB–SA 抗体检测法免疫学诊断价值及应用前景研讨会，于 6 月 18 日出具了《赛普克结核分枝杆菌 TB–SA 抗体检测技术在结核病诊断中应用价值的评估报告》。

**学会建设**　协会现有单位会员 52 个，个人会员 2366 人，会员数与 2012 年持平。2013 年协会继续向会员赠送《中国防痨杂志》全年 12 期和科普材料。

2013 年，协会被评为全国性学术类社会团体 4A 等级。

协会于 1 月、6 月和 10 月分别在北京市、四川省成都市召开了中国防痨协会十届四次、五次、六次常务理事会议，10 月在四川省成都市召开了中国防痨协会十届三次理事会议。

6 月 6 日，协会在北京召开了 2013 年全国秘书长工作研讨会议，来自各省、自治区、直辖市，新疆生产建设兵团、计划单列市的防痨协会秘书长参会。

8 月，协会完成了《中国防痨协会 80 年历程》纪念画册的编撰和印制工作。

**学术期刊**　协会主办的《中国防痨杂志》2013 年载文 193 篇。据中国科技信息研究所 2013 年 9 月 27 日公布的《期刊指标检索报告 G290–2013》资料，2012 年《中国防痨杂志》核心总被引频次为 1507，在呼吸病学、结核病学 6 种期刊中排名第 3 位，在全部 1994 种期刊中排名第 428 位。核心影响因子为 0.911，在呼吸病学、结核病学 6 种期刊中排名第 1 位，在全部 1994 种期刊中列排名 174 位。综合评价总分 61.0，在呼吸病学、结核病学 6 种期刊中排名第 2 位，在全部 1994 种期刊中排名第 265 位。6 项评价指标均达到该刊历史最好水平。2013 年《中国防痨杂志》入选“中国科协精品科技期刊工程项目”。

1995 年，中国防痨协会与国际防痨联盟合作出版《国际结核病与肺部疾病杂志》（中文版），2012 年该刊更名为《结核病与肺部健康杂志》，7 月创刊号正式发行。2013 年《结核病与肺部健康杂志》被收录在《2013 年版中国期刊引证报告（扩刊版）》中，其影响因子为 2.422；在“万方数据—数字化期刊群”全文上网，被《中国核心期刊（遴选）数据库》收录。

《中国防痨杂志》和《结核病与肺部健康杂志》编委会联合，分别于 2013 年 6 月、8 月在江西省南昌市、广东省汕头市主办了结核病和肺部疾病诊治进展及治疗中肝损害专题研讨会、耐药结核病与肺部感染性疾病诊疗进展专题研讨会，分别有 163 名和 206 名专家参加研讨会。

**学科发展研究**　3 月，学会组织编写的首部《中国防痨史》由人民卫生出版社出版发行。

5 月，《结核病临床诊治进展年度报告（2012）》由人民卫生出版社出版，该年度报告由协会临床专业委员会负责编写。10 月，协会在四川省成都市召开了《结核病临床诊治进展年度报告（2013）》编纂会议，对报告内容的调整、专家分工、时间进度等工作进行了安排布置。

4 月，《现代结核病控制理论和实践》（第二版）完成修订并由军事医学出版社出版发行。经过修订，该书由原来 30 章增至 35 章，从 52 万字增加到 60 万字。

**国内主要学术会议**　10 月 10 ~ 14 日，中国防痨协会成立 80 周年纪念暨 2013 年全国学术大会在四川省成都市举办，来自 31 个省、自治区、直辖市，香港特别行政区和澳门特别行政区的结核病防治和相关专业专家、学者，企业界人士共 1737 人参加大会。

**科普活动**　3 月 24 日，在第 18 个“世界防治结核病日”上，中国防痨协会、中华医学会结核病分会共同发起《“规范诊疗，防治结核”倡议书》，全国各地近万名医务工作者参加了签名活动。

协会举办了第十三次全国结核病防治优秀科普作品评选活动，评选结果于 10 月 12 日在中国防痨协会成立 80 周年纪念暨 2013 年全国学术大会上公布并进行了表彰。

**表彰举荐优秀科技工作者**　为充分调动结核病防治专业技术人员的积极性，中国防痨协会在成立 80 周年之际，对钱元福等 6785 名从事结核病防治工作 30 年的专业技术人员予以表彰，颁发了证书、证章。

**【中国防痨协会成立 80 周年纪念】**　中国防痨协会 80 周年纪念暨 2013 年全国学术大会于 10 月 11 日在四川省成都市举行，全国人大常委、中国科协副主席冯长根，国家卫生和计划生育委员会、中国科协、四川省卫生厅有关部门领导，香港防痨心脏及胸病协会董事局主席蓝义方，世界卫生组织驻华办事处代办施南博士出席纪念活动。国际防痨联盟和肺部疾病联合会和相关国际组织的专家、学者应邀参加了大会。来自31个省、自治区、直辖市，香港特别行政区和澳门特别行政区的结核病防治及相关专业的专家、学者，企业界人士共1737人参加大会。

协会副理事长兼秘书长万利亚主持纪念活动。协会理事长王撷秀在主旨报告中全面回顾了协会的发展历程。

为了充分调动结核病防治专业技术人员的积极性，大会对钱元福等6785名从事结核病防治工作30年的专业技术人员予以表彰，为他们颁发证书、证章。从事结核病临床和研究58年的著名结核病专家马玙教授代表从事防痨工作30年专业技术人员发言。江苏省疾控中心结防所所长陆伟代表青年结核病工作者在发言中表示，要继承光荣传统，继往开来，不断地把我国的结核病防治工作推向前进。

大会期间举办了结核病防治成果展，中国结核病预防控制中心及各省、自治区、直辖市防痨协会展示了结核病防治成果。

10月10日，为纪念中国防痨协会成立80周年，协会举行“没有结核的世界——我们的梦”签名活动，1000余名参会人员签名。

**【中国防痨协会2013年全国学术大会】** 10月11日，中国防痨协会全国学术大会在四川省成都市召开，与会专家、学者，结核病防治第一线的医学科技工作者共1622人参会，是结核病防治领域多年来参会人员最多、学术交流领域最广的一次学术大会。

本次学术大会邀请了美国、荷兰、加拿大，中国大陆及台湾地区的17位专家、学者作大会学术报告。中国疾控中心结核病预防控制中心王黎霞主任作了题为《中国结核病控制进展》的报告，世界卫生组织西太区顾问、荷兰皇家防痨协会主席Catharina Weezenbeek教授作了题为《全球结核病流行与控制——挑战与机遇》的报告。国际防痨联盟和肺部疾病联合会江振源教授在题为《耐多药结核病短程化疗方案研究进展》的报告中介绍了全球面临的耐多药结核病的严峻挑战，以及应对策略和措施。中国医学科学院/北京协和医学院病原生物学研究所所长金奇教授、全军结核病研究所副所长吴雪琼教授在题为《科学研究与结核病防控》、《人类与结核菌》的报告中揭示了科学研究在控制结核病中的重要地位。加拿大多伦多大学刘军博士、Dr Kambili Chrispin博士、上海肺科医院肖和平教授报告了全球结核病疫苗和抗结核新药贝达喹啉的研发和应用。比尔·梅琳达·盖茨基金会北京办事处主任、美国南加州大学医学院Dr.Daniel Chin教授介绍了《盖茨基金会中国结核病防治项目——经验和启示》。中国疾控中心结核病预防控制中心副主任成诗明、赵雁林、上海肺科医院结核科唐神结主任等分别报告了中国TB/HIV双重感染现状、结核病实验室诊断技术进展及在我国的推广应用、结核病临床进展。

大会就当前结核病控制工作中的热点、难点以及需要解决的问题进行了交流。41位专家、学者在控制、临床、基础、科普宣传专场进行了学术交流。大会书面交流论文270余篇。

（撰稿人：朱桂林）

## 中国麻风防治协会

**服务创新型国家和社会建设** 2013年，协会组织专家提供决策咨询报告2篇：《开展密切接触者化学预防服药的研究》和《开展氨苯砜综合征预防检测的研究》。承接了中央财政支付麻风专项经费专家技术督导项目和中央财政支持社会组织开展社会救济——麻风医疗救助项目（B016），由21位专家组成的国家级医疗队、麻风眼科医疗队和社区康复队实施了项目。

**学会建设** 协会共有团体会员63个，拥有中国科协会员号的个人会员5129人，其中外籍会员3人。经过选举，成立了由张国成、张福仁、宋顺鹏等17人组成的协会专家委员会和吕成志、尤元刚、杨德刚等17人组成的协会青年专家委员会。

协会共召开3次常务理事会议，增补杨江杰、王应琼、熊志伟、万卫斌、睢燕飞为理事，增补李进岚、戴宪法为常务理事，增加西安迪赛生物药业有限责任公司为企业理事单位。

11月，协会被中国科协评为“科普工作优秀学会”及“全国学会财务决算工作先进单位”。

**国内主要学术会议** 2013年，协会共召开了国内学术会议2次，征集论文130篇，310人次参加了学术会议，共有65篇论文进行了交流，其中18篇论文获优秀论文奖。与2012年相比，优秀论文增加了13篇，与会青年学者增加30人次。

**国际组织任职** 9月19日，在国际麻风协会执委会会议上，中国麻风防治协会会长张国成当选为第18届国际麻风协会执委。

**科普活动** 协会将2013年作为麻风科普宣传年，围绕主题“加速行动，消除麻风危害”，开展了系列科普宣传活动。1月，在荷兰麻风救济会的资助下，协会与中国疾病预防控制中心麻风病控制中心印制了宣传海报，分发至全国各麻风防治单位。

5月18日，协会参加了北京市东城区科协在龙潭湖公园举办的科技周活动启动仪式，开展了科普宣传。93岁高龄的麻风防治专家李桓英教授、北京热带医学研究所尤元钢等专家到现场义诊200余人次。活动期间发放内有光盘、麻风宣传折页、2013年世界防治麻风病日宣传画及健康生活宣传单“科普资源包”1600余份。

5月19日，协会与团体会员单位河北望都皮肤病院在河北联合大学医学部开展了麻风防治知识讲座、现场答疑等宣传活动，200余名医科大学生参加活动。

协会在主题科普活动中共开发科普挂图3种，免费发放29.5万张，60余位麻风皮肤病科技工作者参与，受众达29万余人次。

**党建强会** 5月23～25日，协会在云南省文山壮族苗族自治州广南县举办了以“科技引领，健康生活，促进西部和谐发展”为主题的2013年科技活动周暨党建强会服务基层活动。中国麻风防治协会、云南省卫生厅疾病预防控制局、云南省疾病预防控制中心，文山州卫生局、文山州皮肤病防治所，广南县委、县政府等参加了活动。由中国麻风防治协会、中国生理学会、中华护理学会组成的联合党支部深入广南县莲城镇落地松麻风康复村走访慰问麻风病人，为麻风病人捐赠了价值近万元的常规医疗器械。

**表彰举荐优秀科技工作者** 经协会推荐，5月，浙江省皮肤病防治研究所上柏住院部医疗队荣获由共青团中央和国家卫生和计划生育委员会颁发的“2011—2012年度青年文明号”奖牌，该医疗队由王景权、王超霞、归婵娟、刘盾、汪萌萌、沈国丽、孟好薰、陶亦帆、喻永祥、虞斌、谭又吉、潘美儿等12位医护人员组成。

**【中央财政支持社会组织开展社会服务——中国麻风防治协会医疗救助服务试点项目】** 2013年，中央财政给予中国麻风防治协会医疗救助服务试点项目（B016号）57万元，协会募集社会资金19.63万元，组派国家级医疗队、麻风眼科医疗队及社区康复队，开展了麻风畸残矫治手术、康复训练、预防残疾加重等救助工作，为云南省、甘肃省老少边穷地区的贫困麻风畸残者配发了防护用品和辅助器。

6月20日，医疗救助服务试点项目在湖南省辰溪县正式启动。协会会长张国成、秘书长潘春枝、副秘书长申鹏章，湖南省疾病预防控制中心主任李俊华等参加启动仪式。

国家级医疗队于6月在湖南省完成43例麻风病患者的58台次手术，10月在安徽省完成48例麻风病患者的60台次手术，11月在江西省完成了51例麻风重症畸残患者的83台次手术，其中防癌变手术72例，功能重建13例，防盲治盲70例。医疗队还分别在广东、四川、云南、江西、浙江等5省的23个地区30个麻风村开展治盲手术11例、义齿安装67例。

澳门利玛窦社会服务（Casa Riccis Social Serivces）向协会赞助经费40余万元，在各地皮肤病防治机构的协助下，完成麻风病患者白内障手术23例，外眼手术31例，安装义齿2000颗，171人受益。

3～11月，协会社区康复队与云南省及有关麻风病防治机构合作，为589位贫困麻风畸残者配发了防护用品和辅助器具。甘肃省麻风防治协会在先期广泛宣传的基础上，7～10月，社区康复队为甘肃省兰州市等7个市的40个县540位贫困麻风畸残者配发了防护用品和辅助器具，占甘肃省全部麻风治愈存活者中畸残人员的75%以上。

项目期间，广西壮族自治区南宁市东方医疗美容专科医院罗宇康医生等80余人次的志愿者一起参与医疗救助服务。

中央电视台对国家级医疗队开展的手术治疗工作进行了拍摄，对辰溪县城郊乡王明庵麻风村进行了现场采访，并在中央电视台中文国际频道《中国新闻》栏目内播出。

**【中国麻风防治协会获第19届国际麻风会议举办权】** 9月16～20日，第18届国际麻风会议在比利时布鲁塞尔召开。来自83个国家和地区的845位专家、学者参加了会议。通过协会注册的75位中国专家、学者参加了会议。

本次大会共收到学术论文700余篇。协会报送论文38篇，其中9篇在全体大会上报告，6篇作基调演讲，5篇在麻风临床医学、人权与歧视、社会科学等专题研讨会上进行了学术交流，体现了麻风病学科研究多元化的学术氛围。

为适应科技飞速发展的现状，国际麻风协会决定把5年一次的国际麻风会议改为3年一次，第19届国际麻风会议将在2016年9月召开。在第18届国际麻风会议闭幕式上，大会主席Marcos Virmond博士向与会代表宣布，第19届国际麻风会议将于2016年在中国召开。

9月19日，在国际麻风协会执委会会议上，中国麻风防治协会会长张国成当选为第18届国际麻风协会执委。

**【组建麻风病学等学科科学传播专家团队】** 协会于9月26日向各省、自治区、直辖市麻风防治协会及团体会员单位发出《关于组建中国科学技术协会科学传播专家团队推荐中国麻风防治协会专家候选人的通知》，要求各地麻风防治协会、团体会员单位推荐专家。各地共推荐首席专家20余名，科普专家团队候选人100余名。

11月1日，协会在江苏省南京市召开了第15次常务理事会议，会议决定，组建麻风病学、皮肤病学、性病学、银屑病学、皮肤美容学、地方病学、社会心理康复学等学科科学传播专家团队，并审定了首席专家人员名单。麻风病学科首席专家由张国成教授担任，皮肤病学科首席专家由张福仁研究员担任，银屑病学科首席专家由宋顺鹏主任医师担任，性病学科首席专家由杨斌主任医师担任，皮肤美容学科首席专家由熊俊浩教授担任，社会心理康复学科首席专家由陈志强教授担任，地方病防治学科首席专家由格鹏飞主任医师担任。协会从各地报来的《科学传播专家团队建设备案表》中，挑选具有副高级专业技术职称的人员组成以上各团队的专家队伍。

**【中国麻风防治协会会员工作体系建设】** 6月14日，协会下发了《关于申报设立"中国麻协会员工作站"的通知》，采取招投标方式，根据自愿与工作任务相结合的原则在团体会员单位设立基层会员工作站。协会第五次理事会会议决定，在我国麻风病中高流行区湖南省的辰溪县、资兴市、永兴县、安仁县、桂阳县，安徽省的无为县、淮南市、庐江县、铜陵县，甘肃省的两当县、和政县、金昌市、白银市、武威市、张掖市、酒泉市、陇南市、天水市、平凉市、庆阳市等的20个麻风防治单位设立会员工作站。

此项工作是建站与承担中央财政支持协会开展医疗救助试点项目（B016）相结合，完成项目与能力建设相结合。在项目点，国家级医疗队边做手术，边培育当地医生，提高他们的医疗技术水平，为当地留下不走的医疗队，阶段任务与长期规划任务相结合。会员站的工作，得到当地政府、行政管理部门的支持。

会员工作体系建设项目的实施，增强了协会的凝聚力和社会影响力，锻炼了专职队伍。

（撰稿人：潘春枝）

## 中国心理卫生协会

**服务创新型国家和社会建设** 在科技部"十二五"国家科技支撑计划项目"公众健康知识及技术筛选与评价研究"项目中，2013年，协会承担子课题"社区慢性非传染性疾病患者的健康管理及科普教育技术规范研究与应用"，协会开展的工作有7项。

《社区民众心理健康需求调查》，了解社区居民对心理健康知识熟识现状和存在的问题，了解居民对心理健康教育和科普知识方式的偏爱情况，调查社区心理健康服务队伍的构成及胜任能力。

研发社区心理健康服务专业人员培训与继续教育平台、社区心理健康服务宣传平台。

完成了15部健康教育书籍样章样节的编写。

确定在上海市、广东省广州市和山东省青岛市建立健康科普培训基地。

为开展网络知识竞赛编写了"全民健康科普知识网络竞赛"试题。

为举办院士、专家科普大讲堂，向中国科协申报了科普大讲堂的主讲人选。

**学术期刊** 据中国科学技术信息研究所2013年版《中国科技期刊引证报告（核心版）》指标统计数据，《中国心理卫生杂志》影响因子为0.826，总被引频次2752，综合评价总分为87.9，在全国1994家中国科技核心期刊中排名第37位。连续5次获得"百种中国杰出学术期刊"称号，并被中国学术期刊（光盘版）电子杂志社、清华大学图书馆、中国学术文献国际评价研究中心评为2013年中国国际影响力优秀学术期刊。

《中国临床心理学杂志》2013年共发表文章258篇，其中，知名学者和博士研究论文占50%左右，61.8%的研究论文获科研基金资助。据中国科学技术信息研究所出版的2013年版《中国科技期刊引证报告》（核心板）数据，《中国临床心理学杂志》影响因子达0.71，综合评价总分52.1，在心理学期刊中均排名第二位。

9月，协会临终关怀专委会主办的《照护与关怀》杂志试刊出版，这是国内第一本长期照护和临终关怀领域的学术性刊物。本刊旨在倡导长期照护和临终关怀理念，介绍长期照顾技术和临终关怀操作的重大进展，开展行业内外的学术交流，提升从业人员的理论与实践水平，扩大临终关怀领域的社会影响。

**中国科协会员日** 12月15日，协会与下属的妇女健康与发展专业委员会联合策划组织了以"心理工作者让心理服务走近生活公益沙龙"为主题的2013年科协会员日暨心巢联盟俱乐部NO.1活动，邀请了中华全国总工会机关工会、中国妇女发展基金会心灵家园基金会、宋庆龄基金会北京宋庆龄故居、中国医学装备协会、中国青少年发展中心、北京市民政局、北京市老年协会、北京市社工委社会心理所、北京社科院、北京市总工会、北京市温暖基金会等机构共同参与。协会面向广大会员发出了免费参与的邀请信，来自各界的嘉宾、会员、志愿者等近百人出席活动，活动设立了专题报告和主题分享，以"世界咖啡"

的会议模式讨论了协会的发展。

**科普活动** 据不完全统计，协会2013年共开展科普宣传近700场，受众约150万人次。2013年全国科技活动周期间，协会在北京市德胜门外地区举办了幼儿心理健康活动——早教沙龙，参加了宋庆龄故居“团结进步放飞梦想”的大型公益活动。5月25日，协会与中国地质大学（北京）在校园联合举办了大学生心理健康节活动。在10月10日的世界精神卫生日，协会在中国地质大学（北京）举办了大学生专场心理咨询活动。在全国科普日期间，协会在首都医科大学附属安定医院举办了科普宣传暨义务咨询活动。2013年，中国心理卫生协会被中国科协评为科普工作优秀协会。

**【针对医务人员开展医患沟通心理培训】** 医患矛盾近年来成为社会热点问题，不断曝光的伤医事件使医务工作者对自身的职业产生了负面情绪。针对这一情况，协会联合下属的特殊职业群体专业委员会，在全国范围内开展了医务人员医患沟通心理培训，邀请来自北京安定医院、北京大学精神卫生研究所、首都医科大学、中国康复研究中心、空军总医院和福建医科大学附属第二医院等精神卫生机构的多位专家教授，就患者及家属的心理特征、医患沟通的问题及原因分析、医患沟通的言语与非言语技巧、一般诊疗过程中的医患沟通技巧、特殊医疗情境下的医患沟通技巧、医患关系所致危机事件的原因、表现形式及应对策略、心理危机干预在医患危机事件中的作用及处置方案、医务人员的心理健康维护和心理等问题，在上海、陕西、内蒙古、天津、浙江等十几个省、自治区、直辖市举办了20多场报告，受众4300多人次。这一系列培训旨在有效缓解医务工作者的职业焦虑，提高与患者和家属沟通的技能。

（撰稿人：姜婧怡）

## 中国抗癌协会

**服务创新型国家和社会建设** 5月27日，民政部中国抗癌协会贫困地区癌症救助试点项目在江西省赣州市启动实施。本次救助活动是民政部“2013年中央财政支持社会组织参与社会服务项目”之一。由协会组织专家实施癌症救助和医疗扶持。活动的开展提升了当地肿瘤诊治水平，提高了常见妇女肿瘤的早诊率，减少了“因病致贫”和“因病返贫”，配合了国家对江西省罗霄山脉整体扶贫战略规划的推进落实。

**学会能力提升专项** 2012年协会获得中国科协学会能力提升专项二等奖，获得每年200万元连续三年的资助。2013年按照计划完成了相应的项目工作。

编辑出版中国常见癌症诊治系列丛书——“大众版”与“专业版”。经过调研、论证，策划“专业版”及“大众版”分册的选题方案，完成各分册著作的选题策划，并搭建作者团队，全面进入图书编写阶段。“专业版”共组稿10分册，“大众版”共组稿12分册。

开展中国肿瘤防控资源现状调研和《肿瘤专科医师资质标准认证和肿瘤专科准入制度草案》的制定工作。通过文献检索广泛收集相关资料并经过多次会议研讨明确了项目纲要和框架思路，初步完成了报告的提纲撰写。

举办第22届亚太抗癌大会。通过承办本次大会，协会提高了自身的国际交流能力，提升了学术影响力，为我国肿瘤防治工作者提供学习和交流的平台，提升我国肿瘤防治工作在亚太地区的影响力。

办好《肿瘤临床和癌症研究》（英文版）。加强优秀选题组稿，计划在项目结束时，期刊进入MEDLINE与SCI检索系统，办刊水平与学术质量达到国内领先，其特色受到国际关注；期刊在稿源、编审力量、作者队伍、出版与传播方面实现国际化。

做好中国抗癌协会科技奖的评选工作。2013年度中国抗癌协会科技奖新增了全国肿瘤研究方向的重点实验室作为推荐单位，促进更多更好的项目申报。共有推荐单位146个，受理推荐项目70项。经形式审查，项目补正后，有68项形式审查合格。举办了科技奖励推荐工作会议，在新任主任委员培训会上对科技奖评选工作进行了部署。

中国女性乳腺癌筛查优化方案的多中心研究。由天津医科大学肿瘤医院、北京海淀区妇幼保健院、江西省南昌市第三医院，辽宁省肿瘤医院、山东省肥城市人民医院在国内5个城市开展乳腺癌早期筛查研究工作。项目专家组人员进行国内外文献的检索查阅和资料的收集整理，定期召开会议进行学术交流和技术沟通，根据实际情况充分利用现有的资源作为支撑以确保课题的顺利开展。通过项目设计、方案制定、学术研讨、实地考查等一系列工作加强了协会在项目组织实施中的沟通和协调能力，提升了协会的专业水平。

**学会建设** 2013年，协会新发展会员2314人，进入全国学会个人会员管理系统数据库的达36533人。

协会召开了1次全体理事会议、2次常务理事会议、2次理事长办公会议和1次秘书处负责人工作会议。

截至2013年底，协会专业委员会41个，省市抗癌协会30个，事业、企业会员单位46个。专业委员会全面实行前任主委、现任主委和候任主委相结合的动态集体领导体制，届期由4年改为3年。化疗、肺癌、肝癌、大肠癌、乳腺癌、胆道肿瘤、骨软肿瘤、肿瘤心理等8个专委会完成换届工作。成立了肿瘤分期、肿瘤内镜学专业委员会。

协会评选表彰2012年“先进专业委员会”和“先进省市抗癌协会”各6名。“先进专业委员会”包括肺癌、癌症康复与姑息治疗、大肠癌、淋巴瘤、肿瘤病理、肿瘤转移专业委员会。“先进省市抗癌协会”包括浙江省、河北省、福建省、广东省、湖北省和陕西省抗癌协会。

协会网站全年共发布信息332篇，其中被中国科协转发18篇，访问量达97万次。

**科技期刊国际影响力提升计划** 2013年，《中国癌症研究》杂志获中国科协学会能力提升专项优秀国际科技期刊三等奖。杂志通过专家联络、学术交流、参加重要学术会议等吸纳国际稿源，对国内加大组稿力度，开辟绿色发表通道，吸纳国家财政支持科研项目产出的高质量论文；扩充审稿专家库，聘请国际权威肿瘤学专家，提升审稿质量；采用和完善国际主流编辑出版系统，加强编辑队伍建设，提升国际化办刊水平；定期组织编辑人员参加业务培训；做好期刊展示宣传工作，提升国际显示度和影响力。

**学术期刊** 根据中国科协“推动高水平英文科技期刊数量和质量均显著提升”的要求，协会对主办的4种英文期刊进行了改造。

《癌症生物学与医学》杂志国际编委占到了编委人数的50%，审稿队伍由18个国家200余名优秀学者组成，外国专家比例达到了75%。2013年，《癌症生物学与医学》被美国国立卫生研究院（PubMed Central）全文收录。PubMed Central（PMC）是美国国立卫生研究院提供的一项服务，存档生物医学，生命科学科研文献。

**国际学术会议** 协会及所属各专业委员会全年举办国际学术会议17次，参会外国专家445人。

11月，第22届亚太抗癌大会在天津市举办。

6月，2013年国际肿瘤放射治疗新进展天津论坛在天津市举办，近300名国内外放射治疗方面的专家进行了交流和讨论。

**国内主要学术会议** 2013年，协会及各专业委员会举办各类学术会议69次、高端前沿学术论坛38次，参会20745人次，交流论文3978篇。主要学术会议包括第一届全国肿瘤营养与支持治疗研讨会、第七届中国肿瘤内科大会、第八届全国胃癌学术会议、第十届中国肿瘤微创治疗学术大会、第十三届全国肺癌学术大会、第十四届肝癌学术会议、第十六届全国临床肿瘤学大会等。

**两岸交流** 协会组团参加了7月13～14日在台湾地区台北市举办的第十二届海峡两岸肿瘤学术会议。会议主题为“癌症治疗的前沿发展”，内容涉及肿瘤防治的各个领域。海峡两岸肿瘤学术会议由中国抗癌协会与台湾地区临床肿瘤医学会共同举办，自2001年起每年举办一届，至今已举办11届，分别在台湾地区与大陆轮流召开。

**国际组织任职** 协会理事长郝希山院士继续担任2011～2013年亚太抗癌联盟主席、亚洲乳腺癌协会名誉主席。

**国际交往** 4月，国际抗癌联盟（UICC）首席执行官Cary Adams访问中国科协和中国抗癌协会。同月，协会组织专家团队赴美国访问美国癌症研究协会（AACR）。

4月，亚太抗癌联盟组织（APFOCC）秘书长Jae Kyung Roh教授，副秘书长Akaza Hideyuki教授访问中国抗癌协会。

9月美国MD安德森癌症中心院长Ronald A. De Pinho教授、临床癌症预防科主任Powel H. Brown教授、生物统计学专家冯子定教授、全球学术项目主管刘达仁教授，雷德和查莱·麦克康布斯癌症早期检测和治疗研究所主任Samir Hanash教授、研究规划与发展部主任杨碧君教授访问协会。

6月20日，协会胃癌专业委员会主任委员季加孚率队赴意大利代表中国争取申办2017年第十二届世界胃癌大会，获得了主办权。协会癌症康复工作委员会应邀承办2015年第18届国际康复组织全球乳腺癌支持大会。

**科普活动** 2月2日，主题为“你了解癌症吗？”的2013年世界癌症日启动仪式在湖北省武汉市举行。启动仪式后举办了肿瘤防治高峰论坛暨媒体见面会、专题学术会议。全国50余家学术团体、医学院校、医院参与世界癌症日活动，举办科普知识讲座、专题研讨会、知识问答、义诊咨询70余场，发放科普资料2万余份。

4月15～21日，主题为“保护环境，远离癌症”的第19届全国肿瘤防治宣传周启动仪式在重庆市举行。重庆市癌症康复会会员、肿瘤防治医务人员、环保志愿者近500人以及市民千余人参加了启动仪式。重庆市肿瘤医院及渝中区医疗单位20多名医务人员组成义诊队，为现场的群众免费义诊及测量血压，义诊咨询1000多人次，发放肿瘤防治宣传手册和其他防癌抗癌资料近5000份。全国参与本届活动的学术团体、医院共303家，举办科普图片展览78场、知识问答64场、学术研讨35场、科普讲座192场、义诊咨询131场，发放科普资料14万份，直接受益群众20余万人次。

**表彰举荐优秀科技工作者** 在第22届亚太抗癌大会开幕式上进行了第四届金进博纪念奖颁奖仪式。金进博纪念奖由韩国抗癌协会发起，为纪念亚太抗癌联盟已故秘书长金进博教授设立。本届获得者为中国工程院院士孙燕。

开展了第三届中国抗癌协会科技奖推荐工作，下发了《关于推荐第三届中国抗癌协会科技奖的通知》，召开了第三届科技奖推荐评审工作会议，共收到各推荐单位上报的科技项目69项，已完成项目的形式审查、材料补充和专业组初评工作。

**党建强会** 协会出台《中国抗癌协会关于开展群众路线教育的意见》，组织党员专家参加“赣黔贫困地区救助行”活动，参加中国科协“党建论坛”。在协会科技服务部北京办事处设立党小组。获得中国科协学会服务中心“党建强会”特色活动组织奖。

**会员服务** 协会对会员进行继续教育培训。协会实施国家级继续教育项目29项，培训会员9890人次，学分累计200分。在继续教育中重视规范化培训，举办了肿瘤综合治疗、鼻咽癌、结直肠癌、甲状腺癌、妇科肿瘤等规范化诊疗培训班，食管癌、乳腺癌、肿瘤病理、临床肿瘤协作、姑息治疗专委会相继开展了诊疗指南巡讲活动。

出版了4期《中国抗癌协会通讯》，加强与会员的沟通，方便会员掌握协会动态。

**【第22届亚太抗癌大会】** 11月1日，第22届亚太抗癌大会在天津市举行。会议主题是“癌症防治的创新与发展”。来自美国、英国、加拿大、瑞士、瑞典、德国、澳大利亚等28个国家和地区，以及国内的1500余名专家、学者参加会议，国内外13位院士出席会议。

大会设立18个分会场，近200位中外专家作报告，950篇学术论文以特邀报告、分会专题报告、卫星会议、壁报张贴和论文汇编等形式进行了交流。

大会首次举办了亚太癌症防控领导人峰会，10名国际癌症组织领导人针对亚太国家减轻本区域内的癌症负担，加快癌症防控进程等发表演说。

针对我国目前的肿瘤防治方略，郝希山院士指出，肿瘤防治工作是全社会的任务，医生在医院积极诊治患者的同时，也要注重肿瘤相关知识的科普工作，即如何在全社会范围内，使肿瘤诊治工作得到普及，让人民群众正确科学的看待肿瘤防治工作。

**【世界癌症日活动】** 2月2日，2013年世界癌症日启动仪式在湖北省武汉市举行。本次活动的主题为“你了解癌症吗？”包括了启动仪式、“无痛过年”医患联谊会、肿瘤防治高峰论坛暨媒体见面会和专题学术会议等多项活动。40余位肿瘤界专家、100余位肿瘤专业技术人员及300余名肿瘤患者出席大会并参加各项活动。

协会理事长、中国工程院院士郝希山在启动仪式致辞中说，注重对癌症的早期诊断，早期发现，早期治疗，是扭转癌症发病率日益升高这一严峻趋势的最佳途径。医疗资源配置的不均衡，使得防癌抗癌工作需要付出更加艰巨的努力。中国抗癌协会要承担起自身的使命，联合各界力量，大力开展推进防癌控癌工作，真正为癌症患者带来福音。华中科技大学同济医学院附属同济医院副院长王伟教授代表活动承办方在致辞中说，目前防癌抗癌工作正由单一学科向多学科综合治疗模式转化，而多学科协作，正是综合性医院的优势所在。手术，放疗，化疗，分子靶向药物治疗，介入治疗等多管齐下，积极开展姑息与对症支持治疗，极大提高了癌症的治疗效果，提高了癌症患者的生活质量。

世界卫生组织（WHO）驻华代表蓝睿明博士在发言中谈到，本次世界癌症日活动主题是澄清癌症的误区。误区1：“癌症仅仅是一个健康问题。”其实，癌症不仅仅是一个健康问题，还是对社会、经济、国家发展造成深远影响的社会问题。误区2：“癌症是富裕、老年及经济发达国家的疾病。”癌症不仅仅是富裕、老年及经济发达国家的疾病，它还是一个全球常见病。癌症可能影响每一个人，无论儿童、年轻人或老年人，无论富人或穷人，无论男人或女人。癌症已成为发展中国家不堪承担的重负。误区3：“诊断癌症即被判处死刑。”许多过去被认为是无法治愈的癌症，现在已可以治愈，越来越多的癌症患者可能得到更加有效的治疗。误区4：“癌症是不可避免的厄运。”只要我们采取正确的癌症预防策略，可以让常见癌症的发病人数减少三分之一。世界卫生组织呼吁以限制烟草和酒精、规律饮食、适当运动、注射乙肝和宫颈癌疫苗等方式来预防癌症，并针对高危地区高危人群开展筛查。

全国50余家学术团体、医学院校、医院参与活动，举办科普知识讲座、专题研讨会、知识问答、义诊咨询70余场，发放科普资料2万余份。百余家媒体对活动进行了报道。

**【民政部中国抗癌协会贫困地区癌症救助试点项目】** 5月27日，民政部中国抗癌协会贫困地区癌症救助试点项目江西省赣州市启动实施。本次救助活动是民政部“2013年中央财政支持社会组织参与社会服务项目”之一，活动的开展配合了国家对江西省罗霄山脉整体扶贫战略规划的推进落实。

5月28～29日，协会专家团到赣州市兴国县和瑞金市妇幼保健院进行乳腺癌和宫颈癌的宣教普查活动。对确诊患者进行规范化治疗，同时对当地医疗技术人员开展了技术培训、手术示范，安排远程会诊、业务进修等活动。普查适龄妇女4000余人。项目的开展对进一步提高乳腺癌和宫颈癌的早期诊断率，降低该地区乳腺癌和宫颈癌普查的漏诊率起到了积极的作用。

10月，协会理事长郝希山、秘书长王瑛率领专家组到贵州省毕节市威宁县和大方县进行乳腺癌和宫颈癌义诊，以讲座、阅片、带教查房等形式对当地医师进行培训，并安排学术交流、定点进修等后续工作。同时通过医师培训、资助进修，逐步缩小当地与发达地区之间的医疗水平差距，尝试建立一支稳定的、不走的专业医疗队伍，实现从“输血”到“造血”的转变。

（撰稿人：刘　齐）

## 中国体育科学学会

**服务创新型国家和社会建设**　2013年，学会承担国家体育总局转移职能，为50个国家队采购了总价值1100余万元的运动营养食品，无一例检出违禁物质，为我国运动员备战2014索契冬奥会等国际大赛提供了保障。为加强运动营养食品采购工作的科学化、规范化，学会在调研的基础上，将采购目录产生方式由原先的“自由申报—专家评审—四年一修”更改为一年一次的公开招标，建立起更加规范、透明、高效的采购制度和工作程序，保障了国家各体育运动队食用运动营养食品的安全性、时效性。

按照科技部要求，学会将国家体育总局2013年体育科技成果461项的统计表及统计分析报告上报科技部。学会组织运动训练等8个分会拟定2014年国家体育总局重点研究领域重大研究课题选题，经专题研讨和修订后上报。

学会完成了中国科协“学会改革发展基础工程项目——中国体育科学学会会员服务体系建设与机制创新”研究项目。连续第二年申报中国科协“学会改革发展基础工程项目——中国体育科学学会体育科技、科普著作资助出版”项目，并获得项目资助。

学会精品培训项目“科学健身指导志愿者培训”获得中国科协“高端前沿继续教育项目”资助，共开展两期培训。

**学会建设**　学会召开了中国体育科学学会分会和地方学会秘书长会议以及中国体育科学学会七届三次理事会议。2013年，学会发展个人会员450人，单位会员2个。学会会员总数为3500名，其中个人会员3393人，单位会员107个。会员可通过会员管理平台的在线入会窗口进行注册。

**学术期刊**　《体育科学》积极推进期刊国际化建设，海外及海内外合作研究投稿量比2012年度增加300篇，同时大力推进期刊网络化建设。《体育科学》全年共发行5.4万册，刊登论文约180篇，由中国知网发布的中文体育类学术期刊影响因子为1.917，排名第一名，获得国家社会科学基金资助，入选“中国最具国际影响力学术期刊”。

《中国运动医学杂志》坚持同行评议制度，建立了177人的特约评审专家队伍，汇集了运动医学各分支学科带头人、学术骨干和境外知名专家，建立了审稿人队伍和高水平作者动态管理系统，为组织高水平稿件奠定了坚实基础。2013年，刊物共发行3.6万册，刊登论文约240篇，由清华大学发布的中文体育类学术期刊影响因子为0.625，在国内25种特种医学期刊中排名第五名。

**国际学术会议**　9月28～29日，学会在青海省多巴国家高原体育训练基地举办了第三届中国多巴高原训练与健康国际研讨会，会议主题为“高原训练的创新与突破”，约100名专家、学者及教练员、科研人员参加，其中外国学者5名，台湾地区学者1名，交流论文89篇。

7月21～26日，学会运动心理学分会承办的第13届世界运动心理学大会在北京召开，大会以“和谐生活，追求卓越”为主题。来自40个国家的723名学者的论文被录取，604名专家、学者参会。大会举办了9个主题报告、21场特邀报告、42场专题报告（共计298个口头报告），570篇墙报交流，8个工作坊。大会学术议题涵盖了运动与锻炼心理学、运动技能学习与控制、研究方法学和特殊问题等四大领域和27个分支领域。

**国内主要学术会议**　5月31日，学会举办了中国体育产业与体育用品业发展论坛，论坛主题是“体育用品：创新与发展”。来自高校、科研院所、体育局和企业的100多名代表参加了论坛。日本爱知大学汤海鹏教授作大会报告。

7月18日，由学会承办的中国科协第79期新观点新学说学术沙龙在国家体育总局科学研究所举行，主题为“强政府，强社会——中国体育管理新模式”。来自体育、管理、文化、传媒等领域的20多位专家共同围绕主题进行了研讨。

10月18～20日，由国家体育总局科教司和学会共同主办的2013年全国竞技体育科学论文报告会在辽宁省沈阳市召开，报告会的主题为“竞技体育：创新驱动　全面提升”。共有400余名专家学者、科研人员和教练员参会。会议举行了15场专题报告、200余篇墙报交流和10多个厂商的科技产品展示会。

**国际组织任职**　7月21～26日，在第13届世界运动心理学大会期间，国际运动心理学会（ISSP）管理委员会举行换届选举，我国著名运动心理学专家、学会运动心理学分会常委姒刚彦教授当选新一届国际运动心理学会主席。

**国际交往** 6月17～22日，学会代表团访问瑞士，与国际体育科学技术学院签订了双边合作备忘录。学会还与国际奥委会奥林匹克研究中心、洛桑大学体育社会科学与政策学系、洛桑理工学院材料科学与工程学院、联合国体育促进发展与和平办公室的负责人进行了会谈和交流，初步达成交流与合作意向。

10月21～25日，学会代表团访问英国，与英国利兹市政厅、利兹大学、利兹都市大学的负责人进行了会谈，并与利兹都市大学达成了合作意向。

6月，学会代表团赴芬兰参加了芬兰体育科学学会成立80周年纪念大会暨第四届中芬学术论坛。接待了来访的芬兰体育科学学会秘书长。

学会与芬兰体育科学学会、日本体育学会续签了双边交流协议。

**科普活动** 学会组织20多名专家和体质检测人员参加了在北京园博园举办的2013年全国科普日北京主场活动。依托国民体质检测车为群众现场做体质测试与评价，开具运动处方，进行科学健身咨询指导，约200名群众接受了体质检测与健身指导。

学会依托北京市、内蒙古自治区、江苏省、安徽省、江西省、山东省、湖北省、广东省、四川省、新疆维吾尔自治区等10个地方学会，在全国科技周、全民健身日和全国科普日期间开展了以科学健身讲座和国民体质检测及咨询为主要形式的“全民健身科技志愿服务神州行”活动。10个地方学会在35个城市组织开展活动66次，惠及群众约4万人次。

学会组织专家在陕西省西安市举办了两场“全民健身科学健身大讲堂”全国巡讲活动，为800余名大学生和中学生作了题为《终身体育健康保障——运动损伤防护与指导》的科普知识讲座。

学会建立全民健身科技志愿服务专家库，2013年在原有297名专家的基础上新登记专家283名。

学会连续第二年获得中国科协“全国学会科普工作先进单位”称号。

**学会创新发展** 学会将继续教育与体育事业需求紧密结合，在国家体育总局群体司的大力支持下，创办了新培训项目“科学健身指导志愿者培训”。依托地方学会在各省、自治区、直辖市选拔科学健身指导志愿者，通过系统讲授科学健身理论与方法，旨在把学员培养成为各地开展科学健身指导工作的骨干力量。学会在9月、11月举办的两期培训班，培训了来自25个省、自治区、直辖市的志愿者共283人，所有学员均签订了志愿服务承诺书，成为学会全民健身科技服务志愿者队伍的一员。

**【全国竞技体育科学论文报告会】** 10月18～20日，2013年全国竞技体育科学论文报告会在辽宁省沈阳市举行，报告会的主题为“竞技体育：创新驱动　全面提升”。来自全国的400余名专家、科研人员和教练员参会。

国家体育总局副局长肖天出席会议并作报告。北京体育大学教授田麦久、国家体育总局体操运动管理中心主任罗超毅、北京体育大学校长杨桦，首都体育学院院长钟秉枢，国家体育总局田径运动管理中心副主任冯树勇，北京体育大学副校长胡扬围绕“中国竞技体育金牌战略：发展与转型——优势项目、体能项目、‘三大球’项目？”进行了主题论坛讨论，论坛由学会副理事长兼秘书长田野主持。主题论坛的学术内容在《体育科学》全文刊载。会议还举行了15场专题报告、200余篇墙报交流和十几个厂商的科技产品展示会。

**【2013年（第31届）中国体育产业与体育用品业发展论坛】** 5月31日，学会与中国体育用品业联合会联合主办的中国体育产业与体育用品业发展论坛在北京举行，论坛主题是“体育用品：创新与发展”。来自各高校、科研院所、体育局和企业的100多人参加了论坛。

国家体育总局科研所社科中心研究员杨越作了题为《如何过冬？——经济下滑阶段的中国体育产业方向选择》的大会报告，从宏观经济学角度对我国体育产业与体育用品业的发展现状进行了分析，指出了目前存在的主要问题，并就体育产业与体育用品业如何“过冬”提出了具有针对性的建议。

北京体育大学管理学院青年学者谌莉作了题为《基于品牌战略管理的体育用品品牌创新研究》的报告。谌莉针对我国体育用品品牌数量不断增长但总体品牌价值不高的问题，从体育用品品牌创新的驱动力出发，研究了体育用品品牌的发展历程和现状。以体育品牌战略管理的视角，围绕体育品牌价值的提升，探讨了体育用品品牌创新的策略，提出了“基于品牌战略管理的体育用品品牌创新策略”。

日本爱知大学教授汤海鹏作了题为《日本体育用品的创新与发展——尤尼克斯公司50年创业、创新的风风雨雨》的报告。

在产业论坛举办的学术沙龙上，与会专家围绕论坛主题，分别就室外健身器材与体育产业、基于价值创新的体育用品品牌建设、国外体育用品品牌发展对我国体育用品品牌的启示、体育用品行业的创新与发展等专题作了发言。

【第三届中国多巴高原训练与健康国际研讨会】 9月28～29日，由学会和青海省体育局联合主办、青海省体育科学研究所承办的第三届中国多巴高原训练与健康国际研讨会在青海省多巴国家高原体育训练基地举办，约100名学者、科研人员及教练员出席研讨会。会议围绕“高原训练的创新与突破”的主题进行了讨论和交流。

青海大学高原医学国家重点实验室主任格日力、宁波大学运动人体科学研究所主任陈小平、青海省体育科学研究所副所长马福海、日本仙台大学校长朴泽泰治、澳大利亚中央昆士兰大学副教授 Greg Roach、澳大利亚奥运代表队高级田径教练 Brent Vallance、日本早稻田大学博士金贤植、马佳濛，台湾地区台北市立体育学院助理教授侯建文分别就高原医学与健康、对我国高原训练问题的思考，中日高原与平原老年人体质的研究，多巴基地与日本仙台大学国际合作研究项目，高海拔对优秀运动员睡眠的影响，澳大利亚竞走运动员的高原训练前期模式，2000～2013韩国高原训练进展，借鉴中、日、美平原环境下的身体活动指南来开发制定高原环境下的身体活动指南，外界氧浓度对运动后人体骨骼肌糖原合成率的影响等专题作大会报告。会议还开展了高原训练国际前沿问题的专题交流。

（撰稿人：杨晓琳）

## 中国毒理学会

**服务创新型国家和社会建设** 2013年，学会举办继续教育培训班2次，参加培训人数570人次。

6月22～27日，在江苏省南京市举办了第五期“现代毒理学基础与进展”继续教育高级研修班，来自全国各地的70余位毒理学工作者参加了这次培训班。国家卫生和计划生育委员会国家医学考试中心教授周宗灿、南京医科大学教授周建伟和中国毒理学会副理事长付立杰担任主讲教师，国际毒理学会（IUTOX）会长 Daniel Acosta，中国工程院院士、国家食品安全风险评估中心研究员陈君石等专家作专题讲座。

11月12日，学会在广州军区总医院开展了第五次毒理学资格认证考试。来自18个省市41个单位的54名考生参加了由中国毒理学会资格认证委员会组织的考试。

**学会建设** 学会发展个人会员2670人，会员总数达到8978人。发展团体会员单位36个，团体会员单位总数达到119个。

11月，中国毒理学会召开第六次全国会员代表大会。管理毒理与风险评估专业委员会、药物依赖性毒理专业委员会、生物毒素毒理专业委员会、饲料毒理专业委员会、毒理研究质量保证专业委员会、遗传毒理专业委员会、生化与分子毒理专业委员会和工业毒理专业委员会完成了换届改选工作。

为推进民主办会和规范管理，学会制定了《新一届理事改选与理事会换届原则与方案》、《会员代表产生制度》、《档案管理制度》和《印章使用管理制度》。修订了《中国毒理学会章程》、《中国毒理学会理事会条例》、《中国毒理学会专业委员会组织管理细则》、《中国毒理学会财务制度》、《中国毒理学会科学技术奖奖励办法》和《中国毒理学会科学技术奖奖励条例实施细则》，并在11月召开的第五届十次常务理事会议上审议通过。

**学术期刊** 2013年，学会继续推进《中国毒理学报》创刊的相关工作。学会与英国皇家化学会（RSC）合作创办 Toxicology Research，2013年共出版6期，中国毒理学工作者有8篇文章在期刊上发表。

**国际学术会议** 学会全年共举办国际会议4次。5月10～13日，学会主办的第三届亚洲辐射研究大会（ACRR 2013）在北京召开。来自中国、日本、韩国、印度、哈萨克斯坦及英国、美国、德国的专家、学者共234人参会，大会共收到来自10个国家的224篇论文摘要。

5月25～27日，学会承办的第15届中国科协年会第五分会场成瘾与精神疾病国际研讨会在贵州省贵阳市召开。来自国内外的20余名专家、学者就成瘾的学习记忆研究、突触可塑性机制、神经影像学变化、饮食模式及海洛因依赖的心理干预治疗、合成毒品的神经毒性、滥用形势与治疗模式探索、处方药滥用的形势及对策、曲马多药物滥用的流行病学调查、美国药物检测的经验等内容进行了大会报告。

**国内主要学术会议** 学会及所属专业委员会共开展学术活动11次，参加人数为3726人次，收到论文1211篇，包括：第六届全国毒理学大会、第11届中国生物毒素研究及医药应用年会、第三届全国纳米生物效应与毒理学会议等。

**两岸交流** 9月12～18日，第七届海峡两岸毒理学研讨会在台湾大学举行，此次会议由中国毒理学会和台湾地区毒理学会联合举办。

**国际交往** 6月30日至7月4日，国际毒理学会（IUTOX）和韩国毒理学会（KSOT）等联合举办的2013国际毒理学大会在韩国汉城举行。学会秘书长周平坤率团出席大会，来自国内各高校、科研院所的170余名毒理学者参加了大会。本次大会的主题是“从基础科学到环境和临床效益”，目的是促进国际毒理学的发展与应用。第四军医大学教授海春旭、广州医科大学教授蒋义国等多位中国专家作分会专题报告。南方医科大学公卫学院毒理学系张文娟博士获得大会“青年奖”，深圳市疾控中心现代毒理研究室洪文旭博士获得“青年科学家奖”。

9月1～4日，学会秘书长周平坤、副秘书长孙祖越带队出席了2013欧洲毒理学大会。本次会议由欧洲毒理学会（EUTOX）和瑞士毒理学会（SSOT）联合举办。大会的主题是“安全科学的前沿问题（New Frontiers in Safety Sciences）”。来自世界各国的1500余名毒理学者就基础毒理、环境毒理、临床毒理和风险评估等最新技术与理念进行了交流。这是中国毒理学会第三次以团队形式组织会员参加欧洲毒理学大会。

**科普活动** 学会共举办科普活动55场次，参加人数约7000人次，发放科普宣传册20000余份，受益人数为8万多人次。

学会毒理学史专业委员会以“关注公众健康，保障食品安全”为主题的“食品安全图片展”、“草原毒草灾害防控与应急处置图片展”在陕西省西安市举办，参观人数约2700人次，8位专家到场进行咨询和讲解。

学会临床毒理专业委员在北京市、辽宁省、江苏省组织动员团体会员和个人会员，在社区和公众场所，围绕包括心血管疾病、内分泌代谢疾病的药械合理使用开展系列科普宣传活动。累计活动场次52场、辅导5000余人次、发放资料2万余份，受益人群近8万人次。

此外，学会临床毒理专业委员会还在北京市丰台区8个社区卫生中心及16个卫生服务站举办了“关爱骨骼健康，构建幸福生活”活动，在西城区德外卫生服务中心开展了“内分泌相关知识及骨质疏松合理用药”的科普宣传工作，发放《骨质疏松合理用药手册》5000册。

学会药物依赖性毒理专业委员会组织开展了“健康生活，远离成瘾”的主题宣传活动。除开展科普宣传活动之外，通过建立网站，利用互联网广泛宣传成瘾危害，普及预防成瘾的知识，这对青少年了解成瘾危害起到了有针对性的知识普及作用。

学会生殖毒理专业委员会参与了全国科技活动周活动，举办了展示胚胎形成和胎仔生长及发育过程展示的科普活动，10余位大学生参加展示工作。

**党建强会** 3月，学会正式申请成立了党支部。8月2～5日，由中国毒理学会、中国环境诱变剂学会联合党支部组成的4单位8人小分队赴吉林省，开展了“重走红色抗联之路、践行党的宗旨教育”为主题的党建强会活动。通过重走抗联路、拜访老革命、实地观摩抗日遗址、广泛交流座谈等形式，增强党员的爱国热情和为民服务意识。

**中国科协会员日** 中国科协会员日期间，学会围绕“改进作风、服务基层”的会员日活动主题，分南方和北方两个地区开展了包括学习全国优秀科技工作者事迹、参观科技馆、慰问老专家、观看宣传片等在内的系列活动。

12月17日，上海计划生育科学研究所和复旦大学的中国毒理学会会员50余人参加了会员日活动，围绕计划生育药物与人类健康、国家计划生育政策的改革、雾霾天气对人类生殖健康的影响等主题进行了讨论。

12月18日，学会理事长周平坤、荣誉理事长廖明阳带领学会办公室人员、挂靠单位会员和在京部分会员约50余人在军事医学科学院放射与辐射医学研究所观看了中国科协提供的“会员日宣传资料”和“中国毒理学会20年成长历程”的宣传纪录片，同时进行了学术交流。

12月20日，学会副理事长兼秘书长付立杰、荣誉理事长廖明阳带领学会办公室人员，看望了学会老一辈的科技工作者周宗灿教授。

**【中国毒理学会第六次全国会员代表大会】** 11月13日，中国毒理学会第六次全国会员代表大会在广东省广州市召开。中国科协党组成员沈爱民，学会第五届理事会理事长庄志雄，军事医学科学院科技部部长徐天昊，广东省科协、广东省卫生和计划生育委员会有关领导出席大会。来自全国各地的毒理学界及相关领域的专家、学者、科技和教育工作者、管理人员、研究生以及相关企业专业技术研发人员1500余人参加了会议。学会第五届理事会副理事长兼秘书长周平坤主持大会开幕式。

徐天昊在讲话中，首先回顾了学会创始人吴德昌院士提出的“大毒理”发展观。他说，在过去的4年中，学会的会员人数增加了大约1倍，说明了我国毒理学事业的兴旺发达，也体现了学会具有更大的凝聚力。

中国毒理学会第六次全国会员代表大会听取了周平坤所作的学会第五届理事会工作报告和财务报告。经过民主程序，代表们以无记名投票方式选举产生了由148名理事组成的中国毒理学会第六届理事会。

随后召开的第六届第一次理事会，以无记名投票选举产生了由41人组成的中国毒理学会第六届常务理事会和学会领导成员。周平坤当选为中国毒理学会第六届理事长，江桂斌、付立杰、郑玉新、周建伟、孙祖越、杨杏芬当选为副理事长，付立杰兼任秘书长。经第六届一次全体理事会议通过，推举吴德昌、陈君石、孟伟、庄志雄、王心如、王捷、廖明阳为中国毒理学会名誉理事长。

**【第六届全国毒理学大会】** 11月12～15日，第六届全国毒理学大会（CSOT—VI）在广东省广州市召开。本次大会的主题为“现代毒理科学与社会经济和健康事业发展”。来自全国各地的毒理学界及相关领域的专家、学者、科技和教育工作者、管理人员、研究生以及相关企业专业技术研发人员1500余人参加了会议。

中国科学院院士江桂斌，中国工程院院士陈君石、孟伟，美国哈姆雷研究所Andersen博士分别作了关于食品安全、环境生态危害评估及国际毒理学的发展趋势的主旨报告。

12位国内外知名专家、学者就毒理学领域的最新研究进展、国际动态与发展趋势，学科前沿和高新技术以及各自的学术研究成果作大会特邀报告。

大会在4个分会场举办了16个专题报告会，90名专家、学者和经验丰富的一线科研人员作报告，全面展现了我国毒理学不同研究领域近年来的新进展，为来自不同地区和领域的专业人员提供了交流平台。

有255篇论文以壁报形式进行了交流。经大会专家组评审，从口头报告与壁报中评选出了30篇大会“青年优秀论文奖”。

会议还举行了表彰中国毒理学会终身成就奖和学会贡献奖的颁奖仪式。吴德昌和陈君石两位院士被授予终身成就奖，蔡志基教授等24人获得学会贡献奖。

12月11日，大会举办了毒理学的未来——21世纪安全科学、实时无标记细胞分析技术（RTCA）和药物候选物剔除决策等3个继续教育培训班，免费向全体参会人员开放。参加继续教育培训班人数达500余人。

**【成瘾与精神疾病国际研讨会】** 5月25～27日，学会承办的第15届中国科协年会第五分会场成瘾与精神疾病国际研讨会在贵州省贵阳市召开。北京大学中国药物依赖性研究所所长陆林在大会报告中介绍了我国药物依赖的研究现状与发展方向。公安部禁毒局张道明介绍了我国近年来毒品滥用的形势及新型毒品滥用的最新趋势，新型毒品的流行滥用及其造成的公共卫生和社会问题。他提出，鉴于合成毒品滥用人群以青少年为主，当前我国药物滥用防治和禁毒工作中的迫切任务是采取综合性措施进行预防干预和治疗。

加拿大麦吉尔大学（McGill University）大学教授Krim Nader、美国加利福尼亚大学洛杉矶分校（UCLA）教授Walter Ling、台湾中正大学教授杨士隆、美国佛罗里达医学院教授David Martin、美国艾伯特大学爱因斯坦医学院教授Saleem Nicola、美国加利福尼亚大学洛杉矶分校（UCLA）的Yi-Jun Cui博士等20余名国内外专家学者就成瘾的学习记忆研究、突触可塑性机制、神经影像学变化、饮食模式及海洛因依赖的心理干预治疗、合成毒品的神经毒性、滥用形势与治疗模式探索、处方药滥用的形势及对策、曲马多药物滥用的流行病学调查、美国药物检测的经验等内容作大会报告。专家们与参会人员以基础研究、临床治疗与预防等不同角度展开了讨论和交流。

通过本次会议的交流讨论，结合后期的调查研究，针对合成毒品滥用的内在规律、流行病学特征、治疗形势和存在的问题及在传统毒品滥用防治中的经验和教训，我国科学家认为合成毒品滥用的防治是一个系统工程，需要多个部门合作进行社会—心理—生物多模型的综合干预，并在此基础上形成《科技工作者建议》。建议在打击毒品犯罪、开展青少年预防教育的同时，针对合成毒品成瘾临床治疗工作比较薄弱的现状，大力加强对合成毒品成瘾的治疗工作，并在此基础上建立我国对于合成毒品治疗规范标准。

**【第七届海峡两岸毒理学研讨会】** 9月12～18日，第七届海峡两岸毒理学研讨会在台湾地区台湾大学举行，此次会议由中国毒理学会和台湾毒理学会联合举办，由台湾毒理学会和台湾大学承办。中国毒理学会荣誉理事长、中国工程院院士、国家食品安全风险评估中心陈君石教授受邀出席会议并致辞。中国毒理学会副秘书长、中国生育调节药物毒理检测中心主任孙祖越教授，台湾毒物学会理事长郭明良教授出席会议。

中国毒理学会代表团由来自不同高校和科研院所的38位学者组成。陈君石院士担任代表团名誉团长，中国毒理学会副秘书长孙祖越教授任团长。

来自海峡两岸的高等院校、科研院所的专家、学者100余人参加了研讨会。两岸毒理学者围绕“前瞻毒理学：从分子、生态到管理”这一主题进行了多种形式的研讨交流。

会议共举办两场大会特邀演讲报告、17个大会专题报告，展示墙报39个，就基础毒理、食品毒性、环境毒理、临床毒理和风险评估等最新技术与理论进行了交流。

（撰稿人：沈向学　关　华）

## 中国康复医学会

**服务创新型国家和社会建设**　受国家卫生和计划生育委员会委托，学会自2月开始承担了康复医疗效果评估试点工作，形成了《通用ICF组合在康复临床应用的多中心研究报告》。报告结论为：通用《国际功能、残疾和健康分类》（ICF）组合包含的七个类目内容之间相互独立，具有很好的代表性；平均评估时间6.1分钟，操作简便，适用于临床推广；治疗前后分值改变能够反映患者的功能改善，并能预测功能变化与住院时间的关系，适用于康复医疗的临床使用和质量控制，可作为今后评估康复医疗效果的重要依据。

为规范康复医院的建设和管理，2012 年学会曾受卫生部医政司委托完成了《康复医院建设与管理指南》草案，但在征求意见过程中，因各地康复医院能力和水平差异较大，在专家之间未能形成共识而搁置。2013 年 7 月，根据国家卫生和计划生育委员会医政医管局建议，学会重新启动了《康复医院建设与管理指南》修订工作。通过对不同规模、不同形式和不同隶属关系的多家康复医院的调研以及广泛征求专家意见，于 10 月完成了《康复医院建设与管理指南》的修订工作。

为推进康复治疗师培训工作的规范和持续进行，受国家卫生和计划生育委员会医政医管局委托，学会重新修订了《康复治疗师培训大纲》。

5 月，学会起草了《康复专科护士培训大纲》和《康复专科护士岗位资质考核认证标准》（试行），确定了 5 家三级甲等医院作为首批康复专科护士培训基地，启动了为期 2 个月的康复专科护士岗位技能培训，58 名成绩合格的康复护士获得了首批《康复专科护士证书》。

学会无锡康复医学培训中心举办了 2 个为期各 3 个月的康复医师和康复治疗师培训班，109 名来自 17 个省、自治区、直辖市的专业人员参加了学习。学会免费为西藏自治区培训专业人员 4 人。

学会与香港复康会联合主办康复医学继续教育合作项目——“康复专业教育的投资：迎合现代医疗卫生和社会转变的需求”，经过 3 年完成了预期合作目标。

学会与丹麦健康之路基金会举办了 4 期间歇性清洁导尿技术培训班，为 21 个省、自治区、直辖市培训骨干护士 194 人，颁发了培训合格证书。

学会与挪威协力会开展康复治疗教育国际化合作，举办作业治疗师资培训班、物理治疗师资培训班及教学指南解读班，来自全国近 100 所院校的教师参加培训，3 所试点院校进行了物理治疗、作业治疗分流的教学改革。

学会在天津市创建听力障碍儿童家长公益学校，免费举办 3 次儿童听觉言语康复家长培训班，受益家庭 300 多个，印制聋儿康复科普宣传册 2 万份。

**学会建设** 2013 年，学会新增团体会员 2 个，个人会员 164 人。2013 年底，学会个人会员总数为 16085，团体会员 6 个。

为筹备计划于 2014 年开始实施的康复治疗师岗位资质考核认定，协会成立了康复治疗师考核与资质认定专家委员会，起草了相关标准和方案。

为规范会员队伍建设，更好地为会员服务，经过为期一年的试运行，中国康复医学会个人会员管理系统于 2013 年底正式运行。

根据中国科协和民政部批复意见，中国康复医学会第六次全国会员代表大会原计划于 10 月 28 ~ 29 日在北京召开。学会成立了由学会会长马晓伟负责的会员代表大会筹备组。根据上级有关部门对学会拟任主要领导人的批复意见，学会决定第六次全国会员代表大会延期举行。

**学术期刊** 学会主办的《中国神经再生研究》（英文版）杂志入选国家卫生和计划生育委员会评审出的“首届优秀期刊”，并被推荐为“第三届中国出版政府奖”候选期刊。

**国际学术会议** 学会举办了国际物理医学与康复医学学会（ISPRM）第七次世界大会、第三届国际神经再生研究高峰论坛、亚太区神经康复高峰论坛等 3 个国际学术会议。参会人数 4967 人次，交流论文 3611 篇。

**国内主要学术会议** 学会举办国内学术交流活动 13 次，参会人数 3980 人次，其中境外学者 63 人次，交流论文 2905 篇，制作学术光盘 7 种，形成了《冠心病康复与二级预防中国专家共识》、《心血管病戒烟处方中国专家共识》、《中国小儿脑瘫康复治疗指南》。

**会员服务** 学会增设了专职工作人员负责会员数据库信息资料的补充和实时更新，及时了解会员意见和建议，倾听会员呼声，反映会员诉求，传递学会动态和活动信息，保证了学会与会员沟通渠道的畅通。

为满足部分单位特别是新建康复医疗机构对专业人才的需求，学会通过会员数据库平台和学会网站“求职与招聘”栏目，及时发布人才需求信息，利用学会专家荟萃、联系快捷的优势，在用人单位与求职者之间搭建沟通的桥梁。

**【国际物理医学与康复医学学会第七次世界大会】** 6 月 16 ~ 20 日，学会与中华医学会物理医学与康复学分会、香港康复医学会联合承办的国际物理医学与康复医学学会（ISPRM）第七次世界大会在北京召开。来自 73 个国家的 4141 位专家、学者注册并出席会议。

本次会议主题是“沟通与合作，交融与提升”。大会举办全体大会报告 4 场共 10 个报告，分会场报告 64 场共 328 个报告，其中中文分会场 15 场。进行口头发言 211 个，制作电子壁报 958 篇。会议邀请国内外 200 余名康复医学专家、管理者及卫生行政人员从临床、科研、实践及管理角度作专题演讲。

国家卫生和计划生育委员会副主任、学会会长马晓伟出席大会开幕式并代表国家卫生和计划生育委员会致辞。他表示，中国政府高度关注康复医疗工作的发展，已经初步形成了三级康复医疗服务网，康复服务内涵也在不断扩展，康复医疗专业人员服务水平持续提高，服务行为更加规范，但是与当前经济社会发展，人民群众健康服务需求，及公立医院改革的要求相比，我国康复医疗服务还处于初期起步阶段，发展相对滞后。“十二五”时期是深化医药卫生体制改革承上启下的关键时期，也是发展康复医疗工作的战略机遇期，中国将充分借鉴国际先进经验，采取各种措施，加快康复医疗体系的建设，不断改进和完善医疗体制的运行机制，努力推动康复医疗的发展。

ISPRM 现任主席 Marta Imamura 女士回顾了学会发展的历史，她坚信，在对全人类爱的名义下，康复医学的发展将迎来美好的明天。

国家卫生和计划生育委员会医政医管局局长王羽作了题为《中国康复医疗服务发展概况与展望》的主题发言。他表示，中国政府高度关注康复医疗工作，特别是在 2008 年“5·12”汶川地震发生后，伤员康复工作的有效开展进一步凸显了康复医疗在整个医疗卫生工作中的重要作用。要抓住深化医药卫生体制改革的有利时机，继续贯彻落实《“十二五”时期康复医疗工作指导意见》，进一步加强康复医疗服务体系建设，全面提高康复医疗服务水平。

大会组委会采用了高科技会议手段，开创了国际康复领域学术会议活动的 6 个创新：

智能手机软件：与会者可以根据自己的需要，通过软件，按照“日程、讲题、讲者”等关键词查询详细日程和会场位置，对感兴趣的讲座定制自己的参会日历，并在会议开始前提醒参会者前往相应会议室，及时接收组委会信息，参与提问和讨论，并在主会场大会报告中与讲者进行互动交流。

图文电子壁报：通过大屏幕和手机可同时查看并搜索所有壁报，并参与评论及打分。

代表胸卡上印制个人二维码，通过手机扫描得到参会者信息。

现场录制特邀讲座视频，讲座结束后的 24 小时内即可实现网上观看。

为帮助参会者克服语言障碍，在主会场及部分分会场采用了同声传译。

制作了中英双语的每日新闻，对会议进行及时报道，对特邀嘉宾进行采访，并进行活动预报。

**【《康复专业教育的投资：迎合现代医疗卫生和社会转变的需求》继续教育合作项目】** 由中国康复医学会、香港复康会联合主办的康复医学继续教育合作项目——《康复专业教育的投资：迎合现代医疗卫生和社会转变的需求》继续教育合作项目，经过有关各方为期 3 年的共同努力，于 3 月结束。

自 2010 年 1 月至 2013 年 3 月，项目共举办面授课程班 27 个，培训学员 1034 人次，总学时数 29005 小时；举办网络课程班 10 个，培训学员 846 人，培训时长 97 周；开放网络模块 28 个，注册网站会员 1023 名。项目执行期间，为巩固和延伸培训成效，鼓励学员学有所用，香港复康会还专门设置了小额研究津贴资助项目 32 个，资助优秀学员 62 人，安排随访 44 次。

本项目以提升西部地区康复医学水平为重点，覆盖范围达 29 个省、自治区、直辖市，培训了一批现阶段急需的康复医学专业人才，有效地缩小了我国东西部之间学科发展的不平衡状况，为服务于我国康复医学能力建设和体系建设做出了贡献。

香港复康会为本项目累计投入资金约 1100 万港元，先后组织了 320 多名国内外专家参与授课和技术指导，联系并落实了 27 个班次共 1034 名学员前往香港康复机构的参观学习。

（撰稿人：王跃进）

## 中国免疫学会

**服务创新型国家和社会建设** 7 月 12 ~ 21 日，“感染与自身免疫病研究进展”博士研究生暑期学校在北京举办。由学会常务理事推荐，来自于 20 个省市的高等院校、科研院所，涵盖了免疫学基础研究、临床医学、生物制剂等不同领域的在校博士生与西部院校青年教师共 50 人参加培训。从事感染和自身免疫病基础和临床相关领域的 18 位专家，向学员们介绍了相关领域的研究进展、研究思路、技术路线和试验方法等。

**学会建设** 截至 2013 年 12 月，中国免疫学会的会员人数达到 5629 人。新疆维吾尔自治区免疫学会和内蒙古自治区免疫学会 2 个地区免疫学会成立。至此，全国已经有 26 个省、自治区、直辖市建立免疫学会。

4 月 19 日，中国免疫学会第六届六次常务理事会（扩大）会议在北京召开。学会常务理事、各专业分会和工作委员会主任委员、省级免疫学会理事长 43 人出席会议。

**学科发展研究** 学会向中国科协申请编著《中国免疫学学科发展报告》。

4 月 17 ~ 19 日，学会举办了主题为“免疫学前沿热点与发展趋势”的香山科学会议。来自免疫学各研究领域的 54 位专家，围绕免疫细胞分化发育与功能调控的机制，免疫应答的识别及调节分子机制，免疫学生物治疗与疫苗研究和转化医学与新兴免疫学技术等议题进行了探讨，就中国免疫学研究存在的问题和优势达成了共识，提出了中国免疫学研究的发展建议。会议为中国免疫学科的发展提出了策略和方向。

**国际学术会议** 5月4日，学会在美国夏威夷举办了2013年美国免疫学会年会（AAI 2013）中国免疫学会分会场，这是中国免疫学会第6次在美国免疫学会年会举办分会场。学会理事长、中国工程院院士曹雪涛等5位中国学者围绕主题“固有免疫和炎症的分子调节”作专题学术报告。随着中国免疫学各个领域研究工作的快速发展，中国免疫学会分会场对于AAI参会者的吸引力逐届增大，本次约有300位各国免疫学家到会交流。

9月14～17日，第三届中德免疫学研讨会在德国克罗斯特埃伯巴赫召开。会议由德国免疫学会和中国免疫学会联合主办。来自两国的24位免疫学家围绕“基础与临床免疫学前沿进展”大会主题作专题报告。报告内容既有基础免疫研究的原创性，也兼顾了临床免疫的应用性。

10月17～20日，由亚洲大洋洲免疫学联盟（FIMSA）、中国免疫学会、中国医学科学院、北京协和医院联合举办的“FIMSA自身免疫疾病国际论坛——从基础到临床”在北京召开。26位国内外免疫学专家作了关于自身免疫疾病的研究报告，涵盖了自身免疫中T细胞、B细胞、信号转导、应答调控和疾病治疗等内容。

12月10～13日，学会在日本千叶召开的第42届日本免疫学会年会上举办了中国免疫学会与日本免疫学会联合分会场，主题为“肿瘤免疫”。黄波教授和王青青教授作为学会代表与日本免疫学会专家一同进行了分会场报告，探讨了这一领域的最新成果。

**国内主要学术会议** 7月7～9日，第三届全国免疫学青年学者论坛在上海市召开。来自各大专院校、研究所和医院的24位青年免疫学者在肿瘤免疫、基础免疫与疾病、天然免疫和感染免疫等4个免疫学相关领域作专题报告，结合各自的实验工作介绍了相关领域的研究进展。

7月28～29日，学会在北京举办了主题为“感染免疫应答过程中的识别机制”的第二届免疫学博士生论坛，36名来自国内知名高等院校和科研院所的博士生参加了论坛活动。中国工程院院士巴德年，北京大学基础医学院免疫学系系主任张毓作特邀报告。

12月20～22日，第四届免疫学新进展研讨班在广西壮族自治区桂林市召开。20位专家就免疫学发展趋势与热点、细胞免疫学前沿进展、分子免疫学前沿进展、免疫学技术前沿进展、疾病免疫学前沿进展等内容作专题报告。会议鼓励和支持青年免疫学工作者积极参会。

**国际交往** 12月1～3日，第三届中日韩免疫学高峰论坛在韩国浦项召开。该论坛由中国、日本、韩国三国免疫学会轮流主办，此届论坛的主席国是韩国免疫学会。学会副秘书长黄波带队，组织了7位免疫学者参会。各国与会专家就各自的研究领域进展和实验室工作进行了深入研讨和交流。与会专家一致表示，多国峰会形式对于推动亚洲地区的免疫学研究起到了非常积极的作用。

**【学会获得2019年第17届国际免疫学学术大会的举办权】** 8月22日，第60次国际免疫学会联合会执委会会议（60th IUIS Council Meeting）和第十五届国际免疫学会联合会会员代表大会（15th IUIS General Assembly）在意大利米兰召开。会议进行了执委会换届选举，确定了第17届国际免疫学学术大会的举办地。

中国免疫学会获得中国科协专款支持，学会理事长、中国工程院院士曹雪涛作为执委参加了第60次国际免疫学会联合会执委会会议。曹雪涛作为亚洲大洋洲免疫学联盟（FIMSA）代表，学会副理事长田志刚、副秘书长高扬、副秘书长黄波、常务理事张毓作为中国免疫学会代表参加了第15届国际免疫学会联合会会员代表大会。

经过竞争，学会获得了2019年第17届国际免疫学学术大会（17th ICI）的举办权。学会秘书长何维当选为新一届国际免疫学会联合会执委（2013—2016年），这是中国免疫学会的提名人第10次当选为国际免疫学会联合会执委。

（撰稿人：魏　薇）

## 中华预防医学会

**服务创新型国家和社会建设** 学会承接国家卫生和计划生育委员会疾病预防控制局《医疗机构传染病管理规范和考核评价标准》项目培训大纲编写工作。根据《医疗机构传染病管理规范和考核评价标准》，结合医疗机构传染病管理工作的实际情况，制定了培训大纲。

承担“十二五”国家科技支撑重点项目“公众健康知识及技术筛选与评价研究”项目子课题——常见传染病预防普及技术研究和应用。课题组组织5次专家研讨咨询，确立了常见传染病病种筛选、指标体系、指标权重及公众传染病防治素养评价指标及核心信息。

学会履行国家卫生和计划生育委员会卫生应急办公室卫生应急专家咨询委员会秘书处工作职责。学会根据国家卫生和计划生育委员会卫生应急办公室的要求，依照2012年首届中国卫生应急学术论坛研讨内容，起草了《中国卫生应急工作的回顾与展望》，围绕H7N9人感染高致病性禽流感疫情，举办新发传染病专题论坛。

学会承担中国科协“2049年的中国——科技与社会展望”子课题“预防医学与生命质量研究”，通过科技发展趋势，利用趋势外推的科学方法，勾勒出未来预防医学发展的重心，为政府决策、企业科技发展提供智力支持。

履行中国健康促进联盟办公室职责。为响应《全球慢性病防控行动计划（2013—2010）》和规范肺癌的防治行为、加强转化医学研究的成果，学会通过全国各大媒体发布了两次中国健康促进联盟健康生活方式指导建议：《关于减盐》和《关于工作场所控烟建议》。

学会承接了“中国全球基金艾滋病项目”之“社会组织艾滋病防治综合能力在线培训”和“新形势下政府购买艾滋病防治领域社会组织服务的策略研究”两个项目，为探索政府购买社会组织服务策略提供建议，也为社会组织争取政府购买提出发展方向。

学会开展了“预防接种服务质量控制与评价项目”，建立了免疫服务质量评价体系的数据模型；修订《肺炎链球菌相关疾病疫苗相关应用技术指南》（2012年版），指导疾病防控机构落实实施；编撰《阿司匹林在我国缺血性脑卒中防治策略中重要地位白皮书》，提高缺血性脑卒中防治知识传播效率，促进付诸行动。

4月20日，四川雅安地区发生7.0级地震。为了支援抗震救灾，防止灾后疫情发生，学会联系江苏爱特福84股份有限公司向灾区捐赠了价值40多万元的消毒杀虫产品。

学会共开展国家级培训项目37项、学会级项目73项，参加培训人员共计34282人次。2013年，学会新受理国家级项目申请82项、学会级项目申请169项。

**学会能力提升计划** 学会内部开展了系列能力提升项目，举办了文书写作、外事能力、媒体沟通、财务管理能力等培训班，员工自身能力建设得到了提升。通过会员管理与服务，与省级学会沟通联络，修订学会用人制度，落实《中华预防医学会专科会员管理办法》（试行），重新确立了省级学会沟通联络机制，召开了全国预防学会联席工作会议等。

**学会建设** 贯彻落实《中华预防医学会分支机构管理办法》，环境卫生、卫生工程、社会医学、生物制品分会，伤害预防与控制、编辑专业委员会完成换届；肿瘤预防与控制专业委员会经学会常务理事会、中国科协审批同意成立；成立心脏病预防与控制专业委员会已提交常务理事会审议。

启动《中华预防医学会分支机构考核评价标准研究》，委托高等院校开展分支机构考核评价模型、指标、指标权重研究，考核指标体系的框架已基本完成。

召开中华预防医学会外事能力建设培训班暨分支机构工作会议。会议围绕加强分支机构建设、提升学会能力、参与卫生外交等内容，展开了交流与探讨。

在中华预防医学会官方网站上启动“中国科协综合信息网络服务平台试点项目”，为建立学会、分支机构、系列杂志、省级学会综合化、一体化、一站式信息化平台奠定基础。以此为契机，学会设计开发了中华预防医学会综合信息服务平台，为有效整合资源、开展会员服务、提高学会管理与服务能力搭建了基础平台。

学会制定了《社会资助项目经费管理办法》和《学会分支机构业务经费暂行管理办法》，规范社会筹资开展各类工作活动的合作协议、委托合同、财务预决算、经费使用范围、支出项目和标准等。《社会资助项目经费管理办法》于10月底开始执行。

学会共举办80余次学术交流活动，其中国际会议2个，总参会人数达1.5万人次。

**国际学术会议** 11月，第一届大湄公河次区域传染病控制研讨会在云南省昆明市召开。研讨会交流了湄公河次区域传染病防治的情况，特别讨论了疟疾防治。来自我国云南省、广西壮族自治区的卫生厅和疾控中心等机构，柬埔寨、老挝、缅甸、越南、泰国等国卫生部，以及世界卫生组织（WHO）、比尔及梅林达·盖茨基金会、澳大利亚国际发展署（AUSAID）、英国国际发展部（DFID）、救助儿童会（SAVE CHILDREN）、联合国项目事务厅（UNOPS）、世界公共卫生联盟（WFPHA）、英国卫生保护署（HPA）、全球卫生战略行动组织（GHSi）等机构和组织的60余位专家、学者出席会议。

10月29日至11月1日，学会与中国疾病预防控制中心共同主办的第八届世界危险因素监测联盟全球大会在北京召开，来自18个国家和地区以及国际组织的220余位专家、学者参会。本届大会的主题是“全球在发展针对非传染性疾病和健康的社会决定因素的行为危险因素监测上面临的挑战”，大会围绕着危险因素监测的过去、现在与未来展开交流、研讨。

**国内主要学术会议** 11月，中华预防医学会第四届学术年会在北京召开。年会以“公共卫生与健康中国”为主题，征集学术论文1500余篇，评选优秀论文167篇。

2013年中国狂犬病防控论坛、全国心理健康管理岗位技能培训项目、中国女性生殖健康项目、疫苗免疫与社会组织参与研讨会等学术交流活动，为多部门联动、多学科交叉融合提供了重要的平台。

面向传染病和慢性病防控热点问题，学会举办了两期传染病专题学术会议、两期慢性病专题学术会议，600余名专业人员参加会议，就当前急需解决的疾病防控问题进行交流和讨论。为满足地方卫生工作需求，学会举办新医改形势下公共卫生桥头堡战略研讨会、2013年新形势下疾病预防控制工作学术研讨会，为地方卫生工作提出科学建议，探索学会学术服务功能的发展模式与方向。

**两岸交流** 11月25～28日，台湾地区欧巴尼纪念基金会访问学会，双方就进一步开展传染病防治方面的交流与合作达成了初步意向。

7月10～11日，由学会、台湾地区欧巴尼纪念基金会共同主办的2013年海峡两岸免疫规划策略研讨会在台湾地区台北市召开。来自中国大陆部分省区疾病预防控制中心的免疫规划专家，与台湾地区"卫生署疾病管制局"、欧巴尼纪念基金会、香港卫生署卫生防护中心的专家共计40余人进行了学术交流。

**国际组织任职** 学会前任秘书长王贺祥、现任秘书长蔡纪明连续五届联任世界公共卫生联盟执委。

**国际交往** 1月26日，受世界公共卫生联盟主席委托，学会秘书长蔡纪明、外联部主任王芃代表世界公共卫生联盟在北京参加了由洛克菲勒基金会和北京协和医院共同举办的"畅想未来，百年健康"全球健康峰会暨洛克菲勒基金会百年纪念活动。会议期间，学会代表与越南公共卫生学会会长乐福安（paol.La Vv Ahn）进行了会谈，对第四届亚太地区公共卫生大会的准备工作提出了意见和建议。

2013年，学会以世界公共卫生联盟亚太区联络办公室身份访问世界卫生组织西太区办事处，达成开展公共卫生领域相关合作意向。

**科普活动** 学会围绕"预防疾病、科学生活"的主题，在第15届中国科协年会期间组织巡展活动，通过展板展示、医学咨询、专家义诊、健康讲座、发放宣传品等形式倡导健康的生活方式，活动持续两天，受益公众达3万多人次。

学会举办"全民健康网络大讲堂"活动，围绕当前社会关注的热点话题——慢性非传染性疾病的防治，邀请5名专家作科普讲座。

**表彰举荐优秀科技工作者** 中华预防医学会科技奖共收到全国69个单位推荐的108项科研项目，经形式审查、专家初审，初审结果在《健康报》、国家卫生和计划生育委员会网站和学会网站公示。经专家终审，共评选出获奖项目50项，其中一等奖4项、二等奖15项、三等奖31项。

针对2008年、2010年"公共卫生与预防医学发展贡献奖"基层科技工作者人员当选比例偏低等问题，学会与北京大学公共卫生学院合作开展了"公共卫生与预防医学发展贡献奖评价体系研究"，先后根据189名专家790多条意见和建议，修订评审标准和管理办法实施细则。以此为依据，2013年，全国推荐的108名候选人，经过形式审查、评审、公示、异议处理、常务理事会审定等程序，共评选出54名获奖者，在人民网、《健康报》等媒体进行宣传。

**【中华预防医学会第四届学术年会】** 11月7～8日，中华预防医学会第四届学术年会暨公共卫生与预防医学发展贡献奖颁奖大会在北京召开。学会会长、中国工程院院士王陇德出席大会并致辞。来自全国各省、自治区、直辖市及中央、部队各有关单位的预防医学工作者约1800人出席大会。

年会围绕"公共卫生与健康中国"这一主题，邀请预防医学专家、学者和一线专业人员开展了多形式、多领域、多层次的学术交流与探讨。

在开幕式上，举行了2013年中华预防医学会公共卫生与预防医学发展贡献奖颁奖仪式。大会还对学会系列杂志中获得"2011—2012年中华预防医学会优秀期刊"一、二、三等奖的28种期刊进行了表彰。

11月7日，包括8位院士在内的专家、学者就"预防为主"工作方针，预防医学发展前沿，传染病流行趋势，慢性病防控，环境、营养与健康，以及卫生信息化等内容作大会报告。

年会以"下一个是什么"为题，邀请院士、专家等作为嘉宾，就新发传染病的流行趋势进行了圆桌访谈，举办了"疾病控制与绩效考核"年会沙龙。

11月8日，大会设立22个分会场进行学术交流，召开了新发传染病的挑战与应对、疫苗免疫与社会组织参与、中国卫生事业管理学科建设、2013年免疫预防新进展等4个专题研讨会。学会儿童保健分会等10余个分支机构在年会期间召开了学术年会。年会共收到论文1500余篇，评选出优秀论文167篇并进行了颁奖。

会议期间，召开了中华预防医学会理事会、常务理事会、全国预防医学会联席工作会、学会系列杂志工作会及4个分会换届会议。

**【中国疫苗免疫社会组织联盟成立】** 11月8日，在中华预防医学会第四届学术年会期间，中华预防医学会、中华医学会、中国医师协会等11家国内健康类社会组织共同发起成立了"中国疫苗免疫社会组织联盟"（以下简称"联盟"）。

联盟将致力于助推中国国内的免疫事业，同时促进中国对全球的免疫事业产生积极影响。中国可以充分利用其在开展计划免疫中积累的经验，以及生产适合投放于发展中国家的高质量疫苗的能力，在全球免疫事业中发挥独特的作用。

联盟的成员单位包括社区组织、非政府组织、专业行业协会、学术机构和特定的群体代表团体。这些社会组织将共同倡导政府、企业和社会协调合作，让免疫接种服务覆盖到国内外更多的群体。联盟成员还将共同开展与疫苗免疫有关的国内和国际交流活动、科学研究和政策制定，并与媒体合作，在公众中开展相关的健康教育和科普宣传活动。

疫苗免疫作为最具成本效益的疾病预防措施之一已经被广泛认可，有专家指出，"除了安全卫生饮用水，没有其他方式比疫苗在降低人类死亡率方面贡献更大，包括抗生素"。我国自 1978 年开始实施国家免疫规划，据中国疾病预防控制中心统计，截至 2012 年，全国减少麻疹、百日咳、白喉、脊髓灰质炎、结核、破伤风等 6 种疾病的发病共约 3 亿人次，减少相关死亡约 400 万人。国家的免疫规划在改善国民健康、提高中国人均期望寿命方面发挥了极为重要的作用。但同时，发挥社会力量参与传染病防治工作的机制还有待完善。

（撰稿人：郑高鑫）

## 中国法医学会

**服务创新型国家和社会建设** 受公安部刑侦局委托，学会先后举办了 8 期全国提高正确适用刑诉法和侦办疑难命案能力高级培训班和 5 期人体损伤程度鉴定标准培训班，培训学员近 4000 人次。

为确保培训效果，经广泛征求各地意见，13 期培训班共邀请了国内 43 位技术专家授课。

经国家外国专家局立项，学会于 10 月 20 ~ 22 日，在北京召开了中外法庭科学技术培训班，邀请英国格拉斯哥大学医学院法医和科学系教授罗伯特·安德森，英国国防部法庭科学爆炸实验室（FEL）首席专家肖恩·道尔，法医病理学家、新西兰司法部法医局的英国专家阿莱斯戴尔·本特莱，加拿大公共安全教育服务部、法庭科学中心化学部副主任布伦达·伯特，加拿大多伦多大学生物分析化学教授、芯片技术在法医领域的应用研究专家麦克·汤姆森等 5 位专家授课。5 位专家分别讲授了爆炸案件的调查和分析鉴定、微量物证的检验鉴定、毒物分析技术新进展、法医 DNA 芯片技术进展、非正常死亡的检验鉴定等内容。10 月 20 日，公安部物证鉴定中心负责人与 5 位专家，就中国法庭科学技术的发展和特点、中国法医学会与国际法庭科学专家互助合作情况，以及今后进行国际学术交流的意向进行了座谈。

**学会建设** 10 月 22 日，学会各分支机构分别召开会议，对本分支机构在学会第五次会员代表大会以来的工作进行总结研究，对照规划和计划实施落实的情况，找出差距，研究改进措施，对下一步的工作拟定计划，强化落实措施，力争抓出本专业学术研究和专项工作的成效及特色。

10 月 23 日，学会会长刘耀主持召开了中国法医学会五届二次理事会议和常务理事会议，审议通过了《会员申请、审核与管理补充办法（试行）》、《试行理事单位管理办法》和有关人事任免等事项。

学会对学会网站主页面、各栏目和交流平台进行了调整和维护，使网站在学术交流、技术人员互动、学术成果发布、技术标准执行、司法鉴定问题研讨以及会员管理等方面发挥更重要的作用。

**学术期刊** 《中国法医学杂志》全年编辑出版正刊 6 期，增刊 1 期，共刊发稿件 260 余篇，为全国第九次法医学术交流会编辑出版论文集两部。

2013 年《中国法医学杂志》由 72 页增加到 90 页，每期增加刊稿量 12 ~ 13 篇，30000 多字，内容向基层一线法医倾斜。

《中国法医学杂志》是武汉大学中国科学评价研究中心（RCCSE）中国核心学术期刊，中国科技论文统计源期刊（中国科技核心期刊），荷兰国际科学文献数据库（ELSEVIER）收录期刊，荷兰医学文摘（EMBASE）收录期刊，《中国学术期刊综合评价数据库》（CAJCED）统计源期刊，《中国期刊网》、《中国学术期刊（光盘版）》收录期刊，《中国期刊全文数据库》（CJFD）全文收录期刊，《中文科技期刊数据库》收录期刊，《CAJ-CD 规范》执行优秀期刊。

**国内主要学术会议** 10 月 20 ~ 22 日，学会在北京举办了全国第九次法医学术交流会。会议共收到投稿论文 1000 多篇，30 多位优秀论文作者在大会发言，交流法庭科学技术的新进展、新情况和新经验。

**党建强会** 学会加强学会秘书处党建工作，策划、筹建"中国法医党员之家"，充分发挥党员先锋模范作用。

**【全国第九次法医学术交流会和中外法庭科学技术培训班】** 10 月 20 ~ 23 日，由学会和公安部物证鉴定中心联合举办的全国第九次法医学术交流会和中外法庭科学技术培训班暨中国法医学会五届二次理事会议在北京召开。

学会副会长兼秘书长翟恒利主持开幕式。中国工程院院士、学会会长刘耀致开幕辞。学会副会长、司法部司法鉴定管理局副局长胡占山，教育部高教司副司长石鹏建，英国格拉斯哥大学医学院法医和科学系教授罗伯特·安德森，英国国防部法庭科学爆炸实验室（FEL）首席专家肖恩·道尔，法医病理学家、新西兰司法部法医局的英国专家阿莱斯戴尔·本特莱，加拿大公共安全教育服务部、法庭科学中心化学部副主任布伦达·伯特，加拿大多伦多大学生物分析化学教授、芯片技术在法医领域的应用研究专家麦克·汤姆森等出席会议。学会常务理事、理事和部分论文作者共200余人参加会议。

公安部物证鉴定中心主任刘烁在讲话中说，刑事技术发展到今天，已经由传统单一的比对鉴定技术，向比对鉴定和刻画分析两大技术方向转变，在实战作用方面更加突出现场勘验分析、物证检验鉴定、情报信息服务三大业务功能，在应用效益方面更加注重提升物证信息的深度挖掘与溯源、案件现场的勘验分析与重现、重点人员的身份核查与辨识、嫌疑对象的轨迹描述与刻画等业务能力。法医作为刑事技术工作的有机组成部分，同样遵循这样一个共性规律。随着法医业务功能的拓展，随着法医专业能力水平的提升，法医工作在“服务实战、服务诉讼、服务社会”中必将发挥更大的作用。在全国第九次法医学术交流会和中外法庭科学技术培训班上，200余名中外法庭科学和法医工作者，通过大会主题发言、大会发言、书面交流（论文集两册）等形式，交流论文400余篇。交流内容涵盖法医病理学、法医损伤学、法医临床学、法医物证学、法医毒物学、法医人类学、法医精神病学及相关交叉学科的课题研究、理论探讨、实践经验总结和案例报道等。

（撰稿人：赵丽娜）

## 中华口腔医学会

**服务创新型国家和社会建设** 受国家卫生和计划生育委员会委托，学会承担并完成了2013年度国家口腔临床重点专科建设项目评审的组织工作，组织356名专家对儿童口腔科、口腔黏膜科、口腔正畸科、口腔种植科建设项目进行了评审，参评率达到99%，参评完成率高于91%。根据评审情况和组织经验，学会向国家卫生和计划生育委员会提交决策建议1篇。

受国家卫生和计划生育委员会委托，学会完成第三类医疗技术审核报告32项，完善了第三类医疗技术的伦理审核程序，召开了中华口腔医学会口腔医学伦理委员会会议，确定了“有条件通过伦理审核”33项、“无条件通过伦理审核”28项。

7月，受国家卫生和计划生育委员会委托，学会整理、汇编口腔医学类第三类医疗技术审核资料共134项，全部通过国家卫生和计划生育委员会审核检查。

学会承担了《口腔全科住院医师规范化培训细则》修订工作，增加了口腔内科学、口腔颌面外科学、口腔修复学、口腔正畸学、口腔病理学、口腔颌面影像学等6个住院医师规范化培训专业。

6月9～12日，学会与国家卫生和计划生育委员会国际交流与合作中心、北京大学口腔医学院联合举办第十八届中国国际口腔设备材料展览会，观众3万余人次。会议期间，由学会主办了第十八届北京口腔医学新进展报告会、牙体牙髓病学专题讲座、口腔修复学专题讲座、口腔正畸学专题讲座、牙周病学专题讲座、儿童口腔医学专题讲座、口腔外科专题培训班等学术活动，学习交流人数超过1700人次。

学会和香港扶轮社开展合作项目，2012～2013年资助10名大陆口腔医师赴香港特别行政区参加英国爱丁堡皇家外科医学院专业牙科考试。

完成了中华口腔医学会西部行临床科研基金项目2013年立项申报工作，10个项目获得立项。

**学会能力提升计划** 中华口腔医学会围绕年度3个项目总目标：引领中国口腔医学学科发展进步；提高学会服务能力和会员凝聚力；实施全民科普工作，促进口腔健康水平提高，全面开展中国科协“学会能力提升专项”2013～2014年项目任务书中确定的12项工作任务。学会按照中国科协《学会能力提升专项实施方案》所规定的内容在完成项目任务书中确定的工作任务的基础上，2013～2014年度开展的能力提升内容有三大类15个方面，其中：承接政府转移职能方面4项，包括科技成果评价、技术标准制定、科技奖励设立、人才推荐；提供科技公共服务5项，包括科普宣传、科技咨询服务、讨论社会重大问题、学术交流/会议（国内及国际）、学术期刊建设；健全学会管理机制6项，包括会员服务机制、立体实时网络信息体系、对外网络平台、组织管理优化、党建工作、内部和社会监督机制。学会受邀在中国科协“2013年全国学会能力提升专项经验交流会”上作大会发言。

**学会建设** 5月，民政部公布全国性社会组织评估等级结果，中华口腔医学会被评为5A等级全国性学术类社团。

学会新发展会员4738人，会员总人数达20478人。

学会召开理事会议1次，常务理事会议4次，审议并通过议题60项，通报学会工作32项。

5月13日，学会在河南省开封市召开第五次专业委员会（分会）工作会议。7月3日，学会在甘肃省兰州市召开第三次省级口腔医学会秘书长联席工作会议。

学会被评为中国科协“2013年度全国学会科普工作优秀单位”。学会主办的“爱牙实验室”活动，被评为中国科协“2013年全国科普日优秀特色活动”。

**科技期刊国际影响力提升计划** 《中国牙科研究杂志》（*The Chinese Journal of Dental Research*）荣获中国科协优秀国际科技期刊三等奖——新创办英文科技期刊奖。9月，《中国牙科研究杂志》获得国家新闻出版广电总局正式批复，国内统一连续出版物号为CN-1194/R，期刊出版许可证号：（京）期出证字第3001号。该刊由学会与科学普及出版社主办，英文出版，半年刊，16开，国内公开发行。该杂志邀请23位世界知名外籍专家担任编委。

**学术期刊** 学会主办专业学术期刊共5种。《中华口腔医学杂志》2013年发表204篇文章，2013年出版12期，发行量7万册。《中华口腔正畸学杂志》，2013年发表60篇文章，全年出版4期，发行量1.8万册。《中国口腔颌面外科杂志》2013年发表114篇文章，全年出版6期，发行量1.2万册。《中国口腔医学继续教育杂志》2013年发表59篇文章，全年出版6期，发行量8.4万册，从2013年第2期开始作为学会会员待遇免费赠阅。

经美国牙科学会杂志授权，中华口腔医学会、香港牙医学会和香港大学联合出版中文版《美国牙医学会杂志》（JADA），2013年组稿25篇，出版2期，2013年2月在广东省广州市召开编委会工作会议。

**决策咨询** 学会受国家卫生和计划生育委员会委托，向医政医管局提供专业技术咨询报告29篇，向中国科协提供专业技术咨询报告1篇。

学会召开全身麻醉及镇静下儿童牙齿治疗技术管理研讨会，为国家卫生和计划生育委员会规范全国范围内开展该技术提供了治疗标准依据。

**国际学术会议** 学会举办国际学术会议6次，参会人数928人次，交流论文402篇。

**国内主要学术会议** 学会举办口腔专业学术会议33次，其中高端前沿学术会议（论坛）9次，参加者1.4万人次，交流论文2224篇。

8月15～18日，中华口腔医学会第15次全国口腔医学学术会议暨2013（上海）国际口腔设备器材博览会在上海市召开。

**国际组织任职** 学会副会长徐韬在2013世界牙科联盟（FDI）大会期间，连任世界牙科联盟继续教育委员会委员。

**国际交往** 3月21日，第91届中华口腔医学会联合国际牙科研究学会（IADR）年会期间，IADR中国分会在美国西雅图市共同举办了“中国之夜”（China Night）招待会。IADR主席Mary Macduogall教授、执行主任Christofer Fox博士、JDR主编以及来自世界各地的著名学者300余人受邀出席。

8月26日，学会参加了在土耳其伊斯坦布尔举办的2013世界牙科联盟（FDI）大会，并在会员大会期间举办了午餐招待会，260余位中外来宾出席。FDI主席Dr.Orlando da Silva与学会会长王兴在会上致词。

9月16日，学会会长王兴、秘书长王渤一行访问了俄罗斯口腔医学会，就继续教育、交换学者、年会支持等方面进行会谈并达成共识。

10月9～10日，学会参加了在匈牙利布达佩斯召开的第十届世界口腔预防医学大会，举办了“中国之夜”（China Night）招待会，来自世界各地的400余名口腔医生参加。

11月8～11日，学会会长王兴、副会长徐韬应邀出席韩国牙医学会2013学术年会暨牙科器械展览会。

**科普活动** 学会共举办主题科普活动7次，举办科普讲座27次，科普展览1场，科普比赛1场，拍摄科普宣传片1部，编写科普读物2册，科普工作者612人次参加活动，科普活动受众人数达15000余人。

5月24～25日，学会以“健康口腔，科学生活”为主题，参加第十五届中国科协年会科普活动，设独立展台，以健康咨询、口腔检查、发放科普资料、问卷调查、发放口腔保健小礼品、口腔讲座等6种形式，进行口腔健康科普宣传。活动期间共发放科普资料1800余份、口腔保健小礼品800份，免费口腔检查300余人。学会会长王兴代表学会作了题为《口腔健康与全身健康》的讲座，现场听众300余人。

学会科普部以“健康口腔曲麻莱微笑行动”为题获得中国科协科普部科普项目立项及资助。6月29日至7月7日，学会率志愿者团队在青海省玉树藏族自治州曲麻莱县，为当地8所小学1380余名学生做口腔健康检查、涂氟防龋，开展了口腔健康科普讲座。

学会号召会员单位、地方口腔医学会等相关单位举办“9.20”爱牙日活动，944家医院及诊所参与，覆盖24个省、自治区、直辖市的113个地市，口腔宣教覆盖人群近16万人次，其中9400人接受免费口腔检查和涂氟防龋。

学会组织的“高露洁杯”口腔健康科普作品创作大赛，共有35所大专院校参加，投稿216项作品，经评审43项作品获奖。

**表彰举荐优秀科技工作者** 学会举办和评审中华口腔医学会级奖项竞赛7项，分别为中华口腔医学会——口腔医学益达奖学金、中华口腔医学会——登士柏口腔医学生研究论文英文壁报比赛、中华口腔医学会——松风杯口腔临床医学青年人才奖、中华口腔医学会——登士柏口腔医学青年人才奖、中华口腔医学会青年教师授课技能大赛、中华口腔医学会——第二届口腔护理技能大赛（3M杯）、中华口腔医学会——第十一届日进杯全国口腔工艺技术展评，共4个集体、144人获奖。

**党建强会** 1月14日，学会党支部正式成立。学会高度重视党建工作，申报中国科协“党建强会”计划“十百千”特色活动获得批准。7月12～13日，中华口腔医学会“西部行送健康”口腔健康科普活动在内蒙古自治区赤峰市举办。活动包括科普咨询、专家义诊，以及免费口腔临床技术培训班，400余名基层医师参与学习，向群众发放科普资料550份，为100余名当地群众义诊解决了疾病的诊治方案。

**会员服务** 2013年，学会大力促进省级学会、专委会联动发展新会员，以远程工作网络为依托，全方位立体化为会员提供服务。内容包括：会员免费参加年会、继续教育学费减免、赠阅3本专业杂志、开放学术期刊免费阅读下载等。学会建设网上登记、交费、续费、个人管理平台，为会员提供便利。

**中国科协会员日** 12月16～17日，学会积极响应，参与中国科协会员日活动，结合“西部行”大型公益活动，走访了一线科技工作者。慰问口腔医学界老同志，就“改进作风，服务基层”听取意见。利用学会资源，在网络平台广泛宣传老一辈科学家事迹。中华口腔医学会被评为“2013年中国科协会员日组织工作先进单位”。

**【中华口腔医学会第15次全国口腔医学学术会议】** 8月15～18日，中华口腔医学会第15次全国口腔医学学术会议暨2013（上海）国际口腔设备器材博览会在上海市召开。

2013年是“中国口腔种植年”。年会期间举办学术活动84场，有学术会议、论坛、继续教育学习班、现场操作演示、竞赛等多种形式，召开学术讲座395场。近500家国内外知名口腔生产企业参展，展会面积超过2.5万平方米，来自15个国家和地区、近2万名口腔医学界人士参加了此次大会。

学会邀请国际著名种植专家作大会专题演讲，与多家国际知名企业及口腔组织团体协作，举办了国际口腔种植学会（ITI）第四届中国研讨会、CDS种植修复技工高级课程、BITC口腔种植病例大赛等学术活动。

大会特别邀请上海交通大学医学院教授王一飞作题为《医学科学走向何方？——反思与展望》的专题演讲。

学会与国际牙科联盟（FDI）合作举办了CSA-FDI国际口腔最新进展报告会，共有6位国际著名口腔医学专家作学术报告。

学会多个二级专委会针对口腔医学界热点举办交叉学科论坛，其中颌面外科－病理交叉论坛由全国知名口腔颌面外科学、影像学、病理学专家共同参加，对学科交叉问题和典型病例展开讨论，中国工程院院士邱蔚六参与了论坛活动。

年会期间，学会举办了“中华口腔医学会口腔青年教师授课技能大赛”，来自全国36所院校的106名青年教师参加比赛。来自全国13所院校的23名选手参加了口腔医学益达奖学金现场答辩。来自12所口腔长学制院校共投稿170篇英文研究摘要参加登士柏口腔医学生临床研究英文壁报比赛。来自全国11所院校的19名选手参加了登士柏口腔医学青年人才奖评比。

来自全国41所院校的151位选手参加了“日进杯全国口腔工艺技术展评”比赛。4人获“松风杯口腔临床医学青年人才奖”，16人获得鼓励奖。60家医院的164名选手参加了“中华口腔医学会第二届口腔护理技能大赛（3M杯）”现场比赛。

**【第15期中国科协所属全国学会秘书长沙龙】** 11月6日，由中国科协主办、中华口腔医学会承办的第15期中国科协所属全国学会秘书长沙龙在重庆市召开。中国科协党组成员沈爱民出席，来自全国学会的近50名秘书长参加会议，重庆市科协15名代表列席会议。会议由学会会长王兴主持。

中华口腔医学会、中国电机工程学会、中国兵工学会围绕“学会承接科技评价方面的探索”作主题发言。中国科学院科技政策与管理科学研究所副研究员杜鹏在会上介绍了《全国学会科技评价专业资质认证标准（初稿）》。参会者就学会承接科技评价职能的发展前景、现存问题和思路对策展开交流探讨。

学会会长王兴作了《口腔健康与全身健康》的口腔科普讲座。

**【“中华口腔医学会科技奖”设立】** 4月10日，“中华口腔医学会科技奖”获科技部批准设立。学会成立评审奖励领导小组统筹指导工作，设立奖励办公室，2013年全面启动奖项推荐、评审工作。

8月14日，中华口腔医学会会长工作会议（扩大会议）在上海市召开。会议讨论了科技奖推荐评审工作的工作流程和实施方案等问题。10月28日，学会召开奖励办公室工作会议，研讨2014年度奖励推荐工作的组织落实事项。奖励办公室于11月1日正式启动推荐工作。

**【“口腔健康促进与口腔医学发展西部行”公益活动 2013 年度工作】** “口腔健康促进与口腔医学发展西部行”公益活动自 2007 年 9 月启动以来，已先后在内蒙古、广西、陕西、宁夏、云南、贵州、青海、甘肃等 8 个省、自治区开展。经过前期调研，9 月，新疆维吾尔自治区成为“口腔健康促进与口腔医学发展西部行”公益活动举办地。

在北京大学口腔医院、首都医科大学附属北京口腔医院两家副会长单位及有关企业的支持下，学会向喀什地区第一人民医院、伊犁哈巴河县人民医院等 7 家目标地区医院捐赠数字化全景 X 射线机、颌面外科手术动力系统、牙科治疗台等一批口腔医疗设备，举办牙周规范化治疗技术培训班一期。

截至 2013 年底，学会已设立“西部行”继续教育基地 22 家，2013 年共举办临床技术培训班 17 期。国家临床重点专科建设单位武汉大学口腔医院、广东省口腔医院、南京医大口腔医院及其他单位 68 名专家赴西部地区授课，近 4000 名基层口腔医生接受培训。

2013 年学会安排 21 名西部医生免费进修，组织 28 名志愿者医生（其中 1 名主任医师、9 名副主任医师）赴 7 个省份基层医院进行了为期 1 ~ 3 个月的免费帮扶。南京医科大学口腔医院与青海省人民医院、西宁市口腔医院结成对口支援单位，北京大学口腔医院与银川市口腔医院结成对口支援单位。

在中华口腔医学会“叶庆良中国西部口腔医学人才培养基金”支持下，学会组织西部 9 名口腔医生参加了 2013 第三届香港国际牙科博览会暨研讨会，并进行了学术交流。

学会委托第三方市场研究公司，开展了“西部行”公益活动的评估研究工作，并于 7 月召开的第三次省级口腔医学会秘书长联席工作会议、8 月召开的第四届理事会第 3 次理事会议上，两次通报评估结果。评估数据显示，西部地区对活动给予高度认可和高度评价，各子项目的总体满意度 87.1 ~ 95.8。

作为“口腔健康促进与口腔医学发展西部行”公益活动的组成部分，“口福行动”连续两年获民政部中央财政支持社会组织参与社会服务项目立项。2013 年立项资金 76 万元，学会配套 80 万元，在西部地区 12 个省份为牙列缺损及无牙颌贫困老人免费镶装义齿。2013 年，“口福行动”项目受邀在民政部项目推进会上做经验交流，项目材料入选民政部典型项目汇编。

（撰稿人：王　瞳）

## 中国医学救援协会

**服务创新型国家和社会建设** 2013 年，由协会常务副会长兼秘书长李宗浩任主编、协会科学家委员会部分成员参与的国家卫生和计划生育委员会编著的突发事件卫生应急培训教材《紧急医学救援》正式出版。本书作为国家卫生系列培训教材之一，将国内外近年来频繁发生的地震、洪涝、矿难等现场大救援的理念、组织、实践及医学临床救治必备的知识技能等内容作了较充分的阐述，是各级卫生应急队伍和疾控机构专业技术人员的培训教材。

6 月，以协会专家为主体编著的以先进的科学、文化为指导的我国 2013 年度国家重点出版基金项目《中国灾害救援医学》正式出版。

全书总字数 400 余万字，是系统介绍现代灾害救援医学理论、组织管理和专业技术的大型专业著作，总结了我国在医学救援领域尤其近十年来中国国际救援队的丰富实践经验，包括从应急组织到现场处理，从伤员转运到医院救治的全过程。协会常务副会长兼秘书长李宗浩任总主编。

**学会能力提升计划** 6 月，根据我国紧急医学救援迫切要求，在国家卫生和计划生育委员会应急办公室、科教司的支持下，建立了 2013 ~ 2016 年度卫生公益性行业科研专项项目，“灾害现场多发伤类关键救治技术、流程规范研究项目”正式立题。

**学会建设** 8 月 28 日，香港特别行政区消防处救护总区副救护总长沈国良与英国救护学会香港分会会长张子德等一行 6 人到协会访问，与协会常务副会长兼秘书长李宗浩会见，并一同到北京急救中心参观访问并进行交流。访问中，来宾参观了北京市 120 指挥调度中心、北京急救医疗培训中心、北京市卫生应急物资储备库以及急救站点和急救车辆、装备等。

9 月 23 日，由中国医师协会和医师报社主办的“弘扬大医精神　抵制不正之风”高峰论坛在北京举行。协会常务副会长兼秘书长李宗浩当选 60 位大医精神代表之一。

**学术期刊** 协会主办期刊《中国急救复苏与灾害医学杂志》，2013 年影响因子为 0.454，比 2012 年增长了 0.295。

**国际学术会议** 10 月 17 ~ 19 日，由上海市商务委员会主办，协会协办的 2013 年第三届上海国际航空应急救援与安全大会（简称上海航空救援大会）在上海市举行。此次活动有 200 名国内外专家、学者出席。

**国内主要学术会议** 9 月 4 日，由协会、《中国急救复苏与灾害医学杂志》杂志社主办的纪念彼得·沙法教授逝世十周年、发展创新心肺复苏心血管急救医学研讨会在北京召开。美国心脏协会（AHA）、急救项目主席发来了专电，美国心脏病协会、挪威挪度总部专程派代表赴会，在北京已建立 AHA 教育培训中心获得国际认可心肺复苏心血管急救资质的中日友好医院、海军总医院、北京急救中心，以及北京灾害救援基金会、中国石油中心医院等单位的 30 余名专家、学者参加了研讨会。

研讨会由协会副秘书长、《中国急救复苏与灾害医学杂志》杂志社副总编、海军总医院院长钱阳明主持。彼得·沙法教授的学生、协会常务副会长、杂志社总编辑李宗浩作了主旨发言。

**国际交往**　12 月 1 ~ 13 日，协会常务副会长兼秘书长李宗浩赴欧洲考察空中急救项目。对法国巴黎 SOS 救援中心和法国巴黎急救中心（SAMU）进行了考察。随后到德国与负责急救的斯泰戈尔基金会就空中医学救援作了深入的研讨。希望通过中德空中急救项目，进一步将我国院外急救行业、学术的规范、能力提升，将认证认可等医学救援行业学术的基础工作启动起来。

**科普活动**　协会专门申请立项，设立了“地震等灾害公民急救知识与技能科普手册和视频制作项目”。经过多次讨论，协会决定结合现代传媒的特点和方法，采用科普、音频、视频相结合的方式，拍摄、制作主题为“挽救生命　拯救伤残”科普视频短片。将地震与常态下社区常见急症和灾害事件的应急知识制作成简洁、明了、生动、易懂的电视短片，系统全面地普及急救知识技能。2013 年完成一部短片拍摄及制作，一本小册子的制作。

**中国科协会员日**　7 月 27 日，协会在山东省青岛市召开了建设多元化会员服务体系的探索与实践项目研讨会，学会会员部主要负责人与协会部分理事及在山东省的部分会员代表参加了会议。研讨会对会员日的活动情况、优秀会员及优秀会员单位的评选情况进行了通报，对 2013 年的会员服务体系建设工作进行了讨论，确定了 2013 年的工作任务与计划。

协会配合国家卫生和计划生育委员会“卫生应急大练兵”活动，启动各会员之家的联动机制，加强协会区域间骨干人才的交流与协作。

协会与北京市朝阳急救中心在八里庄社区卫生服务中心举办了中国医学救援协会“送知识，进社区”主题活动；开展“雷锋书屋”图书捐赠活动，培养协会会员的社会责任感。组织培养会员参加公益活动的积极性，提高协会的自我发展能力和服务社会能力，从而提高协会社会影响力和知名度。

**【2013 年中国·国际第 11 届现代救援医学论坛】**　5 月 12 日，由协会主办的“2013 年中国·国际第 11 届现代救援医学论坛”在四川省德阳市举行，四川省卫生厅厅长和当地政府、卫生局领导出席会议。论坛期间，就医学救援的专业教育、公众培训与有关部门的合作进行讨论，以促进我国救援医学事业高层面学术的发展和大范围知识普及。来自全国急诊、急救与灾害医学救援工作第一线，中华人民共和国卫生部国际合作司、医政司应急办的近 600 名专家、学者参会。德国斯泰格尔基金会荣誉主席、现任主席及德国灾害医学会主席等国际知名专家参会并作演讲，总结汶川、芦山地震现场救援的经验和教训，共同探讨灾害救援医学的现状与发展大计。本届论坛还对优秀团体会员单位和个人进行了表彰。论坛共收到论文 360 余篇，编成近 30 万字的《2013 中国·国际第 11 届现代救援医学论坛会刊》。

本届论坛首次提出了第三支力量——城市社区保护公众生命健康的医学救援观念。论坛从伦理、业务、学术、学风、学术研究、公众普及等方面对我国的医学救援工作人员发起了倡议：为保障人民的生命安全和身体健康，为实践中国梦奉献自己的智慧和力量。

**【向公众解读防灾救灾、自救互救的知识】**　2013 年 4 月 20 日 8 时 02 分，我国四川雅安发生了 7.0 级地震。消息发布后，协会及有关救援队，立即启动了应急预案，协助医疗卫生、民政部门组织紧急救援队奔赴现场，同时接受了中央电视台等主流媒体的邀请，配合政府发布抗震救灾的新闻，向社会公众科学解读信息，宣传防灾救灾、自救互救的知识。

随着地震救援工作的全面开展，协会先后组织了多名专家以及在地震灾区的医疗救援队配合央视、川视等主流媒体开展科普工作，并要求救援队在抢救工作时，作好自救互救卫生防病科普宣传。

（撰稿人：吴　慧）

## 中国女医师协会

**服务创新型国家和社会建设**　2013 年，协会举办各种类型的继续教育学习班 11 期，参加培训人员 2693 人次，与 2012 年相比，增加 1893 人次。

4 月 13 ~ 14 日，协会妇产科专家委员会在山东省菏泽市举办了“规范妇产科医师培训，提高诊疗水平”继续教育培训班。来自全国约 400 名妇产科医务工作者参加了培训。培训的目的是为了提高妇产科基层医疗机构医疗水平，规范基层医务工作者的诊疗活动，减少妇科疾病的误诊率和病死率。在培训班上，专家介绍了卵巢早衰、子宫内膜癌、子宫内膜异位症、妊娠期高血压、阴道发育异常、宫颈癌手术治疗的最新临床诊疗方案和规范化治疗进展。

10月16～18日，协会全科专家委员会与月坛社区卫生服务中心联合举办社区慢性病管理技术研修班，培训北京城乡全科医生80名。培训采取了一问一答、授课与讨论相结合方式，分别探讨了冠心病社区管理、慢性阻塞性肺疾病社区管理、慢性肾病社区管理和饮食知识、骨关节炎社区管理、胰岛素应用、脑血管病社区管理。

**学会建设** 2013年，协会新成立5个专家委员会，分别是全科医学、医院建设管理、神经内科、临床呼吸和健康教育专家委员会，主任委员分别由顾湲、侯惠荣，张薇薇、孙铁英、李小鹰担任。协会现有19个专家委员会。发展个人会员169名，截至2013年12月31日，协会个人会员数为100325人。发展团体会员1个，团体会员达到14个。协会召开了四届四次、五次常务理事会议，成立了中国女医师协会科普部、国际合作部。

**国内主要学术会议** 2013年开展学术交流7场，参加会议人数1070人次，交流论文28篇。

9月18日，协会卫生发展与管理专家委员会召开卫生发展与管理研讨会，76名来自全国一、二线城市三级甲等医院的院长、党委书记、副院长、党委副书记参会。会议主题：改革、创新、发展、共进。国家卫生与计划生育委员会法制司副司长陈宁珊就“公立医院改革的热点与思考”、北京大学副校长柯杨就“女性领导力多维视角的特质”与全体委员对话。

10月19日，协会主办了2013年北京妇科肿瘤防治新进展学术交流会，北京协和医院教授杨秀玉、北京大学医学部病理系教授刘从容分别作了题为《妊娠性滋养细胞疾病诊治中的几个热点》、《子宫颈癌病理学进展》的学术报告，北京大学人民医院教授孙秀丽、北京妇产医院教授郑萍分别就“妇科肿瘤及盆底疾病防治新进展”、“盆底功能重建阴式手术”作了专题演讲。与会专家通过学术报告、疑难案例分析、手术演示、病例研讨等方式，围绕当前妇科疾病及肿瘤研究的最新技术、新方法、新进展等热点、难点问题进行了研讨。

10月25日，协会在北京承办了中国科协第84届新观点新学说沙龙。沙龙的主题是人体的已知与未知。40位临床西医师、临床中医师、生物物理学家、数学博士、教育家、城市建筑规划专家出席会议，进行了跨学科讨论。中国中医科学院首席研究员刘保延、瑞士归侨黄又彭主持了沙龙。

**国际交往** 8月2日，协会会长何界生率领由80人组成的观察团，参加了在韩国首尔召开的第29届世界女医师大会。在本届大会的会员加入表决大会上，中国女医师协会加入世界女医师协会成为国家会员，并首次在世界女医师大会上悬挂了中华人民共和国国旗。会议期间，何界生会见了国际女医师协会的继任会长Prof.Kyung Ah Park、香港特别行政区女医师协会会长陈洁霜、台湾地区女医师协会会长李素慧。

**科普活动** 2013年，协会科普部组建了19个科普宣传专家团队。

举办“迎三八”、“庆六一”、“庆八一”、“灾害心理援助”等科普宣传活动，参与乳腺癌、宫颈癌“两癌”普查宣传活动，共53场。与2012年相比，增加11场，咨询服务112800人次，增加59286人次。

协会与全国妇联发展部共同编印《妇女两癌防治宣传手册》10万册。协会出版了《如何生个健康宝宝》一书。

9月15日，协会健康教育专家委员在江苏省苏州市举办女性健康教育专题报告。李小鹰、任在晋、王正珍、胡爱国、张铁梅、韩萍分别以《女性健康必须关注的十大问题》、《事半功倍的健康管理——生命全过程分阶段管理》、《适当运动与女性健康》、《母亲应是家庭成员的健康卫士》、《老年健康关键信息》、《健康管理管住健康》为题作了报告。

12月1日，协会与共青团北京市委员会在北京邮电大学举办了“五自关爱校园行——向‘零’艾滋迈进”活动。北京邮电大学红十字会、北京语言大学学生会、北京理工大学红十字会、北京吉利大学红十字会、北京城市学院红十字会等共同发起了“行动起来，向‘零’艾滋迈进”的万人感言签名活动。倡议大学生们为了全社会的健康，为了你、我、他的健康，从我做起，从现在做起，积极参与“自知、自爱、自律、自尊、自保”的“五自关爱”活动。协会会员王璐教授作了题为《行动起来，向零艾滋迈进》的报告。

**表彰举荐优秀科技工作者** 第三届中国女医师协会五洲女子科技奖经过全国各地医疗机构的申报、专家评审委员会的评审、终审、网上公示，确定上海交通大学医学院附属瑞金医院于颖彦、哈尔滨医科大学李霞、北京大学基础医学院周春燕、中国疾病控制中心寄生虫病预防控制所张仪、北京大学第三医院王薇5人获基础医学科研创新奖；上海市同济大学附属东方医院孟馥、中国疾病预防控制中心病毒病所武桂珍、中国疾病预防控制中心结核病预防控制中心王黎霞、首都医科大学附属北京口腔医院孙正、解放军总医院范利5人获医务（卫生）管理科研创新奖；解放军北京军区总医院于忠和、空军总医院王恒湘、解放军第三军医大学第三附属医院何娅妮、复旦大学附属中山医院高鑫、北京中医药大学东直门医院高颖、复旦大学附属华山医院吴志英、广东省人民医院王丽娟、中南大学湘雅二医院丁依玲、新疆医科大学附属肿瘤医院古扎丽努尔·阿不力孜、北京协和医院眼科叶俊杰、北京大学第一医院李若瑜、复旦大学附属儿科医院郑珊、哈尔滨医科大学附属第二医院田家玮、中山大学附属口腔医院林正梅、解放军广州军区总医院检验科石玉玲等15人获临床医学科研创新奖。

**会员服务** 2013年，协会网站全面升级，建立会员工作体系，升级为互动网站。增建“会员服务”和“社会服务”栏目，涉及维权、减压、出行、养生、联谊、理财、为社会服务、助学与等会诊、健康讲座、送健康老区行、各项培训等内容。建立了各地女医师协会、各专家委员会交流平台，加强信息沟通，经验交流。

（撰稿人：任在晋）

## 中国自然辩证法研究会

**服务创新型国家和社会建设** 2013年，作为中国科协科技工作者状况调查站点之一，研究会全年向中国科协提交4篇调研报告。在2012年科学道德宣讲工作的基础上，通过调研欧美发达国家科研机构和高校，以及国内“985”高校开设科技伦理课程的情况，完成了《关于在高校开设科技伦理必修课的建议》的报告。

受全国科学技术名词审定委员会委托，研究会负责《自然辩证法名词》（第二版）的修订编纂工作，计划3年内完成。12月20日，第二届自然辩证法名词审定委员会成立大会暨第一次审定会议在北京召开，标志着修订工作正式启动。会议确定了审定委员会名单、具体修订方案以及名词撰写分工等事项，并向审定委员会委员颁发了聘书。

**学会建设** 3月30日，中国自然辩证法研究会七届二次理事会议在北京举行，会议增选2名副理事长、6名常务理事、26名理事。研究会全年共召开4次理事长会议、2次常务理事会议、1次全国工作会议。4个专业委员会、1个地方研究会完成换届工作。全年发展会员50余人。

为促进秘书处学术服务能力和办刊水平，研究会秘书处积极实施人才培养计划，逐年择优选送青年职工攻读博士学位。

研究会各级组织举办学术研讨会、学术论坛、学术年会、研究生论坛等各类学术活动100余项。

**学术期刊** 研究会主办的《自然辩证法研究》、《医学与哲学》，以及委托主办的《科学技术哲学研究》杂志均按期出刊，全年出版13期内部刊物《工作通讯》。1月，开通使用了《中国知网》“学术不端文献检索系统”，并建立了网络投稿、审稿系统，投稿数量大幅增加。

**国际学术会议** 4月26～27日，由研究会未来哲学与发展战略专业委员会、美国中美后现代发展研究院等单位联合主办的第七届生态文明国际论坛在美国加利福尼亚州克莱蒙研究生大学举行。来自中国大陆、澳门特别行政区和台湾地区的110余名专家、学者，以及60余名北美、欧洲相关领域研究人员出席论坛。

10月2日，研究会科技创新专业委员会与新加坡亚洲管理学院联合主办的中新绿色发展与创新国际研讨会在新加坡亚洲管理学院举行。来自中国、英国、丹麦、新加坡、马来西亚、印度等国的30位专家、学者参加会议。

11月，研究会思维科学与认知哲学专业委员会与中国科学院心理学研究所、中国心理学会、美国中美后现代发展研究院等联合主办的第三届后现代心理与精神文明国际论坛在美国加利福尼亚州克莱蒙研究生大学举办，来自亚洲、北美洲的90余名相关领域学者出席论坛。

**国内主要学术会议** 1月29日，研究会在北京召开科学道德和学风建设宣讲教育工作座谈会，来自首都高校的专家、学者30余人参加会议。

5月25～26日，由中国科协和贵州省人民政府共同主办，中国自然辩证法研究会和中国未来研究会共同承办，贵州省未来研究会和贵州省自然辩证法研究会协办的第十五届中国科协年会第23分会场——转型与可持续发展研讨会在贵州省贵阳市举行。来自全国各地的100余名专家、学者和研究生出席会议。研讨会共收到论文70余篇，52篇论文入选。3位专家在研讨会上作了主题学术报告，10余位学者作了学术交流报告，并就相关问题进行了自由发言和讨论。会议为转型期我国经济社会可持续发展和贵州经济社会发展提出了一些策略和建议。第23分会场被中国科协评为“优秀分会场”。

6月，研究会思维科学与认知哲学专业委员会与北京师范大学科学与人文研究中心、美国过程中心联合主办的第七届怀特海儿童智慧教育学术研讨会在北京举行，80余位专家、学者和幼儿园园长参加会议。

7月14～15日，研究会科学传播与科学教育专业委员会主办、中国科学技术大学人文与社会科学学院承办的第四届全国科学传播学学术会议在安徽省安庆市举行。会议的主题为“新媒体时代的科学传播”。

7月18～20日，研究会军事技术哲学专业委员会与河北省自然辩证法研究会在河北省石家庄市举办第四届全国军事技术哲学学术研讨会。会议的主题是“军事技术的理论、历史、文化”。会议共收到论文83篇，近30家军队、地方高校和社会团体组织的70余名专家、学者出席会议。

8月6日，研究会保卫科学精神工作委员会在北京召开“坚持马列主义，弘扬科学精神——王林现象的反思与批判”座谈会。会议特邀中国科学院院士何祚庥作主题报告，来自北京和天津两地高校的30余名专家、学者参加座谈会。

8月17～19日，研究会工程哲学专业委员会、中国工程院工程管理学部、哈尔滨工业大学共同主办的第六届全国工程哲学学术会议在黑龙江省哈尔滨市举行。12位院士和120余名专家、学者参加会议。

8月25～26日，研究会科学哲学专业委员会与山东大学哲学与社会发展学院联合主办的第十六届全国科学哲学学术会议在山东大学威海分校举行，来自全国80多所院校和研究机构的170余位专家、学者参加会议。

8月31日～9月1日，研究会地学哲学专业委员会在中国地质大学举办第十四届学术年会暨纪念地学哲学专业委员会成立三十周年座谈会，年会的主题是“地学哲学与生态文明建设”。会议共收到论文60篇，22位论文作者作大会发言。

10月20～21日，研究会教育与普及工作委员会主办的2013工作年会和教学经验交流会在清华大学召开，会议主题为“转型时期的自然辩证法教学：疑难与发展”。来自40余所高校的50多位专家、学者参加会议。会议围绕《自然辩证法概论》和《中国马克思主义与当代》课程教学中的若干问题进行研讨。

10月25～27日，研究会科技与社会（STS）专业委员会、中国－东盟研究中心、广西壮族自治区自然辩证法研究会、广西民族大学、东北大学等单位联合主办的科技与社会专业委员会2013学术年会暨中国－东盟开放合作中的STS问题研究会议在广西民族大学举行，国内从事科技与社会（STS）研究的100余位专家、学者参加会议。

10月28～29日，研究会自然哲学专业委员会、江苏省自然辩证法研究会和南京大学共同主办的中国自然哲学的发展学术研讨会在南京大学召开。来自全国各地和江苏省高校的90余名专家参加会议。

11月1～3日，研究会科技文化专业委员会主办的第十届全国科技文化与社会现代化学术研讨会在湖北省宜昌市举行。来自全国18个省市的高校、科研院所和出版社等单位的100余位专家、学者和研究生出席会议。

11月1～3日，研究会党校系统专业委员会与湖南省自然辩证法研究会联合主办的全国区域发展与生态文明学术研讨会在湖南省委党校召开。来自全国各地的专家、学者和研究生160余人参加会议。会议收到论文70余篇。

11月23日，研究会青年工作委员会、北京市自然辩证法研究会等单位联合主办的第26次北京青年学术论坛在中国人民大学举办。40多位专家、学者和研究生参加会议。

**国际交往**　7月，研究会工程哲学专业委员会组织国内专家、学者参加了在葡萄牙召开的第18届哲学与技术学会国际会议，并参与了“工程哲学”分会场的交流。

10月2～6日，研究会科技创新专业委员会代表团在参加中新绿色发展与创新国际论坛期间，就新加坡在绿色发展和创新方面的实践项目进行实地考察，参观走访了新加坡新生水污水循环再利用处理厂、新加坡建屋发展局和市区重建局的展厅、新加坡最高的绿色组屋群楼——达士岭组屋等地。

**党建强会**　研究会党支部执行党支部学习制度、“三会一课”制度和民主生活制度，举办和参与中国科协党建活动10余次。研究会党支部于6月中旬到山东省进行基层调研，并在山东财经大学举办了“在落实创新驱动发展战略中如何发挥学会作用”研讨会，来自山东省高校和学会的40余名专家、学者参加研讨会。

**【中国自然辩证法研究会七届二次理事会暨2013年学术年会】**　3月30～31日，中国自然辩证法研究会七届二次理事会暨2013年学术年会在北京召开。研究会理事和参加学术年会的专家、学者以及研究生共300余人出席会议。会议传达了中国科协八届三次全委会议精神、2013年学会工作会议精神和中国科协2013年工作要点，听取和审议了研究会理事长吴启迪所作的工作报告，会议增选了26名理事、6名常务理事、2名副理事长。

在学术年会大会上，3位专家作了主题报告。中国工程院院士殷瑞钰作了题为《工程与工程哲学》的主题报告。殷瑞钰结合自己的工作经历，讲述了工程演化和工程哲学的相关问题。殷瑞钰特别分析了钢厂演化和未来钢厂的特征。他认为，新一代钢厂的设计和建设不但涉及新的技术和工艺流程，更涉及工程理念、钢厂演化趋势和思维模式问题。要设计、建设并运行好新一代钢铁制造流程，必须摆脱传统的思维方式和长期生产、设计的习惯方法。

殷瑞钰说，新一代钢铁制造流程是以物质流、能量流、信息流的动态集成构建起来的新系统。应由新的设计理论和方法来指导顶层设计，并以优化的顶层设计把控工序、装置等工艺要素的合理选择和动态集成。顶层设计包括工序/装置等要素的优化选择、流程总体结构的形成和优化、流程功能的拓展和合理安排，流程动态运行效率的超越等内涵。总之，钢厂工程设计和实际生产运行过程的核心是应从要素—结构—功能—效率优化的观点出发，在工程设计中体现出动态—有序、协同—连续。

中国社会科学院研究员李惠国作了题为《迎接生态文明的新时代》的专题报告。他认为，当今世界正处于人类文明转变的历史关节点上，绿色科技创新已成为大国博弈文明转型时期的战略制高点，中国正面临着严峻的挑战。他建议，一是要持之以恒的加强社会的精细化管理，改变长期形成的口号式的和运动式的社会管理模式。二是要制定《提高国民文明素养行动规划》，制定《提高国民文明素养行动路线图》，让社会各界广泛参与，进行全民讨论，这个过程本身就是一个宣传教育动员的过程。

研究会理事长吴启迪作了题为《大数据环境下管理科学领域若干理论和应用问题探讨》的专题报告。报告阐述了大数据技术与应用发展态势、大数据驱动的变革、大数据环境下的管理新课题等内容。

本届学术年会共设“自然哲学与科学哲学”、“技术与工程哲学”、“科学技术与社会”和“科学技术思想史”等4个分会场。会议共收到论文125篇，经研究会学术委员会审阅，录用论文111篇，62篇论文在年会上进行交流。

（撰稿人：赵月刚）

## 中国管理现代化研究会

**服务创新型国家和社会建设**　2013年，研究会常务理事张玉利等人合作完成的《社会资本、先前经验与创业机会》获得2013年第六届高等学校科学研究优秀成果奖（人文社会科学）论文类二等奖。

研究会中小企业管理专业委员会组织专家编辑*Management and Organization Review*（MOR，SSCI）杂志“中国家族企业研究”特刊，10月中旬在浙江大学举行了论文研讨会。研究会中小企业管理专业委员会与中国家族企业研究中心、全国工商联合作推出《中国家族企业社会责任报告》，于2013年11月在北京举办发布会。

研究会金融管理专业委员会参加了主题为“数据科学与大数据的科学原理与发展前景”的第462次香山科学会议。会议明确了金融大数据的概念及其特点，从实践和学术的角度，总结了大数据对金融领域提出的挑战，主要包括金融机构的复杂关联和金融决策的复杂信息环境、宏观金融变量（现象）的非加总性和基于大数据的金融产品与交易策略创新及风险等。

1～4月，由研究会决策模拟专业委员会、高等学校国家级实验教学示范中心、北京大学光华管理学院、北京大学经济管理实验教学中心联合举办，南昌航空大学承办的第四届（2013）全国高等院校企业竞争模拟大赛举行。来自21个省、自治区、直辖市的42所高校的258支代表队参加比赛。

研究会国际商务谈判专业委员会于6月在对外经济贸易大学举办“外经贸杯”2013未来国际商务英语谈判精英邀请赛。

**学会建设**　2月，研究会组织召开分支机构负责人会议，就分支机构全年的工作进行部署。9月，管理案例研究专业委员会通过中国科协和民政部审批，正式成立。11月，营销管理专业委员会进行换届，完成新老领导层更替。11月7日，在上海市举行的研究会理事会2013年度会议上，批准成立了廉政建设与治理研究专业委员会，增选3名常务理事、1名理事。

研究会网站进行改版，开通了研究会官方微博。在分支机构和主要单位会员中建立了通讯员和文献联络员制度。

完成了2005～2013年研究会重要文献汇编，对研究会过去多年工作历程进行回顾性整理。

研究会于8月在四川省成都市召开了青年工作委员会会议，明确了未来青年工作的思路，对2014年的青年工作作了部署。

**学科发展研究**　研究会金融管理专业委员会负责撰写了中国科协项目《2012—2013管理科学与工程学科发展报告》中的“计算实验金融在中国”一章，对计算实验金融在中国的发展进行了回顾与总结，通过对国内计算实验金融研究发表论文进行统计和分析后发现，目前我国计算实验金融研究领域学者队伍初步形成，并且已具有一定的规模，但尚缺少专业且权威的计算实验金融研究核心期刊。在对未来的研究方向分析中发现，对金融经济学、行为金融学基础性问题的研究将成为未来计算实验金融的主要研究方向，而建模方法也将由原来的个体简单适应行为刻画转变为具有复杂适应性和交互性的个体行为刻画。

**国际学术会议**　研究会组织与战略管理专业委员会于5月在上海市举办管理学和营销学的人类学应用国际研讨会。

研究会商务智能专业委员会于5月在江苏省苏州市举办首届信息技术与量化管理国际会议（ITQM2013）。

研究会管理与决策科学专业委员会和商务智能专业委员会于11月在北京举办2013能源化学管理系统工程国际会议，在浙江省杭州市举办第六届商务智能与金融工程国际会议。12月在海南省三亚市举办第六届计算科学与优化国际会议。

研究会公司治理专业委员会于9月在南开大学举办第七届公司治理国际研讨会暨2013中国公司治理指数发布会。研讨会上，国内首家公司治理协同创新中心和央视创新基地正式挂牌。全国人大常委会原副委员长成思危，中国集团公司促进会执行副会长张重庆，南开大学校长龚克等专家、学者、企业家约400人出席会议。与会专家就如何提高公司治理有效性、治理模式创新等问题进行研讨。

研究会中小企业管理专业委员会于6月在南开大学召开全球化背景下的创业研究：理论和实证进展国际研讨会。

**国内主要学术会议** 研究会管理案例专业委员会于1月在海南省海口市举办第四届中国管理案例共享国际论坛。

研究会中小企业管理专业委员会于3月在中南大学举办了中小企业外文顶级期刊最新研究领域汇报交流会。7月在吉林大学举办国家自然科学基金重点项目研讨会。

3月和4月，研究会组织行为与人力资源管理专业委员会在南京大学举办第72、73期德鲁克论坛。

研究会组织与战略管理专业委员会于10月在江苏省苏州市举办“管理学在中国”研讨会。研讨会从中国管理现实问题出发，有选择地对政府、企业和非营利机构关心的管理热点与难点问题进行研讨，探索适用的管理模式和管理工具，促进中国管理理论的创立、发展与传播，推动中国管理研究与实践的进步。会议的主题为“本土化理论研究与实践”，涵盖“管理学在中国”学术研讨和“管理学在中国”实践探索两个议题，聚焦管理理论在中国的新进展，激发管理理论深入思考，探讨管理研究方法新发展，分享最新研究成果，直面中国企业管理实践中的新现象、新问题、新模式和新思想，邀请管理实践者分享管理智慧与感悟。本次会议由（实践探索视野中的）本土领导力论坛、（理论探索视野中的）大会主题报告以及本土管理理论与实践，战略管理、创新与社会责任，组织行为、人力资源与领导理论3个专题分论坛构成。大会共作主题报告20个，40余篇论文获选大会分论坛专题报告。

研究会商务智能专业委员会于8月在四川省成都市举办第19届海峡两岸信息管理发展与策略学术研讨会。

研究会管理与决策科学专业委员会和商务智能专业委员会于8月在黑龙江省哈尔滨市共同举办中国决策科学学术年会。

研究会运作管理专业委员会于8月在重庆市举办第十五届全国MBA生产运作管理教学和学术研讨会。香港城市大学教授Frank Chen、纽约大学教授张家伟、同济大学教授苏强、中国科学院大学教授龚其国分别作大会主题报告。重庆大学教授张旭梅介绍了重庆大学MBA教育的基本情况，以及课程教学的一些经验，例如科研课题案例和学员企业实践案例的应用、视频的应用、现场教学的应用等，并提出了相应的问题和挑战。与会专家分为教材建设、教学经验和运作管理研究等3个小组进行了小组讨论。

8月18～20日，由研究会系统管理与复杂性科学专业委员会等单位主办的第五届全国平行控制会议、第五届全国平行管理会议、第五届全国社会计算会议、第四届全国语言动力系统研讨会在渤海大学召开。来自高校、科研机构的专家、学者100余人参加会议。中国科学院院士黄琳、吴宏鑫，中国科学院自动化研究所复杂管理与控制国家重点实验室主任王飞跃、副主任刘德荣，东北大学教授张化光等5名专家在会上作了学术报告。大会分为主题报告、专题研讨、论文交流、成果推介等内容。

**党建强会** 4月23日，中国管理现代化研究会与中国图象图形学学会临时联合党支部在北京成立。中国科协党组成员、书记处书记、机关党委书记王春法等出席成立会议。

**【第八届中国管理学年会】** 11月8～9日，由中国管理现代化研究会和复旦管理学奖励基金会联合主办，上海交通大学安泰经济与管理学院承办的第八届中国管理学年会在上海交通大学举行。800余位专家、学者参加会议。组委会在收录的论文中评选出15篇优秀论文。

本届年会的主题为“中国管理的国际化与本土化”。美国普林斯顿大学名誉政治经济学教授与经济学教授、上海交通大学客座教授邹至庄作了题为《三个中国经济问题的探讨》的主题演讲。美国维吉尼亚大学达顿商学院讲座教授陈明哲作了题为《文化双融：一个海外管理学者的反思》的主题演讲。中国科学技术大学管理学院执行院长梁樑作了题为《数据包络分析（DEA）在固定成本分摊的应用研究》的主题演讲。

大会分16个管理学相关议题举行分组讨论。大会同时举行了青年论坛、期刊负责人论坛、女管理学家论坛，以及中国经管类博士生招聘会等。期刊负责人论坛共有来自国内20余家管理学期刊的负责人就共同关心的问题进行了讨论，与会者共同呼吁成立“中国管理学期刊联盟”。

在年会第二届院长论坛上，清华大学公共管理学院院长薛澜、天津大学管理和经济学部主任张维、中山大学管理学院执行院长李仲飞等7名商学院院长围绕“国际化背景下的商学院发展创新探索”这一主题进行探讨。论坛围绕商学院“管理人才培养、管理学科研究、社会服务与实践”的功能定位，以国际化与本土化的交融为背景，开展访谈与对话。

**【首届中国管理学青年奖评选】** 为表彰奖励优秀，发现举荐青年科技人才，研究会设立了中国管理学青年奖。首届中国管理学青年奖评选活动于 2013 年初开始筹备。2 月，研究会在北京召开分支机构负责人会议，商议和审定有关中国管理学青年奖的评选计划和材料。

中国管理学青年奖共分三轮评议，第一轮匿名专家评审，第二轮学术委员会评审，第三轮主席团评审。匿名评审专家库成员由研究会理事会推荐产生，研究会理事会成员 2013 年共向活动组委会推荐评审专家 80 人，研究会下属各分支机构提名申报奖项候选人 12 人。

经第一轮匿名评审，有 8 位申奖人进入第二轮评审程序。7 月 12 日，2013 年中国管理学青年奖学术委员会评审会议在北京举行，经与会专家评审并投票表决，5 位申奖人进入主席团评审程序。会上，与会专家就中国管理学青年奖的定位、评选标准的设置和导向作用等进行讨论。

评审主席团由 14 位专家组成，研究会理事长赵纯均任评审主席团主席，曾大军、寇纲、井润田最终当选为 2013 年中国管理学青年奖获奖者。颁奖典礼在第八届（2013）中国管理学年会期间举行。

**【第 22 届中外管理官产学恳谈会】** 11 月 2 ~ 4 日，由研究会《中外管理》杂志和科普工作委员会主办、中外官产学伙伴智园协办的第 22 届中外管理官产学恳谈会暨 2013 年度第九届“管理中国”总评选颁奖典礼在北京举行。会议颁出 2013 年度中国企业管理杰出贡献奖、2013 年度中国企业管理特殊贡献奖、2013 年度领导力奖和 2013 年度企业管理终身成就奖。

本届会议的主题为“应景——2014 · 新政 · 新局”，关注中国经济及产业新格局，解析“中国奇迹第二季”的核心。各界专家对 2014 年的经济形势进行预测和展望，同时就“新政 · 新局”进行解读。

全国人大常委会原副委员长成思危在大会上解读了经济奇迹“第二季”对企业未来意味着什么。成思危预计，今后经济发展追求的将是挤掉水分的 GDP，“宁愿要一个扎扎实实的 7%，也不要一个带水分的 9%”，而此前 GDP 的水分大概有三种情况，一种叫作有害 GDP，第二种叫无效的 GDP，再一种就是低效的 GDP。同时，成思危表示应当转变经济增长模式，实现三个转变，即从过度依靠投资和外贸转向更多地依靠消费，从外延性增长转向内延性增长，从外生性动力转向内生性动力。

财政部副部长朱光耀和与会人员探讨了“调结构与稳增长并举下的财政与金融政策”。清华大学中国与世界研究中心主任李稻葵在“汇率波动下的国际化选择”主题演讲中预判，从今年开始资金紧张的局面可能会延续下去。中国中小企业协会会长李子彬则关注“新政下中小企业脱困出路”。在本届恳谈会上，中国、德国、美国、日本等 4 国的企业家进行了巅峰对话，共同探讨了制造业如何紧跟时代、迅速转型、提升企业领导力等话题。

在“制造业新格局的全球智慧”主题论坛上，沈阳机床集团董事长关锡友、德国西门子中国副总裁吴和乐、日本三菱化学中国总代表濑川拓、美国铁姆肯中国区总裁 Peter M. Sproson、德国诗道芬公司创始人兼首席执行官 Martin Haas 等展开了互动交流。

（撰稿人：石谷山）

## 中国技术经济学会

**服务创新型国家和社会建设** 2013 年，学会承担中国科协调研课题“中国科技发展的国际地位评估研究”。课题由中国科学院大学教授官建成牵头、学会多位专家参与，从学科发展水平、科技投入产出效率、科学文化影响力等方面，分析影响国家科技发展国际地位的主要因素，建立测度国家科技发展国际地位的指标体系和系统方法，对我国科技发展的国际地位和学科发展水平进行客观评估，并与美国、欧盟、日本等国家和地区进行比较，为政府部门提供进一步改善我国科技创新环境、促进国际地位提升的战略思路及政策建议。

学会与浙江工业大学中国中小企业研究院、国家工业和信息化部中小企业发展促进中心等单位联合发布《中国中小企业景气指数研究报告（2013）》。报告以我国规模以上工业中小企业、中小板和创业板上市企业及规模以下中小微企业为评价对象，分析了我国不同省份和地区中小企业发展的现状和发展趋势。报告认为，与 2012 年相比，2013 年部分省份的中小微企业综合景气指数同比有所上升，但总体凸显增速放缓趋势，这从一个侧面反映出中国经济进入减速发展轨道。报告为国家和地方政府当前调结构促转型、制定中小企业政策、推进企业创新驱动发展，提供了基础理论依据和数据支撑。

**学会建设** 2013 年，召开常务理事会议 2 次，理事会议 1 次，增补理事 1 名。发展高级会员 33 名，个人会员总数达到 7157 人，团体会员单位总数达到 204 个。

以承担中国科协“办事机构职业化改革”项目为契机，加强办事机构职业化建设，对秘书处机构设置和人员安排进行调整，制定工作人员社会招聘制度、劳动管理制度和动态考核制度。

为了奖励在技术经济科学研究及实践应用中作出突出贡献的科技工作者，调动全国技术经济工作者的积极性和创造性，促进技术经济学的进步与发展，设立中国技术经济学会技术经济奖，制定《中国技术经济学会技术经济奖管理办法》，成立技术经济奖专家评审委员会，并在12月召开的五届八次常务理事会议审议通过。计划于2014年开始奖项评选，每2年评选一次。

**学术期刊** 学会主办的期刊《科学技术与工程》、《技术经济》获得2013年中国科协精品科技期刊项目资助。《科技和产业》编委会换届，教育部“长江学者”特聘教授牛东晓当选为新一届主编。《科学技术与工程》、《技术经济》完成远程稿件处理系统（采编系统）升级。

根据中国学术期刊（光盘版）电子杂志社、清华大学图书馆、中国科学文献评价中心发布的《中国学术期刊国际引证报告（2013版）》,《技术经济》入选“2013中国最具国际影响力学术期刊”（TOP5%）。

**学科发展研究** 8月，由学会资助，清华大学教授吴贵生、吉林大学教授蔡莉牵头承担的“高校技术经济学科建设与发展建议”项目启动。该项目计划调查研究高校技术经济学科建设问题，最终形成研究报告《高校技术经济学科建设建议》。

8月，“技术经济学科史”研究项目启动。项目由学会常务理事会领导，学会多位专家、学者参与。2013年开展了项目第一阶段工作：以采访老专家、学者，收集和整理技术经济学科发展历程中的珍贵资料为工作重点，为编撰学科史做准备。“技术经济学科史”研究项目计划对技术经济学科的形成、发展、演变过程进行梳理和反思，探寻学科发展特点和规律，为今后学科的建设和进一步发展提供依据。

**国内主要学术会议** 2013年，学会及分支机构共举办年会、研讨会、报告会、论坛等学术活动20余次，提交学术交流论文1000余篇，评选表彰优秀论文68篇。与往年相比，参与人数、学术水平和社会影响力均有提高。

10月26～27日，由中国社会科学院数量经济与技术经济研究所、中国技术经济学会、清华大学经济管理学院等6家单位共同主办的中国技术经济论坛在云南省大理市举行。论坛以“创新驱动发展战略的理论支撑与应用探讨”为主题，来自全国高等院校和科研机构的专家、学者150余人出席会议。

论坛采用主旨演讲、主题发言和分组讨论相结合的方式进行。中国社会科学院数量经济与技术经济研究所所长李平、副所长齐建国，国家环境保护部原总工程师杨朝飞，清华大学教授雷家骕，大理学院副教授廖望科，中国科技大学管理学院教授刘志迎应邀作大会报告。分会场专家围绕技术经济理论与方法创新、科技政策与创新发展战略、战略性新兴产业发展与创新能力建设、城镇化进程与产业发展以及技术创新与结构调整等当前我国技术经济领域内的重大理论和实践问题展开研讨，并就个人的研究成果进行交流。

齐建国在总结发言中提出，未来一个时期技术经济学研究将重点关注技术经济学学科本身的发展与完善，生态文明建设的技术经济问题，转变发展方式的技术经济路径与模式问题，战略性新兴产业发展的技术经济问题，创新型国家的技术经济及管理范式等。

7月6日，以“技术预测与产业创新研究”为主题的第四届中国技术未来分析论坛在北京召开。论坛由学会与北京工业大学经济管理学院联合主办，来自高等院校、科研院所以及企业界的专家、学者130余人出席。

会议围绕技术预测与产业创新展开讨论，具体议题包括技术预测理论方法与我国实践研究、基于专利与文献分析的技术预见（预测）研究、高校科技创新能力评估、生物医药产业专利质量评估、用户体验与技术创新评价、技术路线图与科技型企业发展战略、新兴技术与新兴产业演化研究、特定产业发展前景展望与产业政策研究等。

**学会创新发展** 2013年学会创新会员管理新模式，探索设立会员工作站3个，制定《中国技术经济学会会员工作站管理办法（试行）》，对于会员工作站的设立目的、工作范围、挂靠、职责等作出规定。在中国技术经济学会第二十一届学术年会上，住房和城乡建设部标准定额研究所会员工作站承办第三分会场，开启了会员工作站参与学会工作，承担组织学术活动的新模式。

**会员服务** 全年向会员免费赠送学术期刊、会讯等资料3万余册。修改完善《中国技术经济学会会员管理制度》、《中国技术经济学会会费管理办法》，规范会员管理与服务工作。

12月18日，学会五届八次常务理事会议审议通过设立《技术经济论丛》和《技术经济译丛》出版资助计划，以资助会员出版相关学术成果汇编、教材、著作等，促进技术经济学研究成果的推广和宣传。

**中国科协会员日** 会员日期间，通过展板挂图、期刊展示、宣传资料发放等形式开展会员日宣传活动，召开主题为“政社分开、简政放权下政府转移职能对技术经济学科和学会的机遇”的常务理事会议，听取常务理事对学会工作的意见建议。

12月18日，在北京召开技术经济老专家座谈会，就学科史编撰、会员服务、学会发展等工作听取老专家的意见建议。

**【中国技术经济学会第21届学术年会】** 8月6～7日，中国技术经济学会第21届学术年会在江西省南昌市召开，年会的主题是“创新驱动发展——技术经济的作用与实践”。来自高等院校、科研院所、政府部门的专家、学者、管理者和企业家150余人出席会议。

大会开幕式由学会副理事长、中国社会科学院数量经济与技术经济研究所所长李平主持，江西省副省长谢茹出席大会开幕式并致欢迎词。学会理事长孙晓郁在开幕词中回顾了学会本届理事会任职以来开展的重点工作，介绍了学会未来几年的发展规划。学会常务副理事长吴贵生宣读了《关于表彰中国技术经济学会2012年度优秀论文的决定》，池仁勇等发表的18篇论文被评为优秀论文。

会议通过主题报告、分会场交流、专题对话等形式交流探讨了技术经济在推动实施创新驱动发展战略、建设创新型国家中的最新理论研究、创新科技和实践应用。会议共设4个分会场，分别就高校技术经济学科建设、可行性研究与项目评价、技术经济理论与方法、技术经济实践应用等进行探讨。

在主题报告单元，华北电力大学教授牛东晓、中国中丝集团公司总经理刘开勇、哈尔滨工业大学教授于渤、北京理工大学教授刘云、中国石油规划总院经济研究所教授级高级经济师许红、武汉大学教授徐绪松、北京工业大学教授黄鲁成、南京信息工程大学教授岳贤平分别作了题为《大数据时代的技术经济智能预测分析》、《环境急剧变化中的中国企业之创新发展》、《技术创新对我国工业碳强度影响测度》、《中关村创新驱动的发展现状、面临的挑战及发展路径》、《海外项目经济评价的特点分析及探讨》、《复杂科学管理新理论：大组织结构》、《基于客观分析的技术预见（预测）研究》、《中国典型大学排名的一致性的经济评价》的报告。

在以“产学研结合与创新驱动发展”为主题的对话中，各位专家探讨了产学研结合中存在的问题，如评价结果功利化、重论文轻应用、重数量轻质量、对科技成果转化激励不足、科技资源配置和科研管理水平有待提高等。

本届学术年会收到论文103篇，内容涉及技术创新管理、科技评价、战略性新兴产业、创新驱动理论、技术经济基本理论与实践等多个方面。

**【第10届中国技术管理学术年会】** 5月25～26日，第10届中国技术管理（MOT）学术年会在陕西省西安市召开。会议由中国技术经济学会主办，陕西师范大学国际商学院承办。来自清华大学、浙江大学、华中科技大学等64所高校以及相关企业人员300余人出席会议。

与会的专家、学者围绕“创新经济、创新管理、创新哲学、创新政策、创新案例”等论题，就学科前沿问题、基于情景化深度视角的本土化程度、知识协同创新网络、中小企业创新创业公共服务平台等内容进行了研讨和交流。

会议分主题报告和分组讨论。在主题报告环节，科技部中国21世纪议程管理中心副主任周元、清华大学经管学院教授陈劲、大连理工大学管理与经济学部部长苏敬勤、东北大学工商管理学院副院长樊治平、西安火炬创业投资有限公司投资决策委员会主任周存兴、中国科学院科技政策与管理科学研究所所长穆荣平等19位专家、企业家分别作了题为《创新方法前沿问题》、《创新管理前沿问题》、《我国创新研究的本土化程度——基于情景化深度的研究视角》、《知识协同创新网络研究问题及展望》、《创业企业生存和发展要素》、《创新政策与创新发展政策性》等报告。《科研管理》杂志主任、《技术经济》副主编王毅就科技创新论文的选题、发表、书写等问题进行讲解说明。

在分会场环节共进行了6组分组报告。围绕创新经济学、创新管理学、广义轨道、创新测度与评价、创新实践与案例、创新政策等议题，各高校的专家、学者、学生自由发言，交流和讨论了技术管理和技术创新科学前沿的动态。

**【第四届复杂科学管理国际研讨会】** 11月23～24日，第四届复杂科学管理国际研讨会在湖北省武汉市召开，本届会议由中国技术经济学会、武汉市系统工程学会、武汉大学复杂科学管理研究中心、华北电力大学经济与管理学院和加拿大多伦多大学中国风险管理研究中心联合主办。国内外复杂科学管理领域的专家、学者及企业家200余人出席会议。

会议通过主题报告、分组讨论、企业家访谈、论文颁奖等形式交流了复杂科学管理领域的最新动态和研究趋势。加拿大菲尔兹学院院士、多伦多大学教授Luis Seco作了题为《风险管理研究前沿》的报告，对1998年长期资本管理公司危机，2007年的定量基金的崩溃以及2008年所有危机之母作了回顾，用Markov switching模型模拟了这种相关性系数断裂现象，并将该方法应用于风险管理和投资组合的构建。中国工程院院士郭重庆作了题为《直面中国管理实践，跻身管理科学前沿》的主题报告。郭重庆认为，直面中国管理实践是当今中国管理学界面临的最大挑战。随着大数据（Big Data）、新媒体时代的到来，传统的管理方法及其理论将受到挑战。他希望管理科学研究学者积极引入交叉学科研究方法，提升科学研究能力。北京航空航天大学教授邱菀华的报告《价值工程与项目管理——创新及在重大工程项目中的应用》从价值工程的角度，介绍了她的团队与新中国三代航天人合作，一起设计航天器方案评估模型，完成资源卫星项目电算化和资源卫星CI系统等重大科研项目的经历。学会常务理事、武汉大学经济与管理学院教授徐绪松报告的题目是《大组织——复杂科学管理的新拓展》，这一研究成果是徐绪松及其研究团队对复杂科学管理基本理论体系的拓展与延伸。浙江大学教授马庆国、法国国立圣艾蒂安高等矿业学院 Henri Fayol Institute 研究所所长 Alexandre Dolgui 分别作了题为《复杂系统和仿脑计算》、*Replenishment planning under lead time uncertainty* 的报告。

专题讨论环节，与会专家、学者围绕复杂科学管理的基本理论、复杂科学管理的研究方法、复杂经济、金融系统、复杂管理系统以及复杂社会系统等 5 个议题展开讨论。

会议专设了企业家访谈环节，相关企业家围绕“复杂科学管理在企业中的应用”这一议题展开讨论。

会议期间还举行了“徐绪松复杂科学管理奖”颁奖仪式，为 6 篇获奖论文作者颁发了获奖证书和奖金。

（撰稿人：张小珍）

## 中国现场统计研究会

**服务创新型国家和社会建设**　7 月 25 日，由国家自然科学基金委数学天元基金和研究会主办，云南大学承办的 2013 年西部地区统计学青年教师暑期培训班在云南大学开班。来自全国 23 个省、自治区、直辖市的 65 所高校及科研院所的 106 名统计学青年教师参加培训。云南大学校长林文勋出席开班典礼并致欢迎辞。培训班为期两周，中国人民大学教授吴喜之、北京工业大学教授杨振海、首都师范大学教授何书元、中国科学院数学与系统科学研究院研究员陈敏、中国科学技术大学教授缪柏其等 5 位统计学家担任授课专家。

4 ~ 9 月，由国家统计局统计教育中心组织，中国统计教育学会、中国现场统计研究会、中国数学会概率统计学会、中国卫生信息学会联合举办了 2013 年全国大学生统计建模大赛，共有 103 所高等院校的 508 支代表队参加比赛。全国大学生统计建模大赛是面向全国高等院校本科生和研究生的统计应用活动，目的在于激励广大学生学习统计、应用统计的积极性，提高运用统计方法、建立统计模型、运用计算机技术解决实际问题的能力，培养创新精神，提高大学生统计应用水平。

**学会建设**　5 月 19 日，研究会召开了八届九次常务理事扩大会议。会议讨论了研究会换届工作事宜，通过了换届方案等文件，确定了研究会 2013 年学术年会报告人选。

**国际学术会议**　7 月 4 ~ 7 日，第五届临床评价方法与应用国际研讨会（第四届东亚地区生物统计会议）在中国人民大学举行。会议由中国人民大学、世界中医药学会联合会主办，中国人民大学统计学院、世界中医药学会联合会临床疗效评价专业委员会、中国中医科学院临床评价中心、国家中医药管理局中医临床研究方法重点研究室、中国现场统计研究会生物医学统计学会等单位承办。来自美国、日本、印度、新加坡、韩国、泰国、中国的专家作了特邀报告，近 200 人参加会议。

**国内主要学术会议**　2013 年，研究会及所属分会、专业委员会共举办国内学术会议 6 次，交流论文共计 311 篇，与会专家、学者 900 余人次。

7 月 20 ~ 21 日，中国现场统计研究会第十六届学术年会在山西省太原市召开。来自高校、科研院所的专家、学者 300 余人参加会议。

11 月 1 ~ 3 日，由中国概率统计学会和中国现场统计研究会主办，江苏师范大学数学与统计学院承办的第三届全国概率统计青年学者会议在江苏省徐州市举行。来自大专院校、科研院所从事概率统计研究的青年学者（包括博士研究生）120 余人参加会议。

11 月 16 ~ 17 日，由福建师范大学数学与计算机科学学院和研究会资源与环境统计分会发起，福建师范大学数学与计算机科学学院承办的 2013 年大数据统计理论与方法学术研讨会在福建省福州市召开。包括国家杰出青年基金获得者、教育部“长江学者”、中央组织部“千人计划”获得者等约 60 位国内外专家、学者参加会议。会议就大数据的整理、存贮、分析、和数据挖掘等展开讨论。

12 月 5 ~ 6 日，由中国计算物理学会计算大气物理专业委员会和研究会气象、地质统计委员会联合举办的大气科学观测试验多源信息计算物理方法与统计分析应用技术发展研讨会在贵州省贵阳市召开。来自中国计算物理学会和中国现场统计研究会的 60 多位专家、学者参加会议。

**【中国现场统计研究会第九次全国会员代表大会】** 10 月 20 日，研究会第九次全国会员代表大会在北京举行。大会由研究会第九次全国会员代表大会执行主席、第八届理事会常务副理事长于丹主持。大会听取、审议并通过了第八届理事会理事长耿直代表第八届理事会所作的工作报告，研究会秘书长程维虎所作的财务工作报告，研究会副理事长张忠占所作的《中国现场统计研究会章程》和《中国现场统计研究会会员会费交纳办法》不做修改的说明。会议选举产生了研究会第九届理事会 119 位理事。在研究会九届一次理事会议上，耿直当选为研究会第九届理事会理事长，郭建华等 11 人当选为副理事长，程维虎任秘书长。

在大会闭幕式上，耿直在讲话中对新一届理事会工作进行了展望和布置。

（撰稿人：程维虎）

## 中国未来研究会

**服务创新型国家和社会建设** 2013 年，研究会教育培训中心与清华大学继续教育学院合作开展了工商管理学研修项目、资本运作高级研修班、领导演讲口才与管理沟通研修项目、企业家台湾商务游学考察项目、企业家美国商务游学考察项目、中国企业卓越领导人高峰论坛等 6 个项目。课程包含企业经营战略规划等 27 个模块。200 多人次学员参加继续教育课程和培训。

5 月 28 日至 6 月 4 日，研究会教育培训中心联合清华大学华商研究中心、中山大学创意与创新研究中心共同组织了两岸华商学术交流与企业考察座谈暨两岸经济与企业发展论坛，参观考察了台湾地区的著名企业——台塑集团、长兴化工、中钢公司等，并与中山大学共同举办两岸华商台湾学术交流论坛。

5 月 22 日和 10 月 22 日，研究会分 2 期开展了企业家美国商务游学活动。组织清华大学总裁班 32 名学员到美国哈佛大学、西点军校访学，参访跨国企业和纽约华人商会。

为纪念人才强国战略实施 10 周年，研究会编辑出版了《走近大家》丛书，丛书包括“院士篇”、“高校篇”、“科研篇”、“艺术篇”、“海外篇”等 5 部分。

**学会建设** 2013 年，研究会共召开 2 次常务理事会议、1 次理事会议，就 2012 年工作进行总结，对 2013 年工作重点进行研究和部署。会议研究决定，“中国未来研究会文化经济交流部名人书画院”更名为“中国未来研究会名人书画院”，由研究会办公室管理。

研究会全年发展会员 27 人，增补理事 1 人。

**学术期刊** 出版会刊《未来与发展》杂志 12 期，收到稿件 1156 篇，发表学术论文 267 篇，用稿率 23%。全年有 4 篇文章被《新华文摘》转载。杂志被评为 RCCSE 核心期刊，杂志文章被知网、万方等核心数据库全文转载。

**国内主要学术会议** 2013年，研究会及各分支机构共举办学术活动 9 次，1900 余人次参加，收到论文 300 余篇。

5 月 25 ~ 26 日，第十五届中国科协年会第 23 分会场——转型与可持续发展研讨会在贵州省贵阳市召开。来自 16 个省、自治区、直辖市的 100 余名专家、学者参加会议。会议由中国未来研究会承办，中国自然辩证法研究会、贵州省未来研究会、贵州省自然辩证法研究会联办。本次研讨会论文集共入选论文 52 篇。研究会理事长、分会场主席张文范，中国自然辩证法研究会理事长、分会场主席吴启迪出席会议并发言。

研究会副理事长、中国工程院院士侯立安作了题为《转型期的中国饮用水安全问题的思考》的报告。中国自然辩证法研究会秘书长、中国科学院大学人文学院教授尚智丛作了题为《当前社会转型中的公平正义》的报告。研究会学术交流委员会主任、国务院发展研究中心技术经济研究部原部长邓寿鹏作了题为《转型期信息化前沿的创新与发展》的报告。14 位专家作了学术交流报告和自由发言。23 分会场被中国科协年会办公室评为学术交流优秀分会场。

1 月 19 ~ 20 日，由研究会教育培训中心、清华大学深圳研究生院创新管理研修中心、《未来与发展》杂志共同组织的第 6 届中国企业家大会暨产业转型与企业突破论坛在北京举行。国内外专家、学者、政府工作人员及企业家等 400 余人参加会议。会议从党的十八大政策和宏观经济、企业创新与突破、企业资本运作、品牌与定位 4 个视角领会党的十八大精神，探讨把握经济脉势，调整企业发展战略，利用资本市场，成功实施资本运作，探寻引领中国企业开创本土品牌和国际品牌的道路。

**国际交往** 3 月 26 日，瑞典未来研究与咨询公司（KAIROS FUTURE）首席执行官（CEO）Mats Lindgren 一行 4 人到研究会进行访问。研究会理事长张文范、首席顾问秦麟征、秘书长夏震等与来宾进行交流。双方就开展未来研究与管理咨询，为政府机构、非政府组织（NGO）及私人客户提供服务，远景预测，以及为近期的相关工作提供决策建议等进行交流。双方介绍了消费者社会模式和在中国开展的创新等方面的相关研究工作。

**党建强会** 研究会党支部积极开展党的群众路线教育实践活动，认真贯彻执行“三会一课”制度，开展党建特色活动。

5 月 22 日，在贵州省贵阳市召开了以“深入基层、服务群众”为主题的座谈会。研究会理事长张文范，研究会副秘书长、党支部书记华军，以及研究会党支部成员、贵州省未来研究会党支部成员共 15 人参加会议。

**中国科协会员日** 12 月 18 日，中国科协直属全国学会会员日活动在北京举行。研究会副理事长顾朝林出席活动，并代表研究会参加理事长座谈会。

会员日期间，研究会走访慰问了一线科技工作者，并举办了专题报告会。研究会顾问、中国社会科学院世界经济与政治研究所研究员高恒作了题为《海洋形势的新特点和趋势》的报告。研究会副理事长、常务理事，理事和部分在京的会员代表共 30 人听取报告。

**【中国未来研究会 2013 年学术年会】** 11 月 2 日，中国未来研究会 2013 年学术年会在云南省昆明市召开。年会的主题是“前沿科学与未来”。研究会理事长张文范出席会议并致辞。来自 14 个省、自治区、直辖市的 80 多位专家、学者参加会议。

研究会顾问、中国社会科学院世界经济与政治研究所研究员高恒作了题为《当前我国海洋形势及对策》的报告。研究会副理事长、清华大学教授顾朝林作了题为《我们未来的城市》的报告。云南省未来研究会副理事长李成溥作了题为《绿色崛起，实现云南未来梦想》的报告。与会专家就第六次工业革命、前沿科学发展趋势、社会预警、云南绿色生态城市、人才培养、未来学的学科发展等问题展开讨论。

**【第 10 届中国科学家论坛】** 11 月 15 ~ 17 日，由中国未来研究会、中国高科技产业化研究会和《发现》杂志社共同主办的第 10 届中国科学家论坛在北京人民大会堂举行。论坛的主题是“共谋创新驱动，助力转型发展”。第九届全国政协副主席王文元，30 多位院士，以及 1000 余名专家、学者、企业家出席会议。研究会理事长张文范，中国科协原党组书记、副主席、中国高科技产业化研究会副理事长高潮分别在开幕式上致辞。全国政协常委、中国科协决策咨询专委会主任齐让出席开幕式。

中国工程院常务副院长、中国工程院院士潘云鹤，中国科学院原副院长杨柏龄，中国工程院原副院长、中国工程院院士朱高峰分别作了题为《大数据的特点及趋势》、《发展高科技，实现产业化》、《创新中的误区及其纠正》的特邀报告。特邀报告会由研究会副理事长、中国工程院院士侯立安主持。

与会院士、专家、企业家分别就科技创新政策、自主创新与产学研科技合作、建设创新型企业支撑产业转型升级、科研创新与推进科技成果转化等内容发表主题演讲，展开对话交流。

论坛同期举办了 2013 中国科技成果展览展演活动，院士、专家与民营科技企业圆桌对话会议，产学研科技合作与成果转化资本对接会，科技成果与新项目推介发布会，为与会专家和企业提供更多展示、宣传、交流、合作机会。200 余项高新技术、优秀科技成果进行了展演。

**【第 10 届中国教育家大会】** 11 月 28 ~ 30 日，由研究会教育分会、现代教育报社、《教育家》杂志社共同主办的第 10 届中国教育家大会在北京举行。会议的主题是“教育新十年 · 共筑中国梦”。全国人大、全国政协、相关部委和高校的专家、学者、教育家和优秀教育工作者共 300 余人出席会议。

全国人大常委会原副委员长顾秀莲出席会议并讲话，她勉励教育工作者为我国教育事业发展作出更大贡献。研究会理事长张文范，研究会副理事长、中国工程院院士侯立安出席开幕式。现代教育报社常务副社长廖厚才、中华职业教育社副理事长何丕洁分别致辞。

会议围绕教育家办学专题、中国教育好模式专题、中国教育好经验（名师名校经验）专题、中国教育好声音专题、民办教育可持续发展专题、中国职业教育发展专题、中小学教育专题、学前教育圆桌会议、学历教育与职业培训面对面等 10 余个版块进行交流讨论，对当前教育改革、公平教育、均衡教育资源、新课程改革、教育思想转变、素质教育推广等系列热点、难点及发展趋势问题展开探讨。

会议期间，举行了中华礼乐文化教育联盟启动仪式、“中国教育家大会十周年”之教育好声音代表宣言活动、以“中国教育梦”为主题的征文活动、中国教育家大会十周年“孔太杯”书画展、“十年印象 · 中国好教育”庆典文艺晚会。

（撰稿人：夏　震）

## 中国科学技术史学会

**服务创新型国家和社会建设**　学会承担了中国科协“老科学家学术成长资料采集工程项目”学术咨询管理工作，并完成了一批研究报告。学会参与“中国近现代科学家学术谱系研究项目”部分学术咨询服务工作。学会副理事长胡化凯承担“物理学家”谱系研究，学会副理事长张大庆承担“医学家”谱系研究，学会理事袁江洋、石云里分别承担“化学家”和“天文学家”谱系研究工作。谱系研究成果包括一张谱系简图、一本谱系特征书和一份学科谱系数据库等。

**学会建设**　12 月 15 日，学会第八届常务理事会第 9 次会议在北京召开。会议就学会 2013 年工作、第 24 届国际科学技术与医学史大会暨国际科学技术史学会执行理事会会议情况、设立科技与社会经济史专业委员会、工程史专业委员会等议题进行了讨论。

依据学会《章程》和《中国科学技术史学会“十二五”发展规划》，在调研基础上撰写了《中国科学技术史学会办事机构建设纲要（2013—2020）》（草案），提交理事会讨论。

**学术期刊**　学会与中国科学院自然科学史研究所联合主办的《中国科技史杂志》通过提高国际同行评议比例、提升期刊国际论文比率、加强期刊英文摘要、改版完善刊物英文网站等方式提升期刊国际影响力。

**国际组织任职**　3月，英国剑桥李约瑟研究所任命中国科学技术史学会副理事长、中国科技大学教授梅建军为所长，接替即将退休的古克礼教授。梅建军 1984 年毕业于北京钢铁学院（后更名为北京科技大学）冶金物理化学专业，1987年毕业于北京科技大学科学技术史专业，1988年获中国科学技术大学理学硕士学位，2000年毕业于英国剑桥大学考古学系，获哲学博士学位。1994～1995年在李约瑟研究所做访问学者。2000～2004年，先后在剑桥大学麦克唐纳考古研究所、日本东京国立博物馆和东京国立文化财研究所、李约瑟研究所和伦敦大学考古学院从事研究工作。2003年被李约瑟研究所聘为荣誉研究员，2006年获选为德国考古研究院通讯院士。2007年被国际科技考古期刊 *Journal of Archaeological Science* 和 *Archaeometry* 聘为编委会委员。

7月，学会常务理事、中国科学院自然科学史研究所副所长孙小淳在第24届国际科学技术与医学史大会暨国际科学技术史学会执行理事会会议上当选为国际科学技术史学会执行理事会理事，任期4年。

9月10～15日，第8届国际冶金史大会在日本奈良市举行。学会副理事长、中国科技大学教授、国际冶金史大会执委会主席梅建军参加会议。会议完成了新一届执委会的提名和选举工作。会议增选北京科技大学冶金与材料史研究所所长潜伟为执委会委员，推选北京大学文博学院副教授陈建立为执委会秘书。至此，在总数为17人的执委会中，共有3名学者来自中国。

**科普活动** 5月，学会科技史教育专业委员会与北京大学科学史与科学哲学研究中心参与了2013年“科技活动周”有关活动，在北京大学举办了“走进科史哲——感受人文科技”系列讲座。

**表彰举荐优秀科技工作者** 10月，学会推荐会员、中国科学院自然科学史研究所副研究员刘晓为“第十三届中国青年科技奖”候选人。

**学会创新发展** 在北京大学医史学研究中心、上海交通大学科学史与科学文化研究院、西北大学数学系建立3所学会会员工作站。

在学会第九届理事会拟任副理事长单位上海交通大学科学史与科学文化研究院、中国科学技术大学科学史与科技考古系、北京科技大学冶金与材料史研究所、北京大学医史学研究中心、西北大学数学系试点学会工作志愿者登记注册制度。

**【参加第24届国际科学技术与医学史大会暨国际科学技术史学会执行理事会会议】** 7月22～28日，第24届国际科学技术与医学史大会在英国曼彻斯特市举行，这是国际科学技术史学会主办的正式系列大会，每4年一届。来自世界各地的1700余名学者参加大会，报告学术论文1400余篇。大会设有137个专题研讨会和47个分组会。

大会的主题是“行动中的知识”（Knowledge at work）。国际科学技术史学会主席、中国科学院自然科学史研究所研究员刘钝宣布大会开幕并致欢迎词。中国大陆学者60余人参加大会。

作为国际科学技术史学会国家会员，学会组成了以学会常务理事、中国科学院自然科学史研究所副所长孙小淳为团长，学会副理事长、中国科技大学教授梅建军，学会理事曲安京，学会秘书长鲁大龙，香港大学教授冯锦荣为团员的代表团出席会议。中国学者组织了多场专题报告会并作学术报告。梅建军作了题为《公元前一千年沿丝绸之路的冶金交流》的报告。

在同期举行的国际科学技术史学会执行理事会会议上，国际科学技术史学会理事会作了学会工作报告、财务报告及相关事项汇报，并进行了换届选举等相关工作。学会常务理事、中国科学院自然科学史研究所副所长孙小淳当选为国际科学技术史学会新一届理事会理事。

**【第三届中国技术史论坛】** 11月8～10日，由中国科学技术史学会、中国机械工程学会和中国造船工程学会主办，中国科学技术大学科技史与科技考古系承办的第三届中国技术史论坛在中国科学技术大学举行。开幕式由中国科学技术大学人文与社会科学学院执行院长汤书昆主持。中国科学技术大学副校长陈晓剑，中国科学院自然科学史研究所所长张柏春，国际科学技术史学会及德国马普科学史研究所特派代表 Martina Siebert 博士在开幕式上致辞。来自中国科学技术大学、中国科学院自然科学史研究所、国际科学技术史学会、德国马普科学史研究所、广西民族大学科学技术与社会发展研究中心、清华大学科技史及古文献研究所、内蒙古师范大学科技史研究院、北京科技大学冶金与材料史研究所、首都师范大学科学史研究室等有关单位的专家、学者100余人出席论坛。

与会专家围绕“多学科交叉视野中的中国技术”的会议主题展开研讨。论坛设立传统工艺、机械史与金属史、科技与社会、农业与综合史、物理学史等5个分会场，共进行了100余场分组报告。“中国技术史论坛”每两年举办一次，旨在研讨中国技术史研究各领域的热点问题以及前沿动态，推动中国技术史研究工作深入发展。

（撰稿人：韩天琪）

## 中国科学技术情报学会

**学会建设** 10月23日，学会科技查新专业委员会在北京举办2013年全国科技查新工作交流会暨科技查新专业委员会成立大会。本次会议既是每年一度的科技查新工作交流会，也是首届科技查新专业委员会工作交流会。来自28个省、自治区、直辖市的92家省市情报院（所）、专业情报院（所）、高校图书馆、公共图书馆和企业代表200余人参加会议。

**学术期刊** 学会会刊《情报学报》完善同行评议制度，规范业务流程。

11月13日，学会会刊编辑部召开了2013年《情报学报》编委会议。除编委会成员外，还邀请部分审稿专家以及青年研究人员参加会议。与会专家为2014年学报的重点选题方向提出了意见和建议。

**国际学术会议** 12月6日，学会知识组织专业委员与国际数字对象识别号基金会（International DOI Foundation）等单位联合举办DOI（数字对象识别号）创新应用（北京）研讨会。来自政府、出版社、企业、高校和研究所的300多名中外专家、学者参加研讨会。会议围绕“DOI标准的当前国际发展趋势”的主题，就DOI标准的制定以及完善，各国的注册机构如何实践应用，中国在开展服务与推广过程中的经验与成绩等方面展开研讨。本次研讨会邀请的演讲嘉宾有国际数字对象识别号基金会（International DOI Foundation）主席Norman Paskin、全球最大DOI注册机构CrossRef首席执行官Ed Pentz、DataCite首席执行官Jan Brase、MovieLabs公司总裁兼首席执行官John Carney和首席科学家Raymond Drewry等国外专家。

**国内主要学术会议** 3月27日，学会竞争情报分会举办“春之声”沙龙。沙龙以“新时期与新技术环境下的竞争情报发展”为主题，特邀中国航天系统科学与工程研究院研究员杜元清、巴黎政治学院驻华总代表安明兰、汤森路透知识产权与科技事业部企业市场总经理吴小勇、汤森路透金融事业部业务发展经理孔潇潇，分别围绕活动主题进行演讲。来自咨询公司、企业和高校的近40名会员，围绕情报服务如何在科技创新中起导向作用，竞争情报工作如何面对海量的数据，如何面对网络新手段带来的机遇与挑战等热点问题展开交流。本次沙龙首次采取现场交流和网络在线视听两种形式，参加网络在线视听的人数170余人，扩大了参与范围和人员规模。

5月，学会情报研究与咨询专业委员会、中国人民大学信息资源管理学院在北京联合举办大数据·大战略·大未来——2013（首届）中国CIO（首席信息官）论坛，企业CIO、高校师生近200人出席论坛。论坛安排了《大数据创造公共价值》、《大数据、信息化与企业经营》、《大数据环境下的信息治理》等主题报告，以大数据未来的核心创新点，大数据对不同行业、企业带来的机遇与挑战，关于大数据与大风险为议题安排了高峰论坛。

7月6～9日，学会竞争情报分会与北京科技情报学会知识管理与竞争情报专业委员会在甘肃省兰州市召开第三届技术竞争情报与情报工作论坛，来自国内情报研究机构、相关企业的专家40余人参加会议。与会专家围绕如何在情报中加强技术竞争情报的应用，探索我国情报研究的技术竞争情报策略和技术支撑方案等问题开展研讨，探讨了技术竞争情报的发展、理论研究进展，进行了实践经验分享。

9月，学会信息技术专业委员会在吉林省延吉市组织召开第二十七届全国计算机信息管理学术交流会。来自政府部门、部队、院校和企事业单位的从事信息技术研究、应用和信息服务的50余名专家、学者出席会议。会议以“大数据背景下的知识服务新趋势研究”为主题，探讨了信息服务业发展的新模式、新方向，展示了大数据领域前沿理论研究成果，交流了相关技术、解决方案和实践经验，反映了信息服务界在前沿技术研究方面的现状和实践水平。会议共征集论文50篇，经专委会评审，论文集收录了其中的38篇。论文内容包括大数据对科技信息工作方式的影响、适用于知识服务的大数据技术体系、多源信息的知识发现与自动抽取、信息资源的组织与管理、数据与情报的关联挖掘与揭示、知识图谱与可视化分析、大数据分析工具在科技信息工作中运用案例等，反映了我国科技信息服务和研究领域的研究现状和研究方向。

9月，学会理论方法与教育培训专业委员会与黑龙江大学信息管理学院共同举办“公平·公开·共享：我们需要的信息社会”学术会议，来自中国科学技术信息研究所、武汉大学、吉林大学、黑龙江大学、华中师范大学、华南师范大学、广东工业大学、湖北省科技信息研究院、黑龙江省科技情报研究所、吉林省科技情报研究所等单位的专家、学者参加会议。与会专家就信息公平、信息伦理研究、信息权利、信息心理与行为研究、信息社会与信息文化研究、信息公开政策与评价方法研究、政府信息公开理论与实践研究、公共信息公开与再利用研究、国家信息安全与信息公开研究、信息公开与个人隐私权问题研究、网络信息传播与知识产权保护研究、开放存取实施策略研究、普遍均等的信息服务体系建设、弱势群体信息服务实践策略等问题进行交流和研讨。

9月25～27日，学会竞争情报分会在福建省泉州市举行第十九届中国竞争情报年会。企业界、咨询界、学术界的专家以及从事具体情报工作的竞争情报实践者共170余人参加会议。本届年会围绕“大数据时代的竞争情报服务”，以推动竞争情报发展为核心，设立了主题报告、专题讲座、互动论坛、学术论坛、论文宣讲论坛、成果工具展示，论文颁奖等多种形式的交流活动。与会专家多角度探讨了中国竞争情报业的未来发展。

11月，学会学术委员会、理论方法与教育培训专业委员会在武汉大学信息管理学院举办“新信息环境下的图书情报与档案管理学科发展”博士论坛，来自北京大学、中国人民大学、南京大学、中山大学等院校的专家、学者和图书情报及相关学科博士研究生参加论坛。与会专家就图书情报与档案管理学科基础理论、方法、发展与教育，大数据、云计算、物联网、社会网络等相关技术方法与应用研究，信息检索、知识组织与数字图书馆研究，信息分析、语义挖掘与可视化研究，用户信息需求、信息行为与信息服务保障研究，科学数据管理、共享与增值利用研究，开放存取、信息公开、隐私保护等热点问题进行讨论和交流。

11月，学会信息资源专业委员会与中国科学技术信息研究所、国家科技图书文献中心（NSTL）联合主办第四届全国知识组织与知识链接学术交流会，来自北京大学、中国人民大学、武汉大学、天津大学、南京大学等60余所高校和科研院所的270余名专家、学者参加会议。与2012年交流会相比，报名参会的专家人数从120余人增加到270余人，交流会的影响力逐年扩大。会议以主题报告为主，报告主题包括语义知识资源建设、知识组织、大数据管理与挖掘、知识技术、语义网、科研共享数据挖掘、关联数据等。

**国际交往**　6月4～13日，应法国工商会邀请，学会合作交流工作委员会赴法国等国家开展竞争情报学术交流活动。在法国巴黎市举办了第五届中法竞争情报和创新研讨会。参会的中方专家介绍了我国竞争情报及技术转移工作的现状和展望，10余位法国专家介绍了法国以及欧洲的竞争情报及技术转移现状、途径和方法。学术交流期间，代表团与比利时TAO-ITINeRIS研究公司负责人容励、波兰Stemcellsspin高科技公司董事长穆赞斯基、意大利专家顾瓦兹商讨了如何与比利时、波兰、意大利开展技术转移合作事宜。

**【2013年度全国科技情报工作研讨会】**　10月24～26日，由中国科学技术情报学会、中国科学技术信息研究所、湖北省科技信息研究院、湖北省信息学会主办的2013年度全国科技情报工作研讨会在湖北省武汉市召开。来自全国各省、自治区、直辖市、地市科技情报（信息）机构的专家共200余人参加会议。本次工作研讨会的主题为“科技情报工作创新发展”，主要议题包括国家科技报告制度建设、科技情报机构与事业单位改革、科技情报机构管理创新与业务发展交流、情报研究理论与实践等一系列涉及科技情报工作以及科技情报事业发展的关键问题。会议编辑出版了论文集。

（撰稿人：赵珍谊）

## 中国图书馆学会

**服务创新型国家和社会建设**　2013年，学会在江苏省、安徽省和四川省组织开展“网络书香·数字图书馆建设与服务宣传推广项目”系列活动，主要包括启动仪式、馆长高级研讨班、数字阅读体验、展览、视频播放和问卷调查等内容。活动由中国图书馆学会、国家图书馆和各省文化厅主办，各省图书馆和省图书馆学会承办。

7月30日至8月5日，“网络书香·数字图书馆建设与服务宣传推广项目”江苏站系列活动启动仪式在南京市图书馆举行。学会副理事长、国家图书馆副馆长陈力，江苏省文化厅党组成员、南京图书馆党委书记方标军等，以及江苏省各级公共图书馆、部分高校图书馆馆长及业务骨干180余人参加活动。陈力以《数字图书馆的资源建设》为题，国家图书馆信息网络部总工程师王乐春以《以数字图书馆推广工程为抓手　构建覆盖全国的数字图书馆服务体系》为题，浙江省图书馆副馆长刘晓清以《数字图书馆的建设与服务——以浙江省为例》为题，上海市图书馆副馆长刘炜以《改变图书馆未来的十个趋势》为题在研修班上作了报告。

9月4～11日，“网络书香·数字图书馆建设与服务宣传推广项目”安徽站系列活动启动仪式在安徽省图书馆举行。国家图书馆副馆长魏大威、安徽省文化厅副厅长丁光清等，以及安徽省各级公共图书馆、部分高校图书馆馆长及业务骨干200余人参加活动。

9月25～30日，“网络书香·数字图书馆建设与服务宣传推广项目”四川站系列活动启动仪式在崇州市图书馆举行。学会副理事长、国家图书馆副馆长陈力，四川省图书馆馆长、四川省图书馆学会理事长李忠昊等，以及四川省各级公共图书馆、部分高校图书馆馆长及业务骨干210余人参加活动。

活动期间，在三地设立的数字阅读体验区共接待2600余人次参观，其中各级公共图书馆、部分高校图书馆的馆长及业务骨干近600人次，读者和社会公众2000余人次，收集各类调查问卷及留言册500余份。

6月20日，学会组织的全国数字图书馆建设与服务联席会议第十四次会议在辽宁省大连市召开，主题为数字图书馆的“中国梦”。会议由国防大学图书馆承办，海军大连舰艇学院图书馆协办。国防大学图书馆馆长于代军主持会议，海军大连舰艇学院院长姜国平出席会议并致词。

国家图书馆副馆长魏大威以《国家数字图书馆建设与公共数字文化服务》为题、上海图书馆副馆长刘炜以《数字图书馆近期热点及上图打算》为题、中国科学院国家科学图书馆馆长张晓林以《从数字图书馆到“创客工场”》为题、北京大学图书馆 CALIS（中国高等教育文献保障系统）管理中心秘书长姚晓霞以《CALIS 的中国梦》为题、浙江大学图书馆副馆长黄晨以《CADAL（大学数字图书馆国际合作计划）项目三期规划思路交流》为题、文化部全国公共文化发展中心副主任李建军以《以开拓创新为引领，推动数字文化服务》为题、中央党校图书馆副巡视员刘俊瑞以《党校系统图书馆“三大文库”建设检查评估情况》为题、国防大学图书馆副馆长李抒以《军队院校数图建设发展及未来设想》为题分别作专题发言，介绍了本单位关于数字图书馆建设与服务的研究和实践，并进行了交流与讨论。

**学会建设** 学会成立了国家机关图书馆分会，学会所属分会增至 9 个。召开 4 次常务理事会议、1 次理事会议。举办中国图书馆学会 2013 年秘书长联席会议暨《中国图书馆年鉴》编纂工作会议。编辑、出版《中国图书馆年鉴》（2013 卷）、《中国图书馆学会年会论文集》（2013 卷）。

**学科发展研究** 承担中国科协学科史研究项目“中国图书馆学学科史研究”，召开了学科史讨论会。

**国内主要学术会议** 举办中国图书馆学会 2013 新年峰会、第十二届中国社区乡镇图书馆发展战略研讨会、第 25 届全国 15 城市公共图书馆工作研讨会、中国图书馆学会第七届全民阅读论坛、全国第六届目录学学术研讨会、全国中小型公共图书馆联合会 2013 年研讨会、出版界图书馆界全民阅读年会（2013）等系列品牌学术活动 28 场，参会人数共 7474 人次，征集论文 3443 篇。

**国际交往** 2013 年，学会接待美国、德国和新加坡等国图书馆界同行 28 人来访。

6 月底，学会代表团一行 33 人赴美国、加拿大参加 2013 年美国图书馆协会年会并访问相关图书馆。

7 月 17 ~ 25 日，学会代表团一行 17 人赴俄罗斯、英国参加中俄信息环境下现代数字图书馆研讨会和第 10 届诺桑比亚图书馆与信息服务绩效评估国际会议。

8 月 10 ~ 19 日，学会组织图书馆界 46 位专家、学者参加在新加坡举办的第 79 届世界图书馆暨信息大会（国际图联大会）。

**科普活动** 学会协调、指导和支持全国各级各类图书馆举办各类主题科普活动 23 次，科普讲座 2 场，科普展览 10 次，共计受众 5700 人次。学会开发科普挂图 4 种，发放科普挂图 271 张。

学会举办了 2013 年社区乡镇阅读推广活动优秀案例征集、2013 全国少年儿童阅读年、全国少年儿童经典读物情景剧视频大赛、“最值得向读者推荐的一本书”馆员书评征集等科普活动。

**会员服务** 完成会员数据库和“会员论坛”的更新与维护，开展了“会员论坛”征稿及“会员论坛之星”评选活动，全年共评出“会员论坛之星”15 人。

组织 2013 年度韦棣华助学金评审工作，评定 25 名学生获得韦棣华助学金共计 37500 元人民币。授予 13 个单位“全民阅读示范基地”称号，9 个单位“全民阅读优秀组织奖”，69 个单位“全民阅读先进单位奖”。

**【2013 年中国图书馆年会——中国图书馆学会年会·中国图书馆展览会】** 11 月 7 ~ 9 日，2013 年中国图书馆年会——中国图书馆学会年会·中国图书馆展览会在上海市举办，年会的主题为“书香中国——阅读引领未来”。年会由文化部主办，文化部公共文化司、文化产业司，上海市文化广播影视管理局，浦东新区人民政府，中国图书馆学会，国家图书馆，文化部全国公共文化发展中心共同承办。

文化部党组副书记、副部长杨志今出席年会开幕活动并讲话。上海市副市长翁铁慧，学会名誉理事长、国家图书馆馆长周和平等出席开幕活动。来自国内外图书馆领域的专家、学者、从业人员、相关企业人员及新闻媒体记者 3000 余人参加会议。

开幕式上，第十二届全国政协常委、副秘书长，民进中央副主席，中国教育学会副会长朱永新作了题为《文化中心，精神客厅，心灵牧场——我心目中理想的图书馆》的大会学术报告。他认为，理想的图书馆应该是文化中心、精神客厅和心灵牧场，理想的图书馆应该有最经典最美好的书籍、基本藏书，理想的图书馆应该有用心推荐好书的专业馆员，理想的图书馆应该面向未来培养读者，理想的图书馆应该快捷、方便没有门槛，理想的图书馆要成为推动阅读的枢纽。

年会组织策划了 5 个主题论坛。学会阅读推广委员会主办的“知识给人力量　阅读引领未来”主题论坛，以案例分享和专家点评的方式展现了图书馆阅读服务的风采。上海图书馆、上海科学技术情报研究所和上海浦东图书馆主办的“阅读的未来——生态重塑与阅读复兴”主题论坛交流和探讨了未来图书馆阅读服务的生态发展。学会专业图书馆分会、高等学校图书馆分会和医院图书馆委员会联合主办的“图书馆学科化服务战略转型和最佳实践”主题论坛，针对图书馆学科化服务的发展进行了分享和交流。

《图书馆报》主办的“融合与机遇：数字时代的馆社对话”主题论坛，对数字时代图书馆和出版社携手共进作了探索。龙源数字传媒集团期刊传播研究中心主办的主题论坛针对“公众移动阅读服务”进行交流和探讨。

年会分别针对图书馆未成年人服务、图书馆法律法规、图书馆多元化服务、基层图书馆服务体系建设、图书馆资源建设、绿色图书馆建设、图书馆用户教育、民族图书馆事业、古籍整理与保护、地方文献工作、机构知识库建设等设立29个分会场。

首次在江苏省苏州市、常熟市、南京市，浙江省杭州市、嘉兴市等地策划组织了5个卫星会议。

闭幕式上，学者余秋雨作了题为《生命因阅读而宁静》的演讲，学会副理事长吴建中发布了《图书馆发展浦东共识》。年会征集论文1559篇。

**【中国图书馆学会第一届全国图书馆未成年人服务论坛】** 8月14～15日，由学会与国家图书馆、云南省文化厅主办，云南省图书馆学会和云南省图书馆承办的中国图书馆学会第一届全国图书馆未成年人服务论坛在云南省昆明市召开，论坛的主题是“阅读与圆梦”。来自全国图书馆界和相关业界的专家、学者，图书馆相关技术的企业人员等共计450余人出席论坛。论坛包括开幕式、主旨报告、优秀案例展示评审和图书馆新技术专题发言、学术分会场、嘉宾演讲和小型主题展览会等板块。

开幕式后，学会理事长、国家图书馆常务副馆长詹福瑞作了题为《顺从天性　激发好奇——图书馆未成年人阅读之我见》的主旨报告。

为了集中展示和推广近年来我国图书馆界未成年人服务实践中形成的优秀案例，进一步促进全国图书馆未成年人服务方法的多样化和服务水平的整体提升，学会于6～7月面向全国图书馆界征集未成年人服务优秀案例148个。论坛期间，举行了优秀案例展示评审，评出一等奖2名、二等奖8名、三等奖12名以及优秀奖若干名，并精选出10个优秀案例现场集中展播。

以阅读指导、阅读实践、绘本阅读和阅读管理为主题的4个学术分会场同时举行。阅读指导分会场邀请专家分别从学校、家庭、图书馆三个不同的角度，从中小学阅读指导、儿童绘本阅读、图书馆儿童服务体系建设、儿童阅读活动设计、图书馆儿童阅读的社会合作等5个不同的层次进行交流和讨论。阅读实践分会场由理论与实践报告、阅读实践的现场体验两部分组成。浙江大学公共管理学院副教授李超平作了主题为《阅读拓展类读者活动》的报告，《图书馆报》总编助理李漓报告了2013年全国大中城市少儿阅读调查情况，深圳少年儿童图书馆介绍了其阅读实践案例和插花、折纸艺术实践体验。绘本阅读分会场邀请相关专家分别对绘本阅读的重要性、国内绘本发展情况、国内外绘本阅读的经验及活动操作情况等作了介绍和交流。阅读管理分会场就公共图书馆应该如何管理少儿读者，如何权衡未成年人读者权利与图书馆管理等内容进行专题发言和互动交流。

闭幕式上，中国新闻出版研究院副院长张立先作了题为《从国民阅读与购买倾向调查儿童阅读状况》的演讲。

**【2013“全国图书馆未成年人服务提升计划”（吉林站）巡讲活动】** 8月5～6日，由国家图书馆、中国图书馆学会主办，吉林省图书馆学会、吉林省图书馆（吉林省少年儿童图书馆）承办的2013“全国图书馆未成年人服务提升计划”（吉林站）巡讲活动在吉林省长春市举办，来自吉林省各市（州）、县（市、区）图书馆180余名馆长、业务骨干和图书馆员参加活动。国家图书馆少年儿童馆馆长王志庚，南开大学信息资源管理系教授柯平，武汉大学信息管理学院教授黄如花，德国阅读推广机构总监萨碧娜·马勒等国内外图书馆界的专家、学者分别以《我国公共图书馆未成年人服务政策环境及对策分析》、《青少年图书馆服务的理论与方法》、《美国图书馆的未成年人服务》、《图画书中的结构和元素——作为儿童和青少年活动的桥梁》为题进行讲解。吉林省图书馆（吉林省少年儿童图书馆）和长春市少年儿童图书馆分别演示了优秀案例“农民工子女阅读基地”和“少儿阅读大讲堂”。闭幕式上，王志庚代表国家图书馆和中国图书馆学会授予吉林省图书馆（吉林省少年儿童图书馆）“全国图书馆未成年人服务提升计划”示范基地称号。

（撰稿人：马　骏）

## 中国城市科学研究会

**服务创新型国家和社会建设** 研究会配合住房和城乡建设部工作，完成相关业务司局的技术课题及研究工作。

组织开展湖南株洲云龙示范区管委会委托的3项技术课题。完成四川光华学院委托的“四川大英绿色校园生态规划”工作，组织开展河北省怀来县住房与城乡建设局委托的《怀来县城乡总体规划》编制工作，完成海南省三亚市水务局委托的“三亚市调整原水及自来水价格”咨询研究的前期调研工作，完成广东省珠海市横琴新区政府委托的《横琴绿色生态新城水资源专项规划》编制工作。

承担了10余个规划设计咨询与研究类项目，涵盖总体规划、控制性详细规划、专项规划、城市设计及标准研究等。开展新疆克拉玛依市生态承载力专题、江苏省太仓市现代田园城市规划、太仓市湿地资源保护与利用规划等市域总体规划层面的生态专项项目，开展湖北省钟祥市莫愁湖绿色生态城区规划及控制性详细规划、钟祥市镜月湖片区控制性详细规划及城市设计等控制性规划层面项目，开展上海市南桥新城、山东省淄博市绿色生态示范区、浙江省金华市金义新区、首创京津未来智慧城、江苏省无锡市中瑞生态城生态诊断、江苏省太仓市科教新城绿色生态城区规划等生态规划项目，启动山东省威海市双岛湾、湖南省长沙市洋湖新区、安徽省合肥市滨湖新区等绿色生态城区规划项目，推进德国建筑节能信息平台、北京市绿色生态示范区评价标准等研究类项目。

研究会绿色建筑研究中心共举行17次绿色建筑设计标识评审会议、2次绿色工业建筑设计标识评审会议、5次运行标识绿色建筑评审会议、2次运行标识绿色工业建筑评审会议，累计完成197个绿色建筑项目，数量同比增加12.8%。承接香港特别行政区3个绿色建筑项目评审，完成住房和城乡建设部科技司绿色建筑培训宣贯任务，组织520人参加有关培训活动。

研究会绿色建筑专业委员会组织编制完成《绿色生态城区评价标准》。研究会县镇工作部配合住房和城乡建设部村镇建设司组织开展第二批中国传统村落评选工作。研究会数字工程中心协助住房和城乡建设部科技司完成国家智慧城市两批试点评选和任务书签订组织工作。

研究会低碳照明研究中心组织城市照明节能评价标准制定编写工作。

研究会举办了国际绿色建筑与建筑节能大会暨新技术与产品博览会、城市发展与规划国际论坛、中国城镇水务发展国际研讨会与技术设备博览会、第二十届海峡两岸城市发展研讨会，承办了国家发展改革委员会、住房和城乡建设部组织的中欧新型城镇化伙伴关系论坛——绿色城市、人文城市两个分论坛，承办天津市滨海新区管委会组织的第四届中国（天津滨海）国际生态城市论坛平行分论坛的交流活动。与会人数累计达5000余人次，交流论文约400篇，参与演讲的专家、学者约400人次。

研究会参与了住房和城乡建设部与英国对外事务部的合作项目《中国低碳生态城市规划方法》，主要针对中国的低碳生态城市建设在实践中尚缺乏有效的方法指导，开展低碳生态城市规划方法的研究及规划导则的制定工作。围绕木结构建筑技术组织开展了系列活动，促进木结构联盟成员更好的合作，发挥联盟优势。

组织参与中美清洁能源联合研究中心相关课题项目。完成“西方各国绿色建筑激励机制与政策比较研究及对中国的启示”研究工作，课题主要针对英国、美国、澳大利亚、日本、新加坡及中国现有的绿色建筑相关政策进行比较研究，探讨建筑碳排放计算方法。完成“绿色建筑标识体系的推广机制研究”工作，通过对上海市、浙江省等具有典型气候和自然特点地区的绿色建筑评价标识推广的调研，从绿色建筑标识激励、绿色建筑评价标识培训、绿色建筑从业人员的资格认证、绿色建筑理念的宣传教育等多方面研究我国适宜的绿色建筑标识体系的推广机制。

**学科发展研究** 2013年，研究会共编制完成6本年度报告。《绿色建筑2013》重点把握正确引导绿色建筑的健康发展，较全面地反映了我国绿色建筑在2012年所取得的进展。

《中国城市规划发展报告（2012—2013）》梳理了2012年度城乡规划领域的重点话题，以综述的方式进行总结，并对2012—2013年度城乡规划的重要事件、行业发展概况、学术动态进行梳理。

《中国低碳生态城市发展报告2013》吸纳国内相关领域学者的最新研究成果，在沿袭原主题框架基础上，总结了低碳生态城市建设进程中可供借鉴的经验与反思，关注低碳生态城市建设实施和定量化分析。

《中国智慧城市发展研究报告（2012—2013）》回顾了国内外智慧城市的建设发展状况，提出有关概念及内涵，对智慧城市的重点发展领域和重点建设项目进行介绍，重点介绍了住房和城乡建设部智慧城市试点建设情况，分析了试点的布局、目标及未来的探索。

《中国城市交通规划发展报告（2012）》主要内容包括中国城市交通规划的进展、城市交通与空间布局、城际与区域交通、公共交通规划、多模式交通的转换与交通枢纽、城市非机动化交通、停车规划与管理、交通需求管理、学术研究和公众参与等。出版了《中国城市交通规划发展报告（2011）》。

《中国小城镇和村庄建设发展报告（2012）》系统展示、回顾和总结2012年全国小城镇和村庄的建设情况和经验，内容涵盖了村镇规划、农村住房建设、小城镇建设、农村人居环境建设、特色景观旅游名镇（村）、村镇建设节能减排和可再生能源利用等。

**学会建设** 启动了研究会换届筹备工作，完成研究会第五届理事会工作报告，成立换届筹备工作组，提出了第六次全国会员代表大会代表及理事会人选分配方案。

组织召开多次工作会议，做好会员的联系交往和服务工作。1月，结合会员日活动，召开分支机构与研究中心工作座谈会，对研究会各分支机构及研究中心的工作进展情况进行梳理汇报。7月，召开五届七次理事暨分支机构、团体会员单位代表工作会议，对研究会六年的主要工作进行概要的总结，简要汇报一年的主要工作进展，交流工作经验，确定未来工作的重点及目标。

**决策咨询** 研究会数字工程研究中心组织开展“城市精细化管理先期攻关”、“基于遥感数据的水体水质评估”、“饮用水流域的管理体制运行机制与保障体系”、“智慧城市管理公共信息平台关键技术研究与应用示范”、“绿色建筑基础数据库课题研究”等项目的研究攻关工作。

研究会绿色建筑专业委员会承担国家“十二五”科技支撑项目“绿色建筑标准体系与不同气候区不同类型建筑标准规范研究”、“绿色建筑评价指标体系与综合评价方法研究”两项课题的研究工作。

研究会学术一部承担中国科协“科技与社会远景展望2049：城市科学与未来城市”咨询研究项目。

研究会学术二部于6～8月申报了国家水专项原创课题，共申请到4项课题，其中直接牵头课题“利用粉煤灰、污泥及淤泥制备超轻高强陶粒技术研究”，参与研究课题“污泥喷雾干燥自燃焚烧技术的研究”、“新型分散式源头低能耗污水处理系统”、“城镇及乡村的道路雨水高效渗透系统及关键部件产品”。

**国际学术会议** 11月21日，中欧城镇化伙伴关系论坛在北京召开。政府部门管理者、专家、学者、企业家等近1000人出席论坛。论坛围绕可持续城镇化主题，就政府在城镇化中的角色、城镇化发展的地区实践、城镇化过程中的企业力量，以及智慧城市、人文城市、绿色城市、创新城市建设和城市交通发展等问题进行交流。研究会承办了绿色城市分论坛和人文城市分论坛。绿色城市分论坛围绕“人与自然和谐共存的美丽家园”主题，就城市绿色产业、绿色建筑、低碳技术等分享经验，探讨对策。人文城市分论坛围绕“建设人文城市——传承历史遗产、促进文化繁荣”主题，就城镇化进程中的历史街区保护与更新，文化传承——历史文化名街保护的灵魂，城镇化：公共文化服务的机遇和挑战等议题展开交流和讨论。

9月15日，第四届中国（天津滨海）国际生态城市论坛在天津市开幕。论坛设立8个平行分论坛，研究会绿色建筑专业委员会承办了“绿色生态城区——生态城区的细胞单元”平行分论坛，邀请国内外生态建设方面的专家就生态城区评价标准发展状况、生态城区建设实践经验总结，以及专项技术研究与应用等方面展开交流探讨。

**国内主要学术会议** 8月28日，由研究会和北京市丰台区人民政府主办，研究会生态城市研究专业委员会承办的生态城市中国行——北京园博园·长辛店生态城站活动举办。研究会理事长、住房和城乡建设部副部长仇保兴出席活动并作了题为《“共生理念”与生态城市》的主题演讲。对话空间和学术沙龙环节，主要围绕北京低碳生态社区的建设，开展了政府、专家、设计单位及相关企业的互动交流。

4月27日，由《城市发展研究》和《文化纵横》杂志联合主办的城市文化：城镇化的灵魂——城镇化进程中的城市文化问题研讨会在北京召开。来自城市规划、城市设计、世界遗产、城市地理学、城市社会学、哲学、中国传统文化等领域的专家、学者20余人，以圆桌会议的方式，探讨了文化与科技、与消费、与社会、与经济、与制度变迁的关系。

9月17日，由《城市发展研究》杂志社主办的多学科交叉融合下的生态文明城市建设研讨会在北京召开。会议探讨如何进行生态文明城市建设，探索多学科的融合机制，摸索适合我国国情的生态文明城市建设之路。9位专家分别从城市文化、城市经济、水资源管理、城市交通、城市能源利用、城镇化等方面作了演讲，多位专家在城市规划、环境及土地管理、水处理等方面进行即席发言。专家们一致认为，生态文明城市建设，要更多地强调系统性和综合性，寻找多学科的交叉点和结合部，融合更多学科，生态文明城市建设需要创新，通过理念创新、技术创新、体制创新、文化创新等进行模式的改变。

**两岸交流** 9月3日，由中国城市科学研究会、台湾地区都市计划研究会、贵州省住房和城乡建设厅、贵阳市人民政府联合主办第二十届海峡两岸城市发展研讨会在贵州省贵阳市举行。来自海峡两岸的180余名专家、学者参加论坛。贵州省副省长慕德贵出席开幕式并致辞。开幕式由研究会副理事长李兵弟主持。

作为海峡两岸城市科学领域学术交流的重要平台，研讨会每年一届，由研究会和台湾地区都市计划研究会轮流主办，在中国大陆和台湾地区轮流召开。

研讨会以“生态文明，城乡统筹”为主题，就城市如何突破资源和环境瓶颈，改变高污染、高消耗的城市发展模式，践行绿色发展和生态文明的宗旨，走一条生态、智慧、宜居的城市发展之路进行探讨。开幕式后，举行了“区域开发、新型城镇化与城乡统筹发展”，“生态建设、转型发展与战略引导”，“空间演变、应对气候变化与智慧规划”，“土地利用、模式探索与民居建筑”等4场研讨交流会，来自海峡两岸的8位专家、学者分别主持学术研讨，17位专家作了学术报告，8位专家、学者进行点评。

**国际交往** 与联合技术公司（UTC）合作，继续开展“生态城市指标体系构建与生态城市示范评价”项目研究工作。

由英孚（EF）资助，研究会完成了有关可持续研究项目：研究建立绿色城区评价标准、生态城市微观指标体系，进行生态城市跟踪研究与中外生态城市对比研究。

完成全球环境基金（GEF）项目“促进低碳生态城市的政策建议”、“中国城市低碳发展规划纲要和指南”、“城市低碳发展培训”3 项子课题的前期立项和项目建议书。

完成中英繁荣基金（SPF）2013 年项目申请。围绕低碳绿色发展的主旨，申报“快速城镇化进程中的低碳转型路径探索——以深圳为例”，探索广东省深圳市如何建立以低碳排放为特征的城市空间结构、绿色建筑、交通，新能源等的低碳转型路径。

完成亚洲开发银行项目“基于低碳生态发展的城乡规划技术方法”、“中国建筑垃圾资源化利用机制和管理政策研究”概念书的撰写。

与美国俄勒冈大学建筑学院城市规划系合作成立了中美城市发展交流研究中心，主要围绕城市可持续发展，开展城市规划相关领域科研项目的合作。与美国赫勒建筑设计咨询（上海）有限公司签署合作协议框架，计划共同开展科研与规划合作。

**党建强会** 研究会通过上党课和开展党建特色活动，使党建工作与业务工作相融合。组织党员博士专业团队，深入地方，为地方经济社会发展出谋划策。在服务河北省张家口市怀来县的工作中，研究会党支部 19 名党员走访了怀来县 20 个局、17 个乡镇，为做好怀来县域的城乡总体规划项目深入调研。

**【第九届国际绿色建筑与建筑节能大会暨新技术与产品博览会】** 4 月 1 ~ 3 日，研究会等单位联合主办的第九届国际绿色建筑与建筑节能大会暨新技术与产品博览会在北京召开。研究会理事长、住房和城乡建设部副部长仇保兴主持开幕式。来自国内外的专家、学者、企业家共 3000 余人参加会议，交流绿色建筑与建筑节能的最新科技成果、发展趋势、成功案例，研讨绿色建筑与建筑节能技术标准、政策措施、评价体系、检测标识，分享国际国内发展绿色建筑与建筑节能工作新经验。

开幕式上，大会向推动我国绿色建筑发展而作出杰出贡献的联合技术公司和江苏省住房城乡建设厅厅长周岚颁发了“绿色建筑实践奖”。加拿大驻华大使赵朴、丹麦王国驻华大使馆能源和环境商务参赞苏姗娜、广东省深圳市常务副市长吕锐锋等 11 人分别作了主题演讲。

大会以“加强管理，全面提升绿色建筑质量”为主题，根据国内外建筑节能与绿色建筑的现状和发展方向，设有 1 个综合论坛和 31 个分论坛。

在综合论坛上，仇保兴以《全面提高绿色建筑质量》为题作了主题演讲。中国工程院院士、清华大学教授江亿等 5 位国内外专家作了主题报告。

在 31 个分论坛上，国内外专家围绕绿色建筑的设计理论、技术与实践，既有建筑节能改造，供热计量改革，大型公共建筑节能，可再生能源在建筑中的应用等多个议题进行演讲。

大会同期举办的国际绿色建筑与建筑节能新技术与产品博览会展示了国内外建筑节能、绿色建筑等方面的最新技术成果与产品应用。

**【2013 城市发展与规划大会】** 7 月 16 ~ 17 日，由研究会等单位联合主办的 2013 城市发展与规划大会在广东省珠海市召开。会议主题为“生态城镇、智慧发展”。研究会理事长、住房和城乡建设部副部长仇保兴在开幕式上作了主题报告。广东省委常委、珠海市委书记李嘉，广东省副省长许瑞生等出席大会。

仇保兴作题为《“共生理念”与生态城市》的主题报告，从城市与自然共生——人类五千年的梦想、“共生城市”的 3 个协同集、培育“共生城市”自然演化成长机制 3 方面强调了“共生理念”对于城市规划的重要性。仇保兴强调，“共生”是大自然最普遍的现象，是中西方历史上的理想城市观，“共生”设计是生态城市规划的核心。他介绍了“共生城市”的 3 个协同集，包括能源、资源协同集，城市服务功能与产业协同集，气候、自然与景观协同集。他强调，“共生理念”是生态城市规划编制的新基础知识，细节即微循环决定生态城市规划的成败，生态城市往往是“他组织”与“自组织”相互耦合的结果，“共生城市”效能的提高应基于系统的自我演进，而不是规划定终身，“自我演进的共生效应”源于市民的创造力和进取精神，现代智慧信息网络是各子系统协同整合的纽带。

围绕主题，大会设立 17 个分论坛，论坛议题与当前中国新型城镇化的推进紧密相关，涵盖生态城市如何规划、城市地下管线管理、智慧城市的技术手段及评价体系、生态城市的水系统规划、绿色能源的运用、循环经济的发展等内容。

**【2013 中国城镇水务发展国际研讨会与新技术设备博览会】** 10 月 31 日至 11 月 1 日，由中国城市科学研究会、中国城镇供水排水协会、湖南省住房城乡建设厅及长沙市人民政府联合举办的第八届中国城镇水务发展国际研讨会与新技术设备博览会在湖南省长沙市召开。研究会理事长、住房和城乡建设部副部长仇保兴，中国城镇供水排水协会名誉会长李振东，湖南省住房城乡建设厅厅长蒋益民等出席开幕式。

仇保兴在题为《城市水安全对策》的主题报告中提出，城镇化率达到 50% 时是水污染的高发期，也是治理水污染的关键期。解决城市水安全，主要应从生态修复入手，进而提高水的使用效率。应建立科学高效、低成本、可持续的理念，通过完善水价机制、加强节流开源、健全法规制度等措施，治理水污染，修复水生态，提高用水效率，保障水安全。

本届大会以“治理水污染，保障水安全，恢复水生态”为主题，重点围绕供水设施建设改造与运行管理、城市供排水系统节能降耗、污泥处理处置与技术进展、城市污水深度处理、再生利用和水生态修复等行业焦点热点议题展开研讨，对中国城镇水行业的现状及前景进行分析，解读行业政策及市场前瞻，提供水行业市场资讯，探讨产业发展机制。

研讨会外，大会围绕中国水务发展现状与世界发展趋势，举办了亚洲开发银行水务论坛、亚欧城镇水务发展国际论坛、中韩水务技术发展论坛等国际水务高峰论坛，探讨全球水行业的多项重要课题及行业的热点话题。

在同期举办的新技术设备博览会上，展示了国内外先进实用的水处理技术设备、给排水管网技术设备、膜与分离技术设备以及水专项成果。

（撰稿人：周兰兰）

## 中国科学学与科技政策研究会

**学会建设** 10月26～27日，学会在山东省济南市召开研究会理事会议，审议通过了理事工作及议事制度、监事会制度，通过了监事会推荐的监事人选，增设知识产权政策专业委员会、科技成果产业化专业委员会，增选常务理事3人、理事9人。

完成个人会员数据库的更新与维护，网上注册会员总数达到2046人，团体会员单位36个。4月，在北京召开了会员之家工作交流会，9个单位30余人参加会议。

2013年，研究会共召开学术会议11次，交流论文800余篇，1700余人次参加学术交流及培训。

**学术期刊** 研究会主办的刊物印发总数达到74400册。《科学学研究》共发表论文171篇，根据《2013年版中国科技期刊引证报告（核心版）》，总被引频次1044，影响因子0.471。《科研管理》共发表论文234篇，根据《2013年版中国科技期刊引证报告（核心版）》，总被引频次2180，影响因子0.448。比上年度均有提高。

**国际学术会议** 11月7～10日，第八届科学计量学与大学评价国际研讨会在浙江省宁波市召开。会议由研究会科学计量学与信息计量学专业委员会主办，浙江大学宁波理工学院和中国科学院国家科学图书馆共同承办，爱思唯尔出版集团和汤森路透公司联合赞助。来自比利时的国际科学计量学会主席鲁索（Ronald Rousseau）教授，以及中国、英国、荷兰等国的国际计量学领域的专家98人参加会议。研讨会征集论文78篇。会议的主题为“科研量化评价”，议题涉及国际科学计量学研究、科学计量学在中国、大学评估与科研量化评价等内容。

**国内主要学术会议** 8月25～27日，研究会与大连理工大学网络信息科学经济计量实验室（WISE LAB）联合举办了科学知识图谱与科学计量学方法与应用高级讲习班（第三期），120人参加会议。

10月17日，研究会在江苏省苏州市召开第八届全国技术预见学术研讨会。来自30个省、自治区、直辖市从事技术预见工作的专家、学者近120人参加会议。围绕“技术预见与新一轮产业变革”的主题，中国科学技术发展战略研究院、北京工业大学经济与管理学院、中国科学院科技政策与管理科学研究所等单位的4位专家分别作了题为《产业变革与技术选择》、《“十三五”技术预测构想》、《客观分析方法在技术预见中的应用》、《中日韩可再生能源联合技术预见》等专题报告。与会专家一致认为，要在产业核心技术、前沿先导技术、产业化应用关键技术等方面开展技术预见工作，加强重大技术调查、预测、评价和选择，为产业发展和科技创新提供新思路，为制定科技战略提供支撑。

11月9～10日，第十三届全国科技评价学术研讨会在上海市举办。本届会议由研究会与《科研管理》杂志社主办，上海大学管理学院、上海大学创新与知识管理研究中心和中国科学院管理创新与评估研究中心承办。来自134个高等院校、科研机构和企业科技评价相关领域的330名专家、学者参加会议。会议征集论文400余篇，评选出10篇优秀论文并在《科研管理》发表。研讨会的主题为“科技创新能力评价”，研讨内容包括“科技评价理论与方法、科技政策学”，“科研机构评价、科研项目与计划评价、科技人才及科技团队评价”，“创新能力与R&D评价”，“区域创新与创新网络评价”，“技术管理与技术评估的相关问题”等5个方面。教育部高等教育教学评估中心副主任王战军，科技部国家科技评估中心副主任方衍，上海大学管理学院院长尤建新，中国科学院政策与管理科学研究所研究员李晓轩作大会特邀报告。在分组报告中，与会专家针对科技评价理论框架、企业及产业创新评价、区域创新评价以及高校和学科领域评价等主题，分别报告了各自的研究成果与管理实践。

**两岸交流** 6月16～17日，研究会主办的第一届两岸三地科学计量学与信息计量学研讨会在陕西省西安市召开。来自中国大陆、台湾地区、香港特别行政区高校和科研机构的78位科学计量学研究人员参加会议，会议征集论文40篇。

9月2～3日，研究会与台湾东海大学、南京信息工程大学共同主办的第四届海峡两岸区域发展论坛在江苏省南京市举办。论坛以“协同创新、合作共赢”为主题，来自海峡两岸十余所高校与科研机构的110名专家、学者出席论坛，探讨两岸关系与区域协同创新发展。会议征集论文80篇。

9月8～9日，研究会与台湾地区“中华科技管理学会”共同主办的首届海峡两岸科技管理与政策博士生论坛在北京召开。论坛的宗旨是为两岸未来发展的中坚力量搭建学术研讨、互相联系与深化理解的交流平台。240人参加会议，论坛征集论文110篇，评选出优秀论文12篇，推荐给国内外知名期刊。

**【第九届中国科技政策与管理学术年会】** 10月26～27日，第九届中国科技政策与管理学术年会在山东省济南市召开。中国科协常委、中国科学院党组副书记、研究会理事长方新致开幕辞。本届年会以“创新驱动发展：战略与政策”为主题，分设科技与创新体制机制改革、协同创新与国家创新体系建设、产业创新和企业技术创新、科技政策学与科学学基本理论、区域创新体系建设5个专题，来自国务院发展研究中心、科技部、中国科学院、清华大学、北京大学、浙江大学等单位的260多位专家、学者参与研讨。会议征集论文98篇，评选出8篇优秀论文并在《科学学研究》、《科研管理》、《科学学与科学技术管理》发表。

年会期间，研究会技术创新专业委员会主办了技术创新圆桌会议（2013·济南）。会议主题是“产业技术创新支撑体系建设的理论与方法”。研究会有关领导和理事，技术创新专业委员会部分委员，来自国务院发展研究中心、中国社会科学院等研究机构的专家，以及参加年会的部分学者共40人出席会议。

（撰稿人：韩海波）

## 中国农村专业技术协会

**服务创新型国家和社会建设** 2013年，协会依靠自身的组织优势、专业优势和人才优势，通过各地农村专业技术协会、科普惠农技术协作网、技术交流中心，因地制宜，整合资源，开展农民培训工作，提升农民科学素质。据不完全统计，各省农村专业技术协会共开展基层农村专业技术协会领办人培训68158期（场、次），累计培训人数达77万余人次。协会联合中国农业大学动物科学技术学院、中国水产协会，分别在北京和福建省厦门市举办了生猪及水产养殖技术协作网培训班，围绕政策、技术、市场信息对200多个科普惠农项目获奖单位进行培训。

协会申报科技部“十二五”农村领域科技计划2014年预备项目获得批准，计划在黑龙江省科技厅组织下，与东北农业大学、河北省农林科学院联合承担，由协会大豆种植技术专委会具体实施“大豆大面积高产优质高效安全生产模式及应用研究”子项目。

**学会建设** 2013年，协会发展个人会员498名，团体会员10个，协会个人会员总数达到1001名，团体会员总数为118个。成立技术交流中心8个，技术交流中心总数达33个。

协会大豆种植技术专业委员会、设施果蔬技术专业委员会、农村合作组织发展与研究专业委员会分别召开换届大会，选举产生新一届领导机构，主任委员分别为北京农业科学院研究员李路、中国农业科学院蔬菜花卉研究所研究员尚庆茂、中国农业大学副校长傅泽田。

协会对网站进行升级改版，改版后的协会网站设有组织建设、调研宣传、科学普及、技术服务、协作风采等15个栏目。协会开通了信息工作平台（OA模式），为全体理事、各省农村专业技术协会秘书长、技术交流中心、全国科普惠农技术协作网提供即时网络、短信信息交流服务。

全年累计发布工作动态、各地典型实例、调研成果等300余篇（条），编辑《工作简报》10期、学习资料1期。10月，编辑出版了《农村专业技术协会理论与实践课题研究成果汇编》，展示了近年来协会在组织发展、技术推广、党组织建设等方面的研究成果。

**两岸交流** 12月26日，协会派出19人代表团赴台湾地区参加第五届海峡两岸现代农业与农民合作组织研讨会。

研讨会上，台湾地区台北市农会总干事苏光正介绍了台湾地区农业发展基本概况和台北市农会创办的“生活空间网”的销售和配送模式。协会秘书长李彦捷介绍了大陆地区农村专业技术协会组织和协会的基本情况。双方围绕两岸农业的发展进行了交流。

代表团先后参观了台北花卉产销公司、台一生态休闲农场、南投县信义乡农会、云林县农业博览会、屏东农业生物科技园区、花莲县富里乡农会有机米厂、立川渔场、台北大团圆休闲农场，实地考察农会在推广农业技术、服务农民、推动台湾农业现代化中发挥的作用。

**国际交往** 6月17～27日，协会组团赴法国、西班牙访问，分别与法国巴黎农业创新中心和西班牙马德里农业局代表进行座谈交流，并实地考察了巴黎郊区农场和马德里大区农业研究推广中心的葡萄研发中心。

11月26至12月4日，协会组团赴巴西、墨西哥访问，分别与巴西里约农业协会和墨西哥奥卡约卡克市政府代表进行座谈交流，并实地考察了当地农业研究中心、农场等机构。

**科普活动** 3月30日，协会联合江西省科协、江西省赣州市委、市政府，共同举办“全国百名科技专家和致富能手赣南苏区行”科技下乡活动。

5月24～25日，协会承办第十五届中国科协年会科普系列活动“茶产业与茶文化科普展”，组织来自10个省的50个茶叶协会120余名会员代表参展，展出各省优质茶叶及茶制品200余种，现场布设展板160块，编印发放《科学饮茶》科普宣传册1000册，展览接待参观人数约1万人次，发放各类科普资料3000余份。此次活动通过图片展示、专家咨询、现场品茶、茶艺表演及发放资料等方式，面向公众普及茶产业与科学饮茶等相关知识。

协会联合同方知网（北京）技术有限公司，开展2013年网络书屋先进示范单位和先进个人评选活动。根据覆盖率、使用率、培训服务、配套服务、使用效果5项指标，评选出“三农”网络书屋建设省市级先进示范单位26个、县级先进示范单位108个。根据示范引领作用、解决实际问题、重视网络书屋3项标准，评选出优秀组织者39名。

**学会创新发展** 协会依托“科普惠农兴村计划”，搭建全国科普惠农技术交流平台。7月24日，全国科普惠农水产养殖技术协作网在辽宁省盘锦市成立。目前协会已建成生猪养殖技术、草莓种植技术、养鸡技术、蔬菜种植技术、水产养殖技术5个协作网。

协会鼓励团体会员创新工作机制和模式。河北省农技协成立了省、市、县三级农技协联合会运行体系，并建立了省级的食用菌、棉花、辣椒等8个专业委员会，形成了“协会＋基地＋会员”、“协会＋公司＋会员”、“协会＋农民专业合作社＋会员”、“支部＋协会＋会员”4种农技协发展的主要模式。吉林省农技协将农技协规范化建设的典型作为省“百强”农技协评选的主要评价指标，并将规范化建设工作作为省农技协未来五年三项重点工作之一。云南省农技协将协会发展与“科普富民兴边”工程结合起来，以富民兴边项目推动农技协发展。

**党建强会** 5月，协会启动全国农村专业技术协会党建情况调查工作。调查结果显示，截至2013年7月底，全国11.1万个基层协会中，已有28488个建立党组织，党组织覆盖率为25.6%；全国2783万名会员中，党员人数达63.57万人，党员覆盖率为2%。8月24日，协会组织召开了全国农村专业技术协会党建工作经验交流会。

**会员服务** 协会组织会员参加第二十届中国杨凌农业高新科技成果博览会。

12月9～11日，协会在福建省福州市召开2013年理事年会暨全国市县农村专业技术协会联合会负责人培训班。来自29个省、自治区、直辖市和新疆生产建设兵团农村专业技术协会及部分地市、县级农村专业技术协会联合会负责人代表300余人参加会议。会议的主题是“学习贯彻党的十八届三中全会精神，动员和带领广大农村专业技术协会人投身到全面深化改革的大潮中，开拓农村专业技术协会工作新局面”。会议邀请中国科协副主席、书记处书记陈章良作了题为《“三农”面临的新形势与发展现代农业》的专题报告。11位会员代表分别作交流发言。与会人员实地考察了福建连江官坞海水养殖技术协会。

**中国科协会员日** 12月16日，在中国科协会员日暨第十三届中国青年科技奖颁奖大会上，协会常务理事刘洪定作为科技工作者代表作了发言，介绍开展农技推广和创办蔬菜专业技术协会的做法和体会。

12月18日，协会参加了2013年中国科协直属全国学会会员日活动。通过展板展示、宣传画册、现场介绍等方式介绍了协会的基本概况、工作内容、会员发展等情况，展示了有机蔬菜、水果、富硒农产品、虫草酒、桑葚系列产品等近50种经国家有关部门认证的健康、安全农产品，并供现场公众品尝，向公众介绍优质农产品的生产过程，邀请6位农业专家现场介绍有机绿色农业和健康生活理念。据统计，此次活动参观人数300余人次，发放科普宣传品400余份，专家接受咨询90余人次。

**【全国农村专业技术协会党建工作经验交流会】** 8月24日，由协会主办的全国农村专业技术协会党建工作经验交流会在北京召开，来自28个省、自治区、直辖市的近120名各级农村专业技术协会代表参加会议，中国科协副主席、书记处书记陈章良，中国科协党组成员、书记处书记徐延豪，中共中央组织部组织二局巡视员、副局长曾贤钦等出席会议。

陈章良在讲话中强调，农村专业技术协会要在农业技术推广、农村科学普及等方面积极发挥作用。徐延豪对基层协会党组织建设、党建带动协会建设等工作提出了希望和要求。

安徽省科协副主席、省农村专业技术协会联合会副会长梁寿南，江苏省泰州市委组织部副部长程秋喜，广东省肇庆市广宁县砂糖橘协会会长贾东亮、辽宁省盘锦市大洼县渔业协会会长李晓东等11位代表围绕党组织建设推动农村专业技术协会工作作了交流发言。

曾贤钦认为，当前围绕加强基层服务型党组织建设、继续抓好农村专业技术协会党的建设工作要做到四点：一是进一步建立健全农村专业技术协会的党组织；二是加强农村专业技术协会党组织带头人的队伍建设；三是创新农村专业技术协会党组织的服务方式；四是为农村专业技术协会党建工作提供保障和支持。

与会人员围绕农村专业技术协会党建工作面临的困难和问题，成功的经验和做法等进行分组交流讨论，为推动基层农村专业技术协会创新发展建言献策。

**【“全国百名科技专家和致富能手赣南苏区行”科技下乡活动】** 3月30日，协会联合江西省科协、江西省赣州市委、市政府共同举办“全国百名科技专家和致富能手赣南苏区行”科技下乡活动。中国科协党组成员、书记处书记徐延豪，国务院研究室农村司司长叶兴庆，全国人大常委会农业与农村委员会法案室副主任张福贵，江西省政协副主席李华东，江西省科协副主席李雪南，赣州市委副书记王少玄以及赣州市委、市政府的有关负责人出席启动仪式。来自7个省、自治区、直辖市的科技专家、致富能手和赣州市干部群众共2000余人参加活动。

国务院研究室农村司司长叶兴庆、北京林业大学教授李俊清分别作了题为《解读2013年中央一号文件、推进“三农”工作》、《发展生态文明、建设南方生态屏障》的专题报告。

活动期间，共举办各种实用技术培训24场，实地技术指导32场，受益群众3500余人次，为群众提供咨询服务350人次，发放资料3000多份，推广农业新技术20余项，签订合作项目意向协议3个。中国科协向当地赠送3个科普图书馆，共9000套科普图书。同方知网和中国科协向赣州基层单位赠送“三农网络书屋”，覆盖了赣州18个县（市、区）。

**【组织参加第20届中国杨凌农业高新科技成果博览会】** 11月5～9日，第20届中国杨凌农业高新科技成果博览会在陕西省杨凌农业高科技示范区举办。中国科协主办、中国科协农技中心和陕西省科协承办、协会和陕西省农技协联合会协办的中国科协展团参加博览会。此次中国科协展团主题为“科普惠农兴村计划专题展”，协会组织技术交流中心、技术协作网、基层农村专业技术协会、科普示范基地等近70个会员单位共200余人参加博览会。

中国科协展团在360平方米精品特装展厅中，分布40个展位，集中展出了来自陕西省的有机苹果、山东省的板栗、甘肃省的葵花油、广西壮族自治区的蜂产品等200余种农产品。据不完全统计，共发放技术资料8万多份，接受项目咨询近1万人次，开展交易洽谈近1600次，达成合作意向400余项。

博览会设有2013中外农民创业论坛。协会推荐安徽省郎溪县家庭农场协会秘书长严虎、山东省青岛胶州明霞家庭农场场主孙明霞、北京市天润园农业发展有限公司经理史立明、陕西省西安灞桥区科协干部郭缠俊等4人在会上发言，讲述创业经历以及依靠科技带动农民群众共同致富的故事，展示基层农村科普工作者的风采。

中国科协展团获得博览会组委会颁发的“优秀组织奖”、“优秀展示奖”和“优秀成交奖”3项大奖。

（撰稿人：王兴华）

## 中国工业设计协会

**服务创新型国家和社会建设** 协会积极贯彻落实《工业和信息化部关于印发国家级工业设计中心认定管理办法的通知》，在工业和信息化部产业政策司指导下，担任评定工作委员会副主任单位，承担2013年度国家级工业设计中心评审认定工作，参加标准起草、实地调研和相关工作座谈会并提出意见和建议。

中国优秀工业设计奖是由工业和信息化部主办的我国工业设计领域首个经中央批准设立的国家级奖项。协会作为评奖工作委员会成员单位之一，参与了评奖的具体组织实施工作，承担并完成了“中国优秀工业设计奖效能评估及相关政策研究”课题，为完善并建立中国优秀工业设计奖长效评选机制提供了政策依据。

协会承担并完成了工业和信息化部委托的“国家级工业设计中心创建及发展情况调研”、“中国优秀工业设计奖效能评估及相关政策研究”课题，完成了中国科协委托的“工业设计从业人员职业资格认定标准”课题，承担了工业和信息化部委托的“中国工业设计年度发展报告（2013）”课题。

协会配合国家发展改革委组织实施《2012年高技术服务业研发及产业化专项》和《关于促进服务业发展相关政策措施》，向国家发展改革委建议增加关于工业设计的相关政策内容，如支持工业设计研发公共平台、设立工业设计专项扶持资金等。配合国家发展改革委落实《关于促进文化创意产业和相关领域融合发展的若干指导意见》，向国家发展改革委社会司提出与工业设计发展有关的行业定位、发展特色等建议。

协会与商务部、广交会产品设计与贸易促进中心共同筹备开展了“2013年广交会出口产品设计奖（CF奖）”评选。

协会承担了隶属“国家企业经营管理人才素质提升工程”的工业和信息化部中小企业管理领军人才工业设计高级研修班工作，研修班历时6个月，分为6期，在8个城市举办，企业家、企业高管，以及来自上海市、江苏省、福建省、重庆市等省市经济和信息化工作委员会及有关行业组织的负责人共80余人参加培训。

协会继续支持省市政府及有关机构开展各种形式的工业设计促进活动，主办、支持、承办或协办的主要活动有：中国设计创新大会、全国青年设计师工作会议、中国交互设计周论坛、清华设计学术月、国际设计交互大会、中国设计产业转型升级论坛、设计教育再设计、上海设计周文化创意大师论坛、海峡两岸四地论坛等活动，以及“中国设计红星奖”、“中国工业设计十佳大奖”、“中国原创设计奖”、“太湖奖”、“金勾奖”、“和丰奖”、“长江杯”、“海峡杯”、“楚天杯”、“恒福杯”、“东莞杯”等20余项大奖或大赛活动。

11月18日，由协会与清华大学美术学院等单位共同主办，协会陶瓷专业设计委员会、清华大学美术学院陶瓷艺术设计系等单位共同承办的第三届“恒福杯”茶具创新设计大赛结束，全国30所高校陶瓷专业学生参与赛事。

协会与上海市政府筹建服务全国、全行业，汇聚全球优秀创新智慧资源的工业设计服务平台——中国工业设计研究院。此项目被写入上海市政府工作报告，成为市领导主抓的重点项目。

协会与浙江省义乌市政府共建的中国（义乌）工业设计中心成为浙江省首批12个省级基地之一。中心依托义乌小商品市场，开创独特运营模式，努力把义乌由制造业高地升级成充满创意设计的商品集聚地。

协会与江苏省连云港市共建中国节能环保产业设计促进中心，共同推进节能环保产业设计的发展。

协会主导的中国工业设计产业园区联盟成员扩展到35家。协会继续与清华大学合作，开展园区数据统计指标研究与发布，为联盟成员提供有价值的行业发展参考依据。

**学会建设** 5月18日，协会设计师工作委员会在广东省深圳市正式成立。同期举办了首届全国青年设计师工作会议。

8月30日，协会专家工作委员会在河南省郑州市正式成立。围绕“设计的转型”的主题，同期召开了中国设计产业转型峰会，探索中国工业设计发展之路。

11月16日，协会信息与交互设计专业委员会在清华大学第三届交互设计国际会议上正式成立。中国科协委员、协会副会长、清华大学美术学院院长鲁晓波当选为专委会主任，并主持召开了专委会第一次工作会议。

12月28日，协会设计研究专业委员会在南京艺术学院正式成立。该委员会成立后将围绕设计理论研究、产业模式、教学体系、发展趋势等专题工作展开。

协会展示设计专业委员会经过广泛征求意见，编制了《展示设计机构资质认定标准》，并逐步在行业内推广。

加强协会秘书处建设，完善规章制度，制订了档案管理、文件管理、考勤考核等日常管理制度，修订了收入分配、人事管理等制度。实行了月度工作汇报、检查制度。

协会微信公共服务平台订阅号，保持平均每个工作日发送3条信息，全年向8000余名关注者推送各类行业信息近1000条。此外，通过微信公共服务平台推广入会方式、刊物订阅、奖项宣传、数据收集等互动信息，平均每天获得约30条的互动反馈。

通过协会官方微博，每天不定期地推送各类行业动态、新闻资讯、优秀产品展示及协会各项工作进展等。近1.3万人持续关注协会官方微博。

**学术期刊** 《设计》杂志针对阅读群体的特点和要求，不断调整内容和栏目设置，不断开拓销售渠道，已在国内多家机场书店销售，并开辟了淘宝等线上平台销售渠道。月发行量超过5万册。

《设计通讯》杂志完成改版，突出了对产业现状、探索、趋势的聚焦，加强“重点关注”和“本期专题”的所占比例。

**国际交往** 协会与日本、韩国、新加坡、美国、德国、英国、意大利等20多个国家和地区的相关设计机构建立了常态化联系。

**会员服务** 协会将会员服务管理平台化、会员服务内容标准化。建立会员电子化会籍管理系统，规范协会会员信息管理数据库的录入、修改和使用。建立了手机短信、电子邮件、QQ等服务信息推送平台，增强在咨询、国际交流、评估认定、共建、人才、信息、推广等方面的会员服务能力。

**【第八届中国工业设计周】** 11月23～26日，由协会与重庆市经济和信息化委员会、重庆市南岸区政府共同主办的第八届中国工业设计周在重庆市举行。协会会长朱焘等出席活动。

设计周期间，举办了2013年度中国工业设计十佳大奖获奖发布会、中国设计创新大会、设计与产业交流对接会、首批“中国工业设计示范基地”终评答辩会、2013中国（重庆）“长江杯”国际工业设计大奖赛公开答辩会及获奖发布等系列主题活动。

在2013年度中国工业设计十佳大奖颁奖典礼上，颁发了十佳创新型企业、十佳设计公司、十佳杰出设计师、十佳推广杰出人物、十佳教育工作者5项大奖。

中国设计创新大会以“创新设计、引领转型”为主题，特邀韩国设计振兴院院长李泰镕，丹麦 Jacob Jensen 设计集团CEO、德稻延森工作室主任蒂莫西·雅各布·延森，英国威尔士国家产品设计及研发中心设计经理艾什利·布莱特，分享来自韩国、丹麦和英国的国家设计战略、模式创新以及设计风格和特色，探讨工业设计如何为我国产业转型升级发挥更积极的作用。

（撰稿人：田文苗）

## 中国工艺美术学会

**服务创新型国家和社会建设** 在第八届中国（莆田）海峡工艺品博览会期间，学会与中国轻工业联合会、中国轻工珠宝首饰中心联合主办了2013年中国工艺美术“百花奖”评选，中国工艺美术“百花奖”是全国工艺美术界最高级别大奖，2013年共评出金奖222个、银奖312个、铜奖344个。

2013年，学会主办了“百花大河杯”中国工艺美术大师玉雕精品展、第二届中国台山玉“融合杯”雕刻创作大赛等，联合主办了第八届中国（东阳）木雕竹编工艺美术博览会、2013中国（江门）工艺美术精品文化博览会、漆墨春秋——乔十光漆画艺术全国巡展、第九届中国名石雕刻艺术展、第二届中国（大连）国际文化产业博览会等，组织了2013中国国际轻工消费品展览会工艺美术展区的展览。

学会织锦专业委员会深入广西壮族自治区南宁市宾阳县农村，对当地妇女进行织绣品制作技术培训，发放工具和材料，并收购织绣成品，促进非物质文化遗产的传承和发展。

学会旅游工艺品专业委员会在北京举办“为中国形象而设计——2013年全国旅游纪念品设计大赛”，大赛主要面向大专院校学生，100余所院校的学生参加，按照北京礼物、城市旅游纪念品、景区旅游纪念品、古城漫游记等4个主题，提交了2000余件（套）作品参赛，主办方对获奖作品向相关企业进行了推荐。

**学会建设** 学会对全体会员注册情况进行整理和登记。重新注册后，个人会员4200人，团体会员5个。

学会雕塑专业委员会进行换届选举，孙伟当选为新一届理事长。学会实业家分会进行换届选举，李节当选为新一届理事长。

**国际学术会议** 10月，学会织锦艺术专业委员会主办的中挪两国手工织物展暨技术研讨会在江苏省南京市召开，来自挪威的16位工艺美术专家、近50位中国工艺美术织锦专家、20位国内企业科技工作者参加研讨会，对手工织物图案设计和制作技法进行探讨。会议交流论文24篇。

**国内主要学术会议** 2013年，学会及所属分支机构举办国内学术会议12次，共有1217人次参加会议，其中企业科技工作者243人次，共计交流论文98篇。举办的主要学术交流活动包括海峡两岸文化交流座谈会、中国书画艺术展暨书画艺术研讨会、明式家具造型分析与制作研讨会、在创新中发展与引领中国木雕高峰论坛、中国工艺美术行业发展战略研讨会、中国玉文化论坛、组织出版《织锦大全》研讨活动、虚拟现实技术应用论坛等。

**两岸交流** 11月4～14日，应台湾地区商务文教交流协会邀请，学会组团赴台湾地区进行考察和文化交流，来自北京、辽宁、江苏、福建、江西、浙江等6个省、直辖市的工艺美术师、高级工艺美术师、中国工艺美术大师36人参加交流活动。11月6日，在台北市立图书馆举办了海峡两岸传统文化交流暨华夏工艺美术精品展，150余件大陆地区工艺美术精品参加展示，包括玉雕、木雕、陶瓷、紫砂、绘画、书法等。

**国际交往** 7月18日，学会与文化部中外文化交流中心、（美国）中美科学技术及文化合作基金会、北京工美集团有限公司共同签约，联合主办工美视觉艺术展览会，计划在未来3年内，分别在中美两国的优秀博物馆，组织以“精雕细琢的东方”、“欧美艺术画廊”、“万紫千红的中国”、“东方宫廷艺术漫游”、“欧美博物馆珍品巡览”等为主题的6场展览，并通过在社会上募集资金，成立文化艺术基金。通过艺术展览、文化交流、艺术品流通、实物收藏、鉴赏培训等多种形式，提升工艺美术作品的艺术价值，促进工艺美术走向世界艺术和资本市场。

学会纤维艺术专业委员会组织中国当代纤维艺术世界巡展。5月6日，应波兰洛兹美术学院邀请，在波兰洛兹美术学院展出16件纤维艺术作品。8月26日，受文化部委托，在中国驻厄瓜多尔大使馆支持下，在厄瓜多尔基多大学展出62件纤维艺术作品。

**会员服务** 《中国工艺美术学会通讯》以季刊形式按期出版，免费发放给会员，会员通过该刊物，可基本了解学会主要工作情况和行业发展近况。

学会织锦专业委员会聘请南京云锦研究所、南京大学、南京师范大学的专家参加会员活动，以“科学道德与学风建设”、“产业推广与职业操守”为主题进行宣讲和讨论，共同提高职业素养，探讨工艺美术发展路径。

**【第二届中国台山玉“融合杯”雕刻创作大赛】** 12月29日，学会主办的第二届中国台山玉“融和杯”雕刻创作大赛在广东省江门市开幕。中国轻工业联合会会长、中华手工业合作总社主任步正发，学会副理事长兼秘书长赵之硕出席开幕式。

大赛共有613件作品参赛，9位国家级工艺美术大师作为评委，对其进行综合评价，评出了60件金奖作品。

大赛期间，组织了工艺美术创新与发展座谈会。步正发、赵之硕与工艺美术大师以及广东省工艺美术学会专家，相互介绍了工艺美术创新和发展过程中的心得，特别对江门市工艺美术发展提出了建议。

**【中国国际轻工业消费品展览会中国工艺美术展区展览】** 7月12～15日，学会在北京国际展览中心组织了2013中国国际轻工业消费品展览会中国工艺美术展区的展览，全国各地以省市地区为单位组织展品参加展示，有山西剪纸、陕西年画、山东纸扎、河北纸扎、青海唐卡、江苏织锦、河南刺绣、河南陶瓷、安徽木雕竹雕、广东玉雕、北京印染、天津泥塑等。展览期间，邀请国际组织官员和外国驻华使节到展区参观，还组织国外嘉宾与参加展会的工艺美术大师、专家和学者，共同参加了以“向世界推介中国工艺之美”为主题的联欢活动。

**【第八届中国（东阳）木雕竹编工艺美术博览会】** 11月8日，由中国工艺美术学会、中国林业产业联合会、中国非物质文化遗产保护中心、中国轻工工艺品进出口商会、浙江省东阳市人民政府联合主办的第八届中国（东阳）木雕竹编工艺美术博览会在浙江省东阳市中国木雕城举行。博览会设有36个展区、931个标准展位，来自全国20多个木雕主产区的上万件木雕、竹编精品参加展出。

由台湾地区木雕协会、三义木雕协会、原住民木雕协会组成的台湾木雕参展团带来了近60件作品参展，并在展示区进行现场制作表演。

博览会首次引入木雕、竹编作品展示拍卖活动，征集的113件拍品均出自国家级工艺美术大师和中国木雕艺术大师之手，有被“神舟十号”搭载上天的中国工艺美术大师何福礼的竹编作品《关爱》，有中央电视台“寻宝·走进东阳”活动中荣获最具文化价值奖的“木雕大柜一组”等。

展会期间，举办了第三届中国木雕红木家具发展论坛，国内木雕红木家具行业的专家、学者、企业家约200人参加论坛，围绕“木材资源思考与红木产业升级发展”、“产品定位思考与红木产业升级发展”两个主题进行研讨交流。

**【漆墨春秋——乔十光漆画艺术50年全国巡展】** 11月1日，由中国工艺美术学会、清华大学、中国美术家协会主办的漆墨春秋——乔十光漆画艺术50年全国巡展首次展览在清华大学美术学院美术馆开幕。中国文联副主席冯远、清华大学副校长邱勇、学会副理事兼秘书长长赵之硕，以及社会各界嘉宾、清华大学师生共200余人参加开幕式。

本次展览展示了著名漆画艺术家乔十光先生50年来的艺术作品，包括漆画作品80余幅，水墨、速写作品20余幅。这些作品以时间为线索，对应着乔十光的四个艺术阶段，分为四个部分：求索探新（1961—1987年）、拓展厚积（1988—2002年）、多元交融（2002—2010年）和混沌回归（2011年至今），完整地涵盖了乔十光的艺术历程，全面展示他的艺术成就。展览还展出了乔十光的文本手稿、艺术活动图片年表、学术评论文章等。

乔十光先生是中国现代漆画艺术的创始人之一，被誉为“中国漆画艺术的一面旗帜”。乔十光于1956年开始学习和研究漆画艺术，在接受现代化美术思想的同时，对传统漆画制作技法进行了认真研究，创造出“研磨铅粉罩漆法”和“无光漆画”，将漆的语言和绘画表现相结合，使漆这项传统工艺焕发了新的造型美。几十年来，乔十光深入各地考察，创作了一系列具有代表性的漆画作品，多次荣获国内外大奖并被多家艺术机构收藏。作为漆画艺术的代表人物，乔十光为漆画艺术从民间工艺进入高校教学体系作出了重要贡献，他编写的高等艺术教育教材《漆艺》卷，奠定了我国漆艺学科的基础。

在展览开幕式上，乔十光先生向清华大学捐赠500万元，设立“乔十光漆画艺术创新奖励基金”，同时向清华大学捐赠6幅漆画作品。

漆墨春秋——乔十光漆画艺术五十年全国巡展的后续展览在广东省广州市、河北省石家庄市、上海市、福建省福州市、湖北省武汉市、重庆市、山东省济南市、陕西省西安市、江苏省南京市、山西省太原市、台湾地区台北市等地举行。

（撰稿人：孙金瑞）

## 中国科普作家协会

**学会建设** 协会六届二次理事会议10月25日在浙江省义乌市召开，近100名理事出席会议。与会理事围绕《中国科普作家协会第六届理事会工作规划》，就如何搞好学会建设进行探讨，从国家层面为我国科普事业的发展提出了政策性建议。会议通过了变更副理事长、变更法定代表人、增补常务理事和聘任副秘书长的决定。

按照理事会的要求，协会所属13个专业委员会2013年全部完成换届工作。协会批准成立了中国科普作家协会工业科普创作中心和鲁南科普创作基地。

协会拟定或修订了《中国科普作家协会会员代表产生办法》、《中国科普作家协会分支机构管理办法》、《中国科普作家协会单位会员管理条例》、《中国科普作家协会个人会员管理条例》、《中国科普作家协会学生会员管理条例》、《中国科普作家协会优秀科普作品奖评奖条例、评奖标准》、《中国科普作家协会捐赠科普专项基金（资金）管理办法（草案）》等文件，并经常务理事会审议通过。

协会六届三次理事长工作会议研究决定，六届理事会期间将对协会发展历史进行梳理，并责成秘书处组织实施。协会历史编写工作计划从史实勾勒、回忆传记、实物搜集三方面进行。6月6日，协会秘书处召开专题座谈会，邀请王麦林、金涛、汤寿根、李宗浩、刘仁庆等老同志座谈，与会老同志对编写协会历史提出了建议。

5月，启动了会员情况调查。截至2013年底，已完成调查的数据分析、整理和专题报告的撰写工作。

**学术期刊**　《科技与企业》和《生物技术世界》均与中国知网合作，进行期刊出版数字化准备工作。《科技与企业》全年出刊24期，发表文章4600余篇，总字数约1320万字；《生物技术世界》全年出刊12期，发表文章1000余篇，总字数约300万字。

《科普创作通讯》全年出刊4期，发表文章70多篇，动态图片和消息50多条（幅）。2007年至2013年各期均已上传至中国科普作家网，供读者、会员查阅。

**国内主要学术会议**　在中国科普研究所2013年年会上设立分论坛，征集论文21篇，评出优秀论文6篇。

协会与工业科普专业委员会联合举办了全国科普创作学术研讨会，共收到论文30余篇。

**两岸交流**　4月21～27日，第六届海峡两岸科普论坛在台湾地区新北市举行。本届论坛的主题为“科普、创新与永续发展”，由中国科普作家协会、中国科普研究所、福建省科协、上海市科协、山东省科协、湖北省科协与台湾醒吾科技大学、元智大学等共同主办。由51人组成的大陆代表团赴台湾地区参加会议。海峡两岸科普界、科技界、科协界、教育界的专家、学者和青年学生150余人参加论坛，共提交论文77篇，其中大陆代表团提交论文41篇，台湾地区学者提交论文36篇。

论坛主要围绕大陆和台湾地区的科普创作发展、科普模式创新、科学文化和科普场馆建设、青少年科普活动开展等相关科学传播普及方面的理论与实践问题进行了交流和研讨。协会秘书长石顺科作了题为《不懈的探索——优秀科普作品奖和科普创作》的报告，介绍了大陆地区30年来优秀科普作品奖的奖励情况和科普图书等作品发展状况，以及公众对科普创作的需求状况，分析了科普图书等科普作品发展存在的问题，提出了大陆地区科普创作未来发展的前景。

**科普活动**　1月和11月，协会和中国科学院老干部局联合举办了两期中国科学院离退休老科学家科普创作培训班。协会邀请相关专家为培训班学员授课。每期培训班有40余名学员参加，学员要经历听课、讨论、做练习、撰写科普作品等严格的培训过程。经过培训，中国科学院老干部局组织学员编写了《21世纪科普丛书》首辑10册，100余万字，计划由福建少儿出版社出版。

2012年9月至2013年7月，协会联合全国大学生科幻联盟策划并共同主办了第二届全国大学生科幻征文活动。征文活动共收到作品170篇。评委们依据《全国大学生科幻征文评奖条例》，评选出年度优秀中长篇作品5篇，年度优秀短篇作品7篇。江苏师范大学科幻社团获得年度突出贡献社团奖。通过科幻征文活动，协会为全国青少年科幻爱好者提供了施展才华的舞台，受到了大学生们的积极响应，协会也从中发展了一批学生会员。首届征文活动文集《最后的雪国》由福建少儿出版社出版。

4～11月，由协会与中国科普研究所主办，协会科普美术专业委员会承办，《我们爱科学》、《漫画科学》、《军事文摘科学少年》、《儿童漫画》、《启迪与智慧》协办的全国少年儿童科学幻想绘画大赛举办，大赛共收到2600余件科幻美术作品，这些少年儿童科幻绘画作品，用独特的视角，对美好事物悉心探究，对美好生活深度挖掘。由10余位科普专家、美术家组成的大赛评审组依据评审标准，分成3个小组在初评的基础上，对进入复评的510件作品进行了终评。专家们从作品的科学性和创造性，评选出优秀作品100余幅，其中一等奖作品10幅，二等奖作品20幅，三等奖作品30幅，以及优秀奖、优秀辅导老师及优秀组织单位奖若干个。

协会与中国青少年研究中心联合开展了“我的中国梦——全国科普作家进校园公益活动”。该项活动于5月16～17日在山东省日照市启动。启动活动由中国科普作家协会，中国青少年研究中心，山东省科协和山东省日照市人民政府共同主办。协会理事长、中国科学院院士刘嘉麒、副理事长孙云晓，中国科学院空间中心研究员、中国载人航天工程应用系统原总指挥张厚英，中国作协儿童文学委员会副主任张之路，北京科普作家协会理事霞子等为当地的中小学生作了10场科普报告。活动中，在日照市博物馆举行了全国科普教育基地揭牌仪式及“弘扬科学文化、共建和谐家园”科普展。

中国科普作家报告团成立了核心领导小组，制定了工作条例和管理办法。报告团被中国科协“大手拉小手科普报告团”接纳为主要成员。2013 年，报告团在北京市、山东省、青海省、浙江省、广东省等地作了 200 余场科普报告，受众 10 余万人次。

**中国科协会员日** 中国科协会员日期间，协会举办了内容丰富的图书展览，展出的优秀科普图书包括“中国科普作家协会优秀科普作品奖”获奖作品、“中国科普作家协会精品书系”作品、“公众喜爱的优秀科普图书”，以及著名科普作家李毓佩先生最新出版的图书，共计 170 余种。展出的作品涉及航空、航天、生物技术、科学人物传记、科幻小说等题材，受到了参加活动的公众的关注，部分浏览者对加入协会会员程序进行了咨询。

为进一步加强协会与专业委员会之间的交流，促进协会分支机构的管理和服务工作，实现资源共享，会员日期间召开了协会专业委员会主任座谈会。各专业委员会主任及副秘书长共计 22 人参加会议，会议由协会秘书长石顺科主持。石顺科在会上介绍了 2013 年协会工作开展情况，各专业委员会主任分别汇报了 2013 年专委会开展活动情况，对协会工作提出了建议和意见。

**【王麦林科学文艺创作基金设立】** 6 月 18 日，“王麦林科学文艺创作基金”捐赠仪式在北京举行。“王麦林科学文艺创作基金”由中国科普作家协会荣誉理事长王麦林发起设立，王麦林以个人名义向中国科普作家协会捐赠人民币 100 万元，用于繁荣科学文艺创作事业，鼓励科普作家更好更多地创作优秀科学文艺作品。王麦林捐赠的款项全部来自个人积蓄，这是中国科普作家协会自成立以来接受的首笔百万元的个人捐款。

王麦林是中国科普作家协会第一届理事会秘书长，第二、三届理事会副理事长。曾任中国科协第二、三届全国委员会委员，中国科协党组成员。她毕生致力于我国的科普创作事业，时刻关心我国科普创作的发展，组织了我国首次科普创作座谈会的召开，创办了以科普作者为主要读者对象的《科普创作》杂志。组织创办了我国首次科普美术展览、首次科学漫画和科普书刊插图展览、首次农村科学技术致富科普美术展览。组织首次全国优秀科普读物评奖工作和第二次全国优秀科普读物评奖的筹备工作。获得了中国科普作协授予的“成绩突出的科普作家”荣誉证书。

协会理事长刘嘉麒对王麦林心系我国科普事业，设立奖励基金表示感谢，并代表协会向王麦林颁发了捐赠证书。

**【第二届科学传播人颁奖典礼】** 7 月 29 日，由北京市科协、协会等单位联合主办的第二届科学传播人颁奖典礼在北京举行。全国政协副主席、中国科协主席韩启德，中国科协党组成员、书记处书记徐延豪，协会理事长刘嘉麒、副理事长任福君等出席颁奖典礼。“第二届科学传播人颁奖典礼”组委会邀请中国科普作家协会作为主办单位之一，并专门设立了“科学传播人优秀科普作家奖”。

韩启德向李元颁发了“科学传播人终身成就奖”。中国科学院院士、协会理事长刘嘉麒，中国科学院国家天文台研究员、协会副理事长卞毓麟，嫦娥探月工程首席科学家、中国科学院院士欧阳自远获得“2012 年度科学传播人物奖”，徐延豪为 3 位获奖者颁奖。协会荣誉理事叶永烈获得“科学传播人优秀科普作家奖”。

（撰稿人：孟　雄）

## 中国自然科学博物馆协会

**服务创新型国家和社会建设** 协会牵头开展全国自然科学博物馆布展设计与展项研发类企业资质认定的相关文件起草工作。5 月 14 日，协会在北京普照昂科技有限公司召开了协会企业单位会员负责人座谈会，讨论了全国自然科学博物馆布展设计与展项研发类企业资质认定相关问题。协会将会议相关意见整理后，对《全国自然科学博物馆布展设计与展项研发类企业资质认定办法（征求意见稿）》进行修改。10 月 27 ~ 28 日，协会在安徽省合肥市召开全国自然科学博物馆布展设计与展项研发类企业资质认定第二次会议，进一步讨论修改了《全国自然科学博物馆布展设计与展项研发类企业资质认定办法（征求意见稿）》。

协会受中国科协委托开展 2013 年科协系统内科技馆免费开放相关工作，分四个阶段进行：文件起草、摸底调查、补助经费测算、补助经费核算。按照财政部的要求，协会完成了《科技馆免费开放风险评估报告》。

在科协系统科技馆免费开放工作的基础上，协会受中国科协委托开展了非科协系统科技馆、国土资源博物馆、湿地博物馆、自然史博物馆、专业类科技博物馆状况调查。协会组织相关单位会员成立工作班子，完成了涵盖全国 280 余家自然科学类博物馆的调查工作，并对符合免费开放的场馆进行了筛选、统计和数据分析，撰写了总报告《全国自然科技类博物馆现状及免费开放情况专项调查报告》，以及《全国自然史类博物馆现状及免费开放情况专项调查报告》、《全国专业科技博物馆免费开放情况专项调查报告》、《全国国土资源类博物馆现状及免费开放情况专项调查报告》、《全国湿地博物馆免费开放情况专项调查报告》、《全国非科协系统科技馆现状及免费开放情况专项调查报告》等5个分报告。

开展《博物馆条例》编写工作，在编写过程中，多次征求国务院法制办和中国科协的意见，组织专家对《博物馆条例》草稿内容进行研讨，根据协会单位会员需求提出相应修改意见。

3～5月，协会天文馆专业委员会协助全国天文奥林匹克竞赛组委会开展全国中学生天文奥林匹克竞赛预赛、决赛和国家队选拔赛。

**学会建设** 7月21日，协会五届十五次常务理事会议召开，讨论了协会换届筹备工作，对新一届理事会理事候选人、理事长候选人、大会议程等向常务理事进行通报。8月23日，协会第六次全国会员代表大会召开。

11月23日，协会六届一次常务理事会议召开。会议研究决定，束为任协会常务副理事长，赵有利任协会执行副理事长，同时由赵有利担任协会法人代表。公布了协会对分支机构的调整：理论工作委员会更名为年鉴工作委员会，科普工作委员会和教育工作委员会合并为科普与教育工作委员会，组织工作委员会更名为组织与会员工作委员会，原咨询工作委员会注销，确定了各分支机构负责人。会议讨论通过了《中国自然科学博物馆协会专业委员会、工作委员会工作规则（试行）》，通过了协会五年工作规划和2014年工作计划。

筹划成立科普场馆特效影院工作委员会，完成了相关筹备工作。

4月19～22日，协会在江西省南昌市召开联络员工作会议，协会单位会员联络员及有关人员120余人参加会议。会议表彰了协会2012年度优秀集体和优秀工作者，评出了优秀联络员并颁奖。

对协会网站进行改版和更新，对栏目内容进行调整和充实。提高协会《通讯》制作水平，加大信息量，提高排版印刷质量。全年通讯制作印发5期7000余册。3月，制作完成了协会通讯第一本增刊《自然科学类博物馆建设与展教论坛》，并向会员免费发放1000余册。

《国家湿地》杂志与《城市地理》杂志合作办刊，解决了刊号使用问题，《国家湿地》杂志正式成为湿地博物馆专业委员会会刊。

**国际学术会议** 5月17日，协会国土资源博物馆专业委员会以“博物馆建设与城市文明”为主题举办学术论坛，探讨中外博物馆社会功能、藏品陈设与经营管理。来自国内外的100多位博物馆、矿物学方面的专家、学者参加论坛。来自中国、美国、德国的7位专家、学者发表演讲。

**国内主要学术会议** 11月12～13日，由协会科技馆专业委员会主办、南京科技馆承办的2013年全国科技馆发展论坛在江苏省南京市召开。论坛以“建设中国特色现代科技馆体系”为主题，采取学术报告与交流研讨相结合的方式进行。约230人参加会议，评选出143篇优秀论文，共120万字，编辑成《2013（江苏·南京）全国科技馆发展论坛论文集》并出版。

8月18日，协会天文馆专业委员会2013年度学术年会在北京召开。年会以“天文科普教育”为主题，23家单位的专家作了学术报告。报告内容涉及天文科普工作实践经验和成果。

10月21～24日，协会水族馆专业委员会在辽宁省抚顺市组织召开第19届学术年会。包括49家水族馆在内的80余家单位的250余名专家参加会议。年会编辑出版了会议论文集，共收录论文52篇。

**两岸交流** 10月18～25日，协会自然保护区专业委员会主办的第十九届海峡两岸自然保护区业务交流研讨会在云南省昆明市举行。研讨会以野生动植物保护、自然保护区建设管理和可持续发展为主题，来自海峡两岸的自然保护区管理人员、大专院校科研和技术人员70余人参加会议。研讨会上，专家们分别作了题为《云南省自然保护区森林生态服务功能价值评估》、《生态文明建设中的生态检核及评估实务》、《云南省自然保护区旅游生态补偿政策研究》等12个专题报告。

**会员服务** 1月12日，2013年度协会新春联谊会在北京召开。来自50余家单位会员的110余人参加联谊会，共同交流探讨自然科学类博物馆事业发展。

6月21～23日，协会科技馆专业委员会主办的第三届全国科技馆馆长培训班在青海省西宁市举办。来自全国各地54家科技馆的馆长等80余人参加培训。培训采取实地考察、专题报道、学术讲座、案例研讨相结合的方式进行，就如何加强科技馆自身能力建设，提高公共科普服务水平进行研讨及案例分析。

8月19～21日，协会天文馆专业委员会在北京组织开展辅导员业务培训活动，特邀西班牙和阿根廷天文教育专家授课。

**【中国自然科学博物馆协会第六次全国会员代表大会】** 8月23日，中国自然科学博物馆协会第六次全国会员代表大会在北京举行。时任中国科协书记处第一书记，中国科协副主席、党组副书记、书记处书记程东红，中国科协党组成员、书记处书记徐延豪出席大会。全国自然科学类博物馆300余名行业代表参加会议。

大会听取、审议并通过了协会第五届理事会工作报告、协会章程修改报告和财务工作报告。

会议选举产生了由130名理事组成的协会第六届理事会。在协会第六届理事会第一次会议上，选举产生了由44名常务理事组成的第六届常务理事会。程东红当选为第六届理事会理事长，束为、赵有利等11人当选为副理事长，陈洪庆当选为秘书长。徐善衍被授予名誉理事长，刘永范等6人被授予荣誉理事。

大会对第五届理事会期间涌现出的先进集体和个人给予表彰，分别为“十佳特殊贡献奖”、“十佳馆长”、“十佳设计师”、“十佳科技辅导员”、“十佳服务标兵”获得者颁发了证书和奖杯。

**【协会名誉理事长李象益获联合国教科文组织“卡林加奖”】** 11月24日，第六届世界科学论坛在巴西里约热内卢皇家剧院开幕，巴西总统迪尔玛·罗塞夫、联合国教科文组织总干事伊琳娜·博科娃、中国科学院院长白春礼、中国教育部副部长郝平等出席会议，来自全球100多个国家的700多名专家、学者参加会议。协会名誉理事长、中国科技馆原馆长李象益在会上荣获联合国教科文组织颁发的“卡林加奖”。

“卡林加奖”也称“卡林加科普奖”，是联合国教科文组织设立的一项旨在奖励在向大众普及科学知识方面作出突出贡献的人。候选人由联合国教科文组织成员国委员会提名，由联合国教科文组织负责评审与颁奖。李象益是该奖项创立60余年来第一位获奖的中国人。

**【第三届全国科技馆辅导员大赛】** 6月19～20日，由中国科协科普部、中国科技馆、中国科技馆发展基金会和协会科技馆专业委员会共同主办的第三届全国科技馆辅导员大赛决赛在青海省西宁市举行。

全国科技馆辅导员大赛每两年举办一次。大赛决赛分为展品讲解赛和趣味科学实验赛两部分，展品讲解赛是针对辅导员对科技馆展品的理解和讲解能力的比赛，由选手对相关展品的教育目的科学内容、表现方式、知识拓展等进行现场讲解，并接受综合素质考核。为体现科技馆辅导理念，增加比赛的竞争性和观赏性，本届大赛展品讲解赛首次采用两两对决的方式，角逐本次大赛的一等奖。趣味科学实验赛则是对生动有趣的科学实验进行演示的比赛。

本次大赛共有来自全国64个科技馆的327名辅导员参赛，经过华北、东北、华东、中南、西南、西北六大赛区预赛阶段的角逐，共有来自全国24个科技馆的32名展品讲解赛选手和12个趣味实验赛团队的32名队员进入决赛。经过两天的比赛，评选出讲解赛一等奖2名，二等奖6名，三等奖8名，优秀奖16名；趣味实验赛一等奖1个，二等奖2个，三等奖3个，优秀奖6个。同时评选出了讲解赛和趣味实验赛最佳人气奖。

本次大赛共有近200名全国各地的嘉宾和同行进行观摩学习，现场共有300余人参加活动。通过中国数字科技馆的网上直播，全国有60多个科技馆的员工及公众4000余人收看了比赛实况。

（撰稿人：王　青）

## 中国可持续发展研究会

**服务创新型国家和社会建设** 2013年，研究会组建专家服务团队14个，参加服务团队专家人数89人，举办决策咨询活动5次，参加活动专家17人次，提供决策咨询报告15篇，其中5篇获得上级领导批示。

研究会组织大型博览会2次，推广新技术、新品种2024项，参加活动科技人员总数880余人，专家110人，地方学会20个。7月4～6日，研究会组织单位会员、相关行业协会及企业共37家约80人参加了第十届中国（满洲里）北方国际科技博览会，选择具有先进示范效应的国家可持续发展实验区、行业协会及具有自主研发成果的企业，组成中国可持续发展研究会与国家可持续发展实验区展区。博览会期间，研究会召开了推动科技成果转化与科技经济融合研讨会。8月27～29日，研究会与广东省深圳市科技创新委员会、深圳市发展和改革委员会、深圳市经济贸易和信息化委员会等单位共同主办第三届中国（深圳）国际节能减排与新能源产业博览会。来自国外41个国家，国内31个省、自治区、直辖市的节能环保行业展商、38个采购团共计40163人次的专业买家参加博览会，集中展示了节能减排和新能源行业的最新科技成果，采购订单达百亿元人民币以上，现场成交额共计28.93亿元人民币。

研究会承接中国科协学术交流项目“全球视野下推进中国绿色发展路线图研讨会”和中国科协学会改革发展基础工程项目“会员工作体系建设”。12月10日，研究会参加中国科协“2049科技与社会展望”系列课题答辩，研究会承担的“生物技术与未来农业”课题通过评审。

**学会建设** 经全国性社会组织评估委员会审议，研究会被评为全国性学术类社会团体4A等级。

1月16日，研究会四届四次理事会议召开，会议通过了《中国可持续发展研究会民主选举制度》、《中国可持续发展研究会会员代表大会制度》、《中国可持续发展研究会会员代表大会会员代表产生制度》、《中国可持续发展研究会分支机构管理制度》、《中国可持续发展研究会聘用人员管理制度》、《关于加强学术道德和学风建设的规定》。

研究会编辑出版论文集2部，分别为《第十五届中国科协年会第24分会场论文集》和《2013中国可持续发展论坛论文集》。

参加港澳台科技活动6人次，接待港澳台专家、学者来访11人次。

**学术期刊** 研究会会刊《中国人口·资源与环境》（中英文刊），中文刊全年总印数31200册，发表论文504篇；英文刊为季刊，全年总印数2000册，发表论文44篇。英文刊从2013年1月起与泰勒弗朗西斯出版集团（Taylor & Francis Group）开展深度合作，来稿量特别是国外作者来稿量大幅度增加，稿件质量和稿件水平明显提高，刊发文章的浏览量也有不同程度的提高，同时借助泰勒弗朗西斯出版集团的在线出版平台，全面实现数字化优先出版和在线发表，并利用其市场营销手段和国际影响力，有效地提高英文刊的国际显示度和全球认可度。

**决策咨询** 2013年，研究会提供决策咨询报告15篇，获上级领导批示5篇。《勾画公平、包容、可持续的人类发展蓝图：对我国参与全球可持续发展目标谈判的建议》以研究会名义提交科技部和外交部，《对中国可持续发展目标的建议》以研究会名义提交科技部和国家发展改革委员会。《关于我国参与全球可持续发展目标进程谈判的建议》获得了科技部和外交部领导的批示。研究会单位会员安徽省循环经济研究会（院）提交的《关于加快发展现代循环农业的意见》的报告，获得2013年度中国科协优秀决策咨询成果二等奖。研究会部分理事还提交了《关于规范地震重建房屋质量评估的建议》、《发达国家工业碳排放变化情况及对我国的启示》、《高新区发展再思考》、《创新生态链与技术转移体系建设》、《关于当前环境整治工作重点及加强顶层设计的建议》、《我国重点行业清洁生产技术评估与发展战略研究》、《关于南海维权、保护与开发若干问题的建议》、《中国环保产业培育与发展战略》等建议报告。

研究会组织专家服务团于4月赴贵州省贵阳市开展“生态文明建设与绿色发展”专题调研，5月分别赴贵州省大方县循环经济园调研、赴贵州省六盘水市开展关于“资源型城市转型与可持续发展”调研。结合实地调研情况，研究会组织专家座谈，编写调研报告，为地方政府、企业决策提供依据与建议。

**国际学术会议** 研究会在境内召开国际学术会议7次，其中，高端前沿学术会议3次，参加人数约200人次，交流论文30篇，综合交叉学术会议4次，参会人数约900人次。参加总人数1100人次，其中企业科技工作者280人次，外国专家、学者98人次，交流论文30篇。

4月15日，研究会与德国乌珀塔尔气候、环境与能源研究所等单位在北京共同主办中国低碳城市经验交流研讨会，15家在华国际低碳发展研究机构及关注、参与可持续发展事业的社会组织负责人约50人参加会议，其中，外国专家20人。

研究会减灾专业委员会6月在新疆召开减灾十年高端学术会议，外国专家3人参加会议。研究会可持续农业专业委员会于9月在北京召开全球DNDC模型研究网络2013年国际研讨会，来自中国、美国、英国、波兰、巴西、日本等15个国家和地区的100余名专家参加会议，其中外国专家30人。研究会水问题专委会于9月在四川省成都市召开第三十五届国际水利科学大会、10月在北京召开中法水周学术交流会、11月在广东省广州市召开国际水利与环境工程学术年会中国峰会。研究会人居环境专业委员会于10月在北京召开第六届健康住宅理论与实践国际研讨会，世界卫生组织专家作了关于全球居住健康的报告。

**国内主要学术会议** 研究会举办国内学术会议共11次，其中，高端前沿学术会议2次，参会人数约70人次，交流论文30篇，综合交叉学术会议7次，参会人数约1220人次，交流论文375篇，学术服务会议2次，参会人数约160人次。参加总人数约1450人次，其中，企业科技工作者520人次，交流论文总数405篇。

5月26日，研究会承办的第十五届中国科协年会第24分会场——发展战略性新兴产业中的生态环境保护研讨会在贵州省贵阳市召开。来自13个省、自治区、直辖市的110余名专家、学者出席会议。中国工程院院士金涌作了题为《三足鼎立的中国化工产业发展》的主旨报告，研究会常务理事刘燕华、季昆森，中国科学院院士、南京大学教授薛禹群等分别作报告。研讨会共征集论文46篇，内容涉及绿色发展与产业生态转型、循环发展与山区生态经济、低碳发展与城乡生态建设、生态文明与美丽贵州发展等4个专题，编辑出版了《第十五届中国科协年会第24分会场论文集》，约30万字。

6月18～19日，研究会主办的中国可持续发展面临的挑战与联合国可持续发展目标研讨会在广东省珠海市召开。30余位专家、学者出席研讨会并讨论了产业结构调整、能源转型、卫生与就业等可持续发展内涵方面的内容。

8月8～9日，研究会在北京组织召开了全球视野下推进中国绿色发展路线图研讨会，60余位专家参加会议，最终形成《勾画公平、包容、可持续的人类发展蓝图：对我国参与全球可持续发展目标谈判的建议》和《对中国可持续发展目标的建议》两份建议报告。

**国际组织任职** 5月31日，研究会理事吕永龙被联合国环境规划署聘任为国际资源专家委员会成员，参加了由世界自然保护联盟发起的未来科技计划和由联合国环境规划署国际资源专家委员会发起的国际资源计划。吕永龙还担任国际环境问题科学委员会（SCOPE）主席、国际科联科学计划和评估委员会（ICSU/CSPR）委员、太平洋科学协会（PSA）国家代表。

**国际交往** 研究会与巴黎法中友协、法国企业家协会联合会等机构达成了关于可持续城市（生态城市）的合作，与德国乌珀塔尔研究所达成共同推广“中德低碳城市项目”的合作，与德国阿德菲研究院达成“环境、冲突与合作巡展”的合作。

研究会参加国外科技活动39人次，接待美国、法国、英国、德国、瑞典、瑞士、荷兰、肯尼亚等国的专家46人次。

**科普活动** 研究会共举办科普讲座17次。分别在北京市昌平区、河北省平山县、四川省绵阳市北川羌族自治县和德阳市开展减灾防灾科普宣传讲座；在宁夏回族自治区银川市、贵州省贵阳市、贵州省遵义市、陕西省渭南市、江西省上饶市等地开展农业科技咨询活动；在北京市、上海市、广东省广州市、贵州省贵阳市针对科技工作者组织了院士科普报告会等。

研究会举办青少年科普宣讲活动9次，受众达8960人次，包括2013快乐科普校园行、移动科技馆下基层、北京青少年科普宣传车进社区进学校活动、微智慧——科普志愿者在行动、番茄文化节、海外学人科技创新成果展暨海外学人科技创新成果推介会等。

研究会举办青少年科技竞赛3项。研究会与北京青少年科技文化交流服务中心共同主办了第十三届北京青少年科普短剧汇演、“展望2049·中国农村科技畅想”青年作品有奖征集活动。11月4日，由研究会与中国建筑学会主办，中国建筑学会室内设计分会承办的以“节能减排与环境保护”为主题的第三届设计再造创意大赛闭幕。活动于4月启动，历经活动预热、作品申报、百幅作品入围、综合评选四个阶段。本届大赛共收到参赛作品296件，比上届增加68件，最终评选出一等奖1名，二等奖3名，三等奖8名，入围奖85名。

研究会与中央电视台科教频道合作，共同拍摄了以“节能减排”为主题的系列专题片。《节减新动力》之《魅力LED》、《会呼吸的墙》、《盐碱地里的风波》三集系列片，分别于4月24～26日连续三天在中央电视台科教频道播出，并分别于次日重播两次。

**会员服务** 研究会在实施中国科协学会改革发展基础工程项目的过程中，通过走访调研兄弟学会、参加中国科协组织的会员管理培训班及会员管理经验交流会，结合研究会自身特点和工作性质，摸索出一套适合研究会会员管理与服务的有效工作方法。将研究会所有会员信息与中国科协会员信息系统平台对接，实现了会员信息的数字化管理。加强网站建设，利用网站平台设置会员权限，设立会员专享区，会员通过网站可以了解更多、更有价值的信息资料。建立会员QQ群、研究会官方微信平台，及时、快捷地与会员沟通交流。

2月27～28日，研究会在北京召开2013年加强会员管理与服务工作座谈会，约80名会员参加座谈会。会议总结了2012年工作，通报了2013年重点工作，听取了会员意见和建议。

研究会为全体理事和会员订阅了《部委政策动态报告》、《财经分析预测》、《能源产业发展报告》、《社会管理参考》等学习资料，发送《中国可持续发展会讯》、《中国人口·资源与环境》，《中国社会组织舆情周报》等信息资料。

**【2012中国可持续发展论坛暨学术年会】** 1月16～17日，2012中国可持续发展论坛暨学术年会在北京召开。研究会理事长邓楠，中国科协副主席、书记处书记程东红，研究会副理事长王伟中、何建坤、王浩等出席年会。来自全国从事可持续发展理论研究的专家、学者，相关国家可持续发展实验区、省市科技厅局的负责人600余人参加会议。会议由研究会秘书长郭日生主持。

年会以“发展方式转变与绿色转型”为主题，设有绿色经济发展与生态建设、农业科技发展与美丽村镇、水生态文明和安全防灾体系建设3个专题论坛，1个由政府部门、专家、企业家、社会团体、青年学者、媒体组成的六方主题论坛，1个以建设生态文明为主题的第十届国家可持续发展实验区论坛和1场科技成果转化对接会。在科技成果转化对接会上，达成意向性合作32项。

会议期间，举办了研究会2012年工作成果回顾展览、石景山区国家可持续发展实验区2012年工作成果展览、第二届设计再造创意大赛获奖作品展览等3个展览。

研究会理事长邓楠作了研究会2012年工作报告，研究会常务理事刘燕华作了题为《第三次工业革命与可持续发展》的报告，研究会常务理事祁斌作了题为《2013年中国经济与金融形势及对未来展望》的报告，研究会常务理事季昆森作了题为《生态文明是永续发展的文明》的报告。

年会期间，召开了研究会四届四次理事会议，会议表决通过了5项内部管理制度和4家新增单位会员。

会议共征集论文107篇，评选出一等奖5名，二等奖10名，三等奖15名。开幕式上，为研究会推荐的“全国优秀科技工作者”和优秀论文作者颁发了奖章和证书。

**【2013中国节能减排和新能源科技成果产业化与投融资高层论坛】** 8月28日，研究会与广东省深圳市科技创新委员会等单位主办的2013中国节能减排和新能源科技成果产业化与投融资高层论坛在广东省深圳市召开，论坛的主题为“产业创新与资本助力”。来自政府、企业、科研机构、金融机构、中介服务机构、媒体等多方专家约150人参加会议。会议由研究会副秘书长、中国21世纪议程管理中心副主任彭斯震主持。

研究会常务理事、国务院参事刘燕华在会上作了题为《第三次工业革命与创新转型》的主旨报告，中国科学技术发展战略研究院科技投资研究所所长郭戎作了题为《科技金融创新实践与理论发展》的主题报告，中国投资协会能源发展研究中心理事长张杰结合中国新能源领域的产业政策、市场发展、商业模式等作了题为《微能源的投资与创新》的报告。论坛还邀请德国北威州投资促进署北京代表处首席代表封兴良等6位专家分享了企业在市场化进程中的经验和对策。

**【2013中德“环境、冲突与合作巡展”】** 8～11月，研究会举办的2013中德“环境、冲突与合作巡展”分别在广东省深圳市、北京市石景山区、北京市朝阳区、江苏省镇江市举行。来自政府机关、高校、中小学、企业、社区的社会各界人士约40000人次参观展览。

巡展为模块化展览，主题为“环境、冲突与合作”，直观地展示了全球环境变化对世界带来的影响正在逐渐扩大，从水问题、自然资源和气候变化的角度出发，展示了环境恶化和资源短缺所带来的挑战并导致新的安全风险，突出了环保合作和可持续发展在促进社会和谐、平稳发展中扮演的重要角色。展览模块主题包括生存安全、引发冲突的资源、气候变化、能源安全、水冲突、通过环保合作缔造和平以及预防缓和冲突，并从中国的视角来讨论气候变化问题。

9月4日，由研究会、德国阿德菲研究院主办，石景山区建设国家可持续发展实验区领导小组办公室承办，北京市石景山区科技馆协办的中德“环境、冲突与合作巡展”启动仪式在石景山区科技馆举行。研究会副秘书长彭斯震，德国阿德菲研究院院长亚历山大及石景山区科委主任王亚迅出席启动仪式。来自石景山区政府、学校、企业、媒体的150余人参加活动。与会专家就环境保护、可持续发展等问题进行了讨论。研究会向政府、企业、学校及社区赠送了科普读本。

**【联合国全球可持续发展报告高级别专家组会议】** 12月12～13日，由中国21世纪议程管理中心和联合国可持续发展司联合主办、中国可持续发展研究会协办的联合国全球可持续发展高级别专家组会议在北京举行。来自联合国教科文组织、联合国环境规划署、联合国工业发展组织、世界粮食计划署、联合国亚洲及太平洋经济社会委员会等国际机构，以及美国、智利、巴西、俄罗斯、印度、埃及、德国、沙特阿拉伯、中国等国家的80多位专家、学者参加会议。联合国副秘书长吴红波，研究会副理事长、科技部副部长王伟中，研究会常务理事、国务院参事刘燕华，研究会名誉理事长甘师俊，研究会秘书长郭日生等出席会议。会议由研究会副秘书长彭斯震主持。

会上，王伟中向与会专家介绍了中国在可持续发展理论研究与实践中所取得的经验和成绩，希望今后与联合国加强全球可持续发展报告的研究与合作，并对进一步强化可持续发展科技创新合作方面提出建议。

吴红波在发言中向与会专家介绍了全球可持续发展报告蓝本的主要内容，回顾了1950年以来全球可持续发展的进程。他表示，愿意与中方加强研究合作，希望与会专家能为报告内容的完善以及建立有效的组织形式提供科学建议。

本次高级别专家组会议是为了建立全球可持续发展评估领域的交流合作，进一步完善全球可持续发展报告蓝本内容，研讨提出评估范围、方法、机制完善等方面的科学建议。同时，为国内专家参与全球可持续发展报告搭建平台，提升中国可持续发展在全球的影响力。经过2天的专家分组研讨形成了会议成果文件。成果文件对未来全球可持续发展报告编写内容与研究方法、报告编写组织形式、各成员国的参与方式等提出了20条具体建议。

（撰稿人：姜　艺）

## 中国青少年科技辅导员协会

**服务创新型国家和社会建设** 协会与中国科学院、中国科学院大学、华东师范大学科教合作研究中心等单位合作，充分利用科研院所、高校的人才、设施，开展科技辅导员培训，分别在中国科学院地理研究所、中国科学院大学举办了西部地区科技教师培训和中学科学教师“再回大学”项目。

协会与山西省青少年科技教育协会、太原师范学院、河北师范大学等单位合作，分4期培训了600余名太原师范学院、河北师范大学的大学生科普志愿者，培训内容包括青少年科技教育基本理论、青少年科技项目、科普知识讲授和体验，使科普志愿者对青少年科技教育活动的特性、内容和组织方式有了基本了解。

根据地方实际需求，协会因地制宜地开展了“送培训到基层”活动。根据协会理事会员单位需求，采取按需选派讲师、设计课程、提供部分经费支持等方式，先后支持山东省、青海省、新疆维吾尔自治区、海南省、贵州省（贵阳市、遵义市）和新疆生产建设兵团等基层会员单位开展科技辅导员培训，协会共选派教师20余人，培训基层科技辅导员1114人。

协会开展高校、科研院所和企业优质科普资源开发开放调研。先后对北京航空航天大学、上海交通大学、中国工业设计博物馆等单位进行了实地调研，撰写了调研报告，为高校、科研院所和企业优质科普资源的开发开放工作提供依据。

**学会建设** 学会召开1次理事会议、1次常务理事会议和1次常务理事会通讯会议。

协会通过各种活动和服务举措，积极发展会员。截至2013年底，协会有注册个人会员6560人，单位会员462个。

**国际交往** 4月，协会组团参加了美国科学教师协会年会。代表团参加了科学教育全球对话、新一代美国科学教育标准等分会场活动，参观了美国科学教师协会年会展会，与来自世界各地的与会者共同探讨了开展科学教育方法与途径。期间，协会与美国科学教师协会就双方今后开展学术交流活动和优秀科教资源共享等方面的继续合作进行了探讨，并达成了初步共识。

**科普活动** 5～8月，协会秘书处承担了第28届全国青少年科技创新大赛科技辅导员竞赛板块的评审和相关科学教育活动的组织工作。大赛最终评选出科技辅导员创新项目一等奖28项、二等奖66项、三等奖89项，十佳优秀科技辅导员获奖人10名和3项为科技辅导员设立的专项奖。

协会承担了中国科协青少年科技中心的“青少年科学工作室”资助项目和“大手拉小手——科普报告希望行”项目。

“青少年科学工作室”资助项目，重点围绕扶持新建青少年科学工作室和开展青少年科学工作室优秀活动示范两方面进行资助。全年共资助四川省、重庆市、云南省、海南省、贵州省、青海省等地建设科学工作室17个。通过开展青少年科学工作室优秀活动示范项目征集，组织专家对各省推荐的31项优秀活动项目进行评审，评出一等奖6个，二等奖18个，并对评出的优秀示范项目进行资助。协会以青海省、宁夏回族自治区、重庆市、贵州省等地为重点，针对其工作室发展思路、资源情况、开放情况、示范作用、运行状况等进行检查和调研。对辽宁省阜新市、吉林省、新疆生产建设兵团等“青少年科学工作室”资助项目执行情况进行调研，分别就各地科学工作室提出的发展思路设想、青少年实际需求、科技辅导员现状、科学工作室开放与运行、示范与辐射作用等与实施单位进行座谈，并依据“青少年科学工作室”实施办法提出了意见。

“大手拉小手——科普报告希望行”坚持面向中西部，重点在西部偏远和少数民族地区展开项目。全年共组织专家56人次在青海省、湖北省、河北省、天津市、贵州省、吉林省、宁夏回族自治区等省、自治区、直辖市举办科普报告278场，受众12.6万人次。

根据中国科技馆“科学讲坛”主题需求，邀请科普报告团专家在中国科技馆举办面向公众的科普报告活动11场，听取报告公众2000余人次。

在第十五届中国科协年会期间，协会与贵州省青少年科技中心共同组织了“百场院士专家科普报告黔贵行”活动，受益人数约6万人次。

**会员服务** 协会向会员免费赠送协会电子版会讯和《青少年科技教育工作简讯》电子版，向新入会会员赠阅《青少年科技辅导员实用工作指南》。会员登录《中国科技教育》杂志网站阅读杂志电子版，优先在《中国科技教育》杂志、协会网站等发表文章，优先参与协会相关活动等。截至2013年10月底，协会为会员赠阅《中国科技教育》、《2012科技教育活动案例集》、《科技辅导员工作指南》等24711册。

为提高基层单位会员的能力，协会根据基层单位会员的工作实际，针对基层单位会员的科技辅导员进行了科学工作室建设、基本科技活动策划、动手实践活动设计等内容的培训。

4～6月，协会组织开展了主题为“科学教育促进科技创新后备人才培养”的第21届全国青少年科技辅导员论文征集活动，旨在总结推广科技教育典型案例和科技活动中的宝贵经验，提升科技辅导员科学教育理论水平。共有21个理事单位会员、7个单位会员推荐报送论文516篇。

**【2013全国原创微型科普剧剧本创作大赛】** 5～9月，协会和中国自然科学博物馆协会共同发起了首届全国原创微型科普剧剧本创作大赛暨青少年科学表演大赛。大赛以“共筑中国梦，科学秀未来”为主题。活动共收到24个省、自治区、直辖市的科技馆、中小学、幼儿园及校外机构推送的290部微型科普剧本、104部科普剧和39部

科学秀。经过专家初评和网络公众投票，50部科普剧本、30部科普剧、12部科学秀入围优秀作品并角逐各项奖项。经专家终评，评出优秀剧本、科普剧表演一等奖4个，二等奖8个，三等奖12个，优秀奖56个。这些优秀作品，从不同的角度关注社会热点，以文化艺术与科普知识结合的方式，揭示科学现象，诠释科学原理。

协会筛选出9个由青少年表演，并契合2013年全国科普日主题内容的科普剧，在2013年9月14日全国科普日北京主场为公众演出。

**【科技教育与科学传播研讨会】** 5月20～22日，协会与上海市科技艺术教育中心，华东师范大学科教合作研究中心、学习科学研究中心在上海市共同举办科技教育与科学传播研讨会，来自全国各地的近60名校外科技场所的科技辅导员参加研讨会。研讨会邀请国内外科学教育专家、科技辅导员和科技教育工作者等共同探讨科技教育与文化充分融合的方式，研究如何利用多种社会化的科学传播载体和手段，创新青少年科技教育模式，丰富科技教育内容，培养青少年自主探究科学的能力，提高青少年的科学素质等问题。

研讨会上，法国信息与传播科学学会副会长Daniel Raichvarg作了题为《新时代科学传播的手段》的主题报告，报告不仅从哲学、历史及社会学的视角揭示科学与大众的关系，同时对科学传播与教育的方式进行探讨。他认为，由于现代社会的学生已经发生了根本的变化，今天的学生不再是过去设计出的教育系统所要教的人。在人类文化学视角下的科学呈现出一系列态度、实践、信念、流行的表征。从事科学教育和科学传播的各种工作者、教师应当关注学生的接受性意识，对公众想象中的事物、文化图景和流行文化保持开放的心态。

华东师范大学教授裴新宁作了题为《技术时代科学教育的新视野》的主题报告，华东师范大学博士郑太年作了题为《校外学习的设计》的主题报告，上海师范大学博士鲍贤清作了题为《探究学习活动的设计》和《构建整合性的学习生态》的主题报告。

（撰稿人：董　操）

## 中国科教电影电视协会

**服务创新型国家和社会建设** 协会承接了中国科协科学技术普及部“关于中央电视台科普影视资源现状的调研”项目，对中央电视台科普节目的二次开发再利用、央视科普影视资源的现状进行调研，对其科普影视资源再利用的可行性和存在的问题提出建议。

协会参与了中国科协“大众传媒科普传播能力建设”项目及其子项目“电影电视科普创作与集成传播”的立项申报。

协会承接了国家新闻出版广电总局电影局2部科教影片的制作任务。影片已制作完成并通过国家新闻出版广电总局电影局审查，计划在全国公映。

协会完成2部微视频科普影视节目制作，可供电影院线放映和科技馆体系影院播放使用。

**学会建设** 2013年6月8日，协会召开第五次全国会员代表大会，选举产生了新一届理事会。协会全年发展个人会员105人，个人会员总数527人，团体会员总数44个。

**科普活动** 协会从2012年科技影视“科蕾奖”获奖影片中挑选出符合2013年全国科技活动周主题的科普作品8部，与制作单位协商版权后，复制100套光盘，发放到电视台、学校、社区、乡镇、流动放映车、车载移动电视、网站等进行展播，范围遍及北京市、贵州省、辽宁省、重庆市、广西壮族自治区、上海市、江西省、江苏省、吉林省、海南省、甘肃省、浙江省、山西省、天津市、黑龙江省、新疆维吾尔自治区、西藏自治区、广东省等地。

协会参与了中国科协科学技术普及部“公众喜爱的科普作品”优秀科普影视作品推介活动，组织专家从往届“科蕾奖”获奖影片和本次活动征集影片中评选出72部优秀作品。经过版权协商，确定46部作品送新浪网读书频道进行公众网络投票选举。

**会员服务** 组织了中国科教影视“科蕾奖”评选。协会每月定期向团体会员单位寄送《摄影与摄像杂志》。积极开拓为会员解决职称评定渠道等问题。

**中国科协会员日** 中国科协会员日期间，协会在北京举行了会员日活动——科教影视“科蕾奖”颁奖大会、优秀获奖影片展播和摄影杂志发放活动。

**【中国科教电影电视协会第五次全国会员代表大会】** 6月8日，中国科教电影电视协会第五次全国会员代表大会在北京召开。来自全国各地的会员代表和嘉宾近200人参加大会。中国科协党组成员、书记处书记徐延豪出席会议并讲话。

大会审议并通过了第四届理事会工作报告、财务工作报告和修改后的《中国科教电影电视协会章程》，选举产生了协会第五届理事会理事89人，常务理事39人。中央电视台副台长、中央新影集团总裁高峰当选为第五届理事会理事长，石曙卫、刘天金、齐建新、孙丽艳、何苏六、张健、陈宏、金越、殷皓、傅雪柳、谢九如当选为副理事长，刘通海当选为副理事长兼秘书长。

**【2013科教影视“科蕾奖”颁奖大会】** 12月18日，由国家新闻出版广电总局电影局、国家新闻出版广电总局出版管理司与协会共同主办的中国科教影视最高奖项“科蕾奖”颁奖大会在北京举行。协会理事长高峰，副理事长齐建新、孙丽艳、谢九如、傅雪柳、陈宏等200余人出席会议。

本届“科蕾奖”共收到省市电视台、各部委声像中心、多媒体制作公司等62家单位的164部作品，分为科普短片、科普长片、科普动漫、科教栏目四大类。

本次评选由高峰和刘建中担任评委会主任，聘请了科教影视界15位专家担任评委，经初评，共有95部作品进入终评。评委会最终评选出《气候变化与粮食安全》、《熊猫故事》为特等奖，《自然密码》、《科学家的故事》等6部作品获得一等奖，《环球同此凉热》等12部作品获得二等奖，《探秘膳食宝塔》等24部作品获得三等奖，《潮汐四两拨千斤》等51部作品获得提名奖。

“科蕾奖”获奖作品将被推荐参加由中国科教电影电视协会主办的每两年一届的2014年中国国际科教影视制作人年会及“龙奖”评选。本次获奖的部分优秀作品还入选了“公众喜爱的科普作品”之科普影视作品推介目录。

（撰稿人：刘　畅）

## 中国科技期刊编辑学会

**服务创新型国家和社会建设**　2013年，学会共举办各类培训班6期，其中3期编辑业务培训班、1期英文编辑培训班、1期主编岗位培训班和1期数字出版业务培训班，共培训来自720个编辑部和杂志社的学员986人。参加培训的学员考试合格后，取得了由国家新闻出版广电总局颁发的《继续教育证书》或《主编岗位证书》。

**学会建设**　1月25日，学会五届二十次常务理事会议召开，总结2012年工作，研究部署2013年工作。7月2日，学会换届工作领导小组工作会议在北京召开，会议研究讨论并投票决定，增补1名换届领导小组组长，增补1名副理事长候选人，选举结果提交常务理事会议通过。2013年，学会团体会员总数达到1023个。

**学术期刊**　学会会刊《编辑学报》全年刊登稿件257篇。据《2013年版中国科技期刊引证报告（扩刊版）》，《编辑学报》的总被引频次和影响因子分别为2613和1.523；平均引文数为11.04条/篇，创刊以来该指标首次突破10条/篇。据《2013年版中国科技期刊引证报告（核心版）》，《编辑学报》的核心总被引频次和核心影响因子分别为1291和0.930，均高于1994种中国科技核心期刊的平均数1023和0.493，综合评价总分为66.5，这3项指标在1994种科技核心期刊中分别排名第519、166和193位。

**国内主要学术会议**　2013年，学会共召开第13届中国科技期刊青年编辑学术研讨会，第11届全国核心期刊与期刊国际化、网络化研讨会，第五届科技期刊发展创新研讨会等4次学术研讨会，参会人数850人次，收到论文180篇，出版1部论文集，2期《编辑学报》增刊。

**会员服务**　学会国际交流工作委员会积极帮助会员单位向国际检索机构推荐中国期刊，协助期刊编辑部申请国际刊名代码（CODEN），申请或更新美国《乌利希期刊指南（网络版）》数据。适时查询国际数据库收录中国期刊名单，译成中文，在学会网站发布。2013年底，公布《国际重要检索系统收录中国期刊大盘点（2013年）》。在学会网站公布国际检索系统月报（第97–108号）12期。

**【第13届中国科技期刊青年编辑学术研讨会】** 7月26～29日，由学会主办、学会青年工作委员会承办，中国学术期刊（光盘版）电子杂志社、爱思唯尔公司支持的第13届中国科技期刊青年编辑学术研讨会暨科技期刊与学术出版规范建设论坛在内蒙古自治区呼和浩特市召开。共有135位专家、学者参加会议。会议收到论文55篇，会后以《编辑学报》增刊的形式出版。学会副理事长王亨君、秘书长姚希彤，北京高教自然科学学报研究会理事长、清华大学学报（自然科学版）副主编王强等出席会议并讲话。

大会学术报告部分共作了13个报告。中宣部出版局副局长刘建生作了题为《认知、想象与选择——科技期刊的责任担当》的报告，以小故事和行业现象入手，重点从认知、想象与选择三个方面谈了科技期刊的责任担当。他呼吁编辑不要辜负时代，有为有担当，以“集合、整合、融合、聚合”的思路与方法提升科技期刊的价值。他认为，科技期刊应从业态上创新，应向数字化变革要出路，要做好期刊工作的顶层设计，真正发挥科技期刊是科技创新的重要部分，是创新交流的主要载体，是创新人才的成长园地的作用。

国家新闻出版广电总局办公厅处长杜大力重点介绍了科技期刊与政府出版物二者关系。他认为，“政府出版物”概念的引进，进而对其实行有效地规范管理，不仅是对新成立的国家新闻出版广电总局“公共服务”职能的有效补充，而且有助于破解某些出版物“公益性”与“经营性”属性边界不清的难题，对当前深化新闻出版体制改革，坚持正确舆论导向，保证党和政府声音畅通，有效制止部门报刊摊派都具有十分重要的意义。

会议期间，与会专家、学者围绕“科技期刊与学术出版规范建设”的会议主题进行了交流和研讨。与会专家表示，在防范学术不端、推进学术诚信和学术道德建设方面，科技期刊应进一步增强责任意识、防范意识，进一步研究科技论文学术不端行为的表现方式、甄别及处理办法，科学利用检测工具，不断提升防范能力。同时，通过不断完善学术出版规章制度、规范出版流程、严格执行国家标准，为防范学术不端行为筑好防线，为促进科研诚信建设发挥应有的作用。

**【第 11 届全国核心期刊与期刊国际化、网络化研讨会】** 9月6～9日，由学会与中国科学技术信息研究所、北京万方数据股份有限公司、万方数据电子出版社联合主办的第 11 届全国核心期刊与期刊国际化、网络化研讨会在贵州省贵阳市召开。来自全国的 315 位期刊出版业专家参会，研究中国期刊业发展态势，共同探讨期刊界所面临的挑战和发展机遇。会议收到论文 84 篇，经专家评审，共评出优秀论文一等奖 10 篇、二等奖 21 篇、三等奖 38 篇。会上为获奖论文作者颁发了证书。

研讨会以“深化改革　开拓思想　秉持创新　科学发展”为主题，围绕期刊的评价体系与质量发展、期刊的数字化转型、期刊的经营策略创新、期刊的市场运作等议题展开研讨。

国家自然科学基金委员会监审局处长方玉东，中国科学技术信息研究所情报方法研究中心副主任姚长青，金属加工杂志社社长栗延文，中国少儿新闻出版社数字出版中心市场部主任颜显森，北京万方数据公司医药事业部副总经理程煜华等 5 位专家分别以《学术不端与期刊经营的问题、现状、标准和原则、法规及对策》、《面向科研诚信的科技论文著录规范》、《科技期刊的复合经营》、《少儿报刊数字化转型模式探索》、《科技期刊数字出版创新发展的思考与实践》为题作了主题报告。

**【第五届科技期刊发展创新研讨会】** 10月18～21日，由学会主办、学会数字出版与发展工作委员会承办的第五届科技期刊发展创新研讨会在云南省昆明市召开。80余位科技期刊界专家、学者出席会议，并围绕期刊编辑部体制改革与创新、数字化网络化平台建设与模式思考、科技期刊市场化经营模式探讨等问题进行交流研讨。会议收到论文 41 篇，会后以《编辑学报》增刊形式出版。

科技导报社副社长史永超就数字出版的概念、网络出版国内外模式与现状、国家管理政策、网络出版存在的问题等内容介绍了他的研究心得。《清华大学学报（自然科学版）》副主编王强勉励编辑从正稿件、著文章、修书法、绘人生四个方面坚持职业自信，提升综合素质。《航空知识》杂志社副社长俞敏介绍了《航空知识》如何调整定位，正确决策，创造了纸质期刊发行量不降反升案例的一些做法。中国科学院植物研究所文献与信息中心主任崔金钟梳理了国家有关科技期刊体制改革的政策脉络，并提出自己对科技期刊编辑部改革的探索性思考。《中国科学院院刊》编辑部主任杨柳春阐述了院刊编辑部如何以院刊为平台，策划一系列重大选题，引起高层的关注，发挥期刊影响力的经验。

会议还邀请了中国学术期刊光盘版杂志社副主任黄丽洋、北京勤云科技发展有限公司总经理叶虎、北京仁和汇智信息技术有限公司总监王盛华等专家，从数字网络出版技术的层面讲解了新的科技进步和出版方向。

（撰稿人：姚希彤）

## 中国流行色协会

**服务创新型国家和社会建设**　协会承担了色彩搭配师职业教材的编写工作，完成色彩搭配师《基础知识》教材第三稿，近 12 万字；完成《色彩搭配师四级》第二稿，近 12 万字；完成色彩搭配师四级配色练习、四级考前集训、四级理论知识、专业能力题库和考核方法。

6 月 30 日至 7 月 4 日，协会在北京举办了首期国家职业色彩搭配师考评员培训班。

举办 4 期色彩搭配师国家职业四级培训与考评，共计培训与考评来自工业、服装、建筑环境、汽车、室内装饰、形象设计、平面设计等领域的高校师生 80 余人次。

开展中国流行色协会色彩搭配设计师培训与考评工作，举办色彩搭配设计师三级专业能力培训与考评 15 期，二级专业能力培训与考评 2 期，一级专业能力培训与考评 2 期，共计培训和考评学员 320 余人。完成色彩搭配设计师一级讲义、配色练习、单元练习、考前集训、题库和考核办法的编写和制定工作。

应有关企业邀请，举办了针对企业特点和需求的色彩搭配培训 6 场，培训对象近 700 人次。开展以“色彩搭配技巧与色彩战略”为主题的企业讲座 6 场。

4 月，协会为山东省济南市规划局举办城市色彩技术培训班，培训课程围绕规划部门工作人员对色彩的专业知识在本行业内有效使用这一目标，分别从色彩基础知识、色彩规划原理、色彩搭配、色彩心理及色彩在城市规划中的实际应用等方面进行专项技术培训。

推出“色彩与品位的联动体系理论及实践”高端课程。

协会继续进行“中国城市居民时尚生活方式及色彩取向”调研，完成了《中国城市居民时尚生活方式调查报告》（2012—2013 家居、家电篇），调研成果将提供给企业，推动企业色彩研发进程，指导企业生产与实践。

3 月起，协会联合广东省东莞市大朗镇和河北省清河县政府共同开展 2013/2014 秋冬羊绒纱线色彩流行趋势、2014 春夏毛织服装流行趋势的研究和发布。

**学会建设** 2013 年，协会召开常务理事会议 2 次，理事会议 1 次，按民主程序完成协会会长更换，梁勇任会长。发展个人会员 243 人，个人会员总数达 7193 人；发展团体会员 15 个，团体会员总数达 684 个。

2013 年协会成立了科普部。科普部统筹联合培训部、发展部、会员部、趋势研究部和色彩教育专业委员会等部门在企业、院校、大众中开展色彩基础知识、色彩心理、色彩搭配和流行色成因的科普活动。

协会获得中国科协学会能力提升专项“优秀科技社团”二等奖。

与山东省、广东省、上海市等地 7 家职业院校合作，建立色彩搭配师国家新职业中国流行色协会培训基地。

**国内主要学术会议** 协会全年共举办国内学术会议 7 次，收到论文 59 篇，参会总人数 700 人次。与 2012 年相比，国内会议次数增加 1 次。

**两岸交流** 7 月 26 日至 8 月 1 日，第二届海峡两岸色彩研讨会在台湾地区台北市举办。研讨会由中国流行色协会和台湾地区“中华色彩学会”共同主办，主题为“色彩与色光的生活应用”。来自海峡两岸的专家、学者围绕“中华传统色彩的整理与应用”、“基于环境适应性的城市色彩研究与实践”、“多色 LED 动态照明色光之应用”等议题展开了交流和讨论。与会专家参观了台湾创意设计中心和台湾地区文化创意产业民营教育机构学学文创志业，了解台湾地区创意文化产业的现状与发展前景。

**国际交往** 协会两次派代表参加国际流行色委员会会议，提交了 2015 春夏季中国色彩提案和主题，2015/2016 年秋冬季中国色彩提案和主题，并带回了法国、意大利、英国、土耳其、葡萄牙、泰国、匈牙利、芬兰、瑞士、德国、日本、韩国、西班牙等 13 个成员国的色彩提案和国际定案。

协会接待了日本工业设计协会、德国 RAL 公司、巴黎国立高等艺术装饰学院等色彩机构和公司的专家、学者的来访，就色彩应用、设计等相关专业领域的内容开展交流和会谈，并与部分机构和公司达成了合作意向。

6 月底，协会秘书长朱莎赴日本出席在东京举办的日本流行色协会成立 60 周年纪念庆典活动，并向日本流行色协会理事长小町谷赠送了礼品。

12 月 10 ~ 15 日，协会副秘书长齐梅赴泰国参加 2013 亚洲色彩协会（ACA）年会，与日本、韩国、泰国、马来西亚、柬埔寨，以及中国台湾地区、香港特别行政区色彩机构的专家、学者就色彩基础研究和色彩科学技术研究等进行交流与讨论，就亚洲色彩协会的发展及年会举行形式等进行探讨。

**科普活动** 协会在北京市、云南省昆明市、湖南省长沙市、辽宁省大连市、陕西省西安市、湖北省武汉市等地共开展 15 场色彩搭配知识讲座，2500 余人次听取讲座。

协会在北京市、浙江省杭州市、陕西省西安市、湖北省武汉市等地的 8 所艺术类高等院校开展了“色彩科普进校园”主题科普展览，展出 60 块色彩科普知识展板，5000 余名师生参观展览。协会面向高等院校举办了 10 场色彩科普公益讲座。

7 月 18 ~ 20 日，协会参加了在北京展览馆由中国科协主办的第四届科技场馆展品与技术设施国际展览会。协会就色彩的基础知识、颜色的混色、色彩的整理方法、色彩的心理作用、色彩的视觉效果、色彩的基础搭配方法等向参观展览的各界人士进行讲解，并用专业的配色工具进行演示，现场发放由协会组织专业人员编辑制作的色彩搭配科普知识手册 2000 余册。

协会联合中国美术学院编写“中小学生色彩科普知识读物”，按年龄段分为三册，采取寓教于乐的方式普及色彩知识。

**会员服务** 向协会会员发送通讯《色彩中国》12 期，共 2.4 万余册、电子版资讯“最色彩”2 万余份。通过协会官方网站、官方微博、色彩搭配师官方微博等多种方式发布包括色彩科学常识、色彩设计理念、色彩时尚、色彩趋势、色彩营销、色彩培训、流行资讯、产业资讯等多方面的专业资讯。为企业提供国际展会资讯，组织会员参加中国国际面料辅料博览会。

为会员提供《2014—2015 秋冬国际色彩报告》、《2015 春夏国际色彩报告》和《国际纺织品流行趋势》等专业报告。

协会与基地企业和团体会员合作开展色彩流行趋势研究和发布，提供色彩流行趋势咨询等服务。与色彩研发基地澜点羊绒合作研发新一季羊绒色彩趋势并发布羊绒色彩库，为海尔集团提供 2014—2015 年大家电色彩流行趋势预测，为松下电器（中国）有限公司提供 2014—2015 年中国市场家电行业色彩分析以及小家电的流行趋势预测等。与中国毛纺纱线色彩研发基地万新毛纺共同发布 2013/2014 秋冬毛纺纱线趋势，为万新毛纺的近 150 位核心客户提供了色彩体验。

6 月 29 日，协会主办的 2013 中国流行色协会多彩沙龙在浙江省宁波市举行。协会理事、会员等近 100 人参加活动。本次沙龙邀请多个领域的专家，就当前我国经济发展形势，国际流行色趋势以及近两年流行趋势，时尚生活方式等进行交流。

**【2013 中国色彩学术年会】** 12 月 14 ~ 15 日，主题为“时尚视觉，品位色彩”的 2013 中国色彩学术年会在河南省郑州市举行。第九届河南省政协副主席、河南省豫商联合会会长陈义初，协会会长梁勇，河南省服装协会会长李刚，协会副会长李小白、陈勇斌，协会秘书长朱莎，以及来自全国各地的会员、理事、专业委员会委员，大专院校和企业的专家、学者共计 300 余人参加会议。

年会邀请“色彩地理学”创始人、法国巴黎国立高等艺术装饰学院教授让・菲利普・郎科罗，日本工业设计协会会长山口正幸，中国流行色协会副会长、中国美术学院副院长宋建明，协会副会长、联想集团全球设计中心总裁姚映佳，协会副会长、NE·TIGER 创始人、艺术总监张志峰等专家作了专题演讲。

宋建明从哲学的视角诠释了学术年会的主题“时尚视觉，品位色彩”的内涵，并结合色彩案例，从哲学的层面对色彩进行了辩证的分析。

山口正幸通过分析工业品设计案例，阐述了如何运用色彩科学知识和配色方法对工业产品进行色彩设计，如何从产品的材质、造型、消费群体等方面进行色彩的调研，分析了做好产品的色彩定位、色彩设计、色彩营销等方面的方式与方法。

让・菲利普・郎科罗分享了城市建筑色彩、工业产品色彩、色彩教育等方面的案例。从巴黎郊外的体操馆，到雷诺公司的汽车色彩设计，从色彩地理学到给学生们的色彩教育，他用自身的生活经历和研究经验，讲授了如何从生活中获取色彩灵感，以及如何将灵感应用到各种产品的设计中去。

年会共征集学术论文 38 篇，55 万字，内容涉及色彩研究、色彩科技、色彩教育、产品色彩设计应用、建筑与环境色彩等领域。年会出版了《2013 年流行色协会学术年会论文集》。

（撰稿人：秦爱梅）

## 中国档案学会

**服务创新型国家和社会建设** 学会向中国科协申报的“我国科技档案管理体制机制及存在问题研究”课题获得立项。该课题计划梳理我国科技档案事业发展的历史脉络，总结历史经验与教训，调查了解当前我国科技档案工作的现状与问题，在借鉴和吸收西方发达国家科技档案管理经验的基础上，设计一套科学合理、有效可行的科技档案管理体制和科技档案信息资源开放共享机制，并对我国科技档案管理体制机制创新提供理论指导与政策建议。

完成了“档案数字化过程质量控制体系研究”课题研究报告编制，并通过国家档案局的评审。

全年共举办 17 期档案干部职业教育培训班，共培训学员 1000 多人次。

**学会建设** 2013 年，学会发展个人会员 72 人，团体会员 5 个，个人会员总数达到 7952 人，团体会员总数达到 140 个。档案自动化管理技术委员会更名为档案信息化技术委员会。

召开 2 次常务理事会议。7 月 9 日，学会在黑龙江省哈尔滨市召开七届八次常务理事会议，对经过初选后评出的学会会徽 10 个设计方案进行总评，确定了学会会徽。

召开 2013 年度分支机构负责人会议。

3 月 30 日，协会在海南省海口市召开 2013 年全国档案学会秘书长会议。全国各省、自治区、直辖市和计划单列市、副省级市档案学会秘书长及分管档案学会的领导 110 余人参加会议。会议对 2012 年中国档案学会及省级档案学会的工作和经验进行总结，对 2013 年中国档案学会的工作进行部署。会议邀请瑞士日内瓦市档案馆馆长迪迭尔・格兰特以“全球档案协（学）会：概述、挑战及建议”为主题作专题报告。迪迭尔・格兰特的报告是根据他本人在对全球档案协（学）会的情况进行深入研究的基础上，通过用各国的档案工作情况进行对比的方式，回顾全球档案工作发展的历史，分析全球档案工作发展状况，阐述全球档案工作发展方向及面临的挑战。迪迭尔・格兰特还就档案协（学）会可以为档案专业和专业人员做些什么、档案协（学）会与其他专业协会之间的关系与合作等问题与参会者进行了交流和互动。

中国档案学术网与“文件与档案工作者继续教育园地”合并，有关档案教育的内容移入中国档案学术网。

使用在线编辑系统进行《档案学研究》编辑和出版工作，对《档案学研究》编审委员会成员进行了调整。

**国内主要学术会议** 全年共举办大型学术研讨会、交流会议 13 次，征集学术论文 172 篇。举办系列学术讲座 4 次，参加人员 1200 多人次。出版论文集 2 部。

10 月 22 日，学会在北京举办“档案馆、博物馆室内环境保护”学术报告会，邀请美国普拉飞（PURAFIL）空气净化设备公司技术总监、全球关键任务技术经理科瑞斯・穆勒作了题为《博物馆环境专门过滤设备》的专题报告。北京有关档案部门的 30 多位专家、学者参加报告会。穆勒在报告中介绍了档案馆、博物馆空气质量控制技术和方法，介绍了灰尘和气体污染物所用空气过滤系统的组成，并强调静电过滤器不能用于档案馆、博物馆，因为它能产生臭氧，并且将二氧化硫和二氧化氮转化为硫酸和硝酸。与会专家就报告中所关心的技术问题与穆勒进行了交流。

5月24～25日，学会档案信息化技术委员会在福建省福州市召开了以“档案云平台的应用研究暨档案数字化质量控制与安全管理”为主题的2013年度学术年会。学会档案信息化技术委员会委员杨茜雅结合工作实际作了题为《基于云平台的数字档案馆实践》的报告。内蒙古包头市档案馆副馆长李培英作了题为《档案信息云平台的建设与探索》的报告。福建省档案局档案信息中心副主任王鸣鸣介绍了福建省档案馆数字化工作情况。学会档案信息化技术委员会委员钱毅作了题为《档案数字化质量控制体系课题研究》的报告。中国第一历史档案馆信息处副处长王涛作了题为《档案数字化信息的安全管理策略》的报告。学会档案信息化技术委员会委员向晶作了题为《照片档案数字化质量控制研究》的报告，提出了影响照片档案扫描质量的因素以及照片档案数字化工作的原则、方法和要求，介绍了照片档案数字化的工作流程以及质量评价的方法和标准。

9月12～14日，学会档案保护技术委员会与中国感光学会影像保护专业委员会联合主办的中国档案学会档案保护技术委员会和中国感光学会影像保护专业委员会2013学术年会在陕西师范大学举行。会议就档案安全管理、纸质档案去酸技术、纸质档案封存技术、档案有害生物防治技术、受灾档案抢救、非纸质档案保护、传统档案保护面临的困境及应对、电影胶片醋酸综合征防治、传统修裱技术、档案库房环境控制与检测等议题进行了研讨。

10月17日，学会企业档案学术委员会和国家档案局经济科技档案业务指导司在吉林省长春市联合主办以“企业档案工作与企业记忆”为主题的2013年全国企业档案学术年会。中国人民大学信息资源管理学院副教授徐拥军在会上作了题为《现代企业档案管理的发展趋势》的专题讲座，分析说明了企业档案管理面临的法规遵从、标准化、资产化、企业记忆、知识管理、集成管理、风险管理和企业文化等8方面的发展趋势。来自企业的优秀论文作者进行了论文交流。

10月25日，学会文献影像技术委员会在浙江省义乌市召开2013年年会暨技术交流会。

11月21～22日，学会档案整理鉴定学术委员会在吉林省长春市召开了以“档案的整理鉴定与数字化”为主题的2013年年会。

**国际交往**　10月16～18日，学会参加了国际档案理事会东亚地区分会第11次全体大会暨数字档案馆的规划与实践研讨会，会议审议通过了香港大学档案学证书研修班和2014年档案研讨会项目。

**科普活动**　6月9日，学会在北京举行了“国际档案日”科普宣传活动。学会制作了档案宣传挂图和介绍“国际档案日”的展板，向参观者发放了宣传材料和学会有关情况介绍材料，赠送了档案专业书籍以及《档案学研究》杂志，开展了档案业务咨询。

6月7日，学会与国家档案局在北京联合举办“明清档案与读书修养”档案专题讲座，邀请中央电视台《百家讲坛》主讲人阎崇年作了题为“档案·读书·修养”的专题讲座，中国第一历史档案馆研究馆员李国荣作了题为《千年科举的功过》的专题讲座。讲座由国家档案局局长、中央档案馆馆长杨冬权主持。中央国家机关、人民团体、中央企业、和驻北京军队系统的档案工作者约530人听取讲座。“明清档案与读书修养”档案专题讲座是首次全国统一开展的“国际档案日”宣传活动的内容之一，也是近年来档案部门首次面向社会举办的开放性学术报告会。

**【2013年海峡两岸档案暨缩微学术交流会】**　7月8～9日，由学会主办的2013年海峡两岸档案暨缩微学术交流会在黑龙江省哈尔滨市召开。国家档案局局长、中央档案馆馆长杨冬权，黑龙江省副省长孙东生等出席会议并讲话。中国档案学会部分常务理事，中国文献影像技术协会、台湾地区“中华档案暨资讯微缩管理学会”代表团的专家、学者，以及各省、自治区、直辖市档案、图书部门的专家、学者共150余人参加会议。

杨冬权在讲话中提出，收集是档案工作的基础，是建立中华民族档案记忆的重要步骤。没有收集，档案工作就失去了对象，档案整理、鉴定、统计、利用等各项工作也难以进行。

会议的主题为“超越传统：档案文献收集与应用”。会议采用论文作者发言、专家点评、与会人员提问的互动方式进行。25位论文作者围绕5个子题目进行专题发言。会议交流的论文内容涉及档案资源的收集、整合，电子档案的收集与管理，数字档案与缩微胶片的转换，海外档案资源收集的经验，国外有关档案收集的政策等。

专家们一致认为，在档案文献收集与应用中要重视四个方面的问题：一是不能盲目地无限制地扩大档案馆藏范围，要对综合档案馆进行精确的定位，档案核心的主题应该是国家档案事业的馆藏体系；二是要重视基础建设，建立档案信息安全的有效防范措施；三是数字档案与缩微胶片的转换问题，随着数字信息技术的发展，今后缩微技术对怎样长期存贮数字信息需要作深入的研究和探索；四是海外档案资源收集是档案的基础工作，要立足自我，努力研究如何深化的问题。

**【2013 年全国青年档案工作者研讨会】** 10 月 15 ~ 16 日，由国家档案局主办、学会承办的 2013 年全国青年档案工作者研讨会在福建省厦门市召开。学会理事长、国家档案局副局长、中央档案馆副馆长李和平，学会常务理事、福建省档案局局长丁志隆出席会议并讲话。来自全国的 175 位青年档案工作者参加研讨会。

研讨会的主题为“档案事业改革与创新”，有 16 位论文作者围绕主题分 4 场发表专题演讲。

研讨会筹备期间，在全国青年档案工作者中开展了主题征文。各省、自治区、直辖市、计划单列市、副省级城市档案学会经过评选向中国档案学会推荐了 142 篇论文，学会组织专家从中评选出 82 篇优秀论文，编辑出版了《档案事业改革与创新》论文集。

**【“档案工作在数字世界三个领域拓展面临的挑战”学术报告会】** 7 月 22 日，学会与中国人民大学信息资源管理学院、数据工程与知识工程教育部重点实验室、中国人民大学电子文件管理研究中心共同举办的“档案工作在数字世界三个领域拓展面临的挑战”学术报告会在中国人民大学召开。

美国加州大学洛杉矶分校教育与信息学学院信息学系教授 Anne J. Gilliland 作了题为《档案工作在数字世界面临的挑战》的专题报告。来自国家机关、企事业单位、相关档案局（馆）的 80 余名档案专家、学者，以及中国人民大学信息资源管理学院部分师生参加报告会。

Anne J. Gilliland 重点讲述了在高速发展的数字环境中，档案工作在云计算和移动计算、机构知识库和数字保存及其内容管理、数字取证三个领域中所面临的挑战、机遇与对策，档案工作者面对数字环境挑战角色的转变，以及档案实践的未来发展趋势。

Anne J. Gilliland 认为，在日益复杂的数字环境中，档案学者与档案工作者面对全球化、网络化、数字化的变化应作出及时反应，特别要考虑如何应对法律政策变化、技术改进与更新、伦理道德等层面的难题，要将档案管理的思想融入到数字环境中，转变理念、与时俱进，进一步深化改革档案管理工作，维护档案的完整性、真实性、可靠性和可用性，促进档案工作的发展。Anne J. Gilliland 和与会的专家、学者就数字世界的档案学术研究、档案管理实践问题进行了交流和讨论。

**【第四届中国电子文件管理论坛】** 8 月 30 日，学会与中国人民大学电子文件管理研究中心联合主办的第四届中国电子文件管理论坛在中国人民大学举行。论坛的主题是“电子文件管理的长期保存”，来自政府机关、科研院所、档案局（馆）、企事业单位的 230 余名专家、学者参加论坛。

欧洲永久访问协会（APA）主席 David Giaretta 博士、澳大利亚国家档案馆副馆长 Brendan Somes、加拿大英属哥伦比亚大学（UBC）教授谢丽、国家档案局技术部副主任蔡学美、“电子文件管理系统通用功能要求”项目组负责人钱毅、江西省档案局技术保护处处长毛海帆、深圳市档案局信息技术处副处长朱玮等作了主题报告。

David Giaretta 在《新时代的价值与数字保存》的报告中介绍了开放档案信息系统（OAIS）参考模型、应对数字保存威胁的解决方案以及以 ISO 16363 为中心的数字仓储审计与认证标准框架。

Brendan Somes 的报告《数字保存：过去、现在和未来》回顾了 20 世纪 70 年代以来澳大利亚国家档案馆数字保存实践，展示了该馆数字保存领域技术和理念从“比照纸质文件”到“走向数字方式”的发展演变。

谢丽在题为《数字文件管理：数字保存不可或缺的基础》的报告中，从 InterPARES（电子系统中文件真实性永久保障国际合作研究项目）第三期理论研究和美国、加拿大、澳大利亚、英国等国家政府机构文件管理实践，分析说明数字保存机制的建立以及保存技术的实施，必须建立在数字文件管理的基础上。

蔡学美在题为《电子文件长期保存的概念认识与实践要求》的报告中，从建设背景、内容、目标、系统架构、规范标准等方面介绍了“国家电子档案接收和长期保存管理系统建设试点工程项目”。

钱毅在题为《可信电子文件长期保存规范研究》的报告中汇报了国家档案行业标准《数字档案馆可信数字长期保存需求规范》的研究方法与基础、结构和内容。毛海帆和朱玮在《江西电子档案长期保存之初步探索》、《后保管时代的电子文件长期保存——对两次实践的认识》的报告中，分别介绍了江西、深圳两地电子文件长期保存的系统架构、系统运维、对文件形成单位的前端控制等内容。

（撰稿人：霍力华）

## 中国国土经济学会

**服务创新型国家和社会建设** 2013 年，学会强化服务功能，继续深化推动全国中小城市生态环境建设实验区和低碳国土实验区共建工程持续发展。3 月 30 日，组织召开了实验区工作会议暨部委信息对话会。5 月 25 ~ 26 日，在山东省临沂市罗庄区召开了全国实验区第四次现场考察暨经验交流会。组织专家对实验区进行考察调研30多次，在了解各实验区实际需求的基础上，搭建6个服务平台，为实验区提供全方位服务。

**学会建设** 学会召开1次理事会议、2次常务理事会议、4次秘书长办公会议，发展单位会员8个，新增个人会员500余人。

**学术期刊** 增加《今日国土》杂志的可读性、指导性，通过提高质量、强化经营等措施，扩大刊物的社会影响力。将宣传科技人物、介绍实验区的工作经验以及学术研究成果作为主要宣传内容。2013年，《今日国土》刊发宣传科技人物文章12篇，实验区先进工作经验文章8篇，学术研究成果30余篇。

**国内主要学术会议** 学会全年共举办国内学术会议7次，征集论文200篇，主题报告人20余人，600余人次参加会议。与2012年相比，会议次数增加4次，参加人数增加400余人次。举办了中国国土区域城市经济学家新春论坛。学会创办了中国国土经济论坛：3月在北京举办了以“优化国土空间开发格局”为主题的春季论坛,12月，在上海市举办了以“文化旅游与新型城镇化发展”为主题的冬季论坛。

**科普活动** 学会开办了“国土知识大讲堂”，组织了4场国土知识科普讲座，直接受众1500余人次。继续推进“全国绿色国土行”公益科普活动，该活动被写入2013年国务院应对气候变化白皮书。

**决策咨询** 学会发挥专家优势，加大实地调研力度，拟定了7篇咨询报告，上报了《优化我国国土空间开发格局的基本思路》、《城市低碳发展过程中存在的问题和政策建议》、《关于加快临海地区新增土地资源开发利用和保护管理的建议》、《县级土地规划面临的突出问题和政策建议》等4篇报告。

**党建强会** 在中国科协“十百千”党建特色活动的支持下，学会秘书处党支部结合学会实际，推动与团体会员党支部共建联动，用共建联动促进学会发展。学会党支部先后3次组织专家、学者共30人次，分赴山西省长治市振兴新村、河南省商丘市梁园区丁楼村、辽宁省抚顺市清原满族自治县英额门村现场调研，与当地村党支部进行座谈，为当地产业发展建言献策。

**【第六届中国国土区域城市经济学家新春论坛】** 1月24日，以“城镇化与城乡一体化”为主题的第六届中国国土区域城市经济学家新春论坛在北京召开。论坛由中国国土经济学会、中国区域经济学会、中国城市经济学会、中国区域科学协会和全国经济地理研究会联合主办。中国社会科学院原副院长龙永枢，国家粮食局原局长聂振邦，以及来自5家全国学会的专家、学者80余人出席论坛。专家、学者围绕会议主题，为我国城镇化发展提出了建议和意见。

专家认为，目前我国城镇化面临着三个突出问题：第一，土地城镇化过快，农民的失地问题比较突出，这加剧了城乡发展的巨大差距。第二，城市结构不合理，规模结构严重失衡，特大城市和大城市发展太快，容易引发城市病。第三，农村土地闲置以及基础设施建设严重滞后。

继续推进城镇化进程，将面临着一些挑战：第一，城镇化的产业支撑。非农产业发展能否创造足够多的就业来吸纳进城农民就业，农业能否保障城镇化健康发展和国家粮食安全。第二，城镇化的资源支撑。这么多的农民进城之后，他们对水资源、土地资源、能源等需求能否得到满足，同时，大量的外来人口流向北京、上海、广州等特大城市，大规模的人口集聚将给当地资源带来的影响也需要进行研究，以避免城市病大范围暴发。

专家提出，城镇化的目标是实现城乡一体化。城镇化、工业化与农业现代化要协调发展，加快推进城乡一体化，才能解决“三农”问题。第一，城乡公共服务一体化。避免出现发达城市和落后农村并存，要使城乡基本公共服务实现均等化。第二，城乡基础设施一体化。第三，社会管理城乡一体化。

专家认为，追求城镇化质量是新型城镇化的基本要求。未来提高我国城镇化质量的关键是让进城农民工进得来、留得住、活得好。我国城镇化已到了一个关键时期，进入了从数量增长向质量提升的转折时期，城镇化速度将有所下降。此期间城镇化的质量和速度都要兼顾。城镇化速度不是越快越好，而要有适当的速度。同样，城镇化水平也不是越高越好，而是要有一个饱和度。

**【全国中小城市生态环境建设实验区、全国低碳国土实验区第四次现场考察暨经验交流会】** 5月25～26日，全国中小城市生态环境建设实验区、全国低碳国土实验区第四次现场考察暨经验交流会在山东省临沂市召开。第十届全国政协副主席、学会理事长张怀西出席会议并讲话。全国政协、国土资源部、住房和城乡建设部、科技部、国家林业局、中国科学院等单位业务部门负责人以及应邀参会的实验区代表共80余人参加会议。

座谈交流会上，实验区代表分别结合各地实际情况作了经验交流。与会专家对罗庄区和沈泉庄的工作提出了建议。专家认为，武河湿地一定要改变水质、减少污染，对黑鱼吃鸟的现象要尊重自然规律，正常对待。专家建议，要重视研究机构的重要作用，提出中国科学院的一些技术可以应用于地方发展。专家提出，对各实验区要进行评估，通过评估，找到影响发展的主客观因素，适时进行调整。

针对下一步的工作，张怀西在讲话中强调，一要大力推进生态文明，树立尊重自然、顺应自然、保护自然的生态文明理念，搞好顶层设计，树立创新机制，优化和调整产业结构、发展低碳经济，优化国土空间开发格局，建设美丽罗庄。二要发挥沈泉庄的先锋模范作用，加快传统产业改造升级，发展商贸物流产业。三要大力发扬沂蒙精神，为全国实验区建设作出表率、作出特色。四要加强实验区间的沟通和交流，分享成功的经验和做法。

**【首届中国国土经济论坛】** 3月30日，由学会主办的首届中国国土经济论坛在北京举办。在京有关科研教学单位的专家、学者，部分中小城市代表共100余人出席论坛。

论坛以“优化国土空间开发格局”为主题。国务院参事、科技部原副部长刘燕华，国家发展改革委国土开发与地区经济研究所所长肖金成作了主题报告。樊杰等7位专家、学者作了报告。

论坛就优化我国国土空间开发格局中的宏观布局问题、生态环境问题、陆海统筹开发等相关问题展开交流和探讨。专家一致认为，优化国土空间开发格局要理清发展思路，创新国土资源发展，实施主体功能区划战略，大力推进小城镇建设与发展，重视蓝色国土空间的开发利用，走好生态国土建设途径、注重生态文明导向，要倡导新型城市化模式，要关注矿城生态环境治理。

**【国土知识科普大讲堂拉开帷幕】** 10月12～13日，学会首次举办了国土知识科普大讲堂。学会在河南省永城市、商丘市梁园区、睢县举办了3场国土知识科普讲座。学会副理事长兼秘书长柳忠勤，学会副秘书长、国务院发展研究中心资源与环境政策研究所副所长谷树忠，学会常务理事、《今日国土》杂志社副总编辑、全国政协委员、河南省科协副主席梁留科等出席活动，900余人听取讲座。

谷树忠以节约资源为主题，采取问答的方式，从40个方面就为什么要节约资源、为谁节约资源、自己怎样做好资源节约，以及从中央到地方各级党委、政府有关节约资源的方针政策等进行了讲解。梁留科以优化国土空间、建设生态国土为主题，就优化国土空间开发格局的背景意义、重要作用、路径选择进行了阐述，提出开展低碳国土示范区创建活动，强调生态导向、低碳操作、绿色发展，科学求真、人文求善、艺术求美，努力在实验区打造高效的生产空间、美丽的生活空间、舒适的生态空间。

（撰稿人：杨巧英）

## 中国土地学会

**服务创新型国家和社会建设** 2013年，学会在修订规划机构管理规定的基础上，完成规划资质管理系统的开发，并通过该系统对全国规划甲级机构进行管理，155家甲级机构信息已入库。学会举办了国土资源依法行政与改革创新培训班，370多人参加。学会分支机构围绕国土资源管理这一中心工作，组织土地科技工作者调查研究，形成一批有分量、有影响的调研报告，部分研究成果已被行政管理部门采纳。

**学会建设** 3月29日，学会在北京召开六届六次常务理事会议。会议对2013年学会工作进行了安排：一是以加强学术交流建设为重点，提升服务创新能力；二是以深化海峡两岸土地学术交流与合作“五项共识”为基础，打造高端学术品牌；三是以合作共赢为导向，推进国际交流平台建设；四是以承接政府转移职能为突破口，提升服务社会能力。

9月25日，学会在北京召开2013年全国土地学会秘书长会议。会议认真总结了学会和期刊编辑出版工作。会议认为，在以后的工作中，学会要积极谋划，主动承接政府转移的社会化服务职能，努力在人才评价、科技评估、专业技术资格认证、规划资质管理、技术标准和规范制定、科技奖励等方面发挥作用；做好学术交流，强化机构建设，完善内部治理结构，健全会员服务体系，巩固和拓宽对外交流渠道，不断提升学会自身能力；建设好土地科学研究和国土资源管理实践相结合的高端科技交流平台，办好《中国土地科学》和《土地科学动态》两份期刊。

2013年，学会完成了中国土地学会官网的改造工作，加大了对外宣传力度。

**学术期刊** 2013年，《中国土地科学》和《土地科学动态》以新型城镇化背景下的土地问题为期刊选题，召开了6个专题研讨会，形成了多组专题稿件，编制完成《2012年国内外土地科学研究重点进展评述和2013年发展趋势》报告。2013年，《中国土地科学》影响因子达到2.518，期刊发行量比2012年增长了17%。

**学科发展研究** 学会与中国土地勘测规划院等单位合作，深入开展了年度土地科学学科发展的专题研究，对土地科学在2012年的最新进展情况，包括研究内容、主要结论，重要的理论创新和技术创新，重要成果的应用等，进行了系统总结，完成《土地科学学科发展蓝皮书（2013年）》的编写工作。

学会参与《国土资源年鉴》“土地科学研究”词条撰

写工作，词条总字数4万多字，比2012年增加2万字。研究工作从土地调查与评价研究、土地利用与规划研究、土地经济与土地资产管理研究、土地信息与遥感技术研究和土地科学基础研究等多个方面入手，对2012年土地科学研究取得的成果进行了系统的梳理和总结。

**国内主要学术会议** 2013年，学会在上海市主办了2013年中国土地学会学术年会，在江苏省徐州市举办了主题为“国土资源整治与生态文明建设”的全国第四届土地资源管理博士生论坛，在浙江省杭州市举办了2013年中国土地科学论坛——新型城镇化与土地资源管理创新暨第十二届全国高校土地资源管理院长（系主任）联席会，在湖北省武汉市举办了首届以研究生等青年学者为主的经济社会转型中土地制度创新、土地安全与社会治理——海峡两岸学术研讨会。

4月18～20日，学会2003年学科建设研讨会在湖北省武汉市举行，30位专家、学者参加会议。学会副理事长、秘书长黄小虎和副秘书长邵捷传出席会议。研讨会的主要内容为介绍土地科学7个分支学科基础理论与前沿，讨论《土地科学丛书》中《土地资源学》等学术作品的撰写大纲，探讨土地科学与资源科学之间关系。

6月28日，由学会主办、学会青年工作委员会和中国人民大学承办的全国土地日专家座谈会在北京举行。会议围绕“珍惜土地资源，节约集约用地”的主题展开研讨。会上，来自国土资源部、美国康涅狄格州大学、英国剑桥大学和中国土地勘测规划院的专家、学者分别作了题为《征地制度改革》、《美国土地分配权与使用权对中低收入群体负担能力的影响》、《英国土地和房地产市场简介》和《全国国土规划纲要与思考》的大会报告。

10月24日，学会在江苏省南京市举办了万顷良田建设与城乡统筹高端学术交流会议，30多名专家、学者出席会议。会议的主题为“城乡统筹下的万顷良田建设与国土资源管理制度创新”。会上，江苏省人大常委会环境资源城乡建设委员会主任夏鸣、国土资源部土地整治中心副主任郧文聚、南京市国土资源局副局长宁雅健，分别作了题为《万顷良田建设工程的理念》、《土地整治规划的创制与实施》和《积极探索转变土地利用方式，扎实开展土地综合整治工作》的主题报告。

**两岸交流** 8月23～24日，学会在重庆市举办了2013年海峡两岸土地学术交流会，会议主题为“土地制度改革与城镇化健康发展”。海峡两岸200多名专家、学者出席交流会，16名大陆专家、14名台湾地区学者作分会场交流。

**国际交往** 2013年，受中国科协资助，学会组团赴尼日利亚参加国际测量师协会2013年度工作周会议，代表团参加了水资源、技术、土地整治、土地管理与规划等多个专题研讨会，代表团成员秦明周、董为红、张衍毓三位专家在分会场上作了专题发言。会议期间，学会与英国皇家特许测量师协会签订合作备忘录，在会员推荐与发展、信息交流合作等七个领域加强合作。

**科普活动** 6月25日是第23个全国土地日，学会联合中国土地勘测规划院等单位在中国土地学会网、国土资源网、中国土地规划网和中国土地整理网同时举办第12期“6.25”土地日网上论坛，主题为“珍惜土地资源，节约集约用地”。本期论坛内容主要包含在构建节约集约用地新机制，城镇化与节约集约用地，土地整治与节约集约用地和加强土地管理、珍惜土地资源四个方面。

**【2013年中国土地学会学术年会】** 11月25～26日，2013年中国土地学会学术年会在上海市召开，会议主题为“土地整治与新型城镇化、新农村建设”，150多名专家、学者出席了会议。上海市政府副秘书长黄瑞到会并致辞，学会理事长王世元出席会议并讲话。上海市规划和国土资源管理局局长庄少勤、浙江省国土资源厅厅长陈铁雄、中国人民大学教授严金明应邀作大会主题报告。会议共收到论文200多篇，110篇入选年会论文集，18篇获2013年中国土地学会学术年会优秀论文奖。

会议认为，10多年来，国土资源部会同有关部门和地方各级政府，按照“划得准、调得开、建得好、守得住”的要求，统筹谋划和实施土地整治，促进耕地保护，夯实了国家粮食安全基础；改善农村人居环境，促进了农民增收、农业增效和农村发展；优化土地利用布局和结构，推动了城乡统筹和城镇化转型升级；改善土地生态环境，促进了生态文明建设。土地整治要与时俱进，一是夯实扩大权能基础，切实维护农民财产权益；二是强化顶层设计，积极拓展整治空间和范围；三是坚持因地制宜，更好适应区域经济社会协调发展需要。

**【2013年海峡两岸土地学术交流会】** 8月23日，学会举办的2013年海峡两岸土地学术交流会在重庆市举行。交流会以“土地制度改革与城镇化健康发展”为主题，围绕城镇化健康发展与保障性安居工程用地供应、集约节约用地与加强城镇建设用地调控、土地征收制度改革与农民土地权益保护、不动产登记与不动产税4个子题交流研讨，来自大陆和台湾地区的213位专家、学者参加了学术交流活动。

交流会上，国土资源部规划司副司长、中国土地学会规划分会副主任委员刘国洪代表国土资源部土地管理制度改革研究课题小组，作了题为《城镇化进程中的土地管理制度改革》的报告。刘国洪认为，我国城镇化进程中土地管理制度改革的思路是，在坚持用途管制制度、有偿使用制度、土地征收制度等3大制度内核及土地管理制度框架的前提下加以完善。

刘国洪提出，新型城镇化发展背景下我国土地管理制度改革应突出4项目标：逐步提高存量用地在建设用地供应总量中的比重，促进城镇化格局与耕地保护、生态文明格局的优化，促进城镇化健康发展用地空间保障能力提升；逐步扭转城镇建设对新增土地出让收益的过多依赖，促进城镇化持续健康发展能力的提升；加快建立有利于存量建设用地盘活利用的制度政策体系，以节约集约用地推动产业升级和城镇化转型发展；加快建立有利于农业转移人口市民化的制度环境，努力化解城镇化中的人地矛盾和社会冲突，促进社会和谐稳定。具体改革路径选择上，要完善和坚持土地管理核心制度，总结和提升地方土地管理改革实践经验，同时适应新形势新要求，持续探索创新土地管理制度和政策。

（撰稿人：许　坚）

## 中国科技新闻学会

**服务创新型国家和社会建设**　4月12日，学会主办服务青少年工作研讨会在上海市召开，来自广西、江苏、山西等省、自治区、直辖市的10余家科技报社的领导，围绕科技小记者培训活动研讨，交流了工作经验，达成了合作共识。

4月23日，全国第二十六届科技报系统优秀作品评选会在湖南省长沙市举行。学会荣誉理事长、科技报分会理事长焦洪波主持会议。全国各地科技报社长、总编25人参加了评选会。经过评审，全国26家科技报社报送的237篇（幅）作品中确定了一、二、三等奖项，获奖作品篇数占报送作品总数的34.7%。

3月21日，学会与中国轻工协会、中国塑料加工工业协会等5家行业协会合作，召开一次性发泡塑料餐具产业政策调整通气会，组织《人民日报》、新华社等30多家主流媒体和相关行业媒体参加了通气会。会上有关专家介绍了国家相关产业政策，为媒体正确、及时地传播国家的产业政策，促进产业发展发挥了积极作用。学会副理事长徐九武代表学会在会上发言。

4月20日，四川省雅安市芦山县发生7.0级地震。学会第一时间启动地震应急传播预案，与中央人民广播电台、腾讯网等媒体合作，向各媒体提供多学科专家信息资源，开展应急科普宣传，呼吁媒体严格遵守党中央国务院相关要求，科学报道灾情，并为科学救援提供信息支持。

6月15日，学会组织《人民日报》、中央人民广播电台、《中国贸易报》、《中国质量报》、《中国商报》、《中国技术市场报》等17家媒体编辑记者组成党员志愿者小分队，邀请农业部、科技部、中国农业科学院3位专家，走进山西省五寨县生产经营一线调研采访。

6月23日，学会配合国家食品安全周活动，组织有关媒体记者到北京三元食品股份有限公司采访，进行相关宣传报道。

2013年，学会承办的科学家与媒体面对面活动举办了14期，主题分别是：话说雾霾、科学面对流感、全球食品安全的科学认知、清洁核能助力“美丽中国”、科技打造魅力园博、中国乳品的信任之旅、转基因技术的未来发展、航空安全大家谈、直面中小城镇气象灾害、科学家与科普创作、网络阅读中的科学理性、拨开伪科学的外衣、“探月梦、中国梦”和大数据，离我们生活到底有多远。

7月底，学会先后推荐了来自《中国青年报》、《中国科学报》、《健康报》、《健康时报》和华风气象影视集团的6名从事健康报道的记者，参加美国国家新闻出版基金会、国际防治结核病和肺病联盟计划在第44届世界肺部健康大会上第五次为一年一度的“记者到记者”项目（J2J奖学金项目）。《健康时报》记者赵娅如获该项目的奖学金。

9月16～18日，学会承办的2013年中国科协宣传干部培训班在宁夏回族自治区石嘴山市举办。各省区市科协、副省级城市科协、部分全国学会以及中国科协机关各部门、各直属单位负责宣传工作的同志和宣传干部等60余人参加了培训。中国科协党组成员、书记处书记王春法和中国记协党组书记翟惠生出席会议并作专题报告。

11月1日，学会组织中央电视台科教频道、《科学中国人》、《科技创新与品牌》等媒体参加全国人大常委会原副委员长路甬祥主持召开的中国好设计研讨会。

**学会建设**　6月8日，中国科技新闻学会五届一次常务理事、部分在京理事扩大会议在北京召开。会议由学会理事长宋南平主持，副理事长徐九武、周建强、李立波、江巨源，学会荣誉理事长焦洪波、顾问杨时光等参加了会议。秘书处汇报了2013年上半年工作和下半年工作计划，以及学会组织建设工作情况，审议并通过了秘书处提交的关于提请李时夫为副秘书长人选、增补五届理事会理事名单、分支机构负责人人选、分支机构管理办法、成立学会科技期刊专业委员会、成立学会网络媒体专业委员会等6个提案。

7月26～27日，分支机构工作研讨会在北京召开，科技报分会等10个专业委员会负责人参加了会议。学会理事长宋南平、副理事长徐九武出席会议。会议围绕各分支机构的组织建设、2013 ~ 2015 年工作设想和 2013 年的具体工作开展研讨交流。

10 月 31 日，全国人大常委会原副委员长路甬祥到学会主办的《科学中国人》杂志社视察调研。并为杂志题词：创造科学中国人更美好的未来，促进产学研媒用金协同创新，为中国梦增添正能量！

学会分别在新浪和腾讯注册微博，实现传播的自主化和多元化。从名称、Logo、发布平台、资源渠道、内容呈现和实施推广入手，学会新浪微博的运营，主要有原创和转载内容两部分。原创内容主要是科普活动的发布以及面对面活动的微博部分图文直播，转载内容主要是科普相关内容。建立了以学会为主的微博圈。

**国际交往** 6 月 24 ~ 29 日，学会组织了 7 位国内科技新闻记者和编辑赴芬兰参加了第八届世界科技记者大会（WCSJ）。

8 月 16 日，罗马尼亚科学记者协会主席 Alexandru Mironov 教授来访，学会副理事长徐九武、秘书长许英参加了会谈，双方就科技传播工作进行了交流与探讨。

**国内主要学术会议** 10 月 27 日，学会主办的中国科技传播论坛在北京举办，来自全国各地科技媒体的新闻工作者、高校科技传播专业的师生、科研机构与科技传播相关的人员、学会理事、中国科协及直属单位领导约 260 人参加了大会。论坛设 4 个分论坛。本届论坛共征集论文 163 篇，评选出获奖论文 107 篇，其中一等奖 11 篇、二等奖 28 篇、三等奖 52 篇、优秀奖 16 篇。

**【2013 年中国科技传播论坛】** 10 月 27 日，由学会主办的首届中国科技传播论坛在北京举办，来自全国各地的主流与科技媒体的新闻工作者、高校科技传播专业的师生、科研机构与科技传播相关的人员、学会理事、中国科协及直属单位的领导约 260 人参加了大会。围绕“科技传播与社会责任”的主题，研讨了数字革命浪潮给科技传播领域带来的深刻变化，就进一步增强科技传播的社会责任凝聚共识，并向全国科技新闻工作者发出倡议。

中国科协书记处书记徐延豪出席会议并致辞，学会副理事长、《人民日报》副总编辑、人民网董事长马利，中国记协党组书记翟惠生出席会议并作报告。本次论坛设有 4 个分论坛：微时代的新媒体科技传播、信息社会环境下的科技传播实践与理论创新、科技报转企改制中的社会责任、科技传播与企业创新，进行了交流研讨。

微时代的新媒体科技传播分论坛由科学网、北京科技报及学会网络媒体专业委员会（筹）承办。邀请网易、新华网、数据堂和光明网等涉及科技传播和新媒体业务相关专家，针对移动新媒体技术、网络媒体科技信息传播、大数据时代的背景和应用前景以及科技传播和网站运营等方面作了报告。

信息社会环境下的科技传播实践和理论创新分论坛由学会科技传播理论研究专业委员会承办。来自北京大学、清华大学等高校、科研机构、媒体等与科技传播相关的 80 余人参与了研讨交流。

科技报转企改制中的社会责任分论坛由学会科技报分会承办。邀请国家新闻出版广电总局副司长李建臣作了题为《科技传播的发展与社会责任》报告。山西科技新闻出版传媒集团、卓众出版集团、科技金融时报等媒体单位介绍了改制后的发展思路。与会的科技报刊社长、总编辑探讨了报刊转企改制中的问题和困惑，并达成共识：在转企改制的过程中，要坚守在科技传播第一线，履行科技传播工作者义务，担当科技传播社会责任，在时代变化的同时，践行不变的承诺和重担。

10 月 31 日，科技传播与企业创新分论坛在山西省太原市举办，由山西科技出版传媒集团承办，学会理事长宋南平主持会议，山西省科协党组书记杨伟民在论坛上致辞。来自北京、安徽、河北等省市的专家、学者和山西高校学者、新闻工作者、科技工作者、科技企业共 400 余人，围绕“科技传播与企业创新”展开讨论，并就进一步增强科技传播在企业创新中的作用提出了新思路。中国记协党组书记翟惠生出席会议并作报告，向获奖论文作者颁发获奖证书，学会副理事长徐九武宣读了获奖论文作者名单并和山西省科协党组书记杨伟民为太重等 10 家企业颁发了“山西科技传播与企业创新示范基地”牌匾，学会副理事长、山西省科协副主席、山西科技传媒集团董事长郝建新宣读中国新闻学会关于授予 10 家单位为“山西科技传播与企业创新示范基地”的决定。本届论坛共征集论文 163 篇，其中获奖作品 107 篇，分别为一等奖 11 篇、二等奖 28 篇、三等奖 52 篇、优秀奖 16 篇。

**【首届科幻产业论坛暨第 24 届科幻银河奖颁奖典礼】** 11 月 15 日，由学会主办的首届科幻产业论坛在四川省成都市举行。论坛以“走近中国科幻产业时代”为主题，第十一届全国政协副主席、民革中央常务副主席、著名经济学家厉无畏，中国科协党组成员、书记处书记王春法，清华大学新经济产业研究中心主任李季，北京大学教授刘华杰，国际投资促进会会长王平，中国建筑股份有限公司副总经济师张翌，中国电影集团一级编剧张之路，四川省创意产业协会会长、四川省人大原副主任李洪仁等 100 余位专家、学者及文化产业投资管理人员出席会议。论坛由学会理事长宋南平主持。

（撰稿人：王　玥）

## 中国老科学技术工作者协会

**学会建设** 5月21日，召开了第五届六次理事会暨五届八次常务理事会会议，审议并通过了理事会2012年度工作报告、财务工作报告和变更理事、常务理事的决定。9月4日以通讯形式召开五届九次常务理事会议，同意关于聘任副秘书长的决定。

10月29日，协会在山东省枣庄市召开全国老科协政策调研与组织建设工作经验交流会。27个省、自治区、直辖市150余人出席会议，协会会长程连昌讲话。大会交流了全国各级老科协在组织建设方面好的经验及亟需改进的问题，探索老科协组织发展的新途径。

**学术期刊** 《今日科苑》是中国老科协主办的科技期刊，截至2013年10月已出版18期，公开发行量达14400册。

《中国老科协通讯》是老科协内部刊物，月均发稿字数在25000字以上，月均发稿篇数在20篇以上，年均发稿字数在30万字以上，年均发稿篇数在250篇以上，月均发行量在1500册以上。2013年出版12期。

**决策咨询** 2013年，协会建言献策的报告和建议7项获中央领导及有关部门批示。

《关于加强我国农村水电建设与中小河流综合治理开发工作的几点建议》、《加强防护林经营，改善生态与民生——水土保持林与水源涵养林经营状况调研建议》得到了时任国务院总理温家宝、副总理回良玉的批示。2月5日，《关于发展城市现代有轨电车的建议》得到国务院副总理张德江批示。3月，《关于加强领导、完善政策措施，进一步发挥离退休专业技术人员作用的建议》得到国务院副总理马凯批示。6月13日，《关于改善农村婴幼儿营养问题的建议》得到国务院副总理刘延东批示。7月12日，《关于强化农药监管，减少环境污染，确保农产品质量的建议》得到农业部农药检定所的批示。8月14日，《关于我国城乡建设避开活动断层的几点建议》得到国务院总理李克强批示、副总理汪洋圈阅。

2013年开始编纂《老科技工作者建议》建言献策专报。截至2013年底，报送国家有关部委《关于防止高铁和地铁车辆追尾事故的建议》等7份专报。

**科普活动** 截至2013年11月，举办科普报告95场，听众达6万余人次。

协会对2012年开展的“万名科技专家讲科普”活动进行了总结表彰，2012年各级老科协组织科普报告16947场，4029名专家参与，听众人数达297.92万人次。35支科普报告团被评为“中国老科协优秀科普报告团”。

2013年，在中国科协青少年科技中心的支持配合下，组织老科学家为山西、陕西、内蒙古偏远地区农村青少年做科普报告和道德情操、文化讲座，举办12场科普报告，听众达1万余人次。

**党建强会** 协会党支部努力做好党建工作，被评选为学会服务中心2012年度优秀党支部。2013年有2名预备党员按期转为正式党员。党支部认真执行“三会一课”制度，先后组织党员和全体工作人员学习党的十八大精神，学习讨论当前意识形态领域存在问题，学习党的群众路线教育实践活动精神，开展了“科学中国梦”等征文活动。

2013年，党支部开展党建强会特色活动和“十百千”活动。党建强会活动组织老医疗专家深入内蒙古锡林郭勒盟和山西吕梁等基层地区，开展医疗义诊服务“老少边穷”地区百姓，在近7天的时间里诊治1298人次。“十百千”活动组织老科技专家为国家积极建言献策。在申报的5项课题中，1项获领导人批示，4项按计划开展调研，撰写报告。

2013年，协会党支部加强了党建宣传工作，每季度更新一次党建宣传园地，宣传支部和学会的工作动态。1月初，在中国老科协网站开辟了党建专栏，专门报道协会党支部及全国各级老科协的党建工作动态。

8月3～10日，协会党支部开展“深入基层，服务少数民族”医疗义诊活动，组织北京7位著名老医疗专家赴内蒙古自治区锡林郭勒盟苏尼特左旗、阿巴嘎旗开展医疗义诊活动。协会秘书长陈秀保等参加了此次活动。5天为1036人做了诊治，查房30人次，操作胃镜3人次，做了6场专业知识讲座，培训170人。举行专家与医务工作者小型座谈会1次,10人参加。发现并确诊白塞氏病1例。协会党支部领导及老专家一行还慰问了当地蒙古族老党员、86岁的离休老干部阿日布斯拉，为其做了详细的身体检查并赠送电子血压计和慰问金。

9月9～12日，协会参与山西省吕梁市科普月活动，组织北京3名老医疗专家赴吕梁市临县开展服务革命老区医疗义诊活动，为262人做了诊治。

**【中国老年创新发明推介交流会】** 10月21～23日，全国敬老月期间，协会在广东省深圳市举办了中国老年创新发明推介交流会，由23个省、自治区、直辖市老科协、部分企事业单位老科协、部分中国老科协分会及港、澳、台发明协会推荐的近100位老科技工作者，携带自己的科技创新发明项目参加了此次推介交流会。推介交流会由中国老科协主办，深圳市老科协承办，得到19个单位的支持及5家企业的赞助。老科技工作者提交的创新发明项目分为电子信息与新能源、节能减排、环境保护3个类别，共有93个项目。其中，电子信息与新能源类32项，节能减排类29项，环境保护类32项。这些项目或获得国家专利授权证书，或获得科技成果鉴定证书，或通过了权威部门的产品检测，大部分已批量或小批量生产。

（撰稿人：胡 末）

## 中国科学探险协会

**服务创新型国家和社会建设** 8月，协会秘书长王维作为特邀嘉宾参加了由西藏自治区拉萨市人民政府、中国纺织品商业协会、西藏自治区旅游局、西藏自治区体育局主办的首届中国·拉萨户外高峰论坛暨纳木错峰会——中国可持续户外产业论坛，在论坛上作了题为《走进西藏，拥抱自然——用科学探险理念推动户外探险活动在西藏的可持续发展》的专题报告，论坛期间与参会者及越野徒步爱好者就如何开展户外活动进行了互动和沟通。

**学会建设** 2013年，协会新发展会员62人、团体会员3个，设立了中国科学探险协会螺髻山基地。

2013年，协会网站总访问人数（*V*）为45705人次，总页面浏览数（*P*）为126291次，会员活动部网站2013年总页面浏览数（*P*）约为10万次，户外活动与培训部网站页面浏览数（*P*）约为10万次。

2013年，协会开设了协会官方微博和官方微信。使协会增加了两个服务于协会理事、会员和社会的平台。协会官方微博名称是中国科学探险协会，协会官方微信号：case1989。

**国际交往** 10月，协会作为观察单位参与了由马来西亚四驱越野俱乐部举办的“2013澳洲大穿越”活动，协会常务副秘书长李杰参加了野外探险考察活动。这次活动行程约5000公里，历时23天，从澳大利亚北部城市达尔文出发一路向南，经中部城市爱丽丝又一路向东抵达黄金海岸。

**科普活动** 2013年，协会所属部门和专业委员会开展多样性的科学探险和普及考察活动：参与了内蒙古大兴安岭冬季科学考察、云南保山原始古茶资源调查，继续完成神农架科考馆总体设计及展品收集与解说词撰写工作，为鄂西北山区县科委鉴定熊牙、猕猴皮张，保护可可西里公益活动。继续进行关于秦巴山区大型猫科动物的调查研究与红外相机拍摄工作，秋冬季节在神农架、房县等地布控40余台红外遥控摄录像机，组织由香港大学生30人参加的香格里拉大峡谷夏令营，开展徒步大峡谷、骑马比赛，采集高原野生植物标本，体验长江第一湾和虎跳峡等活动，组织会员15人到贵州六盘水盘县红果银杏谷进行科普考察。组织会员3批50人次到小白龙国家森林公园进行了地质主题体验考察活动，组织会员20人到老君山国家公园进行三江并流自驾越野体验活动。

加强与多种户外探险组织沟通、合作。协会秘书处先后走访九寨沟、黄龙、达古冰山、四姑娘山、螺髻山等保护区，协会所属机构积极与相关的户外探险法人团体合作，促进协会科学探险和科学普及活动，协会以“科学思想为指导、科学方法为实践”引领全国的户外探险活动。

2013年，协会组织中学生和会员开展了6次南北极科普活动，参与活动人数达160余人次。

积极开展科普讲座活动。协会常务理事张继民、张文敬、高登义、沈显生、陆龙骅、王方辰等在全国各地共作科普报告160余场次。

（撰稿人：霍翠萍）

## 中国城市规划学会

**服务创新型国家和社会建设** 2013年，学会进行技术咨询20项。学会组织承担了新区控规低碳指标体系研究、中国城镇化的合理进程与城市建设布局研究、中国特色城镇化研究、南京市江北新区的战略规划问题研究等课题，为有关部门提供决策咨询和政策建议。学会继续参与注册规划师第三注册周期继续教育必修课教材编写工作、注册城市规划师考试命题工作，协助地方开展注册规划师考前培训工作。

9月9～14日，中国低碳生态城市规划建设高级培训班在同济大学举行。来自全国各地20余家城市规划编制单位、城市规划管理部门、国家级综合试验区规划建设管理机构的技术骨干参加了培训。

**学会建设** 2013年，学会新增单位会员5个，普通会员355人。学会举办国内学术会议29次（92场），国际学术会议4次，参加人数达9620人次，发表会议论文2291篇，编辑论文集6套7800册。学会组织召开了理事会议、常务理事会议、全国规划学会工作会议，积极推动地方城市规划学会建设。参与了民政部组织的社团评估，被评为4A级学术社团。成立了城市影像、山地城乡规划学术委员会，完成了城市生态规划、城市设计、城市安全与防灾规划学术委员会的换届改选、新技术应用学术委员会领导班子的调整工作。

**学术期刊** 学会主办会刊《城市规划》和*China City Planning Review*、《城市规划》（英文版）、《凤凰城市》、《城市交通》，2013年总发行期刊50万册。

4月，学会会刊《城市规划》推出了基于 iPad 平台的 APP，内容包括《城市规划》杂志纸质版全文内容，增加视频、音频、图片等多媒体形式。截至 2013 年底，APP 客户达 5803 人。

5月《城市规划》杂志微信公众平台正式上线，与杂志官方微博互动宣传，在纸质期刊上增加微信介绍页，利用学会平台配合宣传，确保每周推送 2 ~ 3 条信息，内容有文章导读、学术活动、好书推荐、读者调查等。适时开展有奖问答活动，与读者调查相结合。截至 2013 年 12 月 31 日，有用户 6235 人。

《城市规划》杂志官方网站 2013 年 4 月开通，《城市规划》杂志作为中国城市规划编辑出版工作委员会主任委员单位，积极推进成员单位的网络出版工作，是其他成员单位的网络授权代表。《城市规划》杂志在全国 124 种土木建筑工程类期刊的评选中，获得了“最具国内影响力学术期刊”第三名。

**国际学术会议** 1月 11 ~ 12 日，第二届轨道交通综合开发国际研讨会在北京举行。会议主题为“轨道交通沿线土地综合开发与规划”。学会副理事长兼秘书长石楠主持开幕式，中国工程院院士、学会名誉理事长邹德慈，中国工程院院士、中国地铁咨询公司施仲衡等出席开幕式并致辞。来自国内外相关政府管理部门、行业学（协）会、科研院校、工程设计单位等 20 余位专家、学者分别从宏观、战略与政策层面作了报告。

3月 13 日，学会城市生态规划学术委员会参与协办了由英国伦敦大学学院主办在英国伦敦召开的中英可持续城市论坛。

6月 6 ~ 8 日，由学会、美国能源基金会等联合举办的建设低碳生态城市国际研讨会暨 2013 中国低碳生态城市大学联盟工作会在深圳大学召开，会议主题为“低碳经济与生态城市”。来自清华大学、同济大学、深圳大学、重庆大学、西安建筑科技大学、哈尔滨工业大学、山东大学以及美国加州大学戴维斯分校、波特兰州立大学、德国柏林理工大学、德国城市规划与设计学院等高校的 20 位专家出席了会议。与会专家围绕会议主题，从低碳生态规划理念、实践、技术和教育 4 个方面进行了交流。

**国内主要学术会议** 3月 1 ~ 3 日，第五届城市规划理论年聚在北京举行。年聚继续由加籍华裔教授梁鹤年主持，邀请两位非规划领域的著名学者中国科学院院士王诗宬、北京中医药大学教授钱会南介绍各自研究领域的理论，启发参与者对城市研究和城市规划理论的思考。

5月 18 日，学会联合同济大学、金经昌城市规划教育基金共同主办的同济·城市高峰论坛暨第二届金经昌中国青年规划师创新论坛在天津市举行。与会专家、学者围绕当前社会、学界关注的城镇化热点问题，阐述了城镇化质量判断、方针、路径，城镇化研究开展，快速城镇化背景下的建筑设计思想，健康推进城镇化和新型城镇化分级战略等重要观点。

5月 23 日，山地新型城镇化发展论坛在贵州省安顺市召开，会议由中国科协和安顺市政府共同主办，学会和贵州省住房和城乡建设厅等单位支持、协办，贵州省副省长慕德贵出席开幕式并致辞。中国工程院院士崔恺、侯立安，南京大学教授崔功豪等出席了议。与会专家围绕山地城乡规划、山地城市特色风貌、山地城市产城互动等专题进行了学术交流。

5月 25 ~ 26 日，产城互动与规划统筹研讨会在贵州省贵阳市召开，本次会议是第十五届中国科协年会的分会场之一，学会和贵州省住房和城乡建设厅承办。学会副理事长、清华同衡规划设计研究院董事长尹稚，贵州省住房和城乡建设厅厅长张鹏，学会城市规划历史与理论学术委员会副秘书长、东南大学教授王兴平等 9 位专家、学者围绕主题作了专题报告，近 200 位业界专家、学者、从业人员就产业与城市发展良性互动的经验、教训和看法进行了交流探讨。

5月 27 ~ 28 日，第五届城市规划历史与理论高级学术研讨会在山西省平遥县举行。会议由学会和东南大学建筑学院主办，学会历史与理论学术委员会等承办。参会的专家、学者分别围绕城市规划历史、城市规划理论、历史城市形制、工业遗产保护以及特色地域文化等多个议题分享了学术研究成果，并结合平遥古城规划、围绕学委会如何为地方发展服务进行了讨论、交流。

6月 16 ~ 17 日，第二届泛珠三角省（区）规划院院长论坛在海南省海口市召开。论坛由学会主办、海南省建设项目规划设计研究院承办，泛珠三角 9 省区的省级规划院以及香港特别行政区、澳门特别行政区城市规划主管部门、学会的领导和专家、海南省主管部门领导 80 多人参加了论坛。论坛以“绿色发展与新型城镇化”为主题，围绕新型城镇化的内涵、规划编制工作转型、绿色低碳规划等内容分别作了主题报告。围绕“绿色崛起，合作共赢”的主题，进行了交流经验和机构改革的思路及进展情况工作探讨。与会者就宏观经济形势与区域规划设计市场分析、省级规划院员工能力建设需求评估、事业单位改革与规划管理等问题进行了讨论交流。

7月 15 日，由学会主办、学会学术工作委员会和上海同济城市规划设计研究院承办的中国城市规划学会 2013 城市规划理论务虚会及 2013 年会总体方案研讨会在上海市召开。学会副秘书长曲长虹，上海同济规划院副院长张尚武，以及学会学术工作委员会王富海、张松、吕传廷、王世福、武廷海、段德罡、黄建中等委员参加会议。与会专家分析当前城市规划工作面临的形势，梳理城市规划学术研究与学术交流的思路，探讨城市规划事业发展和学科建设的前沿问题。

7月20～21日，新型城镇化与政策创新学术研讨会在江苏省南京市召开。研讨会由学会和南京大学建筑与城市规划学院主办，来自国内外近40位专家、学者和规划师围绕新型城镇化和政策创新两个主题进行研讨。会议内容涉及城镇化中的城乡规划探索、乡村变迁、行政体制、土地管理、户籍制度等多个方面。针对我国城乡发展战略和城乡规划政策研究相对薄弱的状况，与会专家形成了《关于推进我国城乡发展战略与规划政策研究的倡议书》，倡议加强城乡发展战略研究和规划政策研究，加快中国特色的城乡规划理论构建，加快研究平台建设。

10月17～18日，2013中国城市规划信息化年会在辽宁省沈阳市召开，420多人参加了会议。会议以大数据时代的城市规划为主题，开设了3个分论坛。中国工程院院士李德仁、广州市规划局副局长周鹤龙、武汉市国土资源和规划局副局长马文涵、沈阳市经济和信息化委员会副主任葛苏分别作了主题报告。

12月12～13日，由中国科协主办，学会和重庆市科协、重庆大学共同承办的第二届山地城镇可持续发展专家论坛在重庆市召开。本次论坛主题为“山地城镇生态与防灾减灾”。中国科协党组成员沈爱民、住房和城乡建设部总规划师唐凯、重庆市副市长吴刚等出席论坛，中国科协学会学术部副巡视员王晓彬主持开幕式，学会副理事长兼秘书长石楠、中国岩石力学与工程学会秘书长刘大安主持主题报告会。唐凯、国际著名城市规划专家迪鲁·A·塔塔尼，国土资源部地质灾害应急技术指导中心副主任、总工程师殷跃平，重庆大学建筑城规学院院长赵万民，中国科学院成都山地灾害与环境研究所所长邓伟，中国地震局兰州地震研究所所长、甘肃省地震局局长王兰民，国际城市与区域规划师学会副主席马丁·菲利普·威廉·达柏林，香港艾奕康董事赵圣乐等先后作大会报告。

来自全国17个省、自治区、直辖市，涵盖城乡规划、地质地理、生态环境、地震减灾等多个学科领域的近200位专家、学者，围绕“山地城镇生态保育与开发”和“山地城镇安全与防灾减灾”两大议题，交流了山地城镇产业发展、规划建设、防灾安全等问题。论坛征集论文82篇，录用论文65篇，并出版了论文集。

12月22日，由学会主办，中国人民大学公共管理学院城市规划与管理系、新型城镇化协同创新中心和山西省城乡规划设计研究院联合承办的中国首届城乡规划实施学术研讨会在北京召开。来自全国城乡规划管理领域相关政府部门、高校和科研院所的150余名专家、学者参加了研讨会。

**国际交往**　2013年，学会派往国外的团组共4个8人次。

9月26日，应大韩国土·都市计划学会（KPA）的邀请，学会副理事长兼秘书长石楠出席城市与传媒（City as Media）国际研讨会，并在会上作了题为《微博：中国规划界2.0版》的主旨报告。

9月29日至10月4日，学会派员参加在澳大利亚布里斯班召开的国际城市与区域规划师学会第49届世界规划大会，并在分会场做了学术报告，学会秘书长石楠以国际规划学会副主席的身份参加了9月29日举行的学会主席团会议。

10月24～25日，学会秘书长石楠应联合国人居署邀请，作为专家组成员出席在法国巴黎召开的国际城市与区域规划准则（International Guidelines on Urban and Territorial Planning）专家组第一次会议。学会与联合国人居署、香港规划师学会等分别共同主办了特别论坛。

**【2013中国城市规划年会】**　11月16～18日，2013中国城市规划年会在山东省青岛市召开，来自全国各地的6200多名城市规划师、城市管理人员和大学教授参加了会议，会议围绕“城市时代，协同规划”的主题进行了研讨。

住房和城乡建设部副部长仇保兴、中国科协副主席唐启升、青岛市委书记李群等出席了会议并致辞。会议内容涉及城乡规划、城市发展、宏观战略、社会经济、文化传承等多个方面，有城市规划领域的热点、焦点和难点问题，也有社会各界关注的话题。

中国工程院院士、学会名誉理事长吴良镛在北京以视频会议的方式主持了年会“美好人居与规划变革”分论坛，吴良镛在会上强调建立新型城镇关系的重要性，提出以县域为单元推进农村发展。

年会征集到学术论文2422篇，经专家评审，163篇论文在平行会议上宣读，1056篇论文收录在正式出版的《2013中国城市规划年会论文集（光盘版）》，会议发布了《青岛宣言》和《总规划师倡议书》。

在年会开幕式上，学会对支持城市规划领域的学术活动公益活动的单位和个人进行了表彰，向第七届中国城市规划学会青年论文奖的获奖者、首届中国城市规划青年科技奖获得者、西部之光大学生暑期规划设计竞赛优胜奖获得者颁发了奖状和奖章。

会议期间，学会城市影像委员会举办了城市摄影作品公益拍卖，将公益拍卖所得捐献给学会的“规划西部行”活动，为西部地区城市规划领域的能力提升提供经费支持。

**【中国城市规划学会“规划西部行”】** “规划西部行”是由学会组织实施的城市规划领域的公益平台，2013年创新性地开展了一系列的公益活动。

4月20日，由学会和甘肃住房和城乡建筑厅、江苏省住房和城乡建筑厅、国家开发银行甘肃省分行主办的“凤凰城市论坛（兰州）”暨“规划西部行”公益活动在甘肃省兰州市举办。来自甘肃、新疆、青海、江苏、北京等东西部省、自治区、直辖市的相关领导出席了活动，国内知名专家，城市和开发区管理者、建设者，金融及城市建设企业共同就“东部经验与西部创新——探索中国西部城市新区规划建设路径”的主题展开研讨。学会将“规划西部行”的旗帜授予江苏省规划院。通过近一年的践行活动，江苏省规划院为甘肃省西部省份的10个典型县市，给予每个县市两个工作日的义务无偿规划咨询，提供免费编制发展战略规划或新区规划咨询等类型的规划技术服务。

6月到10月，学会联合全国高等学校城市规划专业教育指导委员会组织了“西部之光”全国大学生暑期规划设计竞赛，竞赛地点为重庆市，竞赛主题为“城市漫步”。21所西部高校的76支参赛队共计400余名师生参赛。

**【举办城市规划专业多校联合毕业设计活动】** 3月3日，由学会提供学术支持的2013年春季学期城市规划专业多校联合毕业设计，在清华大学建筑学院启动，6月1日在东南大学闭幕。这是我国第一次举办城市规划专业多校联合毕业设计活动，来自清华大学、天津大学、同济大学、西安建筑科技大学、东南大学和重庆大学6所大学规划院系的70多名师生参加了活动。活动选取北京郊区宋庄作为案例，主题为“北京宋庄、创意、低碳”，围绕创意和低碳的主题进行设计和交流。

（撰稿人：曲长虹　刘静静）

## 中国产学研合作促进会

**服务创新型国家和社会建设** 2013年，促进会承接科技部创新体系建设办公室“关于我国产学研合作模式分析的研究课题”，课题组针对我国产学研合作的总体态势、发展模式、存在问题及成功经验等问题开展调查研究，形成了6万余字的全国产学研合作创新年度态势分析报告。

1月31日，2013产学研协同创新工作座谈会在北京举行。来自政产学研界40余位专家、学者围绕当前产学研合作创新的难点、热点问题，就如何搭建好协同创新平台、促进低碳高端智慧园区建设和发展进行交流探讨。

9月29日，由促进会主办、北京实创高科技发展有限责任公司承办的政产学研协同创新座谈会暨中国产学研合作促进会会长会议在北京举行，50余位专家、学者出席会议。

促进会制定《中国产学研合作创新示范企业认定与指导办法（试行）》，经评审，认定神华集团有限责任公司、中国建材科学研究总院、山东省商业集团有限公司、宁夏杞芽食品科技有限公司等20家企业为全国产学研合作创新示范企业。

促进会制定《中国产学研合作技术创新战略联盟认定与管理办法》。截至2013年12月底，认定LED、产学研投融资联盟、职业教育产学研联盟、肿瘤防治与云计算应用联盟、绿色能源、转化医学与生物技术、建筑节能减排、低碳高端智慧园区、智能电网、石墨烯产业、脊柱健康及钢铁物流等40余个覆盖不同行业的全国性产业技术创新战略联盟。

加强新一批产学研合作创新示范基地的建设。促进会为贵阳国家高新区、重庆市两江新区、张家港市等产学研合作创新示范基地揭牌。截至2013年12月底，促进会认定不同类型的全国产学研合作创新示范基地60余家。

通过举办产学研合作洽谈会，为地方和区域经济发展服务。促进会参与主办第二届中国濮阳科技成果转化暨产学研合作洽谈会，促成签约合作项目34项，签约金额达3.6亿元，支持举办第二届中国海门科技节暨政产学研金合作洽谈会，签约合作项目110项，总投资超过10亿元。

促进会先后到北京、上海、无锡、重庆、深圳、杭州、西安、河南、江苏、四川、山东、山西和广东等省市进行调研，举办了20余次产学研合作专题座谈会，如第三届中国快堆论坛、第九届中华脊柱健康论坛、首届中国肛肠创新论坛、中国设计节暨第二届中国设计发展年会等专项活动，及时了解区域经济发展中产学研合作的新态势，对产学研合作对接中出现的问题进行剖析和总结。

促进会与中国生产力促进中心协会共同启动了“生产力促进协同创新智慧工程”，并共同建立基于知识协同、网上网下互动的产学研协同创新社区。

促进会与人力资源和社会保障部联合举办10期科技创新项目管理师岗位能力培训和科技（研）经费管理师岗位能力培训，1500余人获人力资源与社会保障部颁发的岗位资格证书。

11月17日，中国产学研投融资联盟和深圳产学研合作促进会在广东省深圳市成立。促进会支持成立了产学研

（上海）金融创新战略联盟、前海产学研基金管理有限公司和协同创新基金管理有限公司，推动投融资平台与产学研合作创新成果项目的有效对接。

促进会组建不同类型的专家委员会，加强对联盟、基地的服务与指导。

**学会建设** 2013 年，中国产学研合作促进会第二届会员代表大会暨第二届一次理事扩大会议在重庆市举行。会议选举产生新一届理事会、常务理事和新的领导班子。经大会选举和中组部批准，全国人大常委会原副委员长，中国科学院院士、中国工程院院士路甬祥任促进会第二届会长。

2013 年，编辑出版会刊《中国科技产业》12 期。

**国内主要学术会议** 5 月 25 ~ 27 日，第十五届中国科协年会"政产学研协同创新与民生科技产业发展"研讨会在贵州省贵阳市举行。研讨会以"协同创新、着眼民生、转型发展"为主题，探讨如何以产学研合作为突破口，大力发展民生科技产业，促进政产学研用结合，提升民生福祉，为贵州科技创新和经济转型发展服务。会议签订了一批产学研合作项目，并授予贵阳国家高新区"中国产学研合作创新示范基地"称号。来自全国政产学研界近 200 人出席研讨会。促进会副会长、秘书长王建华主持会议。会议由中国科协、贵州省政府主办，中国产学研合作促进会、贵州省科技厅及贵阳国家高新区共同承办。来自不同领域的院士、专家、学者作了演讲和案例分析。

12 月 15 日，促进会与重庆市政府联合主办的第七届中国产学研合作创新大会在重庆市举行，来自全国政产学研金等各界 1000 余名专家、学者与会。会议围绕"深化改革、协同创新、转型发展"主题，就我国产学研协同创新的总体态势、发展模式、战略政策、存在问题等方面，从理论和实践上做了总结和探讨。会议由国务院参事、促进会常务副会长石定环主持。

**表彰举荐优秀科技工作者** 依据《国家科学技术奖励条例》的相关细则，促进会成立了中国产学研合作创新与促进奖奖励委员会，负责各奖项的组织评审工作。评出 2013 中国产学研合作创新与促进奖 307 项，其中突出贡献奖 10 项、产学研合作创新奖 99 项、产学研合作促进奖 98 项、产学研合作创新成果奖 100 项。

**【中国产学研合作促进会第二届会员代表大会暨第二届一次理事扩大会议】** 12 月 14 日，中国产学研合作促进会第二届会员代表大会暨第二届一次理事扩大会议在重庆市举行，来自政产学研界的专家、学者 350 余人出席会议。会议审议通过了第一届理事会工作报告、首届理事会会费收支情况报告、《中国产学研合作促进会章程（修正案）》，选举产生了第二届中国产学研合作促进会理事、常务理事、秘书长、副会长、会长，通过了聘请第二届中国产学研合作促进会名誉会长、特邀副会长、理事会顾问名单。会议由促进会副会长、秘书长王建华主持。

新当选的促进会会长路甬祥在讲话中指出，促进会要充分发挥的职能作用。积极整合各类创新要素，使其最及时、最合理、最有效地进行协同合作，实现经济效益和社会效益的最大化，进一步提升全社会的创新创造能力。他要求促进会必须探索和制定中国产学研合作促进会自身发展的新战略和新举措，善于学习和借鉴国内外有利的经验，紧紧依靠理事会成员开展工作，充分调动各方面的积极性、创造性，团结协作，锐意进取。

**【第七届中国产学研合作创新大会】** 12 月 15 日，促进会与重庆市政府联合主办的第七届中国产学研合作创新大会在重庆市举行，来自全国政产学研金等各界 1000 余人与会，会议围绕"深化改革、协同创新、转型发展"主题，就我国产学研协同创新的总体态势、发展模式、战略政策、存在问题等方面，从理论和实践上做了总结和探讨。会议由国务院参事、促进会常务副会长石定环主持。

全国人大常委会原副委员长、促进会名誉会长陈至立对大会的召开表示祝贺。

全国人大常委会原副委员长、促进会会长路甬祥在会上讲话，重庆市市长黄奇帆致辞并做主旨演讲，环境保护部副部长吴晓青、工业和信息化部副部长毛伟明、国家开发银行副行长王用生、长安汽车股份有限公司总裁张宝林等在会上发言。科技部副部长陈小娅宣读了中国产学研合作创新与促进奖颁奖决定。大会向 2013 年新认定的中国产学研合作创新示范基地、创新示范企业和产业技术创新战略联盟授牌。中国工程院院士、重庆市科委主任钟志华宣读了政产学研界学习贯彻党的十八届三中全会精神的《重庆宣言》，与会者达成如下共识：在全面深化改革的总体目标指引下，产学研组织必须突破机制创新、模式创新、平台创新的三大瓶颈，紧紧围绕以企业为主体，健全技术创新市场导向机制，激发市场活力，在产业转移与承接、产业集聚与升级、产业融合与优化、产业协同与创新四个层面起到桥梁与推动的作用。

来自全国政产学研金界 500 余名专家、学者参加了同期举行的 5 个大会分论坛。50 余位专家、学者围绕"改革发展　企业创新　军民融合　产业升级"主题，分别就"政产学研协同创新"、"创新环境·示范基地·产业联盟"、"产学研金项目对接与成果转化"、"高新技术企业创新发展"和"职业教育与产学研结合"等主题作了报告。

【2013年度中国产学研合作创新与促进奖评选】依据《国家科学技术奖励条例》的相关细则，促进会成立了中国产学研合作创新与促进奖奖励委员会，负责各奖项的组织评审工作。评出2013中国产学研合作创新与促进奖307项，其中突出贡献奖10项、产学研合作创新奖99项、产学研合作促进奖98项、产学研合作创新成果奖100项。截至2013年12月底，促进会评出各类奖项1353项。其中，产学研合作创新奖486项、产学研合作促进奖482项、产学研合作创新成果奖345项和产学研合作突出贡献奖40项。

2013中国产学研合作创新与促进奖颁奖仪式在第七届中国产学研合作创新大会上举行。

（撰稿人：施　勇）

## 中国知识产权研究会

**服务创新型国家和社会建设**　2013年，研究会完成11个课题约30篇研究报告。完成了《2013年各行业专利技术现状及其发展趋势报告》、《重点领域专利分析报告》、《知识产权热点问题研究》三大主课题的研究工作，完成了“自由贸易协定对知识产权环境影响研究”、“国外主要经济区域生物医药知识产权环境研究”、“战略新兴产业技术动向研究”等5个宏观知识产权政策课题，以及河北省专利战略引导计划项目课题的研究工作。完成了“工程建设领域相关知识产权问题研究”、“重大科技专项知识产权评估”两个社会委托课题。

4月，配合我国首部《企业知识产权管理规范》的出台，研究会适时举办培训班，组织单位会员特别是企业会员参加，邀请规范制定部门负责人对规范内容进行讲解和说明，促进企业更好地实施。研究会领导深入中兴通讯、腾讯公司、百度公司进行调研，了解他们以知识产权创业、创新的业绩；走访IBM等国外大企业，了解其发展知识产权的策略。根据调研结果拟定主题和授课专家，组织研讨培训活动，邀请企业的知识产权主管部门负责人就企业知识产权战略和管理以及企业所面临的知识产权风险等问题为会员单位进行授课。

**学会建设**　2013年，研究会发展团体会员210个，发展个人会员20人，团体会员总数达434个，个人会员390人。

2013年，研究会被评为3A级社会组织，获“中国知识产权组织评估”AAA级证书和牌匾。

12月4～6日，研究会在浙江省杭州市举办全国知识产权研究会抓住改革机遇推动社团发展工作会议。国家知识产权局副局长、研究会常务副理事长甘绍宁出席会议并讲话，研究会秘书长张云才作工作报告。全国省、自治区、直辖市、计划单列市、副省级城市27个研究会的理事长、秘书长62人参加了会议。会议由研究会副秘书长马秀山主持。浙江省知识产权局局长洪积庆到会致辞。会议围绕知识产权社团组织如何承接好各种社会职能，充分发挥特色和优势进行交流讨论。

12月26日，研究会第六届二次常务理事会议在北京举行，会议通过了关于增补理事的决定，研究会第六届理事会成员达336人。研究会理事长田力普在会上作了国内外知识产权形势报告。国家知识产权局副局长、研究会常务副理事长甘绍宁主持会议。研究会秘书长张云才做了关于增补理事的说明，并宣读增补王岩等人为理事的决定。国家知识产权局副局长、研究会副理事长贺化，中国科协书记处书记、研究会副理事长张勤等理事会成员60余人参加会议。会议通过了关于增补王岩等人为理事的决定。

**学术期刊**　2013年，中国人民大学书报资料中心发布的《复印报刊资料》转载统计显示，《复印报刊资料》全文转载《知识产权》杂志文章总量达10篇，较2012年增长1倍。此外，《知识产权》在《中国学术期刊影响因子年报》精选的92种法学类期刊中排名第16位，在北京大学法律核心期刊评审中，继续居于核心期刊地位。

2013年，研究会杂志理事会有杂志理事单位60家。8月，组织召开了杂志理事会座谈会。

**国际学术会议**　5月22日，由英国《知识产权管理》杂志主办、研究会协办的2013中国国际知识产权论坛在北京举行。来自国内外知识产权领域的专家、学者、律师，以及企业知识产权的管理者，中外企业、代理机构等领域的有关人员共300余人参加了论坛。论坛以“如何在全球范围内商业运作所拥有的知识产权资产，同时不疏于知识产权保护”为主题，向参会人员介绍海外知识产权发展的最新动向，提供企业在海外发展的知识产权策略。研究会团体会员代表50余人参加了会议。

9月4～5日，由英国《知识产权管理》杂志主办、研究会协办的全球知识产权及创新峰会在上海市举办。会议主要讨论知识产权货币化、商业化等内容，并从知识产权所有人角度，探讨如何布局及运作自己的专利组合，使利润最大化。会议内容及演讲主题受到与会者的广泛关注和好评，研究会团体会员代表40余人参加了会议。

**国内主要学术会议**　4月，研究会围绕知识产权创造、保护、管理和运用举办知识产权宏观政策研讨班，9月，围绕“世贸协定对国际知识产权环境的影响”、“知识产权资产纳入GDP核算体系”以及“我国区域知识产权综合实力指数与国家核心竞争力水平的关系”三大知识产权热点问题举办学术研讨活动。

10月24日，研究会组织专家及有关团体会员，与来访的美国企业代表团就商业秘密保护等问题进行交流。研究会的专家、学者、会员单位的实务工作者就美国企业代表团提出的我国怎样处置商业秘密纠纷及如何预防商业秘密纠纷等问题进行探讨。

**两岸交流** 11月5～9日，以研究会副秘书长马秀山为团长的代表团一行6人赴台湾地区对“中华保护智慧财产权协会”及大成台湾律师事务所、台湾大学法学院智慧财产培训院、台湾数位光讯科技集团等单位进行访问。通过交流代表团对台湾地区知识产权发展状况、知识产权司法系统的运作、知识产权人才培养以及知识产权非政府组织的发展状况有了较为深入的了解。

**国际交往** 5月3～7日，研究会常务副理事长甘绍宁、研究会秘书长张云才等一行4人赴韩国访问。代表团与韩国产业财产权法学会就如何扩大双方合作，专利制度如何服务企业、促进企业创新发展等问题进行了交流，与韩国汉阳大学就知识产权人才培养情况进行了专题会谈。

10月20～27日，研究会秘书长张云才率代表团一行5人赴美国、加拿大访问。在与美国知识产权法律协会（AIPLA）的会谈中，双方就“patent troll”等当今国际知识产权热点问题交换了意见。在渥太华，研究会代表团与加拿大知识产权协会（IPIC）就如何在政府和企业中往来、更好地保护知识产权从业者利益等问题进行交流探讨。

10月，研究会接待了由电气化学工业株式会社、五十铃汽车株式会社、日立化成株式会社等20余家企业代表组成的日本知识产权协会（JIPA）代表团。代表团参观了国家知识产权局文献馆和专利受理大厅，并与北京市高级人民法院座谈，就专利无效审判、专利侵权诉讼等问题进行了交流。

**表彰举荐优秀科技工作者** 2013年，研究会在与英国《知识产权管理》杂志开展合作过程中，向其举荐全球知识产权界50位最具影响力人物，田力普、刘春田等4名研究会理事会成员入选。

研究会推荐理事竞选全国知识产权领军人才，27名理事当选，在首批81名领军人才占三分之一。

**会员服务** 2013年，研究会配合新《商标法》出台和《专利法》、《著作权法》的修订，针对会员单位举办知识产权实务培训班20余期，培训3600余人次。

2013年，研究会向会员赠送《知识产权》杂志12期，《知识产权竞争动态》、《中国知识产权研究会通讯》各23期。

4月24日，研究会在北京召开会员大会，研究会秘书长张云才，副秘书长马秀山、焦刚、李亚莉、段玉萍、李剑等出席会议，来自全国各地的120余名会员单位代表参加会议。会上通过了《关于加强会员管理和服务工作的意见》，通报了商标、版权、司法工作形势。会后，研究会采纳了会员提出的关于为《研究会通讯》增加目录的建议。

5月，研究会制定并印发《关于加强会员管理和服务工作的意见》，对加强会员发展、管理、服务和交流等方面工作提出了明确具体的要求。

2013年，研究会组织企业会员单位参加2013中国国际知识产权论坛、全球知识产权及创新峰会等学术活动，安排会员单位接待并参加与美国企业代表团的交流讨论。

**【中国知识产权研究会会员大会】** 4月24日，中国知识产权研究会会员大会在北京召开。研究会秘书长张云才，副秘书长马秀山、焦刚、李亚莉（工商总局商标局副局长）、段玉萍（新闻出版总署版权管理司副巡视员）、李剑（最高人民法院知识产权庭法官）等出席会议，来自全国各地的120余名会员单位代表参加会议。会议由马秀山主持。

会上，张云才向与会会员全面介绍了研究会的发展历程和工作，李亚莉通报了商标工作形势，就商标法修改、商标审查和执法等方面的工作进行了介绍。段玉萍通报了版权工作形势，内容包括著作权法的开门立法、行政执法、软件正版化和国际发展。李剑通报了知识产权司法保护工作形势，解读了最高法院的知识产权保护政策，并介绍了专利案件的最新动向。焦刚宣读了《中国知识产权研究会关于加强会员工作的意见》。

中国专利代理（香港）有限公司总经理李勇、中国电信集团公司法律部副总经理张建斌、中粮集团有限公司高级知识产权顾问白志昀、中国科学院国家科学图书馆情报研究部副主任赵亚娟等4位会员单位代表发言。

**【首届中日韩国际知识产权研讨会】** 7月19日，由研究会、日本知财学会、韩国产业财产权法学会主办，研究会学术顾问委员会承办的首届中日韩国际知识产权研讨会在北京开幕，研究会常务副理事长、中国国家知识产权局副局长甘绍宁出席研讨会并致辞，研究会秘书长张云才主持开幕式。由知识产权学术领域专家学者组成的日本、韩国代表团参加了会议。研究会学术顾问委员会委员以及来自全国各地的专家学者，企事业单位、科研院所、大学、中介机构的共250余人参加了研讨会。会议围绕中日韩及东亚地区知识产权法律制度最新发展、企业知识产权战略和知识产权实务问题进行交流研讨。

中南财经政法大学校长吴汉东、华为技术有限公司知识产权部副总裁樊志勇、中国贸促会专利商标事务所副所长龙传红等9名中日韩专家、学者分别就中日韩知识产权法律制度最新发展、中日韩企业知识产权战略、中日韩知识产权实务热点问题作了报告。

（撰稿人：杨　丹）

## 中国发明协会

**服务创新型国家和社会建设**　2013年，协会在广东省惠州市、辽宁省大连市、湖南省长沙市、山东省青岛市、浙江省宁波市、安徽省芜湖市、河南省新乡市、山西省运城市等地和当地发明协会共同举办了8期发明成果转化与企业创新培训班，近千人参加了培训。

协会继续承担完成了国防知识产权局（原国防专利局）的两个研究课题"军民融合式专利技术信息交流机制研究"、"军民专利技术在国防领域应用研究"，国家知识产权局的3个研究课题"非职务发明评价工作体系建设指南"、"专利价值分析体系"和"鼓励中小企业发明创造及其转化实施"，初步挖掘、筛选民间创新成果，研究军民融合式发展为国防建设服务的工作体制、机制。

协会与芜湖发明协会、芜湖高新区及高智发明（北京）投资咨询有限公司合作，于2012年建立中国发明协会（芜湖）发明创业工场。2013年（芜湖）发明创业工场孵化了首个项目。结合芜湖本地的产业结构，将项目收集范围限定为汽车电子及关键零部件、新材料、新能源汽车领域，60强发明项目与当地产业对接。第二期共收集项目90项，81项通过资格审查，16项通过第一轮专家评审，6项通过第二轮专家面试，为2014年的孵化工作引入了新项目。

2013年，协会举办6次项目对接会，约110个项目1000人次参加，部分项目已达成初步合作意向。

7月11日，科技部党组书记王志刚与协会部分专家座谈，听取对科技工作的意见和建议。科技部原部长、发明协会理事长朱丽兰以及来自国有企业、民营企业、教育、金融投资等领域和非职务发明人共17位协会专家，科技部有关司局负责人参加座谈会。座谈会由科技部党组成员、秘书长李萌主持。

**学会建设**　2013年，协会发展个人会员236人，单位会员30个。

4月11日，中国发明协会六届三次理事会议在北京召开。会议通过协会秘书长鹿大汉所作的2012年工作报告和2013年工作要点，同意推荐中国科协书记处书记张勤担任发明者国际联合会主席候选人，增补单祥双、郭保民为协会第六届理事会副理事长，薛惠珍、曹晓滨、郭民生和龚世益为协会第六届理事会常务理事。

11月9日，协会高校创造教育分会改选，选举北京航空航天大学仪器科学与光电工程学院院长房建成为理事长，北京航空航天大学仪器科学与光电工程学院党委书记赵慧洁为秘书长。选举副理事长5位，理事14位。

2013年，协会党支部开展了群众路线教育实践活动，制定了《发明人接待工作要求》。

**国内主要学术会议**　4月12日，第七届中国发明家论坛在北京召开，来自全国各地280余位专家、学者参加了论坛。本次论坛以"创新驱动发展、科技与金融结合"为主题。

**国际交往**　2013年4月，协会组织37个项目15人参加法国巴黎国际展览会，获6个金牌、11个银牌、13个铜牌、7项荣誉奖。10月，协会组织33个项目18人参加德国纽伦堡国际发明展览会获5个金牌、12个银牌、5个铜牌。

2013年，协会进行了发明成果转化国际合作。2013年瑞典发明协会五次组织发明人，携带"防爆装置"项目"分子阻燃剂"项目和"离心除尘技术"项目来中国寻找合作伙伴。协会安排瑞典专家到厦门、泉州、宁波，参观中方合作企业，初步促成了瑞典中央清洁系统公司与中国泉州市天龙环境工程有限公司产业化的合作意向。

2013年，协会开通了中国发明网英文网，网站内容以"创新改变生活，发明实现梦想"为主题，重点宣传协会在发明创新方面的工作，为协会在国际上的合作与交流搭建宣传平台。

**科普活动**　10月13日，由协会、四川省科协、国家知识产权局人教部、中国高等职业技术教育研究会、中国高等学校知识产权研究会共同主办，成都航空职业技术学院和四川职业技术学院承办的第八届全国高职高专"发明杯"大学生创新创业大赛在四川省举行。来自全国各地的23所高职高专院校，200余名师生参加了大赛。大赛发明制作类共有228项作品获奖，其中获一等奖68项，二等奖65项，三等奖95项，创业类共有88项作品获奖，其中获得一等奖15项，二等奖29项，三等奖44项。

协会举办了第七届全国中小学劳技教育创新作品邀请赛、第十一届全国中小学信息技术创新与实践活动、第九届宋庆龄少年儿童发明奖评选活动。

**表彰举荐优秀科技工作者**　协会与中科招商投资管理集团有限公司在签订战略合作协议基础上，联合主办了第八届“发明创业奖·人物奖”评选活动。评选出95位“发明创业奖·人物奖”人选，11位被授予“当代发明家”称号。

2013年，协会共向国家科技奖推荐了3个项目。鞍钢工人李超的“冷轧机乳液分区自动吹扫装置的研发和应用”项目被评为2013年国家科技进步奖二等奖。协会2013年推荐的“中国专利奖”3个项目中两项获优秀奖，分别是邱毅的“医学热诊断数字图像扫描系统”项目和傅太平的“双循环锅炉烟气脱硫除尘装置”项目。

**学会创新发展** 2013年9月，协会理事长朱丽兰带队，与国务院国有资产监督管理委员会群工局领导一起开展对国有企业的调研学习，探索建立合作机制，探索引领企业一线职工创新工作的新思路、新模式。

**会员服务** 协会定期向会员赠送《发明工作简报》，在中国发明网重点推荐栏目发布一项300字左右的发明信息，专利成果进入中国发明网成果检索数据库供需方查找，在协会中文网站上开辟“企业单位会员专栏”，交流各企业单位重要活动及创新创业体会。向企业单位会员赠送由知识产权出版社、中国发明协会主办的《创新时代》、《中国发明与专利》杂志。

2013年，协会接待了100余名发明人的来访，其中绝大部分是非职务发明人。协会耐心地接待每一位来访的发明人，认真记录每位来访发明人的详细信息，提供咨询服务。

**【第七届中国发明家论坛】** 4月12日，第七届中国发明家论坛在北京召开，来自全国各地的280余位专家、学者参加了论坛。论坛以“创新驱动发展、科技与金融结合”为主题。全国人大常委会原副委员长路甬祥、科技部秘书长李萌、国家知识产权局副局长鲍红和国家科学技术奖励工作办公室主任邹大挺等出席会议。科技部创新办主任徐建国，国家知识产权局专利管理司司长马维野，科技部中国科学技术发展战略研究院副院长郭铁成，中科招商投资管理集团有限公司董事长单祥双，中国科学院院士、南京航空航天大学教授赵淳生出席并作报告。

**【中国创客圆桌论坛】** 4月13日，中国创客圆桌论坛在北京举办。来自深圳、上海、北京创客圈的知名代表及中科招商投资管理集团有限公司、福布斯杂志等各领域关注创客运动的代表61人参加了论坛。

协会副理事长兼秘书长鹿大汉介绍了举办本次圆桌论坛的初衷，2010年10月在上海创建国内第一个创客空间的台湾人李大维介绍了创客概念的来历，以及创办创客空间的初衷和运营两年多来的感触。开源硬件服务商深圳矽递科技的创始人潘昊以“墨子、创客、山寨”为主题介绍了自己的创业经历，以及对深圳山寨文化与创客运动的看法。北京创客空间联合创始人王盛林、点名时间网站联合创始人张佑、DFRobot科技公司创始人叶琛、中国软件开发联盟创始人蒋涛、清华大学经管学院副教授张帏、协会发明方法研究分会会长赵敏、戈壁投资董事总经理童玮亮、微软公司夏鹏、中国发明协会首席专家邹定国等先后发言。

科技部中国科学技术发展战略研究院副院长郭铁成认为，借助互联网、开源硬件以及创客运动，将充分释放全民的、巨大的创新潜力，形成人人参与创新的社会氛围。他建议协会发挥引导协调作用，将广大创客的创新热情引导到与中国产业转型升级、国家科技发展战略的互动中来，发挥更大的作用。

（撰稿人：滕绵震）

## 中国认知科学学会

**学会建设** 1月18日，学会获民政部批复登记成立（民函〔2013〕23号），2月27日获社会团体法人登记证书（社证字第4969号）。学会的上级主管单位是中国科协，挂靠单位是中国科学院生物物理研究所。

认知科学是研究人类的认知和智力的本质和规律的科学，其研究范围包括知觉、注意、记忆、动作、语言、推理、抉择、思考、意识乃至情感动机在内的各个层次和方面的人类的认知和智力活动。认知科学的一个重要特点是空前的高度跨学科。

学会建立了分支机构成立办法和规划，向中国科协、民政部提交成立分支机构的4项申请，1项获批准。

2013年，学会6人次参加了中国科协举办的各种会议和培训，完成了学会网站域名注册和页面设计。

**会员服务** 学会通过筹备大会、建设网站等方式发展会员，为学会会员申请中国科协资助。申请两项学会学术交流项目，获批1项，申请1项创新群体项目。

（撰稿人：周　馨　罗　欢）

## 中国指挥与控制学会

**服务创新型国家和社会建设** 2013年，学会组织专家力量，开展承接政府职能转移的调查研究，提出建立“智慧城市管理与治理成熟度评价中心”和“物联网职业能力考试与测评中心”两份可行性论证报告，报送有关部门。

**学会建设** 1月7日，学会完成了机构代码申请、印章刻制、税务登记、财政审批、银行开户等手续办理，启动了学会办事机构组建。根据挂靠单位兵器工业集团公司兵办字〔2013〕3号文和兵器战略字〔2013〕298号文，确定了学会作为集团公司直接管理的管控模式。学会配备了4名专职工作人员，落实了办公场所和经费支持等政策，成立了党支部和临时工会小组。

学会开展了组织工作委员会、专家工作委员会和青年工作委员会的筹建工作，完成人选确定、职责分工和材料申报工作。学会制定专委员会管理办法，明确了专委会职责，规范了专委会的设立、调整、注销和活动流程，完善了专委会的管理制度基础。根据学会组织通则，对17家申报单位进行了审核，完成了6家单位首批申报工作。

学会制定了会员管理办法，分层分类建立了会员的发展、服务、管理标准与流程。完成了学会门户网站一期开发，启用了短信服务平台，创办发行电子版《CICC通讯》。开展了秘书处领导班子和党员干部的“四风”整治工作，提出20项具体整改措施落实到15项制度当中。

**学术期刊** 筹办《指挥与控制学报》，启动期刊资质变更申报工作。由原兵器集团公司主管、主办的科技期刊《电脑开发与应用》科技期刊，变更刊名、增加主办单位，为学报创办提供了资质基础。

**国内主要学术会议** 2013年，学会在学术交流活动中，共组织专题报告近百场，参会人数达1200人次，征集论文600余篇。

1月24日，学会与北京理工大学联合举办了无人系统工程与技术发展论坛,60名专家委员会委员、常务理事、特邀代表参加了会议。来自全国30个高等院校、科研院所（厂）及其他相关单位指挥控制领域的专家、学者参加会议。

学会与中国兵器科学研究院合作举办了信息化装备电磁兼容与抗干扰技术高峰论坛。

8月，学会在北京举办了2013第一届中国指挥控制大会，大会以“指挥控制、科技产业、军民融合、协同创新”为主题，2000余名专家、学者参加了会议，大会收录了10篇主题报告、60篇专题报告，征集论文427篇，出版大会论文集。

9月14日，中国指挥与控制学会首届青年科学家论坛在北京举办，来自指挥与控制领域、高等院校及科研院所的120余名青年科技工作者参加了论坛。论坛以“创新驱动发展：大数据时代的指挥与控制”为主题。

10月18～20日，学会与中国海洋学会联合举办中国海洋发展与指挥控制论坛在山东省烟台市举行。论坛以“走向深蓝的指挥与控制”为主题，来自国内海洋科技和指挥控制领域的200余名专家、学者与会，探讨信息时代指挥控制科学技术在维护国家海洋权益、建设海洋强国战略中的驱动作用与创新途径。

中国兵器工业集团公司副总经理杨卓、中国海洋学会常务副理事长雷波、海军航空工程学院院长何友出席了论坛开幕式并致辞。海军信息化专家咨询委员会主任尹卓、北海舰队原副司令员杜希平、中国科学院自动化所王飞跃、国家深海基地管理中心主任、蛟龙号深海实验总指挥刘峰、中国电子科技集团首席科学家王积鹏等20余位专家出席论坛开幕式。学会理事长戴浩主持论坛开幕式。论坛对征集评选出的优秀论文进行了表彰。

11月2～3日，由学会主办、学会火力与指挥控制专委会筹备单位——北方信息控制集团承办的神经中枢2013网络时代的火力与指挥控制学术交流会在四川省成都市召开。来自国内航天、航空、船舶、电子、兵器、军队的研究所、院校和工厂共30余个单位的62位专家、学者参加了交流会。学会副理事长李定主、张有建出席会议并致辞。学会秘书长秦继荣作大会总结。总装备部装甲兵技术研究所张兵志总工程师、中国船舶重工集团公司716所副所长潘冠华等出席了会议，学会副秘书长赵爱军主持了会议。中国人民解放军总装备部装甲兵技术研究所装技所总工张兵志、海军陆战学院教授周智超、中国兵器工业集团战略发展部研究员王狂飙、中国船舶重工集团公司第716研究所研究员徐国亮、中国航空工业集团公司613所高劲松、北方信息控制集团王云峰等特邀专家围绕“网络时代的火力与指挥控制”的主题做了报告。会议征集论文108篇，编辑收录了85篇形成《神经中枢2013——网络时代的火力与指挥控制论文集》，由国防工业出版社正式出版，会议对评选出的30篇优秀论文进行了表彰。

**表彰举荐优秀科技工作者** 10月30日，何梁何利基金2013年度颁奖大会在北京举行。学会秘书长秦继荣获何梁何利基金2013年度“科学与技术创新奖”。秦继荣组织承接了《兵器工业科技创新模式研究》课题项目，针对新形势下兵器工业转型升级的现实需要，重点开展“兵器工业科技创新驱动模式”专题研究，于11月提交了《关于参与成立中国—以色列投资基金管理公司投资以色列高科技公司的报告》专题成果。

**【2013第一届中国指挥控制大会】** 8月5日，由学会主办的2013第一届中国指挥控制大会在北京召开。来自国内指挥控制领域的科研院所、高等院校、大型国有企业、高新技术企业以及民营高科技公司等近2000名专家、学者围绕“指挥控制、科技产业、军民融合、协同创新”的主题，交流信息时代指挥控制科技产业的创新与发展。中国兵器工业集团公司董事长、党组书记尹家绪、中

国科协党组成员、书记处书记张勤，国务院国有资产监督管理委员会监事会主席、中国科技法学会会长段瑞春，中国人民解放军总参谋部信息化部副部长安学，中国人民解放军总装备部陆装科订部总工程师王曙明出席大会并致辞。中国人民解放军原副总参谋长葛振峰、军事科学院原副院长刘继贤，中国兵器工业集团公司总经理焦开河，中国电子科技集团公司总经理助理朱崇锦等出席了大会开幕式。中国兵器工业集团公司副总经理、学会名誉理事长曾毅主持了大会开幕式。

张勤代表中国科协对本次大会的召开表示祝贺。他指出，中国指挥与控制学会是科协的年轻学会，是国内指挥与控制学科建设创新发展的一支新生力量，在学会组建不到一年的时间里，便举办了如此大规模学术活动，充分表明学会抓住了信息时代指挥与控制学科建设发展的特点和趋势，体现出了学会良好的凝聚力、创造力和广阔的发展前景。

在主题报告大会上，9 位专家、学者针对指挥信息系统建设、指挥控制科技创新、平行军事体系应用等专题做了大会报告，重点从战略层面对我国指挥与控制技术创新和产业发展提出了前瞻性、建设性思考。60 余位专家分别就无人系统、火力与指挥控制、大数据技术、灾害防护和应急救援、C4ISR 理论与技术、空天信息系统建模与仿真、导航定位技术，以及智慧城市与公共安全等 9 个专题进行了交流，大会共征集 15 个专业领域的论文 525 篇，经大会组委会学术委员会评审，录用427篇，推选特等奖1篇，一等奖 20 篇，优秀奖 50 篇。会议出版了电子版和纸质版论文集。

**【2013 年新春茶话会暨无人系统工程与技术发展论坛】** 1 月 24 日，中国指挥与控制学会 2013 年新春茶话会暨无人系统工程与技术发展论坛在北京召开，会议由中国工程院院士、学会理事长戴浩主持。60 名专家委员会委员、常务理事、特邀代表参加了会议。来自 30 个高等院校、科研院所（厂）及其他相关单位指挥控制领域的专家、学者参加会议。会议由学会名誉理事长、中国兵器工业集团副总经理曾毅致辞。会议听取了由中国工程院院士、中国人民解放军总参谋部信息化部李德毅院士所作的题为《迎接智能驾驭新时代》的报告，中国船舶总公司 710 所研究员林平所做的题为《未来水中无人系统技术》的报告，李杰所做的题为《空中军用无人系统技术》的报告、中国兵器科学研究院孟红研究员所作的《地面无人平台发展探讨》的报告、北方信息控制集团孔杰军所做的题为《美军 JTRS 移动自组织网原理及现状介绍》的报告。

**【2013 年中国国际电磁兼容与微波技术暨安规认证测试展览会】** 6 月 24 日，2013 年中国国际电磁兼容与微波技术暨安规认证测试展览会在北京举办。

国务院国有资产监督管理委员会部长段瑞春，学会秘书长秦继荣，北京兵器科学研究院副院长曹晖，罗德与施瓦茨公司中国区总经理吴克，德国奥尔托项目公司总经理提莫·格瑞纳分别在开幕式上致辞。展会面积 4000 平方米，邀请来自中国、美国、德国、瑞士、日本、法国、加拿大、韩国、新加坡等 15 个国家和地区 70 余家著名供应商参展。展出了最新的技术、产品与整体解决方案。展会期间，举办了新能源汽车、医疗器械、信息电子智能电网和电磁兼容技术与市场发展系列高峰论坛，论坛由中国兵器科学研究院和学会主办，论坛邀请了来自中国人民解放军总参谋部、中国人民解放军总装备部、航空、航天、船舶、电子和兵器等国防工业部门的专家作专题报告，350 位来自国防工业部门行业科研人员和采购人员以及军队代表参加了大会。1500 名观众观看了展会。

**【2013 中国指挥与控制学会青年科学家论坛】** 9 月 14 日，学会主办的 2013 中国指挥与控制学会青年科学家论坛在北京举行。来自指挥与控制领域、高等院校及科研院所的 120 余位优秀青年科技工作者参加了论坛。论坛以“创新驱动发展：大数据时代的指挥与控制”为主题，论坛特邀中国工程院原副院长邬贺铨，解放军总参谋部信息化部李德毅院士，装甲兵工程学院的王荣辉，清华大学教授唐杰等 4 位专家做主题演讲。中国指挥与控制学会理事长、中国工程院院士戴浩出席论坛并致辞。论坛由学会秘书长秦继荣主持。邬贺铨院士和李德毅院士分别就《大数据时代的机遇与挑战》、《大数据时代的科学与技术》作了主题演讲，王荣辉、唐杰教授分别作了题为《信息时代的军事系统思考》、《微观社交网络分析》的专题报告。

（撰稿人：孙　寅　胡　博）

## 中国创造学会

**国内主要学术会议**　8 月 17 ~ 18 日，由学会主办，浙江大学创新管理与持续竞争力国家哲学社会科学创新基地、浙江省创造学研究会承办的创新驱动发展与经济转研讨会在浙江省杭州市召开，102 人与会，研讨会共收到论文 47 篇。

9 月 5 日，由学会企业创新专业委员会和上海中外企业家联谊会联合主办的互联网时代企业转型发展与创新研讨会在上海市举行，各个行业的近百位企业家参加了研讨会。

10 月 30 日，由学会创造教育专业委员会主办的创造教育研讨会在上海市控江中学举行，100 多所中国创造学会创造教育实验基地的校长和教师参加了研讨会。

12月6～8日，由学会企业创新专业委员会主办的企业创新驱动转型发展研讨会在云南省昆明市召开，来自全国的企业界代表近百人参加了会议。

11月，学会举办针对贵阳市大中小学青年教师的“上海教育改革发展与创造教育实践”专项培训，介绍上海的中小学教育改革理论与实践。

**学会建设** 截至2013年12月31日，学会有个人会员1892个、团体会员347个。学会召开第四届理事会第五次理事会议，审议通过了《中国创造学会第五届理事会换届方案》、《中国创造学会章程修改征求意见稿》和《中国创造学会会费收取标准和管理办法》。

**【创新驱动发展与经济转型研讨会】** 8月17～18日，学会主办，浙江大学创新管理与持续竞争力国家哲学社会科学创新基地、浙江省创造学研究会承办的创新驱动发展与经济转型研讨会在浙江省杭州市召开，来自20多个省、自治区、直辖市的102名专家、学者出席了研讨会，本次研讨会收到论文47篇。

浙江大学党委副书记周谷平、浙江大学管理学院院长吴晓波，学会常务副理事长、同济大学副校长蒋昌俊分别致辞。国家发改委机关党委宣传部长丁晓龙，学会常务副理事长、同济大学副校长蒋昌俊，中国科学院科技政策与管理研究所所长、中国科学院创新发展研究中心主任穆荣平，浙江大学发展战略研究院副院长、浙江省创造学会会长魏江分别作了专题报告。来自全国各地创造学会的专家、学者就创造学理论与实践的发展趋势、创新驱动发展与经济模式转型、学科交叉融合与协同创新能力、创新型创业人才培养机制模式、创新方法推广与软件教学应用等作了专题发言。

（撰稿人：张　琼）

## 中国密码学会

**服务创新型国家和社会建设** 2013年，学会承接政府部门交办科技评价项目1个，面向社会开展教育培训活动6次，参加人数900余人次，出版《实用信息安全技术》教材1部。

4月7～9日和5月22～24日，学会分别在北京市、广东省广州市举办了密码行业标准培训班，来自国内329家商密企业的管理、技术研发人员，27个省、自治区、直辖市商密管理人员约540人参加培训。

12月11～15日，学会在北京市举办分组密码设计与分析培训，来自国内高校、研究院所、企业及军队等单位220余名密码科技工作者和在校博士生、研究生参加了培训。

7月1～21日，学会密码数学理论专委会在北京市举办了编码密码中的数学理论全国研究生暑期班，来自高校、科研院所的50人参加了培训。

**学会建设** 2013年，学会召开3次常务理事会议、1次理事会议和2次理事长会议，研究决策学会发展的重大问题，制定完善了《会员代表大会、理事会、常务理事会会议制度》、《会士评定办法》、《年会管理办法（试行）》、《中国密码学会年会管理及实施细则》以及学会4个专委会的工作条例等10项规章制度。

学会各分支机构、江苏省工作站等按计划在2013年下半年召开了工作会议，总结2013年工作并研究安排2014年工作。完成了学会量子密码专委会、密码算法专委会、密码数学理论专委会的换届工作，经民政部批准成立了“中国密码学会电子认证专业委员会”于8月25日召开了成立大会。9月16日，经民政部批准，中国密码学会教育工作委员会更名为中国密码学会教育与科普工作委员会。

组织开展了2012～2013“中国密码学会学会奖”的评选及颁奖活动。

经民政部组织评估，学会被评定为3A级社会团体，2013年，学会新增个人会员133人，单位会员8家，截至2013年年底学会拥有会员总数为1828人，单位会员87家。

对学会网站进行了升级改造，通过试运行后已投入使用。

4月10日，科技部、国家科学技术奖励工作办公室批准中国密码学会设立“密码创新奖”（国科社证字第0236号）。学会按程序组建“密码创新奖”评审委员会、办公室。

**学术期刊** 申请创办《密码学报》科技期刊获批，组建了学报编委会、《密码学报》编辑部，建设了网上在线投、审稿系统并投入使用。9月4日，国家新闻出版广电总局文件（新出审字〔2013〕1143号）批复同意中国密码学会创办《密码学报》，国内连续出版物号为CN10-1195/TN，ISSN 2095—7025，中文，双月刊，公开发行，《密码学报》计划于2014年2月出版。

**国际学术会议** 11月27～30日，学会与中国科学院信息安全国家重点实验室主办、广州大学承办、国际密码协会协办的第九届信息安全与密码学国际会议（Inscrypt2013）在广东省广州市举办。来自中国、美国、俄罗斯、澳大利亚、日本、法国、印度、波兰、比利时等国的专家、学者80人参加会议。会议邀请了国际知名密码学专家、美国哥伦比亚大学、Google技术总监Moti Yung，美国得克萨斯大学圣安东尼奥分校的Shouhuai Xu，美国南卡罗来纳大学的Wenyuan Xu分别作特邀报告，并安排大会报告26场，围绕信息安全和密码学的前沿和热点问题进行了交流。

本次会议涉及网络与操作系统安全、数据库安全、无线网络安全、电子商务、信息隐藏、密码学、可证明安全、多方安全计算与安全协议、物联网安全和云计算安全等20多个主题，收到了来自世界各地多个国家和地区的93篇论文，会议录用26篇论文。

**国内主要学术会议** 2013年，学会主办国内学术会议16次，累计参加学术活动人数约2160人次，交流论文238篇，出版《2011—2012密码学科发展报告》等论文集2部。

7月26～28日，学会密码算法专委会主办、西北师范大学承办的中国密码学会2013年密码算法学术会议在甘肃省兰州市举行，国内从事密码算法相关学术研究和应用技术开发的学者、工程技术人员和在校研究生等150余人参加了会议。会议邀请3名密码学领域国际知名专家作特邀报告。香港科技大学教授丁存生作了题为《流密码设计中的一些问题》的报告，报告分析了流密码设计中的一些问题，探讨如何设计实用的、可以抵抗多种攻击的流密码。中国科学院研究员李宝作了题为《从零知识证明到可证安全》的报告，通过对一些经典概念和文献的讨论，梳理出了一些可证安全公钥加密算法的设计思想的发展脉络。新加坡南洋理工大学教授王华雄作了题为《门限密码学：非同态情形》的报告，报告探讨了门限密码学在对称本原、特别是在伪随机函数、对称分组密码的加解密中的应用。会议安排了16个大会报告，内容涉及对称密码、公钥密码、布尔函数、安全协议、密码分析、循环码、侧信道等多个领域。

8月28日，中国科协主办，学会承办、学会密码芯片专委会协办的第二十七次中国科技论坛——智能卡芯片安全技术和产业发展论坛在北京召开，来自智能卡芯片学术界、产业界和检测认证机构等的专家、学者以及相关政府部门领导100余人参加了会议。论坛邀请了包括6位院士在内的该领域的30多位产、学、研方面的专家、学者，就智能卡芯片现状及发展思路、安全技术和应用现状、市场分析、密码检测标准与技术、攻击和防护技术、全球芯片安全技术发展的趋势等方面进行了研讨和交流，论坛安排特邀报告7篇。大会结束后，针对我国智能卡安全技术和行业发展献计献策，形成了科技工作者建议。

8月19～21日，学会量子密码专委会主办、山西大学量子光学国家重点实验室、光电研究所、物理电子工程学院承办的中国密码学会2013年量子密码专业委员会学术会议在山西省太原市召开，国内高等院校、科研院所的专家、学者90余人参加了会议。会议邀请量子密码学领域国内知名专家作了16个特邀报告。报告内容涉及量子保密通信、量子高斯密钥分发、量子位置认证、量子计算等多个领域。

8月30～31日，学会密码数学理论专委会主办、南开大学陈省身数学研究所承办的中国密码学会密码数学理论专业委员会2013年学术研讨会在天津市召开。来自国内外高等院校、科研院所的专家学者、研究人员和在校学生90多人参加了会议。9位国内外专家学者就密码数学领域的热点问题作了专题报告。荷兰国家数学与计算机科学研究所Marc Stevens作了题为“Analysis of Truncated Differential Paths and Local Collisions”的报告，比利时UCL大学Gaëtan Leurent作了题为“New Generic attacks on Hash-based MACs”的报告，上海交通大学曹珍富教授作了题为《从Goldwasser-Micali加密方案谈起》的报告，中国科学院信息工程研究所研究员胡磊、邓燚和博士张斌分别作了题为“Cryptanalysis of a Lattice-Knapsack Mixed Public Key Cryptosystem”、“The mystery of reduction”和《一种新的含错侧信道立方攻击模型》的报告，中国科学院数学与系统科学研究院研究员邓映蒲和博士冯秀涛分别作了题为《素数判定》和《关于计数流密码的快速代数攻击》的报告，山东大学教授王美琴作了题为“Key-Invariant Bias in Block Ciphers”的报告。

9月5～6日，学会密码芯片专委会主办，上海交通大学计算机系承办，学会密码算法专委会、上海市计算机学会信息安全专业委员会、上海华虹集成电路有限责任公司协办的2013年密码芯片学术会议在上海市召开，有来自全国高校、科研院所、企事业等密码芯片领域的专家、学者和学生等150余人与会。会议安排Jörn-Marc Schmidt博士作了题为“Implementation Security”的特邀报告，报告认为当前密码芯片在考虑成本、功耗、速度、吞吐量等指标的同时，必须考虑如何抵御各种由实现带来的安全隐患，同时也介绍了当前一些防御措施的进展。Shengbo Xu（徐胜波）博士作了题为“Security Evaluation of Pay TV Decoder Chips”的特邀报告，报告关注了在全球应用广泛的机顶盒芯片，描述了此类芯片的安全设计和评测方案。Kai-fan Chang作了题为“Introduction to International Certifications and Evaluation Equipments for Secure IC and Card”的报告。会议还安排了24个大会报告。会议围绕密码算法的集成电路实现技术、密码算法集成电路的安全分析技术、密码集成电路系统的综合防护技术和密码算法集成电路的渗透性安全评测等主题，基本反映了我国密码芯片方面的研究动态和学术水平。

10月24～27日，学会主办、福州大学承办的中国密码学会2013年会在福建省福州市召开。来自国内科研院所、高等院校的专家学者、在校师生和密码领域企业界高管和技术人员共500余人参加了会议。开幕式上举行了“中国密码学会奖”颁奖仪式，学会领导分别向“优秀青年奖”、“先进集体奖”、“先进工作者奖”、“优秀会员奖”获得者颁发了奖杯与证书。

11月23～24日，由中国科协主办、中国密码学会承办、中国科学院软件所可信计算与信息保障实验室和北京双洲科技有限公司协办的中国科协第265次青年科学家论坛——面向云计算的密码新技术在北京举办。来自密码研究机构、大专院校、企业应用单位的青年专家学者、科研技术人员及在校博士170余人参加了论坛。论坛围绕“面向云计算的密码新技术”主题，安排24名青年专家、学者作主题报告，内容涉及云数据远程持有证明和完整性证明、可搜索加密与密文检索、属性加密与云数据访问控制、代理重加密与云数据分享、密码方案的安全外包计算、可验证计算、全同态加密与函数加密、云计算密钥管理等。

**科普活动**　2013年，学会制作完成《量子通信与量子密码技术》科普光盘1张，举办密码科普讲座7次，参加人数1600余人次，配合活动制作了一批密码科普挂图和展板。

11月26日，学会在科普基地——江苏省沭阳高级中学举办密码与信息安全科普讲座，江苏省密码管理局有关领导和沭阳高中、宿迁市经贸学院师生400多人参加了活动。中国科学院研究生院教授吕述望等作了题为《Internet安全利用与密码》、《信息革命与安全利用》的科普报告。本次活动中，学会赠送科普图书近百册，密码展品十余件。

**会员服务**　学会在山东、青海、甘肃组织会员日活动暨学术交流活动3次，在北京组织13家单位会员座谈会1次。学会通过网站升级改造，搭建交流平台，提升服务会员的能力。2013年，免费赠送单位会员、个人会员科技书籍和刊物等6000余本（册）。

6月22日，山东大学密码技术与信息安全教育部重点实验室、山东得安信息技术有限公司承办的2013年中国密码学会山东会员活动日暨学术交流会在山东省济南市举行。山东大学等11所省内高校师生、35家商密企业人员和学会会员等200余人参加了活动。

开幕式由学会副理事长杨义先主持，山东大学校长徐显明、山东省密码管理局局长于江分别致词，学会副秘书长陈灏介绍了中国密码学会基本情况、近期工作和发展计划。学术报告由学会常务理事、学术委员会主任陈克非主持，名誉理事王育民作了题为《Shannon信息论与密码学》的报告，学会副理事长徐茂智作了题为《椭圆曲线密码基础》的报告，副理事长王小云作了题为《网络通信中的密码保障技术》的报告，学会在山东得安信息技术有限公司举行了面向企业技术发展的座谈会，来自山东地区4所高校和6家商密企业的30余人参加了座谈会。大家围绕促进山东商密企业发展、促进产学研用结合、高校与企业合作、培养适应企业需求的高素质人才等问题进行了讨论。

7月23日，2013年中国密码学会青海会员活动日暨学术交流会在青海民族大学举办。学会副秘书长陈灏介绍了学会的基本情况、近期工作和发展计划，上海交通大学教授来学嘉作了题为《一个破解分组密码的通用攻击方法》、陕西师范大学教授杨波作了题为《云计算中容错关键字的搜索》、北京大学副校长王杰作了题为《密码学万花筒》的特邀报告，青海省密码管理部门领导及青海省内外9所高校师生、部分商密企业人员以及学会会员70余人参加了活动。学会赠送密码学方面的书籍200多册。

7月26日，2013年中国密码学会甘肃会员活动日暨学术交流会在西北师范大学召开。甘肃省密码管理局局长冯中曼，西北师范大学党委副书记朱卫国，甘肃省内十余所大学、部分商用密码企业和在校学生140余人参加了活动。学会秘书长强志军介绍了学会的基本情况、近期工作和发展规划，北京大学副校长王杰作了题为《密码学万花筒》、北京信息科技研究院研究员冯登国作了题为《云计算与同态密码学》、上海交通大学教授来学嘉作了题为《一个破解任意分组密码的攻击方法》的专题学术报告。

**【中国密码学会2013年会】**　10月24～27日，学会主办、福州大学承办的中国密码学会2013年会在福建省福州市召开。国家密码管理局商密办主任赵丹，福建省密码管理局局长陈巧玲，福州大学副校长陈国龙，学会理事长裴定一、学会副理事长冯登国、徐茂智、王小云，秘书长强志军，以及来自国内科研院所、高等院校的专家学者、在校师生和密码领域企业界高管和技术人员500余人参加了会议。开幕式由福州大学教授林柏钢主持，开幕式上颁发了“中国密码学会奖”，孙晓明、胡红钢、张翌维、高飞获“优秀青年奖”，学会组织工作委员会、学会密码算法专业委员会获“先进集体奖”，孙跃进、张振峰获“先进工作者奖”，余运波、杜小妮、胡晓波、王美琴、王鲲鹏、来学嘉、赵战生、彭代渊、彭国华、郭丽峰获“优秀会员奖”。会议安排了5个特邀报告和25个主题报告。特邀报告分别是：山东大学、清华大学教授王小云作了题为 New Transference Theorems on Lattices Possessing unique Shortest Vectors、南洋理工大学教授 Thomas Peyrin 作了题为 NCryptanalysis of the RIPEMD family of hash functions、澳大利亚卧龙岗大学教授穆怡做了题为 On Privacy Issues in Cloud Data Management、中国科学院信息工程研究所副研究员张斌作了题为 Real Time attacks on Bluetooth Encryption、中国科学院计算技术研究所研究员孙晓明作了题为《Stam 猜想及抗碰撞攻击中的阈值现象》的报告。

（撰稿人：陈　灏）

## 中国睡眠研究会

**服务创新型国家和社会建设**　5 月 9 日，研究会与方圆标志认证集团、中国标准化研究院、中国人类功效学会等单位联合举办人类功效与人体健康研讨会，研究会理事刘艳骄作了题为《睡眠环境学与睡眠的人体功效学——我们需要什么样的床垫》的报告。

8 月 2 ~ 4 日，研究会中医睡眠医学专业委员会主办的 2013 年神志病与睡眠疾病临床防治研究继续教育培训班在上海市举办，会议邀请了 5 名国内著名专家作专题讲课。

9 月 12 日，研究会与方圆认证集团、人类功效研究所联合召开座谈会，就床垫产品人类功效学标准（稿），听取有关专家、企业的意见。研究会企业类团体会员单位贵州大自然、联邦家私、深圳优能、康姿百德等企业领导和技术人员参加研讨。

9 月，研究会与广东振威展览公司共同举办睡眠产品展览会。

11 月 15 ~ 17 日，第六届中港合作高级睡眠技师规范化培训班在广东省广州市举办。

在首都医科大学附属北京同仁医院睡眠中心开展“全国睡眠监测技师临床培训”。在首都医科大学宣武医院举办国家级继续医学教育基地项目睡眠障碍诊疗规范新进展学习班，参加培训学员 60 人。

**学会建设**　2013 年，研究会申请了中国科协“内部管理结构建设项目”，项目获中国科协的批准，并于 2013 年实施。10 月 12 日，研究会召开了分支机构工作会议，交流了分支机构建设和管理的情况，查找了存在问题，修订了《分支机构管理办法》，制定了《分支机构考核评价办法》。

研究会睡眠障碍专业委员会、研究会睡眠呼吸障碍专业委员会、研究会睡眠生理和药理专业委员会分别完成了换届。研究会对 3 个专委会换届的组织框架进行了改革，设立了前任主任委员、现任主任委员和候任主任委员，并经无记名投票等额选举出 3 个专委会第二届专业委员会。

甘肃省成立首个省级多学科交叉的一级社会学术团体“睡眠医学会”，选举产生了首届理事会及负责人，谢宇平为甘肃省睡眠研究会理事长。

2013 年，研究会召开两次常务理事会议。增加 14 家企业会员单位，新增个人会员 63 人。截至 2013 年 12 月 31 日，研究会有团体会员 45 个，个人会员 2087 人。

2013 年，学会网站进行了升级，设专职网管员。研究会设立了 4 个会员工作站。免费为会员发放《会员通讯》6000 余册。

6 月，研究会承担了中国科协“学会改革发展基础工程项目——内部管理结构建设”的工作。8 月 10 日，学会在北京召开了常务理事会，讨论了如何实施“内部管理结构建设项目”的议题。并对分支机构的建立程序、业务范围、工作规范、工作职责、业务活动、与企业合作、换届选举、发展会员等做出明确规定。

10 月 12 日，研究会在北京组织召开了各专委会负责人会议，讨论、通过了《中国睡眠研究会分支机构管理和指导试行办法（草案）》，制定了《中国睡眠研究会分支机构考核评估建议（试行）》，对分支机构的任务与职责、建立程序、委员会管理及日常工作等做了一系列规定。

12 月 25 日，研究会临时党支部成立。

**国际学术会议**　5 月 11 ~ 12 日，2013 年亚洲睡眠医学论坛在北京召开。来自海内外 300 多名睡眠医学专家参会。会议按学科领域举办了睡眠障碍论坛、睡眠呼吸障碍内科论坛、外科论坛、口腔论坛。会上，日本、泰国、美国、德国，我国大陆、香港特别行政区、台湾地区的知名睡眠医学专家进行学术交流，并安排了专题报告、病例讨论及多媒体演示。

**国内主要学术会议**　10 月 31 日至 11 月 2 日，由研究会睡眠障碍专业委员会主办、首都医科大学宣武医院和南昌大学第二附属医院承办的第五届中国睡眠医学论坛在江西省南昌市召开。500 余人与会。研究会理事长韩芳，在开幕式上致辞，美国宾夕法尼亚州立大学教授 Alexandros N.Vgontzas、法国里昂大学教授 Cespuglio Raymond 应邀在大会上作专题报告。本次会议内容涵盖睡眠基础研究、各种睡眠疾病的诊断和治疗技术、精神疾病与睡眠障碍、神经系统疾病相关的睡眠障碍、儿童睡眠障碍、睡眠行为障碍等 10 个学术专题，并设有临床案例讨论及现场专家点评和论文交流等。论坛为青年医生和研究者安排了优秀论文交流专场，并设立了一、二、三等奖。

11月9日，由研究会睡眠生理和药理专业委员会主办，第三军医大学承办的第二届睡眠、生物节律基础暨睡眠转化医学学术会议在重庆市召开，来自全国各地近百名从事基础研究的睡眠科技人员出席。会议围绕与睡眠相关的神经解剖学、分子生物学、生理学、药理学及其他基础研究、应用研究进行学术交流。会议评出青年优秀论文一等奖1名，二等奖2名，三等奖5名。

6月21～22日，中国睡眠研究会第一届青年学术论坛在北京召开，来自全国相关专业的200余位青年睡眠科技工作者参加会议。研究会理事长、青年工作委员会主委、北京大学人民医院睡眠中心主任韩芳，研究会常务理事、青年工作委员会常务副主委唐向东在会上致辞，10名专家分别从睡眠的基础研究、临床研究、新精神卫生法、论文写作等方面进行了学术讲座。

**两岸交流**　11月22～24日，第三届全国医院临床心理科建设与发展暨两岸四地睡眠医学高峰论坛在广东省广州市召开。论坛由研究会睡眠与心理卫生专业委员会、中国心理卫生协会心身医学专业委员会和广东省人民医院精神卫生中心联合举办，来自全国的各级综合医院、精神专科医院、以及相关的心理、睡眠等研究机构的400位专家、学者参加了会议。台湾长庚医院心理师吴佳硕作了题为《失眠的认知行为治疗》的讲座。

**科普活动**　3月21日，是世界睡眠日，2013年中国睡眠日主题为：关注睡眠　关爱心脏。研究会围绕该主题在全国范围内组织了不同形式的睡眠科普知识宣传、义诊、咨询、学术交流等活动。2013年世界睡眠日期间，研究会在全国举办睡眠科普讲座29场，参加科普专家及科技工作者395人次，受众14501人次，义诊咨询30余场，接待服务群众14501人次，发放科普资料23818份，媒体报道宣传111次，视频广播总计播放934分钟。

5月18日，研究会与中国麻风防治协会、中国实验动物学会会、中国生理学会、中国药学会、中国生物医学工程学会等6家全国学会参加了由北京市东城区科协在龙潭湖公园举办的“2013年东城科技周主场活动—科技创新·美好生活”大众科普宣传活动。围绕“科技创新·美好生活”主题，研究会组织了北京大学人民医院睡眠医学中心、北京同仁医院睡眠中心、中国中医科学院广安门医院睡眠中心的睡眠专家参与活动，研究会理事长、北京大学医学部睡眠医学中心主任、北京大学人民医院睡眠中心主任韩芳等专家在现场开展咨询、义诊，普及睡眠医学知识。活动中，研究会展示科普展板3块，易拉宝5个，发放健康睡眠知识宣传折页、健康生活宣传单、宣传画1200余张。

5月19日，研究会组织睡眠医学专家赴河北联合大学，为学生开展有关睡眠方面和预防医学的科普宣传。活动在校园内展出了睡眠医学知识科普展板、易拉宝等宣传品，组织了睡眠科普讲座。北京医科大学第六医院医学博士张卫华为河北联合大学师生作了睡眠与健康的科普讲座。发放睡眠医学知识科普宣传资料500多份。

10月12日，研究会理事长韩芳应邀为中国测绘学会第十次全国委员代表大会暨2013年综合学术年会作了题为《睡眠医学与睡眠疾病》的科普报告。

10月初，学会根据《中国科协办公厅关于组建科学传播专家团队的通知》（科协办发普字〔2013〕40号）的要求，向所属各专委会及全体会员发出《关于组建中国科学技术协会科学传播专家团队推荐中国睡眠研究会专家候选人的通知》，要求各专委会及全体会员根据科学传播专家团队的要求积极推荐。各专委会及全体会员推荐了具有较高学术造诣和科普能力的首席专家20余名，各学科科普专家团队百余名候选人。学会挑选具有副高级专业技术职称以上的专业技术人员组成8个首批科学传播专家团队。

12月26日，中国科协领导为在北京的睡眠呼吸障碍首席科学传播专家郭兮恒、睡眠障碍首席科学传播专家詹淑琴、中医睡眠心理首席科学传播专家刘艳骄颁发为期3年的聘书。

**党建强会**　12月25日，研究会临时党支部成立。中国科协学会服务中心党委副书记吴晓琦、研究会理事长韩芳、研究会秘书长晋小虎等出席成立会议。

**【参加第五届世界睡眠大会】**　由世界睡眠医学会联合会主办，欧洲睡眠研究会和西班牙睡眠学会承办的第五届世界睡眠大会于9月27日至10月2日在西班牙瓦伦西亚举办。研究会20余位医学专家参加了在西班牙瓦伦西亚举办的第五届世界睡眠大会。研究会理事长韩芳担任本次大会学术委员会委员，并代表中国参加了世界睡眠医学联合会主席改选投票。北京同仁医院教授韩德民以《阻塞性睡眠呼吸暂停综合征的外科治疗》为题作了主旨发言。在有关分会场，研究会理事长、北京大学人民医院睡眠中心主任韩方带领的团队介绍了“CSF hypoeretin Kleine-levin syndrame”，北京儿童医院睡眠中心主任许志飞报告了《儿童睡眠呼吸暂停综合征》，中国中医科学院广安门医院副院长汪卫东带领的团队在本次大会上专门设立工作坊。

（撰稿人：潘继红）

## 中国高科技产业化研究会

**服务创新型国家和社会建设**　2013年，研究会开展学术交流20次、国际学术会议1次，参会人数1555人次，交流论文 389 篇。

研究会开展高科技产业中共性技术、关键技术的推广。2013 年开展了创新科技的论证会、项目对接、技术咨询等工作，组织 78 次专项活动，举办技术创新方便培训班 26 次，参加活动专家 346 人次，受众人数约 1500 人次。

受科技部有关部门委托，研究会承接了科技成果鉴定及评价工作。截至 2013 年底，为 30 项科技成果做了评价鉴定。经研究会鉴定的科技成果，直接列入国家统计局、国家科技部科技成果库。

研究会组建成立 4 个科技创新产业联盟，全国人类基因科技产业化联盟、中国环境修复产业联盟、有机生态产业联盟、电池联盟。研究会制定了联盟管理办法。

研究会建立了航天育种研发、推广、示范基地。在地方政府支持下，以地方企业、科研机构为基础，由研究会引进技术及提供航天育种，共同建立航天育种基地，2013 年建立的基地有：中国宁波航天育种基地、中国（清流）航天育种基地、中国（酒泉）航天育种基地、河南禹州航天育种基地。

**学会建设**　2013 年，研究会召开了两次常务理事会议及 2013 年度理事会议。2013 年是研究会成立 20 周年，在理事会议上为 5 位同志颁发研究会创建与发展杰出贡献奖，为 56 位同志颁发了创建与发展贡献奖。

**国际学术会议**　9 月 15 日，由研究会与美中绿色能源促进会、天津市科协联合主办的第六届美中绿色能源论坛在天津市滨海新区召开。主题是进行中美绿色能源技术交流、探索，发展生态城市绿色能源的模式。来自美国、法国 10 余家著名企业总裁、副总裁参加了论坛。智慧城市软件公司总裁 Alan Boyd，美国思科公司全球副总裁兼中国区首席技术官江朝晖，美国拓视系统科技有限公司总裁 Randall Meals、美国 Andigen Ag 有限公司总裁 Kevin Pack、美国全方位再生方案公司总裁 James Caldwell、美国 APS 昱能光伏公司董事长凌志敏、法国苏伊士燃气集团 ractebel 工程总经理 Didier Usclat 出席了论坛。20 多位美中绿色能源促进会会长、常务副会长、专家参会。

**科普活动**　举办“飞向太空——中国航天科普展”及“航天搭载物巡展”12 次，科普报告 1 次。在江苏省无锡市、南通市，安徽省合肥市，山西省太原市，河北省石家庄市等地进行了巡展，合计受众 24.5 万人次，展板 305 块。

**表彰举荐优秀科技工作者**　在国家科学技术奖励工作办公室、中国科协的支持下，研究会开展了评选“高新技术产业化奖”活动，制定章程、评奖办法、建立评审专门机构，2013 年，有 18 个单位和 7 名个人获“高新技术产业化奖”，涉及节能减排、电子信息、生物医药、新能源、现代农业等新兴学科和产业领域。

**【贯彻科技创新驱动发展战略报告会纪念中国高科技产业化研究会成立 20 周年——中国高科技产业化研究会 2013 年理事会】**　12 月 23 日，研究会在北京天文馆举办贯彻科技创新驱动发展战略报告会纪念中国高科技产业化研究会成立 20 周年——中国高科技产业化研究会 2013 年理事会。院士、专家、企业家，研究会理事、会员共 200 余人出席会议。

会议由研究会特聘副理事长兼执行秘书长何孝瑛主持，研究会名誉理事长刘纪原作大会致辞，研究会特聘副理事长高潮作大会发言。

中国航天科技集团科技委副主任、中国探月工程副总设计师于登云作了题为《中国载人工程二期嫦娥三号任务简介》的报告。报告介绍了我国载人航天工程及探月工程任务，讲解了当下大众关心的嫦娥三号登月相关信息，以及新闻媒体未完全报道的登月过程的细节。

国家海洋局原副局长、研究会海洋分会顾问陈炳鑫作了主题为“发展海洋经济、建设海洋强国”的报告，报告阐述了对建设海洋强国的战略思考。

大唐电信集团董事长、研究会副理事长真才基作了题为《我国 TD-LTE 4G 产业发展与展望》的专题报告。报告从全球 4G 产业发展情况、我国主导的 TD-LTE 产业发展情况、大唐电信集团推动 TD 产业化的经验分享以及 4G 给我国信息通信产业带来的新机遇四方面内容分别进行阐述。

（撰稿人：凌　芸）

## 中国基本建设优化研究会

**服务创新型国家和社会建设**　2013 年，研究会组织专家、学者赴山东、安徽、河南、浙江、湖北、青海、广东、四川等省，就全国三农建设和优化发展等问题开展调研。为各级政府提供决策咨询 9 次，为各地农业企业提供咨询 4 次，组织召开学术沙龙 3 次。

1 月 10 ~ 12 日，研究会邀请三农建设方面专家赴山东省高密县调研，针对当地的农业资源情况及农业发展问题提供了决策咨询报告，高密市相关领导参加咨询活动。

3 月 1 ~ 5 日，研究会组织专家赴河南省商丘市和安徽省亳州市进行调研，就商丘市的农业优化发展及亳州市的药材品牌建设提供了决策咨询报告，商丘市及亳州市的相关领导参加咨询活动。研究会分别与商丘市政府、亳州市政府签订三农优化示范区建设的战略性协议。

3 月 19 日，研究会组织专家赴北京市大兴区青云店镇进行调研，就青云店镇的旧街道改造、新农村建设及特色农业发展提供了决策咨询报告，大兴区及青云店镇的相关领导参加咨询活动。

4月13～15日，研究会组织专家赴山东省济南市进行调研，就济阳县的农业综合发展、农村改造建设等三农问题提供了决策咨询报告，研究会与济阳县政府签订了三农优化示范区建设的战略性协议。

4月18～20日，研究会组织专家赴广东省清远市进行调研，就清远佛冈镇的现代农业发展及新农村建设等问题提供了决策咨询报告，清远市市委书记及相关领导参加咨询活动。

4月24～26日，研究会组织专家赴湖北省咸宁市进行调研，就向阳湖区域的综合优化发展提供了决策咨询报告，咸宁市委书记、市长等相关领导参加咨询活动。研究会与咸宁市政府政府签订了三农优化示范区建设的战略性协议。

7月20～22日，研究会组织专家赴四川省成都市开展调研，就成都市龙泉驿镇及郫县的三农建设优化发展等问题提供了决策咨询报告。

7月25～28日，研究会组织专家赴浙江省宁波市调研，就宁波市象山县的区域发展和农业优化提供了决策咨询报告，研究会与象山县政府签订了三农优化示范区建设的战略性协议。

8月10～12日，研究会组织专家赴青海省西宁市可可西里实业集团进行调研，就企业畜牧业优化发展等问题提供了决策咨询报告，相关企业负责人参加咨询活动。

8月10日，研究会召开“创意改变中国农业”的主题沙龙，全国农业产业相关企业代表及会员30余人与会。

8月20～22日，研究会组织专家赴内蒙古自治区鄂尔多斯市，对当地农业企业进行调研，就企业转型、土地整合、农业优化发展等问题提供了决策咨询报告。

9月7～9日，研究会组织专家赴香港特别行政区，对邦盟汇骏有限公司进行调研，就三农建设的资本市场运作等问题提供了决策咨询。9月22～24日，研究会组织专家赴河南省南阳市进行调研，就南阳西峡县的传统农业发展及特色农业突破等问题提供了决策咨询报告，南阳市及西峡县的相关领导参加咨询活动。

9月28～29日，研究会组织专家赴广东省深圳市，对荣盛集团进行调研，就三农建设的金融服务等问题提供了决策咨询。

**学会建设** 截至2013年底，研究会个人会员总数2356人，团体会员221个。研究会召开了1次理事会议，召开了第十九次、第二十次常务理事会议。

**国内主要学术会议** 3月30日，由研究会主办的“三农建设优化发展”研究讨论会在北京举行。会议邀请了有关三农问题的相关专家、学者和地方与三农相关的领导、企业负责人等100余人参会。全国政协副主席阿不来提·阿不都热西提出席了会议。

4月5日，研究会在北京组织召开“三农改变中国”的主题沙龙，研究会各分支机构及会员代表30人参加了会议。

5月28日，由研究会主办的“创新驱动·优化发展”加快广东农业专业镇发展研讨会在广东省广州市召开。全国政协副秘书长、中国民主建国会中央委员会副主席宋海，来自科技部、农业部、国务院发展研究中心，广东省各有关单位负责人参加了会议。会议探讨了以农业专业镇为抓手，突出创新驱动，促进“三农”优化发展、加快城镇化建设的方向和思路，谋划好服务“三农”和城镇化建设的新举措，为广东省工业化、城镇化、信息化、农业现代化同步发展寻找解决方向。

10月15日，研究会在中央党校组织召开“创意改变中国农业（二）”的主题沙龙，全国农业产业相关企业代表及会员代表40余人参加了会议。

**【“三农建设优化发展”研究讨论会】** 3月30日，由研究会主办的“三农建设优化发展”研究讨论会在北京举行。会议邀请了研究三农问题的专家、学者和地方与三农相关的领导、企业负责人等100余人参会。全国政协副主席阿不来提·阿不都热西提出席了会议。

与会专家就“三农建设与发展的政策体系”、“加快推进农业经营体制创新”、“第三次工业革命转型期三农问题思考”、“确保国家粮食安全，支撑农业现代化建设”、“加强农业科技创新，建设现代农业强省”、“农业现代化的科技政策的战略分析”、“做好县域发展规划，促进城镇化域农业现代化协调发展”、“农业发展的信贷政策支持”、“城乡发展一体化的政策支撑体系”等问题进行了讨论。来自地方从事三农工作的参会者就构建新型城乡关系、工农关系，创新农业经营体制机制，深化农村改革的道路与模式的选择，完善土地承包特色经营权职能，健全农业生态环境补偿制度，构建现代农业产业体系，加快推进城乡市场一体化流通体系形成等问题，进行了讨论。

（撰稿人：穆　扬）

## 中国科技馆发展基金会

**服务创新型国家和社会建设** 2013年度基金会资助建立农村中学科技馆23个，加上2012年基金会资助的10所学校和配套15所学校，共计资助48所学校。2013年9

月，基金会对已经开馆的学校进行回访，2012 年建立的 10 所学校在 2013 年半年时间内，面向学生和周边群众开放，直接受益公众达 14 万余人次。

5 月 26 日，中国科技馆发展基金会农村中学科技馆公益项目捐赠仪式在贵州省贵阳市举行。时任中国科协书记处第一书记，贵州省委常委、省委宣传部部长喻红秋，基金会顾问齐让、鲍红，贵州省副省长何力，中国科协党组成员、书记处书记徐延豪，党组成员沈爱民，香港科技协进会会长、特别行政区政府推选委员会委员李乐诗，正大环球集团，贵州省政府、省科协、省教育厅及中国科协相关部门负责人、受助的余庆县白泥中学、七星关区青场中学、贞丰县一中的代表以及新闻媒体 300 余人参加了活动。

1 月，基金会承担的“基于科技馆平台的创新方法培训研究与实践”项目启动，第一期培训班在 9 月 9 日开班，60 名现场学员，100 名远程视频学员入学。经过 120 个学时集中授课，11 月底课程结束。11 月初，项目组向科技部项目评委会做了中期汇报。

5 月，中国科技馆发展基金会合展励学金捐赠仪式在贵州省贵阳市举行，近 300 人出席了捐赠仪式。2013 年合展励学金资助 3 个省 6 所大学贫困生，共计获得资助学生 675 人。2013 年，基金会加大对天津市、河北省、贵州省 6 校执行情况的监督，基金会重新制订《工作流程》及《上报材料名录》，规范经费的管理和使用。

2013 年，全国科技馆辅导员状况调查课题组选择了 95 家科技馆进行调查，收集有效问卷 16083 份，完成数据报告 1 份、典型案例报告 8 份、分报告 3 份、专题报告 5 份、总报告 1 份各类报告共计 26 万字。11 月底，课题组向中国科协调宣部组织的专家委员会做了结题汇报。

**学会建设**　7 月，基金会秘书长田英、财务总监宋国强参加了民政部民间组织管理局举办的基金会秘书长培训班，基金会秘书长田英参加了中国科协八大代表第一期培训班；10 月，邀请民政部专家开展《加强对基金会重大项目的管理》业务培训；12 月，中天会计师事务所专家为基金会作了题为《公益项目的财务管理》的业务培训。

7 月，基金会参加民政部首批专项基金抽查获通过，基金会接受民政部 A 级评估，9 月公布结果为 2A（民政部公告第 291 号）。10 月，民政部通知基金会，正式获申请公益性捐赠税前扣除资格。

2013 年，基金会召开 2 次理事会议。2 月，基金会召开四届理事会议第 7 次会议，中国科协副主席、中国工程院副院长、基金会理事长谢克昌，中国工程院院士、基金会副理事长屠海令，国家知识产权局副局长、基金会顾问鲍红，中国科协书记处书记徐延豪，以及基金会理事、监事出席会议。会议通过了 2012 年工作报告和财务决算，通过了 2013 年工作要点和财务预算，通过了基金会试行一年的 19 项管理办法等。11 月，基金会召开四届理事会第 8 次会议，基金会名誉理事长邓楠，理事长谢克昌，副理事长屠海令，基金会顾问齐让，国家知识产权局副局长、基金会顾问鲍红，中国科协书记处书记徐延豪，以及基金会理事、监事出席会议。会议通过了侯为贵退出四届理事会，增补中国科技馆馆长束为、科普出版社社长苏青为第四届理事会理事的提议，通过了 2013 年度科技馆发展奖“辅导奖”个人 16 名、团体 4 名，“展品奖”展项 6 个、科普电影作品 1 个的候选名单，通过了 2013 年度资助 6 省 13 所中学建农村中学科技馆名单，通过了秘书处关于民政部年检及专项检查情况的汇报及整改方案。会议讨论通过了 3 项新的管理办法及 2014 年度基金会的工作思路。

**国际交往**　8 月 20 日至 9 月 5 日，基金会派员参加德国创新方法研究与培训项目研修。

12 月 16 ~ 23 日，基金会秘书长田英赴瑞士、意大利执行基于科技馆平台的创新方法培训研究与实践的培训任务。

**【2013 年度科技馆发展奖奖励提名委员会会议】** 4 月，基金会召开 2013 年度科技馆发展奖奖励提名委员会第一次会议。基金会顾问齐让，基金会奖励提名委员会主任赵忠贤，以及杜祥琬、欧阳自远、王庭大等 11 位委员出席会议，会议听取了 2011—2012 年度科技馆发展奖工作汇报，通过了《2013 年度科技馆发展奖奖励工作实施方案》。9 月，基金会召开 2013 年度科技馆发展奖奖励提名委员会第二次会议暨 2013 年农村中学科技馆试点学校评审会。基金会顾问齐让、科技馆发展奖奖励提名委员会主任赵忠贤，以及欧阳自远、徐延豪等 12 位委员出席了会议，委员们对《2013 年度科技馆发展奖奖励工作情况汇报》、《2013 年度科技馆发展奖颁奖系列活动实施方案》和《2013 年度科技馆发展奖“辅导奖”“展品奖”获奖候选人》进行审议。会议对 2013 年科技馆发展奖“辅导奖”“展品奖”候选人（展项）的提名进行初审，评审结果于 10 月 22 ~ 31 日进行为期 10 天公众投票活动，分别在中国科技馆、黑龙江省科技馆、上海科技馆、浙江省科技馆、山东省科技馆、合肥科技馆、厦门科技馆、四川科技馆等 8 家科技馆举行。11 月，以通讯方式召开 2013 年度科技馆发展奖奖励提名委员会第三次会议。评选出 8 名个人、2 个团体获“辅导奖”，3 个展项获“展品奖”，8 名个人、2 个团体获“辅导奖提名奖”，4 个展项获“展品奖提名奖”。11 月，候选人报经四届理事会第八次会议审议通过。

（撰稿人：田　英　吴冬梅）

## 中国生物多样性保护与绿色发展基金会

**服务创新型国家和社会建设** 1月9日，基金会召开了镇江市新民州湿地保护与生态修复可行性报告评审会。中国环境科学院生态所所长李俊生介绍了新民州的情况，中国工程院院士金鉴明、洪德元、付伯杰等7人组成的评审组对该报告进行了评审，肯定了该报告指导思想正确、目标明确、原则可行。内容符合国家的大政方针和当地的需求，一致通过了报告。

4月26日，基金会与上海浦东发展银行股份有限公司合作签字仪式在北京举行，双方围绕“发展绿色金融，扶持绿色经济和低碳经济发展，促进生态文明建设，推进美丽中国建设”主题展开合作。

4月9日，生物多样性保护与绿色发展教师培训班在湖北省英山县举办，100多名教师参加了培训。

8月23日，基金会植物园委员会培训班在宁夏回族自治区银川植物园召开，培训班的主题是“珍稀濒危植物保育”。来自全国植物园系统的50多个单位80多位科技人员参加了培训。基金会邀请了贺善安、许再富、潘伯荣、李楠、孙卫邦5位专家，分别就关于植物园的方向任务、植物迁地保护及其科学研究，以西双版纳植物园为例、我国干旱区荒漠珍稀濒危植物及其保育、回归引种——濒危植物保育的重要手段、极小种群野生植物及其迁地保护规范等方面进行了培训。

**学会建设** 2013年，基金会有理事25名，常务理事4名，监事4名，示范基地31个，专项基金6个，内设专家委员会、绿色企业工作委员会、植物园工作委员会。

3月18日，基金会第四届理事会第七次会议在北京召开，会议由基金会执行理事长胡昭广主持。会议审议通过了基金会2012年工作总结及2013年工作计划，审议通过2012年财务审计报告，讨论设立“绿色生态产业”专项基金管理委员会。

9月3日，基金会第四届理事会第八次会议在北京召开，会议由基金会执行理事长胡昭广主持。会议讨论通过成立中国樱花保护与发展专项基金，成立绿色农业联盟专项基金。

**国内主要学术会议** 1月18日，由基金会、中国生态学会、中国战略与管理研究会和中投发展有限责任公司共同主办，中国生态学会生态工程专业委员会、海南开维集团有限公司、海口市桂林洋经济开发区共同承办的第二届海南绿色发展论坛在海南省海口市举行。论坛以海南东部生态建设、东部红树林保护与海岸带建设等内容为主题进行交流，89位专家、学者参加了论坛。中国科学院院士匡廷云、王如松做了主旨报告。

**两岸交流** 5月22日，由基金会绿色之源专项基金管理委员会与台湾自然生态保育协会、台湾特有生物研究保育中心共同举办的海峡两岸生物多样性保护图片展暨第六届生物多样性保护与利用数码摄影赛优秀作品展在北京市、台北市同时举办。

展览以保护生物物种图片为主，展示美丽生态中国的生物多样性，即生态系统多样性、物种丰富多样性、遗传多样性。中国是生物多样性公约履约国之一，每年由环境保护部牵头，在各地举办纪念活动。2013年北京活动由三部分组成，包括：在国家动物博物馆举办海峡两岸生物保护图片展，在北京动物园科普馆举办第六届中国生物多样性保护与利用数码摄影赛优秀作品展，在北京麋鹿苑生态实验中心麋鹿苑科普馆举办巡展。

**科普活动** 9月14日，基金会与江西省赣州市科协在赣州中学共同举办“生态环保科普知识”进校园启动仪式。赣州市环保局、市政协、市科协、赣州市多所学校的师生近2000人参加了启动仪式。基金会聘请4名专家作科普报告。中国科学院地质与地球物理研究所研究员白武明作了题为《地震、火山和活动的地球》的报告；中国环境科学院生物多样性研究中心主任李俊生作了题为《保护生物多样性、建设美丽家园》的报告；北京市政协常委、大兴区政协副主席、北京麋鹿苑科普馆副馆长郭耕作了题为《生态文明助力“中国梦”》的报告；中国科学院植物研究所、中国科技大学教授陈佐忠作了题为《从三低生活到四低生活》的报告。

**【与上海浦东发展银行股份有限公司合作】** 4月26日，基金会与上海浦东发展银行股份有限公司合作签字仪式在北京举行，双方围绕“发展绿色金融，扶持绿色经济和低碳经济发展，促进生态文明建设，推进美丽中国建设”主题展开合作。在合作的第一阶段，上海浦东发展银行股份有限公司向基金会捐款300万元，授信额度300亿元用于扶植中小企业的绿色发展。

全国人大常委会原副委员长桑国卫，中国战略与管理研究会副会长梁维娜、秘书长何光云，镇江市京口区区委书记郭建，中国银监会法规部副主任刘晓勇，基金会副主席杨继平，中国绿化基金会艺术家生态文化工作委员会秘书长李润明，副会长王琼，中华环保基金会秘书长李伟，美国大自然保护协会东亚区总干事张醒生，中国民间投资商会筹备组组长惠小兵，全联新能源商会秘书长曾少军，中国绿色联盟秘书长袁圣尧，北京国际金融论坛秘书长张继中出席了签字仪式。基金会名誉理事长林丽韫、刘恕，名誉副理事长段永基，创会副理事长季延寿、金鉴明，副理事长张佐双、吴稼祥、金亦石，秘书长方运河到会。全国政协常委、亿利资源集团董事会主席王文彪，首创集团董事长刘晓光，万通投资控股股份有限公司董事局主席冯伦，中国绿色发展联盟秘书长袁圣尧，中国浩远集团董事长刘代文，北京银行行长严晓燕等31家企业代表参加了签字仪式。

签字仪式由基金会执行理事长胡昭广主持，基金会理事长胡德平、上海浦东发展银行股份有限公司董事局主席刘海彬分别致辞。全国政协常委、中国亿利公益基金会主席王文彪，北京仁创科技集团董事长秦升益，上海益德动力技术集团董事长邢舫在签字仪式上发言。

（撰稿人：张春芳）

## 中国反邪教协会

**服务创新型国家和社会建设**　5月，配合“六五”普法反邪教法制知识竞赛活动，协会完成了竞赛试题的题目设计和标准答案的确定工作。8～9月活动期间，中国反邪教网站刊登了活动各项信息，全文刊登了活动参考书目《反邪教法制教育学习问答》，动员各地协会组织当地干部群众积极参加答题活动。截至2013年12月31日，有近900万人参加了活动。10月，在四川省雅安地震灾区开展了“科学抗震　反对邪教”科普活动，通过3D展板、挂图展示等形式，开展反邪教科普宣传，发放反邪教宣传册、宣传品4000多件，参与群众、中小学生1000余人。7月，针对王林“大师”现象，在《中国反邪教通讯》和中国反邪教网上开设专栏专题，通过图文、视频等多种形式，对其展示的神功异能等伪科学现象进行揭露。

10月，协会与北京反邪教协会联合完成了《揭穿邪教“全能神”》警示教育挂图的设计工作，向省级、副省级及大型企业反邪教协会各配发挂图200套、电子光盘100套，制作《识破邪教“全能神”》警示教育片，并向各地方协会发放100套。协会与北京科普发展中心、北京反邪教协会联合，启动了“反邪教警示教育宣传资料套餐配送工程”，进行了前期调研，实现宣传资源的共建共享。

11月22～23日，协会在浙江省杭州市组织召开了全国反邪教协会警示教育基层工作经验交流现场会。来自26个省、自治区、直辖市，9个副省级城市、2个大型企业的反邪教协会的领导和代表，以及浙江省各地市、杭州市各区县反邪教协会的代表120余人参加会议。

12月18日，协会参加2013年16家全国学会办事机构挂靠在中国科协的全国学会会员日活动，发放宣传资料20余种，总量共计300多份。

协会改进理论研究管理方式，实行课题和项目分离，对理论和实践研究实行课题管理，对宣传品、阵地建设、会议、活动等实行项目管理。2013年，引导、支持专家、学者和地方协会结合反邪教斗争的实际情况来开展研究，择优支持了课题研究28项。协会组织召开了反邪教理论研究座谈会、协会理事、常务理事、有关专家学者共同研究了理论研究工作的方向和目标。

协会领导出席了浙江省民间反邪教工作会议暨学术讨论会、甘肃省反邪教协会第三次会员代表大会、青岛市和重庆市反邪教协会的理论研讨会等，并作了大会讲话。

10月29日，协会领导和部分协会专职干部出席了第六届西部反邪教论坛。2013年，协会支持地方活动、阵地建设、宣传品制作等项目14项。

**学会建设**　协会自2013年7月开始，深入开展党的群众路线教育实践活动。通过多种形式的调查研究和听取意见，建立了学习、调查研究、项目管理等多项制度，对“四风”方面的突出问题提出了专项整治计划，建立了重庆市渝北区联系点。

发挥中国反邪教网的网络宣传作用，丰富协会网站内容，完善网站工作机制，完成了网站移交迁址工作，加强网络安全管理，保证网站安全平稳运行。2013年《中国反邪教通讯》印发12期，向地方协会等单位发放37200册，与《科学与无神论》、《科学世界》杂志合办了“邪教问题研究”和“破迷辨伪”栏目。该栏目2013年刊登稿件16篇。

**【全国反邪教协会警示教育基层工作经验交流现场会】**　11月22～23日，协会在浙江省杭州市组织召开了全国反邪教协会警示教育基层工作经验交流现场会。来自26个省、自治区、直辖市，9个副省级城市、2个大型企业的反邪教协会的领导与代表，浙江省各地市、杭州市各区县反邪教协会的代表120余人参加会议。杭州市反邪教协会等12个单位的代表进行了大会发言，56篇各地交流材料收录在《全国反邪教协会警示教育基层工作经验交流现场会交流文集》中进行了书面交流。会议代表实地参观了两处杭州市反邪教警示教育特色基地。

（撰稿人：孙　倩）

## 国际粉体检测与控制联合会

**学会建设**　2013年，联合会共有会员221人，增加了47名新会员。国际会员32人，团体会员21个。2013年学会举行了两次常务理事会议和一次全体理事会议。

2月22日，联合会秘书处联系澳大利亚、日本、德国、英国、韩国等国家的理事，召开了理事会议。会议通报了学会秘书处2013年的工作计划，确定于6月举办2013年粉体检测与控制学术研讨会，确定第十届国际粉体检测与控制学术会议征文通知内容。第十届国际粉体检测与控制学术会议延期至2014年10月25～28日在厦门大学举行。研究换届选举第四届理事会候选人名单。通报新会员名单，分支机构"工业应用委员会"换届选举和变更事宜。确定学会网站增加网上互动系统，加强理事之间的沟通和联系。

4月10日，联合会秘书处召开第一次常务理事会会议。联合会理事长谢植（中国）、副理事长Mark Jones（澳大利亚）、副理事长Siegfried Radandt（德国，网络视频参加），副理事长Shuji Matsusaka（日本，网络视频参加），秘书长李新光（中国）参加了会议。会议讨论了分支机构工业应用委员会变更事宜，工业应用委员会由现在总部代管改变为独立办公，办公地点由沈阳东北大学搬迁到北京清华大学。原负责人东北大学教授王福利卸任，由清华大学材料系粉体工程研究室主任盖国胜担任。报告了工业应用委员会开展的工作情况。

8月25日，联合会秘书处在辽宁省沈阳市学会秘书处召开第二次常务理事会会议。会议研究确定第四届国际粉体检测与控制联合会会员代表大会和第四届国际粉体检测与控制联合会理事会换届选举会议的计划。拟定2014年10月举行联合会会员代表大会，进行换届选举。确定第十届国际粉体检测与控制学术会议的时间、地点、承办单位，确定由厦门大学、清华大学、英国利兹大学联合承办第十届学术会议。

11月30日，联合会召开了工业应用委员会会员代表大会和工业应用委员会的换届选举大会。选举产生了新一届工业应用委员会。批准丹东百特科技有限公司、北京分析仪器有限公司为工业应用委员会团体会员。

**国内主要学术会议** 3月18～21日，联合会工业应用委员会与浙江省长兴县经济和信息化委员会合作，举办了粉体产业转型提升技术研讨会。会议邀请国内36位专家就我国粉体技术应用和产业发展进行交流。

10月16～18日，联合会工业应用委员会与日本粉体技术协会合作，邀请30多位专家、学者在上海市举办了粉体后处理和自动控制技术交流会。

12月8日，联合会工业应用委员会与首钢京唐钢铁联合集团有限公司联合举办钢铁废弃物综合利用技术论坛，25位专家、学者参加了论坛，论坛就钢铁企业的污染治理进行了研讨。

11月29～30日，联合会工业应用委员会在辽宁省沈阳市组织和举办了2013粉体检测与控制高端学术研讨会，高校学者和企业专家、博士生、研究生近70人参加了研讨会。研讨会邀请清华大学粉体工程研究室主任盖国胜，东北大学仪表研究所主任谢植，厦门大学能源研究院副院长姚军，丹东百特科技有限公司董青云总经理、北京凯隆分析仪器有限公司邢德立总经理，就我国粉体检测与控制领域科学技术和产业发展情况作了学术报告并介绍了我国产业发展的现状。

（撰稿人：金智贤）

## 国际动物学会

**服务创新型国家和社会建设** 学会承担的全球变化生物学效应（BCGC）科学研究国际计划项目，在2012年被国际生物科学联合会（BCGC）确认继续支持，截至2013年10月，项目已发展到基本覆盖全球亚、非、拉、美、欧、澳等洲，并有来自美国、法国、德国、中国、俄罗斯、挪威、印度、澳大利亚、智利、南非、以色列等十多个国家数10位科学家的参与和加入，涉及国家和科学家数量，分别比2012年同期增加30%和15%。"全球气候变化生物学效应"项目国际研究网络平台及相关信息数据库框架搭建完成，在SCI期刊*Integrative Zoology*上已出版发行全球气候变化生物学效应研究成果专刊3期，发表论文25篇，在包括*PNAS*，*Climate Change Biology*等国际知名期刊上发表相关文章。分别在中国、俄罗斯、以色列、法国等国家举办全球气候变化生物学效应主题国际研讨会6次、培训班2次，为中国科协《调研动态》撰写专题报告1份，项目人员互访与交流30余人次。

**学会发展** 截至2013年12月31日，学会共有团体会员114个，覆盖各类科技人员3万多人，个人会员1084人，团体会员和个人会员数分别比2012年同期增加10.8%和9.4%。从地区分布上看，学会各类会员已覆盖世界六大洲73个国家和地区。

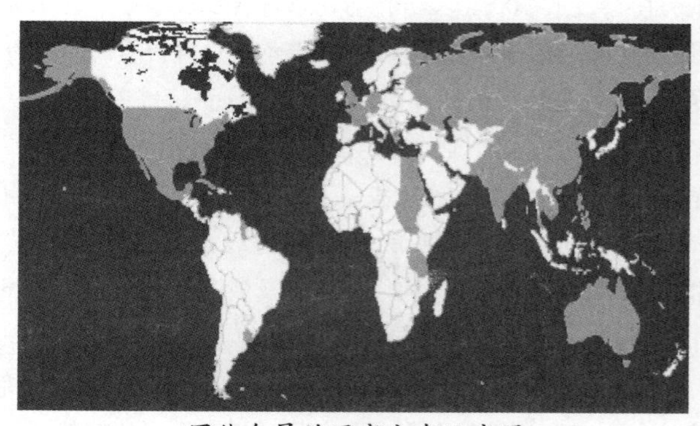
团体会员的国家分布示意图

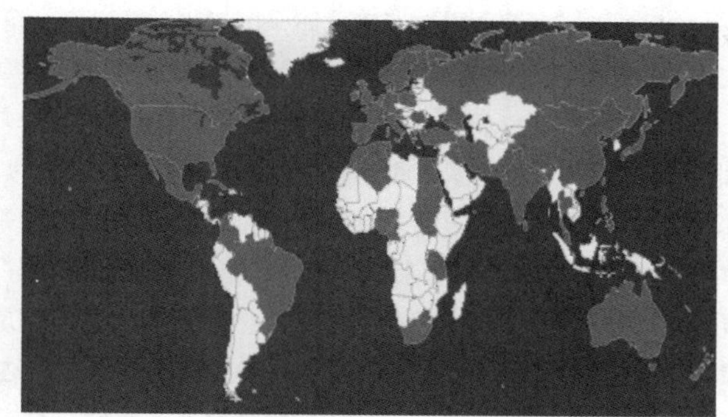
个人会员的国家分布示意图

针对学会会员反映网站上网速度慢、更新不及时和使用界面不友好等问题，学会官方网站进行了改版与更新。

**学术期刊** 学会编辑出版官方学术期刊 *Integrative Zoology*（《整合动物学》）是学会与中国科学院动物研究所和 Wiley-Blackwell 出版社合作，共同出版的科技期刊。

2013 年 JCR 所发布的期刊 SCI 影响因子为 1.288，位于 Q2 区，在全球 149 种 JCR 动物学刊物中名列第 58 位（前 38.9%）。世界 2043 个单位可看到 *Integrative Zoology*，另有 2645 个发展中国家单位能阅读 *Integrative Zoology*。2013 年，*Integrative Zoology* 全文下载共计 2.5 万篇次，比 2012 同期增长 40%。其中，文章下载量排名前 5 名的国家为：美国（27%）、中国（13%）、英国（10%）、印度和加拿大（5%）、德国（4%）。期刊在网上被在线浏览量前 5 名的地区和国家分别为：欧洲（27%）、美国（24%）、中国（13%）、澳大利亚和新西兰（5%）、加拿大（4%）。期刊编辑委员会的 59 位科学家来自 19 个国家和地区。

**国际学术会议** 6 月 26 日，学会与国际生物科学联合会中国全国委员会和中国科学院动物研究所联合主办的第五届整合动物学国际研讨会暨全球变化生物学国际学术研讨会在北京召开。会议主题为：全球变化的生物学效应。来自 13 个国家的 100 多名科学家出席了会议并在会上作学术报告。

**国际交往** 9 月 22 ~ 28 日，第四届“北半球外来生物入侵”国际研讨会在俄罗斯 Borok 市召开。来自 16 个国家近百位专家、学者出席会议。学会为会议支持单位。学会主席张知彬、秘书长韩春绪和中国科学院动物研究所研究员何宏轩组成代表团出席了会议。

**【第五届整合动物学国际研讨会】** 6 月 26 日，学会与国际生物科学联合会中国全国委员会和中国科学院动物研究所联合主办的第五届整合动物学国际研讨会暨全球变化生物学国际学术研讨会在北京召开。会议主题为：全球变化的生物学效应。

来自 13 个国家的 100 多位科学家出席了会议并在会上作学术报告。中国科学院副院长、中国科学院院士张亚平，国际生物科学联合会（IUBS）执行主任 Nathalie Fomproix（法国），IUBS 前主席 John Bukeridge，国际动物学会（ISZS）前主席 Jean-Marc Jallon，国际动物学会副主席 Abrahan Haim（以色列）长滨嘉孝（日本），中国科学院动物研究所所长、中国科学院院士康乐出席会议开幕式。开幕式由学会主席、国际生物科学联合会副主席、中国科学院动物研究所研究员张知彬主持。

（撰稿人：韩春绪　熊文华）

## 国际数字地球学会

**服务创新型国家和社会建设** 学会经调研编写了《数字地球：15 年发展与前瞻》发表在《中国科学院院刊》。

学会参与中国科学院院士局“数字地球 2030：中国发展战略”项目申请并获批。项目在全面系统分析数字地球发展现状基础上，结合社会科技变革的驱动力和趋势，利用国际和我国地球观测的重要资源，开拓发展海量空间数据转化为科学信息的方法论，以更广阔视角和科学深度提出面向 2030 的数字地球理念，重点研究新一代数字地球的理论框架、前沿技术和应用模型等科学问题。

**学会建设** 2013 年，学会理事会由来自 15 个国家、2 个国际组织的 22 位专家组成。学会秘书处常驻中国，通过国际数字地球学会中国国家委员会服务中国的数字地球学术建设。

8 月 25 日，学会召开了第八届学会执委会会议，研讨下一届国际数字地球会议的申办以及上一届峰会的总结报告，商讨了数字地球遗产专业委员会的建立、奖项委员会的组建、青年科学家委员会的发展、会员管理与发展、数字地球课程的宣传与推广、学会组织机构完善方式，以及如何推动学会发展等议题。会议审议并通过了学会与 IOP 出版社建立长期合作关系的计划。同期召开了《国际数字地球学报》第五届国际编委会会议，听取了《国际数字地球学报》工作报告及出版情况统计汇报，评选出 2013 年最佳论文，并就如何提高期刊影响因子、提升论文引用率、吸引高水平论文等问题进行了讨论。

**学术期刊** 截至 2013 年 12 月 31 日，《国际数字地球学报》收到来自 40 多个国家的投稿 950 余篇，出版期刊 36 期，发表文章 217 篇。出版专刊 1 期、增刊 1 期。

**国际学术会议** 2013 年，学会参与第八届国际数字地球会议和第三十五届国际环境遥感大会两次国际会议的筹办工作。

8 月 26 ~ 29 日，由学会主办，马来西亚理工大学和马来西亚砂拉越大学承办的第八届国际数字地球会议在马来西亚古晋市召开。此次会议以“知识转化与持续科学实践”为主题，是该系列会议发起14年来首次在东南亚国家举办。来自35个国家和地区的360余位数字地球领域专家、学者参加了大会开幕式。与会专家围绕数字地球理念和创新、对地观测技术、自然资源管理、数字遗产等12个议题展开学术讨论与交流。大会进行了18个大会特邀报告，组织了38个平行分会，参与口头报告学者200余人。

4月22～26日，由学会协办的第三十五届国际环境遥感大会在北京召开。会议以“对地观测与全球环境变化”为主题，来自56个国家和地区的遥感及相关领域专家、学者1000余人参加。大会组织了63个平行分会，360余人作口头报告。

**国内主要学术会议** 国际数字地球学会中国国家委员会（以下简称中委会）是国际数字地球学会设在中国的学术分支机构，中委会由相关部委、高等院校、科研单位、企业中从事与数字地球相关理论、技术研究，应用开发、教学、管理等工作的62位专家、学者组成，35位相关领域知名科学家组成科学顾问委员会。

2013年，中委会举办了第二届全国激光雷达大会、第二届全国成像光谱对地观测学术研讨会两次国内学术会议。

10月25～27日，由中委会激光雷达专业委员会与北京建筑大学、现代城市测绘国家测绘地理信息局重点实验室承办的第二届全国激光雷达大会在北京召开，来自国内外近80个单位的150余位专家、学者及企业家参加了大会。会议进行90余个学术报告，包括7个研究团队负责人的大会报告和12场分专题报告，分别围绕激光雷达系统研制、激光雷达理论与方法、数字城市、测绘、大气应用、资源环境应用等多个方面，展示了近年来激光雷达技术研究与工程应用的最新成果。会议评选出11名青年优秀论文作者并给予奖励。

11月20～22日，第二届全国成像光谱对地观测学术研讨会在江苏省南京市召开，来自国内外60余单位的200余位专家、学者参加了大会。会议由中委会成像光谱对地观测专业委员会、中国科学院数字地球重点实验室、南京大学等机构联合承办。会议共进行了55个学术报告，包括13个大会报告和42个分会报告。

（撰稿人：王长林）

安徽省科协第九次代表大会

福建省科协第八次代表大会

河南省科协第九次代表大会

广东省科协第八次代表大会

广西壮族自治区科协第七次代表大会

甘肃省科协第七次代表大会

云南省科协第八次代表大会

纪念北京市科协成立50周年座谈会

2013年辽宁省科学道德和学风建设宣讲教育报告会

2013年湖北省科学道德和学风建设宣讲教育报告会

2013年湖南省科学道德和学风建设宣讲教育报告会

广东省高校科学道德与学风建设宣讲教育报告会

重庆市2013年科学道德和学风建设宣讲报告会

2013年青海省科学道德和学风建设宣讲教育报告会

辽宁省第七届学术年会暨2013年辽宁（营口）精细化工产业发展论坛

上海市科协第十一届学术年会

福建省科协第十三届学术年会

第十一届广东省科协学术活动周开幕式

第九届新疆青年学术年会

四川省第六届中青年专家学术大会

陕西省2013年“学术金秋”重点活动——智能制造与高端装备制造学术研讨会

第十五届中国国际工业博览会 —— 大数据驱动的创新院士圆桌会议

第十二次全国医学遗传学学术会议

2013年湖南科技论坛

第四届辽宁现代农业发展论坛

吉林农业科技发展高端论坛

首届北京国际科学节圆桌会议

首届内蒙古国际农业发展暨海峡两岸农业经济合作论坛

第三届皖台科技论坛

2013海峡两岸功能材料科技与产业峰会

第四届海峡两岸（宁夏）特色农业产业化论坛

浙江省院士专家工作站建设现场会

甘肃省副省长、省科协主席张广智，中国工程院院士、南京大学教授张全兴共同为兰州助剂厂院士专家工作站揭牌

2013年山东省科协省级学会能力提升培训班

甘肃省基层农技协规范化建设现场会暨农技协领办人培训班

青海省院士专家工作站暨国家级科技思想库专家会议

宁夏科协院士专家走基层与宁夏凯晨电气集团有限责任公司对接交流

山西省科协与山西省中小企业局签署战略合作协议

内蒙古科协直属学会“十百千万”创新工程座谈会

中国科协会员日浙江省科技工作者先进表彰暨报告会

2013年中国科协会员日重庆市科技工作者代表座谈会

江西省首家“海智计划”工作站——鄱阳湖湿地与流域研究工作站授牌仪式

2011-2012年度青海省自然科学优秀学术论文奖总结颁奖大会

辽宁省委书记、省人大常委会主任王珉到辽宁省科技馆建设现场就建设与布展情况进行调研

天津市副市长何树山出席2013年全国科普日天津主场活动

吉林省委常委、副省长陈伟根出席全国科普日暨吉林省第十一届科普周活动

广东省副省长陈云贤出席广东省全国科普日活动

陕西省委常委、省委组织部部长毛万春等出席2013年全国科普日陕西主场活动

山西省科技馆新馆开馆

2013年黑龙江省科学素质纲要实施工作会议

青海省《全民科学素质行动计划纲要》实施工作"十二五"中期评估汇报会

2013年新疆维吾尔自治区全民科学素质工作电视电话会议

新疆生产建设兵团《全民科学素质纲要》实施工作电视电话会议

2013黑龙江·哈尔滨科普月暨科普手拉手党群心连心活动启动仪式

2013年全国科技活动周暨江苏省第25届科普宣传周开幕式

全国科普日福建省主场活动启动仪式

2013年江西省全国科普日活动启动仪式

山东省暨济南市2013年全国科普日活动启动仪式

2013年湖北省全国科普日活动启动仪式

重庆市全国科普日活动吸引广大市民积极参与

四川省2013年全国科普日活动暨四川省科普资源双年展启动仪式

"体验科学"——中国流动科技馆全国巡展江西新干首站启动仪式

航天科技连着你和我——院士专家海南校园行活动开幕式

第33届北京青少年科技创新大赛"市长奖"颁奖仪式

第八届重庆市青少年科技创新市长奖颁奖仪式

第三届山东省青少年“七巧科技”竞赛

第七届两岸四地大学生科技文化夏令营开营仪式

首届广西青少年科学节主场活动启动仪式

第25届海南省青少年科技创新大赛

第三届新疆维吾尔自治区青少年科技节

第十一届新疆生产建设兵团青少年科技创新大赛开幕式

2013年广东省文化科技卫生三下乡暨“千会服务千村”活动

2013年山东省“百名专家企业行”活动启动仪式

陕西省科协“科技兴陕西，助推中国梦”座谈会

第26届辽宁省暨朝阳市“科普之冬”—— 2013年科普惠农、农超对接活动

# 省、自治区、直辖市科协，新疆生产建设兵团科协简况

## 北京市科学技术协会

**服务经济社会发展** 2013年，市科协积极开展决策咨询工作，形成了以科技思想库、决策咨询沙龙、课题调研、政协提案、人大建议案等为基本形式的决策咨询工作格局，2013年完成重点课题调研12项，报送《科技工作者建议》170余项，《关于发展城市现代有轨电车的建议》得到了中央政治局常委张德江的批示，《关于重视发挥老年科技团体作用的建议》等建议得到了北京市领导的批示。推进国家级科技思想库试点工作，完成8个数据库采集基础信息81万条（项），并开始内部试运行。建立了百人专家咨询团，研究推出《首都“安全农业”品牌打造路径研究》等12项思想库课题和《科技工作者建议》等6种思想库产品。在中国科协考核中，北京市科协科技思想库建设位居全国前列。

2013年，新成立22个院士专家工作站和3个院士专家服务中心。累计成立企业院士专家工作站60个，院士专家服务中心6个，进站院士111位，开展科研和技术攻关项目108项。其中10项获国家科技奖，57项获市级奖或行业奖，申请专利1347项，获专利授权632项。搭建企业与高校、科研院所的交流平台。创新论坛根据企业需求，举办了7场专利信息推介会和6场知识产权工程师培训。推动海智专家参与首都战略性产业关键技术研发和成果转化，举办了海智项目洽谈活动47次，实现海智项目对接187个。举办了第二届首都大学生科技创新作品与专利成果展示推介会，41所高校的138项专利成果、142项科技创新作品、47份创业计划书、105份文化创意作品和103份论文参加了展示推介。

推动面向“三农”的首都农业科技推广服务体系建设。开展科技套餐工程，汇集46家涉农学会的专家，在10个涉农区县各建立一个“都市型现代农业示范基站”，2013年投入种子资金62万元，支持项目50个。

**《科学素质纲要》实施及科普工作** 制定全市科学素质纲要实施年度计划，协调各成员单位共同抓好落实。对16个区县进行专题调研，全面了解科学素质建设的基本条件、工作现状、发展规划。指导区县做好中期评估工作，组织开展评估培训，摸清公民科学素质底数，查找薄弱环节，加强改进工作。推动市政府与中国科协签署了《落实全民科学素质行动计划纲要共建协议》，确定北京到2015年实现公民具备基本科学素质比例超过13.04%的目标。

大力提高重点人群科学素质。开展农民素质培训和技术指导、产业发展规划等专业化服务，围绕社区居民科学素质提升，打造综合性强、示范效应好的科普社区。以公务员科学素质大讲堂为重点，推动领导干部和公务员科学素质的提升。指导高校科普志愿服务分队开展活动，支持学会建立专家志愿者队伍，引导社区组建居民志愿者队伍，截至2013年12月31日，科协系统登记在册的科普志愿者达到1.15万人。朝阳区科协联合区内科研院所、高等院校、科普教育基地、区属学会成立了“科普工作志愿者联盟”，建立了3000余人的科普专家数据库，组建了300人的健康科普讲师团，43个街乡建立了科普志愿者队伍。策划“科学家进校园”活动，探索青少年素质教育新模式，组织专题调研，制定活动方案得到市委领导批准。实施第十三期青少年科技后备人才早期培养计划，选拔500名优秀学生，走进140个国家和市级重点实验室。大力开展科学讲堂、科学名家讲座、校园科普、野外科学考察和优秀项目资助活动，2万多名中学生参加。实施“英才计划”，选拔培养有潜质的中学生100名。

科普活动社会影响力日益增强。5月19日，2013年全国科技活动周暨北京科技周在全国农业展览馆开幕，国务院副总理刘延东出席。举办第三届北京科学嘉年华，来自13个国家的科普组织和120多家国内科普机构，开展了300项科技互动活动和近百场的科学实验秀及科普讲座。首次举办北京国际科学节圆桌会议，在科普资源共享、合作开发、创立培育品牌活动等方面达成了合作意向，9个国家的代表现场签订了合作备忘录。各区县科协、科普教育基地、市属学会，结合社会热点问题，组织展览展示、科普讲座等144项科普活动。举办北京科学嘉年华主场活动、第三届北京国际科技电影周、世界科学节北京圆桌会议、诺贝尔奖获得者北京论坛主题展览及开幕式、首都科学讲堂专场——2013诺贝尔获奖者北京论坛、中关村论坛——“科技改变生活”等7项活动。配合北京市政府重点项目第九届园博会，市科协与丰台区科协共同举办“北京园博会科普主题展览”。开展北京科技周、科普之春、科普之夏等科普活动。发挥北京科普资源联盟作用，整合科普资源13万件。北京科普创作出版专项资金资助出版《漫虫记》等13项图书和音像作品。

推进北京科学中心建设，场馆交接、可研报告编制、工程立项审批、展教大纲编写等工作。怀柔、平谷等区县启动了数字科普视窗工程，房山科技活动中心已投入使用，完成了“蝌蚪五线谱”网站优化升级，形成热点科评、百蝌争游等品牌栏目。

举行第33届北京青少年科技创新大赛。大赛以“发现科学的乐趣”为主题，来自国际14支代表队和全市18

支代表队的青少年科技爱好者科技辅导员参加了大赛。

**学术交流** 举办以“科技惠民生，助力中国梦”为主题的第16届北京科技交流学术月。市科协及所属科技社团，围绕生态环境、防灾减灾等民生科技的重点领域，集中举办了116项学术活动。2013年资助131家科技社团开展学术交流活动613项。推动学术交流与首都重大科技需求对接，支持光华设计发展基金会与大兴区政府、北京经济技术开发区共同主办第八届中国设计节，并长期落户大兴，促成基金会在大兴区建设“中国设计瑰谷”，形成大兴“一谷一节五园”的设计产业发展格局。举办双S学术沙龙，促进自然科学工作者和社会科学工作者学术上的交流，推动科学精神与人文精神融合。同市社会科学界联合会共同举办了“创新驱动，转型发展，实现中国梦”自然科学界和社会科学界高峰论坛。举办京台青年科学家论坛，促进两岸青年科技工作者沟通交流。实施精品科技期刊工程，组织了对学会主办的20种科技期刊的审读，组织期刊编辑人员参加第九届中国科技期刊发展论坛。举办第七届北京—意大利科技经贸周，103家意方企业与200家中方科研机构和企事业单位进行交流研讨和对接洽谈。与31个国家和地区的63家科技组织建立了长期合作关系。与德国智能技术尖端集群等14家发达国家科技组织签署了合作意向书和备忘录。在第二届北京·澳门合作交流洽谈会上，市科协与澳门科学技术协进会签署合作协议，北京市市长王安顺和澳门特首崔世安出席了签字仪式。

举办第五届首都创新论坛。以“促节能减排，还碧水蓝天”为主题，中国社会科学院、清华大学、北京大学和紫光博瑞有限公司的4位专家，就企业如何实施科技创新、如何兼顾环境保护与经济效益、政府如何治理污染等议题进行了发言。论坛期间，还举办了国家级实验室的科研成果发布与展览，向园区企业介绍了最新的科研成果。

召开北京市科学道德和学风建设宣讲教育工作会议。

**服务科技工作者** 2013年推荐北京学者、中国青年科技奖、求是杰出青年成果转化奖、中国青年女科学家奖候选人17人，4人获奖。组织开展茅以升北京青年科技奖、青少年科技创新市长奖评选工作。科技工作者状况调查站点2013年报送信息100余篇，编发《站点信息》7期。完成北京科技工作者状况调查，47个站点全部参与，发放调查问卷9000多份。组织提交一篇市政协团体提案。组织代表、委员、常委、荣委考察农村科普基地和文化创意产业发展。

深入开展科学道德和学风建设宣讲教育工作，在北京工业大学等高校和科研院所举办了4场北京地区宣讲教育报告会，中国科学院严纯华、王越、吴常信、王乃彦四位院士分别作主题报告。2013年举办高校宣讲教育报告会及研究生导师专场报告会、相关学术活动等7100余场，受教育人数达38万人次。再版《科学道德和学风建设简明读本》10万册，向新入学研究生免费发放。

加强科技人才工作。重点开展科技人员创新理论培训，举办了6场创新方法培训，培训中关村企业技术人员500人，高校大学生、研究生200人。资助学会举办青年学术活动108项，资助青年科技工作者参加19项国际学术会议，支持青年学者出版学术著作6部。41家市属学会、高校科协、企业科协的科技工作者参加了青年学术演讲比赛。59家社团的1859篇学术论文参加了青年科技论文评选。支持北京老科技工作者总会联合北京老教育工作者总会、北京老医药卫生工作者协会成立“三老”社团联盟。

2013年市科协举办了科技社团秘书长沙龙、“科学人拍科学”摄影展、新经济组织科技人员职称评审政策和奖励政策宣讲会等活动，北京市副市长戴钧良代表市委市政府到神华集团院士专家工作站看望慰问科技工作者。

**自身建设** 组织召开了市科协系统学习贯彻党的十八届三中全会精神辅导报告会。组织开展了“贯彻党的十八大精神共圆中国梦”学习交流活动。开展市科协成立50周年纪念活动。纪念活动以“一会五进”为主要内容。组织进社区、进学校、进企业、进农村、进军营系列科普活动160项，各学会、区县科协、基层组织以及首都广大科技工作者广泛参与纪念活动。2013年新批准成立企业科协16个，企业科协总量达到314个。

加强科技社团党建工作，定期召开社会组织党建工作委员会会议。在学会理事会中，新批准建立党的工作机构10个，条件成熟待批准成立党的工作机构的学会40个累计达到132个。科技社团党总支和各基层党支部，积极开展党建活动，申报活动项目40个。获得党建工作经费资助56万元。持学会承接政府购买社会组织服务项目14个、社会组织管理岗位22个，促进学会在服务社会管理中增强自身活力。建立联络员制度，完善枢纽型组织信息化平台。举办科技社团能力提升高级研修班。

**【纪念北京市科协成立50周年座谈会】** 7月29日，纪念北京市科协成立50周年座谈会在北召开。市科协主席顾秉林致辞，党组书记、常务副主席夏强主持。中国科协党组主要领导，北京市委常委苟仲文出席会议并讲话，中国科协办公厅主任吴海鹰，市委副秘书长王翔，市科协的老主席、老书记，以及来自学会、区县科协、基层组织、科技工作者的代表，科协机关和事业单位的处以上领导干部参加了座谈。

在举办纪念座谈会的同时，市科协组织学会、区县科协、基层组织积极参与“五进”活动，7月26～28日组织开展“进社区、进农村、进学校、进企业、进军营”等各类活动160余项。

**【签署落实全民科学素质行动计划纲要共建协议】** 9月11日，北京市人民政府与中国科协签署落实全民科学素质行动计划纲要共建协议。仪式由市科协党组书记、常务副主席夏强主持。中国科协党组成员、书记处书记徐延豪，北京市人民政府副市长戴均良分别代表中国科协和北京市政府签署了共建协议。共建目标是通过开展公民科学素质建设共建工作，使北京市到2015年实现本辖区公民具备基本科学素质比例超过13.04%，为实现到2015年我国公民具备基本科学素质的比例超过5%的目标提供支撑。北京市人民政府将《科学素质纲要》实施工作纳入政府的重要议事日程。加大投入，为本地区公民科学素质建设提供有力保障。扎实推进公民科学素质各项任务在本辖区的落实。确保本辖区公民科学素质建设目标的实现。国家全民科学素质纲要实施有关部门加强政策引导和指导督促。将有关任务纳入本部门相应工作规划和计划。大力推动重点人群科学素质行动。大力提升全民科学素质工作的公共服务能力。推动公民科学素质建设的长效机制建设。

**【提升中关村核心竞争力专题研讨会】** 9月27日，由市科协与中关村管委会共同组织承办的以“提升中关村核心竞争力”为主题的高端决策专题研讨会在中关村管委会召开，市政府副秘书长朱炎主持会议。中关村企业家顾问委员会主任委员柳传志、常务副主任委员王小兰、副主任委员邓锋，委员才让、衣锡群、尹卫东、孙育宁、朱敏、王斌以及中关村企业家代表雷军、赵国庆、雷涛等专家针对中关村目前发展状况，探讨了中关村未来发展方向。围绕环保、移动互联网、大数据等中关村重点产业的未来发展思路和政策需要，在企业创新驱动机制、创业环境建设、知识产权保护、核心人才引进、政府扶持政策及体制创新等方面内容进行了研讨交流，提出了进一步提升中关村核心竞争力的意见和建议。

市委常委苟仲文、副市长张工分别讲话，指出中关村下一步发展要进一步关注经济与科技的结合以及国际化创新资源的吸引问题。自主创新不是自我创新，要吸引外国高端专家对中关村建设的关注和参与，要用更加挑剔、更加严格的眼光看待创新，勇于突破。要积极推动成系统、有效率、比较完善、市场化的服务体系建设，以及科研资源与产业发展相互促进的体制建设等。

（撰稿人：石　军）

## 天津市科学技术协会

**服务经济社会发展** 2013年，市科协开展决策咨询，积极建言献策，向市有关部门提供决策咨询报告116篇，30项获上级领导批示，部分实现转化进入领导决策。组织开展的《公民用药行为状况调查》成果得到中央领导重视，对策建议为推动我国医药卫生体制改革做出了积极贡献，获得中国科协来函鼓励表扬。《关于当前我市重点产业产业链缺失现状及对策建议》、《利用闲置铁路资源发展城市轨道交通的建议》、《天津市文化产业科技工作者状况调查与对策建议》等多个建议得到天津市领导批示，部分实现转化进入决策。由市科协组织开展的为美丽天津建设专家建言献策被市委颁布的《中共天津市委关于深入贯彻落实习近平总书记在津考察重要讲话精神加快建设美丽天津的决定》吸收采纳;《建设南港循环经济示范区的建议》成为与中国工程院合作项目;《天津市重点产业产业链缺失的对策建议》拟由市发改委列入天津市“十三五”规划，天津市科协成为项目单位之一。通过政协渠道，先后组织专家就发展科技型中小企业、提高公民科学素质建设美丽天津、科普设施建设等开展调研，提出对策建议，得到了市政协领导的高度重视，并以政协大会发言、政协专报等形式供天津市委、市政府领导决策参考。组织所属科技团体带动近千家科研、企事业单位的万余名科技工作者，围绕美丽天津建设、经济结构调整、生态园林城市建设、城市发展规划、防灾减灾和企业转型发展中的重大科技问题开展调研论证，开展数百项科技活动，形成一批研究成果和科技建议，受到市领导同志和相关部门的关注，成为科学决策的参考依据，部分成果进入实践应用。据统计，截至2013年底，天津市科技思想库共推荐专家300余名，与天津市人力社保局共享决策咨询专家4000名。2013年共举办决策咨询活动167场，举办实用技术培训班2281个，累计培训人数41万余人次，推广新技术1356项。

开展“科普惠农兴村计划”和“社区科普益民计划”两个子项目的评审申报推荐工作。荣获全国科普惠农兴村先进单位3个，全国科普惠农兴村带头人1名，评选天津市科普惠农兴村先进单位10个，天津市科普惠农兴村带头人10名。天津市“科普惠农兴村计划”奖补资金130万元，带动农户超过5万户。荣获全国科普示范社区10个，天津市科普示范社区20个。获得全国“社区科普益民计划”奖补资金200万元，天津市“社区科普益民计划”资金100万元。

**开展“讲、比”活动** 2013年，天津市“讲理想、比贡献”活动围绕天津支柱产业发展进行立项，项目涉及装备制造业、石油化工业、电子信息业、生物医药业、新能源新材料业，几乎囊括了天津市八大支柱产业。中国海洋石油渤海公司、天津市中环电子信息集团有限公司和蓟县科协相继组织企业开展“讲、比”活动，民营科技型企业的参与比例达30%。市级立项中涉及技术革新、工艺改进、生产改善的项目约占总项目的80%以上。330多个企业的5万余名科技工作者参加，“讲、比”活动中被采纳合理化建议5000余条，其中市级立项达663项，全部完成后将实现经济效益22.7亿元。2013年，促成“院士专家工作站”进入天津“千企万人特别支持计划”高端事业平台，实现“大联合、大协作”的初步工作设想。推动建立企业“院士专家工作站”22个、区域“院士专家服务中心”1个，33位院士和30名专家进站工作，开展科技创新及产业发展战略研究课题、项目67项，其中国家级项目8项、市级科技创新项目5项。开展“百名专家进百企”活动，征集企业技术难题210余项，其中180余项实现校企、会企协作。举办第六届中英创业大赛以及海外人才津门行的大型对接活动，20余名海外智力人才与天津各大新技术产业园区进行项目对接。

**《科学素质纲要》实施及普及工作** 按照国家纲要办要求，启动完成天津市《科学素质纲要》“十二五”中期自评估，全面推进全民科学素质工作。积极争取市委、市政府支持，2013年“百名专家进校园、进社区、进企业、进乡村”活动作为天津市20项民心工程子项，全年共举办科普活动进校园500余场次，进社区900余场次，进企业150余场次，进乡村800余场次，30余万市民群众受益。

全国科普日期间，在全市城乡共组织各类科普活动330余项，参与群众超过12万人次。在“科技馆活动进校园”、“天文科普进校园”等科普活动中，1.6万人次参与。组织设计制作的科学应对H7N9禽流感科普宣传折页，发放10000余册。

“天津公众科技网”、“人本网”、“凯风网”天津频道，全部提供互动交流和体验服务，逐步实现科普资源数字化建设。

邀请科普领域国际最高奖项——“卡林加奖”获得者、中国科技馆原馆长李象益主讲《科普的创新和社会责任》科普报告会；组织“科学·艺术·创新”2013天津大学生产品设计大赛、第二届“天津市优秀科普作品奖”评奖活动。开展“节约粮食，从我做起”为主题的“青少年科学调查体验活动”、天津市第28届青少年创新大赛、第十三届天津市青少年机器人竞赛，以及全国青少年高校科学营、全国信息学联赛和天津市生物学竞赛等，全市约15万名学生参加活动。

2013年，天津市科普宣传栏、科技宣传橱窗等科普画廊建筑面积达到20631平方米；新建全国科普教育基地17个，达到39个，全年参观人数超过482万人次；新建市级科普教育基地20个，达到93个，全年参观人数约1097万人次；天津科技馆常设展厅全年接待观众61万余人次。

天津市各级科协及所属团体共举办科普报告、讲座7897场次，受益人数400万余人次；播放科技广播、影视节目108148分钟；制作科普挂图127种，46万张；主办科技网站31个，浏览人数累计超过3486万余人次，主办科技期刊43种。

**学术交流** 以重点学术交流活动资助项目、第九届天津科技论坛、第十一届天津科技交流学术月等专项工作为载体，资助学会开展重点科技活动110余项，带动各学会开展科技活动千余项，参与活动的科技工作者超过10万人次。中国航空航天领域光电技术新挑战研讨会、2013天津市数学年会、滨海第四届计算机技术发展与展望论坛、地理信息系统与智慧城市建设报告会，金国藩、庄松林、刁南华、刘先林、严陆光、陈永川、叶声华、吴咸中、陈可冀等百余位院士、国际国内相关领域的权威专家齐聚天津，为推动天津经济发展驶入创新驱动、内生增长的良性轨道服务提供宝贵的建议和意见。据统计，2013年主办承办国际、全国、区域性大型学术交流活动50余次，举办境内外学术会议764场，交流学术论文18626篇。

促成海峡两岸三地新材料高端论坛在天津举办，同时形成在天津每两年举办一届的长期机制。

**服务科技工作者** 提出并组织实施“促进科技成果转化、服务科技工作者创新创业、借助首都优势科技资源和引进海外科技资源”四项举措，举办创新创业政策宣讲，印发政策汇编，建立“科技工作者创新创业服务中心”，开通创新创业服务热线。推动市科协重点人才工作项目纳入《天津市关于进一步提高人才领域对外开放水平的实施意见》、《天津市关于加快构筑优秀人才高地若干意见》、《天津市“千企万人”特别支持计划实施办法》等10多个人才政策性文件之中。开展科技工作者学术著作出版、精品科技期刊出版、国际学术会议参会项目资助工作，实施继续教育引导工程。组织第十二届天津青年科技奖评选工作，22名青年科技工作者获奖。健全科技工作者状况调查制度，开展科技奖励问卷和天津市科技工作者状况调查工作，配合中国科协完成第三次全国科技工作者状况调查问卷700份。反映科技工作者建议218条，其中51条获上级领导批示。举办继续教育培训班353个，培训结业人员达到29825人次。形成国外专家受邀进入天津市科普大讲堂的有效机制。引进了美国“和谐公立学校”创始人和首席执行官萨纳尔·特瑞穆博士及其美国青少年科技教育模式，促进天津中小学科技辅导员及教师学习和借鉴科技教育先进理念。启动2013年度天津市中国科协科技馆基金会合展励学金资助评选工作，资助225名大学生。深入开展科学道德和学风建设宣讲教育活动。组织召开2013年全国科学道德和学风建设宣讲教育工作（天津市分会场）电视电话会议。全市30多所高校和科研院所共开展宣讲教育活动330多场次，参与人数达13万多人次。

为天津市各单位推荐海外顾问人选，组织天津市青少年参加世界可持续发展青少年奥林匹克竞赛，获得中国区赛事组织代理资格，跟踪服务海外院士学者与天津相关单位的项目合作取得成功。

与美国、俄罗斯、英国、德国、丹麦、澳大利亚等国家科技组织及海外人才工作站保持密切联系。全年共接待海外科技组织及海外人才工作站负责人来访83人次，组织天津市科技人员参加国外科技活动34人次。

**自身建设** 2013年，16家企业先后成立科协组织，企业科协总数达到515个。全市学会、协会、研究会达151个。高等院校科协数量不断增长。印发《天津市科学技术协会学会工作指南》、《天津市科协科技团体评估指标体系（试行）》等制度。3家企业建立了市级企业科协“科技工作者之家”,76名企业科协专兼职工作人员成为“2012年度天津市企业科协工作先进个人”；确定学会之星20个，先进学会60个，先进学会工作者71位。天津科技工作者之家项目完成基本建设工程。天津科技进修学院（海运职业学院）示范校建设方案得到批准。学院与美国皇家加勒比国际游轮有限公司顺利签约，合作建设国际邮轮人才培训中心，学院发展步伐不断加快。

**地市县及基层科协组织** 2013年，天津市区县科协数量因行政区划调整，由原来的18个变为16个，其中塘沽区、汉沽区、大港区科协编制合并划归滨海新区科协管理。

2013年，滨海新区的塘沽科协一方面把科普工作做到居民家门口，开展特色楼门建设，为12个楼门配装与区有线电视台连线的大屏幕，进行日常科普、应急科普等内容的宣传。东丽区科协2013年新建8个院士专家工作站和1个院士专家服务中心。西青区科协在实施天津市20项民心工程子项——“百名专家进校园、进社区、进企业、进乡村”活动中，组织250场报告活动。宁河县科协联合区有关部门按“一地一品”的原则，建成10家青少年科普教育基地，分别侧重在种植、养殖、水产、模型制作等方面开展青少年课外科技活动。武清区科协、宝坻区科协和蓟县科协重点在农业推广学校、成人教育学校及职业学校中发展学生科普志愿者，开展农村科普帮扶活动。河西区科协、红桥区科协、和平区科协以街道科协为主，办好社区科普大学或社区科普课堂。

**省级学会、企业科协、高校科协** 2013年，天津市级学会保持为151个，按照精简机构的要求，学会专业委员会数量由上年的425个减少为409个，会员人数达到15万，比上年增加5%。

2013年，天津市技术市场协会共组织50名专家，对接16家科技型中小企业，为企业咨询服务办了35件好事实事，研发转化新技术新成果12项，引进院士5名，帮助建立3个院士专家工作站，申报成功市级科技计划5项，积极促成大学等与企业签订7项产学研合作项目。

天津市计算机学会为27家企业培训90余位项目经理和高级项目经理；拓展新领域，开展天津市信息系统安全集成服务人员培训；主动疏通职称申报渠道，2013年为企业科技人员申报职称47人，其中初级职称39人，中级职称5人，高级职称3人。

天津市生物医学工程学会在加强自身建设方面有新做法。开展常态化会员日活动，召开学会发展论坛。制定理事竞选和差额选举的换届办法，建立前任、现任和候任三理事长制度，以及理事会、常务理事会议事规则。试行双挂靠体制的学会改革，制定“分支机构管理办法”，初步实现对分支机构动态管理、定期评估、有进有出的管理模式。

2013年，天津市钢结构学会开展“天津市钢结构金奖”和“优秀设计奖”评选，并作为中国建筑金属协会授权的六个省级协会之一承担完成了“中国钢结构金奖”部分项目的现场核查任务，组织推荐7个项目申报“中国钢结构金奖”，其中6项荣获国家优质工程奖。

天津市护理学会鉴定局级以上课题18项，填补天津市空白新技术18项，申请专利30项。

天津市自动化学会所属刊物《自动化与仪表》，获得中国科技核心和北大中文核心期刊称号。

天津市灾害防御协会开展《2013年天津市灾害趋势预测及对策研究》，提出了2013年度综合灾害趋势意见及防御防治对策，市政府采纳并将《对策意见》下发各区县政府。开展《天津市城区积水内涝防治对策研究》，提出了适应天津水文地貌特征和城市建设特点的积水内涝防治对策，被作为美丽天津生态宜居城市建设内参，呈报市领导决策参考。

天津市环境科学学会组织开展大学生志愿者“千乡万

村”环保科普行动。大学生志愿者撰写出调研报告15份，提出了符合当地具体情况的建议百余条，被当地政府采纳并实施的建议有5条。

天津市医学会2013年完成市级鉴定74例；医疗技术咨询7例，组织鉴定医学专家220人次；接待患者及家属来信来访千余人次，经过调解后不再进行鉴定的20余例。

2013年，16家企业先后成立科协组织，企业科协总数达到515个。高校科协数仍为3个。

**【第27届天津市科技周】** 5月17日，第27届天津市科技周开幕式在南开中学举行。天津市委常委、市委教育工委书记朱丽萍，天津市政协副主席、中国科学院院士陈永川，中国科学院院士、天津市科协副主席葛墨林等出席开幕式，葛墨林院士以“原始创新——基础研究引发技术创新”为题做科技周首场科普报告。本次科技周共有“中国梦”专题文艺演出、2013年大学生志愿者“千乡万村”环保科普行动、“和谐能源之旅”2013全国科普巡展等9项市级重点活动在全市展开，共发放科普挂图3000套、《公民科学素质指标七问》手册10000册，带动各区县委局举办重点活动413项，基层活动5800余项，吸引约88万人次直接参与，科普宣传辐射达350万人次。

**【科技工作者创新创业服务工程】** 2013年，天津市科协启动科技工作者创新创业服务工程，印发《科技工作者创新创业服务工程实施方案》，与天津市科委、市人力社保局共同出台《关于开展科技工作者创新创业服务工程的实施意见》，从13个方面对科技工作者创新创业提供服务支撑。初步建立了科技工作者创新创业服务工程人才库、成果供需库和政策库，为企业和科技工作者提供全方位的创新创业服务。人才库囊括了天津市各行各业高端人才346名，政策库收录了各类服务创新创业政策166条，征集298项技术难题和400余项技术成果，掌握8000多万条先进专利技术。筹备成立天津市科技工作者创新创业服务中心，面向全市科技型企业和科技工作者提供信息服务、培训服务、咨询服务、人才服务和研究服务。

**【全国科普日天津活动】** 9月14～20日，以“保护生态环境，建设美丽天津”为主题的2013年全国科普日天津活动在全市展开。天津市科协动员并组织广大科技工作者和科普志愿者，联合全市各系统共同组织创意产业发展成就展、青少年科普漫画优秀作品展、“和谐高铁 美丽天津”主题科普报告、科普灯谜、专家科普咨询等近300项群众性科普活动，发放挂图4000余套，宣传册20000余本，参与各项活动的群众超过12万人次。科普日期间还评选出2013年全国科普日活动优秀组织单位5个，优秀特色活动4项。

**【天津大学生产品设计大赛展】** 9月14日，“科学、艺术、创新”2013天津大学生产品设计大赛展在天津美术学院举办。天津市副市长何树山，市政协副主席、中国科学院院士陈永川在现场与高校师生、社区居民一起参加了活动。展出的近200件获奖作品是从10余所大学优秀艺术作品中评选而出。作品将科技与文化紧密结合，构思新颖，设计巧妙，反映了当代大学生较高的创新思维和动手能力，体现了未来科技教育发展的趋势。其中根据萤火虫形态设计的微型空气净化器、凸显环保理念的纸质材料办公用品、便捷智能的电子产品、设计精巧的民族风饰品、X射线仪、便捷式摄影机、电动三轮、多功能香薰音响等设计作品不仅有样图和说明，而且制成了样品或模型。

**【第9届天津科技论坛】** 5～7月，以“创新驱动・转型发展”为主题的第9届天津科技论坛举办。论坛依托科研院所、科技企业、市属学会，充分发挥广大科技工作者的专业优势、智力优势，以提升天津市八大支柱产业核心竞争力为目标，把学术交流与改造提升传统产业、培育发展战略性新兴产业相结合，开展交流研讨，为促进科技创新和经济社会发展献计献策。本次论坛共有4000余名科技工作者参加，举办学术报告90余个，交流论文400余篇，提出科技建议30余条。

**【第11届天津科技交流学术月】** 9～10月，天津市科协举办了以“实施创新驱动、助推天津发展”为主题的第11届天津科技交流学术月活动，本届学术月采取1+X（即主会场+分会场、学术月主题+分会场主题）的灵活结构，通过大联合、大协作的方式，突破制约天津市经济社会发展的核心技术、关键技术。5000余位院士、专家学者、青年科技工作者、企业技术负责人，围绕天津经济社会发展与科技创新进程中亟待解决的重点、难点、热点问题，在新能源技术装备、物联网与智慧城市建设、社会管理创新发展、公共医疗服务体系建设、技术创新与先进制造业等领域集中开展了前沿论坛、成果展示、技术推广、学科竞赛等各类前沿及热点学术交流活动38项。

**【海峡两岸三地新材料高端论坛】** 6月14～16日，由天津市科协、香港城市大学、北京科技大学共同主办的“海峡两岸三地新材料高端论坛”在天津市举行。天津市委常委、市委教育工委书记朱丽萍会见了来津参会的中国工程院院士、中国科协副主席黄伯云，中国科学院院士、沈阳材料科学国家实验室主任卢柯，中国科学院院士、北京科技大学教授周国治，美国工程院院士、中国科学院外籍院士刘锦川，法国科学院院士、香港城市大学工学院院长吕坚等专家学者。

论坛重点围绕新材料特别是金属材料领域的前沿课题

和最新成果进行研讨，并就“海峡两岸三地新材料高端论坛两年一届，举办地设在天津”达成共识，形成服务天津相关领域发展的长效机制。天津市相关学校、企业同院士专家建立了联系。中国工程院院士黄伯云等接受了南开大学的邀请，为师生授课；在建的天津理工大学材料与工程学院博士点利用此次契机，聘请刘锦川院士为材料与工程学院顾问。

（撰稿人：苏雅宁　沈天桔）

## 河北省科学技术协会

**服务经济社会发展**　开展决策咨询，积极建言献策。10月11～12日，省科协会同中国科协、中国金属学会等有关部门和单位在唐山市举办了技术创新·企业发展论坛，对钢铁产业依靠科技创新，加快产业结构调整和转型升级提出了意见和建议。省长张庆伟、省委副书记赵勇、常务副省长杨崇勇、副省长许宁等省领导分别批示，批转省发改委等有关部门认真研究吸纳。10月16日，省科协联合京津晋蒙科协在石家庄市召开了京津冀晋蒙环首都地区大气污染综合治理专家座谈会。与会的26位院士、专家研究了环首都地区大气污染的现状，分析了污染的成因，并就依靠科技解决污染问题提出了对策建议。中共中央政治局常委、国务院副总理张高丽，中共中央政治局委员、国务院副总理刘延东等中央领导同志和河北省委书记周本顺、省长张庆伟、省委副书记赵勇、副省长许宁等省领导分别批示，批转中央有关部门和省环保厅认真研究吸纳。

开展基层科普行动。2013年，河北省44个农技协、12个农村科普示范基地、13名农村科普带头人受到中国科协和财政部科普惠农专项资金表彰资助。37个农技协和10名农村科普带头人获得省级科普惠农专项资金400万元的奖励和支持。河北省16个科普示范社区受到中国科协和财政部表彰，获得科普益民专项奖励资金，40个科普示范社区获得省级专项资金200万元资助。受到表彰的单位和个人共开展科普活动1200多场次，培训各类人员5万余人次，引进新品种60项，推广农业先进实用技术180余项。

开展驻村服务。省科协筹集资金300多万元，帮助行唐县车厂村硬化道路、打水井、建水塔、架设电线、安装变压器、绘制文化墙、建立了村民中心和文化广场、改造提升村容村貌，购置苗木、美化街道、绿化荒山，举办农村科普大讲堂、提高农民科学素质，发展农村特色产业、帮助农民增收致富、提高村民生活质量。省科协工作组被省委省政府评为优秀驻村工作组，受到表彰。

《河北科技报》推出了《合作社的“走转改”》、《聚焦家庭农场》、《10年“一号文件”导航现代农业》等系列报道，其中《10年“一号文件”导航现代农业》系列报道，得到省委常委、宣传部长艾文礼，副省长沈小平的肯定。开展“百场讲座进百村”活动，创办“科技110”专版，组织专家深入赵县、南宫市、景县等地为农民进行技术指导和服务。开通了《种植指南》和《养殖宝典》手机报服务。举办了第七届种子肥料及农药产品订货会。

组织动员企业科技工作者开展“讲理想、比贡献”活动。创建院士专家服务中心5个、院士工作站25个，科技专家企业工作站25个。截至2013年底，全省建立院士工作站105个、院士专家服务中心9个、科技专家企业工作站74个，357位院士、620余名科技专家进站工作。举办创新方法培训班30多期，为企业培训科技人员近万名。为500家企业开展了提供专利技术信息服务活动，产生经济效益2.15亿元，节约研发经费7800万元，培训专利应用工程师150名。省科协与美国中医药联商会洽谈了来冀投资事宜，与美国硅谷国际企业家联盟建立了科技合作关系。省科协促成朝日光电科技有限公司与罗马尼亚阿夫里格市政府签署了合作备忘录，该公司与罗马尼亚阿夫里格市签订了500多盏LED灯具的贸易合同。

**《科学素质纲要》实施及科普工作**　出台了《全民科学素质工作考核办法》，对科学素质工作实行了量化管理和考核，完善了科学素质工作机制。组织开展了第三批河北省公民科学素质教育示范单位和典型案例的评选工作，对27个“河北省公民科学素质教育示范单位”和19个“全民科学素质工作典型案例”进行了表彰。对“十二五”以来全省全民科学素质建设工作进行了中期评估。

组织省内专家编写了《设施蔬菜栽培技术》、《优质苹果核桃种植技术》、《农区畜牧养殖技术》、《农村常见病防治》4本科普丛书，印刷24万册，免费发放到基层建设年的5000个村和农村面貌改造提升的3000个村，河北省委副书记赵勇对此给予了肯定。

开展主题科普活动。在秦皇岛市举办了以“保护生态环境，建设美丽中国”为主题的全国科普日河北系列活动启动仪式，河北省委常委、秦皇岛市委书记田向利，河北省副省长许宁，省政协副主席、省科协主席段惠军出席启动仪式，并与公众一同参加了主场科普活动。科普日期间，全省共举办各类科普活动1000多场次，其中重点科普活动370项。省科协联合省教育厅、省文明办、河北日报报业集团启动了“科普大讲堂——中小学生必知的100个科普知识系列讲座”活动，组织开展了防灾减灾日、气象日、科技周、三下乡、节能宣传周、食品安全周、暑期大学生农村环保科普行等群众性科普活动。河北省科技馆开放300天，接待观众20万人次，对常设展览进行了更新改造，建设了儿童展区。河北省数字科技馆荣获全国二级子站优秀称号。在石家庄市举办了第28届河北省青少年科技创新大赛，组团参加了第28届全国青少年科技创新大赛，获得全国优秀组织奖。举办了河北省首届青少年机器人竞赛，完成了2013年全国青少年高校科学营河北分营活动。科普大篷车全年开展活动30场次，行程1.2万公里，受益公众15万人次。开展了全国科普示范县（市、区）中期评估。

加强科普设施建设。省科协筹措资金100万元，对20个县级科协科普网站建设进行了资助。为青龙县科协提供了科普项目资金支持。支持晋州市价值200多万元的科普展品，培训展教人员，帮助晋州市建立了科技馆。支持秦皇岛经济技术开发区建立云科普体验中心。

**学术交流**　2013年，省科协资助学会重点活动项目64项。其中，高层次学术研讨项目30项，决策咨询项目10项，改选换届16项，其他项目8项。包括河北省超声医学会学术年会、第四届环渤海生物化学与分子生物学术交流会、第二届中医药高层论坛等。

加强国际和地区间的科技交流与合作。与南非、美国及我国台湾地区进行科技交流合作，接待2个团组8人来河北访问。就果树育种和果汁压榨保鲜技术与南非达成了初步合作意向，与我国旧金山领事馆建立了工作关系。资助保定市科协、省生理学会等6个单位举办了国际学术会议。

**服务科技工作者**　省科协会同省委组织部、省人社厅组织开展了第十一届河北省青年科技奖评选活动，评选出“第十一届河北省青年科技奖”获得者20人，“第七届河北省青年科技提名奖”获得者9人，利用《河北日报》对第十一届河北省青年科技奖获得者进行专版宣传。会同省人社厅、省总工会开展了第五届科普事业贡献奖评选活动，对15名获奖者进行了表彰。组织开展了直接联系科技工作者“六个一”活动。组织开展了中国科协会员日河北系列活动，由省科协4位党组成员带队，分赴石家庄、张家口、廊坊、保定、邯郸等设区市走访慰问驻冀两院院士、优秀科技人才和一线科技工作者100多名，召开座谈会听取科技工作者的意见建议，邀请科技工作者参观科技馆。召开了中国科协八大河北代表座谈会，组织开展了专家联谊休养活动。下发了《河北省科协关于加强科技人物宣传工作的通知》，在《河北日报》开设“河北科技人物风采”专栏，宣传优秀科技工作者。通过《河北科协》宣传科技人物40人次。全省科协系统以各种形式宣传科技人物450人次。

**自身建设**　在河北省财政厅的支持下，省科协安排专项资金200万元，启动实施了学会能力提升计划。经过严格评审，重点支持了10个综合示范学会、6个燕赵高层科技论坛、2项重大科技建议和特色品牌活动，对42项首届河北省自然科学学术创新成果奖进行了奖励。在中国科协组织的全国“学会能力提升”项目评比中，河北省被评为优秀单位并获得专项奖励资金。

《关于加强新形势下基层科协工作的意见》经省科协八届四次常委会议原则通过后，面向基层和相关省直部门广泛征求了意见。筹措资金160万元，重点支持了唐山、沧州、石家庄、邯郸4市的乡镇（街道）科协建设，抓好基层组织建设典型。

**地市县及基层科协组织**　邢台市宁晋县科协通过创办土地托管协会，促进了土地流转，推动了新技术推广，提高了规模效益，在科协系统创造了服务农村改革的典型，受到中央、省委和中国科协领导的关注。

秦皇岛市科协发起成立了“北方智桥联盟”。秦皇岛天业通联重工有限公司在中国工程院院士王梦恕的指导下，研制成功了国家首台大型TBM掘进机，出口埃塞俄比亚。石家庄化工化纤有限公司、石家庄中威电力器材有限公司等30余家企业，借助专利信息检索系统平台，发明拥有自主知识产权的专利近百项。

**【京津冀晋蒙环首都区域生态环境建设座谈会】**　为认真贯彻落实习近平总书记的重要指示精神，解决河北省和环首都地区大气污染综合治理问题，省科协会同中国科协，联合京津晋蒙科协，组织有关院士、专家，围绕大气污染综合治理主题进行调研考察。10月16日，中国科协决策咨询专门委员会在石家庄市召开了京津冀晋蒙环首都区域生态环境建设座谈会，河北省委副书记赵勇、中国科协书记处书记王春法出席会议并讲话。

中国工程院院士徐祥德、任阵海和来自北京、天津、河北、山西、内蒙古等地的26位专家出席座谈会，并围绕环首都地区大气污染的主要成因、依靠科技解决污染的主要途径、国家和地方政府应采取的治理措施等方面为治理环首都区域大气污染建言献策。徐德祥院士作了题为《城市群大气污染影响域性特征及其污染源追踪分析》的报告；苏福庆研究员代表任阵海院士作了题为《环首都区域大气重污染事件的环境背景及应急探讨》的报告。

会后，省科协对院士专家建议进行了归纳整理，中国科协和省科协分别向中央有关领导同志和省委、省政府有关领导呈报了该建议。中共中央政治局常委、国务院副总理张高丽，中共中央政治局委员、国务院副总理刘延东等中央领导同志和省委书记周本顺、省长张庆伟、省委副书记赵勇、副省长许宁等省领导分别作出批示，批转中央有关部门和省环保厅认真研究吸纳。省政府办公厅对院士专家意见建议发了专门通报。

（撰稿人：郭晓勇）

## 山西省科学技术协会

**服务经济社会发展** 2013年，省科协重点进行了科普惠农长效机制的探索与建设，在原有科普惠农兴村计划项目储备库建设基础上，升级为基层科普计划项目储备库，并进一步升级为山西省科普示范体系综合管理系统，推动山西省科普示范体系建设工作。

开展全国基层科普行动计划和山西省科普惠农兴村计划先进单位和带头人推荐评选工作，共有72个农技协、22个农村科普示范基地、14个农村科普带头人、9个社区受到国家和省级表彰，获奖补资金1906万元。实施科普惠农服务站试点工作，采取“资助合作、联合共建、长效发展”方式，首批建立5个试点，全程推进，跟踪问效。

加强科普惠农绿色通道建设，通过推行专家、企业、基地、技术、产品“五位一体”运作模式，实现了建设100个省级科普惠农服务站、扶持100个科普惠农骨干企业，建设100个优质农产品示范基地，主推100项科普惠农先进适用技术的“四个一百”目标，也实现了“放心农资下乡、优质农产品返城”双向服务全省县县全覆盖、信息技术传播体系惠农站点全覆盖的目标。

开展下乡住村工作，帮助方山县郝家庄村制定了以脱毒马铃薯种植、使役兼肉用牛养殖为主，小杂粮为辅的农业产业发展规划，马铃薯项目连续两年大丰收。组织开展科普惠农实用技术培训487场，专家进村入户指导5200余人次，受益群众5.9万人次。建立科技扶贫合作基地2个，开展全程技术指导和跟踪服务，探索科技帮扶新模式。

为全省1.39万名大学生村官编制并赠送科技手机报，农科110热线全年服务群众2.7万人次，中科云媒平台累计培训农民10万人次，在北京、上海举办了3场科普惠农特色农产品展销（示）会。通过科普惠农计划的实施，从信息、技术、人才、农资等方面为农民提供服务，努力建设一个功能集聚、手段丰富的三农科技服务体系。

深入推进科普强企计划，以“讲理想、比贡献”活动为重要抓手，推动提高企业自主创新能力。成立山西省创新方法培训基地，举办师资培训班2期，面向太原汾机机械厂、太原重工股份有限公司等企业开展普及培训、轮训1130余人次，为企业解决了上百个技术难题，产生5项专利成果。“金桥工程”项目完成42项，实现经济效益4.8亿多元，节约资金5493万元。大力加强高新区和经开区的科协组织建设，已有太原高新区、阳泉经开区、晋中经开区建立了科协组织。实施院士专家企业技术创新协作行动，联合省国资委、省中小企业局征集企业技术需求80项，涵盖新能源、新材料、装备制造、煤炭化工等多个领域，为太重煤机等企业的20个项目与有关院士专家达成合作意向。

**《科学素质纲要》实施及科普工作** 全民科学素质工作基础得以夯实。在省科协的积极争取下，山西省将全民科学素质建设纳入到省委、省政府对各市、省直部门（单位）的年度目标责任考核体系，并配套制定了科学素质纲要实施工作考核办法和考核评价指标体系，将“软任务”转化为“硬指标”，建立健全了全民科学素质工作考核激励机制。省政府与全省11个市签订了《山西省全民科学素质建设目标责任状》。2013年底，完成了对全省92个省直单位和11个市的全民科学素质建设的考核。9月17日，在全国政协举办的全民科学素质工作座谈会上，山西省副省长张复明应邀介绍了山西省的经验做法。

发挥领导小组成员单位作用，组织开展了一系列丰富多彩的全民科学素质特色活动。会同领导小组成员单位联合开展了山西省2013年“全国科普日”暨第10届“科普三晋”系列活动，重点策划组织了太原主场活动、中国科普摄影大赛、健康科普进社区、科普教育基地联动等活动。山西省委常委、统战部长白云等省领导出席主场活动，并与现场的青少年共做科普互动实验。全省各级科协共举办科普报告、科普培训、科普展览、科技咨询等7340余场次，分发科普图书、报刊、光盘等资料206.2万份，受众人数100余万人次。“星期日知识讲座”面向机关、企业、学校、社区等社会群体送“课”上门，全年共举办43场，受众近两万人次，并收集精彩讲稿编辑出版了《在科技馆听讲座》一书，对科普知识给予有效保存和延伸。“科普每一天”工程在继续推进省城公交楼宇电视科普宣传的同时，实施科普动漫进县区、进企业活动。组织举办了全省青少年科技创新大赛、青少年机器人竞赛、宋庆龄少年儿童发明奖等赛事，深入开展了中小学科普双百工程报告会、青少年高校科学营、“助力科学梦”家庭科学教育公益活动、“航天科技连着你和我——院士专家校园行”等众多活动，激发青少年创造活力，培养科技后备人才。

省科技馆新馆是省六大公益性基础设施重点工程之一。10月1日新馆建成开馆。新馆集科普展览、科教影视、科技培训等多项功能于一体，展区内容新颖、布展形式别致、展示手段科技含量高。开馆3个多月，共接待观众26.6万人次。

山西科技新闻出版传媒集团于年初正式组建成立，转企改制工作圆满完成。《科学导报》、《山西科技报》、《科学之友》等报刊全新改版，科技手机报全年编辑发布9000多期，大今网、易科网、96580、三农网络电视等数字媒体全面上线，《科普大篷车》电视节目在全省40多个市县开播，还结合各类科普活动主题开发挂图、图书、光盘等科普资源100多套（件），健康365中心全年服务群众近7000人次，跨平台科普云服务媒介——中科云媒建成300个试点，被国家新闻出版广电总局评为全国城乡公共阅报屏示范项目。

**学术交流**　举办了一系列高端前沿学术交流活动。10月12～14日，由中国数学会主办、省科协和山西大学共同承办的中国数学会2013学术年会在山西省太原市召开，国际数学联盟秘书长Martin Groetschel、12位中科院院士以及来自国内外的400多名数学领域专家学者与会，山西省副省长张复明出席会议并讲话。90多位专家在会上作了学术报告，11位院士专家分赴太原理工大学、山西师范大学、吕梁学院、太原五中等高校和中学开展了学术交流和专题讲座。组织和支持有关省级学会加强学术交流，先后举办精品学术活动20场，主要有第十五届海峡两岸建筑学术交流会、全国烧结烟气综合治理技术研讨会、全国玉米遗传育种学术研讨会、山西省第十六届超声学术会议暨山西省第二届心血管影像论坛、山西省第十七届眼科学术年会等。组织开展了海峡两岸新农村建设研讨会、海峡两岸青年学子科技交流活动、以色列培训项目和海智计划等工作，为促进海峡两岸和国际民间科技交流、引智服务转型发展发挥了积极作用。

**服务科技工作者**　为做好山西省首次科技工作者状况调查，省科协精心制定调查工作方案，组建专业团队，全方位收集数据，结合山西实际设计调查问卷，合理布局抽样站点，周密安排问卷调查，组织开展数据专业分析和课题研究。

深入开展第七届山西省优秀科技工作者、2013年度山西省科技奉献奖、第二届山西省科技传播奖等奖项的评选表彰，积极参与中国青年科技奖、中国青年女科学家奖等奖项的遴选举荐，推选出了一批长期奋战在科技工作第一线、作出显著成绩的科技工作者，引导广大科技工作者投身转型跨越发展和实现科技梦的宏伟事业。

持续开展科学道德和学风建设宣讲活动，2013年共举办7场报告会，按照“全覆盖、制度化、重实效”的要求，面向新入学的研究生和新入职的科技人员开展宣讲教育，使他们在学术研究刚起步的时候，能够坚守科学道德、养成良好学风，促进科技人才队伍健康发展。

**自身建设**　对省科协全系统学习贯彻十八大和十八届三中全会精神进行安排部署。11月20日，召开全省科技界学习贯彻党的十八届三中全会精神座谈会，邀请科技工作者代表畅谈心得体会，共谋改革发展。全省各级科协组织紧密结合本地区本单位实际，面向广大科技工作者和科协工作者，积极开展了各具特色的学习宣讲系列活动。扎实开展群众路线教育实践活动，切实整改存在问题，加深了群众观点，改进了工作作风，解决了突出问题，大大提升了做好新时期群众工作的能力。

开展学会能力提升计划研究，深入开展学会基础建设、组织建设、制度建设、队伍建设、学术建设和能力建设等方面的研究，增强学会的学术影响力、会员凝聚力、社会公信力和自主发展能力。对省科协所属132个省级学会进行了科学分类，进一步掌握了学会在自然科学领域的覆盖面。建立起学会管理信息平台，制定《山西省科协学会自身建设基本标准》，为实施学会能力提升计划提供了依据。对省科协所属学会进行承接政府职能摸底调查，向省政府递交了《关于山西省科协承接政府转移职能的请示》，支持学会积极承接政府转移的社会化职能。

自觉加强党对科协工作的领导，主动向省委、省政府汇报工作，争取省委、省政府不断加大对科协工作的重视和支持。2013年，山西省委省政府领导共计20余次深入科协调研、听取科协汇报或出席科协组织的会议活动。加强与有关部门的沟通协调，推动在经费投入、基础建设、人员编制、干部成长、工作推进等方面给予了有力支持。发挥人民团体和政协组成界别的作用，支持科技工作者在人大、政协中参与对社会事务的管理，充分集成和利用社会各方面的力量和资源，为科协工作营造良好的发展环境和条件。

科学谋划科协事业发展，从全局角度和战略高度紧紧围绕服务创新驱动发展战略、提高全民科学素质、推进科技人才队伍建设、加强组织建设等中心任务，组织实施了“四大科普计划”顶层设计、学会能力提升计划制定、山西省首次科技工作者状况调查、科协干部“优化自身素质、强化服务能力”建设研究等重点工作，以期更加准确地把握新时期科协工作的规律和特点，在全省转型跨越发展中发挥出科协组织的独特作用。

推进机关和直属单位改革创新，加强省科协领导班子和干部队伍建设，着力加强党组核心领导作用。加强作风建设，严明工作纪律，推进绩效管理。加强事业单位建设，推动各单位转型发展。加强“学习型团体”建设、精神文明建设和“创先争优”等工作，各项工作绩效显著，在“省级文明和谐单位标兵”创建工作中一直名列省直前茅。

**【山西省科技馆新馆开馆】** 10月1日，山西省科技馆新馆正式开馆，所有展厅全部免费开放。新馆是山西省六大公益性基础设施重点工程之一，位于太原市长风商务文化区，占地70余亩，总建筑面积3万平方米，建筑以“时间切片”来体现“科技发展的过程和山西省浓厚的文化底蕴构成”。新馆以“科技——探索与创造的智慧”为展示主题，设4个展厅、共300余件展品展示科学与技术的魅力，还建有穹幕影院、XD影院、天文台、多功能报告厅、临时展厅等其他科普设施。截至年底，累计接待观众26.6万人次。

**【第二届中国科普摄影大赛】** 在中国科协的支持下，山西省科协联合山西省摄影家协会共同主办了第二届中国科普摄影大赛。大赛以“绿色·健康”为主题，作品设节约能源资源类、保护生态环境类、保障安全健康类、促进创新创造类、科学与科普活动类共五大类。截至6月底，共收到全国各省、自治区、直辖市摄影家和摄影爱好者的投稿4500余幅。经评审组评选，共评出一等奖5个，二等奖10个，三等奖15个，优秀奖100个，入围奖400个。9月19～25日，第二届中国科普摄影大赛获奖作品在中国平遥国际摄影展上展出。活动结束后，省科协还制作了多套中国科普摄影大赛优秀作品展板，在各地巡回展出。

**【山西省科普惠农绿色通道工程】** 该工程是省科协科普惠农工作的品牌工程，已在全省建立起具有完善的科普设施和服务功能的基层科普惠农省级标准服务站123个，通过广播、电视、报刊、网络技术培训、编印图书、基地示范等形式推广宣传实用技术100项，建成拥有专家配套技术服务的科普惠农优质农产品示范基地117个，发展以加快科技成果转化为目的的科普惠农骨干企业102个。开展科普惠农巡回服务活动，全年专家下乡服务108场次；通过农科110、健康365、“中科云媒”远程信息终端以及站点和基地培训等模式培训农民100万人次以上。在全省设立了30余个特色优质农产品销售网点和5个科普惠农优质农产品展厅，开办了30余场新技术新产品秋季观摩会，在北京、上海、太原等地举办5场科普惠农优质农产品展销会。

（撰稿人：王继龙）

## 内蒙古自治区科学技术协会

**服务经济社会发展** 2013年，自治区科协针对自治区省级干部联系38个国贫、区贫旗县举措，组织智囊团赴各地开展调研宣讲活动。向自治区党委上报《关于科协组织承接政府转移职能相关事宜的报告》，提出5项具体建议。召开中国科技咨询工作西部交流会议。完成巴彦淖尔市调研选题《边疆少数民族地区社区居民生活现状调查及其对策》，通过中国科协评审。

实施基层科普行动计划。深入实施“科普惠农兴村计划”、“社区科普益民计划”和“科普富民兴边行动”。27个农村专业技术协会、15个农村科普示范基地、15个农村科普带头人、14个科普示范社区和1个少数民族科普工作队受到中国科协、财政部表彰奖励。推动自治区全国科普示范县的创建、考核和管理工作。组织开展2011～2015年度全国科普示范旗县（市、区）中期评估工作。

开展企业科协创建活动、“讲理想、比贡献”活动和院士专家工作站建设，新成立大唐国际高铝煤炭资源开发利用研发中心科协等企业科协组织，新筹建9个院士专家工作站，院士专家工作站达到32家。指导学会、协会组建8个科技中介机构，组织科技人员为经济发展服务。举办两期《技术创新理论及其应用——TRIZ发明问题解决理论》培训，使创新人才、技术、方法向企业集聚。挖掘和发挥内蒙古科技交易所的各项功能，与鄂尔多斯高新技术产业园区、装备制造园区、云计算产业园区以及包头铝业园区等单位签订协议，落实企业科技信息服务项目。

自治区科协协调推动自治区党委、人民政府出台印发《关于加强新时期科协工作的意见》，联合科技厅、工商局印发《关于加快发展自治区科技中介机构的若干意见》，推动《关于进一步培育发展科技社团和科技类行业协会的若干意见》形成并下发。推动自治区90多家学会承接科技奖项设立等50项政府转移职能。

**《科学素质纲要》实施及科普工作** 自治区公民具备基本科学素质的比例超过3.04%，组织开展《科学素质纲要》实施工作“十二五”中期评估。委托自治区城调队开展内蒙古自治区盟市公民科学素质能力建设分析，编印《公民科学素质指标8问》挂图进行科普宣传。

开展各类科普品牌活动。以“保护资源环境、建设美丽内蒙古”为主题，组织开展内蒙古“全国科普日”系列活动，共组织200多项科普活动，数十万群众参与。动员学会、高校、科研院所、企业等社会力量，参与“科技活动周”、“文化科技卫生三下乡”等科普活动，累计参加人数达到20万人次。举办食品安全宣传周活动，在内蒙古人民广播电视台《行风热线》栏目，介绍科协食品安全周活动的开展情况。加强科普资源共建共享工作，把优质科普资源更多地引向农村牧区、社区和中小学校。面向“五类人群”，开展科普教育活动。

开展青少年科技教育工作。组织开展青少年科技创新大赛、中学生奥林匹克竞赛、明天小小科学家奖励活动等竞赛活动。开展了“航天科技连着你和我——院士专家校园行”活动，在自治区东部盟市开展了30多场科普报告。组织自治区近400名师生参加了4个省市7所高校的全国青少年高校科学营活动。开展全区青少年科学调查体验活动和农村青少年校外科普活动试点项目。比特实验室和航空航天科学工作室建成并试运行。支持5个盟市、旗县举办科技教师培训班，培训学员560名。开展雅培家庭科学教育项目，在锡林浩特蒙古族第二小学开展了首期互动教育活动。非正规教育项目、英特尔求知计划项目深入实施，推动青少年科技教育工作不断深入。联合教育部门开展高校科普开放日活动，推动和支持高校、科研院所和企业的实验室、博物馆、陈列室及其他教学（科研、生产）设施向公众开放，举办科普讲座、科普展示等活动，提高优质科普资源开发开放力度。

加强科技馆场馆建设。内蒙古科技馆新馆土建工程于12月18日完成预验收。在三个盟市实施中国科协流动科技馆巡展工作，参与人数达28万人。确定内蒙古科技馆、通辽市科技馆、巴彦淖尔市科技馆、乌拉特中旗科技馆为免费开放试点单位。

加强科普宣传和信息化建设。做好内蒙古科协门户网站的管理、更新、维护，2013年发布信息1522篇（条）。内蒙古科普之窗网站完善。更新维护内蒙古科协官方微博，听众达3万多人。加强与各大新闻媒体的合作，在《内蒙古日报》等自治区级媒体报道科协工作的宣传稿件近100篇。编辑出版《内蒙古科协系统2013年媒体宣传稿件汇编》。举办内蒙古科协系统信息宣传业务培训班，表彰2013年度内蒙古科协系统优秀宣传信息员和优秀稿件评选获奖者，开通蒙文科普网站。办好蒙文《身边科学》和《内蒙古科技报》，推出“走基层”专栏，选派记者赴呼和浩特、巴彦淖尔市等盟市20多个旗县区采访。

开展扶贫和社区共建工作。为兴安盟扶贫点争取到“科普惠农兴村计划”项目“大兴安岭南麓连片扶贫开发项目”。组织兴安盟帮扶点的10名学生和1名带队老师参加了2013年全国青少年高校科学营哈尔滨工程大学分营活动。

**学术交流** 举办五月学术交流月活动，40余家单位参与。学术活动月期间举办了《十大蒙古族科学家》发行仪式和院士报告会，中国工程院院士旭日干做主题报告。联合教育厅、科技厅、人力资源和社会保障厅共同举办了以“创新驱动与转型发展”为主题的第八届内蒙古自治区自然科学学术年会。年会设20个分会场，参与科技人员达1200多人，征集科技论文646篇，编辑出版了《创新驱动与转型发展论文集》和《2013自然科学丛书》。组织区域学术交流活动，举办参与京津冀晋蒙环首都区域生态建设座谈会和第十届华北五省市区化学学术研讨会等区域学术交流活动。举办学术沙龙，搭建宽松、自由、平等的交流平台，各学会开展了20余场学术沙龙活动。在呼和浩特市召开了第三届内蒙古植物生理生态青年学术论坛等青年学术论坛。自治区科协所属学会主办的25种科技期刊的质量和水平不断提高，其中由软科学研究会主办的《科学管理研究》是国家创新中文核心期刊，被列为自治区科技创新发展研讨平台之一。

开展对外学术交流与合作。主办了第三届中俄国际骨科论坛、第九届国际有毒植物大会、第十届海峡两岸沙尘与环境治理学术研讨会、首届内蒙古国际农业发展暨海峡两岸农业经济合作论坛。按照把内蒙古打造成为“一个桥头堡和沿边经济带”的要求，联合自治区外办确定与蒙古国建立合作交流等事宜。协调台湾神农科技发展协会赠与巴彦淖尔市科协西瓜方形模具，并在临河区蔬菜种植基地投入使用。邀请国际著名科学家、国际诺贝尔生理医学奖评审委员沃尔夫·埃里克森教授、李虹教授，来自治区参观讲学，促成双方在基础实验研究、人才培养等方面合作。邀请台湾洪荣昭、许和捷两位资深专家到内蒙古讲学交流，促进两岸科技协作。

**服务科技工作者** 开展第十届中国青年女科学家候选人推荐工作和第十三届中国青年科技奖候选人推荐工作。开展第九届内蒙古自治区青年科技奖评选工作。做好站点工作，组织18个站点工作会议，表彰了年度优秀站点及个人、优秀稿件。深入生产一线举办2013年科协会员日活动，通过慰问会员、听取意见、解决问题等方式“下基层、访实情、办实事”。做好第三次全国科技工作者状况调查工作。加强科学道德与学风建设。与自治区教育厅继续做好高等院校“科学道德与学风建设宣讲教育活动”。

**自身建设** 组织召开内蒙古科协六届六次全委会。组织县级科协主席参加中国科协在福建省厦门市举办2013年第二期县级科协主席培训班。做好科协干部人事管理，整理档案249卷。指导事业单位进行了清理规范工作。完成中国科协组织信息调查统计和自治区党委组织部机关及所属事业单位干部、工资、机构编制等统计工作。2013年编辑《内蒙古科协》4期、印发科协工作《简报》31期。

加强学会能力建设。召开五次学会能力提升座谈会，设立“学会能力提升”专项，通过“以奖代补”的方式支持12个学会开展学会能力提升活动。协同内蒙古民政厅对所有学会、协会、研究会进行财务审计和年检工作。指导9个学会完成换届工作。推动成立内蒙古动物健康养殖安全生产学会等6个学会。指导内蒙古抗癌协会成立淋巴瘤专业委员会并设立分支机构。

组织开展党的群众路线教育实践活动。科协机关和事业单位的11个党组织、155名党员参加了第一批教育实践活动。先后分成5个小组，深入到12个盟市30个旗县、20个自治区直属学会、部分企业科协、科普示范基地、学校、社区、农技协开展调研，征求意见建议。筹备内蒙古科协第七次代表大会，成立了换届工作领导小组，编印了《内蒙古科协第七次代表大会筹备工作手册》。

针对自治区“8337”发展思路和自治区科协工作实际，在盟市科协党组书记座谈会上确立了指导今后工作的“十方面关系”：传统工作与创新工作的关系、一般工作与重点工作的关系、基层工作与顶层工作的关系、提升工作水平和干部工作能力的关系、点上工作与面上工作关系、科协职能拓展与政府职能转移的关系、经费短缺与市场机制的关系、主阵地建设与社会基地建设的关系、宣传工作与工作推进的关系、争取支持与自我发展的关系。

**盟市科协工作** 呼和浩特市科协举办第十届草原星空大会，自治区和呼和浩特市有关领导及来自全国各地的天文科普志愿者和天文爱好者300多人参加了大会。包头市科协举办特殊群体科普活动，通过科普展板宣传、赠送科普书籍、专家心理咨询等方式，将科普知识送进包头市社会（儿童）福利院、包头监狱、包头市兴胜养老院等单位。呼伦贝尔市科协举办全市首届科普电视大奖赛，组织全市13个旗市区代表队的39名选手参加大奖赛。赤峰市科协创建小型“校园科技馆”，在松山区第五小学建设小型“校园科技馆”，由教室扩建而成，使用面积约150平方米，配备30件科普展品和90余种（800多件）探究实验器材，既可开展科普展品的互动体验活动，又能结合科学课程开展分组探究实验活动。通辽市科协开展“中国梦·我的梦——光华科普大讲堂走进通辽”活动，在为期12天的活动中开展100场科普报告，3万余人听取了报告。鄂尔多斯市科协开展“五个一”工程建设：新建一个市科技馆，新建一个市科普示范教育基地，组建一个科技咨询服务中心，组建一支科普志愿者队伍，筹组一个科技顾问团。阿拉善盟科协发挥SEE生态协会作用，针对阿拉善地区干旱缺水的生态环境状况，开展企业+合作社+协会的有机小米种植及市场化探索，完成了《阿拉善地区有机小米标准化种植规程》，并初步实现节水小米品牌化建设。

**省级学会、企业科协、高校科协** 内蒙古现有自治区级学会93家，企业科协132家，高校科协3家。2013年，内蒙古科协实施学会能力提升专项，以奖代补支持12个省级学会开展学会能力提升活动。与内蒙古党委组织部、科技厅联合批准新成立9家院士专家工作站。成立漠南测绘中心等7个科技中介。指导药理学会等7个新学会成立。

**【内蒙古科协“十百千万”工程】** 5月2日，自治区科协提出了新时期科协工作“十百千万”工程目标。工作定位是：服务、服务、再服务。工作切入点是：积极承接政府转移职能。实施“十百千万”工程，发挥科协组织优势，提升建设10个国家或自治区级科普教育基地，为服务自治区“8337”发展思路提供重要载体，组建和扶持100个左右面向经济建设主战场的科技中介机构、科技社团、科技交易机构和科技类行业协会，为科技成果和科技人才进入市场搭建平台，结合自治区“人才强区工程”，创新人才使用机制，组织1000名左右院士、专家、“草原英才”等高端人才，为自治区经济社会发展提供人才支撑，结合自治区“创业就业工程”，动员10000名科技工作者、大学生、科普志愿者投身一线创业就业。“十百千万”工程被纳入区党委政府《关于加强新时期科协工作的意见》加以贯彻落实。

（撰稿人：刘卫江）

## 辽宁省科学技术协会

**服务经济社会发展** 扎实推进国家级科技思想库建设试点工作。全年承担中国科协课题4项，完成省内重点调研项目8个，完成行业科技发展报告和软科学研究项目20个，整理上报《科技专家建议》12篇，其中《关于我省院士专家工作站调研报告》获得辽宁省委书记王珉的重要批示，《关于加快我省电机产业发展的对策建议》、《关于做好辽阳石化项目的建议》获得省长陈政高批示，《企业科技人才发展战略研究报告》获得省委常委、大连市委书记唐军批示，中国工程院院士杨凤田领衔调研项目《辽宁省通用航空产业发展对策建议》得到辽宁省经信委的采用。联合辽宁省民政厅、知识产权局在锦州市、朝阳市开展知识产权应用工程师培训，共培训100名专利应用工程师。全年举办2期“TRIZ理论创新方法报告会”（TRIZ：发明问题的解决理论），共有200余人参加了报告会。联合多家省直单位开展信息推广应用服务工作，全年推送科技信息推广应用平台300余家。联合中国仪器仪表学会举办“金桥工程——专家企业行”活动，组织14名专家赴全省10余家企业进行走访和技术交流，现场解决30多个技术难题。

实施“科普惠农兴村计划”。修订了《科普惠农项目申报推荐办法》和《评审办法》，有46个项目获国家表彰，18个项目获省表彰，奖补资金总额875万元。继续以“科普惠农服务站”为载体，推进农村科普信息化建设，全省已建立科普惠农服务站1477个，科普信息服务点3238个，直接受益农户57万户。建立科普惠农量化考评体系，推出科普惠农百强项目和十大特色亮点工作。全国科普惠农水产养殖技术协作网落户辽宁，盘锦市大洼县渔业协会当选协作网理事长单位。举办了第26届辽宁省暨朝阳市“科普之冬”——2013年科普惠农、农超对接启动仪式，81个农技协和科普示范基地参加展销，与兴隆大家庭签订了84项采购合同。编发《“科普之冬”——农超对接五年巡礼》宣传片，截至2013年底，农超对接签定购销合同810个，实现销售收入近5亿元。

联合省委组织部、省科技厅开展“院士专家工作站”建设专题调研，省委书记王珉和省委常委、省委组织部部长辛桂梓对调研报告做出批示。2013年，全省新建工作站18个，累计建站114个，柔性引进“两院”院士257人次，承担420个重大专项和重点科研项目，培养带动一线科技人才近千人。继续开展“讲比”三级联创工作，全省企业立项1万余项，市级立项近2000项，初评上报项目100项，入选优秀项目一等奖10个，二等奖30个，三等奖55个，10个企业科协和5个市级科协获优秀组织奖。

**《科学素质纲要》实施及科普工作** 积极做好《科学素质纲要》实施的组织协调和督办工作，建立《科学素质纲要》领导小组成员单位联系工作制度，全年编印10期《简报》。加强工作顶层设计，协同各成员单位研究拟定了《关于全民科学素质行动纲要共建项目的实施意见》，完成省政府与中国科协签订《纲要共建协议》起草准备工作。联合辽宁省直有关部门举办“保护生态环境、建设美丽辽宁”为主题的全国科普日暨第二届辽宁省科普日活动，开展“保护母亲河”联合行动和高校科普开放日等科普活动，全省各地共举办科普报告、讲座、展览、文艺汇演600余场次，参与活动近800万人次，辽宁省科协被评为全国科普日活动“优秀组织单位”。

举办了第28届辽宁省青少年科技创新大赛和第10届辽宁省青少年机器人大赛，共有1146名学生参赛。组团参加全国大赛获一等奖4项、二等奖18项、三等奖31项。举办“全国高校科学营——辽宁分营”活动，来自香港特别行政区、台湾地区，河南省、河北省、内蒙古自治区和省内共计776名高中生参加了活动。坚持大联合、大协作的工作方式，与中共辽宁省直机关工委、省委党校等部门联合开展名家讲科普活动，邀请科普作家叶永烈、食品安全专家彭国球作科普报告，受众人数达800余人。

承办了中国科协和省委主办的“弘扬科学道德　奋力实现中国梦”主题报告会，钱学森之子钱永刚、中国载人航天工程总设计师周建平、华中科技大学刘人怀院士作报告，中国科协书记处书记徐延豪出席会议并致辞，省委副书记许卫国主持会议并讲话，1000余人参加了报告会。

全年制作“科普与生活”和“科技致富”节目104期，在辽宁电视台播出。制作《身边有科学》电视节目24期，在沈阳市1800多台公交车上滚动播出，受众超过120万人次。辽宁科协网站和《辽宁科技界》结合社会热点、难点问题开发印制了科普挂图等20万张。继续实施“社区科普益民计划”，修订《科普益民项目申报推荐办法》和《评审办法》，有23个项目获国家表彰，17个项目获省表彰，资金总额630万元。

2013年，新建“科普益民服务站”477个，全省累积创办“科普益民服务站”1156个、社区科普大学1413所（表1-1），社区覆盖率为12.1%。中国科协以辽宁省沈阳市社区科普工作为范例举办全国城镇社区科普培训班，推广辽宁省经验，来自全国32个省、自治区、直辖市和新疆建设兵团科协，以及“全国科普示范社区”代表322人参加了培训。

辽宁省科技馆建设中，省委书记王珉、省长陈政高、省委副书记许卫国、省人大副主任郑玉焯、副省长贺旻，中国科协书记处书记徐延豪等领导，先后视察省科技馆建设。辽宁省科技馆已完成主体建筑工程。

省流动科技馆和科普大篷车在全省9个市和25所学校进行巡展，总行程近1万公里，接待观众达30万人次。

**科普益民服务站、社区科普大学分布**

| 市别 | 2013年新建科普益民服务站数量 | 科普益民服务站数量 | 社区科普大学数量 |
|---|---|---|---|
| 沈阳 | 123 | 325 | 325 |
| 大连 | 20 | 41 | 200 |
| 鞍山 | 30 | 60 | 130 |
| 抚顺 | 26 | 127 | 127 |
| 本溪 | 32 | 75 | 75 |
| 丹东 | 30 | 52 | 52 |

续表

| 市别 | 2013年新建科普益民服务站数量 | 科普益民服务站数量 | 社区科普大学数量 |
|---|---|---|---|
| 锦州 | 40 | 69 | 69 |
| 营口 | 28 | 58 | 58 |
| 阜新 | 45 | 72 | 72 |
| 辽阳 | 17 | 42 | 48 |
| 铁岭 | 9 | 49 | 49 |
| 朝阳 | 12 | 58 | 65 |
| 盘锦 | 50 | 103 | 103 |
| 葫芦岛 | 15 | 25 | 40 |
| 合计 | 477 | 1156 | 1413 |

**学术交流** 9月，与中国化工学会，中共营口市委、市政府联合举办辽宁省第七届学术年会暨2013年辽宁（营口）精细化工产业发展论坛，辽宁省科协主席、中国工程院院士王天然，省科协副主席、中国工程院院士胡永康等专家，以及来自海峡两岸精细化工领域的专家学者和企业家400余人参加会议。年会期间，台湾中技社与营口市达成联合招商意向。第四届辽宁现代农业发展论坛围绕“创新驱动辽宁农业现代化”主题，邀请专家作专题报告，来自省内高校、科研院所的农业科技专家和部分基层农村专业技术协会代表600余人参加了论坛。

邀请香港青年工程师代表团到辽宁省考察交流，组织高校优秀学生赴台湾地区参加了第四届海峡两岸青年学子科技交流。资助省细胞生物学学会、省防痨学会等8个学会开展国际学术交流活动。资助省机械学会承办了第十八届全国工业设计学术年会，“两院”院士路甬祥出席会议并作主题报告。

辽宁省自然科学学术成果奖征集论文3802项，经评审，有1942项获奖，其中特等奖10项、一等奖249项、二等奖602项、三等奖1081项。一等奖论文刊登在国内外核心期刊的比例占81.5%。

**服务科技工作者** 开展第九届“辽宁青年科技奖”评选工作，44名科技工作者获奖，10人荣获“辽宁科技英才”称号，女性为2名。同时，积极向中国科协推荐人才12名，向省直有关单位推荐人才23名。经省科协推荐，中国石油化工股份有限公司抚顺石油化工研究院加氢技术研发中心主任、教授级高级工程师郭蓉等4人荣获中国青年科技奖。

按照“全覆盖、制度化、重实效”的总体思路，落实“两个拓展、两个结合”的要求，全年举办3场辽宁省科学道德和学风建设宣讲教育报告会，邀请丁德文、严陆光、沈岩3位院士作专题报告，来自省内55所高校、科研院所和省级学会的本科生、研究生新生、新上岗的研究生导师、新入职教师和青年科技工作者代表3000余人参加报告会，发放《宣讲教育活动典型事例汇编》光盘资料1万份。

资助出版优秀自然科学著作21部，累计资助出版94部。组织开展科协代表履职服务行动，配合完成第三次全国科技工作者状况调查辽宁问卷调查部分，新增科技工作者状况调查站点6个，全年报送信息81篇。积极推进“科技工作者服务中心”建设试点工作，盘锦市“科技工作者服务中心”联合市直部门建立了举荐人才、创业辅导、法律维权、心理咨询和信息查询5个分中心，为科技工作者提供多元化服务。大连市设立专项资金，重点资助有突出贡献的优秀中青年学者出国（境外）进行学术交流。在全国科协系统首创科技文献检索服务平台，免费提供科技文献查询，覆盖全省310家企业和部分高新园区，覆盖16万科技人员。抚顺市科协承办“中国科协会员日活动”，组织科技人员为“创新驱动抚顺转型”献计献策。组织实施“老科学家学术成长资料采集工程”。

**自身建设** 省科协党组按照中央和省委的部署，组织学习习近平总书记的一系列重要讲话精神和中央、省委有关会议、文件精神，坚持开门搞活动，广泛征求省级学会、基层科协，省科协委员、科技工作者和机关同志的意见，召开了党组专题民主生活会，形成了整改方案，提出了11条具体整改措施。坚决贯彻落实中央八项规定和省委十项规定，进一步改进调研工作，精简会议活动和文件简报，厉行节约，反对铺张浪费。深入开展“机关转作风 为民四服务”、创建“三型”基层党组织和在职党员进社区等学习教育活动。2013年，在省直机关工委文明机关评比中，省科协首次荣获“文明机关”称号。连续三年荣获“辽宁省直属机关目标绩效管理先进单位”称号。研究探索学会能力建设，积极推动学会改革发展。通过项目支持、业务指导、走访调研等方式，引导学会服务科技创新，服务产业发展，服务社会管理，支持学会积极承接政府职能。在省民政厅开展的社团组织评估中，省科协直属的14家学会参评，全部达到3A以上等级，占参评总数的29%。省医学会、气象学会、林学会等14家学会承接了科技评价、人才评价、科技奖励等职能。发挥科协作为省委非公有制经济组织和社会组织工作委员会成员单位作用，积极开展学会组织专题调研，推进学会党建工作，以党建促进基层科协组织建设。目前，有18个省级学会成立了党支部，3个学会成立了联合党支部，8个学会依托挂靠单位的党组织开展党的活动。

改版辽宁省科协网，加强对重大事件、基层工作和先进典型的宣传报道，全年省科协网站发稿1493篇，在中国科协网发稿252篇，在省主要新闻媒体发稿46篇（条），稿件数量和质量同比有较大幅度提升，树立了辽宁省科协的新形象。

**【辽宁省第七届学术年会】** 9月5～6日，由辽宁省科协、中国化工学会，中共营口市委、市政府共同主办的辽宁省第七届学术年会暨2013年辽宁（营口）精细化工产业发展论坛在营口市召开，会议主题为“汇聚高端智力，创新驱动转型，共促辽宁（营口）精细化工产业发展”。辽宁省科协主席、中国工程院院士王天然致开幕词。辽宁省科协副主席、中国工程院院士胡永康以及来自全国精细化工领域的专家学者和企业界人士400余人参加了会议。学术年会举办了特邀报告、专题论坛、对话交流、专家企业行等活动。专家们从产业定位，投资者关心问题，新加坡成功经验，绿色化、生态化工业旅游，原料和市场，工程塑料和镁化工发展方向、产业规模和技术支撑，营口地域优势、原料、规划、技术、招商等方面分别阐述了观点，提出了意见和建议。中国化工学会精细化工专业委员会副主任、华东理工大学化工学院教授田恒水，台湾工研院产经中心化学研究部经理、资深研究员刘致中围绕精细化工产业从不同角度分别作了题为《发展绿色低碳高新精细化工产业链促进行业向生态化转型》和《台湾特用化学品产业的概况和挑战》的学术报告。田恒水的报告重点阐述了发展绿色低碳精细化工产业对企业的经济作用以及推进社会主义生态文明和谐社会建设的战略意义和历史意义。刘致中的报告分析了台湾特用化学产业的现况、整体特性以及与大陆精细化学产业的异同，最后提出了对两岸在特用化学产业合作模式的建议。

年会表彰了2013年度辽宁省自然科学学术成果奖特等奖获奖代表和辽宁青年科技奖“十大英才”。营口市市长葛乐夫为仙人岛能源化工区“院士专家工作站”揭牌，向胡永康颁发了聘书。营口市政府与中国化工学会、仙人岛能源化工区与辽宁省化工学会分别签署了合作协议，将仙人岛能源化工区确定为“中国化工学会科技服务基地”。

**【辽宁省第二届科普日活动】** 根据中国科协的总体部署，9月13日，省科协以科学素质工作领导小组名义，以“保护生态环境，建设美丽辽宁”为题，在《辽宁日报》上用一个版面展示和宣传了全省科普日活动安排。在全国科普日期间，全省集中开展了“保护母亲河”联合大行动、科普场馆联合大行动、高校科普开放日活动、科普教育基地开放日活动、城镇社区“百千万”大行动、农村科普惠农大行动、青少年科普联合大行动等科普日重点活动，通过讲座报告、展览展示、科普宣传、咨询服务、技术培训、文艺演出、知识竞赛等形式，引导公众树立保护生态环境的责任意识和造福子孙后代的生活理念，推动低碳环保的生活方式，让全省群众特别是青少年了解科技、走进科技、运用科技。

9月18日，由省科协、省科技厅、省社科联、东北大学共同主办的2013年全国科普日辽宁启动仪式暨名家讲科普报告会在东北大学汉卿会堂举行。省全民科学素质工作领导小组相关成员单位、部分省直机关干部和东北大学的师生代表500余人参加了启动仪式和报告会。启动仪式上，我国著名科普文艺作家、纪实文学作家叶永烈作了题为《钱学森》的科普报告。启动仪式当天，省科协党组书记、副主席康捷参加了东北大学智能机器人研究所开展的环境保护科普宣传活动，并为东北大学智能机器人研究所“辽宁省科普教育基地”揭牌。

**【建立科技文献检索服务平台】** 6月，省科协同中国知网签订协议，运用建立机构图书馆和漫游账户的新技术方式，由省科协统一建立机构数字图书馆，为一线科技人员查询、下载科技文献提供免费服务，为企业创新能力提升提供了极大方便。

6月7日，省科协科技文献检索平台开通仪式在沈阳举办，省科协与中国知网共同为企业科技人员搭建的科技文献检索平台正式开通。来自省内14个地市科协，沈鼓集团公司、沈阳机床集团、沈阳北方重工、北车集团沈阳公司、沈阳华利电器公司，沈阳低压开关有限公司等企业界科技人员共计100余人参加了开通仪式。启动仪式上，省科协为各市科协和企业界科技人员赠送了350张上网卡。

科技文献检索平台为全省310家企业和部分高新园区提供服务，覆盖16万科技人员，使企业科技人员在企业或家中就可以随时随地上网查询、检索和下载科技文献。截至2013年底，检索次数达56万余次，下载文章2.24万篇。

**【辽宁省科技馆建设】** 2013年，省科协党组高度重视辽宁省科技馆建设，共召开新馆建设领导小组会、调度会27次，召开汇报会300余次，解决问题500余件，有力地推动了新馆建设工作。

顺利开展建筑工程交接。为保证科技馆建筑质量和功能需求，成立验收小组，按照科技场馆建设的技术标准、功能要求制定了接收方案。先后与基建相关单位发送工程联系单79份，组织召开建安工程协调会20余次，排查出问题600余条，协商确认整改项目30余项。省科技馆建筑工程全部完工并通过验收。

完成儿童科学乐园展厅布展工程。对儿童科学乐园14个标段125件展项的深化设计及制作进行招标，共有12家单位中标。为保证展品制作工艺和质量，先后组织召开深化设计和布展施工技术交底会，成立检查组对儿童科学乐园展品制作进行中期检查，对不符合要求的展品提出整改意见。8月，所有展品进场安装调试。年底，儿童科学乐园展厅展品安装调试完成。

完成特效影院安装调试。严格安装标准，先后完成了IMAX巨幕、4D等特效影院设备的安装调试。为使放映工作与影院建设同步，省科技馆对放映人员进行了技术培训。

完成四大展厅深化设计招标。探索发现、创造实践、工业摇篮、科技生活等四大展厅是省科技馆展览工程建设的核心，组织四大展厅展品深化设计及制作招标，国内有34个标段470件展项，国外为2个标段120件展项，17家中国公司和2家外国公司中标。省科技馆对部分特殊展品进行了单独招标，8个标段15件展项，有7家单位中标。四大展厅布展招标工作同期完成。年底，4家布展单位按计划已进驻现场施工。

完成了省科技馆信息化9大系统25个子系统的招标及合同签订工作。截至年底，信息化建设按计划完成，各项目软硬件对接顺利。

作为全省重大文化建设工程项目，省领导十分关心和重视省科技馆建设工作。2013年，省委书记王珉、省长陈政高、省委副书记许卫国、副省长贺旻、省人大常委会副主任郑玉焯等领导先后视察科技馆建设现场，听取新馆建设工作汇报，对省科协推进科技馆建设进度给予肯定。

（撰稿人：周生金）

## 吉林省科学技术协会

**服务经济社会发展** 2013年，省科协深入开展决策咨询和科技思想库建设工作。组织省科学技术与工程咨询委员会（以下简称省科咨委，其秘书处设在省科协）委员承担省政府2013年度调研课题3项。围绕吉林省经济社会发展中的重大问题，推动省民营经济发展、加快全省开发开放的主要问题，科学技术发展中的自主创新、原始创新、集成创新中的关键问题，战略性新兴产业发展的核心问题，改革发展稳定中的热点问题、关系人民群众切身利益的突出问题开展调查研究，面向全省科技工作者组织开展2013年决策咨询研究，确定特色城镇化发展、长吉图发展战略、科技创新能力、民营企业发展4个重点方面的省科协决策咨询立项课题12项。收集整理省科咨委委员和思想库专家撰写的调研报告、专家建议24篇，编印成《决策咨询成果汇编》。向中国科协推荐的吉林省优秀决策咨询成果《关于建设年产1000万吨页岩油工业园区的建议》获得中国科协优秀决策咨询成果三等奖。省科咨委6位委员被省政府办公厅评为2012年度优秀决策咨询委员，省科咨委秘书处被评为先进决策咨询秘书处。

围绕省委、省政府突出发展民营经济的总体战略，出台《吉林省科协关于服务民营经济发展的实施意见》，为科协服务民营经济发展探寻新途径。服务民营企业发展，成立4家民企院士专家工作站和13家科技专家工作站，组织进站院士专家开展项目对接、咨询服务。开展吉林省民营企业科技创新能力专题调研，形成调研报告上报有关部门。加大专利推广力度，对200家企业开展培训。广泛开展“科技专家边疆行、西部行”、“新型农民科技培训”、“科普图书进农家”、“专项产业百区科普行”等送科技下乡活动，收效良好。辽源市科协以成立鹿文化研究会为抓手，积极推进了鹿产业发展。通化、白城、松原、公主岭等地科协送科技下乡活动特色明显、开展有效。

深入实施省级“科普惠农兴村计划”、“社区科普益民计划”，2013年省财政列支100万元专项资金资助扶持科普惠农先进典型71个、优秀科普社区40个。

积极引进海外智力服务吉林。利用海智空间平台发布海智信息109项，其中海智项目65项、海智需求19项、专家简介16项、海智动态信息9项。为需求单位联系项目34项。制定发布《吉林省科协海智工作基地申报、审批和管理办法（试行）》，白城市农科院作为我省首个省级海智基地正式挂牌。成功举办2013年吉林省海智计划现场会和咨询对接会，尝试建立海智计划人才、项目、资金三位一体服务体系。吉林市科协以海智专家为依托建立汽车电子协同创新中心，通过科技智库简报及时上报专家建议，市委书记张晓霈两次批示要求研究落实。对126户民营企业进行调查走访，掌握吉林省民营企业的科技创新能力方面的基本情况和存在的问题。

**《科学素质纲要》实施及科普工作** 认真履行省科学素质纲要实施工作办公室职责，发挥科学素质纲要实施办公室综合协调职能。联合吉林省科普资源共建共享联盟成员单位集成开发科普图书、科普挂图、科普动漫、科普影像等社会热点科普资源20万份。面向纲要办成员单位开展全民科学素质建设重点项目资助扶持工作，对24个项目给予资金扶持。完成纲要实施工作“十二五”中期评估。

与省环保厅、教育厅、科技厅联合主办全国科普日暨吉林省第十一届科普周活动，省委常委、副省长陈伟根出席，1300多市民参加。与省环保厅、长春市科协、省中医药局、省摄影家协会等联合举办各类有影响的科普宣传活动。举办长春农博会科普大集活动，农民科技致富大讲堂、市民健康科普大讲堂等品牌活动深受欢迎。在延边、白山的8个县（市、区）开展流动科技馆巡展工作，接待观众32万人次。同吉林电视台联手打造“乡村四季12316”专版，播出600次。反邪教警示教育宣传工作逐步实现常态化、规范化、制度化。圆满完成第十三届中国青少年机器人竞赛承办工作。全省科协系统全年共举办各类科普活动1500多场，受众130万人次。

继续扩大“基层科普行动计划”覆盖面。从省发改委争取资金200万元，建设科普视频传播网络管理分中心和开发科普视频播放资源。全年新建科普画廊1000延长米，全省科普画廊保有量达979处、13850延长米。加强科普画廊资源配送工作，集中配送科普挂图2万张。联合开发制作动画短片6部，全年播放节目40期。争取中国科协匹配科普大篷车5辆，联合社会力量无偿新建农民科技书屋35个、捐赠图书6万多册。省自然博物馆等被评为“2012年度全国优秀科普教育基地”，我省18个国家级科普示范县（市、区）中期验收全部合格。

在2013年国家级“基层科普行动计划”评比表彰中，吉林省47个先进典型获奖补资金730万元。稳步推进“科普富民兴边计划”，试点县长白县、和龙市获国家资金支持，确定珲春市、集安市、临江市、长白山管委会池北区4个省级试点。

省科协联合并指导省级学会开展了吉林省第五届健康生活方式系列活动等，引导公众了解科学知识。

**学术交流** 全省科协系统全年共举办各类学术活动400多次，参加人数6.5万人次，交流论文1.5万篇。以“创新·转型·跨越”为主题举办了吉林农业科技发展高端讲坛，中国科协副主席、书记处书记陈章良出席论坛并作主旨报告，省委副书记竺延风出席活动。举办吉林省科协第七届青年科学家论坛，进一步促进科技人才成长、促进科技服务经济社会发展。开展港澳台学术交流，参加第十届海峡两岸沙尘与环境治理学术研讨会，接待香港青年科学家东三省考察交流团。

开展吉林省自然科学学术成果奖评选工作，共收到学术成果750项，评出优秀成果621项。

**服务科技工作者** 组织开展2014年度欧莱雅青年女科学家奖学金、第十届中国青年女科学家奖、第十三届中国青年科技奖省候选人推荐工作。完成全省工程系列6个专业642名专业技术人员高级职称评审工作。举办吉林省第三届大学生生命科学创新实验大赛、2013青少年科学营吉林大学分营活动、第28届吉林省青少年科技创新大赛，促进了一批青少年科技后备人才成长。

扎实开展科学道德和学风建设宣讲教育工作。组织全国科学道德和学风建设宣讲教育工作电视电话会议吉林分会场活动，组织宣讲教育团在全省43所高校和科研院所陆续开展宣讲教育工作。联合省教育厅、中国科学院长春分院、省社会科学院、吉林大学举办“2013年吉林省科学道德和学风建设宣讲报告会”，中国科学院院士王家骐和吉林大学资深教授孙正聿的宣讲报告，受到与会人员一致好评。全年共举办宣讲活动390场次，参与的专家、学者、教师、研究生、本科生等9万人次。

**自身建设** 按时召开全委会、常委会，确保常委、委员履职尽责。以各种方式走访慰问在长春的院士、专家及第十一届省政协科协界委员，与科技工作者开展面对面、手拉手沟通交流。积极开展中国科协会员日活动，组织吉林省中国科协八大代表、基层优秀科技工作者、基层科协主席参加考察休假、业务培训活动。成功举办首届吉林省科技工作者书法、绘画、摄影展和第三届吉林省科协系统乒乓球比赛，推动科协文化建家。

加强科协组织建设。加强省级学会和市（州）科协换届指导工作，全年完成省农技协、省老科协等17个省级学会和白山市科协换届选举。吸收、新建4个学会，省级学会数量达到122个。制定并发布了《吉林省科学技术协会所属学会组织规范》和《吉林省科学技术协会学会评价体系》两项吉林省地方标准。深入开展学会评价工作，30个先进学会得到经费支持，以榜样示范方式有效推动学会能力提升。召开2013年度全省学会工作会议，开展学会能力建设工作调研。

加强宣传工作。制定省科协宣传工作制度，建立宣传工作考核体系。积极宣传科协重点工作、重大活动，在吉林电视台等主流媒体刊发科协报道25篇。充分发挥网络媒体作用，在中国科协网刊发信息156篇、吉林科技网刊发科协工作信息和科普信息近3000条。组织新华社等23家省内外媒体的近30名记者，刊发第十三届中国青少年机器人竞赛新闻50篇。

加强科协作风建设。以贯彻中央八项规定和省委32条具体规定为契机，出台《省科协关于改进工作作风、密切联系群众的具体意见》，修订完善机关规章制度，进一步厉行勤俭节约、反对铺张浪费，引导干部职工爱岗敬业，为科协事业发展献计献策，通过绩效管理狠抓工作落实，推动省科协作风转变。梅河口市农业经济技术协会开展“党建强会”工作，其做法得到中国科协肯定。

**省级学会、企业、高校科协** 目前，省级学会122个，2013年新建省级学会4个；企业科协134个、会员5万人；高校科协29个，会员5600人，2013年新成立高校科协8个。省科协出台《吉林省科协学会能力提升计划（草案）》，积极开展调研，撰写上报"提升学会能力，服务吉林振兴——吉林省科协所属学会服务经济社会发展状况报告"。省照明学会开展"吉林省照明科学技术奖"评选，省林学会开展"长白山林业科技奖"评选，省电机工程学会开展"吉林省电机工程学会电力科技奖"评选活动。省机械工程学会、省气象学会、省预防医学会、省药学会、省护理学会等组织开展人才培养与推荐等方面的工作。省农业现代化研究会、省土木建筑学会等积极开展决策咨询，为党委政府科学决策提供依据。

**【全国青少年高校科学营——走进吉大分营活动】** 全国青少年高校科学营由中国科协、教育部共同主办，中国科学院为支持单位，旨在落实《国家中长期教育改革和发展规划纲要》精神，探索高校科学营的规律，促进科普与教育的紧密结合，促进教育科普资源的开发与共享，充分利用和合理开放重点高校丰富的科技教育资源，进一步发挥高校在传播科学知识、科学思想、科学方法和提高青少年科学素质方面的功能，激发青少年对科学的兴趣，培养青少年科学精神、创新意识和实践能力。2013青少年高校科学营——吉林大学分营开营仪式在吉林大学中心校区东荣报告厅举行。科学营全体营员及带队老师、科学营志愿者和新闻媒体200人参加活动。本届科学营主题为"中国梦、吉大行"。来自全省各地的200名营员参观了吉林大学图书馆、校史馆、动物标本馆，聆听知名院士专家学者报告会，走进一汽大众，与优秀大学生代表座谈。

**【吉林省科协工程系列专业技术职称评审】** 省人力资源和社会保障厅授权省科协组建工程系列专业技术资格（职务）评委会，吉林省科协工程系列专业技术资格评审委员会的评审范围是吉林全省从事轻工、化工、机械、电子、纺织、医药工程专业工作的专业技术人员（已设评委会的除外），评审权限是上述六个专业的高级工程师和工程师。根据省人力资源和社会保障厅《关于印发2013年全省职称评聘工作安排意见的通知》（吉人社〔2013〕182号）精神，组织开展2013年度工程系列专业技术资格评审工作，共有642人参加省科协工程系列专业技术资格评审，其中副高级308人，中级334人。经过专家评委会评审，有410人通过评审，其中副高级195人，中级215人。职称评定工作是充分发挥科协组织的人才智力优势，体现科协组织工作职能的重要手段，对于打造科协人才工作品牌，提高科协组织吸引力和凝聚力，提高科协社会地位具有十分重要的意义。

**【吉林省自然科学学术成果奖评选】** 吉林省自然科学学术成果奖是面向全省的科技奖励，是本省科学技术奖励的组成部分和补充。评奖范围在自然科学领域内进行，即自然科学、工程技术科学、交叉边缘科学方面的学术论文、学术著作和科技建议。2013年，通过成果奖网上申报平台共征集24个省级学会、23所大专院校、4所科研单位、4个地方科协、1个企业科协推荐上报的学术成果750项。按照《吉林省自然科学学术成果奖评审与管理办法》要求，评委会办公室进行资格审核，组建了学术成果奖评审委员会，对申报成果进行学科组评审和评委会终评，并将评审结果在吉林科技网进行了公示，最终产生一等奖28项，二等奖132项，三等奖166项，优秀奖295项。

（撰稿人：隋成海）

## 黑龙江省科学技术协会

**服务经济社会发展** 开展决策咨询活动，思想库建设稳步推进。全年共征集选题130项，确定实施选题26项，有6项获得省领导批示，有1项被黑龙江省政协评为优秀建议。逐步搭建并完善课题申报平台，构建学会、市地科协、高校科协、企业科协四大科技思想库建设体系。重点向13个市（地）进行了课题的征集，确定了各市（地）重点产业方面的课题，并分别签署了项目协议。全年共完成22篇专家建议，其中有11篇得到了省领导的重要批示。完成了黑龙江省火山稻米分布调查，形成调研成果和建议，上报省委、省政府等有关部门。组织召开了2013年度黑龙江省农业防灾减灾专家对策建议研讨会、黑龙江省农业抗洪自救专家研讨会、灾区医疗卫生防疫对策研讨会等专家研讨会，为省委、省政府科学决策建言献策。

推动创新要素向企业和农村聚集。召开全省企业科协工作座谈和工作经验交流会，各市地科协相关部门负责人、部分企业科协代表及相关工作人员50余人参加会议，进行了企业科协工作经验交流、企业科协工作座谈和实地参观学习。开展TRIZ理论讲师团宣讲活动，受益人群达300余人。组织申报了"科普惠农兴村计划"、"社区科普益民行动计划"等项目，有64个项目共获得国家和省财政项目资金500万元。建立了"黑龙江省社区科普益民行动计划项目库"，"省级科普示范社区"被纳入项目库，入库项目成为参加国家"社区科普益民行动计划"申报的条件之一。对入库社区进行统一要求，对项目库实行动态规范化管理。

完成了国家“一五”时期苏联援建中国在哈尔滨市工业项目的调查，查找并联系到现存的俄罗斯母厂开展对接合作，此项工作获得黑龙江省副省长孙尧的充分肯定。与黑龙江当代中俄区域经济研究院签订了框架协议，邀请诺贝尔物理学奖获得者乔治斯穆特出席中美基础教育座谈会，促成以色列外交部国际合作中心与黑龙江省政府签订奶牛畜牧业项目。

**《科学素质纲要》实施及科普工作** 推动《科学素质纲要》的实施工作。2013 年初召开了全省《科学素质纲要》实施会议，对全年工作进行了安排部署；圆满完成了《科学素质纲要》“十二五”实施中期评估工作。为促进《科学素质纲要》实施工作，黑龙江省政府与中国科协签订了纲要落实共建协议，黑龙江省科协代表黑龙江省政府分别与 13 个市（地）和两个省管县签订了共建协议。组织全省各市（地）、各县（市、区）科协主席召开了纲要实施工作的学习会议，进一步部署了工作任务。

积极开展各类科普主题活动。省科协举办了以“科学普及与强农惠农富农同行”为主题的“科普大集”，发放科普宣传资料 5 万份，举办培训、讲座 20 班次，展示各类科普展板 200 余块。

举办了 2013 年黑龙江·哈尔滨科普月暨科普手拉手党群心连心活动，全省各地科协组织围绕提高全民科学素质工作主题和“保护生态环境，建设大美龙江”的活动主题，会同相关部门共同开展了科普月活动，全省共有 55 家国家级、省级科普教育基地和全省高校科普教育基地开展了系列科普宣传活动，免费或优惠向公众开放。

全省 21 辆科普大篷车共开展科普活动 505 场，科普大篷车共驶入 124 个社区、169 所校园、212 个村屯；带领农业专家 56 名，开展农业科普知识讲座 187 场；发放科普宣传资料近百万本（份）。同时，还紧紧围绕纲要的实施工作，有效开展了内容丰富、群众欢迎的科普之冬流动科技馆、高校科学营等各项科普活动，促进了公民科学素质的提升。

大力推进科普基础设施建设。2013 年下拨农村科普宣传栏建设资金 90 万元，在 12 个县（市）的 87 个乡（镇）建设了 148 个宣传栏，共 555 米长。为全省 65 个县订购了科普挂图，直接配发至各地。在抗洪救灾活动中，发放科普挂图 1000 余份。省科普中心成立 2 所“科普大篷车校园科普活动站”，1 所“科普大篷车社区科普活动站”。黑龙江省科技馆启动了新一轮展区改造工作，自主研发 119 件套科普展品，并对院士榜进行了改造。

**学术交流** 召开了黑龙江省信息服务业发展策略专题报告会，松嫩、三江平原农业综合开发与粮食产能提高学术研讨会，黑龙江省乳业发展研讨会等大型学术研讨会。组织省内知名专家和媒体记者召开了预防 H7N9 型禽流感专家访谈会，为公众答疑解惑。

8 月 17 日，由中国科协主办，中国国土经济学会等承办，黑龙江省科协协办的第 26 次中国科技论坛——我国农业现代化战略机遇和挑战在黑龙江省委党校召开。国务院参事、中国国土经济学会特邀副理事长刘燕华作了题为《第三次工业革命与三农问题》的主旨演讲。国内知名专家和黑龙江省、市、县 80 余位专家、学者参加会议。

**服务科技工作者** 组织开展“第十三届黑龙江省自然科学技术学术成果奖”评审活动，共征集学术成果 1326 项，评审获奖成果 536 项，对 16 个省级学会能力提升项目进行了奖励。

举办“第十一届黑龙江省青年科技奖”评选表彰活动，41 人获省青年科技奖称号，其中 9 人获省青年科技奖标兵称号，3 人获中国青年科技奖殊荣。开展“龙江百名基层优秀科技工作者”宣传活动。对各地推荐选拔出的 100 名优秀科技工作者进行宣传报道。与中国科协签订合作协议，完成了黄文虎、王光远、沈荣显 3 位院士学术成长资料采集工程项目的筹备、采集内容的设计、相关材料的起草工作。组织召开了黑龙江省科协老科学家学术成长资料采集工作中期评估会议、黑龙江省科协老科学家学术成长资料采集工作推进会等，并通过东北网等媒体进行了报道。

**自身建设** 省科协完成了《中国科协十二五事业发展规划》中期评估，深入 13 个市（地）、县（区）征求意见，听取基层科协组织的意见建议，形成基层科协组织调查的专项报告。对相关市（地）高新技术开发区和经济开发区科协组织建设工作进行调研，掌握了高新技术开发区、经济开发区科协组织建设现状，起草了在高新区、经济开发区建立科协组织的对策建议。

与伊春市共同承办了全国第一批县级科协主席培训班，全国 17 个省、自治区、直辖市和新疆生产建设兵团的县级科协主席共 160 人参加了培训。指导市（地）科协依照章程按期召开代表大会。黑河市科协顺利完成换届工作，还成立了 $PM_{2.5}$（雾霾）研究会、非转基因有机食品协会。鸡西市成立了测绘学会和黑龙江省技师学院科协。绥化市举办了科协系统干部培训班，所属各县（市、区）干部参加培训。大兴安岭地区组织召开了全区科技指导员座谈会。

**省级学会、高校科协** 全省共有省级学会 178 个，会员 190265 人，2013 年共吸引 1300 余人加入学会；企业科协 506 家，会员 182697 人。2013 年，省石油学会连续多年开展创造力开发，出现了段富海（160 多项专利）为代表的创新科技工作者多人，省植物保护学会创建“植保在线科普咨询平台”，省心理学会开展中小学心理健康教育状况调查工作，省微循环血液流变学学会编制东北地区冬季心脑血管疾病防治手册，省超声医学工程学会开展女性科技工作者乳腺疾病筛查，大庆石油科协开展了创造力开发工作，扩大了学会及企业科协的影响面，提升了服务创新能力、服务社会和政府能力、服务科技工作者能力及自身发展。

全省共有 12 所高校成立了科协组织。2013 年，黑龙江省科协组织召开了在哈部分高校科协工作座谈会；与省教育厅联合印发了《关于进一步加强高校科协组织建设的实施意见》；联合召开了全省高校科协工作会议，对加强高校科协工作进行动员和部署；联合开展了高校科协备案工作。

**【发挥科协组织优势　应对自然灾害】** 7～8 月，黑龙江省发生了的特大洪水，省科协党组深入受灾乡镇，送去生活物资和科普资料，发放了洪水过后环境保护、疾病预防、生产自救三大系列科普挂图 2 万幅，《不可不知的防灾减灾知识》及农民致富宝典 500 册，《黑龙江科技报·科技助力抗洪救灾》专刊 3 万份。利用科普大篷车，普及科技救灾科普知识，提高灾民自救技能。组织召开了农业抗洪自救专家研讨会、灾区医疗卫生防疫对策研讨会，起草并上报了《关于黑龙江省当前洪涝灾害处置措施》、《关于灾后粮食生产的建议》，发挥了科协组织在抗灾减灾救灾过程中的智力优势和支撑优势。

**【2013 年黑龙江省暨黑河市爱辉科普大集】** 4 月 2 日，以“科学普及与强农惠农富农同行”为主题的 2013 黑龙江省暨黑河市爱辉科普大集在黑河市爱辉区爱辉镇文化广场举行。本次活动由黑龙江省委宣传部、省科协、省科技厅、省财政厅，黑河市委宣传部、市科协、市科技局、市财政局共同主办。

开幕式上，黑龙江省科协党组成员、副主席陶福胜宣读了 2012 年全省“科普惠农兴村计划”表彰决定。省、市领导向 14 名全国和省“科普惠农兴村计划”获奖单位、个人代表颁发了奖牌和证书。黑龙江省科协主席马淑洁，省科协党组书记、副主席杨铭铎向爱辉区赠送了价值 2 万元的科普设备。省委宣传部、省科技厅、省财政厅领导向爱辉区赠送了科普图书。

活动现场设立了科普专题展览区、科普宣传咨询区、科普大篷车展教区、科普文艺表演区、义诊健康咨询区、农业生产资料展销区、黑河市优质农产品展示区、爱辉区经济社会发展成果展示区、“关爱山川河流　科普大集志愿服务”活动专区、外出务工绿色通道活动区、中俄两地特色农业科技产品展示、交流区等 11 个展区，在活动现场开展了科普走廊、农业科技致富套餐配送工程、免费义诊、流动科技馆、外出务工绿色通道、中俄农业科技产品展示等活动。

**【2013 年青少年高校科学营黑龙江分营开营】** 7 月 24 日，由省科协、省教育厅主办的主题为“体验科学　放飞梦想”2013 年青少年高校科学营黑龙江分营开营仪式在哈尔滨工业大学活动中心举行。来自全省 13 个市地 58 所高中和内蒙古 8 所高中的 440 名师生，以及两所高校 120 名志愿者参加了活动。本次黑龙江分营为期一周，在哈尔滨工业大学和哈尔滨工程大学同时举行。营员们参观了两所高校的实验室、研究所、展览馆和创新实践基地，聆听了专家科普讲座，参加了航模比赛、英语演讲比赛、英语角等体验活动，感受大学的文化与精神，体验大学生活的独特魅力。

**【2013 黑龙江·哈尔滨科普月暨科普手拉手　党群心连心活动启动】** 9 月 14 日，2013 年黑龙江·哈尔滨科普月暨科普手拉手党群心连心活动启动仪式在哈尔滨市人民广场举行。黑龙江省政府副省长孙尧、省科协主席马淑洁以及省市科学素质纲要联席会议成员单位领导出席启动仪式。本次活动由省委宣传部、省科协、省教育厅、省科技厅、省环保厅、省财政厅，哈尔滨市委宣传部、市科协、市教育局、市科技局、市环保局、市财政局共同主办。启动仪式现场设计了 8 大板块。舞台集会板块——主席台正前方由社区居民、科普志愿者、环保志愿者、大中小学生、科技企业、轮滑发烧友和自行车发烧友组成了 7 支群众方队。科普宣传咨询板块——省、市、区《科学素质纲要》成员单位和相关学会围绕低碳经济与低碳生活、保护生态环境、节约能源资源等内容，开展科普宣传和义诊、健康咨询活。科技成果展示板块——展出了科技企业、大学、大所近年来最新研发的科技成果。环保作品展板块——展出了以保护生态环境为主题的小学生百米书画长卷和社区居民节能环保手工作品。科普图板展出板块——300 块内容以低碳、环保、健康、安全、建设大美龙江为主题的科普展板向公众宣传科普知识。科普体验服务板块——科普大篷车等科普展教设施和高校航空模型、航海模型、环保四驱车、机器人、3D 科普宣传等为现场群众提供了科普体验。“双换”活动板块——现场群众用废旧电池、光盘、塑料废弃品等换取环保购物袋、科普图书等。科普趣味活动板块——通过科普知识谜语竞猜等活动，把丰富的科普知识融入寓教于乐的小游戏里，并为参加活动的人员发放环保购物袋和科普图书。2 万余人次观

众参加了活动。

**【黑龙江省全面启动科学素质纲要共建协议签订工作】** 11月13日，黑龙江省科学素质办秉承“科学素质向上提升，促进工作向下深入”的工作理念，全面启动科学素质纲要共建协议签订工作，并于11月底与13个市（地）分别完成了签订工作。

此项工作总结出三大创新和特点：一是领导重视，签约层次高。黑龙江省政府副省长、省科学素质纲要实施工作联席会议（以下简称联席会议）总召集人孙尧对这项工作非常重视，继代表黑龙江省政府与中国科协签订了《共建协议》之后，多次亲自过问黑龙江省《共建协议》的签订工作，并授权省科协党组书记、副主席、联席会议召集人杨铭铎以省联席会议的名义与各市（地）政府签订。

二是变“上”为“下”。省科协党组书记、副主席杨铭铎，省科协党组成员、副主席、省联席会议办公室主任陶福胜与省科学素质办的工作人员赴各市签订《共建协议》。面对面地倾听基层群众意见，了解地方推进工作遇到的问题。沉下心来查找工作的薄弱环节，有针对性地制定解决方案。

三是示范引领，工作模式新。采取“面签”中的“下签”和“函签”两种简便方式，召集各市（地）联席会议或领导小组各成员单位共同参与，使其在“签约”仪式中进一步了解这项工作的重要性和紧迫性，从而形成强大凝聚力、向心力共同推动科学素质纲要实施。

**【黑龙江省青年科技奖、自然科学技术学术成果奖评选】** 省科协与省委组织部、省人社厅联合下发了《关于开展第十一届黑龙江省青年科技奖候选人推荐与评选工作的通知》，并在此基础上开展了第十三届中国青年科技奖、第十届中国青年女科学家奖候选人的推荐工作。历经近8个月时间完成了推荐、评审、表彰和宣传工作，有41人获省青年科技奖称号，其中9人获省青年科技奖标兵称号，3人获中国青年科技奖殊荣，推荐了3名中国科协青年女科学家奖候选人。

开展了“第十三届黑龙江省自然科学技术学术成果奖”评选活动，本届成果奖面向全省各地市、高校、科研院所、省级学会等各领域科技工作者共征集学术成果2367项，共评审出556项获奖成果，其中一等奖80项、二等奖185项、三等奖291项。

（撰稿人：吴建国　谢　婷）

## 上海市科学技术协会

**服务经济社会发展** 2013年，市科协组织科技工作者建言献策。开展“世界科技发展新趋势及对上海产业升级的影响”等20多项课题研究。全年市科协系统提供决策咨询报告316篇，反映科技工作者建议380余项。举办决策咨询活动267场，开展科技评价项目1127项。在全年上报16篇的《科技建言》和专报中，5篇建言专报获得中国科协和市领导批示。开展了“调查站点培训班”和“决策咨询培训班”，市科协系统共计160余人参加了培训。开展第三届优秀决策咨询成果评选活动，对获奖单位和专家予以表彰，并将17篇优秀决策咨询研究成果汇编成册，公开出版《上海市科学技术协会优秀决策咨询研究报告（第三届）》，加大宣传获奖成果。

坚持科技兴农与科普惠农结合，推进科普惠农兴村计划。与市农委、市农科院等共同推进科普惠农兴村计划的实施，加强“上海科普惠农兴村示范基地”的建设，评选出优秀农村专业技术协会10个。松江区粮食产销协会、位于浦东新区的鲜花港花卉新品科普展示有限公司基地分别被评为全国科普示范农技协和示范基地。马金林入选全国农村科普带头人。联合市农委等相关单位和部门，共同筹建“上海市农村专业技术协会”。开展“科普惠农兴村计划——提升农民科学素质”系列培训，全年共开展科普惠农讲座12场，近2000人次参加培训。面向青少年，与上海科普教育发展基金会共同开展“沐科普阳光·启科技梦想”系列活动。联合上海科技报社开辟宣传专栏，大力宣传“科普惠农兴村计划”实施中涌现出的优秀人物、先进集体、基层组织的典型事迹。

围绕上海“创新驱动、转型发展”战略，着力在深化、扩展、充实、提高“讲、比”活动内涵上取得新成效。举办2013年上海市“讲理想、比贡献，为实现中国梦而奋斗”演讲展示活动，全市近千名科技工作者参与，通过讲述发生在自己或他人身边的感人事迹，把实现自身价值同民族复兴、国家富强和企业发展紧密结合起来，凝聚科技创新力量，为实现辉煌的“中国梦”作出更大的贡献。全年“讲、比”活动参加企业为4058个，参加科技工作者约9万名，合理化建议获采纳约2万条。全年新建院士专家工作站22个，新增进站院士17名、专家112名；工作站研发经费投入总额2.39亿元，其中企业自主投入1.86亿元，政府相关部门投入达5251万元；开展技术交流咨询活动158次，签订合作项目42项，为企业解决技术难题280个，取得科技成果89项，申请专利200项（其中发明专利123项）；依托工作站平台培训创新人才2000余人次。深化继续教育进园区、进企业活动，举办继续教育和技术创新方法培训776场，参与培训人次超过27.76万。市区科协积极开展民营科技企业科技人员职称申报试点工作。在科技园区设置了职称申报受理点，5000多人次参与相关培训。联合全欧华人专业协会联合会组织了“海智上海行活动”，来自德国、比利时、美国、荷兰、澳大利亚、法国等海外专家和人才考察了张江高新技术产业开发区青浦园区、漕河泾开发区松江新兴产业园以及中国科协海智计划上海（杨浦）工作基地。经市科协科技评价工作委员会认定，目前，已有市化学化工学会、市船舶与海洋工程学会等36个学会和2个直属单位获得了科技评价机构资格。

**《科学素质纲要》实施及科普工作**　市科协举办各类科普宣讲活动1万多次，473万人次参加；累计播放科技广播、影视节目20.7万分钟；举办实用技术培训2374次，培训22.7万人次。举办青少年科技竞赛918次，94.2万人次参赛，35465人获奖；组织青少年参加国际及港澳台科技交流活动42次，1914人参加；举办青少年科学营166个，83400人次参加；编印青少年科技教育资料125种，印数816730册。围绕“保护生态环境，建设美丽中国”主题，广泛开展“科普日”系列活动，推出科普活动612项，吸引市民500多万人次参加。上海科普日微博粉丝数突破5万人次，超万名粉丝参与网络互动。举办国际科学与艺术展，参与公众达11万人次。开展领导干部科学素质与管理培训和公务员科学讲座，近7000人参加培训。举办第28届上海市青少年科技创新大赛等活动，培养科技创新后备人才。全年评选出25个上海科普示范社区，有21个被评为全国科普示范社区。创建全国科普教育基地79个，其中10家入选“2012年度优秀全国科普教育基地”。科学生活宣讲社区行系列活动举办讲座122场，32000多人次参与培训；“名家科普讲坛”全年共举办18期共43场，平均每场听众均达到250人次以上，累计听众达10000人次。第二届上海市防灾减灾知识大奖赛暨系列科普活动巡回举办30余场“突发事件与应急”专题系列科普讲座，吸引10000余人次参与；在156个科普电子画廊（电子屏）播放587小时的防灾减灾宣传片，在上海科普网播放并提供免费下载；编印《食品安全与健康》科普手册28000册，制作“突发公共事件与应急”科普资源包。与华东师范大学、上海科技馆合作，共同推进高校培养科普专门人才试点工作，首批18名学员正式入学。“科普产品e联盟”平台上线的各类科普产品已将近1300件，吸引全国10余个省市的110余家科普产品研发单位加盟。“科普新干线”完成全市巡展任务，共计参与人数达65000人。

**学术交流**　围绕自贸试验区建设等上海重点发展战略，开展学术交流。围绕自贸试验区建设、大数据时代的科技创新、生态文明建设等内容，办好工博会科技论坛和院士圆桌会议、市科协学术年会、沪港科技合作研讨会等学术交流活动。杨浦、虹口、黄浦、徐汇四区科协联合主办第八届“蓝色浦江”学术论坛，研讨“雾·霾成因及其对城市发展带来的影响”。相关学会举办了中国国际海事会展、东方心脏病学会议、航空工业（上海）国际峰会等国际学术交流活动。全年市科协系统开展各类学术交流活动近2500次，参加人次约37.5万，交流论文约3.5万篇。举办国际性学术交流会议175次，约4.6万中外科技人员参加，交流论文6666篇；港澳台地区学术会议24次，2135人次参加，交流论文578篇。编著科技图书264种，总印数66.8万册；主办科技报纸3种，总印数695万份；制作科技广播、影视节目65套，累计播放时间33690分钟；运行科技网站74个，浏览人数2623万。

**服务科技工作者**　开展科技奖励工作，推进优秀科技人才脱颖而出。开展第十三届上海市科技精英评选工作。在2013年上海新增的8位中国科学院院士和中国工程院院士中有7位是历届科技精英及提名奖获得者。举办第十届“上海市大众科学奖”评选活动，中国科学院上海有机化学研究所研究员吕龙因在科学技术普及事业中做出突出贡献获得表彰。组织实施“飞翔”计划和“晨光”计划，资助青年科技人才参加国际会议或出版书籍。做好中国科协奖项上海地区候选人推荐工作，孙颖浩团队、孔啸、阳虹、谢欣等分别入选国家自然科学基金委员会创新研究群体奖、中国科协求是杰出青年成果转化奖、中国青年科技奖和中国青年女科学家奖。建成科技工作者状况调查站点42家。宣传科技工作者2015人次；表彰奖励科技工作者2289人次。

**自身建设**　加强科技工作者之家建设，提升服务力。以上海科学会堂为载体，在学术交流、科普展示功能基础上，拓展对外交往、交朋会友、文化熏陶、咨询受理等功能。试行科技工作者之家活动证，为科技工作者提供个性化、特色化服务。会同市委组织部，共同筹建国家和上海千人计划专家服务基地，从营造优质环境、探索服务机制、提升服务手段、搭建交流平台等方面规划服务基地建设工作。开设“上海科协”微信、微博平台，方便科技工作者获取信息和沟通联系。与市委组织部共建“院士风采”多媒体展示墙，宣传230位在沪“两院”院士的创新成果和精神风范。抓好科技园区科协组织建设。成立了张江示范区虹口、松江、长宁分园科协，截至目前，已在张江示范区“一区十八园”中建立了11个园区科协。加强市、区县、园区科协联合互动，探索适合区域特点的园区科协组织形式和工作模式，有效整合基层科协的科技资源，为园区和企业创新发展服务。加强学会能力建设，提升凝聚力。推动学会加强办事机构建设，引导学会注重专职工作人员队伍、办公场所、经费筹措、学会活动等方面的建设和发展。推动学会加强规章制度建设，完善学会法人治理结构，健全理事会民主议事、民主决策、民主监督规则，规范学会的各项工作。开拓会员沟通服务渠道，初步建立了高级会员、资深会员、青年会员和团体会员等多元结构的会员管理和服务模式，办好会员日活动和日常联系工作。资助学会开展项目研究，20多个学会发挥自身学科优势，组织开展了上海电子信息制造业新兴领域发展、隧道及地下工程学科发展等项目研究。推动科技社团党的工作小组、办事机构党支部、党建工作联络员“三位一体”党建工作体系的完善和发展。目前，在市科协188个学会中，党的工作小组覆盖率达97%。党组织在学会发展中把方向、出思路、聚骨干、抓大事，发挥了政治核心和政治引领作用。

**区县科协**　2013年，各区县科协结合区域特点，科普工作坚持关注民生、服务基层、务求实效，从科普育人、服务社会、改善民生的实际出发，扎实有效地推进公民科学素质工作。

坚持科普益民和科学育人结合，社区科普益民深入基层。徐汇区科协扎实推进科普示范社区创建工作，徐汇区梅陇三村居委会，在《科学素质纲要》“十二五”中期评估工作中，受到国务院检查组充分肯定。黄浦区科协利用区内丰富的商业资源优势，通过在繁华路段室外大型电子显示屏滚动播放科普公益宣传片等方式，为商业科普注入新元素、新亮点。

坚持科技兴农与科普惠农结合，科普惠农兴村形式多样。崇明县科协20多年坚持开展“科普早市”，已成为当地组织科技工作者开展科普活动、服务于社会主义新农村建设的有力抓手；金山区科协利用6个区级基地，组织60名“土专家”队伍通过对农户的科技示范和帮扶，针对优选品种和改良等技术，开展有针对性的基地培训。

坚持原创培育和人才培养相结合，科普作品创作百花齐放。浦东新区科协在科普日期间组织了“科普微电影大赛”、“美丽浦东”科普文艺演出、科普摄影展，其中“科普微电影大赛”共收集到微电影作品340余部，评选入围作品30部。闵行区科协引导民间科普工作室开展科普剧编创工作，支持王世杰科普工作室编创了以食品安全为主题的科普剧《卧底》；扶持项老师科普创意设计室编创了10个科普故事会的剧本。

坚持线上线下和开发配送相结合，科普产品推进扎实有效。嘉定区科协举办嘉定科技博览会，近百家科研单位和企业参展，上万人次参观，增加了科技商品展销和科技旅游等活动，使科技盛宴真正融入百姓生活。

**企业科协**　2013年，上海市各园区、企业科协动员、组织广大科技工作者，聚焦企业科技创新需求，开展科技创新服务工作，促进了以企业为主体的技术创新体系建设和企业创新型科技人才成长。

开展“讲理想、比贡献”活动，营造科技创新良好氛围。结合“中国梦”的宣传，开展了2013年上海市“讲、比”活动。各园区和企业科协积极响应，促进了企业的文化建设，也为各园区、企业培养了演讲人才，形成了一支演讲宣传队伍。

做好职称申报受理服务工作，服务科技工作者成才成长。上海市北高新技术服务业园区等5个园区设立了市科协系统职称申报受理点。做好职称申报的相关宣传、咨询、培训和受理服务工作。全年共举办有关职称申报工作流程和相关业务知识的培训54场。

围绕企业和科技工作者需求，开展科技创新服务活动。结合知识产权宣传周，开展了以知识产权保护等为主题的培训活动。各园区科协针对企业实际需求，开展科技沙龙、环保科技讲座、金融培训等各具特色的主题活动。

各园区、企业科协结合形势，将企业科技工作者的“自主创新”、“人才资源开发”、“企业发展机制趋势”等作为重点培训内容，开展继续教育活动。

**市级学会**　截至2013年底，上海市科协所属学会（协会、研究会）190个，其中54个学会承接了5个国家部委、20多个委办局和部分全国学会转移或委托的99项社会化服务职能。市科协坚持以“星级学会”评估为工作抓手，不断推动所属科技社团完善组织建设，提升综合服务能力。在已开展社会化服务工作的学会中，近90%为星级学会，所承接职能（工作）的项数占总数的93%。已有36家学会获得了市科协科技评价机构资格，完成科技评价项目超过2000项次。市医学会承接的医学鉴定等科技评价工作，近五年共完成1000多例。在科技奖励方面，由市化学化工学会设立的“庄长恭、吴蕴初化学化工科学技术进步奖”、市医学会设立的“上海医学科技奖”等科技奖项在学科和行业中的权威性不断提高，为推动科技进步和科技人才成长都发挥了积极的作用。

**【中国科协与上海市政府签署《落实全民科学素质行动计划纲要共建协议》】**　11月1日，中国科协与上海市人民政府《落实全民科学素质行动计划纲要共建协议》签约暨第十三届上海市科技精英颁奖仪式在上海市政府大厦举行。时任中国科协书记处第一书记与上海市委副书记、市长杨雄代表双方签署共建协议，并为第十三届上海市科技精英颁奖。

上海市委副书记李希、副市长周波、市政府秘书长李逸平、市委副秘书长彭沉雷、市科技党委书记吴信宝，中国科协科普部部长杨文志、学会部副部长宋军等出席仪式，上海市政府副秘书长徐逸波主持仪式。上海市科协主席陈凯先院士宣读表彰决定。上海市科协党组书记杨建荣、副主席王智勇、陆檩、李虹鸣、蔡永莲，巡视员钱之广等出席。

根据中国科协与上海市政府签署的《落实全民科学素质行动计划纲要共建协议》，上海市政府将把公民科学素质建设纳入经济社会发展总体规划，把实施《科学素质纲要》的重点任务列入年度工作计划，纳入目标管理考核。实施国家全民科学素质纲要的有关部门将加强政策引导和指导督促，完善促进公民科学素质建设的政策法规，落实有关鼓励科普事业发展的财税等相关政策，推动上海市《科学素质纲要》实施工作的全面落实。通过双方共建，使上海市到 2015 年实现本辖区公民具备基本科学素质比例超过 17.24%，为实现 2015 年我国公民具备基本科学素质的比例达到 5% 的目标提供有力支撑。

**【上海市科协第 11 届学术年会】** 由市科协主办，所属学会、协会、研究会和基层科协的广大科技工作者共同参与的“上海市科协第 11 届学术年会”，于 2013 年 9 ~ 11 月举行。

本届学术年会由开幕式、主旨报告、特邀报告、综合学术研讨会、专题学术交流活动、上海工程师论坛和基层科协学术活动组成。共有 79 家学会、协会、研究会及基层科协参加，组织各类形式的学术交流活动 104 项，217 场次，交流文章约 3600 篇（其中演讲交流 1200 篇，文字交流 2400 篇），参与人数约 2.3 万人次，媒体报道约 120 次。

9 月 24 日下午，学术年会开幕式在科学会堂国际会议厅举行，上海市副市长周波，上海市科协主席、中国科学院院士陈凯先，上海市科协荣誉委员、上海市工程师学会理事长、中国工程院院士翁史烈，上海市科协荣誉委员、中国科学院院士杨櫆，上海市科协副主席、中国工程院院士孙晋良，中国科学院院士、中国科学院上海生命科学研究院神经科学研究所研究员郭爱克，华东理工大学校长、中国工程院院士钱旭红，以及来自市各学会、协会、研究会的代表 600 余人出席了活动。上海市科协主席陈凯先院士致开幕词。开幕式上，宣布了 2013 年度上海市科学技术协会对星级学会的评估及复查结果，陈凯先和周波为星级学会颁发证书。

周波作了题为《增强创新自信、携手共筑上海科技梦》的主旨报告，向科技工作者介绍了本市经济社会发展情况，并号召科协和科技社团凝心聚力，为实现“上海科技梦”努力奋斗。希望上海广大科技工作者抓住机遇，大胆尝试，发挥积极作用。翁史烈院士，郭爱克院士和钱旭红院士分别作了题为《中国能源现状和发展》、《抉择的脑机制》和《创新源于改变思维》的特邀报告。

综合学术研讨会是本届学术年会为促进跨学科交流和合作，从多学科角度共同探讨社会、产业和学科发展问题而设立的新平台，并成功召开了“国际航运中心视野下的上海城市集疏运体系建设理论研讨会”、“上海食品安全学术研讨会”、“大数据时代的科技创新学术研讨会”。三个综合学术研讨会得到相关学会积极呼应，社会关注，为切实讨论和解决上海当今发展过程中凸显出的交叉学科问题、城市发展和民生问题提供了思路。

以学会、协会、研究会、区县科协和基层科协为主体的专题学术交流活动于 8 月下旬陆续展开，延续到 11 月底。第八届上海工程师论坛及各项学术活动也与上海市科协第十一届学术年会同步举行。

**【第 15 届中国国际工业博览会科技论坛院士圆桌会议】** 第 15 届中国国际工业博览会院士圆桌会议于 11 月 22 日下午在上海科学会堂举行。来自于全国各地、各专业学术领域的江东亮、何积丰、汪品先、陆汝钤、陈国良、陈凯先、赵国屏、郭重庆、柴天佑、褚君浩等 10 位“两院”院士，以及同济大学教授吴启迪、上海交通大学教授陈宪两位专家出席会议，市科协主席、上海中医药大学校长陈凯先院士主持会议，副市长周波出席会议并致词。此外，近 80 位委办领导、相关学会领导和关心此话题的研究人员出席了会议。

近一年来，全球热议“大数据”。在我国深化体制改革转型发展的大背景下，本届会议邀请院士专家就“大数据”的内涵作深入的讨论，引导大家正确认识“大数据”，分析“大数据”将给上海的发展带来的“冲击”和机遇，希望面对“大数据”的时代机遇，在战略布局上有深层次的思考、研究和计划，使其在上海实现创新转型发展过程中释放巨大的能量。

本届会议也得到了上海市政府的关注，副市长周波在致词中不仅向与会院士专家表示了欢迎和感谢，而且向大家介绍了上海在落实党的十八届三中全会精神，努力实现政府职能转变、不断推进改革和创新的背景下，正在推动开展的大数据研究与发展、国资国企改革、社会资本利用等方面所作的思考和探究，并希望与会院士对如何利用大数据推动上海的经济社会发展提出意见和建议。

院士专家就怎样探寻“大数据驱动创新”的路径提出

观点，指出：错失机遇，就会落后，海量数据亟待挖掘，材料创制需要大数据支持；大数据发展需破四大瓶颈；要靠市场而非研究推动，数据的商品属性忽视不得，优化信息流最为关键，同时应特别注重结合智慧城市建设。院士专家呼吁："严格性科学思维"要变一变、科研观点谁先转谁就赢！

**【上海市科协用好新媒体平台做好科普宣传】** 2013年，市科协在科普活动中创新性地加入了新媒体元素，利用移动网络和自媒体平台，线上线下相互交错，并依靠颇具创意的科普营销，形成了科普活动信息传播的新模式，大大提升了科普活动参与的广度和深度。

在上海科普日活动期间，无论参与区县还是活动数量，2013上海全国科普日活动的覆盖面都是历届之最。8月，上海科普日微博成功加"V"，8月15日"脚印计划"正式启动，串联起2013年科普日前、中、后期宣传活动。截至9月14日，"上海科普日"微博粉丝数急剧攀升突破5万人次，超万名粉丝直接参与网络互动活动，共吸引20个多网络"大V"转发活动微博，其中包括上海头条播报、上海热门榜、魔都生活圈等，大大提升了活动的宣传广度。

此外，2013年新推出的"上海科普日"微信公众账号每天定点推送信息，从前期的信息预告到后期的精彩汇编，辅助推广活动的影响力与关注度。在活动主会场，好运的市民还能从微信发送的现场活动照片中找到自己的身影。主办方还开通了"网上科普日"，在上海科普网上详细介绍科普日各项活动，实施网上订票、线上互动等交互式内容，让市民透过网络看科普、学知识。

在"解读科学类诺贝尔奖"科普报告会期间，为了吸引更多的科技工作者、高校师生及社会公众关注和参与活动，普及部增设了专家电视专访，并事先在市科协网站和"上海科协"微博、微信上发布活动信息，吸引了广大市民踊跃报名参与。活动现场约有1/3的听众为网上预约的参与者，同时还将微博互动内容在报告会现场实施网络直播，并选取了部分有代表性的问题请主讲人和专家现场解答，取得了非常好的现场互动效果。

此外，在科普新媒体作品制作方面，普及部吸引社会力量参与科普作品创作，与张江科技园的梦之路、河马动漫、张江动漫等联合创作，推进科普动漫、科普微电影等科普影像作品的创作和开发，特别制作了"保护生态环境，建设美丽上海"动漫宣传片、"2013年上海市'全国科普日'活动"专题宣传片，以及宣传"垃圾分类、珍惜水资源、绿色出行"3个主题公益广告，并充分利用移动媒体和互联网等多种信息传播渠道推广科普原创作品，集中在本市电视媒体、主要商圈大屏幕、电子科普画廊、东方明珠移动电视和区县有线电视、社区服务中心滚动播放，有效运用新媒体手段推动科普宣传工作。

（撰稿人：陶艺音）

## 江苏省科学技术协会

**服务经济社会发展** 2013年，省科协向省委、省政府报送《关于重视并扶持园区外化工生产企业发展的建议》等10篇建议。各省级学会、高校科协为各级党委政府提供决策咨询建议82篇，20篇得到领导批示。立项并完成《江苏沿海石油和化工产业发展提升路径研究》等10个服务科学决策软课题。

实施新一轮"万名科技专家兴农富民工程"，落实了2433个对接项目，新命名省级科普惠农服务站99个，其中20个省级优秀科普惠农服务站。29个农技协、27个农村科普示范基地、42名农村科普带头人和58个社区受国家和省基层科普行动计划表彰。

开展企业科技信息服务工作，推送600万余条发达国家科技信息，322家企业注册使用，形成典型案例35项，产生新发明专利26项。建立专家服务企业创新在线系统，帮助企业解决技术难题、开展联合攻关。目前该系统咨询专家达300余人，收集最新研究成果1000余项。

在张家港市举办中国（江苏）国际科技交流与人才智力合作大会，集聚海外20多个科技团体资源，诺贝尔奖得主、美国国家工程院院士等220多名海外专家参加，并在淮安市、扬州市、徐州市、常熟市举办分会场活动，共达成81项合作意向，23个项目进入深度合作洽谈，已有6项合作落地。创建淮安市、泰州市医药城2个国家级海智基地，创建18个省级海智工作基地。直接引进海外人才55人，推介项目528个，促使8个项目落地。

省科协与加拿大信息技术专业人士协会等10个海外科技团体签署合作协议。建成中国（江苏）国际科技资源转移网。举办美国汽车工程师江苏行、海外高效农业技术推广培训、海外名家讲坛等活动。与欧洲最大的商业创新中心联盟EBN签署战略合作协议。与英国总领事馆合作举办科技咖啡馆活动6场。

**《科学素质纲要》实施及科普工作** 向省委、省政府提出建议，推动居民科学素质达标率纳入全省工作大局，居民科学素质达标率分别被纳入《江苏基本实现现代化指标体系》、《苏南现代化建设示范区监测评价指标体系》和《创新型省份建设计划（2013—2015年）》。省政府召开全民科学素质工作推进会，与各省辖市签订《加强公民科学素质建设目标责任书》。13 个省辖市与所属各县（市、区）、63 个县（市、区）与所属乡镇（街道）签订了目标责任书。江苏省本级和 7 个省辖市开展了公民科学素质调查。2013 年，省居民科学素质达标率为 6.2%。

以“科技创新·美好生活”为主题，举办 2013 年全国科技活动周暨江苏省第 25 届科普宣传周活动，组织开展了百家科普场馆和教育基地向社会开放、百场科普报告会、千名科学使者进校园等 1160 多项系列活动，20 多所高校开放了实验室。与省教育厅、省环保厅联合举办 2013 年全国科普日江苏省主场活动，举办中美国际科普连线，主题宣传片在南京市新街口及南京地铁显示屏滚动播出，近 20 家企业、科教馆等展出了 100 余项新型科普产品展品，100 多个学会参与并与公众开展互动活动。

省科协联合省有关部门评选命名 150 家省级科普教育基地。组织开发 2 套流动科技馆，先后在南京市、宿迁市、泰州市等 5 个市及所属县巡展，15 万人次参观。连云港市、泰州市、宿迁市、扬州市等地科技馆建设取得新进展。制定《关于加快发展科普旅游的意见》，推出 30 条省级科普旅游线路。制定《关于加强科普志愿者队伍建设的意见》，注册科普志愿者达 32 万人。

**学术交流**　举办第十次江苏科技论坛，围绕科技创新与转型升级主题各地学会举办 25 个分论坛，共同为江苏创新发展出谋划策。结合提升学会服务科技创新能力，举办第四届省自然科学学术活动月，分 10 个板块开展了 300 多场学术交流活动。各省级学会、高校科协围绕创新型经济和产业结构调整，就云计算、大数据等技术研发和应用情况，全年共举办国内、国际性学术会议 723 次，参会专家达 8.97 万人次，交流论文 2.92 万篇。着力培育学术影响力高的核心期刊，全年共印发科技期刊 127.4 万册，收录并发布论文 6496 篇。组织科技团组出访 4 批 16 人，组织 8 批 117 人赴台湾地区进行学术交流，接待国外及港澳台科技团组 46 批 238 人。

**服务科技工作者**　组织推荐第十三届中国青年科技奖和第十届中国青年女科学家奖人选。曾当选江苏省十大青年科技之星的冉千平、邹小波获得第十三届中国青年科技奖。评选表彰了 100 名省优秀科技辅导员。全年共宣传科技英才、创业精英、海归人才、科普惠农等人物 98 人。

组织开展科学道德和学风建设宣讲活动，举办各类宣讲教育活动 1604 场，接受宣讲教育的研究生、本科生等人数达 28.1 万人。中国科协会员日期间，策划优秀科技工作者表彰奖励、走访慰问、典型宣传等 6 类 18 项特色活动。徐州市科协创新打造“会员暖心卡”受到会员一致好评。3 项老科学家学术成长资料采集工程项目通过中国科协验收，20 件资料入选中国科协等 7 部委主办的“科技梦、中国梦——中国现代科学家主题展”。设立省级科技工作者调查站点 30 个，征集建议 21 篇，提供有效信息 151 条、刊发 12 条。建设服务科技工作者超市网站。

**自身建设**　举办专题辅导报告会，学习宣传贯彻党的十八大和十八届三中全会精神。组织全省科协系统领导干部专题学习十八大精神培训班，分别对学会秘书长、市县科协分管学会和科普工作领导的专题培训，提升其专业服务能力。

开展党的群众路线教育实践活动，按要求完成各阶段工作。征集意见 110 余条，深入剖析 14 类“四风”方面突出问题，研究制定 36 项整改措施。扩大教育实践活动成果，研究制定践行党的群众路线 10 项实事工程、11 项制度意见，通过建章立制形成长效机制。

研究完善省级学会、市科协及机关部门、直属单位的目标责任制考核办法。召开“三服务一加强”工作现场会，研究制定实施学会创新发展等 10 项实事工程指导意见，总结省科协工作先进典型经验。开展市县科协工作创新案例征集活动，发现创新典型、推广创新经验。制定和完善《党组中心组理论学习制度》和《关于加强和改进省科协处以上干部学习的规定》，组织党组中心组学习 12 次，参加人员 800 多人次。印发《关于进一步加强干部队伍建设的意见》、《关于建立省科协处级干部年度考察制度的意见》，坚持干事创业的用人导向，建立干部竞岗与组织考察选用结合的机制。制定《关于加强省科协直属单位人才队伍建设的意见》、《关于实施直属单位事业创新发展工程的意见》，鼓励事业单位以市场化理念推进事业发展。

省科协会同省委组织部印发《关于加强以党建带动科协组织建设的意见》，新成立开发区（园区）科协 30 个、企业科协 436 个、高校科协 11 个。建立省科协系统组织信息库，及时动态掌握组织建设情况。

实施党建强会计划，推进学会创新发展。成立“科技社团党的工作领导小组”，推动 124 个学会建立了党的工作小组，覆盖率达 92%，其中有 7 个学会建有党支部，14 个学会建有联合党支部。确定了江苏省微生物学会等 10 家学会为首批专职秘书长试点学会。引导学会吸纳青年人才、优秀研究生大学生入会，增强学会活力和影响力。

**【中国科协八大江苏代表座谈会】**　10 月 15 日，中国科协八大（江苏）代表座谈会在南京市召开。中国科协副主席、党组副书记、书记处书记程东红出席会议并讲话，省科协党组书记、副主席陈惠娟主持会议。省政协副主席、省政府党组成员徐南平会见了程东红一行。

程东红在会上传达了近期中央领导关于科协工作的指

示精神，并通报了中国科协的有关重点工作情况。程东红希望，无论是科协组织还是各级学会，都要不断加强自身能力建设，积极发挥科技社团的科学自律功能，更好地承接政府转移职能。各位代表要在各自的岗位中，坚守科学道德和科学精神，持之以恒，抓住机遇，作出更大贡献，不负党和人民的期望。

座谈会前，程东红在苏州市出席有关活动期间，还专门走访看望了中国科学院苏州纳米技术与纳米仿生研究所所长杨辉、长江润发集团有限公司总裁郁霞秋、苏州市科协主席纪顺俊等在苏州工作的3位中国科协八大代表，并与他们座谈。

**【江苏省科协与泰州市政府签署合作协议】** 10月31日，省科协与泰州市政府签署了《共同推进泰州转型升级综合改革试点合作协议》。省科协党组书记、副主席陈惠娟与泰州市委副书记、市长徐郭平代表合作双方签署协议并致辞。

根据协议，省科协将积极支持泰州市加快发展科普文化产业，建设一批具有区域特色、行业特色的科普产品研发中心，培育一批成长性好、竞争力强的科普产品研发示范基地，支持泰州加强科技馆、基层科普设施等公共服务体系建设，推动泰州成为全省承接大型综合科技和科普活动的重要基地，支持泰州各类科普场馆创建全国科普教育基地。省科协将把泰州市作为创新发展的重要窗口，支持泰州在省级以上经济开发区建设院士专家工作站、院士专家服务中心、科技协同创新服务基地等各类科技创新载体建设，引导创新要素向企业集聚。省科协还将加强对泰州提升学会服务科技创新能力工作的指导支持，重点在科技成果社会化评价、知识产权评估与保护、科技奖励、人才评价举荐和奖励等方面加大支持力度，并支持泰州拓展对外民间科技交流合作渠道，协助泰州做好“凤城千人计划”，加大对海智基地扶持力度，推动更多海外创新要素向泰州集聚。

泰州市政府将做好相关工作，力争到2015年公民具备基本科学素质的比例超过7.5%，加大对科普经费的投入力度，进一步推动国家级科普示范市（区）创建，并积极承接江苏省科协科技服务方面有关工作创新和制度创新的试点、实验项目等，努力成为省级科协事业创新发展的先导区和示范区。泰州市还将充分发挥科技社团在创新活动中的重要作用，创造有利于科技社团发展的环境和条件，培育一批社会信誉好、发展能力强、内部管理规范、服务成效显著的示范性科技社团。

**【加强江苏省科协及所属科技社团科技服务职能的意见】** 省科协顺应政府职能转变要求，调查掌握省级学会承担职能现状，分析学会优势，向省委、省政府报送《关于进一步加强省科协及所属科技社团科技服务职能的意见》。

12月16日，江苏省政府办公厅印发《省政府办公厅关于进一步加强省科协及所属科技社团科技服务职能的意见》（苏政办发〔2013〕190号）（以下简称《意见》），就充分发挥省科协及所属科技社团在建设创新型省份、推进“两个率先”中的作用作出部署。

《意见》明确了江苏省科协及所属科技社团进一步加强科技服务职能的十个重点：一是科技奖项评审。支持省科协及所属科技社团向政府科技类奖励推荐项目，参与科技类奖项评审有关工作。支持省科协所属科技社团设立相关科技奖项。二是科技评价和技术鉴定。支持具备条件的科技社团承担行业技术标准和规范制定、科研项目评估、科技司法鉴定等职能，开展经济社会发展规划咨询论证工作，组织实施企业事业单位和人才科技水平评价、科技成果评价等事项。三是人才评价。支持具备条件的科技社团开展科技人员职称评审、执业资格认证等工作。四是专业技术人才培训和继续教育。支持具备条件的科技社团开展科技人员培训、继续教育等工作，并出具社会化第三方考核证明。将科技类社工人才、科普人才等人员的相关培训工作交由省科协承担。五是科技社团管理服务。省科协推进科技社团的建设发展、业务管理和服务经济社会发展能力评价考核等工作。《意见》还对科普基础设施建设、科普传播能力建设、科普产业发展、青少年科技教育、对外科技交流与合作等方面作了具体规定。

《意见》强调，要努力为江苏省科协及所属科技社团加强科技服务职能创造良好条件。一要强化统筹协调。江苏省有关部门要主动加强与省科协的沟通对接，对科技社团加强科技服务职能给予积极支持。二要稳妥有序推进。按照政府主导、科协主动、规则公开、严格监督的要求，稳妥有序地推动省科协及所属科技社团承接政府转移职能。三要加大支持力度。对省科协及所属科技社团加强科技服务职能所需的经费，财政部门按照政府购买公共服务的要求给予必要支持，并将实施科技社团服务能力提升计划所需经费列入财政预算。对科技社团从事非盈利性技术咨询、转让、服务、开发等活动，省有关部门要落实好各项财税优惠政策。四要重视宣传引导。大力宣传政府向社会力量购买公共服务的重要意义，加强舆论引导，主动回应群众关切，充分调动各方参与的积极性，形成支持省科协及所属科技社团履职的良好氛围。

**【江苏省“提升学会服务科技创新能力计划”】** 江苏省“提升学会服务科技创新能力计划”坚持以创为主、创评结合，个性发展、整体提升，创新机制、引领发展，注重实效、动态管理，上下联动、形成合力的原则，经省委、省政府批准，省财政立项，由省科协面向省级学会组织实施。3月28日，省科协举办提升学会服务科技创新能力动员大会，共有122个单位申报了943个项目，省级学会参与率达76.3%、高校科协参与率达45%。评出省级综合示范学会30个，协同创新服务示范基地10个、科技思想库基地10个、科技服务站100个、首席专家（工程师）100个。

（撰稿人：唐釜金）

## 浙江省科学技术协会

**服务经济社会发展** 2013年，省科协针对征集到的52项企业创新需求及技术难题，先后组织100多位院士专家与100多家企业开展了四次技术需求“无缝对接”活动，共洽谈合作项目176项，已有47个项目达成合作意向。主动服务“五水共治”，启动省级学会对接温州水综合治理工程。开展“工程院院士嘉兴行”活动，促成嘉兴水环境治理列入国家重大水专项。承办第三届中日水环境技术交流会。开展2013“院士专家永康行”活动，举办现代农业装备高峰论坛，省农机学会与永康市建立“协同创新基地”，促进国内外农机相关学会与企业开展项目对接。组织新农村服务团赴仙居、庆元、鄞州等地开展活动30余场次。引导院士专家工作站建设向战略性新兴产业集聚，全年新建工作站105家，新签约院士44名，2500余人次院士专家及其团队进站工作，累计签订科技研发项目1400余项。杭州、嘉兴、绍兴、金华等地党委政府出台了推进工作站建设的文件，宁波、绍兴、温州、衢州等地落实了专门机构和编制。开展软课题研究22项，编辑《科技工作者建议》9期，其中5期受到省领导11人次批示。“海智计划”年签约项目近30项，浙江（台州椒江）生物医药特色海智基地建设完成前期论证工作。引进瑞典皇家理工学院教授严晋跃、美国华裔医学科学家李君两个“千人计划”团队落户宁波；引进国家战略性产业创新团队——中科院上海微系统所金星博士团队落户临江工业园区。

**《科学素质纲要》实施及科普工作** 省政府与中国科协签署《共建协议》。公民科学素质建设纳入全省创新驱动发展战略，成为“两富”现代化浙江监测评估指标之一。浙江省“两办”组织开展全省第三次《科学素质纲要》实施工作督查。启动第五次全国公民科学素质抽样调查，对21个国家科普示范创建县进行中期评估，评选出14个省级科普示范县。组织开展科技（科普）周、全国科普日活动，举办各类科普活动3000余项。举办省青少年科技创新大赛、五项学科竞赛等活动，3人获国际金奖，360余人在各类全国性比赛中获奖。省农函大成为浙江农民大学6个分校之一。基层科普行动计划43个集体和个人获得国家奖补经费，45个集体和个人获得省级奖补经费。在省委党校主体班开设科普讲座课，省科协全年为领导干部发送科普短信25万条次。省科技馆全年接待观众53万人次，全省建有企业特色科普馆80余个、社区科普馆300余座。与省有关部门共同推动“智慧浙江、清洁核能、电磁辐射”三大主题科普宣传活动。全年开展智慧城市体验展、核电科普夏令营、电磁流动科技馆、首届核能知识竞赛等活动80余场次，发送资料51万套（册），公众直接参与250万人次。通过主题科普宣传活动，引导相关企业投入800余万元。全年举办“科学+”活动52期，欧阳自远等6位院士和80余位著名科学家来浙讲学，活动直接受众7000余人次，通过媒体间接受众达数千万人次。开展2013年菠萝科学奖颁奖活动，继续打造浙江科普微博方阵，建设微报、微博、微信等科普新阵地。

**学术交流** 省科协立项资助重点学术活动66项。围绕海洋科学城建设与海洋经济发展，承办第九届中国科技期刊发展论坛，发布《杭州倡议书》。第四届灾难与创伤急救西湖国际论坛等4个国际性学术活动在浙江省举行，促成9个国际科技合作项目。

2013年以来，先后组织专家座谈会、交流会、工作汇报会等活动32场次，参与专家206人次，深入企业调研61家，发放调查表330份，形成了具有较高学术价值的调研成果《永康现代农机装备产业创新发展研究报告》。举办长三角科技论坛农机化分论坛、西部农机科技论坛，共计383名来自全国各地农机科技工作者和管理人员以及产业园区、企业家代表参加了论坛活动。

**服务科技工作者** 开展“12.15”中国科协会员日活动，联合省委组织部、省人力社保厅评选表彰了十佳浙江省优秀科技工作者、100名浙江省优秀科技工作者和20名浙江省青年科技奖获得者。推荐优秀科技人才参与中国青年科技奖、中国青年女科学家奖、中国科协创新研究群体、求是杰出青年成果转化奖评选。实施“育才工程”，资助64名青年科技人员参加国际学术交流活动等。编辑出版《陈立》等浙江科学家传记丛书，创办《智汇浙江》内刊，在《科技金融时报》、大众科技网上开辟专栏，宣传优秀科技人物和团队。开展科学道德和学风建设宣讲教育。

**自身建设** 根据中央和省委的统一部署，省及杭州、宁波等首批开展群众路线教育实践活动的单位扎实开展各项活动。及时制定了贯彻落实中央八项规定、省委28条办法和“六项禁令”的相关措施，深入开展“六项集中行动”，提出23条举措作为省科协党组的公开承诺，接受社会监督。召开专题民主生活会，围绕“四风”问题，明确26项具体整改举措，新建和修改完善规章制度18个，使整改措施制度化、长效化。

全省各级科协通过党组会议、科技人员座谈会、领导干部读书会、专题讲座等多种形式，认真学习宣传中央十八届三中全会精神，习近平总书记等中央领导同志关于推进学会有序承接政府转移职能作出的重要指示和省委十三届三次、四次全会精神。省科协提出了“坚持一条主线、突出两大板块、提升三大能力”的工作思路。迅速制定了贯彻落实省委《决定》的实施意见，省委书记夏宝龙作出批示：“科协动作迅速、主动、积极，望发挥更大作用。”省委副书记王辉忠等来省科协调研，毛光烈副省长听取科协工作汇报，就贯彻落实全会精神提出希望和要求。全省共有25个省级学会承担了49项社会化管理职能，17个省级学会开展了社会力量设奖。

全面启动学习型、服务型、创新型“三型”机关建设，提升科协干部队伍的素质。进一步健全党组理论学习中心组学习制度、领导干部联系基层和群众制度，建立干部读书会制度，组织开展“中国梦”征文、公文写作培训、业务技能比武等活动，倡导树立“学习着干、思考着干、探索着干”的工作理念。对机关工作部门的职能、任务、工作项目进行梳理和优化整合，工作项目缩减三分之一，并建立秘书长协调制度。

**【第10届长三角科技论坛】** 9月16日，由浙江省科协、上海市科协、江苏省科协和舟山市委、市政府联合主办的第10届长三角科技论坛在浙江舟山群岛新区开幕。中国科协副主席、中国工程院院士唐启升，浙江舟山群岛新区党工委副书记、舟山市委副书记、舟山市政府（代）市长、浙江舟山群岛新区管委会常务副主任周江勇和上海市科协党组书记、副主席杨建荣代表联办单位共同为论坛揭幕。来自长三角地区的专家学者和科技人员代表700余人参加开幕式暨主题报告会。

本届论坛深入贯彻党的十八大和全国科技创新大会精神，体现科协系统开展党的群众路线教育实践活动成果，以加强区域科技交流与合作、积极助推长三角地区经济、科技、社会一体化发展。论坛以“创新驱动与海洋经济”为主题，聚焦海洋经济、突出海洋科技、助推海岛发展，除了举办主题报告会和中国（舟山）海洋科学城建设院士专家恳谈会外，还举行院士专家企业行和专题分论坛等活动30余场次，参加本届论坛的科技人员达3500人次以上。

**【“智慧浙江、清洁核能、电磁辐射”三大主题科普宣传活动】** 2013年以来，在相关部门（单位）的支持配合下，省科协将三大专题科普纳入《科学素质纲要》实施整体框架，作为全省科学素质建设的重要内容，上下联动，多方互动，开展了形式多样、丰富多彩、富有特色的系列科普宣传活动。围绕三项专题科普宣传主题，共组织大型活动24次，举办报告会32场，巡展巡讲21场次，开展征文、竞赛等活动4次，播放核电科普电影450场；开发视频专题片4部，编印专题读本6本，折页10套，下发资料51万套（册）；吸引公众参与达250万人次，媒体报道260余篇。

三大专题科普宣传活动的开展，不仅增强了公众智慧浙江、清洁核能、电磁辐射等方面知识的普及了解，同时也有效创新了科普宣传形式，探索形成了联合多家单位、整合社会资源围绕省委省政府重大战略、重大项目的推进营造良好社会氛围的科普宣传工作新机制，对构建高效社会化科普工作格局进行有益尝试。

**【签署《科学素质纲要》共建协议】** 9月26日，中国科协和浙江省签署《落实全民科学素质行动计划纲要共建协议》，签署仪式在之江饭店举行，时任中国科协书记处第一书记和浙江省委副书记、省长李强签署共建协议，副省长毛光烈主持签署仪式。

浙江省认真贯彻实施《科学素质纲要》，扎实推进公民科学素质建设。省《科学素质纲要实施方案》提出了“到2015年全省公民具备基本科学素质水平的比例要达到8%，继续居于全国各省区前列”的目标，明确各地各部门的任务和职责。6月，全国纲要办组织成员单位赴浙江省，开展了“十二五”时期《科学素质纲要》实施工作中期评估检查，检查组对全省公民科学素质建设工作给予了充分肯定。

**【长三角科技期刊发展联盟】** 9月26日，第十届长三角科技期刊发展论坛暨“长三角科技期刊发展联盟”成立大会在杭州市召开，来自上海市科技期刊学会、江苏省科技期刊学会和浙江省科技期刊编辑学会的100余人参加会议，“长三角科技期刊发展联盟”正式成立。省科协副主席隗斌贤、中国科技期刊编辑学会秘书长姚希彤、中国学术期刊（光盘版）电子杂志社副社长肖宏、浙江省科技期刊编辑学会名誉理事长王鹏举等领导到会祝贺并讲话。长三角科技期刊发展联盟的成立，标志着长三角这块中国经济最发达的地区之一拥有了紧密联结的期刊共同体，为学会工作创新和盟员期刊跨区域合作提供重要的平台，进一步推进长三角地区科技期刊的整体发展。

**【省委实施创新驱动发展战略要求扎实推进公民科学素质建设】** 省委十三届三次全会审议下发《关于全面实施创新驱动发展战略　加快建设创新型省份的决定》（浙委发〔2013〕22号），要求深入实施全民科学素质行动计划，扎实推进公民科学素质建设。《决定》指出，要坚持把抓科普工作放在与科技创新同等重要位置，深入实施全民科学素质行动计划，全面提高公民科学素养和创新意识。充分运用各类媒体，拓宽传播渠道，加强对重大科技成果、典型创新人物和企业的宣传，加大对创新创造者的表彰奖励力度，引导社会舆论，营造良好氛围，让全社会创造活力竞相迸发、创新源泉充分涌流。

《决定》还对科协等人民团体在实施创新驱动发展战略中发挥作用提出了具体要求。"工会、共青团、妇联、科协等人民团体和社会组织要动员广大职工、共青团员、妇女群众、科技工作者、社会各界人士积极投身和支持创新驱动发展，科技社团要积极发挥独特作用，形成各方共同参与的新局面"。"积极发挥院士专家工作站作用，培养引进高层次创新创业人才"。"工、青、妇、科"在省委重要决定中并列提及，彰显了科协等科技团体在创新驱动发展中的重要而独特作用。

**【首个海智计划示范项目——国际应用能源创新研究院落户浙江宁波】** 12月14日，首个海智计划示范项目——国际应用能源创新研究院在镇海创e慧谷开院。中国科协副主席、党组副书记、书记处书记程东红，省科协党组书记、副主席李德忠，副市长陈仲朝出席开院仪式。国际应用能源技术创新研究院由浙江省科协、宁波市科协牵线，国际应用能源大会主席、国家"千人计划"入选者、瑞典皇家理工学院终身教授严晋跃博士创办。国际应用能源创新研究院立足于打造高新技术研发创新、技术转化及产业化、产品市场商业化、技术产品和投融资为一体的科技创新基地，引进世界优秀应用能源创新团队进驻该研究院开展技术孵化和产业化，与当地共同孕育孵化新能源产业集群，推动形成高端人才集聚优势，增强区域协同创新能力，为区域经济社会发展注入新动力。多家科技企业负责人参加国际应用能源技术创新研究院产学研对接会，研讨对接创研院合作单位带来的20个新能源项目。

**【院士专家永康行暨省农机学会服务科技创新转型系列活动举行】** 12月19～21日，举办院士专家永康行暨省农机学会服务科技创新专项系列活动。在这次活动中，邀请了国际农业工程委员会主席孙大文院士、亚洲农业工程学会（AAAE）主席李树君研究员、中国农业机械学会理事长罗锡文院士等78位院士专家出席本次活动。省科协与永康市委、市政府将"协同创新基地"牌子授予省农机学会、永康现代农业装备高新园区。针对永康机械装备传统制造共性技术有待提升、农业装备关键零部件发展滞后、现代制造服务业发展缓慢、价值链的高端缺位等特点，组织开展服务党委政府决策咨询、服务产业园区科技创新、服务农机关联企业技术需求等活动，着力构建国家、省、市、县四级学会联动互动，省机械工程、内燃机、自动化等重点学会联合协作机制，并积极开展国际合作与交流，引进海外智力，共同为推进科技创新和产业转型升级献智出力。

（撰稿人：王　科）

## 安徽省科学技术协会

**服务经济社会发展**　2013年，集中围绕科普产业发展的相关问题开展调研，与中共中央办公厅调研室共同对安徽省科普产业发展现状、存在的问题进行调查研究并提出对策建议，形成了《小投入大产出，利长运，助转型》和《安徽省发展科普产业见闻》两份调研报告，得到了中央领导和省领导的批示。组织省政协科协界委员开展科普产业调研，向全国政协提出《关于大力支持我国科普文化发展的提案》，国家有关部委给予了答复，形成《安徽省科普产业发展调研报告》，提出《关于设立科普文化产业研发专项经费的建议》。开展促进科普产业园发展的协同创新机制研究，入选省软科学研究计划。针对科普产业发展中的重大问题，开展"科普云"预研究、面向社区科普之家的运营及数字交互系统集成管理平台研究等5个专题研究。

实施安徽省科普惠农兴村"百万工程"。依托安徽农业大学、各级科协和农技协及农村科普示范基地，全年省本级共举办各类农技协骨干培训班18期，培训学员3000余人次；推广农业实用技术25项，受益农民近万户。完成全国基层科普行动计划项目评审推荐工作，安徽省共有27个农技协、11个农村科普示范基地、17名农村科普带头人和19个社区获得中国科协和财政部表彰。

实施"5612"工程。"5612"工程旨在动员广大科技人员服务企业，内容包括搭建"海智计划"、"金桥工程"、"厂会协作"、"院士专家服务中心"、"企业创新方法培训"5大服务平台；大力开展智力引进、成果转化、科技咨询、技术培训、技术诊断、项目对接6项重点工作；争取用3年时间完成1000个科技项目的链式服务；重点为200家骨干企业做好技术创新、产品升级、人才培训工作。对10个市、5个省级学会服务的20多家企业进行实地调研，对12个工作成绩突出的单位和16个优秀项目进行了表彰奖励。2013年，安徽省科协系统共组织动员近8000名科技工作者，深入到2000多家企业，开展各种形式的科技服务1500多项。

实施海智计划。2013年，新设立中国科协海智计划安徽（马鞍山）、（滁州）两个工作基地；邀请安徽省有关园区、企业开展海智项目洽谈活动 12 场，引进电子信息、生物医药、现代农业、生态环保等高新技术领域项目 14 个；发挥安徽省海智专家科技创新协会作用，举办海智工作座谈会、海智计划服务海外校友恳谈会等，探索“以老带新”的人才引进模式，引进 15 名海外高层次人才（其中中组部“千人计划”专家 1 人），与 3 个海外科技社团建立联系渠道。截至 2013 年底，累计引进 61 个海智高科技项目和 65 名海外高层次人才（其中“千人计划”专家 4 人），与 87 个海外科技社团建立了联系渠道，1038 名海外科技人才进入人才库，在美国、英国，以及我国台湾地区等地建立海外引智中心 8 个，举办规模性、专题性对接活动 80 余场，相关合作单位利用“海智计划”平台间接引进高科技项目 100 余项。

**《科学素质纲要》实施及科普工作** 2013 年，省科协履行纲要办职责，促成安徽省政府与中国科协签订《落实全民科学素质行动计划纲要共建协议》。先后组织召开全省科普工作座谈会和省全民科学素质工作领导小组第六次会议，对 2013 年纲要工作进行部署安排。组织开展全民科学素质纲要实施“十二五”中期评估工作，形成评估报告上报中国科协。

组织举办安徽省青少年科技创新大赛等青少年科技竞赛活动。开展流动科技馆巡展活动，由中国科协提供的 4 套流动科技馆展品在 16 个县进行展出，以中小学生为主体的观众达 60 多万人次。继续与省九三学社共同开展“百名专家乡村学堂讲科普”活动，组织 105 位专家深入全省 16 个省辖市，开展科普讲座、科普活动 120 余场次，受益学生达 3.5 万余人次。在《安徽科技报》开辟了“百名医学专家讲科普”专版，向公众普及医学健康方面的科普知识，编辑出版《百名医学专家讲科普（续集）》。

实施安徽省社区科普益民“三个五”工程，奖补 10 个表现突出的全国科普示范社区。开展全国科普示范县（市、区）中期评估工作，对全省 40 个示范县（市、区）发挥作用情况进行评估总结。命名芜湖市三山区和临泉县为省级科普示范县，批准芜湖县创建省级科普示范县。

联合中国科技大学、中国科学院、中国科学技术出版社、安徽大学、科大讯飞股份有限公司等单位，共同筹建“科普云”。

承办首届全国大学生科普作品创作大赛华东赛区有关工作，组织华东地区 343 所高校的 3082 名学生参赛，提交各类科普作品 3984 件，获得各类奖项 38 项，其中优秀科普作品一等奖 4 项，二等奖 2 项，三等奖 6 项，优秀奖 21 项，优秀组织奖 5 项。筹办第四届安徽省百所高校百万大学生创意创新大赛，86 所高校的 10966 名大学生报名参赛，提交各类科普作品 6986 件，评出各类奖项 344 项。设立了“科普产业发展专项资金”，开展省级科普示范团队、示范平台创建活动，以项目带动的形式支持科普产业发展。国家发改委批复同意安徽省科普产品工程研究中心为“科普产品国家地方联合工程研究中心”。

**学术交流** 以安徽博士科技论坛和安徽省科协年会为重点，以各省级学会、市县科协自主开展学术活动为支撑，安徽省各级科协和学会共举办国内学术会议近 900 个、国际及与港澳台地区双边或多边学术会议 15 个，参加人员约 10 万人次，交流学术论文 1 万余篇。

8 月 22 日，第三届皖台科技论坛在安徽省黄山市举办。皖台两地的 200 余名专家、学者围绕“区域科技经济合作与发展”主题交流研讨，台湾地区有 35 家科技单位、17 家企业的 75 名代表出席本次论坛。设置了休闲旅游、生态环保、信息技术、科技传播、管理科学 5 个学术分论坛，共征集来自海峡两岸的学术论文 156 篇，并编辑了专题论文集。

**服务科技工作者** 对 20 名第十四届“安徽青年科技奖”获奖者进行表彰奖励，组织开展了第十五届“安徽青年科技奖”的推荐评选表彰工作和第十三届中国青年科技奖候选人推荐工作。

组织开展了“党的群众组织在新形势下如何贯彻落实党的群众路线”大讨论和“三个‘一百’”集中调研走访活动，建立联系点制度，省科协党组成员、机关各部室及直属单位分别把企业科协、农技协、民营科技企业、学会、新农村建设示范村等 16 家基层单位作为活动的联系点，处级以上党员干部分别把 22 名科技工作者作为联系对象，广泛征求意见建议。据统计，省科协共向 156 个省级学会、120 多个市县科协、102 个农技协、150 名科技工作者及省直有关单位发出征求意见函 600 余份。召开征求意见座谈会 25 场次，累计 700 余名科技、科协工作者参加，征求各类意见建议 600 余条。

组织全省 23 家调查站点对 1200 位科技工作者进行了调查，与合肥市科协合作，开展了科技人力资源与产业发展匹配度研究。

**自身建设** 学习贯彻党的十八大精神，结合科协工作实际研究制定了《安徽省科协深入开展党的群众路线教育实践活动实施方案》，成立活动领导小组及办公室，召开了活动动员大会。

围绕科协自身发展，开展基于登记制度改革下的科技类社团运行模式研究。

启动实施“安徽省科协学会能力提升计划”，以

"5612"工程、科技服务站、科技专家联系制度、优秀科技工作者建议评选、学会学术创新项目、科普活动创新项目和综合示范学会评选7项重点工作为支撑，提升学会服务创新能力、服务党委和政府能力、服务会员能力及自主发展能力，加大分类指导和集中指导力度，联合省民政厅开展了省级学会评估定级活动；根据学科和学会特点，推动建立学会群（组）；培育学会品牌，突出学会特色，探索"一会一品"发展模式；与安徽中医药大学签订学会共建协议，集成业务主管部门和挂靠单位的资源，探索建立学会共建机制。

11月20日，安徽省科协八届七次全委会议在合肥市召开。

12月28～29日，安徽省科协第九次代表大会在合肥市召开。安徽省委书记、省人大常委会主任张宝顺，中国科协副主席、书记处书记陈章良出席开幕式并讲话。

**【安徽省科协第九次代表大会】** 2013年12月28～29日，安徽省科协第九次代表大会在合肥市召开。安徽省委书记、省人大常委会主任张宝顺，中国科协副主席、书记处书记陈章良出席开幕式并讲话。安徽省委副书记、省长王学军及安徽省党政军有关负责同志出席大会开幕式。安徽省科协主席韩先聪代表第八届委员会作工作报告。

张宝顺代表安徽省委省政府向省科协第九次代表大会的召开表示祝贺。他对安徽省科协所做的工作给予肯定，对全省广大科技工作者提出希望：一是要争当自主创新的实践者，为建设创新型安徽做出新贡献；二是要争当改革发展的推动者，为深化科技体制改革做出新贡献；三是要争当创新文化的弘扬者，为提高全民科学素质做出新贡献；四是要争当科学精神的传承者，为构建社会主义核心价值体系做出新贡献。

张宝顺强调，安徽省各级党委政府要进一步加强和改进对科协工作的领导，支持科协组织依照法律和章程独立自主地开展工作，重视发挥科协组织在服务科学决策、推动科技创新、促进人才成长等方面的重要作用，重视和加强科技人才队伍建设，努力为科协开展工作创造良好环境和条件。

陈章良代表中国科协向安徽省科协第九次代表大会的召开表示祝贺。他表示，近年来，安徽省科协工作在创新中不断发展，在发展中不断创新，全省各级科协组织团结带领广大科技工作者，认真履行"三服务一加强"工作职能，做了大量卓有成效的工作。

陈章良对安徽省科协工作提出了五点希望：一是以伟大的中国梦凝聚智慧力量，充分调动科技工作者建设中国特色社会主义的积极性主动性；二是积极参与国家创新体系建设，努力在实施创新驱动发展战略中做出新贡献；三是肩负起提高全民科学素质的崇高使命，努力为建设创新型国家筑牢基础；四是着力促进人才成长提高，推动形成各类创新人才竞相涌现的生动局面；五是努力建好科技工作者之家、广交科技工作者之友。

开幕式上，中国工程院院士袁亮代表科学家，安徽省妇联主席黄红代表群众团体分别致贺辞。安徽省科协九大代表、特邀代表，省直有关单位主要负责人，各设区市分管科协工作的负责人，省级学会、高校和园区科协秘书长，省科协机关部室和直属单位干部职工等800余人参加大会。

大会选举产生了安徽省科协第九届委员会。

**【第三届皖台科技论坛】** 8月22日，由安徽省科协、安徽省台办、黄山市政府和台湾地区科技产业协会、台湾铭传大学、台湾地区"中华公共事务管理学会"等单位共同主办的第三届皖台科技论坛在安徽省黄山市举办。来自安徽省和台湾地区的200余名专家、学者围绕"区域科技经济合作与发展"主题进行了交流与研讨。

会议组织了黄山市50家企业与参会的台湾地区代表进行交流与对接，共签订各类投资、合作协议16项，总投资额7.05亿元。共有来自台湾地区"中华海峡两岸产业资讯化合作促进会"、台湾地区电机电子工业同业公会等18家单位，台湾铭传大学、台北教育大学、昆山科技大学等17所高校和台塑、资拓宏宇等17家企业的75名台湾地区代表出席本次论坛活动。

双方约定，第四届皖台科技论坛将于2014年在台湾昆山科技大学举办。

（撰稿人：陈克猛）

## 福建省科学技术协会

**服务经济社会发展** 2013年，省科协整理提交福建省政协提案41项，发布20个福建省自然学科研究报告；举办学术沙龙2场，组织专家、学者、企业家建言献策，形成专题报告2个报送省委、省政府；组织有关省级学会、高校科协、设区市科协，完成22个重点课题和37个一般课题研究。省委《八闽快讯》、省政府《今日要讯》刊载科协信息31篇。

开展基层科普行动。2013年，福建省43个农技协、10个农村科普示范基地、14个社区和15名农村科普带头人获中国科协、财政部2013年基层科普活动计划先进单位和个人联合表彰。省科协联合省财政厅表彰30个农技协、24个农村科普示范基地、30个社区和25名农村科普带头人，下达奖补资金470万元。对33个县（市、区）的科普惠农服务总站建设给予经费补助。

开展先进实用技术培训。省农函大积极开展农业“五新”技术培训，举办培训班1578个班次，发放教材52380册，培训农民4.9万人次。开设重点班198个，培训农民技术员8514人、大学生村官90人。面向22个水土保持重点县开设培训班39个。《无公害乌龙茶生产技术手册》被评为中国农函大优秀乡土科普教材。10个农函大分校、30名先进工作者获得中国科协农村专业技术服务中心表彰。

引进专家智力资源。省科协邀请55位院士、67位专家参加福建省委、福建省政府组织的第十一届中国海峡项目成果交易会（简称“6.18”）院士项目签约仪式。全年邀请院士157人次、专家585人次来福建，对接院士专家项目25项。承办中国科学院科学论坛、中国工程院工程论坛各2场，开展“院士八闽行”、“航天院士八闽行”、“纺织院士长乐行”、“纺织·食品·环保院士泉州行”等活动12场，举办院士专家科普讲座、学术报告59场。推荐5名院士被各地政府聘请为科技顾问。积极推进院士专家工作站建设，与省直有关部门联合，授牌省级院士专家工作站31家。截至2013年底，省级院士专家工作站达95家，进站院士98名、专家414名，开展合作项目176项，总投资32.7亿元。开展“讲理想、比贡献”活动，7.3万人次科技工作者参加，立项4134项，采纳合理化建议5019条，开展技术咨询、技术转让、技术开发、技术服务活动845项。省科协“海智”工作入选中国科协联系服务群众先进典型案例。

**《科学素质纲要》实施及科普工作** 省政府与中国科协签署了《落实全民科学素质行动计划纲要共建协议》，明确到2015年福建省公民具备基本科学素质比例超过6%的目标。省委书记尤权、省长苏树林与时任中国科协党组书记陈希出席签署仪式。与福州、漳州、三明、莆田、龙岩、宁德等设区市政府就签署共建协议开展了前期准备工作。全省《科学素质纲要》“十二五”中期实施工作通过国家评估检查组的评估检查，并得到肯定。

开展主题科普活动。9月14日，省科协主办以“保护生态环境，建设美丽福建”为主题的福建省“全国科普日”活动，启动仪式在福建师范大学举行。活动期间，举办了环保时装秀表演、厨余废弃物沤肥用于家庭果蔬种植项目展示、自然步道体验等多种形式的科普宣传活动，组织编印了《衣食住行与生态文明》科普教育丛书10000册，下发至全省各级科协，以配合科普日宣传活动。省全民科学素质工作领导小组成员单位的领导和代表、各界专家、科技工作者、高校师生代表以及社区居民等2000多人参加了启动仪式。省科协获得中国科协授予的“全国科普日”活动优秀组织奖。

全省各地开展重点科普活动400多项，参与群众120多万人次。省科协参与组织科技·人才周、科技文化卫生“三下乡”、防灾减灾日等活动。实施“万名科技人员服务百万公众行动”，省级学会全年组织1.6万余名科技人员，开展科普活动1800多场，科普受众129万人次。面向青少年、社区居民等群体，举办海西科普大讲坛54场，受众1万多人次。围绕“节约粮食，从我做起”主题，组织开展青少年科学调查体验活动，2万多名学生提交数据。出版发行农村和城市科普挂图45万多张，印发《衣食住行与生态文明》科普教育丛书1万册。编制出版《福建科普资源共建共享发展报告（2012）》。引进大型系列科普讲坛类电视节目《科普新说》在25个县级电视台播出。推动科普宣传职能整合纳入农村“六大员”队伍统一管理，承担并完成中国科协“科普员队伍建设研究”课题。福州市科普志愿者服务总队被评为“福建省学雷锋优秀志愿服务组织”，福建省科技馆的科普助学志愿服务项目被评为“福建省优秀志愿服务项目”。

加强科普设施建设。福建全省新启动或在建的科技馆、科普专业馆15个，新建社区青少年科学工作室23个，截至2013年底，全省已建设132个。福建省科技馆新馆占地7.27公顷，建筑规模9万多平方米，总投资约15亿元。福州市政府大力支持新馆建设，配套建设4000亩湿地生态科普园。积极推进福建数字科技馆、福建数字科普教育基地、科普网络书屋、电子科普画廊等设施建设。福建数字科技馆2013年点击量101万次，累计总点击量超过230万次，2013年被中国科技馆评为2012年度中国数字科技馆优秀二级子站点称号。省科协、省财政厅投入专项资金1436万，扶持各地科普场馆添置更新展项展品，在福州、泉州、漳州、三明等设区市12个山区县开展流动科技馆巡展，受益公众19万余人次。

在漳州市举办了第28届全省青少年科技创新大赛，在福州市举办了第11届全省青少年机器人竞赛、全省五项学科奥赛等活动，参与青少年48万人次。实施青少年科技创新拔尖人才培养计划，遴选36名优秀中学生到厦门大学与科学家共同开展为期一年的科研实践。

省科协牵头海峡两岸有关单位在台湾地区举办第十二届海峡两岸大学生辩论赛，两岸各8支高校代表队参赛。

**学术交流** 举办第十三届福建省科协学术年会主会场，邀请国家海洋局原局长孙志辉，中国科学院院士、国家自然基金委副主任姚建年、国际食品科技联盟主席饶平凡作专题报告。年会期间，举行6个院士项目、海智项目签约仪式，举办区域经济发展座谈会、海峡两岸专家报告会、科普广场等活动。年会在全省各地设立分会场55个，8000多名科技工作者参加，提交学术论文3000多篇。

承办主题为“创新驱动与协同发展”第五届海峡科技专家论坛主会场及12个分会场活动，20多个省、自治区、直辖市的1300多名代表和430名台湾地区代表参加，提交论文500多篇，签约合作项目20项。组织5个省、自治区、直辖市的51名专家、学者到台湾地区，与100多名台湾地区专家、学者和青年学生，共同参加第六届海峡两岸科普论坛。在厦门市举办主题园区·伙伴创新——两岸科技产业园协同创新与发展第十二届海峡两岸科技与经济论坛，130多位两岸科技专家、企业家参加交流，提交论文46篇。

**服务科技工作者** 争取省委、省政府和省直有关部门支持，将“福建青年科技奖”、“福建省优秀科技工作者”列入福建省评选表彰保留项目。评选表彰第十二届福建青年科技奖获得者30名。评选表彰第二十届福建运盛青年科技奖获奖者10名、第五届紫金创新科技奖10名。

配合中国科协对福建省科技工作者状况进行调查，发放并收回问卷700多份。组织福建省科技工作者状况调查，发放调查问卷2200多份，完成《福建省科技工作者状况调查报告（2008—2012）》。

11月15日，承办中国科协主办的“弘扬科学道德践行‘三个倡导’奋力实现中国梦”报告会。钱学森之子钱永刚，特级航天员、中国载人航天工程办公室副主任杨利伟，中国工程院院士、中华预防医学会会长王陇德分别作题为《钱学森的科学报国精神》、《伟大的祖国伟大的梦想》、《严谨求实，提炼关键；服务民生，科学报国——为国民健康而探索》的主题报告。

**自身建设** 省科协开展群众路线教育实践活动，先后召开党组中心组学习会7次，组织专题讨论及辅导报告10次，召开座谈会37场，走访调研市、县（区）基层单位52个，发放征求意见函770份。广泛听取基层科协和科技工作者的意见建议。聚焦“四风”问题，征集意见建议328条，召开开放式专题民主生活会，研究整改方案。省科协开展教育实践活动的做法和成效得到省委和中央督导检查组的肯定。省委活动办简报、福建日报、福建电视台、《八闽快讯》等，专题报道了省科协“坚持开门搞活动”的做法。

开展文明单位和党建先进单位创建工作。落实“1263”党建工作机制和创先争优长效机制，与中国科协机关党委联合举办学会党建专栏，组织汇编学会党建论文集。组织开展基层农技协党组织工作调研，完成《福建省农村专业技术协会党组织建设工作调查分析报告》。与省直有关部门联合印发《关于加强新时期企业科协建设的意见》、《关于加强全省农村专业技术协会组织建设的意见》。召开贯彻落实中央、省委部署专题会议18场，举办专题培班3期。新成立市、县农技协338个，农技协发展至2708个。加强“科技工作者之家”建设，全年走访慰问院士521人次、专家56人次，组织科协“委员之家”活动2次。

6月25～26日，在福州市召开了福建省科协第八次代表大会。

**地市县及基层科协组织** 各地科协配置科普大篷车达10辆，年接待公众15万人次。

三明市科协为市政府与清华大学签订战略合作协议牵线搭桥，促成海智项目签约6项。特聘的“海智”陈忠苏博士入选福建省第三批百人计划，并与福州市软件园签约云计算合作项目。促成新西兰科学家高益槐创办的安发公司与中国科学院院士谢联辉的创新团队合作，签约生物病虫害防治等合作项目。

泉州市科协引导推动文创科技股份有限公司设立“文创科技创新奖”，每年出资10万元奖励10名优秀科技工作者，连续奖励10年；引导泉州贤銮福利基金会设立“泉州市青少年贤銮科技奖”，每年出资5万元奖励50个优秀学生科技创新项目、5名优秀科技辅导员和2个优秀科技教育学校。泉州市科技副校长选派制度被《福建日报》头版报道。2013年，新组建学校科协39家，新选派38名校外兼职科技副校长。泉州市委、市政府出台《关于进一步加强和改进新时期科协工作的实施意见》，是全省首例。泉州市科协联合市委组织部出台《关于加强以党的建设带动科协建设的实施意见》。承办“第十三届院士专家八闽行——纺织·食品·环保院士泉州行”活动。泉州院士专家工作站建设被纳入全市“海纳百川”人才计划。

莆田市科协、莆田市教育局、莆田市科技局联合出台了《关于进一步加强中小学科技教育工作的意见》，对青少年科技辅导员待遇作出明确规定，并打造莆田市科协北京分会品牌。莆田市科协在全省首次组织科研项目验收活动。建筑面积3.4万平方米的莆田市科技馆完成主体建筑工程。

**省级学会、企业科协** 2013年，新成立省初等数学学会和省刑事科学技术学会2个省级学会，全省学会发展至2246个，新成立企业科协308家，企业科协发展至2289个。

全年省级学会组织各类学术交流活动745次，9万多名科技人员参与，提交学术论文23573篇；为提升省级学会服务的能力，承接政府转移职能，组织召开专题研讨会3次。省医学会等30个省级学会，根据专业特长和资源优势，承担政府和社会职能78项。省水产学会接受省海洋渔业厅委托，参与对全省30多项重点项目评估论证、65个项目验收和成果鉴定。省能源研究会为省石化集团、地方政府提供能源项目咨询。制定2013省级学会能力提升计划，完成18个省级学会、基金会换届批复。省级学会新成立20个分支机构，变更25个分支机构。部分省级学会设立学会科技奖，表彰奖励科技工作者915人次。

**【福建省科协第八次代表大会】** 6月25日，福建省科协第八次代表大会在福州市开幕。时任中国科协书记处第一书记，中共福建省委书记、省人大常委会主任尤权出席开幕式并讲话。福建省委副书记、省长苏树林，省委常委、宣传部部长袁荣祥，省委常委、福州市委书记杨岳，省委常委、教育工委书记陈桦，省委常委、组织部部长姜信治，省委常委、秘书长叶双瑜，省委常委、政法委书记苏增添，省人大党组书记、副主任徐谦，省人大副主任刘群英，省政府副省长洪捷序，省政协副主席郑兰荪、陈绍军出席大会开幕式。福建省科协七届委员会主席吴新涛主持开幕式，并代表七届委员会作工作报告。

尤权在讲话中希望全省科技工作者紧紧围绕福建发展大局，找准工作切入点、结合点、着力点，瞄准经济社会发展的关键领域，在打好“五大战役”、平潭开放开发、生态省建设、海洋经济发展等重点工作中发挥更大作用。希望全省科技工作者把普及科学知识，提高全民科学素质作为重要的社会责任，到基层、到群众中去，特别是到学校、到农村去，广泛宣传和普及科技知识，大力弘扬科学精神和创新文化，推动全社会形成讲科学、爱科学、学科学、用科学的良好风尚，激发全民创新热情和创造活力。希望全省科技工作者着眼于科技事业长远发展，努力培育造就一支规模宏大、结构优化、布局合理、素质优良的科技人才队伍。希望全省科技工作者自觉加强道德修养，努力形成优良学风，树立和保持科技工作者的良好形象。

开幕式上，福建省总工会党组书记陈震代表人民团体向大会致贺词。来自全省的科协八大代表、列席代表、特邀代表，以及省直有关单位主要负责人、各设区市分管科协工作的领导，省级学会、高校科协秘书长，省科协机关部室和直属单位干部、职工约900人参加开幕式。

**【福建省科协第13届学术年会】** 9月25日，由省科协与泉州市政府联合举办的省科协第13届学术年会主会场在泉州市举行，会议由省政协副主席、省科协主席、中国科学院院士郑兰荪主持，大会邀请国家海洋局原局长、党组书记孙志辉，国家自然基金委副主任、中国科学院院士姚建年，国际食品科技联盟主席饶平凡作专题报告，省委常委、省委教育工委书记陈桦出席会议并讲话。

会上表彰了第九届福建省科技工作者优秀建议奖和第五届紫金科技奖获奖者，并进行了“纳米光子学测试仪的加工及产业化示范”等3个院士项目及“电热烧瓷窑炉节能改造项目”等3个海智（台湾地区）合作项目的签约仪式。省科协党组成员、副主席吴瑞建为中国科协海智计划福建工作基地泉州工作站授牌。来自省级学会、泉州市直有关部门及学会的300多位科技工作者出席大会。

（撰稿人：邱雪如）

## 江西省科学技术协会

**服务经济社会发展** 2013年，省科协实施决策咨询课题10项，形成决策咨询专报9期，获得8位省领导12次重要批示，其中，省委书记3次，省长2次。再次在中国科协国家级科技思想库建设试点工作考核中被评为A类。

实施“科普惠农兴村计划”，全省共有35个农村专业技术协会、26个农村科普示范基地、33个科普示范社区和13位农村科普带头人获得国家和省财政的奖补表彰，奖补金额达1785万元。首度实施省级“社区科普益民计划”，奖补金额达640万元。

开展“讲、比”活动，共有参加企业83家，科技工作者约4.6万人次，活动立项约2000项，提合理化建议约3000条，被采纳建议约2000条。全年新批复建立10家省级院士工作站，新引进院士21名，签订合作项目34项；指导和帮助新建立市级院士工作站2家；新建企业科协15家；举办技术创新方法培训5次，参与的企业科技工作者达2000余人；完成技术合同认定登记项目192项，合同总额1900万元。

**《科学素质纲要》实施及科普工作** 举办主题科普活动32次，受众人数44.2万人；举办青少年科技竞赛17次，参赛人数30多万人，获奖人数1500人。举办科技培训4304次，参与科技工作者4118人，受众人数352289人。编写科普期刊2种，共3万册；科普挂图9种，1.6万册。命名了12个创建村为省级“党员科普致富示范村”；命名27个单位为江西省科普教育基地。命名45个精品农技协、52个优秀科普示范基地和46个优秀科普示范社区。科普大篷车行程5000多公里，展出科普展板挂图300多块，开展活动12次，受益公众5万人次。“中国流动科技馆”项目在新干、会昌等10个县市巡展，累计接待参观人数达40万人次。全省各级农函大共举办各类培训班4300余班次，培训学员35.2万人次，培训人数比去年增加6.8万人次。

**学术交流** 2013年共举办学术会议28次，参加人数2140人次，其中国际学术会议1次，参加的境外专家学者50人，交流学术论文300篇。举办各类学术活动600多次，邀请60多位院士和国内外知名专家来赣讲学、技术指导、开展科技合作，参加人数逾万人。举办"江西科协学术沙龙"24期，为县域经济和产业发展把脉问诊、献计献策。与省委组织部联合开展资助优秀中青年科技工作者赴国（境）外开展科技交流的"远航工程"。2013年安排300万元资助44人，资助金额和人数比2012年增加1倍以上。

**服务科技工作者** 2013年，省科协共表彰奖励科技工作者17人，其中女性科技工作者5人，40岁以下青年工作者1人。全省设立了30个科技工作者状况调查站点，完成了中国科协第三次全国科技工作者状况调查工作。向《江西日报》等新闻媒体推荐宣传获得中国科协求是杰出青年成果转化奖等荣誉的优秀科技人物。全年出版12期《江西科协》，开设"科坛精英"、"青年才俊　创新先锋"等栏目，共宣传优秀科技人物20多人。

**地市县及基层科协组织** 截至2013年底，全省共有11个区市科协，100个县（市、区、局）科协，农村、企业、院校、街道社区科协等2300余个。

2013年，南昌市科协在企业深入开展以群众性技术创新活动为主要内容的"讲理想、比贡献"活动。全市共有近万名科技人员参加"讲、比"竞赛活动，为企业提合理化建议1000余条，立技术项目300多项。九江市科协在全市共建立院士工作站7家，共柔性引进中国科学院院士戴立信和中国工程院院士沈德忠等8名院士及其科研团队入站。吉安市科协在吉安电视台继续开办《科普大篷车》电视科普栏目，每周播出六次，覆盖全市城乡。

**省级学会、企业科协、高校科协** 截至2013年底，江西省共有省级学会（协会、研究会）123个，会员38万余人。2013年，省级学会开展学术交流活动600多次，邀请60多位院士和国内外知名专家来赣讲学、技术指导、开展科技合作。

企业科协共有83个，会员36300人。全年新建立国家级园区科协9家、省级园区科协11家、企业科协15家。

高校科协共有8个，会员2480人。2013年新成立新余学院、江西理工大学、宜春学院科协等3个高校科协。

**【科普服务重大工程项目建设工作典型引起国务院领导高度重视】** 2013年，九江石化企业用科普手段服务重大工程项目建设的经验得到中国科协领导的重视，中国科协党组成员、书记处书记徐延豪带队深入九江石化调研，形成的调查报告报送了国务院。刘延东副总理在报告上作了批示，对用科普手段化解重大工程项目建设困难给予充分肯定，李克强、张高丽、马凯、杨晶等国务院领导同志在报告上分别圈阅。

**【江西省委书记强卫对江西省地质学会科技建议作出重要批示】** 9月中旬，江西省地质学会理事长胡宪等五人组成调研组赴青海学习考察青海近年来地质找矿所取得的成功经验，特别是在矿业权配置、技术与资金、资本相结合找矿新机制的成功做法。调研组根据学习考察成果，对江西在构建矿产资源配置与产业发展结合、技术与资金资本相结合找矿新机制等方面提出了四条意见建议：一是进一步加强领导，完善决策机构；二是进一步完善制度保障，细化配套政策；三是进一步加大资金投入，建立融资平台；四是进一步创新管理模式，规范高效运作。江西省委书记强卫对《江西省地质学会赴青海学习考察地质找矿新机制调研报告》作出重要批示："这份专题调研报告概括了青海地勘和资源配置的经验作法，可以此为参照，对我省相关工作进行一次审视、取长补短，以提升我省地勘和资源配置管理工作水平"。江西省省长鹿心社、副省长李贻煌也作出批示。

**【第十届全国"三核"论坛暨江西省核学术年会】** 11月8日，"第十届全国'三核'论坛暨江西省核学术年会"在江西省南昌市举行。中国工程院院士、中国核学会理事长李冠兴，中国工程院院士、中国核工业集团公司科学技术委员会副主任叶奇蓁出席开幕式。李冠兴致开幕辞，江西省科协副主席梁纯平出席并讲话。来自全国各地核科技专家和论文作者230多人参加论坛。

本届论坛暨江西省核学术年会，由中国核学会和江西省科协联合主办、江西省核学会和东华理工大学联合承办、全国21个省级核学会联合协办。论坛的主题为：加快发展我国的核科技、核应用、核经济。李冠兴作了题为《确保安全加强沟通　积极推进内陆核电的建设》的大会主旨报告；叶奇蓁作了题为《多用途模块式小型反应堆的开发与应用》的核前沿技术报告。

本届论坛共征集论文168篇，112篇论文入编《第十届全国"三核"论坛论文选集》，并评选12篇论文在大会上交流。部分优秀论文已分别推荐到《东华理工学报》、《过滤与分离》等公开发行的涉核期刊上发表。

**【第13届世界芦笋大会暨南昌国际芦笋产业展览会】** 10月16～18日，由国际园艺学会、江西省人民政府、中国农业科学院、中国园艺学会主办，江西省农业科学院、江西省科学技术协会等单位承办的第13届世界芦笋大会暨南昌国际芦笋产业展览会在江西省南昌市举办。农业部副部长、中国农科院院长李家洋，国际园艺学会蔬菜专业主席希尔瓦纳·尼古拉，江西省政协副主席、省科协主席李华栋等出席大会开幕式。

本届芦笋大会由我国首次承办，来自美国、秘鲁、德国、日本、澳大利亚等20个国家和地区的专家学者50余名，以及来自北京、山西、浙江、云南等省市区的代表共300余人参加。在3天的展会期间，进行芦笋产业相关产品展览、学术交流、参观有机芦笋基地等系列活动。

**【“百场科普报告进社区”】** 8～9月，江西省科协在全省范围开展了“科学，让生活更美好——百场科普报告进社区”活动，旨在进一步创新社区科普工作方式，构建科普工作融入社会建设、社区管理的新平台，把优质的科普服务送到社区的千家万户。

围绕“节约能源资源，保护生态环境，保障安全健康，促进创新创造”的主题，省科协在全省11个设区市的100个县（市、区）开展了107场科普报告，现场听取报告的社区居民达15000余人次。南昌市青云谱区在玉河社区举办了夏季疾病的防治科普报告，九江市面向青少年举办了防震减灾科普报告会，景德镇市珠山区为社区居民开展了消防安全知识科普报告会，萍乡市上栗县开展了疾病预防控制科普讲座，新余市面向中老年人开展了中医传统养生讲座，鹰潭贵溪市开展了卫生保健主题报告，赣州市信丰县开展了环保安全知识科普报告，宜春市面向1300余名机关干部和社区居民开展了中医体质与养生报告会，上饶市开展了家庭急救科普知识科普报告，吉安井冈山市开展了以加强锻炼、合理饮食、拒绝毒品、珍爱生命为主题的科普讲座，抚州市开展了食品安全知识讲座等。

**【“全国百名科技专家和致富能手赣南苏区行”科技下乡活动】** 3月29～31日，由中国科协农村专业技术服务中心，江西省科协，赣州市委、市政府主办的“全国百名科技专家和致富能手赣南苏区行”科技下乡活动在江西省赣州市举行。中国科协党组成员、书记处书记徐延豪宣布活动启动并讲话。江西省政协副主席、江西省科协主席李华栋，赣州市委副书记王少玄出席启动仪式并讲话。

活动期间，来自全国7个省的“全国百名科技专家和致富能手”分成8个科技服务团，深入兴国县、瑞金市、于都县、章贡区、南康市等11县（市、区）生产第一线，在农业主导产业园区、农技协会、农村科普基地和农户家中，重点围绕特色优势产业，通过科技讲座、技术培训、现场指导、经验介绍等方式，为广大农民开展农业和教育等方面的讲座、咨询、培训和服务。活动期间，赣州市科协和江苏泰州市科协、兴国县科协和江苏靖江市科协分别进行对接帮扶活动。

（撰稿人：刘　平　刘海平）

## 山东省科学技术协会

**服务经济社会发展** 2013年，省科协围绕创新驱动发展战略实施，以服务企业技术创新为重点，加强企业科协建设。广泛开展“百名专家企业行”、“讲理想、比贡献”等活动，组织院士专家为企业技术创新服务。在莱芜举行的“百名专家企业行”活动中，25名院士专家与24家企业建立合作关系。全省建成院士专家工作站41个、院士专家服务中心3个。大力推进科技思想库建设，成立了144名院士专家组成的决策咨询专家团和6个省级科技思想库建设试点单位；开展了《我省海洋科技人才优势转化为发展优势的对策研究》等8项课题调研，形成了一批决策咨询成果。继续推进“院士建议直通车”制度建设，向38位驻鲁院士征集科技建议，多期《科技工作者建议》得到省领导的肯定和重视。同时，编发了《2012—2013山东省行业科技发展报告》，推动学科和行业发展。

**《科学素质纲要》实施及科普工作** 扎实推进科学素质纲要实施。以省政府办公厅名义下发了“十二五”期间《科学素质纲要实施方案》，省政府与各市签订了《共建协议》，建立了科学素质工作监测评估制度，全省17个市及138个县（市、区）成立了科学素质工作领导小组及办公室。着力提高基层科普服务能力，深入开展全国科普日、科技下乡等群众性科普活动；继续开展“基层科普行动计划”，在坚持公开、公平、公正原则，突出质量、普惠前提下，将项目实施与调动地方积极性结合起来，将30%的国家级项目拿出来与各地奖补政策挂钩，构建全省上下合力推进基层科普能力建设的新机制。全省79个农技协、23个科普示范基地、27名先进个人、33个社区获国家级表彰，18个农技协、6个科普示范基地、14名先进个人、20个社区获省级表彰，合计奖补资金达到3207万元，比2012年增加142万元。有14个市落实奖补政策，配套奖补资金达到697万，分别较2012年增加2个和128万元。截至2013年底，全省共有82个县、502个农技协、191个基地、93个社区和251名个人，获国家级、省级表彰，奖补资金累计达到1.53亿元。继续与财政厅联合实施“科普双百工程”，新命名表彰了一批科普村村通百强乡镇、星级科普教育基地，加快了基层科普资源的整合。

按照省市两级建好用好高水平综合类科技馆和专业科技馆，县域实施流动科技馆巡展、乡镇社区及中心学校开展科普大篷车活动的思路，积极推进山东省科技馆新馆建设，确定了选址意向，对建设和投资规模进行了调研；与省财政厅、省教育厅联合启动了“县域流动科技馆”项目，计划每年投入1000万元，为全省17市配建流动科技馆展品，把科普教育资源送到群众身边，打造科普服务的民心工程。适应网络技术发展，推进数字科普平台建设，与财政厅联合实施“山东数字科普工程”，全年投入1150万元，建成省级科普资源播控中心和13个市级分发平台，在全省安装数字播放终端4000台。目前，山东省“数字科普工程”的经验被中国科协和财政部在全国推广。

**学术交流** 学术交流活动更加繁荣，举办学术活动606次，参会人员70964人，交流论文23040篇；其中国际会议36次，参会人员6888人，交流论文1687篇。山东省自动化学会“第五届控制科学与工程前沿论坛”吸引2名院士、40余位长江学者、百千人计划和国家杰出青年基金获得者参加会议。山东省自动化、汽车工程、机器人、制冷、医学、微量元素等学会举办大型科技会展10余个。

**服务科技工作者** 把科协人才工作融入人才强省工作大局，与省人才工作领导小组和17市科协签订了人才工作目标责任书；根据中国科协统一安排，组织山东省39个全国科技工作者状况调查站点认真开展中国科协组织开展的第三次全国科技工作状况调查。结合山东省情况，重点开展了省第二次科技工作者状况调查，深入了解掌握了科技工作者的状况和诉求，为决策提供依据，提高了服务科技工作者的针对性。着力优化人才成长环境，组织开展了第二届山东省十大名医、第五届山东省十大杰出工程师和第五届山东科普奖评选；与教育厅联合开展了科学道德和学风建设宣讲活动，举办了“弘扬科学道德　践行‘三个倡导’奋力实现中国梦”报告会，大力宣传优秀科技工作者先进事迹，在全社会营造“四个尊重”浓厚氛围。宣传举荐优秀科技人才。联合香港《大公报》推出了《齐鲁院士风采录》系列报道，首篇采访唐启升院士的报道《向海要粮乃利国良策》于2013年5月8日见报，山东省委对外宣传办公室和省府新闻办公室联合主办的《对外新闻报道信息》对此进行了专期报道。推荐选拔的青岛理工大学毕学军教授获得第十六届中国科协求是杰出青年成果转化奖。承办了中国科协2013年科技专家暑期考察活动。院士专家实地考察了科普示范基地和高新技术企业，围绕当地经济社会发展，积极开展建言献策活动。山东省科协第八次代表大会前，与山东省人力资源社会保障厅、山东省公务员局联合评选表彰了全省科协系统60个先进集体和80名先进工作者。

**自身建设** 扎实开展党的群众路线教育实践活动，坚决贯彻落实中央八项规定，已确定12个方面的整改内容，建立修订20项制度。先后出台《机关工作规则》等规章制度，通过学习培训，提高干部队伍政治素质，转变工作作风。召开了省科协工作理论务虚会，提出深化改革，整合资源、打造品牌、全面发展的思路，确定了今后五年围绕省委省政府重大战略部署，重点实施科学发展助力计划、自主创新能力推动计划、公民科学素质提升计划、科技人才成长服务计划和建家强会计划，全面增强科协组织发展与服务能力，开创科协事业发展新局面的思路。1月11日，经山东省机构编制委员会办公室批准，山东科技培训中心更名为山东省科学技术协会学会服务中心，经费来源为财政拨款；主要职责是联系省科协所属省级学会和学会会员，为学会开展学术交流、调研活动提供服务，建设管理学术交流和决策咨询资源共享平台，承担省科协有关组织培训任务。3月31日，山东省科协召开全体干部会议，宣布省委关于省科协领导同志调整决定：王春秋同志任省科协党组书记、提名为副主席候选人，燕翔同志任山东省林业厅党组书记、厅长，不再担任省科协党组书记、副主席职务。

把握政府职能转移的新形势和新机遇，着眼于建设“能负责、能问责”的科技社团，以学会能力建设作为重点，争取100万元财政资金，设立了省级学会能力提升专项，资助优秀科技社团、优秀科技期刊、重点学术活动项目发展。山东省科协开展了“省级学会承接社会职能”调研，据对63家省级学会的调查，40%的省级学会已承担143项职能，有60%的省级学会表示有能力承担政府职能。山东蜂业协会成立了山东省优质蜂产品推介中心，起草的《山东省蜂业发展规划（2013—2020年）》已获省政府发布实施，山东地质学会组织编写《山东省地质勘查技术要求与项目管理规程》涵盖地质工作主要领域和技术，山东机械工程学会成立了“中国机械工程学会技术资格认证中心山东省分中心”，山东电子学会等相关工作都受到广泛好评。省科协下发了《关于在机构改革和职能转变中进一步加强学会工作的通知》，举办了提升学会能力建设专题培训班，引导学会“强身健体”，为有序承接政府转移职能打好基础。

**【实施山东数字科普工程】** 2013年6月，省科协与省财政厅共同制定了《山东省数字科普工程（2013—2015）实施方案》，联合下发了实施《通知》，明确了工程建设的指导思想、目标任务、实施原则和保障措施等。工程实施的主要目的是，改善基层科普设施条件，建设新型科普传播体系，提升基层公共科普服务能力，为提高全省公众科学素质、建设经济文化强省服务。主要目标任务是，到“十二五”末，在全省城镇和乡村社区开放式服务场所、公众文化活动场所，交通医疗、购物旅游等人群集聚场所，安装数字播放终端1万台，建成省暨市级控制平台，数字科普节目资源时长达到20万分钟，建成基于互联网技术的新型数字科普传播体系，定时定向播放科普节目，实现科学传播的常态化。(重复)预计省级财政投入将达5000万元。工程实施将坚持关注民生、公平普惠，政府主导、共建共享，按照规范标准、确保安全，统一规划、稳步推进的原则进行。采取省级财政投入、市级筹措、终端安装接收单位自愿贡献、市场化运作相结合的方式，落实工程建设资金，确保工程顺利实施。2013年，工程建设完成了终端设备安装调试工作，总、分控中心建设、升级工程正在建设之中。与此同时，数字科普资源库建设、山东科普网、手机客户端科普软件开发也在有序推进。11月19日，山东省科协在济宁市召开了“山东省数字科普工程”工作推进会。

**【2013年省科协省级学会能力提升培训班】** 9月1～2日，2013年省科协省级学会能力提升培训班在济南市举行。省科协党组书记、副主席王春秋出席会议并讲话，中国科协学会学术部副部长宋军、刘兴平，调研宣传部副部长罗晖、省政府副秘书长兼参事室文史馆分党组书记张德宽等应邀为学员讲课，省科协副主席林兆谦、汤少泉，纪检组长赵宣生、副巡视员朱明分别主持了培训活动，省科协巡视员李云云做了总结讲话。近150名省级学会秘书长、市科协分管主席、学会部长等参加培训班，开展了学员上讲台等各项学习交流活动。

**【山东省委、省政府领导对省科协《科技工作者建议》作出批示】** 7月21日，省科协向省委报送了由山东汽车工程学会、山东汽车行业协会联合提出的《科技工作者建议——关于加快推进低速电动车分类管理的建议》。7月24日，省委副书记王军民专门致电山东汽车工程学会理事长魏学勤：“建议已看过，你们的工作做得很好，要继续引导企业提高产品质量，开拓国内外市场，把山东的低速电动车产业搞好”。建议提出，优先发展市场需求量大、技术适用性强的低速电动车更加符合我国国情。必须借鉴国外管理经验，尽快制定完善的标准、法规体系，按四轮摩托车实施分类管理，简化审批程序，明确准入条件，加快推进低速电动车健康有序发展。

8月8日，省委副书记、省长郭树清，省委常委、常务副省长孙伟对省科协报送的《科技工作者建议——需高度关注中小城镇强降水致灾问题》做出批示。郭树清在批示中指出，我省城镇防洪能力较为薄弱，关键是排水抗灾设施要统筹规划、系统配套，建议发改委、国土厅、住建厅、水利厅、气象局、地震局等部门研究，指定一个牵头单位负责。孙伟在批示中指出，建议请住建厅牵头，水利厅、发改委等有关部门全力配合，共同落实好树清省长指示精神。《建议》分析了近年来山东中小城镇强降水致灾的特点，《建议》指出，中小城镇基础防御设施简陋、建设规划不合理、气象监测预警能力不足、防灾信息共享不及时等是气象致灾严重的主要因素。《建议》就积极应对强降雨，确保中小城镇运行安全提出5个方面的意见。

10月30日，省政府副省长孙绍骋对《科技工作者建议——关于加快启动崂山申报国家地质公园的建议》作出批示，要求省国土资源厅有关领导关注此项工作。该《建议》由山东海岸工程学会提出。《建议》对崂山申报国家地质公园的条件提出意见：一是尽快启动国家地质公园和世界地质公园的申报工作。二是深度挖掘地质资源的景观和科学价值，提升科学内涵，从地质科学的角度了解崂山地貌的演变过程，提升景区科学内涵和文化品位。三是加强崂山古冰川遗迹等地质资源监管和保护，杜绝开山采石、沿海乱建养殖池、违法建筑等现象。

**【2013年山东省大学生科技节】** 4月23日，2013年山东省大学生科技节开幕式在山东协和学院开幕。山东省老领导、省科协名誉主席、省老科协会长陆懋曾，省科协党组书记、副主席王春秋，省教育厅副厅长、省广播电视大学党委书记郭建磊，省科协副主席汤少泉等领导以及师生代表，部分省直部门和各活动承办单位代表，新闻媒体记者共1800余人参加了开幕式。省科协巡视员李云云主持开幕式。郭建磊副厅长宣读了2013年山东省优秀大学生科技社团、科技社团干部表彰决定。山东师范大学科技协会等77个社团被评为“山东省优秀大学生科技社团”，山东大学数学建模俱乐部主席孔涛等78名社团干部被评为“山东省优秀大学生科技社团干部”。与会领导为获奖代表颁奖。本届科技节的主题是“提高综合素质　促进就业创业”，办了大学生动漫创作大赛、生物物理科技创新大赛、化学实验技能竞赛、科技外语大赛、建筑设计竞赛、服装设计大赛、营养健康菜厨艺大赛、创业计划竞赛等15项重点竞赛活动。开幕式后，山东师范大学首届教授委员会主任、博士生导师、物理化学博士点方向带头人陈德展教授以《科学道德和良好学风是一个人乃至一个民族的成功之本》为题，作了科学道德和学风建设报告。

**【2013年山东省“百名专家企业行”活动】** 6月14日，由省科协、九三学社山东省委和莱芜市委、市政府共同组织的2013年山东省“百名专家企业行”活动在莱芜市启动。中国科学院院士、九三学社中央副主席武维

华，中国科学院院士、山东科技大学宋振骐教授，副省长、九三学社山东省委主委王随莲，省委统战部常务副部长孙传宏，省科协党组书记、副主席王春秋及莱芜市委书记、市人大常委会主任刘士合，市委副书记、市长王磊等出席启动仪式。启动仪式由省科协副巡视员朱明主持，来自中国农科院、山东建筑大学等科研院所和高校的专家及莱芜市部分企业代表参加活动。

与会院士专家和领导在考察了莱芜市有关企业和项目后，同市委副书记、市长王磊等莱芜市领导进行了转方式调结构促发展座谈会。各位院士和专家结合实地考察情况和各自研究方向就加快转方式、调结构提出了一系列意见和建议。活动还举行了山东建筑大学机电工程学院院长、中国研究会理事张明勤教授的创新方法专题报告会。2013年的“百名专家企业行”活动，针对莱芜市科学发展重点任务、优势产业发展目标和对高层次科技人才的需求，积极开展人才和技术服务工作。在山东省技术创新院士专家服务团的基础上，又面向全国邀请了中国科学院杜文利博士、中国农科院魏益民所长等权威院士专家。院士专家与莱芜市相关高新技术企业、科技型企业进行对接，有25名院士、专家与莱芜市的24家企业建立了合作意向。

**【第五届山东科普奖】** 11月7日，第五届山东科普奖揭晓，马来平、刘金霞、张凤祥、顾志谦、魏世杰等5人获奖。

马来平，山东大学教授、博士生导师、著名科技哲学专家。他积极投身科学普及事业，开展科普理论研究，以济南市政协委员的身份多次提出促进科普事业的提案，参与起草了《中国公民科学素质基准》。他长期坚持深入基层开展科普活动，特别是主动运用科学视角来引导公众理性看待有关社会现象，出版了多部科普专著。刘金霞，笔名霞子，就职于德州文联创作室，一级作家。霞子一直致力于科学童话的创作和创新探索，作品具有主题积极向上、语言风趣幽默、知识蕴含丰富等特点，已出版科学童话《酷蚁安特儿》、《我叫猪坚强》、《来自宇宙的水精灵》等作品100多万字。作品曾获国家新闻出版总署“三个一百”原创图书出版工程奖、中国版协少读工委2007—2008年度优秀少儿读物“最佳创意少儿图书奖”、第一届中国科普作家协会“优秀科普作品奖”以及“山东省泰山文艺（文学创作）奖”等多个奖项。霞子根据新时期读者的需求和新媒体传播的特点，从科普动漫产业化的视角出发，将知识寓于作品的故事性和人物塑造之中，成为科普创作领域具有影响力的作家。

张凤祥，山东农业知识杂志社副总编辑，山东农业生态环保学会科普专业委员会副主任。自1984年参加工作以来，长期从事农业技术推广普及工作，大力推广普及农业科学技术，为全省农业发展、农民增收做出了突出贡献。张凤祥在业余时间还主编或参编科普图书40多部，其中主编的《无公害农产品高效生产技术丛书》2006年被中宣部、农业部、新闻出版总署推荐为优秀“三农”图书。

顾志谦，滨州市博兴县第一小学教师。他指导学生两次参加中央电视台《奇思妙想》和《我是发明家》栏目，辅导师生获得46项专利，在全国科技创新大赛等各类青少年科技竞赛中有29人次获一等奖。顾志谦不但育人有方，还主动搭建平台让学生走出去领略外面的世界，自2008年以来，他多次邀请知名专家到校辅导，让学生们开阔了眼界。为了建设好学校科技馆，在学校领导和同事们帮助下，他上网淘宝、找朋友帮忙、四处拉赞助和捐赠，换来了一个拥有生态馆、化石馆、陶瓷馆等多展馆、多展品的学校科技馆。每年4月份举办的科普节中，已成为全校师生们享受科学的场所。

魏世杰，1964年毕业于山东大学物理系，从事国防科研26年，参加了我国“两弹一星”的科研攻关工作，亲身参与过我国第一颗原子弹和氢弹的研制和试验工作，有17项科研成果获得国家和国防科委重大成果奖。先后撰写了《原子小演义》、《现代兵器》、《飞行传奇》、《海洋之谜》等10本科普著作，以我国第一颗原子弹爆炸成功为背景的长篇小说《东方蘑菇云》荣获1993年全国优秀图书奖；2011年出版的长篇小说《禁地青春》被青海省委、北京电影学院等改编成31集电视连续剧《青海花儿》。作为优秀科普志愿者的他热心公益事业和关心下一代工作，坚持不懈传播科学思想，弘扬科学精神，20年来，义务作科普演讲350多次，听众达20多万人次。

山东科普奖是山东省科协于2003年设立的全省科普工作最高奖项。

（撰稿人：王国晖）

## 河南省科学技术协会

**服务经济社会发展** 2013年，河南省科协组织实施了河南省食品安全发展研究等12项重点决策研究项目，向省委、省政府和有关部门提交了专题研究报告和科技工作者建议。河南省老科协系统围绕新型农业经营体系、新型社区建设等热点难点问题，提交决策建议240项，获领导批示110项。省科协与河南省住房和城乡建设厅联合举办以“生态城镇、科学发展”为主题的2013河南省城镇化发展研讨会，为河南省城镇化建设发展建言献策。

组织实施“科普惠农兴村计划”，全省86个县（市、区）、6000多个农技协、8000多个科普示范基地参与活动，其中10个科普示范县（市、区）、123个农村专业技术协会、67个农村科普示范基地、66名个人受到国家和省级表彰，获中央和省级财政奖补资金共2930万元。全省市级财政奖补资金354万元，县级财政奖补资金近190万元。

开展“讲理想、比贡献”活动，全省1480家企业、4.36万名科技工作者参加活动，8790多条合理化建议获采纳，建立院士专家工作站和专家服务基地63个，进站服务和参加服务团队的院士、专家3580余人次。在河南大学建立了河南省创新方法培训基地。组织实施“海智计划”，引进首位海外人才，促成其与河南大学、河南省科学院生物研究所有限责任公司达成合作协议。豫台合作项目“河南修武台湾农民创业园”进入实施阶段。

**《科学素质纲要》实施及科普工作** 河南省政府与中国科协签署了《落实全民科学素质行动计划纲要共建协议》。完成了全省《科学素质纲要》实施工作“十二五”中期评估和全国第九次公民科学素质调查（河南区）工作。实施社区科普益民计划，新命名省级科普示范社区103个，21个科普示范社区获中央财政奖补资金420万元。以“保护生态环境，建设美丽中原”为主题，开展了800多项全国科普日重点活动，1万余名科普工作者、科技工作者及科普志愿者参与，受益群众达380万人次。组织全省40余万人参加了农村妇女科学素质网络竞赛。组织“航天专家科普校园行”活动，作了30余场科普报告。邀请中国老科协科学报告团院士专家，为干部职工、公务员等作了30场科普报告。青少年科技创新大赛、中学生学科奥林匹克竞赛、青少年机器人竞赛共吸引100多万名青少年学生参加。编印和发放了30多万册《食品安全消费手册》，开展了“食品安全公众开放日”等系列科普活动。联合制定并由省政府办公厅印发了《河南省气象科普发展规划（2013—2020年）》。编纂出版了26卷大型科普丛书《科普通鉴》。组织中国流动科技馆在8个县区巡展。新增科普大篷车13辆，开通400个“三农”科普网络书屋。《河南科技报》入选“全国百强报纸”。

**学术交流** 全省共举办学术会议1150多场次，17.15万人次科技工作者参与，交流论文3.2万余篇。联合举办了第十二次全国医学遗传学学术会议、第四届国际药物代谢学术会议、第21届国际地理信息科学大会。主办了第十四届学术活动月活动，集中开展了2013河南省信息安全技术高峰论坛、第十届河南省汽车工程技术研讨会等26项学术交流活动。实施重点学术活动项目，资助支持2013中国中部（郑州）国际装备制造业博览会——学术报告及技术研讨会、河南省智能建筑与节能环保学术研讨会等20项重点学术活动。

**服务科技工作者** 联合启动了第十二届河南省青年科技奖评选工作，组织了河南省自然科学学术奖和河南省科普成果奖的评选表彰，表彰奖励科技工作者3121人次，其中女性科技工作者946人次，40岁以下青年科技工作者1927人次。加强河南省26个全国科技工作者状况调查站点和8个共建站点建设与管理，组织开展科技工作者状况调查。深化科学道德和学风建设宣讲教育，落实“全覆盖、制度化、重实效”总体要求，协调指导各高校举办形式多样的报告会、主题班会。

**自身建设** 12月9～10日，召开河南省科协第八次代表大会，选举产生了河南省科协新一届领导机构。12月19日，河南省委书记、省人大常委会主任郭庚茂同省科协新一届领导班子集体谈话，对科协工作提出新要求。深入开展党的群众路线教育实践活动，认真落实中央八项规定和省委省政府20条意见，优化工作作风，健全完善了相关规章制度。开展志愿服务、道德讲堂、爱心帮扶和群众性文体活动，优化硬件环境，成功创建省级文明单位。全年新发展296个市县级农技协，新发展会员3.69万人。

**地市县及基层科协组织** 截至2013年底，河南共有省辖市科协18个，县级科协158个，街道（社区）科协549个，乡镇科协1983个。地市县级科协全年共举办科普宣讲活动10871次，开展实用技术培训4900多场次，推广新技术新品种2900项，参加活动的科技人员数量达9.3万人次，受众人数超过500万人次。组织学会学术活动630多场次，参与科技工作者达10万人次。积极开展了科普惠农、社区科普益民、促进企业科技创新等科技服务活动。郑州市科协承担完成了郑州市2013年“十大民生实事”项目——“巩固提高100个社区科普大学示范点，培训社区居民10万人次”的任务。濮阳市财政科普惠农奖补资金达到100万元，同比增加20%。洛阳市科协实施了科技协作对接活动，促成科研院所、高等院校与企业加强新技术新产品开发、关键技术研发等方面的创新合作。以洛阳市科技馆为阵地，全年组织开展“纳米科技与健康生活”等主题讲座52期，累计接待观众22万余人次。焦作市科协大力实施“科普资源开发与共享工程”，命名市森林公园、市气象局、中站区青少年活动中心和焦作师专动植物标本馆为首批焦作市科技馆分馆。安阳市科协、信阳市科协等市县科协建立科普知识手机短信服务平台。商丘市、驻马店市科协分别与市日报、电视台或电台联合开办科普专题栏目（节目），扩大科普覆盖范围。平顶山市科协继续组织实施“万名科技专家服务三农活动”，组织科技人员 2000 余人次参与科技下乡，540 名专家与 540 个村进行对接。三门峡市科协深入开展科技进农村、进社区、强技能、提素质活动，市派专家 86 人，县派专家 200 余人，联系村镇社区 80 多个，受益群众 9 万余人次。兰考县科协联合有关部门，培训农民和城镇劳动人口 8500 人次。固始县科协组织举办全县领导干部和公务员科普报告会。汝州市科协完成了 243 个大学生村官兼任科普宣传员的聘任工作。新蔡县政府将《科学素质纲要》实施工作纳入政府目标管理考核。永城市科协与有关部门联合举办 16 期劳动力转移培训班。鹿邑县科技馆暨青少年活动中心奠基开工建设。濮阳县、范县、台前县、固始县、淮滨县、光山县、清丰县、新县科协与河南省科技馆联合，组织开展了中国流动科技馆河南巡展活动。

**省级学会、企业科协、高校科协**　截至 2013 年底，河南共有省级学会 141 个，企业科协 690 个，高校科协 7 个。省级学会个人会员达 25.5 万人，团体会员 5300 多个；全年组织学术会议 427 场次，5 万余名科技工作者参与学术交流活动；举办决策咨询活动 120 场次，提供决策咨询报告 250 多篇，其中 91 篇获上级领导批示；主办科技期刊 51 种，发表论文数 8670 篇，总印数达 122 万册。开展科普活动 3900 余场次，举办实用技术培训 1900 多场次，受众人数达 60 万人次。参加国外科技活动 135 人次，接待国外专家、学者 127 人次，接待港澳台专家、学者 25 人次。反映科技工作者建议 48 条，举办继续教育培训班 92 场次，培训结业 8800 多人，表彰奖励科技工作者 600 多人次。河南省气象学会组织专家参与编写《河南省气象科普发展规划（2013—2020 年）》，开展了防雷资格认定、防雷资格年检和防雷专业技术人员培训。河南省林学会组织专家开展送科技下乡 4700 余次，被评为全国林业科学普及工作先进单位。河南省植物保护学会、省昆虫学会、省植物病理学会联合召开学术讨论会，围绕植物保护、农作物病虫害防治、转基因作物应用的生态影响等议题，开展学术交流。河南省作物学会组织专家深入调研，向省政府提交了《河南省畜牧产业化集群发展研究报告》和《关于黄河滩区扶贫搬迁后实施绿色优质高效奶业发展政策措施的建议》。河南省航空学会、河南省兵工学会积极完善河南省国防科技人才专家库。河南省医学会完成继续医学教育项目 80 项。河南省护理学会组织专家赴 13 个省辖市，开展“优质护理服务送知识、送科技”下基层巡回专题讲座活动，向基层传授最新的护理知识、质量标准和操作规范等。

**【河南省科协第八次代表大会】**　12 月 9 ~ 10 日，河南省科协第八次代表大会在郑州市召开。时任中国科协书记处第一书记出席开幕式并讲话。河南省委书记、省人大常委会主任郭庚茂，河南省委副书记、省长谢伏瞻等出席开幕式。在河南工作的中国科学院、中国工程院院士出席大会。河南省科协八大正式代表、特邀代表、列席代表，以及省直有关单位主要负责人，省科协机关和直属单位干部职工等 900 余人参加大会。

河南省委副书记邓凯代表省委、省政府在开幕式上讲话，要求河南广大科技工作者勇担历史重任，争做科技创新的脊梁。发挥独特优势，争做人才强省的中坚。弘扬创新文化，争做时代进步的先锋。提升自身素质，争做勤学善思修德的楷模。各级科协组织要坚定发展方向，明确工作定位，拓宽工作领域，创新工作方法，完善服务机制，紧紧围绕中心发挥作用，切实服务全民科学素质提高，热情关心关爱科技工作者，进一步加强自身建设，不断开创工作新局面。

大会选举霍金花为河南省科协第八届委员会主席，蔡永礼、梁留科、李宝红、谈朗玉、冯琦、童孟进、张占仓、张新友、刘炯天、张改平、陈祥恩、薛松贵为副主席。审议通过了《关于河南省科协第七届委员会工作报告的决议》和《河南省科协关于执行中国科协章程的决议》，通过了《关于聘请省科协名誉主席的决定》、《关于聘请省科协特邀顾问的决定》和《致全省科技工作者的倡议书》。

**【河南省委书记郭庚茂同省科协新一届领导班子集体谈话】**　12 月 19 日，河南省委书记、省人大常委会主任郭庚茂同河南省科协新一届领导班子集体谈话。

郭庚茂就进一步做好新形势下的科协工作提出四点要求：顺应形势要求，增强历史责任感；围绕中心，促进经济社会发展；强化服务意识，当好桥梁纽带；加强自身建设，更好履职尽责。

河南省委副书记邓凯、副省长徐济超一同参加集体谈话。河南省科协党组书记蔡永礼、河南省科协主席霍金花先后汇报了河南省科协第八次代表大会召开情况和新一届科协工作思路和打算。河南省科协第八届委员会副主席梁留科、李宝红、谈朗玉、冯琦、童孟进、张占仓、张新友、刘炯天、张改平、陈祥恩、薛松贵参加集体谈话。

**【中国科协与河南省政府签署《落实全民科学素质行动计划纲要共建协议》】**　12 月 8 日，中国科协与河南省人民政府在河南省郑州市签署《落实全民科学素质行动计划纲要共建协议》。时任中国科协书记处第一书记，河南省省长谢伏瞻代表双方签约。河南省副省长徐济超主持仪式。河南省科协主席霍金花、党组书记蔡永礼、副主席谈朗玉等出席签字仪式。

根据共建协议，双方通过开展公民科学素质建设共建工作，使河南省到2015年实现本辖区公民具备基本科学素质比例超过3.78%，为实现到2015年我国公民具备基本科学素质的比例超过5%的目标提供支撑。中国科协将加强对河南省全民科学素质工作的政策引导和指导督促，在推动重点人群科学素质行动、提升公共服务能力、建设长效机制等方面给予帮助和支持。

**【中原经济区建设系列论坛】** 11月28日，由中国工程院、河南省科协、中国机械工程学会和郑州大学联合主办的中原经济区建设系列论坛在郑州大学召开。全国人大常委会原副委员长、中国科学院院士路甬祥，中国机械工程学会工业设计专业委员会主任、浙江大学教授孙守迁出席论坛并作报告，河南省人大常委会副主任蒋笃运出席论坛，河南省科协主席霍金花主持论坛报告会。

路甬祥作了题为《提升创新设计能力、加快创新型国家建设》的报告，报告从当今时代与面临的挑战、充分重视创新设计的价值、创新设计发展的趋势、实施创新设计战略行动等4方面进行阐述。孙守迁作了题为《创新设计发展之路——人性化、信息化与工程化》的报告，报告从背景与国内外环境、创新设计的发展趋势、人性化路径、信息化路径以及人性化、信息化与工程化的深度融合等方面对创新设计发展之路进行探讨。

河南省科协所属学会、省辖市科协，各相关研究单位，部分高校有关专业的老师和学生共500余人参加论坛。

**【第12次全国医学遗传学学术会议】** 4月19日，由中华医学会、中国遗传学会和河南省科协共同主办的第12次全国医学遗传学学术会议在河南省郑州市召开。中国科协副主席、国家自然科学基金委员会副主任沈岩，河南省副省长徐济超，中国工程院院士、上海交通大学教授曾溢滔，中国科学院院士、复旦大学生物医学研究院院长贺林，中国科学院院士、华大基因研究院理事长杨焕明等出席会议。

会议以“新技术与临床遗传学进步”为主题举办了多场学术报告，与会专家围绕基因组疾病、临床遗传学等领域的新进展进行交流。

**【第21届国际地理信息科学大会】** 6月20～22日，由河南省科协、河南大学、国际华人地理信息科学协会联合主办的第21届国际地理信息科学大会在河南省开封市召开。来自国内外的地理信息科学工作者400余人齐聚一堂，围绕“地理信息系统在经济发展、区域规划和环境保护中的作用”的主题，就地理信息科学的前沿、技术和应用问题进行研讨。

科技部原部长、中国科学院院士徐冠华，中国科学院院士、中国工程院院士李德仁，美国科学院院士迈克尔·古德柴尔德，国际欧亚科学院院士、国际制图协会原主席米兰·柯耐西，香港中文大学太空与地球信息科学研究所所长、国际欧亚科学院院士林珲，国际华人地理信息科学协会主席、美国环境系统研究所高级主管付品德，河南大学校长娄源功等出席开幕式。河南省科协副主席梁留科主持开幕式。

大会设立6个分会场，与会学者就地理信息系统（GIS）在经济发展中的应用、高分辨率影像的处理、Web GIS（地理信息系统网络化）、LIDAR（激光雷达）、移动GIS、空间数据模型、3S融合、遥感定位技术、时空计算、空间数据可视化、GIS算法等29个专题开展了交流和探讨。大会还特别设置了3个专题座谈会，邀请专家、学者就“时空科学及创新”、“地理资讯系统教育：挑战，指引和全球化”、“地理资讯系统研发和产业”等展开讨论。

会议还设有学生论文竞赛专场，来自10多所高校、科研院所的研究生参加。经过汇报、答辩、专家评议等环节，华东师范大学谢军获得一等奖，河南大学荆文龙获得二等奖，中国科学院计算研究所钟云琴获得三等奖。

会议期间，徐冠华、迈克尔·古德柴尔德、李德仁、米兰·柯耐西等学者先后到河南大学环境与规划学院考察了黄河中下游数字地理技术教育部重点实验室，探讨开展合作研究的相关事宜。

**【河南省第二届自然科学学术奖】** 6月，河南省科协、省人力资源和社会保障厅联合下发《关于开展河南省第二届自然科学学术奖评选活动的通知》，评选活动启动。全省学会、高校、地市科协等200余家单位共推荐作品7250项。在108位评委前期评阅的基础上，经过多轮筛选和最后的投票表决，共评出河南省自然科学学术奖5061项，其中，河南省自然科学优秀学术论文一等奖624项，二等奖1951项，三等奖2274项；河南省决策研究成果一等奖12项、二等奖31项、三等奖42项；河南省自然科学优秀学术著作一等奖31项，二等奖65项，三等奖31项。

**【实施学会能力提升工程 评选表彰全省十佳十优学会】** 5月6日，河南省科协在全省范围内组织启动开展“学会能力提升工程——优秀学会创建活动”。经过申报、创建、考核与评审，11月22日，河南省科协公布了全省十佳十优学会评审结果。河南省气象学会、省纺织工程学会等被评为全省十佳学会，河南省核学会、省包装技术协会等被评为全省十优学会，河南省科协给予十佳学会每家5万元、十优学会每家1万元专项经费资助，同时对郑州市城市科学研究会等20个省辖市优秀学会予以通报表彰。

（撰稿人：万伏牛　马玉宝）

## 湖北省科学技术协会

**服务经济社会发展** 2013年，省科协积极实施“基层科普行动计划”，全省57个农村专业技术协会、15个农村科普示范基地、13名农村科普带头人、23个科普示范社区获得中国科协以奖代补资金奖励。继续联合省财政厅实施“科普示范助力新农村行动计划”，全省60个科普示范基地获得专项资金支持。组织科技工作者以成果转化为重点，面向企业深入开展技术咨询、技术攻关活动，全年完成“金桥工程”项目159项。在襄阳、黄石两地128家企业试点实施“企业科技信息服务推广应用平台”项目，以国外科技专利信息推动企业科技创新。

**《科学素质纲要》实施及科普工作** 6月，时任中国科协书记处第一书记与湖北省共同签署《落实全民科学素质行动计划纲要共建协议》，确定了湖北省到2015年实现辖区公民具备基本科学素质比例超过5.7%的工作目标。围绕落实目标任务，省科协坚持“政府推动、全民参与”的方针，在全省建立健全“政府主导、分解任务、明确目标、强化责任”的公民科学素质社会共建机制。承办召开2013年度全省科学素质工作领导小组扩大会议，研究部署《科学素质纲要》实施工作，省政府副省长郭生练出席会议并代表省政府与17个市州政府签订《湖北省加强科学素质建设目标责任书》，全省各级政府也层层签订《加强科学素质建设目标责任书》，一级带动一级、层层抓落实的良好局面全面形成，得到了中国科协充分肯定。

履行全民科学素质工作领导小组成员单位的重要职责，着力打造湖北省特色科普工作品牌。抓住加速推进城镇化的机遇，切实做好城镇社区科普工作，取得重要成果。2013年，全国首次城镇社区科普工作会议在湖北武汉召开，推广湖北科协工作经验。与省直有关部门成功联办科技、文化、卫生“三下乡”集中展示活动和2013年科技周活动、食品安全宣传周活动。据统计，各级科协全年共举办各类科普报告会120场，组织全省科技场馆举办科普展览120场，全省各地农业科技专家、科普志愿者送科技下乡210场，参加科技创新大赛等全省性科技活动的青少年达120万人次，深受城乡居民欢迎。积极组织开展“中国流动科技馆”湖北巡展活动，围绕“体验科学”主题在10个县（市、区）举办科普展教活动120余场次。联合省财政厅共同启动实施“科普示范助力新社区行动计划”，每年安排1000万元专项资金，以奖代补重点资助100个“湖北省科普示范社区”建设。认真落实省政府副省长郭生练关于加强科普创作、多出精品的指示精神，开展湖北省优秀科普作品征集评选，77部实体型和数字型科普作品获得表彰，并向社会宣传、推介。深入全省10多个市州和部分县（市、区）督查全民科学素质建设目标责任制落实情况，有力推动了《科学素质纲要》的深入实施。

**学术交流** 一年来，组织所属135家学会（协会、研究会）围绕经济社会发展的关键领域、核心问题，开展了280多场学术交流活动，3万余人次参加活动，交流学术论文1万多篇。组织国际学术交流活动30多场次，出访团组8批，接待国外科技团体3批。与省委组织部联合实施“晨光计划”，重点资助27位青年学者出国参加国际学术交流活动，了解和掌握国外前沿科技信息动态，提高自身业务水平。

**服务科技工作者** 各级科协认真履行党委人才工作领导小组成员单位重要职责，切实加强科技人才队伍建设，坚持以科技工作者为本，突出科技工作者的主体地位，充分表达其心声、反映其诉求、维护其权益，为其提供优质高效的服务。充分发挥全省各级人大和政协中数千名科技界代表和委员的作用，积极组织广大科技工作者参与民主政治建设。每年“两会”期间，科技界人大代表和政协科协界委员都围绕群众普遍关心的科技问题，提交一大批有价值的议案和提案。省科协每年组织编撰湖北省减轻自然灾害《白皮书》、投资环境《蓝皮书》，发给人大代表和政协委员。继续实施“海智计划”，先后成立中国科协海智计划武汉东湖高新区、襄阳高新区工作基地，中国科协书记处书记张勤、省政府副省长郭生练出席武汉东湖高新区工作基地成立仪式并授牌，通过“海智计划”工作平台，先后组织了30多位海外专家带着技术研发成果和技术合作项目与武汉东湖高新区、襄阳市高新区以及孝感市高新区进行了洽谈。继续实施“科技创新源泉工程”，评选表彰了10个创新示范学会、5个优秀科技期刊、20名优秀科技期刊编辑、50名创新创业人才，以奖代补，激发了科技工作者的创新活力，有力推动了省级学会提升服务能力。各级科协积极探索维护科技工作者权益的新机制，认真做好科技事务司法鉴定工作，全面受理科技工作者来信、来电、来访400多人次，受理维权案件166件，全都得到妥善解决。建立健全院士专家联系服务机制，定期走访慰问院士、省科协常委、科技专家，与省委组织部联合举办2013年湖北省院士专家新春联谊会。全面开展科技工作者状况调查，全省17个市州的56个调查站点共上报信息224篇，编印《湖北省科技工作者状况调查站点信息要报》24期，其中10篇被省委办公厅《湖北今日重要信息》、《每日要情》采用。

积极教育引导、宣传表彰科技工作者。大力开展科学道德和学风建设宣讲教育活动，主办2013年湖北省科学道德和学风建设宣讲教育报告会，中国科学院院士、著名天体化学家、中国月球探测工程原首席科学家欧阳自远应邀作主题报告，来自省内30多所高校和科研机构相关负责人、研究生、新入职青年教师、青年科技工作者和新上岗研究生导师代表共1500人聆听报告。承办中国科协弘扬科学道德、践行“三个倡导”、奋力实现中国梦湖北报告会，中国科协党组成员、书记处书记徐延豪出席报告会并致辞，湖北省人大常委会副主任周洪宇主持会议，涂元季、杜祥琬、王陇德等院士专家为在鄂科技工作者代表作主题报告。与省委组织部、省人社厅联合开展了第十一届湖北省青年科技奖评选活动，评出优秀青年科技专家20位。组织编撰出版了报告文学集《科学家的故事——湖北院士风采》。

**自身建设** 按照省委的统一安排，全面开展党的群众路线教育实践活动。在深入学习、广泛征求意见的基础上，联系实际查摆了科协在“四风”以及科协履行职责、服务广大科技工作者、遵章守纪方面的问题，从增强宗旨意识、履行科协职责、严格财经管理制度和纪律、规范干部人事管理4个方面入手，确立了20项整改内容，制定完善了14条规章制度。把党的群众路线教育实践活动与“四创建一考评”、“三万”活动结合起来，机关自身建设取得了新的进展，被省委、省政府评为全省“万名干部进万村洁万家”活动先进单位，并连续多年保持省级文明单位、全省社会管理综合治理优胜单位、档案目标管理省特级单位、全省党建工作先进单位和省直机关工作目标责任制考评先进单位等荣誉称号。

**【科技思想库湖北分库建设】** 充分发挥高层次科技人才的作用，围绕“一元多层次”发展战略和重点产业发展，开展课题研究、决策咨询活动，形成了一大批课题成果。根据专家建议编印《湖北省科学技术协会简报》37篇，上报中国科协、省委、省政府、省人大、省政协，其中1篇被中国科协《科技工作者建议》专刊采用，12篇获得省领导肯定性批示，19篇被省委办公厅《工作简报》采用转发，4篇被省政府办公厅《咨询参考》、《决策调研》转载。进一步充实高水平决策咨询人才队伍，入库科技专家已达600多人。湖北省科技思想库取得的成绩，得到了中国科协的充分肯定，在全国科技思想库建设试点单位2013年度考核中，再次荣获第一名，实现了年度考核“三年冠”。

**【湖北院士专家工作站建设】** 充分发挥院士专家等高端人才的支撑引领作用，全面推进省委人才工作“六个一百”项目——院士专家工作站建设，在全省新建企业工作站101个，院士专家工作站总数达143家，组织省内外61位院士和一大批专家进站开展技术研发，其中引进外省院士37名。目前，院士专家工作站已覆盖全省17个市州，建站企业涵盖农林牧渔、机械化工、生物医药、新能源等多个传统产业和新兴产业。

**【湖北省全国科普日活动】** 围绕“保护生态环境·建设美丽湖北”主题，举办2013年湖北省全国科普日活动，省委常委张岱梨、副省长郭生练出席启动仪式，并与省科协、省教育厅、省环保厅、华中师范大学负责人共同为全省环保“随手拍”获奖代表颁奖，为湖北（洪山地区）科普资源开放共享联盟授牌。科普日期间，全省各级科协围绕主题，组织开展了105场主场科普活动、90场科普联合大行动、20场高校科普开放日活动、31场科普教育基地开放日活动、48场农村科普惠农行动、70场青少年科普联合行动，全省直接参与活动的群众达660万人次，湖北省科协被中国科协、教育部、环保部联合授予2013年全国科普日优秀组织奖。

**【“一大十中百小”的全省科技馆建设新体系】** 根据省委、省政府提出建设“国内一流、中部领先”核心大馆的要求，全面动工兴建省科技馆新馆，目前已基本完成了新馆工程设计，确定了工程代建方、跟踪审计单位，并联合北京大学组成工作专班开展新馆内容设计。充分发挥省科技馆的龙头带动作用，推动武汉、襄阳、孝感、咸宁、天门市“五馆同建”，以中国科协流动科技馆建设为契机，县级中小型科技馆正以产业化推进的方式进行升级改造。

（撰稿人：彭居毅）

## 湖南省科学技术协会

**服务经济社会发展** 2013年，省科协共为政府提供决策咨询报告3篇；提供司法鉴定8项；上报省委省政府专家建议数1条；集中撰写专家建议1期。

“科普惠农兴村计划”深入实施。全省共有140个农村专业技术协会等“科普惠农兴村计划”先进集体和带头人获得国家和省级表彰，其中：农村专业技术协会68个，农村科普示范基地38个，农村科普带头人30个，少数民族科普工作队4个；奖补金额达2000万元，覆盖了全省各市州、县市区。“社区科普益民计划”加快推进，表彰了45个全国和省级科普示范社区，奖补资金达600万元。2013年湖南省科协承办了由中国科协主办的全国城镇社区科普工作培训会，全国科普示范社区代表、中国科协领导等500余人参会。

“讲、比”活动深入开展。全省参与活动企业118个、科技人员1.4万余人，合理化建议被采纳1100条。全年新建企业科协1个，新建院士专家工作站3个，含院士3人。完成继续教育培训班3次，培训结业440人。

**《科学素质纲要》实施及科普工作** 全年共举办主题科普活动32次，参加活动科技人员772人次，受众33万余人；举办青少年科技竞赛13项，共132万余人次参赛，获奖1067人次。举办科普展览8次。科技馆常设展厅全年接待观众52.6万人次；举办"科普进校区进社区"及科普剧演出等馆内外各类科普展教活动近20场。创建科普示范县39个，科普教育基地74个。科普大篷车行程1.7万公里，开展宣传活动47次，展出展板40块、科普仪器26台，发放资料10万余份，受益人数8.6万余人次。推广先进实用技术项目20项，培训农村劳动人5.8万人次。全面推进科普惠农"站、栏、员、校"建设，全年新建科普活动站2048个、宣传栏3461个、科普学校1433个，培训科普宣传人员3.7万人。

**学术交流** 省科协全年共举办学术会议3次，参加人数1500多人次，交流学术论文620篇。2013年湖南科技论坛由"转变发展方式，推进湖南装备制造业转型升级"主场报告会，石化产业升级与绿色发展、两型社会与新型城镇化、湖南省可再生能源建筑应用发展研讨会、中医文化与养生保健4个专题分论坛和新能源开发与能源清洁利用论坛、湖南现代生态休闲渔业发展研讨会、智能仪器与故障诊断的驱动地位及关键需求论坛等3个重点学术活动组成；分别由湖南省17家学会牵头承办，共有1030人参加。全年共编辑出版科技图书1种，印发近400万册；编辑论文集1本，印发500册。

**服务科技工作者** 2013年，省科协人才举荐与人才宣传工作进一步加强。组织开展了第九届湖南省青年科技奖评选，共评出20名优秀青年科技工作者。联合《湖南日报》推出了《科技绽放精彩——创新人物谱》专栏，先后宣传了第五届全国优秀科技工作者彭建国等9名同志的先进事迹，报道了2名基层医生以及常德临澧县沈昌健父子培育杂交油菜的典型事迹。省科协全年共评选表彰奖励科技工作者133人，其中：女性科技工作者46人，40岁以下科技工作者83人。开展科技工作者状况调查1次，反映科技工作者建议91条，获领导批示7条。

**自身建设** 开展党的群众路线教育实践活动。按照中央和中共湖南省委的部署安排，活动于7月启动。对"公务用车、办公用房、领导干部兼职、公务接待"等14项内容进行了重点整改，所有厅级领导的办公室通过整改大幅减少了办公面积。

**地市县及基层科协组织** 2013年，长沙、株洲、湘潭、常德四市科协召开了代表大会。株洲市荷塘区科协、长沙市岳麓区科协和雨花区科协、常德市西湖管理区科协、衡阳雁峰区科协5个区科协实现了独立建制。湖南环保科技产业园科协、常德经开区科协2个园区科协正式成立。长沙市科协联合市委宣传部、市文广新局、市图书馆，共同打造了"书香长沙"·星城科学讲堂活动，在芙蓉区、开福区、宁乡县等地举办了8场专题讲座。"星城科学讲堂"以流动的形式，将文化服务送到群众家门口，成为了长沙具有较高学术水平和深远社会影响的地方特色科普文化品牌。张家界市科协将"三农"网络书屋建设纳入2013年度区县科协工作综合考评内容，并与年终评选评优相挂钩，修改完善了《张家界市科协关于加快推进"三农"网络书屋建设的意见》，全面部署和安排"三农"网络书屋建设工作，在2012年探索的基础上在全市全面铺开免费使用"三农"科技网络书屋工作，实现有条件、有需求的农户、协会、基地、社区及农业科技工作者和乡镇干部都能拥有自己的书屋或利用书屋的目标。慈利县科协与中国科协信息中心完成了年度支部结对工作任务，有力促进了县科协工作的开展。吉首市科协切实转变机关作风，深入乾州街道吉庄村开展城乡同建同治工作，并以此为契机进一步改善村民人居环境，提升村民综合素质，打造新型科普文明宜居村庄。南县科协联手县妇联在全县街道、社区以及各乡镇村组开展了"节能减排女星"评比活动，并在县电视台公布了获奖名单。全县有2万多名妇女积极响应，主动节约能源资源，保护生态环境。

2013年，省科协发展农技协1350个，会员65500人。

**省级学会、企业科协、高校科协** 目前，湖南省共有省级学会126个，其中新成立的有3个，会员近38万人。2013年，省级学会共举办或承办高水平、区域性、国际性学术交流活动50多场次；举办国内学术会议150多场次，国际学术会议10余次，交流论文1.5万篇；举办科普活动1.2万次、科技培训266次，受众2.7万人次；承办政府职能转移项目14个，提出决策咨询和建议124条。省土木建筑学会举办了湖南省生态和谐社区规划咨询评审会；省生理科学会举办了湖南省呼吸系统重大疾病转化医学论坛；省医学会主办了第八届泛珠江区域放射肿瘤学学术大会暨肿瘤放射治疗多中心协作研讨会、湖南省泌尿外科年会暨第六届微创泌尿外科学术会议，承办了中华医学会第十八次全国儿科学术会议，协办了中华医学会第13次全国耳鼻喉头颈外科学术年会；省地质学会举办了卫星遥感新技术成果应用研讨会、中国地质科学发展史（湖南省）研讨会。

截至2013年底，湖南省共有企业科协231个，其中新成立的有1个，会员22万多人。企业科协在为企业提供科技创新上发挥了越来越重要的作用。

截至2013年底，湖南省共有高校科协23个，会员8万多人。高校科协组织建设稳步推进，学术活动丰富多彩。中南大学科协主办了第二届航天工程和高性能材料需求与应用高端论坛及探月工程与空间环境、新材料学术研讨会。湘潭大学科协举办了第八届信息文化节。中南林业科技大学科协举办了“万名科学使者进校园（社区）”活动。2013年，省级学会和高校科办共举办学术交流活动648场次，开展培训讲座428场次，完成全国和省级政府项目30多个，比2012年增长近1倍。

**【2013年湖南科技论坛】** 由省科协牵头，省机械工程学会等多个省级学会联合组织开展的2013年湖南科技论坛于10～11月在长沙、岳阳等地集中举办。论坛以“加快经济发展方式转变，推进湖南生态文明建设”为主题，着重围绕新型城镇化与绿色建筑、绿色能源与生态建设、新材料与机械工程、生态农业与公共管理等方面的问题，组织了多视角、多层次的深入探讨。论坛开幕式暨主题报告会于10月25日在长沙市举行。华中科技大学校长李培根，中国机械联合会特别顾问朱森第，中国工程院院士官春云，省科协副主席龙国键等专家和领导出席了开幕式。省机械工程学会理事、省内部分高等院校及科技界的代表约300人参加了开幕式。围绕“加快经济发展方式转变，推进机械装备制造业转型升级”这一主题，李培根与朱森第分别作了题为《数字化与未来企业》和《加快发展先进制造业，促进制造业转型升级》的报告。论坛还设4个专题分论坛，分别涉及石油化工、建筑节能、中医养生和“两型社会”等多个领域。论坛共征集论文610篇，录用325篇，并从中选出42篇优秀论文汇编成论文集，由湖南人民出版社出版发行。同时，各专题系列活动还根据交流活动的主要内容和重点议题形成了专家建议，供有关领导和部门决策参考。

**【2013年“全国科普日·湖南”活动】** 9月13日，2013年湖南省“全国科普日”活动启动式在衡阳常宁市举行。本次活动由省科协、省教育厅、省环保厅和衡阳市人民政府主办，常宁市委、市人民政府承办，衡阳市科协、市教育局、市环保局协办。中国科协副主席、中国工程院院士、省科协主席黄伯云，省政协副主席、湖南大学副校长赖明勇，省科协副主席龙国键出席启动式。省科协党组副书记、副主席荣诚，省科协党组成员、副主席刘秋惠，省教育厅正厅级督导、副厅长申纪云，衡阳市委副书记邓群策，常宁市委书记周正雄，市人民政府市长李涛及省、市有关部门单位的领导专家和有关方面的代表共1000余人参加了启动仪式。本次活动以“保护生态环境，建设美丽湖南”为主题。全省科协系统围绕这一主题，统一行动，深入农村、社区、学校，组织开展了一系列内容丰富、形式多样的活动，有科普文艺演出、小品剧、科普进校园、留守儿童科学素质大提升行动、主题科普展览、主题科普报告、现场咨询服务、科普大篷车下基层、全省高校科普开放日等活动。向公众全面普及生态环境知识，营造全社会共同关注、维护环保事业，保障人民群众生活环境的良好氛围。

**【2013年湖南省科学道德和学风建设宣讲教育报告会】** 10月13日，由省科协、省教育厅主办的2013年湖南省科学道德和学风建设宣讲教育报告会在长沙人民会堂举行。中国工程院原副院长杜祥琬、湖南大学原校长俞汝勤、湘潭大学校长罗和安先后登台演讲。省科协党组副书记、副主席荣诚，省教育厅党组成员、副厅长申纪云，省科协党组成员、副主席刘秋惠等领导出席了报告会。来自国防科技大学、中南大学、湖南大学、湖南师范大学、等院校的相关领导、师生代表和有关省级学会的科技工作者代表共1600多人参加了报告会。中国科学院院士杜祥琬作了题为《恪守底线，追求卓越》的报告。中国科学院院士俞汝勤作了题为《恪守科学诚信，培养学术道德》报告。罗和安教授作了题为《坚守学术道德，避免学术不端》的报告。中国工程院院士、中国科协副主席、湖南省科协主席黄伯云主持报告会并作了总结讲话。他指出，遵守学术规范，坚守学术诚信，完善学术人格，维护学术尊严，推动学风建设，杜绝各种不良风气，要靠我们去倡导和践行。

**【第34届湖南省青少年科技创新大赛】** 4月19～22日，由省科协、省教育厅、省科技厅、省环保厅、共青团湖南省委、省自然科学基金委和株洲市人民政府共同主办的第34届湖南省青少年科技创新大赛在株洲市第二中学举行。省人大常委会原副主任肖雅瑜宣布开幕，中国科协副主席、中国工程院院士、省科协主席黄伯云致开幕词并担任大赛评审委员会主任。省科协党组书记、副主席邹志强，株洲市委副书记、代市长毛腾飞，省科协党组成员、副主席廖任强等出席大赛。来自全省14个市州的观摩代表和株洲市5所学校的1500多人参加了开幕式。来自三湘四水的142名参赛代表向众人展示了自己的创意和灵感。黄伯云致开幕词。本次大赛以“创新·体验·成长”为主题，共收到14个市州选拔推荐的作品570件。经过公开展评、技能测试、素质问辩、评委会无记名投票等一系列评审环节，评委会按比例最终评出优秀创新项目一等奖45项，二等奖106项、三等奖120项；优秀科技实践活动一等奖29项、二等奖34项、三等奖40项；优秀科幻绘画一等奖30幅，二等奖49幅，三等奖59幅；优秀组织奖36个；十佳科技教师10名。本届大赛挑选了21名学子展示的15个优秀创新项目，代表湖南参加第28届全国青少年科技创新大赛终评决赛。这些作品全部获奖，共获得金牌5枚，银牌10枚，并获得不同类别的专项奖9项。湖南获金牌总数位居全国第三位，获金、银牌总数位居全国第二位。这是湖南省选手继2006～2009年连续4年获金牌总数名列全国第二之后，再次夺得优异成绩。

**【2013年青年科学家进校园活动】** 由省科协、省科技新闻学会、省青年科技奖获奖者联谊会主办的2013年“激情五月·青春飞扬——青年科学家进校园”巡回演讲活动，于5月13日、21日分别在湘西自治州和郴州市举行。4位“湖南省青年科技奖”获得者——周后德、易跃能、王金斌和王少杰分赴两地，为吉首市一中、郴州职业技术学院和资兴市立中学的2000余名学生讲述了自己不断拼搏的奋斗历程。科普与励志巧妙结合，是本次活动的一大特色和亮点。中南大学湘雅二医院的周后德教授用诙谐幽默的语言，精彩演绎了《追逐梦想》的故事。湖南希尔天然药业有限公司副总经理易跃能则以《追梦的人生永远年轻——二十三载药学梦》为题，将自己由农家女孩成长为药学专家的曲折经历娓娓道来。来自湘潭大学的王金斌教授是材料与光电物理学专家，他重点介绍了自己所带领的学术团队突破国外“禁运令”封锁，自主研发航空航天飞行器重要部件关键材料的成果，为同学们揭开了航天科研领域的重重迷雾。邵阳学院王少杰教授激情澎湃地作了《创新改变生活　青春报效祖国》的励志报告，通过现场互动的方式向同学们传授了学习的宝贵经验。青年科学家们的演讲深深吸引了每一位听众。同学们聚精会神地听着报告，细心记录下教授们的“金玉良言”。省科协党组成员、副主席刘秋惠和省科协副巡视员罗术根与同学们一起，倾听了青年科学家成长成才的动人故事，对他们的精彩演讲给予了充分肯定。

**【2013年中国科协会员日（湖南）活动暨第九届湖南省青年科技奖颁奖大会】** 12月21日，由省科协主办的2013年中国科协会员日（湖南）活动暨第九届湖南省青年科技奖颁奖大会在省科技馆举行。中国科协副主席、省科协主席黄伯云，省委组织部部务委员庄超，省人社厅副厅长杨士雅，省科协党组副书记、副主席荣诚，省科协党组成员、副主席刘秋惠等领导出席颁奖大会。省委组织部人才处、省人社厅专技处、省科协机关的相关同志，50余名历届中国青年科技奖、湖南省青年科技奖获奖者，部分省级学会、高校科协、市州科协的代表，获奖者的家属代表参加了会议。黄伯云对获奖者表示祝贺。杨士雅在会上宣读了《关于表彰第九届湖南省青年科技奖获奖者的决定》，20名优秀青年科技工作者受到大会隆重表彰。获奖者中，8人来自高校，5人来自企业，7人来自科研院所等单位，所从事领域分布于装备制造、生物医药、电力电子、农业育种及加工等行业，年龄最小者仅31岁。黄伯云、庄超和荣诚分别为获奖者颁发了奖杯、证书和奖金。颁奖会结束后，与会人员参加了中国科协会员日（湖南）活动。中南大学湘雅二医院刘幼硕教授为与会者作了题为《糖尿病的防治与保健》的健康讲座。

**【2013年全国青少年高校科学营（湖南营）活动】** 7月25日，2013年全国青少年高校科学营（湖南营）分别在国防科技大学、中南大学和湖南大学举行开营仪式。湖南省人大常委会副主任刘莲玉，省政协副主席欧阳斌，国防科技大学副政委李宁，中国工程院院士钟掘、邱冠周，中南大学常务副校长黄健柏，中南大学副校长周科朝，湖南大学党委副书记陈伟，国防科技大学政治部副主任张远炬，省科协党组成员、副主席廖任强、刘秋惠，省科协党组成员、纪检组组长刘晓河，省教育厅副巡视员邓江祁、柴世钦等领导和院士专家出席了开营仪式。来自湖南、贵州、广西和云南4省区的600名学生营员、60名带队老师以及志愿者分别在3所高校参加了开营仪式。刘莲玉、欧阳斌在开营仪式上对此次活动的主办单位、广大教育工作者和青少年提出了殷切希望和要求。开营仪式上还举行了授旗仪式，参加开营仪式的领导共同为科学营营员授旗。本次活动由中国科协和教育部主办，省科协和省教育厅同国防科技大学、中南大学、湖南大学共同承办。3所高校开展了高校名师科普讲座和对话交流、重点实验室和科技场馆参观、高校学生社团科技文化交流和实践、高新技术园区和高新企业参观等。7月26～31日，600名学生营员在5天时间里，带着激情和梦想和对知识的无限渴求，体验了一场精彩的科学人文之旅，在科学的海洋中扬帆起航，去追逐心中的科学之梦。

**【2013年基层科普行动计划】** 省科协、省财政厅决定于2013年联合实施“基层科普行动计划”。该计划由“科普惠农兴村计划”和“社区科普益民计划”两个子计划构成。经逐级申报、推荐与评选和公示，长沙市望城区格塘无公害生态优质稻种植协会等35个农村专业技术协会、长沙市开福区光伏低碳优质高效葡萄种植基地等20个农村科普示范基地、新晃侗族自治县少数民族科普工作队等3个少数民族科普工作队、长沙市天心区青园街道青园社区等20个科普示范社区被评为湖南省基层科普行动先进单位，杨意红等14名农村科普带头人被评为湖南省基层科普行动先进个人。6月22日，省科协、省财政厅联

合发文，决定对以上评选出的78个湖南省基层科普行动先进单位和14个湖南省基层科普行动先进个人进行表彰，并给予奖补资金资助。

（撰稿人：卜仲伟）

## 广东省科学技术协会

**服务经济社会发展** 2013年，全省新建“院士专家企业工作站”31家。

2013年，33个社区获全国科普示范社区称号，有13个专业技术协会、7个科普示范基地、16名带头人获全国科普惠农先进单位和先进个人称号。5个专业技术协会、7个科普示范基地、8名带头人获省级科普惠农兴村计划表彰。开展第五批广东省“科普惠农服务站”申报评选工作，建立科普惠农服务站21个。200多个学会、4000多名科技人员到农村开展科技服务，推广先进实用技术500多项，培训农村劳动力40000多人次。

2013年，广东省科协印发《广东省科协关于学会建立科技服务站工作的意见》和《广东省科协学会科技服务站暂行管理办法》，进一步推动学会科技服务站的建设和发展。截至2013年12月31日，省、市两级学会在企业、农村、医院、专业镇、基层科协共建立了127个学会科技服务站。

**《科学素质纲要》实施及科普工作** 2013年，省科协组织开展“全国科技周、防灾减灾日和食品安全科普宣传周”、“全省科技进步活动月”、“全国科普日”等群众性社会公共科普服务活动。与广东省教育厅等部门联合举办第28届广东省青少年科技创新大赛，选拔选手参加第28届全国青少年科技创新大赛并取得优异成绩，获一等奖3项、二等奖7项、三等奖4项。举办第13届广东省青少年机器人竞赛，选拔选手参加全国青少年机器人竞赛，获一等奖11项、二等奖7项、三等奖4项，包括6项冠军、1项亚军，总成绩和金牌数位居全国第一。开展省级科普教育基地申报、评审工作，新评选出省级科普教育基地23家。组织开展2012～2015年度全国科普示范县（市、区）中期评估和全国科普示范社区回访检查。2013年学会开展科普活动1600多次，受众人数100多万人次。

**学术交流** 2013年，省科协举办了以“都会建设，永续发展”为主题的第11届海峡两岸工程师论坛，来自海峡两岸的工程师200余人出席论坛。组织召开第九届泛珠三角区域科协与科技团体联席会议，8个省区科协领导和香港京港学术交流中心、澳门工程师学会的负责人等20名专家、学者出席。举办广东科协论坛6场，广东院士讲坛6场。举办第十一届广东省科协学术活动周，邀请了一批院士专家学者作学术报告。编辑出版《南粤新星——广东省丁颖科技奖获奖者事迹（二）》和《星光灿烂——广东科技人物（四）》。开展第三届南粤科技创新优秀学术论文评选活动，评选出南粤科技创新优秀学术论文一等奖5篇、二等奖20篇、三等奖55篇。组织院士专家深入高等院校开展科学道德与学风建设巡讲活动，2013年全省29个研究生培养单位开展宣讲教育活动664场，14万多人次参加了宣讲教育活动。

2013年，省级学会举办国内学术会议1000多次，参加人数18.3万人，学术会议总数及高端前沿、综合交叉学术会议、境内国际学术会议、港澳台地区学术会议的次数和参加人数均持续增长。2013年学会主办的72种科技期刊，发表论文6000多篇，共印400多万册。

**自身建设** 2013年，作为第一批开展党的群众路线教育实践活动的单位，广东省科协党组聚焦“四风”广泛征求意见，征求意见130人次，召开座谈会6次，进行个别访谈约谈25人次，归纳存在问题、意见和建议共28条。认真开好党组专题民主生活会和专题民主生活会情况通报会，坚持立查立行立改，党组向社会公开十项承诺。按照中央八项规定和省委的有关要求，结合审计工作，开展整治“小金库”、违规使用专项资金等三个专项活动。制订和修订了《中共广东省科协党组会议制度（试行）》、《广东省科协行政办公会议制度（试行）》等10多项规章制度。

**省学会、企业科协、高校科协** 2013年省级学会经费收入总额1.9亿元，较2012年增长6824万元，增幅53%，学会平均年收入131万元，比增45万元，增幅52%。省医学会、省消防协会等8个学会年收入超过500万元。省中医药学会、省生态学会、省园林学会等9个学会连续两年获全国省级“学会之星”称号。

2013年省级学会个人会员超过45万人，比增57%，团体会员1.4万多个，比增1093个，学会从业人员1700多人，比增1.6倍。2013年，全省有省级学会、协会、研究会153个。

参与承接政府职能转移和购买服务。2013年省级学会承接政府转移职能10项，向政府购买服务事项36项。省护理学会受省卫生厅委托，成立了广东省护理质量控制中心，同时承接了省卫生厅转移的护士执业注册工作。省空间结构学会和省土木建筑学会分别承担省住建厅委托的编撰《钢结构设计技术规程》、《锤击式预应力混凝土管桩基础技术规程》和《静压预制混凝土桩基础技术规程》。省机械工程学会承担了省科技厅委托的“数控一代”机械创新应用示范工程有关项目。

**地市县及基层科协组织** 市科协所属学会809个，县（市、区）所属学会1458个，乡镇、街道、企业、学校科协1847个。广州市科协主导的广州科技园孵化器，在孵企业91家，2013年初步通过国家级科技企业孵化器的认定。

深圳市科协通过深圳市科技专家委员会，先后开展了航空电子产业和裸眼3D产业的研究论证，提出了布局两大战略性新兴产业的政策建议，得到了市政府的采纳。

佛山市科协积极开展“我为创新型城市建设献一策”有奖活动，市长对“献一策”获奖作者的建议作出批复。

东莞市科协建成“科技东莞”工程项目评审专家库，制定《“科技东莞”工程资助项目专家评审办法》，负责“科技东莞”工程项目评审工作。

珠海市科协投入资金30多万元，举办了5期技术创新方法培训班，为来自120多家高新技术企业的700多名核心研发人员进行培训。

中山市科协积极争取市委、市政府的支持，省、市两级学会共建科技服务站18个，驻站专家达100多名，各服务站均有专门的工作场所，配备2～3名专（兼）职工作人员，并对每个站点给予工作经费资助。

广州、惠州、河源、湛江等地市推动当地党委、政府出台了加强新时期科协工作的文件，为各级科协组织开展科协工作、发展科协事业营造了良好的环境条件。

江门、珠海、中山三市科协联合举办第三届珠中江科协论坛暨土木建筑发展与创新学术交流会，吸引了近千名建筑科技人员参加。

潮州、汕头、揭阳三市科协联合开展的“潮汕星河国瑞科技奖”评选工作，已形成良好的区域影响力。

**【广东省科协第八次全省代表大会】** 7月23日，广东省科协第八次全省代表大会在广州市召开。中共中央政治局委员、广东省委书记胡春华，时任中国科协书记处第一书记，广东省委副书记、省长朱小丹，省人大常委会主任黄龙云，省委副书记、省政协主席朱明国，省委常委、统战部部长林雄，省委常委、秘书长林木声，副省长陈云贤等接见与会全体代表并出席会议。有关领导和大会代表共计800余人参加了开幕式。

大会听取和审议了卢钟鹤主席代表省科协第七届全省委员会所作的工作报告。表彰了一批全省科协系统的先进集体和先进个人。

大会选举产生了广东省科协第八届全委会领导班子，中山大学原校长黄达人当选为主席，王迎军、冯日光、许宁生、李兴华、吴焕泉、何真、陈新、陈晓阳、周克崧、黄小玲、黄宁生、蒋宗勇、瞿金平当选为副主席。

**【中国科协与广东省政府签订《落实全民科学素质行动计划纲要共建协议》】** 7月22日，中国科协与广东省政府在广州签订《落实全民科学素质行动计划纲要共建协议》。

根据协议，中国科协与广东省政府将通过开展公民科学素质建设共建工作，落实公民科学素质建设的目标责任，建立完善监测评估和支持制度，充分调动各地各部门实现公民科学素质建设目标的积极性、主动性和责任感，使广东省到2015年实现本辖区公民具备基本科学素质的比例超过5.05%，为实现国务院《关于深化科技体制改革加快国家创新体系建设的意见》所提出的有关目标任务提供有力支撑。

此次签约旨在贯彻落实党的十八大关于普及科学知识，弘扬科学精神，提高全民科学素养的精神，落实《中华人民共和国国民经济和社会发展第十二个五年规划纲要》关于深入实施全民科学素质行动计划，加强科普基础设施建设，强化面向公众的科学普及，以及全国科技创新大会和中共中央、国务院《关于深化科技体制改革加快国家创新体系建设的意见》提出的到2015年实现我国公民具备基本科学素质的比例超过5%的目标要求，进一步推动实施《全民科学素质行动计划纲要（2006—2010—2020年）》。

**【“千会服务千村”行动】** 2013年，省科协与省委宣传部、省科技厅、省农业厅、省卫生厅、团省委、省妇联、省地震局、省气象局等部门和单位联合，共同启动“千会服务千村”行动。

在韶关市乐昌市举办的2013年广东省文化科技卫生“三下乡”活动暨启动“千会服务千村”行动启动现场，让公众体验到农科专家实用技术培训、农业科技成果展示等农村实用技术活动；大型科普专题展览、科普大篷车互动、青少年科技教育等科普宣教活动；食品安全、用药卫生和自然灾害自救应急预防等科普宣传活动，眼科、儿科、妇产科、中医科、消化科和内科等义诊活动。此外，广东省全省各地各部门将上下联动，通过“千会服务千村”行动，将温暖、欢乐、健康、科技知识送到群众身边。

2013年开展“千会服务千村”行动农村科技服务重大项目528项。其中，广东省科协及直属单位、省级学会承办77项，各地市科协承办319项，遍布广东全省的科普教育基地承办55项，科普惠农兴村计划表彰单位承办77项。举办地点有县城、乡镇、社区（街道）、学校、果园、农场、示范基地、自然保护区等，举办日期有全年、每月定期、固定日期等，内容既有实用农业技术培训、新技术新产品推广，又有科普知识展览、讲座，还有“预防疾病，科学生活”义诊、咨询。

**【第28届广东省青少年科技创新大赛】** 4月12～14日，第28届广东省青少年科技创新大赛在深圳市举行，来自全省的“小发明家”展示各自的创意发明。

大赛由省科协、省教育厅、省科技厅、省知识产权局和深圳市政府联合主办，广东省青少年科技中心、深圳市科学技术协会、深圳市教育局、深圳第二外国语学校等单位承办。广东省委常委林雄、广东省副省长陈云贤担任大赛荣誉顾问，刘人怀、谢先德等院士担任大赛荣誉科学顾问。大赛共收到由各市评选推荐的参赛作品1378项，包括创新项目397项、科技实践活动73项、科幻绘画490幅、优秀组织奖26项、优秀组织工作者23名、科技辅导员创新项目369项。其中，参加终评展示的有来自全省23个代表队455名学生携带的322个创新成果项目、65项科技辅导员创新成果项目、73项优秀科技实践活动项目和91幅获奖优秀少年儿童科学幻想绘画。

大赛评出青少年科技创新成果一等奖55项、二等奖112项、三等奖152项。其中部分优秀作品代表广东参加2013年7月在江苏省南京市举行的第28届全国青少年科技创新大赛，荣获一等奖3项、二等奖7项、三等奖4项。

**【广东省“全国科普日”活动】** 9月13日，由广东省全民科学素质纲要实施工作办公室、省科协、省委宣传部、省教育厅、省环保厅、省科技厅、省食品药品监督管理局、广州市越秀区政府等单位联合主办的2013年广东省“全国科普日”活动在广州市越秀区英雄广场举办。广东省副省长陈云贤出席启动仪式并宣布2013年广东省“全国科普日”活动启动。省科协党组书记、专职副主席何真，省委宣传部副部长蔡伏青，省环保厅党组副书记、巡视员王子葵，省教育厅教育研究院院长汤贞敏，省科技厅副巡视员周木堂，省食品药品监督管理局副局长陈鲁峰，广州市越秀区副区长赖志鸿等出席活动。启动仪式由省科协副主席吴焕泉主持。

启动仪式上，领导嘉宾向获得中国科协、财政部表彰的全国“科普示范社区、科普惠农”先进单位的代表广州市海珠区沙园街广重社区、越秀区洪桥街三眼井社区、番禺区桥南街御院社区、从化市黄龙带杨梅协会颁发了奖牌和奖补资金，并向社区居民赠送科普书籍。2013年广东省有33个社区获得全国科普示范社区称号，有13个专业技术协会、7个科普示范基地、16名个人获得科普惠农先进单位和个人称号，并获得奖补资金1140万元。

2013年广东省“全国科普日”日活动的主题是：保护生态环境，建设美丽广东。在启动之后的一周时间内，全省科协系统联合教育、环保等有关部门，组织动员广大科技工作者和科普志愿者走进群众之中，围绕公众关注的环境保护、健康生活、防灾减灾、食品安全、低碳经济和绿色发展等社会热点问题，组织开展一系列内容丰富、形式多样的科普宣传活动。

2013年广东省全国科普日活动特别依托互联网平台策划了一系列线上线下互动活动。在广东省科普资源共建共享平台上，组织科普文化产业单位100家，展示科普剧、科普微童话（画）作品，并开展推荐评选群众喜爱的科普作品活动。第二届“走进科普教育基地，体验科学魅力”微童话（画）创作大赛继续开展，活动以微信和微博互动的方式，旨在发动广大群众走进科普教育基地体验科学魅力，参与科普微童话（画）创作和随手拍活动。以“我的环保中国梦”为主题通过微博向社会有奖征集科普微童话（画）、微诗歌、微视频、微动漫、微脚本等形式的科普作品。

（撰稿人：刘泽周）

## 广西壮族自治区科学技术协会

**服务经济社会发展** 2013年，建设广西科技思想库网络平台投入使用，向自治区党委、政府和中国科协提交5篇决策咨询建议，获得5位自治区领导批示。《关于我区科技工作者事业发展需求及发挥作用状况调查情况的报告》获得了自治区党委副书记危朝安，自治区党委常委、组织部部长周新建，自治区副主席李康、蓝天立等领导的批示。根据领导的批示，自治区党委办公厅将调查报告批转有关部门参考，自治区政府办公厅交由广西科协牵头起草了《关于进一步调动和发挥科技工作者积极性的意见》。

实施“基层科普行动计划”。101个单位和个人荣获全国“基层科普行动计划”奖励。67个单位和个人获广西“科普惠农兴村计划”奖励。举办“科普惠农兴村计划”特色农产品展销会，组织300多家农技协和科普基地携带1000种绿色、有机优质农产品进行现场展销和网上销售。在中国科协支持下，在广西桂平市建立了“中国科协科技帮扶示范点农业产业化示范项目”。

按照自治区级50人、市级50人和县级50人的规模，组建超过5000人的广西科协专家服务团，组织开展科技咨询服务活动230余次，3100余人次参与活动，服务群众1.6万多人次。大力开展形式多样的培训活动，培训基层科协科普专职人员、校外青少年科技辅导员、农村科普带头人、农村科普员、志愿者等10余万人次。

**《科学素质纲要》实施及科普工作** 举办广西“十月科普大行动”，实行全自治区联动，开展主题活动350余项。

推动广西多数市县明确将全民科学素质工作纳入政府工作部署和目标责任考核体系，其中南宁市、柳州市、玉林市、贵港市、钦州市所辖的全部县（市、区）均将全民科学素质工作纳入政府工作部署，贺州市、河池市将全民科学素质工作纳入政府年度绩效考核。

开发利用社会科普资源。推动广西大学、桂林电子科技大学等10余所高校的44个高水平实验室、陈列室（馆）等优质科普资源在科技活动周期间首次对外开放，免费接待群众1万余人次。完成对34个全国科普示范县（市、区）中期评估及总结验收工作，新设立32个自治区科普教育基地。3月23日，广西首个气象科普园——南宁市气象科普园挂牌成立，并免费向公众开放。该园为南宁市2012年科普能力建设重点项目，集气象观测、科普教育、娱乐休闲于一体，是广西规划建设的首个气象科普主题园。园区占地20亩，分两期建设，一期是已经建成的室外景观展区，二期为气象天文科普馆，正在建设之中。

加强“科普信息数字传递工程”建设，建成100多个电子科普信息屏。配合自治区党委、政府在自治区范围内开展的“美丽广西·清洁乡村”活动，广西科协积极谋划，组织编写了“美丽广西·清洁乡村”科普口袋书、挂图、展板，并向自治区各地免费发放8.5万套。编印的《农博士答疑一万个为什么》被中国科协评为“公众喜爱的科普作品”。在自治区党委宣传部举办的2012年广西第十二届精神文明建设“五个一工程奖”评选中，由广西科协副主席朱东与《南方科技报》记者张越联合创作的科普小说《股份农民》荣获文艺类图书奖。

10月23日，广西科协在广西人民广播电台首次主持召开艾滋病防治微电影《爱》科普作品成果评审会。艾滋病防治科普微电影《爱》由自治区防艾办与自治区广电局联合制作，广西人民广播电台具体拍摄，于2013年创作完成，并在全自治区1万多个乡村面向广大农民群众进行播放。评审会上，专家们对微电影《爱》的文学艺术价值、科普传播价值、社会效益、应用推广前景等进行点评，并提出了意见和建议。

加强科普设施建设。广西科技馆与中国科技馆合作，在桂平市、融安县、田东县、博白县、融水苗族自治县、大化瑶族自治县、陆川县、象州县等8个县（市）组织了流动科技馆巡展，惠及民众35万人次。广西科技馆全年接待人数超过100万人次。参加青少年科技创新活动的人数超过100万人次。广西天文馆项目建设取得阶段性进展，广西数字科技馆建设获中国数字科技馆优秀二级子站奖。广西防城港市科技馆建成开馆，南宁市科技馆建设进入布展阶段，在贵港市大圩一中建成广西首个农村中学科技馆。新增科普大篷车4辆，全自治区科普大篷车总量达到28辆。

**奖励青少年科技创新** 10月12日，广西首次颁发青少年科技创新奖，柳州高级中学的刘佳芸、宋泰霖、黎楚逸申报的《两关节仿生金鱼的研制》等5个优秀科技创新项目获奖。该奖由自治区科协、文明办、教育厅、科技厅、共青团广西区委共同发起设立，重点表彰奖励广西在国际上、国家级和自治区级各类青少年科技创新重大比赛或评选活动中，在科学探究、发明创造等领域成绩突出、得到广泛认可的青少年科技创新项目。

**学术交流** 举办各类学术交流活动近600场次，承办国际学术交流和国内学术交流活动30余场次。10～12月，以“繁荣科学技术，促进人才成长”为主题，举办“广西科协学术活动月”，41个自治区级学会、高校科协举办93场学术交流活动。与自治区社会科学界联合会、共青团广西区委联合主办第六届广西青年学术年会，共征集论文605篇。与中国—东盟博览会秘书处、广西科技大学、香港科技协进会等共同举办第四届中国—东盟工程项目合作与发展论坛，来自新加坡、马来西亚、越南、印度等11个国家，以及中国大陆、香港特别行政区、澳门特别行政区、台湾地区的专家、学者、企业家130余人出席论坛，促成签订价值6500万元项目合同。

**服务科技工作者** 建立科技工作者状况调查站点70多个。全年编发反映科技工作者呼声建议的《科技工作者状况调查站点信息摘报》36期。加强与科技工作者的联系，坚持办好科技人员迎春茶话会、首府科技界“迎中秋、庆国庆”联谊会。开展第十二届广西青年科技奖评选工作，表彰了30名获奖者。

**实施“海智计划”，引进海外才** 10月30日，“海智计划”广西（南宁）工作基地授牌仪式暨南宁市“海智计划”项目和海外人才交流会举行，该基地是广西首个“海智计划”工作基地。授牌仪式上，南宁市科协与加中科技联盟、加华IT协会、美欧青年海外留学人员创新创业协会、瑞士中国学人生命科学协会签署了合作备忘录，建立长期合作关系，共同推动海外人才回广西创新创业。来自美国、英国、德国、加拿大、比利时、澳大利亚、瑞士、新西兰、芬兰、荷兰等10个国家的28名海外人才参加了南宁市“海智计划”项目和海外人才交流会。海外人才带来了智能助老医护系统、基于废水废气处理的微藻规模化能源利用技术、中小河流治理生态工程技术、纳米银抗菌系列产品的投资等34个项目，项目内容涉及生物医药、电子计算机、生态环境、新能源、新材料、金融投资等领域。交流会上，南宁市20多家企业与海外人才达成初步合作意向。

**自身建设** 深入开展党的群众路线教育实践活动，认真查找在贯彻执行中央“八项规定”、反对“四风”等方面存在的问题，征求和听取基层群众意见建议200多条，切实抓好整改落实。做好中国科协八大（广西）代表服务工作，被评为“中国科协八大代表服务创新试点单位”。广西科技馆被中国自然科学博物馆协会评为2013年度优秀集体。《小博士报》荣获第五届中国优秀少儿报刊奖。《南方科技报》被评为广西“十强报纸”。

在广西农学会等5个自治区级学会开展学会能力提升试点工作，组织41个学会承接政府转移职能119项。举办了7期创新方法进企业巡讲活动，培训2800余名企业科技人员。

**省级学会、高校、企业科协** 2013年，新成立广西民族医药糖尿病防治学会、桂林航天工业学院科协、右江民族医学院科协、钦州学院科协、柳州铁道职业技术学院科协5个自治区级学会和高校科协。截至2013年底，自治区科协系统有省会城市科协1个，地级科协13个，县级科协110个，园区科协3个，乡镇科协814个，街道科协88个。各级科协所属学会、协会、研究会1865个，企业科协186个，大专院校科协33个，农技协3600个。其中，自治区科协所属的区级学会109个，大专院校科协19个，企业科协1个。拥有全国科普教育基地7个，拥有省级科普教育基地55个。

**【广西科协第七次代表大会】** 10月25～26日，广西壮族自治区科协第七次代表大会在广西人民会堂召开。480余名科技工作者代表出席会议。自治区党委书记、自治区人大常委会主任彭清华出席大会并讲话，中国科协副主席、党组副书记、书记处书记程东红到会祝贺。自治区党委常委、秘书长范晓莉，自治区人大常委会副主任荣仕星，自治区政协副主席刘君等出席会议。自治区副主席黄日波主持开幕式并在闭幕式上讲话。自治区总工会副主席、党组书记吴玉斌代表自治区各人民团体致贺词。

广西科协第六届委员会主席、中国工程院院士郑皆连作了题为《凝聚全区科技工作者力量，为实现富民强桂新跨越作更大贡献》的工作报告。大会选举产生了广西壮族自治区科协第七届委员会主席、副主席、常委、委员等。郑皆连当选为广西科协第七届委员会主席，叶宗波等当选为副主席，55人当选为常委，121人当选为委员。会上，表彰了30名第十二届广西青年科技奖获得者、2008—2013年广西科协系统先进集体39个和先进工作者150名。

**【中国科协与广西壮族自治区人民政府签署合作协议】** 5月27日，中国科协与广西壮族自治区人民政府在南宁市签署《关于促进广西经济社会又好又快发展的合作协议》和《落实全民科学素质行动计划纲要共建协议》。时任中国科协书记处第一书记和广西壮族自治区主席陈武代表双方在协议上签字。广西壮族自治区党委书记彭清华、副书记危朝安，自治区党委常委、秘书长范晓莉，自治区副主席蓝天立等出席签字仪式。

《关于促进广西经济社会又好又快发展的合作协议》结合中国科协的职能特点、智力优势和广西科技创新、人才培养的实际需要，从整合人才智力资源、加大全民科学素质工作力度、支持广西科协工作等三方面确定了合作事项。根据协议，双方将积极推动专家企业工作站、科技信息服务推广应用平台、国家级科技思想库、中国科协海智计划广西工作基地建设，不断加大科普基础设施建设、科普项目实施和青少年科技实践活动力度，进一步支持广西科协在学会能力建设、基层科协组织建设、培养举荐人才等方面开展工作。

《落实全民科学素质行动计划纲要共建协议》规定，全民科学素质纲要实施工作各有关单位将在科普基础设施、科技场馆建设、科普人才培养、科普活动等方面对广西给予大力支持。广西壮族自治区人民政府将把《全民科学素质纲要》实施工作纳入政府的重要议事日程，加大经费投入，为广西公民科学素质建设提供有力保障。协议双方希望通过开展公民科学素质建设共建工作，确保广西到2015年实现公民具备基本科学素质比例超过2.56%的目标。

**【首届广西青少年科学节】** 10月12日，由广西科协、自治区文明办、教育厅、科技厅、共青团自治区委员会联合主办的首届广西青少年科学节主场活动在广西科技馆启动。南宁市各中小学校及高等院校上千名青少年学生、科技教师和社会各界群众参加启动仪式和主场活动。主场活动包括“美丽广西·清洁乡村”青少年科幻画比赛参赛作品展评活动，首批“广西中小学生发明创造示范单位”宣传展示和“挑战杯”全国大学生课外学术科技作品竞赛部分获奖作品展示，青少年科学教育讲坛，科学家与青少年面对面，青少年“科学嘉年华”系列活动，百所青少年学生校外活动中心百名科技骨干教师培训，百所乡村学校少年宫中小学生素质教育技能比赛等。

首届广西青少年科学节全自治区活动于9月15日至10月31日在各地市，特别是中小学校、青少年校外活动中心、乡村学校少年宫联合举办，期间开展了科普报告、科技竞赛、展览展示、发明创造、机器人活动展演等科普活动。围绕“美丽广西·清洁乡村”开展了废旧物品回收利用（模型搭建、手工制作等）、剪纸、环保宣教、环保时装秀等青少年科技环境保护活动。开展了“快乐科普校园行——大手拉小手，科普报告希望行”、“科技馆活动进校园”等系列活动。开展了科普大篷车进校园、进社区青少年科普教育活动，流动科技馆进融水苗族自治县、博白县、大化瑶族自治县巡展活动，“我写我唱我宣讲”广西百万青少年科普金童谣系列科普活动等。自治区范围内共开展各类科技活动200多场次，参与人数超过100万人次。首次评审创建广西中小学生发明创造示范单位22家。

**【第23、第24届广西科技大集】** 8月23日，第23届广西科技大集特色种养殖创业富民工程推广活动在灵山县举行。本届科技大集由自治区科协、自治区农业厅、自治区水产畜牧兽医局、钦州市委、市人民政府联合主办。大集以“发展特色农业　致富千万农家”为主题，组织了特色种养殖创业富民工程推广活动主题展、央视《致富经》典型人物经验交流会、帮扶农民创业致富签约、创富项目推介与合作签约、科技创业人员考察种养基地、钦州市和灵山县特色农业产业成果图片展、广西科技创业致富图片展、农业专家现场咨询、特色种养新技术新成果合作洽谈会等活动，数千名各地群众实地考察了100多项特色种养项目。

12月28日，第24届广西科技大集暨第四届“融安金橘节”在南宁市举办。本届大集由自治区科协、柳州市人民政府主办。大集突出融安的金橘产业优势，举办了融安金橘及名特优农产品展销、“美丽融安·金橘富农”座谈会及融安金橘购销洽谈会、“美丽融安·现代三农”成就图片展、现场免费品尝融安金橘、融安金橘大赠送等活动。依托大集平台，会上签下金橘订单近4000吨。

（撰稿人：陈启浩）

## 海南省科学技术协会

**服务经济社会发展** 2013年，省科协围绕省委省政府的中心工作，组织科技工作者就海南省经济社会发展的热点、难点问题开展调查研究，为省委省政府提供决策咨询服务。面向全省征集了64个课题，经专家评审，确定了《从“资源导向”转向“市场导向”下的海南国际旅游岛建设问题研究——基于游客群体分层次分析》等10个调研课题，为2013年省科协调研课题。8月，组织海南省气候中心专家，深入全省气象灾害比较严重的城镇进行气象致灾问题调研，撰写了《海南省中小城镇气象致灾问题调研报告》，形成《科技工作者建议》上报省领导和中国科协。

引进海外智力。邀请海外和港澳台专家7批次，18人次来海南进行学术交流。5月，邀请台湾医学专家周腾达教授一行5人来琼交流与授课，6月，邀请中国科协海智专家、澳大利亚纽卡斯尔大学设计传媒信息技术学院金声教授来琼，开展智能交通等方面的交流与合作。10月，邀请英国食品研究所生物炼制中心主任肯斯一行3人，来琼进行技术交流。11月，邀请中国科协海智专家、清华大学智能交通专家吴建平教授访问海南，编制智慧城市规划。

各企业科协围绕企业中心工作，在推动技术创新、促进科技交流、提高员工科学素质、举荐创新人才、激发创新热情和创造活力等方面发挥了重要作用，成为推动企业技术创新的重要力量。

**《科学素质纲要》实施及科普工作** 深入实施“基层科普行动计划”。2013年，举办培训班33期、培训3600多人次。省农校致富技术函授大学结合当地农民生产需要，组织专家深入农村举办各类培训，举办各类培训班208期，培训农民1.2万多人次。组织开展“基层科普行动计划”项目评选推荐工作，经评审，万宁市后安海鸭养殖专业协会等36个单位和11名个人获全国和省表彰。在昌江、屯昌、琼中、定安4个市县开展农村党员、妇女、基层干部、农民、16～20岁农村青年适用技术培训，共培训6000多人次。

开展“科普大篷车联合行动”，深入农村、社区和学校开展大型科普宣传活动40多场次，行程1万多公里，参与群众20多万人次。5月开始，与海南电视台少儿频道联合举办“科普100秒”节目，每天黄金时段滚动播放。配合海南省科技厅开展以“科技创新·美好生活”为主题的海南省第九届科技活动月，共开展科技及科普活动527项，200多万人次参与。9月，以“保护生态环境，建设美丽中国”为主题的2013年海南省“全国科普日”活动在海口市开幕，主会场的活动整合了海南各省级学会、企业、科普教育基地等组织的科普资源，组织100多名专家和科普志愿者，开展科普知识有奖竞答、主题科普展、科普大篷车宣传等活动。科普日活动期间，举办67项内容丰富的科普活动，共展出展板152块，发放科普资料16500份（册），27万多人次公众参与活动。

大力提高青少年科学素质。与多部门联合，积极开展青少年科技创新大赛等青少年科技活动，提高全省青少年的科学素质。5月，举办2013年海南省青少年机器人竞赛，共有30支代表队100多名选手参加比赛。评出优秀教练员11名，一等奖20名。6月，在海口、儋州等6个市县开展雅培家庭科学教育活动，1500多人次学生和家长参与活动。6月，开展以“节约粮食，从我做起”为主题的2013年海南省青少年科学调查体验活动，共发放《活动手册》500多份，资源包40箱，纸质问卷4500份，网上提交数据1888份，2万多名学生和家长参与活动。省科技活动中心联合省教育厅等单位举办20多场“科技馆活动进校园”大型活动，6万多人次学生参与活动。

2013年，全省各市县科协有针对性地开展形式多样的科普活动，提高了全民科学素质、促进了各县农村经济发展。白沙县科协联合多部门，组织专家深入到全县各乡镇举办生姜栽培、橡胶管理、木薯、水果栽培等实用技术培训班60期，培训农民6200多人次。联合国家木薯产业体系首席专家办公室、白沙木薯试验站、木薯生产企业，在七坊木薯试验基地进行22个木薯新品种的对比试验、肥料试验。乐东县科协组织省农业科学研究院瓜菜栽培专家，定期深入田间地头、种植基地举办瓜菜肥水管理、病虫害识别和防治等讲座260次，培训种植户4000多人次，走访种植户7300多户，琼中县科协在全县10个乡镇创建养蜂科技示范村42个，养蜂专业户3500多户，养蜂50000多箱，产量75.42万斤，产值达3016.8万元。举办养蜂技术培训班62期，培训2800多人次。澄迈县科协联合县国土局、县司法局、县地震局等多部门，举办香蕉栽培、橡胶管理、地瓜栽培及鸭子养殖技术等实用技术培训班35期，培训农民65500多人次。

**学术交流**　2013年，省科协重点扶持19项学术交流项目，10项学会科普项目。参加学术会议500多人次，交流论文170篇。

**自身建设**　2013年，省科协主要领导调整，胡月明同志担任省科协党组书记，经省科协四届六次全委会选举，当选省科协副主席。

6月28日，海南省科协第四届委员会第六次全体会议在海南省海口市召开。

全省共有省级学会71个，会员总数28418人，企业科协11个，尚未成立高校科协。

各省级学会积极主动承接政府转移职能和委托项目。省通信学会承担了全省通信工程专业的职称评审职能，省测绘学会承办海南省优秀测绘工程奖的评选组织工作，省标准化学会接受企业委托，开展多项行业或产品标准的编制。

**【海南省青少年科技创新大赛】**　4月22日，第25届海南省青少年科技创新大赛在海南省海口市闭幕，来自全省的26支代表队和海南中学部分学生代表参加闭幕式。海南省人大常委会副主任、省科协主席康耀红出席闭幕式，省科协党组书记、副主席陈永明出席闭幕式并讲话。大赛以“体验·创新·成长”为主题，包括竞赛与展示、教师论坛、专家学生面对面和博物馆参观等活动。共评出科协主席奖6个，青少年科技创新成果一等奖71个，二等奖134个，三等奖107个。推选出优秀科幻画30幅、优秀科技实践活动10项、优秀科技辅导员项目20项、优秀学生项目12项，代表海南省参加在南京举办的第28届全国青少年科技创新大赛。

**【海南省科协四届六次全委会】**　6月28日，省科协第四届委员会第六次全体会议在海南省海口市召开。省科协第四届委员会委员出席会议，各市县（区）非委员科协主席，省科协机关干部和直属单位负责人共100多人参加会议。会议宣读了中共海南省委《关于胡月明等同志职务任免的通知》，选举省科协党组书记胡月明为海南省科协副主席，增补了省科协四届委员会委员、常委、副主席。省人大常委会副主任、省科协主席康耀红向大会作了题为《发挥优势，积极探索，为海南绿色崛起而奋斗》的工作报告。会议审议通过了海南省科协四届六次全委会工作报告，并研究部署了2013年工作。省科协副主席陈民主持会议。

**【海南发展战略策略专家论坛】**　8月25日，海南低碳经济试点省发展战略策略专家论坛在海南大学邵逸夫学术交流中心召开。论坛由省低碳经济发展促进会主办，采取主题报告、专题发言等形式，围绕“低碳城市、低碳产业、低碳生活”这一主题，研究探讨海南低碳试点省的发展战略及策略。中国科学院院士、清华大学教授费维扬应邀作题为《发展低碳技术，推动永续发展》的主题报告。

省科协巡视员刘智慧、省发改委副主任王长仁、海南大学副校长刁晓平等领导出席论坛。来自全省各界的专家学者、企业代表130多人参加论坛。海南大学副校长刁晓平等8名专家、学者围绕发展低碳经济作专题发言，为海南绿色崛起建言献策。

**【航天科技连着你和我——院士专家海南校园行】**　12月2日，由省科协主办的“航天科技连着你和我——院士专家海南校园行”活动，在海南中学艺术活动中心开幕。运载火箭技术专家、研究员、中国工程院院士龙乐豪，中国科学院空间与应用研究中心研究员潘厚任等6位专家出席活动，海南省科协党组书记、副主席胡月明，中国科协青少年科技中心副主任蒙星出席开幕式并致辞。海南省教育厅副厅长廖清林主持开幕式。

启动仪式后，龙乐豪院士为海南中学学生作了题为《中国的火箭与航天》的报告，详细讲解了我国长征系列运载火箭的发展历史、“嫦娥”探月工程的现状及发展、国外运载火箭的发展历史，并解答了在座学生提出的问题。活动走进海南省10个市县31所中小学，为1万多名师生宣讲航天科技知识，内容包括：中国航天员是怎样炼成的、载人航天与天宫实验室、飞向太空、太空人的衣食住行、从神州一号到神州十号等。

（撰稿人：刘红军）

## 重庆市科学技术协会

**服务经济社会发展** 2013年，市科协加强决策咨询，推进国家级科技思想库建设试点工作。将科技思想库调研课题项目升格为省部级项目，向中国科协上报调研成果6篇、建议成果16篇，向重庆市委、市政府上报建议成果24篇，其中《重庆城市交通便捷性研究》被中国科协评为2013年优秀决策咨询成果奖二等奖，2篇成果被中国科协推荐报送国务院，4篇成果获重庆市领导批示，8篇成果作为政协科协界集体提案。

实施科普惠农兴村计划，引导群众科学致富。对有较强区域示范作用的50个基层农技协和科普示范基地、21名农村科普带头人进行表彰。建立了“协会+科普基地+示范大户”、“公司+协会+基地+农户”和“协会+合作社+基地”等发展模式，会员农户年均纯收入高于本地农民20%以上。开展“专家企业面对面、把脉问诊促发展”系列活动：开县行、秀山行、石柱行、万盛行，提出合理化建议150余条。组织50余位学会专家赴酉阳县开展“七进”活动。联合区县科协开展科技服务和民生服务活动60余场次，受众超过450万人次。

服务企业自主创新。落实专项经费支持重庆科技咨询中心开展企业科技信息服务，在江津、璧山等12个区县开展科技信息服务培训，向349家企业完成科技发明数据库推送，并将科技信息推送服务范围向园区、商会、高校拓展。开展院士专家与企业科技项目对接活动，协调中国科学院绿色智能研究院、重庆大学、西南铝业等单位专家，解决建设工业集团、万盛水蛭养殖公司等企业科技难题37个。指导长安工业公司等235家企业科协开展“讲理想、比贡献”活动，立项3700余项，4.2万科技人员参与，采用合理化建议2.8万余条，全市“讲理想、比贡献”活动示范单位达34个。新建立院士专家工作站6家，柔性引进院士专家24名，累计建立院士专家工作站22家，郑有炓、都有为等24名院士专家及其团队正式加入重庆。举办“2013年百名海外博士重庆行”活动，引进人才42人，签订合作项目9项。

《科学素质纲要》实施及科普工作。组织召开全市全民科学素质工作专题会，印发《2013年重庆市全民科学素质工作要点》。联合相关市级部门开展公共机构节能、食品安全宣传周、科技活动周等各类科普宣传活动超过200场次，指导秀山、潼南、璧山等区县出台加强科普工作、科协工作的意见，21个示范区（县）科协科普经费达到2220万元，比2010年增长60%。完成2011 ~ 2015年全民科学素质中期评估和2011 ~ 2015年全国科普示范县（区）和重庆市科普示范县（区）中期评估工作，配合中国科普研究所完成2013年全国公民科学素养抽样调查。建立社区科普大学教师资源库，首批遴选106名，在30个区县开设社区科普大学教学点250个，学员超过1万名，编撰首批社区科普大学教辅材料。新建规范化社区、楼宇科普活动室（中心）223个，新建大型全彩色LED显示屏4块，青少年科学工作室117个，实现了全市五大公租房社区科普设施全覆盖。科技馆2013年接待观众121万人次，举办“科技·人文大讲坛”9次。实施“基层科普行动计划”，15个社区被命名为全国科普示范社区。

组织开展特色科普活动。以“走近科技”为主线，串联平安幸福、缤纷节日、食品安全等多个主题的特色科普品牌，深入企业、园区、军营等单位，讲解十八大精神，普及食品、安全等知识，受益群众超过100万人次。举办以“保护生态环境，建设美丽中国”为主题的2013年重庆市全国科普日系列活动，6个区县被中国科协评为全国科普日活动先进单位。聚焦社会热点开展科普，科协系统开展预防H7N9禽流感知识宣讲127次，印发宣传手册30万余册。在主城区40余条公交干线的近1000辆公交车椅背上设置“口袋科普书”，制作20块高速公路广告牌开展科普宣传，在轨道1、2、3号线列车上开展“科普伴我行”科普宣传活动，受众超百万人次。举办“植物转基因技术”科普报告3场，现场听众2000余人，发放知识手册2000册，大渝网在线听众达5万人。与新闻媒体合办《科技之声》、《每日科学》、《大有名堂》等科普栏目，制作“学会专家谈科技促民生”现场访谈节目4期，大渝网专题宣传网页点击数达到35万余次。

开展青少年科技教育活动。组织开展第八届重庆市青少年科技创新市长奖评选表彰、第28届重庆市青少年科技创新大赛、第24届重庆市青少年科技模型大赛、青少年科学影像节、争当小小实验家等活动，重庆市委副书记、市长黄奇帆、重庆市人大常委会主任张轩等市领导出席活动。开展2013青少年高校科学营重庆营活动，组织110名高中生参加北京营、上海营活动。组织中国流动科技馆重庆巡展在开县、酉阳、城口等5个点共开放231天，受众达16.56万人次，“科普大篷车渝州行”活动深入万州、梁平等5个区县22所偏远中小学，受益师生9万余名。举办重庆市第四届大学生成长论坛。

**学术交流** 举办2013海峡两岸功能材料与科技产业峰会、2013（重庆）国际神经病学论坛、国际应用能源专家论坛、第二届山地城镇可持续发展专家论坛暨首届重庆科技论坛、现代测绘科学技术与“数字重庆”建设科技论坛等国际国内学术活动120余次，参加人员近8万人次，其中外籍专家50余名。举办重庆科技沙龙2次。资助第二届长江国际心血管病学术会议等8个国际学术会议。实施青年科技阳光计划项目，资助4位优秀青年科技人员参加国际性学术交流活动，推介4人参加第四届海峡两岸青年学子科技交流活动，举办第五届“小新星观世界”活动，220余名中学生赴美、英等国进行科技夏令营活动。与英国工程技术学会、法国高科组织等海外科技团体建立了合作联系。

**服务科技工作者** 制定了《重庆市科学技术协会第四次代表大会代表联系和服务办法》（试行）和《重庆市科学技术协会主席联席会议制度》（试行）。向中国科协推荐1名第十六届求是杰出青年成果转化奖候选人，6名第十三届中国青年科技奖候选人，向市人才办推荐10名青年拔尖人才候选人。在中国科协会员日活动期间，组织召开科技工作者代表座谈会，收集推进五大功能区建设的建议16条。承办2013年全国科技工作者状况调查站点培训班。新建立国家级调查站点13个，两级共建调查站点4个，省级调查站点27个。参与第三次全国科技工作者状况调查等国家级调查工作，组织开展了重庆市科技工作者状况调查、重庆市海归科技工作者状况调查等市级调查工作。举办科学道德与学风建设宣讲报告会349场次，参与的科技工作者、师生达15.25万人次，中国科学院院士杨乐和中国工程院院士王正国出席集中宣讲报告会并作报告，在5家科研院所开展宣讲试点工作。开展两新经济组织科技人员职称评定服务，市工程师协会在非公企业中开展工程师职称评定工作。在市级以上媒体集中宣传报道农村科普带头人、各级科协组织特色创新工作等超过660条（次）。

**自身建设** 举行十八大精神专题学习会，科协系统开展宣传教育活动超过150场次。组织两批科协系统干部赴上海交通大学开展领导能力建设培训。新建园区科协15家，企事业科协6家。新成立区县级农技协联合会5个、基层农技协357个。开展学术类社团组织评估工作，修改完善学术类社团组织评估指标参数。重庆农业科教声像室更名为重庆市科协信息中心。

按照中央和市委的部署，重庆市科协积极参与了全市第一批教育实践活动，采取座谈会、调研、走访、发放调查问卷和征求意见表等多种方式，征求意见建议260余条，梳理出75条具体问题和意见建议。11项重点整改事项除4项需长期整改之外已全部整改到位，建立和完善公务接待及直属事业单位管理等制度13个，机关“三公经费”同比下降10.7%、会议减少18.3%、公文减少15.7%。

**地市县及基层科协组织** 30个区县召开了素质办会议、下发了工作要点。28个区县组织了实用技术培训、家庭生活知识宣传、大篷车巡展、科普文艺表演等活动。璧山县、梁平县争取人大、政协督查、调研《科学素质纲要》实施情况，并将调研报告转政府落实。酉阳县将全民科学素质工作列入县委党校专题培训内容。北碚区加强社区心理工作室阵地建设，巴南区开展“创新社会管理、心理辅导进社区”活动，巫溪县开办“道德讲堂”，渝中区在全区开展“一米园地·低碳生活”主题活动。云阳农技协联合会牵头在县城中心地带设立会员产品、品牌形象示范店。璧山县、南川区、永川区等开通259个“基层网络书屋”。

**省级学会、企业科协、高校科协** 新成立重庆市数字医学会、重庆市西部临床医学研究联合2家市级学会，新吸收个人会员或团体会员2600余人（个）。市科协业务主管的市级学会达到149家。新成立市科协科技社团党委，召开市级学会创新发展座谈会。举办学会能力提升培训班，110个市级学会和部分区县学会的秘书长及专兼职干部共140余人参加。中国计算机学会秘书长杜子德就“如何当好秘书长”与参会人员交流。设立了市级学会扶优促强专项资金并出台管理办法，对评估中获得5A级的学会实施专项资助，2013年共资助学会重点学术项目80余个。支持市级学会承接政府转移职能，29个学会共承接了66项社会化服务职能。

市科协直接批复成立的企事业科协共286家。其中企业科协199家、高校科协20家、中学科协5家、科研院所科协12家、园区科协32家、商会科协工作联络站18家，全市企事业科协总量已超过700家。长安工业公司科协开展“十项技术创新，百项工艺改进，百台重点设备提高效率”的“讲理想、比贡献”竞赛活动。望江公司科协坚持开展技术质量攻关和科技兴司、争做贡献为主题的“讲理想、比贡献”竞赛，2013年立项攻关86项。高校科协及科协工作联络站达到20家，其中全日制本科高校科协14家，高职院校科协5家，解放军重庆通信学院建立了科协工作联络站。重庆大学、西南大学、重庆交通大学等三所高校科协设有科协工作机构，并配备专职工作人员。

【百名海外博士重庆行活动】 12月11～14日，由重庆市委组织部、市人力社保局、市国资委、市科协联合举办的2013百名海外博士重庆行活动举行。市政府副市长刘伟出席启动仪式并讲话。来自美国、英国、德国、法国、新加坡、加拿大等15个国家和地区的101位专家教授、企业高管和海外博士参加了活动，与重庆33家单位进行了人才引进、项目合作洽谈和学术交流、技术咨询活动，共签订人才引进协议42人，项目合作协议9项，举办专题学术报告会14场，技术咨询49次。

【第八届重庆市青少年科技创新市长奖】 5月31日，第八届重庆市青少年科技创新市长奖颁奖仪式举行，20名“市长奖”、“市长奖提名奖”获奖学生受表彰。市委副书记、市长黄奇帆，市人大常委会副主任杜黎明，市政府副市长吴刚，市政协副主席谢小军出席颁奖仪式并为获奖学生颁奖。本届市长奖评选工作从2012年8月开始，收到了17个区县45所学校以及4所直属学校报送的推荐人选材料75份。经初评、终评、媒体公示等环节，报经市政府同意后确定20名获奖学生名单。

【2013海峡两岸功能材料科技与产业峰会】 5月23～27日，由重庆市科协、重庆市科委、台湾材料科学学会、国家仪表功能材料工程技术研究中心和重庆材料研究院等10多家单位共同主办的2013海峡两岸功能材料科技与产业峰会在重庆国际博览中心举行。市委副书记张国清出席开幕式并致辞。台湾清华大学校长陈力俊，台湾逢甲大学金重勋，美国国际纳米材料领域著名科学家、中国科学院外籍院士、欧洲科学院院士王中林，美国医学与生物工程院院士李长明，加拿大工程院院士、加拿大阿尔伯塔大学教授徐政和，中国科学院和中国工程院的11位院士以及20余位我国功能材料领域的“千人计划”专家、“973”项目首席科学家、“863”专家、长江学者、“国家杰青”等专家学者共500余人参加峰会。本次会议以功能材料的应用及发展前景概述、海峡两岸功能材料科技与产业状况报告、《中国·重庆·功能材料产业》发展报告、海峡两岸功能材料产业的创新与发展为议题，围绕当前功能材料领域科技与产业的热点、难点和发展趋势等问题展开研讨。

（撰稿人：穆 涛）

## 四川省科学技术协会

**服务经济社会发展** 2013年，四川省科协积极开展决策咨询服务。《农村科普实证研究——四川农村科普实效性调查研究报告》等决策咨询成果获得中国科协表彰，形成了《四川省创新方法推广应用情况调研报告》、《四川民族地区宗教文化历史及预防邪教的若干问题》课题报告，《论高校科协组织建设的意义、现状、制约及建议》入选中国高校科协论坛论文集。四川省老科协开展建言献策，编写并出版了《四川水利改革与发展》、《关于城市水问题》等书籍。四川省科技青年联合会组织青年科技工作者编写了《供应链融资纾解四川中小企业融资困境策略研究》对策建议报告。

组织实施“科普惠农兴村计划”。全省共有193个农技协、77个农村科普示范基地、68个农村科普带头人、1个民科队获得国家、省级表彰。完成2014年省级“基层科普行动”项目的申报推荐工作。探索科普惠农新途径，与金融机构合作，创新开展“银行＋协会”新模式。眉山市邮政储蓄银行对农技协和会员发放贷款总额达1.24亿元。加强基层科普行动计划专项资金管理，出台《四川省“社区科普益民计划”奖补资金使用管理办法》。组织实施“社区科普益民计划”，大竹县北城社区等30个社区获得国家表彰，成都市锦江区得胜街社区等20个社区获得省级“社区科普益民计划”表彰。搭建农函大培训平台，全年累计培训129.48万人。

推进院士（专家）工作站建设。10家省级院士（专家）工作站挂牌成立，全省已建成院士（专家）工作站120个，引进院士专家创新团队137个、进站院士66人，进站专家582人。成都市新建工作站20个，实施重点项目27个。凉山州将院士（专家）工作站建设纳入州人才工作统筹规划。开展“院士企业行”活动，先后两次组织院士深入中国人民解放军5719厂，就提升自主创新能力进行建言献策。深入开展“讲、比”活动，全省730家企业完成活动项目1.57万项，提出合理化建议5.44万条。德阳市财政安排表彰专项经费，对先进集体、科技标兵、优秀组织者进行奖励。内江市科协深入开展创新方法培训，为企业增收节支提供支撑。组织实施“金桥工程”，全省登记项目293项。绵阳市科协与6家科技型中心企业签订结对帮扶协议，自贡市完成《高效螺旋绕管多股流换热器研制》等13个项目。

持续推进国家技术转移示范机构和“创新驿站”建设，实施“四川省科技咨询服务平台建设”项目。组织院士专家深入企业开展技术服务，促进技术转移和科技成果转化，完成技术合同认定登记66项。推广“企业科协科技信息服务”项目，培训服务企业295个，专利工程师207人，推送专利信息数据库载体300多套。打造科协系统特色司法鉴定技术服务品牌，完成7件司法鉴定案件咨询。规范科技咨询行业管理和运行，对新申报的23个单位、575名咨询师进行评审。加强对科技类民办非企业的服务和监管，组织完成28家民办非企业及基金会组织的年检审查工作。

**《科学素质纲要》实施及科普工作** 积极争取将《科学素质纲要》工作纳入省委、省政府对市州党政目标考核具体内容。完成《四川省全民科学素质纲要“十二五”中期自评报告》、《四川省全民科学素质行动2012年实施情况报告》等。全省各地组织开展了《科学素质纲要》“十二五”中期督查以及全国科普示范县（市、区）自评工作。攀枝花市各县（区）创新实施全民科学素质知识家庭大奖赛、组织领导干部轮训、《全民科学素质纲要》工作列入人大专项审议。

深入开展“天府科普大讲堂”、科普大篷车、流动科技馆、反邪教科普宣传等“科普六进”活动。举行“天府科普大讲堂”45场，开展反邪教警示教育及科普讲座、报告会、技能培训46场。科普大篷车先后22次走入基层，为公众尤其是青少年提供参与科学实践的机会。中国“流动科技馆”四川巡展先后深入11个市（州）开展科普宣传活动，服务观众24.81万人。开展“爱暖寒冬·真情圆梦”暖冬行动，编印发放暖冬科普折页10万份。实施藏区科普提升计划，启动四川省“科普进寺庙”专项，推进藏区科普能力建设。四川省科技馆接待观众110万人次，举办《成都卡弗动漫游戏展》等各类科普临展、活动52个，承办全国青年科普创新实验大赛西部赛区复赛，四川省科技馆选手荣获第三届全国科技馆辅导员大赛一等奖和2013年度科技馆发展奖“辅导奖”。

组织开展“全国科普日活动”。四川省科协被中国科协表彰为优秀组织单位，“保护生态”、“科学生活”等4项活动被评为优秀特色活动。四川省气象学会组织“气象探秘”科普活动，广安市科协组织学雷锋科普志愿服务，宜宾市科协组织公益讲座走进农家书屋活动，乐山市科协组织送消防安全知识进社区活动，巴中市科协组织青少年科普文化节，凉山州布拖县、芦山地震灾区组织中小学生参观四川科技馆等。

加强科普知识的传播。拓展“科普大篷车”电视栏目播出范围，全省播出单位已达194家，播出次数达2万余次。《四川科技报》全年出刊84期，印制《雾霾天气及其影响》科普挂图4期，《H7N9禽流感病毒防控知识》等6期科普折页。拍摄制作《安全用药的科普知识》等43部科普片和科普专题报告片，《红石滩》获中国科教影视“科蕾奖”。全省新建科普网络书屋300个、科普“站栏员”1万个、科普宣传栏（画廊）100个，创建省级社区科普服务站100个，建立社区科普志愿者队伍100支。南充市成立了首个青少年科普文化站。积极做好中国科幻产业园区筹建工作，与中建集团签署《战略（意向）合作框架协议》。

筹备并举办第28届四川省青少年科技创新大赛和青少年机器人创新实践活动。组队参加了第28届全国青少年科技创新大赛、第13届中国青少年机器人竞赛、VEX工程挑战赛世界锦标赛、英特尔国际科学与工程大奖赛、2013全国青少年信息学奥林匹克竞赛、全国青少年高校科学营等各类科技活动，开展雅培家庭科普教育、“科学饮食健康生活”、青少年科学调查体验等活动。组织实施中学生科技创新后备人才计划试点工作，首批选拔30名优秀高中生到高校进行为期1年的学习培养。举办青少年科技创新大赛组织工作者及骨干科技教师培训班，提高科技辅导员队伍业务能力和科技素养。

**学术交流** 四川省科协与四川省社会科学院、巴中市人民政府共同主办了以“多点多极支撑与新型城镇化”为主题的第六届四川省中青年专家学术大会，为培育“四大城市群”、“五大经济区”建言献策。继续打造“天府创新论坛”学术交流品牌，组织专家围绕科学防治H7N9、探讨3D显示发展趋势、电磁环境安全等内容进行研讨。承办中国科协第十一届全国博士生学术年会。首次组织15家省级学会发布2013年学科发展报告。省级学会共举办学术交流870次，参加人数达15.03万人次，征集论文4.12万篇。

推进国际及港澳台民间科技交流。四川省科协及所属学会共组织开展了16场国际会议，7场港澳台学术交流活动，5000余人参加。主要的国际学术会议包括中奥水电、水资源管理和资源节约型有效灌溉研讨会，中乌皮革清洁技术与废弃物利用国际学术会议，海峡两岸地震专家防灾减灾交流会、2013海峡两岸健康产业高峰论坛等大型学术交流活动。共接待中国香港特别行政区、澳门特别行政区、台湾地区，以及朝鲜等科技团体8个，派出赴美国、加拿大、澳大利亚等国际交流访问团7个。

**服务科技工作者** 组织推荐中国科协求是杰出青年成果转化奖候选人1名、第十届中国青年女科学家奖候选人5名、第十三届中国青年科技奖候选人10名、四川省科技进步奖8个，评选出50名优秀青年科技工作者获得第十二届四川省青年科技奖。组织四川省政协科协界别委员对省级学会发挥科技创新作用进行调研。实施“海智计划”，组织中国台湾地区专家、美国华人专家和美国英语教师到四川省开展特色农业发展咨询和汶川小学英语教师专项培训。

深入开展科技工作者状况调查站点申报工作，完善科技工作者利益表达机制，为党和政府制定科技人才政策提供依据。组织召开迎新春院士座谈会、中国科协八大（四川）代表座谈会，实施“走近在川两院院士”专题宣传等。

**自身建设** 深入开展领导班子创“四好”，努力推进学习型党组织建设。以复查省直机关文明单位为契机，推进城乡环境综合治理进机关活动开展。深化“挂、包、帮”和“双联”工作，实施产业、智力帮扶，素质教育、教育资助、结对帮扶、基础设施项目以及先锋模范行动。出台《关于在高等院校组建科协组织的指导意见》，在全省“211 工程”大学全面建立高校科协组织的基础上，推进全省理工农医类高校科协组织及开发区、高新区、各类科技园科协组织建设，新建企事业科协组织 45 家。

**【助力抗震救灾和灾后重建】** 4 月 20 日，四川省雅安市芦山县发生 7.0 级强烈地震。地震发生后，四川省科协积极采取措施，开展了抗震救灾和灾后重建工作。

积极争取中国科协支持。地震发生后，中国科协及时安排 200 万元项目援助资金，科普出版社、中国科技馆、中国科协青少年科技中心、中国科协信息中心等单位也先后捐赠科普图书、科普大篷车、电脑等物品帮助四川地震灾区开展抗震救灾和灾后重建。

省科协紧急制作了应急科普救灾宣传资料，向地震灾区配送科普图书、科普宣传挂图。开展网络应急科普宣传，开辟“防震减灾科普宣传专栏”，联合雅安市科协组建科普小分队，深入集中安置点开展灾区防疫、消防安全等科普知识宣传。组织动员省级学会专家和科技人员，支援、参与应急救援和灾后重建工作。四川省地震学会第一时间组织 70 余名专家，在震区成功架设流动测震台、流动强震台和现场流动地震分析中心，为震后余震监测和趋势判定提供保障。四川省地质学会 56 名技术骨干紧急赶赴灾区展开地质灾害排查工作。建设科幻培训基地及科幻工作室，捐赠科幻图书、杂志和电影等教育设施。

**【四川省首届科普资源双年展】** 9 月 14 ~ 17 日，四川省科普资源双年展在四川省成都市举办，这是四川省首届科普资源双年展，旨在通过双年展载体，着力推进以科普资源双年展、科普资源库和科普资源集散中心“三位一体”的科普资源共享平台建设，推动科普资源的研发、展示、交流和运用，进一步促进四川省科普事业和科普产业的发展。省政府办公厅、省委宣传部、省教育厅、省科技厅、省环境保护厅等部门相关负责人，以及省级学会、21 个市（州）科协的相关人员参加启动仪式。

本届双年展设置了 53 个标准展位，省级学会、市（州）科协和省科协相关部门等 30 家单位组团参加。在征集活动中，除了在科协系统内部征集科普资源，征集范围还扩大到辖区内学校、科研院所、科普教育基地、企事业单位在内的所有科普资源，确保了科普资源的广泛性。全省参加科普资源双年展的展品共有 1300 多项，涉及科普书刊类（含挂图、折页）、科普音像（含歌曲、剧目）类、科普展品（展具、器材）类和科普软件、网络类等方面。

**【首届中国科幻产业论坛】** 11 月 15 日，首届中国科幻产业论坛在四川省成都市举行。第十一届全国政协副主席、上海市创意产业协会会长厉无畏，中国科协党组成员、书记处书记王春法，中国科学院院士、电子科技大学原校长刘盛纲，四川省政协秘书长何一立等出席开幕式。中国科技新闻学会理事长、中国科协原书记处书记宋南平主持论坛开幕式。

首届中国科幻产业论坛由中国科协支持、中国科技新闻学会主办、四川省科协承办。论坛以“走进科幻产业时代”为主题，通过开幕式、高端论坛、分论坛、科幻创作笔会、科幻新书发布会、签约仪式、科幻“银河奖”颁奖晚会，以及“中国科幻产园区规划蓝图展”、“科幻出版物展”等形式，全面展示中国科幻产业的现状和未来。本次论坛是国内首次对“科幻”这一文化形态进行产业级梳理和展示，相关业界人士面对面交流探讨，为中国科幻产业发展建言献策，使科幻产业资源得以最大化的综合有效整合和利用。

厉无畏在论坛上就“中国科幻产业如何发展”作了主题演讲，他认为科幻是流行文化的重要组成部分，既具有科学属性，又具有艺术属性，从某种意义上说，科幻比科学更精彩、更有魅力。在推进科幻产业的发展上，厉无畏指出，一是重构产业链。需要构建现代科幻产业系统的结构框架、运行机制、激励手段，将各个环节紧密地整合起来。二是建立科幻产业公共服务平台。中国科幻产业的公共服务平台，至少应该包括科幻产业研究基地、科幻产业联盟、科幻产业交流机制、科幻产业支持机制、科幻产业促进机制等组织机制。

王春法对发展科幻产业提出了三点建议：一是加强对科幻产业的理论与政策研究，二是动员组织更多的科技人员投入到科幻产业发展中来，三要抓紧培养发展科幻产业所需的复合型人才。

**【实施省级学会能力提升计划】** 争取中国科协引领地方学会能力提升专项经费 100 万元，研究出台《四川省科协学会能力提升计划实施方案》、《省科协学会能力提升专项资金绩效分配管理办法》，激励省级学会创建“综合示范学会”，引导学会积极承担科技创新和科普项目，培育精品科技期刊，打造优秀学会网站等专项工作。四川省高科技产业化协会、省电力电子学会等积极深入企业、园区开展自主创新驱动发展、防雷技术指导等科技创新实践活动。完成科技类社团学会能力提升项目评审，54个省级学会获得学会能力提升专项资助。拓展省级学会继续教育职能，支持学会承接政府职能转移，获得项目资金支持。四川省食品科学技术学会开展职业资格认证工作、省城市环保产业促进会编制《四川省公共机构用能指南》。

（撰稿人：关豪杰）

## 贵州省科学技术协会

**服务经济社会发展** 由中国科协和贵州省政府联合主办、省科协承办的第十五届中国科协年会5月25～27日在贵阳市举办，163名两院院士，共7700余位省内外科技工作者参加了年会各项活动，全省共组织开展重点科普活动1020项，参加活动科技人员11800余人次，上百万群众受益。7月11日，由中国科协和贵州省政府联合主办，省科协承办的第三届高端装备制造与高新技术产业国际合作推进会在贵阳市召开。会议主题为“科技先导，后发赶超”，来自政府、企业、高校、科研院所以及科技界的500余位代表参加了本届推进会。8月，省科协先后两批次组织省内外专家赴威宁县开展调研考察活动，为威宁经济社会发展积极建言献策，组织撰写的《采取抢救性措施保护草海生态系统的建议》获李克强总理、张高丽副总理批示。创办了《国家级科技思想库决策咨询专报》，将第十五届中国科协年会专题论坛成果《加快六盘水市煤炭产业发展的对策建议》、《加快推进黔东南州农业现代化的建议》、《建设生态文明，保护绿水青山》以专报形式呈报省领导，获省政协主席王富玉批示。制定出台《贵州省科协优秀决策咨询成果评选奖励办法》，组织开展了2010～2013年贵州省优秀决策咨询成果评审表彰工作。

组织开展“基层科普行动计划”项目申报推荐工作，有37个农村专业技术协会、18个农村科普示范基地、9个科普示范社区、17名农村科普带头人入选，共获奖补资金1365万元。实施科技致富“二传手”培训工程项目27个，资助经费135万元，共培训“二传手”近1500名，通过“二传手”培训农民群众7万余人。实施科技扶贫项目62个，资助经费91万元。组织开展了“企业科协科技信息服务”工作，为79家企业安装了专利数据检索系统，培训企业专利应用工程师70余名。在贵阳高新技术开发区、贵阳国家经济技术开发区及乌当工业园区成立了3家“中国科协海智计划贵州工作基地海智工作站”。全省开展“讲、比”活动的企业达129家，参与活动科技人员共20974人。

开展“帮、联、驻”及同步小康驻村工作，立足挂帮余庆县以及龙溪镇平场村、白泥镇新寨村、小腮镇迎春村三个同步小康村，组织开展了基层干部培训、走访慰问、科普阵地建设、蹲点驻村调研、制定产业发展规划、实用技术培训、专家义诊等形式多样的活动，全年投入资金538.69万元。

**《科学素质纲要》实施及科普工作** 组织开展全国科普日、科技活动周、科技下乡等科普宣传活动，开展了春夏季传染病防控和食品安全科普宣传活动。据统计，全省科协系统共举办科普宣讲活动2779次，受众人数307万余人次。7月，召开了贵州省全民科学素质工作领导小组第七次会议，会议增补了各市（州）政府为省全民科学素质工作领导小组成员单位。8月，省全民科学素质工作领导小组印发《关于加快推进“十二五”期间贵州省全民科学素质工作的意见》。组织开展全省优秀科普作品评选推荐工作，对科普书籍类作品19个和科普影视动漫类作品2个予以资助，共计89万元。在贵州科技馆组织开展了“月球探测科普展”和“贵州古生物化石科普展”2个大型主题展览，参观人数达4万余人次。举办科普大讲堂共10期，听众达2600余人次。截至2013年底，贵州科技馆常设展厅共接待观众28万余人次，其中团队87个；临展和各类科普活动接待服务观众14万余人次。组织“中国流动科技馆”在贵州省边远地区开展展品巡回展览，分别在威宁县等12个站点展出，共接待观众40万余人次。2013年度共获配科普大篷车8辆，其中4辆由省科协出资。科普大篷车下基层开展科普活动共14次，服务观众6万余人次。在中国科协和中国科技馆基金会的支持下，在贞丰县、毕节市七星关区和余庆县援建农村中学科技馆3个，同时由省内自筹资金在这3个县区修建15个农村中学科技馆。向社会免费开放青少年科学工作室，全年共接待青少年参与活动千余人。组织开展了第二批贵州省科普教育基地和贵州省科普示范社区创建工作，贵州消防教育馆等28家单位被命名为省科普教育基地，共增至53家；贵阳市贵乌社区服务中心等37个社区获贵州省科普示范社区称号，共增至63个。发放反邪教宣传资料2万余册，举办反邪教科普讲座8场次，图片展3次。编辑出版《文化建设与邪教防范简明知识读本》。

举办第28届省青少年科技创新大赛，大赛收到各类作品1000多件，评出获奖作品近800件，并从中推荐优秀作品参加全国大赛，共有12项竞赛项目、28幅科幻绘画和10项科技实践活动获奖，刘婷婷获得“十佳科技辅导员”称号。组队参加了第四届“熊博士”全国青少年科学影像节活动和第十三届全国青少年机器人竞赛。全省科协系统共举办青少年科技竞赛329次，参赛人数70.1万余人次。组织210名学生参加了全国青少年高校科学营活动。为提升科技辅导员老师综合技能，举办了2013省青少年科技辅导员研修班，150名科技辅导员参加了培训。围绕“节约粮食，从我做起”，组织开展2013年青少年科学调查体验系列活动，全省共有万名青少年参与。组织了农村青少年童梦圆活动、农村青少年科技营活动、聋哑学生“放飞梦想之翼，科技圆梦”体验科技之旅活动等。截至12月31日，参与“百万公众网络学习工程”活动以及网络答题测试的公众达470万余人次。

**学术交流**　2013年，全省科协系统共举办学术交流活动336次，参加人员5.67万余人次。围绕贵州经济社会发展中的热点难点问题共举办学术讲坛和学术沙龙10期，包括省节能减排研究会承办的“推进绿色、低碳发展，促进美丽贵州建设”专题学术讲坛，省水利学会承办的“探索最严格的水资源管理制度”专题学术讲坛等。举办了2013贵阳国际应用能源论坛，来自国内外的50余位专家、技术人员、企业负责人围绕“贵州省页岩气开发现状”、“能源利用的生态问题”、“美中页岩气资源分布对比与勘探开采技术合作前景分析”等主题开展研讨。举办中国科协海智计划生物医药调研座谈会，7位来自美国、新西兰、比利时的华裔医药专家与贵州省医药企业、高等院校和政府有关部门的专家及负责人54人就贵州省生物医药产业发展现状和存在的问题开展座谈和研讨。2013年省科协共资助重点学术活动项目65个，共计金额70.5万元。

**服务科技工作者**　2013年，全省科协系统共表彰奖励优秀科技工作者578人次，其中女科技工作者203人次。5月，省科协推荐贵州皓天光电科技有限公司董事长、总经理、省科协兼职副主席季泳为中国科协求是杰出青年成果转化奖候选人。7月，推荐贵州大学戴仁怀、贵阳中医学院杨孝芳两位同志为第十届中国青年女科学家奖候选人。8月，根据中国科协《关于推荐基层优秀科技工作者参加2013年科技专家暑期考察休假活动的通知》要求，安排贵州油菜研究所研究员杜才富、贵州航空发动机研究所总设计师王永明参加了休假活动。11月，组织完成了第十二届贵州省青年科技奖评审表彰工作，授予王锦荣等25名同志第十二届贵州省青年科技奖。组织召开了第十三届中国青年科技奖贵州省候选人推荐评审工作会，推荐杨松、李少波、秦舒浩、魏在荣、苏跃、杨毅6位同志为候选人，经过中国科协评选，贵州大学精细化工研究开发中心主任、绿色农药与农业生物工程省部共建国家重点实验室培养基地和教育部重点实验室副主任杨松获奖，这是贵州省近8年来的唯一一位获奖者。组织实施了老科学家学术成长资料采集工程，与贵州科学院、贵州省档案局等单位共同开展徐采栋院士学术成长资料采集工作。组织拍摄了《中国探月工程首席科学家——欧阳自远》和《顶天立地做科研——宋宝安》两部杰出科技人物专题片。全省科协系统共反映科技工作者建议345条，其中57条获各级领导批示。指导督促各调查站点完成了第三次全国科技工作者状况调查任务。

加强科学道德和学风建设。2013年，省科协科学道德和学风建设宣讲教育工作在五个方面实现了新进展：一是原由省科协和省教育厅两家组织单位扩大为省科协、省教育厅、贵州科学院、省社会科学院、省农科院五家；二是开展宣讲教育工作的高校、科研单位由2012年的8所增加到22所；三是首次到市、州高校进行宣讲；四是将宣讲对象范围扩大到本科生和新上岗的研究生导师、新入职教师和青年科技、科研、教育工作者；五是将宣讲教育工作拓展到社会科学领域。2013年共举办报告会42场，4万余人接受了宣讲教育。

**自身建设**　开展党的群众路线教育实践活动，开展“十破十立”解放思想大讨论活动。省科协党组提出“1333”教育实践活动内容，即以“锤炼硬作风，服务新四化”为一个总抓手，着力“查摆三个问题、抓实三个重点、取得三项成果”。制定《省科协党组关于深入开展党的群众路线教育实践活动实施方案》，采取集中学习、专题报告、知识竞赛等方式学习习近平总书记一系列重要讲话等精神。在全省各地广泛征求基层群众对“庸懒慢浮贪”以及“四风”等方面存在的问题及改进措施，召开征求意见座谈会14次，征求意见所涉及的单位（部门）共380个，征求意见人数630余人。所征集到的意见和建议，经归纳整理为66条。党组专题民主生活会上班子成员之间相互提出36条批评意见。省科协机关、事业单位88名党员分批参加了民主生活会和组织生活会，开展批评与自我批评。根据专题民主生活会查摆出来的问题和群众提出的意见建议，研究制定了《贵州省科协领导班子党的群众路线教育实践活动整改落实方案》、《贵州省科协教育实践活动群众意见专项整治方案》和《贵州省科协制度建设计划》。

省科协联合省国资委、省经信委印发了《关于进一步加强企业科协组织建设的意见》，联合省教育厅印发了《关于建立健全高等学校科协组织的意见》。

**地市县及基层科协组织**　贵阳市科协转变思路，破除“等、靠、要”的思想，主动争取市委、市政府及相关部门支持，采取市场化方式推动贵阳科技馆建设。毕节市科协发挥“科普专家服务团”作用，开展了“百村万户科普行”活动，共举办培训班60期，培训农民5000多人次，开展科技咨询198次，帮助群众解决生产难题200多个。六盘水市科协联合市经信委、市国资委、市科技局等单位对全市民营科技企业进行调研，建立了园区人才、技术、项目需求科技信息服务共享平台。黔东南州科协加强院士专家服务中心建设，聘任16位院士和23位国家级专家，使院士专家服务中心成为黔东南州联系和引进高层次人才的重要渠道。黔西南州科协举办了“变废为宝、节约资源”废旧物品再利用创新设计大赛，该项活动被中国科协表彰为“2013年全国科普日优秀特色活动”。

**省级学会、企业科协、高校科协** 2013年，省科协所属省级学会开展的较有代表性的活动和工作有：省电机工程学会与贵州电网公司联合举办2013年科技创新工作会议暨首届科技论坛，省防痨协会制定并印发了《贵州省防痨协会特殊人群结核病防治管理办法（试行）》，省环境科学学会组织开展环评和环保工程设计技术服务，省土地学会承担“贵州省土地规划乙级资质认定”职能，省硅酸盐学会编制《贵州省“十二五”工业废弃物资源综合利用实施方案》，省铁道学会组织开展沪昆铁路客运专线现场考察及技术咨询活动，省中西医结合学会举办2013年全省护理质量持续改进与绩效考核培训班等。

截至2013年底，遵义医学院、贵州理工学院、黔南民族师范学院等7所高校和西南能矿集团建立了科协组织。

**【第三届高端装备制造与高新技术产业国际合作推进会】** 7月11日，由中国科协与贵州省人民政府联合主办的第三届高端装备制造与高新技术产业国际合作推进会在贵阳市召开。时任中国科协书记处第一书记出席会议并讲话，省委副书记、省长陈敏尔致辞。省委常委、省委宣传部部长喻红秋，省人大常委会副主任、省科协主席谢庆生，省政府副省长何力，省政协副主席孔令中出席会议。会议主题为“科技先导，后发赶超”，来自政府、企业、高校、科研院所以及科技界的500余位代表参与了本届推进会，其中，参会的海内外专家、企业家、投资者共157人，共同探讨高端装备制造与高新技术产业的最新发展与国际合作。

会议期间，各市州、工业园区、重点行业企业、科研院所参与研讨及项目对接，建立了以国际合作推进会为核心的高技术产业化的综合服务平台。通过合作洽谈，新增具有重大产业前景的培育项目10余项，达成合作意向55项，签订合作协议8项，预计落地项目将形成千亿以上产业规模。

**【中国科协与贵州省政府签订纲要共建协议】** 5月23日，中国科协与贵州省政府在贵阳签署了《落实全民科学素质行动计划纲要共建协议》。贵州省委书记、省人大常委会主任赵克志出席，时任中国科协党组书记和贵州省委副书记、省长陈敏尔代表双方签约。中国科协党组书记处领导程东红、张勤、徐延豪、王春法、沈爱民，贵州省委、省政府主要领导喻红秋、廖国勋、谢庆生、何力出席并见证签约。

赵克志表示，中国科协与贵州省签署落实全民科学素质行动计划纲要共建协议，对于提升贵省公民科学素质，实施科教兴省战略、提高自主创新能力、实现经济社会全面协调可持续发展具有十分重要的意义。

为将贵州省“到2015年贵州省公民具备基本科学素质的比例超过3%”的目标任务进行细化分解，7月，省政府和各市（州）政府签订了《“十二五”期间落实公民科学素质行动计划纲要工作目标责任书》。

**【为威宁“新四化”建设服务】** 2013年，省科协先后两批次组织省内外专家赴威宁县开展调研活动，为威宁县经济社会发展建言献策。8月7～8日，省人大副主任、省科协主席谢庆生带领十余家省直有关部门和单位负责人赴威宁县开展调研。8月25～28日，中国科协党组成员、书记处书记王春法组织中国科学院原副院长孙鸿烈等院士、专家18人，与谢庆生及省直相关部门和单位的同志一道赴威宁县调研。两次调研主要围绕草海生态保护与综合治理、新型工业化与产业发展、城镇化建设、农业产业化、信息化建设、历史人文等6个方面进行。

中国科协和贵州省结合两次调研的情况，根据院士、专家的意见建议，组织撰写了题为《采取抢救性措施保护草海生态系统的建议》的专题报告呈报国务院，先后获李克强总理和张高丽副总理批示。

（撰稿人：刘 军）

## 云南省科学技术协会

**服务经济社会发展** 2013年，在省委、省政府的领导和中国科协的指导下，省科协认真贯彻落实党的十八大，十八届二中、三中全会精神，习近平总书记系列重要讲话精神和中国科协八届四次全会、省委九届六次全会精神，紧紧围绕云南“两强一堡”战略目标，按照省委稳中有进、稳中有好、稳中有快的总体要求和走活干部队伍、产业发展“两盘棋”，打好县域、园区、民营经济发展“三大战役”的总体部署，坚持“三服务一加强”的工作定位，坚持不懈出思路、推创新，坚持不懈抓基础、强协作，坚持不懈重项目、创品牌，着力推动科协各项工作创新发展，为促进云南跨越发展作出了积极贡献。

由省科协立项资助的《加强四大支撑体系建设促进云南省民族医药快速发展咨询报告》和《云南高原特色天然橡胶优势产业发展研究报告》荣获2013年度中国科协优秀决策咨询成果二等奖。围绕云南省经济社会发展中的重大课题，组织相关学会开展调查研究，形成调研成果，并向省委、省政府报送了6期省科协《专家建议》，其中有3期得到省委、省政府领导批示。

在全省120个行政村实施省级“科普惠农兴村计划”项目120个，投入省级财政经费600万元。

召开全省“讲理想、比贡献”暨企业科协工作会议，对全省“讲、比”活动进行了研究部署，并对先进集体和个人进行了表彰。开展了企业科协科技信息推广应用服务与培训项目，完成300家企业推送任务，有48位专家进入省级工程技术类专家库。基本建成“云南省中小企业创新服务平台”。

5月4日，中国科协与省政府在昆明签署了《合作协议》。根据《合作协议》，双方将从加快建设科技思想库、实施高原特色农业献智献策行动、支持自主创新学术交流活动、实施产业发展智力支撑行动、加强生态经济建设等方面，推进云南产业转型升级；从实施基层科普行动计划、加强科普服务体系建设、强化基层科普设施建设等方面，推进云南公民科学素质建设；从实施产业发展人才素质提升行动、开展新经济组织科技人员职称评定、夯实科协组织基础等方面，为云南科技人才成长提供服务；从举办国际科技论坛、实施“海智”计划、加强与港澳台地区交流合作等方面，推进云南“桥头堡”建设。

由中国科协和云南省政府共同主办的第十六届中国科协年会将于2014年5月在云南省昆明市举行。截至2013年12月，云南省成立了中国科协年会执委会等工作机构，制定了年会筹备工作方案，细化了年会筹备工作任务，明确了相关部门和单位的工作职责，年会各项筹备工作正严格按照相关要求、时限和进度全力推进。

**《科学素质纲要》实施及科普工作** 建立了省政府全民科学素质工作联系会议制度，公民科学素质工作已列入云南“十二五”规划，并纳入省委、省政府年度综合考评；同时，争取省编委为《科学素质纲要》实施工作增加了3个行政编制，并由省财政每年安排《科学素质纲要》实施工作经费100万元。截至2013年，全省有16个州（市）、107个县（市、区）成立了《科学素质纲要》实施工作机构，有8个州（市）、31个县（市、区）安排了《科学素质纲要》实施工作专项经费。

5月4日，中国科协与省政府在昆明签署了《关于加强公民科学素质建设的共建协议》。根据协议，双方将从加强组织领导、强化政策支持、加大经费投入、推动重点工作、建立长效机制等方面，全面推进云南《科学素质纲要》实施工作，确保到2015年，云南公民具备基本科学素质的比例达到4.2%。

云南全省共实施“基层科普行动计划项目”139个，获中央财政奖补资金2420万元。创建省级科普示范社区44个，在8个边境县组织实施了“科普兴边富民”示范项目。各级农函大培训新型农民20.19万人，办学规模连续11年居全国第一位。扶持或新成立农村专业技术协会354个，建立科普惠农服务站202个，培养科普宣传员1655名。省科技馆新馆完成建设项目投资1.12亿元，项目主体工程封顶。截至2013年底，全省共建成科技馆9个、科普活动站（中心、室）6417个、科普画廊（宣传栏）6676个、青少年科学工作室15个，配备科普大篷车35辆，成立少数民族科普工作队28支。全省有11个州（市）年人均科普经费达0.5元以上，占全省的69%；101个县（市、区）年人均科普经费达0.3元以上，占全省78%。2013年，全省各级财政投入科普经费共计1.07亿元。

举办了以“珍惜资源环境、保障安全健康、加强防灾减灾、促进科学发展”为主题的全国科普日活动。围绕“科学生活、健康生活”，举办了12期“云南科普大讲坛”活动。举办了第28届全省青少年科技创新大赛和机器人竞赛，开展了全国高校科学营活动和全省青少年科学调查体验活动。持续开展科普大篷车联合行动、科技馆活动进校园、全国流动科技馆巡展等专题科普活动。在迪庆藏区继续开展以医疗健康进藏区为主题的科普宣传活动。

**学术交流** 举办了以“服务民营经济、助推创新发展”为主题的第三届省科协学术年会暨民营经济发展论坛。组织省内外相关领域专家、企业家，广泛研讨服务民营经济、助推创新发展的方法和途径，并形成专家咨询报告上报省委、省政府。择优支持省级学会开展了“全国第十五届水稻优质高产理论与技术研讨会”等4个学术交流项目，“建设精品咖啡农庄打造云南咖啡品牌”等4个调研项目，“云南高原特色花卉优势产业发展研究”等5个课题项目。

举办了以“交流合作、共谋发展”为主题的第6届大湄公河次区域传统医药交流会，进行了各国民族民间医药展示和特色诊疗技术演示，并举行了合作交流平台工作会，组建了会议秘书处和学术委员会。举办了以“休闲农业与都市农庄”为主题的第11届海峡两岸休闲农业研讨会，围绕两岸休闲农业发展和休闲农庄建设，进行了广泛研讨。联合中国农促会在昆明举办了2013年中国农业国际投融资（云南）合作洽谈会暨“海智”生物农业合作项目推介会，达成意向性合作协议10项。组团赴南非、肯尼亚、马达加斯加开展了生态经济与农业生物多样性合作项目洽商和民间科技工作访问，为推动与非洲国家民间科技交流奠定了基础。

**服务科技工作者** 开展了第十三届中国青年科技奖、第十届中国青年女科学家奖候选人推荐与评选工作，云南省有1位女科技工作者荣获第十届中国青年女科学家奖。继续推进全国和省级科技工作者状况调查站点建设，2013年共建成省级科技工作者状况调查站点21个。举行了1场全省科学道德和学风建设宣讲报告会。

**自身建设** 省科协组织实施了学会能力提升行动，择优支持省级学会开展学术交流类、调研类、科普类、创新发展类、科技期刊类项目45项，以项目实施促进学会能力提升。着力加强基层组织建设。截至2013年，全省16个州（市）中，有13个州（市）科协独立建制；129个县（市、区）中，有102个县（市、区）科协独立建制。

**【云南省科协第八次代表大会】** 5月7日，云南省科协第八次代表大会在昆明海埂会堂召开。云南省委书记、省人大常委会主任秦光荣，时任中国科协党组书记出席大会开幕式并作讲话。云南省政协主席罗正富，省委常委、省委秘书长曹建方，省人大常委会副主任杨保健，省政府副省长和段琪，省政协副主席顾伯平等领导出席开幕式。在云南省的中国科学院院士、中国工程院院士，以及来自全省理、工、农、医等学科和十六个州市的772名代表出席大会。大会开幕式由省委常委、省委高校工委书记李培主持。

秦光荣在讲话中指出，省科协七大以来，全省各级科协组织紧紧围绕科教兴滇和人才强省战略，在科学普及、决策咨询、学术交流、人才举荐、科技创新等方面取得了显著成绩，科普富民兴边、藏区科普、“村转居”社区科普益民、农技协联合体、科技专家服务站等深受群众欢迎，为促进云南经济社会又好又快发展做出了积极贡献。他强调，全省各级科协组织和广大科技工作者要进一步增强“四个意识”：增强使命意识，为实现富民强滇“云南梦”作出新贡献；增强创新意识，为建设“创新型云南”作出新贡献；增强服务意识，为推动云南经济转型发展作出新贡献；增强纽带意识，为发挥好广大科技工作者作用作出新贡献。秦光荣要求全省各级党委、政府要高度重视并切实加强和改进对科协工作的领导，为科协更加有效地发挥作用创造良好条件。

云南省科协党组书记、副主席唐兵代表省科协第七届委员会作《团结带领广大科技工作者，为推动云南经济社会发展实现新跨越作贡献》工作报告。

大会期间，全体与会代表对《工作报告》和《省科协关于执行〈中国科协章程〉的决议》等进行了审议，并选举产生了云南省科协新一届领导机构。新一届委员会委员共231名，常务委员47名，朱有勇当选为云南省科协主席，王华、王建颖、叶燎原、刘强、许云、孙航、孙海清、吴启明、郑进、侯树谦、徐文波、唐兵、赖永良、戴陆园当选为省科协副主席。授予吴征镒、蓝瑚、李铮友、苏君红、张亚平为云南省科协第八届委员会名誉主席，马洪琪等17位同志为荣誉委员。

（撰稿人：武绍华）

## 西藏自治区科学技术协会

**服务经济社会发展** 2013年，自治区科协配合中国科协与自治区政府在拉萨签订了战略合作协议，明确了推动公民科学素质、增强企业创新发展能力、加强人才培养、加强基础条件建设、建立援藏机制等方面的合作。

**《科学素质纲要》实施及科普工作** 组织完成《科学素质纲要》实施工作“十二五”中期评估工作。联合自治区科技厅、日喀则地区，在亚东县开展2013年科技、文化、卫生、法律和爱国爱教宣传服务“五下乡”活动。利用各地市已建的电子科普画廊，开展特色科普宣传。组织开展“5·12防灾减灾”、“食品安全”等科普宣传活动。在自治区职业技术学院、拉萨市五中开展了“食品安全进学校”活动。实施“少数民族特色科普项目”，在僧尼中开展国情、区情、党的各项政策和现代科学文化知识教育，丰富寺庙业余文化生活，提高僧尼的爱国爱教的能力和水平。开展2013年“全国基层科普行动计划”申报推荐工作，自治区有4个农村专业技术协会、8个农村科普示范基地、12个科普带头人、2个科普示范社区获奖。为日土、达孜、聂拉木、双湖县共配发4辆科普大篷车。实施电子科普画廊项目建设，在林芝、昌都和阿里3个地区建立了电子科普画廊。联合自治区文化厅实施了2013年乡镇科普活动站建设，在全区62个乡镇建立科普活动站。推荐聂拉木县和米林县申报2013年“全国科普富民兴边”项目，实施西藏特色科普资源开发工程，再版科普系列图书11类共5.5万套，配发到自治区所有中小学校图书馆（阅览室）。联合自治区新闻出版局将特色科普丛书升格为国家计划，配发覆盖到自治区所有村农家书屋。积极开展青少年科技教育活动，组织参加第28届全国青少年科技创新大赛和第十二届“明天小小科学家”项目，开展全国中学生物理竞赛和数学竞赛，自治区获多个奖项。开展

"全国科普日"和"雪域科普大讲堂"活动，组织各地市科协、自治区级学会深入城区、农牧区、学校、社区、寺庙，运用展示、宣传、咨询、竞赛、讲座、培训等形式开展系列科普活动，受众达4万余人次。开展全国高校科学营活动，安排自治区123名师生分赴北京、上海参加高校科学营。

利用科协网站、《西藏科技报》、科协信息等平台和渠道，大力宣传科技领域发展变化和成就、科技工作者先进事迹以及创先争优强基惠民活动和科协各项工作开展情况，大力开展科普宣传和科技报道，及时发布自治区重大科技新闻、科普信息和工作动态，系列宣传农牧民科技致富带头人突出事迹，宣传环保、防辐射、防震等一系列科普知识。发挥《西藏科技报》宣传阵地作用，2013年科技报藏、汉文版各发行104期，完成各项出版发行任务。

**学术交流** 加大对学会支持力度，鼓励全区性学会加强自身建设和活跃学术活动，举办了西藏科协第四届学术年会和西藏第二届博士论坛。启动学会学术活动资助项目，确定全区性学会学术活动项目8项。启动2013年度调研咨询项目，审定立项14个项目。完成《藏汉英对照大气科学名词》、《实践藏医外治学——帝玛理论解读》、《防灾减灾天天看》译稿和终审，印刷3.6万册。开展"海智计划"，与中国科协国际联络部合作组织在国际科技组织任职的科学家6位赴藏公开讲座，受益科技工作者2400人次。在西藏大学农牧学院举办了基层科技工作者继续教育培训班，对自治区基层50名畜牧兽医人员进行了为期20天的培训。

**服务科技工作者** 加强与科技工作者联系，走访自治区知名专家、学者和基层一线科技工作者50余人次，开展"12.15"中国科协会员日活动。申报设立"西藏自治区优秀科技工作者"表彰奖项，将从2014年开始实施。关注、指导和帮助自治区各学会和基层科协组织开展工作，组织召开各地市科技局长、科协主席工作座谈会。召开全区科学素质道德与学风建设宣传电视电话会议。组织各学会秘书长参加专题业务培训。完成全国科技工作者状况调查点调整和第三次全国科技工作者状况调查任务。

**自身建设** 2013年，自治区科协加强班子建设，讲政治，顾大局，对科协重要工作及时汇报，积极争取党委和政府对科协工作的关注和支持。以建设学习型、服务型、创新型党组织为抓手，推进机关党建工作，结合科协实际制定了改进作风密切联系群众的十项措施，建立健全科协机关党员目标管理制度、作风建设制度、党风廉政建设制度等各项制度，编印《西藏科协党务工作手册》，深入开展"学习十八大、党员在行动、机关展风貌"活动。加强党性党风党纪和廉政教育，党组与各部门签订了2013～2014年度党风廉政建设责任书，把责任落实到部门，落实到人，组织党员干部参观自治区廉政教育基地。加强科协基层党组织建设，完成机关党总支和党支部换届，选派1名干部到村党支部任第一书记。

加强干部教育培训，举办两期自治区科协系统干部专题培训班，邀请中国科协领导专家2批6人赴藏开展业务培训，选派两批共16名基层科协干部参加全国科协系统科协主席培训班，选派6名干部到区党校参加培训。指导拉萨市、日喀则市、阿里地区科协进行了换届。与自治区编办沟通协调，解决人员编制，在自治区各县挂牌成立了县级科协。加强老干部工作，在退休党支部中认真开展"退休不退色、永远跟党走"的主题教育活动，落实老干部政策，组织16名离退休干部赴海南省进行了为期20天的疗养考察。

加强受援工作，完成第五、第六批中国科协援藏干部轮换工作。认真落实自治区党委对维护社会稳定工作的重大部署，加强对干部职工日常维稳管理和教育，强化值班制度，做好维护稳定工作。完成全区学会年检工作，指导西藏藏医学院成立了科协，实现全区所有高校科协组织全覆盖，指导帮助西藏电信、西藏金哈达、西藏天创源商品混凝土有限责任公司等企业创建企业科协组织。

落实中央和自治区党委的部署，深入开展党的群众路线教育实践活动，狠抓各环节工作落实，结合科协工作实际，突出特色，创新活动载体，推动科协工作。整改落实取得实效。着力解决十个方面的突出问题，整治公务接待和铺张浪费现象，公务接待活动同比减少32%，精简各类会议5场次，严格控制文件材料和简报，改进了会风文风。开展"领导干部下基层，结对认亲交朋友"活动，在14名县处级以上干部联系28户群众的基础上，拓展8名一般党员与16户困难群众结对认亲。

**【扎实开展创先争优强基础惠民生活动】** 自治区科协把创先争优强基惠民活动作为一项重大工作来抓，进一步加大工作力度。驻村工作队按照"五大任务"，结合驻村实际，扎实开展工作，驻村工作队共争取落实项目10个、资金320万元，先后实施村集体房建设、村民饮水池扩容、防洪堤修建、林业建设、村级科普活动站创建、移动通信基站、蔬菜温室、农牧民技能培训、电站抢救保护、糌粑加工坊、农田"三跑"治理等项目建设。在群众中宣传学习十八大和十八届三中全会精神，开展"知党恩、跟党走"、反对分裂维护稳定、惠民政策等教育活动，落实"五户联保、群防群治、共创平安"和"一帮一"工作。工作队本着"指导不领导、帮助不代替"的原则，加强对村两委的工作指导，帮助培养村级后备干部5名，深入开展社会治安和矛盾纠纷调查，调解各类矛盾纠纷5件。工作队成员严格遵守工作纪律，坚守岗位，2013年在岗率均保持在95%以上。

**【西藏科协五届三次常委扩大会议】** 2月10日，西藏科协五届三次全委（扩大）会议在拉萨市召开。自治区人民政府副主席孟德利出席会议。西藏科协五届常委、部分委员出席会议。西藏科协党组书记、副主席群增主持会议，党组副书记、主席仓珍代表五届常委会向大会作了题为《充分发挥优势　切实履行职能为推进跨越式发展和长治久安作出新贡献》的工作报告。

（撰稿人：谭　云）

## 陕西省科学技术协会

**服务经济社会发展**　2013年，全省各级科协组织提供决策咨询报告732篇，报送14项中国科协优秀决策咨询成果，被评为优秀组织奖。在338家企业组织2.7万人次科技工作者开展“讲理想、比贡献”活动，全年组织科技专家4950余人次参加科技咨询活动，1470条合理化建议获采纳，解决企业技术难题284项，立项科技创新项目1200多项。创新院士专家工作站发展模式，增建“陕西省科协专家企业工作站”2个。

组织实施“基层科普行动计划”取得新成效，全省共有73个农村专业技术协会，21个农村科普示范基地，18名农村科普带头人，12个科普示范社区受到中国科协和财政部“基层科普行动计划”表彰。

**《科学素质纲要》实施及科普工作**　科学素质纲要工作稳步实施。认真履行陕西省全民科学素质领导小组办公室职责，组织召开省全民科学素质工作领导小组会议，组织制定印发6个专项方案。开展2011年以来全省科学素质纲要实施情况评估工作。传统品牌活动创新形式，不断丰富群众性科普活动的内涵，创新举办陕西省第21届科技之春宣传月、全国科普日、减灾防灾科普宣传、文化科技卫生三下乡、科技活动周等大型活动，受到社会各界的广泛关注和欢迎。

青少年科普工作。主动与科技、教育、环保等部门的协作，举办陕西省第28届青少年科技创新大赛、第13届青少年机器人竞赛、全国中学生奥林匹克联赛陕西赛区竞赛，组织参加第四届全国青少年科学影像节评选等全国赛事，取得好成绩。组织开展“全国青少年高校科学营”陕西分营、中国科协与联合国儿基会非正规教育合作项目等青少年科普教育活动。

编印配发3万套科普挂图，发放反邪教科普资料8万余册，编发《陕西科技报》96期，连续入选陕西省农家书屋工程。陕西科技馆常设展厅全年接待观众7.5万余人次。“科普大篷车市县行”巡展57次接待观众9.6万余人次。中国流动科技馆巡展17个县接待观众33万人次。开展继续教育培训活动29期，培训学员2706人次。筹建“陕西科普”、“陕西科技馆”“科普小常识”微信传播平台并试运行。

积极争取省政府领导重视支持，组织调研、编写、论证可行性研究报告，全力推进陕西科学中心（陕西科技馆新馆）建设。投入330万元建立少年科普馆11个。为市、县科协配备科普大篷车7辆。开展科普示范创建工作，命名100个陕西省科普示范社区、18个省级青少年科技教育基地、18个省级青少年科学工作室。

**学术交流**　全年各级科协组织学术交流活动695次，参与人数达11.1万人次，其中外国学者参加人数796人次。交流论文1.6万篇，组织科技人员赴国内外培训考察619人次。

积极搭建“学术金秋”平台，组织开展多种形式学术交流活动。结合星级学会评估，投入255万元实施陕西省“学会服务能力提升计划”。召开省级学会秘书长会议、学会承接政府职能座谈会等会议，推动学会创新发展。陕西省政府对第十二届优秀学术论文进行发文表彰。

积极邀请日本、美国及我国台湾地区专家来陕西开展科技交流活动。举办第四届海峡两岸青年学子科技交流活动。组织陕西科技工作者参加首届海峡两岸新农村建设研讨会和第四届海峡两岸特色农业产业化论坛等活动，促进两岸民间科技交流与合作。

**服务科技工作者**　深化科学道德和学风建设宣讲教育工作，广泛开展中国科协会员日系列活动。举办“弘扬科学道德　践行‘三个倡导’奋力实现中国梦”全国巡讲（西安）报告会和“科技兴陕西，助推中国梦”座谈会，组织动员全省科技工作者践行科技梦、中国梦，在服务国家创新驱动战略中建功立业。

举荐、表彰、宣传科技人才成效显著。经陕西省科协举荐，1人荣获中国科协求是杰出青年成果转化奖、3人荣获第十三届中国青年科技奖、3人当选陕西省政协委员。实施“大众传媒科技传播计划”，在报纸、电视台和电台开辟科普专栏192期（篇），在主流媒体宣传优秀科技人物39人次。

**自身建设**　制定全员学习调研制度，以开展科普参观学习和慰问、捐款、帮扶活动为载体，丰富科协文化内涵。推荐1人当选第三届陕西省道德模范。荣获全省老年体育工作先进单位、全省老干部信息宣传工作先进集体、省直机关职工第四届“全民健身日”体育健身展示活动三等奖。陕西科技馆荣获省级文明单位。

省科协以“提升学会服务能力，提高全民科学素质，强化人才举荐表彰，提高科协工作水平”为目标，扎实开展“一十百千万”系列实践活动。党组中心组先后组织学习8次、主题讨论4次。制定《陕西省科协关于厉行节约反对铺张浪费的实施办法》等多项制度，积极争取解决了青少部常年在外办公及直属单位集中办公问题，设置老干部活动室，让群众和科技工作者切身感受到群众路线教育活动带来的新变化。

**地市县及基层科协组织** 陕西省科协2013年共有市级科协11个，县级科协107个。全年新增乡镇和街道科协25个，总数达1489个。新增农村专业技术协会229个，总数达4304个。

全省各级科协组织发挥特色优势服务大局。西安市科协积极开展思想库建设，有效发挥院士专家咨询团作用。宝鸡市科协将“讲理想、比贡献”作为服务地方经济建设的重要手段，每年有40多家企业参与此项活动。咸阳市科协发挥自身优势，采取呈送《科技工作者建议》等方式积极建言献策。渭南市《科学素质纲要》实施有力，被市委市政府两办纳入目标责任考核体系。安康市科协、商洛市科协围绕地方产业发展，举办富硒产业发展学术交流会、核桃产业发展论坛。杨凌示范区科协组织发挥农业科技专家服务队作用，引导创新资源向企业和农村聚集。

**省级学会、企业科协、高校科协** 2013年全省共有省级学会135个，会员17万人。全年新增企业科协17个，总数为322个。高校科协有6个。2013年，省科协组织10所在陕高校发起成立陕西省高校科协联合会并获省民政厅审批筹建。推动陕西师范大学、西北农林科技大学和西北大学等高校筹建科协组织。

**【《关于推动“三个陕西”建设的合作协议》签署】** 省科协积极争取支持、加强沟通，促成中国科协与陕西省政府签署《关于推动“三个陕西”建设的合作协议》。9月15日，双方正式签约，陕西省省长娄勤俭、副省长张道宏，省科协主席郑南宁，省委省政府和中国科协有关单位和部门主要负责人参加了签约仪式。根据《协议》，双方在三个方面16项工作中加强合作。随后，省科协及时成立了领导小组，明确了各部门、单位的任务分工，切实推进《协议》贯彻落实。

**【智能制造与高端装备制造学术研讨会】** 10月10日，省科协联合省工信厅、省国资委，围绕“创新驱动、智造未来”主题，成功举办智能制造与高端装备制造学术研讨会，组织与会专家为发展陕西省智能制造和高端装备制造、打造“陕西制造”升级版积极建言献策。中国工程院院长、中国机械工程学会理事长周济作了题为《创新驱动转型升级》的主旨报告，副省长张道宏出席开幕式并致辞，省科协主席、西安交通大学校长郑南宁院士，西安电子科技大学原校长段宝岩院士等知名专家学者参加研讨。中国工程院“制造强国战略研究”课题组10多位院士专家出席会议并在陕西开展调研。省委书记赵正永、省长娄勤俭和省委常委、省委组织部部长毛万春、副省长张道宏等省领导会见了周济和课题组一行，并对省科协组织本次研讨会给予了充分肯定。

**【“科技兴陕西，助推中国梦”座谈会】** 6月20日，省科协举办“科技兴陕西，助推中国梦”座谈会。省政协副主席、中国科学院院士周卫健，省科协主席、中国工程院院士郑南宁出席座谈会并发言。省科协党组书记、常务副主席呼燕主持座谈会。座谈会上，西安理工大学校长刘丁教授等各个领域的优秀科技工作者代表，结合工作实际，畅谈了以实干为理想筑基、用科技为梦想插翅的生动实践，并对如何凝聚科技工作者的智慧推进“三个陕西”建设提出了意见和建议。部分省科协常委、省级学会理事长，各市（区）科协主席，获得“全国优秀科技工作者”、“中国科协求是杰出青年成果转化奖”和“陕西青年科技奖”等称号的优秀科技工作者代表等70余人参加了座谈会。

**【“学术金秋”活动】** 2013年“学术金秋”活动围绕“实施创新驱动、支撑转型发展”主题，组织了103项高水平学术交流活动，主要有：第二届全国图像图形联合学术会议、中国安康富硒产业发展学术交流会、2013西安LED新技术论坛、陕西省职业农民培育论坛、全国钢—混凝土组合结构第十四次学术会议、陕西省青年科技论坛——如何培养创新型人才、第二届中国西部动物学学术研讨会等。

**【陕西省第21届“科技之春”宣传月活动】** 本届宣传月围绕“科技让生活更美好”的主题，于3月24日至4月15日在全省范围内开展了734项系列科普示范活动。其中“科技让生活更美好”主题展演活动，通过聚焦雾霾、未来能源等大型科普热点知识展览，采取科技、文化相结合的科普演出形式，取得了明显的社会影响。“科普为民服务示范活动”，活动内容丰富，贴近基层群众，引起了社会关注和赞誉。举办领导干部科技报告会，邀请国防大学张召忠教授作报告，引起了强烈反响。宣传月期间，时任省委常委、组织部部长李锦斌，省人大常委会副主任吴前进，副省长张道宏等领导分别出席和指导有关活动。

**【2013年全国科普日陕西区活动】** 2013年全国科普日陕西区活动围绕“保护生态环境，建设美丽陕西”主题，全省共开展科普宣传活动394项，其中全国科普日陕西主场活动、“保护生态环境，建设美丽陕西”科普专题展览，高校开放重点实验室等9项省级重点活动，形式新颖、特色鲜明。省委常委、省委组织部部长毛万春，省人大常委会副主任吴前进，省政协副主席李冬玉等领导出席相关活动。科普日期间，邀请张道宏副省长在《陕西日报》发表署名文章，在《陕西日报》刊登专题报道，邀请7名院士专家就生态环境保护等内容进行专家访谈。陕西省科协被中国科协评选表彰为2013年度“全国科普日”优秀组织单位。

**【陕西省科普惠农富民计划】** 2013年，省科协联合省财政厅，投入800万元实施陕西省“科普惠农富民计划”和“社区科普益民计划”，支持农民科技致富，提升社区居民科技素质，共有60个农技协、28个农村科普示范基地、20名农村科普带头人和60个先进社区得到资助。承办第20届杨凌农高会中国科协展团展览展示活动，省科协连续第3年被组委会授予“优秀组织奖”和“优秀展示奖”。

**【陕西省科学道德和学风建设宣讲教育】** 联合省教育厅等4部门组织全省研究生培养单位参加全国科学道德和学风建设宣讲教育工作会议。组织全省58家研究生培养单位深入开展宣讲活动，组织460名专家举办科学道德和学风建设报告会431场，参加宣讲教育活动的研究生达12万余人次。组织省内80所高校观看“共和国脊梁——科学大师名校宣传工程”汇演剧目系列光盘。

**【“全国青少年高校科学营”陕西分营】** 7月21～26日，省科协联合省教育厅和中航工业集团公司，在西安交通大学、西北工业大学、西安电子科技大学三所高校，组织开展了全国青少年高校科学营陕西分营活动。来自两岸三地的1000余名中学生参加为期7天的科学营活动。科学营陕西分营活动共邀请2位院士，26位教授、博士生导师、专家和学者等，举办科普讲座、报告会16场，指导科技活动36次。开放并组织参观重点实验室12个，举办各类科技实践活动26次，组织参观科技场馆、科技工程项目等24次，开展科技文化座谈、生活拓展体验、专题科技交流等活动18次。

（撰稿人：王晓利）

## 甘肃省科学技术协会

**服务经济社会发展** 根据甘肃省委联村联户行动的部署要求，2013年，省科协制定了帮扶双联点工作规划。在夏河县科才乡组织实施了牦牛藏羊产业化示范项目，投资兴建标准化牛羊过冬暖棚28座，建立高产人工草地示范区200亩，组织畜牧产业培训考察2次，组建了科才乡藏羊养殖协会和6个藏羊养殖合作社。

10月10～11日，甘肃省基层农技协规范化建设现场会暨农技协领办人培训班在庆阳市举行。中国科协农技中心主任、中国农技协常务副理事长张晓军，省科协党组书记、常务副主席杨新科，庆阳市委副书记、市长栾克军，省科协副主席陈富荣、陈炳东，庆阳市委常委、宣传部长黄正军出席了会议。张晓军在会上作了题为《加强农技协组织建设，提高农技协服务能力》的专题报告。

按照“引人才、引项目、带产业、带创新”的工作思路，甘肃省新建企业院士专家工作站5家，引进院士8名，其中，为兰州助剂厂带进院士领衔的转化项目1项。截至2013年底，全省院士专家工作站达到10个，引进院士16名，在高新区和开发区组建院士专家服务中心3个。

省科协与省科技厅、省国资委开展了企业技术难题征集与对接，征集到企业技术难题与需求156条，搭建了清华大学等全国著名高校与企业间“一对一”技术服务平台。省科协与省知识产权局等联合开展了企业专利应用工程师培训。甘肃省科技咨询服务中心在81家企业完成了“企业科技信息推广应用”系统安装培训工作。

省科协与中国民营科技实业家协会、中国资源综合利用协会和白银市政府共同举办了“中国民营科技企业家培育战略新兴产业白银行活动”，促成企业间合作项目24个，签约总金额达103.1亿元。

**《科学素质纲要》实施及科普工作** 开展内容丰富、形式多样的科普活动。全省各级科协组织共举办各类科普活动3844场次，参与群众320万人次；开展培训7128期，培训67万人次，比往年有明显增加。在全国科普日、科技活动周、“科技文化卫生三下乡”等大型科普活动中，举办科普宣传、科普讲座、报告会、展览等活动2310场次，2个市州、9个县区获得中国科协颁发的全国科普日活动优秀组织奖，6个单位获得优秀特色活动奖。各级反邪教组织开展警示教育活动394场次，受益群众5万多人次。

与2012年相比，青少年科技创新大赛申报作品增加了16%，青少年机器人竞赛参赛人数增加了80%，青少年科技教育的参与度和影响力提高。组织开展的青少年科技创新大赛、机器人竞赛、五学科奥赛、计算机表演赛、全国科学影像节（甘肃赛区）比赛、“全国青少年航天科技知识竞赛”等活动，获得全国奖项160余项；举办的“中国流动科技馆甘肃巡回展”、“青少年高校科学营甘肃省分营活动”、“青少年科学调查体验”等活动，参与青少年近百万人次。

各级科协组织和学会组织围绕“联村联户”扶贫攻坚等重大行动，自主开展了专题科普活动。省科协联合甘肃农业大学、甘肃中医学院，组织248名专家和在校学生开展了大学生暑期科普扶贫社会实践活动，在6个贫困县区举办培训班、报告会和医疗服务等105场次，受益农民1.2万人次；与省委宣传部、省工商局联合，在夏河县开展了“科普进藏区”行动。省科协对16个全国科普示范县（市、区）进行了中期评估，命名了6个省级科普示范县、28个省级科普示范社区、62个省级科普示范基地，与省教育厅、省地震局联合创建“甘肃省防震减灾科普示范学校”12所。

截至2013年底，甘肃科技馆项目建设主体框架基本完成，内容建设初步设计方案通过专家评审。

9月14日，甘肃省2013年“全国科普日”系列活动在定西市启动。省委常委、省委宣传部部长连辑，副省长、省科协主席张广智和省科协党组书记、常务副主席杨新科等出席启动仪式，并现场参观科普知识展览，还登上“科普大篷车”，现场体验科普模拟演示。启动仪式上，省、市“科普大篷车”围绕“节约能源资源、保护生态环境、保障安全健康、促进创新创造”的工作主题，开展集中演示展览。定西市直和安定区科协、科技局、卫生局、教育局、环保局、农业局、畜牧局、气象局等数十家单位的工作人员，通过悬挂宣传挂图、摆放科普器材及宣传版面、散发宣传资料，提供公共卫生、健康咨询、地质灾害防治、环境保护、生态文明建设、安全消防、食品药品安全、农业科技知识等服务。城区干部、居民、学生及各县区科协工作者1000余人参加了科普活动。

**学术交流** 组织全省科协组织及其所属学会开展了学术活动月，围绕推动产业优化升级，共举办各类学术活动274场次，参与科技工作者2万人次，形成建议33份。推动42个省级学会和10个市州建立了学术年会制度，学术交流活动产生专家建议466条，其中21条被各级党委、政府采纳。省科协与内蒙古自治区科协联合承办了第十届海峡两岸沙尘与环境治理学术研讨会，联合高校与企业举办青年科学家论坛和生态屏障建设研讨会。

召开学会能力建设工作研讨会，出台《甘肃省科协关于促进“学会能力提升发展”的指导意见》（试行），制定《甘肃省科协学会能力提升整体工作方案及具体措施》（试行）和《甘肃省科协学会能力提升项目实施方案及资金管理办法》（试行），引导学会进一步提升自我发展能力。

**服务科技工作者** 推荐第十三届中国青年科技奖候选人6名，第九届中国青年女科学家奖候选人5名。在甘肃省科协七大期间，对第一届甘肃省优秀科技工作者进行了表彰，集中宣传了近年来甘肃省优秀科技工作者的先进事迹。完成了第三次全国科技工作者状况调查任务。对甘肃省科技工作者状况调查站点进行了调整，向中国科协报送站点信息30篇，并向甘肃省有关部门反映了甘肃省高层次人才住房、子女上学等问题。召开了全省科学道德和学风建设宣讲教育电视电话会议，举办了科学道德和学风建设报告会。与省科技厅一起当面听取程国栋、薛群基和赖远明3位院士对科技工作和科协工作的意见建议。

**自身建设** 着眼落实省委省政府重大部署和省科协七大确定的目标任务，提出了“巩固工作品牌、拓展工作内容、提升工作层次、创新工作方法、夯实工作基础”的指导全省科协工作的总体要求，做出了开展“两行动、两建设”（即科普富民行动、创新助推行动，基层组织建设和科技场馆建设）的工作部署，8月27日，在张掖市召开全省市州科协主席现场观摩会。全省14个市州科协主席、部分县区科协主席代表参加。会上研讨了“两行动、两建设”工作方案和具体落实举措。

**地市县以及基层科协组织** 庆阳市科协组织科技工作者和科普志愿者，深入乡村、社区开展了“百万市民学科学”科普宣传活动。武威市科协开展了“科普知识宣传暨有奖竞猜答题”、“万名学生环保科普大行动”等活动。

庆阳市科协开展的“百会带万户工程”，被市委、市政府列入为民办实事项目，争取到财政资金348万元。兰州市科普惠农兴村计划项目投入资金扩大到70万元。临夏州开展的“11511”（每年在每个县（市）创建1个“科普示范乡（镇）”、每个乡镇创建1个“科普示范村”、每个村创建5户“科技示范户”，每个县（市）创建1个科普示范基地、1所科普示范学校。科普示范创建工程，形成了调动社会力量和基层科普组织开展科普活动的新模式。

庆阳市科协对3333名技能型骨干人才和能源化工产业从业人员进行了培训。

兰州市科协充分利用电视、广播、报刊等媒体开设科普专栏，天水市科协常年坚持短信科普服务，张掖市科协开通了手机科普服务，增强了科普传播的效应。

**省级学会、企业科协** 全省各级学会承担社会职能78项，拥有经济实体和服务机构31个，设立科技奖励项目6个。省级学会全年共开展继续教育、科技培训活动3264次，培训人员16.1万余人；开展科技咨询服务703次，科研成果鉴定202项；制定行业标准32项，评定各类科技奖项125项；开展职业资格认定236人，职称评定121人次。

省气象学会、省地质学会等开展了“世界地球日”、“环境日”、“国际减灾日”等主题科普活动。省医学会、省心理咨询师学会等开展了岷县、漳县地震灾区医疗救助、心理援助活动。

省科技教育促进会举办“学会承接政府职能的机遇与挑战”学术沙龙，并编写《中国科协学会秘书长能力建设培训教材》。省药学会举办“陇药——甘肃产业新亮点”学术研讨会，省水利学会举办“水生态文明与水利风景区建设”学术研讨会等。

各级学会发挥专业人才优势，积极助推“联村联户”、扶贫攻坚行动。省电机工程学会组织开展了“风电送千里，清洁千万家”主题科普活动，并向联系点学校捐赠科普读物和学习用品；省科技教育促进会以项目的形式为宁县学校捐赠教学设备和图书。省老科协提出的关于遏制土壤污染问题的建议被省人大、省政府采纳，促成全省性废旧地膜回收行动，省老科协撰写的关于解决南水北调西线受水区缺水问题的调研报告，得到中国老科协的肯定。

**【甘肃省科协第七次代表大会】** 5月9日，甘肃省科学技术协会第七次代表大会在兰州市开幕。时任中国科协书记处第一书记，甘肃省委书记、省人大常委会主任王三运出席开幕式并讲话，甘肃省委副书记、省长刘伟平出席开幕式。甘肃省科协主席李膺代表省科协第六届委员会作工作报告。甘肃省政协主席冯健身、省委副书记欧阳坚等省委、省人大、省政府、省政协有关领导，院士、专家及大会代表共计700余人参加了开幕式。

王三运在讲话中对甘肃省科协六大以来取得的成绩给予肯定。希望广大科技工作者要围绕提升产业发展实力和推动全省“3341”项目工程实施多做贡献。他提出了四点要求：更加注重服务企业技术创新，在促进产学研用紧密结合上展示作为。更加注重激励培育科技人才，在推动创新人才队伍建设上展示作为。更加注重凝聚群体智慧力量，在服务党委政府科学决策上展示作为。更加注重发挥桥梁纽带作用，在建设“科技工作者之家”上展示作为。

甘肃省科技厅、甘肃省总工会代表科技界和人民团体向大会致贺词。会议表彰了第一届甘肃省十佳优秀科技工作者，25个科协系统先进集体和50先进工作者。

5月10日，甘肃省科协第七次代表大会闭幕。甘肃省委常委、省委宣传部部长连辑出席闭幕式并讲话。大会审议通过了《甘肃省科协第六届委员会工作报告》，并选举产生了甘肃省科协新一届领导机构。新一届委员会委员共120名，常务委员35名，甘肃省政府副省长张广智当选为省科协主席，杨新科、陈富荣、陈炳东、李克平、张炯、程国栋、薛群基、陈发虎、范多旺、高世铭、宋尚有、杨志强、冯杰、李家民、王智平、李文卿、杨祁峰、王文全、郭玉芬、田映良当选为副主席。

**【省级学会建立学术年会制度】** 2013年，甘肃省有42个省级学会和10个市州科协相继建立了学术年会制度。仅省级学会各种学术交流活动达366次（其中国际学术交流3次），参加人数3万余人次（其中包括19名院士和国外专家），撰写学术论文3558篇，出版论文集38册（本、期）。全省现有9个学会以联办或自办形式主办了自然科学类科技期刊或学会通讯16种，占全省自然科学学会的30%以上。

省级学会征集专家建议466条，其中21条被当地党委、政府采纳。甘肃省科技教育促进会承办科协所属学会承接政府职能的机遇与挑战新思维新观点学术沙龙，甘肃省药学会召开了“陇药——甘肃产业新亮点”学术研讨会，甘肃省水利学会举办了“水生态文明与水利风景区”学术研讨会，围绕经济转型跨越和生态环境保护等重点难点问题，有针对性地组织科技工作者开展交流研讨，提出专家建议。

（撰稿人：张昕音）

## 青海省科学技术协会

**服务经济社会发展** 发挥智力优势，服务新青海建设，咨询建言工作稳中有升。全年共编印《青海科技工作者建言》12期。其中《提高青海农牧区妇女科学素质与能力的对策研究》得到省委常委苏宁批示，《青海省三江源牧业地区草场利用太阳能节水灌溉的可行性调研报告》、《关于青海省高校产学研服务地方经济发展对策研究》、《青海省农牧民抗生素健康用药调查》和《青海省育肥牛羊兽药使用情况调查》得到副省长程丽华批示。

不断深化“国家级科技思想库”试点工作。围绕青海省经济社会发展中的重大问题，突出问题导向，开展凸显前瞻性、全局性和战略性的调查研究，为青海省“三区”建设提供有效智力支持，全年共资助实施了20个调研课题并汇编成册。6月9日，召开了青海省院士专家工作站暨国家级科技思想库专家会议，中国科协副主席冯长根作了《谈谈如何使自己的建议让决策层采纳》的专题学术报告。

省科协积极多渠道筹措资金，大力实施科普项目，不断夯实发展基础。先后争取并实施“科普惠农兴村计划”、国家级科技思想库试点、爱德基金会项目、科普资源开发等30余个项目，共争取项目资金1800余万元，主要用于加强基层科普工作、科普惠农以及学会能力提升等方面。其中，“科普惠农兴村计划”项目19个，奖补资金320万元；“社区科普益民计划”项目3个，奖补资金60万元；“科普大篷车”项目5辆，价值192万元（不包含地方匹配资金）。

发挥自身优势，积极为企业发展服务。6月9日，成立了青海省院士专家服务中心。省科技咨询服务中心充分发挥科技信息渠道畅通，技术人才密集的优势，不断强化服务企业的意识，深入全省企业调研，掌握企业所需，积极帮助企业解决实际问题。针对全省中小企业持续发展后劲乏力，收集信息的渠道不畅，项目的立项、申报等方面存在问题较多的实际，为企业举办专利信息推广应用及项目申报培训班。

**《科学素质纲要》实施及科普工作** 青海省《科学素质纲要》实施工作稳步推进。省科协认真履行纲要实施办公室职责，制订并印发了《2013年工作要点》，详细安排部署了全省的纲要实施工作。5月13日，中国科协与青海省人民政府正式签订了《落实全民科学素质行动计划纲要共建协议》。按照协议，到2015年，青海省将实现全省公民具备基本科学素质比例达到2.154%。完成《科学素质纲要》实施工作“十二五”中期评估工作，通过了中国科协第四检查组的中期评估检查，并获得好评。

创新科普手段，打造科普活动品牌，科普工作呈现勃勃生机。按照“提高科普能力，创新科普手段，服务基层”的要求，打造“科普与新青海建设同行”科普活动品牌，并配合青海省藏区维稳工作的需要组织开展了“科普寺院行，服务进藏区”、中国流动科技馆巡展活动、科普大篷车进校园进社区等活动。

2013年“科普与新青海建设同行”系列科普活动以“科普送下乡　惠民千万家”为主题，以青少年流动科学工作室、车载移动式4D、5D影院、球幕影院、三型科普大篷车、科普展板、科学实验、文艺演出等形式，提高了老百姓的参与度。

2012～2013年“科普之冬（春）”活动期间共举办各类先进实用技术培训班、讲座956期（场），受训人数达45583人（次）。开展大型科普宣传活动155次，科普大篷车进校园活动40余次，文艺演出40余场，接待义诊、咨询人数3.8万多人次。发放科普资料150余种约35.51万份（册），发放科普挂历、春联2400份，展出展板3200余块，挂图2200余幅，播放科教片50余场，免费发放药品和计生用品8000多盒，受益群众达53.25万余人（次）。

为加快少数民族地区的发展，发挥宗教界人士和信教群众在促进民族地区发展中的积极作用，从3月开始，开展了“科普寺院行，服务进藏区”活动。

开展了以“保护生态环境，建设美丽中国”为主题的2013年青海省“全国科普日”活动，青海省各州、市、县（区）相继开展了52项重点群众性科普活动。据不完全统计，活动期间全省举办各类科普培训班、科普讲座180余场次，悬挂条幅1200条（次），展出科普展板、科普挂图7500余块（幅），播放科普电影、电视栏目120余次，发放科普资料50余万份（册），2700余名科技工作者、科普志愿者参与全国科普日主题科普活动，受益群众达54万人次。

青海省科技馆实体馆自2011年10月开馆以来，累计接待公众达160万余人次，取得了良好的社会效益。省科技馆发挥流动科普设施的作用，扩大科普教育覆盖面、惠及更多的基层百姓，先后赴循化、湟源、刚察、都兰、乌兰、大通、贵德、天峻、同德、兴海、贵南等13个县开展巡展活动，行程1.1万多公里，受益群众达14万人次。

开展青少年科技教育活动，努力为培养青少年科技创新意识服务。省科协先后举办了第二十八届青海省青少年科技创新大赛、第十二届青海省青少年机器人竞赛、青少年科学调查体验活动和青少年高校科学营等活动。青海省科技馆先后承办了第三届全国科技馆辅导员大赛预赛（西北赛区）、决赛，中国流动科技馆启动仪式、第三届全国科技馆馆长培训班等。

**学术交流** 省科协出台了《青海省科协关于加强学会工作的意见》，制定并实施了《青海省学会能力提升计划》。认真开展科学道德与学风建设宣讲教育活动。圆满完成了“2011～2012年度青海省自然科学优秀学术论文奖”评奖工作，共评选出优秀学术论文44篇，其中一等奖6篇、二等奖15篇、三等奖23篇。

学会指导管理工作有新意，学会凝聚行动初见成效。为更好地开展新时期的学会工作，恢复科协对学会的凝聚力，主动加强与学会的联系，以便更好地指导学会创新开展新时期的学会工作。2013年，在前阶段学会情况调研的基础上，有针对性地加大了学会指导管理工作的力度。一是以调研、座谈等形式开展与学会支撑单位沟通工作；二是恢复学会秘书长工作会议的制度化、常态化；三是强化交流重构学会组织网络。

**服务科技工作者** 积极举荐表彰科技工作者工作，开展了第十六届中国科协求是杰出青年成果转化奖候选人、第十三届中国青年科技奖候选人以及第十届中国女科学家奖推荐上报工作。

完成青海省科技工作者状况调查站点工作。组织青海省5个全国调查站点和2个两级共建站点负责人参加了中国科协举办的第三次全国科技工作者状况调查培训班。6月，指导、检查、督促各站点开展第三次全国科技工作者状况调查工作。召开科技工作者状况调查站点会议，全省5个中国科协直管站点、2个共建站点负责人和工作人员参加了会议。

**自身建设** 加强协调、落实措施，推动科协组织建设和自身建设迈上新台阶。进一步贯彻好中共青海省委《关于进一步加强科协工作的意见》，继续做好《意见》的督查工作。

以报刊体制改革为契机，扎实做好青海科技报社改制工作，分别成立了青海藏文科技报社和青海省科普传媒有限责任公司。青海藏文科技报社是目前我国建立的唯一面向藏区传播普及科学知识的专业科普宣传报刊社，标志着青海省少数民族科普工作取得新突破。

完善了省科协决策咨询专家库。面向州地市科协、省级学会、企业科协、科研院所、大专院校，征集推荐第三批“青海省科协决策咨询专家库”入库专家，按理、工、农、医、综合五大类学科确定专家库第三批入库专家。

不断加大科协系统干部选拔任用和干部交流培训工作力度，通过公开竞争选拔、系统内部轮岗交流及挂职锻炼、培训等多种方式培养干部。12月17日，组织机关全体干部及直属事业单位处以上干部在青海省军区教导大队开展了为期1周的“领导干部能力拓展训练暨2013年度工作务虚会”。

**市、州、县及基层科协组织** 2013年，青海省各市、自治州、县、区基层科协紧紧围绕地方党委政府中心工作，以提升公民科学素质为重点，创新活动形式，扩大活动范围，广泛开展各项科普宣传、实用技术培训等活动，不断提高科普工作的覆盖面和受益面。

海南藏族自治州科协积极开展科普社会化服务，不断拓宽服务领域，开展“科技服务套餐”活动，按照“农牧民点菜，专家掌勺”的科技服务理念，编发了《海南州牛羊育肥手册（藏汉对照版）》、《海南州有机枸杞栽培实用技术手册》、《海南科普》等技术资料，发放给农牧群众指导生产生活。

果洛藏族自治州科协坚持“实际实用实效”原则，认真组织开展经常性的科普活动，全州举办各类科普活动35次，受益人数达4.8万余人次；结合转变经济发展方式和产业结构调整，举办各类实用技术培训班20期，培训农牧民达到3000多人次，为发展特色产业，增加经济收入提供了较好的技术支撑。

海东市科协根据撤地建市，城镇化步伐加快，城镇人口逐年增多的实际，不断加大社区科普工作力度，把提高城镇人口科学素质作为科普工作的重要内容，进一步建立健全了社区科普组织，明确社区科普负责人，保证社区科普工作有人抓有人管。

**省级学会、企业科协、高校科协** 2013年，青海省科协在学会情况调研的基础上，有针对性地加大了学会指导管理工作的力度。

5月，青海省科协副主席刘青带队赴青海师范大学开展调研，就挂靠在师大的青海省数学、物理、地理、计算机4个学会工作与校长何波教授及相关部门负责人进行了座谈。

在2013年1月召开的全省学会秘书长工作会议上，详细传达了中国科协地方科协学会工作会议精神和省科协2013年工作思路，安排了省科协2013年学会学术重点工作，交流了各学会的工作经验，表彰了2012年学会工作成绩突出的5个先进学会和10位优秀学会工作者。

2013年，先后有青海省地理学会、科技情报学会、水利学会召开会员代表大会进行了换届。省环境学会、科技辅导员协会、消防协会、气象学会已批复同意换届，筹备召开会员代表大会。

学会学术交流活动日益活跃。省质量管理协会承办了由省质量技术监督局、省总工会、省妇联、省科协和省质量管理协会共同主办的第35次质量管理小组（英文简称QC）成果发布会。省藏医药学会举行了藏医药学术交流会议并在学会设立藏药制药专业委员会。省水力发电工程学会与湖南省水力发电工程学会和广东省水力发电工程学会联合主办了“2013年水电工程施工技术交流会”，会议交流73篇论文并整理、编辑了《2013年水电工程施工技术交流会论文集》。省计算机学会与中国计算机学会计算机工程与工艺专业委员会、青海师范大学计算机学院联合举办了第十七届计算机工程与工艺学术年会暨第三届微处理器技术专题研讨会，共有来自国内外、聚集了清华大学、北京大学、上海交通大学等高校，中科院计算所等研究所和华为技术有限公司等国内知名信息技术企业的160名代表参加了这次作为国内计算机工程与工艺领域一年一度的顶级盛会。

**【中国科协与青海省政府签订《落实全民科学素质行动计划纲要共建协议》】** 5月13日，中国科协与青海省人民政府在中国科技会堂正式签订了《落实全民科学素质行动计划纲要共建协议》。按照协议，到2015年，青海省将实现本辖区公民具备基本科学素质比例超过2.154%。协议确立了青海省公民科学素质建设工作的目标，明确了青海省人民政府及全民科学素质纲要实施有关部门的责任。

**【“青海省院士专家服务中心”成立】** 6月9日，“青海省院士专家服务中心”成立大会及挂牌仪式在青海会议中心举行，中国科学院院长白春礼院士和青海省省长郝鹏共同为中心揭牌。中国科协副主席冯长根、青海省委常委苏宁、青海省原副省长高云龙等出席成立大会。白春礼在会上作了《把握新科技革命机遇，支撑创新驱动发展》的学术报告。青海省国家级科技思想库入库专家、省直机关干部等近千人聆听了报告。同时，省科协联合省委组织部出台了《青海省关于推进院士专家工作站建设的实施意见》，并制定了相关工作制度。

**【“2011—2012年度青海省自然科学优秀学术论文奖”揭晓】** 2011—2012年度青海省自然科学优秀学术论文评审工作从3月正式开始。经全省各学会和有关州、地、市科协筛选和初审后，按照理、工、农、医、交叉学科分类并经同行专家评审、学科专家组复评等，评选出优秀学术论文44篇，其中一等奖6篇、二等奖15篇、三等奖23篇。并于2014年1月8日召开颁奖大会，省委常委苏宁同志出席大会作重要讲话，并给一等奖获奖者颁奖。

**【开展“科普寺院行、服务到藏区”活动】** 为进一步拓宽青海省科普工作范围，发挥宗教界人士和信教群众在促进民族地区经济社会发展中的积极作用，从3月开始，青海省科协先后赴玉树、贵德、同德、湟中、互助等地的寺院开展了“科普寺院行、服务到藏区”系列科普活动的前期准备工作。

5月14日，由青海省少数民族科普工作队组织实施的“科普寺院行、服务到藏区”（科普进寺院）活动在湟中县塔尔寺正式启动。活动期间，聘请中国科学院地理科学与资源研究所副研究员杨汝荣、省卫生监督所副主任医师李国新对广大僧人讲解青藏高原的环境、食品安全、地方病的防治及日常卫生保健常识。同时，以发放科普宣传资料、展出科普展板、宣传挂图等方式进行了科普宣传。此次活动共发放《青海科技报》（藏汉文）、《青海科普》（藏汉文）、《健康与安全》（藏汉文）、《生活环境人人有责》、《地震预防》等科普宣传资料1200余册，展出“锥体上滚”、“鹦鹉学舌”、“勾股定理”等有趣的科普展项8个，科普展板50块，塔尔寺120余名僧人和周边信教群众接受了科普宣传。另外，省少数民族科普工作队在寺院广场新建一条长9米的科普画廊。

6月20日，科普队带着青海省农科院的专家，来到称文县尕藏寺开展工作。在玉树地震后，该地有内地援建的温室大棚，但当地的僧人和群众不会使用。科普队向他们免费提供了蔬菜种苗，并发放了藏文的技术资料。队员们在温室大棚里，手把手地教大家多种蔬菜的种植和田间管理技术。大棚里种上了黄瓜、西红柿等蔬菜以后，一位叫索南才让的僧人感慨地说，“过去我们很少吃到新鲜蔬菜，现在条件好了，还可以自己种着吃，参加了你们的培训，才知道种菜也有这么多学问啊！”

通过开展“科普寺院行，服务到藏区”活动，利用寺院这个平台，进一步将医疗健康知识，科普知识传播到藏区广大僧侣和信教群众中，提高他们的科学文化素质，帮助他们树立科学生活理念，养成健康生活习惯，促进了青海省藏区的和谐稳定与发展。

**【青海藏文科技报社成立】** 按照国家及青海省非时政类报刊体制改革工作要求，在原《青海科技报》汉、藏两种文版的基础上，分别成立了青海藏文科技报社和青海省科普传媒有限责任公司。11月8日，青海藏文科技报社挂牌成立。青海省政协教科文卫委员会副主任委员汪渊、省文化与新闻出版厅副厅长吕霞、省民族宗教委员会副主任朴永日、省科协副主席陈永祥、青海社科院副院长淡小宁参加了揭牌仪式。省科协党组书记、主席石昆明，省人大常委会教科文卫委员会主任委员高大伟为青海藏文科技报社揭牌。《青海藏文科技报》的前身是《青海科技报》藏文版，创刊于1984年。青海藏文科技报社是经青海省文化发展与改革领导小组、省机构编制委员会办公室批准设立的公益型事业单位，由省科协主管。青海藏文科技报社是目前我国建立的唯一面向藏区公众的专业科普宣传报刊社。《青海藏文科技报》秉承“弘扬科学精神、传播科学理念、普及科学知识”的宗旨，坚持正确的舆论导向，以科学的眼光观察青藏高原，以人为本的视角服务藏区群众，以提高藏族公众科学素质为目标，立足青海藏区，面向国内其他藏区；立足科学普及，兼顾文明传播，立足纸质媒体，建设多媒体，将努力打造科普特色鲜明、民族特点突出，读者喜闻乐见、传播影响面广泛的藏区科普宣传新平台。

**【2013年“科普与新青海建设同行”系列科普活动】** 按照“提高科普能力，创新科普手段，服务基层群众”的要求，着力打造了“科普与新青海建设同行”科普活动品牌。根据省科技活动周领导小组的统一部署，联合省科技厅、省委宣传部，组织动员省科协所属事业单位省科技馆、省少数民族科普工作队等单位，于5月19日在青海省科技馆广场共同举办了青海省2013年科技活动周暨省科协“科普与新青海建设同行”系列科普活动启动

仪式。青海省政府副秘书长吴庆生讲话并宣布2013年科技活动周暨省科协“科普与新青海建设同行”大型系列科普活动启动仪式开幕。活动以“科普送下乡　惠民千万家”为主题，包括了青少年流动科学工作室、车载移动式4D、5D影院、球幕影院、三型科普大篷车、科普展板、科学实验、文艺演出等形式，省属有关学会、省科技馆等20余家单位工作人员参与科普宣传和义诊，2000余名中小学生和群众参加了科普讲座、科普咨询、科学体验、流动科技馆、流动4D影院为一体的大型系列科普宣传活动，活动内容丰富，形式多样，受到了基层群众的欢迎和好评。

**【制定并实施了《青海省学会能力提升计划》】** 2013年，青海省科协积极探索新形势下科技社团发展新路子，重心下移，出台了《青海省科协关于加强学会工作的意见》，制定并实施了《青海省学会能力提升计划》。同时，在对学会工作开展情况进行前期深入调研的基础上，有针对性地加大了对学会指导管理工作的力度。一是以调研、座谈等形式开展与学会支撑单位沟通工作，以类似学会工作诊断书的形式向学会支撑单位的领导反映相应学会工作的成绩和面临的问题，谋求支撑单位对学会工作的重视和支持，并取得了良好的效果。二是恢复了学会秘书长工作会议的制度化、常态化。及时将中国科协、省科协对学会的要求和工作安排传达给学会，掌握各学会工作开展情况，同时能使各学会交流工作，启迪和借鉴好的工作方法和经验。三是强化交流重构学会组织网络。通过走访学会、探望理事长（秘书长）等形式，切实了解学会与科技工作者的需求；通过举办培训班、评选年度先进学会和先进学会工作者等形式，提高和拓宽学会工作者开展学会工作的手段和能力，增强从事学会工作的荣誉感和责任感。四是按照中国科协和省科协党组加强学会能力建设一系列文件要求，督促学会抢抓机遇，积极承接政府职能转移。11月13日，省科协召开了学会承接政府转移职能工作座谈会。五是进一步规范各省级学会换届工作。年内先后有省地理学会、科技情报学会、水利学会、青少年科技辅导员协会、气象学会先后召开会员代表大会进行了换届。

**【2013年青海省科学道德和学风建设宣讲教育报告会】** 11月26日，由青海省科协、省教育厅联合主办的2013年青海省科学道德和学风建设宣讲教育报告会在青海大学科技馆礼堂举行。中国工程院院士、清华大学化工科技研究院院长金涌教授以“科技创新思维的养成”为主题作报告。金涌院士从自己科学研究中的切身体会，诠释了青年学子、科技工作者养成科技创新思维的重要意义，以真实的事例和真切的感悟，从科学研究的不同侧面和多个视角解读了科技创新思维的养成、创新型人才的丰富内涵，并就如何培养创新能力与创造力进行了阐述。青海省科学道德和学风建设宣讲教育领导小组组长、省科协副主席刘青主持报告会。省高校、科研院所的1000余名研究生、高年级本科生以及青年科技工作者聆听了报告，省科协、教育厅以及研究生培养机构相关负责人出席报告会。

（撰稿：潘永胜）

## 宁夏回族自治区科学技术协会

**服务经济社会发展**　围绕加快转变经济发展方式及行业发展的战略问题，宁夏科协向自治区党委、政府及有关厅局提交建言献策80余项。向中国科协推荐优秀决策咨询成果，有2项成果被评为2013年中国科协优秀决策咨询成果三等奖，宁夏科协获优秀组织奖。

实施科普惠农兴村计划，服务新农村建设。宁夏12个农技协、5个农村科普示范基地、3名科普带头人受到中国科协、财政部表彰奖励。宁夏科协对15个农技协、11个农村科普示范基地和10名科普带头人进行了表彰奖励。围绕自治区生态移民工程，实施“千名科技专家走进移民村活动”，宁夏科协先后到移民村开展农村实用技术培训138场次，开展技术服务146次，培训服务基层会员和农民群众近12万人次。通过三农呼叫中心、宁夏大众科技网等平台，及时发布科技信息，开展视频授课、网上科技咨询等服务300余场次。

组织开展“院士专家宁夏行”活动。针对宁夏工业转型升级和农业产业化发展中面临的突出问题，邀请中国工程院院士卢秉恒等16位院士、专家到共享集团等11个企业和农业基地，通过报告会、培训班、现场指导等方式帮助解决企业技术难题30余条，解答相关技术问题200多个，签订合作协议4项。

**《科学素质纲要》实施及科普工作**　中国科协与宁夏回族自治区政府签署了《落实全民科学素质行动计划纲要共建协议》，宁夏科协与银川市、石嘴山市、吴忠市、固原市、中卫市5市政府签订了《关于加强公民科学素质建设的共建协议》。组织开展了《科学素质纲要》“十二五”中期评估，衡量各市县及部门工作成效，查找存在的问题，制定改进措施。组织相关成员单位在各类科技周（日）及主要纪念日开展了80多个不同主题的经常性科普活动。

开展主题科普活动。举办了以“科技创新·美好生活”为主题的2013年科技活动周和以“保护生态环境·建设美丽宁夏”为主题的2013年宁夏科普日活动，先后组织开展70多个专项科普活动，受益群众近60万人次。组织开展了科技馆进校园、重点实验室免费开放、“大手拉小手”科普报告会、社区科普益民计划、专题科普展等35项科普活动。开展科普大篷车宣传活动320场次，受益群众近13万人次。在固原市彭阳县、西吉县、原州区、青铜峡市、盐池县5个站点开展2013年流动科技馆（宁夏）巡展活动，共接待中小学生及观众32万人次。承办单位给每个站点都配备了科普活动体验箱（内容包括：民族蜡染、再生纸、磁与铁和浮与沉），并在进行流动科技馆展品展示的同时，把科技馆自编自导的科普剧和科学小讲堂、机器人讲座带到了活动现场。与基层科协联合开展了“流动科技馆到我家”征文活动，共收到稿件1000余篇。

举办了全区青少年科技创新大赛和青少年机器人竞赛活动，吸引近万名师生参与。发挥科普场馆作用，开展中小学生第二课堂活动。联合教育厅等6个厅局出台了《关于充分发挥科普设施作用加强青少年科普教育的意见》。联合30多家科技场馆，结合学校课外活动和学生素质教育，探索“场校结合”、“场馆进校园”科普模式，采取菜单式教学方法，满足不同类别、不同层次的科普需求，先后开展了科普一日游、科技小制作等10多项活动。宁夏科技馆从3月1日起对青少年实行免费开放。成立了宁夏青少年科技辅导员协会，吸纳会员近千人。以银川市为试点，开展“小学科技教师开展第二课堂培训班”等活动。

争取到基层科普行动计划、科技基础条件支撑等国家部委各类项目资金近1000万元，及1个流动科技馆和2辆科普大篷车。新建科普惠农服务站17个、生态移民村科普站5个、城乡科普宣传栏130个。新命名自治区级科普教育基地9个、科普示范社区18个、科普示范学校15所。宁夏科技馆和中华回乡文化园被评为全国优秀科普教育基地。宁夏科技馆实施了一楼展区改造，更新了展厅布局和展品设备。宁夏科协组织编印出版《农业知识轻松学》、《中药使用小常识》等科普图书12万册。与宁夏广电总台、《宁夏日报》等媒体合作开办“宁夏科普”、“塞上新农村”、“科普大篷车”栏目，在15个县（市）电视台播放。各级科协新培养农技协和农村科普示范基地经办人、农村科普带头人、大学生志愿者、社区实用科普人才、中小学科技辅导员达1.6万人。

**学术交流** 宁夏科协组织举办了2013年宁夏科协学术年会、第九届宁夏青年科学家论坛、第四届海峡两岸（宁夏）特色农业产业化论坛、第八届宁夏资深专家论坛等综合性学术交流活动。引导全区学会举办全国性的高端学术交流活动并邀请院士专家来宁讲学研讨。

**服务科技工作者** 组织开展第十二届宁夏自然科学优秀学术论文评选表彰活动，从提交的857篇学术论文中评选出优秀论文311篇进行了表彰奖励。利用宁夏大众科技网、《宁夏科协》等平台，对自治区评选出的“塞上英才”及“313人才”等进行专题宣传。

制定出台了《自治区科协领导干部联系科技工作者制度》，每年固定联系科技工作者100名以上，厅级干部同时负责联系一市、一县和相关学会。建立了科技人才库，收录理、工、农、医、交叉等类别1400多名科技人才基本信息。增建自治区级科技工作者状况调查站点3个。结合“科协会员日”等活动，开展表彰奖励、走访慰问、交流座谈、科普讲座等工作，加强与科技工作者的联系和服务。

宁夏科协与教育厅共同主办了2013年宁夏科学道德和学风建设宣讲教育报告会，邀请中国科学院院士杨乐向高校研究生新生和高年级本科生作专题报告。组织自治区宣讲团深入全区各高校进行主题宣讲，把宣讲对象向新上岗研究生导师、新入职教师和青年科技工作者进行延伸，实现了“全覆盖、制度化、重实效”的总体目标。

**自身建设** 通过专题报告会、集中学习、座谈讨论等活动学习贯彻党的十八大及十八届三中全会精神。贯彻落实中央八项规定及自治区九条规定，就调查研究、联系基层和科技工作者、改进文风、厉行节约等方面作了具体规定，宁夏科协2013年较2012年相比三公经费总额减少28%。开展党的群众路线教育实践活动，对征集到的158条意见建议进行了逐条研究，归纳整理出整改问题16条，研究新建相关制度8项，修订22项，明确责任人和整改时限，确保整改到位。

通过中心组学习、专题辅导、业务培训、选派外出学习考察等形式，提高科协系统干部政治思想水平和业务工作能力。开展创建学习型、服务型、创新型党组织及“五好”支部活动，开展“四比四看”、干部下基层、扶贫帮困、讲党课等活动。

截至2013年底，宁夏科协指导银川市、中卫市、青铜峡市成立了农技协联合会，全区基层专业协会达到766个，其中109个达到3A级以上协会标准。完善修订《市县科协年度工作评价办法》、《宁夏科技社团工作评估办法》，对基层科协、学会工作进行了评估，促进基层科协和学会规范创新发展。

出台了《关于加强学会建设工作的若干意见》，围绕提升学会服务创新的能力、服务社会和政府的能力、学会自主发展能力和为会员服务的能力，建立完善了会员沟通服务制度、民主办会制度、学术交流项目择优资助制度等工作制度和激励机制。出台了《关于加强决策咨询工作的意见》，从立题、申报、审批、经费、奖励等方面进行明确，不断引导和鼓励决策咨询工作向规范化、项目化发展。

**省级学会、企业科协、高校科协** 截至2013年底，宁夏成立区级学会104个，其中15个达到3A级以上标准。各全区学会因会制宜，充分发挥自身优势，接受企业及有关部门委托，广泛开展继续教育、职业资格认证、成果评价、课题研究、科学论证等服务活动。截至2013年底，已有2个区级学会经政府部门批准设立了社会科技奖，7个区级学会承担了学科或行业的科技评奖工作，21个区级学会开展了资格认证及培训考核工作，9个区级学会承担了课题研究、成果评价、科技鉴定、科学论证等工作。

2013年，由区级学会承办的全国性学术交流活动47场次，先后邀请80余名院士、200多位知名专家来宁讲学、研讨和交流。全区学会累计举办各类学术交流活动近千场，20万人次科技工作者参加了相关活动，交流学术论文2000余篇。

2013年，全区学会累计开展科普报告会、专题讲座、现场咨询等120余场，发放科普资料20万份，受益公众13万余人。

2013年，宁夏成立企业科协2个，区级企业科协组织达到79个。

**【第四届海峡两岸（宁夏）特色农业产业化论坛】** 8月28～31日，第四届海峡两岸（宁夏）特色农业产业化论坛在宁夏举办，论坛主题为“大陆西北地区与台湾特色农业产业化”，宁夏回族自治区副主席屈冬玉出席论坛开幕式并致辞。来自陕西、甘肃、内蒙古、西藏、新疆、台湾地区等地的100余名科技工作者和60多位区内代表参加论坛，围绕特色农业的定位与实际发展、特色农业的发展与新农村建设、自然景观与特色农业等方面展开交流、研讨。

论坛特邀报告会邀请了宁夏农科院种质资源研究所副所长谢华、台湾博士实业有限公司总经理吴振记、青海省农林科学院农业发展研究所研究员陈来生、台湾地区神农科技发展协会理事长廖树宏等8位专家作了题为《宁夏设施蔬菜发展现状及宁台合作前景》、《大棚农业生产愿景》、《青海省休闲观光设施果品产业发展探讨》、《台湾农会发展经验与启示》的特邀报告。

论坛以学术交流、考察观摩、项目对接、建言献策四大板块为依托，以“西部省区、台湾地区、本地区企业代表、专家学者共商特色农业交流与合作”为载体，针对宁夏经济社会发展实际，汇聚各方面专家、学者智慧提供服务。论坛共征集到论文80余篇，并将其中47篇优秀论文结集出版论文集1册。

论坛期间，组织代表考察了宁夏农业特色产业和产业园区。台湾地区企业家代表、专家、学者与宁夏有关企业就宁夏枸杞、枸杞芽茶产品贸易、灵武长枣深加工、科技工作者赴台培训学习等方面达成意向协议。

**【第九届宁夏青年科学家论坛】** 7月1～27日，第九届宁夏青年科学家论坛在银川市召开。宁夏林学会、宁夏营养学会、宁夏生物分子检测学会、宁夏药学会、宁夏石油学会、宁夏品牌研究会6个学会组织，邀请“中央博士服务团”、区内外专家、学者及一线青年科技工作者围绕“建设美丽宁夏，实现林业可持续发展”、食品安全与清真食品发展、人与动物疾病、药品研发与药学服务、低碳经济促进石化产业科技创新与发展、“宁夏清真产业的发展，打造国际清真品牌”6个专题涉及的热点和前沿问题进行交流和研讨。

53位专家、学者出席本届论坛（其中区外专家29人），来自宁夏科研院所、大学、医院及区内外石油化工产业一线的1000余位代表参加论坛。论坛征集学术论文160篇，择优评选出40篇编辑出版论文集1册，表彰奖励优秀论文114篇，优秀会员52人。

与往届论坛相比，2013年宁夏青年科学家论坛在主题、内容、形式、层次和参会人员、组织等方面工作都有了进一步的创新。宁夏科协集思广益，组织专家对论坛的主题和举办方式进行了研讨，并结合学会工作实际与学科发展方向明确专题论坛主题，使论坛的主题更有专业性。各专题论坛内容涉及石油化工、清真品牌建设、食品安全、科学用药等方面热点问题，都是自治区关注的重点行业和公众关心的热点话题。论坛倡导学术民主、学术自由，为青年科技工作者营造良好的交流氛围。

**【宁夏科协院士专家走基层活动】** 2013年，宁夏科协组织开展了院士专家走基层活动。活动重点围绕宁夏产业关键技术、企业技术难题、学科建设的咨询指导以及人才培养的传帮带等问题，通过报告会、座谈交流、现场指导等方式，拓宽宁夏专家、学者的视野，加强区内外专家的交流与合作，帮助解决企业在技术创新、管理和发展中的难点问题。

宁夏科协院士专家走基层活动，在面向全区开展活动项目需求征集的基础上，经与中国工程院、中国科学院有关部门的院士、专家以及项目需求单位沟通，落实对接项目11项。先后邀请中国工程院院士卢秉恒等16名院士、专家来宁，重点解决了宁夏凯晨电气集团有限公司、宁夏共享集团有限责任公司、宁夏医科大学总医院、宁夏人民医院、银川葡萄与葡萄酒协会、青铜峡甘城子果业协会等企业及科研院所提出的配电柜生产技术配套、工艺流程、机床高速防护装置、感染科的发展与建设、前列腺癌的治疗方法、葡萄酒产业、苹果产业的科学管理与增效等科技创新问题，内容涉及装备制造业、医疗卫生、信息技术、设施果蔬、葡萄酒酿造等领域。活动采取订单式服务，主要突出两个立足：一是立足更好地为院士、专家与企业搭桥铺路。积极做好院士、专家与基层实际需求的对接沟通工作，推动专家柔性流动，为更好发挥院士、专家作用搭建平台。二是立足更好地服务企业和基层人才成长。为企业和基层服务与加强企业和基层科技人才队伍建设结合起来，为促进宁夏企业和基层科技人才的成长进步服务。

活动累计解决企业技术人员提出的各类产业和科研中的难题30余项，回答相关问题200多条，签订合作协议4项，达成意向性协议6项。活动基本达到了“四个一”的目标，即：破解一批基层发展关键技术难题，培养一批基层急需紧缺人才，转化一批应用前景良好的科技成果，推广一批基层急需的成熟技术。

（撰稿人：周艳梅　强　盛）

## 新疆维吾尔自治区科学技术协会

**服务经济社会发展**　2013年，新疆科协加强科技思想库建设，确立了20多个研究课题，先后向自治区党委、政府报送决策咨询建议12篇，有8篇得到自治区党政领导的16次批示。《关于发挥央企在新疆跨越式发展中作用的建议》由中国科协报送中央书记处和国务院。

进一步加强与中国科学院、中国工程院院士工作局的合作，深入开展“天山南北院士行”主题科技活动。全年组织100余名院士、专家开展了“新疆光伏产业状况”、“资源开发可持续，生态环境可持续”、“院士专家若羌行”等专题调研咨询活动。

承办了陈嘉庚科学奖评审会议、中国科学院学部学术与出版三届五次委员会会议，开展了“科学思维与决策”科普讲坛，“弘扬科学精神，承担社会责任”座谈会等活动。

全面实施“基层科普行动计划”，27个农村专业技术协会、15个科普示范基地、13个农村科普带头人、1个少数民族科普工作队、13个科普示范社区，获得全国表彰。自治区本级评选表彰集体和个人共108个。

第24届“科技之冬”活动共举办各级各类培训班2.7万余期。11月，第25届“科技之冬”活动全面启动。深入开展“百会万人下基层”科技服务活动，200余个自治区学会及地州市学会组织1000余名专家，深入县乡送科技，开展现场技术咨询，直接为农牧民服务。

先后召开自治区学会工作会议和学会科普工作培训会，组织科技工作者积极参与科普创作，推动科普资源本土化、接地气。组织专家深入调研、充分论证，引导学会主动承接政府转移职能，向自治区党委、政府提交了《关于推进学会有序承接政府转移职能若干问题的报告》。

深入开展“讲理想、比贡献”等各类科技活动，推动企业科技创新、科技人才成长。举办自治区企业科协专兼职干部培训班，不断提高企业科协干部综合业务素质和工作能力。进一步完善自治区企业科协管理办法，积极探索在国有企业组建科协组织，支持企业科协专利信息平台项目实施。截至2013年底，自治区企业科协数量达到81个。

**《科学素质纲要》实施及科普工作**　开展了2013年“全国科普日”新疆系列活动，自治区各级科协组织了400余项科普活动。在中国科协、教育部、环境保护部联合开展的全国科普日工作考核中，自治区科协等11个单位荣获“优秀组织单位”称号，5项活动获得“优秀特色活动”。与自治区党委宣传部、科技厅联合开展“科技活动周”活动，组织各级科协开展100余项活动。开展第三届自治区科学技术普及奖评选活动，中国科学院新疆分院等10个单位、20名基层一线科普工作者获奖。组织召开了2013年自治区全民科学素质工作电视电话会议，与自治区党委宣传部、社会科学界联合会共同举办了自治区公民科学素质基础知识百题有奖竞答活动。组织开展了“气候·冰川·生态”、“转基因技术与食品安全”科学面对面活动。开展“回归社会工程”，组织150名劳教人员进行农艺工、电焊工等技能培训并颁发证书。与自治区党委宣传部、自治区文化厅联合开展了第四届优秀科普作品评选活动。

推进“新疆科学大讲堂”走基层活动，深入基层县市开展巡讲119场，受众5万余人次。资助科普资源开发项目40个，向乡村、社区、清真寺免费赠阅《知识—力量》、《科学与生活》科普杂志16万余册。

对内部刊物《新疆科普》（季刊）进行改版升级，全新打造编辑出版了《科普进行时》（双月刊），定位为“科普与生活同伴，科普与和谐同步，科普与文明同行”，大16开，全彩印刷。2013年出版5期，每期印数5000册，面向社会免费赠阅。对维吾尔文综合类科普杂志《知识—力量》（月刊）、《科学与生活》（双月刊）进行全面改版，彩印升级，并制定了2014年扩大发行和赠阅计划，计划从2014年1月起，两本杂志从原来的每期印制8000册、

1.3万册扩大到2.5万册、3.5万册以上。实施科普挂图工程，编印符合各地生产生活实际的科普挂图，2013年底前完成160套，首批印刷100多万张，免费发放到自治区各地。

完善科技馆展教功能，积极建设数字科技馆。深入到9县市开展流动科技馆巡展工作，受众15万人次。建设LED科普宣传大屏和科普演播室，并正式启运。全年为县市区配备科普大篷车22辆，超过历年配备量的总和。

组织开展了科协全员立足本职科普志愿者活动。利用周末，新疆科协党组成员带头在科技馆展厅当科普讲解员、辅导员，所有干部职工分批轮流在科技馆展厅服务。

在克拉玛依市举办了第三届新疆维吾尔自治区青少年科技节。开展了24项自治区级青少年科技教育活动，评选表彰了100名青少年科技创新奖获得者。选拔组织110名各民族高中生参加全国高校科学营活动。成功申请2014年第十四届全国青少年机器人竞赛活动承办权。组织开展了自治区青少年机器人教练员培训。

**学术交流**　通过项目资助，支持学会能力提升，实施重点学术交流项目121个。举办了新疆环境污染与农业安全学术研讨会、油气钻井与井下工程前沿技术研讨会、新疆青少年科技创新教育论坛、多语种信息处理技术及产业发展和展望论坛、第四届喀纳斯科学与艺术论坛、新疆旅游产业发展论坛等学术交流活动。

6月，功能材料前沿与展望论坛召开，论坛由新疆科协主办、新疆物理学会承办。论坛分3场进行交流，共交流特邀报告9篇、青年学术报告17篇。论坛征集论文50余篇。

**服务科技工作者**　实施“星光工程”，开展《我与新疆的科技事业》编辑出版工作，为老科技工作者树碑立传，弘扬传播老一辈科技工作者献身边疆科技事业的崇高精神。新疆各级科协、学会、部门推荐75岁以上老科技工作者200余名，截至2013年底，已先期完成第二辑共21名老科技工作者访谈实录的组稿编辑工作，并交付印刷出版。积极开展第十三届中国青年科技奖候选人推荐工作，新疆青年科技工作者潘世烈获得第十三届中国青年科技奖。

新疆科协、科技厅、人力资源和社会保障厅联合组织开展了第十二届新疆维吾尔自治区自然科学优秀学术论文评选工作，从参评的861篇论文中评选出一等奖论文34篇、二等奖论文103篇、三等奖论文173篇。

**自身建设**　7～12月，新疆科协集中开展党的群众路线教育实践活动。成立了教育实践活动领导小组和工作机构，制定了教育实践活动实施方案，明确了三个环节的重点工作和具体要求。在查摆问题、开展批评环节，科协党组坚持边查边改、立行立改，征集了科协干部职工和地州市、县市区科协、120个自治区学会（协会、研究会）、兼职副主席、常委以及科技工作者等各方面的意见和建议，认真梳理汇总，归纳了12个具体问题，召开会议专题讨论，制定了14条具体整改措施。

认真贯彻落实中央八项规定和自治区党委十条规定，结合自身实际，制定了《自治区科协贯彻落实自治区党委常委会关于改进工作作风、密切联系群众〈十条规定〉和〈实施细则〉的具体措施》，并建立监督检查工作机制，将贯彻落实情况作为机关各部门、事业单位重要工作内容。

2013年，新疆维吾尔自治区首次将科协纳入绩效考核单位。科协党组高度重视，成立了以党组书记为组长的绩效考核领导小组，制定下发了《自治区科协2013年度绩效考评工作的实施意见》。建立健全了绩效考核管理机制，研究下发了《自治区科协2013年度绩效目标及考评指标》、《自治区科协绩效考评指标及评分细则》、《自治区科协绩效考评工作暂行办法（试行）》等，分解量化目标任务，明确责任分工。加强督促检查，每月定期对机关各部门和事业单位考勤情况、工作状态、绩效工作进展、绩效档案等进行督查，并将督查结果在新疆科协内网进行通报。

新成立县市少数民族科普工作队4个、企业科协9家、企业院士工作站4个。

召开中国科协“八大”新疆代表座谈会，加强为中国科协八大代表和自治区科协常委、兼职副主席服务工作。稳步推进事业单位分类改革工作，进一步优化干部队伍结构。加大干部培训教育力度，选派22名干部参加各级各类培训。组织召开宣传信息工作会议，培训基层科协和自治区学会宣传信息工作人员100余名。与《新疆日报》、《新疆经济报》、天山网等媒体签订了合作协议，全年在中央和地方媒体发稿数量均比2012年有大幅度增长，特别是有关科协工作的深度报道、焦点追踪以及科学面对面活动直播等工作都实现新突破。进一步加强科协网站建设，不断提高信息质量，通过新疆科协官方微博、微信等平台加强对科协工作的宣传力度。

新疆科协高度重视精神文明创建工作，顺利通过检查验收，继连续十年获得自治区文明单位称号后，再获自治区“文明单位”称号。

认真开展“转变作风、服务群众”活动，抽调干部驻村，明确了十项具体扶贫任务。新疆科协党组成员和“转变作风、服务群众”工作组成员对口帮扶14户贫困户，成立尼雅黑鸡养殖互助组，建设了高标准红枣和甜瓜科普示范基地，帮助群众脱贫致富。

切实做好维护稳定和综合治理工作，向全自治区科技工作者发出“勇于担当，自觉维护社会稳定”倡议，组织召开自治区科技界维护稳定座谈会和科协内部少数民族干部职工座谈会。积极落实自治区党委部署，组织精干力量做好敏感时期的维护稳定工作。选派2名优秀少数民族干部赴南疆重点乡镇参加集中整治工作。

**【第九届新疆青年学术年会】** 12月17日，以“创新驱动发展——我们的共同责任”为主题的第九届新疆青年学术年会在乌鲁木齐市召开。此次年会由新疆科协主办，第九届新疆青年学术年会执行委员会和中国科学院新疆生态与地理研究所承办。300余名青年科技工作者出席大会。

新疆科协党组书记李春阳，新疆大学校长塔西甫拉提·特依拜，新疆医科大学第一附属医院院长温浩，中国科学院新疆生态与地理研究所副所长雷加强在开幕式上致辞。中国工程院院士康玉柱、中国科学院新疆生态与地理研究所所长陈曦作了大会报告。3名优秀青年科技工作者作了主题发言。

17日下午举办的新疆青年高峰论坛，共话“丝绸之路经济带”建设、新疆青年科技工作者面临的机遇和挑战。论坛以特邀嘉宾点评、嘉宾间交流、嘉宾与青年科技工作者交流以及与媒体互动等为主要交流方式。论坛将青年科技工作者的观点和建议进行整理，以青年学术年会的名义向自治区党委、政府进行上报。

年会设立多个分会场，围绕自治区经济社会发展中的热点问题，陆续举办第三届新疆博士论坛、首届新疆青年国际论坛和若干青年分论坛活动。

为宣传新疆青年科技奖获得者的典型事迹，9～10月，新疆科协联合自治区党委组织部、宣传部、人力资源和社会保障厅、教育厅，以“实现中国梦，青春勇担当”为主题，共同举办10场青年科技英才进高校暨科学道德和学风建设宣讲教育报告会。

**【第三届新疆维吾尔自治区青少年科技节】** 4月27日，以“创新·体验·成长——中国梦·少年梦”为主题的第三届新疆维吾尔自治区青少年科技节在克拉玛依市开幕。特邀河北省、河南省、湖南省、广西壮族自治区、贵州省、福建省、北京市、陕西省、山西省、湖北省10个省市代表队，我国台湾地区，以及来自澳大利亚的老师，新疆15个地州市代表队的1500余名师生，克拉玛依市1000余名学生，共2500余人参加开幕式。

自治区党委常委尔肯江·吐拉洪出席会议并讲话。中国科学院院士、英国诺丁汉大学校长兼宁波诺丁汉大学校长杨福家，中国科学院院士、南京大学教授都有为，自治区人大常委会原副主任、自治区科协主席张国梁，自治区人民政府副秘书长刘华，自治区科协、教育厅、科技厅、环保厅、财政厅、体育局等单位，以及克拉玛依市委、人大、政府和有关部门的负责人出席开幕式。新疆科协党组书记李春阳主持开幕式。

尔肯江·吐拉洪在讲话中要求，新疆各级党委、政府要以青少年科技节为抓手，重视、关心、支持青少年科技教育工作。自治区各中小学校要以青少年科技节为契机，广泛开展青少年科技教育活动，引导各族学生树立科学思维和现代文明观念，培养学生健康向上的兴趣爱好，提高学生的创新能力和动手能力。希望广大青少年科技教育工作者，牢记使命，锐意创新，扎实工作，努力培养和造就更多的创新型科技人才。希望社会各界一如既往地广泛参与、支持青少年科技教育工作，共同营造有利于提升青少年科技创新能力的良好社会氛围。

开幕式上，对第二届新疆维吾尔自治区青少年科技创新奖获得者和第二届自治区青少年科技节先进集体及先进个人进行表彰，并为自治区青少年科技活动特色学校授牌。

第三届自治区青少年科技节主场活动包括：青少年科技节开幕式、“飞向祖国蓝天，放飞科学梦想”航空模型飞行表演、第27届自治区青少年科技创新大赛、第13届中国青少年机器人竞赛新疆赛区联赛、2013年全国中小学电脑制作活动新疆赛区联赛、2013年全国青少年模拟遥控飞行竞赛新疆赛区竞赛、“智慧天下”克拉玛依机器人创意表演邀请赛、国际及中国台湾地区青少年机器人创意作品表演赛、青少年科技创新教育高峰论坛、院士专家进校园科普报告会、“创新在我身边、科技与我同行”克拉玛依电视台“相约演播室”互动交流活动直播、“体验科学——中国流动科技馆”科普巡展、气象科普展览、“慧学慧玩”科技创意作品互动展览、乐高机器人、VEX机器人新器材新技术展示、科普参观活动、科技辅导员（机器人）科技教育专项培训交流活动等25项青少年科技竞赛和科技教育活动。杨福家和都有为在青少年科技创新教育高峰论坛上分别作了题为《怎样培养杰出人才》和《让青春飞翔》的报告。

（撰稿人：张竹新）

## 新疆生产建设兵团科学技术协会

**服务经济社会发展** 组织“天山南北院士行”活动。

2013年10月，在陈嘉庚科学奖基金会和中国科学院学部工作局支持下，由8位中国科学院院士组成的“天山南北院士行”巡讲团首次走进兵团，为塔里木大学500余名师生作了2场学术报告，与塔里木大学领导和教师进行座谈，对塔里木大学周边生态环境进行考察，为塔里木大学的发展提出了意见和建议，并表示愿意在人才引进和塔里木大学教师进修方面提供帮助。

兵团科协联合兵团财务局开展了全国科普惠农兴村计划申报工作，5个集体和8名个人获得全国科普惠农兴村计划优秀表彰。实施了兵团科普惠农兴村计划，共评出11个兵团科普惠农兴村先进单位和带头人，其中农村专业技术协会2个，农村科普示范基地5个，农村科普带头人4名。在兵团二师召开了兵团农技协规范化建设推进座谈会，探讨兵团农技协规范化建设，以及如何增强农技协组织的科普服务能力。

积极推进“科普富民兴边”工作。制定兵团“科普富民兴边”工作实施方案，积极申报全国“科普富民兴边”项目，兵团四师科协、九师科协被列入中国科协“科普富民兴边”工作实施单位。十师北屯市科协被列为兵团“科普富民兴边”试点单位。建立了兵团科协与东部省市科协的对口互助关系。

**《科学素质纲要》实施及科普工作** 对兵团全民科学素质工作领导小组成员单位进行增补，领导小组成员由原来的18个增加到21个。召开兵团全民科学素质纲要实施工作电视电话会议。兵团与中国科协签订《落实全民科学素质行动计划纲要共建协议》。2013年，兵团设立科学素质工作专项经费120万元。下发了《关于兵团开展全民科学素质行动计划纲要实施工作“十二五”中期评估工作的通知》，对兵团各师、各成员单位进行了中期检查，深入到一师、八师、九师的部分团场、企业、社区进行抽查评估，完成1.5万字的兵团“十二五”公民科学素质中期评估工作报告，并上报国家全民科学素质纲要实施工作办公室。

联合兵团财务局实施“科普益民行动计划”，从兵团科普示范社区中推选出4家向中国科协推荐，有3家获得全国科普示范社区称号，共获国家奖补资金60万元。

完成兵团全国科普示范县（市、区）中期评估工作。成立了以兵团科协常务副主席王红德为组长的检查评估组。6月21日，评估组依据全国科普示范县（市、区）测评指标进行评估，逐项进行检查，石河子市通过验收。石河子市被中国科协批准为全国科普示范市。

兵团科协积极协调科学普及出版社和中国光华科技基金会，面向兵团团场、社区、学校开展了“科普援疆、爱心捐书”公益活动，所捐书籍主要以科普文化类图书为主，捐赠图书码洋合计200万元。捐赠图书范围涵盖兵团13个师（市）约60多个团场、学校、社区。

举办了科普日等主题科普活动。在科技周、科普日活动中，兵团各级科协组织及所属学会独立或联合开展的重点科普活动达50余项，全兵团共有20多万人次参与了主题科普活动，举办科技讲座、科普报告会303场（次），全兵团共发放各类科普资料10万册（份），利用有线电视、网络播放科技专题节目20余期，展出宣传展板2000余块，科技咨询40余场次，有1000多名科技工作者参与活动。5月19～25日，兵团科协联合科技局、党委宣传部在兵团机关、兵团二中举办了2013年科技活动周活动，举办的科普展共展出展板90块，内容包括兵团科技成果展示、人类的家园、走近稀有濒危植物、关注濒危植物保护生物多样性等4个板块，邀请专家在石河子大学、石河子职业技术学院、塔里木大学举办了3场科普报告会，开展了高校大学生科普创意活动。9月14～20日，举办了2013年“全国科普日”主场系列活动，邀请专家为兵团机关、农八师机关500余名干部和公务员作科普报告，发放科普宣传品300个，在兵团二中展出“保护生态环境，共建美好家园”科普展板75块。

2013～2014年度，“中国流动科技馆”在兵团八师石河子市，五师、七师、六师五家渠市进行为期一年的巡展。在石河子市举办了流动科技馆培训工作，举办了巡展活动启动仪式。

4月12～14日，兵团科协联合兵团教育局、团委在第七师举办第十一届兵团青少年科技创新大赛，1500余人参加开幕式活动。大赛评出青少年科技竞赛各类一等奖117项、“主席创新奖”5项。8月1～6日，组织兵团13名学生和辅导员参加了第28届全国青少年科技创新大赛，获“十佳优秀科技辅导员”和“十佳优秀科技实践活动”奖各1项，获第28届全国青少年科技创新大赛一等奖、二等、三等奖40项，兵团科协获大赛优秀组织单位奖。组织开展了第十四届“明天小小科学家”奖申报活动。与自治区科协联合举办了第十九届全国青少年信息学奥林匹克联赛新疆赛区竞赛。组织35名运动员和教练员参加了第十五届“飞向北京——飞向太空”全国青少年航空航天模型教育竞赛总决赛，共获得一等奖4个，二等奖11个，三等奖12个，石河子青少年科技活动中心获全国优秀组织奖。6月1～2日，联合兵团教育局在兵团三中举办了第五届兵团中小学机器人大赛和首届兵团青少年机器人大赛，14个师3个兵直单位168支代表队274名队员参加比赛，评出一、二、三等奖45项。与兵团团委在塔里木大学举办2013年兵团大学生挑战杯赛。制定了《全国青少年高校科学营兵团科学营活动方案和兵团营员招募实施管理办法》，举办了2013年全国青少年高校科学营兵团分营启动仪式，邀请专家对营员和带队老师进行了安全知识培训，组织110名学生赴上海市、北京市参加了高校科学营活动。在兵团十二师104团中学启动了“节约粮食，从我做起——2013年青少年科学调查体验活动”，192人参加活动。联合兵团教育局在兵团范围内开展了第四届全国青少年科学影像节活动，推荐报送优秀作品参加第四届“熊博士”全国青少年科学影像节活动，获全国青少年组作品一等奖2项、三等奖3项，科技教师组作品一等奖1项，兵团科协获全国优秀组织奖。

在石河子市、北屯市等6个城市社区新建社区科普活动室6个。四师科协积极争取中国科协援助资金，建立62团科普图书室。

中国科协为二师33团、十二师104团配备科普大篷车各1辆，目前兵团科普大篷车数量已达22辆，为兵团科协配发科普大篷车车载资源1套。兵团所属科普大篷车全年深入到110多个团场、连队（社区）、学校和军营开展巡展宣传活动，有18万人次的学生、干部和群众参与活动。

出资为兵团各师、团场300多个科普画廊订制配发了一批科普挂图和科普图书，共订购挂图11种，每种挂图300份，共计4万多张，挂图内容涵盖农业生产、文明生活、低碳生活、环保教育等方面内容。资助科普资源开发项目12项。

8月，联合科技局在兵团范围内开展了新一批科普教育基地认定工作。组织了申报、形式审查，并于10月21日组织10位专家对申报的19家科普教育基地进行了评审，认定了16家兵团科普教育基地。组织兵团8家全国科普教育基地报送了年度考核申报材料。11月7日，召开了兵团青少年科学工作室创建命名评审会，有26家申报单位被命名为兵团青少年科学工作室。

对兵团首届科普奖评选办法进行了修订，并组织开展了兵团第二届科普奖评选工作，有6个科普活动、2个科普作品获得兵团第二届科普奖。

**学术交流** 全年支持兵团级学会、协会围绕兵团“三化”建设开展各类学术交流活动10项，同时，积极向中国科协申报重点学术交流项目1项。

**服务科技工作者** 组织兵团第八师、第五师和塔里木大学等3个全国科技工作者状况调查站点开展了科技工作者状况调查站点问卷调查工作，170名科技工作者填写了调查问卷。各站点结合各地工作实际，向中国科协报送反映基层科技工作者的信息10条。在全兵团范围内组织开展了首次兵团科技工作者状况调查。

组织开展第十三届中国青年科技奖候选人推荐工作，推荐第三届兵团青年科技奖获得者张建萍、吴向未、秦江鸿3人为第十三届中国青年科技奖候选人。

与兵团党委组织部、人力资源和社会保障局共同下发了《关于开展第四届兵团青年科技奖候选人评审推荐工作的通知》，兵团11个师和石河子大学、塔里木大学、新疆农垦科学院等14家单位上报材料25份，对上报的材料进行了整理和初审，于10月21日组织召开了第四届兵团青年科技奖评审会，周平等10位青年科技工作者获得第四届兵团青年科技奖。

10月10日，兵团科协、兵团教育局联合中国科学院学部工作局、新疆维吾尔自治区科协在塔里木大学举办了2013年兵团科学道德与学风建设宣讲教育报告会。中国原子能科学研究院研究员、中国科学院院士王乃彦结合自己的工作经历作了题为《科研工作中的诚信》的专题报告。兵团科协常务副主席王红德出席报告会并致辞，新疆维吾尔自治区科协副主席肖作敏、中国科学院学部工作局有关人员出席报告会，塔里木大学300多名研究生、高年级本科生和青年教师参加报告会。

大力开展科技教师培训工作，举办了兵团青少年科教组织工作者交流研讨班，14个师、兵直单位科教组织管理者38人参加会议。在石河子市举办了为期5天的兵团2013年“飞向北京——飞向太空”航空航天模型辅导员培训班，兵团14个师、3所兵直属学校的65名航模辅导员参加培训。举办了2013年兵团青少年科技创新和科学DV培训班，参加培训的人员达192人。组织兵团38人参加了第十四届中国青少年机器人竞赛新疆教练员培训班，组织人员参加了全国青少年科技辅导员培训班。还组织72人参加兵团科研系列专业技术人员继续教育培训班2期。

在中国科协会员日期间，组织召开历届兵团青年科技奖获得者座谈会，了解每位获奖者的工作近况，听取他们对科协工作的意见和建议。

**自身建设** 兵团科协现有师（地、市）级科协17个，团场科协60个，兵团级学会、协会、研究会24个，师（局）级学会270多个。

兵团各级科协组织扎实开展了党的群众路线教育实践活动。

开展了第三届兵团优秀学会工作奖申报、评选工作。10月21日，经兵团优秀学会工作奖专家评审委员会评审，兵团老教授协会、兵团公路学会等6家兵团级学会获得第三届兵团优秀学会工作奖。

3月15日，在新疆农垦科学院召开了兵团学会科普工作座谈会。座谈会上，发布了《兵团公民科学素质调查分析》报告。各学会负责人交流了所在学会科普工作开展情况，并就如何做好学会科普工作、推动兵团公民科学素质提高进行了研讨。

**【中国科协与新疆生产建设兵团签订《落实全民科学素质行动计划纲要共建协议》】** 9月9日，中国科协与新疆生产建设兵团在北京正式签订《落实全民科学素质行动计划纲要共建协议》。

按照协议，到2015年，新疆生产建设兵团将实现本辖区公民具备基本科学素质比例超过3.1%。协议确立了兵团公民科学素质建设工作的目标，并明确了兵团党政机关及全民科学素质纲要实施有关部门的责任。

中国科协党组成员、书记处书记徐延豪，兵团党委常委、副政委卢晓峰在共建协议上签字。中国科协及兵团科协有关部门负责人出席签约仪式。

**【兵团《全民科学素质纲要》实施工作电视电话会议】** 4月10日，兵团召开《全民科学素质纲要》实施工作电视电话会议，兵团党委常委、副司令员、全民科学素质纲要领导小组组长宋建业出席会议并讲话，兵团全民科学素质工作领导小组成员单位负责人、领导小组办公室成员共60余人参加主会场会议，各师、团场全民科学素质工作分管领导、领导小组成员单位负责人、师科技局和科协工作人员在分会场收听收看会议实况。兵团党委组织部、农业局、教育局和二师、八师在主会场分别作了交流发言。

宋建业在讲话中要求，兵团各级、各单位要切实增强提高兵团公民科学素质工作的紧迫感，围绕兵团经济社会发展大局，开展好各类主题科普活动；要千方百计普及科学知识，创新科普活动形式，拓宽兵团公民获取科学知识的渠道；要培养科学精神，提升科学知识普及能力，有针对性地提高重点人群科学素质，加大科普设施投入，全面提升科学素质建设能力；要明确目标、突出重点、补齐短板、强化责任、形成合力，力争到2018年兵团具备基本科学素质公民比例超过西部平均水平。

**【兵团首次科技工作者状况调查】** 2013年，兵团科协组织开展了兵团首次科技工作者状况调查，委托石河子大学科协及有关专家成立课题组，对科学研究、工程技术、农业技术、卫生技术、自然科学教学5类专业技术人员状况进行调查，调查涵盖兵团14个师，石河子大学、塔里木大学、新疆农垦科学院及兵团直属企事业单位，共发放问卷1800余份。为做好调查工作，专门举办了培训班，邀请中国科协发展研究中心调查研究室有关专家作了题为《科技工作者状况调查历史、制度和成效》的专题报告，并就兵团科技工作者状况调查任务和要求，以及抽样调查步骤与方法进行了培训和答疑。兵团首次科技工作者状况调查及时准确地掌握了兵团科技工作者的新情况新变化，反映了科技工作者的意见和建议，为推动解决科技工作者关心的实际问题，以及为兵团党委、兵团制定科技发展政策提供了依据。

（撰稿人：赵廷杰　罗昌欧）

# 大 事 记

# 大 事 记

## 1月

1月5日　　中国科协八届常委会学术与学会专门委员会工作会议在北京召开，中国科协副主席、专委会主任李静海主持会议，专委会副主任冯长根、谢克昌、沈爱民出席会议。

1月6日　　中国科协八届常委会继续教育专门委员会第二次会议在北京召开，全国人大常委、中国科协副主席、专委会主任冯长根主持会议，专委会副主任沈爱民、郝希山、高德利出席会议。

1月8日　　中央书记处对中国科协工作作出重要指示。

《中共广东省委、广东省人民政府关于加强新时期科协工作的意见》正式印发。

1月9日　　全国学会党建工作经验交流会召开，中国科协党组成员、书记处书记王春法出席。

1月10日　　全国人大教科文卫委员会副主任委员吴恒一行到中国科协进行调研，中国科协常务副主席、党组书记、书记处第一书记陈希会见了调研组一行，党组成员、书记处书记王春法主持座谈会。

1月10～11日　　地方科协党组书记年度工作研讨会在北京召开。中国科协常务副主席、党组书记、书记处第一书记陈希主持会议并讲话，中国科协副主席、党组副书记、书记处书记程东红，党组成员、书记处书记张勤、徐延豪、王春法，党组成员沈爱民出席会议。程东红作会议总结。

1月11日　　中国科协八届常委会促进农村和少数民族地区发展专门委员会第二次会议在北京召开，中国科协副主席、专委会主任赵沁平主持会议，专委会副主任吕飞杰、徐延豪出席会议。

1月14日　　中国科协发起的“科学大师名校宣传工程”第一批剧目——话剧《钱学森》在北京交通大学举行专场演出。中共中央政治局委员、国务委员刘延东，中国科协常务副主席、党组书记、书记处第一书记陈希，教育部、中宣部、解放军总装备部等有关部门负责人与高校大学生近千人观看演出。

1月14～19日　　中国科协党组成员、书记处书记张勤出席工程教育认证国际研讨会并访问《华盛顿协议》成员组织日本、韩国。

1月15～18日　　中国科协党组成员沈爱民出席在香港特别行政区举办的第四届深港科技界交流年会。

1月16日　　中国科协常务副主席、党组书记、书记处第一书记陈希一行到中国农学会就科技社团如何贯彻落实党的十八大精神，在新形势下发挥好作用进行调研座谈。

1月17日　　全国人大常委会副委员长、中国科协主席韩启德到上海市科协就科技工作者之家建设进行调研，看望慰问了上海市科协机关和直属单位的干部职工。

1月19日　　由中国科协、中国工程院联合举办的2013年院士专家新春音乐会在国家大剧院举行。中国科协常务副主席、党组书记、书记处第一书记陈希等出席音乐会。

1月21日 中共中央政治局委员、国务委员刘延东主持召开会议，听取《全民科学素质行动计划纲要》实施情况汇报。中国科协常务副主席、党组书记、书记处第一书记陈希作了汇报。

中国科协、教育部第二次工作会商会暨合作协议签字仪式在北京举行。中国科协常务副主席、党组书记、书记处第一书记陈希，教育部部长、党组书记袁贵仁等出席活动。

1月22日 中国科协八届常委会第五次会议在北京召开。会议由全国人大常委会副委员长、中国科协主席韩启德主持。中国科协常务副主席、党组书记、书记处第一书记陈希传达了中央书记处对中国科协工作的指示精神。

中国科协八届常委会科技工作者道德与权益专门委员会第三次会议在北京召开。中国科协常务副主席、党组书记、书记处第一书记陈希出席会议并讲话。会议由中国科协副主席、专委会主任黄伯云主持，专委会副主任龚克、杨卫、林蕙青，专委会顾问杨乐出席会议。

中国科协八届常委会决策咨询专门委员会工作会议召开，专委会主任齐让主持会议，专委会副主任王春法出席会议。

1月23日 中国科协八届全委会第三次会议在北京召开。中共中央政治局委员李源潮出席开幕式并讲话，全国人大常委会副委员长、中国科协主席韩启德主持开幕式并作工作报告，中国科协常务副主席、党组书记、书记处第一书记陈希传达了中央书记处对科协工作的指示精神。

中国科协党组成员、书记处书记张勤在北京会见国际宇航联合会主席樋口清司一行。

中国科协八届常委会女科技工作者专门委员会工作会议在北京召开，中国科协副主席、专委会主任程东红主持会议。

1月24日 中国科协八届常委会青少年科学教育专门委员会第二次会议在北京召开，中国科协副主席、专委会主任陈赛娟主持会议，中国科协副主席、专委会副主任秦大河出席会议。

1月24～30日 中国科协党组成员沈爱民赴新加坡和马来西亚访问《华盛顿协议》成员组织。

1月25日 中国科协党组理论学习中心组扩大会议在北京召开，会议学习传达了习近平同志近期重要讲话和批示精神，并就中国科协近期各项工作进行集中交流。中国科协常务副主席、党组书记、书记处第一书记陈希，副主席、党组副书记、书记处书记程东红，党组成员、书记处书记张勤、徐延豪、王春法出席会议，机关各部门、各直属单位主要负责同志参加会议。

1月29日 2013年中国科协离退休老同志春节团拜会在北京举行。中国科协常务副主席、党组书记、书记处第一书记陈希出席团拜会并致辞，中国科协副主席、党组副书记、书记处书记程东红主持团拜会。

1月30日 中国科协常务副主席、党组书记、书记处第一书记陈希一行到中国汽车工程学会调研指导工作。

1月31日 全国科学道德和学风建设宣讲教育领导小组2013年第一次工作会议在北京召开。中国科协常务副主席、党组书记、书记处第一书记陈希出席会议并讲话。全国科学道德和学风建设宣讲教育领导小组组长、中国科协党组成员、书记处书记张勤主持会议。

## 2月

2月4日

中国科协常务副主席、党组书记、书记处第一书记陈希看望中国科协名誉主席周光召。

中国科协副主席、党组副书记、书记处书记程东红到辽宁看望慰问科技专家，看望了罗阳同志的爱人王希利，并向王希利颁发了中国科协追授罗阳“模范科技工作者”称号的证书和奖牌。

2月6日

中国科协常务副主席、党组书记、书记处第一书记陈希赴山东省威海市调研石岛湾核电站核电国家科技重大专项实施情况。

中国科协八届常委会促进国际合作专门委员会和促进与港澳台交流专门委员会会议在北京召开，中国科协常委、专委会主任龚克主持会议。

2月16～23日

中国科协副主席、党组副书记、书记处书记程东红应美国科学促进协会和加拿大安大略省科学中心邀请，率代表团赴美国出席美国科促会2013年会，并访问加拿大。

2月19日

中国科协党组成员、书记处书记王春法一行到浙江省调研，召开座谈会听取浙江省科协关于“科学+”科普品牌和菠萝科学奖活动宣传筹划工作，浙江大学《求是魂》戏剧排演等情况汇报。

2月21日

中国科协八届常委会组织建设专门委员会第二次会议在北京召开，中国科协常务副主席、党组书记、书记处第一书记、专委会主任陈希主持会议，专委会副主任齐让、姚建年、曹振全出席会议。

2月22日

中国科协在海南省三亚市召开全国科学道德和学风建设宣讲教育专家交流研讨会。中国科协常务副主席、党组书记、书记处第一书记陈希出席会议并讲话。会议由全国科学道德和学风建设宣讲教育领导小组组长、中国科协党组成员、书记处书记张勤主持。

2月26日

中国科协2013年学会工作会议在北京召开。中国科协常务副主席、党组书记、书记处第一书记陈希出席会议并讲话，中国科协副主席、党组副书记、书记处书记程东红出席会议，中国科协党组成员、学会学术部部长沈爱民出席会议并作大会总结。

2月27日

中国科协党组成员、书记处书记张勤一行到中国航天科技集团公司就推荐优秀人才到国际组织任职和企业建立科协组织等问题进行调研。

## 3月

3月1日

《科学素质纲要》实施工作会议在北京召开。中国科协常务副主席、党组书记、书记处第一书记陈希出席会议并传达了国务院《听取全民科学素质行动计划纲要实施情况汇报的会议纪要》。会议由全民科学素质纲要实施工作办公室主任、中国科协党组成员、书记处书记徐延豪主持，承担全民科学素质纲要实施工作任务的23个成员单位的主要领导和有关同志参加会议。

3月4日

中共中央总书记、中央军委主席习近平看望全国政协科协科技界委员，强调实施创新驱动发展战略是立足全局、面向未来的重大战略。

3月4～5日

中国科协2013年国家级科技思想库建设工作座谈会召开。中国科协党组成员、书记处书记王春法出席会议并讲话。

3月7日　全国政协十二届一次会议主席团常务主席、全国人大常委会副委员长、中国科协主席韩启德看望全国政协科协界委员并参加小组讨论。中国科协常务副主席、党组书记、书记处第一书记陈希等参加看望和小组讨论。

由中国科协八届常委会女科技工作者专委会支持，中国女科技工作者协会和中央音乐学院主办的第四届“科学与艺术相约国际劳动妇女节”音乐晚会举办。第十一届全国政协副主席、中国女科技工作者协会副会长王志珍，中国科协副主席、党组副书记、书记处书记、中国女科技工作者协会常务副会长程东红出席。

3月12日　培养高层次科普专门人才试点工作研讨会在北京召开。中国科协常务副主席、党组书记、书记处第一书记陈希出席会议并讲话，中国科协党组成员、书记处书记徐延豪参加会议。

3月15日　中国科协与中国工程院举行战略合作框架协议签字仪式。第十届全国政协副主席、中国工程院主席团名誉主席徐匡迪，中国科协常务副主席、党组书记、书记处第一书记陈希，中国工程院院长周济出席签字仪式。中国科协副主席、党组副书记、书记处书记程东红在战略合作框架协议上签字。

3月15～19日　应香港工程师学会、香港城市大学和澳门工程师学会邀请，中国科协党组成员、书记处书记张勤率中国科协代表团赴香港特别行政区、澳门特别行政区进行工作访问，代表中国科协在“澳门工程师学会成立二十五周年”主题报告会上作专题报告。

3月18日　中国科技期刊国际影响力提升计划联合实施部门第一次例会在北京召开。会议由中国科协副主席、党组副书记、书记处书记程东红主持。中国科协党组成员沈爱民出席会议。

3月19日　中国科协党组召开扩大会议，传达学习贯彻十二届全国人大一次会议和全国政协十二届一次会议精神。会议由中国科协常务副主席、党组书记、书记处第一书记陈希主持。

中国科协科技扶贫开发领导小组全体会议召开，中国科协党组成员、书记处书记徐延豪出席。

3月21日　中国科协八届常委会科学技术普及专门委员会第二次会议在北京召开，中国科协副主席、专委会主任秦大河主持会议，专委会副主任杨元喜、徐延豪出席会议。

3月21～30日　中国科协常务副主席、党组书记、书记处第一书记陈希出访土耳其、保加利亚、希腊。

3月24～26日　中国科协党组成员、书记处书记张勤到湖北省调研，并出席中国科协海智计划湖北（东湖高新区）工作基地授牌仪式。湖北省副省长、省科协主席郭生练参加授牌仪式。

3月25～30日　中国科协、中国人民对外友好协会与俄罗斯国际友城联合会在海南省三亚市共同举办第六届青少年科技文化交流活动。

3月27～28日　2013年地方《全民科学素质纲要》实施工作会议在广西壮族自治区柳州市召开。中国科协党组成员、书记处书记、全民科学素质纲要实施工作办公室主任徐延豪出席会议并讲话。

3月27～30日　中国科协党组成员、书记处书记王春法调研重庆市科协工作并出席2013年全国科技工作者状况调查站点培训班开班式。

## 4月

4月3日

中国科协与福建省人民政府签订《落实全民科学素质行动计划纲要共建协议》。

中国科协常务副主席、党组书记、书记处第一书记陈希到福建省科技馆新馆工地视察调研。

中国科协党组成员、书记处书记王春法就江苏省科协所属学会开展科技奖励、技术咨询等情况进行专题调研。

中国科协党组成员沈爱民赴中国电影电视技术学会调研。

4月7～9日

全国人大常委、中国科协副主席冯长根率中国科协继续教育专委会成员赴安徽省黄山市就继续教育情况开展调研。

4月8日

中国科协、国家自然科学基金委工作会商会在北京举行。中国科协常务副主席、党组书记、书记处第一书记陈希，中国科协副主席、党组副书记、书记处书记程东红，国家自然科学基金委员会主任杨卫、副主任高瑞平等出席会议。

4月9～11日

中国科协党组成员、书记处书记王春法赴中国硅酸盐学会、中国电机工程学会、中国林学会进行调研。

4月10日

中国科协和财政部联合实施的2013年“基层科普行动计划”正式启动。

中国科协党组成员、书记处书记张勤一行赴广西走访看望在广西工作的中国科协八大代表，并出席在南宁召开的中国科协八大代表（广西）座谈会。

由中国科协和陶氏化学（中国）有限公司共同合作的首个“陶氏化学实验室”在天津科技馆开幕，中国科协党组成员、书记处书记徐延豪为实验室的落成开放揭幕。

4月11日

中国科协党组成员、书记处书记王春法到中国林学会调研学会在承接政府职能转移、促进产学研结合、推动创新发展等方面的情况。

4月15日

科技期刊国际影响力提升计划联合实施部门第二次例会在北京召开。中国科协常务副主席、党组书记、书记处第一书记陈希，中国科协副主席、党组副书记、书记处书记程东红，中国科协党组成员沈爱民出席会议。

4月17日

中国科协副主席、党组副书记、书记处书记程东红看望中国科协八大贵州省代表并出席座谈会。

2013“院士专家扬州行”活动启动，中国科协副主席、中国工程院院士陈赛娟出席启动仪式并致辞。

第六届中国公路科技创新高层论坛在北京举行。中国科协副主席、中国科学院院士秦大河出席开幕式并讲话。

4月19日

第十二次全国医学遗传学学术会议在河南省郑州市召开，中国科协副主席、国家自然科学基金委员会副主任沈岩，河南省副省长徐济超等出席开幕式。

4月20～21日

中国科协党组成员、书记处书记王春法率调研组到广东省，就科技社团服务科技创新驱动发展问题进行调研。

4月23日 中国科协党组成员、书记处书记张勤会见发明家协会国际联合会主席安德拉斯。

中国矿物岩石地球化学学会第八次全国会员代表大会暨第14届学术年会在江苏省南京市召开。胡瑞忠当选为中国矿物岩石地球化学学会第八届理事会理事长。

4月26日 由中国科协发起的“共和国的脊梁——科学大师名校宣传工程”汇演活动在清华大学正式启动。中共中央政治局委员、国务院副总理刘延东出席启动仪式、观看话剧《马兰花开》并作重要讲话。

中国科协与国家知识产权局签署《中国科学技术协会 国家知识产权局合作议定书》。

中国科协党组成员、书记处书记张勤在北京会见澳门工程师学会会长谭立武一行。

**5月**

5月4日 中国科协与云南省人民政府在昆明市签署《合作协议》和《关于加强公民科学素质建设的共建协议》。

5月5～8日 中国科协常委龚克率中国科协代表团赴加拿大参加第二届科研诚信大会，并访问加拿大英属哥伦比亚大学、卡尔加里大学、麦吉尔大学、滑铁卢大学和美国科促会。

5月6～8日 中国科协党组成员、书记处书记、中国科协科技扶贫领导小组组长徐延豪赴山西省吕梁市调研科技扶贫工作。

5月7日 云南省科协第八次代表大会在昆明市召开。云南省委书记、省人大常委会主任秦光荣出席大会开幕式并讲话。

由中国科协和欧盟委员会共同举办的国际科研与创新政策研讨会在北京召开，中国科协副主席、党组副书记、书记处书记程东红出席研讨会并致辞。

5月8日 中国科协副主席、党组副书记、书记处书记程东红出席中国科协国际部与以色列马沙夫框架合作协议签字仪式。

中华护理学会主办的2013年国际护士节护理大会在北京举行。第十一届全国政协副主席、中华护理学会名誉理事长张梅颖，中国科协党组成员、书记处书记王春法等出席会议并讲话。

全国政协常委、中国科协副主席、青少年科学教育专委会副主任、中国科学院院士秦大河到北京航空航天大学和中国科学院动物研究所调研科普资源开发开放情况。

5月9日 甘肃省科协第七次代表大会在兰州市开幕。甘肃省委书记、省人大常委会主任王三运出席开幕式并讲话，甘肃省委副书记、省长刘伟平出席开幕式。

5月13日 中国科协与青海省政府签署《落实全民科学素质行动计划纲要共建协议》。

中国科协党组成员、书记处书记张勤赴上海调研企业科协工作并出席第27届国际内燃机大会开幕式。

5月15日 中国科协与安徽省政府签署《落实全民科学素质行动计划纲要共建协议》。

5月16日 中国营养学会第八次全国会员代表大会在浙江省杭州市召开。杨月欣当选为中国营养学会第八届理事会理事长。

5 月 22 ~ 24 日　第十五届中国科协年会学会党建论坛在贵州省遵义市召开。中国科协党组成员、书记处书记、机关党委书记王春法出席论坛。

5 月 23 日　中国科协与贵州省人民政府签署《落实全民科学素质行动计划纲要共建协议》。

5 月 24 日　中国科协八届常委会第六次会议在贵州省贵阳市召开，会议由全国政协副主席、中国科协主席韩启德主持。

中国科协“弘扬科学道德 践行‘三个倡导’奋力实现中国梦”报告会在贵州省贵阳市举行。全国政协副主席、中国科协主席韩启德，贵州省委副书记、省长陈敏尔出席报告会。

科学道德建设论坛在贵州省贵阳市举办。中国科协党组成员、书记处书记张勤，教育部党组成员、部长助理林蕙青，贵州省副省长何力等出席论坛。

女科学家高层论坛在贵州省贵阳市举行。中国科协副主席、党组副书记、书记处书记程东红，贵州省人大常委会党组书记、副主任龙超云出席论坛并致辞。第十一届全国政协副主席、中国女科技工作者协会副会长、中国科学院院士王志珍在论坛上作主旨报告。

中国科协求是杰出青年奖获奖者座谈会在贵州省贵阳市举行。中国科协副主席、党组副书记、书记处书记程东红出席并讲话。会议由中国科协副主席赵沁平主持。

第十五届中国科协年会暨贵州省科技活动周主场科普宣传活动在贵州省贵阳市启动。中国科协党组成员、书记处书记徐延豪，贵州省委常委、宣传部部长喻红秋，贵州省人大常委会副主任、省科协主席谢庆生，贵州省副省长何力等参加活动。

贵州省委书记、省人大常委会主任赵克志，省委副书记、省长陈敏尔，中国科协党组成员、书记处书记张勤在贵州省贵阳市会见了出席第十五届中国科协年会的国际科学大师及国际科技组织负责人。

第十六届中国科协求是杰出青年成果转化奖获奖者与大学生见面会在贵州师范大学举行。中国科协党组成员、书记处书记徐延豪出席见面会。

第二届中国科技政策论坛在贵州省贵阳市召开。中国科协常委、中国科学学与科技政策研究会理事长、中国科学院党组副书记方新主持论坛。全国政协人口资源环境委员会副主任、中国科协决策咨询专委会主任齐让，贵州省人大常委会副主任、省科协主席谢庆生，中国科协党组成员、书记处书记王春法出席论坛。

中国科协八届常委会促进企业自主创新专委会第三次会议在贵州省贵阳市召开。中国科协副主席、专委会主任刘玠主持会议，专委会副主任石定环、张勤、宋南平出席会议。

5 月 25 日　第十五届中国科协年会在贵州省贵阳市开幕。中共中央政治局委员、国家副主席李源潮出席开幕式并讲话，全国政协副主席、中国科协主席韩启德致开幕词，贵州省委书记、省人大常委会主任赵克志致欢迎词。全国政协副主席马培华，第十一届全国人大常委会副委员长、中国工程院院士桑国卫，贵州省委副书记、省长陈敏尔，中央和国务院有关部委同志，解放军有关领导同志，专家学者共 2500 余人出席大会开幕式。

第十五届中国科协年会“国际科学大师论坛”举办，中共中央政治局委员、国家副主席李源潮出席论坛，第十一届全国人大常委会副委员长、中国工程院院士桑国卫，中国科协和贵州省主要领导参加论坛。

学会改革创新调研座谈会在贵州省贵阳市召开。中共中央政治局委员、国家副主席李源潮出席并讲话。会议由全国政协副主席、中国科协主席韩启德主持。第十一届全国人大常委会副委员长、中国工程院院士桑国卫，科技部党组书记、副部长王志刚，中国科协党组书记处全体同志，贵州省委书记赵克志等 53 人参加会议。

第十五届中国科协年会专项活动——韩启德主席与贵州大学生见面会在贵阳医学院举行。贵州大学等 7 所高校的 1000 多名师生参加见面交流活动。

院士专家集中援黔行动——“签百约”活动签约仪式在贵州省贵阳市举行。中国科协党组成员、书记处书记王春法，贵州省委常委、常务副省长谌贻琴，贵州省人大常委会副主任、省科协主席谢庆生，贵州省委常委、省委宣传部部长喻红秋等出席仪式。

5 月 26 日

贵州省党政领导与院士专家座谈会举行。全国政协副主席、中国科协主席韩启德到会讲话。时任中国科协书记处第一书记，贵州省委书记、省人大常委会主任赵克志，省委副书记、省长陈敏尔，中国科协副主席、党组副书记、书记处书记程东红，党组成员、书记处书记王春法，党组成员沈爱民出席座谈会。

地方科协党组书记座谈会在贵州省贵阳市召开。时任中国科协书记处第一书记出席会议并讲话，党组成员、书记处书记徐延豪、王春法，党组成员沈爱民出席会议。会议由中国科协副主席、党组副书记、书记处书记程东红主持。

第十五届中国科协年会“两岸四地工程教育圆桌会议”在贵州省贵阳市召开。

中国科技馆发展基金会合展励学金暨农村中学科技馆公益项目捐赠仪式举行。

第十五届中国科协年会技术创新 · 企业发展论坛在贵州省贵阳市举办。中国科协副主席、中国科协常委会促进企业自主创新专委会主任刘玠主持论坛开幕式，中国科协党组成员、书记处书记、促进企业自主创新专委会副主任张勤等出席论坛。

5 月 27 日

中国科协与广西壮族自治区人民政府签署《关于促进广西经济社会又好又快发展的合作协议》和《落实全民科学素质行动计划纲要共建协议》。

中国科协党组成员、书记处书记张勤与捷克科技联主席丹尼尔 · 汉纳斯续签了《中国科学技术协会与捷克科学技术学会联合会合作协议》。

## 6 月

6 月 4 日

中国科协与湖北省政府签署《落实全民科学素质行动计划纲要共建协议》。

6 月 4 ~ 5 日

中国科协组织召开的全国城镇社区科普工作会议在湖北省武汉市召开。

6 月 6 日

2013 年全国科学道德和学风建设宣讲教育工作电视电话会议召开。全国政协副主席、中国科协主席韩启德出席并讲话，第十一届全国政协副主席王志珍出席会议，教育部部长、党组书记袁贵仁对 2012 年科学道德和学风建设宣讲教育工作进行总结并对 2013 年工作进行部署。

6 月 7 ~ 14 日

中国科协党组成员、书记处书记张勤访问捷克科技联、波兰工程联合会等组织。

6 月 8 日

中国核学会第八次全国会员代表大会在北京召开。李冠兴当选为中国核学会第八届理事会理事长。

中国科教电影电视协会第五次全国会员代表大会召开。中国科协党组成员、书记处书记徐延豪出席大会并讲话。高峰当选为中国科教电影电视协会第五届理事会理事长。

6 月 9 日

全国人大常委、中国科协副主席冯长根出席青海省院士专家服务中心成立暨学术报告会。

6 月 9 ~ 18 日

中国科协党组成员、书记处书记徐延豪赴比利时布鲁塞尔出席 2014 世界科学中心峰会国际程序委员会会议。

6月16日　科协理论研究成果座谈会暨《科协宝鉴》新书首发式在北京举行。全国政协常委、教科文卫体委员会主任张玉台，中国科协党组成员、书记处书记王春法出席首发式。

全国人大常委、中国科协副主席冯长根出席2013海峡科技专家论坛并作主题报告。

6月17日　第13届国际断裂大会在北京开幕。

老科学家学术成长资料采集工程第一批丛书首发座谈会举行。

6月19日　国际工程联盟大会经过正式表决，全票通过接纳中国科协为《华盛顿协议》预备成员。以中国科协党组成员、书记处书记张勤为团长，由中国科协、教育部、人力资源和社会保障部相关部门负责人和专家组成的代表团出席会议。张勤代表中国科协作了最后陈述和答辩。

6月19～20日　第三届全国科技馆辅导员大赛决赛在青海省西宁市举行。青海省委常委、省总工会主席苏宁，中国科协党组成员、书记处书记徐延豪出席闭幕式并为获奖选手颁奖。

6月21日　航天科普大讲堂系列活动启动仪式暨第一课开课活动在中国科技馆举行。中国科协副主席、党组副书记、书记处书记程东红，航天英雄、国际宇航科学院院士杨利伟，神舟飞船首任总设计师、中国工程院院士戚发轫等出席。

6月25日　福建省科协第八次代表大会在福州市开幕。福建省委书记、省人大常委会主任尤权出席开幕式并讲话。

6月26日　中国科协党组成员、书记处书记张勤出席在山东省青岛市举行的2013青岛国际脱盐大会开幕式并致辞。

6月27日　中国科协第八届全国委员会第四次会议在北京召开。会议由全国政协副主席、中国科协主席韩启德主持。

中国科协八届常委会第七次会议召开。

6月30日　由中华中医药学会主办的首届岐黄论坛在北京召开。全国人大常委会副委员长、中国科学院院士陈竺，中国科协副主席、党组副书记、书记处书记程东红等出席会议并讲话。

**7月**

7月1日　中国科协与黑龙江省人民政府签署《落实全民科学素质行动计划纲要共建协议》。

7月3日　中国科协召开党的群众路线教育实践活动动员大会，部署中国科协机关、直属单位和有关全国学会开展党的群众路线教育实践活动。

7月3～5日　首期中国科协八大（全国学会）代表专题培训班在北京举办。中国科协副主席、党组副书记、书记处书记程东红出席开班式并讲话。

7月3～6日　2013年中国科协系统决策咨询培训班在湖北省恩施市举行，中国科协党组成员、书记处书记王春法出席培训班并作专题报告。

7月4日　中国科协召开党组专题学习会议，传达学习中央政治局专题会议精神，研究开展中国科协党的群众路线教育实践活动有关工作。中国科协党组书记处全体领导参加会议，机关各部门主要负责同志列席会议。

7月6日　中国科协八大（湖北）代表座谈会在武汉市召开。中国科协党组成员、书记处书记王春法出席座谈会。

7月10日　中国科协副主席刘玠出席2013苏州国际精英创业周活动。

7月11日　由贵州省政府与中国科协联合主办的第三届高端装备制造与高新技术产业国际合作推进会在贵州省贵阳市召开。

7月11～12日　中国科协副主席、党组副书记、书记处书记程东红赴上海市出席中国科协八大（上海）代表座谈会，并进行学会改革创新专题调研。

7月16～20日　第十三届中国青少年机器人竞赛在吉林省长春市开赛。中国科协副主席、党组副书记、书记处书记程东红出席闭幕式并为获奖青少年颁奖。

7月22日　中国科协与广东省政府签署《落实全民科学素质行动计划纲要共建协议》。

7月23日　广东省科协第八次全省代表大会在广东省广州市召开。中共中央政治局委员、广东省委书记胡春华，广东省委副书记、省长朱小丹等出席大会。

7月25日　2013年青少年高校科学营在清华大学开营。中国科协副主席、党组副书记、书记处书记程东红出席开营仪式并致辞。中国科协党组成员、书记处书记徐延豪出席活动。

7月26日　中国科协副主席、党组副书记、书记处书记程东红赴天津市看望中国科协八大天津市代表并召开座谈会。

7月29日　纪念北京市科协成立50周年座谈会在北京召开。

第二届科学传播人颁奖典礼在北京举行。全国政协副主席、中国科协主席韩启德出席并向李元颁发“科学传播人终身成就奖”。中国科协党组成员、书记处书记徐延豪出席活动。

7月30日　中国科协党组成员、书记处书记张勤出席在四川省成都市举办的第21届国际核工程大会并致辞。

**8月**

8月2～3日　中国科协八届常委会青年工作专委会第三次会议在宁夏回族自治区银川市召开。中国科协副主席、专委会主任袁家军主持会议。全国人大常委、中国科协副主席、专委会副主任冯长根，中国科协党组成员、书记处书记、专委会副主任张勤出席会议。

8月3～6日　第28届全国青少年科技创新大赛在江苏省南京市举行。开幕式由中国科协副主席、党组副书记、书记处书记程东红主持。江苏省委副书记、省长李学勇宣布大赛开幕。中国科协党组成员、书记处书记徐延豪等出席开幕式。8月6日，举行颁奖典礼暨闭幕式。

8月5～9日　中国科协副主席、书记处书记陈章良到云南省昆明市、玉溪市、大理州和福建省福州市、厦门市的科普教育基地和科普示范基地、科技场馆、科技团体、社区、企业调研，听取对中国科协的意见和建议。

8月5～18日　中国科协2013年科学家暑期考察休假活动在山东省威海市举办。中国科协党组成员、书记处书记王春法于8月13日前往威海，看望考察休假院士，并与基层优秀科技工作者座谈。

8月9～13日　全国政协人口资源环境委员会副主任、中国科协决策咨询专委会主任齐让带领全国政协科协界部分委员赴贵州省贵阳市和六盘水市，就《全民科学素质纲要》实施情况进行调研。

8月10日　中国科协副主席、书记处书记陈章良在北京会见了来访的澳门大学校长赵伟和中央人民政府驻澳门联络办公室文化教育部部长刘晓航一行。

8月12日　科学素质纲要实施工作“十二五”中期评估交流会在贵州省六盘水市召开，中国科协党组成员、书记处书记、全民科学素质纲要实施工作办公室主任徐延豪出席会议并讲话。

8月13日　《十万个为什么》第六版出版座谈会在上海市举行。中共中央政治局委员、上海市委书记韩正出席座谈会。全国政协副主席、中国科协主席、《十万个为什么》第六版总主编韩启德出席座谈会并讲话。

8月15日　“共和国的脊梁——科学大师名校宣传工程”剧目研讨会在北京召开。会议由中国科协党组成员、书记处书记王春法主持。

8月15～18日　2013年中国光学学会学术大会在湖南省长沙市召开。中国科协副主席、中国工程院院士黄伯云，中国光学会理事长、中国科学院院士周炳琨等出席开幕式并讲话。

8月19～23日　中国科协副主席、中国工程院院士陈赛娟出席第二十二届全国中学生生物学竞赛开幕式并致辞。

8月21～24日　中国科协2013年县级科协主席培训班在黑龙江省伊春市举办。中国科协党组成员、书记处书记徐延豪看望学员并授课。

8月22日　由中国科协和北京市人民政府共同举办的“弘扬科学道德 践行‘三个倡导’奋力实现中国梦”巡回报告会在北京举行。中国科协副主席、党组副书记、书记处书记程东红出席报告会并致辞。报告会由北京市副市长戴均良主持。

8月23日　中国自然科学博物馆协会第六次全国会员代表大会在北京举行。程东红当选为中国自然科学博物馆协会第六届理事会理事长。

中国科协召开专题会议，传达学习习近平总书记在全国宣传思想工作会议上的重要讲话精神。中国科协党组成员、书记处书记王春法主持会议并传达了中央会议精神，机关和直属事业单位负责同志近 30 人参加会议。

8 月 24 日 全国农村专业技术协会党建工作经验交流会在北京召开。中国科协副主席、书记处书记陈章良，中国科协党组成员、书记处书记徐延豪出席会议并讲话。

8 月 26 ~ 27 日 中国科协党组成员沈爱民赴南京市考察调研江苏省科协提升学会服务能力计划实施情况。

8 月 27 日 由中国科协和杭州市委共同举办的“弘扬科学道德 践行‘三个倡导’奋力实现中国梦”巡回报告会在浙江省杭州市举行。中国科协副主席、书记处书记陈章良出席报告会并致辞，浙江省委常委、杭州市委书记、市人大常委会主任黄坤明出席报告会。

8 月 28 日 全国政协副主席、中国科协主席韩启德在北京会见了日本科学技术与人类未来国际论坛理事长尾身幸次。中国科协党组成员、书记处书记张勤陪同会见。

中国科协党组成员沈爱民出席第二十七次中国科技论坛。

8 月 28 ~ 30 日 中国科协副主席、书记处书记陈章良到上海调研科普惠农兴村计划的实施情况。

8 月 29 日 中国科协与西藏自治区人民政府签署《关于全力提升全民科学素质，促进西藏跨越式发展的战略合作协议》。

8 月 29 ~ 30 日 中国科协党组成员、书记处书记徐延豪到江西省九江市调研企业科普工作。

**9 月**

9 月 2 日 中国科协党组成员、书记处书记张勤出席中国科协 2013 年海峡两岸青年科学家学术活动月启动仪式。

中国科协党组成员、书记处书记徐延豪出席健康中国行——全民健康素养促进活动 2013 年合理用药主题宣传活动。

中国科协党组成员沈爱民赴上海出席中国海洋学会 2013 年学术年会暨海洋科学技术奖颁奖仪式。

9 月 3 日 中国科协办公厅印发《中国科协办公厅关于进一步办好〈科协论坛〉的通知》（科协办函调字〔2013〕104 号），对《科协论坛》杂志变更主办单位和内容改版等工作提出了明确要求，将杂志归属调整为由中国科协主管，由中国科协发展研究中心和湖北省科协主办。

9 月 6 日 中国科协“弘扬科学道德 践行‘三个倡导’奋力实现中国梦”巡回报告会在天津市举办。中国科协党组成员、书记处书记王春法出席报告会并致辞，天津市委常委、市委教育工委书记朱丽萍主持报告会。

中国科协党组成员、书记处书记张勤出席 2013 年发展中国家可持续能源工程国际会议。

9 月 8 日 “共和国的脊梁——科学大师名校宣传工程”剧目、歌剧《为你而来 ·王选之歌》在北京大学百年讲堂首演。中共中央政治局委员、国务院副总理刘延东观看演出并发表重要讲话。全国政协副主席、中国科协主席韩启德，第十一届全国政协副主席王志珍，中国科协副主席、书记处书记陈章良，中国科协党组成员、书记处书记王春法等一同观看。

全国政协副主席、中国科协主席韩启德在《人民日报》发表署名文章《营造良好科技创新环境有效推动我国科技创新》。

9月9日

中国科协与新疆生产建设兵团签署《落实全民科学素质行动计划纲要共建协议》。

中国科协副主席、党组副书记、书记处书记程东红赴新疆出席“共和国的脊梁——科学大师名校宣传工程”话剧《马兰花开》巡演活动，并看望中国科协八大代表。

中国科协印发《中国科协关于加强学会宣传思想工作的若干意见》(科协发调字〔2013〕45号)。

9月10日

2013年全国学会能力提升专项经验交流会在北京召开。中国科协副主席、党组副书记、书记处书记程东红作总结讲话，会议由中国科协党组成员沈爱民主持。

中国科协2013年海外智力为国服务联席会议召开，中国科协党组成员、书记处书记张勤出席。

9月11日

中国科协与北京市政府签署《落实全民科学素质行动计划纲要共建协议》。

中国科协副主席、书记处书记陈章良出席吉林农业科技发展高端讲坛并作主题报告。

9月12日

中国科协党组成员、书记处书记张勤出席中国（江苏）国际科技交流与人才智力合作大会。

9月14日

中共中央政治局常委、中央书记处书记刘云山和刘延东、刘奇葆、李源潮、赵乐际、郭金龙、韩启德等领导同志到北京园博园，同首都群众一起参加全国科普日北京主场活动。

9月15日

全国科普日十周年座谈会在北京召开。全国政协副主席、中国科协主席韩启德出席会议并讲话。中国科协副主席、书记处书记陈章良，党组成员、书记处书记徐延豪出席会议。

中国科协与陕西省政府签署《推动“三个陕西”建设合作协议》。

9月16日

中国科协副主席、中国工程院院士唐启升出席第十届长三角科技论坛。

9月17日

中国科协“弘扬科学道德 践行‘三个倡导’奋力实现中国梦”报告会在陕西省西安市举行。陕西省委常委、省委组织部部长毛万春主持会议。

全国政协教科文卫体委员会举办的《全民科学素质行动计划纲要》实施情况座谈会在北京召开，会议由全国政协常委、教科文卫体委员会副主任邓楠主持。全国政协人口资源环境委员会副主任、中国科协决策咨询委主任齐让，中国科协党组成员、书记处书记、全民科学素质纲要实施工作办公室主任徐延豪等出席会议。

9月17～18日

2013年中国科协宣传干部培训班在宁夏回族自治区石嘴山市举办。中国科协党组成员、书记处书记王春法出席培训班并作专题报告。

9月18日

中国科协“弘扬科学道德 践行‘三个倡导’奋力实现中国梦”巡回报告会在四川省成都市举行。中国科协副主席、书记处书记陈章良，四川省委副书记柯尊平出席报告会并讲话。

9月18～21日

中国遗传学会第九次全国会员代表大会暨学术讨论会在黑龙江省哈尔滨市召开。张亚平当选为中国遗传学会第九届理事会理事长。

9月23日

第64届国际宇航大会在北京举行。全国政协副主席、中国科协主席韩启德出席开幕式。

中国科协“弘扬科学道德 践行‘三个倡导’奋力实现中国梦”巡回报告会在湖北省武汉市举行。中国科协党组成员、书记处书记徐延豪出席报告会并致辞。湖北省人大常委会副主任周洪宇主持报告会。

中国科协党组成员、书记处书记张勤在北京会见出席第64届国际宇航大会的日本文部科学省审议官藤木完治先生一行。

9月24日

2013年首都高校科学道德和学风建设宣讲教育报告会在北京人民大会堂召开。全国政协副主席、中国科协主席韩启德，中国科协党组成员、书记处书记张勤、徐延豪出席报告会。

中国体视学学会第六次全国会员代表大会在山西省太原市召开。康克军当选为中国体视学学会第六届理事会理事长。

全国青年科普创新实验大赛启动。

9月25日

中国仪器仪表学会第八次全国会员代表大会召开。中国科协副主席、中国工程院院士邓中翰出席开幕式并致辞。李天初当选为中国仪器仪表学会第八届理事会理事长。

9月26日

中国科协和浙江省人民政府签署《落实全民科学素质行动计划纲要共建协议》。

中国科协“弘扬科学道德 践行‘三个倡导’奋力实现中国梦”巡回报告会在河北省石家庄市举行。中国科协副主席、书记处书记陈章良出席报告会并致辞。河北省副省长许宁主持报告会。

9月26～27日

第九届中国科技期刊发展论坛在浙江省杭州市召开。

中国科协党组成员、书记处书记张勤出席“未来地球（Future Earth）计划在中国”国际研讨会并致辞。

9月26～28日

中国科协副主席、书记处书记陈章良到山西省就科技扶贫、科普惠农、科普场馆和科普资源建设等工作进行调研。

9月27日

中国科协“弘扬科学道德 践行‘三个倡导’奋力实现中国梦”巡回报告会在广东省广州市召开。中国科协党组成员、书记处书记徐延豪主持报告会。广东省政府副秘书长李捍东出席报告会并致辞。

9月28～29日

中国科协副主席、书记处书记陈章良到宁夏回族自治区调研基层科普工作。

9月29日

中国科协教育实践活动领导小组扩大会议在北京召开，认真学习习近平总书记重要讲话及河北省专题民主生活会经验做法。

## 10月

10月8～10日

全国人大常委、中国科协副主席、继续教育专委会主任冯长根、中国科协党组成员、继续教育专委会副主任沈爱民率中国科协八届常委会继续教育专委会调研组赴贵州省毕节市调研考察中国抗癌协会贫困地区癌症救助项目。

10月9～18日

中国科协国际科技组织任职科学家第二次公开讲座在西藏举行。

10月11日

中国科协党组成员、书记处书记徐延豪出席第二十届全国科普理论研讨会。

10月11～12日　　技术创新·企业发展论坛举办。中国科协副主席、促进企业自主创新专委会主任刘玠，专委会副主任宋南平等出席论坛。

中国防痨协会80周年纪念暨2013年全国学术大会在四川省成都市举行。全国人大常委、中国科协副主席冯长根出席会议。

中国测绘学会第十次全国会员代表大会召开。中国科协党组成员沈爱民出席大会并讲话。中国测绘学会正式更名为中国测绘地理信息学会，李维森当选为中国测绘地理信息学会理事长。

10月12日　　中国科协推进学会有序承接政府转移职能领导组办公室成立会议暨第一次工作会议在北京召开。中国科协党组成员、推进办主任沈爱民出席会议。

10月14日　　中国科协科技与人文专门委员会召开科学文化建设研讨会。会议由中国科协党组成员、书记处书记、专委会副主任王春法主持。

中国植物学会第十五次全国会员代表大会在江西省南昌市召开。武维华当选为中国植物学会第十五届理事会理事长。

10月15日　　中国科协副主席、党组副书记、书记处书记程东红与中国科协八大江苏代表座谈。

10月16日　　钱三强百年诞辰暨钱三强何泽慧科技思想座谈会在北京举行。

中国科协“弘扬科学道德 践行‘三个倡导’奋力实现中国梦”巡回报告会在上海市举行。中国科协副主席、党组副书记、书记处书记程东红出席报告会并致辞。上海市委副书记李希主持报告会。

由中国科协决策咨询专委会主办的京津冀晋蒙环首都区域生态建设座谈会在河北省石家庄市举行。河北省委副书记赵勇，中国科协党组成员、书记处书记王春法等出席座谈会。

10月16日至11月7日　　为纪念钱三强诞辰一百年，中国科协与中央电视台、中核集团等联合拍摄的专题纪录片《钱三强》在中央电视台10套节目正式播出。

10月17日　　纪念DNA双螺旋结构发表60周年学术报告会暨中国生物工程学会成立20周年纪念活动在北京举行。中国科协副主席、书记处书记陈章良出席大会。

10月18日　　中国科协“弘扬科学道德 践行‘三个倡导’奋力实现中国梦”巡回报告会在辽宁省沈阳市举行。中国科协党组成员、书记处书记徐延豪出席报告会并致辞。辽宁省委副书记许卫国主持报告会。

第十一届全国博士生学术年会在四川省成都市举行。全国人大常委、中国科协副主席、青年工作专门委员会副主任冯长根出席并主持开幕式。中国科协党组成员、书记处书记、青年工作专门委员会副主任张勤出席开幕式并致辞。

10月19日　　第十一届全国博士生学术年会“科学家与博士生面对面活动”举行。

中国自然资源学会成立30周年纪念大会暨学术研讨会在北京召开。中国科协党组成员沈爱民出席大会。

中国生态学学会第九次全国会员代表大会暨2013年学术年会在江西省南昌市召开。刘世荣当选为中国生态学学会第九届理事会理事长。

10月19～21日　中国园艺学会第十二次全国会员代表大会暨学术年会在四川省成都市召开。杜永臣当选为中国园艺学会第十二届理事会理事长。

10月20日　中国现场统计研究会第九次全国会员代表大会在北京召开。耿直当选为中国现场统计研究会第九届理事会理事长。

10月21日　中国科协副主席、党组副书记、书记处书记程东红会见美国科罗拉多州立大学校长团一行。

中国科协党组成员、书记处书记张勤到重庆市调研院士专家工作站工作。

10月23日　中国煤炭学会第七次全国会员代表大会在北京召开。王显政当选为中国煤炭学会第七届理事会理事长。

中国植物保护学会第十一次全国会员代表大会暨学术年会在山东省青岛市召开。陈万权当选为中国植物保护学会第十一届理事会理事长。

10月24～25日　第三届中国湖泊论坛暨第七届湖北科技论坛在湖北省武汉市举办。中国科协副主席、书记处书记陈章良，湖北省副省长、省科协主席郭生练出席开幕式并致辞。中国科协党组成员沈爱民主持开幕式。

10月25日　中国科技期刊国际影响力提升计划评审会在北京召开。中国科协副主席、党组副书记、书记处书记程东红，中国科协党组成员沈爱民等出席评审会。

中国风景园林学会第五次全国会员代表大会在湖北省武汉市召开。陈晓丽当选为中国风景园林学会第五届理事会理事长。

10月25～26日　广西壮族自治区科协第七次代表大会召开。广西壮族自治区党委书记、自治区人大常委会主任彭清华出席并讲话。中国科协副主席、党组副书记、书记处书记程东红代表中国科协到会祝贺。

10月28日　中国粮油学会第七次全国会员代表大会暨第七届学术年会在北京召开。中国科协党组成员沈爱民出席大会。张桂凤当选为中国粮油学会第七届理事会理事长。

10月29日　中国科协党组理论学习中心组召开扩大会议，专题学习习近平总书记关于自主创新战略的重要讲话精神。中国科协党组书记处全体领导出席会议。机关各部门、各直属单位主要负责同志参加会议。

中国生物物理学会第十次全国会员代表大会在江西省南昌市召开。中国科协副主席、书记处书记陈章良出席大会。饶子和当选为中国生物物理学会第十届理事会理事长。

10月29日至11月1日　中国科协2013年第二期县级科协主席培训班在福建省厦门市举办。中国科协党组成员、书记处书记徐延豪看望学员并授课。

## 11月

11月1日　中国科协与上海市人民政府签署《落实全民科学素质行动计划纲要共建协议》。

中国科协八大（云南）代表座谈会在昆明市召开。中国科协党组成员、书记处书记王春法出席座谈会并讲话。

中国心理学会第十一次全国会员代表大会在江苏省南京市举行。乐国安当选为中国心理学会第十一届理事会理事长。

11月2日　中学生科技创新后备人才培养计划（简称“中学生英才计划”）专家咨询委员会第一次全体会议在北京举行。全国政协副主席、中国科协主席韩启德出席会议并讲话。

11月3～4日　高校科学道德和学风建设宣讲教育专题研究班在江苏省无锡市举办。中国科协党组成员、书记处书记张勤出席开班式并讲话。

11月4日　中国科协党组成员、书记处书记张勤在北京会见香港工程师学会会长陈健硕及香港工程师学会执委会北京访问团成员。

11月5～9日　中国科协副主席、书记处书记陈章良率中国科协代表团出席澳门大学新校区启动仪式，并在2013高等教育发展论坛上致辞。赴香港出席香港工程师学会“四川5·12灾后重建国际论坛”。

11月7日　中国电源学会第七次全国会员代表大会在浙江省杭州市召开。全国人大常委、中国科协副主席冯长根出席开幕式并致辞。徐德鸿当选为中国电源学会第七届理事会理事长。

11月11日　中国科协副主席、书记处书记陈章良到新疆调研科协工作。

11月12日　中国科协召开党组会议，传达党的十八届三中全会精神。

11月12～15日　中国毒理学会第六届全国毒理学大会暨第六次全国会员代表大会在广东省广州市召开。中国科协党组成员沈爱民出席大会。周平坤当选为中国毒理学会第六届理事会理事长。

11月13日　中国科协和宁夏回族自治区政府签署《落实全民科学素质行动计划纲要共建协议》。

11月15日　中国科协“弘扬科学道德 践行‘三个倡导’奋力实现中国梦”巡回报告会在福建省福州市召开。中国科协党组成员、书记处书记张勤出席报告会并致辞。福建省委常委、省教育工委书记陈桦主持报告会。

中国古生物学会第十一次全国会员代表大会在浙江省东阳市召开。杨群当选为中国古生物学会第十一届理事会理事长。

11月18日　中国科协党组理论学习中心组在北京举办“把握新科技革命机遇，支撑创新驱动发展”专题报告会。报告会特邀中国科学院院长、党组书记白春礼院士作专题报告。中国科协党组书记处领导同志张勤、徐延豪、王春法、沈爱民等出席报告会。

11月19日　“中国科技期刊国际影响力提升计划”联合实施部门第三次例会在北京召开。中国科协、教育部、新闻出版广电总局、中国科学院、中国工程院、财政部等联合实施部门有关负责同志参加会议。

11月20日　中共中央政治局委员、国家副主席李源潮到中国科协看望干部职工。

11月21日　中国科协“弘扬科学道德 践行‘三个倡导’奋力实现中国梦”巡回报告会在山东省济南市

举行。中国科协副主席、书记处书记陈章良出席报告会并致辞。山东省副省长张超超主持会议。

中国科协八大（海南）代表座谈会在海口市召开。中国科协党组成员沈爱民出席座谈会。

11月22日　中国科协八大（新疆）代表座谈会在乌鲁木齐市召开。中国科协党组成员、书记处书记王春法出席座谈会。

中国科协党组成员沈爱民在海南省海口市出席第三十次中国科技论坛。

11月25日　“共和国的脊梁——科学大师名校宣传工程”剧目《罗阳》在北京航空航天大学首演。工业和信息化部部长苗圩，教育部副部长郝平，中国科协党组成员、书记处书记王春法等观看演出。

11月26日　中国科协八大（陕西）代表座谈会在西安市召开。中国科协副主席、党组副书记、书记处书记程东红出席座谈会。

11月29日　《关于下达中国科技期刊国际影响力提升计划支持项目的通知》印发，中国科技期刊国际影响力提升计划项目正式下达，进入项目实施阶段。

## 12月

12月3日　李象益荣获卡林加奖座谈会在北京召开。中国科协党组成员、书记处书记徐延豪出席座谈会。

12月4～5日　中国科协副主席、党组副书记、书记处书记程东红到河北省看望中国科协八大代表并进行座谈。

12月7日　中国女科技工作者协会第三次全国会员代表大会在北京召开。全国人大常委会副委员长、全国妇联主席沈跃跃出席开幕式并讲话。第十一届全国政协副主席、中国科学院院士王志珍出席会议。中国科协副主席、书记处书记陈章良到会祝贺。王志珍当选为第三届理事会会长，中国科协副主席、党组副书记、书记处书记程东红当选为常务副会长。

12月8日　中国科协与河南省人民政府签署《落实全民科学素质行动计划纲要共建协议》。

12月9～10日　河南省科协第八次代表大会在郑州市召开。河南省委书记、省人大常委会主任郭庚茂，河南省委副书记、省长谢伏瞻出席开幕式。

12月10日　中国科协副主席、书记处书记陈章良到福建省宁德市屏南县调研。

12月12日　第三届中华护理学会科技奖颁奖大会暨第三届护理学会学术年会召开，中国科协副主席、党组副书记、书记处书记程东红出席。

中国科协向全国科技工作者发出会员日贺信。

12月12～13日　第二届山地城镇可持续发展专家论坛在重庆市召开，中国科协党组成员沈爱民出席论坛。

12月13日　中国科协副主席、党组副书记、书记处书记程东红到浙江省舟山县调研中国（舟山）海洋科学城建设。

12 月 14 日

全国人大常委、中国科协副主席冯长根出席第五届（2013）深港科技界交流年会。

中国科协副主席、党组副书记、书记处书记程东红出席海智计划专家、瑞典皇家理工大学终身教授严晋跃创立的国际应用能源创新研究院揭牌仪式。

12 月 14 ~ 15 日

第七届中国产学研合作创新大会暨中国产学研合作促进会第二届会员代表大会在重庆市召开。中国科协党组成员、书记处书记张勤出席会议。路甬祥当选为中国产学研合作促进会第二届理事会会长。

12 月 15 日

“科技梦 · 中国梦——中国现代科学家主题展”在国家博物馆开幕。

中国科协会同北京市科协在京召开会员日基层工作者座谈会，中国科协副主席、党组副书记、书记处书记程东红，党组成员、书记处书记徐延豪、王春法，党组成员沈爱民集体看望基层科技工作者，并听取科技工作者的意见和建议。

12 月 16 日

中国科协会员日暨第十三届中国青年科技奖颁奖大会在北京人民大会堂举行。时任中国科协书记处第一书记，中国科协副主席、中国科学院副院长李静海，中国工程院副院长旭日干等出席会议。中国科协副主席、党组副书记、书记处书记程东红主持大会。

中国青年科技奖获奖者座谈会在北京召开。全国人大常委、中国科协副主席冯长根等出席会议。座谈会由中国科协副主席、书记处书记陈章良主持。

第 13 届“明天小小科学家”奖励活动颁奖典礼在北京举行。

12 月 17 日

中国青年女科学家奖十周年纪念大会暨第十届中国青年女科学家奖颁奖仪式在北京举行。全国人大常委会副委员长、全国妇联主席沈跃跃，全国妇联副主席、党组书记、书记处第一书记宋秀岩，中国科协副主席、党组副书记、书记处书记程东红，中国科协副主席、中国工程院院士陈赛娟出席仪式并为获奖者颁奖。颁奖典礼后，举办了青年女科学家座谈会。

全国企业科协工作座谈会在北京召开。中国科协党组成员、书记处书记张勤和发展改革委、科技部、国资委、中国科学院、中国工程院、全国总工会等全国“讲、比”活动领导小组成员单位的有关领导同志出席会议。

中国科协八大（西部地区）代表座谈会在北京召开。中国科协副主席、党组副书记、书记处书记程东红出席座谈会并讲话。

12 月 17 ~ 19 日

中国科协副主席、书记处书记陈章良到西藏自治区林芝地区调研考察。

12 月 18 日

卡林加奖获得者、中国自然科学博物馆协会名誉理事长李象益恳谈会在北京召开。恳谈会由中国科协党组成员、书记处书记徐延豪主持。

2013 年中国科协会员日直属全国学会理事长座谈会在北京召开。中国科协党组成员沈爱民主持座谈会。

12 月 19 日

2013 年地方科协学会能力建设研讨会在江苏省南京市召开。

12 月 20 日

中央书记处召开会议听取中国科协党组工作汇报。刘云山同志主持会议并作总结讲话。刘奇葆、赵乐际、栗战书、杜青林、杨晶同志出席会议并讲话。中共中央政治局委员、国家副主席李源潮同志列席会议。

中共中央政治局委员、国家副主席李源潮在北京会见卡林加奖获得者李象益。

中国科协副主席、书记处书记陈章良出席中国科协八大（西藏）代表座谈会。

12 月 23 日　全国高层次科普专门人才培养指导委员会成立暨第一次全体会议召开，中国科协党组成员、书记处书记徐延豪出席。

12 月 26 日　中国科协召开李象益科普事迹报告会暨首席科学传播专家聘任大会。会议由中国科协党组成员、书记处书记徐延豪主持。

中国科协与甘肃省政府签署《中国科协和甘肃省人民政府合作协议》。

12 月 28 日　中国自动化学会第十次全国会员代表大会在北京召开。郑南宁当选为中国自动化学会第十届理事会理事长。

12 月 28 ~ 29 日　安徽省科协第九次代表大会在合肥市召开。安徽省委书记、省人大常委会主任张宝顺，中国科协副主席、书记处书记陈章良出席开幕式并讲话。

12 月 29 日　中共中央政治局委员、国务院副总理刘延东参观“科技梦 · 中国梦——中国现代科学家主题展”。

# 附　　录

# 中国科学技术协会组织体系框图

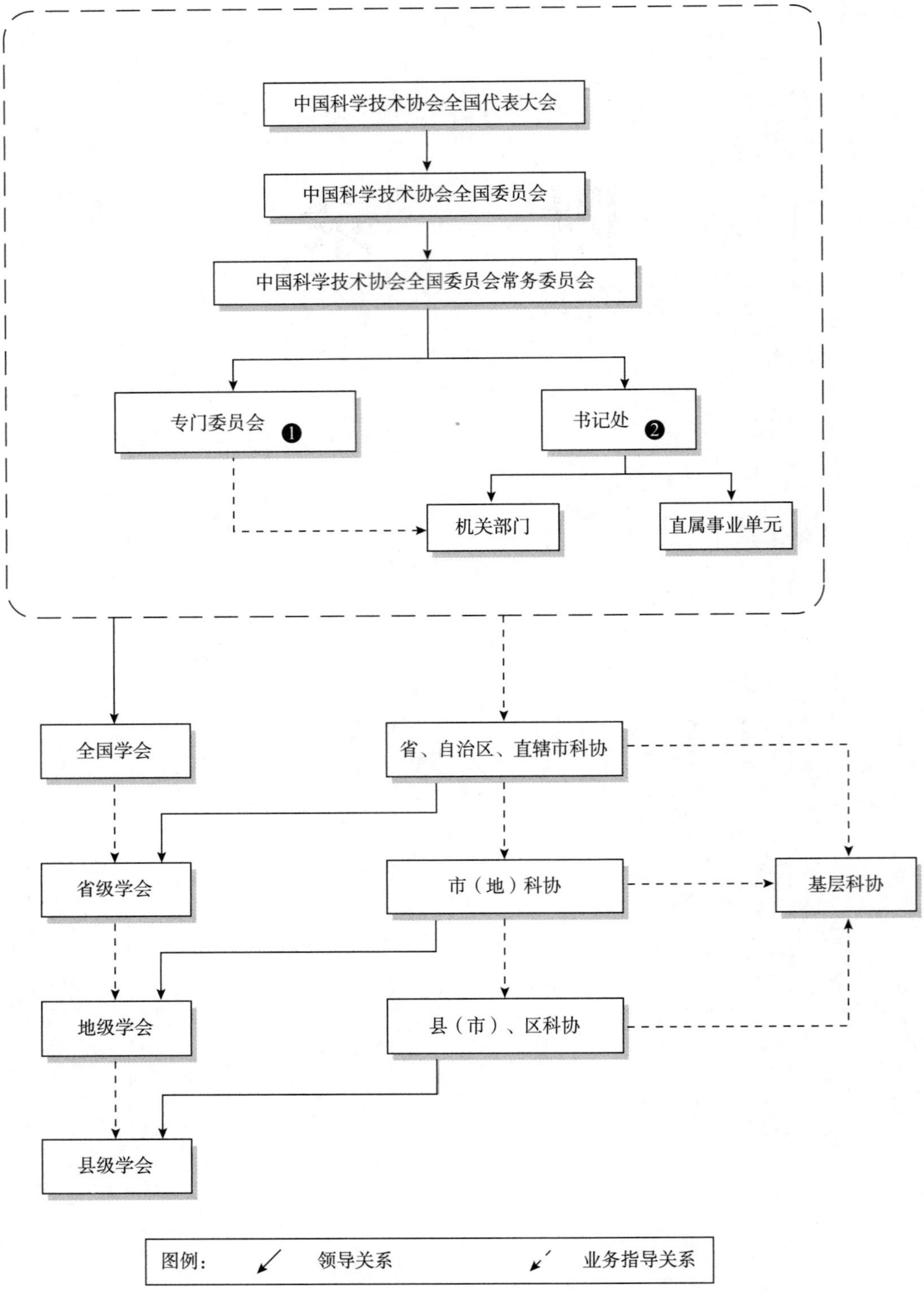

中国科学技术协会全国代表大会

中国科学技术协会全国委员会

中国科学技术协会全国委员会常务委员会

专门委员会 ❶

书记处 ❷

机关部门

直属事业单元

全国学会

省、自治区、直辖市科协

省级学会

市（地）科协

基层科协

地级学会

县（市）、区科协

县级学会

图例： 领导关系 业务指导关系

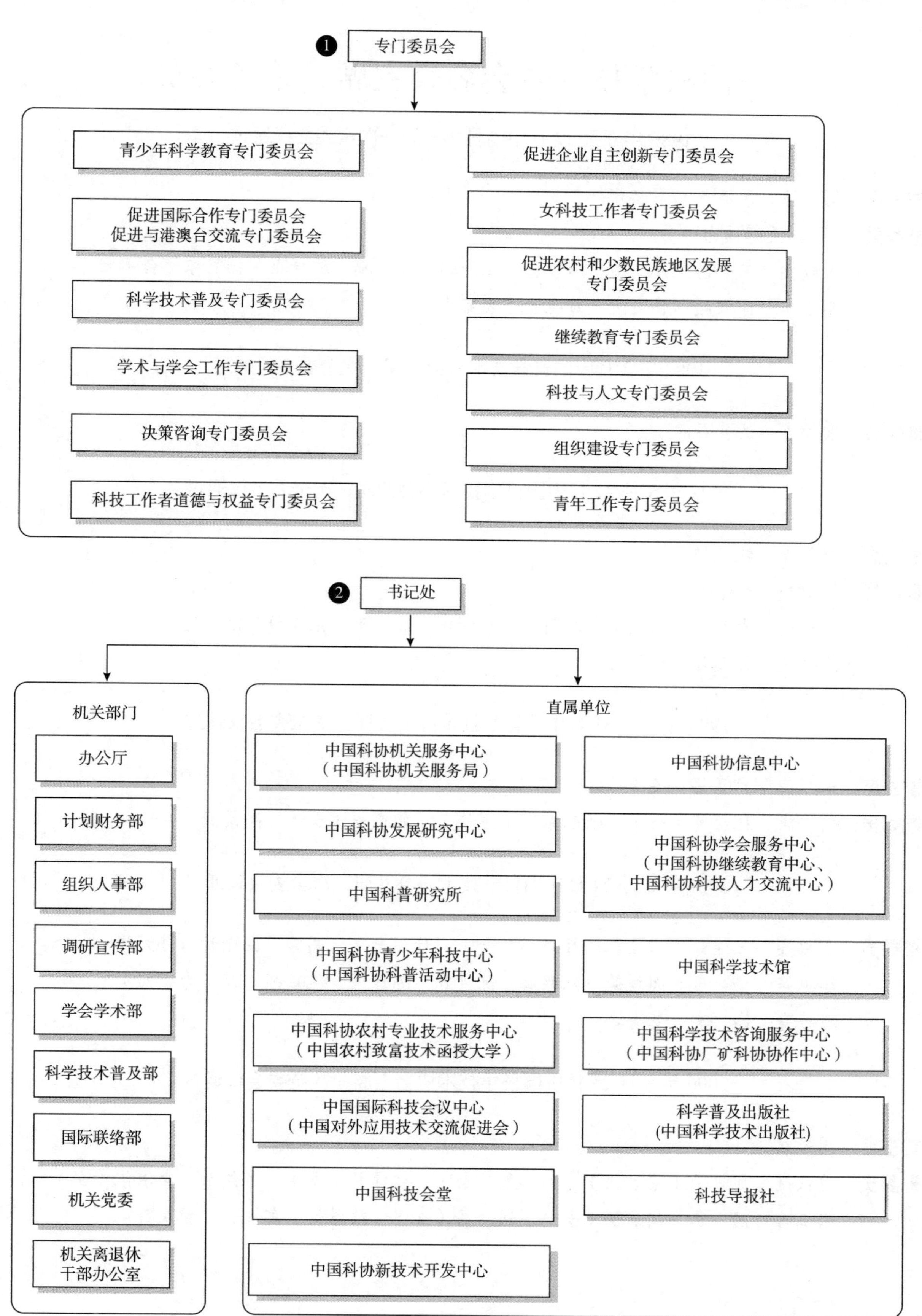
❶ 专门委员会
青少年科学教育专门委员会
促进国际合作专门委员会
促进与港澳台交流专门委员会
科学技术普及专门委员会
学术与学会工作专门委员会
决策咨询专门委员会
科技工作者道德与权益专门委员会
促进企业自主创新专门委员会
女科技工作者专门委员会
促进农村和少数民族地区发展专门委员会
继续教育专门委员会
科技与人文专门委员会
组织建设专门委员会
青年工作专门委员会
❷ 书记处
机关部门
办公厅
计划财务部
组织人事部
调研宣传部
学会学术部
科学技术普及部
国际联络部
机关党委
机关离退休干部办公室
直属单位
中国科协机关服务中心（中国科协机关服务局）
中国科协发展研究中心
中国科普研究所
中国科协青少年科技中心（中国科协科普活动中心）
中国科协农村专业技术服务中心（中国农村致富技术函授大学）
中国国际科技会议中心（中国对外应用技术交流促进会）
中国科技会堂
中国科协新技术开发中心
中国科协信息中心
中国科协学会服务中心（中国科协继续教育中心、中国科协科技人才交流中心）
中国科学技术馆
中国科学技术咨询服务中心（中国科协厂矿科协协作中心）
科学普及出版社(中国科学技术出版社)
科技导报社

# 中国科学技术协会名誉主席、荣誉委员

1986年6月27日中国科协三届一次全委会议通过

**名誉主席** 周培源 严济慈 茅以升

**荣誉委员** （以姓氏笔画为序）

王顺桐 王淦昌 许 杰 苏步青 汪德昭 沈 鸿 陈世骧 杨显东 金善宝
高士其 谈家桢 黄汲清 董纯才 裴丽生

1987年3月中国科学技术协会三届二次全委会议通过

**荣誉委员** 袁翰青 沈其益

1991年5月27日中国科学技术协会四届一次全委会议通过

**名誉主席** 钱学森 钱三强

**荣誉委员** （以姓氏笔画为序）

王大珩 卢嘉锡 刘东生 李国豪 吴仲华 沈 元 张 维 陆 达
唐敖庆 曹天钦 裘维蕃

1996年5月31日中国科学技术协会五届一次全委会议通过

**名誉主席** 朱光亚 卢嘉锡 吴阶平

**荣誉委员** 何 康 林兰英（女） 强巴赤列（藏族） 胡亚美（女） 高景德

2001年6月24日中国科学技术协会六届一次全委会议通过

**荣誉委员** 干福熹 王连铮 石元春 叶叔华（女） 毋国光 朱高峰 庄逢甘 孙大涌
李振声 杨 乐 闵桂荣 张存浩 陈可冀 陈佳洱 施蕴邦 聂 力（女）
顾方舟 高 潮 龚育之

2006年5月25日中国科学技术协会七届一次全委会议通过

**名誉主席** 周光召

**荣誉委员** 左铁镛 旭日干（蒙古族） 刘 恕（女） 江泽慧（女） 苏纪兰 李依依（女）
张玉台 国 林 胡启恒（女） 钱 易（女） 徐善衍 郭孔辉 曾庆存

2011 年 5 月 29 日中国科学技术协会八届一次全委会议通过

**荣誉委员**　马国馨　王永炎　王震西　韦　钰（女，壮族）　邓　楠（女）　艾国祥　白春礼（满族）　齐　让　杜祥琬　杨福家　张开逊　张启发　陆延昌　陈运泰　赵忠贤　栾恩杰（满族）　高润霖　郭桂蓉　符淙斌　管华诗

**已去世的名誉主席**（8 名）

卢嘉锡　朱光亚　吴阶平　周培源　严济慈　茅以升　钱三强　钱学森

**已去世的荣誉委员**（34 名，以姓氏笔画为序）

王大珩　王顺桐　王淦昌　卢嘉锡　母国光　庄逢甘　刘东生　苏步青　许　杰　李国豪　杨显东　汪德昭　吴仲华　沈　元　沈　鸿　沈其益　张　维　陆　达　陈世骧　林兰英　金善宝　施蕴邦　唐敖庆　谈家桢　袁翰青　高士其　高景德　龚育之　黄汲清　曹天钦　董纯才　强巴赤列　裘维蕃　裴丽生

# 中国科学技术协会顾问（41名）

1993 年 5 月 31 日中国科协五届一次常委会议通过

王春正　李荣融　韦　钰　惠永正　陈达植　范宝俊　谢旭人　徐颂陶

2001 年 6 月 24 日中国科学技术协会六届一次常委会议通过

王春正　王万宾　赵沁平　马颂德　张华祝　张佑才　舒惠国　陈宜瑜　江蓝生　朱高峰　陈佳洱

2006 年 5 月 25 日中国科学技术协会七届一次常委会议通过

张晓强　赵沁平　刘燕华　孙来燕　张少春　王晓初　邵　宁　李静海　朱佳木　杜祥琬　陈宜瑜

2011 年 5 月 29 日中国科学技术协会八届一次常委会议通过

张晓强　杜占元　王志刚　杨学山　张少春　王晓初　黄丹华　李家洋　朱佳木　潘云鹤　陈宜瑜

# 中国科学技术协会所属全国学会、协会、研究会及受委托管理的学会

| 序码 | 学会名称 | 理事长 | 秘书长 |
|---|---|---|---|
| A-01 | 中国数学会 | 王诗宬 | 张立群 |
| A-02 | 中国物理学会 | 詹文龙 | 王玉鹏 |
| A-03 | 中国力学学会 | 胡海岩 | 冯西桥 |
| A-04 | 中国光学学会 | 周炳琨 | 龚旗煌 |
| A-05 | 中国声学学会 | 田　静 | 张春华 |
| A-06 | 中国化学会 | 姚建年 | 杨振忠 |
| A-07 | 中国天文学会 | 崔向群 | 杨　戟 |
| A-08 | 中国气象学会 | 秦大河 | 翟盘茂 |
| A-09 | 中国空间科学学会 | 顾逸东 | 邱　理 |
| A-10 | 中国地质学会 | 徐绍史 | 朱立新 |
| A-11 | 中国地理学会 | 刘燕华 | 张国友 |
| A-12 | 中国地球物理学会 | 陈　颙 | 郭　建 |
| A-13 | 中国矿物岩石地球化学学会 | 胡瑞忠 | 李世杰 |
| A-14 | 中国古生物学会 | 杨　群 | 王永栋 |
| A-15 | 中国海洋湖沼学会 | 孙　松 | 杨红生 |
| A-16 | 中国海洋学会 | 王曙光 | 雷　波 |
| A-17 | 中国地震学会 | 陈运泰 | 郝记川 |
| A-18 | 中国动物学会 | 陈宜瑜 | 魏辅文 |
| A-19 | 中国植物学会 | 武维华 | 葛　颂 |
| A-20 | 中国昆虫学会 | 康　乐 | 黄大卫 |
| A-21 | 中国微生物学会 | 邓子新 | 东秀珠 |
| A-22 | 中国生物化学与分子生物学会 | 王志新 | 景乃禾 |
| A-23 | 中国细胞生物学学会 | 裴　钢 | 丁小燕 |
| A-24 | 中国植物生理与植物分子生物学学会 | 许智宏 | 何祖华 |
| A-25 | 中国生物物理学会 | 饶子和 | 阎锡蕴 |
| A-26 | 中国遗传学会 | 张亚平 | 薛勇彪 |
| A-27 | 中国心理学会 | 乐国安 | 傅小兰 |
| A-28 | 中国生态学学会 | 刘世荣 | 陈利顶 |
| A-29 | 中国环境科学学会 | 王玉庆 | 任官平 |
| A-30 | 中国自然资源学会 | 刘纪远 | 沈　镭 |
| A-31 | 中国感光学会 | 蒲嘉陵 | 黄　勇 |
| A-32 | 中国优选法统筹法与经济数学研究会 | 蔡　晨 | 池　宏 |
| A-33 | 中国岩石力学与工程学会 | 冯夏庭　钱七虎 | 刘大安 |
| A-34 | 中国野生动物保护协会 | 赵学敏 | 臧春林 |
| A-35 | 中国系统工程学会 | 汪寿阳 | 薛新伟 |
| A-36 | 中国实验动物学会 | 秦　川 | 赵宏旭 |

| 序码 | 学会名称 | 理事长 | 秘书长 |
|---|---|---|---|
| A-37 | 中国青藏高原研究会 | 姚檀栋 | 朱立平 |
| A-38 | 中国环境诱变剂学会 | 柯　杨 | 郝卫东 |
| A-39 | 中国运筹学会 | 胡旭东 | 刘　克 |
| A-40 | 中国菌物学会 | 刘杏忠 | 文华安 |
| A-41 | 中国晶体学会 | 高　松 | 王哲明 |
| A-42 | 中国神经科学学会 | 段树民 | 何士刚 |
| B-01 | 中国机械工程学会 | 周　济 | 张彦敏 |
| B-02 | 中国汽车工程学会 | 付于武 | 张进华 |
| B-03 | 中国农业机械学会 | 罗锡文 | 李树君 |
| B-04 | 中国农业工程学会 | 朱　明 | 管小冬 |
| B-05 | 中国电机工程学会 | 陆延昌 | 李若梅 |
| B-06 | 中国电工技术学会 | 孙昌基 | 裴相精 |
| B-07 | 中国水力发电工程学会 | 张基尧 | 李菊根 |
| B-08 | 中国水利学会 | 敬正书 | 李赞堂 |
| B-09 | 中国内燃机学会 | 张小虞 | 阳树毅 |
| B-10 | 中国工程热物理学会 | 徐建中 | 金红光 |
| B-11 | 中国空气动力学会 | 邓小刚 | 范召林 |
| B-12 | 中国制冷学会 | 田元兰 | 金嘉玮 |
| B-13 | 中国真空学会 | 侯建国 | 陈　旭 |
| B-14 | 中国自动化学会 | 郑南宁 | 王飞跃 |
| B-15 | 中国仪器仪表学会 | 李天初 | 朱险峰 |
| B-16 | 中国计量测试学会 | 王秦平 | 马爱文 |
| B-17 | 中国标准化协会 | 纪正昆 | 高建忠 |
| B-18 | 中国图学学会 | 孙家广 | 李　华 |
| B-19 | 中国电子学会 | 娄勤俭 | 徐晓兰 |
| B-20 | 中国计算机学会 | 郑纬民 | 杜子德 |
| B-21 | 中国通信学会 | 尚　冰 | 张新生 |
| B-22 | 中国中文信息学会 | 李　生 | 孙　乐 |
| B-23 | 中国测绘地理信息学会 | 李维森 | 彭震中 |
| B-24 | 中国造船工程学会 | 黄平涛 | 罗季燕 |
| B-25 | 中国航海学会 | 徐祖远 | 赵东野 |
| B-26 | 中国铁道学会 | 孙永福 | 瞿建明 |
| B-27 | 中国公路学会 | 胡希捷 | 刘文杰 |
| B-28 | 中国航空学会 | 刘高倬 | 吴　松 |
| B-29 | 中国宇航学会 | 许达哲 | 杨俊华 |
| B-30 | 中国兵工学会 | 马之庚 | 邓少生 |
| B-31 | 中国金属学会 | 徐匡迪 | 赵　沛 |
| B-32 | 中国有色金属学会 | 康　义 | 张洪国 |
| B-33 | 中国稀土学会 | 干　勇 | 林东鲁 |
| B-34 | 中国腐蚀与防护学会 | 陈光章 | 李晓刚 |
| B-35 | 中国化工学会 | 李勇武 | 杨元一 |

| 序码 | 学会名称 | 理事长 | 秘书长 |
|---|---|---|---|
| B-36 | 中国核学会 | 李冠兴 | 王德林 |
| B-37 | 中国石油学会 | 曾玉康 | 方朝亮 |
| B-38 | 中国煤炭学会 | 王显政 | 刘　峰 |
| B-39 | 中国可再生能源学会 | 石定环 | 李宝山 |
| B-40 | 中国能源研究会 | 柴松岳 | 周大地 |
| B-41 | 中国硅酸盐学会 | 徐永模 | 晋占平 |
| B-42 | 中国建筑学会 | 车书剑 | 周　畅 |
| B-43 | 中国土木工程学会 | 郭允冲 | 杨忠诚 |
| B-44 | 中国生物工程学会 | 欧阳平凯 | 马树恒 |
| B-45 | 中国纺织工程学会 | 孙瑞哲 | 尹耐冬 |
| B-46 | 中国造纸学会 | 陈学忠 | 曹振雷 |
| B-47 | 中国文物保护技术协会 | 李化元 | 王时伟 |
| B-48 | 中国印刷技术协会 | 于永湛 | 曲德森 |
| B-49 | 中国材料研究学会 | 黄伯云 | 韩雅芳 |
| B-50 | 中国食品科学技术学会 | 孟素荷 | 邵　薇 |
| B-51 | 中国粮油学会 | 张桂凤 | 胡承淼 |
| B-52 | 中国职业安全健康协会 | 张宝明 | 肖克源 |
| B-53 | 中国烟草学会 | 张　辉 | 董国智 |
| B-54 | 中国系统仿真学会 | 赵沁平 | 吴云洁 |
| B-55 | 中国电影电视技术学会 | 何宗就 | 黄平刚 |
| B-56 | 中国振动工程学会 | 欧进萍 | 陈国平 |
| B-57 | 中国颗粒学会 | 陈运法 | 马光辉 |
| B-58 | 中国照明学会 | 徐　淮 | 窦林平 |
| B-59 | 中国动力工程学会 | 蒋以任 | 严宏强 |
| B-60 | 中国惯性技术学会 | 包为民 | 王　岩 |
| B-61 | 中国风景园林学会 | 陈晓丽 | 刘秀晨 |
| B-62 | 中国电源学会 | 徐德鸿 | 韩家新 |
| B-63 | 中国复合材料学会 | 杜善义 | 张博明 |
| B-64 | 中国消防协会 | 孙　伦 | 高　伟 |
| B-65 | 中国图象图形学学会 | 徐冠华 | 刘凯龙 |
| B-66 | 中国人工智能学会 | 李德毅 | 王万森 |
| B-67 | 中国体视学学会 | 康克军 | 王　忠 |
| B-68 | 中国工程机械学会 | 郑惠强 | 刘　钊 |
| C-01 | 中国农学会 | 张桃林 | 赵方田 |
| C-02 | 中国林学会 | 江泽慧 | 陈幸良 |
| C-03 | 中国土壤学会 | 沈仁芳 | 蒋　新 |
| C-04 | 中国水产学会 | 贾晓平 | 司徒建通 |
| C-05 | 中国园艺学会 | 杜永臣 | 孙日飞 |
| C-06 | 中国畜牧兽医学会 | 陈焕春 | 杨汉春 |
| C-07 | 中国植物病理学会 | 郭泽建 | 韩成贵 |
| C-08 | 中国植物保护学会 | 陈万权 | 王振营 |

| 序码 | 学会名称 | 理事长 | 秘书长 |
|---|---|---|---|
| C-09 | 中国作物学会 | 翟虎渠 | 张保明 |
| C-10 | 中国热带作物学会 | 吕飞杰 | 吴金玉 |
| C-11 | 中国蚕学会 | 鲁　成 | 李　龙 |
| C-12 | 中国水土保持学会 | 刘　宁 | 吴　斌 |
| C-13 | 中国茶叶学会 | 江用文 | 阮建云 |
| C-14 | 中国草学会 | 马启智 | 王　堃 |
| C-15 | 中国植物营养与肥料学会 | 白由路 | 赵秉强 |
| D-01 | 中华医学会 | 陈　竺 | 刘雁飞 |
| D-02 | 中华中医药学会 | 王国强 | 曹正逵 |
| D-03 | 中国中西医结合学会 | 陈凯先 | 穆大伟 |
| D-04 | 中国药学会 | 桑国卫 | 丁丽霞 |
| D-05 | 中华护理学会 | 李秀华 | 应　岚 |
| D-06 | 中国生理学会 | 王晓民 | 王　韵 |
| D-07 | 中国解剖学会 | 李云庆 | 周长满 |
| D-08 | 中国生物医学工程学会 | 樊瑜波 | 李德玉 |
| D-09 | 中国病理生理学会 | 吴立玲 | 张幼怡 |
| D-10 | 中国营养学会 | 杨月欣 | 郭红卫 |
| D-11 | 中国药理学会 | 杜冠华 | 张永祥 |
| D-12 | 中国针灸学会 | 刘保延 | 杨金生 |
| D-13 | 中国防痨协会 | 王撷秀 | 万利亚 |
| D-14 | 中国麻风防治协会 | 张国成 | 潘春枝 |
| D-15 | 中国心理卫生协会 | 马　辛 | 王　刚 |
| D-16 | 中国抗癌协会 | 郝希山 | 王　瑛 |
| D-17 | 中国体育科学学会 | 段世杰 | 田　野 |
| D-18 | 中国毒理学会 | 周平坤 | 付立杰 |
| D-19 | 中国康复医学会 | 马晓伟 | 励建安 |
| D-20 | 中国免疫学会 | 曹雪涛 | 何　维 |
| D-21 | 中华预防医学会 | 王陇德 | 蔡纪明 |
| D-22 | 中国法医学会 | 刘　耀 | 翟恒利 |
| D-23 | 中华口腔医学会 | 王　兴 | 王　渤 |
| D-24 | 中国医学救援协会 | 马晓伟 | 李宗浩 |
| D-25 | 中国女医师协会 | 何界生 | 于　冬 |
| E-01 | 中国自然辩证法研究会 | 吴启迪 | 尚智丛 |
| E-02 | 中国管理现代化研究会 | 赵纯均 | 石　勇 |
| E-03 | 中国技术经济学会 | 孙晓郁 | 郑　琦 |
| E-04 | 中国现场统计研究会 | 耿　直 | 程维虎 |
| E-05 | 中国未来研究会 | 张文范 | 夏　震 |
| E-06 | 中国科学技术史学会 | 廖育群 | 鲁大龙 |
| E-07 | 中国科学技术情报学会 | 石定环 | 郑彦宁 |
| E-08 | 中国图书馆学会 | 詹福瑞 | 严向东 |
| E-09 | 中国城市科学研究会 | 仇保兴 | 李　迅 |

| 序码 | 学会名称 | 理事长 | 秘书长 |
|---|---|---|---|
| E-10 | 中国科学学与科技政策研究会 | 方　新 | 吕敬华 |
| E-11 | 中国农村专业技术协会 | 吕飞杰 | 李彦捷 |
| E-12 | 中国工业设计协会 | 朱　焘 | 刘　宁 |
| E-13 | 中国工艺美术学会 | 杨自鹏 | 赵之硕 |
| E-14 | 中国科普作家协会 | 刘嘉麒 | 石顺科 |
| E-15 | 中国自然科学博物馆协会 | 程东红 | 陈洪庆 |
| E-16 | 中国可持续发展研究会 | 邓　楠 | 郭日生 |
| E-17 | 中国青少年科技辅导员协会 | 陈赛娟 | 赵建龙 |
| E-18 | 中国科教电影电视协会 | 高　峰 | 张国平 |
| E-19 | 中国科学技术期刊编辑学会 | 丁乃刚 | 姚希彤 |
| E-20 | 中国流行色协会 | 梁 勇 | 朱　莎 |
| E-21 | 中国档案学会 | 李和平 | 方　鸣 |
| E-22 | 中国国土经济学会 | 张怀西 | 柳忠勤 |
| E-23 | 中国土地学会 | 王世元 | 郑凌志 |
| E-24 | 中国科技新闻学会 | 宋南平 | 许　英 |
| E-25 | 中国老科技工作者协会 | 程连昌 | 陈秀保 |
| E-26 | 中国科学探险协会 | 高登义 | 王　维 |
| E-27 | 中国城市规划学会 | 仇保兴 | 石　楠 |
| E-28 | 中国产学研合作促进会 | 路甬祥 | 王建华 |
| E-29 | 中国知识产权研究会 | 田力普 | 张云才 |
| E-30 | 中国发明协会 | 朱丽兰 | 鹿大汉 |
| E-31 | 中国高新技术产业开发区协会 | 张景安 | 张序国 |
| W-01 | 中国认知科学学会 | 陈　霖 | 马原野 |
| W-02 | 中国农业历史学会 | 滕久明 | 胡泽学 |
| W-03 | 中国生物材料学会 | 张兴栋 | 艾　华 |
| W-04 | 中国指挥与控制学会 | 戴　浩 | 秦继荣 |
| W-05 | 中国微循环学会 | 詹启敏 | 刘乃丰 |
| W-06 | 中国创造学会 | 裴　钢 | 蒋昌俊 |
| W-07 | 中国密码学会 | 裴定一 | 强志军 |
| W-08 | 中国经济科技开发国际交流协会 | 李振声 | 周　杨 |
| W-09 | 中国睡眠研究会 | 韩　芳 | 晋小虎 |
| W-10 | 中国高科技产业化研究会 | 许达哲 | 巴　蕉 |
| W-11 | 中国微量元素科学研究会 | 陈祥友 | 陈　岳 |
| W-12 | 中国国际经济技术合作促进会 | 郑树山 | 田来福 |
| W-13 | 中国基本建设优化研究会 | 王文元 | 付文军 |
| W-14 | 中国科技馆发展基金会 | 谢克昌 | 田　英 |
| W-15 | 中国生物多样性保护与绿色发展基金会 | 胡德平 | 方运河 |
| W-16 | 中国反邪教协会 | 庄逢甘 | 王渝生 |
| W-18 | 国际粉体检测与控制联合会 | 谢　植 | 李新光 |
| W-20 | 国际数字地球协会 | John Richards | 郭华东 |
| W-21 | 国际动物学会 | 张知彬 | 韩春绪 |

# 中国科学技术协会机关各部门及主要负责人

**办公厅**

**主　任**　吴海鹰　**巡视员、副主任**　王康友　**副主任**　刘　阳
**副巡视员**　孟　波
下设：常委秘书一处、常委秘书二处、秘书处、综合处、专委会秘书处

**计划财务部**

**部　长**　王延祜　**副部长**　周文标　顾　斌
下设：综合处、计划统计处、预算管理处、企业科协工作处、财务资产处

**组织人事部**

**部　长**　李　森　**副部长**　王守东（兼）　朱雪芬　王进展
下设：综合处（干部监督处）、干部处（干部教育培训处）、事业单位人事管理处、人才评价处、人才工作处、组织处

**调研宣传部**

**部　长**　任福君　**副部长**　章　丰
下设：综合处、宣传处、调查研究处、政策研究处

**学会学术部**

**副部长**　宋　军　刘兴平　范　唯　**副巡视员**　王晓彬
下设：综合处、学会管理处、改革发展处、学术交流处、期刊出版处

**科学技术普及部**

**部　长**　杨文志　**副部长**　辛　兵　刘亚东　李晓亮（兼）
**副巡视员**　王春林
下设：综合处、资源办（联络处）、科普信息化处、基层处、传播处

**国际联络部**

**部　长**　张建生　**副部长**　陈　剑
下设：综合处、国际组织处、双边合作处、港澳台交流处、海智计划办公室

**机关党委**

**常务副书记、机关纪委书记**　王守东　**机关纪委副书记**　孙　铭
**副书记**　刘红跃　**巡视员**　牛政斌　**副巡视员**　王江宏
下设：党委办公室、纪委办公室、审计室

**机关离退办**

**主　任**　张小林　**副主任**　祝怀清　**副巡视员**　林　立

# 中国科学技术协会直属单位及主要负责人

|  |  |
|---|---|
| 中国科协机关服务局 | 局　长　王志舜　　副局长　白元平　张丽莎 |
| 中国科协信息中心 | 主　任　高　勘　　副主任　杨秀萍　于小晗 |
| 中国科协发展研究中心 | 主　任　秦德继　　副主任　朱文辉 |
| 中国科协学会服务中心<br>（中国科协继续教育中心、<br>中国科协科技人才交流中心） | 常务副主任、党委副书记　李志刚　　副主任　王玉平<br>党委副书记　吴晓琦　　副主任　苏小军 |
| 中国科普研究所 | 常务副所长　罗　晖　　副所长　颜　实　赵立新 |
| 中国科协青少年科技中心<br>（中国科协科普活动中心） | 主　任　李晓亮　　科普资源办主任　牛灵江<br>副主任　蒙　星　单长勇　楼　伟　刘会强 |
| 中国科学技术馆 | 馆长、党委副书记　束　为（兼）　　党委书记、副馆长　殷　皓<br>副馆长　黄体茂　欧建成　郑浩峻 |
| 中国科协农村专业技术服务中心<br>（中国农村致富技术函授大学） | 常务副主任　公坤后　　副主任　郭　昊　李彦捷 |
| 中国科学技术咨询服务中心<br>（中国科协厂矿科协协作中心） | 主　任　盛小列　　常务副主任　师　铎<br>副主任　王　诚　刘　莉 |
| 中国国际科技会议中心<br>（中国对外应用技术交流促进会） | 常务副主任　纳　翔　　副主任　王　挺 |
| 中国科技会堂 | 总经理、党委书记　佘建坤　　副总经理　杨　亮　杨绍丽　吴海洋 |
| 科学普及出版社 | 社长、党委副书记　苏　青　　党委书记、副社长　姚义贤<br>总编辑　吕建华　副社长　董素民　郭　晶 |
| 科技导报社 | 主　编　冯长根　　社长、副主编　苏　青<br>副社长、副主编　王务林　史永超 |
| 中国科协新技术开发中心 | 主　任　何秉政　　副主任　李小明 |

# 中国科协主管科技期刊目录

截至 2014 年 7 月（共 455 种）

## A- 理科（82）

| 序号 | 期 刊 名 称 | 期刊社电话 | 主 办 单 位 |
|---|---|---|---|
| 1 | 数学进展 | 010-62751805 | 中国数学会 |
| 2 | 数学学报（英文版） | 010-62551910 | 中国数学会 |
| 3 | 数学通报 | 010-58807753 | 中国数学会、北京师范大学 |
| 4 | 应用概率统计 | 021-54345267 | 中国数学会概率统计学会 |
| 5 | 中学生数学 | 010-68902486 | 中国数学会、北京数学会、首都师范大学 |
| 6 | 大学物理 | 010-58808024，58805411 | 中国物理学会 |
| 7 | 电子显微学报 | 010-82671519 | 中国物理学会 |
| 8 | 化学物理学报（英文版） | 0551-3601122 | 中国物理学会 |
| 9 | 物理教学 | 021-62603067 | 中国物理学会 |
| 10 | 物理学进展 | 025-83592484 | 中国物理学会 |
| 11 | 工程力学 | 010-62788648 | 中国力学学会 |
| 12 | 固体力学学报 | 027-87543737 | 中国力学学会 |
| 13 | 固体力学学报（英文版） | 027-87543737 | 中国力学学会 |
| 14 | 力学学报（英文版） | 010-82543905 | 中国力学学会、中国科学院力学研究所 |
| 15 | 实验力学 | 0551-3601246 | 中国力学学会、中国科学技术大学 |
| 16 | 光谱学与光谱分析 | 010-62181070 | 中国光学学会 |
| 17 | 中国激光医学杂志 | 010-66937194 | 中国光学学会 |
| 18 | 光学学报 | 021-69918416 | 中国科学院上海光学精密机械研究所、中国光学学会 |
| 19 | 噪声与振动控制 | 021-62932221-813 | 中国声学学会 |
| 20 | 高分子通报 | 010-62588926 | 中国化学会、中国科学院化学研究所 |
| 21 | 化学教育 | 010-58807875 | 中国化学会、北京师范大学 |
| 22 | 物理化学学报 | 010-62751724 | 中国化学会、北京大学 |
| 23 | 中国化学快报（英文版） | 010-63165638 | 中国化学会 |
| 24 | 高分子科学（英文版） | 010-82625102 | 中国化学会、中国科学院化学研究所 |
| 25 | 中国化学（英文版） | 021-54925243-13 | 中国化学会、中科院上海有机化学研究所 |
| 26 | 电化学 | 0592-2181469，2180367 | 中国化学会 |
| 27 | 色谱 | 0411-84379021 | 中国化学会、中国科学院大连化学物理研究所 |
| 28 | 无机化学学报 | 025-83592307 | 中国化学会 |
| 29 | 天文爱好者 | 010-51583027 | 中国天文学会、北京天文馆 |

续表

| 序号 | 期 刊 名 称 | 期刊社电话 | 主 办 单 位 |
|---|---|---|---|
| 30 | 气象学报（英文版） | 010-68407634 | 中国气象学会 |
| 31 | 地质论评 | 010-68999804 | 中国地质学会 |
| 32 | 地质学报 | 010-68312410 | 中国地质学会 |
| 33 | 地质学报（英文版） | 010-68999023 | 中国地质学会 |
| 34 | 矿床地质 | 010-68327284 | 中国地质学会矿床地质专业委员会、中国地质科学院矿产资源研究所 |
| 35 | 岩石矿物学杂志 | 010-68328475 | 中国地质学会矿床地质专业委员会、中国地质科学院矿产资源研究所 |
| 36 | 岩矿测试 | 010-68999562 | 中国地质学会岩矿测试专业委员会和国家地质实验测试中心 |
| 37 | 地理学报（英文版） | 010-64889295 | 中国地理学会、中国科学院地理科学与资源研究所 |
| 38 | 经济地理 | 0731-85584716 | 中国地理学会 |
| 39 | 世界地理研究 | 021-62233749 | 中国地理学会 |
| 40 | 应用地球物理（英文版） | 010-64266649 | 中国地球物理学会 |
| 41 | 海洋与湖沼 | 0532-82898753 | 中国海洋湖沼学会 |
| 42 | 中国海洋湖沼学报（英文版） | 0532-82898754 | 中国海洋湖沼学会 |
| 43 | 海洋世界 | 010-62100092 | 中国海洋学会 |
| 44 | 海洋学报 | 010-62179976 | 中国海洋学会 |
| 45 | 海洋学报（英文版） | 010-62179976 | 中国海洋学会 |
| 46 | 中国海洋工程（英文版） | 025-85829388 | 中国海洋学会 |
| 47 | 海洋工程 | 025-85829332 | 中国海洋学会、南京水利科学研究院 |
| 48 | 地震学报 | 010-68729330 | 中国地震学会、中国地震局地球物理研究所 |
| 49 | 地震学报（英文版） | 010-68729344 | 中国地震学会、中国地震局地球物理研究所 |
| 50 | 国际地震动态 | 010-68729339 | 中国地震学会、中国地震局地球物理研究所 |
| 51 | 植物生态学报（英文版） | 010-62836134 | 中国植物学会、中国科学院植物研究所、中国科技出版传媒股份有限公司 |
| 52 | 生物学通报 | 010-58807645 | 中国动物学会、中国植物学会、北京师范大学 |
| 53 | 昆虫科学（英文版） | 010-64807095 | 中国昆虫学会、中国科学院动物研究所 |
| 54 | 病毒学报 | 010-63536460 | 中国微生物学会 |
| 55 | 中国人兽共患病学报 | 0591-87552018 | 中国微生物学会 |
| 56 | 中国生物化学与分子生物学报 | 010-82801416 | 中国生物化学与分子生物学会、北京大学 |
| 57 | 生命的化学 | 021-54921091 | 中国生物化学与分子生物学会 |
| 58 | 植物生理学报 | 021-54922837 | 中国植物生理与植物分子生物学学会、中国科学院上海生命科学研究院植物生理生态研究所 |
| 59 | 生物物理学报 | 010-64888458 | 中国生物物理学会、中国科学院生物物理研究所 |
| 60 | 激光生物学报 | 0731-88872208 | 中国遗传学会 |

续表

| 序号 | 期 刊 名 称 | 期刊社电话 | 主 办 单 位 |
|---|---|---|---|
| 61 | 心理科学 | 021-62232236 | 中国心理学会 |
| 62 | 生态学报 | 010-62941099 | 中国生态学学会、中国科学院生态环境研究中心 |
| 63 | 生态学杂志 | 024-83970394 | 中国生态学学会 |
| 64 | 环境与生活 | 010-82211006 | 中国环境科学学会 |
| 65 | 中国花卉盆景 | 010-84041134 | 中国环境科学学会 |
| 66 | 中国环境科学 | 010-62215145 | 中国环境科学学会 |
| 67 | 应用基础与工程科学学报 | 010-62753153 | 中国自然资源学会 |
| 68 | 自然资源学报 | 010-64889774 | 中国自然资源学会、中国科学院地理科学与资源研究所 |
| 69 | 数理天地（初中版） | 010-69795937-6 | 中国优选法统筹法与经济数学研究会 |
| 70 | 数理天地（高中版） | 010-69795937 | 中国优选法统筹法与经济数学研究会 |
| 71 | 岩石力学与工程学报 | 027-87199250 | 中国岩石力学与工程学会 |
| 72 | 交通运输系统工程与信息 | 010-51684836 | 中国系统工程学会 |
| 73 | 系统工程理论与实践 | 010-62541828 | 中国系统工程学会 |
| 74 | 系统科学与系统工程学报（英文版） | 010-62789928 | 中国系统工程学会 |
| 75 | 系统工程学报 | 022-27407743 | 中国系统工程学会 |
| 76 | 系统科学与信息学报（英文版） | 010-62541828 | 中国系统工程学会、中国科技出版传媒股份有限公司 |
| 77 | 中国实验动物学报 | 010-67779337 | 中国实验动物学会、中国医学科学院实验动物研究所 |
| 78 | 中国比较医学杂志 | 010-67779337 | 中国实验动物学会、中国医学科学院实验动物研究所 |
| 79 | 癌变 · 畸变 · 突变 | 0754-88900267 | 中国环境诱变剂学会 |
| 80 | 运筹学学报 | 021-66137605 | 中国运筹学会 |
| 81 | 运筹与管理 | 0551-2901503 | 中国运筹学会 |
| 82 | 中国运筹学会会刊（英文版） | 010-62541695 | 中国运筹学会、中国科技出版传媒股份有限公司 |

B—工科（145）

| 序号 | 期 刊 名 称 | 期刊社电话 | 主 办 单 位 |
|---|---|---|---|
| 83 | 材料热处理学报 | 010-82415080 | 中国机械工程学会 |
| 84 | 机械工程学报 | 010-88379907 | 中国机械工程学会 |
| 85 | 中国机械工程学报 | 010-88379909 | 中国机械工程学会 |
| 86 | 设备管理与维修 | 010-64882825 | 中国机械工程学会、北京卓众出版有限公司 |
| 87 | 塑性工程学报 | 010-62912592 | 中国机械工程学会 |
| 88 | 制造技术与机床 | 010-64739693 | 中国机械工程学会北京机床研究所 |

续表

| 序号 | 期刊名称 | 期刊社电话 | 主办单位 |
|---|---|---|---|
| 89 | 中国表面工程 | 010–66719325 | 中国机械工程学会 |
| 90 | 汽车知识 | 010–64936949 | 中国机械工程学会、中国汽车工业经济技术信息研究所 |
| 91 | 粉末冶金技术 | 010–67621317 | 中国机械工程学会、中国金属学会、中国有色金属学会、北京科技大学 |
| 92 | 中国机械工程 | 027–88011893 | 中国机械工程学会 |
| 93 | 中国铸造装备与技术 | 010–87979297 | 中国机械工程学会、济南铸造锻压机械研究所有限公司 |
| 94 | 润滑与密封 | 020–32385313 | 中国机械工程学会、广州机械科学研究院有限公司 |
| 95 | 无损检测 | 021–65556775–22 | 中国机械工程学会、上海材料研究所 |
| 96 | 机械设计 | 022–27343427 | 中国机械工程学会、天津市机械工程学会、天津市机电工业科技信息研究所 |
| 97 | 焊接学报 | 0451–86353779 | 中国机械工程学会、中国机械工程学会焊接分会、机械科学研究院哈尔滨焊接研究所 |
| 98 | 流体机械 | 0551–5335505 | 中国机械工程学会 |
| 99 | 组合机床与自动化加工技术 | 0411–86658407 | 中国机械工程学会生产工程分会、大连组合机床研究所 |
| 100 | 机床与液压 | 020–32385312 | 中国机械工程学会、广州机械科学研究院有限公司 |
| 101 | 压力容器 | 0551–5335515 | 中国机械工程学会压力容器分会 |
| 102 | 特种铸造及有色合金 | 027–85358206–82 | 中国机械工程学会铸造分会 |
| 103 | 汽车工程 | 010–63287786 | 中国汽车工程学会 |
| 104 | 农业机械学报 | 010–64882610 | 中国农业机械学会、中国农业机械化科学研究院 |
| 105 | 农业工程学报 | 010–65929451 | 中国农业工程学会 |
| 106 | 电气（英文版） | 010–63416475 | 中国电机工程学会 |
| 107 | 农村电气化 | 010–63123088 | 中国电机工程学会 |
| 108 | 农电管理 | 010–63123088 | 中国电机工程学会 |
| 109 | 中国电机工程学报 | 010–82812533 | 中国电机工程学会 |
| 110 | 电工技术学报 | 010–88379838 | 中国电工技术学会 |
| 111 | 电气技术 | 010–68595026 | 中国电工技术学会 |
| 112 | 水力发电学报 | 010–62783813 | 中国水力发电工程学会 |
| 113 | 泥沙研究 | 010–68786628 | 中国水利学会 |
| 114 | 水利学报 | 010–68786238 | 中国水利学会 |
| 115 | 中国防汛抗旱 | 010–68532207 | 中国水利学会 |
| 116 | 岩土工程学报 | 025–85829553 | 中国水利学会 |
| 117 | 内燃机工程 | 021–25079820 | 中国内燃机学会 |
| 118 | 内燃机学报 | 022–27406812 | 中国内燃机学会 |

续表

| 序号 | 期刊名称 | 期刊社电话 | 主办单位 |
|---|---|---|---|
| 119 | 实验流体力学 | 010–82317341 | 中国空气动力学会 |
| 120 | 制冷学报 | 010–68711412 | 中国制冷学会 |
| 121 | 真空科学与技术学报 | 010–58206280 | 中国真空学会 |
| 122 | 自动化博览 | 010–57116299 | 中国自动化学会 |
| 123 | 自动化学报（英文版） | 010–82544653 | 中国自动化学会、中国科学院自动化研究所、中国科技出版传媒股份有限公司 |
| 124 | 模式识别与人工智能 | 0551–5595020 | 中国自动化学会、国家智能计算机研究开发中心、中国科学院合肥智能机械研究所 |
| 125 | 办公自动化 | 010–65947653 | 中国仪器仪表学会 |
| 126 | 仪器仪表学报 | 010–84050563 | 中国仪器仪表学会 |
| 127 | 仪器仪表学报（英文版） | 010–84050563 | 中国仪器仪表学会、科学普及出版社 |
| 128 | 光学仪器 | 021–55270110 | 中国仪器仪表学会、上海光学仪器研究所、中国光学学会工程光学专业委员会 |
| 129 | 化学传感器 | 0523–88819706 | 中国仪器仪表学会 |
| 130 | 气象水文海洋仪器 | 0431–85515135 | 中国仪器仪表学会气象水文海洋仪器分会、长春气象仪器研究所 |
| 131 | 自动化仪表 | 021–64368984 | 中国仪器仪表学会、上海工业自动化仪表研究院 |
| 132 | 图学学报 | 010–82317091 | 中国图学学会 |
| 133 | 计算机辅助绘图设计与制造（英文版） | 010–82317091 | 中国图学学会 |
| 134 | 土木建筑工程信息技术 | 010–64517910 | 中国图学学会 |
| 135 | 电子测量与仪器学报 | 010–64007711 | 中国电子学会、北京思得易咨询中心 |
| 136 | 电子商务 | 010–83221751 | 中国电子学会、中国信息产业商会、北京思得易咨询中心 |
| 137 | 电子世界 | 010–68278179 | 中国电子学会、北京思得易咨询中心 |
| 138 | 电子学报 | 010–68285082 | 中国电子学会 |
| 139 | 电子技术与软件工程 | 010–64472175 | 中国电子学会、北京思得易咨询中心 |
| 140 | 网友世界 | 010–82616677 | 中国电子学会、北京思得易咨询中心 |
| 141 | 信号处理 | 010–64010656 | 中国电子学会、北京思得易咨询中心 |
| 142 | 微波学报 | 025–51821067 | 中国电子学会 |
| 143 | 电波科学学报 | 0373–3712411 | 中国电子学会 |
| 144 | 软件 | 022–23352257 | 中国电子学会、天津电子学会 |
| 145 | 数据采集与处理 | 025–84892071 | 中国电子学会、南京航空航天大学、仪器仪表学会、信号处理学会、中国仪器仪表学会、中国物理学会 |
| 146 | 计算机辅助设计与图形学学报 | 010–62600342 | 中国计算机学会、北京中科期刊出版有限公司 |
| 147 | 通信学报 | 010–67110006 | 中国通信学会 |

续表

| 序号 | 期 刊 名 称 | 期刊社电话 | 主 办 单 位 |
|---|---|---|---|
| 148 | 现代通信 | 010-67191770 | 中国通信学会、人民邮电出版社 |
| 149 | 中国通信（英文版） | 010-88400388 | 中国通信学会 |
| 150 | 中国电信业 | 010-64962969 | 中国通信学会、人民邮电报社 |
| 151 | 电信科学 | 010-67110006 转 890 | 中国通信学会、人民邮电出版社 |
| 152 | 中文信息学报 | 010-6252916 | 中国中文信息学会、中国科学院软件研究所 |
| 153 | 测绘学报 | 010-68531322 | 中国测绘学会 |
| 154 | 航海技术 | 021-65953318、65190842 | 中国航海学会、中国海运（集团）总公司 |
| 155 | 中国航海 | 021-58522151 | 中国航海学会 |
| 156 | 铁道学报 | 010-51845521 | 中国铁道学会 |
| 157 | 铁道知识 | 010-51845811 | 中国铁道学会 |
| 158 | 铁道工程学报 | 010-51878353 | 中国铁道学会、中国铁路工程总公司、中国中铁股份有限公司 |
| 159 | 中国公路学报 | 029-82334536 | 中国公路学会 |
| 160 | 航空材料学报 | 010-62496277 转 5228 | 中国航空学会 |
| 161 | 航空学报 | 010-82318016 | 中国航空学会、北京航空航天大学 |
| 162 | 航空知识 | 010-82317057 | 中国航空学会 |
| 163 | 航空模型 | 010-82317057 | 中国航空学会、中国航空运动协会 |
| 164 | 中国航空学报（英文版） | 010-82318016 | 中国航空学会、北京航空航天大学 |
| 165 | 太空探索 | 010-68767130 | 中国宇航学会 |
| 166 | 宇航学报 | 010-68767751 | 中国宇航学会 |
| 167 | 兵工学报 | 010-68963060 | 中国兵工学会 |
| 168 | 防务技术（英文版） | 010-68964830 | 中国兵工学会 |
| 169 | 兵器知识 | 010-68962716 | 中国兵工学会 |
| 170 | 车辆与动力技术 | 010-68911172 | 中国兵工学会 |
| 171 | 爆破器材 | 025-84315530 | 中国兵工学会 |
| 172 | 兵器材料科学与工程 | 0574-87902254 | 中国兵工学会、中国兵器工业集团第五二研究所 |
| 173 | 弹道学报 | 025-84315487 | 中国兵工学会 |
| 174 | 弹箭与制导学报 | 029-88293167 | 中国兵工学会 |
| 175 | 火炮发射与控制学报 | 029-33787828 | 中国兵工学会 |
| 176 | 火炸药学报 | 029-88291297 | 中国兵工学会、中国兵器第二〇四研究所 |
| 177 | 钢铁 | 010-62182345 | 中国金属学会、钢铁研究总院 |
| 178 | 连铸 | 010-83587696 | 中国金属学会 |
| 179 | 中国冶金 | 010-65133322 转 1623 | 中国金属学会 |
| 180 | 金属世界 | 010-62332773 | 中国金属学会、中国有色金属学会 |
| 181 | 金属学报 | 024-23971286 | 中国金属学会 |

续表

| 序号 | 期 刊 名 称 | 期刊社电话 | 主 办 单 位 |
| --- | --- | --- | --- |
| 182 | 金属学报（英文版） | 024-23971286 | 中国金属学会 |
| 183 | 材料科学技术（英文版） | 024-83978208 | 中国金属学会、中国材料研究学会、中国科学院国际材料物理中心 |
| 184 | 稀有金属材料与工程（英文版） | 029-86269273 | 中国有色金属学会、西北有色金属研究院、中国科技出版传媒股份有限公司 |
| 185 | 中国有色金属学报 | 0731-88830410 | 中国有色金属学会 |
| 186 | 中国有色金属学报（英文版） | 0731-88830410 | 中国有色金属学会 |
| 187 | 稀土学报（英文版） | 010-62014832 | 中国稀土学会、北京有色金属研究总院 |
| 188 | 中国稀土学报 | 010-62014832 | 中国稀土学会、北京有色金属研究总院 |
| 189 | 中国腐蚀与防护学报 | 024-23971318 | 中国腐蚀与防护学会、中国科学院金属研究所 |
| 190 | 化工进展 | 010-64519466 | 中国化工学会、化学工业出版社 |
| 191 | 化工学报 | 010-64519451 | 中国化工学会、化学工业出版社 |
| 192 | 中国化学工程学报（英文版） | 010-64519484 | 中国化工学会、化学工业出版社 |
| 193 | 核科学与工程 | 010-68462973 | 中国核学会 |
| 194 | 计算物理 | 010-59872547 | 中国核学会 |
| 195 | 石油学报 | 010-62067130 | 中国石油学会、北京陆海丰科技咨询服务中心 |
| 196 | 石油学报（石油加工） | 010-62310752 | 中国石油学会 |
| 197 | 石油知识 | 010-62388380 | 中国石油学会 |
| 198 | 当代矿工 | 010-84657942 | 中国煤炭学会、煤炭信息研究院 |
| 199 | 煤炭学报 | 010-84262930 | 中国煤炭学会 |
| 200 | 国际煤炭科学与采矿工程学报（英文版） | 010-84262930 | 中国煤炭学会 |
| 201 | 太阳能 | 010-62001037 | 中国可再生能源学会 |
| 202 | 太阳能学报 | 010-62001037 | 中国可再生能源学会 |
| 203 | 中外能源 | 010-64294988 | 中国能源研究会 |
| 204 | 硅酸盐通报 | 010-65492968 | 中国硅酸盐学会、中材人工晶体研究院 |
| 205 | 硅酸盐学报 | 010-57811254 | 中国硅酸盐学会 |
| 206 | 硅酸盐学报（英文版） | 010-57811254 | 中国硅酸盐学会、科学普及出版社 |
| 207 | 建筑结构学报 | 010-58933734 | 中国建筑学会 |
| 208 | 建筑学报 | 010-58933628 | 中国建筑学会 |
| 209 | 建筑热能通风空调 | 027-87899907 | 中国建筑学会 |
| 210 | 城市公共交通 | 010-68726366 | 中国土木工程学会、北京公共交通控股（集团）有限公司 |
| 211 | 纺织学报 | 010-65016539 | 中国纺织工程学会 |
| 212 | 纸和造纸 | 010-65812880 | 中国造纸学会 |
| 213 | 中国造纸学报 | 010-65812880 | 中国造纸学会 |

续表

| 序号 | 期刊名称 | 期刊社电话 | 主办单位 |
|---|---|---|---|
| 214 | 自然科学进展（英文版） | 010–68722032 | 中国材料研究学会 |
| 215 | 中国食品学报 | 010–65223596 | 中国食品科学技术学会 |
| 216 | 中国粮油学报 | 010–68357510 | 中国粮油学会 |
| 217 | 中国安全科学学报 | 010–64464782 | 中国职业安全健康协会 |
| 218 | 中国烟草学报 | 010–63606237 | 中国烟草学会 |
| 219 | 振动工程学报 | 025–84895885 | 中国振动工程学会 |
| 220 | 振动与冲击 | 021–62821366 | 中国振动工程学会、上海交通大学、上海市振动工程学会 |
| 221 | 颗粒学报（英文版） | 010–82629146 | 中国颗粒学会、中国科学院过程工程研究所 |
| 222 | 照明工程学报 | 010–65830997 | 中国照明学会 |
| 223 | 海陆空天惯性世界 | 010–68768090 | 中国惯性技术学会 |
| 224 | 中国惯性技术学报 | 022–26032791 | 中国惯性技术学会 |
| 225 | 中国园林 | 010–68339217 | 中国风景园林学会 |
| 226 | 中国体视学与图像分析 | 010–62776336 | 中国体视学学会 |
| 227 | 中国工程机械学报 | 021–65985015 | 中国工程机械学会 |

C—农科（29）

| 序号 | 期刊名称 | 期刊社电话 | 主办单位 |
|---|---|---|---|
| 228 | 农业科研经济管理 | 010–82109637 | 中国农学会 |
| 229 | 农学学报 | 010–59194705 | 中国农学会 |
| 230 | 中国农学通报 | 010–59194705 | 中国农学会 |
| 231 | 棉花学报 | 0372–2525369 | 中国农学会 |
| 232 | 林业科学 | 010–62889820 | 中国林学会 |
| 233 | 土壤通报 | 024–88488610 | 中国土壤学会 |
| 234 | 海洋渔业 | 021–65680116 | 中国水产学会、中国水产科学研究院东海水产研究所 |
| 235 | 科学养鱼 | 0510–85551377 | 中国水产学会、中国水产科学研究院淡水渔业研究中心、全国水产技术推广总站 |
| 236 | 水产学报 | 021–61900227 | 中国水产学会 |
| 237 | 园艺学报 | 010–62192388 | 中国园艺学会、中国农业科学院蔬菜花卉研究所 |
| 238 | 园艺学报（英文版） | 010–82109523 | 中国园艺学会、中国农业科学院蔬菜花卉研究所、中国农业科学技术出版社 |
| 239 | 中国葡萄酒 | 010–64455742–815 | 中国园艺学会、中国农业大学 |
| 240 | 动物营养学报 | 010–62817823 | 中国畜牧兽医学会 |
| 241 | 畜牧兽医学报 | 010–62815987 | 中国畜牧兽医学会 |
| 242 | 中国兽医杂志 | 010–62733040 | 中国畜牧兽医学会 |

续表

| 序号 | 期 刊 名 称 | 期刊社电话 | 主 办 单 位 |
|---|---|---|---|
| 243 | 中国畜牧杂志 | 010-62732723 | 中国畜牧兽医学会 |
| 244 | 畜牧与生物技术杂志（英文版） | 010-82894055 | 中国畜牧兽医学会 |
| 245 | 植物病理学报 | 010-62732364 | 中国植物病理学会 |
| 246 | 植物保护 | 010-62819059 | 中国植物保护学会、中国农业科学院植物保护研究所 |
| 247 | 植物保护学报 | 010-62732528 | 中国植物保护学会、中国农业大学 |
| 248 | 作物学报 | 010-82108548 | 中国作物学会、中国农业科学院作物科学研究所 |
| 249 | 作物杂志 | 010-82108790 | 中国作物学会、中国农业科学院作物科学研究所 |
| 250 | 作物学报（英文版） | 010-82108548 | 中国作物学会、中国农业科学院作物科学研究院、中国科技出版传媒股份有限公司 |
| 251 | 热带作物学报 | 0898-66988986 | 中国热带作物学会 |
| 252 | 蚕业科学 | 0511-85616835 | 中国蚕学会、中国农业科学院蚕业研究所 |
| 253 | 中国水土保持科学 | 010-62338031 | 中国水土保持学会 |
| 254 | 茶叶科学 | 0571-86651482 | 中国茶叶学会 |
| 255 | 草地学报 | 010-62733894 | 中国草学会 |
| 256 | 草业科学 | 0931-8912486 | 中国草学会、兰州大学草地农业科技学院 |

D—医科（149）

| 序号 | 期 刊 名 称 | 期刊社电话 | 主 办 单 位 |
|---|---|---|---|
| 257 | 中华耳鼻咽喉头颈外科杂志 | 010-85158191 | 中华医学会 |
| 258 | 中华神经科杂志 | 010-85158266 | 中华医学会 |
| 259 | 中华创伤骨科杂志 | 010-85158180 | 中华医学会 |
| 260 | 中华现代护理杂志 | 010-83191170 | 中华医学会 |
| 261 | 中华普通外科杂志 | 010-66162070 | 中华医学会 |
| 262 | 中华神经外科杂志 | 010-65113169 | 中华医学会 |
| 263 | 中华心律失常学杂志 | 010-68330771 | 中华医学会 |
| 264 | 中华医院管理杂志 | 010-65257767 | 中华医学会 |
| 265 | 中华肿瘤杂志 | 010-67788231 | 中华医学会 |
| 266 | 中华泌尿外科杂志 | 010-65223499 | 中华医学会 |
| 267 | 中华临床感染病杂志 | 010-85158174 | 中华医学会 |
| 268 | 健康世界 | 010-88324245 | 中华医学会 |
| 269 | 中华健康管理学杂志 | 010-85158817 | 中华医学会 |
| 270 | 中华急诊医学杂志 | 0571-87783951 | 中华医学会 |
| 271 | 中华眼视光学与视觉科学杂志 | 0577-86699366 | 中华医学会 |
| 272 | 中华神经医学杂志 | 010-85158180 | 中华医学会 |

续表

| 序号 | 期刊名称 | 期刊社电话 | 主办单位 |
|---|---|---|---|
| 273 | 中华医学教育杂志 | 010–82801579 | 中华医学会 |
| 274 | 中华实验眼科杂志 | 010–85158180 | 中华医学会 |
| 275 | 中华口腔正畸学杂志 | 010–82195350 | 中华医学会 |
| 276 | 中华围产医学杂志 | 010–66513519–806 | 中华医学会 |
| 277 | 中华放射医学与防护杂志 | 010–62389620 | 中华医学会 |
| 278 | 中华放射肿瘤学杂志 | 010–87788294 | 中华医学会 |
| 279 | 中华消化外科杂志 | 010–85158174 | 中华医学会 |
| 280 | 中华胸心血管外科杂志 | 010–64413769 | 中华医学会 |
| 281 | 中华医学美学美容杂志 | 010–62361505 | 中华医学会 |
| 282 | 中华老年医学杂志 | 010–58115072 | 中华医学会 |
| 283 | 中华医学科研管理杂志 | 010–82802696 | 中华医学会 |
| 284 | 中华微生物学和免疫学杂志 | 010–65756595 | 中华医学会 |
| 285 | 中华内分泌外科杂志 | 010–85158180 | 中华医学会 |
| 286 | 中华实验和临床病毒学杂志 | 010–63540009 | 中华医学会 |
| 287 | 中华医史杂志 | 010–64014411–3217 | 中华医学会 |
| 288 | 中华胰腺病杂志 | 010–85158180 | 中华医学会 |
| 289 | 中华医学教育探索杂志 | 010–85158174 | 中华医学会 |
| 290 | 中华肝胆外科杂志 | 010–66936223 | 中华医学会 |
| 291 | 中华流行病学杂志 | 010–58900730 | 中华医学会 |
| 292 | 中华整形外科杂志 | 010–88960006 | 中华医学会 |
| 293 | 中华眼外伤职业眼病杂志 | 010–85158174 | 中华医学会 |
| 294 | 中华心血管病杂志 | 010–85158286 | 中华医学会 |
| 295 | 中华儿科杂志 | 010–85158216 | 中华医学会 |
| 296 | 中华妇产科杂志 | 010–85158211 | 中华医学会 |
| 297 | 中华内科杂志 | 010–85158279 | 中华医学会 |
| 298 | 中华检验医学杂志 | 010–85158269 | 中华医学会 |
| 299 | 中华结核和呼吸杂志 | 010–85158252 | 中华医学会 |
| 300 | 中华糖尿病杂志 | 010–85158316 | 中华医学会 |
| 301 | 中华精神科杂志 | 010–85158210 | 中华医学会 |
| 302 | 中华眼科杂志 | 010–85158241 | 中华医学会 |
| 303 | 英国医学杂志（中文版） | 010–85158396 | 中华医学会 |
| 304 | 中华放射学杂志 | 010–85158384 | 中华医学会 |
| 305 | 中华外科杂志 | 010–85158224 | 中华医学会 |
| 306 | 中华医学信息导报 | 010–85158609 | 中华医学会 |

续表

| 序号 | 期 刊 名 称 | 期刊社电话 | 主 办 单 位 |
|---|---|---|---|
| 307 | 中华口腔医学杂志 | 010–85158254 | 中华医学会 |
| 308 | 中华预防医学杂志 | 010–85158377 | 中华医学会 |
| 309 | 中华全科医师杂志 | 010–85158309 | 中华医学会 |
| 310 | 中华病理学杂志 | 010–85158244 | 中华医学会 |
| 311 | 中华医学杂志 | 010–85158201 | 中华医学会 |
| 312 | 中华医学杂志（英文版） | 010–85158326 | 中华医学会 |
| 313 | 中华航空航天医学杂志 | 010–52737182 | 中华医学会 |
| 314 | 中华临床营养杂志 | 010–65105895 | 中华医学会、中国医学科学院 |
| 315 | 中华实用儿科临床杂志 | 010–85158180 | 中华医学会 |
| 316 | 药物不良反应杂志 | 010–83198246 | 中华医学会 |
| 317 | 慢性疾病与转化医学（英文版） | 010–85158226 | 中华医学会 |
| 318 | 世界耳鼻咽喉头颈外科杂志（英文版） | 010–85158190 | 中华医学会 |
| 319 | 中华神经外科杂志（英文版） | 010–65113440 | 中华医学会 |
| 320 | 中华生物医学工程杂志 | 020–81340157 | 中华医学会、广州医学院 |
| 321 | 中华血液学杂志 | 022–23909421 | 中华医学会 |
| 322 | 中华劳动卫生职业病杂志 | 022–24333581 | 中华医学会 |
| 323 | 中华骨科杂志 | 022–28334734 | 中华医学会 |
| 324 | 中华麻醉学杂志 | 0311–85989623 | 中华医学会 |
| 325 | 中华超声影像学杂志 | 0311–86266994 | 中华医学会 |
| 326 | 中华风湿病学杂志 | 0351–5271198 | 中华医学会 |
| 327 | 中华传染病杂志 | 021–62565939 转 1405 | 中华医学会 |
| 328 | 中华航海医学与高气压医学杂志 | 021–81883318 | 中华医学会 |
| 329 | 中华核医学杂志 | 0510–82721344 | 中华医学会 |
| 330 | 中华皮肤科杂志 | 025–85478124 | 中华医学会 |
| 331 | 中华消化内镜杂志 | 025–83472831 | 中华医学会 |
| 332 | 中华小儿外科杂志 | 027–82846835 | 中华医学会 |
| 333 | 中华器官移植杂志 | 027–82806143 | 中华医学会 |
| 334 | 中华实验外科杂志 | 027–87893475 | 中华医学会 |
| 335 | 中华显微外科杂志 | 020–87330683 | 中华医学会 |
| 336 | 中华肾脏病杂志 | 020–87331532 | 中华医学会 |
| 337 | 中华创伤杂志 | 023–68757482 | 中华医学会 |
| 338 | 中华肝脏病杂志 | 023–63727251 | 中华医学会 |
| 339 | 中华创伤杂志（英文版） | 023–68757483 | 中华医学会 |
| 340 | 中华烧伤杂志 | 023–65460398 | 中华医学会 |

续表

| 序号 | 期刊名称 | 期刊社电话 | 主办单位 |
|---|---|---|---|
| 341 | 中华医学遗传学杂志 | 028-85501165 | 中华医学会 |
| 342 | 中华眼底病杂志 | 028-85422535 | 中华医学会 |
| 343 | 中华内分泌代谢杂志 | 021-64315587 | 中华医学会 |
| 344 | 中华消化杂志 | 021-62531885 | 中华医学会 |
| 345 | 中华手外科杂志 | 021-52888215 | 中华医学会 |
| 346 | 中华物理医学与康复杂志 | 027-83662874 | 中华医学会、华中科技大学同济医学院 |
| 347 | 中华胃肠外科杂志 | 020-38254094 | 中华医学会、中山大学 |
| 348 | 中华中医药杂志 | 010-64216650 | 中华中医药学会 |
| 349 | 世界中西医结合杂志 | 010-64822253 | 中华中医药学会 |
| 350 | 中医临床研究 | 010-85463620 | 中华中医药学会 |
| 351 | 风湿病与关节炎 | 010-64274797 | 中华中医药学会 |
| 352 | 中国中医骨伤科杂志 | 027-87409653 | 中华中医药学会、湖北省中医药研究院 |
| 353 | 中国中西医结合杂志 | 010-62876547 | 中国中西医结合学会、中国中医科学院 |
| 354 | 中国中西医结合影像学杂志 | 010-64010688 | 中国中西医结合学会、山东中医药大学附属医院 |
| 355 | 中国中西医结合肾病杂志 | 0351-7965258 | 中国中西医结合学会 |
| 356 | 中国中西医结合耳鼻咽喉科杂志 | 0556-5866225 | 中国中西医结合学会 |
| 357 | 中国中西医结合急救杂志 | 022-23306917 | 中国中西医结合学会、中国中医科学院、天津市第一中心医院、天津中医药大学 |
| 358 | 中国中西医结合皮肤性病学杂志 | 022-27283090 | 中国中西医结合学会、天津市中西结合皮肤病研究所 |
| 359 | 中国中西医结合外科杂志 | 022-27420471 | 中国中西医结合学会、天津市中西医结合急腹症研究所 |
| 360 | 中国药学杂志 | 010-58699275 | 中国药学会 |
| 361 | 药物分析杂志 | 010-67095698 | 中国药学会 |
| 362 | 中国临床药理学杂志 | 010-82802540 | 中国药学会 |
| 363 | 中国药学(英文版) | 010-82801713 | 中国药学会 |
| 364 | 中国中药杂志 | 010-64058556 | 中国药学会 |
| 365 | 药学学报 | 010-63035116 | 中国药学会、中国医学科学院研究所 |
| 366 | 药学学报(英文版) | 010-63035116 | 中国药学会、中国医学科学院药学研究所 |
| 367 | 中国临床药学杂志 | 021-54237418 | 中国药学会 |
| 368 | 中国现代应用药学 | 0571-87297398 | 中国药学会 |
| 369 | 中国海洋药物 | 0532-88083130 | 中国药学会 |
| 370 | 中国医院药学杂志 | 027-82836596 | 中国药学会 |
| 371 | 中国新药与临床杂志 | 021-61673780 | 中国药学会、上海市食品药品监督管理局科技情报研究所 |
| 372 | 中华护理教育 | 010-65589546 | 中华护理学会 |

续表

| 序号 | 期刊名称 | 期刊社电话 | 主办单位 |
|---|---|---|---|
| 373 | 中华护理杂志 | 010–65561480 | 中华护理学会 |
| 374 | 生理科学进展 | 010–82802443 | 中国生理学会、北京大学 |
| 375 | 解剖学报 | 010–82802969 | 中国解剖学会 |
| 376 | 解剖科学进展 | 024–23252582 | 中国解剖学会 |
| 377 | 解剖学杂志 | 021–81870950 | 中国解剖学会 |
| 378 | 中国临床解剖学杂志 | 020–61648203 | 中国解剖学会 |
| 379 | 中国组织化学与细胞化学杂志 | 027–83692949 | 中国解剖学会、华中科技大学同济医学院 |
| 380 | 中国生物医学工程学报 | 010–65248786 | 中国生物医学工程学会 |
| 381 | 中国生物医学工程学报（英文版） | 010–65296448 | 中国生物医学工程学会 |
| 382 | 中国血液流变学杂志 | 0512–67780961 | 中国生物医学工程学会、苏州大学 |
| 383 | 中国心脏起搏与心电生理杂志 | 027–88075495 | 中国生物医学工程学会、武汉大学人民医院 |
| 384 | 中国实验血液学杂志 | 010–88228982 | 中国病理生理学会 |
| 385 | 中国病理生理杂志 | 020–85220269 | 中国病理生理学会 |
| 386 | 中国动脉硬化杂志 | 0734–8160765 | 中国病理生理学会、南华大学 |
| 387 | 中国临床药理学与治疗学 | 0553–5738350 | 中国药理学会 |
| 388 | 中国药理学报（英文版） | 021–54922822 | 中国药理学会、中国科学院上海药物研究所 |
| 389 | 中国药理学通报 | 0551–5161222 | 中国药理学会 |
| 390 | 中国针灸 | 010–84014607 | 中国针灸学会、中国中医科学院针灸研究所 |
| 391 | 结核病与肺部健康杂志 | 010–62215207 | 中国防痨协会 |
| 392 | 中国防痨杂志 | 010–62257257 | 中国防痨协会 |
| 393 | 心理与健康 | 010–62389483 | 中国心理卫生协会 |
| 394 | 中国健康心理学杂志 | 010–62389483 | 中国心理卫生协会 |
| 395 | 中国心理卫生杂志 | 010–62010890 | 中国心理卫生协会 |
| 396 | 中国癌症研究（英文版） | 010–88196612 | 中国抗癌协会 |
| 397 | 中国肺癌杂志 | 022–27219052 | 中国抗癌协会、中国防痨协会、天津医科大学总医院 |
| 398 | 中国肿瘤临床 | 022–23527053 | 中国抗癌协会 |
| 399 | 癌症生物学与医学（英文版） | 022–23522919 | 中国抗癌协会 |
| 400 | 癌症康复 | 010–88127938 | 中国抗癌协会、北京市肿瘤防治办公室、北京大学临床肿瘤学院 |
| 401 | 中国免疫学杂志（英文版） | 010–65296451 | 中国免疫学会、中国科学技术大学 |
| 402 | 中国免疫学杂志 | 0431–88925027 | 中国免疫学会、吉林省医学期刊社 |
| 403 | 中国肿瘤生物治疗杂志 | 021–55620605 | 中国免疫学会、中国抗癌协会 |
| 404 | 中国麻风皮肤病杂志 | 0531–87298860 | 中国麻风协会、山东省皮肤病性病防治研究所 |
| 405 | 中国牙科研究杂志（英文版） | 010–82195785 | 中华口腔医学会、科学普及出版社 |

E—交叉学科（36）

| 序号 | 期刊名称 | 期刊社电话 | 主办单位 |
|---|---|---|---|
| 406 | 自然辩证法研究 | 010-68598475 | 中国自然辩证法研究会 |
| 407 | 医学与哲学 | 0411-86110142 | 中国自然辩证法研究会 |
| 408 | 管理现代化 | 010-64249510 | 中国管理现代化研究会 |
| 409 | 中外管理 | 010-88232780 | 中国管理现代化研究会、中国中小企业国际合作协会、北京中外企业管理培训中心 |
| 410 | 技术经济 | 010-62174221 | 中国技术经济学会 |
| 411 | 科技和产业 | 010-62174221 | 中国技术经济学会 |
| 412 | 科学技术与工程 | 010-62118920 | 中国技术经济学会 |
| 413 | 数理统计与管理 | 010-67392433 | 中国现场统计研究会 |
| 414 | 发现 | 010-84024966 | 中国未来研究会、北京国际交流协会 |
| 415 | 未来与发展 | 010-62103296 | 中国未来研究会 |
| 416 | 中国科技史杂志 | 010-57552528 | 中国科学技术史学会、中国科学院自然科学史研究所 |
| 417 | 大众软件 | 010-88118588 转 1202 | 中国科学技术情报学会 |
| 418 | 情报学报 | 010-68598273 | 中国科学技术情报学会、中国科学技术信息研究所 |
| 419 | 城市发展研究 | 010-58933931 | 中国城市科学研究会 |
| 420 | 设计 | 010-65816771 | 中国工业设计协会 |
| 421 | 生物技术世界 | 010-62103259 | 中国科普作家协会 |
| 422 | 科技与企业 | 010-62103259 | 中国科普作家协会 |
| 423 | 大自然 | 010-67020595 | 中国自然科学博物馆协会、北京自然博物馆、中国野生动物保护协会 |
| 424 | 中国科技教育 | 010-62178764 | 中国青少年科技辅导员协会 |
| 425 | 摄影与摄像 | 010-64097589 | 中国科教电影电视协会 |
| 426 | 科技尚品 | 010-64097589 | 中国科教电影电视协会、摄影与摄像杂志社 |
| 427 | 编辑学报 | 010-63577685 | 中国科学技术期刊编辑学会 |
| 428 | 档案学研究 | 010-63018706 | 中国档案学会 |
| 429 | 今日国土 | 010-57957674 | 中国国土经济学会 |
| 430 | 中国土地科学 | 010-66562683 | 中国土地学会、中国土地勘测规划院 |
| 431 | 科幻画报 | 010-85015226 | 中国科技新闻学会 |
| 432 | 中国科技信息 | 010-68003059 | 中国科技新闻学会 |
| 433 | 科学中国人 | 010-51601954 | 中国科技新闻学会 |
| 434 | 科技与生活 | 010-65681316 | 中国科技新闻学会 |
| 435 | 科技创新与品牌 | 010-68457597 | 中国科技新闻学会 |
| 436 | 科技传播 | 010-65681316 | 中国科技新闻学会 |
| 437 | 硅谷 | 010-65681316 | 中国科技新闻学会 |

续表

| 序号 | 期 刊 名 称 | 期刊社电话 | 主　办　单　位 |
|---|---|---|---|
| 438 | 环球科学 | 010-51003598 | 中国科技新闻学会 |
| 439 | 电子竞技 | 010-65681316 | 中国科技新闻学会、《科学家》杂志社 |
| 440 | 今日科苑 | 010-62170582 | 中国老科学技术工作者协会 |
| 441 | 中国科学探险 | 010-65545136 | 中国科学探险协会、北京《电脑爱好者》杂志社 |

**其他主办单位（14）**

| 序号 | 期 刊 名 称 | 期刊社电话 | 主　办　单　位 |
|---|---|---|---|
| 442 | 知识就是力量 | 010-62103103 | 中国科学技术协会、共青团中央、中华全国总工会 |
| 443 | 科技导报 | 010-62175871 | 中国科学技术协会 |
| 444 | 中国总会计师 | 010-63381767 | 中国总会计师协会 |
| 445 | 科普研究 | 010-62103307, | 中国科普研究所 |
| 446 | 家用电脑与游戏 | 010-88146001 | 科学普及出版社 |
| 447 | 科学大观园 | 010-62103350 | 科学普及出版社 |
| 448 | 科协论坛 | 027-87710149 | 中国科学技术协会普及部 |
| 449 | 中国学术期刊文摘（英文版） | 010-62172600 | 科技导报社 |
| 450 | 中国学术期刊文摘 | 010-62172009 | 科技导报社 |
| 451 | 科技创业家 | 010-56249081 | 大众科技报社 |
| 452 | 数码影像时代 | 010-58032172 | 中国科学技术投资有限公司 |
| 453 | 中国动物保健 | 010-62899836 | 中国乡镇企业协会、北京中美欧畜牧科学研究院有限公司、中国动物保健品协会 |
| 454 | 密码学报 | 010-81033105 | 中国密码学会、科学普及出版社 |
| 455 | 国际数字地球学报（英文版） | 010-82178916 | 国际数字地球协会、中国科学院对地观测与数字地球科学中心、中国科技出版传媒股份有限公司 |

# 全国学会、协会、研究会简介

## 中国数学会

Chinese Mathematical Society（CMS）

地　　址　北京市海淀区中关村东路 55 号中国科学院数学与系统科学研究院内
邮政编码　100190
电子信箱　cms@math.ac.cn
主页网址　http://www.cms.org.cn
电　　话　010-62551022
传　　真　010-62618463
理 事 长　王诗宬
副理事长　席南华　陈　敏　高小山　陈大岳　陈永川　程　晋　罗懋康　杨新民　李　星
秘 书 长　张立群

## 中国物理学会

Chinese Physical Society（CPS）

地　　址　北京市海淀区中关村南三街 8 号中国科学院物理研究所内
邮政编码　100190
电子信箱　cps@iphy.ac.cn
主页网址　http://www.cps-net.org.cn
电话/传真　010-82649019
理 事 长　詹文龙
副理事长　王玉鹏　王恩哥　朱少平　朱邦芬　张　闯
秘 书 长　王玉鹏（兼）

## 中国力学学会

The Chinese Society of Theoretical and Applied Mechanics（CSTAM）

地　　址　北京市海淀区北四环西路 15 号
电子信箱　office@cstam.org.cn
主页网址　http://www.cstam.org.cn
电　　话　010-62559588/62559209
传　　真　010-62559588
理 事 长　胡海岩
副理事长　洪友士　刘人怀　龙　勉　卢天健　佘振苏　杨　卫　张洪武　郑泉水　周哲玮
秘 书 长　冯西桥

## 中国光学学会

The Chinese Optical Society（COS）

地　　址　北京市西城区三里河路 54 号 482 室
邮政编码　100045
电子信箱　nigq@bita.org.cn
主页网址　http://www.cncos.org
电　　话　010-68598482/68598467
传　　真　010-68598482
理 事 长　周炳琨
副理事长　刘　旭　郁道银　倪国强　龚旗煌　李儒新
秘 书 长　龚旗煌（兼）

## 中国声学学会

Acoustical Society of China（ASC）

地　　址　北京市海淀区北四环西路 21 号
邮政编码　100190
电子信箱　asc@mail.ioa.ac.cn
主页网址　http://www.aschina.org
电　　话　010-82547910
传　　真　010-82547909
理 事 长　田　静
副理事长　宗　健　杨德森　程建春　王小民　毛东兴
秘 书 长　张春华

## 中国化学会

Chinese Chemical Society（CCS）

地　　址　北京市海淀区中关村北一街 2 号
邮政编码　100190
电子信箱　spzheng@iccas.ac.cn
主页网址　http://www.chemsoc.org.cn
电　　话　010–62568157
传　　真　010–62568157
理 事 长　姚建年
副理事长　包信和　戴厚良　董孝利　洪茂椿
　　　　　江桂斌　李新华　万立骏　张　希
　　　　　周其凤　周其林
秘 书 长　杨振忠

## 中国天文学会

Chinese Astronomical Society（CAS）

地　　址　江苏省南京市北京西路 2 号
邮政编码　210008
电子信箱　cas.nj@pmo.ac.cn
主页网址　http://astronomy.pmo.cas.cn
电　　话　025–83332036
传　　真　025–83332036
理 事 长　崔向群
副理事长　王　娜　郑晓年　洪晓瑜　韩占文
　　　　　戴子高
秘 书 长　杨　戟

## 中国气象学会

Chinese Meteorological Society
（CMS）

地　　址　北京市海淀区中关村南大街 46 号
邮政编码　100081
电子信箱　cms@cms1924.org
主页网址　http://www.cms1924.org
电　　话　010–68409840
传　　真　010–68406821
理 事 长　秦大河
副理事长　李福林　谈哲敏　张人禾　王会军
　　　　　费建芳　胡永云　李廉水
秘 书 长　翟盘茂

## 中国空间科学学会

Chinese Society of Space Research（CSSR）

地　　址　北京市海淀区中关村南二条一号
邮政编码　100190
电子信箱　cssr@cssar.ac.cn
主页网址　http://cssr.org.cn
电　　话　010–62559882
传　　真　010–62582691
理 事 长　顾逸东
副理事长　吴　季　叶培建　王家骐　廖小罕
　　　　　陈善广　王建宇　李春来
秘 书 长　邱　理

## 中国地质学会

Geological Society of China（GSC）

地　　址　北京市西城区百万庄大街 26 号
邮政编码　100037
电子信箱　cgdzxh@ cags.ac.cn
主页网址　http://www.geosociety.org.cn
电　　话　010–68999605
传　　真　010–68995305
理 事 长　徐绍史
副理事长　孟宪来（常务）　王京彬　马永生
　　　　　邓　军　刘玉辰　朱伟林　李丕龙
　　　　　李金发　杜金虎　邱建刚　范蔚茗
　　　　　徐水师　琚宜太
秘 书 长　朱立新

## 中国地理学会

The Geographical Society of China
（GSC）

地　　址　北京市朝阳区大屯路甲 11 号
邮政编码　100101

电子信箱 gsc@igsnrr.ac.cn
主页网址 http://www.gsc.org.cn
电话 010-64870663/64889598
传真 010-64889598
理事长 刘燕华
副理事长 刘毅 陶澍 傅伯杰 保继刚 陈发虎 崔鹏 宫辉力 史培军 宋长青 王涛 杨桂山 俞立中
秘书长 张国友

## 中国地球物理学会
Chinese Geophysical Society (CGS)

地址 北京市海淀区民族学院南路5号
邮政编码 100081
电子信箱 cgs@cgs.org.cn
主页网址 http://cgs.org.cn
电话 010-68729347/82998257
传真 010-82998257
理事长 陈颙
副理事长 常旭 陈晓非 曲寿利 王小牧 吴秋云 熊盛青
秘书长 郭建

## 中国矿物岩石地球化学学会
Chinese Society for Mineralogy, Petrology and Geochemistry (CSMPG)

地址 贵州省贵阳市观水路46号
邮政编码 550002
电子信箱 csmpg@vip.skleg.cn
主页网址 http://www.csmpg.org.cn
http://csmpg.gyig.cas.cn
电话 0851-5895823
传真 0851-5895823
理事长 胡瑞忠
副理事长 邓军 高山 倪师军 翟明国 周卫健 徐义刚 王世杰 朱立新 邹才能
秘书长 李世杰

## 中国古生物学会
Palaeontological Society of China (PSC)

地址 江苏省南京市北京东路39号
邮政编码 210008
电子信箱 a14@cast.org.cn
主页网址 http://www.china-psc.org.cn
电话 025-83282138
传真 025-83357026
理事长 杨群
副理事长 童金南 孙革 邓涛 姚建新
秘书长 王永栋

## 中国海洋湖沼学会
Chinese Society for Oceanology and Limnology (CSOL)

地址 山东省青岛市南海路7号
邮政编码 266071
电子信箱 csol@qdio.ac.cn
主页网址 http://csol.qdio.ac.cn
电话 0532-82898636
传真 0532-82868636
理事长 孙松
副理事长 丁平兴 桂建芳 焦念志 马德毅 沈吉 吴德星 杨红生 张海生
秘书长 杨红生（兼）

## 中国海洋学会
Chinaese Society for Oceanography (CSO)

地址 北京市西城区复兴门外大街1号
邮政编码 100860
电子信箱 377939902@qq.com
主页网址 http://www.cso.org.cn
电话 010-68047626
传真 010- 68567980
理事长 王曙光
副理事长 雷波（常务） 左其华 周守为

潘德炉　林龙福　孙　松　吴德星
张　颖
秘　书　长　雷　波（兼）

## 中国地震学会

Seismological Society of China（SSC）

地　　址　北京市海淀区民族大学南路 5 号
邮政编码　100081
电子信箱　zgdzxh@sina.com
主页网址　http://www.ssoc.org.cn
电　　话　010-68729352
传　　真　010-68417858
理　事　长　陈运泰
副理事长　陈　颙　张国民　张陪震　陈晓非
秘　书　长　郝记川

## 中国动物学会

China Zoological Society（CZS）

地　　址　北京市朝阳区北辰西路 1 号院 5 号
邮政编码　100101
电子信箱　czs@ioz.ac.cn
主页网址　http://www.czs.ioz.ac.cn
电　　话　010-64807051
传　　真　010-64807051
理　事　长　陈宜瑜
副理事长　王小明　王德华　刘迺发　许崇任
孙青原　宋微波　张亚平　孟安明
徐存拴
秘　书　长　魏辅文

## 中国植物学会

Botanical Society of China（BSC）

地　　址　北京市海淀区香山南辛村 20 号
邮政编码　100093
电子信箱　bsc@ibcas.ac.cn
主页网址　http://www.botany.org.cn/
电　　话　010-82599636/62836505
传　　真　010-82599636
理　事　长　武维华
副理事长　安黎哲　种　康　葛　颂　黄宏文
李德铢　朱玉贤
秘　书　长　葛　颂（兼）

## 中国昆虫学会

The Entomological Society of China
（ESC）

地　　址　北京市朝阳区北辰西路 1 号院 5 号中国科学院动物研究所内
邮政编码　100101
电子信箱　entsoc@ioz.ac.cn
主面网址　http://entsoc.ioz.ac.cn/
电　　话　010-64807135
传　　真　010-64807135
理　事　长　康　乐
副理事长　黄大卫　乔格侠　戈　峰　王　韧
陈生斗　张永安　高希武　吴孔明
黄勇平　张雅林　刘树生　洪晓月
郭明昉　金道超
秘　书　长　黄大卫（兼）

## 中国微生物学会

Chinese Society for Microbiology（CSM）

地　　址　北京市朝阳区北辰西路 1 号院 3 号
邮政编码　100101
电子信箱　csm@im.ac.cn
主页网址　http://csm.im.ac.cn
电　　话　010-64807200
传　　真　010-64807950
理　事　长　邓子新
副理事长　黄　力　曲音波　陈焕春　张先恩
盛　军　邵一鸣　徐志凯　杨瑞馥
秘　书　长　东秀珠

## 中国生物化学与分子生物学会

The Chinese Society of Biochemistry and Molecular Biology（CSBMB）

地　　址　上海市岳阳路 320 号
邮政编码　200031
电子信箱　csbmb@sibs.ac.cn
主页网址　http://www.csbmb.org.cn
电　　话　021–54921088
传　　真　021–54921090
理 事 长　王志新
副理事长　赫荣乔　焦炳华　景乃禾　尚永丰
　　　　　沈　岩　孙志贤　王红阳　吴家睿
秘 书 长　景乃禾（兼）

## 中国细胞生物学学会

Chinese Society for Cell Biology（CSCB）

地　　址　上海市岳阳路 320 号
邮政编码　200031
电子信箱　cscb@sibs.ac.cn
主页网址　http://www.cscb.org.cn
电　　话　021–54922856
传　　真　021–54922891
理 事 长　裴　钢
副理事长　陈志南　陈晔光　高　翔　刘春明
　　　　　舒红兵　曾益新　朱学良
秘 书 长　丁小燕

## 中国植物生理与植物分子生物学学会

Chinese Society for Plant Biology（CSPB）

地　　址　上海市徐汇区岳阳路 319 号 31 楼 A211
邮政编码　200031
电子信箱　cspb@sibs.ac.cn
主页网址　http://www.cspb.org.cn
电　　话　021–54922859/ 54920737
传　　真　021– 54922859
理 事 长　许智宏
副理事长　陈晓亚（常务）　赵进东　宋纯鹏
　　　　　蒋跃明
秘 书 长　何祖华

## 中国生物物理学会

The Biophysical Society of China（BSC）

地　　址　北京市朝阳区大屯路 15 号
邮政编码　100101
电子信箱　wangyue@ibp.ac.cn
主页网址　http://www.bsc.org.cn
电　　话　010–64889894/ 64887226
传　　真　010–64889892
理 事 长　饶子和
副理事长　程和平　丁建平　高　福　雷　鸣
　　　　　哈木拉提・吾甫尔　隋森芳
　　　　　徐　涛　许瑞明　阎锡蕴
秘 书 长　阎锡蕴（兼）

## 中国遗传学会

Genetics Society of China（GSC）

地　　址　北京市朝阳区北辰西路 1 号院 2 号中国遗传学会
邮政编码　100101
电子信箱　geneticssociety@163.com
主页网址　http://www.gsc.ac.cn
电　　话　010–64806635
传　　真　010–64806636
理 事 长　张亚平
副理事长　贺　林　薛勇彪　杨　晓　杨焕明
　　　　　孟安明　沈　岩　谭华荣　韩　斌
　　　　　金　力　周天鸿
秘 书 长　薛勇彪（兼）

## 中国心理学会

Chinese Psychological Society（CPS）

地　　址　北京市朝阳区林萃路 16 号院中国科学院心理研究所内

邮 政 编 码 100101
电 子 信 箱 cps@psych.ac.cn
主 页 网 址 http://www.cpsbeijing.org
电 话 010-64888946
传 真 010-64855830
理 事 长 乐国安 沈模卫（候任）
副 理 事 长 白学军 金盛华 李 红 王登峰 游旭群 张建新 周晓林
秘 书 长 傅小兰

## 中国生态学学会

Ecological Society of China（ESC）

地 址 北京市海淀区双清路 18 号
邮 政 编 码 100085
电 子 信 箱 esc@rcees.ac.cn
主 页 网 址 http://www.esc.org.cn
电 话 010-62849101
传 真 010-62849113
理 事 长 刘世荣
副 理 事 长 安黎哲 董 鸣 吕永龙 闵庆文 欧阳志云 彭少麟 王克林 魏辅文 吴文良 薛建辉
秘 书 长 陈利顶

## 中国环境科学学会

Chinese Society for Environmental Sciences（CSES）

地 址 北京市海淀区红联南村 54 号
邮 政 编 码 100082
电 子 信 箱 hybcses@163.com
主 页 网 址 http://www.chinacses.org
电 话 010-62210708
传 真 010-62210728
理 事 长 王玉庆
副 理 事 长 丁仲礼 王灿发 宁吉喆 任官平 任南琪 曲久辉 张远航 杨朝飞 陆新元 陈吉宁 孟 伟 赵英民 郝吉明
秘 书 长 任官平（兼）

## 中国自然资源学会

China Society of Natural Resources（CSNR）

地 址 北京市朝阳区大屯路甲 11 号
邮 政 编 码 100101
电 子 信 箱 csnr@igsnrr.ac.cn
主 页 网 址 http://www.csnr.org
电 话 010-64861455
传 真 010-64861455
理 事 长 刘纪远
副 理 事 长 成升魁 王 浩 李善同 张福锁 陈 曦 郑凌志 李晓兵
秘 书 长 沈 镭

## 中国感光学会

Chinese Society for Imaging Science and Technology（CSIST）

地 址 北京市海淀区中关村东路 29 号
邮 政 编 码 100190
电 子 信 箱 xh@csist.org.cn
主 页 网 址 http://www.csist.org.cn
电 话 010-82543686/82543687
传 真 010-82543687
理 事 长 蒲嘉陵
副 理 事 长 张丽萍（常务） 马礼谦 杨万泰 晏 磊 薛 唯 邱 勇 杨 斌
秘 书 长 黄 勇

## 中国优选法统筹法与经济数学研究会

Chinese Society of Optimization，Overall Planning and Economic Mathematics（CSOOPEM）

地 址 北京海淀区中关村东路 55 号中科院思源楼 1201 室（北京 8712 信箱）
邮 政 编 码 100190
电 子 信 箱 shuangfa@casipm.ac.cn

主 页 网 址 http://www.scope.org.cn
电 话 010-62542629
传 真 010-62542629
理 事 长 蔡 晨
副 理 事 长 陈 剑 池 宏 黄海军 范 英
高自友 梁 樑 刘思峰 刘祥官
魏一鸣 徐玖平 张金隆
秘 书 长 池 宏（兼）

## 中国岩石力学与工程学会
Chinese Society for Rock Mechanics and Engineering（CSRME）

地 址 北京市朝阳区北土城西路 19 号中国科学院地质与地球物理研究所内
邮 政 编 码 100029
电 子 信 箱 csrme@vip.sina.com
主 页 网 址 http://www.csrme.com
电 话 010-82998528/82998163/82998164
传 真 010-62007351/82998163
理 事 长 冯夏庭 钱七虎
副 理 事 长 蔡美峰 樊启祥 龚晓南 郭熙灵
何满潮 李 宁 李术才 潘一山
宋胜武 王明洋 王金华 朱合华
杨 强 袁 亮 郑炳旭
秘 书 长 刘大安

## 中国野生动物保护协会
China Wildlife Conservation Association（CWCA）

地 址 北京市东城区和平里东街 18 号
邮 政 编 码 100714
电 子 信 箱 cwca@cwca.org.cn
主 页 网 址 http://www.cwca.org.cn
电 话 010-84239015/84239556
传 真 010-64238030
理 事 长 赵学敏
副 理 事 长 白景富 牛 盾 王玉庆 刘燕华
龚 正 李家洋 陈建功 孙冰川
卓榕生 姚昌恬 陈建伟 陈润生
秘 书 长 臧春林

## 中国系统工程学会
Systems Engineering Society of China（SESC）

地 址 北京市海淀区中关村东路 55 号
邮 政 编 码 100190
电 子 信 箱 sesc@iss.ac.cn
主 页 网 址 http://www.sesc.org.cn/htm/index.htm
电 话 010-62541827/62651415
传 真 010-82626697
理 事 长 汪寿阳
副 理 事 长 陈 剑 高自友 高小山 黄海军
李一军 孙宏才 王先甲 徐玖平
许晓鸣 杨新民 张纪峰 张 维
朱桂龙
秘 书 长 薛新伟

## 中国实验动物学会
Chinese Association for Laboratory Animal Sciences（CALAS）

地 址 北京市朝阳区潘家园南里 5 号
邮 政 编 码 100021
电 子 信 箱 calas@calas.org.cn
主 页 网 址 http://www.calas.org.cn
电 话 010-67781534
传 真 010-67776816
理 事 长 秦 川
副 理 事 长 曾 林 高 诚 黄 韧 李根平
卢金星 曲连东 王佑春
秘 书 长 赵宏旭

## 中国青藏高原研究会
The China Society on Tibetan Plateau（CSTP）

地 址 北京市朝阳区安外大屯路甲 11 号

邮 政 编 码　100101
电 子 信 箱　qingzang@igsnrr.ac.cn
主 页 网 址　http://www.cstp.org.cn
电　　　话　010-64889819
传　　　真　010-64889769
理　事　长　姚檀栋
副 理 事 长　成升魁　格　勒（藏）　侯增谦
　　　　　　马胜杰　潘保田　解　源　张人禾
秘　书　长　朱立平

## 中国环境诱变剂学会

Chinese Environmental Mutagen Society
（CEMS）

地　　　址　北京大学医学部公共卫生学院 236 室
邮 政 编 码　100191
电 子 信 箱　iaems_cn@163.com
主 页 网 址　http://www.cems.org.cn
电　　　话　010-82335754
传　　　真　010-82335754
理　事　长　柯　杨
副 理 事 长　曹　佳　石刚刚　孙长颢　郝卫东
　　　　　　浦跃朴　张天宝
秘　书　长　郝卫东（兼）

## 中国运筹学会

Operations Research Society of China
（ORSC）

地　　　址　北京市海淀区中关村东路 55 号
邮 政 编 码　100190
电 子 信 箱　orsc@.amt.ac.cn
主 页 网 址　http://www.orsc.org.cn
电　　　话　010-62541695
传　　　真　010-62620394
理　事　长　胡旭东
副 理 事 长　杨新民 张汉勤 杨晓光 修乃华
　　　　　　孙小玲 陈国庆 李　勇
秘　书　长　刘　克

## 中国菌物学会

Mycological Society of China
（MSC）

地　　　址　北京市朝阳区北辰西路 1 号院 3 号中国科学院微生物所 B410
邮 政 编 码　100101
电 子 信 箱　msc93@im.ac.cn
主 页 网 址　http://www.mscfungi.org.cn
电　　　话　010-64807455
传　　　真　010-64807455
理　事　长　刘杏忠
副 理 事 长　王成树（常务）　车永胜　陈双林
　　　　　　戴玉成　李泰辉　杨祝良　谭　琦
秘　书　长　文华安

## 中国晶体学会

Chinese Crystallographic Society（CCrS）

地　　　址　北京大学陈守仁国际研究中心伟利楼 207 室
邮 政 编 码　100871
电 子 信 箱　ccrs@pku.edu.cn
主 页 网 址　http://www.ccrs.net.cn
电　　　话　010-62757857
传　　　真　010-62767969
荣誉理事长　林建华
理　事　长　高　松
副 理 事 长　陈小明　吕　扬　牛立文　彭练矛
　　　　　　苏晓东　吴以成　郑伟涛
秘　书　长　王哲明

## 中国神经科学学会

The Chinese Society for Neuroscience
（CSN）

地　　　址　上海市岳阳路 319 号 31A 楼 211 室
邮 政 编 码　200031
电 子 信 箱　cns@sibs.ac.cn

主 页 网 址 http://www.cns.org.cn
电 话 021-54922854/54922893
传 真 021-54922857
理 事 长 段树民
副 理 事 长 陈生弟 吉永华 饶 毅 王建军 徐如祥 于常海 张 旭
秘 书 长 何士刚

## 中国机械工程学会

Chinese Mechanical Engineering Society (CMES)

地 址 北京市海淀区首体南路 9 号主语国际 4 号楼 11 层
邮 政 编 码 100048
电 子 信 箱 headquarters@cmes.org
主 页 网 址 http://www.cmes.org
http://www.cmes.org.cn
电 话 010-68799009
传 真 010-68799050
理 事 长 周 济
副 理 事 长 卢秉恒 包起帆 任洪斌 李培根 李新亚 杨海成 张彦敏 陈 钢 林忠钦 钟志华 郭东明 蔡惟慈 谭建荣
秘 书 长 张彦敏（兼）

## 中国汽车工程学会

Society of Automotive Engineering of China (SAM-China)

地 址 北京市西城区莲花池东路 102 号天莲大厦 4 层
邮 政 编 码 100055
电 子 信 箱 office@sae-china.org
主 页 网 址 http://www.sae-china.org
电 话 010-63345599
传 真 010-63345466
理 事 长 付于武
副 理 事 长 张进华 丁宏祥 乔亚东 任晓常 刘卫东 刘宝波 孙逢春 朱华荣 严 刚 余卓平 吴绍明 李书福 李立忠 李庆文 陈志鑫 欧阳明高 范 仲 赵 航 钟志华 高卫民 董 扬 管 欣
秘 书 长 张进华（兼）

## 中国农业机械学会

Chinese Society for Agricultural Machinery (CSAM)

地 址 北京市朝阳区德胜门外北沙滩 1 号
邮 政 编 码 100083
电 子 信 箱 csam@caams.org.cn
主 页 网 址 http://www.agro-csam.org
电 话 010-64882291/64882232
传 真 010-64882291
理 事 长 罗锡文
副 理 事 长 丁翔文 王桂民 方 言 母世杰 刘 宪 刘 敏 朱 明 应义斌 张咸胜 李萍萍 姜卫东 赵 继 郭志强 贾敬敦 韩鲁佳
秘 书 长 李树君

## 中国农业工程学会

Chinese Society of Agricultural Engineering (CSAE)

地 址 北京市朝阳区麦子店街 41 号 502 室
邮 政 编 码 100125
电 子 信 箱 hqcsae@agri.gov.cn
主 页 网 址 http://www.csae.org.cn
电 话 010-65910066 转 2502/3502
传 真 010-65929450
理 事 长 朱 明
副 理 事 长 罗锡文（常务） 王铁良 刘 旭 杜瑞成 包 军 李畅游 李树君 李瑞川 佟 金 应义斌 汪 春 张全国 陆华忠 赵春江 郧文聚 袁寿其 崔 明 康绍忠 韩鲁佳
秘 书 长 管小冬

## 中国电机工程学会

Chinese Society for Electrical Engineering（CSEE）

地　　址　北京市西城区白广路二条一号
邮政编码　100761
电子信箱　csee@csee.org.cn
主页网址　http://www.csee.org.cn
电　　话　010-63414320
传　　真　010-63414319
理 事 长　陆延昌　舒印彪（代理）
副理事长　陈　峰（常务）　王良友　那希志　全耀华　任书辉　于崇德　苏　力　秦定国　郑健超　宋永华　蔡惟慈
秘 书 长　李若梅

## 中国电工技术学会

China Electrotechnical Society（CES）

地　　址　北京市西城区三里河路 46 号
邮政编码　100823
电子信箱　esintl@public.bta.net.cn
主页网址　http://www.ces.org.cn
电　　话　010-68595357
传　　真　010-68511242
理 事 长　孙昌基
副理事长　王建华　朱元巢　杨庆新　杨　清　肖立业　沈小宇　陆仁琪　苗立杰　郝玉成　段瑞春　唐春潮　黄迪南　裴相精　裴振江
秘 书 长　裴相精（兼）

## 中国水力发电工程学会

China Society for Hydropower Engineering（CSHE）

地　　址　北京市海淀区车公庄西路 22 号院 A 座 11 层
邮政编码　100044
电子信箱　b07@cast.org.cn　leidy5378@126.com
主页网址　http://www.hydropower.org.cn
电　　话　010-58381747/51
传　　真　010-63547632
理 事 长　张基尧
副理事长　李菊根（常务）　丁焰章　王　琳　王光谦　匡尚富　孙玉才　朱跃龙　祁达才　那希志　吴贵辉　张建云　张晓鲁　陈　飞　邱希亮　周创兵　岳　曦　范集湘　郑宝森　施洪祥　贺建华　晏志勇　高　嵩　曹广晶　程念高　樊海斌
秘 书 长　李菊根（兼）

## 中国水利学会

Chinese Hydraulic Engineering Society（CHEC）

地　　址　北京市西城区白广路二条 16 号
邮政编码　100053
电子信箱　ches@ches.org.cn
主页网址　http://www.ches.org.cn
电　　话　010-63202171
传　　真　010-63204551
理 事 长　敬正书
副理事长　顾　浩　匡尚富　张建云　沈凤生　曹广晶　马建华　薛松贵　王　乘　雷志栋　殷保合　晏志勇
秘 书 长　李赞堂

## 中国内燃机学会

Chinese Society for Internal Combustion Engines（CSICE）

地　　址　上海市军工路 2500 号
邮政编码　200438
电子信箱　zhuweijin66@126.com
主页网址　http://www.csice.org.cn
电　　话　021-65745323/25079801
传　　真　021-65745323
理 事 长　张小虞
副理事长　阳树毅（常务）　马童立　孙少军　李　骏　李树生　张树勇　沈　捷　苏万华　金东寒　欧阳明高　黄　松

黄佐华
秘　书　长　阳树毅（兼）

## 中国工程热物理学会

Chinese Society of Engineering Thermophysics（CSET）

地　　　址　北京市海淀区北四环西路 11 号
邮 政 编 码　100190
电 子 信 箱　cset@iet.cn
主 页 网 址　http://www.cset.org.cn
电　　　话　010-82543040/82543037
传　　　真　010-82543037
理　事　长　徐建中
副 理 事 长　马重芳　朱俊强　范维澄　金红光
　　　　　　黄其励　黄　震　蒋洪德
秘　书　长　金红光（兼）

## 中国空气动力学会

Chinese Aerodynamics Research Society（CARS）

地　　　址　北京市海淀区学院路 37 号国家计算流体力学实验室
邮 政 编 码　100191
电 子 信 箱　carsqdxh@gmail.com
主 页 网 址　http://www.cars.org.cn
电　　　话　010-82317341
传　　　真　010-82317341
理　事　长　邓小刚
副 理 事 长　施岳定　任玉新　桂业伟　孙　茂
　　　　　　高正红　姜宗林　赵　宁　唐志共
　　　　　　赵　波
秘　书　长　范召林

## 中国制冷学会

Chinese Association of Refrigeration（CAR）

地　　　址　北京市海淀区阜成路 67 号银都大厦 10 层
邮 政 编 码　100142
电 子 信 箱　car@car.org.cn
主 页 网 址　http://www.car.org.cn
电　　　话　010-68719985/68719984/68715724
传　　　真　010-68434679
理　事　长　田元兰
副 理 事 长　孟庆国　吴剑峰　陈学东　肖大海
　　　　　　王祥雨　徐　伟　刘　挺　穆传江
　　　　　　李增群　黄　辉　王如竹　李先庭
秘　书　长　金嘉玮（兼）

## 中国真空学会

Chinese Vacuum Society（CVS）

地　　　址　北京市朝阳区建国路 93 号万达广场 9 号楼 6 层 612 室
邮 政 编 码　100022
电 子 信 箱　cvs@chinesevacuum.com
主 页 网 址　http://www.chinesevacuum.com
电　　　话　010-58208908/58208985
传　　　真　010-58207735
理　事　长　侯建国
副 理 事 长　许宁生　高鸿钧　潘　峰　陶　梦
　　　　　　邱家稳　雷震霖　苏　原　巴德纯
　　　　　　王西龙　于天化
秘　书　长　陈　旭

## 中国自动化学会

Chinese Association of Automation（CAA）

地　　　址　北京市海淀区中关村东路 95 号
邮 政 编 码　100190
电 子 信 箱　caa@ia.ac.cn
主 页 网 址　http://www.caa.org.cn
电　　　话　010-82544542
传　　　真　010-62522248
理　事　长　郑南宁
副 理 事 长　于海斌　王飞跃　张纪峰　张剑武
　　　　　　李少远　杨孟飞　陈　杰　周东华
　　　　　　柴天佑　黄　星
秘　书　长　王飞跃（兼）

## 中国仪器仪表学会

China Instrument & Control Society

（CIS）

地　　址　北京市海淀区知春路 6 号锦秋国际大厦 A 座 23 层
邮　　编　100088
电子信箱　info@cis.org.cn
主页网址　http://www.cis.org.cn
电　　话　010-82800755
传　　真　010-82800879
名誉理事长　包叙定　金国藩　庄松林
名誉副理事长　陆廷杰　孙优贤　龚惠兴　王雨生　周兆英　张开逊　张钟华　薛一平　向晓波　王　岩　范幼林
理　事　长　李天初
副理事长　尤　政　张广军　胡小唐　史红民　吴　朋　许大庆　高明璋　王　健　宣瑞国　吴幼华
秘　书　长　朱险峰

## 中国计量测试学会

Chinese Society for Measurement

（CSM）

地　　址　北京市朝阳区育慧南路 3 号
邮政编码　100029
电子信箱　wangsa6@126.com
主页网址　http://www.china-csm.org
电　　话　010-84639822
传　　真　010-84639822
理　事　长　王秦平
副理事长　丁雪梅　于化东　马爱文　刘新民　张广军　张玉宽　张钟华　林建忠　胡小唐　曹英杰　谭和平　杜小平
秘　书　长　马爱文（兼）

## 中国标准化协会

China Association for Standardization

（CAS）

地　　址　北京市海淀区增光路 33 号中国标协写字楼
邮政编码　100048
电子信箱　cas@china-cas.org
主页网址　http://www.china-cas.org
电　　话　010-68482988
传　　真　010-68486228
名誉理事长　袁宝华　李忠海
理　事　长　纪正昆
副理事长　孙晓康　从大鸣　王忠敏　张健全　杜一力　周　平　朱　恺　喻子达　李为民　吴江徽　陈建明　马林聪　高建忠
秘　书　长　高建忠（兼）

## 中国图学学会

China Graphics Society（CGS）

地　　址　北京市海淀区知春路 1 号学院国际大厦 1006 室
邮政编码　100191
电子信箱　cgs@cgn.net.cn
主页网址　http://www.cgn.net.cn
电　　话　010-62165983
传　　真　010-62165987
理　事　长　孙家广
副理事长　李　华　谭建荣　魏小鹏
秘　书　长　李　华（兼）

## 中国电子学会

Chinese Institute of Electronics（CIE）

地　　址　北京市海淀区玉渊潭南路普惠南里 13 号楼
邮政编码　100036
电　　话　010-68277281
传　　真　010-68233917
电子信箱　xuxiaolan@cie-info.org.cn
主页网址　http://www.cie-info.org.cn
理　事　长　娄勤俭
副理事长　刘汝林　郇贺铨　李　未　芮晓武　邱　勇　周子学　熊群力
秘　书　长　徐晓兰

## 中国计算机学会

China Computer Federation（CCF）

地　　　址　北京市海淀区中关村科学院南路 6 号
邮政编码　100190
电子信箱　ccf@ccf.org.cn
主页网址　http://www.ccf.org.cn
电　　　话　010-62562503
传　　　真　010-62527485
理　事　长　郑纬民
副理事长　陈左宁　吕　建　王恩东
秘　书　长　杜子德

## 中国通信学会

China Institute of Communications（CIC）

地　　　址　北京市西城区西长安街 13 号
邮政编码　100804
电子信箱　webmaster@china-cic.org
主页网址　http://www.china-cic.org.cn/
电　　　话　010-66051385/66051266
传　　　真　010-66069587
理　事　长　尚　冰
副理事长　方滨兴　王效杰　邬贺铨　张钧安
　　　　　张继平　张新生　李正茂　杨　震
　　　　　谈振辉　黄国勇　魏茂洪　曹淑敏
秘　书　长　张新生（兼）

## 中国中文信息学会

Chinese Information Processing Society of China（CIPSC）

地　　　址　北京市海淀区中关村南四街 4 号中科院软件园 7 号楼 201 房间
邮政编码　100190
电子信箱　cips@iscas.ac.cn
主页网址　http://www.cipsc.org.cn
电　　　话　010-62562916
传　　　真　010-62562916
理　事　长　李　生
副理事长　黄河燕　刘庆峰　刘迎建　施水才
　　　　　孙　乐　孙茂松　吾守尔·斯拉木
　　　　　徐　波　张桂平
秘　书　长　孙　乐（兼）

## 中国测绘地理信息学会

Chinese Society for Geodesy Photogrammetry and Cartography（CSGPC）

地　　　址　北京市海淀区莲花池西路 28 号中国测绘创新基地 14 层
邮政编码　100830
电子信箱　cc20069007@aliyun.com
主页网址　http://www.csgpc.org/
电　　　话　010-63881401
传　　　真　010-63881410
理　事　长　李维森
副理事长　杨宝峰　郭华东　龚健雅　张继贤
　　　　　吴劲风　彭震中　申慧群　孙和平
　　　　　张文若　翟跃欢　张卫强　邹熹光
　　　　　周成虎　宫辉力　高延利　王　瑞
　　　　　朱　光　倪庆华　李志刚　陈　军
　　　　　刘耀林　程鹏飞
秘　书　长　彭震中（兼）

## 中国造船工程学会

The Chinese Society of Naval Architects and Marine Engineers（CSNAME）

地　　　址　北京市西城区月坛北街 5 号
邮政编码　100861
电子信箱　msc@csname.org.cn
主页网址　http://www.csname.org.cn
电　　　话　010-59517926
传　　　真　010-59517928
理　事　长　黄平涛
副理事长　李国安　路小彦　金才宽　张相木
　　　　　李长江　李科浚　李建红　林建清
　　　　　周守为　刘海胜　何生厚　苏　明

刘志刚　方书甲　刘郑国　吴永杰

秘　书　长　罗季燕

## 中国航海学会

China Institute of Navigation（CIN）

地　　址　北京市东城区和平里东街 10 号院 1-401

邮　　编　100013

电子信箱　cinnet@163.com

主页网址　http://www.cinnet.cn

电　　话　010-65299792

传　　真　010-65299796

理　事　长　徐祖远

副理事长　刘功臣（常务）　王祖温　刘锡汉
孙立成　宋家慧　宋德星　张宏声
马泽华　郁　忠　李绍德　丁小岗
苏新刚　陈爱平　於世成　赵兴武

## 中国铁道学会

China Railway Society（CRS）

地　　址　北京市海淀区复兴路 10 号

邮政编码　100844

电子信箱　crstdxh@sohu.com

主页网址　http://www.crs.org.cn

电　　话　010-51842891/51842251

传　　真　010-51848021

理　事　长　孙永福

副理事长　瞿建明　徐啸明　余邦利　何华武
杨建兴　康维韬　吕长清　耿志修
赵占平

秘　书　长　瞿建明（兼）

## 中国公路学会

China Highway and Transportation Society（CHTS）

地　　址　北京市朝阳区和平街 11 区 37 号楼 2 层

邮政编码　100013

电子信箱　glxh@chinahighway.com

主页网址　http://www.chts.chinahighway.com

电　　话　010-64951487

传　　真　010-64951487

理　事　长　胡希捷

副理事长　周海涛　周纪昌　周　伟　李作敏
李兴华　王　玉　刘家镇　马　建
董学博

秘　书　长　刘文杰

## 中国航空学会

Chinese Society of Aeronautics and Astronautics（CSAA）

地　　址　北京市朝阳区安外北苑 2 号院

邮政编码　100012

电子信箱　csaazhb@126.com

传　　真　010-84923942

理　事　长　刘高倬

副理事长　左群声　朱　荻　张彦仲　张新国
怀进鹏　李春宏　杨国庆　罗荣怀
姜澄宇　胡海岩　魏　钢

秘　书　长　吴　松

## 中国宇航学会

Chinese Society of Astronautics（CSA）

地　　址　北京市海淀区阜成路 8 号院内

邮政编码　100048

电子信箱　csa@spacechina.com

主页网址　http://www.csaspace.org.cn

电　　话　010-68767281

传　　真　010-68768617

理　事　长　许达哲

副理事长　王兆耀　王树国　阴和俊　李　跃
怀进鹏　杨长风　杨俊华　吴燕生
胡海岩　胡亚枫　姜澄宇　袁　洁
袁家军　高红卫　曹建国　曹健林
谢良贵　雷凡培

秘　书　长　杨俊华（兼）

## 中国兵工学会
China Ordnance Society

地址 北京市海淀区车道沟10号院2431信箱
邮政编码 100089
电子信箱 suggest@cos.org.cn
主页网址 http://www.cos.org.cn
电话 010-68962717/68962962
传真 010-68962962
理事长 马之庚
副理事长 才鸿年 胡海岩 王晓锋 姜会林 张文栋 焦开河 龚艳德 聂晓夫 贾锁堂 杨卓 邓少生
秘书长 邓少生（兼）

## 中国金属学会
The Chinese Society for Metals（CSM）

地址 北京市东城区东四西大街46号
邮政编码 100711
电子信箱 csmoffice@csm.org.cn
主页网址 http://www.csm.org.cn
电话 010-65133322-1612/3612
010-65270210
传真 010-65124122
理事长 徐匡迪
副理事长 王天义（常务） 徐乐江 张晓刚 邓崎琳 王青海 才让 杨锐 张欣欣 丁烈云 王义芳 沈文荣 刘玠 干勇 赵沛
秘书长 赵沛（兼）

## 中国有色金属学会
The Nonferrous Metals Society of China（NFsoc）

地址 北京市海淀区复兴路乙12号
邮政编码 100814
电子信箱 nfsoc@163.com
主页网址 http://www.nfsoc.org.cn
电话 010-63971451
传真 010-63965399
理事长 康义
副理事长 李静海 屠海令 熊维平 周中枢 余德辉 罗涛 杨志强 李贻煌 何季麟 孙兆学 周荣 张洪国
秘书长 张洪国（兼）

## 中国稀土学会
The Chinese Society of Rare Earths（CSRE）

地址 北京市海淀区学院南路76号
邮政编码 100081
电子信箱 csre@cs-re.org.cn
主页网址 http://www.cs-re.org.cn
电话 010-62182748/62173497
传真 010-62173501
理事长 干勇
副理事长 屠海令 张洪杰 丁海燕 张少明 任福 李春龙 杨文浩 李波 杨占峰 黄康 魏娜 龚斌
秘书长 林东鲁

## 中国腐蚀与防护学会
Chinese society for Corrosion and Protection（CSCP）

地址 北京市海淀区学院路30号
邮政编码 100083
电子信箱 mail@cscp.org.cn
主页网址 http://www.cscp.org.cn
电话 010-62320080
传真 010-82372305
理事长 陈光章
副理事长 田志凌 刘坐镇 齐慧滨 乔利杰 陆峰 林昌建 顾卡丽 郭兴蓬 韩恩厚
秘书长 李晓刚

## 中国化工学会

The Chemical Industry and Engineering Society of China（CIESC）

地　　址　北京市朝阳区安定路 33 号
邮政编码　100029
电子信箱　yyangyh@ciesc.cn
主页网址　http://www.ciesc.cn
电　　话　010-64441885
传　　真　010-64411194
理 事 长　李勇武
副理事长　李新华（常务）　戴厚良（常务）
　　　　　李静海（常务）　杨元一（专职）
　　　　　曲景平　刘良炎　李　彬　吴秀章
　　　　　张　勇　张积耀　范小森　周伟斌
　　　　　郑长波　钱旭红　徐大刚　谭天伟
秘 书 长　杨元一（兼）

## 中国核学会

Chinese Nuclear Society（CNS）

地　　址　北京市 2125 信箱
邮政编码　100822
电子信箱　cns@ns.org.cn
主页网址　http://www.ns.org.cn
电　　话　010-68555584/68555559
传　　真　010-68527188
理 事 长　李冠兴
副理事长　王　森　王敏正　孙汉虹　余剑锋
　　　　　张廷克　张维岩　祖　斌　贺　禹
　　　　　赵　军　康克军　詹文龙　雷增光
秘 书 长　王德林

## 中国石油学会

Chinese Petroleum Society（CPS）

地　　址　北京市西城区六铺炕街 6 号
邮政编码　100724
电子信箱　kj1969vip@sina.com　syxhqn@126.com
主页网址　http://www.cps.org.cn/
电　　话　010-62067135/62094082
传　　真　010-62067135/62014787
理 事 长　曾玉康
副理事长　孙龙德　王道富　周抚生　王志纲
　　　　　曹湘洪　周守为　朱伟林　李静海
　　　　　彭齐鸣　柴育诚
秘 书 长　方朝亮

## 中国煤炭学会

China Coal Society（CCS）

地　　址　北京市朝阳区青年沟路 5 号
邮政编码　100013
电子信箱　b38tj@cast.org.cn
主页网址　http://www.chinacs.org.cn
电　　话　010-84262776/84262778
传　　真　010-84264526
理 事 长　王显政
副理事长　田　会　卜昌森　王　安　王金华
　　　　　刘建功　吴　吟　张玉卓　张铁岗
　　　　　武华太　袁　亮　谢和平　葛世荣
秘 书 长　刘　峰

## 中国可再生能源学会

Chinese Renewable Energy Society（CRES）

地　　址　北京市海淀区中关村北二条 6 号
邮政编码　100190
电子信箱　cres@mail.iee.ac.cn
主页网址　http://www.cres.org.cn/
电　　话　010-82547225
传　　真　010-82547220
理 事 长　石定环
副理事长　孔　力　毛宗强　朱俊生　许洪华
　　　　　李宝山　李俊峰　仲继寿　吴创之
　　　　　孟宪淦　武　钢　赵玉文　赵　颖
　　　　　贺德馨　黄　鸣　喜文华　韩建功
秘 书 长　李宝山（兼）

## 中国能源研究会

China Energy Research Society（CERS）

地　　址　北京市西城区三里河路 54 号
邮政编码　100045
电子信箱　cers@mx.cei.gov.cn
主页网址　http://www.cers.org.cn
电　　话　010-56034651/52/53
传　　真　010-68513097
理 事 长　柴松岳
副理事长　王显政　冯　飞　何建坤　张玉卓
　　　　　李静海　周大地　周小谦　郑　虎
　　　　　郑健超　赵立欣　徐锭明　曹湘洪
　　　　　翟若愚　毕亚雄
秘 书 长　周大地（兼）

## 中国硅酸盐学会

The Chinese Ceramic Society
（CCS）

地　　址　北京市海淀区三里河路 11 号
邮政编码　100831
电子信箱　cersoc@public3.bta.net.cn
主页网址　http://www.ceramsoc.com
电　　话　010-57811248
传　　真　010-57811249
理 事 长　徐永模
副理事长　张联盟　李建保　李新华　陈立泉
　　　　　周　玉　罗宏杰　南策文　姚　燕
　　　　　徐德龙　晋占平　彭　寿
秘 书 长　晋占平（兼）

## 中国建筑学会

Architectural Society of China（ASC）

地　　址　北京市海淀区三里河路 9 号
邮政编码　100835
电子信箱　zgjzxhzhb@126.com
主页网址　http://www.chinaasc.org
电　　话　010-88082227
传　　真　010-88082223
理 事 长　车书剑
副理事长　丁　建　朱小地　朱文一　李建飞
　　　　　张　桦　杨焕彩　官　庆　欧进萍
　　　　　周　岚　周　畅　林坚飞　修　龙
　　　　　徐宗威　程志毅　王　俊　刘　军
秘 书 长　周　畅（兼）

## 中国土木工程学会

China Civil Engineering Society
（CCES）

地　　址　北京市海淀区三里河路 9 号建设部内
邮政编码　100835
电子信箱　cceszhb@163.com
主页网址　http://www.cces.net.cn
电　　话　010-68311313
传　　真　010-58933953
理 事 长　郭允冲
副理事长　卢春房　冯正霖　杨忠诚　袁　驷
　　　　　李永盛　易　军　李长进　孟凤朝
　　　　　刘起涛　王　俊
秘 书 长　杨忠诚（兼）

## 中国生物工程学会

Chinese Society of Biotechnology
（CSBT）

地　　址　北京市朝阳区北辰西路 1 号院 3 号中科院微生物所 B 座 411 室
邮政编码　100101
电子信箱　csbt@im.ac.cn
主页网址　http://www.biotechchina.org
电　　话　010-64807678
传　　真　010-64807678
理 事 长　欧阳平凯
副理事长　高　福　陈惠鹏　林　敏　刘双江
　　　　　金　城　马延和　麦康森　朱　祯
　　　　　赵贵英　张宏翔　应汉杰　马树恒
秘 书 长　马树恒（兼）

## 中国纺织工程学会

China Textile Engineering Society
（CTES）

地　　　址　北京市朝阳区延静里中街 3 号
邮 政 编 码　100025
电 子 信 箱　ctes@public.bta.net.cn
主 页 网 址　http://www.ctes.com.cn
电　　　话　010-65016537
传　　　真　010-65016538
理　事　长　孙瑞哲
副 理 事 长　王竹林　王启明　伏广伟　朱　勇
刘元风　李金宝　肖长发　赵　强
陈建勇　周华堂　俞建勇　胡　克
徐卫林　潘跃进　潘雪平　龚进礼
秘　书　长　尹耐冬

## 中国造纸学会

China Technical Association
of Paper Industry
（CTAPI）

地　　　址　北京市朝阳区望京启阳路 4 号院 B 座 10 层
邮 政 编 码　100102
电 子 信 箱　qxd@ctapi.org.cn
主 页 网 址　http://www.ctapi.org.cn
电　　　话　010-64778756 /51//61/66
传　　　真　010-64778757 /59
理　事　长　陈学忠
副 理 事 长　邝仕均　刘焕彬　孙树建　张金声
陈鄂生　曹朴芳　吴佳林　林昭远
李建华
秘　书　长　曹振雷

## 中国文物保护技术协会

China Association for Conservation
Technology of Cultural Heritage
（CACTCH）

地　　　址　北京市东城区景山前街 4 号故宫博物院内
邮 政 编 码　100009
电 子 信 箱　zgwwbhjsxh@gmail.com
电　　　话　010-85007412
传　　　真　010-85007412
理　事　长　李化元
副 理 事 长　付清远　龚　良　马清林　潘　路
王立平　王时伟　王旭东
秘　书　长　王时伟（兼）

## 中国印刷技术协会

The Printing Technology Association
of China（PTAC）

地　　　址　北京市西城区太平街 6 号富力摩根中心 E 座 818 室
邮 政 编 码　100050
电 子 信 箱　ptac_zhx@163.com
主 页 网 址　http://www.chinaprint.org
电　　　话　010-59361480
传　　　真　010-59361489
理　事　长　于永湛
副 理 事 长　万　捷　王岩镔　文宏武　李新立
冯广源　曲德森　任玉成　刘学智
杨　斌　肖建国　张双儒　张良晓
陈　均　罗　钧　郝振省　俞志康
郭　全　滕方迁
秘　书　长　曲德森（兼）

## 中国材料研究学会

Chinese Materials Research Society
（C-MRS）

地　　　址　北京市海淀区紫竹院路 62 号
邮 政 编 码　100048
电 子 信 箱　c-mrs@163.com
主 页 网 址　http://www.c-mrs.org.cn
电　　　话　010-68475052
传　　　真　010-68722033
理　事　长　黄伯云
副 理 事 长　高瑞平　韩高荣　韩雅芳　李光宪

李元元　罗宏杰　邱　勇　屠海令
魏炳波　谢建新　徐　坚　杨　锐
姚　燕　周少雄　周　玉

秘　书　长　韩雅芳（兼）

## 中国食品科学技术学会

Chinese Institute of Food Science and Technology（CIFST）

地　　址　北京海淀区阜成路北三街 6 号轻苑大厦三层
邮政编码　100048
电子信箱　cifst@126.com
主页网址　http://www.cifst.org.cn
电　　话　010-65265375
传　　真　010-65264731
理　事　长　孟素荷
副理事长　陈　坚　潘迎捷　曹小红　李　琳
罗云波　胡小松　饶平凡　贾志忍
王延才　蔡木易　刘秀梅　蔡永峰
孙宝国　周光宏
秘　书　长　邵　薇

## 中国粮油学会

Chinese Cereals and Oils Association（CCOA）

地　　址　北京市西城区百万庄大街 11 号粮科大厦
邮政编码　100037
电子信箱　weiran@ccoaonline.com
主页网址　http://www.ccoaonline.com
电　　话　010-68357523
传　　真　010-68357522
理　事　长　张桂凤
副理事长　胡承森　杜　政　唐瑞明　唐民强
张　元　曾其林　鞠兴荣　金征宇
潘洪亮　栗　明　王　进　胡新民
丹志国　宫旭洲　俞学锋　谢松柏
秘　书　长　胡承森（兼）

## 中国职业安全健康协会

China Occupational Safety and Health Association（COSHA）

地　　址　北京市东城区和平里北街 21 号
邮政编码　100713
电子信箱　wyhannie@aliyun.com
主页网址　http://www.cosha.org.cn/
电　　话　010-64463609
传　　真　010-64463609
理　事　长　张宝明
副理事长　冯长根　鲍培德　纪明波　闪淳昌
刘根元　周国泰　吴宗之　丁　辉
秘　书　长　肖克源

## 中国烟草学会

China Tobacco Society（CTS）

地　　址　北京市西城区月坛南街 55 号
邮政编码　100045
电子信箱　liuxinhua@tobacco.gov.cn
电　　话　010-63605021
传　　真　010-63605760
理　事　长　张　辉
副理事长　潘家华　金忠理　董国智　杨　俊
刘建福　王元英　刘国顺
秘　书　长　董国智（兼）

## 中国系统仿真学会

Chinese Association for System Simulation（CASS）

地　　址　北京市海淀区学院路 37 号
邮政编码　100191
电子信箱　cassimul@vip.sina.com
主页网址　http://cass-sim.buaa.edu.cn
电　　话　010-82310612
传　　真　010-82317098
理　事　长　赵沁平
副理事长　费敏锐　胡晓峰　康凤举　刘　金
刘藻珍　潘旭东　邱晓刚　肖田元
杨　明　张　霖　赵　民
秘　书　长　吴云洁

## 中国电影电视技术学会

China Society of Motion Picture and Television Enginnees（CSMPTE）

地　　　址　北京市海淀区西三环中路莲花小区华宝大厦1619室
邮政编码　100036
电子信箱　csmpte@163.com
主页网址　http://www.csmpte.com
电　　　话　010-63983646
传　　　真　010-63958027
理　事　长　何宗就
副理事长　丁文华　宋宜纯　田　方　王文堂　张建平　陈　飞　汪建强　王鸿海　姚　威　谢锦辉　高福安　姚　平　李金荣　高少君　林长海　周茂年　周　迈
秘　书　长　黄平刚

## 中国振动工程学会

Chinese Society for Vibration Engineering（CSVE）

地　　　址　江苏省南京市御道街29号
邮政编码　210016
电子信箱　csve@nuaa.edu.cn
主页网址　http://www.csve.org.cn
电　　　话　025-84892135
传　　　真　025-84892135
名誉理事长　黄文虎　闻邦椿　刘人怀
理　事　长　欧进萍
副理事长　陈国平　何正嘉　孟　光　苏义脑　王永亮　邢誉峰　杨绍普
秘　书　长　陈国平（兼）

## 中国颗粒学会

Chinese Society of Particuology（CSP）

地　　　址　北京市中关村北二条1号中科院过程工程研究所内
邮政编码　100190
电子信箱　klxh@home.ipe.ac.cn
主页网址　http://www.csp.org.cn
电　　　话　010-62647657/47
传　　　真　010-82629146
理　事　长　陈运法
副理事长　李洪钟　徐德龙　陈建峰　马光辉　宋延林　魏　飞　张福根　张仁健　张　忠　郑水林
秘　书　长　马光辉（兼）

## 中国照明学会

China Illuminating Engineering Society（CIES）

地　　　址　北京市朝阳区大北窑厂坡村甲3号南楼二层
邮政编码　100022
电子信箱　cies@lightingchina.com
主页网址　http://www.lightingchina.com.cn
电　　　话　010-65815905/65836525
传　　　真　010-65812194
理　事　长　徐　淮
副理事长　王立雄　刘世平　刘醒明　华树明　李志君　汪　猛　官　勇　赵建平　郝洛西　姚梦明　徐　华　梁　毅　梁荣庆　崔一平
秘　书　长　窦林平

## 中国动力工程学会

Chinese Society of Power Engineering（CSPE）

地　　　址　上海市闵行剑川路1115号
邮政编码　200240
电子信箱　cspe@speri.com.cn
主页网址　http:// www.cpeweb.com.cn/dongli
电　　　话　021-54705106
传　　　真　021-54705106
理　事　长　蒋以任
副理事长　严宏强　刘吉臻　张丽英　朱元巢

倪明江　商中福　黄　瓯　舒世安
蒋洪德

秘　书　长　严宏强（兼）

## 中国惯性技术学会
Chinese Society of Inertial Technology
（CSIT）

地　　　址　北京市西城区月坛北小街 2 号
邮政编码　100037
电子信箱　Postmaster70341@sina.com
主页网址　http://www.csit.org.cn
电　　　话　010-68386627
传　　　真　010-68386627
理　事　长　包为民
副理事长　谢良贵　王　巍　夏　刚　郑　辛
刘　飞　付梦印　万彦辉　宋科璞
秘　书　长　王　岩

## 中国风景园林学会
Chinese Society of Landscape Architecture
（CHSLA）

地　　　址　北京市海淀区三里河路 9 号
邮政编码　100835
电子信箱　chsla@vip.sina.com
主页网址　http://www.chsla.org.cn
电　　　话　010-58933918/88082568
传　　　真　010-58933918
理　事　长　陈晓丽
副理事长　方　岩　王　翔　王向荣　刘秀晨
吴桂昌　张　兵　张殿纯　陈　重
陈　敏　郑西平　郑淑玲　高　翅
董瑞龙
秘　书　长　陈　重（兼）

## 中国电源学会
China Power Supply Society
（CPSS）

地　　　址　天津市南开区咸阳路 60 号
邮政编码　300111
电子信箱　cpss@cpss.org.cn
主页网址　http://www.cpss.org.cn
电　　　话　022-27634742/27680796
传　　　真　022-27687886
理　事　长　徐德鸿
副理事长　刘进军　张　波　李占师　陈成辉
周雒维　徐殿国　曹仁贤　章进法
秘　书　长　韩家新

## 中国复合材料学会
Chinese Society for Composite Materials
（CSCM）

地　　　址　北京市海淀区学院路 37 号
邮政编码　100191
电子信箱　office@csfcm.org.cn
主页网址　http://www.csfcm.org.cn
电　　　话　010-82317092/82338581
传　　　真　010-82317092
理　事　长　杜善义
副理事长　成来飞　方岱宁　孙晋良　徐　坚
陈祥宝　徐惠彬　韩克岑　朱建勋
杨　旭　刘连元
秘　书　长　张博明

## 中国消防协会
China Fire Protection Association
（CFPA）

地　　　址　北京市朝阳区华威西里甲 19 号
邮政编码　100021
电子信箱　hedh@cfpa.cn
主页网址　http://www.cfpa.cn
电　　　话　010-87789256/87792378
传　　　真　010-87789252
会　　　长　孙　伦
副　会　长　王铁民（常务）　李向华　李世雄
郑玉海　范维澄　冯凯文
秘　书　长　高　伟

## 中国图象图形学学会

China Society of Image & Graphics

（CSIG）

地　　址　北京市海淀区中关村东路 95 号
邮政编码　100190
电子信箱　W9215@126.com
主页网址　http://www.csig.org.cn
电　　话　010-82544676
传　　真　010-82544676
理 事 长　徐冠华
副理事长　陈武凡　丁国辉　高　文　潘志庚　吴一戎　杨红雨　余　轮　周明全　庄越挺
秘 书 长　刘凯龙

## 中国人工智能学会

Chinese Association for Artificial Intelligence

（CAAI）

地　　址　北京市海淀区西土城路 10 号北京邮电大学院内
邮政编码　100876
电子信箱　caai@bupt.edu.cn
主页网址　http://www.caai.cn
电　　话　010-62281360
传　　真　010-62282983
理 事 长　李德毅
副理事长　何新贵　赵沁平　杨放春　谭铁牛　李祖枢　韩力群　任福继　焦李成　黄河燕　马少平
秘 书 长　王万森

## 中国体视学学会

Chinese Society for Stereology

（CSS）

地　　址　清华大学工物系刘卿楼 211 室
邮政编码　100084
电子信箱　tscss@mail.tsinghua.edu.cn
主页网址　http://www.tscss.org/
电　　话　010-62776336
传　　真　010-62784659
理 事 长　康克军
副理事长　赵忠明　唐　勇　张　跃　左　良　申　洪
秘 书 长　王　忠

## 中国工程机械学会

China Construction Machinery Society（CCMS）

地　　址　上海市四平路 1239 号同济大学机械学院机械南馆 303-305 室
邮政编码　200092
电子信箱　zxz@tongji.edu.cn
主页网址　http://ccms.tongji.edu.cn
电　　话　021-65985015
传　　真　021-65985015
理 事 长　郑惠强
副理事长　冯培恩　葛世荣　陶德馨　王安麟　马世宁　赵丁选　龙国键　焦生杰　高顺德　易小刚　陈　玲　何清华　李锁云
秘 书 长　刘　钊

## 中国农学会

China Association of Agricultural Science Societies（CAASS）

地　　址　北京市朝阳区麦子店街 22 号楼
邮政编码　100125
电子信箱　59194203@163.com
主页网址　http://www.caass.org.cn
电　　话　010-59194203/59194204
传　　真　010-59194204
会　　长　张桃林
副 会 长　邓秀新　旭日干　刘　旭　孙其信　李　宁　吴孔明　张亚平　周光宏　赵方田　柯炳生　唐启升　唐　珂

喻树迅　曾一春
秘　　书　　长　赵方田（兼）

## 中国林学会

Chinese Society of Forestry（CSF）

地　　　　　址　北京市海淀区东小府2号
邮　政　编　码　100091
电　　　　　话　010-62889975/62889815
传　　　　　真　010-62888312
电　子　信　箱　glp8312@126.com
主　页　网　址　http://www.csf.org.cn
名誉理事长　曲格平　高德占
理　　事　　长　江泽慧
副　理　事　长　王　涛　尹伟伦　张建龙　张守攻
杨雍哲　舒惠国　李文华　李东升
赵良平　张樟德　陈幸良
秘　　书　　长　陈幸良（兼）

## 中国土壤学会

Soil Science Society of China（SSSC）

地　　　　　址　江苏省南京市北京东路71号
邮　政　编　码　210008
电　子　信　箱　sssc@issas.ac.cn
主　页　网　址　http://www.csss.org.cn
电　　　　　话　025-86881532
传　　　　　真　025-86881538
理　　事　　长　沈仁芳
副　理　事　长　邓良基　吴金水　张兴昌　张旭东
李保国　胡　锋　徐建明　徐明岗
谢建华
秘　　书　　长　蒋　新

## 中国水产学会

China Society of Fisheries（CSF）

地　　　　　址　北京市朝阳区东三环南路96号农丰大厦
邮　政　编　码　100122
电　子　信　箱　csfish-gwjs@agri.gov.cn
主　页　网　址　http://www.csfish.org.cn
电　　　　　话　010-59199605
传　　　　　真　010-59199604
理　　事　　长　贾晓平
副　理　事　长　赵进东　麦康森　司徒建通　张显良
孙　松　潘迎捷　魏宝振　吴厚刚
秘　　书　　长　司徒建通（兼）

## 中国园艺学会

Chinese Society for Horticultural Science（CSHS）

地　　　　　址　北京市海淀区中关村南大街12号
邮　政　编　码　100081
电　子　信　箱　cshs@caas.cn
主　页　网　址　http://www.cshs.org.cn
电　　　　　话　010-82109528
传　　　　　真　010-82109528
理　　事　　长　杜永臣
副　理　事　长　王有年　韩振海　孙日飞　邹学校
包满珠　张启翔　刘君璞　张　显
秘　　书　　长　孙日飞（兼）

## 中国畜牧兽医学会

Chinese Association of Animal Science and Veterinary Medicine（CAAV）

地　　　　　址　北京市朝阳区农展馆南路9号博雅园1-106
邮　政　编　码　100125
电　子　信　箱　c06@cast.org.cn　caav001@163.com
主　页　网　址　http://www.caav.org.cn
电　　　　　话　010-85959009/85959010/85959006
传　　　　　真　010-85959010
理　　事　　长　陈焕春
副　理　事　长　阎汉平（常务）　于康震　张仲秋
陈伟生　才学鹏　冯忠武　孔宪刚
时建忠　张春新　邵根伙　秦贞奎
黄路生　李德发　汪　明　李　英
文心田　董常生　王金洛　秦贵信

王金宝 廖 明 李 明

秘 书 长 杨汉春

## 中国植物病理学会

Chinese Society for Plant Pathology

（CSPP）

地 址 北京市海淀区圆明园西路二号

邮 政 编 码 100094

电 子 信 箱 office@cspp.org.cn

主 页 网 址 http://www.cspp.org.cn

电 话 010-62731025

传 真 010-62813785

理 事 长 郭泽建

副 理 事 长 陈保善 李宝笃 王慧敏 王锡锋
王宗华 郑小波 于嘉林 刘大群
侯明生 周雪平

秘 书 长 韩成贵

## 中国植物保护学会

China Society of Plant Protection

（CSPP）

地 址 北京市海淀区圆明园西路 2 号中国农业科学院植物保护研究所

邮 政 编 码 100193

电 子 信 箱 cspp62@163.com

主 页 网 址 http://www.ipmchina.net/cspp

电 话 010-62815913/62811917

传 真 010-62815913/62811917

理 事 长 陈万权

副 理 事 长 万方浩 马 祁 马万杰 朱有勇
张青文 陈生斗 陈洪俊 周常勇
康 乐 顾宝根 喻大昭

秘 书 长 王振营

## 中国作物学会

The Crop Science Society of China

（CSSC）

地 址 北京市海淀区中关村南大街 12 号中国农业科学院作物科学研究所育种楼 304

邮 政 编 码 100081

电 子 信 箱 cssc304@163.com

主 页 网 址 http://www.chinacrops.org/

电 话 010-82108616

传 真 010-82108785

理 事 长 翟虎渠

副 理 事 长 万建民（常务） 叶贞琴 刘 旭
李云伏 李登海 李召虎 曹卫星
谢华安 薛勇彪

秘 书 长 张保明

## 中国热带作物学会

China Society of Tropical Crops（CSTC）

地 址 海南省海口市龙华区城西学院路 4 号

邮 政 编 码 571101

电 子 信 箱 cstcorg@126.com

主 页 网 址 http://www.cstcs.org.cn

电 话 0898-66962928

传 真 0898-66962954

理 事 长 吕飞杰

副 理 事 长 张凤桐 符月华 郭安平 龚菊芳
高成周 郭奕秋 何天喜 刘康德
雷勇健 王宏良 吴金玉 王文壮
杨伟林

秘 书 长 吴金玉（兼）

## 中国蚕学会

Chinese Sociecy of Sericulture Science（CSSS）

地 址 江苏省镇江市四摆渡中国农业科学院蚕业研究所

邮 政 编 码 212018

电 子 信 箱 liuting68@163.com

主 页 网 址 http://www.sricaas.com

电 话 0511-85616595/85616661

传 真 0511-85622507

理 事 长 鲁 成

副 理 事 长 张国政（常务） 楼程富 陶文瑞

张道文　肖更生　宋国柱　刘文安
曾华明　祁广军　钱有清

秘　书　长　李　龙

## 中国水土保持学会

Chinese Society of Soil and Water Conservation（CSSWC）

地　　址　北京市海淀区清华东路 35 号北京林业大学东办公楼 505
邮政编码　100083
电子信箱　zgsbxh@263.net
主页网址　http://www.sbxh.org
电　　话　010-62338045
传　　真　010-62338045
理　事　长　刘　宁
副理事长　刘　震　王祝雄　何才文　刘国彬
朱金兆
秘　书　长　吴　斌

## 中国茶叶学会

China Tea Science Society（CTSS）

地　　址　浙江省杭州市梅灵南路 9 号
邮政编码　310008
电子信箱　chinatss@mail.tricaas.com
主页网址　http://www.chinatss.cn
电　　话　0571-86650477/876653170
传　　真　0571-86653176/86775235
理　事　长　江用文
副理事长　王　云　毛祖法　刘仲华　张　定
夏　涛　黄　政　梁月荣
秘　书　长　阮建云

## 中国草学会

Chinese Grassland Society（CGS）

地　　址　北京市海淀区圆明园西路 2 号中国农业大学新动科楼 0118 室
邮政编码　100193
电子信箱　cgsoffice@163.com
主页网址　http://www.chinagrass.org.cn
电　　话　010-62732799/62731666
传　　真　010-62732799
理　事　长　马启智
副理事长　周　禾（常务）　刘永志　刘国道
朱进忠　侯向阳　王德利　高洪文
呼天明　王明玖　师尚礼　沈益新
李凌浩　马有祥　韩烈保　侯扶江
王宗礼　杨振海
秘　书　长　王　堃

## 中国植物营养与肥料学会

Chinese Society of Plant Nutrition and Fertilizer Science（CSPNF）

地　　址　北京市海淀区中关村南大街 12 号
邮政编码　100081
电子信箱　zwyyxh@caas.cn
主页网址　http://www.cspnf.org.cn
电　　话　010-82109093
传　　真　010-82109093
理　事　长　白由路
副理事长　栗铁申　周　卫　杨少海　刘宝存
王敬国　郑海春　孙　波
秘　书　长　赵秉强

## 中华医学会

Chinese Medical Association（CMA）

地　　址　北京市东城区东四西大街 42 号
邮政编码　100710
电子信箱　cma@cma.org.cn
主页网址　http://www.cma.org.cn
电　　话　010-85158114
传　　真　010-85158028
会　　长　陈　竺
副　会　长　刘雁飞　买买提·牙森　刘　俊

刘德培　祁国明　吴明江　张雁灵
李兰娟　杨宝峰　柯　杨　贺福初
赵玉沛　郝希山　顾玉东　戴建平
魏于全

秘　书　长　刘雁飞（兼）

## 中华中医药学会

China Association of Chinese Medicine（CACM）

地　　址　北京市朝阳区樱花园东街甲 4 号
邮政编码　100029
电子信箱　cacmbgs@163.com
主页网址　http://www.cacm.org.cn
电　　话　010-64218316
传　　真　010-64297983
会　　长　王国强
副 会 长　马建中　王新陆　吕玉波　孙树椿
严世芸　吴以岭　吴　滨　张大宁
张伯礼　李大鹏　李俊德　李清杰
杨明会　陈传宏　徐镜人　高思华
曹洪欣　谢阳谷
秘 书 长　曹正逵

## 中国中西医结合学会

Chinese Association of Integrative Medicine（CAIM）

地　　址　北京市东城区东直门内南小街 16 号
邮政编码　100700
电子信箱　caim@caim.org.cn
主页网址　http://www.caim.org.cn
电　　话　010-64010688/64025672
传　　真　010-64010688/84035154
会　　长　陈凯先
副 会 长　陈香美（常务）　王　阶　王文健
吕爱平　许树强　吴　刚　吴以岭
吴伟康　张伯礼　李显筑　凌昌全
高思华　曹洪欣　黄光英
秘 书 长　穆大伟

## 中国药学会

Chinese Pharmaceutical Association（CPA）

地　　址　北京市朝阳区建外大街四号建外 SOHO 9 号楼 18 层
邮政编码　100022
电子信箱　cpalyi@163.com
主页网址　http://www.cpa.org.cn
电　　话　010-58699270
传　　真　010-58699270
理 事 长　桑国卫
副理事长　陈凯先　陈志南　方国恩　边振甲
王晓良　吴晓明　李少丽　吴春福
黄璐琦　丁丽霞
秘 书 长　丁丽霞（兼）

## 中华护理学会

Chinese Nursing Association（CNA）

地　　址　北京市东城区东四西大街 42 号
邮政编码　100710
电子信箱　chnu@263.net
主页网址　http://www.cna-cast.org.cn
电　　话　010-65265331
传　　真　010-65265331
理 事 长　李秀华
副理事长　刘华平（常务）　吴欣娟　姜小鹰
张利岩　皮红英　张洪君　孙　红
郑一宁　李继平　成守珍
秘 书 长　应　岚

## 中国生理学会

Chinese Association for Physiological Sciences（CAPS）

地　　址　北京市东城区东四西大街 42 号
邮政编码　100710
电子信箱　xiaoling3535@126.com

主 页 网 址 http://www.caps－china.org
电 话 010-65278802/85158602
传 真 010-65278802
理 事 长 王晓民
副 理 事 长 王 宪 王建军 李葆明 陈应城 夏 强 谢俊霞 马 兰
秘 书 长 王 韵

## 中国解剖学会

Chinese Society for Anatomical Sciences
（CSAS）

地 址 北京市东城区东单三条九号
邮 政 编 码 100005
电 子 信 箱 d07@cast.org.cn
主 页 网 址 http://www.csas.org.cn
电 话 010-65273712/65296459
传 真 010-65273712/65296459
理 事 长 李云庆
副 理 事 长 席焕久 顾晓松 周国民 李 和 张绍祥
秘 书 长 周长满

## 中国生物医学工程学会

Chinese Society of Biomedical Engineering（CSBME）

地 址 北京市东城区东单三条5号
邮 政 编 码 100005
电 子 信 箱 swyxgch@126.com yxgch@sina.com
主 页 网 址 http://www.csbme.org
电 话 010-65136537/65296448
传 真 010-65265035
名 誉 理 事 长 俞梦孙
理 事 长 樊瑜波
候 任 理 事 长 曹雪涛
副 理 事 长 李兰娟 姜宗来 顾汉卿 奚廷斐 曹谊林 陈武凡 王智彪 赵大哲
秘 书 长 李德玉

## 中国病理生理学会

Chinese Association of Pathophysiology
（CAP）

地 址 北京市海淀区学院路38号北京大学医学部病理生理教研室
邮 政 编 码 100191
电 子 信 箱 pathophy@bjmu.edu.cn
主 页 网 址 http://www.caop.ac.cn
电 话 010-82802403
传 真 010-82802403
理 事 长 吴立玲
副 理 事 长 朱广瑾 王建枝 高钰琪 陈 琪 王华东
秘 书 长 张幼怡

## 中国营养学会

Chinese Nutrition Society
（CNS）

地 址 北京市西城区广安门内大街6号枫桦豪景A座5单元1601、1602室
邮 政 编 码 100053
电 子 信 箱 cns@cnsoc.org
主 页 网 址 http://www.cnsoc.org
电 话 010-83554781
传 真 010-83554780
理 事 长 杨月欣
副 理 事 长 翟凤英（常务） 严卫星 丁钢强 马爱国 马冠生 孙长颢 郭长江
秘 书 长 郭红卫

## 中国药理学会

Chinese Pharmacological Society
（CNPHARS）

地 址 北京市西城区先农坛街1号
邮 政 编 码 100050
电 子 信 箱 ylxh@cnphars.org
主 页 网 址 http://www.cnphars.org

电　　　话　010-63165211
传　　　真　010-63165211
理　事　长　杜冠华
副理事长　陈建国　丁　健　李学军　刘俊田
　　　　　魏　伟　杨宝峰　张岫美　张永祥
秘　书　长　张永祥（兼）

## 中国针灸学会

China Association of Acupuncture and Moxibustion
（CAAM）

地　　　址　北京市东城区东直门内南小街16号
邮政编码　100700
电子信箱　zhenjiuwuda@sohu.com
主页网址　http://www.caam.cn
电　　　话　010-64030959/64030611
　　　　　010-64014411转2274/3065/3063/3062
传　　　真　010-64030959
理　事　长　刘保延
副理事长　方剑乔　王　华　王麟鹏　王　舒
　　　　　王之虹　刘智斌　朱　兵　许能贵
　　　　　吴富东　张　仁　沈志祥　陈立典
　　　　　梁繁荣
秘　书　长　杨金生

## 中国防痨协会

Chinese Anti-Tuberculosis Association
（CATA）

地　　　址　北京市东城区东四西大街42号210室
邮政编码　100710
电子信箱　zglnxyx@163.com
主页网址　http://www.cata1933.cn
电　　　话　010-65257475
传　　　真　010-65257475/65257409
理　事　长　王撷秀
副理事长　万利亚　刘剑君　刘志敏　许绍发
　　　　　洪　峰　梅　建
秘　书　长　万利亚

## 中国麻风防治协会

China Leprosy Association
（CLA）

地　　　址　北京市丰台区角门北路甲8号1号楼1107室
邮政编码　100068
电子信箱　clabj@vip.163.com
主页网址　http://www.chinalep.org
电　　　话　010-67522205
传　　　真　010-67522206
会　　　长　张国成
副　会　长　宋顺鹏　张福仁　汪　华　熊俊浩
　　　　　尤卫平　杨　斌　胡守敬　徐伟民
秘　书　长　潘春枝

## 中国心理卫生协会

Chinese Association for Mental Health
（CAMH）

地　　　址　北京市西城区德外安康胡同5号
邮政编码　100088
电子信箱　camh2006@sina.com
主页网址　http://www.camh.org.cn
电　　　话　010-58303238/58303239/58303248
传　　　真　010-82029354
理　事　长　马　辛
副理事长　王　刚　王向群　赵国秋　张建新
　　　　　张金钟　武国城　谢　斌　杨甫德
秘　书　长　王　刚（兼）

## 中国抗癌协会

Chinese Anti-Cancer Association
（CACA）

地　　　址　天津市新技术产业园区兰苑路5号A座10楼
邮政编码　300384
电子信箱　bgs@caca.org.cn
主页网址　http://www.caca.org.cn

电　　话　022-23359958
传　　真　022-23526512
理 事 长　郝希山
副理事长　樊代明　曾益新　唐步坚　蒋国梁
　　　　　高国兰　詹启敏　于金明　张岂凡
　　　　　季加孚
秘 书 长　王　瑛

## 中国体育科学学会

China Sport Science Society
（CSSS）

地　　址　北京市东城区体育馆路 11 号
邮政编码　100061
电子信箱　csssbgs@126.com
主页网址　http://www.csss.cn
电　　话　010-87182586
传　　真　010-87183928
理 事 长　段世杰
副理事长　田　野　王　清　祝　莉　张　剑
　　　　　蒋志学　杨贵仁　李国平　吴侔天
　　　　　杨　桦　赵　黎　敖英芳　高　岱
　　　　　李　强　李晓西
秘 书 长　田　野（兼）

## 中国毒理学会

Chinese Society of Toxicology
（CST）

地　　址　北京市海淀区太平路 27 号
邮政编码　100850
电子信箱　cst@chntox.org
主页网址　http://www.chntox.org
电　　话　010-66932387
传　　真　010-68183899
理 事 长　周平坤
副理事长　付立杰　江桂斌　郑玉新　孙祖越
　　　　　杨杏芬　周建伟
秘 书 长　付立杰（兼）

## 中国康复医学会

Chinese Association of Rehabilitation Medicine（CARM）

地　　址　北京市朝阳区樱花园东街 2 号
邮政编码　100029
电子信箱　carm510@126.com
主页网址　http://www.carm.org.cn
电　　话　010-84205450/64222985
传　　真　010-64222985
会　　长　马晓伟
副 会 长　许树强（常务）　励建安　邓开叔
　　　　　王茂斌　侯树勋　李建军
秘 书 长　励建安（兼）

## 中国免疫学会

Chinese Society for Immunology（CSI）

地　　址　北京市东城区东单三条 5 号
邮政编码　100005
电子信箱　65296451@163.com
主页网址　http://www.csi-cams.org.cn
电　　话　010-69156451
传　　真　010-69156451
理 事 长　曹雪涛
副理事长　沈倍奋　马大龙　龚非力　田志刚
　　　　　何　维
秘 书 长　何　维

## 中华预防医学会

Chinese Preventive Medicine Association
（CPMA）

地　　址　北京市西城区鼓楼西大街 154 号
邮政编码　100009
电子信箱　cpma_zhxt@126.com
主页网址　http://www.cpma.org.cn
电　　话　010-84039879
传　　真　010-84039873
会　　长　王陇德
副 会 长　王　宇　王贺祥　王撷秀　庄　辉
　　　　　李德雪　姜庆五　蔡纪明　阚学贵
秘 书 长　蔡纪明（兼）

## 中国法医学会

Chinese Forensic Medicine Association (CFMA)

地　　址　北京市西城区木樨地南里17号
邮政编码　100038
电子信箱　fyxh6626@sina.com
主页网址　http://www.fyxh.org
电　　话　010-63495531
传　　真　010-63495531
理 事 长　刘　耀
副理事长　王　羽　丛　斌　石鹏建　吴少军　胡占山　翟恒利
秘 书 长　翟恒利（兼）

## 中华口腔医学会

Chinese Stomatological Association (CSA)

地　　址　北京市海淀区中关村南大街甲18号北京国际大厦C座4层
邮政编码　100081
电子信箱　csa@cndent.com
主页网址　http://www.cndent.com/
电　　话　010-62116665
传　　真　010-62110880
会　　长　王　兴
副 会 长　边　专　刘洪臣　孙　正　张　斌　张志愿　周　诺　周学东　赵铱民　俞光岩　徐　韬　黄洪章　章锦才　路振富
秘 书 长　王　渤

## 中国医学救援协会

China Association for Disaster & Emergency Rescue Medicine (CADERM)

地　　址　北京市海淀区永定路69号武警总医院行政楼6层613室
邮政编码　100039
电子信箱　caderm@163.com
主页网址　http://www.caderm.org
电　　话　010-57976109
传　　真　010-57976104
理 事 长　马晓伟
副理事长　李宗浩　王发强　马胜荣　郑静晨　许树强　韦　波　王明晓　张　愈　夏祖昌
秘 书 长　李宗浩（兼）

## 中国女医师协会

China Medical Women's Association (CMWA)

地　　址　北京市朝阳区建国门外大街9号齐家园外交公寓11-1-15
邮政编码　100600
电子信箱　nysh120@126.com
主页网址　http://www.cmwa.org.cn/
电　　话　010-88129685
会　　长　何界生
副 会 长　丁　洁　于　冬　王香平　王捍峰　孙　斌　朱凤珍　李一石　杜克琳　尚　红　陈晓枫　杨蓉娅　周绍明　郭明华　韩　陆　魏丽惠　柯　杨
秘 书 长　于　冬（兼）

## 中国自然辩证法研究会

The Chinese Society for Dialetics of Nature, Philosophy of Nature, Science and Technology (CSDN, PNST)

地　　址　北京市西城区三里河路54号
邮政编码　100045
电子信箱　zrbzhf@vip.sina.com
主页网址　http://www.chinasdn.org.cn
电　　话　010-62149306
传　　真　010-68598476
理 事 长　吴启迪
副理事长　瞿振元　王基铭　邓　勇　冯　俊

张彦英　郭贵春　刘大椿　颜泽贤
张体勤　陈　凡　吴　彤　张大庆
刘孝廷　尚智丛
秘　书　长　尚智丛（兼）

## 中国管理现代化研究会

Chinese Society for Management Modernization（CSMM）

地　址　北京市海淀区中关村东路80号青年公寓7号楼
邮政编码　100190
电子信箱　csmm2011@163.com
主页网址　http:// www.csmm.org.cn
电　话　010-82680396
传　真　010-82680396
理　事　长　赵纯均
副理事长　石　勇　李维安　吴世农　汪寿阳
陈国青　陈晓红　张　维　张维迎
陆雄文　周子康　席酉民　赵曙明
秘　书　长　石　勇（兼）

## 中国技术经济学会

Chinese Society Technology Economics（CSTE）

地　址　北京市海淀区学院南路86号
邮政编码　100081
电子信箱　jishujingjixuehui@vip.163.com
主页网址　http://www.cste.org.cn
电　话　010-62128485
传　真　010-62128485
理　事　长　孙晓郁
副理事长　罗冰生　吴贵生（常务）　蔡　莉
张宗益　王祥明　吴季松　李志军
李　平　郑　琦
秘　书　长　郑　琦（兼）

## 中国现场统计研究会

Chinese Association for Applied Statistics（CAAS）

地　址　北京市朝阳区平乐园100号北京工业大学应用数理学院（数理楼2417室）
邮政编码　100124
电子信箱　e04@cast.org.cn
主页网址　http://www.caas.org.cn
电　话　010-67392433
传　真　010-67392433
理　事　长　耿　直
副理事长　郭建华　黄　权　何书元　潘　璠
濮晓龙　吴耀华　王兆军　于　丹
杨　虎　张建方　张忠占
秘　书　长　程维虎

## 中国未来研究会

China Society for Futures Studies（CSFA）

地　址　北京市海淀区学院南路86号
邮政编码　100081
电子信箱　e05@cast.org.cn　csfs3636@sina.com
主页网址　http://www.csfs.org.cn
电　话　010-62103295/62103296/62103216
传　真　010-62103294
理　事　长　张文范
副理事长　侯立安　顾朝林　阎耀军
秘　书　长　夏　震

## 中国科学技术史学会

Chinese Society for the History of Science and Technology（CSHST）

地　址　北京市海淀区中关村东路55号
邮政编码　100190
电子信箱　zgkjs_xuehui@163.com
主页网址　http://www.cshst.ihns.cas.cn/

电　　　　话　010-57552527
传　　　　真　010-57552572
理　事　长　廖育群
副 理 事 长　吴国盛　关增建　胡化凯　梅建军
　　　　　　张大庆
秘　书　长　鲁大龙

## 中国科学技术情报学会

China Society for Scientific and Technical Information（CSSTI）

地　　　　址　北京市复兴路 15 号
邮 政 编 码　100038
电 子 信 箱　Zhaozy@istic.ac.cn
主 页 网 址　http://www.cssti.org.cn
电　　　　话　010-58882540
传　　　　真　010-58882550
理　事　长　石定环
副 理 事 长　贺德方　马费城　王文斌　闫　巍
　　　　　　陈　超　袁海波　梁战平
秘　书　长　郑彦宁

## 中国图书馆学会

Library Society of China（LSC）

地　　　　址　北京市中关村南大街 33 号
邮 政 编 码　100081
电 子 信 箱　ztxhmsc@nlc.gov.cn
主 页 网 址　http://www.lsc.org.cn
电　　　　话　010-88545677
传　　　　真　010-68417815
名誉理事长　周和平
理　事　长　詹福瑞
副 理 事 长　陈　力　陈传夫　倪晓建　王余光
　　　　　　吴建中　杨沛超　张晓林　朱　强
秘　书　长　严向东

## 中国城市科学研究会

Chinese Society For Urban Studies（CSUS）

地　　　　址　北京市海淀区三里河路 9 号
邮 政 编 码　100835
电 子 信 箱　csus@263.net
主 页 网 址　http://www.chinasus.org
电　　　　话　010-58933149/68317852
传　　　　真　010-68313149
理　事　长　仇保兴
副 理 事 长　王玉庆　王德惠　史善新　江　亿
　　　　　　李　兵　李家洋　陈　刚　张鸿铭
　　　　　　武　寅　赵宝江　谭荣尧　潘云鹤
　　　　　　李兵弟
秘　书　长　李　迅

## 中国科学学与科技政策研究会

The Chinese Association of Science of Science and S&T Policy Res（CASSSP）

地　　　　址　北京市海淀区中关村东路 55 号思源楼 1209
邮 政 编 码　100190
电 子 信 箱　Casssp@casipm.ac.cn
主 页 网 址　http://www.casssp.org.cn
电　　　　话　010-62542615
传　　　　真　010-62542615
理　事　长　方　新
副 理 事 长　李新男　穆荣平　李建民　李廉水
　　　　　　陈　劲
秘　书　长　吕薇华

## 中国农村专业技术协会

China Rural Special Technology Association（CRSTA）

地　　　　址　北京市朝阳区白家庄东里 13 号楼 7 层
邮 政 编 码　100026
电 子 信 箱　zgnjx1995@163.com

主页网址　http://www.nongjixie.com
电　　话　010-62016372/82031105
传　　真　010-82031105
理 事 长　吕飞杰
副理事长　张晓军（常务）　苑郑民　杨雄年　王　喆　边　境　徐小青　吴孔明　傅泽田　翟晓斌　纳　翔　傅雪柳　王有年　王乐义　卢怀玉　丁志用　谢华安
秘 书 长　李彦捷

## 中国工业设计协会

China Industry Design Association
（CIDA）

地　　址　北京市朝阳区工人体育场 3 看台 3012 室
邮政编码　100027
电子信箱　cida@vip.163.com
主页网址　http://www.chinadesign.cn
电　　话　010-64163104/64174928
传　　真　010-64177996
会　　长　朱　焘
副 会 长　赵卫国（常务）　刘　宁（执行）　黄武秀（执行）　任克雷　姚映佳　巫英坚　李　北　冼　燃　徐剑光　陈冬亮　鲁晓波　汤重熹　何人可　程建新　马春东
秘 书 长　刘　宁（兼）

## 中国工艺美术学会

China National Arts & Crafts Society（CNACS）

地　　址　北京市西城区阜外大街乙 22 号
邮政编码　100833
电子信箱　xuehuiwangzhan@126.com
主页网址　http://www.cnacs.org
电　　话　010-68396408
传　　真　010-68396408
理 事 长　杨自鹏
副理事长　赵之硕　唐克美　李玉坤　朱乐耕　张玉蟲　秦锡麟　黄宝庆　潘鲁生　李当岐　张春雷　李红光　岳芙蓉　周锦云　范大政　马　达　范伟民
秘 书 长　赵之硕（兼）

## 中国科普作家协会

China Science Writers Association
（CSWA）

地　　址　北京市海淀区学院南路 86 号
邮政编码　100081
电子信箱　mengxiong@vip.sina.com
　　　　　ivydanyang@126.com
电　　话　010-62187884/62103258
传　　真　010-62103258
理 事 长　刘嘉麒
副理事长　卞毓麟　居云峰　李　欣　刘泽林　任福君　孙云晓　王树国　张常银　周立军
秘 书 长　石顺科

## 中国自然科学博物馆协会

Chinese Association of Natural Science Museums
（CANSM）

地　　址　北京市朝阳区北辰东路 5 号
邮政编码　100012
电子信箱　cansm@vip.sina.com
主页网址　http://www.cansm.org
电　　话　010-59041302
传　　真　010-59041331
理 事 长　程东红
副理事长　王小明　朱　进　齐继光　束　为　沈镇昭　张希武　陈博君　孟庆金　赵有利　贾跃明　董玉琴
秘 书 长　陈洪庆

## 中国可持续发展研究会

Chinese Society for Sustainable Development（CSSD）

地　　址　北京市海淀区玉渊潭南路 8 号
邮政编码　100038

电子信箱　CSSD@acca21.org.cn
主页网址　http://www.kcxfz.org
电　　话　010-58884808/58884846
传　　真　010-58884804
名誉理事长　孙鸿烈　洪绂曾　冯之浚　张坤民　甘师俊
理 事 长　邓　楠
副理事长　王伟中　王　浩　何建坤　曲久辉
秘 书 长　郭日生

## 中国青少年科技辅导员协会

China Association of Science Instructors for Youth and Children（CACSI）

地　　址　北京市海淀区复兴路 3 号中国科技会堂 C 座 303
邮政编码　100863
电子信箱　cacsi@cacsi.org.cn
主页网址　http://www.cacsi.org.cn
电　　话　010-68516005/68518719/68580512
传　　真　010-68518719
理 事 长　陈赛娟
副理事长　牛灵江（常务）　丁　鹏　王　路　王延祜　于长学　王海波　王渝生　邓　丽　赵有利　钱景林　李晓亮　任　林
秘 书 长　赵建龙

## 中国科教电影电视协会

China Science Film and Video Association（CSFVA）

地　　址　北京市海淀区学院南路 86 号西楼 414
邮政编码　100081
电子信箱　cicsep@cast.org.cn
主页网址　http://www.csfva.org.cn
电　　话　010-62113038
传　　真　010-62113038
理 事 长　高　峰
副理事长　石曙卫　刘天金　刘通海　齐建新　孙丽艳　何苏六　张　健　陈　宏　金　越　殷　皓　傅雪柳　谢九如
秘 书 长　张国平

## 中国科学技术期刊编辑学会

China Editology Society of Science Periodicals（CESSP）

地　　址　北京市海淀区学院南路 86 号
邮政编码　100081
电子信箱　Kxcessp@tom.com
主页网址　http://www.cessp.org.cn
电　　话　010-62147743
传　　真　010-62147743
理 事 长　丁乃刚
副理事长　陈浩元　李　军　刘学东　刘泽林　齐志英　苏　青　王亨君　游苏宁
秘 书 长　姚希彤

## 中国流行色协会

China Fashion & Color Association（CFCA）

地　　址　北京市东城区东长安街 12 号 522 室
邮政编码　100742
电子信箱　fashioncolor@fashioncolor.org.cn
主页网址　http://www.fashioncolor.org.cn
电　　话　010-85229522/85229531
传　　真　010-85229531
会　　长　梁　勇
副 会 长　宋建明　胡　松　于西蔓　李小白　姚映佳　王蕴强
秘 书 长　朱　莎

## 中国档案学会

The Society of Chinese Archives（SCA）

地　　址　北京市西城区永安路 106 号
邮政编码　100050
电子信箱　daxsw@263.net

主 页 网 址 http://www.idangan.com
电 话 010-63020081
传 真 010-63018703
理 事 长 李和平
副 理 事 长 于 薇 付 华 朱纪华 陈乐人 邹爱莲 赵国俊
秘 书 长 方 鸣

## 中国国土经济学会

China Society of Territorial Economists (CSOTE)

地 址 北京市丰台区紫芳园六区2号楼1单元213室
邮 政 编 码 100078
电 子 信 箱 bj_jrgt@126.com
主 页 网 址 http://www.csote.org
电 话 010-87692301
传 真 010-87699631
理 事 长 张怀西
副 理 事 长 江泽慧 柳忠勤
秘 书 长 柳忠勤(兼)

## 中国土地学会

China Land Science Society (CLSS)

地 址 北京西城区冠英园西区37号
邮 政 编 码 100035
电 子 信 箱 zgtdxh@vip.sina.com
主 页 网 址 http://www.zgtdxh.org.cn
电 话 010-66562607/66562609/ 66562613
010-66562671/66562610/66562651
传 真 010-66562563
理 事 长 王世元
副 理 事 长 王广华 曲福田 朱留华 安家盛 吴海洋 张凤荣 陈 军 郑凌志 胡存智 高向军 唐华俊 黄小虎 蒋亚平 韩海青 蔡运龙
秘 书 长 郑凌志(兼)

## 中国科技新闻学会

Chinese Society for Science and Technology Journalism (CSSTJ)

地 址 北京市西城区三里河路54号
邮 政 编 码 100045
电 子 信 箱 kjxw@sina.com
主 页 网 址 http://www.csstj.org.cn
电 话 010-68598030/68598032
传 真 010-68598473
理 事 长 宋南平
副 理 事 长 马 利 江巨源 李 挺 李立波 苏志武 陈 鹏 周建强 周锡生 赵忠颖 郝建新 徐九武
秘 书 长 许 英

## 中国老科学技术工作者协会

China Association of Senior Scientists and Technicians (CASST)

地 址 北京海淀区学院南路86号
邮 政 编 码 100081
电 话 010-62170582
传 真 010-62170582
理 事 长 程连昌
副 理 事 长 张春园 叶文虎 白玉龙 刘于鹤 何永年 宋南平 宋树友 李天文 袁正中 蔡庆华
秘 书 长 陈秀保

## 中国科学探险协会

China Association for Scientific Expeditions (CASE)

地 址 北京市海淀区西小关中国科学院大气物理所铁塔分部内
邮 政 编 码 100083
电 子 信 箱 E26@cast.org.cn
主 页 网 址 http://www.case.org.cn
电 话 010-62378038
传 真 010-62379818

名誉主席　宋　健　刘东生
主　　席　高登义
副 主 席　秦大河　王会军　张树义　邹　捍
　　　　　张　波　吕茅利　张江援
秘 书 长　王　维

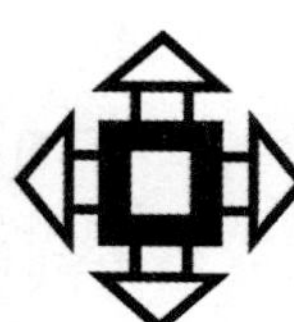

## 中国城市规划学会

Urban Planning Society of China（UPSC）

地　　址　北京市海淀区三里河路9号
邮政编码　100037
电子信箱　planning@planning.gov.cn
主页网址　http://www.planning.org.cn
电　　话　010-58323862/63/66
传　　真　010-58323850
理 事 长　仇保兴
副理事长　尹　稚　王静霞　石　楠　朱嘉广
　　　　　吴志强　张　泉　李晓江　唐　凯
　　　　　樊　杰
秘 书 长　石　楠（兼）

## 中国产学研合作促进会

China Industry-University-Research Institute Collaboration Association（CIUR）

地　　址　北京市海淀区阜成路北3街6号轻苑大厦10层11信箱
邮政编码　100048
电子信箱　zgcxy06@163.com
主页网址　http://www.360cxy.cn
电　　话　010-68987182
传　　真　010-68986913
会　　长　路甬祥
副 会 长　陈小娅　王建华
秘 书 长　王建华（兼）

## 中国知识产权研究会

China Intellectual Property Society（CIPS）

地　　址　北京市西城区北三环中路乙6号伦洋大厦603
邮政编码　100120
电子信箱　cips1985@126.com
主页网址　http://www.cnips.org
电　　话　010-58515222
传　　真　010-58515188
名誉理事长　路甬祥　姜　颖　任建新
理 事 长　田力普
副理事长　甘绍宁（常务）　于慈珂　马　浩
　　　　　孔祥俊　王玉庆　王宏祥　王　涛
　　　　　刘春田　吕国强　许瑞表　何训班
　　　　　吴汉东　张　平　张雪峰　张　辉
　　　　　张　勤　李成钢　李明德　李　勇
　　　　　李顺德　单晓光　周渝波　孟庆丰
　　　　　林　新　段瑞春　贺　化　贺志辉
　　　　　徐志武　郭庆存　高　峰　黄　峰
秘 书 长　张云才

## 中国发明协会

China Association of Inventions

地　　址　北京西城区北三环中路乙6号伦洋大厦604
邮政编码　100120
电子信箱　fmxhzlb@163.com
主页网址　http://www.cainet.org.cn
电　　话　010-58515116
传　　真　010-58515116
理 事 长　朱丽兰
副理事长　邢胜才　鹿大汉　王子纯　王永民
　　　　　王瑞生　包起帆　刘彭芝　张　泽
　　　　　李维德　汪全德　沈福昌　邹远东
　　　　　贺军科　徐士龙　曹凤国　蔡　镭
秘 书 长　鹿大汉（兼）

## 中国高新技术产业开发区协会

地　　址　北京市西城区三里河路 54 号
邮政编码　100045
电子信箱　gaoxqxh@ctp.gov.cn
主页网址　http://www.chinaastip.org/
电　　话　010-68511866/68511563
传　　真　010-68520204
理 事 长　张景安
副理事长　王　荣　刘传铁　朱克江　佘春明　张序国　张志宏　李兴华　郭　洪　梁　桂　董志敏　韩春林　蔡文沁　翟鲁宁
秘 书 长　张序国（兼）

## 中国认知科学学会

Chinese Society for Cognitive Science

地　　址　北京市朝阳区大屯路 15 号中科院生物物理所 7300 房间
邮政编码　100101
电子信箱　sec@cogsci.org.cn
主页网址　http://www.cogsci.org.cn
电　　话　010-64861049
传　　真　010-64861049
理 事 长　陈　霖
副理事长　韦　钰　郑南宁　段树民　郭爱克
秘 书 长　马原野

## 中国指挥与控制学会

Chinese Institute of Command and Control（CICC）

地　　址　北京市海淀区车道沟 10 号院 1 号科技楼 10 层
邮政编码　100089
电　　话　010-68964096/68964721
传　　真　010-68964756
理 事 长　戴　浩
副理事长　丁全心　李定主　李恒邵　宋跃进　张有建　杨树兴
秘 书 长　秦继荣

## 中国创造学会

China Creative Studies Institute（CCSI）

地　　址　上海市四平路 1239 号同济大学 255 信箱
邮政编码　200092
电子信箱　ccsis@ccsis.org
主页网址　http://www.ccsis.org
电　　话　021-65983933
传　　真　021-65983933
理 事 长　裴　钢
副理事长　蒋昌俊（常务）　颜吾佴　岳增瑞　林大泽　侯自新　王玉英　夏昌祥　周耀烈　唐殿强　张晓平
秘 书 长　蒋昌俊（兼）

## 中国密码学会

Chinese Association for Cryptologic Research（CACR）

地　　址　北京市丰台区靛厂路 7 号
邮政编码　100036
电子信箱　cacr@cacrnet.org.cn
主页网址　http://www.cacrnet.org.cn
电　　话　010-59703621
传　　真　010-59703621
理 事 长　裴定一
副理事长　冯登国　杨义先　徐茂智　王小云
秘 书 长　强志军

## 中国睡眠研究会

Chinese Sleep Research Society

地　　址　北京市西城区马连道南街 6 号院 1 号楼华睦大厦 1015 室
邮政编码　100055
电子信箱　sleepcn@163.com
主页网址　http://www.csrs.bj.cn

电　　话　010-65230156
传　　真　010-65230156
理事长　韩　芳
副理事长　王玉平　叶京英　张希龙　汪卫东　陈贵海　徐　建　贾福军　黄志力
秘书长　晋小虎

## 中国高科技产业化研究会

China High-Tech Industrialization Association（CHIA）

地　　址　北京市海淀区阜成路 8 号档案馆楼 315 室 北京 849 信箱 62 分箱
邮政编码　100830
电子信箱　zghw10@163.com
主页网址　http://www.chia.org.cn
电　　话　010-68370413/68370784
传　　真　010-68370884
名誉理事长　王大珩　刘纪原
理事长　许达哲
副理事长　巴　蕉　方向明　王礼恒　吕新奎　李恒宽　邬贺铨　张新国　李国安　李临西　贺东风　真才基　强伯勤
秘书长　巴　蕉（兼）

## 中国国际经济技术合作促进会

China Association for International Economic and Technical Cooperation（CAPC）

地　　址　北京市海淀区学院南路 32 号
邮政编码　100082
电子信箱　Capc2008@yahoo.com.cn
主页网址　http://www.capc.com.cn
电　　话　010-62259379/62221917/62273260
传　　真　010-62259379
理事长　郑树山
副理事长　毛　武　李雨时　海　闻　陈凯慧　汪超涌
秘书长　田来福

## 中国基本建设优化研究会

China Optimization Society of Capital Construction（COSOCC）

地　　址　北京市海淀区阜成路 73 号
邮政编码　100142
电子信箱　cosocc@yahoo.cn
主页网址　http://www.cosocc.org.cn
电　　话　010-62809310
传　　真　010-62809310
理事长　王文元
副理事长　陈耀邦　于　珍　王郁昭　王志宝　周干峙　朱家甄　洪善祥　韩德乾　张人为　周文智　张　塞　王明达　朱新均　江泽慧　刘立清　王扬祖　杨志海　萧灼基　厉以宁　闵凡路　龙致贤　傅西路　付文军　林建平　解思忠　尤　仁
秘书长　付文军（兼）

## 中国科技馆发展基金会

Foundation for the Development of Science and Technology Museums in China

地　　址　北京市朝阳区北辰东路 5 号
邮政编码　100012
电子信箱　fdstmc@cstm.org.cn
主页网址　http://www.fdstmc.org.cn
电　　话　010-59041575/77
传　　真　010-59041576
名誉理事长　韩启德　邓　楠
理事长　谢克昌
副理事长　屠海令
秘书长　田　英

## 中国生物多样性保护与绿色发展基金会

China Biodiversity Conservation and Green Development Foundation（CBCGDF）

地　　址　北京市海淀区西三环北路 27 号北科大

厦 508 室
邮政编码　100089
电子信箱　CBCGDF@126.com
主页网址　http://www.cbcgdf.org
电　　话　010-68485952　010-68484230
传　　真　010-68485952
理 事 长　胡德平
执行理事长　胡昭广
副理事长　王礼嫱　张佐双　吴稼祥　金亦石　刘海彬
秘 书 长　方运河

## 中国反邪教协会

China Anti-Cult Association
（CACA）

地　　址　北京市海淀区复兴路乙 12 号
邮政编码　100814
电子信箱　fxjxh@sina.com
主页网址　http://www.cnfxj.org
电　　话　010-63950398
传　　真　010-63950398
理 事 长　庄逢甘
秘 书 长　王渝生

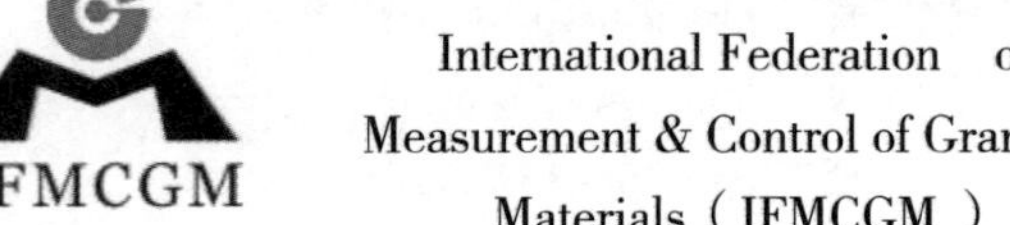


## 国际粉体检测与控制联合会

International Federation of Measurement & Control of Granular Materials（IFMCGM）

地　　址　辽宁省沈阳市和平区文化路 3 号巷 11 号东北大学信息科学与工程学院科技楼 209 室
邮政编码　110004
电子信箱　mcgm2012@126.com
电　　话　024-83689395
传　　真　024-23891977
理 事 长　谢　植
副理事长　Mark Jones（Australia）
　　　　　Shuji Matsusaka（Japan）
　　　　　Siegfried Ranandt（Germany）
秘 书 长　李新光

## 国际数字地球学会

International Society for Digital Earth
（ISDE）

地　　址　北京市海淀区邓庄南路 9 号
邮政编码　100094
电子信箱　isde@radi.ac.cn
主页网址　http://www.digitalearth-isde.org
电　　话　010-82178912
传　　真　010-82178916
主　　席　John Richards
副 主 席　Mike Goodchild　Milan Konecny
秘 书 长　郭华东

## 国际动物学会

International Society of Zoological Sciences（ISZS）

地　　址　北京市朝阳区北辰西路 1 号院 5 号中国科学院动物研究所 C506 室
邮政编码　100101
电子信箱　iszs@ioz.ac.cn
主页网址　http://www.globalzoology.org/
电　　话　010-64807295
传　　真　010-64807295
主　　席　张知彬
副理事长　长滨嘉孝（Japan）　A. Haim（Israel）
秘 书 长　韩春绪

# 省、自治区、直辖市科协，新疆生产建设兵团科协简介

## 北京市科学技术协会

地　　址　北京市朝阳区育慧里4号
邮政编码　100101
电子信箱　bastbgsh@126.com
主页网址　http://www.bast.net.cn
电　　话　010-84635008　84635009
传　　真　010-84655007
主　　席　顾秉林
副 主 席　王志珍　王恩哥　尹伟伦　田　文
任福君　华　炜　刘德培　许达哲
许健民　李彦宏　沈　岩　周立军
贺福初　赵继林　夏　强　景晓东

## 天津市科学技术协会

地　　址　天津市和平区和平路287号
邮政编码　300041
电子信箱　tastbgs@163.com
主页网址　http://www.tast.org.cn/
电　　话　022-27120933
传　　真　022-27112792
主　　席　王静康
副 主 席　杨鑫传（常务）　王运洪　邓中翰
白景美　龙以明　刘惠通　何志敏
李朝兴　姚建铨　姜　沂　段志强
郝希山　葛墨林

## 河北省科学技术协会

地　　址　河北省石家庄市西大街73号
邮政编码　050011
电子信箱　gxy7421@126.com
主页网址　http://www.hbast.org.cn
电　　话　0311-86049311
传　　真　0311-86049311
主　　席　段惠军
副 主 席　李宗民（常务）　杨金深　许顺斗
郑丽萍　王慧军　刘尚合　杨绍普
李连平　李春岩　吴以岭　张德强
庞国芳

## 山西省科学技术协会

地　　址　山西省太原市迎泽大街366号
邮政编码　030001
电子信箱　sxskx@163.com
主页网址　http://www.sxast.cn/
电　　话　0351-4041018
传　　真　0351-4041018
主　　席　侯晋川
副 主 席　杨伟民（常务）　王德贵　崔　忠
郝建新　申瑞涛　刘四龙　刘惠民
张文栋　张卓玉　金智新　段志光
胡玉亭　赵世卫　高步文

## 内蒙古自治区科学技术协会

地　　址　内蒙古自治区呼和浩特市回民区新华大街70号
邮政编码　010020
电子信箱　nmgkxbgs@126.com
主页网址　http://www.nmgzkj.com
电　　话　0471-6290014
传　　真　0471-6939371
主　　席　牛广明
副 主 席　马　强　陈天保　于　平　闫　伟
邢永明　李春龙　杨　劼　亚　新
杨　泓　安玉麟　乌力吉特古斯

## 辽宁省科学技术协会

地　　址　辽宁省沈阳市皇姑区北陵大街49号

28栋（省科协）
邮政编码 110032
电子信箱 kx06@cast.org.cn
主页网址 http://www.lnast.net
电　　话 024-23221693/23947260
传　　真 024-23221693
主　　席 王天然
副 主 席 丁烈云 王元立 包信和 孙 丹
孙铁珩 张沈立 张晓芳 陈温福
孟 军 金太元 胡永康 郭东明
康 捷 黄其励 鲍振东

## 吉林省科学技术协会

地　　址 吉林省长春市人民大街6255号
邮政编码 130021
电子信箱 jlskxbgs@163.com
主页网址 http://www.jlstnet.net
电　　话 0431-85682405
传　　真 0431-85685244
主　　席 冯守华
副 主 席 李景涛 尹 军 刘东华 曹 军
于化东 王之虹 王利祥 王家骐
李 玉 李殿军 吴绍明 邹广田
张德江 岳德荣 赵 继 秦贵信
夏咸柱 戴 昕

## 黑龙江省科学技术协会

地　　址 黑龙江省哈尔滨市南岗区中山路204号
邮政编码 150001
电子信箱 hljkx@sina.com
主页网址 http://www.hljkx.cn
电　　话 0451-82624293
传　　真 0451-82626403
主　　席 马淑洁
副 主 席 王树国 王德民 丛 丽 刘志刚
李己华 杨传平 杨宝峰 杨铭铎
张政文 徐 梅 陶 然 陶福胜
韩贵清 潘 忠

## 上海市科学技术协会

地　　址 上海市南昌路47号
邮政编码 200020
电子信箱 sast@sast.gov.cn
主页网址 http://www.sast.gov.cn
电　　话 021-53822040
传　　真 021-53826013
主　　席 陈凯先
副 主 席 杨建荣 高小玫 王智勇 陆 檩
李虹鸣 蔡永莲 丁文江 王小明
王建宇 包起帆 孙晋良 孙颖浩
朱芝松 何积丰 张维华 金东寒
钮晓鸣 桂永浩 曹振全 蒋昌俊
褚君浩

## 江苏省科学技术协会

地　　址 南京市北京西路30号宁海大厦23—24层
邮政编码 210024
电子信箱 jskx2412@163.com
主页网址 http://www.jskx.org.cn
电　　话 025-83323435
传　　真 025-83303700
主　　席 欧阳平凯
副 主 席 陈惠娟 施正荣 戎嘉余 刘志红
祝世宁 尤肖虎 严少华 陈 琪
宋永忠 肖云汉 杨 辉 孙飘扬
孙力斌 郁霞秋 任晋生 张铁恒
阮仁良 冯少东

## 浙江省科学技术协会

地　　址 浙江省杭州市武林广场8号省科协大楼
邮政编码 310003
电子信箱 info@zast.org.cn
主页网址 http://www.zast.org.cn
电　　话 0571-85106947
传　　真 0571-85106947
主　　席 姚 克

副　主　席　李德忠　陈世权　隗斌贤　罗建红
高从堦　严晓浪　张立彬　陈剑平
邱飞章　周海梦　聂秋华　薛安克
张海生　吴金坤　朱　军

## 安徽省科学技术协会

地　　址　安徽省合肥市花园街 4 号科技大厦
邮政编码　230001
电子信箱　aast@mail.hf.ah.cn
主页网址　http://www.ahpst.net.cn
电　　话　0551-2661725
传　　真　0551-2655031
主　　席　韩先聪
副　主　席　王　洵　王英俭　王海彦　王群京
朱长飞　苏世怀　汪莹纯　宋　扬
张学军　陆建辉　陈学东　宛晓春
赵　韩　袁　亮　彭　寿　蔡士祥
戴茂方

## 福建省科学技术协会

地　　址　福建省福州市鼓楼区东大路 73 号省直机关东湖大院二号楼
邮政编码　350001
电子信箱　kx3031@qq.com
主页网址　http://www.fjkx.org
电　　话　0591-87557137/87532651
传　　真　0591-87532632/87557137
主　　席　郑兰荪
副　主　席　梁晋阳　吴瑞建　游建胜　林学理
洪茂椿　谢华安　付贤智　田中群
焦念志　陈元仲　孙世刚　郑金贵
刘　波　徐西鹏　黄汉升　尤民生
陈立典　苏文金

## 江西省科学技术协会

地　　址　江西省南昌市江西省政府大院北一路 14 号
邮政编码　330046
电子信箱　634456872@qq.com
主页网址　http://www.jxkx.gov.cn
电　　话　0791-86224288
传　　真　0791-86224288
主　　席　李华栋
党组书记　龚绍林
副　主　席　李雪南　彭玲华　梁纯平

## 山东省科学技术协会

地　　址　山东省济南市杆南东街 8 号
邮政编码　250001
电子信箱　bgs@sdast.org.cn
主页网址　http://www.sdast.org.cn
电　　话　0531-82073209
传　　真　0531-82073209
主　　席　唐启升
副　主　席　王春秋　林兆谦　李云云　汤少泉
王金宝　庄文忠　赵彦修　徐茂波
谢立信　韩圣浩　韩金祥

## 河南省科学技术协会

地　　址　河南省郑州市花园路 53 号
邮政编码　450008
电子信箱　hnskxnba@163.com
主页网址　http://www.hast.net.cn
电　　话　0371-65707511
传　　真　0371-65707512
主　　席　霍金花
副　主　席　蔡永礼　梁留科　李宝红　谈朗玉
冯　琦　童孟进　张占仓　张新友
刘炯天　张改平　陈祥恩　薛松贵

## 湖北省科学技术协会

地　　址　湖北省武汉市武昌区八一路 9 号
邮政编码　430071
电子信箱　hubeikexie@163.com

主 页 网 址 http://www.hbkx.org.cn
电 话 027-87823704
传 真 027-87823704
主 席 郭生练
副 主 席 曲 颖（常务） 马伟明 邓秀新 邓崎琳 田玉科 冯 芊 朱耀仲 刘经南 李晓红 李培根 秦顺全 夏 航 徐菊明 曾宪计

## 湖南省科学技术协会

地 址 湖南省长沙市东风路17号
邮 政 编 码 410005
电 子 信 箱 hnkxbgs@163.com
主 页 网 址 http://www.hnast.org.cn
电 话 0731-84884371
传 真 0731-84884378
主 席 黄伯云
副 主 席 于起峰 方先知 尹泽勇 龙国键 卢光琇 刘友梅 刘年喜 刘秋惠 李 华 邹志强 张 健 张尧学 易小刚 周宏灏 官春云 赵跃宇 荣 诚 姚守拙 彭国甫 廖任强

## 广东省科学技术协会

地 址 广东省广州市连新路171号
邮 政 编 码 510040
电 子 信 箱 stainfo@sta.gd.cn
主 页 地 址 http://www.sta.gd.cn
电 话 020-83550424
传 真 020-83549085
主 席 黄达人
副 主 席 王迎军 冯日光 许宁生 吴焕泉 何 真 陈 新 陈晓阳 周克崧 黄小玲 黄宁生 蒋宗勇 瞿金平

## 广西壮族自治区科学技术协会

地 址 广西壮族自治区南宁市古城路31号
邮 政 编 码 530022
电 子 信 箱 gxkx123@126.com
主 页 网 址 http://www.gxast.org.cn
电 话 0771-2630589/2630595
传 真 0771-2617248
主 席 郑皆连
副 主 席 叶宗波 方 芳 朱 东 梁春花 钟夏平 李杨瑞 陈大克 白志繁

## 海南省科学技术协会

地 址 海南省海口市国兴大道69号海南广场人大政协楼7层
邮 政 编 码 570203
电 子 信 箱 hnkxxcb@163.com
主 页 网 址 http://www.hainanast.org.cn
电 话 0898-65393360
传 真 0898-65332244
主 席 康耀红
副 主 席 胡月明 陈 民 景 柱 陈国华

## 重庆市科学技术协会

地 址 重庆市渝中区双钢路3号科协大厦16楼
邮 政 编 码 400013
电 子 信 箱 cqkxbgs@yahoo.cn
主 页 网 址 http://www.cqast.cn
电 话 023-63003916
传 真 023-63003916
主 席 钟志华
副 主 席 王 勇 方振东 付子堂 朱华荣 仲建华 李志高 李银国 李儒冠 张卫国 张基荣 陈卫东 林建华 罗长坤 周泽扬 赵世庆 袁家虎 唐伯明 唐洪军 黄明会 蒋 平 雷 寒 雷晓风 潘复生

## 四川省科学技术协会

地 址 四川省成都市武侯区人民南路4段11号

邮政编码　610041
电子信箱　bgs@sckx.org.cn
主页网址　http://www.sckx.org.cn
电　　话　028-85221933
传　　真　028-85222804
主　　席　谢和平
副 主 席　王为民　石　碧　刘　进　李言荣
朱　颖　范昕建　吴　凯　侯水平
吴显奎　黄润秋　张维岩　黄竞跃
李元峰　赖　静　李安民　翟婉明

## 贵州省科学技术协会

地　　址　贵州省贵阳市瑞金南路 2 号
邮政编码　550002
电子信箱　office@gzast.org
主页网址　http://www.gzast.org
电　　话　0851-5832225/5832528
传　　真　0851-5832225
主　　席　谢庆生
副 主 席　任湘生　路　贵　钱　斌　朱洪波
伍鹏程　陈厚义　刘丛强　马克俭
陈　训　胡瑞忠　高贵龙　刘作易
王凤友　宋宝安　何志旭　何浩明
潘继录　季　泳　马建华

## 云南省科学技术协会

地　　址　云南省昆明市护国路 26 号
邮政编码　650021
电子信箱　ynast@163.com
主页网址　http://www.yunast.cn
电　　话　0871-3138614
传　　真　0871-3155032
主　　席　朱有勇
副 主 席　王　华　王建颖　叶燎原　许　云
孙　航　孙海清　刘　强　吴启明
郑　进　侯树谦　徐文波　唐　兵
赖永良　戴陆园

## 西藏自治区科学技术协会

地　　址　西藏拉萨市东郊江苏东三路
邮政编码　850000
电子信箱　xzkx-006@163.com
主页网址　http://www.xzast.org.cn
电　　话　0891-6825679/6890529
传　　真　0891-6828576
主　　席　仓　珍
副 主 席　卜　龙　普　布　林　立

## 陕西省科学技术协会

地　　址　陕西省西安市新城省政府大院内
邮政编码　710006
主页网址　http://www.snast.org.cn
电　　话　029-87291531/ 87291507
传　　真　029-87291496
主　　席　郑南宁
副 主 席　呼　燕（常务）　方光华　王前进
王跃进　刘少明　安芷生　闫宏涛
张　炜　李　跃　周　杰　周为民
房　喻　郝　跃　党广录　徐德龙
翁志黔　韩开兴　谭永华　樊代明

## 甘肃省科学技术协会

地　　址　甘肃省兰州市城关区东岗西路 486 号兰州饭店迎宾楼
邮政编码　730000
电子信箱　gsskxbgs@126.com
主页网址　http://www.gsast.org.cn
电　　话　0931-8821975
传　　真　0931-8881617
主　　席　张广智
副 主 席　杨新科　陈富荣　陈炳东　李克平
张　炯

## 青海省科学技术协会

地　　址　青海省西宁市西川南路49号君庭国际4楼
邮政编码　810008
电子信箱　qhkxbjb@vip.163.com
主页网址　http://www.qhkxw.com
电　　话　0971-6335628
传　　真　0971-6302839
主　　席　石昆明
副 主 席　朱春云　刘　青　李　华　李小松
陈永祥　周启发　赵念农　格日力
徐东向　潘　彤

## 宁夏回族自治区科学技术协会

地　　址　宁夏回族自治区银川市金凤区人民广场西侧
邮政编码　750011
电子信箱　kx30@cast.org.cn
主页网址　http://www.nxdzkj.org.cn
电　　话　0951-5085100/5085127
传　　真　0951-5043588
主　　席　刘平和
副 主 席　王　冰　李晓波　何季麟　孙　涛
李　星　李　健　宿文军　彭　凡

## 新疆维吾尔自治区科学技术协会

地　　址　新疆乌鲁木齐市新医路686号
邮政编码　830054
电子信箱　xjqkxbgs@126.com
主页网址　http://www.xast.org.cn
电　　话　0991-6386012/6386038
传　　真　0991-6386012
主　　席　张国梁
副 主 席　李春阳　魏生贵
阿布都艾尼·依干拜尔迪　陶　鹏
恰汗·合孜尔　肖作敏　谢国政

## 新疆生产建设兵团科学技术协会

地　　址　新疆乌鲁木齐市光明路196号
邮政编码　830002
电子信箱　xjbtkx@126.com
电　　话　0991-2896193/2896127
传　　真　0991-2896163
主　　席　黄　斌
副 主 席　王红德　王晓严　周　霖　李保成
代　斌　马春晖

# 索　引

# 主题索引

## 编制说明

1. 本索引为主题索引，以年鉴内容述及的主题为索引对象，包括收入书名、机构名、会议名等专有名词。主题选取力求概括全面，突出重点，揭示特色内容，提供多方位检索。

2. 索引范围为全书正文及附录中的部分相关内容。

3. 索引排序按先汉语拼音音序，再阿拉伯数字、拉丁字母的次序排列。

4. 索引以“见”的形式，将非标引词指向标引词，例如：表彰举荐优秀科技工作者　见　优秀科技工作者表彰举荐；以“参见”，揭示相关条目之间的联系，例如：干部队伍建设　参见　自身建设；再如，国际交流与合作　参见　各全国学会、省级科学技术协会。后一例指可参看年鉴中全国学会、省级科学技术协会条目下的相关内容。

5. 检索页码后的“a”为文献左栏，“b”为文献右栏。检索数字“d1. 1”中“d”表示“大事记”，“1. 1”表示为1月1日的记录。连续页码只记录起始页。二级标题在主标题下以缩格方式显示，以“—”表示主标题的区分；以“，”表示主标题的补充说明。文中表格，于页码前以“(表)”注明，以便识别。

### A



### B



### C

## D

## E



## F

## G

## H

**J**

## K

## L



## M

**N**

## R



## S

## T

## W



## X

## Y

## Z

# 人名索引

本索引收入年鉴中的人名，先按汉语拼音音序排列中文人名，再按西文字母的次序排列其余人名。

## D

## E



## F



## G

## H



## J

## M



## N

O



P



Q



R



S

**T**

## W

## X

## Y

## Z

# 国际组织机构名称索引

本索引收入年鉴中出现的国际机构组织和名称，按中文译名的拼音排列。